八幡書店

易學速成講義録

大島中堂

易學速成講義録

易學泰斗大島中堂先生講述

周易講義

自序

惟ふに有史以來最も著書に富めるものは易と佛との右に出るものはなかるべく、隨つて易經を註するものは古來數百千家にして止まらず、余嘗て其中の若干を讀み、竊かに思ふ、實に至れり盡せり、亦以て加ふべきなく、經を解くのことは之を古人に推諉して可なりと。爾來十有餘年近頃又重ねて之を閱すれば、文義を解くに長ずるものは卽ち卦象を忽かせにし、卦象を擧るに得たるものは卽ち文義に暗く、特に數千年後の思想を以て周易を解きその眞義を沒却したるが故に、初學者をして一讀その要を得せしむるに足るべきものに至りては、憾むらくは一も之れあるを見ず。是に於てか不學自から量らず、古人の成說を取捨して間々亦卑見を加へ、傍はら卦象を擧て經文の出處を明らかにし、專ばら初學者をして解し易からしめむことを勉めたり、故に高遠の理と深甚の義とに至りては、固より之を本書に求むべからずと雖ども、而も一讀周易の眞義を解し易からしめたるの點に至りては、之を鴻儒先生の大著に較ぶるも聊か劣る所なきを信じて疑はず。故に余は敢て自から後學に向つて本書を提供するに憚からず、而も尙その通解を便ぜむことを慮ばかり、別に卦象のみを説き之を名けて觀象眞訣と云ふ、故に彼此併せ見ば則ちその全きを得るに庶幾からむか、詩人常に言へるあり、云々にして而して易を註すと、蓋し心を持すること靜寂にして塵念を絶つの謂なり、然るに余は塵事紛々身を纏ふの際に當り、倉皇筆を把て本書を草したるが故に、靜思熟慮の暇なく、随つて二三の誤謬なきを保せずと雖ども、そは他日閒を得て之を正すに怠たらざらむことを誓ふ、是を序となす、

大年十四乙丑年二月

生生學人　大島中堂

周易講義目錄

總説……一
一　本講義の要旨……一
二　周易の本領……四
三　卜筮の發生的根原……六
四　信仰の主體と客體……一〇
五　卜筮の成立……一八
六　周易の作者と傳統……二三
七　卦象と文辭……二六
八　元亨利貞と吉凶悔吝……二八
九　上下經の區分……三一

上經

乾……三七
坤……四五
屯……五四
蒙……六〇
需……六六
訟……七一
師……七六
比……八一
小畜……八七
履……九三
泰……九九
否……一〇四
同人……一一〇
大有……一一七
謙……一二一
豫……一二六

隨……一三一
蠱……一三八
臨……一五二
觀……一五七
噬嗑……一六二
賁……一六八
剝……一七三
復……一七九
无妄……一八四
大畜……一九〇
頤……一九六
大過……二〇二
坎……二〇八
離……二一三

下經

咸……二一九
恒……二二五
遯……二二九
大壯……二三二
晋……二三七
明夷……二四三
家人……二四九
睽……二五四
蹇……二六〇
解……二六五
損……二七〇
益……二七八
夬……二八四
姤……二九〇
萃……二九六

升……三〇二
困……三〇七
井……三一四
革……三二〇
鼎……三二六
震……三三三
艮……三三九
漸……三四五
歸妹……三五二
豐……三五九
旅……三六五
巽……三七〇
兌……三八〇
渙……三八三
節……三八八
中孚……三九二
小過……三九八
既濟……四〇七
未濟……四一四

周易講義目錄（完）

周易講義

大島中堂講述

總說

一　本講義の要旨

本講義《ほんかうぎ》の主眼《しゆがん》とする所《ところ》は初學者《しよがくしや》をして易學《えきがく》の何者《なにもの》なるかを知《しつ》て、直《たゞ》ちに之《これ》を實際《じつさい》に應用《おうよう》せしむるにある然《しか》るに易《えき》は元と支那《しな》の古代《こだい》に出來《でき》たものであるが、全體《ぜんたい》支那《しな》の學問《がくもん》と言《い》ふものは、皆凡《みなすべ》て順序《じゆんじよ》もなく規律《きりつ》もなく散漫《さんまん》にして雜駁《ざつぱく》極《きは》まるもの許《ばか》りで、之《これ》を書《か》き記《しる》して居《ゐ》る所《ところ》の漢字《かんじ》その者《もの》が已《すで》にそうであるが、その中《なか》に於《おい》ても易《えき》は殊更《ことさら》に其麼《そんな》工合《ぐあひ》に出來《でき》て居《ゐ》る、隨《したが》つて之《これ》を學《まな》ぶにも什麼《どんな》順序《じゆんじよ》を取《とつ》て學《まな》ぶべきものであるか、到底《たうてい》初學者《しよがくしや》抔《なぞ》に分《わか》るべき筈《はず》はない。故《ゆゑ》に初學者《しよがくしや》に向《むか》つて直樣《すぐさま》彖爻《たんかう》の本文《ほんもん》即《すなは》ち元亨利《げんこうり》貞《てい》抔《なぞ》の解釋《かいしやく》をした所《ところ》で、恐《おそ》らくはその何《なん》の意《い》なるかを了解《れうかい》し得《う》るものはないであらうと思《おも》ふが、世間《せけん》に山程《やまほど》ある易書《えきしよ》を取《とつ》て之《これ》を檢《けん》すれば、玆《こゝ》に言《い》ふが如《ごと》く初學者《しよがくしや》に向《むか》つて頭初《とうしよ》から元亨利《げんこうり》貞《てい》を說《とい》て居《を》らぬものはない、故《ゆゑ》に初學者《しよがくしや》が此等《これら》多《おほ》くの易書《えきしよ》を讀《よ》むでも、終《つひ》に易《えき》の何者《なにもの》なるかを了解《れうかい》せしむることが可能《でき》ぬ、然《しか》らば古來《こらい》多《おほ》くの學者《がくしや》が何故《なにゆゑ》に此《かく》の如《ごと》き不明了《ふめいれう》なる書《しよ》を作《つく》つて、之《これ》を後代《こうだい》の我等《われら》に遺《のこ》して置《おい》のであるか、易《えき》の性質《せいらい》が本來此《ほんらいかく》の如《ごと》く不得要領《ふとくえうりやう》のものであつた爲《ため》であらうか。這《こ》は本文《ほんもん》の解釋《かいしやく》に立入《たちい》る前《まへ》に於《おい》て是非《ぜひ》共詮議《ともせんぎ》をして置《お》かねばならぬ所《ところ》である。

そこで窃《ひそ》かに考《かんが》ふるに、其《それ》は決《けつ》して易《えき》の性質《せいしつ》その者《もの》が然《し》かく不得要領《ふとくえうりやう》である爲《ため》の結果《けつくわ》ではない、要《えう》する所《ところ》は古來多《こらいおほ》くの學者《がくしや》があつたけれども、眞實《しんじつ》に易《えき》の眞相《しんさう》を觀破《くわんは》し得《え》た學者《がくしや》がなかつた爲《た》めに、此《かく》の如《ごと》く不明了《ふめいれう》なる澤山《たくさん》の易書《えきしよ》を作《つく》つたものであると言《いは》ねばならぬ。蓋《けだ》し十翼以後《よくいご》始《はじ》めて易經《えききやう》の註釋《ちうしやく》をしたのは漢時代《かんじだい》の學者《がくしや》であつたが今《いま》その註釋《ちうしやく》の仕方《しかた》を見《み》るに、唯經文《たゞけいぶん》に就《つい》て註釋《ちうしやく》を加《くは》へた丈《だけ》で、現在《げんざい》の經文以外易《けいぶんいぐわいえき》の何者《なにもの》なるかを闡明《せんめい》し得《え》たものはなかつた樣《やう》である、然《しか》るにその後《ご》の學者《がくしや》に至《いた》りても亦皆《またみな》漢時代《かんじだい》の學者《がくしや》に倣《なら》ひ、唯經文《たゞけいぶん》の註解《ちうかい》を試《こゝろ》みた丈《だけ》で、經文以外《けいぶんいぐわい》に易《えき》の何者《なにもの》なるかを推究《すゐきう》することを知《し》らなかつたので、此《かく》の如《ごと》く不明了《ふめいれう》なる易書《えきしよ》が澤山《たくさん》に出來《でき》た始末《しまつ》であるが、一旦此《たんかく》の如《ごと》き傾向《けいかう》が生《しやう》じた上《うへ》は、時代《じだい》が漸々推移《だん〳〵すゐい》するに伴《つ》れてその傾向《けいかう》が益々甚《ます〳〵はなは》だしくなるのは必然《ひつぜん》の勢《いきほひ》であると言《いは》ねばならぬ。何故《なぜ》なれば、最初漢時代《さいしよかんじだい》の學者《がくしや》に於《おい》てさへも、早《はや》や己《すで》に易《えき》の眞相《しんさう》が不明《ふめい》となつて居《ゐ》たではないか、不《ふ》明《めい》となつて居《ゐ》たればこそ、當時代《たうじだい》の學者中《がくしやちう》に於《おい》ても唯現在《たゞげんざい》の經文《けいぶん》を註釋《ちうしやく》した丈《だけ》で、更《さら》に後代《こうだい》の我等《われら》が爲《ため》にその眞相《しんさう》を傳《つた》ふることが可能《でき》なかつたのである、然《しか》るに我等人間《われらにんげん》の歷史《れきし》と言《い》ふものは、年代《ねんだい》を經《へ》ることの久《ひさ》しければ久《ひさ》しき程漸々《ほどだん〳〵》に不明《ふめい》となり行《ゆ》くものである。故《ゆゑ》に最初漢時代《さいしよかんじだい》の學者《がくしや》から見《み》て幾分《いくぶん》か不明《ふめい》であつた事柄《ことがら》も、之《これ》を數《すう》千年後《ねんご》の學者《がくしや》から見《み》れば、尚《なほ》一層《そう》不《ふ》明《めい》のものと成《な》り行《ゆ》くのは爭《あらそ》ふべからざる事實《じじつ》である、果《はた》してそうであるとせば、已《すで》に漢時代《かんじだい》の學者《がくしや》に於《おい》てさへ分《わか》らなかつたことを、而《しか》もそを數千年後《すゝせんねんご》の學者《がくしや》に於《おい》て探究闡明《たんきうせんめい》するのは實《じつ》に容易《ようい》のことではない、已《すで》にそれが容易《ようい》のことでないとせば、そこに種々《しゆ〳〵》なる牽强附會《けんきやうふくわい》の說《せつ》が起《おこ》つて來《く》るのは蓋《けだ》し免《まぬ》かれ難《がた》き所《ところ》である。そこで今試《いまこゝろ》みに一二の事例《じれい》を擧《あげ》てその然《しか》る所以《ゆゑん》を辨《べん》ぜむに、或《あ》る者《もの》は易《えき》を以《もつ》て道義《だうぎ》の書《しよ》であると言《い》ふたが、亦《ま》或《あ》る者《もの》は易《えき》を以《もつ》て卜筮《ぼくぜい》の書《しよ》であると言《い》ふたのであつた。而《しか》して之《これ》を道義《だうぎ》の書《しよ》であると言《い》ふもの丶中《うち》でも、之《これ》を哲學的方面《てつがくてきはうめん》から見《み》たものもあれば、亦之《またこれ》を道德的方面《だうとくてきはうめん》から見《み》たものもある、が之《これ》を卜筮《ぼくぜい》の書《しよ》であると言《い》ふもの丶中《うち》でも、之《これ》を象數《しやうすう》の方面《はうめん》から見《み》たものもあれば、亦之《またこれ》を文辭《ぶんじ》の方面《はうめん》から見《み》たものもあると言《い》ふ樣《やう》な次第《しだい》で、之《これ》は要《えう》するに易《えき》は高尙《かうしやう》にして幽玄《ゆうげん》なるもの、若《も》しくは難解《なんかい》なるものとして之《これ》を傳《つた》へ、殊《こと》に易《えき》は昔《むかし》から伏義文王周公孔子《ふくぎぶんわうしうこうくし》等《とう》の手《て》に成《なつ》たものであると言《い》ふ說《せつ》があつた所《ところ》から、易《えき》を以《もつ》て聖經《せいきやう》の淵源《えんげん》であるとか、鬼神《きじん》の蘊奧《うんおう》であるとか言《い》ふものがあつて、終《つひ》に易《えき》を擔《かつ》ぎ揚《あ》げて人間以上《にんげんいじやう》の者《もの》、卽《すなは》ち大聖人《だいせいじん》が作《つく》られたものであるから、普通《ふつう》の人智《じんち》を以《もつ》ては容易《ようい》に解《かい》し得《え》らるべきものではないと言《い》ふ暗《あん》示《じ》を與《わた》ふることゝなつたのである。然《しか》らば易《えき》と言《い》ふものはソレ程六《ほどむ》つか敷《し》いものであるかと言《い》へば決《けつ》してそうではない、研究《けんきう》の順序《じゆんじよ》を誤《あや》まりさへせずば、却《かへ》つて簡明《かんめい》にして分《わか》り易《やす》きものである。且《か》つ易《えき》が假令《たとへ》大聖凡《だいせいじん》の手《て》に由《よつ》て作《つく》られたものであるとしても大聖人《だいせいじん》も矢張《やは》り人間《にんげん》である。已《すで》に之《これ》が人間《にんげん》の手《て》に由《よつ》て作《つく》られたものである上《うへ》は、聖凡《せいぼん》の區別《くべつ》こそあれ、我等《われら》人間《にんげん》が見《み》て分《わか》らぬと言《い》ふ道理《だうり》はない筈《はず》である、然《しか》るに世人《せじん》が易《えき》を以《もつ》て一種不可思議《しゆふかしぎ》なるものゝ樣《やう》に思《おも》ふことゝなつた所以《ゆえん》は、畢竟習俗的弊《ひつきやうしふぞくてきへい》風《ふう》に囚《とら》はれて、經文以上《けいぶんいじやう》の根原《こんげん》に遡《さかのぼ》つて之《これ》を研究《けんきう》することを知《し》らなるつた結果《けつくわ》に外《ほか》ならぬ。故《ゆゑ》に本講《ほんかう》義《ぎ》の主眼《しゆがん》とする所《ところ》は讀者《どくしや》をして周易《しうえき》は如何《いか》なる性質《せいしつ》のものであるか、亦《また》その本領《ほんりやう》は何處《いづこ》にあるかと言《い》ふことを了解《れつかい》せしめ、それと同時《どうじ》に直《たゞ》ちに之《これ》を實際《じつさい》に應用《おうよう》せしめむと欲《ほつ》する所《ところ》にある、然《しか》らざれば從《じう》來《らい》の學者《がくしや》が易學《えきがく》を研究《けんきう》したのと一般《はん》で、何時《いつ》迄《まで》易《えき》を讀《よ》むでもその何者《なにもの》なるかを了解《れうかい》することは可能《でき》ぬのである。

二　周易の本領

さらば周易《しうえき》は本來如何《ほんらいいか》なるものであつたかと言《い》へば、周《しう》とは支那《しな》に於《おい》て夏《か》の世《よ》、殷《いん》の世《よ》、周《しう》の世《よ》などゝ言《い》ふ卽《すなは》ち周代《しうだい》の名《な》で、易《えき》とは陰陽變易《いんやうへんえき》すると言《い》ふ義《ぎ》であるが、今日傳《こんにちつた》ふる所《ところ》の周易《しうえき》なるものは、往《わう》昔周《せうしう》の時代《じだい》に於《おい》て編纂《へんさん》したものであるから、之《これ》を名《なづ》けて周時代《しうじだい》の易卽《えきすなは》ち周易《しうえき》と言《い》ふたものである。又《また》一說《せつ》に夏《か》の世《よ》の易《えき》は卷首《くわんしゆ》に艮《ごん》の卦《くわ》を置《おい》てあつたので之《これ》を連山易《れんざんえき》と言《い》ふたのである。又殷《またいん》の世《よ》の易《えき》は卷《くわん》首《しゆ》に坤《こん》の卦《くわ》を置《おい》てあつたので、それで之《これ》を歸藏易《きざうえき》と言《い》ふたのであるが、それと同《おな》じく周易《しうえき》に於《おい》ては卷《くわん》首《しゆ》に乾《けん》の卦《くわ》を置《おい》てあるから、之《これ》を呼《よ》むで周易《しうえき》と言《い》ふたものであつて、周《しう》とは周遍《しうへん》の義《ぎ》を取《とつ》たものであると言《い》ふ說《せつ》もある。而《しか》して此《こ》の周易《しうえき》は卜筮占斷《ぼくぜいせんだん》のことを書《かい》たものであるが、謂《い》ふ所《ところ》の卜筮《ぼくぜい》なるものは支那《しな》の古代《こだい》に行《おこな》はれた一種《しゅ》の宗敎《しうけう》卽《すなは》ち神告《しんこく》を受《うく》る爲《ため》の手段方法《しゅだんはっはふ》で、その目的《もくてき》とする所《ところ》は未來《みらい》に屬《ぞく》する事柄《ことがら》の成行吉凶等《なりゆききつきようとう》を前知《ぜんち》せむが爲《ため》に設《まう》けたものである。蓋《けだ》し我等《われら》人間《にんげん》たるもの丶希望《きばう》する所《ところ》は未來《みらい》の安全《あんぜん》と幸福《かうふく》とを得《え》むとする所《ところ》にあるが、此《こ》の希望《きばう》を遂《とげ》むが爲《ため》には、有形的《いうけいてき》にも亦無形的《またむけいてき》にて始終間斷《しじうかんだん》なく努力奮闘《どりよくふんとう》しつ丶あるけれども、而《しか》も未來《みらい》に於《おい》ては如何《いか》に成行《なりゆ》くものであるか、その成敗吉凶等《せいはいきつきようとう》は前以《まへもつ》て之《これ》を豫知《よち》することは可能《でき》ぬのであるが、そこに大《だい》なる不安《ふあん》も感《かん》ずれば亦沈痛《またちんつう》なる煩悶《はんもん》も起《おこ》つて來《く》るのである、故《ゆゑ》に此《こ》の不安《ふあん》の境遇《きやうぐう》を去《さ》つて安心力行《あんしんりきかう》の地《ち》に赴《おも》むかむとするには、未來《みらい》の成行《なりゆ》きを前《ぜん》知《ち》すべき必要《ひつえう》がある、此《こ》の必要《ひつえう》に逼《せま》られて平素《へいそ》己《おの》れが信仰《しんかう》する所《ところ》の神明《しんめい》に向《むか》つて、未來《みらい》の吉凶得失《きつきようとくしつ》を告《つ》げ示《しめ》さむことを願《ねが》ふ爲《ため》に設《まう》けたものが卜筮《ぼくぜい》の方法《はうはふ》であるから、筮事《ぜいじ》を執行《しつかう》するのは卽《すなは》ち交神的手段《かうしんてきしゅだん》であつて、筮《ぜい》し得《え》た所《ところ》の卦《くわ》は卽《すなは》ち神意《しんい》が具體的《ぐたいてき》に表現《へうげん》されたものである、而《しか》して茲《こゝ》に講述《かうじゆつ》せむとする彖爻《たんかう》の經文《けいぶん》なるものは神告《しんこく》の意味《いみ》卽《すなは》ち卦象觀察《くわしやうくわんさつ》の仕方《しかた》を示《しめ》したものである、此《かく》の如《ごと》く得卦《とくくわ》の卦象《くわしやう》卽《すなは》ち彖爻《たんかう》の經文《けいぶん》なるものは、神告《しんこく》が具體的《ぐたいてき》に表現《へうげん》されたものであると見《み》る所《ところ》に、深奥《しんあう》にして神秘《しんぴ》なる意味《いみ》が存《そん》じて居《ゐ》る、左《さ》もなくば得卦《とくくわ》の卦象《くわしやう》に如何程吉凶得失《いかほどきつきようとくしつ》の理《り》が現《あら》はれて居《ゐ》ても、それに由《よつ》て以《もつ》て未來《みらい》に發生《はつせい》すべき事柄《ことがら》の成行《なりゆ》きを豫斷《よだん》し得《え》らるべき道理《だうり》がない。何故《なぜ》なれば、得卦《とくくわ》の卦象《くわしやう》と未來《みらい》の事柄《ことがら》とは元來個々別々《ぐわんらいこゝべつ〳〵》のもので、彼《かれ》と此《これ》との間《あひだ》には、此《これ》を以《ちつ》て彼《かれ》を推《お》し彼《かれ》を以《もつ》て此《これ》に擬《ぎ》し得《え》らるべき何等《なんら》の關係《くわんけい》もないのである、隨《したが》つて卦象《くわしやう》上の理法《りはふ》が如何《いか》に顯然明白《けんぜんめいはく》であるにせよ、直《たゞ》ちにその理法《りはふ》を以《もつ》て之《これ》を未來《みらい》の事柄《ことがら》に當箝《あては》むることは可能《でき》ぬ、然《しか》るに前述《ぜんじゆつ》の如《ごと》く得卦《とくくわ》の卦象《くわしやう》を以《もつ》て神告《じんこく》が具體的《ぐたいてき》に表現《へうげん》されたものであると見《み》ば、卦象《くわしやう》その儘《まゝ》が卽《すなは》ち未來《みらい》の事柄《ことがら》に外《ほか》ならぬが故《ゆゑ》に、卦象上《くわしやうじやう》の理法《りはふ》を以《もつ》て未來《みらい》の成《なり》行《ゆ》きを豫斷《よだん》することが可能《でき》るのである。此《かく》の如《ごと》く得卦《とくくわ》の卦象《くわしやう》を以《もつ》て神告《しんこく》の具體的《ぐたいてき》に表現《へうげん》したものであると見《み》る所《ところ》に、周易《しうえき》の性質《せいしつ》は什麼《どう》なものであるか、亦《また》その本領《ほんりやう》は何處《いづこ》にあるかと言《い》ふことが自然《しぜん》に分《わか》つて來《く》る許《ばか》りでなく、易全體《えきぜんたい》が難解《なんかい》のものでもなく、亦《また》不可解《ふかかい》のものでもなく、將亦《はたまた》凡智《ぼんち》以上《いじやう》のものでもないと言《い》ふことが能《よ》く分《わか》るのである。

三　卜筮の發生的根源

上述《じやうじゆつ》の如《ごと》く周易卜筮《しうえきぼくぜい》は支那《しな》の古代《こだい》に行《おこな》はれたる一種《しゆ》の宗敎《しうけう》で人心自然《じんしんしぜん》の產物《さんぶつ》である、而《しか》して宗敎《しうけう》が諸種《しよしゆ》の人文現象《じんぶんげんしやう》とその性質《せいしつ》を異《こと》にする所《ところ》は、自己《じこ》以外《いぐわい》の外界《ぐわいかい》に於《おい》て優勝《いうしよう》なる一種《しゆ》の勢力《せいりよく》を設想《せつさう》して之《これ》と人格的交涉《じんかくてきかうせふ》を欲求《よくきう》する所《ところ》にある、此處《こゝ》が卽《すなは》ち宗敎《しうけう》が諸種《しよしゆ》の人文現象中《じんぶんげんしやうちう》に於《おい》て特殊《とくしゆ》の性質《せいしつ》を有《いう》する所《ところ》である、故《ゆゑ》に基督敎《きりすとけう》の信仰《しんかう》する所《ところ》は獨《どく》一神《しん》であるが、猶太敎《ゆだやけう》の信賴《しんらい》する所《ところ》はヱホヷである、亦波斯敎《またぺるしやけう》の歸依《きえ》する所《ところ》はアフラであるが回々敎《ふいくいけう》の渴仰《かつかう》する所《ところ》はアラハである、尙婆羅門敎《なほばらもんけう》の梵天《ぼんてん》に於《お》ける佛敎《ぶつけう》の佛陀《ぶつだ》に於《お》けるも同然《どうぜん》であるが、その他《た》人獸木石《じんじうぼくせき》に關《くわん》する偶像等《ぐうざうとう》の崇拜《すうはい》に至《いた》つても、その時代《じだい》と人物《じんぶつ》とを異《こと》にするに依《よつ》て對象《たいしやう》に文野《ぶんや》の相違《さうゐ》はあるけれども、而《しか》も皆各《みなかく》その對象《たいしやう》を持《もつ》て居《を》らぬものはない、が卜筮《ぼくぜい》の對象《たいしやう》とする所《ところ》は天《てん》、帝《てい》、神等《かみとう》であつて、繫辭傳《けいじでん》に是故《このゆゑ》に與《とも》に酬酢《しうさく》すべく與《とも》に神《かみ》を祐《たす》くべしと言《い》ふは卽《すなは》ち此《こ》の對象《たいしやう》と交涉酬酢《かうせふしうさく》をなすことを言《い》ふたものである。して見《み》れば、卜筮《ぼくぜい》が一種《しゆ》の宗敎《しうけう》であると言《い》ふことは明白《めいはく》なる事實《じじつ》であつて疑《うたがひ》を容《いれ》ぬ所《ところ》である、唯卜筮《たゞぼくぜい》が各種《かくしゆ》の宗敎《しうけう》に比較《ひかく》して少《すこ》しく異《こと》なる所《ところ》は、その對象《たいしやう》とする客體《きやくたい》に對《たい》する要求《えうきう》の方法《はうはふ》が違《ちが》つて居《ゐ》る所丈《ところだけ》である、而《しか》もその異同《いどう》を論《ろん》じ特質《とくしつ》を審《つまび》らかにするは宗敎學若《しうけうがくも》しくは比較宗敎學等《ひかくしうけうがくとう》に於《おい》て講究《かうきう》すべき問題《もんだい》で、本講義《ほんかうぎ》の關知《くわんち》すべき所《ところ》ではない、故《ゆゑ》に茲《こゝ》には唯卜筮《たゞぼくぜい》の性質《せいしつ》が一種《しゆ》の宗敎《しうけう》であると言《い》ふことを提言《ていげん》して置《お》けばよいのである、されど此《かく》の如《ごと》き特質《とくしつ》があるのを見《み》て、世間或《せけんあるひ》は卜筮《ぼくぜい》を以《もつ》て宗敎《しうけう》ではないと言《い》ふものがあるかも知《し》らむが、此《かく》の如《ごと》きは未《いま》だ卜筮《ぼくぜい》の何者《なにもの》なるかを知《し》らぬものが言《い》ふ所《ところ》の僻見《へつけん》で、素《もと》より一辨《べん》の價値《かち》もないことであるけれども、而《しか》も尙《なほ》その說《せつ》の非《ひ》なる所以《ゆゑん》を一言《こん》せば、卜筮《ぼくぜい》が諸種《しよしゆ》の宗敎《しうけう》と比較《ひかく》して特殊《とくしゆ》の異趣《いしゆ》を持《もつ》て居《ゐ》るが故《ゆゑ》に、之《これ》を以《もつ》て宗敎《しうけう》でないと言《い》はゞ、世間《せけん》に言《い》ふ所《ところ》の諸種《しよしゆ》の宗敎《しうけう》なるものも、皆凡《みなすべ》て宗敎《しうけう》ではないと言《いは》ねばなるまい、何故《なにゆゑ》であるかと言《い》はゞ、古來諸種《こらいしよしゆ》の宗敎中《しうけうちう》一として異趣特質《いしゆとくしつ》を持《もつ》て居《を》らぬものはないからで、佛敎《ぶつけう》も已《すで》にそうであるが、基督敎《きりすとけう》も亦《また》そうである、その他《た》何《いづ》れの宗敎《しうけう》も皆《みな》そうである、試《こゝろ》みに視《み》よ、同一佛敎《どういつぶつけう》の中《うち》に於《おい》ても大《だい》、小《せう》、權《ごん》、實《じつ》、顯《けん》、密《みつ》、敎《けう》、禪《ぜん》、聖《せい》、淨等《じやうとう》十三宗《しう》三十餘派《よは》の區《く》別《べつ》があるに從《したが》ふて、皆異種異樣《みないしゆいやう》の外觀《ぐわいくわん》を呈《てい》して居《ゐ》るではないか、然《しか》れども其《そ》の宗敎《しうけう》として通有《つういう》すべき佛《ぶつ》と凡《ぼん》との一致合《ちがふ》一を欲求《よくきう》する特性《とくせい》に至《いた》つては皆同《みなどう》一にして異《こと》なる所《ところ》はないであらう、豈《あ》に啻《たゞ》に同《どう》一佛敎《ぶつけう》のみがそうであると言《い》ふ許《ばか》りでなく、古來時《こんらいじき》を異《こと》にし地《ち》を異《こと》にして發現《はつげん》した世界諸種《せかいしよしゆ》の宗敎《しうけう》も亦《また》悉《ことごと》くそうである、故《ゆゑ》に宗敎《しうけう》と非《ひ》宗敎《しうけう》とを區別《くべつ》するには、專《もつ》はら神人《しんじん》の交渉《かうせふ》を目的《もくてき》とする特性《とくせい》の有無《うむ》を標的《へうてき》とせねばならぬが、之《これ》を此《こ》れ察《さつ》せず唯卜筮《たゞぼくぜい》が諸種《しよしゆ》の宗敎《しうけう》に比較《ひかく》して異趣《いしゆ》あるを見《み》て宗敎《しうけう》にあらずと言《い》ふは、這《こ》は古來諸儒《こらいしよじゆ》が宗敎《しうけう》を排斥《はいせき》して異端邪說《いたんじやせつ》であると言《い》ひ、卜筮《ぼくぜい》を以《もつ》て、聖人《せいじん》の遺法《ゐはふ》であると言《い》ふて深《ふか》く之《これ》を尊信《そんしん》したのを見《み》て、その習俗的迷惑《しふぞくてきめいかん》に驅使《くし》されて此《かく》の如《ごと》き誤說《ごせつ》を唱《とな》へたもので、未《いま》だ宗敎《しうけう》の何者《なにもの》なるかを知《し》らぬ許《ばか》りでなく、亦併《またあは》せて周易卜筮《しうえきぼくぜい》の眞義《しんぎ》を解《かい》し得《え》ざるものである。

此《かく》の如《ごと》く周易卜筮《しうえきぼくぜい》は一種《しゆ》の宗敎《しうけう》である、故《ゆゑ》に亦凡《またすべ》ての宗敎《しうけう》に於《お》けると一般卜筮《ばんぼくぜい》の發生的根原《はつせいてきこんげん》は人《ひと》の心《しん》的機能《てきのう》の奧底《あうてい》にある、而《しか》して其《そ》の心的機能《しんてききのう》が卜筮行爲《ぼくぜいかうゐ》となりて外部《ぐわいぶ》に表《あら》はれ來《きた》るに及《およ》び、始《はじ》めて社會《しやくわい》人文史的現象《じんぶんしてきげんしやう》の一種《しゆ》となるのである、されば此《こ》の社會人文史的現象《しやくわいじんぶんしてきげんしやう》の一種《しゆ》たる卜筮《ぼくぜい》なるものは、人心《じんしん》の內部《ないぶ》に於《お》ける精神活動《せいしんくわつどう》の反影《はんえい》たるに過《す》ぎぬもので、之《これ》が發生的根原卽《はつせいてきこんげんすなは》ちその實體《じつたい》となるべきものは心的卜筮意識《しんてきぼくぜいいしき》にあると言《いは》ねばならぬ、隨《したが》つてその社會人文史的現象《しやくわいじんぶんしてきげんしやう》の一種《しゆ》たる卜筮《ぼくぜい》の何者《なにもの》なるかを知《し》らむとせば、入《き》づ之《これ》が發生的根原《はつせいてきこんげん》たる心的實體《しんてきじつたい》に就《つい》て究明《きうめい》する所《ところ》がなければならぬ、然《しか》らざればその眞相《しんさう》を發揮《はつき》し眞義《しんぎ》を闡明《せんめい》することは可能《でき》ぬのである。が卜筮《ぼくぜい》の實體《じつたい》が已《すで》に人心《じんしん》の內部《ないぶ》に於《お》ける卜筮意《ぼくぜいい》識《しき》にありとせば、その研究《けんきう》なるものは自《おのづ》から卜筮意識《ぼくぜいいしき》の心理的研究《しんりてきけんきう》とならねばならぬ、されど卜筮《ぼくぜい》の卜筮《ぼくぜい》たる所以《ゆゑん》は、そが人文史的事實《じんぶんしてきじじつ》たるの所《ところ》にある、故《ゆゑ》にその個々《こゝ》殊別《しゆべつ》なる史的事實《してきじじつ》を取《とつ》て之《これ》を觀念《くわんねん》的《てき》に綜合《そうがふ》し、而《しか》してその間《かん》に於《おい》て彼此《ひし》共通《きようつう》すべき性能《せいのう》あることを發見《はつけん》せねばならぬ、從《したが》つて一般《ぱん》の心《しん》理學的研究《りがくてきけんきう》とは研究《けんきう》の趣《おもむ》きを更《か》へて、唯《たゞ》その意識機能《いしききのう》の過程形式《くわていけいしき》を研究《けんきう》する許《ばか》りでなく、之《これ》が實質内《じつしつない》容等《ようとう》に迄立入《までたちい》つて詮索《せんさく》する所《ところ》がなければならぬ、蓋《けだ》し一般心理學《はんしんりがく》の目的《もくてき》とする所《ところ》は、人《ひと》の意識機能《いしききのう》は如何様《いかやう》に活動《くわつどう》すべきものであるから、その活動變化《くわつどうへんくわ》の過程法則等《くわていはふそくとう》を究明《きうめい》するにあるけれども而《しか》も此《こ》の卜筮意識《ぼくぜいいしき》の研究《けんきう》に取《とつ》て必要《ひつえう》とする所《ところ》は、そが如何《いか》なる性質《せいしつ》のものであつて、亦《また》如何《いか》なる意味《いみ》を含《ふく》むで居《ゐ》るかと言《い》ふこと迄《まで》も探究《たんきう》せねばならぬからである、是故《これゆゑ》に卜筮意識《ぼくぜいいしき》の心理的研究《しんりてきけんきう》をなすに就《つい》ては、一般《はん》に卜筮《ぼくぜい》の史的事實《してきじじつ》の裏面《りめん》に伏在《ふくざい》する共通一貫《きようつうくわん》の觀念的條理《くわんねんてきでうり》を綜合統括《そうがふとうくわつ》して、その内容實質《ないようじつしつ》の如何《いか》なるものであるかと云《い》ふことを見《み》ねばならぬが、此《こ》の史的事實《してきじじつ》の裏面《りめん》に伏在《ふくざい》する卜筮意識《ぼくぜいいしき》の總括的《そうくわつてき》觀念《くわんねん》の實質《じつしつ》に就《つ》き、心理的研究眼《しんりてきけんきうがん》を以《もつ》て之《これ》に臨《のぞ》めば、その意識《いしき》の性質上自《せいしつじやうおのづ》から二大觀念《だいくわんねん》の分列對峙《ぶんれつたいぢ》するものがある、そは即《すなは》ち主體《しゆたい》と客體《きやくたい》との二者《しや》であるが、此《こ》の二大觀念《だいくわんねん》の間《あひだ》に於《おい》て或《あ》る時《とき》は格段《かくだん》なる懸《けん》隔《かく》を生《しやう》じ、亦或《またあ》る時《とき》は一致融合《ちゆうがふ》の狀態《じやうたい》となりて絶《た》へず活動《くわつどう》して息《や》まぬものがある、これが即《すなは》ち卜筮《ぼくぜい》の實體《じつたい》たるべき觀念《くわんねん》の二大方面《だいはうめん》であつて、その一は即《すなは》ち自我《じが》の自覺《じかく》にして主觀的方面《しゆくわんてきはうめん》であるが、他《た》の一は即《すなは》ち天若《てんもし》くは神《かみ》の寫象《しやしやう》にして客觀的方面《きやくくわんてきはうめん》である、而《しか》して此《こ》の主觀的方面《しゆくわんてきはうめん》と客觀的方面《きやくくわんてきはうめん》との間《あひだ》に於《お》ける比觀的感情《ひくわんてきかんじやう》の隔離性《かくりせい》と接近性《せつきんせい》との關係交涉《くわんけいかうせふ》に由《よつ》て成立《なりた》つものが、即《すなは》ち卜筮《ぼくぜい》の史的事實《してきじじつ》である、故《ゆゑ》に卜筮《ぼくぜい》の發生的根原《はつせいてきこんげん》を究明《きうめい》せむとせば、先《ま》づ此《こ》の實體《じつたい》たる心的觀念《しんてきくわんねん》の主觀《しゆくわん》と客觀《かくくわん》との兩方面《りやうはうめん》から之《これ》を研《けん》究《きう》せねばならぬ。

四　信仰の主體と客體

卜筮意識《ぼくぜいいしき》の心理學的見地《しんりがくてきけんち》から言《い》へば、上述《じやうじゆつ》の如く卜筮《ぼくぜい》の發生的根原《はつせいてきこんげん》即《すなは》ちその實體《じつたい》たるべきものは、自《じ》我《が》の自覺《じかく》たる主觀的方面《しゆくわんてきはうめん》と天若《てんもし》くは神《かみ》の寫象《しやしやう》たる客觀的方面《かくくわんてきはうめん》との二大部《だいぶ》に分《わか》るゝのである、尙語《なほご》を換《か》へて之《これ》を言《い》へば、卜筮信仰《ぼくぜいしんかう》の根原《こんげん》は、信仰《しんかう》の主體《しゆたい》たる人《ひと》と信仰《しんかう》の客體《かくたい》たる神《かみ》と即《すなは》ち神人《しんじん》の對立《たいりつ》にある故《ゆゑ》に此《こ》の神人《しんじん》の對立《たいりつ》に關《くわん》し詳細《しやうさい》なる心理學的說明《しんりがくてきせつめい》をなさむとするには、主觀的方面《しゆくわんてきはうめん》と客觀的方面《かくくわんてきはうめん》に分《わか》つて之《こ》れを說《と》かねばならぬが、玆《こゝ》には之《これ》が詳細《しやうさい》なる說明《せつめい》を省《はぶ》き、唯《たゞ》その主體《しゆたい》たる自我的自覺《じがてきじかく》が如何《いか》なる動機《どうき》に由《よ》て、その客體《かくたい》たる天若《てんもし》くは神《かみ》の寫象及《しやしやうおよ》び之《これ》に對《たい》する渴仰信賴《かつぎやうしんらい》の觀念《くわんねん》を發生《はつせい》したるかを說《と》くに止《とゞ》め、その客觀的方面《かくくわんてきはうめん》に關《くわん》する說明《せつめい》は他日《たじつ》に讓《ゆづ》ることゝしたのであるが、信仰《しんかう》の主體《しゆたい》たる人《ひと》がその客體《かくたい》たる神及《しんおよ》びその神《しん》に對《たい》する信念《しんねん》を生《しやう》じたのは、抑如何《そもそもいか》なる動機《どうき》に出《い》でたのであるかと言《い》ふに、始《はじ》めて八卦《くわ》を畫《ゑが》き且《か》つ之《これ》を重《かさ》ねて六十四卦《くわ》となしたものは伏羲《ふくぎ》であつて、筮法《ぜいはふ》を發明《はつめい》したのも亦同《またおな》じく伏羲《ふくぎ》であつたかの樣《やう》に傳《つた》へられて居《ゐ》るけれども、果《はた》してそうであつたか否《いな》かは之《これ》を確《たしか》むることが可能《でき》ぬ、その位《くらゐ》であるから如何《いか》なる動機《どうき》に由《よ》て之《これ》を發明《はつめい》したかと言《い》ふことは尙更《なほさら》不明《ふめい》であつて、之《これ》が探《たん》究考證《きうかうしやう》をなし得《う》らるべき見込《みこみ》は絶對《ぜつたい》にない、故《ゆゑ》に卜筮《ぼくぜい》の原始時代《げんしじだい》に於《お》ける卜筮意識發生《ぼくぜいいしきはつせい》の動機《どうき》が如何《いか》なるものであつたかと言《い》ふことは、一般的宗敎學者《はんてきしうけうがくしや》の傳說《でんせつ》に由《よつ》て推測《すゐそく》をなすの外《ほか》、何等《なんら》の方法《はうはふ》も手段《しゆだん》もないのである、而《しか》して一般《はん》に諸種宗敎《しよしゆしうけう》の始《はじ》めて發生《はつせい》したる動機《どうき》は、天授若《てんじゆもし》くは神授《しんじゆ》に出《いで》たものであると言《い》ふ所《ところ》の天啓說《てんけいせつ》であるから、卜筮《ぼくぜい》の發生的動機《はつせいてきどうき》も亦此《まこ》の例《れい》に由《よつ》て推測《すゐそく》されぬことはない、そこで今此說《いまこのせつ》に從《したが》へば卜筮《ぼくぜい》は天若《てんもし》くは神《かみ》が之《これ》を附與啓示《ふよけいじ》したと言《い》ふことになる、卽《すなは》ち卜筮《ぼくぜい》は主體《しゆたい》たる人心《じんしん》に始《はじ》めて發生《はつせい》したのではなく、却《かへ》つて客體《きやくたい》たる神《かみ》が之《これ》を人心《じんしん》に向《むか》つて注入附與《ちうにふふよ》したことゝなるのであるが、今《いま》その例證《れいしやう》とも言《い》はるべきものゝ二三を示《しめ》せば、書《しよ》の洪範《こうはん》に曰《いは》く

鯀箕子乃ヲ言テ曰、我聞ク在昔、洪水鯀堙ヲ、汨ニ陳ス其ノ五行ヲ、帝乃震怒、不ㇾ畀ニ洪範九疇ヲ彝倫攸ㇾ斁、

則殛死ス禹乃嗣デ興ル、天乃錫フ禹ニ洪範九疇ヲ、彝倫攸ㇾ叙、

又書《またしよ》の仲虺之誥《ちうきうかう》に曰く

天乃錫ニ王勇智ヲ

と、玆《こゝ》に帝《てい》と言《い》ひ天《てん》と言《い》ふは其《そ》の名稱《めいしよう》は違《ちが》つて居《ゐ》るけれども、而《しか》もその指《さ》す所《ところ》は同一《どう》である、故《ゆゑ》に註《ちう》に主宰《しゆさい》の義《ぎ》を以《もつ》て之《これ》を帝《てい》と言《い》ひ、理《り》を以《もつ》て之《これ》を天《てん》と言《い》ふと解《かい》して居《ゐ》る、而《しか》してその謂《い》ふ所《ところ》の第七次《だいじ》にあるものは、稽疑《けいぎ》であるが、稽疑《けいぎ》とは卽《すなは》ち卜筮《ぼくぜい》のことである、して見《み》れば卜筮《ぼくぜい》は天若《てんもし》くは帝《てい》が之《これ》を附《ふ》與《よ》したものであると言《い》ふ義《ぎ》である、又仲虺之誥《またちうきうの かう》は卜筮《ぼくぜい》には關係《くわんけい》がないけれども、而《しか》も王《わう》に勇智《ゆうち》を錫《たま》ふ

と言《い》ふ所《ところ》を見《み》れば、當時代《たうじだい》の思想《しさう》に於《おい》て人《ひと》の心的機能《しんてききのう》の或《あ》る者《もの》を以《もつ》て天與《てんよ》に出《い》づるものとなす所《ところ》の信《しん》念《ねん》を持《もつ》て居《ゐ》た一證《しやう》となすことが可能《でき》る。又易經《またえききやう》の中《うち》に於《おい》ては

觀ノ彖傳ニ曰、觀テ二天之神道ヲ一、而四時不レ忒ハ、聖人以テ二神道ヲ一設テレ敎ヲ、而天下服ス矣、

繫辭傳曰、是故天生ス二神物ヲ一、聖人則ルレ之ニ、天地變化ス、聖人效フレ之ニ、天垂テレ象ヲ示ス二吉凶ヲ一、聖人象ルレ之ヲ、

河出ニレ圖、洛出スレ書、聖人則ルレ之ニ

說卦傳曰、聖人之作ルレ易ヲ也、幽三贊シテ於二神明一而生ナスレ蓍ヲ

と言《い》ふて居《ゐ》るが、此《かく》の如《ごと》き類《るゐ》は皆我等《みなわれら》人間以外《にんげんいぐわい》に宇宙《うちう》一切《さい》を宰轄《かんかつ》する天若《てんもし》くは神《かみ》の爲《な》す所《ところ》で、卜筮占《ぼくぜいせん》斷《だん》の法則《はふそく》の如《ごと》きも亦《また》その發表啓示《はつぺうけいじ》する所《ところ》の意思《いし》に從《したが》つて之《これ》を設《まう》けたものであると言《い》ふ義《ぎ》で、即《すなは》ち天啓《てんけい》若《もし》くは天授神授《てんじゆしんじゆ》と言《い》ふべきものであるが、基督敎《きりすとけう》の中《うち》に於《おい》ては、神《かみ》の力《ちから》に依《よつ》て宗敎《しうけう》の能《のう》を人心《じんしん》に投入《とうにふ》したものであると言《い》ひ、又印度《またいんど》の吠陁時代《べーだじだい》に於《おい》ては宗敎《しうけう》に關《くわん》する聖知《せいち》は、神《かみ》が直接《ちよくせつ》に人心《じんしん》に與《あた》へ人《ひと》は唯之《たゞこれ》を聞知《ぶんち》し、又《また》は之《これ》を記憶《きおく》するに過《すぎ》ずと言《い》ふが如《ごと》きも皆同《みなどう》一である、されば此《かく》の如《ごと》き思想《しさう》は惟《ひと》り支《し》那《な》の古代《こだい》にあつた許《ばか》りでなく、何《いづ》れの社會《しやくわい》に於《おい》ても行《おこな》はれて居《ゐ》たものである。

次《つぎ》に卜筮意識發生《ぼくぜいいしきはつせい》の動機《どうき》として見《み》らるべきものは畏怖說《ゐふせつ》であるが、此《これ》は天若《てんもし》くは神《かみ》の强大《きやうだい》なる威力《ゐりよく》に背《そむ》けば禍害災難等《くわがいさいなんとう》を下《くだ》さむことを恐《おそ》るゝ所《ところ》から服徒的觀念《ふくじうてきくわんねん》を生《しやう》じ、それが動機《どうき》となつて卜筮意識《ぼくぜいいしき》を發《はつ》生《せい》せしめたものであると見《み》る所《ところ》の說《せつ》で、今《いま》その徵證《ちやうしやう》となるべきものを示《しめ》せば、書《しよ》の甘誓《かんせい》に曰く

有扈氏威ニ侮シ五行一ヲ、怠ニ棄ス三正一ヲ、天用テ勦ニ絶ス其命一ヲ、今予惟恭行ニ天之罰一ヲ

湯誓曰、有夏多レ罪、天命シテ殛レス之ヲ、又曰、有夏氏有レ罪、予畏ニテ上帝一ヲ不ニ敢不一レ正、

湯誥曰、天道福レシ善ニ禍レス淫ニ、降ニ災于一レ夏、以テ彰ニス厥ノ罪一ヲ、

伊訓曰、惟上帝不レ常、作レバ善ヲ降ニ之ニ百祥一ヲ、作ニ不善一降ニ之百殃一ヲ、

大甲曰、惟天無レ親、克敬惟親、民罔ニ常懷一、懷レ于レ有レ仁、鬼神無ニ常享一、享ニ于レ克誠一、

泰誓曰、商罪貫盈、天命誅レ之、予弗レ順レ天、厥罪惟鈞、

論語曰、君子有ニ三畏一、畏ニ天命一、畏ニ大人一、畏ニ聖人之言一、小人不レ知ニ天命一、而レ不レ畏也、狎ニ大人一、侮ニ聖人之言一、

以上列擧《いじやうれつきよ》するものは直接《ちよくせつ》に卜筮《ぼくぜい》に關係《くわんけい》したものではないけれども、當時《たうじ》の風俗《ふうぞく》として天命《てんめい》を恐《おそ》れ鬼神《きじん》を畏《おそ》るゝ所《ところ》の觀念《くわんねん》があつたことを證《しよう》せらるゝ許《ばか》りでなく、禮記《らいき》に言《い》ふ所《ところ》の如《ごと》きは此《これ》と同《どう》一觀念《くわんねん》に由《よつ》て卜筮《ぼくぜい》を行《おこな》ふた樣《やう》である、

曲禮曰、龜爲レ卜筴爲レ筮、卜筮者、先聖王之所以レ使下民信ニ時日一敬中鬼神上也、

表記曰、子言レ之、昔三代明王、皆事ニ天地之神明一、無レ非ニ卜筮之用一、不下敢以ニ其私一褻中事上上、帝

是以不レ犯ニ日月一、不レ違ニ卜筮一、卜筮不ニ相褻一也、

と言《い》ふて居《ゐ》る、又謙《またけん》の彖傳《えきでん》に曰《いは》く

天道虧レ盈而益レ謙、地道變レ盈而流レ謙、鬼神害レ盈而福レ謙、
无妄彖傳曰、无妄剛自レ外來、而爲レ主于レ內、動而健、剛中而應、大亨以レ正、天之命也、其匪レ正、有レ眚、不レ利レ有レ攸レ往、无妄之往、何之矣、天命不レ祐、行矣哉
震大象曰、洊雷震、君子以恐懼脩省、

と、此等《これら》も亦《また》畏怖說《ゐふせつ》の例證《れいしやう》として見《み》らるべきものであるが、印度《いんど》の婆羅門敎《ばらもんけう》が身心《しん〳〵》以外《いぐわい》に一種《しゆ》の靈妙《れいめう》不可思議《ふかしぎ》なるものがあつて一切《さい》を支配《しはい》するが故《ゆゑ》に、我等《われら》人身《じんしん》の活動《くわつどう》も亦之《またこれ》に由《よつ》て生《しやう》ずとして畏敬《ゐけい》する所《ところ》の魔《ま》、卽《すなは》ち成唯《せいゐ》識論《しきろん》に謂《い》ふ所《ところ》の離蘊我《りうんが》の如《ごと》き、大智度論《だいちどろん》に謂《い》ふ所《ところ》の怖畏軍第《ふゐぐんだい》六の如《ごと》き、佛本行集經《ぶつほんぎやうしふきやう》に謂《い》ふ所《ところ》の驚怖恐畏是第六《きやうふきようゐこれだい》の如《ごと》き、若《もし》くは倶舍論《ぐしやろん》に畏怖《ゐふ》の心《こゝろ》、神《かみ》を生《しやう》ずと言《い》ふものゝ如《ごと》き、此《これ》も亦《また》支那古代《なこだい》の思想《しさう》と相似《あひに》たるものである、加之《しかのみならず》、歐洲各國《わうしうかくこく》に於《おい》ても此《かく》の如《ごと》き畏怖說《ゐふせつ》のあつたことは、エビクルス及《およ》びエビクルス派《は》の學者《がくしや》が一般《ぱん》に唱導《しやうだう》した所《ところ》で、其《そ》の派《は》の詩人《しじん》ペトロニウスが世界《せかい》に於《お》ける最初《さいしよ》の神《かみ》は畏怖《ゐふ》の作《つく》る所《ところ》であると言《い》ふて居《ゐ》るのを以《もつ》て之《これ》を證《しやう》することが可能《でき》る。されば茲《こゝ》に言《い》ふ恐怖《きやうふ》的觀念《てきくわんねん》を以《もつ》て卜筮意識開發《ぼくぜいいしきかいはつ》の動機《どうき》を見《み》ることは、之《これ》を前《ぜん》の天啓說《てんけいせつ》に比《くら》ぶれば、多《た》少心理《せうしんり》的說明《てきせつめい》の階段《かいだん》に向《むか》つてその步《ほ》を進《すゝ》めたものであると言《い》ふことが可能《でき》る、然《しか》れども唯此《たゞこ》れのみを以《もつ》て發生的動機《はつせいてきどうき》の全《ぜん》部《ぶ》であるとは思《おも》はれぬ、何故《なぜ》なれば、以上列擧《いじやうれつきよ》したる所《ところ》を見《み》れば畏怖的感情《ゐふてきかんじやう》を以《もつ》て發生動機《はつせいどうき》の一部分《ぶぶん》となつて居《ゐ》ることは認《みと》められぬでもない、されども一般《はん》に畏怖心《ゐふしん》の反動《はんどう》として起《おこ》り來《きた》るものは嫌忌憎《けんきぞう》

惡《を》等《さう》の感情《かんじやう》であつて、憧憬渇仰《しやうけいかつかう》して接近合《せつきんがふ》一を求《もと》むる所《ところ》の信念《しんねん》とは却《かへ》つて相背馳《あいはいち》して居《ゐ》る、して見《み》れば畏怖心《いふしん》のみを以《もつ》て卜筮意識發生動機《ぼくぜいいしきはつせいどうき》の全部《ぜんぶ》であると見做《みな》すことは可能《でき》ぬ。

此《かく》の如《ごと》く普通《ふつう》一般《はん》の場合《ばあひ》に於《お》ける單純《たんじゆん》なる畏怖心《ゐふしん》を以《もつ》て卜筮意識《ぼくぜいいしき》の發生動機《はつせいどうき》となすことが可能《でき》ぬとせば、如何《いか》なるものを以《もつ》て眞實《しんじつ》の動機《どうき》となすべきか、此《こ》の畏怖説《ゐふせつ》に次《つい》で起《おこ》り來《く》るものは、前《ぜん》の畏怖心《ゐふしん》に加味《がみ》するに欲求的希望《よくきうてききばう》を以《もつ》てしたるもので、自己以外《じこいぐわい》の外界《ぐわいかい》に於《おい》て一種《しゆ》の威力的人格《ゐりよくてきじんかく》を認《みと》むると同時《どうじ》にその威力《ゐりよく》に倚《よつ》て自己《じこ》を利《り》せむとする所《ところ》の希望《きばう》であるが、今之《いまこれ》を響《さき》の引例《いんれい》に照《てら》して再考《さいかう》すれば、彼《か》の天道《てんだう》は善《ぜん》に福《さいはひ》し淫《いん》に禍《わざはひ》すと言《い》ひ、惟《こ》れ天《てん》親《しん》なく克《よ》く敬《けい》すれば惟《こ》れ親《した》しむと言《い》ふが如《ごと》きは、畏敬恐怖《ゐけいきようふ》の情《じやう》があると同時《どうじ》に、他《た》の一面《めん》に於《おい》ては安全幸福《あんぜんかうふく》を希望《きばう》する欲求的感情《よくきうてきかんじやう》の附隨《ふずゐ》することを發見《はつけん》するのであるが、ヒユームが宗教的意識發生《しうけうてきいしきはつせい》の動機《どうき》は人間《にんげん》の理性《りせい》に出《い》でたるにあらずして、利害的欲求《りがいてきよくきう》に出《い》でたるものと言《い》ふたのは卽《すなは》ち此《こ》のことを指《さ》したものである、而《しか》して這《こ》は彼《かれ》が人生處世《じんせいしよせい》の上《うへ》から着眼《ちやくがん》し來《きた》つた所《ところ》で、確《たし》かに一面《めん》の眞理《しんり》たるに違《ちが》はないけれども、而《しか》も心理的説明《しんりてきせつめい》としては尙未《なほいま》だ缺《か》くる所《ところ》があると言《いは》ねばならぬ、然《しか》るに此《こ》の説《せつ》をして尙《なほ》一層明晰《そうめいせき》ならしめたのはフオイエルバツパである。

そこで此《こ》のフオイエルバツパが唱《とな》へたのは卽《すなは》ち利己的投影説《りこてきとうえいせつ》と言《い》ふのであつて、人《ひと》は各《おの〳〵》その固有《こいう》する諸種《しよしゆ》の感情卽《かんじやうすなは》ち畏怖愛敬親近等《ゐふあいけいしんきんとう》の中心原動力《ちうしんげんどうりよく》として利己的天性《りこてきてんせい》を持《もつ》て居《ゐ》るが、此《こ》の利己的天性《りこてきてんせい》たる希《き》望《ばう》を外界《ぐわいかい》に投影《とうえい》して、而《しか》も自《みづ》からは其《そ》の投影《とうえい》たることを悟《さと》らず、その投影《とうえい》を以《もつ》て不可思議《ふかしぎ》なる靈力《れいりよく》を有《いう》するものと認《みと》め、之《これ》に向《むか》つて祈願崇拜《きぐわんすうはい》し種々《しゆ〻》なる宗敎的動作《しうけうてきどうさ》をなすものが此《こ》れが卽《すなは》ち宗敎《しうけう》であると說《と》いて居《ゐ》る、此《かく》の如《ごと》く彼《かれ》は人間《にんげん》の利己的天性《りこてきてんせい》の上《うへ》に於《お》ける利害考量《りがいかうりやう》の感情《かんじやう》を以《もつ》て宗敎的意識發生《しうけうてきいしきはつせい》の動機《どうき》と認《みと》めたのであるが之《これ》を前《ぜん》の神授說《しんじゆせつ》若《もし》くは天啓說等《てんけいせつとう》に比《くら》ぶれば、頗《すこ》ぶる進步《しんぽ》した所《ところ》の說明《せつめい》である、されど彼《かれ》が言《い》ふ如《ごと》く利己的欲望《りこてきよくぼう》なるものが、皆凡《みなすべ》て自己《じこ》を外界《ぐわいかい》に投影《とうえい》して宗敎《しうけう》となるのでもなく、且《か》つ宗敎的信仰《しうけうてきしんがう》に於《おい》ては利己的感情《りこてきかんじやう》を以《もつ》て說明《せつめい》されぬものがある、畏怖敬虔等《ゐふけいけんとう》の如《ごと》きは卽《すなは》ちそうであるが、此等《これら》の感情《かんじやう》が發動《はつどう》するに當《あた》りては或《あるひ》は制欲《せいよく》となり、或《あるひ》は禁欲《きんよく》となり、亦或《またあるひ》は苦行《くぎやう》となり沒我的犧《ぼつがてきぎ》牲等《せいとう》となるものである、さすれば一概《がい》に此《こ》の說《せつ》を以《もつ》て宗敎的意識發生《しうけうてきいしきはつせい》の動機《どうき》を說明《せつめい》されぬと同時《どうじ》に、卜筮意識發生《ぼくぜいいしきはつせい》の動機《どうき》に就《つい》ても完全《くわんぜん》に心理的說明《しんりてきせつめい》をなし得《う》べきものではない。

そこで此《こ》の次《つぎ》にはマクスミユラーが唱《とな》へた所《ところ》の知覺說《ちかくせつ》なるものを擧《あげ》むに、宗敎的意識發生《しうけうてきいしきはつせい》の動機《どうき》は利害考量《りがいかうりやう》の結果《けつくわ》ではなく、外界經驗《ぐわいかいけいけん》の知覺《ちかく》による、尙之《なほこれ》を詳《つまび》らかにせば、人間《にんげん》が外界《ぐわいかい》を經驗《けいけん》するに當《あた》りては、有限且《いうげんか》つ定形《ちやうけい》あるものとして之《これ》を他物《たぶつ》と區別《くべつ》して感知《かんち》するものであるが、その如《ごと》き知覺《ちかく》は、知覺《ちかく》する物以外《ものいぐわい》に過境《くわきやう》の無限《むげん》あることを含有《がんいう》し豫定《よてい》したる上《うへ》に於《おい》て、始《はじ》めて之《これ》を能《よ》くすべきことである故《ゆゑ》に外界經驗《ぐわいかいけいけん》の始《はじ》めをなすものは感覺《かんかく》である、而《しか》もそれと同時《どうじ》に感覺的事物《かんかくてきじぶつ》に就《つ》き無限《むげん》と言《い》ふ經驗《けいけん》を得《え》て、之《これ》を鑽仰嘆美《さんかうたんび》するのが宗敎的意識發生《しうけうてきいしきはつせい》の始《はじ》めである、而《しか》して此《こ》の無限《むげん》の經驗《けいけん》は有形《いうけい》より無形《むけい》に進《すゝ》み、感覺《かんかく》より瞑想《めいさう》に進《すゝ》みて諸種《しよしゆ》の宗敎《しうけう》となるものであると。此《こ》れが卽《すなは》ちマクスミユラーが言《い》ふ所《ところ》の知覺說《ちかくせつ》であるが、此《こ》の說《せつ》を以《もつ》て前《ぜん》の利己的投影說《りこてきとうえいせつ》に比《くら》ぶれば、利己說《りこせつ》の如《ごと》く單《たん》に主觀的《しゆくわんてき》一方《ぱう》に偏《へん》せずして、主觀的意識《しゆくわんてきいしき》が知《ち》と情《じやう》と相助《あひたす》けて、客觀的外界《かくくわんてきぐわいかい》の事物《じぶつ》に對《たい》する知覺《ちかく》が有形《いうけい》より無形《むけい》に進《すゝ》み、有限《げん》より無限《むげん》に進《すゝ》む所《ところ》を說明《せつめい》して一層巧妙《そうこうめう》なる所《ところ》がある、然《しか》れども此《こ》の說《せつ》が利害計較《りがいけいかく》の念《ねん》を全《まつた》く度外視《どぐわいし》したのは缺點《けつてん》であると言《いは》ねばなるまい、何《なん》となれば、宗敎的意識《しうけうてきいしき》は知的感覺《ちてきかんかく》に原由《げんいう》すると假定《かてい》するも果《はた》して純粹《じゆんすゐ》なる知的感覺《ちてきかんかく》のみに原由《げんいう》するや否《いな》や、且《か》つ無形若《むけいも》しくは無限等《むげんとう》の經驗的知覺《けいけんてきちかく》は、何故《なにゆゑ》に之《これ》に對《たい》する嘆美鑽仰《たんびさんかう》の念《ねん》を起《おこ》さしむるものであるか、此等《これら》の點《てん》は此《こ》の說《せつ》が未《いま》だ說明《せつめい》し得《え》ざる所《ところ》である。

以上《いじやう》の五說《せつ》は何《いづ》れも皆《みな》一面《めん》の眞理《しんり》があると共《とも》に、亦他《またた》の一面《めん》に於《おい》ては不足《ふそく》して居《ゐ》る所《ところ》がある、已《すで》に述《の》べたるが如《ごと》く卜筮意識發生《ぼくぜいいしきはつせい》の根原《こんげん》は心的機能《しんてききのう》にある、而《しか》して人《ひと》の心的機能《しんてききのう》なるものは、常《つね》に人生生活《じんせいせいくわつ》の全方面《ぜんはうめん》に亘《わた》りて活動《くわつどう》し、自我的人格《じがてきじんかく》の統覺《とうかく》に由《よつ》て總攝《そうせつ》せられ、各自生活境遇《かくじせいくわつきやうぐう》の異《こと》なるに從《したが》ふて變化《へんくわ》發展《はつてん》するものである、故《ゆゑ》に此《こ》の心的機能《しんてききのう》を開發《かいはつ》せしむる所《ところ》の動機《どうき》に至《いた》りても、亦簡單《またかんたん》なる或《あ》る一二の要素《えうそ》を以《もつ》て限定《げんてい》せらるべきものでなく、智情意《ちじやうい》の各方面《かくはうめん》に關涉《くわんせふ》せざるを得《え》ぬ、隨《したが》つて此等諸說《これらしよせつ》を綜合《そうがふ》して之《これ》を說明《せつめい》するも、果《はた》して滿足《まんぞく》なる說明《せつめい》をなし得《う》らるべきや否《いな》や、甚《はなは》だ覺束《おぼつか》なきことであると言《いは》ねばならぬ、然《しか》らば一面《めん》に執着《しふちやく》したる偏見《へんけん》を以《もつ》て完全《くわんぜん》なる說明《せつめい》をなし得《え》ざることは固《もと》より論《ろん》なき所《ところ》である、故《ゆゑ》に完全《くわんぜん》なる說明《せつめい》は到底望《たうていのぞ》むべからずとするも、之《これ》を要《えう》するに卜筮意識發生《ぼくぜいいしきはつせい》の動機《どうき》は大略《たいりやく》此《こゝ》の如《ごと》く、人間意識《にんげんいしき》の天性《てんせい》として自己以外《じこいぐわい》の過境《くわきやう》に於《おい》て或《あ》る對象《たいしやう》の存在《そんざい》を寫象《しやしやう》すると共《とも》に、その對象《たいしやう》に向《むか》つて酬酢交渉《しうさくかうせふ》を求《もと》むるのが卜筮《ぼくぜい》の史的事實《してきじじつ》であつて、人間處世《にんげんしよせい》の必要上自然《ひつえうじやうしぜん》に發生《はつせい》した所《ところ》の產物《さんぶつ》である而《しか》して卜筮意識《ぼくぜいいしき》の客觀的方面《かくくわんてきはうめん》即《すなは》ち信仰《しんかう》の客體《かくたい》たる天《てん》、帝《てい》、神《かみ》なるものは時《とき》と處《ところ》とを異《こと》にするに從《したが》ふてその性質《せいしつ》を異《こと》にするものである、その性質《せいしつ》を異《こと》にすることはあるけれども、苟《いやし》くも宗教的卜筮《しうけうてきぼくぜい》の行《おこな》はるゝ限《かぎ》りは、信仰《しんかう》の客體《かくたい》たる天《てん》、帝《てい》、神等《かみとう》の存在《そんざい》することは固《もと》より論《ろん》なき所《ところ》で、宗教的卜筮《しうけうてきぼくぜい》なるものは此《こ》の客體《かくたい》の存在《そんざい》を認《みと》め、然《しか》る後之《のちこれ》と接近交渉《せつきんかうせふ》を求《もと》むる所《ところ》に於《おい》て成立《せいりつ》するものである。

五　卜筮の成立

宗教的卜筮意識《しうけうてきぼくぜいいしき》が外部《ぐわいぶ》に發表《はつぺう》されて卜筮《ぼくぜい》の史的事實《してきじじつ》を形成《けいせい》せむとするには、具體的手段方法《ぐたいてきしゆだんはうはふ》を假《か》らねばならぬが、如何《いか》にせば具體的《ぐたいてき》に之《これ》を表現《へうげん》することが可能《でき》るのであるか、想《おも》ふに這《こ》は始《はじ》めて周易卜筮《しうえきぼくぜい》を作《つく》つたものが幾多《いくた》の研究考案《けんきうかうあん》を重《かさ》ねた所《ところ》であらう、而《しか》して今《いま》その具體的《ぐたいてき》に形成《けいせい》されたものを見《み》れば天然現象界《てんねんげんしやうかい》の理法《りはふ》をその儘演繹《まゝえんえき》し來《きた》つて之《これ》を設《まう》けた樣《やう》であるが、繫辭傳《けいじでん》の首章《しゆしやう》に

天尊地卑、乾坤定矣、卑高以陳、　賤位矣、動靜有レ常、剛柔斷矣、方以レ類聚、物以レ群分、吉凶生矣、在レ天成レ象、在レ地成レ形、變化見矣、是故剛柔相摩、八卦相盪、皷レ之以二雷霆一、潤レ之以二風雨一、日月運行、一寒一暑、乾道成レ男、坤道成レ女、乾知二大始一、坤作二成物一、

と言《い》ひ、第四章《だいしやう》に

易與二天地一準、故能彌二綸天地之道一、仰以觀レ於二天文一、俯以察レ於二地理一、是故知二幽明之故一、原レ始反レ終、故知二死生之說一、精氣爲レ物、游魂爲レ變、是故知二鬼神之情狀一

と言《い》ひ、第《だい》六章《しやう》に

廣大配二天地一、變通配二四時一、陰陽之義配二日月一、易簡之善配二至德一、

と言《い》ひ、第《だい》十一章《しやう》に

是故天生二神物一、聖人則レ之、天地變化、聖人效レ之、天垂レ象見二吉凶一、聖人象レ之、河出レ圖、洛出レ書、聖人則レ之、

と言《い》ひ、又《また》下《か》繫第《けいだい》二章《しやう》に

古者包犧氏之王二天下一也、仰則觀二象於一レ天、俯則觀二法於一レ地、觀二鳥獸之文一、與二地之宜一、近取二諸身一、遠取二諸物一、於レ是作二八卦一、以通二神明之德一、以類二萬物之情一、

と言《い》ふて居《ゐ》るが如《ごと》きは皆《みな》その然《しか》る所以《ゆゑん》を證《しやう》するものであるが、此《こ》の周易卜筮《しうえきぼくぜい》を完成《くわんせい》せむが爲《ため》に要《えう》する所《ところ》の方法《はうはふ》は大別《たいべつ》して之《これ》を三種《しゆ》となすことが可能《でき》る、而《しか》してその第《だい》一に要《えう》するものは天意神情《てんいしんじやう》を具體的《ぐたいてき》に表現《へうげん》せしむる所《ところ》の方法《はつはふ》であるが、易《えき》の六十四卦《くわ》なるものは此《こ》の第《だい》一の要求《えうきう》に應《おう》せむが爲《た》めに發明《はつめい》したもので、宇宙現象界《うちうげんしやうかい》の理法《りはふ》を模象《もしやう》して作《つく》つたものであると言《い》ふことは前《ぜん》に述《のべ》た所《ところ》である。が更《さら》に繫《けい》辭傳第十章《じでんだいしやう》に

是故易有ニ大極一、是生ニ兩儀一、兩儀生ニ四象一、四象生ニ八卦一、八卦定ニ吉凶一、吉凶生ニ大業一、

と言《い》ひ、第《だい》二章《しやう》に

聖人設レ卦觀レ象繫レ辭焉、而明ニ吉凶一、

と言《い》ふて居《ゐ》るのを見《み》れば尚《なほ》一層明《そうあき》らかである、此《かく》の如《ごと》く易《えき》の六十四卦《くわ》は神意《しんい》を具體的《ぐたいてき》に表現《へうげん》せむが爲《ため》に設《まう》けたものである、故《ゆゑ》に卦象《くわしやう》を見《み》れば神告《しんこく》の旨趣《しゆ》を知《し》つて、吉《きち》なれば之《これ》に從《したが》ひ凶《きよう》なれば之《これ》を避《さ》くることが可能《でき》る、故《ゆゑ》に吉凶大業《きつきようたいげふ》を生《しやう》ずと言《い》ふたのである。されど六十四卦《くわ》の卦象《くわしやう》なるものは、唯神意《たゞしんい》を具體的《ぐたいてき》に表現《へうげん》する爲《ため》の道具《だうぐ》であつて、神《かみ》と接近交渉《せつきんかうせふ》をなす爲《ため》の道具《だうぐ》ではない、故《ゆゑ》に神《かみ》と交渉《かうせふ》してその啓示《けいじ》を願《ねが》はむとするには、それを願《ねが》ふ爲《ため》の方法《はうはふ》がなければならぬ。而《しか》して此《こ》の第《だい》二の要求《えうきう》に應《おう》じて設《まう》けたものが分掛的揲歸《ぶんくわてきてうき》の筮法《ぜいはふ》であるが、此《こ》の筮法《ぜいはふ》なるものは神人交渉《しんじんかうせふ》の手段即《しゆだんすなは》ち神告《しんこく》を具體的《ぐたいてき》に表現《へうげん》せしむる爲《ため》の所作事《しよさごと》である、說卦傳《せつくわでん》に

昔者聖人之作レ易也、幽三贊於二神明一而生レ蓍、參天兩地而倚レ數、觀三變於二陰陽一而立レ卦、發三揮於二剛柔一而生レ爻、和三順於二道德一、而理レ於レ義、窮レ理盡レ性、以至レ於レ命、

と言《い》ひ、繫辭傳第《けいじでんだい》九章《しやう》に筮法《ぜいはふ》を述《のべ》た後《のち》に於《おい》て、

顯レ道神二德行一、是故可二與酬醋一、可二與祐一レ神矣、子曰、知二變化之道一者、其知二神之所一レ爲乎

と言《い》ふのは卽《すなは》ち此《こ》の事《こと》を言《い》ふたものである、斯《か》くて神意《しんい》表現《へうげん》の方法《はうはふ》と神人《しんじん》酬酢《しうさく》の手段《しゆだん》とは已《すで》に之《これ》を得《え》たのである、されば神《かみ》と酬酢《しうさく》して具體的《ぐたいてき》に神意《しんい》を表現《へうげん》せしむることが可能《でき》るのである、然《しか》れども唯神《たゞしん》意《い》を具體的《ぐたいてき》に表現《へうげん》せしめた計《はか》りでは、神告《しんこく》の意義《いぎ》卽《すなは》ち吉《きち》なるか凶《きよう》なるかを知《し》ることが可能《でき》ぬ、故《ゆゑ》に此《こ》の神告《しんこく》の意義《いぎ》旨趣《ししゆこう》等を審《つまび》らかにせむとせば、神意解釋《しんいかいしやく》の方法《はうはふ》を知《し》らねばならぬが、謂《い》ふ所《ところ》の占法《せんぱふ》なるものは卽《すなは》ち此《こ》の神意解釋《しんいかいしやく》の方法《はうはふ》たるに外《ほか》ならぬ、そこで亦之《またこれ》を經文《きやうもん》に徵《ちやう》すれば、繫辭傳第《けいじでんだい》二章《しやう》に

剛柔相推、而生二變化一、是故吉凶者、失得之象也、悔吝者、憂虞之象也、變化者、進退之象也、剛柔者、晝夜之象也、六爻之動、三極之道也、

と言《い》ひ、若《も》しくは下《か》繫第《けいだい》九章《しやう》に

易之爲レ書也、原レ始要レ終、以爲レ質也、六爻相雜、其時物也、其初難レ知、其上易レ知、本末也、初辭擬レ之、卒成二之終一若夫雜レ物撰レ德、辨二是與一レ非、則非二其中爻一不レ備、噫亦要二存亡吉凶一、則居可レ知矣、知者觀二其彖辭一、則思過レ半矣、二與レ四同レ功而異レ位、其善不レ同、二多レ譽四多レ懼近也柔之爲レ道、不レ利レ遠者、其要无レ咎、其用二柔中一也、三與レ五同レ功而異レ位、三多レ凶、五多レ功、貴賤之等也、其柔危、其剛勝邪

と云《い》ふの類《るゐ》は皆茲《みなこゝ》に謂《い》ふ所《ところ》の神意《しんい》の解釋《かいしやく》卽《すなは》ち占法《せんぱふ》の要領《えうりやう》を示《しめ》したものである。

上述《じやうじゆつ》の如《ごと》く周易卜筮《しうえきぼくぜい》は卦象《くわしやう》と揲筮《てうぜい》と占法《せんぱふ》との三要件《えうけん》に依《よつ》て成立《なりたつ》て居《ゐ》る、故《ゆゑ》に此《こ》の三要件中《えうけんちう》その一を

缺《か》けば周易卜筮《しうえきぼくぜい》はその用《よう》をなすことが可能《でき》ぬ、而《しか》して本講義《ほんかうぎ》に於《おい》ては彖爻《たんかう》の經文《きやうもん》を解釋《かいしやく》するの外《ほか》、別《べつ》に卦象《くわしやう》と揲筮《てうぜい》と占法《せんぱふ》との三科《くわ》に分《わか》つて之《これ》を詳說《しやうせつ》するのであるから、茲《こゝ》には唯《たゞ》その要領《えうりやう》を提示《ていじ》して周易《しうえき》卜筮《ぼくぜい》の何者《なにもの》なるかを明《あき》らかにし、以《もつ》て彖爻《たんかう》の經文《きやうもん》を讀《よ》む爲《ため》の先驅《せんく》をなすに過《す》ぎぬのである。且《か》つ彖爻《たんかう》の經文《きやうもん》なるものは、本來《ほんらい》を言《い》へば前述《ぜんじゆつ》三要件中《えうけんちう》卦象《くわしやう》の部《ぶ》に於《おい》て併說《へいせつ》すべき筈《はず》のものである。されども今《いま》は唯便宜上《たゞべんぎじやう》茲《こゝ》に之《これ》を分說《ぶんせつ》する次第《しだい》であるから、その心《こゝろ》にて之《これ》を讀《よ》むで貰《もら》い度《た》い。尙亦茲《なほまたこゝ》に一言注意《ごんちうい》して置《な》き度《た》いと思《おも》ふことは、古來易學《こらいえきがく》を研究《けんきう》したものゝ研究《けんきう》の仕方《しかた》を見《み》るに、何《なん》の方法《はつはふ》もなく順序《じゆんじよ》もなく、唯彖爻並《たゞたんかうならび》に十翼《よく》の解釋殊《かいしやくこと》に卦象《くわしやう》に屬《ぞく》する部分《ぶぶん》を講說《かうせつ》した樣《やう》である、故《ゆゑ》に此《こ》の部分《ぶぶん》に屬《ぞく》する所《ところ》の研究《けんきう》は頗《すこ》ぶる見《み》るべきものがあるけれども、筮法《ぜいはふ》と占法《せんぱふ》とに屬《ぞく》する部分《ぶぶん》の研究《けんきう》は等閑視《とうかんし》されて居《ゐ》たのである、されども卦象《くわしやう》と揲筮《てうぜい》と占法《せんぱふ》との三者《しや》は前《まへ》にも述《のべ》て置《おい》た如《ごと》く、何《いづ》れを先《さき》とし何《いづ》れを後《あと》とすることも可能《でき》ぬ關係《くわんけい》があるから、三者相並《しやあひなら》むで研究《けんきう》するにあらざれば、周易卜筮《しうえきぼくぜい》の眞面目《しんめんもく》を知《し》ることは可能《でき》ぬのである、加之《しかのみならず》。彖爻《たんかう》十翼《よく》は周易卜筮《しうえきぼくぜい》の外部《ぐわいぶ》に發表《はつぺう》されたるもの卽《すなは》ち成立的要件《せいりつてきえうけん》である、而《しか》して之《これ》が內容實體《ないようじつたい》たるべきもの卽《すなは》ち發生的條件《はつせいてきでうけん》となるものは、人心《じんしん》の最奧《さいおう》に潛伏《せんぷく》する所《ところ》の心的活動《しんてきくわつどう》である、故《ゆゑ》に唯外部《たゞぐわいぶ》に現《あら》はれたる彖爻《たんかう》十翼《よく》の解釋《かいしやく》にのみ沒頭《ぼつとう》して、その內部《ないぶ》に伏在《ふくざい》する實體實質《じつたいじつしつ》の何者《なにもの》なるかを探究《たんきう》することを知《し》らぬものゝ如《ごと》きは、周易卜筮《しうえきぼくぜい》の死的研究《してきけんきう》であつて活的研究《くわつてきけんきう》ではない、然《しか》るに古來此點《こらいこのてん》に着眼《ちやくがん》して周易《しうえき》を研究《けんきう》した學者《がくしや》は一人《にん》もない、此《こ》れ周易卜筮《しうえきぼくぜい》の眞相《しんさう》が世《よ》に明《あき》らかならぬ所以《ゆえん》で、余《よ》が常《つね》に痛嘆《つうたん》して已《や》まぬ所《ところ》である、故《ゆゑ》に茲《こゝ》に一言《げん》して後學《こうがく》に告《つ》ぐ。

六　周易の作者こ傳統

古來《こらい》言ひ傳《つた》へて居《ゐ》る所《ところ》では、始《はじ》めて易《えき》の六十四卦《くわ》を作《つく》つて卜筮占斷《ぼくぜいせんだん》の方法《はうはふ》を敎《をし》へたものは伏義《ふつぎ》で、彖《たん》辭卽《すなは》ち一卦《くわ》の卦象全體《くわしやうぜんたい》に就《つい》ての文辭《ぶんじ》を繫《かけ》たものは文王《ぶんわう》で、爻辭卽《かうじすなは》ち一卦中《くわちう》の陰陽剛柔《いんやうがうじう》の各爻《かくかう》に就《つい》ての文辭《ぶんじ》を繫《かけ》たものは周公《しうこう》であつたが、その外《ほか》に尙亦《なほまた》十翼卽《よくすなは》ち繫辭《けいじ》、說卦《せつくわ》、序卦《じよくわ》、雜卦《ざつくわ》、文言等《ぶんごんとう》の諸傳《しよでん》を作《つく》つたものは孔夫子《こうふし》であつたと言《い》ふことになつて居《ゐ》るが、果《はた》してそうであつたか否《いな》かは大《おほい》に疑《うたがひ》の存《そん》する所《ところ》であるが、漢《かん》の斑固曰《いは》く、

孔子《こうし》晩《はん》にして易《えき》を好《この》み、之《これ》を讀《よ》んで韋編《ゐへん》三たび絕《た》つて而《しか》して之《これ》が傳《でん》を作《つく》る、傳《でん》は卽《すなは》ち十翼《よく》なり、魯《ろ》の商瞿子《しやうくし》木《ぼく》が易《えき》を孔子《こうし》に受《うけ》てより、以《もつ》て魯《ろ》の橋庇子庸《けうひしよう》に傳《つた》へ、子庸《しよう》は江東《こうこう》の馯臂子弓《かんぴしきう》に授《さづ》け、子弓《しきう》は燕《えん》の周醜子《しうくしし》家《け》に授《さづ》け、子家《しけ》は東武《とうぶ》の孫虞子乘《そんぐしじよう》に授《さづ》け、子乘《しじよう》は齊《せい》の田何子莊《でんかしさう》に授《さづ》く、秦《しん》の書《しよ》を燔《や》くに及《およ》び、易《えき》は卜筮《ぼくぜい》の書《しよ》と爲《な》して獨《ひと》り禁《きん》ぜず、故《ゆゑ》に傳授《でんじゆ》するもの絕《た》へず、漢興《かんおこ》つて田何《でんか》は齊《せい》の田《でん》を以《もつ》て杜陵《とりよう》に移《うつ》り、杜田生《とでんせい》と號《がう》し、東武《とうぶ》の王同子中《わうどうしちう》及《およ》び洛陽《らくやう》の周王孫《しうわうそん》、梁人丁寬《りやうじんていくわん》、齊《せい》の服生《ふくせい》に授《さづ》く、皆《みな》易傳《えきでん》を著《あら》はず、漢《かん》の初《はじ》め易《えき》を言《い》ふものは之《これ》を田生《でんせい》に本《もと》づく、同《どう》は緇川《しゆせん》の揚何《やうか》に授《さづ》け、寬《くわん》は同郡碭《どうぐんたう》の田王孫《でんわうそん》に授《さづ》け、王孫《わうそん》は施讐及《ししうおよ》び孟喜《まうき》、梁邱賀《りやうきうが》に授《さづ》く、是《これ》に由《よつ》て施孟梁邱《しまうりやうきう》の學《がく》あり、施讐易《ししうえき》を傳《つた》へて

張禹及《ややううおよ》び琅邪《らうや》の魯伯《ろはく》に授《さづ》く、禹《う》は淮陽《わいやう》の彭宣及《はうせんおよ》び沛《はい》の戴崇《だいしう》に授《さづ》け、伯《はく》は太山《たいざん》の屯莫如及《ちゆんばくじよおよ》び琅邪《らうや》の邴《へい》丹《たん》に授《さづ》く、後漢《こうかん》の劉昆《りうこん》は施氏易《せしえき》を沛人戴賓《はいじんだいひん》その子《こ》軼《てつ》に受《う》く、孟喜《まうき》が父孟卿《ちゝまうきやう》は善《よ》く禮春秋《れいしゆんしう》を爲《をさ》む、孟《まう》卿禮經《きやうれいきやう》を以《もつ》て多《た》とし、春秋《しゆんしう》を繁雜《はんざつ》とし、乃《すなは》ち喜《き》をして田王孫《でんわうそん》に從《したが》ふて易《えき》を受《う》けしむ、喜易《きえき》の章句《しやうく》を爲《つく》つて、同郡《どうぐん》の伯光及《はくくわうおよ》び沛《はい》の翟牧《てきぼく》に授《さづ》く、後漢《こうがん》の洼丹《けいたん》、鮭陽鴻《けいやうこう》、任安皆孟氏易《にんあんみなまうしえき》を傳《つた》ふ、梁邱賀《りやうかうが》は本《もと》と太中大夫京房《たいちうたいふきやうばう》に從《したが》ふて易《えき》を受《う》く、後更《のちさら》に田王孫《でんわうそん》に事《つか》へ、子《こ》の臨《りん》に傳《つた》へ、臨《りん》は五鹿《ろく》の充宗及《じうそうおよ》び琅邪《らうや》の王駿《わうしゆん》に傳《つた》ふ、充宗《じうしう》は平陵《へいりやう》の士孫張及《しそんちやうおよ》び沛《はい》の鄧《こ》彭祖《はうそ》、齊《せい》の衡咸《かうかん》に授《さづ》く、後漢《こうかん》の苑升《えんしよう》は梁邱易《りやうかうえき》を傳《つた》へ、以《もつ》て京兆《きやうてう》の楊政《やうせい》に授《さづ》く、又潁川《またえいせん》の張興《ちやうこう》は梁邱易《りやうかうえき》を傳《つた》へ、弟子《ていし》著錄且《ちよろくか》つ萬人《ばんにん》ならんとす、子《こ》の魴《はう》は其《そ》の業《げふ》を傳《つた》ふ、京房《きやうばう》は易《えき》を梁人焦延壽《りやうじんせうえんじゆ》に受《う》く、延壽云《えんじゆいは》く嘗《かつ》て孟喜《まうき》に從《したが》ふて易《えき》を問《と》ふ、房《ばう》は延壽《えんじゆ》が易《えき》を以《もつ》て卽《すなは》ち孟氏學《まうしがく》となす、翟牧白生肯《てきぼくはくせいがへん》ぜずして曰《いは》く非《ひ》なりと、房《ばう》は易《えき》の章句《しやうく》を爲《つく》り、說《せつ》は災異《さいい》に長《ちやう》ず、以《もつ》て東海《とうかい》の段嘉及《だんかおよ》び河東《かとう》の姚平《てうへい》、河南《かなん》の乘弘《じやうこう》に授《さづ》く、皆郞博士《みならうはくし》と爲《な》る、是《これ》に由《よつ》て前漢《ぜんかん》には京《きやう》氏學多《しがくおほ》し、後漢《こうかん》の戴馮《だいひよう》、孫期《そんき》、魏《ぎ》滿並《まんなら》びに之《これ》を傳《つた》ふ、費直《ひちよく》は易《えき》を傳《つた》へて琅邪《らうや》の王璜《わうくわう》に授《さづ》けて費氏學《ひしがく》と爲《な》す、本《もと》と古字《こじ》なるを以《もつ》て古文易《こぶんえき》と號《がう》す、章句《しやうく》なく徒《いたづら》に彖象繫辭文言《たんしやうけいじぶんごん》を以《もつ》て上下經《じやうかきやう》を解說《かいせつ》す、漢《かん》の成帝《せいてい》の時劉向書《ときりうかうしよ》を典校《てんかう》し易說《えきせつ》を考《かんが》へ、以《もつ》て諸易家《しよえきか》の說《せつ》を爲《つく》る、皆田何《みなでんか》、楊叔元《やうしゆくげん》、丁將軍《ていしやうぐん》を祖《そ》とす大義略同《たいぎほゞおな》じ、唯京氏《たゞきやうし》のみ異《ゐ》を爲《な》す、向《かう》は又中古文易經《またちうこぶんえききやう》を以《もつ》て施孟梁邱《せまうりやうかう》三家《け》の易《えき》を校《かう》す、經或《きやうあるひ》は咎《さが》なし悔亡《くいほろ》ぶを脫去《だつきよ》す、唯費氏《たゞひし》の經《きやう》は古文《こぶん》と同《おな》じと

と言《い》ふて居《ゐ》るが、又茫氏《またはんし》が後漢書《ごかんしよ》に依《よ》れば

京兆《きやうてう》の陳元《ちんげん》、扶風《ふふう》の馬融《ばゆう》、河南《かなん》の鄭衆《ていしう》、北海《ほくかい》の鄭康成《ていかうせい》、潁川《えいせん》の荀爽《じゆんさう》は並《なら》びに費氏易《ひしえき》を傳《つた》へ、沛人高《はいじんかう》相《さう》は易《えき》を治《をさ》めて費直《ひちよく》と時《とき》を同《おな》じうし、其《そ》の易《えき》も亦章句《またしやうく》なく、專《もつ》ら陰陽災異《いんやうさいい》を說《と》き、自《みづか》ら言《い》ふ丁《てい》將軍《しやうぐん》に出《い》で傳《つた》へて相《さう》に至《いた》ると、相《さう》は子《こ》の康及《かうおよ》び蘭陵《らんりよう》の母將永《ぼしやうえい》に授《さづ》けて、高氏學《かうしがく》と為《な》す、漢《かん》の初《はじ》め易《えき》楊氏博士《やうしはかせ》を立《た》て、宣帝復施孟梁邱《せんていまたせまうりやうかう》の易《えき》を立《たて》、元帝又京氏易《げんていまたきやうしえき》を立《た》てゝ、費高《ひかう》二家《け》は立《た》つることを得《え》ず、民間《みんかん》に之《これ》を傳《つた》ふ、後漢《こうかん》の費氏《ひし》興《おこ》つて而《しか》して高氏《かうし》遂《つひ》に微《び》なり、永嘉《えいか》の亂施《らんせ》氏梁邱《しりやうきう》の易亡《えきほろ》び、孟京《まうきやう》費《ひ》の易《えき》は人《ひと》の傳《つた》なる者《もの》なし、唯鄭康成王輔嗣《たゞていかうせいわうほつし》が注《ちう》する所《そこ》ろ世《よ》に行《おこな》はれて、王氏《わうし》は世《よ》の重《おも》んずる所《ところ》となる、其《そ》の繫辭《けいじ》以下《か》は王注《わうちう》せず、相承《さううけ》るに韓康伯《かんかうはく》の注《ちう》を以《もつ》て之《これ》を續《つゞ》く

と言《い》ふて居《ゐ》る、そこで尚《なほ》一つ康熙帝《かうきてい》の說《せつ》を擧《あげ》て見《み》れば、

漢晉《かんしん》の閒易《かんえき》を說《と》くものは皆象數《みなしやうすう》の末流《ばつりう》に淫《いん》して而《しか》して其《そ》の宗《そう》を離《はな》る、故《ゆゑ》に隋唐《だたう》の後《のち》は惟《ひと》り王弼《わうひつ》のみ狐行《こかう》す、其《そ》の能《よ》く互卦納甲飛伏《ごくわなつがふひふく》の陋《ろう》を破《やぶ》つて、而《しか》して理《り》に專《もつ》はらにして以《もつ》て經《きやう》を譚《たん》するが為《た》めなり然《しか》れども弼《ひつ》が得《う》る所《ところ》の者《もの》は、乃《すなは》ち老莊《らうさう》の理《り》にして盡《こと〴〵》く聖人《せいじん》の道《みち》に合《あ》はず、故《ゆゑ》に程傳《ていでん》出《い》てゝよりして而《しか》して弼《ひつ》が說又廢《せつまたはい》す、今案《いまあん》ずるに象數《しやうすう》に溺《おぼ》れて而《しか》して枝離根《しりこん》なき者《もの》は固《もと》より棄《す》つべし、然《しか》れども易《えき》の書《しよ》となるや、實《じつ》は象數《しやうすう》に根《こん》して而《しか》して作《つく》る、他書《たしよ》の專《もつ》はら義理《ぎり》を言《い》ふ者《もの》の比《ひ》に非《あら》ざるなり、但《たゞ》し焦贛京房《せつくきやうぼう》より以來穿鑿太甚《いらいせんさくはなはだ》しく、故《ゆゑ》に理《り》を守《まも》るの學者《がくしや》は、遂《つひ》に象數《しやうすう》を鄙《いや》しむで言《い》ふに足《た》らずと為《な》す

康節邵子《かうせつせうし》に至《いた》り其《そ》の學傳《がくでん》あり、發明《はつめい》する所《ところ》の圖卦蓍策《づくわしさく》は皆易學《みなえきがく》の本根《ほんこん》、豈《あ》に例《れい》して象數《しやうすう》を以《もつ》て之《これ》を目《もく》す可《べ》けんや。故《ゆゑ》に朱子《しゆし》は表章推重《へうしやうすゐちう》して程子《ていし》と並《なら》び稱《しよう》す、本義《ほんぎ》の作《さく》は實《じつ》に程邵兩家《ていせうりやうけ》を參《さん》して以《もつ》て書《しよ》を成《な》せるなり、後《のち》の學者《がくしや》理義《りぎ》を言《い》ひ象數《しやうすう》を言《い》はゞ、但《たゞ》し朱子《しゆし》に折中《せつちう》して可《か》なり、近代經《きんだいきやう》を解く者《もの》、猶多《なほおほ》く術數《じゆつすう》の緒餘《ちよよ》を拾《ひろ》ふて以《もつ》て其《そ》の奇僻《きへき》に矜《ほこ》つて、而《しか》して其《そ》の數《すう》の眞《しん》に非《あら》ざることを知《し》らざるなり、事理《じり》の糟粕《さうはく》を陳《ちん》して、而《しか》して迂淺《うせん》に入《い》つて、而《しか》して其《そ》の理《り》の妙《めう》を失《うしな》ふことを知《し》らざるなり、凡《およ》そ此《かく》の如《ごと》き者《もの》は皆删《みなけづ》つて錄《ろく》せず、以《もつ》て潔淨精微《けつせい〳〵び》の舊《きう》に還《かへ》す

漢唐以來《かんたういらい》に於《お》ける易學《えきがく》の傳統《でんとう》を言《い》へば大抵此《たいていかく》の如《ごと》く、漢儒《かんじゆ》は多《おほ》く象數《しやうすう》に泥《なづ》むで天文《てんもん》を說《と》き曆數《れきすう》を論《ろん》じたのであるが、宋儒《そうじゆ》は之《これ》に反《はん》して好《この》むで理義《りぎ》を說《と》き圖書《としよ》を論《ろん》じたのである、然《しか》るに淸儒《せいじゆ》に至《いた》りては亦《また》却《かへ》つて漢唐《かんたう》の昔《むかし》に復《かへ》り象數《しやうすう》を言《い》ふことになつたのである、獨《ひと》り此間《このかん》に於《おい》て象數《しやうすう》も理義《りぎ》も圖書《としよ》も皆之《みなこれ》を併《あは》せ取《と》つて自家《じか》が說易《せつえき》の具《ぐ》となし、以《もつ》て之《これ》を斷《だん》じて卜筮《ぼくぜい》の書《しよ》であると言《い》ふたのは卽《すなは》ち朱晦菴《しゆくわいあん》その人《ひと》である、故《ゆゑ》に易學《えきがく》を研究《けんきう》せむとするには先《ま》づ朱晦菴《しゆくわいあん》を宗《そう》とせねばならぬが、而《し》かも說《と》いて尙詳《なほつまび》らかならず語《かた》つて尙精《なほくは》しからざる所《ところ》は、後學《こうがく》の更《さら》に一步《ぽ》を進《すゝ》めて全《まつ》たきを期《き》せねばならぬ所《ところ》である。

七　卦象と文辭

始《はじ》めて易《えき》を作《つく》つた時《とき》には唯今日見《たゞこんにちみ》るが如《ごと》き六十四卦《くわ》の卦象《くわしやう》があつたのみで、彖爻以下《たんかうゐか》の文辭《ぶんじ》がなかつ

たことは眞實《しんじつ》であつたに違《ちが》いない、故《ゆゑ》にその當時《たうじ》に於《おい》ては唯卦象《たゞくわしやう》を見《み》た丈《だけ》で吉凶《きつきよう》を占《うらな》ふて居《ゐ》た樣《やう》であるが、その後人智《ごじんち》が次第《しだい》に進《すゝ》むに從《したが》ふて文字《もじ》と言《い》ふものが發明《はつめい》されたので、そこで今言《いまい》ふ所《ところ》の彖爻《たんかう》の文辭《ぶんじ》を繫《か》くることゝなつたのであらうと思《おも》はるゝ、して見《み》れば、卦象《くわしやう》があつて後《のち》の文辭《ぶんじ》で、文辭《ぶんじ》があつて後《のち》の卦象《くわしやう》ではない、語《ご》を換《か》へて言《い》へば、卦象《くわしやう》は實體《じつたい》であつて文辭《ぶんじ》は卽《すなは》ちその反影《はんえい》である、尙更《なほさら》に之《これ》を詳言《しやうげん》すれば、實體《じつたい》たる卦象《くわしやう》を打見《うちみ》た所《ところ》でそれに由《よつ》て進退吉凶《しんたいきつきよう》の詞《ことば》を繫《かけ》たものが卽《すなは》ち彖爻等《たんかうとう》の文辭《ぶんじ》である、此《かく》の如《ごと》く卦象《くわしやう》と文辭《ぶんじ》との間《あひだ》には唯作成《たゞさくせい》の上《うへ》から見《み》て、時《とき》の先後《せんご》がある許《ばか》りでなく、實質《じつしつ》の點《てん》から論《ろん》じても本末《ほんまつ》の相違《さうゐ》がある、隨《したが》つて彖爻等《たんかうとう》の文辭《ぶんじ》に言《い》ひ現《あら》はされて居《ゐ》る所《ところ》は、一定《てい》の事柄丈《ことがらだけ》であるけれども、而《しか》も卦象《くわしやう》の中《なか》に含蓄《がんちく》して居《ゐ》る所《ところ》の意味《いみ》は無限《むけん》にして窮盡《きうじん》する所《ところ》がない、時《とき》と處《ところ》とに應《おう》じて如何樣《いかやう》にも之《これ》を見立《みたつ》ることが可能《でき》る、故《ゆゑ》に彖爻等《たんかうとう》の經文《きやうもん》を讀《よ》むに當《あた》りても、その影《かげ》であり末《すゑ》である所《ところ》の文辭《ぶんじ》を理解《りかい》する許《ばか》りでなく、尙《なほ》その體《たい》であり本《もと》である所《ところ》の卦象《くわしやう》を觀察考究《くわんさつかうきう》して、而《しか》して文辭《ぶんじ》に由《よつ》て卦象《くわしやう》を知《し》るのではなく、反對《はんたい》に卦象《くわしやう》を見《み》て文辭《ぶんじ》を解釋《かいしやく》することに心掛《こゝろが》けねばならぬ、斯《か》くして始《はじ》めて觀象上《くわんしやうじやう》の妙趣《めうしゆ》を悟得《ごとく》して、如何《いか》なる事柄《ことがら》たりとも自由自在《じいうじざい》に之《これ》を活用《くわつよう》することが可能《でき》るのである。

繫辭傳第十二章《けいじでんだいしやう》に

書不レ盡レ言、言不レ盡レ意、然則聖人之意、其不レ可レ見乎、子曰、聖人立レ卦以盡レ意、設レ卦以盡二情僞一、繫レ辭以盡二其言一、變而通レ之以盡レ利、鼓レ之舞レ之以盡レ神、と言《い》ふは卽《すなは》ち此《こ》の意味《いみ》を指《さ》したものである。

八　元亨利貞と吉凶悔吝

元亨利貞《げんこうりてい》と吉凶悔吝《きつきようくわいりん》は六十四卦彖爻《くわたんかう》の文辭《ぶんじ》中《ちう》一般《はん》に通有《つういう》する所《ところ》で、彖爻《たんかう》の文辭《ぶんじ》は此《こ》の八字《じ》を骨子《こつし》として敷演組成《ふえんそせい》したものゝ樣《やう》にも見《み》ゆる、されども其《そ》は殊更《ことさら》に安配工夫《あんばいくふう》したものではなく、自然《しぜん》に斯《か》く見《み》ゆる樣《やう》に出來《でき》たのであらうと思《おも》はるゝが、大體《だいたい》から之《これ》を見《み》て元亨利貞《げんこうりてい》が經《たて》となつて、吉凶悔吝《きつきようくわいりん》が緯《よこ》となつて居《ゐ》ると言《い》へぬこともない、亦元亨利貞《またげんこうりてい》の四字《じ》を原因《げんいん》と見《み》て吉凶悔吝《きつきようくわいりん》の四字《じ》を結果《けつくわ》と見《み》ることも可能《でき》る、何故《なにゆゑ》に斯《か》く言《い》ふかと問《と》へば、彖爻《たんかう》の文辭《ぶんじ》を通覽《つうらん》すれば、元亨利貞《げんこうりてい》なれば吉《きち》であるが、然《しか》らざるものは凶悔吝《きようくわいりん》の何《いづ》れかになつて居《ゐ》るからである、兎《と》に角此《かくこ》の八字《じ》は六十四卦全體《くわぜんたい》に通有《つういう》するものであるから、彖爻《たんかう》の本文《ほんぶん》を說《と》く前《まへ》に一應取《おうと》り調《しら》べて置《お》く丈《だけ》の價値《かち》がある、そこで先《ま》づ元亨利貞《げんこうりてい》から說《と》かむに、文言傳《ぶんごんでん》に於《おい》ては元《げん》は善《ぜん》の長《ちやう》である、亨《こう》は嘉《か》の會《くわい》である、利《り》は義《ぎ》の和《わ》である、貞《てい》は事《こと》の幹《かん》であると言《い》ふて居《ゐ》るが、然《しか》らば實占《じつせん》の際《さい》に於《おい》ては之《これ》を如何《いか》なる意味《いみ》に用《もち》ゆるかと言《い》へば、唯之《たゞこれ》を善《ぜん》の長《ちやう》、嘉《か》の會《くわい》、義《ぎ》の和《わ》、事《こと》の幹《かん》であると言《い》ふのみでは薩張《さつぱ》り意味《いみ》が分《わか》らぬのである、故《ゆゑ》に朱晦菴《しゆくわいあん》は之《これ》を解《かい》して元亨利貞《げんこうりてい》は一卦《くわ》の吉凶《きつきよう》を斷《だん》ずる爲《ため》の辭《じ》で、元《げん》は大《だい》の義《ぎ》、亨《こう》は通《つう》の義《ぎ》、利《り》は宜《ぎ》の義《ぎ》、貞《てい》は正固《しやうこ》の義《ぎ》であつて、言《い》ふこゝろは乾《けん》は大《だい》に通《つう》ずるのであるから正《たゞし》ふして固《かた》きに宜《よろ》しと言《い》ふ占辭《せんじ》である、と言《い》ふて居《ゐ》るが此《これ》は朱晦菴《しゆくわいあん》が言《い》ふ所《ところ》が至當《したう》の樣《やう》である、故《ゆゑ》に康熙帝《かうきてい》も亦此《またこ》の說《せつ》に賛《さん》して左《さ》の如《ごと》く言《い》ふて居《ゐ》る。

乾坤《けんこん》の元亨利貞《げんこうりてい》は諸儒倶《しよじゆとも》に四德《とく》と作《な》して說《と》く、惟《ひと》り朱子《しゆし》は以《もつ》て占辭《せんじ》となして而《しか》して他卦《たくわ》と一例《れい》にす其言當《そのげんあた》れり、然《しか》れども四字《じ》の中只兩意《うちたゞりやうい》なりと雖《いへ》ども、實《じつ》は四層《そう》あり、何《なん》となれば則《すなは》ち元《げん》は大《だい》なり、亨《こう》は通《つう》ずるなり、利《り》は宜《よろ》しきなり、貞《てい》は正《たゞ》しくして固《かた》きなり、人能《ひとよ》く至健《しけん》なれば則《すなは》ち事當《ことま》さに大通《だいつう》すべし、然《しか》して必《かな》らず正固《しやうこ》なるに宜《よろ》しきなり、是《こ》れ占辭《せんじ》にして只兩意《たゞりやうい》なり、但《たゞ》し易《えき》の中《なか》には小《すこ》しく亨《とほ》ると言《い》ふ者《もの》あり、貞《かた》ふすべからずと言《い》ふ者《もの》あり、一時《じ》の通《つう》ずるは其《そ》の亨《あつま》ること卽《すなは》ち小《せう》、惟《ひと》り大《だい》なる者《もの》あつて存《そん》ず、而《しか》して後其《のちそ》の亨《うご》ること卽《すなは》ち大《だい》なり、是《こ》れ大《だい》は亨《とほ》るの先《さ》きにあるなり、硜硜《けいけい》の固《かた》き固《かた》きは卽《すなは》ち宜《よろ》しきに非《あら》ず、惟《ひと》り宜《よろ》しき者《もの》あつて存《そん》ず、而《しか》して後《の》ち以《もつ》て固《かた》く守《まも》るべきなり、是《こ》れ宜《よろ》しきは貞《たゞ》しきの先《さ》きにあるなり、其《そ》の六十四卦《くわ》にある者《もの》は皆是《みなこ》れ此《こ》の理《り》、故《ゆゑ》に其《そ》の元《もと》いに亨《とほ》ると言《い》ふ者《もの》は此《こ》れに合《がつ》する者《もの》なり、其《そ》の但亨《たゞとほ》ると言《い》ひ、或《あるひ》は小《すこ》しく亨《とほ》ると言《い》ふは此《これ》に次《つ》ぐ者《もの》なり、其《そ》の貞《たゞ》しきに利《よろ》しと言《い》ふ者《もの》は此《これ》に合《がつ》する者《もの》なり、其《そ》の貞《かた》ふすべからず永貞《えいてい》を用《もち》ゆる勿《なか》れと言《い》ひ、或《あるひ》は貞《かた》ければ凶《きよう》、貞《かた》ければ厲《あやう》し、貞《かた》ければ吝《やぶ》さしと言《い》ふ者《もの》は此《これ》に反《はん》する者《もの》なり、乾坤《けんこん》は諸卦《しよくわ》の宗《そう》、卽《すなは》ち其《そ》の亨《とほ》る大《だい》ならざること無《な》く、而《しか》して其《そ》の貞《たゞ》しきに宜《よろ》しからざること無《な》し、文王《ぶんわう》が辭《ことば》を繫《か》くること此《こ》の四字《じ》に備《そな》はる、故《ゆゑ》に孔子《こうし》天《てん》の道《みち》、性《せい》の蘊《うん》に推本《すゐほん》して、而《しか》して四德《とく》を以《もつ》て之《これ》を明《あき》らかにす、實《じつ》に文王《ぶんわう》の意《い》

を發《はつ》し且《か》つ以《もつ》て六十四卦《くわ》詳略偏全《しやうりやくへんぜん》の例《れい》と爲《な》す所以《ゆゑん》にして、孔子《こうし》の說《せつ》が文王《ぶんわう》の說《せつ》に異《こと》なるにあらず

又其《またそ》の乾坤《けんこん》を釋《しやく》するの辭《ことば》が獨《ひと》り諸卦《しよくわ》の辭《ことば》に異《こと》なるにあらざるなり、學者是《がくしやこれ》を以《もつ》て朱子《しゆし》の書《しよ》を讀《よ》まば

厥《そ》の旨《むね》を誤《あやま》らざるに庶《ちか》からんか

此《かく》の如《ごと》く元亨利貞《げんこうりてい》は四事《じ》である、されど元《おほ》いに亨《とほ》るは占辭《せんじ》であつて、貞《ただ》しきに宜《よろ》しと言《い》ひ、或《あるひ》は貞《かた》ふすべからずと言《い》ひ、貞《かた》ければ凶《きよう》と言《い》ひ、貞《かた》ければ厲《あや》うしと言《い》ひ、貞《かた》ければ吝《やぶ》さしと言《い》ふの類《るゐ》は占辭中《せんじちう》の戒辭《かいじ》であるが、大略此《たいりやくこ》の意味《いみ》を知《し》つて然《しか》る後《のち》に卦辭《くわじ》を見《み》れば頗《すこ》ぶる便利《べんり》な所《ところ》がある、尙詳《なほくは》しきことは卦々《くわ〳〵》の下《もと》に之《これ》を說《と》くことゝする。

又吉凶《またきつきよう》悔《くわい》吝《りん》の四字《じ》も六十四卦《くわ》を一貫《くわん》して具備《ぐび》する所《ところ》で、繫辭傳第《けいじでんだい》二章《しやう》に於《おい》ては

吉凶者失得之象也《きつきようはしつとくのしやうなり》、悔吝者憂虞之象也《くわいりんはいうぐのしやうなり》、

と言《い》ふて居《ゐ》る、卽《すなは》ち吉《きち》とは卦象《くわしやう》がその宜《よろ》しきを得《え》た所《ところ》の結果《けつくわ》で、凶《きよう》とは卦象《くわしやう》がその宜《よろ》しきを失《うしな》ふた所《ところ》の結果《けつくわ》である、而《しか》して悔《くわい》とは卽《すなは》ち卦象《くわしやう》が既《すで》にその宜《よろ》しきを失《うしな》ふた後《のち》に至《いた》つて、その然《しか》る所以《ゆゑん》を反省憂慮《はんせいいうりよ》するの義《ぎ》で、吝《りん》とは卽《すなは》ち卦象《くわしやう》が未《いま》だその宜《よろ》しきを失《うしな》はざる前《ぜん》に於《おい》て、無事《ぶじ》に狃《な》れ安樂《あんらく》に耽《ふけ》つて將《まさ》にその宜《よろ》しきを失《うしな》はむことを虞《おそ》るゝの義《ぎ》である、故《ゆゑ》に吉《きち》は猶積極《なほせききよく》の如《ごと》く凶《きよう》は猶消極《なほせうきよく》の如《ごと》く、悔《くわい》と吝《りん》とはその中間《ちうかん》にあるものであるが、悔《くわい》は卽《すなは》ち消極《せうきよく》より積極《せききよく》に進《すゝ》み、吝《りん》は卽《すなは》ち積極《せききよく》より消極《せうきよく》に退《しりぞ》かむとするもので、卽《すなは》ち左圖《さづ》の如《ごと》くその凶《きよう》を悔《く》ゆれば吉《きち》に進《すゝ》み、亦《また》その吉《きち》に吝《りん》なれば凶《きよう》に退《しりぞ》き、亦《また》その凶《きよう》より悔《くわい》に向《むか》

ひ、悔《くわい》より吉《きち》に進《すゝ》み、吉《きち》より吝《りん》に赴《おもむ》き、吝《りん》より凶《きよう》に退《しりぞ》き、之《これ》を喩《たと》ゆれば猶《なほ》環《たまき》の端《はし》なきが如《ごと》く往來循環《わうらいじゆんくわん》して底止《ていし》する所《ところ》を知《し》らぬものであるが、之《これ》を要《えう》するに因果的消長《いんぐわてきせうちやう》の理《り》に外《ほか》ならぬ。

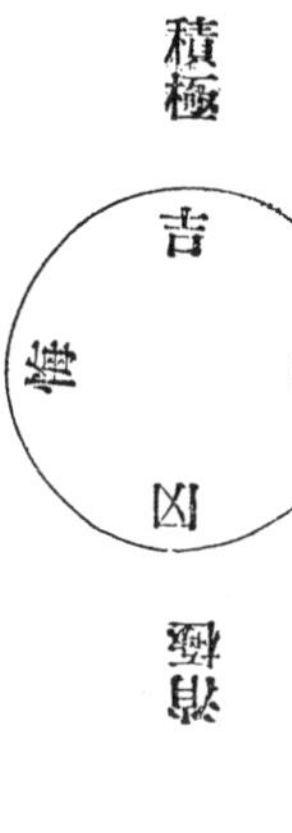

九　上下經の區分

伏羲《ふつぎ》が始《はじ》めて易《えき》を作《つく》つた時《とき》には、六十四卦《くわ》が如何《いか》樣《やう》に配列《はいれつ》されて居《ゐ》たものであるか、已《すで》に今日《こんにち》となつては不明《ふめい》であるけれども、現今《げんこん》の周易《しうえき》に於《おい》ては先《ま》づ之《これ》を上經下經《じやうけいかけい》の二篇《へん》に分《わか》ち、上經《じやうけい》の方《はう》には乾坤《けんこん》から坎離《かんり》に至《いた》る迄《まで》の三十卦《くわ》を列《なら》ね、亦《また》下經《けい》の方《はう》には咸恒《かんこう》から既濟未濟《きせいみせい》に至《いた》る迄《まで》の三十四卦《くわ》を並《なら》べてあるが、此《これ》は什麼《どんな》譯《わけ》で此《かく》の如《ごと》く序列《じよれつ》したものであるか、朱晦菴《しゆくわいわん》が言《い》ふて居《ゐ》る所《ところ》に由《よ》れば、簡帙《かんちつ》が重大《ちうだい》であるから、此《かく》の如《ごと》く之《これ》を上下兩篇《じやうげりやうへん》に分割《ぶんかつ》したものであるとのことであるが、成程古代《なるほどこだい》に於《おい》ては今日用《こんにちもち》ひて居《ゐ》る樣《やう》な紙《かみ》の發明《はつめい》がなかつたので、竹《たけ》を割《さい》てそれを革《かは》で編《あん》で、それに文字《もじ》を書《か》いたのであると言《い》ふから、上下《じやうげ》二篇《へん》を一つゞきに編《あ》むだなら、簡帙《かんちつ》が重《おも》くもなれば亦大《またおほ》きくもなつて之《これ》を持《も》ち扱《あつか》ふに甚《はなは》だ不便《ふべん》であつたのでそれで、之《これ》を上下《じやうげ》二篇《へん》に分割《ぶんかつ》したものであらうかとも思《おも》はるゝから、朱晦菴《しゆくわいあん》が言《い》ふて居《ゐ》る所《ところ》も强《あな》がち理由《りいう》のないことでもあるまいが、併《しか》し之《これ》を上下《じやうげ》二篇《へん》に分割《ぶんかつ》したことに就《つい》ては、尙《なほ》これ以外《いぐわい》にも理由《りいう》が存《そん》じて居《ゐ》る様《やう》である。それは外《ほか》でもない、唯《たゞ》簡帙《かんちつ》が重大《ちうだい》となる爲《た》めに、之《これ》を上下《じやうげ》二篇《へん》に分割《ぶんかつ》したものであるとすれば、上下《じやうげ》何《いづ》れも之《これ》を三十二卦《くい》づゝに平分《へいぶん》すべき筈《はず》である、然《しか》るに上經《じやうけい》の方《はう》に三十卦《くわ》を載《の》せ、亦《また》下經《かけい》の方《はう》には三十四卦《くわ》を載《の》せて、その分割《ぶんかつ》の仕方《しかた》が不平均《ふへいきん》になつて居《ゐ》る。それで能々《よく〳〵》注意《ちうい》して之《これ》を檢《しら》べて見《み》れば、實際《じつさい》は上下經共《じやうかけいとも》に十八卦《くわ》づゝ平等《びやうどう》に分割《ぶんかつ》されたことゝなつて居《ゐ》るのである。さらばそれは什麼《どんな》譯《わけ》であるかと言《い》へば、全體《ぜんたい》今《いま》の易經《えききやう》の序卦《じよくわ》の並《なら》べ方《かた》と言《い》ふものは、屯《ちゆん》と蒙《まう》、需《じゆ》と訟《しよう》、師《し》と比《ひ》と言《い》ふが如《ごと》く、皆《みな》二卦《くわ》づゝ之《これ》を顚倒《てんだう》して配列《はいれつ》したものであるが、その中《なか》に於《おい》て正體《せつたい》の重卦《ちうくわ》（乾坤坎離《けんこんかんり》）若《もし》くは大卦《たいくわ》（頤大過中孚《いたいくわちうふ》小過《せうくわ》）等《とう》の如《ごと》く、之《これ》を顚倒《てんだう》するも同象《どうしやう》である所《ところ》の卦《くわ》に就《つい》ては、之《これ》を表裏《へうり》反覆《はんぷく》して序列《じよれつ》して居《ゐ》る、そこで左圖《さづ》の如《ごと》く

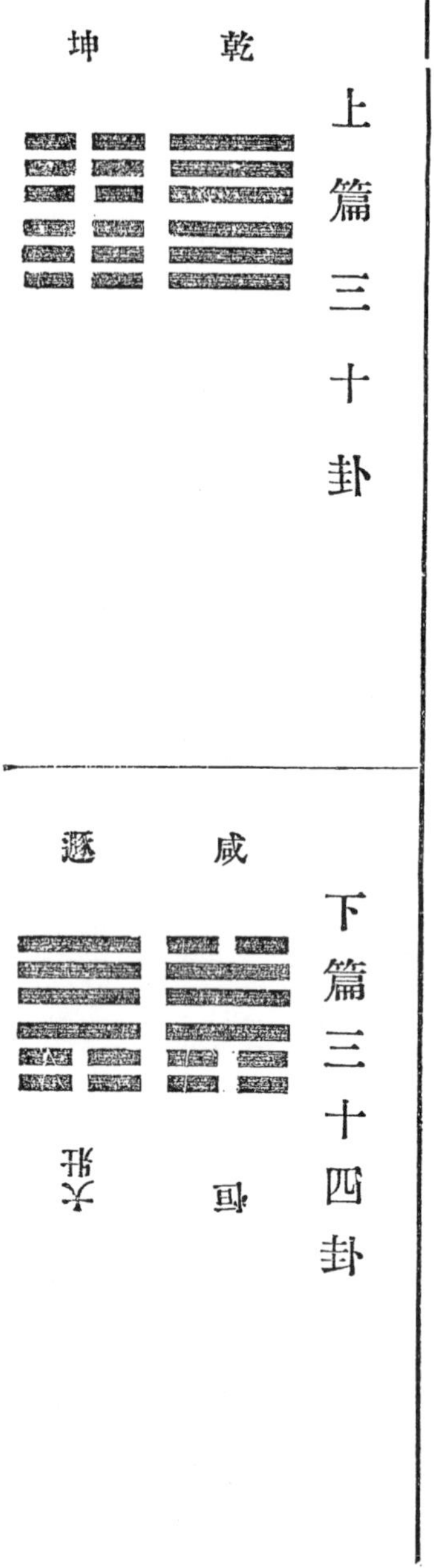

屯　需　師　小畜　泰　同人　謙

蒙　訟　比　履　否　大有　豫

晉　家人　蹇　損　夬　萃　困

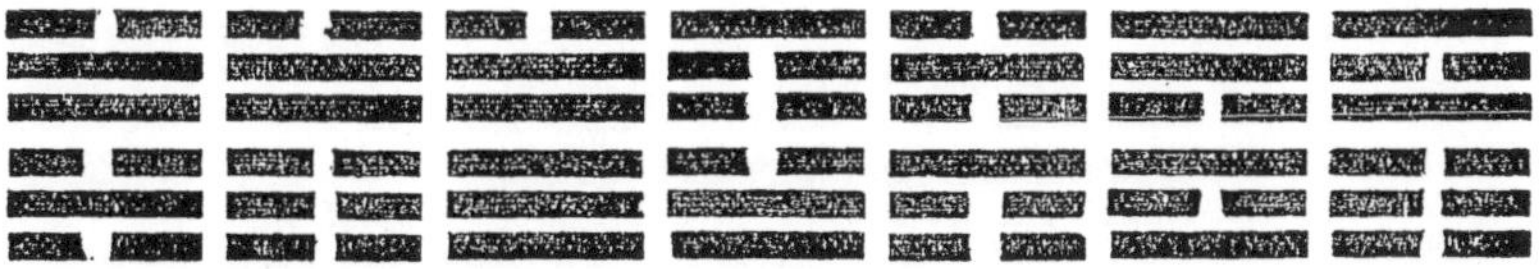

明夷　睽　解　益　姤　升　井

隨	臨	噬嗑	剝	无妄	頤	大過
䷐	䷒	䷔	䷖	䷘	䷚	䷛
蠱	觀	賁	復	大畜		

革	震	漸	豐	巽	渙	中孚
䷰	䷲	䷴	䷶	䷸	䷺	䷼
鼎	艮	歸妹	旅	兌	節	

坎

離

小過

既濟

未濟

上經《じやうけい》三十卦《くわ》の中《うち》に於《おい》て、正體《せいたい》の重卦《ちうくわ》卽《すなは》ち乾坤坎離《けんこんかんり》の四卦《くわ》、及《およ》び正體《せいたい》の大卦《たいくわ》卽《すなは》ち頤《ゐ》大過《たいくわ》の二卦《くわ》、此《こ》の六卦丈《くわだけ》は、二卦《くわ》づゝ之《これ》を顚倒《てんだう》して序列《じよれつ》することが可能《でき》ぬから、之《これ》を反覆《はんぷく》して序列《じよれつ》して居《ゐ》る、故《ゆゑ》に顚倒《てんだう》して序列《じよれつ》した二十四卦《くわ》は、之《これ》を十二卦《くわ》に歸納《きかう》することが可能《でき》るが、それに反覆《はんぷく》して序列《じよれつ》した前揭《ぜんけい》六卦《くわ》を加《くは》ゆれば、凡《すべ》て十八卦《くわ》となるのである。

亦下《またか》經《けい》三十四卦《くわ》の中《うち》では、正體《せいたい》の大卦《たいくわ》たる中孚《ちうふ》小過《せうくわ》の二卦《くわ》を除《のぞ》けば、その他《た》の三十二卦《くわ》は、顚倒《てんだう》して序列《じよれつ》されて居《ゐ》るから、之《これ》を十六卦《くわ》に約歸《やくき》することが出來《でき》る、それに此《こ》の表裏《へうり》反覆《はんぷく》して序列《じよれつ》した中孚《ちうふ》小《せう》過《くわ》の二卦《くわ》を加《くは》ゆれば、此方《このはう》も亦凡《またすべ》て十八卦《くわ》となるのである。加之《しかのみならず》、上經《じやうけい》の首尾《しゆび》は、乾坤坎離《けんこんかんり》を置《お》いて、その中間《ちうかん》には泰否《たいひ》を配《はい》して居《ゐ》るが、乾坤《けんこん》は陽陰《いんやう》二元氣《げんき》の大本《たいほん》であつて、坎離《かんり》は陰陽《いんやう》二元氣《げんき》の妙用《めうよう》である、而《しか》して中間《ちうかん》の泰否《たいひ》は、天地《てんち》陰陽《いんやう》の一大交會《だいかうくわい》を示《しめ》したものに外《ほか》あるまい。亦下《またか》經《けい》に於《おい》ては、咸《かん》恒《こう》をその始《はじ》めに置《お》いて、既濟《きせい》未濟《みせい》をその終《をは》りに置《お》き、損益《そんえき》を以《もつ》てその中間《ちうかん》に列《れつ》して居《ゐ》るが、咸恒《かんこう》は男女《ちよ》の配偶人道《はいぐうじんだう》の根基《こんき》であつて上經《じやうけい》の乾坤天地《けんこんてんち》が尊卑《そんぴ》相對《あいたい》するものに應《おう》じ、既濟未濟《きせいみせい》は水火《すゐくわ》の交不交《かうふかう》であつて、上經《じやうけい》に於《お》ける坎離《かんり》の變幻出沒《へんげんしゆつぼつ》極《きは》まりなき作用《さよう》を衣《あらは》したものであらう、而《しか》して損益《そんえき》の二卦《くわ》は、人事《じんじ》の盛衰《せいすゐ》、萬物《ばんぶつ》の消長《せうちやう》に該《あた》るべきもので、此《これ》も亦上經《またじやうけい》に於《お》ける泰否《たいひ》の二卦《くわ》と相對應《あひたいおう》して居《ゐ》るのであるが、之《これ》を要《えう》するに、上經《じやうけい》の配置《はいち》は、天地《てんち》陽陰《いんやう》の大體《だい〳〵》を經緯《けいゐ》したもので、下經《かけい》の序列《じよれつ》は、人事《じんじ》萬般《ばん〴〵》の細故《さいこ》を總括《そうくわつ》したものであると見《み》ることも可能《でき》る、して見《み》れば、序卦《じよくわ》の配置《はいち》に就《つい》ては、朱晦菴《しゆくわいあん》が言《い》ふ所《ところ》の簡帙《かんちつ》の重大以外《ちうだいいぐわい》に何等《なんら》の理由《りいう》もないものとは言《い》へぬ様《やう》である。

周易講義上經

䷀

乾《けん》レ下
乾《けん》レ上

乾

大島中堂講述

乾《けん》ハ元《おほ》イニ亨《かう》ル利《よろ》シレ貞《たゞ》シキニ

繫辭傳《けいじでん》を案《あん》ずるに大極兩儀《たいきよくりやうぎ》を生《しやう》じ、兩儀四象《りやうぎしやう》を生《しやう》じ、四象八卦《しやうくわ》を生《しやう》ずと言《い》ふてあるが、一奇《き》⚊は卽《すなは》ち兩儀《りやうぎ》の一で、二奇《き》⚌は卽《すなは》ち四象《しやう》の一で、三奇《き》☰は卽《すなは》ち八卦《くわ》の一であつて、之《これ》を名《なづ》けて乾《けん》と言《い》ふのであるが、卦下《くわか》に下《しも》を乾《けん》にし、上《かみ》を乾《けん》にすと言《い》ふは卽《すなは》ち此《こ》のことで、魏《ぎ》の王弼《わうひつ》が註《ちう》する所《ところ》である。(餘《よ》卦皆之《くわみなこれ》に傚《なら》ふ)然《しか》るに此《こ》の三奇《き》の乾《けん》の上《うへ》に亦更《またさら》に三奇《き》の乾《けん》を加《くは》へて六畫卦《くわくくわ》となすも、而《しか》も之《これ》を呼《よ》むで乾《けん》と言《い》ふことは、三畫卦《くわくくわ》の時《とき》と同《どう》一である、けれども註《ちう》に謂《い》ふ所《ところ》の乾下乾上《けんかけんじやう》の乾《けん》は、三畫卦《くわくくわ》の乾《けん》を指《さ》したものであるが、經文《きやうもん》に謂《い》ふ所《ところ》の乾《けん》は、六畫卦《くわくくわ》の乾《けん》を指《さ》したものである。而《しか》して凡《すべ》て卦《くわ》は下《しも》の第《だい》一畫《くわく》から積《つ》むで次第《しだい》に上《かみ》の第《だい》六畫《くわく》に至《いた》るべきものである、故《ゆゑ》に内卦《ないくわ》を下《しも》と言《い》ひ、外卦《ぐわいくわ》を上《かみ》と言《い》ふのである、此《こ》の卦《くわ》は六畫皆奇《くわくみなき》、内外共《ないぐわいども》に乾《けん》で、陽《やう》の至純《しじゆん》なるものであるが、陽《やう》の體《たい》は剛《がう》で、その用《よう》は乾《けん》である、故《ゆゑ》に之《こ》れを名《なづ》けて乾《けん》と言《い》ふ乾《けん》とは健《すこ》やかなるの義《ぎ》で、陽《やう》の性《せい》である、故《ゆゑ》に亦之《またこれ》を以《もつ》て天《てん》に象《かた》どるのである、乾元亨利《けんぐゑんこうり》貞《てい》は、一卦《くわ》の吉凶失得《きつきようしつとく》を總括《そうくわつ》した所《ところ》の占詞《せんし》で、謂《い》ふ所《ところ》の彖辭《たんじ》であるが、元《げん》とは大《だい》の義《ぎ》亨《かう》とは通《つう》の義《ぎ》、利《り》とは宜《ぎ》の義《ぎ》、貞《てい》とは正固《せいこ》の義《ぎ》である。言《い》ふこころは、此《こ》の卦《くわ》は純陽至剛《じゆんやうしがう》にして至《いた》つて健《すこ》やかなる働《はたら》きを持《も》つて居《ゐ》る、故《ゆゑ》に之《これ》を萬事《ばんじ》に施《ほどこ》し用《もち》ゆるも、少《すこ》しも滯《とどこ》り礙《さは》る所《ところ》がなく、大《だい》に通《つう》達《たつ》して何事《なにごと》も成就《じやうじゆ》せぬと言《い》ふことはない、されども元《も》と過剛至健《くわがうしけん》で、餘《あま》り働《はたら》きがあり過《す》ぎるから、或《あるひ》は萬《まん》一の過誤《くわご》なきを保《ほ》し難《がた》い、故《ゆゑ》に正《ただ》しく且《か》つ固《かた》く守《まも》つて、妄動《ばうどう》せぬ樣《やう》に注意《ちうい》するがよいと言《い》ふ義《ぎ》で元《おほ》いに亨《かう》るの二字《じ》は占辭《ぜんじ》であつて、貞《ただ》しきに利《よろ》しの二字《じ》は戒辭《かいじ》である。

初九　潜龍《せんりよう》ナリ勿《な》レカレ用《もちゆ》ルコト

凡《すべ》て易《えき》に於《おい》て奇偶《きぐう》と言《い》ふのは、揲策《てうさく》の上《うへ》から見《み》た陰陽剛柔《いんやうがうじう》の數的方面《すうてきはうめん》を意味《いみ》せむが爲《た》めの稱呼《しようこ》で、兩儀《りやうぎ》の一を指《さ》したものであるが、亦此《またこ》の卦中《くわちう》の奇偶《きぐう》を呼《よ》むで第《だい》一畫第《くわくだい》二畫坏《くわくたご》と言《い》ふのは、這《こ》は未《いま》だ六畫《くわく》全卦《ぜんくわ》を成《な》さぬ前《まへ》の稱呼《しようこ》である。之《これ》に反《はん》して已《すで》に六畫全卦《くわくぜんくわ》を成《な》した後《のち》に於《おい》ては、之《これ》を呼《よ》むで初爻《しよかう》二爻《かう》三爻等《かうとう》と言《い》ふのが通例《つうれい》である、而《しか》して謂《い》ふ所《ところ》の爻《かう》とは交《まじ》はるの義《ぎ》で、一卦中《くわちう》の材料《ざいれう》卽《すなは》ち他爻《たかう》との關係《くわけい》交《かう》錯《さく》を意味《いみ》した所《ところ》の名稱《めいしよう》である、亦此《またこ》の一卦中《くわさう》の最下《さいか》の爻《かう》を呼《よ》むで初《しよ》と言《い》ひ、最上《さいじやう》の爻《かう》を呼《よ》むで上《じやう》と言《い》ふ所以《ゆゑん》は、這《こ》は卽《すなは》ち六爻《かう》の位地《ゐち》に由《よつ》て名《なつ》けたもので、最下《さいか》の爻《かう》を初《しよ》と言《い》ふに對《たい》して、最上《さいじやう》の爻《かう》が終《をは》りであることを示《しめ》し、反之《これにはんし》、最終《さいしう》の爻《かう》を上《じやう》と言《い》ふに對《たい》して、最初《さいしよ》の爻《かう》が下《げ》であることを示《しめ》す許《ばか》りでなく初上《しよじやう》と言《い》ふに對《たい》して、二三四五の中《なか》なることを知《し》り、亦之《またこれ》に反《はん》し。二三四五と言《い》ふに對《たい》して、初《しよ》の一にして上《じやう》の六なることを知《し》らしむる爲《た》めの互文《ごぶん》である。

次《つぎ》に九とは卦中《くわちう》の奇畫《きくわく》と呼《よ》ぶの名《な》で、上下經《じやうかけい》に於《お》ける百九十二陽爻《やうかう》の通稱《つうしよう》であるが、說卦傳《せつくわでん》に參天兩《さんてんりやう》地《ち》にして而《しか》して數《すう》を倚《よ》すと、凡《およ》そ筮法《ぜいはふ》に於《おい》て三奇《き》十二策《さく》を得《え》たものは、一奇《き》が三であるから、その數《すう》は三三にして九である、故《ゆゑ》に之《これ》を呼《よ》むで九と言《い》ふたもので、一面揲策上《めんてうさくじやう》に於《お》ける成立的由來《せいりつてきゆらい》を示《しめ》すと同時《どうじ》に、極數《きよくすう》であるから變動《へんどう》すべき義《ぎ》があることを現《あら》はしたものに外《ほか》ならぬ。そこで前《さへ》にも述《のべ》た樣《やう》に凡《すべ》て易《えき》の卦《くつ》は下《した》から積《つ》むで上《うへ》に至《いた》る、故《ゆゑ》に初下《しよか》の奇畫《きくわく》を呼《よ》むで初《しよ》九と言《い》ふたのであるが、潛龍《せんりよう》なり用《もち》ゆること勿《なか》れとは、此《こ》の一爻《かう》の吉凶《きつきよう》を占《うらな》ふ詞《ここば》で謂《い》ふ所《ところ》の爻辭《かうじ》である。而《しか》して此《こ》の卦《くわ》の諸爻《しよかう》には、皆龍《みなりう》の象《かたち》を取《さつ》て居《ゐ》るが、龍《りう》は神變不測《しんぺんふそく》、出沒自在《しゆつぼつじざい》、時《とき》に應《おう》じて能《よ》く進退變化《しんたいへんくわ》する所《ところ》の陽物《やうぶつ》で、卽《すなは》ち乾《けん》の象《かたち》である、而《しか》して潛《せん》とは伏藏《ふくぞう》の義《ぎ》で、初爻《しよかう》と二爻《かう》とは地《ち》の位《くらゐ》であるが、殊《ここ》に初爻《しよかう》は地下《ちか》の位《くらゐ》である、龍《りう》にして地下《ちか》に伏藏《ふくぞう》するのは、謂《い》ふ所《ところ》の潛龍《せんりよう》で卽《すなは》ち爻象《かうしよう》である、隨《したが》つて未《いま》だ昇天《しようてん》の時《とき》を得《え》て居《を》らぬから遽《にわ》かに飛躍《ひやく》を試《こころ》むることが出來《でき》ぬ、故《ゆゑ》に用《もち》ゆること勿《なか》れと言《い》ふ。用《もち》ゆること勿《なか》れと言《い》ふは占辭《せんじ》であるが、若《も》し筮《ぜい》して此《こ》の卦《くわ》を得《え》て、此《こ》の爻《かう》の時《とき》に當《あた》るとせば、輕擧妄動《けいきよもうどう》して此《こ》の戒《かい》を犯《をか》すの悔《くひ》なきことを期《き》せねばならぬ、されども用《もち》ゆること勿《なか》れとは、一切凡《さいすべ》て用《もち》ゆること勿《たか》れと言《い》ふの義《ぎ》ではないから、此《こ》の象《かたち》を觀《み》、此《こ》の占《せん》を玩《よ》むで、時《とき》に應《おう》じ機《き》に臨《のぞ》み、出處進退《しゆしよしんたい》を誤《あや》まらぬ樣《やう》にすることが肝要《かんえう》である。

九二　見龍《けんりう》在《あり》レ田《でんに》、利《よろし》シレ見《み》ルニ大人《たいじん》ヲ一

此爻《このかう》も亦奇畫《またきくわく》であるが、下《した》から上《のぼ》つて第《だい》二位《ゐ》に居《ゐ》る、故《ゆゑ》に之《これ》を九二と言《い》ふ、卽《すなは》ち奇畫《きくわく》の九が第《だい》二位《ゐ》に居《ゐ》ると言《い》ふの義《ぎ》である。そこで初爻《しよかう》と二爻《かう》とは共《とも》に地《ち》の位《くらゐ》ではあるけれども、初爻《しよかう》は地下《ちか》に該《あた》るので之《これ》を潜龍《せんりよう》に象《かた》どり、二爻《かう》は地上《ちじやう》に當《あた》るので、之《これ》を見龍《けんりう》に象《かた》どつたものであるが、見龍《けんりよう》とは現《あら》はれたる龍《りつ》と言《い》ふの義《ぎ》で、初爻《しよかう》の潜龍《せんりう》に比《くら》ぶれば、地上《ちじやう》に發現《はつげん》して居《ゐ》る所《ところ》の龍《りう》の象《かたち》で、爻象《かうしやう》を取《と》つたものである、亦田《またでん》とは地《ち》の上面《じやうめん》即《すなは》ち百穀《こく》を生《しやう》ずべき有益《いうえき》なる塲所《ばしよ》を指《さ》したもので中爻《ちうかう》の美徳《びとく》を兼《か》ねて、その象《かたち》を取《とつ》たものである、亦大人《まただいじん》とは、九五の爻《かう》を指《さ》したものであるが、二は臣《しん》の位《くらゐ》に居《ゐ》て中《ちう》を得《え》、亦《また》五は君《きみ》の位《くらゐ》に居《ゐ》て中《ちう》を得《え》て居《ゐ》る、此《か》の如《ごと》く二五君臣共《くんしんとも》に中位《ちうゐ》を得《え》て同徳相應《どうとくあひおう》じて居《ゐ》るから、大人《だいじん》を見《み》るに利《よろ》しと言《い》ふたもので、見《み》るとは、二五同徳相應《どうとくあひおう》ずる所《ところ》の象《かたち》である。但《たゞ》の陽《やう》と陽《やう》、陰《いん》と陰《いん》とは、假《たと》へ應《おう》位《ゐ》に居《ゐ》ても、相應和《あひおうわ》せぬのが易例《えきれい》である、然《しか》るに乾坤《けんこん》の二卦《くわ》は純陽純陰《じゆんやうじゆんいん》であつて、一切他《さいた》の異分子《いぶんし》を雜《まじ》へて居《を》らぬ、それゆゑ同徳相應《どうとくあひおう》ずるのであるから、諸卦《しよくわ》の常例《じやうれい》を以《もつ》て之《これ》を律《りつ》することは可能《でき》ぬ。

此爻《このかう》は元《も》と剛健《がうけん》にして有爲《ゆうゐ》の才《さい》を持《もつ》たものである、而《しか》も潜《せん》を出《い》で隱《いん》を離《はな》れ、地上《ちじやう》に發現《はつけん》して、見龍《けんりよう》の時即《ときすなは》ち天《てん》の時《とき》も已《すで》に之《これ》を得《え》て居《ゐ》るのであるが、尙田《なほでん》に在《あつ》てその徳《とく》が將《まさ》に萬物《ばんぶつ》に敷及《ふきう》せむとして居《ゐ》るから、地《ち》の利《り》も亦已《またすで》に之《これ》を得《え》て居《ゐ》るのである、その上尙《うへなほ》九五の大徳《たいとく》に遇《あ》ふてその志《こゝろざし》を行《おこな》ふに利《よろ》しいのであるから、人《ひと》の和《わ》も亦兼《またかね》て之《これ》を得《え》て居《ゐ》るものと言《いは》ねばならぬ。繫辭傳《けいじでん》に二は譽多《ほまれおほ》しと言《い》ふのは、即《すなは》ち此爻《このかう》のことであるから、若《も》し占《うらな》ふて此爻《このかう》の象《かたち》に相當《さうたう》したならば、進《すゝ》むで大《おほい》に爲《な》すべき時《とき》であると言《い》ふてよい。

九三　君子《くんし》終日《しふじつ》乾乾《けん〳〵》トシテ夕《ゆふべ》マデ惕若《てきじやく》タレバ厲《あやふ》ケレド无《なし》レ咎《とが》

此爻《このかう》も亦奇畫《またきくわく》で、第《だい》三位《ゐ》に居《を》るから、之《これ》を九三と言《い》ふ。が三は三才《さい》に於《おい》ては人位《じんゐ》であつて、陽《やう》を以《もつ》て陽位《やうゐ》に居《ゐ》てその位《くらゐ》を得《え》て居《ゐ》る、故《ゆゑ》に之《これ》を君子《くんし》に象《かた》どり、日《ひ》は乾《けん》の大陽《たいやう》の象《かたち》で、初爻《しよかう》を朝《あさ》とし、二爻《かう》を晝《ひる》とする、故《ゆゑ》に三爻《かう》は終日《しふじつ》の象《かたち》である、乾々《けん〳〵》とは健々《けん〳〵》自《みづ》から彊《つと》めて息《や》まざるの義《ぎ》で、内外兩乾相續《ないぐわいりやうけんあひつゞ》くの象《かたち》、夕《ゆふべ》とは夜《よる》に向《むか》ふの時《とき》で、乾《けん》を晝《ひる》となすの影象《えいしやう》である、亦惕若《またてきじやく》とは、恐懼《きようく》の義《ぎ》であるが、乾《けん》は卽《すなは》ち君父長上《くんぷちやうじやう》で、君父長上《くんぷちやうじやう》は尊嚴《そんげん》にして畏敬《ゐけい》すべきものである、故《ゆゑ》に惕若《てきじやく》とは此義《このぎ》を轉《てん》じて取《とつ》た所《ところ》の轉象《てんしやう》である、厲《れい》とは危《あやう》きの義《ぎ》で、三の危地《きち》の象《かたち》。此爻《このかう》が九の陽《やう》を以《もつ》て三の危地《きち》に居《ゐ》るのは、重剛《ちうがう》にして不中《ふちう》である許《ばか》りでなく、三は亦内外變換《またないぐわいへんくわん》の地《ち》で、下卦《かくわ》の上位《じやうゐ》である、隨《したが》つてその責任《せきにん》も重《おも》く、實《じつ》に危懼《きく》すべき時《とき》である。されど此爻《このかう》は元《も》と剛健《がうけん》にして有爲《ゆうゐ》の才《さい》を持《もつ》て居《ゐ》る、故《ゆゑ》に終日健々《しふじつけん〳〵》として自《みづ》から勉《つと》め、夕《ゆふべ》に至《いた》るも而《しか》も尚恐懼《なほきようく》して息《や》むことがない、それで危厲《きれい》ではあるけれども、能《よ》くその過《あやまち》を補《おぎな》ふて咎《とが》なきことを得《う》るもので、洵《まこと》に深《ふか》く自《みづ》から戒《いまし》むる爲《た》めの賜《たま》ものである。

九四　或《あるひ》ハ躍《をど》ツテ在《あり》レ淵《えん》ニ无《なし》レ咎《とが》

此爻《このかう》も亦人位《まだじんゐ》である、故《ゆゑ》にその龍《りう》なることを言《い》ふて居《を》らぬけれども、その龍《りう》であることは上下《じやうか》の文辭《ふんじ》を見《み》れば自《おのづ》から明《あき》らかで、猶大壯《なほたいさう》の九四にその羊《やう》なることを言《い》はずして、唯藩決不レ羸《たゞまがきけつしてくるしまず》と言《い》ふて居《ゐ》るのと同例《どうれい》である、亦或《またあるは》とは疑《うたが》ふ所《ところ》があつて未《いま》だ決《けつ》せざるの辭《じ》、躍《をど》るとは起《たつ》て而《しか》して將《まさ》に飛《とば》むとするの象《かたち》、此爻《このかう》は陽《やう》を以《もつ》て陰《いん》に居《を》るが、陽《やう》を進《すゝ》むとなし陰《いん》を退《しりぞ》くとなして或《あるひ》は疑《うたが》ふの象《かたち》、亦陽《またやう》を上《のぼ》るとなし陰《いん》を下《くだ》るとなして躍《おど》るの象《かたち》、淵《えん》とは水《みづ》の深《ふか》き所《ところ》で上空《じやうくう》、下洞龍《かどうりう》の居《を》る所《ところ》であるが、上空《じやうくう》は陽爻《やうかう》の象《かたち》下洞《かどう》は陰位《いんゐ》の象《かたち》で、何《いづ》れも皆之《みなこれ》を爻象《かうしやう》に取《とつ》て居《ゐ》る。蓋《けだ》し此爻《このかう》は已《すで》に下體《かたい》を離《はな》れて上體《じやうたい》の下《した》に進《すゝ》み、一躍將《やくまさ》に天《てん》に飛《とば》むとする所《ところ》の勢《いきほひ》がある、故《ゆゑ》に或《あるひ》は躍《おどつ》て而《しか》して之《これ》を試《こゝろ》み、亦或《またあるひ》は退《しりぞい》て而《しか》して淵《えん》に入《い》り必《かな》らず進《すゝ》むのでもなく、亦必《またかな》らず退《しりぞ》くのでもなく、畢竟可《ひつきようか》を見《み》て而《しか》して進《すゝ》み、時《とき》を俟《まつ》て而《しか》して動《うご》かむとして、その機會《きくわい》を窺《うかゞ》ふて居《ゐ》るものである、故《ゆゑ》に未《いま》だ之《これ》を吉《きち》と言《い》ふことは可能《でき》ぬけれども、而《しか》もその咎《とが》なきことは推《お》して而《しか》して知《し》らるゝ譯《わけ》で、之《これ》を九三の無《なし》レ咎《とが》ものに比《くら》ぶれば、自《おのづ》から違《ちがつ》て居《ゐ》る所《ところ》がある。

九五　飛龍《ひりう》在《あり》レ天《てん》ニ、利《よろ》シレ見《み》ルニ二大人《だいじん》ヲ一

五は天位《てんゐ》であつて九の陽之《やうこれ》に居《ゐ》る、即《すなは》ち飛龍在《ひりようあり》レ天《てん》の象《かたち》。大人《だいじん》は九二を指《さ》し、見《み》るとは二五同徳相應《どうとくあひおう》ずるの象《かたち》、龍《りう》なるものは元《も》と神物《しんぶつ》で天《てん》はその本位《ほんゐ》である、然《しか》るに龍《りう》が已《すで》に飛《と》むで天《てん》にあれば、雲《くも》を起《おこ》し雨《あめ》を施《ほどこ》してその澤《たく》が萬物《ばんぶつ》に及《およ》ぶの時《とき》である、之《これ》を譬《たと》ふれば、猶聖人《なほせいじん》が剛健中正《がうけんちうせい》の德《とく》を以《もつ》て九五の尊位《そんゐ》に居《を》り、下位《かゐ》にある九二の大人《だいじん》と同德相輔《どうとくあひたす》けて、德政《とくせい》を天下《てんか》に施行《しかう》するの象《かたち》である、故《ゆゑ》に大人《だいじん》を見《み》るに利《よろ》しと言《い》ふ、蓋《けだ》し乾卦《けんくわ》の九五は他卦《たくわ》の九五とは大《おほい》に異《こと》なる所《ところ》がある、乾《けん》は即《すなは》ち純陽至健《じゆんやうしけん》、九五は即《すなは》ち剛健中正《がうけんちうせい》にして眞《しん》に乾道《けんだう》の全德《ぜんとく》を得《え》たものである、故《ゆゑ》に本義《ほんぎ》にも時《とき》に聖人《せいじん》の德《とく》を以《もつ》て聖人《せいじん》の位《くらゐ》に居《を》

るが如《ごと》しと言《い》ふて、之《これ》を他卦《たくわ》の九五と區別《くべつ》して居《ゐ》るされど、易《えき》は元《もと》と何人《なにびと》も之《これ》を用《もち》ひ得《う》べきもので、惟《ひと》り聖人《せいじん》の爲《た》めに之《これ》を設《まう》けたものではない、故《ゆゑ》に若《も》し筮《ぜい》して此爻《ごかう》の義《ぎ》に當《あた》る時《とき》には、宜《よろ》しく此《こ》の象義《しやうぎ》を推《お》して之《これ》を活用《くわつよう》すべく必《かな》らずしも尊卑聖凡等《そんぴせいぼんとう》の區別《くべつ》を立《た》つるには及《およ》ばぬ。

上九　亢龍《こうりよう》有《あり》レ悔《くひ》、

上爻《じやうかう》は天位《てんゐ》の上《うへ》にして卦《くわ》の極《きよく》であるが、九の陽之《やうこれ》に居《ゐ》る、即《すなは》ち亢龍天《こうりようてん》に冲《ちう》するの象《かたち》、謂《い》ふ所《ところ》の亢《こう》とは上《のぼ》ることを知《し》つて下《くだ》ることを知《し》らぬ義《ぎ》であるが、凡《およ》そ物《もの》と言《い》ふものは盈《みつ》れば必《かな》らず虧《か》け、極《きは》まれば必《かな》らず反《かへ》るのは必至《ひつし》の勢《いきほひ》である、故《ゆゑ》に悔《くひ》ありと言《い》ふ、悔《くひ》ありとは占者《せんしや》を戒《いまし》むる所《ところ》の辭《ことば》であるから、須《すべ》からく此《こ》の象《かたち》を見《み》て此《こ》の悔《くひ》なきことを期《き》せねばならぬ。

用九　見《あらは》レタル群龍《ぐんりよう》无《なし》レ首《かつべきち》吉、

用《よう》九とは九を用《もち》ひて七を用《もち》ひぬと言《い》ふ義《ぎ》であるが、凡《およ》そ筮法《ぜいはふ》に於《おい》て奇畫《きくわく》を得《う》るものゝ中《なか》で、三奇《き》十二策《さく》を得《え》て一畫《くわく》を成《な》すものと、一奇《き》二偶《ぐう》二十策《さく》を得《え》て一畫《くわく》を成《な》すものとの區別《くべつ》があるが、一奇《き》を三となし、一偶《ぐう》を二となすのであるから、三奇《き》十二策《さく》を得《え》たものは九で、一奇《き》二偶《ぐう》二十策《さく》を得《え》たものは七である、而《しか》して九を得《え》たものは變《へん》じ、七を得《え》たものは變《へん》ぜぬと言《い》ふことは、古《たかし》も今《いま》も同様《さうやう》ではあるけれども、而《しか》も周以前《しういぜん》の易《えき》に於《おい》ては、變《へん》ぜぬ所《ところ》の七を用《もち》ひて、變《へん》ずる所《ところ》の九は却《かへ》つて之《これ》を用《もち》ひなかつた様《やう》である。反之《これにはんし》、周易《しうえき》に於《おい》ては、變《へん》ずる所《ところ》の九を用《もち》ひて變《へん》ぜぬ所《ところ》の七は之《これ》を用《もち》ひぬことゝしたのである故《ゆゑ》に之《これ》を周以前《しういぜん》の易《えき》と區別《くべつ》せむが爲《た》めに、特《とく》に用《よう》九卽《すなは》ち九を用《もち》ひて七は之《これ》を用《もち》ひぬと言《い》ふ凡例《はんれい》を示《しめ》したものであるが。そは之《これ》を六十四卦中《くわちう》に於《お》ける百九十二陽爻《やうかう》を呼《よ》ぶに、皆悉《みなことごと》く初《しよ》九九二九三等《とう》と言《い》ふて居《を》るのを以《もつ》て之《これ》を證《しやう》することが可能《でき》る、何《なん》となれば、何《いづ》れの卦《くわ》に於《おい》ても、卦中《くわちう》の陽爻《やうかう》が皆悉《みなことごと》く九のみを得《う》べきものと定《きま》つては居《を》らぬ、七を得《え》て成立《なりた》つことも澤山《たくさん》にある、然《しか》るに皆悉《みなことごと》く之《これ》を呼《よ》むで九と言《い》ふのは、百九十二陽爻《やうかう》が何《いづ》れも皆《みな》九を得《え》て變《へん》じ得《う》べきことを示《しめ》すものに外《ほか》ならぬ。而《しか》して之《これ》を玆《こゝ》に表出《へうしゆつ》したのは、乾《けん》は純陽《じゆんやう》の卦《くわ》にして卷首《くわんしゆ》に居《を》るからである。尙此《なほこ》の乾坤《けんこん》の用《よう》九用《よう》六のことは、四十五策筮法中《さくぜいはふちう》に詳《くは》しく之《これ》を逑《の》べて置《お》いたのであるから、玆《こゝ》には唯《たゞ》その概略《がいりやく》を逑《の》べた丈《だけ》である。然《しか》らば見《あら》はれたる群龍无レ首吉《ぐんりようなしかうべきち》とは、何故《なにゆゑ》に之《これ》を繫《か》けたものであるかと言《い》へば、見《けん》とは九二の辭《ことば》に言《い》ふ見龍《けんりよう》の見《けん》と同《ごう》一で現《あら》はるゝの義《ぎ》であるが、現《あら》はれたる群龍《ぐんりよう》とは、乾卦《けんくわ》の諸爻卽《しよかうすなは》ち六龍《りう》を指《さ》したものである。亦《また》首《かうべ》とは主《しゆ》の義《ぎ》で、无レ首吉《なしかうべきち》とは、專《もつ》ぱら主《しゆ》として用《もち》ゆることなければ吉《きち》と言《い》ふ戒辭《かいじ》である、之《これ》を要《えう》するに、見群龍无レ首 吉《けんぐんりようなしかうべきち》の六字《じ》は、乾《けん》の六爻《かう》に對《たい》する戒辭《かいじ》である許《ばか》りでよく、亦幷《またあは》せて百八十六陽爻全體《やうかうぜんたい》に關《くわん》する所《ところ》の戒辭《かいじ》である。蓋《けだ》し乾卦《けんくわ》の六爻中《かうちう》に於《おい》て、初爻《しよかう》には、勿レ用《もちゆるなかれ》と言《い》ひ、三爻《かう》には惕若《てきじやく》と言《い》ひ、四爻《かう》には在《あり》レ淵《えん》と言《い》ひ、上爻《じやうかう》には有《あり》レ悔《くひ》と言《い》ふて居《を》るが、這《こ》は皆《みな》その輕擧妄動《けいきよはうどう》せざらむことを戒《いまし》むる所《ところ》の辭《ことば》で、一としてその爲《な》すが儘《まゝ》に放任《はうにん》して居《を》るものはない、唯《たゞ》二爻《かう》と五爻《かう》とは、之《これ》を他爻《たかう》に比《くら》ぶれば一見何等《けんなんら》の訓戒《くんかい》をも加《くは》へて居《を》らぬ樣《やう》であるけれども、而《しか》も尙共《なほとも》に利レ見二大人一《よろしくみるにだいじん》と言《い》ふ四字《じ》を繫《か》けて、自主專用《しゆせんよう》するが如《ごと》き行《おこなひ》のなからむことを諭《さと》して居《を》るではないか、然《しか》る所以《ゆえん》のものは、彼《かれ》と此《これ》との間時位《かんじゐ》の相違《さうゐ》こそあれ、何《いづ》れも皆純陽至健《みなじゆんやうしけん》の卦中《くわちう》に居《を》る爲《た》めに、動《やゝ》もすれば、至剛至健《しがうしけん》に失《しつ》せむとするの虞《おそ》れがあるからである、乾卦《けんくわ》の六龍《りよう》が已《すで》にそうであるとせば、他《た》の百八十六陽爻《やうかう》に於《おい》ても、亦或《またあるひ》は過剛《くわがう》過健《くわけん》の虞《おそ》れがないとは言《い》へぬ、此《こ》れその特《とく》に无《な》レ首《しかう》吉《べきち》の三字《じ》を掲《かゝ》げて之《これ》を戒《いまし》むる所以《ゆゑん》である。

䷁ 坤《こん》下《レ》 坤《こん》上《レ》

坤《こん》

坤《こん》ハ元《おほい》ニ亨《とほ》ル利《よ》ロシ二牝《ひん》馬《ば》之《の》貞《てい》ニ一、君《くん》子《し》有《あ》レ攸《ところ》レ往《ゆ》ク、先《さき》ンズレバ迷《まよ》ヒ、後《おく》ルレバ得《う》ルレ主《しゆ》ヲ、利《よろ》シク二西《せい》南《なん》得《に》ルニ一朋《とも》ヲ、東《とう》北《ほく》ニハ喪《うし》ノフレ朋《とも》ヲ、安《やすん》ズレバレ貞《てい》ニ吉《きち》、

⚋ 一偶《ぐう》は即《すなは》ち兩儀《りやうぎ》の一で、⚏ 二偶《ぐう》は即《すなは》ち四象《しやう》の一で、☷ 三偶《ぐう》は即《すなは》ち八卦《くわ》の一であるが、之《これ》を名《なづ》けて坤《こん》と言《い》ふ、坤《こん》とは即《すなは》ち順《じゆん》の義《ぎ》である、蓋《けだ》し陰《いん》の體《たい》は柔《じう》にしてその用《よう》は順《じゆん》であるが、凡《すべ》て形《かたち》ある物《もの》の中《うち》では、地《ち》より大《だい》なるものはない、故《ゆゑ》に乾《けん》を以《もつ》て天《てん》に象《かた》どるに對《たい》して、坤《こん》を以《もつ》て地《ち》に象《かた》どつたもので卦下《くわか》の註《ちう》に坤下坤上《こんかこんじやう》と言《い》ふのは、即《すなは》ち此《こ》の三畫卦《くわくくわ》の坤《こん》を指《さ》したものである。而《しか》して此《こ》の三偶《ぐう》の坤《こん》の上《うへ》に亦《また》三偶《ぐう》の坤《こん》を重《かさ》ねて六畫卦《くわくくわ》となすも、而《しか》も之《これ》を呼《よ》むで坤《こん》と言《い》ふことは、三畫卦《くわくくわ》の時《とき》と同樣《どうやう》で、經文《けいもん》に謂《い》ふ所《ところ》の坤《こん》とは、即《すなは》ち此《こ》の六畫卦《くわくくわ》の坤《こん》を指《さ》したものである、此卦《このくわ》は內外共《ないぐわいとも》に坤《こん》六爻皆陰至純《かうみないんしじゆん》にして且《か》つ至順《しじゆん》なるものであるが、乾《けん》の卦《くわ》か大《おほ》いに通達《つうたつ》するが如《ごと》くに、坤《こん》の卦《くわ》も亦大《おほ》いに通達《つうたつ》するものであ

る故《ゆゑ》に元亨《おほいにとう》ると言《い》ふ、此《かく》の如《ごと》く元《おほ》いに亨《とう》る所《ところ》は、乾《けん》も坤《こん》も同一《どう》であるけれども、而《しか》もその元《おほ》いに亨《こう》る所以《ゆえん》に至《いた》りては、乾《けん》と坤《こん》との間《あひだ》には大《おほ》いに相違《さうゐ》して居《を》る所《ところ》がある。即《すなは》ち乾《けん》は至健《しけん》なるが故《ゆゑ》に元《おほ》いに亨《とほ》り、坤《こん》は至順《しじゆん》なるが故《ゆゑ》に元《おほ》いに亨《こう》るのであるが、乾《けん》は天《てん》であり君《きみ》であり夫《ふ》である、坤《こん》は地《ち》であり臣《しん》であり妻《さい》である、此《こ》れ乾坤《けんこん》の二卦《くわ》がその亨《こう》る所以《ゆゑん》を異《こと》にする所《ところ》である、亦《また》乾《けん》を馬《うま》となす、故《ゆゑ》に坤《こん》を以《もつ》て牝馬《ひんば》に象《かた》どるのであるが、牝馬《ひんば》は柔順《じうじゆん》なるもので、地《ち》の天《てん》に於《お》けると臣《しん》の君《きみ》に於《お》けると妻《つま》の夫《をつと》に於《お》けるとは、共《とも》に柔順《じうじゆん》にして貞正《ていせい》なるを宜《よろ》しとするのである、故《ゆゑ》に利《よろし》ニ牝馬《ひんば》之《の》貞《ていに》一と言《い》ふ。君子《くんし》とは占者《せんしや》その人《ひと》を指《さ》したもので、往《ゆ》く攸《ところ》有《あ》りとは、行《おこな》ふ所《ところ》、爲《な》す所《ところ》あるの義《ぎ》で、坤《こん》の象《かたち》。先《さき》むずれは迷《まよ》ひ、後《おく》るれば主《しゆ》を得《う》るとは、凡《およ》そ陽《やう》を以《もつ》て先《さ》きとなし、陰《いん》を以《もつ》て後《あと》となす、故《ゆゑ》に臣《しん》であり妻《さい》である所《ところ》の陰《いん》を以《もつ》て君《くん》であり、夫《ふ》である所《ところ》の陽《やう》に先《さ》き立《た》つ時《とき》は、その道《みち》を失《うしな》ふて必《かな》らず迷《まよ》ふのであるが。反《これにはんし》レ之。臣《しん》たるものが君《きみ》の後《あと》に從《したが》ひ、妻《つま》たるものが夫《をつと》の後《あと》に從《したが》ふのは當然《たうぜん》の常道《じやうだう》で、主《しゆ》とする所《ところ》を得《う》ると言ふの義《ぎ》であつて、主《しゆ》を得《う》るとは、即《すなは》ち陰《いん》を以《もつ》て陽《やう》の後《あと》に從《したが》ふを言《い》ふ、亦《また》說卦傳《せつくわでん》に由《よ》れば、巽離坤兌《そんりこんだ》は西南《せいなん》に居《ゐ》て皆陰卦《みないんくわ》であるが、陰《いん》の性《せい》は即《すなは》ち退《しりぞ》くものである。反《これにはんし》レ之。乾坎艮震《けんかんごんしん》は東北《とうほく》に居《ゐ》て皆陽卦《みなやうくわ》であるが陽《やう》の性《せい》は即《すなは》ち進《すゝ》むものである、是故《これのゆゑ》に坤《こん》の陰《いん》が西南《せいなん》に退《しりぞ》くのは、惟《ひと》り巽離兌《そんりだ》の朋《とも》を得《う》る許《ばか》りでなく、その本分《ほんぶん》とする所《ところ》の柔順《じうじゆん》の德《とく》を全《まつた》ふして、陽《やう》の主《しゆ》に從《したが》ふことゝなる、故《ゆゑ》に利《よろ》ニシ西南得《せいなんにうろ》ニ一レ朋《とも》と言《い》ふ。然《しか》るに東北《とうほく》に進《すゝ》めば、啻《たゞ》に巽離兌《そんりだ》の同類《どうるゐ》を離《はな》れてその朋《とも》を喪《うしな》ふ許《ばか》りでなく、陰《いん》は陽《やう》に從《したが》ふべき本分《ほんぶん》に背《そむ》き卽《すなは》ち先《さ》きむずるが故《ゆゑ》に迷《まよ》ふことゝなるのである、故《ゆゑ》に東北《とうほく》ニハ喪《うしのう》レ朋《ともを》、安《やすん》ズレバ貞《てい》ニ吉《きち》と言《い》ふ謂《い》ふ。所《ところ》の貞《てい》に安《やす》むずるとは卽《すなは》ち牝馬《ひんば》の貞《てい》に安《やす》むずるの謂《いひ》であつて、西南朋《せいなんとも》を得《う》るに利《よろ》しく、東北《とうほく》には朋《とも》を喪《うしな》ふとは卽《すなは》ち上文《じやうぶん》に先《さ》きむずれば迷《まよ》ひ、後《おく》るれば主《しゆ》を得《う》ると言《い》ふの義《ぎ》を一層敷衍《そうふえん》したものに外《ほか》ならぬ。

初六　履《ふ》ムデレ霜《しも》ヲ堅氷《けんぴよう》至《いた》ル

初《しよ》六の六とは卦中《くわちう》の偶畫《ぐうくわく》を呼《よ》ぶ所《ところ》の名《な》で、上下經《じやうかけい》に於《お》ける百九十二陰爻《いんかう》の通稱《つうしよう》であるが、筮法《ぜいはふ》に於《おい》て三偶《ぐう》二十四策《さく》を得《え》た時《とき》には、一偶《ぐう》が二であるから、その數《すう》は二三にして六となる、故《ゆゑ》に之《これ》を六と言《い》ふたもので、揲策上《てつさくじやう》に於《お》ける成立的經歷《せいりつてきけいれき》を示《しめ》すと共《とも》に、亦他《またた》の一方《ばう》に於《おい》ては、陰數《いんすう》の消極《せうきよく》にして變動《へんどう》の義《ぎ》あることを表《あらは》したものであるが、奇偶《きぐう》の卦畫《くわくわく》は、下《した》から積《つ》むで次第《しだい》に上《のぼ》るものであるから、最下《さいか》の偶畫《ぐうわく》を呼《よ》むで之《これ》を初《しよ》六と言《い》ふは、猶乾卦《なほけんくわ》の最下畫《さいかくわく》を呼《よ》むで初《しよ》九と言《い》ふのと一般《はん》である、凡《およ》そ易例《えきれい》に於《おい》ては、上爻《じやうかう》を以《もつ》て頭《あたま》となし前《まへ》となし、初爻《しよかう》を以《もつ》て足《あし》となし後《うしろ》となすのであるが、履《ふむ》とは足《あし》にて踏《ふ》むことで卽《すなは》ち初爻《しよかう》の爻象《かうしよう》である、亦初爻《しよかう》を以《もつ》て始《はじ》めとなし、本《もと》となし、上爻《じやうかう》を以《もつ》て終《をは》りとなし、末《すゑ》となすのであるが、坤《こん》は陰《いん》にして初爻《しよかう》はその始《はじ》めで、霜《しも》なるものは卽《すなは》ち此《こ》の陰氣《いんき》の始《はじ》めて凝《こう》たものであるから、此《これ》も亦謂《またい》ふ所《ところ》の爻象《かうしやう》を取《と》つたものである、而《しか》して霜《しも》の凝結《ぎようけつ》すること益々《ますます》盛《さか》むなれば、雪《ゆき》となり霰《あられ》となり、終《つひ》に以《もつ》て堅氷《けんぴよう》を見《み》るに至《いた》るのである、故《ゆゑ》に履《ふ》レデ霜《しも》ヲ堅氷至《けんぴよういた》ると言《い》ふ。堅氷至《けんぴよういた》るとは霜《しも》を履《ふ》むの結果《けつくわ》を推言《すゐげん》したもので初《しよ》六の正象《せいしやう》ではなく、その實《じつ》は上《じやう》六に於《おい》て言《い》ふべきことであるが、謂《い》ふ所《ところ》の假《か》象《しやう》である、之《これ》を要《えう》するに、此爻《このかう》が純陰《じゆんいん》の卦中《くわちう》に於《おい》て最下《さいか》に居《ゐ》るのは、之《これ》を譬《たと》へば猶《なほ》邪惡《やあく》の始《はじ》めて生《しやう》ずる樣《やう》なもので、その端《たん》は甚《はなは》だ微《び》であるけれども、而《しか》もその結果《けつくわ》は極《きは》めて大《だい》となるべきものであるからその始《はじ》めて生《しやう》ずるの時《とき》に於《おい》て、終局《しふきよく》の豫防《よぼう》を忽《ゆる》がせにしてはならぬことを戒《いまし》めたもので、即《すなは》ち陽《やう》の善《ぜん》が消《せう》するのを扶《たす》けて、陰《いん》の惡《あく》が長《ちやう》ずるのを抑《おさ》へたものである。

六二　直方大《ちよくはうだいなり》、不《ず》レ習《ならは》シテ无《なし》レ不《から》レザル利《よろし》、

坤《こん》の卦《くわ》の六爻中《かうちう》に於《おい》て初《しよ》は不正《ふせい》にして不中《ふちう》、上《じやう》は正《せい》なれども中《ちう》ならず、三は不正《ふせい》にして不中《ふちう》、四は正《せい》なれども中《ちう》ならず、五は中《ちう》を得《え》て居《を》れども不正《ふせい》であるが、惟《ひと》り六二の一爻《かう》のみが柔順中正《にうじゆんちうせい》にして、坤《こん》卦《くわ》の純德《じゆんとく》を具備《ぐび》して居《を》る、故《ゆゑ》に直方大《ちよくはうだい》と言《い》ふ、直《ちよく》とは邪曲《じやきよく》なきの義《ぎ》、方《はう》とは方正《はうせい》にして法則《はふそく》あるの義《ぎ》大《だい》とは廣大《くわうだい》にして並《なら》びなきの義《ぎ》であるが、皆《みな》六二が柔順《じうじゆん》にして中正《ちうせい》を得《え》て居《ゐ》る所《ところ》の象《かたち》である、蓋《けだ》し直《ちよく》方大《はうだい》の三德《とく》は元《も》と皆乾《みなけん》の德《とく》であつて、坤《こん》その者《もの》の德《とく》ではないのであるが、坤《こん》は凡《すべ》て乾《けん》の德《とく》その儘《まゝ》を承《う》けて德《とく》となす者《もの》、即《すなは》ち後《おく》れて主《しゆ》を得《う》るもので、而《しか》も這《こ》は故《こと》さらに修習《しうしふ》するに由《よつ》て然《しか》るものでなく、自然《しぜん》にして然《しか》るものである、故《ゆゑ》に不《ずして》レ習《ならは》无《なし》レ不《ざること》レ利《よろしから》と言《い》ふ、習《なら》はずとは學習《がくしふ》に由《よ》らずと言《い》ふのではない、唯《たゞし》自然《ぜん》に之《これ》を能《よ》くすと言《い》ふの義《ぎ》である。此《かく》の如《ごと》く六二は柔順中正《じうじゆんちうせい》にして、坤《こん》の純德《じゆんとく》を得《え》て成卦《せいくわ》の主《じゆ》となつて居《ゐ》るから、坤《こん》の全德《ぜんとく》を擧《あげ》て此爻《このかう》に與《あた》へたものである。

六三　含《ふく》ムレ章《しやう》チ可《べ》レシ貞《かたく》ス、或《あるひ》ハ從《したが》フ二王事《わうじ》一ニ、无《なく》レシテ成《な》スコト有《あり》レ終《をはり》チ、

含《ふく》むとは包藏《ほうざう》して現《あら》はさるゝの義《ぎ》、章《しやう》とは文章《ぶんしやう》のことにして才能《さいのう》の義《ぎ》、六の陰《いん》を以《もつ》て三の陽位《やうゐ》に居《を》るのは即《すなは》ち章《しやう》を含《ふく》むの象《しやう》である、此爻《このかう》は内《うち》に文章美才《ぶんしやうびさい》があつて、外之《ほかこれ》を含藏《がんざう》するとはいへど、而《しか》もその陽位《やうゐ》に居《を》るが故《ゆゑ》に、その章美《しやうび》を含藏《がんざう》し得《え》ざるかの嫌《きらひ》がある、故《ゆゑ》に可レ貞《べしかたくす》と言《い》ふ。可レ貞《べしかたくす》とは、之《これ》を固守《こしゆ》するの謂《いひ》である。或《あるひ》はとは進退未定《しんたいみてい》の辭《ことば》であるが、乾《けん》の九四は陽《やう》を以《もつ》て陰位《いんゐ》に居《を》る、故《ゆゑ》に或《あるひ》はと言《い》ふ然《しか》るに此爻《このかう》は陰《いん》を以《もつ》て陽位《やうゐ》に居《を》る、故《ゆゑ》に亦之《またこれ》を或《あるひ》はと言《い》ふ。坤《こん》の道《みち》は即《すなは》ち臣《しん》の道《みち》であるが、臣《しん》たるものが君事《くんじ》に服從《ふくじう》するのは當然《たうぜん》の職務《しよくむ》である、故《ゆゑ》に王事《わうじ》に從《したが》ふと言《い》ふ。王《わう》とは六五定位《ていゐ》の主《しゆ》を指《さ》す所《ところ》の象《しやう》である、无レ成《なしなすこと》とは、善美《ぜんび》を以《もつ》て之《これ》を君《きみ》に歸《き》して、己《おの》れは敢《あへ》て成功《せいこう》に居《を》らざるを言《い》ひ。有レ終《ありをはり》とは君命《くんめい》に從《したが》ふてその職分《しよくぶん》を盡《つく》し、その功《こう》を終《を》ゆるを言《い》ふ。成《せい》と言《い》ひ、終《しふ》と言《い》ふは皆坤《みなこん》の象《しやう》。言《い》ふこころは、六三は下卦《かくわ》の上《うへ》に居《ゐ》て、内外變革《ないぐわいへんかく》の際《さい》に當《あた》つて居《を》るとのであるから、その章美《しやうび》の才能《さいのう》を含藏《がんざう》して、固《かた》く之《これ》を守《まも》つて居《を》らねばならぬものであるけれども、亦一切之《またさいこれ》を露《あら》はしてはならぬと言《い》ふのではない、時《とき》に或《あるひ》は出《い》でゝ王事《わうじ》に服事《ふくじ》することがある塲合《ばあひ》には、敢《あへ》て自《みづ》からその功《こう》に當《あた》る樣《やう》なことをせず、唯君《たゞきみ》に代《かは》つて己《おの》れの職分《しよくぶん》を守《まも》り、その事《こと》を終《を》へ完《まつた》ふせよと言《い》ふことで、即《すなは》ち彖《たん》に言《い》ふ先《さ》きむずれば則《すなは》ち迷《まよ》ひ、後《おく》るれば則《すなは》ち主《しゆ》を得《う》るの意《い》に外《ほか》ならぬ。

六四　括《くる》ルレ嚢《なう》ヲ无《なく》レ咎《とがも》无《なし》レ譽《ほまれ》

括《くゝ》るとは縛《しば》り結《むす》ぶの義《ぎ》、陰《いん》を凝結《ぎけつ》となし、閉塞《へいそく》となす、六四が陰《いん》を以《もつ》て陰《いん》に居《を》るものは即《すなは》ち重陰《ぢういん》にして括《く》くるの象《しやう》、亦嚢《またなう》は坤《こん》の象《しやう》で、地《ち》の萬物《ばんぶつ》を承《う》け載《の》ずるの義《ぎ》を取《と》つたものであるが、此爻《かう》坤《こん》の卦中《くわちう》に在《あつ》て、位《ゐ》はその正《せい》を得《え》て居《を》るけれども、而《しか》も不中《ふちう》にして近君多懼《きんくんたく》の地《ち》に居《を》るが故《ゆゑ》に、自《みづ》から韜晦蟄居《たうくわいちつきよ》すること、恰《あた》かも嚢口《なうこう》を緊縛《きんばく》して物《もの》の出入《しゆつにふ》を杜絶《とぜつ》したるが如《ごと》く、己《おの》れを持《ぢ》することも此《かく》の如《ごと》く謹密《きんみつ》である、隨《したが》つて罪《つみ》の咎《とが》むべきものもなければ、亦功績《またこうせき》を譽《ほ》むべきものもない、故《ゆゑ》に无レ咎无レ譽《なくとがもなしほまれも》と言ふ。

六五　黄裳元吉《くわうしやうげんきつ》

坤《こん》を以《もつ》て黄色《こうしよく》となし、裳《しやう》となし、且《か》つ裳《しやう》は下《しも》の飾《かざ》りであるから、黄裳《くわうしやう》とは即《すなは》ち坤《こん》の象《しやう》を取《と》つたものゝ樣《やう》であるけれども、而《しか》も五は尊位《そんゐ》にして上體《じやうたい》であるから、全體《ぜんたい》ならば衣《ころも》の象《しやう》を取《と》るのが順當《じゆんたう》である。然《しか》るに衣《ころも》の象《しやう》を捨《す》てゝ裳《しやう》の象《かたち》を取《と》つた所以《ゆゑん》は、乾坤《けんこん》は純陽《じゆんやう》純陰《じゆんいん》の卦《くわ》で、天地《てんち》を範圍《はんゐ》すべき常經大法《じやうけいたいはふ》の存《そん》ずる所《ところ》であるから、他《た》の諸卦《しよくわ》とは自《おのづ》から異《こと》なる所《ところ》がある、即《すなは》ち乾《けん》を天《てん》となすに對《たい》して坤《こん》を地《ち》となし、乾《けん》を君《きみ》となすに對《たい》して坤《こん》を臣《しん》となし、乾《けん》を夫《ふ》となすに對《たい》して坤《こん》を婦《ふ》となすが如《ごと》く、彼此相對《かれこれあひたい》してその象《かたち》を取《と》り義《ぎ》を立《た》つる所《ところ》に於《おい》て名分上《めいぶんじやう》の敎訓《けうくん》が示《しめ》されて居《ゐ》る。故《ゆゑ》に初《しよ》から四に至《いた》る迄《まで》は、五を以《もつ》て君主《くんしゆ》となしてその象《かたち》を取《と》つて居《を》るに拘《かゝ》はらず、六五自爻《じかう》に至《いた》りては忽《たち》まちその義《ぎ》を變《へん》じ、上體《じやうたい》と尊位《そんゐ》との爻象《かうしやう》即《すなは》ち君《くん》とか、天《てん》とか、衣《え》とか言《い》ふものを捨《す》てゝ、裳《しやう》即《すなは》ち下服《かふく》の象《かたち》を取《と》つたものである、即《すなは》ち乾《けん》の九五を以《もつ》て主《しゆ》となし、君《くん》となし、夫《ふ》となすに對《たい》して、坤《こん》の六五を以《もつ》て后《こう》となし、臣《しん》となし、婦《ふ》となし、乾《けん》の九五を以《もつ》て衣《い》に象《かた》どるに對《たい》して、坤《こん》の六五を以《もつ》て裳《しやう》に象《かた》どつたもので、謂《い》ふ所《ところ》の轉象《てんしやう》であるが、此《これ》も亦坤道《またこんだう》の先《さ》きむずれば則《すなは》ち迷《まよ》ひ、後《おく》るれば則《すなは》ち主《しゆ》を得《う》るの意《い》に出《じ》でたものに外《ほか》ならぬ。蓋《けだ》し此卦《このくわ》は純陰《じゆんいん》にして、その勢《いきほひ》甚《はなは》だ盛大《せいだい》なるが上《うへ》に、此爻《このかう》も亦尊位《またそんゐ》に居《を》るけれども、而《しか》も柔中《じうちう》を得《え》て居《を》るのでそれで高《たか》きに居《を》れども亢《たか》ぶらず。尊《たつと》きに居《を》れども誇《ほこ》らず、坤徳《こんとく》を固守《こしゆ》して失《うしな》はぬものである、故《ゆゑ》に黄《くわう》裳元吉《しやうげんきつ》と言《い》ふ、元《げん》とは大《だい》の義《ぎ》である。

上六　龍戰《りうたゝかふ》レ于《に》レ野《や》　其血《そのち》玄黄《げんくわう》

龍《りう》は陽物《やうぶつ》にして乾《けん》の象《かたち》。戰《たゝか》ふとは二者相抗爭《しやあひこうさう》するの義《ぎ》。郊外《かうぐわい》を野《や》と言《い》ふ、同人《どうにん》の彖《たん》に曰《いは》く、同人于《どうじんない》レ野亨《やにこう》ると、亦《また》その上九《じやう》に曰《いは》く、同人于《どうじんない》レ郊《かうに》と。此《こ》の如《ごと》く上《じやう》の爻象《かうしやう》を以《もつ》て郊《かう》となせば、野《や》とは郊《かう》の外即《ほかすなは》ち卦外《くわぐわい》にあることが分《わか》るが、此《これ》も亦乾《またけん》の象《かたち》である。さて龍《りう》が野《や》の卦外《くわぐわい》に戰《たゝか》ふと言《い》ふた許《ばか》りでは、何者《なにもの》と戰《たゝか》ふて居《を》るか、その相手《あひて》が分《わか》らぬが、下分《かぶん》に其血《そのち》玄黄《げんくわう》と言《い》ふてある。謂《い》ふ所《ところ》の其血《そのち》とは戰《たゝか》ふて居《を》るその双方《そうはう》の血《ち》と言《い》ふことで、玄黄《げんくわう》は血《ち》の色《いろ》であるが、玄《げん》は天《てん》の色《いろ》で黄《くわう》は地《ち》の色《いろ》である、して見《み》れば乾《けん》の龍即《りうすなは》ち陽《やう》と相戰《あひたゝか》ふて居《ゐ》たものは、坤《こん》の陰《いん》であつたと言《い》ふことが分《わか》る許《ばか》りでなく、双方共《さうはうとも》に傷害《しやうがい》を受《う》けたと言《い》ふことも分《わか》る。そこで此《こ》の如《ごと》く陰陽共《いんやうとも》に傷害《しやうがい》を受《う》けたとしても、それは唯《たゞ》一時《じ》のことで、陽《やう》は剛《がう》にして健《けん》に、陰《いん》は柔《じう》にして順《じゆん》ならねばならぬ、本來《ほんらい》の性質《せいしつ》に變動《へんどう》を及《およ》ぼすことはなく、倒底陰《たうていいん》は陽《やう》に敵《てき》し、柔《じう》は剛《がう》に克《か》ち得《う》べきものでないと言《い》ふ意味《いみ》は言外《げんぐわい》に含《ふく》まれて居《を》る。蓋《けだ》し此爻卦極《このかうくわきよく》に居《ゐ》て陰《いん》の勢《いきほ》ひ甚《はなは》だ強《つよ》く、己《おの》れの領分《りやうぶん》を越《こ》へ進《すゝ》むで卦外《くわぐわい》に至《いた》り乾《けん》の陽《やう》と相抗爭《あひこうさう》するに至《いた》る、故《ゆゑ》に龍戰《りうたゝかふに》レ于レ野《や》と言《い》ふ。已《すで》に相抗争《あひこうさう》す、陰陽兩《いんやうふた》つながら傷《きづゝ》くに至《いた》る、故《ゆゑ》に其血《そのち》玄黄《げんくわう》と言《い》ふ。されど陽《やう》は尊《たつと》ふして陰《いん》は卑《いや》しく、君《きみ》は命《めい》じて臣《しん》は服《ふく》し、夫《をつと》は唱《とな》へて婦《をんな》は和《わ》するのは、天地《てんち》の大法《たいはふ》にして人道《じんだう》の定分《ていぶん》であるから、假令《たとへ》その勢《いきほひ》に任《まか》せて、一時《じ》その本分《ほんぶん》を犯《をか》すことがあつても、終《つひ》に此《こ》の大法《たいはふ》の支配《しはい》を逃《のが》るゝことは可能《でき》ぬと言《い》ふ戒《いまし》めを寓《ぐう》したものである。

用六　利《よろ》二シ永貞《えいてい》一ナルニ

坤《こん》の用《よう》六も亦乾《またけん》の用《よう》九と同例《どうれい》で、六十四卦中《くわちう》の百九十二陰爻全體《いんかうぜんたい》に關《くわん》する所《ところ》の戒辭《かいじ》である。而《しか》して謂《い》ふ所《ところ》の用《よう》六とは、即《すなは》ち六を用《もち》ひて八を用《もち》ひぬと言《い》ふ義《ぎ》であるが、凡《およ》そ揲筮《てうぜい》の法《はふ》に於《おい》て、陰《いん》の偶畫《ぐうくわく》を得《う》るものゝ中《うち》で、三偶《ぐう》二十四策《さく》を得《え》て一畫《ぐわ》を成《な》すものと、一偶《ぐう》二奇《き》十六策《さく》を得《え》て一畫《くわく》を成《な》すものと二様《やう》の區別《くべつ》があるが、一偶《ぐう》を二となし、一奇《き》を三となすのであるから、三偶《ぐう》二十四策《さく》を得《え》たものは六で、一偶《ぐう》二奇《き》十六策《さく》を得《え》たものは八である。而《しか》して六を得《え》たものは變《へん》し、八を得《え》たものは變《へん》せぬと言《い》ふことは、古《いにしへ》も今《いま》も同様《どうやう》であるけれども、周以前《しういぜん》の易《えき》に於《おい》ては、變《へん》せぬ所《ところ》の八を用《もち》ひて、變《へん》ずる所《ところ》の六は之《これ》を用《もち》ひぬことゝなつて居《ゐ》た様《やう》である。然《しか》るに周易《しうえき》に於《おい》ては、變《へん》ずる所《ところ》の六を用《もち》ひて、變《へん》せぬ所《ところ》の八は之《これ》を用《もち》ひぬことゝ定《さだ》めたのである。故《ゆゑ》に之《これ》を周以前《しういぜん》の易《えき》と區別《くべつ》せむが爲《た》めに、用《よう》六即《すなは》ち周易《しうえき》の特例《とくれい》を設《まう》けたものであるが、そは之《これ》を六十四卦中《くわちう》に於《お》ける百九十二陰爻《いんかう》を呼《よ》むで、皆凡《みなすべ》て初《しよ》六六二六三等《とう》を言《い》ふて居《を》るのを以《もつ》て證《しやう》することが可能《でき》る。而《しか》して坤《こん》は純陰《じゆんいん》の卦《くわ》にして、乾《けん》と相並《あひなら》むで卷首《くわんしゆ》に居《を》る所《ところ》から茲《こゝ》に之《これ》を明記《めいき》したものであらうと思《おも》ふ。

さらば利ニ永一貞《よろしくえいていなるに》とは、如何《いか》なることを言《い》ふたものであるかと言《い》ふに、利《り》は宜《よろ》しきの義《ぎ》、永《えい》は長《なが》きの義《ぎ》貞《てい》は牝馬《ひんば》の貞《てい》の義《ぎ》と同様《どうやう》で、正《たゞ》しきと言《い》ふ義《ぎ》であつて、乾《けん》の用《よう》九の辭《じ》と同《おな》じく、坤《こん》の六爻《かう》に對《たい》する所《ところ》の戒辭《かいじ》である許《ばか》りでなく、百九十二陰爻全體《いんかうぜんたい》に關《くわん》する所《ところ》の戒辭《かいじ》である。今坤卦諸爻《いまこんくわしよかう》の辭《じ》を案《あん》ずるに、初《しよ》六には霜《しも》を履《ふ》むで堅冰《けんぴよう》至《いた》ると言《い》ひ、六三には章《しやう》を含《ふく》む貞《たゞし》ふす可《べ》しと言《い》ひ、六五には黄裳《くわうしやう》なれば元吉《げんきつ》と言《い》ひ、上《じやう》六には龍野《りうや》に戰《たゝか》ふと言《い》ふて居《を》るが、這《こ》は皆陰《みないん》が躁動《さうどう》して陽《やう》を犯《をか》し、以《もつ》て牝馬《ひんば》の貞《てい》を失《うしな》はざらむことを戒《いま》しめたものである。反レ之《これにはんし》。六四に囊《なう》を括《くゝ》る咎《とが》も无《な》く譽《ほまれ》も无《な》しと言《い》ふて居《を》るのは、その重陰《ちういん》にして不中《ふちう》なるが故《ゆゑ》に、却《かへ》つて懦弱因循《だじやくいんじゆん》に失《しつ》するなからむことを戒《いま》しめたものである。此《こ》の如《ごと》く坤卦《こんくわ》の五爻中前《かうちうぜん》の四爻《かう》は強《つよ》きに失《しつ》し、後《のち》の一爻《かう》は弱《よは》きに失《しつ》せむとするの虞《おそ》れがある間《あひだ》に於《おい》て、中正《ちうせい》にしてその宜《よろ》しきを得《え》て居《を》るものは、惟《ひと》り六二の一爻丈《かうだけ》である、故《ゆゑ》に六二には何等《なんら》の訓戒《くんかい》をも加《くは》へては居《を》らぬ。されども他《た》の五爻中《かうちう》或《あるひ》は之《これ》に過《す》ぎ、亦或《またあるひ》は之《これ》に及《およ》ばざるものゝあるのは、畢竟牝馬《ひつきようひんば》の貞《てい》を失《うしな》ふものでなくて何《なん》である、故《ゆゑ》にその長《なが》く正《たゞし》ふして過不及《くわふきふ》なからむことを戒《いま》しめたものに外《ほか》ならぬ。坤《こん》卦《くわ》の諸爻《しよかう》が已《すで》に此《こ》の如《ごと》くであるとせば、他《た》の百八十六陰爻《いんかう》に於《おい》ても、亦必《またかな》らず此《かく》の如《ごと》きものがあるに違《ちが》いない、此《こ》れ彖辭《たんじ》を繫《か》けて一卦《くわ》の吉凶《きつきよう》を斷《だん》じ、亦爻辭《またかうじ》を繫《か》げて各爻《かくかう》の吉凶《きつきよう》を斷《だん》じた上《うへ》に尚亦用六《なほまたよう》の辭《じ》を繫《か》けて、百九十二陰爻全體《いんかうぜんたい》に關《くわん》する戒辭《かいじ》とした所以《ゆゑん》である。

震下《しんか》
坎上《かんじやう》

屯《ちゆん》

屯《ちゆん》ハ元《おほ》イニ亨《かう》ル、利《よろし》レ貞《ただ》シキニ、勿《なか》レ用《もちゆる》レコト有《あ》レルニ攸《ここ》レロ往《ゆ》ク、利《よろ》シ建《たつ》レルニ侯《きみ》レヲ

屯《ちゆん》とは六畫卦《くわくくわ》の名《な》にて難《なや》むの義《ぎ》、上《じやう》のノは地《ち》に象《かた》どり下《した》の屮《げつ》は根《こん》に象《かた》どつたもので、屮《くさ》の地《ち》を穿《うが》つて始《はじ》めて出《い》で未《いま》だ伸《の》びざるの象《かたち》である、震《しん》と坎《かん》とは三畫卦《くわくくわ》の名《な》、震《しん》は一陽《やう》が二陰《いん》の下《しも》に動《うご》く、故《ゆゑ》にその用《よう》を動《うご》くとなし、その象《しやう》を雷《らい》となす。坎《かん》は一陽《やう》が二陰《いん》の間《あひだ》に陷《おちゐ》る、故《ゆゑ》にその用《よう》を陷《おちゐ》るとなし險《けん》となしその象《しやう》を雲《くも》となし雨《あめ》となす。今震動《いましんどう》を以《もつ》て坎險《かんけん》に遇《あ》ふは、物《もの》が始《はじ》めて生《しやう》じて未《いま》だ通《つう》ぜざる義《ぎ》である、故《ゆゑ》に之《これ》を名《なづ》けて屯《ちゆん》と言《い》ふ。屯《ちゆん》は天地《てんち》始《はじ》めて開《ひら》けて萬事《ばんじ》未《いま》だ整頓《せいとん》せず、天下《てんか》未《いま》だ定《さだ》まらざるの時《とき》である、故《ゆゑ》に直《たち》ちに元《おほ》いに亨《とほ》るべき道理《だうり》がない、けれども震《しん》の動《どう》は下《しも》に在《あつ》て、坎《かん》の險《けん》は上《かみ》に在《あ》るは、這《こ》は卽《すなは》ち能《よ》く險中《けんちう》に動《うご》くの象《かたち》であるが、凡《およ》そ物皆險難《ものみなけんなん》の時《とき》に當《あ》て勤勞《きんらう》して怠《おこ》たることなければ、必《かな》らずその險《けん》難《なん》を免《まぬ》かれて大《おほひ》に通達《つうたつ》することが出來《でき》る、故《ゆゑ》に元亨《おほいにとほる》と言《い》ふ。元亨《おほいにとほる》とは、何《なん》の事《こと》もなく大《おほひ》に亨《とう》ると言《い》ふ義《ぎ》ではない、幾多《いくた》の辛酸苦楚《しんさんくそ》を經《へ》て然《しか》る後《のち》に大《おほひ》に亨《とほ》ると言《い》ふの義《ぎ》であるが、而《しか》も尚未《なほいま》だ險中《けんちう》にあるが故《ゆゑ》に、固《かた》く守《まも》つて濫《みだ》りにその險難《けんなん》を侵《をか》し進《すゝ》む樣《やう》なことがあつてはならぬ、故《ゆゑ》に利レ貞《よろしたゞしきに》と言《い》ふ。勿《なかれ》レ用レ有レ攸レ往《もちゆることあるにところゆく》とは、卽《すなは》ち貞固《ていこ》なるに宜《よろ》しきの意《い》で、躁進《さつしん》して自《みづ》から險難《けんなん》の渦中《くわちう》に陷《おちゐ》らざらむことを

戒《いまし》しめたものである。此《かく》の如《ごと》く草創屯難《さうさうちゆんなん》の時《とき》であるけれども、天下《てんか》一日《にち》もその君《きみ》がなくてはならぬ、君主《くんしゆ》たるものがあつて之《これ》を治《おさ》めなければ必《かな》らず亂《みだ》るゝのである、故《ゆゑ》に利レ建レ侯《よろしたつるにきみを》と言《い》ふ。侯《きみ》とは震《しん》の象《しやう》で初《しよ》九を指《さ》したものであるが、初《しよ》九は成卦《せいくわ》の主《しゆ》にして亦兼《またかね》て震動《しんどう》の主《しゆ》である、而《しか》して震《しん》は乾坤始《けんこんはじ》めて交《まじ》はつて生《しやう》ずる所《ところ》の長子《ちやうし》で、必《かな》らず當《ま》さに父《ちゝ》の後《あと》を繼《つい》で家《いへ》を治《をさ》むべきものである、故《ゆゑ》に初《しよ》九を以《もつ》て侯《きみ》に象《かた》どる。

初九、磐桓《はんくわん》タリ、利《よろ》シレ居《を》ルニレ貞《てい》ニ利《よろし》シ二建《たつ》テ侯《きみ》一タルニ、

磐桓《はんくわん》とは進《すゝ》み難《がた》き貌《かたち》で、險中《けんちう》に動《うご》くの象《かたち》。此爻《このかう》は震動《しんどう》の主《しゆ》にして大《おほひ》に爲《な》すあるの才徳《さいとく》を備《そな》へたものではあるけれども、屯難《ちゆんなん》の始《はじ》めに當《あた》り、外《ほか》には陰柔《いんじう》にして陷險《かんけん》なる六四と敵應《てきおう》して居《を》るので、未《いま》だ遽《には》かに動《うご》き進《すゝ》むことが可能《でき》ぬ、若《も》し動《うご》き進《すゝ》めば忽《たち》まち外卦《ぐわいくわ》の坎險《かんけん》に陷《おちい》るのである、故《ゆゑ》に磐桓《はんくわん》たりと言《い》ふ。此《かく》の如《ごと》き時節《じせつ》であるから、正固之《しやうここれ》を守《まも》つて輕々《かろがろ》しく動《うご》き進《すゝ》まぬがよい、故《ゆゑ》に利レ居レ貞《よろしをるにていに》と言《い》ふ。貞《てい》に居《を》るに利《よろ》しとは、動《うご》いてはならぬと言《い》ふの義《ぎ》ではなく、妄動《まうどう》してはよくないと言《い》ふの義《ぎ》であるが、初《しよ》九は剛《がう》を以《もつ》て陽《やう》に居《ゐ》てその正《せい》を得《え》て居《を》るものであるから、敢《あへ》て妄進《まうしん》して顧《かへり》みぬ樣《やう》なものではなく、唯時《たゞじ》勢《せい》の不可《ふか》なるを見《み》て、磐桓《ばんくわん》として輕々《かろがろ》しく進《すゝ》むことをせず、陽《やう》を以《もつ》て陰《いん》に下《くだ》り成卦《せいくわ》の主《しゆ》となつて、屯《ちゆん》を濟《すく》ひ難《なん》を解《と》くの機會《きくわい》を待《まつ》て居《を》るものである、故《ゆゑ》に利二建侯一《よろしたつてきみたるに》と言《い》ふ。建《たつ》て侯《きみ》たるに利《よろ》しとは、強《あなが》ち國君《こくくん》となるの義《ぎ》ではない、事《こと》に主《しゆ》となるの謂《いひ》で、彖《たん》に利レ建レ侯《よろしたつるにきみを》と言《い》ふは、初《しよ》九を建《た》てゝ侯《きみ》となすに利《よろ》

しと言《い》ふたもので即《すなは》ち建《た》つると言《い》ふその事《こと》を主《しゆ》として之《これ》を言《い》ふたものである。然《しか》るに爻《かう》に利《よろし》二建侯《きみたるに》一と言《い》ふは、自《みづ》から建《たつ》て侯《きみ》たるに利《よろ》しと言《い》ふたもので、即《すなは》ち侯《きみ》となるべきその人《ひと》を主《しゆ》として之《これ》を言《い》ふたものである、故《ゆゑ》に彖《たん》に謂《い》ふ所《ところ》と爻《かう》に謂《い》ふ所《ところ》とは、その間事《かんこと》を主《しゆ》とすると人《ひと》を主《しゆ》とするとの相違《さうゐ》はあるけれども、而《しか》も共《とも》に成卦《せいくわ》の主《しゆ》に繫《か》けた所《ところ》の辭《じ》である。

六二、屯如《ちゆんじよ》タリ邅《せん》如《じよ》タリ、乘《のつ》テレ馬《うまに》班如《はんじよ》タリ、匪《あら》ズレ寇《あだ》スルニ婚媾《こんこう》セントス、女子《ぢよし》貞《たゞし》フシテ不《ず》レ字《あざな》セ十年《ねん》ニシテ乃《すなは》チ字《あざな》ス

屯如《ちゆんじよ》とは難《なや》むで進《すゝ》み難《がた》きの義《ぎ》、邅如《せんじよ》とは旋回《せんくわい》して進《すゝ》まざるの義《ぎ》であるが、共《とも》に震動《しんどう》を以《もつ》て坎險《かんけん》に遇《あ》ふの象《かたち》。亦《また》班如《はんじよ》とは或《あるひ》は進《すゝ》み或《あるひ》は退《しりぞ》き進退不決《しんたいふけつ》の義《ぎ》であるが、六二は上《かみ》、九五に應《おう》ずると同時《どうじ》に、亦下《またしも》初《しよ》九に比《ひ》して居《を》る而《しか》して九五は正應《しやうおう》であるから、六二が必《かな》らず從《したが》はねばならぬ者《もの》であるけれども、重《ぢう》陰柔弱《いんうじじやく》にして屯難《ちゆんなん》の時《とき》に遭《あ》ふが爲《た》めに、却《かへ》つて近比《きんひ》の初《しよ》九を顧《かへり》みて、行《ゆい》て九五の正應《しやうおう》に從《したが》ふことを得《え》ず、故《ゆゑ》に乘レ馬班如《のつてうまにはんじよ》と言《い》ふ。馬《うま》とは初《しよ》九を指《さ》したものである。蓋《けだ》し初《しよ》九も亦《また》六四の正應《しやうおう》があるけれども、屯《ちゆん》の時《とき》であるので、行《ゆい》て之《これ》と相合《あひあ》ふことが可能《でき》ぬ、故《ゆゑ》に近《ちか》く六二に逼《せま》り比《ひ》して、相共《あひとも》に婚媾《こんこう》せむことを求《もと》む、故《ゆゑ》に匪レ寇婚媾《あらずあだするにこんこう》せむとすと言《い》ふ、婚媾《こんこう》は初《しよ》九が六二に比《ひ》するの象《かたち》。されど六二は元《も》と中《ちう》を得《え》て正位《しやうゐ》に居《を》るが故《ゆゑ》に己《おの》れの貞節《ていせつ》を守《まも》り、初《しよ》九に比《ひ》すれども之《これ》と字《あざな》せず、十年《ねん》の久《ひさ》しきに及《およ》び屯《ちゆん》の難《なや》みも解《さ》け初《しよ》九の如《ごと》き妄求者抔《まうきうしやなど》も自《おのづ》から去《さ》るの後《あと》に至《いた》り、始《はじ》めて正應《しやうおう》の九五に嫁《か》して字《あざな》することが可能《でき》るのである、故《ゆゑ》に女子貞不レ字《ちよしたゞしうしてずあざなせ》、十年乃字《ねんにしてすなはちあざなす》と言《い》ふ。女子《ぢよし》とは未《いま》だ嫁《か》せざるの稱呼《しやうこ》で、六二

が柔《じう》を以《もつ》て陰位《いんゐ》に居《を》る重陰《ちういん》の爻象《かうしやう》。字《あざな》とは嫁《か》を許《ゆる》すの義《ぎ》で、禮《れい》に女子《ぢよし》嫁《か》を許《ゆる》せば、笄《かうがひ》して而《しか》して字《あざな》すと言《い》ふものが即《すなは》ち是《これ》である。亦《また》數《かず》は一に始《はじ》まつて十に終《をは》るものであるが、十年《ねん》の久《ひさ》しきに至《いた》れば、屯《ちゆん》も極《きは》まつて自《おのづ》から通《つう》ずべきは理《り》の當然《たつぜん》である、故《ゆゑ》に之《これ》を十年《ねん》と言《い》ふ。

六三、即《つい》テレ鹿《しか》ニ无《な》クレ虞《ぐ》、惟《ひと》リ入《い》ル二林中《りんちう》一ニ、君子《くんし》幾《き》不《ず》レ如《しか》レ舍《す》ツルニ、往《ゆ》ケバ吝《やぶ》サシ。

即《つく》とは追《お》ひ従《したが》ふの義《ぎ》。鹿《しか》は外卦坎《ぐわいくわかん》の象《かたち》。虞《ぐ》とは山林《さんりん》を掌《つかさ》どるの官《くわん》、故《ゆゑ》に山林《されりん》に入《いつ》て狩獵《しゆれふ》をなすものは必《かな》らず虞人《ぐじん》の案内《あんない》を待《ま》つ、然《しつ》るに六三は上《かみ》に應爻《おうかう》の援助《えんじよ》するものがない、故《ゆゑ》に即レ鹿无レ《ついてしかになし》虞《ぐ》と言《い》ふ。艮《ごん》を山《やま》となし、震《しん》を林《はやし》となして山林《さんりん》の象《かたち》。无レ虞《なしぐ》とは應助《おうじよ》なきの象《かたち》。六三は柔陰不才《じういんふさい》なるが上《うへ》に、不中不正《ふちうふせい》にして危地《きち》に居《を》り、僅《わづ》かに一歩《ほ》を進《すゝ》むれば、坎《かん》の險中《けんちう》に陷《おちゐ》るべきものであるが、震動《しんどう》の極《きよく》にして陽《やう》に居《を》るが故《ゆゑ》に、虞人《ぐじん》の案内《あんない》をも待《ま》たず、鹿《しか》を追《お》ひ妄進《まうしん》して已《や》まず、終《つひ》に深林中《しんりんちう》に陷入《かんにふ》するに至《いた》るが如《ごと》きものである、故《ゆゑ》に惟入ニ林中一《ひとりいるりんちうに》と言《い》ふ。即《すなは》ち初《じよ》から五に至《いた》つて正震到震相向《しやうしんたうしんあひむか》ふは林《はやし》の象《かたち》。六三がその中間《ちうかん》に居《を》るは、惟《ひと》り林中《りんちう》に入《い》るの象《かたち》。蓋《けだ》し小人《せうじん》の利祿《りろく》を貪求《どんきう》するものは、唯《たゞ》利祿《りろく》のあることを知《しつ》て危險《きけく》のあることを知《し》らず、妄進《まうしん》して災害《さいがい》を招《まね》くのは、その象《かたちあた》恰かも此《かく》の如《ごと》くである、故《ゆゑ》に君子《くんし》は此《こ》の象《かたち》を見《み》て、その幾先《りせん》を察《さつ》し、之《これ》を棄《す》て去《さ》るのが肝要《かんえう》であるが、而《しか》も尙之《なほこれ》を追《お》ひ往《ゆ》かば、必《かな》らず羞吝《しうりん》を取《と》るに至《いた》るのである故《ゆゑ》に君子《くんし》幾《き》不レ如レ舍、往吝《すしかすつるにゆけばやぶさし》と言《い》ふ。君子《くんし》は占者《せんじや》を指《さ》し、幾《き》とは幾會《きくわい》の幾《き》にして震《しん》の象《かたち》。舍《すつ》るは艮《ごん》の象《かたち》。往《ゆく》は亦震《またしん》の象《かたち》。吝《やぶさか》は侮蔑《ぶべつ》を受《う》け恥辱《ちじよく》を取《と》るの義《ぎ》にして坎《かん》の象《かたち》。

六四、乘《のつて》レ馬班如《うまにはんじよ》タリ、求《もと》メバ二婚媾《こんこう》ヲ一往吉《ゆいてきつ》、无《なし》レ不《ざるところよろしから》レ利、

内卦震《ないくわしん》を馬《うま》となして六四は之《これ》に乘《の》る、故《ゆゑ》に乘《のる》レ馬《うまに》と言《い》ふ。亦《また》六四は初《しよ》と正應《しやうおう》であるけれども、屯難《ちゆんなん》の時《とき》であるから、初《しよ》と相應《あひおう》ずることが困難《こんなん》で、その進退《しんたい》に迷《まよ》ふの象《かたち》がある、故《ゆゑ》に班如《はんじよ》と言《い》ふ。蓋《けだ》し六四は六二と同《おな》じく陰柔不才《いんじうふさい》にして、自《みづ》から屯《ちゆん》の難《なや》みを解《と》く丈《だけ》の力《ちから》がないものである、故《ゆゑ》に近君《きんくん》の位《くらゐ》に居《を》れども、而《しか》も大臣《だいじん》の象《かたち》を取《と》らず、女子《ぢよし》の象《かたち》を取《と》つて居《を》るのであるが、六二は險中《けんちう》に動《うご》くの始《はじ》めに當《あた》り、且《か》つ剛《がう》に乘《の》つて居《を》るので、その難《なや》みも甚《はなは》だ深《ふか》い、故《ゆゑ》に屯如邅如《ちゆんじよせんじよ》等《とう》の辭《じ》がある。然《しか》るに六四は剛《がう》を承《う》けては居《を》るけれども、已《すで》に屯難《ちゆんなん》の半《なか》ばを過《す》ぎて居《を》るので、その難《なや》みが稍々《やゝ》淺《あさ》い、故《ゆゑ》に此爻《このかう》に於《おい》ては屯如邅如《ちゆんじよせんじよ》等《とう》の辭《じ》を省《はぶ》き、唯乘《たゞのつて》レ馬班如《うまにはんじよ》と言《い》ふたのみであるが、已《すで》に屯難《ちゆんなん》の半《なか》ばを過《す》ぎ初九《しよ》の正應《しやうおう》と相會《あひあ》ふべき時《じ》節《せつ》が到來《たうらい》したものである、故《ゆゑ》に求《もとめは》二婚媾《こんこうを》一往吉《ゆいてきつにして》、无《なし》レ不《ざるところよろしから》レ利と言《い》ふ、求《もと》むとは初九《しよ》より求《もと》め來《きた》るを言《い》ふ。往《ゆ》くとは六四が初九《しよ》に往《ゆ》き歸《と》つぐを言《い》ふ。往吉《ゆいてきつ》と言《い》ひ、亦无《またなし》レ不《ざるところよろしから》レ利と言《い》ふは、初《しよ》は成卦《せいくわ》の主《しゆ》にして下《しも》に在《あ》るの賢者《けんじや》である、然《しか》るに往《ゆい》て之《これ》と共《とも》に時《とき》の屯難《ちゆんなん》を濟《すく》ふは、最《もつと》も時宜《じぎ》に適《てき》した所《ところ》の處置《しよち》である、故《ゆゑ》に重《かさ》ねて之《これ》を无《なし》レ不《ざるところよろしから》レ利と言《い》ふ。亦易例《またえきれい》に於《おい》て、内卦《ないくわ》より外卦《ぐわいくわ》に之《ゆ》く、之《これ》を往《ゆ》くと言《い》ひ、外《ぐわい》卦《くわ》より内卦《ないくわ》に之《ゆ》く之《これ》を來《きた》ると言《い》ふのであるが、這《こ》は即《すなは》ち内卦《ないくわ》その者《もの》を主《しゆ》として立言《りつげん》したものである。然《しか》るに茲《こゝ》に六四が下《くだ》つて初《しよ》に之《ゆ》くを往《い》くと言《い》ふは、即《すなは》ち六四その者《もの》から立言《りつげん》したもので、前例《ぜんれい》の塲合《ばあひ》とは自《おのづ》から異《こと》なつて居《を》る、蓋《けだ》し往《ゆ》くものは六四その者《もの》である、故《ゆゑ》に之《これ》に往《ゆ》くと言《い》ふべく、來《きた》ると言《い》ふ

べき道理《だうり》がない爲《た》めで、需《じゆ》の上六《じやう》に三人來《にんきた》ると言《い》ふものと同例《どうれい》である。

九五、屯《こむ》ニロス其膏《そのあぶら》一、小《せう》ハ貞《たゞし》シケレバ吉《きつ》、大《だい》ハ貞《たゞし》ケレドモ凶《きよう》。

屯《こむ》ろすとは凝滯《ぎようたい》して廣布《くわうふ》せざるの義《ぎ》で、險中《けんちう》に陷《おちゐ》るの象《かたち》。膏《あぶら》は坎雨《かんう》の象《かたち》。九五は定位《ていゐ》の主《しゆ》にして中正《ちうせい》を得《え》て居《を》るけれども、而《しか》も屯難《ちゆんなん》の時《とき》に當《あた》り、自《みづ》から坎險《かんけん》の主《しゆ》となつて險中《けんちう》に陷《おちゐ》り、六二の正應《しやうおう》があつても、此《これ》も亦重陰不才《またぢういんふさい》なるが爲《た》めに、九五を助《たす》けて共《とも》に屯《ちゆん》の難《なや》みを濟《すく》ふ丈《だけ》の力《ちから》がない、故《ゆゑ》に膏潤《かうじゆん》の德澤《とくたく》を持《もつ》て居《ゐ》ながら、之《これ》を廣《ひろ》く敷《し》き施《ほどこ》すことを得《え》ず、空《むな》しくその膏澤《かうたく》を屯《こむ》ろす所《ところ》の象《かたち》を取《とつ》て居《を》る。小《せう》は小事《せうじ》、大《だい》は大事《だいじ》の義《ぎ》で、猶書《なほしよ》に作《な》セバ内チ吉、作《な》セバ外チ凶、用《もちゆ》レバ靜《せい》ニ吉、用《もちゆ》レハ作《な》スニ凶と言《い》ふが如《ごと》く、小事《せうじ》なれば、正《たゞ》しくせば吉《きち》を得《え》ることが可能《でき》るけれども、大事《だいじ》なれば、正《たゞ》しくしても凶《きよう》を免《まぬ》かるゝことは可能《でき》ぬと言《い》ふの義《ぎ》である。

上六、乘《のつ》テ馬《うま》ニ班如《はんじよ》タリ、泣血漣如《きうけつれんじよ》タリ。

上六《じやう》が五の剛《がう》に乘《の》るは馬《うま》に乘《の》るの象《かたち》。されども重陰《ぢういん》にして不才《ふさい》なるが故《ゆゑ》に、居《を》らむと欲《ほつ》すれども、その上《うへ》に安居《あんきよ》することが可能《でき》ず、亦卦《またくわ》の終《をは》りであるから、進《すゝ》むべき餘地《よち》もなく、さればとて下《しも》に應《おう》がないので退《しりぞ》くべき塲所《ばしよ》もない、故《ゆゑ》に乘レ馬班如《のつてノまにはんじよ》と言《い》ふ。漣如《れんじよ》とは淚《なみだ》が流《なが》れ下《くだ》るの義《ぎ》で、泣血漣如《きうけつれんじよ》は、共《とも》に坎《かん》を血卦《けつくわ》となし、加憂《かいう》となすの象《かたち》。

䷃ 坎下《かんか》
艮上《ごんじやう》

蒙《もう》

蒙《もう》ハ亨《こう》ル。匪《あ》ラズ三我《われ》求《もと》ムルニ二童蒙《どうもう》ニ一童蒙《どうもう》求《もと》ムレ我《われ》ニ。初筮《しよぜい》ハ告《つ》グ、再三《さいさん》スレバ瀆《けが》ス、瀆《けが》セバ則《すなはち》不《ず》レ告《つげ》。利《よろし》レ貞《ただ》シキニ、

山下《さんか》に險《けん》あるは蒙《まう》の地《ち》である、故《ゆゑ》に之《これ》を取《とつ》て卦《くわ》に名《なづ》けて蒙《もう》と言《い》ふ。蒙《もう》とは暗昧《あんまい》の義《ぎ》であるが、坎《かん》を夜《や》半《はん》となし冬《ふゆ》となし、艮《ごん》を明方《あけがた》となし冬春《とうしゆん》の交《かう》となす、夜半《やはん》より明方《あけがた》に向《むか》ひ、亦冬過《またふゆす》ぎて將《まさ》に春《はる》に移《うつ》らむとして、蒙《もう》には自《おのづ》から亨通《きやうつう》すべき象義《しやうぎ》が備《そな》はつて居《を》る、故《ゆゑ》に蒙亨《もうはとほる》と言《い》ふ。而《しか》して亨《とほ》る以下《いか》は占辭《せんじ》であるが、坎《かん》を心《こころ》となし、艮《ごん》を童子《どうじ》となし、蒙《もう》を昧《く》らしとなして、蒙《もう》には童蒙《どうもう》の象《かたち》がある、故《ゆゑ》に童子《どうじ》が敎《をしへ》を師《し》に求《もと》め、師《し》が童子《どうじ》を敎《をし》ゆる所《こころ》の象《かたち》を取《とつ》たもので、我《われ》とは師自《しみづ》からのことで、蒙《もう》の假象《かしやう》である。蓋《けだ》し童《どう》なるものは昧者《まいしや》であつて、師《し》なるものは明者《めいしや》である、明者《めいしや》が昧者《まいしや》を敎《をし》ゆるは、固《もと》よりその所《ところ》ではあるけれども、而《しか》も先《ま》づ昧者《まいしや》が明者《めいしや》に向《むか》つて、その敎《をしへ》を求《もと》めた後《のち》でなければ、之《これ》を敎《をし》へてその蒙《もう》を發《ひら》かぬのが師道《しだう》の常例《じやうれい》となつて居《を》る。何《なん》となれば、昧者《まいしや》にその敎《をしへ》を懇請《こんせい》する丈《だけ》の誠意《せいい》がなければ、明《めい》者《しや》を信頼《しんらい》することも自《おのづ》から薄《うす》く、隨《したが》つて發蒙《はつもう》の實《じつ》を擧《あ》ぐることが出來《でき》ぬからである、故《ゆゑ》に匪《あらず》三我《われ》求《もとむるに》二童蒙《どうもうに》一、童蒙《どうもう》求《もとむ》レ我《われに》と言《い》ふ。卽《すなは》ち我《われ》は元《も》と聊《いささ》かも童蒙《どうもう》に向《むか》つて求《もと》むる所《こころ》はないものである、故《ゆゑ》に我《われ》より進《すす》むで之《これ》を敎《をし》ゆべき道理《だうり》はないが、童蒙《どうもう》こそ我《われ》に向《むか》つて敎《をしへ》を請《こ》ふものである、隨《したが》つて先《ま》づ童蒙《どうもう》の方《はう》からその敎《をしへ》を求《もと》めて來《く》るのが當然《たうぜん》である、さもなければ、敎《をしへ》を請《こ》い度《た》いと思《おも》ふ誠意《ぜいい》を缺《かい》て居《を》るから、敎《をし》へ

てもその效《かう》がないと言《い》ふの義《ぎ》である。初筮以下《しよぜいいか》の辭《に》も亦蒙《またもう》の假象《かしやう》であるが、卜筮交神《ぼくぜいかうしん》の事柄《ことがら》を假《か》て、師弟傳授《していでんじゆ》の際《さい》には、誠《まこと》と敬《けい》との必要《ひつえう》なる所以《ゆゑん》を言《い》ふたもので、坎《かん》を心《こゝろ》となして誠意《せいい》の義《ぎ》、艮《ごん》を宗廟《そうべう》となして敬信《けいしん》の義《ぎ》に取《と》て居《を》る。而《しか》して卜筮《ぼくぜい》なるものは、神告《しんこく》を請《こ》はむが爲《た》めの所作《しよさ》である、故《ゆゑ》に初《はじ》めて筮《ぜい》して神告《しんこく》を請《こ》ふ時《とき》にはその心《こゝろ》が至誠專一《しせいせんいつ》である、隨《したが》つて神《かみ》も亦必《またかな》らずその請《こひ》に應《おほ》じて吉凶失得《きつきようしつとく》のある所《ところ》を告《つ》ぐるものである、故《ゆゑ》に初筮告《しよぜいはつぐ》と言《い》ふ。然《しか》れども再三之《さいこれ》を筮《ぜい》するが如《ごと》きは、その心《こゝろ》が散漫《さんまん》して孚信《ふしん》が足《た》らぬ樣《やう》になる、孚信《ふしん》が足《た》らねば神《かみ》を瀆《けが》すことになるから、神《かみ》も亦之《またこれ》を告《つ》ぐるものでない、故《ゆゑ》に再三《さいさん》スレバ瀆《けが》ス、瀆《けが》セバ則《すなは》チ不《ず》レ告《つげ》と言《い》ふ。蓋《けだ》し童蒙《どうもう》が師《し》に向《むか》つて敎《をしへ》を求《もと》むるのは、猶筮者《なほぜいしや》が神明《しんめい》に向《むか》つて神《しん》告《こく》を請《こ》ふのと同一《どういつ》で、童蒙《どうもう》に於《おい》て敎《をしへ》を求《もと》むるの誠意《せいい》を缺《か》けば、師《し》の方《はう》に於《おい》ても亦之《またこれ》を敎《をし》ゆる所《ところ》の親切《しんせつ》心《しん》が起《おこ》らぬ、故《ゆゑ》に利《よろし》レ貞《たゞしきに》と言《い》ふ。貞《たゞしき》は正《たゞ》しきの義《ぎ》で、その道《みち》を失《うしな》はざるの謂《いひ》である。

初六、發《ひら》クレ蒙《もう》ヲ利《よろ》シ三用《もつ》テ刑《けい》シレ人《ひと》ヲ用《もつ》テ說《ぬ》グ二桎梏《しつこく》ヲ一、以《もつ》テ往《ゆ》ケバ吝《やぶ》サシ。

發《ひら》くとは啓發《けいはつ》の義《ぎ》、刑《けいす》レ人《ひと》の人《ひと》は初六《しよ》を指《さ》し、刑《けい》は坎《かん》の象《かたち》。說《ぬ》ぐとは脫《ぬ》ぐの義《ぎ》、桎梏《しつこく》は罪人《ざいにん》を拘束《こうそく》するの具《ぐ》で、手《て》にあるを桎《しつ》と言《い》ひ、足《あし》にあるを梏《こく》と言《い》ふ、共《とも》に坎《かん》の象《かたち》。初六《しよ》は陰暗《いんあん》を以《もつ》て最下《さいか》に居《ゐ》て、蒙《もう》昧《まい》なることの甚《はなは》だしきものである。故《ゆゑ》に發《ひらく》レ蒙《もうを》と言《い》ふ。而《しか》して玆《こゝ》に謂《い》ふ所《ところ》の蒙《もう》は、彖《たん》に謂《い》ふ蒙《もう》は亨《こほ》るの蒙《もう》と同一《どういつ》で、一般《ばん》に此爻《このかう》の如《ごと》く蒙昧《もうまい》なるものを敎《をし》へ發《ひら》くと言《い》ふ義《ぎ》であつて、專《もつ》ぱら童蒙《どうもう》の蒙《もう》を發《ひら》くことを言《い》ふたものではない。而《しか》して刑《けいす》レ人《ひと》以下《いか》は蒙《もう》を發《ひら》くの方法《はうはふ》を言《い》ふたものであるが、凡《およ》そ蒙昧《もうまい》にして愚鈍《ぐどん》なるものを敎《をし》へ導《みちび》くの法《はふ》は、唯之《たゞこれ》を敎《をし》へ諭《さと》した許《ばか》りでは、その蒙《もう》を發《ひら》くことが可能《でき》ぬ、それゆゑ之《これ》を啓發《けいはつ》せむとせば、一方《ばう》には嚴確《げんかく》なる刑罰《けいばつ》を用《もち》ひて之《これ》を畏懼《ゐく》せしめ、亦他《またた》の一方《ばう》に於《おい》ては、寛《くわん》大《だい》なる處置《しよち》に出《い》でゝ桎梏《しつこく》を脫《ぬ》ぎ去《さ》る等《とう》、恩威《おんゐ》並《なら》び施《ほどこ》し、寛嚴《くわんげん》その宜《よろ》しきに適《てき》する所《ところ》の方法《はうはふ》を取らねばならぬ、故《ゆゑ》に利三用刑レ人用說二桎梏一《よろしもつてけいしひとをもつてぬぐにしつこくを》と言《い》ふ。利《よろ》しとは寛嚴《くわんげん》並《なら》び施《ほどこ》すに利《よろ》しきの義《ぎ》である。然《しか》るに懲《ちよう》罰《ばつ》一方《ばう》に偏《へん》して寛恕《くわんじよ》を加《くは》へざる時《とき》は、彼必《かれかなら》らずその嚴《げん》に堪《た》へず、却《かへ》つて自暴自棄《じばうじき》してその蒙《もう》を深《ふか》ふするの結果《けつくわ》を生《しやう》ずるのである、故《ゆゑ》に以テ往ケバ吝《もつてゆかばやぶさし》と言《い》ふ。蓋《けだ》し蒙者《もうしや》をして自《みづ》からその非《ひ》を悟《さと》り、過《くわ》を改《あらた》め善《ぜん》に遷《うつ》らしめむが爲《た》めに外《ほか》ならぬ。

九二、包レ蒙《もう》ヲ吉、納《いる》レ婦《ふを》吉、子《こ》克《よ》クスレ家《いへ》ヲ、

包《つゝ》むとは包容統治《はうようとうち》するの義《ぎ》、蒙《もう》は二陽四陰の卦《くわ》であるが、四陰《いん》は柔弱《にうじやく》にして蒙昧《もうまい》なるものである、二陽は剛明《がうめい》にして蒙《もう》を發《ひら》くものである、然《しか》るに上《じやう》九は艮《ごん》の終《をは》り卦《くわ》の極《きよく》に居《ゐ》て中《ちう》を失《うしな》ふて居《を》るが、九二は剛《がう》を以《もつ》て陰《いん》に居《ゐ》て成卦《せいくわ》の主《しゆ》となつて居《を》る許《ばか》りでなく、中正《ちうせい》の德《とく》を備《そな》へて居《を》る、故《ゆゑ》に寛《くわん》に過《す》ぎず、亦嚴《またげん》に失《うしな》はず、衆蒙《しゆうもう》を包容《はうよう》してその蒙《もう》を發《ひら》く所《ところ》の象《かたち》がある、故《ゆゑ》に包レ蒙吉《つゝむもうをきつ》と言《い》ふ。吉《きつ》とは九二が剛中《がうちう》の德《とく》を以《もつ》て發蒙《はつもう》の任《にん》に當《あた》ること此《かく》の如《ごと》きが故《ゆゑ》に、之《これ》を吉《きつ》と言《い》ふたものである。納《いる》レ婦以下《ふをいか》は假象《かしやう》にして亦旁《またはう》象《しやう》であるが、九二は陽剛《やうがう》であるけれども、二は卽《すなは》ち妻《さい》の位《くらゐ》で五と相應《あひおほ》ずべきものである、故《ゆゑ》に納《いる》レ婦《ふを》吉《きつ》と言《い》ふ。蓋《けだ》し初《しよ》と四とは相應《あひおほ》せず、亦《また》三と上《じやう》とも相應《あひおほ》ずる所《ところ》の義《ぎ》がない、然《しか》るに二と五とは正應《しやうおほ》に

して相應《あひおほ》じて居《を》る、故《ゆゑ》に婦《ふ》を納《い》るゝの象《かたち》を取《とつ》たもので、婚姻《こんいん》の吉占《きつせん》であるが。陽剛《やうがう》を以《もつ》て婦《ふ》に象《かた》どるのは、小畜《せうちく》の上九《じやう》と同《おな》じく一の變例《へんれい》である。亦《また》五は父《ちゝ》の位《くらゐ》であつて、二は子《こ》の位《くらゐ》であるが、五は尊《たふと》ふして二は卑《いや》し、今卑《いまいや》しきを以《もつ》て尊《たつと》きに應《おう》ずるは、即《すなは》ち子《こ》がその家《いへ》を克《よ》くするの象《かたち》である、故《ゆゑ》に子克《こよくす》レ家《いへを》と言《い》ふが、這《こ》は即《すなは》ち父子《ふし》相續《さうぞく》の吉占《きつせん》である。

六三、勿《なか》レ用《もち》フルコトレ取《と》ルニレ女《ぢよ》ヲ見《み》テ金夫《きんぷ》ヲ不《ず》レ有《たも》タ躬《み》チ、无《なし》レ攸《ところ》レ利《よろ》シキ、

女《ぢよ》は六三陰柔《いんじう》の象《かたち》。三は妻位《さいゐ》ではない、故《ゆゑ》に二の婦《ふ》と區別《くべつ》せむが爲《た》めに之《これ》を女《ぢよ》と言《い》ふ。金夫《きんぷ》は九二陽《やう》爻《かう》の象《かたち》。躬《み》は艮《ごん》の象《かたち》で、不《ず》レ有《たもた》レ躬《みを》とは坎《かん》を陷溺《かんでき》となすの義《ぎ》である。蓋《けだ》し六三は陰柔不中正《いんじうふちうせい》にして女《をんな》の最《もつと》も暗昧《あんまい》なるものである、故《ゆゑ》に勿《なかれ》レ用《もちゆること》レ取《とる》レ女《ちよを》と言《い》ふ。趙汝楳《てつぢよばい》曰《いは》く、人《ひと》の蒙《もう》を致《いた》すものは多端《たたん》である、初六《しよ》が即《すなは》ちそれである、學《がく》問《もい》をすることが可能《でき》ぬ爲《た》めに蒙《くら》きものもある、故《ゆゑ》に蒙《もう》を發《ひら》くの術《じゆつ》も一術《じゆつ》ではない、教育《けついく》を受《う》けぬ爲《た》めに蒙《くら》きものもある、六四が即《すなは》ちそれである。その者《もの》の性質《せいしつ》が未《いま》だ開《ひら》けざる爲《た》めに蒙《くら》きものもある、六五が即《すなは》ちそれである。然《しか》るに六三の如《ごと》きは即《すなは》ち我《われ》より求《もと》めて蒙《もう》を致《いた》すものである、故《ゆゑ》に之《これ》を戒《いまし》めて女《ぢよ》を取《と》るに用《もち》ゆる勿《なか》れと言《い》ふ、或《あるひ》は之《これ》を開《ひら》き、或《あるひ》は亦之《またこれ》を擊《う》ち教《をしへ》も亦多術《またたじゆつ》であるが、取《と》ること勿《なか》れとは、之《これ》を絶《た》ち棄《す》つるのではない、屑《いさ》ぎよしとせざる所《ところ》の教《をしへ》であると。實《じつ》にその如《ごと》くであるが、何故《たにゆゑ》にさうであるかと言《い》へば、六三の正應《しやうおう》は上九《じやう》であるから、上九《じやう》は六三の爲《た》めには正夫《しやうふ》である。然《しか》るに九二の金夫《きんぷ》を見《み》て、之《これ》と比親《ひしん》するのは不貞《ふてい》の女《をんな》である、不貞《ふてい》の女《をんな》は亂行《らんぎやう》を忌《い》み

憚《はゞか》ることなく、その身《み》を有《も》つことの可能《でき》ぬものである、故《ゆゑ》に金夫《きんぷ》を見《み》て躬《み》を有《も》たずと言《い》ふ。己《おの》れの一身《しん》だも有《も》つことの可能《でき》ぬものが、その家《いへ》を有《も》ち得《う》べき道理《だうり》は固《もと》よりない、故《ゆゑ》に之《これ》を取《と》るに用《もち》ゆること勿《なか》れと言《い》ふ。旡レ攸レ利《なしところよろしき》とは、凶《きよう》と言《い》ふよりも、一層《そう》甚《はなは》だしき所《ところ》の戒辭《かいじ》である。

六四、困《くろ》シムレ蒙《もつ》ニ。吝《やぶさし》、

六四は重陰《ちういん》にして應《おほ》もなく亦比《またひ》もなく、兩陰《りやういん》の中間《ちうかん》に居《ゐ》て陽《やう》に遠《とほ》ざかり、師《し》に倚《よ》り友《とも》に親《したし》むでその益《えき》を受《う》くる所《ところ》がない、卽《すなは》ち蒙《もう》に困《くろ》しむの象《かたち》、故《ゆゑ》に困レ蒙吝《くろしむもつやぶさし》と言《い》ふ。吝《や》ぶさしとは、陽明《やうめい》の賢《けん》に求《もと》めてその蒙《もう》を發《ひら》くこと能《あた》はざるを鄙《いや》しむ所《ところ》の語《ご》である。

六五、蒙《ごう》童《もう》吉、

童《ごう》は艮《ごん》の象《かたち》で、童蒙《ごうもう》は六五の象《かたち》。六五は定位《ていゐ》の主《しゆ》である上《うへ》に、柔中《じうちう》の德《とく》を以《もつ》て尊位《そんゐ》に居《を》り、下《しも》は成卦《せいくわ》の主《しゆ》であつて剛中《がうちう》の德《とく》を有《いう》する所《ところ》の九二に應《おほ》じ、又上九《またじやう》の賢師《けんし》に比《ひ》して己《おの》れの貴顯《きけん》を挾《さし》はさまず、能《よ》く敎《をしへ》を人《ひと》に受《う》く、這《こ》は純一《じゆん》未發《みはつ》の童子《どうじ》が、己《おの》れを空《むな》しくして能《よ》く人《ひと》に聽《き》く樣《やう》なものである、故《ゆゑ》に之《これ》を童蒙《ごうもう》と言《い》ふ。蓋《けだ》し卦《くわ》に謂《い》ふ所《ところ》の童蒙《ごうもう》は、只《たゞ》一般《ぱん》に蒙昧《もうまい》の意味《いみ》を以《もつ》て之《これ》を言《い》ふたものであるが、茲《こゝ》に謂《い》ふ所《ところ》の童蒙《ごうもう》は、少《すこ》しく異《こと》なつて居《を》る、卽《すなは》ち純一《じゆん》の心《こゝろ》があるから、物《もの》に應《おほ》じて疑《うたが》ふ所《ところ》がなく、柔中《じうちう》の德《とく》があるから人《ひと》に任《まか》せて自《みづ》から用《もち》ゆるの失敗《しつぱい》もない、故《ゆゑ》に初筮《しよぜい》の孚《まこと》があつて、再三《さい》するの瀆《けがれ》がなく、眞《しん》に童蒙《ごうもう》その儘《まゝ》である。されば茲《こゝ》に謂《い》ふ所《ところ》の童蒙《ごうもう》なるものは、彖《たん》に謂《い》ふ所《ところ》の童蒙《ごうもう》よりも迥《はる》かに優《まさ》つた所《ところ》の童蒙《どうもう》であると言《いは》ねばならぬ、故《ゆゑ》に之《これ》を吉《きつ》と言《い》ふ。

上九、擊《うつ》レ蒙《もう》ヲ、不《ず》レ利《よろしから》レ爲《な》スニ寇《あだ》ヲ、利《よろし》レ禦《ふせ》グニ寇《あだ》ヲ、

擊《うつ》は艮手震擊《ごんしゆしんげき》の象《かたち》、擊《うつ》レ蒙《もうを》とは童蒙《どうもう》を折檻《せつかん》するの義《ぎ》である、此爻《このかう》は九二と同《おな》じく蒙《もう》を發《ひら》くものであるが九二は剛中《がうちう》にして寛猛《くわんもう》その宜《よろ》しきを得《え》たものであるけれども、上九《じやう》は卦極《くわつきよく》に居《ゐ》て中正《ちうせい》を失《うしな》ふて居《を》るから、蒙《もう》を治《おさ》めて嚴猛《げんまう》に過《す》ぐるものである、故《ゆゑ》に擊《うつ》レ蒙《もうを》と言《い》ふ。擊《うつ》とは嚴《げん》に過《す》ぐるの義《ぎ》であるが、之《これ》を擊《う》つこと太甚《はなは》だしければ、啻《たゞ》に之《これ》を導《みちび》いて善《ぜん》に赴《おもむ》かしむることが可能《でき》ぬ許《はか》りでなく、却《かへ》つて反抗心《はんこうしん》を生《しやう》じて我《わ》が教《をしへ》を用《もち》ひぬことになる、此《かく》の如《ごと》きは蒙者《もうしや》の爲《た》めにその蒙《もう》を發《ひら》くのではなく、寇害《こうがい》をなす樣《やう》なものである、故《ゆゑ》に不《ず》レ利《よろしから》レ爲《なす》レ寇《あだを》、利《よろし》レ禦《ふせぐに》レ寇《あだを》と言《い》ふ。卽《すなは》ち蒙《もう》の爲《た》めに害《がい》をなしては宜《よろ》しくない、蒙《もう》の爲《た》めに害《がい》を禦《ふせ》ぐことに注意《ちうい》せねばならぬと言《い》ふの義《ぎ》で、爲《なす》は震《しん》の象《かたち》。寇《あだ》は坎《かん》の象《かたち》。禦《ふせ》ぐは艮《ごん》の象《かたち》を取《さつ》たものである。

項氏安世曰《こうしあんせいいは》く、六爻《かう》の義《ぎ》、初《しよ》は常《つね》に上《じやう》と對《たい》し、二は常《つね》に五と對《たい》し、三は常《つね》に四と對《たい》して之《これ》を觀《み》ば、則《すなは》ち其《そ》の義《ぎ》明《あき》らかにし易《や》すし、初《しよ》は刑《けい》を用《もち》ひて以《もつ》て之《これ》を發《ひら》き、上《じやう》は必《かな》らず兵《へい》を用《もち》ひて以《もつ》て之《これ》を擊《う》つに至《いた》る、二は包《つゝ》むと爲《な》して而《しか》して五に接《せつ》せば、則《すなは》ち五は童《どう》と爲《な》して而《しか》して二に巽《したが》ふ、三は二を見《み》て而《しか》して身《み》を失《うしな》ふと爲《な》せば、則《すなは》ち四は二に遠《とほ》ざかつて而《しか》して實《じつ》を失《うしな》ふと爲《な》す、大約諸卦多《たいやくしよくわおほ》く然《しか》り、終《しふ》始《し》は初上《しよじやう》に見《あら》はれて而《しか》して曲折《きよくせつ》は中爻《ちうかう》に備《そな》はれり。

䷄　乾《かん》下《か》　坎《かん》上《じやう》

需《じゆ》

需《じゆ》有《あり》レ孚《まこと》、光《おほ》イニ亨《とほ》ル、貞《たゞしふ》シテ吉、利《よろし》レ渉《わた》ルニ二大川一チ、

此《こ》の卦《くわ》の乾《けん》は剛健《がうけん》にして能《よ》く動《うご》き進《すゝ》む所《ところ》の働《はたら》きを持《もつ》たものであるが、外卦坎《ぐわいくわかん》の險陷《けんかん》がその前《まへ》に横《よこたは》つて居《を》るのは、即《すなは》ち之《これ》が進行《しんかう》を塞《ふさ》ぎ阻《はゞ》む所《ところ》の象《かたち》である、故《ゆゑ》に此《こ》の象義《しやうぎ》を取《とつ》て之《これ》を名《なつ》けて需《じゆ》と言《い》ふ。需《じゆ》とは遽《には》かに進《すゝ》むでその險《けん》に陷《おちゐ》らず、時節《じせつ》の到來《たうらい》するのを須《ま》ち待《まつ》て、然《しか》る後《のち》に進《すゝ》むべしと言《い》ふの義《ぎ》である。孚《まこと》とは誠信《せいしん》が中《なか》に充實《じうじつ》すると言《い》ふの義《ぎ》で、九五が陽剛中正尊位《やうがうちうしやうそんゐ》に居《ゐ》て需《じゆ》の主《しゆ》となる許《はか》りでなく、坎體《かんたい》の中《なか》に居《を》るのは即《すなは》ち中實《ちうじつ》にして有《あるまこと》レ孚の象《かたち》。光《おほいにとうる》　亨は元《おほ》いに亨《とほ》るの誤《あや》まりであらうと思《おも》ふが、蓋《けだ》し何事《なにごと》を作《な》すにも種々《しゆ〴〵》の故障等《こしやうなど》が起《おこ》つて、如何《いか》んともし難《がた》き場合《はあひ》は往々《わう〳〵》あることで、此《かく》の如《ごと》き時《とき》には徐《おも》むろにして時《とき》の至《いた》るを待《ま》つより外《ほか》はない、けれども急《いそ》がず躁《さわ》がず、心《こゝろ》を落《お》ち着《つ》けて待《ま》つと言《い》ふは甚《はなは》だ難《かた》いことで、動《やゝ》もすれば勢《いほほひ》の不可《ふか》なることを知《し》りつゝ妄進《もうしん》して難《なん》を蹈《ふ》み險《けん》に陷《おちゐ》るに至《いた》るのは、常情《じやう〴〵》の免《まぬ》かれざる所《ところ》であるが、這《こ》は即《すなは》ち待《ま》つことに孚誠《ふせい》なきの致《いた》す所《ところ》である。然《しか》るに九五の孚誠《ふせい》は中心《ちうしん》から出《い》づるが故《ゆゑ》に、沈重《ちんてう》にして輕躁《けいさう》ならず、從容《しようよう》として時《とき》の至《いた》り機《き》の熟《じゆく》するを待《まつ》て進《すゝ》むのである、それで事皆《ことみな》亨通《きやうつう》してその功《こう》を成《な》すことが出來《でき》る、故《ゆゑ》に有《ありまこと》レ孚元亨《おほいにとう》ると言《い》ふ。貞《てい》は正固《せいこ》の義《ぎ》、坎水前《かんすゐまへ》にあつて將《まさ》に渉《わた》らむとして、輕々《かる〴〵》しく渉《わた》らざるの象《かたち》。故に貞吉《ていきつ》と言《い》ふ。此《かく》の如《ごと》く需《ま》ち待《まつ》て然《しか》る後《のち》に進《すゝ》まば、假《たゞ》へ大《おほ》

川《かは》の險《けん》が前《まへ》にあるとしても、陷溺《かんでき》の難《なや》み抔《など》に遇《あ》ふことがなく、無事《ぶじ》に之《これ》を渉《わた》ることが可能《でき》る、故《ゆゑ》に利《よろし》渉二大川一《たるにおほかはを》と言《い》ふ。蓋《けだ》し大川《おほかは》を渉《わた》るは危險《きけん》の最《もつと》も大《だい》なるものである、故《ゆゑ》に此《こ》の事實《じじつ》を假《かり》て需《ま》つことの孚《まこと》あるものは、如何《いか》なる危險《きけん》に遇《あ》ふとも、その難《なや》みに陷《おちゐ》ることなく、終《つひ》にその志《こゝろざし》を達《たつ》することが可能《でき》ると言《い》ふの義《ぎ》を述《の》べたもので大川《おほかは》は坎水《かんすゐ》の象《かたち》、渉《わた》るは乾行《けんかう》の象《かたち》を取《と》つたものである。

初九、需《ま》ツレ于《に》レ郊《かう》。利《よろし》ニ用《もつ》テ恒《つね》一ナルニ无《たゞ》レ咎《とが》。

乾健《けんけん》を以《もつ》て坎險《かんけん》に遇《あ》ひ、需《ま》ち待《まつ》て然《しか》る後進《のちすゝ》むので需《じゆ》である、故《ゆゑ》に需《じゆ》の內卦《ないくわ》三爻《かう》は、外卦《ぐわいくわ》の坎險《かんけん》を去《さ》ることの遠近《ゑんきん》に從《したが》ふてその象《かたち》を取《とつ》て居《を》るが、初《しよ》九は卦《くわ》の始《はじ》めに居《ゐ》て坎險《かんけん》を去《さ》ることの最《もつと》も遠《とほ》きものである、故《ゆゑ》に需《まつ》レ于《に》レ郊《かう》と言《い》ふ。郊《かう》とは曠遠《くわうゑん》の地《ち》で、中《ちう》四爻《かう》を國內《こくない》となし、初《しよ》と上《じやう》とを國外《こくぐわい》となし、郊外《かうぐわい》となす所《ところ》の爻象《かうしやう》を取《こ》つたものである、恒《つね》とは恒常《こうじやう》にして變動《へんどう》なきの義《ぎ》であるが、險難《けんなん》に遇《あ》ふて遠《とほ》くその害《がい》を避《さ》け、時節《じせつ》の到來《たうらい》を待《ま》つには、平素《へいそ》の常態《じやうたい》を安守《あんしゆ》して、苟《いやし》くも變化《へんくわゐ》異動《ごうたう》を起《おこ》す樣《やう》のことがあつてはならぬ、さすれば難《なん》に罹《かゝ》り害《がい》を受《う》くる樣《やう》なこともなくて濟《す》むのである、故《ゆゑ》に利ニ用恒一无レ咎《よろしもつてつねなるになしとが》と言《い》ふ。蓋《けだ》し剛《がう》は能《よ》く艱難《かんなん》を耐《た》へ忍《しの》ぶことの可能《でき》るものであるけれど、聊《いさゝ》か剛《がう》に過《す》ぐる所《ところ》もあるから、亦或《またあるひ》は躁動《さうどう》して自《みづ》から難《なん》を犯《をか》し害《がい》を招《まね》く虞《おそれ》がないとも言《い》へぬ、故《ゆゑ》に占《せん》者《しや》を戒《いまし》む、常《つね》を守《まも》つて變《へん》ぜざれば、隨《したが》つて咎《とが》を受《う》くる樣《やう》なこともないと。此《こ》の爻《かう》六四と陰陽相應《いんやうあひおう》ずるのが常例《じやうれい》であるが、進《すゝ》めばその坎險《かんけん》に陷《おちゐ》るの義《ぎ》を取《とつ》て居《を》るのは、卽《すなは》ち謂《い》ふ所《ところ》の敵應《てきおう》である。

九二、需《まつ》レ于《に》レ沙《しや》、小《すこ》シク有《あ》レドモレ言《こと》終《つ》イニ吉、

沙《しや》は水邊《すゐへん》の地《ち》、泥《でい》と相連《あひつら》なる所《ところ》で、水《みづ》が近《ちか》ければ沙《しや》がある、二は坎水《かんすゐ》を去《さ》ること漸《やう》やく近《ちか》く、將《まさ》にその險《けん》に逼《せ》まらむとするものである。故《ゆゑ》にその象《しやう》を需《まつ》レ于《に》レ沙《しや》となす。而《しか》も沙《しや》は之《これ》を三の泥《でい》に比《くら》ぶれば尙《なほ》遠《とほ》いけれども、之《これ》を初《しよ》の郊《かう》に較《くら》ぶれば、頗《すこ》ぶる坎險《かんけん》に逼《せま》つて居《を》る、故《ゆゑ》に小有レ言《すこしくありこと》と言《い》ふ。少《すこ》しく言《ものい》いありとは、災害《さいがい》の小《せう》なることを言《い》ふたものであるが、此《こ》の爻《かう》は剛《がう》を以《もつ》て柔《じう》を履《ふ》み、中《ちう》を守《まも》つて自《みづ》から處《を》り需《ま》つことの寬《くわん》にして善《ぜん》なるものである、故《ゆゑ》に少《すこ》しく言語《げんご》の傷《きず》があつても、大害《たいがい》を受《う》くることはなく、終《つひ》にその吉《きつ》を得《え》て需《にゆ》の道《みち》を全《まつた》ふすることが可能《でき》るのである。

九三、需《まつ》レ于《に》レ泥《でい》、致《いた》ス二寇《あだ》ノ至《いた》ルコトヲ一、

泥《でい》は水際《みづきは》の地《ち》、九三は切《せつ》に坎水《かんすゐ》に接近《せつきん》して居《を》る、故《ゆゑ》にその象《しやう》を需《まつ》レ于《に》レ泥《でい》と言《い》ふ。泥《でい》に需《ま》つものは、動《やゝ》もすればその險中《けんちう》に陷《おちゐ》るべき虞《おそれ》がある、然《しか》るに九三は過剛《くわがう》不中《ふちう》且《か》つ乾體《けんたい》の上《うへ》に居《ゐ》て、進《すゝ》むに鋭《する》どいものであるから、妄進《もうしん》して自《みづ》から寇害《こうがい》を招《まね》き致《いた》すものである、故《ゆゑ》に致二寇至一《いたすあだのいたること》と言《い》ふ。致《いた》すとは我《われ》より之《これ》を招《まね》き致《いた》すの義《ぎ》で、九三が進《すゝ》むで外卦《ぐわいくわ》の坎險《かんけん》に逼《せ》まり接《せつ》するの象《かたち》。寇《あだ》とは災害《さいがい》の大《だい》なるもので、坎《かん》の象《かたち》。至《いたる》とは六四が九三に害比《がいひ》し來《きた》るの象《かたち》。凡《およ》そ陰《いん》と陽《やう》とは相比親《あひひしん》するのが常例《じやうれい》であるが、此《こ》の爻《かう》は即《すなは》ちその變例《へんれい》で、謂《い》ふ所《ところ》の敵比《てつひ》である、之《これ》が詳細《しやうさい》は象法講義《しやうはふかうぎ》を參考《さんかう》せられたし。

六四、需《まつ》レ于《に》レ血《ち》、出《いづ》レ自《より》レ穴《あな》、

三と四と内外接觸《ないぐわいせつしよく》の際《さい》で、六四は坎體《かんたい》にして險中《けんちう》に入《い》り、正《まさ》に寇《あだ》の至《いた》つて傷害《しやうがい》を受《う》くべき場所《ばしよ》に居《を》るものである。故《ゆゑ》に需《まつ》レ于《に》レ血《ち》と言《い》ふ。蓋《けだ》し坎《かん》を水《みづ》となし、亦《また》血《ち》となし、穴《あな》となすのであるが、之《これ》を水《みづ》に需《ま》つと言《い》はずして、血《ち》に需《ま》つと言《い》ふのは、九三に寇《あだ》の至《いた》ることを致《いた》すと言《い》ふを承《う》けたもので、屯《ちゆん》の九五に膏《かう》と言《い》ふを轉《てん》じて、上《じやう》六に之《これ》を泣血《きうけつ》と言《い》ふて居《を》るのと同一《どう》、茲《ここ》に血《ち》と言《い》ひ穴《あな》と言《い》ふのも、卽《すなは》ち九三に泥《でい》と言《い》ひ寇《あだ》と言《い》ふの轉象《てんしやう》で、之《これ》を血《ち》と言《い》ふに由《よ》つて殺傷《さつしやう》の意《い》を表《あら》はし、亦之《またこれ》を穴《あな》と言《い》ふに由《よ》つて險《けん》難《なん》の義《ぎ》を示《しめ》したものである。此《かく》の如《ごと》く六四は巳《すで》に殺傷《さつしやう》の塲所《ばしよ》に居《を》り、亦險難《またけんなん》の中《うち》に陷《おちゐ》つて居《を》るけれども、而《しか》も柔《じう》を以《もつ》て陰《いん》に居《を》るが故《ゆゑ》に、柔順自《じうじゆんみづ》から守《まも》つて敢《あへ》て競《きそ》ひ爭《あらそ》はず、能《よ》くその困阨《こんやく》を免《まぬ》かるることが可能《でき》るものである、故《ゆゑ》に出《いづ》レ自《より》レ穴《あな》と言《い》ふ。

九五、需《まつ》レ于《に》二酒《しゆ》食《しよく》一貞《ただし》フシテ吉、

酒《さけ》は宴樂《えんらく》の具《ぐ》、食《しよく》は生養《せいやう》の資《し》で、坎《かん》の象《かたち》であるが、人《ひと》の身《み》に取《と》つては需《ま》ち待《ま》つことの最《もつと》も切《せつ》なるものである、故《ゆゑ》に之《これ》を得《う》れば則《すなは》ち喜《よろこ》び、之《これ》を得《え》ざれば則《すなは》ち憂《うれ》ふるのは、人情《にんじやう》の免《まぬ》かれ難《がた》き所《ところ》で、謂《い》ふ所《ところ》の衣食足《いしよくた》りて禮節《れいせつ》を知《し》るとは卽《すなは》ち此《こ》の意《い》を言《い》ふたものに外《ほか》ならぬが、九五は陽剛中正尊位《やうがうちうせいそんゐ》に居《ゐ》て需《じゆ》の主《しゆ》となり、天下《てんか》の萬民《ばんみん》を愛養撫育《あいやうぶいく》して、鼓腹燕樂《こふくえんらく》の境《きやう》に達《たつ》せしむることを需《ま》つて居《を》るものである、故《ゆゑ》に需《まつ》レ于《に》二酒食《しゆしよく》一と言《い》ふ。蓋《けだ》し此《こ》の期待《きたい》があつて後始《のちはじ》めて敎化《けうくわ》も行《おこな》はるべく、王道《わうだう》も成就《じやうじゆ》すべく、需《ま》ち待《ま》つことの至要《しえう》にして、且《か》つ大《だい》なるものと言《い》はねばならぬが、惟《ひと》り自《みづ》から酒食《しゆしよく》に沈湎《ちんめん》し逸樂《いつらく》に耽溺《たんでき》するが如《ごと》きは、陽剛中正《やうがうちうせい》なる九五が未《いま》だ嘗《かつ》て思《おも》ひ設《まう》くる所《ところ》ではない、けれども酒食《しゆしよく》は人《ひと》の最《もつと》も沈湎《ちんめん》し易《やす》きもので、その需《ま》つことの正《たゞ》しからむことを欲《ほつ》するが故《ゆゑ》に、之《これ》を貞吉《たゞしふして》と言《い》ふ。貞《たゞし》ふして吉《きつ》とは飛辭《かいじ》である

上六、入《いる》レ于《に》レ穴《あな》、有《あり》三不《ざる》レ速《まねか》之《の》客《きやく》三人來《きたる》一、敬《けい》スレバレ之《これを》終《つひ》ニ吉、

六四と上六《じやう》とは坎體《かんたい》にして共《とも》に陰位《いんゐ》に居《を》る、故《ゆゑ》に何《いづ》れも穴《あな》の象《かたち》を取《と》る、然《しか》るに六四は穴《あな》より出《い》でて上《じやう》六は穴《あな》に入《い》る所以《ゆゑん》は、六四は卦中《くわちう》に居《ゐ》るから出《い》でて尙行《なほゆ》くべき場所《ばしよ》がある、けれども上六《じやう》は卦極《くわきよく》に居《ゐ》るから出《い》でゝ行《ゆ》くべき場所《ばしよ》がない、故《ゆゑ》に入《いる》レ于《に》レ穴《あな》と言《い》ふ。不《ず》レ速《まねか》とは招《まね》かざるの義《ぎ》、上六《じやう》は卦《くわ》の終《をは》りであるから、需《ま》つの義《ぎ》は已《すで》に盡《つ》きて居《ゐ》る、けれども下《しも》に在《あ》るの諸爻《しよかう》は皆時《みなとき》を需《ま》つて進《すゝ》み上《のぼ》るもので、その極《きよく》は終《つひ》に上六《じやう》に至《いた》らねばならぬ、即《すなは》ち招《まね》き需《ま》たざる所《ところ》の客《きやく》が來《きた》るの象《かたち》、故《ゆゑ》に有《あり》三不《ざる》レ速之客《まねかのきやく》三人來《にんきたる》一と言《い》ふ。三人《にん》とは多《おほ》きの義《ぎ》で、必《かな》らずしも内卦《ないくわ》の三爻《かう》を指《さ》して言《い》ふたものではない。上六《じやう》は柔《じう》を以《もつ》て陰《いん》に居《を》る、故《ゆゑ》に柔順《じうじゆん》にして忿爭《ふんさう》せず、敬誠《けいせい》を盡《つく》して能《よ》く衆客《しゆうきやく》を需《ま》つ、故《ゆゑ》に衆客《しゆうきやく》も亦之《またこれ》と和《わ》して我《われ》を助《たす》くる所《ところ》の象《かたち》がある、故《ゆゑ》に敬《けい》レ之終吉《すればこれをつひにきつ》と言《い》ふ。

蔣氏悌生曰《しやうしていせいいは》く、需《じゆ》とは待《ま》つなり、剛健《がうけん》の才《さい》を以《もつ》て、險陷前《けんかんまへ》にあるに遇《あ》ふ、當《ま》さに容忍時《ようにんとき》を待《ま》ち、柔《じう》を用《もち》ひて而《しか》して靜《せい》を主《しゆ》とすべし、若《も》し時勢《じせい》を度《はか》らず、剛《がう》を恃《たの》んで忿躁《ふんさう》して而《しか》して驟進《しうしん》せば、敗亡《はいばう》を取《と》ること必《ひつ》せり、初九《しよ》は險《けん》を去《さ》ること尙遠《なほとほ》く、用《もち》ひて恒《つね》なるを以《もつ》て咎《とが》を免《まぬ》かる、九二に漸《やう》やく險《けん》に近《ちか》し、亦柔《またじう》を用《もち》ひ中《ちう》を守《まも》るを以《もつ》て而《しか》して終《つひ》に吉《きつ》、九三は已《すで》に險《けん》に逼《せま》る、象《しやう》に敬愼《けいしん》すれば敗《やぶ》れずと

言《い》ふ、六四は巳《すで》に険《けん》に傷《きず》づく、柔《じう》にして而《しか》して競《きそ》はざるを以《もつ》て能《よ》く穴《あな》より出《い》づ、上六《じやう》は険陥《けんかん》の極《きよく》、亦能《またよ》く敬《けい》するを以《もつ》て終《つひ》に吉《きつ》、然《しか》らば卽《すなは》ち需待《じゆたい》の時《とき》には、能《よ》く含忍《がんにん》して敬《けい》を守《まも》らば、皆以《みなもつ》て禍《わざはひ》を免《まぬ》かるべし、需《じゆ》の時義大《じぎだい》なる矣《い》、

䷅ 坎下《かんか》 乾上《かんじやう》 訟《しよう》

訟《しようは》。有テレ孚窒《まことふさが》ル、惕《おそれ》中スレバ吉、終《をゆ》レバ凶《きよう》、利《よろし》レ見《みるに》二大人一ヲ、不《ず》レ利《よろし》レ渉《わた》ルニ二大川《せん》一ヲ、

兩者是非曲直《りやうしやぜひきよくちよく》を爭《あらそ》ふて、その裁決《さいけつ》を上《かみ》に待《ま》つ、之《これ》を訟《しよう》と言《い》ふ、故《ゆゑ》に訟《しよう》とは彼我互《ひがたがひ》に忤《さが》ひ戾《もど》る所《ところ》があつて爭辯《さうべん》をなすの義《ぎ》であるが、此《こ》の卦下《くわしも》は坎《かん》にして上《かみ》は乾《けん》、乾天《けんてん》は西《にし》に轉《てん》じて、坎水《かんすゐ》は東《ひがし》に流《なが》る、卽《すなは》ち天水逆行《てんすゐぎやくかう》の象《かたち》。亦彼《またかれ》は乾剛《けんがう》を以《もつ》て我《われ》を制《せい》し、我《われ》は坎険《かんけん》を以《もつ》て彼《かれ》を謀《はか》る、卽《すなは》ち彼我《ひが》相背《あひそむ》くの象《かたち》。亦内《またうち》は険陥《けんかん》にして外《そと》は剛強《がうきやう》なるものは必《かな》らず人《ひさ》と爭《あらそ》ふ、故《ゆゑ》に訟《しよう》を以《もつ》て此《こ》の卦《くわ》に名《なづ》く。而《しか》して九二は訟《しよう》の主《しゆ》にして、九五は之《これ》を決《けつ》するものであるが、九二は陽剛中實《やうがうちうじつ》にして坎中《かんちう》に陷《おちゐ》つて居《ゐ》る、故《ゆゑ》に有レ孚窒《あつてまことふさが》ると言《い》ふ。有レ孚《あるまこと》とは中實《ちうじつ》の象《かたち》で、窒《ふさ》がるとは閉《と》ぢ塞《ふさ》がるゝの義《ぎ》であるが、九二が陽剛中實《やうがうちうじつ》にして兩陰《りやういん》の間《あひだ》に陷《おちゐ》り、且《か》つ乾《けん》の爲《た》めに掩閉《えんぺい》されて居《を》るのは、孚《まこと》あつて伸《の》ぶることが可能《でき》ず、窒《ふさ》がる所《ところ》の象《かたち》である。惕《おそる》とは恐懼《きようく》の義《ぎ》であるが、坎《かん》を加憂《かいう》となし心病《しんびやう》となすの象《かたち》。蓋《けだ》し訟《しよう》なるものは、理非曲直《りひきよくちよく》の不明《ふめい》なるが故《ゆゑ》に、已《や》むことを得《え》ずしてその公裁《こうさい》を官《くわん》に請《こ》ふものであるから、之《これ》を訟《うつた》へてその理《り》が巳《すで》に明《あき》らかに

その直《ちよく》が已《すで》に伸《の》ぶことを得《え》たならば、大概《たいがい》の所《ところ》で之《これ》を止《や》めて置《お》くのがよい、故《ゆゑ》に惕《おそれ》中《ちうすれば》吉《きつ》と言《い》ふ。然《しか》るに若《も》しその理《り》あるを恃《たの》み、勝《か》つことを好《この》んで之《これ》を窮極《きうきよく》するが如《ごと》きは、謂《い》ふ所《ところ》の健訟《けんしよう》なるもので、訟《うつたへ》の本意《ほんい》に背《そむ》いて居《を》る、故《ゆゑ》に終《をはれは》凶《きよう》と言《い》ふ。訟《あらそひ》を聴《き》てその曲直《きよくちよく》を裁断《さいだん》することは、公明《こうめい》の人《ひと》でなくば可《で》能《き》ぬことである。故《ゆゑ》に利レ見ニ大人一《よろしみるにたいじんを》と言《い》ふ。大人《たいじん》とは九五が陽剛中正《やうがうちうせい》にして尊位《そんゐ》に居《を》る所《ところ》の象《かたち》で、見《み》るとは二五同徳《どうとく》相應《あひおほ》ずるの象《かたち》であるが、乾《けん》の二五と同《おな》じく變例《へんれい》に屬《ぞく》すべきものである。而《しか》して訟《うつたへ》は元《も》と已《や》むことを得《え》ずして之《これ》を起《おこ》すものであるから、随《したが》つて危険《きけん》を犯《をか》して迄《まで》も之《これ》を起《おこ》すべきものでない、故《ゆゑ》に不レ利レ渉ニ大川一《すよろしからわたるにたいせんを》と言《い》ふ。大川《おほかは》は内卦坎《ないくわかん》の象《かたち》で、不レ利レ渉《すよろしからわたるに》は乾剛《けんがう》を以《もつ》て坎険《かんけん》に乗《の》るの象《かたち》。

初六、不《ず》レ永レ所レ事《ながうせこころをことゝする》、小《シク》有《レドモ》レ言《ものいひ》終吉《つひに》、

事《こゝ》とは訟事《しようじ》である、されど未《いま》だ訟《しよう》を成《な》さず、故《ゆゑ》に之《これ》を事《こゝ》と言《い》ふて訟《しよう》と言《い》はぬのである。此《こ》の卦《くわ》六爻中《かつちう》に於《おい》て九五は訟《うつたへ》を聴《き》くものにして、他《た》の五爻《かう》は皆訟《みなうつた》ふるものであるが、初六《しよ》は訟《しよう》の初《はじ》めに居《ゐ》て訟《しよう》をなすの意《い》があるものである。けれども陰柔《いんじう》にして力弱《ちからよは》きが故《ゆゑ》に、強《しひ》て訟《うつたへ》を起《おこ》すことが可《で》能《き》ず、訟《うつたへ》を起《おこ》さむとして之《これ》を止《さし》むるものである。故《ゆゑ》に不レ永レ所レ事《すながうせこころをことゝする》と言《い》ふ。されども訟《しよう》の初《はじ》めに居《を》るが故《ゆゑ》に、是非《ぜひ》の紛爭《ふんさう》があることを免《まぬ》かれぬ。故《ゆゑ》に小有レ言《すこしくありものいひ》と云《い》ふ。而《しか》も言語《げんご》の爭《あらそひ》は災《わざはひ》の小《せう》なるものであるから終《つひ》に吉《きつ》を得《う》ることが出來《でき》るのである。凡《およ》そ事《こゝ》は皆剛《みながう》を貴《たつと》ぶのである、けれども訟事《しようじ》に於《おい》ては、則《すなは》ち柔順《じうじゆん》なるのを以《もつ》て利《よろ》しとする。初六《しよ》が事《こゝ》とする所《ところ》を永《なが》ふせず、終《つひ》にその吉《きつ》を得《う》る所以《ゆゑん》は、己《おの》れの分《ぶん》に安《やす》

むじて敢《あへ》て勝《か》つことを好《この》まざるが爲《た》めに外《ほか》ならぬ、故《ゆゑ》に初《しよ》と三とに於《おい》ては訟《しよう》の字《じ》を省《はぶ》き、二四上《じやう》の辭《じ》と之《これ》が區別《くべつ》を立《た》てゝ居《を》る。

九二、不《ず》レ克《よくせ》レ訟《うつたへを》、歸《かへつて》而《しかうして》逋《のがれ》、其邑人《そのゆうじん》三百戸无《なし》レ眚《わざはひ》

九二は訟《しよう》の主《しゆ》にして成卦《せいくわ》の主《しゆ》である、故《ゆゑ》に己《おの》れの同類《どうるゐ》を將《ひき》いて九五に敵《てき》し訟《うつた》へむとすれども、五は剛《がう》健中正《けんちうせい》にして尊位《そんゐ》に居《を》る所《ところ》の君《きみ》で、二は坎險《かんけん》に陷《おちゐ》る所《ところ》の臣《しん》である、故《ゆゑ》にその勢《いきほひ》に敵《てき》し難《がた》く、訟《うつたへ》の終《つひ》に勝《か》つこと能《あた》はざるを知《しつ》て、一旦《たん》は進《すゝ》むで訟《うつた》へむとしたものゝ、亦歸《またかへ》つて而《しか》して己《おの》れの本位《ほんゐ》に逋《の》がれ竄《かく》るゝのである、故《ゆゑ》に不《ず》レ克《よくせ》レ訟《うつたへを》、歸《かへつて》而《しかうして》逋《のが》ると言《い》ふ。不《ず》レ克《よくせ》とは勝《か》つことが出來《でき》ぬ義《ぎ》で、二と五と同陽相《どうやうあひ》應《おほ》ぜざるの象《かたち》、歸《かへ》るとは一旦《たん》は進《すゝ》み訟《うつた》ふるも、中途《ちうと》にして止《や》め歸《かへ》るの義《ぎ》で、九二が陰《いん》に居《ゐ》て中《ちう》を得《え》、その非《ひ》を遂《と》げざるの象《かたち》。逋《のが》るとは逃《のが》れ遁《のが》るゝの義《ぎ》で、九二が二陰《いん》の坤中《こんちう》に竄伏《ざんぷく》するの象《かたち》。已《すで》にその訟《しよう》主《しゆ》たる所《ところ》の九二が、訟《あらそへ》を止《や》めて逃《のが》れ歸《かへ》つたので、之《これ》に附隨《ふずゐ》せし所《ところ》の邑人《いふじん》三百戸《こ》も、亦逃《またのが》れ歸《かへ》つて健訟《けんしよう》の災禍《さいくわ》を免《まぬ》かるゝことが可能《でき》る、故《ゆゑ》に其邑人《そのいうじん》三百戸《こ》无《なし》レ眚《わざはひ》と言《い》ふ、坤《こん》を邑《いう》となす、九二坤《こん》の邑中《いうちう》に入《いつ》て訟主《しようしゆ》となつて、初《しよ》と三とを將《ひき》ゆ、故《ゆゑ》に邑人《いうじん》と言《い》ふ。三百戸《こ》とは衆多《じゆうた》の義《ぎ》で、九二陽爻《やうかう》の數《すう》を取《とつ》たものである、戸《こ》は猶家《なほいへ》と言《い》ふに同《おな》じく、庶人《しよにん》は戸《こ》あつて門《もん》なし、故《ゆゑ》に民家《みんか》は戸《こ》を以《もつ》て數《かぞ》ふるのであるが、戸《こ》は坎《かん》を宮室《きうしつ》となすの象《かたち》。眚《わざはひ》は坎《かん》の象《かたち》。或《あるひ》は曰《い》ふ、一家訟《かあらそひ》を好《この》めば百家害《かがい》を受《う》く、三百戸眚《こはざはひ》なしと言《い》へば、安《やす》き者《もの》の衆《おほ》きを見《み》ると。又曰《またいは》く二は下體《げたい》の君《きみ》、君爭《きみあらそ》はざれば、則《すなは》ち百姓《しやう》も害《がい》なしと、眞《しん》に然《しか》り

と言《い》はねばならぬ。

六三、食《は》ム二舊德《きうとくを》一、貞《たゞし》、厲《あやう》ケレドモ終《つひに》吉、或《あるひ》ハ從《したがはゞ》二王事《わうじに》一无《なし》レ成《なすこと》、

食《は》むとは享《う》け受《う》けて之《これ》を食《くら》ふの義《ぎ》で、坎《かん》の象《かたち》。德《とく》とは猶之《なほこれ》を祿《ろく》と言《い》ふが如《ごと》く、凡《すべ》て俸祿《ほうろく》なるものは、その德《とく》の大小厚薄《だいせうこうはく》に應《おほ》じて之《これ》を授《さづ》くるもので、舊德《きうとく》とはその者《もの》の才能《さいのう》に相當《さうたう》して受《う》くる所《ところ》の食祿《しよくろく》と言《い》ふの義《ぎ》であるが、六三は飮食必《いんしよくかな》らず訟《あらそひ》あるの時《とき》に當《あた》り、柔順《じうじゆん》にして己《おの》れが當然《たうぜん》受《う》くべき所《ところ》の分限《ぶんげん》に安《やす》むじて、正固之《しやうここれ》を守《まも》り、敢《あへ》てその多寡《たくわ》を爭《あらそ》はず、故《ゆゑ》に厲《あや》うしと雖《いへ》ども、終《つひ》に吉《きつ》を得《う》ることが出來《でき》る。食二舊德一貞《はむきうとくをたゞし》とは、六三が柔順《じうじゆん》にしてその本分《ほんぶん》を守《まも》るの象《かたち》。厲《あやうし》とは坎體《かんたい》にあつて剛《がう》に乘《の》り且《か》つ承《う》くる所《ところ》の難《なや》みがある上《うへ》に、訟《しよう》の時《とき》に當《あた》り内外變轉《ないぐわいへんてん》の危地《きち》に居《を》るの象《かたち》。或《あるひは》とは未定《みてい》の辭《じ》で、六の柔《じう》を以《もつ》て三の陽位《やうゐ》に居《を》るの象《かたち》。王事《わうじ》は卽《すなは》ち王《わう》に訟《うつた》ふる所《ところ》の訟事《しようじ》で、无レ成《なしなすこと》とは、その訟《あらそひ》を成《な》し遂《と》げざるの義《ぎ》であるが、言《い》ふこゝろは六三は元《も》とその分《ぶん》を守《まも》つて求《もと》めて訟《うつた》ふるものではないけれども、時《とき》に或《あるひ》は九二抔《など》に從《したが》ふて、之《これ》を王庭《わうてい》に訟《うつた》ゆるが如《ごと》きこともないのではない、されど亦《また》その訟《うつたへ》を遂《と》げ終《を》ゆる樣《やう》なものではない、故《ゆゑ》に或從二王事一无レ成《あるひはしたがはゞわうじになしなすこと》と言《い》ふ。王事《わうじ》は九五に訟《うつた》ゆるの象《かたち》で、无レ成《なしなすこと》は柔順《じうじゆん》にしてその分《ぶん》を超《こ》へざるの象《かたち》。

九四、不《ず》レ克《よく》レ訟《うつたへ》セチ、復《かへつ》テ卽《つ》キレ命《めいに》渝《かはる》、安《やすん》ズレバレ貞吉《ていに》。

九四は陽剛《やうがう》にして不中不正《ふちうふせい》である、故《ゆゑ》に亦訟《またうつた》へ爭《あらそ》ふものである、けれども自《みづ》からは陰位《いんゐ》に居《ゐ》て、上《じやう》は

直《たゞ》ちに陽剛中正《やうがうちうせい》にして尊位《そんゐ》は居《を》る所《ところ》の九五に接《せつ》す、故《ゆゑ》にその徳《とく》と勢《いきほひ》とに服《ふく》して爭訟《さうしよう》の非《ひ》なることを悔《くわい》悟《ご》し、退《しりぞ》いてその常《つね》に反《かへ》り復《かへ》つて君命《くんめい》に卽《つ》き從《したが》ひ、前日《ぜんじつ》の爭心《さうしん》を渝《か》へ變《か》へてその非行《ひかう》を革《あらた》む、故《ゆゑ》に不レ克レ訟《ずよくせうつたへを》、復卽レ命渝《かへつてつきめいにかはる》と言《い》ふ。不レ克レ訟《ずよくせうつたへを》とは剛《がう》を以《もつ》て陰位《いんゐ》に居《を》るの象《かたち》。復《かへ》るとは己《おの》れの本分《ほんぶん》に復歸《ふくき》するの義《ぎ》で、復《かへつて》卽レ命《つきめいに》渝《かは》るとは、九四が不中正《ふちうせい》を以《も》つて九五の剛健中正《がうけんちうせい》なる君徳《くんとく》に服從《ふくじゆう》するの象《かたち》であるが、命《めい》は君命《くんめい》にして中爻巽《ちうかうそん》を命令《めいれい》となすの象《かたち》。亦《また》渝《かは》るとは、復《かへ》るを以《もつ》て己《おの》れの本分《ほんぶん》に復歸《ふくき》するの義《ぎ》となすの轉象《てんしやう》である。此《かく》の如《ごと》く九四は始《はじ》めは君命《くんめい》に逆《さか》ひ、今《いま》は反《かへ》つて正理《せいり》に就《つ》き、その不正《ふせい》を變《へん》じて貞《てい》正《せい》に安《やす》むず、卽《すなは》ちその吉《きつ》を得《う》る所以《ゆゑん》である。

九五、訟元吉《うつたへげんきつ》、

訟《しよう》の諸爻《しよかう》は皆《みな》不正《ふせい》であるが惟《ひと》り此爻《このかう》は剛健中正《がうけんちうせい》の二徳《とく》を備《そな》へて尊位《そんゐ》に居《を》る、卽《すなは》ち彖《たん》に謂《い》ふ所《ところ》の大人《たいじん》にして、訟《うつたへ》を聽《き》く所《ところ》の明主《めいしゆ》であるが、剛健《がうけん》なるを以《もつ》て能《よ》く彊《つと》め、中《ちう》なるを以《もつ》て過不及《くわふきう》なく、正《せい》なるを以《もつ》て偏私《へんし》なく、是非《ぜひ》分明《ぶんめい》は窒《ふさ》がるものは必《かな》らず通《つう》じ、枉《ま》がるのは必《かな》らず伸《の》びることが可能《でき》るのである、故《ゆゑ》に訟元吉《うつたへげんきつ》と言《い》ふ。訟《うつたへ》とは訟《うつたへ》を裁斷《さいだん》すと言《い》ふの義《ぎ》で、元吉《げんきつ》とは大吉《だいきつ》にして善《ぜん》を盡《つく》すの謂《いひ》である。

上九、或《あるひ》ハ錫《たま》フ二鞶帶《はんたい》一ヲ、終朝《しふてう》ニシテ三《み》タヒ褫《うば》フレ之《これ》ヲ、

或《あるひは》とは未定《みてい》の辭《じ》。鞶帶《ばんたい》は大《おほい》なる帶《おび》で、命服《めいふく》の飾《かざ》りであるが、乾《けん》を衣《い》となし、坎《かん》を帶《おび》となすの象《かたち》。終《しふ》朝《てう》とは日《ひ》の出《で》より食時《しよくじ》に至《いた》る暫時《ざんじ》の間《あひだ》で、乾《けん》を朝日《あさひ》となし、上《じやう》を終《をは》りとなすの象《かたち》。亦《また》三たびは多《おほ》きの

義《ぎ》で、褫《うば》ふは奪《うば》ひ取《と》るの義《ぎ》である。蓋《けだ》し此爻《このかう》は陽《やう》の剛《がう》を以《もつ》て訟《うつたへ》の極《きよく》に居《を》り、強《しひ》て訟《うつた》へを終《を》へて勝《か》つことを貪《むさ》ぼる所《ところ》の健訟者《けんしようしや》である、是故《このゆゑ》に時《とき》に或《あるひ》は鞶帯《はんたい》の賞《しやう》を錫《たま》ひ賜《たま》ふ所《ところ》の喜《よろこび》を受《う》くることがある、故《ゆゑ》に或《あるひ》は錫《たまう》二鞶帯《はんたいを》一と言《い》ふ。されど元《も》と誣告《ぶこく》に由《よつ》て勝《かち》を得《え》たものであるから、その邪曲《じやきよく》が忽《たち》まち發覺《はつかく》して前《まへ》の鞶帯《はんたい》を褫奪《ちだつ》せらるゝ所《ところ》の恥辱《ちじよく》を招《まね》くのである、故《ゆゑ》に終朝三褫《しふてうみたびうばふ》レ之《これを》と言《い》ふ。此《こ》れ即《すなは》ち象《たん》に謂《い》ふ所《ところ》の終《を》ゆれば凶《きよう》なるもので、此爻《このかう》の象《かたち》を假《かり》て健訟《けんしよう》已《や》むことを知《し》らざるものを戒《いまし》めたものに外《ほか》ならぬ。

丘氏《きうし》富《ふ》國《こく》曰《いは》く、九五は尊《そん》に居《ゐ》て訟《うつたへ》を聽《き》くの主《しゆ》と爲《な》る、故《ゆゑ》に訟元吉《しようげんきつ》、餘の五爻《かう》は即《すなは》ち皆訟《みなうつた》ゆる者《もの》なり然《しか》れども天下《てんか》惟《ひと》り剛者《がうしや》のみ訟《うつた》えて、柔者《じうしや》は訟《うつた》えず、初《しよ》と三とは柔《じう》なり、故《ゆゑ》に初《しよ》は事《こと》とする所《ところ》を永《なが》ふせずして而《しか》して終《つひ》に吉《きつ》、三は舊德《きうとく》を食《は》んで而《しか》して終《つひ》に吉《きつ》、二四上《にやう》は剛《がう》なり、二は五と對《たい》す、勢《いきほひ》を揆《はかり》て敵《てき》せずして而《しか》して訟《うつた》えず、四は初《しよ》と對《たい》す、理《り》の不可《ふか》なるを顧《かへり》みて而《しか》して訟《うつた》えず、亦其《またそ》の柔《じう》に居《を》るを以《もつ》て、故《ゆゑ》に二は胥《わざはひ》なくして、而《しか》して四は安貞《あんてい》なり、獨《ひと》り上九《じやう》は卦《くわ》の窮《きう》に居《を》り、下《しも》三に對《たい》す、柔《じう》は抗《こう》ずること能《あた》はず、故《ゆゑ》に鞶帯《はんたい》を錫《たま》ふの辭《じ》あり、然《しか》れども一日《にち》にして三たび褫《うば》はる、辱《はづ》かしめらるゝことも亦甚《またはなは》だし、訟《うつたへ》の勝《か》つもの何《なん》ぞ敬《けい》するに足《た》らんや

䷆　坎下《かんか》　坤上《こんじやう》　師《し》

師《し》ハ貞《ただし》、丈《ぢやう》人ナレバ吉、无《なし》レ咎《とが》、

師《し》は衆《しゆう》の義《ぎ》、貞《たゞし》は正《たゞし》の義《ぎ》、昔時《せきじ》は五人《にん》を伍《ご》となし、五五を兩《りやう》となし、五兩《りやう》を卒《そつ》となし、五卒《そつ》を旅《りよ》となし。五旅《りよ》を師《し》となし、五師《し》を軍《ぐん》となして軍團《ぐんだん》を組織《そしき》したものである。故《ゆゑ》に軍旅《ぐんりよ》のことは通《つう》じて之《これ》を師《し》と言《い》ふたものであるが、此《こ》の卦兩體《くわりやうたい》に就《つい》て之《これ》を見《み》れば、内《うち》は坎險《かんけん》にして外《そと》は坤順《こんじゆん》、卽《すなは》ち順《じゆん》を以《もつ》て險道《けんだう》を行《おこな》ふの義《ぎ》があり、亦《また》坎《かん》の謀略《ぼうりやく》の幃《ゐ》幕《ばく》の裡《うち》に藏《ざう》するの義《ぎ》がある、故《ゆゑ》に之《これ》を名《なづ》けて師《し》と言《い》ふ。亦《また》全體《ぜんたい》を以《もつ》て之《これ》を言《い》へば、九二の一陽《やう》が上下《じやうげ》の五陰《いん》を統《す》べて之《これ》を帥《ひき》ゆる所《ところ》の象《かたち》がある、故《ゆゑ》に之《これ》を名《なづ》けて師《し》と言《い》ふ、亦《また》交體《かうたい》を以《もつ》て之《これ》を言《い》へば、九二成卦《せいくわ》の主《しゆ》と六五定位《ちやうゐ》の君《きみ》と、上下正應《じやうげしやうおう》をなすのは、卽《すなは》ち君《きみ》が將《しやう》に命《めい》じて師《し》を出《いだ》すの象《かたち》である、故《ゆゑ》に之《これ》を名《なづ》けて師《し》と言《い》ふ。抑々《そもそも》兵《へい》は凶器戰《きようきせん》は危事《きじ》であるから、師《し》は元《もと》と天下《てんか》の不正《ふせい》を正《たゞ》さむが爲《た》めに、已《や》むことを得《え》ずして之《これ》を用《もち》ゆるものである、故《ゆゑ》に苟《いやし》くも事順《じじゆん》に名正《なたゞ》しからずば、輕卒《けいそつ》に之《これ》を起《おこ》すべきものではない。故《ゆゑ》に師貞《しはたゞし》と言《い》ふ。師《し》は此《かく》の如《ごと》く正義《せいぎ》に據《よ》ることを必要《ひつえう》とするが上《うへ》に、亦必《またかなら》ず智德兼備《ちとくけんび》の丈人卽《ちやうにんすなは》ち良將《りやうせう》を得《え》て之《これ》を帥《ひき》ひしむることが肝要《かんえう》である、斯《か》くて始《はじ》めて亂《らん》を治《おさ》め民《たみ》を安《やす》むせしむることが可能《でき》る、故《ゆゑ》に丈人吉《ちやうにんきつ》と言《い》ふ。丈人《ちやうにん》は九二が剛中《がうちう》を得《う》るの象《かたち》。已《すで》に事順《じじゆん》に名正《なたゞ》しく、且《か》つ良將《りやうしやう》を得《え》て之《これ》に任《にん》せば、師《し》を動《うご》かして殺伐《さつばつ》の事《こと》を行《おこな》ふとも、元《もと》と已《や》むを得《え》ずして不正《ふせい》を正《たゞ》さむが爲《た》めであるから、天理《てんり》に違《たが》はずして咎《とが》なきことを得《う》るのである、故《ゆゑ》に无《なし》レ咎《とが》と言《い》ふ。咎《とが》は内卦坎《ないくわかん》の象《かたち》。

初六、師《し》出《いだ》スニ以《もつてす》レ律《りつ》ヲ、否《ひ》臧《ざう》ナレバ凶、

律《りつ》とは軍律即《ぐんりつすなは》ち號令節制《がうれいせつせい》のことを言《い》ふたものであるが、坎《かん》の象《かたち》。否《ひ》は不《ふ》と通《つう》じ、臧《ざう》は善《ぜん》と同《おな》じく、不《ふ》善《ぜん》とは軍律《ぐんりつ》を失《うしな》ふて節制《せつせい》なきを言《い》ふ。初《しよ》六は師《し》を出《いだ》すの始《はじ》めであるが、三軍《ぐん》の命《めい》は一將《しやう》にあつて、一將《しやう》の權《けん》は軍律《ぐんりつ》が整《とゝな》ふて居《を》ると否《いな》とに由《よ》るもので、軍律《ぐんりつ》が正《たゞ》しければ、號令《がうれい》が行《おこな》はれて士氣《しき》が奮《ふる》ひ、戰《たゝか》へば則《すなは》ち勝利《しようり》を得《う》るものである、故《ゆゑ》に師《し》出《いづるに》以《もつてす》レ律《りつを》と言《い》ふ。反之《これにはんし》。軍律《ぐんりつ》が正《たゞ》しからざれば、號令行《がうれいおこな》はれずして士氣《しき》衰《おとろ》ふるが故《ゆゑ》に、必《かな》らず敗《や》ぶるゝことになるのである、故《ゆゑ》に否臧凶《ひざうなれは》と言《い》ふ。否臧《ひざう》は初《しよ》六が陰柔《いんじう》にして不材《ふざい》なるの象《かたち》。

九二、在《あ》リ二師《し》中《ちう》一ニ、吉ニシテ无《な》シレ咎《とが》、王三タヒ錫《たも》フレ命《めいを》、

九二は剛中《がうちう》の德《とく》があるので、成卦《せいくわ》の主《しゆ》となつて衆陰《しゆういん》に歸服《きふく》せられ、上《じやう》は六五に應《おほ》じてその倚任《きにん》する所《ところ》となるもので、即《すなは》ち彖《たん》に謂《い》ふ所《ところ》の丈人《ちやうにん》である、故《ゆゑ》に在《あり》二師《し》中《ちうに》一と言《い》ふ。蓋《けだ》し君命《くんめい》を受《う》けて衆兵《しゆうへい》を帥《ひき》ゆ、嚴《げん》ならざれば令行《れいおこな》はれず、寬《くわん》ならざれば下服《しもふく》せず、然《しか》るに九二は寬嚴《くわんげん》その中《うち》を見《え》て居《を》る所《ところ》の智德兼備《ちとくけんび》の良將《りやうしやう》である、故《ゆゑ》に吉无《きつなし》レ咎《とが》と言《い》ふ。師《し》を帥《ひき》ゆること此《かく》の如《ごと》くその宜《よろ》しきを得《え》ば、功《こう》を成《な》し天下《てんか》を安《やす》むじて實《じつ》にその任《にん》を辱《はづ》かしめざるものである、故《ゆゑ》に王三錫《わうみたびたまふめいを》レ命と言《い》ふ。三たび命《めい》を錫《たま》ふとは、優遇《いうぐう》の至《いた》つて敦《あつ》きことを言《い》ふたもので、三は之《これ》を陽爻《やうかう》の數《すう》に取《と》り。王《わう》三たび命《めい》を錫《たま》ふは、二五君臣相應《くんしんあひおほ》ずるの象《かたち》を取《さつ》たものである。

六三、師《し》或《あるひ》ハ輿《のす》レ尸《かばね》ヲ凶。

或《あるひは》とは未定《みてい》の辭《じ》、輿《よ》は車《くるま》で、尸《かばね》は屍《かばね》のことであるが、尸《かばね》を輿《の》すとは、戰死《せんし》したるものゝ屍《かばね》を車《くるま》に載《の》せて歸《かへ》り來《きた》ることで、中爻震《ちうかうしん》を輿《よ》となし、坎《かん》を車輪《しやりん》となして、その上《うへ》に衆陰《しゆういん》の屍《かばね》を積《つ》み載《の》せた所《ところ》の象《かたち》を取《とつ》たものである。蓋《けだ》し六三は陰柔《いんじう》なるが故《ゆゑ》に才弱《さいよわ》く、陽位《やうゐ》に居《を》るが故《ゆゑ》に志強《こゝろざしつよ》く、不中正《ふちうせい》なるが故《ゆゑ》に進退《しんたい》その宜《よろ》しきを得《え》ざるものである。然《しか》るに內外交際《ないぐわいかうさい》の場所《ばしよ》に居《を》るので、その分《ぶん》を超《こ》へて先鋒《せんぽう》となり危險《きけん》を顧《かへり》みずして師《し》を行《や》る、是故《このゆゑ》に戰《たゝかひ》は敗《やぶ》れ兵《へい》は潰《つひ》へ、その屍《かばね》を載《の》せて歸《かへ》り來《きた》るの凶《きよう》を取《と》る、故《ゆゑ》に或輿《あるひはのすかばねをきよう》レ尸凶と言《い》ふ。

六四、師《し》左《しり》ゾクレ次《やど》リニ、无《なし》レ咎《とが》、

左《しりぞくやどりに》レ次とは、退《しりぞくやどりに》レ舍と同義《どうぎ》で、退軍《たいぐん》の謂《いひ》であるが、陰《いん》を左《しりぞく》となし、退《しりぞ》くとなし、次《やど》りに左《しりぞ》くは、六四が柔《じう》を以《もつ》て陰《いん》に居《を》るの象《かたち》。六四は柔弱《にうじやく》にして中《ちう》を得《え》て居《を》らぬから、進《すゝ》み戰《たゝか》ふて勝《かち》を取《と》り得《う》べき才能《さいのう》あるものではない、けれどもその正《せい》を得《え》て居《を》るので、己《おの》れの才力《さいりよく》を量《はか》り、進《すゝ》むで師《し》を行《や》るの不可《ふか》なることを知《し》り、師《し》を全《まつた》ふして退《しりぞ》き歸《かへ》るものであるが、戰捷《せんせう》の功《こう》はないけれど、而《しか》も之《これ》を彼《かれ》の戰敗《たゝかひやぶ》れて屍《かばね》を載《の》せて歸《かへ》る所《ところ》の六三に較《くら》ぶれば、賢《けん》なること大《おほい》に遠《とほ》しと言《い》ふてよい、此《こ》れその咎《とが》なきを得《う》る所以《ゆゑん》である。

六五、田《か》リニ有《あり》レ禽《きん》、利《よろ》シ二執《しつ》言《けん》一ニ、无《なし》レ咎《とが》、長子《ちやうし》ヂシテ帥《ひきひ》シムルモレ師《いくさ》ヲ、弟子輿《のす》レバレ尸《かばね》ヲ、貞《たゞし》ケレドモ凶、

田《か》りは佃獲《でんれふ》のことで坤《こん》の象《かたち》。禽《きん》とは鳥類《ちやうるゐ》の通名《とほりな》で坎《かん》の象《かたち》。執《しつ》は搏《う》ち執《と》るの義《ぎ》、言《げん》は助字《じよじ》であるが亦坎《またかん》

の象《かたち》。六五は君位《くんゐ》で師《いくさ》を起《おこ》す所《ところ》の主《しゆ》である、故《ゆゑ》に將《しやう》に命《めい》じて師《いくさ》を起《おこ》すの道《みち》を言《い》ふて居《を》るが、柔中《じうちう》を得《え》て居《を》る所《ところ》の君子《くんし》であるから、故《ゆゑ》なく師《いくさ》を起《おこ》して殺伐《さつばつ》を恣《ほしい》まゝにするものではない、敵《てき》が來《きた》つて我《われ》に暴《ぼう》を加《くは》へて、然《しか》る後巳《のちや》むことを得《え》ず師《いくさ》を起《おこ》し、以《もつ》てその暴《ぼう》を征《せい》するものである。之《これ》を假《たと》へば、猶禽獸《なほきんじう》が田疇《でんちう》に入《いつ》て禾稼《くわか》を侵害《しんがい》するので、その禾稼《くわか》の害《がい》を除《のぞ》かむが爲《た》めに、往《ゆい》て之《これ》を獵《あさ》り取《と》る樣《やう》なもので、罪《つみ》は暴《ぼう》をなす所《ところ》の彼《かれ》にあつて、之《これ》を討《う》つ所《ところ》の我《われ》にはない。故《ゆゑ》に田有レ禽利ニ執言一无レ咎《かりにありきんよろししつげんになしとが》と言《い》ふ。長子以下《ちやうしいか》は將帥撰任《しやうすゐせんにん》のことを言《い》ふたもので、長子《ちやうし》とは彖《たん》に謂《い》ふ所《ところ》の丈人《ちやうにん》のことにして九二を指《さ》し、弟子《でし》とは六三を指《さ》したものであるが、已《すで》に長子《ちやうし》の九二に委任《ゐにん》して師《いくさ》を帥《ひき》ひしめた上《うへ》に、亦弟子《またでし》の六三に命《めい》じて進退《しんたい》の權《けん》を專《もつ》はらにせしむる樣《やう》なことがあれば、一軍《ぐん》に二主《しゆ》がある爲《た》めに、號令《がうれい》が區々《まち〳〵》に出《い》でて、軍《ぐん》に紀律《きりつ》なく、必《かな》らず戰敗《たゝかひや》ぶれ屍《かばね》を載《の》せ歸《かへ》るの結果《けつくわ》を見《み》るに至《いた》る。若《も》し果《はた》してそうであるとすれば、出師《しゆつし》の名義《めいぎ》は貞正《ていせい》であるとしても、而《しか》もその凶咎《きようとが》を免《まぬ》かるゝことは可能《でき》ぬ。故《ゆゑ》に長子《ちやうし》をして師《いくさ》を帥《ひき》ゐせしむるも、弟子《でし》屍《かばね》を輿《のす》れば、貞正《ていせい》なれども凶《きよう》と言《い》ふ。

上六、大君有《くんたもち》レ命《めい》ヲ、開《ひらひて》レ國《くにをうく》承レ家《いへを》小人ハ勿《なか》レ用《もちゆ》ルコト。

大君《たいくん》とは王者《わうしや》の尊稱《そんしやう》で六五を指《さ》し、有《たもち》レ命《めいを》とは天命《てんめい》を保有《ほいう》するの義《ぎ》で、天祐《てんいう》を受《う》くることを言《い》ふ。初《しよ》六は師《いくさ》の始《はじ》めであるが、上六《じやう》は師《いくさ》の終《をは》りで天下泰平《てんかたいへい》に復歸《ふくき》するの時《とき》である、そこで此爻《このかう》は師《いくさ》の始終《しじふ》を總括《そうくわつ》してその辭《じ》を系《つな》けたものであるが、始《はじ》め寇賊《こうぞくきた》來り侵《をか》しその危《あやう》きに堪《た》へざるが故《ゆゑ》に、已《や》むことを得《え》ずして師《いくさ》を起《おこ》すと雖《いへ》ども、戰《たゝかひ》は元《もと》と危事《きじ》であるから、前以《まへもつ》てその吉凶勝敗《きつきようしようはい》を逆睹《ぎやくと》することは出來《でき》ぬ。然《しか》るに今《いま》戰《たゝかひ》勝《かつ》て寇賊《こうぞく》を討《う》ち亡《ほろぼ》すことを得《え》たのは、偏《ひと》へに天祐《てんいう》の然《しか》らしむる所《ところ》で、天命《てんめい》を保有《ほいう》するが爲《た》めである許《はか》りでなく、その上尙國士《うへなほこくど》を開擴《かいくわう》し、家名《かめい》を繼承《けいしよう》して、宗廟社稷《そうべうしやしよく》の守《まもり》を失《うしな》ふに至《いた》らなかつたのは、實《じつ》に慶福《けいふく》の至《いた》りであると言《いは》ねばならぬ。故《ゆゑ》に大君《たいくん》有《たもち》レ命《めいを》、開《ひらひて》レ國《くにを》承《うく》レ家《いへを》と言《い》ふ。二の位《くらゐ》を祭主《さいしゆ》となし、五の位《くらゐ》を神君《しんくん》となして、二五相應《あひおう》ずるは天命《てんめい》を保有《ほいう》するの象《かたち》。震《しん》を開《ひら》くとなし、坤《こん》を國《くに》となし、承《う》くるとなし、坎《かん》を家《いへ》となして、國《くに》を開《ひら》き家《いへ》を承《う》くるの象《かたち》。已《すで》に此《かく》の如《ごと》く、賊亡《ぞくほろ》び亂平《らんたひ》らぎ、天下《てんか》泰平《たいへい》を謳歌《あうか》するの時《とき》は、卽《すなは》ち亦多《またおほ》くは後日《ごじつ》の亂本《らんほん》を胚胎《はいたい》すべき時《とき》である。而《しか》して後日《ごじつ》の亂本《らんほん》を爲《な》すものは過《あや》まつて姦邪《かんじや》の小人《せうじん》を任用《にんよう》するにある、故《ゆゑ》に小人《せうじんはなかれもちゆること》勿レ用と言《い》ふ。蓋《けだ》し治《ぢ》に居《ゐ》て亂《らん》を忘《わす》れざらむが爲《た》めの深戒《しんかい》である。

比《ひ》

䷇ 坤下《こんか》 坎上《かんじやう》

比《ひ》吉、原筮《げんぜい》ニシテ元永《よくなが》ク貞《たゞし》ケレバ无《なし》レ咎《とが》、不《ざ》レ寧《やす》カラ方《まさ》ニ來《きた》ル、後夫《こうふ》ハ凶、

此《こ》の卦《くわ》は坎水坤土《かすゐこんど》の上《うへ》にあるが、水《みづ》が地上《ちじやう》にあれば、少《すこ》しの間隙《かんげき》もなく融和《ゆうわ》して離《はな》れぬものである、故《ゆゑ》に之《これ》を比《ひ》と名《なづ》く、大象《たいしやう》に地上《ちじやう》に水《みづ》ありと謂《い》ふは卽《すなは》ち是《これ》である。亦全體《またぜんたい》を以《もつ》て之《これ》を言《い》へば、九五の一陽《やう》は剛健中正尊位《がうけんちうせいそんゐ》に居《ゐ》て、他《た》の五陰《いん》は之《これ》に比順《ひじゆん》す、卽《すなは》ち上《かみ》一人《にん》は下萬民《しもはんみん》を撫《な》で愛《いつく》しみ、下萬民《しもはんみん》は上《かみ》一

人《にん》に仰《あほ》ぎ従《したが》ふ所《ところ》の象《かたち》がある、故《ゆゑ》に之《これ》を比《ひ》と名《なづ》く。比《ひ》とは親《した》しみ和《わ》するの義《ぎ》であるが、凡《およ》そ人《ひと》と比親《ひしん》するのは、之《これ》を君臣《くんしん》の間《あひだ》に於《おい》てするも、父子《ふし》の間《あひだ》に於《おい》てするも、將亦《はたまた》夫婦《ふうふ》兄弟《けいてい》朋友《ほういう》等《とう》の間《あひだ》に於《おい》てするも皆《みな》推稱《すゐしよう》すべき吉事《きつじ》であつて、排斥《はいせき》すべき凶事《きようじ》ではない、故《ゆゑ》に比吉《ひきつ》と言《い》ふ。此《かく》の如《ごと》く人《ひと》の相互《さうご》に比親《ひしん》するのは、人道《じんだう》の最《もつと》も貴《たつと》ぶ所《ところ》で、その吉事《きじ》たることは、固《もと》より論《ろん》なき所《ところ》ではある、けれども人《ひと》各々《おの〳〵》利害《りがい》を異《こと》にし、亦《また》境遇《きやうぐう》を異《こと》にする所《ところ》がある爲《た》めに、容易《たやす》くは相比《あひひ》親融和《しんゆうわ》することが可能《でき》ぬ、故《ゆゑ》に人《ひと》と相比《あひひ》親《しん》せむとせば、孚誠眞實《ふせいしんじつ》の心《こゝろ》を以《もつ》て、善《よ》く長《なが》く正固《しやうこ》にして始終《しじふ》變《かは》る所《ところ》なきことを要《えう》す、されば其の親《した》しみを失《うしな》ふことなく、衆人《しゆうじん》の歸聚《きしふ》する所《ところ》となり、随《したが》つて咎《とが》めを受《う》くべき所《ところ》もない、故《ゆゑ》に原筮《げんぜい》にして元《よ》く永《なが》く貞《たゞ》しければ咎《とが》なしと言《い》ふ。原《げん》は愿《げん》と同《おな》じく謹《つゝし》むの義《ぎ》、筮《ぜい》は蒙《まう》の卦《くわ》の彖《たん》に謂《い》ふ初筮《しよぜい》の筮《ぜい》と同《おな》じく誠《まこと》の義《ぎ》で、原筮《げんぜい》とは孚誠純一《ふせいじゆんいつ》にして疑心《ぎしん》なきことを謂《い》ふのである、亦元《またげん》は善《ぜん》の義《ぎ》、永《えい》は長久《ちやうきう》の義《ぎ》、貞《たゞし》は正《たゞ》しく且《か》つ固《かた》きの義《ぎ》である、此《かく》の如《ごと》く人《ひと》と比親《ひしん》するのは、艱難《かんなん》ではあるけれども、而《しか》も亦人《またひと》は社《しや》會的動物《くわいてきどうぶつ》であるから、孤立獨居《こりつどくきよ》しては安全《あんぜん》に生活《せいくわつ》をなし得《う》べきものではない、苟《いやし》くも安全《あんぜん》に生活《せいくわつ》をなさむとせば、必《かな》らず彼此《ひし》相比《あひひ》し相親《あひした》しむことを求《もと》めねばならぬ、然《しか》らざればその身《み》の安寧《あんねい》を保《たも》つことが可能《でき》ぬから、未《いま》だ比親《ひしん》せざるものも、亦將《またまさ》に來《きた》り比《ひ》してその身《み》の安寧《あんねい》を求《もと》むることになるのである故《ゆゑ》に不レ寧方來《ざるもやすからまさにきたる》と言《い》ふ。方《まさ》に來《きた》るとは、今現《いまげん》に來《きた》らずとも追付來《おひつききた》ると言《い》ふの義《ぎ》である。果《はた》してそうであるとせば、比親《ひしん》を求《もと》むるものは、一日《にち》も速《すみ》やかなるを以《もつ》て吉《きつ》となし、後《おく》るゝを以《もつ》て凶《きよう》とせねばならぬ、故《ゆゑ》に後夫凶《こうふはきよう》と言《い》ふ。後夫《こうふ》とは猶人《なほひと》に後《おく》るゝと言《い》ふに同《おな》じく、若《も》し人《ひと》に後《おく》れて來《きた》り比《ひ》せば、前《まへ》に來《きた》り比《ひ》せしものゝ交は、已《すで》に固《かた》く且《か》つ密《みつ》なるに拘《かゝ》はらず、己《おの》れは日《ひ》尚淺《なほあさ》きが故《ゆゑ》に、それ丈《だ》け不安《ふあん》の所《ところ》があることを免《まぬ》かれぬ、此《こ》れその凶《きよう》なる所以《ゆえん》である。

初六、有《あつて》レ孚《まこと》比《ひす》レ之《これに》、无《なし》レ咎《とが》、有《あつて》レ孚《まこと》盈《み》ッレ缶《ほと》ギニ、終《つ》イニ來《きたつ》テ有《あり》ニ它《た》ノ吉一、

此卦《このくわ》は他卦應比《たくわおうひ》の例《れい》と異《こと》なりて、五陰皆各《いんみなかく》九五の一陽《やう》に比《ひ》せむことを求《もと》むるのであるが、凡《およ》そ他《た》と比《ひ》親《しん》せむとするには、誠實《せいじつ》の心《こゝろ》を以《もつ》て之《これ》を求《もと》めずば、比親《ひしん》し得《う》べきものではない。然《しか》るに初《しよ》六は比《ひ》の始《はじ》めに當《あた》り、人《ひと》に先《さ》き立《だ》つて比《ひ》を求《もと》むるものである、隨《したが》つて誠實《せいじつ》の孚《まこと》があることは自《おのづ》から明《あき》らかである故《ゆゑ》に有《あつて》レ孚《まこと》比《ひす》レ之《これに》と言《い》ふ。孚《まこと》とは彖《たん》に謂《い》ふ所《ところ》の原筮《げんぜい》の議《ぎ》と同一《どういつ》で、坎《かん》の中實《ちうじつ》の象《かたち》。比《ひす》レ之《これに》の之《これ》は、九五を指《さ》したるものである、蓋《けだ》し孚《まこと》の心《こゝろ》がなくして比《ひ》を求《もと》むるのは諂諛《あゆ》するものであるから、固《もと》より咎《とが》があるけれども孚《まこと》の心《こゝろ》を以《もつ》て比《ひ》を求《もと》むるには、固《もと》より咎《とが》のあるべき筈《はず》がない、故《ゆゑ》に无《なし》レ咎《とが》と言《い》ふ。而《しか》も初《しよ》六は比《ひ》の始《はじ》めに居《ゐ》て、比《ひ》の主《しゆ》たる所《ところ》の九五を去《さ》ること最《もつと》も遠《とほ》いものであるから、人《ひと》に過《す》ぐる所《ところ》の孚《まこと》がなければ、親比《しんひ》することが出來《でき》ぬ、故《ゆゑ》に有《あつて》レ孚《まこと》盈《み》レ缶《つるほとぎ》、終《ついに》來《きたつて》有《あり》ニ它《た》吉《のきつ》一と言《い》ふ。缶《ほとぎ》は飾《かざ》りのなき瓦器《ぐわき》で坤土《こんど》の象《かたち》。坎《かん》の水《みづ》が坤《こん》の缶《ほとぎ》の上《うへ》にあるは、孚誠《ふせい》が内《うち》に充滿《じうまん》する象《かたち》。孚誠《ふせい》が内《うち》に充滿《じうまん》すること猶物《なほもの》の缶中《ふちう》に充實《じうじつ》するが如《ごと》くにして、然《しか》る後《のち》に終《つひ》に來《きた》つて它《た》の吉《きつ》があるのである、終來《しふらい》とは將來《しやうらい》と言《い》ふに同《おな》じく、它吉《たきつ》とは豫《あらか》じめ期《き》せざる所《ところ》の吉《きつ》と言《い》ふの議《ぎ》で、九五は初《しよ》六の正比《せいひ》でもなく、亦正應《またせいおう》でもなくして、此《これ》

と相比《あひひ》親《しん》することを得《う》るに至《いた》る、故《ゆゑ》に之《これ》を宅《た》吉《きつ》ありと言《い》ふ。即《すなは》ち人《ひと》に親《した》しむこと此《かく》の如《こと》くば、自《おのづ》から吉《きつ》を得《う》るに至《いた》ると言《い》ふの義《ぎ》である。

六二、比《わ》スルニレ之《これに》自《よ》リスレ内、貞ニシテ吉、

六二と九五とは正應《せいおう》であるが、六二は内《うち》に居《ゐ》て外《そと》九五に比《ひ》親《しん》す、故《ゆゑ》に比《ひするにこれによりすうち》レ之自レ内と言《い》ふ、自《よりすうち》レ内とは即《すなは》ち己《おの》れが内心《ないしん》より比《ひ》親《しん》を求《もと》むと言《い》ふの義《ぎ》である、蓋《けだ》し人《ひと》を擇《えら》むで之《これ》を任用《にんよう》するのは、君《きみ》たるもの〻權内《けんない》にあるけれども、而《しか》も身《み》を以《もつ》て君《きみ》に許《ゆろ》してその力《ちから》を盡《つく》すのは、臣《しん》たるもの〻誠心誠意《せいしんせいい》に由《よ》らざれば可能《でき》ることでない、故《ゆゑ》に自《よりすうち》レ内と言《い》ふ。今《いま》六二は柔順中正内《じうじゆんちうせいうち》に居《ゐ》て、而《しか》して外剛健中正《そとがうけんちうせい》の九五に比《ひ》す此《こ》れ二五共《とも》に中正《ちうせい》の道《みち》を以《もつ》て相比《あひひ》するもので、比《ひ》親《しん》することの最《もつと》も善《よ》きものである、故《ゆゑ》に貞《たゞしうしてきつ》吉と言《い》ふ。貞《たゞ》は正《たゞ》しきの義《ぎ》で、本來貞正《ほんらいていせい》なるが故《ゆゑ》に吉《きつ》なるものであるから、彼《か》の貞正《ていせい》ならむことを勸《つと》めて、然《しか》る後《のち》に吉《きつ》を得《う》べきものとは、特《とく》に之《これ》を分別《ふんべつ》して見《み》ねばならぬ。

六三、比《ひ》スレ之匪《これにあら》ズ人ニ、

此卦《このくわ》の諸爻《しよかう》は他《た》の應否《おほひ》の例《れい》に拘《かゝ》はらず、皆《みな》九五の一陽《やう》に比《ひ》するを以《もつ》て義《ぎ》をなして居《を》る、けれども各爻《かくかう》皆然《みなしか》る所以《ゆえん》の理由《りいう》があつてその義《ぎ》を取《こ》つて居《を》る、即《すなは》ち初《しよ》六は比《ひ》の孚《はこと》あつて最《もつと》も先《さ》きなるものである、故《ゆゑ》に九五の正應《せいおほ》でもなく、亦正比《またせいひ》でもないけれども、而《しか》も終《つひ》に來《きた》つて宅《た》の吉《きつ》ありと言《い》ひ、六二は比《ひ》の時《とき》に當《あた》り、二五正應《せいおほ》の位《くらゐ》に居《ゐ》て、内外相比《ないぐわいあひひ》して居《を》る、故《ゆゑ》に貞吉《ていきつ》と言《い》ひ、六四は九五を承《う》けて元《も》とその

正比《せいひ》である、故《ゆゑ》に亦之《またこれ》を貞吉《ていきつ》と言《い》ふて居《を》るのであるが、此《かく》の如《ごと》く諸爻皆各比親《しよかうみなかくひしん》の主《しゆ》を得《え》て居《を》る中《うち》に於《おい》て、惟《ひと》り六三は陰柔不中正《いんじうふちうせい》であるが上《うへ》に、その應《おう》たる所《ところ》の上《じやう》六も亦後《またおく》れて而《しか》して凶《きよう》なるものであるから、即《つ》き從《したが》ふて而《しか》して比親《ひしん》を求《もと》むべき所《ところ》の主《しゆ》がない、故《ゆゑ》に比レ之匪レ人《ひすこれにあらずひと》と言《い》ふ。匪レ人《あらずひと》とは猶人《なほひと》なしと言《い》ふが如《ごと》く、醜陋《しうろう》の甚《はなは》だしき詞《ことば》で、その占《うらなひ》の凶《きよう》なることは言《い》ふ迄《まで》もない、人《ひと》は六三人位《にんゐ》の象《かたち》である。

六四、外比《ひ》スレ之ニ、貞吉、

諸陰皆《しよいんみな》九五に比《ひ》するの時《とき》に當《あた》り、六二は九五の正應《せいおう》であつて内體《ないたい》に居《ゐ》て之《これ》に比《ひ》す、故《ゆゑ》に之《これ》に比《ひ》す内《うち》よりすと言《い》ひ、六四は九五の正比《せいひ》にして外體《ぐわいたい》に居《ゐ》て之《これ》と近比《きんひ》す、故《ゆゑ》に外比レ之《そとにひすこれに》と言《い》ふ。而《しか》して九五は剛健《がうけん》中正尊位《ちうせいそんゐ》に居《を》る、此《こ》れ即《すなは》ち君上《くんじやう》であり、賢者《けんしや》であるが、六四は重陰不中《ぢういんふちう》にしてその下《しも》に居《を》る、此《こ》れ即《すなは》ち臣下《しんか》であり、愚者《ぐしや》である、然《しか》るに愚者《ぐしや》が賢者《けんしや》に親《した》しみ、臣下《しんか》が君上《くんじやう》に從《したが》ふのは、之《これ》を彼《か》の六二に比《くら》ぶれば、内外《ないぐわい》その趣《おもむ》きを異《こと》にする所《ところ》はあるけれども、而《しか》もその比《び》を求《もと》むる所《ところ》は同揆《どうき》である、故《ゆゑ》に皆之《みなこれ》を貞《たゞしうして》吉《きつ》と言《い》ふ。貞《たゞしう》とは本來比《ほんらいひ》の正道《せいだう》を得《え》て居《を》ると言《い》ふ義《ぎ》である。

九五、顯《あら》ハスレ比《ひ》ヲ、王用《もち》ヒテ二三驅《くを》一、失《うしな》フ二前禽《ぜんきんを》一、邑人《いふ》不レ誡吉、

九五は剛健中正尊位《がうけんちうせいそんゐ》に居《ゐ》て比《ひ》の主《しゆ》となり、他《た》の諸陰《しよいん》は皆來《みなきた》つて之《これ》に比《ひ》す、即《すなは》ち王者《わうしや》が至正大公《しせいだいこう》の心《こゝろ》を以《もつ》て萬邦《はんぽう》を撫《な》で、天下《てんか》の萬民皆悉《はんみんみなことごと》く之《これ》に親比《しんひ》するの象《かたち》で、比道《ひだう》の善《ぜん》を盡《つく》すものである、故《ゆゑ》に顯レ比《あらはすひを》と言《い》ふ。顯《あら》にすとは、比道《ひだう》を顯明《けんめい》にして大公無私《たいこうむし》なるの義《ぎ》で、九五が中正《ちうせい》を得《え》たるの象《かたち》。之《これ》を譬《たと》へば

猶《なほ》王者《わうしや》の田畋《でんでん》に三驅《く》の法《はふ》を用《もち》ひ、三方《ばう》を圍《かこ》むて他《た》の一方《ぱう》を開放《かいはう》し、來《きた》る者《もの》は拒《こば》まず、去《さ》る者《もの》は追《お》はず生物《せいぶつ》を取《と》り盡《つく》すに忍《しの》びざる至仁《しじん》の心《こゝろ》を以《もつ》て前禽《ぜんきん》を失《うしな》ふものと同樣《どうやう》である、故《ゆゑ》に王《わう》用《ちひて》二三驅《くを》一失《うしなふ》二前禽《ぜんきん》一と言《い》ふ。古昔田畋《こせきでんでん》の禮《れい》に、旃《せん》を置《お》いて以《もつ》て門《もん》をなし、草《くさ》を刈《かり》て以《も》つて長圍《ちやうゐ》をなし、田獵《でんれう》する者《もの》が門《もん》より驅《かつ》て而《しか》して入《い》れば、禽獸《きんじう》の我《われ》に向《むか》つて而《しか》して出《い》づるものは皆免《みなまぬ》かれ、他《た》の驅《か》られて而《しか》して入《い》る者《もの》は皆獲《みなくわく》取《しゆ》せらる、之《これ》を王《わう》三驅《く》を用《もち》ひて前禽《ぜんきん》を失《うしな》ふと言《い》ふ。初《しよ》より五に至《いた》るは門及《もんおよ》び長圍《ちやうゐ》の象《かたち》、上《じやう》六の一陰《いん》が門外《もんぐわい》にあるは、前禽《ぜんきん》の入《い》り來《きた》らざる者《もの》を失《うしな》ふて取《と》らざるの象《かたち》。九五が比《ひ》を顯《あら》はにする所《ところ》の德《とく》が已《すで》に此《かく》の如《ごと》くであるから、その治下《ちか》にある邑人《いふじん》も、亦《また》一々告誡等《こくかいとう》を受《う》くることを待《ま》たず、自然《しぜん》にその德《とく》に化《くわ》して太平《たいへい》の良民《りやうみん》となるに至《いた》る、即《すなは》ち王道《わうだう》の蕩々乎《たうたうこ》として大化《たいくわ》の迹《あと》なきものである、故《ゆゑ》に之《これ》を邑人《いふじん》不《ずして》レ誡《いましめ》吉《きつ》と言《い》ふ。

上六、比《ひす》レ之《に》无《なし》、首《はじめ》凶、

首《はじめ》とは始《はじ》めの義《ぎ》で、无《なし》レ首《はじめ》とは猶始《なほはじ》めなしと言《い》ふのと同樣《どうやう》であるが、易例《えきれい》に於《おい》ては初爻《しよかう》を足《あし》となし、上《じやう》爻《かう》を首《くび》となす、故《ゆゑ》に此《こ》の首頭《しゆとう》の義《ぎ》を假《かり》て首《くび》の始《はじ》めなしと言《い》ふたものである。蓋《けだ》し初爻《しよかう》は比《ひ》の始《はじ》めであるが、上爻《じやうかう》は比《ひ》の終《をは》りである、亦初爻《またしよかう》は比《ひ》の先《さ》きであるが、上爻《じやうかう》は比《ひ》の後《あと》である、彖《たん》に後夫《こうふ》は凶《きよう》と言《い》ふは、即《すなは》ち此《こ》の上爻《じやうかう》を指《さ》したものである、然《しか》るに凡《およ》そ物《もの》その始《はじ》めはあつても、その終《をは》りがないものはあるけれども、而《しか》もその始《はじ》めがなくして、能《よ》くその終《をは》りがあるものはない、此爻《このかう》も亦《また》それと同《おな》じく、比《ひ》の始《はじ》めに於《おい》て比《ひ》を求《もと》めざりし所《ところ》の後夫《こうふ》で、即《すなは》ちその始《はじ》めがないものである、已《すで》にその始《はじ》めだないものであらば、亦《また》その終《をは》りがあるべき筈《はず》がない、隨《したが》つてその凶《きよう》なる所以《ゆえん》も推《な》して知《し》るべきである、故《ゆゑ》に比レ之无レ首凶《ひすこれになしはじめきよう》と言《い》ふ。

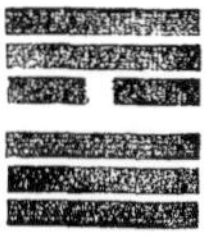

乾《けん》下《か》
巽上《そんじやう》

小畜《せうちく》

小畜亨《せうちくはとほ》ル、密雲《みつうん》ニシテ不《ず》レ雨《あめ》フラ、自《よ》ニリス我《わ》カ西郊《せいかう》一、

陰《いん》を小《せう》となし、陽《やう》を大《だい》となして、畜《ちく》は止《とゞ》むるの義《ぎ》、此卦全體《このくわぜんたい》を以《もつ》て之《これ》を言《い》へば、一陰《いん》を以《もつ》て五陽《やう》を止《とゞ》め、亦兩體《またりやうたい》を以《もつ》て之《これ》を言《い》へば、巽柔《そんじう》を以《もつ》て乾剛《けんがう》を止《とゞ》む、皆止《みなとゞ》め畜《とゞ》むることの小《せう》なる義《ぎ》である、故《ゆゑ》に之《これ》を名《なづ》けて小畜《せうちく》と言《い》ふ、而《しか》して物《もの》は凡《およ》そ畜止《ちくし》すること極《きは》まれば、則《すなは》ち必《かな》らず行進《かうしん》する所《ところ》の理《り》がある、故《ゆゑ》に小畜《せうちく》も亦必《またかな》らず亨通《きようつう》すべき時節《じせつ》がある、故《ゆゑ》に小畜亨《せうちくとほる》と言《い》ふ。密雲《みつうん》は陰氣《いんき》の上《うへ》に鬱蔽《うつぺい》するもので、即《すなは》ち巽陰《そんいん》を以《もつ》て乾天《けんてん》を掩《おほ》ふの象《かたち》であるが、雨《あめ》は陰陽相和《いんやうあひわ》して然《しか》る後《のち》に降《ふ》るものである、今密雲乾天《いまみつうんけんてん》を掩《おほ》へども、而《しか》も未《いま》だ雨《あめ》ふらざる所以《ゆえん》は、密雲《みつうん》が西郊《せいかう》の陰位《いんゐ》から、東方《とうはう》の陽位《やうゐ》に行《い》つて、陽氣《やき》が未《いま》だ之《これ》に應《おほ》じ和《わ》せざるが爲《た》めである、故《ゆゑ》に密雲不レ雨、自ニ我西郊一《みつうんにしてずあめふらよりすわがせいかう》と言《い》ふ。蓋《けだ》し雲《くも》が西《にし》より東《ひがし》に向《むか》つて行《ゆ》けば、則《すなは》ち陰《いん》が先《ま》づ倡《いざな》ふが故《ゆゑ》に、和《わ》せずして雨《あめ》が降《ふ》らぬのである、反之《これにはんし》、雲《くも》が東《ひがし》より西《にし》に向《むか》つて行《ゆ》けば、則《すなは》ち陽《やう》が先《ま》つ倡《いざな》ふが故《ゆゑ》に、和《わ》して而《しか》して雨《あめ》が降《ふ》るものである。中爻兌《ちうかうだ》は西方《せいはう》に位《くらゐ》す、故《ゆゑ》に西郊《せいかう》と言《い》ひ、

我《われ》とは此卦《このくわ》の彖辭《たんじ》を繫《つな》げたその人自身《ひとじしん》のことで、我《わ》が西郊《せいかう》よりすとは、密雲《みつうん》がその人《ひと》から見《み》た所《ところ》の西《せい》郊《かう》より起《おこ》つて、東方《とうはう》に向《むか》つて進行《しんがう》すと言《い》ふの義《ぎ》で、その人《ひと》が彖辭《たんじ》を繫《つな》ぐる時《とき》に當《あた》り、實際《じつさい》の天候《てんこう》に於《おい》て此《かく》の如《ごと》き形象《けいしやう》があると同時《どうじ》に、卦《くわ》にも亦《また》此《かく》の如《ごと》き形象《けいしやう》があつたので、それでその實景實象《じつけいじつしやう》その儘《まゝ》を取《とつ》て之《これ》を此卦《このくわ》に繫《つな》げたものが、即《すなは》ち密雲不レ雨、自二我西郊一《みつうんにしてずあめふらよりすわがせいかう》の八字《じ》であるが。小畜亨《せうちくはとうる》と言《い》ふ三字《じ》は正象《せいしやう》で、それ以下《いか》の八字《じ》は、此《こ》の正象《せいしやう》に對《たい》して取《さ》つた所《ところ》の假象《かしやう》である。而《しか》してその不レ雨《ずあめふら》と言《い》ふは、終《つひ》に雨《あめ》が降《ふ》らぬと言《い》ふの義《ぎ》ではなく、未《いま》だ雨《あめ》は降《ふ》らぬけれども、而《しか》も小畜《せうちく》の極《きよく》に至《いた》らば、必《かな》らず雨《あめ》ふるべしと言《い》ふの意《い》は、之《これ》を言外《げんぐわい》に含《ふく》むで居《を》る、然《しか》らざれば、小畜《せうちく》は亨通《きやうつう》すべき時節《じせつ》があると言《い》ふのと矛盾《むじゆん》する計《はか》りでなく、此《かく》の如《ごと》き道理《だうり》があるべき筈《はず》でないからである。

初九、復《かへる》ルコト自《よりす》レ道《みち》、何《な》ンゾ其《そ》レ咎《とが》アラン吉、

此卦《このくわ》は惟《たゞ》六四の一陰《いん》があるのみで、而《しか》も時《とき》を得位《えくらゐ》を得《え》て居《を》るが故《ゆゑ》に、能《よ》く衆陽《しゆうやう》を畜《こと》め、衆陽《しゆうやう》も亦之《またこ》れが爲《た》めに畜止《ちくし》さるゝの義《ぎ》に由《よつ》て、小畜《せうちく》の名《な》を得《え》て居《を》るのであるが、初九《しよ》は陽剛乾體進《やうがうけんたいすゝ》むに銳《えい》なるもので、且《か》つ六四の正應《せいおほ》であるから、先《ま》づ第《だい》一に進《すゝ》まむとして、六四の爲《た》めに畜《とゞ》められて上《のぼ》り進《すゝ》むことが可能《でき》ぬものである、(即《すなは》ち敵應《てきおほ》の一例《れい》である)されど初九《しよ》は元《も》と剛明《がうめい》の才《さい》あるものであるから、その勢《いきほひ》の進《すゝ》み難《がた》きを見《み》て敢《あへ》て進《すゝ》むことをせず、途中《とちう》より立戻《たちもど》つて我《わ》が本位《ほんゐ》に反《かへ》り復《かへ》る、故《ゆゑ》に復自レ道《かへることよりすみち》と言《い》ふ。此《かく》の如《ごと》く一旦《たん》は上《のぼ》り進《すゝ》めども、而《しか》も六四の爲《た》めに抑止《よくし》されたるが故《ゆゑ》に、勢《いきほひ》の不可《ふか》なるを知《しつ》て進《すゝ》む

ことを止《とゞ》め、今《いま》や已《すで》に反《かへ》り復《かへ》つて而《しか》してその正位《せいゐ》を守《まも》るものであるから、何《なん》ぞ其《そ》れ咎《とが》むべき所《ところ》があらうに、咎《とが》むべき所《ところ》がない許《はか》りか、這《こ》は能《よ》く過《くわ》を轉《てん》じて善《ぜん》に遷《うつ》るものであるから、却《かへ》つて吉《きつ》を得《う》べきものである、故《ゆゑ》に何其咎《なんぞそれとがあらん》吉と言《い》ふ。

九二、牽《ひか》レテ復《かへ》ル吉、

九二も亦初《またしよ》九と同《おな》じく上《のぼ》り進《すゝ》むで、而《しか》して六四の爲《た》めに畜《とゞ》めらるゝものであるが、剛《がう》を以《もつ》て陰《いん》に居《ゐ》て中《ちう》を得《え》て居《を》るから、元來《ぐわんらい》が慿進《ぼうしん》して出處進退《しゆつしよしんたい》を誤《あや》まる樣《やう》なことをするものではない、故《ゆゑ》に初《しよ》九と相牽《あひひ》き連《つら》ねてその本位《ほんゐ》に復歸《ふくき》して吉《きつ》なるものである、故《ゆゑ》に牽復《ひかれてかへる》吉《きつ》と言《い》ふ。

九三、輿《くるま》説《ぬ》ギレ輻《ふく》ヲ、夫《ふ》妻《さい》反《はん》スレ目《め》ヲ、

九三は過剛不《くわがうふ》中乾體《ちうけんたい》に居《ゐ》て、上《のぼ》り進《すゝ》むことの頗《すこ》ぶる鋭《えい》なるもので、之《これ》を譬《たと》へば、猶輿《なほくるま》の轉進《てんしん》して行《ゆ》く樣《やう》なものであるが、卦主《くわしゆ》の六四と直《たゞ》ちに接近《せつきん》して居《を》るので、之《これ》が爲《た》めに抑止《よくし》されて、之《これ》と衝突《しようとつ》し輿破《くるまやぶ》れてその幅《ふく》を説《ぬ》ぎ、進《すゝ》み行《ゆ》くことが出來《でき》ぬのと恰《あた》かも相似《あひに》た所《ところ》がある、故《ゆゑ》に輿説レ輻《くるまぬぐふくを》と言《い》ふ、輿《くるま》は車《くるま》と同《おな》じく乾《けん》の象《かたち》。説《ぬぐ》は脱《ぬ》ぐと同《おな》じく中爻兌《ちうかうだ》を毀折《きせつ》となすの象《かたち》。幅《ふく》とは車《くるま》の轂外輪中《こくぐわいりんちう》に集《あつ》まる所《ところ》の直木《ちよくき》であるが、輪破《りんや》ぶれ轂《こく》裂《さ》けて然《しか》る後《のち》に説《ぬ》ぎ脱《ぬ》げるものである、今《いま》九三が過剛《くわがう》の勢《いきほひ》に任《まか》せて鋭進《えいしん》して止《や》まず、六四卽《すなは》ち畜止《ちくし》の主《しゆ》と衝突《しようとつ》し、之《これ》が爲《た》めに抑止《よくし》されて進《すゝ》み行《ゆ》くこと能《あた》はざる狀態《じやうたい》は、上述《じやうじゆつ》の如《ごと》くである許《はか》りでなく、尙亦之《なほまたこれ》を譬《たと》へば、猶夫《なほふ》妻相和《さいあひわ》せず、互《たがひ》に反目嫉視《はんもくしつし》する有樣《ありさま》と能《よ》く似《に》て居《を》る、故《ゆゑ》に

夫《ふ》妻反レ目《さいはんすめを》と言《い》ふ。中爻離《ちうかうり》を目《め》となし、兌《だ》を偏視《へんし》となし、巽《そん》を白眼多《はくがんおほ》しとなし。四の柔《じう》が三の剛《がう》を畜《とゞ》め、巽《そん》の陰《いん》が乾《けん》の陽《やう》を止《とゞ》むるのは、夫妻目《ふさいめ》を反《はん》するの象《かたち》。凡《およ》そ陰《いん》は陽《やう》に制《せい》せらるゝものであるが、今《いま》その夫《ふ》に順《したが》はずして反《かへ》つて之《これ》を制《せい》し、相互《あひたがひ》に怒目嫉視《どもくしつし》することゝなつたのは、時勢《じせい》の進《すゝ》み行《ゆ》くべからざるをも顧《かへり》みず、九三が過剛不中《くわがうふちう》にして、自《みづ》からその進動《しんどう》の本性《ほんしやう》を制《せい》し得《え》ざるに原因《げんいん》して居《を》る、随《したが》つてその凶《きよう》は九三が自《みづ》から招《まね》く所《ところ》であるが、茲《こゝ》にその吉凶《きつきよう》を言《い》はぬのは、吉凶《きつきよう》の言《い》ふべきものがない為《た》めではなく、言《い》はずとも已《すで》に明《あき》らかなる為《た》めである。亦茲《またこゝ》に夫妻反レ目《ふさいはんすめを》と言《い》ふは、上文《じやうぶん》に輿説レ輻《くるまぬぐふくを》と言《い》ふに就《つい》ての轉象《てんしやう》である。

六四、有《あり》レ孚《まこと》、血《ち》去《さ》リ惕《おそ》レ出《い》ヅ、无《なし》レ咎《とが》、

六四は柔《じう》を以《もつ》て陰《いん》に居《ゐ》て、その正《せい》を得《え》て居《を》る、此《こ》れ即《すなは》ち中虚《ちうきよ》にして孚誠《ふせい》なるの象《かたち》、故《ゆゑ》に有レ孚《ありまこと》と言《い》ふ。而《しか》して全體《ぜんたい》を以《もつ》て之《これ》を言《い》へば、卦體《くわたい》一陰《いん》にして五陽《やう》を畜《とゞ》むるものである、故《ゆゑ》に苟《いやし》くも力爭《りきさう》して之《これ》を畜《とゞ》めむとせば、素《もと》より一柔《じう》を以《もつ》て五剛《がう》に敵《てき》することは難《かた》く、その傷害《しやうがい》を受《う》くるに至《いた》るのは必然《ひつぜん》の道理《だうり》である。されどもその一片孚《ぺんふ》誠《せい》の心《こゝろ》を盡《つく》して之《これ》を畜《とゞ》めば、諸剛《しよがう》が強暴《きやうばう》の鋭鋒《えいほう》を避《さ》けて、傷害《しやうがい》の難《なや》みを免《まぬ》かれ得《え》ぬ道理《だうり》はない、此《こ》れが則《すなは》ち謂《い》ふ所《ところ》の柔《じう》を以《もつ》て剛《がう》を制《せい》するの正道《せいだう》である、故《ゆゑ》に血去惕出《ちさりおそれいづ》と云《い》ふ。血《ち》とは傷害《しやうがい》を言《い》ひ、血《ち》は陰《いん》の屬《ぞく》であるが之《これ》を爻象《かうしやう》に取《とつ》て居《を》る、惕《なそれ》は危懼《きく》の義《ぎ》で乾《けん》の象《かたち》、血《ち》去《さ》り惕《おそ》れ出《い》づとは、危難《きなん》を免《まぬ》かるゝの義《ぎ》であるが、已《すで》に傷害《しやうがい》を免《まぬ》かれ危懼《きく》することなきに至《いた》らば、則《すなは》ち以《もつ》て咎《とが》な

しと言《い》ふてよい、故《ゆゑ》に无《なし》レ咎《とが》と言《い》ふ。巽《そん》を入《い》るとなす、然《しか》るに玆《こゝ》に惕《おそ》れ出《い》づと言《い》ふは、猶需《なほじゆ》の六四に需于《きつに》レ血《ち》出《いづ》レ自《より》レ穴《あな》と言《い》ふのと同樣《どうやう》で、四は尙出《なほい》でゝ往《ゆ》くべき所《ところ》がある、故《ゆゑ》に之《これ》を出《い》づると言《い》ふ。

九五。有《あつ》レ孚テ攣如《まことれんじよ》タリ、富《と》ンデ以《ひきひ》二其鄰《そのとなり》一チ、

康熙帝《かうきてい》曰《は》く此爻《このかう》の義《ぎ》從來未《じうらいいま》だ明《あき》らかならず、今卦意《いまくわい》を推《すゐ》せば、則《すなは》ち六四は君《きみ》に近《ちか》きの位《くらゐ》なり、謂《い》ふ所《ところ》の小畜《せうちく》なるものなり、九五は君位《くんゐ》なり、能《よ》くその德《とく》を畜《たくは》へて以《もつ》て臣下《しんか》の畜《ちく》を受《う》くるものなり、四に有《あり》レ孚《まこと》と言《い》ふ、是《こ》れ誠《まこと》を積《つ》むで以《もつ》てその君《きみ》を格《かく》す、五にも亦有《またあり》レ孚《まこと》と言《い》ふ、是《こ》れ誠《まこと》を推《すゐ》して以《もつ》てその下《しも》を待《ま》つ、上下相孚《じやうかあひまこと》あつて而《しか》して後道成《のちみちな》る、故《ゆゑ》に四に上合《かみあはす》レ志《こゝろざしを》と言《い》ふは五を指《さ》すなり、五に以《ひきゆ》二其鄰《そのとなりを》一と言《い》ふは、四を指《さ》すなり、四は五と相近《あひちか》し、故《ゆゑ》に鄰《となり》と言《い》ふ、又鄰《またとなり》は卽《すなは》ち臣《しん》なり、書《しよ》に曰《いは》く臣哉隣哉《しんかなりんかな》と是《これ》なり、富《とみ》とは積誠《せきせい》の滿《み》つるなり積誠《せきせい》の滿《みち》て能《よ》くその隣《りん》を用《もち》ゆるに至《いた》れば、則《すなは》ちその隣《りん》も亦誠《またまこと》を以《もつ》て之《これ》に應《おう》ず、故《ゆゑ》に象傳《しやうでん》に曰《いは》く不二獨富一也《ざるひとりとまなり》と、誠《まこと》を以《もつ》て誠《まこと》を感《かん》ぜしむるの謂《いひ》なり、大抵上下《たいていじやうか》の間《あひだ》、心《こゝろ》を實《じつ》にせざれば、則《すなは》ち相交《あひまじ》はること能《あた》はず、故《ゆゑ》に曰《いは》く富《とんで》以《ひきゆ》二其鄰《そのとなりを》一と、心《こゝろ》を虛《むなし》ふせざれば、則《すなは》ち亦能《またよ》く相交《あひまじ》はること能《あた》はず、故《ゆゑ》に曰《いは》く不《ずして》レ富《とまひきゆそのとなりを》以二其鄰一と、象《かたち》を取《と》る所《ところ》の者《もの》は、陽實陰虛《やうじついんきよ》に本《もと》づくも、而《しか》もその義《ぎ》は一なり。

新井白蛾《あらゐはくが》曰《いは》く、孚《まこと》は陽實《やうじつ》の爻象《かうしやう》。攣《れん》は戀《れん》と同《おな》じ、係慕《けいぼ》するなり、李夫人傳《りふじんでん》に上攣々顧二念我一《じやうれん〳〵としてこれんすわれを》するの攣《れん》の如《ごと》し。六四は畜《ちく》の主《しゆ》、陰貴《いんき》にして時《とき》を得《う》る者《もの》。五、四に攣々《れん〳〵》として孚《まこと》あるなり、孚《まこと》は誠信《せいしん》の義《ぎ》に

あらず、四、己《おの》れと相私《あひわたくし》するの實《じつ》を謂《い》ふなり、五は君《きみ》なり陽《やう》なり、富《とみ》の象《かたち》、以《ひきひ》は之《これ》を左右《さいう》するなり五攣々《れん〳〵》としてその鄰《となり》に孚《まこと》あり、故《ゆゑ》にその富《とみ》を擧《あげ》て以《ひきひ》て之《これ》をその鄰《となり》に委《ゆだ》ね、彼《かれ》をして欲《ほつ》する所《ところ》を遂《と》げしむ、その象《かたち》此《かく》の如《ごと》し、蓋《けだ》し五變《へん》ずれば則《すなは》ち大畜《だいちく》に通《つう》ず、力《ちから》を併《あは》せて之《これ》を畜《とゞ》むるの象《かたち》なり、易中此《えきちうこ》の義《ぎ》多《おほ》し、夫《そ》れ古《いにしへ》より君《きみ》に御《ぎよ》するの小人嬖幸《せうじんへきかう》、國家《こくか》に蠹《わざはひ》する者《もの》、皆君《みなきみ》の攣々《れん〳〵》の情《じやう》を發《はつ》するに由《よ》るなり若《も》し賢《けん》に親《した》しみ忠《ちう》を愛《あい》する此《かく》の如《ごと》くむば、則《すなは》ち謂《い》ふ所《ところ》の不《ず》二獨富《ひとりとま》一天下《てんか》と之《これ》を共《とも》にせむ、君君《きみ〳〵》たり臣臣《しん〳〵》たり又何《またなに》を加《くは》へむや。

と、以上兩說《いじやうりやうせつ》何《いづ》れも一理《り》ある、而《しか》も白蛾《はくが》が謂《い》ふ所《ところ》は、彖傳象傳等《たんでんしやうでんとう》と一致《ち》せぬ所《ところ》がある、故《ゆゑ》に余《よ》は全《まつた》く之《これ》を捨《す》つるのではないけれども、而《しか》も此《こ》の爻辭《かうじ》の本義《ほんぎ》としては、寧《むし》ろ康熙帝《かうきてい》の說《せつ》を取《と》らむと欲《ほつ》するものであるが、茲《こゝ》には暫《しば》らく兩說《りやうせつ》を併擧《へいきよ》して、讀者諸君《どくしやしよくん》の取捨《しゆしや》に任《まか》することゝした。

上九、既《すで》ニ雨《あめ》フリ既《すで》ニ處《お》ル、尚《たつと》ブ二德《とく》ノ載《み》ツルヲ一婦《ふ》貞《かた》ケレバ厲《あやう》シ、月幾《つきち》カシレ望《ぼう》ニ君子往《ゆ》ケバ凶、

此卦《このくわ》三陽《やう》の上《のぼ》り進《すゝ》まむとするを一陰《いん》を以《もつ》て之《これ》を畜《とゞ》む、故《ゆゑ》にその畜止《ちくし》することも素《もと》より堅固《けんご》なることは可能《でき》ぬ、故《ゆゑ》に彖傳《たんでん》に密雲《みつうん》にして雨《あめ》ふらざるは尙往也《なほゆくなり》と言《い》ふ。然《しか》るに上九《じやう》に至《いた》れば、卦《くわ》の極《きよく》に居《ゐ》て畜《ちく》の終《をは》りに處《お》り、畜止《ちくし》の道極《みちきは》まつて、而《しか》して前《さき》の雨《あめ》ふらざるもの今既《いますで》に雨《あめ》ふり、前《さき》の尙往《なほゆ》くもの今既《いますで》に處《お》る、故《ゆゑ》に既雨既處《すでにあめふりすでにおる》と言《い》ふ。雨《あめ》ふるとは陰陽相和《いんやうあひわ》するの義《ぎ》で、處《お》るとは陽《やう》が陰《いん》の爲《た》めに止《と》められて進《すゝ》まざるを言《い》ふたものである。此《かく》の如《ごと》く陰《いん》が陽《やう》を畜《とゞ》むることが可能《でき》たのは、這《こ》は決《けつ》して陽《やう》の力《ちから》が足《た》ら

ぬ爲《た》めに、巳《や》むことを得《え》ずその抑制《よくせい》に從《したが》ふたのではなく、陰《いん》の德《とく》が積《つ》み滿《みつ》るを尙《たつと》むで、之《これ》と相和《あひわ》したからのことである、故《ゆゑ》に尙ニ德載一《たつとぶとくのみつるを》と言《い》ふ。尙《たつと》は貴《たつと》ぶと同《おな》じく、載《みつる》とは積《つ》み滿《み》つるの義《ぎ》である。然《しか》るに婦《ふ》たるものが之《これ》を誤《あや》まり認《みと》めて正當《せいたう》のことであると思《おも》ひ、常《つね》に之《これ》を固守《こしゆ》して變《へん》ずることを知《し》らぬ樣《やう》では、甚《はなは》だ危厲《きれい》の至《いた》りであると言《いは》ねばならぬ、故《ゆゑ》に婦貞厲《ふかたけれはあやうし》と言《い》ふ。而《しか》して陰《いん》が盛《さか》むなれば陽《やう》に敵《てき》し、婦《ふ》が亢《たか》ぶれば夫《ふ》を制《せい》す、その象《かたち》を望《ぼう》に近《ちか》きの月《つき》となす、蓋《けだ》し月《つき》が望卽《ぼうすなは》ち十五日《にち》となれば日《ひ》と敵《てき》す茲《こゝ》に望《ぼう》に近《ちか》しとあるは、その將《まさ》に日《ひ》と敵《てき》せむとすることを言《い》ふたもので、中爻離《ちうかうり》を日《ひ》となし、巽《そん》を幾《き》望《ぼう》の月《つき》となして、日月相對《じつげつあひたい》する所《ところ》の象《かたち》がある、故《ゆゑ》に月幾レ望《つきちかしぼうに》と言《い》ふ。幾《ちかし》とは近《ちか》きの義《ぎ》で、巳《すで》に望《ぼう》に近《ちか》かければ、その終《つき》に日《ひ》と敵《てき》するに至《いた》るは必然《ひつぜん》の道理《だうり》である、故《ゆゑ》に亦君子《またくんし》を戒《いま》しむ征《ゆ》けば凶《きよう》と。

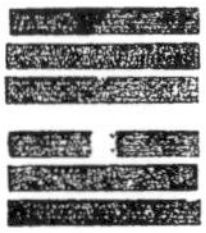

兌《だ》下《か》
乾《けん》上《じやう》

履《り》

履《ふ》ンデニ虎尾《こび》ヲ、不《ず》レ咥《くら》ハレ人《ひと》ヲ亨、

此《こ》の卦内《くわうち》は兌《だ》にして外《そご》は乾《けん》、乾《けん》は至健《しけん》であるが、兌《だ》は至弱《しじやく》である、今至弱《いましじやく》なるものを以《もつ》て、至健《しけん》なるものの後《のち》を履《ふ》むは、自《おのづ》から危機《きき》の存《そん》する所《ところ》である、故《ゆゑ》に此《こ》の卦《くわ》を名《なづ》けて履《り》と言《い》ふ。履《り》とは踐《ふ》み行《ゆ》くの義《ぎ》。虎《こ》は上卦《じやうくわ》三陽《やう》の象《かたち》。上九《じやう》を以《もつ》て虎《とら》の首《くび》とすれば、九四は卽《すなは》ちその尾《を》に當《あた》るのであるが、內卦《ないくわ》の兌《だ》を以《もつ》て、その後《あと》より之《これ》を履《ふ》むは、卽《すなは》ち虎尾《こび》を踐《ふ》むの象《かたち》である、故《ゆゑ》に履ニ虎尾一《ふむこびを》と言《い》ふ。咥《くら》ふは喰《くら》ふの義《ぎ》で、虎《とら》は猛獸《まうじう》で能《よ》く人《ひと》を噬《か》み喰《くら》ふものである、然《しか》るに今兌《いまだ》の和說《わせつ》を以《もつ》て之《これ》を履《ふ》み、從容《しようよう》として少《すこ》しも逼《せ》まり忤《さから》ふ所《ところ》がない、故《ゆゑ》に虎《とら》の爲《た》めに咥《くら》はれずして、無事《ぶじ》に進《すゝ》み行《ゆ》くことが可能《でき》る、故《ゆゑ》に不レ咥レ人亨《ずくらはひとさうる》と言《い》ふ。亨《とうる》とは己《おの》れが爲《な》さんと思《おも》ふ所《ところ》を遂《と》げ得《え》て而《しか》して亨《こう》ると言《い》ふの義《ぎ》である。是《これ》に由《よつ》て之《これ》を觀《み》れば人《ひと》の一擧《きよ》一動《どう》、虎尾《こび》を踏《ふ》まぬものは殆《ほと》んど稀《ま》れであるが、而《しか》もその幸《さいはひ》に咥《くら》はるるの厄《やく》を免《まぬ》かれて事《こと》なきを得《う》る所以《ゆゑん》は、即《すなは》ち人《ひと》に接《せつ》して和悅柔順《わえつじうじゆん》なるの一事《じ》にある、而《しか》して此《こ》の和悅柔順《わえつじうじゆん》と、彼《か》の阿諛諂佞《あゆてんねい》とは、決《けつ》して之《これ》を混《こ》同《ごう》してはならぬ、唯謙讓恭順《たゞけんじやうげうじゆん》その正《せい》を失《うしな》はざる所《ところ》が、即《すなは》ち虎尾《こび》を踏《ふ》むで咥《くら》はれざるの要訣《えうけつ》である。

初九、素《そ》ヨリ履《ふ》ム、往《ゆい》テ无《なし》レ咎《とが》、

繒帛《そうはく》の生質《せいしつ》その儘《まゝ》で未《いま》だ文飾《ぶんしよく》を加《くは》へぬものを素《そ》と言《い》ふ。素《そ》は白《しろ》の義《ぎ》で、白《しろ》は本來《ほんらい》の正質《せいしつ》にして本《もと》である。素《そ》より履《ふ》むとは、何等《なんら》の安排工夫《あんはいくふう》抔《なご》を施《ほどこ》すこともなく、唯本來《たゞほんらい》の性質《せいしつ》その儘《まゝ》に踐《ふ》み行《おこな》ふと言《い》ふ所《ところ》の爻象《かうしやう》であるが、初《しよ》九は陽《やう》を以《もつ》て最下《さいか》に居《ゐ》て踐《ふ》み行《ゆ》くの始《はじ》めであるから、何《なん》の作《つく》り飾《かざ》る所《ところ》もなく、本來《ほんらい》具《ぐ》有《いう》する性質《せいしつ》その儘《まゝ》を踐《ふ》み行《ゆ》く所《ところ》の象《かたち》がある、故《ゆゑ》に素履《そよりふむ》と言《い》ふ。蓋《けだ》し人《ひと》が事《こと》に接《せつ》し物《もの》に觸《ふ》るるに及《およ》べば、平素《へいそ》欲求《よくきう》して已《や》まざる所《ところ》の志望《しばう》も、耳《みゝ》に應《おは》じて忽《たち》まち變《へん》じ、目《め》に隨《したが》つて俄《には》かに遷《うつ》り、昨日《さくじつ》欲《ほつ》する所《ところ》は今日《こんにち》變《へん》じ、今日《こんにち》求《もと》むる所《ところ》は明日《みやうにち》改《あらた》まる、此《こ》れ人《ひと》の咎吝《きうりん》を免《まぬ》かれぬ所以《ゆゑん》である、然《しか》るに初《しよ》九は素履《そり》に率《したが》ふてその欲求《よくきう》する所《ところ》を變更《へんかう》せず、故《ゆゑ》に往无レ咎《ゆいてなしとが》と言《い》ふ。往《ゆ》くの字《じ》は、素履《そり》に連《つら》ねて之《これ》を見《み》るべく、无《む》妄《はう》に无《む》妄《ばう》なれば往《ゆい》て吉《きつ》と言《い》ふのと同例《どうれい》である。

九二、履《ふ》ムコトレ道《みち》ヲ坦坦《たんたん》、幽人《ゆうじん》貞吉《ていきつ》、

道《みち》は路《みち》と同《おな》じく、坦々《たんたん》は平坦《へいたん》の義《ぎ》、九二は地《ち》の上位《じやうゐ》に當《あた》り中《ちう》を得《え》て居《ゐ》るが、中《ちう》なるが故《ゆゑ》に偏傾《へんけい》せず、平坦《へいたん》なる道路《だうろ》の象《かたち》がある、故《ゆゑ》に履《ふ》レ道坦々《なこころみちをたんたん》と言《い》ふ。蓋《けだ》し道《みち》を履《ふ》み行《い》つて傍側《ばうそく》に偏《へん》すれば、崎嶇《きく》として履《ふ》み難《がた》く正中《せいちう》を行《ゆ》けば平坦《へいたん》にして履《ふ》み易《やす》いのであるが、今《いま》九二が履《ふ》む所《ところ》の道《みち》は、坦々《たんたん》として砥《と》の如《ごと》く何《なん》の障礙《しやうがい》もない、隨《したが》つて亦何《またなん》の心配《しんぱい》もなく安心《あんしん》して進《すゝ》み行《ゆ》くことが可能《でき》る、之《これ》を假《たと》へば、猶幽人《なほいうじん》が何《なん》等《ら》の煩累《はんるゐ》もなく塵世《ぢんせい》の外《そと》に超絶《てうぜつ》し、悠々《いうく》と行《おこな》ひ濟《す》まして居《を》る所《ところ》の趣《おもむ》きがある、故《ゆゑ》に幽人貞吉《いうじんていきつ》と言《い》ふ。

幽人《ゆうじん》とは塵俗《ちんぞく》に從《したが》ふてその操守《さうしゆ》を變《へん》せざる義《ぎ》で、强《あな》がち深山幽谷《しんざんいうこく》の間《あひだ》に棲《す》むものを以《もつ》て幽人《いうじん》と言《い》ふのではない、假《たと》へその身《み》は熱鬧塲裏《ねつたうぢやうり》は沒頭《ぼつとう》するも、而《しか》も尙閑雅幽靜《なほかんがいうせい》の氣象《きしやう》を帶《お》ぶるものは、卽《すなは》ち玆《こゝ》に謂《い》ふ所《ところ》の幽人《ゆうじん》であるが、九二に剛中《がうちう》にして上《じやう》に應《おほ》なきが故《ゆゑ》に、岐路《きろ》に迷《まよ》ふて榮達《えいだつ》を求《もと》むることなく、心《こゝろ》常《つね》に安貞《あんてい》にして世俗《せぞく》の係累抔《けいるゐなど》を受《う》くることがない、此《こ》れその貞吉《ていきつ》を得《う》る所以《ゆゑん》である、幽人《ゆうじん》は上《うへ》に應《おほ》なく兌《だ》を幽谷《いうこく》となすの象《かたち》。

六三、眇《すがめ》能《よ》ク視《み》ルトシ、跛《あしなへ》能《よ》ク履《ふ》ムトシ、履《ふ》ミ二虎尾《こび》ヲ一咥《くろ》フレ人《ひと》ヲ凶、武人《ぶじん》爲《なら》ントスレ于《に》大君《だいくん》ニ一、

兌《だ》は眇《すがめ》で、陽《やう》は明《あき》らかに陰《いん》は暗《くら》くして視《み》へぬものであるが、今《いま》六三の兌《だ》の眇《すがめ》が陰《いん》を以《もつ》て陽位《やうゐ》に居《を》るは此《こ》れ能《よ》く視《み》へぬ眇《すがめ》でありながら、己《おの》れ自《みづ》からは能《よ》く視《み》ることが出來《でき》るとするの象《かたち》、故《ゆゑ》に眇能視《すがめよくみる》と言《い》ふ

内卦《ないくわ》の兌《だ》を以《もつ》て中爻巽《ちうかうそん》の股《また》を毀折《きせつ》するは跛《あしなへ》の義《ぎ》で、亦《また》剛《がう》は強《つよ》きが故《ゆゑ》に能《よ》く踏《ふ》み行《ゆ》くことが可能《でき》るけれども、柔《じう》は弱《よわ》きが故《ゆゑ》に能《よ》く踏《ふ》み行《ゆ》くことの可能《でき》ぬものであるが、今《いま》六三の跛《あしなへ》が柔《じう》を以《もつ》て剛位《がうゐ》に居《を》るは此《こ》れ能《よ》く踏《ふ》み行《ゆ》くことの可能《でき》ぬ跛《あしなへ》でありながら、己《おの》れ自《みづ》からは能《よ》く踏《ふ》み行《ゆ》くことが出來《でき》るとするの象《かたち》故《ゆゑ》に跛能履《あしなへよくふむ》を言《い》ふ。此《かく》の如《ごと》く六三はその身《み》の不中不正《ふちうふせい》なることを知《し》らず、視得《みえ》ぬ眇《すがめ》であつて能《よ》く視得《みう》ると思《おも》ひ、履《ふ》み得《え》ぬ跛《あしなへ》であつて能《よ》く履《ふ》み得《う》ると誤《あやま》り信《しん》じ、剛愎自《がうふくみづ》から用《もち》ひ妄進《まうしん》して危地《きち》を履《ふ》み、終《つひ》に虎《とら》に咥《くら》はるゝ凶《きよう》を取《と》るに至《いた》る、此《こ》れ六三が不中不正《ふちうふせい》にして自《みづ》から度《はか》らざるの致《いた》す所《ところ》である、故《ゆゑ》に履《ふみ》二虎尾《こびを》一咥《くらう》レ人《ひとを》凶《きよう》と言《い》ふ。彖《たん》に於《おい》ては人《ひと》を咥《くら》はずと言《い》ひ、此爻《このかう》には人《ひと》を咥《くら》ふと言《い》ふて、彼此《ひし》その辭《じ》に不同《ふどう》ある所以《ゆゑん》は、彼《かれ》は一卦《くわ》を總《す》べて之《これ》を言《い》ひ、此《これ》は一爻《かう》に就《つい》て之《これ》を言《い》ふの相違《さうゐ》であるが、六三は惟り上九《じやう》に應《おほ》じて、その尾《を》を踏《ふ》むが故《ゆゑ》に、その首《くび》を擡《もた》げ來《きた》つて之《これ》を反噬《はんぜい》するもので、此《これ》も亦敵應《またてきおは》の一例《れい》である亦武人《またぶじん》爲《たら》レ于《んとす》二大君《だいくんに》一とは、六三が專恣橫暴《せんしわうぼう》の有様《ありさま》を極言《きよくげん》したもので、中爻離《ちうかうり》を戈兵甲冑《くわへいかつちう》となし、兌《だ》を肅殺《しゆくさつ》となし、毀折《きせつ》となすの象《かたち》。

九四、履《ふ》ンデ二虎尾《こび》ヲ一愬愬《さくさく》タリ、終《つひ》ニ吉、

此《こ》の卦兩體《くわりやうたい》に就《つい》て之《これ》を言《い》へば、外卦乾《ぐわいくわけん》を以《もつ》て虎《こ》となすのであるが、一體《たい》に就《つい》て之《これ》を言《い》へば、九五を以《もつ》て虎《こ》となすのである、然《しか》るに九四は直《たゞ》ちにその後《のち》に接《せつ》して近君多懼《きんくんたく》の地《ち》に居《を》る、故《ゆゑ》に履《ふんで》二虎尾《こびを》一愬愬《さくさく》りと言《い》ふ。愬々《さくさく》とは畏懼《ゐく》の義《ぎ》、乾《けん》を以《もつ》て恐懼《きようく》となすの象《かたち》。同《おな》じく虎尾《こび》を踏《ふ》むに拘《かゝ》はらず、六三は咥《くら》はれて

而《しか》して九四は啞《わら》はれぬ所以《ゆえん》は三は柔《じう》ではあるけれど陽位《やうゐ》に居《を》るが故《ゆゑ》に、剛愎《がうふく》自《みづ》から用《もち》ひ妄進《ばうしん》して已《や》むことを知《し》らぬ、之《これ》に反《はんし》四は剛《がう》ではあるけれど、陰位《いんゐ》に居《を》るが故《ゆゑ》に、愬愬《さくく》として自《みづ》から省《かへり》み、その強暴《きやうばう》を恣《ほしい》まゝにせぬ、此《こ》れその吉凶《きつきよう》を異《こと》にして、四のみその危《あやふ》きを免《まぬ》かるゝ所以《ゆゑ》である、故《ゆゑ》に終《つひ》に吉《きつ》と言《い》ふ。

九五　夬《さだむ》レ履《ふ》ムコトヲ貞《かた》ケレバ厲《あやうし》、

夬《くわい》とは果決《くわけつ》の決《けつ》と同《おな》じく決断《けつだん》の義《ぎ》、履《ふ》むことを夬《さだ》むとは、履《ふ》み行《おこな》ふことに剛決果敢《がうけつくわかん》なるの義《ぎ》である、九五は陽剛中正尊位《やうがうちうせいそんゐ》に居《を》るが故《ゆゑ》に、その剛明《がうめい》と勢威《せいゐ》とに任《まか》せ決行《けつかう》して顧《かへり》みぬものである、故《ゆゑ》に夬《さだむ》レ履《ふむことを》と言《い》ふ。然《しか》るに卦義《くわぎ》に於《おい》ては、履《ふ》むことは柔《じう》を貴《たつと》むで剛《がう》を貴《たつと》ばぬのであるから、剛明《がうめい》を恃《たの》み決行《けつかう》して顧《かへり》みぬが如《ごと》きは、その中正《ちうせい》の道《みち》に於《おい》て或《あるひ》は缺《か》くる所《ところ》がなきを保《ほ》せぬ、況《いは》むや之《これ》を固執《こしう》して厳刻《げんこく》に過《す》ぐるに至《いた》らば、假《たと》へ正理《せいり》に背《そむ》くことがないとしても、亦危《またあやふ》き所《ところ》があると言《いは》ねばならぬ、故《ゆゑ》に貞《かたけれ》厲《ばあやうし》と言《い》ふ。貞《てい》は貞固《ていこ》の義《ぎ》である。

上九、視《み》デレ履《ふ》ムコトヲ考《かんがふ》レ祥《しやうを》、其《その》旋《め》グル元吉、

凡《およ》そ吉凶禍福《きつきようくわふく》の起因《きいん》する所《ところ》は、その人《ひと》の素行如何《そかういかん》にある、故《ゆゑ》にその人《ひと》の践履《せんり》の正邪善悪《せいじやぜんあく》を見《み》て、その将《まさ》に受《う》けむとする吉凶禍福《きつきようくわふく》を知《し》ることが可能《でき》る、而《しか》して之《これ》を践履《せんり》の始《はじ》めに見《み》れば、充分明《じうぶんあき》らかには見《み》えぬけれども、而《しか》も之《これ》をその終《をは》りに見《み》れば、明白《めいはく》に見分《みわけ》ることが出來《でき》るが、九上《じやう》は卦《くわ》の終《をは》りであるか

ら、九五以下《いか》の諸爻《しよかう》が履《ふ》み行《おこな》ふ所《ところ》の正邪善悪《せいじやぜんあく》は、歴々《れき〳〵》として之《これ》を見得《みう》るのである、故《ゆゑ》にその中《なか》の祥《しやう》にして善《ぜん》なるものを考察選擇《かうさつせんたく》して、それを模範《もはん》として踐《ふ》み行《おこな》ふのであるから、その原因《げんいん》即《すなは》ち正善《せいぜん》の行《おこなひ》に由《よつ》て、旋轉循環《せんてんじゆんくわん》して生《しやう》じ來《きた》る所《ところ》の結果《けつくわ》即《すなは》ち吉福《きつふく》等《とう》は、一も誤《あや》まることなく之《これ》を得《え》らるゝのである、故《ゆゑ》に視《みて》レ履《ふむこと》考《をかんがへ》レ祥《しやうを》、其旋《そのめぐる》元吉《げんきつ》と言《い》ふ。其旋《そのせん》の其《それ》は上《じやう》の祥《しやう》の字《じ》を指《さ》したもので、其旋《そのせん》とは原因《げんいん》が結果《けつくわ》を生《じやう》じ、その結果《けつくわ》が亦《また》原因《げんいん》となつて、次《つぎ》の結果《けつくわ》を生《しやう》する旋轉循環《せんてんじゆんくわん》の有樣《ありさま》を言《い》ふたものであるから、其旋《そのせん》の二字《じ》は直《たゞ》ちに之《これ》を上《じやう》の祥《しやう》の字《じ》に接續《せつぞく》して讀《よ》むべく、即《すなは》ち乾天《けんてん》の運行端《うんかうたん》なきの象《しやう》を取《と》つたものである。

項氏安世曰《かうしあんせいいは》く、履《り》の六爻皆履《かうみなふ》むこと柔《じう》なるを以《もつ》て吉《きつ》となす、故《ゆゑ》に九二を坦坦《たん〳〵》と爲《な》し、九四を愬愬《さく〳〵》として終《つひ》に吉《きつ》と爲《な》し、上九《じやう》を其旋《そのめぐ》る元吉《げんきつ》と爲《な》す、皆履《みなふ》むこと柔《じう》なればなり、六三は卦辭《くわじ》本《もこ》と善《よ》し、終《つひ》に履《ふ》むこと剛《がう》なるを以《もつ》て凶《きよう》と爲《な》す、初九九五は履《ふ》む所皆正《ところみなせい》なり、然《しか》れども初《しよ》は僅《わづ》かに能《よ》く咎《とが》なくして、五は厲《あやう》きを免《まぬ》かれざるは、皆履《みなふ》むこと剛《がう》なればなり、是故《これゆゑ》に初《しよ》は即《すなは》ち其《そ》の初心《しよしん》の正《せい》を失《うしな》はんことを懼《おそ》れて、而《しか》して之《これ》に敎《をし》ゆるに、其《そ》の素《そ》を保《たも》つを以《もつ》てし、五は其《そ》の勢位《せいゐ》の正《せい》を恃《たの》まんことを懼《おそ》れて、而《しか》して之《これ》に敎《をし》ゆるに、其《そ》の決《けつ》を謹《つゝ》しまんことを以《もつ》てす、蓋《けだ》し剛《がう》は動《うご》くことを喜《よろこ》んで、而《しか》して決《けつ》することを好《この》む、剛《がつ》に任《まか》せて而《しか》して行《おこな》ふ者《もの》は、後《の》ちに悔《く》ゆべきの事多《ことおほ》ければなり。

䷊ 乾《けん》下《か》坤《こん》上《じやう》 泰《たい》

泰《たい》ハ小《せう》往《ゆき》キ大《だい》來《きたる》、吉《きつ》ニシテ亨《とほる》、

乾《けん》を天《てん》となし、坤《こん》を地《ち》となして、天《てん》は高《たか》く地《ち》は低《ひく》きは、此《こ》れ永恒《えいこう》不易《ふえき》の本體《ほんたい》であつて、更《さら》に動《うご》かすことの可能《でき》ぬものである。然《しか》るに此卦《このくわ》は乾《けん》の天《てん》は下《した》にあつて、坤《こん》の地《ち》は上《うへ》にある所以《ゆえん》は、本體《ほんたい》その者《もの》は固《もと》より不易《ふえき》であるけれども、而《しか》もその用《もちひ》たる所《ところ》の天氣《てんき》は下降《かかう》し、地氣《ちき》は上升《じやうしよう》して、陰陽相交和《いんやうあひかうわ》するの有樣《ありさま》を示《しめ》したもので、之《これ》を名《なづ》けて泰《たい》と言《い》ふ。泰《たい》とは通《つう》ずるの義《ぎ》、安《やす》きの義《ぎ》で、小《せう》は陰《いん》を言《い》ひ、大《たい》は陽《やう》を言《い》ふ。亦往《またゆく》とは內《うち》より外《そと》に往《ゆ》き、來《きた》るとは外《そと》より內《うち》に來《く》るの義《ぎ》であるが、今坤《いまこん》の小《せう》は外《そと》に居《を》り、乾《けん》の大《だい》は內《うち》に居《を》る、故《ゆゑ》に小往大來《せうゆきだいきた》ると言《い》ふ。小往大來《せうゆきだいきたる》は陰陽交和《いんやうかうわ》の象《かたち》で、陰陽《いんやう》が交和《かうわ》すれば萬物《ばんぶつ》が生成《せいせい》す、此《こ》れが卽《すなは》ち天地《てんち》の通泰《つうたい》で、彖傳《たんでん》に天地交而萬物通也《てんちまじはつてばんぶつつうずなり》と言《い》ふのがそうである、それで之《これ》を人事《じんじ》に取《こ》れば、乾《けん》は君《きみ》で坤《こん》は臣《しん》であるが、君臣相交《くんしんあひまじ》はる時《とき》は、その國家《こくか》が能《よ》く治《おさ》まるのである、彖傳《たんでん》に上下《じやうか》交而其志同也《まじはつてそのこゝろざしおなじなり》と言《い》ふのがそうである。又陽《またやう》の君子《くんし》は內《うち》に居《ゐ》て樞機《すうき》を掌《つかさ》どり、陰《いん》の小人《せうじん》は外《ほか》に居《ゐ》てその使命《しめい》に服《ふく》すれば天下《てんか》が平《たひら》かである、彖傳《たんでん》に內陽而外陰《うちはやうにしてほかはいん》、內健而外順《うちはけんにしてほかはじゆん》、內君子而外小人《うちはくんしにしてほかはせうじん》と言《い》ふのがそうである、故《ゆゑ》にその占《うらなひ》を吉亨《きつにしてとほ》ると言《い》ふ。

初九、拔《ぬい》テレ茅《ちがや》チ茹《じよ》タリ、以《いて》二其彙《そのたぐゐ》チ一、征《ゆいて》吉、

茅《ちがや》は白茅《しろちがや》のことで中爻震《ちうかうしん》の象《かたち》。茹《じよ》とに相連續《あひれんぞく》するの貌《かたち》であるが、乾《けん》の三陽《やう》相並《あひなら》びて初九《しよ》がその最下《さいか》にあるのは、茅《ちがや》を拔《ぬ》いでその根《ね》が相連續《あひれんぞく》する所《こころ》の象《かたち》である、故《ゆゑ》に拔《ぬいでちがやをじよたり》レ茅茹と言《い》ふ。蓋《けだ》し陽《やう》の性《せい》は上《のぼ》り進《すゝ》むものであるが、此卦《こつくわ》三陽同體《やうごうたい》一陽《やう》が進《すゝ》めば、他《た》の二陽《やう》も之《これ》と共《とも》に上《のぼ》り進《すゝ》むこと、猶《なほ》一茅《ぼう》を拔《ぬ》けば他《た》の衆茅《しうぼう》の根《ね》がそれと相連續《あひれんぞく》して拔《ぬ》け來《く》るが如《ごと》くである、それで此《こ》の象《しやう》を假《かり》て泰時《たいじ》の賢者《けんしや》が、その朋《ほう》類《るゐ》を引《ひ》き連《つ》れて上《のぼ》り進《すゝ》むことを形容《けいよう》したものである、故《ゆゑ》に以《いてそのたぐゐをゆいてきつい》二其彙一征吉と言《い》ふ。以《いて》とは之《これ》を左右《さいう》するの義《ぎ》で、他《た》の朋類《ほうるゐ》を引《ひ》き伴《つ》れて上《のぼ》り進《すゝ》むを言《い》ふ。彙《たぐゐ》とは朋類即《ほうるゐすなは》ち同志《どうし》の義《ぎ》であるが、内卦乾《ないくわけん》の三陽《やう》が相並《あひなら》ぶの象《かたち》。

九二、包《かね》レ荒《くわう》チ、用《もち》ユ二馮河《ひようか》一チ、不《ず》二遐《さう》キチ遺《わす》一レ、朋亡《ともうしなへ》バ得《う》レ尚《かなふ》コトチ二于《に》中行《ちうかう》一

包《かね》とは包《つゝ》み容《い》るゝの義《ぎ》。荒《くわう》とは荒野《あれの》のことで、包《かねくわうを》レ荒とは荒野無知《くわうやむち》の民《たみ》に至《いた》る迄《まで》も之《これ》を包容《ほうよう》することを言《い》ふ。馮河《ひようか》とは勇敢果決《ゆうかんくわけつ》にして、河水《かすゐ》の險《けん》をも顧《かへり》みず、之《これ》を徒渉《こせふ》する者《もの》を言《い》ふ。遐《とほき》は遠《とほ》きの義《ぎ》、遺《ゐ》は忘《わす》れるの義《ぎ》で、不《ず》二遐遺《さうきをわすれ》一とは、疎遠《そゑん》にして親交《しんかう》なき人《ひと》をも忘却《ぼうきやく》せざるを言《い》ふ。朋《ほう》とは朋類《ほうるゐ》のことで朋亡《ほうばう》とは、豫《かね》て己《おの》れが親善《しんぜん》にする朋類《ほうるゐ》に對《たい》しても、依估偏頗《えこへんば》等《とう》の私心《ししん》なきを言《い》ふ。

以上《いじやう》は皆内卦乾《みなないくわけん》の象《しやう》であるが、九二は剛《がう》を以《もつ》て陰《いん》に居《ゐ》て中《ちう》を得《え》、而《しか》も上《うへ》は六五の柔中《じうちう》に應《おほ》ずるのは、此《こ》れ君臣同德《くんしんごうとく》上下相交《じやうかあひまじ》はつて、その志《こゝろざし》相同《あひおな》じく、專《もつ》ぱら上《かみ》六五の委任《ゐにん》を受《う》けて泰《たい》の時《とき》を治《おさ》むる所《こころ》の

大臣《だいじん》である。隨《したが》つて此《こ》の任《にん》に堪《た》ゆる丈《だけ》の才徳《さいとく》がなければならぬが、その荒野無知《くわうやむち》の民《たみ》を包容《はうよう》して、之《これ》を舍《す》てぬのは即《すなは》ち仁《じん》の象《しやう》で、剛決果斷《がうけつくわだん》にして河水《かすゐ》の險《けん》を徒涉《とせふ》する者《もの》を用《もち》ゆるは即《すなは》ち勇《ゆう》の象《しやう》で、何等《なんら》恩《おん》怨《えん》なき疎遠《そゑん》の人《ひと》をも遐棄《かき》せぬのは即《すなは》ち智《ち》の象《しやう》で、平素親善《へいそしんぜん》なる所《ところ》の朋類《はうるゐ》を亡《うしな》ふて。之《これ》に私《わたくし》せぬのは即《すなは》ち公《こう》の象《しやう》である、故《ゆゑ》に包《かね》レ荒《くわうを》、用《もちひ》ニ馮河《ひようかを》不《す》ニ遐遺《こうきをわすれ》、朋亡《さゐをうしなふ》と言《い》ふ。以上《いじやう》の四徳《さく》があつて、始《はじ》めて大公無私《たいこうむし》の中道《ちうだう》に合致《がふち》することが可能《でき》る故《ゆゑ》に得《う》レ尙《かなうことを》レ于《に》ニ中行《ちうかう》一と言《い》ふ。尙《かなう》とは配合《はいがふ》するの義《ぎ》である。

九三、无《なく》ニ平《たひらか》ナルハ不《ざる》コト一レ陂《かた》ブカ、无《な》ニ往《ゆ》シケバ不《ざる》コトレ復《かへ》ラ、艱貞《なやんでたゞし》ケレバ无《なし》レ咎《とが》、勿《なか》レ恤《うれ》フルコトニ其孚《そのまこと》ニ于《に》レ食《しよく》有《あり》レ福《さいはい》、

平《たひら》は陽畫《やうくわく》が相並《あひなら》ぶの象《しやう》。陂《かた》は傾《かた》むくと同《おな》じく、陰畫《いんくわく》が中斷《ちうだん》して窪《くぼ》み陷《おちゐ》るの象《かたち》。往復《わうふく》は猶去來出入《なほきよらいしゆつにふ》と言《い》ふが如《ごと》く、卦象《くわしやう》の變動往來《へんどうわうらい》することを言《い》ふたものであるが、凡《およ》そ物皆中《ものみなちう》なれば則《すなは》ち過不及《くわふきふ》なく、中《ちう》を過《す》ぐれば則《すなは》ち必《かな》らず偏傾《へんけう》を生《しやう》ずるものである、然《しか》るに此卦全體《このくわぜんたい》に就《つい》て之《これ》を見《み》れば、三四兩爻《りやうかう》は卦《くわ》の中《ちう》央《わう》に當《あた》り、九三は過剛不中《くわがうふちう》にして乾進《けんしん》の上《うへ》に位《くらゐ》し、泰既《たゝすで》に極《きは》まつて將《まさ》に否《ひ》とならむとするの中間《ちうかん》に立《たつ》て居《を》るから、若《も》し誤《あや》まつて一歩《ほ》を進《すゝ》めば、その平《たひら》を失《うしな》ふて傾陂《けいひ》の地《ち》に入《い》り、若《も》し亦《また》一歩《ほ》を退《しりぞ》けば、往《ゆ》く者《もの》の再《ふた》たび復《かへ》り來《きた》るべき機會《きくわい》を作《つく》る所《ところ》の象義《しやうぎ》を具備《ぐび》して居《ゐ》る。故《ゆゑ》に无《なし》ニ平《たひらかなるは》不《ざること》一レ陂《かたぶか》、无《なし》ニ往《ゆいて》不《ざること》一レ復《かへら》と言《い》ふ。されど九三は現《げん》にその中《なか》を過《す》ぎて危地《きち》に陷《おちゐ》つて仕舞《しま》ふたと言《い》ふのではなく、唯此《たゞかく》の如《ごと》き間際《まぎわ》に立《たつ》て居《を》ると言《い》ふ譯《わけ》であるから、豫《あら》かじめ人力《じんりよく》の及《およ》ぶ限《かぎ》りを盡《つく》して、苦辛經營《くしんけいえい》この正《せい》を失《うしな》ふことなくば咎《とが》なきことを得《う》る許《ばか》りでなく、却《かへ》つて幸福《かうふく》を得《う》ることゝなるのである、故《ゆゑ》に艱貞《なやんでたゞしければ》无《なし》レ咎《とが》、勿《なかれ》レ恤《うれふること》ニ

其孚《そのまことを》、于食《にしよく》有福《ありさいわい》と言《い》ふ。勿恤《なかれうれふること》は憂《うれ》ふること勿《な》かれと同《おな》じく、勿恤其孚《なかれうれふることそのまことを》とは、泰道《たいだう》を保全《ほぜん》せむとする目的《もくてき》を遂げ得《え》ざることを憂《うれ》ふるには及《およ》ばぬと言《い》ふ義《ぎ》で、于食有福《にしよくありさいわい》とは、此《こ》の如《ごと》く艱難《かんなん》に耐《こら》へて勤勉怠《きんべんおこ》たることなくば、その祿食《ろくしよく》に於《おい》て却《かへ》つて福益《ふくえき》を受《う》くるに至《いた》ると言《い》ふの義《ぎ》である。

六四、翩翩《へんへん》、不《ず》富《とま》以《ひき》其鄰《そのとなり》、不《ず》戒《いましめ》以《もつ》孚《まこと》

翩々《へんぺん》とは鳥《とり》の群飛《ぐんぴ》して下《くだ》るの貌《かたち》で、外卦《げくわ》三陰《いん》が相連《あひつら》なるの象《かたち》。不《ず》富《とま》は陰虛《いんきよ》の象《かたち》。以《もつ》は將《ひき》ゆと同《おな》じく之《これ》を左右《さいう》するの義《ぎ》。鄰《りん》は四と五上《じやう》と同陰相與《どういんあひくみ》するの象《かたち》。六四は泰既《たいすで》にその中《なか》を過《す》ぎて、泰中《たいちう》の否《ひ》に移《うつ》るの所《ところ》である、故《ゆゑ》に三陰《いん》その類《るゐ》を將《ひき》いて來《きた》り復《かへ》ることの速《すみ》やかなる猶鳥《なほとり》の翩々《へんへん》として飛《と》び下《お》るが如《ごと》く、命令告戒等《めいれいこくかいとう》を受《う》くることを竢《ま》つ迄《まで》もなく、相共《あひとも》に孚信《ふしん》して一致《いつち》行動《かうどう》する所《ところ》の象《かたち》がある、故《ゆゑ》に翩々《へんへん》、不《ず》富以其鄰《とまひきゆそのとなりを》、不戒以孚《ずしていましめもつてまことあり》と言《い》ふ。蓋《けだ》しその人《ひと》が富《と》むで居《ゐ》て、それにその同類《どうるゐ》が相附隨《あひふずゐ》するのは、利《り》を得《え》むが爲《た》めである、反之《これにはんし》、その人《ひと》が富《と》まざるに、その同類《どうすゐ》が相附隨《あひふずゐ》して來《く》るのは、双方《さうはう》の希望精神《きばうせいしん》等《とう》が期《き》せずして一致《いつち》するからである、此《こ》れその告戒勸誘等《こくかいくわんいうとう》を受《う》くることを竢《ま》たず、孚信共動《ふしんきようどう》する所以《ゆえん》である。

六五、帝乙《ていいつ》歸妹《きまい》、以《もつ》祉《さいわい》元吉

六五が陰《いん》を以《もつ》て尊《そん》に居《を》り泰《たい》の主《しゆ》となり、柔中《じうちう》己《おの》れを虛《むな》ふして下《しも》九二に應《おほ》ずるのは、獨帝乙《なほていいつ》がその妹《いもうと》を臣下《しんか》の或《あ》る者《もの》に歸嫁《きか》せしめたるが如《ごと》く、その尊《そん》を降《くだ》つて賢臣《けんしん》に順從《じゆんじう》する所《ところ》の象《かたち》がある、故《ゆゑ》に之《これ》を帝乙《ていいつ》歸妹《きまい》と言《い》ふ。而《しか》して尊《そん》を以《もつ》て賢《けん》に下《くだ》ること此《かく》の如《ごと》くば、福祉《ふくし》を得《え》て元吉《おほいにきつ》なることは推《お》して知《し》るべきである。故《ゆゑ》に以《もつて》祉《さいわいあり》元吉《げんきつ》と言《い》ふ。元吉《げんきつ》とは大吉《だいきつ》にして而《しか》も善《ぜん》を盡《つく》すの謂《いはれ》である。帝乙《ていいつ》の誰《たれ》なることは未《いま》だ明《あき》らかならざれども、已《すで》に之《これ》を帝乙《ていいつ》と言《い》へば古《いにしへ》の王者《わうしや》たることは明《あき》らかである。

上六、城《しろ》復《かへ》ルレ于《に》レ隍《からほり》ニ、勿《なか》レレ用《もち》ユルコトレ師《いくさ》ヲ、自《より》レ邑《ゆう》告《つ》グレ命ヲ、貞《たゞ》シケレドモ吝《やぶさ》シ。

石《いし》を積《つ》むで城《しろ》を築《きづ》き、土《つち》を掘《ほつ》て池《いけ》を作《つく》り、以《もつ》て暴亂《ぼうらん》を防《ふせ》ぐの豫備《よび》をなすのであるが、今上六《いまじやう》は泰《たい》が極《きは》まつて否《ひ》が來《きた》るの時《とき》である、故《ゆゑ》に城復《しろかへる》レ于《に》レ隍《からほり》と言《い》ふ。城《しろ》は内卦乾《ないくわけん》の象《かたち》で、隍《くわう》は外卦坤《ぐわいくわこん》の象《かたち》。復《かへ》るとは城土《じやうど》が圮《い》れ壞《くづ》れて池《いけ》を塡《うづ》め隍《くわう》となるを謂《い》ふ。已《すで》に城《しろ》は壞《こわ》れ池《いけ》は塡《うづ》まらば、據《よつ》て以《もつ》て兵師《へいすゐ》を用《さち》ひて攻戰《こうせん》をなすべき場所《ばしよ》がない、故《ゆゑ》に勿《なかれ》レ用《もちゆる》レ師《いくさ》と言《い》ふ。而《しか》して彼《か》の號令征伐《がうれいせいばつ》なるものは、天子《てんし》より下民《かみん》に向《むか》つて出《い》でねばならぬものである、然《しか》るに今《いま》は倒《さか》しまにその私邑《しゆう》より之《これ》を上《うへ》に命《めい》ず、唯此《たゞこ》の一事《じ》を見《み》るも、君德衰《くんとくおとろ》へて威令行《ゐれいおこな》はれざること實《じつ》にその極《きよく》に達《たつ》して居《を》ることが分《わか》る、されば此《こ》の時《とき》に當《あた》り自《みづ》から守《まも》つて貞正《ていせい》を得《う》るとも、亦羞吝《またしうりん》の至《いた》りであると言《い》はねばならぬ、故《ゆゑ》に自《より》レ邑《ゆう》告《つぐ》レ命《めいを》、貞《ただしけれども》吝《やぶさし》と言《い》ふ。

劉氏《りうし》定之《ていし》曰《いは》く、泰《たい》は天地《てんち》交《まじ》はつて而《しか》して萬物通《ばんぶつつう》じ、上下《じやうげ》交《まじ》はつて而《しか》して其《そ》の志《こゝろざし》同《おな》じきに取《と》る、故《ゆゑ》に六爻《かう》の中《うち》相交《あひまじ》はるの義《ぎ》重《おも》し、初《しよ》と四と相交《あひまじ》はるは泰《たい》の始《はじ》めなり、故《ゆゑ》に初《しよ》には其彙《そのゐ》を以《もつ》て茅《かや》の連茹《れんじよ》たるが如《ごと》きを言《い》ひ、四には其鄰《そのとなり》を以《もつ》て鳥《とり》の連翩《れんぺん》たるが如《ごと》きを言《い》ふ、二と五と相交《あひまじ》はるは泰《たい》の中《ちう》なり故《ゆゑ》に五には人君其《じんくんそ》の尊貴《そんき》を降《くだ》して以《もつ》て夫《か》の臣《しん》に任《にん》ずるを言《い》ひ、二には大臣其《だいじんそ》の職任《しよくにん》を盡《つく》して以《もつ》て夫《か》の君《きみ》に答《こた》ふることを言《い》ふ、三と上《じやう》と相交《あひまじ》はるは泰《たい》の終《をは》なり、故《ゆゑ》に三には平《たひ》らかならば變《へん》じて陂《ひ》となるを言《い》ひ、上《じやう》には城隍《じやうくわう》に復《かへ》ることを言《い》ふ、蓋《けだ》し君子《くんし》進《すゝ》んで而《しか》して小人退《せうじんしりぞ》くは泰《たい》を致《いた》す所以《ゆゑん》なり、君《きみ》委《ゐ》任《にん》して而《しか》して臣忠《しんちう》を致《いた》すは泰《たい》を致《いた》す所以《ゆゑん》なり、抑《そもそも》天運《てんうん》の循環《じゆんくわん》するや、泰極《たいきはま》つて而《しか》して否《ひ》、必《かな》らず然《しか》るものあり、而《しか》して泰《たい》を保《たも》たんとするの意《い》は隱然《いんぜん》として恐懼《きようく》せざるべからざるにあり、則《すなは》ち平陂城隍其《へいぴじやうくわうそ》の旨嚴《むねげん》なる哉《かな》。

䷋　坤《こん》下《か》乾《けん》上《にやう》　否《ひ》

否《ひ》之《の》匪《あら》ズレ人《ひと》ニ、不《ず》レ利《よろ》シカラ君子《くんし》之《の》貞《てい》ニ一、大往《ゆき》小來《きたる》、

乾下坤上《けんかこんじやう》、天氣《てんき》は下降《かかう》し地氣《ちき》は上升《じやうしやう》して、陰陽相交通《いんやうあひかうつう》するのが泰《たい》である。反之《これにはんし》。坤下乾上《こんかけんじやう》、天氣《てんき》は上《のぼ》つて降《くだ》らず、地氣《ちき》は降《くだ》つて上《のぼ》らず、天地隔絶《てんちかくぜつ》して陰陽相交《いんやうあひまじ》はらざるのが否《ひ》である。否《ひ》とは否塞《ひさい》して交《まじ》はり通《つう》ぜざるの義《ぎ》であるが、天地《てんち》交《まじ》はらず陰陽通《いんやうつう》ぜざるの象《かたち》は、人事《じんじ》に取《と》るも亦通泰《またつうたい》の時《とき》ではない、故《ゆゑ》に否之匪《ひのあらずひとに》レ人と言《い》ふ。匪《あらずひとに》レ人とは人道《じんだう》の常《つね》でないと言《い》ふの義《ぎ》である、人道《じんだう》の常《つね》でないから、君臣《くんしん》相和《あひわ》し、上下相通《じやうげあひつう》ずることが可能《でき》ず、一切閉塞《さいへいそく》して萬事《ばんじ》進行《しんかう》せぬ、故《ゆゑ》に不《ず》レ利《よろしから》ニ君子《くんし》之貞《のていに》一と言《い》ふ。君子《くんし》の貞《てい》に利《よろ》しからずとは、君子《くんし》の正道《せいだう》に害《がい》ありと言《い》ふの義《ぎ》で、而《しか》してその君子《くんし》の正道《せいだう》に害《がい》ある所以《ゆえん》は、

陽《やう》の大《たい》は往《ゆ》き去《さつ》て、陰《いん》の小《せう》が來《きた》り集《あつ》まるからである、故《ゆゑ》に大往小來《たいわうせうらい》と言《い》ふ。

初六、拔《ぬい》レテ茅《ちがやを》茹《じよ》タリ、以《ひき》二イテ其彙《そのたぐひ》ヲ一貞《たゞ》シケレバ吉《きつ》ニシテ亨《とほ》ル、

泰否《たいひ》の二卦共《くわとも》に三陽《やう》三陰《いん》の爻《かう》が下《した》に相並《あひなら》ぶのは、猶《なほ》茅《ちかや》を拔《ぬ》いでその根《ね》の牽連《けんれん》するが如《ごと》き象《かたち》がある、故《ゆゑ》に此卦《このくわ》にも亦《また》拔《ぬいて》レ茅《ちがやを》茹《じよたり》と言《い》ふ。茅《かや》は中爻巽《ちうかうそん》の象《かたち》。初《しよ》六は否《ひ》の始《はじ》めに居《ゐ》て、上《かみ》九四に應《おほ》ずべき筈《はづ》であるけれども、否塞隔絶《ひさいくわくぜつ》の時《とき》であるから、遽《にわ》かに上《のぼ》り進《すゝ》むで爲《な》すべき塲合《ばあひ》でない、唯退《たゞしりぞ》いてその朋類同《ほうるいどう》志《し》の者《もの》を將《ひき》いて正道《せいだう》を守《まも》り、以《もつ》て時節《じせつ》の到來《たうらい》するのを待《ま》つ外《ほか》はないものである、斯《か》くせば惟《ひと》り否《ひ》の時《とき》に處《しよ》し禍《わざはひ》を免《まぬ》かれて吉《きち》を得《う》る許《ばか》りでなく、亦隨《またしたが》つてその道《みち》も次第《しだい》に亨通《けうつう》することが可能《でき》る、故《ゆゑ》に以《ひきいて》二其彙《そのたぐひを》一貞《たゞしければ》吉《きちにして》亨《とほる》と言《い》ふ。彙《たぐひ》は初《しよ》が二三と相並《あひなら》ぶの象《かたち》。貞《てい》は正《たゞ》しく且《か》つ固《かた》きの義《ぎ》である。

六二、包《つゝ》承《み》ク、小人《せうじん》ハ吉《きつ》、大人《だいじん》ハ否《ふさ》カリテ亨《とほ》ル、

包《つゝみ》とは包《つゝ》み容《い》るゝの義《ぎ》で、外卦《げくわ》の乾天《けんてん》を以《もつ》て內卦《ないくわ》の坤地《こんち》を包容《ほうよう》するの象《かたち》。承《うくる》とは承《う》け受《う》くるの義《ぎ》で、內卦《ないくわ》の坤地《こんち》を以《もつ》て外卦《ぐわいくわ》の乾天《けんてん》を奉承《ほうしよう》するの象《かたち》。此卦《このくわ》は內外閉塞《ないぐわいへいそく》、上下隔絶《じやかくわくぜつ》の否《ひ》の時《とき》に當《あた》ると雖《いへ》ども、九五は剛健中正《がうけんちうせい》にして下《しも》六二を包容《ほうよう》し、六二は亦柔順中正《またじうじゆんちうせい》その朋類《ほうるゐ》を將《ひき》ひて上《かみ》九五に奉承《ほうしよう》す。卽《すなは》ち剛《がう》中《ちう》の君《きみ》を以《もつ》て柔中《じうちう》の臣《しん》を包容《ほうよう》し、柔中《じうちう》の臣《しん》を以《もつ》て剛中《がうちう》の君《きみ》を奉承《ほうしよう》するの象《かたち》である。故《ゆゑ》に包承《つゝみうく》と言《い》ふ。而《しか》も時否《ときひ》にして爲《なす》あるに利《よろ》しからず、唯自《たゞみづ》から守《まも》つてその中正《ちうせい》を失《うしな》はざるを利《よろ》しとす。此《かく》の如《ごと》き時《とき》であるから、占者《せんしや》が若《も》し小人《せうじん》であれば、唯上《たゞじやう》に承順《しようじゆん》にして逆《さから》ひ戻《もど》ることがなくば吉《きつ》なるべく、亦大人《まただいじん》で

あれば、一時《じ》は否塞《ひそく》して通《つう》せぬけれども、後《のち》には亨通《けうつう》すべき時《とき》が來《きた》るものである　故《ゆゑ》に小人《せうじん》ハ吉《きつ》、大人《たいじん》否《ふさがりて》亨《とほる》　と言《い》ふ。否亨《ひけう》とは困窮《こんきう》すれども後《のち》には亨通《けうつう》すべしと言《い》ふの義《ぎ》である。

六三、包《つゝム》レ羞《はぢ》ヲ

六三は陰柔不中正《いんじうふちうせい》にして下《しも》の上《じやう》に居《を》り、將《まさ》に上《のぼ》り進《すゝ》むで否《ひ》の邪惡《じやあく》を逞《たくまし》ふせむとするものである、故《ゆゑ》に包《つゝむはぢを》レ羞と言《い》ふ。羞《はぢ》は恥《はぢ》と同《おな》じく羞辱《しうじよく》の義《ぎ》で包《つゝむはぢを》レ羞とは羞辱《しうじよく》すべき邪惡《じやあく》の心情《しんじやう》を包藏《はうざう》することを言《い》ふたものである、亦《また》包《つゝ》むとは、外《ほか》は柔侫《じうねい》にして、内《うち》には剛强《かうきやう》なる心情《しんじやう》を包《つゝ》むの義《ぎ》であるが、即《すなは》ち六三が陰《いん》を以《もつ》て陽《やう》に居《を》り、柔《じう》を以《もつ》て剛《がう》を包《つゝ》む所《ところ》の象《かたち》である。六三が心情《しんじやう》の羞辱《しうじよく》すべきことは已《すで》に此《こ》の如《ごと》くである隨《したが》つてその凶《きよう》なることは固《もと》より明白《めいはく》で、之《これ》を言《い》わぬは却《かへ》つて之《これ》を言《い》ふに優《まさ》つて居《を》る、故《ゆゑ》にその吉凶《きつきよう》を言《い》ふて居《を》らぬ。

九四、有《あり》レ命《めい》无《なし》レ咎《とが》、疇《たぐひ》離《つ》クレ祉《さいわい》ニ、

否《ひ》の卦《くわ》下《しも》三爻《かう》は否中《ひちう》の否《ひ》で、上《かみ》三爻《かう》は否中《ひちう》の泰《たい》であるが、九四は已《すで》に否中《ひちう》の否《ひ》を過《す》ぎて、否中《ひちう》の泰《たい》に移《うつ》り、天運一新《てんうんいつしん》の時《とき》に際會《さいくわい》し、上《じやう》は能《よ》く否《ひ》を休《やす》む所《ところ》の九五を承《う》けて、以《もつ》て否《ひ》を濟《すく》ふべき位《くらゐ》に居《を》るものである、故《ゆゑ》に有《あり》レ命《めい》と言《い》ふ。有《あり》レ命《めい》とは師《し》の上六《じやう》に言《い》ふ所《ところ》と同《おな》じく、天命《てんめい》を保有《ほいう》すと言《い》ふの義《ぎ》で、乾《けん》を天《てん》となし、巽《そん》を號令《がうれい》となすの象《かたち》である。されど九四は乾體《けんたい》なる上《うへ》に近君多懼《きんくんたぐ》の地《ち》に居《を》るので、或《あるひ》はその勢位《せいゐ》を恃《たの》むで專横《せんわう》に流《なが》るゝの傾《かたむ》きがないではないけれども、一に天命《てんめい》を奉持《ほうぢ》して否《ひ》を濟《すく》ふの君事《くんじ》に

淬勵《さいれい》せばその咎《さが》を免《ま》かるゝことが可能《でき》る、故《ゆゑ》に无レ咎《なしさが》と言《い》ふ。九四にして若《も》し能《よ》く此《かく》の如《ごと》くなることが可能《でき》たせば、そは啻《たゞ》に九四一已《み》に取《と》つての幸福《かうふく》となる許《ばか》りでなく、その朋類《ほうるゐ》に至《いた》る迄皆悉《までみなこと〲》くその福祉《ふくし》に離《つ》き附《つ》くことが可能《でき》る。故《ゆゑ》に疇離レ祉《たぐひつくさいわいに》と言ふ。疇《たぐい》は類《たぐゐ》と同《おな》じく同類《どうるゐ》の義《ぎ》であるが、蓋《けた》し君子《くんし》の道《みち》が行《おこな》はれて、否《ひ》を濟《すく》ふの功《こう》を全《まつた》ふすることが可能《でき》た曉《あかつき》には、君子《くんし》小人等《せうじんら》の差別《さべつ》なく、天下《てんか》一般《ぱん》にその慶澤《けいたく》に浴《よく》するのであるから、茲《こゝ》に謂ふ所《ところ》の疇類《ちうるゐ》なるものは、内外陰陽《ないぐわいいんやう》の區別《くべつ》なく、卦中全體《くわちうぜんたい》の總《そう》稱《しよう》として之《これ》を見《み》る方《はう》が適當《てきたう》である。亦離《またり》に麗《つ》き附《つ》くの義《ぎ》で、祉《さいわい》は慶福《けいふく》の義《ぎ》である。

胡氏炳文曰《こしへいぶんいは》く、否泰《ひたい》の變《へん》は皆天《みなてん》なり、然《しか》れども泰變《たいへん》じて否《ひ》となるは易《やす》し。故《ゆゑ》に内卦《ないくわ》に於《おい》て之《これ》を言《い》ひ否變《ひへん》じて泰《たい》となるは難《かた》し。故《ゆゑ》に外卦《ぐわいくわ》に於《おい》て始《はじ》めて之《これ》を言《い》ふ。

項氏安世曰《かうしあんせいいは》く。泰《たい》の九三には咎《さが》なきの下《もと》に於《おい》て福《ふく》ありと言《い》ひ、否《ひ》の九四にも咎《さが》なきの下《もと》に於《ない》て疇祉《ちうし》に離《つ》くと言《い》ふは、二爻共《かうとも》に天命《てんめい》の變《へん》に當《あた》る、正《まさ》に君子過《くんしあやまち》を補《おぎな》ふの時《とき》なればなり、泰《たい》の三は其《そ》の將《まさ》に變《へん》ぜんとするを知《し》り、能《よ》く人事《じんじ》を修《おさ》めて以《もつ》て之《これ》に勝《か》ち。我《われ》にある者《もの》をして咎《さが》むべきの事《こと》なからしむ然《しか》る後以《のちもつ》て小人《せうじん》の孚《まこと》を恤《うれ》ふることをなくして、而《しか》して自《おのづ》から君子《くんし》の福《さいわひ》を食《は》むべきなり。否《ひ》の四は其《そ》の將《しやう》に變《へん》ずべきに當《あた》つて、能《よ》く人事《じんじ》を修《おさ》めて以《もつ》て之《これ》に乘《じやう》じ、行《おこな》ふべきの時《とき》あつて、而《しか》して咎《さが》むべきの事《こと》なし。即《すなは》ち獨《ひと》り一己《こ》の利《り》の爲《た》めにあらず、又衆賢《またしうけん》の祉《し》となすに足《た》る、是《こ》の二者《しや》にして苟《いやし》くも咎《さが》あらば、其禍《そのわざわひ》勝《あげ》て言《い》ふべけんや。

九五、休《やす》ムレ否《ひ》ヲ、大人《たいじん》ニシテ吉《きつ》、其《そ》レ亡《ほろ》ビン其《つな》レ亡《ほろ》ビン、繋《つな》グレ于《に》二苞桑《ほうさう》ニ一

九五は否《ひ》既《すで》に終《を》へて、將《まさ》に否中《ひちう》の泰《たい》とならむとするの時《とき》であるが、剛健中正《がうけんちうせい》の德《とく》を以《もつ》て尊位《そんゐ》に居《を》り、天下《てんか》の否塞《ひさい》を休息《きつそく》せしめて、之《これ》を泰《たい》に反《かへ》さむとする所《ところ》の象《かたち》がある、故《ゆゑ》に休《やすむ》レ否《ひを》と言《い》ふ。否《ひ》を休《やす》むとは、否《ひ》の狀態《じやうたい》を休《やす》め息《やす》めて之《これ》を停止《ていし》するの義《ぎ》である。此《かく》の如《ごと》く時運《じうん》の否塞《ひさい》を休止《きうし》せしめて、之《これ》を天下泰平《てんかたいへい》の有樣《ありさま》に挽回《ばんくわい》することは、德位《とくゐ》兼備《けんび》の大人《たいじん》でなければ、その任《にん》に堪《た》ゆることが可能《でき》ぬ、故《ゆゑ》に大人《だいにん》にして吉《きつ》と言《い》ふ。されば否《ひ》を休《やす》むとは、否《ひ》の時運《じうん》が進《すゝ》み行《ゆ》くのを、僅《わづ》かに人力《じんりよく》を用《もち》ひて之《これ》を引《ひ》き留《と》めて休止《きうし》せしむる丈《だけ》で、自然《しぜん》に否《ひ》の時運《じうん》が過《す》ぎ去《さつ》て無事安泰《ぶじあんたい》の狀態《じやうたい》となつたのではなく、言《い》はゞ否《ひ》の人爲的《じんゐてき》休息《きうそく》即《すなは》ち一時的進行中止《じてきしんかうちうし》の有樣《ありさま》で、尚未《なほいま》だ否《ひ》の寰中《くわんちう》を通過《つうくわ》して仕舞《しま》つたと言《い》ふ譯《わけ》でないから、何時《いつ》亦《また》再《ふた》たび否《ひ》の運《うん》が復《かへ》り來《きた》るやも測《はか》られぬ、隨《したが》つて片時《かたとき》たりとも之《これ》が警戒《けいかい》を忽《ゆる》がせにすることなく、常《つね》に何時《いつ》亡《ほろ》びるであらうか、何時《いつ》亡《ほろ》びるであらうかと畏《おそ》れ愼《つゝ》しむこと、猶《なほ》千鈞《きん》の重《おも》きを苞桑《ほうさう》の微物《びぶつ》に繋《つな》け維《つい》いだ樣《やう》にする時《とき》は、否《ひ》を挽回《ばんくわい》して泰《たい》となすことが可能《でき》る、故《ゆゑ》に其亡《それほろびん》其亡《それほろびん》繋《つなぐ》レ于《に》二苞桑《ほうそうに》一と言《い》ふ。苞《ほう》桑《そう》は叢生《そうせい》する所《ところ》の桑《くわ》で、微弱《びじやく》なるものであるが、苞桑《ほうそう》に繋《つな》ぐとは、危懼《きく》の念存《ねんそん》するの謂《い》で、繫辭傳《けいじでん》に危《き》と言《い》ふ者《もの》は、其《そ》の位《くらゐ》に安《やすん》ずる者《もの》なり、亡《ばう》と言《い》ふ者《もの》は、其《そ》の存《そん》を保《たも》つ者《もの》なり、亂《らん》と言《い》ふ者《もの》は、其《そ》の治《ぢ》を保《たも》つ者《もの》なり、是故《このゆゑ》に君子《くんし》は安《やすう》して而《しかう》して危《あやう》きを忘《わす》れず、存《そん》して而《しか》して亡《ほろ》ぶることを忘《わす》れず、治《おさま》つて而《しか》して亂《みだ》るゝことを忘《わす》れず、是《これ》を以《もつ》て身《み》を安《やす》ふして而《しか》して國家《こくか》を保《たも》つべしと言《い》ふは即《すなは》ち此《こ》れである。

苞桑《ほうそう》は中爻巽木《ちうかうそんぎ》の象《しやう》。

上九、傾《かたむ》クレ否《ひ》ヲ。先《さき》ニハ否《ふさ》ガリ後《のち》ニハ喜《よろこ》ブ

上九は陽剛《やうがう》を以《もつ》て否《ひ》の終《をは》りに居《を》り、否《ひ》の運《うん》を傾《かたむ》けて泰《たい》となすものである、故《ゆゑ》に傾《かたむくひを》レ否と言《い》ふ蓋《けだ》し否傾《ひかたむく》と傾《かたむくひを》レ否とは自《おのづ》から相違《さうゐ》がある、否傾《ひかたむく》とは人力《にんりよく》を要《えう》することなく、否《ひ》が自然《しぜん》に傾《かたむ》いて泰《たい》となるの義《ぎ》であるけれども、傾否《かたむくひを》と言《い》へば、その間大《かんおほい》に人力《じんりよく》を要《えう》すべきことを意味《いみ》して居《ゐ》る。亦休《またやすむひを》レ否と傾《かたむくひを》レ否とは自《おのづ》から違《ちが》ふ所《ところ》がある、即《すなは》ち休《やすむへを》レ否とは、暫《しば》らく之《これ》を休止《きうし》せしむるの義《ぎ》であるが、傾《かたむくひを》レ否とは、之《これ》を傾倒《けいたう》し盡《つく》すの義《ぎ》であるから、僅《わづ》かに之《これ》を休止《きうし》するものに比《くら》ぶれば、更《さら》に數歩《すうほ》を進《すゝ》めた辭《ことば》で、這《こ》は即《すなは》ち五と上《じやう》との地位《ちゐ》の然《しか》らしむる所《ところ》であるが、五は即《すなは》ち否中《ひちう》の泰《たい》で、未《いま》だ否《ひ》を離《はな》るゝことが可能《でき》ぬけれども、上《じやう》は將《まさ》に否《ひ》を離《はな》れて泰中《たいちう》の泰《たい》に移《うつ》らむとする所《ところ》である。故《ゆゑ》に二者《しや》その辭《ことば》を異《こと》にすること此《かく》の如《ごと》くである。そこで否《ひ》の運《うん》が未《いま》だ傾《かた》むかぬ以前《いぜん》は、萬事《ばんじ》否塞《ひさい》して通《つう》ずることが可能《でき》なかつたのである、反之《これにはんし》、否《ひ》の運《うん》を傾《かたむ》け盡《つ》くした後《のち》は、一切《さい》の事《こと》が凡《すべ》て通達《つうたつ》して喜《よろこ》ぶことが可能《でき》る、故《ゆゑ》に先否後喜《さきにはふさがりのちにはよろこぶ》と言《い》ふ。此《かく》の如《ごと》く泰極《たいきは》まれば否《ひ》となり、亦否極《またひをきは》まれば泰《たい》となり。否泰相反復《ひたいあいはんぷく》して常《つね》なき所以《ゆえん》は抑天運《そもそもてんうん》の自然《しぜん》であるか、將亦人力《はたまたじんりよく》の然《しか》らしむる所《ところ》であるかと言《い》ふに、泰《たい》の上六《じやう》は陰柔不才《いんじうふさい》を以《もつ》てその極《きよく》に居《ゐ》るので、その泰《たい》を保《たも》つことが可能《でき》ぬ爲《た》めに、泰《たい》が變《へん》じて否《ひ》となつたのであるが、否《ひ》の上九《じやう》は陽剛《やうがう》の有爲《いうゐ》を以《もつ》てその終《をは》りに處《しよ》したので、終《つひ》に能《よ》くその否《ひ》を傾《かた》むけて泰《たい》となすことが可能《でき》たのである、して見《み》れば、凡《すべ》て

人事《じんじ》の盈虚盛衰《えいきよせいすゐ》なるものは、天運《てんうん》の然《しか》らしむる所《ところ》である許《ばか》りでなく、多《おほ》くは人力《じんりよく》を以《もつ》て之《これ》を左右《さいう》し得《う》るものであることが分《わか》るのである。

離《り》下《か》
乾《けん》上《じやう》

同《どう》人《じん》

同人《どうじん》于《おいて》レ野《やに》ス亨《とほる》、利《よろ》シレ渉《わたる》ニ大川《おほかは》ヲ一、利《よろ》シ二君子《くんし》ノ貞《てい》ニ一、

此卦《このくわ》兩體《りやうたい》を以《もつ》て之《これ》を言《い》へば上乾下離《じやうけんかり》、乾天《けんてん》は純陽《じゆんやう》、離火《りくわ》、炎上《えんじやう》、二者《しや》その性《せい》を同《おな》ふして居《ゐ》る、故《ゆゑ》に之《これ》を同人《どうじん》と言《い》ふ、大象《たいしやう》に天《てん》與《と》レ火《ひ》同人《どうじん》と言《い》ふは即《すなは》ち此《こ》れである。又《また》五は剛健中正《がうけんちうせい》を保《たも》つて乾《けん》の主《しゆ》となり、二は柔順中正《じうにゆんちうせい》を得《え》て離《り》の主《しゆ》となり、共《とも》に中正《ちうせい》を以《もつ》て相應《あひおう》じて居《ゐ》る、此《これ》も亦上下相同《またじやうかあひおな》じきの義《ぎ》である。故《ゆゑ》に之《これ》を同人《どうじん》と言《い》ふ、又全體《またぜんたい》を以《もつ》て之《これ》を言《い》へば、卦中唯《くわちうただ》六二の一陰《いん》あるのみであるが、五陽《やう》は皆此《みなこれ》と相同《あひおな》じうせむことを求《もと》むるものである、故《ゆゑ》に之《これ》を同人《どうじん》と名《なづ》く、彖傳《たんでん》に柔得《じゆうえ》レ位《くらゐを》得《え》レ中《ちうを》、而應《おうずに》レ乎《こ》レ乾《けん》と言《い》ふは即《すなは》ち此《こ》のことで柔《じう》は六二を指《さ》し、位《ゐ》は六二が居《ゐ》る所《ところ》の位《ゐ》、即《すなは》ち臣位妻位等《しんゐさいゐとう》を指《さ》したものである。が臣《しん》なるものは君《きみ》の求《もと》むる所《ところ》、妻《さい》なるものは夫《をつと》の求《もと》むる所《ところ》で、九五は君《きみ》であり、亦夫《またをつと》である。應《おほずに》レ乎レ乾《けん》とは、即《すなは》ち九五に應《おほ》ずと言《い》ふの義《ぎ》である、而《しか》も直《たゞ》ちに之《これ》を九五に應《おほ》ずと言《い》はずして、乾《けん》に應《おほ》ずと言《い》ふ所以《ゆえん》は、二と五とは正應《せいおほ》であるから、陰陽相應《いんやうあひおほ》ずべきは、固《もと》より常例定則《じやうれいていそく》の然《しか》らしむる所《ところ》である、

けれども一陰《いん》の卦《くわ》であるから、惟《ひと》り正應《せいおほ》の九五のみに限《かぎ》らず、五陽皆同《やうみなおな》じく一陰《いん》を求《もと》め、一陰《いん》も亦均《またひと》しく五陽《やう》と相應《あひおほ》ずる所《ところ》の象《かたち》がある。故《ゆゑ》に之《これ》を乾《けん》に應《おほ》ずと言《い》ふて、惟《ひと》り九五と相應《あひおほ》ずる許《ばか》りでなく、他《た》の諸陽《しよやう》とも相應《あひおほ》ずるの義《ぎ》あることを示《しめ》したものである、然《しか》らば寧《むし》ろ之《これ》を五陽《やう》に應《おほ》ずと言《い》ふた方《はう》が分《わか》り易《やす》い樣《やう》であるけれど、斯《か》くては臣《しん》となり妻《つま》となるものに向《むか》つて、貳心《しん》を懷《いだ》いて不忠不貞《ふちうふてい》なれと敎《をし》ゆる樣《やう》なものであるから、それ等《ら》の弊害《へいがい》を生《しやう》ぜざらしめむが爲《た》めに、九五の正應《しやおほ》を主《しゆ》として之《これ》を乾《けん》に應《おほ》ずと言《い》ふ、即《すなは》ち人《ひと》と同《おな》じうして私匿《しとく》せず、無私大公《むしたいこう》なるの義《ぎ》に外《ほか》ならぬ。此《か》の如《ごと》く同人《どうじん》とは人《ひと》と相和同《あひわどう》するの義《ぎ》であるが、人《ひと》と相和同《あひわどう》せむとするには、何人《なにびと》に對《たい》しても公平《こうへい》にして偏頗《へんぱ》なく、虛心《きよしん》にして間隔《かんかく》なきことを要《えう》す、さすれば事皆亨通《ことみなきやうつう》して成就《じやうじゆ》するに至《いた》る、故《ゆゑ》に同人于レ野亨《どうじんおいてすやにとほる》と言《い》ふ。野《や》は郊野《かうや》の野《や》で、于レ野《おいてすやに》とは公明空濶《こうめいくうくわつ》なるの義《ぎ》で、即《すなは》ち之《これ》を乾《けん》の象《しやう》に取《と》る、凡《およ》そ事《こと》は獨力《どくりよく》を以《もつ》ては成《な》し難《がた》く、衆力《しうりよく》を協合《けふがふ》する時《とき》は成《な》し易《やす》いものである、此《こ》れその亨通《きやうつう》する所以《ゆえん》であるが、人《ひと》と同《おな》じうして公平無私《こうへいむし》なれば、能《よ》く天下《てんか》の人《ひと》と大同《だいどう》することが可能《でき》る、天下《てんか》の人《ひと》と大同《だいどう》することが可能《でき》れば、天下皆凡《てんかみなすべ》て一心同體《しんどうたい》となる、天下皆凡《てんかみなすべ》て一心同體《しんどうたい》となるに至《いた》れば、假《たと》へ如何程艱難《いかほどかんなん》なる事《こと》と雖《いへ》ども、之《これ》を成就《じやうじゆ》することが可能《でき》ぬ筈《はず》はない、故《ゆゑ》に利レ涉二大川一《よろしわたるにおほかはを》と言《い》ふ。大川《おほかは》を涉《わた》るとは危險《きけん》を犯《をか》すの比喩《たとひ》で、離《り》を船《ふね》となし、乾《けん》を大川《おほかは》となして、大川《おほかは》を涉《わた》るの象《しやう》。乾健《けん〳〵》に離《つ》き麗《つ》いて進《すゝ》み行《ゆ》くは即《すなは》ち涉《わた》るに利《よろ》しきの象《しやう》である。されど人《ひと》と同《おな》じうして各《おの〳〵》その好《この》む所《ところ》に私《わた》くしし易《やす》きは、人情《にんじやう》の免《まぬ》かれ難《がた》き弱點《じやくてん》である、故《ゆゑ》に利二君子之《よろしくんしの》貞《ていに》一と言《い》ふ。君子《くんし》の正《せい》に利《よろ》しとは、その和《わ》同《ごう》する所《ところ》が天下《てんか》の正道《せいだう》に合致《がつち》して、無私大公《むしたいこう》ならむことを戒《いまし》しめたものである。君子《くんし》の貞《てい》は、二五中正《ちうせい》を得《え》たるの象《しやう》。

初九、同《おなじう》スルニレ人《ひと》ニ于《おいてす》レ門《もん》ニ、无《なし》レ咎《とが》、

門《もん》は内外出入《ないぐわいしゆつにふ》の限界《げんかい》で初爻《しよかう》の象《しやう》、初九《しよ》は人《ひと》と同《おな》じうするの始《はじ》めで人《ひと》に同《おな》じうせむが爲《た》めに、家《いへ》より起《おこ》つて門《もん》を出《い》でむとするの象《しやう》である。故《ゆゑ》に同レ人于レ門《おなじうするにひとにおいてすもんに》と言《い》ふ。門《もん》に于《おい》てするは、外《ほか》、人《ひと》に接《せつ》するの始《はじ》めで、終《をは》りには野《の》に進《すゝ》むべき順路《じゆんろ》であるが、初九《しよ》は上《じやう》に應爻《おほかう》の係累《けいるゐ》がないから、隨《した》つてその好《この》む所《こころ》に同《おなじう》するが如《ごと》き偏私《へんし》なく、同人《どうじん》の公正《こうせい》を得《え》たものである、而《しか》も唯門《ただもん》に於《おい》てするのみで、未《いま》だ野《や》に於《おい》てするの實蹟《じつせき》は見《み》ぬ、故《ゆゑ》に之《これ》を吉《きつ》と言《い》はずして无咎《なしとが》と言《い》ふ。

六二、同《おなじう》スルニレ人《ひとに》、于《におい》テスレ宗《そう》ニ、吝《やぶさ》シ、

六二は柔順中正《じうじゆんちうせい》を得《え》て居《ゐ》るけれども、而《しか》も人《ひと》と和同《わごう》して無私大公野《むしたいこうや》に於《おい》てすべき時《とき》に當《あた》り、獨《ひと》り上《じやう》、九五に應《おう》じて居《ゐ》るので、大同不偏《だいどうふへん》の道《みち》を失《うしな》ふて居《ゐ》る、故《ゆゑ》に同レ人于レ宗、吝《おなじうするにひとにおいてすそうにやぶさし》と言《い》ふ。宗《そう》は宗族《そうぞく》の宗《そう》で、黨與《たうよ》の義《ぎ》であるが、九五の應《おほ》を指《さ》したものである。同人《ごうじん》の諸爻《しよかう》は皆應助《みなおうじよ》がないのに、六二は獨《ひと》り九五に係應《けいおほ》して居《ゐ》るのは、即《すなは》ち人《ひと》に同《おな》じうして宗《そう》に於《おい》てするの象《しやう》である。同人《ごうじん》の時《とき》に當《あた》り、獨《ひと》りその宗黨《そうたう》に私暱《しじく》するは偏狹《へんけふ》である。此《こ》れその羞吝《はじやぶさし》を得《う》る所以《ゆえん》である。蓋《けだ》し彖傳《たんでん》には柔得レ位得レ中《じゆうえくらゐをえちうを》、而應《おほず》レ乎《に》レ乾曰二同人一《けんゆうごうじんと》とあるに、今《いま》その當爻《たうかう》たる六二に於《おい》ては、却《かへ》つて之《これ》を人《ひと》に同《おな》じうして宗《そう》に于《おい》てす吝《や》ぶ

さしと言《い》ふ所以《ゆえん》は、彖《たん》は卦《くわ》の全體《ぜんたい》に就《つい》て大同《だいどう》の義《ぎ》を取《とつ》て居《ゐ》る、然《しか》るに二と五の兩爻《りやうかう》のみ相應與《あひおほよ》するは一視平等《しびやうどう》を貴《たつ》とぶ所《ところ》の同人《どうじん》の道《みち》と相背馳《あひはいち》して居《ゐ》る、故《ゆゑ》に之《これ》を斥《しりぞ》けてその占《せん》を吝《や》ぶさしと言《い》ふは羞辱《しうじよく》することの甚《はなは》だしき義《ぎ》である。

九三、伏《ふく》ニシ戎《じう》于《をに》一レ莽《もう》、升《のぼる》ニ其《その》高陵《かうりよう》一ニ、三歳《さんさい》マデ不《ず》レ興《おこ》サ、

三は重剛《ぢうがう》にして不中《ふちう》なるが故《ゆゑ》に、その性強暴《せいがうばう》なるものであるが、卦《くわ》は唯《たゞ》一陰《いん》、諸陽皆此《しよやうみなこれ》と和同《わどう》せむことを求《もと》むるの時《とき》に當《あた》り、九三は最《もつと》も近《ちか》く之《これ》と接比《せつひ》して居《ゐ》る、けれども六二は九五の應《おほ》あるが爲《た》めに三と同《おなじう》せず、故《ゆゑ》に三は戎兵《じうへい》を草莽《さうもう》の中《うち》に隱伏《いんぷく》せしめ、九五の間隙《かんげき》を覘《うかゞ》ふてその不意《ふい》を討《う》ち、六二を奪《うは》ひ取《と》つて之《これ》と和同《わどう》せむとして居《ゐ》る、故《ゆゑ》に伏《ふくし》ニ戎《じう》于《をに》一莽《もう》と言《い》ふ。戎《じう》は離《り》を戈兵甲冑《くわへいかつちう》となすの象《しやう》、莽《もう》は中爻巽《ちうかうそん》を草木《さうもく》の類《るゐ》となすの象《しやう》、伏《ふく》も亦巽《またそん》を入《い》るとなし、隱伏《いんぷく》となすの象《しやう》、此《か》の如《ごと》く九三は伏兵《ふくへい》を設《まう》け、高陵《かうりよう》に升《のぼ》つて、その間隙《すき》を覘《うかゞ》へども、而《しか》も九五を懼《おそ》れて三歳《さい》の久《ひさ》しきに至《いた》れども、敢《あえ》て興《おこ》り起《おこ》つて之《これ》を攻《せ》むることが可能《でき》ぬ、故《ゆゑ》に升《のぼり》ニ其《その》高陵《かうりように》一、三歳《さいまで》不《ず》レ興《おこさ》と言《い》ふ。九三が内卦《ないくわ》の上《うへ》に居《ゐ》るは高陵《かうりよう》に升《のぼ》るの象《しやう》、三歳《さい》は之《これ》を陽數《やうすう》に取《と》つたもので、吉凶《きつきよう》の辭《ことは》なきは、その事《こと》が未《いま》だ外間《ぐわいかん》に發顯《はつげん》して居《を》らぬ爲《た》めである。之《これ》を要《えう》するに、此爻《このかう》は小人《せうじん》の心情《しんじやう》が陰險《いんけん》にして畏《おそ》るべきことを示《しめ》したものに外《ほか》ならぬ。

九四、乘《のつ》テニ其《その》墉《よう》一ニ弗《ず》レ克《あたは》レ攻《せむる》吉コト、

墉《よう》は垣《かき》と同《おな》じく、物《もの》の中間《ちうかん》を限隔《げんかく》するもので、九四も亦《また》六二が九五と相應《あひおう》じ、九三と相比《きうひ》することを

嫉《ねた》み、六二を奪《うば》ひ取《と》つて、己《おの》れ自《みづ》から之《これ》と和同《わがう》せむことを求《もと》むるものであるが、九三が己《おの》れと六二との中間《ちうかん》に居《ゐ》て、之《これ》を阻隔《そかく》するは即《すなは》ち墉《よう》の象《しやう》である、而《しか》して九四は九三の墉《よう》の上《うへ》に居《ゐ》る、故《ゆゑ》に乘《のる》ニ其墉《そのように》一と言《い》ふ。攻《せ》むるとは、九三を攻《せ》むるの義《ぎ》で、即《すなは》ち九三を攻《せ》め亡《ほろぼ》して中間《ちうかん》の妨害《ばうがい》を除《のぞ》かむとすれども、而《しか》も九四は剛《がう》を以《もつ》て陰《いん》に居《ゐ》るが故《ゆゑ》に、勢《いきほひ》は强《つよ》けれども實力《じつりよく》は弱《よわ》く、之《これ》を攻《せ》むるも勝《か》つことの可能《でき》ざるを知《し》つて、自《みづ》からその攻奪《こうだつ》の念《ねん》を中止《ちうし》するものである、故《ゆゑ》に弗《ず》レ克《あたはせむること》レ攻吉と言《い》ふ。蓋《けだ》し九三は剛《がう》を以《もつ》て陽《やう》に居《ゐ》て重剛《ちうがう》なるが故《ゆゑ》に、その剛《がう》を恣《ほしい》まゝにして自《みづ》から省《かへり》みることを知《し》らぬものであるが、九四は剛《がう》を以《もつ》て陰《いん》に居《ゐ》るが故《ゆゑ》に、自《みづ》から反省《はんせい》してその非《ひ》を知《し》ることが可能《でき》る、此《こ》れその凶《きよう》を轉《てん》じて吉《きつ》を得《え》たる所以《ゆゑん》であるが、訟《しよう》の九二と九四に不《ず》レ克《よくせしようを》レ訟と言《い》ふのも、亦此爻《またこのかう》に弗《ず》レ克《あたはせむること》レ攻吉と言《い》ふのと同例《ごうれい》で、剛《がう》を以《もつ》て陰《いん》に居《ゐ》て重剛《ちうがう》でない爲《た》めである。

九五、同《おなじう》スルニレ人《にさ》ニ先《さき》ニハ號咷《がうちよう》シテ而後《しかうしてのち》ニハ笑《わら》フ、大師《たいし》克《かつ》テ相遇《あいあ》フ

九五は六二と正應《せいおほ》で、元《も》とより相應和《さうおほわ》すべきものである、けれどもその中間《ちうかん》に居《ゐ》る所《ところ》の三四兩陽《りやうやう》の爲《た》めに阻隔《そかく》されて、彼此《かれこれ》相應和《あひおほわ》することが可能《でき》ぬ、それゆゑ先《さ》きには號《さけ》び咷《さけ》び、怒《いか》り悲《かなし》むで三四の兩陽《りやうやう》と戰《たゝか》ひ、之《これ》に克《か》つことが可能《でき》た後《のち》に至《いた》つて、始《はじ》めて相和同《あひわごう》して笑《わら》ひ悅《よろこ》ぶことを得《う》るのである。故《ゆゑ》に同レ人先號咷而後笑《おなじうするにひとにさきにけがうちようしてしかうしてのちわらふ》と言《い》ふ。同レ人《ひとにおなじうする》とは六二と相和同《あひわごう》するの義《ぎ》。號咷《がうちよう》は憤怒悲叫《ふんどひきう》するの義《ぎ》、號咷《がうちやう》も笑《わらひ》も共《とも》に離《り》を忘語《ぼつご》となすの象《しやう》である。蓋《けだ》し五は元《も》と二の正應《せいおは》であるけれども、今《いま》は無《な》

私《し》大同《だいどう》すべき時《とき》で、係應《けいおう》の爲《た》めに私《し》匿《とく》すべき時《とき》ではない然《しか》るに五は惟《ひと》り二と私《し》匿《とく》するが故《ゆゑ》に、衆陽《しうやう》の妨害《はうがい》を受《う》けて相遇《あいあ》ふことが可能《でき》ぬ、そこで怒號悲叫《ごがうひけう》、己《おの》れの權威《けんゐ》に任《まか》せて大師《たいし》を起《おこ》し、彼等《かれら》衆陽《しうやう》の妨《はう》害《がい》をなすものを征伐《せいばつ》し、然《しか》る後《のち》に漸《やう》やく二と相遇《あひあ》ふことを得《え》た、故《ゆゑ》に大師克相遇《たいしかつてあひあふ》と言《い》ふ。大師《たいし》とは三四の二陽《やう》が強《つよ》くして、之《これ》を攻《せ》むることの尋常《じんじやう》ならざりしことを意味《いみ》したもので、大《だい》は陽《やう》の象《しやう》。師《し》は亦《また》離《り》を戈兵甲冑《くわへいかつちう》となすの象《しやう》。九五が六二と相遇《あひあ》ふことを得《え》ざれば、此《かく》の如《ごと》く怒號悲叫《ごがうひけう》して大師《たいし》を起《おこ》し一旦戰克《たんたしかひかつ》て相遇《あひあ》ふことを得《う》るに至《いた》れば、則《すなは》ち嘻々《きゝ》として笑《わら》ひ悦《よろこ》ぶ、その狀情《じやうじやう》が已《すで》に人君《じんくん》だるものが天《てん》下《か》の人心《じんしん》を大同《だいどう》する所《ところ》の態度《たいど》でない、實《じつ》に醜陋《しうろう》の甚《はなは》だしきものである、故《ゆゑ》に吉凶《きつきよう》の辭《じ》を繫《か》けて居《を》らぬのであるが、繫《か》けて居《を》らぬ所《ところ》に深戒《しんかい》を含《ふく》むで居《ゐ》る。

上九、同《どう》スルニレ人《ひと》ニ于《おい》テスレ郊《かう》ニ、无《なし》レ悔《くひ》、

國外《こくぐわい》を郊《かう》と言《い》ひ、郊外《かうぐわい》を野《の》と言《い》ふ、郊《かう》は卽《すなは》ち上九《じやう》の爻象《かうしやう》を取《と》つたものであるが、上九《じやう》は下《した》に應《うくる》なきが故《ゆゑ》に、暱比《こくひ》の私《し》なく、卦極《くわきよく》に居《を》るが故《ゆゑ》に、その人《ひと》に同《おな》じうすることも頗《すこ》ぶる廣《ひろ》く且《か》つ遠《とほ》きものである故《ゆゑ》に同《おなじう》スルニレ人《ひと》ニ于《おい》テスレ郊《かう》ニと言《い》ふ。されど之《これ》を彼《か》の曠遠《くわうゑん》にして際涯《さいがい》なき野《の》に於《おい》てするものに比《くら》ぶれば、猶未《なほいま》だ卦中《くわちう》を出《い》でざるを以《もつ》て、隨《したが》つてその遠《とほ》きを極《きは》め天下を周《あまね》くして、至公大同《しこうだいどう》の域《ゐき》に達《たつ》したるものと言《い》ふことは可能《でき》ぬ、故《ゆゑ》に之《これ》を无《なし》レ悔《くひ》と言《い》ふ。悔《くひ》なしとは、唯過《たゞあやまち》の悔《く》ゆべきものがないと言《い》ふに止《とゞ》まつて、象《たん》に謂《い》ふ所《ところ》の亨《うく》るのとは大《おほい》に之《これ》を區別《くべつ》して見《み》なければならぬ、蓋《けだ》し同人《どうにん》の期《き》する所《ところ》は無私大同《むしだいどう》で、

此爻《このかう》が更《さら》に一歩《ほ》を進《すゝ》め、同人《ごうにん》に意《い》なくして自然《しぜん》に同人《ごうにん》の實《じつ》を有《いう》するに至《いた》れば、玆《こゝ》に始《はじ》めて同人《ごうにん》の眞相《しんさう》を見《み》ることが可能《でき》る、然《しか》るに此爻《このかう》に郊《かう》に於《おい》てすと言《い》ふて、彖《たん》に謂《い》ふ所《ところ》の野《の》に進《すゝ》むべき餘地《よち》を存《そん》じて居《を》るのは、實《じつ》に深戒《しんかい》のある所《ところ》で、亦《また》繋辭《けいじ》の妙《めう》を極《きは》めて居《ゐ》る。

孔子《こうし》頴達《えいたつ》曰《いは》く、初上《しよじやう》を去《さつ》て而《しか》して言《い》へば、二は宗《そう》に同《おな》じうするの吝《りん》あり、三は戎《じう》を伏《ふく》するの禍《わざはひ》あり四は克《あた》はざるの苦《く》あり、五は大師《だいし》の患《うれひ》あり、是《こ》れ同人《ごうにん》の世《よ》に處《しよ》して大通《だいつう》の志《こゝろざし》なし、卽《すなは》ち必《かな》らず師《し》を用《もち》ゆるに至《いた》る矣《い》。

楊氏文煥《やうしぶんくわん》曰《いは》く、同人野《ごうにんや》に于《おい》てす則《すなは》ち亨《とほ》る、門《もん》に于《おい》てす則《すなは》ち咎《とがめ》なし、宗《そう》に于《おい》てす則《すなは》ち吝《や》ぶさし郊《かつ》に於《おい》てす則《すなは》ち悔《くひ》なし、宗《そう》に于《おい》てするは、門《もん》に于《おい》てするに若《しか》ず、門《もん》に于《おい》てするは郊《かう》に于《おい》てするに若《しか》ず、郊《かつ》に于《おい》てするは、野《や》に于《おい》てするに若《しか》ず、六爻卦義《かつくわぎ》を盡《つく》すこと能《あた》はざる者《もの》あり、同人是《ごうにんこれ》なり。

梁氏寅《りやうしいん》曰《いは》く、同人《ごうにん》の道《みち》は大同《だいごう》にして而《しか》して私《し》ならざるを以《もつ》て善《よし》となす、故《ゆゑ》に卦《くわ》の諸爻《しよかう》或《あるひ》は比《ひ》し、或《あるひ》は應《おほ》ず、皆近《みなちか》き所《ところ》に同《おな》じうすることを爲《な》して、大吉《だいきつ》なる者《もの》なし、彖《たん》に同人野《ごうにんや》に于《おい》てすと言《い》ふは則《すなは》ち能《よ》く其《そ》の私與《しよ》を絕《たつ》て、而《しか》して廓然大公《くわくぜんたいこう》、此《こ》れ其《そ》の亨《とほ》る所以《ゆえん》なり、一卦《くわ》を以《もつ》て之《これ》を觀《み》れば、內《うち》より外《そご》に至《いた》る、初《しよ》を同人門《ごうにんもん》に于《おい》てすと爲《な》すは、至《いた》つて近《ちか》ければなり、二を同人宗《ごうにんそう》に于《おい》てすと爲《な》すは、亦近《またちか》ければなり、上《うへ》に至《いた》つて而《しか》して同人郊《ごうにんかう》に于《おい》てすとは、則《すなは》ち遠矣《ゑんや》、然《しか》れども未《いま》だ野《や》の尤《もつと》も遠《とほ》きに如《し》かざるなり、同人野《ごうにんや》に于《おい》てすとは、豈《あ》に家邑《かゆう》の外《そと》に超出《てうしゆつ》するにあらずや、二は同人《ごうにん》の主《しゆ》と爲《なし》て、而《しか》して大同《だいどう》なること能《あた》はず、故《ゆゑ》に其《そ》の應《おほ》ある者《もの》は乃《すなは》ち吝《りん》と爲《な》す所以《ゆえん》なり、初上《しよじやう》は咎《とがめ》なし悔《くひ》なしと雖《いへ》ども、然《しか》れども終《つひ》に野《や》に于《おい》てするの亨《とほ》るに如《し》かず、聖人《せいじん》四海《かい》を以《もつ》て一家《か》と爲《な》し、中國《ちうごく》を一人《にん》と爲《な》して、而《しか》して情孚《じやうふ》ならざるなく、恩洽《おんあま》ねからざるなき者《もの》は、豈《あ》に同人野《どうにんや》に于《おい》てするの意《い》にあらずや。

䷍ 乾《けん》下《か》
離《り》上《じやう》

大《たい》有《いう》

大有《たいいう》、元《おほい》ニ亨《とほ》ル

此卦《このくわ》離《り》を火《ひ》とし、乾《けん》を天《てん》とす、火《ひ》天上《てんじやう》にあれば、萬邦《ばんぽう》の廣《ひろ》きも照《てら》さゞる所《ところ》はない、卽《すなは》ち大有《たいいう》の象《かたち》である、又《また》六五の一陰《いん》が尊位《そんい》に居《を》り中《ちう》を得《え》て、而《しか》して上下《じやうか》の五陽《やう》が之《これ》に應《おほ》ずるのも大有《たいいう》の義《ぎ》である、故《ゆゑ》に此卦《このくわ》を名《なづ》けて大有《たいいう》と言《い》ふ。大有《たいいう》とは有《も》つことの弘大《くわうだい》にして豐盛《ほうせい》なるの義《ぎ》であるが、此卦內《このくわうち》は剛健《かうけん》にして外《そこ》は文明《ぶんめい》、文明《ぶんめい》なるが故《ゆゑ》に知《し》らざることなく、剛健《がうけん》なるが故《ゆゑ》に行《おこな》はざることなく、而《しか》も中《ちう》を得《え》て以《もつ》て天《てん》の時《とき》を失《うしな》はぬ、故《ゆゑ》に元《おほい》ニ亨《とほ》ルと言《い》ふ。元《おほい》に亨《とほ》るとは、猶《なほこれ》之を大《おほい》に通《とほ》ると言《い》ふが如《ごと》く、その有《も》つことの盛大《せいだい》なるに從《したが》ふて、その亨通成就《きやうつうじやうじゆ》する所《ところ》も、亦必《またかな》らず盛大《せいだい》なるの義《ぎ》である。惟《おも》ふに比《ひ》の九五は一陽《やう》を以《もつ》て五陰《いん》に統《す》ぶ、五陰《いん》は卽《すなは》ち民庶《みんしよ》の象《かたち》である。反之《これにはんし》。大有《たいいう》の六五は一陰《いん》を以《もつ》て五陽《やう》を統《す》ぶ、五陽《やう》は卽《すなは》ち賢能《けんのう》の象《かたち》である、故《ゆゑ》に五の君德《くんとく》のみに就《つい》て之《これ》を言《い》へば、大有《たいいう》六五の柔中《じうちう》は比《ひ》の卦《くわ》九五の剛中《がうちう》に劣《おと》つて居《を》る所《ところ》があるけれども、而《しか》も全卦《ぜんくわ》に就《つい》て之《これ》を言《い》へば、比《ひ》の吉《きち》にして咎《とがめ》なきは、即《すなは》ち大有《たいいう》の元《おほい》に亨《とほ》るに及《およ》ばざること遠《とほ》いのであるが、彖辭《たんじ》中《ちう》元《おほい》に亨《とほ》るの外《ほか》更《さら》に他辭《たじ》なきものは、惟《たゞ》大有《たいいう》と鼎《てい》との二卦《くわ》ある丈《だけ》で、二卦《くわ》共《とも》に賢《けん》を尚《たつと》び能《のう》を養《やしな》ふの義《ぎ》がある、随《したが》つてその占《うらなひ》の吉《きち》なることは固《もと》より言《げん》を俟《ま》たぬ。

初九、无《なし》レ交《まじ》ハルレ害《がい》ニ、匪《あらず》レ咎《とが》ニ、艱《なや》メバ則《すなはち》无《なし》レ咎《とが》、

凡《およ》そ人《ひと》富有《ふいう》なる時《とき》は驕慢《けうまん》に失《うしな》ひ、驕慢《けうまん》に失《うしな》ふに至《いた》れば、必《かな》らず他《た》の寇害《こうがい》を受《う》くるものである、今《いま》初《しよ》九は大有《たいいう》の始《はじ》めに居《を》るから、他《た》の寇害《こうがい》を受《う》くべき程《ほど》事物《じぶつ》との關係《くわんけい》を持《もつ》て居《を》らぬ、故《ゆゑ》に无《なし》レ交《まじはる》レ害《がいに》と言《い》ふ。交《まじ》はるとは、交際接觸《かうさいせつしよく》するの義《ぎ》で、凡《すべ》て寇害《こうがい》なるものは、事物《じぶつ》と交渉接觸《かうせふせつしよく》する所《ところ》に因由《いんいう》し來《きた》るものである、故《ゆゑ》に直《たゞ》ちに之《これ》を害《がい》に交《まじ》はることなしと言《い》ふ。而《しか》もその實《じつ》は未《いま》だ事物《じぶつ》と交渉接觸《かうせふせつしよく》することの鮮《すく》ないもので、随《したが》つて害《がい》に交《まじ》はることのないものである、這《こ》は即《すなは》ち謂《い》ふ所《ところ》の爻象《かうしやう》であるが、初九《しよ》は此《かく》の如《ごと》く未《いま》だ事《こと》に接《せつ》し害《がい》に渉《わた》らざるもので何等《なんら》の咎《とが》もないものである、故《ゆゑ》に匪《あらず》レ咎《とがに》と言《い》ふ。されども時《とき》は即《すなは》ち大有《たいいう》の始《はじ》めで、此《これ》より將《まさ》に種々《しゆ〲》の事物《じぶつ》に交渉《かうせふ》すべき際《さい》である、然《しか》るに未《いま》だ何等《なんら》の罪咎《ざいきう》もないからと言《い》ふて、易心《いしん》を以《もつ》て之《これ》に處《しよ》せば、諺《ことわざ》に謂《い》ふ油斷大敵《ゆだんたいてき》で、却《かへ》つて罪過《ざいくわ》あるに至《いた》るのである、故《ゆゑ》に之《これ》を戒《いまし》めて難《なや》めば則《すなは》ち咎《とが》なしと言《い》ふ、即《すなは》ち自《みづ》からその處《しよ》し難《がた》きことを知《し》つて、豫《あら》かじめ之《これ》を防《ふせ》ぐことを怠《おこた》らぬ時《とき》は、則《すなは》ち咎《とが》なきことを得《う》るのである。

九二、大車《たいしや》以《もつ》テ載《の》ス、有《あり》レ攸《ところ》レ往《ゆく》无《なし》レ咎《とが》、

九二は剛《がう》を以《もつ》て陰《いん》に居《を》り、且《か》つ中《ちう》を得《え》て而《しか》して六五の柔中《じうちう》に應《おほ》ず、故《ゆゑ》に大車以載《たいしやもつてのす》と言《い》ふ。乾《けん》を大《だい》となし圜《くわん》となして大車《たいしや》の象《かたち》。九二が六五に應《おほ》ずるは以《もつ》て載《の》するの象《かたち》。車《しや》は重《お》もきを載《の》せて遠《とほ》きに致《いた》すもので、乾《けん》の健《けん》を以《もつ》て之《これ》を行《や》る、故《ゆゑ》にその占《せん》を有《あり》レ攸《ところ》レ往《ゆく》无《なし》レ咎《とが》と言《い》ふ。蓋《けだ》し大有《たいいう》の時《とき》に當《あた》り、天下《てんか》の重《おも》きに任《にん》ずることは、猶輦堅《なほきやうけん》なる大車《たいしや》の物《もの》を載《の》するが如《ごと》くでなければ、その任《にん》に勝《た》ゆることが可能《でき》ぬ、故《ゆゑ》に占者《せんしや》も亦此《またかく》の如《ごと》き才徳《さいとく》あつて然《しか》る後始《のちはじ》めて往《いつ》て而《しか》して咎《とが》なきことを得《う》べきである。

九三、公用《こうもつ》テ亨《たてまつる》レ于《に》二天子《てんし》一ニ、小人《せう じん》ハ弗《ず》レ克《あた》ハ、

亨《けう》は春秋左氏傳《しゆんじうさしでん》には享《けう》に作《つく》つて居《を》る、卽《すなは》ち朝獻《てうけん》のことで、京房曰《きやうはういは》く亨《けう》は獻《けん》なり、于寶曰《うはういは》く亨《けう》は燕《えん》なりと。されば亨《けう》とは朝獻《てうけん》の義《ぎ》と・宴亨《えんきやう》の義《ぎ》とを兼《か》ねたものであると見《み》てよからう。又乾《またけん》を諸侯《しよこう》となすが九三が下卦《かくわ》の上《うへ》に居《を》るは卽《すなは》ち公侯《こう〳〵》の象《かたち》。公侯《こう〳〵》なるものは、上《かみ》、天子《てんし》に服事《ふくじ》して朝貢《てうこう》をなすべきものであるが、今大有《いまたいいう》の時《とき》に當《あた》り、六五の天子《てんし》は己《おの》れを虚《むな》ふして衆賢《しうけん》に下《くだ》り交《まじ》はり、その威令《ゐれい》は洽《あま》ねく四海《かい》に行《おこな》はれ、天下《てんか》の諸侯皆來朝《しよこうみならいてう》して貢物《こうもつ》を奉獻《ほうけん》す、是《これ》を以《もつ》て九三の公も亦來朝《またらいてう》して亨獻《けうけん》するが故《ゆゑ》に、六五の天子《てんし》も、亦亨燕《またきやうえん》の禮《れい》を行《おこな》ふて、天下《てんか》の諸侯《しよこう》を引見《いんけん》す、故《ゆゑ》に公用《こうもつて》亨《たてまつる》于《に》ニレ天子《てんし》一と言《い》ふ。占者《せんじや》その德《とく》があれば、その占《うらなひ》も亦此《またこ》の如《ごと》くであるけれども、而《しか》も小人《せうじん》にして剛正《がうせい》の德《とく》なきものは、到底此《たうていこ》の如《ごと》き盛《せい》儀《ぎ》に當《あた》ることは可能《でき》ぬ、故《ゆゑ》に小八弗《せうじんず》レ克《あたは》と言《い》ふ、卽《すなは》ち占詞《せんじ》である。

九四、匪《あら》ズ二其彭《それさかん》ナルニ一、无《なし》レ咎《さが》、

匪《あらず》は非《り》と同《おな》じく、彭《さかん》は盛大《せいだい》の貌《かたち》で、大有《たいいう》の義象《ぎしやう》と離の義象《ぎしやう》とを兼《か》ね取《とつ》て居《を》る。九四は大有《たいいう》の盛時《せいじ》に當《あた》り、近君《きんくん》の高位《かうゐ》に居《ゐ》て、その盛大《せいだい》を極《きは》むるものであるが、凡《およ》そ物皆盛《ものみなさか》むなることその極《きよく》に達《たつ》すれば、則《すなは》ち凶咎《きようきう》の由《よつ》て生《しやう》ずる所《ところ》となるものである、而《しか》も九四は幸《さいはひ》に剛《がう》の陽《やう》を以《もつ》て陰《いん》の柔《じう》に居《を》るが故《ゆゑ》に、謙損《けんそん》自《みづ》から處《しよ》してその盛《せい》を極《きは》めざる所《ところ》の象《かたち》がある、故《ゆゑ》に匪二其彭一《あらずそれさかんなるにい》と言ふ。九四は此《こ》の如《ごと》く謙損自《けんそんみづ》から處《しよ》してその盛《せい》を極《きは》めず、隨《したが》つて近君《きんくん》の位《くらゐ》に居《ゐ》ても、敢《あへ》て僭越《せんゑつ》の嫌《きらひ》がない、故《ゆゑ》にその占《うらなひ》を无《なし》レ咎《さが》と言《い》ふ。

六五、厥孚交如《そのまことかうじよ》タリ、威如《ゐじよ》タレバ吉《きつ》、

六五は柔中《じうちう》の德《とく》があつて君位《くんゐ》に居《を》り、己《おの》れを虛《むなし》ふして九二の賢臣《けんしん》に應《おほ》じ、天下皆悉《てんかみなことごと》く之《これ》に歸服《きふく》するに至《いた》る、此《こ》れ上下交々孚《じやうかこもごもまこと》として相交《あひまじ》はるの象《かたち》である、政《りゐ》に厥孚交如《そのまことかうじよたり》と言《い》ふ。されど一柔《じう》を以《もつ》て五剛《がう》を統《す》ぶるは、聊《いさゝ》か柔順《じうじゆん》に過《す》ぐるの嫌《きらひ》がある、若《も》し柔順《じうじゆん》に過《す》ぎて威嚴《ゐげん》を缺《か》けば、凌慢《りようまん》にして制《せい》し難《がた》きに至《いた》る、故《ゆゑ》に亦威如《またゐじよ》だれば吉《きつ》と言《い》ふ。威如《ゐじよ》とは、威嚴《ゐげん》あつて自《みづ》から重《おも》くするの義《ぎ》で、離《り》を明察《めいさつ》となし、乾《けん》を威武《ゐぶ》となして威如《ゐじよ》たるの象《ふたち》。六五は柔順《じうじゆん》にして中《ちう》を得《え》、且《か》つ尊位《そんゐ》に居《ゐ》るが故《ゆゑ》に、孚信下《まことしも》に接《せつ》する所《ところ》の實《じつ》はあれども、而《しか》も威嚴《ゐげん》の一點《てん》に至《いた》つては、聊《いさゝ》か缺《か》くる所《ところ》がある樣《やう》である、故《ゆゑ》に之《これ》を戒《いま》しめて寬《くわん》嚴《けん》その宜《よう》しきを得《え》せしむる所以《ゆえん》である。

上九、自《より》レ天祐《てんたす》レ之《これを》、吉《きつ》ニシテ无《なし》レ不《ざ》ルコトレ利《よろしから》

六五は大有《たいいう》の主《しゆ》で、下《しも》にあるの四陽《やう》は皆之《みなこれ》に歸應《きおう》し、上九《じやう》の一陽《やう》も亦天位《またてんい》にあつて之《これ》に應《おう》ず、此れ卽《こすなはち》

ち天《てん》より五を祐助《いうじよ》するの象《かたち》である、故《ゆゑ》に自レ天祐レ之《よりてんたすけこれを》と言《い》ふ。之《これ》とは六五を指《さ》す所《ところ》の語《ご》であるが、繫辭傳《けいじでん》に祐《たす》くるとは助《たす》くるなり、天《てん》の助《たす》くる所《ところ》の者《もの》は順《じゆん》なり、人《ひと》の助《たす》くる所《ところ》の者《もの》は信《しん》なり、信《しん》を履《ふ》んで順《じゆん》を思《おも》ふ、又以《またもつ》て賢《けん》を尙《たつ》とぶなりとあるは、卽《すなは》ち五の爲《た》めに繫《か》けた所《ところ》の辭《ことは》で、五が厥《まこと》の孚交如《まことかうじよ》たるは、孚信《まこと》を履《ふ》み行《おこな》ふことに當《あた》り、尊位《そんい》に居《ゐ》て柔順《じうじゆん》を用《もち》ゆるは、卽《すなは》ち順《じゆん》を思《おも》ふと言《い》ふに當《あた》つて居《ゐ》る。蓋《けだ》し五は至《し》尊《そん》の象《かたち》であるが、一陽《やう》その上《うへ》にあるは、卽《すなは》ち天《てん》の象《かたち》であり、亦師傳《またしふ》の象《かたち》である、故《ゆゑ》に卦《くわ》の終《をは》りに於《おい》て六五が天祐《てんいう》に由《よつ》て福慶《ふくけい》を受《う》け、吉《きつ》にして利《よろ》しからざることなきことを言《い》ふ。されば謂《い》ふ所《ところ》の吉利《きちり》なるものは惟《ひと》り上九《じやう》の吉利《きちり》である計《はか》りでなく、大有全體《たいいうぜんたい》に取《と》つての吉利《きつり》で、特《とく》に之《これ》を卦《くわ》の終《をは》りに於《おい》て要言《えうげん》したものに外《ほか》ならぬ。而《しか》して這《こ》は猶小畜《なほせうちく》の上九《じや》に六四の義《ぎ》を承《う》けて婦貞厲《ふかたければあやうし》、月幾レ望《つきちかしぼうに》と言《い》ひ師《し》の上《じやう》六に師《し》の終《をは》りを綜《す》べて大君有《おほぎみあり》レ命《めい》と言《い》ひ、離《り》の上九《じやう》に六五を承《う》けて王用出征《わうもつていでせいす》と言《い》ひ、解《かい》の上六《じやう》に六五を承《う》けて公用射三隼于二高墉之上一《こうもつているはやぶさをかうようのうへ》と言《い》ふのと同例《どうれい》で、皆《みな》五爻《かう》の義《ぎ》を要約《えうやく》して言《い》ふたものである。

䷎ 艮下《ごんか》坤上《こんじやう》 謙《けん》

謙《けん》ハ亨《とほ》ル君子《くんし》有《あり》レ終《をは》リ

山《やま》は高《たか》きもので地《ち》は卑《ひく》きものであるが、此卦艮山《このくわごんやま》の高《たか》きを以《もつ》て、坤地《こんち》の卑《ひく》きもの丶下《した》に止《とど》まるは卽《すなは》ち謙《けん》の象《かたち》である、故《ゆゑ》に之《これ》を名《なづ》けて謙《けん》と言《い》ふ。謙《けん》とは富《と》めども貧《まづ》しきが如《ごと》く、賢《かしこ》けれども愚《おろ》かなるが如《ごと》く貴《たつ》とけれども賤《いや》しきが如《ごと》く、自《みづ》から卑《いやし》ふして矜《ほこ》らざるの義《ぎ》で、内卦艮《ないくわこん》を篤實《とくじつ》となし、外卦坤《がいくわこん》を從順《じうじゆん》となす、内篤實《うちとくじつ》にして外從順《そとじうじゆん》なれば、德《とく》あるも伐ることなく、能《のう》あるも競《きそ》ふことがない、競《きそ》ふこともなく、亦伐《またほこ》ることもなければ、他《た》の障害《しやうがい》を受《う》くることなく事皆《ことみな》通達《つうだつ》す、故《ゆゑ》にその占《せん》を亨《かう》ると言《い》ふ。亨《かう》るとは事皆通達《ことみなつうだつ》して碍《さは》りなきの謂《いひ》で、始《はじ》めは謙屈《けんくつ》することあるとも、後《のち》には必《かな》らず伸《の》びて而《しか》して成就《じやうじゆ》するに至《いた》る、故《ゆゑ》に君子《くんし》有《あり》レ終《をはり》と言《い》ふ。終《をは》りありとは、自《みづ》から卑《いやし》ふして八《ひさ》益《ます〳〵》之《これ》を尊《たつ》とび、自《みづ》から晦《くら》ましてその德愈《とくいよ〳〵》顯《あら》はるゝの義《ぎ》で、萬事《ばんじ》成功《せいこう》すべきを言《い》ふ。君子《くんし》とは占者《せんじや》を指《さ》して言《い》ふたもので、九三成卦《せいくわ》の主《しゆ》に當《あた》り、即《すなは》ち勞謙君子《らうけんくんし》がそれである。蓋《けだ》し此卦《こくわ》の由《よつ》て而《しか》して成《な》る所《ところ》は九三の一爻《かう》にある、故《ゆゑ》に凴《ひよう》氏椅《しき》曰《いは》く、

一陽《やう》五陰《いん》の卦《くわ》、其象《そのかたち》を立《た》つるや、一陽上下《やうじやうか》に在《あ》るものを剝復《はくふく》とす。陽氣《やうき》の消長《せうちやう》に象《かた》どるなり。中《なか》に在《あ》るものを師比《しひ》とす、衆《しう》の歸《き》する所《ところ》に象《かた》どるなり。三四二體《たい》の際《さい》に在《あ》るに至《いた》つては、六畫《くわく》の中《うち》に當《あた》る、故《ゆゑ》に上《うへ》よりして而《しか》して退《しりぞ》びて下《しも》に處《よ》る者《もの》を以《もつ》て謙《けん》と爲《な》し、下《した》よりして而《しか》して奮《ふる》つて上《うへ》に出《い》つる者《もの》を以《もつ》て豫《よ》と爲《な》す、此《こ》れ畫《くわく》を觀《み》、象《かたち》を立《た》つるの本旨《ほんし》なり。

と、實《じつ》に然《しか》り。

初六、謙謙《けんけん》タル君子《くんし》、用《もつ》テ渉《わた》ルニ大川《たいせん》ヲ吉《きち》、

初六《しよ》は柔順《じうじゆん》を以《もつ》て謙《けん》の最下《さいか》に居《を》る、此《こ》れ自《みづ》から卑下《ひげ》するの至《いた》り、謙《けん》の又謙《またけん》なるもので、君子《くんし》の行《おこなひ》と徳《さく》とを備《そな》へたものである、故《ゆゑ》に謙謙《けん〳〵たる》君子《くんし》と言《い》ふ。占者若《せんじやも》し此《こ》の心《こゝろ》を以《もつ》て進《すゝ》まば、大川《おほかは》の險《けん》も無事《ぶじ》に之《これ》を渉《わた》ることが可能《でき》る、況《いは》むや平易《へいい》にして險難《けんなん》ならぬ事《こと》は固《もと》より言《い》ふ迄《まで》もない、故《ゆゑ》に用《もつて》渉《わたる》二大川《おほかはを》一ヲ吉《きつ》と言《い》ふ。謙謙君子《けん〳〵くんし》は初六《しよ》の象《かたち》で、用《もつて》渉《わたる》二大川《おほかはを》一はその占辭《せんじ》である

六二、鳴《な》ラスレ謙《けん》ヲ、貞吉《たゞしきつ》、

六二は柔《じう》を以《もつ》て陰《いん》に居《ゐ》て且《か》つ中《ちう》を得《え》て居《ゐ》る、此《こ》れその謙徳《けんとく》が中《ちう》に充積《じうせき》するの象《かたち》であるが、謙徳《けんとく》が中《ちう》に充積《じうせき》すれば、自然《しぜん》にその人《ひと》の言語擧動等《げんごきよどうとう》に現《あら》はれ出《いづ》るものである、故《ゆゑ》に鳴《なら》レ謙《すけんを》と言《い》ふ。謙《けん》を鳴《な》らすとは、自《みづ》からその謙《けん》を矜《おご》り鳴《な》らすと言《い》ふの義《ぎ》ではない、九三の謙道《けんだう》を承《う》けて之《これ》を鳴《な》らすと言《い》ふの義《ぎ》である、蓋《けだ》し六二は中正《ちうせい》の徳《とく》を固有《こいう》して居《を》るものであるから、自《みづ》からその謙徳《けんとく》を聲鳴吹聽《せいめいふいちやう》する樣《やう》なものではない、故《ゆゑ》に貞《たゞしうしてきつ》吉と言《い》ふ。貞正《ていせい》にして吉《きつ》なるの謂《いはれ》で、彼《か》の貞正《ていせい》なることを得《う》れば、則《すなは》ち吉《きつ》なるものと大《おほい》にその撰《せん》を異《こと》にして居《ゐ》る。鳴《な》らすとは、内卦艮《ないくわごん》を言《けん》となし、中爻震《ちうかうしん》を聲《こゑ》となすの象《かたち》。

九三、勞謙君子《らうけんくんし》、有《あり》レ終《をはり》吉《きつ》

九三は剛陽《がうやう》の徳《とく》があつて下體《かたい》に居《を》り、而《しか》して衆陰《しういん》の宗主《そうしゆ》となる、謙《けん》の謙《けん》たる所《ところ》は實《じつ》に此爻《このかう》あるが爲《た》めで、彖《たん》に君子《くんし》終《をは》りありと言《い》ふは即《すなは》ち此爻《このかう》に當《あた》る、此爻上《このかうじやう》は君《きみ》の任《にん》ずる所《ところ》となり、下《しも》は衆《しう》の宗《そう》とする所《ところ》となつて、功勞《こうらう》あるも而《しか》も謙徳《けんとく》を固持《こぢ》する所《ところ》の君子《くんし》である、故《ゆゑ》に勞謙君子《らうけんくんし》と言《い》ふ。彖《たん》には謙《けん》は亨《かう》る君《くん》

子《し》終《をは》りありと言《い》ひ、此《こゝ》には吉《きつ》を以《もつ》て亨《こほ》るの字《じ》に代《か》へ、謙《けん》の上《うへ》更《さら》に勞《らう》の一字《じ》を加《くは》へて居《を》るが、謙讓自《けんじやうみづ》から處《しよ》することは左程《さほど》の難事《なんじ》ではない、功勞《こうらう》があるに拘《かゝ》はらず、而《しか》も能《よ》く自《みづ》から謙卑《けいひ》して、その功勞《こうらう》に誇《はこ》らぬことは實《じつ》に至難《しなん》である、然《しか》るにその至難《しなん》に甘《あま》むじて、その行履《かうり》を變《へん》せぬのは、卽《すなは》ちその有終《いうしふ》の美《び》を濟《すま》す所以《ゆえん》である、故《ゆゑ》に有レ終《ありをはり》 吉《きつ》と言《い》ふ。内卦艮《ないくわごん》を止《とゞ》まるとし、中爻坎《ちうかうかん》を險《けん》として、險中《けんちう》に止《とゞ》まるは勞謙《らうけん》の象《かたち》。

六四、无《な》レシ不《ざ》ルコトレ利《よろし》カラ、撝《ふる》ヘレ謙《けん》、

六四は謙《けん》の時《とき》に當《あた》り、柔《じう》を以《もつ》て陰《いん》に居《ゐ》てその正《せい》を得《え》て居《を》るから、上位《じやうゐ》にあるも而《しか》も謙順《けんじゆん》にして能《よ》く卑《ひ》下《げ》するものである、故《ゆゑ》に 无レ不レ利《なしざるところよろしから》 と言《い》ふ。蓋《けだ》し謙《けん》の時《とき》に當《あた》つて謙《けん》の道《みち》を行《おこな》ふ、此《こ》れその利《よろ》しからざることなき所以《ゆえん》である、されど六四は勞謙《らうけん》にして大功德《だいくどく》ある九三の上《うへ》に乘《の》り、且《か》つ中順《ちうじゆん》にして謙德《けんとく》を持《ち》する所《ところ》の君位《くんゐ》に接《せつ》する許《ばか》りでなく、柔《じう》にして陰《いん》に居《を》るは、却《かへ》つてその卑巽《ひそん》に過《す》ぎて、謙道《けんだう》を發揮《はつき》し得《え》ざるの嫌《きらひ》がある、故《ゆゑ》に之《これ》を戒《いま》しめて撝レ謙《ふるへけんを》 と言《い》ふ。撝《ふる》ふとは艮手震作《ごんしゆしんさく》の象《かたち》で、謙道《けんだう》を振起發揚《しんきはつやう》するの謂《いは》れである蓋《けだ》し遲緩《ちくわん》に過《す》ぐれば機宜《きぎ》を失《うしな》ひ、卑巽《ひそん》に過《す》ぐれば事皆行《ことみなおこな》はれざるからである。

六五、不《ず》レシテ富《とま》以《ひきゆ》ニ其《その》鄰《となり》一チ、利《よろ》レシ用《もち》ユルニ侵伐《しんばつ》一ヲ、无《なし》レ不《ざる》ルコトレ利《よろしから》

六五は柔中《じうちう》にして尊位《そんゐ》に居《を》り、謙順己《けんじゆんおの》れを虚《むなし》ふして能《よ》く下《しも》に接《たづさ》はる所《ところ》の謙君《けんくん》である、故《ゆゑ》に不レ富以ニ其《ずしてとまひきゆその》鄰《となりを》一と言《い》ふ。不《ず》レ富《とま》とは柔中《じうちう》の象《かたち》。鄰《りん》とは親《した》しみ近《ちか》づくの意《い》で、臣下萬民《しんかばんみん》を指《さ》す、而《しか》して之《これ》を富《と》まずと

言《い》ひ鄰《りん》と言《い》ふは卽《すなは》ちその謙辭《けんじ》である、何《なん》となれば天下《てんか》に君《きみ》として四海《かい》を保有《ほいう》せば、富之《とみこれ》より大《だい》なるはなく、亦至尊《またしそん》は絕對無比《ぜったいむひ》にして鄰《りん》あるの理《り》がないからである、されど君道《くんだう》は謙柔《けんじう》一方《ぱう》に偏《へん》すべきではない、必《かな》らず威武《ゐぶ》を以《もつ》て相濟《あひすく》ふことを要《えう》するのである、然《しか》る後能《のちよ》く天下《てんか》の人心《じんしん》を悅服《えつぷく》せしむることが可能《でき》る。故《ゆゑ》に利《よろしくもちゆるにしんばつを》レ用二侵伐一と言《い》ふ、侵《しん》は正《まさ》に征《せい》に作《つく》るべく筆寫《ひつしや》の誤《あやま》りである。蓋《けだ》し侵《しん》とは己《おの》れが分限《ぶんげん》を越《こ》へて他《た》を犯《をか》し侵《をか》すの義《ぎ》で、天子《てんし》に越權《ゑつけん》の行《おこなひ》があるべき筈《はず》がないからである。乍去《さりながら》謙君至治《けんくんしち》の盛德《せいとく》を以《もつ》てするも、而《しか》も之《これ》を感化《かんくわ》すべからざる頑民《ぐわんみん》なきを保《ほ》せず、故《ゆゑ》に恩威《をんゐ》並《なら》び行《おこな》ひ、寬嚴《くわんげん》その宜《よろ》しきを得《え》て、然《しか》る後君道《のちくんだう》の全《まつた》きを盡《つく》すことが可能《でき》る、故《ゆゑ》に亦无《またなしざるところよろしから》レ不レ利と言《い》ふ。

上六、鳴《なら》スレ謙《けん》チ、利《よろし》三用《もちひ》テ行《や》リレ師《し》征《せい》スルニ二邑國《いうこく》一チ、

上六《じやう》は陰柔《いんじう》にして謙《けん》の極《きよく》に居《ゐ》て、惟《ひと》り九三の卦主《くわしゆ》に應《おほ》ずり。是《これ》を以《もつ》てその應《おほ》を賴《たの》むで己《おの》れの才能《さいのう》を矜《ほこ》り鳴《な》らすものである、故《ゆゑ》に鳴《からすけんを》レ謙と言《い》ふ。蓋《けだ》し六二が謙《けん》を鳴《た》らすは、下位《かゐ》に居《ゐ》て中《ちう》を得《う》るが故《ゆゑ》に、その鳴《な》らすことが自《おのづ》から謙《けん》の本義《ほんぎ》に適《てき》して居《ゐ》る。反之《これにはんし》。上六《じやう》は重陰《ぢういん》にして不中《ふちう》である、故《ゆゑ》に事理《じり》に暗《くら》く己《おの》れの令聞《れいぶん》を求《もと》めてその功《こう》に矜《ほこ》る許《ばか》りでなく、謙《けん》の極《きよく》に居《を》れば、謙已《けんすで》に極《きは》まつて不謙《ふけん》に反《かへ》らむとするの傾《かたむ》きがある、此《こ》れ速《すみ》やかに脩省克治《しうせいこくぢ》して、謙道《けんだう》の本然《ほんぜん》に復歸《ふくき》せしめねばならぬものである、故《ゆゑ》に利《よろし》三用《もちひてやりしをせいするにいうこくを》行レ師征二邑國一と言《い》ふ。師《し》と言《い》ひ邑國《いうこく》と言《い》ふは皆坤《みなこん》の象《かたち》で、諸《これ》を己《おの》れに反求《はんきう》して自《みづ》からその私《わたくし》を治《おさ》むるの義《ぎ》である。行《かう》と言《い》ひ、征《せい》と言《い》ふは共《とも》に中爻震《ちつかつしん》の象《かたち》。

䷏ 坤《こん》下《か》震《しんじやう》上

豫《よ》

豫《よ》ハ利《よろ》シ㆓建《た》テ㆑侯《きみ》ヲ行《や》ルニ㆒㆑師《し》ヲ

此卦坤《このくわこん》を衆《しう》となし、震《しん》を樂《たの》しむとなす、衆人《しうじん》と共《とも》に樂《たの》しむは豫《よ》の義《ぎ》である。又上動《またかみうご》いて下從《しもしたが》ひ、君民《くんみん》相和悅《あひわえつ》するも豫《よ》の義《ぎ》である、故《ゆゑ》に此卦《このくわ》を名《なづ》けて豫《よ》と言《い》ふ。此卦震《このくわしん》を君《きみ》となし坤《こん》を國《くに》となして、九四の一陽成卦《やうせいくわ》の主《しゆ》となり、上下《じやうか》の諸陰皆之《しよいんみなこれ》に順從《じゆんじう》するは卽《すなは》ち上動《かみうご》いて下從《しもしたが》ひ、君建《きみた》つて民服《たみふく》するの象《かたち》である、故《ゆゑ》に建㆑侯《たつきみを》と言《い》ふ。國君已《こくくんすで》に建《た》ち、此《かく》の如《ごと》く悅服《えつぷく》する所《ところ》の民《たみ》を將《ひきゐ》て以《もつ》て不服《ふふく》の國《くに》を伐《う》てば、必《かな》らずその功《こう》がある、故《ゆゑ》に利㆓建㆑侯行㆒㆑師《よろしたてきみをやるにしを》と言《い》ふ。或《あるひ》は言《い》ふ、屯《ちゆん》の卦《くわ》には震《しん》あつて坤《こん》がない、故《ゆゑ》に侯《きみ》を建《た》つと言《い》ふて、師《し》を行《や》ると言《い》ふて居《を》らぬ。謙《けん》には坤《こん》あつて震《しん》がない、故《ゆゑ》に師《し》を行《や》ると言《い》ふて、侯《きよ》を建《た》つると言《い》ふて居《を》らぬが、此卦《このくわ》は震《しん》と坤《こん》とを合《あは》せて成《なつ》て居《ゐ》る、故《ゆゑ》に之《これ》を兼《か》ねて侯《きみ》を建《た》て師《し》を行《や》ると言《い》ふと此《これ》も亦《また》一說《せつ》である。

初六、鳴《なら》ス㆑豫《よ》ヲ、凶《きよう》、

九四は豫《よ》の主《しゆ》で時《とき》を得《え》て事《こと》を主《つか》さどるものであるが、初六《しよ》は之《これ》と相應《あひおほ》じてその强援《きやうえん》を恃《たの》み、豫樂《よらく》を恣《ほしい》まゝにして矜誇自《きやうこうみつ》から鳴《な》るものである、此《こ》れ陰柔《いんじう》の小人《せうじん》が權勢《けんせい》を假《かり》て不義《ふぎ》の豫樂《よらく》を極《きは》むるの象《かたち》である故《ゆゑ》に鳴㆑豫《ならすよを》と言《い》ふ。謙《けん》を鳴《な》らすは猶可《なほか》、豫《よ》を鳴《な》らすことは則《すなは》ち不可《ふか》である、故《ゆゑ》に之《これ》を凶《きよう》と言《い》ふ、鳴《な》らすは震雷《しんらい》の聲《こゑ》に取《とつ》たものである。

龔氏煥《きようしくわんくわい》曰く、豫《よ》の初六《しよ》は卽《すなは》ち謙《けん》の上六《じやう》の反對《はんたい》、故《ゆゑ》に謙《けん》の上六《じやう》に曰《いは》く、謙《けん》を鳴《な》らす、豫《よ》の初六《しよ》に曰《いは》く豫《よ》を鳴《な》らすと、謙《けん》の上六《じやう》は九三に應《おほ》ず、故《ゆゑ》に其《そ》の謙《けん》を鳴《な》らし、豫《よ》の初六《しよ》は九四に應《おほ》ず、故《ゆゑ》に其《そ》の豫《よ》に勝《たへ》ずして以《もつ》て自《みづ》から鳴《な》る、謙《けん》にして而《しか》して鳴《な》れば則《すなは》ち吉《きつ》、豫《よ》にして而《しか》して鳴《な》れば則《すなは》ち凶《きよう》。

六二、介《かい》タリレ于《に》レ石《いし》ニ不《ず》レ終《をへ》レ日《ひ》チ、貞《たゞしう》シテ吉《きつ》、

介《かい》とは特立並《とくりつなら》びなきの義《ぎ》で、此卦《このくわ》が由《よつ》て以《もつ》て豫《よ》をなす所以《ゆえん》は九四の一陽《やう》にあるが、初六《しよ》は之《これ》と相應《あひおほ》じて居《ゐ》る、故《ゆゑ》に豫《よ》を鳴《な》らすの凶《きよう》を言《い》ひ、六三は之《これ》を承《う》けて居《ゐ》る、故《ゆゑ》に盱《みあ》げて豫《たの》しむの悔《くひ》あることを言《い》ひ而《しか》して六五と上六《じやう》とは四とその體《たい》を同《おな》じうして居《ゐ》る、故《ゆゑ》に五には豫《よ》を求《もと》むるの貞疾《ていしつ》を言《い》ひ、上《じやう》には豫《よ》に冥《くら》きの咎《とが》あることを言《い》ふて居《ゐ》るが、豫樂《よらく》は皆人《みなひと》の悅《よろこ》ぶ所《ところ》である、故《ゆゑ》に係應《けいおほ》のある所《ところ》を求《もと》めて爭《あらそ》ふて之《これ》に附《つ》き隨《したが》ふのは、人情《にんじやう》の免《まぬ》かれ難《がた》き所《ところ》である、然《しか》るに惟《ひと》り六二は陰正《いんせい》にして四に係《かゝは》る所《ところ》なく、介然《かいぜん》として特立《とくりつ》するの象《かたち》がある、故《ゆゑ》に介《かいたりにいし》レ于レ石と言《い》ふ、石《いし》は艮山《ごんざん》の象《かたち》で、介《かいたりにいし》レ于レ石とは確然特立《かくぜんとくりつ》して石《いし》の如《ごと》くなることを言《い》ふ。初爻《しよかう》を日《ひ》の出《で》となし、二爻《かう》を日中《につちう》となして、三爻《かう》は日《ひ》を終《を》へざるの象《かたち》、故《ゆゑ》に不《ず》レ終《をへ》レ日《ひを》と言《い》ふ。日《ひ》を終《を》へずとは、幾《き》を見《み》ることの速《すみ》やかにして、之《これ》を決斷《けつだん》することの堅確《けんかく》なる義《ぎ》であるが、六二は柔《じう》を以《もつ》て陰《いん》に居《ゐ》て、その正《せい》を得《え》て居《ゐ》る許《はか》りでなく、過不及《くわふきう》なき中德《ちうとく》を備《そな》へて居《ゐ》るので、他《た》の諸爻《しよかう》が逸豫《いつよ》に耽溺《たんでき》し、戀々《れんれん》として去《さ》り得《え》ざるの際《さい》に於《おい》て、惟《ひと》り介然《かいぜん》として日《ひ》を終《を》ゆるの間《あひだ》を俟《ま》た

ず、之《これ》を靜思明斷《せいしめいだん》することが可能《でき》るのである、故《ゆゑ》に貞《たゞしうして》吉《よし》と言《い》ふ。貞吉《ていきつ》とは貞正《ていせい》なるが故《ゆゑ》に吉《きつ》なるの義《ぎ》で、六二が本來固有《ほんらいこいう》する所《ところ》の中正《ちうせい》の德《とく》を言《い》ふたものである。

六三、盱《みあげ》テ豫《たの》シム。悔《くゆ》、遲《おそ》ケレバ有《あり》レ悔《くい》、

盱《みあ》ぐるは視《み》上《あ》ぐると同《おな》じく、六三が九四を仰《あふ》ぎ承《う》くるの象《かたち》。六三は柔《じう》を以《もつ》て陽《やう》に居《を》り、特《とく》に四に近《ちか》し故《ゆゑ》に四を視《み》上《あ》げて之《これ》に媚《こ》び諂《へつら》ふて。豫樂《よらく》を求《もと》む、此《こ》れ小人《せうじん》が權勢《けんせい》に阿附《あふ》して逸樂《いつらく》を貪《むさ》ぼるの象《かたち》である故《ゆゑ》に盱豫《みあげてたのしむ》と言《い》ふ。六三が逸樂《いつらく》に耽溺《たんでき》すること已《すで》に此《かく》の如《ごと》くである、その悔《く》ゆることあるは固《もと》より當然《たうぜん》である、故《ゆゑ》に悔《くゆ》と言《い》ふ。而《しか》して此《こ》の悔《くい》なるものは良心《りやうしん》の發露《はつろ》であるから、その發露《はつろ》するに及《およ》むで速《すみ》やかに之《これ》を改《あらた》むれば、力《ちから》を用《もち》ゆることは尠《すく》なくして、その功《こう》は却《かへつ》て之《これ》に倍《ばい》するのであるが、若《も》し遲《ち》々《ゝ》として決《けつ》することが可能《でき》ざれば、益々《ますます》その過《あやまち》を大《だい》にして終《つひ》に救《すく》ひ難《がた》きに至《いた》り、眞《しん》に悔咎《くわいきう》を招《まね》くことゝなるのである、故《ゆゑ》に遲有レ悔《おそけれはありくい》と言《い》ふ。六三は陰柔《いんじう》にして不中《ふちう》ではあるけれども、その位《くらゐ》は陽《やう》に居《を》るが故《ゆゑ》に、前非《ぜんぴ》を悔悟《くわいご》するの心《こゝろ》を生《しやう》ずることあるが、豫《よ》の諸爻《しよかう》を通《つう》じてその缺《か》くる所《ところ》は、遲疑不斷《ちぎふだん》なるの所《ところ》にある、故《ゆゑ》にその良心《りやうしん》の發露《はつろ》する所《ところ》に就《つい》て、一の遲《ち》の字《じ》を下《くだ》してその斷《だん》の速《すみ》やかならむことを戒《いまし》めたのである。

九四、由《よつ》テ豫《たの》シム、大《おほい》ニ有《あり》レ得《う》ルコト、勿《なか》レ疑《うたが》フコト朋《とも》盍《あ》ヒ簪《あつま》ラン

由《よつて》とは倚《よ》り頼《たの》むの義《ぎ》で、此卦《このくわ》が天下《てんか》の豫樂《よらく》をなす所以《ゆえん》は全《まつ》たく九四の一剛《がう》にある、故《ゆゑ》に上下《じやうか》の五柔《じう》は

皆之《みなこれ》に由《よ》り倚《よ》つて豫樂《よらく》をなす、故《ゆゑ》に由《よつて》豫《たのしむ》と言《い》ふ。亦之《またこれ》を九四自爻《じかう》より言《い》へば、一剛《がう》を以《もつ》て成卦《せいくわ》の主《しゆ》となつて五柔《じう》の心《こころ》を得《う》、故《ゆゑ》に大《おほいに》有《ありうる》レ得《こと》と言《い》ふ。勿《なかれ》レ疑《うたがふ》とは之《これ》を決《けつ》するの辭《じ》で、九四が剛《がう》を以《もつ》て陰《いん》に居《ゐ》て遲疑《ちぎ》するの象《かたち》、蓋《けだ》し近君多懼《きんくんたく》の地《ち》に居《ゐ》て同德《どうとく》の之《これ》を助《たす》くるものがない、此《こ》れその遲疑《ちぎ》する所以《ゆえん》であるが、九四が豫《よ》の主《しゆ》となつて當《ま》さに盡《つく》さねばならぬ所《ところ》は、赤誠《せきせい》にして更《さら》に疑《うたが》ふことなきの一事《じ》である、故《ゆゑ》に若《も》し赤誠《せきせい》を披《ひら》いてその任《にん》に當《あた》らば、必《かな》らず上下《じやうか》の助《たす》けを得《え》て、その本分《ほんぶん》を全《まつた》ふすことが可能《でき》る、故《ゆゑ》に勿《なかれ》レ疑《うたがふこと》朋《ともあひ》盍《あつまらん》簪と言《い》ふ朋《とも》は同類《どうるゐ》の義《ぎ》、盍《あひ》は合《あ》ふの義《ぎ》、簪《あつまる》は聚《あつ》まるの義《ぎ》で、笄《かふがい》のことであるが、笄《がうがい》は頭髮《とうはつ》を聚《あつ》め束《つか》ぬるの具《ぐ》である、此卦《このくわ》が一陽《やう》を以《もつ》て衆陰《しういん》を聯貫《れんくわん》するは卽《すなは》ち簪《あつまる》の象《かたち》。

六五、貞《かた》ク疾《や》メリ、恒《ひさ》シク不《ず》レ死《しせ》、

貞《てい》は固《かた》きの義《ぎ》で、之《これ》を中土《ちうど》の爻象《かうしやう》に取《と》る、今之《いまこれ》を假《かり》て痼《こ》の義《ぎ》とす、卽《すなは》ち坎《かん》を心《こころ》病《やまひ》となし、加憂《かいう》となして痼疾《こしつ》の象《かたち》、痼疾《こしつ》とは猶之《なほこれ》を癈疾《はいしつ》と言《い》ふが如《ごと》く、不治《ふぢ》の疾《やまひ》であるが、疾《しつ》は卽《すなは》ち豫《よ》の反對《はんたい》で、書《しよ》の金《きん》滕《とう》に王有《わうありやま》レ疾弗《ずたのしま》レ豫と言《い》ふのが卽《すなは》ちそうである。故《ゆゑ》に古《こ》は疾《やまひ》あれば之《これ》を不豫《ふよ》と言《い》ふ。又坤《またこん》を死《し》となし、震《しん》を反生《はんせい》となして、五が震體《しんたい》に居《を》るは、蘇生《そせい》して死《し》せざるの象《かたち》である。六五は尊位《そんゐ》に居《を》れども、陰柔《いんじう》にして豫樂《よらく》に耽溺《たんでき》するものである、故《ゆゑ》にその權《けん》は皆《みな》四に歸《き》して、四の爲《た》めに制《せい》せられて居《ゐ》る、而《しか》も尙《なほ》自《みづ》から振《ふる》ふことの可能《でき》ぬもので、之《これ》を譬《たと》へば猶痼疾《なほこしつ》に罹《かゝ》れるものゝ苦腦《くなう》しつゝあるのと一般《ぱん》である、而《しか》も四の輔弼《ほひつ》あるが爲《た》めにその故《ゆゑ》に貞疾《かたくやむ》と言《い》ふ。痼疾《こしつ》に罹《かゝ》るものゝ死《し》すべきは素《もと》よりその所《ところ》である、而《しか》も四の輔弼《ほひつ》あるが爲《た》めにその實權《じつけん》は之《これ》を失《うしな》ふと雖《いへ》ども、その位《くらゐ》のみは之《これ》を保《たも》つことが可能《でき》る、故《ゆゑ》に恒《ひさしく》不レ死と言《い》ふ。恒《ひさしく》は恒久《かうきう》の義《ぎ》である。

上六、冥《くらし》レ豫《よ》ニ、成《な》レドモ有《あ》レバ渝《かは》ルコト无《なし》レ咎《とが》、

冥《めい》は暗《くら》きの義《ぎ》、上六《じやう》は陰柔不中《いんじうふちう》にして逸樂《いつらく》の極《きよく》に居《を》り、耽肆昏迷《たんしこんめい》にして返《かへ》ることを知《し》らず、即《すなは》ち豫《たの》しむに暗《くら》きの象《かたち》、故《ゆゑ》に冥《くらし》レ豫《よに》と言《い》ふ。豫樂《よらくは》極まつて昏迷《こんめい》を成《な》す、成《な》すとは窮極《きつきよく》に達《たつ》するの義《ぎ》であるが、凡《およ》そ物《もの》その極《きよく》に達《たつ》すれば變化《へんくわ》するの理《り》がある計《ばか》りでなく、上六《じやう》は震動《しんどう》の體《たい》に居《を》るが故《ゆゑ》に、豫《よ》に冥《くら》きこと已《すで》に成《なつ》てその極《きよく》に達《たつ》すと雖《いへ》ども、而《しか》も亦《また》渝變《ゆへん》する所《ところ》の義《ぎ》がある、故《ゆゑ》に若《も》し能《よ》く渝變《ゆへん》して前非《ぜんぴ》を改《あらた》むるに至《いた》らば、その咎《とが》を免《まぬ》かるゝことが可能《でき》る、故《ゆゑ》に成有レ渝无レ咎《なれどもあればかはることなしとが》と言《い》ふ。豫樂《よらく》の時《とき》であるから、中正《ちうせい》の德《とく》あるものを以《もつ》て之《これ》に居《を》るも、尚且《なほか》つ悔咎《くわいきう》あることを免《まぬ》かれず、然《しか》るに陰柔《いんじう》にして豫《よ》に冥《くら》き上六《じやう》の爲《た》めに、その渝變《ゆへん》せむことを勸《すゝ》むるものは、即《すなは》ち改過遷善《かいくわせんぜん》の門《もん》を開《ひら》く所以《ゆえん》で、猶冥レ於レ升《なほくらきにのぼるに》、升《しやう》の上六《じやう》の爲《た》めに、不レ息之貞《ざるやまのてい》を敎《をし》ゆるものと一般《ぱん》、彼此《ひし》その機《き》を一にして居《を》るが、上六《じやう》變《へん》ずれば晉《しん》となる、晉《しん》は即《すなは》ち明地上《めいちじやう》に出《い》づるの象《かたち》で、冥暗《めいあん》の象《かたち》と表裏相反《へうりあひはん》するのである、故《ゆゑ》に此語《このご》を系《つ》けて占者《せんじや》を戒《いまし》む。

康熙帝《かうきてい》曰《いは》く、貞疾《ていしつ》と成《な》れども渝《かは》るありと、兩爻《りやうかう》の義《ぎ》亦《また》首尾《しゆび》を相爲《あひな》す、人《ひと》の逸樂《いつらく》に耽《ふけ》つて、而《しか》して其《そ》の飮食起居《いんしよくききよ》を節《せつ》すること能《あた》はざる者《もの》の如《ごと》きは、是《こ》れ死《し》を致《いた》すの道《みち》なり、苟《いやし》くも其《そ》の欲《よく》を縱《ほしいまゝ》にして而《しか》して病《やまひ》なからしめば、則《すなは》ち將《は》た一病《びやう》だも支《さゝ》へずして、而《しか》して亡《ほろ》ぶるや日《ひ》なし、惟其《たゞそ》れ常《つね》に病《やまひ》あ

り、故《ゆゑ》に常《つね》に能《よ》く憂懼《いうぐ》儆戒《けいかい》して、而《しか》して死《し》せざることを得《う》、然《しか》れども憂懼《いうぐ》儆戒《けいかい》に貴《たつと》ぶ所《ところ》の者《もの》は、其《そ》の能《よ》く改變《かいへん》するを以《もつ》てのみ、向《さ》きには逸樂《いつらく》に耽《ふ》けり、昏冥《こんめい》にして而《しか》して悟《さと》らず。殆《ほと》んど將《まさ》に習性《しふせい》と成《な》らんとす、今乃《いますなは》ち爲《な》す所《ところ》を一變《べん》して、而《しか》して飮食《いんしよく》を節《せつ》し起居《ききよ》を愼《つゝし》まば。則《すなは》ち以《もつ》て其《そ》の性命《せいめい》の理《り》を復《ふく》し得《う》べし。豈《あ》に獨《ひと》り死《し》せざるのみならんや、故《ゆゑ》に五に於《おい》て咎《とが》なしと言《い》はずして。而《しか》して上《うへ》に於《おい》て之《これ》を言《い》ふ。卦義《くわぎ》を終《を》えて而《しか》して至戒《しかい》を垂《た》るゝ所以《ゆえん》なり。

䷐ 震下《しんか》兌上《だじやう》 隨《ずゐ》

隨《ずゐ》、元《おほひ》ニ亨《とほ》ル利《よろ》シレ貞《たゞ》シキニ无《な》レ咎《とが》

此卦《このくわ》は震下兌上《しんかだじやう》、震《しん》を動《うご》くとし、兌《だ》を說《よろこ》ぶとす、我動《われうご》いて彼說《かれよろこ》ぶは卽《すなは》ち隨《ずゐ》の義《ぎ》である。又震《またしん》を雷《らい》となし、兌《だ》を澤《たく》となす、雷《らい》が澤中《たくちう》に震《ふる》へば、澤《たく》も亦隨《またしたが》ふて動《うご》くは卽《すなは》ち隨《ずゐ》の義《ぎ》である、又震《またしん》を長男《ちやうなん》となし、兌《だ》を少女《せうぢよ》となす、長男《ちやうなん》を以《もつ》て少女《せうぢよ》の後《あと》に隨《したが》ふは卽《すなは》ち隨《ずゐ》の義《ぎ》である。又卦變《またくわへん》を以《もつ》て之《これ》を言《い》へば、乾《けん》の上《じやう》九來《きた》つて坤《こん》の初《しよ》に居《を》り、坤《こん》の初《しよ》六往《ゆ》いて乾《けん》の上《うへ》に居《を》り、陽倡《やうこな》へて陰和《いんわ》するも、此《これ》も亦隨《またずゐ》の義《ぎ》である、故《ゆゑ》に之《これ》を名《なづ》けて隨《ずゐ》と言《い》ふ、隨《ずゐ》とは從《しが》ふて而《しか》して逆《さか》ひ戾《もど》ることなきの謂《いひ》で、我能《われよ》く人《ひと》に隨《したが》ひ、人能《ひとよ》く我《われ》に隨《したが》ひ彼此《ひし》相隨《あひしたが》ひ、物々相從《ぶつ〳〵あひしたが》ふて戾《もど》り背《そむ》くことなければ、その事大《ことおほひ》に通達《つうたつ》して而《しか》して成就《じやうじゆ》するに至《いた》る故《ゆゑ》に元亨《おゝいにとほる》と言《い》ふ。而《しか》も隨從《ずゐじう》の道《みち》には善《ぜん》もあれば不善《ふぜん》もあり、正《せい》もあれば不正《ふせい》もある、故《ゆゑ》に其《そ》の正善《せいぜん》なるものを擇《えら》むで、而《しか》して之《これ》に隨從《ずゐじう》するにあらずば、假《たと》へその事《こと》は大《おほい》に通達《つうたつ》することがあるとしても凶咎《きようきう》あることを免《まぬ》かれぬ、故《ゆゑ》に利レ貞《よろしたゞしきに》と言《い》ふ。貞《たゞしき》に利《よろ》しとは、貞正《ていせい》なるに利《よろ》しきの義《ぎ》で、正善《せいぜん》なるものを撰擇《せんたく》して之《これ》に隨《したが》ふに利《よろ》しきの謂《いひ》であるが、正善《せいぜん》なるものを擇《えら》むで之《これ》に隨從《ずゐじう》せば、その事《こと》が大《おほい》に通達《つうたつ》して而《しか》して咎《とが》なきことを得《う》るのである、故《ゆゑ》に亦无《またなし》レ咎《とが》と言《い》ふ。

康熙帝《かうきてい》曰《いは》く、二體《たい》を以《もつ》て之《これ》を言《い》へば、震《しん》の剛《がう》は兌《だ》の柔《じう》に下《くだ》り、卦畫《くわくわく》を以《もつ》て之《これ》を言《い》へば、剛爻《がうかう》の柔爻《じうかう》に下《くだ》るは、六十四卦中《くわちう》惟《ひと》り此卦《このくわ》あるのみ、此卦《このくわ》名《なづ》けて隨《ずゐ》と爲《な》すの第《だい》一義《ぎ》なり、其《そ》の象《かたち》は則《すなは》ち貴《き》を以《も》て賤《せん》に下《くだ》り、多《た》を以《もつ》て寡《くわ》に問《と》ふが如《ごと》し、乃《すなは》ち堯舜《げうしゆん》の所《いは》レ謂《ゆる》己《おい》れを舍《す》てゝ人《ひと》に從《したが》ふ者《もの》、其《そ》の義《ぎ》最《もつと》も大《だい》なり故《ゆゑ》に其《そ》の辭《じ》に曰《いは》く元《おほい》に亨《とほ》ると、又曰《またいは》く貞《たゞ》しきに利《よろ》し咎《とが》なしとは、隨《したが》ふ所必《ところかな》らず其《そ》の正《せい》を得《え》て、元亨《なほひにとほる》の義《ぎ》を終《を》ふる所以《ゆゑん》を明《あ》かすなり、然《しか》らば則《すなは》ち卦義《くわぎ》の主《しゆ》とする所《ところ》は、己《おの》れを以《もつ》て人《ひと》に隨《したが》ふにあり、物來《ものきた》つて己《おの》れに隨《したが》ふに至《いた》るは則《すなは》ち其《そ》の效《ひさほ》しなり、若《も》し物《もの》の隨《したが》ふ所《ところ》となるを以《もつ》て卦名《くわめい》の本義《ほんぎ》となすが如《ごと》きは則《すなは》ち非《ひ》なり矣

初九、官有《くわんあり》レ渝《かは》ルコト、貞《たゞしう》シテ吉《きつ》、出《い》デレ門《もん》チ交《まじは》レバ有《あり》レ功《こう》、

官《くわん》とは主《つかさ》どるの義《ぎ》で、自《みづか》ら主《しゆ》とする所《ところ》ある之《これ》を官《くわん》と言《い》ふ、官《くわん》は自主《じしゆ》を貴《たつ》とぶと雖《いへ》ども、而《しか》も亦時《またとき》に隨《したが》ふてその守《まも》りを變《へん》ずることを知《し》らねばならぬが、初《しよ》九は震動體の主《しゆ》で、自《みづか》ら主《しゆ》とする所《ところ》があるものである、然《しか》るに今來《いまきた》つて兌柔《だじう》の下《もと》に從《したが》ふて而《しか》して隨《ずゐ》の主《しゆ》となる、此《こ》れ即《すなは》ち己《おの》れが主守する所《ところ》を變《へん》む

て、時《ときよろ》の宜しきに隨《したが》ふ所《ところ》の象《かたち》である、故《ゆゑ》に官《くわんありかはること》有レ渝と言《い》ふ。渝《かは》るとは變《へん》じ更《か》はるの義《ぎ》であるが、時《とき》に從《したが》ふて渝變《ゆへん》するには、必《かな》らずその正否《せいひ》を擇《えら》ばねばならぬ、若《も》し正《せい》を得《え》て而《しか》して渝變《ゆへん》せば即《すなは》ち吉《きち》であるが、正《せい》を得《え》ずして而《しか》して渝變《ゆへん》せば則《すなは》ち凶《きよう》である、初《しよ》九は居《を》ることその正《せい》を得《え》た上《うへ》に、外《ほか》に係應《けいおほ》なきを以《もつ》て偏係《へいけい》する所《ところ》がない、此《こ》れ渝變《ゆへん》して而《しか》してその正《せい》を得《え》たものである、故《ゆゑ》に貞《たゞしうしてきつ》吉と言《い》ふ。貞吉《ていきつ》は正吉《せいきつ》の義《ぎ》で、苟《いやし》くも正善《せいぜん》を擇《えら》むで之《これ》に隨《したが》はゞ事皆成就《ことみなじやうじゆ》して而《しか》してその功《こう》を收《をさ》むることが可能《でき》る、故《ゆゑ》に出《いでゝもんをまじはればあり》レ門交有レ功《こう》と言《い》ふ。門《もん》を出《い》でゝ交《まじ》はるは、同人門《どうじんもん》に於《おい》てするのと同意味《どういみ》で、交《まじ》はるに私《わたくし》を以《もつ》てせざるの謂《いひ》であるが、門《もと》は即《すなは》ち初爻《しよかう》の象《かたち》を取《さつ》たものである。

六二、係《かゝ》ツテ二小子《せうし》一ニ、失《うしな》フ二丈夫《ちやうぶ》一ヲ

係《けい》とは倚《よ》り係《かし》るの義《ぎ》で、六二が初《しよ》九に比親《ひしん》するの象《かたち》。子《し》は男性《だんせい》の通稱《つうしよう》で、小子《せうし》は初《しよ》九を指《ゆび》ざし、丈夫《ちやうぶ》は九四を指《ゆび》さすのであるが、凡《すべ》てその爻《かう》の剛柔《がうじう》を問《と》はず、初爻《しよかう》に於《おい》ては幼《えう》、小等《せうとう》の象《かたち》を取《さ》るのが易例《えきれい》で、觀《くわん》の初《しよ》六に童《どう》を取《こ》り、漸《ぜん》の初《しよ》六に小子《せうし》を取《さ》るの類《るゐ》は、皆此卦《みなこのくわ》と同《おな》じく爻象《かうしやう》を取《とつ》たものである。又《また》隨《ずゐ》の諸爻《しよかう》は比《ひ》の義《ぎ》を取《とつ》て應《おほ》の義《ぎ》を取《と》らぬのであるが、初《しよ》九は下《した》にあつて近《ちか》く、九四は上《うへ》にあつて遠《とほ》い故《ゆゑ》に六二はその最《もつと》も近《ちか》き初《しよ》九と比《ひ》して、而《しか》して之《これ》と相係《あひか》かる、已《すで》に初《しよ》九と相係《あひかゝ》れば則《すなは》ち九四の丈夫《ちやうぶ》を失《うしな》ふことゝなる、故《ゆゑ》に係《かゝつてせうしにうしなふちやうぶ》二小子一失二丈夫一と言《い》ふ。蓋《けだ》し剛《がう》は以《もつ》て自《みづ》から立《た》つことが可能《でき》るけれども、柔《じう》は以《もつ》て自《みづ》から立《た》つことが可能《でき》ぬのである、加之《しかのみならず》、今《いま》や即《すなは》ち近《ちか》きに比親《ひしん》して、遠《とほ》きに疎隔《そかく》し易《やす》き隨《ずゐ》の時《とき》である、故《ゆゑ》に同人《どうじん》の六二と同《おな》じく、中正《ちうせい》の義《ぎ》を捨《す》てゝ比親《ひしん》の義《ぎ》を取《と》り、私情《しじやう》に溺《おぼ》れて公誼《こうぎ》を忘《わす》るゝ所《ところ》の有様《ありさま》を形容《けいよう》して、之《これ》を小子《せうし》に係《かゝ》つて丈夫《ぢやうぶ》を失《うしな》ふと言《い》ふ、尙之《なほこれ》を萬事《はんじ》に推言《すゐけん》せば、小恥《せうち》を忍《しの》びずして大辱《だいじよく》を招《まね》き、小利《せうり》に迷《まよ》ふて大利《だいり》を失《うしな》ひ、近功《きんこう》を貪《むさぼ》つて遠望《ゑんぼう》を忽《ゆるが》せにするが如《ごと》きは皆小子《みなせうし》に係《かゝ》つて丈夫《ぢやうぶ》を失《うしな》ふものに外《ほか》ならぬ、故《ゆゑ》に此爻《このかう》には占辭《せんじ》がないけれども、その占《せん》の吉凶《きつきよう》は、自《おのづ》から此《こ》の象中《しやうちう》に備《そな》はつて居《ゐ》る。

六三、係《かゝつ》二テ丈夫《ちやうぶ》一ニ、失《うしな》二フ小子《せうし》一ヲ、隨《したがつ》テ有《あ》レバレ求《もと》ムルコト得《う》、利《よろし》レ居《を》ルニレ貞《てい》ニ

丈夫《ぢやうぶ》は九四を指《ゆび》ざし、小子《せうし》は初《しよ》九を指《ゆび》さすこと六二と同《おな》じ。三は初《しよ》九とその體《たい》を同《おな》じうすと雖《いへ》ども、而《しか》も最《もつと》も九四に近《ちか》い、故《ゆゑ》に上《かみ》九四に係《かゝ》つて、下初《しもしよ》九を失《うしな》ふ。その象正《かたちまさ》に六二と反對《はんたい》で、六二は猶明《なほめい》に背《そむ》いて暗《あん》に赴《おも》むき、是《ぜ》を舍《す》てゝ非《ひ》に從《したが》ふが如《ごと》く、下《くだ》り從《したが》ふのであるが、六三は則《すなは》ち之《これ》に反《はん》し、隨《ずゐ》の宜《よろ》しきを得《え》たものである、故《ゆゑ》に係《かゝつてぢやうぶにうしなうせうしを》二丈夫一失二小子一と言《い》ふ。而《しか》して九四は亦初《またしよ》九と應《おほ》せざるが故《ゆゑ》に、之《これ》に附隨《ふずゐ》し來《きた》るものがない、此《こ》の時《とき》に當《あた》り若《も》し己《おゆ》れに來《きた》り隨《したが》ふものがあるの見《み》れば必《かな》らず之《これ》と相親比《あひしんひ》するに至《いた》るのである、であるから今《いま》三が往《ゆい》て九四に隨《したが》ひ求《もと》むることあれば、必《かな》らず之《これ》に隨《したが》ふて相親比《あひしんひ》することを得《う》る。求《もと》むるとは三より九四に向《むか》つて求《もと》むるの義《ぎ》で、得《う》とは九四に親比《しんひ》することを得《う》るの義《ぎ》である、故《ゆゑ》に之《これ》に隨《したがつてあればもとむることう》有レ求得と言《い》ふ。されども三は居《を》ることとその正《せい》を得《え》て居《を》らぬものであるから道《みち》を枉《ま》げて之《これ》に往《ゆ》き隨《したが》ふ所《ところ》の嫌《きらひ》がある、故《ゆゑ》に利《よろしをるにていに》レ居レ貞と言《い》ふ。貞《てい》とは正《せい》の義《ぎ》である。

九四、隨《したがつ》テ有《あり》レ獲《う》ルコト、貞《かた》ケレバ凶《きよう》、有《あ》リレ孚《まこと》在《あつ》テレ道《みち》ニ以《もつ》テ明《あきらか》ナラバ、何《なん》ゾ咎《とが》アラン、

此卦《このくわ》の諸爻《しーかう》は皆陰陽相比《みないんやうあひひ》隨《ずゐ》するを以《もつ》て義《ぎ》をなして居《ゐ》るが、六三は直《たゞ》ちに九四と相近比《あひきんひ》して居《ゐ》る、故《ゆゑ》に三に隨《したが》つて求《もと》むることあれば得《う》ると言《い》ふは、四の援助《えんじよ》を得《う》るの謂《いひ》で、四に隨《したが》つて獲《う》ることありと言《い》ふは、三が隨從《ずゐじう》し來《きた》るを獲得《くわくとく》するの謂《いひ》である、故《ゆゑ》に亦之《またこれ》を隨有レ獲《したがつてありうること》と言《い》ふ。二者相得《しやあひう》ること此《かく》の如《ごと》くであるけれども、三の得《う》るは己《おの》れ人《ひと》に隨《したが》ふに由《よつ》て之《これ》を得《え》、四の獲《う》るは人《ひと》の己《おの》れに隨《じたが》ふに由《よつ》て之《これ》を獲《う》るの相違《さうゐ》がある、而《しか》して三が上《のぼ》つて人《ひと》に隨《したが》ふは、陰《いん》を以《もつ》て陽《やう》に從《したが》ひ、下《しも》を以《もつ》て上《かみ》に隨《したが》ふのであるから、隨《ずゐ》の宜《よろ》しきを得《え》たものであるが、四が下《くだ》つて而《しか》して人《ひと》に隨《したが》はるゝのは、陽《やう》を以《もつ》て陰《いん》に隨《したが》ひ、臣《しん》を以《もつ》て衆《しう》に隨《したが》ふのであるから、それ丈隨《たけずゐ》の宜《よろ》しき得《え》ざる所《ところ》がある、加之《しかのみならず》、一は近君多懼《きんくんたく》の地《ち》であるが、此《こ》の位《くらゐ》に居《ゐ》て天下《てんか》の人心《じんしん》を獲《う》るのは、その勢《いきほひ》が五の君《きみ》を凌《しの》がむとするの疑《うたがひ》なきを得《え》ぬ、故《ゆゑ》に貞凶《かたけれはきよう》と言《い》ふ。貞《てい》は固《かた》きの義《ぎ》で、此《こ》の道《みち》を固守《こしゆ》すれば凶《きよう》であると言《い》ふの義《ぎ》である。然《しか》らば此《こ》の際《さい》に處《しよ》するには如何《いか》にせば可《か》なるかと言《い》へば、惟孚誠《たゞふせい》の心《こゝろ》があつて固《かた》く己《おの》れの本分《ほんぶん》を守《まも》り、以《もつ》て理非曲直《りひきよくちよく》の別《べつ》を誤《あや》まることなくば、即《すなは》ち貞凶《ていきよう》の咎《とが》を免《まぬ》かるゝことが可能《でき》る、故《ゆゑ》に有レ孚在レ道以明何咎《ありまことあつてみちにもつてあきらかならばなんぞとがあらん》と言《い》ふ、有レ孚《ありまこと》とは君《きみ》に盡《つく》すことの孚誠《ふせい》あるを言《い》ひ、在レ道《あつてみちに》とは臣道《しんだう》の本分《ほんぶん》を履《ふ》み行《おこな》ふを言《い》ひ、以明《もつてあき》らかならばとは、如上《によじやう》の職分《しよくぶん》を守《まも》つて是非曲直等《ぜひきよくちよくとう》の辨《わきまへ》へ誤《あや》まらぬことを言《い》ふたもので、凶《きよう》を避《さ》けしめむが爲《た》めの戒辭《かいじ》である。

九五、孚《まこと》アリレ于《に》レ嘉《か》、吉《きつ》、

孚《ふ》は誠《まこと》で、九五が剛健中正《がうけんちうせい》を得《え》て居《ゐ》るの象《かたち》。嘉《か》は善《ぜん》の義《ぎ》で、上六《じやう》を指したものであるが、九五は剛健《がうけん》中正《うつせい》にして尊位《そんゐ》に居《を》り、上六《じやう》に下《くだ》り随《したが》ふて、発悦《だえつ》の主《しゆ》となる、此《こ》れ聖君《せいくん》が天下《てんか》の嘉善《かぜん》を説《よろこ》び楽《たの》しむの象《かたち》である。随《したが》つてその吉《きつ》なることは言《い》ふ迄《まで》もない、故《ゆゑ》に孚《まことありにか》レ于レ嘉吉《きつ》と言《い》ふ。孚《まことありに》レ于レ嘉《か》とは上六《じやう》に下《くだ》り随《したが》ふの義《ぎ》である。

上六、拘《かゝへ》二係《かゝる》之《これ》一、乃《すなは》チ従《したが》テ維《つな》グレ之《これを》、王《わう》用《もち》イテ亨《まつる》レ于《に》二西山《せいざん》一

拘《かう》は説文《せつもん》に止《し》なりと、拘束拘引《かうそくかういん》の拘《かう》と同《おな》じく、手《て》を以《もつ》て擁《よう》し止《と》むるの義《ぎ》で、係《けい》は繫《けい》と同《おな》じく、倚《よ》り係《かゝ》るの義《ぎ》であるが、之《これ》に拘係《かうけい》とは上六《じやう》が九五に拘《かゝ》へ係《かゝ》るの義《ぎ》で、剛柔相比《がうじうあひひ》するの象《かたち》、之《これ》とは即《すなは》ち九五を指《さ》したるものである、又維《またつなぐ》とは結《むす》び維《つな》ぐの義《ぎ》で、中爻巽《ちうかうそん》を縄《なは》となすの象《かたち》に取《さつ》たものであるが、維《つなぐこれを》レ之とは九五が、上六《じやう》を結《むす》び維《つな》ぐの義《ぎ》で、之《これ》とは上六《じやう》を指《さ》したものである、上六《じやう》は随《ずゐ》の極《きよく》で、随従《ずゐじう》することの固結《こけつ》して解《と》くべからざるものである、即《すなは》ち上六《じやう》が五に比随《ひずゐ》して之《これ》に拘《かゝ》へ係《かゝ》れば、五は即《すなは》ちその拘《かゝ》へ拘《かゝ》る所《ところ》に従《したが》ふて、亦之《またこれ》を結《むす》び維《つな》ぐのである、故《ゆゑ》に拘二係之一、乃従維レ之《かゝへかゝるこれにすなはちしたがふてつなぐこれを》と言《い》ふ。上《かみ》の之《これ》は九五を指《ゆび》さし。下《しも》の之《こゝ》は上六《じやう》を指《ゆび》ざす。随《ずゐ》の固結《こけつ》して此《こゝ》に至《いた》れるは、即《すなは》ち孚誠《ふせい》の然《しか》らしむる所《ところ》で、此《こ》の孚誠《ふせい》あつて然《しか》る後始《のちはじ》めて神明《しんめい》に通《つう》ずることが可能《でき》る、故《ゆゑ》に王用亨レ于《わうもちひてまつるに》二西山《せいざん》一と言《い》ふ。孚誠《ふせい》なれば神明《しんめい》に向《むか》つてさへ尚《なほ》その孚誠《ふせい》を通《つう》ずることが可能《でき》る。況《いは》むや人《ひと》の孚誠《ふせい》に感《かん》ずべきは固《もと》より言《げん》を俟《ま》たぬことである

が、岐山《きざん》は王業發祥《わうげふはつしやう》の地で、周《しう》より之《これ》を見《み》れば西方《せいはう》に當《あた》る、故《ゆゑ》に之《これ》を尊《たつと》むで西山《せいざん》に亨《まつ》ると言《い》ふ、即《すなは》ち隨《ずゐ》の極致《きよくち》の所《ところ》を推稱《すゐしよう》したものに外《ほか》ならぬ。

康熙帝《かうきてい》曰《いは》く、卦《くわ》の初剛《しよがう》は二柔《じう》に下《くだ》る、則《すなは》ち九五の剛《がう》も亦上柔《またじやうじう》に下《くだ》るなり、而《しか》して諸儒兩爻《しよじゆりやうかう》の義《ぎ》を說《さ》くや、皆此《みなこれ》に及《およ》ばず、故《ゆゑ》に九五の嘉《か》に孚《まこと》あるに於《おい》て、以《もつ》て六二に應《おは》ずと爲《な》すは猶可《なほか》なり、而《しか》も上六《じやう》の拘係《かうけい》に於《おい》ては則《すなは》ち說《と》き得《え》て全《まつた》く根據《こんきよ》なし、凡《およ》そ易中《えきちう》五上《じやう》の二爻《かう》、六五上九《じやう》に下《くだ》れば賢《けん》を尙《たつと》ぶの義《ぎ》あり、大有《たいいう》、大畜《たいちく》、頤《い》、鼎是《ていこれ》なり、九五上六《じやう》に近《ちか》づけば則《すなは》ち匪《ひ》に比《ひ》するの義《ぎ》あり、大過《たいくわ》、咸《かん》、夬《くわい》、兌是《だこれ》なり、然《しか》して九五上六《じやう》と相比《あひひ》して不正《ふせい》なるの私情《しじやう》は、必《かな》らず兌體《だたい》に於《おい》て之《これ》を取《と》る者《もの》は、其《そ》の以《もつ》て相說《あひよろこ》んで而《しか》して動《うご》けば、不正《ふせい》に入《い》り易《やす》きが爲《た》めなり、獨《ひと》り此卦《このくわ》は亦兌體《まただたい》なりと雖《いへ》ども、而《しか》も卦《くわ》は剛《がう》が柔《じう》に下《くだ》るを以《もつ》て義《ぎ》を爲《な》す、則《すなは》ち九五上六《じやう》相隨《あひしたが》ふの義《ぎ》あるは不正《ふせい》にあらざるなり、故《ゆゑ》に九五に於《おい》て嘉《か》に孚《まこと》ありと言《い》ふは、兌《だ》の剝《はく》に孚《まこと》ありと曰《い》ふに別《わか》つ所以《ゆえん》なり、上六《じやう》に於《おい》ては則《すなは》ち小子《せうし》に係《かゝ》ると曰《い》はず、亦丈夫《またぢやうぶ》に係《かゝ》ると曰《い》はずして、而《しか》して但之《たゞこれ》に拘係《かうけい》すと曰《い》ひ、下乃《しもすなは》ち王用《わうもち》ひて西山《せいざん》に亨《まつ》ると曰《い》へば、其《そ》の係《かゝ》る所《ところ》の者《もの》の王《わう》なることを明《あか》すなり、凡《およ》そ易爻《えきかう》に王用《わうもち》ひて亨《まつ》ると曰《い》ふ者《もの》三あり、皆王者《みなわうしや》が此爻《このかう》の如《ごと》き人《ひと》を用《もち》ひて、以《もつ》て山川上帝《さんせんじやうてい》を亨《まつ》るなり、其《そ》の爻《かう》を謂《い》ふて王《わう》となすにあらざるなり、蓋《けだ》し賢人《けんじん》は山川《さんせん》の生《しやう》ずる所《ところ》、上帝《じやうてい》の簡《えら》む所《ところ》、故《ゆゑ》に之《これ》をして祭《まつり》を主《つかさ》どらしめば、則《すなは》ち百神之《じんこれ》を亨《う》けて而《しか》して天之《てんこれ》を受《う》く、又以《またもつ》て王者《わうしや》の克《よ》く天心《てんしん》に當《あた》るは、賢者《けんしや》を用《もち》ゆるより大《だい》なるもの有《あ》ることなきを見《あらは》すのみ、此爻《このかう》は蠱《こ》の上《じやう》と義《ぎ》正《まさ》に反對《はんたい》す、隨《ずゐ》の時《とき》に當《あたつ》ては拘係《かうけい》して而《しか》して去《さ》らず、蠱《こ》の時《とき》に當《あたつ》ては則《すなは》ち高尚《かうしやう》にして而《しか》して事《つか》えず、各其《かくそ》の宜《よろ》しきに從《したが》ふのみ、此《こ》れ豈《あ》に祿《ろく》に縻《かゝ》つて、而《しか》して彼豈《かれあ》に世《よ》を遯《のが》れんや。

王氏《わうし》宗傳曰《そうでんいは》く、隨《ずゐ》の六爻其《かうそ》の半《なか》ば陰《いん》にして、其《そ》の半《なか》ば陽《やう》なり、陽剛《やうがう》の才《さい》は隨《したが》ふ所《ところ》あつて而《しか》して係《かゝ》る所《ところ》なし、初《しよ》九九四九五是《これ》なり、故《ゆゑ》に初《しよ》の渝《かは》るあり、四の獲《う》るあり、五の嘉《か》に孚《まこと》あるは、此《こ》れ隨《したが》ふ所《ところ》あつて而《しか》して係《かゝ》る所《ところ》なき者《もの》なり、柔從《じうじう》の才《さい》を以《もつ》て而《しか》して隨《ずゐ》の時《とき》に當《あた》れば、則《すなは》ち均《ひと》しく係《かゝ》る所《ところ》あるを免《まぬ》かれず、六二六三上六《じやう》是《これ》なり、故《ゆゑ》に二は則《すなは》ち小子《せうし》に係《かゝつ》て丈夫《ぢやうぶ》を失《うしな》ひ、三は則《すなは》ち丈夫《ぢやうぶ》に係《かゝつ》て小子《せうし》を失《うしな》ひ、上《かみ》は則《すなは》ち曰《いは》く之《これ》に拘係《かうけい》すと、此《こ》れ均《ひと》しく係《かゝ》る所《ところ》あるを免《まぬ》かれざる者《もの》なり。

巽《そん》下《か》　艮上《こんじやう》

蠱《こ》

蠱《こ》元《おほい》ニ亨《とほ》ル、利《よろ》シレ渉《わた》ルニ二大川《たいせん》ニ一、先《さきだ》ツコトレ甲《かふ》ニ三日《か》、後《おく》ルヽコトレ甲《かふ》ニ三日《か》

此卦山下《このくわさんか》に風《かぜ》あり、風山《かせやま》に遇《あ》へば則《すなは》ち旋轉回環《せんてんくわいくわん》して渦卷《うづま》きを生《しやう》じ、渦卷《うづま》きを生《しやう》ずれば則《すなは》ち物皆之《ものみなこれ》が爲《た》めに飜亂摧破《ほんらんさいは》せらる故《ゆゑ》に之《これ》を蠱《こ》と名《なづ》く、又巽《またそん》を長女《ちやうぢよ》となし、艮《ごん》を少男《せうなん》となす、長女《ちやうぢよ》を以《もつ》て少男《せうなん》に下《くだ》り從《したが》へば、その情《じやう》を惑亂《わくらん》せしめ、終《つひ》にその身《み》を破《や》ぶり、その家《いへ》を壞《や》ぶるに至《いた》る、故《ゆゑ》に之《これ》を蠱《こ》と名《なづ》く、蠱《こ》とは壞《や》ぶれ亂《みだ》るゝの義《ぎ》で、艮《ごん》を身《み》となし、止《や》むとなし、巽《そん》を氣《き》となし、塞《ふさ》ぐとなし、蟲《むし》となすの象《かたち》

であるが、壊《や》ぶることその極《きよく》に達《たつ》すれば、亦必《またかな》らずその治《ち》に復《ふく》するものである、故《ゆゑ》に元《おほいにとほ》亨ると言《い》ふ即《すなは》ち今《いま》は現《げん》に蠱壊《こくわい》すれども、而《しか》も後《のち》には必《かな》らず通達《つうたつ》して元《もと》の治《ち》に復《ふく》すべしと言《い》ふの義《ぎ》である。されどもその儘之《まゝこれ》を放置《はうち》するも自然《しぜん》に元《もと》の治《ち》に復《ふく》すべしと言《い》ふ義《ぎ》ではない。危《き》に臨《のぞ》み難《なん》を犯《をか》して大《おほい》に撥亂反《はつらんはん》正《せい》の力《ちから》を用《もち》ゆることが必要《ひつえう》である、故《ゆゑ》に利《よろし》レ渉《わたるに》二大川《たいせんを》一と言《い》ふ。初《しよ》より四に至《いた》る備《び》卦大過似體《くわたいくわじたい》の坎《かん》を以《もつ》て大川《たいせん》となし、三より上《うへ》に至《いた》る頤《い》を以《もつ》て船《ふね》となして大川《たいせん》を渉《わた》るの象《かたち》。蓋《けだ》し蠱《こ》の卦《くわ》は元《も》と䷊泰《たい》の初《しよ》と上《じやう》とが上下往來《じやうげわうらい》して䷑蠱《こ》の象《かたち》となつたもので、彖傳《たんでん》に剛上而柔下《がうのぼつてじうくだ》ると言《い》ふのが即《すなは》ち此《こ》れである、而《しか》して先儒《せんじゆ》が謂《い》ふ所《ところ》の卦變《くわへん》なるものも、亦此事《またこのこと》を言《い》ふたものに外《ほか》ならぬのであるが、既《すで》に蠱《こ》の卦象《くわしやう》が泰《たい》の卦象《くわしやう》より來《き》たものであるとせば、蠱《こ》の卦象《くわしやう》も亦《また》その二と五とが上下《じやうげ》して䷴漸《ぜん》の卦象《くわしやう》となり、漸《ぜん》は亦《また》その三と四とが上下《じやうげ》して䷋否《ひ》の卦象《くわしやう》となつて蠱壊《こくわい》その極《きよく》に達《たつ》すべき推理《すゐり》が含《ふく》まれて居《ゐ》る譯《わけ》である、加之《しかのみならず》、一成《せい》一壊《くわい》は宇宙《うちう》の大法則《だいはふそく》であるから、蠱壊《こくわい》その極《きよく》に達《たつ》する否《ひ》の卦象《くわしやう》に於《おい》ても、亦必《またかな》らずその初《しよ》と上《じやう》とが往來《わうらい》して䷐隨《ずゐ》の卦象《くわしやう》となり隨《ずゐ》は亦《また》その二と五とが往來《わうらい》して䷵歸妹《きまい》の卦象《くわしやう》となり、歸妹《きまい》は亦《また》その三と四とが往來《わうらい》して䷊泰《たい》の卦象《くわしやう》に復歸《ふくき》して完成具足《くわんせいぐそく》するに至《いた》るべきは因果的自然《いんぐわてきしぜん》の道理《だうり》であるが、彖《たん》に元《おほいにとほ》亨ると言《い》ふは即《すなは》ち此《こ》の意味《いみ》を述《のべ》たもので、決《けつ》して蠱《こ》その儘《まゝ》が元《おほいにとほ》亨ると言《い》ふたものではない、且亦下《かつまたか》文《ぶん》に先《さきんずかふに》レ甲三日《か》、後《おくるゝかふに》レ甲三日《か》と言《い》ふも、畢竟此《ひつきやうこ》の意味《いみ》を叮嚀反復《ていねいはんぷく》したものに外《ほか》ならぬのであるが、茲《こゝ》に謂《い》ふ所《ところ》の先甲後甲《せんかふこうかふ》と巽《そん》の卦《くわ》の九五に謂《い》ふ所《ところ》の先庚後《せんかうこう》庚《かう》の二者《しや》は、古今《ここん》の易學者《えきがくしや》が皆《みな》凡《すべ》てその難解《なんかい》なるに苦《くる》しむだ所《ところ》で、今日《こんにち》に至《いた》る迄適當《までてきたう》なる明解《めいかい》を附《ふ》し得《え》たものはないのである、乃《そこ》で先《ま》づ之《これ》に關《くわん》する諸學者《しよがくしや》の説《せつ》を列擧《れつきよ》して最後《さいご》に愚見《ぐけん》を述《の》むに

子夏傳曰、先レ甲三日者、辛壬癸也、後レ甲三日者、乙丙丁也、

馬融曰、甲在二東方一、艮在二東北一、故云レ先レ甲、巽在二東南一、故云レ後レ甲、所二以十日之中唯稱一レ甲者、甲爲二十日之首一、蠱爲二造事之端一、故擧レ初而明二事始一也、言二所以三日一者、不レ令而誅謂二之暴一、故令先後各三日、欲レ使二百姓チシテ遍習行而不一レ犯也、

虞翻曰、謂二初變成一レ乾、乾爲レ甲、至レ二成レ離、離爲レ日、謂二乾三爻在一レ前、故先レ甲三日一、賁時也變レ三至レ四體離、至レ五成レ乾、乾三爻在レ後、故後レ甲三日、无妄時也、易出レ震消息、歷二乾坤象一、乾爲レ始、坤爲レ終、故終則有レ始、乾爲レ天、震爲レ行、故天行也、

孔頴達曰、甲者創制之令、既在二有レ爲之時一、不レ可因二仍舊令一、故用二創制之令一、以治レ於レ人、

程伊川曰、甲數之首、事之始也、如二辰之甲乙一、甲第甲令、皆謂レ首也、事之端也、治レ蠱之道、當レ慮二其先後三日一、蓋推二原先後一、爲二救レ弊可レ久之道一也、先レ甲、謂三先於レ此究二其所一レ以然也、後レ甲、謂二後レ於レ此慮二其將一レ然也、一日二日、至レ於二三日一、言二慮之深推之遠一也、究二其所一レ以然、則知二救レ之之道一、慮二其將一レ然、則知二備レ之之方一、善救則前弊可レ革、善備則後利可レ久、此古之聖王所下以新二天下一而垂中後世上也、後之治レ蠱者、不レ明二聖人先レ甲後レ甲之戒一、慮淺而事近、故勞レ於レ救レ蠱、

而亂不レ治、功未レ及レ成、而弊已生矣、甲者事之首、庚者變更之首、制二作政敎一之類、則云レ甲、擧二其首一也、發レ號施レ令之事、則云レ庚、庚猶レ更也、有レ所二變更一也、

朱晦菴曰、甲日之始、事之端也、先レ甲三日辛也、後レ甲三日丁也、前事過レ中而將レ壞、則可下自新以爲二後事之端一、而不上レ使レ至レ於二大壞一、後事方始而尙新、然便當下致二其丁寧之意一、以監二前事之失一、而不上レ使レ至レ於二速壞一、聖人之深戒也、

伊藤東涯曰、天有二十日一、始レ於レ甲而終レ於レ癸、甲者事之始也、先レ甲三日、則自レ辛至レ癸、治極而亂、前事將レ終、而致レ蠱之道也、後レ甲三日、自レ乙至レ丁、亂極而治、後事復始、而治レ蠱之道也、

新井白蛾曰、甲十日之首、震在二正東之位一也、先レ甲三日乾也、乾始也、後レ甲三日坤也、坤終也、先後三日、謂二愼レ始謹一レ終也、

根本羽嶽先生先甲圖解

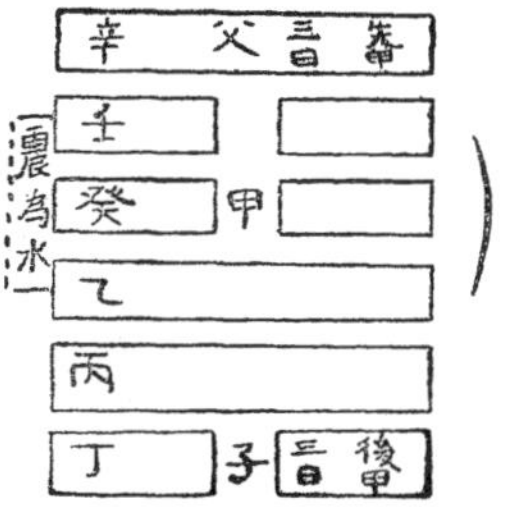

蠱

凡陽爲レ父、陰爲レ子、艮者陽終之卦、是父終之象、故稱レ考、辛金也、乾爲二金玉一、爲レ父、十干、終レ於レ癸而始レ於レ甲、卽終而始之象、陰爲レ子、卽父終レ於レ上、而子始レ於レ下之象、初六曰、幹二父之蠱一、有レ子考无レ咎、考者、父既死之稱也、父指二上九一、

諸學者《しよがくしや》の說《と》く所《ところ》は大抵此《たいていかく》の如《ごと》きものであるが、此《こ》の中《うち》に於《おい》て先《ま》づその同《おな》じきものを言《い》へば、甲《かふ》を以《もつ》て十日《か》の首《はじめ》となすことは、子夏《しか》、馬融《ばゆう》、程伊川《ていいせん》、朱晦菴《しゆくわいあん》、伊藤東涯《いとうとうがい》、新井白蛾《あらゐはくが》、根本羽嶽先生等《ねもとうがくせんせいら》の說《せつ》が皆《みな》一致《ち》して居《ゐ》る所《ところ》である、又甲《またかふ》に先《さき》だつ三日《か》を以《もつ》て辛壬癸《しんじんき》となし、甲《かふ》に後《おく》るゝ三日《か》を以《もつ》て乙丙丁《おつへいてい》となすことは、子夏《しか》、程伊川《ていいせん》、朱晦菴《しゆくわいあん》、伊藤東涯等《いとうとうがいとう》の說《せつ》が一致《ち》する所《ところ》である。尚亦甲《なほまたかふ》を以《もつ》て號令《がうれい》の義《ぎ》となすことは、馬融《ばゆう》、孔穎達《こえいたつ》、程伊川等《ていいせんら》の說《せつ》が一致《ち》する所《ところ》である、次《つぎ》にその異《こと》なるものを言《い》へば、馬融《ばゆう》は甲《かふ》は東方《とうはう》にあるが、艮《ごん》は東北《とうほく》の卦《くわ》である、然《しか》るに蠱《こ》の卦《くわ》に於《おい》ては外卦《ぐわいくわ》卽《すなは》ち先《さ》きに居《を》る、故《ゆゑ》に甲《かふ》に先《さき》だつと言《い》ひ、巽《そん》は東南《とうなん》の卦《くわ》であるが、蠱《こ》の卦《くわ》に於《おい》ては內卦《ないくわ》卽《すなは》ち後《のち》に居《を》る、故《ゆゑ》に甲《かふ》に後《おく》るゝと言《い》ふたものであると說《せい》て居《ゐ》る。虞翻《ぐへん》は蠱《こ》の內卦巽《ないくわそん》の初《しよ》六を變《へん》ずれば乾《けん》となるが、乾《けん》は卽《すなは》ち甲《かふ》である、次《つぎ》にその九二を變《へん》ずれば內卦《ないくわ》は離《り》となつて乾《けん》の三爻《かう》は前《まへ》にある、故《ゆゑ》に甲《かふ》に先《さき》だつ三日《か》と言《い》ふたものである、次《つぎ》にその九三を變《へん》ずれば內卦《ないくわ》は震《しん》となり、次《つぎ》にその六四を變《へん》ずれば外卦《ぐわいくわ》は離《り》となり、次《つぎ》に亦《また》その六五を變《へん》ずれば外卦《ぐわいくわ》は乾《けん》となつて乾《けん》の三爻《かう》は後《のち》にある、故《ゆゑ》に甲《かふ》に後《おく》るゝ三日《か》と言《い》ふたものであると說《せい》て居《ゐ》る新井白蛾《あらゐはくが》は亦後天圖《またこうてんづ》に於《おい》て甲《かふ》の震《しん》は正東《せいとう》の位《くらゐ》に居《ゐ》るから、甲《かふ》に先《さき》だつ三日《か》は卽《すなは》ち西北《せいほく》の乾《いぬゐ》に當《あた》り。甲《かふ》

に後《おく》るゝ三日《か》は卽《すなは》ち西南《せいなん》の坤《ひつじさる》に當《あた》るが、乾坤《けんこん》は始終《しじう》であるから、先後《せんご》三日《か》は始《はじ》めを愼《つゝ》しみ終《をは》りを謹《つゝ》しむの義《ぎ》であると說《とい》て居《ゐ》る。根本羽嶽先生《ねもとうがくせんせい》は蠱《こ》の卦《くわ》の三より五に至《いた》る三爻《かう》の互震《ごしん》を以《もつ》て甲《かふ》となし、上九に辛、六五に壬、六四に癸を配し、上《じやう》九の辛《しん》を以《もつ》て甲《かふ》に先《さき》だつ三日《か》となし、又《また》九三に乙《おつ》、九二に丙《へい》、初《しよ》六に丁《てい》を配《はい》し、初《しよ》六の丁《てい》を以《もつ》て甲《かふ》に後《おく》るゝ三日《か》となして說《とい》て居《を》らるゝのであるが、何《いづ》れの說《せつ》も皆《みな》一理《り》なきにあらざれども、而《しか》も亦《また》肯綮《かうけい》を得《え》た正解《せいかい》であるとも思《おも》はれぬ、然《しか》るに此《こ》の外《ほか》に亦《また》虞翻《ぐへん》が說《とい》て居《ゐ》る所《ところ》を見《み》るに、

坎離ハ日月也、戊己ハ中土也、晦夕朔旦。坎象流レ戊、日中則離、離象成レ己。三十日會レ于レ壬、三日出レ于レ庚、八日見レ于レ丁、十五日盈レ于レ甲、十六日退レ于レ辛、二十三日消レ于レ丙、二十九日窮レ于レ乙、滅レ于レ癸、乾ハ息シテレ坤成、震三日之象、兌八日之象。十五日而乾體成、坤ハ消シテレ乾成。巽十六日也、艮二十三日也、二十九日而坤體就。出レ庚見レ丁者、指二月之盈虛一而言、非二八卦之定體一也。甲乾乙坤、相得合レ木、故甲乙在レ東。丙艮丁兌、相得合レ火。故丙丁在レ南、戊坎己離。相得合レ土、故戊己居レ中。庚震辛巽、相得合レ金。故庚辛在レ西。天壬地癸。相得合レ水。故壬癸在レ北、

と言《い》ふて居《ゐ》るが、今《いま》その圖《づ》を示《しめ》せば左《さ》の如《ごと》くである。

八卦納甲之圖

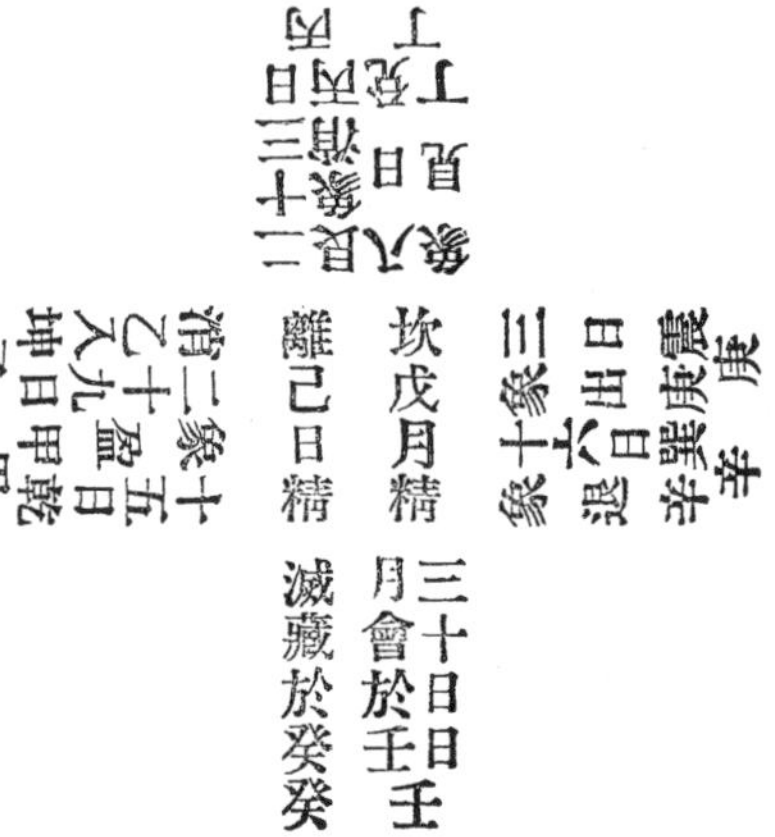

が這《こ》は月《つき》の盈虚《えいきよ》卽《すなは》ち行道《かうだう》に就《つい》て言《い》ふたもので、納甲法《なつかふはふ》の原由《げんいう》する所《ところ》は卽《すなは》ち茲《こゝ》にある、されば先後甲庚《せんごかふかう》の辭《ことば》も亦之《またこれ》に由《よつ》て說《とい》た方《はう》がよい樣《やう》であるが、如何《いか》なる譯《わけ》であつたか、彼《かれ》は先後甲庚《せんごかふかう》の辭《じ》を說《と》くに當《あた》つては、上述《じやうじゆつ》の如《ごと》く蠱《こ》の卦《くわ》の諸爻《しよかう》を下《した》より順次《じゆんじ》に變動《へんどう》せしめて、前後《ぜんご》に乾《けん》の卦《くわ》を得《う》る所《ところ》を以《もつ》て先後甲庚《せんごかふかう》の辭《じ》を說て居《ゐ》るのであるが、工合《ぐあひ》よく當篏《あてはま》つては居《ゐ》るけれども、餘《あま》り造作《ざうさ》に過《すぎ》た所《ところ》がある樣《やう》で本文《ほんもん》の眞義《しんぎ》を說《と》き得《え》たものであるとは思《おも》はれぬ。然《しか》らば本文《ほんもん》の眞義《しんぎ》は什麽《どんな》ものであるかと言《い》へば陰陽《いんやう》の消息《せうそく》卽《すなは》ち月《つき》の盈虚《えいきよ》に由《よ》つて人事《じんじ》の成敗《せいはい》を論《ろん》ずるのが本文《ほんもん》の眞義《しんぎ》であつた樣《やう》であるから八卦《くわ》の納甲法《なつかふはふ》に由《よ》つて之《これ》を說《と》くのが蓋《けだ》し正當《せいたう》である故《ゆゑ》に亦更《またさら》に魏伯陽《はくやう》が周易參同契《しうえきさんどうけい》に言《い》ふて居《ゐ》る所《ところ》の納甲圖《なつかふづ》に由《よ》つて之《これ》を

説明《せつめい》せむに、

曰、易統ニ天心ヲ、復卦建始初、長子繼ニ父體ヲ、因レ母立ニ兆基ヲ、消息應ニ鐘律ヲ、升降据ニ斗樞ヲ、三日出爲レ爽、☳震受ニ庚西方ヲ、八日☱兌受レ丁、上絃平如レ繩、十五☰乾體成、盛ニ滿甲東方ヲ、蟾蜍見ニ兎魄ヲ、日月無ニ雙明ヲ、蟾蜍見ニ卦節ヲ、兎者吐ニ生光ヲ、七八道已訖、屈折低下降、十六轉受レ統、☴巽辛見ニ平明ヲ、☶艮直レ于ニ丙南ヲ、下絃二十三、☷坤乙三十日、東方喪ニ其明ヲ、節盡相禪與、繼體復生レ龍、壬癸配ニ甲乙ヲ、乾坤括ニ始終ヲ、

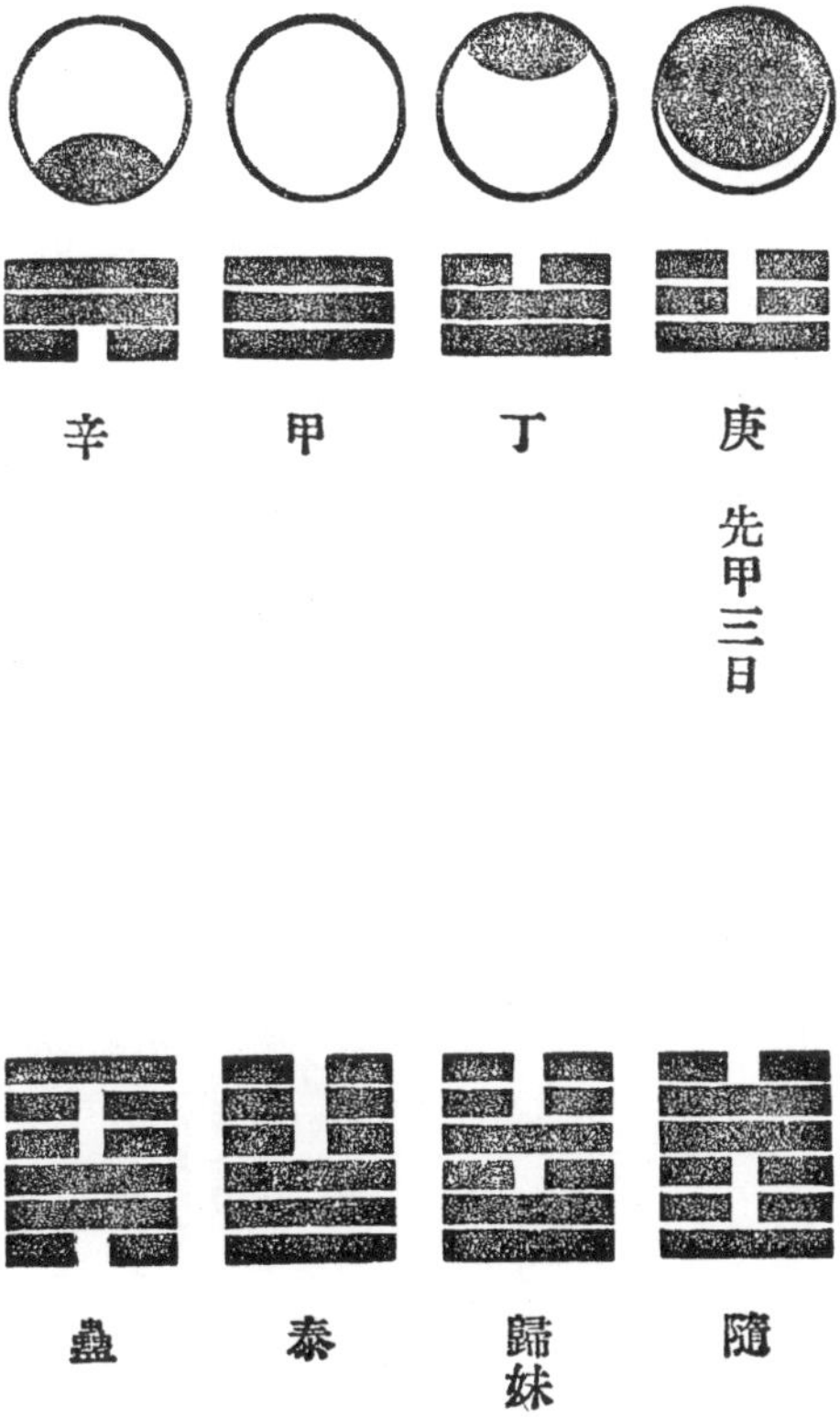

上圖《じやうづ》は一月《つき》三十日《にち》を六節《せつ》に分《わか》ち、一日《じつ》より五日《か》に至《いた》るを震《しん》の象《しやう》となし、六日《か》より十日《か》に至《いた》るを兌《だ》の象《しやう》となし、十一日《にち》より十五日《にち》に至《いた》るを乾《けん》の象《しやう》となし、十六日《にち》より二十日《か》に至《いた》るを巽《そん》の象《しやう》となし、二十一日《にち》より二十五日《にち》に至《いた》るを艮《こん》の象《しやう》となし、二十六日《にち》より三十日《にち》に至《いた》るを坤《こん》の象《しやう》となし、六節《せつ》一週《しう》したる後《のち》に及《およ》び坤《こん》の下爻《かかう》亦《また》變《へん》じて震《しん》となる、故《ゆゑ》に節盡相禪與、繼體復生レ龍と言《い》ふたのであるが、此《かく》の如《ごと》く月《つき》の盈虚《えいきよ》を借《かり》て卦象上《くわしやうじやう》に於《お》ける陰陽消長《いんやうせうちやう》の理《り》に喩《たと》へたものである。而《しか》も一年《ねん》十二月《ぐわつ》の門《あひだ》に於《おい》ては晝夜《ちうや》に長短《ちやうたん》の相違《さうゐ》があるから、三日《か》の月《つき》は未《いま》だ盡《ことごと》く庚《かう》に見《み》へ、十五日《にち》の月《つき》は未《いま》だ盡《ことごと》く甲《かふ》に見《み》へぬ許《ばか》りでなく、上下弦《じやうかげん》の月《つき》も未《いま》だ必《かな》らずしも八日《か》と二十三日《にち》とに當《あた》ると言《い》ふ譯《わけ》ではないけれども、假《か》りに春分《しゆんぶん》と秋分《しうぶん》とに於《お》ける晝夜《ちうや》平均《へいきん》の時《とき》を以《もつ》て之《これ》を分《わか》つたものである、且《か》つ十干《かん》は甲乙《かふおつ》に始《はじ》まつて壬癸《じんき》に終《をは》るものである、そこて納甲法《なふかふはふ》に於《おい》ては乾《けん》には甲壬《かふじん》の二干《かん》を納《い》れて坤《こん》には乙癸《おつき》の二干《かん》を納《い》れて居《ゐ》る、故《ゆゑ》に壬癸配ニ甲乙一、乾坤括ニ始終一と言《い》ふたのである、而《しか》して圖《づ》の下部《かぶ》に於《お》ける隨《ずゐ》、歸妹《きまい》、泰《たい》、蠱《こ》、漸《ぜん》、否《ひ》の六

卦《くわ》は余《よ》が之《これ》を附加《ふか》したものであるが、今此《いまこ》の圖《づ》に依《よつ》て先甲後甲《せんかふこうかふ》の辭《じ》を說《と》けば、中央《ちうあう》の圓環《えんくわん》は十五日《にち》の滿月《まんげつ》が昏時《こんじ》に東方《とうはう》の甲位《かふゐ》にあるの象《かたち》で恰《あだか》も純陽《じゆんやう》の乾卦《けんくわ》の如《ごと》くである、故《ゆゑ》に乾《けん》の卦《くわ》には甲《かふ》を納《い》れて之《これ》を滿月《まんげつ》に配《はい》するのであるが、此《こ》の乾《けん》より前《まへ》に數《かぞ》へて第《だい》三位《ゐ》に居《ゐ》るものは震《しん》である、而《しか》して此《こ》の震《しん》は一陽下《やうしも》に生《しやう》じて此《これ》より將《まさ》に盛大《せいだい》ならむとする所《ところ》の象《かたち》で、虞翻《ぐへん》が乾　息レ坤成《な》ると言《い》ふは卽《すなは》ち此《こ》の事《こと》である又中央《またちうあう》の乾《けん》より後《あと》に數《かぞ》へて第《だい》三位《ゐ》に居《ゐ》るものは艮《こん》である。而《しか》して此《こ》の艮《こん》は二陰下《いんしも》に盛《さか》むにして將《まさ》に上《かみ》の一陽《やう》を消盡《せうじん》せむとする所《ところ》の象《かたち》で、虞翻《ぐへん》が坤　消レ乾就《な》ると言《い》ふは卽《すなは》ち此《こ》の事《こと》であるが、卦象《くわしやう》上《じやう》の陰《いん》陽消長《やうせうちやう》と月光《げつくわう》の盈虛《えいきよ》とは此《かく》の如《ごと》く相《あひ》一致《ち》して居《ゐ》る、故《ゆゑ》に此象《このしやう》を見《み》て先レ甲三日、後レ甲三日と言《い》ふたのである。蓋《けだ》し圓滿《ゑんまん》にして豐盛《ほうせい》なる泰《たい》の卦《くわ》が敗《やぶ》れたのが卽《すなは》ち蠱《こ》の卦《くわ》であつて、蠱敗《こはい》の極《きは》まる所《ところ》は將《まさ》に漸《ぜん》となり否《ひ》となるに至《いた》るべきことは前《まへ》に述《のべ》た如《ごと》くである、而《しか》して此《こ》の時運《じうん》の變轉《へんてん》する所以《ゆゑん》を明《あき》らかにせむが爲《ため》に繫《か》けたものが卽《すなは》ち先甲後甲《せんかふこうかふ》の數語《すうご》であつて、此《こ》の數語《すうご》の由《よつ》て來《きた》る所《ところ》が八卦納甲《くわなふかふ》の順序《じゆんじよ》にあることは疑《うたかひ》を容《い》れぬ所《ところ》である、是《こ》れ彖傳《たんでん》に先レ甲三日、後レ甲三日、終則有レ始、天行也と言《い》ふ所以《ゆゑん》で艮《こん》の一陽《やう》が消盡《せつじん》して坤《こん》の純陰《じゆんいん》となれば、復再《またふた》たび一陽下《やうしも》に生《しやう》じて元《もと》の震《しん》となる、故《ゆゑ》に終則有レ始天行也と言《い》ふ。以上《いじやう》は余《よ》が多年研究《たねんけんきう》の結果《けつくわ》虞翻《ぐへん》が納甲圖《なふかふづ》を見《み》て始《はじ》めて感得《かんとく》した所《ところ》であるが、本稿《ほんかう》を草《さう》せむとして乾隆述義《けんりうじゆつぎ》を閱《けみ》したるに、此《こ》の先甲後甲《せんかふこうかふ》を說《とい》て

卦自レ泰變、乾變レ巽而弱、坤變レ艮而止、不レ能レ專レ專、故泰壞而成レ蠱、今欲レ治レ之、必反二其道一、

巽復レ乾、艮綜レ震、故元亨用レ乾也、健以起二其弱一也、利レ渉二大川一、用レ震也、動以振二其止一也、先レ甲三日、兼二用乾震一也、甲乾也、乾納レ甲也、先レ甲三日、先レ乾三卦也、先レ乾三卦爲レ震、後レ乾三卦爲レ艮、艮陽終則震陽始、乾行不レ息也、任二天下之事一者、用二震動一以符二乾行一、盡變二巽止之習一、則永無レ蠱矣、

と、實《じつ》に愚見《ぐけん》と暗合《あんがふ》して少《すこ》しも異《こと》なる所《ところ》がない、故《ゆゑ》に茲《こゝ》に之《これ》を摘錄《てきろく》して讀者《どくしや》の參照《さんせう》に資《し》することゝした。

初六、幹《カンタリ》二父《チヽ》之《ノ》子《コ》一、有《アリ》レ子《コ》考无レ咎《トガ》、厲《アヤフケレドモ》終《ツイニ》吉《キツ》、

幹《かん》とは木《き》の本體《ほんたい》で枝葉《しえふ》を支持《しぢ》して立《た》つものである、故《ゆゑ》に事《こと》に當《あた》りて能《よ》くその任《にん》に堪《た》ゆることも、亦《また》此《こ》の義《ぎ》を假《かり》て之《これ》を幹《かん》と言《い》ふ、俗《ぞく》に謂《い》ふ所《ところ》の主幹《しゆかん》若《もし》くは幹事《かんじ》などの幹《かん》も即《すなは》ち此《こ》の義《ぎ》と同《どう》一て、震巽《しんそん》を以《もつ》て木《き》となし、艮《こん》を以《もつ》て堅《かた》ふして節多《ふしおほ》しとなすの象《かたち》である。凡《およ》そ事《こと》は久《ひさ》しく安泰《あんたい》なれば百弊《へい》が隨《したが》つて生《しやう》ずるものである、此《こ》れが即《すなは》ち蠱《こ》て、蠱《こ》とは壞《やぶ》るゝこと極《きは》まつて、將《まさ》に事《こと》あらむとするの謂《いはれ》で、一朝《てう》一夕《せき》にして然《しか》るものではなく、數年《すうねん》若《もし》くは數《すう》十年《ねん》の來由《らいいう》を有《いう》するものである、が初《しよ》六は蠱《こ》の時《とき》に當《あた》つてその始《はじ》めに居《ゐ》る、此《こ》れその子《こ》が先人《せんじん》蠱壞《こくわい》の後《あと》を承《う》けて之《これ》を濟《すく》はむとするの象《かたち》である、故《ゆゑ》に幹《かんたり》二父《ちゝ》之《の》子《こに》一と言《い》ふ。子《こ》は初爻《しよかう》の象《かたち》であるが、初《しよ》六は陰柔《いんじう》にして卑《いや》しきに居《を》り、上《かみ》に之《これ》を助《たす》くる所《ところ》の應《おう》もなければその才元《さいもと》と以《もつ》て蠱《こ》を治《をさ》むるに足《た》らぬ、けれども時《とき》を以《もつ》て之《これ》を言《い》へば蠱《こ》の始《はじ》めてであるから、その蠱壞《こくわい》す

ることも未《いま》だ浅《あさ》く、事《こと》も亦治《またおさ》め易《やす》い所《ところ》もある、故《ゆゑ》に有《あり》レ子《こ》と言《ゆ》ふ。子《こ》ありとは、父《ちゝ》の蠱《こ》に幹《かん》として能《よ》くその任《にん》に堪《た》ゆるの子《こ》があると言《い》ふの義《ぎ》で、已《すで》にその任《にん》に堪《た》へ能《よ》く之《これ》を治《おさ》むるの子《こ》があれば、その蠱《こ》を致《いた》せし所《ところ》の父《ちゝ》も、亦随《またしたが》つてその咎《とがめ》を免《まぬ》がるゝことが可能《でき》る、故《ゆゑ》に考《ちゝ》无《なし》レ咎《とが》と言《い》ふ。考《かう》は父《ちゝ》と同《おな》じく、亡《ばう》父《ふ》の通稱《つうしよう》であるが、玆《こゝ》にはその生死《しやうし》を問《と》はず、上《じやう》九を指《さ》して之《これ》を父《ちゝ》と言《い》ふ。されど已《すで》に之《これ》を蠱《こ》と言《い》へば、その事自《ことじ》體《たい》が愓《おそ》れ危《あや》ぶむべき事柄《ことがら》で、蠱壊《こくわい》が浅《あさ》いからと言《い》ふて、決《けつ》して之《これ》を忽諸《こつしよ》に附《ふ》し去《さ》ることは可能《でき》ぬ、必《かな》らずその危厲《きれい》なることを知《し》つて、細心之《さいしんこれ》を戒《いま》しめてその事《こと》に當《あた》らば、蠱《こ》を濟《すく》ふて終《つひ》に吉《きち》を得《う》ることが可能《でき》る、故《ゆゑ》に厲《あやうけれども》終《ついに》吉《きつ》と言《い》ふ。

九二、幹《カン》ダリ二母《ハヽ》ノ之蠱《コ》ニ一、不《ズ》レ可《ベカラ》レ貞《カタ》フス。

九二は陽剛《やうがう》を以《もつ》て六五の陰柔《いんじう》を承《う》く、卽《すなは》ち母子《おやこ》の象《かたち》がある、故《ゆゑ》に幹二母之蠱一《かんたりはゝのこ》と言《い》ふ。母《はゝ》とは陰《いん》の尊稱《そんしよう》である、故《ゆゑ》に五の君位《くんゐ》に於《おい》て此象《このかたち》を取《とつ》て居《を》るが、小過《せうくわ》の六二に其妣《そのひ》と言《い》ひ、晉《しん》の六二に王母《わうぼ》と言《い》ふのも同例《どうれい》である。而《しか》して陰《いん》の性《せい》は柔暗《じうあん》にして無事《ぶじ》を好《この》むが爲《た》めに、その蠱《こ》の益々《ますく》深《ふか》きを致《いた》し易《やす》いものである、けれども之《これ》を正《たゞ》せば却《かへ》つてその恩《おん》を傷《や》ぶり、正《たゞ》さゞればその義《ぎ》を害《そこな》ひ、二者共《しやとも》に之《これ》を濟《すく》ふことの最《もつと》も難《かた》いものであるが、九二は剛《がう》を以《もつ》て陰《いん》に居《を》り、且《か》つ巽《そん》に體《たい》して中《ちう》を得《え》て居《を》るが故《ゆゑ》に、矯拂《けうふつ》に過《す》ぎもせねば、承順《しようじゆん》に失《うしな》ふこともなく、母《はゝ》の蠱《こ》に幹《かん》としてその宜《よろ》しきを得《え》たるの象《かたち》がある、故《ゆゑ》に不《ず》レ可レ貞《べからかたうす》と言《い》ふ。貞《かた》ふすべからずとは、嚴確《げんかく》に失《うしな》ふべからざることを戒《いま》しめたもので、貞《てい》は固《かた》きの義《ぎ》てある。

九三、幹《カン》ニタリ父之《チヽノ》蠱《コ》一ニ、小有《スコシクアレドモ》レ悔《クヒ》无《ナシ》ニ大《オホイ》ナル咎《トガ》一

九三も亦父《またちゝ》の蠱《こ》に幹《かん》として之《これ》を治《おさ》むるものであるが、重剛《ちうがう》にして不中《ふちう》であるから、之《これ》を治《おさ》めてその剛《がう》に過《す》ぐるものである、故《ゆゑ》に小有レ悔《すこしくありくひ》と言《い》ふ。而《しか》も巽體《そんたい》に居《ゐ》て正《せい》を得《う》るが故《ゆゑ》に、能《よ》くその蠱《こ》に幹《かん》として之《これ》を治《おさ》むることが可能《でき》る、故《ゆゑ》に亦之《またこれ》に續《つゞ》いて无ニ大咎一《なしだいなるとが》と言《い》ふ。

六四、裕《ユルヤカナリ》ニ父之《チヽノ》蠱《コ》一ニ、往《ユ》ケバ見レ吝《イヤシメ》ラル

蠱《こ》に幹《かん》として之《これ》を濟《すく》ひ治《おさ》むることは、剛柔《がうじう》その宜《よろ》しきを得《う》るにあるが、六四は重陰《ちういん》にして才弱《さいよわ》く、蠱《こ》を治《おさ》めて寛裕《くわんよう》に過《す》ぐるものである、故《ゆゑ》に裕ニ父之蠱一《ゆるやかなりちゝのこ》と言《い》ふ。裕《よう》とは寛裕《くわんよう》にして懦弱《だじやく》に失《しつ》するの義《ぎ》であるが、蠱《こ》を治《おさ》めて寛裕《くわんよう》に過《す》ぐるは、却《かへ》つてその蠱《こ》を深《ふか》ふするもので、此《こ》の如《ごと》くして往《ゆ》き進《すゝめ》ば益《ますま》す羞吝《しうりん》せらるべきものである、故《ゆゑ》に往見レ吝《ゆけばらるいやしめ》と言《い》ふ。蓋《けだ》し九三は剛《がう》に過《す》ぐ故《ゆゑ》に悔《くひ》がある、六四は柔《じう》に失《うしな》ふ故《ゆゑ》に往《ゆ》けば吝《いや》しめらる、悔《くひ》あるものは、その凶《きよう》を悔《く》ゆるが故《ゆゑ》に、咎《とが》なくして吉《きち》に赴《おも》むくことが可能《でき》る、けれども悔《くひ》なきものは、目前《もくぜん》の無事《ぶじ》に安《やす》むずるが故《ゆゑ》に、吝《いや》しまれて而《しか》して終《つひ》に凶《きよう》に赴《おもむ》くことゝなる、吉凶悔吝《きつきようかいりん》の循環《じゆんくわん》して彼此端《かれこれたん》なきことは、實《じつ》に此《かく》の如《ごと》くてある、占者是《せんしやこゝ》に於《おい》て之《これ》を深思《しんし》せば、蓋《けだ》し蠱《こ》を治《おさ》めて大過《たいくわ》ない

六五、幹《かん》ニタリ父之《ちゝの》蠱《こ》一ニ、用《もつ》テ譽《ほま》レアリ

六五は蠱壞已《こくわいすで》に極《きは》まるの時に當《あた》り、柔中《じうちう》にして尊位《そんゐ》に居《を》り、下《か》剛陽《がうやう》の賢《けん》に任《にん》じ、前人《ぜんにん》の蠱《こ》に幹《かん》として剛柔《がうじう》その宜《よろ》しきを得《え》、百弊已《へいすで》に除《のぞ》いて王業維《わうげふこ》れ新《あら》たに、正《ま》さに蠱《みだれ》を治《おさ》むるの令聞《れいぶん》あるもので彖《たん》に謂《い》ふ蠱《こ》は元《おほい》に亨《とう》るとは卽《すなは》ちこれてある、故《ゆゑ》に幹《かんたり》ニ父《ちゝの》之蠱《こ》一用《もつて》譽《ほまれあり》と言ふ。震《しん》を聲音《せいおん》となし、艮《こん》を篤實《とくじつ》となし光輝《くわうき》をなして令譽《れいよ》聲聞《せいぶん》を生《しやう》ずるの象《かたち》。九二より五を見《み》る際《さい》には、柔《じう》が尊位《そんゐ》に居《を》るの義《ぎ》に由《よつ》て、之《これ》を母《はゝ》に象《かた》どつて居《ゐ》るが、今《いま》六五自爻《じかう》に至《いた》れば、定位《ていゐ》の主《しゆ》たる常例《じやうれい》に從《したが》ふて、父子世《ふしよ》を承繼《うけつ》ぐ所《ところ》の象《かたち》を取《とつ》て居《を》る、此《こ》の一例《れい》を見《み》ても、亦象《またかたち》に常象《じやうしやう》なきの理《り》を知《し》ることが可能《でき》る。

上九、不《ズ》レ事《ツカ》ヘニ王侯《ワウコウ》一ニ、高《カウ》ニ尚《シヨウ》ス其事《ソノコト》一。

凡《およ》そ卦《くわ》は初爻《しよかう》を以《もつ》てその事《こと》の始《はじ》めとなし、上爻《じやうかう》を以《もつ》て終《をは》りとなすが、而《しか》も已《すで》に五に至《いた》れば卦義《くわぎ》悉《ことごと》く盡《つ》きて、上《じやう》は唯《たゞ》その餘事《よじ》に象《かた》どるを以《もつ》て通例《つうれい》として居《ゐ》る、それて此卦《このくわ》に於《おい》ても亦此《またこ》の例《れい》に從《したが》ひ、初《しよ》から五に至《いた》る迄《まで》は、皆蠱《みなこ》に幹《かん》たる所《ところ》の象《かたち》を取《とつ》て居《ゐ》る、その中《うち》に五は蠱壞已《こくわいすで》に極《きは》まつて、將《まさ》に元《もと》の治《ち》に復《ふく》すべき時《とき》て、現《げん》にその蠱《こ》に幹《かん》として之《これ》を濟《すく》ひ得《え》て、百事《じ》その面目《めんぼく》を一新《しん》することが可能《でき》たものである然《しか》るに上九《じやう》は蠱已《こすで》に治《おさ》まるの後《のち》に當《あた》り、蠱《こ》の外《ほか》に退居《たいきよ》して、蠱《こ》の事《こと》に關係《くわんけい》なきものである、故《ゆゑ》に不《ず》事《つかへ》ニ王侯《わうこうに》一と言《い》ふ。王《わう》は五を指《さ》し、侯《こう》は三を指《さ》したものであるが、上九《じやう》が五の上卽《じやうすなは》ち蠱《こ》の外《ほか》に居《ゐ》て、下三《しも》と應《おう》なきは、王侯《わうこう》に事《つか》へざるの象《かたち》である。已《すで》に蠱《こ》の外《ほか》に居《ゐ》て蠱《こ》の事《こと》に關《くわん》せざれば、高潔尊尚《かうけつそんしやう》自《みづ》から其の身《み》を守《まも》り、利祿《りろく》の爲《た》めにその節《せつ》を失《うしな》はざるを以《もつ》て、時位《じゐ》に處《しよ》してその宜《よろ》しきを得《え》たものと言《い》ねばならぬ、故《ゆゑ》に高《かうしやう》ニ尚其事《にすそのことをい》一と言ふ。その事《こと》を高尚《かうしやう》にすとは、上《じやう》の爻象《かうしやう》と艮山《ごんざん》の象《しやう》とを兼取《かねとつ》たものである。

胡氏炳文《こしへいぶん》曰《いは》ク、初《しよ》ヨリ五ニ至《いた》ル皆蠱《みなこ》ヲ以《もつ》テ言《い》ヒ、君臣《くんしん》ヲ言《い》ハズシテ、而《しか》シテ父子《ふし》ヲ言《い》フ、臣《しん》タル者《もの》ノ君事《くんじ》ニ於《お》ケルハ、猶子《なほこ》タル者《もの》ノ父事《ふじ》ニ於《お》ケルガ如《ごと》シ、上九《じやう》獨《ひと》リ王侯《わうこう》ニ事《つか》エザルヲ以《もつ》テ言《い》フ者《もの》ハ、蓋《けだ》シ君臣《くんしん》ハ義《ぎ》ヲ以《もつ》テ合《あ》ヘバナリ、子《こ》ノ父母《ふぼ》ニ於《お》ケルハ、自《みづ》カラ事《こと》ノ外《ほか》ニ諉《ゐ》スベカラザル者《もの》アリ、王《わう》侯《こう》ノ事《こと》ノ如《ごと》キハ、君子事《くんしこと》トスベカラザル者《もの》アリ、是故《これゆゑ》ニ君子《くんし》ノ出處《しゆつしよ》ハ事《こと》ノ中《ちう》ニアレバ、力《ちから》ヲ盡《つく》シテ以《もつ》テ幹《かん》タルモ、而《しか》モ汙《よご》レタリト爲《な》サズ、事《こと》ノ外《ほか》ニアレバ、身《み》ヲ潔《いさ》ギヨクシテ以《もつ》テ退《しりぞ》クモ、而《しか》モ僻《ひ》セリト爲《な》サズ。

䷒ 兌下《だか》坤上《こんじやう》 臨《りん》

臨《リン》、元《オ・イ》ニ亨《トウル》利《ヨロ》シ貞《タヾ》シキニ、至《イタツ》テ于八月ニ有《アリ》レ凶、

此卦《このくわ》は消長卦《せうちやうくわ》の一て、坤《こん》の下《しも》に一陽生《いちやうしやう》じて復《また》となつてより、二陽方《やうまさ》に長《ちやう》し四陰《いん》に進《すゝ》み逼《せま》つて、その勢《いきほひ》甚《はなは》だ盛大《せいだい》である、故《ゆゑ》に之《これ》を名《なづ》けて臨《りん》と言《い》ふ。又澤上《またたくじやう》に地《ち》あれば、地《ち》と水《みづ》と接近《せつきん》して相臨《あひのぞ》む、故《ゆゑ》に之《これ》を名《なづ》けて臨《りん》と言《い》ふ、臨《りん》とは逼《せま》り近《ちか》づいて臨《のぞ》み見《み》るの義《ぎ》であるが、卦《くわ》に於《おい》ては下《した》より上《うへ》を臨《のぞ》むの義《ぎ》を取《と》り爻《かう》に於《おい》ては上《うへ》より下《した》を臨《のぞ》むの義《ぎ》を取《とつ》て居《ゐ》る、けれども二陽進《やうすゝ》み上《のぼ》つて四陰《いん》に逼《せま》り近《ちか》づくの義《ぎ》を取《と》る

を以《もつ》て、卦象《くわしやう》の本旨《ほんし》を得《え》たものとせねばならぬ。蓋《けだ》し復《ふく》の一陽長《やうちやう》じて臨《りん》の二陽《やう》となり、亦將《またまさ》に進《すゝ》み長《ちやう》じて泰《たい》となり、大壯《たいさう》とならむとするの勢《いきほひ》がある、故《ゆゑ》に復《ふく》の卦《くわ》に於《おい》ては、唯之《たゞこれ》を亨《とう》ると言《い》ふに過《す》ぎぬけれども、此《こ》の卦《くわ》に於《おい》ては、その占《せん》を元亨《おほいにとうる》と言《い》ふ。元亨《もとゝう》るとは、大《おほい》に通達《つうたつ》すべきの義《ぎ》で、臨《りん》の二陽《やう》が將《まさ》に長《ちやう》じて、泰《たい》となり大壯《たいさう》となるの象《かたち》を取《と》つたものに外《ほか》ならぬ。而《しか》して一陽下《やうした》に微弱《びじやく》なる復《ふく》の卦《くわ》に於《おい》ては、未《いま》だ他《た》を侵凌《しんりよう》すべき所《ところ》の象《かたち》もなければ、亦隨《またしたが》つてその勢《いきほひ》もない、故《ゆゑ》に貞正《ていせい》に利《よろ》しき所《ところ》の戒辭《かいじ》を繋《か》くるの要《えう》を見《み》ぬ、けれども二陽方《やうまさ》に長《ちやう》じて四陰《いん》を侵凌《しんりよう》せむとする臨《りん》の卦《くわ》に於《おい》ては、之《これ》を未然《みぜん》に戒《いまし》めてその放縱《はうじう》を制《せい》せざれば、勢《いきほひ》の長《ちやう》ずるに任《まか》せ、他《た》を侵凌《しんりよう》して顧《かへり》みざるに至《いた》る許《ばか》りでなく、自《みづか》ら凶《きよう》災《さい》を招《まね》くべき虞《おそ》れがある、故《ゆゑ》に利《よろし》レ貞《たゞしき》と言《い》ふ。貞《たゞし》きに利《よろ》しとは、正固《せいこ》之《これ》を守《まも》るに利《よろ》しきの義《ぎ》であるが、凡《およ》そ物《もの》は皆榮《みなさか》ゆれば必《かなら》ず枯《か》れ、滿《みつ》れば必《かなら》ず缺《か》く、故《ゆゑ》に驕奢逸樂《けうしやいつらく》に耽《ふ》けつて、之《これ》を未然《みぜん》に戒《いまし》むることを知《し》らざれば、卽《すなは》ち必《かなら》ず辛酸苦楚《しんさんくそ》を嘗《な》めねばならぬことゝなるものである、今卦象《いまくわしやう》に就《つい》て之《これ》を言《い》へば、卽《すなは》ち復《ふく》の卦《くわ》の一陽長《やうちやう》じて臨《りん》の二陽《やう》となり、泰《たい》、大壯《たいさう》、夬《くわい》を經《へ》て乾《けん》の純陽《じゆんやう》の象《かたち》となるけれども亦忽《またたち》まち下《しも》に一陰《いん》を生《しやう》じて姤《こう》となり、二陰《いん》を生《しやう》じて遯《とん》となる　遯《とん》は卽《すなは》ち二陰下《いんか》に長《ちやう》じて陽《やう》に逼《せま》るの象《かたち》で、復《ふく》の一陽《やう》の月《つき》より數《かぞ》へ、八ヶ月《げつ》を經《へ》て彼此《かれこれ》全《まつ》たくその象《かたち》を反《はん》するに至《いた》る、故《ゆゑ》に至《いたつて》レ于《に》二八月一有《あり》凶《きよう》と言《い》ふ。此《こ》れ臨《りん》の盛時《せいじ》に當《あた》つて、豫《あら》かじめ之《これ》を戒《いまし》むることを知《し》らざりし結果《けつくわ》である。亦《また》一說《せつ》には、臨《りん》の十二月より泰《たい》の一月、大壯《たいさう》の二月、夬《くわい》の三月、乾《けん》の四月、姤《こう》の五月、遯《とん》の六月、否《ひ》の七月を經《へ》て觀《くわん》の八月に至《いた》るの象《かたち》を取《と》たものであると言《い》ふて居《を》る、けれども余《よ》は後說《こうせつ》を捨《す》てヽ寧《むし》ろ前說《ぜんせつ》を取《と》らむと欲《ほつ》するものである。

初九、咸臨《ミナノゾ》ム、貞《タヾシウ》シテ吉、

卦《くわ》に於《おい》ては下《しも》にあるの二陽《やう》が上《じやう》にあるの四陰《いん》を臨《のぞ》むの義《ぎ》を取《と》て居《を》る。反之《これにはんしかう》。爻《かう》に於《おい》ては上《じやう》にあるの四陰《いん》が、下《しも》にあるの二陽《やう》に臨《のぞ》むの義《ぎ》を取《と》て居《ゐ》る、此《こ》れ一は陽《やう》が長《ちやう》ずるの象《かたち》に就《つい》てその象《かたち》を取《と》り、他《た》は爻《かう》位《ゐ》の上下《じやうか》に就《つい》てその義《ぎ》を取《と》た所《ところ》の相違《さうゐ》であるが、此卦《このくわ》唯《たゞ》二陽《やう》にして共《とも》に下位《かゐ》あり、四陰《いん》は上《かみ》にあつて之《これ》に臨《のぞ》む、故《ゆゑ》に咸臨《みなのぞむ》と言《い》ふ。咸《かん》は皆《みな》と同《おな》じく四陰皆共《いんみなとも》に之《これ》を臨《のぞ》むの義《ぎ》である。蓋《けだ》し初《しよ》は四と正應《せいおう》である、故《ゆゑ》に四が初《しよ》に應《おう》じて彼此相臨《かれこれあひのぞ》むべきは固《もと》よりその所《ところ》である、されど三と五上《じやう》とは應《おう》でもなければ亦比《またひ》でもない、隨《したが》つて相臨《あひのぞ》むべき道理《だうり》がないのが通例《つうれい》である、然《しか》るに之《これ》を咸臨《みなのぞ》むと言《い》ふ所以《ゆゑん》は、惟《おも》ふに陰陽相求《いんやうあひもと》め相應《あひおう》ずるは本來《ほんらい》の性質《せいしつ》である許《ばか》りでなく、初《しよ》二の二陽《やう》は元《もと》と坤《こん》の純陰《じゆんいん》の下《しも》に新《あら》たに發《はつ》生《せい》したるもので、四陰《いん》が頗《すこ》ぶる驚異《きやうい》の眼《まなこ》を視張《みは》つて迎《むか》ふる所《ところ》、且《か》つ陽《やう》は善人《ぜんにん》であり君子《くんし》であり賢者《けんしや》である、此《こ》れその比應等《ひおうとう》の關係《くわんけい》なきに拘《かゝ》はらず咸臨《みなのぞ》むと言《い》ふ所以《ゆゑん》であるが、尙一層此《なほいつそうこ》の義《ぎ》を明《あき》らかにせむとせば、之《これ》を遯《とん》の卦《くわ》の諸陽《しよやう》と比觀《ひくわん》するを要《えう》す、即《すなは》ち彼《かれ》に於《おい》ては此《こ》の卦《くわ》と反對《はんたい》で、上《じやう》にあるの四陽《やう》は二陰《いん》が下《しも》に生《しやう》じ來《きた》るを見《み》て、之《これ》を棄《す》てヽ遠《とほ》く遯《のが》れ去《さ》るの利《り》を言《い》ふて居《を》る。然《しか》る所以《ゆゑん》のものは、陰《いん》は惡《あく》人《にん》であり小人《せうにん》であり愚者《ぐしや》である、故《ゆゑ》にその係累《けいるゐ》を免《まぬ》かれむが爲《た》めである、が之《これ》を要《えう》するに、惡《あく》を抑《おさ》へ善《ぜん》を揚げむとする制裁的教訓《せいさいてききやうくん》に外《ほか》ならぬ。今臨《いまりん》の初《しよ》九は四陰《いん》の皆臨《みなのぞ》む所《ところ》となつて、剛《がう》にしてその正位《せいゐ》を得《え》て居《を》る、故《ゆゑ》にその占《せん》を貞吉《たゞしうして》と言《い》ふ。貞《たゞし》は正《たゞ》しきの義《ぎ》である。

九二、咸臨《ミナノゾム》、吉《ニシテ》无《ナシ》レ不《ザルコト》レ利《ヨロシカラ》、

九二も初《しよ》九と同《おな》じく、四陰《いん》の臨《のぞ》む所《ところ》となつて居《を》る、故《ゆゑ》に咸臨《みなのぞむ》と言《い》ふ。されど初《はじめ》は猶復《なほふく》の卦《くわ》の如《ごと》く、今《いま》此《こ》の九二を得《え》て始《はじ》めて臨《りん》となり、而《しか》も剛中《がうちう》にして卦主《くわしゆ》となつて、六五柔中《じうちう》の君《きみ》に信任《しんにん》せらる、此《こ》れ臨《りん》中《ちう》の最善《さいぜん》なるものである、故《ゆゑ》に吉无レ不レ利と言《い》ふ。

六三、甘《アマ》ク臨《ノゾム》、无《ナシ》レ攸《トコロ》レ利《ヨロシキ》、既《スデニ》二憂《ウレフレ》一レ之《コレヲ》无レ咎

六三は陰柔不《いんじうふ》中正《ちうせい》にして兌體《だたい》の上《うへ》に居《を》る。即《すなは》ち美辭《びじ》甘言《かんげん》を以《もつ》て人《ひと》を悅《よろこ》ばしむるの象《かたち》である、故《ゆゑ》に甘臨《あまくのぞむ》と言《い》ふ。蓋《けだ》し我《わが》心《こゝろ》誠《まこと》に一なれば以《もつ》て人心《じんしん》を動《うご》かすことも可能《でき》、以《もつ》て天地《てんち》に通《つう》ずることも可能《でき》るが、巧言媚辭《かうげんこじ》を逞《たくまし》ふして迎合《けいがふ》を事《こと》とするが如《ごと》きは、他《た》の指彈擯斥《しだんひんせき》を招《まね》く所以《ゆゑん》である、故《ゆゑ》にその占《せん》を无《なし》レ攸《ところ》レ利《よろしき》と言《い》ふ。利《よろ》しき所《ところ》なきは當然《たうぜん》である、而《しか》も前非《ぜんび》を悔《く》ひ憂《うれ》へて之《これ》を改《あらた》め、至誠《しせい》を以《もつ》て自《みづか》ら處《を》らば、則《すなは》ち咎《とが》なきことを得《う》るに至《いた》る、故《ゆゑ》に既憂レ之无レ咎《すでにうれふればこれをとがなし》と言《い》ふ。兌《だ》を悅《よろこ》ぶとなす、悅《よろこ》ぶの極《きよく》は則《すなは》ち咨嗟《しさ》となる、此爻《このかう》は節《せつ》の三と略々《ほゞ》相似《あひに》たる所《ところ》がある、故《ゆゑ》に之《これ》を憂《うれ》ふと言《い》ふ。

六四、至《イタ》ッテ臨《ノゾム》、无レ咎、

六四は柔《じう》を以《もつ》て陰《いん》に居《ゐ》て下初九《しもしよ》に應《おう》ず、此《こ》れ臨《のぞ》むことの至《いた》れるものである、故《ゆゑ》に至臨《いたってのぞむ》と言《い》ふ。已《すで》に

近君《きんくん》の正位《せいゐ》に居《ゐ》て以《もつ》て親《した》しく剛陽《がうやう》の賢者《けんしや》に臨《のぞ》む、无《なき》レ咎《とが》は素《もと》よりその所《ところ》である。至《し》は至親《ししん》、至誠《しせい》、至《し》尊《そん》、至聖等《しせいとう》の至《し》と同《おな》じく、臨《のぞ》むことの切實《せつじつ》にして至《いた》り盡《つく》せるの義《ぎ》である。

六五、知《チ》ニシテ臨《ノゾム》、大君《ダイクン》之宜《ヨロ》シキ、吉、

六五は柔中《じうちう》を以《もつ》て尊位《そんゐ》に居《ゐ》て下《しも》九二剛中《がうちう》の臣《しん》に應《おう》じ、自《みづか》らその知《ち》を用《もち》ひずして能《よ》く人《ひと》に任《にん》ず、此《こ》れ即《すなは》ち知者《ちしや》の爲《しわざ》である、故《ゆゑ》に知臨《ちにしてのぞむ》と言《い》ふ。茲《こゝ》に言《い》ふ知《ち》にして臨《のぞ》むの知《ち》は、論語《ろんご》に不《ざるを》レ知《しら》爲《なす》レ不《ず》レ知《しら》、是知《これしる》也《なり》と謂《い》ふの知《ち》と同《どう》一て、正邪失得《せいじやしつとく》その他《た》萬般《ばんぱん》の事理《じり》を洞知《どうち》するの知《ち》である。蓋《けだ》し人《ひと》が如何《いか》に聰明《そうめい》なりと雖《いへ》ども、而《しか》もその知《ち》には自《おのづ》から限《かぎ》りがあつて、萬事《ばんじ》に通《つう》じ萬事《ばんじ》に遍《あま》ねきことは不可能《ふかのう》である、故《ゆゑ》に自《みづ》からその知《ち》を用《もち》ひて人《ひと》に任《まか》することを知《し》らざるものは、却《かへ》つて不知《ふち》の結果《けつくわ》を來《きた》すことゝなるが、自《みづ》からその知《ち》を用《もち》ひずして能《よ》く人《ひと》に任《まか》すれば、則《すなは》ち衆知《しうち》を兼《か》ね幷《あは》することゝなるが故《ゆゑ》に、その知《ち》たるや實《じつ》に大《だい》なるものがあつて一人《にん》を以《もつ》て萬事《ばんじ》を統《す》べ、一身《しん》を以《もつ》て四海《かい》に臨《のぞ》む大君《おほぎみ》の宜《よろ》しく事《こと》とすべき所《ところ》て、その吉利《きちり》なることは言《げん》を竢《ま》たぬ、故《ゆゑ》に大君之宜吉《だいくんのよろしききち》と言《い》ふ。大君《おほぎみ》は六五が己《おの》れを虚《むな》ふして九二に應《おう》じ臨《のぞ》むの象《かたち》。一説《せつ》に知臨《ちりん》の知《ち》は、猶乾知二大始一《なほけんはしるのだいしを》の知《ち》と同義《どうぎ》て、主宰《しゆさい》の義《ぎ》であると。此説《このせつ》一理《り》あるに似《に》たれども、而《しか》も此《こ》の義《ぎ》は自《おのづ》から前説中《ぜんせつちう》に含《ふく》まれて居《を》るから、殊更《ことさら》に之《これ》を言《い》ふの要《えう》はない樣《やう》である。

上六、敦《アツ》ク臨《ノゾム》ム、吉シテ无レ咎、

敦《とん》は厚《あつ》きの義《ぎ》て坤土積累《こんどせきるゐ》の象《かたち》。上六《じやう》は卦《くわ》の終《をは》り坤土《こんど》の上《うへ》に居《ゐ》て正應《せいおう》ではないけれども、而《しか》もその志《こゝろざし》は下《しも》の二陽《やう》に從《したが》ふにあつて、賢《けん》を尊《たつと》び善《ぜん》に下《くだ》る敦厚《とんかう》の至《いた》りである、故《ゆゑ》に敦臨《あつくのぞむ》と言《い》ふ。陰柔《いんじう》にして卦極《くわきよく》に居《を》れば、能《よ》く下《くだ》り臨《のぞ》むものでない、乃《すなは》ち隨《したが》つて咎《とがめ》あるを以《もつ》て通例《つうれい》とするのであるが、此卦《このくわ》に於《おい》ては卦極《くわきよく》の義《ぎ》を取《と》らず、上下陰陽相臨《じやうかいんやうあひのぞ》み、始《はじ》めより終《をは》りに至《いた》るも、而《しか》も之《これ》を變改《へんかい》する所《ところ》がない、臨《りん》に敦篤《とんとく》なるものにあらずば能《よく》し得《え》ざる所《ところ》である、故《ゆゑ》に吉无レ咎と言《い》ふ。

坤下《こんか》
巽上《そんじやう》

觀《クワン》

觀《クワン》、盥《テアロウテ》而不レ薦《スヽメズ》、有《アツ》テレ孚顒若《マコトギヨウジヤクタリ》。

此卦全體《このくわぜんたい》を以《もて》之《これ》を言《い》へば、二陽上《やうかみ》にあつて、四陰下《いんしも》にあり、その狀壯嚴《じやうさうごん》にして恰《あた》かも臺觀《だいくわん》の如《ごと》くてある、故《ゆゑ》に之《これ》を觀《くわん》と言《い》ふ。又巽《またそん》の風《かぜ》が坤《こん》の地上《ちじやう》を行《ゆ》けば、徧《あまね》く萬物《ばんぶつ》に觸《ふ》る、乃《すなは》ち周觀《しうくわん》の義《ぎ》である。故《ゆゑ》に之《これ》を觀《くわん》と言《い》ふ。又人君上《またひとくんじやう》にあつて天下《てんか》に敎示《けうじ》し、萬民《ばんみん》は下《しも》に居《ゐ》てその德《とく》を瞻仰《せんぎやう》す、乃《すなは》ち觀《くわん》の義《ぎ》てある、故《ゆゑ》に之《これ》を觀《くわん》と言《い》ふ。觀《くわん》には觀示《くわんじ》と觀見《くわんけん》との兩義《りやうぎ》があるが、下《した》より上《うへ》を視《み》るは觀見《くわんけん》の義《ぎ》で、卦中《くわちう》の六爻《かう》に於《おい》ては、皆此《みなこ》の觀見《くわんけん》の義《ぎ》を取《と》て居《ゐ》る。反レ之《これにはんして》上《うへ》より下《しも》に示《しめ》すは觀示《くわんじ》の義《ぎ》で、卦《くわ》に於《おい》ては、此《こ》の觀示《くわんじ》の義《ぎ》を取《と》て居《ゐ》るが、卽《すなは》ち全卦大艮《ぜんくわだいこん》の象《かたち》。而《しか》して艮《こん》を門闕《もんけつ》となし、宗廟社稷《そうべうしやしよく》となして祭祀《さいし》の象《かたち》がある、故《ゆゑ》に彖《たん》に於《おい》ては之《これ》を祭祀《さいし》に象《かた》どつて、その辭《じ》を繫《か》けて居《ゐ》るが、盥《てあらう》とは手《て》を洗《あら》ふことて、艮《こん》を手《て》となし、巽《そん》を潔《きよし》となすの象《かたち》である。薦《すゝ》むとは酒食《しゆしよく》を神《かみ》に献《けん》ずるの義《ぎ》で、坤《こん》を衆多《しゆた》となすの象《かたち》である。

不《ズ》レ薦《スヽメ》とは祭祀《さいし》の時《とき》に當《あた》り、將《まさ》に酒食《しゆしよく》を神《かみ》に献《けん》ぜむとして、尙未《なほいま》だ之《これ》を献《けん》ぜざるの時《とき》で、艮《こん》を止《とゞ》まるとなし、巽《そん》を進退不決《しんたいふけつ》となすの象《かたち》である。顒若《ぎようじやく》とは仰《あふ》ぎ視《み》るの貌《かたち》で、至誠敬虔《しせいけいけん》の有樣《ありさま》を言《い》ふたものであるが九五が、中正《ちうせい》を以《もつ》て尊位《そんゐ》に居《を》るは、卽《すなは》ち神君《しんくん》の象《かたち》で、而《しか》してその神《かみ》なるものは、尊嚴淸淨《そんげんせいじやう》にして褻瀆《せつとく》すべからざるものである、故《ゆゑ》に神《かみ》を祭《まつ》る時《とき》には、之《これ》を褻瀆《せつとく》せざらむが爲《た》めに、手《て》を洗《あら》ふて潔淸《けつせい》を致《いた》し、酒食等《しゆしよくとう》の供物《くもつ》を奉《ほう》じ、將《まさ》に之《これ》を薦《すゝ》め進《すゝ》めむとして、尙未《なほいま》だ進《すゝ》めざる際《さい》に當《あた》りては、孚誠《ふせい》中《ちう》に盈《みち》て一塵《ちん》の邪念《じやねん》なく、敬虔《けいけん》の至情《しじやう》は然《しか》ることを期《き》せずして、自《おのづ》から顒若《ぎようじやく》として仰《あふ》ぎ視《み》るに至《いた》る、蓋《けだ》し至《し》誠信仰《せいしんかう》の致《いた》す所《ところ》である。故《ゆゑ》に盥《テアロウテ》而不《ズ》レ薦《スヽメ》、有《アツテ》レ孚《マコト》顒若《ギヨウジヤク》と言《い》ふ。惟《おも》ふに昔時《せきじ》に於《おい》ては政敎《せいけう》の區別《くべつ》が甚《はなは》だ不《ふ》明《めい》で、宗敎的行事《しうけうてきぎやうじ》を政略的《せいりやくてき》に用《もち》ひた例《れい》が往々《わうく》あるが、殊《こと》に支那《しな》の古代《こだい》に於《おい》ては、此《こ》の如《ごと》き傾向《けいかう》が頗《すこ》ぶる强《つよ》かつた樣《やう》である、彼《か》の天地《てんち》山川《さんせん》若《も》しくは祖先《そせん》の宗廟《そうべう》抔《など》を祭《まつ》ると言《い》ふのが卽《すなは》ちそれて、嚴肅《げんしゆく》なる儀式《ぎしき》を行《おこな》ふて神《かみ》を祭《まつ》る所《ところ》に、天下《てんか》の民心《みんしん》を集中統一《しふちうとう》せむとする政略的意味《せいりやくてきいみ》が充分《ちうぶん》に含《ふく》まれて居《ゐ》るが、此卦《このくわ》を名《なづ》けて觀《くわん》と言《い》ひ、亦彖辭《またたんじ》を繫《か》けて祭神《さいじん》のことを言《い》ふたのも、必竟《ひつきやう》は如上《によじやう》の傾向《けいかう》あるに基《もとづ》いたもので決《けつ》して純宗敎的祭神《じゆんしうけうてきさいじん》のことを言《い》ふたものではない、その證據《しようこ》には彖傳《たんでん》に觀《くわん》盥《てあろうて》而不《ず》レ薦《すゝめ》、有《あつて》レ孚《まこと》顒若《ぎようにやく》たりとは、下觀《したみ》て而《しか》して化《くわ》するなり、天《てん》の神道《しんだう》を觀《み》て、而《しか》して四時《じ》忒《たか》はず、聖人神道《せいじんしんだう》を以《もつ》て敎《をしへ》を設《まう》けて、而《しか》して天下《てんか》服《ふく》すと言《い》ふて居《を》るのを見《み》れば、唯天《たゞてん》を祭《まつ》り神《かみ》を祭《まつ》る許《ばか》りてなく、その間《あひだ》に政略的意味《せいりやくてきいみ》を含《ふく》むて居《を》ることが明《あき》らかに分《わか》る。

初六、童觀《ドウクワン》ス、小人《セウジン》ハ无《ナシ》レ咎《トガ》、君子《クンシ》ハ吝《ヤブサシ》

卦《くわ》に於《おい》ては觀示《くわんじ》の義《ぎ》を取《とつ》て居《を》るが、爻《かう》に於《おい》ては觀見《くわんけん》の義《ぎ》を取《とつ》て居《を》る、而《しか》して目《め》の視《み》る所《ところ》は精深遠大《せいしんゑんだい》なるを貴《たつと》むで、粗淺近小《そせんきんせう》なるを賤《いや》しむのであるが、初六《しよ》は陰柔《いんじう》を以《もつ》て最下《さいか》に居《を》り、五を去《さ》ること最《もつと》も遠《とほ》く、その視《み》る所《ところ》の粗淺近小《そせんきんせう》なることは、猶兒《なほじ》童《どう》が物《もの》を視《み》るが如《ごと》くである、故《ゆゑ》に童觀《どうくわん》と言《い》ふ。初爻《しよかう》は物《もの》の始《はじ》め卽《すなは》ち童幼《どうえう》の象《かたち》。而《しか》して初六《しよ》は下位《かゐ》にあるの小人《せうじん》であるから、その視《み》ることの兒童《じどう》に等《ひと》しきも、元《も》とその所《ところ》で亦已《またや》むを得《え》ぬ次第《しだい》である、故《ゆゑ》に小人《せうじん》ハ无《なし》レ咎《とが》と言《い》ふ。されど若《も》し君子《くんし》にして此《こ》の如《ごと》くならば、そは自《みづ》からその能《のう》を棄《すつ》るものである。故《ゆゑ》に君子《くんし》は吝《やぶさし》と言《い》ふ。小人《せうじん》は初六《しよ》陰柔《いんじう》の象《かたち》。君子《くんし》はその反對《はんたい》の象《かたち》を取《とつ》たもので卽《すなは》ち影象《けいしやう》である。

六二、闚《ウカヾ》ヒ觀《ミ》ル、利《ヨロ》シ二女《ヂヨ》ノ貞《タヾシキニ》一

闚觀《うかゞひみる》は正觀《せいくわん》の反對《はんたい》で、間隙《すきま》より竊《ぬす》み視《み》るの謂《いひ》であるが、全卦大艮《ぜんくわだいこん》を門闕《もんけつ》となして、六二は陰柔門內《いんじうもんない》に居《ゐ》て門外《もんぐわい》を見《み》る、卽《すなは》ち闚《うかゞ》ひ觀《み》る所《ところ》の象《かたち》である、故《ゆゑ》に闚觀《うかゞひみる》と言《い》ふ。此《か》くの如《ごと》く六二は柔暗《じうあん》の陰《いん》を以《もつ》て剛明《がうめい》の陽《やう》を門內《もんない》より窺《うかゞ》ひ視《み》るものであるから、その視《み》ることの甚《はなは》だ小《せう》にして、一斑《ぱん》を見得《みう》るに過《す》ぎぬのは、婦女子《ふぢよし》としては固《もと》よりその所《ところ》である、故《ゆゑ》に利二女貞一《よろしぢよのていに》と言《い》ふ。されど此《か》くの如《ごと》きは丈夫《ぢやうふ》の爲《な》すべき所《ところ》でないことは言《げん》を要《えう》せぬ所《ところ》である。初《しよ》と二とは共《とも》に陰柔《いんじう》であるけれども、初《しよ》の位《くらゐ》は陽《やう》である、故《ゆゑ》に之《これ》を童《どう》に象《かた》どり、二の位《くらゐ》は陰《いん》である、故《ゆゑ》に之《これ》を女子《ぢよし》に象《かた》どつたものであるが、童觀《どうくわん》するものは茫漠《ばうばく》と

して何《なん》の視得《みう》る所《ところ》もなく、闚觀《きくわん》するものは、その視界《しかい》が甚《はなは》だ狹《せま》く全體《ぜんたい》を視得《みえ》ぬとの相違《さうゐ》がある。而《しか》して二と五とは元《もと》と正應《しやうおう》で共《とも》に中正《ちうせい》を得《え》たものである、されば之《これ》を中正《ちうせい》を以《もつ》て中正《ちうせい》を觀《み》る所《ところ》の正觀《せいくわん》であると言《い》ふのが當然《たうぜん》である、然《しか》るに之《これ》を闚觀《うかゞひみる》と言《い》ふ所以《ゆゑん》は、元來此卦《ぐわんらいこのくわ》は四陰下《いんしも》に長《ちやう》じて、二陽上《やうじやう》に消《け》しつゝあるの象《かたち》である、故《ゆゑ》に之《これ》を正觀《せいくわん》と言《い》へば、陰《いん》が盛《さか》むにして陽《やう》に對抗《たいかう》せむとするの嫌《きらひ》がある、此《こ》の嫌《きらひ》を避《さ》けむが爲《た》めに、殊更《ことさら》に之《これ》を闚觀《うかゞひみる》と言《い》ふて女貞《ぢよてい》の義《ぎ》を取《とつ》たもので、即《すなは》ち陽《やう》を扶《たす》け陰《いん》を抑《おさ》ゆるの意《い》に外《ほか》ならぬ。

六三、觀《ミテ》二我《ワ》ガ生《ハタラキ》一チ進《シン》退《タイ》ス

生《はたらき》とは猶働《なほはたら》きと謂《い》ふが如《ごと》く、施爲動作《せゐどうさ》の義《ぎ》で、我《わ》が生《はた》らきを觀《み》るとは、己《おの》れが平生爲《へいぜいな》す所《ところ》、行《おこな》ふ所《ところ》の正邪失得《せいじやしつとく》を觀察《くわんさつ》するの義《ぎ》であるが、六三が下卦《かくわ》の上《うへ》に居《を》るは即《すなは》ち進《すゝ》むべきの地《ち》で、上卦《じやうくわ》の下《した》に居《を》るは即《すなは》ち退《しりぞ》くべきの地《ち》である、故《ゆゑ》に觀二我生一進退《みてわがはたらきをしんたいす》と言《い》ふ。乃《すなは》ち時可《ときか》なれば則《すなは》ち進《すゝ》み、時不可《ときふか》なれば則《すなは》ち退《しりぞ》き、進退《しんたい》その宜《よろ》しきを失《うしな》はず、故《ゆゑ》に過咎《つみとが》なきことを得《う》るものであるが、占者《せんしや》も亦此《またかく》の如《ごと》く、自《みづ》からその行《おこなひ》の當否《たうひ》を顧《かへり》みて、出處進退《しゆつしよしんたい》を決《けつ》すべきである。

六四、觀《ミ》ル二國之光《クニノヒカリ》チ一利《ヨロシ》二用《キチヒ》ヲ賓《ヒンタル》レ于王《ニオウ》

國《くに》の光《ひか》りとは、國《くに》の光榮《くわうえい》と言《い》ふに同《おな》じく、國《くに》は坤《こん》の象《かたち》で、光《ひか》りは艮《こん》の象《かたち》であるが、六四は最《もつと》も五に近《ちか》く、親《した》しく君德《くんとく》の隆盛《りうせい》を觀得《みう》るものである、故《ゆゑ》に觀二國之光一《みるくにのひかりを》と言《い》ふ。蓋《けだ》し一國《こく》の政令《せいれい》は國君《くにぎみ》に出《い》でゝ君徳《くんとく》の盛否《せいひ》は國政《こくせい》の上《うへ》に現《あら》はるゝものである、故《ゆゑ》にその國《くに》の治否《ちひ》を見《み》て、君徳《くんとく》の如何《いかん》を察《さつ》することが可能《でき》る、此《こ》れ茲《こゝ》に君《きみ》の光《ひか》りを觀《み》ると言《い》はずして、國《くに》の光《ひか》りを觀《み》ると言《い》ふ所以《ゆゑん》である。古《いにしへ》は賢徳《けんとく》の士《し》あれば王者之《わうしやこれ》を遇《ぐう》するに賓客《ひんきやく》の禮《れい》を以《もつ》てしたのであるが、今《いま》九五は陽明中正《やうめいちうせい》の徳《とく》あつて天下《てんか》に觀示《くわんじ》する所《ところ》の良君《りやうくん》で、親《した》しくその盛徳《せいとく》を觀《み》る所《ところ》の六四は、宜《よろ》しく王朝《わうてう》に賓《ひん》となつてその君《きみ》を補翼《ほよく》し、以《もつ》て天下《てんか》を匡濟《きやうさい》すべきものである、故《ゆゑ》に利ニ用《よろしくもちひて》賓ヒ于一王《ひんたるにおう》と言《い》ふ。占者若《せんしやも》し此《こ》の徳《とく》あらば以《もつ》て官《くわん》を求《もと》むべく、以《もつ》て主《しゆ》に事《つか》ふべく、仕進《ししん》に取《と》ての吉占《きつせん》である。

九五、觀《ミ》ニテ我《ワ》ガ生《ハタラキ》ヲ一、君子《クンシ》ナレバ无《ナシ》レ咎《トガ》

九五は觀示《くわんじ》の主《しゆ》で、天下《てんか》の治亂《ちらん》は皆《みな》その徳《とく》の如何《いかん》に由《よつ》て定《さだ》まるべきものである、卽《すなは》ちその政令《せいれい》が善《ぜん》なれば、則《すなは》ち一國皆君子《こくみなくんし》の風《ふう》に化《くわ》し、その政令《せいれい》が不善《ふぜん》なれば。則《すなは》ち一國皆小人《こくみなせうじん》の俗《ぞく》に變《へん》ずるに至《いた》る、故《ゆゑ》に觀ニ我生一君子无レ咎《みてわがはたらきをくんしなればとがなし》と言《い》ふ。此《こ》の如《ごと》く我《わ》が働《はたら》きを觀《み》て、既《すで》に君子《くんし》の行《おこなひ》があるに於《おい》ては、之《これ》に由《よつ》て一國皆凡《こくみなすべ》て君子《くんし》の風《ふう》に化《くわ》せることを推知《すゐち》することが可能《でき》る、故《ゆゑ》に无《なし》レ咎《とが》と言《い》ふ。

項氏安世曰《かうしあんせいいは》ク、觀《くわん》ハ本《ほん》ト是《こ》レ小人君子《せうじんくんし》ヲ遂《お》フノ卦《くわ》、但《たゞし》九五ノ中正上《ちうせいじやう》ニ在《あ》ルヲ以《もつ》テ、聖人以《せいじんもつ》テ小人君子《せうじんくんし》ヲ觀《み》ルト爲《な》スノ象《かたち》ヲ取《と》レリ、象《かたち》ハ此《こ》ノ如《ごと》シト雖《いへど》モ、勢《せい》ハ實《じつ》ニ漸《やう》ヤク危《あやう》シ、故《ゆゑ》ニ五上二爻《じやうかう》共《とも》ニ僅《わづ》カニ咎《とが》ナシト曰《い》フ、然《しか》ラズンバ、則《すなは》チ九五中正《ちうせい》ヲ建《た》テヽ以《もつ》テ天下《てんか》ニ觀《くわん》ス、元吉大亨《げんきつだいきやう》ト雖《いへど》モ可《か》ナリ、豈《あ》ニ咎《とが》ナキノミニ止《とゞ》マランヤ

胡氏《こし》炳文《へんぶん》曰《いは》ク、四陽《やう》ノ卦名《くわな》ケテ大壯《たいさう》ト曰《い》フ、陽《やう》ノ盛《さか》ンナルヲ以《もつ》テ言《い》フナリ、然《しか》ラバ則《すなは》チ四陰《いん》モ豈《あ》ニ陰《いん》ノ盛《せい》ヲ以《もつ》テ言《い》ハザル可《べ》ケンヤ、而《しか》シテ之《これ》ヲ名《なづ》ケテ觀《くわん》ト曰《い》フ、乃《すなは》チ陽上《やうじやう》ニ居《ゐ》テ陰之《いんこれ》ヲ仰《あふ》グニ取《と》レリ民《たみ》ニ示《しめ》シテ神化《しんくわ》ノ妙《めう》ヲ發出《はつしゆつ》ス、臨觀《りんくわん》ノ二卦《くわ》、皆陽《みなやう》ヲ扶《たす》ケ陰《いん》ヲ抑《おさ》ユルノ意深《いふか》シ矣《い》

上九、觀《ミ》テ二其《ソ》ノ生《ハタラキ》チ一、君子《クンシ》ナレバ无《トガ》レ咎《ナガ》、

上《じやう》九も亦陽《またやう》を以《もつ》て九五の上《じやう》に居《ゐ》る、その任《にん》に當《あた》つて事《こと》を自《みづ》からせずと雖《いへ》ども而《しか》も亦均《またひと》しく四陰《いん》の仰《あふ》ぎ觀《み》る所《ところ》となることは五と異《こと》なる所《ところ》がない、故《ゆゑ》にその辭《じ》も亦《また》五と同樣《どうやう》てある、併《しか》し五は卽《すなは》ち當位《たうゐ》の君主《くんしゆ》てある、隨《したが》つてその言行《げんぎやう》の當否《たうひ》善惡《ぜんあく》は、直《たゞ》ちに國政國風《こくせいこくふう》の良否《りやうひ》に影響《えいきやう》を及《およ》ぼすことゝなる、故《ゆゑ》に之《これ》を我生《わがはたらき》と言《い》ひ、上九《じやう》は君位《くんゐ》ではない、唯《たゞ》九五の君主《くんしゆ》を補《ほ》佐して天下《てんか》の師表《しへう》となつて居《ゐ》るものである、故《ゆゑ》に之《これ》を其生《そのはたらき》と言《い》ふ。其生《そのはたらき》と言《い》ふも、亦我生《またわがはたらき》のことて、我《われ》と言《い》ひ其《それ》と言《い》ふも大差《たいさ》があるのではないけれども、その間自《あひだおのづ》から緩急《くわんきふ》の區別《くべつ》がある。

䷔　震下《しんか》離《り》上《じやう》　噬嗑《ゼイカウ》

噬嗑《ゼイカウ》、亨《トウル》、利《ヨロシ》レ用《モチユル》ニ獄《ウツタヘ》チ、

此卦《このくわ》は元《もと》頤《ゐ》より來《きた》る、頤《ゐ》は上下兩陽《じやうかりやうやう》にして、下《しも》は動《はたら》き上《かみ》は止《とゞ》まり、四陰《いん》の中虛《ちうきよ》なるは卽《すなは》ち頤口《ゐこう》の象《かたち》である。然《しか》るに今《いま》九四の一陽來《やうきた》つて上下《じやうか》の間隔《かんかく》をなすは、頤中《ゐちう》に物《もの》あるの象《かたち》であるが、頤中《ゐちう》に物《もの》があ

つて上下《じやうげ》を間隔《かんかく》すれば、必《かなら》ず之《これ》を噬《か》み碎《くだ》いた後《のち》でなくば頤《い》口《こう》を合《あは》すことが可能《でき》ぬ故《ゆゑ》に之《これ》を名《なづ》けて噬嗑《ぜいかふ》と言《い》ふ。噬《ぜい》は齧《か》むの義《ぎ》、嗑《かふ》は合《あは》するの義《ぎ》で、噬嗑《ぜいかふ》とは之《こ》れを齧《か》み合《あは》するの謂《いひ》であるが、齧《か》み合《あは》すれば自然《しぜん》に合《あ》ふことになる、故《ゆゑ》にその占《せん》を亨《とほる》と言《い》ふ、亨《とほ》るとは亨通《きやうつう》して障礙《しやうがい》なきの義《ぎ》であるが、凡《およ》そ天下《てんか》の事《こと》、彼此《かれこれ》間隔《かんかく》して亨通《きやうつう》し難《がた》きものは、訟獄《しやうごく》に由《よ》りその梗礙《かうがい》を除《のぞ》いて之《これ》を亨通《きやうつう》し得《う》べきものである、故《ゆゑ》に利《よろし》レ用《もちゆるに》レ獄《うつたふるを》と言《い》ふ。震《しん》を雷《らい》となし威《ゐ》となし、離《り》を電《いなづま》となし明《めい》となして威明《ゐめい》の象《かたち》がある、故《ゆゑ》に訟獄《しやうごく》の象《かたち》を取《と》つたもので、強《あな》がち此卦《このくわ》を以《もつ》て訟獄《しやうごく》を起《おこ》す爲《た》めの吉卦《きつくわ》となす譯《わけ》ではない、唯《たゞ》訟獄《しやうごく》なるものは、噬《か》み嗑《あは》せて亨《とう》るの卦義《くわぎ》に頗《すこ》ぶる能《よ》く適合《てきがう》する所《ところ》がある爲《た》めに、此《こ》の象《かたち》を取《と》つたものに外《ほか》ならぬ、蓋《けだ》し爭《あらそ》ひ訴《うつ》たゆる者《もの》から之《こ》れを言《い》へば訟《しやう》であるが、之《これ》を裁斷《さいだん》するものから言《い》へば、獄《ごく》であつて、訟《しやう》と獄《ごく》とはその實同《じつどう》一で、獄《ごく》を用《ち》ゆるに利《よろ》しとは、即《すなは》ち是《ぜ》非《ひ》曲《きよく》直《ちよく》を裁斷《さいだん》する者《もの》の方《はう》から繫《かけ》た所《ところ》の辭《ことば》である。

初九、屨《ヘイ》レ校《カシ》チ滅《イル》レ趾《アシ》チ、无《ナシ》レ咎《トガ》、

屨《はく》は着《つ》くるの義《ぎ》、校《かし》は械《かい》のことて中爻坎《ちうかうかん》の象《かたち》。滅《い》るは校《かし》を足《あし》に屨《は》きその趾《あと》を沒入《ぼつにふ》して見《み》へざるの義《ぎ》であるが、趾《あし》は初爻《しよかう》の象《かたち》で、亦震《またしん》の象《かたち》を兼《かね》て居《ゐ》る。蓋《けだ》し古《いにしへ》は小罪《せうざい》があれば校《かし》を趾《あし》に屨《は》かしめて、その歩行《ほかう》を拘束《かうそく》したもので、這《こ》は刑《けい》の至《いた》つて輕《かる》きものであるが、此卦《このくわ》六爻《かう》の中初上《うちしよじやう》の二爻《かう》は刑《けい》を受《う》くるもので、二三四五の中《ちう》四爻《かう》は、獄《ごく》を斷《だん》じて刑《けい》を用《もち》ゆるものである。而《しか》して凡《すべ》て罪過《さいくわ》あるものは、その始《はじ》めは微小《びせう》なれども、後《のち》には必《かな》らず重大《ちうだい》となり行《ゆ》くものであるから之《これ》に加《くは》ふる所《ところ》の刑罰《けいばつ》も、亦輕《またかる》きに始《はじ》まつて重《おも》きに至《いた》るべきものであるが、初《しよ》九は卦《くわ》の始《はじ》めに居《ゐ》るので、その罪過《ざいくわ》も小《せう》に、隨《したが》つてその刑罰《けいばつ》も輕《かる》く、之《これ》を始《はじ》めに懲《こ》らせば、その過《あやまち》を悔《くい》て善《ぜん》に遷《うつ》るに至《いた》る、故《ゆゑ》に无《なし》レ咎《とが》と言《い》ふ。

六二、噬《カン》デレ膚《フ》ヲ滅《イル》レ鼻《ハナ》ヲ、无レ咎

膚《ふ》とは肉《にく》の柔脆《にうじやく》にして骨《ほね》なきもので、六二は柔《じう》を以《もつ》て陰位《いんゐ》に居《を》る、故《ゆゑ》に之《こ》を膚《ふ》に象《かた》どつたものであるが、初《しよ》九は下腮《したあご》で、上《じやう》九は上腮《うはあご》であるから、中《ちう》四爻《かう》は卽《すなは》ち齒牙《しが》の象《かたち》である、故《ゆゑ》に二から五に至《いた》る迄《まで》は皆《みなか》噬み合《あは》すの象《かたち》を取《とつ》て居《を》る、而《しか》して膚《ふ》と言《い》ひ、腊肉《せきにく》と言《い》ひ。乾胏《かんし》と言《い》ひ、乾肉《かんにく》と言《い》ふは、卽《すなは》ち頤《ゐ》中物《ちうもの》あるの象《かたち》であるが、それと同時《どうじ》に各爻《かくかう》の爻象《かうしやう》で、その間自《あひだおのづ》から之《これ》を噬《か》むに難易《なんい》の別《べつ》あることを示《しめ》したものである。今《いま》六二は重陰柔軟《ちういんじうなん》にして膚肉《ふにく》の噬《か》み易《やす》き樣《やう》なものである。故《ゆゑ》に噬レ膚滅レ鼻《かんでふをいるはなを》と言《い》ふ。鼻《はな》は中爻艮《ちうかうこん》の象《かたち》で、鼻《はな》を滅《い》るとは、膚肉《ふにく》の噬《か》み易《やす》さが爲《た》めに、之《こ》れを噬《か》み過《す》ぎて鼻《はな》を肉中《にくちう》に沒入《ぼつにふ》するの義《ぎ》で、罪《つみ》を斷《だん》じて甚《はなは》だ易《やす》く明察《めいさつ》に過《す》ぐることに喩《たと》へたものである。されど六二は中《なか》に居《ゐ》て正《せい》を得《え》たものであるから、刑《けい》を用《もち》ひてその中正《ちうせい》を失《うしな》ふ樣《やう》なものではない、故《ゆゑ》に无レ咎と言《い》ふ。

六三、噬《カンデ》二腊《セキ》肉《ニク》ヲ一遇《ア》フレ毒《ドクニ》、小《スコ》シク吝《ヤブ》サン、无レ咎、

周禮《しうれい》に腊人掌二乾肉凡田獸之脯腊一《せきにんつかさどるかんにくおよそでんじうのほせき》と、その註《ちう》に大物《だいぶつ》は解《とい》て之《これ》を肆《ゐ》らし乾《ほ》す、之《これ》を乾肉《かんにく》と謂《い》ふ、小物《せうぶつ》は全《まつ》たくして乾《ほ》す、之《これ》を腊《せき》と謂《い》ふと。六三が柔《じう》を以《もつ》て陽《やう》に居《を》るは、肉中《にくちう》に骨《ほね》あるの象《かたち》で、上離《じやうり》の日光《につくわう》を

以《もつ》て之《これ》を照《て》らすは即《すなは》ち腊肉《せきにく》の象《かたち》。又中爻坎《またちうかうくわん》を毒《どく》となす、故《ゆゑ》に噬二腊肉一遇レ毒《かんでせきにくをあふどくに》と言《い》ふ。六三も亦獄《またごく》を斷《だん》じて刑《けい》を用《もち》ゆるものであるが、柔陰《じういん》にして不中正《ふちうせい》、自《みづ》から處《を》ることその當《たう》を得《え》ずして人《ひと》を罪《つみ》するものであるから、人《ひと》その罪《つみ》に服《ふく》せずして、却《かへ》つて之《これ》に悖犯《はいはん》するに至《いた》ること、猶堅靭《なほけんじん》にして骨《ほね》ある腊肉《せきにく》を噬《か》むで毒《どく》に遇《あ》ふものと一般《いつぱん》である、故《ゆゑ》にその占《せん》を小吝《すこしくやぶさし》と言《い》ふ。されど獄《ごく》を用《もち》ひて強梗間隔《きやうかうかんかく》をなす者《もの》を去《さ》るべきの時《とき》であるから、刑《けい》を用《もち》ひて之《これ》を懲罰《ちようばつ》するのは固《もと》より不當《ふたう》でない、故《ゆゑ》に亦之《またこれ》を无レ咎と言《い》ふ。蓋《けだ》し二三共《とも》に咎《とが》なくして、三のみ惟《ひと》り小吝《せうりん》なる所以《ゆゑん》は、二は中正《ちうせい》を得《え》て居《を》るけれども、三は不《ふ》中正《ちうせい》なるの致《いた》す所《ところ》である。

九四、噬《カ》二ンデ乾胏《カンシ》一ヲ、得《ウ》二金矢《キンシ》一ヲ、利《ヨロシ》二艱貞《コンテイ》一ニ吉、

乾胏《かんし》とは腊肉《せきにく》と同《おな》じく、獸肉《じうにく》を日《ひ》に干《ほ》したもので、骨《ほね》が肉《にく》に連着《れんちやく》したものである、九四が剛《がう》を以《もつ》て陰《いん》に居《を》るは即《すなは》ち乾胏《かんし》の象《かたち》。六三が腊肉《せきにく》を噬《か》むのを以《もつ》て、六二が膚《ふ》を噬《か》むのに比《くら》ぶれば、一層堅《いつそうかた》くして噬《か》み難《がた》く、亦《また》九四が乾胏《かんし》を噬《か》むのを以《もつ》て、六三が腊肉《せきにく》を噬《か》むのに較《くら》ぶれば、尙《な》ほ一層堅《いつそうかた》くして噬《か》み難《がた》いのであるが、一卦全體《くわぜんたい》から之《これ》を言《い》へば、九四は即《すなは》ち頤《ゐ》中《ちう》の硬物《かうぶつ》で、上下《じやうか》の間隔《かんかく》をなすものである、故《ゆゑ》に之《これ》を噬《か》むこと最《もつと》も堅《かた》きが如《ごと》く、獄《ごく》を斷《だん》じ刑《けい》を用《もち》ゆることの至《いたつ》て難《かた》きものである、故《ゆゑ》に乾胏《かんし》を噬《か》むと言《い》ふ。されど九四は近君《きんくん》の位《くらゐ》に居《ゐ》て治獄《ちごく》の任《にん》に當《あた》るもので、而《しか》もその剛《がう》を以《もつ》て陰《いん》に居《を》り、且《か》つ離明《りめい》に體《たい》して居《を》るのは、治獄《ちごく》の道《みち》を得《え》たものである、故《ゆゑ》に得《う》二金矢《きんしを》一と言《い》ふ。周禮《しうれい》に獄訟二ハ入《い》二レテ鈞金束矢《きんきんそくし》一ヲ而後《しかるのち》

聽《き》クレ之《これ》チと言《い》ふは、卽《すなは》ち茲《こゝ》に謂《い》ふ金矢《きんし》のことて、金《きん》は之《これ》を剛《がう》に取《と》り、矢《し》は之《これ》を直《ちよく》に取《と》り、金矢《きんし》は之《これ》を剛《がう》直《ちよく》の義《ぎ》に取《とつ》たものであるが、乾胏《かんし》を噬《か》むで金矢《きんし》を得《う》るとは、堅肉《けんにく》を噬《か》むで美味《びみ》を得《う》るの喩《たとへ》で、亦難獄《またなんごく》を治《おさ》めて剛直《かうちよく》の道《みち》を失《うしな》はず、能《よ》くその任《にん》を盡《つく》すことを得《う》るの義《ぎ》である。此《かく》の如《ごと》く九四は剛直《かうちよく》の道《みち》を得《え》て居《を》るけれども、而《しか》も位《くらゐ》が高《たか》きに應《おう》じてその任《にん》も重《おも》いのであるから、此上《このうへ》にも倘艱難《なほかんなん》に耐《た》へて、正固《せいこ》之《これ》を守《まも》ることを必要《ひつえう》とする、故《ゆゑ》に利《よろし》ニ艱貞《こんていに》一吉と言《い》ふ。

王氏宗傳《わうしそうでん》曰《いは》ク、一卦《くわ》ヲ以《もつ》テ之《これ》ヲ言《い》ヘバ、則《すなは》チ九四ハ頤中《ゐちう》ノ物《もの》ナリ、强梗《きやうかう》ヲ爲《な》ス所以《ゆゑん》ノ者《もの》ナリ、六爻《かう》ヲ以《もつ》テ之《これ》ヲ言《い》ヘバ、則《すなは》チ九四ハ剛直《かうちよく》ノ才《さい》ナリ、强硬《きやうかう》ヲ去ル所以《ゆゑん》ノ者《もの》ナリ、肉《にく》ノ骨《ほね》ニ附《つ》ク者之《ものこれ》ヲ胏《し》ト謂《い》フ、而《しか》シテ又焉《またこれ》ヲ乾《ほ》ス、亦最《またもつと》モ噬《か》ミ難《がた》キ者《もの》ナリ、然《しか》シテ三ノ腊肉《せきにく》ニ於《お》ケルハ、則《すなは》チ毒《どく》ニ遇《あ》フテ、而《しか》シテ四ノ乾胏《かんし》ニ於《お》ケルハ、則《すなは》チ是《こ》ノ患《うれひ》ナキ者《もの》ハ、剛柔《かうじう》ノ才異《さいい》ナレバナリ。

丘氏富國《きうしふこく》曰《いは》ク、噬嗑《ぜいかう》ハ唯《たゞ》四五兩爻《りやうかう》ノミ能《よ》ク治獄《ちごく》ノ道《みち》ヲ盡《つく》ス、彖《たん》ハ五ノ柔《じう》ヲ以《もつ》テ主《しゆ》ト爲《な》ス、故《ゆゑ》ニ曰《いは》ク柔中《じうちう》ヲ得《え》テ而《しか》シテ上行《じやうかう》ス、位《ゐ》ニ當《あた》ラズト雖《いへ》ドモ、獄《ごく》ヲ用《もち》ユルニ利《よろ》シト、用《もち》ユルニ利《よろ》シキ者《もの》ハ、獨《ひと》リ之《これ》ヲ五ニ歸《き》シテ、而《しか》シテ他爻《たかう》ハ與《あづ》カラズ。爻《かう》ハ四ノ剛《がう》ヲ以《もつ》テ主《しゆ》ト爲《な》ス、故《ゆゑ》ニ曰《いは》ク、乾胏《かんし》ヲ噬《か》ンデ金《きん》矢《し》ヲ得《え》タリ、艱貞《かんてい》ニ利《よろ》シ吉《きつ》ト。吉《きつ》ノ言《げん》ハ獨《ひと》リ之《これ》ヲ四ニ歸《かへ》シテ、而《しか》シテ他爻《たかう》ハ之《これ》ヲ咎《とが》ナシト謂《い》フ、柔《じう》ヲ主《しゆ》トシテ而《しか》シテ之《これ》ヲ言《い》ヘバ、仁《じん》ヲ以《もつ》テ治獄《ちごく》ノ本《もと》ト爲《な》ス、剛《がう》ヲ主《しゆ》トシテ而《しか》シテ之《これ》ヲ言《い》ヘバ、威《ゐ》ヲ以《もつ》テ治獄《ちごく》ノ用《よう》ト爲《な》ス、仁《じん》ハ以《もつ》テ其《そ》ノ哀矜《あいきん》ヲ寓《ぐう》シ、威《ゐ》ハ以《もつ》テ其《そ》ノ奸慝《かんとく》ヲ懲《こ》ラス、剛柔迭《かうじうたがひ》ニ用《もち》ヒ、畏愛兼《ゐあいか》

ネ施《ほどこ》セバ、治獄《ちごく》ノ道《みち》得《い》ル矣

六五、噬《カ》ンデ二乾肉《カンニク》ヲ一、得《ウ》二黄金《オウゴン》ヲ一、貞《カタ》クシテ厲《ヤ》メバ无レ咎、

乾肉《かんにく》は骨《ほね》なき脯《ほ》て、離《り》の象《かたち》。六五は柔中《じうちう》にして尊位《そんゐ》に居《を》り、離明《りめい》の主《しゆ》となつて刑《けい》を人《ひと》に加《くは》ふ、故《ゆゑ》に人《ひと》皆《みな》その刑《けい》に服《ふく》ずること、猶骨《なほほね》なき乾肉《かんにく》を噬《か》むが如《ごと》くてある、故《ゆゑ》に噬《かむ》ニ乾肉《かんにくを》一と言《い》ふ。三四の獄《ごく》を斷《だん》ずるは、腊胏《せきし》を噬《か》むが如《ごと》くに難《かた》く、六五の獄《ごく》を治《をさ》むるは、乾肉《かんにく》を噬《か》むが如《ごと》くに易《やす》き所以《ゆゑん》は、五は尊位《そんゐ》に居《ゐ》て下《しも》を制《せい》するが故《ゆゑ》に、勢威《せいゐ》の自《おのづ》から然《しか》らしむる所《ところ》で、元《もと》と乾肉《かんにく》の難《かた》きが如《ごと》くに難《かた》いものである、けれども中《ちう》を得《え》て陽《やう》に居《を》り、獄《ごく》を治《をさ》めて寬嚴《くわんげん》その宜《よろ》しきを失《うしな》はざるを以《もつ》て、人皆《ひとみな》その罪《つみ》に服《ふく》して敢《あへ》て之《これ》に背《そむ》くものがない譯《わけ》である、故《ゆゑ》に得《うる》ニ黄金《わうごんを》一と言《い》ふ。黄《わう》は中位《ちうゐ》の象《かたち》、金《きん》は陽位《やうゐ》の象《かたち》で、黄金《わうごん》を得《う》るとは、獄《ごく》を治《をさ》めて剛柔《がうじう》その中《ちう》を得《う》ると言《い》ふの義《ぎ》である。されども六五は元《もと》と柔體《じうたい》であるから、或《あるひ》はその中剛《ちうがう》の美德《びとく》を毗《ます》づくることとなきを保《は》せぬ、故《ゆゑ》に貞《ただ》しくして厲《や》めば咎《とが》なしと言《い》ふ。貞《てい》は正固《せいこ》之《これ》を守《まも》るの義《ぎ》て厲《れい》は危懼《きぐ》惕厲《やうれい》自《みづ》から安《やす》むぜざるの義《ぎ》てある。

上九、何《ニナ》フテ校《カシ》ヲ滅《イ》ルチ耳《ミミ》ヲ、凶、

何《か》は荷《にな》ひ負《お》ふの義《ぎ》て、耳《みゝ》を滅《い》るとは、械《かい》を首《くび》に負《お》ふて耳《みゝ》を沒却《ぼつきやく》するの義《ぎ》である、即《すなは》ち中爻坎《ちうかうくわん》を耳《みゝ》となして、上九《じやう》之《これ》を覆《おほ》ふの象《かたち》であるが、上九《じやう》は不正不中《ふせいふちう》にして卦《くわ》の終《をは》りに居《ゐ》る、繫辭《けいじ》に謂《い》ふ所《ところ》の惡積《あくつ》むで而《しか》して揜《お》ふべからず、罪大《つみだい》にして而《しか》して解《と》くべからざるものである、その象《かたち》が已《すで》に此《かく》の如《ごと》くてあるか

ら、その占《せん》の凶《きよう》なるべきは固《もと》よりその所《ところ》である、故《ゆゑ》に何《なにの》レ校《うてかしを》滅《いる》レ耳《みゝを》凶《きよう》と言《い》ふ。

或《あるひ》ハ曰《いは》ク、二三四五ハ頤中《ゐちう》ノ物《もの》、故《ゆゑ》ニ噬《か》ムコトヲ主《しゆ》トシテ、而《しか》シテ刑獄《けいごく》ヲ兼《か》ネ言《い》フ、初上《しよじやう》ハ兩端《りやうたん》ニアリ、噬《か》ムベキ義《ぎ》ナシ、故《ゆゑ》ニ專《もつ》ハラ刑法《けいはふ》ヲ言《い》フ初九《しよ》ハ最下《さいか》ニ在《あ》リ、梏《こく》ヲ加《くは》エテ趾《あし》ヲ滅《い》ル、上九《じやう》ハ最《さい》上《じやう》ニ在《あ》リ、枷《か》ヲ加《くは》エテ耳《みゝ》ヲ滅《い》ル、初《しよ》ハ始《はじ》メナリ過《あやまち》淺《あさ》シ、上《じやう》ハ終《をは》リナリ罪《つみ》深《ふか》シ、故《ゆゑ》ニ上《じやう》ハ罪《つみ》ニ服《ふく》シテ刑《けい》ヲ受《う》クト、

䷕　離下《りんか》艮上《こんじやう》　賁《ひ》

賁《ヒ》ハ亨《トウ》ル、小《スコ》シク利《ヨロ》シ有《ア》ルニ攸《イコロ》往《ユ》ク、

此卦《このくわ》山下《さんか》に火《ひ》あり、山《やま》は草木《さうもく》百物《ぶつ》の彙聚《ゐしう》する所《ところ》であるが、下《しも》に火《ひ》あつて之《これ》を照《て》せば、皆《みな》その火光《ひくわう》に映《えい》じて、燦然《さんぜん》たる光彩《くわうさい》を發《はつ》するに至《いた》る、故《ゆゑ》に之《これ》を名《なづ》けて賁《ひ》と言《い》ふ。又離《またり》を文明《ぶんめい》となし、艮《こん》を篤實《とくじつ》となす文明《ぶんめい》なればその心正《こゝろたゞ》しく、篤實《とくじつ》なればその行《おこなひ》敦《あつ》し、その心正《こゝろたゞ》しくその行敦《おこなひあつ》きものは、人文《じんぶん》の美《び》なるものである故《ゆゑ》に之《これ》を賁《ひ》と言《い》ふ。又乾《またけん》は純陽《じゆんやう》にして陽《やう》の色《いろ》は白《しろ》く、坤《こん》は純陰《じゆんいん》にして陰《いん》の色《いろ》は黑《くろ》いのであるが、今乾《いまけん》の白色《はくしよく》の中畫《ちうくわく》に、坤《こん》の黑色《こくしよく》が來《きた》つて之《これ》に居《を》り、坤《こん》の黑色《こくしよく》の上畫《じやうぐわく》に、乾《けん》の白色《はくしよく》が往《いつ》て之《これ》に居《を》るは、卽《すなは》ち賁《ひ》の卦《くわ》で、黑白相交《くろしろあひまじ》はり賁《かざ》るの象《かたち》である、尙《なほ》離《り》を日《ひ》となし火《ひ》となして、その[illegible]紫紅《しこう》て、艮《こん》を土《つち》となし石《いし》となして、その色《いろ》は黃白《くわうはく》で、黃白紫紅上下《くわうはくしこうじやうか》に相並《あひなら》ぶは、色彩《いろどり》の最《もつと》も美麗《びれ》なるものである、故《ゆゑ》に之《これ》を賁《ひ》と言《い》ふ。賁《ひ》とは飾《かざ》るの意《い》で、文飾《ぶんしよく》の義《ぎ》であるが、物《もの》は凡《すべ》て一方《ぽう》に偏《へん》し過《す》ぎては行《おこな》はる

ものではない、陰《いん》と陽《やう》、剛《がう》と柔《じう》、我《われ》と彼《かれ》、内《うち》と外《そと》、動《どう》と靜《せい》、寛《くわん》と嚴《げん》、男《をとこ》と女《をんな》、消極《せうきよく》と積極《せききよく》と言《い》ふが如《ごと》くに、相交《あひまじ》はり相和《あひわ》して、然《しか》る後《のち》に行《おこな》はるべきもので、唯地《たゞち》質《しつ》一方《ぱう》がある許《ばか》りでは行《おこな》はれぬ、即《すなは》ち本《もと》となるべき地質《ちしつ》があつた上《うへ》に、之《これ》に加《くは》ふるに文飾《ぶんしよく》を以《もつ》てすれば、始《はじ》めて通行《つうかう》するのである、故《ゆゑ》に賁亨《ひとはる》と言《い》ふ。されど亦文飾《またぶんしよく》を加《くは》へ過《す》ぐれば、却《かへ》つて文飾《ぶんしよく》の一方《ぱう》に偏《へん》して、肝腎《かんじん》の地質《ちしつ》が沒却《ぼつきやく》されて仕舞《しま》ふこと丶なる、故《ゆゑ》に小利《すこしくよろし》レ有《あるに》レ攸《ところ》レ往《ゆく》と言《い》ふ。小《すこ》しく往《ゆ》く所《ところ》あるに利《よろ》しとは、即《すなは》ち少《すこ》しく飾《かざ》る所《ところ》あるに利《よろ》しと言《い》ふ樣《やう》なもので、餘《あま》りに飾《かざ》り過《す》ぎてその地質迄《ちしつまで》も沒却《ぼつきやく》してはならぬと言《い》ふ義《ぎ》である。

梁氏寅曰《りやうしゐんいは》ク、賁《ひ》ハ文飾《ぶんしよく》ノ道《みち》ナリ、質《しつ》アツテ而《しか》シテ之《これ》ニ文飾《ぶんしよく》ヲ加《くは》フレバ、斯《こゝ》ニ亨《うく》ルベシ、朝廷《てうてい》ハ之《これ》ヲ文《あや》ルニ儀制《ぎせい》ヲ以《もつ》テシテ而《しか》シテ亨《とほ》ル、賓主《ひんしゆ》ハ之《これ》ヲ文《あや》ルニ禮貌《れいばう》ヲ以《もつ》テシテ而《しか》シテ亨《とほ》ル、家人《かじん》ハ之《これ》ヲ文《あや》ルニ倫序《ろんじよ》ヲ以《もつ》テシテ而《しか》シテ亨《とほ》ル、官府《くわんぷ》ハ之《これ》ヲ文《あや》ルニ敎令《けうれい》ヲ以《もつ》テシテ而《しか》シテ亨《とほ》ル、之《これ》ヲ事物《じぶつ》ニ推《お》セバ、凡《およ》ソ質《しつ》アル者《もの》ハ文《ぶん》ヲ待《ま》タザルコトナシ、文《かざ》レバ則《すなは》チ亨《とほ》ラザルコトナシ、然《しか》レドモ既《すで》ニ亨《とほ》ル、而《しか》シテ往《ゆ》ク攸《ところ》アルニ利《よろ》シト曰《い》フハ何《なん》ゾヤ、文飾《ぶんしよく》ノ道《みち》ハ唯之《たゞこれ》ニ文彩《ぶんさい》ヲ加《くは》フルノミ、能《よ》ク其《そ》ノ質《しつ》ヲ變《へん》ズルニアラザルナリ、故《ゆゑ》ニ之《これ》ヲ文《あや》ルコト盛《せい》ニ過《す》グルハ利《よろ》シキ所《ところ》ニアラザルナリ、但小《たゞしすこ》シク往《ゆ》ク攸《ところ》アルニ利《よろ》シキノミ、世《よ》ノ本《もと》ヲ知《し》ラザル者《もの》ハ、或《あるひ》ハ其《そ》ノ當《まさ》ニ務《つと》ムベキ急《きふ》ヲ忘《わす》レテ、文飾《ぶんしよく》ニ屑屑焉《せう〱えん》タリ、其《そ》ノ亨《とほ》ランコトヲ欲《ほつ》スト雖《いへど》モ、亦安《またいづく》ンゾ得《え》テ而《しか》シテ亨《とほ》ランヤ。

初九、賁《かざ》ル二其《ソノ》趾《アシ》ヲ一、舍《ス》テレ車《クルマ》ヲ而《シカ》シテ徒《カチ》ヨリス。

初《しよ》九は剛正《がうせい》にして明體《めいたい》、而《しか》も無位《むゐ》の地《ち》であるが、此《こ》れ剛明《がうめい》の德《とく》があつて下位《かゐ》に居《ゐ》る所《ところ》の賢者《けんしや》である、已《すで》に剛明《がうめい》の德《とく》があるので、己《おの》れが當《ま》さに履《ふ》み行《おこな》ふべき所《ところ》に從《したが》ふてその分《ぶん》を守《まも》り、その位《くらゐ》に處《しよ》してその宜《よろ》しきを失《うしな》はぬ、故《ゆゑ》に賁其趾《かざるそのあしを》と言《い》ふ。趾《あし》は初《しよ》の爻象《かうしやう》を取《とつ》たものであるが、初《しよ》九は最下《さいか》であるから、上《じやう》に承《う》くる所《ところ》の爻《かう》はあれども、下《しも》に乘《の》るべき所《ところ》の爻《かう》がない、乘《の》るべき所《ところ》の爻《かう》がないのは、乘《の》るべき車《くるま》がない所《ところ》の象《かたち》である、故《ゆゑ》に舍車而徒《すてゝくるまをしかしてかちよりすい》と言《い》ふ、車《くるま》を舍《す》てゝ徒《かち》よりすとは、上句《じやうく》を承《う》けて言《い》ふたもので、即《すなは》ちその趾《あし》を賁《かざ》ると言《い》ふの轉象《てんしやう》である。蓋《けだ》し初《しよ》九は趾《あし》の位《くらゐ》で、その趾《あし》を賁《かざ》るは、初《しよ》九の身分《みぶん》に相當《さうたう》したことで、即《すなは》ち車《くるま》を舍《す》てゝ歩行《ほかう》するのは、その分《ぶん》に安《やす》むじて敢《あへ》て他《た》を願《ねが》はぬ所《ところ》で、初《しよ》九が賁《かざ》らずして賁《かざ》る所《ところ》は實《じつ》に此《こゝ》にあつて、無位《むゐ》の賢者《けんしや》たる所《ところ》も亦實《またじつ》に此《こゝ》にある、故《ゆゑ》に占者《せんしや》も亦此《またこ》の如《ごと》くなるを得《え》ば、その占《せん》の吉《きち》なるべきは論《ろん》なき所《ところ》である。

六二、賁《カザ》ル其ノ須《ヒゲ》ヲ

須《しゆ》は鬚《しゆ》と同《おな》じく、凡《およ》そ人《ひと》の陰毛口《いんもうこう》にあるを髭《し》と言《い》ひ、頰《ほう》にあるを髯《ぜん》と言《い》ひ、頤《あご》にあるを須《しゆ》と言《い》ふのであるが、中爻《ちうかう》三より上《じやう》に至《いた》つて頤《あご》の象《かたち》がある、六二がその下《した》にあるは即《すなは》ち須《しゆ》の象《かたち》で、六二は陰柔《いんじう》にして應《おう》なきが故《ゆゑ》に九三と相比《あひひ》し、九三は陽剛《やうがう》にして亦應《またおう》なきが故《ゆゑ》に六二と相比《あひひ》す、即《すなは》ち須《しゆ》の頤《あご》に附《つい》て動《うご》くの象《かたち》である。而《しか》して陰《いん》は必《かな》らず陽《やう》に從《したが》ふべきもので、陽《やう》に從《したが》はねば自《みづ》から動《うご》くことが可能《でき》ぬ、亦文《またぶん》は必《かな》らず質《しつ》に由《よつ》て之《これ》を施《ほどこ》すべく、質《しつ》に由《よ》らねば之《これ》を施《ほどこ》すことは可能《でき》ぬのであるが、今《いま》六二は九三の動《うご》くに従《したが》ふて動《うご》くものである、故《ゆゑ》に賁《かざる》二其須《そのひげを》一と言《い》ふ。占者《せんしや》も亦此《またかく》の如《ごと》く上《うへ》の爲《な》す所《ところ》に従《したが》ふて進退《しんたい》せば、賁《ひ》の道《みち》を失《うしな》はざることが可能《でき》る。

九三、賁《ヒ》如《シヨ》ヌリ濡《ジユ》如《ジヨ》ヌリ永《エイ》貞《テイ》ニシテ吉

九三は内卦文明《ないくわぶんめい》の極《きよく》に居《を》て賁飾《ひしよく》の盛《さか》むなるものである、故《ゆゑ》に賁《ひ》如《じよ》と云《い》ふ。而《しか》も尚上下《なほじやうか》の二陰《いん》に比《ひ》するは、此《こ》れは二文《ぶん》を以《もつ》て一質《しつ》を飾《かざ》る者《もの》で、賁飾極《ひしよくきは》まつて潤澤《じゆんたく》なる光彩《くわうさい》を發《はつ》するに至《いた》る、故《ゆゑ》に亦之《またこれ》を濡如《じゆじよ》と言《い》ふ。濡《じゆ》は中爻坎《ちうかうくわん》の象《かたち》を取《とつ》たものであるが、坎《くわん》には亦險陷《またけんかん》の義《ぎ》がある許《ばか》りでなく、文《かざ》ること質《しつ》に勝《か》てば質《しつ》が滅《ほろ》び、質《しつ》が滅《ほろ》ぶれば、文《ぶん》も亦之《またこれ》を施《ほどこ》すに由《よし》なきに至《いた》るのであるから、永《なが》くその剛正《かうせい》の質《しつ》を守《まも》つて、二文《ぶん》の爲《た》めに陷没《かんぼつ》されぬ様《やう》にせなければならぬ、故《ゆゑ》に永貞吉《ゑいていにしてきち》と言《い》ふ。

六四、賁《ヒ》如《ジヨ》ダリ皤《ハン》如《ジヨ》ダリ白馬《ハクバ》翰《カン》如《ジヨ》ダリ匪《アラズ》レ寇《アダ》スルニ婚《コン》媾《コウ》セントス

六四は賁《ひ》の時《とき》に當《あた》つて已《すで》にその中《ちう》を過《す》ぎ、離文《りぶん》の外《ほか》にあつて、艮素《こんそ》の始《はじ》めに居《を》る、即《すなは》ち賁飾極《ひしよくきは》まつて當《ま》さに素質《そしつ》に反《かへ》るべき時《とき》である、故《ゆゑ》に賁如皤如《ひじよはんじよ》と言《い》ふ。皤《はん》は白《しろ》と同《おな》じく、無飾《むしよく》の義《ぎ》にして艮《こん》の象《かたち》であるが、初《しよ》九は六四と正應《しやうおう》で、車《くるま》を舍《す》てゝ徒《かち》よりし、相賁《あひかざ》るに正實《せいじつ》を事《こと》として虚飾《きよしよく》を尚《たつ》とばぬ、故《ゆゑ》に白《はく》馬翰如《ばかんじよ》と言《い》ふ、翰如《かんじよ》とは馬《うま》の首《くび》を擧《あ》げて高《たか》く仰《あふ》ぎ見《み》るの義《ぎ》で、初《しよ》九が六四に應《おう》じて仰《あふ》ぎ望《のぞ》むの象《かたち》であるが、初《しよ》九も亦《また》六四と同《おな》じく、賁《かざ》らざるを以《もつ》て賁《かざ》りとするものである、故《ゆゑ》に之《これ》を白馬《はくば》と言《い》ふ。此《こ》の如《ごと》く初《しよ》九が六四を仰《あふ》ぎ望《のぞ》むには這《こ》は元《も》と寇害《げんがい》をなさむが爲《た》めではなく、實心相求《じつしんあひもと》めて、婚媾《こんこう》をなさむが

爲《た》めてある、故《ゆゑ》に匪《あらず》レ寇《あだするに》婚媾《こんこうせんと》と言《い》ふ。

六五、賁《カザ》ルレ于《ニ》二丘園《キウエン》一、束帛《ソクハク》戔戔《センセン》タリ、吝《ヤブサカ》レドモ終ニ吉、

六五は柔中《じうちう》にして賁《ひ》の主《しゆ》てあるが、天下《てんか》皆《みな》賁飾《ひしよく》を事《こと》とし、華美《くわび》を競《きそ》ふの時《とき》に當《あた》り、力《ちから》を耕牧稼穡《かつぼくかしよく》の事《こと》に盡《つく》して、國本《こくほん》を培養《ばいやう》するの計《けい》をなすは、洵《まこ》とに賁飾《ひしよく》の本義《ほんぎ》を得《え》たものである、故《ゆゑ》に賁《かざるに》レ于二丘園《きうゑん》一と言《い》ふ。丘園《きうゑん》とは農桑《のうさう》を事《こと》とするの義《ぎ》で、艮《こん》の象《かたち》を取《と》つたものである。而《しか》も陰《いん》の性《せい》は儉約《けんやく》を尙《たつと》むで吝嗇《りんしよく》に流《なが》るゝものである、故《ゆゑ》に束帛戔戔《そくはくせんせん》と言《い》ふ。束帛《そくはく》は俗《ぞく》に謂《い》ふ所《ところ》の反物《たんもの》で、二反《たん》を以《もつ》て一匹《ぴき》となし、五匹《ひき》を以《もつ》て一束《ひとたば》となすのであるから、一束《ひとたば》は卽《すなは》ち十反《たん》に當《あた》るのであるが、束帛《そくはく》は元《もと》と薄品《うすしな》で、戔戔《せんせん》は亦淺《またせん》少《せう》にして不足《ふそく》の意《い》である、故人《こじん》苟《いやし》くも此《こ》の如《ごと》くば、卑吝《ひりん》であると言《い》はねばならぬけれども。本《もと》を敦《あつ》ふし實《じつ》を尙《たつ》とぶが爲《た》めであるとすれば、一概《いちがい》に之《これ》を賤《いや》しむべきものでもない、故《ゆゑ》に吝《やぶさけれども》終《つひに》吉《きち》と言《い》ふ。

上九、白賁《ハクヒ》、无レ咎、

賁飾《ひしよく》の極《きよく》は必《かな》らず華美《くわび》に失《うしな》ふべきもので、華美《くわび》の極《きよく》は亦必《またかな》らず質素《しつそ》に反《かへ》るべきものであるが、上《じやう》九は賁《ひ》の終《をは》りに居《を》るので、賁《ひ》已《すで》に極《きは》まつてその本《もと》に復《ふく》するものである、故《ゆゑ》に白賁《はくひ》と言《い》ふ。白《しろ》なるものは五色《しき》の本《もと》て、色《いろ》なきの色《いろ》であるが、白賁《はくひ》とは飾《かざ》りがないと言《い》ふ譯《わけ》ではない、卽《すなは》ち色《いろ》なきの色《いろ》を以《もつ》て文飾《ぶんしよく》となすもので、所謂素以爲《いはゆるそもつてなすあやを》レ絢と言《い》ふものに外《ほか》ならぬ。惟《おも》ふに二と上《じやう》とは共《とも》に成卦《せいくわ》の主《しゆ》であるが、二は陰柔《いんじう》を以《もつ》て離體《りたい》の中《なか》に居《ゐ》て、陽質《やうしつ》の白《しろ》を文《あ》ざり、上《じやう》は陽剛《やうがう》を以《もつ》て坤體《こんたい》の上《うへ》に居《ゐ》て、陰質《いんしつ》の黑《くろ》を文《あ》ざ

り、賁《ひ》の終《おは》りに居《ゐ》て文飾《ぶんしよく》の弊《へい》を矯《た》め、その本質《ほんしつ》に反《はん》すものであるから、その咎《とが》なきことは自《みづ》から明《あき》らかなる所《ところ》である、けれども之《これ》を吉《きち》と言《い》はぬ所以《ゆゑん》は、枉《まが》れるを矯《た》めて直《たゞし》きに過《す》ぎ、質《しつ》に反《かへ》り過《す》ぎて文《ぶん》なきの意《い》があつて、或《あるひ》は文質彬々《ぶんしつひんひん》その宜《よろ》しきを得《え》ざる所《ところ》の虞《おそ》れがあるからである。

龔氏煥曰《きようしくわんいは》ク、賁《ひ》ノ言《げん》タルヤ飾《かざり》ナリ、飾《かざ》ルニ文華《ぶんくわ》ヲ以《もつ》テスルヲ謂《い》フナリ、然《しか》ルニ六爻《かう》ヲ以《もつ》テ之《これ》ヲ考《かんが》フルニ、初《しよ》ノ車《くるま》ヲ舍《す》テヽ而《しか》シテ徒《と》ヨリシ、五ノ丘園《きふゑん》、上《じやう》ノ白賁《はくひ》、皆質實《みなしつじつ》ニシテ而《しか》シテ文華《ぶんくわ》ヲ事《こと》トセザル者《もの》ナリ、四ノ皤如《はんによ》タルハ初《しよ》ニ賁《かざ》リ、二ノ須《しゆ》ヲ賁《かざ》ルハ三ニ附《つ》キ、三ノ賁《ひ》如濡如《じよじゆじよ》タルハ、乃《すなは》チ賁飾《ひしよく》ノ盛《さかん》ニシテ、而《しか》シテ卽《すなは》チ永貞《えいてい》ノ戒《いまし》シメアル者《もの》ハ、其《そ》ノ文《ぶん》ニ溺《おぼ》レンコトヲ懼《おそ》ルレバナリ、是《かく》ノ如《ごと》クバ則《すなは》チ古人《こじん》ノ賁《かざ》ル所《ところ》ノ者《もの》ハ、未《いま》ダ始《はじ》メヨリ文華《ぶんくわ》ヲ事《こと》トセザルナリ、亦其《またそ》ノ本實《ほんじつ》ヲ務《つと》ムルノミ、本實既《ほんじつすで》ニ立《た》テバ、文華《ぶんくわ》ハ外《ほか》ナラズ、徒《いたづ》ラニ文華《ぶんくわ》ヲ事《こと》トシテ、本實《ほんじつ》ヲ務《つと》メザレバ古人《こじん》ノ所謂賁《いはゆるひ》ニアラザルナリ。

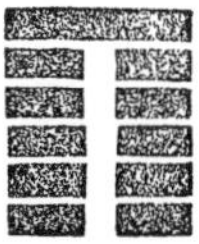

坤下《こんか》
艮上《こんじやう》

剝《はく》

剝《ハク》、不《ズ》レ利《ヨロシ》レ有《アル》二攸《トコロ》レ往《ユク》、

此卦《このくわ》は五陰下《いんか》にあつて一陽上《やうじやう》に止《とゞ》まる、陰《いん》は榮《さか》へて陽《やう》は衰《おとろ》へ、將《まさ》に剝削《はくせう》し去《さ》つて地《ち》に落《おち》むとするの象《かたち》である、故《ゆゑ》に之《これ》を剝《はく》と言《い》ふ。又此卦《またこのくわ》は本《も》と乾《けん》より來《きた》り、一陰下《いんか》に生《しやう》じて姤《こう》となり、姤《こう》より遯《とん》となり、遯《とん》より否《ひ》となり、否《ひ》より觀《くわん》となり、觀《くわん》より剝《はく》となり、、今《いま》や五陰下《いんか》に盛《さか》むにして、一陽上《やうじやう》に微《かす》かに、將《まさ》に剝盡《はくじん》し去《さ》つて坤《こん》の純陰《じゆんいん》とならむとするの象《かたち》である、故《ゆゑ》に之《これ》を剝《はく》と言《い》ふ。剝《はく》とは剝落消盡《はくらくせうじん》して無陽《むやう》の象《かたち》となるの義《ぎ》であるが、一陽將《やうまさ》に剝落《はくらく》せむとして、地上《ちじやう》に止《とゞ》まつて尙未《なほいま》だ削落《さくらく》せず、而《し》かも動《うご》けば則《すなは》ち剝落《はくらく》するに至《いた》る、故《ゆゑ》にその占《せん》を不レ利レ攸レ有レ往《ずよろしからあるにところゆく》と言《い》ふ。往《ゆ》く攸《ところ》あるに利《よろ》しからずとは、坤順艮止《こんじゆんごんし》、靜《しづ》かにその分《ぶん》を守《まも》つて、濫《みだ》りに動《うご》き進《すゝ》むで爲《な》す所《ところ》あるを以《もつ》て不利《ふり》となすの義《ぎ》である。故《ゆゑ》に占者《せんじや》も亦時《またとき》に順《したが》ふて止《とゞ》まり守《まも》らば、時至《ときいた》つて復《ふく》となり、臨《りん》となり、泰《たい》となつて自《みづ》からその面目《めんもく》を一新《しん》することが可能《でき》る。

初六、剝《オト》スニレ牀《ユカ》ヲ以《モツ》テ足《アシ》ヨリス、蔑《クラ》ケレバレ貞《テイ》ニ凶、

牀《ゆか》は人《ひと》の坐臥《ざぐわ》して身《み》を安《やす》むずる所《ところ》で、卽《すなは》ち剝《はく》の全體《ぜんたい》を一括《くわつ》して見《み》れば、牀《ゆか》の畫象《ぐわしやう》がある、亦兩體《またりやうたい》に分《わか》つて之《これ》を見《み》るも、艮《こん》の一陽上《やうじやう》に連《つ》らなり、二陰下《いんか》に分《わか》れて坤《こん》の地上《ちじやう》に立《た》つは、卽《すなは》ち牀《ゆか》の象《かたち》であるが、初爻《しよかう》は最下《さいか》であるから、その足《あし》に當《あた》る、故《ゆゑ》に剝レ牀以レ足《おとすにゆかをもつてあしよりす》と言《い》ふ。牀《ゆか》を剝《はが》すに以《もつ》て足《あし》よりすとは、牀《ゆか》は人《ひと》の坐臥《ざぐわ》する所《ところ》のものであるが、今之《いまこれ》を剝落《はくらく》せむとして、先《ま》づその足《あし》の所《ところ》より始《はじ》むると言《い》ふの義《ぎ》て、卽《すなは》ち陰《いん》の陽《やう》を消《け》すは下《した》より始《はじ》むるの義《ぎ》に喩《たと》へたものである。此《かく》の如《ごと》く陰《いん》が始《はじ》めて生《しやう》じて陽《やう》を消《け》すのは、猶牀《なほゆか》を剝《はが》すにその最下《さいか》にある足《あし》の所《ところ》から始《はじ》むるが如《ごと》く、その始《はじ》めに當《あた》りては直《たゞ》ちに大害《たいがい》を生《しやう》ずる樣《やう》なことはないけれども、而《しか》も牀《ゆか》の臺《だい》を支《さゝ》ゆるものは足《あし》であるから、此《こ》の時《とき》に當《あた》つて速《すみ》やかに之《これ》を

防《ふせ》がなければ、次第《しだい》に進《すゝ》むで終《つひ》にその牀《ゆか》を剝落《はくらく》するに至《いた》るのである、故《ゆゑ》に貞《てい》に蔑《くら》ければ凶《きよう》と言《い》ふ。蔑《くら》は昧《まづ》きの義《ぎ》で、說文《せつぶん》に勞レ目無レ精也《らうしてめになきせいなり》、人勞則蔑然《ひとらうすればすなはちべつぜんたり》と言《い》ふの蔑《べつ》と同《おな》じく、貞固《ていこ》之《これ》を守《まも》るに一にして、變《へん》に應《おう》ずるの道《みち》を知《し》らざるの謂《いはれ》である。

六二、剝《オト》レスニ牀《ユカ》チ以《モツ》テ辨《ベン》ヲリス、蔑《クラ》レケレバ貞《テイ》ニ凶、

辨《べん》とは牀《ゆか》の下《した》と足《あし》の上部《じやうぶ》とを分隔《ぶんくわく》する所《ところ》で、牀《ゆか》の幹《みき》であるが、陰《いん》が漸《やう》やく進《すゝ》み上《あが》つて辨《べん》の所《ところ》に至《いた》る、故《ゆゑ》に剝レ牀以辨《おとすにゆかをもつてべんよりす》と言《い》ふ。然《しか》るに倘貞固《なほていこ》の道《みち》を固執《こしつ》して、變《へん》に處《しよ》するの道《みち》を知《し》らなければ、必《かな》らずその害《がい》を受《う》くるに至《いた》る、故《ゆゑ》に亦貞《またてい》に蔑《くら》ければ凶《きよう》と言《い》ふ。蔑《べつ》は初《しよ》二共陰暗《ともいんあん》にして坤體《こんたい》に居《を》り、且《か》つ上《じやう》に應《おう》援《えん》なきの義《ぎ》を象《かた》どつたものである。

六三、剝《ハク》ノ之无《ナキ》レモノナリ咎、

群陰下《ぐんいんか》に盛《さか》むにして陽《やう》を剝落《はくらく》するの時《とき》に當《あた》り、六三はその中《ちう》に居《ゐ》て獨《ひと》り上《じやう》九と應《おう》ず、隨《したが》つて陽《やう》を剝《はく》すの意《い》なきものである、故《ゆゑ》に剝《はく》の咎《とが》なきものなりと言《い》ふ。剝《はくの》之无《なき》レ咎《とが》ものなりとは剝《はく》にしては咎《とが》なきものであると言《い》ふに同《おな》じく、群陰陽《ぐんいんやう》を剝《はく》し、小人君子《せうじんくんし》を害《がい》せむとするの際《さい》に處《しよ》して、我《われ》のみその黨《たう》を去《る》つて正《せい》に從《したが》ふは、卽《すなは》ち咎《とが》なき所以《ゆゑん》である、故《ゆゑ》に剝《はく》の時《とき》に居《を》れども咎《とが》なきものであると言《い》ふ。

胡氏《こし》炳文曰《へいぶんいはく》ク、剝《はく》ノ三ハ卽《すなは》チ復《ふく》ノ四ナリ、復《ふく》ノ六四ニハ許《ゆる》スニ吉《きち》ヲ以《もつ》テセズシテ、剝《はく》ノ六三ニハ許《ゆる》スニ咎《とが》ナキヲ以《もつ》テスルハ何《なん》ゾヤ、曰《いは》ク復《ふく》ハ君子《くんし》ノ事《こと》ニシテ、道《みち》ヲ明《あき》ラカニシテ功《こう》ヲ計《はか》ラズ、吉《きち》ヲ以《もつ》

テ之《これ》ニ許《ゆる》サズシテ可《か》ナリ、剝《はく》ハ小人《せうじん》ノ事《こと》ニシテ、小人中獨《せうじんちうひと》リ君子《くんし》アルヲ知《し》ル、咎《とが》ナキヲ以《もつ》テ之《これ》ニ許《ゆる》サズンバ、以《もつ》テ其《そ》ノ過《くわ》ヲ補《おぎな》フノ門《もん》ヲ開《ひら》クコトナキヲ以《もつ》テナリ。

六四、剝《オト》レ牀《ユカ》チ以《モツ》テ膚《ハダヘ》ニス、凶、

陰《いん》の牀《ゆか》を剝《おと》すこと足《あし》より始《はじ》まつて辨《べん》に及《およ》び、亦更《またさら》に進《すゝ》むで膚《はだへ》に及《およ》ぶ、即《すなは》ち牀《ゆか》を剝《は》ぎ盡《つく》して、今《いま》や正《まさ》に牀上《ゆかうへ》の人身《じんしん》に及《およ》ぶ、故《ゆゑ》に牀《ゆか》を剝《おと》して以《もつ》て膚《はだへ》にすと言《い》ふ。膚《はだへ》とは身《み》と言《い》ふが如《ごと》く、禍害《くわがい》のその身《み》に切迫《せつぱく》することを言《い》ふたものであるが、一陰下《いんしも》に生《しやう》じてその足《あし》を剝《おと》さむとするの始《はじ》めに於《おい》て、貞《てい》に蔑《くら》くして之《これ》を早《はや》きに防《ふせ》ぐことが可能《でき》ず、その勢《いきほひ》は漸々長進《やうやくちやうしん》して、已《すで》にその身《み》に切近《せつきん》するに及《およ》むでは、その害《がい》を受《う》くることがあつても亦之《またこれ》を如何《いか》にともすることが可能《でき》ぬ、故《ゆゑ》に之《これ》を凶《きよう》と言《い》ふ。

六五、貫魚《クワンギヨ》ナリ、以《モチ》イテ宮人《キウジン》ヲ寵《チヤウ》セラル、无《ナシ》不《ザ》ル利《ヨロ》シカラ、

魚《ぎよ》は陰物《いんぶつ》にして坤《こん》の象《かたち》であるが、五陰下《いんか》に並《なら》むで一陽上《やうじやう》に連《つら》なるは、即《すなは》ち魚《うを》を串《くし》に貫《つらぬ》く所《ところ》の畵象《ぐわしやう》である、故《ゆゑ》に貫魚《くわんぎよ》と言《い》ふ。又陰柔《またいんじう》を婦女《ふぢよ》となし、艮《こん》を宮殿《きうでん》となして、衆陰《しういん》その中《うち》にあるは宮女《きうぢよ》が群居《ぐんきよ》するの象《かたち》で、且《か》つ六の陰《いん》が五の尊位《そんゐ》に居《を》るは君后《くんこう》の象《かたち》にして、即《すなは》ち皇后《くわうこう》が數多《あまた》の宮女《きうぢよ》を將《ひき》いて上九《じやうきう》の君王《くんわう》に順從《じゆんじう》し、その寵愛《ちやうあい》を受《う》くる所《ところ》の象《かたち》である、故《ゆゑ》に以《いて》宮人《きうじんを》寵《ちやうせらる》と言《い》ふ。以《もちいて》は之《これ》を左右《さいう》するの義《ぎ》で、宮人《きうじん》を統《す》べ將《ひき》ゆるの謂《いひ》であるが、玆《こゝ》にはその統《す》べ將《ひき》ゆるもの丶何人《なんぴと》であるかは、之《これ》を明言《めいげん》して居《を》らぬけれども、而《しか》も五は君位《くんゐ》で陰之《いんこれ》に居《を》るが故《ゆゑ》に、君《きみ》の象《かたち》を轉《てん》じて后《こう》の象《かたち》を取《と》たものである。又宮人《またきうじん》と言《い》ふも

貫魚《くわんぎよ》の義《ぎ》を轉《てん》じてその象《かたち》を取《と》たもので、謂《い》ふ所《ところ》の轉象《てんしやう》である。蓋《けだ》し陽《やう》は陰《いん》を將《ひき》ひ、陰《いん》は陽《やう》に從《したが》ふを以《もつ》てその當《たう》を得《え》たものとなすが、今《いま》六五は衆陰《しういん》の長《ちやう》となりその類《るゐ》を引率《いんそつ》して能《よ》く上《かみ》にあるの一陽《やう》に順從《じゆんじ》するものであるから、その不可《ふか》なきことは固《もと》よりその所《ところ》である。故《ゆゑ》に无レ不レ利《なしざることよろしから》と言《い》ふ、惟《おも》ふに剝《はく》は四に至《いた》つてその凶極《きようきは》まる、然《しか》るに猶剝削《なほはくせう》して五の君位《くんゐ》に及《およ》ぶは、卽《すなは》ち天下《てんか》君《きみ》なきの象《かたち》で、その凶《きよう》なることは更《さら》に甚《はなは》だしいのであるが、天下《てんか》一日《にち》も君主《くんしゆ》なきを得《え》ぬ、故《ゆゑ》に此《こゝ》に至《いた》つて忽《たち》まち剝《はく》の義《ぎ》を轉《てん》じて他《た》の義《ぎ》を取《と》り、以《もつ》て小人《せうじん》をして改過遷善《かいくわせんぜん》せしむべき門戶《もんこ》を開《ひら》いたものであるが、此《これ》も亦陽《またやう》を扶《たす》け陰《いん》を制《せい》するの微意《びい》に外《ほか》ならぬ。

張氏振淵《ちやうししんゑん》曰《いは》ク、遯《とん》ハ陰長《いんちやう》ジテ而《しか》シテ猶微《なほび》ナリ、制《せい》スベキナリ、則《すなは》チ陽《やう》ニ告《つ》グルニ陰《いん》ヲ制《せい》スルノ道《みち》ヲ以《もつ》テス、曰《いは》ク臣妾《しんせふ》ヲ畜《やしな》ヘト、剝《はく》ハ陰長《いんちやう》ジテ已《すで》ニ極《きは》マル制《せい》スベカラズ、則《すなは》チ陰《いん》ニ敎《をし》ユルニ陽《やう》ニ從《したが》フノ道《みち》ヲ以《もつ》テス、曰《いは》ク宮人《きうじん》ヲ以《い》テ寵《ちやう》セルト、

上九、碩《セキ》果《クワ》不《ズ》レ食《クラ》ハレ、君子《クンシ》ハ得《エ》テレ輿《ヨ》ヲ、小人ハ剝《オト》スレ廬《ロ》ヲ、

碩《せき》は大《だい》の義《ぎ》、果《くわ》は木《き》の實《み》で、共《とも》に陽《やう》の象《かたち》であるが、上九《じやう》の一陽《やう》が高《たか》く衆陰《しういん》の上《うへ》に止《とゞ》まるは卽《すなは》ち碩果《せきくわ》の象《かたち》である、又剝《またはく》は頤《ゐ》の下腮《したあご》が缺《か》けたる象《かたち》で、下腮《したあご》がなければ食《く》ふことが可能《でき》ぬ、故《ゆゑ》に碩果不レ食《せきくわずくらはれ》と言《い》ふ。食《く》はれずとは、碩果《せきくわ》が高《たか》い所《ところ》にある許《ばか》りでなく、頤《ゐ》の下腮《したあご》がないので、之《これ》を取《と》つて食《く》はむとすれども、而《しか》も終《つひ》に之《これ》を食《く》ふことが可能《でき》ぬと言《い》ふの義《ぎ》て、そこに此《こ》の碩果《せきくわ》が永久《えいきう》に死滅《しめつ》せぬと言《い》ふ義《ぎ》を含《ふく》む

て居《ゐ》る。何故《なにゆゑ》であるかと言《い》へば、剝《はく》は本《もと》乾《けん》より來《き》たもので、乾《けん》の衆陽《しうやう》が次第《しだい》に剝落《はくらく》して五に及《およ》び今《いま》は唯上九《たゞじやう》の一陽《やう》を殘《のこ》すのみである。されど此《こ》の一陽《やう》は之《これ》を上《じやう》に剝《おと》せば、必《かな》らず下《した》に落《お》ち來《きた》つて復《ふく》となるべきもので、之《これ》を喩《たと》へば、樹頭《じゆとう》の木《き》の實《み》が、地上《ちじやう》に落《お》ち來《きた》れば、亦再生《またさいせい》して元《もと》の大木《たいぼく》となるのと一般《いつぱん》、下《した》に生《しやう》ずれば上《うへ》に剝《おと》し、上《うへ》に剝《はく》すれば下《した》に生《しやう》じ、一剝《はく》一生《しやう》、終《つひ》に剝盡《はくじん》し了《おは》るの期《き》がない、故《ゆゑ》に此《こ》の理《り》に象《かた》どつて、之《これ》を碩果不レ食《せきくわずくらはれ》と言《い》ふたものである。又《また》一陽《やう》を君子《くんし》となし、五陰《いん》を小人《せうじん》となし、輿《よ》は人《ひと》の乘《の》る所《ところ》のもので、坤《こん》の象《かたち》。廬《ろ》はその下《した》に居《ゐ》て雨露《うろ》を凌《しの》ぎ身《み》を安《やす》むずるもので、艮《こん》の象《かたち》であるが一陽《やう》が五陰《いん》の上《うへ》に居《を》るは、卽《すなは》ち君子《くんし》が輿《よ》に乘《のつ》て、小人《せうじん》が下《した》より之《これ》を擔《かつ》ぐの象《かたち》である、故《ゆゑ》に君子《くんし》得レ輿《うるよを》と言《い》ふ。又《また》一陽《やう》が上《うへ》にあつて下《した》五陰《いん》を蓋《おほ》ふは、卽《すなは》ち小人《せうじん》が廬中《ろちう》に居《ゐ》てその身《み》を安《やす》むずる所《ところ》の象《かたち》である若《も》しその一陽《やう》を剝落《はくらく》し去《さ》る時《とき》は、廬《ろ》も亦剝落《またはぎおと》されて仕舞《しま》ふこと丶なる、故《ゆゑ》に小人《せうじん》剝レ廬《おとすろを》と言《い》ふ。此《かく》の如《ごと》く上九《じやう》の一陽《やう》は輿《よ》に乘《の》る所《ところ》の君子《くんし》であるが、それと同時《どうじ》に亦小人《またせうじん》を覆蓋《ふくがい》する所《ところ》の廬《ろ》その者《もの》である。然《しか》るに君子《くんし》を惡《にく》むで之《これ》を剝害《はくがい》し去《さ》れば、己《おの》れが賴《たよつ》て以《もつ》て身《み》を置《お》く所《ところ》の廬《ろ》も、亦隨《またしたが》つて破壞《はくわい》さる丶のである。されば小人《せうじん》が君子《くんし》を剝害《はくがい》するのは、必竟己《ひつきやうおの》れが身《み》を置《お》く所《とにろ》の廬《ろ》を破壞《はくわい》する所以《ゆゑん》であるから、己《おの》れが廬中《ろちう》に居《ゐ》てその身《み》を安《やす》ぜむと欲《ほつ》せば、君子《くんし》も亦決《またけつ》して之《これ》を剝害《はくがい》すべきではない、君子《くんし》が輿《よ》を得《う》れば、己《おの》れも亦廬中《またろちう》に居《を》ることが可能《でき》るが、君子《くんし》が輿《よ》を失《うしな》へば、己《おの》れも亦廬《またろ》を失《うしな》ふてその身《み》を容《い》るべき所《ところ》がないこと丶なる、故《ゆゑ》に小人《せうじん》に取《とつ》ては、廬《ろ》の貴重《きちやう》なるが如《ごと》くに、君子《くんし》も亦貴重《またきちやう》すべきものである、然《しか》るに小人《せうじん》が君子《くんし》を惡《にく》むで之《これ》を剝落《はくらく》し去《さ》らむとするのは、取《と》りも直《なほ》さず、自《みづ》からその廬《いほ》を破壞《はくわい》するものて、甚《はなは》だしき量見《りやうけん》違《ちがひ》てあると言《い》ねばならぬ、故《ゆゑ》に小人剝レ廬《せうじんおとすろを》と言《い》ふ。

䷗ 震下《しんか》坤上《こんじやう》 復《ふく》

復亨《トウ》ル、出入《シユツニフ》テ无《ナ》レ疾《ヤマヒトモ》、朋來《キタ》ツテ无《ナ》レ咎《トガ》、反《カヘ》二復《カヘ》ル其《ソ》ノ道《ミチ》一、七日《ニシテ》來《キタ》リ復《カヘ》ル、利《ヨロ》シレ有《ア》ルニレ攸《トコロ》往《ユ》ク、

此卦《このくわ》一陽《やう》が五陰《いん》の下《しも》にあるは、卽《すなは》ち剝《はく》の一陽《やう》が上《かみ》に窮《きは》まつて、復《ま》たその下《しも》に反《かへ》り來《きた》るの象《かたち》である、故《ゆゑ》に之《これ》を復《ふく》と言《い》ふ。復《ふく》とはその舊居《きうきよ》に復歸《ふくき》するの義《ぎ》であるが、先《さ》きに一たび往《ゆ》き去《さ》る所《ところ》の陽氣《やうき》が、今《いま》は乃《すなは》ち亦《また》その舊居《きうきよ》に復歸《ふくき》して、此《これ》より將《まさ》に萬物《ばんぶつ》を生《しやう》じ萬事《ばんじ》を始《はじ》めむとするの象《かたち》である、故《ゆゑ》にその占《せん》を亨《とうる》と言《い》ふ。入《いる》とは外《そと》より內《うち》に入《い》り來《く》るの義《ぎ》て、剝《はく》の一陽《やう》が上《かみ》に極《きは》まり下《しも》に入《い》り來《きた》つて復《ふく》となるを言《い》ひ、出《で》るとは內《うち》より外《そと》に進《すゝ》み出《いづ》るの義《ぎ》て、復《ふく》の一陽《やう》が長《ちやう》じて外《そと》に進《すゝ》み出《で》ることを言《い》ふ。无レ疾《なしやまひ》とは、その出《しゆつ》入《にふ》を障礙《しやうがい》するものがないと言《い》ふの義《ぎ》て、坤《こん》を坦途《たんと》となし、震《しん》を進《すゝ》み行《ゆ》くとなして、往來出入共《わうらいしゆつにふとも》に自由《じいう》なるの象《かたち》がある、故《ゆゑ》に出入《しゆつにふ》无レ疾《なしやまひ》と言《い》ふ。復《ふく》の一陽《やう》が長進《ちやうしん》すれば、臨《りん》となり泰《たい》となるのであるが、卽《すなは》ち善類《ぜんるゐ》が來《きた》り聚《あつ》まるの象《かたち》である、故《ゆゑ》に朋來《ともきたりて》无レ咎《なしとが》と言《い》ふ。乾《けん》の卦《くわ》の下《しも》に一陰《いん》が始《はじ》めて生《しやう》じて姤《こう》となり遯《とん》、否《ひ》、觀《くわん》、剝《はく》、坤《こん》の七卦《くわ》を經《へ》て、一陽亦反《やうまたかへ》り來《きた》つて復《ふく》となる、その反復《はんふく》の順序《じゆんじよ》を見《み》れば、天運自然《てんうんしぜん》の循環《じゆんくわん》と少《すこ》しも異《こと》なる所《ところ》がない、故《ゆゑ》に反二復《かへりかへる》其道一《そのみちに》七日《にして》來復《きたりかへる》と言《い》ふ。七は陽《やう》の數《すう》て、日《ひ》は陽《やう》の象《かたち》てある、故《ゆゑ》に之《これ》を七日と言《い》ふ。其道《そのみち》とは天運自然《てんうんしぜん》の道《みち》を指したもので、已《すで》に一陽反《やうかへ》り來《きた》つて復《ふく》となつた上《うへ》は、此《これ》よりして將《まさ》に陽氣長盛《やうきちやうせい》の時運《じうん》に向《むか》ふことゝなる、故《ゆゑ》に利ㇾ有ㇾ攸ㇾ往《よろしあるにところゆく》と言《い》ふ。往《ゆ》く所《ところ》あるに利《よろ》しとは、進《すゝ》むて爲《な》す所《ところ》あるに利《よろ》しと言《い》ふの義《ぎ》である。

初九、不《ず》ㇾ遠復《とうからかへ》、无《なし》ㇾ祇《いた》ㇾ悔《クイ》、元《ゲン》吉

初《しよ》九は成卦《せいくわ》の主《しゆ》で、此卦《このくわ》が由《よつ》て以《もつ》て復《ふく》と名《なづ》くる所以《ゆゑん》は初《しよ》九の一爻《かう》にある、故《ゆゑ》に卦《くわ》に就《つい》て之《これ》を言《い》へば、復《かへ》り來《きた》るものは唯初《たゞしよ》九の一爻《かう》である。反《これにはんし》之。爻《かう》に就《つい》て之《これ》を言《い》へば、六爻《かう》何《いづ》れも皆復《みなかへ》り反《かへ》るものである、故《ゆゑ》に一陽《やう》五陰皆凡《いんみなすべ》て復《ふく》の義《ぎ》を取《とつ》て居《を》る。加之《しかのみならず》。卦《くわ》に於《おい》ては造化《ざうくわ》の消長往復《せうちやうわうふく》を意味《いみ》して居《を》るが、爻《かう》に於《おい》ては人心《じんしん》の正邪往復《せいじやわうふく》を形容《けいよう》して居《ゐ》る。今初《いましよ》九は一陽下《やうしも》に復《かへ》る、然《しか》るに陽《やう》を以《もつ》て善《ぜん》となすが故《ゆゑ》に、之《これ》を以《もつ》て善心《ぜんしん》に復歸《ふくき》するの義《ぎ》となし、且《か》つ先《さ》きには往《ゆ》き去《さ》つて之《これ》を失《うしな》ふて居《ゐ》たけれども、而《しか》も今《いま》は復《かへ》り反《かへ》つて卦《くわ》の初《はじ》めに居《ゐ》る、即《すなは》ち復《かへ》ることの最《もつと》も先《さ》きなるもので、一旦之《たんこれ》を失《うしな》ふも、而《しか》も未《いま》だ遠《とほ》からずして亦復《またかへ》り反《かへ》るものである、故《ゆゑ》に不ㇾ遠復《ずしてとうからかへる》と言《い》ふ。遠《とほ》からずして復《かへ》るとは、惡《あく》を改《あらた》めて善《ぜん》に遷《うつ》ることの速《すみ》やかなるを言《い》ふたもので、昨《さく》は過《あや》まつて之《これ》を非《ひ》に失《うしな》ふも、而《しか》も今《いま》は悟《さと》つて善《ぜん》に復《かへ》る、その間《あひだ》甚《はなは》だ久《ひさ》しからざるが故《ゆゑ》に、その過《あやまち》も未《いま》だ外《そと》に現《あら》はれず、隨《したが》つて悔《くい》に至《いた》ることもない、故《ゆゑ》に无ㇾ祇ㇾ悔《なしいたることくいに》と言《い》ふ。祇《ぎ》は坎《くわん》の九五に祇ニ既平一《いたるすでにたひらかなるにい》と言《い》ふの祇《いた》ると同《おな》じく、祇《いた》り至《いた》るの義《ぎ》であるが、惟《ひと》り既往《きわう》の過失《くわしつ》の爲《た》めに悔咎《かいくわい》に至《いた》らぬのみか、若《も》し永《なが》く此《こ》の心《こゝろ》を守《まも》つて失《うしな》ふことがないならば、後來必《こうらいかな》らず大善《だいぜん》の吉《きち》を得《う》ることゝなるに違《ちが》いない、故《ゆゑ》に亦之《またこれ》を元吉《げんきつ》と言《い》ふ。

六二、休《ヨク》復《カヘ》ルコト、吉

初《しよ》九はその過《あやまち》を改《あらた》めて善《ぜん》に復《かへ》ることの最《もつと》も先《さ》きなるものであるが、六二は柔順中正《じうじゆんちうせい》にして初《しよ》九と近比《きんひ》し、能《よ》く之《これ》に下《お》りその善《ぜん》を貧《とつ》て以《もつ》て自《みづ》から道《みち》に復《かへ》るの裨益《ひえき》となすもので、即《すなは》ち復《かへ》ることの休美《きうび》なるものである、故《ゆゑ》に復《かへ》ることを休《よく》すと言《い》ふ。此爻《このかう》は小畜《せうちく》の九二が牽《ひ》かれて復《かへ》るものと略相似《ほゞあひに》て、己《おの》れが短《たん》を捨《す》てゝ人《ひと》の長《ちやう》に従《したが》ふものであるから、その占《せん》も亦之《またこれ》を吉《きち》と言《い》ふたのである。

六三、頻《シバ〳〵》復《カヘ》ル、厲《アヤウ》ケレドモ无レ咎

頻《しば〳〵》は屢《しば〳〵》と同義《どうぎ》で、善《ぜん》に復《かへ》ることは堅固《けんこ》にしてその道《みち》に久《ひさ》しきを貴《たつと》ぶのであるが、六三は復《ふく》の時《とき》に當《あた》り、初《しよ》九と同體《どうたい》であるから、共《とも》に善《ぜん》に復《かへ》るものではあるけれども、而《しか》も不中不正《ふちうふせい》にして震動《しんどう》の極《きよく》に居《を》るので、躁妄《さうばう》にして堅《かた》く守《まも》ることが可能《でき》ず、數々失《かず〳〵うしな》ふて數々復《かず〳〵かへ》るものである、故《ゆゑ》に頻《しば〳〵》復《かへ》ると言《い》ふ。六三が頻《しば〳〵》復《かへ》るのは、頻《しば〳〵》失《うしな》ふが爲《た》めであるが、頻《しば〳〵》失《うしな》ふのは即《すなは》ち危《あやふ》く厲《あやう》い譯《わけ》である。けれども亦頻《またしば〳〵》復《かへ》るので終《つひ》に咎《とが》なきことを得《う》るものである、故《ゆゑ》に厲《あやう》けれども咎《とが》なしと言《い》ふ。

六四、中《チウ》行《カウ》獨《ヒト》リ復《カヘ》ル、

泰《たい》の二夬《けつ》の五に中行《ちうかう》と言《い》ふは、泰《たい》の二は下《げ》卦《くわ》の中《ちう》で、夬《けつ》の五は上卦《じやうくわ》の中《ちう》であるが、又益《またえき》の三四は一卦《くわ》の中《ちう》である、故《ゆゑ》に之《これ》を中行《ちうかう》と言《い》ふて居《ゐ》る、玆《こゝ》に中行《ちうかう》と言《い》ふは、それとは異《こと》なつて、六四は上下《じやうか》四陰《いん》の

中間《ちうかん》に挾《はさ》まつて、獨《ひと》り初《しよ》九と應《おう》ずるものである、故《ゆゑ》に中行《ちうかう》獨《ひとり》復《かへる》と言《い》ふ。蓋《けだ》し初《しよ》九は復《ふく》の主《しゆ》で、衆陰《しういん》皆凡《みなすべ》て之《これ》に復《かへ》るのであるが、殊《こと》に六四は衆《しう》と共《とも》に行《ゆい》て己《おの》れ獨《ひと》り初《しよ》九と應《おう》じ、正《せい》に歸《き》し善《ぜん》に復《かへ》るの道《みち》を得《え》て居《ゐ》るけれども、而《しか》もその力《ちから》甚《はなは》だ薄弱《はくじやく》で、未《いま》だ之《これ》に倚賴《きらい》してその復《かへ》ることを援《すく》ふことが可能《てき》ぬ、故《ゆゑ》にその吉凶《きつきよう》を言《い》ふて居《を》らぬが、蓋《けだ》しその吉《きち》なるべきは理《り》の當《まさ》に然《しか》るべき所《ところ》である。

六五、敦《アツシ》レ復《カヘ》ルニ、无レ悔《クイ》、

六五は復《ふく》の時《とき》に當《あた》つて柔中《じうちう》を得《え》て尊位《そんゐ》に居《ゐ》る、即《すなは》ち復《かへ》るに敦《あつ》きの象《かたち》である、故《ゆゑ》に敦《あつし》レ復《かへる》と言《い》ふ。敦《あつし》とは敦厚篤實《とんかうとくじつ》の義《ぎ》で、坤土《こんど》積累《せきるゐ》の象《かたち》であるが、初《しよ》九は成卦《せいくわ》の主《しゆ》にして六五は定位《ていゐ》の主《しゆ》である、定位《ていゐ》の主《しゆ》にして善《ぜん》に復《かへ》るに敦《あつ》ければ、その德澤《とくたく》が天下《てんか》に被及《ひきふ》することも、亦必《またかな》らず深《ふか》かるべきは言《げん》を俟《し》たぬ所《ところ》である、故《ゆゑ》に无《なし》レ悔《くい》と言《い》ふ。

項氏安世《かうしあんせい》曰《いは》ク、臨《りん》ハ上《じやう》六ヲ以《もつ》テ敦臨《とんりん》ト爲《な》シ、艮《こん》ハ上《じやう》九ヲ以《もつ》テ敦艮《とんこん》ト爲《な》ス、皆積厚《みなせきかう》ノ極《きよく》ニ取《と》ル、復《ふく》ハ五ニ於《おい》テ即《すなは》チ敦復《とんふく》ト言《い》フ者《もの》ハ、復《ふく》ノ上爻《じやうかう》ハ迷《まよ》フテ復《かへ》ラズ、故《ゆゑ》ニ復《ふく》ハ五ニ至《いたつ》テ而《しか》シテ極《きは》マルナリ、卦《くわ》中復《ちうかへ》ル者《もの》五爻《かう》、初《しよ》ハ最《もつと》モ先《さき》ニアリ、故《ゆゑ》ニ遠《とほ》カラズト爲《な》シ、五ハ最《もつと》モ後《のち》ニアリ、故《ゆゑ》ニ敦《あつ》シト爲《な》ス

胡氏炳文《こしへいぶん》曰《いは》ク、遠《とほ》カラズシテ復《かへ》ル者《もの》ハ、善心《ぜんしん》ノ萌《きざ》シナリ、復《かへ》ルニ敦《あつ》キ者《もの》ハ、善行《ぜんかう》ノ固《かた》キナリ、故ニ初《しよ》九ハ悔《くい》ニ祗《いた》ルコトナク、復《かへ》ルニ敦《あつ》ケレバ則《すなは》チ悔《くい》ナカルベシ、遠《とほ》カラズシテ復《かへ》ルハ德《とく》ニ入《い》ルノ事《こと》ナリ、復《かへ》ルニ敦《あつ》キハ其《そ》レ德《とく》ヲ成《な》スノ事《こと》カ。

上六、迷《マヨ》フレ復《カヘ》ルニ、凶ニシテ有《アリ》ニ災《サイ》眚《セイ》一、用《モツ》テ行《ヤ》ルレ師《シ》、終《ツイ》ニ有《アリ》ニ大《タイ》敗《ハイ》一、以《オヨブソノ》ニ其國《コク》君《クン》一ニ凶、至《イ》ルレ于《モ》ニ十年一、不《ズ》レ克《アタハ》レ征《ユク》コト

上《じやう》六は重陰《ぢういん》にして復《ふく》の終《をは》りに居《を》る、卽《すなは》ち昏迷《こんめい》にして復《かへ》る所《ところ》を知《し》らざるの象《かたち》である、故《ゆゑ》に迷《まよふ》レ復《かへるに》と言《い》ふ昏《こん》迷《めい》にして復《かへ》ることを知《し》らざれば、その凶《きよう》なるべきは自《おのづ》から明《あきら》かであるが、そは皆自《みなみづ》から招《まね》く所《ところ》である、故《ゆゑ》にその占《せん》を凶《きよう》にして災眚《さいせい》ありと言《い》ふ。外《そと》より來《きた》るものを災《さい》と言《い》ひ、自《みづ》から招《まね》くものを眚《せい》と言《い》ふのであるが、這《こ》は共《とも》に之《これ》を陰《いん》の象《かたち》に取《とつ》たものである。道《みち》に迷《まよ》ふて復《かへ》るを知《し》らざること此《かく》の如《ごと》くば、能《よ》く何《なに》事《こと》を成《な》し得《え》らるべき、而《しか》も尙此《なほこ》の心《こゝろ》を用《もち》ひて以《もつ》て事《こと》を行《おこな》はゞ、終《つひ》に大失敗《だいしつぱい》を招《まね》き、その禍《わざはひ》は己《おの》れの一命《めい》にも拘《かゝ》はるべき大凶事《だいきようじ》を惹起《じやくき》するのは必至《ひつし》の道理《だうり》である、故《ゆゑ》に用《もつてやるしを》行レ師、終有ニ大敗一以ニ其國君一凶《ついにありたいはいおよぶそのこくくんにきよう》と言《い》ふ、師《し》を行《や》るとは、强《あな》がち用兵《ようへい》の事《こと》のみを言《い》ふたものではない、外《そと》に向《むか》つて大事《だいじ》を起《おこ》すことを意味《いみ》したもので、亦國《またくに》は君主《くんしゆ》あるに由《よつ》て立《たつ》て居《を》るものであるが、その國君《こくくん》に及《およ》ぶとは、卽《すなは》ちその國君迄《こくくんまで》も亡《ほろぼ》すに至《いた》ると言《い》ふの義《ぎ》であるけれども、此《これ》も亦一概《またいちがい》にその國君《こくくん》を亡《ほろぼ》すことのみを指《さ》したものではなく必竟肝腎《ひつきやうかんじん》の本尊迄《ほんぞんまで》も危《あやふ》くすると言《い》ふの意味《いみ》て、以《およぶ》とは卽《すなは》ち及《およ》ぼすの義《ぎ》である。その凶《きよう》なること已《すで》に此《かく》の如《ごと》きが故《ゆゑ》に、十年《ねん》の久《ひさ》しきに至《いた》るも、終《つひ》に征《ゆ》き行《ゆ》いて、而《しか》して善《ぜん》に復《かへ》り得《う》べき見込《みこみ》がないと言《い》ねばならぬ、故《ゆゑ》に亦至《またいたるも》レ于十年一不《ず》レ克《あたは》レ征《ゆくこと》と言《い》ふ。師《し》と言《い》ひ國《くに》と言《い》ひ十年《ねん》と言《い》ふは共《とも》に坤《こん》の象《かたち》を取《とつ》たものである。

胡氏《こし》炳文《へいぶん》曰《いは》ク、復《かへ》ルニ迷《まよ》フト、遠《とほ》カラズシテ復《かへ》ルト相反《あひはん》ス、初《はじめ》ハ遠《とほ》カラズシテ而《しか》シテ復《かへ》ル、迷《まよ》エバ則《すなは》チ遠《とほ》クシテ而《しか》シテ復《かへ》ラズ、復《かへ》ルニ敦《あつ》シト、頻《しばしば》復《かへ》ルト相反《あひはん》ス、敦《あつ》ケレバ轉易《てんえき》スルコトナク、頻《しば》シバスレバ則《すなは》チ屢易《しばしばかわ》ル、獨《ひと》リ復《かへ》ルト復《かへ》ルコトヲ休《よく》スト相似《あひに》タリ、休《よ》クスレバ則《すなは》チ初《しよ》ニ比《ひ》シ、獨《ひと》リナレバ則《すなは》チ初《しよ》ニ應《おう》ズルナリ、十年《ねん》ニシテ征《ゆ》クコト克《あた》ハザルハ、七日ニシテ來《きた》リ復《かへ》ルノ反《はん》ナリ。

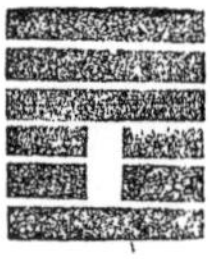

震下《しんか》
乾上《けんじやう》　无妄《むはう》

无《ム》妄《ボウ》、元《オ》イニ亨《トウ》ル、利《ヨロ》シ貞《タヾ》シキニ、其《ソ》レ匪《アラ》ザレバ正《タヾ》シキニ有《ア》リ眚《ワザワイ》、不《ズ》利《ヨロシ》カラ有《ア》ルニ攸《トコロ》往《ユク》、

此卦《このくわ》震《しん》を雷《らい》となし、乾《けん》を天《てん》となす、而《しか》して天下《てんか》に雷行《らいゆ》くは造化《ざうくわ》自然《しぜん》の妙用《めうよう》にして、何等《なんら》施爲《せゐ》造設《ざうせつ》を加《くは》ふることとなく、時來《ときき》たりて自《おのづ》から然《しか》るものて、天眞《てんしん》その儘《まゝ》の發露《はつろ》である、故《ゆゑ》に之《これ》を无妄《むばう》と名《なづ》く。又乾《またけん》を天《てん》となし、震《しん》を動《うご》くとなし、動《うご》いて天理《てんり》を體《たい》するものは、その間寸毫《あひだすんがう》の邪慾《じやよくぎ》僞念等《ねんとう》を交《まじ》ゆることとなく至誠《しせい》にして大公《たいこう》なるものである、故《ゆゑ》に之《これ》を无妄《むばう》と名《なづ》く。无妄《むばう》とは妄《ばう》なることがないと言《い》ふの義《ぎ》で、妄《ばう》は虚僞誣罔《きよぎふもう》の意《い》で、說文《せつぶん》には亂也《らんなり》と言《い》ふて居《を》るが、亂《みだ》るゝことなきものは、正《たゞ》しきものである。されば无妄《むばう》は正《せい》の義《ぎ》で、正《せい》は即《すなは》ち誠《まこと》である、故《ゆゑ》に大學《だいがく》にはその身《み》を修《おさ》めむと欲《ほつ》せば、先《ま》づその心《こゝろ》を正《たゞ》しうせよ、その心《こゝろ》を正《たゞ》しうせむと欲《ほつ》せば、先《ま》づその意《い》を誠《まこと》にせよと言《い》ふて居《を》る、が人已《ひとすで》にその意《い》を誠《まこと》にし

その心《こゝろ》を正《たゞ》して、剛健《がうけん》にして以《もつ》て動《うご》かば、何事《なにごと》も皆成就《みなじやうじゆ》せぬと言《い》ふことはない、故《ゆゑ》に元亨《おゝいにとうる》と言《い》ふ。元《げん》は大《だい》の義《ぎ》で、人天道《ひとてんだう》を體《たい》して无妄《むばう》を行《おこな》ふ、苟《いやし》くもその貞正《ていせい》の心《こゝろ》を失《うしな》へば虛妄《きよばう》となる、故《ゆゑ》に利レ貞《よろしたゞしきに》と言《い》ふ。此《かく》の如《ごと》く誠且《せいか》つ正《たゞ》しきものが无妄《むばう》であるが、その人《ひと》に邪心《じやしん》がなくば、その事《こと》も必《かな》らず正理《せいり》に合《かつ》して居《ゐ》るとは言《い》へぬ、その人《ひと》に邪心《じやしん》なくとも、その事《こと》が正理《せいり》に背《そむ》いて居《ゐ》る場合《ばあひ》も往々《わうく》にしてあるが、此《か》の如《ごと》きは无妄《むばう》にあらずして卽《すなは》ち妄《ばう》である、妄《ばう》を以《もつ》て動《うご》いて眚厄《せいやく》に遇《あ》ふは固《もと》よりその所《ところ》である、故《ゆゑ》に其《それ》匪レ正有レ《あらざればたゞしきにありわざわいい》眚と言《い》ふ。眚《わざわい》は自《みづ》から招《まね》く所《ところ》の禍《わざわひ》で、正理《せいり》に背《そむ》くの致《いた》す所《ところ》である、が正理《せいり》に背《そむ》くものゝ動《うご》き行《ゆ》くことに不利《ふり》なるのは、亦言《またけん》を俟《また》ぬ所《ところ》である、故《ゆゑ》に重《かさ》ねて之《これ》を戒《いま》しめて不レ利レ有レ攸レ往《ずよろしからあるにところゆく》と言《い》ふ。

初九、无《ム》妄《バウ》ナリ、往テ吉、

初《しよ》九は剛正《がうせい》にして卦《くわ》の始《はじ》めに居《ゐ》て成卦《せいくわ》の主《しゆ》となり、上《じやう》に應《おう》なきが故《ゆゑ》に、誠《せい》一にして未《いま》だ物《もの》と雜《まじ》はらぬ无妄《むばう》の无妄《むばう》たる所以《ゆゑん》は實《じつ》に此《こ》の一爻《かう》あるに由《よ》る、故《ゆゑ》に之《これ》を无妄《むばう》なりと言《い》ふ。此《こ》の如《ごと》くにして動《うご》けば天《てん》理《り》と合致《かつち》するのであるから、安《いづ》くに往《ゆ》くとしても不吉《ふきつ》なるべきの道理《だうり》がない、故《ゆゑ》に之《これ》を往吉《ゆいてきち》と言《い》ふ。

六二、不《セズ》ニ耕穫《アウクワクセザレ》不ニ菑《シ》畬《ヨ》、則《スナハチ》利《ヨロシ》レ有《アル》レニ攸《トコロ》レ往《ユク》、

耕《かう》は田《た》を鋤《す》くことで、稻《いね》を植《う》ゆる爲《た》めの準備《じゆんび》である。穫《くわく》は稻《いね》を刈《か》り取《と》ることで、卽《すなは》ち之《これ》を收納《しうなふ》することである。又菑《またし》は始《はじ》めて草《くゐ》を反《かへ》して開墾《かいこん》することで一歲目《さいめ》の田《でん》である、畬《よ》は一歲《さい》の田土《でんど》を尙能《なほよ》く和熟《わじゆく》

して播種《はんしゆ》に適《てき》せしむることとて二歳目《さいめ》の田《でん》であるが、二は地《ち》の上位《じやうゐ》で、震《しん》を反生《はんせい》となし、發動《はつどう》となす許《ばかり》でなく、初《はじめ》より五に至《いた》つて益《えき》の象《かたち》がある、故《ゆゑ》に耕穫菑畬《かうくわくしよ》等《とう》の象《かたち》を取《とつ》たものであるが、凡《およ》そ農事《のうじ》を務《つと》むるものゝ始《はじ》め耕《たがや》して後《のち》に穫《か》り始《はじ》め菑《し》して後《のち》に畬《よ》を成《な》さむことを期《き》するのは、事理《じり》の當然《たうぜん》にして少《すこ》しも不可《ふか》なる所《ところ》はない。然《しか》り、這《こ》は事理當然《じりたうぜん》で固《もと》より不可《ふか》はないけれども、而《しか》も營爲《えいゐ》する所《ところ》があれば亦必《またかな》らず期望《きばう》する所《ところ》があるのは人情《にんじやう》の常《つね》であつて、己《すで》に之《これ》を耕《たがや》せばより多《おほ》く穫《いね》かり、一年目《ねんめ》に菑《し》をなせば二年目《ねんめ》にはヨリ能《よ》く畬《よ》をなさむことを思《おも》ふのも、此《こ》も亦人情《またにんじやう》の免《まぬ》がれ難《かた》き弱點《じやくてん》で、實《じつ》に處《しよ》し難《かた》き所《ところ》である。さればとて耕《たがや》せども而《しか》も穫《いね》かることを欲《ほつ》せず、菑《し》をなせども而《しか》も畬《よ》を成《な》すことを望《のぞ》まぬと言《い》ふは、尙更《なほさら》に難《かた》いことである。此《か》の如《ごと》く後《のち》に至《いた》りてヨリ能《よ》くと言《い》ふ期望《きばう》を生《しやう》ずる所以《ゆゑん》は、始《はじ》めに營《えい》爲《ゐ》する所《ところ》がある爲《た》めである、(世間《せけん》には或《あるひ》は耕《たがや》さずして穫《いね》かることを望《のぞ》み、菑《し》せずして畬《よ》を成《な》さむことを欲《ほつ》するものがあるかは知《し》らむけれども、這《こ》は固《もと》より理《り》のなき所《ところ》であるから論外《ろんぐわい》である) 始《はじ》めに營爲《えいゐ》する所《ところ》がなければ、後《のち》の期望《きばう》を生《しやう》ずべき筈《はず》がない。故《ゆゑ》に始《はじ》めて營爲《えいゐ》することは、一概《いちがい》に之《これ》を廢《す》てよと言《い》ふのではないけれども、而《しか》も後《のち》の期望《きばう》を絶《たゝ》むが爲《た》めには、時宜《じぎ》に由《よつ》ては已《や》むなく之《これ》を廢《はい》することゝせなければならぬ、斯《か》くせば人情《にんじやう》の免《まぬ》がれ難《かた》きヨリ能《よ》くと言《い》ふ後《のち》の期望《きばう》を絶《た》つことが可能《でき》る。此交《このかう》に謂《い》ふ所《ところ》は正《まさ》しく此《こ》の意味《いみ》で、始《はじ》めに耕《たがや》さぬ代《かは》りに、後《の》ちに穫《いね》かることもせぬ、初年目《しよねんめ》に菑《し》せぬ代《かは》りに二年目《ねんめ》に畬《よ》を成《な》すこともせぬ、卽《すなは》ち營爲《えいゐ》することもなく、亦《また》期望《きばう》することもなく、淡然無欲《たんぜんむよく》にして何《なん》等《ら》その心《こゝろ》を動《うご》かすに足《た》るものなく、無私大公《むしたいこう》の天理《てんり》に合致《がふち》すべきことを言《い》ふたものである。蓋《けだ》し六二は柔順中正《じうじゆんちうせい》にして九五の中正《ちうせい》に應《おう》ずと雖《いへ》ども、而《しか》も无妄《むばう》の時《とき》に當《あた》つて動體《どうたい》に居《を》るから、名利《みやうり》の念《ねん》が一たび動《うご》けば、或《あるひ》はその中正《ちうせい》の美德《びとく》を失《うしな》ふことなきを保《ほ》せぬ、故《ゆゑ》に耕穫菑畬《かうくわくしよ》の比喩《たとへ》を設《まう》け、能動的《のうどうてき》には耕《かう》と菑《し》とを廢《はい》し、亦所動的《またしよどうてき》には穫《くわく》と畬《よ》とを絕《た》ち、凡《すべ》て妄欲《まうよく》を誘發《いうはつ》すべき內外《ないぐわい》の機會《きくわい》を滅却《めつきやく》して、無私《むし》中正《ちうせい》なる心狀態《しんじやうたい》となつたならば、則《すなは》ち往《ゆ》く所《ところ》あるに利《よろ》しきことを戒《いまし》めたるもので、則《すなはち》の一字《じ》が最《もつと》も着眼《ちやくがん》を要《えう》すべき所《ところ》である、斯《か》くて始《はじ》めて无妄《むばう》の時《とき》に居《ゐ》て、无妄《むばう》の道《みち》に合致《がふち》することが可能《でき》る、故《ゆゑ》に不《ず》二耕穫《かうくわく》一不《せざれば》二菑畬《しよ》一則《すなはち》利《よろ》レ有《あるに》レ攸《ところ》レ往《ゆく》と言《い》ふ。此爻《このかう》の辭《じ》は頗《すこ》ぶる難解《なんかい》である、故《ゆゑ》に之《これ》を讀《よ》むで耕《たかや》せども穫《いね》からず、菑《し》すれども畬《よ》せずと言《い》ふものもある、けれどもそは文法《ぶんぽふ》の許《ゆる》さぬ所《ところ》である、何《なん》となれば、若《も》しその說《せつ》の如《ごと》くば耕《かう》の字《じ》と菑《し》の字《じ》とは、共《とも》に不《ふ》の字《じ》の上《うへ》になければならぬ筈《はず》である、然《しか》るに兩《りやう》の不《ふ》の字《じ》が耕穫《かうくわく》と菑畬《しよ》との上《うへ》にあるからは、耕穫《かうくわく》も菑畬《しよ》も兩《ふた》つながら之《これ》を非《ひ》とするものとせねばならぬ、故《ゆゑ》に余《よ》は先儒《せんじゆ》の說《せつ》を排《はい》して、自說《じせつ》を立《た》つること大略此《たいりやくかく》の如《ごと》くである。

六三、无妄《ムバウ》之《ノ》災《ワザワイ》、或《アルヒハ》繫《ツナグ》二之《コレ》ヲ牛《ウシ》ニ一、行人《カウジン》之《ノ》得《ウ》ルハ、邑人《ユウジン》之《ノ》災《ワザワイ》ナリ。

卦中《くわちう》の六爻《かう》は皆无妄《みなむばう》なるものであるが、凡《およ》そ不正《ふせい》にして災《わざわひ》に遇《あ》ふは、己《おの》れ自《みづ》からが致《いた》す所《ところ》で理《り》の當然《たうぜん》である。反之《これにはんし》。正直《しやうぢき》にして災《わざわい》に遇《あ》ふは、天《てん》の爲《な》す所《ところ》にして、人力《じんりよく》の如何《いか》にともすることの可能《でき》ぬ所《ところ》である、六三は居《を》ることとその正《せい》を得《え》ざるが爲《た》めに、故《ゆゑ》なくして災《わざわい》に遇《あ》ふものである、故《ゆゑ》に无妄之災《むばうのわざわい》と言《い》ふ。之《これ》を喩《たと》へば、猶或者《なほあるもの》が牛《うし》を繫《つな》いて置《おい》たのを、通行《つうかう》の旅人《りよじん》か何《なに》かゞその牛《うし》を牽《ひ》き去《さ》つた爲《た》めに、偶々《たまたま》そこに居合《ゐあは》せた所《ところ》の邑人《むらびと》が、故《ゆゑ》なくして牛《うし》を竊《ぬす》みたる嫌疑《けんぎ》を受《う》るのと同様《どうやう》である、故《ゆゑ》に或《あるひは》繫《つなぐ》ニ之《これが》牛《うしを》ヽ行人之《かうじんの》得《うるは》、邑人之災《いうじんわさわい》と言《い》ふ。或《あるひは》とは假定《かてい》の辭《じ》で、巽《そん》を進退果《しんたいはた》さずとなすの象《かたち》、繫《つな》ぐも亦巽《またそん》を繩《なは》となし、艮《こん》を手《て》となし、止《や》むとなすの象《かたち》、又牛《またうし》と邑《いう》とは坤畫《こんくわ》の象《かたち》で、行人《かうじん》は震《しん》を大塗《だいと》となし、進《すゝ》み行《ゆ》くとなすの象《かたち》を取《と》つたものである。

九四、可《ベシ》レ貞《カタフニス》、无レ咎

无妄《むばう》の六爻《かう》は皆无妄《みなむばう》なるものである、而《しか》も各《かく》その居《ゐ》る所《ところ》の地位《ちゐ》に由《よつ》て過不及《くわふきふ》の差《さ》なきを得《え》ぬ、九四は剛《がう》を以《もつ》て健體《けんたい》に居《ゐ》て下《しも》に應與《おうよ》なく、無私《むし》にして妄《ばう》なきものではあるけれども、而《しか》も不中《ふちう》にして陰位《いんゐ》に居《を》るが故《ゆゑ》に、才強《さいつよ》くしてその志弱《こゝろざしよわ》く、或《あるひ》はその妄《ばう》に失《ひつ》せむことを恐《おそ》る、故《ゆゑ》に之《これ》を戒《いま》しめて可レ貞无レ咎《べしかたふすとがなし》と言《い》ふ。可レ貞とは正固之《しやうこゝれ》を守《まも》るの義《ぎ》で、九四は元《も》と已《すで》に妄《ばう》なきものである、已《すで》に妄《ばう》なきものであるから、尙進《なほすゝ》むで爲《な》すべき必要《ひつえう》がない、唯本來固有《たゞほんらいこいう》する所《ところ》の无妄《むばう》を正固《せいこ》以《もつ》て之《これ》を守《まも》ればよい、此《こ》の上爲《うへな》すあるのは、却《かへ》つて本來固有《ほんらいこいう》する所《ところ》の无妄《むばう》を失《うしな》ふ所以《ゆゑん》である、故《ゆゑ》に正固之《せいここれ》を守《まも》るべきことを戒告《かいこく》したものである。

九五、无《ム》妄《バウ》之《ノ》疾《ヤマヒ》、勿《ナカ》レ藥《クスリ》スルコト、有《ア》レ喜《ヨロコ》ビ、

九五は剛健中正《かうけんちうせい》を以《もつ》て下《しも》は亦柔順中正《またじうじゆんちうせい》の六二に應《おう》じ、而《しか》も尊位《そんゐ》に居《ゐ》て无妄《むばう》の最《もつと》も至《いた》れるもので、此《こ》の

上之《うへこれ》に加《くは》ふることなきものである、随《したが》つて實《じつ》に何等《なんら》の疾《やまひ》もなきものである、何等《なんら》の疾《やまひ》もなきものにして疾《やまひ》がある、故《ゆゑ》に无妄之疾《むばうのやまひ》と言《い》ふ此《かく》の如《ごと》く何等《なんら》の疾《やまひ》なきの疾《やまひ》は、その實《じつ》は疾《やまひ》ではない、唯疾《たゞやまひ》があるかの如《ごと》く思《おも》ふのみてある、眞實《しんじつ》に疾《やまひ》あればこそ、藥石《やくせき》を用《もち》ひて之《これ》を治《ち》すべき必要《ひつえう》もあるが、元來何等《ぐわんらいなんら》の疾《やまひ》なきにも拘《かゝ》はらず、藥石《やくせき》を用《もち》ひて之《これ》を治《ち》するに於《おい》ては、却《かへ》つて眞實《しんじつ》なる疾病《しつぺい》を惹《ひ》き起《おこ》すに至《いた》る、故《ゆゑ》に勿レ藥有レ喜《なかれくすりすることありよろこび》と言《い》ふ。有レ喜《ありよろこび》とは、疾《やまひ》あるかの如《ごと》く思《おも》ふ所《ところ》の疾《やまひ》が、藥石抔《やくせきなど》を用《もち》ゆることなく、自《し》然《ぜん》に消亡《せうばう》し去《さ》るの義《ぎ》て、藥《くすり》も喜《よろこび》も乾《けん》の象《かたち》、疾《やまひ》も亦乾《またけん》を多《た》思《し》となすの象《かたち》であるが、九五は正《せい》を得《え》て中《ちう》に居《を》るけれども、而《しか》も无妄《むばう》の極《きよく》に居《を》るので、聊《いさゝ》か无妄《むばう》に過《すぎ》むとするの憾《うら》みがある、故《ゆゑ》に藥《やく》すること勿《なか》れと言《い》ふて、その輕々《かるがる》しく動《うご》かざらむことを戒《いまし》めたもので、豫《よ》の六五に謂《い》ふ所《ところ》の貞疾《ていしつ》と幾分《いくぶん》か似《に》て居《を》る所《ところ》がある。

上九、无妄《ムメウ》ナリ、行《ユ》ク〆有《ア》リレ眚、无《ワザワイナシ》レ攸レ利《トコロヨロシキ》

上九も亦妄《またばう》なきものである、故《ゆゑ》に之《これ》を无妄《むばう》と言《い》ふ。けれども无妄《むばう》の極《きよく》にして行《ゆ》く所《ところ》なきの地《ち》に居《ゐ》るから、若《も》し行《ゆ》けば无妄《むばう》の地《ち》を去《さつ》て、妄《ばう》の地《ち》に行《ゆ》くことゝなる。故《ゆゑ》に行有レ眚、无レ攸レ利《ゆけばありわざわいなしところよろしき》と言《い》ふ。

胡氏炳文曰《こしへいぶんいは》ク、六爻皆无妄《かうみなむばう》ナリ、特《とく》ニ初九《しよ》ハ位《ゐ》ヲ得《え》テ而《しか》シテ震動《しんどう》ノ主《しゆ》ト爲《な》ル、時《とき》ノ方《まさ》ニ來《きた》ル、故《ゆゑ》ニ无妄往《むばうゆき》テ吉《きち》、上九《じやう》ハ位《くらゐ》ヲ失《うしな》フテ而《しか》シテ健體《けんたい》ノ極《きよく》ニ居《を》ル、時已《ときすで》ニ去《さ》ル、故《ゆゑ》ニ其《そ》ノ行《ゆ》クハ无妄《むばう》ナリト雖《いへ》ドモ、眚《わざわい》アッテ利《よろ》シキ所《ところ》ナシ、是故《このゆゑ》ニ善《よ》ク易《えき》ヲ學《まな》ブ者《もの》ハ、時《とき》ヲ知《し》ルニアリ、初《しよ》ニ曰《いは》ク吉《きち》ト、二ニ曰《いは》

ク利《り》、三ニ曰《いは》ク災《わざわい》、五ニ曰《いは》ク疾《やまひ》、上《じやう》ニ曰《いは》ク眚《わざわい》、妄《ばう》アッテ以《もつ》テ之《これ》ヲ致《いた》スニアラザルナリ、亦時《またとき》ナリ。初《しよ》ト二ト皆行《みなゆ》クベシ、時當《ときまさ》サニ動《うご》ク可《べ》クシテ動《うご》クナリ、四ハ可レ貞《べしかたふす》、五ハ勿レ藥《なかれくすりする》、上《じやう》ハ行有レ眚《ゆけばありわざわい》、時當《ときまさ》サニ靜《しづ》カナル可《べ》クシテ靜《しづ》カナリ。

䷙

乾下《けんか》
艮上《こんじやう》
大畜《だいちく》

大畜《タイチク》、利《ヨロ》シレ貞《タヾ》シキニ、不《セス》二家食《カシヨク》一吉、利《ヨロ》シレ渉《ワタ》ルニ大川《チ》一

乾《けん》を進《すゝ》むとなし、艮《こん》を止《とゞ》むとなし、陽《やう》を大《だい》となして、此卦《このくわ》は乾進下《けんしんしも》にあつて艮止上《こんしかみ》にあり、陽《やう》を以《もつ》て陽《やう》を止《とゞ》む、故《ゆゑ》に之《これ》を大畜《たいちく》と名《なづ》く、畜《ちく》とは抑《おさ》へ止《とゞ》むるの義《ぎ》である。又凡《またおよ》そ物《もの》は天《てん》より大《だい》なるはなく、而《しか》して今山中《いまさんちう》にあり、人《ひと》に取《とつ》ては内《うち》は剛健《かうけん》外《そと》は篤實《とくじつ》にして、その德日《とくひ》々《び》に蘊畜《うんちく》す、乃《すなは》ち畜積《ちくせき》することの至大《しだい》なる義《ぎ》である、故《ゆゑ》に之《これ》を大畜《たいちく》と名《なづ》く。畜《ちく》とは卽《すなは》ち畜聚《ちくしう》の義《ぎ》である。此卦彖《このくわたん》に於《おい》ては畜止《ちくし》と畜聚《ちくしう》との二義《ぎ》を兼《か》ね取《とつ》て居《を》るけれども、爻《かう》に於《おい》ては專《もつ》はら畜止《ちくし》の義《ぎ》を取《とつ》て居《を》る、蓋《けだ》し畜止《ちくし》は正象《しやうしやう》で畜聚《ちくしう》は旁《はう》象《しやう》である。此卦乾健《このくわけんけん》は上《のぼ》り進《すゝ》み艮手之《こんしゆこれ》を止《とゞ》むるは、卽《すなは》ち彼我《ひが》競《きそ》ひ爭《あらそ》ふの義《ぎ》である、故《ゆゑ》に之《これ》を戒《いまし》めて利レ貞《よろしくたゞしきにい》と言ふ。又此卦《またこのくわ》は乾《けん》を賢者《けんしや》となし、艮《こん》を門闕《もんけつ》となして、賢者《けんしや》が闕下《けつか》に居《ゐ》て家食《いへしよく》せざるの象《かたち》であるが、古《いにしへ》は仕《つか》へざれば祿《ろく》がないので、自《みづ》から耕《たがや》して家《いへ》に食《は》むだものである、故《ゆゑ》に祿仕《ろくし》することを指《さ》して家食《いへしよく》せずと言《い》ふ。而《しか》して賢者《けんしや》が家食《いへしよく》せずして祿《ろく》を朝《あさ》に食《は》めば、施政《しせい》その宜《よろ》しきを得《え》て天下《てんか》必《かな》らず治《をさ》

まる、故《ゆゑ》に不《せず》ニ家食《かしよく》一吉と言《い》ふ。又此卦《またこのくわ》は乾健《けんけん》を以《もつ》て艮渓《たんけい》を渉《わた》らむとするの象《かたち》がある、故《ゆゑ》に利《よろしわたるに》レ渉ニ大川一と言《い》ふ。蓋《けだ》し大川《おほかは》を渉《わた》るは危険《きけん》なるものである、けれど卦徳健《くわとくけん》にして能《よ》く止《とゞ》まり、畜止《ちくし》極《きは》まつて將《まさ》に通《つう》ぜむとするの時運《じうん》に應《おう》じて進《すゝ》み渉《わた》るが故《ゆゑ》に、危険《きけん》を犯《おか》すも而《しか》も危険《きけん》に陷《おちい》ることがない、故《ゆゑ》に之《これ》を利《よろ》しと言《い》ふ。

初九、有《アリ》レ厲《アヤウキコト》利《ヨロシ》レ已《ヤムニ》。

厲《あやうきあやふ》は危きの義《ぎ》、已《やむ》は止《や》むと同《おな》じく、有《ありあやうきこと》レ厲とは危険《きけん》なることがあると言《い》ふの義《ぎ》である。此卦《このくわ》は艮《こん》を以《もつ》て乾《けん》を止《とゞ》む。故《ゆゑ》に乾《けん》の三爻《かう》に於《おい》ては、皆止《みなとゞ》めらるゝの義《ぎ》を取《と》り、艮《こん》の三爻《かう》に於《おい》ては、皆之《みなこれ》を止《とゞ》むるの義《ぎ》を取《とつ》て居《を》るが、初《しよ》九は乾進《けんしん》の始《はじ》めに居《ゐ》て上《のぼ》り進《すゝ》まむとすれば、六四は上《うへ》に居《ゐ》て之《これ》と敵應《てきおう》して、その上《のぼ》り進《すゝ》むを止《とゞ》む、故《ゆゑ》に之《これ》を犯《をか》して進《すゝ》み往《ゆ》くは甚《はなは》だ危険《きけん》であるから、己《おの》れ自《みづ》から止《とゞ》まつて進《すゝ》まざるを利《よろ》しとす、故《ゆゑ》に有《ありあやうきことよろしやむに》レ厲利レ已と言《い》ふ。凡《すべ》て他卦《たくわ》に於《おい》ては陰陽相應《いんやうあひおう》じ相助《あひたす》くるを以《もつ》て常例《じやうれい》として居《を》る、けれども大畜《たいちく》に於《おい》ては、却《かへ》つて陰陽相應《いんやうあひおう》ずるものを以《もつ》て畜止《ちくし》の義《ぎ》を取《とつ》て居《を》る、即《すなは》ち謂《い》ふ所《ところ》の敵應《てきおう》である。

九二、輿《クルマ》說《ヌグ》レ輹《フクヲ》。

輿《よ》は車《くるま》と同《おな》じく乾《けん》の象《かたち》。說《ぬく》は脫《ぬ》ぐと同《おな》じく中爻兌《ちうかうだ》の象《かたち》、輹《ふく》は車軸《しやじゆく》の縛《ばく》であるが、九二も亦上《またのぼ》り進《すゝ》まむとして六五と敵應《てきおう》し、之《これ》が爲《た》めに畜止《ちくし》さるゝものである、されど九二は剛《かう》を以《もつ》て陰《いん》に居《ゐ》て、その中《ちう》を得《え》たものであるから、その勢力《せいりよく》進《すゝ》み難《がた》きを悟《さと》り、自《みづ》から止《とゞ》まつて進《すゝ》み行《ゆか》ぬもので、之《これ》を喩《たと》ゆれば、猶《なほ》車輿《しやよ》の輪輹《りんぷく》を脫去《だつきよ》して運轉《うんてん》するを得《え》ざるものと一般《ぱん》である、故《ゆゑ》に輿說レ輹《くるまぬぐふくを》と言《い》ふ。

九三、良馬《リヤウメ》逐《オ》フ、利《ヨロ》シ二艱貞《コンテイ》一ニ、曰《ヒ》ニ閑《ナラ》ヘ二輿《ヨ》衞《エイ》一ニ、利《ヨロ》シレ有《ア》ルニレ攸《トコロ》往《ユク》、

良馬《りやうば》は乾《けん》の象《かたち》で、逐《おふ》は馳驅《ちく》するの義《ぎ》であるが、九三は剛《かう》を以《もつ》て陽《やう》に居《ゐ》て乾進《けんしん》の極《きよく》に當《あた》る、即《すなは》ち奔馳《ほんち》することの速《すみ》やかなる象《かたち》である、故《ゆゑ》に良馬逐《りやうばおふ》と言《い》ふ、蓋《けだ》し三と上《じやう》とは應位《おうゐ》であるが、剛《かう》と剛《かう》とは相應《あひおう》せざるを以《もつ》て常例《じやうれい》として居《を》るけれども、上《じやう》九は畜止《ちくし》すること極《きは》まつて、將《まさ》に進行《しんかう》すべき時《とき》である、故《ゆゑ》に上《じやう》九は艮止《こんし》の主《しゆ》ではあるけれども、九三と同德相應《どうとくあひおう》じて、その進《すゝ》み來《く》ることを拒《こば》まぬので、此《かく》の如《ごと》く疾驅《しつく》して進《すゝ》み上《のぼ》ることが可能《でき》る、されど餘《あま》りに銳進《えいしん》せば、時《とき》あつてか衝突顚倒抔《しようとつてんたうなど》することがないにも限《かぎ》らね、故《ゆゑ》に利二艱貞一《よろしくこんていに》と言《い》ふ。艱貞《こんてい》とは、艱《なや》むも正《たゞ》しく之《これ》を固守《こしゆ》せよと言《い》ふことで、勢《いきほひ》に任《まか》せて疾驅《しつく》することを止《とゞ》め、危懼《きぐ》の心《こゝろ》を以《もつ》て大事《だいじ》を取《と》らねばならぬと言《い》ふことである。此《こ》の如《ごと》く何等《なんら》の注意《ちうい》をも加《くは》へず、勢《いきほひ》に任《まか》せて疾驅《しつく》するのは甚《はなは》だ危險《きけん》であるけれども、而《しか》も豫《あら》かじめ駕御《がぎよ》の術《じゆつ》を練習《れんしふ》して充分《じうぶん》の防衞《ばうゑい》をなせば、進《すゝ》み行《ゆき》ても差支《さしつかへ》はないのである、故《ゆゑ》に曰閑二輿衞一利レ有レ攸レ往《ひにならへばよゑいによろしあるにところゆく》と言《い》ふ。曰《いはく》は日《ひ》の字《じ》の誤《あや》りまて、閑《ならへば》は習《なら》ふの義《ぎ》、衞《ゑい》は防《ふせ》ぎ護《まも》るの義《ぎ》で、輿衞《よゑい》とは駕御防衞《がぎよばうゑい》の術《じゆつ》を練習《れんしふ》することを言《い》ふたものである。

六四、童牛《ドウギヤウ》之《ノ》牿《コク》、元吉《ゲンキツ》、

童牛《どうぎう》とは、猶之《なほこれ》を幼牛《えうぎう》と言《い》ふが如《ごと》く、未《いま》だ角《つの》を生《しやう》ぜざる小牛《こぎう》のことて初《しよ》九の象《かたち》である。牿《こく》とは横木《よこぎ》を牛《うし》の角《つの》に加《くは》へて、その觝觸《ていしよく》を防《ふせ》ぐ爲《た》めの具《ぐ》て、謂《い》ふ所《ところ》の楅衡《ふくかう》なるものであるが、即《すなは》ち艮《こん》の象《かたち》を取《と》つたものである。蓋《けだ》し大畜《たいちく》の內卦《ないくわ》三爻《かう》は乾進《けんしん》にして畜止《ちくし》さるゝもので、外卦《ぐわいくわ》三爻《かう》は艮止《こんし》にして之《これ》を畜止《ちくし》するものであるが、六四は下初《しもしよ》九に應《おう》じて之《これ》を畜止《ちくし》するもので、初《しよ》九は陽《やう》の最《もつと》も微弱《びじやく》なるものである、故《ゆゑ》にその微弱《びじやく》なるに當《あた》つて之《これ》を制《せい》すれば、容易《ようい》に之《これ》を制止《せいし》することが可能《でき》る、之《これ》を喩《たと》へば、凡《およ》そ牛《うし》の性《せい》は角《つの》を以《もつ》て能《よ》く觝觸《せつしよく》するものであるから、牿《こく》を加《くは》へて之《これ》を防《ふせ》ぐものであるが、犢牛《こうし》の未《いま》だ角《つの》を生《しやう》ぜざるに當《あた》り、牿《こく》を加《くは》へて之《これ》を未生《みせい》に制止《せいし》せば、容易《たやす》く之《これ》を制止《せいし》することが可能《でき》る樣《やう》なものである、故《ゆゑ》に童牛之牿《どうぎうのこく》元吉《げんきつ》と言《い》ふ。元吉《げんきつ》とは大善《だいぜん》にして吉《きつ》なるの義《ぎ》である。即《すなは》ち六四は艮體《こんたい》にして畜止《ちくし》の任《にん》に當《あた》る所《ところ》の大臣《だいじん》で、かみは君上《くんじやう》の非《ひ》を匡《たゞ》し、下《しも》は亦天下《またてんか》の惡《あく》を正《たゞ》すものであるが、併《しか》し之《これ》を終《をは》りに正《たゞ》すことは難《かた》いが、之《これ》を始《はじ》めに正《たゞ》すことは易《やす》い、故《ゆゑ》に人君《じんくん》の非心《ひしん》が既《すで》に深《ふか》ければ、聖者《せいじや》あつて之《これ》を正《たゞ》すとも、而《しか》もその逆鱗《げきりん》に觸《ふる》ゝことなきを保《ほ》し難《がた》く、亦天下《またてんか》の惡風《あくふう》既《すで》に甚《はなは》だしければ聖者《せいしや》あつて之《これ》を治《をさ》めむとするも、而《しか》も攻伐誅戮《こうばつちうりく》を用《もち》ゆることを免《まぬ》がれぬ、然《しか》るに六四は能《よ》く之《これ》を未生《みせい》に抑制《よくせい》して觝觸《せつしよく》の患《くわん》を除《のぞ》くもので、畜道《ちくだう》の最《もつと》も善《ぜん》なるものである、此《こ》れその元吉《げんきつ》を得《う》る所以《ゆゑん》である。

六五、豶《フン》豕《シ》之《ノ》牙《ガ》、吉、

豶《ふん》は釋文《しやくぶん》に豕《いのこ》去《さる》レ勢《をせいを》曰《いふ》レ豶《ふんと》と。程傳《ていでん》は之《これ》に據《よつ》て豕《いのこ》は剛躁《がうさう》の物《もの》、而《しか》して牙《きば》を猛利《まうり》となす、若《も》し誤《あやま》つてその牙《きば》を制《せい》せば、力《ちから》を用《もち》ゆること勞《らう》して而《しか》してその躁猛《さうまう》を止《とゞ》むること能《あた》はず、之《これ》を繋《つな》ぎ之《これ》を維《つな》ぐと雖《いへ》ども、之《これ》をして變《へん》ぜしむること能《あた》はず、若《も》しその勢《いきほひ》を豶去《ふんきよ》せば、則《すなは》ち牙《が》存《そん》ずと雖《いへ》ども、而《しか》も剛躁《かうさう》自《おのづ》から止《や》むと言《い》ふて居《ゐ》る。されば豶《ふん》とは睾丸《かうぐわん》を拔《ぬ》き取《とつ》て去勢《きよせい》するの義《ぎ》であるが、又疏《またそ》には豶《ふん》は除《のぞ》くなり、其《そ》の牙《きば》を除《のぞ》くなりと言《い》ふて居《ゐ》るのは、程傳《ていでん》にその牙《きば》を存《そん》じて、その勢《いきほひ》を豶《のぞ》くと言《い》ふのとは、少《すこ》しく異《ちが》つて居《ゐ》る、然《しか》るに說文《せつぶん》には豶《ふん》は羠豕《いし》なりと言《い》ふて居《を》るが、未《いま》だその何者《なにもの》なるかを詳《つまび》らかにせぬけれども、その剛強《かうきやう》なる豕《し》の類《るゐ》であること丈《だけ》は已《すで》に明白《めいはく》である。何《なん》となれば、六四の例《れい》を以《もつ》て之《これ》を推《すゐ》せば、六五は九二と應《おう》じて之《これ》を制止《せいし》するものであるが、六四の童牛《どうぎう》の牿《こく》を以《もつ》て初《しよ》の象《かたち》であるとせば、六五に言《い》ふ豶豕《ふんし》が二の象《かたち》であることは、自《おのづ》から推知《すゐち》さるゝ所《ところ》である許《ばか》りでなく、二が初《しよ》よりも强剛《きやうがう》のものたることは論《ろん》を要《えう》せぬからのことである。尙牿《なほこく》を以《もつ》て六四卽《すなは》ち艮《こん》の象《かたち》を取《とつ》たものであるとすれば、茲《こゝ》に言《い》ふ牙《が》も亦之《またこれ》を六五の象《かたち》を取《とつ》たものとせねばならぬが、さすれば豶豕《ふんし》その者《もの》の齒牙《しが》を指《さ》したものではなく、牿《こく》と同樣《どうやう》に他《た》の何者《なにもの》かを指《さ》したものと見《み》るのが穩當《をんたう》の樣《やう》に思《おも》はるゝが、新井白蛾《あらゐはくが》曰《いは》く埤雅《ひが》に曰《いは》く、牙《が》は豶豕《ふんし》を畜《つ》むるの杙《よく》にして、海岱《かいだい》の間《かん》杙《よく》を以《もつ》て豕《し》を繫《つな》ぐ之《これ》を牙《が》と言《い》ふと、先儒《せんじゆ》豕《し》の齒牙《しが》猛利《まうり》なるの義《ぎ》となす、故《ゆゑ》に語《ご》を費《つひや》して快通《くわいつう》せずと言《い》ふて居《を》るのは、至當《したう》の說《せつ》であらうかと思《おも》ふから。余《よ》も亦《また》此《こ》の說《せつ》に從《したが》ひ、牙《が》を以《もつ》て豶豕《ふんし》の九二を制止《せいし》する爲《ため》の具《ぐ》となすのであるが、初《しよ》九は陽《やう》の微《び》なるものであるから、之《これ》を制止《せいし》するは甚《はなは》だ易《やす》い、之《これ》に比《くら》ぶれば、九四は陽《やう》の一段長《だんちやう》じたものであるから、之《これ》を制《せい》することは頗《すこ》ぶる難《かた》い、故《ゆゑ》に之《これ》を豶豕之牙《ふんしのが》と言《い》ふ。即《すなは》ち强剛《きやうがう》なる九二の豶豕《ふんし》に六五の牙《が》の杙《よく》を施《ほどこ》して、之《これ》を抑止《よくし》するの謂《いひ》であるが、六五は畜時《ちくじ》の主《しゆ》でその勢威《せいゐ》を用《もち》ひて之《これ》を制止《せいし》するのであるから、之《これ》を制《せい》止《し》することが可能《でき》るけれども而《しか》も之《これ》を始《はじ》めの易《やす》きに制止《せいし》することを忽《ゆる》がせにして、後《のち》の難《かた》きに及《およ》むで制止《せいし》するのは、畜時《ちくじ》の主《しゆ》としては缺《か》くる所《ところ》があると言《いは》ねばならぬ、此《こ》れその吉《きち》を得《う》るに止《とゞ》まつて、元《げん》吉《きち》を得《え》ざる所以《ゆゑん》である。

上九、何ニ天《テン》之《ノ》衢《チマタ》一亨《トウル》、

何《か》は噬嗑《ぜいかふ》の上九《じやう》に何レ校滅レ耳《にのうてかしをいるみゝを》の何《か》と同《おな》じく、負荷《ふか》するの義《ぎ》て、上九《じやう》の一陽《やう》が上《うへ》に止《とゞ》まるの象《かたち》である。天之衢《てんのちまた》は天空豁達《てんくうくわつたつ》にして礙《さわ》りなきの義《ぎ》て、五と上《じやう》とは天位《てんゐ》であるが、上九《じやう》は艮體《こんたい》に居《を》れども、大畜《たいちく》の終《をは》りて、畜聚《ちくしう》すること極《きは》まれば散《さん》じ畜止《ちくし》すること極《きは》まれば、則《すなは》ち行《ゆ》くべきは理《り》の常《つね》である、故《ゆゑ》に之《これ》を何ニ天之衢一亨《にのうてんのちまたをとうる》と言《い》ふ。冥氏澄曰《べいししようしいは》く後漢《こうかん》の王延壽《わうえんじゆ》が魯《ろ》の靈光殿《れいくわうでん》の賦《ぶ》に曰《いは》く、荷ニ天衢一以元亨《になひてんくをもつておほいにとうる》と、何《か》は荷《か》に作《つく》る、何ニ天之衢一《にのうてんのちまたを》は、其《そ》の辭《じ》猶《なほし》詩に何ニ天之休一《にのうてんのきう》、何ニ天之龍一《にのうてんのりう》と言《い》ふが如《ごと》しと。此說《このせつ》最《もつと》も能《よ》く卦《くわ》象《しやう》と一致《いつち》して居《を》るから、今之《いまこれ》に從《したが》ひ、程傳《ていでん》に何《か》を以《もつ》て衍字《えんじ》となし、本義《ほんぎ》に發語《はつご》の辭《じ》となすの說《せつ》を取《と》らぬ。

葉氏良佩《えふしりやうはい》曰《いは》ク、卦《くわ》ト彖《たん》トハ畜止《ちくし》ト畜聚《ちくしう》トノ二義《ぎ》ヲ兼取《かねと》リ、大象《たいしやう》ハ專《もつ》バラ畜聚《ちくしう》ノ義《ぎ》ヲ取《と》リ、六爻《かう》ハ專《もつ》バラ畜止《ちくし》ノ義《ぎ》ヲ取《と》ル、初九《しよ》ハ進《すゝ》メバ則《すなは》チ厲《あやふ》キコトアリ、惟已《これや》ムニ利《よろ》シ、難《かた》キヲ知《しつ》テ而《しか》シテ止《とゞ》マル者《もの》ナリ、九二ハ居《を》ルコト中道《ちうだう》ヲ得《え》テ、能《よ》ク輹《ふく》ヲ説《ぬい》デ行《ゆ》カズ、時止《ときとゞま》ツテ而《しか》シテ行《ゆ》カザル者《もの》ナリ、九三ハ上《じやう》ト志《こゝろざし》ヲ合《あは》ス、其進《そのすゝ》ムヤ良馬《りやうば》馳逐《ちちく》スルガ如《ごと》シ、此《こ》レ畜《とゞ》マルコト極《きはま》ツテ而《しか》シテ通《つう》ズルノ象《かたち》、然《しか》レドモ猶《なほ》艱貞《かんてい》閑習《かんしふ》ヲ以《もつ》テ戒《かい》ヲ爲《な》ス者《もの》ハ、其《そ》ノ進《すゝ》ムベクシテ而《しか》シテ進《すゝ》ムニ鋭《えい》ナランコトヲ慮《おもん》バカレバナリ、六四ハ大畜《たいちく》ノ任《にん》ニ當《あ》テ能《よ》ク惡《あく》ヲ始《はじ》メニ止《とゞ》ム、童牛《どうぎう》始《はじ》メテ角《つの》アツテ、而《しか》シテ之《これ》ニ加《くは》フルニ牿《こく》ヲ以《もつ》テスルガ如《ごと》シ、則《すなは》チ大善《たいぜん》ノ吉《きち》ナリ、六五ハ惡《あく》ヲ制《せい》スルコト道《みち》アリ、其《そ》ノ機會《きくわい》ヲ得《う》、故《ゆゑ》ニ其《そ》ノ象《かたち》ヲ豶豕《ふんし》ノ牙《が》ト爲《な》シ、其《そ》ノ占《せん》ハ吉《きち》ナリト雖《いへ》ドモ、之《これ》ヲ四ニ比《ひ》スレバ則《すなは》チ間《かん》アリ、或《あるひ》ハ問《と》フ、六四ノ吉《きち》ハ傳《でん》ニ曰《いは》ク喜《よろこび》アリト、六五ノ吉《きち》ハ乃《すなは》チ曰《いは》ク慶《けい》アリトハ何《なん》ゾヤ、曰《いは》ク力《ちから》ヲ爲《な》スノ難易《なんい》ヲ論《ろん》ズレバ、則《すなは》チ四ヲ易《やす》スシト爲《な》ス、故《ゆゑ》ニ元吉《げんきち》ト曰《い》ふ、其功《そのこう》ノ廣狹《くわうけふ》ヲ論《ろん》ゼバ、則《すなは》チ五ヲ廣《ひろ》シト爲《な》ス、故《ゆゑ》ニ曰《いは》ク慶《よろこ》ビアリト。

䷚ 震下《しんか》艮上《こんじやう》 頤《ゐ》

頤《イ》、貞《サダシ》ケレバ吉、觀《ミ》テレ頤《イ》ヲ、自《ミヅカ》ラ求《モト》ム二口實《コウジツ》ヲ一

此《こ》の卦《くわ》は上下《じやうか》二陽《やう》で内《うち》に四陰《いん》を包《つゝ》み、外實《くわいじつ》にして内虛《ないきよ》、下震《かしん》の動《うご》くものを下腮《かし》となし、上艮《じやうこん》の止《とゞ》まるものを下腮《かし》となし、四陰相並《いんあひなら》ぶを齒牙《しが》となして頤口《いこう》の象《かたち》がある、故《ゆゑ》に之《これ》を頤《い》と名《なづ》く。頤《い》とは養《やしな》ふの義《ぎ》て、之《これ》を頤口《いこう》が食物《しよくもつ》を通《つう》じて身命《しんめい》を養《やしな》ふの義《ぎ》に取《とつ》たものである。而《しか》して頤養《いやう》は人生生活《じんせいせいくわつ》の根本的《こんぽんてき》要義《えうぎ》て、一日《にち》も缺《か》くことの可能《でき》ぬものである。されど亦之《またこれ》を嗜欲《しよく》の赴《おもむ》く所《ところ》に任《まか》せて、その宜《よろ》しきを制《せい》

せざるに於《おい》ては、惟《たゞ》り一身《しん》の生存《せいぞん》を害《がい》する許《ばか》りでなく、延《ひい》て國家《こくか》社會《しやくわい》の存立《そんりつ》を危《あやふ》くするに至《いた》る、一見《いつけん》せば事甚《ことはなは》だ小《せう》なるが如《ごと》きも、その關《くわん》する所《ところ》は實《じつ》に至大《しだい》てある、故《ゆゑ》に貞《たゞしうして》吉《きち》と言《い》ふ。貞吉《たゞしきち》とは貞正《ていせい》なれば則《すなは》ち吉《きつ》と言《い》ふの義《ぎ》て、頤養《ゐやう》その宜《よろ》しきを得《う》るの謂《いひ》てある。然《しか》らば如何《いか》にせば頤養《ゐやう》その宜《よろ》しきを得《え》て貞吉《ていきつ》なることが可能《でき》るかと言《い》ふに、頤《ゐ》を觀《み》る以下《いか》は卽《すなは》ち此《こ》の方法《はうはふ》を敎《をし》へたものてあるが、抑《そも〳〵》頤養《ゐやう》には二つの異《こと》なつた方面《はうめん》がある、卽《すなは》ち一は有形的身體《いうけいてきしんたい》を攝養《せつやう》することて、他《た》の一は無形的德性《むけいてきとくせい》を修養《しうやう》することてある。而《しか》して二者共《しやとも》に之《これ》を養《やしな》ふに正《せい》と不正《ふせい》との差別《さべつ》がある、正《せい》なれば則《すなは》ち吉《きつ》を得《え》て、不正《ふせい》なれば則《すなは》ち凶《きよう》を得《う》ることゝなる、此《か》くの如《ごと》くその方法《はうはふ》の正不正《せいふせい》を觀《み》て、然《しか》る後《のち》その頤養《ゐやう》の適否《てきひ》先後《せんご》等《とう》を撰擇《せんたく》せねばならぬ、故《ゆゑ》に觀《みる》レ頤《ゐを》と言《い》ふ。觀《みる》は似體《いたい》大離《たいり》の象《かたち》を取《とつ》たもので、頤《ゐ》を觀《み》るとは、養道《やうだう》の正否《せいひ》善惡《ぜんあく》を觀察《くわんさつ》するの義《ぎ》てある。已《すで》にその正否《せいひ》善惡等《ぜんあくとう》を觀《み》た上《うへ》は、德性《とくせい》を養《やしな》はむとするものは、當《ま》さに自《みづ》から之《これ》を養《やしな》ふ所以《ゆゑん》の道《みち》、卽《すなは》ち知《ち》を先《さ》きにすべきか、行《かう》を先《さ》きにすべきか或《あるひ》は知行同時《ちぎやうどうじ》にすべか等《とう》を定《さだ》め、亦身體《またしんたい》を養《やしな》はむとするものは、當《ま》さに自《みづ》から之《これ》を養《やしな》ふ所以《ゆゑん》の道卽《みちすなは》ち肉食《にくしよく》を可《か》とするか、菜食《さいしよく》を可《か》とするか、將亦兩者《はたまたりやうしや》何《いづ》れも可《か》なるかを定《さだ》めて、その正《せい》を失《うしな》はざることを期《き》せねばならぬ、故《ゆゑ》に自《みづから》求《もと》ニ口《こう》實《じつを》一と言《い》ふ。斯《か》くて身體《しんたい》を養《やしな》ふものは飮食《いんしよく》を節《せつ》し、德性《とくせい》を養《やしな》ふものは言語《げんご》を愼《つゝし》み、二者共《しやとも》にその宜《よろ》しきを失《うしな》はざるを以《もつ》て、頤養《ゐやう》の正《せい》を得《え》たものとするのてある。

初九、舍《ス》テニ爾《ナンヂ》ノ靈龜《レイキ》ヲ一、觀《ミ》テレ我《ワレ》ヲ朶《タ》ルレ頤《オトガイ》ヲ凶舍《しや》は捨《すつ》ると同《おな》じく、爾《じ》は汝《なんぢ》と同《おな》じく初九《しよ》を指《ゆび》ざし、龜《かめ》は離《り》の象《しやう》で、離《り》を明智《めいち》となすが、此卦外剛内柔《このくわぐわいがうないじう》にして離《り》に似《に》て居《を》る。故《ゆゑ》に之《これ》を靈龜《れいき》に象《かた》どつたものである、又我《またわれ》とは六四を指《ゆび》ざし朶《だ》は垂《たる》ると同《おな》じく腮《あご》を垂《たる》るの貌《かたち》で。頤《ゐ》を垂《た》るゝことは、口《くち》を開《ひら》いて食《く》はむと欲《ほつ》するの象《かたち》であるが、龜《かめ》なるものは淵默《えんもく》にして息《いき》を咽《の》み、不食《ふしよく》にして長生《ちやうせい》するものである、故《ゆゑ》に之《これ》を靈龜《れいき》と言《い》ふ。蓋《けだ》し陽《やう》は人《ひと》を養《やしな》ふべきもので陰《いん》は人《ひと》に養《やしな》はるゝものである。然《しか》るに頤《ゐ》は唯上下《たゞじやうか》二陽《やう》あるのみで、上九《じやう》は固《もと》より頤《ゐ》養《やう》の主《しゆ》となつて居《ゐ》るが、初九《しよ》も亦剛《またがう》を以《もつ》て陽《やう》に居《ゐ》て、自《みづ》から養《やしな》ふに足《た》る丈《だけ》の才徳《さいとく》を持《もつ》たもので、養《やしなひ》を人《ひと》に求《もと》むるに及《およ》ばぬものである、されども頤《ゐ》養《やう》を求《もと》むるの時《とき》に當《あた》り、震動《しんどう》の主《しゆ》となつて居《ゐ》るので、嗜欲《しよく》に迷《まよ》ふてその正《せい》を守《まも》ることが可能《でき》ず、己《おの》れが人《ひと》を養《やしな》ふべき靈能《れいのう》を捨《す》てゝ、却《かへ》つて己《おの》れに養《やしな》はるべき六四に向《むか》つて、その養《やしなひ》を求《もと》むるに至《いた》る。此《かく》の如《ごと》きは頤《ゐ》養《やう》の最《もつと》もその正《せい》を失《うしな》ふたものである、故《ゆゑ》に舍《すてゝ》ニ爾《なんぢの》靈龜《れいきを》ヲ觀《みて》レ我《われを》朶《たるゝ》レ頤《おとがいを》と言《い》ふ。蓋《けだ》し初《しよ》と上《じやう》とはその德《とく》を同《おな》じうするに拘《かゝ》はらず、その吉凶《きつきよう》を異《こと》にする所以《ゆゑん》は、初《しよ》は震動《しんどう》の主《しゆ》であるが、上《じやう》は艮止《こんし》の主《しゆ》である、躁動《さうどう》するものは欲《よく》の爲《た》めに迷《まよ》ひ易《やす》く、靜止《せいし》するものは欲《よく》の爲《た》めに迷《まよ》ふことがない、二者《しや》、吉凶《きつきよう》の岐《わか》るゝ所《ところ》は卽《すなは》ち茲《こゝ》にある。

六二、顚《サカシマ》ニ頤《ヤシナ》ハル、拂《モト》リレ經《ツネ》ニ于《オイ》テレ丘《オカ》ニ頤《ヤシナ》ハル、征《ユ》ケバ凶、

陰《いん》は元《げん》と自《みづ》から養《やしな》ふの力《ちから》がないもので、その養《やしなひ》を陽《やう》に待《ま》つものである、けれども上《かみ》に居《を》るものが下《しも》を養《やしな》ひ、下《しも》に居《を》るものが上《かみ》に養《やしな》はるゝは自然《しぜん》の順序《じゆんじよ》であるが、之《これ》に反《はん》するものは倒《さか》しまである、今《いま》六二

が初《しよ》九の上に居れども、自から養ふべき力がない爲めに、下《しも》に居る所《ところ》の初《しよ》九に比《ひ》してその養を受けて居《を》るのは、即《すなは》ち倒《さか》しまに養《やしな》はるゝものである、故《ゆゑ》に顚《さかしま》に養《やしな》はると言《い》ふ。顚《さかしま》は倒《さか》しまて、鼎《てい》の初《しよ》六に鼎《かなへ》顚レ趾《さかしまにすあしを》と言《い》ふ顚《さかしま》と同義《どうぎ》である。さればとて正當《せいたう》の順序《じゆんじよ》に從《したが》ひ、上《じやう》にある五に應《おう》じてその養《やしなひ》を受《う》けむとすれば、五も亦己《またおの》れと同陰《どういん》で人《ひと》を養《やしな》ふべき力《ちから》がないものであるから、その養《やしなひ》を受《う》くることが可能《でき》ぬ、そこで已《や》むなく頤養《ゐやう》の常道《じやうだう》に背《そむ》き、應《おう》でもなく亦比《またひ》でもない上《じやう》九に往《ゆ》いて、その養《やしなひ》を受《うけ》むとするも這《こ》は即《すなは》ち何《なん》の縁故《えんこ》もない路人《ろじん》に向《むか》つて養《やしなひ》を求《もと》むると一般《ぱん》であるから、その養《やしなひ》を受《う》け得《え》られぬのは言《い》ふ迄《まで》もない、縱《よ》しや亦《また》その養《やしなひ》を受《う》け得《え》たりとするも、醜辱《しうじよく》を取《と》ることの最《もつと》も甚《はなは》だしきものである、故《ゆゑ》に拂レ經于レ丘頤《もとりつねにおいてをかにやしなはるゆけば》、征凶と言《い》ふ。拂《もとり》は悖《もと》り逆《さから》ふの義《ぎ》、經《つね》とは常理《じやうり》を言《い》ひ、丘《をか》は上《じやう》九を指《さ》したもので艮《こん》の象《かたち》に取《と》る。

六三、拂《モト》ルレ頤《ヤシナイ》ニ、貞《タダ》スレバ凶、十年勿《ナカ》レレ用《モチユ》ルコト、无《ナシ》レ攸《トコロ》レ利《ヨロ》シキ。

六三は元《もと》と上《じやう》九の正應《しやうおう》である、故《ゆゑ》に上《じやう》に就《つい》てその養《やしなひ》を求《もと》むるは、頤養《ゐやう》の常經《じやうけい》で凶《きよう》を得《う》べき道理《だうり》がない然《しか》るに此《かく》の如《ごと》く凶《きよう》なる所以《ゆゑん》は、そは外《ほか》ではない、六三がその養《やう》を上《じやう》九に求《もと》むるのは固《もと》より當然《たうぜん》で、隨《したが》つて此《こ》の如《ごと》く凶《きよう》なるべき筈《はづ》はないが、今《いま》は此《こ》の義《ぎ》を取《と》らず、他《た》の義《ぎ》を取《とつ》てその辭《じ》を繫《か》けたものであるそは之《これ》を拂レ常《もとるつねに》と言《い》はずして、拂レ頤《もとるやしないに》と言《い》ふて居《を》るのを見《み》れば分《わか》るのである。蓋《けだ》し六三は陰柔不《いんじうふ》中正《ちうせい》にして震動《しんどう》の極《きよく》に居《を》るので、食《しよく》を見《み》て垂涎妄求至《すゐえんばうきういた》らざるなきものであるが、此《かく》の如《ごと》きは頤《ゐ》の正道《せいだう》に違《ゐ》拂《ふつ》することの甚《はなは》だしきものである、故《ゆゑ》に之《これ》を拂《もとる》頤《やしなひに》と言《い》ふ。然《しか》るに六三は之《これ》を以《もつ》て平生《へいぜい》の常習《じやうしふ》として居《を》る、故《ゆゑ》に貞凶《かたくすれば》と言《い》ふ。貞《てい》は常《つね》の義《ぎ》て、之《これ》を以《もつ》て貞常《ていじやう》のことゝすれば凶《きよう》と言《い》ふの義《ぎ》であるが、頤《ゐ》の正道《せいだう》に悖《もと》ること此《かく》の如《ごと》くば、十年《ねん》の久《ひさ》しきに及《およ》ぶとも、終《つひ》に用《もち》ひてはならぬと言《い》ふことゝて、到底利《たうていよろ》しかるべき筈《はず》がない、故《ゆゑ》に十年勿《なかれ》用《もちゆること》、无《なし》攸《ところ》利《よろしき》と言《い》ふ。即《すなは》ちその多欲貪求《たよくどんきう》の非《ひ》を戒《いまし》めて、之《これ》に示《しめ》すに反省《はんせい》の道《みち》を以《もつ》てしたものである。

六四、顚《サカシマニ》頤《ヤシナヘル》、吉、虎視《コシ》耽耽《タンくタリ》、其《ソノ》欲《ヨク》逐逐《チクくタリ》、无咎、

上《じやう》に居《ゐ》て下《しも》を養《やしな》ふは頤《ゐ》の常經《じやうけい》であるが、六四は重陰《ちういん》にして自《みづ》から養《やしな》ふの力《ちから》なく、却《かへ》つて初九《しよ》に應《おう》じて下《くだ》り養《やしな》はるゝことと六二と恰《あだ》かも相似《あひに》て居《を》る、故《ゆゑ》に亦《また》顚《さかしまに》頤《やしなはる》と言《い》ふ。然《しか》るに二は凶《きよう》にして四は吉《きち》なる所以《ゆゑん》は、四は近君《きんくん》の位《くらゐ》に居《ゐ》て下《しも》にあるの賢者《けんしや》に求《もと》め、惟《ひと》り己《おの》れを養《やしな》ふ許《ばか》りでなく、その力《ちから》に由《よつ》て以《もつ》て天下《てんか》を濟《すく》ふものである、故《ゆゑ》に之《これ》を吉《きつ》と言《い》ふ。而《しか》して上位《じやうゐ》に居《を》るものゝ賢者《けんしや》に下《くだ》つて、その益《えき》を求《もと》むとするには、必《かな》らず虎《とら》の下視《かし》して食《しよく》を求《もと》むるが如《ごと》く、專念之《せんねんこれ》を信頼《しんらい》して他心《たしん》なきを要《えう》す、然《しか》らざれば、賢者《けんしや》も亦告《またつ》ぐるに善道《ぜんだう》を以《もつ》てすることを樂《たの》しまぬ、故《ゆゑ》に虎視《こし》耽耽《たんく》と言《い》ふ。耽耽《たんく》は虎《とら》の下《した》を視《み》るこ とて、艮《こん》の象《かかち》を取《とつ》たものである、已《すで》に賢者《けんしや》に下《くだ》つてその益《えき》を受《う》くるも、而《しか》もその益《えき》を求《もと》めて歇《や》まざること、猶虎《なほとら》の食《しよく》を欲《ほつ》して間斷《かんだん》なきが如《ごと》くならねば、忽《たち》まち窮乏《きうばふ》して如何《いかん》ともし難《かた》きに至《いた》るのである、故《ゆゑ》に其《その》欲《よく》逐逐《ちくく》と言《い》ふ。逐々《ちくちく》とは間斷《かんだん》なきの義《ぎ》て、賢者《けんしや》に下《くだ》つて益《えき》を求《もと》むること此《かく》の如《ごと》くば、己《おの》れが私《し》

養の爲めにするものてないから、假へ顚しまに頤はるゝとも、而《しか》も之《これ》を咎むべき道理《だうり》がない、故《ゆゑ》に无レ咎と言《い》ふ。

六五、拂《モト》ルレ經《ツネ》ニ、居《オ》レレ貞《テイ》吉、不《ズ》レ可《ベカ》レ渉《ワタ》ル二大川一

六五は君位《くんゐ》に居《を》れども陰柔不正《いんじうふせい》て、天下《てんし》を養《やしな》ふことの可能《でき》ぬものである、が唯上《たゞじやう》に剛陽《がうやう》の賢師《けんし》たる上《じやう》九が居《ゐ》て幸《さいはひ》に己《おの》れを養《やしな》ひ呉《く》るゝを以《もつ》て、それに倚賴《きらい》して天下《てんか》を養《やじな》ふことが可能《でき》るものである、此《かく》の如《ごと》く天下《てんか》の人民《じんみん》を養《やしな》はねばならぬ所《ところ》の君《きみ》が、却《かへ》つて人《ひと》の養《やしな》ひを受《うく》るのは常經《じやうけい》に背《そむ》き拂《もど》つて居《を》る、故《ゆゑ》に亦《また》六二と同《おな》じく之《これ》を拂レ經《もとるつねに》と言《い》ふ。已《すで》に上《じやう》九の輔佐《ほさ》を賴《たの》みとして天下《てんか》を濟《すく》ふ上《うへ》は必《かな》らず貞固《ていこ》なる精神《せいしん》の上《うへ》に居立《きよりつ》して、賢《けん》を尙《たつと》び益《えき》を受《うく》るの心《こゝろ》が渝《ゆ》變《へん》してはならぬ、故《ゆゑ》に居レ貞吉《をればていに》と言《い》ふ。六五は陰柔《いんじう》にして自《みづ》から養《やしな》ふことが可能《でき》ず、上《じやう》九の力《ちから》を賴《たの》みとして天下《てんか》を濟《すく》ふとはいへど、而《しか》も非常《ひじやう》なる場合《ばあひ》に當《あたつ》て之《これ》を處理《しより》することは、到底《たうてい》その堪《た》へ得《う》べき所《ところ》でない、故《ゆゑ》に之《これ》を戒《いま》しめて不《ず》レ可《べか》レ渉《わたる》二大川一と言《い》ふ。頤《い》は似體《じたい》の大離《たいり》で虛舟《きよしう》の象《かたち》があるが、五は艮體《こんたい》の中《なか》に居《ゐ》て止《とゞ》まつて動《うご》かず、即《すなは》ち大川《おほかは》を渉《わた》るべからざるの象《かたち》。反之《これにはんし》。上《じやう》九は艮止《こんし》の極《きよく》に居《を》り、止《とゞ》まること極《きは》まつて將《まさ》に動《うご》くべきの時《とき》である、故《ゆゑ》に大川《おほかは》を渉《わた》るに利《よろ》しと言《い》ふ。

上九、由《ヨツ》テ頤《ヤシナ》ハルヽ、厲《アヤブメ》ス吉、利《ヨロシ》レ渉《ワタ》ル二大川一、

六五の君《くん》は陰虛自《いんきよみづ》から養《やしな》ふことが可能《でき》ぬので、偏《ひと》へに上《じやう》九に倚賴《きらい》して、天下《てんか》の萬民《ばんみん》を養《やしな》ふものである

故《ゆゑ》に眞實《しんじつ》に天下《てんか》の四陰《いん》を養《やしな》ふものは、六五の力《ちから》ではなくて上九《じやう》の力《ちから》である、故《ゆゑ》に由《よつて》頤《やしなはる》と言《い》ふ。由《よつ》て頤《やしな》はるとは、天下《てんか》皆上九《みなじやう》の力《ちから》に頼《よ》り由《よつ》て養《やしな》はるゝの義《ぎ》であるが、上九《じやう》は剛陽《がうやう》の徳《とく》を以《もつ》て、師傅《しふ》の位《ゐ》に居《を》れど而《しか》も人臣《じんしん》である。人臣《じんしん》にして此《こ》の大任《たいにん》に當《あた》るものであるから、常《つね》に危懼惕厲《きくてきれい》の心《こゝろ》を以《もつ》て、その倚頼《きらい》に對《こた》へねばならぬ、斯《か》くて始《はじ》めてその大任《たいにん》を全《まつた》ふして天下《てんか》の重望《ちようばう》に副《そ》ふことが可能《でき》る、故《ゆゑ》に厲吉《あやぶめば》と言《い》ふ。厲《あやぶめば》は警惕安《けいてきやす》からざるの義《ぎ》であるが、苟《いやし》くも此《こ》の心《こゝろ》を以《もつ》て事《こと》に當《あた》らば、大川《おほかは》の險《けん》も渉《わた》り得《え》られぬ道理《だうり》がない、故《ゆゑ》に利《よろしわたるに》レ渉《わた》ニ大川《》一と言《い》ふ。上九《じやう》は艮止《こんし》の極《きよく》に居《を》る、故《ゆゑ》に渉《わた》るに利《よろ》しきの義《ぎ》がある。

呉氏《ごし》曰愼《いつしん》曰《いは》ク、養《やしなひ》ノ道《みち》タルヤ、人《ひと》ヲ養《やしな》フヲ以《もつ》テ公《こう》ト爲《な》シ、己《おの》レヲ養《やしな》フヲ以《もつ》テ私《し》ト爲《な》ス、自《みづ》カラ養《やしな》フノ道《みち》ハ、徳《とく》ヲ養《やしな》フヲ以《もつ》テ大《だい》ト爲《な》シ、體《たい》ヲ養《やしな》フヲ以《もつ》テ小《せう》ト爲《な》ス、艮《こん》ノ三爻《かう》ハ皆人《みなひと》ヲ養《やしな》フ者《もの》、震《しん》ノ三爻《かう》ハ皆己《みなおの》レヲ養《やしな》フ者《もの》、初九六二六三ハ皆自《みなみづ》カラ口體《こうたい》ヲ養《やしな》ヒ、私《わたくし》ニシテ而《しか》シテ小《せう》ナル者《もの》ナリ、六四六五上九《じやう》ハ皆其《みなそ》ノ徳《とく》ヲ養《やしな》フヲ以《もつ》テ人《ひと》ヲ養《やしな》フ、公《こう》ニシテ而《しか》シテ大《だい》ナル者《もの》ナリ、公《こう》ニシテ大《だい》ナル者《もの》ハ吉《きつ》、頤《ゐ》ノ正《せい》ヲ得《う》レバナリ、私《わたくし》ニシテ而《しか》シテ小《せう》ナル者《もの》ハ凶《きよう》、頤《ゐ》ノ貞《てい》ヲ失《うしな》エバナリ、頤《ゐ》ヲ觀《み》テ而《しか》シテ自《みづ》カラ其《そ》ノ正《せい》ヲ求《もと》メザル可《べ》ケンヤ。

巽下《そんか》
兌上《だじやう》
大過《たいくわ》

大過《タイクワ》、棟《ムナギ》橈《タワム》、利《ヨロ》シレ有《ア》ルニレ攸《トコロ》往《ユク》、

陽《やう》を大《だい》となし、陰《いん》を小《せう》となす、此卦《このくわ》四陽《やう》二陰《いん》にして、陽《やう》の數《すう》は陰《いん》の數《すう》よりも過《す》ぎて居《ゐ》る、故《ゆゑ》に之《これ》を大《たい》過《くわ》と言《い》ふ、大過《たいくわ》とは陽《やう》の大《だい》が陰《いん》の小《せう》よりも過《す》ぎて居《を》ると言《い》ふの義《ぎ》であるが、此卦《このくわ》が四陽中《やうちう》に並《なら》び二陰《いん》兩端《りやうたん》にあるは、その狀恰《じやうあだ》かも棟《とう》に似《に》て居《を》るが、棟《とう》は衆木《しうぼく》を負《お》ふてその重力《ぢうりよく》を支《さゝ》ふるものである、今《いま》四剛中《がうちう》に居《を》るはその重力《ぢうりよく》大《おほい》に、二柔兩端《じうりやうたん》に居《を》るはその力弱《ちからよわ》く、之《これ》を支《さゝ》ゆるに堪《た》へずして棟橈《むなぎたやむ》むの象《かたち》である、故《ゆゑ》に棟橈《むなぎたやむ》と言《い》ふ。橈《たやむ》とは枉曲《わうきよく》して凹《くぼ》むの義《ぎ》である。棟橈《むなぎたや》むこと已《すで》に此《かく》の如《ごと》くは、或《あるひ》は將《まさ》に顚《てん》覆《ぷく》するに至《いた》らむことを恐《おそ》る、而《しか》もその占《せん》を往《ゆ》く所《ところ》あるに利《よろ》しと言《い》ふは何故《なにゆゑ》であるか、蓋《けだ》し卦象《くわしやう》なるものは、見地《けんち》を異《こと》にするに隨《したが》ふて、その象《しやう》を異《こと》にするもので、棟橈《むなぎたやむ》は固《もと》より此卦《このくわ》の一象《しやう》たるに違《たが》ひはないが、倘他《なほた》の見地《けんち》から之《これ》を見《み》れば、陽類《やうるゐ》は多《おほ》くして陰類《いんるゐ》は少《すく》なく、君子《くんし》は盛《さか》へて小人《せうじん》は衰《おとろ》ふ所《ところ》の象《かたち》がある許《ばか》りでなく、二五中《ちう》を得《え》て內《うち》は從《したが》ひ外《そと》は說《よろこ》び、往《ゆ》き進《すゝ》むに利《り》なるの義《ぎ》がある、されば棟橈《むねぎたゆ》むの象《かたち》があるからと言《い》ふて、一概《いちがい》に之《これ》を凶視《きようし》すべき限《かぎ》りでない、故《ゆゑ》に前述《ぜんじゆつ》の義《ぎ》に由《よつ》て亦更《またさら》に辭《じ》を繫《か》けて利《よろ》ﾚ有《あるに》ﾚ攸《ところ》ﾚ往《ゆく》と言《い》ふ。蓋《けだ》し棟橈《むなぎたゆ》むで顚覆《てんぷく》せむとするの恐《おそれ》あるも、而《しか》も之《これ》を濟《すく》ふにその道《みち》を以《もつ》てすれば、之を既倒《きたう》に挽回《ばいくわい》し得《う》べきことを言《い》ふに外《ほか》ならぬ。

初六、藉《シク》ニ用《モチ》ユ二白茅《ハクボウ》一ヲ、无ﾚ咎、

初《しよ》を本《もと》となし、上《じやう》を末《すゑ》となせば、初《しよ》は家《いへ》を建《た》つべき基《もと》いで礎石《そせき》のある所《ところ》であるが、凡《およ》そ事《こと》はその始《はじ》めに於《おい》て愼重《しんちやう》の注意《ちうい》を加《くは》へねばならぬ、況《いは》むや大過《たいくわ》の時《とき》であるから、倘更《なほさら》に愼重《しんちやう》を加《くは》ふべき必要《ひつえう》がある初《しよ》六は陰柔巽體最下《いんじうそんたいさいか》に居《ゐ》て二の剛《がう》を承《う》く、此《こ》れ敬愼《けいしん》してその事《こと》を忽《ゆる》かせにせぬもので、之《これ》を譬《たと》へば、猶《なほ》白茅《はくぼう》を地《ち》に藉《し》いて神《かみ》を祭《まつ》る樣《やう》なものである、が白茅《はくぼう》は潔白《けつぱく》なもので、古《いにしへ》は祭祀《さいし》の時《とき》には、必《かな》らず之《これ》を地《ち》に藉《し》き酒《さけ》を灌《そゝ》いで神《かみ》を降《くだ》したものである、今初《いましよ》六は事《こと》の始《はじ》めに當《あた》つて敬愼《けいしん》して措《お》かざるものである、故《ゆゑ》に藉用二白茅一《しくにもちゆはくぼうを》と言《い》ふ。藉《しく》とは之《これ》を地《ち》に敷《し》き施《し》くの義《ぎ》て、白茅《はくぼう》は巽《そん》の象《かたち》であるが、至《いた》つて清潔《せいけつ》なるものである、蓋《けだ》し物《もの》は之《これ》を地《ち》に置《お》けばそれてよい筈《はず》である、然《しか》るに直《たゞ》らに之《これ》を地《ち》に置《お》かないて、白茅《はくぼう》を藉《し》いて之《これ》をその上《うへ》に置《お》くと言《い》ふは、卽《すなは》ち敬愼事《けいしんこと》を忽《ゆる》がせにせざるの至《いた》りである、故《ゆゑ》に白茅《はくぼう》その者《もの》は言《い》ふに足《た》らぬ微物《びぶつ》てあるけれども、而《しか》も之《これ》を藉《し》く所《ところ》の精神《せいしん》に至《いた》つては、實《じつ》に重要《ちうえう》にして賞美《しやうび》すべきもので、苟《いやし》くも此《こ》の精神《せいしん》を以《もつ》て萬事《ばんじ》を處《しよ》せば、如何《いか》なる大事《だいじ》ても之《これ》を成就《じやうじゆ》し得《え》ぬ道理《だうり》がない、故《ゆゑ》に之《これ》を无レ咎と言《い》ふ。

九二、枯《コ》楊《ヤウ》生《シヤウ》ジレ稊《テイ》ヲ、老《ラウ》夫《フ》得《ウ》ニ其《ソノ》女《ヂヨ》妻《サイ》一ヲ、无《ナシ》レ不《ザルコト》レ利《ヨロシカラ》、

巽《そん》を木《き》となし、楊柳《やうりう》となす、而《しか》して巽木《そんぼく》は陽氣《やうき》過《す》ぐれば枯《か》るゝものであるが、今《いま》は卽《すなは》ち陽《やう》が大《おほい》に過《す》ぐるの時《とき》である、故《ゆゑ》に枯楊《こやう》の象《かたち》を取《とつ》て居《を》る、而《しか》も九二は陽《やう》が過《す》ぐるの始《はじ》めて、尙陰《なほいん》に居《を》り中《なか》を得《え》たものてあるから、未《いま》だ過陽《くわやう》の極《きよく》に達《たつ》したものてはない、且《か》つ初《しよ》六に近比《きんひ》して、その陰《いん》を用《もち》ひて己《おの》れが過陽《くわやう》の偏《へん》を濟《すく》ふて居《ゐ》る、隨《したが》つて一旦枯《いつたんかれ》ることがあつても、而《しか》も亦再《またふた》たび蘇生《そせい》すべき望《のぞ》みがある、故《ゆゑ》に枯楊《こやう》生レ稊《じやうずていを》と言《い》ふ。枯楊稊《こやうてい》を生《しやう》ずとは、枯《か》れたる楊《やなぎ》が亦再《またふた》たび萠芽《はうが》を生《しやう》ずと言《い》ふことて、陰陽相均《いんやうあひひと》しく剛《がう》

柔相濟《じうあひすく》へば、大過《たいくわ》の時《とき》ではあるけれども、尙未《なほいま》だ大《おほい》に爲《な》すあるの時《とき》であると言《い》ふの意《い》を示《しめ》したものである、以上《いじやう》は此爻《このかう》の正象《せいしやう》であるが、尙一層《なほいつそう》此《こ》の意味《いみ》を明《あき》らかにせむが爲《た》めに、旁象《ばうしやう》を取《とつ》て之《これ》を言《い》へば、九二は過陽《くわやう》であるから老夫《らうふ》である、而《しか》もその初《しよ》六に近比《きんぴ》して居《を》るのは、卽《すなは》ち老夫《らうふ》にして女妻《ぢよさい》を得《う》るの象《かたち》である、故《ゆゑ》に亦《また》老夫《らうふ》得《う》二其女妻《そのぢよさいを》一と言《い》ふ。老夫《らうふ》にして女妻《ぢよさい》を得《え》ば已《すで》に老《おい》たりとはいへど、亦《また》能《よ》く生育《せいいく》の功《こう》を成《な》して、子《し》孫繁榮《そんはんえい》の基《もとゐ》を開《ひら》くことが可能《でき》るのは、恰《あだ》かも枯楊《こやう》が茅《かや》を生《しやう》ずるのと同然《どうぜん》である、故《ゆゑ》に之《これ》を无《なし》レ不《ざる》レ利《よろしから》と言《い》ふ。蓋《けだ》し大過《たいくわ》の諸爻《しよかう》は剛柔相濟《かうじうあひすく》ふものを善《ぜん》となすが、九二は剛《かう》を以《もつ》て陰《いん》に居《ゐ》て初《しよ》に比《ひ》す、此《こ》れ剛柔相濟《かうじうあひすく》ひ過《す》ぎて而《しか》して過《す》ぎぬもので、乃《すなは》ち稊《てい》を生《しやう》じ子孫《しそん》を得《う》るの功《こう》ある所以《ゆゑん》である。

九三、棟橈《ムナギダヤ》ム、凶、

卦中《くわちう》の四剛《かう》三と四とは棟《むなぎ》の中央《ちうわう》に當《あ》るが、九三は剛《かう》を以《もつ》て陽《やう》に居《ゐ》て、その過《す》ぐること特《とく》に甚《はなは》だしく、その重《おも》さに勝《た》へざるの象《かたち》である、故《ゆゑ》に棟橈《むなぎたやむ》と言《い》ふ。蓋《けだ》し大過《たいくわ》の時《とき》に當《あた》つて大過《たいくわ》の功《こう》を立《た》つるには、剛柔《かうじう》その中《ちう》を得《う》ることを要《えう》するのであるが、九四は過剛《くわがう》にして人《ひと》と共《とも》にすることが可能《でき》ず、獨力《どくりよく》を以《もつ》てその重《おも》さに任《にん》ぜむとするものであるから、その重《おも》さことは愈《いよ〳〵》重《おも》く、愈《いよ〳〵》重《おも》さが故《ゆゑ》に愈《いよ〳〵》橈《たゆ》み愈《いよ〳〵》橈《たゆ》むが故《ゆゑ》に、將《まさ》に顚覆《てんぷく》に至《いた》らむとするものてその凶《きよう》なること言《い》ふに堪《た》へず、故《ゆゑ》にその占《せん》を凶《きよう》と言《い》ふ。

九四、棟隆《ムナギサカンナリ》吉、有《ア》レバ它《タ》吝《ヤブサシ》、

九四も亦《また》棟《むなぎ》の象《かたち》であるが、剛《がう》を以《もつ》て陰《いん》に居《を》り、過《す》ぎて過《す》ぎず、剛柔《がうじう》その宜《よろ》しきを得《え》たものである。故《ゆゑ》に棟隆《むなぎさかんなり》吉《きつ》と言《い》ふ。隆《さか》むなりとは橈《たゆ》やむの反對《はんたい》で、棟《むなぎ》が隆隆《りうりう》として崛起《くつき》するの象《かたち》である。蓋《けだ》し九四は近君《きんくん》の位《くらゐ》に居《ゐ》て大過《たいくわ》の任《にん》に當《あた》るものであるが、剛柔相濟《がうじうあひすく》ふてその任《にん》を全《まつた》ふすることを得《う》るもので、最早之《もはやこれ》に加《くは》ふることなきものである、然《しか》るに尙此《なほこ》れ以上《いじやう》の功名《こうみやう》を望《のぞ》むが如《ごと》きは、卽《すなは》ち既《すで》に隆《さか》むなる棟《むなぎ》を尙更《なほさら》に隆《さか》むにすると同《おな》じく、却《かへ》つてその棟《むなぎ》を傾覆《けいふく》せしむるに至《いた》る、故《ゆゑ》に有它吝《あればたやぶさし》と言《い》ふ。它《だ》あれば吝《やぶ》さしとは、過分《くわぶん》の望《のぞ》みを起《おこ》すことなからむことを戒《いま》しめたものであるが、先儒《せんじゆ》は皆此《みなこ》の它《だ》あるを以《もつ》て、初《しよ》に應《おう》ずるの義《ぎ》に解《かい》して居《を》る、然《しか》るに胡炳文《こへいぶん》は曰《い》ふ、易《えき》は未《いま》だ正應《しやうおう》を以《もつ》て它《だ》となすものはない、子夏傳《しかでん》に曰《いは》く、應《おう》にあらざるを他《た》と稱《しよう》すと是《これ》なり、と言《い》ふて居《を》るのが正解《せいかい》である。

吳氏《ごし》曰愼《いつしん》曰《いは》ク、三四ハ卦《くわ》ノ中《ちう》ニ居《ゐ》テ皆棟《みなむなぎ》ノ象《かたち》アリ、三ハ橈《たゆ》ンデ而《しか》シテ四ハ隆《さか》ンナル者《もの》ハ、三ハ剛《がう》ヲ以《もつ》テ剛《がう》ニ居《を》リ、四ハ剛《がう》ヲ以《もつ》テ柔《じう》ニ居《を》ル一ナリ、三ハ下《しも》ニアリテ、四ハ上《じやう》ニアル二ナリ、三ハ下卦《かーくわ》ニ於《おい》テ上實下虛《じやうじつかきよ》ト爲《な》シ、四ハ上卦《じやうくわ》ニ於《おい》テ下實上虛《かじつじやうきよ》ト爲《な》ス三ナリ。

九五、枯《コ》楊生《ヤウシヤウ》ジ華《ハナ》、老婦《ラウフ》得《ウ》其《ソ》ノ士夫《シフ》ヲ、无《ナシ》咎《トガ》モ无《ナシ》譽《ホマレ》モ

九五は陽過《やうす》ぐるの極《きよく》に居《ゐ》て過極《くわきよく》の陰《いん》に比《ひ》し、その剛柔相資《がうじうあひとつ》て生《しやう》じ得《う》るものは花《はな》である、故《ゆゑ》に枯楊《こやう》生《しやうず》華《はなを》と言《い》ふ九二は、初《しよ》に比《ひ》して居《を》るから、本《もと》に近《ちか》い、故《ゆゑ》に稊《め》を生《しやう》ずるのであるが、九五は上《じやう》に比《ひ》して居《を》

るから末《すゑ》に近《ちか》い、故《ゆゑ》に花《はな》を生《しやう》ずるのである、稊《ゐ》を生《しやう》ずるものは後來更《こうらいさら》に長《ちやう》じ、華《くわ》を生《しやう》ずるものは後來《こうらい》即《すなは》ち凋落《てうらく》するに過《す》ぎぬ、亦更《またさら》に他象《たしやう》を取《とつ》て之《これ》を言《い》へば、五は壯盛《さうせい》の陽《やう》で士夫《してん》の象《かたち》であるが、上《じやう》は過極《くわきよく》の陰《いん》で老婦《らうふ》の象《かたち》である、今士夫《いましふ》を以《もつ》て老婦《らうふ》に比親《ひしん》す、故《ゆゑ》に之《これ》を老婦《らうふ》得《うる》ニ其士夫《そのしふを》一と言《い》ふ。老夫《らうふ》にして女妻《ぢよさい》を得《う》るものは、過不及《くわふきふ》を免《まぬ》がれぬとはいへど、而《しか》も尚生育《なほせいいく》の理《り》がある、されど士夫《しふ》にして老婦《らうふ》を得《う》るものは、敢《あへ》て大害《たいがい》を釀《かも》すことはないけども、己《すで》に生育《せいいく》の望《のぞみ》が絶《たへ》て居《を》る、故《ゆゑ》に无レ咎无レ譽《なくとがなしほまれも》と言《い》ふ。即《すなは》ち害《がい》もなく亦益《またえき》もないと言《い》ふことで、必竟《ひつきやう》は大過《たいくわ》の功《こう》を成《な》す丈《だけ》の資力《しりよく》がないと言《い》ふの義《ぎ》である。

上六、過《スギテ》レ渉《ワタルニ》滅《イル》レ頂《イタヾキ》凶《キヨウ》无《ナシ》レ咎《トガ》

上六《じやう》は重陰《ぢうゐん》にして卦極《くわきよく》に居《を》り、全卦似體《ぜんくわじたい》の大坎《たいくわん》を川《かは》となし、水《みづ》となし、險《けん》となし、外卦兌《ぐわいくわだ》を澤《たく》となし且《か》つ上《じやう》の爻象《かうしやう》を首《くび》となして、即《すなは》ち川澤《せんたく》を渉《わた》るに過《す》ぎて、その首頂《しゆちやう》を滅沒《めつぼつ》する所《ところ》の象《かたち》がある、故《ゆゑ》に過レ渉《すぎてわたるに》滅レ頂《いるいたゞきを》と言《い》ふ、此《かく》の如《ごと》く此爻《このかう》は大過《たいくわ》の極《きよく》であるから、之《これ》を川澤《せんたく》を渉《わた》るに過《す》ぎて、水《みづ》がその頭《あたま》を沒却《ぼつきやく》するの義《ぎ》を言《い》ふたものであるが、大過《たいくわ》の卦《くわ》に於《おい》ては、唯陽《たゞやう》の過《す》ぐるものゝみがよくない許《ばか》りでなく、陰《いん》も亦過《またす》ぐるものはよくないのである、然《しか》るに上六《じやう》は柔《じう》を以《もつ》て陰《いん》に居《ゐ》て、而《しか》も大過《たいくわ》の終《をは》りであるから、過《す》ぐることの最《もつと》も甚《はなは》だしきものである、隨《したが》つて大川《たいせん》の險《けん》を渉《わた》つて艱難《かんなん》を濟《すく》ふが如《ごと》きは、到底能《たうていよく》し得《う》べき所《ところ》でない、而《しか》も自《みづ》からその力《ちから》を量《はか》らず、敢《あへ》て險《けん》を犯《をか》して難《なん》を履《ふ》むは、自《みづ》からその禍《わざわひ》を招《まね》くもので、その凶《きよう》なることは、固《もと》より言《げん》を俟《ま》たぬ、然《しか》る所以《ゆゑん》のものは、必竟大過《ひつきやうたいくわ》の始《はじ》めに當《あた》つて、白茅《はくぼう》を藉《し》くことを知《し》らざるの致《いた》す所《ところ》である、故《ゆゑ》にその占《せん》を凶《きよう》と言《い》ふ。然《しか》るに此爻凶《このかうきよう》の下《もと》に尙无《なほなし》レ咎《とが》の二字《じ》があり、象傳《しやうでん》に於《おい》ても亦過《またすぎて》レ渉《わたる》之凶《のきよう》、不《とがむべからざるなり》レ可《》レ咎也の八字《じ》があるが、惟《おも》ふに這《こ》は爻辭《かうじ》无《なし》レ咎《とが》の二字《じ》が衍文《えんぶん》であると言《い》ふことを悟《さと》らず、その儘象傳《まゝしやうでん》の文《ぶん》を繫《か》けたものであらうと思《おも》はるゝが、元來《ぐわんらい》凶《きよう》と无咎《とがなし》とは、兩立《りやうりつ》し難《かた》き辭《じ》で、一を取《と》れば、他《た》の一は之《これ》を捨《す》つるの外《ほか》はないものである、然《しか》るに後儒《こうじゆ》が此《こ》の二者《しや》をして相《あひ》牴觸《ていしよく》せしめざらむが爲《た》めに、種々《しゆじゆ》なる强解《きやうかい》を加《くは》へて居《ゐ》るけれども、强解《きやうかい》は如何《いか》にしても强解《きやうかい》で、到底《たうてい》明解《めいかい》を得《え》らるべき筈《はず》がない、故《ゆゑ》に余《よ》は此《こ》の无《なし》レ咎《とが》の二字《じ》を以《もつ》て、衍字《えんじ》として抹殺《まつさつ》し去《さ》るのである。

䷜　坎《かん》下《か》坎《かん》上《じやう》　坎《かん》

習《シフ》坎《カン》、有《ア》レ孚《マコト》、維《コノ》心《コヽロ》亨《トウ》ル、行《ユ》ケバ有《ア》レ尚《タフトマルヽコト》

陽《やう》を實《じつ》となし、陰《いん》を虛《きよ》となして、此卦《このくわ》は一陽《やう》が二陰《いん》の間《あひだ》に陷《おちい》つて居《ゐ》る、故《ゆゑ》に之《これ》を名《なづ》けて坎《かん》と言《い》ふ。坎《かん》とは陷《おちい》るの義《ぎ》て、陽《やう》が二陰《いん》の中間《ちうかん》に居《を》るのが卽《すなは》ち陷《おちい》るの象《しやう》であるが、陷《おちい》るのは卽《すなは》ち危險《きけん》である、故《ゆゑ》に坎《かん》を以《もつ》て險《けん》の義《ぎ》となし、且《か》つ水《みづ》は低《ひく》きに流《なが》るゝもので、上下《じやうげ》の二陰《いん》を兩岸《りやうがん》の土《つち》となし、中間《ちうかん》の一陽《やう》を水《みづ》その者《もの》となして、水《みづ》が凹低《あうてい》を流《なが》れ行《ゆ》くの象《しやう》である、されば水《みづ》も亦坎中《またかんちう》に陷《おちい》るもので水《みづ》その者《もの》が坎《かん》ではない、坎《かん》は卽《すなは》ち水《みづ》の行《ゆ》く所《ところ》である、隨《したが》つて坎《かん》を以《もつ》て水《みづ》に象《かた》どり、水《みづ》を以《もつ》て險《けん》となすのは、聊《いさゝ》かその意味《いみ》を異《こと》にして居《ゐ》るけれども、實際水中《じつさいすゐちう》に陷《おちい》るのは危險《きけん》であるから、水《みづ》も亦險《またけん》の義《ぎ》に用《もち》ひられて居《ゐ》るが、その實《じつ》は水《みつ》の危險《きけん》なることを言《い》ふたものではなく、坎陷《かんかん》その者《もの》の危險《きけん》なることを言《い》ふたものである今此卦《いまこのくわ》は內外兩坎相重《ないぐわいりやうかんあひかさ》なる、故《ゆゑ》に之《これ》を習坎《しふかん》と言《い》ふ。習《しふ》とは重《かさ》なるの義《ぎ》で、乾坤以下《けんこんいか》六子《し》の重卦《ちうくわ》は、坎《かん》を以《もつ》て第《だい》一に置《お》て、離《り》之《これ》に亞《つ》ぐ、故《ゆゑ》に習《しふ》の字《じ》を加《くは》へて後例《こうれい》を示《しめ》したもので、已《すで》に之《これ》を以《もつ》て習《しふ》と言《い》へば、他《た》の震艮巽離《しんこんそんり》兌《だ》の重卦《ちうくわ》も、亦皆重習《またみなちうしふ》の義《ぎ》があることを推知《すゐち》さるゝのである。此《かく》の如《ごと》く此卦《このくわ》は內外《ないぐわい》兩坎《りやうかん》にして陽實《やうじつ》が中《なか》にあるは、卽《すなは》ち內《うち》に孚《ふ》信《しん》あるの象《しやう》である、故《ゆゑ》に有《あり》レ孚《まこと》と言《い》ふ。已《すで》に孚《まこと》あつて至誠《しせい》なれば、金石《きんせき》をも通《とほ》し、鬼神《きしん》をも泣《な》かしむることが可能《でき》る、故《ゆゑ》に維《この》心《こゝろ》亨《とほる》と言《い》ふ。維《こ》の心亨《こゝろとほ》るとは、謂ふ所の險中一到何事か成らざらむの意で、假へ險陷重疊の時であるとしても、此《こ》の心《こゝろ》を以《もつ》て往《ゆ》き進《すゝ》まば、險中《けんちう》を出《い》でゝその目的《もくてき》を貫徹《くわんてつ》することが可能《でき》る、故《ゆゑ》に行《ゆきて》有《あり》レ尙《たつとばるゝこと》と言《い》ふ。尙《たつ》とばるゝこととは、賞讚《しやうさん》せらるゝの義《ぎ》で、水火《すゐくわ》を蹈《ふ》み艱難《かんなん》を耐《た》へ忍《しの》むだ所《ところ》の結果《けつくわ》である、隨《したが》つて此卦習坎《このくわしふかん》の習《しふ》は、便習《べんしふ》の義《ぎ》を含《ふく》ませてあると言《い》ふ說《せつ》がある、成程幾度《なるほどいくたび》も險難《けんなん》の際《さい》に出入《しゆつにふ》して、その事《こと》に慣《な》れ習《なら》ふに至《いた》らば、大《おほい》に精神《せいしん》の安定《あんてい》を得《え》て落着《おちつ》くもので、謂《い》ふ所《ところ》の艱難人《かんなんひと》を玉《たま》にすとは卽《すなは》ち此《こ》のことである、されど這《こ》はその旁義《ばうぎ》であつて、習坎《しふかん》の本義《ほんぎ》は前述《ぜんじゆつ》の如《ごと》く重卦《ちうくわ》の意味《いみ》を示《しめ》したものに外《ほか》ならぬ。

初六、習坎《シフカン》入《イ》ル二于《ニ》坎窞《カンカン》一、凶《キヨウ》、

此卦《このくわ》は已《すで》に重坎《ちうかん》にして重險《ちうけん》の難《なや》みあるものであるが、初《しよ》六は陰柔不才《いんじうふさい》にして上《うへ》に應援《おうえん》なく、益《ますく》その深《しん》險《けん》に陷《おちい》つて出《い》づることの可能《でき》ぬものである、その占《せん》の凶《きよう》なることも亦言《またけん》を竢《ま》たぬ、故《ゆゑ》に習坎《しふかん》入《る》レ于《に》二坎《かん》窞《かん》凶《きよう》と言《い》ふ。窞《かん》は坎中《かんちう》の旁穴《ばうけつ》て、偶畫兩斷《ぐうくわりやうだん》の象《しやう》であるが、初《しよ》と三とは共《とも》に重坎《ちうかん》の下《しも》に居《ゐ》て、更《さら》に亦《また》その傍穴《ばうけつ》に入《い》るの象《かたち》がある、故《ゆゑ》に之《これ》を坎窞《かんかん》と言《い》ふ。

九二、坎《カン》ニ有《ア》レリ險《ケン》、求《モト》ムレバ少《スコ》シク得《エ》ン。

九二は重險《ちうけん》の時《とき》に當《あた》り、上下《しやうか》二陰《いん》の間《あひだ》に陷《おちい》つて、容易《ようい》に出《い》づることの可能《でき》ぬものである、故《ゆゑ》に坎有險《かんにけんあり》と言《い》ふ。されど剛《がう》を以《もつ》て中《ちう》を得《え》て居《ゐ》るが故《ゆゑ》に、遽《には》かに險中《けんちう》を出《い》づることが可能《でき》ぬ迄《まで》も、亦自《またみづか》ら少《すこ》しく濟《すく》ふことを得《え》て、初六《しよ》の如《ごと》く益《ますます》深《ふか》く險中《けんちう》に陷入《かんにふ》するものではない、故《ゆゑ》に求《もと》むれば少《すこ》しく得《え》むと言《い》ふ。求《もと》むるとは、之《こ》を己《おの》れ自《みづ》からに求《もと》むるの義《ぎ》て、他《た》に向《むか》つて之《これ》を求《もと》むるの謂《いひ》ではない、之《これ》を己《おの》れに求《もと》むれば、外《ほか》に險難《けんなん》の事《こと》はあつても、而《しか》もその心《こゝろ》のみは常《つね》に亨《とほ》り通《つう》ずることが可能《でき》る、即《すなは》ち彖《たん》に言《い》ふ維心《これこゝろ》亨《とほ》るの意《い》であるが、此卦《このくわ》二五共《とも》に剛中《がうちう》を得《え》て居《ゐ》る、けれども險中《けんちう》に陷《おちい》つて居《ゐ》るので、互《たがひ》に相應助《あひおうじよ》する丈《だけ》の餘力《よりよく》がない、隨《したが》つて之《これ》を己《おの》れに反求《はんきう》するの外《ほか》はないものである、而《しか》してその小《すこ》しく求《もと》めて、大《おほい》に求《もと》めざる所以《ゆゑん》は、重險《ちうけん》の時《とき》に當《あた》つて大望《たいまう》を起《おこ》すは、却《かへ》つてその禍《わざはひ》を益《ま》すことゝなる許《ばか》りでなく、涓々《けんけん》として流《なが》るゝ所《ところ》の水《みづ》も、流《な》がれ流《な》がれて息《やす》まなければ、遂《つひ》に滾々《こんこん》たる大海《たいかい》の水《みづ》となるが如《ごと》くに、大事《だいじ》を成《な》すは必《かな》らず小事《せうじ》から始《はじ》まるからである。

六三、來《キタ》ルモ之《ユ》クモ坎坎《カンカン》ナリ、險《ケン》ニシテ且《カ》ツ枕《マクラ》ス、入《イ》ル于坎窞《カンカン》ニ、勿《ナカ》レ用《モチユ》ルコト。

來《きた》るとは內卦《ないくわ》に來《きた》るを言《い》ひ、之《ゆ》くは往《ゆ》くと同《おな》じく外卦《ぐわいくわ》に往《ゆ》くを言《い》ふ。六三は內外重坎《ないぐわいちうかん》の間《あひだ》に居《を》るから、內卦《ないくわ》に來《きた》るも亦外卦《またぐわいくわ》に往《ゆ》くも進退皆坎《しんたいみなかん》である、故《ゆゑ》に來之坎坎《きたるもゆくもかんかん》と言《い》ふ、坎《かん》は卽《すなは》ち陷穴《かんけつ》の義《ぎ》で、穴《あな》は卽《すなは》ち危險《きけん》なるものであるが、六三は前後皆險卽《ぜんごみなけんすなは》ち下卦《かくわ》の險《けん》を蹈《ふ》むで、亦上卦《またじやうくわ》の險《けん》を枕《まくら》として居《ゐ》る、故《ゆゑ》に險且枕《けんにしてかつまくらす》と言《い》ふ。險《けん》にして且《か》つ枕《まくら》すとは、上文《じやうぶん》の來《きた》るも之《ゆ》くも坎坎《かんかん》を承《う》けて之《これ》を言《い》ふたもので、之《これ》を頭《あたま》に枕《まくら》するの象《かたち》を取《と》つたものであるが、六三は已《すで》に此《こ》れ丈《だけ》にても非常《ひじやう》の險難《けんなん》に陷《おちい》つて居《ゐ》る。然《しか》るに尙《なほ》之《これ》に加《くは》ふるに、陰柔不中正《いんじうふちうせい》を以《もつ》て坎窞《かんく》の傍穴《ばうけつ》に陷入《かんにふ》して居《ゐ》るものである、故《ゆゑ》に亦入于坎窞《またいるにかんく》と言《い》ふ。六三が居《ゐ》る所《ところ》は此《か》の如《ごと》く、その險難《けんなん》の深《ふか》きことは他《た》にその比《ひ》を見《み》ぬ、實《じつ》に進退維《しんたいこ》れ谷《きは》まるものである故《ゆゑ》に勿用《なかれもちゆること》と言《い》ふ。用《もち》ゆること勿《な》かれとは、之《これ》を禁止《きんし》するの義《ぎ》て、一切之《いつさいこれ》を用《もち》ゆべからずと言《い》ふの義《ぎ》てある。

六四、樽酒《ソンシユ》簋《キ》貳《ソエ》、用《モチ》缶《ホドキ》、納《イル》約《ヤク》自《ヨリ》牖《ヨウ》、終《ツヒ》无《ナシ》咎《トガ》、

樽《そん》は酒《さけ》を盛《も》るの器《うつわ》で坎《かん》の象《かたち》。簋《き》は黍稷《しよしよく》を盛《も》るの器《うつわ》で、二より五に至《いた》つて頤《い》あり、頤《い》は卽《すなは》ち簋《き》の形《かたち》が外實內虛《じつないきよ》、外圓內方《ぐわいゑんないはう》なるの象《かたち》。貳《そゆ》は副《そ》ゆると同《おな》じく、添附《てんぷ》するの義《ぎ》。缶《ほどき》は瓦器卽《ぐわきすなは》ち俗《ぞく》に謂《い》ふ所《ところ》の素燒《すやき》の器《うつわ》で、亦坎《またかん》の象《しやう》であるが、皆質素《みなしつそ》にして飾《かざ》りなき器《うつわ》である、蓋《けだ》し神《かみ》を祭《まつ》るには儀飾《ぎしよく》を尙《たつ》とばずして、質素《しつそ》なることを尙《たつ》とぶ、故《ゆゑ》に飾《かざ》りなき素器《すき》を薦《すゝ》めて、至誠敬虔《しせいけいけん》の意《い》を表《へう》するのであるが、六四は下《しも》に應助《おうじよ》はないけれども、重險《ちうけん》の時《とき》に當《あた》り、柔正《じうせい》にして近君《きんくん》の位《くらゐ》に居《を》るが故《ゆゑ》に、九五に承比《しようひ》して至誠忠悃《しせいちうこん》の情《じやう》を致《いた》さむとするものであるから、薄禮《はくれい》を用《もち》ひ菲物《ひぶつ》を用《もち》ゆるも、決《けつ》してその禮《れい》を失《うしな》ふことを咎《とが》めぬ

唯《たゞ》その衷情《ちうじやう》のある所《ところ》を通《つう》ずることが可能《でき》ればよい、故《ゆゑ》に此《こ》の意《い》を形容《けいよう》して之《これ》を樽酒簋貳《そんしゆきを》ゆ、用《もちゆ》レ缶《はどきを》と言《い》ふたもので、樽酒簋貳《そんしゆきを》ゆとは、樽酒《そんしゆ》に副《そ》ゆるに簋《き》を以《もつ》てすると言《い》ふ義《ぎ》であるが、缶《はどき》を用《もち》ゆとは、酒《さけ》を盛《も》る所《ところ》の樽《たる》も、黍稷《しよしよく》を容《い》るゝ所《ところ》の簋《き》も、共《とも》に飾《かざ》りなき缶《はどき》即《すなは》ち瓦器《がき》を用《もち》ゆと言《い》ふことて、飾《かざ》りなき眞情《しんじやう》を表《へう》するの義《ぎ》。即《すなは》ち損《そん》の卦《くわ》に二簋《き》用《もち》ひて亨《たつ》るべしと言《い》ふものと同《どう》一てある。又約《またやく》は盟約《めいやく》の約《やく》と同《おな》じく、誠實《せいじつ》を表《へう》する爲《た》めの語《ご》で坎《かん》の象《しやう》。牖《よう》は窓《まど》の明《めい》を通《つう》ずる所即《ところすなは》ち偶畫《ぐうぐわ》の中間《ちうかん》を一陽《やう》の光明《くわうみやう》が通《つう》ずる所《ところ》の象《しやう》を取《と》つたものであるが、全體約《ぜんたいやく》は戸《こ》より納《い》るべきもので、牖《よう》より納《い》るゝのは正路《せいろ》でない、されど險難《けんなん》の時《とき》であるから、必《かな》らず常禮《じやうれい》に拘《かゝ》はることを止《や》め、假《か》りに通《つう》じ得《う》べき所《ところ》を擇《えら》むで之《これ》を納《い》るれば足《た》ることとて、睽《けい》の卦《くわ》に主《しゆ》に巷《ちまた》に遇《あ》ふと言《い》ふのと同樣《どうやう》で、要《えう》はその信《しん》を失《うしな》はざるにある、故《ゆゑ》に納《いる》レ約《やくを》自《よりす》レ牖《よう》と言《い》ふ。此《かく》の如《ごと》きは常禮《じやうれい》の許《ゆる》さぬ所《ところ》であるけれども、險難非常《けんなんひじやう》の際《さい》であるから、その非禮《ひれい》を咎《とが》めぬのてある、故《ゆゑ》に終《つひに》无《なし》レ咎《とが》と言《い》ふ。

九五、坎《カン》不《ズ》レ盈《ミ》タ、祗《イタ》ル二既《スデ》ニ平《タヒラカ》ナルニ一、无《ナシ》レ咎《トガ》、

水《みづ》が坎穴《かんけつ》に入《い》つて盈《み》れば則《すなは》ち溢《あふ》る、此卦内外兩坎《このくわないぐわいりやうかん》にして水《みづ》涔《しき》りに至《いた》るは、波浪盈溢《はらうえいいつ》の象《しやう》であるが、五は已《すで》にその盛時《せいじ》を過《す》ぎて、水平《みづたひ》らかならむとする時《とき》である、故《ゆゑ》に坎不《かんず》レ盈《みた》、祗《いたる》二既《すでに》平《たひらかなるに》一と言《い》ふ。祗《いたる》は抵《いた》ると同《おな》じく、水已《みづすで》に平《たひ》らかなるに至《いた》れば、之《これ》を渉《わた》ることが可能《でき》る、が九五は剛陽中正尊位《がうやうちうせいそんゐ》に居《ゐ》て、その才徳《さいとく》は以《もつ》て險《けん》を渉《わた》り難《なん》を濟《すく》ふに足《た》るけれども、未《いま》だ險《けん》を渉《わた》り難《なん》を濟《すく》ひ得《え》たものではない、此《これ》より

將《まさ》に險《けん》を渉《わた》り難《なん》を濟《すく》はむとするの時《とき》である、故《ゆゑ》にその占《せん》を无《なし》レ咎《とが》と言《い》ふ。

上六、係《ツナ》グニ用《モチ》ヒ二徽《キ》纆《ボク》一、寘《オ》ク二于叢棘《サウキョク》ニ一、三歳《サイ》マデ不《ズ》レ得《エ》凶《キョウ》、

係《つなぐ》は繫《つな》ぐと同《おな》じく、徽纆《きぼく》は索《さく》の名《な》て、三股《こ》を徽《き》と言《い》ひ、兩股《りやうこ》を纆《ぼく》と言《い》ふ。又叢棘《またさうきよく》は棘《とげ》あるものであるが、以上《いじやう》は皆坎《みなかん》の象《しやう》を取《と》つたものである。上六《じやう》は重險《ちうけん》にして險《けん》の極《きよく》に居《ゐ》て、險陷《けんかん》の最《もつと》も深《ふか》きものであるが。その才《さい》は以《もつ》て之《これ》を濟《すく》ふに足《た》らぬ、隨《したが》つて容易《ようい》に險中《けんちう》より出《い》づることの可能《でき》ぬもので、之《これ》を囚人《しうじん》に喩《たと》ゆれば、之《これ》を係縛《けいばく》するに徽纆《きぼく》を以《もつ》てした上《うへ》に、亦之《またこれ》を叢棘《さうきよく》の中《うち》に幽囚《いうしう》された樣《やう》なものである、故《ゆゑ》に係用二徽纆一寘レ于レ叢棘一《つなぐにもちゆきぼくをもつてさうきよくにおく》と言《い》ふ亦古《またいにしへ》は下罪《げざい》は一年《ねん》、中罪《ちうざい》は二年《ねん》。上罪《じやうざい》は三年《ねん》にして、その過《くわ》を能《よ》く悔《く》ひ改《あらた》めたものは、之《これ》を舍免《しやめん》したのである、故《ゆゑ》に三歳不レ得凶《さいまでずえきよう》と言《い》ふ。蓋《けだ》し三歳《さい》の久《ひさ》しきに至《いた》るも、免《まぬ》がるゝことを得《え》ざるものは、終《つひ》に改悛《かいしゆん》の望《のぞ》みなきもので、その凶《きよう》なることは言《い》ふに及《およ》ばぬ所《ところ》である

龔氏煥曰《きようしくわんいは》ク、坎《かん》ノ卦《くわ》ハ本《もと》ト陽《やう》ノ陷《おちい》ルヲ以《もつ》テ義《ぎ》ト爲《な》ス、爻辭《かうじ》ニ至《いた》ツテハ則《すなは》チ陰陽皆陷《いんやうみなおちい》ル、陽《やう》ノ陰《いん》ニ陷《おちい》ルノミヲ以《もつ》テ義《ぎ》ト爲《な》サズ、二ノ小得《すこしくえ》。五ノ既平《すでにたひ》ラカナルハ、是《こ》レ陽《やう》ノ陷《おちい》ル者《もの》ニシテ出《い》ヅベシト爲《な》ス。初《しよ》ト三トノ坎窞《かんくわん》ニ入《い》リ、上《じやう》ノ三歳不レ得《さいまでずえ》ハ、則《すなは》チ陰《いん》ノ陷《おちい》ルコト反《かへ》ツテ甚《はなは》ダシト爲《な》ス、卦爻義《くわかうぎ》ヲ取《と》ルコトノ同《おな》ジカラザルコト多《おほ》ク此《かく》ノ如《ごと》シ。

䷝

離《り》下《か》
離《り》上《じやう》
離《り》

離《リ》、利《ヨロ》シレ貞《タヾ》シキニ、亨《トホ》ル、畜《ヤシナ》ヘバ二牝牛《ヒンギウ》一ヲ吉《キツ》、

此《こ》の卦《くわ》は一陰《いん》が上下兩陽《しやうかりやうやう》の間《あひだ》に麗《ひ》き附《つ》くの義《ぎ》を取《とつ》て、之《これ》を名《なづ》けて離《り》と言《い》ふたもので、その象《しやう》を火《ひ》となすのであるが、火《ひ》は物《もの》に附《つ》かざれば、その體《たい》を現《あら》はすことが可能《でき》ぬものである、故《ゆゑ》に離《り》を以《もつ》て麗《ひ》き附《つ》くの義《ぎ》即《すなは》ち附着《ふちやく》するの義《ぎ》となしたものである。されど火《ひ》なるものは物《もの》より物《もの》に移《うつ》り行《ゆ》くもので、その極《きよく》は物《もの》が盡《つ》くれば火《ひ》も亦自《またおのづ》から消滅《せうめつ》するものである、故《ゆゑ》に亦《また》離《り》を訓《くん》して離《り》別分離《べつぶんり》等《とう》の義《ぎ》となすのであるが、麗《ひ》き附《つ》くのが本義《ほんぎ》で分離《ぶんり》の方《はう》は旁義《ばうぎ》である。蓋《けだ》し物皆《ものみな》麗《ひ》き附《つ》く所《ところ》のないものはない、日月星辰《じつげつせいしん》は天《てん》に麗《ひ》いて居《ゐ》る、故《ゆゑ》に能《よ》く久《ひさ》しく明《あき》らかに、百穀草木《こくさうもく》は地《ち》に麗《ひ》いて居《ゐ》る、故《ゆゑ》に能《よ》く長《なが》く榮《さか》ゆるもので、此《かく》の如《ごと》きは凡《すべ》てその麗《ひ》き附《つ》く所《ところ》の宜《よろ》しきを得《え》たものである、此《これ》と均《ひと》しく人《ひと》も亦正道《またせいだう》を擇《えら》むで麗《ひ》き附《つ》けば、何事《なにごと》も皆亨通《みなきやうつう》して成就《じやうじゆ》するに至《いた》る、故《ゆゑ》に利レ貞 亨《よろしたゞしきにとほる》と言《い》ふ。貞《たゞしき》は即《すなは》ち正《せい》の義《ぎ》で、一陰《いん》が二陽《やう》の間《あひだ》に麗《ひ》くの義《ぎ》を取《とつ》たものであるが、此《こ》の一陰《いん》は元《もと》坤《こん》の中畫《ちうくわく》から來《き》たもので、坤《こん》は即《すなは》ち牛《うし》である、故《ゆゑ》に離《り》を以《もつ》て牝牛《ひんぎう》に象《かた》どつて居《ゐ》る、而《しか》して牛《うし》の性《せい》は柔順《じうじゆん》で、牝牛《ひんぎう》は尙更《なほさら》に柔順《じうじゆん》であるから、人《ひと》も亦正《またせい》道《だう》に麗《ひ》き附《つい》て柔順《じうじゆん》なること牝牛《ひんぎう》の如《ごと》くならば、凡《すべ》て吉《きつ》を得《う》べきは必然《ひつぜん》の道理《だうり》である、故《ゆゑ》に畜ニ牝 牛一《やしなへばひんぎうを》吉《きち》と言《い》ふ。畜《やしなふ》は養《やしな》ふと同《おな》じく、牝牛《ひんぎう》の如《ごと》く柔順《じうじゆん》なる德性《とくせい》を修養《しうやう》すべきことを言《い》ふたものである。

初九、履《フ》ムコト錯然《サクゼン》タリ、敬《ケイ》レスレバ之《コレ》ヲ无《ナシ》レ咎《トガ》、

坎水《かんすゐ》は下降《かかう》し、離火《りくわ》は燄上《えんじやう》するものであるが、初《しよ》九は最下《さいか》に居《ゐ》てその志《こゝろざし》は上進《じやうしん》にある、即《すなは》ちその身《み》は

未《いま》だ上《のぼ》り進《すゝ》まずとも、而《しか》もその趾《あし》は已《すで》に動《うご》き、履《ふ》むこと錯然《さくぜん》として交錯紛雑《かうさくふんざつ》の貌《かたち》がある、故《ゆゑ》に履錯《ふむことさく》然《ぜん》と言《い》ふ、履《り》は之《これ》を初《しよ》の爻象《かうしやう》に取《とつ》たもので、初爻《しよかう》は離《り》日《じつ》方さに出《いづ》るの始《はじ》めであるが、その之《これ》を履《ふ》み物《もの》に接《せつ》するの始《はじ》めに於《おい》て、能《よ》く敬愼《けいしん》して之《これ》を履《ふ》まば、動《うご》いて物《もの》に交《まじ》はるも、我《わ》が心《こゝろ》に主宰《しゆさい》あつて、その麗《ひつ》き附《つ》く所《ところ》の正《せい》を失《うしな》はぬ、故《ゆゑ》に敬《けいすれば》レ之《これを》无《なし》レ咎《とが》と言《い》ふ。蓋《けだ》し謂《い》ふ所《ところ》の吉凶禍福《きちきようくわふく》なるものは、毎《つね》に始《はじ》めて動《うご》く時《とき》に當《あた》りてその萠芽《はうが》を生《しやう》ずるものである、故《ゆゑ》に物《もの》に交《まじ》はり事《こと》に接《せつ》するの始《はじ》めに於《おい》て之《これ》を戒《いま》しむるは、即《すなは》ちその終《をは》りを全《まつた》ふする所以《ゆゑん》で、大過《たいくわ》の初《しよ》六に藉《し》く白茅《はくばう》を用《もち》ゆるのと同《どう》一揆《き》である。

六二、黄《クワウ》離《リ》、元《ゲン》吉《キツ》

六二は柔《じう》を以《もつ》て陰《いん》に居《ゐ》て、柔順中正《じうじゆんちうせい》の美徳《びとく》がある許《ばか》りでなく、上《じやう》は亦文明中順《またぶんめいちうじゆん》の君《きみ》と同徳相應《どうとくさうおう》して、文明《ぶんめい》の盛《せい》を極《きは》むるものである、故《ゆゑ》に之《これ》を黄離《くわうり》と言《い》ふ。黄《くわう》は之《これ》を坤土《こんど》中和《ちうわ》の色《いろ》に取《とつ》たもので、その徳《とく》の至《いた》つて美麗《びれい》なることを表《へう》した所《ところ》の辭《じ》である。即《すなは》ち二と五とは離《り》の六爻中《かうちう》に於《おい》ては最《もつと》も美《び》なるものであるが、五は中《ちう》を得《え》て居《ゐ》るけれどもその正《せい》を失《うしな》ふて居《ゐ》る、惟《ひと》り六二は柔順中正《じうじゆんちうせい》にして牝牛《ひんぎう》の全徳《ぜんとく》を具備《ぐび》して居《ゐ》る。故《ゆゑ》に亦之《またこれ》を元吉《げんきつ》と言《い》ふ。元吉《げんきつ》とは大善《たいぜん》にして吉《きつ》なるの義《ぎ》である。

九三、日《ヒ》昃《カタブ》ク之《ノ》離《リ》ナリ、不《ザ》ニ鼓《ウツ》レテ缶《ホドキ》チ而《シカ》シテ歌《ウタ》一ハ、則《スナハチ》大耋《ダイテツ》之《ノ》嗟《ナゲ》キアリ、凶《キヨウ》

初《しよ》を日《ひ》の出《で》となし、二を日中《につちう》となし、三を日暮《にちぼ》となす、故《ゆゑ》に之《これ》を日昃之離《ひかたぶくのり》と言《い》ふ。昃《かたぶく》は傾《かた》むくの義《ぎ》で晝日《ちうじつ》下《くだ》り傾《かた》むいて將《まさ》に夜《よ》に入《い》らむとするの時《とき》であるが、九三は過剛不中《くわがうふちう》なるが故《ゆゑ》に、終始《しうし》一貫《くわん》の操守《さうしゆ》

なきが上《うへ》に、日《ひ》已《すで》に傾《かた》むいて内外變革《ないぐわいへんかく》の危地《きち》に處《しよ》し、歌《うた》ひ樂《たの》しむべき時《とき》にあらしずて歌《うた》ひ樂《たの》しみ、亦《また》嗟《なげ》き悲《かな》しむべき時《とき》にあらしで嗟《なげ》き悲《かな》しみ、哀樂共《あいらくとも》にその宜《よろ》しきを失《うしな》ふたものである。故《ゆゑ》その有樣《ありさま》を形容《けいよう》して、不鼓缶而歌則大耋之嗟《されぼうってほどきをしかしてうたはすなはちだいてつのなげき》と言《い》ふ。此《かく》の如《ごと》く九三が歌《うた》ひ樂《たの》しむことは、その歌《うた》ひ樂《たの》しむべき常軌《じやうき》を失《うしな》ひ、亦嗟《またなげ》き悲《かな》しむことも、その嗟《なげ》き悲《かな》しむべき常軌《じやうき》を失《うしな》ふて居《ゐ》るが、人《ひと》として苟《いやし》くも此《かく》の如《ごと》くば、その凶《きよう》ならざらむことを欲《ほつ》するとも、蓋《けだ》し免《まぬ》がれ得《う》べき所《ところ》でない、故《ゆゑ》にその占《せん》を凶《きよう》と言《い》ふ缶《ほどき》は離《り》の象《しやう》であるが、說文《せつぶん》に缶《ほどき》は瓦器《ぐわき》所以盛《ゆゑんもる》酒醬秦人鼓之以節歌《しゆしやうをしんじんうつてこれをもつてせつすうたを》と言《い》ふて居《ゐ》る。又歌《またうた》は兌《だ》の象《しやう》であるが、三變《へん》すれば、艮手震鼓《こんしゆしんこ》の象《しやう》となる、故《ゆゑ》に缶《ほどき》を鼓《う》つと言《い》ふ。又大《まただい》は陽《やう》の象《しやう》で、耋《てつ》は老《おひ》の至《いた》り終焉《しうえん》に近《ちか》きの稱《しよう》であるが、九三が下卦《かくわ》の終《をは》りに居《を》るは卽《すなは》ち大耋《だいてつ》の象《しやう》。嗟《なげき》も亦《また》兌《だ》の象《しやう》であるが、歌《うた》ひ且《か》つ嗟《なげ》くは、離《り》を忘語《ばうご》となすの義《ぎ》を兼《か》ねたもので、日昃之離《ひかたぶくのり》は九三の正象《せいしやう》を取《と》つて居《ゐ》るけれども、それ以下《いか》は皆《みな》その旁象《ばうしやう》を取《と》つたものである。

九四、突如《トツジヨ》トシテ其《ソ》レ來如《ライジヨ》タリ、焚如《ハンジヨ》タリ、死如《シジヨ》タリ、棄如《キジヨ》タリ

突如《とつぢよ》とは火《ひ》が俄《には》かに燄上《えんじやう》するの義《ぎ》で、下離《かり》の火《ひ》が未《いま》だ消《き》へざるに、上離《じやうり》の火《ひ》が亦俄《またには》かに突然《とつぜん》として燄《えん》上《じやう》するの象《しやう》である、故《ゆゑ》に突如其來如《とつじよとしてそれらいじよ》と言《い》ふ。已《すで》に下離《かり》を出《い》でゝ亦上離《またじやうり》の火燄中《くわえんちう》に入《い》る、その燒《や》かるべきことは言《げん》を俟《ま》たぬ所《ところ》である、故《ゆゑ》に焚如《ばんじよ》と言《い》ふ。が火《ひ》の爲《た》めに燒《や》かるれば死《し》に至《いた》るのは當然《たうぜん》のことである故《ゆゑ》に亦之《またこれ》を死如《しじよ》と言《い》ふ。が死《し》すれば必《かな》らず棄《す》てらるゝのは明白《めいはく》のことである、故《ゆゑ》に復亦之《またくこれ》を棄如《きじよ》

と言ふたものであるが、此の如きは禍害《くわがい》の最《もつと》も甚だしきもので、その凶《きやう》なることは言《い》ふ迄《まで》もない所《ところ》である。蓋《けだ》し九四は剛《がう》を以《もつ》て離體《りたい》に居《を》る許《ばか》りてなく、不《ふ》中不正《ちうふせい》なるが故《ゆゑ》に、燥暴自《さうばうみづ》から用《もち》ひて離明《りめい》の本《ほん》義《ぎ》を忘却《ばうきやく》するものである、故《ゆゑ》にその凶《きやう》を得《う》ることの此《かく》の如《ごと》く甚《はなは》だしきものである。

六五、出《イダ》レスコト涕《なんだ》テ沱《だ》若《ジヤク》タリ、戚《イタ》ムコト嗟《サ》若《ジヤク》タリ、吉《キツ》、

涕《なんだ》は涙《なみだ》と同《おな》じく、沱若《だじやく》とは涙《なみだ》の流《なが》れ落《お》つるの象《かたち》、又戚《またせき》は傷《いた》み憂《うれ》ふるの貌《かたち》、嗟《さ》は悲《かな》しみ嘆《なげ》くの義《ぎ》て、何《いづ》れも皆離目《みなりもく》の影象《けいしやう》即《すなは》ち伏卦坎《ふくくわかん》の象《かたち》を取《と》つたものであるが、上離《じやうり》を目《め》となし、下離《かり》を火《ひ》となして、火烟《くわえん》上衝《じやうせう》して目《め》に入《い》るは即《すなは》ち涙《なみだ》の流《なが》れ出《い》づるの象《かたち》である、故《ゆゑ》に出レ涕沱若《いだすことなみだをだじやく》と言《い》ふ。蓋《けだ》し六五は尊位《そんゐ》に居《ゐ》て中《ちう》を得《え》、文明《ぶんめい》の徳《とく》があるけれども、而《しか》もその位《くらゐ》に當《あた》らざるが故《ゆゑ》に、涕《なみだ》を出《だ》して戚嗟《せきさ》するに至《いた》つたものであるが、その文明《ぶんめい》の徳《とく》と尊位《そんゐ》とを恃《たの》まずして、憂懼《いうく》すること此《かく》の如《ごと》きは、即《すなは》ちその吉《きつ》を得《う》る所以《ゆゑん》である、故《ゆゑ》に戚嗟若吉《いたむことさじやくきつ》と言《い》ふ。

蔡氏淵曰《さいしえんいは》ク、坎離《かんり》ノ用《よう》ハ中《うち》ニアリ、二五ハ皆卦《みなくわ》ノ中《ちう》ナリ、坎《かん》ノ五ノ位《くらゐ》ニ當《あた》ツテ、而《しか》シテ二ハ位《くらゐ》ニ當《あた》ラズ、故《ゆゑ》ニ五ヲ勝《まさ》レリト爲《な》ズ、離《り》ノ二ハ位《くらゐ》ニ當《あた》ツテ、而《しか》シテ五ハ位《くらゐ》ニ當《あた》ラズ、故《ゆゑ》ニ二ヲ勝《まさ》レリト爲《な》ス、

上九、王《ワウ》用《モツ》テ出《ト》テ、征《セイ》ス有《アツ》レテ嘉《ヨ》キコト折《オ》ルレ首、獲《エ》モノ匪《アラ》ズニ其《ソノ》醜《タグイ》ニ无《ナ》シレ咎、

王《わう》は六五を指《さ》し、王用《わうよう》とは、六五の王《おう》が上九《じやう》を用《もち》ゆるの義《ぎ》であるが、上九《じやう》は剛《かう》を以《もつ》て離《り》の終《をはり》に居《ゐ》て、

剛明《かうめい》の才《さい》あるもので、王命《わうめい》を奉《ほう》じて征伐《せいばつ》を行《おこな》ひ得《う》べきものである、故《ゆゑ》に王用出征《わうもつていでゝせいす》と言《い》ふ、即《すなは》ち六五の王《わう》が上九《じやう》に命《めい》じ、師《し》を將《ひき》ひて出征《しゆつせい》するの義《ぎ》で、離《り》を戈兵甲冑《くわへいかつちう》となして征伐《せいばつ》の象《かたち》、嘉《よ》きことありとは、美功《びこう》あるの義《ぎ》、折レ首《おるおさを》とは首魁《しゆくわい》を討取《うちと》るの義《ぎ》て、上爻《じやうかう》を首《くび》となし、國外《こくぐわい》となし、兌《だ》を毀折《きせつ》となし、離《り》を嘉慶《かけい》となして、遠征《ゑんせい》に殊功《しゆこう》を立《たつ》る所《ところ》の象《かたち》がある、故《ゆゑ》に有レ嘉《あつてよきこと》折レ首《おるおさを》と言《い》ふ。蓋《けだ》し上九《じやう》は剛斷《かうだん》にして假《か》借《しやく》することなきが如《ごと》きも、而《しか》も亦明察《またかいさつ》にして刑戮《けいりく》を濫《みだ》ることなく、唯首惡《たゞしゆあく》を誅《ちう》じて良民《りやうみん》の爲《た》めにその害《がい》を除《のぞ》くのみである、是故《このゆゑ》に征地《せいち》の良民《りやうみん》は皆王師《みなわうし》を迎《むか》へて歸順《きじゆん》するに至《いた》る、故《ゆゑ》に獲匪ニ其醜一《えものあらずそのたぐいに》と言《い》ふ。醜《たぐい》とは族類《ぞくるゐ》の義《ぎ》て、獲《え》もの其類《そのるい》にあらずとは、惡類《あくるい》を征《せい》するに由《よつ》て、惡類《あくるい》にあらざる善類《ぜんるい》を獲《え》ると言《い》ふの義《ぎ》である、此《かく》の如《ごと》きが故《ゆゑ》に、師《し》を行《ゆ》り殺戮《さつりく》を用《もち》ゆるも咎《とがめ》なきを得《う》るのである、故《ゆゑ》に之《これ》を旡レ咎《とがなし》と言《い》ふ。

周易講義上經終

周易講義下經

䷞ 艮《こん》下《か》兌《だ》上《じやう》 咸《かん》

大島中堂講述

咸《カン》、亨《トウ》ル、利《ヨロシ》レ貞《タヾシキニ》、取《メトル》レ女吉、

此卦艮《このくわこん》の剛《がう》は下《した》にあり、兌《だ》の柔《じう》は上《うへ》にあつて、交々相感應《こもごもあひかんおう》するの象《かたち》がある、故《ゆゑ》に之《これ》を咸《かん》と名《なづ》く。又艮《またこん》の山氣《さんき》は下《くだ》つて兌澤《だたく》に入《い》り、兌《だ》の澤氣《たくき》は上《のぼ》つて艮山《こんさん》に及《およ》ぶは即《すなは》ち山澤氣《さんたくき》を通《つう》ずるの象《かたち》である、故《ゆゑ》に之《これ》を咸《かん》と名《なづ》く。又艮《またこん》の少男《せうだん》を以《もつ》て、兌《だ》の少女《せうぢよ》に下《くだ》るは即《すなは》ち男女相感《なんによあひかん》ずるの象《かたち》である、故《ゆゑ》に之《これ》を咸《かん》と名《なづ》く。咸《かん》は感《かん》ずるの義《ぎ》であるが之《これ》を感《かん》と言《い》はずして、而《しか》して咸《かん》と言ふ所以《ゆゑん》は、咸《かん》は無心《むしん》の感《かん》で、感《かん》ずるに心《こゝろ》なくして自然《しぜん》に感《かん》ずるものは通《つう》ぜざる所《ところ》がない、隨《したが》つて皆感《みなかん》ずるの義《ぎ》がある、故《ゆゑ》に之《これ》を咸《かん》と言《い》ふ。此《かく》の如《ごと》く心中《しんちう》に何等《なんら》の求《もと》むる所《ところ》もなくして感《かん》ずるものは、必《かな》らず通達《つうたつ》すべき所《ところ》の理《り》がある、故《ゆゑ》にその占《せん》を亨《とほる》と言《い》ふ。されど相感《あひかん》ずる中《うち》にも正《せい》と不正《ふせい》との區別《くべつ》がある、苟《いやし》くも感《かん》ずるに正《せい》を以《もつ》てせざれば不正《ふせい》に入《い》る、故《ゆゑ》に亦之《またこれ》を戒《いまし》めて利《よろしたゞしきに》レ貞と言《い》ふ。貞《てい》は即《すなは》ち正《せい》の義《ぎ》で、以上《いじやう》は弘《ひろ》く感《かん》の道《みち》を言《い》ふたものであるが、此《こ》の卦艮《くわこん》の少男《せうだん》を以《もつ》て兌《だ》の少女《せうぢよ》に下《くだ》るは、二少各正《せうかくせい》を以《もつ》て相交感《あひかうかん》する所《ところ》の象《かたち》がある、故《ゆゑ》に亦特《またとく》に之《これ》を取《めとるぢよを》レ女吉と言《い》ふたものである、此《かく》の如《ごと》くにして女《をんな》を娶《めと》らば、その吉《きつ》なるべきは自《おのづ》から知《し》らるゝのである。

初六、咸《カン》ズ二其《ソ》ノ拇《オヤユビ》ニ一、

此卦《このくわ》は卦義《くわぎ》に於《おい》ては、主《しゆ》として交感感動《かうかんくどう》のことを言《い》ふて居《を》るけれども、而《しか》も六爻《かう》に於《おい》ては、皆靜《みなしづ》かなるを以《もつ》て宜《よろ》しとなし、動《うご》くを以《もつ》て宜《よろ》しからずとなすの義《ぎ》を取《とつ》て居《を》る、這《こ》は卽《すなは》ち謂《い》ふ所《ところ》の己《おの》れを虛《むなし》ふして人《ひと》に受《う》くるの意《い》で、感《かん》ずるに心《こゝろ》なくして感《かん》ずるものは、その心常《こゝろつね》に平《たひ》らかにして、不正事《ふせいじ》の爲《た》めに感撼《かんかん》さるゝ樣《やう》なことがないからであるが、初《しよ》六は咸《かん》の始《はじ》めに居《ゐ》て九四と相應《あひおう》ずるもので、此《こ》れ卽《すなは》ち人《じん》心始《しんはじ》めて感《かん》じて外物《ぐわいぶつ》を追《お》ひ、中心《ちうしん》を役《えき》せむとするの時《とき》である、故《ゆゑ》にその感《かん》ずることも尙淺《なほあさ》く、その跡《あと》も尙未《なほいま》だ外《そと》に露《あら》はれず、唯《たゞ》その拇《をやゆび》の少《すこ》しく動《うご》く位《くらゐ》のものである、故《ゆゑ》に咸二其拇一《かんずそのおやゆびに》と言《い》ふ。拇《をやゆび》は足《あし》の大《おほ》指《ゆび》で、初《しよ》の爻象《かうしやう》を取《とつ》たものであるが、凡《およ》そ感《かん》ずることの最《もつと》も切《せつ》なるものは、之《これ》をその身《み》に感《かん》ずるより切《せつ》なるものはない、故《ゆゑ》に此卦《このくわ》の諸爻《しよかう》に於《おい》ても、之《これ》を人身《じんしん》に象《かた》どつて、その感《かん》ずることの淺深輕重《せんしんけいちゆう》の區《く》別《べつ》を立《た》てゝ居《を》るが、初《しよ》六は感《かん》の始《はじ》めて、その感《かん》ずることは甚《はなは》だ淺《あさ》く、唯《たゞ》その拇《をやゆび》が動《うご》く丈《だけ》で、如何《いか》なる事《こと》に感《かん》じつゝあるか、その形跡《けいせき》も外《そと》に現《あら》はれて居《を》らぬので、吉凶《きつきよう》の言《い》ふべきものがなく、吉凶《きつきよう》は今後《こんご》の成行《なりゆき》に由《よつ》て決《けつ》すべきものである、故《ゆゑ》に吉凶《きつきよう》を言《い》ふて居《を》らぬ。

六二、咸《カン》ズ二其《ソ》ノ腓《コムラ》ニ一凶《キヨウ》、居《オ》レバ吉《キツ》、

初《しよ》を拇《をやゆび》となし、三を股《また》となして、二はその中間《ちうかん》に居《を》る、卽《すなは》ち腓《こむら》の象《かたち》である、故《ゆゑ》に之《これ》を咸二其腓一《かんずそのこむらに》と言《い》ふ。

腓《こむら》は說文《せつぶん》に脛腨《けいせん》卽《すなは》ち足《あし》の肚《はら》なりと言《い》ふてあるが、六二は柔順中正《じうじゆんちうせい》にして、剛健中正《がうけんちうせい》の九五卽《すなは》ち心《こゝろ》の正應《せいおう》である、故《ゆゑ》に足肚《あしはら》なるものは、先《ま》づ自《みづ》から動《うご》くものではないけれども、九五の心《こゝろ》の向《むか》ふ所《ところ》に從《したが》ふて動《うご》くのは、這《こ》は卽《すなは》ち感應《かんおう》の自然《じぜん》で少《すこ》しも妨《さまた》ぐる所《ところ》はない、然《しか》るに九五の心《こゝろ》の動《うご》くことを俟《ま》たず、近《ちか》く九三の股《また》に比《ひ》し、その動《うご》くに從《したが》ふて動《うご》かむとするのは、そは躁動《さうどう》して感應《かんおう》の正《せい》を失《うしな》はむとするものである、故《ゆゑ》に之《これ》を凶《きよう》と言《い》ふ。されどその中正《ちうせい》の德《とく》を守《まも》り、九五の心《こゝろ》の動《うご》くを俟《ま》つて、然《しか》る後《のち》に動《うご》けば、固《もと》より吉《きつ》にして咎《とが》むべき所《ところ》はない、故《ゆゑ》に居吉《をればきつ》と言《い》ふ。居《を》れば吉《きつ》とは、一概《くわい》に動《うご》かざるを以《もつ》て吉《キツ》となすのではない。その忘《みだ》りに動《うご》かざるを以《もつ》て吉《きつ》となすの義《ぎ》である。

九三、咸《カンズ》其《ソノ》股《モヽ》、執《マモレトモ》其《ソレ》隨《シタガフ》、往《ユケバ》吝《ヤブサシ》。

九三は心《こゝろ》の下《した》で、下體《かたい》の上《うへ》に居《を》る、卽《すなは》ち股《もゝ》の象《かたち》である。故《ゆゑ》に咸其股《かんずそのもゝに》と言《い》ふ。蓋《けだ》し股《もゝ》なるものは、上《じやう》體《たい》の動《うご》くに隨《したが》ふて動《うご》くものであるが、九三は剛《がう》を以《もつ》て陽《やう》に居《ゐ》て艮止《こんし》の主《しゆ》であるから、此《こ》れ宜《よろ》しくその德《とく》を執持《しつち》して自主《じしゆ》する所《ところ》がなければならぬが、却《かへ》つて上六《じやう》の兌主《だしゆ》に應《おう》じて、その說《よろこ》び動《うご》くに隨《したが》ふて動《うご》くものである。故《ゆゑ》に執其隨《まもれともそれしたがふ》と言《い》ふ。執《しつ》とは執持《しつち》して主守《しゆしゆ》するの義《ぎ》で、艮《こん》の象《かたち》を取《とつ》たものであるが、本《ほん》と堅《かた》く執《とつ》て持守《ちしゆ》すべきものでありながら、却《かへ》つてその好《この》む所《ところ》に從《したが》ふて躁動《さうどう》するが如《ごと》きは、此《こ》れ外物《ぐわいぶつ》の爲《た》めにその心《こゝろ》を役《えき》せらるゝもので、此《かく》の如《ごと》き心《こゝろ》を以《もつ》て往《ゆ》き進《すゝ》むのは、固《もと》より羞吝《しうりん》すべきことである、故《ゆゑ》に往吝《ゆけばやぶさし》と言《い》ふ。

九四、貞《タヾシウ》シテ吉《キツ》、悔《クイ》亡《ホロ》ブ、憧憧《シヤウ〳〵》トシテ往來《オウライ》セバ、朋《トモ》從《シタガ》ヘン二爾《ナンヂ》ノ思《オモイ》ニ一

九四は股《もゝ》の上《うへ》、脢《ばい》の下《した》に當《あた》り、亦《また》三陽《やう》の中《ちう》に居《ゐ》て心《こゝろ》の位《くらゐ》に當《あた》る、即《すなは》ち心《こゝろ》の象《かたち》で、咸《かん》の主《しゆ》であるが、心《こゝろ》なるものは形《かたち》の見《み》るべきものがない、故《ゆゑ》にその心《こゝろ》に咸《かん》ずと言《い》はずして、その心《こゝろ》に感《かん》じて起《おこ》り來《きた》る所《ところ》の思《おもひ》を言《い》ふて居《を》るが、思《おもひ》なるものは、心《こゝろ》の發《はつ》する所《ところ》でその用《よう》である。蓋《けだ》し心《こゝろ》の本體《ほんたい》は寂然不動《じやくねんふどう》にして、善《ぜん》もなく亦不善《またふぜん》もなく、善惡《ぜんあく》の境域《きやうゐき》を超越《てうゑつ》したものである、而《しか》もその感《かん》じて而《しか》して動《うご》くに至《いた》りては、正《せい》を以《もつ》て動《うご》くこともあれば、不正《ふせい》を以《もつ》て動《うご》くこともある、是故《このゆゑ》に感《かん》ずるに正《せい》を以《もつ》てすれば、自《おのづ》から虚《きよ》中無我《ちうむが》の理《り》に合《あ》ふて有心《いうしん》の私《わたくし》を絶《た》ち、一切萬事皆感通《さいばんじみなかんつう》せぬと言《い》ふことはないものである、反《これにはん》レ之《し》、感《かん》ずるに正《せい》を以《もつ》てせず、苟《いやし》くも心《こゝろ》に私係《しけい》する所《ところ》があれば、啻《たゞ》にその感通《かんつう》を妨《さまた》くる許《ばか》りでなく、之《これ》が爲《た》めに禍害《くわがい》を招《まね》くことを免《まぬ》がれぬのであるが、九四は剛《がう》を以《もつ》て陰《いん》に居《ゐ》てその正《せい》を失《うしな》ふた上《うへ》に、心位《しんゐ》に當《あた》つてその中《ちう》を得《え》て居《を》らぬ、故《ゆゑ》に占《せん》に由《よつ》て之《これ》を戒《いまし》めて貞吉悔亡《たゞしうしてきつくいほろぶ》と言《い》ふ。即《すなは》ち貞正《ていせい》なれば廓然大公《くわくぜんたいこう》にして私係《しけい》する所《ところ》がない、隨《したが》つて之《これ》に感《かん》ずるものは固《もと》より應《おう》じ來《きた》るのであるが、之《これ》に感《かん》せざるもの迄《まで》も亦《また》必《かな》らず應《おう》じ來《きた》つて、天下《てんか》一人《にん》も感應《かんおう》せぬものはないことゝなる、繫辭傳《けいじでん》に天下《てんか》何《なに》をか思《おも》ひ、何《なに》をか慮《おもん》ぱかる、天下《てんか》歸《き》を同《おなじ》ふして塗《みち》を異《こと》にす、一致《ち》にして而《しか》して百慮《ひやくりよ》す、天下《てんか》何《なに》をか思《おも》ひ何《なに》をか慮《おもん》ぱかると言《い》ふのは、即《すなは》ち此《こ》のことであるが若《も》し憧憧《しやう〳〵》として往來《わうらい》し、私心《ししん》を以《もつ》て人《ひと》を感《かん》ぜしめむとせば、我《わ》が思《おもひ》の及《およ》ぶ所《ところ》のものは感應《かんおう》し來《きた》るべきも、而《しか》も我《わ》が思《おもひ》の及《およ》ばざる所《ところ》のものは、之《これ》をして感應《かんおう》せしむるこ

とが可能《でき》ぬ、されば殊更《ことさら》に人《ひと》を感《かん》ぜしめむが爲《た》めに、如何《いか》に往來奔走《わうらいほんそう》して之《これ》を勸誘《くわんいう》するとも、之《これ》をして感應《かんおう》せしめ得《う》べき區域《くゐき》は甚《はなは》だ狹《せま》く、唯《ただ》己《おの》れが知己同類等《ちきどうるゐとう》の間《あひだ》に止《とゞ》まつて、到底人《たうていひと》をして感《かん》ぜしむるに心《こゝろ》なくして、而《しか》して之《これ》を感《かん》ぜしむるもの丶廣《ひろ》く且《か》つ大《だい》なるには及《およ》ぶべくもない、故《ゆゑ》に憧憧往來《しやう〱としてわうらい》朋從《せばともしたがはん》ニ爾《なんぢの》思《おもひに》一と言《い》ふ。憧憧《しやう〱》とは思《おも》ふことの絕《た》へぬ貌《かたち》て、無心《むしん》なるもの丶反對《はんたい》であるが、朋《とも》は朋類《ほうるゐ》の義《ぎ》、爾《なんぢ》は汝《なんぢ》と同意《どうい》である。

九五、咸《カン》ニ其《ソ》ノ脢《バイ》、无《ナシ》ニ悔《クイ》、

脢《ばい》は口《くろ》の下《した》、心《こゝろ》の上《うへ》卽《すなは》ち喉中《こうちう》の梅核《ばいかく》て、心《こゝろ》に感《かん》ずる所《ところ》があつて、將《まさ》に之《これ》を言《い》はむとするには、先《ま》づ脢《ばい》を牽《ひ》き動《うご》かして頰舌《はうぜつ》を鼓《こ》し、然《しか》る後之《のちこれ》を外《ほと》に發《はつ》して言說《げんせつ》するものであるが、今《いま》九五は心《こゝろ》の上口《うへくち》の下《した》にして、思《おも》ふことなきの地《ち》に居《を》り、感《かん》ずることの正否《せいひ》は四に係《かゝ》り、言《い》ふことの是非《ぜひ》は上《うへ》に係《かゝ》つて、己《おの》れ自《みづ》から關知《くわんち》する所《ところ》なきものてある、故《ゆゑ》に咸ニ其脢一无悔《かんずそのばいになしくい》と言《い》ふ。その脢《ばい》に感《かん》ずとは、感《かん》ずる所《ところ》があつて言《い》はむするの象《かたち》で、悔《くい》なしとは、本《もと》と自《みづ》から悔《くい》なしと言《い》ふの義《ぎ》であるが、常例《じやうれい》を以《もつ》て之《これ》を言《い》へば、九五は剛健中正《がうけんちうせい》を得《え》た所《ところ》の君主《くんしゆ》であるけれども、而《しか》も此《こ》の卦《くわ》に於《おい》ては、象《かたち》を人身《じんしん》に取《とつ》て居《を》るので、九四を以《もつ》て心位《しんゐ》卽《すなは》ち君主《くんしゆ》となして、此爻《このかう》に於《おい》ては、君位《くんゐ》の象《かたち》を取《とつ》て居《を》らぬ、故《ゆゑ》に此卦《このくわ》は定位《ていゐ》の主《しゆ》なきもの丶一つてある。

上六、咸《カン》ニ其《ソ》ノ輔《ホ》頰《キヤウ》舌《ゼツ》、一

輔《ほ》は口《くち》の內側《ないそく》、頰《けう》はその外側《ぐわいそく》て、舌動《したうご》けば輔《ほ》應じて頰《けう》も亦之《またこれ》に從《したが》ひ、三者相俟《しやあひま》つて言語《げんご》を發《はつ》する所《ところ》の具《ぐ》てあるが、上六《じやう》は重陰兌口《じゆういんだこう》の主《しゆ》にして咸《かん》の極《きよく》に居《を》り、人《ひと》を感《かん》ぜしむるに口舌《こうぜつ》を以《もつ》てして、誠實《せいじつ》の心《こゝろ》を持《もた》ぬものである、故《ゆゑ》に咸《かんず》二其輔頰舌《そのほけうぜつに》一と言《い》ふ。而《しか》して吉凶《きつきよう》を言《い》はざるものは、之《これ》を言《い》ふべきものがない爲《た》めではない、此爻《このかう》に限《かぎ》つて輔頰舌《ほきやうぜつ》の三象《しやう》を、取《と》る所《ところ》に於《おい》て、その佞辯媚說《ねいべんびせつ》の陋態《ろうたい》を形容《けいよう》して、併《あは》せてその凶咎《きようきう》ある所以《ゆゑん》を表示《へうし》して居《を》るから、殊更《ことさら》に之《これ》を言《い》ふの必要《ひつえう》がない爲《た》めてある。

晁氏次仲《ちやうしじちう》曰《いは》ク、人《ひと》ノ人《ひと》ヲ感《かん》ゼシムルハ、言行《げんかう》ノ二端《たん》ニ過《す》グルコトナシ、言行《げんかう》ハ君子《くんし》ノ天地《てんち》ヲ動《うご》カス所以《ゆゑん》ナリ、下卦《かくわ》ハ拇《ぼ》腓《ぴ》股《こ》行《かう》ノ象《しやう》ナリ、靜《せい》ヲ以《もつ》テ善《ぜん》ト爲《な》ス、上卦《じやうくわ》ハ脢《ばい》輔《ほ》頰《きやう》舌《ぜつ》言《げん》ノ象《しやう》ナリ、寡《くわ》ヲ以《もつ》テ吉《きつ》ト爲《な》ス、四ガ中《うち》ニ居《を》ルハ心《こゝろ》ノ位《くらゐ》ナリ、心《こゝろ》ハ虛《きよ》ヲ以《もつ》テ靈《れい》ナリ、故《ゆゑ》ニ心《こゝろ》ヲ言《い》ハズ、心虛《しんきよ》ナレバ、拇《ぼ》腓《ひ》等節々《とうせつ〳〵》皆靈《みなれい》ナリ、心虛《しんきよ》ナラザレバ、拇《ぼ》腓《ひ》等節々《とうせつ〳〵》皆妄《みなばう》ナリ、手足《てあし》ニアツテハ則《すなは》チ勞《らう》シテ而《しか》シテ、功《こう》ナク、口舌《こうぜつ》ニアツテハ則《すなは》チ煩《はん》ニシテ而《しか》シテ益《えき》ナシ、頂《てう》ヨリ踵《しゆ》ニ至《いた》ツテ一トシテ而《しか》シテ可《か》ナルコトナシ、此《こ》レ聖人《せいじん》象《しやう》ヲ取《と》ルノ意《い》ニシテ、言《げん》ヲ立《た》ツルノ旨《し》ナリ、

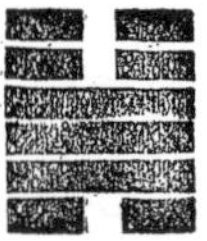

巽《そん》下《か》　震《しん》上《じやう》　恒《こう》

恒《コウ》、亨《トウ》ル、利《ヨロ》シレ貞《タダ》シキニ、利《ヨロ》シレ有《ア》ルニレ攸《トコロ》往《ユ》ク、

此卦《このくわ》震《しん》の雷《らい》は上《うへ》にあつて、巽《そん》の風《かぜ》は下《した》にあり、雷風相與《らいふうあひく》みして萬物《まんぶつ》を化育《くわいく》し、古今《ここん》に亘《わた》つて生生《せいせい》已《や》むことなく、一定《てい》にして不易《ふえき》なるの象《しやう》がある、故《ゆゑ》に之《これ》を恒《こう》と言《い》ふ。又震《またしん》の長男《ちやうなん》は上《うへ》に位《くらゐ》し、外《そと》に出《い》て、勤勉《きんべん》し、巽《そん》の長女《ちやうぢよ》は下《した》に位《くらゐ》し、内《うち》に處《をつ》て家事《かじ》を齊《とゝな》ふ、此《こ》れ夫《ふ》動《とい》て婦從《ふしたが》ひ、夫婦室家《ふうふしつか》に居《を》る所《ところ》の象《かたち》で、恒久不《こうきうふ》變《へん》の常道《じやうどう》である、故《ゆゑ》に之《これ》を恒《こう》と言《い》ふ。恒《こう》とは恒常《こうじやう》の義《ぎ》て、恒常《こうじやう》なるものは、必《かな》らず長久《ちやうきう》なるの義《ぎ》であるが、人《ひと》として能《よ》くその道《みち》に長久《ちやうきう》なれば、何事《なにごと》も亨通《きやうつう》して咎《とが》なきことを得《う》るものである、故《ゆゑ》に恒亨《こうはとう》と言《い》ふ。而《しか》も恒常《こうじやう》にして能《よ》く亨通《かうつう》する所以《ゆゑん》は、貞正《ていせい》にして順《じゆん》を以《もつ》て動《うご》くが爲《た》めてある。故《ゆゑ》に利《よろし》レ貞《たゞしきに》と言《い》ふ。貞正《ていせい》なれば、則《すなは》ち恒常《こうじやう》にして長久《ちやうきう》なることが可能《でき》る、故《ゆゑ》に亦利レ有レ攸レ往《またよろしあるにところゆく》と言《い》ふ。

初六、浚《フカク》恒《ツ子ニス》、貞《カタクスレバ》凶、无《ナシ》レ攸《トコロ》レ利《ヨロシキ》、

恒常《こうじやう》の道《みち》に貴《たつと》ぶ所《ところ》は速成急達《そくせいきふたつ》にあらずして、彌久累積漸々《びきうるいせきぜん〳〵》に深《ふか》きに及《およ》ぶ所《ところ》にある、されば初《しよ》六は恒常《こうじやう》の始《はじ》めであるから、宜《よろ》しく漸《ぜん》を以《もつ》て進《すゝ》まねばならぬものであるけれども、陰柔《いんじう》にして事理《じり》に暗《くら》く、巽《そん》體《たい》にして性躁《せいさう》なるが故《ゆゑ》に、俄《にはか》に恒常《こうじやう》ならむことを求《もと》めて深入《しんにふ》するものである、故《ゆゑ》に浚恒《ふかくつねにす》と言《い》ふ。浚《ふかく》は深《ふか》くの義《ぎ》て、浚《ふか》く恒《つね》にすとは、恒《こう》の始《はじ》めに居《ゐ》て恒《こう》を求《もと》むることの深《ふか》きに失《しつ》することを言《い》ふたものであるが、此《かく》の如《ごと》きはその道《みち》に恒久《こうきう》なるべきの義《ぎ》に背《そむ》くものである、而《しか》も尚此《なほこ》の心《こゝろ》を固守《こしゆ》するが如《ごと》きは凶《きよ》であると言《いは》ねばならぬ、故《ゆゑ》に貞凶《かたけれはきよう》と言《い》ふ。貞《てい》は貞固《ていこ》之《これ》を守《まも》るの義《ぎ》であるが、恒《こう》ならむことを求《もと》めて此《かく》の如《ごと》くば、何《いづ》れに往《ゆ》くとしても必《かな》らず利《よろ》しき攸《ところ》がない、故《ゆゑ》に亦无レ攸レ利《またなしところよろしき》と言《い》ふ。

九二、悔《クイ》亡《ホロ》ブ、

恒常《こうじやう》の時《とき》に當《あた》りては、その正《せい》に居《ゐ》るを以《もつ》て恒常《こうじやう》の義《ぎ》に合《あ》ふものとなすのであるが、九二が剛《がう》を以《もつ》て陰《いん》に居《ゐ》るは、卽《すなは》ち恒常《こうじやう》の義《ぎ》に背《そむ》いて居《ゐ》る、隨《したが》つて本《もと》と當《まさ》に悔《くい》あるべきものであるけれども、而《しか》も九二は中德《ちうとく》を備《そな》へて六五の中德《ちうとく》に應《おう》じて居《ゐ》るから、這《こ》は能《よ》くその中《ちう》に恒久《こうきう》なるもので以《もつ》てその悔《くい》を相殺《さうさい》し去《さ》ることが可能《でき》る、故《ゆゑ》に之《これ》を悔亡《くいほろ》ぶと言《い》ふ。

九三、不《セズ》レ恒《ツネニ》二其《ソノ》德《トク》ヲ一、或《アルヒハ》承《スヽム》二之《コレ》ニ羞《ハヂ》ヲ一、貞《カタク》スレドモ吝《ヤブサシ》、

九三は剛《がう》を以《もつ》て陽《やう》に居《ゐ》て、その正《せい》を得《え》て居《ゐ》るけれども、過剛不中《くわかうふちう》にして巽體《そんたい》の上《うへ》に居《ゐ》り、尙《なほ》雷風交接《らいふうかうせつ》の際《さい》に當《あた》つて居《ゐ》るから、妄進躁退《まうしんさうたい》その所《ところ》に久《ひさ》しく安居《あんきよ》することが可能《でき》ず、心《こゝろ》の操守《さうしゆ》を失《うしな》ふたものである、故《ゆゑ》に不《せずつねに》レ恒二其德《そのとくを》一と言《い》ふ。蓋《けだ》し人《ひと》として恒心《こうしん》なきものは、已《すで》に人《ひと》たるの德《とく》を喪失《さうしつ》したもので、人《ひと》の之《これ》を鄙陋《ひろう》とし之《これ》を羞辱《しうぢよく》とするは固《もと》よりその所《ところ》である、故《ゆゑ》に或承二之羞一《あるひはすゝむこれにはぢを》と言《い》ふ。而《しか》も此《こ》の道《みち》を固守《こしゆ》して以《もつ》て恒常《こうじやう》となすは鄙吝《ひりん》すべきの至《いた》りである、故《ゆゑ》に貞吝《かたければやぶさし》と言《い》ふ。或《あるひ》はとはその何人《なにびと》たるやを定《さだ》めざるの辭《じ》、承《すゝむ》とは承奉《しようほう》して之《これ》を進《すゝ》むるの義《ぎ》で、言《い》ふこゝろは、人々皆《ひと〴〵みな》承奉《しようほう》して之《これ》を進《すゝ》め、その由《よつ》て來《きた》る所《ところ》を知《し》らざるの義《ぎ》である、又貞《またてい》は貞固《ていこ》之《これ》を守《まも》るの義《ぎ》、

九四、田《カ》リ二无《ナシ》レ禽《キン》、

九四が不中不正《ふちうふせい》なるは、已《すで》に恒常《こうじやう》の義《ぎ》に背《そむ》いて居《ゐ》る許《ばか》りでなく、四は初《しよ》と應《おう》ずれども、初《しよ》は巽入《そんにふ》の主《しゆ》

となつて深《ふか》く入《い》り、四は震動《しんどう》の主《しゆ》となつて高《たか》く進《すゝ》み、一進《しん》一退互《たいたがひ》にその情《じやう》を異《こと》にすること、之《これ》を喩《たと》へば、田獵《でんれふ》して何《なん》の獲《う》る所《ところ》もなきが如《ごと》く、一切萬事《さいまんじ》徒勞《とらう》に歸《き》する所《ところ》の象《しやう》である、故《ゆゑ》に田无レ禽《かりになしきん》と言《い》ふ。震《しん》を獵者《れふしや》となし、巽《そん》を禽《きん》となして、震《しん》の獵者《れふしや》は軼進《てつしん》し、巽《そん》の禽《きん》は却《かへ》つて後退《こたい》す。即《すなは》ち田《か》りに禽《きん》なきの象《しやう》である。

九五、恒《ツ子》ニス其《ソノ》徳《トク》ヲ貞《カタ》シ、婦人《フジン》ハ吉《キツ》、夫子《フウシ》ハ凶《キヨウ》、

六五は柔中《じゆちう》を以《もつ》て九二の剛中《がつちう》に應《おう》じて居《を》るが、陰《いん》が陽《やう》に順從《じゆんじう》して正固《せいこ》之《これ》を守《まも》るは、即《すなは》ち天理《てんり》の自然《しぜん》にして萬古不易《まんこふえき》の常道《じやうどう》である、故《ゆゑ》に恒ニ其 徳一貞《つねにそのとくをかたし》と言《い》ふ。貞《かたし》とは正固《せいこ》之《これ》を守《まも》るの義《ぎ》であるが、而《しか》も順從《じゆんじう》を以《もつ》て恒徳《こうとく》となすは、婦女子《ふぢよし》に取《と》ては常道《じやうどう》であるけれども、丈夫《ちやうふ》に取《と》つては寛嚴《くわんげん》その中《ちう》を得《う》るを以《もつ》て常道《じやうどう》とせねばならぬ、故《ゆゑ》に婦人吉《ふじんはきつ》、夫子凶《ふうしはきよう》と言《い》ふ。蓋《けだ》し此卦《このくわ》は卦體《くわたい》に就《つい》て之《これ》を見《み》れば、震《しん》の夫《ふ》は上《うへ》に位《くらゐ》し巽《そん》の婦《ふ》は下《した》に位《くらゐ》して、夫婦《ふうふ》各《かく》その恒正《こうせい》を得《え》て居《を》るけれども、爻體《かうたい》に就《つい》て之《これ》を見《み》れば、五の夫《ふ》は柔《じう》にして二の婦《ふ》は剛《がう》、亦《また》五の君《くん》は陰《いん》にして二の臣《しん》は陽《やう》となつて、恒常《こうじやう》の正《せい》に反《はん》して居《を》る、此《こ》れ即《すなは》ち婦人《ふじん》と夫子《ふうし》とその占《せん》を異《こと》にする所以《ゆゑん》で、占者《せんじや》の事《こと》に應《おう》じて須《すべ》からく深察《しんさつ》を要《えう》すべき所《ところ》である。

上六、振《フル》フレ恒《ツ子》ヲ、凶《キヨウ》

上六《じやう》は恒《こう》の終《をは》りに居《ゐ》て亦震《またしん》の極《きよく》に處《を》る、が恒《こう》の終《をは》りは變動《へんどう》して恒常《こうじやう》なることが難《かた》く、亦震《またしん》の極《きよく》は動搖《どうえう》して靜止《せいし》することが可能《でき》ぬ、故《ゆゑ》に振レ恒《ふるふつねを》と言《い》ふ。上六《じやう》が輕擧妄動《けいきよもうどう》すること常《つね》なく、而《しか》も之《これ》を以《もつ》て恒常《こうじやう》

となして振《ふる》ひ誇《ほこ》るに至《いた》りては、その凶《きよう》なるべきは必然《ひつぜん》である、故《ゆゑ》に之《これ》を凶《きよう》と言《い》ふ。振《しん》とは之《これ》を誇《ほこ》り示《しめ》すの義《ぎ》である。

丘氏富國曰《きうしふうこくいはく》ク、恒《こう》ハ中《ちう》ノ道《みち》ナリ、中《ちう》ナレバ能《よ》ク恒《こう》ニ、中《ちう》ナラザレバ則《すなは》チ恒《こう》ナラズ、恒《こう》ノ卦《くわ》ハ六爻相《かうあひ》應《おう》ズルノ義《ぎ》ナシ、惟《たゞ》二體《たい》ヲ以《もつ》テ中《ちう》ヲ取《と》レバ、則《すなは》チ恒《こう》ノ義《ぎ》見《あら》ハル、初《しよ》ハ下體《かたい》ノ下《した》ニ在《あ》リ、四ハ上體《じやうたい》ノ下《した》ニ在《あ》リ、皆未《みないま》ダ恒《こう》ニ及《およ》バザル者《もの》。故《ゆゑ》ニ恒《こう》ニ泥《なず》ンデ而《しか》シテ變《へん》ヲ知《し》ラズ、是《これ》ヲ以《もつ》テ初《しよ》ハ浚《ふか》ク恒《こう》ニシ、四ハ田《か》リニ禽《きん》ナシ、三ハ下體《かたい》ノ上《うへ》ニ在《あ》リ、上《しやう》ハ上體《じやうたい》ノ上《うへ》ニ在《あ》リ、皆已《みなすで》ニ恒《こう》ニ過《す》グル者《もの》、故《ゆゑ》ニ變《へん》ヲ好《この》ンデ而《しか》シテ恒《こう》ヲ知《し》ラズ、是《これ》ヲ以《もつ》テ三ハ恒《こう》ニセズシテ、而《しか》シテ上《うへ》ハ恒《こう》ヲ振《ふる》フ、惟《たゞ》二五ハ上下體《じやうかたい》ノ中《ちう》ヲ得《え》テ、恒《こう》ノ義《ぎ》ヲ知《し》ル者《もの》、而《しか》シテ五ノ位《くらゐ》ハ剛《かう》ニシテ爻《かう》ハ柔《じゆ》、柔中《じゆちう》ヲ以《もつ》テ恒《こう》ト爲《な》ス、故《ゆゑ》ニ義《ぎ》ヲ制《せい》スルコト能《あた》ハズシテ、而《しか》シテ但婦人《たゞしふじん》ノ吉《きつ》ト爲《な》ル、二ノ位《くらゐ》ハ柔《じう》ニシテ爻《かう》ハ剛《かう》、剛中《かくちう》ヲ以《もつ》テ恒《こう》ト爲《な》シテ、而《しか》シテ位《くらゐ》ニ居《を》ルコト當《あた》ラズ、亦常《またつね》ヲ守《まも》ルノ義《ぎ》ヲ盡《つく》スコト能《あた》ハズ、故《ゆゑ》ニ特《とく》ニ悔亡《くいほろ》ブト言《い》フノミ、恒《こう》ノ道豈《みちあに》言《い》ヒ易《やす》カランヤ、

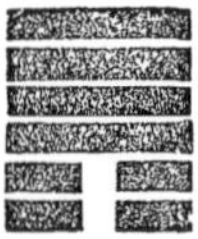

遯《とん》　艮《こん》下《か》　乾《けん》上《じやう》

遯《トン》、亨《トウ》ル、小《セウ》ハ利《ヨロシ》レ貞《タヾ》シキニ

此《この》卦《くわ》艮《こん》を小《せう》となし、止《とゞ》まるとなし、乾《けん》を天《てん》となし、上《のぼ》り進《すゝ》むとなして、山《やま》は高《たか》く聳《そび》ゆれども止《とゞ》まつて動《うご》かず、天《てん》は乃《すなは》ち上進《じやうしん》して之《これ》を去《さ》る、即《すなは》ち遯去《とんきよ》の義《ぎ》である、故《ゆゑ》に之《これ》を遯《とん》と言《い》ふ。又《また》二陰下《いんしも》に長《ちやう》じてその勢《いきほひ》漸《やう》やく盛《さか》むに、四陽《やう》は次第《しだい》に退避《たいひ》してその所《ところ》を遯《のが》れ去《さ》らむす、故《ゆゑ》に之《これ》を遯《とん》と言《い》ふ。遯《とん》とは遯《の》がれ避《さ》くるの義《ぎ》て、二陰下《いんしも》に長《ちやう》ずれば、四陽《やう》は將《まさ》に上《かみ》に遯《の》がれ去《さ》るべきの時《とき》であるけれども、君子《くんし》能《よ》く幾《き》を見《み》て而《しか》して遯《の》がるゝことをなせば、その身《み》は遯《の》がれ退《しりぞ》いても、而《しか》もその道《みち》は之《これ》を伸《の》ぶることが可能《でき》る、故《ゆゑ》に亨《とう》ると言《い》ふ。而《しか》して陰《いん》は榮《さか》へて陽《やう》は衰《おとろ》ふるの時《とき》であるから、大事《だいじ》は固《もと》より之《これ》を成《な》すことは可《で》能《き》ぬ、けれども貞正《ていせい》の道《みち》を守《まも》つて之《これ》を行《おこな》はゞ小事《せうじ》は之《これ》を成《な》すことが可能《でき》る、故《ゆゑ》に小《せう》は貞《たゞ》しきに利《やす》しと言《い》ふ。小《せう》とは事《こと》の小《せう》なるものを言《い》ふたものである。

初六、遯《ノガ》ルレ尾《ビ》ニ厲《アヤウ》シ勿《ナカ》レレ用《モチユ》ルコトレ有《ア》ルニ攸《トコロ》レ往《ユ》、

卦《くわ》に就《つい》て之《これ》を言《い》へば、二陰《いん》を以《もつ》て小人《ぜんじん》となし、四陽《やう》を以《もつ》て遯去《とんきよ》する所《ところ》の君子《くんし》となすが、爻《かう》に就《つい》て之《これ》を言《い》へば、六爻《かう》皆《みな》均《ひと》しく避遯《ひとん》する所《ところ》の君子《くんし》である、而《しか》して易例《えきれい》に於《おい》て上爻《じやうかう》を先《さ》きとなし、首《しゆ》となし、初《しよ》爻《かう》を後《のち》となし、尾《び》となすのであるが、初《しよ》六は遯《の》がれ避《さ》くるものゝ最後《さいご》に居《を》る、即《すなは》ち尾《び》に遯《のが》るゝの象《しやう》である。且《か》つ亦《また》難《なん》を避《さ》けて遯《のが》れ去《さ》るものは、最《もつと》も先《さ》きなるを以《もつ》て利《よろ》しとなし、最《もつと》も後《のち》なるを以《もつ》て危厲《おれい》となすが、初《しよ》六は陰柔《いんじう》不断《ふだん》幾《き》を見《み》て而《しか》して遯《のが》るゝことが可能《でき》ず、最《もつと》も後《おく》れてその尾《び》にある、故《ゆゑ》に遯《のがる》レ尾《び》厲《あやうし》と言《い》ふ。その象《かたち》が此《こ》の如《ごと》く、その占《せん》も亦《また》此《こ》の如《ごと》くであるから、萬事《まんじ》皆《みな》爲すべきの時《とき》ではない、故《ゆゑ》に尙《なほ》

之《これ》を戒《いまし》しめて勿レ用レ有レ攸レ往《なかれもちゆることあるにところゆく》と言《い》ふ。往《ゆ》く所《ところ》あるに用《もち》ゆる勿《な》かれとは、進《すゝ》むで爲《な》すあるに用《もち》ゆる勿《な》かれと言《い》ふの義《ぎ》で、往來行止《わうらいこうし》のことを言《い》ふたものではない。

六二、執《ト》ルニ之《コレ》ヲ用《モチ》ユ黄《コウ》牛《ギウ》之《ノ》革《カワ》ヲ、莫《ナカラ》シム之《コレ》ヲ勝《アゲ》テ説《ヌ》クコト

遯《とん》の諸爻《しよかう》は皆《みな》先《さき》を爭《あらそ》ふて遯《の》がれ去《さ》るものであるが、惟《ひと》り六二は人臣《じんしん》の位《くらゐ》に居《ゐ》て國家《こつか》の重任《ちうにん》に當《あた》るものであるから、他《た》の諸爻《しよかう》と共《とも》に遯《のが》れ去《さつ》て、その重任《ちうにん》を空《むなし》ふすべきものでない許《ばか》りか、己《おの》れを棄《す》てゝ遯《のが》れ去《さ》る所《ところ》の諸爻《しよかう》をも、尙之《なほこれ》を抑留《りよくりう》して遯去《とんきよ》せざらしむべき職責《しよくせき》を持《も》て居《を》る、故《ゆゑ》に執レ之用二黄牛之革一《とるにこれをもちゆこうぎうノかわを》、莫二之勝説一《なからしむこれをあげてぬぐこと》と言《い》ふ。卽《すなは》ち他《た》の諸爻《しよかう》の遯去《とんきよ》すすものを拘執《こうしつ》して、之《これ》を勝《あ》げて説《と》ぎ解《ぬ》き去《さ》ることの可《で》能《き》ぬ様《やう》にすることとて、執《しつ》とは係執《けいしつ》するの義《ぎ》で艮《こん》の象《かたち》、黄《くわう》は中《ちう》の色《いろ》、黄牛《くわうぎう》は順物《じゆんぶつ》で、共《とも》に六二が柔順《じうじゆん》中正《せい》を得《え》たるの象《かたち》、又革《またかわ》は堅靱《けんじん》の物《もの》であるが、六二が中順《ちうじゆん》を得《え》たるの象《しやう》に加《くは》ふるに、艮《こん》の厚固《こうこ》の義《ぎ》を以《もつ》てしたものである。

九三、係《ツナガ》ル遯《ノガ》ルニ、有《アツ》テ疾《ヤマヒ》厲《アヤウ》シ、畜《ヤシナ》ヘ臣《シン》妾《セフ》ヲ吉《キツ》

遯《とん》の時《とき》に當《あた》つては、速《すみ》やかに遠去《ゑんきよ》してその難《なん》を避《さ》くることを貴《たつと》ぶのであるが、九三は艮止《たんし》の主《しゆ》にして六二と接比《せつひ》し、之《これ》が爲《た》めに係留《けいりう》されて、超然《てうぜん》として遠遯《ゑんとん》することの可《で》能《き》ぬものである、故《ゆゑ》に係レ遯《つながるのがるに》と言《い》ふ。遯《のが》るゝに係《つな》がるとは、九三が遯《のが》れ去《さ》らむとすれども、六二の爲《た》めに拘係《こうけい》されて遯《のが》れ去《さ》ることが可《で》能《き》ぬと言《い》ふ義《ぎ》であるが、遯《とん》の道《みち》は小人《せうにん》を避《さ》け遠《とほ》ざかるを貴《たつ》ぶに拘《かゝ》はらず、此《こ》の如《ごと》く陰《いん》の爲《た》めに拘《こう》

係《けい》されて遯《のが》れ去《さ》ることの出來《でき》ぬのは、之《これ》を喩《たと》へば、疾病《しつびやう》がその身《み》にあると一般《ぱん》で、危厲《きれい》なことてあると言《いは》ねばならぬ、故《ゆゑ》に有《あつて》レ疾厲《やまひあやうし》と言《い》ふ。疾《しつ》は巽《そん》を惑疾《わくしつ》となすの象《かたち》を取《と》て居《を》る。九三が六二の小人《せうじん》に近比《きんぴ》するの危《あやう》きことは此《かく》の如《ごと》きてある、故《ゆゑ》に之《これ》に敎《をし》ゆるに、小人《せうじん》を御《ぎよ》するの方《はう》を以《もつ》てして曰《いは》く、畜《やしなへば》ニ臣妾《しんせうを》一吉《きつ》と。言《い》ふこゝろは、小人《せうじん》の御《ぎよ》し難《かた》きことは、猶《なほ》臣妾《しんせふ》の人《ひと》を惑《まど》はし易《やす》きが如《ごと》きもので、之《これ》を御《ぎよ》するの法《はふ》は、之《これ》を嚴《げん》にしてその狎侮《かうぶ》の心《こころ》を絕《た》ち、之《これ》を惡《にく》まずしてその忿戾《ふんれい》の心《こゝろ》を和《や》はらげ、臣妾《しんせふ》を養《やしな》ふの法《はう》を用《もち》ひて之《これ》を御《ぎよ》せば、危《あやう》きことを免《のが》れて吉《きつ》なることを得《え》るてあらうと。蓋《けだ》し善類《ぜんるゐ》を拘執《こうしつ》して遯《のが》れ去《さ》ることを得《え》ざらしむる所《ところ》の六二から言《い》へば、敢《あへ》て邪心《じやしん》があつて然《し》かするものではないけれども、而《しか》も拘係《こうけい》さるゝ所《ところ》の九三から言《い》へば、恰《あだ》かも疾病《しつぺい》の身《み》にあるが如《ごと》くに危《あやう》くして、その利《り》害相反《がいあひはん》することと此《かく》の如《ごと》くなる所以《ゆゑん》は、必竟兩者《ひつきやうりやうしや》がその位地《ゐち》を異《こと》にするの致《いた》す所《ところ》で、易象《えきしやう》の多樣《たやう》なることは概《おほむ》ね此《こ》の如《ごと》くてある。

九四、好《コノ》メドモ遯《ノガ》ル、君子《クンシ》ハ吉《キツ》、小人《セウジン》ハ否《シカ》ラズ、

初《しよ》六は九四が正應《せいおう》てあるから、初《しよ》六は九四が豫《かね》て好《この》み愛《あひ》する所《ところ》である、けれど遯《とん》の時《とき》であるから、義《ぎ》として斷然之《だんぜんこれ》を棄《す》て去《さつ》て顧《かへり》みず、卽《すなは》ち惡《にく》まずして之《これ》を嚴《げん》にするの謂《いひ》で、艮山《ごんざん》は止《とゞ》まつて動《うご》かず、乾天《けんてん》は高《たか》くして際涯《さいがい》なきの象《かたち》である、故《ゆゑ》に之《これ》を好《この》めども遯《のが》ると言《い》ふ。蓋《けだ》しその好《この》む所《ところ》に係《たづさ》はつて之《これ》を捨《す》て去《さ》るに忍《しの》びぬのは、人情《にんにやう》の免《の》がれ難《かた》き所《ところ》であるが、君子《くんし》は義《ぎ》を以《もつ》て己《おの》れに克《か》ち、自《みづ》からその好《この》む所《ところ》を

捨《す》てゝ之《これ》を絶《た》つ、故《ゆゑ》に君子吉《くんしはきつ》と言《い》ふ。之《これ》に反《はん》し小人《せうにん》の如《ごと》きは、義《ぎ》を以《もつ》て己《おの》れを制《せい》することが可能《でき》ず、その好《この》む所《ところ》に迷《まよ》ひ、その愛《あい》する所《ところ》に惑《まよ》ふて、終《つひ》にその名《な》を辱《はづ》かしめ、その身《み》を誤《あや》まるに至《いた》る、故《ゆゑ》に小《せう》人否《にんはしからず》と言《い》ふ。否《しか》らずとは、君子《くんし》なれば之《これ》を能《よ》くすれども、小人《せうにん》なれば然《しか》かすることが可能《でき》ぬと言《い》ふ義《ぎ》である。

九九、嘉遯《ヨクノカル》、貞《タヾシ》フシテ吉《キツ》

九五は遯《とん》の時《とき》に當《あた》つて剛健中正《がうけんちうせい》にして私係《しけい》の失《しつ》なく、時《とき》と共《とも》に進退《しんたい》してその中正《ちうせい》を失《うしな》はざるもので、遯《とん》の嘉美《かび》なるものである、故《ゆゑ》に嘉遯貞吉《よくのがるたゞしうして》と言《い》ふ。嘉遯《かとん》は之《これ》を好遯《かうとん》に比《くら》ぶれば、優《まさ》ること一等《とう》であるが、此爻《このかう》は君位《くんゐ》であるけれども、人君《じんくん》には遯《とん》の理《り》がないから、君位《くんゐ》を主《しゆ》とせず、唯人臣《たゞじんしん》にして高位《かうゐ》に居《を》るものが、功《かう》成り名《な》遂げてその身《み》を退《ひ》くものとしてその辭《じ》を繫《かゝ》けたものである。

上九、肥《コヘ》テ遯ル、无《ナシ》レ不《ザル》レ利《ヨロシカラ》、

遯《のが》るるものは超然遠去《てうぜんゑんきよ》して、何等《なんら》の係累《けいるい》なきものを以《もつ》て善《ぜん》となすのであるが、上九《じやう》は遯《とん》の最《もつと》も先《さ》きに居《ゐ》て下《しも》に係《かゝ》る所《ところ》なく、脱然遠去綽々《だつぜんゑんきよしやく〳〵》として餘裕《よゆう》あるものである、故《ゆゑ》に肥遯无レ不レ利《こへてのがるなしざるよろしから》と言《い》ふ。肥《こへ》ると は、乾《けん》を剛健《がうけん》にして有餘《いうよ》となし、自得肥滿《じとくひまん》するの象《かたち》を取《とつ》たものであるが、肥遯《ひとん》は之《これ》を嘉遯《かとん》に比《くら》ぶれば尚更《なほさら》に優《まさ》ること一等《とう》なるもので、應《おう》もなく係《けい》もなく悠々自得《ゆう〳〵じとく》するが故《ゆゑ》に、遯《のが》れて而《しか》して肥滿《ひまん》するに至《いた》るものである。

䷡ 乾《けん》下 震《しん》上 大壯《たいさう》

大壯《ダイサウ》、利《ヨロシ》レ貞《テイ》一

此卦乾《このくわけん》を健《けん》となし、震《しん》を動《どう》となし、動《うご》くに健《けん》を以《もつ》てするは大壯《たいそう》の象《かたち》である、故《ゆゑ》に之《これ》を大壯《たいあう》と名《なづ》く。又《また》乾《けん》を天《てん》となし、震《しん》を雷《らい》となして、雷《らい》の天上《てんじやう》に震《ふる》ふは大壯《たいさう》の象《かたち》である、故《ゆゑ》に之《これ》を大壯《たいさう》と名《なづ》く。又陽剛《またやうがう》を以《もつ》て大《だい》となし、四陽長盛《やうちやうせい》して已《すで》にその中《ちう》を過《す》ぐるは大壯《たいさう》の象《かたち》である、故《ゆゑ》に之《これ》を大壯《たいさう》と名《なづ》く。即《すなは》ち一陽《やう》復《ふく》に生《しやう》じ、臨《りん》に長《ちやう》じ、泰《たい》に満《み》つて、大壯《たいさう》に盛《さか》むにして四陽《やう》二陰《いん》に逼《せま》り、その勢《いきほひはなは》甚《だ》だ壯盛《さうせい》にして之《これ》を侵凌《しんりよう》し去《さ》らむとするの傾《かた》むきがある、故《ゆゑ》に之《これ》を戒《いま》しめて利《よろしていに》レ貞 と言《い》ふ。貞《てい》に利《よろ》しとは、正固之《しやうこくこれ》を守《まも》つて、妄《みだ》りに動《うご》かざらむことを戒《いま》しめたものである。

初九、壯《サカ》レ于《ニ》レ趾《シ》、征《ユ》ケバ凶《キヨウ》有《アリ》レ孚《マコト》、

初《しよ》九は過剛不中《くわがうふちう》にして大壯《たいさう》の始《はじ》めに居《を》り、剛壯《がうさう》の勢《いきほひ》を恃《たの》み、猛進《まうしん》して分《ぶん》を越《こ》へ人《ひと》を犯《をか》すもので、趾《し》は初爻《しよかう》の象《かたち》であるが、下《しも》に在《あつ》て鋭進《えいしん》して顧《かへり》みざるは、即《すなは》ち趾《し》に壯《さか》むなるの象《かたち》である、故《ゆゑ》に壯《さかんなりにし》レ于レ趾と言《い》ふ。蓋《けだ》し剛《がう》を以《もつ》て壯時《さうじ》に處《しよ》せば、上位《じやうゐ》に居《を》るものとしても、倘且《なほか》つその進《すゝ》み行《ゆ》くことを許《ゆる》さぬのである、況《いは》むや下位《かゐ》に居《ゐ》て猛進《まうしん》するが如《ごと》きは、その凶《きよう》なること必然《ひつぜん》である、故《ゆゑ》に征《ゆ》けば凶有《きようありまこと》レ孚と言《い》ふ。有《ありまこと》レ孚とは、その凶《きよう》が必然《ひつぜん》ある。即《すなは》ち屹度《きつと》あると言《い》ふ義《ぎ》である。

九二、貞吉《たゞしうして》、

九二は剛陽《がうやう》の質《しつ》を以《もつ》て大壯《たいさう》の時《とき》に當《あた》るけれども、而《しか》も陰位《いんゐ》に居《ゐ》て中《ちう》を履《ふ》み、剛柔《がうじう》その宜《よろ》しきを得《え》て過《くわ》不及《ふきふ》なきものである、故《ゆゑ》に壯《さう》とも言《いは》ねば不正《ふせい》とも言《い》はずして、直《たゞ》ちに之《これ》を貞吉《たゞしうして》と言《い》ふて居《を》るが貞正《ていせい》にして吉《きつ》なりとは、此爻本來《このかうほんらい》の形象《けいしやう》で、亦占《またせん》を兼《かね》た所《ところ》の辭《じ》である。

九三、小人《セウジン》ハ用《モチ》ヒレ壯《サウ》ヲ、君子《クンシ》ハ用《モチ》ユレ罔《モウ》ヲ、貞《カタ》ケレバ厲《ヤウ》シ、羝羊《テイヨウ》觸《フレテ》レ藩《マガキニ》、羸《クルシ》ム二其《ソノ》角《ツノ》ヲ一

九三は過剛不中《くわがうふちう》にして大壯《たいさう》の時《とき》に當《あた》り、尙乾進《なほけんしん》の終《をは》りに居《ゐ》て壯《さう》の極《きよく》なるものである、故《ゆゑ》に若《も》し小人《せうじん》にして此《こ》の位《くらゐ》に居《を》るとせば、剛愎自《がうふくみづ》から用《もち》ひて人《ひと》を凌犯《りちうはん》し、若又君子《もしまたくんし》にして此《こ》の位《くらゐ》に居《を》るとせば、驕慢《けうまん》自《みづ》から任《にん》じて人《ひと》を蔑視《べつし》するもので、共《とも》にその恃《たの》む所《ところ》を恣《ほしい》まゝにして忌憚《きたん》する所《ところ》がない、故《ゆゑ》に小人用《せうじんはもちひ》レ壯《さう》、君子用《くんしはもちゆ》レ罔《まう》と言《い》ふ。罔《まう》は无《む》と同《おな》じく、輕蔑《けいべつ》して意《い》に介《かい》せず、眼中《がんちう》に止《とゞ》めざるの義《ぎ》であるが、二者共《しやとも》に過剛殺伐《くわがうさつばつ》にして和順寛裕《わじゆんくわんいう》の美徳《びとく》を持《もつ》て居《を》らぬ、が而《しか》も尙此《なほこ》の心《こゝろ》を固執《こしつ》して改悛《かいしゆん》することを知《し》らざるは實《じつ》に危厲《きれい》の至《いた》りて、譬《たと》へて之《これ》を言《い》へば、猶羝羊《なほていやう》が藩《まが》きに觸《ふ》れてその角《つの》を傷《いた》め、如何《いか》にともなし得《え》ざるのと同然《どうぜん》で、自《みづ》から求《もと》めて困難《こんなん》を招《まね》くものである。故《ゆゑ》に貞厲《かたければあやうして》、羝羊觸《ていようふれて》レ藩《まがきに》、羸《くるしむ》二其角《そのつの》一と言《い》ふ。羝《てい》は壯羊《さうやう》のことで、その性物《せいもの》に牴觸《ていしよく》することを喜《この》むものであるが、羊《やう》は大卦大兌《たいくわたいだ》の象《かたち》、又震《またしん》を竹《たけ》となし、雈葦《しようゐ》の類《るゐ》となして、九三の前《まへ》に横《よこた》はるは卽《すなは》ち藩籬《はんり》の象《かたち》、然《しか》るに大兌《たいだ》の羝羊《ていやう》が乾《けん》の首《くび》にある所《ところ》の震《しん》の角《つの》を持《もつ》て、その前《まへ》にある震《しん》の藩《まがき》に突《つ》き觸《ふる》るは卽《すなは》ちその角《つの》を傷《いた》め困《くる》しむの象《かたち》がある、故《ゆゑ》に此《こ》の象《かたち》を取《とつ》て九

三が妄進《まうしん》して凶《きよう》を致《いた》す所《ところ》の有樣《ありさま》を形容《けいよう》したもので、羸《くるしむくる》は困しむの義《ぎ》である。

九四、貞《タダ》シケレバ吉《キツ》ニシテ悔《クイ》亡《ホロ》ブ、藩《マガキ》決《ヒラ》ケテ不《ズ》レ羸《クルシマ》、壯《サカ》ンナリ于《ニ》二大《タイ》輿《ヨ》之《ノ》輹《フク》一

此卦《このくわ》は四陽長進《やうちやうしん》してその勢甚《いきほひはなは》だ盛《さか》むに、九四は震動《しんどう》の主《しゆ》となつて最先《さいせん》に居《を》るから、元《もと》と悔《くい》あるものである。されども剛《かう》を以《もつ》て陰《いん》に居《を》るが故《ゆゑ》に、その壯《さかん》を極《きは》むるものではない、隨《した》つて自《みづ》から顧《かへり》みて貞正《ていせい》なることを得《え》ば、その悔《くい》を亡《ほろぼ》し去《さ》つて悔《くい》なきに至《いた》ることが可能《でき》るものである、故《ゆゑ》に貞吉悔亡《たゞしけれはきつにしてくいほろぶ》と言《い》ふ。九三の前《まへ》に横《よこた》はるものは陽畫《やうくわ》であるから、猶藩籬《なほはんり》抔《など》があつて之《これ》を遮障《しやしやう》するが如《ごと》くに見《み》ゆるけれども、九四の前《まへ》にあるものは、皆陰畫《みないんくわ》の中斷《ちうだん》されたもののみであるから、恰《あだ》かも藩籬《はんり》が決開《けつかい》されて出入《しゆつにふ》に自由《じいう》なる所《ところ》の象《かたち》がある、故《ゆゑ》に藩決不レ羸、壯レ于二大輿之輹一《まがきひらけてくるしまずさかんなりにたいよのふく》と言《い》ふ。決《ひらけて》とは開《ひら》け通《つう》ずるの義《ぎ》で、藩《まが》き開《ひら》けて羸《くる》しまずとは、九三の辭《じ》を承《う》けて之《これ》を言《い》ふたものである、故《ゆゑ》に羊《やう》と角《つの》と觸《ふる》ることを省《はぶ》いて、唯之《たゞこれ》を羸《くる》しまずと言《い》ふ。大輿《たいよ》は大《だい》なる車《くるま》の義《ぎ》で、乾《けん》の象《かたち》であるが、震《しん》を大塗《たいと》となして、大車《たいしや》の往來《わうらい》に便利《べんり》なるの象《かたち》がある、故《ゆゑ》に亦大輿《またたいよ》の輹《ふく》に壯《さか》むなりと言《い》ふ。

輹《ふく》は輻《ふく》と同《おな》じく、車下《しやか》の横木《よこぎ》のことて、九四が下《しも》三剛《とう》の上《うへ》に居《を》るは、即《すなは》ち輹《ふく》が壯《さか》むなるの象《かたち》である。

六五、喪《ウシナ》フ二羊《ヨウ》チ于《ニ》一易《サカイ》ニ、无《ナシ》レ悔《タイ》、

羊《やう》は群行《ぐんかう》して抵觸《ていしよく》することを喜《この》むものであるが、四陽《やう》が方《ま》さに長《ちやう》じて四に至《いた》るは、猶群羊《なほぐんやう》が並進《へいしん》し來《きた》る樣《やう》なものである、然《しか》るに六五は柔《じう》を以《もつ》て中《ちう》を得《え》て剛壯《がうさう》を用《もち》ゆるものではない、故《ゆゑ》に喪二羊于一易《うしなうようをにゆかい》と

言《い》ふ、易《えき》は疆場《きやうえき》の易《えき》と同《おな》じく、分界《ぶんかい》の義《ぎ》で、六五が已《すで》に四陽《やう》の界《さかい》を越《こ》へて二陰《いん》の易《さかゑ》に入《い》つた所《ところ》の象《かたち》である、が剛壮《がうさう》の時《とき》に當《あた》つて壮《さう》を失《うしな》ふは、却《かへ》つて和順寛容《わじゆんくわんよう》に復《ふく》するのであるから、別段《べつだん》に悔《くい》あるべき筈《はず》がない、故《ゆゑ》に无《なし》レ悔《くい》と言《い》ふ。

上六、羝《テイ》羊《ヤウ》觸《フ》レテレ藩《マガキ》ニ、不《ズ》レ能《アタ》ハレ退《シリゾ》クコト、不《ズ》レ能《アタ》ハレ遂《トグ》ルコト、无《ナシ》レ攸《トコロ》レ利《ヨロ》シキ、難《ナヤ》メバ則《スナハ》チ吉《キツ》、

上六は震動《しんどう》の極《きよく》に居《ゐ》て大壮《たいさう》の終《をは》りに當《あた》るので、此《これ》も亦《また》その壮《さう》に過《す》ぎたものである、之《これ》を喩《たと》ふれば、此《この》爻《かう》も亦《また》九四に似《に》て、猶羝羊《なほていやう》が藩《まがき》を突《つ》き抜《ぬ》いて進《すゝ》まむとすれば、藩《まがき》がその身《み》に礙《さわ》つて進《すゝ》まむことが可能《でき》ず、さればとて亦退《またしりぞ》かむとすれば、その角《つの》が藩《まが》きに突《つ》き入《いつ》て退《しりぞ》くことが可能《でき》ず、進退谷《しんたいきわ》まつて如何《いか》ともすることの可能《でき》ぬ様《やう》なものである、が人《ひと》として此《かく》の如《ごと》くば、何《いづ》れに往《ゆ》くとしても利《よろ》しきことのあるべき筈《はず》がない、故《ゆゑ》に羝羊觸レ藩、不レ能レ退、不レ能レ遂、无レ攸レ利《ていようふれてまがきにすあたはしりぞくことずあたはとぐることなしところよろしき》と言《い》ふ。されど上六《じやう》は柔《じう》を以《もつ》て陰《いん》に居《ゐ》るので、和順《わじゆん》の心《こゝろ》が全《まつ》たく絶《た》へて居《を》ると言《い》ふ譯《わけ》でもないから、その過《あやまち》を悔《く》い改《あらた》め、能《よ》く艱《なや》むで以《もつ》て事《こと》を處《しよ》したならば、或《あるひ》は亦吉《またきつ》を得《え》ることがないにも限《かぎ》らぬ、故《ゆゑ》に亦艱則吉《またなやめばすなはちきつ》と言《い》ふ。

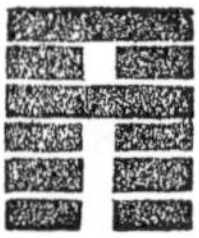

坤《こん》下《か》離《り》上《じやう》　晋《しん》

晋《シン》、康《カウ》侯《コウ》用《モツ》テレ錫《タマウ》馬《ウマ》ヲ蕃《ハン》庶《シヨ》タリ、晝《チウ》日《ジツ》三《ミ》タビ接《マジ》ハル、

此卦《このくわ》は離上坤下《りじやうこんか》、坤《こん》を地《ち》となし、離《り》を日《ひ》となして、日《ひ》が地上《ちじやう》に進《すゝ》み出《い》でゝ光明盛大《くわうめいせいだい》なるの象《かたち》がある、故《ゆゑ》に之《これ》を晋《しん》と名《なづ》く。晋《しん》とは進《すゝ》み升《のぼ》るの義《ぎ》で、六十四卦中《くわちう》に於《おい》て、漸《ぜん》と升《しよう》と晋《しん》の三卦《くわ》は、皆共《みなとも》に進《すゝ》み升《のぼ》るを以《もつ》て義《ぎ》となして居《を》るけれども、而《しか》も亦《また》三者各異《しやかくこと》なる所《ところ》がある、漸《ぜん》は猶木《なほき》の既《すで》に生《しやう》じて高大《かうだい》なるが如《ごと》く、その遜《すゝ》むことは漸々《ぜん〳〵》であるが、升《しよう》は木《き》の方《ま》さに生《しやう》じて成長《せいちやう》するが如《ごと》く、その進《すゝ》み升《のぼ》ることは漸《ぜん》よりも速《すみ》やかである、之《これ》に比《くら》ぶれば、晋《しん》は日《ひ》の方《ま》さに出《い》でゝ進《すゝ》み升《のぼ》るが如《ごと》く、その進《すゝ》み升《のぼ》ることは最《もつと》も優《まさ》つて居《を》る許《ばか》りでなく、尙光明《なほくわうめい》の義《ぎ》を兼《か》ねて居《を》る、卽《すなは》ち坤《こん》を順《じゆん》となし、離《り》を明《めい》となして君《きみ》は明《あき》らかに臣《しん》は從《したが》ひ、君臣相應和《くんしんあひおほわ》して諸侯《しよこう》が天子《てんし》を承奉《しやうほう》する所《ところ》の象《かたち》がある、故《ゆゑ》に康侯錫レ馬蕃庶《かうこうたまふむまをはんしよたり》、晝日三接《ちうじつみたびまじはる》と言《い》ふ。康侯《こうかう》とは國《くに》を治《をさ》め民《たみ》を安《やす》むずる所《ところ》の侯《きみ》で、坤《こん》を土《ど》となし、國《くに》となし、萬民《ばんみん》となして、治安《ちあん》の象《かたち》を取《と》つたものである。又蕃庶《またはんしよ》は衆多《しゆうた》の義《ぎ》で、坤《こん》を馬《うま》となし、衆多《しゆうた》となして、馬《うま》を錫《たま》ふこと蕃庶《はんしよ》たるの象《かたち》である。乃《すなは》ち大明上《だいめいじやう》にあつて同德《どうとく》を以《もつ》て之《これ》に順從《じゆんじゆう》するは治安《ちあん》の侯《きみ》である、故《ゆゑ》に天子《てんし》の寵遇《ちようぐう》を受《う》け衆多《しゆうた》の馬《うま》を錫《たま》はるの義《ぎ》であるが、車馬《しやば》は重賜《ちようし》で、その寵遇《ちようぐう》の厚《あつ》きことを示《しめ》す許《ばか》りでなく、尙晝日三接《なほちうじつさんせつ》の親禮《しんれい》を受《う》くるは、實《じつ》に異數《ゐすう》の至《いた》りであると言《いは》ねばならぬが、離《り》を日《ひ》となして晝日《ちうじつ》の象《かたち》、三接《せつ》とは三たび接見《せつけん》さるゝと言《い》ふことで、三は數多《すうた》の義《ぎ》にして坤《こん》の象《かたち》を取《と》つて居《ゐ》る。蓋《けだ》し諸侯《しよこう》が王《わう》に朝《てう》して重賜《ちようし》を受《う》くるのみか、その上尙《うへなほ》一日《にち》の中《うち》に三たび接見《せつけん》さるゝと言《い》ふは、人臣《じんしん》たるものに取《と》つては此上《このうへ》もなき光榮《くわうえい》で國《くに》を治《をさ》め民《たみ》を安《やす》むずる所《ところ》の康侯《かうこう》でなければ、到底此《たうていこ》の佳遇《かぐう》に當《あた》ることは可ぬ。

初六、晋《シン》如《ジョ》タリ、摧《サイ》如《ジョ》タリ、貞《タヾ》シケレバ吉《キツ》、无《ナク》モレ孚《マコト》セラルヽコト裕《ユタカ》ナレバ无《ナシ》レ咎《トガ》

晋《しん》の諸爻《しよかう》は皆進《みなすゝ》み升《のぼ》つて王《わう》に朝《てう》せむとするものであるが、初六《しよ》は晋《しん》の始《はじ》めに居《ゐ》て、進《すゝ》み上《のぼ》るものである、故《ゆゑ》に晋如《しんじよ》と言《い》ふ。晋如《しんじよ》とは、進《すゝ》み升《のぼ》るの義《ぎ》であるが、陰柔《いんじう》を以《もつ》て最下《さいか》に居《ゐ》て、不中正《ふちうせい》なる九四と敵應《てきおほ》して、之《これ》が爲《た》めに抑阻《よくそ》されて進《すゝ》み上《のぼ》ることが可能《でき》ぬ、故《ゆゑ》に摧如《さいじよ》と言《い》ふ。摧如《さいじよ》とは、抑阻《よくそ》されて進《すゝ》み上《のぼ》ることを得《え》ざるの義《ぎ》である、蓋《けだ》し九四は高位《かうゐ》に居《を》り、上《うへ》に横《よこた》はつて上下《じやうか》を間隔《かんかく》し、能《のう》を妬《ねた》み賢《けん》を妨《さまた》げて、君《きみ》に通《つう》ずることを得《え》ざらしむる所《ところ》の姦臣《かんしん》であるが、初六《しよ》は之《これ》が爲《た》めに抑退《よくたい》され、進《すゝ》むことの可能《でき》ぬものである、故《ゆゑ》に之《これ》を摧如《さいじよ》と言《い》ふ。されど此《こ》の時《とき》に當《あた》り急《きふ》に進《すゝ》み上《のぼ》ることを求《もと》むるは、却《かへ》つて進《すゝ》み上《あが》ることを難《かた》くする所以《ゆえん》であるから、自《みづ》からその徳《とく》を修《おさ》めて貞正《ていせい》を失《うしな》はざれば、終《つひ》にその志《こゝろざし》を遂《と》げて進《すゝ》み上《のぼ》り得《う》べき時《とき》が來《く》るのである、故《ゆゑ》に貞吉《たゞしければ》と言《い》ふ。凡《およ》そ下位《かゐ》に居《ゐ》て遽《には》かに上《うへ》にあるものに深《ふか》く己《おの》れを信《しん》せむことを求《もと》むるは、そは之《これ》を求《もと》むるものゝ無理《むり》で、強《あな》がち上《うへ》にあるものゝ罪《つみ》ではない、故《ゆゑ》に苟《いやし》くも上《うへ》にあるものが未《いま》だ己《おの》れを信《しん》せずとせば、寛裕自《くわんゆうみづ》から守《まも》つて急進《きうしん》せむことを求《もと》めぬがよい、さすれば外《ほか》に悔《くひ》を招《まね》くことがなくして吉《きつ》を致《いた》すことが可能《でき》る、故《ゆゑ》に罔レ孚裕无レ咎《なくもまことせらるゝことゆたかなればなしとが》と言《い》ふ。卽《すなは》ち人《ひと》に孚《まこと》として信《しん》ぜらるゝことなくとも、而《しか》も寛裕自若《くわんゆうじじやく》として急《いそ》ぎ求《もと》むることがなければ、咎《とが》を受《う》くることがないと言《い》ふ義《ぎ》である。

六二、晋《シン》如《ジョ》タリ、愁《シウ》如《ジョ》タリ、貞《タダシウ》シテ吉《キツ》、受《ウ》三クコ茲《コ》ノ介《カイ》福《フク》ヲ于《ニ》二其《ソノ》王《オホ》母《ボ》一、

六二も亦進《またすゝ》み上《のぼ》つて王《わう》に朝《てう》せむことを求《もと》むるものである、故《ゆゑ》に亦晉如《またしんじよ》と言《い》ふ。而《しか》も九四の爲《た》めに阻隔《そかく》されて進《すゝ》み上《のぼ》ることを得《え》ざるのは、矢張《やは》り初《しよ》六と同樣《どうやう》である、故《ゆゑ》に之《これ》を愁如《しうじよ》と言《い》ふ。愁如《しうじよ》とは、進《すゝ》み上《のぼ》れぬことを憂《うれ》ひ悲《かな》しむの義《ぎ》で、中爻坎《ちうかうかん》の象《かたち》を取《と》つたものであるが、六二は元《もと》と中正《ちうせい》にして信順《しんじゆん》の德《とく》を具有《ぐいう》するものであるから、九四の爲《た》めに妨《さまた》げられ、愁然《しうぜん》として憂《うれ》ひ悲《かな》しみはするけれども、而《しか》も強《しひ》て急進《きふしん》せむことを求《もと》むるものではない、故《ゆゑ》に之《これ》を貞《たゞしうしてきつ》吉と言《い》ふ。隨《したが》つて茲《こゝ》に謂《い》ふ所《ところ》の貞《たゞしうしてきつ》吉と、初《しよ》六に謂《い》ふ所《ところ》の貞《たゞしうしてきつ》吉とは少《すこ》しくその意味《いみ》が違《ちが》ふて居《ゐ》る、初《しよ》六に謂《ひ》ふ所《ところ》の貞《たゞしうしてきつ》吉は、正《たゞ》しければ吉《きつ》と言《い》ふの義《ぎ》で戒辭《かいじ》であるが、茲《こゝ》に謂《い》ふ所《ところ》の貞《たゞしうしてきつ》吉は、正《たゞ》しくして吉《きつ》と言《い》ふの義《ぎ》で、本來貞正《ほんらいていせい》にして吉《きつ》なるもので戒辭《かいじ》ではなく、中正信順《ちうせいしんじゆん》の德《とく》を表示《へうじ》したものである。蓋《けだ》し六二は柔順中正《じうじゆんちうせい》にして六五の柔《じう》中《ちう》と同德相應《どうとくあひおほ》ずるものである、故《ゆゑ》に一時《じ》九四の爲《た》めに妨《さまた》げられて、進《すゝ》み上《のぼ》ることが可能《でき》ぬけれども、終《つひ》には六五大明《だいめい》の主《しゆ》に信《しん》ぜられて、その寵祿《ちようろく》を受《う》くることゝなるものである、故《ゆゑ》に受《うく》㆓茲《この》介福《かいふくを》于《に》其王《そのわう》母《ほ》㆒と言《い》ふ。介福《かいふく》は大福《おほふく》と同《おな》じく、離《り》を慶祥《けいしよう》となすの象《かたち》。其《それ》は六二自身《じしん》を指《さ》し、王母《わうほ》は六五のことで、陰柔《いんじう》を以《もつ》て尊位《そんゐ》に居《を》る、故《ゆゑ》に之《これ》を君王《くんわう》と言《い》はずして王母《わうぼ》と言《い》ふ。又受《またう》くるとは二五同德相應《どうとくあひおほ》ずるの義《ぎ》を取《ご》つたものである。

六三、衆允《シユウマコト》トシ、悔《クイ》亡《ボロ》ブ

六三は不中《ふちう》にして、且《か》つ不正《ふせい》なるものである、故《ゆゑ》に本來《ほんらい》なれば悔咎《くいとが》あつて宜《よろ》しきを得《え》ざるものであるけれども坤順《こんじゆん》の極《きよく》に居《ゐ》て大明《たいめい》と接比《せつひ》し、上に順従《じゆんじう》し明《めい》に歸向《きかう》するの志《こゝろざし》が極《き》はめて孚信《ふしん》なるものである、故《ゆゑ》に衆允悔亡《しゆうまことゝしくひほろぶ》と言《い》ふ。衆《しゆう》は下《しも》二陰《いん》を指《さ》したもので坤《こん》の象《かたち》。允《まこと》とは信《しん》の義《ぎ》で亦坤《またこん》の象《かたち》を取《と》つたものであるが、衆允《しゆうまこと》とすとは、諸陰《しよいん》が之《これ》を信《しん》とするの義《ぎ》で、下《しも》に信《しん》ぜらるゝの謂《いはれ》である、六三は已《すで》に下《しも》にあるの諸陰《しよいん》に信服《しんぷく》せらるゝの允《まこと》あるに由《よ》つて、亦上《またじやう》にあるものにも信用《しんよう》さるゝに至《いた》る、隨《したが》つてその不中正《ふちうせい》の失《しつ》を償《つぐな》ふて、その悔《くひ》なきに至《いた》るのである。故《ゆゑ》に悔亡《くひほろぶ》と言《い》ふ。

九四、晉《シン》如《ジヨ》タリ、鼫《セキ》鼠《ソ》ナリ、貞厲《カタケレバアヤウシ》

九四は晉《しん》の時《とき》に當《あた》り、不中不正《ふちうふせい》の身《み》を以《もつ》て晉如《しんじよ》として高位《かうゐ》に蟠踞《はんきよ》す、此《こ》れ位《くらゐ》を竊《ぬす》み祿《ろく》を貪《むさぼ》る所《ところ》の奸物《かんぶつ》である。故《ゆゑ》に之《これ》を形容《けいよう》して晉如《しんじよ》たり鼫鼠《せきそ》なりと言《い》ふ。鼫鼠《せきそ》とは鼠《ねずみ》の屬《ぞく》で、その形《かたち》は鼠《ねずみ》よりも大《おほい》に、土《ど》穴《けつ》或《あるひ》は樹孔《じゆこ》等《とう》の中《なか》に棲《す》むものであるが、頭《あたま》は兎《うさぎ》に似《に》て尾《を》には毛《け》を生《しやう》じ、その色《いろ》は青黄《せいくわう》にして、好《この》むで穀粟《こくぞく》の類《るゐ》を食《くら》ひ田害《たがい》をなすものである、即《すなは》ち内卦坤《ないくわこん》を土《つち》となし、田地《でんち》となし、穀粟《こくぞく》の類《るゐ》となし、中爻《ちうかう》坎《かん》を鼠《ねずみ》の屬《ぞく》となし、飲食《いんしよく》となし、穴《あな》となし、隱伏《いんぷく》となして、鼫鼠《せきそ》が土穴《どけつ》より出入《しゆつにふ》して、穀粟《こくぞく》を食《くら》ひ田《た》害《がい》をなすの象《かたち》がある、故《ゆゑ》に此爻《このかう》を以《もつ》て鼫鼠《せきそ》に象《かた》どつたもので、九四がその器《うつわ》にあらずして要位《えうゐ》に蟠踞《ばんきよ》し、三陰《いん》を中途《ちうと》に抑阻《よくそ》して進《すゝ》み上《のぼ》ることを得《え》ざらしむるは、此《こ》の鼫鼠《せきそ》と相似《あひに》て實《じつ》に惡《にく》むべきの奸物《かんぶつ》である、然《しか》るに尚此《なほこ》の心《こゝろ》を固執《こしう》してその過《あやまち》を改《あらた》むることを知《し》らぬのは危厲《きれい》の至《いた》りであると言《いは》ねばならぬ、故《ゆゑ》に貞厲《かたければあやうし》と言《い》ふ。貞《かたければ》とは固執《こしう》して變《へん》を知《し》らざるの義《ぎ》であるが、彖辭《たくじ》から之《これ》を見《み》れば、此爻《このかう》は近君《きんくん》の位《くらゐ》に居《を》る所《ところ》の康侯《かうこう》である、然《しか》るに今爻辭《いまかうじ》に於《おい》ては、之《これ》を以《もつ》て鼫鼠《せきそ》となす所以《ゆゑん》は、卦義《くわぎ》の主《しゆ》とする所《ところ》は、專《もつ》ら信順《しんじゆん》の德《とく》を以《もつ》て大明《たいめい》の君《きみ》に麗《つ》き從《したが》ふにある。反《これにはんし》レ之、惟《ひと》り此爻《このかう》は剛陽《がうやう》を以《もつ》て近君《きんくん》の位《くらゐ》に據《よ》り、上下《じやうげ》の間隔《かんかく》をなすもので、正《まさ》に時義《じぎ》と相反《あひはん》して居《を》る、故《ゆゑ》に之《これ》を以《もつ》て三陰《いん》の進《すゝ》み上《のぼ》るものを妨《さまた》ぐる所《ところ》の鼫鼠《せきそ》に象《かた》どつたものに外《ほか》ならぬ。

六五、悔亡《クイホロ》ブ。失得《シツトク》勿《ナカ》レ恤《ウレフ》ルコト、往《ユイ》テ吉《キツ》ニシテ无《ナシ》レ不《ザ》ルコトレ利《ヨロシカラ》

六五は柔《じう》を以《もつ》て陽《やう》に居《ゐ》てその正《せい》を得《え》て居《を》らぬ上《うへ》に、九四の爲《た》めにその權勢《けんせい》を恣《ほしい》まゝにされて、天下順《てんかじゆん》附《ぷ》の民《たみ》をして晉進《しんしん》の自由《じいう》を失《うしな》はしむるものであるから、本《もと》と當《まさ》に悔《くひ》あるべきものである、けれども大《たい》明《めい》の中德《ちうとく》を以《もつ》て至尊《しそん》の位《くらゐ》に居《を》り、下民《かみん》に順從《じゆんじゆう》せられて居《ゐ》るので、その悔《くひ》を亡《ほろ》ぼすことを得《う》るものである、故《ゆゑ》に悔亡《くひほろぶ》と言《い》ふ。六五が大明《たいめい》の德《とく》あることは已《すで》に此《か》の如《ごと》くではあるけれども、而《しか》も亦《また》その得失利《とくしつり》害《がい》を憂《うれ》ふるの心《こゝろ》がないでもないが、諺《ことわざ》に來《きた》るものは拒《こば》まず、去《さ》るものは追《お》はずと言《い》ふが如《ごと》くに、一切《さい》の小利害《せうりがい》を擧《あげ》て之《これ》を意《い》に介《かい》することなく、唯本來固有《たゞほんらいこいう》する所《ところ》の大明《たいめい》の美德《びとく》を失《うしな》ふことさへなくば、何《いづ》れに往《ゆ》くとしても吉利《きつり》ならぬことはない筈《はず》である、故《ゆゑ》に失得勿レ恤、往吉、无レ不レ利《しつとくなかれうれふることゆいてきつにしてたしぎることよろしから》と言《い》ふ。勿《なかれ》は慰《なぐさ》め諭《さと》すの辭《ことば》、恤《うれふる》は憂《うれひ》と同《おな》じく、勿《うれふるなかれ》レ恤とは、意《い》に介《かい》するに足《た》らぬと言《い》ふの義《ぎ》である。

上九、晉《スヽ》ム二其《ソ》ノ角《カク》ニ一、維《コレ》用《モツ》テ伐《ウ》ツレ邑《ユウ》ヲ、厲《ヤ》メバ吉《キツ》ニシテ无《ナシ》レ咎《トガ》、貞《カタ》クスレバ吝《ヤブサ》シ

離《り》を牛《うし》となして、牛《うし》の角《つの》は頭上《づじやう》にあつて能《よ》く觸《ふ》るゝものであるが、上九《じやう》は剛《がう》、不中《ふちう》を以《もつ》て卦《くわ》の終《をは》り晉《しん》

の極《きよく》に居《を》る、故《ゆゑ》に晋二其角一《すゝむそのかくに》と言《い》ふ。剛進《がうしん》の極《きよく》は剛猛《がうもう》に過《す》ぎて、勢《いきほ》ひ衝突《しようとつ》せざるを得《え》ざるに至《いた》る、而《しか》もその勢《いきほひ》を以《もつ》て外《そと》を伐《う》つことは固《もと》より非《ひ》であるが、唯之《たゞこれ》を用《もち》ひて己《おの》れの私邑《しいう》を伐《う》ち、危厲《きれい》なることを知《し》つて自《みづ》から警《いまし》めば、却《かへ》つて吉《きつ》にして、剛進《がうしん》の咎《とが》なきを得《う》べきである、故《ゆゑ》に維用伐レ邑《これもつてうちいうを》。厲吉无レ咎《やめばきつなしとが》と言《い》ふ。邑《いう》を伐《う》つとは、外《そと》を伐《う》つの謂《いはれ》ではない、己《おの》れの私邑《しいう》を伐《う》つと言《い》ふことで、即《すなは》ち自《みづ》から顧《かへり》みて自己《じこ》の内心《ないしん》を克治《こくぢ》することであるが、離《り》を戈兵甲冑《くわへいかつちう》となして坤《こん》にも亦兵衆《またへいしゆう》の象《かたち》がある、故《ゆゑ》に邑《いう》を伐《う》つの象《かたち》を取《と》つて居《を》る。又晋《またやす》めば吉《きつ》とは、危懼惕厲《きぐてきれい》の心《こゝろ》を以《もつ》て自《みづ》から警戒《けいかい》することを忘《わす》れざれば、吉《きつ》を得《う》るに至《いた》ると言《い》ふ義《ぎ》である、反レ之《これにはんし》。若《も》しその強猛《きやうもう》の勢《いきほひ》を固執《こしつ》して之《これ》を他人《たにん》に施《ほどこ》し、外《そと》を伐《う》つが如《ごと》きは、柔《じう》を貴《たつと》むで剛《がう》を悪《にく》む晋時《しんじ》の義《ぎ》に反《はん》するものであるから、終《つひ》に羞吝《しうりん》せらるゝに至《いた》るのである、故《ゆゑ》に貞《かたければ》吝《やぶさし》と言《い》ふ。貞《かたければ》は固陋《ころう》にして時《とき》の宜《よろ》しきを制《せい》することを知《し》らざるの義《ぎ》である。

丘氏富國《きうしふこく》曰《いは》く、晋《しん》は進《すゝ》むなり、柔進《じうすゝ》むで而《しか》して上行《じやうかう》するなり、故《ゆゑ》に卦《くわ》は専《もつ》ら柔《じう》の進《すゝ》むを以《もつ》て義《ぎ》を為《な》す、六爻《かう》四柔《じう》二剛《かう》、六五の一柔《じう》は四よりして而《しか》して升《はか》る、已《すで》に進《すゝ》む者《もの》なり、故《ゆゑ》に往《ゆき》て吉《きつ》にして利《よろ》しからざること无《な》し、下《か》坤《こん》の三柔《じう》は皆進《みなすゝ》まんことを欲《ほつ》する者《もの》、而《しか》して九四は剛《がう》を以《もつ》て之《これ》を間《かん》す、故《ゆゑ》に晋如《んしぢよ》たり、鼫鼠《せきそ》の象《かたち》あり。

趙氏汝騰《ちよつしぢよとう》曰《いは》く、下《しも》三爻《かう》は皆柔順《みなじうじゆん》にして而《しか》して坤體《こんたい》、故《ゆゑ》に初《しよ》と二は吉《きつ》にして三は悔亡《くいほろ》ぶ、四と上《じやう》とは陽《やう》を以《もつ》て位《くらゐ》に當《あた》らず、故《ゆゑ》に厲《あやふ》く且《か》つ吝《やぶ》さし、惟《ひとり》五は柔明《じつめい》を以《もつ》て尊位《そんゐ》に居《を》る、故《ゆゑ》に往《ゆい》て吉《きつ》にして利《よろ》しからざることなし。

龔氏煥《きようしくわん》曰《いは》く、晉《しん》の卦《くわ》の諸爻《しよかう》は皆進《みなすゝ》むを以《もつ》て義《ぎ》を爲《な》す、初《しよ》二三五は柔《じう》の進《すゝ》む者《もの》にして、四と上《じやう》とは剛《がう》の進《すゝ》む者《もの》なり、四陰《いん》二陽《やう》、陰《いん》は吉多《きつおほ》くして、而《しか》して陽《やう》は厲《あやふ》きこと多《おほ》き者《もの》は、晉《しん》は柔順《じうじゆん》を以《もつ》て善《よし》と爲《な》す、剛強《がうきやう》なれば則《すなは》ち躁《さわ》ぐ、故《ゆゑ》に彖傳《たでん》に曰《いは》く、順《じゆん》にして而《しか》して大明《たいめい》に麗《つ》く、柔進《じうすゝ》んで而《しか》して上行《じやうかう》すと卦《くわ》の名《な》を得《え》たるも亦柔《またじう》を以《もつ》て主《しゆ》と爲《な》すか。

䷣　離下《りか》坤上《こんじやう》

明夷《めいい》

明夷《メイイ》、利《ヨロ》シ二難《ナヤ》ンデ貞《タヾ》シカナルニ一

此《こ》の卦《くわ》は坤《こん》を上《かみ》にして離《り》を下《しも》にす、離《り》を日《ひ》となし、明《めい》となし、坤《こん》を地《ち》となし、暗《あん》となして、日《ひ》が地中《ちちう》に入《いつ》て昏暗《こんあん》なるの象《かたち》である、故《ゆゑ》に之《これ》を明夷《めいい》と言《い》ふ。又人事《またじんじ》を以《もつ》て之《これ》を言《い》へば、坤《こん》の闇君上《あんくんうへ》にあつて、離《り》の明賢下《めいけんしも》に晦《くら》まさるゝの時《とき》である、故《ゆゑ》に之《これ》を明夷《めいい》と言《い》ふ。明夷《めいい》とは明《あき》らかなる者《もの》が夷《や》ぶり傷《きず》けらるゝの義《ぎ》であるが、此《かく》の如《ごと》き時《とき》に當《あた》つてその智《ち》を用《もち》ひその能《のう》を現《あら》はさむとせば、却《かへ》つて益《ますく》困窮《こんきう》に陷《おちゐ》るが故《ゆゑ》に、自《みづ》からその智《ち》を晦《くら》ましその能《のう》を隱《かく》し、苦辛《くしん》に耐《た》へ艱難《かんなん》を忍《しの》び、固《かた》く貞正《ていせい》の德《とく》を守《まも》り、濫《みだ》りに動《うご》き進《すゝ》むことなくば、我明《われあき》らかに彼順《かれしたが》ふの卦義《くわぎ》もあれば、後《のち》には必《かな》らず離日《りひ》が地上《ちじやう》に出《い》でゝ萬事通達《ばんじつうたつ》するの時《とき》が來《く》る筈《はず》である、故《ゆゑ》に之《これ》を戒《いま》しめて利ニ艱貞一《よろしなやんでたしかなるに》と言《い》ふ。艱《なや》むで貞《たし》かなるに利《よろ》しとは、難《なや》むで正固《せいこ》なるに利《よろ》しと言《い》ふことで、貞《たしかなる》は正《たゞ》しく且《か》つ固《かた》く之《これ》を守《まも》るの義《ぎ》である。

胡氏炳文曰《こしへいぶんいは》く、二體《たい》を以《もつ》てせば、則《すなは》ち離《り》は明《めい》なり、之《これ》を傷《や》ぶる者《もの》は坤《こん》なり、六爻《かう》を以《もつ》てせば、則《すなは》ち初《しよ》より五に至《いた》るは皆明《みなめい》なり、之《これ》を傷《つ》ぶる者《もの》は上《じやう》なり、上《じやう》を暗主《あんしゆ》と爲《な》して、而《しか》して五は之《これ》に近《ちか》し、故《ゆゑ》に本義《ほんぎ》に於《おい》ては、彖傳《たんでん》に艱《なや》んで貞《たし》かなるに利《よろ》しきを以《もつ》て五と爲《な》すに從《したが》ふ。

初九、明夷《メイイ》、于《コヽ》ニ飛《ト》ンデ垂《タ》ル二其《ソ》ノ翼《ヨク》ヲ一、君子《クンシ》于《コヽ》ニ行《ユ》ケバ、三日不《ズ》レ食《クラ》ハ、有《ア》レバ攸《トコロ》レ往《ユク》、主人《シユジン》有《ア》リレ言《モノイ》

上六《じやう》は明《めい》を傷《や》ぶるの主《しゆ》である、故《ゆゑ》に明夷《めいい》の辭《ここは》を繫《か》けて居《を》らぬが、下《しも》の五爻《かう》は皆《みな》その明《めい》を傷《や》ぶらるゝものである、故《ゆゑ》に凡《すべ》て明夷《めいい》の辭《じ》を繫《か》けて居《を》る、されど卦《くわ》を兩體《りやうたい》に分《わか》つて之《これ》を言《い》へば、傷《や》ぶるものは上卦《じやうくわ》の三爻《かう》で、傷《や》ぶらるゝものは下卦《かくわ》の三爻《かう》である、故《ゆゑ》に下《しも》の三爻《かう》に於《おい》ては、特《さく》に明夷《めいい》の二字《じ》をその首《はじめ》に繫《か》けて、明夷中《めいいちう》の明夷《めいい》たる所以《ゆえん》を表示《へうじ》して居《を》る。が初九《しよ》は明夷《めいい》の始《はじ》めに居《ゐ》て六四と正應《せいおほ》すべきものであるけれども、明夷《めいい》の時《とき》であるから、若《も》し高擧遠飛《かうきよゑんぴ》せば却《かへ》つて六四と敵應《てきおほ》して離《り》の網《あみ》に罹《かゝ》り、之《これ》が爲《た》めに捕獲《ほくわく》さるゝの恐《おそ》れがある、然《しか》るに初九《しよ》は剛正《がうせい》にして明體《めいたい》に居《ゐ》るので、幾《き》を見《み》ることが極《きは》めて明《あき》らかに、その難《なん》に遇《あ》ふことを俟《ま》たずも早《はや》く自《みづ》からその翼《つばさ》を垂《た》れ斂《おさ》め、下《くだ》り飛《こ》むでその跡《あと》を晦《くら》ます所《ところ》の象《かたち》がある、故《ゆゑ》に于飛垂二其翼一《こゝにとんでたるそのよくを》と言《い》ふ。離《り》は飛鳥《ひてう》の象《かたち》で、垂《たる》るとは、その翼《つばさ》を斂《おさ》めて下《くだ》り飛《と》ぶの義《ぎ》で、六四と敵應《てきおう》する所《ところ》の象《かたち》を取《と》つたものである。君子《くんし》以下《いか》は旁象《ぼうしやう》にして占辭《せんじ》であるが、此《かく》の如《ごと》き時節《じせつ》である

から、君子《くんし》卽《すなは》ち占者《せんしや》も亦此《またこ》の象《かたち》を見《み》てその身《み》を潜《ひそ》め、その跡《あと》を晦《くら》まして進《すゝ》み行《ゆ》くことなくば、その災難《さいなん》を免《まぬ》がるゝことが可能《でき》る、然《しか》るに若《も》し強《しひ》て行《ゆ》くことあらば、必《かな》らず食《しよく》を絶《た》つこと三日《か》に及《およ》ぶ程《ほど》の厄難《やくなん》に遇《あ》ふことゝなるのである、故《ゆゑ》に君子于行《くんしこゝにゆけば》、三日《か》不《ず》レ食《くらは》と言《い》ふ。三日《か》は陽《やう》の數《すう》で多《おほ》きの義《ぎ》、日《ひ》は離《り》の象《かたち》を取《と》つたものであるが、初九《しよ》變《へん》ずれば艮《ごん》となる、艮《ごん》を不食《ふしよく》となす、故《ゆゑ》に之《これ》を三日《か》不《ず》レ食《くらは》と言《い》ふ。往《ゆ》く所《ところ》あれば主人言《しゆじんもいひ》ありとは、上文《じやうぶん》の意《い》を重言《ちようげん》したもので、此時《このとき》に當《あた》つて往《ゆ》き進《すゝ》むことの甚《はなは》だ凶《きやう》なることを告《つ》げたもので、有《ありものいひ》レ言とは、爭言《さうげん》があると言《い》ふことで、主人《しゆじん》は占者《せんしや》を指《さ》した詞《ことば》である。

六二、明夷《メイイ》ナリ、夷《ヤブル》ニ左《ヒダリ》ノ股《モヽ》ヲ一、用《モツ》テ拯《スクウ》コト馬壯《ウマサカ》ンナレバ吉《キツ》

此爻《このかう》も亦坤暗《またこんあん》の爲《た》めにその明《めい》を傷《や》ぶらるゝものである、故《ゆゑ》に特《とく》に之《これ》を明夷《めいい》と言《い》ふ。蓋《けだ》し六二は柔順中《じうじゆんちう》正《せい》なる離明《りめい》の主《しゆ》で、時《とき》に順《したが》ふて自《みづ》から處《しよ》することの至善《しぜん》なるものである、而《しか》も坤暗明《こんあんめい》を傷《や》ぶるの時《とき》に於《おい》ては、亦《また》その傷害《しやうがい》を受《う》くることを免《まぬ》がれぬ、故《ゆゑ》に初《しよ》は外卦《ぐわいくわ》の坤體《こんたい》を去《さ》ること最《もつと》も遠《とほ》きが爲《た》めに、その傷害《しやうがい》を避《さ》くることを得《え》たけれども、二は初《しよ》に比《くら》ぶれば、進《すゝ》むこと一等《とう》であるから、終《つひ》にその左《ひだり》の股《もゝ》を傷害《しやうがい》さるゝに至《いた》るものである、故《ゆゑ》に夷《やぶる》ニ左《ひだり》ノ股《もゝを》一と言《い》ふ、股《もゝ》は人《ひと》の下體《かたい》にあるもので、初《しよ》を以《もつ》て足《あし》となせば、二は卽《すなは》ち股《もゝ》の位《くらゐ》に當《あた》る、又右《またみぎ》は前《まへ》で左《ひだり》は後《あと》であるが、右《みぎ》は能《よ》く人《ひと》の使用《しよう》するものである、けれども左《ひだり》は餘《あ》まり使用《しよう》せぬものである、故《ゆゑ》に左《ひだり》の股《もゝ》を夷《や》ぶると言《い》ふは、その傷害《しやうがい》が輕小《けいせう》で、歩行《ほかう》を妨《さまた》ぐる迄《まで》に至《いた》らぬことを言《い》ふたものである。且《か》つ六二は智《ち》も才《さい》もある所《ところ》の明者《めいしや》である、故《ゆゑ》にその傷害《しやうがい》を受《う》

くることの深《ふか》きに及《およ》ばぬ前《まへ》に、速《すみ》やかにその難《なん》を免《まぬ》がるゝの道《みち》を知《し》らぬものではない、故《ゆゑ》に用拯《もつてすくふ》二馬《うま》壯《さかんなれば》吉《きつ》一と言《い》ふ。蓋《けだ》し馬《うま》は健行《けんかう》のものであるから、壯馬《さうは》に乘《つ》つて遠去《ゑんきよ》せば、傷害《しやうがい》を免《まぬ》がれて吉《きつ》を得《え》らるゝのであるが、茲《ここ》に吉《きつ》と言《い》ふは、唯《たゞ》その傷害《しやうがい》を免《まぬ》がるゝことで、此《こ》の時《とき》に當《あた》つて直《たゞ》ちに爲《な》すあるに足《た》ると言《い》ふのではない、馬壯《はさう》とは震坎《しんかん》の合象《がふしやう》を取《と》つたものである。

蔡氏清《さいしせい》曰《いは》く、左右《さいう》の二字《じ》、體《たい》を以《もつ》て而《しか》して言《い》ゑば、則《すなは》ち左《ひだり》は陽《やう》にして右《みぎ》は陰《いん》、東西卯酉《とうざいうとり》の序《じよ》の如《ごと》く陽《やう》の定位《ていゐ》なり、世《よ》の左《ひだり》を尙《たつと》ぶ所以《ゆゑん》なり、用《よう》を以《もつ》て而《しか》して言《い》へば、則《すなは》ち右《みぎ》は陽《やう》にして左《ひだり》は陰《いん》、右《みぎ》は常《つね》に事《こと》を用《もち》ひ、動《うご》く者《もの》を陽《やう》と爲《な》し、靜《しづ》かなる者《もの》を陰《いん》と爲《な》す、古今《ここん》右《みぎ》を尊《たつと》ぶ所以《ゆゑん》なり。

九三、明夷《メイイ》ナリ、于《コレ》二南狩《ナンシユ》シテ得《ウ》二其《ソ》ノ大首《タイシユ》一テ、不《ズ》レ可《ベカラ》二疾《ト》ク貞《タダス》一、

此爻《このかう》も亦《また》坤暗《こんあん》の爲《た》めに傷《や》ぶらるゝものである、故《ゆゑ》に亦特《またことく》に之《これ》を明夷《めいい》と言《い》ふ。九三と上六《じやう》とは正應《せいおほ》すべきものであるが、九三は重剛《ちうがう》にして離《り》の上明《じやうめい》の極《きよく》に居《ゐ》て、上六《じやう》は重陰《ちういん》にして坤《こん》の上暗《じやうあん》の極《きよく》に居《ゐ》る、此《こ》れ至明《しめい》なるものと、至暗《しあん》なるものと、上下《じやうげ》正《まさ》に相敵應《あひてきおほ》して、至明《しめい》なる九三が、至暗《しあん》なる上六《じやう》に克《か》つの象《かたち》である、故《ゆゑ》に于南狩得二其大首一《ここになんしゆしてうそのたいしゆを》と言《い》ふ。狩《しゆ》とは畋《かり》して田害《たがい》を除《のぞ》くことで、于《ここ》に南狩《なんしゆ》すとは、前進《ぜんしん》して上六《じやう》を伐《う》つことであるが、離《り》を戈兵甲冑《くわへいかつちう》となし、坤《こん》を田畠《たはた》となし、震坎《しんかん》を四足《そく》の類《たぐひ》となし且《か》つ二より上《じやう》に至《いた》る師《し》の象《かたち》を取《と》つたものである。亦凡《まおよ》そ爻象《かうしやう》に於《おい》ては、平時《へいじ》は上爻《じやうかう》を以《もつ》て北《きた》となし、初爻《しよかう》を以《もつ》て南《みなみ》となすのであるが、反レ之《これにはんし》、動《うご》く時《とき》は上爻《じやうかう》を以《もつ》て南《みなみ》となし、前《まへ》となし、初爻《しよかう》を以《もつ》て北《きた》となし、後《うしろ》

となすのが例《れい》である、故《ゆゑ》に南狩《なんしゆ》の二字《じ》は、前進《ぜんしん》を意味《いみ》したものである。亦《また》爾雅《じが》に火田《くわでん》を狩《しゆ》となすと言《い》ひ、その註《ちう》に火《ひ》を放《はな》つて草《くさ》を焼《や》くなりと言《い》ふて居《ゐ》る、が即《すなは》ち離火《りくわ》を以《もつ》て坤《こん》の荒蕪《くわうぶ》を焼《や》き、火攻《くわこう》してその大首《たいしゆ》を伐《う》ち之《これ》を捕獲《ほくわく》するの象《かたち》である、故《ゆゑ》にその大首《たいしゆ》を得《う》ると言《い》ふ。大首《たいしゆ》は明夷《めいい》の主《しゆ》即《すなは》ち上六《じやう》を指《さ》したものであるが、大《たい》は本《もと》と陽《やう》に繫《か》くべき辭《じ》であるけれども、極陰《きよくいん》が陽明《やうめい》を傷《や》ぶるの義《ぎ》から取《と》つて、姑《しば》らく之《これ》を上六《じやう》に假《か》して、その至暗《しあん》の有様《ありさま》を示《しめ》したもので、首《しゆ》は上爻《じやうかう》の象《かたち》である。此《かく》の如《ごと》く明《めい》を以《もつ》て暗《あん》を攻《せ》め正《せい》を以《もつ》て邪《じや》を伐《う》つは、事理《じり》の當然《たうぜん》であるけれども、九三は過剛不中《くわがうふちう》の失《しつ》もある上《うへ》に、之《これ》を攻《せ》むること急嚴《きふげん》に過《す》ぐるは、却《かへ》つてその反抗心《はんこうしん》を増《ま》す道理《だうり》であるから、漸《ぜん》を以《もつ》て之《これ》を制《せい》することが肝要《かんえう》である、故《ゆゑ》に之《これ》を不《ず》㆑可《べから》㆓疾貞《さくたゞす》㆒と言《い》ふ。疾《さく》とは急速《きふそく》の義《ぎ》で、貞《たゞす》は正《たゞ》すと同一《どういつ》である。

六四、入《イツ》㆑テ于㆓ニ左《サ》腹《フク》㆒ニ、獲《エ》㆓タリ明《メイ》夷《イ》之《ノ》心《コヽロ》㆒ヲ、于《コヽニ》出《イ》㆓ヅ門《モン》庭《テイ》㆒ヲ、

坤《こん》を腹《ふく》となして六四は坤體《こんたい》の下《しも》に居《ゐ》る、故《ゆゑ》に入《いる》㆑于《に》㆓在《さ》腹《ふく》㆒と言《い》ふ。左腹《さふく》とは猶《なほ》下《か》腹《ふく》と言《い》ふが如《ごと》く、腹《はら》は心《こゝろ》のある所《ところ》で、六爻《かう》を以《もつ》て人身《じんしん》に配《はい》すれば、四は即《すなは》ち心位《しんゐ》に當《あた》るが、今《いま》六四は明夷《めいい》の主《しゆ》たる上六《じやう》と同《どう》體《たい》であるから、その腹中《ふくちう》に入《い》り、而《しか》してその心底《しんてい》に包藏《はうざう》する所《ところ》の禍心《くわしん》を悉皆觀破《しつかいくわんぱ》し得《え》たものである、故《ゆゑ》に獲《うる》㆓明夷之心《めいいのこゝろを》㆒と言《い》ふ。已《すで》にその左腹《さふく》に入《いり》て心中《しんちう》の秘密《ひみつ》を觀破《くわんぱ》することが可能《でき》たので、その傷害《しやうがい》を免《まぬ》れむが爲《た》めに、門庭《もんてい》を逃《のが》れ出《い》でゝ遠《とほ》くその難《なん》を避《さ》けたのである、故《ゆゑ》に門庭《もんてい》を出《い》づと言《い》ふ。初爻《しよかう》を室《へや》となし、二爻《かう》を戸《ご》となし、三爻《かう》を庭《には》となせば、四は即《すなは》ち門庭《もてい》を出《いづ》るの象《かたち》である。此爻《このかう》には占辭《せんじ》を繫《か》け

て居《を》らぬけれども、その象《かたち》が已《すで》に此《かく》の如《ごと》くであるからは、占者《ぜんしや》も亦此象《またこのかたち》を見《み》て、その難《なん》を避《さ》くべきは言《い》ふ迄《まで》もないことである。

六五、箕子《キシ》之《ノ》明夷《メイイ》ナリ、利《ヨロ》シレ貞《タヾ》シキニ

六五も亦至暗《またしあん》の地《ち》に居《ゐ》て、明夷《めいい》の主《しゆ》たる上六《じやう》と最《もつと》も接近《せつきん》して居《ゐ》る爲《た》めに、傷害《しやうがい》の難《なん》は已《すで》にその身《み》に逼《せま》つて居《ゐ》るが、之《これ》を喩《たと》へば、猶箕子《なほきし》が殷紂《いんちう》の暴虐《ばうぎやく》を畏《おそ》れ佯狂《やうきやう》して奴《やつこ》となり、その難《なん》を免《まぬ》がれたのと同然《どうぜん》である、故《ゆゑ》に箕子之明夷《きしのめいい》と言《い》ふ。蓋《けだ》し箕子《きし》は殷紂《いんちう》が庶兄《しよけい》で同姓《どうせい》の親《しん》であるから、實《じつ》に紂《ちう》と切近《せつきん》して居《ゐ》るが、箕子《きし》は外《そこ》はその明《めい》を晦《くら》まして、内《うら》はその正《せい》を守《まも》り、僅《わづ》かにその難《なん》を免《まぬ》がれてその身《み》を全《まつた》ふすることが可能《でき》たものである。されば占者《せんしや》も亦此《またかく》の如《ごと》く、正固《せいこ》自《みづ》から守《まも》つて、上六《じやう》の難《なん》を免《まぬ》がるゝより外《ほか》はない、故《ゆゑ》に利レ貞《よろしたゞしきに》と言《い》ふ。貞《たゞしき》は正固《せいこ》の義《ぎ》で占辭《せんじ》である。

上六、不《ズ》シテレ明《アキラカナラ》晦《クラ》シ、初《ハジ》メハ登《ノボリ》テレ于《ニ》天《テン》、後《ノチ》ニハ入《イ》ルレ于《ニ》地《チ》

初《しよ》より五迄《まで》は明《あき》らかにして晦《くら》まさるゝものである、故《ゆゑ》に皆明夷《みなめいい》を言《い》ふて居《ゐ》るが、上六《じやう》は重陰《ちういん》にして明《めい》夷《い》の極《きよく》に居《を》り、本來不明《ほんらいふめい》にして晦《くら》きものである、故《ゆゑ》に不レ明晦《ずしてあきらかならくらし》と言《い》ふ。明《あき》らかならずして晦《くら》しとは即《すなは》ち人《ひと》の明《めい》を傷夷《しやうい》する明夷《めいい》の主《しゆ》たることを表明《へうめい》する爲《た》めの語《ご》であるが、その始《はじ》めは高位《かうゐ》に居《を》り、人《ひと》の明《めい》を傷《や》ぶるの暴虐《ばうぎやく》を恣《ほしい》まゝにして、恰《あだ》かも天《てん》に登《のぼ》るが如《ごと》き勢威《せいゐ》があつたけれども、而《しか》も後《のち》には暴窮《ぼうきう》まり勢盡《せいつ》きて自《みづ》からその身《み》を傷《や》ぶり、その命《いのち》を墜《おと》して地《ち》に入《い》るが如《ごと》き象《かたち》がある、故《ゆゑ》に初登天レ于《はじめはのてんにのぼり》、後入レ于《のちにはいるに》

レ地《ち》と言《い》ふ。爻位《かうゐ》に於《おい》ては、初《しよ》二を地《ち》となし、五上《じやう》を天《てん》となすから、上六《じやう》は卽《すなは》ち天《てん》に登《のぼ》るの象《かたち》であるが登《のぼ》ること極《きは》まれば、必《かな》らず下《くだ》り落《おち》て初《しよ》二の地下《ちか》に入《い》るのが理《り》の當然《たうぜん》で、卽《すなは》ち後《のち》には地《ち》に入《い》るの象《かたち》。

䷤

離《り》下《か》
巽《そん》上《じやう》

家《か》人《じん》

家人《カジン》、利《ヨロ》シ二女《ジヨ》ノ貞《タヾ》シキ一

此《こ》の卦《くわ》は内《うち》は離《り》にして外《そと》は巽《そん》、巽《そん》を風《かぜ》となし、離《り》を火《ひ》となし、内離《ないり》の火《ひ》燃《も》へて外巽《そとそん》の風《かぜ》を生《しやう》ず、此《こ》れ内《うち》より外《そと》に出《い》で、家《いへ》に由《よ》つて外《そと》に及《およ》ぶ、卽《すなは》ち家人《かじん》の義《ぎ》である。故《ゆゑ》に之《これ》を名《なづ》けて家人《かじん》と言《い》ふ。又《また》二は妻《つま》の位《くらゐ》で五は夫《をつこ》の位《くらゐ》であるが、此卦男女内外各《このくわなんによないぐわいかく》その位《くらゐ》に居《ゐ》て内《うち》は明《あき》らかに外《そこ》は從《したが》ふは、卽《すなは》ち家《いへ》を治《をさ》めて外《そと》に施《ほどこ》すの義《ぎ》である、故《ゆゑ》に之《これ》を家人《かじん》と名《なづ》く、家人《かじん》とは、一家《か》の人《ひと》を統《す》べ治《をさ》むるの義《ぎ》であるが、一家《か》を治《をさ》むるの道《みち》は夫婦《ふうふ》より始《はじ》まるもので、殊《こと》にその家《いへ》の主婦《しゆふ》が内《うち》に正《たゞ》しければ、家道《かだう》は自《おのづ》から治《をさ》まるものである、故《ゆゑ》に利《よろしくぢよたゞしきに》二女貞一と言《い》ふ。蓋《けだ》し一家《か》を經營《けいえい》してその宜《よろ》しきを得《え》むとするには、男女夫婦《なんによふうふ》共《とも》にその正《たゞしき》を得《う》ることを必要《ひつえう》とするけれども、而《しか》も專《もつ》ぱらその内事《ないじ》を齊《とゝの》ふものは主婦《しゆふ》で、已《すで》にその主婦《しゆふ》が貞正《てい せい》なるに於《おい》ては、夫《をつと》たるものゝ正《たゞ》しきことは推《お》して知《し》らるゝのである、故《ゆゑ》に專《もつ》ぱら之《これ》を女《をんな》の貞《たゞ》しきに利《よろ》しと言《い》ふ。

初九、閑《フセイ》デ有《タモ》ツレ家《イエ》ヲ、悔《クヒ》亡《ホロ》ブ

閑《ふせいで》は防《ふせ》ぎ衛《まも》るの義《ぎ》、家《いへ》を有《たも》つとは、家内《かない》の衆人《しゆうじん》を統《す》べ治《をさ》めてその家《いへ》を保有《ほいう》するの義《ぎ》。初《しよ》九は家道《かだう》を齊へ家《いへ》を有《たも》つの始《はじ》めで、即《すなは》ち新婦《しんぷ》の象《かたち》であるが、一家群居《かぐんきよ》して男女別《なんによべつ》あり長幼序《ちやうえうじよ》あつて、その家人《かじん》に宜《よろ》しからむとせば、之《これ》を防閑《ぼうかん》するに禮儀《れいぎ》作《さ》法《はふ》等《とう》を嚴守《げんしゆ》することが必要《ひつえう》で、禮儀《れいぎ》作《さ》法《はふ》等《とう》を嚴守《げんしゆ》して人倫《じんりん》の道《みち》を失《うしな》はざれば、家法《かはふ》自《おのづ》から立《たつ》てその家《いへ》を保《ほ》有《いう》することが可能《でき》る、故《ゆゑ》に閑有《ふせいでもつていへを》レ家と言《い》ふ。初《しよ》は群居《ぐんきよ》して家《いへ》を有《たも》つの始《はじ》めであるから、之《これ》を防《ふせ》ぎ衛《まも》らなければ、必《かな》らず倫序《りんじよ》を紊《みだ》り恩義《おんぎ》を害《がい》するの悔《くい》あるに至《いた》り易《やす》いのであるが、剛《がう》を以《もつ》て陽《やう》に居《ゐ》てその正《せい》を得《え》て能《よ》く之《これ》を防《ふせ》ぎ衛《まも》るが故《ゆゑ》に、その悔《くひ》を亡《ほろ》ぼすことが可能《でき》る、故《ゆゑ》に之《これ》を无《なし》レ悔《くい》と言《い》はずして悔亡《くいほろぶ》と言《い》ふ。

六二、无《ナ》クレ攸《トコロ》レ遂《ト》グル、在《ア》リ二中《チウ》饋《キ》ニ一、貞《カタ》クシテ吉《キツ》

六二は柔順中正《じうじゆんちうせい》、内《うち》に於《おい》ては離明《りめい》の主《しゆ》となり、外《そと》に於《おい》ては剛陽中正《がうやうちうせい》の九五に順應《じゆんおほ》して、能《よ》く婦人《ふにん》の本分《ほんぶん》を盡《つく》すもので、即《すなは》ち彖《たん》に謂《い》ふ所《ところ》の女《をんな》の貞《たゞ》しきものである、故《ゆゑ》にその象《かたち》を无《なし》レ攸《こころとぐるあり》レ遂在二中饋《ちうきに》一と言《い》ふ。遂《と》ぐるとは、自《みづ》から主《しゆ》として事《こと》を遂《と》げ行《おこな》ふの義《ぎ》で、遂《と》ぐる所《ところ》なしとは、一切《さい》の事皆凡《ことみなすべ》て九五の夫《をつと》に承《う》け順《したが》ひ、敢《あへ》て自《みづ》から主《しゆ》として之《これ》を遂行《すゐかう》する樣《やう》なことがないと言《い》ふ義《ぎ》である。又饋《またき》とは周禮《しうらい》の天官《てんくわん》に膳《ぜん》夫《ぷ》掌二王之饋《つかさどるわうのきを》一と、その註《ちう》に進二食于一レ尊曰《すゝむしよくをそんにいふ》レ饋の饋《き》と同《どう》一であるが、祭祀《さいし》を奉《ほう》じ飲食《いんしよく》を進《すゝ》め内事《ないじ》を齊ふのが婦人《ふじん》の職分《しよくぶん》で、中饋《ちうき》に在《あ》りとは、即《すなは》ち婦《ふ》人《じん》が婦《ふ》人《じん》としての職分《しよくぶん》を守《まも》り、敢《あへ》て自《みづ》から專《もつ》ぱらにせざ

るごとを言《い》ふたものである。又中《またうち》は家中《かちう》の義《ぎ》、饋《き》は巽木《そんき》、離火《りくわ》を以《もつ》て烹飪《がうにん》をなすの象《かたち》を取《と》つたものであるが、婦人《ふじん》にして此《かく》の如《ごと》くば、即《すなは》ち貞正《ていせい》にして申分《まをしぶん》のないものである、故《ゆゑ》にその占《せん》を貞吉《ていきつ》と言《い》ふ。

九三、家《カ》人《ジン》嗃嗃《カク〳〵》タリ、悔《クユ》レバ厲《アヤウ》ケレドモ吉《キツ》、婦《フ》子《シ》嘻嘻《キキ》タレバ終《ツイ》吝《ヤブ》サシ

九三は過剛不中《くわがうふちう》にして離明《りめい》の極《きよく》に居《ゐ》るので、家《いへ》を治《をさ》めて苛察嚴確《かさつげんかく》に過《す》ぎ、その中《ちう》を得《え》ざるものである故《ゆゑ》に家人嗃々《かじんかく〳〵》と言《い》ふ。嗃《かく》は說文《せつもん》に嚴酷《げんこく》の貌《かたち》と言《い》ふて居《ゐ》るが、家《いへ》を治《をさ》めて嚴《げん》に過《す》ぐる時《とき》は、家中親和《かちうしんわ》せざることゝなつて、必《かな》らず間隔《かんかく》を生《しやう》ずるの悔《くい》あるもので、或《あるひ》は之《これ》が爲《た》めに一家《か》の存立《そんりつ》を危《あやふ》くするに至《いた》る、されど嚴確《げんかく》に過《す》ぐるものは、唯義《たゞぎ》を以《もつ》て恩《をん》を傷《そこな》ひ、理《り》を以《もつ》て情《じやう》を害《がい》すると言《い》ふに止《とゞ》まつて、祇《つゝ》しみ畏《おそ》れて爲《な》さざる所《ところ》がある、その嚴確《げんかく》に過《す》ぎたことを悔《く》ひ改《あらた》むるに至《いた》れば、危《あやふ》くはあるけれども尚之《なほこれ》を救濟《きうさい》することが可能《でき》る、故《ゆゑ》に悔《くい》れば厲《あやふ》けれども吉《きつ》と言《い》ふ。然《しか》るに若《も》し之《これ》に反《はん》し。家《いへ》を治《をさ》めて寛《くわん》に過《す》ぐる時《とき》は、一旦《たん》は親和《しんわ》して間隔《かんかく》がない樣《やう》であるけれども、恩《おん》を以《もつ》て義《ぎ》を傷《そこな》ひ、情《じやう》を以《もつ》て理《り》を害《がい》し、その極《きよく》は放縦《はうじう》にして節《せつ》なく、家《いへ》を敗《やぶ》るの凶《きよう》を致《いた》すものである、故《ゆゑ》に亦婦子《またふし》嘻々《きゝたれば》終《ついに》吝《やぶるし》と言《い》ふ。嘻々《きゝ》とは笑語《せふご》度なきの義《ぎ》で、婦子《ふし》嘻々《きゝ》とは、婦女子《ふぢよし》が愛《あい》を恃《たの》み恩《をん》に狎《な》れて嘻笑《きせふ》常《つね》なきの有樣《ありさま》を形容《けいよう》したもので此《かく》の如《ごと》きは實《じつ》に羞吝《しうりん》すべきの至《いた》りである、蓋《けだ》し嘻々《きゝ》は嗃々《かく〳〵》の反象《はんしやう》を取《と》つたもので、九三が過剛不中《くわがうふちう》にして家《いへ》を治《をさ》めて一定《てい》の法度《はふど》なきことを言《い》ふに外《ほか》ならぬ。

六四、富《トマ》ス家《イヘ》ヲ、大吉《ダイキツ》

巽《そん》を利《り》に近《ちか》く市《し》三倍《ばい》となして、六四が巽順《そんじゆん》の主《しゆ》となつてその正位《せいゐ》に居《ゐ》るは、即《すなは》ち婦《ふ》德《とく》の正《たゞ》しきもので家《いへ》を富《とま》す所《ところ》の象《かたち》である。故《ゆゑ》に富《とますいへを》レ家と言《い》ふ。家《いへ》を富《とま》すとは、家《いへ》が富《と》むと言《い》ふのとは大《おほい》に區《く》別《べつ》があつて家《いへ》が富《と》むと言《い》ふのは、その家《いへ》が元《もと》より已《すで》に富《と》むで居《ゐ》るの謂《いはれ》であるが、家《いへ》を富《とま》すとは、虛《きよ》を變《へん》じて實《じつ》となし貧《ひん》を去《さつ》て富《とみ》となるの謂《いはれ》で、六四が新婦《しんぷ》となつてから、中饋《ちうき》にあつて能《よ》く家政《かせい》を治《をさ》め、婦人《ふじん》の職分《しよくぶん》を盡《つく》し、今《いま》や進《すゝ》むで四に至《いた》つてその家《いへ》を富《とま》し、主婦《しゆふ》としての成功《せいこう》を告《つ》げ得《え》たものである、故《ゆゑ》にその占《せん》を大吉《だいきつ》と言《い》ふ。

九五、王《ワウ》假《タヽス》二有家《ユウカ》一勿《ナカレ》レ恤《ウレフルコト》吉《キツ》

六二は家《いへ》を治《をさ》むる所《ところ》の主婦《しゆふ》で、九五は家《いへ》を有《も》つ所《ところ》の主夫《しゆふ》であるが、六二は柔順中正內《じうじゆんちうせいうち》に居《ゐ》て內事《ないじ》を經《けい》營《えい》し、九五は剛陽中正外《がうやうちうせいぐわい》に在《あ》つて外事《ぐわいじ》を管掌《くわんしやう》し、二五內外相應和《ないぐわいあひおほわ》して一家《か》を治《をさ》む、故《ゆゑ》に家人皆悉《かじんみなことごとく》その德《とく》に感化《かんくわ》して、家已《いへすで》に濟《さしの》ひ家已《いへすで》に富《とみ》で、家運《かうん》の隆昌《りうしやう》を見《み》るに至《いた》る、故《ゆゑ》に王假二有家一《わうたゞすいうかを》と言《い》ふ。王《わう》は九五尊位《そんゐ》の稱《しよう》で、假《たゞす》は格《たゞす》と同《おな》じく、感格《かんかく》の義《ぎ》であるが、王有家《わういうか》を假《たゞ》すとは、主夫《しゆふ》たる王者《わうしや》の盛德《せいとく》が自《おのづ》からその家人《かじん》を感格《かんかく》せしむることを言《い》ふたものである、蓋《けだ》し躬行己《きうかうおの》れを修《をさ》むるは家《いへ》を濟《さしの》ふ所以《ゆえん》で、已《すで》にその家人《かじん》を感格《かんかく》して之《これ》を濟《さしの》ふことが可能《でき》たとせば、天下《てんか》の廣《ひろ》きも之《これ》を治《をさ》め得《え》ざることを憂慮《いうりよ》するに及《およ》ばぬ、要《えう》はその道《みち》を推《お》して弘《ひろ》く之《これ》を天下《てんか》に施《し》き及《およ》ぼすにある、故《ゆゑ》に勿レ恤吉《なかれうれふることきつ》と言《い》ふ。恤《じつ》は憂《うれ》ふと同《おな》じく、恤《うれ》ふること勿《なか》れとは、之《これ》を慰諭《ゐゆ》するの辭《ことば》であるが、抑《そもそも》一身《しん》を脩《をさ》め、一家《か》を濟《さし》なへ、一國《こく》を治《をさ》むるもその理は一で、決《けつ》して二致《ち》あるものではない、是故《このゆゑ》に既《すで》に己《おの》れの一身《しん》を脩《をさ》めて家人《かじん》を感格《かんかく》し、その結果《けつくわ》として一家《か》を齊《ととの》ひ得《え》た上《うへ》は、何《なに》も彼《か》れ此《こ》れと心配《しんぱい》することはない、唯《ただ》その道《みち》を擴《ひろ》めて之《これ》を天《てん》下《か》に及《およ》ぼせばよい。蓋《けだ》し一身《しん》を脩《をさ》め一家《か》を齊《ととの》ふの道《みち》は、下《しも》は匹夫《ひつぷ》より上《かみ》は至尊《しそん》に至《いた》るも、皆同《みなどう》一にして異《こと》なる所《ところ》はない、而《しか》して此卦《このくわ》は一家《か》夫婦《ふうふ》の道《みち》を主《しゆ》としてその辭《じ》を繫《か》けて居《ゐ》るけれども、九五は即《すなは》ち尊位《そんゐ》である、故《ゆゑ》に特《とく》に之《これ》を王假ニ有家一《わうたどすいうかを》と言《い》ふて、王者《わうしや》も亦《また》その一身《しん》を修《をさ》め、一家《か》を齊《ととの》ふの必要《ひつえう》なることを示《しめ》す許《ばか》りでなく、勿レ恤《なかれうれふること》の二字《に》は専《もつ》ぱら之《これ》を王者《わうしや》の爲《た》めに繫《か》けたもので、即《すなは》ち天下《てんか》國家《こくか》を治《をさ》むとせば、先《ま》づその一身《しん》を修《をさ》め一家《か》を齊《ととの》ふべきことを敎《をし》へたもので、言《い》ふところは、一身《しん》を修《をさ》め一家《か》を齊《ととの》ふことさへ可能《でき》ぬのに、天下《てんか》國家《こくか》を治《をさ》め得《う》べき道理《だうり》は勿論《もちろん》ないが、一身《しん》を修《をさ》め一家《か》を齊《ととの》ふことが可能《でき》れば、天下《てんか》國家《こくか》を治《をさ》むることに就《つい》ては、左程《さほど》心配《しんぱい》するに及《およ》ばぬ、大丈夫之《だいぢやうぶこれ》を治《をさ》むることが可能《でき》るから。安心《あんしん》して先《ま》づその一身《しん》を修《をさ》め一家《か》を齊《ととの》へよと慰諭《ゐゆ》したものである。

上九、有《アツ》テレ孚《マコ》ト威《イ》如《ジヨ》タレバ、終《ツイ》ニ吉《キツ》

上九は剛《がう》を以《もつ》て卦《くわ》の終《をは》りに居《ゐ》て家道成就《かだうじやうじゆ》の所《ところ》に當《あた》つて居《ゐ》る、故《ゆゑ》に此爻《このかう》に於《おい》て家《いへ》を齊《ととの》ふて長久《ちやうきう》なるべきの道《みち》を言《い》ふて居《を》るが、家《いへ》を齊《ととな》ふの道《みち》は孚誠《ふせい》を以《もつ》て本《もと》となすべきもので、苟《いやし》くも孚誠《ふせい》ならねば、上下相《じやうかあひ》信《しん》せずして何事《なにごと》も長久《ちやうきう》なることが可能《でき》ぬ。又威《またゐ》嚴《げん》を以《もつ》てその用《よう》とせねばならぬが、威嚴《ゐげん》が足《た》らねば、禮儀作《れいぎさ》法等《はふとう》が行《おこな》はれぬので、下《しも》は上《かみ》を凌《しの》ぎ少《せう》は長《ちやう》を侮《あな》どつて家法《かはふ》が立《たた》ぬことゝなる、隨《したが》つてその家《いへ》の

長久《ちやうきう》を保《たも》つことが可能《でき》ぬ、故《ゆゑ》に有《あつて》レ孚《まこと》威如《ゐじよたれは》、終《つひに》吉《きつ》と言《い》ふ。此《かく》の如《ごと》く孚《ふ》誠《せい》と威《ゐ》嚴《げん》の二者《しや》は家《いへ》を治《をさ》め家《いへ》を齊《とゝの》ふ爲《ため》の要具《えうぐ》で、此《こ》の二者《しや》が並《なら》び行《おこな》はれて、然《しか》る後《のち》その家《いへ》を長久《ちやうきう》に保《たも》つことが可能《でき》るのである、故《ゆゑ》に家人《かじん》の終《をは》りに於《おい》て此《こ》のことを言《い》ふて居《を》るが孚《まこと》と言《い》ひ威《ゐ》と言《い》ふは、共《とも》に陽剛《やうがう》の象《かたち》を取《と》つたものである

䷥　兌《だ》下《か》離《り》上《じやう》　睽《けい》

睽《ケイ》、小事《セウジ》ハ吉《キツ》

此卦《このくわ》は兌《だ》を下《した》にし離《り》を上《うへ》にして、離《り》火《くわ》は炎上《えんじやう》し、兌《だ》澤《たく》は潤下《じゆんか》し、二者《しや》その性《せい》相背《あひそむ》き違《ちが》ふ、故《ゆゑ》に之《これ》を睽《けい》と名《なづ》く。又《また》兌《だ》を少女《せうぢよ》となし、離《り》を中女《ちうぢよ》となして、二女《ぢよ》その體《たい》を合《あは》せて居《を》るけれども、而《しか》も各《おの〳〵》その志《こゝろざし》を異《こと》にしてその歸《き》を同《おな》じうせぬ、故《ゆゑ》に之《これ》を睽《けい》と名《なづ》く。睽《けい》とは背《そむ》き違《ちが》ふて乖離《くわいり》するの義《ぎ》であるが、凡《およ》そ事《こと》は皆内外和順《みなないぐわいわじゆん》し、彼我《ひが》一致《ち》する時《とき》に於《おい》て之《これ》を濟《すま》すべく、然《しか》らざれば、多《おほ》くはその成功《せいこう》を見《み》ることが難《かた》いのである。然《しか》るに事理《じり》相背《あひそむ》き、人情相反《にんじやうあひはん》する睽《けい》の時《とき》に當《あつ》て大事《だいじ》を處《しよ》するが如《ごと》きは、固《もと》より不可《よか》にして行《おこな》はるべき道理《だうり》がない、故《ゆゑ》に之《これ》を小事吉《せうじはきつ》と言《い》ふ。小事《せうじ》は吉《きつ》とは、小事《せうじ》を行《おこな》ふには適當《てきたう》の時節《じせつ》であると言《い》ふ義《ぎ》ではない、小事《せうじ》は之《これ》を大事《だいじ》に比《くら》ぶれば行《おこた》はれ易《やす》きものであるから、睽《けい》の時《とき》ではあるけれども、大抵差支《たいていさしつかへ》はあるまいと言《い》ふ迄《まで》のことで、什麼《どんな》小事《せうじ》であつても、時《とき》に應《おほ》じ機《き》を量《はか》つて之《これ》を行《おこな》ふを

以《もつ》て吉《きつ》とするのは論《ろん》なき所《ところ》であるが、唯已《たゞや》むを得《え》ずして之《これ》を許《ゆる》した丈《だけ》で、小事《せうじ》を行《おこな》ふには適當《てきたう》の時《とき》であるから、之《これ》を以《もつ》て吉《きつ》とした譯《わけ》ではない。

初九、悔《クイ》亡《ホロ》ブ、喪《ウシナ》フレ馬《ウマ》ヲ、勿《ナカレ》レ逐《オ》フコト自《オノヅ》カラ復《カヘ》ル、見《ミ》ニテ悪《アク》人《ニン》一无《ナシ》レ咎《トガ》

初《じよ》九は睽乖《けいくわい》の始《はじ》めに居《を》て上《じやう》に應與《おほよ》がない、隨《したが》つて元《もと》と悔《くい》あるものである、されど剛正《がうせい》にして兌體《だたい》に居《を》るが故《ゆゑ》に、嚴《けん》であるが刻《こく》に失《うしな》はず、和《わ》であるが狎《かふ》に流《なが》れず、九四と同剛相與《どうがうあひくみ》して居《を》る、故《ゆゑ》に元《もと》と悔《くい》あるものであるけれども、能《よ》くその悔《くい》を亡《ほろ》ぼすことが可能《でき》る、故《ゆゑ》に悔亡《くいほろぶ》と言《い》ふ。蓋《けだ》し初《しよ》と四とは應位《おほゐ》である、けれども九四も亦同剛《またどうがう》であるから、睽獨《けいどく》にして應與《おほよ》なきものである、故《ゆゑ》に喪レ馬《うしなふうまを》と言《い》ふ。馬《うま》は能《よ》く進《すゝ》み行《ゆ》くものであるが、初《しよ》四兩剛相應《りやうがうあひおほ》ぜざるは卽《すなは》ち馬《うま》を喪《うしな》ふの義《ぎ》で、馬《うま》は中爻坎《ちうかうかん》の象《しやう》を取《と》つたものである、此《かく》の如く剛《がう》と剛《がう》とは元《もと》と相應《あひおほ》ずべきものではないけれども、睽獨《けいどく》の時《とき》であるから、自然《しぜん》に同氣相求《どうきあひもと》め同德相與《どうとくあひくみ》し、應《おほ》にあらざるも而《しか》も相應和《あひおほわ》するに至《いた》るのである、故《ゆゑ》に勿レ逐自復《なかれおふことおのづからかへる》と言《い》ふ逐《お》ふことを勿《なか》れとは、靜《しづ》かにして之《これ》を待《ま》つて居《を》れば、自然《しぜん》に彼《かれ》が方《はう》から應《おほ》じ來《きた》つて、その馬《うま》を得《え》らるゝことゝなると言《い》ふの義《ぎ》であるが、さればとて睽《そむ》き乖《そむ》いて應與《おほよ》とするものなく、皆己《みなおの》れと戻《もど》り違《ちが》ふもの許《はか》りの時《とき》であるから、悉《こと〴〵》く之《これ》を拒絕《きよぜつ》して相容《あひい》れざるに於《おい》ては、愈睽《いよ〳〵そむ》いて愈戻《いよ〳〵もど》り、終《つひ》に凶咎《きようきう》を招《まね》くことゝなるのである、是故《これゆゑ》に睽戾《けいれい》を去《さ》つて之《これ》と合同《がふどう》せむとせば、強《しい》て合同《がふどう》を求《もと》むるにも及《およ》ばむが、亦強《またしい》て之《これ》を排拒《はいきよ》するにも及《およ》ばぬ、假《たと》へ己《おの》れと睽《そむ》き戾《もど》るものであつても、勉《つと》めて之《これ》を寬容《くわんよう》して、彼《かれ》をして合《がふ》

同《ごう》を求《もと》めしむる樣《やう》にせねばならぬ、斯《か》くするのが卽《すなは》ち睽《けい》の時《とき》に處《しよ》する最良《さいりやう》の道《みち》である、故《ゆゑ》に之《これ》を見《みて》二惡《あく》人《にんをなし》一无レ咎《さが》と言《い》ふ。惡人《あくにん》とは九四を指《さ》したもので、坎《かん》の象《しやう》を取《と》つて居《ゐ》るが、見《み》るは卽《すなは》ち離目《りもく》の象《しやう》である

九二、遇《ア》フ二主《シュ》ニ于一レ巷《コウ》、无《ナシ》レ咎《トガ》

遇《あ》とは、遇《あ》ひ逢《あ》ふの義《ぎ》、巷《こう》は宮垣《みやがき》に近《ちか》き小徑《せうけい》のことであるが、凡《およ》そ禮《れい》に於《おい》て君臣賓主相見《くんしんひんしゆあひまみ》ゆるの時《とき》には、庭《には》より堂《だう》に升《のぼ》るべきもので、之《これ》を呼《よ》むで會《くわい》と言《い》ひ、之《これ》に反《はん》してその禮備《れいそな》はらずして相見《あひまみ》ゆる時《とき》には、卽《すなは》ち之《これ》を遇《あ》ふと言《い》ふのであるが、今《いま》二と五とは應位《おほゐ》で、而《しか》も九二は剛中《がうちう》の臣《しん》で六五は柔中《じうちう》の君《きみ》であるから、剛柔君臣相應與《がうじうくんしんあひおほよ》すべき筈《はず》のものである、けれども睽《けい》の時《とき》であるから、宜《よろ》しく相應與《あひおほよ》すべき正應《せいおほ》の位《くらゐ》に居《ゐ》ても、定例常格《ちやうれいじやうかく》を以《もつ》ては相會合《あひくわいがふ》することが可能《でき》ぬ、そこで已《や》むことを得《え》ず、種々《しゆじゆ》の手段《しゆだん》を用《もち》ひて相遇《あひあ》ふことを求《もと》むるに至《いた》るのであるが、假《たと》へ睽《けい》の時《とき》であつても、君臣相睽離《くんしんあひけいり》することは甚《はなは》だしき過咎《くわきう》である、故《ゆゑ》に常例《じやうれい》に拘《かゝ》はることなく、相合《あひあ》ふことを得《え》て、然《しか》る後《のち》その咎《とが》を免《まぬ》がるゝことが可能《でき》る、故《ゆゑ》に遇《あふ》二主《しゆしに》一レ巷《こうなし》无レ咎《とが》と言《い》ふ。主《しゆ》は卽《すなは》ち六五の主君《しゆくん》を指《さ》したものである。

六三、見《ミ》ルト下輿《クルマ》曳《ヒカレ》二其《ソ》ノ牛《ウシ》一掣《ヒカル》チ中其《ソ》ノ人《ヒト》ニ上、天《カミキラレカ》且ツ劓《ハナキラル》、无《ナケレドモ》レ始《ハジ》メ有《ア》リレ終《チハ》リ

六三は陰柔不中正《いんじうふちうせい》にして內外變轉《ないぐわいへんてん》の危地《きち》に居《ゐ》る許《はか》りでなく、離火《りくわ》は炎上《えんじやう》し、兌澤《だたく》は潤下《じゆんか》して相睽離《あひけいり》するの際《さい》に居《ゐ》て、上九《じやう》の正應《せいおほ》となつて居《ゐ》る、故《ゆゑ》に進《すゝ》むで上九《じやう》とその志《こゝろざし》を合《あは》せむと欲《ほつ》すれども、此《かく》の如《ごと》く困難《こんなん》なる危地《きち》に立《た》つて居《ゐ》るので、進《すゝ》み上《のぼ》つて上《じやう》と志《こゝろざし》を合《あ》はすることが可能《でき》ぬ、これを上九《じやう》が猜疑《さいぎ》

の眼《め》を以《もつ》て見《み》れば、恰《あた》かも輿《よ》の車《くるま》が前《まへ》の方《はう》からは牛《うし》の爲《た》めに曳《ひか》れ、亦後《またうしろ》の方《はう》からは人《ひと》の爲《た》めに掣《ひか》れ、前《まへ》からも後《うしろ》からも、双方《そうはう》から牽《ひ》き引《ひ》かれて居《ゐ》るが如《ごと》くに見《み》ゆるのである、故《ゆゑ》に見《みる》下輿《くるま》曳《ひかれ》二其牛《そのうしに》一掣《ひかを》中其《その》人《ひとに》上、と言《い》ふ。見《み》ると牛《うし》とは離《り》の象《しよう》を取《と》つたもので、輿《くるま》は坎《かん》の象《しよう》、人《ひと》は六三人位《じんゐ》の象《しよう》を取《と》つたものであるが、六三の前《まへ》に四があるのは即《すなは》ち其牛《そのうし》に曳《ひか》るゝの象《しよう》、亦《また》六三の後《あと》に二があるのは即《すなは》ち其人《そのひと》に掣《ひか》るゝの象《しよう》である、又見《またみ》るとは上九《じやう》が之《これ》を見《み》ることで、睽乖《けいくわい》の時即《ときすなは》ち事情《じじやう》不通《ふつう》の塲合《ばあひ》であるから、上九《じやう》が猜疑《さいぎ》の心《こゝろ》を以《もつ》て之《これ》を見《み》るので、その目《め》は益眩《ますます〳〵くら》み、眞實《しんじつ》此《かく》の如《ごと》きことはないとしても、恰《あた》かも此《かく》の如《ごと》くに見《み》るのである、そこで六二が貳心《にしん》あることを怒《いか》り、その頭髪《とうはつ》を切《き》つた上《うへ》に亦《また》その鼻迄《はなまで》も之《これ》を切《き》り落《おと》すに至《いた》るのである、故《ゆゑ》に天《かみきられかつはなきらる》且劓と言《い》ふ。天《かみきる》は髪《かみ》を切《き》るの義《ぎ》で、髪《かゐ》は心血《しんけつ》に屬《ぞく》したものであるが離《り》の象《しよう》である、又劓《またはなきる》は鼻《はな》を切《き》るの義《ぎ》で、鼻《はな》は肺《はい》の氣《き》に屬《ぞく》して兌《だ》の象《しよう》である。又兌《まただ》を毀折《きせつ》となす、故《ゆゑ》に髪《かみ》切《き》り鼻切《はたき》るの象《しよう》を取《と》つて居《ゐ》る。上九《じやう》が六三を疑《うたが》ひ憎《にく》むことは、此《かく》の如《ごと》く甚《はなは》だしきものがあるけれども睽《そむ》くこと極《きは》まるの後《のち》に及《およ》べば、前日《ぜんじつ》の群疑《ぐんぎ》は悉《こと〴〵》く消散《せうさん》して、相互《さうご》に應和《おほわ》するに至《いた》るのである、故に无《なけ》レ始《れどもはじめ》有《あり》レ終《をはり》と言《い》ふ。

（九四、睽《ソムイ》テ孤《コ》ナリ、遇《ア》フテ二元夫《ゲンフ》一ニ交《コモ〴〵》孚《マコト》アリ、厲《アヤフ》ケレドモ无《ナシ》レ咎《トガ》

九四は睽《けい》の時《とき》に當《あた》り、近君《きんくん》の位《くらゐ》に居《ゐ》て下《しも》に應與《おほよ》なく、獨立《どくりつ》して孤處《こしよ》するものである、故《ゆゑ》に睽孤《そむいてこなり》と言《い》ふ。抑剛《そもそも〳〵がう》と剛《がう》とは元《もと》と相應《あひおほ》ずべきものではないけれども、應位《おほゐ》に居《ゐ》る所《ところ》の初九《しよ》も、亦應《またおほ》なくして下《しも》に

孤居《こきよ》するものであるから、此《これ》と同徳相求《どうとくあひもと》め、互《たがひ》に孚誠《ふせい》を盡《つく》してその用《よう》を相爲《あひな》すに至《いた》る、故《ゆゑ》に遇《あふ》二元夫《げんふに》一交孚《こもごもまことあり》と言《い》ふ。元夫《げんふ》とは丈夫《ぢやうぶ》の稱《しよう》で、兩剛相應《りやうがうあひおほ》ずるが故《ゆゑ》に之《これ》を元夫《げんふ》と言《い》ふたものである。蓋《けだ》し睽離《けいり》の時《とき》に當《あた》つて孤立獨居《こりつどくきよ》するは、危《あやふ》くして咎《とが》あるべき筈《はず》であるが、同徳相求《どうとくあひもと》め孚誠相救《ふせいあひすく》ふに由《よ》つて、その咎《とが》を免《まぬ》がるゝことが可能《でき》る。故《ゆゑ》に厲《あやふけれども》无《なし》レ咎《とが》と言《い》ふ。

六五、悔《クイ》亡《ホロ》ブ、厥宗《ソノソウ》噬《カム》レ膚《フヲ》、往《ユク》ニ何《ナン》ゾ咎《トガ》アラン

六五は陰柔《いんじう》を以《もつ》て睽離《けいり》の時《とき》に當《あた》り、而《しか》して尊位《そんゐ》に居《ゐ》るから悔《くい》あるべきは當然《たうぜん》である、されど明中《めいちう》の德《とく》を以《もつ》て剛中《がうちう》の賢《けん》に應《おほ》じて、その輔翼《ほよく》を受《う》くるので、その悔《くい》を亡《ほろ》ぼすことが可能《でき》る、故《ゆゑ》に悔亡《くいほろぶ》と言《い》ふ。此《かく》の如《ごと》く唯《たゞ》その悔《くい》を亡《ほろ》ぼすことを得《う》る許《はか》りでなく、君臣《くんしん》一致《ち》して事《こと》に當《あた》らば、睽《そむ》くものも睽《そむ》かず、往《ゆ》く所《ところ》として可《か》ならざるものなく、却《かへ》つて幸慶《かうけい》あるに至《いた》るのである、故《ゆゑ》に厥宗噬《そのそうかむ》レ膚《ふを》、往何《ゆくもなんぞとがあらん》咎と言《い》ふ厥宗《そのそう》とは猶其黨《なほそのたう》と言《い》ふが如《ごと》く、之《これ》を親《した》しむ所《ところ》の辭《じ》で、九二の正應《せいおほ》を指《さ》したものである、又膚《またふ》とは骨《ほね》なき肉《にく》のことで、厥宗噬《そのそうかむ》レ膚《ふを》とは、睽《そむ》き戻《もど》るの時《とき》ではあるけれども、九二は我《われ》と相遇《あひあは》むが爲《た》めに巷《こう》より來《きた》るものである、故《ゆゑ》に往《ゆい》て之《これ》と相遇《あひあ》ふことは、之《これ》を喩《たと》へば、猶骨《なほほね》なき肉《にく》を噬《か》むが如《ごと》く、甚《はなは》だ合《あ》ひ易《やす》いことである、故《ゆゑ》に之《これ》を膚《ふ》を噬《か》むと言《い》ふて居《ゐ》るが、君臣相遇《くんしんあひあ》ふこと此《かく》の如《ごと》くば、假《たと》へ睽離《けいり》の時《とき》であるとしても、少《すこ》しも之《これ》を憂《うれ》ふるに足《た》らぬのである、此《こ》れその往《ゆい》て何《なん》ぞ咎《とが》あらむと言《い》ふ所以《ゆえん》である。

上九、睽《ソムイ》テ孤《コ》ナリ、見《ミ》ル二豕《イヌコ》ノ負《オフ》テ一レ塗《トチ》、載《ノ》スルコトヲ一レ鬼《キ》ヲ一車《シヤ》、先《サ》キニハ張《ハ》リ二之《コ》レガ弧《ユミ》ヲ一、後《ノチ》ニハ說《ハツ》ス二之《コレ》ガ弧《ユミ》ヲ一。

匪《アラ》ズ寇《アダ》スルニ婚媾《コンコウ》セントス、往《ユイ》テ遇《アヘ》バ雨《アメ》ニ則《スナハ》チ吉《キツ》

上九《じやう》と六三とは正應《せいおほ》である、故《ゆゑ》に上九《じやう》はその實《じつ》は孤《こ》なるものではない、けれども剛質《がうしつ》を以《もつ》て睽乖《けいくわい》の極離明《りめい》の上《うへ》に居《ゐ》るもので、剛極《がうきは》まるが故《ゆゑ》に躁暴《さうばう》にして事理《じり》に暗《くら》く、睽極《けいきは》まるが故《ゆゑ》に乖《そむ》き戻《もど》つて合《あ》ひ難《がた》く明極《めいきは》まるが故《ゆゑ》に苛察《かさつ》にして寛容《くわんよう》の徳《とく》がない、之《こ》れが爲《た》めに種々《しゆ〴〵》の疑惑《ぎわく》を生《しやう》じ、己《おの》れ自《みづ》から睽《そむ》いて孤立《こりつ》するものである、故《ゆゑ》に亦之《またこれ》を睽孤《そむいてこなり》と言《い》ふ。蓋《けだ》し猜疑《さいぎ》の妄念《もうねん》一たび起《おこ》れば、假《たと》へ親近骨肉《しんきんこつにく》の間《あひだ》であつても、見《み》るもの聞《き》くもの皆凡《みなすべ》て疑惑《ぎわく》の種《たね》とならぬものはないが、上九《じやう》は今現《いまげん》に此《こ》の境涯《きやうがい》に陥《おちゐ》つて居《ゐ》る故《ゆゑ》に疑中疑《ぎちうぎ》を生《しやう》ずるの極《きよく》は、己《おの》れが正應《せいおに》たる六三の醜陋《しうろう》にして卑《いや》しむべきことは、猶汚穢極《なほをわいきは》まる所《ところ》の豕《し》が、その上更《うへさら》にその背《はい》に泥塗《でいと》を負《お》ふて居《ゐ》るが如《ごと》くに見《み》ゆるのである、加之《しかのみならずこれ》、之を憎惡《ぞうを》するの餘《あま》り、幻中《げんちう》に幻《げん》を生《しやう》じて、恰《あた》かも惡鬼《あくき》を車中《しやちう》に滿載《まんさい》して居《ゐ》る樣《やう》に見《み》ゆるのである、故《ゆゑ》に見《みる》二豕《いぬこの》負《おふ》レ一塗《さをりする》、載《こさ》レ鬼《きを》一《いつ》車《しや》と言《い》ふ。豕《し》も塗《と》も車《くるま》も共《とも》に坎《かん》の象《かたち》を取《と》つたもので、鬼《き》は卽《すなは》ち離火《りくわ》の象《かたち》を取《と》つたものであるが、鬼《き》なるものは元《もと》と無形《むけい》のものである、無形《むけい》のものを一車《しや》に滿載《まんさい》するが如《ごと》くに見《み》ゆると言《い》ふは、卽《すなは》ち妄念《もうねん》のその極《きよく》に達《たつ》して、無《む》を以《もつ》て有《いう》となすの有樣《ありさま》を形容《けいよう》したものであるが、之《これ》を疑《うたが》ふこと此《かく》の如《ごと》くであるから、隨《したが》つて亦之《またこれ》を惡《にく》むことも實《じつ》に甚《はなは》だしく、一旦《たん》は弓《ゆみ》を張《は》つて之《これ》を射殺《いころ》さむとする迄《まで》に至《いた》るのである故《ゆゑ》に先張二之弧一《さきはりこれがゆみを》と言《い》ふ。先《さき》は始《はじ》めと同《おな》じく、始《はじ》めには睽《そむ》くこと極《きは》まつて疑念《ぎねん》を生《しやう》じ、之《これ》を惡《にく》むの餘《あま》り弓《ゆみ》を張《は》つて之《これ》を射殺《いころ》さむとするに至《いた》れども、そは皆上九《みなじやう》が虚妄《きよもう》なる疑念《ぎねん》を生《う》み來《きた》つた所《ところ》の幻影《げんえい》で、そ

の實《じつ》六三自身《じしん》に於《おい》ては何等《なんら》の疑惡《ぎあく》をも受《う》くべき事實《じじつ》がない、故《ゆゑ》に後説ニ之弧一《のちにははずすこれがゆみを》と言《い》ふ。説《はずす》は脱《だつ》と同義《どうぎ》で、如上《によじやう》の事實《じじつ》が明白《めいはく》となつた爲《た》めに、上九《じやう》の疑念《ぎねん》も稍晴《やしは》れ、そこでその弧《ゆみ》を弛《の》べその矢《や》を脱《はつ》すことになつた許《はか》りでなく、眞實《しんじつ》の所《ところ》は、六三は元《も》と己《おの》れに向《むか》つて寇害《こうがい》を加《くは》へむとするものでなく、却《かへ》つて婚媾《こんなう》の好《よし》みを求《もと》めむとするものであると言《い》ふことが判明《はんめい》して、前日《ぜんじつ》の群疑《ぐんぎ》が悉《ことごと》く氷釋《ひようしやく》するに至《いた》る、故《ゆゑ》に匪レ寇婚媾、往遇レ雨則吉《あらずあだするにこんこうせんとすゆいてあへはあめにすなはちきつ》と言《い》ふ。弧《ゆみ》と言《い》ひ、寇《こう》と言《い》ひ、雨《あめ》と言《い》ふは皆坎《みなかん》の象《かたち》を取《と》つたものであるが、上九《じやう》は睽《けい》の極《きよく》で、睽《そむ》くこと極《きは》まつて相和《あひわ》するに至《いた》るのは、猶陰陽相和《なほいんやうあひわ》して而《しか》して雨降《あめふ》るのと同一理《どういつり》である、故《ゆゑ》に之《これ》を往《ゆい》て雨《あめ》に遇《あ》へば則《すなは》ち吉《きつ》と言《い》ふ。

呉氏《こし》曰愼《いつくし》曰く、六爻皆《かうみなさ》先きに睽《そむ》き後《の》ちに合《あ》ふの象《かたち》を取《と》る、初《しよ》の馬《うま》を喪《うしな》ふて自《みづか》ら復《かへ》るは、即《すなは》ち四の睽《そむ》て、孤《こ》にして元夫《げんぷ》に遇《あ》ふ者《もの》なり、二の主《しゆ》に巷《こう》に遇《あ》ふは、即《すなは》ち五の厥《そ》の宗膚《そうふ》を噬《か》む者《もの》なり、三の初《はじ》めなけれども終《をは》りあるは、即《すなは》ち上《じやう》の弧《ゆみ》を張《は》り雨《あめ》に遇《あ》ふ者《もの》なり、六爻睽《かうけい》に處《しよ》するの道《みち》を合《あは》せて而《しか》して言《い》へば、誠《まこと》を推《お》して正《せい》を守《まも》り、委曲含弘《ゐきよくがんこう》にして、而《しか》して私意猜疑《しいさいぎ》の蔽《おほひ》なきにあり、則《すなは》ち睽《そむ》くと雖《いへ》ども而《しか》も必《かな》らず合《あ》ふ。

䷦　艮下《ごんか》坎上《かんじやう》　蹇《けん》

蹇《ケン》、利《ヨロ》シ二西南《セイナン》ニ一、不《ズ》レ利《ヨロシカラ》二東北《トウホク》ニ一、利《ヨロ》シレ見《ミ》ルニ二大人《タイジン》ヲ一、貞《タヾ》シケレバ吉《キツ》

此卦《このくわ》は坎水前《かんすゐまへ》にあつて艮山後《ごんざんのち》にあり、進《すゝ》めば則《すなは》ち險水《けんすゐ》に陷《おちゐ》り、退《しりぞ》けば則《すなは》ち峻山《しゆんざん》に阻《はゞ》まれ、進退《しんたい》二つながら自由《じゆう》ならず、險《けん》を見《み》て而《しか》して止《とゞ》まるは卽《すなは》ち蹇《けん》の象《かたち》である、故《ゆゑ》に之《これ》を蹇《けん》と言《い》ふ。蹇《けん》とは足《あし》が難《なや》むで行《ゆ》くこと能《あた》はざるの象《かたち》であるが、凡《およ》そ蹇難《けんなん》の時《とき》に當《あた》つては、退《しりぞ》いて後《のち》に居《ゐ》るを以《もつ》て利《り》となし、進《すゝ》むで先《さ》きに往《ゆ》くを以《もつ》て不利《ふり》とする、故《ゆゑ》に利《よろし》二西南《せいなんに》一、不《ず》レ利《よろしから》二東北《とうほくに》一と言《い》ふ。蓋《けだ》し後天用圖《こうてんようづ》に於《おい》ては、陽卦《やうくわ》は皆《みな》東北《とうほく》に居《ゐ》て陰卦《いんくわ》は皆西南《みなせいなん》に居《ゐ》るが、陽《やう》は先《さ》きにして進《すゝ》むもので、陰《いん》は後《のち》にして退《しりぞ》くものである、故《ゆゑ》に西南《せいなん》に利《よろ》しとは、退《しりぞ》くに利《よろ》しと言《い》ふに同《おな》じく、亦東北《またとうほく》に利《よろ》しからずとは、進《すゝ》むに利《よろ》しからずと言《い》ふと同《おな》じ意味《いみ》である、而《しか》して蹇《けん》の名《な》は險《けん》を見《み》て能《よ》く止《とゞ》まるの義《ぎ》に由《よ》つて之《これ》を得《え》て居《ゐ》るけれども、而《しか》も事終《ことつひ》に險中《けんちう》に止息《しそく》すべきものではない、必《かな》らず安易《あんい》の地《ち》を擇《えら》むで之《これ》に移《うつ》ることを期《き》せねばならぬ、故《ゆゑ》に西《せい》南《なん》に利《よろ》しと言《い》ふ。西南《せいなん》に利《よろ》しとは、現在《げんざい》の蹇難《けんなん》を去《さ》つて、安易《あんい》の地《ち》に退《しりぞ》くに利《よろ》しと言《い》ふの義《ぎ》である、且《か》つ蹇難《けんなん》の時《とき》に當《あた》つては必《かな》らず德位兼備《とくゐけんび》の大人《たいじん》でなければ、その難《なや》みを濟《すく》ふことが可能《でき》ぬ故《ゆゑ》に利《よろし》レ見《みるに》二大人《たいじんを》一と言《い》ふ。大人《たいじん》とは九五が剛陽中正《がうやうちうせい》にして德位《とくゐ》兼《か》ね備《そな》へたるの象《かたち》を取《と》つたものである。而《しか》して亦蹇《またけん》の難《なや》みを濟《すく》はむとするには、貞正《ていせい》の道《みち》を固守《こしゆ》することが必要《ひつえう》である、然《しか》らざれば、或《あるひ》は難《なや》みに遇《あ》ふて不正《ふせい》に流《なが》るゝことなきを保《ほ》せぬ、故《ゆゑ》に亦之《またこれ》を貞《たゞしうして》吉《きつ》と言《い》ふ。貞吉《ていきつ》とは貞正《ていせい》なれば、則《すなは》ち吉《きつ》と言《い》ふの義《ぎ》である。

初六、往《ユ》ケバ蹇《ナヤ》ミ來《キタ》レバ譽《ホマ》レアリ

初《しよ》六は陰《いん》にして險難《けんなん》の始《はじ》めに居《を》り、上《かみ》に應與《おほよ》がないので往《ゆ》くべき所《ところ》がないものである、然《しか》るに若《も》し此《こ》の蹇難《けんなん》を犯《をか》し敢《あえ》て進《すゝ》み往《ゆ》けば、即《すなは》ち益《ます〳〵》險中《けんちう》に陷《おちい》つて、その難《なや》みを重《かさ》ぬることゝなるが、その儘止《まゝとゞ》まつてその分《ぶん》を守《まも》り、以《もつ》て時節《じせつ》の到來《たうらい》するのを待《ま》たば、他《た》の諸爻《しよかう》に比《くら》べて險《けん》を去《さ》ること最《もつと》も遠《とほ》く、止《とゞ》まることも最《もつと》も先《さ》きであるから、惟《ひと》りその難《なん》を免《まぬ》かるゝ許《ばか》りでなく、幾《き》を見《み》て時《とき》を知《し》るの美譽《びよ》を得《う》ることが可能《でき》る、故《ゆゑ》に之《これ》を往蹇來譽《ゆけばなやみきたればほまれあり》と言《い》ふ。往《ゆ》くとは上《のぼ》り進《すゝ》むの義《ぎ》で、來《きた》るとは止《とゞ》まつて進《すゝ》まざるの義《ぎ》であるが、此《こ》の卦《くわ》の諸爻《しよかう》に來《きた》ると言《い》ふは、皆本爻《みなほんかう》に就《つい》て言《い》ふたもので、歸《かへ》り來《きた》つて己《おの》れが本位《ほんゐ》に止《とゞ》まることを言《い》ふたものである、即《すなは》ち往《ゆ》くと言《い》ふに對《たい》して之《これ》を來《きた》ると言《い》ふに外《ほか》ならぬ。

六二、王《オウ》臣《シン》蹇々《ケンケン》、匪《アラ》ズ躬《ミ》ノ之故《ユエ》ニ、

六二は柔順中正《じうじゆんちうせい》を以《も》つて上《じやう》は陽剛中正《やうがうちうせい》の九五に應《おほ》じて居《ゐ》るが、這《こ》は即《すなは》ち人臣《じんしん》たるものが人君《じんくん》に信任《しんにん》されて、その力《ちから》を君事《くんじ》に致《いた》さむとする所《ところ》の象《かたち》である、されど六二は陰柔才弱《いんじうさいよわ》くして險中《けんちう》に止《とゞ》まるもので、九五は尙更《なほさら》に大險《たいけん》の中《うち》に陷《おちゐ》つて難蹇《なんけん》を極《きは》むるものである、隨《したが》つて之《これ》を濟《すく》はむとするも、到底尋常一樣《たうていじんじやういちやう》の能《な》し得《う》べき所《ところ》でない、故《ゆゑ》に王臣蹇々《おつしんけん〳〵》と言《い》ふ。六二は此《かく》の如《ごと》く艱難《かんなん》なるに拘《かゝ》はらず、事《こと》の成敗失得《せいはいしつとく》を顧慮《こりよ》するの暇《いとま》もなく、己《おの》れが微力《びりよく》を盡《つく》して君難《くんなん》を救《すく》はむとするもので、そは決《けつ》して一身《しん》一己《こ》の爲《た》めにするものではない、故《ゆゑ》に匪躬之故《あらずみのゆゑに》と言《い》ふ。躬《み》の故《ゆゑ》にあらずとは、即《すなは》ち君難《くんなん》の爲《た》めに鞠躬盡力《きくきうじんりよく》するの謂《いはれ》である。

胡氏《こし》炳文《へいぶん》曰《いは》く、凡《およ》そ二は皆王臣《みなわうしん》なり、而《しか》るに蹇《けん》のみ獨《ひと》り之《これ》を稱《しよう》する者《もの》は、平時《へいじ》は未《いま》だ以《もつ》て臣節《しんせつ》を見《み》るに足《た》らず、蹇《けん》の時方《ときまさ》さに之《これ》を見《み》る五は險中《けんちう》に位《くらゐ》す、王《わう》の蹇《なや》みなり、二は正應《せいおほ》、王《わう》の爲《た》めに身《み》を致《いた》して而《じか》して避《さけ》ず、多難《たなん》を犯《をか》して而《しか》して顧《かへり》みず、故《ゆゑ》に蹇々《けん〳〵》と稱《しよう》す、蓋《けだ》し勞苦《らうく》するは身《み》の爲《た》めの故《ゆゑ》にあらざるなり、吉凶《きつきよう》を言《い》はざる者《もの》は、天下《てんか》の事《こと》は固《まこ》とに是非《ぜひ》を論《ろん》ずべくして、勝敗《しやうはい》を論《ろん》ずべからざればなり。

と、實《じつ》に此爻《このかう》の義《ぎ》を解《と》き得《え》て餘蘊《よううん》なきものである。

九三、往《ユ》ケバ蹇《ナヤ》ミ來《キタ》リ反《カヘ》ル

九三は蹇《けん》の時《とき》に當《あた》り剛《がう》を以《もつ》て正《ぜい》に居《を》り、艮止《ごんし》の主《しゆ》となつて坎險《かんけん》と接近《せつきん》し、僅《わづ》かに一歩《ほ》を進《すゝ》むれば險中《けんちう》に陷《おちゐ》るに至《いた》る、故《ゆゑ》に往蹇《ゆけばなやみ》と言《い》ふ。そこで往《ゆ》き進《すゝ》めばその險《けん》に陷《おちゐ》ることを知《し》つて、來《きた》り反《かへ》つて己《おの》れが本《ほん》位《ゐ》に止《とゞ》まれば、稍《やゝ》その安立《あんりつ》の地《ち》を失《うしな》はざることが可能《でき》る、故《ゆゑ》に之《これ》を來《きた》り反《かへ》ると言《い》ふ。來反《きたりかへ》るとは己《おの》れが本位《ほんゐ》に來《きた》り歸《かへ》るの義《ぎ》である。

六四、往《ユ》ケバ蹇《ナヤ》ミ來《キタ》リ連《ツラ》ナル

六四も亦《また》蹇《けん》の時《とき》に當《あた》り、重陰不才《ぢういんふさい》にして險體《けんたい》の下《しも》に居《を》る許《ばか》りでなく、下《しも》に應與《おほよ》なきが故《ゆゑ》に、蹇時《けんじ》の難《なや》みを濟《すく》ひ得《え》ざるものであるが、若《も》し誤《あやま》つて進《すゝ》み往《ゆ》かば、忽《たち》まち蹇中《けんちう》の險《けん》に陷《おちゐ》つて、その難《なや》みを重《かさ》ぬることゝなる、故《ゆゑ》に亦往《またゆけは》蹇《なやみ》と言《い》ふ。反之《これにはんし》、自己《じこ》の本位《ほんゐ》に反《かへ》り來《きた》り、五の至尊《しそん》に承順《しようじゆん》して之《これ》と相並《あひなら》び連《つら》ならば、その難《なや》みを濟《すく》ひ得《え》ぬ迄《まで》も、その難《なや》みを增《ま》す樣《やう》なことはない、故《ゆゑ》に亦之《またこれ》を來《きた》り連《つら》なると言《い》ふ。連《つら》なるとは、九五を承《う》けて之《これ》と相連《あひつら》なることを言《い》ふたものである。

九五、大《オホイ》ニ蹇《ナヤ》メドモ朋《トモ》來《キタ》ル

蹇《けん》の卦中《くわちう》に於《おい》て他《た》の諸爻《しよかう》の難《なや》みは、何《いづ》れも皆《みな》一身《しん》一家《か》の難《なや》みたるに過《すぎ》ぬものである、反之《これにはんし》、九五が蹇《けん》難《なん》の時《とき》に當《あた》つて險《けん》の中《うら》に居《を》るは、即《すなは》ち國家《こくか》の難《なや》みで、天下《てんか》の治亂興亡《ちらんこうばう》に關《くわん》する所《ところ》であるから、その蹇《なや》みは非常《ひじやう》なる難《なや》みである、されど九五は剛陽中正《がうやうちうせい》の德《とく》を以《もつ》て、蹇中《けんちう》に屹立《きつりつ》して天下《てんか》の蹇《けん》に任《にん》じ、下《しも》は六二の輔相《ほさつ》を得《え》てその蹇《けん》を濟《すく》はむとするものである、故《ゆゑ》に大蹇朋來《おほいになやめどもともきた》ると言《い》ふ。朋來《ともきた》るとは、朋類《ほうるゐ》の出《い》で來《きた》つて之《これ》を輔《たす》けて、共《とも》に時艱《じかん》を濟《すく》ふものがあると言《い》ふことで、至尊《しそん》の位《くらゐ》から言《い》へば、元《もと》と朋類《ほうるゐ》抔《なご》あるべき筈《はず》ではないけれども、而《しか》もその德《とく》から言《い》へば、國君《こくくん》たりとも朋類《ほうるゐ》なきを得《え》ぬ、故《ゆゑ》に之《これ》を明《さと》來《きた》ると言《い》ふたものである。此《かく》の如《ごと》く上下心《じやうげこゝろ》を協《あは》せて事《こと》に當《あた》らば、時艱《じかん》を濟《すく》ふことも差程難事《さほどなんじ》ではあるまいと思《おも》はるゝが、吉《きつ》を言《い》ふて居《を》らぬのは未《いま》だ以《もつ》て蹇《けん》を濟《すく》ふに足《た》らぬからである、蓋《けだ》し天下大蹇《てんかたいけん》の時《とき》に當《あた》りては、剛中《がうちう》の賢輔《けんほ》がなければその蹇《けん》を濟《すく》ふに足《た》らぬ、然《しか》るに六二は中正《ちうせい》の德《とく》はあれども、その才柔弱《さいじうじやく》にして此《こ》の任《にん》に堪《た》へ得《う》べきものではない、此《こ》れその吉《きつ》を言《い》はぬ所以《ゆえん》である。且《か》つ二〻と五との二爻《かう》に限《かぎ》り、往來《わうらい》の辭《じ》を繫《か》けて居《を》らぬのは、二と五とは君臣《くんしん》の正位《しやうゐ》だ、君臣力《くんしんちから》を協《あは》せて時艱《じかん》を濟《すく》ふは職《しよく》責《せき》の當然《たつぜん》である上《うへ》に、義《ぎ》としても之《これ》を回避《くわいひ》し得《う》べき所《ところ》でない、此《こ》れその往來《わうらい》を言《い》はざる所以《ゆえん》で、猶遯《なほさん》の諸爻《しよかう》は皆避遯《みなひさん》するに拘《かゝ》はらず、惟《ひと》り六二のみが五に應《おほ》じて避遯《ひさん》せぬのと同例《どうれい》である。

上六、往《ユ》ケバ蹇《ナヤ》ミ、來《キタ》レバ碩《オホイ》ナリ、吉《キツ》、利《ヨロ》シ見《ミ》ルニ大人《タイジン》ニ

上六《じやう》は重陰《ぢういん》にして險蹇《けんけん》の極《きよく》に居《ゐ》て、進《すゝ》み往《ゆ》かむとすれば往《ゆ》く所《ところ》なく、往《ゆ》けば益《ます〳〵》蹇《なや》みを重《かさ》ぬものであるが、往《ゆ》き進《すゝ》むことを止《や》め、來《きた》つて九五に就《つ》き從《したが》ふて、此《これ》と共《とも》に蹇《なやみ》を濟《すく》はゞ、五の力《ちから》に由《よ》つて大功《だいこう》を立《た》つることが可能《でき》る、故《ゆゑ》に往蹇來碩《ゆけばなやみきたればおほいなり》と言《い》ふ。碩《せき》は大《だい》と同義《どうぎ》で、九五の象《かたち》を取《と》つたものである。蹇《けん》の諸爻中《しよかうちう》一も、吉《きつ》を言《い》ふたものはないが、上六《じやう》は蹇難《けんなん》の極地《きよくち》で、蹇《けん》もその極《きよく》に達《たつ》すれば通《つう》ずべきものである、故《ゆゑ》に之《これ》を吉《きつ》と言《い》ふ。而《しか》も上六《じやう》をして吉《きつ》を得《え》せしむるものは、即《すなは》ち九五である、故《ゆゑ》に亦《きた》利《よろし》見大人《みゆるにたいじんを》と言《い》ふて、蹇《けん》を濟《すく》ふものは大德《たいとく》九五の功《こう》に外《ほか》ならぬことを表示《へうじ》して居《を》る。

䷧　坎下《かんか》震上《しんじやう》

解《かい》

解《カイ》、利《ヨロ》シ西南《セイナン》ニ、无《ナ》ケレバ攸《トコロ》往《ユ》ク、其《ソ》レ來《キタ》リ復《カヘ》ツテ吉《キツ》、有《ア》ラバ攸《トコロ》往《ユ》ク夙《ハヤ》クシテ吉《キツ》

此卦《このくわ》は震上坎下《しんじやうかんか》にして震《しん》を動《うご》くとなし、坎《かん》を險《けん》となすのであるが、今動《いまうご》いて險《けん》の外《そと》に出《い》でたるは、即《すなは》ち險難《けんなん》が解散《かいさん》した所《ところ》の象《かたち》である、故《ゆゑ》に之《これ》を解《かい》と言《い》ふ。又震《またしん》を雷《らい》となし、坎《かん》を雨《あめ》となして、雷雨《らいう》一たび

過《す》きて天氣《てんき》が渙散《くわんさん》した所《ところ》の象《かたち》である、故《ゆゑ》に之《これ》を解《かい》と言《い》ふ。解《かい》とは釋《と》け散《ち》るの義《ぎ》で、患難《くわんなん》が解散《かいさん》するの謂《いはれ》であるが、患難《くわんなん》が既《すで》に解《と》けて國家《こくか》事《こと》なくば、後《のち》に退《しりぞ》いて安靜《あんせい》自《みづ》から脩《をさ》め、以《もつ》て他日《たじつ》有事《いうじ》の計《はかりごと》をなさねばならぬ、故《ゆゑ》に利《よろし》ニ西南《せいなんに》一と言《い》ふ。西南《せいなん》は陰《いん》の方《はう》で陰類《いんるゐ》の居《を》る所《ところ》であるが、安靜《あんせい》にして事《こと》なきの地《ち》である、故《ゆゑ》に西南《せいなん》に利《よろ》しとは、蹇《けん》の卦《くわ》に謂《い》ふ所《ところ》と同樣《どうやう》で、患難《くわんなん》が已《すで》に解散《かいさん》して萬事《ばんじ》平常《へいじやう》に復《ふく》した上《うへ》は安靜平穩《あんせいへいをん》の地《ち》に退《しりぞ》き、自《みづ》から脩《をさ》めてその本《もと》を培養《ばいやう》するを以《もつ》て利《よろ》しとなすの義《ぎ》である、蓋《けだ》し解《かい》は難《なや》みを解《と》き艱《なや》みを濟《すく》ふを以《もつ》て義《ぎ》となすものであるが、難《なや》み已《すで》に解《と》け難《なや》み已《すで》に濟《すく》ふて、最早《もはや》往《ゆ》き進《すゝ》むで爲《な》すべき事《こと》がなくば、卽《すなは》ち來《きた》り復《かへ》つて西南安靜《せいなんあんせい》の地《ち》に退《しりぞ》いて、自《みづか》らその本《もと》を脩《をさ》むるの計《はかりごと》を爲《な》すを以《もつ》て利《よろ》しとするのである、故《ゆゑ》に无《なけれ》レ攸《ばこころ》レ往《ゆく》其《それ》來《きたり》復《かへつて》吉《きつ》と言《い》ふ。來《きた》り復《かへ》るとは、卽《すなは》ち西南《せいなん》に退《しりぞ》くと言《い》ふのと同義《どうぎ》である、難《なや》み已《すで》に解《と》け難《なや》み已《すで》に濟《すく》ふことが可能《でき》ても、尙外《なほほか》に往《ゆ》き進《すゝ》むで爲《な》すべき事《こと》があるならば、卽《すなは》ち速《すみ》やかに往《ゆ》きその事《こと》を處理《しより》した上《うへ》で、亦早《またはや》く安靜《あんせい》の地《ち》に退《しり》ぞき、解難《かいなん》の爲《た》めに永《なが》く煩勞《はんらう》せぬ方《はう》がよい、故《ゆゑ》に亦《また》有《あらば》レ攸《こころ》レ往《ゆく》夙《はやくして》吉《きつ》と言《い》ふ。之《これ》を要《えう》するに、無事平安《ぶじへいあん》を尙《たつと》むで患難困苦《くわんなんこんく》を厭《いと》ふことは、皆人《みなひと》の同《おなじ》うする所《ところ》であるが解《かい》は難《なや》み已《すで》に解《と》け、難《なや》み已《すで》に濟《すく》ふたと言《い》ふを以《もつ》て卦義《くわぎ》となして居《を》る、故《ゆゑ》に彖《たん》は此《こ》の解難《かいなん》の善後策《ぜんごさく》として、此《かく》の如《ごと》く兩樣《りやうやう》の言《ことば》を繫《か》けたものに外《ほか》ならぬ。

初六、无《ナシ》レ咎《トガ》

初《しよ》六は難《なや》み已《すで》に解《と》くるの始《はじ》めに居《を》り、柔《じう》を以《もつ》て剛《がう》に應《おほ》じ、最後《さいご》に安處《あんしよ》して來《きた》り復《かへ》るの卦義《くわぎ》を得《え》て居《を》る故《ゆゑ》に之《これ》を无《なし》レ咎《とが》と言《い》ふ。

九二、田《カ》リ二獲《エ》テ三三狐《コ》ヲ一得《エ》タリ二黄矢《コウシ》ヲ一、貞《タダシウ》シテ吉《キツ》

凡《およ》そ天下《てんか》の多難《たなん》を惹《ひ》き起《おこ》すのは姦邪《かんじや》の小人《せうじん》を用《もち》ゆるに由《よ》る、故《ゆゑ》に天下《てんか》の多難《たなん》を解除《かいぢよ》せむとせば、先《ま》づその素因《そいん》をなす所《ところ》の小人《せうじん》を除《のぞ》き去《さ》ることが肝要《かんえう》である、されども這《こ》は彼《か》の柔弱不才《じうじやくふさい》なるもの丶能《な》し得《う》べき所《ところ》でもなければ、亦《また》剛強過激《がうきやうくわげき》なるもの丶能《な》し得《う》べき所《ところ》でもない、必《かな》らず剛柔中《がうじうちう》を得《え》てその位《くらゐ》に居《を》るもの丶力《ちから》を竢《ま》つて、始《はじ》めて之《これ》を除《のぞ》くことが可能《でき》るのであるが、解《かい》の卦中此《くわちうこ》の任《にん》に耐《た》へ得《う》べきものは九二を擱《を》いて之《これ》を外《ほか》に求《もと》むべきものはない、九二は剛中《がうちう》の徳《とく》を以《もつ》て六五柔中《じうちう》の君《きみ》に應《おほ》じて、解難《かいなん》の重任《ちうにん》に當《あた》つて居《を》るものである、故《ゆゑ》に之《これ》を彼《か》の田畋《でんてん》に喩《たと》へて、田獲《かりにえて》二三狐《こを》一得《えたり》二黄矢《こうしを》一と言《い》ふ。田《か》りは田害《でんがい》をなす所《ところ》の禽獸《きんじう》を除《のぞ》かむが爲《た》めに行《おこな》ふもので、禍亂《くわらん》の因《もと》をなす所《ところ》の小人《せうじん》を除《のぞ》くことに喩《たと》へたものであるが二は地《ち》の上位《じやうゐ》である、故《ゆゑ》に田《でん》の象《かたち》を取《と》つて居《を》る。又狐《またこ》は邪媚《じやび》の獸類《じうるゐ》で姦惡《かんあく》の小人《せうじん》に喩《たと》へたものであるが坎《かん》の象《かたち》を取《と》つたものである。而《しか》して之《これ》を三狐《こ》と言《い》ふは、衆多《しうた》の義《ぎ》を示《しめ》したもので、必《かな》らずしも三の數《すう》に限《かぎ》る譯《わけ》でもなく、陽《やう》の數《すう》を取《と》つて居《を》る。又黄《またくわう》は中《ちう》の色《いろ》、矢《し》は中直《ちうちよく》の義《ぎ》を取《と》つたものであるが、黄《くわう》矢《し》は狐《こ》を射《い》るに用《もち》ひたものである、然《しか》るに田《か》りしてその狐《こ》を獲《え》れば、狐《こ》を射貫《いぬ》きて居《を》る所《ところ》の黄矢《くわうし》も、狐《こ》と共《とも》に之《これ》を取《と》り戻《もど》すことが可能《でき》る故《ゆゑ》に之《これ》を三狐《こ》を獲《え》て黄矢《くわうし》を得《う》ると言《い》ふ、即《すなは》ち邪惡《じやあく》の小人《せうじん》を去《さ》つて中直《ちうちよく》の道《みち》を得《え》たことに喩《たと》へたもので、此《かく》の如《ごと》きは貞正《ていせい》にして吉《きつ》なる所以《ゆえん》である故《ゆゑ》に亦之《またこれ》を貞吉《ていきつ》と言《い》ふ

六三、負《フテ》且《カツ》乘《ノル》、致《イタス》二寇《アダノ》至《イタルコトヲ》一、貞《カタケレバ》吝《ヤブサシ》

物《もの》を背《せ》に荷《にな》ふことを負《お》ふと言《い》ひ、又船《またふね》に乘《の》り車《くるま》に乘《の》るが如《ごと》く、己《おの》れその上《うへ》に居《を》ることを乘《の》ると言《い》ふが六三は上《かみ》は四の剛《がう》を負《お》ふて、下《しも》は亦《また》二の剛《がう》に乘《の》つて居《を》る、故《ゆゑ》に負且乘《おふてかつのる》と言《い》ふ。六三は陰柔《いんじう》にして不中《ふちう》正《せい》卽ち《すなは》暗愚《あんぐう》にして姦佞《かんねい》なる小人《せうじん》であるが、その才《さい》を量《はか》らずして上《かみ》は四の貴者《きしや》を承《う》け、その分《ぶん》を顧《かへり》みずして下《しも》は敢《あへ》て二の賢者《けんしや》に乘《の》り、祿位《ろくゐ》を竊《ぬす》むで權勢《けんせい》を恣《ほしい》まゝにするものである、その非行《ひかう》此《かく》の如《ごと》きが故《ゆゑ》に寇盜《かうこう》の來《きた》り至《いた》つて之《これ》を害《がい》するは固《もと》より當然《たうぜん》で、その實《じつ》は皆自《みなみづ》から之《これ》を招《まね》き致《いた》すに外《ほか》ならぬ、故《ゆゑ》に致《いたす》二寇《あだの》 至《いたることを》一 と言《い》ふ。致《いた》すとは、我《われ》より之《これ》を招《まね》き來《きた》すの義《ぎ》で、寇《かう》は坎《かん》の象《かたち》であるが、その心事《しんじ》の險惡《けんあく》なること此《かく》の如《ごと》きも、尙之《なほこれ》を固《こ》執《しう》して改《あらた》めざるは、實《じつ》に羞吝《しうりん》すべきの至《いた》りである、故《ゆゑ》に之《これ》を貞《かたけれは》 吝《やぶさし》と言《い》ふ。貞《てい》は固《こ》執《しう》して改《あらた》むることを知《し》らざるの謂《いはれ》である。

九四、解《トカバ》二而《ナンジノ》拇《オヤユビヲ》一、朋《トモ》至《イタッテ》斯《コヽニマコト》孚《トセン》

解《かい》は禍因《くわいいん》をなす所《ところ》の小人《せうじん》を解《と》き去《さ》るの卦《くわ》で、主《しゆ》としてその責《せめ》に任《にん》ずべきものは、二と四の二陽《やう》あるのみであるが、九四は剛陽《がうやう》の才《さい》を以《もつ》て近君《きんくん》の位《くらゐ》に居《ゐ》て、初《しよ》六の陰《いん》と相應《あひおほ》じて居《を》る、然《しか》るに初《しよ》六は下賤《げせん》の小人《せうじん》であるから、上位《じやうゐ》に居《を》る所《ところ》の九四が交《まじ》はり親《した》しむべきものではない、それにも拘《かゝ》はらず、九四が之《これ》と相親《あひした》しむのは、時《とき》の賢人君子《けんじんくんし》が皆等《みなひと》しく忌《い》み嫌《きら》ふ所《ところ》である、斯《か》くては到底解難《たうていかいなん》の責《せめ》を全《まつた》ふすることが可能《でき》ぬ、故《ゆゑ》に九四が解難《かいなん》の責《せめ》を全《まつた》ふせむとせば、先《ま》づ己《おの》れに親近《しんきん》する所《ところ》の小人《せうじん》を解《と》き去《さ》つて而《しか》して孚《ふ》誠《せいむ》無二の心《こゝろ》を明《あき》らかにせば、君子《くんし》の朋類《ほうるゐ》並《なら》び至《いた》り、皆之《みなこれ》を孚《まこと》として信従《しんじう》するに至《いた》る、故《ゆゑ》に解《さかはなんぢの》二而拇《おやゆびをさ》一朋《ともいたつて》至斯《こゝにまことゝせん》孚と言《い》ふ。而《なんぢ》は汝《なんぢ》と同《おな》じく、九四自爻《じかう》のことで、拇《ゆび》は初六《しよ》を指《さ》し、朋《とも》は同類即《どうるゐすなは》ち陽《やう》の善類《ぜんるゐ》を意味《いみ》したもので、九二を指《さ》したものである。

六五、君子《クンシ》維《コレ》有《アリ》レ解《トク》コト、吉《キツ》、有《アリ》レ孚《マコトトセラルコト》レ于二小人《セウジン》一。

此卦《このくわ》は二陽《やう》四陰《いん》に由《よ》つて成立《なりた》つて居《を》るが、陽《やう》は君子《くんし》で陰《いん》は小人《せうじん》である、今《いま》六五は柔中《じうちう》を以《もつ》て君位《くんゐ》に居《ゐ》て解難《かんなん》の主《しゆ》となつて居《を》る。故《ゆゑ》にその徳《とく》を取《と》つて之《これ》を君子《くんし》と言《い》ふたものである、然《しか》れども己《おの》れの同類《どうるゐ》たる三陰《いん》の小人《せうじん》を解《と》き去《さ》らねば、解難《かいなん》の主《しゆ》となることは可能《でき》ぬが、六五は他《た》の三陰《いん》と同類《どうるゐ》ではあるけれども、柔中《じうちう》の美《び》徳《とく》を持《もつ》て居《を》る所《ところ》の君子《くんし》である、随《したが》つて彼《か》の邪悪《じやあく》の小人《せうじん》を解《と》き去《さ》ることが可能《でき》る、故に之《これ》を君子《くんし》維有《これありさくこときちノ》レ解吉と言《い》ふ。維《これ》は發語《はつご》の辭《じ》であるが、此《こ》の陰類《いんるゐ》でありながら、陰類《いんるゐ》を解《と》き去《さ》ることは中正不偏《ちうせいふへん》の見《けん》を持《もつ》たものでなければ、決《けつ》して爲《な》し得《う》べき所《ところ》でない、故《ゆゑ》に亦之《またこれ》を有《ありまことゝせらるゝこと》レ孚レ于二小人《せうじん》一と言《い》ふ。小人《せうじん》に孚《まこと》とゝせらるゝことありとは、小人《せうじん》の徒《と》をして君子《くんし》は必《かな》らず之《これ》を用《もち》ひ、小人《せうじん》は必《かな》らず之《これ》を解《と》き去《さ》ると言《い》ふことを信《しん》ぜしむるの義《ぎ》である、斯《か》くせば小人《せうじん》をして僥倖《ぎようかう》の念《ねん》を絶《た》ち、惡《あく》を改《あらた》めて善《ぜん》に遷《かへ》らしむることが可能《でき》るのであるが、六五が小人《せうじん》を解《と》いて吉《きつ》なる所以《ゆえん》は實《じつ》に玆《こゝ》にある。

上六、公《コウ》用《モチヒ》テ射《イ》三隼《ハヤブサ》ヲ于二高《カウ》墉《ヨウ》之《ノ》上《ウヘ》一獲《ウ》レ之《コレ》ヲ、无《ナシ》レ不《ザ》ルコト レ利《ヨロ》シカラ

玆《こゝ》に公用《こうもち》ひてと言《い》ふは、隨《ずゐ》の上六《じやう》、離《り》の上九《じやう》に王用《わうもち》ひてと言《い》ふて居《を》るのと同例《どうれい》で、上六《じやう》を以《もつ》て公《こう》に當《あた》

るのではない、解難《かいなん》の主《しゆ》即《すなは》ち六五が上六《じやう》を用《もち》ひてと言《い》ふの義《ぎ》である。隼《はやぶさ》は鷙害《しつがい》をなす所《ところ》の鳥《とり》で、上六《じやう》を指《さ》したものである。蓋《けだ》し柔媚《じうび》なるものを狐《こ》となし、陰鷙《いんしつ》なるものを隼《はやぶさ》としたものであるが、上六《じやう》は陰柔《いんじう》を以《もつ》て震《しん》の極《きよく》に居《を》るから、隼《はやぶさ》の象《かたち》を取《と》つて居《を》る。又牖《またよう》は内外《ないぐわい》の限界《げんかい》をなす墻壁《しやうへき》のことであるが、上六《じやう》は最高位《さいかうゐ》に居《を》るので高牖《かうよう》の象《かたち》を取《と》つたのであるが、凡《およ》そ卦《くわ》は五爻《かう》に至《いた》れば、その卦《くわ》の卦義《くわぎ》が盡《つ》くるを以《もつ》て例《れい》として居《を》る、而《しか》して此《こ》の卦《くわ》も亦《また》それと同例《どうれい》で、二は三狐《こ》を獲《え》。四は拇《おやゆび》を解《と》き、五は小人《せうじん》を解《と》き内難《ないなん》は已《すで》に之《これ》を解《と》き了《をは》つたけれども、而《しか》も高牖《かうよう》の上《うへ》に據《よ》り、間隙《かんげき》を窺《うかゞ》ふて害《がい》をなさむとする外來《ぐわいらい》の強難《きやうなん》が殘《のこ》つて居《を》る、然《しか》るに、上六《じやう》は解《かい》の極《きよく》であるから、内難《ないなん》も外難《ぐわいなん》も皆凡《みなすべ》て解《と》け去《さ》らねばならぬ時《とき》である、是《こゝ》に於《おい》て六五の公《こう》が上六《じやう》を用《もち》ひ隼《はやぶさ》を高墉《かうこう》の上《うへ》に射《い》て、一發《はつ》にして之《これ》を射止《いと》めしめたのである故《ゆゑ》に公用《こうもつて》射《いて》三隼《はやぶさを》于《に》二高墉《かうようの》之上《うへ》一獲《うる》レ之《これを》と言《い》ふ。斯《か》くて内外《ないぐわい》の難《なや》みが皆《みな》解《と》け去《さ》つて、始《はじ》めて無事平穏《ぶじへいをん》に復《ふく》することが可能《でき》た、故《ゆゑ》に之《これ》を无《なし》レ不《ざる》レ利《よろしから》と言《い》ふ。射《い》るとは坎《かん》の弓震《ゆみしん》の矢《や》の象《かたち》を取《と》つたものである。

䷨

兌下《だか》
艮上《ごんじやう》

損《そん》

損《ソン》、有《ア》リレ孚《マコト》、元《ゲン》吉《キツ》、无《ナシ》レ咎《トガ》、可《ベ》シレ貞《タダシ》フス、利《ヨロ》シレ有《アル》ニレ攸《トコロ》レ往《ユ》ク、曷《ナニヲカ》之《コ》レ用《モチ》ヒン、二簋《キ》可《ベ》シ二用《モツ》テ享《マツ》ル一、

此卦《このくわ》艮山上《ごんさんかみ》に高《たか》く兌澤下《だたくしも》に深《ふか》きは、即《すなは》ち下《しも》を損《そん》じて上《かみ》を益《えき》すの義《ぎ》である、故《ゆゑ》に之《これ》を損《そん》と言《い》ふ。又内外《またないぐわい》

を以《もつ》て之《これ》を言《い》へば、内卦《ないくわ》の一陽《やう》を損《そん》じて外卦《ぐわいくわ》の一陰《いん》を益《ま》す。即《すなは》ち内《うち》を損《そん》じて外《そと》を益《ま》すの義《ぎ》である、故《ゆゑ》に之《これ》を損《そん》と言《い》ふ。又彼我《またひが》を以《もつ》て之《これ》を言《い》へば、我《われ》の有餘《いうよ》を損《そん》じて彼《かれ》の不足《ふそく》を益《えき》す、此《これ》も亦損《またそん》の義《ぎ》である故《ゆゑ》に之《これ》を損《そん》と言《い》ふ。損《そん》とは減損《げんそん》するの義《ぎ》であるが、物《もの》は皆凡《みなすべ》て減損《げんそん》すると言《い》ふことは人《ひと》の常情《じやうじやう》に反《はん》することで、下《しも》を損《そん》じ内《うち》を損《そん》じ亦我《まわれ》を損《そん》じ、その他《た》のものを損《そん》ずるを問《と》はず、自體損《じたいそん》ずると言《い》ふことが未《いま》だ必《かな》らずしも大吉《だいきつ》にして過咎《くわきう》なく、貞正《ていせい》にして往《ゆ》き進《すゝ》むべきことではない、唯當《たゞまさ》に損《そん》すべき時《とき》に於《おい》て之《これ》を損《そん》ずれば、損《そん》するものに失《しつ》なくして、得《う》るものに取《と》れば固《もと》より益《えき》がある、故《ゆゑ》に損《そん》するものも之《これ》を損《そん》することを樂《たの》しみ、得《う》るものは固《もと》より之《これ》を益《えき》することを樂《たの》しみ、相互《さうご》に孚《まこと》として之《これ》を信《しん》ずるに至《いた》る、果《はた》して此《かく》の如《ごと》くなることを得《え》ば、之《これ》を損《そん》するも大吉《だいきつ》にして過咎《くわきう》なく、貞正《ていせい》にして往《ゆ》き進《すゝ》むべきことであると言《い》ふてよい、故《ゆゑ》に有《あり》レ孚《まこと》、元吉《げんきつ》、无《なし》レ咎《とが》、可《べし》レ貞《たゞしうす》、利《よろし》レ有《あるに》レ攸《ところ》レ往《ゆく》と言《い》ふ。外《そと》に要望《えうばう》する所《ところ》がなく己《おの》れを損《そん》じて他《た》を益《えき》すは、その事《こと》が已《すで》に孚誠《ふせい》である許《ばか》りでなく、損《そん》の卦全體《くわぜんたい》を一括《くわつ》して之《これ》を見《み》れば中虛《ちうきよ》の象《かたち》があるが、中虛《ちうきよ》は即《すなは》ち孚《まこと》の象《かたち》である、故《ゆゑ》に之《これ》を有《まことあり》レ孚《まこと》と言《い》ふて居《を》るが、已《すで》に之《これ》を損《そん》して孚《まこと》あらば、その占《うらなひ》の元吉《げんきつ》にして咎《とが》なく、隨《したが》つて往《ゆ》く所《ところ》あるに利《よろ》しきは、亦言《またげん》を俟《ま》たぬ所《ところ》である。而《しか》も損《そん》すべき時《とき》に當《あた》りて之《これ》を損《そん》せざれば、必《かな》らずしも過咎《くわきう》なきを保《ほ》せぬ。喩《たと》へば盜賊《とうぞく》に餉《しやう》を與《あた》ふるが如《ごと》きは即《すなは》ちそうである、故《ゆゑ》に之《これ》を戒《いまし》めて貞《たゞ》しうす可《べ》しと言《い》ふ。然《しか》らば上述《じやうじゆつ》損《そん》の義《ぎ》は、之《これ》を如何《いか》なる事《こと》に用《もち》ゆべきかと言《い》へば、差當《さしあた》り先《ま》づ祭祀《さいし》に就《つい》て之《これ》を言《い》はむに、祭祀《さいし》の禮《れい》はその儀式最《ぎしきもつと》も繁雜《はんざつ》に、八簋《き》を盛《さかん》になし、四簋《き》を中《ちう》となし、二簋《き》を簡《かん》となすの定《さだ》めであるが、元《もと》と物《もの》を備《そな》へ儀《ぎ》を盛《さか》むにするのは、誠敬《せいけい》の意《い》を表《へう》せむが爲《た》めであるから。誠敬《せいけい》の心《こゝろ》がなくて儀式《ぎしき》のみ盛《さか》むにするは、即《すなは》ち僞飾《ぎしよく》であつて神《かみ》を瀆《けが》すこと丶なる、是故《このゆゑ》に誠敬《せいけい》の心《こゝろ》さへあらば、時宜《じぎ》に由《よ》つて二簋《き》の薄物《はくぶつ》を用《もち》ひても、尙天地《なほてんち》を動《うご》かし鬼神《きじん》を泣《な》かしむることが可能《でき》る、故《ゆゑ》に之《これ》を曷之用《なにをかこれもちひん》、二簋《き》可《べし》二用享《もつてまつる》一と言《い》ふ。曷《なに》をかは何《なに》をかと同《おな》じく、簋《き》は黍稷《きしよく》を盛《も》るの具《ぐ》で、下《した》の二陽《やう》を底《てい》となし、三陰《いん》を中空《ちつくう》となし、上《うへ》の一陽《やう》を蓋《がい》となして、內部《ないぶ》は四角《かく》にして外形《ぐわいけい》は圓《まる》く即《すなは》ち簋《き》の象《かたち》があるが、曷《なに》をか之《こ》れ用《もち》ひむ以下《いか》は、即《すなは》ち損《そん》すべき時《とき》に當《あた》つて之《これ》を損《そん》するの一例《れい》を示《しめ》したものである。

初九、已《ヤメ》テレ事《コト》ヲ遄《スミヤカ》ニ往《ユ》ク、无《ナシ》レ咎《トガ》、酌《クン》デ損《ソン》セヨレ之《コレ》ヲ

初九《しよ》は下《しも》を損《そん》して上《かみ》を益《えき》すの時《とき》に當《あた》り、剛《がう》を以《もつ》て陽《やう》に居《を》るが故《ゆゑ》に、過剛《くわがう》にして餘《あま》りあるものである、反之《これにはんし》、六四は柔《じう》を以《もつ》て陰《いん》に居《を》るが故《ゆゑ》に、重陰《ちういん》にして空乏《くうばふ》の疾《やまひ》あるもので、速《すみ》やかに往《ゆ》きて之《これ》を救《すく》はなければ、將《まさ》に死《し》せむとするものであるが、初九《しよ》は即《すなは》ち之《これ》が正應《せいおほ》である、是《これ》を以《もつ》て暫《しば》らく己《おの》れが從事《じうじ》しつ丶ある事業《じげふ》を止《や》め、餘《あま》りある所《ところ》の力《ちから》を割《さ》き、速《すみ》やかに往《ゆ》きて六四を救《すく》ふて蘇生《そせい》せしむ、這《こ》は即《すなは》ち當《まさ》に損《そん》すべき所《ところ》を損《そん》して孚《まこと》あるもので、何等《なら》の咎《とが》あるべきものでない、故《ゆゑ》に已《やめて》レ事《ことを》遄《すみやかに》往《ゆく》无《なし》レ咎《とが》と言《い》ふ已《やむ》は止《や》むと同《おな》じく艮《ごん》の象《かたち》。遄《すみやか》は速《すみ》やかと同《おな》じく、中爻震《ちうかうしん》の象《かたち》で、遄《すみ》やかに往《ゆ》くは、初《しよ》が四と相應《あひおほ》ずる所《ところ》の象《かたち》を取《と》つたものである。されど己《おの》れの職業《しよくげふ》を止《や》めて他人《たにん》の難《なん》を救《すく》ふは、可《か》は則《すなは》ち可《か》ではあるけれ

ご動《やゝ》もすれば己《おの》れの分限《ぶんげん》を忘《わす》れて、他《た》の爲《た》めに奉《ほう》ずるに至《いた》ることなきを保《ほ》せぬ、故《ゆゑ》に之《これ》を戒《いま》しめて酌《くんで》損《そんせよこれを》レ之と言《い》ふ。酌《くむ》とは猶器《なほき》に隨《したが》ふて酒《さけ》を酌《く》むが如《ごと》く、過不及《くわふきう》なきの謂《いはれ》であるが、彖《たん》に謂《い》ふ所《ところ》の貞《ただ》しうすべしとは、即《すなは》ち此《かく》の如《ごと》きことを指《さ》したものに外《ほか》ならぬ。

九二、利《ヨロシ》レ貞《テイ》ニ、征《ユ》ケバ凶《キヨウ》、弗《ズ》シテレ損《ソン》セ益《マ》レス之《コレ》ヲ

九二は下《しも》を損《そん》して上《かみ》を益《えき》すの時《とき》に當《あた》り、剛《がう》を以《もつ》て陰《いん》に居《ゐ》てその宜《よろ》しきを得《え》て居《を》る許《ばか》りでなく、その上《うへ》尚中《なほちう》の位《くらゐ》に居《を》るものであるが、その正應《せいおほ》たる六五も、亦柔《またじう》を以《もつ》て陽《やう》に居《ゐ》てその宜《よろ》しきを得《え》て居《を》る許《ばか》りでなく、尚更《なほさら》に中徳《ちうとく》を備《そな》へたもので、二者共《しやども》に過不足《くわふそく》なきものである、然《しか》るに今《いま》九二が剛《がう》を損《そん》じて六五の柔《じう》を益《えき》すは、却《かへ》つて二者共《しやども》に過不足《くわふそく》を生《しやう》じて、その中《ちう》を失《うしな》ふの結果《けつくわ》を見《み》るに至《いた》る、故《ゆゑ》に利レ貞征《よろしくていにゆけば》凶《きよう》と言《い》ふ。貞《てい》は正固《せいこ》の義《ぎ》で、固《かた》く固有《こいう》の正分《せいぶん》を守《まも》ることを言《い》ひ、又征《またせい》は行《ゆ》くと同《おな》じく進《すゝ》み行《ゆ》きて六五を益《えき》することを言《い》ふたものであるが、蓋《けだ》し初九は未仕《みし》の賢者《けんしや》で、國家《こくか》の公事《こうじ》に關係《くわんけい》すべき何等《なんら》の職責《しよくせき》をも持《もた》ぬものである、けれども己《おの》れが私事《しじ》を止《や》めて國難《こくなん》に赴《おもむ》くは、國民《こくみん》たるものゝ本分《ほんぶん》で、時宜《じき》に適《てき》した所《ところ》の振舞《ふるまひ》である、故《ゆゑ》に事《こと》を止《や》め速《すみ》やかに往《き》きて國難《こくなん》を救《すく》ふも咎《とが》めらるゝ所《ところ》がないのである。反之《これにはんし》九二は國家《こくか》の重事《ちうじ》に任《にん》じて、蹇々匪躬《けんけんひきう》の節《せつ》を盡《つく》すべき職責《しよくせき》を負《お》ふて居《を》る所《ところ》の大臣《だいじん》で、平素《へいそ》の職責《しよくせき》その者《もの》が、已《すで》に國家《こくか》の公事即《こうじすなは》ち六五君主《くんしゆ》の爲《た》めに、損《そん》せずして之《これ》を益《えき》しつゝある譯《わけ》である、故《ゆゑ》に弗レ損益《ずしてそんせます》レ之《これを》と言《い》ふ。然《しか》るに此上更《このうへさら》に事《こと》を已《や》めて速《すみ》やかに往《ゆ》き、六五を益《えき》せむとするが如《ごと》きは、本來《ほんらい》の職責《しよくせき》を放

擲《てき》し、損《そん》せずして之《これ》を益《えき》することを得《え》ざる許《ばか》りでなく、倒《さか》しまに大損減《だいそんげん》を六五に加《くは》ゆることゝなるのである。此《こ》れその位地《ゐち》と體質《たいしつ》との相違《さうゐ》に由《よ》つて生《しやう》ずる所《どころ》の結果《けつくわ》で、即《すなは》ち損《そん》せずして之《これ》を益《えき》すの語《ご》ある所以《ゆえん》であるから、占者《せんしや》の最《もつと》も深《ふか》く注意《ちうい》を要《えう》すべき所《ところ》である。

六三、三人《ニン》行《ユ》ケバ、則《スナハ》チ損《ソン》ジ二一人《ニン》一ヲ、一人《ニン》行《ユ》ケバ、則《スナハ》チ得《ウ》ル二其《ソ》ノ友《トモ》一ヲ、

此《こ》の六三の一爻《かう》は、此《こ》の卦《くわ》が損《そん》の名《な》を得《う》る所以《ゆえん》の原由《もと》で、此《こ》の一爻《かう》の特徴《とくちやう》あるが爲《た》めに之《これ》を損《そん》と名《なづ》けた所以《ゆえん》である、そこで今此《いまこ》の卦象《くわしやう》を見《み》るに、全卦《ぜんくわ》六爻《かう》を一括《くわつ》して三陰《いん》三陽《やう》互《たがひ》に相平均《あひへいきん》して居《を》る、けれども之《これ》を内外兩體《ないぐわいりやうたい》に分《わか》てば、内卦《ないくわ》は二陽《やう》一陰《いん》で外卦《ぐわいくわ》は二陰《いん》一陽《やう》であるが、亦更《またさら》に之《これ》を合體《がつたい》して見《み》れば内卦《ないくわ》六三の一陰《いん》と、外卦上九《ぐわいくわじやう》の一陽《やう》との間《あひだ》には、元《もと》と交互《かうご》往來上下《わうらいじやうげ》して、斯《か》くなつたものゝ如《ごと》く推想《すゐさう》さるゝ所《ところ》の形迹《けいせき》が存《そん》じて居《を》る、即《すなは》ち元《もと》とは内卦《ないくわ》の三陽《やう》が並《なら》び行《ゆ》きて、その中《うち》九三の一陽《やう》のみ上《のぼ》つて上《じやう》に往《ゆ》いて、現在《げんざい》の上九《じやう》となつたものと見《み》ることが可能《でき》る、即《すなは》ち三人並《にんなら》び行《ゆ》いて、その中《うち》の一人《にん》を損失《そんしつ》するの象《かたち》である、故《ゆゑ》に三人行則損《にんゆけばすなはちそんす》二一人《にんを》一と言《い》ふ。人《ひと》は即《すなは》ち六三人位《じんゐ》の象《かたち》を取《と》つたものである。此《かく》の如《ごと》く九三の一陽《やう》が上《のぼ》つて上九《じやう》となると同時《どうじ》に、亦上六《またじやう》の一陰《いん》が下《くだ》り來《きた》つて、現在《げんざい》の六三となつたものと見得《みう》るのである、故《ゆゑ》に亦《また》一人行《にんゆけば》、則得《すなはちうる》二其友《そのともを》一と言《い》ふ。一人行《にんゆ》くとは、先《さ》きに三人行《にんい》つてその中《うち》の一人《にん》を損《そん》した所《ところ》の一人《にん》を指《さ》したもので、其《そ》の友《とも》を得《う》るとは、上六《じやう》が下《くだ》り來《きた》つて六三となつたことを言《い》ふたものであるが、這《こ》は即《すなは》ち毎々《まい〳〵》彖傳《たんでん》に謂《い》ふ所《ところ》の剛柔《がうじう》の往來上下《わうらいじやうげ》で、先儒《せんじゆ》が唱《とな》へ來《きた》つた卦變《くわへん》に外《ほか》ならぬ、

而《しか》も此《かく》の如《ごと》く假設推想《かせつすゐさう》する所《ところ》に於《おい》て、上下損益《じやうげそんえき》の義《ぎ》も、將亦彼我《はたまたひが》交通《かうつう》の義《ぎ》も、皆凡《みなすべ》て之《これ》を認《みと》むることが可能《でき》る、故《ゆゑ》に繫辭傳《けいじでん》は此《こ》の義《ぎ》を賛《さん》して、易曰《えきにいはく》、三人行《にんゆけはすなはち》則損《そんし》二一人《にんを》一、一人行《にんゆけはすなはちうる》則得二其友《そのともを》一とは、致《ち》一を言《い》ふなりと言《い》ふて居《を》る、致《ち》一とは、上下内外《じやうげないぐわい》の損益往來出入等《そんえきわうらいしゆつにふとう》の間《あひだ》に於《おい》て一致融合《ちゆうがふ》の妙理《めうり》を發見《はつけん》し得《う》べきことを言《い》ふたものである。されば彼《か》の卦變《くわへん》なるものは、後儒《こうじゆ》が始《はじ》めて發見《はつけん》したものではなく、已《すで》に彖爻《たんかう》の作者《さくしや》が認《みと》めて居《ゐ》た所《ところ》で、取象上《しゆしやうじやう》に於《おい》ける進化發達《しんくわはつたつ》の一先例《せんれい》たるを失《うしな》はぬものであるが、卦《くわ》變《へん》の何者《なにもの》なるかは、拙著《せつちよ》五段論式必中占法幷《だんろんしきひつちうせんぱふならび》に眞勢《ませ》中州之易學《ちつしうのえきがく》を一讀《どく》して悟了《ごれう》せられ度《た》い。

六四、損《ソン》二其疾《シテソノヤマヒヲ》一使《シ》レ遄《スミヤカナラ》有《アリ》レ喜《ヨロコビ》、无《ナシ》レ咎《トガ》

六四は柔《じう》を以《もつ》て陰《いん》に居《ゐ》て不中《ふちう》なるもので、生來虛乏《せいらいきよぼふ》の疾《やまひ》即《すなは》ち心《こころ》の不善《ふぜん》なるものであるが、人《ひと》として心《こころ》に不善《ふぜん》あるは、猶《なほ》身《み》に疾病《しつぺい》があるのと同樣《どうやう》で、速《すみ》やかに之《これ》を醫《い》せざれば、瘳《い》へずして終《つひ》に死《し》に至《いた》るものである、然《しか》るに今《いま》六四は初九《しよ》の正應《せいおう》で、初九《しよ》は剛《がう》を以《もつ》て陽《やう》に居《ゐ》て有餘《いうよ》の藥石《やくせき》を持《も》つたものであるが方《き》さに己《おの》れの事業《じげふ》を中止《ちうし》して、速《すみ》やかに來《きた》つて六四の疾《やまひ》を醫《い》せむとするものである、それゆへ六四がその疾《やまひ》を減損《げんそん》せむが爲《た》めには、初九《しよ》に請《こ》ふて速《すみ》やかに來《きた》りて之《これ》を醫《い》せしむるにある、さすればその疾《やまひ》を瘳《なほ》して喜《よろこ》ぶことが可能《でき》る、故《ゆゑ》に損《そんして》二其《その》疾《やまひ》一使《しむれば》レ遄《すみやかなら》有《あり》レ喜《よろこび》と言《い》ふ。其《そ》の疾《やまひ》を損《そん》すとは、六四自《みづ》からの疾《やまひ》を減損《げんそん》せむと思《おも》はゞと言《い》ふ義《ぎ》で、遄《すみ》やかなら使《し》むとは、初九《しよ》は元《もと》と速《すみ》やかに來《きた》るものではあるけれども、彼《かれ》をして速《すみ》やかに來《きた》らしむるものは、即《すなは》ち六四の働《はたら》きに由《よ》ることを言《い》ふたものである、又《また》

喜《よろこ》びありとは、外《ほか》に喜《よろこび》があると言《い》ふのではなく、疾《やまひ》が減損《げんそん》し去《さ》つて治癒《ちゆ》するのが即《すなは》ち喜《よろこび》で、初《しよ》九の應助《おほじよ》に由《よ》つて、その不善《ふぜん》を損《そん》して善《ぜん》を益《えき》すに至《いた》るは、即《すなは》ち咎《とが》なき道理《だうり》である、故《ゆゑ》に之《これ》を无《なし》レ咎《とが》と言《い》ふ。疾病《しつぺい》は氣血《きけつ》の不足《ふそく》に由《よ》つて生《しやう》ずるものであるが、六四が重陰《ぢうゐん》にして不中《ふちう》なるは、即《すなは》ち氣血《きけつ》の不順不足《ふじゆんふそく》にして疾《やまひ》を生《しやう》ずるの象《かたち》である、又喜《またよろこび》は疾《やまひ》が瘳《い》へたことを喜《よろこ》ぶ義《ぎ》で、初《しよ》九の有餘《いうよ》を以《もつ》て六四が不足《ふそく》を益《えき》し足《た》すの義《ぎ》を取《と》つたものである。

六五、或《アルヒ》ハ益《マス》レ之《コレ》ヲ、十朋之龜《ホウノキ》モ、弗《ズ》レ克《アタ》ハ違《タガ》フコト、元吉《ゲンキツ》

損《そん》の六爻中上《かうちうかみ》三爻《かう》は皆益《みなえき》を受《う》くるもので、特《とく》に六五は柔中《じうちう》にして尊位《そんゐ》に居《を》り、己《おの》れを虚《むな》しうして下《しも》に下《くだ》り、天下《てんか》の輔益《ほえき》を受《う》くる所《ところ》の主《しゆ》である、故《ゆゑ》に或益《あるひはますこれを》レ之と言《い》ふ。或《あるひ》はとはその誰《たれ》なるかを知《し》らざるの辭《じ》で、之《これ》を益《えき》するもの丶多《おほ》きことを言《い》ふたものであるが、東《ひがし》よりも西《にし》よりも之《これ》を益《えき》するもの一ならず、而《しか》も之《これ》を益《えき》すこと必然《ひつぜん》にして、元龜《げんき》の靈妙《れいめう》なるものですら、協《かな》ひ從《したが》ふて之《これ》に違《ちが》ふことがない有樣《ありさま》であるが故《ゆゑ》に十朋之龜弗《ほうのきもず》レ克《あたはたがふこと》レ違と言《い》ふ。龜《き》は是非吉凶《ぜひきつきよう》を卜《ぼく》するの具《ぐ》で、似體大離《じたいだいり》の象《かたち》を取《と》つたものであるが、十朋之龜《ほうのき》も違《たが》ふこと克《あた》はずとは、天下《てんか》の人心《じんしん》が六五に歸向《きかう》して之《これ》を益《えき》すことの信然《しんねん》なるは、吉凶《きつきよう》を確《かく》示《じ》する所《ところ》の靈龜《れいき》といへど、之《これ》に背《そむ》き違《たが》ふことは可能《でき》ぬと言《い》ふ義《ぎ》で、這《こ》は必竟《ひつきやう》六五に此德《このとく》があつて、此《こ》の應《おほ》を來《きた》す所以《ゆえん》である、故《ゆゑ》に之《これ》を元吉《げんきつ》と言《い》ふ。元《げん》は大《だい》の義《ぎ》、又兩龜《またりやうき》を朋《ほう》とするから、十朋《ほう》とは數《すう》の多《おほ》きことを意味《いみ》したもので十は之《これ》を備卦坤《びくわこん》の象《かたち》から取《と》つたものである。

上九、弗《ズ》シテレ損《ソン》セ益《マ》スレ之《コレ》ヲ、无《ナ》シレ咎《トガ》、貞《タダシウ》シテ吉《キツ》、利《ヨロ》シレ有《ア》ルニレ攸《トコロ》レ往《ユ》ク、得《ウ》ルコトレ臣《シン》ヲ无《ナ》シレ家《イヘ》

此《こ》の卦《くわ》が損《そん》の名《な》を得《え》て居《を》る所以《ゆえん》は、六三と上九《じやう》との往來《わうらい》にある、隨《したが》つて六三と上九《じやう》とは成卦《せいくわ》の主爻《しゆかう》となつて居《を》るものであるが、卦名《くわめい》は損《そん》で、上九《じやう》はその極《きよく》に居《を》るから、特《とく》に亦《また》その中《うち》の優主《いうしゆ》となるべきものである、故《ゆゑ》に彖辭《たんじ》の无レ咎《なしとが》、貞、吉《たゞしてきつ》、利レ有レ攸レ往等《よろしあるにこころゆくなど》の語《ご》を取り來《きた》つて、之《これ》を上九《じやう》に繫《か》けて居《を》るのであるが、六五は卽《すなは》ち定位《ていゐ》の主《しゆ》であつて、已《すで》に虛中己《きよちうおの》れを空《むな》しうして天下《てんか》の人心《じんしん》を德化《とくくわ》し、鬼神《きじん》を感格《かんかく》せしめて、彖《たん》に謂《い》ふ所《ところ》の有レ孚元吉《ありまことげんきつ》の實《じつ》を收《をさ》め得《え》たものである、故《ゆゑ》に此《こ》の卦《くわ》の主腦《しゆのう》とする所《ところ》は、成卦《せいくわ》の主《しゆ》として之《これ》を見《み》る時《とき》には上九《じやう》にあつて、亦定位《またていゐ》の主《しゆ》として見《み》る時《とき》には六五にある、されど今暫《いましば》らく此《こ》の區別《くべつ》を離《はな》れ、一體《たい》として之《これ》を見《み》れば、上《じやう》に於《おい》て言《い》ふ所《ところ》は卽《すなは》ち五に就《つい》て言《い》ふべきことで、結局《けつきよく》する所《ところ》、上《じやう》の辭《じ》は卽《すなは》ち五の辭《じ》を承《う》けてその義《ぎ》を終《を》へたものとして之《これ》を見《み》ねばならぬことゝなるが、卦義《くわぎ》下《しも》を損《そん》して上《かみ》を益《えき》すの時《とき》に當《あた》り、元《もと》と下《か》卦《くわ》の九三が上《じやう》に往《い》つたものが卽《すなは》ち現在《げんざい》の上九《じやう》となつて居《を》る、されば下《か》卦《くわ》三陽《やう》の一を損《そん》じて、上卦《じやうくわ》三陰《いん》の一を益《えき》した譯《わけ》である、けれどもそれと同時《どうじ》に、元《もと》と上卦《じやうくわ》の上六《じやう》が三に下《くだ》り來《きた》つたものが卽《すなは》ち現在《げんざい》の六三となつて居《を》る、それゆへ六三の辭《じ》に三人行《にんい》つて一人《にん》を損《そん》したけれども、一人《にん》が上《じやう》に往《い》つた爲《た》めに、亦其友卽《またそのともすなは》ち六三の一陰《いん》を得《え》たと言《い》ふて居《を》るが、一人《にん》が行《ゆ》き去《さ》つても、その代《かは》りに亦《また》一人《にん》の友《とも》を得《う》れば、差引《さしひ》き損益《そんえき》する所《ところ》はない道理《だうり》である、卽《すなは》ち下《か》卦《くわ》の方《はう》から之《これ》を言《い》へば、陽《やう》の有餘《いうよ》を損《そん》して陰《いん》の不足《ふそく》なるものを得《え》たので、結局損益《けつきよくそんえき》する所《ところ》はない譯《わけ》となるが、反之《これにはんし》、上《ぜう》

卦《くわ》の方《はう》から之《これ》を言《い》へば、陰《いん》の不足《ふそく》なるもの丶代《かは》りに、陽《やう》の有餘《いうよ》なるものを得《え》たので、結局利益《けつきよくりえき》する所《ところ》があることゝなる、故《ゆゑ》に弗レ損益レ之《ずしてそんせえすこれを》と言《い》ふ。弗《ず》レ損《そんせ》とは下卦《かくわ》を損《そん》せずと言《い》ふことで、亦益レ之《またこれをえきす》とは上卦《じやうくわ》即《すなは》ち己《おの》れを益《えき》すと言《い》ふことで、九二に弗レ損益レ之《ずしてそんせますこれを》と言《い》ふて居《を》るのとは、その辭《ことは》は同《おな》じでも而《しか》もその意《い》義《ぎ》は異《こと》なつて居《を》る、即《すなは》ち九二に於《おい》ては己《おの》れを損《そん》せずして人《ひと》を益《えき》すと言《い》ふ義《ぎ》であるが、此交《このかう》に於《おい》ては人《ひと》を損《そん》せずして己《おの》れを益《えき》すと言《い》ふ義《ぎ》である、而《しか》して此《こ》の人《ひと》を損《そん》せずして己《おの》れを益《えき》すと言《い》ふことは、言《い》ひ換《か》ゆれば下《しも》を損《そん》せずして上《かみ》を益《えき》し、亦《また》民《たみ》を損《そん》せずして君《きみ》に益《えき》すと言《い》ふことであるが、此《かく》の如《ごと》きは至誠《しせい》至仁《しじん》の心《こころ》あるものでなければ到底能《たうていな》し得《え》ざることで、彖《たん》に謂《い》ふ有レ孚元吉《ありまことげんきつ》の義《ぎ》と一致《ち》して居《を》る、故《ゆゑ》に无《なし》レ咎、貞吉、利レ有レ攸レ往《よろしあるにところゆく》と言《い》ふ。貞吉《ていきつ》は、貞正《ていせい》にして吉《きつ》と言《い》ふの義《ぎ》であるが、上《かみ》に立《た》つものがその下《しも》を損《そん》せずして己《おの》れを益《えき》すこと此《かく》の如《ごと》くば、天下《てんか》その德《とく》に悅服《えつぷく》して內外遠邇《ないぐわいゑんじ》の別《べつ》あることなく、普《ふ》天《てん》の下皆凡《みなすべ》て王臣《わうしん》となり、率土《そつど》の濱《ひん》も皆《みな》悉《ことごと》く王土《わうど》となるに違《ちが》いない、故《ゆゑ》に亦得レ臣无レ家と言《い》ふ。无《なし》レ家《いへ》とは、貴賤上下內外遠邇等《きせんじやうかないぐわいゑんじとう》の差別《さべつ》なく、萬邦《ばんぱう》一軌《き》四海同然《かいどうぜん》であると言《い》ふ義《ぎ》である、して見《み》れば、此交《このかう》の辭《じ》が一面《めん》から見《み》れば、成卦《せいくわ》の優主《いうしゆ》として繫《か》けられ、亦《また》他の一面《めん》から見《み》れば、定位《ていゐ》の五を承《う》けて繫《か》けられて居《を》ることが明《あき》らかに分《わか》るのである。

䷩　震下《しんか》　巽上《そんじやう》　益《えき》

益《エキ》、利《ヨロ》レシ有《ア》ルニ攸《トコロ》レ往《ユ》ク、利《ヨロ》レシ渉《ワタ》ルニ二大川《オホカハ》一。

此卦《このくわ》は震雷《しんらい》上《うへ》にあつて巽風《そんふう》下《した》にあり、風烈《かぜはげ》しければ雷迅《らいはや》く、雷激《らいげき》すれば風怒《かぜいか》り、二物相與《ふたつあひくみ》して互《たがひ》にその勢《いきほひ》を助《たす》け益《ま》すは、即《すなは》ち益《えき》の象《かたち》である、故《ゆゑ》に之《これ》を益《えき》と言《い》ふ。又内外《またないぐわい》を以《もつ》て之《これ》を言《い》へば、外卦《ぐわいくわ》の一陽《やう》を損《そん》して內卦《ないくわ》の一陰《いん》を益《えき》す。即《すなは》ち外《そと》を損《そん》して內《うち》を益《えき》すの義《ぎ》である、故《ゆゑ》に之《これ》を益《えき》と言《い》ふ。又彼我《またひが》を以《もつ》て之《これ》を言《い》へば、彼《かれ》の有餘《いうよ》を損《そん》して我《われ》の不足《ふそく》を益《えき》す、此《これ》も亦益《またえき》の義《ぎ》である、故《ゆゑ》に之《これ》を益《えき》と言《い》ふ。益《えき》とは增益《ぞうえき》するの義《ぎ》で、その內《うち》を益《えき》し我《われ》を益《えき》し、亦《また》その他《た》の者《もの》を益《えき》するに論《ろん》なく、凡《およ》そ物《もの》は之《これ》を增益《ぞうえき》するに隨《したが》ふて利《り》を生《しやう》ずるものである、されど坐《ゐ》ながらにして之《これ》を增益《ぞうえき》し得《う》るものでない、必《かな》らず先《ま》づ動《うご》き勉《つと》むる所《ところ》がなければならぬ、故《ゆゑ》に利レ有レ攸レ往《よろしあるにところゆく》と言《い》ふ。此《かく》の如《ごと》く動《うご》き勉《つと》めて已《や》まなければ、大難《だいなん》を犯《をか》し大業《たいげふ》を起《おこ》すも敢《あへ》て難《かた》しとするに足《た》らぬ。故《ゆゑ》に亦《また》利レ渉二大川一《よろしわたるおほかはを》と言《い》ふ。此卦《このくわ》二五共《とも》に中正《ちうせい》を得《え》て居《を》る許《ばか》りでなく、震巽《しんそん》を木《き》となして外實內虛船《ぐわいじつないきよふね》の象《かたち》がある、故《ゆゑ》に大川《おほかは》の險《けん》も之《これ》を犯《をか》して渉《わた》るに利《よろ》しきの辭《じ》を繫《か》けたものである。

初九、利《ヨロ》シ三用《モツ》テ爲《ナ》スニ二大作《ダイサク》一、元吉《ゲンキツ》无《ナシ》レ咎《トガ》

初《しよ》九は最下《さいか》に居《を》れども、震動《しんどう》の主《しゆ》にして元《もと》と有爲《いうゐ》の才《さい》あるもので、而《しか》も上《かみ》を損《そん》じ下《しも》を益《えき》すの時《とき》に當《あた》り上《じやう》は六四に應《おう》じて益《えき》を受《う》くることの最《もつと》も主《しゆ》たるものである、蓋《けだ》し微賤《びせん》にして上《かみ》の益《えき》を受《う》くること此《かく》の如《ごと》くば、安坐《あんざ》して之《これ》に報《むく》ゆる所《ところ》なきを得《え》ぬ、必《かな》らず挺身奮勵《ていしんふんれい》その力《ちから》を竭《つく》す所《ところ》がなければならぬ、故に

利《よろしく》三用《もつて》爲《なすに》二大作《だいさくを》一と言《い》ふ。大作《だいさく》を爲《な》すとは、大功業《だいこうげふ》を立《た》つるの謂《いはれ》で、大作《だいさく》は卽《すなは》ち震《しん》の象《かたち》を取《と》つたものである、蓋《けだ》し大益《だいえき》を受《う》くるものが、大功業《だいこうげふ》を立《た》てゝその殊遇《しゆぐう》に報《むく》ゆるは理《り》の當然《たうぜん》で、凡功庸作《はんこうようさく》は之《これ》に報《むく》ゆるに足《た》らぬ許《ばか》りか、その爲《な》す所《ところ》必《かな》らず大善《だいぜん》の吉《きつ》を得《え》て、然《しか》る後《のち》始《はじ》めて咎《とが》なきことを得《う》るのである、故《ゆゑ》に元吉《げんきつ》にして无《なし》レ咎《とが》と言《い》ふ。惟《おも》ふに益《えき》は損《そん》の反對《はんたい》で、此卦《このくわ》が益《えき》の名《な》を得《え》た所以《ゆえん》は、卽《すなは》ち此《こ》の一爻《かう》が存《そん》ずる爲《た》めである、故《ゆゑ》に此爻《このかう》が成卦《せいくわ》の主《しゆ》となつて居《を》るのは固《もと》より言《い》ふに及《およ》ばぬことであるが、今損《いまそん》の卦《くわ》の例《れい》に由《よ》つて之《これ》を見《み》れば、三陰《いん》三陽相平均《やうあひへいきん》して居《を》る、けれども之《これ》を内外兩體《ないぐわいりやうたい》に分《わか》てば、内卦《ないくわ》は一陽《やう》二陰《いん》で、外卦《ぐわいくわ》は二陽《やう》一陰《いん》であるが、尙之《なほこれ》を合體《がつたい》して見《み》れば、内卦《ないくわ》の初九《しよ》は元《も》と外卦《ぐわいくわ》の九四より來《きた》り、亦《また》外卦《ぐわいくわ》の六四は元《も》と内卦《ないくわ》の初六《しよ》が往《ゆ》つて、此卦《こくわ》卽《すなは》ち益《えき》となつた如《ごと》くに推想《すゐさう》し得《え》らるゝ所《ところ》の形象《けいしやう》が存《そん》じて居《を》るが、此《かく》の如《ごと》く推想《すゐさう》した上《うへ》でなければ、外卦《ぐわいくわ》の一陽《やう》を損《そん》じて内卦《ないくわ》の一陰《いん》を益《えき》し、卽《すなは》ち上《かみ》を損《そん》じて下《しも》を益《えき》したものであると言《い》ふことは可能《でき》ぬ、此《かく》の如《ごと》く推想《すゐさう》して象《かたち》を取《と》るのが、卽《すなは》ち謂《い》ふ所《ところ》の卦變《くわへん》であるとして見《み》れば彖爻《たんかう》の作者《さくしや》が此《こ》の卦變《くわへん》を認《みと》めて居《ゐ》たことが愈《いよ〳〵》分明《ぶんめい》となるのであるが、凡《お上》そ卦《くわ》は皆内卦《みなないくわ》を以《もつ》て主《しゆ》となし本《もと》となすのであるから、内卦《ないくわ》の損益《そんえき》を主《しゆ》となし、外卦《ぐわいくわ》の損益《そんえき》を從《じう》となして、一は之《これ》を損《そん》と名《なづ》け、亦《また》一は之《これ》を益《えき》と名《なづ》けたもので、必竟下《ひつきやうしも》を重《おも》むじ本《もと》を尊《たつと》ぶ所以《ゆえん》に外《ほか》ならぬ。

六二、或《アルヒ》ハ益《マ》スレ之《コレ》ヲ、十朋《ホウ》ノ之龜《キモ》弗《ズ》レ克《アタ》ハレ違《タガ》フコト、永《ナガ》ク貞《タシカ》ニシテ吉《キツ》、王《ワウ》用《モツ》テ亨《マツ》ルレ于《ニ》帝《テイ》吉《キツ》

此爻《このかう》は損《そん》の六五の反對《はんたい》で、只尊卑《たゞそんひ》上下《じやうか》の差《さ》がある丈《だけ》である、故《ゆゑ》にその辭《じ》も略同樣《ほゞどうやう》である、蓋《けだ》し上《かみ》を損《そん》

して下《しも》を益《ま》すの時《とき》に當《あた》り、六二は柔順中正己《じうじゆんちうせいおの》れを虛《むな》しうして、剛陽中正《がうやうちうせい》の九五に順應《じゆんおう》し、以《もつ》てその益《えき》を受《う》くるものである、隨《したが》つて天下《てんか》皆悉《みなことごと》くその德《とく》に服《ふく》し、之《これ》を益せむことを思《おも》ふに至《いた》る、故《ゆゑ》に或《あるひ》は之《これ》を益《えき》すと言《い》ふ。或《あるひ》はとは、その何人《なにびと》なるかを知《し》らざるの辭《じ》で、之《これ》を益《ま》すものゝ多《おほ》きことを言《い》ふたものであるが、人心《じんしん》の歸向《きかう》する所《ところ》となること已《すで》に此《かく》の如《ごと》くであるから、天下《てんか》の是非《ぜひ》を決《けつ》し吉凶《きつきやう》を定《さだ》むる元《げん》龜《き》の告示《こくじ》する所《ところ》も、亦聊《またいさゝ》か違《たが》ふ所《ところ》なきに至《いた》る、故《ゆゑ》に十朋之《ほうの》龜弗レ克レ違《きもすあたはたがうこと》と言《い》ふ。此《かく》の如《ごと》く人之《ひとこれ》を益《えき》し龜《き》も亦之《またこれ》に違《たが》はざる所以《ゆえん》は六二が至誠己《しせいおの》れを空《むな》しうして、人《ひと》に受《う》くるの然《しか》らしむる所《ところ》で、必竟此《ひつきやうこ》の誠《せい》があつて此《こ》の驗《しるし》あるものに外《ほか》ならぬ。されど柔《じう》を以《もつ》て陰《いん》に居《を》るが故《ゆゑ》に、益《えき》を求《もと》むることの固《かた》からざる疑《うたがひ》がなきを得《え》ぬ、故《ゆゑ》に之《これ》を戒《いま》しめて永貞吉《えいていにしてきつ》と言《い》ふ。永《えい》は長《なが》く、貞《てい》は固《かた》きの義《ぎ》で、永貞《えいてい》にして吉《きつ》とは、その心《こゝろ》を堅持《けんぢ》して永久《えいきう》に渝《か》はらざらむことを戒《いま》しめたものであるが、臣《しん》となつて此《かく》の如《ごと》きを得《え》ば、之《これ》を用《もち》ひて上帝《じやうてい》を享《まつ》らしむるも、上帝必《じやうていかな》らず之《これ》を享《う》くるに違《ちが》いない、故《ゆゑ》に王用享レ于《わうもつてまつるに》レ帝吉《ていきつ》と言《い》ふ。王《わう》は九五を指《さ》し、王用《わうよう》とは、九五が六二を用《もち》ひて上帝《じやうてい》を享《まつ》らしむるの謂《いはれ》である。

六三、益《マ》スニレ之《コレ》ヲ用《モチ》ユ二凶事《キヨウジ》一チ、无《ナシ》レ咎《トガ》、有《アツ》テレ孚《マコト》中行《チウカウ》ナレバ、告《マウ》シテレ公《コウ》ニ用《モチ》ユレ圭《ケイ》ヲ

六三は陰柔《いんじう》にして不中正《ふちうせい》、その上危地《うへきち》に際《さい》して震動《しんどう》の極《きよく》に居《を》るので、元《もと》と益《えき》を得《う》べき筈《はず》のものではない、されど今《いま》は下《しも》を益《ま》すの時《とき》であるから、之《これ》を益《ま》すに吉事《きつじ》を以《もつ》てせずして、却《かへ》つて凶事《きようじ》を以《もつ》てする所《ところ》の象《かたち》がある、故《ゆゑ》に益レ之用二凶事《ますにこれをもちゆきようじを》と言《い》ふ。用《もちゆ》は以《もつて》と同義《どうぎ》である、蓋《けだ》し六三は不中《ふちう》にして且《か》つ不正《ふせい》なる

ものであるから、益《えき》を得《う》べき資格《しかく》がないものである、けれども震動《しんどう》の極《きよく》に居《を》るので、益《えき》を求《もと》めて足《た》ることを知《し》らぬものである、然《しか》るに今之《いまこれ》を益《ま》すに、吉事《きつじ》を以《もつ》てせば、倍《ますます》その慾心《よくしん》を滋蔓《じまん》せしむる譯《わけ》である、故《ゆゑ》に之《これ》を警醒懲罰《けいせいちようばつ》せむが爲《た》めに、之《これ》を益《ま》すに凶事《きようじ》を以《もつ》てしたもので、之《これ》を喩《たと》へば、人《ひと》の痼疾《こしつ》を醫《い》するには、瞑眩絶倒《めいげんぜつたう》する程《ほど》の藥石《やくせき》を用《もち》ゆるのと一般《ぱん》、之《これ》をしてその心《こころ》を困《くる》しましめ、その身《み》を艱《なや》ましめば、その過《あやまち》を悔《くひ》て善《ぜん》に遷《かへ》らしむることが可能《でき》る、さすれば益《えき》を求《もと》めて已《や》まざるの悔《くひ》を免《まぬ》がれて咎《とが》なきことを得《う》るに至《いた》る、故《ゆゑ》にその象《かたち》は此《かく》の如《ごと》く凶《きよう》であるに拘《かゝ》はらず、その占《せん》は之《これ》を无《なし》レ咎《とが》と言《い》ふ。此《かく》の如《ごと》く困難《こんなん》の渦中《くわちう》に投《とう》じて、その心身《しんしん》を練磨《れんま》さるゝに由《よ》つて、孚信中正《ふしんちうせい》の道《みち》に合《がつ》するに至《いた》れば、之《これ》を君公《くんこう》に申告《しんこく》し、圭《けい》を用《もち》ひてその寵遇《ちようぐう》を受《う》くるに至《いた》ることも決《けつ》して難《がた》くはない、故《ゆゑ》に之《これ》を戒《いま》しめ且《か》つ諭《さと》して有レ孚中行、告ン公用レ圭《あつてまことちうかうなればまうしてこうにもちゆけいを》と言《い》ふ。孚《まこと》は孚誠《よせい》の義《ぎ》で、坤《こん》の象《かたち》を取《と》つたものであるが、三四は一卦《くわ》の中《ちう》に當《あた》る、即《すなは》ち中行《ちうかう》の象《かたち》である、又公《またこう》は九五を指《さ》し、告レ公《まうすこうに》とは、九五の公《こう》に申《まを》し告《つ》ぐるの義《ぎ》、圭《けい》は信《しん》を通《つう》ずる爲《た》めの具《ぐ》で、玉《たま》を用《もち》ひて之《これ》を作《つく》つたものであるが、震《しん》の象《かたち》を取《こ》つて居《を》る。

六四、中行《チウカウ》ナリ、告《マウ》シテレ公《コウ》ニ從《シタガ》ハル、利《ヨロ》ニシ用《モツ》テ爲《ナ》シテレ依《ヨル》コトチ遷《ウツ》スニ一レ國《クニ》チ

六四は即《すなは》ち損《そん》の六三の反對《はんたい》で、損《そん》の六三は下《しも》を損《そん》して上《かみ》を益《えき》すの主《しゆ》であるが、六四は上《かみ》を損《そん》して下《しも》を益《えき》すの主《しゆ》となつて、柔正《じせい》にして一卦《くわ》の中《ちう》に居《を》り、巽順《そんじゆん》にして敢《あえ》て自《みづ》から專《もつ》ぱらにせず、九五の君公《くんこう》に奉承申告《ほうしようしんこく》し、その力《ちから》に由《よ》つて初九《しよ》を益《えき》し、初九《しよ》は亦《また》その益《えき》を受《う》けて大作《だいさく》をなすものである、故《ゆゑ》に中行《ちうかう》

告《まうしてこうにしたがはる》レ公従と言《い》ふ。蓋《けだ》し九五は孚《まこと》あつて恵心《けいしん》なるの君《きみ》であるが、今《いま》六四が下《しも》を益《ま》さむとする中行《ちうかう》の進言《しんげん》を聴《き》き、その言《ことは》に従《したが》ふて下《しも》を益《えき》し民《たみ》を恵《めぐ》むの任《にん》に當《あた》らしむ、故《ゆゑ》に之《これ》を公《こう》に告《つ》げ申《まを》して従《したが》はると言《い》ふたものであるが、君臣相信《くんしんあひしん》ずるの厚《あつ》きこと此《かく》の如《ごと》きに至《いた》らば、此《こ》の六四を用《もち》ひ下民《かみん》の便利《べんり》とする所《ところ》に由《よ》つて國都《こくと》を遷《うつ》すも、聊《いささ》か危懼《きく》するに及《およ》ばぬ、故《ゆゑ》に利二用為レ依遷一レ國《よろしもつてなしてよるここをうつすにくにを》と言《い》ふ。古《いにしへ》は下民《かみん》の便利《べんり》とする所《ところ》に依《よ》つて國都《こくと》を遷《うつ》し、以《もつ》てその下《しも》を益《えき》しその民《たみ》を賑《にぎ》はしめたものである、されど都《みやこ》を遷《うつ》すは一國《こく》の重事《ちうじ》で、必《かな》らず上下《じやうか》の信望《しんばう》を負《お》ふて、一國《こく》の柱石《ちうせき》となるべき良臣《りやうしん》を任用《にんよう》するにあらずば、輕々《かるがる》に之《これ》を斷行《だんかう》し得《う》べき所《ところ》でない、然《しか》るに六四は上《かみ》を損《そん》じて下《しも》を益《えき》すの時《とき》に當《あた》り、上《かみ》は九五に承順《しようじゆん》して、下《しも》は初《しよ》九の益主《えきしゆ》となり、その素行《そかう》は中道《ちうだう》に合《あ》ひ、上下《じやうか》の倚頼《きらい》する所《ところ》となつて居《を》る。故《ゆゑ》に之《これ》を用《もち》ひて遷《せん》都《と》の任《にん》に當《あた》らしむるも、その事《こと》を誤《あや》まる様《やう》な虞《おそれ》はない、大事《だいじ》でさへ已《すで》に然《しか》らば小事《せうじ》は固《もと》より之《これ》を言《い》ふに及《およ》ばぬのであるが國《くに》を遷《うつ》すは坤《こん》を國《くに》となし震《しん》を進《すゝ》み行《ゆ》くとなし往來《わうらい》となすの義《ぎ》を取《と》つたものである

九五、有《アツ》テ孚恵心《マコトケイシン》アリ、勿《ナカ》レ問《ト》コト元吉《ゲンキツ》、有《アツ》テ孚恵《マコトメグミ》トス我《ワ》ガ徳《トク》ヲ、

九五は上《かみ》を損《そん》して下《しも》を益《えき》すの時《とき》に當《あた》り、剛陽中正尊位《がうやうちうせいそんゐ》に居《ゐ》て益《えき》を施《ほどこ》すの主《しゆ》となり、信實《しんじつ》に下《しも》を恵《めぐ》む所《ところ》の仁心《じんしん》に富《と》めるものである、故《ゆゑ》に有レ孚恵心《あつてまことけいしんあり》と言《い》ふ。孚《まこと》は陽剛中實《やうがうちうじつ》の象《かたち》を取《と》つたものであるが、人《ひと》の國《くに》に君《きみ》として孚誠《ふせい》之《これ》を恵《めぐ》むの心《こゝろ》あらば、問《と》ふに及《およ》ばずしてその大吉《だいきつ》なることが知《し》らるゝ許《ばか》りでなく之《これ》を恵《めぐ》むの心《こゝろ》一たび生《しやう》せば、天下無告《てんかむこく》の小民《せうみん》も亦《また》その益《えき》を受《う》け、深《ふか》く之《これ》を心《こゝろ》に感《かん》じ、中心《ちうしん》からその徳《とく》

を恵《めぐ》みとし即《すなは》ち有《あ》り難《がた》く思《おも》ふに至《いた》る、故《ゆゑ》に有レ孚恵二我徳一《あつてまことめぐみとすわがとくを》と言《い》ふ。我《われ》とは九五自《みづか》らを指《さ》したもので、我《わ》が徳《とく》を恵《めぐ》みとするは、九五の徳《とく》を恵《めぐ》みとして有《あ》り難《がた》く思《おも》ふと言《い》ふの義《ぎ》である、即《すなは》ち上《うへ》たる者《もの》が下《しも》を恵《めぐ》むに孚《まこと》あれば、下《しも》たるものも亦《また》その恵《めぐ》みを受《う》くるに孚《まこと》あり、上下交孚《じやうこもごもまこと》あるは益道《えきだう》の至極《しごく》で、此《こ》の上更《うへさら》に加《くは》ふべき所《ところ》がない、故《ゆゑ》に益《えき》の義《ぎ》は此爻《このかう》を以《もつ》て終《をは》りとする。

上九、莫《ナ》レ益《クマスコト》レ之《コレ》、或《アルヒハ》撃《ウツ》レ之《コレ》、立《タツル》レ心《コトコヽロ》勿《ナシ》レ恒《ツネ》凶《キヤウ》

上九は不中不正《ふちうふせい》にして益《えき》の極《きよく》に居るので、己《おの》れを損《そん》して人《ひと》を益《えき》することを知《し》らぬ許《ばか》りか、却《かへ》つて益《えき》を求《もと》めて已《や》むことなく、奪《うば》はざれば饜《あ》かざるものであるが、人《ひと》として此《かく》の如《ごと》くならば、何人《なんぴと》も之《これ》に利益《りえき》を与《あた》ふるものがないのみか、或《あるひ》はその貪慾《どんよく》を悪《にく》み、之《これ》を撃《う》ち懲《こら》すものがあるかも知《し》れぬ、故《ゆゑ》に莫《なし》レ益《ますこと》レ之《これを》或《あるひは》撃《うつ》レ之《これを》と言《い》ふ。撃《うつ》とは艮手震撃《ごんしゆしんげき》の象《かたち》を取《と》つたものであるが、上九《じやう》が此《かく》の如《ごと》くなる所以《ゆゑん》は、平生《へいぜい》その心《こころ》を立《た》つること常《つね》なく、事理《じり》を解《かい》し得《え》ざるの致《いた》す所《ところ》である、故《ゆゑ》に立《たつる》レ心《こころ》勿《なし》レ恒《つね》凶《きやう》と言《い》ふ。立《たつる》レ心《こころを》勿《なし》レ恒《つね》とは、巽《そん》を進退不決《しんたいふけつ》となし、軽躁《けいさう》となすの象《かたち》を取《と》つたもので、勿《なし》は無《む》と同義《どうぎ》である。

乾《けん》下《か》
兌《だ》上《じやう》　夬《くわい》

夬《クワイ》、揚《アゲテ》二于王庭《ワウテイ》一、孚《マコトニ》号《ヨバハリ》有《アリ》レ厲《アヤフキコト》、告《ツグルコト》自《ヨリス》レ邑《ユウ》、不《ズ》レ利《ヨロシカラ》レ即《ツクニ》レ戎《ジウ》、利《ヨロシ》レ有《アルニ》レ攸《トコロ》レ往《ユク》、

此卦《このくわ》は乾天下《けんてんしも》にあつて兌澤《だたく》は上《うへ》にあり、澤水《たくすゐ》が至高《しかう》の處《ところ》に上《のぼ》るは卽《すなは》ち決潰《けつくわい》の象《かたち》である、故《ゆゑ》に之《これ》を夬《くわい》と言《い》ふ。又《また》五陽下《やうした》にあつて一陰上《いんうへ》にあるは、卽《すなは》ち陽《やう》の勢《いきほひ》甚《はなは》だ強《つよ》く將《まさ》に一陰《いん》を決《けつ》し去《さ》らむとするの象《かたち》である、故《ゆゑ》に之《これ》を夬《くわい》と言《い》ふ。夬《くわい》とは決《けつ》するの義《ぎ》で、之《これ》を喩《たと》へば、壅塞《えうさい》を決《けつ》して水《みづ》を流《なが》すが如《ごと》く、果斷剛《くつだんがう》決《けつ》の義《ぎ》を含《ふく》むで居《を》る、今之《いまこれ》を人事《じんじ》に喩《たと》へば、君子《くんし》の勢盛大《いきほひせいだい》にして小人《せうじん》を決去《けつきよ》するの象《かたち》である、而《しか》も君子《くんし》の小人《せうじん》を決去《けつきよ》することは、最《もつと》も公明《こうめい》ならねばならぬので、之《これ》を公庭《こうてい》に顯行《げんかう》して、その辭《じ》を正《たゞ》ふしその罪《つみ》を聲《な》らし、天下《てんか》萬人《ばんにん》をして正邪善惡《せいじやぜんあく》のある所《ところ》を明知《めいち》せしめねばならぬ、故《ゆゑ》に揚《あぐ》レ于《に》二王庭《わうてい》一と言《い》ふ。王庭《わうてい》は諸司《しよし》百官《くわん》のある所《ところ》で、公直《こうちよく》にして私曲《しきよく》なきの義《ぎ》を示《しめ》したものである、蓋《けだ》し庭《には》は内《うち》にあつて空虚《くうきよ》なる所《ところ》であるが、九五を王宮《わうきう》となして、上六《じやう》がその空虚《くうきよ》なる所《ところ》に居《を》るのは、卽《すなは》ち王庭《わうてい》に揚《あ》ぐるの象《かたち》である、君子《くんし》が小人《せうじん》の罪《つみ》を治《ち》することは此《かく》の如《ごと》く公明《こうめい》に、孚誠《ふせい》の心《こゝろ》を以《もつ》てその罪《つみ》を天下《てんか》公衆《こうしゆう》に號《よ》び聲《な》らして居《を》るけれども、猶未《なほいま》だ世《よ》の誤解《ごかい》を來《きた》すべき虞《おそ》れがある、故《ゆゑ》に孚號《まことによはど》有《ありあやうきこと》レ厲と言《い》ふ。厲《あやう》きことありとは、世間《せけん》未《いま》だ君子《くんし》の所爲《しよゐ》を疑《うたが》ふものがあるから、危懼警戒《きぐけいかい》する所《ところ》がなければならぬと言《い》ふの義《ぎ》で、孚《まこと》と言《い》ひ厲《あやう》きと言《い》ふは乾《けん》の象《かたち》を取《と》つて居《を》る、小人《せうじん》の罪《つみ》を鳴《な》らして之《これ》を決去《けつきよ》することは此《かく》の如《ごと》く危厲《きれい》である、故《ゆゑ》に君子《くんし》の正道《せいだう》を以《もつ》て小人《せうじん》の邪惡《じやあく》を決去《けつきよ》するのではあるけれども、聊《いさゝ》か油斷《ゆだん》する所《ところ》があつてはならぬ、先《ま》づ自《みづ》から彼《かれ》に對《たい》して私曲《しきよく》なきやを顧《かへり》み、決《けつ》して君子《くんし》の正道《せいだう》を盾《たて》として、剛決《がうけつ》に過《す》ぐることを許《ゆる》さぬのである、故《ゆゑ》に告自《つぐることよりす》レ邑《いう》、不《ず》レ利《よろしから》レ卽《つくに》レ戎《じうに》と言《い》ふ。邑《いう》は私邑《しいう》のことで、告《つ》ぐること邑《いう》よりすとは、先《ま》づ自《みづ》から修《をさ》めて人《ひと》に及《およ》ぼすの義《ぎ》で、卽《つく》は從《したが》ふの義《ぎ》、戎《じう》は武事《ぶじ》、戎《じう》に從《したが》ふは强武《きやうぶ》を尙《たつと》ぶの義《ぎ》、戎《じう》に卽《つ》くに利《よろ》しからずとは、强《きやう》を以《もつ》て弱《にやく》を凌《しの》ぐに利《よろ》しからずと言《い》ふの義《ぎ》で、號《がう》と言《い》ひ告《こく》と言《い》ひ戎《じう》と言《い》ふは皆《みな》發《だ》の象《かたち》を取《と》つたものである、小人《せうじん》を決去《けつきよ》することは此《かく》の如《ごと》く困難《こんなん》である、されど一陰《いん》の未《いま》だ去《さ》らざるものがあるは、小人《せうじん》が尙存在《なほそんざい》するの象《かたち》である、隨《したが》つて君子《くんし》の道《みち》が未《いま》だ至《いた》らぬ譯《わけ》であるから、之《これ》を決去《けつきよ》することが困難《こんなん》であるからと言《い》ふて、之《これ》を放置《はうち》することなく、尙進《なほすゝ》むで之《これ》を決去《けつきよ》せねばならぬ故《ゆゑ》に利《よろし》レ有《あるに》レ攸《こころ》レ往《ゆく》と言《い》ふ。小人《せうじん》を決《けつ》し去《さ》れば、乾《けん》の象《かたち》となるが、之《これ》が卽《すなは》ち夬《くわい》の義《ぎ》で、之《これ》を王庭《わうてい》に揚《あ》ぐるも畢竟之《ひつきやうこれ》が爲《た》めである。

初九、壯《サカ》シナリレ于《ニ》レ前《スヽ》ムニレ趾《シ》ヲ、往《ユイ》テ不《ズ》レ勝《カタ》、爲《ナ》ルレ咎《トガ》ト

夬《くわい》の卦《くわ》は大壯《たいさう》の一畫《くわく》を長《ちやう》じたもので、初九《しよ》は剛《がう》を以《もつ》て陽《やう》に居《ゐ》て夬決《くわいけつ》の始《はじ》めに當《あた》り、前進《ぜんしん》するに壯盛《さうせい》なるものである、故《ゆゑ》に壯《さかんなりに》レ于レ前《すゝむ》レ趾《しを》と言《い》ふ。趾《し》は足《あし》と同《おな》じく、初《しよ》の爻象《かうしやう》を取《こ》つたものであるが、相手《あひて》の强弱《きやうじやく》をも計《はか》らず、勢《いきほひ》に任《まか》せて壯進《さうしん》せば必《かな》らず勝《か》たざるの咎《とが》を招《まね》くに至《いた》る、故《ゆゑ》に往不《ゆいてず》レ勝爲《かたなるとがと》レ咎と言《い》ふ勝《か》たず咎《とが》と爲《な》るとは、時《とき》の不可《ふか》なるが爲《た》めではなく、躁進《さうしん》して敗《はい》を取《こ》り自《みづ》から咎《とが》を招《まね》くことを言《い》ふたものである。

九二、惕《オソレ》號《ヨバ》ハル、莫《ボ》夜《ヤ》ニ有《ア》ルモレ戎《ツワ》モノ勿《ナカ》レレ恤《ウレフ》ルコト

九二は五陽《やう》一陰《いん》を決去《けつきよ》するの時《とき》に當《あた》り、剛《がう》を以《もつ》て陰《いん》に居《を》り、その上尙中道《うへなほちうだう》を得《え》て居《を》るので、平素自《へいそみづ》か

ら惕《おそ》れ懼《おそ》れ號《よ》び叫《さけ》むで、能《よ》くその變《へん》を戒備《かいび》するもので、夬《くわい》の時《とき》に處《しよ》するの至善《しぜん》なるものである、故《ゆゑ》に惕號《おそれよばはる》と言《い》ふ。惕《おそれ》は乾《けん》の象《かたち》、號《よぶ》は兌《だ》の象《かたち》を取《と》つたものであるが、事《こと》に先《さき》むじて之《これ》を戒備《かいび》すること此《かく》の如《ごと》くであるから、暮夜《ぼや》卒然《そつぜん》兵戎《へいじう》の變《へん》があつても、少《すこ》しも憂《うれ》ひ恤《うれ》ふることなく、平然《へいぜん》として之《これ》を防禦《はうぎよ》することが可能《でき》る、故《ゆゑ》に莫夜有レ戎勿レ恤《ぼやにあるもつはものなかれうれふること》と言《い》ふ。莫《ぼ》は暮《ぼ》と同《おな》じく、莫夜《ぼや》は人《ひと》の忽《ゆる》かせにする所《ところ》を言《い》ふたものであるが、兌《だ》を西方《さいはう》となし、乾《けん》を西北《さいほく》となすの義《ぎ》を取《と》つたものである。

九三、壯《サカンナリ》レ于《ニ》レ頄《ホウボネ》有《アリ》レ凶《キヤウ》、君子《クンシ》夬《ケツシ》レ夬《ケツ》、獨《ヒトリ》行《ユイテ》遇《アフ》レ雨《アメニ》、若《ゴトク》レ濡《ヌルヽガ》有《アレドモ》レ慍《イカラルヽコト》无《ナシ》レ咎《トガ》

夬《くわい》に貴《たつと》ぶ所《ところ》は自《みづ》から顧《かへり》みてその私《し》を治《をさ》め、我《わ》が正《せい》を恃《たの》むで彼《かれ》が邪《じや》を強制《きやうせい》せざるにある、然《しか》るに九三は過剛不中《くわがうふちう》なるが故《ゆゑ》に、小人《せうじん》を決去《けつきよ》せむとするの志《し》壯盛《さうせい》にしてその狀面《じやうめん》に現《あら》はる、而《しか》も此《かく》の如《ごと》きは小人《せうじん》を決去《けつきよ》して剛武《がうぶ》に過《す》ぐるもので、却《かへ》つて自《みづ》からその禍《わざはひ》を招《まね》くものである、故《ゆゑ》に壯レ于レ頄有レ凶《さかんなりはうぼねにありきよう》と言《い》ふ。頄《きう》は顴骨《はつぼね》で、九三は五陽《やう》の中《ちう》に居《を》る、故《ゆゑ》に之《これ》を面《めん》の中部《ちうぶ》に位《くらゐ》する顴《くわん》即《すなは》ち頄《きう》に象《かた》どつて居《を》る。九三が小人《せうじん》を決去《けつきよ》すること此《かく》の如《ごと》くである上《うへ》に、衆陽《しゆうやう》の中《ちう》にあつて己《おの》れ獨《ひと》り上六《じやう》と應《おう》じて居《を》るが、その上六《じやう》の私愛《しあい》に溺《おぼ》るゝの有樣《ありさま》は、之《これ》を喩《たと》ゆれば、猶《なほ》獨《ひと》り行《ゆき》て雨《あめ》に遇《あ》ひ、その雨《あめ》の爲《た》めに濡《ぬ》れ汚《けが》さるゝが如《ごと》くに疑《うたが》はれ、衆陽《しゆうやう》の爲《た》めに慍《いか》り惡《にく》まるゝことがあるけれども、而《しか》も九三は元《もと》と小人《せうじん》を決去《けつきよ》するに果決《くわけつ》なるものであるから、終《つひ》にはその疑《うたが》ひも晴《は》れて咎《とが》なきことを得《う》るに至《いた》るものである、故《ゆゑ》に君子夬レ夬、獨行遇レ雨、若レ濡有レ慍无レ咎《くんしけつしてけつなこりひとりゆいてあふあめにごとくぬるゝがあれどもいからるゝことなしとが》と言《い》ふ。陰《いん》を邪《じや》となし、陽《やう》を善《ぜん》となす、故《ゆゑ》に九三を呼《よ》むで君子《くんし》と言《い》

ひ、夬レ夬《けつすけつを》とは、夬《くわい》に果夬《くわけつ》なるの義《ぎ》で、決去《けつきよ》せざれば已《や》まざるの謂《いはれ》であるが、一卦《くわ》五陽《やう》の中《うち》九三のみ上六《じやう》の陰《いん》と相應《あひおう》じて居《を》る。故《ゆゑ》に之《これ》を獨行《ひとりゆき》て雨《あめ》に遇《あ》ふと言《い》ふ。蓋《けだ》し陰陽相和《いんやうあひわ》すれば雨《あめ》ふるもので、雨《あめ》に遇《あ》ふとは九三が私愛《しあい》に溺《おぼ》るゝことに譬《たと》へ、濡《ぬ》るゝが如《ごと》しとは私愛《しあい》に溺《おぼ》るゝが如《ごと》く疑《うたが》はるゝに喩《たと》へたもので表面《へうめん》の形迹《けいせき》を見《み》れば、恰《あた》かも此《かく》の如《ごと》くであるけれども、九三が本意《ほんい》は夬々《くわいくわい》にあるから、一旦《たん》は衆人《しゆうじん》の爲《た》めに疑《うたが》ひ慍《い》かられても、終《をはり》にその寃《つみ》を明《あき》らかにして咎《とが》なきを得《う》るに至《いた》る。

九四、臀《イザラキ》无《ナ》レ膚《フ》、其《ソ》ノ行《ユ》クコト次《シ》且《ソ》タリ、牽《ヒ》ケバ羊《ヨウ》チ悔《クイ》亡《ホロ》ブ、聞《キ》ケドモレ言《コト》チ不《ズ》レ信《シン》ゼ

臀《いざらぎ》は說文《せつもん》に髀《ひ》也本作レ尻《なりもとしりつくる》と、尻《しり》は人《ひと》が坐《ざ》すれば下《した》にある、故《ゆゑ》に困《こん》の初六《しよ》には臀株木《いざらきちゆうぼく》に困《くる》しむと言《い》ふて居《を》るが立《た》てば即《すなは》ち中《ちう》にある、故《ゆゑ》に夬姤《くわいごう》の三四に臀《でん》の象《かたち》を取《さ》つて居《を》る、今《いま》九四が剛《がう》を以《もつ》て九三の上《うへ》に居《を》るは、即《すなは》ち臀《いざらき》に膚肉《ふにく》なきの象《かたち》である、故《ゆゑ》に臀无レ膚《いざらきなしふ》と言《い》ふ。五陽並《やうなら》び進《すゝ》むで一陰《いん》を決《けつ》し去《さら》むとするの時《ざき》に當《あた》り、九四は三陽競進《やうきやうしん》するものゝ上《うへ》に居《を》るので、恰《あたか》も臀《でん》に膚肉《ふにく》がなくて安坐《あんざ》して居《を》るに堪《た》へぬものゝ樣《やう》である、さればとて亦衆陽《またしゆうやう》と共《とも》に競《きそ》ひ進《すゝ》まむとすれば、不中正《ふちうせい》を以《もつ》て兌體《だたい》に居《を》るので、次《じ》且《そ》として進《すゝ》み行《ゆ》くことが可能《でき》ぬ。故《ゆゑ》に亦其行次且《またそのゆくことじそたり》と言《い》ふ。次且《じそ》とは趑趄《じそ》と同《おな》じく、行《ゆき》て進《すゝ》まざるの義《ぎ》であるが、安坐《あんざ》することも可能《でき》ねば、亦進行《またしんかう》することも可能《でき》ぬ、即《すなは》ち不隨《ふずゐ》の身《み》を以《もつ》て衆陽《しゆうやう》と競《きそ》ひ進《すゝ》むで上六《じやう》を決去《けつきよ》せむとするのは、彖《たん》に謂《い》ふ戎《じう》に即《つ》くに利《よろ》しからざるの戒《いま》しめを犯《をか》すもので、先《ま》づ己《おの》れを正《たゞ》さずして人《ひと》を正《たゞ》すの咎《とが》なきを得《え》ざるものである、故《ゆゑ》に自《みづ》からその剛壯《がうさう》を制《せい》し、羊《よう》を牽《ひ》くが如《ごと》くせ

ばその悔《くひ》を亡《ほろ》ぼすことが可能《でき》る。故《ゆゑ》に牽《ひけば》レ羊《ようを》悔亡《くひほろぶ》と言《い》ふ。蓋《けだ》し羊《よう》の性《せい》は物《もの》に觸《ふ》るゝことを好《この》み、その角《つの》を困《くる》しむるに至《いた》らざれば已《や》まぬものであるが、之《これ》を以《もつ》て九四が剛壯《がつさう》にして自《みづ》から制《せい》し得《え》ざるの有樣《ありさま》に喩《たと》へたもので、羊《よう》は兌《だ》の象《かたち》を取《と》つたものである、此《かく》の如《ごと》く九四は剛不中正《がうふちうせい》を以《もつ》て高位《かうゐ》に居《を》るので、驕傲自《けうがうみづ》から是《ぜ》として、他人《たにん》の善言《ぜんげん》を聞《き》くも之《これ》を容《い》れ信《しん》ずる丈《だけ》の雅量《がりやう》がないものである、故《ゆゑ》に聞《きけども》レ言《げんを》不レ信《しん》と言《い》ふ。言《げん》を聞《き》けども信《しん》ぜずとは、教戒《けうかい》の道《みち》なきことを言《い》ふたもので、之《これ》を見棄《みす》てた所《ところ》の語《ことば》であるけれども、而《しか》も尚《なほ》その反省《はんせい》を促《うな》がすの意《い》は言外《げんぐわい》に溢《あふ》れて居《を》る。

九五、莧《ケン》陸《リク》夬々《ケツ〳〵》、中《チウ》行《カウ》ニシテ无《ナシ》レ咎《トガ》

莧《けん》は説文《せつもん》に莕也《さいなり》と、又本草に莧陸一名ハ商陸、其根至テ蔓、雖ニ盡ク取ルト一レ之ヲ、而モ旁根復タ生ズと、朱子語類に莧陸ハ是レ兩物、莧ハ者馬齒莧、陸ハ者章陸、一名ハ商陸、皆感ズルコト二陰氣ニ一多キ之物、藥中用ヒテ二商陸ヲ一、治ス二水腫ヲ一、其物難レク乾キ其子ハ紅シと言《い》ふてあるが、何《ど》れがその眞《まこと》を得《え》て居《を》るのであるか、未《いま》だその實《じつ》を詳《つまび》らかにせぬけれども、その物《もの》が細草《さいさう》で陰類《いんるゐ》に屬《ぞく》することは略推知《ほゞすゐち》さるゝのであるが、九五は剛陽中正《がうやうちうせい》にして尊《そん》位《ゐ》に居《を》り、夬《くわい》の主《しゆ》となつて居《を》るけれども而《しか》も上六《じやう》に近比《きんぴ》して之《これ》と相親《あひした》しみ、隨《したが》つて之《これ》を決去《けつきよ》するに剛《がう》決《けつ》なることの可能《でき》ぬ嫌《きらひ》がある、故《ゆゑ》に之《これ》を莧陸夬々《けんりくけつ〳〵》と言《い》ふて、夬《けつ》に剛決《がうけつ》ならぬ所《ところ》の疑《うたがひ》あることを表示《へうじ》したものであらう、されど九五は德位《とくゐ》兼《か》ね備《そな》はる所《ところ》の夬主《くわいしゆ》であるから、夬然《くわいぜん》として之《これ》を決《けつ》し、その中《ちう》道《だう》を失《うしな》ふことさへなくば、その咎《とが》を免《まぬ》がるゝことが可能《でき》る、故《ゆゑ》に中行《ちうかう》なれば无《なし》レ咎《とが》と言《い》ふ。

上六、无《ナカレ》レ號《ヨ》ブ、終《ツイ》ニ有《アリ》レ凶《ギヨウ》

上六《じやう》は一柔《じう》を以《もつ》て五剛《がう》の上《うへ》に居《を》り、三の應《おう》と五の比《ひ》あるとを恃《たの》み、その口舌《こうぜつ》を恣《ほしい》まゝにして、一時《じ》その禍《わざはひ》を免《まぬ》がれ得《え》たのであるが、三の正應《せいおう》も之《これ》を夬々《けつ〳〵》し、五の正比《せいひ》も亦之《またこれ》を夬々《けつ〳〵》し、何《いづ》れに向《むか》つても之《これ》を呼《よ》び號《よ》むで助《たす》けを求《もと》むるに由《よし》なく、今《いま》や正《まさ》に決去《けつきよ》せられむとするの象《かたち》である、故《ゆゑ》に无《なかれ》レ號《よぶ》終《つひに》有《あり》レ凶《きよう》と言《い》ふ。无《なかれ》レ號《よぶ》とは、號《よ》ぶこと勿《なか》れと言《い》ふに同《おな》じく、之《これ》を禁止《きんし》するの辭《じ》で、終《つひ》に凶《きよう》ありとは、一時《じ》その禍《わざはひ》を免《まぬ》かるゝことが可能《でき》ても、弱《よわ》きものは強《つよ》きものに勝《か》たず、邪《よこ》しまなものは正《たゞ》しきものに敵《てき》することが可能《でき》ず、終《つひ》に決去《けつきよ》さるゝの凶《きよう》を來《きた》すもので、今更《いまさ》ら如何《いか》に呼《よ》び號《よ》ぶとも、何人《なんぴと》も之《これ》に應《おう》じて救《きう》助《じよ》するものがないことを言《い》ふたものである。

䷫　巽《そん》下《か》　乾《けん》上《じやう》　姤《こう》

姤《コウ》、女壯《ヲンナサカ》ンナリ、勿《ナカレ》レ用《モチ》ユルコトレ取《ト》ルニレ女《ジヨ》ヲ、

此卦乾天上《このくわけんてんかみ》にあつて巽風下《そんぷうしも》にあるは卽《すなは》ち天下《てんか》風行《かぜゆ》くの象《かたち》で、風《かぜ》が天下《てんか》を行《ゆ》けば萬物皆之《ばんぶつみなこれ》に觸《ふれ》る、故《ゆゑ》に之《これ》を姤《こう》と言《い》ふ、又《また》一陰下《いんしも》に生《しやう》じて五陽犇然《やうそつぜん》として之《これ》に遇《あ》ふ、故《ゆゑ》に之《これ》を姤《こう》と言《い》ふ。姤《こう》とは期《き》せずして相《あひ》遇《あ》ふの義《ぎ》で、今之《いまこれ》を人事《じんじ》に象《かた》どれば、卽《すなは》ち男女相遇《だんぢよあひあ》ふの象《かたち》であるが一陰内《いんうち》に主《しゆ》となつて陽《やう》と相遇《あひあ》ふは

此《こ》れ女《をんな》の甚《はなは》だ壯《さか》むなるの義《ぎ》である、然《しか》るに若し此《かく》の如《ごと》き女《をんな》を取《と》つて之《これ》に配《はい》せば、終《つひ》にその夫《をつと》を害《がい》するに至《いた》る、故《ゆゑ》に女壯《をんなさかんなり》、勿レ用レ取レ女と言《い》ふ。

初六、繫《ツナグ》レ于《ニ》二金柅《キンヂ》一、貞《タヾシウシテ》吉《キツ》、有《アレバ》レ攸《トコロ》レ往《ユク》見《ミル》レ凶《キヨウヲ》、羸《ツカレタル》豕《イヌ》孚《マコトニ》蹢躅《テキチヨク》

此《こ》の卦《くわ》が由《よ》つて以《もつ》て姤《こう》と名《なづ》くる所以《ゆえん》は、即《すなは》ち初六《しよ》の一爻《かう》にあるが、初《しよ》六は一陰始《いんはじ》めて生《しやう》じて將《まさ》に成長《せいちやう》せむとするの象《かたち》で、陰《いん》が長《ちやう》ずれば陽《やう》は必《かな》らず消《せう》するものである、故《ゆゑ》にその微《び》なるに當《あた》つて之《これ》を制《せい》して漸長《ぜんちやう》せしめざること、猶《なほ》紡車《ばうしや》の金柅《きんち》を繫《つな》いで、その運轉《うんてん》の中心《ちうしん》を保《たも》つが如《ごと》くにせねばならぬ、故《ゆゑ》に繫《つなぐ》レ于《に》二金柅《きんち》一と言《い》ふ。金柅《きんち》とは紡車《ばうしや》の杙《よく》で紡車《ばうしや》の紡針《ばうしん》を回轉《くわいてん》せしめて糸《いと》を紡《つむ》ぎ出《いだ》すには、反對《はんたい》にその紡針《ばうしん》を牽引《けんいん》して紡車《ばうしや》の運轉《うんてん》を調節《てつせつ》せねばならぬが、柅《ち》は即《すなは》ち紡針《ばうしん》を反對《はんたい》に牽引《けんいん》する所《ところ》の杙《よく》で、此《こ》の杙《よく》あるに由《よ》つて紡車《ばうしや》の運轉《うんてん》を調節《てうせつ》し、從《したが》つて紡針《ばうしん》を回轉《くわいてん》せしむることが可能《でき》るのであるが、杙《よく》は猶《なほ》九二の如《ごと》く紡針《ばうしん》は初《しよ》六の樣《やう》なもので、九二に由《よ》つて初六《しよ》を牽制《けんせい》して放縱《はうじう》ならしめざることが肝要《かんえう》である、故《ゆゑ》に之《これ》を喩《たと》へて金柅《きんぢ》に繫《つな》ぐと言《い》ふたものであるが金柅《きんぢ》は九二を指《さ》したもので巽《そん》を木《き》となし、糸《いと》となし、乾《けん》を金《きん》となし、回轉《くわいてん》となして金柅《きんぢ》に繫《つな》ぐの象《かたち》。一陰始《いんはじ》めて生《しやう》じて未《いま》だ長《ちやう》ぜざるに先《さき》だつて、之《これ》を繫《つな》ぎ止《と》めて進《すゝ》み往《ゆ》くを得《え》ざらしむるは、即《すなは》ち貞正《ていせい》にして吉《きつ》の道《みち》である、故《ゆゑ》に貞吉《たゞしうしてきつ》と言《い》ふ。反之《これにはんし》、之《これ》が長《ちやう》盛《せい》して進《すゝ》み往《ゆ》くに任《まか》せば遯《とん》となり、否《ひ》となり、觀剝《くわんはく》となつて、必《かな》らず陽《やう》を消盡《せうじん》せざれば已《や》まぬものである、故《ゆゑ》に有レ攸レ往見レ凶《あればところゆくみるきようを》と言《い》ふ。以上《いじやう》は兩端《りやうたん》を擧《あげ》て吉凶《きつきよう》の岐《わか》るゝ所《ところ》を示《しめ》したものであるが、全體《ぜんたい》一

陰《いん》が始《はじ》めて生《しやう》じたのは、その勢《いきほひ》甚《はなは》だ微《び》なるが如《ごと》きも、而《しか》も這《こ》は恰《あた》かも羸弱《るゐじやく》なる豕《いぬこ》が蹢躅《てきらよく》するのと同《どう》様《やう》で、今《いま》の時《とき》に於《おい》て之《これ》を制《せい》せねば、終《つひ》には必《かな》らず之《これ》を制《せい》し能《あた》はざるに至《いた》る、故《ゆゑ》に羸豕孚蹢躅《つかれたるいぬのまことにてきちよくす》と言《い》ふて、重《かさ》ねて之《これ》が警備《けいび》をなさむことを戒《いさ》しめたものであるが、羸豕《るゐし》は初《しよ》六の象《かたち》で、蹢躅《てきしよく》は跳梁《こうりやう》と同《おな》じく巽《そん》を躁卦《さうくわ》となすの象《かたち》を取《と》つたものである。

九二、包《ツヽ》ミニ有《ア》リレ魚《ウヲ》、无《ナシ》レ咎《トガ》、不《ズ》レ利《ヨロ》シカラレ賓《ヒン》ニ

九二は初《しよ》六と密比《みつひ》し、之《これ》と相遇《あひあ》ふものであるが、陽《やう》を大《だい》となし覆《おほ》ひ包《つゝ》むとし、陰《いん》を魚《うを》となして包《つゝ》みに魚《うを》あるの象《かたち》である、故《ゆゑ》に包有レ魚《つゝみにありうを》と言《い》ふ。蓋《けだ》し初《しよ》六の正應《せいおう》は九四であるから、元來《ぐわんらい》ならば魚《うを》は必《かな》らず九四の有《いう》に歸《き》すべきものである、然《しか》るに今《いま》九二が之《これ》を包裹《はうり》して己《おの》れが有《いう》となすは、咎《とが》あるべき道理《だうり》であるが、初《しよ》六が望《のぞ》む所《ところ》は、惟《ひと》り九四の正應《せいおう》と相遇《あひあ》ふ許《はか》りでなく、他《た》の諸陽《しよやう》とも亦均《またひと》しく遇《あは》むことを欲《ほつ》して居《を》る、されど若《も》し此《こ》の初《しよ》六をして他《た》の諸陽《しよやう》と遇《あ》はしむるに於《おい》ては、必《かな》らず之《これ》が美毒《びどく》に中《あ》てらるゝ所《ところ》の虞《おそ》れがある、故《ゆゑ》に九二が剛中《がうちう》の徳《とく》を以《もつ》て之《これ》を包裹《はうり》して他《た》に遇《あ》ふことを得《え》ざらしむるのである、故《ゆゑ》に无《なし》レ咎《とがず》不レ利レ賓《よろしからひんに》と言《い》ふ。賓《ひん》に利《よろ》しからずとは、初《しよ》六の一陰《いん》は元《もと》と諸陽《しよやう》の害《がい》をなすものであるから、諸陽《しよやう》をして之《これ》に遇《あ》はしむるは利《よろ》しきことでないと言《い》ふ義《ぎ》で、此爻《このかう》に言《い》ふ所《ところ》も初爻《しよかう》に言《い》ふ所《ところ》と同《おな》じく、陰《いん》を抑《おさ》へ陽《やう》を扶《たす》けむが爲《ため》の戒辭《かいじ》である。

九三、臀《イサラギ》无《ナク》レ膚《フ》、其《ソ》ノ行《ユ》クコト次《ジ》且《ソ》タリ、厲《アヤウ》ケレドモ无《ナシ》ニ大《ダイ》ナル咎《トガ》、

夬《くわい》の一陰《いん》は上《かみ》にある、故《ゆゑ》に下《した》の五陽《やう》は皆上《みなのぼ》り進《すゝ》むで之《これ》を決去《けつきよ》せむとするものである。反之《これにはんし》。姤《こう》の一陰《いん》は下《しも》にある、故《ゆゑ》に上《かみ》の五陽《やう》は皆下《みなくだ》り來《きた》つて、之《これ》と遇《あ》はむことを求《もと》むるものであるが、九三は過剛不中《くわがうふちう》にして下《しも》は初六《しよ》に遇《あ》はず、上《かみ》は上九《じやう》に應《おう》ぜず、加之《のみ》ならず二の剛《がう》に乘《の》つて居《を》るのは、恰《あた》かも臀《いざらぎ》に膚肉《ふにく》なくして安居《あんきよ》されぬが如《ごと》く、亦《また》四の剛《がう》を承《う》けて居《を》るのは、前《まへ》に障礙《しやうげ》があつて進《すゝ》み難《がた》い樣《やう》なもので、進退共《たいとも》に難《なや》む所《こころ》の象《かたち》である、故《ゆゑ》に臀无《いざらぎなく》レ膚《ふ》、其行次且《そのゆくことしそたり》と言《い》ふ。九三が初陰《しよいん》を求《もと》めて之《これ》と遇《あは》むと欲《ほつ》することは此《かく》の如《ごと》く切《せつ》なるものがあるけれども、而《しか》も初陰《しよいん》は已《すで》に九二の爲《ため》に包擁《はうえつ》されて居《を》るので之《これ》と相遇《あひあ》ふことが可能《でき》ぬ、その代《かは》りには亦陰邪《またいんじや》の傷害《しやうがい》を受《う》くることもない、故《ゆゑ》に厲《あやうけれども》无《なし》二大咎《だいなるとが》一と言《い》ふ。

九四、包《ツヽミニ》无《ナシ》レ魚《ウヲ》、起《オコス》レ凶《キヨウ》

初六《しよ》は九四の正應《せいおう》であるから、初《しよ》の魚《うを》は本《もと》と九四の有《いう》に歸《き》すべきものであるが、初《しよ》は已《すで》に九二と相比《あひひ》して、その所有《しよいう》となつて居《を》るのは、即《すなは》ち包《つゝ》みに魚《うを》なきの象《かたち》である、故《ゆゑ》に包无《つゝみになし》レ魚《うを》と言《い》ふ。而《しか》して姤《こう》とは相遇《あひあ》ふの義《ぎ》であるが、今《いま》九四が近君《きんくん》の位《くらゐ》に居《ゐ》て、初《しよ》を失《うしな》ふて之《これ》と相遇《あひあ》ふことを得《え》ざるのは即《すなは》ち己《おの》れが失德《しつとく》に由《よ》つてその民《たみ》を失《うしな》ふもので、上位《じやうゐ》に居《ゐ》て民心《みんしん》を失《うしな》ふは凶變《きようへん》を起《おこ》す所以《ゆゑん》である、故《ゆゑ》に起《おこすきようを》レ凶と言《い》ふ。起《おこ》るとは方《ま》さに發生《はつせい》せむとするの謂《いはれ》て、民心已《みんしんすで》に背《そむ》く凶變《きようへん》の發生《はつせい》するは固《もと》よりその所《ところ》である。されど九三は初陰《しよいん》に遇《あ》はざるが故《ゆゑ》に大《だい》なる咎《とが》を受《う》くることなく、上九《じやう》も亦初陰《またしよいん》に遇《あ》はざるが故《ゆゑ》にその咎《とが》を免《まぬ》がれて居《を》る、然《しか》るに惟《ひと》り九四が初陰《しよいん》に遇《あ》はざるの故《ゆゑ》を以《もつ》て凶《きよう》を起《おこ》す所以《ゆえん》は、初六《しよ》は元《もと》とその正《せい》應《おう》で必《かな》らず當《まさ》に遇《あ》はねばならぬものであるが、遇《あ》ふべくして遇《あ》はぬのは、卽《すなは》ちその常《つね》に反《はん》するからである、故《ゆゑ》に之《これ》を凶《きやう》を起《おこ》すと言《い》ふ。

九五、以《モツテ》杞《キ》包《ツヽム》瓜《クワ》、含《フクム》章、有《アリ》隕《チツル》自《ヨリ》天

九五は姤遇《こうぐう》の時に當《あた》り、比《ひ》するものもなく、亦應《またおう》ずるものもなく、隨《したが》つて遇《あ》ふ所《ところ》もなきものである、けれども剛健中正姤遇《がうけんちうせいこうぐう》の主《しゆ》となり、九二をして初《しよ》六の瓜《くわ》を包《つゝ》むで、その攀《よ》ぢ上《のぼ》ることを防《ふせ》がしめ、衆《しゆう》陽《やう》をしてその甘毒《かんどく》に遇《あ》ふことなからしむるものである、故《ゆゑ》に以杞包瓜《もつてきをつゝむくわを》と言《い》ふ、杞《き》は說文《せつもん》に枸杞《こうき》也《なり》と爾雅《じが》には枸檵也《こうけいなり》と、蓋《けだ》し杞《き》は九二を指《さ》し、巽《そん》の象《かたち》を取《と》つたものであるから、孟子《もうし》に謂《い》ふ所《ところ》の杞柳《きりう》と同《おな》じく、楊柳《やうりう》の類《たぐひ》を言《い》ふたものであらう。又瓜《またくわ》は蔓生《まんせい》のもので、初《しよ》六を指《さ》し、此《これ》も亦巽《またそん》の象《かたち》を取《ご》つたものであるが、その味《あぢ》は甘美《かんび》なれども、陰毒《いんどく》を持《も》つて居《を》るから人之《ひとこれ》を食《しよく》すればその毒《どく》に中《あ》てらるゝことがある、故《ゆゑ》に之《これ》を假《たと》へて初陰《しよいん》の畏《おそ》るべきに喩《たと》へたものであるが、宇宙間《うちうかん》の萬物《ばんぶつ》を取《と》つて、一々之《いち〳〵これ》を品《ひん》別《べつ》せば、好惡《かうあく》、美醜《びしう》、長短《ちやうたん》、大小等多種多樣《だいせうとうたしゆたやう》で、殆《ほと》むど際限《さいげん》なき程《ほど》の差別《さべつ》がある、けれども宇宙《うちう》その者《もの》から之《これ》を見《み》れば、好惡《かうあく》となく美醜《びしう》となく、皆凡《みなすべ》て有用《いうよう》で、一物《ぶつ》として無用《むよう》なものはないが、恰《あた》かもそれと同樣《どうやう》に、人《ひと》にも男女《だんぢよ》、老幼《らうえう》、正邪善惡等幾多《せいじやぜんあくとういくた》の相違《さうゐ》はあるが、之《これ》を人類《じんるゐ》その者《もの》の上《うへ》から見《み》れば男女《だんぢよ》を問《と》はず、正邪《せいじや》を論《ろん》ぜず、一齊平等《せいびやうどう》で、その間何等《あひだなんら》の相違《さうゐ》もない、そこで今《いま》九五は絕對無上《ぜつたいむじやう》の君《くん》位《ゐ》に居《を》るもので、天《てん》に代《かは》つて萬民《ばんみん》を撫育《ぶいく》すべきものである、故《ゆゑ》にその中正《ちうせい》の眼《め》から之《これ》を見《み》れば、正邪《せいじや》善惡等《ぜんあくこう》の差別《さべつ》を立《た》つると同時《どうじ》に、之《これ》を一視《し》して包容《はうよう》する所《ところ》がなければならぬ、何《なん》となれば、善惡共《ぜんあくとも》に九五の赤子《せきし》たるに外《ほか》ならぬからである、そこで此《かく》の如《ごと》く九二の杞《き》を以《もつ》て初《しよ》六の瓜《くわ》を包《つゝ》み、之《これ》をして他《た》の衆陽《しゆうやう》に遇《あ》はしめぬけれども、而《しか》も九五から之《これ》を見《み》れば、初《しよ》六も亦赤子《またせきし》の一人《にん》であるから、衆陽《しゆうやう》と共《とも》に之《これ》を包容《はうよう》してその所《ところ》を得《え》せしむるのは、九五が當《まさ》に盡《つく》すべき天職《てんしよく》である、故《ゆゑ》に含レ章《ふくむしやうを》と言《い》ふ。章《しやう》を含《ふく》むとは、善惡共《ぜんあくとも》に之《これ》を包《か》ね容《い》れて、各《おのおの》その所《ところ》を得《え》せしむるの義《ぎ》で、彖傳《たんでん》に天地《てんち》相遇《あひあひ》、品物咸章也《ひんぶつみなあきらかなり》とは、即《すなは》ち此《こ》の理《り》を言《い》ふに外《ほか》ならぬ。然《しか》る所以《ゆえん》のものは、陰《いん》と陽《やう》とは一日《にち》もなくてならぬもので、剝《はく》の一陽《やう》が上《かみ》に窮《きわ》まれば、必《かな》らず復《ふく》となつて下《しも》に生《しやう》ずるが如《ごと》く、夬《くわい》の一陰《いん》が上《かみ》に窮《きは》まつて、亦下《またしも》に生《しやう》じたのが即《すなは》ち姤《こう》の一陰《いん》である、故《ゆゑ》に有レ隕レ自レ天《ありおつることよりてん》と言《い》ふ。隕《おつる》は落《おつ》るの義《ぎ》で、天《てん》より墜落《つゐらく》して來《き》たと言《い》ふことであるが、地上《ちじやう》の萬物《ばんぶつ》は皆天《みなてん》の施《ほどこ》す所《ところ》で地《ち》の受《う》くる所《ところ》である、故《ゆゑ》に善惡併《ぜんあくあは》せ包《つゝ》み醜美《しうび》兼《か》ね容《い》るゝは、即《すなは》ち天地《てんち》の全德《ぜんとく》に傚《なら》ふ所以《ゆえん》で、之《これ》を除外《ぢよぐわい》するは却《かへ》つてその全《まつた》きを失《うしな》ふ所以《ゆゑん》である、故《ゆゑ》に亦重《またかさ》ねて天《てん》より隕《お》つることありと言《い》ふて、一切《さい》を包容含畜《はうようがんちく》して之《これ》を漏《もら》すことなく、斯《か》くて始《はじ》めて品物咸章《ひんぶつみなあき》らかなるの盛觀《せいくわん》に副《そ》ひ得《う》べきことを言《い》ふたのである。

上九、遇《ア》二其《ソ》ノ角《カク》一ニ、吝《ヤブサシ》无《ナシ》レ咎《トガ》

上九《じやう》は剛《がう》を以《もつ》て上《うへ》に居《ゐ》て姤《こう》の終《をは》りである、故《ゆゑ》に遇二其角一《あふそのかくに》と言《い》ふ。角《かく》は堅剛《けんがう》にして頭上《づじやう》にあるもので、物《もの》に觸《ふ》るゝ爲《た》めのものであるが、その角《かく》に姤《あ》ふとは、剛堅《がうけん》なる角《かく》を以《もつ》て物《もの》と遇《あ》ひ遇《あ》ふの謂《いはれ》だ、即《すなは》ち却《かへ》つて人《ひと》と衝突《しやうとつ》して相合《あひあ》はざるの義《ぎ》である。凡《およ》そ人《ひと》に接《せつ》して和順《わじゆん》なれば能《よ》く相合《あひあ》ふことが可能《でき》る、然《しか》るに上九《じやうきう》は應《おう》もなく比《ひ》もなく、剛傲《がうがう》の態度《たいど》を以《もつ》て人《ひと》と姤遇《こうぐう》せむことを求《もと》むるは、固《もと》より羞吝《しうりん》すべきものである、けれども初《しよ》の陰《いん》と相遇《あひあ》ふのは本《もと》と正事《せいじ》でない、故《ゆゑ》に剛傲《がうがう》の態度《たいど》を以《もつ》て人《ひと》に姤《あ》はむことを求《もと》め却《かへ》つて人《ひと》と衝突《しやうとつ》して合《あ》ふことを得《え》ざるのは、羞吝《しうりん》すべきではあるけれども、初陰《しよいん》と合《あ》ふは本《もと》とよい事《こと》でないから、咎《とが》めを受《う》くる所《ところ》もない、咎《とが》なしとは、初陰《しよいん》に合《あは》ぬ爲《た》めに、却《かへ》つてその邪毒《じやどく》を免《まぬ》がるゝことを言《い》ふたものである。

䷬ 坤下《こんか》兌上《だじやう》

萃《すゐ》

萃《スイ》亨《トウ》ル王《ワウ》假《イタ》ス有《イウ》廟《ベウ》ニ、利《ヨロシ》見《ミ》ルニ大人《タイジン》ヲ。亨《トウ》ル、利《ヨロ》シ貞《タダ》シキニ。用《モチ》ユ大牲《タイセイ》ヲ吉《キツ》。利《ヨロシ》有《ア》ルニ攸《トコロ》往《ユ》ク

此《こ》の卦《くわ》は坤《こん》を地《ち》となし兌《だ》を澤《たく》となして澤《たく》が地《ち》に上《のぼ》るは卽《すなは》ち水《みづ》の聚《あつ》まる象《かたち》である、故《ゆゑ》に之《これ》を萃《すゐ》と言《い》ふ。又卦中《またくわちう》の二陽《やう》は四と五の要位《えうゐ》に居《ゐ》て、その他《た》の諸陰《しよいん》は皆之《みなこれ》に聚《あつ》まり從《したが》ふ、故《ゆゑ》に之《これ》を萃《すゐ》と言《い》ふ。又坤《またこん》を衆《しゆう》となし、順《じゆん》となし、兌《だ》を悅《よろこ》ぶとなし、和《わ》するとなして、衆人《しゆうじん》が悅《よろこ》むで順和《じゆんわ》するは卽《すなは》ち聚合《しうがふ》の義《ぎ》がある、故《ゆゑ》に之《これ》を萃《すゐ》と言《い》ふ。萃《すゐ》とは聚《あつ》まるの義《ぎ》であるが、凡《およ》そ聚《あつ》まることの最《もつと》も大《だい》なるものは、王者《わうしや》が天《てん》下《か》の人心《じんしん》を萃聚《すゐしう》して、之《これ》を總合統一《そうがふとういつ》するより大《だい》なるものはない、而《しか》して之《これ》を聚《あつ》むるの道《みち》は、祖先《そせん》の散《さん》

神《じん》を宗廟《そうべう》に招致《せうち》し、誠敬《せいけい》の至情《しじやう》を盡《つく》して之《これ》を祭《まつ》るに由《よ》つて天下《てんか》の人心《じんしん》を聚合《しうがふ》し、以《もつ》てその歸向《きかう》する所《ところ》を知《し》らしむるに如《し》くはない、故《ゆゑ》に王假ニ有廟一《わういたすいうべうに》と言《い》ふ。王《わう》は九五を指し、假《いたす》は致《いた》すに同《おな》じく、祖考《そかう》の散《さん》神《じん》を宗廟《そうべう》に招《まね》き致《いた》すの義《ぎ》、即《すなは》ち詩《し》の大雅《たいが》に是致是附《これいたしこれつく》と、傳《でん》に致《ち》とはその社稷群神《しやしよくぐんじん》を致《いた》すと言《い》ふのと同《どう》義《ぎ》で、我《わ》が方《はう》より言《い》ふ所《ところ》の辭《ことば》であるが、又神《またかみ》の方《はう》より言《い》へば、我《わ》が敬虔《けいけん》の情《じやう》に感《かん》じて來《きた》り至《いた》るの義《ぎ》である、即《すなは》ち感格《かんかく》の謂《いはれ》で、書《しよ》の説命《せつめい》に格レ于ニ皇天一《いたるにくわうてん》と言《い》ひ、堯典《ぎやうてん》に格レ于ニ上下一《いたるにじやうか》と言《い》ふは此《こ》の義《ぎ》である。

此卦初《このくわしよ》より五に至《いた》つて觀《くわん》の象《かたち》がある、觀《くわん》は大艮《だいごん》にして門闕《もんけつ》で、上六《じやう》の一陰《いん》がその奥宮《おくきう》にあるは即《すなは》ち宗《そう》廟《べう》の象《かたち》である、故《ゆゑ》に之《これ》を有廟《いうべう》と言《い》ふ、惟《おも》ふに此《こ》の一陽《やう》が五に居《ゐ》て衆陰之《しゆういんこれ》に從《したが》ふは、即《すなは》ち王者《わうしや》が始《はじ》めて作《おこ》つて萬民之《ばんみんこれ》に比親《ひしん》するの象《かたち》であるが、萃《すい》の二陽《やう》が四五に居《ゐ》て群陰之《ぐんいんこれ》に聚《あつ》まるのは即《すなは》ち王者《わうしや》が四海《かい》を統御《とうぎよ》して萬物豐盛《ばんぶつほうせい》なるの象《かたち》である、故《ゆゑ》に王者《わうしや》がその至誠敬虔《しせいけいけん》の情《じやう》を捧《さゝ》げ、祖考《そかう》の神靈《しんれい》を宗廟《そうべう》に來格《きかく》せしめ、之《これ》に由《よ》つて以《もつ》て天下《てんか》の人心《じんしん》を聚合《しうがふ》するの象《かたち》を取つたものであるが、天下《てんか》の人心《じんしん》を聚《あつ》むること此《かく》の如《ごと》くば、萬事多端《ばんじたたん》にして混雜《こんざつ》を極《きは》む、必《かな》らず徳位兼備《とくゐけんび》の大人《たいじん》を得《え》て之《これ》を治《をさ》めざれば、却《かへ》つて天下《てんか》の紛亂《ふんらん》を來《きた》すことゝなる、故《ゆゑ》に利レ見ニ大人一《よろしみるにたいじんを》と言《い》ふ。大人《たいじん》は亦《また》九五を指《さ》したものであるが、大人《たいじん》を得《え》て之《これ》を治《をさ》むれば、萬事《ばんじ》その緒《ちよ》に着《つい》て天下太平《てんかたいへい》を致《いた》すことゝなる、故《ゆゑ》に之《これ》を亨《とほる》と言《い》ふ。されど凡《すべ》て不正《ふせい》の道《みち》を以《もつ》て聚《あつ》まるものは、必《かな》らずその終《をは》りを保《たも》つことが可能《でき》ぬ、故《ゆゑ》に利レ貞《よろしただしきに》と言《い》ふ。用ニ大牲一吉《もちひだいせいをきつ》の四字《じ》は、王有廟《わういうべう》に假《いた》すの語《ご》を承《う》けて言《い》ふたものゝ様《やう》に思《おも》はるゝから、當《まさ》に利レ見ニ大人一《よろしみるにたいじんを》の上《うへ》にあるべき筈《はず》であるが、多分《たぶん》は謄寫《とうしや》の際《さい》上下《じやうか》之《これ》を錯置《さくち》したものであらう。蓋《けだ》し祭祀《さいし》は國家《こくか》の重事《ちようじ》で、萃《すい》は王者《わうしや》が天下《てんか》の人心《じんしん》を聚合《しうがふ》して萬事《ばんじ》豐盛《ほうせい》なるの時《とき》である、隨《したが》つて上《かみ》は鬼神《きじん》を祭《まつ》り、下《しも》は臣民《しんみん》を養《やしな》ふも、皆凡《みなすべ》て時宜《じぎ》に適《てき》するのるが吉《きつ》である、故《ゆゑ》に用《もちひ》二大牲《たいせい》一吉《をきつ》と言《い》ふ。坤《こん》を大《だい》となし、牛《うし》となし、兌《だ》を羊《やう》となし、肅殺《しゆくさつ》として大牲《たいせい》の象《かたち》。已《すで》に天下《てんか》の人心《じんしん》を聚《あつ》め、亦大人《またたいじん》を得《え》て之《これ》を治《をさ》む、萬事《ばんじ》皆當《みなまさ》に爲《な》すあるべきの時《とき》である故《ゆゑ》に利《よろし》レ有《あるに》レ攸《ところ》レ往《ゆく》と言《い》ふ。上《うへ》の亨《にほる》の字《じ》は衍文《えんぶん》であるから、這《こ》は當《まさ》に削除《さくぢよ》すべきものである。

鄭氏維嶽《ていしゐがく》曰《いは》く、一卦《くわ》に據《よ》つて之《これ》を觀《み》れば、則《すなは》ち上《じやう》の下《しも》に比《ひ》し下《しも》に萃《あつ》まるを主《しゆ》として而《しか》して言《い》ふなり六爻《かう》に據《よ》つて之《これ》を觀《み》れば、則《すなは》ち下《しも》の上《じやう》に比《ひ》し上《じやう》に萃《あつ》まるを主《しゆ》として而《しか》して言《い》ふなり、比《ひ》の卦《くわ》は盡《こと〲》く五の陽《やう》に比《ひ》す、此卦《このくわ》の諸爻《しよかう》も亦宜《またよろ》しく盡《こと〲》く五に萃《あつ》まる可《べ》し、而《しか》して九四あつて五の權《けん》を分《わか》つ、故《ゆゑ》に諸爻《しよかう》五に萃《あつ》まる者《もの》あり、四に萃《あつ》まる者《もの》あり、夫《そ》れ五に萃《あつ》まるは正《せい》なり、四に萃《あつ》まるは不正《ふせい》なり、卦《くわ》辭《じ》大人《たいじん》を見《み》るに利《よろ》しと言《い》ふは、蓋《けだ》し人《ひと》の四に萃《あつ》まらんことを恐《おそ》るればなり、天下《てんか》二主《しゆ》なし、宜《よろ》しく比應《ひおう》を舍《す》てゝ以《もつ》て五に從《したが》ひ、以《もつ》て王《わう》に從《したが》ふの義《ぎ》を明《あき》らかにす可《べ》し、陽《やう》は陰《いん》の附《つ》く所《ところ》なり、此卦《このくわ》二陽《やう》あり、聖人《せいじん》その附《つ》く所《ところ》を擇《えら》ばんことを欲《ほつ》す、故《ゆゑ》に大人《たいじん》を見《み》るに利《よろ》しきに諄諄《じゆん〲》たり。

初六、有《ア》ッテレ孚《マコト》不《ズ》レ終《ヲ》ヘ、乃《スナハ》チ亂《ミダレ》乃《スナハ》チ萃《アツ》マル、若《モ》シ號《ヨバ》バ一握《アク》爲《ナ》ルレ笑《ワラヒ》ト、勿《ナカレ》レ恤《ウレフ》ルコト往《ユイ》テ无《ナシ》レ咎《トガ》

萃《すい》と比《ひ》とは唯《たゞ》九四の一陽《やう》があると無《な》いとの違《ちが》ひである、比《ひ》の初六《しよ》に有《あり》レ孚《まこと》と言《い》ふて居《を》るが比《ひ》の卦《くわ》は九五の一陽《やう》があるのみで、その外《ほか》は皆陰《みないん》である、故《ゆゑ》に專《もつ》ぱらその孚《まこと》を九五の一陽《やう》に盡《つく》すことが可能《でき》る。萃《すゐ》

の初《しよ》六も亦此《またかく》の如《ごと》く九五に萃《あつ》まつて、その孚《まこと》を盡《つく》すべき筈《はず》である、けれども萃《すい》は九五の外《ほか》に尚《なほ》九四の一陽《やう》があつて合《あは》せて二陽《やう》である、その上《じやう》九四は初《しよ》六の正應《せいおう》であるから、之《これ》が爲《た》めに惑《まどひ》を生《しやう》じ、專《もつ》ぱら九五に萃《あつ》まつてその孚《まこと》を終《を》ゆることが可能《でき》ず、或《あ》る時《とき》はその心《こゝろ》亂《みだ》れて九四に應《おう》じ、亦或《またあ》る時《とき》はその非《ひ》を悟《さと》つて九五に萃《あつ》まり、一亂《らん》一萃定《すいさだ》まらざるの象《かたち》がある、故《ゆゑ》に有《あつて》レ孚《まこと》不《ず》レ終《をへ》、乃《すなはち》亂《みだれ》乃《すなはち》萃《あつまる》と言《い》ふ。有《あり》レ孚《まこと》とは、五に孚《まこと》あるの義《ぎ》、亂《らん》とはその心《こゝろ》が惑《まど》ひ亂《みだ》れて四に應《おう》ずるの義《ぎ》、萃《すい》とは五に萃《あつ》まるの義《ぎ》である此《かく》の如《ごと》く或《あるひ》は萃《あつ》まり或《あるひ》は亂《みだ》れ一定《てい》の常《つね》なきは、固《もと》より象《たん》に言《い》ふ大人《たいじん》を見《み》るに利《よろ》しきの義《ぎ》に反《はん》するものである、故《ゆゑ》に若《も》しその非《ひ》を改《あらた》め、九五を號《よ》び呼《よ》むで之《これ》に萃《あつ》まらば、大人《たいじん》を見《み》るに利《よろ》しきの義《ぎ》を失《うしな》はぬ許《ばか》りか、唯《たゞ》一轉瞬《てんしゆん》の間《あひだ》に於《おい》て必《かな》らず和《わ》合笑樂《がふせうらく》の喜《よろこ》びを見《み》るに至《いた》る、故《ゆゑ》に若號《もしよぶ》一握《あくなる》爲《わらひ》レ笑《さ》と言《い》ふ。號《がう》も笑《わらひ》も共《とも》に兌《だ》の象《かたち》で、一握《あく》とは物《もの》を手《て》に執《と》り持《も》つて、それを他《た》に移轉《いてん》する一瞬時《しゆんじ》の間《あひだ》で、迅速《じんそく》なることを言《い》ふたものであるが、艮手《こんしゆ》の象《かたち》を取《と》つて居《を》る、果《はた》して然《しか》らば、萃時《すいじ》の主《しゆ》たる九五に萃《あつ》まるに何等《なんら》憂《うれ》ひ恤《うれ》ふる所《ところ》もない、往《ゆい》て之《これ》に萃《あつ》まるは固《もと》より當然《たうぜん》で、何等《なんら》咎《とが》むべき所《ところ》はないものである、故《ゆゑ》に勿《なかれ》レ恤《うれふる》往《ゆいて》无《なし》レ咎《とが》と言《い》ふ。

六二、引《ヒ》ケバ吉《キツ》无《ナシ》レ咎《トガ》、孚《マコト》アレバ乃《スナハ》チ利《ヨロシ》レ用《モチ》ユルニレ禴《ヤク》チ

鄭氏《ていし》が言《い》ふ如《ごと》く、象《たん》は上《じやう》の下《しも》に比《ひ》し下《しも》に萃《あつ》まることを主《しゆ》とし、爻《かう》は下《しも》の上《じやう》に比《ひ》し上《じやう》に萃《あつ》まることを主《しゆ》としたもので、君《きみ》たるものが已《すで》に下《しも》に比《ひ》し下《した》に萃《あつ》まるの心《こゝろ》があるとせば、民《たみ》たるものが亦上《またじやう》に比《ひ》し上《じやう》

に萃《あつ》まるべきは、蓋《けだ》し理《り》の當然《たうぜん》である、されば天下《てんか》皆《みな》五に萃《あつ》まるべき時《とき》に當《あた》り、初《しよ》は四に應《おう》じ、三は四に比《ひ》して五に萃《あつ》まるべき孚《まこと》が薄《うす》い、故《ゆゑ》に中間《ちうかん》に介在《かいざい》する所《ところ》の六二が、此等《これら》二陰《いん》を引《ひ》き牽《ひい》て共《とも》に九五に萃《あつ》まらざれば、その萃《すい》を全《まつた》ふすることが可能《でき》ぬのであるが、二と五とは元《もと》と中正相應《ちうせいあひおう》じて居《を》るものであるから、六二は初《しよ》と三とを引《ひ》き連《つら》れて五に萃《あつ》まり、以《もつ》てその萃《すい》を成《な》すものである、故《ゆゑ》に引《ひけば》吉《きつ》无《なし》レ咎《とが》と言《い》ふ。引《いん》は巽縄艮手《そんじようごんしゆ》の象《かたち》を取《と》つたものである、蓋《けだ》し上《じやう》の下《しも》に交《まじ》はり、下《しも》の上《じやう》に事《つか》へて水魚《すゐぎよ》の好《よし》みを全《まつた》ふせむとせば、上下交々《じやうかこもごも》孚信《ふしん》あることを要《えう》すべきもので、之《これ》を喩《たと》へば、我《われ》に誠敬《せいけい》の心《こゝろ》さへあれば非薄《ひはく》の物《もの》を用《もち》ひて之《これ》を祭《まつ》るとも、尚神明《なほしんめい》と感應交渉《かんおうかうせふ》することが可能《でき》るのと一般《ぱん》である、故《ゆゑ》に孚《まことあれば》乃《すなはち》利《よろし》レ用《もちゆるに》レ禴《やくを》と言《い》ふ。孚《まこと》は二の中虚《ちうきよ》の象《かたち》、禴《やく》は薄祭《はくさい》の名《な》で、坤《こん》の簡約《かんやく》の義《ぎ》に象《かた》どつたのである。

六三、萃如《スイジヨ》タリ、嗟如《サジヨ》タリ、无《ナシ》レ攸《トコロ》レ利《ヨロシ》キ、往《ユイ》テ无《ナシ》シ咎《トガ》、小《スコ》シク吝《ヤブサ》シ

萃《すい》は九五に萃《あつ》まつてその大人《たいじん》を見《み》るに利《よろ》しきの義《ぎ》である、故《ゆゑ》に六三も亦《また》五に萃《あつ》まらむことを欲《ほつ》すれども、九五はその應《おう》でもなく、亦比《またひ》でもないから、之《これ》と萃《あつ》まらむことを求《もと》めても、萃《あつ》まることが可能《でき》ず唯空《たゞむな》しく己《おの》れが陰柔不中正《いんじうふちうせい》にして爲《な》すなきことを嗟歎《さたん》するのみであるが、唯嗟《たゞなげ》いた許《ばか》りでは、何程之《なにほどこれ》を嗟《なげ》いても利《よろ》しきことのあるべき道理《だうり》がない、故《ゆゑ》に萃如《すいじよたり》嗟如《さじよたり》、无《なし》レ攸《ところ》レ利《よろしき》と言《い》ふ。嗟《さ》は嘆《なげ》き悲《かな》しみの義《ぎ》で兌《だ》の象《かたち》を取《と》つたものである、されど幸《さいはひ》に六二が己《おの》れを引《ひ》くに任《まか》せ、之《これ》に從《したが》ふて往《ゆき》て九五に萃《あつ》まらば。その咎《とが》を免《まぬ》かるゝことが可能《でき》るのである、けれども人《ひと》に引《ひ》かれて往《ゆ》き萃《あつ》まるは、少《すこ》しく羞吝《しうりん》すべ

き所《ところ》があると言《いは》ねばならぬ、故《ゆゑ》に往无レ咎《ゆいてなしとが》、小吝《すこしくやぶさし》と言《い》ふ。

九四、大吉《ダイキツ》ニシテ无《ナシ》レ咎《トガ》

此卦《このくわ》は二陽《やう》四陰《いん》で、四陰《いん》が皆共《みなとも》に二陽《やう》に萃《あつ》まるを以《もつ》て義《ぎ》を成《な》して居《を》るが、九五は萃時《すゐじ》の君《きみ》で、九四は即《すなは》ち萃時《すいじ》の大臣《だいじん》である、萃時《すいじ》の大臣《だいじん》にして上《じやう》は九五の信任《しんにん》を受《う》け、下《しも》は群陰《ぐんいん》の歸聚《きしう》する所《ところ》となるは、蓋《けだ》し善《ぜん》なるものと言《いは》ねばならぬ、されど不中正《ふちうせい》を以《もつ》て多懼《たぐ》の地《ち》に居《ゐ》て、上下《じやうげ》の歸聚《きしう》する所《ところ》となるは、聊《いさゝ》か君位《くんゐ》を犯《をか》し逼《せま》るの嫌《きらひ》なきを得《え》ぬ、それゆへ蹇々匪躬大善《けん〳〵ひきうたいぜん》の吉《きつ》を盡《つく》し、然《しか》る後始《のちはじ》めて咎《とが》なきことが得《え》らるゝのである、故《ゆゑ》に大吉《だいきつ》にして无《なし》レ咎《とが》と言《い》ふ。大吉《だいきつ》とは、現在《げんざい》その儘《まゝ》が大吉《だいきつ》ではない、何事《なにごと》も皆凡《みなすべ》て大善《だいぜん》の吉《きつ》を盡《つく》した上《うへ》でと言《い》ふ義《ぎ》で、普通謂《ふつうい》ふ所《ところ》の大吉《だいきつ》とはその趣《おもむ》きが違《ちが》つて居《ゐ》る。

九五、萃《アツ》メテ有《タモ》ツレ位《クライ》チ、无《ナシ》レ咎《トガ》。匪《アラザ》ルモレ孚《マコト》トスルニ元《オホ》イニ永《ナガ》ク貞《タヾシ》ケレバ悔《クイ》亡《ホロ》ブ

九五は陽剛中正尊位《やうがうちうせいそんゐ》に居《を》り、天下《てんか》の群陰《ぐんいん》を集《あつ》めてその主《しゆ》となる、即《すなは》ち萃《あつ》めてその位《くらゐ》を有《たも》つの象《かたち》であるが、此《かく》の如《ごと》くば固《もと》より過咎《くわきう》のあるべき筈《はず》がない、故《ゆゑ》に萃有レ位无レ咎《あつめてたもつくらゐをなしとが》と言《い》ふ。已《すで》に剛陽中正《がうやうちうせい》の資《し》を以《もつ》て、その位《くらゐ》に居《ゐ》て天下《てんか》の人心《じんしん》を萃《あつ》む、假《たと》へ未《いま》だ己《おの》れを信《しん》じて來《きた》り萃《あつ》まらぬものがあるとしても、それは我《わ》が德《とく》の未《いま》だ脩《をさ》まらず、我《わ》が道《みち》の未《いま》だ至《いた》らぬ所《ところ》がある爲《た》めであるから、自《みづ》から顧《かへり》みてその德《とく》を脩《をさ》め、大《おほい》に永《なが》く貞固《ていこ》なれば、未《いま》だ來《いた》り萃《あつ》まらぬものも、終《つひ》には皆來《みなきた》り萃《あつ》まつて、その悔《くい》なきに至《いた》るものである、故《ゆゑ》に匪レ孚大永貞悔亡《あらざるもまことゝするにおほいにながくたゞしければくひほろぶ》と言《い》ふ。元永貞《げんえいてい》の三字《じ》は、比《ひ》の彖《たん》に謂《い》ふ所《ところ》と同一《どういつ》で、比《ひ》の卦《くわ》

は五陰《いん》一陽《やう》であるから、皆《みな》その一陽《やう》の五に比《ひ》すべきことを知《し》つて居《を》る、故《ゆゑ》に元永貞《げんえいてい》の三字《じ》は之《これ》を彖《たん》に繫《か》けて居《を》る、然《しか》るに萃《すゐ》は二陽《やう》四陰《いん》であるから、人《ひと》その萃《あつ》まるべき所《ところ》を知《し》らざるの虞《おそ》れがある、故《ゆゑ》に元永貞《げんえいてい》の三字《じ》は特《とく》に之《これ》を九五に繫《か》けて、萃時《すゐじ》の主《しゆ》たることを表《あら》はして居《を》るが、有位《いうゐ》と言《い》ふも亦此《またこ》の意《い》に外《ほか》ならぬ。

上六、齎咨《シシ》涕洟《テイイス》、无《ナシ》レ咎《トガ》

上六《じやう》は重陰《ちういん》不才《ふさい》にして萃聚《すいしう》の終《をは》り兌說《だせつ》の極《きよく》に居《を》るが、萃《あつ》まること終《をは》れば、必《かな》らず散《さん》ずるのは理《り》の常《つね》で悅《よろこ》ぶこと極《きは》まれば、必《かな》らず悲《かな》しむに至《いた》るのも、亦情《またじやう》の當《まさ》に然《しか》るべき所《ところ》である、故《ゆゑ》に齎咨涕洟《ししていいす》と言《い》ふ。齎咨《しし》は嗟嘆《さたん》の義《ぎ》で兌《だ》の象《かたち》、涕洟《ていいす》は悲《かなし》むの義《ぎ》で、澤水《たくすゐ》の象《かたち》を取《と》つたものである。蓋《けだ》し此《かく》の如《ごと》く上六《じやう》が齎《し》咨涕洟《してい》するに至《いた》る所以《ゆゑん》は、比《ひ》の上六《じやう》が比《ひ》に後《おく》るゝと一般《ぱん》、萃《すゐ》の時《とき》に當《あた》り、萃《すゐ》に後《おく》るゝが爲《た》めである、而《しか》も前非《ぜんぴ》を悔《くゐ》て嗟嘆悲泣《さたんひきふ》すること此《こゝ》に至《いた》らば、その咎《とが》を免《まぬ》かるゝに至《いた》る、故《ゆゑ》に之《これ》を无《なし》レ咎《とが》と言《い》ふ。

䷭　巽《そん》下《か》　坤《こん》上《じやう》　升《しよう》

升《シヨウ》、元《オホイ》ニ亨《トウ》ル、用《モツ》テ見《ミ》ル二大人《タイジン》ヲ一、勿《ナカレ》レ恤《ウレフ》ルコト、南征《ナンセイ》シテ吉《キツ》

此卦《このくわ》巽木《そんぎ》が坤地《こんち》の下《しも》にあるは、地中木《ちちうき》を生《しやう》ずるの象《かたち》で、地中《ちちう》に木《き》を生《しやう》ずれば、長《ちやう》じて益高大《ますますかうだい》となる、

卽《すなは》ち升《のぼ》り進《すゝ》むの義《ぎ》である、故《ゆゑ》に之《これ》を升《しよう》と言《い》ふ。又巽風《またそんぷう》が坤地《こんち》の下《しも》にあるは、風《かぜ》が地中《ちちう》に入《い》るの象《かたち》である、而《しか》も風《かぜ》は元《も》と地中《ちちう》に在《あ》るべきものでないから、必《かな》らず地上《ちじやう》に發出《はつしゆつ》するに至《いた》る、此《これ》も亦升《またのぼ》り進《すゝ》むの義《ぎ》である、故《ゆゑ》に之《これ》を升《しよう》と言《い》ふ。升《しよう》とは進《すゝ》み升《のぼ》るの義《ぎ》であるが、凡《およ》そ物《もの》は進《すゝ》み上《のぼ》つて阻碍《そがい》する所《ところ》がなければ、大《おほい》に亨通發達《きやうつうはつたつ》するに至《いた》る、故《ゆゑ》に元亨《おほいにとほる》と言《い》ふ。今人事《いまじんじ》を以《もつ》て之《これ》を言《い》へば、內《うち》は巽從《そんじう》にして外《そと》は坤順《こんじゆん》、內外從順《ないぐわいじうじゆん》なること此《かく》の如《ごと》くば、その德大《とくおほい》に進《すゝ》むで亨通發達《きやうつうはつたつ》するに至《いた》る、尙此《なほこ》の從順《じうじゆん》の道《みち》を用《もち》ひ、德位兼備《とくゐけんび》の大人《たいじん》を見《み》て之《これ》に從《したが》はゞ、後來《こうらい》の升進發達《しようしんはつたつ》は期《き》して之《これ》を待《ま》つことが可能《でき》る、故《ゆゑ》に用見二大《もつてみるたい》人一《じんを》と言《い》ふ。大人《たいじん》を見《み》るとは、二の剛中《がうちう》を以《もつ》て五の柔中《じうちう》に應《おう》ずる所《ところ》の象《かたち》を取《と》つたものであるが、大人《たいじん》は陽爻《やうかう》の稱《しよう》で、五は大人《たいじん》が居《を》るべき位《くらゐ》であるけれども、今《いま》は唯《たゞ》その位《くらゐ》のみあつて、大人《たいじん》の象《かたち》がない、故《ゆゑ》に唯之《たゞこれ》を見《み》ると言《い》ふて、見《み》るに利《よろ》しとは言《い》ふて居《を》らぬ、蓋《けだ》し升進《しようしん》の始《はじ》めに當《あた》つては、必《かな》らず大人《たいじん》を擇《えら》むで之《これ》に隨從《ずゐじう》するのが肝要《かんえう》であるが、今升《いまのぼ》り進《すゝ》むで大人《たいじん》を見《み》むとするも、六五は陰爻《いんかう》で大人《たいじん》その人《ひと》が居《を》らぬ、或《あるひ》は之《これ》を憂慮《いうりよ》して躊躇《ちうちよ》するもののなきを保《ほ》せぬ、故《ゆゑ》に之《これ》を慰《なぐ》さめ諭《さと》して勿レ恤南征吉《なかれうれふることなんせいしてきつ》と言《い》ふ。南征《なんせい》とは猶之《なほこれ》を前進《ぜんしん》と言《い》ふが如《ごと》く、內卦《ないくわ》を北《きた》となし外卦《ぐわいくわ》を南《みなみ》となして、日月《じつげつ》は共《とも》に南方《なんぱう》に進《すゝ》み上《のぼ》つて、北方《ほくばう》へ降《くだ》り入《い》る所《ところ》から、升《のぼ》り進《すゝ》むで大德《たいとく》の人《ひと》に從《したが》ふことを南征《なんせい》と言《い》ふたものである。

初六、允《マコ》トニ升《ノボル》、大吉《ダイキツ》

初六《しよ》は升《しよう》の始《はじ》めに當《あた》り、巽《そん》の主《しゆ》となつて最下《さいか》に居《を》るは、卽《すなは》ち木《き》の根《ね》の象《かたち》であるが、木《き》の根《ね》は地《ち》の滋養《じやう》を得《え》て發生《はつせい》するもので、その一たび發生《はつせい》するや、日日《ひゞ》に長大《ちやうだい》にして沖天《ちうてん》を衝《つ》くに至《いた》る、故《ゆゑ》に之《これ》を允《まことに》升《のぼる》と言《い》ふ。允《まこと》は信《しん》と同《おな》じく、坤《こん》の象《かたち》を取《と》つたもので、允《まこ》とに升《のぼ》るとは、その升《のぼ》ることの必然《ひつぜん》にして急《きふ》速《そく》なることを言《い》ふたもので、允《まこ》とに升《のぼ》るものは、必《かな》らずその升《のぼ》るべき所《ところ》に到達《たうたつ》するに至《いた》る、故《ゆゑ》にその占《うらなひ》を大吉《だいきつ》と言《い》ふ。大吉《だいきつ》とは大善《たいぜん》の吉《きつ》にして、之《これ》に加《くは》ふることなきの謂《いはれ》であるが、占者《せんしや》も亦此《またかく》の如《ごと》き徳《とく》があつて、此《かく》の如《ごと》き時《とき》に當《あた》らば、升進發達大吉《しようしんはつたつだいきつ》を得《う》べきを疑《うたが》はぬ。

九二、孚《マコト》アラバ乃《スナハ》チ利《ヨロ》シ用《モチ》ユルニ禴《ヤク》ナ、无《ナシ》咎《トガ》

凡《およ》そ君臣上下《くんしんじやうげ》の間《あひだ》に於《おい》ては、至誠《しせい》の心《こゝろ》を以《もつ》て相交《あひか》はらざれば、その久《ひさ》しきを保《たも》つことは可能《でき》ぬ、況《いは》むや長《ちやう》を以《もつ》て少《せう》に事《つか》へ、强《つよき》を以《もつ》て弱《よわき》に事《つか》へ、明《めい》を以《もつ》て暗《あん》に事《つか》ふるが如《ごと》きは最《もつと》もそうである。然《しか》るに今《いま》九二は升進《しようしん》の時《とき》に當《あた》り、剛中《がうちう》の才《さい》を以《もつ》て、柔中《じうちう》の六五に應《おう》ずるは即《すなは》ち明《めい》を以《もつ》て暗《あん》に事《つか》ふるの象《かたち》で、順道《じゆんだう》を得《え》たものではない、隨《したが》つて至誠中《しせいちう》に充《み》つて虛飾《きよしよく》を事《こゝ》とせざるにあらずば、永《なが》くその交《まじ》はりを保《たも》つことが可能《でき》ぬ、蓋《けだ》し至誠中《しせいちう》に發《はつ》して虛飾《きよしよく》なきに於《おい》ては、之《これ》を喩《たと》へば、至薄《しはく》の物《もの》を薦《すゝ》めて神《かみ》を祭《まつ》るも、尙《なほ》その感應《かんおう》を得《う》るが如《ごと》く、假《たと》へ至弱《しじやく》の君《きみ》に事《つか》ふるも、君臣《くんしん》の誼《ぎ》を盡《つく》してその終《をは》りを全《まつた》ふすることが可能《でき》る、故《ゆゑ》に孚乃利用禴《まことあらはすなはちよろしもちゆるにやくを》と言《い》ふ。孚《まこと》あらばとは、誠意《せいい》を以《もつ》て、相交《あひまじ》はるの義《ぎ》で、萃《すゐ》の六二は陰《いん》爻中虛《かうちうきよ》の義《ぎ》に由《よ》つて孚《まこと》の象《かたち》を取《と》つて居《を》るが升《しやう》の九二は陽爻中實《やうかうちうじつ》の義《ぎ》に由《よ》つて孚《まこと》の象《かたち》を取《と》つて居《を》る而《しか》してその孚《まこと》あらば乃《すなは》ちと言《い》ふは猶之《なほこれ》を孚《まこと》あつて然《しか》る後始《のちはじ》めて君《きみ》に事《つか》へよと言《い》ふのと同《おな》じであるから孚《まこと》な

く虚欺《きよぎ》を以《もつ》て君《きみ》に事《つか》ゆるのは、即《すなは》ち咎《とが》あるの道《みち》である、けれども九二は陽剛中實《やうがうちうじつ》、巽從《そんじう》に體《たい》して上《かみ》に信從《しんじう》するものであるから、その咎《とが》を免《まぬ》かれ得《う》るものである、故《ゆゑ》に之《これ》を无《なし》レ咎《とが》と言《い》ふ。

九三、升《ノボ》ル二虚《キヨ》邑《イウ》ニ一

九三は升進《しようしん》の時《とき》に當《あた》り、已《すで》に升《のぼ》り進《すゝ》むで平々《へいへい》たる坦途《たんと》に臨《のぞ》み、而《しか》も何等《なんら》之《これ》を阻礙《そがい》するものあることなく、恰《あた》かも無人《むにん》の地《ち》を行《ゆ》くが如《ごと》き象《かたち》がある、故《ゆゑ》に之《これ》を升《のぼる》二虚邑《きよいうに》一と言《い》ふ。蓋《けだ》し陽《やう》を實《じつ》となし陰《いん》を虚《きよ》となし、九三が坤《こん》の邑《いう》に接《せつ》するは即《すなは》ち虚邑《きよいう》に升《のぼ》るの象《かたち》で、虚邑《きよいう》に升《のぼ》るとは唯《たゞ》その進《すゝ》むに果《くわ》にして逡巡《しゆんじゆん》する所《ところ》なきことを言《い》ふたもので、その剛《がう》を以《もつ》て陽《やう》に居《を》り而《しか》も巽體《そんたい》の上《うへ》に居《を》るは、聊《いさゝ》か過剛躁進《くわがうさうしん》の傾《かたか》きがあつて、柔《じう》の時《とき》を以《もつ》て升《のぼ》るの義《ぎ》に反《はん》する所《ところ》がある、故《ゆゑ》に吉凶《きつきよう》の辭《じ》を繫《か》けて居《を》らぬが、之《これ》を二と五が中《なか》を得《え》、初《しよ》と四の順從《じゆんじう》なるものに比《くら》ぶれば、その及《およ》ばざること遠《とほ》いと言《い》ふてよい。

六四、王《ワウ》用《モツ》テ亨《マツ》ルレ于《ニ》二岐《ギ》山《ザン》一、吉《キツ》ニシテ无《ナシ》レ咎《トガ》

六四は柔《じう》を以《もつ》て陰《いん》に居《ゐ》てその正《せい》を履《よ》み、而《しか》も坤順《こんじゆん》にして尊位《そんゐ》に接《せつ》し、上《かみ》は君《きみ》を犯《をか》さずして下《しも》は賢能《けんのう》に謙《へり》くだり、至誠《しせい》己《おの》れを虚《むな》しうして上下《じやうげ》に接《まじ》はる、即《すなは》ち人臣《じんしん》たるものゝ最《もつと》も善《よ》きものである。されば王《わう》者《しや》たるものが、若《も》し此《かく》の如《ごと》き人《ひと》を用《もち》ひて天地《てんち》山川《さんせん》を祭《まつ》らしめたならば、神明《しんめい》も必《かな》らずその誠意《せいい》に感《かん》じて來格《きかく》するを疑《うたが》はぬ、隨《したが》つてその占《うらなひ》の吉《きつ》にして无《なし》レ咎《とが》は固《もと》より論《ろん》なき所《ところ》である、故《ゆゑ》に王用亨《わうもつてまつるに》レ于二岐山《ぎざん》一吉无《きつにしてなしとが》レ咎《い》と言《い》ふ。隨《ずゐ》の卦《くわ》に於《おい》ては西山《せいざん》に亨《まつ》ると言《い》ひ、此爻《このかう》には岐山《ぎざん》と言《い》ふて居《を》るが、岐山《ぎざん》は即《すなは》ち西山《せいざん》

のことであるが、之《これ》を西山《せいざん》と言《い》へば、彖辭《たんじ》南征《なんせい》の語《ご》と相牴觸《あひていしよく》するやの嫌《きらひ》がある、故《ゆゑ》に之《これ》を避《さ》けて岐山《ぎざん》と言《い》ふたものである。

六五、貞《タヾシ》ケレバ吉《キツ》、升《ノボ》ル㆑階《カイ》ニ

六五は君位《くんゐ》で升《のぼ》ることも此《こゝ》に至《いた》つて極《きは》まる、即《すなは》ち卦主《くわしゆ》であるが、玆《こゝ》には君《きみ》の象《かたち》を捨《す》てゝ、唯升《たゞしよう》の諸爻《しよかう》が升進《しようしん》してその極《きよく》に達《たつ》した所《ところ》の象《かたち》を取《と》つてその辭《じ》を繫《か》けて居《を》るが、六五は柔《じう》を以《もつ》て陽《やう》に居《ゐ》て中《ちう》を得《え》て居《を》る、けれどもその正《せい》を得《え》て居《を》らぬ、故《ゆゑ》に貞《たゞしければ》吉《きつ》と言《い》ふ。貞《てい》は正《せい》の義《ぎ》であるが、升《しよう》の諸爻《しよかう》が順《じゆん》を以《もつ》て階《かい》に升《のぼ》り、各《おの〳〵》その位《くらゐ》に當《あた》つて朝廷《てうてい》に列坐《れつざ》し君側《くんそく》に侍《はべ》ることゝなる、故《ゆゑ》に升《のぼるかいに》㆑階と言《い》ふ。階《かい》は即《すなは》ち階段《かいだん》で登降《とうかう》の通路《つうろ》であるが、巽《そん》を木《き》となし、高《たか》しとなし、進退《しんたい》となし、階段《かいだん》の象《かたち》、又《また》備卦震《びくわしん》を廟樓《べうろう》高閣《かうかく》となし、朝廷《てうてい》となし、上卦坤《じやうくわこん》を廣濶《くわうくわつ》となして、升進《しようしん》の諸爻《しよかう》が順《じゆん》を以《もつ》て階《かい》を升《のぼ》り、朝廷《てうてい》に列坐《れつざ》するの象《かたち》。故《ゆゑ》に階《かい》に升《のぼ》るの辭《じ》を繫《か》けたものであるが、階《かい》に升《のぼ》るとは、即《すなは》ち朝廷《てうてい》に升《のぼ》るの義《ぎ》で、朝廷《てうてい》は庶政《しよせい》の正《せい》を取《と》る所《ところ》で、諸事《しよじ》凡《すべ》て嚴正《けんせい》を貴《たつと》ぶものである、故《ゆゑ》に先《ま》づ貞吉《ていきつ》の戒《いましめ》を示《しめ》して、然《しか》る後《のち》その象《かたち》を繫《か》けたものである。

上六、冥《クラシ》㆑升《ノボ》ルニ、利《ヨロ》シ㆑于ニ㆓不《ザル》㆑息《ヤ》マ之《ノ》貞《テイ》㆒、

陽《やう》を明《めい》となし陰《いん》を暗《あん》となすが、上《じやう》六は重陰《ちういん》にして升《しよう》の極《きよく》に居《を》るから、最早《もはや》進《すゝ》むべき所《ところ》がないものである、而《しか》も尚《なほ》進《すゝ》み升《のぼ》らむことを欲《ほつ》して已《や》まぬもので、即《すなは》ち升《のぼ》るに冥《くら》きの象《かたち》である、故《ゆゑ》に冥《くらしのぼる》㆑升にと言《い》ふ。

冥《くらし》は暗《くら》きと同《おな》じで、升《のぼ》るに暗《くら》しとは、升《のぼ》り進《すゝ》むの理《り》に暗《く》らしと言《い》ふ義《ぎ》であるが、升《のぼ》り進《すゝ》むで究極《きうきよく》の塲《ば》所《しよ》に至《いた》れば、そこで止息《しそく》せねばならぬ、而《しか》も尙止《なほとゞ》まり息《や》むことを知《し》らず、升《のぼ》り進《すゝ》まむとするのは、唯《たゞ》升進《しようしん》の理《り》に暗《くら》い計《はか》りでなく、妄動亂行《ばうどうらんぎやう》終《つひ》に大凶《だいきよう》を招《まね》き致《いた》すことゝなる、故《ゆゑ》に此《こ》の升《のぼ》るに息《や》まざるの心《こゝろ》を移《うつ》して、之《これ》を正《せい》を求《もと》めて息《や》まざるの事《こと》に用《もち》ひば、即《すなは》ち吉利《きつり》に赴《おもむ》くことが可能《でき》る、故《ゆゑ》に利《よろしに》レ于《》ニ不《ざる》レ息《やまの》之《》

貞《てい》一と言《い》ふて、その升《のぼ》るに息《や》まざるの非《ひ》を改《あらた》めて、正《せい》を求《もと》めて息《や》まざるの是《ぜ》に就《つ》かむことを戒《いま》しめたものである。

䷮　坎《かん》下《か》兌《だ》上《じやう》　困《こん》

困《コン》、亨《トホ》ル、貞《タダ》シ大人《タイジン》ハ吉《キツ》ニシテ无《ナシ》レ咎《トガ》有《ア》レドモレ言《コト》不《ズ》レ信《シン》ゼ

坎水《かんすゐ》兌澤《だたく》の上《うへ》にあるは、即《すなは》ち澤中水《たくちうすゐ》あるの象《かたち》であるが、此卦《このくわ》は兌上坎下《だじやうかんか》にして、坎水《かんすゐ》は却《かへ》つて兌澤《だたく》の下《した》にある、即《すなは》ち澤中水《たくちうすゐ》なきの象《かたち》で、困乏《こんばふ》の義《ぎ》である、故《ゆゑ》に之《これ》を困《こん》と言《い》ふ。又此卦《またこのくわ》は全體《ぜんたい》に於《おい》ては、二の陽《やう》は初《しよ》と三の陰《いん》に蔽《おほ》はれ、四五の陽《やう》は上《じやう》の陰《いん》に揜《おほ》はれて居《を》るが、陽《やう》が陰《いん》の爲《た》めに揜《おほ》はるゝは即《すなは》ち困《こん》の義《ぎ》である、故《ゆゑ》に之《これ》を困《こん》と言《い》ふ。又我《またわれ》は坎險《かんけん》にして彼《かれ》は兌悅《だえつ》で、我《われ》に難《なや》むことがあつて、彼《かれ》に向《むか》つて來《きた》り救《すく》はむことを求《もと》むれども、彼《かれ》は我《われ》を顧《かへり》みずして、却《かへ》つて我《われ》を嘲《あざ》けり笑《わら》ふの象《かたち》がある、此《これ》も亦困《またこん》の

義《ぎ》である、故《ゆゑ》に之《これ》を困《こん》と言《い》ふ。困《こん》とは困難艱苦《こんなんかんく》の義《ぎ》であるが、凡《およ》そ人《ひと》困難《こんなん》に遇《あ》へば、その心《こゝろ》を衝動《しやうどう》して忍耐自重《にんたいじちやう》の性《せい》を涵養《かんやう》し、却《かへ》つて困屈《こんくつ》に由《よ》つて伸張《しんちやう》を致《いた》す所《ところ》の理《り》がある、即《すなは》ち険《けん》に處《しよ》して険《けん》を説《よろこ》べばその身《み》は困《くる》しむでも、その道《みち》は自《おのづ》から亨通《きやうつう》するに至《いた》る、故《ゆゑ》に亨《かう》ると言《い》ふ。而《しか》も困難《こんなん》に處《しよ》してその操《さう》を改《あらた》めず能《よ》くその道《みち》の亨通《きやうつう》を致《いた》すことは、貞正《ていせい》の道《みち》を履《ふ》み行《おこな》ふ大徳《だいとく》の人《ひと》でなければ、到底能《たうていよ》くし得《う》べき所《ところ》でない、故《ゆゑ》に貞《たゞ》し大人《たいじん》は吉《きつ》にして咎《とが》なしと言《い》ふ。二五剛中《がうちう》にして同徳相應《どうとくあひおう》ずるは、即《すなは》ち大人《たいじん》の象《かたち》である、貞《たゞし》、大人吉《たいじんきつにしてなしとが》无レ咎とは、貞正《ていせい》の大人《たいじん》にして始《はじ》めて之《これ》を能《よ》くし得《う》べく、決《けつ》して不正《ふせい》の小人《せうじん》が企及《ききよ》し得《う》べきことでないと言《い》ふ義《ぎ》を明《あき》らかにしたものであるが、困難《こんなん》に處《しよ》し能《よ》く之《これ》を濟《すく》ふて亨吉《きやうきつ》を致《いた》すの道《みち》は、唯自《たゞみづ》から彊《あつ》めて息《や》まざるにある、此《こ》の時《とき》に當《あた》り如何《いか》に言語《げんご》を盡《つ》くし、人《ひと》に向《むか》つて救濟《きうさい》を求《もと》むるとも、人《ひと》の之《これ》を信《しん》ずるものなく、却《かへ》つて益困窮《ますますこんきう》を招《まね》くに至《いた》る、故《ゆゑ》に之《これ》を戒《いまし》めて有レ言不レ信と言《い》ふ。言《げん》は兊《だ》を口舌《こうぜつ》となすの象《かたち》で、信《しん》は坎《かん》を孚《まこと》となすの象《かたち》である。

初六、臀《イザラキ》困《クルシミ》ニ于二株木《シユボク》一、入《イ》リ二于幽谷《ユウコク》一、三歳《サイ》マデ不レ覿《ミ》ズ

初《しよ》六は陰柔《いんじう》にして坎體《かんたい》の下《もと》に居《ゐ》て困《こん》の始《はじ》めに處《を》り、困《くる》しむことの最《もつと》も甚《はなは》だしきもので、之《これ》を譬《たと》へて言《い》へば、猶株木《なほしゆぼく》の上《うへ》に坐《ざ》して、その臀《いざらき》を傷《いた》ゆて安坐《あんざ》するに堪《た》えぬ様《やう》なものである、故《ゆゑ》に臀困レ于二株木一《いさらぎくるしむにしゆぼくに》と言《い》ふ。臀《いざらき》は尻《しり》のことで、尻《しり》は人《ひと》が立《た》つ時《とき》には體《からだ》の中部《ちうぶ》にあれども、坐《ざ》する時《とき》には最下《さいか》となるものである、故《ゆゑ》に初爻《しよかう》に於《おい》て臀《いざらき》の象《かたち》を取《と》つて居《を》る。又株木《またしゆぼく》とは木《き》の切株《かぶ》のことで、坎《かん》を木《き》に於《おい》ては堅《かた》くして心《しん》

多《おほ》しとなすの象《かたち》を取《と》つたものである。加之《しかのみならず》、初《しよ》六が坎穴《かんけつ》の下《しも》に居《を》るは、猶暗黒《なほあんこく》なる幽谷《ゆうこく》の中《なか》に窅入《かんにふ》した様《やう》なものである、故《ゆゑ》に入《いる》レ于《に》二幽谷《ゆうこく》一と言《い》ふ。幽谷《ゆうこく》とは深《ふか》くして暗《くら》き所《ところ》の谷《たに》で、坎《かん》の象《かたち》を取《と》つたものであるが、困《こん》の時《とき》に當《あた》つて、陰柔不中正《いんじうふちうせい》を以《もつ》て坎險《かんけん》の最下《さいか》に居《を》り、坐《ざ》すればその臀《いざらき》を傷《いた》めて坐《ざ》することが可能《でき》ず、行《ゆ》かむとすれば、幽谷《ゆうこく》に陷《おちゐ》つて進《すゝ》むことが可能《でき》ず、進退殆《しんたいほと》むど極《きは》まるも而《しか》も自《みづ》から振《ふる》ふて困難《こんなん》を救《すく》ふの力《ちから》なく、三歳《さい》の久《ひさ》しきに至《いた》るも、困中《こんちう》を出《い》で得《う》べき望《のぞ》みがない。故《ゆゑ》に三歳不《さいまでずみ》レ覿と言ふ。

九二、困《クル》シムレ于《ニ》二酒食《シユシヨク》一、朱紱《シユフツ》方《マサ》ニ來《キタ》ル、利《ヨロ》シ二用《モツ》テ亨祀《コウ・シ》一スルニ、征《ユケ》バ凶无《キヨウナシ》レ咎《トガ》

九二は困《こん》の時《とき》に當《あた》つて坎險《かんけん》の中《うち》に陷《おちゐ》る、坎《かん》を酒食《しゆしよし》となす、故《ゆゑ》に困《くるしむに》レ于二酒食《しゆしよく》一と言《い》ふ。酒食《しゆしよく》は人《ひと》の生活《せいくわつ》上最《じやうもつと》も必要《ひつえう》とするもので、一日《にち》も缺《か》くことの可能《でき》ぬものである、然《しか》るに今此《いまこ》の日用喫緊《にちようきつきん》の酒食《しゆしよく》に困《くる》しむと言《い》ふは、即《すなは》ち九二が困乏《こんばふ》せることの甚《はなは》だしきを言《い》ふたものである。されど九二は剛中《がうちう》にして九五の剛中《がうちう》と相徳相應《あひとくあひおう》じて居《を》るから、今《いま》こそ斯《か》く身《み》に切《せつ》なる酒食《しゆしよく》に迄困《までくる》しむで居《を》るけれども、方《ま》さに遠《とほ》からず九五が來《きた》り求《もと》むるに由《よ》つて、時困《じこん》を濟《すく》ふことの可能《でき》るものである、故《ゆゑ》に朱紱《しゆふつまさにきたる》方來と言《い》ふ。朱《しゆ》紱《ふつ》は天子《てんし》の祭服《さいふく》で九五を指《さ》し、方來《まさにきた》るとは、今方《いまま》さに來《きた》ると言《い》ふことであるが、剛《がう》と剛《がう》とは相應《あひおう》せぬのが通例《つうれい》である、けれども困《こん》の時《とき》であるから、二五同徳相求《どうとくあひもと》めて時《とき》の困難《こんなん》を濟《すく》はむとするものである而《しか》して君臣相求《くんしんあひもと》むるには、神明《しんめい》を祭《まつ》るが如《ごと》くに、至誠相感《しせいあひかん》ずるにあらずは。その交《まじ》はりを固《かた》ふすることが可能《でき》ぬ。故《ゆゑ》に利《よろしく》二用《もつて》亨祀《こうしするに》一と言《い》ふ。蓋《けだ》し祭祀《さいし》なるものは、至誠《しせい》を以《もつ》て神明《しんめい》に通《つう》ずるものであるが

君臣相交《くんしんあひまじ》つて神明《しんめい》に通《つう》ずる程《ほど》の誠《まこと》あらば、險中《けんちう》にあつて難《なや》むこと此《かく》の如《ごと》くであるけれども、征《ゆ》つて時《じ》困《こん》を濟《すく》ふは吉《きつ》にして咎《とが》むべき所《ところ》はない、故《ゆゑ》に征けば吉、无《きつにしてとがなし》レ咎と言《い》ふ。本文《ほんぶん》に征凶《ゆけばきよう》とあるは、即《すなは》ち征吉《ゆいてきつ》の誤《あやま》りである、又朱紱《またしゆふつ》も亨祀《こうし》も共《とも》に坎《かん》の象《かたち》を取《と》つて居《を》る。

六三、困《クル》シミレ于ニレ石《イシ》、據《ヨル》レ于ニ二蒺蔾《シツリ》一、入《イツ》テレ于ニ二其《ソ》ノ宮《キウ》一、不《ズ》レ見《ミ》二其《ソ》ノ妻《サイ》一、凶《キヨウ》、

六三は陰柔不中正《いんじうふちうせい》にして坎險《かんけん》の極《きよく》に居《を》り、承乘皆剛《しようじようみながう》である、故《ゆゑ》に進《すゝ》むで九四に比和《ひわ》せむことを求《もと》むれば、峻拒《しゆんきよ》して顧《かへり》みざること猶石《なほいし》の如《ごと》くである、故《ゆゑ》に困《くるしむに》レ于レ石《いし》と言《い》ふ。石《いし》は坎《かん》の象《かたち》を取《と》つて居《を》る。さればとて退《しりぞ》いて九二に據《よ》つて比和《ひわ》せむことを求《もと》むれば、此《こ》は亦刺《またとげ》があつて近《ちか》づき觸《ふ》れ難《がた》きこと恰《あだ》かも蒺蔾《しつり》の樣《やう》である、故《ゆゑ》に據《よるに》レ于二蒺蔾《しつり》一と言《い》ふ。蒺蔾《しつり》は茨《いばら》のことで、地《ち》に蔓生《まんせい》し刺《とげ》あつて人《ひと》を刺《さ》すもので、亦坎《またかん》の象《かたち》を取《と》つて居《ゐ》る、進退此《しんたいかく》の如《ごと》くであるから、已《や》むなく己《おの》れが居室《きよしつ》に復歸《ふくき》して、その身《み》を安《やす》むぜむとすれば、我《われ》を助《たす》くべき妻女《さいぢよ》を喪《うしな》ふて之《これ》を見《み》ることが可能《でき》ぬ、故《ゆゑ》に入《いつてに》レ于二其宮《そのきう》一、不《ず》レ見《み》二其妻《そのさいを》一と言《い》ふ、宮《きう》も亦坎《またかん》の象《かたち》であるが、三と上《じやう》とは同柔《どうじう》にして相應《あひおう》せぬ許《ばか》りでなく、初《しよ》より五に至《いた》つて渙《くわん》あり、二より上《うへ》に至《いた》つて革《かく》あるは、即《すなは》ちその妻《さい》を見《み》ざるの象《かたち》である。進《すゝ》むも退《しりぞ》くも、亦居《またを》るも、三者皆凡《しやみなすべ》て此《かく》の如《ごと》くばその凶《きよう》なることは言《げん》を竢《ま》たぬ、故《ゆゑ》にその占《うらなひ》を凶《きよう》と言《い》ふ、繫辭傳《けいじでん》に曰《い》ふ、困《くる》しむ所《ところ》にあらずして困《くる》しめば、名必《なかな》らず辱《はづ》かしめられ、據《よ》る所《ところ》にあらずして據《よ》れば、身必《みかな》らず危《あや》うして既《すで》に辱《はづ》がしめられ且《か》つ危《あや》うくば、死期將《しきまさ》に至《いた》らむとす、妻《さい》それ見《み》ることを得《う》べけむやと、六三が困《くる》しむことも亦甚《またはなは》だし

いではないか。

九四、來《キタルコト》徐々《ジヨジヨタリ》、困《クルシムニ》于金車《キンシヤ》、吝《ヤブサケレドモ》有《アリ》終《ヲハリ》、

九四は困《こん》の時《とき》に當《あた》り、不中正《ふちうせい》を以《もつ》て近君《きんくん》の位《くらゐ》に居《ゐ》て時《とき》の困《こん》を濟《すく》ふの才《さい》なく、初六《しよ》の應援《おうえん》を求《もと》めむと欲《ほつ》すれども、初六《しよ》は已《すで》に株木《しゆぼく》に困《くる》しむで居《ゐ》るので、その來《きた》ることが遲々《ちゝ》たる許《はか》りでなく、九二の爲《た》めに阻隔《そかく》されて、容易《ようい》に來《きた》り援《すく》ふことが可能《でき》ぬ、故《ゆゑ》に來徐徐《きたることじよ〳〵たり》、困于金車《くるしむにきんしや》と言《い》ふ。徐徐《じよ〳〵》とは、遲緩《ちくわん》にして進《すゝ》まざるの貌《かたち》で、金車《きんしや》は九二を指《さ》したものであるが、坎《かん》の象《かたち》を取《こ》つて居《ゐ》る。九二が身《み》は已《すで》に大臣《だいじん》の位《くらゐ》に居《ゐ》て、時《とき》の困《こん》を濟《すく》ふに足《た》らぬこと此《かく》の如《ごと》くならば、羞吝《しうりん》すべきであるけれども、四は五と共《とも》にその德《とく》を同《おな》じうして居《ゐ》るから、相共《あひとも》に力《ちから》を協《あは》せて之《これ》を濟《すく》はば、終《つひ》には必《かな》らず亨通《きやうつう》すべき時《とき》がある、故《ゆゑ》に吝有終《やぶさけれどもをはりあり》と言《い》ふ。

九五、劓刖《ハナキリアシキル》、困《クルシムニ》于赤紱《セキフツ》、乃《スナハチ》徐《オモムロニシテ》有《アリ》說《ヨロコビ》、利《ヨロシ》用《モツテ》祭祀《サイシスルニ》、

九五は困《こん》の主《しゆ》で君位《くんゐ》であるから、天下《てんか》の困難《こんなん》は皆凡《みなすべ》てその一身《しん》に負《お》ふものである、然《しか》るに初六《しよ》は株木《しゆぼく》に困《くる》しみ、上六《じやう》は葛藟《かつるゐ》に困《くる》しむで、之《これ》を喩《たと》ゆれば、猶首足共《なほしゆそくとも》に傷害《しやうがい》を受《う》けた樣《やう》なものである、故《ゆゑ》に之《これ》を劓刖《はなきりあしきる》と言《い》ふ。鼻《はな》を截《き》るを劓《い》と言《い》ひ、足《あし》を斷《た》つを刖《けつ》と言《い》ふ、而《しか》して鼻《はな》は兌《だ》の肺《はい》に屬《ぞく》するもので、兌《だ》は亦毀折《きたうせつ》であるから、劓《はなき》るの象《かたち》を取《こ》つたものであるが、即《すなは》ち上六《じやう》が葛藟《かつるゐ》に困《くる》しむの義《ぎ》に當《あた》る。又初《またしよ》は足《あし》の象《かたち》で、坎《かん》を血卦《けつくわ》となし、疼痛《とうつう》となすから、刖《あしき》るの象《かたち》を取《こ》つて居《を》るが、即《すなは》ち初六《しよ》が株木《しゆぼく》に困《くる》しむ

の義《ぎ》に當《あた》るのである。此《かく》の如《ごと》く九五は首足共《しゆそくとも》に傷害《しやうがい》を受《う》けて、自《みづ》からその困阨《こんやく》を濟《すく》ひ得《え》ざるものである、故《ゆゑ》に九二の剛中《がうちう》と同徳相應《どうとくあひおう》じ、共《とも》に力《ちから》を協《あは》せてその困阨《こんやく》を濟《すく》はむと思《おも》へども、九二も亦酒食《またしゆしよく》にさへ困《くる》しむで居《ゐ》る樣《やう》な場合《ばあひ》であるから、直樣《すぐさま》その力《ちから》を假《かり》て困阨《こんやく》を濟《すく》ふことが可能《でき》ぬ、故《ゆゑ》に之《これ》を困《くるしむに》レ于二赤《せき》紱《ふつ》一と言《い》ふ。赤紱《せきふつ》は臣下《しんか》の服《ふく》で、九二は困時《こんじ》の忠臣《ちうしん》であるから、之《これ》を指《さ》して赤紱《せきふつ》と言《い》ふたもので、赤《せき》紱《ふつ》も朱紱《しゆふつ》と共《とも》に坎《かん》の象《かたち》を取《と》つて居《ゐ》る。此《かく》の如《ごと》く上下共《じやうげとも》に困阨《こんやく》の中《なか》に陷《おちゐ》つて居《を》るので、假《たと》へ九二中直《ちうちよく》の臣《しん》があつても、今俄《いまには》かにその力《ちから》に由《よ》つて困阨《こんやく》を濟《すく》ふことは可能《でき》ぬけれども、而《しか》もその才《さい》は共《とも》に爲《な》するに足《た》るべきものであるから、今暫《いましは》らく徐徐《じよ〳〵》として時《とき》の至《いた》るを待《ま》たば、彼必《かれかな》らず我《わ》が求《もと》めに應《おう》じ、進《すゝ》み來《きた》つて共《とも》に力《ちから》を協《あは》せ、時《とき》の困阨《こんやく》を濟《すく》ふことが可能《でき》る、故《ゆゑ》に徐有レ說《おもむろにしてありよろこび》と言《い》ふ。說《せつ》は兌《だ》の象《かたち》であるが、人君《じんくん》たるものが天下《てんか》の困《こん》に當《あた》り、天下《てんか》の賢者《けんしや》を招致《せうち》してその困阨《こんやく》を濟《すく》はむとするには、必《かな》らず至誠《しせい》の心《こゝろ》を以《もつ》て之《これ》を待《ま》ち、上下相應《じやうかあひおう》じ相信《あひしん》ずるにあらざれば、共《とも》に謀《はか》つてその困阨《こんやく》を濟《すく》ふことは可能《でき》ぬ、故《ゆゑ》に茲《こゝ》にも亦利二用祭祀一《またよろしくもつてさいしするに》と言《い》ふ。言《い》ふところは、至誠《しせい》の心《こゝろ》を以《もつ》て祭祀《さいし》を行《おこな》へば、鬼神《きじん》でさへ之《これ》を感格《かんかく》せしむることが可能《でき》る、況《いは》むや此《こ》の心《こゝろ》を以《もつ》て臣下《しんか》に接《せつ》せば、必《かな》らず我《わ》が誠意《せいい》に感《かん》じて匪躬《ひきう》の節《せつ》を盡《つく》すものがあると言《い》ふの義《ぎ》である。

上六、困《クルシム》下于《ニ》二葛藟《カツルイ》一、于《ニ》中臲卼《ゲツゴツニ》上、曰《コヽニ》動《ウゴケバ》悔《クイアリ》、有《アレバ》レ悔《クユルコト》征《ユイテ》吉《キツ》。

上六《じやうりく》は重陰《ぢうゐん》にして五の剛《がう》に乘《の》り困《こん》の極《きよく》に居《を》る、故《ゆゑ》に困《くるしむに》下于二葛藟《かつるゐ》一、于《に》中臲卼《げつごつ》上と言《い》ふ。葛《かつ》も藟《るい》も共《とも》に陰物《いんぶつ》で、蔓生《まんせい》して樹木《じゆもく》に攀《よ》ぢ上《のぼ》つて纏繞《まきつく》するものであるが、兌《だ》を柔軟《じつなん》となし、坎《かん》を纏《まと》ふとなし、二の陽《やう》は初《しよ》と三の陰《いん》に拾《さら》はれ、四と五の二陽《やう》は上《じやう》の一陰《いん》に蔽《おほ》はれ、亦《また》兩體《りやうたい》を以《もつ》て之《これ》を言《い》へば、坎《かん》の剛《がう》が兌《だ》の柔《じう》に蔽《おほ》はるゝの合象《がふしやう》を取つたものである、又《また》臲卼《げつごつ》とは、危《あやふ》くして安坐《あんざ》しがたき貌《かたち》であるが、上《じやう》六が五の剛《がう》に乘《の》つて卦《くわ》の極《きよく》に居《を》るは、即《すなは》ち臲卼《げつこつ》にして安處《あんしよ》し難《がた》き象《かたち》である、故《ゆゑ》に之《これ》を形容《けいよう》して葛藟《かつるゐ》に臲卼《けつごつ》に困《くる》しむと言《い》ふたものであるが、上《じやう》六が陰柔不才《いんじうふさい》を以《もつ》て困阨《こんやく》の極《きよく》に居《を》ることは、猶《なほ》動《うご》かむとすれば、葛藟《かつるく》の爲《た》めに纏繞《てんねう》されて自由《じゆう》に動《うご》くことが可能《でき》ず、亦《また》その儘安居《まゝあんきよ》せむとするも、突屹《とつきつ》たる巖石《がんせき》の上《うへ》に乘《の》つて墜落《つゐらく》を懼《おそ》るゝが如《ごと》く、實《じつ》に困阨《こんやく》の至《いた》りで、一歩《ほ》を誤《あや》まれば挽回《ばんくわい》し難《がた》き悔吝《くわいきう》を生《しやう》ずるに至《いた》る、故《ゆゑ》に動《うご》けば悔《くひ》ありと言《い》ふ、蓋《けだ》し吉凶悔吝《きつきようくわいりん》は皆動《みなうご》くことに由《よ》つて生《しやう》ずるものであるが、上《じやう》六が現狀《げんじやう》は上述《じやうじつ》の如《ごと》くであるから、今俄《いまには》かに動《うご》くとせば、吉《きつ》に往《ゆ》かずして凶《きよう》に往《ゆ》き、必《かな》らず悔吝《くわいきう》を取《と》らねばならぬ場合《ばあひ》である、故《ゆゑ》に動《うご》けば悔《くひ》ありと言《い》ふて居《を》る、けれども凡《およ》そ物《もの》は極《きは》まれば必《かな》らず反《かへ》り、事《こと》は窮《きは》まれば必《かな》らず變《へん》ずるもので、困《こん》も既《すで》にその極《きよく》に達《たつ》して居《を》るから、理《り》當《まさ》に困阨《こんやく》を出《い》でゝ悦《よろこ》ばねばならぬ時《とき》である、故《ゆゑ》に若《も》し能《よ》く己《おの》れが陰柔不才《いんじうふさい》の身《み》を以《もつ》て、困極《こんきよく》に居《を》ることを悔悟警戒《くわいごけいかい》したならば、往《ゆ》き進《すゝ》むで困阨《こんやく》を脱《だつ》し、吉《きつ》を得《え》て悦《よろこ》ぶことが可能《でき》ぬ限《かぎ》りでない、故《ゆゑ》にその占《うちなひ》を有レ悔往吉《あれはくゆるこゝろゆいてきつ》と言《い》ふ。上《じやう》の悔《くわい》は悔吝《くわいきう》の悔《くわい》で下《しも》の悔《くわい》は悔悟《くわいご》の悔《くわい》で、己《おの》れ自《みづか》ら前非《ぜんぴ》を咎《さが》め改《あらた》むるの義《ぎ》である。

☰☵

巽下《そんか》
坎上《かんじやう》

井《せい》

井《セイ》、改《アラタ》メテレ邑《ユウ》ヲ不《ズ》レ改《アラタ》メレ井《セイ》ヲ、无《ナ》クレ喪《ウシナ》フコト无《ナ》シレ得《ウ》ルコト、往《ユ》クモ來《キタ》ルモ井《セイ》トスレ井《セイ》ヲ、汔《ホト》ンド至《イタ》リ亦《マタ》未《イマ》ダレ繘《ツルベ》セレ井《セイ》ニ、羸《ヤブラ》ニ其《ソ》ノ瓶《ツルベ》ヲ一凶《キヨウ》、

井《せい》は地《ち》に穴《あな》を掘《ほ》つて水《みづ》を汲出《くみだ》す處《ところ》であるが、此卦《このくわ》坎《かん》を水《みづ》となし巽《そん》を木《き》となし入《い》るとなし往來《わうらい》となして巽木《そんぼく》を坎水《かんすい》の下《した》に入《い》れ、その水《みづ》を上《あ》げ出《い》だすは卽《すなは》ち井《せい》の象《かたち》である、故《ゆゑ》に之《これ》を井《せい》と名《なづ》く、而《しか》して井《せい》は卽《すなは》ち謂《い》ふ所《ところ》の形象《けいしやう》で、亦肖像《またせうざう》であるが、水《みづ》は日用缺《にちようか》くべからざるものであるから、昔時《せきじ》は泉水《せんすゐ》のある所《ところ》を視察《しさつ》して、然《しか》る後《のち》その居邑《きよいう》を定《さだ》めたもので、泉水《せんすゐ》がなければその居邑《きよゆう》を定《さだ》むることが可能《でき》なかつた卽《すなは》ち居邑《きよゆう》は人次第《ひとしだい》で何《いづ》れへでも之《これ》を定《さだ》むることが可能《でき》るけれども、泉水《せんすゐ》は地脈《ちみやく》に從《したが》ふて出《い》づるものであるから、何《いづ》れを掘《ほ》つても之《これ》を得《う》ると言《い》ふ譯《わけ》のものではない、故《ゆゑ》に改レ邑不レ改レ井《あらためてゆうをずあらためせいを》と言《い》ふ。邑《ゆう》を改《あらた》むるも井《せい》を改《あらた》めずとは、井《せい》を主《しゆ》となして邑《いう》を從《じう》となすの謂《いはれ》で、卽《すなは》ち井《せい》の體《たい》を言《い》ふたものであるが、井《せい》は何程《なにほど》汲《く》むでも、汲《く》めば汲《く》む程《ほど》出づるもので、水《みづ》が竭《つ》き果《は》てゝ仕舞《しま》ふと言《い》ふことがない、その代《かは》りに亦少《またすこ》しも汲《く》まぬからと言《い》ふて、盈《み》ち滿《み》ちて溢《あふ》れ出《い》づると言《い》ふこともないものである、故《ゆゑ》に无レ喪《なくうしなふこと》无《なし》レ得《うることなし》と言《い》ふ、喪《うしな》ふことなく得《う》ることなしとは、井《せい》には盈涸《えいこ》の相違《さうゐ》がないと言《い》ふことで、卽《すなは》ち井《せい》の德《とく》を言《い》

ふたものである、而《しか》して井《せい》は元《も》と汲《く》む爲《た》めのものであるから、已《すで》に之《これ》を汲《く》むだものは往《ゆ》き去《さ》つて、未《いま》だ之《これ》を汲《く》まぬものは來《きた》り集《あつ》まつて、人皆《ひとみな》一井《せい》を共《とも》にして往來《わうらい》反復《はんぷく》之《これ》を用《もち》ゆるのである。故《ゆゑ》に往來《わうらい》井《せいを》レ井《せいせいす》と言《い》ふ。上《じやう》の井《せい》の字《じ》は動詞《ごうじ》で、即《すなは》ち井《せい》を井《せい》として用《もち》ゆるの義《ぎ》で、井《せい》の用《よう》を言《い》ふたものである。此《こ》の如《ごと》く以上《いじやう》三句《く》は、皆井《みなせい》その者《もの》のことを言《い》ふたもので、以下《いか》は之《これ》を汲《く》むもの〻ことを言《い》ふたものであるが、井《せい》の人《ひと》を益《えき》することは斯《か》くの通《とほ》りであるけれども、而《しか》も之《これ》を汲《く》むものは器《うつは》で、器《うつは》がなければ、その水《みづ》を汲《く》み上《あ》げて人《ひと》の用《よう》を便《べん》ずることが可能《でき》ぬ、故《ゆゑ》に汔《ほとんど》至《いたり》亦《また》未《いまだ》レ繘《つるべなわ》レ井《せいに》羸《やぶる》二其《その》瓶《つるべ》一と言《い》ふ。汔《ほとんど》は幾《ほと》むど〻同《おな》じく、繘《つるべなわ》は索《さく》のことで、巽《そん》の象《かたち》、羸《やぶる》は敗《やぶ》ると同《おな》じく、兌《だ》を毀折《きせつ》となすの象《かたち》、瓶《つるべ》は缾《つるべ》と同《おな》じく坎《かん》を缶《ふ》となし離《り》を瓦器《ぐわき》となすの象《かたち》を取《と》つたものであるが、井《せい》を汲《く》むとして幾《ほと》むどその近旁迄《きんぼうまで》來《きた》り至《いた》つて未《いま》だ之《これ》を汲《く》まず、且《か》つ亦《また》その井《せい》に繘索《きつさく》を取附《とりつけ》ぬ前《まへ》に、その瓶《つるべ》を破壞《はくわい》して仕舞《しま》へば、水《みづ》を汲《く》むことが可能《でき》ぬ、さすれば大《おほい》に人《ひと》を益《えき》すべき井《せい》はあつても、普《あま》ねくその用《よう》を人《ひと》に施《ほどこ》すことが可能《でき》ぬ、此《かく》の如《ごと》くば折角井《せつかくせい》を掘《ほ》りながら、之《これ》を棄《す》て〻置《お》くのと同樣《どうやう》で、何《なん》の役《やく》にも立《た》たぬのである、故《ゆゑ》に之《これ》を凶《きよう》と言《い》ふ。

康熙帝《かうきてい》曰《いは》く、邑《ゆう》を改《あらた》めて井《せい》を改《あらた》めざるの句《く》は、解說《げせつ》する者多《ものおほ》く文意《ぶんい》を誤《あやま》る、蓋《けだ》し言《い》ふこ〻ろは、所在《しよざい》の邑《ゆう》、其《そ》の井皆《せいみな》異製《いせい》なし。諸葛孔明《しよかつこうめい》行軍《かうぐん》の處《ところ》は、千井《せい》齊《ひと》しく甃《いした》みするが如《ごと》き者《もの》にして、以《もつ》て王《わう》道《だう》の行《おこな》はれ、國《くに》は政《まつ》りごとを異《こと》にせず、家《いへ》は俗《ぞく》を異《こと》にせざるに喩《たと》ふるなり、喪《うしな》ふことなく得《う》ることなきは、則《すなは》ち井《せい》の盈涸《えいこ》なきを言《い》ふて、以《もつ》て道《みち》の久《ひさ》しかるべきに喩《たと》ふ、往《ゆ》くも來《きた》るも井《せい》を井《せい》とするは則《すなは》ち及《およ》ぶ所《ところ》の多《おほ》きを言《い》ふて、以《もつ》て道《みち》の大《だい》なるべきに喩《たと》ふ、此《こ》の三句《く》は皆井《みなせい》を言《い》ふ、人事《じんじ》に在《あつ》ては、則《すなは》ち王者民《わうしやたみ》を養《やしな》ふの政是《まつりごとこれ》なり、然《しか》るに井《せい》は能《よ》く物《もの》を澤《たく》して、而《しか》して之《これ》を汲《く》むものは器《き》、政《せい》は能《よ》く民《たみ》を養《やしな》ふて、而《しか》して之《これ》を行《おこな》ふものは人《ひと》、器《き》なければ、則《すなは》ち水《みづ》の功《こう》も上《のぼ》り行《ゆ》くこと能《あた》はず、人《ひと》なければ則《すなは》ち王者《わうしや》の澤《たく》も下《くだ》り究《きは》むること能《あた》はず、故《ゆゑ》に汔《はさ》んで至《いた》る以下《いか》は、又井《またせい》を汲《く》む事《こと》を以《もつ》て之《これ》を言《い》ふ。

初六、井泥《セイデイ》ニシテ不《ズ》レ食《クラ》ハレ、舊井《ギウセイ》无《ナシ》レ禽《キン》、

井《せい》の卦《くわ》は陽爻《やうかう》を以《もつ》て泉水《せんすゐ》となすが、初六《しよ》は陰柔《いんじう》を以《もつ》て井《せい》の底《そこ》に居《ゐ》て上《かみ》に應援《おうえん》もない、隨《したが》つて之《これ》を汲《く》み上《あげ》て用《もち》ゆるの象《かたち》もない、蓋《けだ》し井《せい》の用《よう》は汲《く》み上《あげ》て之《これ》を用《もち》ゆる所《ところ》にあるもので、之《これ》を汲《く》まねば汲《く》まぬ程《ほど》、益《ますます》汚穢《をわい》が沈澱《ちんでん》して泥水《でいすゐ》となつて食《くら》はれぬ、故《ゆゑ》に井泥《でいせいにして》不《す》レ食《くらはれ》と言《い》ふ。泥《でい》は汙泥《をでい》で初陰《しよいん》の象《かたち》であるが之《これ》を泥《く》むものもなく、亦之《またこれ》を浚渫《しゆんせつ》するものもなき所《ところ》の舊井《きうせい》は卽《すなは》ち廢井《はいせい》である、廢井《はいせい》の水《みづ》は禽鳥《きんてう》でさへ來《きた》つて之《これ》を飮《の》むことがない、故《ゆゑ》に舊井无《きうせいなし》レ禽《きん》と言《い》ふ。坎巽共《かんそんとも》に禽鳥《きんてう》の象《かたち》がある、故《ゆゑ》に之《これ》に象《かた》どつて禽《きん》なしと言《い》ふ。

九二、井谷《セイコク》射《ソソグ》レ鮒《フ》ニ、甕敝《ヨウヤブ》レテ漏《モ》ル、

井《せい》の水《みづ》は上《うへ》に出《い》づるを以《もつ》て善《よ》きものとするが、九二は剛中《がうちう》であるから、泉水《せんすゐ》の象《かたち》はある、けれども之《これ》を上《うへ》に汲《く》み上《あ》ぐる所《ところ》の應《おう》がないので、却《かへ》つて初六《しよ》に下《くだ》り比《ひ》して、倒《さか》しまに井中《せいちう》の旁穴《ばうけつ》に居《を》る鮒魚《ふぎよ》に注《そゝ》

ぐ所《こころ》の象《かたち》である、故《ゆゑ》に井谷射《せいこくそゝぐふなに》レ鮒と言《い》ふ。谷《こく》は井底《せいてい》の旁穴《ぼうけつ》で、射《そゝぐ》は注《そゝ》ぐと同《おな》じく、鮒《ふ》はその何物《なにもの》なるかを詳《つまび》らかにせぬが、多分井中《たぶんせいちう》の小魚《せうぎよ》で、巽《そん》の象《かたち》を取《と》つたものであらう。又水《またみづ》を汲《く》むを以《もつ》て言《い》へば、水《みづ》を汲《く》むことは汲《く》むでも、甕《かめ》が敗《やぶ》れて下《した》に漏《も》れ脱《ぬ》くる所《こころ》の象《かたち》で、本《もと》と人《ひと》を養《やしな》ふべき能《のう》がありながら、空《むな》しく廢物《はいぶつ》となる所《こころ》の象《かたち》がある、故《ゆゑ》に甕蔽漏《ようやぶれてもろ》と言《い》ふ。甕《よう》は瓶《かめ》の類《るゐ》で、蔽《やぶれ》は敗《やぶ》るゝの義《ぎ》である。

九三、井《セイ》渫《サラ》エテ不《ズ》レ食《クラ》ハレ、爲《ナ》ル二我《ワ》ガ心《コヽロ》ノ惻《イタミト》一、可《ベ》シ二用《モチ》テ汲《ク》ム一、王明《ワウアキラカ》ナラズ並《ナラビ》ニ受《ウ》ク二其《ソ》ノ福《サイハヒ》ヲ一、

九三が剛《がう》を以《もつ》て陽《やう》に居《ゐ》てその正《せい》を得《え》て居《を》るのは、井水《せいすゐ》の清潔《せいけつ》なるもので食《くら》ふに足《た》るべきものである、けれどもその下體《げたい》を離《はな》れて居《を》らぬのは、即《すなは》ち未《いま》だ時用《じよう》とならぬ所《こころ》の象《かたち》である、故《ゆゑ》に井渫不《せいさらへてすくらはれ》レ食と言《い》ふ渫《せつ》とは汗泥《をでい》を浚治《しゆんち》するの謂《いはれ》であるが、何人《なんびと》かは知《し》らぬが、九三の井水《せいすゐ》が此《こ》の如《ごと》く清潔《せいけつ》にして食《くら》はるべきに拘《かゝ》はらず、人《ひと》の之《これ》を汲《く》むもののなきを見《み》て、それを心配《しんぱい》して痛《いた》く悲《かな》しむの餘《あま》り、此《こ》れ程《ほど》の清泉《せいせん》であるから、之《これ》を用《もち》ひ汲《く》むで食《くら》ふに足《た》るが、王《わう》は此《こ》の事《こと》を知《し》つて居《を》らるゝであらうか、若《も》し王《わう》の眼《め》が明《あき》らかに之《これ》を用《もち》ひ汲《く》むで衆人《しうじん》に施《ほどこ》されたならば、之《これ》を汲《く》む所《こころ》の王《わう》も、亦《また》その施《ほどこし》を受《う》くる所《こころ》の衆人《しうじん》も、皆《みな》共《とも》にその澤《たく》を被《かう》むつて、並《なら》びにその幸福《かうふく》を受《う》くることが可能《でき》るに、と深慨《しんがい》したと言《い》ふ比喩《たとへ》を設《まう》け、之《これ》を形容《けいよう》して、爲《なる》二我《わが》心《こゝろの》惻《いたみと》一可《べし》二用《もちて》汲《くむ》一王《おう》明《あきらかならず》並《ならびに》受《うく》二其《その》福《さいわいを》一と言《い》ふ。惻《いたみ》は痛《いた》み慨《なげ》くの義《ぎ》、心《こゝろ》の惻《いたみ》は即《すなは》ち坎《かん》の象《かたち》、汲《くむ》は應助《おうじよ》あるの象《かたち》、王《わう》は五の象《かたち》、明《めい》と福《ふく》とは離《り》の象《かたち》を取《と》つたものである。而《しか》も這《こ》は皆何人《みなたんびと》かゞ惻《いた》み慨《なげ》く所《こころ》の辭で、九三自《みづ》からが惻《いた》み慨《なげ》く譯《わけ》ではない、我《われ》とは之《これ》を惻《いた》み慨《なげ》くその人自《ひとみづ》からのことで

ある。

六四、井甃《セイイシダヽミ》、无《ナシ》レ咎《トガ》

六四は柔《じう》を以《もつ》て陰《いん》に居《ゐ》てその正《せい》を得《え》て居《を》るけれども、陰柔《いんじう》であるから泉水《せんすゐ》ではない、井《せい》の内側《うちがは》に當《あた》るものである、故《ゆゑ》に井甃《せいいしだゝみ》无《な》レ咎《しとが》と言《い》ふ。甃《いしだゝみ》とは井壁《せいへき》を築《きづ》いて土穢《どわい》の流入《りうにふ》を防《ふせ》ぐ爲《た》めのもので、即《すなは》ち井《せい》を脩治《しうち》することである、故《ゆゑ》に泉水《せいすゐ》その者《もの》の如《ごと》く、その功《こう》が直接《ちよくせつ》に物《もの》に及《およ》ぶものではない、隨《したが》つてその占《うらなひ》も亦咎《またとが》なきに止《とゞ》まつて、未《いま》だ吉《きつ》を得《う》るには至《いた》らぬのである。

九五、井洌《セイイサギヨシ》、寒泉《カンセン》食《クラ》ハル、

九五は陽剛中正上體《やうがうちうせいじやうたい》に居《ゐ》て、而《しか》も坎水《かんすゐ》の中《ちう》に居《を》り、井泉《せいせん》の至《いた》つて清洌《せいれつ》なるものである、故《ゆゑ》に井洌《せいいさぎよし》と言《い》ふ。蓋《けだ》し三は已《すで》に之《これ》を渫《さら》へ、四は已《すで》に之《これ》を甃《いしだゝ》みし、九五に至《いた》つて井《せい》の德《とく》が始《はじ》めて成《な》り、井《せい》の口《くち》を出《い》でゝ人《ひと》の食《くら》ふ所《ところ》となり、その功《こう》は弘《ひろ》く物《もの》に及《およ》ばむとするの象《かたち》である、故《ゆゑ》に寒泉食《かんせんくらはる》と言《い》ふ。寒泉《かんせん》とは清潔《せいけつ》にして甘美《かんび》なるの義《ぎ》で、坎《かん》の象《かたち》を取《と》つたものである、されど唯之《たゞこれ》を寒泉《かんせん》にして食《くら》はると言《い》ふたのみで吉《きつ》を言《い》ふて居《を》らぬのは、井《せい》は上出《じやうしゆつ》を以《もつ》て成功《せいこう》となすのであるが、五は井水《せいすゐ》の至美《しび》なるものではあるけれども、未《いま》だ實用《じつよう》されては居《を》らぬが上六《じやう》に至《いた》つて始《はじ》めて弘《ひろ》く實用《じつよう》さるゝの象《かたち》がある、故《ゆゑ》に五に於《おい》ては吉《きつ》を言《い》はず、上六《じやう》に至《いた》つて然《しか》る後元吉《のちげんきつ》を言《い》ふて居《を》る。

上六、井收《セイクン》デ勿《ナカレ》レ幕《オヽコト》、有《アリ》レ孚元吉《マコトオホイニキツ》、

井《せい》は上出《じやうしゆつ》を以《もつ》て成功《せいこう》となすものであるが、上《じやう》六は陽剛《やうがう》の泉水《せんすゐ》その者《もの》ではないけれども、井《せい》の最上《さいじやう》に居《ゐ》て坎口《かんこう》を開《ひら》き、九五の寒泉《かんせん》を捨《おゝ》サはざるの象《かたち》である、故《ゆゑ》に井收勿レ幕《せいくんでなかれおほふこと》と言《い》ふ。收《しう》は汲《きう》と同《おな》じく、幕《ばく》は覆《おほ》ひ蔽《おほ》ふの義《ぎ》であるが、古《いにしへ》は一たび井水《せいすゐ》を汲《く》めば、汲《く》み了《をは》つて井《せい》の口《くち》を覆《おほ》ひ、汚物《をぶつ》の混入《こんにふ》を防《ふせ》いだものである。されど井《せい》は我《わ》れ之《これ》を汲《く》めば、人《ひと》も亦之《またこれ》を汲《く》むものである、然《しか》るに若《も》し之《これ》を覆蔽《ふくへい》せば、人《ひと》の來《きた》つて之《これ》を汲《く》むを妨《ふせ》ぐ、故《ゆゑ》に之《これ》を戒《いま》しめて幕《すく》ふこと勿《なか》れと言《い》ふたもので、所謂之《いはゆるこれ》を取《と》つて禁《きん》ずることなく、往來井《わうらいせい》を井《せい》とするの義《ぎ》に外《ほか》ならぬが、上《じやう》六は井《せい》の全《まつた》く成《な》れるもので、如何《いか》程之《ほどこれ》を汲《く》むとも、汲《く》めば汲《く》む程《ほど》、源泉滾々《げんせんこんこん》として窮《きは》まり盡《つ》くることなく、所謂喪《いはゆるうしな》ふこともなく、亦得《またう》ることもなきものである、故《ゆゑ》に有レ孚元吉《ありまことげんきつ》と言《い》ふ。孚《ふ》は坎《かん》の象《かたち》で、九五の寒泉《かんせん》が滾々《こんこん》として湧《わ》き出《い》で、如何程之《いかほどこれ》を汲《く》むも涸《か》れ竭《つ》くることなきは、猶心中《なほしんちう》の孚信《ふしん》が物《もの》に接《せつ》し事《こと》に應《おう》じて、間斷《かんだん》なく起《おこ》り來《く》るのと一般《ぱん》である、故《ゆゑ》に此《こ》の象《かたち》を取《と》つて有レ孚元吉《ありまことげんきつ》と言《い》ふたものである。

李氏過曰《りしくわいは》く、初《しよ》は井泥《せいでい》、二は井谷《せいこく》、皆廢井《みなはいせい》なり、三は井渫《せいせつ》、則《すなは》ち初《しよ》の泥《でい》を渫《さら》ゆ、四は井甃《せいいしだゝみ》、則《すなは》ち二の谷《たに》を甃《いしだゝ》みて、既《すで》に渫《さら》え既《すで》に甃《いしだゝ》みす、井道全《せいだうまつ》たし、故《ゆゑ》に五は井列《せいきよ》くして而《しか》して寒泉《かんせん》なり、上《じやう》は井《せい》收《く》んで而《しか》して幕《おほ》ふことなく、功始《こうはじ》めて物《もの》に及《およ》ぶ、而《しか》して井道大《せいだうおほい》に成《な》る。

丘氏富國曰《きうしふこくいは》く、先儒《せんじゆ》三陽《やう》を以《もつ》て泉《せん》と爲《な》し、三陰《いん》を井《せい》と爲《な》す、陽實陰虚《やうじついんきよ》の象《かたち》なり、九二には井谷鮒《せいこくふ》に射《そゝ》ぐと言《い》ひ、九三には井渫《せいさら》ゑて食《くら》はれずと言《い》ひ、九五には井列《せいきよ》し寒泉《かんせん》と言《い》ふ、射《そゝ》ぐと曰《い》ひ、渫《さら》ゆと曰《い》ひ、洌《きよ》しと曰《い》ふは、泉《いづみ》の象《かたち》にあらずや、初《しよ》六には井泥《せいでい》にして食《く》はれずと言《い》ひ、六四には井甃《せいいしだゝ》みす咎《とが》なしと言《い》ひ、上《じやう》六には井收《せいく》んで幕《おほ》ふこと勿《なか》れと言《い》ふ、泥《どろ》と曰《い》ひ、甃《いしだゝみ》と曰《い》ひ、汲《くむ》と曰《い》ふは、井《せい》の象《かたち》にあらずや、卦序《くわじよ》を以《もつ》て而《しか》して言《い》へば則《すなは》ち二の射《そゝ》ぐは初《はじ》めて達《たつ》するの泉《いづみ》なり、三の渫《さら》ゆるは已《すで》に潔《きよ》きの泉《いづみ》なり、五の洌《きよ》きは則《すなは》ち食《く》ふ可《べ》きの泉《いづみ》なり、初《しよ》の泥《でい》は方《ま》さに掘《ほ》るの井《ゐ》なり、四の甃《いしだゝ》みするは已《すで》に脩《おさ》むるの井《せい》なり、上《じやう》の收《く》むは則《すなは》ち已《すで》に汲《く》むの井《ゐ》なり、又《また》二爻《かう》を以《もつ》て一例《れい》となさば、則《すなは》ち初《しよ》二は皆井《みなせい》の下《もと》に在《あつ》て用《もち》ひられず、故《ゆゑ》に初《しよ》を泥《でい》と爲《な》して、而《しか》して二を谷《こく》と爲《な》す、三四は皆井《みなせい》の中《なか》に在《あ》つて將《まさ》に用《もち》ひられんとす、故《ゆゑ》に三を渫《さら》ふと爲《な》して、而《しか》して四を甃《いしだゝ》みと爲《な》す、五上《じやう》は皆井《みなせい》の上《うへ》に在《あ》つて而《か》して已《すで》に用《もち》ひらる、故《ゆゑ》に五には食《く》はると言《い》つて、而《しか》して上《じやう》には收《く》むと言《い》ふなり。

康熙《かうき》帝曰《ていいは》く、卦《くわ》に在《あ》つては、則《すなは》ち井《せい》を以《もつ》て政《まつりごと》に喩《たと》え、之《これ》を汲《く》む者《もの》を以《もつ》て、政《まつりごと》を行《おこな》ふの人《ひと》に喩《たと》ゆ爻《かう》に在《あ》つては、則《すなは》ち下體《げたい》は井《せい》を以《もつ》て、材徳《ざいとく》あるの士《し》に喩《たと》え、之《これ》を汲《く》む者《もの》を進《すゝ》め用《もち》ゆるの君《きみ》に喩《たと》ゆ、上體《じやうたい》は井《せい》を以《もつ》て徳位《とくゐ》あるの君《きみ》に喩《たと》え、之《これ》を汲《く》む者《もの》を澤《たく》を被《かう》むるの象《かたち》に喩《たと》ゆ、三義《ぎ》相因《あひよ》つて而《しか》して喩《たと》えを取《と》ること同《おな》じからず。

䷰ 離《り》下《か》 兌《だ》上《じやう》

革《かく》

革《カク》、已《オハ》ル日《ヒ》乃《スナハ》チ孚《マコト》トス、元《オホイ》ニ亨《トウ》ル、利《ヨロ》シレ貞《タダ》シキニ、悔《クイ》ヒ亡《ホロ》ブ。

此《こ》の卦離《くわり》の火《ひ》は下《した》にあつて、兌《だ》の澤《たく》は上《うへ》にあるが、火燃《ひも》ゆれば水乾《みづかは》き、水決《みづけつ》すれば火滅《ひめつ》し、二者互《しやたがひ》に相克《あひか》ち相息《あひやす》むは、即《すなは》ち變革《へんかく》の象《かたち》である、故《ゆゑ》に之《これ》を革《かく》と言《い》ふ。又離《またり》を夏《なつ》となして先《さ》きに居《を》り、兌《だ》を秋《あき》となして後《のち》に居《を》るは、即《すなは》ち夏既《なつすで》に去《さ》つて秋將《あきまさ》に來《きた》らむとするの象《かたち》である、故《ゆゑ》に之《これ》を革《かく》と言《い》ふ。又離《またり》を火《ひ》となし兌《だ》を鍋釜《なべかま》となし水《みづ》となして、水《みづ》を鍋《なべ》に入《い》れ火《ひ》を以《もつ》て煮飪《にたき》せば、能《よ》く剛《こわ》きものを變《へん》じて柔《やわ》らかきものとなし、腥《なまぐさ》きものを變《へん》じて之《これ》を熟《じゆく》せしむるに至《いた》る、此《これ》も亦變革《またへんかく》の象《かたち》である、故《ゆゑ》に之《これ》を革《かく》と言《い》ふ。革《かく》とは改《あらた》まり變《かは》るの義《ぎ》で、元《も》と獸皮《じうひ》の毛《け》を去《さ》つて之《これ》を更革《かうかく》するの謂《いはれ》であるが、凡《およ》そ物《もの》は皆之《みなこれ》を變革《へんかく》すると言《い》ふことは、容易《たやす》く可能《でき》ることでない許《ばか》りでなく、變革《へんかく》の始《はじ》めに當《あた》つては、人《ひと》が遽《には》かに之《これ》を信《しん》ずるものでない、必《かな》らず之《これ》を變革《へんかく》し終《をは》つた後《のち》でなければ、孚《まこと》として信服《しんぷく》せぬものである、故《ゆゑ》に已日乃《をはるひはすなはち》孚《まことゝす》と言《い》ふ。已《き》は終《をは》ると同《おな》じく、已《を》はる日《ひ》乃《すなは》ち孚《まこと》とすとは、變革《へんかく》を成《な》し遂《と》げて然《しか》る後《のち》に及《およ》むで、乃《そこ》で始《はじ》めて之《これ》を孚《まこと》として信《しん》ずると言《い》ふの義《ぎ》で、乃《そこで》の一字《じ》は最《もつと》も着目《ちやくもく》を要《えう》するのであるが、全體物事《ぜんたいぶつじ》を變革《へんかく》してその舊態《きうたい》を改《あらた》むると言《い》ふは、改革《かいかく》すべき必要《ひつえう》があつて、然《しか》る後之《のちこれ》を改革《かいかく》すべきもので、必要《ひつえう》がないのに之《これ》を改革《かいかく》する理由《りゆう》がない、然《しか》るに改革《かいかく》の必要《ひつえう》を生《しやう》じて然《しか》る後之《のちこれ》を改革《かいかく》せば、世間《せけん》の人《ひと》も疑《うたが》はずして之《これ》を信《しん》ずる許《ばか》りか、その改革《かいかく》を行《おこな》ふた事柄《ことがら》も、皆大《みなおほい》に亨通《けうつう》して成功《せいこう》を收《おさ》むることが可能《でき》る、故《ゆゑ》に元亨《おほいにとほる》と言《い》ふ。されど若《も》しその改革《かいかく》が正理《せいり》に背《そむ》けば、人《ひと》が之《これ》を信《しん》じもせねば、亦通達《またつうたつ》もせぬ上《うへ》に、却《かへ》つて悔《くい》を生《しやう》ずることとなるが、その改革《かいかく》が正理《せいり》に合《あ》へば、即《すなは》ち舊《ふる》きを去《さ》つて新《あた》らしきを取《と》つた所《ところ》の悔《くゐ》を亡《ほろ》ぼすことが可能《でき》る、故《ゆゑ》に利《よろし》レ貞《たゞしきに》悔《くひ》亡《ほろぶ》と言《い》ふ。貞《たゞし》は正《せい》の義《ぎ》、元亨《げんこう》を一句《く》となして上文《じやうぶん》に屬《ぞく》し、利《よろし》レ貞《たゞしきに》は下《しも》の悔亡《くいほろ》ぶに屬《ぞく》せしめて之《これ》を見《み》ねばならぬ。

初九、鞏《カタムルニ》用《モチユ》二黄牛《コウギウ》之《ノ》革《カワヲ》一、

初《しよ》九は變革《へんかく》の時《とき》に當《あた》り、剛《がう》を以《もつ》て陽《やう》に居《を》り、その正《せい》を得《え》て大《おほい》に爲《な》すあるの才《さい》を有《いう》するものではあるけれども、位《くらゐ》は最下《さいか》に居《ゐ》て時《とき》は事《こと》の始《はじ》めで、而《しか》も上《じやう》に援《たすけ》なきものであるから、未《いま》だ遽《には》かに爲《な》すあるべきものではない、唯當《たゞまさ》に六二に比《ひ》して中順《ちうじゆん》の德《とく》を用《もち》ひ、之《これ》に由《よ》つて堅確自《けんかくみづ》から守《まも》り、敢《あへ》て妄動《もうどう》せぬのがよいものである、故《ゆゑ》に鞏《かたむるに》用《もちゆ》二黄牛之革《こうぎうのかはを》一と言《い》ふ。鞏《きよう》は固《かた》むると同《おな》じく、緊縛《きんばく》するの義《ぎ》で、中爻巽繩《ちうかうそんじよう》の象《かたち》である。又黄《またくわう》は中《ちう》の色《いろ》、牛《うし》は順物《じゆんぶつ》で、黄牛之革《くわうぎうのかは》は六二の象《かたち》を取《こ》つたものであるが、鞏《かた》むるに黄牛《くわうぎう》の革《かは》を用《もち》ゆるとは、初《しよ》九がその身《み》を鞏《かた》め固《かた》むるに、六二が黄牛《くわうぎう》の革即《かはすなは》ち中順《ちうじゆん》の德《とく》を假《か》り用《もち》ゆと言《い》ふことで初《しよ》九が六二に比《ひ》して愼重事《しんてうこと》を苟《いやし》くもせぬ有様《ありさま》を形容《けいよう》したものである。

六二、已日《ヲハルヒ》乃《スナハチ》革《アラタム》レ之《コレヲ》、征《ユイテ》吉《キツ》无《ナシ》レ咎《トガ》

六二は柔順中正文明《じうじゆんちうせいぶんめい》の主《しゆ》となつて、上《かみ》は剛陽中正《がうやうちうせい》の九五に應助《おうじよ》さるゝものであるが、文明《ぶんめい》であるから事理《じり》に詳審《じやうしん》に、中正《ちうせい》であるから事《こと》を處《しよ》して偏私《へんし》がなく、柔順《じうじゆん》であるから物《もの》に接《せつ》して違拂《ゐふつ》せず、應助《おうじよ》があるから隨《したが》つて權威《けんゐ》もあるもので、斯《か》くて始《はじ》めて變革《へんかく》を斷行《だんかう》すべきものであるが、その境遇《きやうぐう》が恰《あた》かもその機會《きくわい》に逢着《ほうちやく》して居《を》る、故《ゆゑ》に已日乃革レ之《をはるひすなはちあらたむこれを》と言《い》ふ。玆《ごゝ》に言《い》ふ已日《をはるひ》は、彖《たん》に謂《い》ふ已日《をはるひ》とは、少《すこ》しくその意味《いみ》を異《こと》にして居《ゐ》る、彖《たん》に謂《い》ふ已日《をはるひ》は、變革《へんかく》を終《を》へた後《のち》に至《いた》つて、人《ひと》が始《はじ》めて之《これ》を信《しん》ずと言《い》ふ意味《いみ》である、けれども玆《こゝ》に謂《い》ふ已日《をはるひ》は、人皆《ひとみな》その必要《ひつえう》を感《かん》じて然《しか》る後之《のちこれ》を改《あらた》むと言《い》ふ意味《いみ》で、即《すなは》ち時《とき》に先《さき》きむじて之《これ》を改《あらた》むと言《い》ふ義《ぎ》ではなく、已《すで》に改《あらた》むべき時《とき》に當《あた》つて之《これ》を改《あらた》むるの義《ぎ》である、故《ゆゑ》にその下文《かぶん》に乃《すなは》ち之《これ》を改《あらた》むと斷言《だんけん》して居《を》るが、此《かく》の如《ごと》く今現《いまげん》に變革《へんかく》せねばならぬ時《とき》に臨《のぞ》むで居《を》るから、速《すみ》やかに往《ゆ》き進《すゝ》むで變革《へんかく》を斷行《だんかう》するに利《よろ》しく、若《も》し往《ゆ》き進《すゝ》まずしてその機《き》を失《うしな》ふ樣《やう》なことがあらば、却《かへ》つてその咎《とが》めを受《う》けねばならぬ、故《ゆゑ》に征吉无レ咎《ゆいてきつにしてとがなし》と言《い》ふ。

九三、征《ユ》ケバ凶《キヨウ》、貞《カタケレ》バ厲《アヤウ》シ、革言《カクゲン》三《ミ》タビ就《ナツ》テ有《ア》リレ孚《マコ》ト、

九三は過剛不中《くわがうふちう》にして離體《りたい》の上《じやう》に居《を》るので、事《こと》を改《あらた》めて輕躁妄斷《けいさうもうだん》に失《うしな》ふの虞《おそ》れがある、故《ゆゑ》に之《これ》を戒《いま》しめて征凶《ゆけはきよう》と言《い》ふ。征《ゆ》けば凶《きよう》とは、事《こと》の可否失得《かひしつとく》を審《つまび》らかにせず、妄進《もうしん》して之《これ》を變更《へんかう》することの凶《きよう》なることを言《い》ふたものである、けれども九三は變革《へんかく》の時《とき》に當《あた》り、亦内外變動《またないぐわいへんどう》の危地《きち》に居《を》るものである、故《ゆゑ》に輕擧事《けいきよこと》を誤《あや》まるの不可《ふか》なることは、固《もと》より言《い》ふ迄《まで》もないことであるが、されば迚偏固《とてへんこ》にして時機《じき》を失《うしな》ふも、亦危厲《またきれい》を致《いた》す所以《ゆゑん》である、故《ゆゑ》に亦之《またこれ》を戒《いま》しめて貞厲《かたけれはあやうし》と言《い》ふ。貞《てい》は固《かた》きの義《ぎ》で、一方《はう》に固定《こてい》して應變《おうへん》の働《はたら》きを缺《か》くの謂《いはれ》であるが、九三は此《かく》の如《ごと》く或《あ》る時《とき》は躁妄《さつもう》に失《うしな》ひ、亦或《またあ》る時《とき》は頑守《ぐわんしゆ》に過《す》ぎ兎角《とかく》一方《ぽう》に偏《へん》してその宜《よろ》しきを得《え》ざる所《ところ》の傾向《けいかう》がある、此《こ》れ往《ゆ》けば凶《きよう》と言《い》ひ、亦貞《またかた》ければ厲《あや》うしと

言《い》ふ所以《ゆえん》で、その象《かたち》は自《おのづ》から此《こ》の中《うち》に現《あら》はれて居《を》るが、九三が此《かく》の如《ごと》く兩極《りやうきよく》に偏《へん》する所以《ゆえん》は、之《これ》を要《えう》するに、居《を》ることその中《ちう》を得《え》ざるの致《いた》す所《ところ》である。して見《み》れば、九三が如上《によじやう》の偏僻《へんへき》を矯正《けうせい》して、その中《ちう》を得《え》せしめむとするには、事理《じり》を詳審《しやうしん》して緩急《くわんきふ》を失《うしな》はしめざるにある、故《ゆゑ》に亦重《またかさ》ねて革言《かくげん》三就有《みたびなつてあり》レ孚《まこと》と言《い》ふて、愼重事《しんてうこと》を處《しよ》すべきことを敎《をし》へ諭《さと》したものである。革言《かくげん》とは猶改革《なほかいかく》の言議《げんぎ》と言《い》ふが如《ごと》く、改革《かいかく》に關《くわん》する可否利害《かひりがい》の議論《ぎろん》で、又三就《またみたびなる》とは、猶之《なほこれ》を三たび成《な》ると言《い》ふが如《ごと》く、改革《かいかく》の言議《げんぎ》卽《すなは》ちその可否失得《かひしつとく》を反覆考覈《はんぷくかうかく》して、取捨折中《しゆしやせつちう》三たびその案《あん》を成《な》すと言《い》ふの義《ぎ》であるが、事理《じり》を詳審《しやうしん》すること此《かく》の如《ごと》くして改革《かいかく》の必要《ひつえう》を認《みと》め、然《しか》る後之《のちこれ》を改《あらた》めば、前《さき》に言《い》ふ躁妄《さうもう》の凶《きよう》もなく、亦頑守《またぐわんしゆ》の厲《れい》もなく、時宜《じぎ》に適《てき》することを得《え》て、衆人《しうじん》も皆之《みなこれ》を孚《まこと》として信從《しんじう》するに至《いた》る、孚《まこ》とありとは、その至當《したう》なるを認《みと》めて贊成《さんせい》の意《い》を表《へう》するの義《ぎ》である。

九四、悔《クヒ》亡《ホロ》ブ、有《ア》リレ孚《マコト》トスルコト改《アラタ》メテレ命《メイ》チ吉《キツ》、

九四は内外變革《ないぐわいへんかく》の場所《ばしよ》で、方《ま》さに舊事《きうじ》の否《ひ》を捨《す》てゝ、新事《しんじ》の可《か》を取《と》るべきの時《とき》であるが、剛《がう》を以《もつ》て陰《いん》に居《ゐ》るから、その改革《かいかく》する所《ところ》も、亦時宜《またじぎ》に適《てき》して舊事《きうじ》の悔《くい》を亡《ほろ》ぼすに至《いた》るのである、故《ゆゑ》に悔亡《くひほろぶ》と言《い》ふ此《かく》の如《ごと》くにして改革《かいかく》を行《おこな》はゞ、上下皆之《じやうげみなこれ》を孚《まこと》として疑《うたがひ》を容《い》るゝものがないから、假《たと》へ祖先傳來《そせんでんらい》の遺命《ゐめい》を改《あらた》むるも、而《しか》もその吉《きつ》を失《うしな》ふ樣《やう》なことはない、故《ゆゑ》に有レ孚改レ命吉《ありまことあらためてめいをきつ》と言《い》ふ。命《めい》は天命《てんめい》の命《めい》と同《おな》じく祖先《そせん》の遺命《ゐめい》で、今《いま》の所謂憲法《いはゆるけんぱふ》の如《ごと》きものであるが、命《めい》を改《あらた》むるとは之《これ》を變革《へんかい》することで、頗《すこ》ぶる重大《ちうだい》

のことではあるけれども、而《しか》も之《これ》を改變《かいへん》するは時勢《じせい》の然《しか》らしむる所《ところ》で、上下《じやうげ》擧《こぞ》つて是認《ぜにん》する所《ところ》である故《ゆゑ》に之《これ》を改《あらた》めて吉《きつ》を得《え》るのである。

九五、大人《タイジン》ハ虎變《コヘン》ス未《イマダ》レ占《ウラナハ》ズシテ有《アリ》レ孚《マコト》、

九五は剛陽中正尊位《がうやうちうせいそんゐ》に居《ゐ》て革《かく》の主《しゆ》となり、天意《てんい》に從《したが》ひ人心《じんしん》に應《おう》じ、舊制《きうせい》を一新《しん》して善美《ぜんび》を盡《つく》すものである、故《ゆゑ》に大人虎變《たいじんはこへんす》と言《い》ふ。大人《たいじん》は九の剛《がう》が五の尊位《そんゐ》に居《ゐ》るの象《しやう》。又虎《またこ》は百獸《じゆう》の主《しゆ》で四時《じ》は皮毛《ひもう》を改《かい》換《くわん》し、舊毛已《きうもうすで》に脫《だつ》し新毛更《しんもうさら》に生《しやう》ずれば、斑明鮮明《はんもんせんめい》にして甚《はなは》だ美麗《びれい》なるものである。故《ゆゑ》に之《これ》を嘆美《たんび》して虎變《こへん》すと言《い》ふて居《ゐ》るが、虎《こ》は兌《だ》の象《しやう》を取《さ》つたものである。蓋《けだ》し九五の才《さい》と德《さく》とを以《もつ》て改革《かいかく》を行《おこな》はゞ、事理正當《じりせいたう》一もその宜《よろ》しきを得《え》ざるものなく、隨《したが》つて之《これ》を鬼神《きじん》に質《たゞ》して可否吉凶《かひきつきよう》を決《けつ》する迄《まで》もなく、必《かな》らずその天意人心《てんいじんしん》に背《そむ》かざることが知《し》らるゝのである、故《ゆゑ》に未《すしてうらなはありまこと》レ占有《》レ孚と言《い》ふ。未《いま》だ占《うらな》はずして孚《まこと》ありとは、正確《せいかく》にして疑《うたが》ひなきの義《ぎ》を言《い》ふたものである。

上六、君子《クンシ》ハ豹變《ヘウヘン》ス小人《セウジン》ハ革《アラタム》レ面《メンチ》、征《ユ》ケバ凶《キヨウ》、居《オ》レバ貞《テイ》ニ吉《キツ》、

上六《じやう》は革《かく》の終《をは》りであるから、改革《かいかく》のことも皆凡《みなすべ》て成就《じやうじゆ》した後《あと》で、上《かみ》は聖賢君子《せいけんくんし》より下《しも》は愚昧《ぐまい》の小民《せうみん》に至《いた》る迄《まで》一として、その舊態《きうたい》を改《あらた》めぬものはない、故《ゆゑ》に君子豹變《くんしはへうへんす》、小人革《せうじんはあらたむめんを》レ面と言《い》ふ。五は陽爻《やうかう》である。故《ゆゑ》に之《これ》を大人《たいじん》と言《い》ふて此《これ》は陰爻《いんかう》であるが故《ゆゑ》に之《これ》を君子《くんし》と言《い》ふて居《ゐ》るが、豹《へう》も亦虎《またこ》の類《るゐ》にして美麗《びれい》なる斑文《はんもん》を持《も》つたもので此《これ》も亦兌《まただ》の象《かたち》を取《さ》つたものである。小人面《せうじんめん》を革《あらた》むとは、小人《せうじん》は昏愚《こんぐ》にして容《よう》

易《い》に遷《うつ》りがたきものであるけれども、此《これ》も亦舊《またきう》を去《さ》つて新《しん》に就《つ》き、その面目《めんぼく》を一新《しん》する程變化《ほどへんくわ》したことを言《い》ふたものであるが。改革《かいかく》の始《はじ》めに當《あた》つては、事《こと》の改《あらた》めがたきを憂《うれ》ふれども、一旦之《たんこれ》を改《あらた》めた後《あと》では久《ひさ》しく之《これ》を守《まも》ることの可能《でき》ぬのを憂《うれ》ふるのである。何故《なにゆゑ》なれば、改革《かいかく》は重大《ちうだい》なる事柄《ことがら》で、再々之《さい〳〵これ》を行《おこな》ふべきものではない、然《しか》るに一旦改《たんあらた》め了《をは》つた後《あと》で、亦直《またたゞ》ちに之《これ》を改《あらた》むる様《やう》では、前《まへ》の改革《かいかく》は無用《むよう》であつたと言《いは》ねばならぬが、今上六《いまじやう》は改革《かいかく》を終《を》へた許《はか》りで、此《こ》の上更《うへさら》に改革《かいかく》を行《おこな》ふ必要《ひつえう》がないから、當分《たうぶん》の所《ところ》は、固《かた》く現狀《けんじやう》を維持《ゐぢ》することを務《つと》めねばならぬ、故《ゆゑ》に征凶《ゆけはきよう》、居《をれは》レ貞吉《いにきつ》と言《い》ふ。

龔氏煥曰く、初《はじめ》に鞏《あらた》むるに黄牛《くわうぎう》を用《もち》ゆと言《い》ふは、未《いま》だ革《あらた》むることある可《べ》からざる者《もの》なり、二に已《を》はる日《ひ》乃《すなは》ち革《あらた》むと言《い》ふは、遽《には》かに革《あらた》むべからざる者《もの》なり、三に革言《かくげん》三たび就《な》ると言《い》ふは、謹審以《きんしんもつ》て革《あらた》むることを為《な》す者《もの》なり、皆革道《みなかくだう》の未《いま》だ成《な》らざるなり。四に孚《まこ》とあり命《めい》を革《あらた》むと言《い》ふは、即《すなは》ち事改《ことあらた》まる、五に大人虎變《たいじんこへん》すと言《い》ふは、則《すなは》ち聖人《せいじん》の神化《しんくわ》を為《な》す、上《じやう》に君子《くんし》豹變《へうへん》す小人面《せうじんめん》を改《あらた》むと言《い》ふは則《すなは》ち天下《てんか》之《こ》れが為《た》めに不《ひ》變《へん》して、而《しか》して革道大成《かくだつたいせい》す。

鼎《てい》

巽《そん》下《か》
離《り》上《じやう》

鼎《テイ》、元《オホイ》ニ吉《キツ》亨《トウル》、

六十四卦中物《くわちうもの》の象《しやう》を以《もつ》て之《これ》を卦《くわ》に名《なづ》けたものは、鼎《てい》と井《せい》の二卦《くわ》あるのみで、鼎《てい》は三足兩耳《ぞくれうじ》にして烹飪《かうじん》の器《き》であるが、初《しよ》の陰《いん》を足《あし》となし、二三四の陽《やう》を腹《はら》となし、五の陰《いん》を耳《みゝ》となし、上《じやう》の陽《やう》を鉉《つる》となして鼎《てい》の象《しやう》がある。又巽《またそん》を木《き》となし入《い》るとなし離《り》を火《ひ》となし燃《も》ゆるとなして、巽《そん》の木《き》を離《り》の火《ひ》に入《い》れて之《これ》を燃《も》やすは、卽《すなは》ち烹飪《ほうじん》の義《ぎ》である、故《ゆゑ》に之《これ》を鼎《てい》と名《なづ》く。又離《またり》を目《め》となし耳《みゝ》となし、巽《そん》を巽順《そんじゆん》となして內《うち》は巽順《そんじゆん》にして外《ほか》は聰明《そうめい》なるの義《ぎ》があるが、巽順《そんじゆん》にして聰明《そうめい》なれば、事皆大《ことみなおほい》に通達《つうたつ》して成就《じやうじゆ》するに至《いた》る、故《ゆゑ》にその占《うらなひ》を元亨《おほいにとほる》と言《い》ふ。吉《きつ》の字《じ》は衍文《えんぶん》であるが、元亨《おほいにとほる》の外他《ほかた》の辭《じ》を繫《か》けて居《を》らぬものは唯此《たゞこ》の鼎《てい》と大有《たいいう》の二卦《くわ》である。

庚熙《かうき》帝曰《ていいは》く、上經頤《じやうけいい》の卦《くわ》は養《やう》の道《みち》を言《い》ふ、曰《いは》く聖人賢《せいじんけん》を養《やしな》ふを以《もつ》て萬民《ばんみん》に及《およ》ぶと、然《しな》らば則《すなは》ち當《まさ》に養《やしな》ふ可《べ》き所《ところ》は此《こ》の兩端《りやうたん》のみ、下經井《かけいせい》に養《やう》を言《い》ひ、鼎《てい》も亦養《またやう》を言《い》ふ、然《しか》れども井《せい》は邑里《いうり》の間《あひだ》にあり、往來《わうらい》して行《ゆ》き汲《く》むは民《たみ》を養《やしな》ふの象《しやう》なり、巽《そん》は朝廟《てうべう》の中《うち》にあり、燕饗《えんきやう》すれば則《すなは》ち之《これ》を用《もち》ゆ、賢《けん》を養《やしな》ふの象《しやう》なり、民《たみ》を養《やしな》ふ者《もの》は政《せい》に存《そ》じ、政《せい》を行《おこな》ふ者《もの》は人《ひと》に存《そん》ず、是《こゝ》れ其《そ》の得失未《とくしつい》だ知《し》るべからず、故《ゆゑ》に井《せい》の象《しやう》は尙戒辭多《しやうかいじおほ》く、能《よ》く賢《けん》を養《やしな》ふに至《いた》れば、則《すなは》ち之《これ》に與《あた》へて天祿《てんろく》を食《は》ましめ、天職《てんしよく》を治《おさ》めしめて而《しか》して民《たみ》を養《やしな》ふ所以《ゆえん》の者《もの》も是《これ》にあり、故《ゆゑ》に其《そ》の辭直《ことはたゞ》ちに元《おほい》に亨《とほ》ると言《い》ふて大有《たいいう》に同《おな》じ。

初六、鼎顚《テイサカシマニス》レ趾《アシヲ》、利《ヨロシ》レ出《イダスニ》レ否《アシキヲ》、得《エ》テ妾《シヤウヲ》以《モツ》テ其《ソノ》子《コ》アリ、无《ナシ》レ咎《トガ》、

昔時《むかし》の鼎《てい》は三足共《ぞくとも》に空虛《くうきよ》となつて居《ゐ》たので、鼎中《ていちう》の汚濁《をだく》は皆《みな》その足《あし》の底《そこ》に沈澱《ちんでん》する樣《やう》になつて居《ゐ》た。

故《ゆゑ》に祭祝《さいしゆく》の前夕《ぜんせき》には、鼎《てい》を顚倒《てんたう》して濁否《だくひ》を出《いだ》し、之《これ》を洗滌《せんでき》した上《うへ》で用《もち》ひたものであるが初六《しよ》は即《すなは》ち鼎《てい》の足《あし》で、腹中《ふくちう》の濁否《だくひ》が沈澱《ちんでん》して居《ゐ》るから、之《これ》を顚《さか》しまにしてその中《なか》の汚物《をぶつ》を出《いだ》すのは、鼎《てい》を清潔《せいけつ》にする所以《ゆえん》で、固《もと》より然《しか》るべきことである故《ゆゑ》に鼎顚レ趾、利レ出レ否《ていさかしまにすあしをよろしいだすにあしきを》と言《い》ふ、否《ひ》は惡《あ》しきと同《おな》じく汚濁《をだく》の沈澱《ちんでん》したものを言《い》ふたもので、言《い》ふこゝろは、全體《ぜんたい》鼎《てい》は之《これ》を起《おこ》して置《お》くのが當然《たうぜん》である。故《ゆゑ》に之《これ》を顚《さか》しまにするのはよくない樣《やう》であるけれども、その中《なか》の惡《あ》しき物《もの》を出《いだ》す爲《た》めならば、之《これ》を倒《さか》しまにしてもよいと言《い》ふ義《ぎ》であるが、今之《いまこれ》を人事《じんじ》に喩《たと》へて見《み》れば、正妻《せいさい》がある上《うへ》に、卑賤《ひせん》なる妾《めかけ》を入《い》るると言《い》ふことは利《よろ》しきことではない、けれどもその妾《めかけ》を取《と》つた爲《た》めに、己《おの》れが後繼者《こうけいしや》となるべき大切《たいせつ》の子供《こども》を得《え》たとすれば、妾《めかけ》を取《と》ることも一概《がい》に之《これ》を咎《とが》めてはならぬと言《い》ふことである、故《ゆゑ》に得レ妾以其子《えてしやうをもつてそのこあり》无レ咎《なしとが》と言《い》ふ。そこで此《こ》の妾《めかけ》を得《え》て以《もつ》て其子《そのこ》ありとは、上文《じやうぶん》の鼎趾《ていあし》を顚《さか》しまにす、否《あ》しきを出《いだ》すに利《よろ》しと言《い》ふに就《つい》て、別《べつ》に象《しやう》を取《と》り來《きた》つたもので、之《これ》が即《すなは》ち謂《い》ふ所《ところ》の旁象《ほうしやう》で、趾《あし》も、否《ひ》も、妾《めかけ》も、子《こ》も皆《みな》初《しよ》爻《かう》の象《しやう》を取《と》つたものであるが、趾《あし》を顚《さか》しまにし、又妾《またぬかけ》を得《う》るは共《とも》に初六《しよ》が九四に應《おう》ずる所《ところ》の象《しやう》を取《と》つて居《ゐ》る、蓋《けだ》し初六《しよ》は卑賤《ひせん》の小民《せうみん》であるが、九四は近君《きんくん》の大臣《たいしん》である、近君《きんくん》の大臣《たいしん》でありながら、卑賤《ひせん》の小民《せうみん》に應《おう》ずるは、猶鼎《なほてい》が趾《あし》を顚《さか》しまにし、若《も》しくは妾《せふ》を得《う》るのと一般《ぱん》で、順道《じゆんだう》ではないのである、故《ゆゑ》に趾《あし》を顚《さか》しまにし、妾《せう》を得《う》ると言《い》ふて、九四が初六《しよ》に應《おう》ずることは、否《あ》しきを出《いだ》し、若《も》しくは子《こ》を得《う》る爲《た》めでなければよくないと言《い》ふことを形容《けいよう》したものである。

九二、鼎《テイ》有《アリ》レ實《ミ》、我《ワガ》仇《アダ》有《アリ》レ疾《ヤマヒ》、不《ズ》二我《ワレ》能《アタハ》一レ即《ツクコト》、吉《キツ》、

鼎《てい》は剛陽《がうやう》を以《もつ》て實《み》となし、上出《じやうしゆつ》を以《もつ》て功《こう》となすが、今《いま》九二は剛實《がうじつ》を以《もつ》て中《ちう》に居《ゐ》て、上《じやう》は六五の柔中《じつちう》と正應《せいおう》して居《ゐ》るのは、即《すなは》ち鼎中《ていちう》に實《み》があつて、亦上《またじやうしゆつ》出して功《こう》を濟《すま》すの象《しやう》である、故《ゆゑ》に鼎有《ていあい》レ實《み》と言《い》ふ。此《かく》の如《ごと》く九二は鼎《てい》の實《み》で、亦上出《またじやうしゆつ》すべき援助《えんじよ》もあるから、人《ひと》を養《やしな》ふて鼎《てい》の用《よう》を濟《すま》すことが可能《でき》るものである、されど亦《また》初《しよ》六の濁否《だくひ》に近比《きんぴ》されて、之《これ》が爲《た》めにその實《み》を混汚《こんを》されむとして居《ゐ》るが、中《ちう》に居《ゐ》て中《ちう》に應《おう》じ自《みづ》から守《まも》つてその正《せい》を失《うしな》はぬのであるから、初《しよ》六の濁否《だくひ》も、自然之《しぜんこれ》に即《つ》き汚《よご》すことが可能《でき》ぬ、故《ゆゑ》に我仇有《わがあだあり》レ疾《やまひ》、不《ず》二我《われに》能《あたは》一レ即吉《つくこときつ》と言《い》ふ。我《われ》は九二自《みづ》からを指《さ》し、仇《あだ》は匹敵《ひつてき》の敵《てき》と同《おな》じく、對手《あひて》のことで初《しよ》六を指《さ》し、疾《やまひ》を妬《ねた》むで之《これ》を疾《ねた》み惡《にく》むの義《ぎ》で、巽《そん》の象《しやう》を取《と》つたものであるが、我《わ》が仇疾《あだやまひ》ありとは我即《われすなは》ち九二自《みづ》からの對手《あひて》なる初《しよ》六の仇《あだ》が、我《われ》に近比《きんき》し來《きた》つて、我《われ》を疾惡《ねたみにく》み害《がい》せむとすれども、我《われ》は自《みづ》からの正應《せいおう》を守《まも》つて、その求《もと》めに應《おう》せぬのであるから、自然彼《しぜんかれ》も我《われ》に即《つ》き附《つ》きて害《がい》をなすことが可能《でき》ぬ、即《すなは》ち惡《にく》まずして自《みづ》から嚴《おごそか》にし、彼《かれ》をして我《われ》に近《ちか》づくことを得《え》ざらしむるの謂《いひ》である。

九三、鼎耳革《テイノミヽアラタマリ》、其《ソノ》行《コウ》塞《フサガル》、雉《キジノ》膏《アブラ》不《ズ》レ食《クラハレ》、方《マサニ》雨《アメフリ》虧《カグ》レ悔《クヒテ》、終《ツヒニ》吉《キツ》

九三は剛《がう》を以《もつ》て鼎腹《ていふく》の中《ちう》に居《ゐ》るもので、鼎中《ていちう》の美實《びじつ》である、されども過剛不中《くわがうふちう》にして上《かみ》に應《こたへ》なきが上《うへ》に、變革《へんかく》の地《ち》に居《ゐ》るので、之《これ》を上《あ》げ用《もち》ひて人《ひと》の食養《しよくやう》となし難《がた》き象《しやう》がある、故《ゆゑ》に鼎耳革《ていのみゝあらたまり》、其行塞《そのかうふさがる》と言《い》ふ。耳《みゝ》は六五の耳《みゝ》を指《さ》したものであるが、六五の耳《みゝ》は九三の正應《しやうおう》ではない、正應《しやうおう》でないのに應《おう》を求《もと》

めても、その求《もと》めに應《おう》ずべき筈《はず》がない、之《これ》を鼎《てい》の耳革《みゝあらた》まると言《い》ふ、鼎《てい》の耳革《みゝあらた》まるとは、耳《みゝ》の穴《あな》が閉《さ》ぢ塞《ふさが》つて仕舞《しま》ふと言《い》ふことで、我《わ》が求《もと》めを拒《こば》むことに當《あた》るが、さらば己《おの》れが正應《せいおう》の上九《じやう》に向《むか》つて應和《おうわ》を求《もと》めむとすれば、剛《がう》と剛《がう》とは相應《あひおう》ずべきものでないから、此《これ》も亦相應和《またあひおうわ》し得《う》べきものではない、果《はた》してそうであるとすれば、鼎中《ていちう》の美實《びじつ》たる九三を上出《じやうしゆつ》せしめて、人《ひと》の食養《しよくやう》となすべき道《みち》が塞《ふさが》つて仕舞《しま》ふこととなる、故《ゆゑ》に其《その》行《かう》塞《ふさがる》と言《い》ふ。蓋《けだ》し鼎《てい》はその鉉《げん》を提《さ》げて之《これ》を持《も》ち運《はこ》ぶものである。然《しか》るにその耳《みゝ》が革《あらた》まつて穴《あな》が無《な》くなれば、鉉《げん》を施《ほどこ》すことが可能《でき》ぬ、鉉《げん》を施《ほどこ》すことが可能《でき》ねば、之《これ》を持《も》ち運《はこ》ぶことが可能《でき》ぬ、持《も》ち運《はこ》ぶことが可能《でき》ねば、其行《そのかう》卽《すなは》ち鼎《てい》の働《はたら》きが塞《ふさ》がつて仕舞《しま》ふ。その働《はたら》きが塞《ふさ》がれば、假《たと》へ雉《きじ》の膏《あぶら》の美味《びみ》があつても、之《これ》を人《ひと》に食《く》はしむることが可能《でき》ぬ、故《ゆゑ》に雉膏《きじのあぶら》不《す》レ食《くはれ》と言《い》ふ、離《り》を雉《きじ》となし五の陰《いん》を膏《あぶら》となし之《これ》を雉《きじ》の膏《あぶら》に象《かた》どり、又《また》三と五とは相應《あひおう》せざるを以《もつ》て食《く》はれざることに象《かた》どつて居《ゐ》る、此《かく》の如《ごと》く三と五とは正應《せいおう》でない爲《た》めに、相合《あひあ》ひ相應《あひおう》せぬのである、けれども三は陽《やう》にして有用《いうよう》の才《さい》があり、亦《また》五は陰《いん》にして離明《りめい》の主《しゆ》であるから、陰陽相和《いんやうあひわ》し今《いま》にも方《ま》さに雨《あめ》ふり、その悔《くひ》を虧《か》ぎ亡《ほろ》ぼして、終《つひ》に必《かな》らず吉《きつ》を得《う》るに至《いた》るのである、故《ゆゑ》に方《まさに》雨《あめふり》虧《かく》レ悔《くひを》終吉《つひにきつ》と言《い》ふ。

九四、鼎《テイ》折《チ》リレ足覆《アシヲクツガエス》ニ公餗《コウソクヲ》一、其《ソ》ノ形《カタチ》渥《アク》タリ、凶《キヨウ》、

九四も亦鼎《またてい》の實《み》で、腹《はら》の上《うへ》に居《を》り耳《みゝ》の下《した》に當《あた》るは、卽《すなは》ち實《み》が腹中《ふくちう》に充溢《じうじつ》するの象《かたち》であるが、不中正《ふちうせい》にして近君多懼《きんくんたく》の地《ち》に居《ゐ》るが上《うへ》に、下《しも》は亦不中正《またふちうせい》の初《しよ》六に應《おう》じて居《ゐ》るのは、卽《すなは》ち鼎《てい》がその足《あし》を折《を》りて公《こう》

の餗《そく》を傾覆《けいふく》するの象《かたち》である、故《ゆゑ》に鼎折レ足覆ニ公餗一《ていをりあしをくつがへすこうそくを》と言《い》ふ。折《をり》は兌《だ》を毀折《きせつ》となすの象《かたち》、足《あし》は初《しよ》の象《かたち》、足《あし》を折《を》るとは、九四か初《しよ》六に應《おう》ずるの象《かたち》である、又公《またこう》は六五を指《さ》し、餗《そく》は鼎《てい》の實《み》で、謂《い》ふ所《ところ》の雉《きじ》の膏《あぶら》の類《るゐ》であるが、之《これ》を公《こう》の餗《そく》と言《い》ふ所以《ゆゑん》は、六五は鼎《てい》の主《しゆ》で、鼎中《ていちう》の實《み》は上帝《じやうてい》を祭《まつ》り聖賢《せいけん》を養《やしな》ふ爲《た》めの公有物《こういうぶつ》である。故《ゆゑ》に之《これ》を公《こう》の餗《そく》と言《い》ふのである。又覆《またくつが》へすとは、鼎《てい》を傾覆《けいふく》することで、初《しよ》より五に至《いた》つて大過《たいくわ》の象《かたち》があるのは、即《すなは》ち公《こう》の餗《そく》を覆《くつが》へすの象《かたち》であるが、鼎《てい》を顛覆《てんぷく》せば鼎中《ていちう》にある實《み》も汁《じう》も皆鼎《みなてい》外《ぐわい》に翻出《ほんしゆつ》して、鼎《てい》の外部《ぐわいぶ》を汚沾《をてん》するに至《いた》る、故《ゆゑ》に其形渥凶《そのかたちあくたりきよう》と言《い》ふ。渥《あく》は沾濡《てんじゆ》の貌《かたち》、中兌《ちうだ》の象《しやう》を取《こ》つたもので其渥《そのあく》たりとは、鼎《てい》の體《たい》を汚沾《をてん》して、その狀《さま》の醜陋《しうらう》なることを言《い》ふたものである、蓋《けだ》し九四は近君《きんくん》の要位《えうゐ》に居《ゐ》て國家《こくか》の大事《だいじ》に任《にん》ずるものであるが、その任《にん》に堪《た》へずして國家《こくか》の大事《だいじ》を敗《や》ぶるものである、故《ゆゑ》にその占《うらなひ》の凶《きよう》なることは固《もと》より論《ろん》なき所《ところ》である。

六五、鼎《テイ》黄《キ》ナル耳《ミヽ》、金《カネ》ノ鉉《ツル》アリ、利《ヨロシ》レ貞《タヾシキニ》、

六五が虛中《きよちう》にして尊位《そんゐ》に居《を》り、下《しも》は剛中《がうちう》の九二に應《おう》じ、上《かみ》は上九《じやう》の賢《けん》に比《ひ》して文明《ぶんめい》の主《しゆ》となつて居《ゐ》るのは、即《すなは》ち鼎《てい》の象《かたち》で、鼎《てい》の最《もつと》も主要《しゆえう》とする所《ところ》は耳《みゝ》にあつて、即《すなは》ち耳《みゝ》が虛中《きよちう》でなくば鉉《つる》を施《ほどこ》す所《ところ》がなく亦鉉《またつる》がなければ、耳《みゝ》があつても之《これ》を舉《あ》げ用《もち》ゆることが可能《でき》ぬ、耳《みゝ》と鉉《つる》とは鼎《てい》の實《み》を上《あ》げ用《もち》ゆるに最《もつと》も必要《ひつえう》なるものである。故《ゆゑ》に鼎黄耳金鉉《ていきなるみゝかねのつるあり》と言《い》ふ。黄《き》は六五中《ちう》の色《いろ》で、耳《みゝ》は五の偶畫《ぐうぐわ》が鼎《てい》の上部《じやうぶ》に對《たい》峙《ぢ》するの象《かたち》を取《と》つたものである、又金《またきん》は陽爻《やうかう》の象《かたち》で、上九《じやう》が五の上《うへ》に横《よこた》はるは、即《すなは》ち金《かね》の鉉《つる》を五の耳《みゝ》に貫《つら》ぬくの象《かたち》である、此《かく》の如《ごと》く六五は中《ちう》に居《ゐ》て正《せい》を兼《か》ね得《え》たものではあるけれども、而《しか》もその質《しつ》は本《もと》と陰柔《いんじう》であるから、或《あるひ》は柔弱《じうじやく》に失《しつ》するの虞《おそれ》がないとも言《い》へぬ、故《ゆゑ》に之《これ》を戒《いま》しめて利《よろし》レ貞《たゞしきに》と言《い》ふ、貞《たゞし》に利《よろ》しとは、貞固《ていこ》その中徳《ちうとく》を守《まも》るに利《よろ》しきの義《ぎ》である。

上九、鼎玉鉉《テイタマノツル》アリ、大吉《ダイキツ》ニシテ无《ナシ》レ不《ザ》ルコトレ利《ヨロ》シカラ、

金《かね》は堅剛《けんがう》のものである、故《ゆゑ》に六五の柔《じう》から上九《じやう》の剛《がう》を見《み》た時《とき》には、金鉉《かねづる》の象《かたち》であるけれども、上九自《じやうじ》爻《かう》から之《これ》を言《い》へば、玉《たま》は元《も》と剛柔《がうじう》の體《たい》を備《そな》へたものであるが、上九《じやう》は剛《がう》を以《もつ》て柔《じう》を履《ふ》むで、剛柔《がうじう》その宜《よろ》しきを得《え》たものである。故《ゆゑ》に之《これ》を玉《たま》に象《かた》どつて鼎玉鉉《ていたまのつるあり》と言《い》ふ。玉《たま》の鉉《つる》ありとは、鼎《てい》の徳《とく》を賞美《しやうび》するの辭《じ》で、鼎《てい》の用《よう》は五の耳《みゝ》に備《そな》はつて居《ゐ》るけれども、而《しか》も鼎《てい》を擧《あげ》て弘《ひろ》く之《これ》を人《ひと》に施《ほどこ》すの功《こう》は、全《まつ》たく上《うへ》の鉉《つる》にあつて、鼎《てい》の鼎《てい》たる所以《ゆえん》は實《じつ》に上《じやう》の鉉《つる》に於《おい》て之《これ》を見《み》らるゝのである。故《ゆゑ》にその占《うらなひ》を大吉无《だいきつなし》レ不《ざるところよろしから》レ利と言《い》ふ。

丘氏富國《きうしふこくいは》曰く、初《しよ》を足《あし》と爲《な》す、故《ゆゑ》に趾《あし》を顚《さか》しまにすと曰《い》ふ、二三四を腹《はら》と爲《な》す、故《ゆゑ》に實《み》ありと曰《い》ひ雉《きじ》の膏《あぶら》と曰《い》ひ、公《こう》の餗《そく》と曰《い》ふ、五を耳《みゝ》と爲《な》す、故《ゆゑ》に黃《き》なる耳《みゝ》と曰《い》ふ、上《じやう》を鉉《つる》と爲《な》す。故《ゆゑ》に玉《たま》の鉉《つる》と曰《い》ふ、此《こ》れ豈《あ》に全鼎《ぜんてい》の象《かたち》にあらずや、然《しか》れども初《しよ》に趾《あし》と曰《い》ひ、四にも亦足《またあし》と曰《い》ふは、四は初《しよ》に應《おう》ずるを以《もつ》て、四の足《あし》は卽《すなは》ち初《しよ》なり、上《じやう》に鉉《つる》と曰《い》ひ、而《しか》して五にも亦鉉《またつる》と曰《い》ふ者《もの》は、五に耳《みゝ》と曰《い》ひ、而《しか》して三にも亦耳《またじ》と曰《い》ふ者《もの》は、則《すなは》ち三は五に應《おう》ずるを以《もつ》て、而《しか》して鼎《てい》の耳革《じあらた》まるの象《かたち》あり。

康熙帝《かうきていいは》曰く、此《こ》の卦《くわ》は大有《たいいう》と只初六《たゞしよ》一爻《かう》を爭《あらそ》ふのみ、餘爻《よかう》は皆同《みなおな》じ、大有《たいいう》の彖辭《たんじ》に直《たゞ》ちに元《おほ》いに亨《とほ》ると曰《い》ふは、他卦《たくわ》のなき所《ところ》なり。惟《ひと》り鼎《てい》も亦元《またおほ》いに亨《とほ》ると曰《い》ふ、大有《たいいう》の上爻《じやうかう》に吉《きつ》にして利《よろ》しからざることなしと曰《い》ふは、他爻《たかう》のなき所《ところ》なり、惟《ひと》り鼎《てい》の上爻《じやうかう》にも亦大吉《またたいきつ》にして利《よろ》しからざることなしと曰《い》ふ、其《そ》の皆賢《みなけん》を尙《たつと》ぶの卦《くわ》たるを以《もつ》てなり、上九《じやう》の剛德《がうとく》を賢《けん》と爲《な》す、六五は尊《たつと》んで而《しか》して之《これ》を尙《たつと》ぶ是《こ》れ賢《けん》を尙《たつと》ぶなり、他卦《たくわ》に在《あ》つて此《こ》の象《しやう》ある者《もの》は、賁《ひ》、大畜《たいちく》、頤《い》の類《るゐ》の如《ごと》きは、其《そ》の義皆善《ぎみなよ》し、其《そ》の彖傳《たんでん》も亦多《またおほ》く賢《けん》を尙《たつと》び賢《けん》を養《やしな》ふの義《ぎ》を以《もち》ゆ、然《しか》れども卦義《くわぎ》を以《もつ》て之《これ》を言《い》へば、則《すなは》ち大有《たいいう》と鼎《てい》と獨《ひと》り盛《せい》と爲《な》す、卦義《くわぎ》の盛《せい》は、此《こ》の兩爻《りやうかう》の相得《あひう》ることを重《おも》んず、故《ゆゑ》に吉《きつ》にして利《よろ》しからざることなきは皆上爻《みなじやうかう》に於《おい》て之《これ》を見《み》る、卽《すなは》ち彖《たん》に謂《い》ふ所《ところ》の元《おほ》いに亨《とほ》る者《もの》なり。

䷲ 震《しん》下《か》震《じんじやう》上 震《しん》

震《シン》、亨《トウ》ル、震《フル》ヒ來《ギタツ》テ虩々《ゲキ〳〵》タレバ、笑言《シヨウゲン》啞々《アク〳〵》タリ、震《フル》フコト驚《オドロ》カセタレドモ㆓百里《ヒヤクリ》ニ㆒、不《ズ》㆑喪《ウシナハ》㆓七《ヒ》鬯《チヤウ》ヲ㆒、

此《こ》の卦《くわ》一陽《やう》が二陰《いん》の下《しも》に動《うご》くは、卽《すなは》ち雷《らい》の象《かたち》であるが、雷《らい》は震《ふる》ひ動《うご》くものである、故《ゆゑ》に之《これ》を名《なづ》けて震《しん》と言《い》ふ、震《しん》とは震《ふる》ひ動《うご》くの義《ぎ》で、一陽《やう》が始《はじ》めて下《しも》に生《しやう》じ、震《ふる》ひ動《うご》いて上進《じやうしん》すれば通《とほ》り亨《とほ》るの義《ぎ》がある故《ゆゑ》にその占《うらなひ》を亨《とほ》ると云《い》ふ、而《しか》して震《ふる》ひ動《うご》くことの最《もつと》も大《だい》なるものは雷《らい》に如《し》くものはなく、迅雷《じんらい》一たび

震《ふる》へば、人《ひと》をして驚愕《きやうがく》措《お》く所《ところ》を知《し》らざらしむる程《ほど》である、故《ゆゑ》に震雷《しんらい》の震《ふる》ひ來《きた》ることを假《か》り、事《こと》に當《あた》つて恐懼修省《きようくしうせい》すべきことを敎《をし》へて、震來虩々《ふるひきたつてげき〳〵》と言《い》ふ。虩《げき》は蠅虎虫《はいこりむし》のことで、蠅虎虫《はへとりむし》は周環顧慮《しうくわんこりよ》自《みづ》から安《やす》むせざるものであるが、虩々《げき〳〵》とは、此《こ》の有樣《ありさま》を假《か》りて驚愕不安《きやうがくふあん》の狀《さま》を言《い》ふたもので卽《すなは》ち震《しん》の象《かたち》である、蓋《けだ》し驚《おどろ》き懼《おそ》るべき事柄《ことがら》が突然震動《とつぜんしんどう》し來《きた》るに及《およ》び、虩々《げき〳〵》として自《みづ》から安《やす》むせず、恐《おそ》れ愼《つゝし》むで之《これ》に處《しよ》せば、後《あと》にはその平安《へいあん》を保《たも》つて笑言懽語《せふげんくわんご》することが可能《でき》る、故《ゆゑ》に笑言啞々《せふげんあく〳〵》と言《い》ふ、啞々《あく〳〵》とは笑《わら》ひ語《かた》るの聲《こゑ》で、此《これ》も亦震《またしん》を音聲《おんせい》となすの義《ぎ》を取《と》つたものであるが、雷《らい》が震《ふる》ひ動《うご》く時《とき》には、その聲《こゑ》は百里《り》の遠《とほ》きに及《およ》びて人皆驚愕《ひとみなきやうがく》して自失《じしつ》せぬものはない程《ほど》である、されど若《も》し能《よ》く恐懼敬畏《きようくけいゐ》せば、匕鬯《ひちやう》を執《と》つて宗廟《そうべう》の祭祀《さいし》を行《おこな》ひ得《え》ぬ樣《やう》なことはない、故《ゆゑ》に　震《ふるふこと》驚《おどろかせども》二百里《ひやくりに》一、不《ず》レ喪《うしなは》二匕鬯《ひちやうを》一　と言《い》ふ、匕《ひ》は宗廟《そうべう》の祭《さい》器《き》で、鼎中《ていちう》の實《み》を擧《あ》げて俎《そ》に升《のぼ》す爲《ため》のものである、又鬯《またちやう》とは鬱金草《うこんぐさ》を以《もつ》て酒《さけ》に和《くわ》したもので、神《かみ》を降《くだ》す爲《た》めに之《これ》を地《ち》に灌《そゝ》ぐものであるが、祭祀《さいし》は長子《ちやうし》たるべきものが主《かた》どるべきことで、宗廟社稷《そうべうしやしよく》の重事《ちうじ》である然《しか》るに今震《いましん》は長子《ちやうし》で、長子《ちやうし》であつて匕鬯《ひちやう》を喪《うしな》はぬは、その主《かた》どる所《ところ》の重事《ちうじ》を全《まつた》ふすることが可能《でき》る譯《わけ》で、卽《すなは》ち懼《おそ》れて福《ふく》を致《いた》す所以《ゆえん》である、蓋《けだ》し恐懼事《きようくこと》に當《あた》らば、重事《ちうじ》ですら尙此《なほかく》の如《ごと》くであるから、それ以下《いか》のことは固《もと》より言《げん》を竢《ま》たぬ所《ところ》である。

初九、震《フル》ヒ來《キタ》ツテ虩々《ゲキ〳〵》タレバ、後《ノチ》ニハ、笑言《セフゲン》啞々《アク〳〵》タリ吉《キツ》、

初《しよ》九は重震《ちうしん》の始《はじ》めに當《あた》り、震動《しんどう》の主《しゆ》となつて、而《しか》も居《を》ることその正《せい》を得《え》たものである、隨《したが》つてその動《うご》

くことも自《おのづ》から正《ただ》しく、凡《すべ》て事《こと》が震動《しんどう》し來《きた》るに先きだつて、虩々《げき〳〵》として恐懼戒愼《きようくかいしん》するものである、それゆゑ後難《こうなん》の從《したが》ひ生《しやう》ずるものもなく、終《つひ》には必《かな》らずその安靜《あんせい》を保《たも》つて、笑言啞々《せうげんあく〳〵》たることを得《う》るもので、謂《い》ふ所《ところ》の長子《ちやうし》である、故《ゆゑ》に彖《たん》に謂《い》ふ所《ところ》を此交《このかう》に繫《か》け、後《のち》の一字《じ》を加《くは》へ、以《もつ》てその先憂彼樂匕鬯《せいいうこうらくひちやう》を失《うしな》はぬ所以《ゆえん》を示《しめ》して居《を》るが、その占《うらなひ》の吉《きつ》なることは自《おのづ》から推知《すゐち》さるゝのである、故《ゆゑ》に之《これ》を吉《きつ》と言《い》ふ。

六二、震《フル》ヒ來《キタ》ツテ厲《アヤウ》シ、億《ハカ》ツテ喪《ウシナ》ヒレ貝《タカラ》ヲ、躋《ノボ》ル二于《ニ》九陵《キウリヤウ》一、勿《ナカレ》レ逐《オフコト》七日《カ》ニシテ得《エン》、

初《しよ》九は震動《しんどう》の主《しゆ》で、その震《ふる》ひ升《のぼ》るの勢《いきほひ》は甚《はなは》だ猛烈《まうれつ》であるが、今《いま》六二は初《しよ》九の剛《がう》に乘《の》つて居《を》るから、その震《ふる》ひ來《きた》る所《ところ》の勢《いきほひ》は犯《をか》すべからざるものがある、犯《をか》すべからざるものがあるから、その據《よ》る所《ところ》の場所《しよ》が甚《はなは》だ危厲《きれい》である、故《ゆゑ》に震來厲《いるひきたつてあやうし》と言《い》ふ。されど六二は亦柔順中正《またじうじゆんちうせい》自《みづ》から守《まも》つて、震《しん》に善處《ぜんしよ》するものである、故《ゆゑ》に初《しよ》九が震《ふる》ひ來《きた》ることの甚《はなは》だ厲《あや》うく、到底《たうてい》之《これ》を犯《をか》して貨寶《くわほう》の守《まも》り難《がた》きことを度《はか》り、自《みづ》から之《これ》を棄《す》て喪《うしな》ひ、難《なん》を避《さ》けて九陵《りよう》の高《たか》きに升《のぼ》り、その身《み》を全《まつた》ふして中正《ちうせい》の德《とく》を失《うしな》はぬものである故《ゆゑ》に億喪レ貝《はかつてうしなひたからを》、躋レ于二九陵一《のぼるにきうりように》と言《い》ふ。億《おく》は度《はか》ると同《おな》じく、貝《たから》は卽《すなは》ち貨寶《くわほう》のことを言《い》ふたもので、初《しよ》より四に至《いた》る離《り》の象《かたち》に由《よ》つて之《これ》を貝《たから》に象《かた》どつて居《を》る。又九陵《またきうりよう》とは至高《しかう》の義《ぎ》で、震《しん》の象《かたち》を取《と》つたものである。蓋《けだ》し人《ひと》の常《つね》に危難《きなん》を踏《ふ》むのは利《り》に迷《まよ》ふからであるが、自《みづ》からその利《り》を棄《す》てゝ之《これ》を喪《うしな》ふのは、唯《ただ》その危難《きなん》を免《まぬ》がれ得《う》る許《ばか》りでなく、先《さ》きに喪《うしな》ふた所《ところ》の貨寶《くわほう》も、亦必《またかな》らず久《ひさ》しからずして之《これ》を回復《くわいふく》することが可能《でき》る故《ゆゑ》に勿レ逐七日得《なかれおふことなぬかにしてえん》と言《い》ふ。逐《おふ》とは追《お》ひ行《ゆ》くの義《ぎ》で、震《しん》の象《かたち》を取《と》つたものであるが、逐《お》へ

ば我《われ》を捨《す》てゝ貨寶《くわほう》に卽《つ》く譯《わけ》で、我《われ》を捨《す》て、貨寶《くわほう》に卽《つ》くは、卽《すなは》ち物《もの》の爲《た》めに致《いた》されて我《わ》が守《まも》りを失《うしな》ふことゝなる。故《ゆゑ》に之《これ》を戒《いま》しめて逐《お》ひ行《ゆ》くことなかれと言《い》ふたもので、七日《か》にして得《え》むとは、今《いま》一時已《じや》むことを得《え》ずして之《これ》を喪《うしな》へども、時《とき》が過《す》ぎ事《こと》が治《おさ》まらば、久《ひさ》しからずして復自《またおのづ》から之《これ》を得《え》らるゝと言《い》ふの義《ぎ》で、七日《か》は復《ふく》の卦《くわ》に謂《い》ふ所《ところ》と同《おな》じく、時勢《じせい》の一變《べん》する所《ところ》を言《い》ふたものである。

六三、震《フルウ》コト蘇《ソ》々《ヽ》タリ、震《フル》ヒ行《ユ》ケバ无《ナシ》レ眚《ワザワヒ》、

六三は陰柔不中正《いんじうふちうせい》を以《もつ》て內外兩震《ないぐわいりやうしん》の間《あひだ》に居《を》り、一雷《らい》が未《ま》だ已《や》まぬのに、一雷《らい》が亦續《またつゞ》いて震《ふる》ひ來《く》る所《ところ》の象《かたち》である、故《ゆゑ》に驚愕《きやうがく》して殆《ほと》むど死《し》し、死《し》して復《ま》た活《い》く、卽《すなは》ち驚《おどろ》き懼《おそ》るの餘《あま》り昏絕《こんぜつ》する所《ところ》の象《かたち》である、故《ゆゑ》に震蘇蘇《ふるふことそそたり》と言《い》ふ。蘇《そ》は復活《ふくくわつ》の義《ぎ》で、蘇々《そゝ》とは兩震相續《りやうしんあひつゞ》くの象《かたち》であるが、震動《しんどう》の時《とき》に當《あた》り、不中不正《ふちうふせい》を以《もつ》て危地《きち》に居《を》るから、此《かく》の如《ごと》き凶眚《きようせう》に遇《あ》ふは固《もと》よりその所《ところ》である、けれども人《ひと》は却《かへ》つて此《かく》の如《ごと》く恐《おそ》れ懼《おそ》るべきことに遇《あ》ふのを患《うれひ》とせずに、之《これ》を恐《おそ》れ懼《おそる》るに由《よ》つて發奮脩省《はつぷんしうせい》し得《え》ざることを患《うれひ》とせねばならぬが、此《こ》の震《ふる》ひ行《ゆ》く所《ところ》の象《かたち》を見《み》て、自《みづ》から能《よ》く勉《つと》め行《おこな》はゞ、の眚《わざわひ》を免《まぬ》がるゝことが可能《でき》る、故《ゆゑ》に震行无眚《ふるひゆけばなしわざわひ》と言《い》ふ。

九四、震《フル》ウコト遂《ツヒ》ニ泥《ナヅム》、

九四と初九とは共《とも》に震動《しんどう》の主《しゆ》であるが、初《しよ》は剛正《がうせい》を以《もつ》て震動《しんどう》の始《はじ》めに居《を》る、故《ゆゑ》にその震《ふる》ふことは甚《はなは》だ猛烈《まうれつ》で、能《よ》く上《のぼ》り達《たつ》するものである。之《これ》に反《はん》し、九四は不中正《ふちうせい》を以《もつ》て上下《じやうげ》四陰《いん》の間《あひだ》に陷溺《かんでき》して居《を》る、

故《ゆゑ》にその震《ふる》ふことは沈《しづ》み滯《とゞこ》ふつて發揚《はつやう》せぬものである、故《ゆゑ》に之《これ》を震遂泥《ふるうことつひになづむ》と言《い》ふ。泥《なづ》むとは陷《おちい》り滯《とゞこほ》ふるの義《ぎ》で、備《び》卦坎《くわかん》の象《かたち》を取《と》つたものである。

六五、震《フル》ヒ往《ユ》クモ來《キタ》ルモ厲《アヤフ》シ、億《ハカツテ》无《ナ》クシテレ喪《ウシナ》フコト有《ア》リレ事《コト》、

六二は初《しよ》の剛《がう》に乘《の》つて居《を》る、故《ゆゑ》に震《ふる》ひ來《きた》つて厲《あや》うしと言《い》ふて居《を》るが、今《いま》六五は四の剛《がう》に乘《の》つて重震《ちうしん》の上《うへ》に居《を》るから、初《しよ》の始《はじ》めて震《ふる》ふものは既《すで》に往《ゆ》き去《さ》つて、四の續《つゞ》いて震《ふる》ふものが、復《ま》た來《きた》り、兩雷《りやうらい》が繼《けい》續《ぞく》して震《ふる》ひ來《きた》るの時《とき》である、故《ゆゑ》に震往來厲《ふるひゆくもきたるもあやうし》と言《い》ふ。此《かく》の如《ごと》く六五は震《ふる》ひ往《ゆ》くも厲《あや》うく、震《ふる》ひ來《きた》るも亦厲《またあや》うく、前後《ぜんご》皆危懼《みなきぐ》すべき所《ところ》に居《を》るけれども、初《しよ》の雷《らい》は遠《とほ》く四の雷《らい》は泥《なづ》む許《ばか》りでなく、中《ちう》を得《え》て尊位《そんゐ》に居《を》るので、能《よ》く億《はか》り度《はか》つてその有《いう》する所《ところ》の貨寶《くわほう》を喪《うしな》ふことなく、却《かへ》つて祭主《さいしゆ》となつて宗廟社稷《そうべうしやしよく》に事《こと》あるものである、故《ゆゑ》に億无レ喪有レ事《はかつてなくうしなふことありこと》と言《い》ふ。有《あり》レ事《こと》とは宗廟社稷《そうべうしやしよく》に事《こと》あるの謂《いはれ》で、即《すなは》ち匕鬯《ひちやう》を喪《うしな》はず、器《き》を主《つかさど》つて天下《てんか》に君《きみ》たるの義《ぎ》である。

康熙帝《かうきてい》曰《いは》く、春秋《しゆんじう》に凡《およ》そ祭祀《さいし》は皆《み》な有《あり》レ事《こと》と曰《い》ふ、故《ゆゑ》に此《こ》の有《あり》レ事《こと》とは祭《さい》を謂《い》ふなり、二と五の震《ふる》ふことも同《おな》じく、其《そ》の中德《ちうとく》あつて而《しか》して能《よ》く事理《じり》を億度《おくたく》する者《もの》も亦同《またおな》じ、然《しか》れども二は貝《たから》を喪《うしな》ふて、而《しか》して五は喪《うしな》ふことなき者《もの》は、二は下位《かゐ》に居《ゐ》て有《いう》する所《ところ》の者《もの》は貝《たから》のみ、五は尊《そん》に居《ゐ》て守《まも》る所《ところ》の者《もの》は則《すなは》ち宗廟社稷《そうべうしやしよく》なり、貝《たから》は喪《うしな》ふべくも、宗廟社稷《そうべうしやしよく》は以《もつ》て守《まも》りを喪《うしな》ふべけんや、故《ゆゑ》に二は貝《たから》を喪《うしな》ふを以《もつ》て中《ちう》となし、五は喪《うしな》ふことなく事《こと》あるを以《もつ》て中《ちう》となす。

上六、震《フルウコト》索々《サクサク》タリ、視《ミルコト》矍々《ギヤクギヤク》タリ、征《ユケバ》凶《キヨウ》、震《フルウコト》不《ズ》レ于《ヲイテセ》ニ其《ソノ》躬《ミ》ニ一、于《ヲイテス》ニ其《ソノ》鄰《トナリ》ニ一、无《ナシ》レ咎《トガ》、婚媾《コンコウ》有《アリ》レ言《モノイヒ》、

初《しよ》九も九四も共《とも》に震動《しんどう》の主《しゆ》であるけれども、皆共《みなとも》に應《おう》なきもので、即《すなは》ち震《ふる》ふことの索々《さくさく》たる象《かたち》である故《ゆゑ》に之《これ》を震索々《ふるうことさくさくたり》と言《い》ふ。索《さく》とは獨居《どくきよ》して偶《ぐう》なきの謂《いひ》で、禮《れい》の檀弓《だんきう》に吾離レ群而索居《われはなしてぐんをしかしてさくきよす》と、註《ちう》に索《さく》は散《さん》ずるなりとあるが、索々《さくさく》とは、即《すなは》ち志氣消散《しきせうさん》の貌《かたち》を言《い》ふたものである。然《しか》るに上六《じやう》は即《すなは》ち大厦高《たいかかう》樓《ろう》の中《うち》に起居《ききよ》する所《ところ》の女子《ぢよし》で、此《これ》も亦比《またひ》もなく應《おう》もなく獨居《どくきよ》するものである、故《ゆゑ》に上六《じやう》は初《しよ》四兩震《りやうしん》が索々《さくさく》として獨居《どくきよ》するを以《もつ》て、己《おの》れに向《むか》つて婚媾《こんこう》を求《もと》むるものと誤認《ごにん》し、之《これ》を顧《かへり》みて矍々《きやくきやく》たる所《ところ》の象《かたち》がある。故《ゆゑ》に視矍々《みることきやくきやく》と言《い》ふ。矍々《きやくきやく》とは、左右《さいう》を顧眄《こべん》して安定《あんてい》ならぬ貌《かたち》であるが、兩震共《りやうしんとも》に上六《じやう》が應《おう》でもなく亦比《またひ》でもないから、固《もと》より往《ゆ》いて之《これ》と婚媾《こんこう》すべきものではない、故《ゆゑ》に之《これ》を戒《いまし》めて往凶《ゆけばきよう》と言《い》ふ。蓋《けだ》し兩震相並《りやうしんあひなら》び我《われ》に向《むか》つて婚媾《こんこう》を求《もと》むるが如《ごと》くに見《み》ゆるけれども、初《しよ》は二に比《ひ》し、四は五に比《ひ》して、我《われ》に向《むか》つて婚媾《こんこう》を求《もと》むるものではないが、而《しか》も之《これ》を見《み》て我《われ》に向《むか》つて婚媾《こんこう》を競《きそ》ひ求《もと》むるが如《ごと》くに思《おも》ふのは、即《すなは》ち上六《じやう》自《みづ》からの誤解《ごかい》である、故《ゆゑ》に之《これ》を震不レ于ニ其躬一《ふるうことそのみにおいてせず》、于ニ其鄰一《おいてすそのとなり》と言《い》ふ。其躬《そのみ》とは上六《じやう》自《じ》爻《かう》のことで、其鄰《そのとなり》とは二と五とを指《さ》したものであるが、言《い》ふこころは、初《しよ》と四とが震《ふる》ひ競《きそ》ふて之《これ》を求《もと》むるのは、其躬《そのみ》即《すなは》ち上六《じやう》に向《むか》つて之《これ》を求《もと》むるのではない、其鄰《そのとなり》即《すなは》ち初《しよ》は二に向《むか》ひ四は五に向《むか》つて之《これ》を求《もと》むるのであると。言《い》ふて上六《じやう》を敎《をし》へ諭《さと》したものである。されば上六《じやう》が自《みづ》からその誤解《ごかい》であつたこ

とを悟《さと》り安定《あんてい》なるに至《いた》れば、その咎《とが》を免《まぬ》がるゝことが可能《でき》るのである、故《ゆゑ》に之《これ》を无《なし》レ咎《とが》と言《い》ふ。然《しか》るに若《も》し之《これ》に反《はん》し、尚未《なほいま》だ己《おの》れが誤解《ごかい》なることを悟《さと》らず。彼等《かれら》に對《たい》して婚媾《こんこう》を許《ゆる》さむと欲《ほつ》するが如《ごと》きは卽《すなは》ち應《おう》でもなく比《ひ》でもない不正《ふせい》の婚媾《こんこう》であるから、その凶《きよう》なることは固《もと》より論《ろん》なき所《ところ》である、故《ゆゑ》に亦之《またこれ》を婚媾《こんこう》有《あり》レ言《ものいふ》と言《い》ふ。

䷳

艮下《こんか》
艮上《こんじやう》

艮《こん》

艮《トヾマリ》二其《ソ》ノ背《ハイ》一ニ不《ズ》レ獲《エ》二其《ソ》ノ身《ミ》一ヲ、行《ユイ》テ二其《ソ》ノ庭《テイ》一ニ、不《ズ》レ見《ミ》二其《ソ》ノ人《ヒト》一ヲ、无《ナシ》レ咎《トガ》

一陽《やう》が下《しも》より動《うご》き上《のぼ》つて二陰《いん》の上《かみ》に居《を》り、上《うへ》に止《とゞ》まつて進《すゝ》まず、極《きよく》に達《たつ》して動《うご》かぬのは卽《すなは》ち艮山《ごんさん》の象《かたち》で、此《こ》の卦《くわ》は卽《すなは》ち重艮《ぢうごん》である、故《ゆゑ》に之《これ》を名《なづ》けて艮《こん》と言《い》ふ。艮《ごん》とは止《とゞ》まるの義《ぎ》であるが、今之《いまこれ》を人身《じんしん》に象《かた》どれば、內卦《ないくわ》の艮《こん》は背《はい》に當《あた》り、外卦《ぐわいくわ》の艮《ごん》は卽《すなは》ちその背《はい》に止《とゞ》まるの象《かたち》である。故《ゆゑ》に艮《とゞまり》二其背《そのはいに》一と言《い》ふ蓋《けだ》し人《ひと》の一身《しん》は皆動《みなうご》くもので、耳《みゝ》の聽《き》き、目《め》の視《み》、口《くち》の味《あぢ》ひ、鼻《はな》の嗅《か》ぐ等《とう》は卽《すなは》ちそれであるが、惟《ひと》り背《はい》は耳《みゝ》もなく、目《め》もなく、亦口《またくち》も鼻《はな》もない、隨《したが》つて聽《き》くこともなく、視《み》ることもなく、亦味《またあぢは》ふことも嗅《か》ぐこともないから、常《つね》に止《とゞ》まつて動《うご》くことのないものである、卽《すなは》ち人身全體《じんしんぜんたい》が行《ゆ》く時《とき》は背《はい》も亦行《またゆ》き止《とゞ》まる時《とき》は背《はい》も亦固《またもと》より止《とゞ》まるのであるが、行《ゆ》くも止《とゞ》まるも、唯《たゞ》その時《とき》に從《したが》ふのみで、背自《はいみづ》からが心《こゝろ》

あつて行《ゆ》き、亦止《またとゞ》まるに心《こゝろ》あつて止《とゞ》まるのではない、その實《じつ》は止《とゞ》まる時《とき》は固《もと》より止《とゞ》まつて居《を》るが、行《ゆ》く時《とき》も亦同《またおな》じく止《とゞ》まつて居《を》る。必竟《ひつきやう》は行止《こうし》の外《ほか》に超脱《てうだつ》して、終始止《しふしとゞ》まるに一なるもので、此《こ》れが即《すなは》ち背《はい》その者本來《ものほんらい》の面目《めんぼく》である、然《しか》る所以《ゆえん》のものは、背《はい》にはそを行止即《かうしすなは》ち動《うご》かすべき耳目口鼻等《じもくこうびとう》がないからである。然《しか》るに身體《しんたい》の前面《ぜんめん》には、耳目口鼻等《じもくこうびとう》の機關《きくわん》がある、隨《したが》つて物《もの》に觸《ふ》れ事《こと》に接《せつ》するに及《およ》べば、種々雜多《しゆ〴〵ざつた》な欲念《よくねん》を誘發《いうはつ》し、之《こ》れが爲《た》めに小《せう》は一身一家《しんか》を禍《わざわひ》し、大《だい》は天下國家《てんかこくか》を害《がい》するに至《いた》るのであるが、此《こ》の弊《へい》を防《ふせ》がむとせば、耳目口鼻等《じもくこうびとう》に由《よ》つて惹起《じやくき》さるゝ所《ところ》の欲念《よくねん》を杜絶《とぜつ》せねばならぬ、そこで今假《いまか》りに人身《じんしん》の前面《ぜんめん》に備《そな》はつて居《を》る耳目口鼻等《みゝめくちはなとう》を取《と》つて、之《これ》を後面《こうめん》の背《はい》に移《うつ》したらば如何《いかゞ》である、聽《き》くべき耳《みゝ》も、視《み》るべき目《め》も、味《あぢは》ふべき口《くち》も、嗅《か》ぐべき鼻《はな》もなくなるから、隨《したが》つて種々《しゆ〴〵》なる事物《じぶつ》に接《せつ》しても、我《わ》が心《こゝろ》を動《うご》かし、我《わ》が心《こゝろ》を亂《みだ》すことがなく、恰《あだ》かも背《はい》が人身《じんしん》の後面《こうめん》に止《とゞ》まつて、行《ゆ》くべきに行《ゆ》き、止《とゞ》まるべきに止《とゞ》まり、行《ゆ》くも止《とゞ》まるも更《さら》に相關《あひくわん》する所《ところ》なきが如《ごと》く、我自《われみづか》ら我《われ》を忘《わす》れて、外物《ぐわいぶつ》の爲《た》めに動《うご》かされぬことゝなるであらう斯《か》くて始《はじ》めて耳目口鼻等《みゝめくちはなとう》がありながら耳目口鼻等《みゝめくちはなとう》がないのと一般《はん》であると言《い》ふことが可能《でき》る、故《ゆゑ》に艮《とゞまつて》二其背《そのはいにする》一不レ獲二其身《そのみを》一と言《い》ふ。不《ず》レ獲《え》とは、猶有《なほいう》せず若《も》しくは持《も》たずと言《い》ふに同《おな》じく、又其身《またそのみ》とは猶《なほ》その耳目口鼻《みゝめくちはな》と言《い》ふが如《ごと》くで、その身《み》を獲《え》ずとは、即《すなは》ち事物《じぶつ》に觸《ふ》れて種々《しゆ〴〵》感覺《かんかく》を惹《ひ》き起《おこ》す所《ところ》の耳目口鼻等《みゝめくちはなとう》を後面《こうめん》の背《せ》に移《うつ》し止《とゞ》めて、前面《ぜんめん》には耳目口鼻等《みゝめくちはなとう》を持《も》つて居《を》らぬと言《い》ふと同然《どうぜん》で我《われ》あることを知《し》らず、亦物《またもの》あることを知《し》らぬ無私大公《むしたいこう》なる心境《しんきやう》を言《い》ふたものであるが、人若《ひとも》し能《よ》く此《かく》の如《ごと》くなるに於《おい》ては、例《たと》へ庭前《ていぜん》に人《ひと》が居《ゐ》て雑鬧《ざつたう》する塲所《ばしよ》に往《い》つたとても、恰《あた》かも無人《むじん》の地《ち》に往《い》くが如《ごと》くに、何等《なんら》我《わ》が心《こころ》を動《うご》かすに足《た》るものを見《み》ぬこと〻なる。故《ゆゑ》に行《ゆきて》ニ其庭《そのにはに》一不《ず》レ見《み》ニ其人《そのひとを》一と言《い》ふ之《これ》は要《えう》するに、その背《せ》に艮《とど》まつて、その身《み》を獲《え》ずとは、即《すなは》ち止中《しちう》の止《し》を言《い》ふたもので、内《うち》である、亦《また》その庭《には》に行《ゆ》いて、その人《ひと》を見《み》ずとは、即《すなは》ち行中《かうちう》の止《し》を言《い》ふたものに外ならぬが、此《かく》の如《ごと》く行《ゆ》くも止《とど》まるも皆《みな》その所《ところ》に止《とど》まつて、而《しか》して止《とど》まるに一なれば、邪念《じやねん》が絶《た》へて、本心《ほんしん》が全《まつた》く何等《なんら》咎《とが》むべき所《ところ》がないこと〻なる。故《ゆゑ》に之《これ》を无《なし》レ咎《とが》と言《い》ふ。

初六、艮《トヾマ》ル其趾《ソノアシ》ニ一无《ナシ》レ咎《トガ》、利《ヨロシ》ニ永《ナガ》ク貞《タヾ》スニ一

初爻《しよかう》は最下《さいか》にあつて趾《あし》の象《しやう》で、趾《あし》は動《うご》くことの先《さき》なるものであるが、今《いま》は即《すなは》ち艮《とどむしを》レ止の時《とき》であるから、初六《しよ》はその動《うご》くの始《はじ》めに當《あた》つて止《とど》まるものである、故《ゆゑ》に艮《とどまるそのしに》ニ其趾一と言《い》ふ。凡《およ》そ事《こと》はその始《はじ》めに止《とど》まれば正《せい》を失《うしな》ひ、邪《じや》に赴《おもむ》く様《やう》なことがなくて濟《す》むものである。故《ゆゑ》にその占《うらなひ》を无《なし》レ咎《とが》と言《い》ふ。已《すで》にその始《はじ》めに止《とど》まらば、尚永《なほなが》くその所《ところ》に止《とど》まつて、他《た》に移《うつ》らざることを要《えう》するのであるが、初六《しよ》は陰柔《いんじう》で志《こころざし》弱《よは》きものであるから、之《これ》をその始《はじ》めに止《とど》まるも而《しか》もその終《をは》り迄止《までとど》まり得《え》ざらむことを恐《おそ》る、故《ゆゑ》に亦《また》その止《とど》まるの始《はじ》めに於《おい》てその終《をは》りを戒《いま》しめて、利《よろしくながくただすに》ニ永貞一と言《い》ふ。永貞《ながくただす》に利《よろ》しとは、永《なが》く固《かた》くその所《ところ》に止《とど》まつて動《うご》かぬがよいと言《い》ふの義《ぎ》である。そこで占者《せんしや》も亦此《またかく》の如《ごと》くその終《をは》りを愼《つつ》しまば過咎《くわきう》なきを得《え》らる〻のである。

六二、艮《トヾ》メテ二其腓《ソノコフラ》ヲ一、不《ズ》レ拯《スクハ》二其隨《ソノズイ》ヲ一、其心《ソノコヽロ》不《ズ》レ快《コヽロヨカ》、

六二は艮止《ごんし》の時《とき》に當《あた》り趾《し》の上限《うへこし》の下《した》即《すなは》ち腓《ひ》の所《ところ》に居《を》る故《ゆゑ》に、艮二其腓一《とゞむそのこふらを》と言《い》ふ、六二が中《ちう》を得《え》て正《せい》に居《を》りその腓《ひ》に止《とゞ》まるは已《すで》に止《とゞ》まることの宜《よろ》しきを得《え》たものであるが、腓《ひ》は即《すなは》ち足《あし》の肚《はら》で肉《にく》あつて骨《ほね》なく三の限《こし》に隨《したが》ふて動《うご》く所《ところ》で限《こし》が動《うご》けば腓《ひ》も亦《また》動《うご》き限《こし》が止《とゞ》まれば腓《ひ》も亦《また》止《とゞ》まり、動《うご》くも止《とゞ》まるも共《とも》に限《こし》に係《かゝは》つて、己《おの》れ自《みづ》から自由《じゆう》にすることの可能《でき》ぬものである。然《しか》るに六二が係《かゝは》つて而《しか》して動止《どうし》する所《ところ》の九三は過剛不中《くわがうふちう》にして止《とゞ》まることの宜《よろ》しきを得《え》ざるものである、故《ゆゑ》に己《おの》れが中正《ちうせい》の道《みち》を以《もつ》て之《これ》を拯《すく》ひ救《すく》はむとするけれども、九三は艮レ戻《とゞむれいを》の主《しゆ》にして上《うへ》に止《とゞ》まつて我《わ》が言《げん》を聞《き》かざるが故《ゆゑ》に、往《ゆ》いて之《これ》を救《すく》ふことが可能《でき》ず、已《や》むなく唯《たゞ》その動止《どうし》するに隨《したが》ふて動止《どうし》するのみであるから、その心《こゝろ》快《こゝろ》よからず常《つね》に快々《わうわう》として樂《たの》しまぬのである。故《ゆゑ》に不《ず》レ拯二其隨一《すくはそのずゐに》其心不レ快《そのこゝろすこゝろよか》と言《い》ふ、拯《すくふ》は救《すく》ふと同《おな》じく不《ず》レ快《こゝろよか》とは樂《たのし》まずして之《これ》を憂《うれ》ふるの義《ぎ》で、備卦坎《びくわかん》の豫《よ》を取《と》つたものである。

九三、艮《トヾ》メテ二其限《ソノコシ》ヲ一、列《サ》ク二其夤《ソノセジヽ》ヲ一、厲《アヤウ》シテ熏《クスブコヽロ》ン心ヲ、

九三は過剛不中《くわがうふちう》を以《もつ》て上下《じやうげ》二體《たい》の中間《ちうかん》に居《ゐ》て、艮止《ごんし》の主《しゆ》となつて居《ゐ》るが、即《すなは》ちその腰《こし》に止《とゞ》まるの象《かたち》である、故《ゆゑ》に艮二其限一《とゞむそのこしを》と言《い》ふ。限《こし》は分界《ぶんかい》の義《ぎ》であるが、腰《こし》なるものは上體《じやうたい》と下體《かたい》との分限《ぶんかい》の處《ところ》に當《あた》つて居《ゐ》る、それで之《これ》をその限《こし》に艮《とゞ》まると言《い》ふたもので、限《こし》は即《すなは》ち腰《こし》の義《ぎ》であるが、人《ひと》の腰《こし》は、上下《じやうげ》二體《たい》の交際《かうさい》で、動止《どうし》共《とも》に最《もつと》もその宜《よろ》しきを得《え》ねばならぬ所《ところ》である。此《こ》の腰《こし》が、動止《どうし》共《とも》にその宜《よろ》しきを得《え》て始《はじ》

めて自由《じゆう》に俯仰屈伸《ふぎやうくつしん》することが可能《でき》る。然《しか》るに今《いま》九三はその腰《こし》に確止《かくし》して動《うご》かぬのであるから、上體《じやうたい》と下體《かたい》とが截然《さいぜん》として相關屬《あひくわんぞく》せず、恰《あだ》かもその夤《せじし》を斷絕《だんぜつ》したのと同樣《どうやう》である、故《ゆゑ》に列ニ其夤一《さくそのせじしを》と言《い》ふ。列《さく》は裂《さ》くと同《おな》じく、截斷《さいだん》するの義《ぎ》で、夤《せじし》は卽《すなは》ち脊《せぼね》のことである。九三が剛戾止《がうれいとゞ》まるに一にして、上下《じやうげ》隔絕《かくぜつ》する所《ところ》の有樣《ありさま》は此《かく》の如《ごと》くであるが、人《ひと》として若《も》し此《かく》の如《ごと》くば、卽《すなは》ち自《みづか》ら好《この》むで人《ひと》と睽《そむ》き物《もの》と絕《た》つて、その心《こゝろ》を苦《くる》しむる所以《ゆえん》である、故《ゆゑ》に厲薰レ心《あやふしてくすぶこゝろを》と言《い》ふ。心《こゝろ》を薰《くす》ぶとは、苦悶《くもん》することの甚《はなは》だしきことを言《い》ふたもので、心《こゝろ》は卽《すなは》ち備《び》卦《くわ》坎《かん》の象《かたち》、而《しか》して坎《かん》の裏面《りめん》に離《り》を伏《ふ》するは、卽《すなは》ち心《こゝろ》を薰《くす》ぶるの象《かたち》であるが、時止《ときとゞ》まらば卽《すなは》ち止《とゞ》まり、時行《ときゆ》かば卽《すなは》ち行《ゆ》き、行《ゆ》くも止《とゞ》まるも皆時《みなとき》に從《したが》ふてその宜《よろ》しきを失《うしな》はざれば、物心《ものこゝろ》に應《おう》じて心常《こゝろつね》に安《やす》きことを得《う》るのであるが、苟《いやし》くも之《これ》に反《はん》するに於《おい》ては、危厲《きれい》にしてその心《こゝろ》を薰《くす》べ苦《くる》しむるに至《いた》るは、固《もと》よりその所《ところ》であると言《い》はねばならぬ。

六四、艮《トヾマル》ニ其《ソノ》身《ミ》一ニ、无《ナシ》レ咎《トガ》

彖《たん》は一卦《くわ》を統《す》べて之《これ》を人身《じんしん》に象《かた》どり、爻《かう》は肢體《したい》に分《わか》つて之《これ》を象《かた》どつて居《を》るが、六四は柔正《じうせい》を以《もつ》て艮止《ごんし》の時《とき》に據《よ》り、而《しか》も全卦《ぜんくわ》の中《ちう》に居《を》るのは、卽《すなは》ちその身《み》に止《とゞ》まるの象《かたち》である、故《ゆゑ》に艮ニ其身一《とゞまるそのみに》と言《い》ふ、蓋《けだ》し趾《あし》と言《い》ひ腓《こむら》と言《い》ひ限輔《げんほ》等《とう》と言《い》ふは、何《いづ》れも皆《みな》一象《しやう》一義《ぎ》を備《そな》へて居《を》るけれども、而《しか》も之《これ》を身《み》と言《い》へば、人《ひと》の全身《ぜんしん》は統《す》べて之《これ》を言《い》ふたものであるが、人《ひと》の身《み》は自《みづか》らその所《ところ》に止《とゞ》まり難《かた》きことを患《うれひ》とするものである、然《しか》るに今《いま》六四は能《よ》くその身《み》に止《とゞ》まつて、四肢《し》五體《たい》をして妄動《まうどう》することなからしむるものである。されど之《これ》を彼《か》のその背《はい》に止《とゞ》まるものに比《くら》ぶれば、尚未《なほいま》だ大《おほい》に及《およ》ばざる所《ところ》がある、蓋《けだ》しその背《はい》に止《とゞ》まるものは、その身《み》を忘《わす》るゝものであるが、その身《み》に止《とゞ》まるものは、唯能《たゞよ》く止《とゞ》まる丈《だけ》で、未《いま》だその身《み》を忘《わす》るゝに至《いた》らぬものである、併《しか》し止《とゞ》まるのは、忘《わす》るゝに至《いた》る所《ところ》の順路《じゆんろ》である、故《ゆゑ》にその占《うらなひ》も亦咎《またとが》なきを得《う》る丈《だけ》で、未《いま》だ吉《きつ》を得《う》る迄《まで》には至《いた》らぬのである。

六五、艮《トヾマル》ニ其輔《ソノホ》ニ一、言《コトバ》有《アレバ》レ序《ツイデ》悔亡《クヒホロブ》、

輔頰舌《ほけふぜつ》は何《いづ》れも皆言語《みなげんご》の由《よ》つて出《い》づる所《ところ》であるが、三より上《じやう》に至《いた》つて頤《あご》の象《かたち》がある、而《しか》して五は卽《すなは》ち輔《ほ》の所《ところ》に當《あた》つて居《ゐ》る、故《ゆゑ》に艮《とゞまる》ニ其輔《そのほに》一と言《い》ふ。輔《ほ》に止《とゞ》まるとは、緘默《かんもく》して何事《なにごと》も一切之《さいこれ》を言《い》はぬと言《い》ふ義《ぎ》ではなく、唯言《たゞげん》を謹《つゝし》むで妄《みだ》りに言《い》はぬと言《い》ふの意《い》である、故《ゆゑ》に言《い》へば必《かな》らず順序次第《じゆんじよしだい》があつて、一々《いち〳〵》その節《せつ》に中《あた》るのである、故《ゆゑ》に言有《ことばあり》レ序《ついで》と言《い》ふ。蓋《けだ》し多口輕發《たこうけいはつ》にして言語《げんご》に秩序《ちつじよ》がなければ、悔咎《くわいきう》を招《まね》くことゝなるが、今言語《いまげんご》に序《じよ》があつてその節《せつ》に中《あた》る、故《ゆゑ》に之《これ》を悔亡《くひほろぶ》と言《い》ふ。

上九、敦《アツシ》レ艮《トヾマル》ニ吉《キツ》、

此卦六爻皆止《このくわかうみなとゞ》まるを以《もつ》て義《ぎ》となすが、久《ひさ》しくその所《ところ》に止《とゞ》まつてその終《をは》りを全《まつた》ふすることは、人《ひと》の最《もつと》も難《かた》しとする所《ところ》である、故《ゆゑ》に節《せつ》は或《あるひ》は之《これ》を晩《ばん》に變《へん》じ、守《まも》りは或《あるひ》は之《これ》を終《をは》りに失《うしな》ひ、事《こと》は或《あるひ》は之《これ》を久《ひさ》しきに廢《はい》するのが一般《いつぱん》の通弊《つうへい》である。然《しか》るに今上九《いまじやう》が剛實《がうじつ》を以《もつ》て艮止《ごんし》の終《をは》りに居《を》るは、時《とき》と共《とも》に止《とゞ》まつて止《とゞ》まることの敦篤《とんとく》なるものである、隨《したが》つてその占《うらなひ》の吉《きつ》なることも推《お》して知《し》ることが可能《でき》る、故《ゆゑ》に之《これ》を

敦レ艮吉《あつしことまるにきつ》と言《い》ふ。

項氏安世《こうしあんせい》曰《いは》く、咸艮《かんこん》の二卦象《くわしやう》を取《と》ること相類《あひるゐ》す、艮《こん》は四を背《はい》と爲《な》す、故《ゆゑ》に五を輔《ほ》と爲《な》す、咸《かん》は四を心《しん》と爲《な》す、故《ゆゑ》に五を背肉《はいにく》と爲《な》し、上《じやう》を輔《ほ》と爲《な》し、上兌《じやうだ》を口《くち》と爲《な》す、則《すなは》ち輔《ほ》は宜《よろ》しく上《うへ》にあるべければなり。

康熙帝《かうきてい》曰《いは》く、咸艮《かんこん》の象《しやう》一位《ゐ》を差《さ》ゆる所《ところ》の者《もの》は、咸《かん》は四を以《もつ》て心《こころ》と爲《な》す、故《ゆゑ》に五を背《はい》と爲《な》して、而《しか》して上《じやう》を口《くち》と爲《な》す、艮《こん》は三を以《もつ》て心《こころ》と爲《な》す、故《ゆゑ》に四を背《はい》と爲《な》して、而《しか》して五を口《くち》と爲《な》す、其《そ》の位《くらゐ》は皆《みな》心《こころ》に縁《よ》つて而《しか》して變《へん》ずる者《もの》なり、二の腓《ひ》は股《もゝ》を兼《か》ねて一象《しやう》と爲《な》す、故《ゆゑ》に咸《かん》の三と共《とも》に隨《ずゐ》を言《い》ふ。

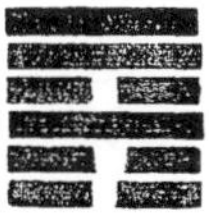

艮下《ごんか》
巽上《そんじやう》

漸《ぜん》

漸《ゼン》、女歸吉《チンナトツグキツ》、利《ヨロシ》レ貞《タヾシキニ》。

此卦《このくわ》は艮《ごん》を山《やま》となし、巽《そん》を木《き》となして山上《さんじやう》に木《き》あり、木《き》は高《たか》きものである、而《しか》も尚《なほ》そが山上《さんじやう》にあるは即《すなは》ち高《たか》きこと一等《とう》にして、序《じよ》を以《もつ》て進《すゝ》むの象《かたち》である、故《ゆゑ》に之《これ》を漸《ぜん》と言《い》ふ。又卦德《またくわとく》を以《もつ》て之《これ》を言《い》へば、内卦艮《ないくわごん》が下《した》に止《とゞ》まつて、外卦巽《ぐわいくわそん》が上《うへ》に從《したが》ふは、即《すなは》ち遽《にはか》に進《すゝ》まざるの義《ぎ》で、遽《にはか》に進《すゝ》まざれば、その進《すゝ》むに序《じよ》があつて等《とう》を越《こ》へぬ所以《ゆえん》である、故《ゆゑ》に之《これ》を漸《ぜん》と言《い》ふ。漸《ぜん》とは序《じよ》を以《もつ》て進《すゝ》むの義《ぎ》であるが、大《だい》抵事《ていこと》は序《じよ》を以《もつ》て漸進《ぜんしん》するのを可《か》とするけれども、女子《ぢよし》たるものが歸嫁《きか》する場合《ばあひ》に於《おい》て、最《もつと》も此《こ》の義《ぎ》に適切《てきせつ》なるものがある、蓋《けだ》し女子《ぢよし》たるものが男子《だんし》に嫁《か》するに當《あた》りては、先《ま》づ名《な》を問《と》ひ、采《さい》を納《い》れ、期を請《こ》ひ以《もつ》て親迎《しんげい》に至《いた》るべきもので、その禮《れい》が悉《ことごと》く備《そな》はつて、然《しか》る後《のち》に行《ゆ》くべきものであるが、之《これ》を呼《よ》むで歸《とつ》くと言《い》ふ、歸《とつ》くとは夫《をつと》の家《いへ》に歸《とつ》くの謂《いはれ》で、父母《ふぼ》の家《いへ》を家《いへ》とせずして、生來《せいらい》夫《をつと》の家《いへ》を家《いへ》とするの義《ぎ》を取《と》つたものであるが、這《こ》は此卦《このくわ》が序《じよ》を以《もつ》て漸進《ぜんしん》するの義《ぎ》と恰《あだ》かも相似《あひに》た所《ところ》がある、故《ゆゑ》に女子《ぢよし》が歸嫁《きか》する所《ところ》の象《かたち》を取《と》つて、之《これ》を女歸吉《をんなとつぐきつ》と言《い》ふ。女歸《をなとつ》く吉《きつ》とは、即《すなは》ち嫁《か》する所《ところ》の女子《ぢよし》の方《はう》から言《げん》を立《た》てたもので、咸《かん》に謂《い》ふ所《ところ》の女《をんな》を取《と》る吉《きつ》とは、即《すなは》ち之《これ》を取《と》る所《ところ》の男子《だんし》の方《はう》から言《げん》を立《た》てたものであるが女《をんな》が歸《とつ》き嫁《か》して吉《きつ》なる所以《ゆえん》は、その禮《れい》が備《そな》はつて序《じよ》を以《もつ》て進《すゝ》み行《ゆ》くが爲《た》めである、此《か》の如《ごと》く女歸《をんなとつぐ》の道《みち》に於《おい》てはその吉《きつ》を得《え》て居《を》るけれども、而《しか》も婦道《ふだう》の貴《たつ》とぶ所《ところ》は、正固《せいこ》その操《みさほ》を守《まも》つて終《をは》りを全《まつた》ふするにある故《ゆゑ》に亦更《またさら》に之《これ》を戒《いま》しめて利《よろし》レ貞《たゞしきに》と言《い》ふ。

初六、鴻漸《カリスヽム》レ于《ニ》レ干《ミギハ》、小子《セウシ》厲《アヤフ》シテ有《アツ》レ言《モノイヒ》、无《ナシ》レ咎《トガ》、

鴻《かり》は水禽《みづとり》にして陽鳥《やうてう》であるが、その來《きた》り至《いた》ること時《とき》あつて、季節《きせつ》を違《たが》へぬ許《ばか》りでなく、亦《また》飛ぶことも序《じよ》があつて、その列《れつ》を紊《みだ》さぬもので、此卦《このくわ》が序《じよ》を以《もつ》て進《すゝ》む所《ところ》の漸《ぜん》の義《ぎ》と酷似《こくじ》して居《を》る、故《ゆゑ》に六爻皆《かうみな》その象《かたち》を鴻《かり》に取《と》つて居《を》るが、初《しよ》六は漸進《ぜんしん》の始《はじ》めに當《あた》つて最下《さいか》に居《を》る、故《ゆゑ》に鴻漸《かりすゝむ》レ于《に》レ干《みぎは》と言《い》ふ。干《みぎは》は水涯《みづぎは》で、干《みぎは》に漸《すゝ》むとは、水中《すゐちう》より陸地《りくち》に上《のぼ》らむとして、已《すで》に水陸《すゐりく》の中間《ちうかん》に進《すゝ》むことを言《い》ふたものであるが

鴻《かり》は中爻坎《ちうかうかん》の象《かたち》を取り。干《みぎは》は初《しよ》の爻象《かうしやう》を取つたものである。されど初六《しよ》は陰柔不才《いんじうふさい》にして上《じやう》に應援《おうえん》がない而《しか》も此《これ》を以《もつ》て漸《すゝ》み進《すゝ》むは、危厲《きれい》にして言語《げんご》の障《さは》り抔《など》があることを免《まぬ》がれぬ。故《ゆゑ》に小子厲有レ言《せうしあやうしありものいひ》と言《い》ふ小子《せうし》は初《しよ》の爻象《かうしやう》と艮《ごん》の少男《せうなん》の象《かたち》とを兼《か》ね取《と》つたもので、有レ言《ありものいひ》とは、亦艮《またごん》を成言《せいげん》となすの象《かたち》を取《と》つたものであるが、初《しよ》六が陰柔無援《いんじうむえん》の身《み》を以《もつ》て進《すゝ》むで水涯《すゐがい》の干《みぎは》に至《いた》り、尚亦進《たほまたすゝ》むで陸地《りくち》の上《うへ》に升《のぼ》らむとするのは、危《あやふ》くして言語争論等《げんごさうろんとう》の障礙《しやうがい》あるを免《まぬ》がれぬものではあるけれども、漸進《ぜんしん》の時《とき》に當《あた》つて水涯《すゐがい》の所《ところ》に及《およ》ぶは、敢《あへ》て等《とう》を越《こ》へて急進《きふしん》するものではなく、即《すなは》ち順《じゆん》を追《お》ひ序《じよ》を踏《ふ》むで進《すゝ》みつゝあるものである、故《ゆゑ》に亦之《またこれ》を无《なし》レ咎《とが》と言《い》ふ。言《ものい》ひありとは、障礙《しやうがい》の小《せう》なることを言《い》ふたものである。

六二、鴻漸《カリスヽム》レ于《ニ》レ盤《ハン》、飲食衎々《インショクカン〳〵タリ》、吉《キツ》、

盤《はん》は大石《たいせき》の平《たい》らかなるもので、艮《ごん》の象《しやう》を取《と》つたものであるが、干《みぎは》の水涯《すゐがい》より進《すゝ》むで、稍高《やゝたか》き大石《たいせき》の上《うへ》に至《いた》るは即《すなは》ち漸次《ぜんじ》に進《すゝ》み上《のぼ》るの象《かたち》である、故《ゆゑ》に鴻漸《かりすゝむ》レ于《に》レ盤《はん》と言《い》ふ。盤《はん》に漸《すゝ》むとは、進《すゝ》み上《のぼ》つて安處《あんしよ》を得《え》たことを言《い》ふたもので、六二は中《ちう》に居《を》り正《せい》を得《え》て上《かみ》には九五の應《おう》があるから、進《すゝ》むことの最《もつと》も平安《へいあん》なるものである、故《ゆゑ》に飲食衎々吉《いんしよくかん〳〵たりきつ》と言《い》ふ。飲食《いんしよく》は備卦坎《びくわかん》の象《かたち》で、鴻《かり》は食《く》へば衆《しう》を呼《よ》ぶものであるが已《すで》に漸《すゝ》み進《すゝ》むで安處《あんしよ》に居《を》り、その上《うへ》に亦飲食《またいんしよく》を得《え》て衎々《かん〳〵》として和鳴相樂《わめいあひたの》しむもので、漸進《ぜんしん》の義《ぎ》に於《おい》て最《もつと》も適當《てきたう》として居《を》る、故《ゆゑ》にその占《うらなひ》を吉《きつ》と言《い》ふ。衎々《かん〳〵》は和鳴悦樂《わめいえつらく》の意《い》で、六二が柔中《じうちう》を得《え》て居《を》る所《ところ》の象《かたち》を取《と》つたものである。

九三、鴻《カリ》漸《スヽム》レ于《ニ》陸《リク》、夫《フ》征《ユイテ》不《ズ》レ復《カヘラ》、婦《フ》孕《ハラメ》ドモ不《ズ》レ育《ヤシナハ》、凶《キヨウ》、利《ヨロシ》レ禦《フセグニ》レ寇《アダヲ》、

九三が下卦《かくわ》の上《じやう》に居《を》るは、即《すなは》ち進《すゝ》むで陸《りく》に至《いた》るの象《かたち》である、故《ゆゑ》に鴻漸《かりすゝむに》レ于レ陸《りく》と言《い》ふ。陸《りく》は平高《へいかう》の地《ち》で艮《こん》の象《かたち》を取《さ》つて居《を》るが、九三は已《すで》に平高《へいかう》なる陸地《りくち》に進《すゝ》み上《のぼ》つて居《ゐ》るけれども、過剛《くわがう》にして且《か》つ不中《ふちう》に失《うしな》ふ許《ばか》りでなく、上九《じやう》は卦極《くわいきよく》に居《ゐ》て三と應與《おうよう》せず、陰陽相應和《いんやうあひおうわ》すべき女歸《ぢよき》の義《ぎ》と相反《あひはん》して居《を》る、之《これ》を假《たと》へば、上九《じやう》の夫《をつと》たるものが、三の婦《ふ》を棄《す》てゝ往《ゆ》き去《さ》つて復《かへ》り來《きた》らず、その家《いへ》を顧《かへり》みぬ樣《やう》なものである、亦《また》九三が過剛《くわがう》にして柔質《じうしつ》を失《うしな》ふて居《ゐ》る所《こころ》から言《い》へば、婦女子《ふぢよし》たるものが子《こ》を孕《はら》むでも、之《これ》を養育《やういく》することが可能《でき》ず、その子《こ》を放棄《はうき》して何《なん》とも思《おも》はぬ樣《やう》なもので、その占《うらなひ》の凶《きよう》なるべきは自《おのづ》から知《し》らるゝのである、故《ゆゑ》に夫《ふ》征不レ復婦孕不レ育凶《ゆいてずかへらふはらめどもやしなはきよう》と言《い》ふ。夫《ふ》は上九《じやう》を指《ゆび》ざし、婦《ふ》は九三を指《ゆび》ざし、孕《はら》むとは坎《かん》の象《かたち》を取《さ》つたものであるが、若《も》し人《ひと》として此《かく》の如《ごと》きに至《いた》らば、必《かな》らず外邪《ぐわいじや》來《きた》つてその虚《きよ》に乗《じよう》じ害《がい》をなすに至《いた》る、故《ゆゑ》に謹愼《きんしん》自《みづ》から守《まも》つて過剛《くわがう》の失《しつ》を去《さ》り、外間《ぐわいかん》の寇害《こうがい》をして乗《じよう》ずる所《こころ》なからしめねばならぬ故《ゆゑ》に之《これ》を戒《いま》しめて利レ禦レ寇《よろしふせぐにあだを》と言《い》ふ。寇《こう》は亦《また》坎《かん》を寇害《こうがい》となすの象《かたち》を取《さ》つて居《ゐ》る。

六四、鴻《カリ》漸《スヽム》レ于《ニ》木《キ》、或《アルヒ》ハ得《エ》バ其《ソノ》桷《カクチ》ヲ无《ナシ》レ咎《タガ》、

艮《ごん》は山《やま》巽《そん》は木《き》で、山上《さんじやう》に木《き》があつて鴻《かり》が此《こゝ》に上《のぼ》り進《すゝ》むは、即《すなは》ち木《き》に進《すゝ》むの象《かたち》である、故《ゆゑ》に鴻漸《かりすゝむに》レ于レ木《き》と言《い》ふ。されど鴻《かり》は水鳥《みづとり》で、木《き》に棲《す》むものではない、故《ゆゑ》に鴻《かり》が木《き》に進《すゝ》むは、その處《ところ》を失《うしな》ふたもので、本《もと》と安處《あんしよ》すべき地《ち》を得《え》たものではない、蓋《けだ》し鴻《かり》は水鳥《みづとり》であるから、その足趾《そくし》が連《つら》なつて木《き》の枝《えだ》を握《にぎ》る

樣《やう》に出來《でき》て居《を》らぬ、けれども横平《わうへい》になつて居《を》る所《ところ》の枝《えだ》を擇《えら》むで之《これ》に乘《の》れば、稍《やゝ》その上《うへ》に安處《あんしよ》することが可能《でき》る、故《ゆゑ》に或得《あるひはえば》二其桷《そのかく》一无《なし》レ咎《とが》と言《い》ふ、桷《かく》とは平《ひら》たくなつた枝《えだ》のことで、六四は柔《じう》を以《もつ》て三の剛《がう》に乘《の》つて居《ゐ》るけれども、巽順《そんじゆん》にしてその正《せい》を得《え》て居《ゐ》るから、或《ある》は平柯《へいか》を得《え》て之《これ》に居《を》れば、咎《とが》なきことを得《え》るもので、然《しか》らずば安處《あんしよ》することの可能《でき》ぬものである。故《ゆゑ》に或《あるひ》はと言《い》ふて、その未《いま》だ必《かな》らずしも然《しか》らざることを表示《へうじ》して居《ゐ》る。

九五、鴻《カリ》漸《スヽム》レ于《ニ》陵《オカ》、婦《フ》三歳《サイ》マデ不《ズ》レ孕《ハラマ》、終《ツイ》ニ莫《ナシ》二之《コレ》ニ勝《カツ》一コト吉《キツ》、

陵《をか》は高阜《かうふ》のことで至高《しかう》の君位《くんゐ》に象《かた》どつたものであるが、鴻《かり》が次第《しだい》に進《すゝ》むで五の君位《くんゐ》の所《ところ》に至《いた》るは、卽《すなは》ち最《もつと》も高《たか》き陵《をか》に進《すゝ》むの象《かたち》である、故《ゆゑ》に鴻漸《かりすゝむに》レ于陵《をか》と言《い》ふ。此《か》の如《ごと》く九五は剛中正《がうちうせい》にして尊位《そんゐ》に處《よ》り、下《しも》は柔中正《じうちうせい》の六二と相應《あひおう》じて居《ゐ》るけれど、その中間《ちうかん》に居《ゐ》る三四の爲《た》めに阻隔《そかく》されて相合《あひあ》ふことが可能《でき》ぬ、故《ゆゑ》に亦之《またこれ》を婦《ふ》三歳《さいまで》不《ず》レ孕《はらま》と言《い》ふ。婦《ふ》は九五自《に》爻《かう》を指《さ》したもので、三歳《さい》まで孕《はら》まずとは、三四の爲《た》めに阻隔《そかく》されて、三歳《さい》の久《ひさ》しきに至《いた》るも、尙相交《なほあひまじ》はることが可能《でき》ぬと言《い》ふ義《ぎ》である。されど不正《ふせい》を以《もつ》て中正《ちうせい》を阻隔《そかく》するものが、終《つひ》に能《よ》く之《これ》に勝《か》ち得《う》べき道理《だうり》がないから、必《かな》らず二五同德《どうとく》相合《あひがつ》し相交《あひまじ》はつて、後日《ごじつ》の吉《きつ》を得《う》るに至《いた》るのである、故《ゆゑ》に終《つひに》莫《なし》二之《これに》勝《かつこと》一吉《きつ》と言《い》ふ。之《これ》とは二五の中正《ちうせい》を指《さ》し、之《これ》に勝《か》つことなしとは、三四の不正《ふせい》を以《もつ》て二五の中正《ちうせい》に勝《か》ち得《う》べき道理《だうり》がないと言《い》ふ義《ぎ》である。

康熙帝《かうきてい》曰《いは》く、此卦《このくわ》の爻象《かうしやう》は歸妹《きまい》と同《おな》じく、陰爻《いんかう》と陽爻《やうかう》とを擇《えら》ばず、皆婦《みなふ》の象《かたち》あり、先儒《せんじゆ》が三と五と

兩《ふた》つながら陽《やう》にして、皆婦《みなふ》を言《い》ふを見《み》て、故《ゆゑ》に三に於《おい》ては則《すなは》ち婦《ふ》を以《もつ》て四を指《さ》し、二に於《おい》ては則《すなは》ち婦《ふ》を以《もつ》て五を指《さ》す、今爻意《いまかうい》を推《お》せば、蓋《けだ》し三五皆婦《みなふ》の象《かたち》を取《と》る三は應《おう》なき者《もの》なり、五は應《おう》ありと雖《いへ》ども、而《しか》も其《そ》の類《るゐ》に反《はん》する者《もの》なり、既《すで》に婦《ふ》の象《かたち》を取《こ》つて、而《しか》して應《おう》ずる所《ところ》の者《もの》も陰《いん》なれば、是《こ》れ之《これ》を類《るゐ》に反《はん》すと言《い》ふ、其《そ》の卦義《くわぎ》を失《うしな》ふことは、又應《またおう》なきより甚《はなは》だしき者《もの》あり、故《ゆゑ》に三は猶孕《なほはら》めり、但《たゞし》育《やしな》はざるのみ、五は則《すなは》ち三歳《さい》まで孕《はら》まず、蓋《けだ》し相和《あひわ》合《がふ》せざるの甚《はなは》だしき者《もの》なり、三は過剛《くわがう》なり、故《ゆゑ》に戒《いまし》むるに寇《かう》を禦《ふせ》ぐを以《もつ》てす、其《そ》の愼《つゝし》む能《あた》はざるを恐《おそ》るればなり、五は中正《ちうせい》の德《とく》あり、故《ゆゑ》に戒《かい》辭《じ》なし、而《しか》して直《たゞ》ちに終《つひ》に之《こ》れに勝《か》つことなきを以《もつ》て之《これ》を決《けつ》す、勝《かつ》の字《じ》は九三の寇《かう》を禦《ふせ》ぐの義《ぎ》を蒙《う》く、夫《そ》れ讒邪《ざんじや》は國《くに》の寇《かう》なり、君子《くんし》の進《すゝ》むに、和合《わがふ》して而《しか》して通《つう》ずる能《あた》はざる所以《ゆゑん》の者《もの》は、寇之《かうこれ》に勝《か》てばなり、然《しか》れども九五の德《とく》の如《ごと》くば、則《すなは》ち謂《い》ふ所《ところ》の以《もつ》て邪《じや》を正《たゞ》すべき者《もの》、漸《ぜん》の時《とき》に當《あた》つて終《つひ》に吉《きつ》なるの理《り》あり、豈《あ》に讒邪《ざんじや》の能《よ》く勝《か》つ所《ところ》ならんや。

上九、鴻《カリ》漸《スヽム》二于レ陸《オカ》、其《ソノ》羽《ハネ》可《ベシ》二用《モツテ》爲《ナス》一レ儀《ギ》ト、吉《キツ》

陸《りく》は或《あるひ》は之《これ》を逵《き》に作《つく》つて居《ゐ》るが、逵《き》とは通達《つうたつ》して阻礙《そぎ》なきの義《ぎ》である、然《しか》るに康熙帝《かうきてい》の說《せつ》に從《したが》へば、陸《りく》の字《じ》は九三と重《かさな》つて居《ゐ》る、故《ゆゑ》に先儒《せんじゆ》が逵《き》の字《じ》に改作《かいさく》して以《もつ》て韻《いん》を叶《かな》へて居《ゐ》る、然《しか》れども逵《き》と儀《ぎ》とは古韻實《こいんじつ》は叶《かな》ふて居《を》らぬ、意《おも》ふに陸《おか》は卽《すなは》ち阿《あ》の誤《ちや》まりであらう、阿《あ》は大陵《たいりよう》のことで、陵《りよう》より進《すゝ》めば卽《すなは》ち阿《あ》である、儀《ぎ》の古讀《こよく》は俄《が》で、正《まさ》に阿《あ》と叶《かな》ふて居《ゐ》るが、詩《し》に菁菁者莪《せいせいたるがは》、在《あり》二彼中阿《かのちうあに》一、既見《すでにみ》二君子《くんしを》一、樂《たのしみかつ》且

有《あり》レ儀《ぎ》と言《い》ふのと同《おな》じであると、惟《おも》ふに此説《このせつ》は洵《まこ》とに穩當《をんたう》の樣《やう》であるが、鴻《かり》が干《かん》より盤《ばん》に、盤《ばん》より陸《りく》に陸《りく》より木《き》に、木《き》より陵《りよう》に、次第《しだい》に進《すゝ》むで最《もつと》も高《たか》き上九の阿《あ》に至《いた》る、故《ゆゑ》に鴻漸《かりすゝむ》レ于《に》レ阿《あ》と言《い》ふ。阿《あ》は高極《かうきよく》の地《ち》であるから、他《た》の卦《くわ》に於《おい》ては過進《くわしん》の嫌《きらひ》があるけれども、而《しか》も進《すゝ》むで此《こゝ》に至《いた》るも、尙漸《なほぜん》の義《ぎ》を失《うしな》はざるは、之《これ》を人事《じんじ》に取《と》れば榮達《えいたつ》の極地《きよくち》で、功成《こうな》り名遂《なと》げて常事《じやうじ》の外《ほか》に超出《てうしゆつ》するものである、故《ゆゑ》に其羽《そのは》可《べし》二用《もつて》爲《なす》一レ儀吉《ぎきつ》と言《い》ふ。用《もち》ひて儀《ぎ》となすとは、上《じやう》九が操行《さうかう》の高潔《かうけつ》にして事外《じぐわい》に超出《てうしゆつ》したる所《ところ》は、羽毛《うもう》を用《もち》ひて旌旄《せいもう》その他《た》の儀表《ぎへう》となすが如《ごと》くに、之《これ》を貴《たつと》むで物《もの》の儀法《ぎはふ》となすことが可能《でき》ると言《い》ふ義《ぎ》で、その占《うらなひ》の吉《きつ》なることは固《もと》より言《げん》を竢《ま》たぬ。

康熙帝《かうきてい》曰《いは》く、六爻皆《かうみな》女歸《ぢよき》の義《ぎ》あり、獨《ひと》り三と五とに於《おい》て婦《ふ》を言《い》ふ者《もの》は、陰爻《いんかう》なれば、則《すなは》ち其《そ》の臣道《しんだう》妻道《さいだう》と爲《な》すべきことは必《かな》らずしも言《い》はざるなり、上《じやう》九も亦卦上《またくわじやう》に居《ゐ》る、以《もつ》て妻道《さいだう》と爲《な》せば、則《すなは》ち女《をんな》の已《すで》に老《おい》て歸《とつ》ぐ者《もの》にあらず、以《もつ》て臣道《しんだう》と爲《な》せば、則《すなは》ち臣《しん》の已《すで》に退《しりぞい》て而《しか》して進《すゝ》む者《もの》にあらず、既《すで》に卦《くわ》義《ぎ》の外《ほか》にあれば、則《すなは》ち又必《またかな》らずしも言《い》はざるなり、惟《ひと》り三と五とは既《すで》に高位《かうゐ》に居《を》り、又陽爻《またやうかう》と爲《な》す其《そ》の婦象《ふしやう》なきことを疑《うたが》ふ、故《ゆゑ》に婦《ふ》と稱《しよう》す、蓋《けだ》し五の位《ゐ》と雖《いへど》も、亦時《またとき》には臣道妻道《しんだうさいだう》を以《もつ》て言《い》ふ、各其《かくそ》の卦義《くわぎ》に隨《したが》ふのみ、初《しよ》は陰《いん》を以《もつ》て陰《いん》に應《おう》じ、三は陽《やう》を以《もつ》て陽《やう》に應《おう》ず。皆女歸《みなぢよき》の義《ぎ》に合《あ》はず、故《ゆゑ》に各《かく》凶厲《きようれい》の辭《じ》あり、五の二に應《おう》ずるは陰陽相求《いんやうあひもと》むる者《もの》なり、然《しか》して二を以《もつ》て女《をんな》と爲《な》せば、則《すなは》ち陽《やう》に歸《とつ》ぐを正耦《せいぐう》と爲《な》す、故《ゆゑ》に飮食衎々《いんしよくかん〳〵》として而《しか》して和《くわ》するなり五を以《もつ》て女《をんな》と爲《な》せば、則《すなは》ち二に歸《とつ》ぐを以《もつ》て反《はん》類《るゐ》と爲《な》す、故《ゆゑ》に三歳《さい》まで孕《はら》まずして而《しか》して和《くわ》せざるなり、四は則《すなは》ち應《おう》なしと雖《いへど》も、而《しか》も五を承《う》く、亦《また》歸《とつ》ぐ所《ところ》を得《え》て咎《とが》めなかるべし上《かみ》は卦《くわ》の終《をは》りなり、進《すゝ》むの極《きは》まりなり、既《すで》に歸《とつ》ぐと進《すゝ》むとの義《ぎ》に取《と》る所《ところ》なし、則《すなは》ち反《かへ》つて應《おう》なきを以《もつ》て宜《よろ》しと爲《な》す、蓋《けだ》し家《いへ》にあつては保姆《ほぼ》と爲《な》し、國《くに》にあつては黎老《れいらう》と爲《な》し、進退《しんたい》の外《ほか》に超然《てうぜん》たる者《もの》なり。

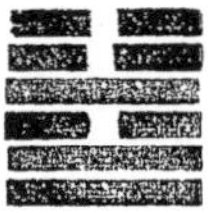

兌《だ》下《か》震《しん》上《じやう》　歸《き》妹《まい》

歸《キ》妹《マイ》、征《ユ》ケバ凶《キヨウニシテナシ》、无レ攸《トコロ》レ利《ヨロシキ》、

此卦《こつくわ》が兌《だ》の少女《せうぢよ》を以《もつ》て震《しん》の長男《ちやうなん》に從《したが》ふは、即《すなは》ち少女《せうぢよ》が長男《ちやうなん》に歸《とつ》ぎ嫁《か》するの象《かたち》である、故《ゆゑ》に之《これ》を歸妹《きまい》と名《なづ》く、歸妹《きまい》とは兌《だ》の少女《せうぢよ》が歸嫁《きか》するの謂《いはれ》であるが、少女《せうぢよ》を以《もつ》て長男《ちやうなん》に從《したが》ひ、その情《じやう》も亦《また》說《よろこ》びを以《もつ》て動《うご》くは、共《とも》に配偶《はいぐう》の正《せい》を得《え》たものではない、故《ゆゑ》に妹《まい》歸《とつ》ぐと言《い》はずして歸妹《きまい》と言《い》ひ、歸《とつ》くもの〻妹《まい》にあつて、婚姻《こんいん》の正《せい》を得《え》て居《を》らぬことを表《へう》したもので、惟《ひと》り此卦《このくわ》が少女《せうぢよ》の歸嫁《きか》するに取《と》つて、征《ゆ》けば凶《きよう》にして利《よろ》しき攸《ところ》がない許《ばか》りでなく、一切《さい》の事《こと》に就《つい》ても皆凡《みなすべ》てそうである、故《ゆゑ》にその占《うらなひ》を征凶无レ攸《ゆけばきようにしてなしところ》レ利《よろしき》と言《い》ふ。

康熙帝《かうきてい》曰《いは》く、歸妹《きまい》が失《うしな》ふ所以《ゆゑん》の者《もの》二あり、一は則《すなは》ち取《さ》るを待《ま》たずして而《しか》して自《みづか》ら歸《とつ》ぎ、婚姻《こんいん》の禮《れい》を失《うしな》ひ、卦象《くわしやうぢよ》女が男《をとこ》に先《さき》だつを以《もつ》て、咸《かん》の男《をとこ》が女《をんな》に下《くだ》ると相反《あひはん》すればなり、一は則《すなは》ち少女《せうぢよ》を以《もつ》て長男《ちやうなん》に歸《とつ》き、婚姻《こんいん》の時《とき》を失《うしな》ひ、咸《かん》の兩少《りやうせう》の交《まじ》はると相反《あひはん》すればなり、故《ゆゑ》に妹歸《まいき》と言《い》はずして、而《しか》して歸妹《きまい》と言《い》ひ、以《もつ》て其《そ》の禮《れい》を失《うしな》ふことを明《あきら》かにし、歸女《きぢよ》と曰《い》はずして、而《しか》して歸妹《きまい》と曰《い》ひ、以《もつ》て其《そ》の時《とき》を失《うしな》ふことを見《しめ》す、凡《およ》そ彖辭《たんじ》直《たゞ》ちに吉凶《きつきよう》を著《あら》はして、而《しか》して他戒《たかい》なき者《もの》は、大有《たいいう》と鼎《てい》にして直《たゞ》ちに元《おほい》に亨《とほ》ると曰《い》ふ、此《これ》は直《たゞ》ちに征《ゆ》けば凶《きよう》、利《よろ》しき攸《ところ》なしと曰《い》ふ、蓋《けだ》し賢《けん》を尊《たつと》び才《さい》を養《やしな》ふは人君《じんくん》の盛節《せいせつ》なり、自《みづか》ら媒《なか》ふどし、自《みづか》ら薦《すゝ》むる者《もの》は士女《しぢよ》の醜行《しうかう》なり

程伊川《ていいせん》曰《いは》く、卦《くわ》に男女配合《だんぢよはいがふ》の義《ぎ》ある者《もの》、四つ咸《かん》、恒《こう》、漸《ぜん》、歸妹《きまい》なり、咸《かん》は男女《だんぢよ》の相咸《あひかん》ずるなり、男《をとこ》が女《をんな》に下《くだ》つて二氣感應《きかんおう》し、止《とゞま》つて而《しか》して說《よろこ》び、男女《だんぢよ》の情相感《じやうあひかん》ずるの象《しやう》、恒《こう》は常《じやう》なり、男《をとこ》は上《じやう》にして女《をんな》は下《げ》、巽順《そんじゆん》にして而《しか》して震《しん》は動《うご》き、陰陽皆相應《いんやうみなあひおう》ず、是《こ》れ男女室《だんぢよしつ》に居《を》り、夫婦唱隨《ふうふしやうずゐ》の常道《じやうだう》、漸《ぜん》は女《をんな》歸《とつ》いて其《そ》の正《せい》を得《う》るなり、男《をとこ》が女《をんな》に下《くだ》つて、而《しか》して各正位《かくせいゐ》を得《う》、止《と》まり靜《しづ》かにして巽《したが》ひ順《したが》ふ、其《そ》の進《すゝ》むこと漸《ぜん》あり、男女《だんぢよ》の配合其《はいがふそ》の道《みち》を得《う》るなり、歸妹《きまい》は女《をんな》の嫁歸《かき》するなり、男《をとこ》は上《かみ》にして女《をんな》は下《しも》、女《をんな》が男《をとこ》に從《したが》ふなり、而《しか》して少《せう》を說《よろこ》ぶの義《ぎ》あり、說《よろこ》びを以《もつ》て而《しか》して動《うご》き、動《うご》くを以《もつ》て說《よろこ》ぶ、則《すなは》ち其《そ》の正《せい》を得《え》ず、故《ゆゑ》に位《ゐ》も皆當《みなあた》らず、初《しよ》と上《じやう》とは陰陽《いんやう》の位《くらゐ》に當《あた》ると雖《いへど》も、而《しか》も陽《やう》は下《しも》にあつて陰《いん》は上《かみ》にあり、亦位《またゐ》に當《あた》らざるなり、漸《ぜん》と正《まさ》に相對《あひたい》す、咸恒《かんこう》は夫婦《ふうふ》の道《みら》にして、漸歸妹《ぜんきまい》は女歸《をんなとつ》くの義《ぎ》なり、咸《かん》と歸妹《きまい》とは男女《だんぢよ》の情《じやう》なり、咸《かん》は止《と》まつて而《しか》して說《よろこ》び、歸妹《きまい》は說《よろこ》びに動《うご》く、皆以《みなもつ》て說《よろこ》ぶなり、恒《こう》と漸《ぜん》

とは夫婦《ふうふ》の義《ぎ》なり、恒《こう》は巽《したが》つて而《しか》して動《うご》き、漸《ぜん》は止《とゞ》まつて而《しか》して巽《したが》ふ、皆以《みなもつ》て巽順《そんじゆん》なり、男女《だんぢよ》の道《みち》、夫婦《ふうふ》の義《ぎ》是《これ》に備《そな》はる。歸妹《きまい》の卦《くわ》たるや、澤上《たくじやう》に雷《らい》あり、雷震《らいふる》ふて而《しか》して澤動《たくうご》くは從《したが》ふの象《かたち》なり、物《もの》の隨《したが》ふて動《うご》く物《もの》は水《みづ》に如《し》くは莫《な》し、男上《だんじやう》に動《うご》いて而《しか》して女之《をんなこれ》に從《したが》ふは。嫁歸《かき》して男《だん》に從《したが》ふの象《しやう》。震《しん》は長男《ちやうなん》にして兌《だ》は少女《せうぢよ》、少女《せうぢよ》が長男《ちやうなん》に從《したが》ひ、說《よろこ》びを以《もつ》て而《しか》して動《うご》き、動《うご》いて而《しか》して相說《あひよろこ》ぶなり、人《ひと》の說《よろこ》ぶ所《ところ》の者《もの》は少女《せうぢよ》なり、故《ゆゑ》に妹《いもうと》と云《い》ふて女《をんな》が歸《とつ》くの象《かたち》と爲《な》す、長男《ちやうなん》が少女《せうぢよ》を說《よろこ》ぶの義《ぎ》なり、故《ゆゑ》に歸妹《きまい》と爲《な》す

初九、歸《キ》妹《マイ》以《ヒキユ》レ娣《テイチ》、跛《アシナヘ》能《ヨク》履《フム》、征《ユイ》チ吉《キツ》、

彼《か》の地《ち》に於《おい》て女《をんな》が歸嫁《きか》する時《とき》には、必《かな》らず姪娣《してい》を將《ひき》ひ行《ゆ》くを以《もつ》て禮《れい》として居《ゐ》る、而《しか》して謂《い》ふ所《ところ》の娣《てい》なるものは、嫡婦《ちやくふ》卽《すなは》ち正妻《せいさい》を承助《しようじよ》して、次第《しだい》を以《もつ》てその夫《をつと》に御《ぎよ》するものであるが、此卦《このくわ》の諸爻《しよかう》は皆女《みなをんな》の歸《とつ》くもので、初九《しよ》は剛陽《がうやう》であるから、賢貞《けんてい》の德《とく》はあるけれども、下位《かゐ》に居《ゐ》て正應《しやうおう》がないのは、卽《すなは》ち下《げ》賤《せん》なる所《ところ》の娣《てい》の象《かたち》である、故《ゆゑ》に歸《き》妹《まい》以《ひきゆ》レ娣《ていを》と言《い》ふ。以《ひきゆ》とは將《ひき》ひ從《したが》ゆるの義《ぎ》で、玆《こゝ》に歸《とつ》く妹《いもうと》が娣《てい》を將《ひき》ゆと言《い》ふは、卽《すなは》ち六五に言《い》ふ帝乙《ていいつ》が、その妹《いもうと》を歸《とつ》かしむるに當《あた》り、姪娣《てつてい》を引《ひ》き伴《つ》れて行《ゆ》かしむることで六五は嫡婦《ちやくふ》にして以下《いか》の諸爻《しよかう》は皆娣《みなてい》である、今卦《いまくわ》の全體《ぜんたい》を以《もつ》て之《これ》を言《い》へば、上體《じやうたい》は尊《たつと》くして下體《げたい》は卑《ひや》しく、亦兩體《またりやうたい》を以《もつ》て之《これ》を言《い》へば、震《しん》は君公《くんこう》で、兌《だ》は賤妾《せんせふ》である、將亦爻體《はたまたかうたい》を以《もつ》て之《これ》を言《い》へば、初《しよ》は最《さい》下《か》に居《ゐ》て上《かみ》に正應《しやうおう》がない、乃《そこ》で初九《しよ》を以《もつ》て正婦《せいふ》に從《したが》ひ行《ゆ》く所《ところ》の娣《てい》に象《かた》どつて居《ゐ》る、亦《また》跛《あしなへ》は履《り》の卦《くわ》に

謂《い》ふ所《ところ》の跛《あしなへ》と同《おな》じく、足《あし》の偏《へん》するものであるが、娣妾《ていせふ》が正婦《せいふ》に承順《しようじゆん》して歸嫁《きか》するのは、猶《なほ》跛《あしなへ》が獨立獨行《どくりつどくかう》することが可能《でき》ず、他人《たにん》に倚賴《きらい》して歩行《ほかう》するのと一般《ぱん》である、故《ゆゑ》に跛能履《あしなへよくふむ》と言《い》ふ。跛《あしなへ》は兌《だ》を毀折《きせつ》となすの義《ぎ》を取《と》つて居《ゐ》るが、婦人《ふじん》が自《みづか》ら歸《とつ》くは禮《れい》に反《はん》するけれども、娣《てい》となつて正婦《せいふ》に從《したが》ひ行《ゆ》くには唯《ただ》跛《あしなへ》が人《ひと》に賴《よ》つて能《よ》く履《ふ》み行《ゆ》くが如《ごと》くに、正婦《せいふ》に承順《しようじゆん》せば、その禮《れい》の備不備《びふび》に論《ろん》なく、往《ゆ》き歸《とつ》くとも咎《とが》むべき所《ところ》はない、故《ゆゑ》に之《これ》を征吉《ゆいてきつ》と言《い》ふ。

康煕帝《かうきてい》曰《いはく》く、凡《およ》そ女《をんな》の歸《とつ》くに六禮《れい》備《そな》はるを俟《ま》たざる者《もの》は、禮《れい》を失《うしな》ふと爲《な》す、惟《ひと》り娣《てい》は以《もつ》て從《したが》ひ歸《とつ》くべくして、而《しか》して禮《れい》を失《うしな》ふを嫌《きら》はず、少長偶《せつちやうぐう》にあらざる者《もの》は、時《とき》を失《うしな》ふと爲《な》す、惟《ひと》り娣《てい》は以《もつ》て年《とし》を俟《ま》つべくして、而《しか》して時《とき》を失《うしな》ふを嫌《きら》はず、是《こ》れ卦義《くわぎ》は凶《きよう》なりと雖《いへど》も、而《しか》も初《しよ》に於《おい》ては嫌《きら》ふことなし故《ゆゑ》に征《ゆ》けば凶《きよう》を變《へん》じて、而《しか》して征《ゆ》て吉《きつ》と爲《な》す。と。寔《まこ》とに此說《このせつ》の如《ごと》くである。

九二、眇《スガメ》能《ヨク》視《ミ》ル、利《ヨロ》シ二幽人《ユウジン》之《ノ》貞《テイ》一。

此爻《このかう》には歸妹《きまい》以レ娣《ていを》の一句《く》がないから、之《これ》を娣妾《ていせふ》とせずして、正婦《せいふ》の良配《りやうはい》を得《え》ざるものであると言《い》ふものがあるけれども、此爻《このかう》は初九《しよ》の辭《じ》を承《う》けて繫《か》けたものである、故《ゆゑ》に歸妹以《きまい》レ娣《ていを》の四字《じ》を省《はぶ》いて居《ゐ》る、是故《このゆゑ》に余《よ》は張次仲《ちやうじちう》が說《せつ》に從《したが》ひ、五を以《もつ》て正婦《せいふ》となし、二を以《もつ》てその娣《てい》となすものであるが、九二は剛中《がつちう》であるから、女《をんな》としては賢明《けんめい》なるものである、されども娣妾《ていせふ》は唯《ただ》その正婦《せいふ》を承助《しようじよ》するに過《すぎ》ぬもので、内助《ないぢよ》の功《こう》に關係《くわんけい》するものではない、故《ゆゑ》に賢明《けんめい》の德《とく》があつても、之《これ》を假《たと》へば猶眇《なほすがめ》が能《よ》く視《み》るとする樣《やう》なもので、到底遠大《たうていゑんだい》の所《ところ》を見得《みう》べきものではない、故《ゆゑ》に之《これ》を眇能視《すがめよくみる》と言《い》ふ。眇《すがめ》も亦兌《まただ》の象《しやう》を取《と》つて居《ゐ》るが、二は剛中《がうちう》の德《とく》がある所《ところ》の賢婦《けんぷ》であるけれども、その身《み》が娣妾《ていせふ》たる所《ところ》の分《ぶん》に從《したが》ひ、幽靜《ゆうせい》の人《ひと》の如《ごと》くに貞正《ていせい》の道《みち》を守《まも》り、正婦《せいふ》を凌《しの》ぎ犯《をか》さざるを以《もつ》て利《よろ》しとするのである、故《ゆゑ》に之《これ》を戒《いま》しめて利《よろしゆう》㆓幽人之貞《じんのていに》㆒と言《い》ふ。

六三、歸《キ》妹《マイ》以《モツ》テ須《イヤシ》、反《ハン》シテレ歸《キ》チ以《モツ》テ娣《テイ》タリ

六三は陰柔不中正《いんじうふちうせい》なるが上《うへ》に兌說《だえつ》の主《しゆ》となり、妄《みだ》りに媚說《こびよろこぶ》を以《もつ》て歸嫁《きか》せむことを求《もと》むる所《ところ》の賤女《せんぢよ》である、故《ゆゑ》に歸妹以須《きまいもつていや》と言《い》ふ。須《いやし》は賤《いや》しき義《ぎ》で、兌《だ》を卑賤《ひせん》となすの義《ぎ》を取《と》つたものであるが、歸妹《きまい》の時《とき》に當《あた》りて上《かみ》に應《こた》へなく、九四に說《よろこ》び比《ひ》して、之《これ》に歸《とつ》かむことを求《もと》むれども惟《ひと》り九四がその求《もと》めに應《おう》ぜぬ許《ばか》りでなく、淫猥《いんわい》なる賤女《せんぢよ》であるから、人皆之《ひとみなこれ》を娶《めと》ることを嫌《きら》ふのである、故《ゆゑ》に歸《とつ》き嫁《か》せむことを求《もと》むれども、歸《とつ》き嫁《か》することが可能《でき》ぬ、乃《そこ》で自《みづ》から歸嫁《きか》せむと思《おも》ふ心《こころ》を飜《ひる》がへして、他《た》の娣妾《ていせふ》となつて從《したが》ひ行《ゆ》くものである、故《ゆゑ》に之《これ》を反レ歸以娣《はんしてきをもつていたり》と言《い》ふ、歸《き》を反《はん》するとは歸嫁《きか》せむとする心《こころ》を變改《へんかい》すると言《い》ふ義《ぎ》で、醜行《しうかう》此《かく》の如《ごと》くであらば、その凶《きよう》なることは言《い》はずして明《あき》らかに、彖《たん》に征《ゆ》けば凶《きよう》にして利《よろ》しき攸《ところ》なしと言《い》ふは、卽《すなは》ち此爻《このかう》のことである。

九四、歸《キ》妹《マイ》愆《アヤマ》ルレ期《キ》チ、遲《オソ》ク歸《トツ》グトモ有《ア》ランレ時《トキ》、

九四は剛質《がうしつ》であるから賢明《けんめい》で、陰《いん》に居《ゐ》るから躁進《さうしん》せぬ有德《いうとく》の女子《ぢよし》であるけれど、正應《しやうおう》がないので、六五の娣《てい》となつて良配《りやうはい》を得《え》て、然《しか》る後《のち》に歸《とつ》かむことを待《ま》つものであるが、その間《あひだ》には自然《しぜん》婚嫁《こんか》の時期《じか》を過《すご》すことゝなるのである。故《ゆゑ》に歸《き》妹《まい》愆《あやまる》期《きを》と言《い》ふ。愆《あやまる》は過《あや》まると同《おな》じく、嫁期《かき》に後《おく》るゝの義《ぎ》であるが婦人《ふじん》として此《かく》の如《ごと》くならば、多少《たせう》その婚期《こんき》を過《すご》すことがあつても、必《かな》らず良配《りやうはい》を得《え》て歸嫁《きか》するの時《とき》があるから、遲《おそ》く歸《とつ》ぐとも決《けつ》して憂《うれ》ひ傷《いた》むには及《およ》ばぬ。故《ゆゑ》に之《これ》を慰諭《ゐゆ》して遲歸有レ時《おそくとつぐこともあらんとき》と言《い》ふ。

六五、帝乙《テイイツ》歸《トツガシム》レ妹《マイヲ》、其《ソ》ノ君《キミ》之袂《タモト》ハ不《ズ》レ如《シカ》二其《ソ》ノ娣《テイ》之袂《タモト》ノ良《ヨギニ》一、月《ツキ》幾《チカシ》レ望《ボウニ》吉《キツ》、

六五が柔中《じつちう》にして尊位《そんい》に居《ゐ》るは卽《すなは》ち皇女《くわうぢよ》の象《かたち》で、而《しか》も下《しも》九二に應《おう》ずるは卽《すなは》ち皇女下嫁《くわうぢよかか》の象《かたち》である、故《ゆゑ》に之《これ》を帝乙《ていいつ》がその妹《いもうと》を降嫁《かうか》せしめたるに象《かた》どつて帝乙歸レ妹《ていいつとつがしむまいを》と言《い》ふ。帝乙《ていいつ》は古《いにしへ》の王者《わうしや》であるが、凡《すべ》て女子《ぢよし》たるものは夫家《ふか》の求《もと》めを俟《ま》たずして自《みづ》から歸《とつ》くは、婚姻《こんいん》の禮《れい》でない象《たん》に歸妹《きまい》征《ゆ》けば凶利《きやうよろ》しき攸《ところ》なしと言《い》ふは卽《すなは》ち之《これ》が爲《た》めであるが、惟《ひと》り王者《わうしや》の女《をんな》は少《すこ》しく之《これ》と異《ちが》い、却《かへ》つて王者《わうしや》の方《はう》より夫《をつと》の家《いへ》を擇《えら》むで、之《これ》に嫁《か》せしむるを以《もつ》て古來《こらい》よりの例《れい》として居《ゐ》る、故《ゆゑ》に歸妹《きまい》は平人《へいじん》に於《おい》ては禮《れい》に背《そむ》き義《ぎ》を犯《をか》して凶《きよう》であるけれども、王者《わうしや》の女《をんな》に於《おい》ては、自《みづ》から尊《そん》を降《くだ》し貴《き》を謙《へりく》だり、下《くだ》り嫁《とつ》くを以《もつ》て却《かへ》つて吉《きつ》として居《ゐ》る、故《ゆゑ》に泰《たい》の六五にも帝乙歸妹《ていいつきまい》と言《い》ふて、陰《いん》が高位《かうい》に居《ゐ》て自《みづ》から謙《へり》くだるの德《とく》あることを稱《しよう》して居《ゐ》るが、婚姻《こんいん》は人倫《じんりん》の大義《たいぎ》で、皇女《くわうぢよ》が降嫁《かうか》するに於《おい》ても、柔順《じうじゆん》の道《みち》を失《うしな》ふてはならぬ、隨《したが》つて禮《れい》の備《そな》はることを尙《たつと》むで華飾《くわしよく》を事《こと》とせぬのである、故《ゆゑ》に其君之袂不《そのきみのたもとはず》レ如《しか》二其娣之袂良《そのていのたもとのよきに》一と言《い》ふ。嫡婦《ちやくふ》を呼《よ》むで

君《きみ》と言《い》ひ、夫《をつと》に對《たい》しては小君《せうくん》と言《い》ふが、其君《そのきみ》は卽《すなは》ち帝乙《ていいつ》の妹《まい》を指《さ》したもので、袂《たもと》は猶之《なほこれ》を衣《ころも》と言《い》ふが如《ごと》く、袂《たもと》の良《よ》きとは、その衣《ころも》の善美《ぜんび》なることはと言《い》ふ義《ぎ》で、袂《たもと》は震《しん》の象《かたち》を取《と》つたものであるが、全體《ぜんたい》華飾《くわしよく》と嫉妬《しつと》は女子《ぢよし》の特性《とくせい》とする所《ところ》である、然《しか》るに今帝妹《いまていまい》の降嫁《かうか》するに當《あた》り、その衣袂《いべい》が姪娣《てつてい》たるものゝ其《そ》れに比《くら》べて不良《ふりやう》なりと言《い》へば、之《これ》に由《よ》つて以《もつ》て其君《そのきみ》の節儉《せつけん》にして貞淑《ていしゆく》なることが分《わか》る。尊貴《そんき》の女《をんな》が降嫁《かうか》して此《かく》の如《ごと》くなるは、之《これ》を譬《たと》へば猶月《なほつき》が望《ばう》に近《ちか》くして未《いま》だ盈滿《えいまん》に至《いた》らぬ樣《やう》なもので、女德《ぢよとく》の謙讓《けんじやう》なるものである。故《ゆゑ》に之《これ》を月幾レ望吉《つきちかしばうにきつ》と言《い》ふ。蓋《けだ》し月《つき》が望《ばう》に及《およ》べば、盈《み》ち滿《み》ちて日《ひ》と相敵《あひてき》するに至《いた》る、而《しか》も望《ばう》に近《ちか》きは未《いま》だ盈極《えいきよく》に至《いた》らぬのであるが、尊貴《そんき》の女《をんな》でありながら、自《みづか》ら謙《へり》くだること幾望《きばう》の月《つき》の如《ごと》くば、その夫《をつと》に亢敵《かうてき》する樣《やう》なことがない、此《こ》れその吉《きつ》なる所以《ゆえん》で、月望《つきばう》に幾《ちか》しとは、坎《かん》の月《つき》離《り》の日《ひ》、兌西震東《ださいしんとう》の象《かたち》を取《と》つて居《ゐ》るが、望《ばう》は十五夜《や》の月《つき》を言《い》ひ、幾《ちかし》は近《ちか》きの義《ぎ》で、望《ばう》に近《ちか》しとは、十五日《にち》の月《つき》に近《ちか》いと言《い》ふことである。

上六、女《ヲンナ》承《ウケテ》レ筐《カタミ》无《ナク》レ實《ミ》士《シ》刲《サイテ》レ羊《ヒツジ》无《ナシ》レ血《チ》、无《ナシ》レ攸《トコロ》レ利《ヨロシキ》

震《しん》を士《し》となし筐《かたみ》をなし、兌《だ》を女《をんな》となし羊《ひつじ》となし毀折《きせつ》となして、上六は歸妹《きまい》の終《をは》りに居《を》り、六三とは同《どう》陰《いん》にして應《おう》なきが故《ゆゑ》に、三は上《かみ》の筐《かたみ》を承《う》けて實《じつ》なく、上《じやう》は亦《また》三の羊《ひつじ》を刲《さい》て血《ち》がない所《ところ》の象《かたち》がある。故《ゆゑ》に女承レ筐无レ實士刲レ羊无レ血《をんなうけてかたみをなくみしさいてひつじをなしち》と言《い》ふ。蓋《けだ》し筐《かたみ》は幣《へい》を盛《も》り羊《ひつじ》は禮《れい》を成《な》す爲《ため》のものであるが、夫婦《ふうふ》は宗廟《そうべう》を承《う》け祖先《そせん》の祭祀《さいし》を奉《ほう》ずるもので、殊《こと》に筐篚《きやうひ》の實《じつ》は婦《ふ》たるものが職《しよく》として供《きよう》すべき筈《はず》のものである。

然《しか》るに筐《かたみ》を承《う》けて實《じつ》なく、羊《ひつじ》を刲《さ》いて血《ち》がなくば、婦《よ》となり夫《ふ》となつて祖先《そせん》の祭祀《さいし》を奉《ほう》ずることが可能《できぬ》、故《ゆゑ》に女《ぢよ》と言《い》ひ士《し》と言《い》ふて、その婚《こん》を約《やく》するも、而《しか》もその婚《こん》を終《を》へて夫婦《ふうふ》を成《な》さぬ所以《ゆゑん》を表示《へうじ》して居《ゐ》るがその占《うらなひ》も亦卦辭《またくわじ》と同《おな》じく、无レ攸レ利《なきこころよろしき》は勿論《もちろん》であると言《い》はねばならぬ。

䷶ 離下《りか》 震上《しんじやう》

豐《ほう》

豐《ホウ》、亨《トウル》、王《オウ》假《イタル》レ之《コレ》ニ、勿《ナカレ》レ憂《ウレフ》ルコト、宜《ヨロシ》ニ日《ヒ》ノ中《チウ》スルニ一

此卦《このくわ》は震《しん》の雷《らい》が上《うへ》に奮《ふる》ふて、離《り》の電《でん》が下《した》に閃《ひ》らめき、その勢《いきほひ》が甚《はなは》だ盛大《せいだい》なる象《かたち》である。故《ゆゑ》に之《これ》を豐《ほう》と言《い》ふ、又此卦《またこのくわ》は離明震動體《りめいしんどうたい》を合《あは》せ、内《うち》は明《あき》らかにして外《そと》は動《うご》き、動《うご》いて能《よ》く明《あき》らかに、明《あき》らかにして能《よ》く動《うご》くは、即《すなは》ち事《こと》の盛大《せいだい》を致《いた》す所以《ゆゑん》である、故《ゆゑ》に之《これ》を豐《ほう》と言《い》ふ。豐《ほう》とは盛大《せいだい》の義《ぎ》であるが、聰明《そうめい》にして能《よ》く動《うご》き勤《つと》むる時《とき》は、萬事《ばんじ》皆《みな》その豐盛《ほうせい》を至《いた》すことが可能《でき》る、故《ゆゑ》にその占《うらなひ》を亨《さほる》と言《い》ふ。而《しか》して群生《ぐんしやう》の衆《しつ》を統《す》べ、四海《かい》の富《とみ》を有《ゆう》す、天下《てんか》の盛大《せいだい》を極《きは》むることは、惟《ひと》り王者《わうしや》のみ能《よ》く此《かく》の如《ごと》きに至《いた》り得《う》るものである。故《ゆゑ》に王假レ之《わういたるこれに》と言《い》ふ。假《いたる》は至《いた》るの義《ぎ》で、此《かく》の如《ごと》く豐盛《ほうせい》の極《きよく》に至《いた》るは一《もつ》はら王心《わうしん》の明《めい》に由《よ》ることであるが、物《もの》は盛《さか》むなれば則《すなは》ち衰《おとろ》へ、滿《みつ》れば則《すなは》ち缺《か》ぐるもので、豐盛《ほうせい》の極《きよく》は亦憂患《またいうくわん》の必《かな》らず將《まさ》に生《しやう》ぜむとする時《とき》である。而《しか》も唯徒《たゞいたづ》らに之《これ》を憂慮《いうりよ》するは無益《むえき》の至《いた》りで、之《これ》に處《しよ》するの道《みつ》は、尚《なほ》一層《そう》その

離明《りめい》を用《もち》ひ震動《しんどう》を用《もち》ひて、常《つね》に日《ひ》の方《ま》さに天《てん》に中《ちう》するが如《ごと》くするの外《ほか》はない、故《ゆゑ》に之《これ》を戒《いま》しめて勿《なかれ》レ憂 宜二日 中一《うれふることよろしくひのちうするに》と言《い》ふ。但《たゞ》し日《ひ》は中《ちう》を過《す》ぐれば則《すなは》ち昃《かた》むく、故《ゆゑ》に方《ま》さに日《ひ》の中天《ちうてん》に懸《かゝ》るが如《ごと》く、その明《めい》を用《もち》ひて偏照《へんせう》遺《のこ》す所《ところ》なく、然《しか》る後《のち》永《なが》く豐盛《ほうせい》の運《うん》を保《たも》つて憂《うれひ》なきに至《いた》ると言《い》ふ義《ぎ》である。

初九、遇《アフ》二其《ソ》ノ配主《ハイシユ》一ニ雖《イヘ》ドモレ旬《ヒトシト》无《ナシ》レ咎《トガ》、往《ユイ》テ有《アリ》レ尚《タツトバルヽコト》

初《しよ》と四とは應位《おうい》である、故《ゆゑ》に之《これ》に居《ゐ》るものが剛柔《がうじう》互《たがひ》にその類《るゐ》を異《こと》にする時《とき》には相應《あひおう》じ、然《しか》らざる時《とき》には相應《あひおう》せぬので常例《じやうれい》であるが、此卦《このくわ》はその變例《へんれい》で、初《しよ》九は離明《りめい》の初《はじめ》、九四は震動《しんどう》の初《はじめ》で明《あき》らかならねば物《もの》を照《て》らすことが可能《でき》ず、動《うご》かなければ事《こと》を行《おこな》ふことが可能《でき》ぬが此《こ》の明《めい》と動《どう》と相俟《あひまつ》て然《しか》る後《のち》此卦《このくわ》の豐盛《ほうせい》を致《いた》して居《ゐ》る、故《ゆゑ》に剛《がう》と剛《がう》とは相應《あひおう》せぬのが常例《じやうれい》である、けれども此卦《このくわ》に於《おい》てはその例《れい》を變《へん》じ、初《しよ》九は九四を以《もつ》てその配主《はいしゆ》となし、九四は亦初《またしよ》九を以《もつ》てその夷主《いしゆ》となし、剛《がう》と剛《がう》と同德相應《どうとくあひおう》じ相資《あひたす》けてその用《よう》をなす所《ところ》の象《かたち》を取《と》つて、之《これ》を遇《あふ》二其配主《そのはいしゆに》一雖《いへども》レ旬无《ひとしきもとがなし》レ咎と言《い》ふて居《を》る。配《はい》とは剛《がう》と剛《がう》と相匹對《あひひつたい》するの義《ぎ》で、主《しゆ》とは相賴《あひたよ》り相親《あひした》しむの義《ぎ》であるが、明《あき》らかならねば、動《うご》くも行《ゆ》く所《ところ》がなく、動《うご》かなければ明《めい》も亦之《またこれ》を用《もち》ゆる所《ところ》がない、明動相資《めいどうあひたすけ》て始《はじ》めて豐《ほう》の盛大《せいだい》を成《な》すは、蓋《けだ》し時勢《じせい》の自《おのづ》から然《しか》らしむる所《ところ》である、故《ゆゑ》に剛《がう》が剛《がう》と遇《あ》ふのは、相均《あひひと》しくして過咎《くわきう》なき上《うへ》に、却《かへ》つて之《これ》を往《ゆいてありたつとばるゝところ》有レ尚と言《い》ふ。尚《たつ》とばるゝことありとは、往《ゆ》いて九四に從《したが》ふて嘉尚《かしやう》せらるゝことがあると言《い》ふ義《ぎ》である。

六二、豐《ユタカ》ニ二其《ソ》ノ蔀《シトミ》ヲ一、日中《ニツチウ》見《ミ》ルレ斗《ド》ヲ、往《ユ》ケバ得《ウ》ルニ疑疾《ギシツ》ヲ一、有《アツ》テレ孚《マコト》發若《ハツシヤク》タレバ吉《キツ》、

六二は離明《りめい》の主《しゆ》で中正《ちうせい》を得《え》て居《を》るから、元《もと》と至《いた》つて明《あき》らかなるものである、而《しか》も六五の柔暗《にうあん》に敵應《てきおう》して、その明《めい》を掩晦《えんかい》されて居《を》る、故《ゆゑ》に豐《おほいにして》二其《その》蔀《ひさみを》一日中《にっちう》見《みる》レ斗《とを》と言《い》ふ。豐《ゆたか》は大《だい》の義《ぎ》、蔀《ひさみ》は障蔽《しやうへい》で、斗《と》は北《ほく》斗七星《せい》のことである、北斗《ほくと》七星《せい》は日中至明《にっちうしめい》の時《とき》には見《み》えぬものであるが、その障蔽《しやうへい》を豐大《ほうだい》にして離明《りめい》を掩《おほ》ひ昏暗《こんあん》甚《はなは》だしきが故《ゆゑ》に、日中《にっちう》といへども斗《と》を見《み》るに至《いた》るもので、下體《かたい》を以《もつ》て之《これ》を言《い》へば、二は卽《すなは》ち日中《にっちう》で、全體《ぜんたい》を以《もつ》て之《これ》を言《い》へば、三四も亦日中《またにっちう》に當《あた》る、故《ゆゑ》に二三四共《とも》に日中《にっちう》の象《かたち》を取《と》つて居《を》るが、見《み》るは離《り》の象《かたち》で、斗《と》は備卦兌《びくわだ》を星《せい》となすの象《かたち》を取《と》つたものである。六二が六五の爲《た》めに掩蔽《えんぺい》さるゝことは已《すで》に此《かく》の如《ごと》くであるから、若《も》し往《ゆ》いて之《これ》に從《したが》ふに於《おい》ては、六五の爲《た》めに疑猜忌疾《ぎさいきしつ》さるゝことは必《ひつ》然《ぜん》である、故《ゆゑ》に往《ゆけは》得《うろ》二疑《ぎ》疾《しつを》一と言《い》ふ。蓋《けだ》し暗主《あんしゆ》たるものが明臣《めいしん》を疑《うたが》ひ疾《にく》むことは、大抵皆此《たいていみなかく》の如《ごと》くである、然《しか》らば六二たるものは之《これ》を如何《いか》にせばよいかと言《い》ふに、唯己《たゞおの》れが赤心《せきしん》の誠《まこと》を盡《つく》して、君心《くんしん》の暗蒙《あんもう》を開發《かいはつ》するの外《ほか》はないが、斯《か》くせば始《はじ》めは凶《きよう》であつても、後《のち》には乃《すなは》ち吉《きつ》を致《いた》すことが可能《でき》る、故《ゆゑ》に有《あつて》レ孚《まこと》發《はつ》若《じやくたれは》吉《きつ》と言《い》ふ。六二が虛中《きよちう》なるは卽《すなは》ち孚《まこと》あるの象《かたち》。

蘇氏軾《そしよく》曰《いは》く、豐《ほう》の患《くわん》は常《つね》に闇《くら》きにあり、故《ゆゑ》に爻《かう》は皆明暗《みなめいあん》を以《もつ》て吉凶《きつきよう》を爲《な》す、初《しよ》九六二九三の三者《しや》は皆離《みなり》なり、而《しか》して明德《めいとく》ある者《もの》なり、九四六五上六《じやう》は、則《すなは》ち謂《い》ふ所《ところ》の豐《ゆたか》にして而《しか》して闇《くら》き者《もの》なり、離《り》は火《ひ》なり日《ひ》なり、下《した》を以《もつ》て上《のぼ》るは其《そ》の性《せい》なり、明《めい》を以《もつ》て闇《あん》を發《ひら》くは其《そ》の德《とく》なり、故《ゆゑ》に三離《り》皆上《みなのぼ》つて震《しん》に適《ゆ》く、

九三、豐《オホヒニ》其《ソ》ノ沛《トバリ》チ、日中《ニツチウ》ニ見《ミ》ル沬《バイ》チ、折《チ》ル其《ソ》ノ右《ミギ》ノ肱《ヒヂ》チ、无《ナシ》咎《トガ》

九三は明《めい》の極《きよく》に居《ゐ》て上六《じやう》に敵應《てきおう》し、此《これ》も亦上六《またじやう》の爲《た》めにその明《めい》を掩蔽《えんぺい》さるゝものである、故《ゆゑ》に豐其《おほひにすその》沛《さはりを》と言《い》ふ。沛《さはり》は或《あるひ》は之《これ》を旆《さはり》に作《つく》つて居《を》るものもあるが幡幔《さうまく》の謂《いはれ》で、沛《さはり》の掩蔽《えんぺい》は更《さら》に蔀《ひさみ》よりも甚《はなは》だしく、その蔽《おほひ》が愈々《いよ／＼》甚《はなは》だしければ、その暗《くら》きことも亦愈々《またいよ／＼》甚《はなは》だしく、隨《したが》つて見《み》得ることも亦愈々《またいよ／＼》小《せう》なるに至《いた》るは必然《ひつぜん》である、故《ゆゑ》に日中見沬《につちうみるばいを》と言《い》ふ。薛氏《せつし》は沬《ばい》を以《もつ》て北斗《ほくと》の輔星《ほせい》であると言《い》ふて居《を》るが、兎《さ》も角星《かくほし》の最《もつと》も微小《びせう》なるもので、沬《ばい》を見《み》るとは昏暗《こゝあん》の甚《はなは》だしきことを言《い》ふたものであるが、三は明體《めいたい》にして剛正《がうせい》を得《え》たものであるから、之《これ》を二と四とに比《くら》ぶれば、元《も》と更《さら》に明《あき》らかなるべき筈《はず》である、而《しか》も却《かへ》つてその二四より暗《くら》き所以《ゆえん》は、二は五の爲《た》めに蔽《おほ》はれて居《を》るけれども、五は即《すなは》ち柔中《じうちう》の主《しゆ》である、四は亦初《またしよ》に應《おう》じて居《を》るが、初《しよ》は即《すなは》ち同德《ごうとく》の援助《えんじよ》である。反之《これにはんし》。九三は上六《じやう》の爲《た》めに蔽《おほ》はれて居《を》るが、上六《じやう》は即《すなは》ち卦極《くわきよく》の重陰《ちういん》である、故《ゆゑ》にその蔽《おほひ》は二四よりも甚《はなは》だしく、日中《につちう》に沬《ばい》の微小《びせう》なるもの迄《まで》も見《み》るに至《いた》るのであるが、九三が上六《じやう》の爲《た》めに掩蔽《えんぺい》さるゝことが此《かく》の如《ごと》くなる上《うへ》は、剛明《がうめい》の才《さい》を持《も》つて居《ゐ》ても而《しか》もその才《さい》を用《もち》ゆることが可能《でき》ぬ、之《これ》を假令《たと》へば猶人《いうじん》がその常《つね》に使用《しよう》する所《ところ》の右《みぎ》の肱《ひぢ》を折《を》つて仕舞《しま》ふた樣《やう》なものである、故《ゆゑ》に折其右肱《をるそのみぎのひぢを》と言《い》ふ。右手《みぎて》は人《ひと》の常《つね》に用《もち》ひて缺《か》くことの可能《でき》ぬもので、右《みぎ》の肱《ひぢ》を折《を》るとは、剛陽《がうやう》を右《みぎ》となし、兌《だ》を毀折《きせつ》となしてその象《かたち》を取《と》つて居《を》るが、九三をして右《みぎ》の肱《ひぢ》を折《を》ると一般無用《ばんむよう》の人《ひと》とならしめたものは、九三自《みづ》からが爲《な》す所《ところ》ではなく、即《すなは》ち上六《じやう》が然《しか》らしむる所《ところ》である

随《したが》つてその罪《つみ》は九三にあらずして上六《じやう》にある、故《ゆゑ》に亦更《またさら》に之《これ》を无《な》レ咎《とが》と言《い》ふて、時勢《じせい》の然《しか》らしむる所《ゆゑ》以《ん》を表示《へうじ》して居《を》る。

九四、豐《オホヒニス》二其蔀《ソノヒトミチ》一、日《ニツ》中《チウ》見《ミル》レ斗《トチ》、遇《アハバ》二其《ソノ》夷《イ》主《シユニ》一吉《キツ》、

九四は剛陽《がうやう》の才《さい》を以《もつ》て動《ごう》の主《しゆ》となり、且《か》つ近君《きんくん》の位《くらゐ》に居《を》るものであるけれども、而《しか》も不中正《ふちうせい》にして陰暗柔弱《いんあんじうじやく》なる五の君《きみ》を承《う》け、却《かへ》つてその君《きみ》の爲《た》めに掩蔽《えんへい》さるゝものである、故《ゆゑ》に豐《おほひにしてその》二其蔀《ひとみをにつちうみること》一、日中見《を》レ斗と言《い》ふ。されど九四は豐《ほう》の時《とき》に當《あた》り動《ごう》の主《しゆ》となつて大臣《だいじん》の位《くらゐ》に居《を》るもので、五の君《きみ》を輔佐《ほさ》して豐大《ほうだい》の運《うん》を致《いた》すものは、即《すなは》ち四が職責《しよくせき》の命《めい》ずる所《ところ》である、而《しか》してその職責《しよくせき》を盡《つく》すの道《みち》は、下位《かゐ》にある所《ところ》の賢《けん》才《さい》を得《え》て、之《これ》と共《とも》に力《ちから》を協《あは》せて豐大《ほうだい》の運《うん》を致《いた》す所《ところ》にある、故《ゆゑ》に遇《あはゞその》二其夷《い》主《しゆにきつ》一吉と言《い》ふ、夷《い》は等輩《とうはい》の義《ぎ》で夷主《いしゆ》とは初九《しよ》を指《さ》したものであるが、明動相濟《めいどうあひすく》ふて始《はじ》めて豐大《ほうだい》の業《げふ》を成《な》し得《う》べきものである、故《ゆゑ》に初《しよ》は四を見《み》て之《これ》を配主《はいしゆ》と言《い》ひ、四は亦初《またしよ》を見《み》て之《これ》を夷主《いしゆ》と言《い》ふたもので、即《すなは》ち互《たがひ》に相資《あひたす》け相濟《あひすく》ふの義《ぎ》に外《ほか》ならぬ。

六五、來《キタ》レ章《シヤウ》、有《アリ》二慶《ケイ》譽《ヨ》一、吉《キツ》、

六五は柔《じう》を以《もつ》て陽《やう》に居《を》り、柔《じう》ならず剛《がう》ならず、中《ちう》を得《え》て而《しか》して豐時《ほうじ》の君《きみ》となつて居《を》るもので、即《すなは》ち彖《たん》に謂《い》ふ所《ところ》の王之《わうこれ》に至《いた》るものであるが、若《も》し文明中正《ぶんめいちうせい》の六二に應《おう》じて、その章明《しやうめい》の才《さい》を我《われ》に來《き》たし致《いた》して、之《これ》を用《もち》ひて自《みづ》からを助《たす》けしめば、豐大《ほうだい》の慶《けい》と名聲《めいせい》の譽《ほまれ》とを得《え》て吉《きつ》なることが可能《でき》る、故《ゆゑ》に來《きたさば》レ章《しやうを》

有《あり》二慶譽《けいよ》一吉《きつ》と言《い》ふ、章《しやう》は離《り》の象《かたち》を取《と》り、慶《けい》は兌《だ》の象《かたち》を取《と》り、譽《ほまれ》は震《しん》の象《かたち》を取《と》つたものである。

上六、豐《オホヒ》ニシ二其屋《ソノヲク》一ヲ、蔀《ヒトミ》二其家《ソノイヘ》一ニ闚《ウカガ》二エバ其戸《ソノコ》一ヲ、闃《ゲキ》トシテ其无《ソノナシ》レ人《ヒト》、三歲《サイ》マデ不《ズ》レ覿《ミ》、凶《キヨウ》、

上六《じやう》は重陰《ぢういん》にして豐《ゆたか》の極《きよく》、動《どう》の終《をは》りに居《を》るものであるが、豐《ゆたか》の極《きよく》に居《を》るが故《ゆゑ》に、豐大《ほうだい》自《みづ》から亢《たか》ぶつてその屋《をく》を高大《かうだい》にし、それが爲《た》めに却《かへ》つてその家《いへ》を障蔽《しやうへい》するに至《いた》れるもので、即《すなは》ち陰暗《いんあん》にして自《みづ》から蔽《おほ》ふ所《ところ》の象《かたち》である、故《ゆゑ》に豐二其屋一蔀二其家一《おほひにしそのおくをしとみすそのいへに》と言《い》ふ。亦動《またどう》の極《きよく》に居《を》るが故《ゆゑ》に、動《うご》くこと極《きは》まつて却《かへ》つて靜《しづ》かに、寂《せき》として何等《なんら》の聲《こゑ》もないもので、即《すなは》ち至高《しかう》の地《ち》に居《ゐ》て自《みづ》から人《ひと》を絕《た》つの象《かたち》である、故《ゆゑ》に闚《うかがへば》二其戸一闃其无レ人《そのこをげきとしてそのなしひと》と言《い》ふ。闃《げき》とは靜寂《せいじやく》の義《ぎ》であるが、人《ひと》として此《かく》の如《ごと》きに至《いた》らば、その自《みづ》から蔽《おほ》ふことは益《ますます》深《ふか》く、三歲《さい》の久《ひさ》しきに至《いた》るとも、人《ひと》の來《きた》つて之《これ》を問《と》ひ訪《たづ》ぬるものなく、隨《したが》つて時勢《じせい》の變《へん》を知《し》つて世《よ》と共《とも》に推《お》し遷《うつ》ることが可能《でき》ぬ、果《はた》して然《しか》らば、その凶《きよう》なるべきは固《もと》より言《げん》なき所《ところ》である、故《ゆゑ》に亦《また》三歲《さいや》不レ覿凶《みきよう》と言《い》ふ

龔氏煥曰《りやうしくわんいは》く、豐《ゆたか》の卦《くわ》は明夷《めいい》と相似《あひに》たり、唯《たゞ》九四一爻《かう》を變《へん》ずるのみ、豐《ゆたか》は其《そ》れ蔀蔽《ぶへい》す、皆《みな》六五上六《じやう》の爲《な》す所《ところ》にして、二が其《そ》の蔀《ひとみ》を豐《ゆたか》にするは、五を以《もつ》て應《おう》と爲《な》せばなり、三が其《そ》の沛《はい》を豐《ゆたか》にするは、上《じやう》を以《もつ》て應《おう》と爲《な》せばなり、四が其《そ》の蔀《ひとみ》を豐《ゆたが》にするは、五を承《う》くるを以《もつ》てなり、然《しか》れども五は柔暗《じうあん》なりと雖《いへど》も、其《そ》の中《ちう》を得《う》るを以《もつ》て、故《ゆゑ》に章《しやう》を來《き》たすの吉《きつ》あり、上《じやう》は豐《ほう》の極《きよく》に居《を》る、始《はじ》めは則《すなは》ち人《ひと》の明《めい》を蔽《おほ》ひ、終《つひ》に以《もつ》て自《みづ》から蔽《おほ》ふ、明夷《めいい》の上六《じやう》と相似《あひに》たり。

熊氏良輔《いうしりやうほ》曰《いは》く、豐《ほう》の六爻《かう》は應《おう》ぜざるを以《もつ》て善《ぜん》と爲《な》す、初《しよ》と四は皆陽《みなやう》、初《しよ》には其《そ》の配主《はいしゆ》に遇《あ》ふと曰《い》ひ四には其《そ》の夷主《いしゆ》に遇《あ》ふと曰《い》ふ、二と五は皆陰《みないん》、二には孚《まこと》とあつて發若《はつじやく》たれば吉《きつ》と曰《い》ひ、五には章《しやう》を來《き》たさば慶譽《けいよ》あり吉《きつ》と曰《い》ふ、三と上《じやう》とは正應《しやうおう》と爲《な》る、三は肱《ひぢ》を折《を》ることを免《まぬ》かれずして、而《しか》して上《じやう》は則《すなは》ち甚《はなは》だ凶《きよう》なり、豐大《ほうだい》の時《とき》に當《あた》つては、同德相輔《どうとくあひたす》くるを以《もつ》て善《ぜん》と爲《な》し、陰陽《いんやう》の應《おう》を取《と》らざるなり。

䷷　艮下《ごんか》離上《りじやう》　旅《りよ》

旅《リヨ》、小《セウ》ハ亨《トウ》ル、旅《リヨ》ハ貞《タヾシ》ケレバ吉《キツ》、

此卦《このくわ》は離火《りくわ》が艮山《ごんさん》の上《うへ》にあつて火《ひ》が山《やま》を焚《た》けば、山《やま》は止《とゞ》まつて動《うご》かぬが火《ひ》は遷《うつ》り行《ゆ》いて止《とゞ》まらぬ、之《これ》を譬《たと》へば、猶山《なほやま》は旅舍《りよしや》の如《ごと》く、火《ひ》は旅客《りよかく》の如《ごと》く行《ゆ》き去《さ》つて而《しか》して處《よ》らざるの象《かたち》である、故《ゆゑ》に之《これ》を名《なづ》けて旅《りよ》と言《い》ふ。旅《りよ》は羈旅《きりよ》である、行旅《かうりよ》である、即《すなは》ち遷轉《せんてん》して止《とゞ》まらざるの義《ぎ》であるが、凡《およ》そ天下《てんか》の大事《だいじ》は遷轉常《せんてんつね》なきものゝ能《よ》く成《な》し得《う》べき所《ところ》でなく、遷轉常《せんてんつね》なきものは、只僅《たゞわづ》かに一小事《せうじ》を成《な》し得《う》るに過《す》ぎぬものである、故《ゆゑ》に小亨《せうはこう》ると言《い》ふ。小《せう》は亨《とう》るとは、小事《せうじ》は亨《とう》ると言《い》ふ義《ぎ》で少《すこ》しく亨《うく》ると言《い》ふ義《ぎ》ではない。蓋《けだ》し旅《りよ》なるものは人《ひと》の常居《じやうきよ》ではない、隨《したが》つて旅中《りよちう》に於《おい》ては萬事事《ばんじこと》を輕忽《けいこつ》に附《ふ》するも可《か》なるが如《ごと》くである、けれども旅《りよ》は不知案内《ぶちあんない》の地《ち》で、知人《ちじん》交友等《かういうとう》もなく、身《み》を安《やす》むずべき處《ところ》でないから、殊更《ことさら》に貞《てい》正《せい》の道《みち》を守《まも》つて、萬一《まん》の過誤《くわご》なきことを期《き》せねばならぬ、然《しか》らざれば、意外《いぐわい》なる危險《きけん》抔《など》に出遇《であ》ふことがある、故《ゆゑ》に之《これ》を戒《いまし》めて旅貞吉と言《い》ふ。

初六、旅瑣々《リヨサヽ》タリ、斯《コ》レ其《ソ》ノ所《トコロ》レ取《ト》ル災《ワザワイ》チ、

初六《しよ》は旅《りよ》の時《とき》に當《あた》つて陰柔不中正《いんじうふちうせい》を以《もつ》て最下《さいか》に居《を》る、即《すなは》ち卑賤《ひせん》なる旅人《りよじん》の象《かたち》である、故《ゆゑ》に旅瑣々《りよさゝたり》りと言《い》ふ。瑣々《さゝ》とは瑣細卑賤《さゝいひせん》の義《ぎ》で、荀子非十二子《じゆんしひじふにし》篇《へん》の註《ちう》に、爲ニ奸細之行一《たすをかんさいのかうに》曰《いふ》レ瑣《さこ》と言《い》ふて居《を》る、されば旅瑣々《りよさゝ》たりとは、鄙陋《ひろう》にして細事《さいじ》に屑々《せつせつ》たることを言《い》ふたものであるが、旅中《りよちう》にあつて細事《さいじ》に屑々《せつせつ》として奸猾《かんくわつ》の行《おこなひ》をなすは、乃《すなは》ち人《ひと》の侮辱《ぶじよく》を招《まね》き災難《さいなん》を致《いた》す所以《ゆえん》である、故《ゆゑ》に斯其所レ取レ災《これそのところとるわざはひを》と言《い》ふ。象《たし》に旅《りよ》を戒《いま》しめて貞《たゞ》しければ吉《きつ》と言《い》ふは、即《すなは》ち之《これ》が爲《た》めである。

六二、旅《リヨ》即《ツキ》レ次《ヤドリ》ニ、懷《イダキ》ニ其《ソ》ノ資《タカラ》ヲ一、得《ウ》ニ童僕《ドウボク》ノ貞《テイ》ヲ一、

旅中《りよちう》に於《おい》て最《もつと》も必要《ひつえう》なるものは旅舍《りよしや》と資財《しざい》と僕婢《ぼくひ》との三者《しや》であるが、六二が柔《じう》を以《もつ》て陰《いん》の本位《ほんゐ》に居《を》りその中《ちう》を得《え》て居《を》るのは即《すなは》ち旅舍《りよしや》につくの象《かたち》である、故《ゆゑ》に旅即レ次《りよつくやどりに》と言《い》ふ。即《つく》は就《つ》くと同《おな》じく、次《じ》は即《すなは》ち舍《しや》のことで、艮《こん》の象《かたち》である。亦《また》六二が陰虛《いんきよ》を以《もつ》て九三の陽實《やうじつ》を承《う》けて居《を》るのは、即《すなは》ち資財《しざい》を懷《いだ》くの象《かたち》である、故《ゆゑ》に懷ニ其資一《いだくそのしを》と言《い》ふ。其資《そのし》とは、猶旅資《なほりよし》と言《い》ふが如《ごと》く、懷《くわい》は抱《いだ》くと同《おな》じく、艮《ごん》の手《て》を以《もつ》て之《これ》を懷中《くわいちう》に抱《いだ》くの象《かたち》を取《と》つたものである、亦《また》六二が初六《しよ》を履《ふ》むでその上《じやう》に居《を》るのは、即《すなは》ち童僕《どうぼく》の使役《しえき》

を得《う》るの象《かたち》である、故《ゆゑ》に得二童僕貞一《うろどうぼくのていを》と言《い》ふ。童僕《どうぼく》は初《しよ》の爻象《かうしやう》を取《と》つたもので、貞《てい》は貞實《ていじつ》の義《ぎ》であるが旅中《りよちう》に於《おい》て次《やど》りに卽《つ》けばその身《み》安《やす》く、資財《しざい》を懷《いだ》けば旅用《りよよう》裕《ゆた》かに、童僕《どうぼく》の貞《てい》を得《う》れば信賴《しんらい》すべく、卽《すなは》ち旅《りよ》の最《もつと》も善《よ》きものである、然《しか》る所以《ゆえん》のものは、皆《みな》六二が柔順《じうじゆん》にして中正《ちうせい》なるの致《いた》す所《ところ》であるが、吉《きつ》を言《い》ふて居《を》らぬのは、旅中《りよちう》に於《おい》て災厄《さいやく》を免《まぬ》かるゝことが可能《でき》れば、その事《こと》が已《すで》に吉《きつ》なるが故《ゆゑ》である。

九三、旅《リヨ》焚《タ》キ二其《ソ》ノ次《ヤドリ》ヲ一、喪《ウシナ》フ二其《ソ》ノ童《ドウ》僕《ボク》ヲ一、貞厲《カタケレバアヤフシ》、

九三が上《じやう》は離《り》の火《くわ》に接《せつ》し、下《しも》は初《しよ》の僕《ぼく》に遠《とほ》ざかつて居《を》るのは、卽《すなは》ちその次舍《じしや》を焚《た》き童僕《どうぼく》を失《うしな》ふの象《かたち》である、故《ゆゑ》に旅焚二其次一喪二其童僕一《りよたきそのやどりをうしなふそのどうぼくを》と言《い》ふ。九三が此《かく》の如《ごと》く六二と全《まつた》く相反《あひはん》する所以《ゆえん》は、過剛不中《くわがうふちう》なるが上《うへ》に、艮體《ごんたい》の上《うへ》に居《ゐ》て自《みづ》から高《たか》ぶるが爲《た》めである、蓋《けだ》し過剛《くわがう》にして自《みづ》から高《たか》ぶることは、己《おの》れが家《いへ》に居《ゐ》る時《とき》ですら、猶且《なほか》つ不可《ふか》とする所《ところ》である、況《いは》むや旅寓《りよぐう》の際《さい》であるから、その次舍《じしや》を焚《た》き童僕《どうぼく》を失《うしな》ふに至《いた》るのは、固《もと》より然《しか》るべき所《ところ》である、故《ゆゑ》に之《これ》を戒《いま》しめて貞厲《かたければあやうし》と言《い》ふ。貞《かた》ければ厲《あや》うしとは、此《こ》の心《こゝろ》を固執《こしつ》して悔《く》ひ改《あらた》むることを知《し》らざれば、自《みづ》から災難《さいなん》を招《まね》くに至《いた》ると言《い》ふ義《ぎ》である。

九四、旅《リヨ》于處《コヽニオリ》、得《ウ》ル二其《ソ》ノ資《シ》斧《フ》ヲ一、我《ワ》ガ心《コヽロ》不《ズ》レ快《コヽロヨカラ》、

九四は旅《りよ》の時《とき》に當《あた》り不正《ふせい》にして多懼《たく》の地《ち》に居《を》るが上《うへ》に、離《り》を以《もつ》て卽《つ》き且《か》つ離《はな》るゝの義《ぎ》となすは、卽《すなは》ち旅中《りよちう》にあつて安處《あんしよ》を得《え》ざる所《ところ》の象《かたち》である、故《ゆゑ》に旅于處《りよこゝにをる》と言《い》ふ。旅于《りよこゝ》に處《を》るとは、旅中《りよちう》にあつて未《いま》だ次《じ》舍《しや》に卽《つ》いてその身《み》を安《やす》むずることを得《え》ざるの謂《いはれ》であるが、九四は離體《りたい》で、離《り》を貨寶《くわほう》として斧鉞《ふゑつ》となす

故《ゆゑ》は得《うる》二其資斧《そのしふを》一と言《い》ふ。資《し》は以《もつ》て旅用《りよよう》を辨《べん》じ、斧《をの》は以《もつ》て自《みづ》から衞《まも》るべきもので、九四がその資財《しざい》を得《う》ることは、六二と同然《どうぜん》であるけれども、倘斧鉞《なほふえつ》を加《くは》へて自《みづ》から衞《まも》らねばならぬ所以《ゆゑん》は、六二が柔順《じうじゆん》にして中正《ちうせい》なるに反《はん》し、四は剛《がう》にしてその正《せい》を得《え》ざるが爲《た》めである、隨《したが》つて心中《しんちう》に於《おい》て不安《ふあん》の念《ねん》を絶《た》つことが可能《でき》ぬ、故《ゆゑ》に我心不レ快《わがこゝろずこゝろよから》と言《い》ふ。心《こゝろ》は離《り》の象《かたち》を取《と》つて居《を》るが、四は心位《しんゐ》に當《あた》つて居《を》るけれどもその正《せい》を失《うしな》ふて居《を》るのは、卽《すなは》ち我《わ》が心快《こゝろこゝろ》よからぬ象《かたち》で、快《こゝろ》よからずとは、樂《たの》しまぬと言《い》ふに外《ほか》ならぬ。

六五、射《イ》テレ雉《キジ》ヲ一矢亡《シウシノフ》、終《ツイ》ニ以《モツ》テ譽命《ヨメイ》アリ、

六五は柔中《じうちう》にして文明《ぶんめい》の德《とく》があるもので、君位《くんゐ》に當《あた》つて居《ゐ》るけれども、君主《くんしゆ》たるものには旅《りよ》の義《ぎ》がないから、君《きみ》の象《しやう》を棄《す》てゝ旅《りよ》に處《を》つて至善《しぜん》なるもの卽《すなは》ち國疆《こくきやう》を出《い》でゝ仕官《しくわん》するものゝ象《かたち》を取《と》つて居《を》る、然《しか》るに士《し》たるものが始《はじ》めて相見《あひみ》る時《とき》には、雉《きじ》を以《もつ》て贄《し》となすのが禮《れい》である、故《ゆゑ》に之《これ》を射レ雉一矢亡《いてきじをうしなふ》と言《い》ふ雉《きじ》は文彩《ぶんさい》ある物《もの》で離《り》の象《かたち》、矢《し》は坎《かん》の象《かたち》で、離《り》の反面《はんめん》には坎《かん》を伏《ふ》して居《を》る、故《ゆゑ》に一矢亡《しつしなふ》と言《い》ふて居《を》るが文明《ぶんめい》の獲《ゑ》ものを射《い》るが爲《た》めに一矢《し》を亡《うしな》ふは。その損《そん》たるや至《いた》つて僅少《きんせう》である、而《しか》もその一矢《し》を亡《うしな》ふに由《よ》つて獲《ゑ》た所《ところ》の雉《きじ》を贄《し》となして令譽《れいよ》と福祿《ふくろく》とを得《う》るに至《いた》れば、卽《すなは》ち小《せう》を失《うしな》ふて大《だい》を得《え》たものであると言《い》はねばならぬが、這《こ》は必竟《ひつきやう》六五が旅《りよ》に處《を》つて文明中順《ぶんめいちうじゆん》なるの致《いた》す所《ところ》である、故《ゆゑ》に終以譽命《ついにもつてよめいあり》と言《い》ふ。譽《よ》は人《ひと》の稱《しよう》、譽命《よめい》は君上《くんじやう》に承《う》くる所《ところ》の爵命《しやくめい》を言《い》ふたもので、共《とも》に離《り》の象《かたち》を取《と》つたものである。

上九、鳥《トリ》焚《タキ》二其《ソノ》巣《ス》ヲ一、旅人《リヨジン》先《サキ》ニハ笑《ワラ》フテ後《ノチ》ニハ號咷《サケビサケブ》、喪《ウシナ》フ二牛《ウシ》ヲ于一レ易凶《サカイキヨウ》、

凡《およ》そ鳥《とり》の巣《す》は高處《かうしよ》にあつて之《これ》を危地《きち》に托《たく》するものであるが、上九《じやう》が剛不中正《がうふちうせい》にして離體《りたい》の上《じやう》、卦《くわ》の極《きよく》に居《ゐ》て剛亢自《がうこうみづ》から高《たか》ぶるのは、此《こ》の鳥《とり》の巣《す》と恰《あた》かも相似《あひに》て居《を》る、故《ゆゑ》に之《これ》に象《かた》どつて鳥焚《とりたく》二其巣《そのすを》一と言《い》ふ鳥《とり》も焚《たく》も巣《す》も皆《みな》離《り》の象《かたち》で、離《り》は木《き》に於《おい》ては科上稿《くわじやうか》るゝとするから、之《これ》を鳥《とり》の巣《す》に象《かた》どつたものである蓋《けだ》し旅《りよ》に貴《たつと》ぶ所《ところ》は柔順《じうじゆん》にして謙譲《けんじやう》なるにある、然《しか》るに上九《じやう》が剛腹《がうふく》にして自《みづ》から高《たか》ぶり、衆人《しうじん》に疾《ねた》み悪《にく》まれてその次舎《じしや》を失《うしな》ふ所《ところ》の有様《ありさま》は、猶鳥《なほとり》がその巣《す》を焚《た》かれて棲息《せいそく》する所《ところ》を失《うしな》ふのと一般《はん》で、始《はじ》めは剛《がう》を以《もつ》て至高《しかう》に居《を》るが故《ゆゑ》に、高《たか》ぶり喜《よろこ》ぶのであるが、後《のち》にはその歸宿《きしゆく》する所《ところ》を失《うしな》ふが故《ゆゑ》に、之《これ》を悲《かな》しみ憂《うれ》へて啼《な》き咷《さけ》ぶに至《いた》るのである、故《ゆゑ》に先笑後號咷《さきにはわらふてのちにはさけびさけぶ》と言《い》ふ。笑《わらふ》も號咷《さけびさけぶ》も共《とも》に備卦兌《びくわだ》の象《かたち》を取《と》つて居《を》るが、柔順《じうじゆん》を旨《むね》とすべき旅人《りよじん》でありながら、その柔順《じうじゆん》の德《とく》を旅の彊場《きやうえき》に上《のぼ》るの際《さい》に失《うしな》ふは、即《すなは》ち此《こ》の凶《きよう》を招《まね》く所以《ゆゑん》である、故《ゆゑ》に喪二牛于一レ易凶《うしなふうしをさかいきよう》と云《い》ふ。牛《うし》はその性至《せいいた》つて柔順《じうじゆん》なるもので、亦《また》離の象《かた》を取《と》つたものであるが、易《えき》は彊場《きやうえき》の場《えき》と同《おな》じく、牛《うし》を易《えき》に喪《うしな》ふとは、順德《じゆんとく》を旅程《りよてい》に上《のぼ》るの場《さかひ》に失《うしな》ふと言《い》ふことである。

范氏《はんし》仲淹《ちうえん》曰《いは》く、夫《そ》れ旅人《りよじん》の志《こゝろざし》、卑《いや》しければ則《すなは》ち自《みづ》から辱《はづ》かしめ、高《たか》ぶれば則《すなは》ち疾《にく》まる、能《よ》く其《そ》の中《ちう》を執《と》るを智《ち》と謂《い》ふべし、故《ゆゑ》に初《しよ》の瑣々《さゝ》たるは、卑《いやし》ふして以《もつ》て自《みづ》から辱《にづ》かしむる者《もの》なり、三は次《やご》りを焚《た》いて、而《しか》して上《じやう》は巣《す》を焚《た》き、高《たか》ぶつて而《しか》して疾《にく》まるゝ者《もの》なり、二は資《し》を懐《いだ》いて、而《しか》して五は譽《よ》

命《めい》あり、柔《じう》にして而《しか》して其《そ》の中《ちう》を失《うしな》はざる者《もの》なり。

巽《そん》下《か》
巽《そん》上《じやう》

巽《そん》

巽《ソン》、小《スコ》シク亨《トウ》ル、利《ヨロ》シレ有《ア》ルニレ攸《トコロ》往《ユ》ク、利《ヨロ》シレ見《ミ》ルニ二大人《タイジン》一ヲ、

一陰《いん》が二陽《やう》の下《した》にある、その象《かたち》は風《かぜ》である、風《かぜ》は能《よ》く物《もの》に入《い》るものであるが、此卦《このくわ》は重卦《ちうくわ》である、故《ゆゑ》に亦之《またこれ》を巽《そん》と名《なづ》く、巽《そん》とは入《い》るの義《ぎ》で、一陰《いん》を主《しゆ》となして義《ぎ》を取《と》つて居《を》る、故《ゆゑ》にその占《うらなひ》を小 亨《すこしくとうる》と言《い》ふ。少《すこ》しく亨《とほ》るとは、亨《とう》ることの少《せう》なる義《ぎ》であるが、巽《そん》と兌《だ》とはその義《ぎ》が頗《すこ》ぶる相似《あひに》て居《を》る、而《しか》も兌《だ》は亨《とう》つて、巽《そん》は少《すこ》しく亨《とう》るに過《す》ぎぬ所以《ゆえん》は、兌《だ》の悦《よろこ》びが外《ほか》にあるは陽《やう》が陰《いん》の和柔《わじう》なるを假《かり》て之《これ》を用《もち》ゆるもので、巽《そん》の順《じゆん》が内《うち》にあるは、その性《せい》が元《も》と柔《じう》なるものである、此《こ》れ巽《そん》が亨《とう》ることの少《せう》なる所以《ゆえん》であるが、巽順《そんじゆん》なるものは、何事《なにごと》も皆人《みなひと》に頼《よ》らざれば、自《みづ》から爲《な》すことの可能《でき》ぬものである、故《ゆゑ》に利《よろしあるに》レ有レ攸《ところゆく》レ往と言《い》ふ往《ゆ》く所《ところ》あるに利《よろ》しとは、陰《いん》を以《もつ》て往《ゆ》いて陽《やう》に従《したが》ふに利《よろ》しと言《い》ふ義《ぎ》であるが、人《ひと》に巽従《そんじう》するに就《つ》ては、その人《ひと》を擇《えら》ばざれば、従《したが》ふべき所《ところ》を失《うしな》ふことゝなるから、必《かな》らず有徳《いうとく》の大人《だいじん》を擇《えら》むで、之《これ》に従《したが》ふのが肝要《かんえう》である、故《ゆゑ》に亦利《またよろし》レ見《みる》二大人《だいじん》一と云《い》ふ。

初六、進退《シンタイ》ス、利《ヨロ》シ二武人《ブジン》之《ノ》貞《テイ》一ニ、

初《しよ》六は陰柔《いんじう》を以《もつ》て卦《くわ》の最下《さいか》に居《ゐ》て巽《そん》の主《しゆ》となつて居《を》るから、卑巽《ひそん》に過《す》ぎたものであるが、卑巽《ひそん》に過《す》ぐる時《とき》は、その心《こころ》が定《き》まらぬので、事《こと》に當《あた》つて或《あるひ》は進《すゝ》み或《あるひ》は退《しりぞ》き、自《みづ》からその進退《しんたい》を決《けつ》することが可能《でき》ぬ、故《ゆゑ》に之《これ》を形容《けいよう》して進退《しんたい》すと言《い》ふ。此《かく》の如《ごと》きものは、武人的果斷果決《ぶじんてきくわだんくわけつ》の態度《たいど》を以《もつ》て事《こと》に處《しよ》せば、その卑巽遲疑《ひそんちぎ》の弊《へい》を矯《た》むることが可能《でき》る、故《ゆゑ》に亦之《またこれ》を敎《をし》へ諭《さと》して利㆓武人之貞㆒《よろしぶじんのていに》と言《い》ふ。貞《てい》は貞固《ていこ》にして事《こと》に幹《かん》たるの貞《てい》と同義《どうぎ》である。

九二、巽在《イツテア》リ㆓牀下《シヤウカ》㆒ニ、用《モチヒ》テ㆓史巫《シフ》㆒ヲ紛若《フンジヤク》タレバ、吉《キツ》ニシテ无《ナシ》㆑咎《トガ》、

巽順《そんじゆん》の時《とき》に處《しよ》するものゝ憂《うれひ》とすべき所《ところ》は、過巽《くわそん》にして卑屈《ひくつ》に失《うしな》はざるにある、故《ゆゑ》に惟《ひと》り初《しよ》六に於《おい》てのみ武人的剛決《ぶじんてきがうけつ》を貴《たつと》ぶ許《はか》りでなく、その他《た》の諸爻《しよかう》に於《おい》ても、亦均《またひと》しく之《これ》を貴《たつと》ぶのであるが、九二が巽順《そんじゆん》の時《とき》に當《あた》り、陰《いん》に居《ゐ》て而《しか》して上《じやう》に應《おう》なく初《しよ》六の陰柔《いんじう》に比親《ひしん》して居《を》るのは、此《これ》も亦巽順《またそんじゆん》に過《す》ぐるものである、故《ゆゑ》に巽在㆓牀下㆒《いつてありしやうかに》と言《い》ふ。牀《しやう》は巽《そん》の形象《かたち》を取《と》つたものであるが、巽《いつ》て牀下《しやうか》に在《あ》りとは、九二が剛《がう》斷武人《だんぶじん》の如《ごと》きものに從《したが》はずして、却《かへ》つて牀下《しやうか》にある所《ところ》の初陰《しよいん》に比親《ひしん》し、過巽《くわそん》に失《うしな》ふて居《を》ることを形容《けいよう》したものである。されど九二は又剛《またがう》にして中《ちう》を得《え》て居《を》るので、之《これ》を三上等《じやうとう》に比《くら》ぶれば、その卑巽《ひそん》なることは、彼等《かれら》の如《ごと》く已甚《はなは》だしきものではない、故《ゆゑ》に用㆓史巫㆒紛若吉无㆑咎《もちひてしふをふんじやくたればきつにしてとがなし》と言《い》ふ。史《し》は卜筮《ぼくぜい》を掌《つかさ》どり、巫《ふ》は秡禳《はつじやう》を掌《つかさ》どるものであるが、史巫《しふ》を用《もち》ゆるとは、卜筮《ぼくぜい》に由《よ》つてその吉凶《きつきよう》を決斷《けつだん》し、秡禳《はつじやう》に由《よ》つてその災害《さいがい》を拂除《ふつぢよ》すること再《さい》三再《さい》四絕《た》へ間《ま》なきが如《ごと》く、初《しよ》に比親《ひしん》して卑屈《ひくつ》に流《なが》るゝの弊《へい》を去《さ》らば

乃《すなは》ち吉《きつ》にして咎《さが》なきに至《いた》ると言《い》ふ義《ぎ》で、紛若《ふんじやく》とは、再《さい》三再《さい》四間斷《かんだん》なきことを言《い》ふたもので、重巽《ちうそん》の象《かたち》を取《と》つて居《を》るが、史巫《しぶ》は卽《すなは》ち巽《そん》を潔淸《けつせい》となすの義《ぎ》を取《と》つたものである。

九三、頻《シキリ》ニ巽《イル》、吝《ヤブサシ》、

過巽《くわそん》にして卑屈《ひくつ》に失《うしな》はむことを憂《うれ》ふるの時《とき》に當《あた》り、九三が不中《ふちう》にして內巽《ないそん》の終《をは》りに居《を》り、外巽《ぐわいそん》の後《のち》に接《せつ》するは、卽《すなは》ち頻《しき》りに巽入《そんにふ》するの象《かたち》である、故《ゆゑ》に頻巽《しきりにいる》と云《い》ふ。頻《しき》りに巽《い》るとは、猶屢《なほしば〳〵》入《い》ると言《い》ふに同《おな》じく、入《はい》つて亦入《またい》り、入《はい》ることの再々《さい〳〵》なるを言《い》ふたもので、此《これ》も亦重巽《またちうそん》の象《かたち》を取《と》つたものであるが卽《すなは》ち卑巽《ひせん》に過《す》ぐることの已甚《はなは》だしきものである、蓋《けだ》し後《のち》に巽《したが》ひ前《まへ》に從《したが》ひ、數々巽從《しば〳〵そんじう》して已《や》まぬのは、實《じつ》に卑陋《ひろう》の極《きよく》で男子《だんし》の大《おほい》に恥《は》づる所《ところ》である、故《ゆゑ》に之《これ》を吝《やぶさし》と言《い》ふ。

六四、悔《ク》ヒ亡《ホロ》ブ田《カリ》シテ獲《ウ》ル三品《ヒン》ヲ、

巽《そん》の諸爻皆巽順《しよかうみなそんじゆん》に失《うしな》ふの時《とき》に當《あた》り、六四は柔《じう》を以《もつ》て陰《いん》に居《ゐ》て巽《そん》の主《しゆ》となつて居《を》るので、本《もと》と悔《くひ》あるべきものである、けれども幸《さいはひ》に上下《じやうか》の二剛《がう》に比親《ひしん》するに由《よ》り、その剛斷《がうだん》の益《えき》を受《う》けて過巽《くわそん》の失《しつ》を救《すく》ひ得《う》るものである、故《ゆゑ》に悔亡《くひほろぶ》と言《い》ふ。(巽《そん》の諸爻《しよかう》は剛武《がうぶ》を貴《たつ》とぶ、故《ゆゑ》に承乘《しやうじよう》の義《ぎ》を取《と》らぬ)且《か》つ六四が下《しも》は三に比《ひ》し、上《じやう》は五に比《ひ》すれば、已《おの》れ自《みづ》からは離《り》の主《しゆ》となるが、離《り》を弋兵甲冑《かんへいかつちう》となして武斷《ぶだん》の義《ぎ》がある武斷《ぶだん》に由《よ》つて過巽《くわそん》の失《しつ》を除《のぞ》くは猶畋《なほか》りして田害《でんがい》を除《のぞ》くと一般《はん》、その益《えき》を受《う》くることは少々《せう〳〵》でない、故《ゆゑ》に之《これ》を譬《たと》へて田獲《かりにうる》三品《ひんを》と言《い》ふ。田《でん》は巽《そん》を禽獸《きんじう》となし、離《り》を武事《ぶじ》となし、兌《だ》を肅殺《しゆくさつ》となすの象《かたち》を兼《か》ね取《と》つたもので、三品《びん》は程傳《ていでん》に由《よ》れば、田獵之獲《でんれふのゑものは》、分《わかつ》二三品《さんびんに》一、一爲《をなしけんとうと》二乾豆一、一供《をきやつしひんかくともにじつはう》三賓客與二充庖一、一頒《をわかつと》二徒御《ぎよに》一と。三品《びん》を獲《う》るとは、獲《う》ることの多《おほ》きを言《い》ふたものである。

九五、貞吉《テイキツ》ナリ悔亡《クヒホロ》ブ无《ナ》シレ不《ザ》ルコトレ利《ヨロシ》カラ、无《ナ》ケレドモレ始《ハジ》メ有《ア》リレ終《ヲハ》リ、先《サキ》ダツコトレ庚《コウ》ニ三日、後《オク》ルヽコトレ庚《カウ》ニ三日、吉《キツ》、

諸爻皆過巽《しよかうみなくわそん》に失《うしな》ふの時《とき》に當《あた》り、五は巽時《そんじ》の主《しゆ》となつて居《を》るので、此《これ》も亦自《またおのづ》から悔《くひ》なきを得《え》ざるものである、されど剛陽中正尊位《がうやうちうせいそんゐ》に居《ゐ》て德位《とくゐ》並《なら》び備《そな》はる所《ところ》の明主《めいしゆ》である、故《ゆゑ》に貞吉《ていきつ》、悔亡《くひほろぶ》、无《なし》レ不《ざること》レ利《よろしから》と言《い》ふ。言《い》ふこゝろは貞吉《ていきつ》なるが故《ゆゑ》に悔亡《くひほろ》びて利《よろ》しからざること无《な》しと言《い》ふ義《ぎ》である。乃《そこ》で此《こ》の九五が變《へん》ずれば蠱《こ》となるが、此《こ》の巽《そん》は卽《すなは》ち蠱《こ》の本宮《ほんきう》の卦《くわ》で、蠱《こ》は卽《すなは》ち此《こ》の巽《そん》の歸魂《きこん》の卦《くわ》である、故《ゆゑ》に蠱《こ》の彖《たん》には先レ甲三日、後レ甲三日と言《い》ひ、此《こ》の巽《そん》の九五には亦先レ庚三日、後レ庚三日と言ふたものであるが、此《こ》の事《こと》に就《つい》ては已《すで》に蠱《こ》の卦《くわ》の下《もと》に於《おい》て詳《くわ》しく述《のべ》て置《お》いたから玆《こゝ》にはその大要《たいえう》を述《の》ぶることゝし度《た》いと思《おも》ふが、先《ま》づ諸學者《しよがくしや》の說《せつ》を擧《あ》げて然《しか》る後《のち》之《こ》れが解釋《かいしやく》に移《うつ》ることゝする。

虞翻曰、得レ位處レ中、故貞吉悔亡、无レ不レ利也、震巽相薄、雷風無レ形、當二變之一レ震矣、巽究爲二躁卦一、故无レ初有レ終也、先レ庚三日、後レ庚三日吉、震庚也、謂二變レ初至レ二成レ離、至レ三成レ震、震主一レ庚、離爲レ日、震三爻在レ前、故先レ庚三日、謂二益時一也、動レ四至レ五成レ離、終レ上成レ震、震爻在レ後、

故後レ庚三日也、巽初失レ正、終變成レ震得レ位、故无レ始有レ終吉、震究爲二蕃鮮白一、謂二巽白一、巽究爲二躁卦一、躁卦謂レ震也。與二蠱先レ甲三日、後レ甲三日一同義、五動成レ蠱、乾成レ于レ甲、震成レ于レ庚、陰陽天地之始終、故經擧二甲庚于二蠱彖巽五一也、

程伊川曰、无レ初、始未レ善也、有レ終、更レ之始善也、若已善、則何用レ命也。先レ庚三日、後レ庚三日吉、出レ命更改之道、當レ女レ是也、甲者事之端也、庚者變更之始也、十干戊己爲レ中、過レ中則變、故謂二之庚一、事之更改、當三原レ始要レ終如二先甲後甲之義一、

郭雍曰、庚卽命令也、先レ庚謂二申命一、後レ庚、謂二出令之後而行一レ事也、

朱晦菴曰、有レ悔、是无レ初也、亡レ之、是有レ終也、庚更也、事之變也、先レ庚三日、丁也、後レ庚三日、癸也、丁所下以丁上寧レ於二其變之前一、癸所下以揆上度レ於二其變之後一、

張淸子曰、甲者、十干之首、事之端也、故謂二之終則有一レ始、庚者、過二十干之中一、事之當レ更者也、故謂二之无レ初有一レ終、況巽九五乃蠱六五之變、以レ造レ事言レ之、故取二諸甲一、以レ更レ事言レ之、故取二諸庚一、易於二甲庚一、皆曰二先後三日一者、蓋聖人謹二其始終一之意也、

伊藤東涯曰、天有二十日一、始レ于レ甲而終レ于レ癸、庚者更也、命令變更之始、先レ庚三日、則自レ丁至レ己、非二日之始一也、後レ庚三日、則自レ辛至レ癸、日之終也、故曰无レ初有レ終(中略)其變二更命令一、初雖レ無レ驗、而終則有レ功、先レ庚三日、則無二其初一、後レ庚三日、則有二其終一、故繫レ詞加レ此、蓋天之

有二十日一、猶二事之始終一也、前事已終、而後事將レ始、故其辭云、先レ甲三日、後レ甲三日、象釋レ之曰、終則有レ始天行也、巽之九五改命之始也、始雖レ有レ悔、而終則有レ利、故其辭曰、无レ初有レ終、先レ庚三日、後レ庚三日、

新井白蛾曰、庚兌金象、先レ庚三日巽也、後レ甲三日艮也、九五變忽成レ蠱、知下此病發上レ於二巳之腹中一、而戒謹恐懼則吉、

根本羽嶽先生先庚後庚之圖解

……至二六四一重巽、是申レ命以匡二救晩年之弊政一、

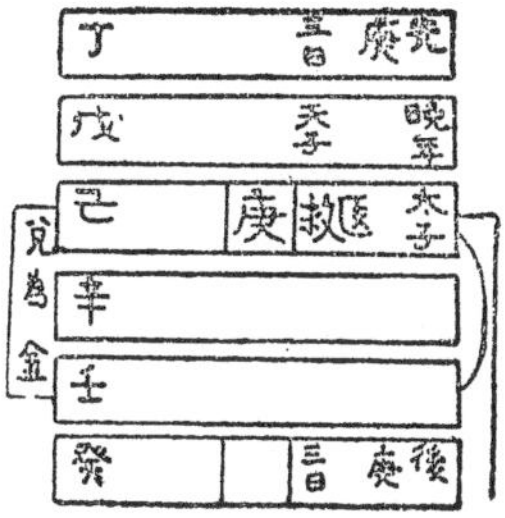

巽

壬癸者、十干之終、今有二壬癸一、是有レ終也、而無二甲乙一、故曰无レ初有レ終、丁者、火之終也、而無レ丙、是無レ初有レ終之象、

諸學者《しよがくしや》が說《と》く所《ところ》は概《おほむ》ね此《かく》の如《ごと》くであるが、已《すで》に蠱《こ》の卦《くわ》に於《おい》て述《の》べたるが如《ごと》く、先甲後甲《せんかふこうかふ》の甲《かふ》は乾《けん》の卦《くわ》の納甲《なつかふ》を取《と》つたものである、果《はた》して然《しか》らば、此爻《このかう》に於《おい》て謂《い》ふ所《ところ》の先庚後庚《せんかうこうかう》の庚《かう》も、亦均《またひと》しく震《しん》の卦《くわ》の

納甲《なつかふ》を取《と》つたものであると言《い》ふことは自《おのづ》から推知《すゐち》さるゝ所《ところ》である。隨《したが》つて諸學者《しよがくしや》の説《せつ》の當否《たうひ》を論《ろん》ずる迄《まで》もなく、蠱《こ》の卦《くわ》の例《れい》に由《よ》つて先後《せんご》三日を定《さだ》むるのが當然《たうぜん》である。乃《そこ》で此爻《このかう》に就《つ》て之《これ》を言《い》へば、即《すなは》ち左圖《さづ》の如《ごと》く、

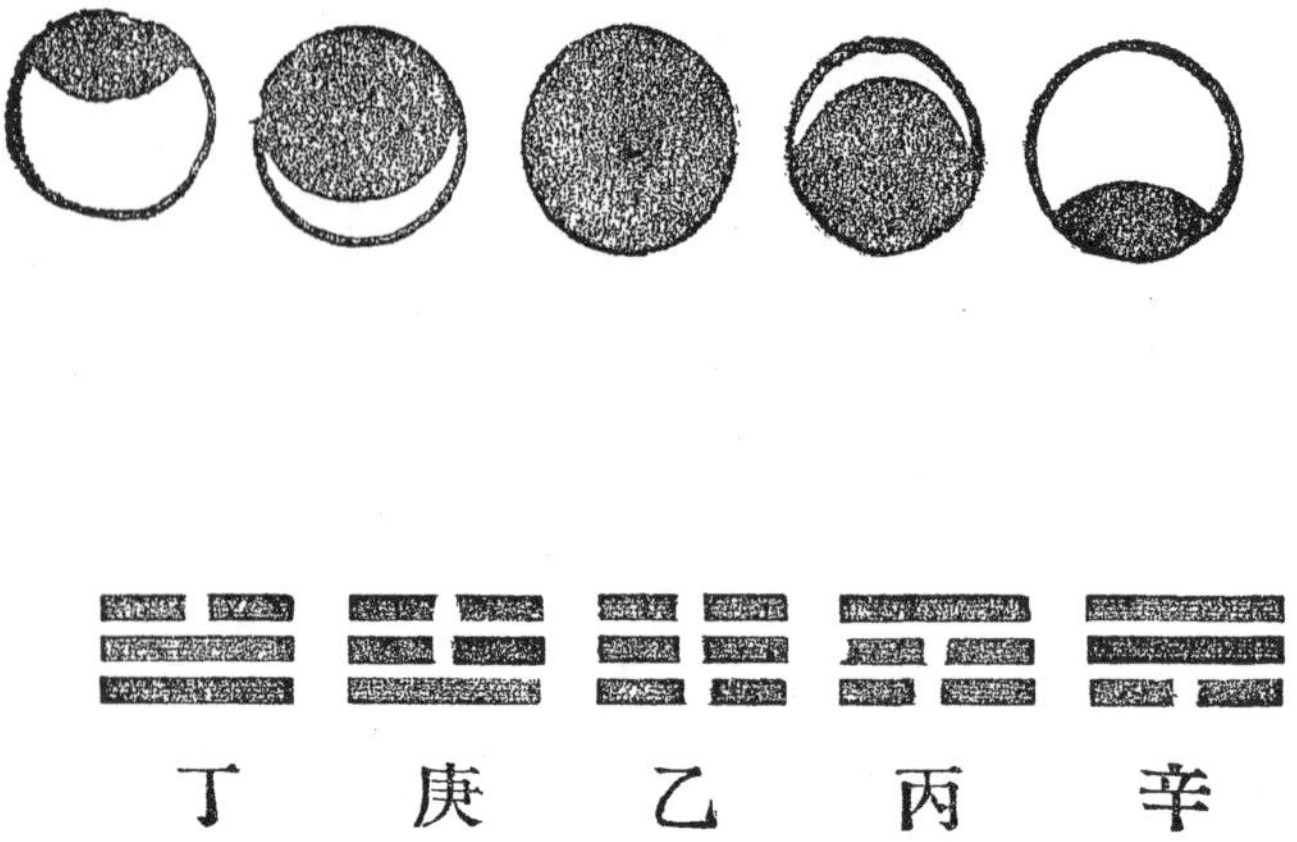

先庚三日

○ 甲後庚三日

庚《かう》は即《すなは》ち震《しん》の納甲《なつかふ》であるから、庚《かう》に先《さき》だつこと三日は即《すなは》ち艮《ごん》で、庚《かう》に後《おく》るゝこと三日は即《すなは》ち乾《けん》であるが、艮《ごん》は陽消《やうしよう》の卦《くわ》にして上《じやう》の一陽消盡《やうしようじん》し了《をは》れば、則《すなは》ち純陰《じゆんいん》の坤《こん》となるべきものである、而《しか》して坤《こん》の純《じゆん》陰《いん》の下《した》に亦新《またあら》たに一陽《やう》を生《しやう》じたものが即《すなは》ち震《しん》であつて、此上更《このうへさら》に一陽《やう》を生《しやう》ずれば兌《だ》となり、尚亦《なほまた》一陽《やう》を生《しやう》ずれば乾《けん》となるのであるが、乾《けん》は即《すなは》ち純陽《じゆんやう》の卦《くわ》にして滿月《まんげつ》の象《かたち》に當《あた》るのである。此《かく》の如《ごと》く艮《ごん》の一陽《やう》が消盡《しようじん》して純陰《じゆんいん》の坤《こん》となつてより、乾《けん》の純陽《じゆんやう》となるに至《いた》る迄《まで》の由來《ゆらい》を見《み》れば、陽長陰消《やうちやういんせう》の形跡《けいせき》が歴《あり》々として現《あら》はれて居《を》る、故《ゆゑ》に此《こ》の形跡《けいせき》を見《み》て先レ初有レ終、先レ庚三日、後レ庚三日吉と言《い》ふたものである。先レ初とは即《すなは》ち艮《ごん》の一陽《やう》が消盡《せうじん》して坤《こん》の純陰《じゆんいん》となることを言《い》ふたもので、有レ終とは即《すなは》ち震《しん》の一陽《やう》が次第《しだい》に成長《せいちやう》して乾《けん》の純陽《じゆんやう》となることを言《い》ふたものである。然《しか》らば蠱《こ》の卦《くわ》に於《おい》ては乾《けん》の甲《かふ》を取《と》り、巽《そん》の卦《くわ》に於《おい》ては震《しん》の庚《かう》を取《と》つたのは如何《いか》なる理由《りゆう》であるかと言《い》ふに、蠱《こ》は元《も》と泰《たい》より來《き》たもので、泰《たい》の卦《くわ》の敗《やぶ》れたものが即《すなに》ち蠱《こ》の卦《くわ》である計《ばか》りでなく、蠱《こ》の内卦巽《ないくわそん》には乾《けん》の一陽《やう》を消《け》した所《ところ》の象《かたち》があるが、外卦艮《ぐわいくわごん》にはその二陽《やう》を消《け》した所《ところ》の象《かたち》がある、已《すで》にその二陽《やう》を消《け》した上《うへ》は、此《こ》の次《つぎ》には殘《のこ》る所《ところ》の一陽《やう》をも消盡《せうじん》して坤《こん》の無陽《むやう》となるべきものと見《み》らるべき象《かたち》がある、故《ゆゑ》に蠱《こ》の卦《くわ》に於《おい》ては乾《けん》の甲《かふ》を主《しゆ》として先《せん》後《ご》三日を言《い》ふたのである、然《しか》るに巽《そん》は蠱《こ》の本宮《ほんきう》の卦《くわ》であるが上《うへ》に、甲《かふ》の反對《はんたい》に位《くらゐ》するものは卽《すなは》ち庚《かう》である、故《ゆゑ》に巽《そん》の卦《くわ》に於《おい》ては庚《かう》を主《しゆ》として陰陽消長《いんやうせうちやう》の形跡《けいせき》を示《しめ》したものである、尙蠱《なほこ》は彖《たん》に於《おい》て之《これ》を言《い》ひ、巽《そん》は爻《かう》に於《おい》て之《これ》を言《い》ふ所以《ゆえん》は、巽《そん》の卦《くわ》の九五を變《へん》ずれば則《すなは》ち蠱《こ》となる、故《ゆゑ》に巽《そん》の卦《くわ》は九五に於《おい》て之《これ》を言《い》ふたものに外《ほか》ならぬ。

此爻《このかう》に言《い》ふ先庚後庚《せんかうこうかう》に就《つい》ての愚見《ぐけん》は大要此《たいえうかく》の如《ごと》くであるが、蠱《こ》の卦《くわ》に於《お》ける先甲後甲《せんかふこうかふ》の愚說《ぐせつ》と乾隆帝《けんりうてい》の說《せつ》とが期《き》せずして暗合《あんがふ》したることは前述《ぜんじゆつ》の如《ごと》くである、されば此爻《このかう》に於《おい》ても亦必《またかな》らず一致《いつち》すべき筈《はず》である、然《しか》るに此爻《このかう》に於《おい》て乾隆帝《けんりうてい》が說《と》く所《ところ》を見《み》れば、愚說《ぐせつ》とは大《おほい》にその趣《おもむ》きが違《ちが》つて居《ゐ》る。

乾隆帝曰、巽陰所㆓自始㆒、陰主ㇾ成、故无ㇾ初而有ㇾ終也、易之爲ㇾ道、化ㇾ陰歸ㇾ陽而已、蠱之先ㇾ甲後ㇾ甲、用㆓乾震㆒也、巽之先ㇾ庚後ㇾ庚、亦用㆓乾震㆒也、後天卦位、震東兌西、震納ㇾ庚、先ㇾ震三卦爲ㇾ乾後ㇾ震三卦爲ㇾ坤、甲之先後、艮陽終則震陽始、乾行也、庚之先後、坤由ㇾ兌以歸ㇾ於ㇾ乾、亦乾行也、蠱以ㇾ巽而壞、故用ㇾ震啓ㇾ乾以振ㇾ巽、陽治ㇾ陰也、巽之過必蠱、故用ㇾ震統ㇾ巽以歸ㇾ乾、陰返ㇾ陽也、巽之不ㇾ爲ㇾ蠱者、惟九五一爻、故蠱於ㇾ卦言、巽於ㇾ五言也、

と、曩《さき》に乾隆帝《けんりうてい》は蠱《こ》の卦《くわ》に於《おい》ては八卦《くわ》の納甲《なうかふ》を主《しゆ》として先後《せんご》三日を說《と》かれたのである、然《しか》るに此爻《このかう》に於《おい》ては後天圖《こうてんづ》の卦位《くわゐ》を主《しゆ》として先後《せんご》三日を說《と》いて居《を》らるゝが、這《こ》は或《あるひ》は帝《てい》の誤解《ごかい》ではあるまいか、然《しか》らざれば彼此《かれこれ》その解方《ときかた》を異《こと》にすべき理由《りゆう》が分《わか》らぬのである、故《ゆゑ》に亦茲《またここ》にその全文《ぜんぶん》を擧《あ》げて讀者《どくしや》の裁斷《さいだん》

を俟《ま》つことにした。

上九、巽在牀下《イツテアリシヤウカニ》一、喪《ウシナフ》ニ其資《ソノシ》斧《フチ》一、貞凶《カタケレバキヨウ》、

上九《じやう》は卦《くわ》の最上《さいじやう》に居《を》るから、之《これ》を在《ありしやうじやうに》ニ牀上一と言《い》ふのが至當《したう》の樣《やう》である、けれども重巽《ちようそん》の極《きよく》に居《ゐ》て、巽《そん》順《じゆん》に過《す》ぐることの已甚《はなは》だしきものである、故《ゆゑ》に此《こ》の義《ぎ》を取《と》つて却《かへ》つて之《これ》を巽在《いつてありしやうかに》ニ牀下一と言《い》ふ。

九二に巽《いつ》て牀下《しやうか》に在《あ》りと言《い》ふは初六《しよ》に比《ひ》するの象《かたち》を取《と》つて居《を》るが、茲《こゝ》に謂《い》ふ所《ところ》は巽順《そんじゆん》に過《す》ぎて卑屈極《ひくつきは》まる所《ところ》の象《かたち》を取《と》つたもので、大《おほい》にその趣《おもむ》きを異《こと》にして居《を》る。蓋《けだ》し上九《じやう》は元《も》と剛徳《がうとく》があつたものであるされど卦極《くわきよく》にして陰位《いんゐ》に居《を》るが故《ゆゑ》に、その剛徳《がうとく》を失《うしな》ふて阿諛《あゆ》諂佞《てんねい》至《いた》らざる所《ところ》なきものである故《ゆゑ》に喪《うしなふ》ニ其資斧《そのしふを》一と言《い》ふ。資斧《しふ》は物《もの》を裁斷《さんだん》するもので、資斧《しふ》を失《うしな》ふとは剛斷《がうだん》の勇氣《ゆうき》を失《うしな》ふたことを言《い》ふたものであるが、尙此《なほこ》の心《こゝろ》を固執《こしつ》して改《あらた》むることを知《し》らぬのは、自《みづ》から凶《きよう》を招《まね》く所以《ゆゑん》である、故《ゆゑ》に之《これ》を貞《かたければ》凶《きよう》と言《い》ふ。貞《てい》は固執《こしつ》するの義《ぎ》である。康熙帝《かうきてい》曰《い》ふ、資斧《しふ》は本《も》と齊斧《さいふ》に作《つく》つたものであるけれども、旅《りよ》の卦《くわ》に謂《い》ふ資斧《しふ》と同音《どうおん》なるが故《ゆゑ》に、之《これ》を誤《あやま》つて資斧《しふ》に作《つく》つたもので、說卦《せつくわ》に齊《とゝのふに》レ乎レ巽《そん》と言《い》ふてあるから、齊斧《さいふ》とは物《もの》を齊《とゝの》ふ爲《た》めのものであると。此說《このせつ》は洵《まこと》に穩當《おんたう》の樣《やう》であるから、余《よ》も亦之《またこれ》に從《したが》ふて齊斧《さいふ》に改《あらた》め度《た》いと思《おも》ふ、但《たゞ》し齊《さい》は整《せい》と同《おな》じく、秩序正《ちつじよたゞ》しき意味《いみ》を含《ふく》むで居《ゐ》る、故《ゆゑ》に斧《をの》を以《もつ》て物《もの》を斷《た》つことの均等《きんとう》にして、大小長短《だいせうちやうたん》の差《さ》なきことを言《い》ふたものであらうかと思《おも》ふ。

䷹ 兌下《だか》兌上《だじやう》　兌《だ》

兌《ダ》、亨《トウ》ル、利《ヨロ》レシ貞《タヾ》シキニ、

一陰《いん》が二陽《やう》の上《うへ》に出《い》づれば、その情必《じやうかな》らず説《よろこ》ぶものであるが、その象《かたち》は即《すなは》ち口《くち》である、蓋《けだ》し人《ひと》の喜《よろこ》ぶ時《こき》は口《くち》を開《あ》いて氣《き》を通《つう》じ、その情《にやう》を外《そと》に現《あら》はすもので、此卦《このくわ》は即《すなは》ち重兌《ちうだ》である、故《ゆゑ》に之《これ》を兌《だ》と名《なづ》く、又坎水《またかんすゐ》の下流《かりう》を塞《ふさ》ぐは即《すなは》ち澤《たく》の象《かたち》で、澤《たく》は萬物《ばんぶつ》を潤《うろほ》して之《これ》を説《よろこ》ばすものである、故《ゆゑ》に之《これ》を兌《だ》と名《なづ》く。兌《だ》は悦《よろこ》び喜《よろこ》ぶの義《ぎ》であるが、我悦《われよろこ》むで而《しか》して人《ひと》に接《せつ》すれば、人《ひと》も亦悦《またよろこ》むで我《われ》に與《く》みするもので、乃《すなは》ち亨通《きやうつう》を致《いた》す所以《ゆえん》である、故《ゆゑ》にその占《うらなひ》を亨《とうる》と言《い》ふ。されど悦《よろこ》びにも亦道《またみち》がある、苟《いやし》くもその道《みち》に背《そむ》いて悦《よろこ》びを求《もと》むれば、謂《い》ふ所《ところ》の諂諛《てんゆ》で、却《かへ》つて凶咎《きやうきう》を招《まね》くこととなる。故《ゆゑ》に之《これ》を戒《いま》しめて利レ貞《よろしたゞしきに》と言《い》ふ。貞《てい》は貞正《ていせい》の義《ぎ》であるが、康熙《かうき》帝《てい》曰ふ、説《よろこ》びは陰《いん》に縁《よ》るものではあるけれど、而《しか》も陰《いん》を用《もち》ゆる所以《ゆえん》のものは陽《やう》である、それと同《おな》じく、人《ひと》に柔和《にうわ》の質《しつ》があつても、而《しか》も忠直《ちうちよく》の心《こゝろ》を以《もつ》て之《これ》を行《おこな》はなければ、正《せい》を失《うしな》ふて邪《じや》に入《い》ることゝなる、故《ゆゑ》に貞《たゞしき》に利《よろ》しと言《い》ふたものであると。

初九、和《ワ》ニシテ兌《ヨロコブ》、吉《キツ》

兌説《だえつ》の時《とき》に當《あた》り、初《しよ》九は剛《がう》を以《もつ》て陽《やう》に居《を》れば、邪媚《じやび》に流《なが》るゝこともなく、又下位《またかゐ》に居《ゐ》て係應《けいおう》がないから、偏私《へんし》に失《うしな》ふこともない、即《すなは》ち說《よろこ》ぶことの和順《わじゆん》にしてその正《せい》を得《え》たものである、故《ゆゑ》に和《わして》兌《よろこぶ》吉《きつ》と言《い》ふ。蓋《けだ》し卦中陰柔《くわちういんじう》に比《ひ》せざるものは唯此《たゞこ》の初爻丈《しよかうだけ》であるが、他卦《たくわ》に於《おい》て剛《がう》を以《もつ》て陽《やう》に居《を》れば、或《あるひ》は剛《がう》に過《す》ぐるの嫌《きらひ》があるけれども、這《こ》は即《すなは》ち兌說《だえつ》の時《とき》であるから、却《かへ》つて剛柔中和《がうじうちうわ》の象《かたち》となつて居《を》る、故《ゆゑ》に之《これ》を和《わ》にして兌《よろこ》ぶと言《い》ふたのである。

九二、孚《マコ》トニ兌《ヨロコ》ブ、吉《キツ》ニシテ悔《クヒ》亡《ホロ》ブ、

九二が剛《がう》を以《もつ》て中《ちう》に居《を》るは、即《すなは》ち孚《まこ》とに說《よろこ》ぶの象《かたち》である、故《ゆゑ》に孚《まことに》兌《よろこぶ》と言《い》ふ。然《しか》るに六三は陰柔《いんじう》にして不正《ふせい》、道《みち》に背《そむ》いて說《よろこ》ぶ所《ところ》の小人《せうじん》であるが、九二は之《これ》と近比《きんひ》して居《を》る、故《ゆゑ》に悔《くひ》あるの疑《うたがひ》がある、されど九二は孚誠中實《ふせいちうじつ》の君子《くんし》であるから、三と同體相比《どうたいあひひ》しては居《を》るけれど、自《みづ》から守《まも》つてその剛中《がうちう》の德《とく》を失《うしな》はぬものである、故《ゆゑ》に吉《きつ》にして悔亡《くひほろ》ぶと言《い》ふ。孚《まこと》は剛實《がうじつ》の象《かたち》を取《と》つたものである。

六三、來《キタ》シ兌《ヨロコ》ブ、凶《キヨウ》、

六三は兌悅《よろこぶよろこぶ》の主《しゆ》であるが、而《しか》もその兩兌《りやうだ》の間《あひだ》に居《を》るのは、即《すなは》ち巧言令色左右《こうげんれいしよくさいう》に逢迎《ほうげい》して、他《た》を誘《いざな》ふて來《きた》り悅《よろこ》ばしむるの象《かたち》である、故《ゆゑ》に之《これ》を來《きたし》兌《よろこぶ》と言《い》ふ。來《き》たし兌《よろこ》ぶとは、彼《かれ》をして我《われ》に來《き》たし兌《よろこ》ばしむるの謂《いはれ》であるが、此《かく》の如《ごと》きは道《みち》を枉《ま》げて人《ひと》に媚《こ》び諂《へつら》ふもので、その凶《きよう》なるべきは固《もと》より言《げん》なき所《ところ》である、故《ゆゑ》にその占《うらなひ》を凶《きよう》と言《い》ふ。

九四、商《ハカツ》テレ兌《ヨロコブ》コトヲ未《イマダ》レ寧《ヤスカラズ》、介《カイ》トシテ疾《ヤメ》バ有《ア》リレ喜《ヨロコ》ビ、九四は上《かみ》に九五を承《う》け下《しも》は六三に比《ひ》して居《を》るが、五の中正《ちうせい》にして三の不正《ふせい》なることは、已《すで》に之《これ》を知《し》つて居《を》る、けれども三の柔媚《じうび》なるに迷《まよ》ひ、剛《がう》を以《もつ》て陰《いん》に居《を》り、且《か》つ三より五に至《いた》る巽體《そんたい》に居《を》るが故《ゆゑ》に、或《あるひ》は進《すゝ》み或《あるひ》は退《しりぞ》き、その去就《きよしう》を商量《しやうりやう》し、取捨《しうしや》を計較《けいかく》して未《いま》た之《これ》を決定《けつてい》するに至《いた》らず、心中《しんちう》の不安《ふあん》に堪《た》へぬものである、故《ゆゑ》に商《はかつてよろこぶことをいまだやすからず》レ兌未レ寧と言《い》ふ。商《しやう》とは五に從《したが》はむか、三に親《した》しまむかと度《は》かり量《は》かるの義《ぎ》であるが、四は元《も》と剛陽《がうやう》の質《しつ》であるから、六三の柔邪《じうじや》に比親《ひしん》するの非《ひ》を悟《さと》り、介然《かいぜん》として悔《く》ひ疾《や》むで、之《これ》と比親《ひしん》することを絕《た》たば、邪惡《じやあく》の害《がい》を免《まぬ》がるるの喜《よろこ》びがある、故《ゆゑ》に之《これ》を諭《さと》して介疾有《かいしつしてやめば》レ喜《よろこび》と言《い》ふ。介《かい》とは截然《さいぜん》として之《これ》を斷《た》つの謂《いはれ》で、豫《よ》の六二に言《い》ふ介《かいたりに》レ于レ石《いし》の介《かい》と同義《どうぎ》で、剛陽《がうやう》の象《かたち》を取《と》つたものである。又疾《またやむ》とはその非《ひ》を悟《さと》り、之《これ》を悔《く》い疾《や》むの義《ぎ》で、巽《そん》の象《かたち》を取《と》つて居《を》るが、喜《よろこび》は卽《すなは》ち兌《だ》の象《かたち》である。

九五、孚《マコト》アレバレ于《ニ》レ剝《ハク》ニ、有《ア》リレ厲《アヤフ》キコト。

九五は剛陽中正《がうやうちうせい》を以《もつ》て尊位《そんゐ》に居《ゐ》て上六《じやう》の陰《いん》と密比《みつぴ》して居《を》るが、上六《じやう》は兌悅《だえつ》の主《しゆ》で、その媚悅《びえつ》を逞《たくまし》ふして陽《やう》を剝消《はぎけ》するものである、然《しか》るに若《も》しその媚悅《びえつ》に惑《まど》ふて之《これ》と親信《しんしん》せば、忽《たちま》ちその邪毒《じやどく》を受《う》けて剝消《はぎけ》さるゝに至《いた》る、故《ゆゑ》に孚《まことあればにはくありあやふきこと》レ于レ剝有レ厲と言《い》ふ。厲《あや》ふきことありとは、上六《じやう》の爲《た》めに剝消《はぎけ》さるゝの危險なることを言《い》ふたものであるが、九五は剛陽中正《がうやうちうせい》にして說道《えつだう》の善《ぜん》を盡《つく》す所《ところ》の明君《めいくん》である、されど媚悅《びえつ》は人《ひと》の信《しん》じ易《やす》き所《ところ》で、その害《がい》をなすことは實《じつ》に畏《おそ》るべきものがある、故《ゆゑ》に之《これ》を戒《いま》しめて有《ありあやふきこと》レ厲と言ふ。

上六、引《ヒイ》テ兌《ヨロコ》ブ。

三上《じやうとも》共に兌《よろこぶ》の主《しゆ》で、同《をな》じく媚悦《びえつ》を以《もつ》て事《こと》とするものであるが、三は媚悦《びえつ》の中《ちう》に居《を》る、故《ゆゑ》にその人《ひと》を悦《よろこ》ばしむることは頗《すこ》ぶる巧妙《こうめう》で、己《おの》れより之《これ》を招《まね》かずして、人《ひと》をして自《みづ》から來《きた》り悦《よろこ》むでその然《しか》る所以《ゆゑん》を知《し》らしめざるものである、故《ゆゑ》に之《これ》を來《き》たし兌《よろこ》ぶと言《い》ふ。然《しか》るに上六《じやう》は卦《くわ》の終《しふ》兌悦《だえつ》の極《きよく》に居《を》り、悦《よろこ》ぶこと極《きは》まつて將《ま》さに悲《かな》しみに變《へん》せむとするの時《とき》である、隨《したが》つてその悦《よろこ》ぶことも自《おのづ》から悽《さ》びしく、人《ひと》をして深《ふか》く悦《よろこ》ばしむる丈《だけ》の力《ちから》が薄《うす》い、故《ゆゑ》に我《われ》より強《しひ》て人《ひと》を引《ひ》き來《きた》つて之《これ》を悦《よろこ》ばしむるもので、之《これ》を六三が人《ひた》をして知《し》らず識《し》らずの間《あひだ》に悦《よろこ》ばしむるものに比《くら》ぶれば、問《と》はずともその巧拙《こうせつ》を知《し》ることが可能《でき》る此《こ》れ三の凶《きよう》なるに拘《かゝ》はらず、此爻《このかう》に吉凶《きつきよう》を言《い》はぬ所以《ゆえん》で、引《ひ》いて人《ひと》を悦《よろこ》ばしめむとするも、人《ひと》の之《これ》を悦《よろこ》ぶもの少《すく》なく、隨《したが》つて人《ひと》を害《がい》することも亦少《またすく》なきものである。

䷺　坎下《かんか》巽上《そんじやう》

渙《くわん》

渙《クワン》、亨《トホル》、王《ワウ》假《イタル》ニ有《イウ》廟《ビヤウ》ニ、利《ヨロシ》シ渉《ワタ》ルニ大《タイ》川《セン》ヲ、利《ヨロシ》シ貞《タヾ》シキニ。

此卦《このくわ》は内坎外巽《ないかんぐわいそん》、坎《かん》を水《みづ》となし巽《そん》を風《かぜ》となして、風《かぜ》が水上《すゐじやう》を吹《ふ》き行《ゆ》けば、水《みづ》は之《こ》れが爲《た》めに渙散《くわんさん》せらる、故《ゆゑ》に之《これ》を渙《くわん》と言《い》ふ。又巽《またそん》を春風《しゆんぷう》となし、坎《かん》を冰雪《へうせつ》となして、春風《しゆんぷう》が吹き來《きた》つて冰雪《へうせつ》に倚《くら》ぶれば、冰雪《へうせつ》は必《かな》らず之《これ》に由《よ》つて渙散《くわんさん》するに至《いた》る、故《ゆゑ》に之《これ》を渙《くわん》と言《い》ふ。渙《くわい》とは解散《かいさん》するの義《ぎ》で、凡《およ》そ物《もの》は皆凝《みなぎよう》滯《たい》すれば則《すなは》ち塞《ふさ》がり、解散《かいさん》すれば則《すなは》ち通《つう》ずるものであるが、渙《くわん》とは卽《すなは》ち解散《かいさん》して阻隔《そかく》する所《ところ》なきの義《ぎ》である。故《ゆゑ》にその占《うらなひ》を亨《とほる》と言《い》ふ。されど彼《か》の祖考《そかう》の精神《せいしん》をして渙散《くわんさん》せしむるが如《ごと》きは、民風國俗《みんぷうこくぞく》をして敦厚《とんかう》ならしむべき所以《ゆゑん》でない、苟《いやし》くも民風國俗《みんぷうこくぞく》をして敦厚《とんかう》ならしめむとせば、先《ま》づ第《だい》一に遠《とほ》きを追《お》ふて既《すで》に渙散《くわんさん》し去《さ》れる所《ところ》の祖考《そかう》の精神《せいしん》を聚《あつ》めねばならぬが、祖考《そかう》の精神《せいしん》を聚《あつ》むるには、王者《わうしや》が自《みづか》らその宗廟《そうべう》に至《いた》り、孚誠《ふせい》を盡《つく》して祖考《そかう》の精神《せいしん》を感格《かんかく》せしめねばならぬ、さすれば亦隨《またしたが》つて人心《じんしん》を取捨《しうしや》して民風國俗《みんぷうこくぞく》を敦厚《とんかう》ならしむることが可能《でき》る、故《ゆゑ》に之《これ》を王假《わういたる》ニ有廟《いうべうに》一と言《い》ふ。王有廟《わういうべう》に假《いた》るは萃《すゐ》の卦《くわ》に謂《い》ふ所《ところ》と同義で、王《わう》は九五を指《さ》し、全卦大艮《ぜんくわだいごん》の廟中《べうちう》二の神主《しんしゆ》を安置《あんち》するは、卽《すなは》ち宗廟《そうべう》の象《かたち》。又巽《またそん》の木《き》が坎水《かんすゐ》の上《うへ》に浮《うか》ぶは、卽《すなは》ち舟楫《しうしふ》の象《かたち》である、故《ゆゑ》に利《よろし》レ渉《わたるに》ニ大川《たいせん》一と言《い》ふ。蓋《けだ》し大川《おほかは》の險《けん》を涉《わた》るも祖考《そかう》の精《せい》神《しん》を聚《あつ》むるも、共《とも》に貞正《ていせい》の道《みち》に從《したが》ふて之《これ》を行《おこな》はざれば、却《かへ》つて神《かみ》を瀆《けが》し險《けん》に陷《おちい》ることを免《まぬ》かれぬ。故《ゆゑ》に之《これ》を戒《いまし》めて利《よろしく》レ貞《ただしきに》と言《い》ふ。貞《てい》は正《ただ》しきの義《ぎ》である。

初六、用《モツ》テ拯馬壯《スクフウマサカ》ンナリ、吉《キツ》、

初《しよ》六は渙《くわん》の始《はじ》めで未《いま》だ瓦解渙散《ぐわかいくわんさん》するに至《いた》らざる時《とき》であるが、此《こ》の時《とき》に於《おい》て直《ただ》ちに之《これ》を拯《すく》ひ救《すく》はゞ、力《ちから》を用《もち》ゆることは最《もつと》も尠《すく》なく、功《こう》を成《な》すことは却《かへ》つて多《おほ》く、之《これ》を拯《すく》ひ得《え》て瓦解渙散《ぐわかいくわんさん》に至《いた》らしめざることが可能《でき》る、故《ゆゑ》に用拯馬壯吉《もつてすくふうまさかんなればきつ》と言《い》ふ。用拯《もつてすくふ》とは、渙《くわん》の始《はじ》めに居《ゐ》て、ぞを用《もち》ひて渙《くわん》に至《いた》らざるものを拯《すく》ふと言《い》ふ義《ぎ》で、馬壯《うまさか》むなりとは之《これ》を拯《すく》ふことの迅速《じんそく》なることを言《い》ふたもので、馬《うま》は卽《すなは》ち震坎《しんかん》の合象《がつしやう》を取《と》つたものである。

九二、渙《クワン》奔《ハシ》ニレバ其《ソ》ノ机《キ》ニ一、悔《クヒ》亡《ホロ》ブ、

初《しよ》六は渙《くわん》の始《はじ》めで未《いま》だ渙散《くわんさん》するに至《いた》らぬものである、故《ゆゑ》に渙《くわん》の字《じ》を繫《か》けて居《を》らぬ、けれども此爻以上《このかういじやう》は皆渙散《みなくわんさん》の時《とき》に當《あた》つて居《を》る、故《ゆゑ》に皆渙《みなくわん》の字《じ》を繫《か》けたものであるが、此卦《このくわ》が渙《くわん》の名《な》を得《え》た所以《ゆえん》は、外卦《ぐわいくわ》の巽風《そんぷう》を以《もつ》て內卦《ないくわ》の坎水《かんすゐ》を吹《ふ》き散《ち》らす所《ところ》にある、然《しか》るに今《いま》九二は坎水《かんすゐ》の主爻《しゆかう》となつて、巽風渙散《そんぷうくわんさん》の衝《しよう》に當《あた》つて居《を》る、此《こ》れ卽《すなは》ち此爻《このかう》が悔《くひ》ある所以《ゆえん》である。されど速《すみ》やかに奔《はし》り往《い》いて九五と同德相應《どうとくあひおう》せば、その助《たす》けを得《え》て瓦解渙散《ぐわかいくわんさん》の難《なん》を免《まぬ》かれ、隨《したが》つてその悔《くひ》を亡《ほろぼ》すことが可能《でき》る、故《ゆゑ》に渙奔其机悔亡《くわんはしれはそのきにくひほろぶ》と言《い》ふ。机《き》は憑《よ》り依《よ》つて身《み》を支持《しぢ》する具《ぐ》で、巽《そん》の象《かたち》を取《と》つたものであるが、その机《き》に奔《はし》るとは、疾《はや》く馳《は》せ往《い》つて九五と同德相應《どうとくあひおう》ずべきことを言《い》ふたものである。

六三、渙《チラス》ニ其《ソ》ノ躬《ミ》ヲ一、无《ナシ》レ悔《クヒ》、

六三は陰柔不中正《いんじうふちうせい》ではあるけれども、渙散《くわんさん》の時《とき》に當《あた》つて獨《ひと》り上九《じやう》と應《おう》じ、且《か》つ坎難《かんなん》の終《をは》りに居《ゐ》て、巽《そん》風《ふう》の後《のち》に接《せつ》して居《を》るので、巽風《そんぷう》の爲《た》めに却《かへ》つて躬《み》にある所《ところ》の難《なや》みを渙散《くわんさん》されて、その憂苦《いうく》を去《さ》り得《え》たものである、故《ゆゑ》に渙其躬《ちらすそのみを》无《なし》レ悔《くひ》と言《い》ふ。悔亡《くひほろ》ぶと无《なし》レ悔《くひ》とは少《すこ》しく異《こと》なる所《ところ》がある、悔亡《くひほろ》ぶとは元《も》と

悔《くひ》あれども而《しか》も之《これ》を亡《ほろ》ぼすの謂《いひ》であるが、无《なし》レ悔《くひ》とは、始《はじ》めより何等《なんら》悔《く》ゆべきものがないと言《い》ふ義《ぎ》である、蓋《けだ》し同《おな》じく渙《くわん》の時《とき》に居《を》るものではあるけれども、九二に於《おい》ては離散瓦解《りさんぐわかい》の義《ぎ》を取《と》つて居《を》るが、六三に於《おい》ては少《すこ》しくその趣《おもむ》きを異《こと》にして躬《み》にある所《ところ》の憂苦《いうく》を渙散《くわんさん》するの義《ぎ》を取《と》つて居《を》る、而《しか》して二者《しや》の間《あひだ》その趣《おもむ》きを異《こと》にすること此《かく》の如《ごと》くなる所以《ゆえん》は、二は正應《しやうおう》の助《たす》けがない、反之《これにはんし》、六三は獨《ひと》り正應《しやうおう》の助《たす》けを持《も》つて居《を》る、此《こ》れ即《すなは》ち彼《かれ》と此《これ》とがその趣《おもむ》きを異《こと》にする所以《ゆえん》である。

六四、渙《チラス》二其《ソ》ノ群《グン》一チ、元吉《オホイニキツ》、渙《チラ》シテ有《ア》レリ丘《チカ》ノゴトキコト、匪《アラ》二ズ夷所《ツネノトコロ》一レ思《オモ》フ、

六四は巽風《そんぷう》の主《しゆ》で、居《を》ることその正《せい》を得《え》て九五に承順《しようじゆん》し、天下《てんか》の群民《ぐんみん》を拯《すく》ふてその憂苦《いうく》を渙散《くわんさん》せしむるものである、故《ゆゑ》に渙二其群一元吉《ちらすそのぐんをけんきつ》と言《い》ふ。元吉《けんきつ》とは大善《だいぜん》にして吉《きつ》なるの義《ぎ》であるが、六四が天下《てんか》群衆《ぐんしう》の爲《た》めにその憂苦《いうく》を渙散《くわんさん》せしむるの功《こう》は、實《じつ》に高大《かうだい》にして丘山《きうざん》の如《ごと》きものであつて、そは到底常識凡《たうていじやうしきぼん》慮《りよ》の思《おも》ひ及《およ》ぶ所《ところ》でない、故《ゆゑ》に已《すで》に之《これ》を元吉《けんきつ》と言《い》ふに拘《かゝ》はらず、その元吉《けんきつ》なる所以《ゆえん》を明《あき》らかにせむが爲《た》めに、尚更《なほさら》に之《これ》を賛美《さんび》して渙有レ丘、匪二夷所一レ思《ちらしてありをかのごときことあらずつねのところにおもふ》と言《い》ふ。夷《ゐ》は常《つね》と同《おな》じく、尋常《じんじやう》一様《やう》なるの義《ぎ》である。

九五、渙《チラ》スコト汗《アセ》ノゴトク、其《ソレ》大《オホイ》ニ號《ヨバ》ハツテ、渙《チラ》二ス王居《ワウキヨ》一ヨリ、无《ナシ》レ咎《トガ》、

九五は陽剛中正尊位《やうがうちうせいそんゐ》に居《ゐ》て渙時《くわんじ》の主《しゆ》となるもので、その徳澤《とくたく》を施《ほどこ》して下民《かみん》の憂苦《いうく》を渙散《くわんさん》せしむること之《これ》を喩《たと》へば猶汗《なほあせ》の身中《しんちう》より出《い》でゝ四體《たい》に洽《あまね》きが如《ごと》きものである、故《ゆゑ》に渙汗《ちらすことあせのごとし》と言《い》ふ。汗《あせ》は坎《かん》の象《かたち》

を取《と》つたものであるが、汗《あせ》は人《ひと》の身中《しんちう》より出《い》づるもので、汗《あせ》が出《いづ》れば鬱閉《うつぺい》せる邪氣《じやき》を發散《はつさん》して、身《み》にある所《ところ》の病《やまひ》を去《さ》ることが可能《でき》る、それと同《おな》じく、號令《がうれい》は人君《じんくん》の中心《ちうしん》より出《い》でゝ、四海《かい》の萬民皆悉《ばんみんみなことごと》くその澤《たく》に浴《よく》するに至《いた》る、況《いは》むや天下《てんか》を一新《しん》すべき大號令大命令《だいがうれいだいめいれい》を渙發《くわんぱつ》して、天下《てんか》の險難《けんなん》を救濟《きうさい》するが如《ごと》きは、啻《たゞ》に咎《とが》むべき所《ところ》がない許《ばか》りか、元吉《げんきつ》であると言《い》ふてよい、故《ゆゑ》に其大號渙二王居一无レ咎《それおほひによばはつてちらすおほきよよりなしとが》と言《い》ふ。蓋《けだ》し天下《てんか》を一新《しん》し四海《かい》を更革《かうかく》すべき大號令《だいがうれい》は、輕々《けい〱》に之《これ》を發《はつ》すべきものではない、故《ゆゑ》に唯之《たゞこれ》を咎《とが》なしと言《い》ふて、暗《あん》に輕擧妄發《けいきよばうはつ》に失《うしな》はざらむことを戒《いま》しめて居《を》るが、號《がう》は巽《そん》を號令《がうれい》となすの象《かたち》を取《と》つたもので王居《わうきよ》は即《すなは》ち五の王居《わうゐ》を指《さ》したものである。

上九、渙《チラス》二其《ソ》ノ血《チ》ヲ一、去《サツ》テ逖《トホ》ク出《イ》ツ、无《ナシ》レ咎《トガ》、

渙《くわん》の諸爻《しよかう》は皆係應《みなけいおう》がない、然《しか》るに獨《ひと》り上九《じやう》は六三と相應《あひおう》じて居《を》るが、坎《かん》を險難《けんなん》となし、傷害《せうがい》となし、亦《また》血となし、六三はその極《きよく》に居《を》る、今上九《いまじやう》が渙《くわん》の時《とき》に當《あた》り巽風《そんぷう》に體《たい》して之《これ》に應《おう》ずるは、即《すなは》ち六三の爲《た》めにその坎血《かんけつ》を渙《ち》らすの象《かたち》である、故《ゆゑ》に渙二其血一《ちらすそのちを》と言《い》ふ。その血《ち》とは六三が身《み》にある所《ところ》の血《ち》を指《さ》したもので、血《ち》は即《すなは》ち傷害《せうがい》の結果《けつくわ》であるが、六三自爻《じかう》に於《おい》てその躬《み》を渙《ちら》すと言《い》ふは、即《すなは》ち此爻《このかう》に於《おい》てその血《ち》を渙《ち》らすと言《い》ふものに外《ほか》ならぬ。此《かく》の如《ごと》く上九《じやう》は獨《ひと》り六三の坎險《かんけん》に應《おう》じて居《を》るから、或《あるひ》はその難《なん》を受《う》くるの虞《おそれ》がないとは言《い》へぬ、されど坎險《かんけん》を去《さ》ること最《もつと》も遠《とほ》く卦外《くわぐわい》に逃《のが》れ出《い》づるもので、その難《なん》を受《う》くるが如《ごと》き患《うれひ》はない、故《ゆゑ》に之《これ》を去逖出无レ咎《さつてとほくいづなしとが》と言《い》ふ。逖《とほく》は遠《とほ》くと同《おな》じく、上九《じやう》が卦極《くわうよく》に居《ゐ》て内卦《ないくわ》の

坎《かん》を去《さ》ること甚《はなは》だ遠《とほ》き所《ところ》の象《かたち》を取《と》つたものである。

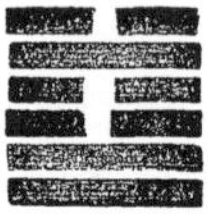

兌《だ》下《か》
坎《かん》上《じやう》　節《せつ》

節《セツ》、亨《トウル》、苦《ク》節《セツ》不《ズ》レ可《ベカラ》レ貞《カタウス》、

此《この》卦《くわ》兌《だ》を澤《たく》となし坎《かん》を水《みづ》となして、澤《たく》の水《みづ》を容《い》るゝことは多《おほ》ければ則《すなは》ち溢《あふ》れ、少《すく》なければ則《すなは》ち盈《み》たず自《おのづ》から限度《げんど》あつて多《おほ》きを加《くは》へず、亦《また》少《すく》なきを減《げん》ぜず、その宜《よろ》しきに適《てき》するものである、故《ゆゑ》に之《これ》を節《せつ》と言《い》ふ。節《せつ》とは限度《げんど》あつて偏倚《へんゐ》せず、その宜《よろ》しきを得《う》るの義《ぎ》であるが、凡《およ》そ事《こと》は皆《みな》その宜《よろ》しきを得《う》れば自《おのづ》から亨《とほ》り通《とほ》るものである、故《ゆゑ》にその占《うらなひ》を亨《とほる》と言《い》ふ。然《しか》るに時處位《じしよゐ》に應《おう》じてその宜《よろ》しきを制《せい》することを知《し》らず、一概《がい》にその節《せつ》を固守《こしゆ》するが如《ごと》きは、そは却《かへ》つてその中《ちう》を失《うしな》ふて節《せつ》に苦《くる》しむもので、之《これ》を喩《たと》へば、五味《み》を變和《せうわ》して、之《これ》を煮《に》ること少《すこ》しく過《す》ぐれば、その味《あぢ》變《へん》じて苦《にが》きに失《うしな》ふ樣《やう》なものである、故《ゆゑ》に苦節《くせつ》不《すべ》レ可《から》レ貞《かたふす》と言《い》ふ。貞《かた》ふすべからずとは、節《せつ》の節《せつ》たる所《ところ》はその中《なか》を得《う》るにあるから、唯《たゞ》徒《いたづ》らに一定《てい》の法則《はふそく》を頑守《ぐわんしゆ》することなく、時《とき》に應《おう》じてその宜《よろ》しきを制《せい》すべきことを言《い》ふたものである。

初九、不《ズ》レ出《イデ》二戸庭《コテイ》一无《ナシ》レ咎《トガ》、

戸《こ》は人《ひと》の出入《でいり》を節《せつ》する所《ところ》で、戸中《こちう》の空處《くうしよ》之《これ》を呼《よ》むで戸庭《こてい》と言《い》ふ、卽《すなは》ち初《しよ》の爻象《かうしやう》を取《と》つたものであるが初《しよ》九は節《せつ》の始《はじ》めに當《あた》つて居《を》ることとその正《せい》を得《え》たものであるから、時《とき》の未《いま》だ行《ゆ》くべからざるを知《し》り、節《せつ》を守《まも》つて能《よ》く止《とゞ》まり、戸庭《こてい》の外《ほか》に出《い》でざるものである、故《ゆゑ》に不《ず》レ出《いで》二戸庭《こていを》一と言《い》ふ。節《せつ》の始《はじ》めに居《ゐ》て出《しゆつ》入《にふ》を愼《つゝし》むこと此《かく》の如《ごと》くば、何等《なんら》咎《とが》めを受《う》くべき過失《くわしつ》ある道理《だうり》がない、故《ゆゑ》にその占《うらなひ》を无《なし》レ咎《とが》と言《い》ふ。

九二、不《ズ》レ出《イデ》二門《モン》庭《テイ》一、凶《キヨウ》。

戸《こ》は家《いへ》の口《くち》で門内《もんない》にある、而《しか》して家《いへ》は人《ひと》の安居《あんきよ》すべき所《ところ》であるから、初《しよ》九が家居《かきよ》すべき時《とき》に當《あた》つて、その戸庭《こてい》を出《いで》ぬのは、固《もと》より時宜《じき》に適《てき》して居《ゐ》る、故《ゆゑ》に何等《なんら》之《これ》を咎《とが》むべき所《ところ》がない、然《しか》るに九二は之《これ》を初《しよ》九に比《くら》ぶれば、一等進《とうすゝ》むで恰《あた》かも門庭《もんてい》の所《ところ》に當《あた》るもので、門庭《もんてい》は戸外《こぐわい》にあつて通行《つうかう》すべき所《ところ》である故《ゆゑ》に九二は應《ま》さに門《もん》を出《い》でゝ、大《おほい》に爲《な》す所《ところ》がなければならぬものである、それにも拘《かゝ》はらず、上《じやう》に應《おう》なきが爲《た》めに、剛中《がうちう》の德《とく》を持《も》つて居《ゐ》ながら、自《みづか》ら物《もの》と絶《た》ち門《もん》を閉《と》ぢて出《で》ることなく、惟《ひと》りその身《み》を潔《いさぎよ》ふするもので、此《かく》の如《ごと》きは節《せつ》の節《せつ》たる所以《ゆえん》を知《し》らずして、却《かへ》つてその節《せつ》を失《うしな》ふものでその凶《きよう》なることは言《げん》を俟《ま》たぬ所《ところ》である。故《ゆゑ》に之《これ》を不《ず》レ出《いで》二門庭《もんていを》一凶《きよう》と言《い》ふ。

六三、不《ズンバ》二節若《セツジヤクタラ》一則《スナハチ》嗟若《サジヤクタリ》、无《ナシ》レ咎《トガ》。

六三は陰柔不《いんじうふ》中正《ちうせい》にして上《じやう》に應《おう》なく、兌澤《たたく》の上坎水《じやうかんすゐ》の下《もと》に居《を》るから、節々《せつ〳〵》としてその宜《よろ》しきを制《せい》せざれば、必《かな》らず溢《うふ》れ出《い》でゝその節《せつ》を失《うしな》ひ、如何《いか》に之《これ》を嗟嘆《さたん》するとも、追《お》ふべからざるの咎《とが》を致《いた》すべきものである。故《ゆゑ》に不《すんは》二節若《せつじやくたら》一則《すなはち》嗟若《さじやく》と言《い》ふ。されど已《おの》れが不節《ふせつ》なることを知《し》り、自《みづか》ら悔《くひ》てその失《しつ》を改《あらた》めば、則《すなは》ち以《もつ》て咎《とが》なきことを得《う》べきものである、故《ゆゑ》に亦之《またこれ》を无《なし》レ咎《とが》と言《い》ふ。茲《こゝ》に之《これ》を咎《とが》なしと言《い》ふは、他爻《たかう》に於《おい》て咎《とが》なしと言《い》ふものとは、大《おほい》にその意味《いみ》を異《こと》にして居《ゐ》る、他爻《たかう》に於《おい》ては、大抵《たいてい》そが咎《とが》むべき所《ところ》がないことを言《い》ふて居《を》るが、茲《こゝ》に謂《い》ふ所《ところ》は、元《もと》より已《おのれ》に咎《とが》があるけれども、深《ふか》く自《みづ》から之《これ》を悔《く》ひ改《あらた》むればその咎《とが》を免《まぬ》かるゝことを得《う》ると言《い》ふ義《ぎ》である、故《ゆゑ》に之《これ》を分別《ふんべつ》して見《み》なければならぬ。

六四、安《ヤス》ンズレ節《セツ》ニ、亨《トホ》ル、

六四は柔順《じうじゆん》にして正《せい》を得《え》て上《じやう》は陽剛中正《やうがうちうせい》の九五を承《う》けて居《を》るが、這《こ》は即《すなは》ち坎水《かんすゐ》の下《くだ》り流《なが》れて自然《しぜん》にして節《せつ》あるものである、故《ゆゑ》にその象《かたち》を安レ節《やすんずせつに》と言《い》ひ、その占《うらなひ》を亨《とほる》と云《い》ふ。節《せつ》に安《やす》むずとは、勉《つと》めて節《せつ》を守《まも》るのではなく、自然《しぜん》にしてその節《せつ》に當《あた》るの謂《いはれ》である、蓋《けだ》し澤水《たくすゐ》の上出《じやうしゆつ》するものは溢《あふ》れて節《せつ》なきもので、下《くだ》り流《なが》るゝものは澤中《たくちう》に止《とゞ》まつて自《おのづ》から節《せつ》あるものであるが、六四は即《すなは》ち坎水《かんすゐ》の下《した》に居《ゐ》る、故《ゆゑ》に此象《このかたち》を取《と》つて居《を》る。

九五、甘《アマ》ンズレ節《セツ》ニ、吉《キツ》、往《ユイ》テ有《ア》リレ尙《タツト》バルヽコト、

王《わう》は尊位《そんゐ》にして節《せつ》の主《しゆ》であるが、陽剛中正《やうがうちうせい》を以《もつ》て之《これ》に居《を》るは、即《すなは》ち之《これ》を節《せつ》してその宜《よろ》しきに當《あた》り過不《くわふ》及《きう》なきものである、故《ゆゑ》に甘レ節吉《あまんずせつにきつ》と言《い》ふ、蓋《けだ》し甘《かん》は味《あぢ》の中《ちう》なるもので、鹹苦辛酸《かんくしんさん》の四味《み》は甘味《かんみ》を得《え》て和《わ》する許《ばか》りでなく、水《みづ》も亦流《またなが》るゝものは甘《あま》く、流《なが》れぬものは苦《にが》い、故《ゆゑ》に積澤《せきたく》を鹵《けん》と言《い》ひ、井《せい》の冽《いさぎ》よきを甘泉《かんせん》と言《い》ふてあるが、節《せつ》を節《せつ》して能《よ》く此《かく》の如《ごと》くなることを得《え》ば、何《いづ》れに行《ゆ》くとしてもその宜《よろ》しきを

得《え》その節《せつ》に當《あた》らぬと言《い》ふことがない、故《ゆゑ》に亦之《またこれ》を往有《ゆいてありたつとせるゝこと》レ尙と言《い》ふ。尙《たつと》ばるゝことありとは、嘉尙《かせう》推尊《すゐそん》さるゝと言《い》ふ義《ぎ》である。

上六、苦《クルシム》レ節《セツニ》、貞凶《カタケレバキヨウ》、悔亡《クヒホロブ》、

上六《じやう》は節《せつ》の極《きよく》に居《ゐ》て已《すで》に節《せつ》の中《ちう》を過《す》ぎ、その甘《あま》きことを失《うしな》ふて、却《かへ》つて苦《くる》しきに變《へん》ずるものである、故《ゆゑ》に之《これ》を苦《くるしむ》レ節《せつに》と言《い》ふ。然《しか》るに若《も》し此《こ》の道《みち》を固執《こしつ》して以《もつ》て常《つね》となさば、その凶《きよう》なることは自《おのづ》から知《し》るべきである。故《ゆゑ》に亦之《またこれ》を貞凶《かたけれはきよう》と言《い》ふ。彖《たん》に苦節《くせつ》不《ず》レ可《べから》レ貞《かたふす》とは卽《すなは》ち此爻《このかう》のことを言《い》ふに外《ほか》ならぬ。されど此《かく》の如《ごと》く節《せつ》に苦《くる》しむ所以《ゆえん》は、一《いつ》を執《と》つてその宜《よろ》しきを制《せい》することを知《し》らざるにあるから若《も》しその節《せつ》に過《す》ぎて、却《かへ》つて節《せつ》を失《うしな》ふ所以《ゆえん》を悟《さと》るに至《いた》らば、自《おのづ》からその節《せつ》を得《え》て悔《くひ》なきに至《いた》ることが可能《でき》る、故《ゆゑ》に亦之《またこれ》を悔亡《くひほろぶ》と言《い》ふ。

丘氏富國《きうしふこく》曰《いは》く、彖傳《たんでん》に位《くらゐ》に當《あた》つて以《もつ》て節《せつ》すと、故《ゆゑ》に節《せつ》の六爻《かう》は位《くらゐ》に當《あた》るを以《もつ》て善《ぜん》と爲《な》す、位《くらゐ》に當《あた》らざるを以《もつ》て不善《ふぜん》と爲《な》す、若《も》し兩爻相比《りやうかうあひひ》する者《もの》を以《もつ》て之《これ》を觀《み》れば、則《すなは》ち又各相比《またかくあひひ》して而《しか》して相反《あひはん》す、初《しよ》は二を比《ひ》す、初《しよ》は戸庭《こてい》を出《い》でざれば則《すなは》ち咎《とが》なし、二は門庭《もんてい》を出《い》でざれば則《すなは》ち凶《きよう》、二は初《しよ》に反《はん》する者《もの》なり、三は四と比《ひ》す、四は柔《じう》にして正《しやう》を得《え》、則《すなは》ち節《せつ》に安《やす》んずと爲《な》し、三は柔《じう》にして正《たゞ》しからず、則《すなは》ち不節《ふせつ》と爲《な》す、三は四に反《はん》する者《たの》なり、五は上《じやう》と比《ひ》す、五は中《ちう》を得《え》、則《すなは》ち節《せつ》の甘《あま》しと爲《な》し、上《にやう》は中《ちう》を過《す》ぐ、則《すなは》ち節《せつ》の苦《くる》しと爲《な》す、上《じやう》は五に反《はん》する者《もの》なり。

康熙帝《かうきてい》曰《いは》く、下卦《かくわ》を澤《たく》と爲《な》し、止《とゞ》まると爲《な》す、故《ゆゑ》に初《しよ》二皆《みな》出《い》でずと曰《い》ふ、三は則《すなは》ち澤《たく》の止《とゞま》つて而《しか》して溢《あふ》るゝなり、上卦《じやうくわ》を水《みづ》と爲《な》し、流《なが》るゝと爲《な》す、故《ゆゑ》に四には安《やす》しと曰《い》ふて、而《しか》して五には甘《あま》しと曰《い》ふ、上《じやう》は則《すなは》ち水《みづ》の流《なが》れて而《しか》して竭《つ》くるなり、通塞甘苦《つうさくかんく》皆《みな》澤水《たくすゐ》に從《したが》つて義《ぎ》を取《と》る、

䷼ 兌下《だか》巽上《そんじやう》　中孚《ちうふ》

中孚《チウフ》ハ豚魚《トンギヨ》ノゴトクシテ吉《キツ》、利《ヨロ》シ渉《ワタ》ルニ大川《タイセン》ニ、利《ヨロ》シ貞《タヾ》シキニ。

此卦《このくわ》は兩體《りやうたい》を以《もつ》て之《これ》を言《い》へば、二五皆陽《みなやう》で、陽《やう》は卽《すなは》ち中實《ちうじつ》の象《かたち》である、又全體《またぜんたい》を以《もつ》て之《これ》を言《い》へば、四陽《やう》は外《そこ》にあつて二陰《いん》は内《うち》にある、二陰《いん》の内《うち》にあるは卽《すなは》ち中虛《ちうきよ》の象《かたち》であるが、中虛《ちうきよ》は卽《すなは》ち無心《むしん》にして信《しん》の本《もと》、中實《ちうじつ》は卽《すなは》ち有心《いうしん》にして信《しん》の質《しつ》で、有心無心《いうしんむしん》の信皆備《しんみなそな》はる、故《ゆゑ》に之《これ》を中孚《ちうふ》と名《なづ》く。又澤上《またたくじやう》に風《かぜ》あれば、水《みづ》も亦隨《またしたが》つて動《うご》くものである、而《しか》も風《かぜ》は水《みづ》を動《うごか》すに心《こゝろ》なく、水《みづ》も亦風《またかぜ》に隨《したが》ふて動《うご》くに心《こゝろ》なく、皆自然《みなしぜん》にして動《うご》くものであるが、自然《しぜん》にして動《うご》くものは卽《すなは》ち信《しん》の象《かたち》である。故《ゆゑ》に之《これ》を中孚《ちうふ》と名《なづ》く。又《また》下《しも》は說《よろこ》むで上《かみ》に應《おう》じ、上《かみ》は順《したが》ふて下《しも》に和《わ》し、上下相說《じやうかあひよろこ》び相順《あひしたが》ふは卽《すなは》ち信《しん》の象《かたち》である、故《ゆゑ》に之《これ》を中孚《ちうふ》と名《なづ》く。中孚《ちうふ》とは内《うち》に孚信《ふしん》あるの義《ぎ》であるが、心《こゝろ》は本《もと》と虛《きよ》なるものである、虛《きよ》であるから物《もの》に感《かん》じて發《はつ》出《しゆつ》し來《きた》るものは、皆凡《みなすべ》て眞實《しんじつ》にして一毫《がう》の不實《ふじつ》がない、之《これ》を譬《たと》へば、猶豚魚《なほとんぎよ》が感《かん》ずるに心《こゝろ》なくして自《し》

然《ぜん》に物《もの》に感《かん》ずるが如《ごと》きものである、故《ゆゑ》に中孚《ちうふ》は豚魚《とんぎよ》の如《ごと》くにして吉《きつ》と言《い》ふ。蓋《けだ》し豚魚《とんぎよ》とは魚《うを》の豚《ぶた》に似《に》たもので、至《いた》つて無知《むち》なるものであるが、天《てん》の將《さ》に風吹《かぜふ》かむとする時《とき》には、自《おのづ》から水面《すゐめん》に浮《うか》び出《い》で、南風《なんぷう》にはその口《くち》を南《みなみ》に向《む》け、北風《ほくふう》にはその口《くち》を北《きた》に向《む》けて、風《かぜ》の吹《ふ》き來《く》るを待《ま》つものであるから、舟《ふな》人之《ひとこれ》を見《み》て風徴《ふうちやう》となすのであるが、無知《むち》の微物《びぶつ》ではあるけれども、而《しか》もその何等《なんら》感《かん》ずるに心《こゝろ》なくして而《しか》して感《かん》ずるの點《てん》に至《いた》りては、謂《い》ふ所《ところ》の中孚《ちうふ》と恰《あた》かもその揆《き》を一にして居《ゐ》る、故《ゆゑ》に之《これ》を假《たこ》へて中孚《ちうふ》の信《しん》が中虛《ちうきよ》なると同時《どうじ》に、亦中實《またちうじつ》なるの理《り》を形容《けいよう》したもので、巽《そん》を風《かぜ》となし魚《うを》となし、兌《だ》を水《みづ》となし口《くち》となして豚魚《とんぎよ》が風《かぜ》に感《かん》じ水上《すゐじやう》に浮《うか》ぶ所《ところ》の象《かたち》を取《と》つたものである。人《ひと》の孚信《ふしん》あること已《すで》に此《かく》の如《ごと》くば、大川《たいせん》の險《けん》も亦以《またもつ》て之《これ》を渉《わた》ることを難《かた》しとせぬ、故《ゆゑ》に亦之《まこれ》を利レ渉二大川《よろしわたるにたいせん》一と言《い》ふ。されど孚信《ふしん》もその正《せい》を失《うしな》へば、或《あるひ》は人爲《じんゐ》の私《わたくし》に流《なが》るゝことなきを保《ほ》せぬ。故《ゆゑ》に之《これ》を戒《いま》しめて利レ貞《よろしくただしき》と言《い》ふ。兌《だ》を水《みづ》となし巽《そん》を木《き》となし風《かぜ》となして外實內虛《ぐわいじつないきよ》なるは、即《すなは》ち舟《ふね》が水上《すゐじやう》を行《ゆ》くの象《かたち》である、故《ゆゑ》に此象《このかたち》を取《と》つて大川《たいせん》を渉《わた》るの辭《じ》を繫《か》けたものである。

初九、虞《ヤスンズ》レバ吉《キツ》、有《ア》レバレ他《タ》不《ズ》レ燕《ヤスカラ》、

中孚《ちうふ》の信《しん》は內《うち》にある、隨《したが》つて之《これ》を外《そこ》に求《もと》むるの要《えう》なきものである、故《ゆゑ》に六爻中應《かうちうおう》なきものを吉《きつ》となして、應《おう》あるものを凶《きよう》となして居《を》るが、初《しよ》九は中孚《ちうふ》の始《はじ》めに當《あた》り、剛《がう》を以《もつ》て陽《やう》に居《ゐ》てその正《せい》を得《え》たものである、故《ゆゑ》に己《おの》れが固《こ》有《いう》する所《ところ》の德位《とくゐ》を安守《あんしゆ》すれば、自《おのづ》から足《た》るべきもので、他《た》に向《むか》つて之《これ》を求《もと》むるに及《およ》ばぬものである、故《ゆゑ》に虞《やすくずれは》吉《きつ》と言《い》ふ。虞《ぐ》は安《やす》むずると同《おな》じく、現在《げんざい》の儘《まゝ》に満足《まんぞく》して他《た》を願《ねが》はざるの義《ぎ》であるが、苟《いやし》くも然《しか》らず、その應《おう》の六四に向《むか》つて孚《ふ》を求《もと》むる様《やう》なことがあれば、そは却《かへ》つて固有《こいう》の安所《あんしよ》を失《うしな》ふものである、故《ゆゑ》に之《これ》を有《あれは》レ他《た》不《ず》レ燕《やすから》と言《い》ふ。燕《えん》も亦安《またあん》の義《ぎ》で、有《あれは》レ他《た》とは、他《た》に心《こゝろ》あればと言《い》ふ義《ぎ》で、六四に應《おう》ずることを言《い》ふたものである。

九二、鳴《メイ》鶴《カク》在《ア》リレ陰《イン》ニ、其《ソノ》子《コ》和《ワ》スレ之《コレ》ニ、我《ワレ》ニ有《ア》リ二好爵《カウシヤク》一、吾《ワレ》與《ト》レ爾靡《ナンジヨハン》レ之《コレ》ユ、

九二が剛《がう》を以《もつ》て柔《じう》を履《ふ》むで居《を》ることその中《ちう》を得《う》る許《ばか》りでなく、上《かみ》に應《おう》なくして三四兩陰《りやういん》の下《しも》に居《を》るは即《すなは》ち孚誠《ふせい》自《みづ》から足《た》れりとして外《そと》に求《もと》むることなきも、而《しか》も物來《ものきた》つて自《おのづ》から應《おう》ずるもので之《これ》を譬《たと》へば猶《なほ》鶴《つる》が幽隱不聞《いういんふもん》の地《ち》に鳴《な》いて、その子《こ》が之《これ》に和鳴《わめい》するのと一般《ぱん》、孚誠《ふせい》にして自《おのづ》から感《かん》ずる所《ところ》の象《かたち》である故《ゆゑ》に鳴鶴有《めいかくあり》レ陰其子和《いんにそのこわす》レ之《これに》と言《い》ふ。兌《だ》を口《くち》となし、鶴《つる》となし、九二が三四兩陰《りやういん》の下《しも》に居《を》るは、即《すなは》ち鳴鶴《めいかく》が陰《いん》にあるの象《かたち》。其子《そのこ》は初《しよ》九を指《さ》したもので、正兌倒兌相對《せいだたふだあひたい》するは、即《すなは》ちその子《こ》が之《これ》に和《わ》するの象《かたち》である彖《たん》に中孚《ちうふ》は豚魚《とんぎよ》の如《ごと》くにして吉《きつ》とは、此爻《このかう》の如《ごと》きものを言《い》ふに外《ほか》ならぬが、君子《くんし》は陋巷《ろうかう》に居《を》つても而《しか》も外《ほか》に求《もと》むる所《ところ》はない、けれども同類《どうるゐ》の來《きた》るものがあれば、亦孚誠《またふせい》を以《もつ》て之《これ》に應《おう》じて、何等《なんら》の間隔《かんかく》をも設《まう》くる様《やう》なことはせぬ。故《ゆゑ》に我有《われにあり》二好爵《かうしやく》一、吾與《われと》レ爾靡《なんぢよはん》レ之《これに》と言《い》ふ。我吾《われ〳〵》は共《とも》に九二自《みづ》からのことで、爾《なんぢ》は汝《なんぢ》と同《おな》じく初《しよ》九を指《ゆび》ざし、好爵《かうしやく》は旨酒《ししゆ》のことで兌《だ》の象《かたち》を取《と》り、靡《び》は醉《よ》ふと同義《どうぎ》であるが、言《い》ふこゝろは、我《われ》は我《わ》が嗜《たしな》む所《ところ》の旨酒《ししゆ》を持《も》つて居《を》るが爾《なんぢ》も亦之《またこれ》を嗜《たしな》み好《この》むものであるから、共《とも》に此《こ》の旨酒《ししゆ》を飲《の》

むで之《これ》に醉《よ》ひ樂《たの》しまうと言《い》ふことで。孚誠相感《ふせいあひかん》じて和樂隔《わらくへだ》てなきの意《い》を言《い》ふたものである。

康熙帝曰《かうきていいは》く。九二は剛中《がつちう》の實德《じつとく》あり、上《かみ》に應《おう》なくして而《しか》して初《しよ》は之《これ》と德《とく》を同《おな》じうす。故《ゆゑ》に鶴鳴《つるな》き子《こ》和《わ》し。好爵《かうしやく》。爾靡《じび》の象《かたち》あり。父子《ふし》を言《い》ふは。戸庭《こてい》を出《い》でざることを明《あ》かすなり。爾我《じが》を言《い》ふは。同類《るゐ》を踰《こ》えざることを明《あ》かすなり。詩《し》に云《いは》く鶴鳴《つるなひて》レ于《に》ニ九皐《きうこう》一聲聞《こゑきこゆ》レ于《に》レ天《てん》と。則《すなは》ち爽塏《さうがい》の地《ち》に居《ゐ》て、而《しか》して聲遠《こゑとほ》きに及《およ》ぶなり、陰《いん》に居《ゐ》て而《しか》して子《こ》之《これ》に和《わ》するは、則《すなは》ち遠聞《ゑくぶん》を求《もと》めざることを知《し》るべし。詩《し》に又曰《またいは》く。我有《われあり》ニ旨酒《ししゆ》一、嘉賓《かひん》式燕《もつてたのしみ》式衎《もつてたのしむ》と、則《すなは》ち同《おな》じく樂《たの》しむもの衆《おほ》きなり、吾爾《われなんぢ》と靡《よ》はんとは、則《すなは》ち惟二人《これふたり》心《こゝろ》を同《おな》じうするのみ、君子《くんし》の實德實行《じつとくじつかう》は、遠《とほ》きを務《つと》めずして邇《ちか》きを脩《をさ》む、故《ゆゑ》に繫辭傳《けいじでん》に兩《ふた》たび況《いは》んや其《そ》の邇者乎《ちかきものおや》と言《い》ふて、然《しか》る後推《のちお》し廣《ひろ》めて而《しか》して之《これ》を極言《きよくげん》せり。

六三、得《エ》テレ敵《テキ》ヲ、或《アルヒ》ハ鼓《ツヽミ》ウチ或《アルヒ》ハ罷《ヤミ》、或《アルヒ》ハ泣《ナ》キ或《アルヒ》ハ歌《ウタ》フ、

此卦全體《このくわぜんたい》を以《もつ》て之《これ》を觀《み》れば、三と四とは中虛《ちうきよ》にして無心《むしん》なるものである、されど爻體《かうたい》に就《つい》て之《これ》を言《い》へば、三は不正《ふせい》にして位《くらゐ》を失《うしな》ふて居《を》るが、四は正《せい》にして位《くらゐ》を得《え》て居《を》る、隨《したが》つてその類《たぐひ》を同《おな》じうして居《を》るけれども、その志《こゝろざし》を異《こと》にして居《を》る、故《ゆゑ》に四は馬《うま》の匹《たぐひ》を失《うしな》ふて居《を》るが、六三は上九《じやう》に應《おう》じてその信《しん》を求《もと》めて居《を》る、然《しか》るに上九《じやう》は信《しん》の極《きよく》に居《を》るので、却《かへ》つて信《しん》に過《す》ぎ僞《ぎ》に入《い》り易《やす》きものである、況《いは》むや彼《かれ》より我《われ》に求《もと》めずして我《われ》より彼《かれ》に求《もと》むるは、心《こゝろ》なくして相感《あひかん》ずるものではなく、中虛《ちうきよ》の德《とく》を棄《す》てゝ心《こゝろ》あつて外《ほか》に求《もと》むるものであるが、人心《じんしん》一たび外物《ぐわいぶつ》に動《うご》けば、その人《ひと》の一喜《き》一憂《いう》は、皆外物《みなぐわいぶつ》の爲《た》めに支配《しはい》さ

れて、泣《な》くも笑《わら》ふも皆外物次第《みなぐわいぶつしだい》で、一定《てい》の常《つね》なきに至《いた》るのである、故《ゆゑ》に得《えて》レ敵《てきを》或《あるひは》鼓《つゞみうち》或《あるひは》罷《やみ》、或《あるひ》泣《なき》或《あるひは》歌《うたふ》と言《い》ふ。敵《てき》を得《う》るとは、猶之《なほこれ》を對手《あひて》を得《う》ると云《い》ふに同《おな》じく、上九《じやう》に應《おう》ずることを言《い》ふたものであるが、鼓《つゞみ》は震《しん》の象《かたち》、罷《やみ》は止《や》むと同《おな》じく艮《ごん》の象《かたち》、泣《な》くも歌《うた》ふも共《とも》に兌《だ》の象《かたち》を取《さ》つたもので、或《あ》る時《とき》は意氣揚々《いきやう／＼》として喜《よろこ》び勇《いさ》むで居《を》るけれども、亦或《またあ》る時《とき》は精神沮喪《せいしんそさう》して憂《うれ》ひ沈《しづ》み、或《あ》る時《とき》は失望落膽《しつばうらくたん》して泣《な》き悲《かな》しむで居《を》るけれども、亦或《またあ》る時《とき》は得意滿々《とくいまん／＼》として歌《うた》ひ樂《たの》しむで居《を》ると言《い》ふが如《ごと》く、自《みづ》から主《しゆ》とする所《ところ》なく、一切皆凡《さいみなすべ》て外物《ぐわいぶつ》の爲《た》めに支配《しはい》さるゝ所《ところ》の有樣《ありさま》を形容《けいよう》したものである。

六四、月《ツキ》幾《チカ》シレ望《ボウ》ニ、馬《ウマ》ノ匹《タグ》ヒ亡《ウシナ》フ、无《ナシ》レ咎《トガ》、

六四は柔正《じうせい》であるが、九五に近比《きんひ》し之《これ》を承《う》けて信從《しんじう》して居《を》る、乃《そこ》で之《これ》を譬《たと》へて言《い》へば、望《ばう》に近《ちか》き即《すなは》ち十三四日《ふ》の明月《めいげつ》が皎々《かう／＼》として、甚《はなは》だ盛《さか》むではあるけれども、尚少《なほすこ》しく虧《か》くる所《ところ》があつて、日光《につくわう》の赫燿《かくえう》たるに及《およ》ばぬ樣《やう》なものである、故《ゆゑ》に之《これ》を月幾《つきちかしばうに》レ望と言《い》ふ。幾《ちか》は近《ちか》きと同《おな》じく、望《ばう》は十五夜《や》の滿月《まんげつ》のことであるが、蓋《けだ》し月《つき》は元《も》と日光《につくわう》を受《う》けて光《ひか》りを發《はつ》するものである、けれども既望《きばう》即《すなは》ち十五夜《や》の滿月《まんげつ》は殆《ほと》むど日《ひ》と相敵《あひてき》して居《を》る、此《かく》の如《ごと》きは臣《しん》を以《もつ》て君《きみ》に敵《てき》し、その分《ぶん》を犯《をか》すの義《ぎ》に當《あた》るのである、されど幾《ちかきばうに》レ望の月《つき》は盛明《せいめい》ではある、けれども少《すこ》しく缺《か》くる所《ところ》があるので、日光《につくわう》とその明《めい》を爭《あらそ》ふ所《ところ》の嫌《きらひ》がない故《ゆゑ》に之《これ》を假《か》つて六四が九五の君《きみ》を承《う》けて、之《これ》に信從《しんじう》する所《ところ》の有樣《ありさま》を象《かた》どつたもので、月《つき》は即《すなは》ち兌《だ》の象《かたち》を取《さ》つたものであるが、六四は本《もと》と初《しよ》と正應《せいおう》である、されども已《すで》に五の君《きみ》に從《したが》ひ、尚亦初《なほまたしよ》に係《かゝは》るは孚《ふ》

道《だう》の一にして二なき義《ぎ》を害《がい》する許《ばか》りでなく、君《きみ》に事《つか》へて二心《こゝろ》あるの嫌《きらひ》がある、乃《そこ》で初《しよ》は本《もと》と己《おの》れが匹《ひつ》對《たい》ではあるけれども、而《しか》も之《これ》を絶《た》つて五に從《したが》ひ、その孚《まこと》を二三にするの咎《とが》なきを得《う》るものである、故《ゆゑ》に之《これ》を馬匹亡《うまのたぐひうしなふ》、无レ咎《なしとが》と言《い》ふ。馬《うま》は震《しん》の象《かたち》を取《と》つたもので、匹《たぐひ》も亦《また》對《たい》と同《おな》じく、匹亡《たぐひうしな》ふとは、初《しよ》の匹《ひつ》偶《ぐう》を絶《た》ち失《うしな》ふことを言《い》ふたものである。

九五、有《アツテ》レ孚《マコト》攣如《レンジヨタリ》、无《ナシ》レ咎《トガ》、

九五は剛陽中正《がうやうちうせい》にして尊位《そんゐ》に居《を》り、而《しか》も私應《しおう》の累《るゐ》なく孚《ふ》の主《しゆ》となるもので、至誠《しせい》の心《こゝろ》を以《もつ》て天下《てんか》の人心《じんしん》を攣結拘繫《れんけつかうけい》するものである、故《ゆゑ》に有レ孚攣如无レ咎《あつてまことれんじよたりなしとが》と言《い》ふ。攣如《れんじよ》とは巽繩艮手《そんじようごんしゆ》を以《もつ》て天下《てんか》の人心《じんしん》を拘攣《かうれん》して、睽離《けいり》せざらしむる所《ところ》の象《かたち》を取《と》つたものである。

上九、翰音《カンオン》登《ノボル》レ于《ニ》レ天《テンニ》、貞凶《カタケレバキヨウ》、

上九は不中正《ふちうせい》を以《もつ》て信《しん》の極《きよく》に居《を》り、信《しん》に過《す》ぎて而《しか》して僞《ぎ》に反《かへ》るもので、之《これ》を喩《たと》へば猶《なほ》鷄《にはとり》が鳴《な》いてその聲《こゑ》は高《たか》く天《てん》に登《のぼ》れども、而《しか》もその身《み》は卽《すなは》ち聲《こゑ》の高《たか》く登《のぼ》るが如《ごと》くに、高飛《たかとび》し得《え》ざる様《やう》なものである、故《ゆゑ》に之《これ》を翰音登レ于レ天《かんおんのぼるてんに》と言《い》ふ。翰音《かんおん》は卽《すなは》ち鷄《にはとり》のことで、巽《そん》を鷄《とり》となして上九《じやうきう》は天位《てんゐ》に居《を》る、故《ゆゑ》に之《これ》を翰《かん》音天《おんてん》に登《のぼ》ると言《い》ふたものであるが、翰音天《かんおんてん》に登《のぼ》るとは、上九《じやうきう》が信極《しんきは》まつて信《しん》に過《す》ぎ、名實相伴《めいじつあひともな》はず、言行相背《げんかうあひそむ》いて虛僞《きよぎ》に流《なが》るゝことを言《い》ふたものである、而《しか》も尙此道《なほこのみち》を固執《こしふ》して改《あらた》めざれば、その凶《きよう》なることは必然《ひつぜん》である、故《ゆゑ》に亦之《またこれ》を貞凶《かたければきよう》と言《い》ふ。

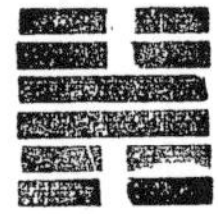
艮下《ごんか》
震上《しんじやう》

小過《せうくわ》

小過《セウクワ》、亨《トウ》ル、利《ヨロ》シ貞《タヾ》シキニ、可《カナリ》小事《セウジ》ニ、不《ズ》可《カナラ》大事《ダイジ》ニ、飛鳥《ヒテウ》遺《ノコス》之《コ》レガ音《ネ》ヲ、不《ズ》宜《ヨロシ》カラ上《ノボ》ルニ、宜《ヨロ》シク下《クダ》ルニ、大吉《ダイキツ》、

陽《やう》を大《だい》となし陰《いん》を小《せう》となすが、此卦《このくわ》は全體《ぜんたい》を以《もつ》て之《これ》を言《い》へば、二陽《やう》は中《うち》にあつて、四陰《いん》は外《そと》にある、即《すなは》ち四陰《いん》の小《せう》なるものが、二陽《やう》の大《だい》なるものよりも少《すこ》しく過《す》ぎて居《を》る、故《ゆゑ》に之《これ》を小過《せうくわ》と言《い》ふ。又兩體《またりやうたい》に分《わか》つて之《これ》を言《い》へば、艮《ごん》を山《やま》となし、震《しん》を雷《らい》となして、雷《らい》が山上《さんじやう》に震《ふる》ふは、之《これ》を平地《へいち》に震《ふる》ふ所《ところ》の雷《らい》に較《くら》べて、その聲《こゑ》が少《すこ》しく高《たか》きに過《す》ぎて居《を》る、故《ゆゑ》に之《これ》を小過《せうくわ》と言《い》ふ。小過《せうくわ》とは小《せう》なるものが過《す》ぐると言《い》ふ義《ぎ》であるが、凡《およ》そ事《こと》はその中《ちう》を得《え》て過不及《くわふきう》なきことを期《き》せねばならぬ、けれども亦時《またとき》には過《す》ぎて而《しか》して通行《つうかう》すべきこともある、故《ゆゑ》に之《これ》を亨《こうる》と言《い》ふ。此《かく》の如《ごと》く當《ま》さに過《す》ぐべくして過《す》ぐるは、即《すなは》ち過《す》ぎ而《しか》して却《かく》つて中《ちう》を得《う》る所以《ゆえん》である、されどもそは唯《たゞ》一時《じ》の權宜《けんぎ》で、之《これ》を執《と》つて一般《ぱん》の常則《じやうそく》となすことは可能《でき》ぬ、故《ゆゑ》に之《これ》を戒《いまし》めて利《よろしたゞしきに》レ貞と言《い》ふ。貞《たゞしき》に利《よろ》しとは、貞正《ていせい》にして時宜《じぎ》を失《うしな》はざるに利《よろ》しと言《い》ふ義《ぎ》である、蓋《けだ》し大過《たいくわ》とは猶之《なほこれ》を積極的《せききよくてき》に過《す》ぐると言《い》ふが如《ごと》く、小過《せうくわ》とは猶之《なほこれ》を消極的《せうきよくてき》に過《す》ぐると言《い》ふと一般《ぱん》であるが、茲《こゝ》に小事大事《せうじだいじ》と言《い》ふも亦猶此《またなほかく》の如《ごと》く、即《すなは》ち小事《せうじ》に可《か》なりとは、小事《せうじ》即《すなは》ち消極的《せうきよくてき》には過《す》

ぐるも利《よろ》しく、大事《だいじ》に可《か》ならずとは、大事《だいじ》即《すなは》ち積極的《せききよくてき》には過《す》ぐるに利《よろ》しからずと言《い》ふに同《おな》じく、必竟《ひつきやう》は小過《せうくわ》の義《ぎ》を敷衍《ふえん》したもので、之《これ》を譬《たと》へば、人《ひと》の言動《げんどう》が恭謙《きようけん》に過《す》ぎ、喪《も》に當《あた》つて哀愁《あいしう》に過《す》ぎ、財用《ざいよう》が儉約《けんやく》に過《す》ぐるが如《ごと》きは、這《こ》は皆小事《みなせうじ》即《すなは》ち消極的《せうきよくてき》に過《す》ぐるものである、故《ゆゑ》に之《これ》を可《かなり》二小事《せうじに》一と言《い》ふ。反之《これにはんし》、人《ひと》の言動《げんどう》が傲慢《がうまん》に過《す》ぎ、喪《も》に臨《のぞ》むで喜悦《きえつ》に過《す》ぎ、財用《ざいよう》が驕奢《けうしや》に過《す》ぐるが如《ごと》きは、這《こ》は凡《すべ》て大事《だいじ》即《すなは》ち積極的《きよくてき》に過《す》ぐるものである、故《ゆゑ》に之《これ》を不《ず》レ可《かなら》二大事《だいじに》一と言《い》ふ。何《なん》となれば、此《かく》の如《ごと》く小事《せうじ》即《すなは》ち消極的《せうきよくてき》に過《す》ぐるは、事《こゝ》に大害《たいがい》はないけれども、而《しか》も大事《だいじ》即《すなは》ち積極的《せききよくてき》に過《す》ぐるは大害《たいがい》があるからである。又此卦《またこのくわ》は中《なか》の二陽《やう》を身《み》となし、上下《じやうか》四陰《いん》を兩翼《りやうよく》となして、飛鳥《ひてう》の象《かたち》がある許《ばか》りでなく、震《しん》を聲《こゑ》となし、艮《こん》を止《や》むとなして、飛鳥《ひてう》がその聲《こゑ》を遺《のこ》し止《とゞ》むるの象《かたち》がある、故《ゆゑ》に之《これ》を飛鳥遺《ひてうのこす》二之音《これがねを》一と言《い》ふ。之《これ》が音《ね》を遺《のこ》すとは、卦《くわ》に飛鳥《ひてう》の象《かたち》があつて、その聲《こゑ》を遺《のこ》し止《とゞ》めて之《これ》を暗示《あんじ》する樣《やう》であると言《い》ふ義《ぎ》であるが、蓋《けだ》し鳥《とり》は飛《と》び上《のぼ》ること高《たか》ければ、高《たか》き程《ほど》止息《しそく》すべき場所《ばしよ》を失《うしな》ひ、地《ち》に下《くだ》れば安棲《あんせい》の場所《ばしよ》を得《う》るものである、故《ゆゑ》に此《こ》の鳥《とり》が高飛《かうひ》して止所《ししよ》を失《うしな》ひ、下《くだ》り來《く》れば安所《あんしよ》を得《う》るの義《ぎ》を假《か》つて、之《これ》を人事《じんじ》に當嵌《あては》めて不《ず》レ宜《よろしから》レ上《のぼるに》宜《よろしく》レ下《くだるに》大吉《だいきつ》と言《い》ふ。上《のぼ》るに宜《よろ》しからず、下《くだ》るに宜《よろ》しきも、亦大事《またたいじ》に可《か》ならず、小事《せうじ》に可《か》なりと言《い》ふと同意《どうい》で、貞《たゞしき》に利《よろ》しきの義《ぎ》を言《い》ふたものであるが、前例《ぜんれい》の如《ごと》く積極的《せききよくてき》に人《ひと》の言動《げんどう》が傲慢《がうまん》に過《す》ぎ、喪《も》に臨《のぞ》むで喜悦《きえつ》に過《す》ぎ、財用《ざいよう》が驕奢《けうしや》に過《す》ぐるが如《ごと》きは、正《せい》を失《うしな》ふて理《り》に背《そむ》くが故《ゆゑ》に凶《きよう》である、反之《これにはんし》、消極的《せうきよくてき》に人《ひと》の言動《げんどう》が恭謙《きようけん》に過《す》ぎ、喪《も》に臨《のぞ》むで哀愁《あいしう》に過《す》ぎ、財用《ざいよう》が儉約《けんやく》に過《す》ぐるが如《ごと》きは、聊《いさゝ》かその正《せい》を失《うしな》ふの嫌《きらひ》はあるけれども、而《しか》も人情《にんじやう》に反《はん》する樣《やう》なことは少《すこ》しもない、故《ゆゑ》に之《これ》を大吉《だいきつ》と言《い》ふ。

初六、飛《ヒ》鳥《テテ》ナリ以《モツ》テ凶《キヨウ》、

小過《せうくわ》の時《とき》は上《のぼ》るに宜《よろ》しからず、下《くだ》るを以《もつ》て宜《よろ》しとなすのである、然《しか》るに初《しよ》六が上《のぼ》つて九四に應《おう》ずるは即《すなは》ち時《とき》に從《したが》ふて下《くだ》らずして、時《とき》に逆《さか》らひ上《のぼ》り飛《と》むでその安所《あんしよ》を失《うしな》ふものである、故《ゆゑ》に飛鳥以凶《ひてうなりもつてきよう》と言《い》ふ。

項氏《こうし》安世曰《あんせいいは》く、初上《しよじやう》二爻《かう》は皆鳥翼《みなてうよく》の末《すゑ》に當《あた》る、初《しよ》六は艮《ごん》の下《しも》にあり、當《ま》さに止《と》まるべくして、而《しか》して反《かへ》つて飛《と》び、飛《と》ぶを以《もつ》て凶《きよう》を致《いた》す、故《ゆゑ》に飛鳥《ひてう》なり以《もつ》て凶《きよう》と曰《い》ふ、上《じやう》六は震《しん》の極《きよく》に居《ゐ》て、其《そ》の飛《と》ぶこと已《すで》に高《たか》し、即《すなは》ち網罟《まうこ》に麗《つ》く、故《ゆゑ》に飛鳥之《ひてうこれ》に離《つ》く凶《きよう》と曰《い》ふ、

胡氏《こし》炳文曰《へいぶんいは》く、大過《たいくわ》は棟橈《むなぎたゆ》むの象《かたち》あり、棟《むなぎ》の用《よう》は中《ちう》にあり、故《ゆゑ》に三四に於《おい》て之《これ》を言ふ。小過《せうくわ》は飛鳥《ひてう》の象《かたち》あり、鳥《とり》の用《よう》は兩翼《りやうよく》にあり、故《ゆゑ》に初上《しよじやう》に於《おい》て之《これ》を言《い》ふ、然《しか》れども初《しよ》二五上《じやう》は皆翼《みなつばさ》なり、獨《ひと》り初上《しよじやう》に之《これ》を言《い》ふは何《なん》ぞや、鳥《とり》の飛《と》ぶは翼《つばさ》にあらずして而《しか》して翰《はね》にあり、初上《しよじやう》は其《そ》の翰《はね》なればなり、康熙《かつき》帝曰《ていいは》く、大過《たいくわ》を棟《むなぎ》に象《かた》どる者《もの》は兩爻《りやうかう》、小過《せうくわ》を飛鳥《ひてう》に象《かた》どる者《もの》も亦兩爻《またりやうかう》なり、然《しか》るに大過《たいくわ》は隆《さか》んなるに宜《よろ》しくして撓《たゆ》むに宜《よろ》しからず、則《すなは》ち四が上《かみ》に居《を》るは吉《きつ》にして、三が下《しも》に居《を》るの凶《きよう》なるは宜《むべ》なり、小過《せうくわ》の鳥《とり》は下《くだ》るに宜《よろ》しくして上《のぼ》るに宜《よろ》しからず、初《しよ》が下《しも》に居《を》るは應《まさ》に吉《きつ》なるべくして、而《しか》して却《かへ》つて凶《きよう》なる者《もの》は何《なん》ぞや、蓋《けだ》し屋《おく》の中棟《なかむなぎ》は唯一《ゆゐいつ》のみ、四の象獨《かたちひと》り之《これ》に當《あた》る、鳥《とり》の翼《つばさ》は則《すなは》ち兩《ふたつ》あり、

初《しよ》と上《じやう》との象《かたち》は皆之《みなこれ》に當《あた》るなり、初《しよ》は時《とき》に於《おい》ては未《いま》だ之《これ》に過《す》ぎず、位《くらゐ》に於《おい》ては則《すなは》ち下《しも》に居《を》るは、鳥の正《まさ》に棲宿《せいしゆく》すべきが如《ごと》き者にして、乃《すなは》ち自《みづ》から禁《きん》ずること能《あた》はずして而《しか》して飛《と》ぶ、其《そ》の凶《きよう》や豈《あ》に自《みづ》から取《と》るにあらずや、

六二、過《スギ》テ二其《ソ》ノ祖《ソ》ヲ一、遇《ア》フ二其《ソ》ノ妣《ヒ》ニ一、不《ズ》シテレ及《オヨ》バ二其《ソ》ノ君《キミ》ニ一、遇《ア》フ二其《ソ》ノ臣《シン》ニ一、无《ナシ》レ咎《トガ》、

凡《およ》そ爻體《かうたい》の剛柔《がうじう》に從《したが》ふて、男女父母君臣等《だんぢよふぼくんしんとう》の象《かたち》を取《と》るは、即《すなは》ち易《えき》の常例《じやうれい》とする所《ところ》で、今此例《いまこのれい》に由《よ》つて之《これ》を觀《み》れば、三の剛《がう》が二の上《うへ》に居《を》るは即《すなは》ち父《ちち》の象《かたち》で、四の剛《がう》が尙《なほ》その上《うへ》に居《を》るは即《すなは》ち祖《そ》の象《かたち》であるが尙亦《なほまた》五の柔《じう》がその上《うへ》に居《ゐ》て、四の祖《そ》と相並《あひなら》ぶは即《すなは》ち妣《ひ》の象《かたち》である、亦剛《またがう》と剛《がう》と柔《じう》と柔《じう》とは相應《あひおう》せぬのが易中《えきちう》の常例《じやうれい》で、之《これ》に反《はん》するものは變例《へんれい》である。然《しか》るに此卦《このくわ》は常《つね》に過《す》ぐるを以《もつ》て義《ぎ》として居《を》るから、謂《い》ふ所《ところ》の變例《へんれい》に屬《ぞく》し、二五同柔同德相應《どうじうどうとくあひおう》ずるものであるが、六二が三四の兩爻《りやうかう》を過《す》ぎて、五の柔《じう》に應《おう》ずるのは、即《すなは》ちその祖《そ》を過《す》ぎてその妣《ひ》に遭《あ》ふ所《ところ》の象《かたち》である、故《ゆゑ》に過二其祖一《すぎてそのそを》、遇二其妣一《あふそのひに》と言《い》ふ。此《かく》の如《ごと》く妣《ひ》は柔《じう》にして陰《いん》であるが、臣《しん》も亦妣《またひ》と同《おな》じく柔《じう》にして陰《いん》である。反之《これにはんし》、君《きみ》は亦祖《またそ》と同《おな》じく剛《がう》にして陽《やう》である、然《しか》るに今《いま》六二は剛《がう》の君《きみ》に遇《あ》ふに及《およ》ばずして、柔《じう》の臣《しん》に遇《あ》ふて居《を》る、故《ゆゑ》に亦之《またこれ》を不レ及二其君一《すしておよばそのきみに》、遇二其臣一《あふそのしんに》と言《い》ふ。蓋《けだ》し六二が柔順中正《にうじゆんちうせい》にして、大事《だいじ》に可《か》ならず小事《せうじ》に可《か》、上《のぼ》るに宜《よろ》しからず下《くだ》るに宜《よろ》しき小過《せうくわ》の時《とき》に當《あた》り、その祖《そ》を過《す》ぎてその妣《ひ》に遇《あ》ひ、その君《きみ》に及《およ》ばずしてその臣《しん》に遇《あ》ふは、即《すなは》ち過《す》ぐべくして過《す》ぎ、及《およ》ばざるべくして及《およ》ばぬものであるから、之《これ》を過《す》ぐるも而《しか》も過《す》ぎぬと同《おな》じく、及《およ》ばざ

るも亦固《またもと》よりその分《ぶん》の宜《よろ》しき所《ところ》で、共《とも》に過不及《くわふきう》の失《しつ》がないものである、故《ゆゑ》に之《これ》を无《なし》レ咎《とが》と言《い》ふ。

康煕帝《かうきこいてい》曰《いは》く、古《いにしへ》は昭穆《せうぼく》を重《おも》んず、故《ゆゑ》に孫《そん》は則《すなは》ち祖《そ》に祔《ふ》し、孫婦《そんぷ》は則《すなは》ち祖姑《そこ》に祔《ふ》す、晉《しん》の王《わう》母《ぼ》此爻《このかう》の妣《ひ》は、皆祖姑《みなそこ》を謂《い》ふなり、兩陰相應《りやういんあひおう》ず、故《ゆゑ》に妣婦《ひふ》相配《さうはい》するの象《かたち》を取《と》る、凡《およ》そ易《えき》の義《ぎ》陰陽應《いんやうおう》ある者《もの》は則《すなは》ち君臣《くんしん》と爲《な》し、夫婦《ふうふ》と爲《な》して、其《そ》の偶配《ぐうはい》を取《と》れるなり、應《おう》なき者《もの》は則《すなは》ち或《あるひ》は父子《ふし》と爲《な》し、或《あるひ》は等《とう》夷《ゐ》と爲《な》し、或《あるひ》は嫡媵《ちやくしよう》と爲《な》し、或《あるひ》は妣婦《ひふ》と爲《な》して、其《そ》の同類《どうるゐ》を取《と》れるなり、此爻《このかう》は二五皆柔《みなじう》、妣婦《ひふ》の配《はい》あつて君臣《くんしん》の交《かう》なし、故《ゆゑ》に妣《ひ》に遇《あ》ひ其《そ》の君《きみ》に及《およ》ばざるを取《と》つて義《ぎ》を爲《な》す、孫《そん》が行《い》つて祖《そ》の列《れつ》に附《つ》くは其《そ》の過《す》ぎたるに疑《うたが》はし、然《しか》れども禮《れい》の當《ま》さに然《しか》るべき所《ところ》にして、是《こ》れ適々其《たまたまそ》の分《ぶん》を得《う》るなり、君《きみ》に應《おう》なき者《もの》は、敢《あへ》て君《きみ》に仰《あほ》がざるの象《かたち》にして、然《しか》して柔《じう》を守《まも》り下《しも》に居《を》るは、是《こ》れ臣節《しんせつ》を失《うしな》はざるなり、人事《にんじ》を以《もつ》て之《これ》を類《るゐ》せば、卽《すなは》ち其《そ》の過《す》ぐべき者《もの》は過《す》ぎて而して其《そ》の恭順《きようじゆん》の體《たい》を得《え》、事《こと》の必《かな》らず過《す》ぐべからざる者《もの》は、及《およ》ばずして而《しか》して名分《めいぶん》の常《つね》に安《やす》んず、夫子《ふし》の麻冕拜下《まめんはいか》を言《い》ふは、意《い》正《まさ》に此《かく》の如《ごと》きなり、小過《せうくわ》の義《ぎ》は恭《きよう》に過《す》ぎ儉《けん》に過《す》ぐることを主《しゆ》とするは妻道《さいだう》なり、臣道《しんだう》なり、二は其《そ》の位《くらゐ》に當《あた》つて中正《ちうせい》の德《とく》あり、故《ゆゑ》に能《よ》く過不及《くわふきふ》を權衡《けんかう》して而《しか》して其《そ》の中《ちう》を得《う》る、六爻《かう》に於《おい》て最善《さいぜん》と爲《な》す、

九三、弗《ズ》レ過《スギ》防《フセギ》レ之《コレヲ》從《シタガヘバ》或《アルヒ》ハ戕《ソコノフ》レ之《コレ》ヲ凶《キヨウ》、

此卦《このくわ》は陰《いん》が陽《やう》に過《す》ぎて居《を》る、故《ゆゑ》に之《これ》を名《なづ》けて小過《せうくわ》と言《い》ふたもので、小過《せうくわ》とは陰《いん》の小《せう》が陽《やう》の大《だい》よりも過《す》ぎて居《を》ると言《い》ふ義《ぎ》で、過《す》ぎたものは陰《いん》の小《せう》であつて、陽《やう》の大《だい》ではない、而《しか》して九三と九四とは共《とも》に陽《やう》

の大《だい》であるが、陰《いん》の小《せう》が過《す》ぐるの時《とき》であるから、過《す》ぎずして却《かへ》つて及《およ》ばぬものである、故《ゆゑ》に三四共《とも》に之《これ》を弗《ず》レ過《すぎ》と言《い》ふ。且《か》つ九三が剛《がう》を以《もつ》て陽《やう》に居《を》るは、その位《くらゐ》を得《え》たものである、而《しか》も九三の應《おう》は上六《じやう》であるが、上六《じやう》は卦極《くわきよく》の陰《いん》で、小過中《せうくわちう》の最《もつと》も過《す》ぎたものである、然《しか》るに若《も》し往《ゆ》いて之《これ》に應《おう》せば、己《おの》れが固有即《こいうすなは》ち過《す》ぎざるの本性《ほんせい》を失《うしな》ふて、過《す》ぎたるものゝ同類《どうるゐ》に入《い》ることゝなる、故《ゆゑ》に弗《ず》レ過防《すぎふせげ》レ之《これを》と言《い》ふ。之《これ》を防《ふせ》げとは、その應《おう》を絶《た》ち防《ふせ》ぐの義《ぎ》であるが、而《しか》も尚《なほ》その之《これ》に應《おう》じ從《したが》はむことを恐《おそ》る、故《ゆゑ》に亦更《またさら》に利害《りがい》を教《をし》へ諭《さと》して從《したが》はゞ或戕《あるひはそこのふ》レ之《これを》凶《きやう》と言《い》ふ。從《したが》はゞとは、九三が往《ゆ》いて上六《じやう》に應《おう》ずるの義《ぎ》、戕《そこな》ふとは傷害《しやうがい》の義《ぎ》で、内《うち》にあるを殺《さつ》と言《い》ひ、外《そと》にあるを戕《しやう》と言《い》ふが、兌《だ》を毀折《きせつ》となし、肅殺《しゆくさつ》となすの義《ぎ》を取《と》つたもので、之《これ》を戕《そこな》ふとは、上六《じやう》が九三を傷害《しやうがい》するの義《ぎ》を言《い》ふたものである。

九四、无《ナシ》レ咎《トガ》、弗《ズ》シテレ過《スギ》遇《ア》フレ之《コレ》ニ、往《ユ》ケバ厲《アヤ》ウシ、必《カナ》ラズ戒《イマ》シム、勿《ナカ》レレ用《モチ》ユルコト、永《ナガ》ク貞《タシカ》ニセヨ。

九四は剛《がう》を以《もつ》て陰《いん》に居《ゐ》て、剛柔《がうじう》その中《うら》を得《え》たものである、故《ゆゑ》にその占《うらなひ》を无《なし》レ咎《とが》と言《い》ふ。而《しか》も小過《せうくわ》の時《とき》に當《あた》り、陽《やう》の大《だい》を以《もつ》て初六《しよ》と陰陽相應《いんやうあひおう》ずべき位《くらゐ》に居《を》る、故《ゆゑ》に弗《ず》レ過遇《すぎあふ》レ之《これに》と言《い》ふ。之《これ》に遇《あ》ふとは初六《しよ》と相《あひ》遇《あ》ふの謂《いひ》である、けれども遇《あ》ふとは豫《あら》かじめ期《き》する所《ところ》なく、卒然《そつぜん》として相遇《あひあ》ふの義《ぎ》で、敢《あへ》て初六《しよ》と相《あひ》應和《おうわ》したと言《い》ふ義《ぎ》ではない、蓋《けだ》し少過《せうくわ》の陰《いん》は皆陽《みなやう》に害《がい》あるものである、故《ゆゑ》に期《き》せずして之《これ》に邂逅《かいこう》することは、固《もと》より好《この》むべきことではない、されど初六《しよ》は艮體《ごんたい》にして卦《くわ》の始《はし》めに居《を》る所《ところ》の陰《いん》であるから、之《これ》を震體《しんたい》にして卦《くわ》の終《をは》りに居《を》る上六《じやう》の陰《いん》に比《くら》ぶれば、過《す》ぐることの甚《はなは》だしきものではない、故《ゆゑ》に唯卒《たゞそつ》然之《ぜんこれ》と邂逅《かいこう》した許《ばか》りで、その傷害《しやうがい》を受《う》くるには至《いた》らぬのである、故《ゆゑ》に咎《とが》なきことを得《う》るのであるが、若《も》し往《ゆ》きて之《これ》と應合《おうがふ》するとせば、それは實《じつ》に危險《きけん》の至《いた》りで、必《かな》らずその傷害《しやうがい》を免《まぬ》かるゝことは可能《でき》ぬ、故《ゆゑ》に往厲《ゆけばあやうし》、必戒《かならずいましむ》、勿《なかれ》レ用《もちゆること》永《ながく》　貞《たしかに》　かにせよと言《い》ふ。用《もち》ゆること勿《な》れとは、往《ゆ》きて初《しよ》六に應《おう》ずることを用《もち》ゆることなかれと言《い》ふ義《ぎ》で、永《なが》く貞《たし》かにせよとは、己《おの》れが現在《げんざい》の狀態《じやうたい》を永久《えいきう》に固守《こしゆ》せよと言《い》ふことである。

六五、密雲《ミツウン》ニシテ不《ズ》レ雨《アメフラ》、自《ヨリス》二我《ワ》ガ西郊《セイカウ》一、公《コウ》弋《ヨク》シテ取《トレ》二彼《カ》ノ在《アル》一レ穴《アナ》ニ、

五は尊位《そんゐ》で大《おほい》に爲《な》すあるの地《ち》である、而《しか》も六の陰柔《いんじう》を以《もつ》て之《これ》に居《ゐ》て、加《くは》ふるに小過《せうくわ》の時《とき》に當《あた》つて居《を》るので、大《おほい》に爲《な》す所《ところ》があつてその膏澤《かうたく》を下民《かみん》に下《くだ》すの力《ちから》がなく、謂《い》ふ所《ところ》の上《のぼ》るに宜《よろ》しからず下《くだ》るに宜《よろ》しきの義《ぎ》に反《はん》するものであるが、之《これ》を譬《たと》へて言《い》へば、旱天《かんてん》に雲霓《うんげい》を見《み》るに等《ひと》しきものである、故《ゆゑ》に密雲《みつうんにして》不《ず》レ雨《あめふら》、自《よりす》二我《わが》西郊《せいかう》一と言《い》ふ。蓋《けだ》し雨《あめ》は陰陽相和《いんやうあひわ》して然《しか》る後《のち》に降《ふ》るものであるが、此卦《このくわ》は小過《せうくわ》で陰陽相偏《いんやうあひへん》して居《を》る、故《ゆゑ》に密雲《みつうん》を生《しやう》じても雨《あめ》ふらざるの象《かたち》を取《と》つたもので、小畜《せうちく》は陰《いん》の小《せう》を以《もつ》て陽《やう》の大《だい》を止《とど》め、陰《いん》が主《しゆ》となつて一卦《くわ》を統《す》べて居《を》る、故《ゆゑ》に彖《たん》に於《おい》て此象《このかたち》を取《と》つて居《を》るが、此卦《このくわ》は四陰《いん》であるけれども五は卽《すなは》ち定位《ていゐ》の主《しゆ》である、故《ゆゑ》に此爻《このかう》に於《おい》て此《こ》の象《かたち》を取《と》つたものである。此《か》の如《ごと》く雲《くも》あるも雨《あめ》ふらざれば膏澤《かうたく》が下民《かみん》に及《およ》ばずして、上《のぼ》るに宜《よろ》しからずして下《くだ》るに宜《よろ》しきの義《ぎ》に背《そむ》くことになる、故《ゆゑ》に亦之《またこれ》を敎《をし》へ諭《さと》して公弋取二彼在一レ穴《こうよくしてこれかのあるをあなに》と言《い》ふ。公《こう》は六五自爻《じかう》のことであるが、尊上《そんじやう》の位《くらゐ》に居《を》るから、之《これ》を呼《よ》むで公《こう》

と言《い》ふたものである、又弋《またよく》は絲《いと》を矢《や》に繫《か》けて鳥《とり》を射《い》る所《ところ》の具《ぐ》で、小過《せうくわ》を飛鳥《ひてう》となし、震《しん》を矢《や》とするから、此象《このかたち》を取《と》つて居《を》るが弋《よく》は元《も》と高飛《かうひ》するものを射《い》る爲《た》めの具《ぐ》で、下《しも》に隱伏《いんぷく》するものを射《い》るべきものではない、然《しか》るに此《これ》を用《もち》ひて穴中《けつちう》の物《もの》を取《と》るは、下賢《かけん》を求《もと》むるの義《ぎ》で、卽《すなは》ち下《くだ》るに宜《よろ》しきの義《ぎ》を表示《へうじ》するに外《はか》ならぬが、取《と》れとは、之《これ》を取《と》らむことを敎《をし》ゆるの辭《ことば》で、未來《みらい》に屬《ぞく》して居《を》る。又彼《またかれ》は六二を指《さ》したもので、穴《あな》は六二が大坎《たいかん》の巖穴中《がんけつちう》に居《を》る所《ところ》の象《かたち》を取《と》つたものであるが、二と五とは本《も》と陰陽相應《いんやうあひおう》じて居《を》るものではない、けれども時《とき》は小過《せうくわ》に際《さい》し、且《か》つ應位《おうゐ》であるから、此象《このかたち》を取《と》つたものである、されど同類相取《どうるゐあひと》るも共《とも》に陰《いん》で、大事《だいじ》を成《な》すに足《た》らぬことは自《おのづ》から明《あき》らかである故《ゆゑ》に之《これ》を吉《きつ》と言《い》はぬ。

上六、弗《ズ》シテレ遇《アハ》過《スグ》レ之《コレ》ニ、飛鳥《ヒテウ》離《カヽル》レ之《コレ》ニ、凶《キヨウ》、是《コレ》チ謂《ユ》フ二災眚《サイセイ》一ト。

上《じやう》六は重陰《ちうゐん》にして卦《くわ》の極《きよく》、震《しん》の終《をは》りに居《ゐ》て、過《す》ぐることの最《もつと》も甚《はなは》だしきものであるが、若《も》し下《くだ》つて九三に應《おう》じて陰陽相濟《いんやうあひつくは》はず、或《あるひ》はその過極《くわきよく》の病《やまひ》を救《すく》ひ得《え》ぬ限《かぎ》りでない、けれども己《おの》れ自《みづ》からは亢《たか》ぶつて下《くだ》ることを知《し》らぬ許《ばか》りでなく、九三は亦此《またこ》の上《じやう》六の戕害《しやうがい》を受《う》けむことを恐《おそ》れて、之《これ》を防《ふせ》ぎ絶《た》つて遇《あ》はぬものである、故《ゆゑ》に弗レ遇過レ之《すしてあはすぐこれに》と言《い》ふ。遇《あ》はずとは、九三に應《おう》じ遇《あ》はざるの義《ぎ》で、之《これ》に過《す》ぐとは、卦《くわ》極《きよく》に居《ゐ》て益々亢《ますますたか》ぶるの義《ぎ》であるが、這《こ》は卽《すなは》ち三と上《じやう》とは元《げん》と應位《おうゐ》に居《ゐ》て、陰陽相應《いんやうあひおう》ずべきものであるけれども小過《せうくわ》の時《とき》であるから、震動艮止《しんどうこんし》互《たがひ》に相背《あひそむ》き相反《あひはん》するの象《かたち》を取《と》つたものである、されど過亢《くわこう》にして止《や》まざれば、その凶《きよう》なることは必然《ひつぜん》で、そは恰《あた》かも鳥《とり》が高飛《かうひ》して止息《しそく》する所《ところ》を失《うしな》ひ、終《つひ》には羅網《らもう》の難《なん》に離《かゝ》るのと同然《ごうぜん》である、故《ゆゑ》に飛鳥離レ之凶《ひてうかゝるこれにきよう》と言《い》ふ。離《かゝ》るとは羅網《らもう》に罹《かゝ》るの義《ぎ》で、上《じやう》六が變《へん》ずれば離《り》となる、離《り》を網罟《もうこ》となし、麗《つ》くとなす。即《すなは》ち飛鳥《ひてう》が網《あみ》に罹《かゝ》るの象《かたち》である。此《かく》の如《ごと》きは上《じやう》六が過亢《くわこう》にして下《くだ》ることを知《し》らず、自《みづ》から招《まね》く所《ところ》の禍《わざはひ》である、故《ゆゑ》に是謂二災眚一《これをいふさいせいと》と言《い》ふ。災《さい》は天爲《てんゐ》、眚《せい》は人爲《じんゐ》で天災人眚《てんさいじんせい》並《なら》び至《いた》るは、即《すなは》ち全卦大坎《ぜんくわたいかん》の象《かたち》を取《と》つたものである。

項氏《こうし》安世曰《あんせいいはく》く、坎離《かんり》は乾坤《けんこん》の用《よう》なり、故《ゆゑ》に上經《じやうけい》は坎離《かんり》に終《をは》り、下經《かけい》は既濟未濟《きせいみせい》に終《をは》る、頤中孚《ゐちうふ》は離《り》に似《に》て、大過小過《たいくわせうくわ》は坎《かん》に似《に》たり。故《ゆゑ》に上經《じやうけい》は頤大過《ゐたいくわ》を以《もつ》て坎離《かんり》に附《ふ》し、下經《かけい》は中孚小過《ちうふせうくわ》を以《もつ》て既濟《きせい》未濟《みせい》に附《ふ》す、二陽《やう》が四陰《いん》を函《かこ》むは則《すなは》ち之《これ》を頤《ゐ》と謂《い》ひ、四陽《やう》が二陰《いん》を函《かこ》むは則《すなは》ち之《これ》を中孚《ちうふ》と謂《い》ひ、二陰《いん》が四陽《やう》を函《かこ》むは則《すなは》ち之《これ》を大過《たいくわ》と謂《い》ひ、四陰《いん》が二陽《やう》を函《かこ》むは則《すなは》ち之《これ》を小過《せうくわ》と謂《い》ふ。離《り》の麗《つ》くと爲《な》り坎《かん》の陷《おちゐ》ると爲《な》るも、意亦之《いまたこれ》に類《るゐ》す。

呉氏《ごし》曰愼曰《いつしんいはく》く、二陽《やう》を以《もつ》て言《い》へば、九三は剛《がう》に過《す》ぎて上《じやう》に居《を》り、自《みづ》から下《くだ》ること能《あた》はず、故《ゆゑ》に或《あるひ》は之《これ》を戕《そこな》ふ、九四は柔《じう》に居《ゐ》て能《よ》く下《くだ》る、故《ゆゑ》に咎《とが》なし、五と上《じやう》とは皆陰《みないん》を以《もつ》て陽《やう》の上《じやう》に乘《のぼ》る、彖傳《たんでん》に謂《い》ふ所《ところ》の上逆《じやうぎやく》する者《もの》なり、已《すで》に上《のぼ》ると曰《い》ひ、已《すで》に亢《たか》ぶると曰《い》ふ、然《しか》るに上《じやう》は凶《きよう》にして而《しか》して五は然《しか》らざる者《もの》は、其《そ》の柔中《じうちう》なるを以《もつ》てなり、六二は柔順中正《じうじゆんちうせい》にして而《しか》して陽《やう》を承《う》く、謂《い》ふ所《ところ》の下順《かじゆん》する者《もの》なり、故《ゆゑ》に咎《とが》なし、初《しよ》は柔《じう》を以《もつ》て下《しも》に居《ゐ》て凶《きよう》なる者《もの》は、位《ゐ》は卑《ひや》しと雖《いへど》も、而《しか》も志《こゝろざし》は則《すなは》ち上《のぼ》つて下《くだ》らず、是《これ》を以《もつ》て上《じやう》六と同《おな》じく飛鳥《ひてう》の象《かたち》となすなり。

䷾ 離《り》下《か》坎上《かんじやう》 既濟《きせい》

既《ギ》濟《セイ》、亨《トウ》ル小《セウ》利《ヨロ》シレ貞《タヾ》シキニ。初《ハジ》メハ吉《キツ》ニシテ終《ヲハリ》ハ亂《ミダ》ル。

此《この》卦《くわ》坎水《かんすゐ》が離火《りくわ》の上《じやう》にあるは、水火《すゐくわ》相交《あひまじ》はつてその用《よう》をなし、萬事《ばんじ》已《すで》に濟《とゝの》ふ所《ところ》の象《かたち》である、故《ゆゑ》に之《これ》を既濟《きせい》と言《い》ふ。又《また》六爻《かう》皆《みな》凡《すべ》て正位《しやうゐ》に居《ゐ》て各《おの〳〵》その當《たう》を得《う》るは、即《すなは》ち事《こと》の悉《こと〴〵》く整濟《せいさい》するの象《かたち》である、故《ゆゑ》に之《これ》を既濟《きせい》と言《い》ふ。既濟《きせい》とは事物《じぶつ》の既《すで》に濟《とゝの》ふて皆成就《みなじやうじゆ》するの義《ぎ》であるが、既《すで》に濟《とゝの》ひ皆成就《みなじやうじゆ》するは、即《すなは》ち亨《とほ》るの義《ぎ》である、故《ゆゑ》にその占《うらなひ》を亨《とほる》と言《い》ふ。小《せう》は衍文《えんぶん》である、然《しか》るに大事《だいじ》は已《すで》に亨《とほ》つて、小事《せうじ》も亦亨通《またきやうつう》するに至《いた》る、故《ゆゑ》に亨《とほ》ること小《せう》と言《い》ふ説《せつ》があるけれども、そは曲解《きよくかい》で取《と》るに足《た》らぬ説《せつ》である。此《かく》の如《ごと》く事《こと》が既《すで》に濟《とゝの》ひ皆成就《みなじやうじゆ》せば、之《これ》に處《しよ》するの道《みち》は、唯貞固《たゞていこ》之《これ》を守《まも》つて失《うしな》はざるにある、故《ゆゑ》に之《これ》を戒《いまし》めて利レ貞《よろしたゞしきに》と言《い》ふ。何故《なぜ》なれば、凡《およ》そ物《もの》は盛《さか》むなれば衰《おとろ》ふ盈《みつ》れば虧《かく》るは、天地《てんち》自然《しぜん》の常理《じやうり》で、成《な》るは即《すなは》ち敗《やぶ》るゝの始《はじ》めであるから、その始《はじ》めて成《な》るの時《とき》に當《あた》つて、深《ふか》く注意《ちうい》して之《これ》を守《まも》らざれば、その終《をは》りを保《たも》つことが可能《でき》ぬ、故《ゆゑ》に之《これ》を初吉終亂《はじめはきつをはりにみだる》と言《い》ふ。

新井白蛾《あらゐはくが》曰《いは》く初吉終亂《はじめきつをはりはみだ》るとは、其《そ》の義《ぎ》數象《すうしやう》を含《ふく》めり、蓋《けだ》し物《もの》已《すで》に成《な》ることを得《え》、故《ゆゑ》に初《はじ》めは吉《きつ》成《な》るよりして敗《やぶ》る、故《ゆゑ》に終《をは》りを亂《みだ》ると爲《な》す、又離明《またりめい》内《うち》に在《あ》つて而《しか》して始《はじ》め坎險《かんけんそと》外に在《あ》つて而《しか》して終《をは》る又柔皆剛《またじうみながう》に乘《の》る、又物《またもの》の相戻《あひもど》ることは水火《すゐくわ》より甚《はなは》だしきはなし、然《しか》るに水上《すゐじやう》に居《ゐ》て而《しか》して火《ひ》の炎《ほのふ》を受《う》く、火下《ひしも》に居《ゐ》て而《しか》して能《よ》く水《みづ》を熱《あたしむ》れば、則《すなは》ち烹飪《はうじん》の功《こう》を相爲《あひな》す、若《も》し火炎烈《くわえんれつ》なれば、則《すなは》ち水《みづ》は沸騰《ふつとう》して而《しか》して火《ひ》を滅《めつ》するに至《いた》る、水火相交《すゐくわあひまじ》はつて而《しか》して各《おの〳〵》其《そ》の用《よう》を濟《すく》し、彼此相反《かれこれあひはん》して而《しか》して互《たがひ》に其《そ》の用《よう》を滅《めつ》す、種々《しゆ〴〵》の凶災此《きようさいこゝ》に胚胎《はいたい》す、聖人警戒《せいじんけいかい》を垂《た》るゝの旨尤《むねもつと》も深切《しんせつ》なり。

康熙帝《かうきてい》曰《いは》く、天地《てんち》交《まじ》はるを泰《たい》と爲《な》し、交《まじ》はらざらば則《すなは》ち否《ひ》と爲《な》す、水火《すゐくわ》交《まじ》はるを既濟《きせい》と爲《な》し、交《まじ》はらざれば則《すなは》ち未濟《みせい》と爲《な》す、治亂《ちらん》の運《うん》を以《もつ》て之《これ》を推《すゐ》せば、泰否《たいひ》は其《そ》の兩端《りやうたん》なり、既濟未濟《きせいみせい》は其《そ》の交際《かうさい》なり、既濟《きせい》は當《ま》さに泰《たい》の後《のち》にして而《しか》して否《ひ》の先《さ》きに在《あ》るべく、未濟《みせい》は當《ま》さに泰《たい》の先《さ》きにして而《しか》して否《ひ》の後《のち》に在《あ》るべし、泰《たい》は猶夏《なほなつ》の如《ごと》く、否《ひ》は猶冬《なほふゆ》の如《ごと》し、未濟《みせい》は猶春《なほはる》の如《ごと》く、既濟《きせい》は猶秋《なほあき》の如《ごと》し、故《ゆゑ》に先天《せんてん》の圖《づ》乾坤《けんこん》は南北《なんぼく》に居《を》る、是《こ》れ其《そ》の兩端《りやうたん》なればなり、離坎《りかん》は東西《とうざい》に居《を》る、是《こ》れ其《そ》の交際《かうさい》なればなり、既濟《きせい》の義《ぎ》が泰《たい》に如《し》かざる者《もの》は、其《そ》の泰《たい》よりして而《しか》して將《まさ》に否《ひ》ならんとすればなり、未濟《みせい》の義《ぎ》が否《ひ》に優《まさ》る者《もの》は、其《そ》の否《ひ》よりして而《しか》して將《まさ》に泰《たい》ならんとすればなり、是《これ》を以《もつ》て既濟《きせい》の彖辭《たんじ》に曰《いは》く、初《はじ》めは吉《きつ》にして終《をは》りは亂《みだ》ると、即《すなは》ち泰《たい》の城《しろ》が隍《からほり》に復《かへ》るの戒《いまし》めなり、未濟《みせい》の彖辭《たんじ》に曰《いは》く、殆《ほと》んど濟《わた》らんとして其《そ》の尾《を》を濡《うるほ》す利《よろ》しき攸《ところ》なしと、即《すなは》ち否《ひ》の其《そ》れ亡《ほろ》びん其《そ》れ亡《ほろ》びんの心《こゝろ》なり。

初九、曳《ヒキ》二其《ソ》ノ輪《ワ》一ヲ、濡《ウルホ》ス二其《ソ》ノ尾《ヲ》一ヲ、无《ナシ》レ咎《トガ》、

初《しよ》九は重剛《ちようがう》にして離體《りたい》に居《を》るが、陽《やう》の性《せい》は上進《じやうしん》し、離火《りくわ》は炎上《えんじやう》する許《ばか》りでなく、上《かみ》六四に應《おう》するが故《ゆゑ》

に、進《すゝ》み上《のぼ》らむとするの志《こゝろざし》が甚《はなは》だ強《つよ》きものである、されど事《こと》が既《すで》に濟《とゝの》ひ、物《もの》が既《すで》に成《な》るの時《とき》であるから、此上尚進《このうへなほすゝ》むで已《や》まざれば、必《かな》らず悔咎《くわいきう》を招《まね》くに至《いた》る、故《ゆゑ》に曳《ひき》二其輪《そのわを》一濡《ぬらす》二其尾《そのをを》一无《なし》レ咎《とが》と言《い》ふ。蓋《けだ》し車《くるま》は前《まへ》より轅《わだち》を引《ひい》て進《すゝ》み行《ゆ》くべきものである、然《しか》るに倒《さか》しまに後《うしろ》より輪《わ》を引《ひ》くは、即《すなは》ち進行《しんかう》せしめざる義《ぎ》である。又狐《またきつね》はその尾《を》を濡《ぬら》せば水《みづ》を濟《わた》ることの可能《でき》ぬものである、故《ゆゑ》に狐《きつね》が水《みづ》を濟《わた》る時《とき》には必《かな》らずその尾《を》を揭《かゝ》ぐるのであるが、今《いま》その尾《を》を濡《ぬら》すと言《い》へば、此《これ》も亦進行《またしんかう》せしめざるの義《ぎ》で、既濟《きせい》の始《はじ》めに當《あた》つて、その上進《じやうしん》を戒《いまし》むること此《かく》の如《ごと》くば、即《すなは》ち咎《とが》なきことを得《う》べきである。昔時《せきじ》は乘車《じようしや》の儘《まゝ》で川《かは》を渉《わた》つたものである。故《ゆゑ》に此《こ》の象《かたち》を取《と》つて居《を》るが、詩《し》に淇水湯湯《きすゐしやうしやう》、漸《ひたす》二車帷裳《くるまのゐしやうを》一と言《い》ひ、左氏傳《さしでん》に鄭《てい》の子産《しさん》がその乘輿《じようよ》を以《もつ》て、人《ひと》を溱洧《しんゐ》に濟《わた》したことのあるのが即《すなは》ちその證據《しようこ》であるが、輪《わ》は坎《かん》の象《かたち》、尾《を》は初《しよ》の爻象《かうしやう》で、曳《ひく》も濡《ぬらす》も亦坎《またかん》の象《かたち》を取《と》つたものである。

六二、婦《フ》喪《ウシナフ》二其《ソノ》茀《フツ》ヲ一、勿《ナカレ》レ逐《オ》フコト七日《ニシテ》得《エ》ン、

六二は文明中正《ぶんめいちうせい》の德《とく》があつて、剛陽中正《がうやうちうせい》の五に應《おう》じて居《を》る、故《ゆゑ》に陰陽相得《いんやうあひえ》てその志《こゝろざし》を行《おこな》ふべきものである、されど五は濟時《せいじ》の主《しゆ》で、已《すで》に意滿《いみ》ち心怠《こゝろおこた》つて下賢《かけん》を求《もと》むるの志《こゝろざし》がないものである、故《ゆゑ》に六二はその應援《おうえん》を得《え》て我《わ》が志《こゝろざし》を行《おこな》ふことを得《え》ざるもので、之《これ》が即《すなは》ち謂《い》ふ所《ところ》の敵應《てきおう》であるが、之《これ》を喩《たと》へば、猶婦人《なほふじん》が車《くるま》の蓋蔽《がいへい》を失《うしな》ふて、外出《ぐわいしゆつ》することの可能《でき》ぬ樣《やう》なものである、故《ゆゑ》に之《これ》を婦喪《ふうしなふ》二其茀《そのふつ》一と言《い》ふ茀《ふつ》は婦車《ふしや》の蔽《おほひ》で、離《り》を文飾《ぶんしよく》となすの象《かたち》を取《と》つて居《を》るが、婦人《ふじん》が門《もん》を出《い》づる時《とき》には、必《かな》らずその車《くるま》を蔽《おほ》

ふものである、然《しか》るに今《いま》その茀《ふつ》を失《うしな》へば門外《もんぐわい》に出《い》で行《ゆ》くことが可能《でき》ぬ、蓋《けだ》し二は臣位《しんゐ》にして亦妻位《またさいゐ》である、故《ゆゑ》に此象《このかたち》を取《と》つたもので、婦《ふ》は卽《すなは》ち二を指《さ》し、其《それ》は卽《すなは》ち車《くるま》を指《さ》したものであるが、初《しよ》にその輪《わ》を曳《ひ》くと言《い》ふを承《う》けて、茲《ここ》にはその茀《ふつ》を失《うしな》ふと言《い》ふたものに外《ほか》ならぬ。婦人《ふじん》が車茀《しやふつ》を失《うしな》へば、外出《ぐわいしゆつ》し得《え》ざることは此《かく》の如《ごと》くである、されど禮《れい》を犯《をか》してそを追《お》ひ求《もと》むるは、却《かへ》つて外物《ぐわいぶつ》の爲《た》めに、己《おの》れが素《そ》主《しゆ》する所《ところ》を失《うしな》ふこととなる、故《ゆゑ》に之《これ》を戒《いま》しめて勿レ逐七日得《なかれおふことなぬかにしてえん》と言《い》ふ。七日にして得《え》むとは、爻《かう》は六位《ゐ》であるから、七變《へん》すれば一周《しう》して亦始《またはじ》まるの義《ぎ》を取《と》つたもので、言《い》ふところは、今《いま》は時非《ときひ》にして五の爲《た》めに用《もち》ひられぬけれども、中正《ちうせい》の道《みち》は終《つひ》に廢滅《はいめつ》に歸《き》すべきものではない、故《ゆゑ》に自《みづ》から守《まも》つてその本分《ほんぶん》を失《うしな》はざれば、時勢《じせい》が一變《べん》するに及《およ》び、必《かな》らず行《おこな》はるゝに至《いた》ると言《い》ふ義《ぎ》である。

九三、高宗《カウソウ》伐《ウ》ニ鬼方《キハウ》ヲ一、三年《ネン》ニシテ克《カ》ツレ之《コレ》ニ、小人《セウジン》勿《ナカレ》レ用《モチ》ユルコト、

此卦内《このくわうち》三爻《かう》は既濟中《きせいちう》の既濟《きせい》で、外《ほか》三爻《かう》は既濟中《きせいちう》の未濟《みせい》であるが、九三は内治皆濟《ないちみなさしな》ふて、將《まさ》に外征《ぐわいせい》に及《およ》ぶべきの時《とき》である、而《しか》も水火相接《すゐくわあひせつ》するの地《ち》で、戰鬪《せんとう》の象《かたち》がある許《ばか》りでなく、九三は重剛《ちうがう》にして離體《りたい》に居《を》り、至《いた》つて剛武《がうぶ》なるものである、故《ゆゑ》に之《これ》を象《かた》どつて、高宗伐ニ鬼方一《うゝそううつきはうを》と言《い》ふ。高宗《かうそう》は商家中興《しやうかちうこう》の賢主《けんしゆ》で、鬼方《きはう》は遠方《ゑんはう》と同義《どうぎ》であるが、鬼方《きはう》を伐《う》つとは、內政既《ないせいすで》に濟《さしな》ふて遠《とほ》く化外《くわぐわい》の暴亂《ばうらん》を征伐《せいばつ》するの義《ぎ》である、而《しか》も遠征《ゑんせい》は武《ぶ》を誇《ほこ》り土《ど》を貪《むさ》ぼる爲《た》めではなく、王者《わうしや》が已《や》むを得《え》ざるの難事《なんじ》で、容易《ようい》に之《これ》を起《おこ》すべきものではない、故《ゆゑ》に高宗《かうそう》の賢《けん》を以《もつ》てするも、尙《なほ》三年《ねん》にして克レ之《かつこれに》と言《い》ふ、三年《ねん》は久《ひさ》しきの義《ぎ》、三

年《ねん》にして之《これ》に克《か》つとは、その艱難《かんなん》が尋常《じんじやう》ならぬことを言《い》ふたもので、之《これ》を要《えう》するに、凡《すべ》て事《こと》は多大《ただい》の辛勞《しんらう》と年月《ねんげつ》とを重《かさ》ねて、然《しか》る後《のち》始《はじ》めて成就《じやうじゆ》するもので、決《けつ》して一擧手《きよしゆ》一投足《とうそく》の濟《すく》ひ得《う》べきものではない、且《か》つ事《こと》の敗《やぶ》るゝは敗《や》ぶるゝの時《とき》にあらずして、始《はじ》めて成《な》るの時《とき》に當《あた》つて已《すで》にその緒《ちよ》を有《いう》して居《を》る而《しか》してその端緒《たんちよ》ともなり導火《だつくわ》ともなるべきものは、多《おほ》くは姦邪《かんじや》の小人《せうじん》を過信《くわしん》して之《これ》を重用《ちようよう》する所《ところ》にある、故《ゆゑ》に之《これ》を戒《いまし》めて小人《せうじん》勿《なかれ》レ用《もちゆること》と言《い》ふ。小人《せうじん》は外卦《ぐわいくわ》坎《かん》の象《かたち》を取《と》つたものであるが、九三は事《こと》が已《すで》に濟《すく》ふて、既濟《きせい》中《ちう》の既濟《きせい》より、將《まさ》に既濟《きせい》中《ちう》の未濟《みせい》に移《うつ》らむとするの時《とき》で、恰《あた》かも師《し》の上《じやう》六と相似《あひに》た所《ところ》がある、故《ゆゑ》に亦《また》師《し》の上《じやう》六と同《おな》じく、小人《せうじん》を以《もつ》て之《これ》を戒《いまし》めたものである。

康熙帝《かうきてい》曰《いは》く、既濟未濟《きせいみせい》皆《みな》高宗《かうそう》を以《もつ》て言《い》ふ者《もの》は、高宗《かうそう》は商《しやう》の中興《ちうこう》の君《きみ》にして、衰《すゐ》を振《ふる》ひ亂《らん》を撥《はつ》し未濟《みせい》よりして而《しか》して既濟《きせい》ならしめたる者《もの》なり、既濟《きせい》の三に於《おい》て之《これ》を言《い》ふ者《もの》は、卦《くわ》が既濟《きせい》と爲《な》つて、內卦《ないくわ》の終《をは》りに至《いた》れば、則《すなは》ち已《すで》に濟《すく》ふ、故《ゆゑ》に之《これ》に克《か》つと曰《い》ふ者《もの》は已然《きぜん》の辭《じ》なり、未濟《みせい》は四に於《おい》て之《これ》を言《い》ふ者《もの》は卦《くわ》が未濟《みせい》と爲《な》れば、卽《すなは》ち外卦《ぐわいくわ》の始《はじ》めに至《いた》つて、方《ま》さに圖《はか》りことを濟《すく》ふなり、故《ゆゑ》に震《ふる》ひ用《もち》ひてと言《い》ふ者《もの》は、方《ま》さに然《しか》らんとするの辭《じ》なり、既濟《きせい》の後《のち》は則《すなは》ち當《ま》さに患《くわん》を思《おも》ふて而《しか》して之《これ》を豫防《よばう》すべし、故《ゆゑ》に小人《せうじん》用《もち》ゆること勿《なか》れとは、師《し》の戒《かい》と同《おな》じ。

六四、繻《ウルオフ》ニ有《ア》リ二衣《イ》袽《ジヨ》一、終日《シフジツ》戒《イマ》シム。

凡《およ》そ船《ふね》に乘《の》つて水《みづ》を濟《わた》るものは、豫《あら》かじめその滲漏《しんろう》を防《ふせ》ぐ爲《た》めの衣袽《いじよ》と注意《ちうい》とは、一刻《こく》たりとも之《これ》を忘《わす》れてはならぬ、然《しか》らざれば水《みづ》が俄《には》かに滲漏《しんろう》し來《きた》るに及《およ》び、覆溺《ふくでき》の難《なん》を免《まぬ》かるゝことが可能《でき》ぬのであるが、今《いま》六四が既濟中《きせいちう》の既濟《きせい》を過《す》ぎて、既濟中《きせいちう》の未濟《みせい》に移《うつ》るの際《さい》に居《を》るのは、即《すなは》ち船《ふね》の將《まさ》に腐蝕《ふしよく》せむとするの時《とき》に當《あた》る許《はか》りでなく、重陰《ちういん》にして坎體《かんたい》の下《もと》に居《を》るは、即《すなは》ち漏舟《ろうしう》の象《かたち》である、故《ゆゑ》に之《これ》を象《かた》どつて繻有衣袽終日戒《うろおよにありいじよしふじついましむ》と言《い》ふ。繻《うろふ》は即《すなは》ち濡《うろほよ》の誤《あや》まりで、船《ふね》に罅隙《かげき》があつて滲漏《しんろう》するの義《ぎ》、衣袽《いじよ》は敗《や》ぶれ綿《わた》のことで、船《ふね》の滲漏《しんろう》を防《ふせ》ぎ止《とゞ》むるに適當《てきたう》なるものであるが、六四は初《しよ》の應位《おうゐ》で、已《すで》に初《しよ》に於《おい》て川《かは》を濟《わた》る所《ところ》の象《かたち》を取《と》つて居《を》るから、此爻《このかう》も亦之《またこれ》を承《う》けて、水《みづ》を濟《わた》るの象《かたち》を取《と》つたものである。又終《またしふ》日戒《じついま》しむとは日《ひ》を終《をは》る迄《まで》間斷《かんだん》なく之《これ》を警戒《けいかい》すると言《い》ふことで、離《り》を晝《ひる》となし坎《かん》を夜《よ》となして、内卦《ないくわ》の離《り》を過《す》ぎ外卦《ぐわいくわ》の坎《かん》に入《い》るは、即《すなは》ち終日《しふじつ》の象《かたち》であるが、濡《じゆ》と言《い》ひ、衣袽《いじよ》と言《い》ふも皆坎《みなかん》の象《かたち》を取《と》つて居《を》るのである。

九五、東隣《トウリン》殺《コロ》スハレ牛《ウシ》ヲ、不《ズ》レ如《シカ》三西隣《セイリン》之《ノ》禴祭《ヤクサイ》一シテ、實《ジツ》ニ受《ウク》ルニ二其《ソ》ノ福《サイハヒ》ヲ一。

坎離《かんり》は共《とも》に心《こゝろ》の象《かたち》で、離《り》を魂《こん》となし中虛《ちうきよ》の孚《ふ》となし、坎《かん》を魄《はく》となし中實《ちうじつ》の孚《ふ》となすが、魂魄《こんはく》は即《すなは》ち神《しん》靈《れい》で、孚誠《ふせい》は即《すなは》ち信仰《しんかう》である、而《しか》して此《こ》の神靈《しんれい》を信仰《しんかう》するは祭祀《さいし》の象《かたち》である許《ばか》りでなく、先天《せんてん》に於《おい》て離《り》は東《ひがし》に居《を》り、坎《かん》は西《にし》に居《を》る、故《ゆゑ》に此《こ》の象義《しやうぎ》を取《と》つて東鄰殺レ牛、不如三西鄰之禴祭實受二其福一《とうりんのころすうしをしかせ、りんのやくさいしてじつにうくるにそのさいはひない》と言ふ。即《すなは》ち東鄰《とうりん》は内卦《ないくわ》の離《り》を指《さ》したもので、離《り》を牛《うし》となし、文飾《ぶんしよく》となして、牛《うし》を殺《ころ》すは即《すなは》ち盛祭《せいさい》である。反之《これに》西鄰《せいりん》は外卦《ぐわいくわ》の坎《かん》を指《さ》したもので、坎《かん》を素朴《そぼく》となし、飾《かざ》りなしとなして、素朴《そぼく》にして飾《かざ》りなきは、禴祭《やくさい》即《すなは》ち薄祭《はくさい》のことであるが、此卦全體《このくわぜんたい》を統《す》べて之《これ》を言《い》へば、二は即《すなは》ち既濟《きせい》の始《はじ》めで、五は即《すなは》ち既濟《きせい》の終《をは》りである、故《ゆゑ》に二は即《すなは》ち彖《たん》の初《はじ》めは吉《きつ》と言《い》ふに當《あた》り、五は即《すなは》ち終《をは》りは亂《みだ》ると言《い》ふに當《あた》る、されども卦《くわ》を內外《ないぐわい》に分《わか》つて之《これ》を言《い》へば、內卦《ないくわ》離《り》は既濟中《きせいちう》の既濟《きせい》で極盛《こくさか》んの時《とき》である、故《ゆゑ》に文飾《ぶんしよく》を事《こと》とし、牛《うし》を殺《ころ》してその祭《まつり》を豐盛《ほうせい》にするも、而《しか》も事《こと》已《すで》に濟《すく》ふて將《まさ》に亂《みだ》れむとするの時《とき》である、然《しか》るに外卦《ぐわいくわ》坎《かん》は既《き》濟中《せいちう》の未濟《みせい》で、事《こと》未《いま》だ濟《すく》はざれども、是《こ》れより將《まさ》に濟《すく》はむとするの時《とき》である、故《ゆゑ》に薄物《うすもの》を用《もち》ひて之《これ》を祭《まつ》るも、而《しか》もその福《ふく》を受《う》くることが可能《でき》る。蓋《けだ》し前義《ぜんぎ》に由《よ》つて之《これ》を言《い》へば、九五は六二に劣《おと》る所《ところ》があるけれども、而《しか》も後義《こうぎ》に從《したが》ふて之《これ》を見《み》れば、九五は確《たし》かに六二に優《まさ》つて居《を》る、加之《しかのみならず》、五は剛陽中正《がうやうちうせい》を以《もつ》て尊位《そんゐ》に居《を》る所《ところ》の明君《めいくん》である、故《ゆゑ》に前義《ぜんぎ》を捨《す》てゝ後義《こうぎ》を取《と》り、二を以《もつ》て東鄰《とうりん》に當《あ》て、五を以《もつ》て西鄰《せいりん》に擬《ぎ》して、以上《いじやう》の象《かたち》を取《と》つたものであるが、言《い》ふところは、九五は既濟《きせい》の終《をは》りに當《あた》つて居《を》るけれども既濟《きせい》の終《をは》りは即《すなは》ち未濟《みせい》の始《はじ》めで、未濟《みせい》は亦《また》必《かなら》ず既濟《きせい》に至《いた》るべき理數《りすう》を持《も》つて居《を》るから、孚誠《ふせい》の心《こころ》さへあれば、亦再《またふた》たび既濟《きせい》の始《はじ》めに反《かへ》り得《え》ざる道理《だうり》がない、要《えう》は事物《じぶつ》の豐約《ほうやく》にあらずして、孚誠《ふせい》の有無《うむ》にある之《これ》を喩《たと》へば、猶東鄰《なほとうりん》が孚誠《ふせい》足《た》らずして盛祭《せいさい》を行《おこな》ふは、西鄰《せいりん》が孚誠餘《ふせいあま》りあつて薄祭《はくさい》を行《おこな》ひ、却《かへ》つてその福《さいはひ》を受《う》くるには及《およ》ばぬと同樣《どうやう》であると言《い》ふ義《ぎ》で、福《さいはひ》は即《すなは》ち離《り》の象《かたち》を取《と》つて居《を》る。

上六、濡《ウルホ》ス二其《ソ》ノ首《シユ》ヲ一、厲《アヤウシ》、

上《じやう》六は重陰《ぢういん》を以《もつ》て既濟《きせい》の終《をは》り坎險《かんけん》の極《きよく》に居《を》る、即《すなは》ち坎水《かんすゐ》の險《けん》に陷《おちゐ》つてその首《しゆ》に至《いた》るものである、故《ゆゑ》に之《これ》を濡《うるほす》二其《その》首《しゆを》一と言《い》ふ。水《みづ》を渉《わた》つてその尾《を》を濡《ぬら》すは猶可《なほか》であるが、已《すで》にその首《ゆ》を濡《ぬら》すに至《いた》れば、その危《あやふ》きことは言《い》ふに堪《た》へぬ、故《ゆゑ》に之《これ》を厲《あやうし》と言《い》ふ。

坎《かん》下《か》
離《り》上《じやう》

未濟《びせい》

未《ビ》濟《セイ》、亨《トウ》ル小《セウ》狐《コ》汔《ホトンド》濟《ワタ》リ、濡《ウルホ》ス二其《ソ》ノ尾《チ》ヲ一、无《ナシ》レ攸《トコロ》レ利《ヨロシキ》、

此卦《このくわ》坎水《かんすゐ》は下降《かかう》して上《のぼ》らず、離《り》火《くわ》は炎上《えんじやう》して下《くだ》らず、水火《すゐくわ》未《いま》だその用《よう》を相爲《あひなさ》ざる所《ところ》の象《かたち》である、故《ゆゑ》に之《これ》を未濟《びせい》と言《い》ふ。又卦中《またくわちう》の六爻皆《かうみなゐ》位を失《うしな》ふて、その當《たう》を得《え》て居《を》らぬ、此《これ》も亦未濟《またびせい》の義《ぎ》である、故《ゆゑ》に之《これ》を未濟《びせい》と言《い》ふ。未濟《びせい》とは事《こと》の未《いま》だ濟《こしゆ》はず、未《いま》だ成就《じやうじゆう》せざるの義《ぎ》であるが、未《いま》だ濟《こしの》はざるものは、その始《はじ》めは濟《こしの》はざれども、終《つひ》には必《かな》らず濟《こしの》ふべき所《ところ》の理《り》がある。蓋《けだ》し水火《すゐくわ》は天地《てんち》の妙用《めうよう》で片時《へんじ》も缺《か》くべからざるものであるが、此卦《このくわ》は水火相交《すゐくわあひまじ》はらず、故《ゆゑ》に之《これ》を未濟《びせい》と言《い》ふ、されどその相交《あひまじ》はらざるは、未《いま》だ相交《あひまじ》はらざるに止《とど》まり、時至《ときいた》れば則《すなは》ち相交《あひまじ》はつて、その妙用《めうよう》を現《あら》はすに至《いた》る、故《ゆゑ》にその占《うらなひ》を亨《とほる》と言《い》ふ。されども事《こと》は皆《みな》一朝《てう》一夕《せき》にして成《な》るものでなく、大《だい》なれば大《だい》なる丈《だけ》の準備《じゆんび》と努力《どりよく》とを俟《ま》つて始《はじ》めて成《な》るものである、故《ゆゑ》に輕躁《けいさう》にして事功《じこう》を急《いそ》ぐは、未濟《びせい》に處《しよ》する所以《ゆゑん》でない、之《これ》を喩《たと》へば、猶小狐《なほせうこ》が水《みづ》を渉《わた》る樣《やう》なものである、蓋《けだ》し狐《こ》は能《よ》く水《みづ》を渉《わた》るものであるが、その尾《を》を濡《ぬら》せば渉《わた》ることの可能《でき》ぬものである、故《ゆゑ》に考狐《らうこ》は之《これ》を小狐《せうこ》に比《くら》ぶれば智《ち》慮分別《りよふんべつ》が多《おほ》い、隨《したが》つて陷沒《かんぼつ》せむことを懼《おそ》れ、先《ま》づ氷《こほり》を履《ふ》

み試《こゝろ》みてその音《おと》に由《よ》つて厚薄《かうはく》を察《さつ》し、然《しか》る後《のち》之《これ》を渉《わた》るのである、然《しか》るに小狐《せうこ》は唯《たゞ》渉《わた》るに勇《ゆう》にして前後《ぜんご》の智慮分別《ちりよふんべつ》がないから、將《まさ》に渉《わた》らむとしてその尾《を》を濡《ぬら》し、終《つひ》に陷溺《かんでき》するに至《いた》るものである、故《ゆゑ》に小狐《せうこ》汔濟《ほとんどわたる》濡二其尾一《うるほすそのをを》と言《い》ふ。未濟《ひせい》の時《とき》に處《しよ》して小狐《せうこ》が水《みづ》を渉《わた》るが如《ごと》きは、這《こ》は自《みづ》から進《すゝ》むで陷沒《かんぼつ》を招《まね》くもので、豫《あら》かじめ警戒《けいかい》を加《くは》へざるの致《いた》す所《ところ》である、故《ゆゑ》に之《これ》を无レ攸レ利《なしところよろしき》と言《い》ふ。狐《こ》は即《すなは》ち坎《かん》の象《かたち》であるが未濟《びせい》の坎《かん》は卦《くわ》の始《はじ》めに居《を》る、故《ゆゑ》に之《これ》を小狐《せうこ》に象《かた》どつたもので、汔《ほとんど》は幾《ほと》むどゝ同《おな》じく、即《すなは》ち幾《ほと》むど渉《わた》つて已《すで》に彼岸《ひがん》に達《たつ》せむとしてと言《い》ふ義《ぎ》である、又尾《またを》は初《しよ》の爻象《かうしやう》を取《と》つたものである。

初六、濡《ウルホス》二其《ソノ》尾《ヲ》一ヲ、吝《ヤブサシ》

初《しよ》六は未濟《びせい》の始《はじ》めに當《あた》り、陰柔《いんじう》を以《もつ》て坎水《かんすゐ》の下《した》に居《を》り、渉《わた》るに勇《ゆう》にして渉《わた》るの力《ちから》なく、却《かへ》つてその尾《を》を濡《ぬら》して渉《わた》ることを得《え》ざるものである、故《ゆゑ》に濡二其尾一吝《うるほすそのををやぶさし》と言《い》ふ。彖《たん》に謂《い》ふ小狐《せうこ》は即《すなは》ち此爻《このかう》を指《さ》したもので、その尾《を》を濡《ぬら》すとは、初《しよ》六が卦《くわ》の最後《さいご》に居《を》る所《ところ》の象《かたち》を取《と》つたものである。

九二、曳《ヒク》二其《ソ》ノ輪《ワ》一ヲ貞吉《テイキツ》、

九二は剛《がう》を以《もつ》て陰《いん》に居《ゐ》て中《ちう》を得《え》て居《を》るから、進《すゝ》むで爲《な》すあるの力《ちから》なきにあらざるも、未濟《びせい》の時《とき》に當《あた》つて險中《けんちう》に居《を》るので、未《いま》だ俄《には》かに輕進《けいしん》すべきものではない、故《ゆゑ》に曳二其輪一《ひくそのわを》貞吉《ていきつ》と言《い》ふ。曳《ひく》も輪《わ》も共《とも》に坎《かん》の象《かたち》で、貞《てい》は正固《しやうこ》之《これ》を守《まも》るの義《ぎ》であるが、輪《わ》を曳《ひ》くとは、時節《じせつ》を俟《ま》つて進《すゝ》むべしと言《い》ふ義《ぎ》で、既濟《きせい》に謂《い》ふ所《ところ》と同《どう》一である、然《しか》るに既濟《きせい》に於《おい》てさへも、輕進《けいしん》を戒《いまし》めて居《を》る位《くらゐ》であるから、未濟《びせい》に於《おい》て之《これ》を戒《いまし》しむるは、理《り》の當《ま》さに然《しか》るべき所《ところ》である。

六三、未濟《ビセイ》征《ユ》ケバ凶《キヨウ》、不《ズ》レ利《ヨロシ》カラレ渉《ワタ》ルニ二大川《タイセン》一ヲ、

六三は未濟中《びせいちう》の未濟《びせい》であるが、將《まさ》に未濟中《びせいちう》の既濟《きせい》に至《いた》らむとするの地《ち》に居《を》る、けれども坎險《かんけん》に體《たい》するが上《うへ》に、陰柔《いんじう》にして不中正《ふちうせい》であるから、未《いま》だ能《よ》く險《けん》を出《い》でゝ進《すゝ》み得《う》べきものではない、然《しか》るに若《も》し強《しひ》て進《すゝ》み征《ゆ》かむとせば、必《かな》らずその險《けん》に陷《おちゐ》ることゝなる、故《ゆゑ》に未濟《びせい》征《ゆけば》凶《きよう》と言《い》ふ。

趙氏《てうし》汝楳《ちよばい》曰《いは》く、三は未濟《びせい》の終《をは》りに居《を》る、此《こゝ》を過《す》ぎば則《すなは》ち濟《わた》るに近《ちか》し。故《ゆゑ》に特《とく》に表《へう》して以《もつ》て卦《くわ》に名《なづ》くるなり。

胡氏《こし》炳文《へいぶん》曰《いは》く、六三が坎《かん》の上《じやう》に居《を》るは、以《もつ》て險《けん》を出《い》づべくも、陰柔《いんじう》にして濟《わた》る能《あた》はざる者《もの》なり、故《ゆゑ》に明《あき》らかに未濟征《びせいゆ》けば凶《きよう》と言《い》ふ。

康熙帝《かうきてい》曰《いは》く、此爻《このかう》の義《ぎ》は最《もつと》も明《あき》らかにし難《がた》しと爲《な》す、蓋《けだ》し上下卦《じやうげくわ》の交《かう》にして濟《わた》るの義《ぎ》あり、既濟《きせい》の三は剛《がう》なり、故《ゆゑ》に能《よ》く濟《わた》る、未濟《びせい》の三は柔《じう》なり、故《ゆゑ》に濟《わた》ること能《あた》はず、傳《でん》に曰《いは》く其《そ》の柔《じう》は危《あやふ》く、其《そ》の剛《がう》は勝《まさ》るかと、此《こ》の兩爻《りやうかう》に於《おい》て之《これ》を見《み》る、又《また》既濟未濟《きせいびせい》の爻辭《かうじ》に未《いま》だ卦名《くわめい》を擧《あ》ぐる者《もの》はあらず、獨《ひと》り此爻《このかう》は未濟《びせい》と曰《い》ふ、蓋《けだ》し他爻《たかう》の既濟未濟《きせいびせい》は時《とき》なり、時《とき》に順《したが》ふて之《これ》に處《しよ》するのみ、此爻《このかう》の時《とき》は濟《わた》るべくして、而《しか》して未《いま》だ濟《わた》る能《あた》はず、是《こ》れ未濟《びせい》は已《おの》れにあつて而《しか》して時《とき》にあらず、故《ゆゑ》に未濟《びせい》と言《い》ふは其《そ》の時《とき》を失《うしな》ふことを見《あらは》すなり

と。以上《いじやう》三説《せつ》は皆《みな》その當《たう》を得《え》たもので、此《かく》の如《ごと》く已《すで》に明《あき》らかに未濟《びせい》征《ゆ》けば凶《きよう》と言《い》ひ、而《しか》して亦直《またたゞ》ちにその下《しも》に利《よろし》レ渉《わたる》ニ大川《たいせんを》一と言《い》ふは、這《こ》は全《まつた》く矛盾《むじゆん》して居《を》る、已《すで》に征《ゆ》けば凶《きよう》と言《い》ふが是《ぜ》ならば、下《しも》に渉《わた》るに利《よろ》しと言《い》ふは非《ひ》である。反之《これにはんし》。下《しも》に渉《わた》るに利《よろ》しと言《い》ふが是《ぜ》ならば、上《うへ》に征《ゆ》けば凶《きよう》と言《い》ふが非《ひ》で、二者《しや》必《かな》らずその一に居《を》らねばならぬが、今假《いまか》りに征《ゆ》けば凶《きよう》と言《い》ふを是《ぜ》として之《これ》を考《かんが》ふれば、必《かな》らず、利《よろし》レ渉《わたる》の上《うへ》に不《ふ》の字《じ》を加《くは》へて、不《ずよろしからわたるたいせんを》レ利レ渉ニ大川一と言《い》ふのが至當《したう》である、乃《そこ》で朱晦庵《しゆくわいあん》は曰《い》ふて居《を》る、或疑《あるひうたがふ》利字上當《りのじのうへにまさはあるふのじ》レ有ニ不字一と。此説《このせつ》は正《まさ》にその當《たう》を得《え》たものである、然《しか》るに諸儒《しよじゆ》が種々《しゆじゆ》に之《これ》を強解《きようかい》して居《を》るのは實《じつ》に怪訝《けげん》の至《いた》りである、故《ゆゑ》に余《よ》は斷然《だんぜん》諸儒《しよじゆ》の説《せつ》を斥《しりぞ》け、不《ふ》の一字《じ》を加《くは》へて之《これ》を解《かい》するのであるが、已《すで》に征《ゆ》けば凶《きよう》と言《い》へば亦重《またかさ》ねて渉《わた》るべからずと言《い》ふの要《えう》なきが如《ごと》きも、而《しか》も已《すで》に渉《わた》るべき時《とき》であるから或《あるひ》は己《おの》れが力《ちから》の足《た》らざることを忘《わす》れ、敢《あへ》て之《これ》を渉《わた》らむことを慮《おもん》ぱかり、尚更《なほさら》に之《これ》を戒《いま》しめて不《ずよろしからわたるにたいせんを》レ利レ渉ニ大川一と言《い》ひしものに外《ほか》ならぬ。

九四、貞《タヾシ》フシテ吉《キツ》、悔《クヒ》亡《ホロ》ブ震《フル》ヒ用《モチ》テ伐《ウ》チニ鬼方《キホウ》一チ、三年《ネン》ニシテ有《ア》リレ賞《シヤウ》セラルヽコトレ于《ニ》ニ大國《タイコク》一

九四が剛《がう》を以《もつ》て陰《いん》に居《を》るは、不正《ふせい》にして悔《くひ》あるものである、而《しか》も未濟中《びせいちう》の未濟《びせい》を出《い》でゝ、未濟中《びせいちう》の未濟《せい》に進《すゝ》み、且《か》つ離明《りめい》に體《たい》して貞固《ていこ》なるが故《ゆゑ》に、その悔《くひ》を亡《ほろぼ》し得《え》たものである、故《ゆゑ》に之《これ》を貞吉悔亡《ていきつくひほろぶ》と言《い》ふ。されど不正《ふせい》の身《み》を以《もつ》て將《まさ》に濟《な》すあるの時《とき》に際《さい》し、尚近君《なほきんくん》の位《くらゐ》に居《を》るから、大《おほい》に恐懼戒愼《きようくかいしん》して事《こと》を處《しよ》するにあらざれば、その責《せめ》を全《まつた》ふすることが可能《でき》ぬ、故《ゆゑ》に震用伐ニ鬼方一、三年有レ賞レ于ニ大國一《ふるひもつてつきはうにさんねんにしてありしやうらるゝことにたいこく》と

言《い》ふ。震《ふるひ》とは水火激動《すゐくわげきどう》の象《かたち》を取《と》つたものであるが、震《しん》の卦《くわ》の震《ふる》ふと同《おな》じく、之《これ》を假《かり》て恐懼戒愼《きよつくかいしん》の義《ぎ》を言《い》ふたもので、その任《にん》に當《あた》り恐懼戒愼《きようくかいしん》して鬼方《きはう》を伐《う》ち、三年《ねん》の久《ひさ》しきに及《およ》び、始《はじ》めて功成《こうなり》て大國《たいこく》に賞《しやう》せらるゝことがあると言《い》ふことで、大國《たいこく》とは猶大君《なほたいくん》と言《い》ふが如《ごと》く、觀《くわん》の六四に君之光《きみのひか》りを觀《み》ると言《い》はずして、國之光《くにのひか》りを觀《み》ると言《い》ふのと同例《どうれい》で、賞《しやう》は離《り》を慶福《けいふく》となすの義《ぎ》を取《と》つたものである。

六五、貞《テイ》吉《キツ》无《ナシ》レ悔《クヒ》、君《クン》子《シ》之《ノ》光《ヒカ》リ、有《ア》リレ孚吉《マコトキツ》、

六五は濟時《せいじ》の主《しゆ》であるが、柔中《じうちう》にして亦《また》離明《りめい》の主《しゆ》となつて居《を》る、故《ゆゑ》に貞吉无《ていきつなし》レ悔《くひ》と言《い》ふ。貞吉《ていきつ》とは、その徳《とく》が貞正《ていせい》なるを以《もつ》て吉《きつ》であると言《い》ふことで、占辭《せんじ》ではないのであるが、此《かく》の如《ごと》く六五は文明中順《ぶんめいちうじゆん》の徳《とく》があつて、天下《てんか》の未濟《びせい》を濟《すくの》へて既濟《きせい》となす所《ところ》の明主《めいしゆ》で、其《そ》の盛徳《せいとく》の光輝《くわうき》と功業《こうげふ》の實績《じつせき》とが並《なら》び備《そな》はるものである、故《ゆゑ》に之《これ》を君子之光《くんしのひかり》、有《あり》レ孚吉《まこときつ》と言《い》ふ。君子之光《くんしのひか》りとは、盛徳《せいとく》の光《ひか》りと言《い》ふに同《おな》じく、有《あり》レ孚《まこと》とは、その盛徳《せいとく》に對《たい》する實功《じつこう》があると言《い》ふ義《ぎ》で、光《ひかり》も孚《まこと》も共《とも》に離《り》の象《かたち》を取《さ》つたものである。

上九、有《ア》リレ孚《マコト》于《コレニ》飲《ノ》ムレ酒《サケ》ヲ、无《ナシ》レ咎《トガ》、濡《ウルオ》サバ二其《ソ》ノ首《シユ》ヲ一、有《ア》ルモレ孚《マコト》失《ウシナ》ハンレ是《コレ》ヲ、

未濟《びせい》の時《とき》に於《お》ける撥亂反正《はつらんはんせい》の功《こう》は、六五に至《いた》つて已《すで》に濟《こと》ふて居《を》るが、上九は卽《すなは》ち大有鼎《たいいうてい》の上九《じやう》并《ならび》に師《し》丼等《せいこう》の上六《じやう》と同例《どうれい》で、その勤勞《きんらう》に由《よ》つて成功《せいこう》を樂《たの》しむものである、故《ゆゑ》に六五の辭《じ》を承《う》けて有《ありまことこゝにのむ》レ孚于飲レ酒《さけを》と言《い》ふ。有《あり》レ孚《まこと》とは六五に謂《い》ふ所《ところ》と同《おな》じく、未濟《びせい》を濟《すく》ふの實功《じつこう》があつたと言《い》ふことで、于《こゝ》に酒《さけ》を飲《の》むとは、事成《ことな》り名遂《なと》げ酒《さけ》を飮《の》むでその成功《せいこう》を樂《たの》しむの謂《いはれ》で、酒《さけ》は坎《かん》の象《かたち》を取《と》つたものであるが、事成《ことな》

り名《なさ》遂げてその成功《せいこう》を樂《たの》しむは、固《もと》よりその所《ところ》で咎《とが》むべきことではない。故《ゆゑ》にその占《うらなひ》を无《なし》レ咎《とが》と言《い》ふ。されど縱飮耽樂之《じういんたんらくこれ》を節《せつ》することを知《し》らず、之《これ》を喩《たと》へば、猶狐《なほきつね》が水《みづ》を渉《わた》つてその首《くび》を濡《ぬら》すが如《ごと》きに至《いた》らば、今日《こんにち》の既濟《きせい》は亦再《またふた》たび元《もと》の未濟《びせい》に反《かへ》つて、折角《せつかく》の功業《こうげふ》を水泡《すいはう》に歸《き》し了《をは》るに至《いた》る、故《ゆゑ》に之《これ》を戒《いまし》めて濡《うるほさば》二其首《そのしゆ》一有《あるも》レ孚《まこと》失《うしなはん》レ是《これを》と言《い》ふ。孚《まこと》は昔日《せきじつ》の實功《じつこう》を指《ゆび》さし、是《これ》は此《これ》と同《おな》じく、その實功《じつこう》を指《さ》したもので、是《これ》を失《うしな》はむとは、その實功《じつこう》を亡失《ばうしつ》するに至《いた》ることを言《い》ふたものである。亦上《またかみ》の有《あり》レ孚《まこと》も、下《しも》の有レ孚《まことあり》も、尚亦《なほまた》六五に謂《い》ふ有《あり》レ孚《まこと》も、皆共《みなとも》に同義《どうぎ》で少《すこ》しも異《こと》なる所《ところ》はないのであるが、泰極《たいきは》まれば則《すなは》ち否《ひ》既濟《きせい》に初《はじ》めは吉《きつ》にして終《をは》りは亂《みだ》ると言《い》ふも、亦此爻《またこのかう》と同義《どうぎ》で、六十四卦《くわ》三百八十四爻《かう》、その辭《じ》多《おほ》しと雖《いへ》ども而《しか》もその歸《き》を要《えう》すれば、皆凡《みなすべ》て此《こ》の外《ほか》に出《い》づるものはない。

丘氏富國《きうしふこく》曰《いは》く、内《うち》三爻《かう》は坎險《かんけん》なり初《しよ》には尾《を》を濡《ぬら》すの吝《りん》を言《い》ひ、二には輪《わ》を曳《ひ》くの貞《てい》を言《い》ひ、三には征《ゆ》けば凶位當《きようゐあた》らざるの戒《かい》あり、皆未濟《みなびせい》の事《こと》なり、外《ほか》三爻《かう》は離明《りめい》なり、四には鬼方《きはう》を伐《う》て賞《しやう》するを言《い》ひ、五には君子《くんし》の光孚《ひかりまこと》あるを言《い》ひ、上《じやう》には酒《さけ》を飮《の》んで咎《とが》なきを言《い》ふ、則《すなは》ち未濟《びせい》が既濟《きせい》と爲《な》る。

萬氏善《まんしぜん》曰《いは》く、泰《たい》の變《へん》は既濟《きせい》と爲《な》り、否《ひ》の變《へん》は未濟《びせい》と爲《な》る、蓋《けだ》し既濟《きせい》は泰《たい》よりして而《しか》して否《ひ》に趨《おもむ》く者《もの》なり、未濟《びせい》は否《ひ》よりして而《しか》して泰《たい》に趨《おもむ》く者《もの》なり、否泰《ひたい》は治亂對待《ちらんたいじ》の理《り》、既濟未濟《きせいびせい》は否泰變更《ひたいへんかう》の漸《ぜん》なり、

吳氏《ごし》曰愼《じつしん》曰《いは》く、易《えき》の義《ぎ》たるや、不易《ふえき》なり、交易《かうえき》なり、變易《へんえき》なり、乾坤《けんこん》の純《じゆん》は不易《ふえき》なる者《もの》なり、既濟《きせい》

未濟《びせい》は交易《かうえき》にして變易《へんえき》なる者《もの》なり、是《これ》を以《もつ》て終始《しふし》するは易《えき》の大義《たいぎ》。

周易講義下經 終

象法講義

自序

卦爻の形狀を見て之を種々なる事物に象どり、而してその事物の實相を說明解釋するのが易である、故に易を讀み易を學ばむとするもの丶先づ第一に知ねばならぬものは卦象であるが、此の卦象を說た所の書は實に數へ切ぬ程あるけれども、孰れを見ても皆亂雜なるもの許りで、一も簡にして要を得て居るものはない樣である、此れ余が敢て本篇を草して初學晩進の一助とし度いと思ふ所以で、之を一讀して卦象の何者なるかを知り、然る後易經を讀まば容易に之を了解することが可能るで許りでなく、實占に臨むでも自由に卦象を斡旋するここが可能るであらう、されども匆忙の際に稿を起したので或は不備誤謬の所があるかも知れぬが、そは亦他日間を得て増減訂正を加ふる時があらふと思ふから暫らく讀者諸君の寛恕を願ふのである。

大正十四乙丑年二月

生生學人　大島中堂

象法講義目錄

第一章　總　論……一
一　周易卜筮の發生的根原
と成立的三要件……一
二　神意表現の方法卽ち六十四卦の發明……二
三　六十四卦發生の根原……四
第二章　卦　象……九
第一節　觀象法……一一
第二節　取象法……一八
第一款　形　象……一九
其一　肖　象……一九
其二　數　象……三〇
第二款　理　象……三六
其一　義　象……三七
其二　意　象……三八
其三　轉　象……四〇
其四　假　象……四二
其五　影　象……四三
其六　正　象……四四
其七　旁　象……四六
第三章　卦　體……四八
第一節　一　體……四八
第一款　乾　體……五二
第一項　物體に象どるもの……五三
第二項　事態に象どるもの……五四
第二款　坤　體……五五
第一項　物體に象どるもの……五五
第二項　事態に象どるもの……五七
第三款　震　體……五七

第一項　物體に象どるもの……五八
第二項　事態に象どるもの……五九
第四款　巽　體……五九
第一項　物體に象どるもの……六〇
第二項　事態に象どるもの……六一
第五款　坎　體……六一
第一項　物體に象どるもの……六二
第二項　事態に象どるもの……六三
第六款　離　體……六四
第一項　物體に象どるもの……六四
第二項　事態に象どるもの……六五
第七款　艮　體……六五
第一項　物體に象どるもの……六六
第二項　事態に象どるもの……六七
第八款　兌　體……六七

第一項　物體に象どるもの……六七
第二項　事態に象どるもの……六八
第二節　兩　體……七一
第三節　全　體……八〇
第一款　正　體……八一
第二款　偏　體……八二
第三款　複　體……八三
第四款　對　體……八四
第五款　同　體……八七
第六款　卦　主……八八
第七款　大　卦……一二三
大卦應用の例……一三一
第八款　包　卦……一三七
第一　坤體を以て包みたる卦……一三九
第二　乾體を以て包みたる卦……一四六

第九款　備　　卦……一五二
備卦占驗例……一六七
第十款　伏　　卦……一七三
伏卦占驗例……一七四
第四節　爻　　體……一七六
第一款　六　虚　位……一七八
第二款　中　　正……二〇四
第三款　承　　乘……二一〇
第四款　應　　比……二一六
第一　應……二一六
一　應位に居て剛柔相敵應するもの……二一八
二　應位に居て剛柔相應せぬもの……二一八
三　應位にあらずして剛柔相應ずるもの……二一九
四　應位にあらずして剛柔相敵應するもの……二一九
五　兩剛相應ずるもの……二二〇
六　應位にあらずして兩剛相應ずるもの……二二〇
七　兩柔相應和するもの……二二一
第二　比……二二二
一　兩剛相比和するもの……二二三
二　兩柔相害比するもの……二二四
四　數爻を隔てゝ剛柔相比和するもの……二二四
占　　例……二三〇
第四章結論……二三四

象法講義目錄終

象法講義

第一章　總　論

一　周易の卜筮の發生的根原と成立的三要件

大島中堂講述

周易卜筮《しうえきぼくぜい》なるものは天地神明《てんちしんめい》に問《と》ふて未來《みらい》の吉凶禍福《きつきようくわふく》を前知《ぜんち》すべき手段方法《しゆだんはうはふ》を敎《をし》へたもので、元《もと》と支《し》那《な》の古代《こだい》に行《おこな》はれた所《ところ》の一種《しゆ》の宗敎《しうけう》であつた、隨《したが》つて一般宗敎《ぱんしうけう》の特徴《とくちやう》とする主觀的信仰《しゆくわんてきしんかう》と信仰《しんかう》の對象《たいしやう》たるべき客觀的本尊《かくくわんてきほんぞん》を持《も》て居《ゐ》た、故《ゆゑ》に此《こ》の周易卜筮《しうえきぼくぜい》の發生的根原《はつせいてきこんげん》も、亦等《またひと》しく人心《じんしん》の奧底《おうてい》に潛《ひそ》む天《てん》地《ち》神明《しんめい》に對《たい》する信仰《しんかう》の一念《ねん》であつたが、此《こ》の信仰《しんかう》の一念《ねん》がその本尊卽《ほんぞんすなは》ち天地神明《てんちしんめい》に向《むか》つて吉凶禍福《きつきようくわふく》の告示《こくじ》を願《ねが》はむとするには、

第一　神意《しんい》の表現《へうげん》
第二《だい》　神人《しんじん》の交渉《かうせふ》
第三《だい》　神告《しんこく》の解釋《かいしやく》

以上《いじやう》三條《でう》の要件《えうけん》を具備《ぐび》するにあらざれば神明《しんめい》の告示《こくじ》を受《う》くることが可能《でき》ぬが、此《こ》の要求《えうきう》に應《おう》じて案出《あんしゆつ》されたものが卽《すなは》ち周易卜筮《しうえきほくぜい》の方法《はうはふ》である、而《しか》して此《こ》の第《だい》一要件《えうけん》たる神意表現《しんいへうげん》の方法《はうはふ》として設《まう》けられたるものは卽《すなは》ち六十四卦《くわ》の卦象《くわしやう》で、第《だい》二要件《えうけん》たる神人交渉《しんじんかうせふ》の方法《はうはふ》として設《まう》けられたものは卽《すなは》ち分卦揲歸《ぶんくわてふき》の筮法《ぜいはふ》で、第《だい》三要件《えうけん》たる神告解釋《しんこくかいしやく》の方法《はうはふ》として設《まう》けられたものは卽《すなは》ち得卦《とくくわ》の吉凶悔吝《きつきようくわいりん》を見定《みさだ》むる所《ところ》の占法《せんぽふ》であるが、筮法《ぜいはふ》は筮法講義《ぜいはふかうぎ》の部《ぶ》、占法《せふはふ》は占法講義《せんぽふかうぎ》の部《ぶ》に於《おい》て之《これ》を分說《ぶんせつ》すべきが故《ゆゑ》に、本篇《ほんぺん》に於《おい》ては唯此《たゞこ》の第《だい》一要件《えうけん》たる神意表現《しんいへうげん》の方法《はうはふ》に就《つ》き以下《いか》將《まさ》に之《これ》が細說《さいせつ》を試《こゝろ》むるであらう。

二　神意表現の方法卽ち六十四の發明

上述《じやうじゆつ》の如《ごと》く周易卜筮《しうえきぼくぜい》は天地神明《てんちしんめい》の告示《こくじ》を受《う》けむが爲《ため》の手段方法《しゆだんはうはふ》である、されど天《てん》は唯蒼々《たゞさう〳〵》として語《かた》る所《ところ》なく、神《かみ》も亦寂々《またせき〳〵》として告《つ》ぐる所《ところ》がない、が如何《いか》にせば天意神情《てんいしんじやう》を知《し》ることが可能《でき》るであらうか、惟《おも》ふに這《こ》は當時《たうじ》の人心《じんしん》に取《と》つての一大疑問《だいぎもん》であつたに違《ちが》ひないが、此《かく》の如《ごと》き塲合《はあひ》に際《さい》しては何等《なんら》か慰《ゐ》安《あん》の道《みち》を發見《はつけん》せずして已《や》まぬのは宗敎的熱求《しうけうてきねつきう》の持前《もちまへ》である、斯《か》くて彼等《かれら》が着眼《ちやくがん》の標的《へうてき》となつたものは宇宙現象界《うちうげんしやうかい》に於《お》ける天然的理法《てんねんてきりはふ》の整齊森嚴《せいせいしんげん》にして犯《をか》すべからざる所《ところ》であつた、そこで彼等《かれら》は思《おも》へらく宇宙間《うちうかん》に於《お》ける榮枯消長《えいこせうちやう》の理法《りはふ》が默運潜行《もくうんせんかう》して違《たが》ふ所《ところ》なきは決《けつ》して偶然《ぐうぜん》ではない、皆凡《みなすべ》て天意神情《てんいしんじやう》の自然的流露《しぜんてきりうろ》である、故《ゆゑ》に此《こ》の變轉萬化《へんてんばんくわ》の理方《りはふ》に準據《じゆんきよ》して聊《いさゝ》か違《たが》ふ所《ところ》なくば必《かな》らず天意神情《てんいしんじやう》に合致《がつち》してその意《い》のある所《ところ》を具體的《ぐたいてき》に表現《へうけん》することが可能《でき》ると、即《すなは》ち易《えき》の六十四卦《くわ》なるものは此《かく》の如《ごと》き斷定《だんてい》を基《き》礎《そ》として之《これ》を設《まう》けたものである。そは之《これ》を觀《くわん》の卦《くわ》の彖傳《たんでん》に

天《てん》の神道《しんだう》を觀《み》て而《しか》して四時《じ》忒《たが》はず、聖人《せいじん》神道《しんだう》を以《もつ》て敎《をしへ》を設《まう》けて而《しか》して天下《てんか》伏《ふく》す

と云《い》ひ、繫辭上傳第《けいじじやうでんだい》十一章《しやう》には

是故《これゆゑ》に天神物《てんしんもの》を生《しやう》じて聖人之《せいじんこれ》に則《のつ》とり、天地變化《てんちへんくわ》して聖人之《せいじんこれ》に傚《なら》ひ、天象《てんしやう》を垂《た》れて吉凶《きつきよう》を示《しめ》せば聖《せい》人之《じんこれ》に象《かた》どり、河《か》に圖《と》を出《いだ》し洛《らく》に書《よ》を出《いだ》せば聖人之《せいじんこれ》に則《のつ》とる

若《もし》くば

是《これ》を以《もつ》て天《てん》の道《みち》を明《あき》らかにして而《しか》して民《たみ》の故《こ》を察《さつ》し、是《こゝ》に神物《しんぶつ》を興《おこ》して以《もつ》て民用《みんよう》を前《すゝ》め、聖人此《せいじんこれ》を以《もつ》て齊戒《さいかい》して其《そ》の德《とく》を神明《しんめい》にす

と云《い》ひ、又繫辭下傳第《またけいじかでんだい》二章《しやう》に於《おい》ては

古《いにしへ》は庖犧氏《はうぎし》の天下《てんか》に王《わう》たるや、仰《あほい》では則《すなは》ち象《しやう》を天《てん》に觀《み》、俯《ふし》ては則《すなは》ち法《はふ》を地《ち》に觀《み》、鳥獸《てうじゆう》の文《ぶん》と地《ち》の宜《よろ》しきとを觀《み》、近《ちか》くは諸《これ》を身《み》に取《と》り、遠《とほ》くは諸《これ》を物《もの》に取《と》り、是《こゝ》に於《おい》て始《はじ》めて八卦《くわ》を作《つく》り、以《もつ》て神明《しんめい》の德《とく》に通《つう》じ、以《もつ》て萬物《ばんぶつ》の情《じやう》に類《るゐ》す

と云《い》ひ、又繫辭下傳第《またけいじかでんだい》十二章《しやう》に於《おい》ては

天地位《てんちくらゐ》を設《まう》けて聖人能《せいじんのう》を成《な》し、人《ひと》に謀《はか》り鬼《き》に謀《はか》り、百姓《しやう》も能《のう》に與《あづか》る

と云《い》ひ、尚又說卦傳《なほまたせつくわでん》に於《おい》ては

　昔《むかし》は聖人《せいじん》の易《えき》を作《つく》るや、神明《しんめい》に幽贊《ゆうさん》して而《しか》して蓍《し》を生《な》す

と云《い》ふの類《るゐ》を見《み》て之《これ》を證《しやう》することが可能《でき》る、易《えき》の六十四卦《くわ》なるものは卽《すなは》ち此《か》くの如《ごと》くにして之《これ》を設《まう》けたもので、畢竟天理神法《ひつきやうてんりしんはふ》の默運潛行《もくうんせんかう》しつゝある有樣《ありさま》を模象《もしやう》したものであるが、這《こ》は軈《やが》て天意神情《てんいしんじやう》の具《ぐ》體的《たいてき》に表現《へうげん》されたものとなるのである。

三　六十四卦發生の根原

六十四卦發明《くわはつめい》の由來《ゆらい》は上述《じやうじゆつ》の如《ごと》くである、然《しか》らば此《こ》の六十四卦《くわ》なるものは如何《いか》にして出來《でき》たのであるかと言《い》へば、先《ま》づ茲《こゝ》に萬物《ばんぶつ》の根原《こんげん》たるべき太極《たいきよく》なるものがあつて、そが自發的活動《じはつてきくわつどう》に由《よつ》て出來《でき》たものである、卽《すなは》ち左圖《さづ》に示《しめ》すが如《ごと》く

中央《ちうわう》の空圓《くうゑん》は假《か》りに無象《むしやう》なる太極《たいきよく》を畫《ゑが》いたもので、四圍《ゐ》の兩儀《りやうぎ》、四象《しやう》、八卦《くわ》は太極《たいきよく》の自發的活動《じはつてきくわつどう》に由《よつ》て森羅萬象《しんらばんしやう》の發生《はつせい》する有樣《ありさま》を畫《ゑが》いたものである、されば此《こ》の兩儀《りやうぎ》、四象《しやう》、八卦《くわ》は謂《い》ふ所《ところ》の象數《しやうすう》である

故《ゆゑ》に此《こ》の兩儀《りやうぎ》、四象《しやう》、八卦《くわ》なるものは我等《われら》が可知的範圍內《かちてきはんゐない》のものである。反之《これにはんし》。太極《たいきよく》なるものは象數《しやうすう》以上《いじやう》のもので、聲《こゑ》もなければ形《かたち》もない、隨《したが》つて我等《われら》が知界《ちかい》を超越《てうえつ》した不可知的虛位《ふかちてききよゐ》のものである。然《しか》り、不可知的虛位《ふかちてききよゐ》のものであるけれども、而《しか》も亦象數發生《またしやうすうはつせい》の根原《こんげん》であるから、眞實《しんじつ》の虛空《きよくう》なるもので

はない、唯我等《たゞわれら》に取《と》つて不可知的《ふかちてき》のものであると云《い》ふに止《とゞ》まるのである、それ故假《ゆゑか》りに之《これ》を呼《よ》むで象《しやう》

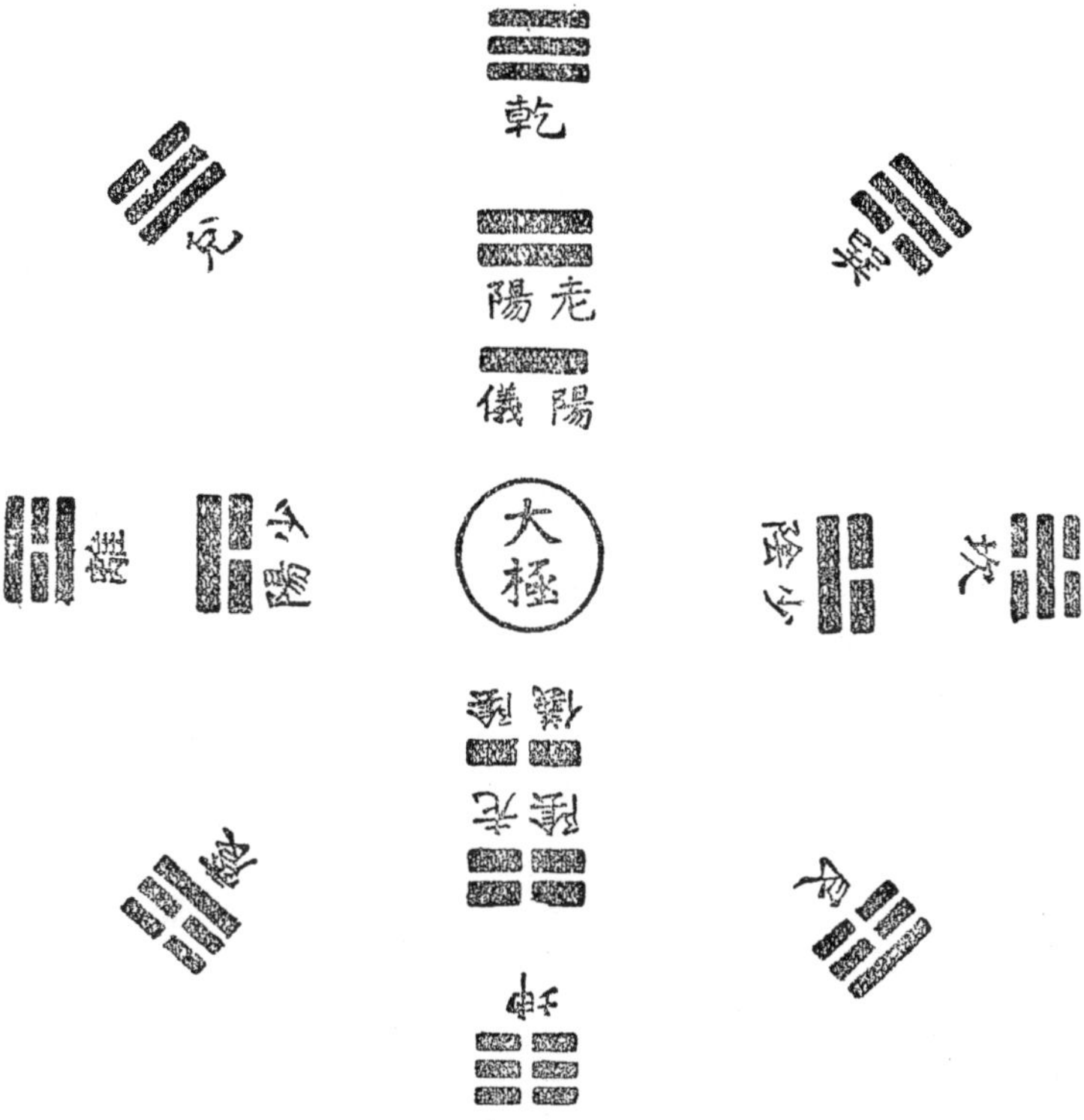

數未分《すうみぶん》の虚位《きよゐ》であると云《い》ふ迄《まで》のことで卽《すなは》ち太極《たいきよく》は體《たい》にして實在《じつざい》である、象數《しやうすう》は用《よう》にして現象《げんしやう》である、故《ゆゑ》に現象《げんしやう》卽《すなは》ち實在《じつざい》の理《り》を以《もつ》て之《これ》を言《い》へば、太極《たいきよく》以《い》外別《ぐわいべつ》に兩儀《りやうぎ》以下《いか》の象數《しやうすう》なるものがあるのでもなく、亦兩儀《またりやうぎ》以下《いか》の象數《しやうすう》以外別《いぐわいべつ》に太極《たいきよく》なるものがあるのでもない、太《たい》極《きよく》は卽《すなは》ち兩儀《りやうぎ》以下《いか》の象數《しやうすう》の不可知的實《ふかちてきじつ》在《ざい》であつて、兩儀《りやうぎ》以下《いか》の象數《しやうすう》は卽《すなは》ち太《たい》極《きよく》の可知的現象《かちてきげんしやう》である。是故《このゆゑ》に空間的《くうかんてき》に之《これ》を言《い》へば、先天體圖《せんてんたいづ》の六十四卦《くわ》なるものは實在《じつざい》たる太極《たいきよく》の上《うへ》に於《お》けると同時《どうじ》の現象《げんしやう》卽《すなは》ち相對的反對《あひたいてきはんたい》の形《かたち》を現《あら》はして居《ゐ》るものと見《み》ることが可能《でき》る、而《しか》

して此《この》相對的《あひたいてき》反對《はんたい》の形《かたち》とは、謂《い》ふ所《ところ》の對待《たいたい》底《てい》天地《てんち》位《くらゐ》を定《さだ》め山澤氣《さんたくき》を通《つう》ずるの類《るゐ》で、交易《かうえき》が卽《すなは》ち是《これ》である、此《かく》の如《ごと》く兩儀以下《りやうぎいか》の象數《しやうすう》を以《もつ》て太極《たいきよく》の可知的現象《かちてきげんしやう》であるとせば、卦々《くわく\/》何《いづ》れも皆太極《みなたいきよく》があると言《い》ふてよい然《しか》るに亦《また》六十四卦《くわ》を以《もつ》て太極《たいきよく》の上《うへ》に於《お》ける同時《どうじ》の現象《げんしやう》であると言《い》はゞ太極《たいきよく》は一であつて卦《くわ》は六十四であるから一考《かう》した所《ところ》では六十四の太極《たいきよく》があるに似《に》たれども而《しか》も太極《たいきよく》は一ありて二あることなく乾卦《けんくわ》の太極《たいきよく》も央卦《くわいくわ》の太極《たいきよく》も、將亦大有《はたまたたいいう》、大壯《たいさう》、小畜《せうちく》、需《じゆ》以下《いか》の太極《たいきよく》も、皆凡《みなすべ》て通有《つういう》一體《たい》であつて、畢竟《ひつきやう》は唯一《ゆゐ》太極《たいきよく》の異方面《ゐはうめん》に就《つい》ての六十四現象《げんしやう》たるに外《ほか》ならぬ。豈啻《あにたゞ》に一大極《たいきよく》の上《うへ》に於《おい》て六十四の異現象《ゐげんしやう》がある許《ばか》りでなく、亦之《またこれ》を百二十八方面《はうめん》から見《み》れば、隨《したが》つて百二十・八の現象《げんしやう》を見得《みえ》らるべく、尙亦之《なほまたこれ》を二百五十六方面《はつめん》から見《み》れば、亦隨《またしたが》つて二百五十六の異現象《ゐげんしやう》を見得《みえ》らるべく、その方面《はうめん》を分《わか》つことが愈々《いよ\/》多《おほ》ければ、それに準《じゆん》じてその現象《げんしやう》も亦益々《またます\/》多《おほ》きを加《くは》ふべく、之《これ》を分《わか》ち之《これ》を分《わか》つて際限《さいげん》なきに至《いた》つたならば、その現象《げんしやう》も亦必《またかな》らず際限《さいげん》なきに至《いた》るであらう。此《かく》の如《ごと》く際限《さいげん》なきの現象個々皆太極《げんしやうこゝみなたいきよく》ありとは言《い》へど、而《しか》もその太極《たいきよく》は通有《つういう》一體《たい》であつて、決《けつ》して二以上《いじやう》の太極《たいきよく》がある譯《わけ》ではない。之《これ》を譬《たと》へば、猶同《なほどう》一富岳《ふがく》を六十四方面《はうめん》から寫影《しやえい》して六十四の異景《ゐけい》を得《え》たのと同一《どういつ》で、尙《な》ほ之《これ》を寫影《しやえい》すること朝夕《てつせき》に於《おい》てし、晴雨《せいう》に於《おい》てし、四季《き》に於《おい》てし、二十四節《せつ》に於《おい》てし、三百六十五日《にち》に於《おい》てするに至《いた》らば、必《かな》らず無《む》數《すう》の異景《ゐけい》を得《う》るに違《ちが》いない、此《かく》の如《ごと》く無數《むすう》の異景《ゐけい》を寫《うつ》すことを得《う》るとは言《い》へど、そは皆悉《みなことごと》く同一富岳《どういつふがく》を寫《うつ》したもので、富岳以外《ふがくいぐわい》の山《やま》を寫《うつ》したものではない、是故《このゆゑ》に此《こ》の同《どう》一富岳《ふがく》を寫影《しやえい》して無數《むすう》の異景《ゐけい》を

得《え》らるべき道理《だうり》る悟《さと》ることが可能《でき》たならば、以《もつ》て一太極《たいきよく》の上《うへ》に於《おい》て六十四の異現象《ゐげんしやう》ある道理《だうり》を知《し》ることが可能《でき》るであろうと思《おも》ふ。

然《しか》るに前《さき》に　《い》ふ所《ところ》とは少《すこ》しく〻の趣《おもむ》きを更へ、即《すなは》ち上圖《じやうづ》に示《しめ》すが如《ごと》く太極《たいきよく》が演《えんえき》　的《てき》降下的《かうかてき》に陰《いんやう》　の兩儀《りやうぎ》に分《わか》れ、兩儀《りやうぎ》が四象《しやう》に分《わか》れ、四象《しやう》が八《くわ》　に分《わか》るゝ所《ところ》の順序《じゆんじよ》を以《もつ》て　《い》へば、前段《ぜんだん》に論《ろん》じた所《ところ》とは大《だい》なる相違《さうゐ》を生《しやう》ずるのであるが、這《こ》は外《ほか》ではない、空間的見方《くうかんてきみかた》と時間的見方《じかんてきみかた》と、その見方《みかた》を異《こと》にするが為《ため》で、繫　上傳第十一章《けいじじやうでんだいしやう》に

是故《このゆゑ》に易《えき》に太極《たいきよく》あり、是《こ》れ兩儀《りやうぎ》を生《しやう》じ、兩儀《りやうぎ》四象《しやう》を生《しやう》じ、四象《しやう》八卦《はつくわ》を生《しやう》ず

と言《い》ふのは即《すなは》ち此《こ》の時間的見方《じかんてきみかた》に由《よ》て六十四卦發生《くわはつせい》の順序《じゆんじよ》を説《と》き示《しめ》したものである、加之《しかのみならず》序卦傳《じよくわでん》か乾《けん》の卦《くわ》の次《つぎ》に坤《こん》を置《お》き、坤《こん》の卦《くわ》の次《つぎ》に屯《ちゆん》を置《お》き、屯《ちゆん》の卦《くわ》の次《つぎ》に蒙《もう》を置《お》きたるが如《ごと》きも、亦均《またひと》しく時間的見方《じかんてきみかた》に由《よ》て之《これ》を配置《はいち》したものである、序卦傳《じよくわでん》に於《お》ける乾坤屯蒙《けんこんちゆんもう》以下《いか》の諸卦《しよくわ》の如《ごと》きは實體《じつたい》たる太極《たいきよく》の上《うへ》に於《お》ける異時《いじ》の現象《げんしやう》であつて、流轉的變化《るてんてきへんくわ》の有樣《ありさま》である、而《しか》して此《こ》の流轉的變化《るてんてきへんくわ》の有樣《ありさま》とは、謂《い》ふ所《ところ》の流行底《りうかうてい》

即《すなは》ち陽《やう》は陰《いん》に變《へん》じ陰《いん》は陽《やう》に變《へん》じ若《もし》くば晝夜《ちうや》寒暑往來《かんしよわうらい》の類《るゐ》で變易《へんえき》が即《すなは》ち是《これ》である、然《しか》るに亦卦々皆太極《またくわ〱みなたいきよく》がある、乾卦《けんくわ》にし大極《たいきたく》がある、坤卦《こんくわ》にも大極《たいきよく》がある、屯蒙需訟以下《ちゆんもうじゆしやういか》皆大極《みなたいきよく》があると言《い》はゞ、一見甚《けんはなは》だ解《かい》し難《がた》きに似《に》たれども、而《しか》も此《こ》の場合《ばあひ》に於《お》ける乾坤屯蒙需訟以下《けんこんちゆんもうじゆしやういか》の諸卦《しよくわ》は、本體《ほんたい》たる大極《たいきよく》の流轉的異《るてんてきゐ》時《じ》の現象《げんしやう》であるから、卦々皆大極《くわ〱みなたいきよく》の一部《ぶ》の現象《げんしよう》にあらで全部《ぜんぶ》の現象《げんしやう》である、即《すなは》ち乾《けん》も大極全部《たいきよくぜんぶ》の現象《げんしよう》であれば、坤《こん》も大極全部《たいきよくぜんぶ》の現象《げんしよう》である、屯蒙需訟以下《ちゆんもうじゆしやういか》の諸卦《しよくわ》も皆《みな》そうである、今之《いまこれ》を圖解《づかい》すれば左《さ》の如《こと》く、

乾

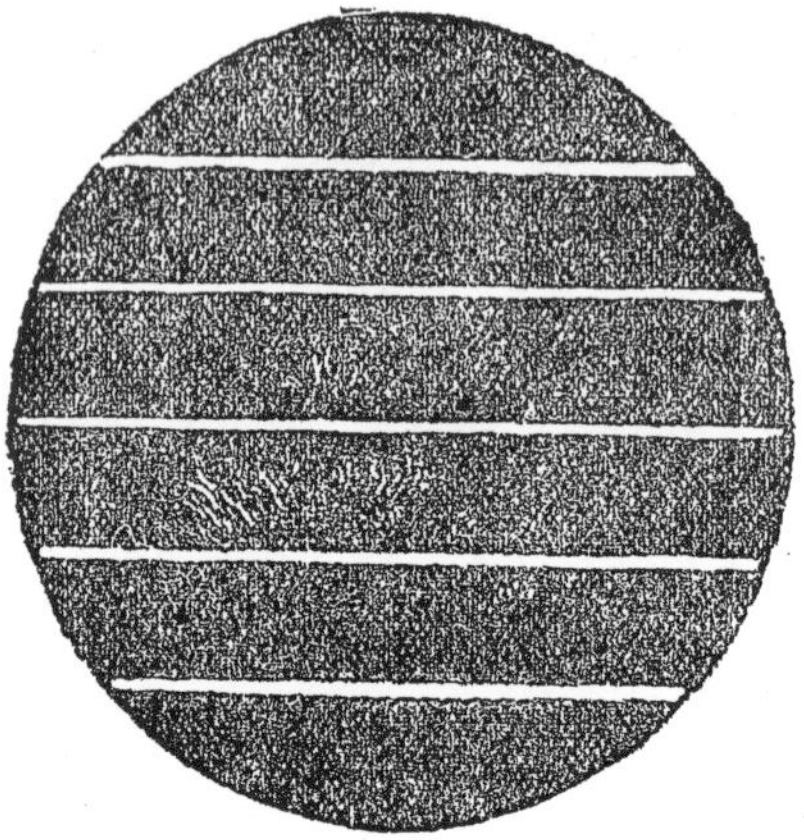

坤

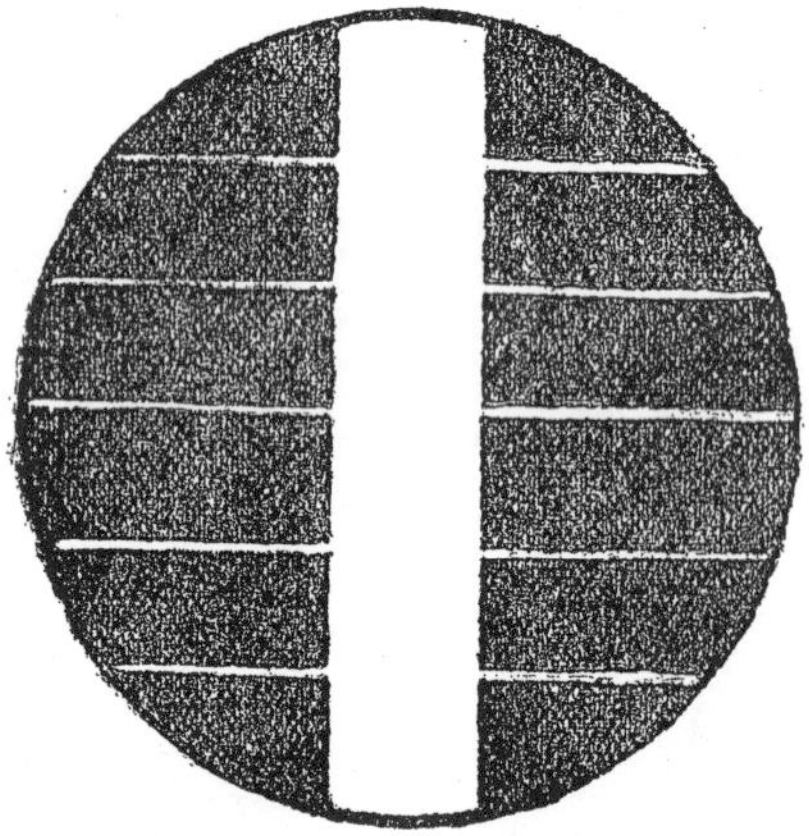

屯

蒙

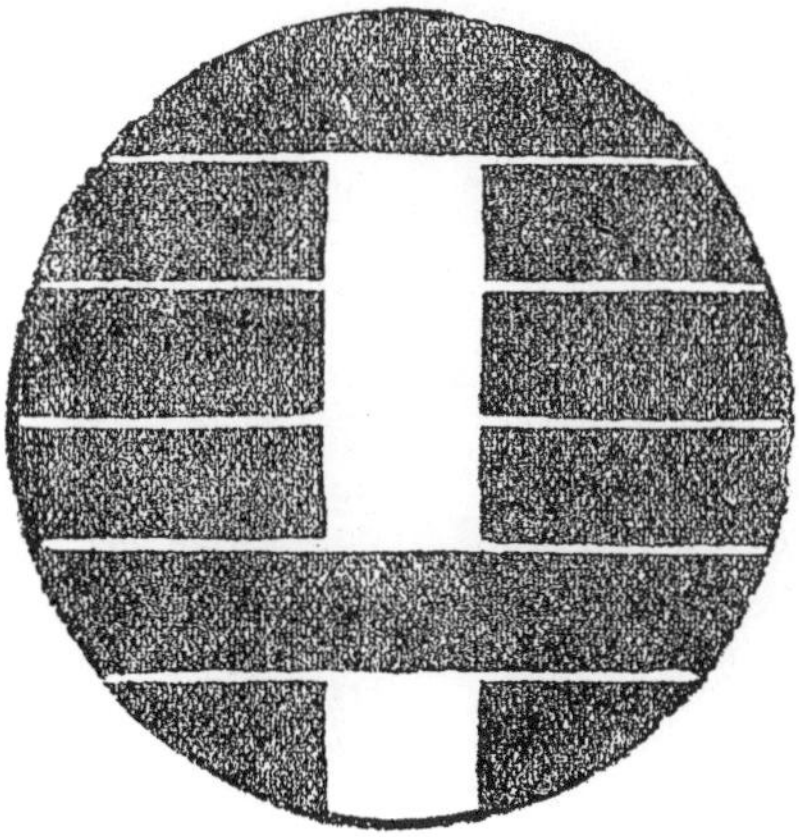

需

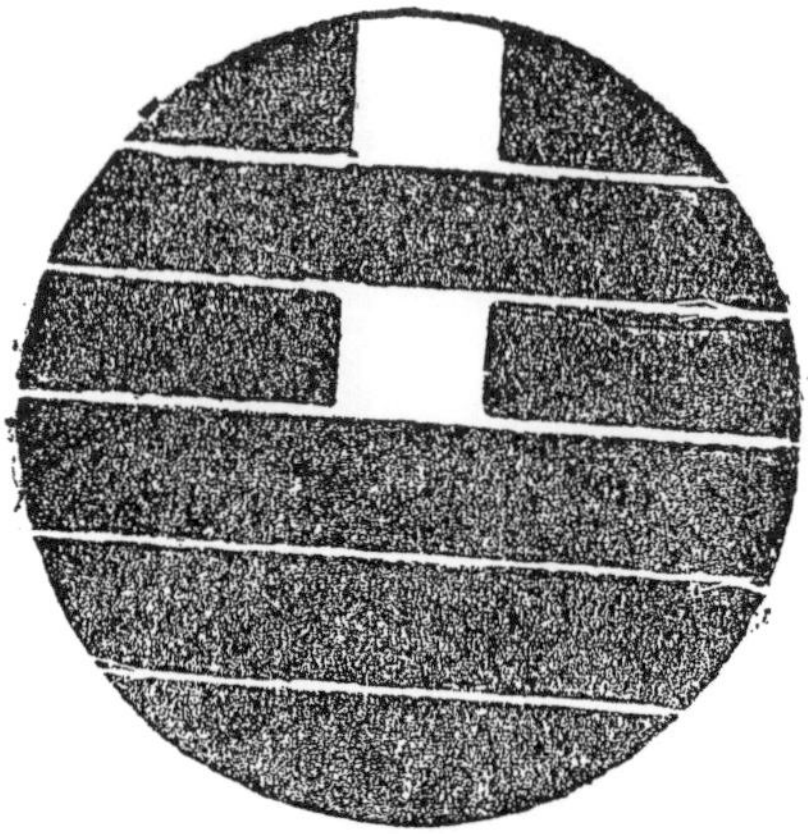

訟

卦《くわ》は即《すなは》ち大極全部《たいきよくぜんぶ》の表面《へうめん》で、大極《たいきよく》は即《すなは》ちその裏面《りめん》である、卦《くわ》と大極《たいきよく》とは體用不即不離《たいようふそくふり》のものであるから、卦《くわ》の立《た》つ所《ところ》の地《ち》は即《すなは》ち大極《たいきよく》で、大極《たいきよく》の在《あ》る所《ところ》は卦《くわ》も亦必《またかな》らず現《あら》はるゝのである、是故《このゆゑ》に卦《くわ》は即《すなは》ち大極《たいきよく》の可知的現象《かちてきげんしやう》であつて、大極《たいきよく》は卦《くわ》の不可知的本體《ふかちてきほんたい》である、此《こ》れ一卦《くわ》六爻《かう》の中《なか》に於《おい》て初中上《しよちうじやう》を備《そな》へ天人地《てんじんち》を備《そな》へ、その他宇《たう》宙間《ちうかん》の森羅萬象《しんらばんしやう》が、皆悉《みなことごと》く具《ぐ》足完備《そくくわんび》する許《ばか》りでなく、爻《かう》の六位《ゐ》を呼《よ》むで六虚位《きよゐ》と言《い》ふ所以《ゆゑん》で、畢竟《ひつきやう》は大極《たいきよく》の異名《ゐみやう》に外《ほか》ならぬ。

前述《ぜんじゆつ》の如《ごと》く凡《すべ》て象數《しやうすう》なるものは本體《ほんたい》たる大極《たいぎよく》の可知的現象《かちてきげんしやう》である、故《ゆゑ》に時《じ》間的觀方《かんてきみかた》即《すなは》ち卦象發生《くわしやうはつせい》の順《じゆん》序《じよ》を以《もつ》て之《これ》を言《い》へば、兩儀《りやうぎ》も大極全部《だいきよくぜんぶ》の現象《げんしやう》である、四象《しやう》も大極全部《たいきよくぜんぶ》の現象《げんしやう》である、八卦乃至《くわないし》六十四卦《くわ》も亦均《またひと》しく大極全部《たいきよくぜんぶ》の現象《げんしやう》である。

陽儀 ━━━ 奇

即《すなは》ち上圖《じやうづ》の如《ごと》く一奇《き》を畫《ゑが》いて陽儀《やうぎ》となし、一偶《ぐう》を畫《ゑが》いて陰儀《いんぎ》となすのであるが、陰陽《いんやう》は宇宙《うちう》の二元的要素《げんてきえうそ》で無形《むけい》のものである、然《しか》るに無形《むけい》のものは我等《われら》に取《さつ》ては不可知的《ふかちてき》のものである、故《ゆゑ》に此《こ》の不可知的《ふかちてき》なる陰陽《いんやう》の二要素《えうそ》を取《さつ》て可知的《かちてき》のものとなそうとするには、有形《いうけい》の假象《かしやう》を以《もつ》て無形《むけい》の實在《じつざい》を形容《けいよう》するの外《ほか》はない、が奇《き》は一連《れん》の象《しやう》で、偶《ぐう》は兩斷《りやうだん》の象《しやう》である、一連《れん》の象《しやう》は實《じつ》にして充《み》ち、兩斷《りやうだん》の象《しやう》は虛《きよ》にして缺《か》けて居《ゐ》る、此《こ》れ奇畫《きくわく》を以《もつ》て陽《やう》の有餘《いうよ》に象《かた》どり、偶畫《ぐくわく》を以《もつ》て陰《いん》の不足《ふそく》に象《かた》どつた所以《ゆゑん》である。

此《かく》の如《ごと》く奇偶《きぐう》の兩儀《りやうぎ》は、宇宙生成《うちうせいせい》の要素《えうそ》たる陰陽《いんやう》の二元氣《げんき》を象《かた》どつたものであるが、謂《い》ふ所《ところ》の陽《やう》なるものは即《すなは》ち積極的動《せききよくてきどう》の義《ぎ》であつて、陰《いん》なるものは消極的靜《せうきよくてきせい》の義《ぎ》である、故《ゆゑ》に陽《やう》を天《てん》となすに反《はん》して陰《いん》を地《ち》となし、陽《やう》を生《しやう》ずとなすに反《はん》して陰《いん》を成《な》すとなし、陽《やう》を始《はじ》めとなすに反《はん》して陰《いん》を終《をは》りとなし、陽《やう》を剛《がう》となすに反《はん》して陰《いん》を柔《じう》となし、陽《やう》を健《けん》となすに反《はん》して陰《いん》を順《じゆん》となし、陽《やう》を強《きやう》となすに反《はん》して陰《いん》を弱《じやく》となし、陽《やう》を先《さき》となすに反《はん》して陰《いん》を後《あと》となし、陽《やう》を動《うご》くとなすに反《はん》して陰《いん》を靜《しづ》かとなし、陽《やう》を昇《のぼ》るとなすに反《はん》して陰《いん》を

[redacted]

陰儀 [redacted] 偶

降《くだ》るとなし、陽《やう》を進《すゝ》むとなすに反《はん》して陰《いん》を退《しりぞ》くとなし、陽《やう》を實《じつ》となすに反《はん》して陰《いん》を虛《きよ》となし、陽《やう》を盈《みつ》るとなすに反《はん》して陰《いん》を虧《か》くるとなし、陽《やう》を直《ちよく》となすに反《はん》して陰《いん》を曲《きよく》となし、陽《やう》を圓《ゑん》となすに反《はん》して陰《いん》を方《はう》となし、陽《やう》を廣《ひろ》しとなすに反《はん》して陰《いん》を狹《せま》しとなし、陽《やう》を長《なが》しとなすに反《はん》して陰《いん》を短《みぢ》かしとなし、陽《やう》を急《いそ》ぐとなすに反《はん》して陰《いん》を緩《ゆる》やかとなし、陽《やう》を君《きみ》となすに反《はん》して陰《いん》を臣《しん》となし、陽《やう》を尊《たつ》としとなすに反《はん》して陰《いん》を卑《ひ》やしとなす、陽《やう》を父《ちゝ》となすに反《はん》して陰《いん》を母《はゝ》となす、陽《やう》を上《かみ》となすに反《はん》して陰《いん》を下《しも》となす、陽《やう》を大《だい》となすに反《はん》して陰《いん》を小《せう》となし、陽《やう》を多《おほ》しとなすに反《はん》して陰《いん》を寡《すく》なしとなす、陽《やう》を富《と》むとなすに反《はん》して陰《いん》を貧《まづ》しとなし、陽《やう》を施《ほどこ》すとなすに反《はん》して陰《いん》を受《う》くるとなす、陽《やう》を晝《ひる》となすに反《はん》して陰《いん》を夜《よる》となす、陽《やう》を明《めい》となすに反《はん》して陰《いん》を暗《あん》となす、陽《やう》を暑《しよ》となすに反《はん》して陰《いん》を寒《かん》となす、陽《やう》を現《あら》はるるとなすに反《はん》して陰《いん》を隱《かく》るゝとなす陽《やう》を晴《はれ》となすに反《はん》して陰《いん》を曇《くも》るとなし、陽《やう》を清《せい》となすに反《はん》して陰《いん》を濁《だく》となす、陽《やう》を白《はく》となすに反《はん》して陰《いん》を黑《こく》となし、陽《やう》を骨《ほね》となすに反《はん》して陰《いん》を肉《にく》となし、陽《やう》を氣《き》とな

すに反《はん》して陰《いん》を血《ち》となし、陽《やう》を男《をとこ》となすに反《はん》して陰《いん》を女《をんな》となし、陽《やう》を雄《をす》となすに反《はん》して陰《いん》を雌《めす》となし陽《やう》を正《せい》となすに反《はん》して陰《いん》を邪《じや》となし、陽《やう》を仁《じん》となすに反《はん》して陰《いん》を義《ぎ》となすが如《ごと》し、此《こ》の例《れい》に由《よつ》て之《これ》を類推《るゐすゐ》せば如何様《いかやう》にも之《これ》を象《かた》どることが可能《でき》る。

そこで亦此《またこ》の陽儀《やうぎ》の上《うへ》に一つの陽畫《やうくわく》を重《かさ》ねたものが大陽《たいやう》で、陰畫《いんくわく》を重《かさ》ねたものが少陰《せういん》である、亦陰儀《またいんぎ》の上《うへ》に一つの陰畫《いんくわく》を重《かさ》ねたものが大陰《たいいん》で、陽畫《やうくわく》を重《かさ》ねたものが少陽《せうやう》であるが即《すなは》ち左圖《さづ》の如《ごと》し。之《これ》を四象《しやう》と言《い》ふ、斯《か》くて出來《でき》た所《ところ》の四象《しやう》も亦同《またおな》じく大極《たいきよく》の現象《げんしやう》であるが、四象《しやう》は兩儀《りやうぎ》に一畫《くわく》を加《くは》へて二畫《くわく》となした丈《だけ》であるから、天地陰陽《てんちいんやう》の兩位《りやうゐ》は已《すで》に出來《でき》て居《ゐ》るけれども、天人地《てんじんち》三才《さい》の位《くらゐ》は未《いま》だ備《そな》はつて居《を》らぬ、随《したが》つて卦《くわ》と言《い》ふ名稱《めいしやう》もなく、亦正邪吉凶《またせいじやきつきよう》等の義理《ぎり》もなく、唯天《たゞてん》地自然《ちしぜん》の狀態《じやうたい》であると言《い》ふ外《ほか》はない。

大陽

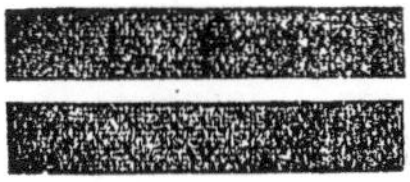

少陰

少陽

大陰

然《しか》るに前《ぜん》の大陽《たいやう》の上《うへ》に一つの陽畫《やうくわく》を重《かさ》ねたものが乾《けん》で、一つの陰畫《いんくわく》を重《かさ》ねたものが兌《だ》である、亦少陰《またせういん》の上《うへ》に一つの陽畫《やうくわく》を重《かさ》ねたものが離《り》で、一つの陰畫《いんくわく》を重《かさ》ねたものが震《しん》である、亦少陽《またせうやう》の上《うへ》に一つの陽《やう》畫《くわく》を重《かさ》ねたものが巽《そん》で、一つの陰畫《いんくわく》を重《かさ》ねたものが坎《かん》である、亦大陰《またたいいん》の上《うへ》に一つの陽畫《やうくわく》を重《かさ》ねたものが艮《ごん》で、一つの陰畫《いんくわく》を重《かさ》ねたものが坤《こん》であるが、即《すなは》ち左圖《さづ》の通《とほ》りである。

乾 ☰

兌 ☱

離 ☲

震 ☳

巽 ☴

坎 ☵

艮

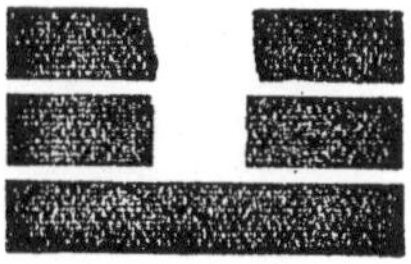

坤

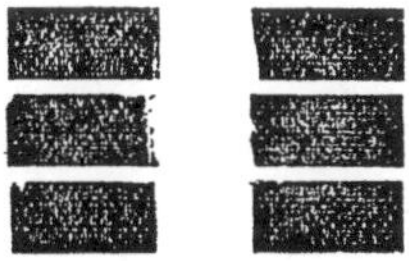

そこで上圖《じやうづ》の如《ごと》く三畫《くわく》を重《かさ》ねて天人地《てんじんち》三才の位《くらゐ》が備《そな》はつた所《ところ》で、始《はじ》めて之《これ》を呼《よ》むで卦《くわ》と言《い》ふことも可《で》能《き》れば、正邪吉凶等《せいじやきつきようとう》の義理《ぎり》も生《しやう》ずるのである、蓋《けだ》し正邪吉凶《せいじやきつきよう》と言《い》ふものは、人位《じんゐ》があるに由《よつ》て始《はじ》めて生《しやう》ずる所《ところ》の人倫《じんりん》の差別《さべつ》であつて、人位《じんゐ》なき以前《いぜん》に於《おい》ては正邪吉凶等《せいじやきつきようとう》を生《しやう》ずべき必要《ひつえう》がないからである傳文《でんぶん》に八卦吉凶《くわきつきよう》を生《しやう》じ吉凶大業《きつきようたいげふ》を生《しやう》ずとは卽《すなは》ち此《こ》のことを言《い》ふたのである。

以上《いじやう》は繫辭《けいじ》に謂《い》ふ所《ところ》の大極《たいきよく》から兩儀《りやうぎ》を生《しやう》じ、兩儀《りやうぎ》から四象《しやう》を生《しやう》じ、四象《しやう》から八卦《くわ》を生《しやう》ずる迄《まで》の順序《じゆんじよ》であるが、それ以後即《ごすなは》ち八卦《くわ》から六十四卦《くわ》を生《しやう》ずる迄《まで》の順序《じゆんじよ》に就《つい》ては、何《なん》とも言《い》ふて居《を》らぬけれども、已《すで》に兩儀《りやうぎ》から四象《しやう》、四象《しやう》から八卦《くわ》を生《しやう》じた上《うへ》は八卦《くわ》が分《わか》れて十六となり、十六が分《わか》れて三十二となり三十二が分《わか》れて六十四卦《くわ》となるべきことは、自《おのづ》から推知《すゐち》し得《う》べきことである、故《ゆゑ》に之《これ》を省略《しやうりやく》して何《なに》も言《い》ふ所《ところ》がないのであるが、已《すで》に三畫《くわく》八卦《くわ》を生《しやう》じ、天人地《てんじんち》の三才《さい》も備《そな》はり、正邪吉凶等《せいじやきつきようとう》の人倫《じんりん》も出來《でき》たので、未來《みらい》の成行《なりゆき》を逆睹《ぎやくと》し趨避《すうひ》進退《しんたい》を斷《だん》ずるには、最早《もはや》不足《ふそく》はない樣《やう》であるけれども、而《しか》も天《てん》も單《たん》位《ゐ》、人《じん》も單位《たんゐ》、地《ち》も單位《たんゐ》で未《いま》だ充分《じうぶん》であるとは言《い》へぬ。是故《このゆゑ》に尙之《なほこれ》を重《かさ》ねて六畫卦《くわくくわ》となすに及《およ》むで、天人地《てんじんち》三才《さい》の六位《ゐ》が始《はじ》めて完備《くわんび》して、天《てん》に於《おい》ては之《これ》を陰陽《いんやう》と言《い》ひ、地《ち》に於《おい》ては之《これ》を剛柔《がうじう》と言《い》ひ、人《じん》に於《おい》ては之《これ》を仁義《じんぎ》と言《い》ふことが可能《でき》て、易《えき》の用《よう》が全《まつた》く行《おこな》はるゝことゝなるのである。故《ゆゑ》に說卦傳《せつくわでん》に

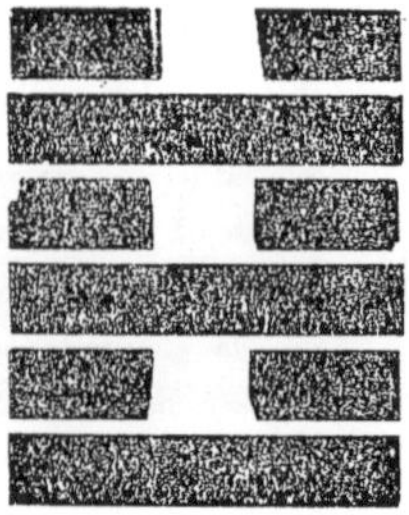

六畫卦を以て天人地三才に配するの圖

昔《むかし》は聖人《せいじん》の易《えき》を作《つく》るや、將《まさ》に以《もつ》て性命《せいめい》の理《り》に隨《したが》はんとす、是《これ》を以《もつ》て天《てん》の道《みち》を立《た》てゝ陰《いん》と陽《やう》と曰《い》ひ、地《ち》の道《みち》を立《た》てゝ柔《じう》と剛《がう》と曰《い》ひ、人《じん》の道《みち》を立《た》てゝ仁《じん》と義《ぎ》と曰《い》ひ、三才《さい》を兼《かね》て而《しか》して之《これ》を兩《りやう》にす、故《ゆゑ》に易《えき》は六畫《くわく》にして卦《くわ》を成《な》し、陰《いん》を分《わか》ち陽《やう》を分《わか》ち迭《たがひ》に剛柔《がうじう》を用《もち》ゆ、故《ゆゑ》に易《えき》は六位《ゐ》にして章《しやう》を成《な》すと言《い》ふのが、即《すなは》ちそうである。

以上《いじやう》之《これ》は要《えう》するに、大極《たいきよく》の不可知的《ふかちてき》虚位《きよゐ》のある所《ところ》に、そこに象數《しやうすう》即《すなは》ち奇偶剛柔《きぐうがうじう》の卦體《くわたい》が立《た》ち、亦此《またこ》の奇偶剛柔《きぐうがうじう》の卦體《くわたい》のある所《ところ》に、そこに剛柔交錯《がうじうかうさく》の卦象《くわしやう》が現《あら》はれ、尙亦剛柔交錯《なほまたがうじうかうさく》の卦象《くわしやう》のある所《ところ》に、そこに吉凶得失《きつきようしつさく》の卦義《くわぎ》が生《しやう》ずる譯《わけ》である。故《ゆゑ》に本篇《ほんぺん》に於《おい》ても亦此《またこ》の順序《じゆんじよ》に從《したが》ひ、本體《ほんたい》たる大極《たいきよく》は不可知的《ふかちてき》のものであるから、之《これ》を不說《ふせつ》の儘《まゝ》に差置《さしお》くとしても、先《ま》づ第《だい》一に卦體《くわたい》の何者《なにもの》であるかを說《と》いて、然《しか》る後《のち》卦象卦義等《くわしやうくわぎとう》に說《と》き及《およ》ぶのが自然《しぜん》の順序《じゆんじよ》に適《てき》する樣《やう》であるけれども、尙之《なほこれ》を再考《さいかう》して見《み》れば、謂《い》ふ所《ところ》の卦義《くわぎ》とは即《すなは》ち卦體《くわたい》その者《もの》の義理《ぎり》で、亦卦象《またくわしやう》とは即《すなは》ち卦體《くわたい》その者《もの》の形象《けいしやう》であるから、此《かく》の如《ごと》くその稱《しよう》呼《こ》を異《こと》にしては居《ゐ》るけれども、その實《じつ》は皆不可說的大極《みなふかせつてきたいきよく》の可說的異名《かせつてきいみやう》で畢竟《ひつきやう》は同一《どういつ》であるが、唯《たゞ》その奇偶剛柔《きぐうがうじう》の體質《たいしつ》を意味《いみ》せむが爲《た》めに之《これ》を卦體《くわたい》と言《い》ひ、亦《また》その剛柔交錯《がうじうかうさく》の形象《けいしやう》を意味《いみ》せむが爲《た》めに之《これ》を卦象《くわしやう》と言《い》ひ、尙亦《なほまた》その吉凶失得《きつきようしつとく》の義理《ぎり》を意味《いみ》せむが爲《た》めに之《これ》を卦義《くわぎ》と言《い》ふの差《さ》があるに過《す》ぎぬ。果《はた》してそうであるとすれば、その中《うち》の一を擧《あ》ぐれば、他《た》の二者《しや》は自然《しぜん》そこに附隨《ふずゐ》して居《ゐ》る道理《だうり》であるから玆《こゝ》にも亦《また》その順序《じゆんじよ》に拘《かゝ》はらず、先《ま》づ第《だい》一に卦象《くわしやう》を說《と》きその次《つぎ》に卦體《くわたい》を說《と》いて、卦義《くわぎ》はその間《かん》に之《これ》を附說《せつ》することにしたのである。

第二章　卦象

前述《ぜんじゆつ》の如《ごと》く不可知的《ふかちてき》大極《たいきよく》の可知的《かちてき》方面《はうめん》は卦象《くわしやう》であるが、卦象《くわしやう》は即《すなは》ち言《い》ふ所《ところ》の象數《しやうすう》である、而《しか》して此《こ》の象《しやう》と數《すう》とは、元《も》と別物《べつもの》ではなくて同《ごう》一物《ぶつ》の他方面《たはうめん》であるが、唯《たゞ》その觀方《みかた》の異なる所《ところ》に象數《しやうすう》の異名《ゐみやう》を附《ふ》したものに外《ほか》ならぬ、是故《このゆゑ》に象《かたち》があれば必《かな》らず數《すう》があり、亦數《またすう》があれば必《かな》らず象《かたち》があるもので、象《かたち》はあれども數《すう》がなく、亦數《またすう》はあれども象《かたち》がない樣《やう》なものは一つもなく、象《しやう》と數《すう》とは同時《ごうじ》に存在《そんざい》するものである、而《しか》して宇宙《うちう》の萬有《ばんいう》は一として此《こ》の象數《しやうすう》の外《ほか》に出《い》づるものではない、尙語《なほご》を換《か》へて之《これ》を言《い》へば宇宙萬有《うちうばんいう》は皆凡《みなすべ》て象數《しやうすう》で、象數《しやうすう》が卽《すなは》ち宇宙萬有《うちうばんいう》である、此《かく》の如《ごと》く宇宙萬有《うちうばんいう》も象數《しやうすう》であるが、奇偶《きぐう》の卦《くわ》爻《かう》も亦同《またおな》じく象數《しやうすう》である、此《こ》れ易《えき》が奇偶《きぐう》の卦爻《くわかう》を以《もつ》て森羅萬物《しんらばんぶつ》の形狀《けいじやう》に象《かた》どつて、その變化往來《へんくわわうらい》の理《り》を測度《そくど》するの具《ぐ》となした所以《ゆえん》で、繫辭傳《けいじでん》に

古《いにしへ》は庖犧氏《はうぎし》の天下《てんか》に王《わう》たるや、仰《あほい》では則《すなは》ち象《かたち》を天《てん》に觀《み》、俯《ふ》しては則《すなは》ち法《はふ》を地《ち》に觀《み》、鳥獸《てうじゆう》の文《ぶん》と地《ち》の宜《よろ》しきとを觀《み》て、近《ちか》くは諸《これ》を身《み》に取《こ》り、遠《とほ》くは諸《これ》を物《もの》に取《こ》り、是《こゝ》に於《おい》て始《はじ》めて八卦《くわ》を作《つく》り、以《もつ》て神明《しめい》の德《とく》に通《つう》じ、以《もつ》て萬物《ばんぶつ》の情《じやう》に類《るゐ》す、

聖人《せいにん》象《しやう》を立《た》てゝ以《もつ》て意《い》を盡《つく》し、卦《くわ》を設《まう》けて以《もつ》て情僞《じやうぎ》を盡《つく》す、卦《くわ》を設《まう》け象《かたち》を觀《み》辭《ことば》を繫《か》けて、而《しか》して吉凶《きつきよう》を明《あき》らかにし、剛柔相推《がうじうあひおし》して而《しか》して變化《へんくわ》を生《しやう》ず、是故《このゆゑ》に吉《きつ》凶《きよう》は失得《しつとく》の象《かたち》なり、悔吝《くわいりん》は憂虞《いうぐ》の象《かたち》なり、變化《へんくわ》は進退《しんたい》の象《かたち》なり、剛柔《がうじう》は晝夜《ちうや》の象《かたち》なり六爻《かう》の動《どう》は三極《きよく》の道《みち》なり、

抔《なと》と言《い》ふのは、卽《すなは》ち此《こ》の意《い》を言《い》ふに外《ほか》ならぬ。此《かく》の如《ごと》く作易《さくえき》の旨趣《ししゆ》は小《せう》は人事《じんじ》の失得憂虞《しつとくいうぐ》から、大《だい》は

宇宙《うちう》の晦明變轉《くわいめいへんてん》に至《いた》る迄《まで》、總《すべ》て之《これ》を一卦六爻《かう》の中《なか》に包罩《はうこう》し、その象《かたち》に由《よつ》て之《これ》を形容説明《けいようせつめい》せむが爲《た》めである、故《ゆゑ》に易《えき》の主《しゆ》とする所《ところ》は象《かたち》であつて、象《かたち》の外《ほか》には易《えき》なるものはないと言《い》ふてよい、繋辭傳《けいじでん》に夫《そ》れ聖人以《せいじんもつ》て天下《てんか》の賾《みだ》れたるを見《み》ること有《あり》て、而《しか》して之《これ》を其《そ》の形容《けいよう》に擬《ぎ》し、其《そ》の物《もの》の宜《よろ》しきに象《かた》どる、是故《これゆゑ》に之《これ》を象《かたち》と言《い》ふ、

又易《またえき》は象《かたち》なり、象《かたち》なる者《もの》は象《かた》どるなり

と言《い》ふを見《み》て知《し》らるゝ譯《わけ》で、象《かたち》が即《すなは》ち易《えき》であつて、象《かたち》の外別《ほかべつ》に易《えき》なるものがある譯《わけ》ではないから、象《かたち》に由《よつ》て辭《ここは》を説《こ》き、象《かたち》に由《よつ》て數《すう》を見《み》、象《かたち》に由《よつ》て變《へん》を察《さつ》し、象《かたち》に由《よつ》て占《せん》をなすのが、眞實《しんじつ》に易《えき》を知《し》るものであると言《い》はねばならぬ。然《しか》るに先儒《せんにゆ》の中《なか》には或《あるひ》は象《かたち》を忘《わす》れ象《かたち》を捨《すつ》る等《とう》の説《せつ》をなすものがある、此《かく》の如《ごと》きは惟《ひと》り象《かたち》を忘《わ》すれ象《かたち》を捨《すつ》る許《ばか》りでなく、亦併《またあは》せて易《えき》を忘《わ》すれ易《えき》を捨《すつ》るもので、作易《さくえき》の本旨《ほんし》を解《かい》し得《え》ざるものである。然《しか》り。易《えき》は象《かたち》である、而《しか》も爻《かう》に老少剛柔《らうせうがうじう》の相異《さうゐ》もあれば、卦《くわ》に內外上下《ないぐわいじやうげ》の差別《さべつ》もある、隨《したが》つて象《かたち》を見象《みかたち》を取《と》るに當《あた》りても、自《おのづ》から一定《てい》の法則《はふそく》がなければならぬが、苟《いやし》くもその法則《はふそく》に由《よ》らず、濫《みだ》りに象《かたち》を觀象《みかたち》を取《と》るが如《ごと》きは、眞《しん》に象《かたち》を觀象《みかたち》を取《と》り得《え》たものであると言《い》ふことは可能《でき》ぬ、此《こ》れ觀象《くわんしやう》 取象《しゆしやう》の二法《はふ》を必要《ひつえう》とする所以《ゆえん》である。

第一節　觀　象　法

乾　坤　坎

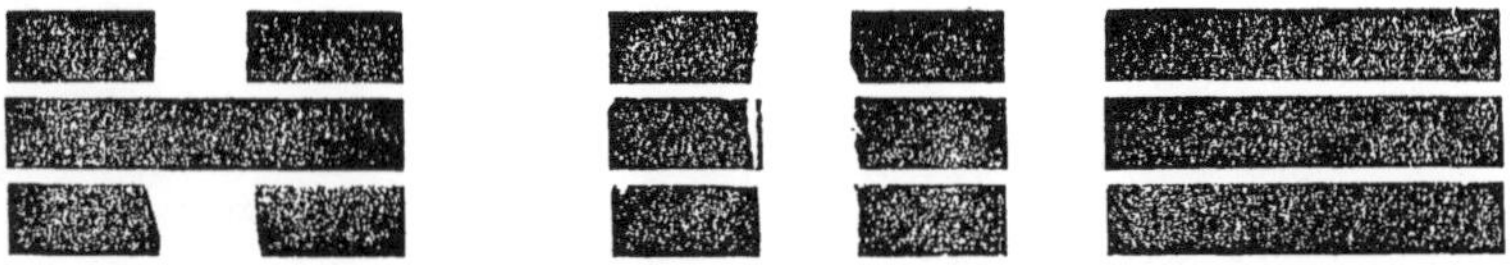

卦《くわ》には正體《せいたい》と偏體《へんたい》との區別《くべつ》がある、乾坤坎離《けんこんかんり》の四卦《くわ》は正體《せいたい》で、震巽艮兌《しんそんごんだ》の四卦《くわ》は偏體《へんたい》であるが、正體卦《せいたいくわ》を見《み》ると偏體卦《へんたいくわ》を見《み》るとは自《おの》づからその觀方《みかた》が違《ちが》つて居《ゐ》る、正體《せいたい》たる乾坤坎離《けんこんかんり》の四卦《くわ》は平面的《へいめんてき》即《すなは》ち之《こ》れを横《よこ》に見《み》なければ象《かたち》を取《と》り難《がた》く、亦偏體《またへんたい》たる震巽艮兌《しんそんごんだ》の四卦《くわ》は立體的《りつたいてき》即《すなは》ち之《こ》れを縱《たて》に見《み》なければ、その象《しやう》を成《な》し難《がた》き場合《ばあひ》がある、此《こ》れその卦體《くわたい》の正體《せいたい》なると偏體《へんたい》なるとの相異《さうゐ》から生《しやう》ずる自然《しぜん》の結果《けつくわ》に外《ほか》ならぬ、そこで謂《い》ふ所《ところ》の平面的横《へいめんてきよこ》の見方《みかた》とは平《ひら》たく即《すなは》ち上《うへ》の方《はう》から見《み》ることで、立體的縱《りつたいてきたて》の見方《みかた》とは竪《たて》に即《すなは》ち側面《そくめん》から見《み》ることである、今茲《いまここ》に一脚《きやく》の机《つくえ》があると假定《かてい》して之《こ》れを上《うへ》の方《はう》から平《ひら》たく見《み》れば、唯《たゞ》一枚《まい》の板《いた》が横《よこ》になつて居《ゐ》る所《ところ》が見《み》ゆる丈《だけ》で下《した》の足《あし》の方《はう》は見《み》へぬのであるが此《こ》れが即《すなは》ち平面的横《へいめんてきよこ》の見方《みかた》である。之《こ》れに反《はん》してその机《つくゑ》を側面《そくめん》から竪《たて》に見《み》れば、上《うへ》に乘《のつ》て居《ゐ》る板《いた》が平《ひら》たく見《み》へぬ代《かは》りに兩脚《りやうあし》の立《た》つて居《ゐ》る所《ところ》が見《み》ゆる、此《これ》が即《すなは》ち立體的縱《りつたいてきたて》の見方《みかた》であるが、上圖《じやうづ》の如《ごと》く正體《せいたい》なる乾坤坎離《けんこんかんり》の四卦《くわ》に就《つ》きて乾《けん》を圓《ゑん》となし蓋《がい》となし。坤《こん》を方《はう》となし地《ち》となし。坎《かん》を穴《あな》となし川《かは》となし。離《り》を目《め》となし網《あみ》となすが如《ごと》きは、皆平面的横《みなへいめんてきよこ》の觀方《みかた》に由《よつ》てその象《かたち》を取《とつ》たものである。

離

亦《また》左圖《さづ》の如《ごと》く偏體《へんたい》なる震巽艮兌《しんそんごんだ》の四卦《くわ》に就《つ》き、震《しん》を竹《たけ》となし足《あし》となし、巽《そん》を牀《ゆか》となし股《また》となし、艮《ごん》を山《やま》となし手《て》となし、兌《だ》を澤《さは》となし口《くち》となすの類《るゐ》は、皆立體的縦《みなりつたいてきたて》の觀方《みかた》に由《よつ》てその象《かたち》を取《とつ》たものである

震

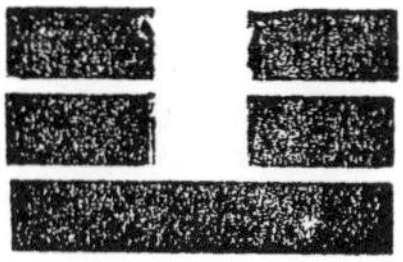

巽

艮

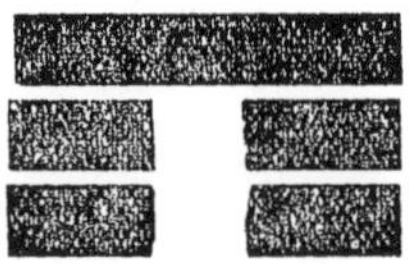

兌

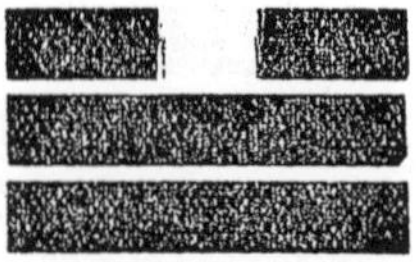

以上縦横《いじやうたてよこ》の二觀方《くわんばう》は、唯《たゞ》一體《たい》たる三畫《くわく》八卦《くわ》を見《み》るに就《つい》ての法《はふ》である許《ばか》りでなく、全體兩體交體《ぜんたいりやうたいかうたい》の三者《しや》に就《つい》ても、亦此《またこ》の法《はふ》に由《よつ》てその象《かたち》を見《み》なければならぬ、今兩《いまりやう》體《たい》たる六十四卦中《くわちう》に於《おい》て之《これ》を例《れい》せば、重乾《ちようけん》を以《もつ》て天《てん》となし、重坤《ちようこん》を以《もつ》て平地《へいち》となし、同人若《どうにんもし》くは大有《たいいう》を以《もつ》て片目眇《へんもくせう》せりとなし、比《ひ》を以《もつ》て地上《ちじやう》に水《すゐ》ありとなすが如《ごと》

きは、皆《みな》平面的《へいめんてき》觀《み》方《かた》に由《よつ》てその象《かたち》を取《とつ》たものである、亦《また》隨《ずゐ》の大象《たいしやう》に澤中《たくちう》に雷《らい》あるを隨《ずゐ》となし、蠱《こ》の大《たい》象《しやう》に山下《さんか》に風《かぜ》あるを蠱《こ》となし、頤《ゐ》の大象《たいしやう》に山下《さんか》に雷《らい》あるを頤《ゐ》となし、大過《たいくわ》の大象《たいしやう》に澤《たく》、木《き》を滅《い》るを大《たい》過《くわ》となし、咸《かん》の大象《たいしやう》に山上《さんじやう》に澤《たく》あるを咸《かん》となし、損《そん》の大象《たいしやう》に山下《さんか》に澤《たく》あるを損《そん》となし、巽《そん》の大象《たいしやう》に隨《ずゐ》風《ふう》を巽《そん》となし、兌《だ》の大象《たいしやう》に麗澤《れいたく》を兌《だ》となし、中孚《ちうふ》の大象《たいしやう》に澤上《たくじやう》に風《かぜ》あるを中孚《ちうふ》となし、小過《せうくわ》の大象《たいしやう》に山上《さんじやう》に雷《らい》あるを小過《せうくわ》となし、或《あるひ》は重艮《ちうごん》を柳《やなぎ》となし人體《じんたい》となし、重震《ちうしん》を竹《たけ》となし、梯子《はしご》となし、頤《ゐ》を提《てう》燈《らん》となし、柳行李《やなぎがうり》となすが如《ごと》きは皆《みな》立體的《りつたいてき》縱《たて》の觀《み》方《かた》に由《よつ》てその象《かたち》を取《とつ》たものである。

此《こ》の外内外卦《ほかないぐわいくわ》の一方《はう》は正體《せいたい》で亦《また》その一方《はう》は偏體《へんたい》である時《とき》の如《ごと》きは、此《こ》の縱橫《じうわう》の二觀方《くわんはう》を併《あは》せて一方《ぱう》は之《これ》を橫《よこ》に觀《み》、亦《また》その一方《ぱう》は之《これ》を縱《たて》に觀《み》てその象《かたち》を取《と》ることがある、彖傳《たんでん》若《もし》くは大象中《たいしやうちう》に於《おい》て屯《ちゆん》の卦《くわ》に險中《けんちう》に動《うご》くと言《い》ひ、雲雷《うんらい》は屯《ちゆん》と言《い》ふ、その險《けん》と言《い》ひ雲《うん》と言《い》ふは平面的《へいめんてき》觀《み》方《かた》であるが、雷《らい》と言《い》ひ動《うご》くと言《い》ふは立體的《りつたいてき》觀《み》方《かた》である、蒙《もう》に山下《さんか》に險《けん》ありと言《い》ひ、山下《さんか》に出《い》づる泉《いづみ》は蒙《もう》と言《い》ふ、その山《さん》と言《い》ふは立《りつ》體的《たいてき》觀《み》方《かた》であるが、險《けん》と言《い》ひ泉《いづみ》と言《い》ふは平面的《へいめんてき》觀《み》方《かた》である。その他《た》謙《けん》の卦《くわ》に池中《ちちう》に山《やま》あるは謙《けん》と言《い》ひ豫《よ》に雷地《らいち》を出《い》でゝ奮《ふる》ふは豫《よ》と言《い》ひ、剝《はく》に山地《やまち》に附《つ》くは剝《はく》と言《い》ひ、復《ふく》に雷地中《らいちちう》にあるは復《ふく》と言《い》ひ、萃《すゐ》に澤地《たくち》に上《のぼ》るは萃《すゐ》と言《い》ひ、升《しよう》に地中木《ちちうき》を生《しやう》ずるは升《しやう》と言《い》ひ、節《せつ》に澤上水《たくじやうみづ》あるは節《せつ》と言《い》ひ、或《あるひ》は遯《とん》の卦《くわ》を以《もつ》て机卓《きたく》の類《るゐ》となし、豫《よ》を以《もつ》て人《ひと》が地上《ちじやう》を走《はし》るとなし、解《かい》を以《もつ》て船《ふね》が水上《すゐじやう》を行《ゆ》くとなすが如《ごと》きは、皆《みな》縱橫《じうわう》の二觀方《くわんはう》を同時《どうじ》に併用《へいよう》したものである。

亦《また》全體《ぜんたい》を以《もつ》て之《これ》を例《れい》せば、頤《ゐ》を以《もつ》て龜《かめ》に象《かた》どり、損益《そんえき》の二卦《くわ》も亦之《またこれ》を龜《かめ》に象《かた》どり、大過《たいくわ》を以《もつ》て棟撓《むなぎたゆ》むに象《かた》どり、中孚《ちうふ》を以《もつ》て船《ふね》に象《かた》どり、小過《せうくわ》を以《もつ》て飛鳥《ひてう》に象《かた》どるが如《ごと》きは、皆平面的卽《みなへいめんてきすなは》ち之《これ》を横《よこ》に觀《み》てその象《かたち》を取《とつ》たものである。亦臨《またりん》を以《もつ》て大《だい》となし、觀《くわん》を以《もつ》て大觀《たいくわん》となし、漸《ぜん》を以《もつ》て進《すゝ》み上《のぼ》るとなし、剝《はく》を以《もつ》て輿《よ》となし、或《あるひ》は頤中《ゐちう》に物《もの》あるを噬嗑《ぜいがふ》となすが如《ごと》きは、皆立體的卽《みなりつたいてきすなは》ち之《これ》を縱《たて》に觀《み》てその象《かたち》を取《とつ》たものである、尙亦地中《なほまたちちう》に水《みづ》あるを師《し》と言《い》ひ、上天下澤《じやうてんかたく》を履《り》と言《い》ひ、澤上地《たくじやうち》あるを臨《りん》と言《い》ふの類《るゐ》は、皆平《みなへい》面的横《めんてきよこ》の觀方《みかた》と立體的縱《りつたいてきたて》の觀方《みかた》とを同時《どうじ》に併用《へいよう》したものである。

尙亦爻體《なほまたかうたい》に就《つい》て之《これ》を例《れい》せば、屯《ちゆん》の六三に鹿《しか》に卽《つい》て虞《ぐ》なく惟《ひと》り林中《りんちう》に入《い》ると言《い》ひ、需《じゆ》の初《しよ》九に郊《かう》に需《ま》ち九二に沙《しや》に需《ま》ち、九三に泥《でい》に需《ま》つと言《い》ひ、師《し》の九二に師中《しちう》にありと言《い》ひ、同人《どうにん》の初《しよ》九に同人門《どうにんもん》に于《おい》てす、上《じやう》九に同人郊《どうにんかう》に于《おい》てすと言ひ、坎《かん》の六三に來《きた》るも之《ゆ》くも坎坎《かん／＼》と言《い》ひ、大壯《たいさう》の九四に藩決して羸し まず、大輿《たいよ》の輹《ふく》に壯《さか》むなりと言《い》ふの類《るゐ》は、皆平面的横《みなへいめんてきよこ》の觀方《みかた》を以《もつ》てその象《かたち》を取《とつ》たものである。

亦乾《またけん》の初《しよ》九に潛龍《せんりよう》と言《い》ひ、九二に見龍田《けんりようでん》にありと言《い》ひ、九四に或《あるひ》は躍《をどつ》て淵《えん》にありと言《い》ひ、九五に飛龍《ひりよう》天《てん》にありと言《い》ひ、上《じやう》九に亢龍《かうりよう》と言《い》ひ、屯《ちゆん》の六二六四上《じやう》六に馬《うま》に乘《の》ると言《い》ひ、豫《よ》の六三に盱《みあ》げて豫《たの》しむと言《い》ひ、臨《りん》に甘《あま》く臨《のぞ》む、咸《み》な臨《のぞ》む、至《いたつ》て臨《のぞ》む、知《ち》にして臨《のぞ》む、敦《あつ》く臨《のぞ》むと言《い》ひ、觀《くわん》に童觀《どうくわん》、闚觀《きくわん》と言《い》ひ剝《はく》の初《しよ》六に牀《しやう》を剝《はく》して足《そく》よりすと言《い》ひ、六二に牀《しやう》を剝《はく》して以《もつ》て辨《べん》にすと言《い》ひ、六三に之《これ》を剝《はく》すと言《い》ひ、六四に牀《しやう》を剝《はく》して以《もつ》て膚《ふ》にすと言《い》ひ、六五に貫魚《くわんぎよ》と言《い》ひ、上《じやう》九に碩なる果食《このみくら》はれず、君子《くんし》は輿《よ》を得《え》て小人《せうにん》は廬《ろ》を剝《はく》すと言《い》ひ、大過《たいくわ》の初《しよ》六に藉《し》くに白茅《はくばう》を用《もち》ゆと言《い》ひ、九二に枯楊稊《こやうてい》を生《しやう》ずと言《い》ひ、九三に棟撓《むなぎたゆ》むと言《い》ひ、九四に棟隆《むなぎさか》むなりと言《い》ひ、九五に枯楊華《こやうにな》を生《しやう》ずと言《い》ひ、上《じやう》六に頂《いたゞ》きを滅ると言《い》ひ、坎《かん》の初《しよ》六に習坎坎窞《しふかんかんかん》に入《い》ると言《い》ひ、九五に坎盈《かんみ》たず既《すで》に平《たひ》らかなるに祗《いた》ると言《い》ひ、咸《かん》の初《しよ》六に其《そ》の拇《おやゆび》に咸《かん》ずと言《い》ひ、六二に其《そ》の腓《こむら》に咸《かん》ずと言《い》ひ、九三に其《そ》の股《もゝ》に咸《かん》ずと言《い》ひ、九五に其《そ》の脢《はい》に咸《かん》ずと言《い》ひ上《じやう》六に其《そ》の輔頰舌《ほけふぜつ》に咸《かん》ずと言《い》ひ、晋《しん》の初《しよ》六六二九四に晋如《しんじよ》と言《い》ひ、上《じやう》九に其《そ》の角《かく》に晋《すゝ》むと言《い》ひ、明夷《めいゐ》の九三に左《ひだり》の股《もゝ》を夷《やぶ》ぶると言《い》ひ、六四に左腹《さふく》に入《い》ると言《い》ひ、上《じやう》六に初《はじ》めは天《てん》に登《のぼ》つて後《のち》には地《ち》に入《い》ると言《い》ひ、夬《くわい》の初《しよ》九に趾《し》を前《すゝ》むに壯《さか》むなりと言《い》ひ、九四に臀膚《いざらひふ》なしと言《い》ひ、升《しよう》の初《しよ》六に允《まこ》とに升《のぼ》ると言《い》ひ、上《じやう》六に升《のぼ》るに冥《くら》しと言《い》ひ、井《せい》の初《しよ》六に井泥《せいでい》と言《い》ひ、九二に井谷《せいこく》と言《い》ひ、九三に井渫《せいせつ》と言《い》ひ、六四に井甃《せいいしだゝみ》すと言《い》ひ、九五に井冽《せいいさぎよ》しと言《い》ひ、鼎《てい》の初《しよ》六に鼎足《かなえあし》を顚《さか》しまにすと言《い》ひ、九二に鼎實《かなえみ》ありと言《い》ひ、九三に鼎耳《かなえみゝ》革《あらた》まると言《い》ひ、九四に鼎足《かなえあし》を折《を》ると言《い》ひ、六五に鼎黄耳《かなえきなるみゝ》と言《い》ひ、上《じやう》九に鼎玉《かなえたま》の鉉《つる》ありと言《い》ひ、艮《ごん》の初《しよ》六に其《そ》の趾《あし》に艮《とゞ》まると言《い》ひ、六二に其《そ》の腓《こむら》に艮《とゞ》まると言《い》ひ、九三に其《そ》の限《こし》に艮《とゞ》まると言《い》ひ、六四に其《そ》の身《み》に艮《とゞ》まると言《い》ひ、六五に其《そ》の輔《ほ》に艮《とゞ》まると言《い》ひ、上《じやう》九に艮《とゞ》まるに敦《あつ》しと言《い》ひ、漸《ぜん》の初《しよ》六に鴻干《こうみぎは》に漸《すゝ》むと言《い》ひ、六二に鴻磐に漸《すゝ》むと言《い》ひ、九三に鴻陸《こうりく》に漸《すゝ》むと言《い》ひ、六四に鴻木《こうき》に漸《すゝ》むと言《い》ひ、九五に鴻陵《こうりよう》に漸《すゝ》むと言《い》ひ、上《じやう》九に鴻阿《こうあ》に漸《すゝ》むと言《い》ふの類《るゐ》は、皆立體的縱《みなりつたいてきたて》の觀方《みかた》を以《もつ》てその象《かたち》を取《とつ》たものである。

尙需《なほじゆ》の六四に血《ち》に需《ま》つ穴《あな》より出《い》づと言《い》ひ、上《じやう》六に穴《あな》に入《い》ると言《い》ふ、その血《ら》に需《ま》つと言《い》ふは、平面的横《へいめんてきよこ》の觀《み》方《かた》であるが、穴《あな》より出《い》で若《も》しくは穴《あな》に入《い》ると言《い》ふは立體的縦《りつたいてきたて》の觀《み》方《かた》である。震《しん》の九四に震《ふる》ふこと遂《つひ》に泥《なづ》むと言《い》ふが、その震《ふる》ふとは立體的縦《りつたいてきたて》の觀《み》方《かた》であるが、泥《なづ》むとは平面的横《へいめんてきよこ》の觀《み》方《かた》である。

以上《いじやう》は經傳中《けいでんちう》に散見《さんけん》する二三の例《れい》を擧《あげ》て觀象法《くわんしやうはふ》の一斑《はん》を示《しめ》した丈《だけ》であるが、讀者若《どくしやも》し此《こ》の縦横《じうわう》の二觀法及《くわんはふおよ》び二者合同《しやがふどう》の觀《み》方《かた》を以《もつ》て卦象《くわしやう》に向《むか》ひ玉《たま》はゞ、必《かな》らず釋然自得《しやくぜんじとく》する所《ところ》があつて、難象難辭等《なんしやうなんじとう》を見《み》ぬ許《ばか》りでなく、尙熟讀玩味《なほじゆくどくぐわんみ》して之《これ》が應用《おうよう》の功《こう》を積《つ》まるゝに及《およ》ばゞ、時《とき》に從《したが》ひ事《こと》に應《おう》じ取象《しゆしやう》の妙訣《めうけつ》を悟《ご》得《とく》せらるべきを疑《うたが》はぬ。

第二節 取象法

取象《しゆしやう》の方法《はうはふ》は之《これ》を大別《たいべつ》して形象《けいしやう》と理象《りしやう》との二法《はふ》となすことが可能《でき》る、而《しか》して謂《い》ふ所《ところ》の形象《けいしやう》とは、卦爻《くわかう》の形状《けいじやう》その儘《まゝ》を取《とつ》て之《これ》を或《あ》の物體《ぶつたい》に像《かた》ざる所《ところ》の法《はふ》である、亦理象《またりしやう》とは卦爻《くわかう》の義理《ぎり》を以《もつ》て凡《すべ》ての事物《じぶつ》を形容肖似《けいようしやうじ》する所《ところ》の法《はふ》である、而《しか》も尙之《なほこれ》を細別《さいべつ》すれば、形象《けいしやう》を分《わか》つて肖象《しやうしやう》の數象《すうしやう》の二象《しやう》となし、亦理象《またりしやう》を分《わか》つて義象《ぎしやう》、意象《いしやう》、假象《かしやう》、轉象《てんしやう》、影象《えいしやう》、正象《せいしやう》、旁象《ぼうしやう》の七象《しやう》となすことが可能《でき》る。蓋《けだ》し一體《たい》には一體《たい》に就《つい》ての形象《けいしやう》と理象《りしやう》とがあり、亦兩體《またりやうたい》に就《つい》ては兩體《りやうたい》に就《つい》ての形象《けいしやう》と理象《りしやう》とがあり、將亦全體交體《はたまたぜんたいかうたい》に就《つい》てもそうであるから、之《これ》を呼《よ》むで四體《たい》の八象《しやう》と言《い》ふのであるが、左《さ》に順《じゆん》を追《お》ふて之《これ》を略說《りやくせつ》するとゝする

第一款　形象

形象《けいしやう》とは卦爻《くわかう》の形狀《けいじやう》その儘《まゝ》を以《もつ》て、之《これ》を種々《しゆ〴〵》なる物體《ぶつたい》に比擬《ひぎ》象像《しやうぞう》するの法《はふ》である。故《ゆゑ》に形象《けいしやう》に於《おい》て形《けい》容《よう》し得《う》べきものは、唯有形《たゞいうけい》の物體《ぶつたい》丈《だけ》であつて、無形《むけい》の事柄《ことがら》に關《くわん》して、之《これ》を形容《けいよう》することが可能《でき》ぬ。けれども卦爻《くわかう》の形狀《けいじやう》その儘《まゝ》がその物體《ぶつたい》と肖似《しやうじ》する許《ばか》りでなく、その義理《ぎり》意味《いみ》等《とう》の上《うへ》からも形象《けいしやう》同樣《どうやう》に之《これ》を形容《けいよう》することが可能《でき》る時《とき》の如《ごと》きは、即《すなは》ち形象《けいしやう》と理象《りしやう》とを兼《か》ねたものであると言《い》ふてもよい、例《たと》へば鼎《てい》の卦《くわ》の如《ごと》きは初六《しよ》を以《もつ》て足《あし》となし、九二九三九四を以《もつ》て腹《はら》となし、六五を以《もつ》て耳《みゝ》となし、上九《じやう》を以《もつ》て鉉《つる》となして、鼎《てい》の形狀《けいじやう》を具有《ぐいう》して居《ゐ》るが、此《こ》れが即《すなは》ち畫象《くわくしやう》であつて形象《けいしやう》である。然《しか》るに亦《また》鼎《てい》の內卦《ないくわ》巽《そん》を以《もつ》て薪木《たきゞ》となし、外卦離《ぐわいくわり》を以《もつ》て火《ひ》となし、中爻《ちうかう》三から五に至《いた》る迄《まで》の兌《だ》を以《もつ》て金《かね》となし、鍋釜《なべかま》の類《るゐ》となす、故《ゆゑ》に食物《しよくもつ》を鍋釜《なべかま》に容《い》れて、火《ひ》を薪木《たきゞ》に加《くは》へて烹飪《はうじん》をなす所《ところ》の義理《ぎり》も亦備《またそな》はつて居《ゐ》るが、此《こ》れが即《すなは》ち義象《ぎしやう》である、故《かゑ》に此《かく》の如《ごと》きものは皆《みな》謂《い》ふ所《ところ》の形象《けいしやう》と理象《りしやう》とを兼《か》ねたものである、且《か》つ小過《せうくわ》を以《もつ》て飛鳥《ひてう》となし、中孚《ちうふ》を以《もつ》て船《ふね》となすが如《ごと》きは皆形象《みなけいしやう》であるから、他《た》は悉《ことごと》く之《これ》を推《お》して知《し》ることが可能《でき》る

其一　肖象

形象《けいしやう》を分《わか》つて肖象《しやう〴〵》と數象《すうしやう》の二象《しやう》とするのであるが、肖象《しやう〴〵》とは形狀《けいじやう》その者《もの》が或《あ》る物體《ぶつたい》と肖似《しやうじ》したる場合《ばあひ》

を言《い》ふもので、乾《けい》を頭《あたま》となし、坤《こん》を腹《はら》となし、震《しん》を足《あし》となし、巽《そん》を股《もゝ》となし、坎《かん》を耳《みゝ》となし、離《り》を目《め》となし、艮《ごん》を手《て》となし、兌《だ》を口《くち》となすの類《るゐ》が卽《すなは》ちそうである、尙乾《なほけい》を以《もつ》て鏡《かゞみ》に象《かた》どり、坤《こん》を以《もつ》て囊《ふくろ》に象《かた》どり、震《しん》を以《もつ》て仰盆《やうぼん》に象《かた》どり、巽《そん》を以《もつ》て牀几《しやうぎ》に象《かた》どり、坎《かん》を以《もつ》て四足《そく》に象《かた》どり、離《り》を以《もつ》て窓《まど》に象《かた》どり、艮《ごん》を以《もつ》て机《つくえ》に象《かた》どり、兌《だ》を以《もつ》て剪刀《はさみ》に象《かた》どり、小過《せうくわ》を以《もつ》て飛鳥《ひてう》に象《かた》どり、重坤《ちうこん》を以《もつ》て百足《むかで》に象《かた》どり、頭《ゐ》を以《もつ》て硯《すゞり》に象《かた》どり、中孚《ちうふ》を以《もつ》て船《ふね》に象《かた》どるの類《るゐ》は、皆凡《みなすべ》て肖象《しやうしやう》であるが、その他此《たこ》の例《れい》を推《お》さば種々《しゆ〴〵》に之《これ》を象《かた》どることが可能《でき》るであらう。

其二　數　象

凡《およ》そ象《かたち》なるものは⚊奇《き》と⚋偶《ぐう》との形《かたち》であるが、奇《き》は直立無對《ちよくりつむたい》の形《かたち》で點《てん》である、偶《ぐう》は並列相對《へいれつさうたい》の形《かたち》で線《せん》である、而《しか》して點線《てんせん》二者《しや》の配置結合《はいちけつがふ》の如何《いかん》に由《よつ》ては、千態萬狀《せんたいばんじやう》を現《あら》はすことが可能《でき》るものであるが、此《こ》の點線《てんせん》の二者《しや》は象《かたち》であると同時《どうじ》に亦數《またすう》である、而《しか》して象《かたち》と數《すう》とは同一物《どうゝぶつ》の他方面《たはうめん》を意味《いみ》したものに外《ほか》ならぬことは前《まへ》に述《の》べた所《ところ》で今亦之《いままたこれ》を再言《さいげん》すべき要《えう》はない、されども之《これ》を象《かたち》と言《い》へば、統《とう》一的《てき》の意《い》味《み》を持《もつ》て居《ゐ》るが、之《これ》を數《すう》と言《い》へば、分析的《ぶんせきてき》の意味《いみ》を含《ふく》むで居《ゐ》る、故《ゆゑ》に茲《こゝ》に一奇《き》がありとせばそれと同《どう》時《じ》に必《かな》らず單《たん》一の數《すう》である、已《すで》に單《たん》一の數《すう》がある上《うへ》は、その單《たん》一の數《すう》の中《うち》に二數以上無量《すういじやうむりやう》の數《すう》を含《ふく》むで居《ゐ》る、何是《なぜ》なれば、一と言《い》ふは二若《も》しくは三以上《いじやう》の數《すう》に對《たい》する所《ところ》の一で、三四以上千萬無量《いじやうせんまんむりやう》の數《すう》も、皆是《みなこ》れ一に對《たい》する千萬無量《せんまんむりやう》の數《すう》であつて、常《つね》に相對的分析的《さうたいてきぶんせきてき》の意味《いみ》を持《もつ》て居《ゐ》るからである、此《こ》れ點線《てんせん》二者《しや》の配置《はいち》が萬容《ばんよう》を畫《ゑが》き萬形《ばんけい》を量《はか》るの根基《こんき》となる所以《ゆゑん》である。

此《かく》の如《ごと》く易《えき》なるものは象《かたち》であると同時《どうじ》に亦數《またすう》である、故《ゆゑ》に易《えき》に於《おい》て數象《すうしやう》を取《と》ることがあるのは元《もと》より當然《たうぜん》である、然《しか》れども易《えき》の專《もつ》はら主《しゆ》とする所《ところ》は象《かたち》であつて數《すう》ではない、故《ゆゑ》に間々《まゝ》或《あるひ》は數象《すうしやう》を取《と》ることがあれども、而《しか》もそは是《こ》れ從用《じうよう》であつて旁義《ぼうぎ》たるに過《す》ぎぬ。抑々大極《そもそもたいきよく》が兩儀《りやうぎ》を生《しやう》じ、兩儀《りやうぎ》が四象《しやう》を生《しやう》じ、四象《しやう》が八卦《くわ》を生《しやう》じ、八卦《くわ》が分《わか》れて十六となり、十六が分《わか》れて三十二となり、三十二が分《わか》れて六十四卦《くわ》となつて居《ゐ》るのであるが、その生成《せいせい》の跡《あと》に就《つい》て之《これ》を見《み》れば、數《すう》の加倍配列《かばいはいれつ》に過《す》ぎぬのである、けれども易《えき》の專《もつ》ぱら主《しゆ》とする所《ところ》は象《しやう》の加倍生々《かばいせいせい》の序次《じよじ》を表示《へうじ》せむとする所《ところ》にあつて、數《すう》の加倍配列《かばいはいれつ》の跡《あと》を示《しめ》す爲《ため》ではない、蓋《けだ》し大衍《だいえん》五十の蓍數《しすう》なるものは大極《たいきよく》の理體《りたい》に象《かた》どつたもので、蓍策《しさく》の分卦揲歸《ぶんくわてうき》なるものは、奇偶陰陽《きぐういんやう》の往來交錯《わうらいかうさく》に象《かた》どつたものに外《ほか》ならぬ、故《ゆゑ》に大極《たいきよく》が分《わか》れて六十四卦《くわ》となるのは、奇偶陰陽《きぐういんやう》の出沒變化《しゆつぼつへんくわ》する自然《しぜん》の形象《けいしやう》であるが、蓍策《しさく》の分掛揲歸《ぶんくわてうき》に由《よつ》て卦體《くわたい》を作成《さくせい》するのは、その往來《わうらい》交錯《かうさく》の有様《ありさま》に擬《ぎ》する所以《ゆゑん》である、此《かく》の如《ごと》く筮法《ぜいはふ》に於《おい》ては專《もつ》ぱら數《すう》を主《しゆ》として卦體《くわたい》を作成《さくせい》するけれども一旦《たん》その卦《くわ》を成《な》した上《うへ》は、その專《もつ》ぱら主《しゆ》とする所《ところ》は象《かたち》であつて數《すう》ではないのである、されども易《えき》に於《おい》て數象《すうしやう》を取《と》るの例《れい》は、先《ま》づ卦次《くわじ》に於《おい》ては、乾《けん》一兌《だ》二離《り》三震《しん》四巽《そん》五坎《かん》六艮《ごん》七坤《こん》八であるが、河圖《かと》の配數《はいすう》に於《おい》ては、乾兌《けだ》に四九、離《り》に二七、震巽《しんそん》に三八、坎《かん》に一六、艮坤《ごんこん》に五十の數《すう》を取《とつ》て居《ゐ》る、亦卦爻《またくわかう》の體《たい》質《しつ》に於《おい》ては、乾《けん》に九を取《と》り、坤《こん》に六を取《と》り、震坎艮《しんかんごん》に七を取《と》り、巽離兌《そんりだ》に八を取《と》り、倘乾《たほけん》に三を取《と》り坤《こん》に六を取《と》り、震坎艮《しんかんごん》に五を取《と》り、巽離兌《そくりだ》に四を取《と》ることもある。易《えき》に於《おい》て數象《すうしやう》を取《と》ることが此《かく》の如《ごと》く區々《くゝ》別々《べつ〳〵》で一定《てい》の法則《はふそく》がないのは何故《なにゆゑ》であるか、想《おも》ふに這《こ》は外《ほか》ではあるまい、前《まへ》にも述《の》べたるが如《ごと》く、易《えき》に於《おい》ては象《かたち》を主《しゆ》として數《すう》を從《じう》として居《ゐ》る、故《ゆゑ》に同一《どうつ》の卦《くわ》に於《おい》ても、その形《かたち》を取《と》ることが異《こと》なれば、隨《したが》つて數《すう》を取《と》ることも亦違《またちが》はねばならぬ、蓋《けだ》し主《しゆ》たる象《かたち》に從《したが》ふて生《しやう》ずる所《ところ》の數《すう》であるから、象《しやう》を取《と》ることが變《かは》れば數《すう》を取《と》ることも亦變《またかは》り、多數《たすう》の異象《ゐしやう》を取《と》れば亦隨《ま〻したが》つて多數《たすう》の異數《ゐすう》を生《しやう》ずるのが、此《こ》れが卽《すなは》ち活象《くわつしやう》であつて活數《くわつすう》である、然《しか》るに一定《てい》の象數《しやうすう》を以《もつ》て之《これ》を卦爻《くわかう》に求《もと》むることゝせば、その象《しやう》は死象《ししやう》となり、その數《すう》は死數《しすう》となり、易《えき》も亦隨《またしたが》つて死易《しえき》となるに至《いた》るべきは必然《ひつぜん》の道理《だうり》である、此《こ》れ經文中《けいぶんちう》に於《おい》ても數象《すうしやう》を取《と》ることが此《かく》の如《ごと》く區々《くゝ》として一定《てい》の法則《はふそく》なき所以《ゆゑん》であらう。故《ゆゑ》に卦《くわ》に常象《じやうしやう》なきの理《り》を知《し》ることが可能《でき》て、然《しか》る後始《のちはじ》めて定數《ていすう》なきの理《り》も知《し》ることが可能《でき》る、然《しか》るを視《み》るもの此《こ》れ察《さつ》せず、卦爻《くわかう》を以《もつ》て一定《てい》の數《すう》に配《はい》せむとしても而《しか》も不可能《ふかのう》である所《ところ》から、種々《しゆ〴〵》に之《これ》を附會強說《ふくわいきやうせつ》して、その眞義《しんぎ》を沒却《ぼつきやく》して居《ゐ》るのは往々見當《わう〳〵みあた》る所《ところ》であるが、讀者請《どくしやこ》ふ左《さ》に引證《いんしやう》する所《ところ》の經文《きやうもん》を一見《けん》して余《よ》が說《せつ》の非《ひ》ならざることを了解《れうかい》せられ度《た》い。

睽上九曰、載レ鬼。一車

損六三曰、損二一。人一

萃初六曰、一握爲レ笑、

旅六五曰、一矢亡、

以上《いじやう》は一の數《すう》を取《とつ》たものである。

坎六四曰、二用レ缶

損彖曰、二簋可二用亨一

以上《いじやう》は二の數《すう》を取《とつ》たものである。

蒙彖曰、再三瀆、

需上六曰、三人來

訟九二曰、三百戸　上九曰、三褫レ之

師九二曰、王三錫レ命、

比九五曰、三驅

同人九三曰、三歳不レ興

蠱彖曰、先レ甲三日、後レ甲三日

坎上六曰、三歳不レ得

晋象曰、晝日、三接

明夷初六曰、三日不レ食

解九二曰、田獲二三狐一

損六三曰、三人行

困初六曰、三歳不レ覿

革九二曰、革言三就

漸九五曰、三歳不レ孕

豐上六曰、三歳不レ覿

巽六四曰、田獲二三品一　九五曰、先レ庚三日、後レ庚三日

既濟九三曰、三年克レ之

未濟九四曰、三年有レ賞二于大國一、

以上《いじやう》は三の數《すう》を取《とつ》たものである

復象曰、七日來復

震六二曰、七日得

既濟六二曰、七日得

以上《いじやう》は七の數《すう》を取《とつ》たものである

臨象曰、至レ于二八月一有レ凶、

震六二曰、躋レ于二九陵一

以上《いじやう》は八九の數《すう》を取《とつ》たものである。

屯六二曰、十年乃字

復上六曰、十年不レ克レ征

頤六三曰、十年勿レ用

損六五曰、十朋之龜

益六二曰、十朋之龜

以上《いじやう》は十の數《すう》を取《とつ》たものである、

此《かく》の如《ごと》く經文《けいぶん》の中《なか》に於《おい》て數象《すうしやう》を取《とつ》たものを擧《あげ》て見《み》れば、三數《すう》を取《とつ》たものが最《もつと》も多《おほ》く、その次《つぎ》が十の數《すう》である、而《しか》して四五六の三數《すう》は一つも之《これ》を取《とつ》て居《を》らぬ、けれどもその之《これ》を取《とつ》て居《を》らぬのは、取《と》るべき象《しやう》がない爲《た》めではなく、之《これ》を取《と》るべき必要《ひつえう》がなかつたからであらう。且《か》つ數象《すうしやう》を取《と》るには之《これ》を一體《たい》に取《と》ることもあれば、亦兩體《またりやうたい》に取《と》ることもあり將亦全體交體《はたまたぜんたいかうたい》等《とう》に取《と》ることもある、要《えう》は時《とき》と事《こと》とに應《おう》じて之《これ》を活用《くわつよう》するにある、故《ゆゑ》に實際《じつさい》に臨《のぞ》むで數《すう》を取《と》るに當《あた》りては、須《すべ》からく自由活潑《じいうくわつはつ》で、必《かな》らずしも河《か》圖《さ》の配數《はいすう》坏《なさ》に拘泥《かうでい》して誤斷《ごだん》なきことを肝要《かんえう》とする。

第二款　理　象

理象《りしやう》とは前述《ぜんじゆつ》の形象《けいしやう》と區別《くべつ》せむが爲《た》めの名目《めうもく》で、卦爻《くわかう》の義理意味《ぎりいみ》を以《もつ》て諸多《しよた》の事物《じぶつ》に比擬肖似《ひぎしやうじ》せしむることである、即《すなは》ち剛畫《がうぐわ》は剛強《がうきやう》の義《ぎ》があるから進《すゝ》むとなし、柔畫《じうぐわ》は柔順《じうじゆん》の義《ぎ》があるから退《しりぞ》くとなし、亦乾《またけん》は老陽《らうやう》なるが故《ゆゑ》に老父《らうふ》となし、坤《こん》は老陰《らういん》なるが故《ゆゑ》に老母《らうぼ》となすの類《るゐ》である、故《ゆゑ》に理象《りしやう》が形象《けいしやう》と異《こと》なる所《ところ》は、彼《かれ》に於《おい》ては卦爻《くわかう》の形狀《けいじやう》その儘《まゝ》を以《もつ》て、之《これ》を或《あ》る他《た》の物體《ぶつたい》に象《かた》どるのであるが、此《こゝ》に於《おい》ては卦爻《くわかう》の義理意味《ぎりいみ》を取《と》つて、之《これ》を或《あ》る他《た》の事物《じぶつ》に當篏《あては》むるのである、此《かく》の如《ごと》く彼《かれ》は卦爻《くわかう》の形狀《けいじやう》その儘《まゝ》を取《と》つて之《こ》れを或《あ》る他《た》の物體《ぶつたい》に當篏《あては》め、此《これ》はその形狀中《けいじやうちう》に含蓄《がんちく》する意義《いぎ》を取《と》つて、之《これ》を或《あ》る他《た》の事物《じぶつ》に當篏《あては》むるのであるから、隨《したが》つて彼《かれ》は直接《ちよくせつ》であるが此《これ》は間接《かんせつ》である。されどもそは唯取象上《たゞしゆしやうじやう》の相違《さうゐ》であつて一旦象《たんしやう》を取《と》つて後《のち》に至《いた》つては、形象《けいしやう》と理象《りしやう》との間《あひだ》に於《おい》て何等《なんら》相違《さうゐ》する所《ところ》はない、唯少《たゞすこ》しく異《こと》なる所《ところ》は、彼《かれ》は直接《ちよくせつ》であるから、その形容《けいよう》し得《う》べきものは有形《いうけい》の物體丈《ぶつたいだけ》で取象《しゆしやう》の區域《くゐき》が甚《はなは》だ狹《せま》い。反之《これにはんし》、此《これ》は間接《かんせつ》であるから、その象像し得《う》べきものは有形無形《いうけいむけい》の兩界《りやうかい》に及《およ》ぶことが可能《でき》て取象《しゆしやう》の範圍《はんゐ》が頗《すこ》ぶる廣《ひろ》い。此《こ》れ形象《けいしやう》と理象《りしやう》とがその趣《おもむ》きを異《こと》にする要點《えうてん》である、而《しか》して此《こ》の理象《りしやう》を細別《さいべつ》して七象《しやう》となすが、即《すなは》ち以下《いか》に分説《ぶんせつ》する通《とほ》りである。

其一　義象

義象《ぎしやう》と言《い》ふのは卦爻《くわかう》の中《うち》に含蓄《がんちく》する所《ところ》の意義《いぎ》を取《と》て、有形無形《いうけいむけい》の事物《じぶつ》を形容《けいよう》することである、最《もつと》も之《これ》を他《た》の理象中《りしやうちう》の六象《しやう》に比《くら》ぶれば、卦爻《くわかう》の正面《しやうめん》の意義《いぎ》を活用《くわつよう》する所《ところ》の法《ほふ》である、例《たと》へば説卦傳《せつくわでん》に謂《い》ふてある所《ところ》の乾《けん》は健《けい》なり、坤《こん》は順《じゆん》なり、震《しん》は動《どう》なり、巽《そん》は入《にふ》なり、坎《かん》は陥《かん》なり、離《り》は麗《つく》なり、艮《ごん》は止《し》なり兌《だ》は説《えつ》なりとは、此《こ》れは即《すなは》ち八卦《くわ》の義《ぎ》である、故《ゆゑ》にその健剛《けんがう》の義《ぎ》を取《と》て乾《けん》を以《もつ》て馬《うま》に象《かた》どり、順柔《じゆんじう》の義《ぎ》を取《と》て坤《こん》を以《もつ》て牛《うし》に象《かた》どり、激動《げきどう》の義《ぎ》を取《と》て震《しん》を以《もつ》て雷《らい》に象《かた》どり、伏入《ふくにふ》の義《ぎ》を取《と》て巽《そん》を以《もつ》て鶏《にはとり》に象《かた》どり美麗《びれい》の義《ぎ》を取《と》て離《り》を以《もつ》て雉《きじ》に象《かた》どり、拒止《きよし》の義《ぎ》を取《と》て艮《ごん》を以《もつ》て狗《いぬ》に象《かた》どり、和悦《わえつ》の義《ぎ》を取《と》て兌《だ》を以《もつ》て羊《ひつじ》に象《かた》どるが如《ごと》きは、卦義《くわぎ》を以《もつ》て物體《ぶつたい》を形容《けいよう》するもので、即《すなは》ち義象《ぎしやう》であるが亦正象《またせいしやう》である、亦天《またてん》の義《ぎ》を取《と》て乾《けん》を始《はじ》めとなし、生《しやう》ずとなし、地《ち》の義《ぎ》を取《と》て坤《こん》を終《をは》りとなし、成《な》すとなし、雷《らい》の義《ぎ》を取《と》て震《しん》を威《ゐ》となし、猛《まう》となし、風《かぜ》の義《ぎ》を取《と》て巽《そん》を舞《ま》ふとなし、命令《めいれい》となし、水《みづ》の義《ぎ》を取《と》て坎《かん》を険《けん》となし、通《つう》ずとなし、火《ひ》の義《ぎ》を取《と》て離《り》を明《めい》となし、飾《かざ》るとなし、山《やま》の義《ぎ》を取《と》て艮《ごん》を高《かう》となし、不動《ふどう》となし、澤《さは》の義《ぎ》を取《と》て兌《だ》を低《ひく》しとなし、潤《うるは》ふとなすの類《るゐ》は、卦義《くつぎ》を以《もつ》て事態《じたい》を形容《けいよう》するもので、即《すなは》ち義象《ぎしやう》であるが亦正象《またせいしやう》である、説卦傳《せつくわでん》に謂《い》ふ所《ところ》の乾《けん》は天《てん》なり、故《ゆゑ》に父《ちゝ》と稱《しよう》し、坤《こん》は地《ち》なり、故《ゆゑ》に母《はゝ》と稱《しよう》すと言《い》ふのが即《すなはち》ち是《これ》である。以上《いじやう》は一體《たい》に就《つい》て義象《ぎしやう》を取《と》るの例《れい》であるが、彼《か》の六十四卦《くわ》の卦名《くわめい》の如《ごと》きは、大抵《たいてい》兩《りやう》體《たい》の義象《ぎしやう》を取《とつ》て之《これ》を命名《めいめい》したものである、假《たと》へば天澤《てんたく》を履禮《りれい》となし、山水《さんすゐ》を蒙昧《もうまい》となし、水雷《すゐらい》を屯難《ちゆんなん》となし、火澤《くわたく》を睽戾《くわいれい》となし。澤天《たくてん》を夬決《くわいけつ》となし、天風《てんぷう》を姤遇《こうぐう》となし、火雷《くわらい》を噬嗑《ぜいがう》となし、澤水《たくすゐ》を困乏《こんぼふ》となし、澤地《たくち》を萃聚《すゐしう》となし、水地《すゐち》を比親《ひしん》となすの類《るゐ》は、概《おほむ》ね兩體《りやうたい》の義《ぎ》を取《とつ》て之《これ》を名《なづ》げたものである。

亦《また》雜卦《ざつくわ》に比《ひ》は樂《たの》しみ、師《し》は憂《うれ》ひ、咸《かん》は速《すみ》やかなり、恒《こう》は久《ひさ》しきなり、渙《くわん》は離《はな》るゝなり、節《せつ》は止《とゞ》まるなり、解《かい》は緩《ゆる》やかなり、蹇《ひん》は難《なや》むなり、大有《たいいう》は衆《おほ》きなり、同人《どうにん》は親《した》しむなりと言《い》ひ、或《あるひ》は左氏傳《さしでん》の易占《えきせん》中《ちう》に屯《ちゆん》は固《かた》く比《ひ》は入《い》る抔《など》と言《い》ふが如《ごと》きも、即《すなは》ち玆《こゝ》に言《い》ふ所《ところ》の義象《ぎしやう》である、此《こ》の外《ほか》全體《ぜんたい》交體《かうたい》に就《つい》ても、亦《また》同樣《どうやう》であるから、類推《るゐすゐ》して之《これ》を知《し》ることが可能《でき》る。

其二　意象

意象《いしやう》とは意想上《いさうじやう》の想像《さうぞう》を以《もつ》て實際上《じつさいじやう》の事物《じぶつ》を形容《けいよう》することで、實際《じつさい》に於《おい》てはその事《こと》がないとしても、卦爻《くわかう》の形狀《けいじやう》に由《よつ》て實際上《じつさいじやう》の事物《じぶつ》を想像《さうぞう》する所《ところ》の法《はふ》である、例《たと》へば泰《たい》の大象《たいしやう》に天地《てんち》交《まじ》はるは泰《たい》と言《い》ひ、否《ひ》の大象《たいしやう》に天地《てんち》交《まじ》はらざるを否《ひ》と言《い》ひ、謙《けん》の大象《たいしやう》に地中《ちちう》に山《やま》あるを謙《けん》と言《い》ひ、大畜《たいちく》の大象《たいしやう》に天《てん》、山中《さんちう》にあるを大畜《たいちく》と言《い》ひ、大過《たいくわ》の大象《たいしやう》に澤木《たくき》を滅《い》るを大過《たいくわ》と言《い》ひ、咸《かん》の大象《たいしやう》に山上《さんじやう》に澤《さは》あるを咸《かん》と言《い》ひ、夬《くわい》の大象《たいしやう》に澤天《たくてん》に上《のぼ》るは夬《くわい》と言《い》ひ、井《せい》の大象《たいしやう》に木上水《もくじやうみづ》あるは井《せい》と言《い》ひ、革《がく》の大象《たいしやう》に澤中《たくちう》に火《ひ》あるは革《かく》と言《い》ひ、兌《だ》の大象《たいしやう》に麗澤《れいたく》は兌《だ》と言《い》ひ、既濟《きせい》の大象《たいしやう》に水《みづ》、火上《くわじやう》にあるは既濟《きせい》と言《い》ひ、未濟《みせい》の大象《たいしやう》に火《くわ》、水《すゐ》上《じやう》にあるは未濟《みせい》と言《い》ふの類《るゐ》は、實際《じつさい》に於《おい》てはそのことがないとするも、卦爻《くわかう》の形狀《けいじやう》を見《み》て此《かく》の如《ごと》き事《じ》實《じつ》の存在《そんざい》すべきことを想像《さうざう》したもので卽《すなは》ち意象《いしやう》である、蓋《けだ》し天《てん》が地下《ちか》に入《い》るを以《もつ》て、天地《てんち》が交《まじ》はるとなし、天《てん》が上《うへ》にあり地《ち》が下《した》にあるを以《もつ》て、天地《てんち》が交《まじ》はらぬとなし、若《もし》くは地中《ちちう》に山《やま》があり、山中《さんちう》に天《てん》があり、澤《さは》が木《き》を沒《ぼつ》し澤《さは》が山上《さんじやう》に升《のぼ》り、木《き》の上《うへ》に水《みづ》があり、澤《さは》の中《なか》に火《ひ》があり、澤《たく》を澤《たく》と重《かさ》ね、火《ひ》の上《うへ》に水《みづ》があり、水《みづ》の上《うへ》に火《ひ》があると言《い》ふ樣《やう》なことは、實際上《じつさいじやう》あり得《う》べきことではない、唯《たゞ》觀象家《くわんしやうか》の想像《さうざう》を以《もつ》て、卦上《くわじやう》に此《かく》の如《ごと》き形象《けいしやう》があると言《い》ふに過《す》ぎぬ。

尙需《なほじゆ》の六四に出《いづ》レ自《より》レ穴《あな》と言《い》ひ、上《じやう》六には入《いる》レ于《に》レ穴《あな》と言《い》ふてあるが、六四は卦《くわ》の中央《ちうわう》であるから、未《いま》だ進《すゝ》み行《ゆ》くべき餘地《よち》がある。故《ゆゑ》に之《これ》を出《いづ》ると言《い》ひ、上《じやう》六は卦《くわ》の終《をは》りであるから、進《すゝ》み行《ゆ》くべき餘地《よち》がない、故《ゆゑ》に之《これ》を入《い》ると言《い》ふたのであるが、その入《い》ると言《い》ひ、亦出《またいづ》ると言《い》ふは、卽《すなは》ち意《い》を以《もつ》て想像《さうざう》して象《かたち》を取《とつ》たもので意象《いしやう》である、亦履《またり》の上《じやう》九に履《ふ》むことを見《み》て祥《しやう》を考《かんが》ふ、其《そ》の旋《めぐ》り元吉《もときち》と言《い》ふは、履《ふ》むことの終《をは》りであると言《い》ふ所《ところ》から想像《さうざう》して象《かたち》を取《とつ》たもので意象《いしやう》である、尙亦隨《なほまたずゐ》の上《じやう》六に王用《わうもち》ひて西山《せいざん》に亨《まつ》ると言《い》ふは、隨從《ずゐじう》の極《きよく》、拘繫固結《こうけいこけつ》の義《ぎ》を推《お》して象《かたち》を取《とつ》たもので、謂《い》ふ所《ところ》の轉象《てんしやう》にして亦意象《またいしやう》である。その他屯《たちゆん》の初《しよ》九に建《たつ》て侯《きみ》たるに利《よろ》しと言《い》ひ、比《ぴ》の彖《たん》に後夫《こうふう》は凶《きよう》と言《い》ひ、蠱《こ》の上《じやう》九に王侯《わうこう》に事《つか》へず、其《そ》の事《こと》に高尙《かうしやう》にすと言《い》ふが如《ごと》く、一々枚擧《いちいちまいきよ》に暇《いとま》なき程《ほど》であるが、此《かく》の如《ごと》きは皆意象《みないしやう》であるから、經文《けいもん》を熟《じゆく》讀玩味《どくぐわんみ》すれば自然《しぜん》に分《わか》るのである。

其三　轉象

轉象《てんしやう》とは卦爻《くわかう》の義理意味《ぎりいみ》を轉換《てんくわん》して象《かたち》を取《と》ることで、即《すなは》ち己《すで》に取《と》り來《きた》りたる卦爻《くわかう》の義理意味《ぎりいみ》を變更《へんかう》し外《ほか》に亦《また》一種特別《しゆとくべつ》なる異象《いしやう》を取《と》る所《ところ》の法《はふ》である、例《たと》へば乾《けん》は天《てん》である、故《ゆゑ》に此《こ》の義《ぎ》を推《お》して君父《くんぷ》長上《ちやうじやう》抔《など》となすのであるが、君父長上抔《くんぷちやうじやうなど》は尊嚴《そんげん》にして威風《ゐふう》がある、故《ゆゑ》に亦此《またこ》の義《ぎ》を轉換《てんくわん》して乾《けん》を以《もつ》て恐懼《きようく》に象《かた》どるが如《ごと》きもので、乾《けん》の九三に夕《ゆふべ》まで惕若《てきじやく》と言《い》ふのは、即《すなは》ち茲《こゝ》に謂《い》ふ所《ところ》の轉象《てんしやう》である。亦坤《またこん》は地《ち》であるから、此《こ》の義《ぎ》を推《お》して坤《こん》を以《もつ》て臣《しん》となし、婦《ふ》となし、賤《せん》となし、卑《ひ》となすのであるが、臣婦賤卑《しんぷせんぴ》は柔順《じうじゆん》にして服從《ふくじう》するのがその德《とく》である、故《ゆゑ》に此《こ》の義《ぎ》を變更《へんかう》して坤《こん》を以《もつ》て怯懦《ぎようだ》に象《かた》どり、狎褻《かうせつ》に象《かた》どるが如《ごと》きものは即《すなは》ち轉象《てんしやう》である。亦坤《またこん》の六五に黃裳《くわうしやう》と言《い》ふのも同《おな》じく轉象《てんしやう》である。蓋《けだ》し黃《くわう》と言《い》ひ裳《しやう》と言《い》ふも共《とも》に坤《こん》の象《かたち》ではあるけれども、五は卦主《くわしゆ》にして君位《くんゐ》である、且《か》つ內卦《ないくわ》を以《もつ》て下《げ》となし、外卦《ぐわいくわ》を以《もつ》て上《じやう》となすのが易《えき》の常例《じやうれい》であるから、內卦《ないくわ》を以《もつ》て裳《しやう》に象《かた》どり、外卦《ぐわいくわ》を以《もつ》て衣《い》に象《かた》どるのが順當《じゆんたう》である、然《しか》るに五の王位《わうゐ》に於《おい》て王《わう》の象《かたち》を取《と》らず、君位《くんゐ》に於《おい》て君《きみ》の象《かたち》を取《と》らず、衣《い》の位《くらゐ》に於《おい》て衣《い》の象《かたち》を取《と》らず、却《かへ》つて之《これ》を裳《しやう》に象《かた》どつたのは、即《すなは》ち臣《しん》は君《きみ》に從《したが》ひ、妻《つま》は夫《をつと》に從《したが》ひ、賤《せん》は貴《き》に從《したが》ひ、下《しも》は上《かみ》に從《したが》ふの義《ぎ》を推《お》し、王位《わうゐ》を轉《てん》じて后位《こうゐ》となし、君位《くんゐ》を轉《てん》じて臣位《しんゐ》となし、衣《い》の位《くらゐ》を轉《てん》じて裳《しやう》の位《くらゐ》となしてその象《かたち》を取《さつ》たものである、亦觀《またくわん》の卦《くわ》は大壯《たいさう》の反對《はんたい》で、否《ひ》の九四一陽《やう》が變消《へんせう》した所《ところ》の象《かたち》である、故《ゆゑ》に之《これ》を名《なづ》けて大衰《たいすゐ》と言《い》ふのが至當《したう》であるけれども、四陰《いん》の小人《せうにん》が内《うち》に盛《さか》むに、二陽《やう》の君子《くんし》が外《そこ》に衰《おとろ》ふと言《い》ふのに、風敎《ふうけう》の上《うへ》に於《おい》て忍《しの》び難《がた》き所《ところ》である許《はか》りでなく、九五の君位《くんゐ》も未《いま》だ變動《へんどう》せず、中正《ちうせい》にしてその位《くらゐ》を守《まも》るの象《かたち》がある所《ところ》から、全體《ぜんたい》なれば大衰《たいすゐ》の卦《くわ》と言《い》ふべき筈《はず》であるけれども、而《しか》もその義《ぎ》を變更《へんかう》して四陰下《いんか》にあり、二陽上《やううへ》にあり上之《かみこれ》を觀示《くわんじ》して、下之《しもこれ》を仰觀《ぎやうくわん》するの象《かたち》を取《さ》り、之《これ》を觀《くわん》と名《なづ》けたものである。加之《しかのみならず》。觀《くわん》の六四に用《もち》ひて王《わう》に賓《ひん》たるに利《よろ》しと言《い》ふも同《おな》じく轉象《てんしやう》で、六四は四陰長盛《いんちやうせい》の先鋒《せんぽう》であつて、直《たゞ》ちに五の陽《やう》に接近《せつきん》し、陰《いん》が陽《やう》を侵《をか》し、臣《しん》が君《きみ》を犯《をか》し、小人《せうにん》が君子《くんし》に逼《せま》り、之《これ》を擠排凌駕《せいはいりやうが》せむとする所《ところ》の象《かたち》である、故《ゆゑ》に此義《このぎ》を變換《へんくわん》して賓客《ひんかく》が君主《くんしゆ》に謁見《えつけん》する所《ところ》の象《かたち》を取《さつ》て居《ゐ》る。尙亦剝《なほまたはく》の六五に宮人《きうじん》を以《もつ》て寵《ちよう》せらると言《い》ふてあるが、剝《はく》は夬《くわい》の反對《けんたい》で、觀《くわん》の九五の一陽《やう》が變消《へんせう》し去《さつ》て、五陰下《いんか》に盛《さか》むに、一陽上《やううへ》に止《とゞ》まつて居《ゐ》るが、而《しか》もその一陽《やう》も將《まさ》に削消《さくせう》し去《さつ》て純陰無陽《じゆんいんむやう》とならむとする所《ところ》の象《かたち》である故《ゆゑ》に五は君位《くんゐ》であるけれども君位《くんゐ》の象《かたち》を取《さ》らず、その義《ぎ》を變《へん》じて皇后《くわうごう》が數多《すうた》の宮女《きうぢよ》を將《ひき》いて天子《てんし》に進《しん》御《ぎよ》し、而《しか》してその寵愛《ちようあい》を受《う》くる所《ところ》の象《かたち》を取《さつ》て居《ゐ》る。蓋《けだ》し后妃《こうき》は君位《くんゐ》の轉象《てんしやう》で、宮人《きうじん》は貫魚《くわんぎよ》の轉象《てんしやう》である。亦離《またり》は麗《つ》き附《つ》くの義《ぎ》である、然《しか》るに附着《ふちやく》するものは、必《かな》らず分離《ぶんり》することがある、故《ゆゑ》に此《こ》の義《ぎ》を轉《てん》じて離別《りべつ》の義《ぎ》に象《かた》どり、震《しん》を雷《らい》となすが、雷《らい》は猛威《まうゐ》なるものである故《ゆゑ》に此《こ》の義《ぎ》を轉《てん》じて震《しん》を以《もつ》て恐《きよう》怖《ふ》の義《ぎ》に象《かた》どるのも亦同《またおな》じく轉象《てんしやう》である。此《こ》の外轉象《ほかてんしやう》を取《さつ》た所《ところ》の例《れい》を擧《あ》ぐれば、屯《ちゆん》の六二に寇《あだ》するに匪《あら》ず婚媾《こんこう》せむとすと言《い》ふは、上文《じやうぶん》に馬《うま》に乘《かつ》て班如《はんじよ》たりと言《い》ふもの〻轉象《てんしやう》で、字《あざな》せずと言《い》ふのは、女子《ぢよし》貞《たゞし》ふしてと言《い》ふもの〻轉象《てんしやう》である。亦上六《またじやう》に泣血《きふけつ》と言《い》ふのは、九五に膏《かう》と言《い》ふもの〻轉象《てんしやう》である。需《じゆ》の六四に血《ち》に需《ま》つと言《い》ふのは、九三に謂《い》ふ所《ところ》の寇《あだ》を轉《てん》じて血《ち》の象《かたち》を取《とつ》たもので、坎《かん》の義象《ぎしやう》であるが亦《また》轉象《てんしやう》である。師《し》の上六《じやう》に大君命《たいくんめい》あり、國《くに》を開《ひら》き家《いへ》を承《う》くと言《い》ふのは、師《し》の義《ぎ》を變《へん》じて象《かたち》を取《とつ》たもので轉象《てんじやう》である。小畜《せうちく》の九三に夫妻《ふさい》目《め》を反《はん》すと言《い》ふのは、輿輻《くろまふく》を說《ぬ》くと言《い》ふの轉象《てんしやう》である、剝《はく》の上九《じやう》に君《くん》子與《しよ》を得《う》ると言《い》ふのは、上文《じやうぶん》に碩《おほい》なる果食《このみくら》はれずと言《ひ》ふの轉象《てんしやう》で、下文《かぶん》に小人廬《せうにんろ》を剝《はく》すと言《い》ふのは君《くん》子與《しよ》を得《う》ると言《い》ふの轉象《てんしやう》である。大過《たいくわ》の九二に老夫其《らうふそ》の女妻《ぢよさい》を得《う》ると言《い》ふのは、上文《じやうぶん》に枯楊稊《こやうてい》を生《しやう》ずと言《い》ふの轉象《てんしやう》で、九五に老夫其《らうふそ》の士夫《しふ》を得《う》ると言《い》ふのは、上文《じやうぶん》に枯楊華《こやうくわ》を生《しやう》ずと言《い》ふの轉象《てんしやう》であるから他《た》は此《こ》の例《れい》を推《お》して知《し》らる〻であらう。

其四　假象

假象《かしやう》とは或《あ》る象《しやう》に附帶假托《ふたいかたく》して他《た》の象《かたち》を取《こ》ることで、卽《すなは》ち卦中《くわちう》に於《おい》て見立《みたて》たる或《あ》る象《しやう》に附隨聯繫《ふずゐれんけい》してそれに類似《るゐじ》したる他《た》の象《かたち》を取《こ》り來《きた》る所《ところ》の法《はふ》である。假《たと》へば坤《こん》の彖《たん》に君子《くんし》往《ゆ》く攸有《ところあ》り先《さき》むずれば迷《まよ》ひ、後《おく》るれば主《しゆ》を得《う》る、西南朋《せいなんぽう》を得《う》るに利《よろ》し、東北《とうほく》には朋を喪《うしな》ふと言《い》ふのは、上文《じやうぶん》に牝馬《ひんば》の貞《てい》に利《よろ》しと言《い》ふの義《ぎ》を假托敷衍《かたくふえん》してその象《かたち》を取《とつ》たものであるが、その初六《しよ》に霜《しも》を履《ふ》むで堅冰《けんぴよう》至《いた》ると言《い》ふのも矢張《やは》り同様《どうやう》で霜《しも》を履《ふ》むは初《しよ》六の象《かたち》であるけれども、堅冰《けんぴよう》は初《しよ》六の象《かたち》ではない、蓋《けだ》し霜《しも》を履《ふ》むの漸《ぜん》は、終《つひ》に以《もつ》て堅冰《けんぴよう》の極《きよく》に至《いた》るのである、故《ゆゑ》に霜《しも》を履《ふ》むと言《い》ふことは、初《しよ》六に於《おい》て之《これ》を象《かた》どり、堅冰《けんぴよう》と言《い》ふのは上《じやう》六に於《おい》て之《これ》を象《かた》どるのが正象《せいしやう》である、然《しか》るに初《しよ》六に堅冰《けんぴよう》至《いた》ると言《い》ふたのは、霜《しも》を履《ふ》むの義《ぎ》を假《かつ》てその意《い》を極言《きよくけん》したもので即《すなは》ち假象《かしやう》である。亦屯《またちゆん》の六三に君子《くんし》幾《き》舍《すつ》るに加《しか》ずと言《い》ふは、上文《じやうぶん》に鹿《しか》に卽《つい》て虞《ぐ》なく惟《ひと》り林中《りんちう》に入《い》ると言《い》ふ義《ぎ》を假托《かたく》した所《ところ》の假象《かしやう》である。亦《また》訟《しよう》の上九《じやう》に或《あるひ》は之《これ》に盤帶《はんたい》を錫《たま》ふ、終朝《しゆてう》にして三《み》たび之《これ》を褫《うば》ふと言《い》ふてあるが、上九《じやう》は訟《しよう》の極《きよく》で訟《しよう》の終《をは》りである、故《ゆゑ》に訟《しよう》に象《しやう》を假《か》りてその健訟《けんしよう》にして勝《か》つことを誇《ほこ》り、一旦《たん》は意氣《いき》得々《とく〳〵》たれども、忽《たち》まち之《これ》を褫奪《ちだつ》されて精神《せいしん》が沮喪《そさう》する所《ところ》の風孛《ふうはう》を形容《けいよう》したものである。此《こ》の他《た》乾《けん》の二と五に大人《たいにん》を見《み》るに利《よろ》しと言《い》ひ。坤《こん》の六三に或《あるひ》は王事《わうじ》に從《したが》ふ、成《な》すことなくして終《をは》り有《あ》りと言《い》ひ、蒙《まう》の彖《たん》に我《われ》童蒙《どうまう》に求《もと》むるに匪《あら》ず、童蒙《どうまう》我《われ》に求《もと》むと言《い》ひ、需《じゆ》の上《じやう》六に速《まね》かざるの客《きやく》三人《にん》來《きた》る有《あ》りと言《い》ひ、比《ひ》の九五に王《わう》三驅《く》を用《もち》ひて前禽《ぜんきん》を失《うしな》ふと言《い》ひ、否《ひ》の九五に苞桑《はうさう》に繋《つな》ぐと言《い》ひ、无妄《むばう》の六三に或《あるひ》は之《これ》に牛《うし》を繋《つな》ぐ、行人《かうじん》の得《う》るは邑人《いうじん》の災《わざはひ》なりと言《い》ふの類《るゐ》は、皆凡《みなすべ》て假象《かしやう》であるが、此《かく》の如《ごと》き類例《るゐれい》は之《これ》を經文中《けいもんちう》に求《もと》むれば澤山《たくさん》あるから、經文《けいもん》を熟讀《じゆくどく》して知《し》らるゝのである。

其五　影象

影象《えいしやう》とは象《かたち》を卦外《くわぐわい》から取り來《きた》ることで、即《すなは》ち現卦《げんくわ》になき所《ところ》の象《かたち》を現卦《げんくわ》と匹對《ひつたい》せる卦《くわ》から取り來《きた》るものである、故《ゆゑ》に余《よ》は之《これ》を名《なづ》けて影象《えいしやう》と言《い》ふのであるが、或《あるひ》は之《これ》を呼《よ》むで對象《たいしやう》と言《い》ふて居《ゐ》るものもある。例《たと》へば坤《こん》の彖《たん》に東北朋《とうほくとも》を喪《うしな》ふと言《い》ひ、その上六《じやう》に龍野《りうや》に戰《たしか》ふと言《い》ふてあるのは、共《とも》に影象《えいしやう》である、蓋《けだ》し坤《こん》の卦《くわ》には西南《せいなん》の象《かたち》はあれども、（坤《こん》は後天圖《こうてんづ》に於《おい》ては西南《せいなん》に居《ゐ》る）東北《とうほく》の象《かたち》はない、それに東北朋《とうほくとも》を喪《うしな》ふと言《い》ふのは、坤《こん》の反對《はんたい》なる東北《とうほく》の象《かたち》を取《と》つたもので、後天圖《こうてんづ》に於《おい》ては坎艮震《かんごんしん》は東北《とうほく》に居《を》り、離坤《りこん》兌《だ》は西南《せいなん》に居《ゐ》る、而《しか》して坎艮震《かんごんしん》は陽卦《やうくわ》で離坤兌《りこんだ》は陰卦《いんくわ》である、故《ゆゑ》に西南《せいなん》は陰類《いんるゐ》の居《ゐ》る所《ところ》で、東北《とうほく》は陽《やう》類《るゐ》の居《ゐ》る所《ところ》である、然《しか》るに坤《こん》の陰《いん》を以《もつ》て西南《せいなん》に行《ゆ》くは朋《とも》を得《う》るの譯《わけ》であるけれども、之《これ》に反《はん》して東北《とうほく》に行《ゆ》くのは朋《とも》を喪《うしな》ふの道理《だうり》となるのである故《ゆゑ》に西南朋《せいなんとも》を得《う》るに利《よろ》しく、東北《とうほく》には朋《とも》を喪《うしな》ふと言《い》ふ、亦《また》坤《こん》の卦《くわ》の中《なか》には龍《りう》の象《かたち》も、戰《たしかひ》の象《かたち》も、亦野《またや》の象《かたち》もないのであるが、上六《じやう》に龍野《りうや》に戰《たしか》ふと言《い》ふは、坤《こん》の反對《はんたい》たる乾《けん》の象《かたち》を取《と》り來《きた》つて、坤陰《こんいん》の勢力《せいりよく》が强大《きやうだい》にして乾陽《けんやう》と對抗《たいかう》する所《ところ》の相樣《ありさま》を形容《けいよう》したものである、亦蹇《またけん》と解《かい》の彖《たん》に西南《せいなん》に利《よろ》しと言《い》ふのも、坎艮震《かんごんしん》の反對《はんたい》たる離坤兌《りこんだ》の象《かたち》を取《と》つたもので、陽《やう》に象《かた》どつて進《すゝ》むにあしく、陰《いん》に象《かた》どつて退《しりぞ》くに利《よろ》しきの義《ぎ》である。尚姤《なほこう》の九五に天《てん》より隕《お》つることありと言《い》ふは、姤《こう》の反對《はんたい》たる夬《くわい》の上六《じやう》の象《かたち》を取《と》り、明夷《めいゐ》の上六《じやう》に始《はじ》めは天《てん》に登《のぼ》ると言《い》ふは、その反對《はんたい》たる晉《しん》の象《しやう》と爻象《かうしやう》とを兼《か》ね取《と》つたものである。

其六　正象

正象《せいしやう》とは卦爻《くわかう》の正面《しやうめん》の義《ぎ》を取《とつ》て事物《じぶつ》に象《かた》どることで、卽《すなは》ち一體《たい》、兩體《りやうたい》、全體《ぜんたい》、爻體《かうたい》の四體《たい》に就《つい》て、その正面《しやうめん》の義理意味《ぎりいみ》を取《とつ》て種々《しゆ〴〵》の事物《じぶつ》を形容《けいよう》するの法《はふ》である、故《ゆゑ》に前述《ぜんじゆつ》の肖象義象等《しやう〳〵ぎしやうとう》は概《おほむ》ね正象《せいしやう》である假《たと》へば乾《けん》を以《もつ》て天《てん》となし、健《けん》となし、馬《うま》となし、坤《こん》を以《もつ》て地《ち》となし、順《じゆん》となし、牝馬《ひんば》となし、震《しん》を以《もつ》て雷《らい》となし、動《どう》となし、龍《りう》となし、巽《そん》を以《もつ》て風《かぜ》となし、入《いる》となし、雞《とり》となし、坎《かん》を以《もつ》て水《みづ》となし、陷《おちいる》となし、穴《あな》となし、離《り》を以《もつ》て火《ひ》となし、附《つく》となし、目《め》となし、艮《ごん》を以《もつ》て山《やま》となし、止《とゞまる》となし、門《もん》となし、兌《だ》を以《もつ》て澤《たく》となし、悅《えつ》となし、口《くち》となすが如《ごと》きは、皆《みな》一體《たい》に就《つい》ての正象《せいしやう》を取《とつ》たものである。

亦乾坤屯蒙需訟以下《またけんこんちゆんもうじゆしよういか》六十四卦《くわ》の卦名《くわめい》、及《およ》び乾《けん》の彖《たん》に元亨利ㇾ貞と言《い》ひ、坤《こん》の彖《たん》に元亨利㆓牝馬之貞㆒と言《い》ひ、その他《た》六十四卦《くわ》の大象等《たいしやうとう》は、兩體《りやうたい》に就《つい》ての正象《せいしやう》を取《とつ》たものである、亦觀《またくわん》の彖傳《たんでん》に大觀上《たいくわんかみ》にありと言《い》ひ、噬嗑《ぜいがう》の彖傳《たんでん》に頤中《いちう》に物《もの》ありと言《い》ひ、中孚《ちうふ》を信《しん》となし、舟《ふね》となし、大過《たいくわ》を棟撓《むなぎた》やむとなし、本《ほん》末弱《まつよわ》しとなし、大有《たいいう》を以《もつ》て一陰《いん》五陽《やう》を有《たも》つとなし、比《ひ》を以《もつ》て五陰《いん》一陽《やう》に比親《ひしん》するとなし、泰《たい》の二より五に至《いた》りて歸妹《きまい》あり、故《ゆゑ》に泰《たい》の五に帝乙歸妹《ていいつきまい》と言《い》ひ、无妄《むばう》の初《しよ》より五に至《いた》つて益《えき》あり、故《ゆゑ》に无妄《むばう》の二に耕耨《こうじよく》を言《い》ひ、亦《また》三より五に至《いた》つて姤《こう》あり、故《ゆゑ》に三に无妄《むばう》の災《さい》と言《い》ふの類《るゐ》は、全體《ぜんたい》に就《つい》ての正象《せいしやう》を取《とつ》たものである、尙亦乾《なほまたけん》の初《しよ》に潛龍《せんりう》と言《い》ひ、二に見龍《けんりう》と言《い》ひ、三に終日乾々《しふじつけん〳〵》と言《い》ひ、四に或《あるひ》は躍《をど》つて淵《えん》に在《あ》りと言《い》ひ、五に飛龍天《りうてん》に在《あ》りと言《い》ひ、上《じやう》に亢龍悔《かうりうくひ》ありと言《い》ひ、坤《こん》の初《しよ》に霜《しも》を履《ふ》むと言《い》ひ、二に直《ちよく》方大《はうだい》と言《い》ひ、三に章《しやう》を含《ふく》むと言《い》ひ、四に囊《ふくろ》を括《く》ると言《い》ひ、屯《ちゆん》の初《しよ》に磐桓《はんかん》たり貞《てい》に居《ゐ》るに利《よろ》しと言ひ二に屯如、邅如、乘レ馬班如と言《い》ひ、四に乘レ馬班如と言《い》ひ、五に其《そ》の膏《あぶら》を屯《たむろ》すと言《い》ひ、上《じやう》六に乘レ馬班如と言《い》ひ、蒙《もう》の初《しよ》に蒙《もう》を發《ひら》くと言《い》ひ、二に蒙《まう》を包《つゝ》むと言《い》ふの類《るゐ》は、爻體《かうたい》に就《つい》ての正象《せいしやう》を取《とつ》たものである。

其七　旁象

旁象《はうしやう》とは正象《せいしやう》に附隨《ふずゐ》して別《べつ》に一象《しやう》を取《と》ることで、即《すなは》ち轉象《てんしやう》の樣《やう》にその義《ぎ》を變更《へんかう》するでもなく、亦假象《またかしやう》の如《ごと》くその象《かたち》を假《か》り來《きた》るのでもなく、唯正象《たゞせいしやう》を取《と》る傍《かた》はらに、その儘《まゝ》の象義《しやうぎ》に由《よつ》て別象《べつしやう》を取《と》る所《ところ》の法《はふ》である、假《たと》へば坤《こん》の六三に或《あるひ》は王事《わうじ》に從《したが》ふ成《な》すことなくして終《をは》りありと言《い》ふは、上文《じやうぶん》に章《しやう》を含《ふく》むと言《い》ふに附帶《ふたい》して取《とつ》た所《ところ》の旁象《はうしやう》で、蒙《まう》の初《しよ》六に用《もち》ひて人《ひと》を刑《けい》し、用《もち》ひて桎梏《しこく》を說《と》くに利《よろ》しと言《い》ふは、上文《じやうぶん》に蒙《きう》を發《ひら》くと言《い》ふに附帶《ふたい》して取《とつ》た所《ところ》の旁象《はうしやう》であるが、その他《た》蒙《まう》の九二に婦《ふ》を納《い》る吉《きつ》、子家《こいへ》を克《よ》くすと言《い》ひ、上《じやう》九に寇《あだ》を爲《な》すに利《よろ》しからず、寇《あだ》を禦《ふせ》ぐに利《よろ》しと言《い》ひ、需《じゆ》の九三に寇《あだ》の至《いた》ることを致《いた》すと言《い》ひ、晉《しん》の上《じやう》九に維《こ》れ用《もち》ひて邑《いう》を伐《う》つと言《い》ひ、明夷《めいゐ》の初《しよ》九に君子《くんし》于《こゝ》に行《ゆい》て三日《か》食《くら》はず主人《しゆじん》言《ものい》ひありと言《い》ひ、離《り》の九三に缶《ほとぎ》を鼓《たゝ》いて而《しか》して歌《うた》はずむば即《すなは》ち大耋《たいてつ》の嗟《なげ》きありと言《い》ひ、遯《とん》の九三に臣妾《しんせふ》を畜《やしな》ふと言《い》ふの類《るゐ》は、皆上文《みなじやうぶん》に附帶《ふたい》して取《とつ》た所《ところ》の旁象《はうしやう》である。

茲《こゝ》に一言注意《ごんちうい》を要《えう》すべきは、經文《けいもん》に於《ない》て象《かたち》を取《と》るのは、種々樣々《しゆ〴〵さま〴〵》となつて居《ゐ》て、形象《けいしやう》と義象《ぎしやう》とを兼《か》ねて居《を》るものもあれば、義象《ぎしやう》と正象《せいしやう》とを兼《か》ねて居《を》るものもあるが、尙《なほ》それ許《ばか》りではなく、轉象《てんしやう》であつて假象《かしやう》を兼《か》ね、一辭《じ》であつて之《これ》を數象《すうしやう》に取《と》り、若《も》しくは一體《たい》を以《もつ》て象《かたち》を取《とつ》たものもあり、一體《たい》と爻體《かうたい》を合《あは》せて象《かたち》を取《とつ》たものもあり、兩體《りやうたい》と爻體《かうたい》と又《また》は全體《ぜんたい》とを合《あは》せて象《かたち》を取《とつ》たものもあるが、その詳《つま》びらかなることは全經《ぜんけい》を通觀《つうくわん》して之《これ》を知《し》るの外《ほか》はない。

以上說《いじやうと》く所《ところ》は唯《たゞ》その概要《がいえう》を示《しめ》した丈《だけ》であるが、抑々《そもそも》象《かたち》と言《い》ふものは千狀《じやう》萬《ばん》態《たい》究極《きうきよく》する所《ところ》のないもので昨日《さくじつ》取《とつ》た所《ところ》は今日《こんにち》取《と》る所《ところ》の象《かたち》とは違《ちが》ひ、明日《みやうにち》取《と》る所《ところ》の象《かたち》と今日《こんにち》取《と》る所《ところ》の象《かたち》とは自《おのづ》から違《ちが》ふべきもので或《あるひ》は甲《かふ》の事物《じぶつ》に象《かた》どり、或《あるひ》は乙《おつ》の事物《じぶつ》に象《かた》どり、亦或《またあるひ》は丙丁戊己《へいていぼき》等《とう》の事物《じぶつ》に象《かた》ざることもあり、見《み》る所感《こころかん》ずる所《ところ》の異《こと》なるに從《したが》ふて、その象《かたち》を取《と》ることも亦違《またちが》ふのであるが、要《えう》は唯《たゞ》、事《こと》に當《あた》り時《とき》に應《おほ》じて之《これ》を活用《くわつよう》するにある、故《ゆゑ》に前人《ぜんじん》が取《とつ》た所《ところ》の故轍《こてつ》に規々《きゝ》として唯之《たゞこれ》を株守《しゆく》するに過《す》ぎぬ樣《やう》では、實《じつ》は取《しゆ》象《しやう》の眞義《しんぎ》を解《かい》し得《え》ぬものであると言《い》はねばならぬ。何故《なにゆゑ》であるかと言《い》へば、前人《ぜんじん》が象《かたち》を取《とつ》たのは、その當時《たうじ》に於《おい》てこそ活事物《くわつじぶつ》に應《おう》ずる活象《くわつしやう》であつたけれども、而《しか》も今《いま》となつては已《すで》に死象《ししやう》となつて仕舞《しま》ふて居《を》るものもある、然《しか》るに一概《がい》に往時《わうじ》の死象《ししやう》を以《もつ》て現時《げんじ》の活事物《くわつじぶつ》を比擬形容《ひぎけいよう》せんとするのは、這《こ》は猶《なほ》規矩《きく》を逆用《ぎやくよう》して方圓《はうえん》を畫《ゑが》くの類《るゐ》で、甚《はなは》だ取象《しゆしやう》の眞義《しんぎ》を誤《あや》まつて居《を》る、視《み》よ、宇宙間《うちうかん》の事物《じぶつ》は變々化々《へんへんくわくわ》一時《じ》一刻《こく》たりとも已《や》むことがないではないか、さらば新意義《しんいぎ》を發揮《はつき》して新事物《しんじぶつ》を形容《けいよう》せむとする卦象《くわしやう》に於《おい》ても、日々《ひゞ》に新《あら》たにして又日《またひ》に新《あら》たなる所《ところ》がなければならぬ。蓋《けだ》し卦《くわ》には古今《ここん》の相違《さうゐ》はないけれども、實際《じつさい》の事物《じぶつ》には古今《ここん》の相違《さうゐ》がある、時《とき》が變《かは》れば象《かたち》も亦更《またかは》り、地《ち》が異《こと》なれば象《かたち》も亦異《またちが》ふ、此《こ》れ卦《くわ》に常體《じやうたい》なく象《しやう》に常象《じやうしやう》なき所以《ゆえん》で、象《しやう》の象《しやう》たる所《ところ》は實《じつ》に茲《こゝ》にあつて、その妙《めう》なる所《ところ》も亦實《またじつ》に茲《こゝ》にあるが而《しか》も其圓妙《そのえんめう》にして弘通《こうつう》なる所《ところ》は卽《すなは》ち取象《しゆしやう》の困難《こんなん》なる所《ところ》で古來象說《こらいしやうせつ》の紛々《ふん〳〵》として一定《てい》せざる所以《ゆえん》である

第三章　卦　體

卦體《くわたい》とは奇偶剛柔《きぐうがうじう》の實質《じつしつ》で、繫辭傳《けいじでん》に剛柔《がうじう》は本《もと》を立《たつ》るものなりとか、若《もし》くは陰陽德《いんやうとく》を合《あは》せて而《しか》して剛《がう》柔體《じうたい》あり抔《など》と言《い》ふてあるが、卽《すなは》ちそうである、卦體《くわたい》を分《わか》つて一體《たい》、兩體《りやうたい》、全體《ぜんたい》、交體《かうたい》の四體《たい》となし一體《たい》には一體《たい》に就《つい》ての形象《けいしやう》と理象《りしやう》とがあり、兩體《りやうたい》には兩體《りやうたい》に就《つい》ての形象《けいしやう》と理象《りしやう》とがあり、全體《ぜんたい》、交體《かうたい》に就《つい》ても亦同樣《またどうやう》であるから、四體《たい》を併《あは》せて八象《しやう》を具備《ぐび》して居《を》る、以下順《いかじゆん》を追《お》ふて之《これ》を說明《せつめい》することにする。

第一節　一　體

一體《たい》とは三畫《くわく》八卦《くわ》卽《すなは》ち乾《けん》、坤《こん》、震《しん》、巽《そん》、坎《かん》、離《り》、艮《ごん》、兌《だ》、中《ちう》の一を指《さ》す所《ところ》の名《な》であるが、之《これ》を一體《たい》と言《い》ふのは全卦《ぜんくわ》六畫中《くわくちう》の他《た》の一體《たい》に對《たい》する所《ところ》の稱呼《しようこ》である、蓋《けだ》し一體《たい》と一體《たい》とを併《あは》せて六畫全卦《くわくぜんくわ》となり八體《たい》と八體《たい》とを合《あは》せて六十四卦《くわ》となる、故《ゆゑ》に六畫卦《くわくくわ》たる六十四卦《くわ》を知《し》らむとするには、先《ま》づ此《こ》の一體《たい》たる三畫《くわく》八卦《くわ》の何者《なにもの》であるかを知《し》らねばならぬ必要《ひつえう》がある。加之《しかのみならず》此《こ》の一體《たい》八卦《くわ》の象義《しやうぎ》に暗《くら》ければ、隨《したが》つて彼《か》の卦象上《くわしやうじやう》に於《お》ける因果法《いんぐわはふ》の應用《おうよう》も充分《じうぶん》に可能《でき》ぬ譯《わけ》であるから、此《こ》の一體《たい》八卦《くわ》の象義《しやうぎ》に通《つう》

曉《げう》するのは、斯學研究家《しがくけんきうか》の最《もつと》も肝要《かんえう》とする所《ところ》である。

そこで說卦傳《せつくわでん》を見《み》れば、乾《けん》は建也《けんなり》、坤《こん》は順也《じゆんなり》、震《しん》は動也《ごうなり》、巽《そん》は入也《いりなり》、坎《かん》は陷也《かんなり》、離《り》は麗也《つくなり》、艮《ごん》は止也《とどむなり》兌《だ》は說也《よろこぶなり》と言《い》ふてあるが、亦他《またた》の一方《ばう》には、乾《けん》を爲《なし》レ馬《うま》、坤《こん》を爲《なし》レ牛《うし》、震《しん》を爲《なし》レ龍《りう》、巽《そん》を爲《なし》レ鷄《にはとり》、坎《かん》を爲《なし》レ豕《ぶた》、離《り》を爲《なし》レ雉《きじ》、艮《ごん》を爲《なし》レ狗《いぬ》、兌《だ》を爲《なし》レ羊《ひつじ》と言《い》ふて、二者《しや》その文體《ぶんたい》を異《こと》にして居《を》る、故《ゆゑ》に孔穎達《こうえいたつ》は健順《けんじゆん》動入等《ごうにふとう》を以《もつ》て、八卦《くわ》の名訓《めいくん》であると言《い》ひ、朱晦菴《しゆくわいあん》は之《これ》を以《もつ》て八卦《くわ》の性情《せいじやう》であると言《い》ひ、或《あるひ》は亦之《またこれ》を以《もつ》て八卦《くわ》の象《かたち》である抔《なぞ》と言《い》ふて、その說《と》く所《ところ》が一定《てい》して居《を》らぬが、玆《こゝ》に謂《い》ふ所《ところ》の也とは斷定的《だんていてき》の語《ご》であつて、爲とは形容的《けいやうてき》の辭《じ》である、即《すなは》ち乾《けん》は健也《けんなり》とは、猶火《なほひ》は熱《ねつ》なりと言《い》ふのと同樣《ごうやう》であるが、乾《けん》を爲《なす》レ馬《うま》とは。猶火《なほひ》は太陽《たいやう》と相似《あひに》たりと言《い》ふのと同然《ごうぜん》である。故《ゆゑ》に火《ひ》は熱《ねつ》なりと言《い》ふのは、その用《よう》である所《ところ》の熱《ねつ》を擧《あげ》てその體《たい》である所《ところ》の火《ひ》の全部《ぜんぶ》を代表《だいへう》せしめ、火《ひ》は熱《ねつ》であつて熱《ねつ》は即《すなは》ち火《ひ》であるから、體用《たいよう》二なく彼此同一《ひしごう》であると說《と》くのと一般《ぱん》、乾《けん》の用《よう》である所《ところ》の健《けん》を以《もつ》て、その體《たい》である所《ところ》の乾《けん》の全體《ぜんたい》を表彰《へうしやう》し、乾《けん》は即《すなは》ち健也《けんなり》と、也《なり》の字《じ》を用《もち》ひて之《これ》を斷言《だんげん》したものである。然《しか》るに火《ひ》を太陽《たいやう》と爲《な》すと言《い》へば、火《ひ》と太陽《たいやう》とを比較對照《ひかくたいせう》して、火《ひ》なるものは熱《ねつ》である、然《しか》るに太陽《たいやう》にも亦熱《またねつ》がある、故《ゆゑ》に熱《ねつ》である所《ところ》の火《ひ》を以《もつ》て熱《ねつ》を持《も》つて居《を》る所《ところ》の太陽《たいやう》に當嵌《あては》むると言《い》ふに同《おな》じく、即《すなは》ち乾《けん》を爲《なす》レ馬《うま》とは、乾《けん》の卦《くわ》の義《ぎ》は健《けん》である、然《しか》るに馬《うま》の性《ぜい》も亦健《またけん》である、故《ゆゑ》に乾《けい》の卦《くわ》を以《もつ》て馬《うま》に象《かた》ごると言《い》ふの義《ぎ》であつて、乾《けん》の卦《くわ》その者《もの》を以《もつ》て直《たゞ》ちに馬《うま》その者《もの》と同視《ごうし》したものではない、此《こ》れ也と馬との異《こと》なる所《ところ》で、也《なり》とは乾《けん》その者《もの》を以《もつ》て直《たゞ》ちに健《けん》その者《もの》であると斷定《だんてい》する所《ところ》の語《ご》であるが、爲《なす》とは乾《けん》の用《よう》である所《ところ》の健《けん》と、馬《うま》の性《せい》である所《ところ》の健《けん》とを對照比擬《たいせうひぎ》した所《ところ》で、此《これ》を以《もつ》て彼《かれ》に象《かた》どる丈《だけ》のことで、乾《けん》と馬《うま》とは素《もと》より別物《べつもの》であるが、唯《たゞ》その同《おな》じき所《ところ》の乾《けん》の用《よう》も馬《うま》の性《せい》も共《とも》に健《けん》であると言《い》ふ一點《てん》である。然《しか》るに乾《けん》を以《もつ》て直《たゞ》ちに之《これ》を馬《うま》となすのは猶火《なほひ》を以《もつ》て直《たゞ》ちに之《これ》を大陽《たいやう》であると言《い》ふのと同樣《どうやう》で、大《だい》なる間違《まちがひ》であると言《い》はねばならぬ。是《これ》に由《よつ》て之《これ》を觀《み》れば、三奇《き》の卦之《くわこれ》を乾《けん》と言《い》ひ、三偶《ぐう》の卦之《くわこれ》を坤《こん》と言《い》ふ、而《しか》してその乾坤《けんこん》と言《い》ふは卽《すなは》ち名稱《めいしよう》である、體質《たいしつ》である、形狀《けいじやう》であるが、亦之《またこれ》を健《けん》と言《い》ひ順《じゆん》と言《い》ひ動入等《どうにふとう》と言《い》ふは、卽《すなは》ちその用《よう》であつて亦《また》その義理《ぎり》であると言《い》ふことが分《わか》る。尙語《なほご》を換《か》へて之《これ》を言《い》へば、乾坤震巽等《けんこんしんそんとう》は外圍《ぐわいゐ》であつて體質《たいしつ》であるが健順動入等《けんじゆんどうにふとう》は内容《ないよう》であつて義理《ぎり》である、故《ゆゑ》に此《かく》の如《ごと》く之《これ》を斷定《だんてい》して居《を》る。反之《これにはんし》。乾《けん》を爲《なし》レ馬《うま》。坤《こん》を爲《なす》レ牛《うし》のは、兩者《りやうしや》の内容《ないよう》と内容《ないよう》と理《り》と理《り》とが一致《ち》する點丈《てんだけ》を取《とつ》たもので、その形《かたち》と形《かたち》と外圍《ぐわいゐ》と外圍《ぐわいゐ》とは、素《もと》より別物《べつもの》であつて同視《どうし》することは可能《でき》ぬであるから、之《これ》を爲《な》すと言《い》ふて、之《これ》を比擬肖似《ひぎせうじ》せしめた所以《ゆゑん》である、之《これ》を要《えう》するに、健順動入等《けんじゆんどうにふとう》は内容《ないよう》の說明《せつめい》で、乾馬坤牛等《けんばこんぎうとう》は比觀的類同《ひくわんてきるゐどう》である。然《しか》るに健順動入等《けんじゆんどうにふとう》を以《もつ》て或《あるひ》は之《これ》を性情《せいじやう》であると言《い》ひ、或《あるひ》は之《これ》を卦德《くわとく》であると言《い》ふの類《るゐ》は、未《いま》だ之《これ》を說《こ》き得《え》て明確《めいかく》であると言《い》ふことは可能《でき》ぬ。而《しか》も這《こ》は唯明白《たゞめいはく》でないと言《い》ふ迄《まで》のことであるけれども、之《これ》を以《もつ》て象《かたち》であると言《い》ふに至《いたつ》ては最《もつと》もその當《たう》を失《うしな》ふて居《を》る。何《なん》となれば、乾《けん》と言《い》ひ坤《こん》と言《い》ふは卦名《くわめい》であると同時《どうじ》に卦象《くわしやう》であつて、健《けん》と言《い》ひ順《じゆん》と言《い》ふは、その義理《ぎり》であるからのことである。

然《しか》らば問《と》はむ、三奇《き》の卦《くわ》は何故《なにゆゑ》に之《これ》を乾《けん》と名《なづ》け、三偶《ぐう》の卦《くわ》は何故《なにゆゑ》に之《これ》を坤《こん》と名《なづ》け、亦《また》一奇《き》二偶《ぐう》の卦《くわ》は何故《なにゆゑ》に之《これ》を震《しん》、坎《かん》、艮《ごん》と名《なづ》け、一偶《ぐう》二奇《き》の卦《くわ》は何故《なにゆゑ》に之《これ》を巽《そん》、離《り》、兌《だ》と名《なづ》けたのであるか。想《おも》ふに這《こ》は外《ほか》ではない、抑々《そもそも》奇は陽《やう》であつて偶《ぐう》は陰《いん》であるが、陽《やう》の體《たい》は剛《がう》でその性《せい》は健《けん》である、故《ゆゑ》に三奇純陽《きじゆんやう》の卦《くわ》は之《これ》を乾《けん》と名《なづ》け、陰の體《たい》は柔《じう》でその性《せい》は順《じゆん》である、故《ゆゑ》に三偶純陰《ぐうじゆんいん》の卦《くわ》は之《これ》を坤《こん》と名《なづ》け。亦《また》陽《やう》の性《せい》は上《のぼ》り動《うご》くものである、然《しか》るに一陽《やう》が二陰《いん》の下《した》にあれば必《かな》らず激發《げきはつ》して上進《じやうしん》せむとするものである、故《ゆゑ》に一奇《き》が二偶《ぐう》の下《した》にあるの卦《くわ》は之《これ》を震《しん》と名《なづ》け。陰《いん》の性《せい》は下《くだ》り入《い》るものである、然《しか》るに一陰《いん》が二陽《やう》の下《した》にあれば必《かな》らず入《い》つて而《しか》して服從《ふくじゆう》するものである、故《ゆゑ》に一偶《ぐう》が二奇《き》の下《した》にあるの卦《くわ》は之《これ》を巽《そん》と名《なづ》け。一陽《やう》が二陰《いん》の間《あひだ》に入《い》れば陷溺《かんでき》して出《い》づることが出來《でき》ぬ、故《ゆゑ》に一奇《き》が二偶《ぐう》の間《あひだ》にあるの卦《くわ》は之《これ》を坎《かん》と名《なづ》け。一陰《いん》が二陽《やう》の間《あひだ》に入《い》れば附麗《ふれい》して離《はな》れぬ、故《ゆゑ》に一偶《ぐう》が二奇《き》の間《あひだ》にあるの卦《くわ》は之《これ》を離《り》と名《なづ》け。陽《やう》の性《せい》は上進《じやうしん》するものであるが、進《すゝ》むべき所迄《ところまで》進《すゝ》めば止《とゞ》まつて動《うご》かぬものである、故《ゆゑ》に一奇《き》が二偶《ぐう》の上《うへ》にあるの卦《くわ》は之《これ》を艮《ごん》と名《なづ》け。陰《いん》の性《せい》は下《くだ》り入《い》るものである、然《しか》れども陽《やう》の上《うへ》に出《い》づるのはその悅《よろこ》ぶ所《ところ》である、故《ゆゑ》に一偶《ぐう》が二奇《き》の上《うへ》にあるの卦《くわ》は之《これ》を兌《だ》と名《なづ》けた所以《ゆゑん》である。然《しか》り、陽《やう》の性《せい》は健《けん》である、故《ゆゑ》に之《これ》を乾《けん》と名《なづ》け、陰《いん》の性《せい》は順《じゆん》である、故《ゆゑ》に之《これ》を坤《こん》と名《なづ》け。亦《また》陽《やう》の性《せい》は上《のぼ》り動《うご》く、故《ゆゑ》に之《これ》を震《しん》と名《なづ》け、陰《いん》の性《せい》は下《くだ》り入《い》る、故《ゆゑ》に之《これ》を巽《そん》と名《なづ》け、一陽《やう》二陰《いん》の間《あひだ》にあれば陷《おちゐ》る、故《ゆゑ》に之《これ》を坎《かん》と名《なづ》け、一陰《いん》二陽《やう》の間《あひだ》にあれば麗《つ》く、故《ゆゑ》に之《これ》を離《り》と名《なづ》け、一陽進《やうすゝ》むで二陰《いん》の上《うへ》にあれば止《とゞ》まる、故《ゆゑ》に之《これ》を艮《ごん》と名《なづ》け、一陰《いん》二陽《やう》の上《うへ》に出《いづ》れば悦《よろこ》ぶ、故《ゆゑ》に之《これ》を兌《だ》と名《なづ》くと言《い》へば、直《たゞ》ちに之《これ》を健《けん》、順《じゆん》、動《ごう》、入《にふ》、陷《かん》、麗《れい》、止《し》、說《えつ》と名《なづ》けた方《はう》が却《かへ》つて便利《べんり》ではあるまいか、然《しか》るに之《これ》を名《なづ》けて健《けん》、順《じゆん》、動《ごう》、入《にふ》、陷《かん》、麗《れい》、止《し》、說《えつ》と言《い》はないで、乾《かん》、坤《こん》、震《しん》、巽《そん》、坎《かん》、離《り》、艮《ごん》、兌《だ》と言《い》ふのは何故《なにゆゑ》であるか。それは外《ほか》ではない。之《これ》を名《なづ》けて乾《けん》、坤《こん》、震《しん》、巽《そん》、坎《かん》、離《り》、艮《ごん》、兌《だ》と言《い》へば、體《たい》を擧《あげ》て用《よう》を兼《か》ね、象《かたち》を言《い》ふて理《り》を統《す》ぶることが可能《でき》る。然《しか》るに之《これ》を名《なづ》けて健《けん》、順《じゆん》、動《ごう》、入《にふ》、陷《かん》、麗《れい》、止《し》、說《えつ》と言《い》へば、唯《たゞ》その用《よう》と理《り》とを擧《あ》ぐることが可能《でき》る許《はか》りで、體《たい》と象《かたち》とは之《これ》を表示《へうじ》することが可能《でき》ぬ、此《こ》れ健《けん》、順《じゆん》、動《ごう》、入《にふ》、陷《かん》、麗《れい》、止《し》、說《えつ》を以《もつ》て之《これ》を名《なづ》けずして、乾《かん》、坤《こん》、震《しん》、巽《そん》、坎《かん》、艮《ごん》、兌《だ》を以《もつ》て之《これ》を名《なづ》けた所以《ゆえん》である。

第一款　乾　體

乾《けん》は三奇純陽《きじゆんやう》の卦《くわ》でその體《たい》は剛《がう》にしてその用《よう》は健《けん》であるが、此《こ》の體質《たいしつ》の剛堅《がうけん》なるとその用《よう》の健全《けんぜん》なるその理《り》を擴《ひろ》めて有形無形《いつけいむけい》の事物《じぶつ》に象《かた》ざるのが、前章《ぜんしやう》に說明《せつめい》した所《こころ》の形象《けいしやう》と理象《りしやう》とである、最《もつと》も前章《ぜんしやう》に於《おい》ては象《かたち》その者《もの》を主《しゆ》として之《これ》を說明《せつめい》したのであるけれども、本章《ほんしやう》に於《おい》ては卦《くわ》その者《もの》の實質《じつしつ》を主《しゆ》となして、その有形的物體《いうけいてきぶつたい》に象《かた》ざるものと、無形的事態《むけいてきじたい》に象《かた》ざるものと、區別《くべつ》を立《た》てゝ順次《じゆんじ》に之《これ》を說明《せつめい》することゝした。故《ゆゑ》に茲《こゝ》に謂《い》ふ所《こころ》の區別《くべつ》は前章《ぜんしやう》に謂《い》ふ所《こころ》の形象《けいしやう》と理象《りしやう》との區別《くべつ》とは少《すこ》しく違《ちが》ふて居《を》る所《こころ》がある、前章《ぜんしやう》に謂《い》ふ所《こころ》の形象《けいしやう》とは、卦義《くわぎ》若《も》しくは卦意《くわい》等《とう》に由《よ》らず、卦爻《くわかう》の形狀《けいじやう》その儘《まゝ》を取《とつ》て之《これ》を物體《ぶつたい》に象《かた》どるのであるが、今茲《いまここ》に物體《ぶつたい》に象《かた》どるものと言《い》ふのは、形象《けいしやう》たると理象《りしやう》たるとを問《と》はず、凡《すべ》て有形《いうけい》的物體《てきぶつたい》に象《かた》どるものは、皆此《みなこ》の中《うち》に包含《はうがん》せしめむとするのであるが、その詳細《しやうさい》は以下《いか》說《と》く所《ところ》を見《み》れば自《おのづ》から分《わか》る。

第一項　物體に象どるもの

乾《けん》を以《もつ》の天《てん》となすは純陽《じゆんやう》の積氣《せきき》上《うへ》にありて下《した》を覆《お》ふに象《かた》どる。金《きん》となすは體質《たいしつ》の剛堅《がうけん》たるに象《かた》どる。玉《たま》となすは純粹《じゆんすゐ》にして雜駁《ざつぱく》ならず、その狀玉《さまたま》に似《に》たるに象《かた》どる、鏡《かゞみ》となし、鏡餅《かゞみもち》となすは、剛堅《がうけん》にして圓滿《ゑんまん》なるに象《かた》どる。首《くび》となし頭《かしら》となすは、圓實剛固《ゑんじつがうこ》にして上《うへ》にあるに象《かた》どる。骨《ほね》となすは剛固《がうこ》なるに象《かた》どる。肥滿《ひまん》となし、浮腫《ふしゆ》となし、硬滿《かうまん》となすは、陽剛《やうがう》の充實《じうじつ》なるに象《かた》どる。此《かく》の如《ごと》き類《るゐ》は皆乾《みなけん》の形質《けいしつ》に由《よつ》てその象《かたち》を取《とつ》たもので、形象中《けいしやうちう》の肖象《せうしやう》である。

亦乾《またけん》を以《もつ》て馬《うま》となすは健《すこ》やかなるの義《ぎ》に象《かた》どり。圓《ゑん》となすは天體《てんたい》の旋轉《せんてん》して端《はてし》なきの義《ぎ》に象《かた》どり。君《きみ》となし、主《しゆ》となし、貴人《きじん》となし、大人《たいじん》となし、夫《ふ》となすは天《てん》が上《かみ》に位《くらゐ》して下《しも》に臨《のぞ》むの義《ぎ》に象《かた》どり。冰《こほり》となすは後天用圖《こうてんようづ》に於《おい》て西北《せいほく》に位《くらゐ》するの義《ぎ》に象《かた》どり。大赤《だいせき》となすは盛陽《せいやう》の義《ぎ》に象《かた》どり。父《ちゝ》となすは天《てん》が上《かみ》に位《くらゐ》して尊貴《そんき》なるの義《ぎ》と萬物《はんぶつ》を生《しやう》ずるの義《ぎ》とに象《かた》どり。老父《らつふ》となし、老夫《らうふ》となすは、老陽《らうやう》の義《ぎ》に象《かた》どり、龍《りう》となすは變化不測《へんくわふそく》の義《ぎ》に象《かた》どり。輿《こし》となし、大輿《だいよ》となし、大車《たいしや》となすは、天體《てんたい》が運轉循環《うんてんじゆんくわん》するの義《ぎ》に象《かた》どり。衣《い》となし、上衣《じやうい》となし、蓋《がい》となすは天《てん》が坤地《こんち》を覆《おほ》ふの義《ぎ》に象《かた》どり。熱《ねつ》となすは純《じゆん》陽《やう》の義《ぎ》に象《かた》どり。木果《もくくわ》となすは三奇圓實《さゑんじつ》の象《かたち》と天《てん》が萬物《ばんぶつ》を生《しやう》ずるの義《ぎ》とに象《かた》どり。良馬《りやうば》となすは、陽《やう》を善良《ぜんりやう》となす、故《ゆゑ》に健《けん》にして良《りやう》なるの義《ぎ》に象《かた》どり。門《もん》となすは萬物《ばんぶつ》が皆天《みなてん》に出《い》づるの義《ぎ》に象《かた》どり。氣《き》となすは陽《やう》は積氣《せきき》なるの義《ぎ》に象《かた》どり。老馬《らうば》となすは老陽《らうやう》の義《ぎ》に象《かた》どり。瘠馬《せきば》となすは純陽《じゆんやう》にして肉《にく》なきの義《ぎ》に象《かた》どり。駁馬《はくば》となすは猛威《まうゐ》にして健《すこ》やかなるの義《ぎ》に象《かた》どる。以上《いじやう》は卦義《くわぎ》を以《もつ》て象《かたち》を取《とつ》たもので謂《い》ふ所《ところ》の義象《ぎしやう》である。

亦乾《またけん》を以《もつ》て藥《くすり》となすは、乾《けん》を木果《もくくわ》となすの轉象《てんしやう》で、白《はく》となすは金《きん》となすの轉象《てんしやう》である。

第二項　事態に象どるもの

乾《けん》を以《もつ》て始《はじ》めとなし、生《じやう》ずとなし、施《ほどこ》すとなし、先《さき》となし、宗《しう》となすは、天《てん》が萬物《ばんぶつ》を創《は》じめ萬物《ばんぶつ》を生《しやう》ずるの義《ぎ》に象《かた》どり、包《つゝ》むとなし、統《す》ぶるとなすは、天《てん》が地外《ちぐわい》を包括《はうくわつ》するの義《ぎ》に象《かた》どり。動《うご》くとなし、行《ゆ》くとなし、進《すゝ》むとなし、息《や》まずとなすは、天體《てんたい》の運行間斷《うんかうかんだん》なきの義《ぎ》に象《かた》どり。戰《たゝか》ふとなし、攻《せ》むるとなし、戎《じう》となし武《ぶ》となすは、剛强《がうきやう》なるの義《ぎ》に象《かた》どり。大明《だいめい》となし。日《ひ》となし、晝《ひひ》となすは盛陽《せいやう》の義《ぎ》に象《かた》どり。貴《き》となし、尊《そん》となし、威嚴《ゐげん》となすは剛健《がうけん》にして、上《かみ》にあるの義《ぎ》に象《かた》どり。富《と》むとなし、裕《ゆた》かとなすは天《てん》が地外《ちぐわい》を包《つゝ》み陽剛充實《やうがうじうじつ》なるの義《ぎ》に象《かた》どり。祥《しやう》となし、慶《けい》となし、嘉《か》となし、福《ふく》となし、祿《ろく》となし、喜《き》となし、介福《かいふく》となすは陽《やう》を以《もつ》て善《ぜん》となすの義《ぎ》に象《かた》どり。夜《や》となし、夕《ゆふ》となし、暮夜《ぼや》となすは西北《せいほく》に居《を》るの義《ぎ》に象《かた》どり。上昇《じやうしやう》となし、逆上《ぎやくじやう》となすは、陽氣《やうき》は上《のぼ》り進《すゝ》むの義《ぎ》に象《かた》どり。驕慢《けふまん》となすは剛強並《がうきやうなら》びなきの義《ぎ》に象《かた》どり。奢侈《しやし》となすは純陽《じゆんやう》にして盛大《せいだい》なるの義《ぎ》に象《かた》どり。清《きよ》しとなし、純粹《じゆんすゐ》となし、精《くは》しとなすは、純陽《じゆんやう》にして積氣《せきき》なるの義《ぎ》に象《かた》どつたもので、此等《これら》は皆謂《みない》ふ所《ところ》の義象《ぎしやう》である。亦乾《またけん》を以《もつ》て惕《おそ》るとなし、敬《うやま》ふとなすは乾《けん》を威嚴《ゐげん》となすの轉象《てんしやう》で、慍《いきどほ》るとなし、忿《いか》るとなすは威武《ゐぶ》となすの轉象《てんしやう》である。

第二款　坤　體

坤《こん》は三偶純陰《ぐうじゆんいん》の卦《くわ》でその體質《たいしつ》は柔《じう》にして、その用《よう》は順《じゆん》なるものであるが、此《こ》の象義《しやうぎ》を擴充《くわうじゆう》して之《これ》を事《じ》物《ぶつ》に象《かた》どれば卽《すなは》ち左《さ》の如《ごと》きものである。

第一項　物體に象どるもの

坤《こん》を以《もつ》て地《ち》となすは純陰積質下《じゆんいんせきしつか》にありて、天《てん》に對《たい》するに象《かた》どり。布《ふ》となし、帛《はく》となすは、偶畫《ぐうくわく》の並列《へいれつ》するに象《かた》どり。衆《しゆう》となすは偶畫《ぐうくわく》の兩斷並列《りやうだんへいれつ》するに象《かた》どり、釜《かま》となし、腹《はら》となし、胃《ゐ》となし、嚢《ふくろ》となすは陰畫《いんくわく》の中虛《ちうきよ》にして、物《もの》を容《い》るゝの形《かたち》あるに象《かた》どり。肉《にく》となすは柔軟《じうなん》なるに象《かた》どる。以上《いじやう》は坤《こん》の形質《けいしつ》に由《よつ》て象《かたち》を取《とつ》たもので、謂《い》ふ所《ところ》の肖象《せうしやう》である。

亦坤《またこん》を以《もつ》て牛《うし》となし、牝馬《ひんば》となすは柔順《じうじゆん》なるの義《ぎ》に象《かた》どり、母《はゝ》となすは天《てん》に代《かは》つて萬物《ばんぶつ》を生育《せいいく》するの義《ぎ》に象《かた》どり、后《こう》となし、臣《しん》となし、妻《さい》となし、小人《せうじん》となし、賤人《せんじん》となし、下民《かみん》となすは陰《いん》の義《ぎ》と、下《しも》に位《くらゐ》するの義《ぎ》とに象《かた》どり、子母《しぼ》の牛《うし》となすは地《ち》が萬物《ばんぶつ》を生《しやう》ずるの義《ぎ》に象《かた》どり、大輿《だいよ》となし、輿《よ》となすは地《ち》が萬物《ばんぶつ》を載《の》するの義《ぎ》に象《かた》どり。柄《えい》となすは萬物地《ばんぶつち》に本《もと》づくの義《ぎ》に象《かた》どり。黑《こく》となすは極陰北《ごくいんきた》に居《を》るの義《ぎ》に象《かた》どり。老母《らうぼ》となし、老婦《らうふ》となすは老陰《らういん》の義《ぎ》に象《かた》どり。田《でん》となし、邑《いう》となし、邦《ほう》となし、國《くに》となし、缶《ふ》となし、瓦器《ぐわき》となすは土《つち》の義《ぎ》に象《かた》どり。霜《しも》となし、氷《こほり》となし、雪《ゆき》となすは極陰《ごくいん》は凝結《ぎようけつ》するの義《ぎ》に象《かた》どり。裳《しやう》となすは下《しも》にあるの義《ぎ》に象《かた》どる。以上《いじやう》は即《すなは》ち坤《こん》の卦義《くわぎ》を以《もつ》て物體《ぶつたい》に象《かた》どつたもので謂《い》ふ所《ところ》の義象《ぎしやう》である。

亦坤《またこん》を以《もつ》て黄色《くわうしよく》となすは中土《ちうど》となすの義《ぎ》から轉《てん》じた所《ところ》の轉象《てんしやう》で、血《ち》となすは陰《いん》を積質《せきしつ》となすの義《ぎ》と、乾《けん》を氣《き》となすの義《ぎ》に對《たい》する所《ところ》の影象《えいしやう》である。尙亦坤《なほまたこん》を以《もつ》て方《はう》となすは乾《けん》を以《もつ》て圓《ゑん》となすの影象《えいしやう》である

何故《なにゆゑ》なれば、天體《てんたい》は無際無限《むさいむげん》のものであるから、その方圓《はうえん》を測知《そくち》することは可能《でき》ぬものであるが、假《か》りにその運行端《うんかうはし》なきの理《り》を取《とつ》て、之《これ》を圓形《ゑんけい》に象《かた》どつたものである、然《しか》るに地《ち》の形《かたち》が圓《まる》くして四角《かく》でないことは素《もと》より論《ろん》なき所《ところ》であるが、而《しか》も尙之《なほこれ》を以《もつ》て四角《かく》であると言《い》ふは、這《こ》は即《すなは》ち天《てん》を圓《ゑん》となすに反《はん》影《えい》し、暫《しば》らく地《ち》を以《もつ》て四角《かく》に象《かた》どつたもので。決《けつ》して地體《ちたい》の實形實狀《じつけいじつじやう》に象《かた》どつたのではなく、理象中《りしやうちう》

の影象《えいしやう》と言《い》ふべきものである。

第二項　事態に象ごるもの

坤《こん》を以《もつ》て後《のち》となし終《をは》りとなし、成《なす》となし、受《う》くるとなすは天《てん》に從《したが》ふて萬物《ばんぶつ》を生育《せいいく》するの義《ぎ》に象《かた》ごり。含《ふく》むとなし、括《くゝ》るとなし、閉《とづ》るとなし、藏《おさ》むとなし、包《つゝ》むとなし、密《みつ》となし、塞《ふさ》ぐとなすは陰氣《いんき》は凝《ぎよう》集《しふ》すると言《い》ふの義《ぎ》に象《かた》ごり。空虛《くうきよ》となし、容《いる》るとなすは陰畫《いんぐわ》の中空《ちうくう》なるの義《ぎ》に象《かた》ごり。晦《くわい》となし、瞑《めい》となし、夜《よ》となし、迷《まよ》ふとなし、惑《まど》ふとなすは陰暗《いんあん》の義《ぎ》に象《かた》ごり、富《と》まずとなし、貧《ひん》となすは陰虛《いんきよ》の義《ぎ》に象《かた》ごり。温《をん》となし、和《わ》となすは柔順《じうじゆん》なるの義《ぎ》に象《かた》ごつたもので即《すなは》ち義象《ぎしやう》である。

亦《また》坤《こん》を以《もつ》て吝嗇《りんしよく》となすは陰《いん》を凝集《ぎようしふ》するとなすの義《ぎ》を轉《てん》じたもので、怯懦《けうだ》となすは、柔順《じうじゆん》となし、温和《をんわ》となすの義《ぎ》を轉《てん》じたもので、謂《い》ふ所《ところ》の轉象《てんしやう》である。倘《たほ》亦《また》坤《こん》を以《もつ》て靜《しづ》かなりとなすは乾《けん》を以《もつ》て動《うご》くとなす所《ところ》の影象《えいしやう》で、坤《こん》を以《もつ》て文《ぶん》となし、章《しやう》となし、飾《かざ》りとなすは乾《けん》を以《もつ》て質《しつ》となす所《ところ》の影象《えいしやう》である。

第三款　震　體

震《しん》は一奇《き》が二偶《ぐう》の下《しも》にある所《ところ》の卦《くわ》で、一陽《やう》が二陰《いん》の下《しも》に壓《あつ》せられて居《を》る所《ところ》の象《かたち》であるが、壓《あつ》せらるれば必《かなら》ず反動力《はんどうりよく》を生《しやう》ずるものである、故《ゆゑ》にその用《よう》は動《どう》である、そこで此《こ》の象義《しやうぎ》を取《と》て之《これ》を事物《じぶつ》に肖似《せうじ》せしめたものが卽《すなは》ち震《しん》の卦象《くわしやう》である。

第一項　物體に象ざるもの

震《しん》を以《もつ》て雷《らい》となし、龍《りう》となすは一陽《やう》が二陰《いん》の下《しも》にありて發動上進《はつどうじやうしん》するに象《かた》どり、足《あし》となし、趾《し》となし馵足《ひようそく》となし、作足《さくそく》となすは、一陽《やう》が下《した》にあつて動《うご》くに象《かた》どり。旉《ふ》となすは二陰《いん》が上《うへ》に分《わか》れ、一陽《やう》は下《しも》に連《つ》らなりて花蕚《くわがく》を出《いづ》るに象《かた》どり。蒼莨《さうらう》の竹《たけ》となし、萑葦《しようゐ》となすは二陰《いん》は中虛《ちうきよ》にして一陽《やう》は節《ふし》となり上枝《じやうし》を生《しやう》じて下《した》に連茹《れんじよ》たるに象《かた》どり。草莽《さうもう》となし、樹木《じゆもく》となすは、萑葦《しようゐ》の繁生《はんせい》するに象《かた》どり。於レ稼也爲二反生一とは一陽の種實《しゆじつ》が、始《はじ》めは草木《さうもく》の枝頭《しとう》から落《お》ちて二陰《いん》の下《した》に入《い》り、再《ふた》たび發芽《はつが》するに象《かた》どり蕃鮮《ばんせん》となすは陽氣《やうき》の盛長《せいちやう》するに象《かた》どり。虛筐《きよきやう》となし、虛器《きよき》となし、盆《ぼん》となすは震《しん》を竹《たけ》となし、二陰上《いんじやう》に虛《きよ》にして一陽《やう》は下《した》に連《つら》なるに象《かた》どり。舟《ふね》となすは震《しん》の卦《くわ》の畫象《ぐわしやう》と、震《しん》を木《き》となし、動《うご》くとなすの義《ぎ》を兼《かね》ね取《さつ》たもので肖象《せうしやう》である。

亦帝《またてい》となし、侯《こう》となし、主《しゆ》となすは乾坤《けんこん》始《はじ》めて交《まじ》はつて震《しん》を生《しやう》じ、乾坤《けんこん》に次《つい》で先長《せんちやう》たるの義《ぎ》に象《かた》どり長男《ちやうなん》となし、兄《あに》となすは一索《さく》して男《をこ》を得《う》るの義《ぎ》に象《かた》どり。大塗《たつと》となし、道路《だうろ》となすは、震動往來《しんどうわうらい》の義《ぎ》に象《かた》どり。閙市《たうし》となすは譟動《さうどう》の義《ぎ》に象《かた》どり。於レ馬也爲二善鳴一。音聲《おんせい》となし、笛《ふえ》となし、鼓《つゞみ》となし、怒《ど》號《がう》となすは陽氣《やうき》が發動《はつどう》するの義《ぎ》に象《かた》どり。矢《や》となし、鐵砲《てつぱう》となすは震雷迅疾《しんらいじんしつ》なるの義《ぎ》に象《かた》どり。肝《かん》となすは震《しん》を東方《さうはう》の木《き》となすの義《ぎ》に象《かた》どり、壯士《さうし》となし勇士《ゆうし》となすは雷《らい》の猛威《まうゐ》なるの義《ぎ》に象《かた》どつたもので謂《い》ふ所《ところ》の義象《ぎしやう》である。

第二項　事態に象どるもの

其究爲《そのきうをなす》レ健《けん》とは、下《しも》の一陽《やう》が成長《せいちやう》して乾《けん》となるの義《ぎ》に象《かた》どり。決躁《けつさう》となし、驚《おどろ》くとなし、發出《はつしゆつ》となし興起《こうき》となし。往《ゆ》くとなし。逐《お》ふとなし、奔《はし》るとなし、飛《と》ぶとなし、怒《いか》るとなすは一陽《やう》が下《しも》にありて激動《げきどう》するの義《ぎ》に象《かた》どり。癪氣《しやくき》となし、逆上《ぎやくじやう》となすは陽氣《やうき》が上進《じやうしん》するの義《ぎ》に象《かた》どり。朝《あさ》となし、春《はる》となすは震《しん》が東方《さうはう》に居《を》るの義《ぎ》を取《とつ》たもので義象《ぎしやう》である。

亦《また》震《しん》を玄黃《げんくわう》となすは天《てん》を玄《げん》となし地《ち》を黃《くわう》となすのであるが。天地《てんち》始《はじ》めて交《まじ》はつて生《しやう》ずるものは震《しん》の長男《ちやうなん》である、故《ゆゑ》に此《こ》の義《ぎ》を轉《てん》じて震《しん》を以《もつ》て玄黃《げんくわう》となすのである。亦恐怖《またきやうふ》となすは震《しん》を猛威《まうゐ》となすの轉象《てんしやう》である。

第四款　巽　體

巽《そん》は一偶《ぐう》二奇《き》の下《しも》にあるの卦《くわ》で陰《いん》の性《せい》は下入《かにふ》す、故《ゆゑ》にその用《よう》を入《い》るとなす、そこで此《こ》の象義《しやうぎ》を推《すゐ》して之《これ》を事物《じぶつ》に象《かた》どつたものを列擧《れつきよ》すれば左《さ》の如《ごと》くである。

第一項　物體に象どるもの

巽《そん》を以《もつ》て木《き》となし、風《かぜ》となすは木《き》の根《ね》は能《よ》く土《つち》に入《い》り、風《かぜ》の體《たい》は目《め》には見《み》へぬけれども、空隙《くうげき》があれば必《かな》らず之《これ》に入《い》る、故《ゆゑ》に之《これ》を一偶《ぐう》が二奇《き》の下《しも》に入《い》るに象《かた》どり。股《また》となすは二奇《き》は上《かみ》に連《つら》なり一偶《ぐう》は下《しも》に分《わか》れ、股《また》が分《わか》れて下《しも》に伏《ふく》するの狀《さま》に象《かた》どり。寡髮《くわはつ》となし、廣顙《くわうさう》となし、牀《しやう》となし、机《き》となすは一偶《ぐう》が二奇《き》の下《した》に分《わか》るゝに象《かた》どり。白眼《はくがん》多《おほ》しとなし、反目《はんもく》となし、眇《すが》めとなすは一偶《ぐう》が二奇《き》の中央《ちうわう》にあるのが目《め》の正形《せいけい》で、離《り》の卦象《くわしやう》が即《すなは》ちそれである、然《しか》るに巽《そん》は一偶《ぐう》が下《した》に偏《へん》して、目睛《もくせい》の正《たゞ》しからざるに象《かた》どつたもので、皆凡《みなすべ》て肖象《せうしやう》である。

亦《また》巽《そん》を以《もつ》て雞《にはとり》となすは鷄《にはとり》の體《たい》は下《した》に伏《ふ》し、且《か》つ時《とき》を告《つ》ぐるものである、故《ゆゑ》に巽《そん》を伏《ふく》すとなし、號令《がうれい》となすの義《ぎ》に象《かた》どり、繩《なは》となし、繻《はなの》ふとなし、帶《おび》となし、糸《いと》となすは凡《すべ》て繩《なは》の類《るゐ》は物《もの》に從《したが》ふて伸縮《しんしゆく》するものであるから、巽《そん》の巽從《そんじう》の義《ぎ》に象《かた》どり。長女《ちやうぢよ》となし、姉《あね》となすは一索《さく》して女《をんな》を得《う》るの義《ぎ》に象《かた》どり。白《はく》となし、白茅《はくばう》となし、楊《やなぎ》となし、桑《くは》となすは陰《いん》が始《はじ》めて生《しやう》じて柔弱《じうじやく》なるの義《ぎ》に象《かた》どり。雲《くも》となし、雨《あめ》となし、月《つき》となし、魚《うを》となし、鮒《ふな》となし、瓜《うり》となすは巽陰《そんいん》の義《ぎ》に象《かた》どり。婦《ふ》となし、妻《さい》となすは長《ちやう》女《ぢよ》となすの義《ぎ》に象《かた》どり。商估《しやうこ》となすは市《し》に近《ちか》き利《り》三倍《ばい》の義《ぎ》に象《かた》どり。葛藟《かつるゐ》となすは纏綿附隨《てんめんふずゐ》するの義《ぎ》に象《かた》どり、肝《かん》となすは東方《とうはう》の木位《ぼくゐ》に居《を》るの義《ぎ》に象《かた》どつたもので、皆義象《みなぎしやう》である。

第二項　事態に象ごるもの

其究爲二躁卦一とは、巽《そん》を皆變《かいへん》即《すなは》ち反覆《はんぷく》すれば震《しん》となるの義《ぎ》に象《かた》どり。繩直《じようちよく》となすは繩《たは》を以《もつ》て屈曲《くつきよく》を正《たゞ》すの義《ぎ》に象《かた》どり。長《なが》しとなすは風《かぜ》の遠《とほ》く行《ゆ》くの義《ぎ》に象《かた》どり。進退《しんたい》不《ず》レ果《はたさ》となすは、風《かぜ》が旋轉往來《せんてんわうらい》するの義《ぎ》に象《かた》どり、舞《ま》ふとなし、躍《お》どるとなすは、風《かぜ》が周旋動搖《しうせんどうえう》するの義《ぎ》に象どり、高《たか》しとなすは、木《き》が上《じやう》升《しよう》するの義《ぎ》に象《かた》どり。臭《くさ》しとなすは、欝伏《うつぷく》して發散《はつさん》せざるの義《ぎ》に象《かた》どり。命令《めいれい》となし、號令《がうれい》となすは風《かぜ》が音響《おんきやう》を發《はつ》して遠《とほ》く地上《ちじやう》を行《ゆ》くの義《ぎ》に象《かた》どり。翰音《かんおん》となすは雞《にはとり》の鳴《な》く聲《こゑ》が風《かぜ》の音《おと》に似《に》たるの義《ぎ》に象《かた》どり、春《はる》となし、青緑《せいりよく》となすは、東方《とうはう》の木位《ぼくゐ》に居《を》るの義《ぎ》に象《かた》どつたもので、皆義象《みなぎじよう》である。亦巽《まこそん》を以《もつ》て工《こう》となすは、繩直《じようちよく》となすの轉象《てんしやう》で、繩《なは》を以《もつ》て物《もの》の屈曲《くつきよく》を制《せい》し、之《これ》を正《たゞ》すの義《ぎ》を變《へん》じて、その象《かたち》を取《とつ》たものである。香《かう》となすは、欝伏《うつぷく》して發散《はつさん》せざるを臭《くさ》しとなすの義《ぎ》を變《へん》じてその象《かたち》を取《とつ》たもので、此《これ》も亦轉象《またてんしやう》である。

第五款　坎　體

坎《かん》は一奇《き》が二偶《ぐう》の中間《ちうかん》にあるの卦《くわ》で、陽《やう》が陰《いん》の中間《ちうかん》に陷入《かんにふ》して居《を》る、故《ゆゑ》にその用《よう》を陷《おちゐ》るとなすのであるが、此《こ》の形《かたち》と義《ぎ》をと以《もつ》て事物《じぶつ》に象《かた》どつたものは略々《ほゞ》左《さ》の通《とほ》りである。

第一項　物態に象どるもの

坎《かん》を以《もつ》て水《みづ》となし、溝瀆《こうとく》となし、大川《おほかは》となし、江《こう》となし、池《いけ》となすは、二偶《ぐう》を土《つち》となし、一奇《き》の水《みづ》がその中間《ちうかん》を流動《りうどう》し、若《もし》くは陥入《かんにふ》するの義《ぎ》に象《かた》どり。耳《みゝ》となすは、二偶外《ぐうそと》にあるを耳《みゝ》の輪廓《りんくわく》となし、一奇《き》中《ちう》にあるを鼓脈《こみやく》となして之《これ》を耳《みゝ》に象《かた》どり。穴《あな》となし、窞《かん》となすは、二偶缺陥《ぐうけつかん》して一奇《き》中《ちう》にあるに象《かた》どり。泉《いづみ》となすは、二偶《ぐう》の缺陥《けつかん》より一奇《き》の水《みづ》が湧《わ》き出《い》づるに象《かた》どり。四足《そく》の類《るゐ》となし、於レ馬也爲ニ美脊一は、二偶《ぐう》を四足《そく》となし、一奇《き》を身《み》となし、美脊《びせき》となすに象《かた》どり。豕《ぶた》となすは、汚瀆《をとく》の義《ぎ》を兼《か》ね。狐《きつね》となすは陰険《いんけん》の義《ぎ》を兼《か》ねたものである。禽《きん》となし、飛鳥《ひちやう》となすは、二偶《ぐう》を兩翼《りやうよく》となし、一奇《き》を鳥《とり》の胴《どう》體《たい》となすに象《かた》どり。鴻《こう》となし、水禽《みづとり》となすは、水上《すゐじやう》に游泳《いうえい》するの義《ぎ》を兼《か》ねたものである。脊《せき》となし、脣《じん》となすは、坎《かん》の卦《くわ》を側立《そくりつ》して中間《ちうかん》の一奇《き》を脊髓《せきずゐ》となし、左右《さいう》の二偶《ぐう》を右《う》　左《さ》脣《じん》となすに象《かた》どり。叢《さう》棘《きよく》となし、蒺藜《しつれう》となし、核實《がいじつ》となし、株木《しゆぼく》となすは、兩偶《りやうぐう》を刺《し》となし、外皮《ぐわいひ》となし、外包《ぐわいはう》となし、肉《にく》となし、一奇《き》を骨《ほね》となし、體《たい》となし、核實《がいじつ》となし、尖《とが》るとなし、心《しん》となすに象《かた》どり。於レ木也爲ニ堅多一レ心は兩偶《りやうぐう》を外包《ぐわいはう》となし、一奇《き》を木《き》の心《しん》となすに象《かた》どり。棟《むね》となすは、一奇《き》が中央《ちうわう》に横《よこた》はるに象《かた》どり。宮《みや》となし、室《しつ》となし、寢所《しんじよ》となすは、坎《かん》が北方極陰《ほつぱうきよくいん》の地《ち》に居《を》るの義《ぎ》を兼《か》ねて居《を》る。車《くるま》となすは、兩偶《りやうぐう》を輪《りん》となし、一奇《き》を車體《しやたい》となすに象《かた》どり。帶《おび》となすは、一奇《き》中《ちう》にあつて兩偶之《りやうぐうこれ》を纏《まと》ふに象《かた》どり。孕《はら》むとなすは、坤《こん》の腹中《ふくちう》に一陽《やう》の塊物《くわいぶつ》を包《つゝ》むに象《かた》どり。牖《よう》となすは、二偶《ぐう》を缺陷《けつかん》の穴《あな》となし、一奇《き》その中《ちう》間《かん》を貫《つらぬ》くを光線《くわうせん》の透通《とうつう》するに象《かた》どつたもので、以上《いじやう》は平面的觀方《へいめんてきみかた》に由《よつ》て坎《かん》の卦《くわ》の象《かたち》を取《とつ》た所《ところ》の肖象《せうしやう》である。

亦坎《またかん》を以《もつ》て血《ち》となすは、水《みづ》の義《ぎ》と陽《やう》の積氣《せきゝ》が陰《いん》の積質《せきしつ》の中《なか》に入《いつ》て血精《けつせい》となるの義《ぎ》を兼《か》ねて之《これ》を象《かた》どり月《つき》となすは、乾《けん》の中畫《ちうぐわ》が坤《こん》の中畫《ちうぐい》に來《きた》り、坤《こん》の陰體《いんたい》を變《へん》せずして、乾《けん》の日光《につくわう》が反射《はんしや》するに象《かた》どり。盜《とう》となし、寇《かう》となし、惡人《あくにん》となすは、陰伏《いんぷく》して險《けん》を行《おこな》ふの義《ぎ》に象《かた》どり。雨《あめ》となし、濡《じゆ》となし、雲《くも》となし膏《ちぶら》となし、汗《あせ》となし、酒《さけ》となし、飲食物等《いんしよくぶつとう》となすは、水《みづ》の義《ぎ》に象《かた》どり、涕涙《ているゐ》となし、泣血《きふけつ》となすは、加憂《かいう》となすの義《ぎ》を兼《か》ねて居《を》る、黑色《こくしよく》となすは、北方幽暗《ほくばうゆうあん》の地《ち》に居《を》るの義《ぎ》に象《かた》どり、中男《ちうなん》となし、赤色《せきしよく》となすは、乾《けん》の中畫《ちうぐわ》を坤《こん》の中畫《ちうぐい》に得《え》たるの義《ぎ》に象《かた》どりたるもので義象《ぎしやう》である、亦弓輪《またきうりん》となすは、嬌糅《けうじう》となすの義《ぎ》を變《へん》じて象《かたち》を取《とつ》たもので轉象《てんしやう》である。刑《けい》となし、律《りつ》となし、桎梏等《しつこくとう》となすも亦同樣《またどうやう》である

第二項　事態に象どるもの

險《けん》となすは坎穴《かんけつ》の義《ぎ》に象《かた》どり。隱伏《いんふく》となすは、陽《やう》が陰中《いんちう》に陷入《おちい》り、水《みづ》が地中《ちちう》に藏《ざう》するの義《ぎ》に象《かた》どり。通《つう》ずとなすは、陽《つう》の性《せい》は必《かな》らず條達《でうたつ》するの義《ぎ》に象《かた》どり。嬌糅《けうじう》となし、平《たひ》らかとなすは、陰《いん》を曲《きよく》となし陽《やう》を直《ちよく》となすが今《いま》一陽《やう》が二陰《いん》の中間《ちうかん》にあるはその平均《へいきん》を得《う》るの象《かたち》がある、故《ゆゑ》に曲《きよく》を矯《た》めて直《ちよく》となし、

直《ちよく》を糅《た》めて曲《きよく》となすの義《ぎ》に象《かた》どり。加憂《かいう》となし、心病《しんびやう》となし、耳痛《じつう》となし、痠痛《さうつう》となすは、險中《けんちう》に陷《おちゐ》るの義《ぎ》に象《かた》どり。眚《せい》となし、疾《しつ》となし、勞《らう》すとなし、苦《くる》しむとなすは、險難《けんなん》の義《ぎ》に象《かた》どり。孚《まこと》となし思《おも》ふとなし、慮《おもん》ばかるとなし、謀《はか》るとなすは、心《こゝろ》となすの義《ぎ》に象《かた》どり。寒《かん》となし、冬《ふゆ》となし夜《よる》となすは、北方極陰《ほつぱうきよくいん》の地《ち》に居《を》るの義《ぎ》を取《と》つたもので凡《すべ》て義象《ぎしやう》である。

第六款　離　體

離《り》は一偶《ぐう》が二奇《き》の中間《ちうかん》にある所《ところ》の卦《くわ》で、陰柔《いんじう》の性《せい》は必《かな》らず陽剛《やうがう》に麗《つ》くものである、故《ゆゑ》にその用《よう》を麗《つ》き附《つ》くとなし、此《こ》の義《ぎ》と象《かたら》とを擴《ひろ》めて、之《これ》を事物《じぶつ》に象《かた》どつたものは、卽《すなは》ち左《さ》の如《ごと》くである。

第一項　物態に象どるもの

離《り》を以《もつ》て火《ひ》となすは、一偶《ぐう》が二奇《き》の間《あひだ》に附《つ》くのは、猶火《なほひ》が木《き》に附《つい》て燃《も》ゆる樣《やう》なものである、故《ゆゑ》に之《これ》を火《ひ》に象《かた》どり。目《め》となし、罔《もう》となし、罟《こ》となし、明窓《めいさう》となし、甲冑《かつちう》となし、大腹《たいふく》となし、鼈《すいほん》となし、蟹《かに》となし、蠃《ら》となし、蚌《はう》となし、龜《かめ》となし、貝《かひ》となし、朋《ほう》となすは、外《そこ》は奇《き》であるが内《うち》は偶《ぐう》、外《そこ》は剛《がう》であるが、内《うち》は柔《じう》、外《そこ》は充《みち》て居《を》れども、内《うち》は虛《きよ》であるに象《かた》どり。鳥《とり》となすは、二奇《き》を翼《よく》となし一偶《ぐう》を身《み》となしてその象《かたち》を取《とつ》たもので即《すなは》ち肖像《せうしやう》である。

亦《また》離《り》を以《もつ》て雉《やじ》となすは、外《そと》は陽《やう》で內《うち》は陰《いん》。形體《けいたい》に文彩《ぶんさい》があつて心性《しんせい》は怯懦《けふだ》なるの義《ぎ》に象《かた》どり、日《ひ》となすは、日《ひ》は天《てん》に麗《つ》くものである、故《ゆゑ》にその麗《つ》き附《つ》くの義《ぎ》を取《とつ》て之《これ》を日《ひ》に象《かた》どり。明《めい》となし、光《くわう》となすは、日《ひ》となし、火《ひ》となすの義《ぎ》に象《かた》どり。電《いなづま》となすは光明《くわうめい》の義《ぎ》に象《かた》どり。戈兵《くわへい》となし、刀《たう》となし、斧《をの》となし鉾刃《ほうじん》の類《るゐ》となすは、火性《くわせい》の炎上《えんじやう》して猛烈《まうれつ》なるの義《ぎ》に象《かた》どり。中女《ちうぢよ》となすは、再索《さいさく》して女《をんな》を得《う》るの義《ぎ》に象《かた》どり。婦《ふ》となし、女《をんな》となすは陰《いん》の義《ぎ》に象《かた》どり、焚《や》くとなし、熱《ねつ》となすは、火《ひ》の義《ぎ》に象《がた》どり。牛《うし》となし、牝牛《ひんぎう》となすは、坤《こん》の中畫《ちうぐわ》を得《え》て柔順《じうじゆん》なるの義《ぎ》に象《かた》どり。乾卦《けんくわ》となすは熱燥《ねつさう》の義《ぎ》に象《かた》どり。虹《にじ》となし、霞《かすみ》となすは、光《ひかり》となし、文彩《ぶんさい》となすの義《ぎ》に象《かた》づたもので皆義象《みなぎしやう》である。

第二項　事態に象ごるもの

南《みなみ》となし、夏《なつ》となすは、南方《なんばう》に居《を》るの義《ぎ》に象《かた》どり。晝《ひる》となすは、日《ひ》となし、陽明《やうめい》となすの義《ぎ》に象《かた》どり見《み》るとなすは、目《め》となすの義《ぎ》に象《かた》どり。智慧《ちゑ》となすは明《あき》らかなるの義《ぎ》に象《かた》どり、文《ぶん》となすは光明《くわうめい》なるの義《ぎ》に象《かた》どり。飾《かざ》りとなし、美《び》となし、彩《さい》となし、章《しやう》となすは、文明《ぶんめい》の義《ぎ》に象《かた》づたもので皆義象《みなぎしやう》である。

第七款　艮　體

艮《ごん》は一奇《き》が二偶《ぐう》の上《うへ》にあるの卦《くわ》で、一陽《やう》が二陰《いん》の上《うへ》に止《とゞ》まるの象《かたち》である、故《ゆゑ》にその用《よう》を止《とゞ》まるとなすそこで此《こ》の象義《しやうぎ》を推《お》して、之《これ》を事物《じぶつ》に象《かた》どつたものは左《さ》の如《ごと》くである。

第一項　物態に象ざるもの

艮《ごん》を以《もつ》て手《て》となすは、一奇《き》が上《うへ》に連《つら》なりて二偶《ぐう》が下《した》に分《わが》るゝのは恰《あた》かも人《ひと》の上肢《じやうし》に似《に》たるに象《かた》どり、山《やま》となし邱《きう》となし、陵《りよう》となすは、一奇《き》が二偶《ぐう》の上《うへ》に止《と》まつて動《うご》かざるに象《かた》どり。門闕《もんけつ》となし、宮室《きうしつ》となし、家《いへ》となし、廬《ろ》となすは、一奇《き》が上《うへ》に連《つら》なり、二偶《ぐう》が下《した》に開《ひら》くに象《かた》どり。机《つくゑ》となし、牀《しやう》となし、傘《かさ》となすは、上《うへ》が平《たひ》らかで下《した》に足《あし》があり亦柄《またえ》があるに象《かた》どり。背《はい》となし、腰《こし》となすは下《した》の方《はう》が岐《わか》るゝに象《かた》どり。其《その》於レ木也爲二堅多一節は、之《これ》を坎《かん》の卦《くわ》に較《くら》ぶれば、奇畫《きぐわ》が一方《ぱう》に偏《へん》して居《を》る所《ところ》に象《かた》どつたもので、謂《い》ふ所《ところ》の肖象《せうしやう》である。亦艮《またごん》を以《もつ》て小石《こいし》となすは、之《これ》を小剛《せうがう》となすの義《ぎ》に象《かた》どり。少男《せうなん》となし、少子《せうし》となし、童子《どうし》となすは、三索《さく》して男《をとこ》を得《う》るの義《ぎ》に象《かた》どり。閽寺《あんじ》となすは、閽寺《あんじ》は人《ひと》の出入《しゆつにふ》を止《と》むる所《ところ》である、故《ゆゑ》に之《これ》を止《とゞ》むるの義《ぎ》に象《かた》どり、指《ゆび》となすは手《て》となすの義《ぎ》に象《かた》どり。狗《いぬ》となすは、外剛《ぐわいがう》にして内柔《ないじう》の義《ぎ》に象《かた》どり、鼠《ねづみ》となし、黔喙《げんたく》の屬《ぞく》となすは、剛《がう》が前《まへ》に止《とゞ》まつて、牙《きば》と嘴《くちばし》とを以《もつ》て物《もの》を取《と》るの義《ぎ》に象《かた》どり。鼻《はな》となすは、山《やま》の義《ぎ》に象《かた》どつたもので皆義象《みなぎしやう》である。

亦《また》艮《ごん》を徑路《けいろ》となすは、震《しん》を以《もつ》て大塗《だいと》となすの影象《えいしやう》で、果蓏《くわら》となすは、果《くわ》は木實《ぼくじつ》で蓏《ら》は草實《さうじつ》である、然《しか》るに艮《ごん》は草木《さうもく》の終《をは》りであつて亦始《またはじ》めであるから、即《すなは》ち震《しん》を以《もつ》て旉《ふ》となし花《はな》となす所《ところ》の影象《えいしやう》である。

第二項　事態に象どるもの

艮《ごん》を以《もつ》て始終《しふし》となし、冬春《とうしゆん》の交《かう》となすは、艮《ごん》が東北《とうほく》の隅位《ぐうゐ》に居《を》るのは時《とき》に取《と》れば歳《とし》の終《をは》り即《すなは》ち冬《ふゆ》の末《すゑ》に當《あた》り、亦歳《またとし》の始《はじ》め春《はる》の始《はじ》めに當《あた》るの義《ぎ》に象《かた》どり。成言《せいげん》となすは、萬物《ばんぶつ》が春《はる》に生《しやう》じて冬《ふゆ》に至《いた》つて成熟《せいじゆく》するの義《ぎ》に象《かた》どり。執《と》るとなし、持《もち》となし、取捨《しゆしや》となすは、手《て》となし指《ゆび》となすの義《ぎ》に象《かた》どり。篤實《とくじつ》となすは、重厚《ぢうこう》にして山《やま》の如《ごと》くなるに象《かた》どつたもので義象《ぎしやう》である。

第八款　兌　體

兌《だ》は一偶《ぐう》が二奇《き》の上《うへ》にある所《ところ》の卦《くわ》で、一陰《いん》が二陽《やう》の上《うへ》に出《い》でゝ悦《よろこ》ぶの象《かたち》である、故《ゆゑ》にその用《よう》を說《よろこ》ぶとなす、そこで此《こ》の象義《しやうぎ》を推して、之《これ》を事物《じぶつ》に象《か》どつたものは左《さ》の如《ごと》くである。

第一項　物體に象どるもの

兌《だ》を以《もつ》て口《くち》となすは、上竅《じやうけう》が外《そと》に向《むか》ふに象《かた》どり。澤《たく》となすは、坎水《かんすゐ》の下流《かりう》が閉塞《へいそく》せるに象《かた》どり。眇《すがめ》となすは。離目《りもく》の目睛《もくせい》が一方《ばう》に偏《へん》するに象《かた》どり。剪《はさみ》となすは、上《うへ》の開《ひら》きたるに象《かた》どり。新月《しんげつ》となすは、一偶《ぐう》が上《うへ》に缺《か》けたると西方《せいはう》に居《を》るとの義《ぎ》に象《かた》どり。肺《はい》となすは、一偶《ぐう》が上《うへ》に分《わか》るゝは二の數《すう》で、二奇《き》が下《した》に垂《た》るゝは六の數《すう》である、且《か》つ陰《いん》を小《せう》となし、陽《や》を大《だい》となすのであるから、上《うへ》の二耳《じ》は小《せう》にして短《みぢ》かく、下《しも》の六葉《チふ》は大《だい》にして長《なが》きに象《かた》どつたもので、卽《すなは》ち肖象《せうしやう》である。

亦《まただ》兌を以《もつ》て少女《せうぢよ》となすは、三索《さく》して女《をんな》を得《う》るの義《ぎ》に象《かた》どり。巫《ふ》となすは、巫《ふ》なるものは言語《げんご》を以《もつ》て神《かみ》を悅《よろこ》ばしむるものである、故《ゆゑ》に兌《だ》を口《くち》となすの義《ぎ》に象《かた》どり。其於レ地也爲二剛鹵一は、澤水鹹濕《たくすゐかんしつ》の氣《き》が凝《ぎよう》結《けつ》して剛堅《がうけん》となるの義《ぎ》に象《かた》どり。妾《せふ》となし、娣《てい》となすは、少女《せうぢよ》が嫡《てき》に從《したが》ふて嫁《か》するの義《ぎ》に象《かた》どり。羊《ひつじ》となし、羝羊《ていやう》となすは、外柔內剛《ぐわいじうないがう》の義《ぎ》に象《かた》どり。水《みづ》となし、泥《ごろ》となすは、澤水《たくすゐ》の義《ぎ》に象《かた》どり。輔頰舌《ほけふぜつ》となすは、口《くち》となし悅《よろこ》ぶとなすの義《ぎ》に象《かた》どり、瀦水《ちよすゐ》となし、宿水《しゆくすゐ》となすは、澤《たく》を止水《しすゐ》となすの義《ぎ》に象《かた》どり。歌妓《かぎ》となし、佞人《ねいじん》となすは、媚悅《びえつ》の義《ぎ》に象《かた》どり、幽谷《いうこく》となし、白色《はくしよく》となし、金《きん》となすは、西方《せいはう》に居《を》るの義《ぎ》に象《かた》どり。書冊《しよさつ》となし、書契《しよけい》となすは、附決《ふけつ》となすの義《ぎ》を取《と》つたもので皆義象《みなぎしやう》である。

第二項　事態に象どるもの

兌《た》を以《もつ》て毀折《きせつ》となし、缺損《けつそん》となすは、一偶《ぐう》が上《うへ》にあつて中斷《ちうだん》するの義《ぎ》に象《かた》どり、口舌《こうぜつ》となし、爭論《さうろん》となし、講習《かうしふ》となし、喰《くら》ふとなし、笑《わら》ふとなし、鳴《な》くとなし、歌《うた》ふとなすは、口《くち》となし悅《よろこ》ぶとなすの義《ぎ》に象《かた》どり、和《やは》らかとなすは、柔悅《じうえつ》の義《ぎ》に象《かた》どり。柔弱《にうじやく》となすは、小陰《せういん》の義《ぎ》に象《かた》どり。夕《ゆふ》となし、秋《あき》となし、暮《ぼ》となすは、西方《せいはう》に居《を》るの義《ぎ》を取《と》つたもので皆義象《みなぎしやう》である。

亦兌《またた》を以《もつ》て愁《うれ》ふとなし、嗟《なげ》くとなし、涕洟《ていこ》となすは、悦《よろこ》ぶとなすの轉象《てんしやう》で、亦附決《またふけつ》となすは、附決《ふけつ》とは、開閉分合《かいへいぶんがふ》のことで、一陰《いん》の上下出入《じやうげしゆつにふ》を指《さ》すものであるが、巽《そん》は一陰《いん》が二陽《やう》の下《した》に入《いつ》て居《を》る、故《ゆゑ》に閉合《へいがふ》である、反之《これにはんし》、兌《だ》は一陰《いん》が二陽《やう》の上《うへ》に出《い》でゝ居《を》る、故《ゆゑ》に分開《ぶんかい》である、即《すなは》ち附《つく》とは閉合《へいがふ》のことで、決《けつ》とは分開《ぶんかい》のことであるが、巽《そん》の閉合《へいがふ》に對《たい》する所《ところ》の影象《えいしやう》である。

以上《いじやう》は唯《たゞ》一卦《くわ》八體《たい》に就《つい》ての要領《えうれう》を擧《あげ》て象《かたち》を取《とつ》た所《ところ》の例《れい》を示《しめ》した迄《まで》であるが、先儒《せんじゆ》の中《なか》にも象《かたち》を説《とい》たものは澤山《たくさん》あるけれども、而《しか》もその中《なか》に就《つい》て、胡炳文《こへいぶん》が説卦《せつくわ》の象《かたち》に關《くわん》して言《い》ふて居《を》ることは、總《すべ》てが悉《ことごと》くそうであるとは言《い》へぬけれども、その間《あひだ》には頗《すこ》ぶる余《よ》が意《い》を得《え》て居《を》るものがある、故《ゆゑ》に今之《いまこれ》を譯出《やくしゆつ》して讀者《どくしや》の參考《さんかう》に供《きよう》し度《た》いと思《おも》ふ。

此《こ》の章《しやう》に八卦《くわ》の象《かたち》を廣《ひろ》むること凡《およ》そ百十有《いう》二なり、其中《そのうち》相對して象を取るものあり、乾《けん》を天《てん》となし坤《こん》を地《ち》となすが如《ごと》きの類是《るゐこれ》なり。上文《じやうぶん》には乾《けん》を馬《うま》となす、此《こゝ》には則《すなは》ち良馬《りやうば》、老馬《らうば》、瘦馬《せきば》、駁馬《はくば》となす、上文《じやうぶん》には坤《こん》を牛《うし》となす。此《こゝ》には則《すなは》ち子母《しぼ》の牛《うし》となす。乾《けん》を木果《もくくわ》となすは、上《うへ》に結《むす》んで而《しか》して圓《まる》く坤《こん》を大輿《だいよ》となすは、下《した》に載《の》せて而《しか》して方《はう》なり。震《しん》を決躁《けつさう》となし、巽《そん》を進退《しんたい》となし、果《はた》さずとなすは、剛柔《がうじう》の性《せい》なり。震巽《しんそん》は獨《ひと》り其《そ》の究《きう》を以《もつ》て言《い》ふは、剛柔《がうじう》の始《はじ》めなればなり。坎《かん》の內《うち》は陽《やう》にして、外《そと》は陰《いん》。水《みづ》と月《つき》とは則《すなは》ち內《うち》は明《あき》らかにして外《そと》は暗《くら》く。離《り》は內《うち》は陰《いん》にして外《そと》は陽《やう》、火《ひ》と日《ひ》とは則《すなは》ち內《うち》は暗《くら》くして外《そと》は明《あき》らかに。坎《かん》は中實《ちつじつ》なり、故《ゆゑ》に人《ひと》に於《おい》ては加憂《かいう》となし、心病《しんびやう》となし、耳痛《じつう》となす。離《り》は中虚《ちうきよ》なり、故《ゆゑ》に人《ひと》に於《おい》ては大腹《だいふく》となす。艮《ごん》を閽寺《あんじ》となし指《ゆび》となすは艮《ごん》の止《とゞ》まるなり。兌《だ》を巫《ふ》となし口舌《こうぜつ》となすは陰《いん》の説《よろこ》ぶなり。相反して象を取るものあり、震《しん》を大塗《だいと》となす、反《はん》して而《しか》して艮《ごん》を徑路《けいろ》となす。巽《そん》を長《なが》しとなし高《たか》しとなす、反《はん》して而《しか》して兌《だ》は則《すなは》ち毀折《きせつ》となす、相因て象を取るものあり、乾《けん》を馬《うま》となす、震《しん》は乾《けん》の初陽《しよやう》を得《え》たり、故《ゆゑ》に馬《うま》に於《おい》ては善鳴《ぜんめい》、馵足《しゆそく》、作足《さくそく》、的顙《てきさう》となす。坎《かん》は乾《けん》の中交《ちうかう》の陽《やう》を得《え》たり、故《ゆゑ》に馬《うま》に於《おい》ては美脊《びせき》、亟心《じやうしん》、下首《かしゆ》、薄蹄《はくてつ》、曳《えい》となす。巽《そん》を木《き》となす、幹《かん》は陽《やう》にして而《しか》して根《こん》は陰《いん》なり。坎《かん》は中陽《ちうやう》、故《ゆゑ》に木《き》に於《おい》ては堅《かた》くして心多《こゝろおほ》しとなす。艮《ごん》は上陽《じやうやう》。故《ゆゑ》に木《き》に於《おい》ては堅《かた》くして節多《せつおほ》しとなす。離《り》は中陰《ちういん》にして而《しか》して虚《きよ》なり、故《ゆゑ》に木《き》に於《おい》ては科上槁《くわじやうかう》るゝとなす、乾《けん》を木果《もくくわ》となし、艮《ごん》を果蓏《くわら》となす、果《くわ》は陽上《やうじやう》にあり、果蓏《くわら》は陽上《やうじやう》にして而《しか》して下陰《かいん》なり。一卦の中自から相因て象を取るものあり、坎《かん》を隱伏《いんぷく》となす、因《よつ》て而《しか》して盗《とう》となす。巽《そん》を繩直《じやうちよく》となす。因《よつ》て而《しか》して工《こう》となす、艮《ごん》を門闕《もくけつ》となす、因《よつ》て而《しか》して閽寺《あんじ》となす。兌《だ》を口舌《こうぜつ》となす。因《よつ》て而《しか》して巫《ふ》となす、言はずして而して互見するものあり。乾《けん》を君《きみ》となし、以《もつ》て坤《こん》の臣《しん》たるを示《しめ》し、乾《けん》を圜《くわん》となし、以《もつ》て坤《こん》の方《はう》たるを見《しめ》す、吝嗇《りんしよく》は陰《いん》の翕《あ》ふなり、以《もつ》て陽《やう》の闢《ひら》くことを見《あらは》し、均《きん》は地《ち》の平《たひ》らかなるなり以《もつ》て天《てん》の高《たか》きを見《しめ》し、離《り》を乾卦《けんくわ》となし、以《もつ》て坎《かん》の濕《うるは》へることを見《あらは》し、坎《かん》を血卦《けつくわ》となす、以《もつ》て離《り》の氣《き》たることを見《しめ》し、巽《そん》を臭《しう》となす、以《もつ》て震《しん》の聲《こゑ》たらむことを見《あらは》し震《しん》を長子《ちやうし》となして、而《しか》して坎艮《かんごん》を言《い》はざるものは、陽《やう》の長《ちやう》ずるものに於《おい》て之《これ》を尊《たつと》ぶなり。兌《だ》の少女《せうぢよ》を妾《せふ》となして、而《しか》して巽離《そんり》を言《い》はざるものは、陰《いん》の少者《せうしや》に於《おい》て之《これ》を卑《いや》しむなり。乾《けん》を馬《うま》となし。震坎《しんかん》は乾《けん》の陽《やう》を得《え》て皆馬《みなうま》を言《い》ふ、而《しか》して艮《ごん》に言《い》はざるものは、艮《ごん》は止《とど》まるなり、止《とど》まるの性《せい》は馬《うま》にあらざればなり、他《た》は類《るゐ》を推《お》して而《しか》して通《つう》ずべし矣《い》。

第二節　兩體

兩體《りやうたい》とは三畫八卦《くわ》と八卦《くわ》とを配合《はいがふ》したもの〻ことで、六十四卦《くわ》が卽《すなは》ちそうであるが、彼《か》の三畫卦《くわくくわ》を呼《よ》むで一體《たい》と言《い》ふに對《たい》し、之《これ》を呼《よ》むで兩體《りやうたい》と言《い》ふのである。故《ゆゑ》に本節《ほんせつ》に於《おい》て兩體《りやうたい》と言《い》ふは、素《もと》より六畫《くわく》卦《くわ》たる六十四卦中《くわちう》の一卦《くわ》を呼《よ》ぶの名《な》ではあるけれども、之《これ》を六畫卦《くわくくわ》と言《い》ふ點《てん》から見《み》たのではなく、三畫卦《くわくくわ》と三畫卦《くわくくわ》とを合體《がつたい》する一方《はう》に於《おい》て、亦之《またこれ》を內外上下等《ないぐわいじやうげさう》に區《く》分對照《ぶんたいせう》してその象義《しやうぎ》を取《と》ることである卽《すなは》ち六十四卦《くわ》の卦名及《くわめいおよ》び大象雜卦等《だいしやうざつくわさう》の如《ごと》きは、概《おほむ》ね兩體《りやうたい》としての象義《しやうぎ》に由《よつ》てその辭《じ》を繫《つな》けたものである、假《たと》へば、重乾《ぢうけん》を以《もつ》て天《てん》となすは、純陽純剛《じゆんやうじゆんがう》であるから、その形《かたち》は連亘充實《れんかうじうじつ》にして少《すこ》しの虛隙《きよげき》もなく、亦駁雜《またばくざつ》する所《ところ》もなく、猶天《なほてん》が積氣《せきき》であつて地外《ちぐわい》を包容《はうよう》して居《を》る所《ところ》の有樣《ありさま》を象《かた》どつたものである。亦重坤《またぢうこん》を以《もつ》て地《ち》となすは、柔畫《じうくわく》の中斷並列《ちうだんへいれつ》して居《を》るのは、猶地《なほち》が積質《せきしつ》にして平坦《へいたん》なるの狀《じやう》に象《かた》どつたものである。震下艮上《しんかごんじやう》を以《もつ》て頤《あぎと》となし口《くち》となすは、卦象《くわしやう》その儘《まゝ》に於《おい》て頤口《ゐこう》の形狀《けいじやう》がある許《ばか》りでなく、下《しも》は動《うご》き上《うへ》は止《とゞ》まるの義《ぎ》を兼《かね》たもので、亦《また》龜《かめ》となすは、外實內虛《ぐわいじつないきよ》の狀《じやう》に象《かた》どつたものである。重坎《ちうかん》を以《もつ》て水《みづ》となすは、上下《じやうげ》の偶畫《ぐうくわく》が土《つち》で、中間《ちうかん》の奇畫《きくわく》が水《みづ》の體《たい》で、水《みづ》が地《ち》の低所《ていしよ》を流動《りうどう》するの狀《じやう》に象《かた》どつたものである、重離《ぢうり》には網罟《もうこ》の形《かたち》がある、故《ゆゑ》に之《これ》を網罟《まうこ》に象《かた》どり、巽下離上《そんかりじやう》には鼎《かなへ》の形狀《けいじやう》がある、故《ゆゑ》に之《これ》を鼎《かなへ》に象《かた》どり。艮下震上《ごんかしんじやう》には飛鳥《ひちやう》の形狀《けいじやう》がある、故《ゆゑ》に之《これ》を飛鳥《ひちやう》に象《かた》どり、その他《た》大過《たいくわ》を棟撓《むなぎた》やむに象《かた》どり、棺槨《くわんくわく》に象《かた》どり、夬《くわい》を書冊《しよさつ》に象《かた》どり、乾坤《けんこん》を衣裳《いしやう》に象《かた》どり、乾《けん》を鏡《かゞみ》に象《かた》どり、剝《はく》を幣帛《へいはく》に象《かた》どり、机《つくゑ》に象《かた》どり。鉛筆《えんぴつ》に象《かた》どり、晉《しん》を鳥居《とりゐ》に象《かた》どり、頤《ゐ》を硯《すゞり》に象《かた》どり、大過《たいくわ》を串柿《くしがき》に象《かた》どりたるが如《ごと》きは、皆兩體《みなりやうたい》の卦形《くわけい》その儘《まゝ》を以《もつ》て象《かたち》を取《と》たもので、肖象《せうしやう》である。

亦益《またえき》を以《もつ》て來耜《らいし》となし、渙《くわん》を以《もつ》て舟楫《しうしふ》となし、豫《よ》を以《もつ》て重門擊柝《ぢうもんげきたく》となし、小過《せうくわ》を以《もつ》て杵臼《しよきう》となし、蒙《もう》を以《もつ》て船《ふね》が水上《すゐじやう》に顚覆《てんぷく》するの狀《じやう》となし、訟《しよう》を以《もつ》て雨降《あめふ》るの狀《じやう》となし、解《かい》を以《もつ》て舟《ふね》が水上《すゐじやう》を走《はし》るの狀《じやう》となし、蹇《けん》を以《もつ》て人《ひと》が水中《すゐちう》に溺《おぼ》るゝの狀《じやう》となし、益《えき》を以《もつ》て舟《ふね》となし、中孚《ちうふ》も亦之《またこれ》を舟《ふね》となし、損《そん》を以《もつ》て深山幽谷《しんざんゆうこく》となし、困《こん》を以《もつ》て水《みづ》なき池《いけ》となし、井《せい》を以《もつ》て井《ゐど》となすの類《るゐ》は、兩體《りやうたい》の義《ぎ》に象《かた》どつたもので義《ぎ》象《しやう》である。

亦乾下坎上《またけんかかんじやう》を以《もつ》て需待となし、坎下乾上《かんかけんじやう》を以《もつ》て訴訟《そしよう》となし、坎下坤上《かんかこんじやう》を以《もつ》て軍旅《ぐんりよ》となし、坤下坎上《こんかかんじやう》を以《もつ》て比親《ひしん》となし、乾下巽上《けんかそんじやう》を以《もつ》て畜止《ちくし》となし、兌下乾上《だかけんじやう》を以《もつ》て禮儀《れいぎ》となし、泰《たい》を安《あ》泰《たい》となし、否《ひ》を否塞《そく》となし、謙《けん》を謙讓《けんじやう》となし、豫《よ》を豫樂《よらく》となし、隨《ずゐ》を隨從《ずゐじゆう》となし、蠱《こ》を蠱壞《こくわい》となし、或《あるひ》は頤中《ゐちう》に物《もの》あるを噬嗑《ぜいがう》となし、山下《さんか》に火《ひ》あるを賁飾《ひしよく》となし、天下《てんか》に雷《らい》行《ゆ》くを誡となし、天《てん》が山中《さんちう》にあるを畜養《ちくやう》となし晋を晝《ひる》となし、明夷《めいい》を夜《よ》となし、蹇《けん》を難《なや》むとなし、解《かい》を緩《ゆる》むとなすが如《ごと》きは、皆《みな》兩體《りやうたい》の義《ぎ》を取《と》て事態《たい》に象《かた》どつたもので亦義象《きしやう》である。亦《また》雜卦傳《ざつくわでん》に比《ひ》は樂《たのし》み師《し》は憂《うれ》ふと言《い》ふが如《ごと》き。其他《そのた》彖爻《たんかう》若《も》しくは彖傳《たんでん》等の中《うち》に於《おい》て、兩體《りやうたい》の象義《しやうぎ》に由《よ》つて辭《じ》を繫《か》くるものは比々《ひゝ》皆然《みなしか》りで、一々之《これ》を枚擧《まいきよ》するの暇《いとま》もない程《ほど》で

上卦　下卦

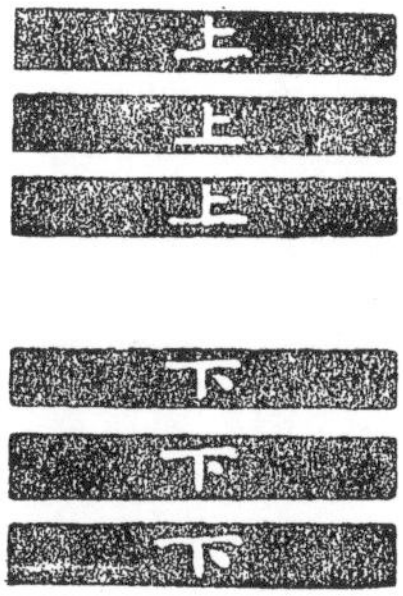

外卦　内卦

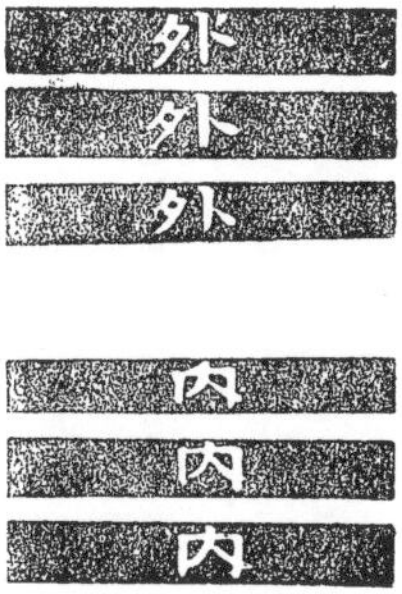

あるが、經文《けいもん》を見《み》れば自《おのづ》から分《わか》ることであるから、玆《こゝ》には之《これ》を省《はぶ》き、一卦《くわ》六爻《かう》を兩體《りやうたい》卽《すなは》ち上下內外等《じやうげないぐわいとう》に分《わか》つて象義《しやうぎ》を取《と》る一般《ぱん》の易例《えきれい》を示《しめ》して讀者《どくしや》の參考《さんかう》となす。

上圖《じやうづ》の如《ごと》く六爻《かう》を上下內外《じやうげないぐわい》に分《わか》てば、下《しも》三爻《かう》を以《もつ》て下卦《かくわ》となし、內卦《ないくわ》となし、上《かみ》三爻《かう》を以《もつ》て上卦《じやうくわ》となし、外卦《ぐわいくわ》となすのが一定《てい》の常例《じやうれい》である、故《ゆゑ》に實際《じつさい》に臨《のぞ》み之《これ》を上下內外卦等《じやうげないぐわいくわとう》に分別《ふんべつ》して見《み》るべき必要《ひつえう》がある時《とき》には、上圖《じやうづ》に示《しめ》す如《ごと》く之《これ》を上下內外等《じやうげないぐわいとう》に區分《くぶん》して象義《しやうぎ》を取《と》らねばならぬ、假《たと》へば物品《ぶつぴん》の所在《しよざい》を占《うらな》ふて、家屋《かおく》の上下內外等《じやうげないぐわいとう》を指《さ》すに當《あた》り、此《こ》の圖《づ》に從《したが》ふてその象義《しやうぎ》を取《と》るの類《るゐ》である。

亦《また》六爻《かう》を本末貞卦等《ほんまつていくわとう》に區別《くべつ》すれば、內卦《ないくわ》三爻《かう》を以《もつ》て本《もと》となし貞《てい》となし、外卦《ぐわいくわ》三爻《かう》を以《もつ》て末《すゑ》となし悔《くわい》となすのである。精蘊《せいをん》に曰《いは》く貞《てい》は卦《くわ》の內體《ないたい》なり、悔《くわい》は卦《くわ》の外體《ぐわいたい》なりと言《い》ふてあるが、洪範《こうはん》にも亦曰《またいは》く貞《てい》曰《いは》く悔《くわい》と、蔡注《さいちう》に內卦《ないくわ》を貞《てい》となし、外卦《ぐわいくわ》を悔《くわい》となすと言《い》ふて居《を》る、亦左氏傳《またさしでん》にも蠱《こ》の貞《てい》は風《かぜ》なり、其《そ》の悔《くわい》は山《やま》なりと言《い》ふてあるが、

外卦　內卦

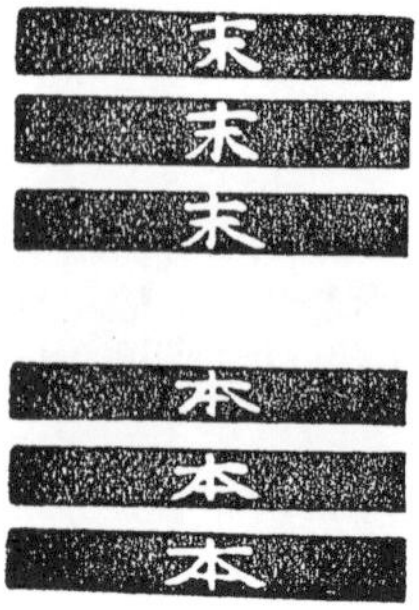

外卦　悔　悔　悔

內卦　貞　貞　貞

尙本卦《なほほんくわ》を以《もつ》て貞《てい》となし、之卦《しくわ》を以《もつ》て悔《くわい》となすこともある、國語《こくご》に貞《てい》は屯《ちゆん》にして、悔《くわい》は豫《よ》なりと言《い》ふて居《ゐ》るのが卽《すなは》ちそれである。故《ゆゑ》に貞《てい》は本《もと》であり、體《たい》であり、主《しゆ》であつて、悔《くわい》は末《すゑ》であり、用《よう》であり、客《きやく》であるが、若《も》し此《こ》の本末貞悔《ほんまつていくわい》を區分《くぶん》して象義《しやうぎ》を取るの要《えう》あらば亦本圖《またほんづ》に從《したが》ふて之《これ》を活用《くわつよう》せねばならぬ

尙內外兩體《なほないぐわいりやうたい》を以《もつ》て之《これ》を遠近《ゑんきん》に分《わか》てば、內卦《ないくわ》を以《もつ》て近《ちか》しとなし、外卦《ぐわいくわ》を以《もつ》て遠《とほ》しとなす。亦之《またこれ》を明暗《めいあん》に分《わか》てば、內卦《ないくわ》を以《もつ》て暗《くら》しとなし、外卦《ぐわいくわ》を以《もつ》て明《あかる》しとなす。尙亦之《なほまたこれ》を高低《かうてい》に分《わか》てば、內卦《ないくわ》を以《もつ》て低《ひく》しとなし、外卦《ぐわいくわ》を以《もつ》て高《たか》しとなす。將亦之《はたまたこれ》を進退《しんたい》に分《わか》てば、內卦《ないくわ》を以《もつ》て退《しりぞ》くとなし、外卦《ぐわいくわ》を以《もつ》て進《すゝ》むとなす。その外《ほか》

內卦《ないくわ》を以《もつ》て
地《ち》となし、

外卦《ぐわいくわ》を以《もつ》て
天《てん》となし、

濁《にご》るとなし、
重《おも》しとなし、
隱《かく》るゝとなし、
潜《ひそ》むとなし、
沒するとなし、
靜《しづ》かとなし、
卑《いや》しとなし、
沈《しづ》むとなし、
短《みじ》かしとなし、
狹《せ》ましとなし、
先《さ》きとなし、
晝《ひる》となし、
臥《ぐわ》するとなし、
柔《やわ》らかとなし、
弱《よ》はしとなし、

淸《きよ》しとなし、
輕《かる》しとなし、
見《あら》はるゝとなし、
現《あら》はるゝとなし、
出《い》づるとなし、
動《うご》くとなし、
尊《たつと》しとなし、
浮《うか》ぶとなし、
長《なが》しとなし、
廣《ひ》ろしとなし、
後《あと》となし、
夜《よ》となし、
起《おき》るとなし、
剛《こ》はしとなし、
强《つよ》しとなし、

濕《うるほ》ふとなし、
窮《きう》すとなし、
始《はじ》めとなし、
生《うま》るゝとなし、

乾《か》はくとなし、
達《たつ》すとなし、
終《をは》りとなし、
成《な》すとなし、

此《かく》の如《ごと》く凡《すべ》て之《これ》を內外兩體《ないぐわいりやうたい》に區分《くぶん》してその象義《しやうぎ》を取《と》るのであるが、此《こ》の上尙兩體《うへなほりやうたい》に分《わか》へて象義《しやうぎ》を取《と》るの例《れい》を擧《あ》ぐれば左《さ》の如《ごと》くである。

外卦	內卦
彼	我
賓	主
君	臣
父	子
夫	妻

師　意　情　事

弟　心　性　理

上圖《じやうづ》の如《ごと》く内卦《ないくわ》を以《もつ》て我《われ》に象《かた》どり、主《しゆ》に象《かた》どり、臣《しん》に象《かた》どり、子《こ》に象《かた》どり、妻《さい》に象《かた》どり、弟《てい》に象《かた》どり心《こゝろ》に象《かた》どり、性《せい》に象《かた》どり、理《り》に象《かた》どり、外卦《ぐわいくわ》を以《もつ》て彼《かれ》に象《かた》どり、賓《ひん》に象《かた》どり、君《きみ》に象《かた》どり、父《ちゝ》に象《かた》どり、夫《をつと》に象《かた》どり、師《し》に象《かた》どり、意《い》に象《かた》どり、情《じやう》に象《かた》どり、事《こと》に象《かた》どるのが常例《じやうれい》である。

尚亦之《なほまたこれ》を經文中《けいもんちう》に求《もと》むれば、乾《けん》の彖《たん》に元亨利貞《げんかうりてい》と言《い》ふは始終生成《しじふせいせい》の義《ぎ》に象《かた》どつたもので、爻《かう》に潛見飛《せんけんひ》亢《こう》と言《い》ふは上下隱現《じやうげいんげん》の義《ぎ》に象《かた》どつたものである。坤《こん》の彖《たん》に先《さ》きむずれば迷《まよ》ひ、後《おく》るれば主《しゆ》を得《う》ると言《い》ふは先後《せんご》に象《かた》どつたもので、爻《かう》に霜《しも》を履《ふ》むで堅氷至《けんぴよういた》ると言《い》ひ、龍野《りようや》に戰《たゝか》ふと言《い》ふは始終本末等《しじふほんまつとう》に象《かた》どつたものである、屯《ちゆん》の彖傳《たんでん》に險中《けんちう》に動《うご》くと言《い》ふは上下出沒等《じやうげしゆつぼつとう》の義《ぎ》に象《かた》どつたものである。蒙《もう》の彖《たん》に蒙《もう》は亨《とほ》ると言《い》ふは始終《しじふ》の義《ぎ》に象《かた》どり。我《われ》童蒙《どうもう》に求《もと》むるにあらず、童蒙我《どうもうわれ》に求《もと》むと言《い》ふは、師弟《してい》の義《ぎ》に象《かた》どつたものである。亦彖傳《またたんでん》に山下《さんか》に險《けん》ありと言《い》ふは上下《じやうげ》に象《かた》どり。六四に蒙《もう》に困《くる》しむと言《い》ふは、遠《ゑん》近《きん》の義《ぎ》に象《かた》どつたものである、需《じゆ》の彖《たん》に需《じゆ》は須《ま》つなりと言《い》ふは時《とき》の先後《せんご》に象《かた》どり、險前《けんぜん》にあるなり剛《がう》健《けん》にして陷《おちい》らずと言《い》ふは進退《しんたい》に象《かた》どり、雲天《くもてん》に上《のぼ》ると言《い》ふは上下《じやうげ》に象《かた》どり、亦爻《またかう》に郊《かう》に需《ま》ち、沙《しや》に需《ま》ち、泥《でい》に需《ま》ち、血《ち》に需《ま》つと言《い》ふは、遠近《ゑんきん》の義《ぎ》に象《かた》どつたものである。訟《しよう》の彖《たん》に孚《まこと》あつて窒《ふさ》がると言《い》ふは、屈伸《くつしん》の義《ぎ》に象《かた》どつたものである。師《し》の九二に王《わう》三たび命《めい》を錫《たま》ふと言《い》ふは、君臣《くんしん》の義《ぎ》に象《かた》どつたものので、初《しよ》六に師《し》出《いだ》すに律《りつ》を以《もつ》てすと言《い》ひ、六四に師《し》左次《さじ》すと言《い》ふは、出入進退等《しゆつにふしんたいとう》の義《ぎ》に象《かた》どつたものである。比《ひ》の彖《たん》に後夫《こうふ》は凶《きよう》と言《い》ふは、時《とき》の先後《せんご》に象《かた》どつたもので、六二に之《これ》に比《ひ》す内《うち》よりすと言《い》ひ、六四に外之《そとこれ》に比《ひ》すと言《い》ふは、内外《ないぐわい》の義《ぎ》に象《かた》どつたものである。小畜《せうちく》の九三に輿輻《くるまふく》を説《ぬ》き夫妻《ふさい》目《め》を反《はん》すと言《い》ふは、彼我進退等《ひがしんたいとう》の義《ぎ》に象《かた》どつたものである。履《り》の彖《たん》に虎尾《こび》を履《ふ》むと言《い》ふは剛柔先後等《がうじうせんごとう》の義《ぎ》に象《かた》どつたものである。大象《だいしやう》に上天下澤《じやうてんかたく》は履《り》、君子《くんし》以《もつ》て上下《じやうげ》を辨《べん》ずと言《い》ふは、高低尊卑貴賤等《かうていそんびきせんとう》の義《ぎ》に象《かた》どつたものである。泰《たい》の彖《たん》に小往《せうゆ》き大來《だいきた》ると言《い》ふは出入往來等《しゆつにふわうらいとう》の義《ぎ》に象《かた》どり、亦《また》その彖傳《たんでん》に上下《じやうげ》交《まじは》つて而《しか》して其《そ》の志《こゝろざし》同《おな》じ、内《うら》は陽《やう》にして外《そと》は陰《いん》と言《い》ふは、上下内外等《じやうげないぐわいとう》の義《ぎ》に象《かた》どつたものである。同人《ごうにん》の彖《たん》に同人野《ごうじんや》に于《おい》てすと言《い》ひ、爻《かう》に同人門《ごうじんもん》に于《おい》てす、同人宗《ごうじんそう》に于《おい》てす、同人郊《ごうじんかう》に于《おい》てすと言《い》ふは、内外《ないぐわい》公私廣狹等《こうしくわうけふとう》の義《ぎ》に象《かた》どつたものである。豫《よ》に雷地《らいち》を出《い》でゝ奮《ふる》ふは豫《よ》と言《い》ふは、動靜出入等《どうせいしゆつにふとう》の義《ぎ》に象《かた》どつたものである。隨《ずゐ》に剛來《がうきた》つて而《しか》して柔《じう》に下《くだ》ると言《へ》ひ、君子《くんし》以《もつ》て晦《くわい》に嚮《むか》つて宴息《えんそく》すと言《い》ふは、往來上《わうらいじやう》下出入等《げしゆつにふとう》の義《ぎ》に象《かた》どつたもので、爻《かう》に小子《せうし》に係《かゝ》つて丈夫《ちやうぶ》を失《うしな》ふと言《い》ふは、彼我賓主等《ひがひんしゆとう》の義《ぎ》に象《かた》どつたものである。蠱《こ》の諸爻《しよかう》に父母《ふぼ》の蠱《こ》に幹《かん》たりと言《い》ふは、父子《ふし》の義《ぎ》に象《かた》どつたものである。觀《くわん》の六四に用《もち》ひて王《わう》に賓《ひん》たるに利《よろ》しと言《い》ふは、賓主《ひんしゆ》の義《ぎ》に象《かた》どつたものである。无妄《むまう》に剛外《がうそと》より來《きた》つて而《しか》して內《うち》に主《しゆ》となると言《い》ふは、內外賓主《ないぐわいひんしゆ》の義《ぎ》に象《かた》どつたものである。大畜《だいちく》の諸爻《しよかう》は進退《しんたい》に象《かた》どり。頤《い》は上下《じやうげ》に象《かた》どり。大過《だいくわ》は本末《ほんまつ》に象《かた》どり。坎《かん》は高低《かうてい》に象《かた》どり、離《り》の九三は朝夕晝夜《てうせきちうや》に象《かた》どり。遯大壯《とんだいさう》は首尾《しゆび》頭足等《とうそくとう》に象《かた》どり。晉明夷《しめいい》は明暗晝夜出入上下等《めいあんちうやしゆつにふじやうげとう》の義《ぎ》に象《かた》どり。家人《かじん》は父子兄弟夫婦等《ふしけいていふうふとう》の義《ぎ》に象《かた》どり。蹇解《けんかい》は進退往來等《しんたいわうらいとう》の義《ぎ》に象《かた》どり。損益《そんえき》は上下內外彼我賓主等《じやうげないぐわいひがひんしゆとう》の義《ぎ》に象《かた》どり。夬姤《くわいこう》は出入往來等《しゆつにふわうらいとう》の義《ぎ》に象《かた》どり。萃升《すゐしよう》は昇降《しようかう》の義《ぎ》に象《かた》どり。革《かく》は朝夕《てうせき》に象《かた》どり。震《しん》は遠近《ゑんきん》に象《かた》どり。艮《ごん》は上下《じやうげ》に象《かた》どり。漸《ぜん》は高低《かうてい》に象《かた》どり、歸妹《きまい》は貴賤遲速等《きせんちそくとう》の義《ぎ》に象《かた》どり。渙《くわん》は彼我君臣上下等《ひがくんしんじやうげとう》の義《ぎ》に象《かた》どり。節《せつ》は內外 出 入等《ないぐわいしゆつにふとう》の義《ぎ》に象《かた》どり、中孚《ちうふ》は彼我父子《ひがふし》の義《ぎ》に象《かた》どり。小過《せうくわ》は上下《じやうげ》の義《ぎ》に象《かた》どつたものである。

第三節　全體

全體《ぜんたい》とは六畫全卦《くわくぜんくわ》を指《さ》すの名《な》で、他《た》の三體卽《すなは》ち一體兩體爻體《たいりやうたいかうたい》に對《たい》して之《これ》を全體《ぜんたい》と言《い》ふ。故《ゆゑ》に之《これ》を兩體《りやうたい》に較《くら》ぶれば、彼《かれ》は一卦六爻中《くわかうちう》に於《おい》て內外上下彼我賓主等《ないぐわいじやうげひがひんしゆとう》に分《わか》つて之《これ》を觀察《くわんさつ》する方法《はうはふ》であるが、此《こ》は六爻《かう》を一括《くわつ》して種々《しゆじゆ》に之《これ》を觀察《くわんさつ》する所《ところ》の方法《はうはふ》である、是故《このゆゑ》に全體《ぜんたい》として管《くわん》する所《ところ》の區域《くゐき》は頗《すこ》ぶる廣《ひろ》く、之《これ》を區別《くべつ》して正體《せいたい》、偏體《へんたい》、復體《ふくたい》、對體《たいたい》、同體《どうたい》、卦主《くわしゆ》、大卦《たいくわ》、包卦《はうくわ》、備卦《びくわ》、伏卦等《ふくくわとう》となすことが可能《でき》るが、以下順《いかじゆん》を追《お》ふて之《これ》を説明《せつめい》せむ。

第一款　正　體

正體《しやうたい》とは三畫卦《くわくわ》たる乾坤坎離《けんこんかんり》の四正體卦《しやうたいくわ》を合《あは》せて一卦《くわ》となつたものゝことで、卽《すなは》ち乾《けん》、坤《こん》、需《じゆ》、訟《しよう》、師《し》、比《ひ》、泰《たい》、否《ひ》、同人《どうじん》、大有《たいいう》、坎《かん》、離《り》、晋《しん》、明夷《めいい》、既濟《きせい》、未濟《みせい》の十六卦《くわ》がそうである。以上《いじやう》十六卦《くわ》は内外共《ないぐわいとも》に乾《けん》、坤《こん》、坎《かん》、離《り》の合同《がふどう》に由《よつ》て成《な》る所《ところ》の卦《くわ》であるから、概《おほむ》ね平面的觀方《へいめんてきみかた》に由《よつ》て之《これ》を觀察《くわんさつ》せねばならぬ、假《たと》へば乾《けん》を以《もつ》て圓滿《ゑんまん》と見《み》充實《じうじつ》と見《み》、坤《こん》を以《もつ》て虚乏《きよぼふ》と見《み》衆多《じゆうた》と見《み》、若《もし》くは需《じゆ》に郊《かう》に需《ま》ち沙《しや》に需《ま》ち泥《でい》に需《ま》ち血《ち》に需《ま》つと言《い》ひ。師《し》に師中《しちう》に在《あ》り師左次《しさじ》すと言《い》ひ。比《ひ》に之《これ》に比《ひ》す内《うち》よりす外之《そとこれ》に比《ひ》すと言《い》ひ。泰《たい》に平《たい》らかにして陂《かた》ぶかざることなしと言《い》ひ、同人《どうじん》に同人野《どうじんや》に于《おい》てす同人門《どうじんもん》に于《おい》てす同人郊《どうじんかう》に于《おい》てすと言《い》ひ。大有《たいいう》に大車以《だいしやもつ》て載《の》すと言《い》ひ。坎《かん》に來《きた》るも之《ゆ》くも坎々《かんかん》と言《い》ひ。離《り》に四方《はう》を照《てら》すと言《い》ひ。中《ちう》孚《ふ》に木舟《もくしう》と言《い》ふが如《ごと》きは皆平面的觀《みなへいめんてきみ》方《かた》を以《もつ》てその象《かたち》を取《と》つたものである。

尚以上《なほいじやう》の十六卦《くわ》に就《つい》ては、賓主彼我《ひんしゆひが》の向背《かうはい》を察《さつ》すべき内顚《ないてん》、外顚《ぐわいてん》、内外顚等《ないぐわいてんとう》の諸法《しよはふ》を應用《おうよう》することが可能《でき》ぬ。何《なん》となれば、以上《いじやう》の十六卦《くわ》は内外共《ないぐわいとも》に正體《しやうたい》の卦《くわ》であるから、之《これ》を顚倒《てんたう》するも異象《いしやう》を得《う》ることが可能《でき》ぬ許《ばか》りでなく、乾《けん》、坤《こん》、坎《かん》、離《り》に就《つい》ては全卦顚倒法《ぜんくわてんだうはふ》も易位法《えきゐはふ》も、亦之《またこれ》を應用《おほよう》することが可能《でき》ぬからであるが、その他《た》の十二卦《くわ》に就《つい》ては、易位法《えきゐはふ》も全卦顚倒法《ぜんくわてんだうはふ》も之《これ》を用《もら》ゆることは可能《でき》るけれども、而《しか》も之《これ》を他《た》の偏體《へんたい》の卦《くわ》に比《くら》ぶれば、その用所《ようしよ》が甚《はなは》だ少《すく》なきものである。その詳細《しやうさい》は五段論式必中占法《だんろんしきひつちうせんはふ》並《ならび》に眞勢《ませ》中州之易學《ちうしうのえきがく》等《とう》に於《おい》て之《これ》を述《の》べて置《おい》たから、その方《はう》を參觀《さんくわん》せられたし。

第二款　偏　體

偏體《へんたい》とは三畫卦《くわくくわ》たる震《しん》、巽《そん》、艮《ごん》、兌《だ》の四偏體卦《へんたいくわ》を合《あは》せて一卦《くわ》となしたものゝことで、即《すなは》ち隨《ずゐ》、蠱《こ》、頤《ゐ》、大過《たいくわ》、咸《かん》、恒《こう》、損《そん》、益《えき》、震《しん》、艮《ごん》、漸《ぜん》、歸妹《きまい》、巽《そん》、兌《だ》、中孚《ちうふ》、小過《せうくわ》の十六卦《くわ》を言《い》ふのであるが、此等《これら》の十六卦《くわ》は内外共《ないぐわいとも》に震《しん》、巽《そん》、艮《ごん》、兌《だ》の合同《がふどう》に由《よつ》て成立《なりたつ》て居《を》るから、多《おほ》くは立體的觀方《りつたいてきみかた》を以《もつ》て之《これ》を見《み》なければならぬ、假《たと》へば隨《ずゐ》の卦《くわ》に剛來《がうきた》つて而《しか》して柔《じう》は下《くだ》る、澤中《たくちう》に雷《らい》ありと言《い》ひ。蠱《こ》の卦《くわ》に剛《がう》は上《のぼ》つて而《しか》して柔《じう》は下《くだ》る、山下《さんか》に風《かぜ》ありと言《い》ひ。頤《ゐ》の卦《くわ》に山下《さんか》に雷《らい》あり、我《われ》を觀《み》て頤《おとがひ》を朶《た》ると言《い》ひ。大過《たいくわ》に藉《し》くに白茅《はくぼう》を用《もち》ゆ、枯楊梯《こやうてい》を生《しやう》じ、枯楊華《こやうはな》を生《しやう》ずと言《い》ひ。咸《かん》に其梅《そのはい》に咸《かん》じ、其腓《そのひ》に咸《かん》じ、其股《そのこ》に咸《かん》じ、其《その》輔頰舌《ほけふぜつ》に咸《かん》ずと言《い》ひ。艮《ごん》に其趾《そのし》に艮《とゞま》り、其腓《そのひ》に艮《とゞま》り、其限《そのげん》に艮《とゞま》り、其身《そのみ》に艮《とゞま》り、其輔《そのほ》に艮《とゞま》ると言《い》ひ。漸《ぜん》に干《みぎわ》に漸《すゝ》み、磐《はん》に漸《すゝ》み、陸《りく》に漸《すゝ》み、木《き》に漸《すゝ》み、陵《りよう》に漸《すゝ》み、阿《あ》に漸《すゝ》みと言《い》ひ。巽《そん》に巽《いつ》て牀下《しやうか》に在《あ》りと言《い》ひ中孚《ちうふ》に翰音天《かんおんてん》に登《のぼ》ると言《い》ひ。小過《せうくわ》に公弋《こうくつ》して彼《か》の穴《あな》に在《あ》るを取《と》ると言《い》ふの類《るゐ》は、皆悉《みなことごと》く立體的《りつたいてき》觀方《みかた》を以《もつ》て之《これ》を見《み》たものである。

上述《じやうじゆつ》の如《ごと》く此等《これら》の十六卦《くわ》は、内外共《ないぐわいとも》に偏體《へんたい》の卦《くわ》に由《よつ》て成立《なりたつ》て居《を》るから、易位《えきゐ》、顚倒《てんたう》、内顚《ないてん》、外顚《ぐわいてん》、その他《た》賓主《ひんしゆ》彼我《ひが》の向背《かうはい》應對《おほたい》に關《くわん》する諸法《しよはふ》は、皆之《みなこれ》を應用《おうよう》することが可能《でき》るが、その詳細《しやうさい》は前掲《ぜんけい》の五段《だん》論式必中占法若《ろんしきひつちうせんぱふもし》くは眞勢中州之易學《まさせちうしうのえきがく》を見《み》て了知《れうち》せられたし。

第三款　複體

複體《ふくたい》とは正體卦《せいたいくわ》と偏體卦《へんたいくわ》との結合《けつがふ》に由《よつ》て成立《なりたつ》たもので、卽《すなは》ち屯《ちゆん》、蒙《もう》、小畜《せうちく》、履《り》、謙《けん》、豫《よ》、臨《りん》、觀《くわん》、噬嗑《ぜいがう》、賁《ひ》、剝《はく》、復《ふ》、无妄《むまう》、大畜《たいちく》、遯《さん》、大壯《だいさう》、家人《かじん》、睽《けい》、蹇《けん》、解《かい》、夬《くわい》、姤《こう》、萃《すゐ》、升《しよう》、困《こん》、井《せい》、革《かく》、鼎《てい》、豐《ほう》、旅《りよ》、渙《くわん》、節《せつ》の三十二卦《くわ》がそれである。以上《いじやう》三十二卦《くわ》は、皆正體卦《みなせいたいくわ》と偏體卦《へんたいくわ》との結合《けつがふ》に由《よつ》て成立《なりたつ》て居《を》るから、此等《これら》の卦《くわ》を觀察《くわんさつ》するには、混同的觀方卽《こんどうてきみかたすなは》ち一方《ばう》は平面的《へいめんてき》に之《これ》を見《み》て一方《ばう》は立體的《りつたいてき》に之《これ》を見《み》なければならぬ。假《たと》へば屯《ちゆん》には險《けん》中《ちう》に動《うご》くと言《い》ひ、蒙《もう》には山下《さんか》に險《けん》ありと言《い》ひ。履《り》には上天下澤《じやうてんかたく》と言《い》ひ。謙《けん》には地中《ちちう》に山《やま》ありと言《い》ひ。豫《よ》には雷地《らいち》を出《い》でゝ奮《ふる》ふと言《い》ひ。大畜《だいちく》には天山中《てんざんちう》にありと言《い》ひ。臨《りん》には澤上地《たくじやうち》ありと言《い》ひ。觀《くわん》には風《かぜ》地上《ちじやう》を行《ゆ》くと言《い》ひ。剝《はく》には山《やま》が地《ち》に附《つ》くと言《い》ひ。復《ふく》には雷《らい》が地中《ちちう》にありと言《い》ひ。姤《こう》には杞《き》を以《もつ》て瓜《くわ》を包《つゝ》むと言《い》ひ。萃《すゐ》には澤《たく》が地《ち》に升《のぼ》ると言《い》ひ。升《しよう》には地中木《ちちうき》を生《しやう》ずと言《い》ひ。旅《りよ》には山上《さんじやう》に火《ひ》ありと言《い》ひ。渙《くわん》には風《かぜ》が水上《すゐじやう》を行《ゆ》くと言《い》ひ。節《せつ》には澤上《たくじやう》に水《みづ》ありと言《い》ふが如《ごと》きは、皆平面的觀方《みなへいめんてきみかた》と立體的觀方《りつたいてきみかた》とを混合《こんがふ》してその象《かたち》を取《とつ》たものである。而《しか》して此等《これら》三十二卦《くわ》は、易位《えきゐ》、顚倒《てんたう》の二法《はふ》は之《これ》を施《ほどこ》すことが可能《でき》るけれども、內外顚法《ないぐわいてんはふ》は之《これ》を用《もち》ゆることが可能《でき》ぬ。何故《なにゆゑ》なれば、內外何《ないぐわいいづ》れかの一方《ばう》は正體《せいたい》の卦《くわ》であるからである。加之《しかのみならず》。外卦《ぐわいくわ》の一方《ぱう》に正體《せいたい》の卦《くわ》を持《もつ》て居《を》る屯《ちゆん》、履《り》、謙《けん》、臨《りん》、噬嗑《ぜいがう》、復《ふく》、无妄《むもう》、遯《さん》、睽《けい》、蹇《けん》、姤《こう》、升《しよう》、井《せい》、鼎《てい》、旅《りよ》、節《せつ》の十六卦《くわ》は、內顚法《たいてんはふ》は之《これ》を用《もち》ゆることを得《う》れども、外顚法《ぐわいてんはふ》は之《これ》を用《もち》ゆることが可能《でき》ぬ。然《しか》るに正體卦《せいたいくわ》を內卦《ないくわ》に持《もつ》て居《を》る所《ところ》の蒙《もう》、小畜《せうちく》、豫《よ》、觀《くわん》、賁《ひ》、剝《はく》、大畜《だいちく》、大壯《だいさう》、家人《かじん》、解《かい》、夬《くわい》、萃《すゐ》、困《こん》、革《かく》、豐《ほう》、渙《くわん》の十六卦《くわ》に就《つい》ては、外顚法《ぐわいてんはふ》は之《これ》を用《もつ》ゆることが可能《でき》るけれども、內顚法《ないてんはふ》は之《これ》を用《もち》ゆることが可能《でき》ぬのである

第四款　對體

對體《たいたい》とは六畫卦《くわくくわ》の中《うち》に於《おい》て彼我《ひが》內外《かいぐわい》上下等《じやうげこう》を區分《くぶん》對向《たいかう》せしめてその象義《しやうぎ》を取《と》ることで、卽《すなは》ち卦《くわ》と卦《くわ》とを相對《あひたい》せしめ、若《もし》くは卦《くわ》と爻《かう》とを相對《あひたい》せしめ、或《あるひ》は陽爻《やうかう》と陰爻《いんかう》とを相對《あひたい》せしめて、之《これ》を以《もつ》て彼我《ひが》內外《ないぐわい》上下《じやうげ》遠近《ゑんきん》等《とう》に象《かた》どるものが是《こ》れである。例《たと》へば消長《せうちやう》の卦《くわ》たる復《ふく》、臨《りん》、泰《たい》、大壯《だいさう》、夬《くわい》の五卦《くわ》は、這《こ》は陽《やう》が次《し》第《だい》に成長《せいちやう》して陰《いん》に對《たい》する所《ところ》の卦《くわ》である。反之《これにはんし》。姤《こう》、遯《さん》、否《ひ》、觀《くわん》、剝《はく》の五卦《くわ》は、這《こ》は陰《いん》が次第《しだい》に成長《せいちやう》して陽《やう》に對《たい》する所《ところ》の卦《くわ》である、故《ゆゑ》に復《ふく》の彖傳《たんでん》に復《ふく》は亨《とほ》る剛反《がうかへ》る、動《うご》いて而《しか》して順《じゆん》を以《もつ》て行《ゆ》く、是《これ》を以《もつ》て出入《しゆつにふ》疾无《やまひな》く朋來《ともきた》りて咎无《とがな》く其《そ》の道《みち》に反《かへ》り復《かへ》る、七日《か》にして來《きた》り復《かへ》る、天行《てんかう》なり、行《ゆ》く攸《ところ》あるに利《よろ》しとは剛《がう》長《ちやう》ずればなりと言《い》ひ。臨《りん》の彖傳《たんでん》に臨《りん》は剛浸《がうした》して而《しか》して長《ちやう》ずと言《い》ひ。泰《たい》の彖傳《たんでん》に君子《くんし》道長《みちちやう》じ、小人《せうじん》道消《みちけ》するなりと言《い》ひ。大壯《だいさう》の彖傳《たんでん》に大壯《だいさう》は大《だい》なる者《もの》壯《さか》むなるなり、剛《がう》にして以《もつ》て動《うご》く故《ゆゑ》に壯《さか》むなりと言《い》ひ夬《くわい》の彖傳《たんでん》に夬《くわい》とは決《けつ》するなり、剛《がう》、柔《じう》を決《けつ》するなり、王庭《わうてい》に揚《あ》ぐとは柔《じう》、五剛《がう》に乘《の》ればなり、往《ゆ》く攸《ところ》

あるに利《よろ》しとは、剛長《がうちやう》ずれば乃《すなは》ち終《をは》ればなりと言《い》ひ。亦姤《またこう》の彖傳《たんでん》に姤《こう》とは遇《あ》ふなり、柔《じう》、剛《がう》に遇《あ》へばなりと言《い》ひ。遯《たん》の彖傳《たでん》に小《せう》は貞《ただ》しきに利《よろ》しとは。浸《した》して而《しか》して長《ちやう》ずればなりと言《い》ひ。否《ひ》の彖傳《たくでん》に小人《せうじん》道長《みちちやう》じ君子《くんし》道消《みちせう》するなりと言《い》ひ。觀《くわん》の彖傳《たんでん》に大觀上《たいくわんかみ》にあり、順《したがつ》て而《しか》して巽《そな》ふ。中正《ちうせい》にして以《もつ》て天下《てんか》に觀《しめ》す、觀《くわん》は盥《てあらつ》て而《しか》して薦《すゝ》めず、孚《まこと》あつて顒若《ぎようじやく》たりとは、下觀《しもみ》て而《しか》して化《くわ》するなりと言《い》ひ。剝《はく》の彖《たん》傳《でん》に剝《はく》とは剝《はく》なり、柔《じう》、剛《がう》を變《へん》ずるなりと言《い》ふが如《ごと》きは、一卦《くわ》六爻《かう》を以《もつ》て陰陽剛柔《いんやうがうじう》の二者《しや》に分《わか》ち、陽《やう》と陰《いん》、陰《いん》と陽《やう》とを相向對《あひかうたい》せしめて、陽《やう》が長《ちやう》ずれば陰《いん》が消《け》し、亦陰《またいん》が長《ちやう》ずれば陽《やう》が消《せう》し、君子《くんし》が盛《さか》ゆれば小人《せうじん》が衰《おとろ》へ、小人《せいじん》が盛《さか》ゆれば、君子《くんし》が衰《おとろ》へ、我進《われすゝ》めば彼退《かれしりぞ》き、彼進《かれすゝ》めば我退《われしりぞ》き、彼此《ひし》相互《あひたがひ》に去來出《きよらいしゆつ》入《にふ》をなすの狀《さま》に象《かた》どり、之《これ》を以《もつ》て萬事萬變《はんじばんぺん》に應《おほ》ずるの法則《はふそく》を示《しめ》したもので謂《い》ふ所《ところ》の消長《せうちやう》の理法《りはふ》である亦蠱《またこ》の卦《くわ》の如《ごと》きは、初《しよ》から五に至《いた》る迄《まで》の五爻《かう》を以《もつ》て子《し》となし、上九《じやう》の一爻《かう》を以《もつ》て父《ちゝ》となし、父子《ふし》相對《あひたい》向《かう》せしめてその象《かたち》を取《こつ》て居《を》る。

亦卦《またくわ》と爻《かう》とを相對《あひたい》せしめて象《かたち》を取《こ》るの例《れい》を示《しめ》せば、屯《ちゆん》の初《しよ》九に磐桓《はんくわん》と言《い》ひ。六二に屯如邅如《ちゆんじよせんじよ》と言《い》ふは一爻《かう》を以《もつ》て外卦《ぐわいくわ》の坎《かん》に向對《かうたい》せしめてその象《かたち》を取《こつ》たものである。需《じゆ》の初《しよ》九に需レ于レ郊、九二に需レ于レ沙九三に需レ于レ泥と言《い》ふは、內卦《ないくわ》の三爻《かう》が外卦坎《ぐわいくわかん》の水《みづ》に隔《へだ》たることの遠近《ゑんきん》に由《よつ》てその象《かたち》を取《こつ》たものである。小畜《せうちく》の初《しよ》九に復自《ルコト》レ道、九二に牽復《レテ》、九三に輿說《グ》レ輻《チ》、夫妻反《ス》レ目と言《い》ふは、外卦《ぐわいくわ》の巽《そん》に接《せつ》することの遠近《ゑんきん》に從《したが》ふてその象《かたち》を取《こつ》たものである。履《り》の初《しよ》九に素履《ヨリ》、九二に履レ道《ムコト》坦坦、六三に履《ンデ》二虎尾《チ》一咥《フ》レ人《チ》と言《い》ふは、外卦乾《ぐわいくわけん》を距《へだゝ》ることの遠近《ゑんきん》に由《よつ》てその象《かたち》を取《とつ》たものである。觀《くわん》の初《しよ》六に童觀《どうくわん》、六二に闚觀《きくわん》、六三に觀ニ我生ヲ一と言《い》ふは、外卦《ぐわいくわ》の巽《そん》に對《たい》する地位《ちゐ》の高下《かうげ》に由《よつ》てその象《かたち》を取《とつ》たものである。剝《はく》の初《しよ》六に剝《はく》レ牀して以《もつ》て足《あし》よりす、六二に剝レ牀して以《もつ》て辨《べん》にす、六三に剝レ之と言《い》ふは、外卦艮《ぐわいくわごん》の牀《しやう》に對《たい》する高下《かつげ》に從《したが》ふてその象《かたち》を取《とつ》たものである。旅《りよ》の初《しよ》六に旅瑣々《りよさゝ》、六二に旅卽《つ》レク次《やど》リニ、九三に旅焚ニ其次一と言《い》ふは、外卦《ぐわいくわ》の離《り》に對《たい》する距離《きより》の遠近《ゑんきん》に由《よつ》てその象《かたち》を取《とつ》たものである。

亦《また》卦《くわ》と卦《くわ》と内外相對《ないぐわいあひたい》して象《かたち》を取《こ》るの例《れい》を言《い》へば、需《じゆ》の九三に寇《こう》の至《いた》ることを致《いた》すと言《い》ふてあるが、謂《い》ふ所《ところ》の寇《こう》とは我《われ》を寇害《こうがい》するものゝことで、九三自爻《じかう》の象《かたち》でも亦内卦乾《またないくわけん》の象《かたち》でもなく、即《すなは》ち外卦坎《ぐわいくわかん》の象《かたち》で此《こ》の外卦坎《ぐわいくわかん》の寇《こう》を以《もつ》て内卦乾《ないくわけん》の我《われ》と向對《かうたい》させてその象《かたち》を取《とつ》たものである。小畜《せうちく》の九三に夫《ふ》妻《さいは》反《へす》レ目《めに》と言《い》ふて居《を》るが、内卦《ないくわ》は乾《けん》で九三は陽爻《やうかう》である、故《ゆゑ》に夫《ふ》の象《かたち》はあつても妻《さい》の象《かたち》はないけれど外卦巽《ぐわいくわそん》は陰《いん》で六四も亦陰爻《またいんかう》である、故《ゆゑ》に内外相向對《ないぐわいあいかうたい》させて夫妻《ふさい》の象《かたち》を取《と》つたものである、且《か》つ中爻離《ちうがうり》を目《め》となし正視《せいし》となすのではあるけれども、巽《そん》を以《もつ》て白眼《しろめ》多《おほ》しとなし、兌《だ》を以《もつ》て偏視《へんし》となす許《ばか》りでなく二より五に至《いた》つて睽《けい》の象《かたち》もあるから畜止《うくし》の義《ぎ》を兼《か》ねて此《かく》の如《ごと》く反目《はんもく》の象《かたち》を取《とつ》たものである。履《り》の六三に武人《ぶじん》爲《スト》レ于ニ大君一と言ふてあるが、兌《だ》を肅殺《しゆくさつ》となし、中斧離《ちうかうり》を戈兵甲冑《くわへいかつちう》となすから、武人《ぶじん》の象《かたち》はあるけれども大君《たいくん》の象《しやう》は六三自爻《じかう》にはない、此《これ》も亦外卦乾《またぐわいくわけん》の象《かたち》で、内卦《ないくわ》の兌《だ》を以《もつ》て外卦《ぐわいくわ》の乾《けん》と相向對《あひかうたい》させて大君《たいくん》の象《かたち》を取《とつ》たものである。觀《くわん》の六三に觀ニ我生一ヲ進退すと言《い》ふてあるが、我生《わがはたらき》とは六三自爻《じかう》のことで内卦《ないくわ》三爻《かう》の總名《そうめい》であるが、その進退《しんたい》と言《い》ふは外卦巽《ぐわいくわそん》の象《かたち》を取《さつ》たものである、乾《けん》の九三に君子《くんし》終日乾々《しふじつけん〳〵》と言《い》ひ坎《かん》の六三に來《きた》ルモ之《ゆ》クモ坎々《かん〳〵》と言《い》ひ。離《り》の九四に突如《こつじよ》トシテ其《そ》レ來如《らいじよ》と言《い》ふは、這《こ》は内外兩體相對《ないぐわいりやうたいあひたい》し、乾《けん》と乾《けん》と相連《あひつら》なり、坎《かん》と坎《かん》と相接《あひせつ》し、離《り》と離《り》と相續《あひつゞ》く所《ところ》の象《かたち》を取《さつ》たものである大壯《たいさう》の九四に羝羊觸ルレ藩ニと言《い》ふてあるが、藩《はん》とは外卦震《ぐわいくわしん》の象《かたち》を取《さつ》たものである。升《しよう》の九三に升ル二虛邑一と言ふてあるが、虛邑《きよいふ》とは外卦坤《ぐわいくわこん》の象《かたち》を取《さつ》たものである。鼎《てい》の九三に雉膏《きじのあぶら》と言《い》ふてあるが、雉《ち》とは外卦離《ぐわいくわり》の象《かたち》を取《さつ》たものである。旅《りよ》の九三に焚二其次一と言《い》ふてあるが、焚《や》くとは外卦離《ぐわいくわり》の象《かたち》を取《さつ》たものである。渙《くわん》の六四に渙ラス二其群一と言《い》ふてあるが、其群《そのぐん》とは内卦三爻《ないくわさんかう》の象《かたち》を取《さつ》たものである。亦既濟《またきさい》の九五に東隣西隣《とうりんさいりん》と言《い》ふてあるが、這《こ》は先天圖《せんてんづ》の離《り》の東《とう》、坎《かん》の西《さい》と内外相對向《ないぐわいあひたいかう》せしめてその象《かたち》を取《さつ》たものである。

第五款　同體

同體《どうたい》とは全卦《ぜんくわ》六爻皆共《かうみなとも》に同象《どうしやう》を取《と》ることで、即《すなは》ち六爻《かう》を一括《くわつ》して之《これ》を同視《どうし》するの義《ぎ》である。例《たと》へば、乾《けん》の卦《くわ》の六爻《かう》に皆之《みなこれ》を龍《りよう》に象《かた》どつて居《ゐ》るのは、乾《けん》は純陽積氣《じゆんやうせきき》のものであるから、變化不測《へんくわふそく》の義《ぎ》を取《と》つたものである。比《ひ》の卦《くわ》の六爻《かう》に皆比親《みなひしん》の象《かたち》を取《と》つて居《ゐ》るのは、五陰《いん》が一陽《やう》に比《ひ》し、一陽《やう》が五陰《いん》に親《した》しむの義《ぎ》を取《さつ》たものである。大有《たいいう》は一陰《いん》が五陽《やう》を有《も》ち、豫《よ》は五陰《いん》が一陽《やう》に由《よ》るの義《ぎ》を取《さつ》たものである。臨觀《りんくわん》の諸爻《しよかう》に皆臨觀《みなりんくわん》を言《い》ふのは、上下陰陽互《じやうげいんやうたがひ》に相臨《あひのぞ》み相觀《あひみ》るの義《ぎ》を取《さつ》たものである、咸艮《かんごん》の諸爻《しよかう》に皆《みな》咸艮《かんごん》を言《い》ふのは、之《これ》を人身《じんしん》に象《かた》どつたものである。蹇《けん》の諸爻《しよかう》に皆蹇《みなけん》を言《い》ふのは、凡《すべ》て之《これ》を蹇《けん》に象《かた》どつたものである。漸《ぜん》の諸爻《しよかう》に皆漸進《みなぜんしん》の義《ぎ》を言《い》ふて居《ゐ》るが、漸《ぜん》とは進《すゝ》むに序《じよ》であつてその等《とう》を超《こ》へぬ義《ぎ》であるが、鴻《こう》が進退飛行《しんたいひかう》する時《とき》にも、亦秩序《またちつじよ》があつてその列《れつ》を紊《みだ》さぬものである、故《ゆゑ》に漸《ぜん》の順序《じゆんじよ》に從《したが》ふて進《すゝ》むの義《ぎ》を轉《てん》じて之《これ》を鴻《こう》に象《かた》どつたもので謂《い》ふ所《ところ》の轉象《てんしやう》である。渙《くわん》の諸爻《しよかう》に皆渙《みなくわん》を言《い》ふて居《ゐ》るのも風《かぜ》が水上《すゐじやう》を吹《ふ》くの義《ぎ》を取《と》つたものであるが、此《こ》の例《れい》に從《したが》ふて象《かたち》を取《と》れば、何《いづ》れの卦《くわ》も種々《しゆ〴〵》に之《これ》を形容《けいよう》することが可能《でき》る。

第六款　卦主

卦主《くわしゆ》とは一卦《くわ》六爻中《かうちう》の主腦《しゆなう》となり、若《もし》くは主宰《しゆさい》となる所《ところ》の爻《かう》を言《い》ふのであるが、三畫《くわく》八卦《くわ》の中《なか》では乾《けん》坤《こん》の二卦《くわ》を除《のぞ》き、その他《た》の六卦《くわ》に於《おい》ては少《すく》なき所《ところ》の陰《ゐん》か陽《やう》かの一爻《かう》を以《もつ》て主爻《しゆかう》となすのである。繫辭《けいじ》傳《でん》に陽《やう》は一君《くん》にして而《しか》して二民君子《みんくんし》の道《みち》なり、陰《ゐん》は二君《くん》にして而《しか》して一民小人《みんせうじん》の道《みち》なりと言《い》ふのが即《すなは》ちそうであるが、謂《い》ふ所《ところ》の陽《やう》とは陽卦《やうくわ》のことで震《しん》、坎《かん》、艮《ごん》の三卦《くわ》を指《さ》し、陰《いん》とは陰卦《いんくわ》のことで巽《そん》、離《り》、兌《だ》の三卦《くわ》を指《さ》したものである、今之《いまこれ》を陽《やう》を以《もつ》て君《くん》となし、陰《いん》を以《もつ》て臣《しん》となす所《ところ》の易例《えきれい》に照《てら》せば、震《しん》、坎《かん》、艮《ごん》の陽卦《やうくわ》に於《おい》ては、君《くん》たる所《ところ》の陽《やう》は一爻《かう》で臣《しん》たる所《ところ》の陰《いん》は二爻《かい》である、故《ゆゑ》に一君《くん》にして二民《みん》と言《い》ふ。反之《これにはんし》。巽《そん》・離《り》・兌《だ》の陰卦《いんくわ》に於《おい》ては、君《くん》たる所《ところ》の陽《やう》は二爻《かう》で臣《しん》たる所《ところ》の陰《いん》は一爻《かう》である。故《ゆゑ》に二君《くん》にして一民《みん》と言《い》ふたのである、以上《いじやう》は三畫八卦《くわくくわ》の主爻《しゆかう》のことであるが、六畫重卦《くわくちうくわ》に於《おい》ても、亦主爻卽《またしゆかうすなは》ち卦《くわ》主《しゆ》となつて居《ゐ》るものがある。而《しか》も此《こ》の卦主《くわしゆ》には定位《ていゐ》の主《しゆ》となつて居《ゐ》るものと成卦《せいくわ》の主《しゆ》となつて居《ゐ》るものとの區別《くべつ》がある、定位《ていゐ》の主爻《しゆかう》と言《い》ふのは、卦主《くわしゆ》たる所《ところ》の德《とく》が備《そなは》つて居《ゐ》る上《うへ》にその時《とき》に合《がつ》しその位《くらゐ》に居《ゐ》ることが必要《ひつえう》である。繫辭傳《けいじでん》に天地《てんち》の大德《だいとく》を生《せい》と曰《い》ふ、聖人《せいじん》の大寶《たいほう》を位《くらゐ》と曰《い》ふ、何《なに》を以《もつ》て位《くらゐ》を守《まも》る曰《いは》く仁《じん》と言《い》ふのが卽《すなは》ち此《こ》のことである、故《ゆゑ》に定位《ていゐ》の主爻《しゆかう》は之《これ》を五の位《くらゐ》に居《ゐ》るものに取《と》るのが易《えき》に於《おい》ての常例定則《じやうれいていそく》となすのである、けれども亦變例《またへんれい》があつて之《これ》を地《ち》の位《くらゐ》に居《ゐ》るものに取《と》る場合《ばあひ》もないではない、坤《こん》の卦剝《くわはく》の卦抔《くわなど》が卽《すなは》ち此《こ》の變例《へんれい》に屬《ぞく》すべきものである。亦《また》一卦成立《くわせいりつ》の根基《こんき》となつて居《ゐ》て、卦名《くわめい》もそれに由《よつ》て生《しやう》じ卦義《くわぎ》もそれに由《よつ》て起《おこ》つて居《ゐ》る時《とき》には、別《べつ》にその爻《かう》を以《もつ》て成卦《せいくわ》の主爻《しゆかう》となすのである。故《ゆゑ》に成卦《せいくわ》の主爻《しゆかう》に於《おい》ては定位《ていゐ》の主爻《しゆかう》の樣《やう》に、その德《とく》の善美《ぜんび》であるとか、その位《くらゐ》の高下《かうげ》であるとか言《い》ふ樣《やう》な要件《えうけん》を具備《ぐび》するには及《およ》ばぬ、此《こ》れ一陰《いん》一陽《やう》の卦《くわ》に於《おい》ては、概《おほむ》ねその一陰《いん》一陽《やう》の爻《かう》が成卦《せいくわ》の主爻《しゆかう》となり、消長《せうちやう》の卦《くわ》に於《おい》ては、陰陽長盛《いんやうちやうせい》の最上《さいじやう》に居《ゐ》る所《ところ》の爻《かう》を以《もつ》て成卦《せいくわ》の主爻《しゆかう》となす所以《ゆえん》である、此《かく》の如《ごと》くであるから、一卦《くわ》の中《なか》に於《おい》て定位《ていゐ》の主爻《しゆかう》であつて、亦成卦《またせいくわ》の主爻《しゆかう》を兼《か》ねて居《ゐ》るものもあれば、定位《ていゐ》の主爻《しゆかう》がある上《うへ》に別《べつ》に成卦《せいくわ》の主爻《しゆかう》となつて居《ゐ》るものがあつて、一卦《くわ》が二主《しゆ》に分《わか》れて居《ゐ》るものもある、

康熙帝曰《かうきていいは》く、

凡《およ》そ謂《い》ふ所《ところ》の卦主《くわしゆ》なる者《もの》は、成卦《せいくわ》の主《しゆ》あり、主卦《しゆくわ》の主《しゆ》あり、成卦《せいくわ》の主《しゆ》は則《すなは》ち卦《くわ》の由《よつ》て以《もつ》て成《な》る所《ところ》の

者《もの》、位《ゐ》の高下《かつげ》徳《とく》の善惡《ぜんあく》を論《ろん》ずることなく、若《も》し卦義《くわぎ》之《これ》に因《よつ》て而《しか》して起《おこ》らば、則《すなは》ち皆卦主《みなくわしゆ》たることを得《う》べきなり。主卦《しゆくわ》の主《しゆ》は、必《かな》らず皆徳《みなとく》の善《ぜん》にして而《しか》して時《とき》を得《え》、位《ゐ》を得《う》る者《もの》を之《これ》と爲《な》す、故《ゆゑ》に五位《ゐ》に取《と》る者《もの》を多《おほ》しとなす。而《しか》して他爻《たかう》も亦間々《またまゝ》之《これ》を取《と》る、其《そ》の成卦《せいくわ》の主《しゆ》にして、即《すなは》ち主卦《しゆくわ》の主《しゆ》となる者《もの》は、必《かな》らず其徳《そのとく》の善《ぜん》にして、而《しか》して時位《じゐ》を兼《か》ね得《え》たる者《もの》なり。其《そ》の成卦《せいくわ》の主《しゆ》にして、主卦《しゆくわ》の主《しゆ》となることを得《え》ざる者《もの》は、必《かな》らず其《そ》の徳《とく》と時《とき》と參錯《さんしやく》して、而《しか》して相當《あひあた》らざる者《もの》なり、大抵其《たいていそ》の説《せつ》は皆《みな》夫子《ふし》の象傳《しやうでん》に具《そな》はる、當《ま》さに逐卦分別《ちくくわふんべつ》して之《これ》を觀《み》るべし、若《も》し其《そ》れ成卦《せいくわ》の主《しゆ》にして、即《すなは》ち主卦《しゆくわ》の主《しゆ》たらば、則《すなは》ち是《こ》れ一主《しゆ》なり、若《も》し其《そ》れ卦《くわ》に成卦《せいくわ》の主《しゆ》あり、又主卦《またしゆくわ》の主《しゆ》あらば、則《すなは》ち兩爻皆卦主《りやうかうみなくわしゆ》となる或《あるひ》は其《そ》の卦《くわ》を成《な》す者兩爻《ものりやうかう》を兼《か》ね取《と》らば、則《すなは》ち兩爻又皆卦主《りやうがうまたみなくわしゆ》となる、亦《また》當《ま》さに逐卦分別《ちくくわぶべつ》して之《これ》を觀《み》るべし。

と。而《しか》して今《いま》その逐卦主《ちくくわしゆ》を取《と》るものを見《み》れば、その間或《かんあるひ》は余《よ》が意《い》を得《え》ざるものもある、故《ゆゑ》に先《ま》づ康熙《かうき》帝《てい》の説《せつ》を掲《かゝ》げ、然《しか》る後卑見《のちひけん》を述《の》べて讀者《どくしや》の判斷《はんだん》を請《こ》ひ度《たい》と思《おも》ふ。

乾《けん》は九五を以《もつ》て卦主《くわしゆ》となす、蓋《けだ》し乾《けん》は天道《てんだう》にして、而《しか》して五は則《すなは》ち天《てん》の象《しやう》なり、乾《けん》は君道《くんだう》にして、而《しか》して五は則《すなは》ち君位《くんゐ》なり、又剛健中正《またがうけんちうせい》の四者《しや》を具備《ぐび》し、天徳《てんとく》の純《じゆん》を得《え》たり、故《ゆゑ》に卦主《くわしゆ》となす、象傳《しやうでん》を觀《み》るに、謂《い》ふ所《ところ》の時《とき》に六龍《りよう》に乘《の》つて以《も》つて天《てん》を御《ぎよ》し、首《しゆ》として庶物《しよぶつ》に出《い》づる者《もの》、皆君道《みなくんだう》を主《しゆ》として而《しか》して言《い》ふ。

と。茲《こゝ》に九五を以《もつ》て卦主《くわしゆ》となすと言《い》ふのは、定位《ていゐ》の主《しゆ》と成卦《せいくわ》の主《しゆ》とを兼《か》ねて居《ゐ》ると言《い》ふ義《ぎ》である、蓋《けだ》し乾坤《けんこん》の二卦《くわ》は純陽純陰《じゆんやうじゆんいん》であるから、何《いづ》れの爻《かう》を以《もつ》て成卦《せいくわ》の主《しゆ》となすべきか、一見《けん》した所《ところ》では甚《はなは》だ分《ぶん》別《べつ》し難《がた》い樣《やう》であるけれども、九五は天《てん》の正位《しやうゐ》であつて亦君位《またくんゐ》である、且《か》つ剛健中正《がうけんちうせい》にして天徳君徳《てんとくくんとく》の全《ぜん》を備《そな》へ、時《とき》も得《え》て居《を》れば亦位《またゐ》も得《え》て居《ゐ》る、故《ゆゑ》に九五を以《もつ》て定位《ていゐ》の主《しゆ》であつて亦成卦《またせいくわ》の主《しゆ》を兼《か》ねたものとなすのである、爻《かう》に飛龍天《ひりようてん》にあり大人《たいじん》を見《み》るに利《よろ》しと言《い》ひ、文言傳《ぶんげんでん》に剛健中正純粹《がうけんちうせいじゆんすゐ》にして精《くわ》しと言《い》ふは即《すなは》ち之《これ》が爲《た》めである。

坤《こん》は六二を以《もつ》て卦主《くわしゆ》となす、蓋《けだ》し坤《こん》は地道《ちだう》にして、而《しか》して二は則《すなは》ち地《ち》の象《かたち》なり、坤《こん》は臣道《しんだう》にして、而《しか》して二は則《すなは》ち臣《しん》の位《くらゐ》なり、又柔順中正《またじゆうじゆんちうせい》の四者《しや》を具備《ぐび》し、坤徳《こんとく》の純《じゆん》を得《え》たり、故《ゆゑ》に卦主《くわしゆ》となす、彖《たん》傳《でん》を觀《み》るに、謂《い》ふ所《ところ》の先《さき》にすれば迷《まよ》ひ、後《おく》るれば主《しゆ》を得《え》、朋《ほう》を得《う》、朋《ほう》を喪《うしな》ふ者《もの》は、皆《み》な臣道《しんだう》を主《しゆ》として而《しか》して言《い》ふ。

と。茲《こゝ》に帝《てい》が六二を以《もつ》て卦主《くわしゆ》となすと言《い》ふのは、成卦《せいくわ》の主《しゆ》となすと言《い》ふの義《ぎ》であるが、六二を以《もつ》て成《せい》卦《くわ》の主《しゆ》となすべきことは帝説《ていせつ》の如《ごと》くである。然《しか》らば定位《ていゐ》の主《しゆ》は何《ど》うであるかと言《い》ふに、爻辭《かうじ》を案《あん》ずれば、初《はじめ》から四迄《まで》の四爻《かう》に於《おい》ては、六五を以《もつ》て定位《ていゐ》の主爻《しゆかう》と見做《みな》してその辭《じ》を繫《か》げて居《ゐ》るにも拘《かゝ》はらず六五の自爻《じかう》に於《おい》ては、忽《たち》まちその義《ぎ》を變更《へんかう》して黄裳元吉《くわうしやうげんきつ》と言《い》ふて定位《ていゐ》の主爻《しゆかう》たる君《きみ》の象《かたち》を取《とつ》て居《を》らぬのであるが、這《こ》は全體何故《ぜんたいなにゆゑ》であらうか。抑々《そも〱》上卦《じやうくわ》に於《おい》て衣《い》の象《かたち》を取《と》り、下《げ》卦《くわ》に於《おい》て裳《しやう》の象《かたち》を取《と》るのが順當《じゆんたう》である、然《しか》るに上卦《じやうくわ》に於《おい》て裳《しやう》の象《かたち》を取《さつ》て居《を》るのは、想《おも》ふに這《こ》は外《ほか》ではない、卦《くわ》の位《くらゐ》を以《もつ》て之《これ》を論《ろん》ずれば、上卦《じやうくわ》に於《おい》て衣《い》の象《かたち》を取《さ》り、下卦《げくわ》に於《おい》て裳《しやう》の象《かたち》を取《さ》らねばならぬことは素《もと》より論《ろん》ずる迄《まで》もないことである、けれども卦《くわ》の體質《たいしつ》を以《もつ》て之《これ》を論《ろん》ずれば、坤《こん》は純陰《じゆんいん》にして至柔《しじう》の卦《くわ》であるが、乾《けん》は純陽《じゆんやう》にして至剛《しがう》の卦《くわ》であるから。兩々相匹對《りやう〳〵あひひつたい》して居《ゐ》る、故《ゆゑ》に今卦位《いまくわゐ》を主《しゆ》となせば。衣《い》の象《かたち》を取《さ》るのが順當《じゆんたう》の様《やう》に見《み》ゆるけれども、卦體《くわたい》その者《もつ》を顧《かへり》みれば、坤《こん》の純陰《じゆんいん》であるから、乾《けん》の衣《い》に對《たい》して之《これ》を裳《しやう》に象《かた》どるのが相當《さうたう》である、然《しか》るにも拘《かゝ》はらず尚《なほ》五に於《おい》て衣《い》の象《かたち》を取《さ》るとせば乾坤匹對《けんこんひつたい》の義《ぎ》を破《や》ぶることになる故《ゆゑ》に卦位即《くわゐすなは》ち衣《い》の象《しやう》を捨《す》てゝ卦體即《くわたいすなは》ち裳《しやう》の象《かたち》を取《さ》り、君《くん》の象《しやう》を捨《す》てゝ臣《しん》の象《しやう》を取《さ》り、帝《てい》の象《しやう》を捨《す》てゝ后《こう》の象《しやう》を取《さつ》たもので、繋辭傳《けいじでん》に黄帝《くわうてい》堯舜《ぎやうしゆん》衣裳《いしやう》を垂《た》れて而《しか》して天下《てんか》治《おさ》まる、蓋《けだ》し諸《しよ》を乾坤《けんこん》に取《さ》ると言《い》ふは即《すなは》ち此《こ》のことで、乾《けん》を天《てん》となすに對《たい》して坤《こん》を地《ち》となし。乾《けん》を父《ちゝ》となすに對《たい》して坤《こん》を母《はゝ》となし、乾《けん》を圓《ゑん》となすに對《たい》して坤《こん》を方《はう》となすの義《ぎ》と同《ごう》一である、故《ゆゑ》に他爻《たかう》から之《これ》を見《み》れば、六五を以《もつ》て君位《くんゐ》となし定位《ていゐ》の主《しゆ》となすことは、敢《あへ》て他卦《たくわ》と異《こと》なる所《ところ》はないけれども、唯天《たゞてん》たり夫《ふ》たり君《くん》たる所《ところ》の乾《けん》の卦《くわ》があるを憚《はゞ》かり、その柔順《じうじゆん》の徳《とく》を示《しゆ》さむが爲《た》めに、殊更《ことさら》に地《ち》たり妻《つま》たり臣《しん》たる所《ところ》の象《かたち》を取《さつ》たものであるから乾坤匹對《けんこんひつたい》の義《ぎ》から見《み》れば定位《ていゐ》の主《しゆ》がない所《ところ》の卦《くわ》で、卦中《くわちう》の諸爻《しよかう》から之《これ》を見《み》れば六五を以《もつ》て定位《ていゐ》の主《しゆ》となす所《ところ》の變例《へんれい》に屬《ぞく》すべき卦《くわ》である、然《しか》るに帝《てい》の説《せつ》が一言《げん》も此《こゝ》に及《およ》むで居《を》らぬのは缺點《けつてん》であらうと思《おも》ふから、一言之《げんこれ》を辯《べん》じたのである。

屯《ちゆん》は初《しよ》九九五を以《もつ》て卦主《くわしゆ》となす、蓋《けだ》し卦《くわ》は唯《たゞ》二陽《やう》のみにして、初《しよ》九は下《した》に在《あ》るの侯《こう》なり、能《よ》く民《たみ》を安《やす》んずる者《もの》なり、九五は上《うへ》に在《あつ》て能《よ》く侯《こう》を健《た》て〻以《もつ》て民《たみ》を安《やす》んずる者《もの》なり

と。初《しよ》九は九五に建《たて》らる〻所《ところ》の侯《こう》で、九五は初《しよ》九の侯《こう》を建《た》つる所《ところ》の君《くん》である、故《ゆゑ》に九五は定位《ていゐ》の主《しゆ》であるが、初《しよ》九は成卦《せいくわ》の主《しゆ》である、亦屯《またちゆん》は天下《てツか》二主《しゆ》の象《かたち》で、屯《ちゆん》が屯《ちゆん》と言《い》はるべき所《ところ》は實《じつ》に初《しよ》九の一爻《かう》にある、初《しよ》九に建《たつ》て侯《こう》たるに利《よろ》しと言《い》ひ、象傳《しやうでん》に險中《けんちう》に動《うご》き大《おほ》いに亨《とほ》るに正《せい》を以《もつ》てすと言《い》ひ、象傳《しやうでん》に貴《たつとき》を以《もつ》て賤《いやき》に下《くだ》る大《おほ》いに民《たみ》を得《う》るなりと言《い》ふは、卦名《くわめい》の由《よつ》て起《おこ》る所《ところ》が此爻《このかう》にあることを說《さい》たものである

蒙《もう》は九二六五を以《もつ》て主《しゆ》となす、蓋《けだ》し九二は剛中《がうちう》の德《とく》有《あつ》て、而《しか》して六五之《これ》に應《おほ》ず、九二は下《しも》に在《あ》るの師《し》なり、能《よ》く人《ひと》を敎《をし》ゆる者《もの》なり、六五は上《かみ》に在《あつ》て能《よ》く師《し》を尊《たつと》び以《もつ》て人《ひと》を敎《をし》ゆる者《もの》なり

と。蒙《もう》は四陰《いん》二陽《やう》の卦《くわ》で、四陰《いん》は柔暗《じうあん》であるが二陽《やう》は剛明《がうめい》である、故《ゆゑ》に敎導《けうだう》の任《にん》に當《あた》るべきものは此《こ》の二陽《やう》であつて、之《これ》が敎導《けうだう》を受《う》くべきものは他《た》の四陰《いん》である、されど上《じやう》九は不中不正《ふちうふせい》で、而《しか》も艮體《ごんたい》にして卦極《くわきよく》に居《を》り、蒙《もう》を導《みちび》くに嚴厲《げんれい》に過《す》ぎてその宜《よろ》しきを得《え》ざるものである、故《ゆゑ》に蒙《もう》を擊《う》つと言《い》ふ辭《ことば》が繫《か》げられて居《ゐ》る。亦人《またひと》を敎導《けうだう》するには嚴正《げんせい》でなければならぬけれども、餘《あま》り嚴正《げんせい》に過《す》ぐる時《とき》は却《かへ》つて童蒙《どうもう》の精神《せいしん》を寇害《こうがい》することがある、故《ゆゑ》に寇《あだ》を爲《な》すに利《よろ》しからずと言《い》ふ辭《ことば》を繫《か》げて居《ゐ》る。反之《これにはんし》九二は剛中《がうちう》であつて陰位《いんゐ》に居《を》り、人《ひと》を敎導《けうだう》するに寬嚴《くわんげん》その宜《よろ》しきを得《え》たものである故《ゆゑ》に蒙《もう》を包《つゝ》むと言《い》ふて成《せい》卦の主《しゆ》であることを示《しめ》して居《ゐ》る。亦《また》六五は柔中《じうちう》であつて下《しも》は九二の賢臣《けんしん》に應《おほ》じ、上《かみ》は上《じやう》九の賢師《けんし》に比《ひ》

し、位《くらゐ》の高《たか》きを恃《たの》まずして能《よ》くその敎《をしへ》を受《う》くるものである、故《ゆゑ》に童蒙《どうもう》と言《い》ふて定位《ていゐ》の主《しゆ》たることを表《へう》示《じ》して居《ゐ》る。

需《じゆ》は九五を以《もつ》て主《しゆ》となす、蓋《けだ》し凡《およ》そ事《こと》皆《みな》當《まさ》に需《ま》つべくして、而《しか》して王道《わうだう》は尤《もつと》も當《まさ》に久《ひさ》しきを以《も》て成《な》る、象傳《しやうでん》に謂《い》ふ所《ところ》の天位《てんゐ》に位《くらゐ》して正中《しやうちう》なるを以《もつ》てなりとは、五を指《さ》して之《これ》を言《い》ふなりと。需《じゆ》の需《じゆ》たる所以《ゆゑん》は九五の一爻《かう》にある、故《ゆゑ》に九五を以《もつ》て定位《ていゐ》の主《しゆ》たると同時《どうじ》に成卦《せいくわ》の主《しゆ》を兼《か》ねたるものとなすのである。

訟《しよう》は九五を以《もつ》て主《しゆ》となす、蓋《けだ》し諸爻《しよかう》は皆《みな》訟《うつた》ふる者《もの》なり、九五は則《すなは》ち訟《うつたへ》を聽《き》く者《もの》なり、象傳《しやうでん》に謂《い》ふ所《ところ》の大人《たいじん》を見《み》るに利《り》し、中正《ちうせい》を尙《たつと》ぶなりとは、亦《また》九五を指《さ》して而《しか》して之《これ》を言《い》ふなりと。茲《こゝ》に九五を以《もつ》て主《しゆ》となすと言《い》ふは、九五を以《もつ》て定位《ていゐ》の主《しゆ》にして、亦《また》成卦《せいくわ》の主《しゆ》を兼《か》ぬると言《い》ふの義《ぎ》であるが、若《も》しそうであるとせば、余《よ》が首肯《しゆかう》し得《え》ざる所《ところ》である。今帝《いまてい》の意《い》を察《さつ》するに、訟《うつたへ》を聽《き》くべき位《くらゐ》に居《ゐ》るが故《ゆゑ》に、九五を以《もつ》て成卦《せいくわ》の主《しゆ》を兼《か》ぬるものとされた樣《やう》であるが、訟《うつたへ》を聽《き》くは五の天職《てんしよく》である許《ほか》りでなく、訟《うつた》へなからしむるものも亦《また》均《ひと》しく五に居《ゐ》るものゝ天職《てんしよく》である、故《ゆゑ》に訟《うつたへ》の起《おこ》らぬ前《まへ》に於《おい》ても之《これ》を裁斷《さいだん》する所《ところ》の權能《けんのう》は、定位《ていゐ》の主《しゆ》たる九五が常《つね》に保有《ほいう》する所《ところ》で、訟《うつたへ》の有無《うむ》に由《よつ》て消長增減《せうちやうぞうげん》するものではない、然《しか》るに九五を以《もつ》て成卦《せいくわ》の主《しゆ》を兼《か》ねたるものとすれば、大人《たいじん》を見《み》るに利《よろ》しき訟者《しようしや》と、大人《だいじん》たる治訟者《ちしようしや》とを混合《こんがふ》したものであると言《い》ふねばならぬ。蓋《けだ》し訟《うつたへ》を起《おこ》すものは九二である、九二がなければ訟《うつたへ》もない。訟者《しようしや》たる九二がある爲《た》めに訟《うつたへ》の名《な》を得《え》て居《ゐ》るのである。故《ゆゑ》に九二を以《もつ》て成卦《せいくわ》の主《しゆ》とせねばならぬ。九二の辭《ことば》に訟《うつたへ》を克《よ》くせず歸《かへ》つて而《しか》して逋《のが》る、其《そ》の邑人《いふじん》三百戸眚《こわざわい》なしと言《い》ふは、卽《すなは》ち訟《しよう》主《しゆ》たる九二を訓戒《くんかい》する所《ところ》の言《げん》である、故《ゆゑ》に余《よ》は帝說《ていせつ》に反《はん》し九二を以《もつ》て成卦《せいくわ》の主《しゆ》となすものである。

師《し》は九二六五を以《もつ》て主《しゆ》となす、蓋《けだ》し九二は下《しも》に在《あ》るの大人《たいじん》なり、六五は上《かみ》に在《あつ》て能《よ》く之《これ》を用《もち》ゆる者《もの》なり。

と。六五は定位《ていゐ》の主《しゆ》であつて、九二は成卦《せいくわ》の主《しゆ》である、九二の辭《じ》に師中《しちう》に在《あ》り、王《わう》三たび命《めい》を錫《たま》ふと言《い》ひ、六五の辭《ことば》に田《か》りに禽《きん》あり、長子《ちやうし》は師《いくさ》を帥《ひき》ひ、弟子《でし》は尸《かばね》を輿《の》すと言《い》ふのを見《み》て知《し》らるゝのである比《ひ》は九五を以《もつ》て主《しゆ》となす、蓋《けだ》し卦唯《くわただ》一陽《やう》のみにして尊位《そんゐ》に居《を》り、上下《じやうか》の比附《ひふ》する所《ところ》となる者《もの》なり一陽《やう》五陰《いん》の卦《くわ》は皆凡《みなすべ》て一陽《やう》の爻《かう》を以《もつ》て成卦《せいくわ》の主《しゆ》となすのであるから、九五は定位《ていゐ》の主《しゆ》たると同時《どうじ》に亦成《またせい》卦《くわ》の主《しゆ》となるべきものである。

小畜《せうちく》は六四を以《もつ》て成卦《せいくわ》の主《しゆ》となして、而《しか》して九五は卽《すなは》ち主卦《しゆくわ》の主《しゆ》なり、蓋《けだ》し六四は一陰《いん》を以《もつ》て衆陽《しうやう》を畜《こど》む、故《ゆゑ》に彖傳《たんでん》に曰《いは》く、柔位《じうゐ》を得《え》て而《しか》して上下之《じやうかこれ》に應《おほ》ず、九五之《これ》と志《こゝろざし》を合《あは》せて以《もつ》て其《そ》の畜《ちく》を成《な》す、故《ゆゑ》に彖傳《たんでん》に曰《いは》く、剛中《がうちう》にして而《しか》して志行《こゝろざしおこな》はると、一陰《いん》五陽《やう》の卦《くわ》は皆凡《みなすべ》て一陰《いん》の爻《かう》を以《もつ》て成卦《せいくわ》の主《しゆ》となすのであるが、九五の辭《ことば》に孚《まこと》あつて攣如《れんぢよ》たり、富《と》むで其《そ》の鄰《りん》をひきゆと言《い》ひ、彖傳《たんでん》に獨《ひと》り富《と》まざるなりと言《い》ふは定位《ていゐ》の主《しゆ》を指《さ》したものである。

履《り》は六三を以《もつ》て成卦《せいくわ》の主《しゆ》となして、而《しか》して九五は則《すなは》ち主卦《しゆくわ》の主《しゆ》なり、蓋《けだ》し六三は一柔《じう》を以《もつ》て衆剛《しうがう》の間《あひだ》を履《ふ》み、危《き》多《おほ》く懼《おそれ》多《おほ》し、卦《くわ》の履《り》と名《なづ》くる所以《ゆえん》なり、尊位《そんゐ》に居《ゐ》るものは當《まさ》に常《つね》に危懼《きく》を以《もつ》て心《こころ》を存《そん》ずべし、故《ゆゑ》に九五の辭《ことば》に曰《いは》く、貞《かた》ければ厲《あや》うし、而《しか》して彖傳《たんでん》に曰《いは》く、剛中正帝位《がうちうせいていゐ》を履《ふ》んで而《しか》して疚《やま》しからず

と。六三を以《もつ》て成卦《せいくわ》の主《しゆ》となし、九五を以《もつ》て定位《ていゐ》の主《しゆ》となすことは帝說《ていせつ》の如《ごと》くである。

泰《たい》は九二六五を以《もつ》て主《しゆ》となす、蓋《けだ》し泰《たい》は上下交《じやうかまじ》つて而《しか》して志《こころざし》同《おな》じく、九二は能《よ》く臣道《しんだう》を盡《つく》して以《もつ》て上《のぼ》り交《まじ》はる者《もの》なり、六五は能《よ》く君道《くんだう》を盡《つく》して以《もつ》て下《くだ》り交《まじ》はる者《もの》なり、二爻皆成卦《かうみなせいくわ》の主《しゆ》にして、亦《また》皆主卦《みなしゆくわ》の主《しゆ》なり

否《ひ》は六二九五を以《もつ》て主《しゆ》となす、蓋《けだ》し否《ひ》は上下交《じやうかまじ》はらず、六二は否《ふさが》つて亨《とほ》る、德《とく》を斂《おさ》め難《なん》を避《さ》くる者《もの》なり、九五は否《ひ》を休《やす》む、否《ひ》を變《へん》じて泰《たい》となす者《もの》なり、然《しか》らば則《すなは》ち六二は成卦《せいくわ》の主《しゆ》にして、而《しか》して九五は則《すなは》ち主卦《しゆくわ》の主《しゆ》なり。

泰否《たいひ》二卦《くわ》の帝說《ていせつ》に就《つい》ては余《よ》が首肯《しゆかう》し得《え》ざる所《ところ》がある、先《ま》づ泰《たい》の卦《くわ》から之《これ》を辯《べん》ぜむに、帝《てい》は九二と六五の二爻《かう》を以《もつ》て共《とも》に定位《ていゐ》の主《しゆ》であつて、亦成卦《まただせいくわ》の主《しゆ》であると言《い》ふて居《ゐ》る、而《しか》してその理由《りゆう》とする所《ところ》は、二と五と上下相交《じやうげあひまじ》はりて各々能《おのおのよ》くその道《みち》を盡《つく》し以《もつ》て泰の道《みち》を成《な》すと言《い》ふにある、けれども一は上《のぼ》り交《まじ》はりて臣《しん》たるの道《みち》を盡《つく》し、一は下《くだ》り交《まじ》はりて君《きみ》たるの道《みち》を盡《つく》すとせば、その間《あひだ》已《すで》に君臣上下《くんしんじやうげ》の別《べつ》があ

るではないか、已《すで》に君臣《くんしん》、上下《じやうげ》の別《べつ》がある上《うへ》は、之《これ》を同《どう》一視《し》されぬことは論《ろん》なき所《ところ》であらう、且《か》つ天《てん》に二日《か》なきが如《ごと》く、地《ち》に於《おい》ても亦《また》二王《わう》あるを許《ゆる》さぬ、然《しか》るに帝說《ていせつ》の如《ごと》くば、天《てん》に二日《か》あり地《ち》に二王《わう》あると同《どう》樣《やう》なものとなりはすまいか、抑々《そも〳〵》定位《ていゐ》なるものは一定不變《ていふへん》にして二位《ゐ》あるを許《ゆる》さぬ、故《ゆゑ》に幾くたびその君《きみ》を更《か》ゆるも君位《くんゐ》は卽《すなは》ち一である、その間《かん》或《あるひ》は一二の變例《へんれい》がないでもないが、それ剝の如《ごと》く明夷《めいゐ》の如《ごと》く非常《ひじやう》の卦《くわ》でなければ、その位《ゐ》を變《へん》ずることは可能《でき》ぬ、然《しか》るに安泰無事《あんたいぶじ》の泰《たい》の卦《くわ》に於《おい》て、已《や》むことを得《え》ざる非常《ひじやう》の變例《へんれい》を取《と》てその位《ゐ》を分《わか》つが如《ごと》きは、余《よ》は斷《だん》じて取《と》らざる所《ところ》である、六五の辭《ことば》に帝乙歸妹《ていおつきまい》と言《い》ふて居《ゐ》るが、帝乙《ていおつ》とはその何人《なにびと》であるかを詳《つまび》らかにせぬけれども、而《しか》もそが古《いにしへ》の王者《わうしや》であつたことは衆說《しうせつ》の歸《き》一する所《ところ》で定位《ていゐ》の主《しゆ》に繫《か》げたものである、亦泰《またたい》は消長《せうちやう》の卦《くわ》であるから、九三を以《もつ》て成卦《せいくわ》の主《しゆ》となすのが常例《じやうれい》の樣《やう》であるけれども、九二は剛中《がうちう》で泰《たい》を致《いた》すの才德《さいとく》もあり、亦泰《またたい》の時《とき》をも併《あは》せ得《え》て居《ゐ》る、此《こ》れ九二の辭《ことば》に荒《くわう》を包《つゝ》むとか中行《ちうかう》とか言《い》ふ所以《ゆえん》で成卦《せいくわ》の主《しゆ》たることを表示《へうじ》する爲《た》めに外《ほか》ならぬ、故《ゆゑ》に余《よ》は六五を以《もつ》て定位《ていゐ》の主《しゆ》となし九二を以《もつ》て成卦《せいくわ》の主《しゆ》となすのである。

上述《じやうじゆつ》の如《ごと》く帝說《ていせつ》に從《したが》ひ泰《たい》は上下相交《じやうげあひまじ》はり君臣《くんしん》その道《みち》を盡《つく》すが故《ゆゑ》に、九二六五互《たがひ》に定位《ていゐ》の主《しゆ》ともなり亦成卦《またせいくわ》の主《しゆ》ともなると言《い》ふを以《もつ》て之《これ》を推《お》さば、否《ひ》は卽《すなは》ち泰《たい》の反對《はんたい》であるから、上下交《じやうげまじ》はらず君臣《くんしん》その道《みち》を盡《つく》さず、隨《したが》つて定位《ていゐ》の主《しゆ》も成卦《せいくわ》の主《しゆ》も共《とも》に之《こ》れ無《な》き所《ところ》の卦《くわ》であると言《い》はねばなるまい。然《しか》るに帝は否《ひ》の卦《くわ》に於《おい》ては五を以《もつ》て定位《ていゐ》の主《しゆ》となし、二を以《もつ》て成卦《せいくわ》の主《しゆ》であると言《い》ふて居《を》らるゝのは、自家《じか》擅着《ちやく》の説《せつ》であると言《い》ふてもよいが、九五は陽剛中正《やうがうちうせい》であつて君位《くんゐ》であるから、そが定位《ていゐ》の主《しゆ》であることは固《もと》より言《い》ふ迄《まで》もないことである、而《しか》して否《ひ》は陰《いん》が長《ちやう》ずる所《ところ》の卦《くわ》であるから、六三を以《もつ》て成卦《せいくわ》の主《しゆ》となすべきに似《に》たれども、否《ひ》は卽《すなは》ち人道《じんだう》の嫌《きら》ふ所《ところ》で、否《ひ》を轉《てん》じて泰《たい》となすは一ッに德《とく》と位《ゐ》と時《とき》とを併《あは》せ得《え》たる九五の努力《どりよく》を俟《ま》たねばならぬ、故《ゆゑ》に余《よ》は九五を以《もつ》て成卦《せいくわ》の主《しゆ》を兼《か》ぬるものと言《い》ひ度《た》いのである

同人《どうにん》は六二九五を以《もつ》て主《しゆ》となす、蓋《けだ》し六二は一陰《いん》を以《もつ》て衆陽《しうやう》を同《おな》ふし、而《しか》して九五之《これ》と應《おは》ず、故《ゆゑ》に彖傳《たんでん》に曰《いは》く、柔位《じうくらゐ》を得《え》、中《ちう》を得《え》て而《しか》して乾《けん》に應《おほ》ずと

大有《たいいう》は六五を以《もつ》て主《しゆ》となす、蓋《けだ》し六五は虛中《きよちう》を以《もつ》て尊《そん》に居《を》り、能《よ》く衆陽《しうやう》を有《たも》つ、故《ゆゑ》に彖傳《たんでん》に曰《いは》く、柔尊位《じうそんゐ》を得《え》て、大中《たいちう》にして、而《しか》して上下之《じやうげこれ》に應《おほ》ずと

同人《どうにん》も大有《たいいう》も共《とも》に五を以《もつ》て定位《ていゐ》の主《しゆ》となし、亦共《またとも》に一陰《いん》五陽《やう》の卦《くわ》であるから、同人《どうにん》の方《はう》は六二を以《もつ》て成卦《せいくわ》の主《しゆ》となし、大有《たいいう》の方《はう》は六五を以《もつ》て成卦《せいくわ》の主《しゆ》を兼《か》ぬることは帝說《ていせつ》の通《とほ》りである。

謙《けん》は九三を以《もつ》て主《しゆ》となす、蓋《けだ》し卦唯《くわただ》一陽《やう》にして、位《くらゐ》を得《え》て而《しか》して下體《かたい》に居《を》る、謙《けん》の象《しやう》なり、故《ゆゑ》に其《そ》の爻辭《かうじ》は卦辭《くわじ》と同《おな》じ、傳《でん》に曰《いは》く三は凶多《きようおほ》しと、而《しか》して惟此爻最《これこのかうもつと》も吉《きつ》

豫《よ》は九四を以《もつ》て主《しゆ》となす、卦唯《くわただ》一陽《やう》にして、而《しか》して上位《じやうゐ》に居《ゐ》る、卦《くわ》の由《よつ》て以《もつ》て豫《よ》を爲《な》す所以《ゆえん》の者《もの》なり、故《ゆゑ》に彖傳《たんてん》に曰《いは》く、剛應《がうおほ》じて而《しか》して志行《こゝろざしおこな》はると

謙豫《けんよ》の二卦《くわ》に於《おい》て主《しゆ》となすと言《い》ふは、蓋《けだ》し成卦《せいくわ》の主《しゆ》であつて、亦定位《またていゐ》の主《しゆ》であると言《い》ふの義《ぎ》であらう

かと思《おも》はるゝ、何故《なにゆゑ》なれば、位《ゐ》を得《え》て而《しか》して下體《かたい》に居《を》ると言《い》ひ、若《もし》くは上位《じやうゐ》に居《ゐ》ると言《い》ひ且《か》つ大有《たいいう》その他兩主《りやうしゆ》を兼《か》ぬるものと同一筆法《ひつぱふ》の語《ご》を用《もち》ひて居《ゐ》るからである。されども謙《けん》の六五の辭《じ》に、富《と》まずして其《そ》の鄰《りん》を以《ひき》ゆ、征伐《せいばつ》を用《もち》ゆるに利《よろ》しと言《い》ひ、彖傳《たんでん》に征伐《せいばつ》を用《もち》ゆるに利《よろ》しとは、不服《ふふく》を征《せい》するなりと言《い》ふて居《ゐ》るが、天子《てんし》は富《とみ》四海《かい》を有《いう》す至尊《しそん》にして絕對《ぜつたい》なるものである、然《しか》るに富《と》まずと言《い》ひ。その鄰《りん》を以《ひき》ゆと言《い》ふは、謂《い》ふ所《ところ》の謙《けん》の義《ぎ》に外《ほか》ならぬ。加之《しかのみならず》。征伐《せいばつ》を用《もち》ゆるに利《よろ》しとは不服《ふふく》を征《せい》するなりと言《い》ふを以《もつ》て之《これ》を見《み》れば、六五を以《もつ》て定位《ていゐ》の主《しゆ》となすべきことは明《あき》らかであらう。亦《また》豫《よ》の六五の辭《じ》に、貞《てい》疾《しつ》恒《ひさし》ふして死《し》せずと言《い》ひ、彖傳《たんでん》に六五の貞疾《ていしつ》は剛《がう》に乘《の》ればなり。恒《ひさし》ふして死《し》せずとは、中《ちう》未《いま》だ亡《ほろ》びざればなりと言《い》ふを見《み》れば、六五を以《もつ》て定位《ていゐ》の主《しゆ》となして居《ゐ》ることが分《わか》る。故《ゆゑ》に余《よ》は亦《また》帝《てい》の說《せつ》に反《はん》し謙《けん》豫《よ》共《とも》に六五を以《もつ》て定位《ていゐ》の主《しゆ》となし、一陽《やう》の卦《くわ》であるから、九三九四を以《もつ》て成卦《せいくわ》の主《しゆ》となすのである。

隨《ずゐ》は初《しよ》九九五を以《もつ》て主《しゆ》となす、蓋《けだ》し卦《くわ》の隨《ずゐ》となる所以《ゆゑん》の者《もの》は、剛《がう》にして能《よ》く柔《じう》に下《くだ》ればなり、初《しよ》五兩爻《りやうかう》皆《みな》剛《がう》にして柔《じう》の下《した》に居《ゐ》る、故《ゆゑ》に卦主《くわしゆ》となす、

蠱《こ》は六五を以《もつ》て卦主《くわしゆ》となす、蓋《けだ》し諸爻皆蠱《しよかうかいこ》に幹《かん》たるに事《こと》有《あ》る者《もの》にして、五に至《いたつ》て而《しか》して功《こう》始《はじ》めて成《な》る、故《ゆゑ》に諸爻《しよかう》に戒辭《かいじ》あり、而《しか》して五は獨《ひと》り用《もちひ》て譽《ほまれ》ありと曰《い》ふ、

隨《ずゐ》は初《しよ》九を以《もつ》て成卦《せいくわ》の主《しゆ》となし、九五を以《もつ》て定位《ていゐ》の主《しゆ》となす、而《しか》して蠱《こ》の六五は定位《ていゐ》の主《しゆ》であると同《どう》時《じ》に成卦《せいくわ》の主《しゆ》を兼《か》ぬることは、帝說《ていせつ》の如《ごと》くである。

臨《りん》は初《しよ》九九二を以《もつ》て主《しゆ》となす、彖傳《たんでん》に謂《い》ふ所《ところ》の剛浸《がうしだ》して而《しか》して長《ちやう》ずと是《これ》なり、
觀《くわん》は九五上《じやう》九を以《もつ》て主《しゆ》となす、彖傳《たんでん》に謂《い》ふ所《ところ》の大觀上《たいくわんじやう》に在《あ》りと是《これ》なり、
臨觀《りんくわん》の二卦《くわ》に就《つい》ては帝說《ていせつ》と卑見《ひけん》とは大《おほい》に異《こと》なる所《ところ》がある、臨《りん》は陽《やう》が長《ちやう》ずる所《ところ》の卦《くわ》で、觀《くわん》は陰《いん》が長《ちやう》ずる所《ところ》の卦《くわ》であるから、余《よ》は臨《りん》に於《おい》ては九二を以《もつ》て成卦《せいくわ》の主《しゆ》となし、觀《くわん》に於《おい》ては六四を以《もつ》て成卦《せいくわ》の主《しゆ》となすのが至當《したう》であらうと思《おも》ふ、亦臨《またりん》の六五の辭《じ》には知《ち》にして臨《りぞ》む大君《たいくん》の宜《よろ》しき吉《きち》と言《い》ひ、觀《くわん》の九五の象《しやう》傳《でん》に我《わ》が生《はたら》きを觀《み》るとは民《たみ》を觀《み》るなりと言《い》ふてあるから、六五と九五とを以《もつ》て定位《ていゐ》の主《しゆ》となすのである、故《ゆゑ》に帝說《ていせつ》に較《くら》ぶれば、臨《りん》に於《おい》ては初《しよ》九、觀《くわん》に於《おい》ては上《じやう》九を捨《す》て、亦臨《またりん》に於《おい》ては六五を取《と》り、觀《くわん》に於《おい》ては六四を取《ご》るの相違《さうゐ》がある。そこで亦經文《またきやうぶん》を案《あん》ずるに、臨《りん》の彖傳《たんでん》に剛中《がうちう》にして應《おほ》ずと言《い》ふは、九二が六五に應《おほ》ずることを言《い》ふたもので、亦序卦傳《またじよくわでん》に臨《りん》は大《だい》なりと言《い》ふは、復《ふく》の一陽《やう》が長《ちやう》じて二陽《やう》となつたことを指《さ》して居《ゐ》る。して見《み》れば、臨《りん》の臨《りん》たる所《ところ》は九二にあると言《い》はねばならぬから、初《しよ》九を捨《す》てゝ九二のみを以《もつ》て成卦《せいくわ》の主《しゆ》となすのに聊か差支《さしつか》ゆる所《ところ》はない筈《はず》である、その上尙《うへなほ》六五定位《ていゐ》の主《しゆ》を捨《す》てゝ顧《かへり》みざるが如《ごと》きは誤謬《ごびう》の最《もつと》も甚《はなは》だしきものであらうと思《おも》ふ。亦觀《またくわん》の彖傳《たんでん》に大觀《だいくわん》上《じやう》にありと言《い》ひ下《しも》に中正《ちうせい》にして天下《てんか》に觀《しめ》すと言《い》ふ一句《く》がある、然《しか》らば此《こ》の大觀《たいくわん》とは九五を主《しゆ》として言《い》ふたものであることは明《あき》らかに分《わか》つて居《ゐ》る、故《ゆゑ》に上《じやう》九を措《おい》て九五の一爻《かう》を以《もつ》て定位《ていゐ》の主《しゆ》となすに少《すこ》しも妨《さまた》げとはならぬ唯少《たゞすこ》しく疑《うたが》ふ所《ところ》は觀《くわん》の六四を以《もつ》て成卦《せいくわ》の主《しゆ》となすことの當否《たつひ》如何《いかん》であるか、陰《いん》が長《ちやう》ずるの義《ぎ》を以《もつ》ては

之《これ》を大衰《たいすゐ》と言《い》ふのが相當《さうたう》で大觀《たいくわん》とは言《い》へぬ樣《やう》である、故《ゆゑ》に六四の辭《じ》には陰《いん》が長《ちやう》じて陽《やう》に逼《せま》りつゝある所《ところ》の義《ぎ》を變《へん》じて賓客《ひんかく》の象《かたち》を取《とつ》て居《ゐ》る。それで此《こ》の意《い》を推《お》して之《これ》を考《かんが》へて見《み》れば、否《ひ》の卦《くわ》の樣《やう》に九五に成卦《せいくわ》の主《しゆ》を兼《か》ねさするのが穩當《おんたう》ではないか暫《しば》らく玆《こゝ》に疑《うたがひ》を存《ぞん》して讀者《どくしや》の判斷《はんだん》を俟《ま》つのである。

噬嗑《ぜいがう》は六五を以《もつ》て主《しゆ》となす、彖傳《たんでん》に謂《い》ふ所《ところ》の柔中《じうちう》を得《え》て而《しか》して上行《じやうかう》すと是《これ》なり、

噬嗑《ぜいがう》は六五を以《もつ》て定位《ていい》の主《しゆ》となし、亦成卦《またせいくわ》の主《しゆ》となすべきことは帝說《ていせつ》の如《ごと》くである、されども交易《かうえき》の理法《りはふ》から言《い》へば、初《しよ》九と六五とを以《もつ》て成卦《せいくわ》の主《しゆ》となし、亦變爲《またへんゐ》の理法《りはふ》から言《い》へば、頤中《いちう》に物有《ものあ》るを噬《ぜい》嗑《がう》と言《い》ふの義《ぎ》から取《とつ》て、九四を以《もつ》て成卦《せいくわ》の主交《しゆかう》とせねばならぬ樣《やう》である。

賁《ひ》は六二上《じやう》九を以《もつ》て主《しゆ》と爲《な》す、彖傳《たんでん》に謂《い》ふ所《ところ》の柔來《じうきたつ》て而《しか》して剛《がう》を文《かざ》り、剛上《がうあが》つて而《しか》して柔《じう》を文《かざ》ると是《これ》なり。

賁《ひ》の六二と上《じやう》九とを以《もつ》て主《しゆ》となすは剛柔上下相文《がうじうじやうげあひかざ》るの義《ぎ》を取《とつ》たもので、謂《い》ふ所《ところ》の交易《かうえき》の理法《りはふ》に由《よ》り之《これ》を以《もつ》て成卦《せいくわ》の主《しゆ》となしたものである、然《しか》らば賁《ひ》の卦《くわ》には定位《ていい》の主《しゆ》はないかと言《い》ふに、六五の辭《ことば》に丘園《きうゑん》に賁《かざ》る束帛戔々《そうはくせんせん》たりと言《い》ふは、賁飾《ひしよく》の時《とき》に當《あた》つて心《こゝろ》を耕稼《かつか》に用《もち》ゆる所《ところ》の君德《くんとく》を形容《けいよう》した語《ご》で、五を以《もつ》て定位《ていい》の主《しゆ》となすことは彖傳《たんでん》に六五の吉《きち》は喜《よろこ》びあるなりと言《い》ふを以《もつ》て察《さつ》せらるゝのである、故《ゆゑ》に余《よ》は六二上《じやう》九を以《もつ》て成卦《せいくわ》の主《しゆ》となし、六五を以《もつ》て定位《ていい》の主《しゆ》となす。

剝《はく》は上《じやう》九を以《もつ》て主《しゆ》となす、陰剛《いんがう》を剝《はが》すと雖《いへ》ども、而《しか》も陽《やう》は終《つひ》に剝《はく》すべからざるなり、故《ゆゑ》に卦主《くわしゆ》とな

す。

復《ふく》は初《しよ》九を以《もつ》て主《しゆ》となす彖傳《たんでん》に謂《い》ふ所《ところ》の剛反《がうかへ》る者《もの》なり、剝《はく》の上《じやう》九を以《もつ》て成卦《せいくわ》の主《しゆ》となすは一陽《やう》五陰《いん》の卦《くわ》であるからである、亦上《またじやう》九を以《もつ》て定位《ていゐ》の主《しゆ》となすは、易例《えきれい》に於《おい》ては陰《いん》を卑《いや》しとなして陽《やう》を尊《たつ》としとなすのであるが、卦中惟《くわちうただ》一陽《やう》で、而《しか》もその最上《さいじやう》に居《ゐ》る所《ところ》から、六五に於《おい》て君位《くんゐ》を取《と》らず、上《じやう》九を以《もつ》て至尊《しそん》に配《はい》し君位《くんい》を取《と》つたもので五を以《もつ》て定位《ていい》の主《しゆ》となす所《ところ》の一の變例《へんれい》である。亦復《またふく》は一陽《やう》五陰《いん》の卦《くわ》であるから、初《しよ》九を以《もつ》て成卦《せいくわ》の主《しゆ》となすべきことは無論《むろん》であるが、余《よ》は尚《なほ》六五を以《もつ》て定位《ていゐ》の主《しゆ》としようと思《おも》ふ。何《なん》となれば、道《みち》に復《かへ》ることの敦《あつ》きは、君德《くんとく》の最も尊《たつと》ぶ所《ところ》であるからである。

旡妄《ぶばう》は初《しよ》九九五を以《もつ》て主《しゆ》と爲《な》す、蓋《けだ》し初《しよ》九は陽動《やうどう》くの始《はじ》めにして、人《ひと》の誠心《せいしん》の初《はじ》めて動《うご》くが如《ごと》きものなり、九五は乾德《けんとく》の純《じゆん》にして、人《ひと》の至誠《しせい》の息《やす》むなきが如《ごと》きなり、故《ゆゑ》に彖傳《たんでん》に曰《いは》く剛外《がいそと》より來《きた》つて而《しか》して内《うち》に主《しゆ》となるとは初《しよ》を指《さ》すなり、又曰《またいは》く剛中《がうちう》にして而《しか》して應《おほ》ずとは五を指《さ》すなり。

大畜《たいちく》は六五上《じやう》九を以《もつ》て主《しゆ》となす、彖傳《たんでん》に謂《い》ふ所《ところ》の剛上《がうのぼ》つて而《しか》して賢《けん》を尚《たつと》ぶ者是《ものこれ》なり。

旡妄《むばう》は初《しよ》九を大畜《たいちく》は上《じやう》九を以《もつ》て成卦《せいくわ》の主《しゆ》となし。亦旡妄《またむばう》は九五を大畜《たいちく》は六五を以《もつ》て定位《ていゐ》の主《しゆ》となすことは帝説《ていせつ》の通《とほ》りである、而《しか》して兩卦《りやうくわ》が初《しよ》九と上《じやう》九とを以《もつ》て成卦《せいくわ》の主《しゆ》となす所以《ゆえん》は否泰來往《ひたいらいわう》の理法《りはふ》に由《よつ》たものである。

頤《い》も亦《また》六五上九《じやう》を以《もつ》て主《しゆ》となす、彖傳《たんでん》に謂《い》ふ所《ところ》の賢《けん》を養《やしな》ふて以《もつ》て萬民《ばんみん》に及《およ》ぶ者《もの》なり。頤《ゐ》の六五は定位《ていゐ》の主《しゆ》で、上九《じやう》は成卦《せいくわ》の主《しゆ》である、上九《じやう》の辭《じ》に由《よつ》て頤《やしな》はると言《い》ふを以《もつ》て知《し》ることが出來《でき》る。

大過《たいくわ》は九二九四を以《もつ》て主《しゆ》となす、蓋《けだ》し九二は剛中《がうちう》にして過《す》ぎざる者《もの》なり、九四は棟《とう》にして而《しか》して撓《たゆ》やざる者《もの》なり。

余《よ》は帝說《ていせつ》に反《はん》し、九三を以《もつ》て成卦《せいくわ》の主《しゆ》となすのであるが、凡《およ》そ易例《えきれい》に於《おい》ては陰《いん》を少《せう》とし陽《やう》を大《だい》となして居《ゐ》る、然《しか》るに此《こ》の卦《くわ》は二陰《いん》にして四陽《やう》であるから、陽《やう》の大《だい》なるものが大《おほい》に過《す》ぎて居《ゐ》る、大過《たいくわ》の名《な》を得《え》た所以《ゆえん》は實《じつ》に玆《こゝ》にある、然《しか》らば成卦《せいくわ》の主《しゆ》を擇《えら》ぶには、之《これ》を四陽《やう》の中《なか》に於《おい》てするのが至當《しとう》であらう、そこで此《こ》の四陽《やう》の中《なか》にて二と四とは共《とも》に陰《いん》の位《くらゐ》に居《ゐ》るから、甚《はなは》だ過《す》ぎたものであるとは言《い》へぬ。反之《これにはんし》、三と五とは共《とも》に陽《やう》の位《ゐ》に居《ゐ》るから、之《これ》を二と四とに比《くら》ぶれば、均《ひと》しく過《す》ぎて居《ゐ》る中《なか》でも、大《おほい》に勝《ゆ》つて居《ゐ》る所《ところ》がある。されども五は兌體《だたい》に居《ゐ》て上六《じやう》に比《ひ》して居《ゐ》るが三は上六《じやつ》に應《おほ》せず、且《か》つ衆陽《しうやう》の中間《ちつかん》に位《くらゐ》して居《ゐ》るから、四陽《やう》の中《なか》に於《ない》ては過《す》ぐることの最《もつと》も甚《はなは》だしきものである。彖《たん》に謂《い》ふ所《ところ》の棟撓《むねたゆ》むの語《ご》を取《とつ》て之《これ》を九三に繫《つな》けたのは卽《すなは》ちその爲《た》めである。故《ゆゑ》に余《よ》は九三を以《もつ》て成卦《せ・くわ》の主《しゆ》となすのである、亦《また》九五は剛中《がつちう》であるけれど、大過《たいくわ》の時《とき》であるから、君《きみ》の象《かたち》を取《と》らず、主夫《しふ》の象《かたち》を取《とつ》て居《ゐ》るが此《こ》れが卽《すなは》ち定《てい》位《ゐ》の主《しゆ》なき卦《くわ》の一つである。

坎《かん》は二五の二陽《やう》を以《もつ》て主《しゆ》となす、而《しか》して五は尤《もつ》とも主《しゆ》と爲《な》る、水《みづ》の積滿《せきまん》する者行《ものゆ》けばなり、離《り》は二五の二陰《いん》を以《もつ》て主《しゆ》となす、而《しか》して二を尤《もつ》とも主《しゆ》となす、火《ひ》の方《ま》さに發《はつ》する者《もの》は明《あき》らかなればなり帝《てい》說《せつ》に從《したが》へば、坎離《かんり》の二卦《くわ》は二五を以《もつ》て主《しゆ》となし、その中《なか》に就《つい》ても坎《かん》は五を以《もつ》て最《もつと》も主《しゆ》となし二は之《こ》れに次《つ》ぎ、離《り》は二を以《もつ》て最《もつと》も主《しゆ》となし五は之《これ》に次《つ》ぐと言《い》へり、されば帝《てい》が主《しゆ》となすと言《い》ふは成卦《せいくわ》の主《しゆ》となすの義《ぎ》で定位《ていゐ》の主《しゆ》を兼《か》ぬると言《い》ふの義《ぎ》ではない樣《やう》であるが、余《よ》が見《み》る所《ところ》はそれと違《ちが》ひ、坎《かん》は九五を以《もつ》て定位《ていゐ》の主《しゆ》となし、九二を以《もつ》て成卦《せいくわ》の主《しゆ》となす、蓋《けだ》し坎《かん》の卦《くわ》は二主《しゆ》二君《くん》の象《かたち》で、坎《かん》の險難《けんなん》を致《いた》す所《ゆ》以《えん》は九二にあるからである、亦離《またり》に於《おい》ても六二を以《もつ》て成卦《せいくわ》の主《しゆ》となし、六五を以《もつ》て定位《ていゐ》の主《しゆ》となすそは六五の象傳《しやうでん》に六五の吉《きつ》は王公《わうこう》に離《つ》けばなりと言《い》ひ、上九《じやう》に王用《わうもち》ひて出《い》でゝ征《せい》すと言《い》ふを以《もつ》て證《しやう》することが可能《でき》る。

咸《かん》の九四は心位《しんゐ》に當《あた》る、心《こゝろ》は咸《かん》の君《きみ》たり、則《すなは》ち四は卦主《くわしゆ》なり、然《しか》れども九五は背位《はいゐ》に當《あた》つて咸中《かんちう》の艮《こん》、感中《かんちう》の止《し》となす、是《こ》れ動《うごい》て而《しか》して能《よ》く靜《しづ》かなるを謂《い》ふ。則《すなは》ち五は尤《もつ》とも卦主《くわしゆ》なり。

帝《てい》が九四を以《もつ》て咸《かん》の主《しゆ》となせしは余《よ》が意《い》を得《え》て居《ゐ》る、されども五を以《もつ》て尤主《もつともしゆ》とされたのは余《よ》が同意《どうい》することの可能《でき》ぬ所《ところ》である、蓋《けだ》し帝《てい》は九五に脢《ばい》と言《い》ふを讀《よ》むで背《はい》となせり、故《ゆゑ》に五を以《もつ》て咸中《かんちう》の艮止《ごんし》であると言《い》ふて居《ゐ》る、然《しか》るに余《よ》は脢《はい》を以《もつ》て心《こゝろ》の上口《うへくち》の下即《したすなは》ち喉中《こうちう》の梅核《はいかく》となし、其《そ》の脢《はい》に咸《かん》ずとは、已《すで》に心《こゝろ》に咸《かん》じて將《ま》さに言《い》はむとして未《いま》だ言《い》はざる所《ところ》の象《かたち》であると思《おも》ふ、此《こ》れ帝說《ていせつ》と異《こと》なる所以《ゆえん》である。

亦咸《またかん》は否《ぴ》の交易法《かうえきはふ》から來《き》た所《ところ》の象《かたち》である、故《ゆゑ》に余《よ》は亦《また》九三と上六《じやう》とを以《もつ》て成卦《せいくわ》の主《しゆ》となすのである、象傳《たんでん》に柔《じう》は上《あがつ》て而《しか》して剛《がう》は下《くだ》る、二氣《き》咸應《かんおう》以《もつ》て相與《あいくみ》すと言《い》ふのがそうである、而《しか》して此《これ》も亦定位《またてゐ》の主《しゆ》なき卦《くわ》の一つである。

恒《こう》とは常《つね》なり、中《ちう》なれば則《すなは》ち常《つね》なり、卦惟《くわたゞ》二五中《ちう》に居《ゐ》る、而《しか》して六五の柔中《じうちう》、尤《もつ》とも九　の剛中《がうちう》に如《し》かず、則《すなは》ち二は卦主《くわしゆ》なり、

恒《こう》の九二を以《もつ》て卦主《くわしゆ》となすは余《よ》が全《まつた》く取《と》らぬ所《ところ》である、蓋《けだ》し恒《こう》は常《つね》である、されども人《ひと》の誤《あや》まり認《みと》めて不《ふ》變不動《へんふどう》の義《ぎ》となさむことを慮《おもん》ばかり、彖傳《たんでん》に恒《こう》は卽《すなは》ち久《きう》であると言《い》ふて、强《あな》がちその一定不變《ていふへん》の義《ぎ》でないことを明《あき》らかにして居《ゐ》る、何故《なにゆゑ》であるかと言《い》へば、長久《ちやうきう》なれば則《すなは》ちその間必《かんかな》らず變動《へんどう》がある變動《へんどう》して已《や》まぬ所《ところ》に、そこに恒常不變《こうじやうふへん》の理《り》を含《ふく》むで居《ゐ》る、尙之《なほこれ》を詳言《しようげん》せば、乾《けん》は積氣《せきき》のもので無形《むけい》である。卽《すなは》ち本體《ほんたい》であつて實在《じつざい》である。反之《これにはんし》。坤《こん》は積質《せきしつ》のもので有形《いうけい》である、卽《すなは》ち用《よう》であつて現象《げんしやう》である、今恒《いまこう》の卦體《くわたい》を見《み》れば、坤中《こんちう》に乾《けん》があつて、地中《ちちう》に天《てん》を包《つゝ》むの象《しやう》がある、此《こ》れ坤《こん》の用中《ようちう》に乾《けん》の本體《ほんたい》を包《つゝ》み、現象《げんしやう》の中《うち》に實在《じつざい》を含《ふく》むの象《かたち》であるが、體用《よいよう》は二致《ち》なく、一定不變《ていふへん》なる本體《ほんたい》の上《うへ》に於《おい》て變轉《へんてん》して息《やす》まぬものは震巽《しんそん》で、震巽《しんそん》は乾坤《けんこん》の用《よう》で雷風《らいふう》が卽《すなは》ちそうである、故《ゆゑ》に余《よ》は初《しよ》六九四を以《もつ》て成卦《せいくわ》の主《しゆ》となして帝說《ていせつ》を取《と》らぬのである。

遯《とん》の遯《とん》となるは二陰《いん》を以《もつ》てす、則《すなは》ち初《しよ》二は成卦《せいくわ》の主《しゆ》なり、然《しか》れども之《これ》を處《しよ》して善《ぜん》を盡《つく》す者《もの》は惟《たゞ》九五

のみ、則《すなは》ち九五は又主卦《またしゆくわ》の主《しゆ》なり、故《ゆゑ》に彖傳《たんでん》に曰《いは》く、剛位《がうくらゐ》に當《あたつ》て而《しか》して應《おほ》ず、時《とき》と行《ゆ》くなりと。遯《とん》の卦《くわ》に於《おい》ても余《よ》は帝説《ていぜつ》に背《そむ》き、消長《せうちやう》の理法《りはふ》に由《よつ》て、二を以《もつ》て成卦《せいくわ》の主《しゆ》となし、且《か》つ九五には剛健中正《がうけんちうせい》の德《とく》はあれども、君主《くんしゆ》には遯《とん》の義《ぎ》なきを以《もつ》て定位《ていゐ》の主《しゆ》を取《と》らず、前述《ぜんじゆつ》の咸恒《かんこう》二卦《くわ》と同《おな》じく定位の主《しゆ》なきものとなす。

大壯《たいさう》の壯《さう》となるは四陽《やう》を以《もつ》てなり、而《しか》して九四は四陽《やう》の上《うへ》に當《あた》る、則《すなは》ち四は卦主《くわしゆ》なり。

大壯《たいさう》の九四を以《もつ》て成卦《せいくわ》の主《しゆ》となすは消長《せうちやう》の理法《りはふ》に由《よつ》たものである、而《しか》して大壯《たいさう》とは四陽《やう》の君子《くんし》が大《おほい》に壯盛《さうせい》なるの義《ぎ》であるから、その反對《はんたい》は二陰《いん》の小人《せうじん》が大《おほい》に衰弱《すゐじやく》しつゝあることゝなる、故《ゆゑ》に此《こ》の卦《くわ》も亦《また》定位《ていい》の主《しゆ》なき所《ところ》のものである。

晉《しん》は明地上《めいちじやう》に出《い》づるを以《もつ》て卦《くわ》を成《な》す「六五は離《り》の主《しゆ》となり、中天《ちうてん》の位《くらゐ》に當《あた》る、則《すなは》ち五は卦主《くわしゆ》なり、故《ゆゑ》に彖傳《たんでん》に曰《いは》く、柔進《じうすゝ》んで而《しか》して上行《じやうかう》すと

明夷《めいい》は日《ひ》地中《ちちう》に入《な》るを以《もつ》て卦《くわ》を成《な》す、上六《じやう》は積土《せきど》の厚《あつ》き、人《ひと》の明《めい》を夷《や》ぶる者《もの》なり、成卦《せいくわ》の主《しゆ》なり、六二六五は皆中順《みなちうじゆん》の德《とく》を秉《とつ》て明《あきらか》にして而《しか》して夷《やぶ》らるゝ者《もの》なり、主卦《しゆくわ》の主《しゆ》なり、故《ゆゑ》に彖傳《たんでん》に曰《いは》く、文王之《ぶんわうこれ》を以《もち》ゆ、箕子《きし》之《これ》を以《もら》ゆと、

晉《しん》の六五が定位《ていゐ》の主《しゆ》と成卦《せいくわ》の主《しゆ》とを兼《か》ぬることは、帝説《ていせつ》の如《ごと》くであるが、明夷《めいい》に於《おい》ても余《よ》は亦上六《またじやう》を以《もつ》て成卦《せいくわ》の主《しゆ》であると同時《どうじ》に、變態《へんたい》なる定位《ていゐ》の主《しゆ》とし度《た》いと思《おも》ふ。何故《なにゆゑ》なれば、上六《じやう》の辭《ここは》に、初登レ于

ゝ天と言《い》ふは、帝位《ていゐ》に登《のぼ》ると言《い》ふのと同義《どうぎ》であるからである。

家人《かじん》は九五六二を以《もつ》て主《しゆ》となす、故《ゆゑ》に彖傳《たんでん》に曰《いは》く、女《をんな》は位《ゐ》を内《うち》に正《たゞし》ふして、男《をとこ》は位《ゐ》を外《そと》に正《たゞし》ふすと家人《かじん》は六二を以《もつ》て成卦《せいくわ》の主《しゆ》となし、九五を以《もつ》て定位《ていゐ》の主《しゆ》となすべきことは、六二の辭《じ》に遂《さ》ぐる所《ところ》なく中饋《ちうき》に在《あ》りと言《い》ひ、亦《また》九五の辭《じ》に王有家《わういうか》に假《いた》ると言《い》ふを見《み》て知《し》らるゝのである。

睽《けい》は六五九二を以《もつ》て主《しゆ》となす、故《ゆゑ》に彖傳《たんでん》に曰《いは》く柔進《じうすゝ》んで而《しか》して上行《じやうかう》し、中《ちう》を得《え》て而《しか》して剛《がう》に應《おほ》ずと睽《けい》の六五を以《もつ》て定位《ていゐ》の主《しゆ》となすべきことは、六五の辭《じ》に厥《そ》の宗膚《さうふ》を噬《か》むと言《い》へるに由《よつ》て知《し》らるべきことで、帝説《ていせつ》と異《こと》なる所《ところ》はないけれども、成卦《せいくわ》の主《しゆ》に就《つい》ては、帝説《ていせつ》とは少《すこ》しく違《ちが》ふ所《ところ》がある、さらば如《い》何《か》様《やう》に違《ちが》ふかと言《い》へば、余《よ》は易位《えきゐ》の理法《りはふ》を以《あつ》ては、六五と六三とを以《あつ》て成卦《せいくわ》の主《しゆ》となす、彖傳《たんでん》に睽《けい》とは火《ひ》は動《うごい》て而《しか》して上《のぼ》り、澤《たく》は動《うごい》て而《しか》して下《くだ》ると言《い》ふのが卽《すなは》ちそれで、亦《また》變爲《へんゐ》の理法《りはふ》を以《もつ》ては、六三或《あるひ》は九四を以《もつ》て成卦《せいくわ》の主《しゆ》となし度《た》いのである、蓋《けだ》し睽《けい》の睽《けい》となる所以《ゆえん》は、大有《たいいう》の九三が變爲《へんゐ》して睽《けい》の六三となつたものと見《み》、或《あるひ》は損《そん》の六四が變爲《へんゐ》して睽《けい》の九四となつたものと見《み》るからである。

蹇《けん》は九五を以《もつ》て主《しゆ》となす、故《ゆゑ》に彖傳《たんでん》に曰《いは》く、往《ゆい》て中《ちう》を得《う》るなり、蓋《けだ》し彖傳《たんでん》に謂《い》ふ所《ところ》の大人《たいじん》とは卽《すなは》ち
五を指《さ》す。
と。蹇《けん》の卦《くわ》に於《おい》ては九五を以《もつ》て定位《ていゐ》の主《しゆ》となし、九三を以《もつ》て成卦《せいくわ》の主《しゆ》となすのである。何《なん》となれば、卦《くわ》は惟《たゞ》二陽《やう》であるが、蹇《けん》の名《な》を得《え》た所以《ゆえん》は、來往《らいわう》或《あるひ》は變爲《へんゐ》運移《うんゐ》等《さう》の理法《りはふ》に由《よつ》て、比《ひ》の六三が變《へん》じて蹇《けん》

の九三となり、或《あるひ》は萃《すゐ》の九四が來《きた》りて蹇《けん》の九三となり、斯《か》くして天下兩分《てんかりやうぶん》の象《かたち》となつたものと見《み》るからである。

解《かい》は九二六五を以《もつ》て主《しゆ》と爲《な》す、故《ゆゑ》に彖傳《たくでん》に曰《いは》く往《ゆい》て衆《しゆう》を得《う》るなりとは五を指《さ》すなり、又曰《またいは》く乃《すなは》ち中《ちう》を得《う》るなりとは二を指《さ》すなり、と。余《よ》は六五を以《もつ》て定位《ていゐ》の主《しゆ》となし、九四を以《もつ》て成卦《せいくわ》の主《しゆ》となすものであるが、九二を捨《す》てゝ九四を取《と》る所以《ゆゑん》は、二は剛中《がつちう》にして三狐《こ》を得《う》ると雖《いへ》ども、解《かい》が解《かい》と言《い》はるゝ所《ところ》は、震動《しんどう》に由《よつ》て坎險《かんけん》を出《い》づる所《ところ》にある、九四の辭《じ》に而《なんぢ》の拇《おやゆび》を解《と》くと言《い》ひ、彖傳《たくでん》に解《かい》は險《けん》にして以《もつ》て動《うご》く、動《うごい》て而《しか》して險《けん》を免《まぬ》かるゝは解《かい》と言《い》ふを見《み》て知《し》らるゝのである。

損《そん》は下卦《かくわ》の上畫《じやうくわく》を損《そん》じて、上卦《じやうくわ》の上畫《じやうくわく》を益《えき》すを以《もつ》て義《ぎ》をなせり、則《すなは》ち六三上《じやう》九は成卦《せいくわ》の主《しゆ》なり然《しか》れども下《した》を損《そん》じて上《じやう》を益《えき》す、益《えき》する所《ところ》の者《もの》は君《きみ》なり、故《ゆゑ》に六五を主卦《しゆくわ》の主《しゆ》となす。と。損《そん》の六五を以《もつ》て定位《ていゐ》の主《しゆ》となし、六三を以《もつ》て成卦《せいくわ》の主《しゆ》となすのは帝説《ていせつ》の如《ごと》くであるが、上《じやう》九を以《もつ》て亦同《またおな》じく成卦《せいくわ》の主《しゆ》となすのは、余《よ》が賛同《さんどう》せざる所《ところ》である、蓋《けだ》し損《そん》とは下《しも》を損《そん》するの義《ぎ》に由《よつ》て卦《くわ》を成《な》して居《ゐ》る、而《しか》してその上《かみ》を益《えき》すが如《ごと》きは必竟下《ひつきやうしも》を損《そん》するの結果《けつくわ》で、そこ迄《まで》も之《これ》を追究《つひきう》するの要《えう》はない故《ゆゑ》に損《そん》の卦《くわ》を成《な》すに就《つい》ての主腦《しゆなう》たるものは、下卦《かくわ》の上畫《じやうくわく》を損《そん》した所《ところ》の六三一爻《かう》でなければならぬ、六三の辭《じ》に三人行《にんゆ》けば則《すなは》ち一人《にん》を損《そん》すと言《い》ふを以《もつ》て之《これ》を證《しよう》することが可能《でき》る。但《たゞ》し交易《かうえき》の理法《りはふ》を以《もつ》て之《これ》

を言《い》へば、六三と上九《じやう》とを以《もつ》て成卦《せいくわ》の主《しゆ》と見《み》るに妨《さまた》げはない、

益《えき》は上卦《じやうくわ》の下畫《かくわく》を損《そん》して、下卦《かくわ》の下畫《かくわく》を益《えき》すを以《もつ》て義《ぎ》をなせり、則《すなは》ち六四初九《しよ》は成卦《せいくわ》の主《しゆ》なり、然《しか》れども上《かみ》を損《そん》して下《しも》を益《えき》す者《もの》は、君之《くんこれ》を施《ほどこ》して臣之《しんこれ》を受《う》く、故《ゆゑ》に九五六二を主卦《しゆくわ》の主《しゆ》となす。と。益《えき》の卦《くわ》は九五を以《もつ》て定位《ていゐ》の主《しゆ》となし、初《しよ》九を以《もつ》て成卦《せいくわ》の主《しゆ》となすことは帝説《ていせつ》の如《ごと》くである、されども亦《また》六四を以《もつ》て成卦《せいくわ》の主《しゆ》となし、尚《なほ》六二を以《もつ》て定位《ていゐ》の主《しゆ》となすが如《ごと》きは余《よ》が同意《どうい》し得《え》ざる所《ところ》である蓋《けだ》し益《えき》の卦《くわ》に於《おい》て益《えき》の義《ぎ》を取《と》るのは、猶損《なほそん》の卦《くわ》に於《おい》て損《そん》の義《ぎ》を取《と》るのと同樣《どうやう》で、下卦《かくわ》を主《しゆ》としてその義《ぎ》を取《と》つたものである。故《ゆゑ》に損《そん》の卦《くわ》に於《おい》ては損《そん》するものを主《しゆ》としてその義《ぎ》を取《と》り上《じやう》を益《えき》し外《ほか》を益《えき》すが如《ごと》きは深《ふか》く問《と》ふ所《ところ》でない。反之《これにはんし》。益《えき》の卦《くわ》に於《おい》ては益《えき》する者《もの》を主《しゆ》としてその義《ぎ》を取《と》り、上《じやう》を損《そん》し外《ほか》を損《そん》するが如《ごと》きは、自然《しぜん》の結果《けつくわ》として之《これ》を見《み》るに過《す》ぎぬ、此《かく》の如《ごと》く損益《そんえき》二卦《くわ》を成《な》す所以《ゆえん》は、下卦《かくわ》を主《しゆ》として義《ぎ》を取《と》つたもので謂《い》ふ所《ところ》の主觀《しゆくわん》である。その上卦《じやうくわ》を損益《そんえき》する所以《ゆえん》は即《すなは》ち下卦《かくわ》を損益《そんえき》する爲《た》めの結果《けつくわ》で謂《い》ふ所《ところ》の客觀《きやくくわん》である。それに六四を以《もつ》て初《しよ》九と同《おな》じく成卦《せいくわ》の主《しゆ》となすは此《こ》の主客《しゆきやく》の別《べつ》あることを忘《わす》れたものである。亦君《またきみ》は施《ほどこ》し臣《しん》は受《う》くるを理由《りいう》として九五と同《おな》じく六二を以《もつ》て定位《ていゐ》の主《しゆ》となさば、損《そん》の九二も亦《また》六五と同《おな》じく定位《ていゐ》の主《しゆ》とせねばなるまい、斯《か》く言《い》はゞ或《あるひ》は損《そん》に於《おい》ては下《しも》から上《かみ》を益《えき》し、臣《しん》之《これ》を施《ほどこ》して君之《くんこれ》を受《う》くると言《い》ふ義《ぎ》がないから、損《そん》の九二は定位《ていゐ》の主《しゆ》となすことは可能《でき》ぬと言《い》ふかも知《し》らむが、それのみでは未《いま》だ益《えき》の六二を以《もつ》て定位《ていゐ》の主《しゆ》となす理由《りゆう》とはされぬ、何《なん》となれば、惟《ひと》り損益《そんえき》の

二卦許《くわばか》りでなく、凡《すべ》て五位《ゐ》に居《ゐ》るものを以《もつ》て卦主《くわしゆ》となすのは主觀客觀《しゆくわんかくくわん》の境地《きやうち》を離《はな》れ、絶對無上《ぜつたいむじやう》の位地《ゐち》卽《すなは》ち定位《ていゐ》の主《しゆ》となすもので決《けつ》して相對的《さうたいてき》のものではない、故《ゆゑ》に何《いづ》れの卦《くわ》たるに論《ろん》なく、定位《ていゐ》の主《しゆ》なるものは、惟《これ》一爻《かう》ある丈《だけ》で二爻《かう》あるべき筈《はず》がない、然《しか》るに帝《てい》は一卦《くわ》の中《うち》に於《おい》て毎々《まいまい》定位《ていゐ》の二主《しゆ》を取《とつ》て居《ゐ》るが、這《こ》は卽《すなは》ち定位《ていゐ》の主《しゆ》を成卦《せいくわ》の主《しゆ》と混同《こんどう》したもので余《よ》が痛斥《つうせき》して止《や》まぬ所《ところ》である、以上《いじやう》の理由《りいう》を以《もつ》て益《えき》の卦《くわ》に於《おい》ては九五を以《もつ》て定位《ていゐ》の主《しゆ》となし、初九《しよ》を以《もつ》て成卦《せいくわ》の主《しゆ》となすのであるが、而《しか》も交易《かうえき》の理《り》法《はふ》を以《もつ》て之《これ》を論《ろん》ぜば、初九《しよ》と六四とを以《もつ》て成卦《せいくわ》の主《しゆ》となすに妨《さまた》げなきことは損《そん》の卦《くわ》に於《お》けると同樣《どうやう》である。

夬《くわい》は一陰《いん》が上《うへ》に極《きは》まるを以《もつ》て義《ぎ》を爲《な》せり、則《すなは》ち上六《じやう》は成卦《せいくわ》の主《しゆ》なり、然《しか》れども五陽《やう》一陰《いん》を決《けつ》して、而《しか》して五は其《そ》の上《うへ》に居《ゐ》る、又尊位《またそんゐ》なり、故《ゆゑ》に九五を以《もつ》て主卦《しゆくわ》の主《しゆ》となす、一陰《いん》五陽《やう》の卦《くわ》は一陰《いん》を以《もつ》て主《しゆ》となすの例《れい》に由《よ》らば帝說《ていせつ》の如《ごと》く上六《じやう》を以《もつ》て成卦《せいくわ》の主《しゆ》とせねばならぬけれども、亦《また》一方《ぱう》から之《これ》を見《み》れば、夬《くわい》は消長《せうちやう》の卦《くわ》であつて、夬《くわい》とは五陽《やう》が一陰《いん》を決去《けつきよ》するの義《ぎ》である、彖《たん》傳《でん》に夬《くわい》とは決《けつ》するなり、剛柔《がうじう》を決《けつ》するなり、剛長《がうちやう》すれば乃《すなは》ち終《をは》るなりと言《い》ふのが卽《すなは》ちそうである、故《ゆゑ》に余《よ》は一陰《いん》五陽《やう》の卦《くわ》の例《れい》に由《よ》らず、消長卦《せうちやうくわ》の例《れい》に從《したが》ひ、剛《がう》が柔《じう》を決去《けつきよ》するの義《ぎ》を取《と》り、九五を以《もつ》て定《てい》位《ゐ》の主《しゆ》であつて亦成卦《またせいくわ》の主《しゆ》を兼《か》ねたものとなすのである。

姤《こう》は一陰下《いんげ》に生《しやう》ずるを以《もつ》て義《ぎ》を爲《な》せり、則《すなは》ち初六《しよ》は成卦《せいくわ》の主《しゆ》なり、然《しか》れども五陽皆陰《やうみないん》を制《せい》するの責《せ》めあり、而《しか》して惟《たゞ》二と五とは剛中《がうちう》の徳《とく》を以《もつ》て、一は則《すなは》ち之《これ》と相接近《あひせつきん》して以《もつ》て之《これ》を制《せい》し、一は則《すなは》ち尊《そん》に居《ゐ》て、其《そ》の上《うへ》に臨《のぞ》んで以《もつ》て之《これ》を制《せい》す。故《ゆゑ》に九五九二を主卦《しゆくわ》の主《しゆ》となす、と。九五を以《もつ》て定位《ていゐ》の主《しゆ》となし、初《しよ》六を以《もつ》て成卦《せいくわ》の主《しゆ》となすことは、帝説《ていせつ》の如《ごと》くであるが、九二を以《もつ》て定位《ていゐ》の主《しゆ》となすは、損益等《そんえきとう》と同《おな》じく余《よ》が取《と》らぬ所《ところ》である。

萃《すゐ》は九五を以《もつ》て主《しゆ》となし、而《しか》して九四之《これ》に次《つ》ぐ、卦《くわ》は惟《たゞ》二陽《やう》にして、而《しか》して高位《かうゐ》に居《ゐ》る、衆陰《しういん》の萃《あつ》まる所《ところ》と爲《な》るなり。

帝《てい》が九五九四を以《もつ》て主《しゆ》となすと言《い》ふは、成卦《せいくわ》の主《しゆ》となすの意《い》であらうと思《おも》ふが、九四を以《もつ》て成卦《せいくわ》の主《しゆ》となすことは余《よ》が取《と》らざる所《ところ》である。何《なん》となれば、彖傳《たんでん》に萃《すゐ》は聚《あつま》るなり、順《じゆん》を以《もつ》て説《よろこ》び、剛中《がうちう》にして而《しか》して應《おほ》ず、故《ゆゑ》に聚《あつま》るなりと言《い》ふを以《もつ》て之《これ》を見《み》れば、その聚《あつ》まるのは九五の剛中《がうちう》に歸《き》するからである是故《これゆゑ》に余《よ》は九五を以《もつ》て定位《ていゐ》の主《しゆ》となし、亦諸爻《またしよかう》の歸聚《きしう》する所《ところ》を以《もつ》ては之《これ》を以《もつ》て成卦《せいくわ》の主《しゆ》となし、尙兌《なほだ》澤《たく》が地《ち》に上《のぼ》ると言《い》ふ易位《えきゐ》の理法《りはふ》、或《あるひ》は否《ひ》からの來往《らいわう》、若《も》しくは變爲《へんゐ》の理法《りはふ》を以《もつ》ては、上六《じやう》を以《もつ》て成卦《せいくわ》の主《しゆ》としようと思《おも》ふ。萃《すゐ》が萃《すゐ》と言《い》はるゝ所《ところ》は兌《だ》の上六《じやう》にあるからである。

升《しよう》は六五を以《もつ》て主《しゆ》となす、彖傳《たんでん》に曰《いは》く、柔時《じうじ》を以《もつ》て升《のぼ》ると、六五は升《しよう》の最《もつと》も尊《たつと》き者《もの》なり、然《しか》れども升《のぼ》る者《もの》は必《かな》らず下《しも》より起《おこ》る、其《そ》の卦地中木《くわちちうき》を生《しやう》ずるを以《もつ》て象《かたち》となす。則《すなは》ち初《しよ》六は巽體《そんたい》の主《しゆ》にして、乃《すなは》ち木《き》の根《ね》なり、故《ゆゑ》に初《しよ》六は亦成卦《またせいくわ》の主《しゆ》と爲《な》る。

と。帝《てい》の說《せつ》に由《よ》れば初六《しよ》と同《おな》じく六五も亦之《またこれ》を成卦《せいくわ》の主《しゆ》となして居《ゐ》るが、余《よ》は之《これ》と異《こと》なり、六五を以《もつ》て定位《ていゐ》の主《しゆ》となし、初六《しよ》を以《もつ》て成卦《せいくわ》の主《しゆ》となすのである、彖傳《たんでん》に柔時《じうじ》を以《もつ》て升《のぼ》ると言《い》ふは、六五の爲《た》めに繫《か》けたのではなく、初六《しよ》の爲《た》めに繫《か》けた所《ところ》の辭《じ》であることは、初六《しよ》に元《おほい》に升《のぼ》ると言《い》ふて居《ゐ》るのがその證據《しようこ》である。

困《こん》は九二九五を以《もつ》て主《しゆ》となす、蓋《けだ》し卦《くわ》は剛《がう》が揜《おほ》はるゝを以《もつ》て義《ぎ》となす、二五剛中《がうちう》の德《とく》を以《もつ》て、而《しか》して皆陰《みないん》に揜《おほ》はるゝを謂《い》ふなり、故《ゆゑ》に兩爻皆成卦《りやうかうみなせいくわ》の主《しゆ》にして、又主卦《またしゆくわ》の主《しゆ》なり、

余《よ》は九五を以《もつ》て定位《ていゐ》の主《しゆ》となし、九二を以《もつ》て成卦《せいくわ》の主《しゆ》となす。蓋《けだ》し此《こ》の卦《くわ》が困《こん》と名《なづ》くる所以《ゆえん》は澤中水《たくちうみづ》なきに由《よ》る、卽《すなは》ち大象《だいしやう》に澤中水《たくちうみづ》なきは困《こん》と言《い》ふのがそうである、故《ゆゑ》に余《よ》は節《せつ》の易位《えきゐ》に由《よ》り九二を以《もつ》て成卦《せいくわ》の主《しゆ》となす。

井《せい》は九五を以《もつ》て主《しゆ》となす、蓋《けだ》し井《せゐ》は水《みづ》を以《もつ》て功《こう》を爲《な》す、而《しか》して九五は坎體《かんたい》の主《しゆ》なり、井《せい》は民《たみ》を養《やしな》ふを以《もつ》て義《ぎ》となす九五は民《たみ》を養《やしな》ふの君《きみ》なり。

井《ゐ》の九五は定位《ていゐ》の主《しゆ》であつて、亦成卦《またせいくわ》の主《しゆ》を兼《か》ぬるものである。

革《かく》は九五を以《もつ》て主《しゆ》となす、蓋《けだ》し尊位《そんゐ》に居《を》れば則《すなは》ち改革《かいかく》の權《けん》あり、剛中正《がうちうせい》なれば則《すなは》ち能《よ》く改革《かいかく》の善《ぜん》を盡《つく》す、故《ゆゑ》に其辭《そのじ》に曰《いは》く、大人《だいじん》は虎變《こへん》すと、

余《よ》は革《かく》の九五を以《もつ》て定位《ていゐ》の主《ゆ》であつて、亦成卦《またせいくわ》の主《しゆ》を兼《か》ぬるものとなすのであるが、その理由《りいう》は、豐《ほう》

を以《もつ》て日中《につちう》となすのであるが、豐《ほう》の六五が變爲《へんゐ》すれば革《かく》の象《しやう》となるからである。鼎《てい》は六五上九《じやう》を以《もつ》て主《しゆ》となす、蓋《けだ》し鼎は賢《かなへ》を養《けん》ふを以て義《ぎ》となす、而《しか》して六五は上九《じやう》の賢《けん》を尊尙《そんしやう》して、其《そ》の象鼎《しやうてい》の鉉耳《けんじ》の相得《あひう》るが如《ごと》ければなり。

鼎《てい》は六五を以《もつ》て定位《ていゐ》の主《しゆ》となし、尙成卦《なほせいくわ》の主《しゆ》を兼《か》ねたるものとなす、何《なん》となれば、鼎《てい》は遯《さん》の運移《うんゐ》であつて、彖傳《たんでん》に柔進《じうすゝ》むで而《しか》して上行《じやうかう》す、中《ちう》を得《え》て而《しか》して剛《がう》に應《おほ》ずと言《い》ふは卽《すなは》ち此《こ》のことである。且《か》つ鼎《てい》の鼎《てい》たる所《ところ》は成熟《せいじゆく》の實《じつ》である、上九《じやう》の賢《けん》を養《やしな》ふが如《ごと》きは、その効用《かうよう》に屬《ぞく》するからである。

震《しん》は二陽《やう》を以《もつ》て主《しゆ》となす、然《しか》れども震陽《しんやう》は下《した》に動《うご》く者《もの》なり、故《ゆゑ》に四を主《しゆ》となさずして、而《しか》して初《しよ》を主《しゆ》となす。

震《しん》の初《しよ》九を以《もつ》て主《しゆ》となすは、卽《すなは》ち成卦《せいくわ》の主《しゆ》となすので、定位《ていゐ》の主《しゆ》たるものは卽《すなは》ち六五である、六五の辭《じ》に、億《おく》に喪《うしな》ふこと无《な》くして事《こと》ありとは、定位《ていゐ》の主《しゆ》に繫《か》けた所《ところ》の辭《ことは》である。

艮《ごん》も亦《また》二陽《やう》を以《もつ》て主《しゆ》となす、然《しか》れども艮陽《ごんやう》は上《うへ》に止《とゞ》まる者《もの》なり、故《ゆゑ》に三を主《しゆ》となさずして、而《しか》して上《じやう》を主《しゆ》となす。

卦中惟《くわちうたゞ》二陽《やう》であるけれども、九三は止《とゞ》まるの半《なか》ばで未《いま》だ行《ゆ》くべき所《ところ》の地《ち》がある、隨《したが》つて長《なが》く止《とゞ》まるものではない。反之《これにはんし》、上九《じやう》は卦《くわ》の極《きよく》であるから行《ゆ》くべき塲所《はしよ》がない、上九《じやう》の辭《ことば》に敦《あつ》く止《とゞ》まると言《い》ひ、彖《たん》傳《でん》に以《もつ》て終《をは》りを厚《あつ》ふするなりと言《い》ふは、卽《すなは》ち此《こ》のことである、故《ゆゑ》に上九《じやう》を以《もつ》て成卦《せいくわ》の主《しゆ》となすべきことは帝説《ていせつ》の如《ごと》くである、けれども余《よ》は尚《なほ》六五を以《もつ》て定位《ていゐ》の主《しゆ》とし度《た》いと思《おも》ふ、其《そ》の辭《じ》に其《そ》の輔《ほ》に艮《とど》まる、言《こと》ば序《つい》でありと言《い》ふは定位《ていゐ》の主《しゆ》に繋《か》けたものである、蓋《けだ》し君《きみ》たるものは命令《めいれい》を主《つかさ》どるものである故《ゆゑ》に君《きみ》たるもの丶言語《げんご》は必《かな》らず序《つい》でがあつて、その宜《よろ》しきを得《え》ねばならぬ、綸言《りんげん》は汗《あせ》の如《ごと》く苟《いやし》くも發《はつ》すべからずと言《い》ふは卽《すなは》ち此《こ》れである。

漸《ぜん》は女《をんな》の歸《きつ》くを以《もつ》て義《ぎ》となす、而《しか》して諸爻中《しよかうちう》惟《ひと》り六二は五に應《おほ》じ、女歸《をんなきつ》くの義《ぎ》に合《あ》ふ、則《すなは》ち六二は卦主《くわしゆ》なり、然《しか》れども漸《ぜん》は亦進《またすゝ》むを以《もつ》て義《ぎ》となす、而《しか》して九五は進《すゝ》んで高位《かうゐ》に居《を》り、剛中《がうちう》の德《とく》あり、則《すなは》ち九五は亦卦主《またくわしゆ》なり。

歸妹《きまい》は女《をんな》が自《みづ》から歸《きつ》くを以《もつ》て義《ぎ》となす、其《そ》の德善《とくぜん》ならず、故《ゆゑ》に彖傳《たんでん》に曰《いは》く利《よろ》しき攸《ところ》无《な》しとは柔剛《じうがう》に乘《じよう》ずればなり、是《こ》れ六三上六《じやう》は成卦《せいくわ》の主《しゆ》なり、然《しか》れども六五は尊《そん》に居《ゐ》て下《しも》に交《まじ》はる、則《すなは》ち反《かへつ》て不《ぶ》善《ぜん》を變《へん》じて而《しか》して善《ぜん》となし、凶《きよう》を化《くわ》して而《しか》して吉《きつ》となす、是《こ》れ六五も亦主卦《またしゆくわ》の主《しゆ》なり。

漸《ぜん》と歸妹《きまい》の二卦《くわ》に就《つい》ては余《よ》は帝説《ていせつ》に同意《どうい》することが可能《でき》ぬ、蓋《けだ》し漸《ぜん》の漸《ぜん》たる所《ところ》は漸進《ぜんしん》であつて、此《こ》れが卽《すなは》ち第《だい》一義《ぎ》である、然《しか》るに帝《てい》は女歸《をんなきつ》くの義《ぎ》を先《さ》きにして、之《これ》に次《つ》ぐに漸進《ぜんしん》の義《ぎ》を以《もつ》てされたが、此《これ》點《てん》が卽《すなは》ち余《よ》が服《ふく》せざる所《ところ》である、且《か》つ九五は進《すゝ》むで高位《かうゐ》に居《を》り、六二が之《これ》に應《おほ》ずるを以《もつ》て女歸《をんなきつ》くの義《ぎ》を得《え》たものとなし、之《これ》を以《もつ》て共《とも》に卦主《くわしゆ》となすはその當《たう》を得《え》たものと言《い》ふことは可能《でき》ぬ、何《なん》となれば、上九《じやう》の艮《ごん》の艮《ごん》たる所《ところ》が上九《じやう》にあるとせば、漸《ぜん》の漸進《ぜんしん》たる所《ところ》も亦同《またおな》じく上九《じやう》にあると言《い》はねばならぬ、辭《じ》に其《そ》の羽《はね》用《もち》ひて儀《ぎ》と爲《な》す可《べ》しと言《い》ふは、漸進《ぜんしん》して等《とう》を越《こ》へざる義《ぎ》に於《おい》ても、亦女歸くの義《ぎ》に於《おい》ても共《とも》に以《もつ》て儀表《ぎへう》となすべきことを言《い》ふたものである、故《ゆゑ》に余《よ》は上九《じやう》を以《もつ》て成卦《せいくわ》の主《しゆ》となすのである。亦《また》歸妹《きまい》に於《おい》ては、六三と上六《じやう》とを以《もつ》て成卦《せいくわ》の主《しゆ》となせり、六三を以《もつ》て成卦《せいくわ》の主《しゆ》となすは帝說《ていせつ》の如《ごと》くであるけれども、上六《じやう》を以《もつ》て成卦《せいくわ》の主《しゆ》となすが如《ごと》きは余《よ》の解《かい》し得《え》ざる所《ところ》である、蓋《けだ》し此卦《このくわ》が歸妹《きまい》の名《な》を得《え》たる所以《ゆえん》は、兌《だ》の少女《せうぢよ》が震《しん》の壯夫《さうふ》に追《お》ひ求《もと》むる所《ところ》にある、然《しか》らば成卦《せいくわ》の主《しゆ》となるべきものは、六三の兌主《だしゆ》一爻《かう》でなければならぬ。亦《また》漸《ぜん》の九五は象《しやう》を鴻《こう》に取《と》り、歸妹《きまい》の六五は象《しやう》を帝乙《ていをつ》の歸妹《きまい》に取《とつ》て居《ゐ》るから、歸妹《きまい》の六五を以《もつ》て定位《ていゐ》の主《しゆ》となすはよいが、漸《ぜん》の六五を以《もつ》て定位《ていゐ》の主《しゆ》となすは余《よ》が取《と》らぬ所《ところ》である。

豊《ほう》は六五を以《もつ》て主《しゆ》となす、蓋《けだ》し其《そ》の彖辭《たんじ》に曰《いは》く王之《わうこ》れに假《か》る。憂《うれ》ふること勿《なか》れ日中《につちう》に宜《よろ》しとは、六五の位《くらゐ》は王位《わうゐ》なればなり、柔《じう》にして而《しか》して中《うち》に居《を》るは日中《につちう》するの德《とく》なり。

豊《ほう》の六五を以《もつ》て主《しゆ》となすは、定位《ていゐ》の主《しゆ》であつて成卦《せいくわ》の主《しゆ》ではない、成卦《せいくわ》の主《しゆ》となるべきものは六二と九四との二爻《かう》である、蓋《けだ》し豊《ほう》が豊《ほう》となる所《ところ》は泰《たい》の九二と六四とが交易《かうえき》した所《ところ》にある、故《ゆゑ》に此《こ》の二爻《かう》を以《もつ》て成卦《せいくわ》の主《しゆ》とせねばならぬ、彖傳《たんでん》に豊《ほう》は大《だい》なり、明《あき》らかにして以《もつ》て動《うご》く、故《ゆゑ》に豊《ほう》と言《い》ふを見《み》れば分《わか》る。

旅《りよ》は亦《また》六五を以《もつ》て主《しゆ》となす、故《ゆゑ》に彖傳《たんでん》に柔中《じうちう》を外《ほか》に得《う》ると、又曰《またいは》く止《とゞ》めて而《しか》して明《めい》に麗《ひ》くと五は外《ぐわい》

體《たい》に居《を》る、外《そこ》に旅《たび》するの象《しやう》なり、中位《すうゐ》に居《を》り、離體《りたい》の主《しゆ》となり、中《ちう》を得《え》、明《めい》に麗《ひ》くの象《しやう》なり、

旅《りよ》の六五を以《もつ》て主《しゆ》となすは成卦《せいくわ》の主《しゆ》となすの義《ぎ》で、定位《ていゐ》の主《しゆ》となすと言《い》ふの義《ぎ》ではない、蓋《けだ》し卦《くわ》は旅《りよ》を以《もつ》て義《ぎ》となすが、君主《くんしゆ》には旅《たび》の義《ぎ》がない、故《ゆゑ》に五は君位《くんゐ》ではあるけれども君《きみ》の義《ぎ》を取《と》らず、君命《くんめい》を奉行《ほうかう》する臣《しん》の義《ぎ》を取《と》つて居《ゐ》る六五の辭《じ》に終《つひ》に以《もつ》て譽命《よめい》ありと言《い》ふはその證據《しやうこ》である、而《しか》して六五を以《もつ》て成卦《せいくわ》の主《しゆ》となす所以《ゆえん》は、遯《とん》の來往法《らいわうはふ》に由《よ》つたもので、此《こ》の卦《くわ》も亦定位《またていゐ》の主《しゆ》なきものである。

巽《そん》は二陰《いん》を主《しゆ》となすと雖《いへ》ども、然《しか》れども陰卦《いんくわ》は陰《いん》を以《あつ》て主《しゆ》となすは、惟《ひと》り離《り》を然《しか》りとなす、其《そ》の中《なか》に居《ゐ》るを以《もつ》ての故《ゆゑ》なり、巽《そん》の二陰《いん》は則《すなは》ち成卦《せいくわ》の主《しゆ》となる、而《しか》も主卦《しゆくわ》の主《しゆ》となることを得《え》ず、主卦《しゆくわ》の主《しゆ》は九五なり、命《めい》を重《かさ》ねて事《こと》を行《おこな》ふ、尊位《そんゐ》に居《ゐ》る者《もの》にあらざれば不可《ふか》なり、故《ゆゑ》に彖傳《たんでん》に曰《いは》く剛中正《がうちうせい》に巽《したがつ》て而《しか》して志《こゝろざし》行《おこな》はるとは五を指《さ》すなり。

巽《そん》は九五を以《もつ》て定位《ていゐ》の主《しゆ》となし、六四を以《もつ》て成卦《せいくわ》の主《しゆ》となすべきことは帝《てい》が言《い》ふ所《ところ》の如《ごと》くであるが、初《しよ》六を以《もつ》て六四と共《とも》に成卦《せいくわ》の主《しゆ》であると言《い》ふは余《よ》が取《と》らぬ所《ところ》である、何《なん》となれば、巽《そん》は二陰《いん》を以《もつ》て主《しゆ》となすとは言《い》へど、初《しよ》六は不正《ふせい》であつてその位《ゐ》も卑《いや》しく。反之《これにはんし》。六四は正《せい》に居《ゐ》てその位《くらゐ》も尊《たつ》とし、此《こ》れ六四を取《とつ》て初《しよ》六を捨《す》つる所以《ゆえん》である。

兌《だ》の二陰《いん》も亦成卦《またせいくわ》の主《しゆ》と爲《なつ》て、而《しか》して主卦《しゆくわ》の主《しゆ》と爲《な》ることを得《え》ず、卽《すなは》ち主卦《しゆくわ》の主《しゆ》は二五なり、故《ゆゑ》に彖傳《たんでん》に曰《いは》く、剛《かう》は中《ちう》にして而《しか》して柔《じう》は外《ほか》、説《よろこ》んで以《もつ》て貞《てい》に利《よろ》しと、

九五を以《もつ》て定位《ていゐ》の主《しゅ》となし、上《じやう》六を以《もつ》て成卦《せいくわ》の主《しゅ》となすべきことは帝説《ていせつ》の如《ごと》くであるが、九二も亦定《またてい》位《ゐ》の主《しゅ》で、六三も亦成卦《またせいくわ》の主《しゅ》であると言《い》ふはよくない。何故《なにゆゑ》なれば、定位《ていゐ》には二主《しゅ》なく、六三は不正《ふせい》であるから、巽《そん》の卦《くわ》と互見《ごけん》すれば分《わか》る。

渙《くわん》は九五を以《もつ》て主《しゅ》となす、蓋《けだ》し天下《てんか》の散《さん》ずるを収拾《しうしふ》するは、尊《そん》に居《ゐ》るにあらずんば能《あた》はず、然《しか》るに九二は内《うち》に居《ゐ》て以《もつ》て其《そ》の本《もと》を固《かた》め、六四は五を承《う》けて以《もつ》て其《そ》の功《こう》を成《な》す、亦卦《またくわ》の重《おも》んずる所《ところ》なり、故《ゆゑ》に彖傳《たんでん》に曰《いは》く。剛來《がうきたつ》て而《しか》して窮《きう》せず、柔位《じつゐ》を外《ほか》に得《え》て而《しか》して上《のぼ》り同《おな》じうす。と。渙《くわん》の九五を以《もつ》て定位《ていゐ》の主《しゅ》となすことは爻《かう》の辭《じ》を見《み》ても分《わか》るのである、亦《また》六四は巽風渙散《そんふうくわんさん》の主《しゅ》であるから。成卦《せいくわ》の主《しゅ》となすべきことも亦爻辭《またかうじ》に見《あら》はれて居《ゐ》る。

節《せつ》は亦《また》九五を以《もつ》て主《しゅ》となす、蓋《けだ》し制度《せいど》を立《た》てゝ以《もつ》て天下《てんか》を節《せつ》するは、亦惟尊《またたゞそん》に居《ゐ》て徳有《とくあ》る者之《ものこれ》を能《よく》す、故《ゆゑ》に彖傳《たんでん》に曰《いは》く、位《くらゐ》に當《あたつ》て以《もつ》て節《せつ》す、中正《ちうせい》にして以《もつ》て通《つう》ずと。

節《せつ》の九五は定位《ていゐ》の主《しゅ》であつて亦成卦《またせいくわ》の主《しゅ》を兼《か》ぬるものである、彖傳《たんでん》に剛柔分《がうじうわか》れて而《しか》して中《ちう》を得《え》ると言《い》ひ、象傳《じやうでん》に節《せつ》に甘《あま》むずるの吉《きつ》は居《ゐ》ること中《ちう》に位《くらゐ》すればなりと言《い》ひ、大象《だいしやう》に澤上水《たくじやうみづ》あるは節《せつ》と言《い》ふのを見《み》れば分《わか》る。

中孚《ちうふ》の卦《くわ》を成《な》すは中虚《ちうきよ》を以《もつ》てす、則《すなは》ち六三六四は成卦《せいくわ》の主《しゅ》なり、然《しか》れども孚《まこと》の義《ぎ》に取《と》るは中實《ちうじつ》を以《もつ》てす則《すなは》ち九二九五は主卦《しゆくわ》の主《しゅ》なり、孚《まこと》あつて乃《すなは》ち邦《くに》を化《くわ》するに至《いた》るは、乃《すなは》ち尊《そん》に居《ゐ》る者《もの》の事《こと》たり、故《ゆゑ》に卦主《くわしゆ》は五にあり。と。象傳《たんでん》に柔《じう》は内《うち》に在《あつ》て而《しか》して剛《がう》は中《ちう》を得《う》ると言《い》ふ、故《ゆゑ》に帝説《ていせつ》の如《ごと》く中虚《ちうきよ》を以《もつ》て義《ぎ》となすといへど、六三は不正《ふせい》であるが、六四は正《せい》である、故《ゆゑ》に六四を以《もつ》て成卦《せいくわ》の主《しゆ》となし、九五を以《もつ》て定位《ていゐ》の主《しゆ》となす。

小過《せうくわ》は二五を以《もつ》て主《しゆ》となす、其《そ》の柔《じう》にして而《しか》して中《ちう》を得《え》、過《す》ぐるの時《とき》に當《あたつ》て而《しか》して過《す》ぎざればなり小過《せうくわ》の六五を以《もつ》て定位《ていゐ》の主《しゆ》となすことは、已《すで》に爻辭《かうじ》に於《おい》て顯然《けんぜん》たる所《ところ》であるが、帝《てい》が亦《また》二を取《とつ》て主《しゆ》となすのは定位《ていゐ》の主《しゆ》となすの義《ぎ》であらば勿論《もちろん》のこと、假《たと》へ成卦《せいくわ》の主《しゆ》となすの義《ぎ》であるとしても余《よ》が非《ひ》として取《と》らぬ所《ところ》である。且《か》つ過《す》ぎざるものを取《とつ》て卦主《くわしゆ》となすのは卦義《くわぎ》と相反《あひはん》するものであると言《い》はねばならぬ、何故《なにゆゑ》なれば、此《こ》の卦《くわ》が小過《せうくわ》の名《な》を得《え》た所以《ゆえん》は小《せう》なる者《もの》が過《す》ぐるの義《ぎ》を取《と》つたものである。此《これ》に由《よ》つて之《これ》を考《かんが》へば成卦《せいくわ》の主《しゆ》となるべきものは、之《これ》を上下《じやうげ》の四陰中《いんちう》に於《おい》て求《もと》めねばならぬ。そこで今《いま》之《これ》を檢《けん》するに、初六《しよ》と六五とは陰《いん》であるけれども、陽位《やうゐ》に居《ゐ》るから、過《す》ぎたものゝ中《なか》に於《おい》ても甚《はなは》だしく過《す》ぎたものではない、それに六二と上六とは共《とも》に陰《いん》である上《うへ》に陰位《いんゐ》に居《ゐ》るものである、されど六二は中《ちう》を得《え》て居《ゐ》るから。此《これ》も亦甚《またはなは》だ過《す》ぎたものであるとは言《い》へぬ。然《しか》るに上六《じやう》は不中《ふちう》であつて而《しか》も小過《せうくわ》の卦極《くわきよく》に居《ゐ》るから、陰小《いんせう》が過《す》ぎた卦《くわ》の中《うち》に於《おい》て過《す》ぐることの最《もつと》も甚《はなは》だしきものである。尚《なほ》六二の辭《じ》に其《そ》の祖《そ》に過《す》ぎて其《そ》の妣《ひ》に遇《あ》ふ其《そ》の君《きみ》に及《およ》ばずして其《そ》の臣《しん》に遇《あ》ふと言《い》ひ、上六《じやう》に辭《じ》には遇《あ》はずして之《これ》に過《す》ぐと言《い》ふ、此《こ》の兩爻《りやうかう》の辭《じ》を比較《ひかく》すれば、六二は過《す》ぐる所《ところ》があるけれども亦遇《またあ》ふ所《ところ》がある、然《しか》るに上《じやう》六は過《す》ぐる所《ところ》がある許《ばか》りで、遇《あ》ふ所《ところ》がないのを見《み》ても分《わか》るのである。故《ゆゑ》に余《よ》は上《じやう》六を以《もつ》て成卦《せいくわ》の主《しゆ》と定《さだ》め、六五を以《もつ》て定位《ていゐ》の主《しゆ》と定《さだ》むるのである。

既濟《きさい》は六二を以《もつ》て主《しゆ》となす、蓋《けだ》し既濟《きさい》は則《すなは》ち初《はじ》めは吉《きつ》にして而《しか》して終《をは》りは亂《みだ》る、六二が內體《ないたい》に居《ゐ》るは正《まさ》に初吉《しよきつ》の時《とき》なり、故《ゆゑ》に彖傳《たんでん》に曰《いは》く、初《はじ》めは吉《きつ》とは柔中《じうちう》を得《う》ればなりと、

未濟《みさい》は六五を以《もつ》て主《しゆ》となす、蓋《けだ》し未濟《みさい》は則《すなは》ち初《はじ》めは亂《みだ》れて而《しか》して終《をは》りには治《をさ》まる、六五は外體《ぐわいたい》に居《ゐ》て正《まさ》に治《ち》を開《ひら》くの時《とき》なり、故《ゆゑ》に彖傳《たんでん》に曰《いは》く、未濟《みさい》は亨《こほ》るとは柔中《じうちう》を得《う》ればなりと、

余《よ》は帝《てい》の說《せつ》に反《はん》し、既濟未濟《きさいみさい》の五を以《もつ》て定位《ていゐ》の主《しゆ》となし、亦兩卦共《またりやうくわとも》に二と五とを以《もつ》て成卦《せいくわ》の主《しゆ》となすのであるが、何《いづ》れも泰否《たいひ》の交易法《かうえきはふ》に由《よ》つてその象《しやう》を成《な》して居《ゐ》るからである。

康熙帝曰《かうきていいは》く以上《いじやう》の義《ぎ》は、皆以《みなもつ》て彖傳爻辭《たんでんかうじ》に據《よつ》て之《これ》を推《すゐ》し得《う》べく。大抵易《たいていえき》なる者《もの》は、大業《たいげふ》を成《な》すの書《しよ》にして、而《しか》して大業《たいげふ》を成《な》す者《もの》は、之《これ》を有德有位《いうとくいうゐ》の人《ひと》に歸《き》す、故《ゆゑ》に五の卦主《くわしゆ》となる者獨《ものひと》り多《おほ》し、中間《ちうかん》亦時義《またじぎ》に因《よつ》て五を取て王位《わうゐ》と爲《なさ》ざる者《もの》あり、數卦《すうくわ》に過《す》ぎざるのみ、五より以外諸爻《いぐわいしよかう》の辭《じ》、王者《わうしや》と言《い》ふ者《もの》あり、皆其《みなそ》の爻《かう》を以《もつ》て王《わう》に當《あた》るにあらざるなり、乃《すなは》ち五位《ゐ》に對《たい》して而《しか》して言《げん》を爲《な》すのみ、隨《ずゐ》の上六《じやう》に王用《わうもち》ひて西山《にしやま》に享《まつ》ると曰《い》ふが如《ごと》きは、則《すなは》ち其《そ》の五に係《か》くるに因《よ》るなり、益《えき》の六二に王用《わうもち》ひて帝《てい》に享《まつ》ると曰《い》ふは、則《すなは》ち其《ぞ》の五に應《おほ》ずるに因《よ》つてなり升《しよう》の六四に王用《わうもち》ひて岐山《きざん》に享《まつ》ると曰《い》ふは、則《すなは》ち其《そ》の五に承《う》くるに因《よ》つてなり皆其《みなそ》の德時《とくとき》と稱《とな》ふ、故《ゆゑ》に王者簡《わうしやえら》んで而《しか》して之《これ》を用《もち》ひ、以《もつ》て神明《しんめい》の心《こころ》

に答《こた》ふるなり、又上爻《またじやうかう》には五爻《かう》を蒙《かう》むつて而《しか》して其《そ》の義《ぎ》を終《を》ゆる者《もの》あり、師《し》の上《じやう》六に大君命《だいくんめい》ありと曰《い》ふが如《ごと》きは、則《すなは》ち五の師《し》を出《いだ》し亂《らん》を定《さだ》むるに因《よ》つて而《しか》して此《こゝ》に至《いた》る、則《すなは》ち成功《せいこう》を奏《さう》するなり、離《り》の上《じやう》九に王用《わうもち》ひて出《い》でゝ征すと曰《い》ふは、則《すなは》ち五の憂勤治《いうきんち》を圖《はか》るに因《よ》つて而《しか》して此《こゝ》に至《いた》る、則《すなは》ち亂《らん》の本《もと》を除《のぞ》くなり、皆《みな》五爻《かう》の義《ぎ》を蒙《まう》けて、而《しか》して其《そ》の成功《せいこう》を語《かた》ること此《かく》の如《ごと》し、易中《えきちう》五上兩爻此《じやうりやうかうこ》の類《るゐ》最《もつと》も多《おほ》し、亦《また》其《そ》の爻《かう》を以《もつ》て王《わう》に當《あ》つるにあらざるなり。

尚《なほ》此《こ》の外蠱《ほかこ》の上《じやう》九に王侯《わうこう》に事《つか》へずと言《い》ふは、五位《ゐ》の外《ほか》に獨立獨歩《どくりつどくほ》するの意《い》を言《い》ふたものである、剝《はく》の上《じやう》九に君子《くんし》輿《よ》を得《う》ると言《い》ふは一陽《やう》が衆陰《しういん》の上《うへ》に居《ゐ》るの象《しやう》を取《と》つたものである、解《かい》の上《じやう》六に公用《こうもち》ひて隼を高牖《かうよう》の上《うへ》に射《い》ると言《い》ふは、五の義《ぎ》を受《う》けて之《これ》を言《い》ふたものである。

以上《いじやう》は康熙帝《かうきてい》の説を掲《かゝ》げて之《これ》を辯《べん》じたのであるが、古來諸儒《こらいしよじゆ》の卦主《くわしゆ》を説《と》くものは澤山《たくさん》にあるけれども其《そ》の説《と》く所《ところ》は區々《くゝ》として居《ゐ》る。然《しか》るにそれに比《くら》ぶれば、帝《てい》の説《と》く所《ところ》は最《もつと》も穩當《をんたう》であると言《い》ふてよい、此《こ》れ余《よ》が茲《こゝ》に之《これ》を掲出《けいしゆつ》した所以《ゆえん》である、而《しか》も尚且《なほか》つ謬説《びうせつ》を含《ふく》むで居《ゐ》る所《ところ》がある、然《しか》るに新井白蛾《あらゐはくが》が古《こ》易斷《えきだん》を草《さう》し、已《すで》に脱稿《だつかう》したる後《のち》に及《およ》び、偶々《たまゝ》帝《てい》の御纂折中《ごさんせつちう》を舶載《はくさい》したのを見《み》、その説《せつ》の頗《すこ》ぶる高《たか》きに喫驚《きつきやう》し、之《これ》を過信《くわしん》するの餘《あ》まり、その儘取《まゝとつ》て之《これ》を古易斷《こえきだん》の卷首《くわんしゆ》に轉載《てんさい》したのはよいが、一言《ごん》もその非《ひ》を辯《べん》じて居《を》らの所《ところ》から見《み》れば、白蛾《はくが》も亦《また》その誤《あや》まりを傳《つた》へた罪《つみ》を逃《のが》るゝことは可能《でき》まいと思《おも》ふが、斯《か》く言《い》へばとて、余《よ》は敢《あへ》て易《えき》を知《し》ると言《い》ふのではない、唯卑見《たゞひけん》を記《しる》して大方《おほかた》の明鑑《めいかん》を請《こ》ふ丈《だけ》である。

上述《じやうじゆつ》の如《ごと》く卦主《くわしゆ》は一卦《くわ》の由《よ》つて以《もつ》て成立《せいりつ》する所《ところ》の主腦《しゆなう》となつて居《を》るものである故《ゆゑ》に何《いづ》れの卦《くわ》たるを問《と》はず、その卦《くわ》の重要《ぢうえう》なる意儀《いぎ》は皆凡《みなすべ》て此《こ》の卦主《くわしゆ》に存《ぞん》じて居《ゐ》る、隨《したが》つて此《こ》の卦主《くわしゆ》を見《み》れば大抵《たいてい》その主《しゆ》の大小失得《だいせうしつとく》を知《し》ることが可能《でき》るのである、之《これ》を喩《たと》へば卦主《くわしゆ》は中心的原動力《ちうしんてきげんどうりよく》である、さればその中心的《ちうしんてき》原動力《げんどうりよく》を見《み》てそれに由《よ》つて生《しやう》ずる結果《けつくわ》を推知《すゐち》すると一般《ぱん》、卦主《くわしゆ》に由《よ》つて以《もつ》てその卦《くわ》の働《はたら》きを知《し》り得《う》べきものである、卦主《くわしゆ》の勢力《せいりよく》は此《かく》の如《ごと》く重大《ぢうだい》である隨《したが》つて之《これ》を占事《せんじ》に應用《おほよう》するに當《あた》りても最《もつと》も着眼《ちやくがん》を要《えう》すべきものは此《こ》の卦主《くわしゆ》である殊《ことに》に本之兩卦《ほんしりやうくわ》を得《え》たる場合《ばあひ》に於《おい》て、本卦《ほんくわ》の主爻《しゆかう》が之卦《しくわ》に於《おい》ては如何《いか》なる地位《ちゐ》を占《し》むるのであるか、尙之《なほこれ》を詳《つまび》らかにせば、之卦《ゆくくわ》の上《うへ》に於《おい》ても尙本卦《なほほんくわ》に於《お》けるが如《ごと》く重要《ぢうえう》なる地《ち》位卽《ゐすなは》ち中心點《ちうしんてん》となつて居《ゐ》るか否《いな》かを見《み》ることは、占事《せんじ》の成行《なりゆ》き變動《へんどう》を推察《すゐさつ》するに就《つ》き大《だい》なる關係《くわんけい》のある所《ところ》である、乃《すなは》ち本卦《ほんくわ》の主爻《しゆかう》が之卦《ゆくくわ》に於《お》ける有樣《ありさま》を見《み》てその事《こと》の變遷《へんせん》を知《し》ることが可能《でき》る、今《いま》その一例《れい》を示《しめ》せば、去《さ》る大正《たいせう》五年《ねん》六月《ぐわつ》の頃或《ころあ》る人來《ひときた》りて電氣鐵道敷《でんきてつだうふ》設《せつ》の成否如何《せいひいかん》を筮《ぜい》せむことを請《こ》ふ、余之《よこれ》を筮《ぜい》して ䷂ 屯《ちゆん》の ䷇ 比《ひ》に之《ゆ》くを得《え》たのであるが、本卦屯《ほんくわちゆん》の內卦震《ないくわしん》を大塗《だいこ》となし、電氣《でんき》となし進《すゝ》み行《ゆ》くとなして電氣鐵道《でんきてつだう》を敷設《ふせつ》せむとする所《ところ》の象《かたち》がある、故《ゆゑ》に此《こ》の卦《くわ》が能《よ》く事實《じじつ》に應《おほ》じたことを知《し》つたのであるが、屯《ちゆん》は定位《ていゐ》の主《しゆ》と成卦《せいくわ》の主《しゆ》と二主《しゆ》あるその卦《くわ》で、外卦坎《ぐわいくわかん》の主《しゆ》たる九五は定位《ていゐ》の主《しゆ》であつて、內卦震《ないくわしん》の主《しゆ》たる初《しよ》九は成卦《せいくわ》の主《しゆ》である、然《しか》るに屯《ちゆん》の屯《ちゆん》たる所以《ゆえん》は此《こ》の成卦《せいくわ》の主《しゆ》となつて居《ゐ》る所《ところ》の初《しよ》九にある、故《ゆゑ》に屯《ちゆん》の難《なや》みを生《しやう》じた原因《げんいん》も亦均《またひさ》しく初《しよ》九にあると言《いは》ねばならぬ。何《なん》となれば、成卦《せいくわ》の主《しゆ》たる初《しよ》九がある爲《ため》に一卦《くわ》二主《しゆ》となつて屯《ちゆん》の難《なや》みを生《しやう》じたからである、余《よ》は此《こ》の象義《しやうぎ》を見《み》て之《これ》を斷《だん》じて曰《いは》く此《こ》の鐵道《てつだう》に就《つい》ては此《こ》れ以外《いぐわい》に尙《なほ》一つの反對的競爭者《はんたいてききやうさうしや》があるであらう、その爲《た》めに屯《ちゆん》の難《なや》みとなつて實行《につかう》が可能《でき》ぬ樣《やう》であるが、而《しか》もその反對的競爭者《はんたいてききやうさうしや》は我《わ》が方《はう》に比《くら》ぶれば、頗《すこ》ぶる優勢《ゆうせい》なる地位《ちゐ》を占《しめ》て居《ゐ》ると同時《どうじ》に多大《ただい》なる便宜《べんぎ》を持《もつ》て居《ゐ》る、然《しか》るに我《わ》が方《はう》はそれと對抗《たいこう》すべき地位《ちゐ》もなければ便宜《べんぎ》もない、故《ゆゑ》に此《こ》の目的《もくてき》を遂行《すゐかう》することは容易《ようゐ》でない、卦象《くわしやう》の示《しめ》す所《ところ》は此《こ》の如《ごと》くであるが實情《じつじやう》は如何《いかん》と問《と》ひたるに或《あ》る人答《ひとこた》へて曰《いは》く、實情《につじやう》は全《まつ》たくその通《とほ》りである、されどもその筋《すぢ》へ對《たい》しても種々《しゆ〴〵》奔走《ほんさう》して今《いま》や將《まさ》に之《これ》が許可《きよか》を得《う》るならむと信《しん》じて居《ゐ》る所《ところ》であるが、念《ねん》の爲《た》め一筮《ぜい》を請《こ》ふた次第《しだい》であると。そこで余《よ》は益々《ます〳〵》此《こ》の卦《くわ》が應《おほ》じて居《ゐ》ると言《い》ふことを信《しん》じたのであるが「以上《いじやう》は本卦屯《ほんくわちゆん》に由《よ》つての判斷《はんだん》であつた。然《しか》るに今之卦《いまゆくくわ》を見《み》れば比《ひ》であつて、比《ひ》と屯《ちゆん》と、對照《たいせう》すれば、屯《ちゆん》の成卦《せいくわ》の主《しゆ》となつて居《ゐ》た所《ところ》の初《しよ》九を失《うしな》ふたものが卽《すなは》ち此《こ》の比《ひ》の卦《くわ》である。して見《み》れば屯《ちゆん》が變《へん》じて比《ひ》となつたのは、我《わ》が方《はう》の目的《もくてき》とする電氣《でんき》鐵道敷設《てつだうふせつ》の件《けん》が消滅《せうめつ》する所《ところ》の象《かたち》であると見《み》ねばならぬ、故《ゆゑ》に余《よ》は此《こ》の屯《ちゆん》の初《しよ》が變《へん》じて比《ひ》となる所《ところ》を見《み》て目的《もくてき》の遂行《すゐかう》は不可能《ふかのう》であると斷《だん》じたのであるが、その後《のち》如何《いか》樣《やう》になつたのであるか、その消息《せうそく》を知《し》ることが可能《でき》なかつたのである、然《しか》るに同年《どうねん》八月《ぐわつ》十二日《にち》の萬朝報夕刊《まんてうほうゆふかん》を見《み》れば、左《さ》の如《ごと》き記事《きじ》が掲載《けいさい》されて居《ゐ》た。

折尾《をりを》電車不許可《でんしやふきよか》

福岡縣飯塚折尾間《ふくをかけんいいづかをりをかん》の電氣鐵道敷設《でんきてつだうふせつ》は發企人麻生太吉外數氏《はつきにんあさふたきちほかすうし》より鐵道院《てつだうゐん》に許可《きよか》を申請《しんせい》し來《きた》りたるも、鐵道院《てつだうゐん》に於《おい》ては筑豐線複線工事《ちくほうせんふくせんこうじ》をば前議會《ぜんぎくわい》に於《おい》て協賛《けふさん》され、目下《もくか》二百萬圓《まんゑん》を以《もつ》て工事《こうじ》中《ちう》なるに依《よ》り電車施設《でんしやしせつ》は競爭線《きやうそうせん》となるの性質《せいしつ》あるを以《もつ》て之《これ》を許可《きよか》せざるに決《けつ》す。

此《こ》の記事《きじ》を見《み》て余《よ》が占《せん》の違《ちが》はなかつたと言《い》ふことを知《しつ》つたのであるが今之《いまこれ》を卦主《くわしゆ》に關《くわん》する實占《じつせん》の一例《れい》として附記《ふき》して置《お》く。

第七欵 大卦

大卦《たいくわ》とは六畫全卦《くわくぜんくわ》を一括《くわつ》して八卦《くわ》の一象《しやう》を備《そな》へたもの丶ことである、即《すなは》ち初《しよ》二の二畫《くわく》は奇《き》であつて、三四五上《じやう》の四畫《くわく》は偶《ぐう》であれば、之《これ》を大震《たいしん》と言《い》ひ。初《はじめ》二の二畫《かく》は偶《ぐう》であつて三四五上《じやう》の四畫《くわく》は奇《き》であれば之《これ》を大巽《たいそん》と言《い》ひ。初《しよ》と二と五と上《じやう》との四畫《くわく》は偶《ぐう》であつて、三四の二畫《くわく》は奇《き》であれば之《これ》を大坎《たいかん》と言《い》ひ。初《しよ》と二と五と上《じやう》との四畫《くわく》は奇《き》であつて、三四の二畫《くわく》は偶《ぐう》であれば之《これ》を大離《たいり》と言《い》ひ。初《しよ》二三四の四畫《くわく》は偶《ぐう》であつて、五上《じやう》の二畫《くわく》は奇《き》であれば之《これ》を大艮《たいごん》と言《い》ひ。初《しよ》二三四の四畫《くわく》は奇《き》であつて、五上《じやう》の二畫《くわく》は偶《ぐう》であれば之《これ》を大兌《たいだ》と言《い》ふ。此《こ》の如《ごと》く皆《みな》二爻《かう》を一爻《かう》と見做《みな》し全卦《ぜんくわ》六爻《かう》を以《もつ》て三爻《かう》として、八卦中の一卦《くわ》に見《み》ゆるもの丶ことを大卦《たいくわ》と言《い》ふのである。故《ゆゑ》に大卦《たいくわ》と言《い》はるべきものは、六十四卦中《くわちう》に於《おい》ては、上《うへ》に掲《かゝ》げた臨《りん》、遯《とん》、小過《せうくわ》、中孚《ちうふ》、觀《くわん》、大壯《たいそう》の六卦《くわ》に限《かぎ》るものである。範圍圖說《はんゐづせつ》に大卦《たいくわ》とは全卦《ぜんくわ》六爻《かう》八卦《くわ》の象《しやう》あるを謂《い》ふなり、大卦《たいくわ》は唯《たゞ》六卦《くわ》のみ、其《そ》の他《た》五十八卦《くわ》一も大卦《たいくわ》あることなしと言《い》ふものが即《すなは》ち是《これ》てある。

そこで今茲《いまこゝ》に臨《りん》、遯《とん》、小過《せうくわ》、中孚《ちうふ》、觀《くわん》、大壯《たいそう》の六卦《くわ》を以《もつ》て大卦《たいくわ》と見《み》た所《ところ》の經傳《けいでん》その他《た》の因由《いんゆ》を擧《あげ》て讀《どく》者諸君《しやしよくん》の參考《さんかう》に供《きよう》することにせむに、範圍圖說《はんゐづせつ》に臨《りん》は大卦《たいくわ》の震《しん》なりと、又序卦傳《またちよくわでん》に臨《りん》とは大《だい》なりと言《い》ふは即《すなは》ち大卦大震《たいくわたいしん》に繫《か》けた所《ところ》の辭《じ》である、左《さ》に之《これ》を圖示《づし》すべし。

地澤臨

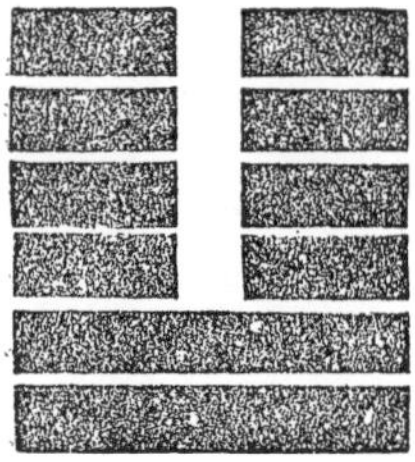

大卦　大震の圖

範圍圖說《はんゐづせつ》に曰《いは》く臨《りん》は大卦《たいくわ》の震《しん》なりと。序卦傳《ちよくわでん》に曰《いは》く臨《りん》は大《だい》なりと、而《しか》して臨《りん》の六五には大君《たいくん》の宜《よろ》しき吉《きち》と言《い》ふてあるが、震《しん》を大《だい》となし侯《こう》となす、故《ゆゑ》に之《これ》を大《だい》なりと言《い》ひ、大君《たいくん》と言《い》ふたもので、即《すなは》ち此《こ》の大卦大震《たいくわたいしん》の象《かたち》を取《とつ》たものである。

天山遯

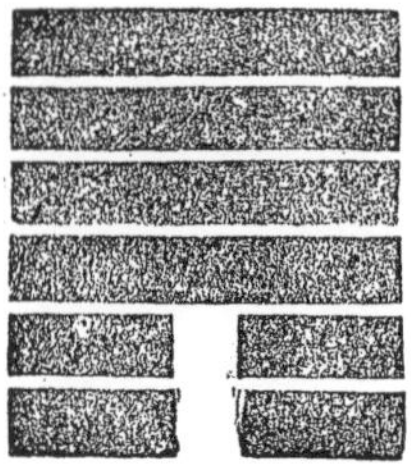

大卦大巽の圖

範圍圖說《はんゐづせつ》に曰《いは》く遯《とん》は大卦《たいくわ》の巽《そん》なりと、且《か》つ遯《とん》の爻辭《かうじ》に係《かゝ》ると言《い》ひ、疾《しつ》と言《い》ひ、臣妾《しんせふ》と言《い》ふの類《るゐ》は皆此《みなこ》の大卦大巽《たいくわたいそん》の象《しやう》に繋《か》けた所《ところ》の辭《じ》である。

雷山小過

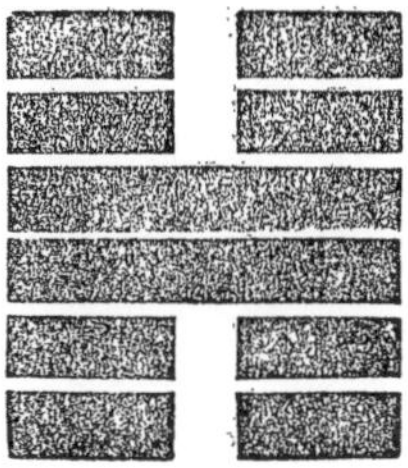

大卦大坎の圖

範圍圖說《はんゐづせつ》に曰《いは》く小過《せうか》は大卦《たいくわ》の坎《かん》なりと、坎《かん》を鳥《とり》となす、師《し》の六五に曰《いは》く田《か》りに禽《きん》あり、又漸《またざん》の六爻《かう》に鴻《かう》を以《もつ》て義《ぎ》を取《と》るが如《ごと》きは皆坎《みなかん》を鳥《とり》となすに取《と》り、小過《せうくわ》の彖《たん》に曰《いは》く飛鳥之《ひてうこれ》が音《ね》を遺《のこ》すと、彖傳《たんでん》に曰《いは》く飛鳥《ひてう》の象《かたち》あり蓋《けだ》し諸《これ》を大卦《たいくわ》の艮《かん》に取《とる》なりと、尙《なほ》その六五に密雲《みつうん》にして雨降《あめふ》らずと言《い》ひ、彼《か》の穴《あな》にあるを取《とる》と言《い》ひ、上六《じやう》に飛鳥之《ひてうこれ》に離《かゝ》る凶《きよう》是を災眚《さいせい》と言《い》ふの類《るゐ》は皆共《みなとも》に之《これ》を大卦大坎《たいくわたいかん》の象《かたち》に取《と》たものである。

風澤中孚

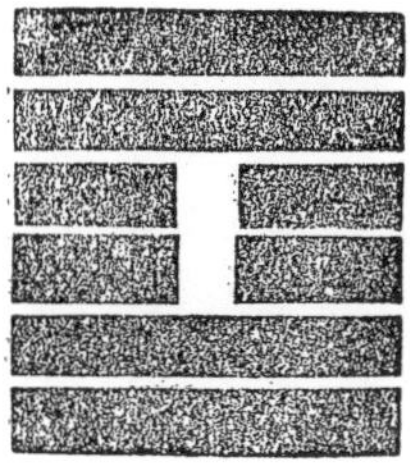

大卦大離の圖

範圍圖說《はんゐづせつ》に曰《いは》く中孚《ちうふ》は大卦《たいくわ》の離《り》なり、離《り》は中虛《ちうきよ》にして舟《ふね》の象《かたち》あり故《ゆゑ》に中孚《ちうふ》の彖傳《たんでん》に曰《いは》く大川《おほかは》を涉《わた》るに利《あと》しとは木舟《もくしう》の虚《きよ》に乗《の》ればなりと、蓋《けだ》し諸《これ》を大卦《たいくわ》の離《り》に取《と》るなりと、尚彖傳象傳等《なほたんでんしやうでんとう》に孚《ふ》と言《い》ひ信《しん》と言《い》ひ、中心《ちうしん》と言《い》ふの類《るゐ》は、皆共《みなとも》に之《これ》を大卦大離《たいくわたいり》の象《かたち》に繫《か》けたものである。

風地觀

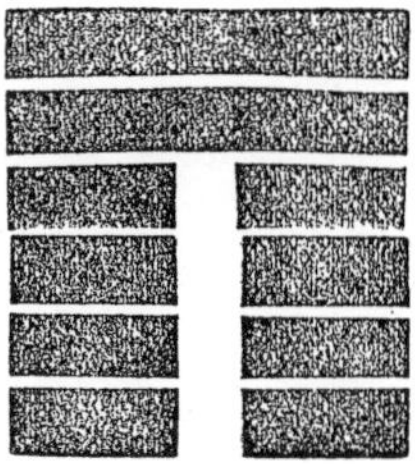

大卦大艮の圖

範圍圖說《はんゐづせつ》に曰《いは》く觀《くわん》は大卦《たいくわ》の艮《こん》なり、說卦《せつくわ》に曰《いは》く艮《こん》を山《やま》となすと、左《さ》の莊《さう》二十二年傳《ねんでん》に觀《くわん》の否《ひ》に之《ゆ》くに遇《あ》ふ、曰《いは》く坤《こん》は土《つち》なり、巽《そん》は風《かぜ》なり、乾《けん》は天《てん》なり、風《ふう》●天《てん》となりて土上《どじやう》に於《お》けるは山《やま》なり、山《やま》の材《さい》あつて而《しか》して之《これ》を照《てら》すに天光《てんくわう》を以《もつ》てす、又曰《またいは》く若《も》し異國《いこく》にあらば必《かな》らず姜姓《きやうせい》ならむ、姜《きやう》は大嶽《たいがく》の後《のち》なりと、夫《そ》れ大卦《たいくわ》の艮《こん》は大山《だいさん》なり、大山《だいさん》は卽《すなは》ち大嶽《たいがく》なり、此《こ》れ觀《くわん》を以《もつ》て大卦《たいくわ》の艮《こん》となすの徵《ちよう》なりと、尚觀《なほくわん》の彖《たん》に盥《てあら》つて而《しか》して薦《すゝ》めず孚《ふ》あつて顒若《ぎようじやく》たりと言《い》ひ、傳《でん》に天《てん》の神道《しんだう》を觀《み》て四時《じ》忒《たが》はず、聖人神道《せうにんじんだう》を以《もつ》て敎《をしへ》を設《まう》けて而《しか》して天下服《てんかふく》すと言《い》ひ、爻《かう》に童觀《どうくわん》と言《い》ひ闚觀《きくわん》と言《い》ひ光《ひか》りと言《い》ふの類《るゐ》は皆共《みなとも》に大卦大艮《たいくわたいこん》の象《かたち》に繫《か》けたものである。

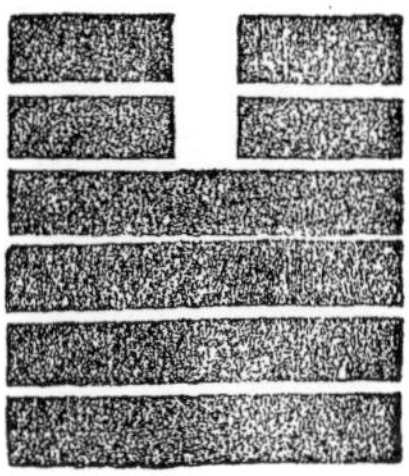

大卦大兌の圖

範圍圖說《はんゐづせつ》に曰《いは》く大壯《たいさう》は大卦《たいくわ》の兌《だ》なり、說卦《せつくわ》に曰《いは》く兌《だ》を羊《やう》となす、大壯《たいさう》の九三に曰《いは》く羝羊藩《ていやうまがき》に觸《ふれ》て其角《そのつの》を羸《くる》しむ、上《じやう》六に曰《いは》く羝羊藩《ていやうまがき》に觸《ふれ》て退《しりぞ》くこと能《あた》はず、遂《とぐ》ること能《あた》はずと、蓋《けだ》し諸《これ》を大卦《たいくわ》の兌《だ》に取《と》れるなりと、尙《なほ》六五に羊《やう》を易《まかい》に喪《うしな》ふと言《い》ふも大兌《たいだ》の象《かたち》を取《とつ》たものである。

以上列擧《いじやうれつきよ》した樣《やう》に、震《しん》、巽《そん》、坎《かん》、離《り》、艮《こん》、兌《だ》の象《かたち》ある六卦《くわ》を指《さ》して之《これ》を大卦《たいくわ》と言《い》ふのであるが、之《これ》が占斷上《せんだんじやう》の效用《かうよう》は普通《ふつう》の三畫卦《くわくくわ》たる震《しん》、巽《そん》、坎《かん》、離《り》、艮《こん》、兌《だ》に比《くら》ぶれば加倍《かばい》の勢力《せいりよく》があるから、之《これ》を實際《じつさい》に活用《くわつよう》して妙驗《めうけん》を得《う》る所以《ゆゑん》である。

尙此《なほこ》の外《ほか》に似體《じたい》の大卦《たいくわ》なるものがあるが、それは上《かみ》に擧《あ》げたる大卦中《たいくわちう》の坎《かん》、離《り》の象《かたち》を明白《めいはく》に具備《ぐび》して居《を》るのではないけれども、その形象《けいしやう》が稍々《やゝ》似《に》て居《を》る所《ところ》があるので、之《これ》を似體《じたい》の大卦《たいくわ》と言《い》ふのである、その似體《じたい》の大卦《たいくわ》なるものは六十四卦中《くわちう》に於《おい》て、大過《たいくわ》、咸《かん》、恒《こう》、頤《ゐ》、損《そん》、益《えき》の六卦《くわ》ある丈《だけ》で、その中《うち》大過《たいくわ》、咸《かん》、恒《こう》の三卦《くわ》は似體《じたい》の大坎《だいかん》で、頤《ゐ》、損《そん》、益《えき》の三卦《くわ》は似體《じたい》の大離《たいり》である。

而《しか》して之《これ》が活用上《くわつようじやう》の效力《かうりよく》の如《ごと》きは、之《これ》を正體《せいたい》の大卦《たいくわ》に較《くら》ぶれば多少《たせう》劣《おと》る所《ところ》があるけれども、而《しか》も之《これ》を普通《ふつう》の三畫卦《くわくくわ》に較《くら》ぶれば遙《はる》かに勝《まさ》る所《ところ》がある、左《さ》に之《これ》を掲示《けいし》せむ。

澤風大過

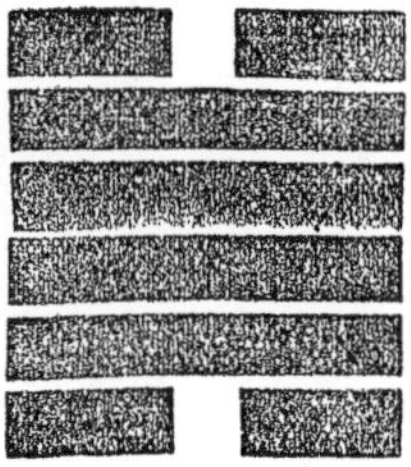

似體　大坎の圖

澤山咸

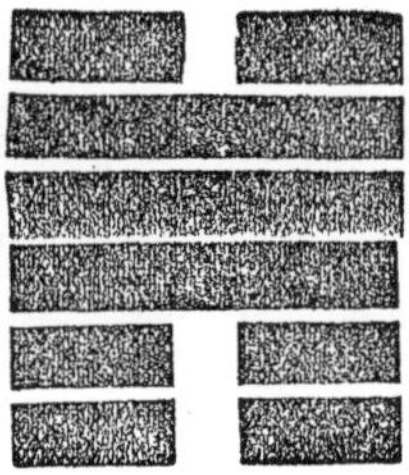

似體　大坎の圖

雷風恒

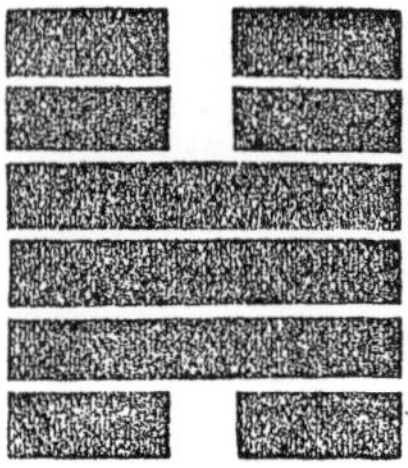

似體　大坎の圖

そこで今之《いまこれ》を似體《じたい》の大坎《たいかん》となすの徵《ちやう》を示《しめ》せば、大過《たいくわ》の彖《たん》に棟撓《むなぎたわ》むと言《い》ひ、上六《じやう》に渉《わた》るに過《す》ぎて頂《いただき》を滅《い》ると言《い》ひ、咸《かん》の爻辭《かうじ》に爾《なんぢ》が思《おもひ》と言《い》ひ、傳《でん》に志《こゝろざし》と言《い》ひ、亦恒《またこう》の爻辭《かうじ》に德《とく》と言《い》ひ、羞《はぢ》と言《い》ひ、吝《りん》と言《い》ひ、禽《きん》と言《い》ふの類《るゐ》は、皆共《みなとも》に似體《じたい》の大坎《だいかん》に繫《か》けた所《ところ》の辭《じ》である。

亦似體大離《またじたいたいり》の象《かたち》を備《そな》へて居《を》るものは、左圖《さづ》の如《ごと》く頤《い》、損《そん》、益《えき》の三卦《くわ》である、

山雷頤

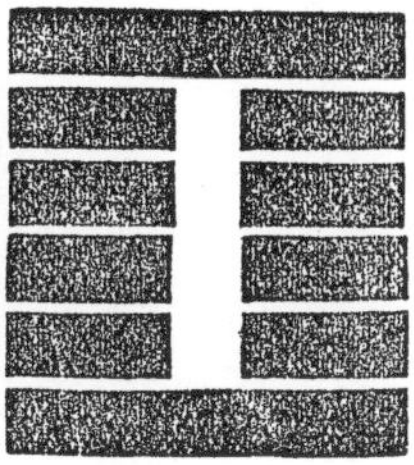

似體　大離の圖

山澤損

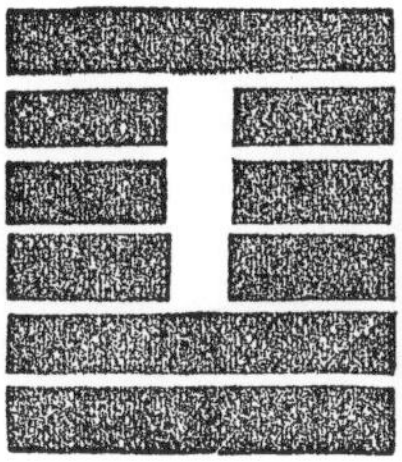

似體　大離の圖

風雷益

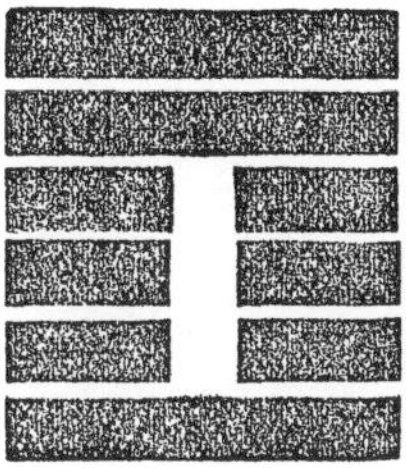

似體　大離の圖

そこで之《これ》を經傳《けいでん》に徵《ちやう》すれば、頤《ゐ》の彖爻《たんかう》に頤《ゐ》と言《い》ひ、觀《くわん》と言《い》ひ、口《こう》と言《い》ひ、靈龜《れいき》と言《い》ひ、損《そん》の經傳中《けいでんちう》に孚《ふ》と言《い》ひ、時《とき》と言《い》ひ、亦益《またえき》の經傳中《けいでんちう》に大川《おほかは》を涉《わた》るに利《よろ》しと言《い》ひ、十朋《はうの》之龜《き》と言《い》ひ、孚有《まことあつ》て中行《ちうぎやう》と言《い》ひ、惠心《けいしん》と言《い》ひ、立志《りつし》と言《い》ひ、益志《えきし》と言《い》ひ、得心《とくしん》と言《い》ふの類《るゐ》は、悉《ことごと》く之《これ》を似體大離《じたいたいり》の象《かたち》に繫《か》けたものである。

似體《じたい》の大卦《たいくわ》として取《と》り扱《あつか》ふべきものは以上《いじやう》の六卦丈《くわだけ》で、坎離《かんり》の二象《しゆう》に似通《にかよ》ひたるものに限《かぎ》る、而《しか》して之《これ》を實際《じつさい》に應用《おうよう》するのは、正體《せいたい》の大卦《たいくわ》と少《すこ》しも變《かは》る所《ところ》はない、されど以上《いじやう》六卦《くわ》の中《うち》にて、咸《かん》、恒《こう》、損《そん》、益《えき》の四卦《くわ》は包卦《はうくわ》として之《これ》を用《もち》ゆることもあるが、之《これ》を包卦《はうくわ》として用《もち》ゆると大卦《たいくわ》として用《もち》ゆるとは、その意義《いぎ》を異《こと》にして居《を》る許《ばか》りでなく、一旦之《たんこれ》を包卦《はうくわ》として用《もち》ひた上《うへ》に、亦更《またさら》に大卦《たいくわ》として之《これ》を用《もち》ゆるも、それは觀象家《くわんしやうか》の自由《じいう》で、要《えう》は唯變《たゞへん》に應《おう》じ機《き》に臨《のぞ》むで之《これ》を活用《くわつよう》するにある。

此《かく》の如《ごと》く大過《たいくわ》、咸《かん》、恒《こう》の三卦《くわ》を以《もつ》て似體《じたい》の大坎《たいかん》と見《み》、頤《ゐ》、損《そん》、益《えき》の三卦《くわ》を以《もつ》て似體《じたい》の大離《たいり》と見《み》れば、剝《はく》を以《もつ》て似體《じたい》の艮《こん》となし、復《ふく》を以《もつ》て似體《じたい》の震《しん》となし、夬《くわい》を以《もつ》て似體《じたい》の兌《だ》となし、姤《こう》を以《もつ》て似體《じたい》の巽《そん》となしてもよい樣《やう》なものであるけれども、剝《はく》の外卦《ぐわいくわ》は艮《こん》であつて、復《ふく》の內卦《ないくわ》は震《しん》である、亦夬《またくわい》の外卦《ぐわいくわ》は兌《だ》であつて、姤《こう》の內卦《ないくわ》は巽《そん》である、此《こ》の如《ごと》く剝《はく》、復《ふく》、夬《くわい》、姤《こう》の四卦《くわ》には、現《げん》に艮《こん》、震《しん》、兌《だ》、巽《そん》の四卦《くわ》を固《こ》有《いう》して居《を》るから、之《これ》を似體《じたい》の大卦《たいくわ》として用《もち》ゆる必要《ひつえう》がない。且《か》つ大卦《たいくわ》と言《い》ひ包卦《はうくわ》と言《い》ふものは、何《いづ》れも上下內外《じやうげないぐわい》の兩卦中《りやうくわちう》、現在《げんざい》になき所《ところ》の卦象《くわしやう》を觀取《くわんしゆ》する所《ところ》に活用《くわつよう》の妙趣《めうしゆ》が存《そん》じて居《を》る、故《ゆゑ》に剝《はく》、復《ふく》、夬《くわい》、姤《こう》の四卦《くわ》を大卦《たいくわ》として之《これ》を用《もち》ひざるは、猶《なほ》同人《どうじん》、履《り》、小畜《せうちく》、大有《たいいう》、无妄《むばう》、大畜《たいちく》、師《し》、謙《けん》、豫《よ》、比《ひ》、萃《すゐ》等《とう》を包卦《はうくわ》として用《もち》ひぬのと一般《ぱん》である。蓋《けだ》し損《そん》、益《えき》、家人《かじん》、睽《けい》、蹇《けん》、解《かい》、咸《かん》、恒《こう》の八卦《くわ》を包卦《はうくわ》として用《もち》ゆるのは、損《そん》、益《えき》、家人《かじん》、睽《けい》の四卦《くわ》は、現在卦中《げんざいくわちう》になき所《ところ》の乾《けん》の象《しやう》を活用《くわつよう》するにある。然《しか》るに同《どう》人《にん》、履《り》、小畜以下《せうちくいか》の九卦《くわ》は、之《これ》を包卦《はうくわ》として用《もち》ひずとも、已《すで》に卦中《くわちう》に於《おい》て乾《けん》を固有《こいう》して居《を》る。亦咸《またかん》、恒《こう》、蹇《けん》、解《かい》の四卦《くわ》も、現在卦中《げんざいくわちう》になき所《ところ》の坤《こん》の象《しやう》を活用《くわつよう》せむが爲《た》めであるが、彼《か》の師《し》、謙《けん》、豫《よ》、比《ひ》、升《しよう》、萃等《すゐとう》は、包卦《はうくわ》として之《これ》を用《もち》ひずとも、現在坤《げんざいこん》の卦《くわ》を固有《こいう》して居《を》る、此《かく》の如《ごと》き理由《りいう》がある所《ところ》から、剝《はく》、復《ふく》、夬《くわい》、姤《こう》の四卦《くわ》は、之《これ》を似體《じたい》の大卦中《たいくわちう》に加《くは》へぬのである。

大卦應用《たいくわおうよう》の例《れい》

臨《りん》を以《もつ》て大震《たいしん》となすの例《れい》

或《あ》る者《もの》一の商店《しやうてん》を開《ひら》かむとせしに、東西《とうざい》に知人《ちじん》ありて、東《ひがし》よりも西《にし》よりも双方《さうはう》から我《わ》が方《はう》へ來《きた》つて開《かい》店《てん》せよとの勸誘《くわんいう》を受《う》けたのであるが、東西何《とうざいいづ》れが可《か》なるかその取捨《しゆしや》に惑《まど》ひ、之《これ》を眞勢中州《まぜちうしう》に問《と》ふ、中《ちう》州之《しうこれ》を筮《ぜい》して臨《りん》䷒の不變《ふへん》を得《え》て之《これ》を斷《だん》じて曰《いは》く、臨《りん》は陽《やう》が長《ちやう》ずるの卦《くわ》であるから、繁昌《はんじやう》するの意《い》がある、亦臨《またりん》は大卦《たいくわ》の震《しん》であるが、之《これ》を方位《はうゐ》に取《と》れば東方《とうはう》に當《あた》る、故《ゆゑ》に東方《とうはう》に開店《かいてん》するのが吉《きつ》であると言《い》ひしに、東方《とうはう》に開店《かいてん》して、果《はた》して繁昌《はんじやう》したりと。

又或《またあ》る者《もの》の病《やまひ》を筮《ぜい》して䷒臨《りん》の䷁坤《こん》に之《ゆ》くを得《え》て、之《これ》を占《うらな》ふて曰《いは》く、臨《りん》は大卦《たいくわ》の大震《たいしん》であるから、此《こ》の病《やまひ》は大癪氣《だいしやくき》の症《しやう》である、爻卦《かうくわ》四五に兌《だ》と離《り》を配《はい》して居《を》るから、腹部《ふくぶ》より胸膈《きやうくわく》の邊《へん》に掛《か》けて水氣《すゐき》と相交《あひまじ》はつて居《を》る、それゆゑ常《つね》にウネ〱した樣《やう》なものがあつて苦《くる》しむであらう、それは震木《しんぼく》の癪氣《しやくき》が坤《こん》の脾胃《ひゐ》を克《こく》して居《を》る爲《た》めである、故《ゆゑ》に大震《たいしん》の癪氣《しやくき》を治《ち》すれば坤《こん》の象《かたち》となつて平癒《へいゆ》するのであると。或《あ》る人亦《ひとまた》一病婦《びやうふ》の固症《こしやう》を筮《ぜい》して、䷒臨《りん》の䷗復《ふく》に之《ゆ》くに遇《あ》ふたのであるが、その占《せん》に曰《いは》く、此《これ》は老《らう》症《しやう》であらう、必竟全快《ひつきやうぜんくわい》を得《え》ることは難《かた》いのである。元來此《ぐわんらいこ》の婦人《ふじん》は幼少《ようせう》の時《とき》に當《あた》り、幾度《いくたび》も物《もの》に驚《おどろ》いたことがあつた樣《やう》に思《おも》はるゝが、それが卽《すなは》ち現在《げんざい》の病因《びやういん》となつて居《を》ると、解《かい》に曰《いは》く、その老症《らうしやう》であると言《い》ひしは、臨《りん》の九二の一陽《やう》が消《き》へて復《ふく》となつた卦爻《くわかう》の變《かは》り工合《ぐあひ》卽《すなは》ち消《せう》長逆轉法《ちやうぎやくてんぽふ》から見《み》たものである。亦全快《またぜんくわい》せぬと言《い》ふのは、復《ふく》の初《しよ》九一陽《やう》の元氣《げんき》が亦再《またふた》たび消滅《せうめつ》して䷁坤《こん》の無《む》となる所《ところ》を言《い》ふたもので、尙亦幾度《なほまたいくど》も驚《おどろ》いたことがあると言《い》ふは、卽《すなは》ち本卦臨《ほんくわりん》の大震《たいしん》の象《かたち》を取《と》たものである。

遯《とん》を以《もつ》て大巽《たいそん》と見《み》るの例《れい》

或《あ》る寺《てら》に失物《うせもの》をしたが、主僧他行《しゆそうたぎやう》の際《さい》であるから、急《きふ》にその所在《しよざい》を知《し》らむことを請《こ》ふ、或《あ》る人之《ひとこれ》を筮《ぜい》して、遯《とん》䷠の旅《りよ》䷷に之《ゆ》くを得《え》て之《これ》を占《うらな》ふて曰《いは》く、遯《とん》は大卦《たいくわ》の巽《そん》である、而《しか》して巽《そん》とは入《い》るの義《ぎ》であり、伏《ふく》するの義《ぎ》である、故《ゆゑ》に此《こ》の失物《うせもの》は寺内《じない》にある、然《しか》るに今外卦乾《いまぐわいくわけん》が變《へん》じて離《り》となる、離《り》は明《めい》の義《ぎ》であり、見《み》るの義《ぎ》である、且《か》つ乾《けん》は君《きみ》であつて、五は主人《しゆじん》の位《くらゐ》である、故《ゆゑ》に主僧《しゆそう》が旅《たび》から歸《かへ》り來《きた》らば、此《こ》の失物《うせもの》は判明《はんめい》すべしと言《い》ひしに、果《はた》して此《こ》の占《うらない》の如《ご》く發見《はつけん》したりと。

或《あ》る年《とし》の十月《ぐわつ》十八日《にち》に遠方《ゑんぽう》の船何艘來《ふねなんさうきた》るかを筮《ぜい》し、䷠遯《とん》の䷌同人《どうにん》に之《ゆ》くを得《え》て之《これ》を斷《だん》じて曰《いは》く、遯《とん》は大卦《たいくわ》の大巽《たいそん》である、而《しか》して巽《そん》は船《ふね》であり、亦《また》三八の數《すう》であるが、大巽《たいそん》なるが故《ゆゑ》に三を捨《す》てゝ八を取《と》り。八艘來《さうきた》ることを知《し》る、亦同人《またどうにん》には同《おな》じき義《ぎ》と多《おほ》き義《ぎ》とがあり、且《か》つ艮《こん》が變《へん》じて離《り》となる、離《り》は麗《つ》き附《つ》くの義《ぎ》であるから、八艘着船《さうちやくせん》することを知《し》ると、後果《のちはた》して此《こ》の占《うらない》に違《たが》はざりしと。

小過《せうくわ》を以《もつ》て大坎《たいかん》と見《み》たる例《れい》

夏時《かじ》雨降《あめふ》らず、農家《のうか》雨《あめ》を祈《いの》れどもその驗《しるし》を見《み》ぬ、門人之《もんじんこれ》を筮《ぜい》して䷷旅《りよ》の䷽小過《せうくわ》に之《ゆ》くを得《え》て之《こ》を中州《ちうしう》に向《と》ふ、中州曰《ちうしういは》く今日《こんにち》より六日《か》を經《へ》たらば大雨《たいう》あるべし、それ迄《まで》は雨《あめ》は降《ふ》らぬから祈《いの》るに及《およ》ばぬ、六日《か》を俟《ま》つべしと。果《はた》して五日目《かめ》の曉頃《あかつきころ》から大雨《たいう》降《ふ》つて洪水《こうずゐ》となれりと。

口訣《こうけつ》に曰《いは》く、旅《りよ》は山上《さんじやう》に日《ひ》あるの象《かたち》で旱天《かんてん》の義《ぎ》である、然《しか》るに上九《じやう》變《へん》じて小過《せうくわ》となる、小過《せうくわ》は大卦《たいくわ》の坎《かん》で坎《かん》は雨《あめ》であるが、大坎《たいかん》であるから大雨《たいう》の象《かたち》である。亦《また》六日《か》と言《い》ひしは上九《じやう》が變《へん》じたのであるから、初爻《しよかう》から上爻《じやうかう》に至《いた》る迄《まで》の數《すう》即《すなは》ち六を取《とつ》たものである。

眞勢中州《ませちうしう》が嘗《かつ》て和泉《いづみ》の貝塚《かひつか》にありし時《とき》、熱《ねつ》があつて腹《はら》が痛《いた》み、食《しよく》に味《あじ》なきこと已《すで》に三年《ねん》に及《およ》べども諸《しよ》治效《ちかう》なき病者《びやうしや》を筮《ぜい》し、䷽小過《せうくわ》の䷶豐《はう》に之《ゆ》くを得《え》て之《これ》を占《うらな》ふて言《い》ふには、此《こ》の病《やまひ》は瘀血《よけつ》の症《しやう》であるから、桃仁承氣湯《とうじんしやうきたつ》を用《もち》ゆべしと。その夫《ふ》曰《いは》く、愚《ぐ》妻《さい》多《た》年間《ねんかん》の病苦《びやうく》にて疲瘦《ひせき》すること斯《かく》の如《ごと》くである、然《しか》るに今下藥《いまげやく》を用《もち》ひなば元氣《げんき》虛脫《きよだつ》して忽《たち》まち死《し》に至《いた》るであらうと。中州答《ちうしうこた》へて曰《いは》く、元氣《げんき》は病氣《びやうき》の爲《た》めにこそ虛脫《きよだつ》するのである、故《ゆゑ》にその病毒《びやうどく》を去《さ》らざれば、益《ますま》す元氣《げんき》虛損《きよそん》して終《つひ》に死《し》に至《いた》るべし、速《すみ》やかに桃仁承氣湯《とうじんしやうきたう》を服用《ふくよう》せしめよと言《い》ふ、依《よつ》てその占《うらなひ》の如《ごと》く之《これ》を用《もち》ゆること一日《にち》五貼《てふ》づゝにして大《おほひ》に瘀血《よけつ》を下《くだ》し、十餘日《よじつ》にして病癒《やまひひ》へたりと言《い》ふ、

口訣《こうけつ》に曰《いは》く、小過《せうくわ》を大卦《たいくわ》の坎《かん》となし血《ち》となす、亦震《またしん》を上衝《じやうしよう》となし、艮《こん》を止《とゞ》むとなす、然《しか》るに初六《しよ》變《へん》じて離《り》となり、卦《くわ》に於《おい》て豐《ほう》となれば、坎血《かんけつ》の下流《かりう》を塞《ふさ》ぎ、離熱豐盛《りねつほうせい》にして益《ますま》す瘀血《おけつ》を生《しやう》ずるの象《かたち》となる、故《ゆゑ》に破血劑《はけつざい》を投《とう》じて之《これ》を下《くだ》す時《とき》には、豐《ほう》の初九《しよ》が變爲《へんい》して亦元《またもと》の小過《せうくわ》となる、その上尙小《うへなほせう》過《くわ》の三四兩爻《りやうかう》を變爲《へんい》すれば䷁坤《こん》となる、坤《こん》も亦血《またち》であるが此坤《このこん》は卽《すなは》ち瘀血《おけつ》の滯《とゞこ》ふりが去《さ》つた無病《むびやう》の象《かたち》である、此《これ》は大卦《たいくわ》の大坎《たいかん》を瘀血《おけつ》と見《み》たる占例《せんれい》て、而《しか》して豐《ほう》の初《しよ》と三四兩爻《りやうかう》とを變爲《へんい》するは、變法變爲法《へんほうへんいはふ》を活用《くわつよう》したものである。

中孚《ちうふ》を以《もつ》て大離《たいり》と見《み》たる例《れい》

射覆《しやふく》の占《せん》に萬物《まんぶつ》の一品《ぴん》と題《だい》して、䷼中孚《ちうふ》の損《そん》䷨に之《ゆ》くを得《え》て中州之《ちうしうこれ》を斷《だん》じて曰《いは》く、中孚《ちうふ》は大卦《たいくわ》の離《り》で、離《り》を飛鳥《ひてう》となすのであるから、此《こ》の品《しな》は鳥《とり》である。亦中孚《またちうふ》には卵《たまご》の象《かたち》があるが、九五が變《へん》じたのは天《てん》に飛《と》ぶ所《ところ》の爻象《かつしやう》である、此《こ》の如《ごと》く卵《たまご》から生《うま》れて天《てん》に飛《と》ぶものは鳥《とり》である、故《ゆゑ》にその鳥《とり》なることを知《し》る、而《しか》も鳥《とり》にしては大鳥《たいてう》である、離《り》を鳥《とり》となし、大離《たいり》を大鳥《たいてう》となすからである。亦損《またそん》は深山幽谷《しんさんゆうこく》

の象《かたち》であるから、深山幽谷《しんざんゆうこく》に棲《す》む所《ところ》の鳥《とり》であらう。亦離《またり》を文彩《ぶんさい》となし、美麗《びれい》となすから、甚《はなは》だ美麗《びれい》なる鳥《とり》であらう。亦中孚《またちうふ》は信《しん》の義《ぎ》であるが、仁《にん》なるものは、天理自然《てんりしぜん》の信《しん》から出《い》づるものゆゑ仁鳥《にんてう》の意《い》がある。亦《また》九五が變《へん》じたのは王位《わうゐ》であるから、諸鳥《しよてう》に王《わう》たる所《ところ》の意《い》がある。以上《いじやう》の象義《しやうぎ》を以《もつ》て之《これ》を察《さつ》すれば、此《こ》れ必《かな》らず鳳《おほとり》ならむと言《い》ひしに果《はた》して的中《てきちう》せりと。

又蟲《またむし》一品《ぽん》と題《だい》して、䷚頤《ゐ》の䷖剝《はく》に之《ゆ》くを得《え》て之《これ》を占《うらな》ふて曰《いは》く、此《こ》の蟲《むし》は羽蟲《うちう》にて夏時《かじ》に當《あた》つて發《はつ》生《せい》する所《ところ》の意《い》がある、頤《ゐ》は似體《じたい》の大離《たいり》で、離《り》は夏《なつ》に當《あた》るからである、且《か》つ生《うま》るれば忽《たち》まち死《し》する命《いの》ち短《みぢ》かき蟲《むし》である、初九《しよ》が變《へん》ずるは卽《すなは》ち初生《しよせい》の意《い》であるが剝《はく》は卽《すなは》ち盡《つ》くるの義《ぎ》で死《し》の象《かたち》である、故《ゆゑ》に、此《こ》の蟲《むし》は必《かな》らず蜉《ふ》蝣《ゆう》ならむと言《い》ひしに果《はた》して此占《このせん》の如《ごと》くなりしと。

尙中孚《なほちうふ》を大離《たいり》となすの占例《せんれい》は別著病占秘訣《べつちやくびやうせんひけつ》に之《これ》を揭《かゝ》ぐ、就《つい》て互見《ごけん》せられよ。

觀《くわん》を以《もつ》て大艮《たいこん》と見《み》たる例《れい》

觀《くわん》を以《もつ》て大艮《たいこん》と見《み》たる占例《せんれい》は、別著眞勢中州之易學中《べつちよませちうしうのえきがくちう》にも之《これ》を揭《かゝ》げたれば就《つい》て參考《さんかう》せられよ、假《たと》へば米價《べいか》の占《うらない》に觀《くわん》を得《え》て高《たか》しとするも之《これ》を大艮《たいこん》の象《かたち》に取《と》り。亦觀《またくわん》を以《もつ》て家《いへ》となし、宮觀《きうくわん》となし、門闕《もんけつ》となし、宗廟《そうびやう》となすも大艮《たいこん》の象《かたち》を取《とつ》たものである。中州嘗《ちうしうかつ》て一蕩子《たうし》が出奔《しゆつぽん》して行方不明《ゆきがたふめい》なるを筮《ぜい》し、䷓觀《くわん》の不變《ふへん》に遇《あ》ふ、その占《せん》に曰《いは》く、觀《くわん》は風《かぜ》が地上《ちじやう》を行《ゆ》くの象《かたち》で、人《ひと》に取《と》つては出奔《しゆつぽん》の義《ぎ》である。亦觀《またくわん》を大艮《たいこん》となす、艮《こん》は方位《はうゐ》に於《おい》ては丑寅《うしとら》に當《あた》る、亦觀《またくわん》を都會《とくわい》の象《かたち》となす、故《ゆゑ》に此地《このち》から之《これ》を指《さ》せば、此《こ》れ必《かな》らず江戸《えど》へ向《むか》つて出奔《しゆつぽん》したるならむ、江戸《えど》は四方《はう》から衆人《しうじん》の集《あつ》まる所《ところ》なれば大艮《たいこん》の象《かたち》である、されども風《かぜ》と言《い》ふものは、物《もの》に觸《ふ》るれば必《かな》らず旋《め》ぐる、故《ゆゑ》に別《べつ》に人《ひと》を遣《つか》はして之《これ》を尋《たづ》ぬるに及《およ》ばず、遠《とほ》ふからずして彼自《かれみづ》から風《かぜ》の旋《め》ぐるが如《ごと》くに歸《かへ》り來《きた》るべしと、果《はた》して百日許《にちばか》りを經《へ》て歸來《きらい》せりと。

或《あ》る人《ひと》一老夫《らうふ》の病《やまひ》を筮《ぜい》し、䷓觀《くわん》の䷴漸《ざん》に之《ゆ》くを得《え》たり、之《これ》を占《うらな》ふて曰《いは》く、觀《くわん》は大卦《たいくわ》の艮《こん》であるが、艮《こん》を土《つち》となすから脾胃《ひゐ》の象《かたち》である、變《へん》じて漸《ざん》となつたのは、その大艮《たいこん》の胃中《ゐちう》に坎《かん》の食毒《しよくどく》を生《しやう》じた象《かたち》がある、故《ゆゑ》に治方《ちはう》は九三坎毒《かんどく》の主爻《しゆかう》を除《のぞ》き、本卦大艮《ほんくわたいこん》の脾胃《ひゐ》を治《ち》するにあると。

大壯《たいさう》を以《もつ》て大兌《たいだ》と見《み》るの例《れい》

二十歳位《さいぐらゐ》の男子《だんし》熱《ねつ》があつて不食《ふしよく》す、時疫《じえき》を以《もつ》て之《これ》を治《ち》し、肝鬱《かんうつ》を以《もつ》て之《これ》を治《ち》し、或《あるひ》は癪氣《しやくき》を以《もつ》て之《これ》を治《ち》すれども更《さら》にその效《かう》なし、中州之《ちうしうこれ》を筮《ぜい》して䷡大壯《たいさう》の不變《ふへん》を得《え》て之《これ》を占《うらな》ふて曰《いは》く、大壯《たいさう》は病勢《びやうせい》の壯《さう》盛《せい》なる義《ぎ》である、且《か》つ今日迄《こんにちまで》の藥《くすり》を續用《ぞくよう》する許《ばか》りでは藥效《やくかう》がないから、終《つひ》に大病《たいびやう》となつて救《すく》ひ難《かた》きに至《いた》るであらう、蓋《けだ》し此《こ》の病因《びやういん》は濕毒《しつどく》である、故《ゆゑ》に速《すみ》やかに治方《ちはう》を改《あらた》め、土《と》茯苓《ふくれい》の大劑《たいざい》に百中飲《ちういん》を調合《てうかふ》して、日《ひ》に五合《がふ》づゝ服用《ふくよう》すべしと、果《はた》して十五日許《にちばか》りにして平癒《へいゆ》したりと。

口訣《こうけつ》に曰《いは》く、大壯《たいさう》は大卦《たいくわ》の大兌《たいだ》であるが、兌《だ》を止水《しすゐ》となし、濕毒《しつどく》となす、故《ゆゑ》に病因《びやういん》は濕毒《しつどく》なりと言《い》ふ、亦是《またこ》れ迄《まで》の藥《くすり》は的當《てきたう》せず、此《こ》の儘《まゝ》にして經過《けいくわ》する時《とき》は大病《たいびやう》となりて救《すく》ひ難《かた》きに至《いた》ると言《い》ふは、大壯《たいさう》から夬《くわい》となり、乾《けん》となり、病勢長《びやうせいちやう》じて死《し》に至《いた》るの象《かたち》を言《い》ふたもので、消長《せうちやう》の法《はふ》を取《とつ》たものである、故《ゆゑ》に大壯《たいさう》の時《とき》に之《こ》れを治《ち》して病勢《びやうせい》が退《ひ》く時《とき》は、泰《たい》と變爲《へんゐ》して無病《むびやう》となるの法《はふ》を用《もち》ひたものである。

第八款　包卦

包卦《はうくわ》とは乾坤《けんこん》の二體《たい》を以《もつ》て乾坤坎離《けんこんかんり》の上下兩端《じやうげりやうたん》を包圍《はうゐ》するものを言《い》ふ、尙之《なほこれ》を詳言《しやうげん》すれば、初爻《しよかう》二爻《かう》と上爻《じやうかう》と、又《また》は初爻《しよかう》と五爻上爻《かうじやうかう》との三爻《かう》を合《あは》せて乾《けん》か坤《こん》かの卦體《くわたい》となるもの丶中間《ちうかん》に、二爻《かう》三爻《かう》四爻《かう》又《また》は三爻《かう》四爻《かう》五爻《かう》の三爻《かう》を合《あは》せて乾《けん》か坤《こん》か坎《かん》か離《り》かの一體《たい》となるべきものを圍繞《ゐげふ》する所《ところ》の卦《くわ》を言《い》ふのである。而《しか》して此《こ》の包卦《はうくわ》なるものは、六十四卦中《くわちう》に於《おい》ては、唯咸《たゞかん》、恒《こう》、損《そん》、益《えき》、家人《かじん》、睽《けい》、蹇《けん》、解《かい》の八卦《くわ》ある丈《だけ》て、その中咸《ちうかん》、恒《こう》の二卦《くわ》は坤《こん》を以《もつ》て乾《けん》を包《つゝ》み、蹇《けん》、解《かい》の二卦《くわ》は坤《こん》を以《もつ》て離《り》を包《つゝ》む所《ところ》の包《はう》卦《くわ》である。亦《また》、損《そん》、益《えき》の二卦《くわ》は乾《けん》を以《もつ》て坤《こん》を包《つゝ》み、家人《かじん》、睽《けい》の二卦《くわ》は乾《けん》を以《もつ》て坎《かん》を包《つゝ》む所《ところ》の包卦《はうくわ》である。此《かく》の如《ごと》く外面《ぐわいめん》から包圍《はうゐ》するものは乾坤《けんこん》の二卦《くわ》に限《かぎ》り、內面《ないめん》に包圍《はうゐ》さる丶ものは乾《けん》、坤《こん》、坎《かん》、離《り》の四卦《くわ》に限《かぎ》るものである。

故《ゆゑ》に彼《か》の乾坤《けんこん》の二體《たい》を以《もつ》て、偏體《へんたい》なる震《しん》、巽《そん》、艮《こん》、兌《だ》の四卦《くわ》を包《つゝ》みたるもの丶如《ごと》きは、之《これ》を包卦《はうくわ》として取《と》り扱《あつか》ふことは可能《でき》ぬ、假《たと》へば謙《けん》、豫《よ》、小畜《せうちく》、履《り》等《とう》の如《ごと》き、謙《けん》は坤《こん》を以《もつ》て坎《かん》と震《しん》とを包《つゝ》み、豫《よ》は坤《こん》を以《もつ》て艮《こん》と坎《かん》とを包《つゝ》み、又小畜《またせうちく》は乾《けん》を以《もつ》て兌《だ》と離《り》とを包《つゝ》み、履《り》は乾《けん》を以《もつ》て離《り》と巽《そん》とを包《つゝ》みたる象《かたち》がないてもないが、その包《つゝ》む所《ところ》の震《しん》、坎《かん》、艮《こん》たると將亦《また〱》巽離《そんり》兌《だ》たるとを問《と》はず、その卦體《くわたい》が判然《はんぜん》と見《み》分《わ》けられぬから、之《これ》を包卦《はうくわ》として取《と》り扱《あつか》はぬのであるが、此等《これら》は後《のち》に說明《せつめい》すべき備《び》卦《くわ》の中《うち》に入《い》るゝのが蓋《けだ》し至當《したう》である、故《ゆゑ》に包卦《はうくわ》なるものは、前《まへ》に述《の》べた所《ところ》の大卦《たいくわ》と同《おな》じく、卦體中自然《くわたいちうしぜん》に固有《こいう》する所《ところ》の象《かたち》を取《とつ》て、此《かく》の如《ごと》く之《これ》を名《なづ》けたものである。

包卦《はうくわ》として取《と》り扱《あつか》ふべきものは、以上《いじやう》八卦《くわ》に限《かぎ》るのであるが、今《いま》その應用《おうよう》すべき場合《ばあひ》の一二を擧《あ》ぐれば、疾病《しつぺい》の寒熱《かんねつ》、妊娠《にんしん》の男女《なんによ》、財寶《ざいはう》の有無《うむ》。身體《しんたい》の強弱《きやうじやく》、人心《じんしん》の誠否《せいひ》、性質《せいしつ》の賢愚《けんぐ》、等《とう》を占《うらな》ふに當《あた》て、此《こ》の包卦《はうくわ》を應用《おうよう》せば、大《おほひ》にその效驗《かうけん》を見《み》ることがある、範圍圖說附錄《はんゐづせつふろく》に曰《いは》く、

包卦《はうくわ》ハ乾坤《けんこん》ノ二卦《くわ》ヲ立《た》テ、乾坤坎離《けんこんかんり》ノ正體卦《せいたいくわ》ヲ包《つゝ》ムヲ謂《い》フナリ、猶損益《なほそんえき》ハ乾《けん》ヲ以《もつ》テ坤《こん》ヲ包《つゝ》ミ、咸恒《かんこう》ハ坤《こん》ヲ以《もつ》テ乾《けん》ヲ包《つゝ》ミ、家人睽《かじんけい》ハ乾《けん》ヲ以《もつ》テ坎《かん》ヲ包《つゝ》ミ、蹇解《けんかい》ハ坤《こん》ヲ以《もつ》テ離《り》ヲ包《つゝ》ムガ如《ごと》キ之《これ》ヲ包卦《はうくわ》ト謂《い》フナリ、其《そ》ノ乾《けん》ガ坤《こん》ヲ包《つゝ》ミ、坤《こん》ガ乾《けん》ヲ包《つゝ》ムガ如《ごと》キハ、此《こ》レ天地相交《てんちあひまじ》ハルノ象《かたち》ナリ、乾《けん》ガ坎《かん》ヲ包《つゝ》ミ、坤《こん》ガ離《り》ヲ包《つゝ》ム者《もの》ハ、此《こ》レ同氣相求《どうきあひもと》ムルノ意《い》ナリ、夫《そ》レ天水《てんすゐ》ヲ生《しやう》ジ、地火《ちか》ヲ生《しやう》ズル者《もの》ハ、則《すなは》チ乾《けん》ガ坎《かん》ヲ包《つゝ》ミ、坤《こん》ガ離《り》ヲ包《つゝ》ムノ義《ぎ》ナリ、又人事《またじんじ》ニ於《おい》テ男《をとこ》ハ父《ちゝ》ニ受《う》ケ、女《をんな》ハ母《はゝ》ニ順《したが》フ者《もの》モ亦然《またしか》リ、但《たゞ》シ震巽艮《しんそんこん》兌《だ》ハ偏體《へんたい》ナルヲ以《もつ》テノ故《ゆゑ》ニ、包卦《はうくわ》ヲ取《と》ラザルナリ、其《そ》ノ乾《けん》ガ離《り》ヲ包《つゝ》ミ、坤《こん》ガ坎《かん》ヲ包《つゝ》ムノ類《るい》ノ如《ごと》キ、皆剛柔偏《みなかうじうへん》ニ勝《か》ツヲ以《もつ》テ、同氣相應《どうきあひおう》ゼズ、故《ゆゑ》ニ之《これ》ヲ取《と》ラズ、且《か》ツ夫《そ》レ乾《けん》ガ坎《かん》ヲ包《つゝ》ミ、坤《こん》ガ離《り》ヲ包《つゝ》ムノ類《るゐ》ハ、其《そ》ノ卦《くわ》ハ見易《みやす》クシテ、而《しか》シテ同氣相依《どうきあひよ》ルノ理《り》アルヲ以《もつ》テ、乃《すなは》チ包卦《はつくわ》ノ規則《きそく》トナス、

と。尚《なほ》左に經傳中包卦《けいでんちうはうくわ》の象《かたち》に由《よつ》てその辭《じ》を繫《か》けたる例《れい》を示《しめ》し、且《か》つ卦圖《くわと》を擧《か》げてその實用《じつよう》に關《くわん》する要《えう》點《てん》を記《しる》すべし。

第一《だい》　坤體《こんたい》を以《もつ》て包《つゝ》みたる者《もの》

坤體《こんたい》を以《もつ》て包《つゝ》みたる卦《くわ》は咸《かん》、恒《こう》、蹇《けん》、解《かい》の四卦《くわ》である、その中咸《ちうかん》と恒《こう》との二卦《くわ》は坤《こん》を以《もつ》て乾《けん》を包《つゝ》み、蹇《けん》と解《かい》との二卦《くわ》は坤《こん》を以《もつ》て離《り》を包《つゝ》むだものである、故《ゆゑ》に先《ま》づ咸《かん》と恒《こう》との二卦《くわ》から之《これ》を説明《せつめい》するであらう。

坤體《こんたい》を以《もつ》て乾《けん》を包《つゝ》みたるものは、咸恒《かんこう》の二卦《くわ》であるが、共《とも》に天地陰陽父母男女相交《てんちいんやうふぼなんによあひまじ》はり相感《あひかん》ずる所《ところ》の象《かたち》である、今經傳中《いまけいでんちう》に於《おい》て此《こ》の包卦《はうくわ》の象《かたち》を取《と》て繫《か》けた所《ところ》の辭《じ》を求《もと》むれば、咸《かん》の彖《たん》に女《をんな》を取《と》る吉《きつ》と言《い》ひ、傳《でん》に二氣感應《きかんおう》して以《もつ》て相與《あひく》みすと言《い》ひ、天地《てんち》感《かん》じて而《しか》して萬物生《ばんぶつしやう》ずと言《い》ひ、繫辭傳《けいじでん》に天下《てんか》歸《き》を同《おな》じして而《しか》して塗《みち》を異《こと》にす、一致《ち》にして而《しか》して百慮《りよ》す。屈伸相感《くつしんあひかん》じて而《しか》して利害生《りがいしやう》ず、尺蠖《しやくくわく》の屈《くつ》するは以《もつ》て信《しん》を求《もと》むるなり、龍蛇《りうだ》の蟄《ちつ》するは以《もつ》て身《み》を存《そん》ずるなりと言《い》ひ、恒《こう》の傳《でん》に相與《あひくみ》す、皆應《みなおう》ず、終《を》れば則《すなは》ち始《はじ》めありと言《い》ふの類《るゐ》は、坤《こん》を以《もつ》て乾《けん》を包《つゝ》み、天地相交《てんちあひまじ》はる包卦《はうくわ》の象《かたち》を取《と》たものである。亦咸《またかん》の傳《でん》に剛下《がうくか》ると言《い》ひ、聖人《せいじん》と言《い》ひ、恒《こう》の傳《でん》に久《ひさ》しと言《い》ひ、已《や》まずと言《い》ひ、日《ひ》と言《い》ひ、久《ひさ》しく照《て》らすと言《い》ふもの、如《ごと》きは、蓋《けだ》し之《これ》を包卦乾《はうくわけん》の象《かたち》に取《と》たものである、

坤《こん》の大陰《たいいん》を以《もつ》て乾《けん》の大陽《たいやう》を包《つゝ》みたる卦象《くわしやう》

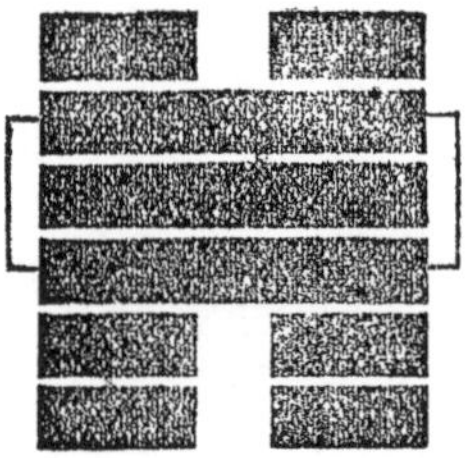

咸

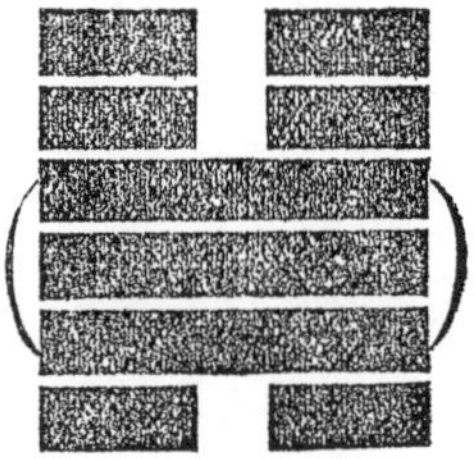

恒

上圖《じやうづ》の二卦《くわ》が占事《せんじ》に關《くわん》する主要《しゆえう》なる點《てん》を示《しめ》せば

疾病《しつびやう》の占《せん》は　外寒內熱《ぐわいかんないねつ》の症《しやう》、又《また》は外虛內實《ぐわいきよないじつ》の症《しやう》、或《あるひ》は坤血《こんけつ》を以《もつ》て乾氣《けんき》を閉塞《へいそく》する症《しやう》と見《み》ることを得《え》

妊娠《にんしん》の占《せん》は　乾《けん》の男子《だんし》を孕《はら》むの象《かたち》

貧富《ひんぷ》の占《せん》は　外見《ぐわいけん》は貧虛《ひんきよ》なるが如《ごと》くなれども、內實《ないじつ》は財寶充實《ざいはうじうじつ》して富饒《ふうぜう》なる象《かたち》

人物《じんぶつ》の占《せん》は　表面《へうめん》は暗愚《あんぐ》にして怯懦《きよだ》なるが如《ごと》きも、內心《ないしん》は剛明果斷《がうめいくわだん》にして强健《きやうけん》なる德《とく》を備《そな》へたるも

の、又《また》は外貌《ぐわいばう》は柔和《にうわ》なるが如《ごと》きも、内心《ないしん》は嚴確《げんかく》なる精神《せいしん》を包《つゝ》みたるたるもの、若《もし》くは外面《ぐわいめん》は暗昧《あんまい》、遅鈍《ちどん》、狹少《けふせう》、怠惰《たいだ》、卑賤《ひせん》なる樣《やう》でも、内面《ないめん》は英明《えいめい》、鋭敏《えいびん》、大志《たいし》、勉強《べんきやう》、尊貴《そんき》なる徳《とく》を有《いう》するの象《かたち》

人心《じんしん》の占《せん》は　表面《へうめん》は邪惡《ぢやあく》なるが如《ごと》きも、内心《ないしん》は篤實《とくじつ》にして正直《しやうぢき》なり、或《あるひ》は柔順《じうじゆん》、吝嗇《りんしよく》、謙讓《けんじやう》、疑惑《ぎわく》多《おほ》きが如《ごと》くして、侵凌《しんりよう》、驕奢《けうしや》、亢慢《かうまん》、明決《めいけつ》なるの類《るゐ》

物質《ぶつしつ》の占《せん》は　外《ぐわい》は柔軟《じうなん》にして、内《うち》は堅實《けんじつ》なるもの、外《そと》は四角《かく》にして、内《うち》は圓《まる》き物《もの》と見《み》るの類《るゐ》

以上《いじやう》は唯《たゞ》その概要《ぐわいえう》を擧《あげ》て法則《はふそく》を示《しめ》す丈《だけ》であるから、弘《ひろ》く之《これ》を類推活用《るゐすゐくわつよう》することは占者《せんしや》その人《ひと》の技倆《ぎりやう》に存《そん》することである、此《こ》の他《た》損《そん》、益《えき》、家人《かじん》、睽《けい》、蹇《けん》、解《かい》の六卦《くわ》に就《つい》ても亦同樣《またどうやう》である。

占驗例《せんけんれい》

一婦《ふ》吐食《としよく》すること一月許《つきばか》り、或《ふるひ》は之《これ》を惡胆《つはり》ならむと言《い》ひ、亦之《またこれ》を血症《けつしやう》ならむとも言《い》ふ、眞勢《ませ》中州《ちうしう》之《これ》を筮《ぜい》して、☱☶咸《かん》の不變《ふへん》を得《え》た、その占《せん》に曰《いは》く、咸《かん》は感《かん》ずるの義《ぎ》で、少男少女相交感《せうなんせうぢよあひかうかん》するの象《かたち》であるから、惡胆等《つはりとう》の病《やまひ》にあらず、妊娠《にんしん》したものであらう、蓋《けだ》し咸《かん》は坤《こん》を以《もつ》て乾《けん》を包《つゝ》むの包卦《はうくわ》であつて、且《か》つ繫辭傳《けいじでん》に乾道《けんだう》は男《をとこ》を成《な》すと言《い》ふてあるから、男子《だんし》を孕《はら》みたるならむと、後果《のちはた》して男子《だんし》を生《う》めりと。

京都或《きやうとある》る商家《しやうか》の養子《やうし》なるものが、その手代《てだい》と共謀《きようぼう》して二百兩許《りやうばか》りの貨物《くわもつ》を窃《ぬす》み出《いだ》したる上《うへ》、兩人共《りやうにんとも》に行方不明《ゆきがたふめい》となれり、然《しか》るに他《た》に不良《ふりやう》の一少年《せうねん》なるものがあつて、その養子《やうし》と平生懇親《へいぜいこんしん》なりしが故《ゆゑ》に、

此の少年《せうねん》に就《つい》て嚴《きび》しくその行方《ゆきかた》を尋《たづ》ねたるに、少年曰《せうねんいは》く、實《じつ》は自分《じぶん》も共《とも》に伊勢《いせ》へ參《まゐ》り、それより江戸《えど》へ行《ゆ》くべき約束《やくそく》をなせしに、不圖《ふと》時疫《じえき》に罹《かゝ》りたるが故《ゆゑ》に、同行《どうかう》することが可能《でき》なかつたのであるが、多分江戸《たぶんえど》の方《はう》へ行《ゆ》きたるならむと言《い》ふ。依《よつ》て伊勢大阪江戸《いせおほさかえど》と三方《はう》を搜索《さうさく》したれども、その蹤跡《そうせき》を見出《みだ》し得《え》ざること已《すで》に十六日《にち》に及《およ》べるに、或《あ》る人之《ひとこれ》を筮《ぜい》し、䷞咸《かん》の䷠遯《とん》に之《ゆ》くを得《え》て之《これ》を占《うらな》ふて曰《いは》く、咸《かん》は少男少女相咸《せうなんせうぢよあひかん》ずるの象《かたち》で色情《しきじやう》の卦《くわ》である、故《ゆゑ》に是迄《これまで》の所《ところ》も淫酒等《いんしゆとう》の爲《た》めに大《おほひ》に失財《しつさい》したことがあるであらう、想《おも》ふに今回《こんくわい》の失踪《しつそう》も必《かな》らず之《これ》に起因《きいん》したることとなるべければ、妄《みだ》りに遠方《ゑんはう》へ行《ゆ》く樣《やう》なこともないであらう、少年《せうねん》の言《げん》は多分虛僞《たぶんきよぎ》で此方《こつち》を欺《あざむ》く爲《た》めであらう。且《か》つ咸《かん》は坤《こん》の貪慾《とんよく》を以《もつ》て乾《けん》の財《さい》物《もつ》を盜《ぬす》み有《も》つの象《かたち》で、坤《こん》の老婦《らうふ》が乾《けん》の男子《だんし》三人《にん》を包《つゝ》み隱《かく》せる所《ところ》の包卦《はうくわ》である、故《ゆゑ》に伊勢《いせ》へも江戸《えど》へも行《ゆ》きたるにあらず、未《いま》だ此地《このち》に隱伏《いんぷく》せるに相違《さうゐ》あるまい、その場所《ばしよ》は豫《かね》て養子《やうし》が懇親《こんしん》にせる歌妓《くわぎ》抔《など》を業《げふ》とするものゝ老母《らうぼ》の家《うち》であらう、（兌《だ》を歌妓《くわぎ》となし、坤《こん》を老母《らうは》となすが、是迄《これまで》は本卦咸《ほんくわかん》の象義《しやうぎ》である）然《しか》るに今變《いまへん》じて遯《とん》となつた所《ところ》から之《これ》を察《さつ》すれば、外《ほか》に一人《ひとり》の男子《だんし》が加《くは》はつて四人《にん》となつた象《かたち》があるが、そこで始《はじ》めて此地《このち》を出奔《しゆつぽん》したてあらう、此《こ》れ卽《すなは》ち變卦遯《へんくわとん》の象義《しやうぎ》である、而《しか》して易例《えきれい》に於《おい》ては上爻《じやうかう》の象《かたち》を南《みなみ》に取《と》るから、その行先《ゆきさき》は必《かな》らず大阪《おほさか》であらう、今《いま》は已《み》の中時《ちうじ》であるから、健脚《けんきやく》の者《もの》を選《えら》び大阪《おほさか》へ遣《つか》はしてその着所《ちやくしよ》を尋《たづ》ねば、必《かな》らず捕《とら》へ得《え》るであらうと言《い》ふ。然《しか》るに斯《か》の如《ごと》くして果《はた》して八軒屋《げんや》とかの船附《ふなつき》に待《ま》ち受《う》けて捕《とら》へ歸《かへ》りたりと。而《しか》してその四人《にん》となつたのは、養子《やうし》と手代《てだい》とその外《ほか》に一人《ひとり》都《すべ》て三人《にん》にて隠伏《いんふく》せる所《ところ》に、前《まへ》の不良《ふりやう》の少年《せうねん》も病癒《やまい》へて後《あと》より馳《は》せ加《くは》はり、都合《つがふ》四人《にん》となつて出奔《しゆつぽん》したものである。

遠國《ゑんごく》の旅人《たびにと》が京都《きやうと》へ來《きた》つて旅宿《りよしゆく》へ投《とう》じ、所持《しよぢ》の挾箱《はさみばこ》の中《なか》に仕《し》舞置《まいお》きたる金子《きんす》紛失《ふんしつ》したり、依《よつ》て之《これ》を筮《ぜい》して䷲震《しん》の䷟恒《こう》に之《ゆ》くを得《え》て之《これ》を占《うらな》ふて曰《いは》く、震《しん》は驚《おどろ》き騒《さは》ぐの卦《くわ》であるから、此度《このたび》の驚《おどろ》きは當然《たうぜん》で能《よ》く符合《ふがふ》して居《を》る。されども震《しん》は聲《こゑ》のみあつて實《じつ》なきの義《ぎ》であるから、此《こ》の驚《おどろ》きは間《ま》もなく消《き》へて、その金子《きんす》も出《で》て來《く》るであらう、此《こ》れ震《しん》の彖《たん》に言《い》ふ震《ふる》ふこと百里《り》を驚《おどろ》かせども匕鬯《ひちよう》を喪《うしな》はざる義《ぎ》と、之卦《しくわ》恒《こう》の恒常《こうじやう》の義《ぎ》とを兼《か》ねて居《を》る。然《しか》らば如何《いか》にせばその金子《きんす》は出《い》で來《きた》るかと言《い》ふに、先《ま》づ此《こ》の失物《うせもの》は二階《かい》に在《あ》つたであらう、此《これ》は重震《ぢうしん》の卦《くわ》には二階《かい》と梯子《はしご》との象《かたち》があるからである、亦《また》重震《ぢうしん》には挾《はさみ》箱《はこ》を二ツ重《かさ》ねた象《かたち》がある、且《か》つ初《しよ》九一陽《やう》の金子《きんす》が變動《へんどう》した象《かたち》があるから、積《つ》み重《かさ》ねた下《した》の方《はう》の挾箱《はさみばこ》に入《い》れて置《お》いて紛失《ふんしつ》したであらう、客《きやく》曰《いは》く然《しか》りと、之卦《しくわ》恒《こう》は坤《こん》を以《もつ》て乾《けん》を包《つゝ》む所《ところ》の包卦《はうくわ》であるが、乾《けん》は金《きん》を以《もつ》てその數《すう》を三十となし、亦《また》坤《こん》を老婦《らうふ》となし、卑賤《ひせん》となし、布帛《ふはく》となし、隠匿《いんとく》となす、今《いま》此《こ》の象義《しやうぎ》を以《もつ》て之《これ》を考《かんが》ふれば、その家《いへ》の下婢《かひ》に卑賤《ひせん》なる老婦《らうふ》が居《ゐ》て、取《と》り違《ちが》へて之《これ》を布帛《ふはく》の類《るい》に包《つゝ》み隠《かく》して居《ゐ》ようと思《おも》はるゝから、その老婦《らうふ》に尋《たづ》ねたならば出《で》て來《きた》りて判明《はんめい》するてあらうと、果《はた》して此《こ》の占《うらなひ》の如《ごと》くなりしと。

坤體《こんたい》を以《もつ》て離《り》を包《つゝ》むだものは蹇《けん》と解《かい》との二卦《くわ》であるが、這《こ》は地《ち》中《ちう》に火《ひ》を含《ふく》み、老母《らうぼ》が中女《ちうぢよ》を孕《はら》むの義《ぎ》である、經傳中此《けいでんちうこ》の包卦《はうくわ》の象《かたち》に由《よつ》て辭《じ》を繫《か》けたものを擧《あ》ぐれば、蹇解《けんかい》の二卦《くわ》の彖《たん》に、西南《せいなん》に利《よろ》しと言ふは西南隅位《せいなんぐうゐ》の坤《こん》を以《もつ》て、南方正位《なんぱうせいゐ》の離《り》を包《つゝ》むの象《かたち》を取《とつ》て居《を》る許《ばか》りでなく、坤陰《こんいん》を以《もつ》て離明《りめい》を包《つゝ》み、退《しりぞ》き守《まもつ》て自《みづ》からその明《めい》を暗《くら》ますの義《ぎ》である、亦蹇《またけん》の彖《たん》に見《み》るに利《よろ》しと言《い》ひ、傳《でん》に知《ち》なるかなと言《い》ふの類《るゐ》は、皆包卦離《みなはうくわり》の象《かたち》を取《とつ》て繫《か》けたものである。

坤《こん》の大陰《たいいん》を以《もつ》て離《り》の小陰《せういん》を包《つゝ》みたる卦象《くわしやう》

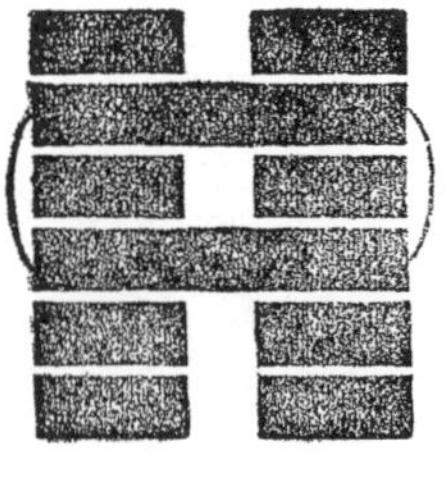

蹇

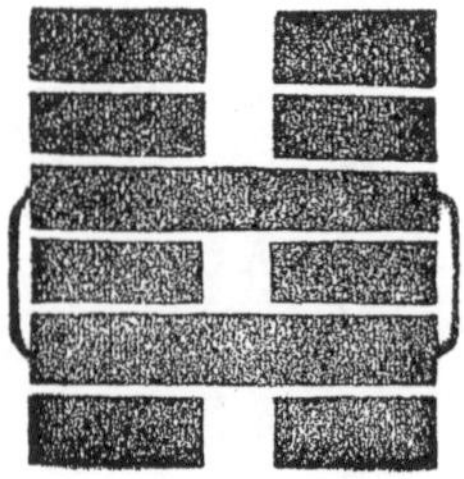

解

此《こ》の二卦《くゎ》に就《つい》ての占要《せんえう》を示《しめ》せば

疾病《しつびやう》の占《せん》は　外寒内熱《ぐわいかんないねつ》の症《しやう》、又《また》は外虚内實《ぐわいきよないじつ》の症《しやう》、

姙娠《にんしん》の占《せん》は　離《り》の中女《ちうぢよ》を孕《はら》む

貧富《ひんぷ》の占《せん》は　外向《そとむ》きは空乏《くうばふ》にして貧虚《ひんきよ》なるが如《ごと》きも、内《うち》には財寶《ざいほう》を貯蓄《ちよちく》せるの象《かたち》

人物《じんぶつ》の占《せん》は　見掛《みかけ》は昏愚《こんぐ》にして野卑《やひ》なるが如《ごと》きも、その實《じつ》は發明《はつめい》にして文才《ぶんさい》に富《と》めるの象《かたち》、

人心《じんしん》の占《せん》は　外貌《ぐわいばう》は邪曲《じやきよく》なるが如《ごと》きも、内心《ないしん》は公明《こうめい》なるの象《かたち》、

物質《ぶつしつ》の占《せん》は　外部《ぐわいぶ》は粗末《そまつ》なるが如《ごと》きも、内部《ないぶ》は文彩《ぶんさい》があつて美麗《びれい》なるの象《かたち》、

占驗例《せんけんれい》

一老婦《らうふ》あり、右《みぎ》の臂痛《ひぢいた》むこと一年許《ねんばか》り、諸治効《しよぢかう》なし之《これ》を筮《ぜい》して䷦蹇《けん》の不變《ふへん》を得《え》て中州之《ちうしうこれ》を占《うらな》ふて曰《いは》く、蹇《けん》は坤中《こんちう》に離《り》を包《つゝ》むで居《を》る、故《ゆゑ》に此《こ》の病症《びやうしやう》は胃熱《ゐねつ》が肝經《かんけい》に傳《つた》はりたるが爲《た》めに臂《ひぢ》が痛《いた》むであらう、主治《しゆぢ》は石膏《せきかう》一味《み》を服《ふく》して離《り》の熱《ねつ》を去《さ》るべし、熱《ねつ》が去《さ》れば離《り》は乾《けん》となり、卦《くわ》は咸《かん》となるが、咸《かん》は山《さん》澤氣《たくき》を通《つう》ずるの象《かたち》で、病癒《やまひい》ゆるの義《ぎ》であると、此《こ》の如《ごと》くして痛《いた》み頓《と》みに癒《い》へたりと。

亦《また》一老婦《らうふ》の臂痛《ひつう》を筮《ぜい》して。䷣明夷《めいい》の䷦蹇《けん》に之《ゆ》くを得《え》て之《これ》を占《うらな》ふて曰《いは》く、離《り》は熱《ねつ》であるが、坤《こん》は胃《ゐ》である、明夷《めいい》は卽《すなは》ち胃中《ゐちう》に熱《ねつ》あるの象《かたち》である、亦之卦蹇《またしくわけん》は離《り》の包卦《はうくわ》で此《これ》も亦胃中《またゐちう》の熱《ねつ》を現《あら》はして居《を》る。而《しか》して明夷《めいい》の胃熱《ゐねつ》が一位上《ゐのぼ》れば解《かい》の胃熱《ゐねつ》となるが、亦《また》一位上《ゐのぼ》れば卽《すなは》ち蹇《けん》の胃熱《ゐねつ》となる、此《こ》れは卽《すなは》ち越《えつ》

位來往法《ゐらいわうはふ》の歩調《ほてう》である、是《これ》に由《よつ》て之《こ》れを見《み》れば、胃熱《ゐねつ》が上升《じやうしよう》して今《いま》は艮手《こんしゆ》の坎痛《かんつう》となつたものである、故《ゆゑ》に治方《ちはう》は石膏《せきかう》を用《もち》ひて熱《ねつ》を去《さ》るにある、熱去《ねつさ》れば離《り》は變《へん》じて乾《けん》となり、明夷《めいい》に於《おい》ては泰《たい》となり、解《かい》に於《おい》ては恒《こう》となり、蹇《けん》に於《おい》ては咸《かん》となりて共《とも》に治《ち》するの象《かたち》である。然《しか》るに今蹇《いまけん》の時《とき》に於《おい》て之《これ》を治《ち》せず、若《も》し尚《なほ》一位上《ゐあが》りて晋《しん》となるに及《およば》むで熱《ねつ》を去《さ》れば否《ひ》となりて死《し》するの象《かたち》がある。故《ゆゑ》に今蹇《いまけん》の時《とき》に於《おい》て速《すみ》やかに之《これ》を治療《ちれう》せよと言《い》ふ、果《はた》して石膏《せきかう》六貼《てふ》を服《ふく》して治《なほ》したりと。

妊娠《にんしん》の實否《じつひ》幷《ならび》にその男女《なんによ》を筮《ぜい》して、䷦蹇《けん》の䷇比《ひ》に之《ゆ》くを得《え》て之《これ》を斷《だん》じて曰《いは》く、蹇《けん》は坤《こん》の腹中《ふくちう》に離《り》を包《つゝ》むの象《かたち》である、故《ゆゑ》にその妊娠《にんしん》したることは必然《ひつぜん》である、而《しか》して蹇《けん》が變《へん》じて比《ひ》となつた所《ところ》から之《これ》を考《かんが》ふれば、男子《だんし》を孕《はら》めるに相違《さうゐ》なかるべしと、後果《のちはた》して男子出生《だんししゆつせい》したりと。

口訣《こうけつ》に曰《いは》く、蹇《けん》は坤中《こんちう》に離《り》の女子《ぢよし》を孕《はら》む所《ところ》の象《かたち》である、然《しか》るに蹇《けん》の卦《くわ》に於《おい》ては懷妊《くわいにん》の象《かたち》のみを取《と》り之卦比《しくわひ》に於《おい》て坎《かん》の男子《だんし》を孕《はら》めるの象《かたち》を取《とつ》たもので、少《すく》なきものを主《しゆ》となすの義《ぎ》から、比《ひ》の九五の勢力《せいりよく》を取《とつ》て此《かく》の如《ごと》く之《これ》を斷《だん》じたものである、且《か》つ蹇《けん》の卦《くわ》に於《おい》て妊娠《にんしん》の義《ぎ》と女子《ぢよし》を孕《はら》めることゝを幷《あは》せ斷《だん》ずる時《とき》は、之卦比《しくわひ》は無用《むよう》のものとならねばならぬ、故《ゆゑ》に本卦蹇《ほんくわけん》にては懷妊《くわいにん》の象《かたち》のみを取《と》り、之卦《しくわ》比《ひ》にて男子《だんし》を孕《はら》みたることを斷《だん》じたもので、這《こ》は卽《すなは》ち卦爻《くわかう》の勢力《せいりよく》を觀察《くわんさつ》するの秘訣《ひけつ》である。

第《だい》二　乾體《けんたい》を以《もつ》て包《つゝ》みたる卦《くわ》

乾體《けんたい》を以《もつ》て包《つゝ》む所《ところ》の卦《くわ》は損《そん》、益《えき》、家人《かじん》、睽《けい》の四卦《くわ》であるが、此《こ》の四卦《くわ》の中《うち》に於《おい》て損益《そんえき》の二卦《くわ》は乾《けん》を以《もつ》て坤《こん》を包《つゝ》み、家人睽《かじんけい》の二卦《くわ》は乾《けん》を以《もつ》て坎《かん》を包《つゝ》むだものである、先《ま》づ損益《そんえき》の二卦《くわ》を説明《せつめい》して家人睽《かじんけい》に及《およ》ぶのである。

乾體《けんたい》を以《もつ》て坤《こん》を包《つゝ》むだ卦《くわ》は損益《そんえき》の二卦《くわ》であるが、即《すなは》ち此《こ》れ乾《けん》の天《てん》が坤《こん》の地《ち》を包《つゝ》み、乾《けん》の陽《やう》は坤《こん》の陰《いん》と相應《あひおう》じ、乾《けん》の父《ちゝ》は坤《こん》の母《はゝ》と相交《あひまじ》はり、乾《けん》の貴《た》ふときは坤《こん》の卑《いや》しきと相與《あひくみ》するの象《かたち》である、今經傳中《いまけいでんちう》に於《おい》てその徴證《ちようしよう》を求《もと》むれば、損《そん》の六五に十と言《い》ひ、上九《じやうく》に臣《しん》と言《い》ひ、益《えき》の彖《たん》に大川《おほかは》を渉《わた》るに利《よろ》しと言《い》ひ、六二に十と言《い》ひ、六四に國《くに》と言《い》ふの類《るゐ》は、皆包卦坤《みなほうくわこん》の象《かたち》を取《と》たものである。亦損《またそん》の彖《たん》に簋《き》と言《い》ふ謂《い》ふ所《ところ》の簋《き》は外《ほか》は圓《ま》るく内《うち》は方《はう》なるものであるが、損《そん》は乾《けん》を以《もつ》て坤《こん》を包《つゝ》むで居《を》るから、外《ほか》は實《じつ》にして圓《まる》く、内は虚《きよ》にして方《はう》なるの象《かたち》があるからのことで、亦損《またそん》の彖《たん》に損益盈虚《そんえきえいきよ》と言《い》ひ、繋辭傳《けいじでん》に天地絪縕《てんちいんうん》して萬物化醇《まんぶつくわじゆん》し、男如精《なんによせい》を構《かま》へて萬物化生《まんぶつくわせい》す、易《えき》に曰《いは》く、三人行《にんゆ》けば則《すなは》ち一人《にん》を損《そん》す、一人行《にんゆ》けば則《すなは》ち其《そ》の友《とも》を得《え》るとは致一《ちいつ》を謂《い》ふなりと言《い》ひ、益《えき》の彖傳《たんでん》に天施《てんほどこ》し地生《ちしやう》じ、其《そ》の益《えき》すこと方《はう》なしと言《い》ふの類《るゐ》は、蓋《けだ》し之《これ》を包卦《ほうくわ》の象《かたち》に取《と》たものである。

乾《けん》の大陽《たいやう》を以《もつ》て坤《こん》の大陰《たいいん》を包《つゝ》みたるの象《かたち》

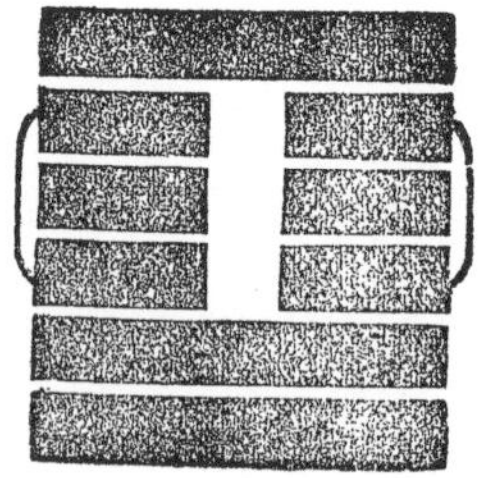
損

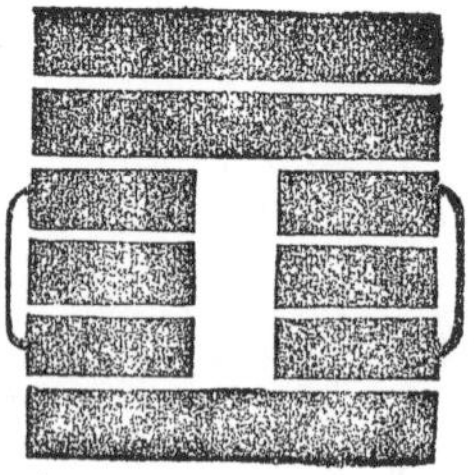
益

損益《そんえき》二卦《くわ》に就《つい》ての占要《せんえう》を擧《あ》ぐれば、

疾病《しつぺい》の占《せん》は　外熱内寒《ぐわいねつないかん》、或《あるひ》は外實内虚《ぐわいじつないきよ》の症《しやう》となす、

妊娠《にんしん》の占《せん》は　坤《こん》の女子《ぢよし》を孕《はら》みたるの象《かたち》となす、

貧富《ひんぷ》の占《せん》は　外觀《ぐわいくわん》は盈滿豐富《えいまんほうふ》なるが如《ごと》きも、その實《じつ》は空虚《くうきよ》にして貧困《ひんこん》なりとす、

人物《にんぶつ》の占《せん》は　見掛《みかけ》は嚴確《げんかく》なるが如《ごと》きも、内心《ないしん》は柔順《じうじゆん》なり、傲慢《ごうまん》なるが如《ごと》きも謙遜《けんそん》なり、奢侈《しやし》なるが

如《ごと》きも儉約《けんやく》なり、疎暴《そばう》に見《み》へて叮嚀《ていねい》なり、壯健《さうけん》に見《み》へても虛弱《きよじやく》なり、快濶《くわいくわつ》に見《み》へても偏執《へんしつ》なり、

人心《じんしん》の占《せん》は　清廉《せいれん》なるが如《ごと》きも貪慾《どんよく》なり、誠實《せいじつ》なるが如《ごと》きも姦邪《かんじや》なり、

物質《ぶつしつ》の占《せん》は　外形《ぐわいけい》は圓《まる》くして內部《ないぶ》は方《はう》、或《あるひ》は外實《ぐわいじつ》にして內虛《ないきよ》、外《そと》は美《び》にして內《うち》は醜《しう》、外《そと》は堅《かた》くして內《うち》は柔《やは》らかなり、

占驗例《せんけんれい》

財覆《さいふく》の占《せん》に䷚頤《い》の䷩益《えき》に之《ゆ》くを得《え》て中州之《ちうしうこれ》を占《うらな》ふて曰《いは》く、此《こ》は必《かな》らず粽《ちまき》であらう、卦象《くわしやう》を案《あん》ずれば、頤《い》は內卦《ないくわ》震《しん》の一陽《やう》と、外卦《ぐわいくわ》倒震《たうしん》の一陽《やう》とを以《もつ》て坤《こん》の四陰《いん》を包《つゝ》むで居《を》るが、震《しん》を葦《ゐ》となし、坤《こん》を米《べい》粉《ふん》となす、然《しか》るに益《えき》にも亦《また》震巽《しんそん》の草《くさ》を以《もつ》て坤《こん》の米粉《べいふん》を包《つゝ》むの象《かたち》があるから、共《とも》に此《こ》れ粽《ちまき》の象《かたち》であると、果《はた》して此《こ》の占《せん》の如《ごと》く粽《ちまき》なりしと。

或《あ》る年《とし》の三月《ぐわつ》一男來《だんきた》りて曰《いは》く、愚妻懷妊《ぐさいくわいにん》せりとすれば、本月《ほんげつ》は七月日《ぐわつめ》に當《あた》り、六月《ぐわつ》は臨月《りんげつ》に當《あた》ることゝなる、依《よつ》て懷妊《くわいにん》の實否《じつひ》幷《ならび》にその男女《なんによ》と產期《さんき》とを筮《ぜい》せむことを請《こ》ふ、之《これ》を筮《ぜい》して䷩益《えき》の䷌同人《どうにん》に之《ゆ》くに遇《あ》ふ、占《せん》に曰《いは》く、益《えき》は包卦《はうくわ》の一て天施《てんほどこ》し地生《ちしやう》ずと言《い》ふ義《ぎ》があるから、懷妊《くわいにん》したることは確實《かくじつ》である、而《しか》も壯健《さうけん》にして無事安產《むじあんさん》するであらう、蓋《けだ》し益《えき》は乾《けん》を以《もつ》て坤《こん》を包《つゝ》むで居《を》るから、女子《ぢよし》を孕《はら》むと見《み》るのが當然《たうぜん》であるけれども、その變《へん》じて同人《どうにん》となつたのは、筮《ぜい》を請《こ》ふ人卽《ひとすなは》ちその父《ちゝ》と同《おな》じと言《い》ふ義

てあるから、必《かな》らず男子《だんし》を生《う》むであらう、而《しか》してその産期《さんき》は當《あた》り月《つき》の六月《ぐわつ》は空《むな》しく經過《けいくわ》して、乾《けん》の中《ちう》秋以後《しういご》に生《うま》るゝであらうと、その後果《ごはた》して八月五日《ぐわつか》に至《いた》りて男子《だんし》を安産《あんさん》せりと。

乾體《けんたい》を以《もつ》て坎《かん》を包《つゝ》みたるものは家人睽《かじんけい》の二卦《くわ》で、這《こ》は天《てん》が水《みづ》を生《しやう》じ、男《をとこ》が父《ちゝ》に受《う》けて同氣相應《どうきあひおう》ずるの象《かたち》である、今經傳《いまけいでん》の文中《ぶんちう》に於《おい》てその例《れい》を求《もと》むれば、家人《かじん》の九三に嘻々《きゝ》と言《い》ひ、睽《けい》の初九《しよ》に馬《うま》と言《い》ひ、惡人《あくにん》と言《い》ひ、六三に輿《よ》と言《い》ひ、上九《じやう》に豕《し》と言《い》ひ、車《しや》と言《い》ひ、弧《こ》と言《い》ひ、寇《こう》と言《い》ひ、雨《う》と言《い》ふの類《るゐ》は皆《みな》包卦坎《はうくわかん》の象《かたち》を取《と》たものである。亦家人《またかじん》の彖傳《たんでん》に父々《ちゝ》たり、子々《こゝ》たりと言《い》ひ、睽《けい》の彖傳《たんでん》に其《そ》の志《こゝろざし》通《つう》ずるなりと言《い》ふが如《ごと》きは乾《けん》を以《もつ》て坎《かん》を包《つゝ》み、同氣相應《どうきあひおう》ずるの象《かたち》を取《と》たものである。

乾《けん》の大陽《たいやう》を以《もつ》て坎《かん》の小陽《せうやう》を包《つゝ》みたる卦象《くわしやう》

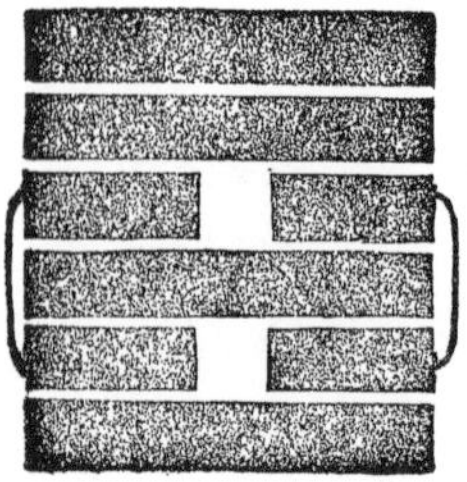

家人

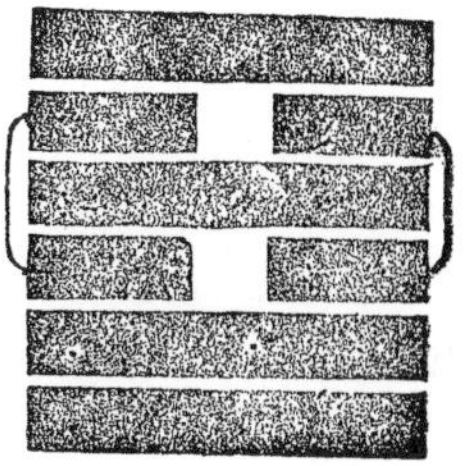

睽

此《こ》の二卦《くわ》に就《つい》ての占要《せんえう》を擧《あ》ぐれば

疾病《しつぺい》の占《せん》は　外熱内寒《ぐわいねつないかん》、外强内勞《ぐわいきやうないらう》、又《また》は外《そと》に熱《ねつ》あり内《うち》に毒《どく》あり血塊《けつくわい》ありと見《み》るの類《るゐ》、

妊娠《にんしん》の占《せん》は　男子《だんし》を孕《はら》むとなす、

貧富《ひんぷ》の占《せん》は　外見《ぐわいけん》は富饒充實《ふうげうじうじつ》なるが如《ごと》きも、内實《ないじつ》は貧困《ひんこん》にして難澁《なんじふ》なり、

人物《じんぶつ》の占《せん》は　外面《ぐわいめん》は賢明《けんめい》なるが如《ごと》くにして、其《そ》の實《じつ》は疑惑《ぎわく》なり、見掛《みかけ》は端嚴《たんげん》にして質朴《しつぼく》なるが如《ごと》きも、内心《ないしん》は姦惡《かんあく》にして智略《ちりやく》あり、或《あるひ》は内外共《ないぐわいとも》に强剛《きやうがう》なる意志《いし》を有《いう》する人《ひと》と見《み》ることあるべし、

人心《じんしん》の占《せん》は　表向《おもてむ》きは正直《しやうちき》にして君子《くんし》然《ぜん》たる風丰《ふうぼう》あれども、心底《しんてい》には姦計邪智《かんけいじやち》ありて陰險《いんけん》なりと見《み》るの類《るゐ》

物質《ぶつしつ》の占《せん》は　表面《へうめん》は壯麗《さうれい》にして裏面《りめん》は汚瀆《をとく》なるもの、或《あるひ》は外《そと》は堅實《けんじつ》にして中央《ちうわう》に凹穴《あうけつ》あるもの、又《また》

は外部《ぐわいぶ》は圓滑《ゑんくわつ》なれども、內部《ないぶ》は屈曲《くつきよく》して節《せつ》あるもの、

占驗例《せんけんれい》

一婦《ふ》年《とし》已《すで》に二十七歲《さい》なれども子《こ》なし、將來終《しやうらいつひ》に子《こ》なしとせば養子《やうし》をせねばならぬ、依《よつ》て今後《こんご》子《こ》あるや否《いな》やを筮《ぜい》せむことを請ふ、之《これ》を筮《ぜい》して䷤家人《かじん》の不變《ふへん》を得《え》たり、その占《せん》に曰《いは》く、家人《かじん》は父子《ふし》相續《さうぞく》の義《ぎ》がある許《ばか》りでなく、乾《けん》を以《もつ》て坎《かん》を包《つゝ》むで居《を》る、故《ゆゑ》に將來必《しやうらいかなら》ず子《こ》を生《う》むに相違《さうゐ》ない、而《しか》も坎《かん》の男子《だんし》を生《う》むが故《ゆゑ》に、今《いま》から養子《やうし》抔《など》をするの必要《ひつえう》はないと。

第九款　備卦

茲《こゝ》に備卦《びくわ》と言《い》ふは先儒《せんじゆ》が謂《い》ふ所《ところ》の互卦《ごくわ》のことであるが、之《これ》を互卦《ごくわ》と言《い》ふは漢儒以來《かんじゆいらい》の通稱《つうしやう》である。而《しか》してその謂《い》ふ所《ところ》の互卦《ごくわ》なるものは、一卦《くわ》六爻《かう》の中《うち》に於《おい》て初爻《しよかう》と上爻《じやうかう》との二爻《かう》を除《のぞ》き、二三四の三爻《かう》を以《もつ》て一卦《くわ》を設《まう》けて之《これ》を內卦《ないくわ》となし、亦《また》三四五の三爻《かう》を以《もつ》て一卦《くわ》を作《つく》つて之《これ》を外卦《ぐわいくわ》となし、此《こ》の內外《ないぐわい》兩卦《りやうくわ》を合《あは》せて別《べつ》に一卦《くわ》を作《つく》り設《まう》くる所《ところ》の法《はふ》であるが、此《かく》の如《ごと》く三四兩爻《りやうかう》を互《たがひ》に交《まじ》へ取《と》つて一卦《くわ》を作《つく》る所《ところ》から、之《これ》を呼《よ》むで互卦《ごくわ》若《も》しくは互體《ごたい》抔《など》と言《い》ふたものであらうと思《おも》はるゝが、唯《たゞ》二三四五の四爻《かう》を以《もつ》て一卦《くわ》を作《つく》る丈《だけ》では活用《くわつよう》の區域《くゐき》が狹《せ》まい。然《しか》るに茲《こゝ》に言《い》ふ備卦《びくわ》なるものは、一卦《くわ》六爻《かう》の中《うち》に於《おい》て、五卦《くわ》の象《かたち》を作《つく》つて占事《せんじ》の活用《くわつよう》に供《きよう》する所《ところ》の法《はふ》である、假《たと》へば水雷屯《すゐらいちゆん》の卦《くわ》の如《ごと》きは、初九《しよ》六二六三の震《しん》と、六

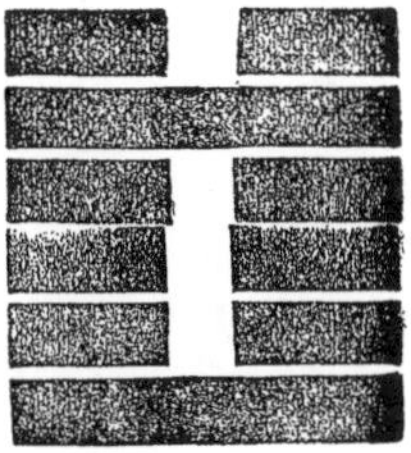

屯

二六三六四の坤《こん》とを合《あは》せて䷗地雷復《ちらいふく》の卦《くわ》を設《まう》け、亦初《またしよ》九六二六三の震《しん》と、六三六四九五の艮《こん》とを合《あは》せて䷚山雷頤《さんらいゐ》の卦《くわ》を設《まう》け、亦《また》六二六三六四の坤《こん》と、六三六四九五の艮《こん》とを合《あは》せて䷖山地剝《さんちはく》の卦《くわ》を設《まう》け、亦《また》六二六三六四の坤《こん》と、六四九五上《じやう》六の坎《かん》とを合《あは》せて䷇水地比《すゐちひ》の卦《くわ》を設《まう》け、亦《また》六三六四九五の艮《こん》と、六四九五上《じやう》六の坎《かん》とを合《あは》せて䷦水山蹇《すゐさんけん》の卦《くわ》を設《まう》くるの類《るゐ》である。

此《こ》の如《ごと》く一卦《くわ》に就《つい》て五卦《くわ》の象《かたち》を設《まう》くるのであるけれども、毎卦必《まいくわかな》らず異《こと》なりたる象《かたち》を備《そな》へて居《を》ると言《い》ふのではない、卦《くわ》によりては、一卦《くわ》二卦《くわ》三卦若《くわもし》くは四卦《くわ》の異象《いしやう》を備《そな》へて居《を》るのみのものもある、假《たと》へば、剝《はく》、復《ふく》、夬《くわい》、姤《こう》の如《ごと》きは、一卦《くわ》の異象即《いしやうすなは》ち坤爲地《こんゐち》と乾爲天《けんゐてん》とを備《そな》へ居《を》る丈《だけ》である。

加之《しかのみならず》、乾坤《けんこん》二卦《くわ》の如《ごと》きはその備卦《びくわ》も亦乾坤《またけんこん》であるから、別《べつ》に備卦《びくわ》を設《まう》くるの必要《ひつえう》はない、故《ゆゑ》に乾坤《けんこん》の二卦《くわ》を除《のぞ》き、その他《た》の六十二卦《くわ》は皆備卦《みなびくわ》を設《まう》くることが可能《でき》る、而《しか》して之《これ》を備卦《びくわ》と言《い》ふ所以《ゆゑん》は、繫《けい》辭傳《じでん》に

若《も》シ夫《そ》レ物《もの》ヲ雜《まじ》ヘ德《とく》ヲ撰《えら》ミ是《ぜ》ト非《ぴ》トヲ辨《べん》ズルハ、其《そ》ノ中爻《ちうかう》ニアラザレバ備《そな》ハラズ

と言《い》ふてあるのに基《もとづ》いて之《これ》を名《な》けたものである、範圍圖說附錄《はんゐづせつふろく》に曰《いは》く

備卦《びくわ》ハ先儒《せんにゆ》之《これ》ヲ互卦《ごくわ》ト謂《い》フ、其《そ》ノ名《な》穩當《をんたう》ナラズ、先師《せんし》其《そ》ノ中爻《ちうかう》ニアラザレバ備《そな》ハラズト言《い》フノ語《ご》ニ由《よつ》テ、備卦《びくわ》ト名《なづ》ケタルナリ、蓋《けだ》シ乾坤《けんこん》ヲ除《のぞ》クノ外《ほか》、六十二卦《くわ》皆《みな》備《び》卦《くわ》アリ、唯《たゞ》卦《くわ》ニ因《よつ》テ多寡《たか》齊《ひと》シカラザルノミ、譬《たと》ヘバ猶《なほ》屯《ちゆん》ノ中爻《ちうかう》ニハ復剝頤比蹇《ふくはくゐひけん》ノ五卦備《くわそな》ハリ、蒙《もう》ノ中爻《ちうかう》ニハ師解頤剝復《しかいゐはくふく》ノ五卦備《くわそな》ハリ、賁《ひ》ノ中爻《ちうかう》ニハ既濟豐解頤蒙《きさいほうかいゐもう》ノ五卦備《くわそな》ハリ、噬嗑《ぜいかう》ノ中爻《ちうかう》ニハ頤蹇未濟旅屯《ゐけんみさいりよちゆん》ノ五卦備《くわそな》ハリ、夬姤《くわいこう》ノ中爻《ちうかう》ニハ乾《けん》ノ一卦備《くわそな》ハリ、大有《たいいう》ノ中爻《ちうかう》ニハ夬睽《くわいけい》ノ二卦備《くわそな》ハリ、同人《どうにん》ノ中爻《ちうかう》ニハ姤家人《こうかじん》ノ二卦備《くわそな》ハリ、小《せう》畜《ちく》ノ中爻《ちうかう》ニハ睽家人中孚《けいかじんちうふ》ノ三卦備《くわそな》ハリ、履《ふく》ノ中爻《ちうかう》ニハ又睽家人中孚《またけいかじんちうふ》ノ三卦備《くわそな》ハリ、比《ひ》ノ中爻《ちうかう》ニハ剝《はく》乾坤《けんこん》ノ三卦備《くわそな》ハリ、豫《よ》ノ中爻《ちうかう》ニハ蹇小過解《けんせうくわかい》ノ三卦備《くわそな》ハリ、謙《けん》ノ中爻《ちうかう》ニハ又蹇小過解《またけんせうくわかい》ノ三卦備《くわそな》ハルノ類《るゐ》ノ如《ごと》キ是《これ》ナリ、學者《がくしや》須《すべ》カラク類《るゐ》ヲ以《もつ》テ之《これ》ヲ推《お》スベク、今《いま》經文《きやうぶん》ニ徵《ちよう》スルニ、屯《ちゆん》ノ六三ニ曰《いは》ク、鹿《しか》ニ卽《つい》テ虞《ぐ》ナク惟《ひと》リ林中《りんちう》ニ入《い》ルト、此《こ》レ初《しよ》ヨリ五ニ至《いた》テ正震倒震相向《しやうしんたうしんあひむか》フノ象《かたち》アリ、震《しん》ヲ木《き》トナス、今夫《いまそ》レ二木相向《ぼくあひむか》フハ林《はやし》ナリ、六三ハ獨《ひと》リ二木《ぼく》ノ中《なか》ニ在《あ》ル、此《こ》レ惟《ひと》リ林中《りんちう》ニ入《い》ルノ象《かたち》ナリ、賁《ひ》ノ六二ニ曰《いは》ク、其《そ》ノ須《ひげ》ヲ賁《ひ》ルト、蓋《けだ》シ三ヨリ上《じやう》ニ至《いたつ》テ頤《ゐ》ノ象備《かたちそな》ハル、六二ハ頤《ゐ》ノ下《した》ニ卽《つ》ク、此《こ》レ須《ひげ》ヲ賁《かざ》ルノ象《かたち》ナリ、无妄《むもう》ノ六二ニ曰《いは》ク、耕穫《かうくわく》セズ、菑《し》畬《よ》セズ、則《すなは》チ往《ゆ》ク攸《ところ》アルニ利《よろ》シト、蓋《けだ》シ初《しよ》ヨリ五ニ至《いたつ》テ益《えき》の象備《しやうそな》ハル、益《えき》ニ耒《ら》耨《ちよく》ノ象《かたち》アリ、故《ゆゑ》ニ六二ニ農事《のうじ》ヲ謂《い》フ、泰《たい》ノ二ヨリ五ニ至《いたつ》テ歸妹備《きまいそな》ハル、故《ゆゑ》ニ六

五ニ曰《いは》ク、帝乙《ていおつ》歸妹《きまい》以テ祉《し》アリ元吉《もときち》ト、其他《そのた》枚擧《まいきよ》ニ暇《いとま》アラズ、先儒《せんじゆ》以爲《もつてい》ラク、二ヨリ五ニ至《いた》ルノ中《うち》ニ於《おい》テ、互《たがひ》ニ卦《くわ》ヲ取《と》ル者之《ものこれ》ヲ互卦《ごくわ》ト謂《い》フハ非《ひ》ナリ、聖人之《せいじんこれ》ニ拘泥《かうでい》セズ、經文《けいぶん》ヲ熟讀《じゆくどく》シテ以《もつ》テ見《み》ルベシ、大傳《たいでん》ニ其《そ》ノ中爻《ちうかう》ニアラザレバ備《そな》ハラズト謂《い》フ者《もの》ハ、此《こ》レ後世互卦《こうせいごくわ》ト稱《しよう》スルノ謂《いひ》ニアラズ、象《かたち》ヲ取《と》ルコト自在《じざい》ニシテ、唯其《たゞそ》ノ人《ひと》ノ活用《くわつよう》ニアルコトヲ示《しめ》スナリ、周《しう》ヨリ以來已《いらいすで》ニ三千年《ねん》、備卦《びくわ》ノ微旨《びしゆ》象《しやう》ヲ取《と》ルノ妙用《めうよう》ヲ知《し》ラズ、徒《いたづ》ラニ象《しやう》ヲ捨《す》テ、理《り》ヲ取《と》リ、理《り》ヲ以《もつ》テ經《けい》ヲ釋《とか》ズ、遂《つひ》ニ神易《しんえき》ノ眞面目《しんめんもく》ヲ失《うし》フ、猶且《なほか》ツ先師《せんし》ガ經《けい》ヲ解《と》クニ備卦《びくわ》ヲ取《と》ルヲ疑《うたが》フ者《もの》アリ、吁後世其人《あゝこうせいそのひと》ナキコト眞《しん》ニ嘆《たん》ズベキ哉《かな》と。

此《かく》の如《ごと》く備卦《びくわ》はその區域頗《くゐきすこ》ぶる廣《ひろ》く、象《かたち》を取《と》ることも亦自在《またじざい》である、故《ゆゑ》に觀象玩占《くわんしやうぐわんせん》の際《さい》に當《あた》り、苟《いやし》くも目《め》に觸《ふ》れ心《こゝろ》に感《かん》ずる所《ところ》のものがあれば、皆卦《みなくわ》であつて皆象《みなしやう》である、隨《したが》つて之《これ》を二三四五の四爻《かう》に限《かぎ》るべき理《り》がない、或《あるひ》は初《しよ》から四に至《いた》り、若《も》しくは三から上《じやう》に至《いた》り、將亦初《はたまたしよ》から五に至《いた》り二から上《しやう》に至《いた》る等《とう》、種々《しゆ〴〵》に象《しやう》を取《と》つて之《これ》を活用《くわつよう》するのは、占者《せんしや》その人《ひと》の技倆如何《ぎりやういか》にあることとて、系辭傳《けいじでん》に神《かみ》にして而《しか》して之《これ》を明《あき》らかにするは、その人《ひと》に存《そん》すと言《い》ふは即《すなは》ち此《こ》のことを言《い》ふたものである。此《かく》の如《ごと》く取象《じゆしやう》の自由《じいう》は占者《せんじや》その人《ひと》に存《そん》すとはいへど、亦強《またあな》がち毎卦必《まいくわかな》らず備卦《びくわ》の象《かたち》を取《と》らねばならぬと言《い》ふのではない、唯機《たゞき》に臨《のぞ》み事《こと》に應《おう》じて之《これ》を取捨撰擇《しゆしやせんたく》するのが肝要《かんえう》である。

經傳中象《けいでんちうしやう》を備卦《びくわ》に取《とつ》たものゝ圖《づ》

屯

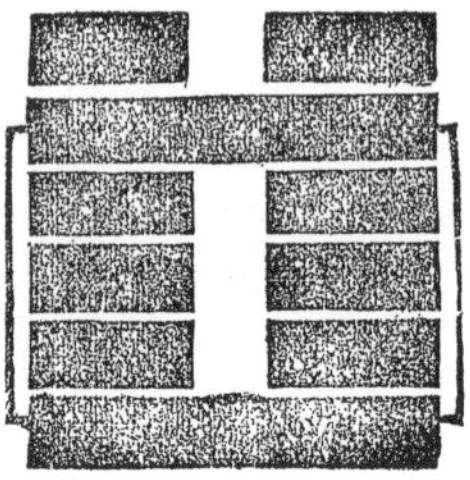

屯の初九から九五に至りて林の象を取るの圖

屯《ちゆん》の初《しよ》九から九五に至《いた》り正震倒震相向《せいしんたうしんあひむか》ふて居《を》るのは林《はやし》の象《かたち》である、而《しか》して六三は鹿《ろく》に卽《つい》て虞《ぐ》なく惟《ひと》り林中《りんちう》に入《い》ると、その惟《ひと》りと言《い》ふは六三自爻《じかう》を指《さ》したものである。何故《なにゆゑ》なれば。六二は九五の應《おう》がある上《うへ》に初九に比《ひ》して居《を》る、亦《また》六四は初《しよ》九の應《おう》がある上《うへ》に九五に比《ひ》して居《を》るから、同《おな》じく林中《りんちう》に入《いつ》ては居《を》るけれども、共《とも》に虞卽《ぐすなは》ち案内者《あんないしや》がある象《かたち》である、反之《これにはんし》、六三は上六《じやう》の應《おう》もなく、且《か》つ陽《やう》に遠《とほ》くして比爻《ひかう》もない、此《こ》れ惟《ひと》り林《はやし》の中央《ちうあう》に入《い》りながら虞《ぐ》の案内者《あんないしや》を持《も》たぬ象《かたち》である。

賁

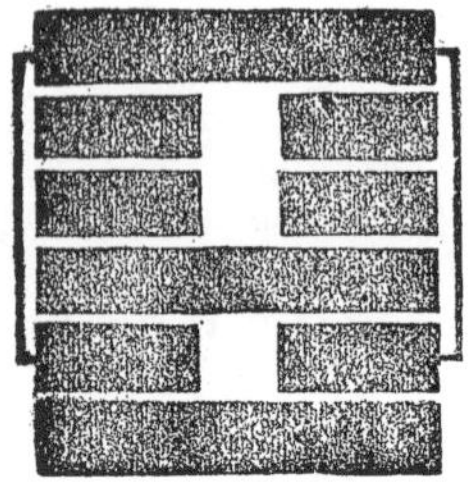

賁の六二から上九に至りて頤と須との象を取りたるの圖

賁《ひ》の六二は其《そ》の須《しゆ》を賁《かざ》ると言《い》ふは、九三から上九《じやう》に至《いた》つて頤《い》の象《かたち》がある、然《しか》るに六二は重陰《ぢういん》にして離《り》體《たい》である上《うへ》に頤の下《した》に着《つい》て居《を》る所《ところ》から、之《これ》を陰毛《いんもう》となして須《しゆ》の象《かたち》を取《とつ》たものである。

无妄

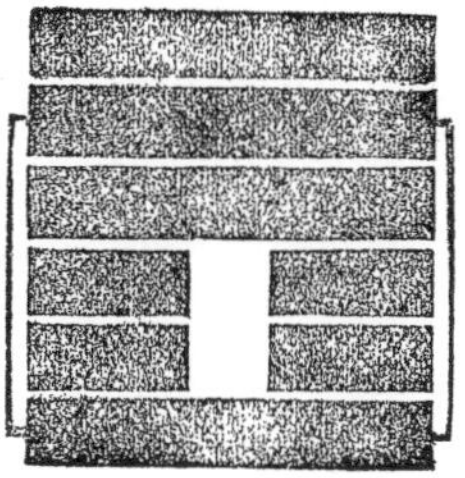

初九から九五に至りて益の象を取るの圖

无《ぶ》妄《ばう》の六二に耕耨《かうじよく》せず菑畬《しよ》せずと言《い》ふは、初《しよ》九から九五に至《いた》つて益《えき》の象《かたち》が備《そな》はつて居《を》るからである、而《しか》して益《えき》に耒耨《らいじよく》の象《かたち》があることは、繋辭《けいじ》傳《でん》に庖犧《はうぎ》氏《し》沒《ぼつ》し神農氏《しんのうし》作《おこ》り、木《き》を斲《けづ》りて耜《し》となし、木《き》を揉《た》めて耒《らい》となし、耒耨《らいじよく》の利《り》以《もつ》て天下《てんか》に敎《をし》ゆ、蓋《けだ》し諸《しよ》を益《えき》に取《と》ると言《い》ふてあるのを見《み》れば分《わか》る、

泰

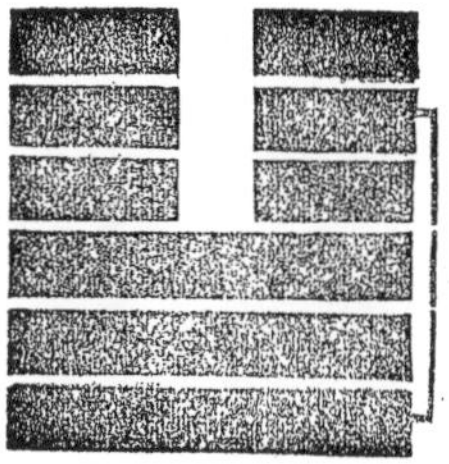

九二から六五に至りて歸妹の象を取る圖

泰《たい》の六五に帝乙《ていおつ》帰妹《きまい》以《もつ》て祉《さいわひ》あり元吉《もときつ》と言《い》ふは、九二から六五に至《いた》つて帰妹《きまい》の象《かたち》があるのを取《とつ》て、その辭《じ》を繋《か》けたものである。

需

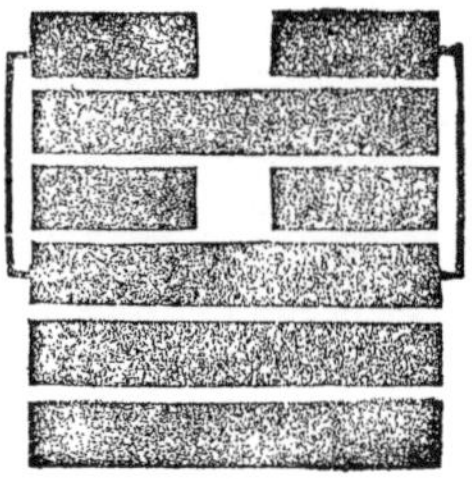

九三から上六に至りて既済の象を取る圖

需《じゆ》の上六《じやう》に穴《あな》に入《い》ると言《い》ふは、九三から上六《じやう》に至《いた》りて既済《きせい》の象《かたち》がある、既済《きせい》の上六《じやう》に其《そ》の首《しゆ》を濡《ぬら》すと言《い》へるに取《とつ》てその辭《じ》を繋《か》けたものである。

小畜

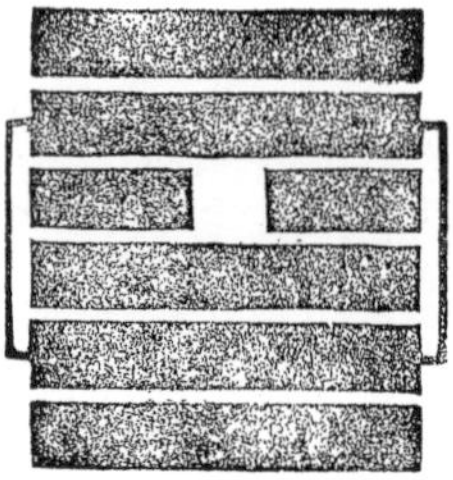

九二から九五に至りて睽の象を取るの圖

小畜《せうちく》の九三に輿輻《くるまふく》を説《ぬ》く、夫妻《ふさい》目《め》を反《はん》すと言《い》ふは、九二から九五に至《いた》つて睽《けい》の象《かたち》があるのを取《とつ》て、その辭《じ》を繫《か》けたものである。

謙

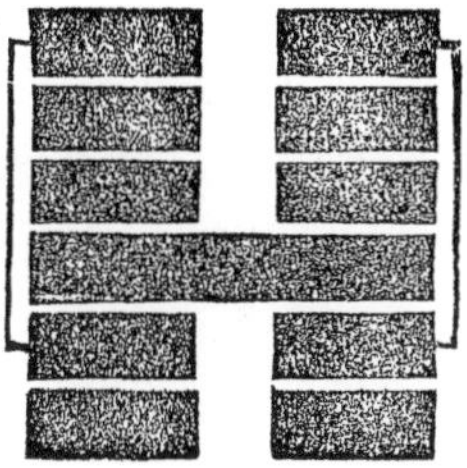

六二から上六に至りて師の象を取るの圖

蒙

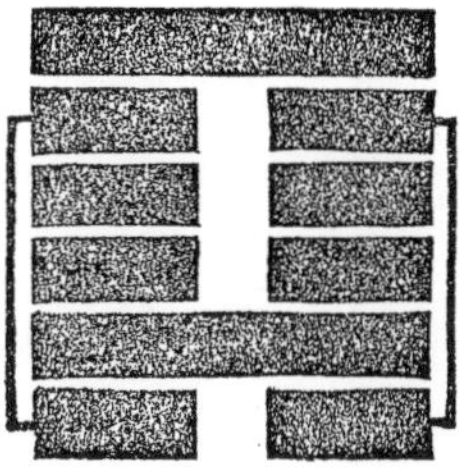

初六から六五に至りて師の象を取るの圖

謙《けん》の六五に征伐《せいばつ》を用《もち》ゆるに利《よろ》しと言《い》ひ、上《しやう》六に用《もち》ひて師《し》を行《や》り邑國《いうこく》を征《せい》するに利《よろ》しと言《い》ふは、六二から上《しやう》六に至《いた》る師《し》の卦象《くわしやう》を取《と》り、亦蒙《またもう》の初《しよ》六に用《もち》ひて人《ひと》を刑《けい》し、用《もち》ひて桎梏《ちつこく》を說《ぬ》くに利《よろ》しと言《い》ふは、初《しよ》六から六五に至《いた》る師《し》の卦象《くわしやう》を取《とつ》たものである。

剝

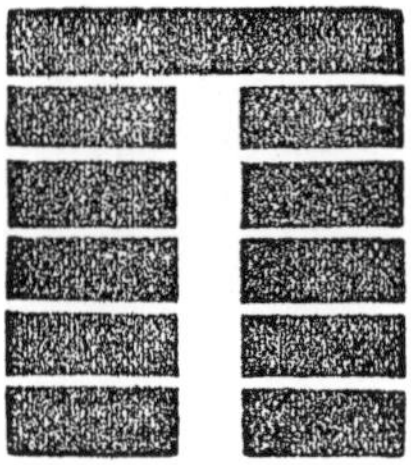

剝の卦にて頤の下腮の欠たる象を取るの圖

剝《はく》の上《しやう》九に碩果食《せきくわくら》はれずと言《い》ふは、剝《はく》は元《も》と頤《ゐ》の卦《くわ》なりしに、初《しよ》九變《へん》じて初《しよ》六となり、下腮《したあご》欠《か》けて食《くら》はれざるの象《かたち》と見《み》たものてある。

无妄

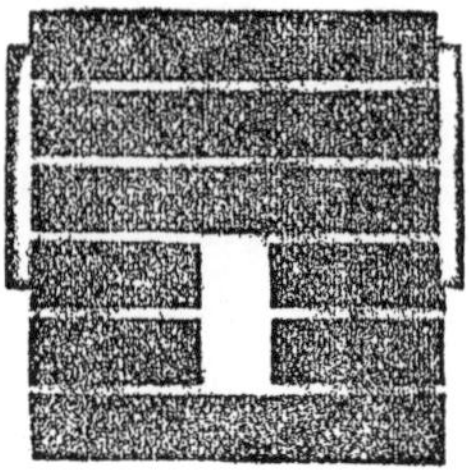

六三から上九に至りて姤の象を取るの圖

无妄《ふもう》の六三に无妄《むもう》の災《さい》と言《い》ふは、六三から上《しやう》九に至《いた》る姤《こう》の象《かたち》を取《とつ》たものてある。

大畜

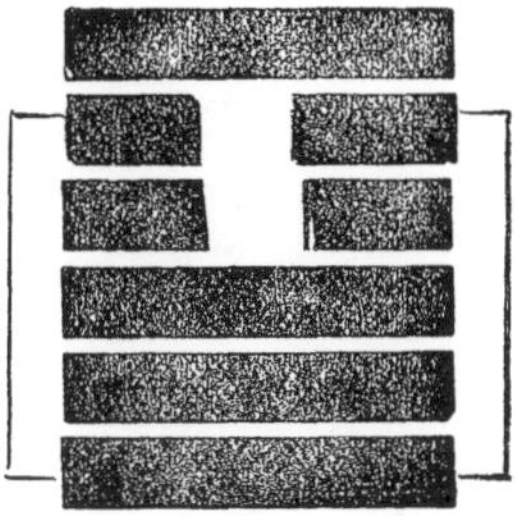

初九から六五に至りて大壯の卦象を取るの圖

大畜《たいちく》の九三に日《ひゞ》に輿衛《よゑい》に閑《なら》へば往《ゆ》く攸《ところ》あるに利《よろ》しと言《い》ふは、初《しよ》九から六五に至《いた》りて大壯《たいさう》の象《かたち》があるが大壯《たいさう》の九四に大輿《たいよ》の輹《ふく》に壯《さか》むなりと言ふに取《と》つたものである。

未濟

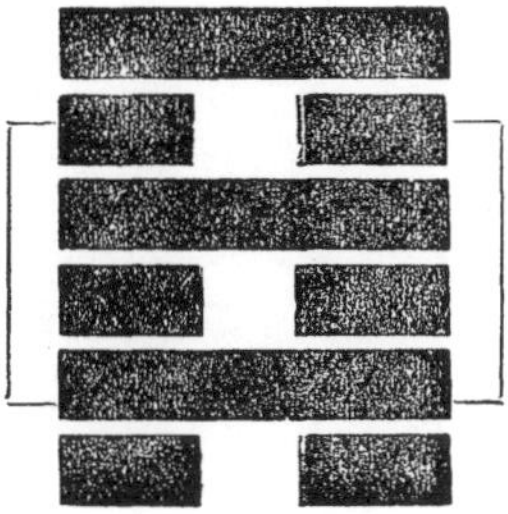

九二から六五に至りて既濟の卦象を取るの圖

未濟《みせい》の九四に震《ふる》ひ用《もつ》て鬼方《きはう》を征《せい》すと言《い》ふは、九二から六五に至《いた》つて既濟《きせい》の象《かたち》がある、既濟《きせい》の六三に高《かう》宗鬼方《そうきはう》を伐《う》つと言《い》ふ、故《ゆゑ》に此《こ》の辭《じ》を取《と》つて此《かく》の如《ごと》く言《い》ふたものである。

需

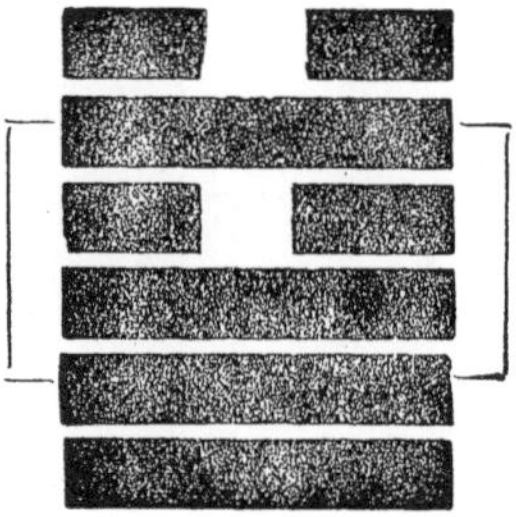

九二から九五に至りて睽の卦象を取るの圖

需《じゆ》の九三に寇《あだ》の至《いた》ることを致《いた》すと言《い》ふは、蓋《けだ》し坎《かん》を以《もつ》て寇《あだ》となす許《はか》りでなく、九二から九五に至《いた》つて睽《けい》の象《かたち》がある、繫辭傳《けいじでん》に木《き》を弦《ま》げて弧《こ》となし、木《き》を剡《けづ》つて矢《や》となし。弧矢《こし》の利《り》以《もつ》て天下《てんか》を威《おど》す、蓋《けだ》し諸《これ》を睽《けい》に取《と》ると言《い》ふに取《と》つたものである。

萃

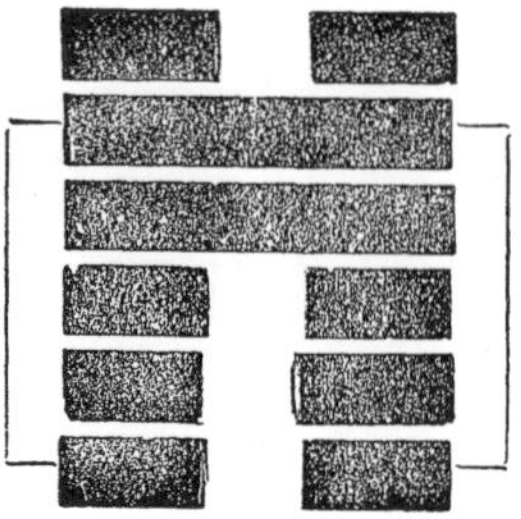

初六から九五に至りて觀の卦象を取りたる圖

萃《すゐ》の彖《たん》に王有廟《わうゆうべう》に假《いた》ると言《い》ひ、六二にを用《やく》禴《もち》ゆるに利《よろ》しと言《い》ふは、初《しよ》六から九五に至《いた》つて觀《くわん》の卦象《くわしやう》あるに由《よ》つて繫《か》けたものである。

鼎

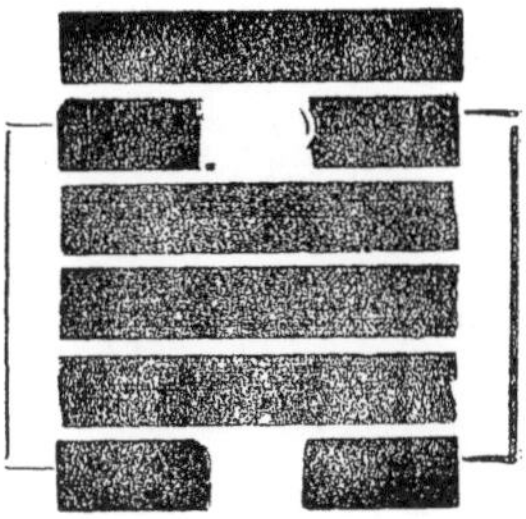

初六から六五に至りて大過の卦象を取るの圖

鼎《てい》の九四に鼎足《かなえあし》を折《を》り公《こう》の餗《そく》を覆《くつが》へすと言《い》ふは、初《しよ》六から六五に至《いた》つて大過《たいくわ》の卦象《くわしやう》があるのを取《と》つたものである。

震

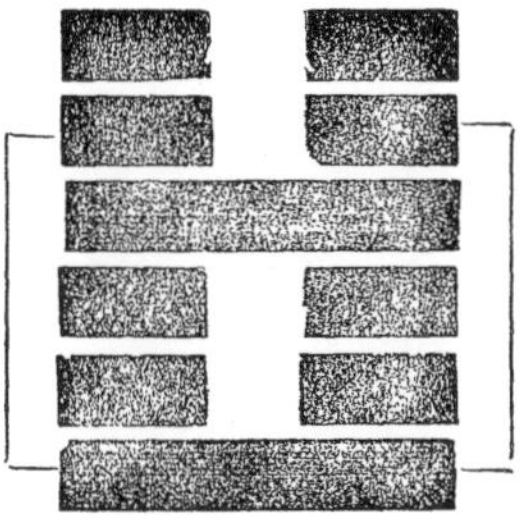

初九から六五に至りて屯の卦象を取りたる圖

震《しん》の九四に震《ふる》ふこと遂《つひ》に泥《なず》むと言《い》ふは、九四の一陽《やう》が四陰《いん》の中間《ちうかん》に陷《おちゐ》るの象《かたち》を取《と》つた許《ばか》りでなく、初《しよ》九から六五に至《いた》つて屯《ちゆん》の卦象《くわしやう》があるのを幷《あは》せ取《と》つたものである。

以上列擧《いじやうれつきよ》したものは、中爻卽ち《ちうかうすなは》備卦《びくわ》の象《かたち》を取《と》つたもので此《かく》の如《ごと》き類《るゐ》は一々枚擧《まいきよ》するに暇《いとま》がない程《ほど》であるが、その取象《しゆしやう》が自由《じいう》なるが爲《た》めに、之《これ》が實地《じつち》の應用《おほよう》に至《いた》つても、亦彼《またか》の大卦包卦等《たいくわほうくわとう》の樣《やう》に僅《わづ》かに六卦《くわ》若《もし》くは八卦《くわ》に限《かぎ》られたものでなく、六十二卦皆《くわみな》備卦《びくわ》があつてその効用《かうよう》も頗《すこ》ぶる廣《ひろ》いのである、而《しか》して胡氏《こし》一桂《けい》が備卦《びくわ》を說て居《を》るのは頗《すこ》ぶる詳密《しやうみつ》であるから、左《さ》に之《これ》を抄錄《せうろく》して讀者《どくしや》の參考《さんかう》に資《し》することゝしよう。

易《えき》の大傳《だいでん》に曰《いは》く、耆《も》し夫《そ》れ物《もの》を雜《まじ》え德《とく》を撰《えら》び、是《ぜ》と非《ひ》とを辨《べん》ずるは、其《そ》の中爻《ちうかう》にあらざれば備《そな》はらずと、本義《ほんぎ》に曰《いは》く、此《こ》は卦中《くわちう》の四爻《かう》を謂《い》ふ、語錄《ごろく》に曰《いは》く、先儒此《せんじゆこれ》を解《かい》して多《おほ》く以《もつ》て互卦《こくわ》となす、屯《ちゆん》の震下坎上《しんかかんじやう》の如《ごと》き、中間《ちうかん》四爻《かう》に就《つい》て之《これ》を觀《み》れば、二より四に至《いた》るは則《すなは》ち坤《こん》となす、三より五に至《いた》るは則《すなは》ち艮《こん》となす、故《ゆゑ》に曰《いは》く其《そ》の中爻《ちうかう》にあらざれば備《そな》はらずと、互體《こうたい》の說《せつ》は漢儒《かんじゆ》多《おほ》く之《これ》を用《もち》ゆ、左傳《さでん》に觀《くわん》の卦《くわ》を占《うらな》ひ得《う》る所《ところ》に、亦擧《またあ》げ得《え》て分明《ぶんめう》なり、看來《みきた》れば此《こ》の說《せつ》も廢《はい》す可《べか》らず、陳《ちん》の厲公敬仲《れいこうけいちう》を生《う》む之《これ》を筮《ぜい》して觀《くわん》の否《ひ》に之《ゆ》くに遇《あ》ふ、曰《いは》く坤《こん》は土《つち》なり。巽《そん》は風《かぜ》なり、乾《けん》は天《てん》なり、風天《かぜてん》と爲《なつ》て土上《どじやう》に於《お》けるは山《やま》なり、山《やま》の材《ざい》あつて而《しか》して之《これ》を照《てら》すに天光《てんくわう》を以《もつ》てす、是《こゝ》に於《おい》てか土上《どじやう》に居《を》る、兩卦皆互體《りやうくわみなこうたい》の艮《こん》あり、故《ゆゑ》に山《やま》と言《い》ふ、今《いま》八卦《くわ》を分《わか》つて圖《づ》となし。中《ちう》四爻《かう》を掲《かゝ》げて以《もつ》て之《これ》を明《あき》らかにし、仍《よつて》先《せん》天卦位《てんくわゐ》を以《もつ》て次《つぎ》を爲《な》す、圖成《づなつ》て而《しか》して卦爻《くわかう》の陰陽相對《いんやうあひたい》し、自然《しぜん》の妙《めう》にあらざることなし、若《も》し六十四卦《くわ》の横圖《わうづ》を以《もつ》て之《これ》を觀《み》れば。尤《もつと》も言《い》ふべきものあり、第《だい》二畫《くわく》より第《だい》四畫《くわく》に至《いた》る陽儀《やうぎ》の中《うち》、四乾《けん》四兌《だ》四離《り》四震《しん》四巽《そん》四坎《かん》四艮《ごん》四坤《こん》を互《ご》す、陰儀《いんぎ》の中亦《うちまた》四乾《けん》四兌《だ》四離《り》四震《しん》四巽《そん》四坎《かん》四艮《ごん》四坤《こん》を互《ご》す、兩《りやう》つながら四卦《くわ》を以《もつ》て之《これ》を數《かぞ》ふ、而《しか》して六十四卦《くわ》を周《めぐ》らす、第《だい》三畫《くわく》より第《だい》五畫《くわく》に至《いた》る陽儀《やうぎ》の中《うち》、前《ぜん》の十六卦《くわ》は二乾《けん》を互《ご》し二坤《こん》に至《いた》る、後《のち》の十六卦《くわ》も亦《また》二乾《けん》を互《ご》し二坤《こん》に至《いた》る、陰儀中《いんぎちう》の互體《ごたい》も亦然《またしか》り、四たび二卦《くわ》を以《もつ》て之《これ》を數《かぞ》へて、而《しか》して六十四卦《くわ》を周《めぐ》らす、然《しか》る後全體《のちぜんたい》を合《あは》して之《これ》を觀《み》れば、初畫《しよくわく》より三畫《くわく》に至《いた》る、一箇《こ》の乾《けん》一坤《こん》八に至《いた》つて而《しか》して六十四を該《か》ね、二畫《くわく》より四畫《くわく》に至《いた》る、兩箇《れうこ》の乾《けん》一坤《こん》八に至《いた》つて六十四を該《か》ね、三畫《くわく》より五畫《くわく》に至《いた》る、四箇《こ》の乾《けん》一坤《こん》八に至《いた》つて而《しか》して六十四を該《か》ね、四畫《くわく》より上畫《じやうくわく》に至《いた》る、八箇《こ》の乾《けん》一坤《こん》八に至《いた》つて而《しか》して六十四卦成《くわな》る、加倍《かばい》して生《しやう》じ、次《つぎ》を以《もつ》て而《しか》して位《くらゐ》す、乾《けん》一坤《こん》八の序皆順《じよみなじゆん》なり、之《これ》を數《かぞ》へて紊《みだ》れず、此《こ》れ亦其《またそ》の自然《しぜん》の妙《めう》なり、乾《けん》の卦中《くわちう》四爻《かう》二乾《けん》を互《ご》してより、二體《たい》を幷《あは》せて四乾《けん》となり、坤《こん》の卦中《くわちう》四爻《かう》二坤《こん》を互《ご》してより、二體《たい》を幷《あは》せて四坤《こん》となるが如《ごと》きに至《いた》つては是《こ》れ乾《けん》は皆乾《みなけん》を互《ご》し、坤《こん》は皆坤《みなこん》を互《ご》す、陰陽《いんやう》の純《じゆん》にして雜《まじ》はらざる者《もの》なり、三男《なん》の卦《くわ》は各々《おの〳〵》三男《なん》を聚《あつ》め、三女《ぢよ》の卦《くわ》は各々《おの〳〵》三女《ぢよ》を聚《あつ》む、震《しん》の卦《くわ》の如《ごと》きは二より四に至《いたつ》て艮《ごん》を互《ご》し、三より五に至《いた》つて坎《かん》を互《ご》す坎《かん》の卦《くわ》は二より四に至《いたつ》て震《しん》を互《ご》し、三より四に至《いた》つて艮《ごん》を互《ご》す艮《ごん》の卦《くわ》は二より四に至《いた》つて坎《かん》を互《ご》し三より五に至《いた》つて震《しん》を互《ご》す各々本卦《おの〳〵ほんくわ》を幷《あは》せて三男備《なんそな》はる、巽離兌《そんりだ》の卦《くわ》も亦然《またしか》り、陽《やう》は皆陽《みなやう》を互《ご》し、陰《いん》は皆陰《みないん》を互《ご》し、女《をんな》は男《をとこ》を紊《みだ》さず、男《をとこ》は女《をんな》を紊《みだ》さず、此《これ》も亦自然《またしぜん》にして而《しか》して然《しか》り、人力《じんりき》を加《くは》へず、言《い》ふ可《べ》からざるの妙《めう》ある者《もの》なり、其《そ》の他亦《たまた》一卦《くわ》にして三男《なん》三女《ぢよ》を備《そな》ふる者《もの》あり。小畜《せうちく》は三女《ちよ》を備《そな》へて而《しか》して之《これ》に臨《のぞ》むに父《ちゝ》を以《もつ》てす。豫《よ》は三男《なん》を備《そな》へて而《しか》して之《これ》に臨《のぞ》むに母《はゝ》を以《もつ》てす。節《せつ》は三男《なん》を備《そな》へて而《しか》して少女之《せうぢよこれ》を間《かん》し、旅《りよ》は三女《ぢよ》を備《そな》へて而《しか》して少男之《せうなんこれ》を間《かん》す、革《かく》の如《ごと》き鼎《てい》の如《ごと》きは。此《こ》れ父《ちゝ》の三女《ぢよ》に臨《のぞ》むものなり、蒙《もう》の如《ごと》き屯《ちゆん》の如《ごと》きは、此《こ》れ母《はゝ》の三男《なん》に臨《のぞ》むものなり、豐《ほう》の如《ごと》き井《せい》の如《ごと》きは。卽《すなは》ち長男中男《ちやうなんちうなん》三女《ぢよ》を間《かん》し、渙《くわん》の如《ごと》き噬嗑《ぜいがう》の如《ごと》きは、則《すなは》ち長女中女《ちやうぢよちうぢよ》三男《なん》を間《かん》す、此《こ》れ皆父母《みなふぼ》男女雜居《なんぢよざつきよ》して而《しか》して純《じゆん》ならざるものなり、互卦《ごくわ》を易中《えきちう》の一義《ぎ》にあらずと言《い》ふは、斷々乎《だんだんこ》として其《そ》れ不可《ふか》なり、易《えき》を讀《よ》む者《もの》は其《そ》れ諸《これ》を忽《ゆる》かせにす可《べ》けんや。

蔡淵《さいえん》曰《いは》く夫《そ》れ陽《やう》二陰《いん》の下《した》に動《うご》けば則《すな》はち震《しん》と爲《な》る、陰《いん》二陽《やう》の下《した》に伏《ふく》すれば則《すな》はち巽《そん》と爲《な》る、坎艮《かんごん》となり離兌《りだ》となるに至《いた》るも、陰陽相雜《いんやうあひまじ》はるに取《こ》ること有《あ》るに非《あら》ざるなきなり、故《ゆゑ》に此理《このり》あれば則《すな》はち此象《このしやう》あり、此象《このしやう》あれば則《すな》はち此事《このこと》あり、此《こ》れ自然《しぜん》の理《り》なり、且《か》つ六爻《かう》の卦《くわ》、變化《へんくわ》を一爻《かう》の中《なか》に擬議《ぎゞ》して遠近相取《ゑんきんあひと》る、初《はじ》めより內外《ないぐわい》三爻《かう》の卦《くわ》を以《もつ》て而《しか》して拘《こう》す可《べ》からざるなり、故《ゆゑ》に賁《ひ》の三は上下皆陰《じやうげみないん》なり、而《しか》して聖人之《せいじんこれ》を繫《かゝ》るに濡如《じゆじよ》の辭《じ》を以《もつ》てす、豈《あ》に坎《かん》の象《しやう》を取《と》ること有《あ》るにあらずや、晉《しん》の四は下《しも》二陰《いん》に乘《の》れるなり、而《しか》して聖人之《せいじんこれ》に繫《つな》るに鼫鼠《せきそ》の象《しやう》を以《もつ》てす、又豈《またあ》に艮《ごん》の象《しやう》を取《と》ること有《あ》るにあらずや、屯《ちゆん》の三に至《いたつ》て曰《いは》く林中《りんちう》に入《はい》ると、是《こ》れ上下《じやうげ》二陰《いん》を兼《かね》て而《しか》して取《と》れるなり、復《ふく》の四に曰《いは》く中《ちう》行《かう》と、是《こ》れ上下《じやうげ》四陰《いん》を兼《かね》て而《しか》して取《と》れるなり。聖人擬議《せいじんぎゞ》の旨《し》亦類《またるゐ》を以《もつ》て推《お》すべし、陰陽相雜《いんやうあひまじ》はりて感應《かんおう》するの理自然《りしぜん》にして然《しか》り。亦聖人心思智慮《またせいじんしんしちりよ》の能《よ》く爲《な》す所《ところ》にあらざるなり。後世互體《こうせいごたい》の說《せつ》全《まつた》く義《ぎ》理《り》なしと謂《いふ》べからず、時《とき》に其《そ》の附會穿鑿《ふくわいせんさく》して術《じゆつ》に流《なが》る、故《ゆゑ》に用《もち》ゆべからざるなり。

占驗例

或《あ》る人《ひと》運氣《うんき》の吉凶《きつきよう》を問《と》ふ、之《これ》を噬《ぜい》して ䷕ 賁《ひ》の不變《ふへん》に遇《あ》ふ、その占《せん》に曰《いは》く、賁《ひ》は飾《かざ》るの義《ぎ》である から此《こ》の人《ひと》表面《へうめん》は華美《くわび》を好《この》めども、二から五に至《いた》るの間《あひだ》に解《かい》の卦象《くわしやう》がある、解《かい》は解散《かいさん》の義《ぎ》である、故《ゆゑ》に奢侈《しやし》にして資財《しざい》を散失《さんしつ》し節儉抔《せつけんなど》の可能《でき》ぬ意《い》がある、隨《したが》つて內實《ないじつ》は頗《すこ》ぶる困窮《こんきう》せることを知《し》る、依《よ》つて今《いま》より外飾《ぐわいしよく》を止《や》めて節約《せつやく》を守《まも》るべし、離《り》は文飾《ぶんしよく》であるから、飾《かざ》りを止《や》むれば離《り》は乾《けん》と變《へん》じ、卦《くわ》は大畜《たいちく》となるが、大畜《たいちく》は大《おほい》に畜《たくは》ふるの義《ぎ》で富貴《ふき》の象《かたち》である、此《こ》れが即《すなは》ち困窮《こんきう》を去《さ》るの秘法《ひはふ》であると。

或《あ》る男子《だんし》逆上《ぎやくじやう》強《つよ》く肩背《かたせ》痛《いた》み心下《しんか》痞《ひ》硬《かう》して諸治《しよぢ》効《がう》なし、中州之《ちうしうこれ》を筮《ぜい》して ䷊ 泰《たい》の ䷭ 升《しよう》に之《ゆ》くを得《え》たり、之《これ》を占《うらな》ふて曰《いは》く、泰《たい》は無病《むびやう》の義《ぎ》で既往《きわう》に當《あた》り、升《しよう》は即《すなは》ち現今《げんこん》に當《あた》るが、升《しよう》には巽《そん》の癪氣《しやくき》が坤《こん》の胃《ゐ》を克《こく》するの象《かたち》があるから、胃《ゐ》を補《おぎな》ひ肝氣《かんき》を鎭《しづ》むる所《ところ》の藥《くすり》を用《もち》ひねばならぬ。但《たゞ》し備卦《びくわ》に歸妹《きまい》があるが歸妹《きまい》には女色《ぢよしよく》と利慾《りよく》とに耽《ふけ》りて心氣《しんき》を疲勞《ひらう》さするの意《い》がある、故《ゆゑ》に婦人《ふじん》と別居《べつきよ》して女色《ぢよしよく》を絕《た》ち、心氣《しんき》を養《やしな》ふことに注意《ちうい》せば、再《ふた》たび變爲《へんゐ》して泰《たい》の卦象《くわしやう》となり、全快《ぜんくわい》するに至《いた》るであらうと、果《はた》して此《こ》の占《うらなひ》の如《ごと》くなりしと。

一男《なん》來《きた》りて言《い》ふには、己《おの》れが幼少《えうせう》の砌《みぎ》り、十年餘《ねんよ》或《あ》る家《いへ》に奉公《ほうこう》せしに、父死《ちしし》して相續者《さうぞくしや》なきが爲《た》め、暇《いとま》を請《こ》ふて亡父《ばうふ》の名跡《みやうせき》を相續《さうぞく》したり、然《しか》るにその後《のち》に及《およ》び懇親《こんしん》の者《もの》があつて、昔日《せきじつ》の緣《えん》に由《よ》り先主《せんしゆ》の家《いへ》へ出入《でいり》を願《ねが》はむことを勸《すゝ》む、依《よ》つてその吉凶《きつきよう》を筮《ぜい》せむことを請《こ》ふ、中州之《ちうしうこれ》を筮《ぜい》して䷢晋《しん》の䷔噬嗑《ぜいがう》に之《ゆ》くに遇《あ》ふ、その占《せん》に曰《いは》く、晋《しん》は日《ひ》が地上《ちじやう》を照《て》らすの象《かたち》で立身《りつしん》の義《ぎ》に當《あた》る、噬嗑《ぜいがう》も亦《また》糊口《ここう》となるの義《ぎ》であるから、本卦《ほんくわ》も之卦《しくわ》も共《とも》に吉《きつ》である、然《しか》れども本之《ほんし》共《とも》に九四の一陽《やう》が、上下《じやうげ》の間《あひだ》を阻隔《そくわく》する所《ところ》の象《かたち》がある、尙晋《なほしん》の備卦《びくわ》は比《ひ》で、噬嗑《ぜいがう》の備卦《びくわ》は屯《ちゆん》である、此等《これら》の象義《しやうぎ》に由《よ》つて之《これ》を斷《だん》ずれば、九四に當《あた》るべき番頭《はんとう》が家政上《かせいじやう》の實權《じつけん》を握《にぎ》り、家内《かない》の男女《だんぢよ》が之《これ》に比親《ひしん》するのが比《ひ》の象《かたち》である、亦《また》主人《しゆじん》と番頭《はんとう》と家勢《かせい》の二つに分《わか》れて居《を》るのが屯《ちゆん》の象《かたち》である、而《しか》も五は陰爻《いんかう》であるから、萬事《ばんじ》皆《みな》九四の番《ばん》頭《とう》に一任《にん》して之《これ》を處置《しよち》させてある樣《やう》に見《み》ゆる、此《かく》の如《ごと》き實情《じつじやう》があるから、若《も》し此事《このこと》を直接《ちよくせつ》に主人《しゆじん》に申《まをし》込《こ》む時《とき》はその番頭《はんとう》が必《かな》らず之《これ》を拒《こば》むに違《ちが》いない、故《ゆゑ》に今《いま》重《かさ》ねて出入《でいり》を請《こ》はむとならば、先《ま》づ第《だい》一に九四に當《あた》る番頭《はんとう》に向《むか》ひ、辭《ことば》を卑《いやし》うし禮物《れいもつ》抔《など》を贈《おく》りて依賴《いらい》するの外《ほか》はない、さすれば必《かな》らず相談《さうだん》が調《さとの》ふであらうと、果《はた》して的中《てきちう》せりと。

天明《てめい》七年眞勢《れんませ》中州《ちうしう》が和泉《いづみ》の貝塚《かいづか》にありし時《とき》、門人某或《もんじんぼうあ》る人《ひと》の病《やまひ》を筮《ぜい》し、䷔噬嗑《ぜいがう》の䷘无妄《むばう》に之《ゆ》くを得《え》て之《これ》を占《うらな》ふて曰《いは》く、離《り》を熱《ねつ》となし、震《しん》を進《すゝ》むとなすから、此《こ》の病《やまひ》は熱《ねつ》ある症《しやう》で逆上《のぼせ》が甚《はなは》だ强《つよ》いであらう。之卦《しくわ》の乾《けん》を首《くび》となし、亦實《またじつ》となすから。此《こ》れは頭上《づじやう》へ逆上《ぎやくじやう》して心胸《しんきよう》を塞《ふさ》いだ象《かたち》であると言《い》ふその人曰《ひといは》く然《しか》り、病症《びやうしやう》は洵《まこと》に的中《てきちう》したりと。その際門人某中州《さいもんじんぼうちうしう》に問《と》ふて曰《いは》く、病症《びやうしやう》は已《すで》に之《これ》を占《うらな》ひ得《え》たのであるが、希《ねがは》くは此《こ》の卦《くわ》を以《もつ》て此人《このひと》の身上《みのうへ》を占《うらな》ふては如何《いかど》と。中州曰《ちうしういは》く、易《えき》には不測《ふそく》の妙用《めうよう》があつて一卦《くわ》を以《もつ》て萬象《ばんしやう》に觸《ふ》るゝことが可能《でき》る、故《ゆゑ》に試《こゝろ》みに之《これ》を占《うらな》ふことゝせむに、先《ま》づ既往《きわう》の事《こと》から言《い》へば、此人《このひと》は元來《ぐわんらい》身分《みぶん》よく財貨《ざいくわ》を有《いう》せし人《ひと》である、然《しか》るに今《いま》は身上不如意《しんじやうふにょい》にして零落《れいらく》して居《を》るのである。

口訣《こうけつ》に曰《いは》く、此《こ》の段《だん》は噬嗑《ぜいがう》は元《も》と否《ひ》から來《き》たものであると見《み》て、既往《きわう》に否《ひ》の卦《くわ》を設《まう》け、否《ひ》の九五が初《しよ》九へ下《くだ》りて噬嗑《ぜいがう》となり、以前《いぜん》は九五の位《くらゐ》に在《あ》りし人《ひと》が、今初爻《いましよかう》へ下《くだ》るは此《こ》れ身上不如意《しんじやうふにょい》にして零《れ》落《らく》した所《ところ》の象《かたち》であると見《み》たものである。

此《こ》の人《ひと》は商賣《しやうばい》の望《のぞ》みがある、然《しか》れども親族《しんぞく》の者《もの》が之《これ》を肯《き》かぬので、その望《のぞ》みは意《い》の如《ごと》くならぬであらう。

繫辭傳《けいじでん》に曰《いは》く日中《につちう》に市《いち》を爲《な》し、天下《てんか》の民《たみ》を致《いた》し、天下《てんか》の貨《くわ》を聚《あつ》め、交易《かうえき》して而《しか》して退《しりぞ》き、各々《おの〳〵》其《そ》の所《ところ》を得《う》、蓋《けだ》し諸《これ》を噬嗑《ぜいがう》に取《と》ると、此《こ》れ卽《すなは》ち噬嗑《ぜいがう》は市《いち》の卦《くわ》であつて賣買《ばい〳〵》の象《かたち》がある、然《しか》るにその望《のぞ》みが意《い》の如《ごと》くならぬと言《い》ふは、噬嗑《ぜいがう》の初《しよ》九の應爻《おほかう》は九四であるが、共《とも》に陽爻《やうかう》であるから、互《たがひ》に應助《おほじよ》するの義《ぎ》がない、亦《また》九五の位《くらゐ》から初爻《しよかう》の位《くらゐ》に下《さが》る程《ほど》の人《ひと》であるから、親族抔《しんぞくなど》が之《これ》を肯《うけが》はぬのも當然《たうぜん》の道理《だうり》である。

去《さ》りながら此後《このご》正直《しやうちき》にして時節《じせつ》を俟《ま》たば、その望《のぞ》みも叶《かな》ふて、後來《こうらい》は必《かな》らず宜《よろ》しからむ。

之卦《しくわ》无妄《むばう》は天理《てんり》に從《したが》ふて動《うご》くの義《ぎ》で、正直《しやうちき》にして時節《じせつ》の到來《たうらい》を待《ま》つの象《かたち》である。

そこで現在《げんざい》の今《いま》を言《い》へば、此人《このひと》が此處《こゝ》へ來《き》たのは、人《ひと》の爲《た》めに調和《てうわ》仲裁《ちうさい》に行《ゆ》く爲《ため》であるが、その事《こと》は調《とゝの》ふの意《い》がある。

正震《せいしん》と倒震《たうしん》と互《たがひ》に進《すゝ》み爭《あらそ》ふは頤《ゐ》の象《かたち》であるが、九四の一陽《やう》が中間《ちうかん》に横《よこた》はるは卽《すなは》ち噬嗑《ぜいがう》の卦象《くわしやう》で、人《ひと》の爭論《さうろん》を挨拶《あいさつ》するの象《かたち》である、而《しか》して噬嗑《ぜいがう》が變《へん》じて无妄《むはう》となるは、此人《このひと》の挨拶《あいさつ》に由《よ》つて和談《わだん》が調《とゝの》ふの象《かたち》である。

此人《このひと》には兄弟《きやうだい》があるが此人《このひと》はその長兄《ちやうけい》であらう。

內卦《ないくわ》をその占《うらな》ふ所《ところ》の人《ひと》とするのであるが、震《しん》は長男《ちやうなん》であるから、此《かく》の如《ごと》く之《これ》を斷《だん》じたものである。

且《か》つその兄弟《きやうだい》の中《うち》に盲人《めくら》がある筈《はず》である。

本卦《ほんくわ》噬嗑《ぜいがう》の外卦《ぐわいくわ》離《り》が變《へん》じて乾《けん》となつたのは、此《こ》れ離《り》の目《め》が閉塞《ふさ》がつて盲目《めくら》となるの象《かたち》、

兄弟《きやうだい》の中《なか》に女子《ぢよし》があつて、その容貌《ようぼう》は頗《すこ》ぶる美《び》なりしならむ。

噬嗑《ぜいがう》の外卦《ぐわいくわ》離《り》を中女《ちうぢよ》となし、美麗《びれい》となす、故《ゆゑ》に美貌《びぼう》なりと言《い》ふ、

此《こ》の女子《ぢよし》は測《はか》らずも横難《わうなん》に遇《あ》ふて死《し》むだであらう、その横難《わうなん》は天災《てんさい》で、卽《すなは》ち風吹《かぜふい》て大木《たいぼく》を倒《たふ》し、その大木《たいぼく》の爲《た》めに壓死《あつし》したであらう。

不意《ふい》の横難《わうなん》に遇《あ》ふたと言《い》ふは、之卦《しくわ》无妄《むはう》を天災《てんさい》となすのみならず、无妄《むはう》の三から上《じやう》に至《いた》つて姤《こう》がある、姤《こう》は卒然《そつぜん》として災《わざはひ》に遇《あ》ふの義《ぎ》である、亦《また》風吹《かぜふ》くと言《い》ふも、姤《こう》の大象《たいしやう》に天下《てんか》に風行《かぜゆ》くは姤《こう》と言《い》ふ

の義《ぎ》を取《と》つたものである、且亦乾《かつまたけん》を天《てん》となし、震《しん》を木《き》となすのであるが、震木《しんぼく》にして乾《けん》の天《てん》を望《のぞ》むものは即《すなは》ち大木《たいぼく》の象《かたち》である、然《しか》るに風《かぜ》が天《てん》から吹《ふ》き來《き》て震《しん》の大木《たいぼく》を倒《たふ》し、その木《き》の下《した》に壓死《あつし》したるが故《ゆゑ》に、之《これ》を天災《てんさい》と言《い》ふたのである、

その大木《たいぼく》は世間《せけん》に多《おほ》くある所《ところ》の木《き》で、蓋《けだ》し松《まつ》の大木《たいぼく》なりしならむ、世間《せけん》に多《おほ》くある所《ところ》の木《き》と言《い》ひしは、之卦无妄《ゆくくわむばう》の初《しよ》九から九五に至《いた》つて益《えき》の卦象《くわしやう》があるが、益《えき》とは澤《たく》山《さん》なる義《ぎ》である、故《ゆゑ》に多《おほ》しと言《い》ふたのである、亦松《またまつ》を斷《だん》じたのは、震《しん》を木《き》となし、公《こう》となす、木偏《へん》に公は松《まつ》の字《じ》となる許《ばか》りでなく、乾《けん》を赤《あか》しとなし、堅《かた》しとなし、松《まつ》の皮《かは》は赤《あか》くして剛堅《がつけん》である、即《すなは》ち无妄《むばう》の外卦乾《ぐわいくわけん》が内卦震木《ないくわしんぼく》の外皮《ぐわいひ》を包《つゝ》むの象《かたち》、

此《こ》の女子《ちよし》が家内《かない》に在《あ》りし時《とき》、その家《うち》の棟《むね》へ松《まつ》の大木《たいぼく》が倒《たふ》れ來《きた》りて壓死《あつし》したるならむ、その家《いへ》は表廣《おもてひろ》く奥狹《おくせま》き座《ざ》敷《しき》なりしならむ、而《しか》してその奥《おく》の間《ま》と口《くち》の間《ま》の上《うへ》に棟《むなぎ》があつて、その棟《むなぎ》の上《うへ》に松《まつ》の木《き》が倒《たふ》れその下《した》に壓《あつ》せられたであらう。

表廣《おもてひろ》く奥狹《おくせま》き座《ざ》敷《しき》と言《い》ふは噬嗑《ぜいがう》の畫象《ぐわしやう》である、噬嗑《ぜいがう》の備《び》卦《くわ》六二から九四に至《いた》つて艮《ごん》がある、艮《ごん》を家《いへ》ともすれば土《つち》とも見《み》るが、内卦《ないくわ》は震《しん》の松《まつ》である、此《こ》れ内卦震木《ないくわしんぼく》の松《まつ》を以《もつ》て、備卦艮土《びくわごんど》の家《いへ》を克破《こくは》するの象《かたち》である、亦《また》六三から六五に至《いた》つて坎《かん》の象《かたち》があるが、坎《かん》を棟《むなぎ》となし、水《みづ》となす、此《こ》れ二から四に至《いた》る所《ところ》の艮土《ごんど》を以《もつ》て、棟《むなぎ》の坎水《かんすゐ》を克折《こくせつ》するの象《かたち》である、亦外卦離《またぐわいくわり》は火《ひ》であり中女《ちうぢよ》であるが、三か

ら五に至《いた》る坎水《かんすゐ》の棟《むなぎ》を以《もつ》て、離火《りくわ》の中女《ちうぢよ》を壓死《あつし》せしむるの象《かたち》、尙亦《なほまた》離《り》を心《こゝろ》となし、乾《けん》を無《む》となす、離《り》が變《へん》じて乾《けん》となるは、心《こゝろ》の火《ひ》が滅無《めつむ》となつて離《り》の中女《ちうぢよ》が死《し》するの象《かたち》、其《そ》の時《とき》は秋《あき》八月《ぐわつ》の早朝《さうてう》なりしならむ、その日《ひ》は庚辛《かうしん》の日《ひ》であらう。

乾《けん》を秋《あき》となすが、離《り》が變《へん》じて乾《けん》となるは、離《り》の夏《なつ》が過《す》ぎて中秋《ちうしう》八月《ぐわつ》となるの義《ぎ》がある許《ばか》りでなく、凡《およ》そ風《かぜ》は八月頃《ぐわつごろ》吹《ふ》くのが例《れい》であるから秋《あき》にしては八月《ぐわつ》ならむと推察《すゐさつ》したものである、亦乾《またけん》を金《きん》となす、十干《かん》に取《と》れば庚辛《かうしん》の日《ひ》となる、亦噬嗑《またぜいがう》は日《ひ》が東方《とうはう》に出《い》づるの象《かたち》である、故《ゆゑ》に之《これ》を早朝《さうてう》と斷《だん》じたのである。

その八驚《ひさおどろ》いて曰《いは》く然《しか》り、實《じつ》に寶曆《ほうれき》十四年《ねん》八月《ぐわつ》二日《か》辛巳《かのえみ》の早朝《さうてう》に大風吹《おほかぜふ》き、松《まつ》の大木倒《たいぼくたふ》れて棟《むなぎ》を折《を》り、表《おもて》に近《ちか》き奥《おく》の間《ま》にて女弟壓死《ちよていあつし》せり、今年《こんねん》に至《いた》りて已《すで》に廿四年《ねん》に及《およ》べり、且《か》つ我《わ》が身《み》の盛衰商賣《せいすゐしやうばい》の希望《きはう》より、今現《いまげん》に人《ひと》の爲《た》めに仲裁《ちうさい》に行《ゆ》くこと、幷《ならび》に弟《おとうと》に盲人《もうにん》あること迄《まで》、先生《せんせい》の占《うらなひ》と毫厘《がうりん》も違《たが》ふ所《ところ》なし洵《まこと》に易《えき》は往《わう》を知《し》り來《らい》を知《し》る神明不測《しんめいふそく》のものにして其《そ》の占《うらなひ》も亦奇妙《またきめう》なりと、一座《ざ》皆嘆稱《みなたんしよう》せざるものなかりしと。

谷川順《たにかはじゆん》曰《いは》く此占《このうらなひ》悉《ことごと》く法《ばふ》ありて、備《び》卦生克《くわせいこく》の活用《くわつよう》に至《いた》る迄細密《までさいみつ》にして遺《のこ》す所《ところ》なし、實《じつ》に左傳《さでん》に載《の》する所《ところ》の周史《しうし》、史蘇《しそ》、卜楚邱《ぼくそきふ》の占《うらなひ》に愧《はぢ》ざる妙占《めうせん》なり、學者若《がくしやも》し此《こ》の占《うらなひ》に心《こゝろ》を用《もち》びて之《これ》を萬事《ばんじ》に應用《おはよう》せば占法《せんばふ》は此《こ》の一例《れい》にて足《た》りぬ可《べ》しと。

第十款　伏卦

伏卦《ふくくわ》とは現卦《げんくわ》の反面《はんめん》を指《さ》すの名《な》で、現《あら》はれたる卦《くわ》の反面《はんめん》に隱伏《ゐんぷく》する所《ところ》の卦象《くわしやう》を察知《さつち》するの義《ぎ》である、假《たと》へば乾《けん》の伏卦《ふくくわ》は坤《こん》、坤《こん》の伏卦《ふくくわ》は乾等《けんとう》の如《ごと》く、その他皆此《たみなかく》の如《ごと》くである。然《しか》れども伏卦《ふくくわ》は彼《か》の裏面法《りめんはふ》とは大同小異《だいどうせうゐ》の所《ところ》がある、範圍圖説附錄《はんゐづせつふろく》に曰《いは》く、

伏卦《ふくくわ》とは得卦《とくくわ》の伏卦《ふくくわ》を察《さつ》するを謂《い》ふなり、蓋《けだ》し伏卦《ふくくわ》は六十四卦皆有《くわみなあ》り、猶乾《なほけん》の伏卦《ふくくわ》は坤《こん》、坤《こん》の伏卦《ふくくわ》は乾《けん》、屯《ちゆん》の伏卦《ふくくわ》は鼎《てい》、蒙《もう》の伏卦《ふくくわ》は革《かく》の如《ごと》き者《もの》、之《これ》を伏卦《ふくくわ》と謂《い》ふなり、此條《このでう》は本篇裏面生卦《ほんぺんりめんせいくわ》と其《そ》の卦《くわ》象同《しやうおな》じ、然《しか》れども其《そ》の裏面生卦《りめんせいくわ》とは卦《くわ》を反覆《はんぷく》するを謂《い》ふなり、伏卦《ふくくわ》とは卦《くわ》を反覆《はんぷく》せざるを謂《い》ふなり其《そ》の占用《せんよう》にあつては、則《すなは》ち伏卦《ふくくわ》は其《そ》の隱伏《ゐんぷく》する者《もの》を察《さつ》するなり、裏面《りめん》とは得卦《とくくわ》を反覆《はんぷく》して以《もつ》て其《そ》の表裏《へうり》の象《かたち》を觀《み》るなり、混《こう》ずべからず、

と、此《かく》の如《ごと》く乾《けん》の伏卦《ふくくわ》は坤《こん》であるが、乾《けん》の裏面《りめん》も亦坤《またこん》であるから、伏卦《ふくくわ》と裏面《りめん》とは、その卦象《くわしやう》に於《おい》ては少《すこ》しも異《こと》なる所《ところ》はない、然《しか》るにその名目《みやうもく》を異《こと》にする所《ところ》は、伏卦《ふくくわ》の性質《せいしつ》を論《ろん》ずれば、全體《ぜんたい》の部類《ぶるゐ》に屬《ぞく》すべきものであるが、反之《これにはんし》、裏面《りめん》は消長法《せうちやうはふ》の部類《ぶるゐ》に入《い》るべき筈《はず》のものである、何故《なにゆゑ》なれば、易經《えききやう》に於《お》ける序卦《じよくわ》の順序《じゆんじよ》は、凡《すべ》て二卦《くわ》づゝ相顚倒《あひてんたう》せしめて之《これ》を序列《じよれつ》してある、即《すなは》ち屯《ちゆん》●蒙《もう》●需《じゆ》●訟等《しようとう》の如《ごと》く、六十四卦中《くわちう》の五十六卦《くわ》は皆《みな》そうである。而《しか》も乾《けん》●坤《こん》●頤《ゐ》●大過《たいくわ》●坎《かん》●離《り》●中孚《ちうふ》●小過《せうくわ》の八卦《くわ》は之《これ》を顚倒《てんだう》するも

亦同象《またどうしやう》であるから、之《これ》を反覆《はんぷく》して卦《くわ》を序次《じよじ》して居《ゐ》る、而《しか》して謂《い》ふ所《ところ》の裏面法《りめんはふ》なるものは、此《こ》の序卦法《じよくわはふ》に倣《なら》ふて設《まう》けたものである、此《こ》れ二者《しや》がその性質《せいしつ》を異《こと》にする要點《えうてん》である。

そこで今經文中《いまけいぶんちう》に於《おい》て伏卦《ふくくわ》の象《しやう》を取《と》つて居《を》る例《れい》を示《しめ》せば大有《たいいう》の九二に大車以《たいしやもつ》て載《の》すと言《い》ふは、内卦乾《ないくわけん》の伏卦《ふくくわ》は坤《こん》であるが坤《こん》を載《の》するとする、故《ゆゑ》に伏卦坤《ふくくわこん》の象《しやう》を取《と》つて之《これ》を載《の》すると言《い》ふたものである、否《ひ》の六二に包承《ほうしよう》すと言《い》ふてあるが、承《う》くるとは九五に承《う》くるの義《ぎ》であるけれども、包《つゝ》むとは伏卦乾《ふくくわけん》の義《ぎ》即《すなは》ち覆《おほ》ひ包《つゝ》むの義《ぎ》を取《と》つたものである。亦臨《またりん》の卦《くわ》の彖《たん》に八月《はちがつ》に至《いた》つて凶《きよう》ありと言《い》ふは、臨《りん》の伏卦遯《ふくくわとん》の象《しやう》を取《と》つたものである、即《すなは》ちその八月《はちがつ》と言《い》ふは復《ふく》の一陽《やう》から臨《りん》となり、泰《たい》となり大壯《たいさう》・夬《くわい》・乾《けん》・姤《こう》を經《へ》て遯《とん》となるの數《すう》を取《と》つたものである、而《しか》して凶《きよう》と言《い》ふは、陰《いん》が長《ちやう》じて陽《やう》が消《き》へ行《ゆ》く所《ところ》の象《かたち》を取《と》つたものである。尚經傳中伏卦《なほけいでんちうふくくわ》の象《しやう》を取《と》つて辭《じ》を繫《か》けて居《ゐ》る所《ところ》の例《れい》は、二三にして足《た》らぬのであるけれどもそは之《これ》を讀者諸君《どくしやしよくん》の類推《るゐすゐ》に任《まか》せ、茲《こゝ》には之《これ》を省略《しやうりやく》するのである。

占驗例

一病兒《びやうじ》の因症治方《いんしやうちはう》を筮《ぜい》して、䷍大有《たいいう》の䷡大壯《たいさう》に之《ゆ》くを得《え》て之《これ》を占《うらな》ふて曰《いは》く、大有《たいいう》は大《おほい》に有《たも》つの義《ぎ》、大壯《たいさう》は大《おほい》に壯《さか》むなるの義《ぎ》で、共《とも》に病勢《びやうせい》が盛《さか》むにして危篤《きとく》に至《いた》らむとする象《かたち》である、そこで大有《たいいう》が變《へん》じて大壯《たいさう》となる所《ところ》から之《これ》を見《み》れば、尚亦進《なほまたすゝ》むで夬《くわい》となり、乾《けん》となつて死《し》に至《いた》るであらう故《ゆゑ》に大有《たいいう》の卦象《くわしやう》に當《あた》る時《とき》に於《おい》て之《これ》を治癒《ちゆ》せしめねばならぬが、大有《たいいう》の卦象《くわしやう》を見《み》れば、陽剛《やうがう》の骨《ほね》のみ多《おほ》く、陰柔《いんじう》の肉《にく》は甚《はなは》だ少《すく》ない樣《やう》であるから、大《おほい》に瘠《や》せたるならむと思《おも》はるゝが、這《こ》は多分《たぶん》乳養《にうやう》の不足《ふそく》より生《しやう》じた所《ところ》の病《やまひ》であらう、何故《なにゆゑ》なれば、大有《たいいう》の卦《くわ》には僅《わづ》かに一陰《いん》の乳餌《にうじ》を存《そん》する丈《だけ》であるから、乳養不足《にうやうふそく》の爲《た》めに此《かく》の如《ごと》く瘠《や》せたるに違《ちが》いない、故《ゆゑ》に速《すみ》やかに乳母《うば》を賴《たの》みて乳養《にうやう》を多《おほ》くするのが肝要《かんえう》である、さすればその外《ほか》の病症《びやうしやう》も自然《しぜん》に快復《くわいふく》するに至《いた》るであらうと言《い》ふ果《はた》して此《こ》の占《うらなひ》の如《ごと》くして平癒《へいゆ》したりと口訣《こうけつ》に曰《いは》く乳《ちい》の養《やしな》ひと言《い》ふは卽《すなは》ち坎《かん》の卦《くわ》の象義《しやうぎ》である、坎《かん》を食《しよく》となし、汁《しる》となし、飲《の》むとなして乳《にう》汁《じう》の象《かたち》がある、そこで大有《たいいう》の伏卦《ふくくわ》は水地比《すゐちひ》で、九五の一陽《やう》は卽《すなは》ち坎《かん》の乳汁《にうにう》の主爻《しゆかう》である、然《しか》るに大《たい》有《いう》の卦《くわ》には乳汁《にうじう》の象《かたち》はない、乳汁《にうじう》の養《やしなひ》は隱《かく》れて伏卦《ふくくわ》にあることを察知《さつち》したものである。

十二歳《さい》の女子《ぢよし》何《なん》となく鬱々《うつうつ》とし樂《たの》しまず、稍《やゝ》ともすれば勞瘵《らうさい》の如《ごと》く見《み》ゆることありて、諸治《しよち》その効《かう》を奏《そう》せざるを筮《ぜい》して䷖剝《はく》の䷃蒙《もう》に之《ゆ》くを得《え》たのであるが、その占《うらなひ》に曰《いは》く、剝《はく》は陽剛《やうがう》の元《げん》氣《き》が次第《しだい》に消《き》へ行《ゆ》くの義《ぎ》で、蒙《もう》は蒙昧《もうまい》にして分明《ぶんめい》ならぬ義《ぎ》である。亦剝《またはく》の六二が變《へん》じて坎《かん》となつた所《ところ》を見《み》れば、元氣回復《げんきくわいふく》の兆《てう》であるとも言《い》へぬ。そこで之卦《しくわ》蒙《もう》の伏卦《ふくくわ》を察《さつ》すれば革《かく》である、革《かく》には骨蒸勞《こつじやうらう》瘵《さい》（肺病《はいびやう》）の象義《しやうぎ》があるから、此《こ》の少女《せうぢよ》は或《あるひ》は內部《ないぶ》に勞瘵《らうさい》の症《しやう》を持《も》つて居《を》るかも知《し》れぬ、治方《ちはう》は二仙《せん》丹《たん》と土龜《つちかめ》とを調味《てうみ》して服用《ふくよう》せしむべしと、此《かく》の如《ごと》くして治《ち》せりと言《い》ふ。

尚運氣《なほうんき》の筮《ぜい》に䷕賁《ひ》を得《え》て、外面《ぐわいめん》は華麗《くわれい》に見《み》ゆるけれども、伏卦《ふくくわ》は困《こん》なるが故《ゆゑ》にその實《じつ》は大《おほい》に困《こん》窮《きう》せるならむと察《さつ》し、或《あるひ》は家內《かない》の動靜《どうせい》を筮《ぜい》し䷱鼎《てい》を得《え》て表向《おもてむ》きは調和《てうわ》せるが如《ごと》く見《み》ゆれども、伏卦《ふくくわ》は屯《ちゆん》であるから不和《ふわ》なることを知《し》り若《も》しくは病筮《びやうぜい》に䷜坎爲水《かんゐすゐ》を得《え》て外部《ぐわいぶ》は冷《ひ》へたれども伏卦《ふくくわ》は離爲火《りゐくわ》であるから熱氣《ねつき》を含《ふく》むで居《を》ると言《い》ふが如《ごと》く、その機《き》に臨《のぞ》むで之《これ》を活用《くわつよう》するのが肝要《かんえう》である。

第四節　爻體

爻體《かうたい》とは全卦《ぜんくわ》六畫中《くわくちう》の一畫《くわく》を指《さ》すの名《な》で、畫《くわく》には奇畫《きくわく》もあれば偶畫《ぐうくわく》もあるが、奇《き》は陽《やう》にして剛《がう》であり偶《ぐう》は陰《いん》にして柔《じう》である、而《しか》して卦《くわ》なるものは此《こ》の一奇《き》一偶《ぐう》を合《あは》せて六畫《くわく》となつたもので、卦中《くわちう》の一畫《くわく》が卽《すなは》ち爻《かう》である、繫辭傳《けいじでん》に八卦列《くわれつ》を成《な》して象《しやう》は其《そ》の中《うち》に在《あ》り、因《よ》つて而《しか》して之《これ》を重《かさ》ねて爻《かう》は其《そ》の中《うち》に在《あ》り、剛柔相推《がうじうあひすゐ》して變《へん》は其《そ》の中《うち》に在《あ》りと言《い》ふてあるのが卽《すなは》ち此《こ》のことで、卦《くわ》とは全部《ぜんぶ》の總名《そうめい》であつて爻《かう》とは卦中《くわちう》の一部《ぶ》を指《さ》す所《ところ》の名《な》である。蓋《けだ》し卦《くわ》は畫《くわく》を積《つ》むに因《よ》つて成《な》つたものであるが、爻《かう》は卦《くわ》を成《な》した後《のち》に至《いた》つて、始《はじ》めて之《これ》を見《み》ることを得《う》べきものである。語《ご》を換《か》へて之《これ》を言《い》へば、奇畫《きくわく》と言《い》ひ偶畫《ぐうくわく》と言《い》ふは、未《いま》だ卦《くわ》を成《さ》らざる以前《いぜん》の名稱《めいしよう》で、發生的《はつせいてき》に算數《さんすう》の意味《いみ》を持《も》つて居《ゐ》る。反之《これにはんし》、剛爻《がうかう》と言《い》ひ柔《じう》爻《かう》と言《い》ふは既《すで》に卦《くわ》を成《な》した以後《いご》の稱號《しようがう》で、成形的《せいけいてき》に交錯《かうさく》の意味《いみ》を持《も》つて居《を》る、故《ゆゑ》に算數《さんすう》の意味《いみ》を持《も》つて居《を》る所《ところ》の奇偶《きぐう》の畫《くわく》が集《あつま》つて卦《くわ》を成《な》し、他畫《たくわく》と對比《たいひ》交錯《かうさく》して種々《しゆじゆ》なる關係《くわんけい》を生《しやう》じた狀態此《じやうたいこ》れが卽《すなは》ち剛《がう》柔《じう》の爻體《かうたい》である。繫辭傳《けいじでん》に道《みち》に變動《へんどう》あり、故《ゆゑ》に爻《かう》と曰《い》ふ、爻《かう》に等《さう》あり、故《ゆゑ》に物《もの》と曰《い》ふ、物相雜《ものあひまじ》はる、故《ゆゑ》に文《ぶん》と曰《い》ふ、文當《ぶんあた》らず、故《ゆゑ》に吉凶生《きつきようしやう》ずとは、蓋《けだ》し此《こ》の義《ぎ》を言《い》ふに外《ほか》ならぬ。而《しか》して之《これ》を剛柔《がうじう》と言《い》ふは、天《てん》に就《つい》て言《い》ふべき積氣《せきき》の陰陽《いんやう》に對《たい》して、地《ち》に就《つい》て言《い》ふべき積質《せきしつ》を意味《いみ》したもので、此《こ》の剛柔《がうじう》の交《かう》錯的状態《さくてきじやうたい》を取《と》つて、之《これ》を萬事萬物《ばんじばんぶつ》に比擬《ひぎ》するのが此《こ》れが卽《すなは》ち爻體《かうたい》に就《つい》ての形象《けいしやう》であり亦理象《またりしやう》である、故《ゆゑ》に繫辭傳《けいじでん》に曰《いは》く、夫《そ》れ乾《けん》は確然《かくぜん》として人《ひと》に易《い》を示《しめ》す、夫《そ》れ坤《こん》は隤然《くわいぜん》として人《ひと》に簡《かん》を示《しめ》す、爻《かう》なる者《もの》は此《これ》に效《なら》ふ者《もの》なり、象《かたち》なる者《もの》は此《こゝ》に像《かた》どる者《もの》なりと、そこで今《いま》その例《れい》を經文《けいぶん》に求《もと》むれば、豫《よ》の九四を以《もつ》て筓《かうがひ》となし、噬嗑《ぜいがう》の九四を以《もつ》て頤《ゐ》中《ちう》に物《もの》ありとなし、賁《ひ》の六二を以《もつ》て須《ひげ》となし、剝《はく》の上《じやう》九を以《もつ》て碩《せき》果《くわ》となし、大畜《たいちく》の六四六五を以《もつ》て童牛《どうぎう》の牿《こく》となし、豶豕《ふんし》の牙《きば》となし、大過《たいくわ》の九二九五を以《もつ》て枯楊《こやう》となし、坎《かん》の六四を以《もつ》て樽酒簋《そんしゆき》となし、缶《ふ》となし、牖《よう》となし。晉《しん》の九四を以《もつ》て鼫鼠《せきそ》となし、上九《じやう》を以《もつ》て角《つの》となし、解《かい》の上九《じやう》を以《もつ》て隼《じゆん》となし、夬《くわい》の九三を以《もつ》て頄《ほうぼね》となし、歸妹《きまい》の上六《じやう》を以《もつ》て虛筐《きよきやう》となし、旅《りよ》の六五を以《もつ》て雉《ち》となし、小畜《せうちく》の九三を以《もつ》て反目《はんもく》となすが如《ごと》きは謂《い》ふ所《ところ》の肖象《せうしやう》である。

亦乾《またけん》の諸爻《しよかう》を以《もつ》て龍《りう》となし、坤《こん》の初《しよ》六を以《もつ》て霜《さう》となし、六四を以《もつ》て囊《なう》となし、屯《ちゆん》の九五を以《もつ》て膏《かう》となし、需《じゆ》の九五を以《もつ》て酒食《しゆしよく》となし、同人《どうにん》の初《しよ》九を以《もつ》て門《もん》となし、上九《じやう》を以《もつ》て郊《かう》となし、噬嗑《ぜいがう》の六二を以《もつ》て膚《ふ》となし、六三を以《もつ》て腊肉《せきにく》となし、困《こん》の初《しよ》六を以《もつ》て臀《でん》となし、株木《しゆぼく》となし、九二を以《もつ》て蒺藜《しつれい》となし九四を以《もつ》て石《いし》となすの類《るゐ》は、卽《すなは》ち謂《い》ふ所《ところ》の義象《ぎしやう》である。その他意象《たいしやう》もあり、假象《かしやう》もあり、轉象《てんしやう》も影象《えいしやう》も正象《しやうしやう》も旁象《ぼうしやう》もあるが、その詳《つまび》らかなることは、前《ぜん》の第《だい》二章《しやう》を熟讀《じゆくどく》して之《こ》れを經文中《けいぶんちう》に求《もと》められよ抑々易《そもそもえき》に於《おい》て象《かたち》を取《と》つて居《を》るのは、兩體《りやうたい》は一體《たい》よりも多《おほ》く、爻體《かうたい》は兩體《りやうたい》よりも尙多《なほおほ》い、故《ゆゑ》に爻象《かうしやう》を取《と》つて自在《じざい》に之《これ》を活用《くわつよう》せむとすれば、先《ま》づ剛柔《がうじう》の爻體《かうたい》から之《これ》を知《し》らねばならぬが、爻體《かうたい》の中《なか》には天人地《てんじんち》の位《くらゐ》もあれば、初中上《しよちうじやう》の區別《くべつ》もあり、中《ちう》もあり、不中《ふちう》もあり、正《せい》、不正《ふせい》、承《しよう》、乘《じよう》、應《おほ》、比《ひ》等《とう》もありて形象《けいしやう》も理象《りしやう》も皆《みな》此《こ》の爻體《かうたい》に就《つい》て取《と》つて居《を》る、而《しか》して爻體《かうたい》に就《つい》て此《か》の如《ごと》く種々《しゆぐ》なる交錯關係《かうさくくわんけい》の起《おこ》る所以《ゆゑん》の根原《こんげん》は居《を》る所《ところ》の位《くらゐ》にあつて、位《くらゐ》の異《こと》なるに從《したが》ふて自《おのづ》からその象《かたち》を異《こと》にしその義《ぎ》を異《こと》にするのである故《ゆゑ》に先《ま》づ卦《くわ》の六虚位《きよゐ》を説《と》いて然《しか》る後《のち》諸多《しよた》の事項《じこう》に説《と》き及《およ》ぶことゝする。

第一款　六虚位

位《くらゐ》とは卦爻《くわかう》の居《ゐ》る所《ところ》の地《ち》即《すなは》ち陰陽剛柔《いんやうがうじう》の所在《しよざい》であつて、卦爻《くわかう》に上下内外彼我本末始終等《じやうげないぐわいひがほんまつしじうとう》の別《べつ》があるのは、その居《を》る所《ところ》の中心《ちうしん》即《すなは》ち位《くらゐ》から見《み》た相對的關係《あひたいてきくわんけい》に外《ほか》ならぬ、繫辭傳《けいじでん》に天《てん》は尊《たふと》く地《ち》は卑《いやし》ふして乾坤《けんこん》定《さだ》まり、卑高《ひかう》以《もつ》て陳《ちん》して貴賤《きせん》位《くらゐ》すと言《い》ひ、六虚《きよ》に周流《しうりう》して上下《じやうげ》常《つね》なしと言《い》ひ、功《こう》を同《どう》じて位《くらゐ》を異《こと》にすと言《い》ふものが即《すなは》ちそうであるが、位《くらゐ》には陰陽《いんやう》の別《べつ》がある、卦爻《くわかう》にも亦《また》陰陽《いんやう》の別《べつ》がある、されども位《くらゐ》の陰陽《いんやう》と卦爻《くわかう》の陰陽《いんやう》とは同《どう》一ではない、位《くらゐ》なるものは居《ゐ》る所《ところ》の地《ち》に附《つ》いたもので居《ゐ》る所《ところ》の卦爻《くわかう》に附《つ》いたものではない、故《ゆゑ》に卦爻《くわかう》の陰陽《いんやう》は往來上下《わうらいじやうげ》して定《さだ》まりはないけれども、位《くらゐ》の陰陽《いんやう》は一定《てい》にして不動《ふどう》である、一定《てい》にして不動《ふどう》であるから、陽卦《やうくわ》の居《を》る所《ところ》の位《くらゐ》には陰卦《いんくわ》も亦之《またこれ》に居《を》り、陰卦《いんくわ》の居《を》る所《ところ》の位《くらゐ》には陽《やう》卦《くわ》も亦同《またおな》じく之《これ》に居《を》り、爻位《かうゐ》に陰陽《いんやう》に於《おい》ても亦《また》そうである故《ゆゑ》に位《くらゐ》は陰位《いんゐ》であつても陰陽《いんやう》の爻《かう》が互《たがひ》に之《これ》に居《を》り、位《くらゐ》は陽位《やうゐ》であつても陰陽《いんやう》の爻《かう》が亦互《またたがひ》に之《これ》に居《を》ることが可能《でき》る、之《これ》を譬《たと》へば位《くらゐ》は猶碁《なほご》盤《ばん》の樣《やう》なもので、卦爻《くわかう》は猶碁石《なほごいし》の樣《やう》なものである、盤面《ばんめん》の各圍各局《かくゐかくきよく》は一定《てい》にして不動《ふどう》であるが、黑白《こくびやく》の碁石《ごいし》は往來變動《わうらいへんどう》して定《さだ》まる所《ところ》がない、白《しろ》の居《を》る所《ところ》は黑《くろ》も亦之《またこれ》に居《を》り黑《くろ》の居《を》る所《ところ》は白《しろ》も亦之《まにこれ》に居《を》り、彼此全面《かれこれぜんめん》に運動《うんどう》して一局《きよく》に固着《こちやく》するものでないが、その間《あひだ》に於《お》ける黑白《こくびやく》の勝敗《しようはい》は千變萬化《へんばんくわ》測《はか》ることは可能《でき》ぬけれども、必竟《ひつきやう》は盤面《ばんめん》に於《おい》ての黑白《こくびやく》の運動變化《うんどうへんくわ》に止《とゞ》まつて、盤面《ばんめん》の各圍各局《かくゐかくきよく》は少《すこ》しも增減變動《ぞうげんへんどう》する所《ところ》はない故《ゆゑ》に碁石《ごいし》の盤面上《ばんめんじやう》に於《お》ける理《り》を移《うつ》して以《もつ》て、卦爻《くわかう》の六虛位《きよゐ》に於《お》ける關係《くわんけい》を推《お》さば、乾《けん》の一卦《くわ》が變《へん》じて他《た》の六十三卦《くわ》となり、一爻《かう》の變動《へんどう》は以《もつ》て三百八十三爻《かう》に通《つう》じ、六爻《かう》の變動《へんどう》は以《もつ》て四千九十爻《かう》に通《つう》じてその窮極《きうきよく》する所《ところ》を知《し》らぬけれども、歸《き》する所《ところ》は、六虛位《きよゐ》の上《うへ》に於《お》ける陰陽剛柔《いんやうがうじう》の去來出入《きよらいしゆつにふ》に由《よ》つて生《しやう》ずる所《ところ》の變化《へんくわ》に外《ほか》ならぬことを知《し》り得《え》らるゝであらう。

此《かく》の如《ごと》く位《くらゐ》には卦位《くわゐ》と爻位《かうゐ》との區別《くべつ》があるが、卦《くわ》を以《もつ》て位《くらゐ》を取《と》るものは、下卦《かくわ》を以《もつ》て地《ち》となし上卦《じやうくわ》を以《もつ》て天《てん》となし、下卦《かくわ》を以《もつ》て內《うち》となし、上卦《じやうくわ》を以《もつ》て外《そと》となし、下卦《かくわ》を以《もつ》て我《われ》となし、上卦《じやうくわ》を以《もつ》て彼《かれ》となすの類《るゐ》であるが、尙《なほ》三畫《くわく》八卦《くわ》に於《おい》ては、下畫《かくわく》を以《もつ》て地《ち》となし、上畫《じやうくわく》を以《もつ》て天《てん》となし、中畫《ちうくわく》を以《もつ》て人《ひと》となすが如《ごと》く卽《すなは》ち左《さ》圖《づ》の通《とほ》りである。

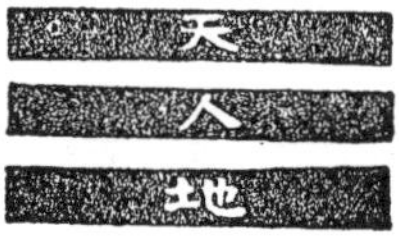

三畫八卦を以て天人地に配するの圖

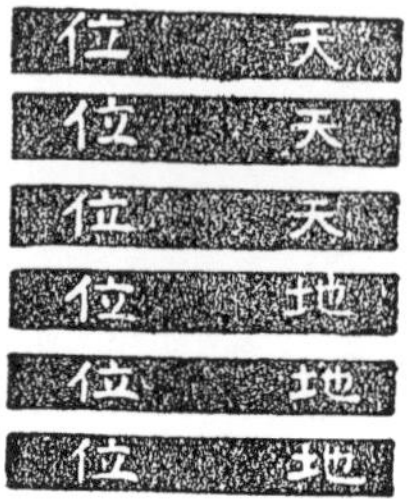

六畫卦を以て天地に配するの圖

亦《また》爻體《かうたい》に就《つい》て位《くらゐ》を取《と》るのは、初《しよ》と二とを以《もつ》て地位《ちゐ》となし、三と四とを以《もつ》て人位《じんゐ》となし、五と上《じやう》とを以《もつ》て天位《てんゐ》となすのである、說卦傳《せつくわでん》に天《てん》の道《みち》を立《た》てゝ陰《いん》と陽《やう》と曰《い》ひ、地《ち》の道《みち》を立《た》てゝ剛《がう》と柔《じう》と曰《い》ひ、人《ひと》の道《みち》を立《た》てゝ仁《じん》と義《ぎ》と曰《い》ふ、三才《さい》を兼《かね》て而《しか》して之《これ》を兩《りやう》にす、故《ゆゑ》に易《えき》は六畫《くわく》にして而《しか》して卦《くわ》を成《な》し、陰《いん》を分《わか》ち陽《やう》を分《わか》ち、遞《たがひ》に柔剛《じうがう》を用《もち》ゆ、故《ゆゑ》に易《えき》は六位《ゐ》にして而《しか》して章《しやう》を成《な》すと、此《こ》れ即《すなは》ち六爻《かう》を以《もつ》て天地人《てんちじん》の三才《さい》に配《はい》してその位《くらゐ》を取《と》つたものである。尚繋辭傳《なほけいじでん》に易《えき》の書《しよ》たるや廣大《くわうだい》にして悉《ことごと》く備《そな》はる、天道《てんだう》あり、人道《じんだう》あり、地道《ちだう》ありと言《い》ふて、天人地《てんじんち》の序《じよ》を以《もつ》て言《げん》を成《な》して居《を》る、蓋《けだ》し前者《ぜんしや》は天《てん》があつて地《ち》があり、地《ち》があつて始《はじ》めて人物《じんぶつ》を生《しやう》ずべき發生的順序《はつせいてきじゆんじよ》を以《もつ》て言《い》ふたものであるが、後者《こうしや》は人《ひと》が天地《てんち》の兩間《りやうかん》に位《くらゐ》する成位的序次《せいゐてきじよじ》に從《したが》ふて之《これ》を說《と》いたもので、韓愈《かんゆ》が

上《じやう》に形《あら》はる者《もの》は之《これ》を天《てん》と謂《い》ひ、下《しも》に形《あら》はるゝ者《もの》は之《これ》を地《ち》と謂《い》ひ、其《そ》の兩間《りやうかん》に命《めい》ある者《もの》は之《これ》を人《ひと》と謂《い》ふ、上《じやう》に形《あら》はるゝ者《もの》は、日月星辰皆天《じつげつせいしんみなてん》なり、下《しも》に形《あら》はるゝ者《もの》は草木山川皆地《さうもくさんせんみなち》なり、其《そ》の兩間《りやうかん》に命《めい》ある者《もの》は夷狄禽獸皆人《ゐてききんじうみなひと》なり

と、言《い》ふたのと同一《どういつ》である。此《かく》の如《ごと》く初《しよ》二を地位《ちゐ》となし、三四を人位《じんゐ》となし、五上《じやう》を天位《てんゐ》となすとはいへど、尚之《なほこれ》を細別《さいべつ》すれば、天《てん》にも陰陽《いんやう》の二位《ゐ》があり、人《じん》にも仁義《じんぎ》の二位《ゐ》があり、地《ち》にも亦剛柔《またがうじう》の二位《ゐ》がある。而《しか》して此《かく》の如《ごと》く各々《おの〳〵》二つの位《くらゐ》がある中《なか》に就《つい》て、その主位《しゆゐ》を求《もと》むれば、地《ち》に於《おい》ては二の位《くらゐ》を以《もつ》て主位《しゆゐ》となし、天《てん》に於《おい》ては五の位《くらゐ》を以《もつ》て主位《しゆゐ》となし、人《じん》に於《おい》ては三の位《くらゐ》を以《もつ》て主位《しゆゐ》となすのである蓋《けだ》し地《ち》なるものは陰《いん》であるが、地氣《ちき》は上升《じやうしよう》するのを尙《たつと》ぶから、初《しよ》の位《くらゐ》を上《のぼ》り二の位《くらゐ》を以《もつ》て主位《しゆゐ》となすのである、乾《けん》の卦《くわ》の九二に見龍《けんりう》田に在《あ》りと言《い》ふは卽《すなは》ち此《こ》の義《ぎ》に由《よ》つてその辭《じ》を繫《か》けたものである。亦《また》人《ひと》は天地《てんち》の兩間《りやうかん》に生《うま》るゝものであるから、一ツには天德《てんとく》の健《すこ》やかなるに象《かた》どり三の陽位《やうゐ》を以《もつ》て主位《しゆゐ》となし二ツには地德《ちとく》の順やかなるに倣《なら》ふて四の位《くらゐ》を謙《へり》くだり、三の卑《いやし》きを以《もつ》て主位《しゆゐ》となすのである、乾《けん》

の卦《くわ》の九三に君子《くんし》終日《しふにつ》乾々《けん〳〵》と言《い》ひ、文言傳《ぶんごんでん》に九三を釋《しやく》して上《じやう》・天《てん》にあらず、下《しも》・田《でん》にあらずと言《い》ひ、九四に上《じやう》・天《てん》にあらず、下《しも》・田《でん》にあらず、中《ちう》・人《じん》にあらずと言《い》ふは即《すなは》ち此《こ》のことである。尚亦《なほまた》天《てん》は陽《やう》のものであるが、天《てん》の陽氣《やうき》は下降《かかう》するのを尙《たつと》ぶものであるから、上《じやう》の陰《いん》を下《くだ》り、五の陽位《やうゐ》を以《もつ》て主位《しゆゐ》となすのである、乾《けん》の卦《くわ》の九五に飛龍天《ひりうてん》に在《あ》りと言《い》ふは天《てん》の主位《しゆゐ》に繫《か》けた所《ところ》の辭《じ》である、即《すなは》ち左圖《さづ》の如《ごと》くである。

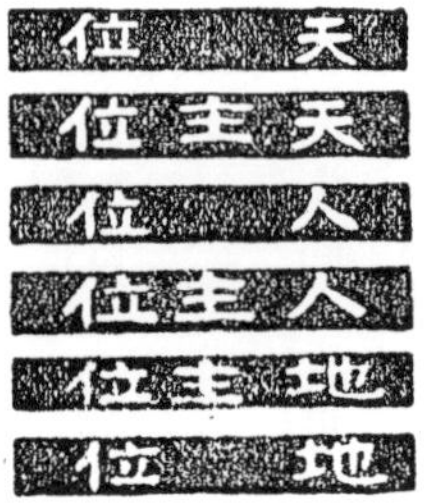

三才主位之圖

尚《なほ》六畫卦《くわくくわ》を兩體《りやうたい》に分《わか》ち、内外相對《ないぐわいあひたい》して各々之《おの〳〵これ》を天地人《てんじんち》の三才《さい》に配位《はいゐ》すれば、内卦《ないくわ》の初《しよ》を以《もつ》て地《ち》となし二を以《もつ》て人《じん》となし、三を以《もつ》て天《て》となし、亦外卦《またぐわいくわ》の四を以《もつ》て地《ち》となし、五を以《もつ》て人《じん》となし、上《じやう》を以《もつ》て天《てん》となす、左圖《さづ》の如《ごと》し。

外卦　内卦

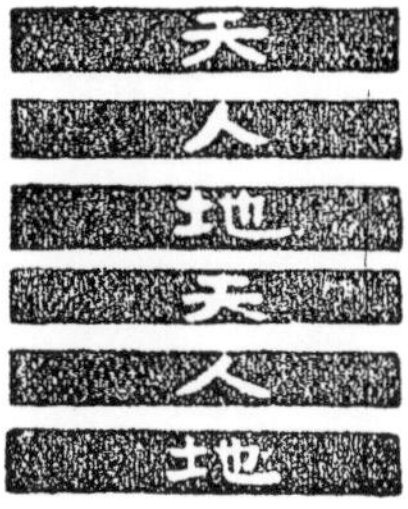

内外に分つて三才に配するの圖

亦《また》一卦《くわ》六位《ゐ》を以《もつ》て陰陽《いんやう》に配《はい》すれば、初爻《しよかう》を陽位《やうゐ》となし、二爻《かう》を陰位《いんゐ》となし、三爻《かう》を亦陽位《またやうゐ》となし、四爻《かう》を亦陰位《またいんゐ》となし、五爻《かう》を亦陽位《またやうゐ》となし、上爻《じやうかう》を亦陰位《またいんゐ》となす。而《しか》して之《これ》を上《うへ》より見《み》れば、陰陽陰陽《いんやういんやう》陰陽《いんやう》の六位《ゐ》となるが、説卦傳《せつくわでん》に六位《ゐ》にして而《しか》して章《しやう》を成《な》すと言《い》ひ、若《もし》くは六畫《くわく》にして而《しか》して卦《くわ》を成《な》すと言《い》ふのは卽《すなは》ち此《こ》のことである。此《かく》の如《ごと》く之《これ》を上《うへ》から見《み》て陽陰陽陰《やういんやういん》とせずして、陰陽陰陽《いんやういんやう》としてその位《くらゐ》を取《と》る所以《ゆゑん》は、天氣《てんき》は降《ふ》り地氣《ちき》は升《のぼ》り、卽《すなは》ち天之《てんこれ》を施《ほどこ》し地《ち》之《これ》を生《しやう》ずるの義《ぎ》に取《と》つたものである。蓋《けだ》し形而上《けいじじやう》なる大極《たいきよく》の理體《りたい》から、形而下《けいじか》なる卦爻《くわかう》の物質《ぶつしつ》を生《しやう》ずるは、陰陽交和《いんやうかうわ》の後《のち》でなければならぬ、理體《りたい》の實在《じつざい》は之《これ》を見《み》ることは可能《でき》ぬけれども、物質《ぶつしつ》の現象《げんしやう》は之《これ》を見《み》ることが可能《でき》る、而《しか》して卦爻《くわかう》なるものは、理體《りたい》なる大極《たいきよく》の上《うへ》に於《お》ける物質《ぶつしつ》の現象《げんしやう》で、森羅萬物《しんらばんぶつ》の狀態《じやうたい》に比擬《ひぎ》せむが爲《た》めの道具《だうぐ》であるから理體《りたい》の陰陽《いんやう》が上下交和《じやうかかうわ》して物質《ぶつしつ》を生《しやう》じた後《のち》の有樣《ありさま》と同一《どう》である、故《ゆゑ》に陰《いん》を以《もつ》て上《じやう》となし、陽《やう》を以《もつ》て下《しも》となしてその位《くらゐ》を定《さだ》め之《これ》を六虚位《きよゐ》と名《な》け、六爻陰陽《かういんやう》の定位《ていゐ》となしたもので、水火既濟《すゐくわきさい》の卦象《くわしやう》が卽《すなは》ちそれである、左圖《さづ》を見《み》て知《し》るべし。

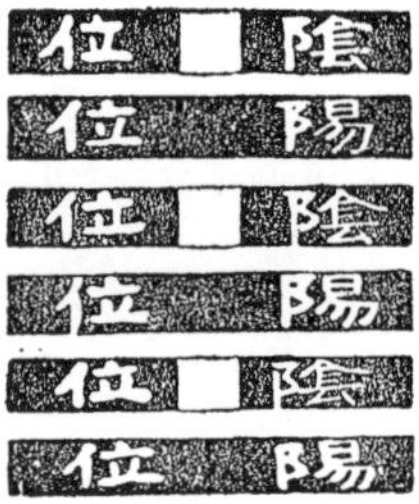

六虚位の圖

以上卦爻陰陽《いじやうくわかういんやう》の定位《ていゐ》を擴《ひろ》め之《これ》を種々《しゆ〳〵》の事物《じぶつ》に配《はい》してその位《くらゐ》を取《と》れば、左圖《さづ》に示《しめ》す所《ところ》の如《ごと》くである。

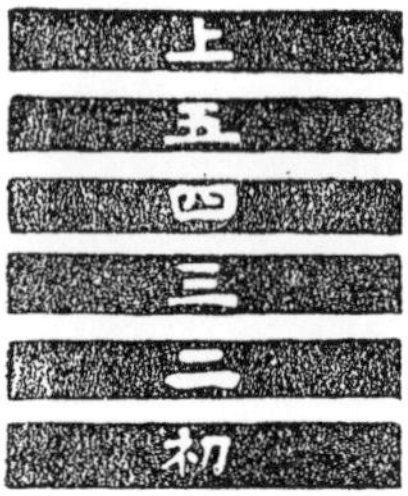

六畫生成位の圖

抑々分掛揲歸《そも〳〵ぶんくわいてふき》の筮法《ぜいにふ》に於《おい》ては三變《へん》して一畫《くわく》を生《しやう》ずるのであるが之《これ》を初爻《しよかう》と言《い》ひ、六變《へん》して二畫《くわく》を生《しやう》ず之《これ》を二爻《かう》と言《い》ひ、九變《へん》して三畫《くわく》を生《しやう》ず之《これ》を三爻《かう》と言《い》ひ、尙亦此《なほまたかく》の如《ごと》くすること三回前後併《くわいぜんごあは》せて十八變《へん》にして、四畫《くわく》五畫《くわく》六畫《くわく》を生《しやう》じ全卦《ぜんくわ》六爻《かう》成《な》る、その最後《さいご》の第《だい》六畫《くわく》を稱《しよう》して之《これ》を上《じやう》と言《い》ふ。蓋《けだ》し第《だい》一畫《くわく》を呼《よ》むで一と言《い》はずして初《しよ》と言《い》ひ、第《だい》六畫《くわく》を呼《よ》むで六と言《い》はずして上《じやう》と言《い》ふ所以《ゆえん》は、第《だい》一畫《くわく》を初《しよ》と言《い》ふに對《たい》して、第《だい》六畫《くわく》の終《をは》りなることを推知《すゐち》すべく、亦《また》第《だい》六畫《くわく》を上《じやう》と言《い》ふに對《たい》して、第《だい》一畫《くわく》の下《か》なることを推知《すゐち》すべきことを示《しめ》すものにて、謂《い》ふ所《ところ》の互文《こうぶん》省略《しやうりやく》の語《ご》を用《もち》ひたものである。而《しか》してその第《だい》一畫《くわく》を初《しよ》と言《い》ひ、第《だい》六畫《くわく》を終《をは》りとなすは、第《だい》一畫《くわく》を主《しゆ》となし基底《きてい》となしてその位《くらゐ》を取《と》つたものである、その他《た》先後《せんご》本末《ほんまつ》首尾《しゆび》南北《なんぼく》等《とう》に配《はい》するのも亦《また》そうであるから、左圖《さづ》に由《よ》つて之《これ》を推知《すゐち》せられ度《た》い。

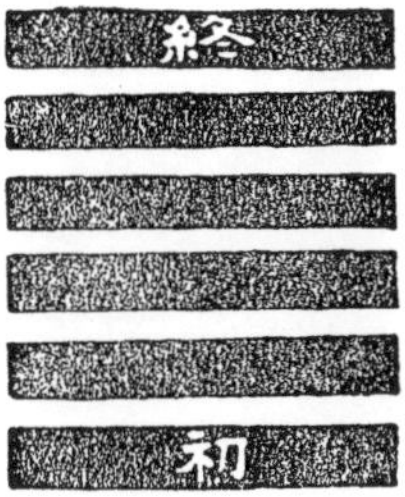

初終の圖

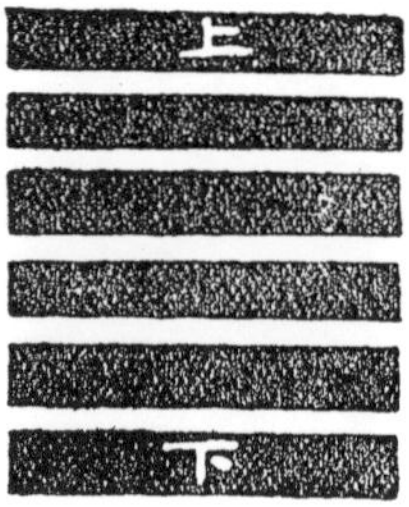

上下の圖

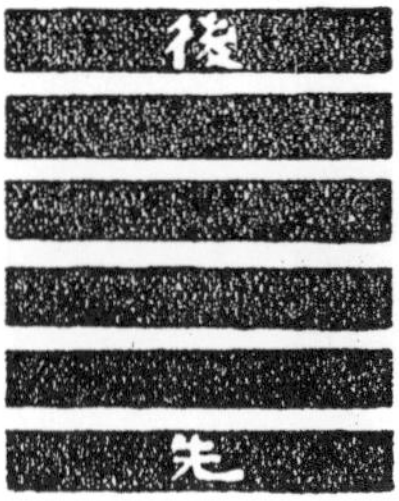

先後の圖

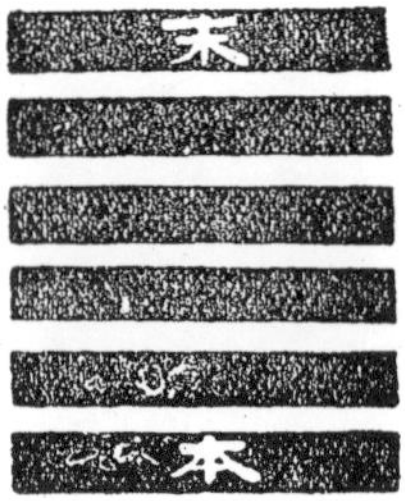

本末の圖

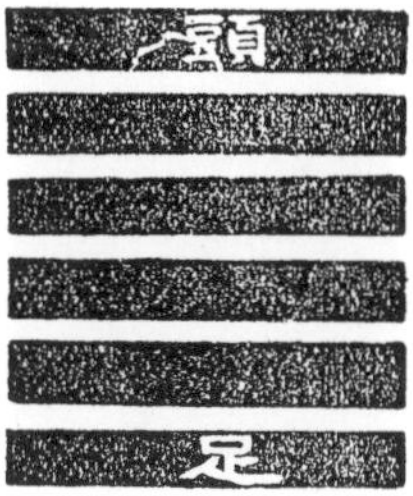

頭足の圖

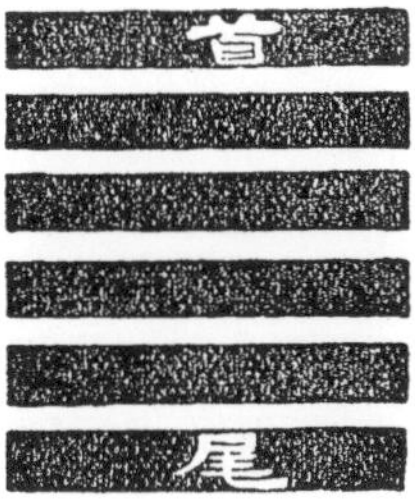

首尾の圖

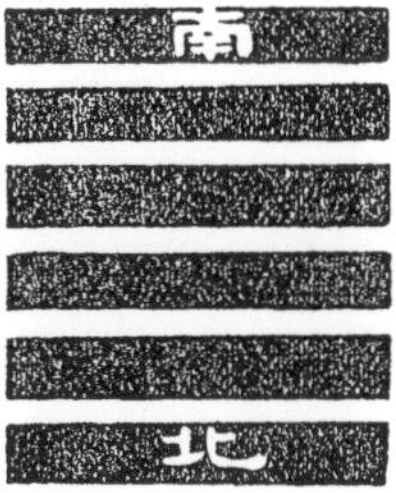

南北の圖

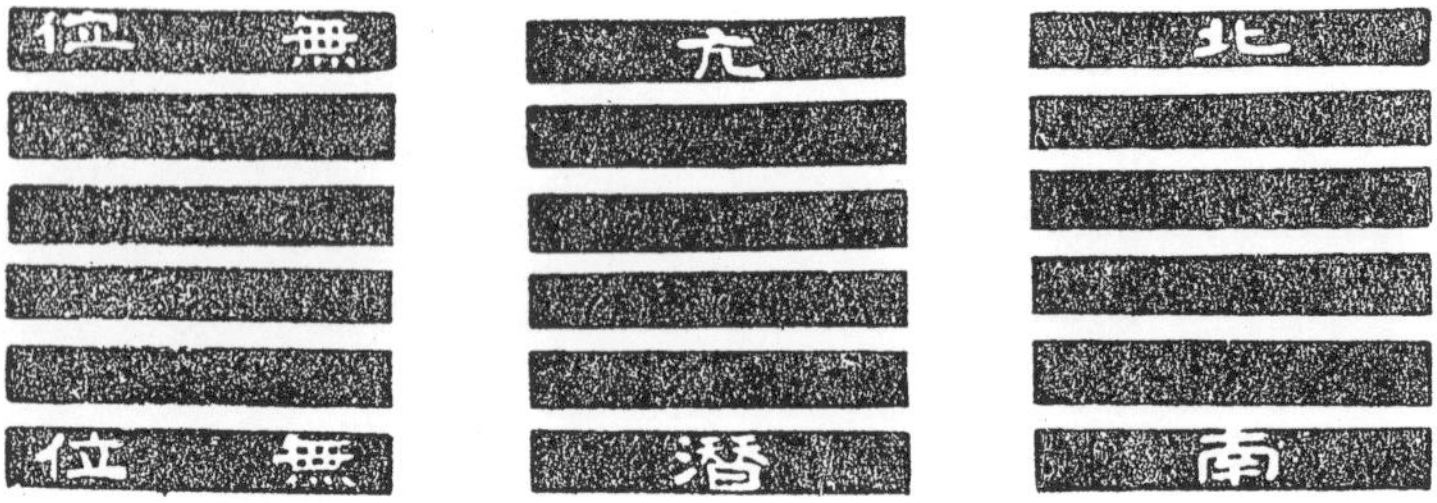

皇居の近傍にて方位を取るの圖

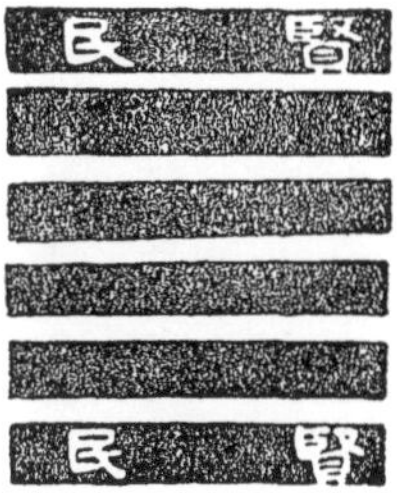

今上圖《いまじやうづ》に示《しめ》す所《ところ》の例證《れいしやう》を經文中《けいもんちう》に求《もと》むれば、乾《けん》の初《しよ》九に潜龍《せんりう》と言《い》ひ、上《じやう》九に亢龍《こうりう》と言《い》ひ、大畜《たいちく》の上《じやう》九に何《なん》ぞ天《てん》の衢《く》と言《い》ひ。大過《たいくわ》の初《しよ》六に藉《し》くに白茅《はくばう》を用《もち》ゆと言《い》ひ升《しよう》の初《しよ》六に允《まこ》とに升《のぼ》ると言《い》ひ、漸《ぜん》の上《じやう》九に鴻阿《こうあ》に漸《すゝ》むと言《い》ひ、中孚《ちうふ》の上《じやう》九に翰音天《かんおんてん》に登《のぼ》ると言《い》ひ、小過《せうくわ》の上《じやう》六に飛鳥之《ひてうこれ》に離《か》かると言《い》ひ、大有《たいいう》の上《じやう》六に天《てん》より之《これ》を祐《たす》くと言《い》ひ、明夷《めいい》の上《じやう》六に初《はじ》めは天《てん》に登《のぼ》り後《のち》には地《ち》に入《い》ると云《い》ふの類《るゐ》は、皆高底《みなかうてい》上下潜亢等《じやうかせんこうとう》の位《くらゐ》に就《つ》いて之《これ》を繫《か》けたものである。

亦坤《またこん》の初《しよ》六に霜《しも》を履《ふ》むと言《い》ひ、訟《しよう》の彖《たん》に惕《おそ》れ中《ちう》すれば吉《きつ》、終《をゆ》れば凶《きよう》と言《い》ひ、初《しよ》六に事《こと》とする所《ところ》を永《なが》ふせずと言《い》ひ、師《し》の初《しよ》六に師出《しい》づるを律《りつ》を以《もつ》てすと言《い》ひ、比《ひ》の彖《たん》に後夫《こうふ》は凶《きよう》と言《い》ひ、噬嗑《ぜいがう》の初《しよ》六に校《かう》を履《はい》て趾《し》を滅《めつ》ると言《い》ひ、大過《たいくわ》の傳《でん》に本末弱《ほんまつよわ》しと言《い》ひ、遯《とん》の初《しよ》六に尾《び》に遯《のが》ると言《い》ひ、大壯《たいさう》の初《しよ》九に趾《し》に壯《さか》むなりと言《い》ひ、晉《しん》の上《じやう》九に其《そ》の角《つの》に晉《すゝ》むと言《い》ひ、困《こん》の初《しよ》六に幽谷《いうこく》に入《い》ると言《い》ひ、井《せい》の初《しよ》六に井泥《せいでい》と言《い》ひ、鼎《てい》の初《しよ》六に鼎趾《かなへあし》を顚《さか》しまにすと言《い》ひ、艮《ごん》の初《しよ》六に其《そ》の趾《し》に艮《とゞま》ると言《い》ひ、既濟《きせい》の彖《たん》に初《はじ》めは吉《きつ》にして終《をは》りに亂《みだ》ると言《い》ひ、既濟未濟《きせいみせい》の初《しよ》と上《じやう》とに其《そ》の尾《を》を濡《ぬら》し其首《そのくび》を濡《ぬ》すと言《い》ひ、咸《かん》の初《しよ》六に其《そ》の拇《ぼ》に咸《かん》ずと言《い》ひ、上《じやう》六に輔頰舌《はきようぜつ》に咸《かん》ずと言《い》ふの類《るゐ》は、皆《みな》初爻《よかう》と上爻《じやうかう》とを相對《あひたい》せしめてその位《くらゐ》を取《と》つたものである。

尙《なほ》一般《ぱん》に易例《えきれい》に於《おい》ては上爻《じやうかう》を以《もつ》て北《きた》となし、初爻《しよかう》を以《もつ》て南《みなみ》となすのであるが、此《これ》は上卦《じやうくわ》は君位《くんゐ》の在《あ》る所《ところ》で、君主《くんしゆ》は南面《なんめん》して政《まつりごと》を聽《き》き、臣民《しんみん》は北向《ほくかう》してその治《ぢ》を仰《あふ》ぐの象《かたち》である。されども此《こ》の地《ち》から彼《か》の地《ち》に進《すゝ》み、我《われ》から彼《かれ》に行《ゆ》く時《とき》の如《ごと》きは、初爻《しよかう》を以《もつ》て北《きた》となし、上爻《じやうかう》を以《もつ》て南《みなみ》とせねばならぬ。亦初《またしよ》爻《かう》と上爻《じやうかう》とは、その象《かたち》を無位《むゐ》の庶民《しよみん》に取《と》るのが通例《つうれい》である、けれども此《こゝ》にも亦變例《またへんれい》があつて、初爻《しよかう》と上爻《じやうかう》とを以《もつ》て賢民《けんみん》と見《み》ることもある。但《たゞ》し初爻《しよかう》は未仕《みし》の賢民《けんみん》で、上爻《じやうかう》は致仕《ちし》の賢者《けんしや》と見《み》るのである。乾《けん》の初《しよ》九に潛龍《せんりよう》なりと言《い》ひ、屯《ちゆん》の初《しよ》九に建《たて》て侯《き》たるに利《よろ》しと言《い》ひ、益《えき》の初《しよ》九に用《もち》ひて大作《たいさく》を爲《な》すに利《よろ》しと言《い》ひ、その他震爲雷《たしんゐらい》・雷火豐等《らいくわほうとう》の初《しよ》九の如《ごと》きは、共《とも》に未仕《みし》の賢者《けんしや》と見《み》たものである。亦蠱《またこ》の上《じやう》九に王侯《わうこう》に事《つか》へず其《そ》の事《こと》を高尙《かうせう》にすと言《い》ひ、頤《い》の上《じやう》九に由《よ》つて頤《やしな》はると言《い》ひ、遯《とん》の上《じやう》九に肥遯《ひとん》と言《い》ひ、その他火天大有《たくわてんたいいう》・風地觀《ふうちくわん》・山地剝《さんちはく》・火風鼎等《くわふうていとう》の上《じやう》九は、共《とも》に之《これ》を致仕《ちし》の賢者《けんしや》と見《み》たものである。されど一言茲《ごんこゝ》に注意《ちうい》して置《お》かねばならぬことは、此《か》の如《ごと》く初上《しよじやう》二爻《かう》を以《もつ》て無位《むゐ》の賢者《けんしや》と見《み》ることは、何《いづ》れも陽爻《やうかう》がその位《くらゐ》に居《を》る時《とき》に限《かぎ》り、陰爻《いんかう》がその位《くらゐ》に居《を》る時《とき》の如《ごと》きは、之《これ》を見《み》て賢者《けんしや》となすことは可《で》能ぬ此《こ》の外國《ぐわいこく》都《と》郡縣《ぐんけん》或《あるひ》は初中上等《しよちうじやうとう》に區別《くべつ》して位《くらゐ》を取《と》るの必要《ひつえう》ある場合《ばあひ》には、左圖《さづ》を見《み》て之《これ》を活用《くわつよう》せらるべし。

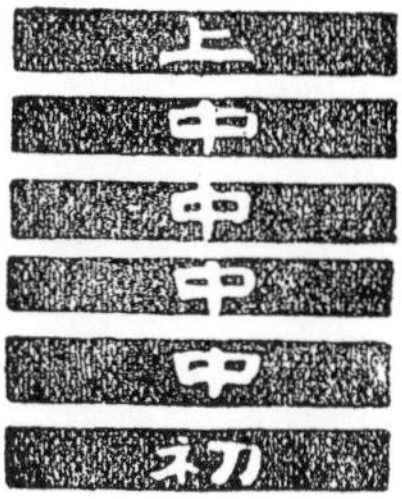

初中上三分の圖

國都の內外に分つの圖

外郊外国

内都内国

内都内国

内都内国

内都内国

外郊外国

同上

以上《いじやう》に掲《かゝ》げた初中上《しよちうじやう》三分《ぶん》の圖《づ》に就《つい》ては種々《しゆ〴〵》の活用《くわつよう》がある繋辭傳《けいじでん》に其《そ》の中爻《ちうかう》にあらざれば備《そな》はらずと言《い》ふは、此《こ》の二三四五の中《うち》四爻《かう》を指《さ》したものである、蓋《けだ》し二から五に至《いた》るの間《あひだ》は、君臣有位者《くんしんいうゐしや》の居《ゐ》る所《ところ》の地《ち》で、社會活動《しやくわいくわつどう》の主腦《しゆなう》たる中流以上《ちうりういじやう》の者《もの》の居《を》る場所《ばしよ》である。然《しか》るに初上《しよじやう》の居《を》る所《ところ》は無位無爲《むゐむゐ》の地《ち》で、下流社會《かりうしやくわい》の居《を》る場所《ばしよ》である、故《ゆゑ》に中《ちう》四爻《かう》の位《くらゐ》は社會《しやくわい》その他《た》の事物《じぶつ》に取《と》つて中心點《ちうしんてん》即《すなは》ち原動力《げんどうりよく》のある所《ところ》で、最《もつと》も肝要《かんえう》なる場所《ばしよ》である、此《こ》の外《ほか》初中上《しよちうじやう》の例《れい》に從《したが》ふて活用《くわつよう》し得《う》べき事柄《ことがら》は枚擧《まいきよ》に暇《いとま》なき程《ほど》であるから、山雷頤《さんらいい》澤風大過《たくふうたいくわ》等《とう》の卦《くわ》を見合《みあは》せて考察《かうさつ》せらるべし。

尚《なほ》左《さ》に種々《しゆ〴〵》の配當圖《はいたうづ》を擧《あ》げて初學者《しよがくしや》の參考《さんかう》に供《きよう》することゝせむ。

無位

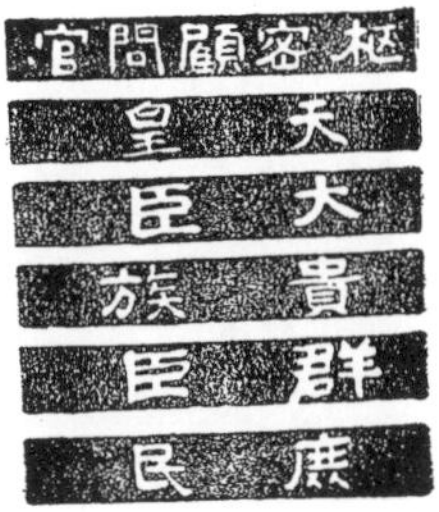

君民配位の圖

武官配位の圖

皇族配位の圖

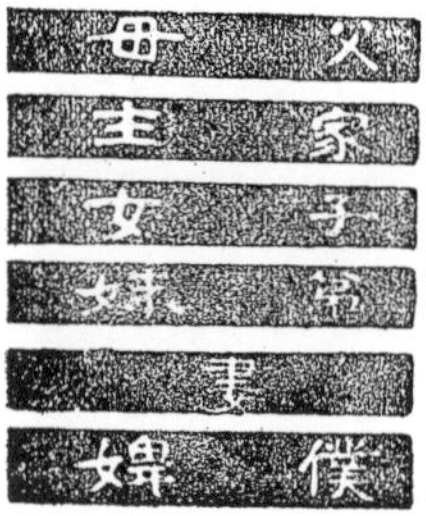

家族配位の圖

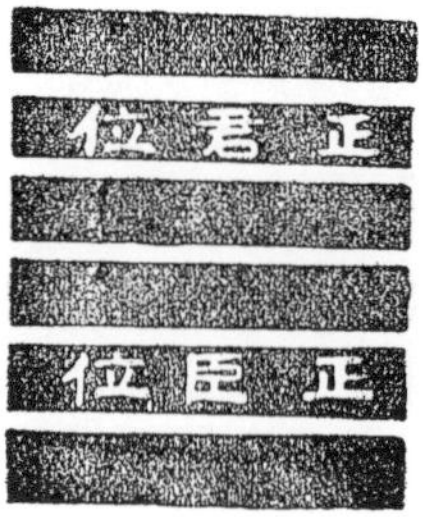

二五配位の圖

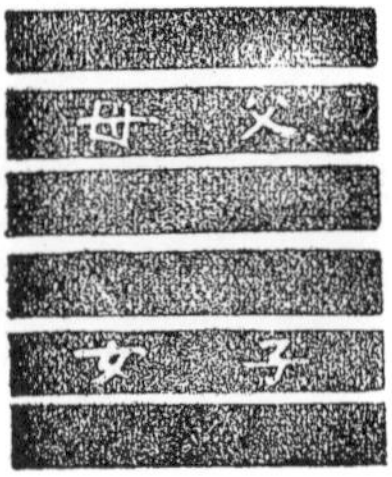

同　上

☷ ☷ ☷

神體　師第　夫妻
祭主

同　　同　　同
上　　上　　上

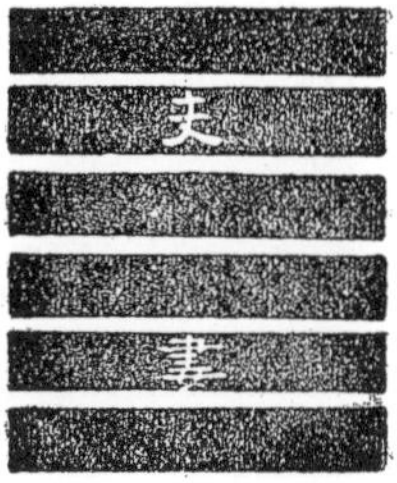

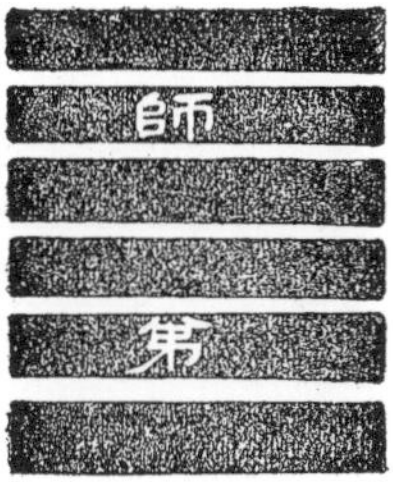

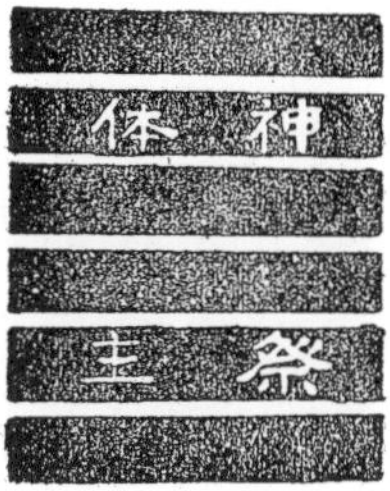

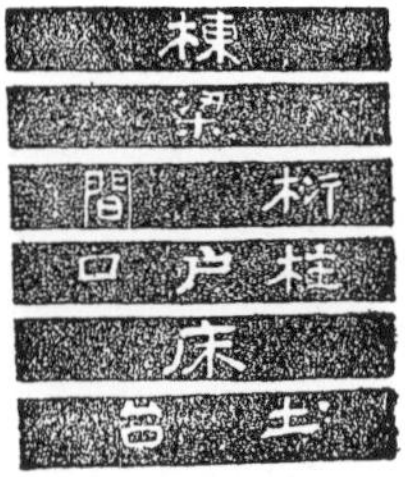

家宅配位の圖

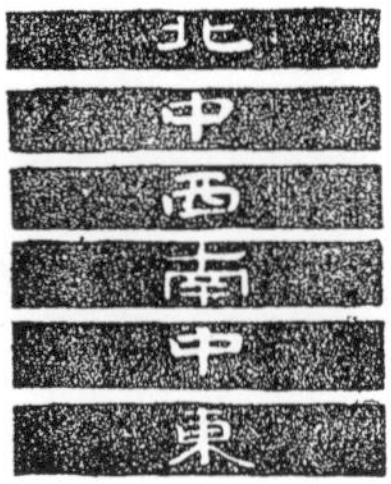

方位配當の圖

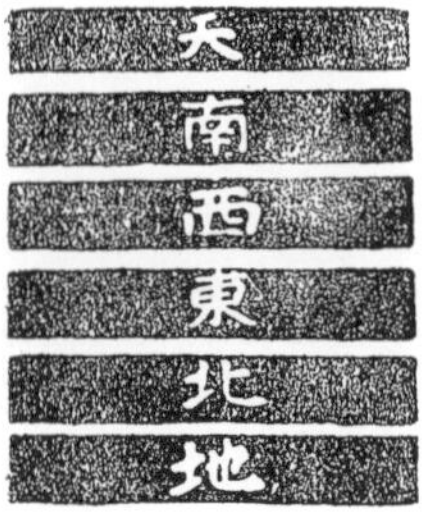

上下四方配位の圖

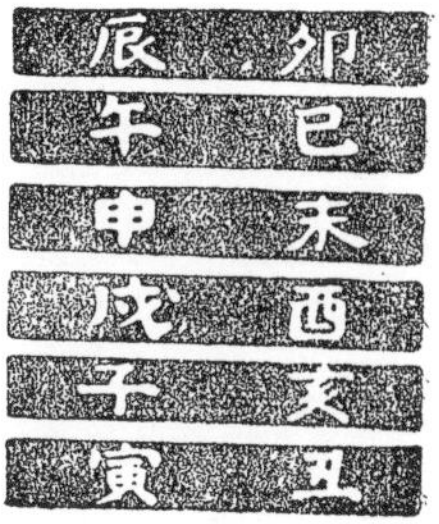

十二支配位の圖

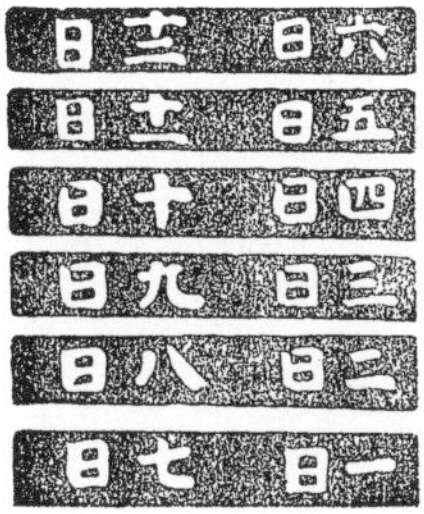

日次配當の圖

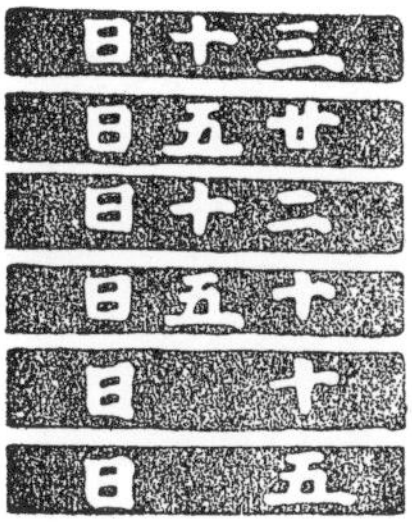

同上

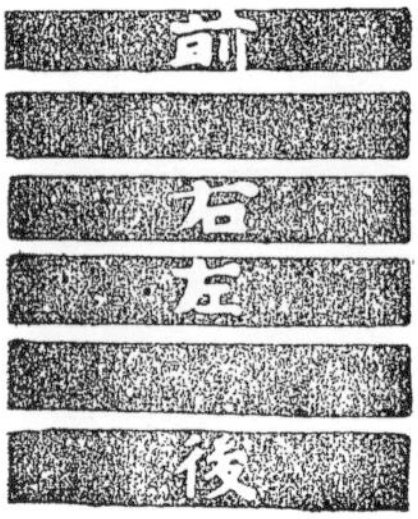

前後左右配當の圖

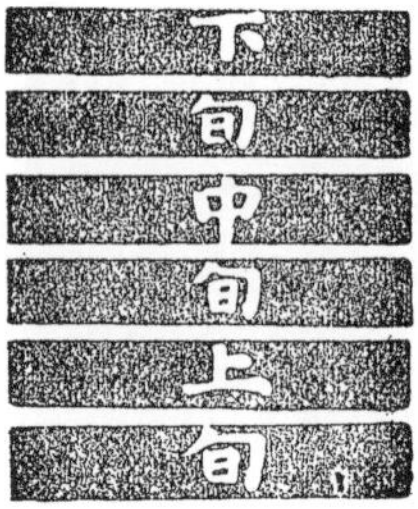

三旬配當の圖

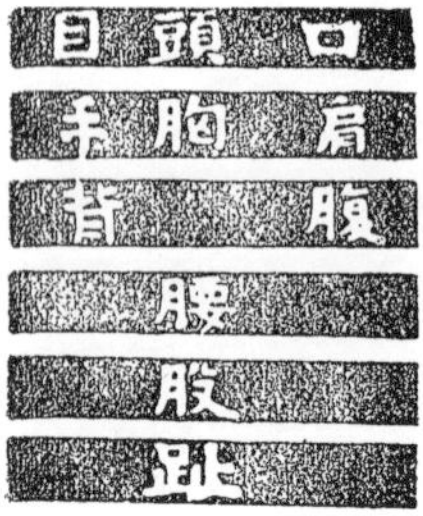

人體配當の圖

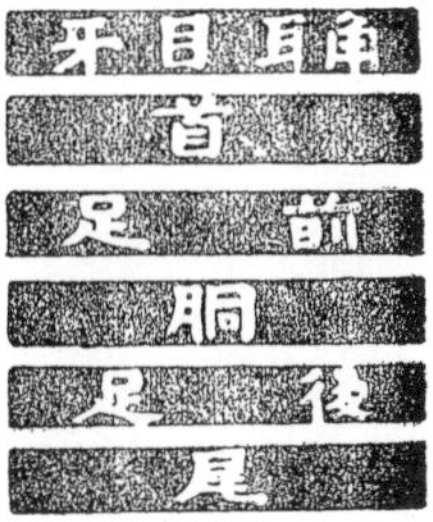

獸體配當の圖

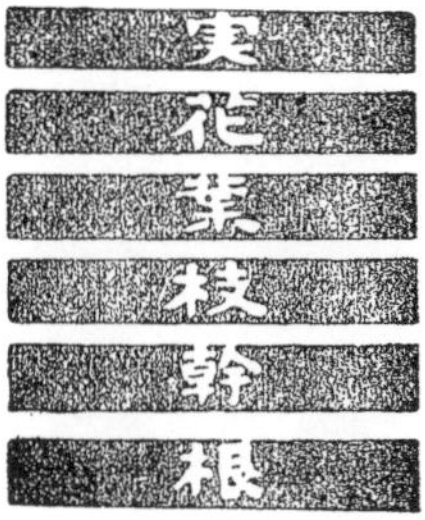

樹木配當の圖

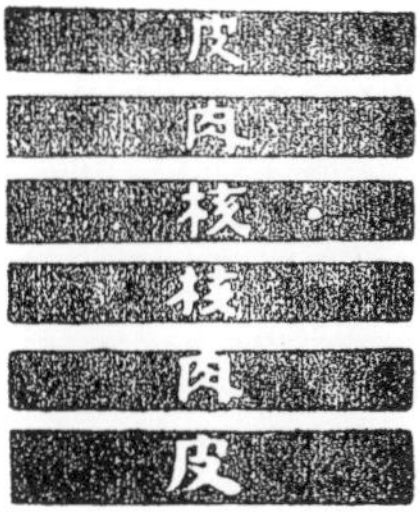

果實に配當する圖

事柄に配當するの圖

以上《いじやう》は皆《みな》爻位《かうゐ》に由《よ》つて圖《づ》を成《な》したものであるが、尚之《なほこれ》を擴《ひろ》めて事物《じぶつ》に象《かたど》らば千事《じ》萬物《ばんぶつ》凡《すべ》て此《こ》の例《れい》を推《お》して之《これ》を象《かたど》ることが可能《でき》るのであるから、茲《こゝ》にはその説明《せつめい》を省《はぶ》き、更《さ》らに初上《しよじやう》と中《ちう》四爻《かう》に關《くわん》する繫《けい》辭傳《じでん》の語《ご》を擧《あげ》て之《これ》を略説《りやくせつ》することゝしよう、同傳《どうでん》に曰《いは》く

其《そ》の初《しよ》は知《し》り難《がた》く、其《そ》の上《じやう》は知《し》り易《やす》し、本末《ほんまつ》なればなり、初辭《しよじ》は之《これ》を擬《ぎ》し、卒《つひ》に之《これ》が終《をは》りを成《な》す

と、又曰《またいは》く

二と四とは功《こう》を同《おな》ふして而《しか》して位《くらゐ》を異《こと》にす、其《そ》の善同《ぜんおな》じからず、二は譽《ほま》れ多《おほ》く、四は懼《おそ》れ多《おほ》し、近《ちか》ければなり、柔《にう》の道《みち》たるや遠《とほ》きに利《よろ》しからざる者《もの》、其《そ》の要咎《えうとが》なきは、其《そ》の柔中《じうちう》を用《もち》ゆればなり、三と五とは功《こう》を同《おな》ふして而《しか》して位《くらゐ》を異《こと》にし、三は凶多《きようおほ》く、五は功多《こうおほ》し、貴賤《きせん》の等《とう》なればなり、其《そ》の柔《じう》は危《あやふ》く、其《そ》の剛《がう》は勝《まさ》らんか

と。此《これ》は初上《しよじやう》と中四爻《ちうしかう》との位《くらゐ》に居《を》るもの丶自然《しぜん》に固有《こいう》して居《ゐ》る所《ところ》の一般《ぱん》の易例《えきれい》を說《と》いたものである、そこで今之《いまこれ》を說明《せつめい》する前《まへ》に先《ま》づ圖《づ》を擧《あげ》て之《これ》を解釋《かいしやく》することゝしよう。

上	陰	末
五	陽	中
四	陽	中
三	陽	中
二	陰	中
初	陽	本

抑々《そもそも》初《しよ》は始《はじ》めにして本《もと》である、上《じやう》は終《をはり》にして末《すゑ》である、初爻《しよかう》と上爻《じやうかう》とを對列《たいれつ》して之《これ》を見《み》れば、初《しよ》は根本《こんほん》であつて、上《じやう》は枝葉《しえふ》である、故《ゆゑ》に初爻《しよかう》は事《こと》の始《はじ》めに當《あた》るので、唯之《たゞこれ》を擬議《ぎぎ》して斯《か》くあるならむかと想像《さうざう》する丈《だけ》で、その事《こと》の將來《しやうらい》の成行《なりゆき》が實際《じつさい》如何樣《いかやう》に推移《すゐい》變遷《へんせん》するものであるか、豫《あら》かじめ之《これ》を逆知《ぎやくち》し難《がた》いものである。反之《これにはんし》。上爻《じやうかう》は事《こと》の既《すで》に終了《しふれう》成就《じやうじゆ》したる後《のち》であるから、容易《ようい》に之《これ》を知《し》ることが可能《でき》蓋《けだ》しその初《しよ》は知《し》り難《がた》くその上《じやう》は知《し》り易《や》すしと言《い》ふは、本末《ほんまつ》を擧《あげ》て一卦《くわ》の要領《えうれう》を統觀《とうくわん》することを敎《をし》ゆるるものである。然《しか》り、初上《しよじやう》二爻《かう》の爻辭《かうじ》を對觀《たいくわん》せば、卦義《くわぎ》の要領《えうれう》は之《これ》を知《し》ることが可能《でき》るけれども、その詳細《しやうさい》の義《ぎ》を知《し》らむとせば、必《かな》らず中四爻《ちうかう》に就《つい》て之《これ》を吟味《ぎんみ》せねばならぬ。而《しか》して二三四五の四位《ゐ》の中《うち》、

二と四とは共《とも》に陰位《いんゐ》である、然《しか》るに柔爻《じうかう》を以《もつ》て之《これ》に居《を》る時《とき》は、陰《いん》を以《もつ》て陰位《いんゐ》に居《を》るのであるから同陰《ごういん》である、故《ゆゑ》にその功《こう》を同《おな》じうすと言《い》ふ。但《たゞ》し二爻《かう》と四爻《かう》とはその功《こう》を同《おな》じうすといへども、二の位《くらゐ》は五の君位《くんゐ》を離《はな》れ距《さ》ることが遠《とほ》い許《はか》りでなく、臣《しん》たるものゝ正位《せいゐ》を得《え》て居《を》る。反之《これにはんし》。四の位《くらゐ》は臣《しん》たるものゝ正位《せいゐ》でない上《うへ》に甚《はなは》だしく君位《くんゐ》に接迫《せつぱく》して居《を》る、故《ゆゑ》に其《そ》の位《くらゐ》を異《こと》にすと言《い》ふ。此《かく》の如《ごと》く二は君位《くんゐ》に遠《とほ》ざかつて居《を》るから譽《ほま》れが多《おほ》く、四は君位《くんゐ》に迫《せま》つて居《を》るから懼《おそ》れが多《おほ》い、故《ゆゑ》にその善《ぜん》同《おな》じからずと言ふのである。凡《およ》そ易例《えきれい》に於《おい》て柔爻《じうかう》は君位《くんゐ》に遠《とほ》ざかるを以《もつ》て不《ふ》利《り》となし、接近《せつきん》して居《を》るのを以《もつ》て利《り》となすのである。然《しか》るに君位《くんゐ》に近《ちか》き所《ところ》の四は懼《おそ》るべきことが多《おほ》くして、君位《くんゐ》に遠《とほ》ざかつて居《を》る所《ところ》の二が却《かへ》つて譽《ほま》れ多《おほ》き所以《ゆゑん》は、そは外《ほか》ではない、四は甚《はなは》だ君位《くんゐ》に接迫《せつぱく》し、二は柔《じう》であつて、而《しか》も下卦《かくわ》の中《ちう》に居《を》るもの即《すなは》ち柔中《じうちう》を得《え》て居《を》るからである。

柔爻《じうかう》を以《もつ》て二と四の陰位《いんゐ》に居《を》るものゝ吉凶《きつきよう》は大抵《たいてい》此《かく》の如《ごと》くである、然《しか》らば若《も》し剛爻《がうかう》を以《もつ》て二四の陰位《いんゐ》に居《を》るものは如何《ごう》であらうかと、言《い》へば此《これ》は經文《けいもん》に於《おい》ても未《いま》だ明言《めいげん》して居《を》らぬ所《ところ》ではあるけれども、柔《じう》を以《もつ》て陰《いん》に居《を》るものゝ義《ぎ》から推察《すゐさつ》して、大略《たいりやく》その吉凶《きつきよう》を知《し》ることが可能《でき》る。蓋《けだ》し君位《くんゐ》に遠《とほ》ざかるを以《もつ》て不利《ふり》とする六二に於《おい》てすら尚譽《なほほま》れが多《おほ》いとせば、君位《くんゐ》に遠《とほ》ざかるを以《もつ》て利《り》となす所《ところ》の剛爻《がうかう》が之《これ》に居《を》るに於《おい》ては、その譽《ほま》れは六二の譽《ほま》れが多《おほ》きよりも尚《なほ》一層《そう》多《おほ》い道理《だうり》である、亦《また》君位《くんゐ》に近《ちか》きを以《もつ》て利《り》となす所《ところ》の六四ですら尚且《なほか》つ懼《おそ》るべきことが多《おほ》いとせば、君位《くんゐ》に遠《とほ》ざかるを以《もつ》て利《り》となす所《ところ》の剛爻《がうかう》が之《これ》に居《を》るに於《おい》ては、その懼《おそ》れが多《おほ》いことも亦《また》六四の比《ひ》でないことは素《もと》より論《ろん》なき所《ところ》であらう。故《ゆゑ》に二と四の位《くらゐ》に居《を》るものは、剛爻《がうかう》も柔爻《じうかう》も共《とも》に譽《ほま》れ多《おほ》く、亦《また》懼《おそ》れ多《おほ》く、その中《なか》に就《つい》て剛《がう》は最《もつと》も譽《ほま》れ多《おほ》く、亦《また》懼《おそ》れ多《おほ》いものであると言《い》ふてよい。

亦《また》三と五とは同《おな》じく陽位《やうゐ》である、然《しか》るに剛爻《がうかう》を以《もつ》て之《これ》に居《を》る時《とき》には、陽《やう》を以《もつ》て陽位《やうゐ》に居《を》るものである故《ゆゑ》に亦之《またこれ》を功《こう》を同《おな》じうすと言《い》ふ、而《しか》して五は君位《くんゐ》であるが、三は臣位《しんゐ》である、故《ゆゑ》に亦之《またこれ》を位《ゐ》を異《こと》にすと言《い》ふ。而《しか》して三は凶多《きようおほ》く五は功多《こうおほ》きは、君臣貴賤《くんしんきせん》の差等《さとう》がある許《ばか》りでなく、三は不中《ふちう》であつて且《か》つ内外變轉《ないぐわいへんてん》の危地《きち》である、故《ゆゑ》に凶《きよう》が多《おほ》い。反之《これにはんし》。五は中《ちう》を得《え》て居《を》る上《うへ》に君位《くんゐ》である、故《ゆゑ》にその功《こう》が多《おほ》いのである。此《かく》の如《ごと》く爲《な》すあるの才《さい》を持《も》つて居《を》る所《ところ》の九三の剛爻《がうかう》ですら、三の位《くらゐ》に居《を》る時《とき》には凶《きよう》が多《おほ》いとせば、柔爻《じうかう》の爲《な》すなきものを以《もつ》て三の位《くらゐ》に居《を》ることがあらば、その凶《きよう》は九三の剛爻《がうかう》に比《くら》ぶれば尙更《なほさら》に多《おほ》い筈《はず》である。亦《また》九の爲《な》すあるを以《もつ》て五に居《ゐ》て始《はじ》めてその功《こう》が多《おほ》いとせば、六の爲《な》すなきものを以《もつ》て五に居《を》る時《とき》には、その功《こう》は之《これ》を九五の剛爻《がうかう》に讓《ゆづ》る所《ところ》がなければならぬ。故《ゆゑ》に三と五との位《くらゐ》に居《を》るものは、剛柔共《がうじうとも》に凶《きよう》も多《おほ》く亦功《またこう》も多《おほ》く、その中《うら》に就《つい》て、柔《じう》を以《もつ》て之《これ》に居《を》るものは、剛《がう》を以《もつ》て之《これ》に居《を》るものに比《くら》ぶれば、その凶《きよう》は剛《がう》よりも多《おほ》く、その功《こう》は亦剛《またがう》に及《およ》ばぬのである、其《そ》の柔《じう》は危《あやふ》く其《そ》の剛《がう》は勝《まさ》らむかとは卽《すなは》ち此《こ》の事《こと》を言《い》ふたものである。而《しか》してその多《おほ》いと言《い》ひ或《あるひ》は勝《まさ》らむか抔《など》と言《い》ふのは、三と五との位《くらゐ》に居《ゐ》る多數《たすう》のもの丶中《なか》には、或《あるひ》は此《こ》の例《れい》に反《はん》してその宜《よろ》しきを得《え》て居《を》るものもあると言《い》ふ義《ぎ》を示《しめ》す爲《た》めの詞《ことば》で、未《み》定《てい》の辭《ことば》である。蓋《けだ》し二は譽《ほま》れ多《おほ》く、四は懼《おそ》れ多《おほ》く、三は凶《きよう》多《おほ》く、五は功《こう》が多《おほ》いと言《い》ふは剛柔《がうじう》の爻《かう》その者《もの》に就《つい》て之《これ》を言《い》ふたものではない、陰陽《いんやう》の位《くらゐ》に就《つい》て之《これ》を言《い》ふたもので一般《ぱん》の凡例《はんれい》である、故《ゆゑ》に之《これ》に反《はん》する所《ところ》の例外《れいぐわい》があつて、却《かへ》つてその當《たう》を得《え》その時《とき》に適《てき》して居《を》るものである、今之《いまこれ》を經文中《けいもんちう》に求《もと》むれば、屯《ちゆん》・觀《くわん》・復《ふく》・頤《い》・家人《かじん》・艮等《こんさう》の六四は、六二よりも善《よ》く大過《たいくわ》・未濟等《みさいさう》の九四は九二よりも善《よ》きが如《ごと》きの類《るゐ》である。

爻位《かうゐ》の通例《つうれい》を論《ろん》ずれば、概《おほむ》ね此《かく》の如《ごと》くであるけれども、卦中《くわちう》に於《お》ける剛柔《がうじう》の配置《はいち》が異《こと》なるに從《したが》ふて、卦象《くわしやう》を異《こと》にし卦義《くわぎ》を變《へん》じて、往々《わう〳〵》常例《じやうれい》定規《ていき》の外《ほか》に出《い》づるものもある、而《しか》してその異動《いどう》を生《しやう》ずる所《ところ》の原因《げんいん》は、陰陽《いんやう》の定位《ちやうゐ》にあらで、剛柔《がうじう》の爻體《かうたい》その者《もの》にある。何《なん》となれば、位《くらゐ》なるものは一定《てい》にして不動《ふどう》であるけれども之《これ》に居《を》る所《ところ》の剛柔《がうじう》が異《こと》なるに從《したが》ふてその狀態《じやうたい》が變《かは》るからである。故《ゆゑ》に一般的凡例《ぱんてきはんれい》なるものは陰陽《いんやう》の定位《ちやうゐ》に屬《ぞく》するものであつて、特殊《とくしゆ》の例外《れいぐわい》なるものは之《これ》に居《を》る所《ところ》の剛柔《がうじう》の爻體《かうたい》に由《よ》つて生《しやう》ずるものである。此《こ》の定位《ちやうゐ》と爻體《かうたい》との交錯關係《かうさくわんけい》を知《し》ることが可《で》能《き》て、然《しか》る後始《のちはじ》めて辭《じ》も解《ご》くことも可《で》能《き》、占《うらなひ》も亦神《またしん》に入《い》ることが可《で》能《き》るであらう。以上《いじやう》の説明《せつめい》を以《もつ》て定位《ちやうゐ》の一斑《はん》を示《しめ》すことが可《で》能《き》たであらうと思《おも》ふから、以下此《いかこ》の定位《ちやうゐ》の上《うへ》に往來出入《わうらいしゆつにふ》する剛柔《がうじう》の爻體《かうたい》に就《つい》て説明《せつめい》することゝしよう。

第二款　中　正

爻體《かうたい》を分《わか》つて中《ちう》・正《せい》・承《しよう》・乘《じよう》・應《おう》・比《ひ》の六ッとするのであるが、中《ちう》とは偏《へん》でもなく倚《き》でもなく、亦過不及《またくわふきう》でもなく、恰《あた》かもその宜《よろ》しきを得《え》て少《すこ》しも非難《ひなん》すべき所《ところ》のない有様《ありさま》を形容《けいよう》した語《ご》で、三畫卦《くわくくわ》に於《おい》ては中畫《ちうくわく》、六畫卦《くわくくわ》に於《おい》ては二と五との兩畫《りやうくわく》を指《さ》したものである、故《ゆゑ》に六畫卦《くわくくわ》に於《おい》ては、内卦《ないくわ》では二の位《くらゐ》に居《を》るものを中《ちう》とし、外卦《ぐわいくわ》では五の位《くらゐ》に居《を》るものを中《ちう》とする、已《すで》に二五に居《を》るものを中《ちう》とするからは、初《しよ》三四上《じやう》の四位《ゐ》に居《を》るものを以《もつ》て不中《ふちう》とすべきことは論《ろん》ずる迄《まで》もないことである、何《なん》となれば、初《しよ》三四上《じやう》の四位《ゐ》に居《を》るものは一方《ぱう》に偏倚《へんき》して居《を》るからである。その中《うち》に於《おい》て初《しよ》と三とは、二を以《もつ》て中《ちう》となすに對《たい》して之《これ》を不中《ふちう》となし、四と上《じやう》とは、五を以《もつ》て中《ちう》とするに對《たい》して之《これ》を不中《ふちう》となすことは亦推《またお》して知《し》るべきである、故《ゆゑ》に何《いづ》れの卦《くわ》に於《おい》ても二と五とに居《を》るものは、その柔爻《じうかう》であると剛爻《がうかう》であるとを問《と》はず皆悉《みなことごと》く中爻《ちうかう》である、亦初《またしよ》三四上《じやう》に居《を》るものも、その柔爻《じうかう》であると剛爻《がうかう》であるとに論《ろん》なく皆凡《みなすべ》て不《ふ》中《ちう》とするのが常例定則《じやうれいていそく》である。然《しか》れども此《こ》れにも亦變例《またへんれい》があつて、中《ちう》・不中等《ふちうとう》の義《ぎ》を取《と》つて居《を》らぬものがある。亦正《またせい》とは剛爻《がうかう》であつて陽位《やうゐ》に居《を》り、柔爻《じうかう》であつて陰位《いんゐ》に居《を》り、陰陽剛柔《いんやうがうじう》がその位《くらゐ》と爻《かう》と相《あひ》同《おな》じきものゝことである、故《ゆゑ》に此《こ》の正《せい》を得《え》て居《を》るものを呼《よ》むで、或《あるひ》はその位《くらゐ》に當《あた》ると言《い》ふこともある。此《かく》の如《ごと》く柔《じう》が陰《いん》の位《くらゐ》に居《を》り、剛《がう》が陽《やう》の位《くらゐ》に居《を》るのを以《もつ》て正《せい》を得《え》たものとするから、此《これ》に反對《はんたい》して柔《じう》を以《もつ》て陽《やう》に居《を》り、剛《がう》を以《もつ》て陰《いん》に居《ゐ》るものを不正《ふせい》にしてその位《くらゐ》を得《え》て居《を》らぬと言《い》ふことは亦知《またし》り易《やす》き道理《だうり》である。故《ゆゑ》に何《いづ》れの卦《くわ》と雖《いへ》ども、柔爻《じうかう》を以《もつ》て陰《いん》の位《くらゐ》に居《を》り、剛爻《がうかう》を以《もつ》て陽《やう》の位《くらゐ》に居《ゐ》るものは皆正《みなせい》であつてその位《くらゐ》を得《え》て居《ゐ》る。此《こ》れが卽《すなは》ち一般《ぱん》の常例《じやうれい》であるけれども、此《こ》れにも亦變例《またへんれい》があつて、正不正等《せいふせいとう》の義《ぎ》を取《と》つて居《を》らぬものがある、先《ま》づ左《さ》に中《ちう》・不中《ふちう》・正《せい》・不正《ふせい》の圖《づ》を示《しめ》さむ。

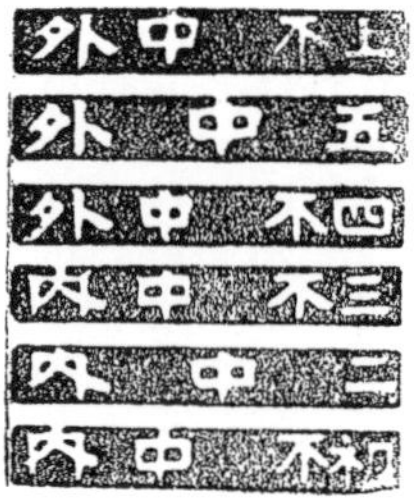

中不中の圖

既濟

正の圖

未濟

不正の圖

上圖《じやうづ》の如《ごと》く中《ちう》あり不中《ふちう》あり、正《せい》あり不正《ふせい》あり、而《しか》して中《ちう》と言《い》ひ不中《ふちう》と言《い》ふは、自爻《にかう》と隣爻《りんかう》との關係《くわんけい》卽《すなは》ち平面的觀《へいめんてきみ》方《かた》に由《よ》る所《ところ》の名稱《めいしよう》で、正《ぜい》と不正《ふせい》とは剛《がう》が陽《やう》に居《を》り、柔《じう》が陰《いん》に居《を》ると居《を》らぬとの關係《くわんけい》卽《すなは》ち立體的觀《りつたいてきみ》方《かた》に由《よ》る所《ところ》の名目《めいもく》である。故《ゆゑ》に一個《こ》の物體《ぶつたい》に就《つい》て之《これ》を平視《へいし》すると同時《どうじ》に、亦之《またこれ》を直視《ちよくし》することを得《う》るが如《ごと》く、此《こ》の中《ちう》・不中《ふちう》・正《せい》・不正《ふせい》は、一卦《くわ》の上《うへ》にも亦之《またこれ》を同時《どうじ》に併視《へいし》することが可能《でき》る、今《いま》その合同《がふどう》に由《よ》つて生《しやう》ずるものを擧《あ》ぐれば、中《ちう》にして正《せい》なるもの、中《ちう》にして不正《ふせい》なるもの、不中《ふちう》にして正《せい》なるもの、不中《ふちう》にして不正《ふせい》なるものとの四つあるが、その中《うち》に於《おい》て中《ちう》にして正《せい》なるものが最上《さいじやう》で、中《ちう》にして不正《ふせい》なるものが之《これ》に次《つ》ぎ、不中《ふちう》にして正《せい》なるものが亦之《またこれ》に次《つ》ぎ、不中《ふちう》にして不正《ふぜい》なるものが亦《また》その次《つ》ぎである。然《しか》らば中《ちう》と正《せい》とは何《いづ》れが優《まさ》つて居《ゐ》るかと言《い》へば、前述《ぜんじゆつ》の如《ごと》く正《せい》とは柔《じう》を以《もつ》て陰《いん》に居《を》り、剛《がう》を以《もつ》て陽《やう》に居《ゐ》る立體的觀《りつたいてきみ》方《かた》で、自爻《じかう》一己《こ》の狀態《じやうたい》が條理《でうり》に合《かな》ひその當《たう》を得《え》て居《ゐ》ると言《い》ふ義《ぎ》である。然《しか》るに中《ちう》なるものは、他爻《たかう》との關係《くわんけい》卽《すなは》ち平面的觀《へいめんてきみ》方《かた》に由《よ》る所《ところ》の名稱《めいしよう》であるから、自爻《じかう》一己《こ》の狀態《じやうたい》が惟《ひと》り條理《でうり》に合《かな》ふて居《ゐ》る許《はか》りでなく、隣爻《りんかう》との關係《くわんけい》に至《いた》つても亦時宜《またじぎ》に適《てき》して偏倚《へんき》なく過不及《くわふきう》なきの義《ぎ》である、蓋《けだ》し正《せい》は元《も》と單獨的觀《たんどくてきみ》方《かた》であるから、理《り》に於《おい》てはその當《たう》を得《え》て居《ゐ》るとしても、その正《せい》は自爻《じかう》一己《こ》の正《せい》であると言《い》ふに止《とゞ》まつて、未《いま》だ之《これ》を大公至正《たいこうしせい》であるとは言《い》へぬ。反之《これにはんし》。中《ちう》なるものは相《さう》對的觀《たいてきみ》方《かた》であるから合理《がうり》にして且《か》つ時宜《じぎ》に適《てき》した大公至正《たいこうしせい》卽《すなは》ち絕對至善《ぜつたいしぜん》の有樣《ありさま》を言《い》ふたものである。故《ゆゑ》に中《ちう》は正《せい》を兼《か》ねて正《せい》を超越《てうゑつ》したもので、程伊川《ていいせん》が中《ちう》には不正《ふせい》なし、正《せい》は未《いま》だ必《かな》らずしも中《ちう》ならずと言《い》ふた所以《ゆえん》は卽《すなは》ち之《これ》が爲《ため》である。

上述《じやうじゆつ》の如《ごと》くであるから、柔爻《じうかう》であつて、二の中位《ちうゐ》に居《ゐ》るものは、柔德《じうとく》の全體《ぜんたい》を具足完備《ぐそくくわんび》したものである、故《ゆゑ》に之《これ》を柔順中正《じうじゆんちうせい》と言《い》ひ、亦剛爻《またがうかう》であつて五の中位《ちうゐ》に居《ゐ》るものは、剛德《がうとく》の全體《ぜんたい》を具足完備《ぐそくくわんび》したものである、故《ゆゑ》に之《これ》を剛健中正《がうけんちうせい》と言《い》ふ。文言傳《ぶんごんでん》に大《だい》なる哉乾《かなけん》や、剛健中正《がうけんちうせい》、純粹《じゆんすゐ》にして精《くは》し、又曰《またいは》く夫《そ》れ大人《たいじん》は天地《てんち》と其《そ》の德《とく》を合《がつ》し、日月《じつげつ》と其《そ》の明《めい》を合《がつ》し、四時《じ》と其《そ》の序《じよ》を合《がつ》し、鬼神《きじん》と其《そ》の吉凶《きつきよう》を合《がつ》し、天《てん》に先《さ》きむじて而《しか》して天違《てんたが》はず、天《てん》に後《おく》れて而《しか》して天時《てんじ》を奉《ほう》ず、天且《てんか》つ違《たが》はず、而《しか》るを況《いは》むや人《ひと》に於《おい》てをや、況《いは》むや鬼神《きじん》に於《おい》てをやと言《い》ふは、乾《けん》の卦《くわ》に於《お》ける九五が剛健中正《がうけんちうせい》の德《とく》を解《と》いたものである、亦坤《またこん》の文言《ぶんごん》に地《ち》道光《だうひか》るなり、直《ちよく》とは其《そ》の正《たゞ》しきなり、方《はう》とは其《そ》の義《ぎ》あるなり、君子《くんし》は敬以《けいもつ》て內《うち》を直《たゞし》ふし、義《ぎ》以《もつ》て外《そと》を方《はう》にす、敬義《けいぎ》立《た》て而《しか》して德孤《とくこ》ならず、直方大習《ちよくはうだいなら》はずして利《よろ》しからざる所《ところ》なしとは卽《すなは》ち其《そ》の行《おこな》ふ所《ところ》を疑《うたが》はざるなりと言《い》ふは、坤《こん》の卦《くわ》に於《お》ける六二が柔順中正《じうじゆんちうせい》の德《とく》を釋《しやく》したものである。

故《ゆゑ》に中位《ちうゐ》に居《ゐ》るが上《うへ》に亦《また》その正《せい》を得《え》たものを以《もつ》て最善《さいぜん》となすのである。その間或《かんあるひ》は一二の變例《へんれい》がないでもないが、惟《ひと》り乾坤《けんこん》の二卦《くわ》のみでなく、何《いづ》れの卦《くわ》に於《おい》ても中正《ちうせい》を得《え》て居《ゐ》るものは、皆此《みなこ》の例《れい》を以《もつ》て之《これ》を推《お》してよい、故《ゆゑ》に剛爻《がうかう》が二に居《ゐ》るものは剛中《がうちう》で、柔爻《じうかう》が五に居《ゐ》るものは柔中《じつちう》であるけれども共《とも》に不正《ふせい》である、然《しか》れども中《ちう》は元《も》と正《せい》を兼《か》ぬるが故《ゆゑ》に不正《ふせい》の見《み》るべきものがない、隨《したが》つて不正《ふせい》と言《い》ふことは、初《しよ》三四上《じやう》に於《おい》て之《これ》を言《い》ふべきことで、二五に於《おい》ては之《これ》を言《い》へぬことゝなる、此《こ》れ中德《ちうとく》の絕對至善《ぜつたいしぜん》なる所以《ゆえん》である、されど中《ちう》にして正《せい》なるものに比《くら》ぶれば、それ丈《だ》け劣《おと》る所《ところ》がある、故《ゆゑ》に中《ちう》なれども不《ふ》正《せい》なるものを以《もつ》てその次《つぎ》とする。而《しか》して初《しよ》三四上《じやう》は何《いづ》れも皆不中《みなふちう》であるけれども、正《せい》なるものもあれば不正《ふせい》なるものもある、而《しか》して初《しよ》と三とは陽位《やうゐ》であつて、四と上《じやう》とは陰位《いんゐ》である、故《ゆゑ》に剛爻《がうかう》が初《しよ》と三とに居《ゐ》る時《とき》は之《これ》を剛正《がうせい》と言《い》ひ若《も》しくは重剛《ぢうがう》と言《い》ふ。亦柔爻《またじうかう》が四と上《じやう》とに居《ゐ》る時《とき》は、之《これ》を柔正《じうせい》と言《い》ひ、若《もし》くは重陰《ぢういん》と言《い》ふ。故《ゆゑ》に不中《ふちう》なれども正《せい》なるものを以《もつ》て亦《また》その次《つぎ》とする。反之《これにはんし》。柔爻《じうかう》が初《しよ》と三とに居《を》り剛爻《がつかう》が四と上《じやう》とに居《ゐ》るときは之《これ》を不正《ふせい》と言《い》ふ。故《ゆゑ》に不中《ふちう》なるが上《うへ》に不正《ふせい》なるものを以《もつ》て最下《さいか》とするのであるが、此《こ》れが則《すなは》ち易《えき》に於《お》ける一般《ばん》の常例《じやうれい》である、されども亦往々《またわう〳〵》之《これ》に反《はん》するものもある。何《なん》となれば、卦體《くわたい》の異《こと》なるに從《したが》ふて卦義《くわぎ》が變《へん》ずる許《ばか》りでなく、尚他《なほた》に承乘應比等《しよう〳〵おうひとう》の關係《くわんけい》があつて、以上《いじやう》の常《じやう》例《れい》を變動《へんどう》せしむべき事情《じじやう》があるからである。そこで今《いま》その例《れい》を經文中《けいもんちう》に求《もと》むれば、屯《ちゆん》の九五に其《そ》の膏《かう》を屯《たむろ》すと言《い》ひ、復《ふく》の九五に貞《かた》ければ厲《あやう》しと言《い》ひ、否《ひ》の九五に其《そ》れ亡《ほろ》びむ其《そ》れ亡《ほろ》びむ、苞桑《ほうさう》に繋《つな》ぐと言《い》ひ、同人《どうじん》の九五に同人先《どうじんさ》きには號咷《がうてう》して而《しか》して後《のち》には笑《わら》ふ。大師克《だいしか》つて相遇《あひあ》ふと言《い》ひ、无妄《むばう》の九五に无妄《むばう》の疾《やまひ》と言《い》ひ、大過《たいくわ》の九五に枯楊華《こやうはな》を生《しやう》じ、老婦士夫《らうふしふ》を得《う》る、咎《とが》もなく譽《ほまれ》もなしと言《い》ひ、夬《くわい》の九五に莧陸夬々《けんりくけつ〳〵》、中行《ちうかう》なれば咎《とが》なしと言《い》ひ、萃《すゐ》の九五に孚《まこと》とするに匪《あ》らず、元《おほ》いに永《なが》く貞《ただ》しければ悔亡《くいほろ》ぶと言《い》ひ、漸《ぜん》の九五に婦《ふ》三歳《さい》まで孕《はら》まずと言《い》ひ、兌《だ》の九五に剝《はく》に孚《まこと》あれば厲《あやう》きことありと言《い》ふが如《ごと》きは皆爻位《みなかうゐ》に於《おい》ては中正《ちうせい》を得《え》て居《ゐ》るけれども、卦體卦義等《くわたいくわぎとう》に由《よ》つてその義《ぎ》を變《へん》じたものである。

亦屯《またちゆん》の六二に屯如《ちゆんじよ》たり邅如《せんじよ》たりと言《い》ひ、同人《どうじん》の六二に同人宗《どうじんそう》に于《おい》てす吝《やぶ》さしと言《い》ひ、隨《ずゐ》の六二に小子《せうし》に係《かゝ》つて丈夫《ちやうぶ》を失《うしな》ふと言《い》ひ、觀《くわん》の六二に闚《うかゞ》ひ觀《み》る女《ぢよ》の貞《てい》に利《よろ》しと言《い》ひ、噬嗑《ぜいがう》の六二に膚《ふ》を噬《か》むで鼻《はな》を滅《い》ると言《い》ひ、賁《ひ》の六二に其《そ》の鬚《ひげ》を賁《かざ》ると言《い》ひ、剝《はく》の六二に牀《しやう》を剝《ねこ》すに以《もつ》て辨《べん》よりす、貞《てい》を蔑《ほろぼ》せば凶《きよう》と言《い》ひ、頤《い》の六二に顚《さか》しまに頤《やしな》はる、經《つね》に拂《もと》る、丘《おか》に于《おい》て頤《やしな》はる、往《ゆ》けば凶《きよう》と言《い》ひ、咸《かん》の六二に其《そ》の腓《こむら》に咸《かん》ず凶《きよう》と言《ひ》ひ、晉《しん》の六二に晉如《しんじよ》たり愁如《しうじよ》たりと言《い》ひ、明夷《めいゐ》の六二に左《ひだり》の股《もゝ》を夷《やぶ》ると言《い》ひ、蹇《けん》の六二に王臣蹇々《わうしんけん〳〵》と言《い》ひ、震《しん》の六二に震《ふる》ひ來《きた》つて厲《あやう》しと言《い》ひ、艮《こん》の六二に其《そ》の腓《こむら》に艮《とゞま》ると言《い》ひ、豐《ほう》の六二に其《そ》の蔀《しとみ》を豐《ゆたか》にして日中《につちう》に斗《と》を見《み》る、往《ゆ》けば疑疾《ぎしつ》を得《う》ると言《い》ひ、既濟《きせい》の六二に婦《ふ》其《そ》の茀《かざし》を喪《うしな》ふと言《い》ふの類《るゐ》は皆柔順中正《みなじうじゆんちうせい》の位《くらゐ》を得《え》て居《ゐ》るけれども、卦義《くわぎ》に由《よ》つてその例《れい》を變《へん》じたものである。

第三款　承　乘

承《しよう》とは奉承《ほうしよう》するの義《ぎ》で、自爻《じかう》より上《かみ》に居《ゐ》る所《ところ》の爻《かう》に對《たい》する關係《くわんけい》を言《い》ひ、乘《じよう》とは乘駕《じようが》するの義《ぎ》で、自爻《じかう》より下《しも》に居《ゐ》る所《ところ》の爻《かう》に對《たい》する關係《くわんけい》を言《い》ふたもので卦中《くわちう》の六爻《かう》が皆《みな》さうである、されどもその中《うら》に於《おい》て初《しよ》は最下《さいか》に居《ゐ》るを以《もつ》て二爻《かう》を承《うけ》て居《ゐ》るけれども、自《みづ》からは乘《の》るべき所《ところ》の爻《かう》がなく、反之《これにはんし》上《じやう》は最終《さいしふ》に居《ゐ》るが故《ゆゑ》に、五爻《かう》に乘《の》つて居《ゐ》るけれども、自《みづ》からは承《う》くべき所《ところ》の爻《かう》がない。故《ゆゑ》に初爻《しよかう》は承《しよう》あつて乘《じよう》なく、上爻《じやうかう》は乘《じよう》あつて承《しよう》がない。承《しよう》も乘《じよう》も共《とも》にあるものは、二三四五の四爻《かう》に限《かぎ》るものである、即《すなは》ち賁《ひ》の初《しよ》九に車《くるま》を舍《す》てゝ而《しか》して徒《かち》よりすと言《い》ふのは、乘《の》るべき所《ところ》の爻《かう》がないので此《かく》の如《ごと》き辭《ことば》を繋《か》けたものである。但《たゞ》し上下《じやうげ》の爻《かう》が自爻《じかう》と同柔同剛《どうじうどうがう》である時《とき》には、承乘《しようじよう》の義《ぎ》を取《と》らぬのである、假《たと》へば屯《ちゆん》の六三は、六二と六四との中間《ちうかん》に居《ゐ》るけれども、上下共《じやうげとも》に同柔《どうじう》であるから、承乘《しようじよう》の義《ぎ》を取《と》らず、亦大畜《またたいちく》の九二は初《しよ》九と九三との中間《ちうかん》に居《ゐ》るけれども、上下共《じやうげとも》に同剛《どうがう》であるから承乘《しようじよう》の義《ぎ》を取《と》つて居《を》らぬ樣《やう》なものである。

尚亦承《なほまたしよう》と言《い》ひ乘《じよう》と言《い》ふも、自爻《じかう》の柔爻《じうかう》を以《もつ》て剛爻《がうかう》に乘《の》り剛爻《がうかう》を承《う》くると言《い》ふの義《ぎ》であるから、自爻《じかう》が剛爻《がうかう》であつて柔爻《じうかう》の上《かみ》に居《を》り、亦柔爻《またじうかう》の下《しも》に居《ゐ》るものに就《つい》ては、玆《こゝ》に謂《い》ふ所《ところ》の承乘《しようじよう》の義《ぎ》を用《もち》ひぬのである、假《たと》へば屯《ちゆん》の九五師《し》の九二等《とう》の如《ごと》きは、上下共《じやうげとも》に柔爻《じうかう》であるから承乘《しやうじよう》の義《ぎ》を取《と》らぬ樣《やう》なものである。故《ゆゑ》に承乘《しようじよう》の二者《しや》は何《いづ》れの卦《くわ》に於《おい》ても、自爻《じかう》の柔爻《じうかう》が上下《じやうげ》の剛爻《がうかう》に對《たい》する所《ところ》の關係《くわんけい》である。反《これに》之《はんし》、自爻《じかう》が剛爻《がうかう》である時《とき》には、上下《じやうげ》に居《ゐ》るものゝ剛柔《がうじう》に論《ろん》なく凡《すべ》て承乘《しようじよう》の義《ぎ》を取《と》らぬものと知《し》るべきである。或《あるひ》は言《い》はむ、上下同柔同剛《じやうげどうじうどうがう》なる場合《ばあひ》には承乘《しようじよう》の義《ぎ》を取《と》らぬとせば、屯《ちゆん》の六四は柔《じう》であつて柔《じう》の上《かみ》に居《ゐ》るから乘《じよう》がないものであると言《い》はねばならぬ。然《しか》るに六四の辭《ことば》に馬《うま》を乘《の》つて班如《はんじよ》と言《い》ひ亦否《またひ》の六二は上下共《じやうげとも》に同柔《どうじう》であるから、承乘共《しやうじようとも》にその義《ぎ》がないものであると言《い》はねばなるまい。然《しか》るに六二の辭《じ》に包承《ほうしよう》すと言《い》ふは何故《なぜ》であるかと、此《こ》の說《せつ》の如《ごと》きは承乘《しようじよう》の語《ご》のみを知《し》つて、未《いま》だ承乘《しやうじよう》の義《ぎ》を知《し》らぬものであると言《い》はねばならぬ、何《なん》となれば、屯《ちゆん》の六四に馬《うま》に乘《の》つて班如《はんじよ》と言《い》ふは、六三の柔《じう》爻《かう》を指《さ》して馬《うま》と言《い》ふたのではなく、內卦《ないくわ》の震《しん》を馬《うま》と見《み》て六四はその上《かみ》に居《を》り。且《か》つ內卦震《ないくわしん》の初《しよ》九と正《せい》應《おう》である所《ところ》から、此《かく》の如《ごと》き辭《じ》を繫《か》けたものである。亦否《またひ》の六二に包承《ほうしよう》と言《い》ふは、六三の陰爻《いんかう》を承《う》くると言《い》ふの義《ぎ》ではなく、その正應《せいおう》である所《ところ》の九五に承《う》くると言《い》ふの義《ぎ》である。故《ゆゑ》に屯《ちゆん》と否《ひ》の二例《れい》のみを以《もつ》てば、同爻《どうかう》の間《あひだ》には承乘《しようじよう》の義《ぎ》がないと言《い》ふ說《せつ》を破《やぶ》ることは可能《でき》ぬ。此《かく》の如《ごと》く承乘《しようじよう》とは柔爻《じうかう》が剛《がう》爻《かう》に對《たい》する所《ところ》の關係《くわんけい》であるから。同柔同剛若《どうじうどうがうも》しくは剛爻《がうかう》が柔爻《じうかう》に對《たい》する關係《くわんけい》に就《つい》ては、承乘《しようじよう》の義《ぎ》を取《と》るべきものでない。尚左《なほさ》に圖《づ》を揭《かか》げて承乘《しようじよう》の眞義《しんぎ》を說明《せつめい》することにしよう。

解

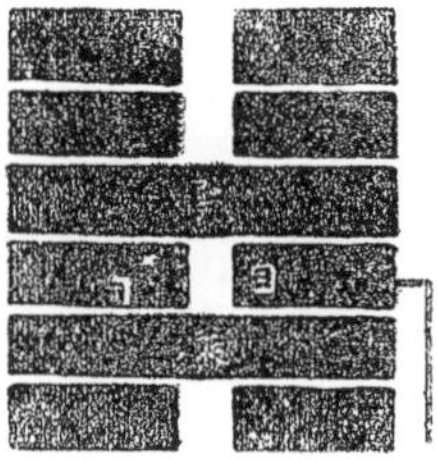

負且乘、政ニ寇至一

承乘の圖

困

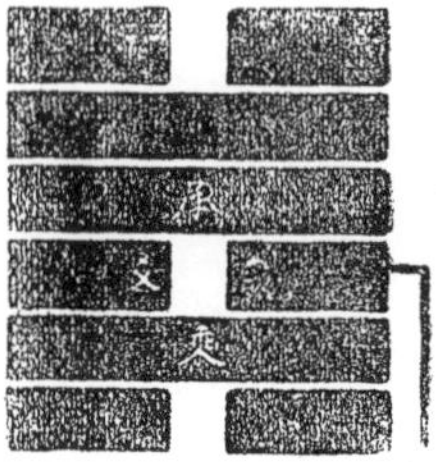

困レ于レ石、據ニ蒺藜一、

承乘の圖

屯　乘の圖

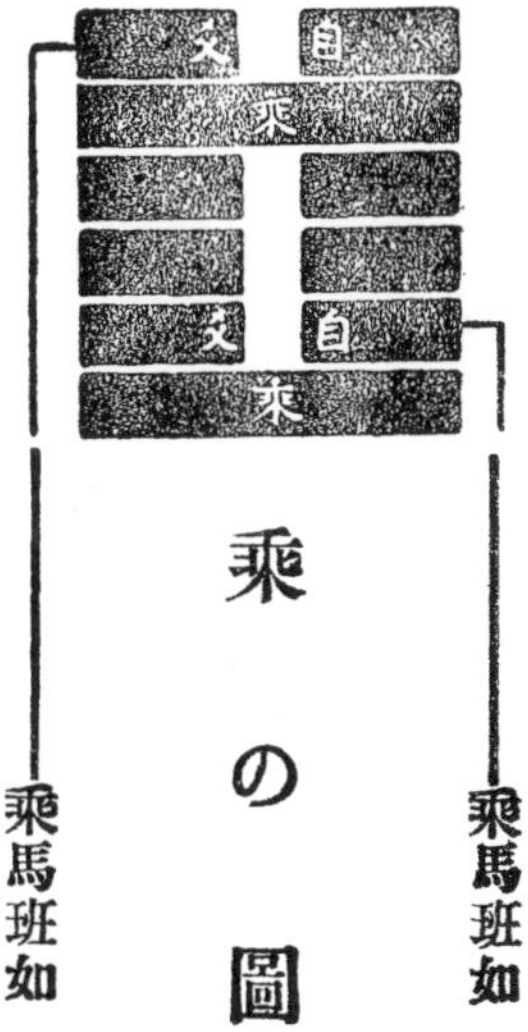

抑々《そも〳〵》易例《えきれい》に於《おい》ては剛爻《がうかう》を以《もつ》て賢明《けんめい》となし才能《さいのう》となし、柔爻《じうかう》を以《もつ》て暗愚《あんぐ》となし、無能《むのう》となすのであるが賢明《けいめい》にして才能《さいのう》あるものは上《かみ》に居《ゐ》て下《しも》を撫《な》で養《やしな》ひ、暗愚《あんぐ》にして無能《むのう》なるものは下《しも》に居《ゐ》て上《かみ》に仰《あふ》ぎ事《つか》ふべきことは一般《はん》の定理《ていり》であるが、易《えき》に承乘《しようじよう》の義《ぎ》を取《と》つたもの亦此《またこ》の理《り》に從《したが》ふものに外《ほか》ならぬ、故《ゆゑ》に同爻同類《かうどうるゐ》の間《あひだ》に於《おい》ては玆《こゝ》に謂《い》ふ承乘《しようじよう》の義《ぎ》を取《と》らずとも、尙外《なほほか》に中正應比《ちうせいおうひ》等《とう》の義《ぎ》があつて、その賢愚鋭鈍《けんぐえいどん》の差等《さとう》があることを知《し》り得《え》らるることである。然《しか》るに柔《じう》が剛《がう》に乘《の》り且《か》つ承《う》くるものに至《いた》つては、特殊《とくしゆ》にして格別《かくべつ》なる狀態《じやうたい》の存《そん》ずるものである、卽《すなは》ち異常《ゐじやう》にして異例《ゐれい》の有樣《ありさま》であると言《い》はねばならぬ、されば中正應比《ちうせいおうひ》等《とう》の外《ほか》、亦更《またさら》に異常《ゐじやう》の例《れい》を設《まう》けて別《べつ》に格段《かくだん》なる狀態《じやうたい》の存《そん》ずることを表示《へうじ》せねばならぬ、此《こ》れ承乘《しようじよう》の義《ぎ》を設《まう》けた所以《ゆえん》であらう、故《ゆゑ》に承《しよう》とは柔《じう》の不能不才不明《ふのうふさいふめい》なるものが、剛《がう》の賢明才能《けんめいさいのう》あるものに奉承服事《ほうしようふくじ》する義《ぎ》で、乘《じよう》とは柔《じう》の愚鈍《ぐどん》にして無知《むち》なるものが、剛《がう》の鋭敏《えいびん》にして有爲《いうゐ》なるものゝ上《かみ》に乘《じよう》

駕凌軼《がれうちつ》するの義《ぎ》である、蓋《けだ》し無能《むのう》なるものが、有爲《いうゐ》なるものに服事《ふくじ》する丈《だけ》ですら、尚且《なほか》つ苦難《くなん》を免《まぬ》かるゝことは可能《でき》まい、然《しか》るに無能《むのう》の身《み》でありながら、才能《さいのう》あるものゝ上《かみ》に居《ゐ》て、之《これ》を制御《せいぎよ》せむとするのは、尙更《なほさら》にその艱難《かんなん》が多《おほ》いのは言《い》ふ迄《まで》もないことである。加之《のみならず》無知《むち》無能《むのう》なるものが有爲《いうゐ》賢明《けんめい》なるものゝ中間《ちうかん》に介在《かいざい》し、承乘《しようじよう》共《とも》に之《これ》を兼《か》ぬるが如《ごと》きは、その艱難《かんなん》は非常《ひじやう》であると言《い》はねばならぬ。此《かく》の如《ごと》く承乘《しようじよう》の艱難《かんなん》は柔爻《じうかう》その者《もの》から見《み》た所《ところ》の義《ぎ》であつて、隣爻《りんかう》から見《み》たものではない、その中《うち》に於《おい》ても承《しよう》の難《なや》みは、上《かみ》に承《う》け戴《いただ》く所《ところ》の苦難《くなん》であるから差程《さほど》のことでもあるまいが、反之《これにはんし》、乘《じよう》の苦難《くなん》は踏《ふ》み乘《の》るが爲《ため》の苦難《くなん》であるから、之《これ》を承《しよう》の苦難《くなん》に比《くら》ぶれば甚《はなは》だ重《おも》い所《ところ》があるのである。そこで今《いま》經傳中《けいでんちう》に散見《けん》して居《ゐ》る承乘《しようじやう》の例《れい》を擧《あ》げて見《み》れば左《さ》の如《ごと》くである、繫辭傳《けいじでん》に曰《いは》く、

易《えき》を作《つく》る者《もの》は其《そ》れ盜《たう》を知《し》れる乎《か》、易《えき》に曰《いは》く負《お》ひ且《か》つ乘《の》るは冦《かう》の至《いた》ることを致《いた》すと、負《ふ》なる者《もの》は小人《せうじん》の事《こと》なり、乘《じやう》なる者《もの》は君子《くんし》の器《き》なり、小人《せうじん》にして君子《くんし》の器《き》に乘《の》る、盜之《たうこれ》を奪《うば》はんことを思《おも》ふ、上《かみ》は慢《まん》にして下《しも》は暴《ばう》、盜之《たうこれ》を伐《うた》んことを思《おも》ふ、慢藏《まんざう》は盜《たう》を誨《をし》ゆ、冶容《やよう》は淫《いん》を誨《をし》ゆ、易《えき》に曰《いは》く負《お》ひ且《か》つ乘《の》るは冦《かう》の至《いた》ることを致《いた》すと盜《たう》を之《こ》れ招《まね》くなり、

と這《こ》は即《すなは》ち解《かい》の六三の辭《じ》を引《ひ》き來《きた》つたものであるが、解《かい》の六三に於《おい》ては負《お》ひ且《か》つ乘《の》る冦《かう》の至《いた》ることを致《いた》す、貞《かた》けれは吝《やぶ》さし、象《しやう》に曰《いは》く負《お》ひ且《か》つ乘《の》るは亦醜《またしう》をす可《べ》し、我《われ》より戎《じう》を致《いた》す又誰《またたれ》をか咎《とが》めん、

と言《い》ふて居《ゐ》る、その他《た》

屯《ちゆん》の六二に曰《いは》く屯《ちゆん》如《じよ》たり邅《せん》如《じよ》たり馬《うま》に乘《の》つて班《はん》如《じよ》たり、象《しやう》に曰《いは》く六二の難《なやみ》は剛《がう》に乘《の》ればなり、又其《またそ》の上六《じやう》に曰《いは》く馬《うま》に乘《の》つて班如《はんじよ》たり、噬嗑《ぜいがう》六二の象《しやう》に曰《いは》く膚《ふ》を噬《か》んで鼻《はな》を滅《い》るは剛《がう》に乘《の》ればなり、

賁《ひ》の初《しよ》九に曰《いは》く車《くるま》を舍《す》てゝ而《しか》して徒《かち》よりす象《しやう》に曰《いは》く車《くるま》を舍《す》てゝ徒《かち》よりすとは義《ぎ》乘《の》らざるなり、

困《こん》の六三に曰《いは》く石《いし》に困《くる》しみ蒺蔾《しつり》に據《よ》る、象《しやう》に曰《いは》く蒺蔾《しつり》に據《よ》るとは剛《がう》に乘《の》ればなり、

震《しん》の六二の象《しやう》に曰《いは》く震《ふる》ひ來《きた》つて厲《あや》うしとは剛《がう》に乘《の》ればなり、

歸妹《きまい》の彖傳《たんでん》に曰《いは》く利しき攸《とこ》ろなしとは柔剛《じうがう》に乘《の》ればなり、

夬《くわい》の彖傳《たんでん》に曰《いは》く王庭《わうてい》に揚《あ》ぐとは柔剛《じうがう》に乘《の》ればなり、

蠱《こ》の初《しよ》六の象《しやう》に曰《いは》く父《ちゝ》の蠱《こ》に幹《かん》たりとは意考《いかう》を承《う》くればなり、

頤《ゐ》の六五の象《しやう》に曰《いは》く貞《てい》に居《ゐ》るの吉《きつ》は順以《じゆんもつ》て上《かみ》に從《したが》へばなり、

尚此《なほこ》の外《ほか》に經文中《けいもんちう》には殊更《ことさら》に承乘《しやうじやう》の語《ご》を用《もち》ひて居《ゐ》る所《ところ》は見當《みあた》らぬ樣《やう》であるけれども、蹇《けん》の六二に王臣《わうしん》蹇々《けん〳〵》と言《い》ふは九三を承《う》くる所《ところ》の難《なや》みがあるからである、又豫《またよ》の六五に貞疾《ていしつ》と言《い》ひ震《しん》の六五に震《ふる》ひ往《ゆ》くも來《きた》るも厲《あや》うしと言《い》ふは、共《とも》に五の柔《じう》を以《もつ》て九四の剛《がう》に乘《の》つて居《ゐ》る所《ところ》の難《なや》みがある爲《ため》である、故《ゆゑ》に此《これ》等《ら》の例《れい》を以《もつ》て之《これ》を推《お》せば、經文《けいもん》の未《いま》だ言《いは》ぬ所《ところ》に於《おい》ても尚《なほ》承乘《しやうじやう》の義《ぎ》あるものを見出《みだ》し得《う》るに違《ちが》ひないがそは讀者諸君《どくしやしよくん》の研究《けんきう》を願《ねが》ふことゝする。

第四款　應比

第一　應

應《おう》とは應援祐助《おうえんいうじよ》の義《ぎ》で即《すなは》ち初位《しよゐ》と四位《ゐ》、二位《ゐ》と五位《ゐ》、三位《ゐ》と上位《じやうゐ》に居《ゐ》るものゝ間《あひだ》に於《おい》て、各《かく》二位《ゐ》を隔《へだ》てゝ剛《がう》と柔《じう》とが相應助《あひおうじよ》することである、尚之《なほこれ》を詳《つまび》らかにせば初爻《しよかう》は四爻《かう》に對《たい》し、二爻《かう》は五爻《かう》に對《たい》し、三爻《かう》は上爻《じやうかう》に對《たい》して互《たがひ》に救援應助《きうえんおうじよ》するの義《ぎ》である、假《たと》へば屯《ちゆん》の初《しよ》九は六四と應《おう》じ、六二は九五と應《おう》じ亦剝《またはく》の六三は上《じやう》九と應《おう》ずるの類《るゐ》が即《すなは》ちさうである。蓋《けだ》し屯《ちゆん》の初《しよ》九と六四とは正應《せいおう》である。故《ゆゑ》に六四の辭《じ》に馬《うま》に乘《の》つて班如《はんじよ》たり、婚媾《こんこう》を求《もと》めば往《ゆ》いて吉《きつ》、利しからざること无《な》しと言《い》へり、亦《また》六二と九五とも正應《せいおう》である、故《ゆゑ》に六二の辭《じ》に女子《ぢよし》貞《たゞし》ふして字《あざな》せず、十年《ねん》にして乃《すなは》ち字《あざな》すと言《い》ふて居《ゐ》る、亦剝《またはく》の六三と上《じやう》九とも正應《せいおう》である、故《ゆゑ》に六三の象《しやう》に之《これ》を剝《はく》す咎《とが》なしとは上下《じやうげ》を失《うしな》へばなりと言《い》ふて居《ゐ》るのを見《み》て知《し》らるゝのである、左《さ》に圖《づ》を掲《かゝ》げて之《これ》を説明《せつめい》しよう。

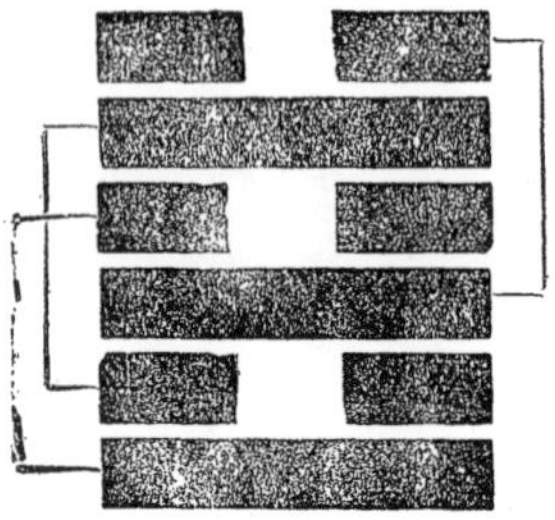

應位の圖

上圖《じやうづ》の如《ごと》く各々《おのおの》二爻《かう》づゝを隔《へだ》てゝ內外相應《ないぐわいあひおう》ずる所以《ゆえん》は、元《もと》應《おう》とは對待的交易《たいたいてきかうえき》の理《り》に由《よ》つてその法《はふ》を設《まう》けたものである、蓋《けだ》し三畫《くわく》八卦《くわ》に於《おい》ても已《すで》に天人地《てんじんち》の三才《さい》があるけれども、天《てん》も人《ひと》も地《ち》も共《とも》に孤立《こりつ》無對《むたい》で生成《せいく》の妙用《めうよう》が備《そな》はつて居《を》らぬ、何《なん》となれば、獨陽《どくやう》は生《しやう》せず獨陰《どくいん》は成《な》す所《ところ》がないからである、故《ゆゑ》に之《これ》を重《かさ》ねて六畫《くわく》となした後《のち》に及《およ》むで、始《はじ》めて天《てん》には陰陽《いんやう》の二位《ゐ》があつて四時變化《じへんくわ》し、地《ち》にも剛柔《がうじう》の二位《ゐ》があつて萬物《ばんぶつ》を生成《せいく》し、人《ひと》にも亦男女《またなんによ》の二位《ゐ》が出來《でき》て子孫《しそん》を繁殖《はんしよく》し、三者相應《しやあひおう》じ相交《あひまじ》はつて始《はじ》めて生々不息《せいくふそく》の妙用《めうよう》を完備《くわんび》することを得《う》るのであるが、應《おう》なるものは此《こ》の理《り》に傚《なら》ふて之《これ》を內外卦中《ないぐわいくわちう》の剛《がう》柔《じう》に比擬《ひぎ》したもので、之《これ》を以《もつ》て人事《じんじ》に象《かた》どれば、貴賤上下君臣父子夫婦男女彼我賓主《きせんじやうげくんしんふしふうふだんぢよひがひんしゆ》等《とう》の間《あひだ》に於《おい》て、相互《さうご》に應援扶助《おうえんふじよ》するの義《ぎ》に當《あた》るのである、故《ゆゑ》に初《しよ》と四《し》とは共《とも》に內外卦《ないぐわいくわ》の下位《かゐ》と下位《かゐ》とに居《ゐ》て相應《あひおう》じ、二と五とは共《とも》に內外卦《ないぐわいくわ》の中位《ちうゐ》と中位《ちうゐ》とに居《ゐ》て相應《あひおう》じ、三と上《じやう》とは共《とも》に內外卦《ないぐわいくわ》の上位《じやうゐ》と上位《じやうゐ》とに居《ゐ》て相《あひ》應《おう》じ、反之《これにはんし》、剛《がう》と剛《がう》と、柔《じう》と柔《じう》とは、假《たと》へ應位《おうゐ》に居《ゐ》ても相應和《あひおうわ》せぬのが常例《じやうれい》である。けれども卦體《くわたい》が異《こと》なれば交體《かうたい》も亦變《またかは》り、隨《したが》つてその象義《しやうぎ》も亦變動《またへんどう》して常例《じやうれい》の外《ほか》に出《い》でねばならぬ、故《ゆゑ》に剛柔應位《がうじうおうゐ》に居《ゐ》ながら、相應《あひおう》せぬものもあれば、同柔同剛《どうじうどうがう》にして却《かへ》つて相應《あひおう》じ。或《あるひ》は應位《おうゐ》を捨《す》てゝ應位《おうゐ》でないものと相應《あひおう》ずる樣《やう》な變例《へんれい》を見《み》ることもあるが、這《こ》は必竟時宜《ひつきやうじぎ》の已《や》むを得《え》ざるに由《よ》るもので、唯《たゞ》その跡《あと》のみを見《み》れば之《これ》を變例《へんれい》であると言《い》ふの外《ほか》はないけれども、而《しか》もその義《ぎ》を制《せい》して時宜《じぎ》に適《てき》する所《ところ》の精神《せいしん》から之《これ》を見《み》れば、常例《じやうれい》の外《ほか》に出《い》でゝ、却《かへ》つて常例《じやうれい》に歸《き》するものに外《ほか》ならぬ、そこで今《いま》その變例《へんれい》に屬《ぞく》すべきものを列擧《れつきよ》して見《み》れば、應位《おうゐ》に居《ゐ》て剛柔相應《がうじうあひおう》せぬもの、剛《がう》と剛《がう》と、柔《じう》と柔《じう》と相應《あひおう》ずるもの、亦應位《まつおうゐ》に居《を》らずして兩剛兩柔相應《りやうがうりやうじうあひおう》ずるものとの區別《くべつ》がある。

一　應位に居て剛柔相敵應するもの

屯《ちゆん》の初《しよ》九に盤桓《はんくわん》たり貞《てい》に居《ゐ》るに利《よろ》しと言《い》ひ、蒙《もう》の上《じやう》九に蒙《もう》を擊《う》つ寇《あだ》を爲《な》すに利《よろ》しからず寇《あだ》を禦《ふせ》ぐに利《よろ》しと言《い》ひ、需《じゆ》の初《しよ》九に郊《かう》に需《ま》つと言《い》ひ、小畜《せうちく》の初《しよ》九に復《かへ》ること道《みち》よりすと言《い》ひ、同人《どうじん》の六二に同人宗《どうじんそう》に于《おい》てすと言《い》ひ、謙《けん》の上《じやう》六に用《もち》ひて師《し》を行《や》り邑國《いうこく》を征《せい》するに利《よろ》しと言《い》ひ、大畜《たいちく》の初《しよ》九に厲《あやう》きことあり已《や》むに利《よろ》しと言《い》ひ、九二に輿輹《くろまふく》を說《ぬ》ぐと言《い》ひ、頤《い》の初《しよ》九に爾《なんぢ》の靈龜《れいき》を舍《す》てゝ我《われ》を觀《み》て頤《い》を朶《た》る凶《きよう》と言《い》ひ、晉《しん》の初《しよ》六に晉如《しんじよ》たり愁如《しうじよ》たりと言《い》ひ、明夷《めいゐ》の九三に明夷《めいゐ》于《こゝ》に南狩《なんしゆ》して其《そ》の大首《たいしゆ》を得《う》ると言《い》ひ、睽《けい》の六三に其《そ》の人天《ひさかみ》きられ且《か》つ劓《はな》きらると言《い》ひ、六五に其《そ》の宗膚《そうふ》を噬《か》むと言《い》ひ、上《じやう》九に睽《そむ》いて孤《こ》なりと言《い》ひ、解《かい》の九四に而《なんち》の拇《おやゆび》を解《と》くと言《い》ひ、夬《くわい》の九三に夬々《けつ〳〵》と言《い》ひ、中孚《ちうふ》の六三に敵《てき》を得《う》ると言《い》ひ、小《せう》過《くわ》の初《しよ》六に飛鳥《ひてう》なり以《もつ》て凶《きよう》と言《い》ひ、九三に過《す》ぎたるにあらずして之《これ》を防《ふせ》ぐ、從《したが》つて或《あるひ》は之《これ》を戕《そこな》ふ凶《きよう》と言《い》ひ既濟《きせい》の九三に鬼方《きはう》を伐《う》つと言《い》ひ、未濟《びせい》の九四に震《ふる》ひ用《もち》ひて鬼方《きはう》を伐《う》つと言《い》ふの類《るゐ》は、皆剛柔應位《みながうじうおうゐ》に居《ゐ》るから相應和《さうおうわ》せねばならぬのに、却《かへ》つて相敵害《あひてきがい》するものである。

二　應位に居て剛柔相應せぬもの

蒙《もう》の六三に金夫《きんふ》を見《み》て躬《み》を有《も》たずと言《い》ひ、隨《ずゐ》の六二に小子《せうし》に係《かゝ》つて丈夫《ちやうふ》を失《うしな》ふと言《い》ひ大過《たいくわ》の九三に棟《むなぎ》撓《た》やむと言《い》ひ、遯《さん》の九四九五に好遯嘉遯《かうさんかさん》と言《い》ひ、姤《こう》の九四に包《つゝみ》に魚《うを》なし凶《きよう》と言《い》ひ、井《せい》の九三に井渫《せいさら》へて、食《く》らはれず、我《わ》が心《こゝろ》の惻《かなし》みとなる、用《もち》ひて汲《く》むべし、王明《わうあき》らかならば並《ならび》に其《そ》の福《ふく》を受《う》けむと言《い》ひ、鼎《てい》の九四に鼎足《かなへあし》を折《を》り公《こう》の餗《そく》を覆《くつが》へすと言《い》ひ、渙《くわん》の上九《じやう》に其《そ》の血《ち》を渙らす、去《さ》つて遠《とう》く出《い》づと言《い》ひ、節《せつ》の初九《しよ》に戸庭《こてい》を出《い》でずと言《い》ひ、小過《せうくわ》の上六《じやう》に遇《あ》へるにあらずして之《これ》に過《す》ぐと言《い》ひ、既濟《きせい》の初九《しよ》に其《そ》の輪《わ》を曳《ひ》き其《そ》の尾《を》を濡《うるほ》すと言《い》ひ、その他《た》未濟《びせい》の初六《しよ》九二六三の如《ごと》きは皆剛柔應位《みながうじうおうゐ》に居《ゐ》て相應《あひおう》せぬものである。

三　應位にあらずして剛柔相應ずるもの

蒙《もう》の九二に包蒙《ほうもう》と言《い》ふは、初六《しよ》と六三とに比《ひ》し、六五に應《おう》ずる許《はか》りでなく、尚《なほ》六四の柔爻《じうかう》に應《おう》じて之《これ》を包《つゝ》むの義《ぎ》を言《い》ふたものであるが、同人《どうじん》の九四に其《そ》の墉《よう》に乘《の》つて攻《せ》むること能《あた》はずと言《い》ひ、大有《たいいう》の九三に公用《こうもち》ひて天子《てんし》に亨《きやう》すと言《い》ひ、豫《よ》の上六《じやう》に豫《よ》に冥《くら》しと言《い》ひ、臨《りん》の上六《じやう》に敦《あつ》く臨《のぞ》むと言《い》ひ、觀《くわん》の初六《しよ》に童觀《どうくわん》と言《い》ひ、復《ふく》の六三六五上六《じやう》に復《かへ》ると言《い》ひ、頤《い》の六三に頤《やしなひ》に拂《もと》る貞《たゞし》ければ凶《きよう》と言《い》ひ、姤《こう》の九三に臀膚《でんぷ》なく其《そ》の行《ゆ》くこと次且《じそ》と言《い》ひ、九五に杞《き》を以《もつ》て瓜《くわ》を包《つゝ》むと言《い》ひ、萃《すゐ》の初六《しよ》に孚《まこと》有《あ》つて終《を》へず、乃《すなは》ち亂《みだ》れ乃《すなは》ち萃《あつま》ると言《い》ひ、升《しやう》の九三に虛邑《きよいう》に升《のぼ》ると言《い》ひ、震《しん》の上六《じやう》に震《ふる》ふこと索々《さくさく》たり、親《み》ること矍《きやく》々たり、婚媾《こんこう》言《ものい》ひありと言《い》ふが如《ごと》きは、應位《おうゐ》にあらずして剛柔相應《がうじうあひおう》ずるものである。

四　應位にあらずして剛柔敵應するもの

蒙《もう》の上《じやう》九に蒙《もう》を撃《う》つと言《い》ふは、六五に害比《がいひ》し、六三に害應《がいおう》するの外《ほか》、尚初《なほしよ》六六四の二柔《じう》にも害應《がいおう》するものであるが、小畜《せうちく》の九二に牽《ひか》れて復《かへ》ると言《い》ひ、謙《けん》の六五に征伐《せいばつ》を用《もち》ゆるに利《よろ》しと言《い》ひ、剝《はく》の初《しよ》六六二六四に剝《はく》を言《い》ひ、晋《しん》の六二に晋如愁如《しんじよしうじよ》と言《い》ひ、その他夬《たくわい》の初《しよ》九九二九四の如《ごと》きは、皆應位《みなおうゐ》にあらずして剛柔相害應《がうじうあひがいおう》するものである。

亦噬嗑《またぜいがふ》、晋《しん》、萃等《すゐとう》の九四及《およ》び艮《ごん》の九三等《とう》の如《ごと》きは、害應《がいおう》でもなく、害比《がいひ》でもなく、唯中間《たゞちうかん》に介在《かいざい》して上下《じやうげ》の間隔《かんかく》をなすものである、そは彼《か》の頤中《いちう》に物《もの》ありとか、鼫鼠《せきそ》とか、其《そ》の限《こし》に艮《とゞ》まり、其《そ》の夤《せじし》を列《さ》くとか言《い》ふを見《み》て知《し》らるゝのである。

五　兩剛相應ずるもの

乾《けん》の二と五に共《とも》に大人《たいじん》を見《み》るに利《よろ》しと言《い》ひ、隨《ずゐ》の初《しよ》九に門《もん》を出《い》でゝ交《まじ》はれば功《こう》ありと言《い》ひ、蠱《こ》の九三に父《ちゝ》の蠱《こ》に幹《かん》たりと言《い》ひ、无妄《むばう》の初《しよ》九に无妄往《むばうゆ》けば吉《きつ》と言《い》ひ、困《こん》の九二に朱紱《しゆふつ》方《ま》さに來《きた》ると言《い》ひ、九五に赤紱《せきふつ》方《ま》さに來《きた》ると言《い》ひ、豐《ほう》の初《しよ》九に其《そ》の配主《はいしゆ》に遇《あ》ふ、旬《ひさ》しと雖《いへ》ども咎《なが》なしと言《い》ひ、九四に其《そ》の夷《ゐ》主《しゆ》に遇《あ》ふ吉《きつ》と言《い》ひ、渙《くわん》の九二に渙《ちら》して其《そ》の机《き》に奔《はし》ると言《い》ひ、その他中孚巽兌《ちうふそんだ》の二五等《とう》の如《ごと》きは、應位《おうゐ》に居《ゐ》る所《ところ》の兩剛《りやうがう》が相應《あひおう》ずる所《ところ》の變例《へんれい》である。

六　應位にあらずして兩剛相應ずるもの

頤《い》の初《しよ》九に爾《じ》が靈龜《れいき》を捨《す》てゝ我《われ》を觀《み》て頤《い》を朶《た》ると言《い》ふは、應位《おうゐ》にあらずして上《じやう》九と相應《あひおう》じたものである、蹇《そく》の九五に大《おほい》に蹇《すく》めども朋來《ともきた》ると言《い》ふは應位《おうゐ》ではないけれども、九三も亦來《またきた》ることを言《い》ふたものである、解《かい》の九二と九四とは內外相應《ないぐわいあひおう》じて共《とも》にその難《なや》みを解《と》くものである、益《えき》の初《しよ》九に用《もち》ひて大作《たいさく》をなすに利《よろ》しと言《い》ひ、九五に孚《まこと》あらば我《わ》が德《とく》を惠《めぐ》みとすと言《い》ふてあるが、初《しよ》九も亦我《またわ》が德《とく》を惠《めぐ》みとするものゝ中《うち》にあるのであるが、此《かく》の如《ごと》きは應位《おうゐ》でなくして、兩剛相應《りやうがうあひおう》ずる所《ところ》の變例《へんれい》と見《み》ねばならぬ。亦《また》屯《ちゆん》の初《しよ》九と九五、同人《どうじん》の九三と九五等《とう》の如《ごと》きは、應位《おうゐ》にあらずして相害應《あひがいおう》する所《ところ》の變例《へんれい》に屬《ぞく》するものである、屯《ちゆん》の初《しよ》九に建《た》つて侯《きみ》たるに利《よろ》しと言《い》ひ、九五には其《そ》の膏《あぶら》を屯《とむろ》すと言《い》ひ、同人《どうじん》の九三に戎《じう》を莽《もう》に伏《ふく》すと言《い》ひ、九五には大師《だいし》克《か》つて相遇《あひあ》ふと言《い》ふて居《ゐ》るのを見《み》て知《し》るのである。前述《ぜんじゆつ》の如《ごと》く應位《おうゐ》に居《ゐ》ても、剛《がう》と剛《がう》とは相應和《あひおうわ》せぬのが原則《げんそく》である、故《ゆゑ》に兩剛應位《りやうがうおうゐ》に居《ゐ》て相應《あひおう》ずるの義《ぎ》なく、或《あるひ》は相害應《あひがいおう》して居《ゐ》るものゝ如《ごと》きは、此《こゝ》には之《これ》を省《はぶ》くのであるが、兩柔《りやうじう》が應位《おうゐ》に居《ゐ》て相應《あひおう》ぜず、若《もし》くは相敵害《あひてきがい》するものゝ如《ごと》きも亦《また》さうである。

七　兩柔相應和するもの

晉《しん》の六二に玆《こ》の介福《かいふく》を其《そ》の王母《わうぼ》に受《う》くと言《い》ひ、明夷《めいゐ》の六二に用《もち》ゐて拯《すく》ふ馬壯《うまさかん》むなれば吉《きつ》と言《い》ひ、豐《ほう》の六二に孚《まこと》あつて發若《はつじやく》たれば吉《きつ》と言《い》ひ、渙《くわん》の初《しよ》六に用《もち》ゐて拯《すく》ふ馬壯《うまさか》むなれば吉《きつ》と言《い》ひ、小過《せうくわ》の六二に其《そ》の妣《ひ》に遇《あ》ふと言《い》ひ、六五に公弋《こうよく》して彼《か》の穴《あな》にあるを取《と》ると言《い》ふの類《るゐ》は、兩柔《りやうじう》が應位《おうゐ》に居《ゐ》て相應《あひおう》ずる所《ところ》の變例《へんれい》である。

八　應位にあらずして兩柔相應ずるもの

晉《しん》の初《しよ》六に晉如《しんじよ》と言《い》ふは、進《すゝ》み升《のぼ》りて六五に應《おう》ずることを言《い》ふたものである、升《しやう》の初《しよ》六に允《まこと》に升《のぼ》ると言《い》ふは、六五の王庭《わうてい》に升《のぼ》り應《おう》ずることを言《い》ふたもので、此《かく》の如《ごと》き類《るゐ》は兩柔《りやうじう》が應位《おうゐ》に居《を》らずして相應《あひおう》ずる所《ところ》の變例《へんれい》である。

亦《また》明夷《めいゐ》の六四に左腹《さふく》に入《い》つて明夷《めいゐ》の心《こゝろ》を獲《う》ると言《い》ふが如《ごと》きは、應位《おうゐ》にあらずして上《じやう》六と相敵害《あひてきがい》する所《ところ》の變例《へんれい》である。

第二　比

比《ひ》とは比《ひ》親比《しんひ》和《わ》するの義《ぎ》で、隣爻《りんかう》と剛柔相比《がうじうあひひ》附《ふ》牽聯《けんれん》して互《たがひ》に輔助《ほじよ》することである、即《すなは》ち初爻《しよかう》は二爻《かう》に比し、二爻《かう》は初爻《しよかう》と三爻《かう》とに比《ひ》し、三爻《かう》は二爻《かう》と四爻《かう》とに比《ひ》し、四爻《かう》は三爻《かう》と五爻《かう》とに比《ひ》し、五爻《かう》は四爻《かう》と上爻《じやうかう》とに比《ひ》し、上爻《じやうかう》は五爻《かう》に比《ひ》するのがそうである、故《ゆゑ》に隣爻《りんかう》と剛柔相並《がうじうあひなら》ぶものゝ間《あひだ》でなければ比《ひ》の義《ぎ》を取《と》らぬのが原則《げんそく》である、こゝが比爻《ひかう》と應爻《おうかう》との異《こと》なる所《ところ》で、應爻《おうかう》は二位《ゐ》を隔《へだ》てゝ相應和《あひおうわ》するのが原則《げんそく》である、反之《これにはんし》、比爻《ひかう》は剛柔相接《がうじうあひせつ》するものでなければ比《ひ》の義《ぎ》を取《と》らぬのが原則《げんそく》である、けれどもその變例《へんれい》に於《おい》ては、數爻《すうかう》を隔《へだ》てゝ相比和《あひひわ》するものもあれば、或《あるひ》は剛《がう》と剛《がう》と、柔《じう》と柔《じう》と相比《あひひ》し、若《も》くは剛柔互《がうじうたがひ》に害比《がいひ》するものもあるが、此《これ》も亦卦體卦義等《またくわたいくわぎとう》の然《しか》らしむる所《ところ》で、已《や》むを得《え》ざるに出《い》づるものである、而《しか》してその剛柔相隣比《がうじうあひりんひ》するは通例《つうれい》であるから茲《こゝ》には之《これ》を省《はぶ》き、左《さ》に比爻《ひかう》の圖《づ》を示《しめ》して、その變例《へんれい》に屬《ぞく》するものを列擧《れつきよ》することゝする。

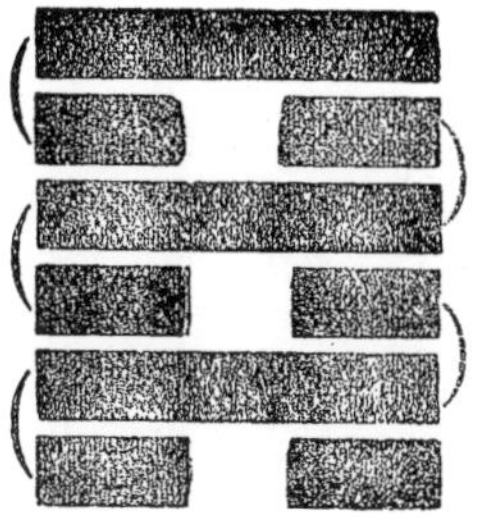

比爻の圖

一　兩剛相比和するもの

小畜《せうちく》の九二に牽《ひか》れて復《かへ》る吉《きつ》と言《い》ひ、秦《しん》の初《しよ》九に茅《ちがや》を拔《ぬい》て茹《じよ》たり、其《そ》の彙《たぐひ》を以《もつ》て往《ゆ》いて吉《きつ》と言《い》ふ、その彙《たぐひ》と言《い》ひ、以《もつ》てと言《い》ふは、內卦《ないくわ》の三爻《かう》を指《さ》したものである、大有《たいいう》の初爻《しよかう》から四爻迄《かうまで》と、隨《ずゐ》の四と五とは同剛《どうがう》なれども相比《あひひ》する所《ところ》の意味《いみ》を含《ふく》むで居《ゐ》る、大畜《たいちく》の九二に良馬逐《りやうばお》ふと言《い》ふは、內卦《ないくわ》三爻《かう》を指《さ》したものである、夬《くわい》の九二に惕《おそ》れて號《よ》ばはると言《い》ふは、隣爻《りんかう》を呼《よ》むで警戒《けいかい》する所《ところ》の義《ぎ》である、中孚《ちうふ》の九二に鳴鶴陰《めいかくいん》に在《あ》り、其《そ》の子《こ》之《これ》に和《わ》すと言《い》ふは、初《しよ》九が之《これ》に和《わ》するの義《ぎ》であるが、同剛《どうがう》は元《も》と比和《ひわ》するの義《ぎ》がないものである、然《しか》るに此《かく》の如《ごと》く相親比《あひしんひ》する所《ところ》の辭《じ》を繫《か》けたのは、蓋《けだ》し已《や》むを得《え》ざる變例《へんれい》に屬《ぞく》するものである。

二　兩柔相比和するもの

剛《がう》と剛《がう》との間《あひだ》に相親比《あひしんぴ》する義《ぎ》がないのと同《おな》じく、柔《じう》と柔《じう》との間《あひだ》にも亦相親比《またあひしんぴ》するの義《ぎ》がないのを原則《げんそく》とする、然《しか》るに泰《たい》の六四に其《そ》の隣《となり》を以《ひき》ゆと言《い》ひ、否《ひ》の初《しよ》六に茅《ちがや》を抜《ぬ》いて茹《によ》たりと言《い》ひ、謙《けん》の六五に其《そ》の隣《となり》を以《ひき》ゆと言《い》ひ、萃《すゐ》の六二に引《ひ》けば吉《きつ》にして咎《とが》なしと言《い》ひ、渙《くわん》の六三に其《そ》の躬《み》を渙《ち》らすと言《い》ふの類《るゐ》は皆兩柔相比親《みなりやうじうあひひしん》する所《ところ》の變例《へんれい》である。

三　剛柔相害比するもの

剛《がう》と柔《じう》とは相比和《あひひわ》するのが原則《げんそく》である、然《しか》るに屯《ちゆん》の六二に冠《あだ》するにあらず婚媾《こんこう》すと言《い》ひ、需《じゆ》の九三に冠《あだ》の至《いた》ることを致《いた》すと言《い》ひ、比《ひ》の上《じやう》六に之《これ》に比《ひ》す首《はじめ》なしと言《い》ひ、小畜《せうちく》の九三に輿輻《くるまよく》を説《と》き、夫妻《ふさい》目《め》を反《はん》すと言《い》ひ、履《り》の六三に虎尾《こび》を履《ふ》むで人《ひと》を咥《くら》ふ凶《きよう》と言《い》ひ、噬嗑《ぜいがふ》の六三に腊肉《せきにく》を噬《か》むで毒《どく》に遇《あ》ふと言《い》ひ、夬《くわい》の九五に莧陸夬々《けんりくくわいくわい》と言《い》ひ、豐《ほう》の九四に其《そ》の蔀《しとみ》を豐《ゆた》かにして日中斗《につちうと》を見《み》ると言《い》ひ、旅《りよ》の上《じやう》九に鳥《とり》その巢《す》を焚《た》くと言《い》ひ、兌《だ》の九五に剝《はく》に孚《まこと》あれば厲《あやふ》きことありと言《い》ひ、その他觀《たくわん》の六四、睽《き》の六三、剝《はく》の六五、離《り》の六五等《とう》が剛柔相害比《がうじうあひがいひ》して居《ゐ》ることは、その繋辭《けいじ》を見《み》て知《し》らるゝのである。

四　數爻を隔てゝ剛柔相比和するもの

數爻《すうかう》を隔《へだ》てゝ剛柔相比和《がうじうあひひわ》するの例《れい》は、比《ひ》の卦《くわ》の初《しよ》六六二六三に於《おい》て皆比《みなひ》を言《い》ふて居《ゐ》るのが、即《すなは》ちそれで九五に比和《ひわ》するの義《ぎ》である、且《か》つ常例《じやうれい》を以《もつ》てすれば、九五は六二の正應《せいおう》である、故《ゆゑ》に之《これ》に比《ひ》すと言《い》はずして、之《これ》に應《おう》ずと言《い》はねばならぬ、然《しか》るに之《これ》に比《ひ》すと言《い》ふは比《ひ》の卦名《くわめい》即《すなは》ち比《ひ》の時《とき》に從《したが》ふて之《これ》を呼《よ》むだものである、隨《ずい》の六二に小子《せうし》に係《かゝ》つて丈夫《ぢやうぶ》を失《うしな》ふと言《い》ひ、六三に丈夫《ぢやうぶ》に係《かゝ》つて小子《せうし》を失《うしな》ふと言《い》ふは、爻《かう》を隔《へだ》てゝ六二は九四に比《ひ》し、六三は初《しよ》九に比《ひ》するの意《い》を含《ふく》むで居《ゐ》る、亦臨觀《またりんくわん》の諸爻《しよかう》は皆臨觀《みなりんくわん》を言《い》ふて居《ゐ》るのは、之《これ》を相比和《あひひわ》するの義《ぎ》に取《こ》つたものである。而《しか》して此《こ》の應比《おうひ》に關《くわん》する康熙帝《かうきてい》の說中《せつちう》には頗《すこ》ぶる見《み》るべき所《ところ》がある、故《ゆゑ》に之《これ》を譯出《やくしゆつ》して讀者諸君《どくしやしよくん》の參考《さんかう》に供《きよう》することゝする。

易中比應《えきちうひおう》の義《ぎ》惟《たゞ》四と五と比《ひ》し、二と五と應《おう》ずるを最《もつと》も重《おも》しと爲《な》す、蓋《けだ》し五を以《もつ》て尊位《そんゐ》と爲《な》して四は近《ちか》くして而《しか》して之《これ》を承《う》け、二は遠《とほ》くして而《しか》して之《これ》に應《おう》ずればなり、然《しか》れども近《ちか》ふして而《しか》して承《う》くる者《もの》は、即《すなは》ち恭順小心《きやうじゆんせうしん》なるを貴《たつ》とぶ、故《ゆゑ》に剛《がう》は柔《じう》の善《ぜん》なるに如《しか》ず、遠《とほ》くして而《しか》して應《おう》ずる者《もの》は、即《すなは》ち強毅有爲《がうきいうゐ》なるを貴《たつ》とぶ、故《ゆゑ》に柔《じう》は又剛《またがう》の善《ぜん》なるに如《しか》ず、夫子《ふし》曰《いは》く二と四とは功《こう》を同《おな》じうして而《しか》して位《くらゐ》を異《こと》にす、二は譽《よ》多《おほ》くして四は懼《おそれ》多《おほ》し近《ちか》ければなり、柔《じう》の道《みち》たるや遠《とほ》きに利《よろ》しからざる者《もの》、其《そ》の要咎《えうこが》なきは其《そ》の柔中《じうちう》を用《もち》ゆればなりと、夫《そ》れ柔《じう》の道《みち》は遠《とほ》きに利《よろ》しからずと言《い》へば、剛《がう》の道《みち》は近《ちか》きに利《よろ》しからざることを見《み》るべく、又柔《またじう》の道《みち》は近《ちか》きに利《よろ》しく剛《がう》の道《みち》は遠《とほ》き利《よろ》しきことを見《み》るべし、夫子《ふし》が此條《このでう》は實《じつ》に全易《ぜんえき》の括例《くわつれい》

凡《およ》そ比《ひ》と應《おう》とは必《かな》らず一陰《いん》一陽其《やうそ》の情《じやう》は乃《すなは》ち相求《あひもと》めて而《しか》して相得《あひう》、若《も》し剛《がう》を以《もつ》て剛《がう》に應《おう》じ柔《じう》を以《もつ》て柔《じう》に應《おう》せば、則《すなは》ち之《これ》を應《おう》なしと謂《い》ふ、剛《がう》を以《もつ》て剛《がう》に比《ひ》し柔《じう》を以《もつ》て柔《じう》に比《ひ》せば、則《すなは》ち亦相求《またあひもと》め相得《あひう》る

の情《じやう》なし、
此例《このれい》を以《もつ》て之《これ》を推《お》せば、易中《えきちう》六四を以《もつ》て九五を承《う》くる者《もの》は凡《およ》そ十六卦皆吉《くわみなきつ》、比《ひ》に曰《いは》く外賢《ぐわいけん》に比《ひ》す、小畜《せうちく》に曰《いは》く孚《まこと》あつて惕《おそ》れ出《い》づ、觀《くわん》に曰《いは》く用《もち》ひて王《わう》に賓《ひん》たるに利《よろ》し、坎《かん》に曰《いは》く約《やく》を納《い》るゝこと牖《よう》よりす、家人《かじん》に曰《いは》く家《いへ》を富《と》ます、益《えき》に曰《いは》く中行公《ちうかうこう》に告《こく》して從《したが》はる、井《せい》に曰《いは》く井甃《せいいしだゝ》みし咎《とが》なし、漸《ぜん》に曰《いは》く或《あるひ》は其《そ》の桷《かく》を得《え》、巽《そん》に曰《いは》く田《か》りに三品《びん》を獲《え》たり、渙《くわん》に曰《いは》く其《そ》の群《ぐん》を渙《ちら》す元吉《げんきつ》、節《せつ》に曰《いは》く節《せつ》に安《やす》んず亨《とほ》る、中孚《ちうふ》に曰《いは》く月望《つきぼう》に幾《ちか》しと、皆吉辭《みなきつじ》なり、惟屯需《たゞちゆんじゆ》と蹇《けん》とは則《すなは》ち險難《けんなん》の中《うち》に相從《あひしたが》ふ、故《ゆゑ》に曰《いは》く往《ゆい》て吉《きつ》、曰《いは》く穴《あな》より出《い》づ、曰《いは》く來《きた》り連《つら》なる、既濟《きせい》は則《すなは》ち交《かう》も未《いま》だ亂《みだ》れざるの際《さい》に儆《いま》しむ、故《ゆゑ》に曰《いは》く終日《しふじつ》戒《いま》しむ、亦皆吉辭《またみなきつじ》
九四を以《もつ》て六五を承《う》くる者《もの》も亦《また》十六卦《くわ》、則《すなは》ち皆吉《みなきつ》なる能《あた》はずして而《しか》して凶《きよう》なる者多《ものおほ》し、離《り》の焚如《はんじよ》たり死如《しじよ》たり棄如《きじよ》たり、恒《こう》の田《か》りに禽《きん》なし、晋《しん》の鼫鼠《せきそ》、鼎《てい》の餗《そく》を覆《くつが》へし、震《しん》の遂《つひ》に泥むが如《ごと》きは皆凶《みなきよう》なり、大有《たいゆう》の彭《さかん》なるにあらず、睽《けい》の睽《そむ》ひて孤《こ》なり、解《かい》の拇《おやゆび》を解き、歸妹《きまい》の期《き》を愆《あや》まり、旅《りよ》の心未《こゝろいま》だ快《こゝろよ》からず、小過《せうくわ》の往《ゆ》けば厲《あや》うし必《かな》らず戒《いま》しむは凶爻《きようかう》にあらずと雖《いへ》ども、而《しか》も亦純吉《またじゆんきつ》ならず、惟《たゞ》豫の四は一陽《やう》にして而《しか》して上下應《じやうげおう》じ、噬嗑《ぜいがう》の四は一陽獄《やうごく》を用《もち》ゆるの主《しゆ》と爲《な》り、豐《ほう》の四は動主《どうしゆ》と爲《な》つて以て明《めい》に應《おう》じ、大壯《たいさう》の壯《さう》は四に至《いた》つて而《しか》して極《きは》まり、未濟《びせい》の未濟《みさい》は四に至《いた》つて而《しか》して濟《すく》ふ皆卦主《みなくわしゆ》なり、故《ゆゑ》に吉利《きつり》の辭《じ》を得《え》て而《しか》して凶咎《きようきう》を免《まぬ》かる。

九二を以《もつ》て六五に應《おう》ずる者《もの》は凡《およ》そ十六卦皆吉《くわみなきつ》、蒙《もう》の子家《こいへ》を克《よ》くし、師《し》の師中《しちう》にあり、泰《たい》の中行《ちうかう》に尙《たつと》ばるゝことを得《う》、大有《たいいう》の大車以《たいしやもつ》て載《の》す、蠱《こ》の母《はゝ》の蠱《こ》に幹《かん》として中道《ちうだう》を得《え》、臨《りん》の咸臨《みなのぞ》む吉《きつ》にして利《よろ》しからざることなし、恒《こう》の悔亡《くひほろ》ぶ、大壯《たいさう》の貞吉《ていきつ》、睽《けい》の主《しゆ》に巷《こう》に遇《あ》ふ、解《かい》の黃矢《わうし》を得《え》、損《そん》の損《そん》せずして之《これ》を益《えき》し、升《しやう》し禴《やく》を用《もち》ゆるに利《よろ》し、鼎《てい》の實《み》あり皆吉辭《みなきつじ》なり、惟大畜《たゞたいちく》の輿輹を說《ぬ》ぐは則《すなは》ち時當《ときまさ》に止《やむ》べければなり、歸妹《きまい》の幽貞《いうてい》に利《よろ》しきは則《すなは》ち時當《ときまさ》に守《まも》るべければなり、未濟《びせい》の輪《わ》を曳《ひ》き貞吉《ていきつ》は則《すなは》ち時當《ときまさ》に待《ま》つべければなり、亦凶辭《またきようじ》にあらざるなり

六二を以《もつ》て九五に應《おう》ずるも亦《また》十六卦《くわ》、則《すなは》ち皆吉《みなきつ》なる能《あた》はずして而《しか》して凶吝《きようりん》なる者《もの》も之《こ》れあり、否《ひ》の包承《ほうしよう》するなり、同人《どうじん》の宗《そう》に于《おい》てす吝《やぶ》さしなり、隨《ずゐ》の小子《せうし》に係《かゝ》つて丈夫《ぢやうぶ》を失《うしな》ふなり、觀《くわん》の闚《うかゞ》ひ觀《み》る醜とすべきなり、咸《かん》の其《そ》の腓《こむら》に咸《かん》ずるは凶《きよう》なりの如《ごと》きは皆吉辭《みなきつじ》にあらざるなり、屯《ちゆん》の屯如《ちゆんじよ》たり邅如《せんじよ》たり遯《とん》の鞏《かた》むるに黃牛《わうぎう》を用《もち》ひ、蹇《けん》の蹇々躬《けん〳〵み》の故《ゆゑ》にあらず、既濟《きせい》の茀《かざし》を喪《うしな》ふ逐《お》ふこと勿《なか》れは則《すなは》ち以《もつ》て時の艱難《かんなん》に遭《あ》つて而《しか》して其《そ》の貞順《ていじゆん》の節《せつ》を顯《あらは》す者《もの》なり、惟比《たゞひ》の內《うち》よりするなり、无妄《むばう》の往《ゆ》く攸《ここ》ろあるに利《よろ》しきなり、家人《かじん》の中饋《ちうき》に在《あ》つて貞吉《ていきつ》なり、益《えき》の永貞《えいてい》にして吉《きつ》なり、萃《すゐ》の引《ひ》けば吉《きつ》にして咎《とが》なきなり革《かく》の已《をは》る日《ひ》にして乃《すなは》ち孚《まこと》あり往《ゆい》て吉《きつ》なり、漸《ぜん》の飮食衎々《いんしよくかん〳〵》たるなり、皆上下德《みなじやうげとく》を合《あは》すの時《とき》に適《てき》當《たう》す故《ゆゑ》に其辭皆吉《そのじみなきつ》、夫子《ふし》が謂《い》ふ所《ところ》の其《そ》の要咎《えうとが》なし其《そ》の柔中《じうちう》を用《もち》ゆる者《もの》とは信《しん》なり、二五の外《そと》より亦《また》應《おう》ずることあり、四五の外《そと》より亦比《またひ》することあり、其《そ》の義《ぎ》は五に應《おう》じ五を承《う》くる者《もの》の重《おも》きに如《し》かざ

るなり、

應《おう》を以《もつ》て之《これ》を言《い》へば、四と初《しよ》とは或《あるひ》は相應《あひおう》ずるの義《ぎ》を取《と》る、三と上《じやう》とは則《すなは》ち應《おう》の義《ぎ》を取《と》る者《もの》は絶《たえ》て少《すく》なし、其《そ》の故《ゆゑ》は何《なん》ぞや、四は大臣《だいじん》の位《くらゐ》なり、大臣《だいじん》の位《くらゐ》に居《を》れば則《すなは》ち人《ひと》を以《ひき》いて君《きみ》に事《つか》ふるの義《ぎ》あり、故《ゆゑ》に必《かな》らず下《しも》に在《あ》るの賢德《けんとく》を取《と》つて以《もつ》て自《みづ》から助《たす》く、此《こ》れ其《そ》の相應《あひおう》ずる所以《ゆえん》なり。上《かみ》は事外《じぐわい》に居《ゐ》て而《しか》して下《しも》當時《たうじ》の人《ひと》に應《おう》ず則《すなは》ち清高《せいかう》の節《せつ》を失《うしな》ふ、三は臣位《しんゐ》に居《ゐ》て而《しか》して五を越《こゑ》て以《もつ》て上《じやう》に應《おう》ぜば則《すなは》ち勿《む》二の心《こゝろ》を失《うしな》ふ、此《こ》れ其《そ》の相應《あひおう》ぜざる所以《ゆえん》なり、然《しか》れども四の初《しよ》に應《おう》じて而《しか》して吉《きつ》なる者《もの》は、亦惟《またたゞ》六四を以《もつ》て初《しよ》九に應《おう》ずるのみ、蓋《けだ》し初《しよ》九は剛德《がうとく》の賢《けん》と爲《な》して而《しか》して六四は善《ぜん》に下《くだ》るの美《び》あり、故《ゆゑ》に屯賁《ちゆんひ》の婚媾《こんこう》を求《もと》むるなり頤《い》の虎視《こし》耽々《たん〳〵》なり、損《そん》の遄《すみや》かならしむれば喜《よろこ》びあるなりの如《ごと》きは皆吉《みなきつ》なり若《も》し九四が初《しよ》六に應《おう》ぜば則反《すなはちかへ》つて小人《せうじん》に下《くだ》り交《まじ》はるを以《もつ》て累《るゐ》と爲《な》す、大過《たいくわ》の下《した》に撓《たゆ》まず。解《かい》の而《なんぢ》の拇《おやゆび》を解《と》き、鼎《てい》の足《あし》を折《を》るは是《こ》れなり、

比《ひ》を以《もつ》て之《これ》を言《い》へば、惟《たゞ》五と上《じやう》とは或《あるひ》は相比《あひひ》するの義《ぎ》を取《と》る、餘爻《よかう》は則《すなは》ち比《ひ》の義《ぎ》を取《と》る者《もの》は亦絶《またたえ》て少《すく》なし、其《そ》の故《ゆゑ》は何《なん》ぞや、五は君位《くんゐ》なり、尊《そん》は焉《こ》れより尙《くは》ふるは莫《な》し、而《しか》して能《よ》く上《じやう》に下《くだ》る者《もの》は則《すなは》ち其《そ》の賢《けん》を尙《たつ》とぶなり、此《こ》れ其《そ》の取《と》ること有《あ》る所以《ゆえん》なり、亦惟《またたゞ》六五が上《じやう》九に遇《あ》へば乃《すなは》ち斯《こ》の義《ぎ》を取《と》る、蓋《けだ》し上《じやう》九は高世《かうせい》の賢《けん》と爲《な》して而《しか》して六五は虛中《きよちう》の主《しゆ》となす、故《ゆゑ》に大有大畜《たいいうたいちく》の六五上《じやう》九の如《ごと》きは孔子《こうし》則《すなは》ち之《これ》を贊《さん》するに賢《けん》を尙《たつ》とぶを以《もつ》てす、頤鼎《いてい》の五六上《じやう》九は孔子《こうし》、則《すなは》ち之《これ》を贊《さん》するに賢《けん》を養《やしな》ふを

以《もつ》てす、其《そ》の辭《じ》皆《みな》最《もつと》も吉《きつ》、若《も》し九五を以《もつ》て上六《じやう》に比《ひ》せば則《すなは》ち亦《また》反《かへ》つて小人《せうじん》を尊寵《そんてう》するを以《もつ》て累《るゐ》と爲《な》す、大過《たいくわ》の老婦《らうふ》其《そ》の士夫《しふ》を得《え》、咸《かん》の志《こころざし》未《いま》だし、夬《くわい》の莧陸《けんりく》、兌《だ》の剝《はく》に孚《まこと》あり皆《みな》是《こ》れなり、獨《ひと》り隨の九五は上六《じやう》に下《くだ》つて而《しか》して義取《ぎと》ることある者《もの》は卦義《くわぎ》剛來《がうきた》つて柔《じう》に下《くだ》るが故《ゆゑ》のみ、初《しよ》と二と、二と三と、三と四との如《ごと》きは則《すなは》ち正應《せいおう》にあらずして而《しか》して相比《あひひ》する者《もの》、或《あるひ》は朋黨比周《はうたうひしう》の失《しつ》に陷《おちゐ》らんことを恐《おそ》る、故《ゆゑ》に其《そ》の義《ぎ》重《おも》しとせず

上述《じやうじゆつ》の中正承乘應否《うちしやうじようおうひ》を以《もつ》て爻體《かうたい》の六大綱《だいかう》とするのであるが、經文中《けいもんちう》に於《おい》て象《かたち》を取《と》つて居《ゐ》るのは必《かな》らず此《こ》の六者中《しやちう》の一に由《よ》つてその象《かたち》を取《と》つて居《ゐ》ると言《い》ふ譯《わけ》ではない、一辭《じ》の中《うち》に於《おい》ても中《ちう》と正《せい》とを兼取《かねと》つて居《ゐ》るのもあれば、正《せい》と應《おう》とを兼取《かねと》つて居《ゐ》るのもある、或《あるひ》は承乘《しようじやう》と不中不正《ふちうふせい》とを兼取《かねと》つて居《ゐ》るものもあるが應否《おうひ》と承乘《しようじよう》とを兼取《かねと》つて居《ゐ》るものもあるから、一概《がい》に之《これ》を論《ろん》ずることは可能《でき》ぬけれども、此等《これら》に關《くわん》する詳細《しやうさい》なる點《てん》は、以上說《いじやうと》く所《ところ》と經文《けいもん》とを對照《たいせう》すれば能《よ》く分《わか》る、又上述《またじやうじゆつ》の四體中《たいちう》に於《おい》て占《せん》例《れい》を示《しめ》したのは大包備伏《たいほうびふく》の四者《しや》のみで、その他《た》に於《おい》ては占例《せんれい》を示《しめ》さなかつたのであるが、そは決《けつ》して實占上要《じつせんじやうえう》なきが爲《ため》ではない、實《じつ》は每事《まいじ》每占甚《まいせんはなは》だ必要《ひつえう》である、隨《したが》つて示《しめ》すべき事項《じこう》が頗《すこ》ぶる多《おほ》く、一々之《これ》を示《しめ》せば却《かへ》つて複雜《ふくざつ》に涉《わた》らむことを慮《おもん》ぱかり、その活用《くわつよう》は讀者諸君《どくしやしよくん》に推諉することゝしたのであるから、適宜《てきぎ》に之《これ》を實驗《じつけん》して貰《もら》ひ度《た》い、但《たゞ》し繫辭傳《けいじでん》に初《はじ》めは其《そ》の辭《じ》に率《したが》ふて而《しか》して其《そ》の方《はう》を揆《はか》り、既《すで》に典常《てんじやう》あり苟《いやし》くも其《そ》の人《ひと》にあらざれば道《みち》虛《むな》しく行《おこな》はれずと言《い》ふ意《い》に外《ほか》ならぬが、左《さ》に此《こ》の爻位《かうゐ》に關《くわん》する

占例《せんれい》二三を擧《あ》げて參考《さんかう》に供《きやう》すること丶しよう。

京都《きやうと》の一官人偶然失踪《くわんじんぐうぜんしつそう》して歸《かへ》らざること六日《か》に及《およ》べり、その親戚某來《しんせきぼうきた》つて之《これ》を筮《ぜい》せむことを請《こ》ふ、中《ちう》

本卦臨

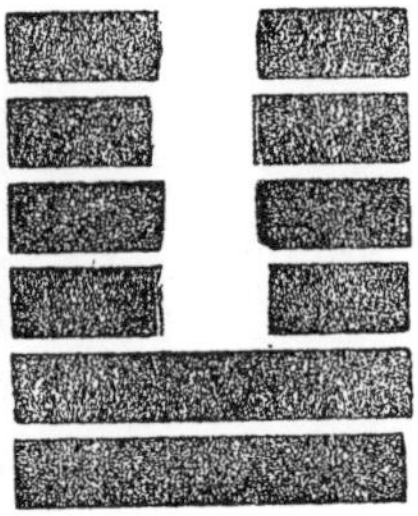

之卦震

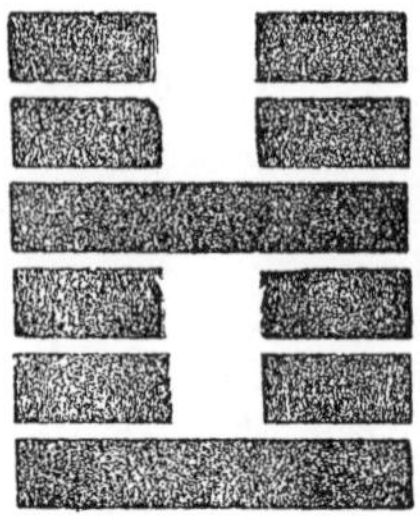

州之《しうこれ》を筮《ぜい》して臨《りん》の震《しん》に之《ゆ》くを得《え》て占《うらな》ふて曰《いは》く、此人家出《このひといへで》せし翌日迄《よくじつまで》は未《いま》だ京都《きやうと》の地《ち》を立離《たちはな》れざりしなるべし、何《なん》となれば、臨《りん》の二陽爻《やうかう》が初《しよ》二の地《ち》に居《ゐ》るを以《もつ》てなり、親戚某答《しんせきぼうこた》へて曰《いは》く、實《じつ》に二日《か》間《かん》は川《かは》東《ひがし》の青樓《せいらう》に居《ゐ》たりしが三日目《かめ》の朝早《あさはや》く出行《いでゆ》きたりと、偖《さ》て此人《このひと》の宿《しゆく》意《い》は江戸《えど》にありしなるべし、此《こ》れ臨《りん》を大震《たいしん》となし東方《とうはう》となせばなり然《しか》るに臨《りん》は觀下《みおろ》し觀上《あふ》ぐるの象《かたち》にして、互《たがひ》に相臨《あひのぞ》み見《み》るの意《い》なれば再《ふた》たび歸《かへ》り來《きた》りて相見《あひみ》るの義《ぎ》あり、然《しか》れども自然《しぜん》に打任《うちまか》せ置《お》きては公邊《こうへん》の都合惡《つがふあし》かるべし故《ゆゑ》に早速追手《さつそくおつて》を差向《さしむ》ける方宜《はうよろ》しかるべし、今《いま》此人《このひと》の行先《ゆくさ》きを考《かんが》ふるに、先《ま》づ第《だい》三日目《かめ》の朝《あさ》より東行《とうかう》して水《みづ》を渡《わた》りて止《と》まるの象《かたち》あれば(之卦震)必《かなら》ず江州邊《がうしうへん》に留《とゞ》まれるなるべし心當《こゝろあた》りはなきやと言《い》へば、近江《あふみ》に親族《しんぞく》あり、故《ゆゑ》に追手《おつて》の手配《てくば》り既《すで》に調《とゝの》ひ易兆《えきてう》如何《いかん》を待居《まちゐ》る所《ところ》なりと云《い》ふ、偖《さ》て始《はじ》めは臨《りん》の大震《たいしん》の大肝癪《だいかんしやく》にて一時《じ》は家事《かじ》も官職《くわんしよく》も打忘《うちわす》れ、之卦《しくわ》重震《ぢうしん》となりて遠《とほ》く出奔《しゆつぽん》したれども、今《いま》や中爻坎《ちうかうかん》の主《しゆ》となつて百事意《じい》の如《ごと》くならず、遂《つひ》に艮止《ごんし》となりて已《や》むを得《え》ずその親戚方《しんせきかた》に止《とゞ》まり居《ゐ》るの象《かたち》なり、然《しか》るに不如意《ふによい》の逗留中《とうりうちう》には路金《ろぎん》は不足《ふそく》し、假《たと》へ江戸《えど》へ

行《ゆ》きたればとて、確《たし》かなる方針《はうしん》もなく、且《か》つ京都《きやうと》には恒產《こうさん》あること抔《なざ》を種々《しゆぐ》思《おも》ひ廻《めぐ》らし、漸《やう》やく中卦《ちうくわ》頤《ゐ》の家產《かさん》のことに心付《こゝろづき》て、遂《つひ》に倒震《たうしん》となりて自《みつ》から京都《きやうと》に歸《かへ》り來《きた》るの象《かたち》あり、且《か》つ之卦《しくわ》重震《ちうしん》は追人《おつて》と本人《ほんにん》と始終《しじふ》後追《あとおひ》となるの象《かたち》とす、然《しか》れども追人《おつて》と行違《ゆきちが》つて本人《ほんにん》のみ先《さ》きに歸《かへ》り來《きた》ることあらば之《これ》に増《ま》したることとなし、兎《と》も角《かく》速《すみや》かに人《ひと》を遣《や》るべしと言《い》ふ、果《はた》して第《だい》八日目《かめ》の暮方《くれかた》に及《およ》び獨《ひと》り歸京《ききやう》せりと。

大阪《おほさか》の某《ぼう》なる者《もの》紀州《きしう》の某《ぼう》へ金子《きんす》を送《おく》りたるに日《ひ》を經《へ》て達《たつ》せず、依《よ》つて之《これ》を取調《とりしら》べたるに飛脚《ひきやく》二人《にん》の手《て》を經《へ》たることは明了《めいれう》したれども、金子《きんす》の行方《ゆくへ》は分明《ぶんめい》ならず、故《ゆゑ》に金子《きんす》の落着如何《らくちやくいかん》を筮《ぜい》せむことを請《こ》ふ

本卦 歸妹 ䷵

之卦解 ䷧

中州之《ちうしうこれ》を筮《ぜい》して歸妹《きまい》の解《かい》に之《ゆ》くを得《え》たり、その占《うらなひ》に曰《いは》く、本卦《ほんくわ》の歸《き》妹《まい》は貪慾《どんよく》の象《かたち》にしてその元《もと》は泰《たい》の交易《かうえき》より來《きた》るものなり、此《かく》の如《ごと》く順生卦《じゆんせいくわ》泰《たい》䷊の時《とき》には乾《けん》の金子《きんす》は內卦《ないくわ》にあり、然《しか》るに今《いま》歸妹《きまい》となれば九三の一陽爻《やうかう》が乾《けん》の金子《きんす》を外《ほか》に持出《もちだ》したるの象《かたち》とす、卦象《くわしやう》震《しん》を脚《あし》とし飛《とぶ》として卽《すなは》ち飛脚《ひきやく》の象《かたち》あり、此《こ》れ震《しん》の飛脚《ひきやく》が貪慾心《どんよくしん》より起《おこ》りたることを知《し》るべし、而《しか》して二爻《かう》を我《われ》とし、正應《せいおう》の五を紀州《きしう》の受《うけ》取人《とりにん》とし、三爻《かう》を我《われ》より渡《わた》したる所《ところ》の飛脚《ひきやく》とし、四爻《かう》を又其《またそ》の次《つぎ》の飛脚《ひきやく》とす、三爻《かう》は泰《たい》の卦《くわ》の金子《きんす》を外《ほか》に持行《もちゆ》きたる飛脚《ひきやく》に當《あた》るを以《もつ》て此《こ》の金子《きんす》は我《われ》より渡《わた》したる飛脚《ひきやく》が盜《ぬす》み取《と》りたるべし、且《か》つ兌金《だきん》が變《へん》じて坎《かん》の難《なや》みとなるは、此《こ》れ金子《きんす》

のことに就《つ》いて困難《こんなん》に及《およ》べるの義《ぎ》なり、故《ゆゑ》に此《こ》の金子《きんす》は急《きふ》には出《い》でざるべし、然《しか》れども之《し》卦《くわ》の解《かい》は難《なや》み解《ご》くると言《い》ふ義《ぎ》なれば終《つひ》には復《かへ》るの意《い》あれども、兌《だ》金《きん》の一爻減《かうげん》じて坎《かん》となりたることとなれば一割《わり》の損失《そんしつ》は免《まぬ》かれざるべし、又歸妹《またきまい》の卦《くわ》に兌《だ》の口《くち》を以《もつ》て震《しん》の君《きみ》に上告《じやうこく》するの象《かたち》あれば早《はや》く官《くわん》に訴《うつた》ふべしと後日《ごじつ》聞《き》く所《ところ》にては、最初《さいしよ》金子《きんす》を受《う》け取《と》りたる飛脚《ひきやく》がその金《かね》を相場《さうば》にて損失《そんしつ》せしが、官《くわん》より辨償《べんしやう》すべき旨《むね》嚴命《げんめい》せられたるが故《ゆゑ》に、家財《かざい》を賣却《ばいきやく》して償《つくな》ひたるも、五拾兩《りやう》の中《うち》より拾兩《りやう》不足《ふそく》せしと、此《こ》れ兌《だ》金《きん》が毀折《きせつ》して一割減損《わりげんそん》したる爻象《かうしやう》となす。

或《あ》る商家《しやうか》の番頭手代《ばんとうてだい》等共謀《とうきようぼう》して主家《しゆか》の財《ざい》を掠《かす》むること甚《はなは》だしきにより、その家《いへ》の叔父《をぢ》を後見《こうけん》となして家風《かふう》を匡正《きやうせい》せむとす、然《しか》るに二番目《ばんめ》の番頭《ばんとう》は正直律義《しやうぢきりつぎ》なるが故《ゆゑ》に、叔父《をぢ》と此者《このもの》に萬事《ばんじ》を任《まか》せて一番目《ばんめ》の番頭《ばんとう》には暇《ひま》を遣《つか》はすべきか、又《また》はその位地《ゐち》を引下《ひさ》げて使《つか》ふべきか、その處分方《しよぶんかた》を筮《ぜい》せむことを請《こ》ふ

不變解

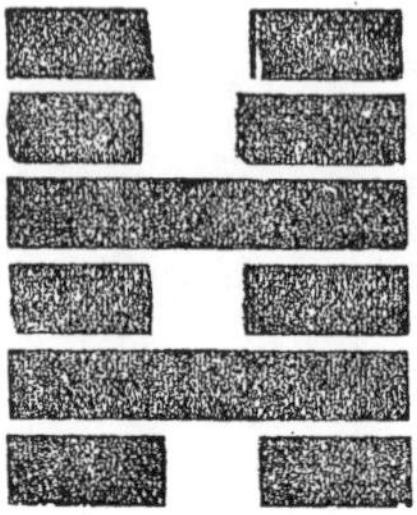

中州之《ちうしうこれ》を筮《ぜい》して解《かい》の不變《ふへん》を得《え》て之《これ》を占《うらな》ふて曰《いは》く、解《かい》とは難《なや》みの解《ご》ける義《ぎ》なり而《しか》して解《かい》の卦中《くわちう》には難《なや》みを解《ご》く所《ところ》の爻《かう》は二と四の二陽爻《やうかう》となす、今之《いまこれ》を事實《じじつ》に徵《てう》すれば、四は上《かみ》に居《ゐ》て後見《こうけん》の叔父《をぢ》に當《あた》り、二は下《しも》に居《ゐ》て二番目《ばんめ》の番頭《ばんとう》に當《あた》り、又《また》三は一番目《ばんめ》の番頭《ばんとう》に當《あた》り、初《しよ》は手代《てだい》と丁稚《でつち》に當《あた》り、五は卽《すなは》ち一卦《くわ》の主爻《しゆかう》たるを以《もつ》て主人《しゆじん》の位《くらゐ》に當《あた》るなり。然《しか》るに解《がい》の彖《たん》に往《ゆ》く攸《ところ》あり夙《すみや》かにして吉《きつ》と、此《こ》れ難《なや》みを解《さ》くことは迅速《じんそく》にして吉《きつ》と言《い》ふの義《ぎ》なり、故《ゆゑ》に此度《このたび》の家風匡正《かふうきやうせい》の義《ぎ》は當《まさ》

に此《こ》の意《い》を以《もつ》て處分《しよぶん》すべし、初《しよ》六は陰柔不中正《いんじうふちうせい》なれば不善《ふぜん》の行《おこなひ》はあれども、下《しも》に居《ゐ》て格外《かくぐわい》の惡《あく》もなきゆえ此儘《このまゝ》使《つか》ふも可《か》なり、丁稚手代 二爻《かう》は難《なや》みを解《と》く人《ひと》にして九四の力《ちから》を合《あは》せて田《か》りに三狐《こ》を獲《う》る所《ところ》の忠義《ちうぎ》者《もの》とす、三爻《かう》は不中不正《ふちうふせい》の姦者《かんじや》とす、（一番目の番頭）四爻《かう》は孚誠《ふぜい》を以《もつ》て五を輔《たす》くるものなり、叔父 五は二と四の二陽爻《やうかう》に任《まか》せて成功《せいこう》を收《おさ》むるものなり、行善 上爻《じやうかう》は五の君《きみ》より射取《いと》らるゝ所《ところ》の人《ひと》に當《あた》れり、故《ゆゑ》に能々《よく〳〵》此《こ》の意《い》を了解《れうかい》して處分《しよぶん》せば必《かな》らず過誤《くわご》なかるべしと、果《はた》して此占《このうらなひ》の如《ごと》くなりしと云《い》ふ。

中州《ちうしう》嘗《かつ》て一郷士《がうし》の家《いへ》を訪《と》ひたるに、郷士《がうし》曰《いは》く明日事《みやうにちこと》あるに依《よ》つて只今《たゞいま》その準備《じゆんび》を了《をは》りたる所《ところ》なり、先《せん》生試《せいこゝろ》みに之《これ》を筮《ぜい》せよと、中州之《ちうしうこれ》を筮《ぜい》して蒙《もう》の師《し》に之《ゆ》くを得《え》たり、その占《うらなひ》に曰《いは》く蒙《もう》の内卦坎《ないくわかん》を弓《ゆみ》とし挽《ひ》くとし外卦艮《ぐわいくわごん》を手《て》とす、一陽《やう》の矢《や》が衆陰《しういん》の地上《ちじやう》を飛《と》むで外《そこ》に止《と》まり、又後《またあと》より一陽《やう》の矢《や》が發《はつ》して陸續《りくぞく》として絶《たえ》ざるの象《かたち》あり、又中爻《またちうかう》の頭《い》に震《しん》の壯士《さうし》が相對《あひたい》して互《たがひ》に勝負《しようぶ》を挑《いど》み爭《あらそ》ふの象《かたち》あり、此等《これら》の象意《しやうい》に由《よ》つて之《これ》を考《かんが》ふるに弓矢《ゆみや》の準備《じゆんび》せしならむと、主人曰《しゆじんいは》く妙占實《めうせんじつ》に驚《おどろ》けり、明日《みやうにち》は賭矢《かけや》の會《くわい》ありて今《いま》弓矢《ゆみや》を支度《したく》せり、願《ねが》はくば明日《みやうにち》の勝負《しようぶ》を示《しめ》し給《たま》へと、中州曰《ちうしういは》く此《こ》れ大凶《だいきよう》なり、艮《ごん》は止《とゞ》まるなり、坎《かん》は陷《おちゐ》るなり、共《とも》に落矢《おちや》の象《かたち》、故《ゆゑ》に明《あう》日《にち》の會《くわい》には落矢《おちや》多《おほ》くして失敗《しつぱい》なるべしと餘談數刻《よだんすうこく》にして歸《かへ》りたり、然《しか》るに翌夜《よくや》右《みぎ》の郷士中州《がうしちうしう》が宅《たく》に來《きた》

本卦蒙

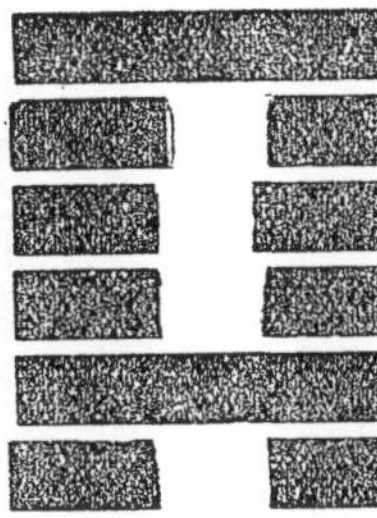

之卦師

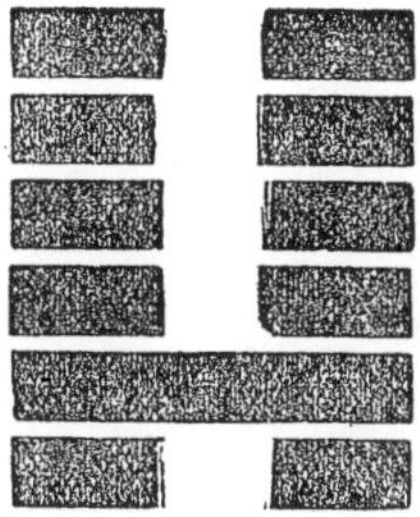

つて曰《いは》く、先生《せんせい》の言《げん》を用《もち》ひずして會《くわい》に臨《のぞ》みたるに、果《はた》して落矢《おちや》多《おほ》くして大《おほい》に失敗《しつぱい》せり、願《ねがは》くば予《よ》が射《しや》術《じゆつ》の僻《くせ》を指摘《してき》して敎《をし》へ給《たま》へと、中州《ちうしう》曰《いは》く余《よ》は元來《ぐわんらい》射法《しやはふ》を知《し》らず、吾子《ごし》の射術《しやじゆつ》を見《み》たることなければ、如何《いか》にしてその不可《ふか》なる所《ところ》を知《し》らむや、然《しか》りと雖《いへ》ども、神易《しんえき》の道《みち》は天地《てんち》間《かん》の事物《じぶつ》一として通《つう》ぜざることなし、今試《いまこころ》みに易象《えきしやう》を以《もつ》て吾子《ごし》が弓術《きうじゆつ》の邪僻《じやへき》を射《い》らむに、去《さ》り迚別《さてべつ》に卦《くわ》を設《まう》くるに及《およ》ばず、昨日筮《さくじつぜい》せし所《ところ》の蒙《もう》の師《し》に之《ゆ》くを以《もつ》て占《うらな》ふべし、想《おも》ふに吾子《ごし》が射術《しやじゆつ》の玭《ひ》は右手《うしゆ》の不正《ふせい》にあるべきかと、その言《げん》未《いま》だ了《をは》らざるに郷士《がうし》驚嘆《きやうたん》して曰《いは》く、神《しん》なるかな易道《えきだう》、妙《めう》なるかな活斷《くわつだん》、實《じつ》に小生《せうせい》が射術《しやじゆつ》の僻《くせ》は一に右《う》手《しゆ》の不正《ふせい》にあり、後來《こうらい》勉《つと》めて矯正《けうせい》すべしと言《い》ふて、深《ふか》く易道《えきだう》の妙《めう》なるを感《かん》じ遂《つひ》にその門人《もんじん》となれりと言《い》ふ。

松井羅州《まつゐらしう》曰《いは》く右手《うしゆ》の不正《ふせい》にありとは艮《こん》變《へん》じて坤《こん》となりたるの象《かたち》より取《と》る、左右《さいう》を分《わか》ち指《さ》すことは大《おほい》に秘訣《ひけつ》あり、門《もん》に入《い》つて敎《をし》へを受《う》くべし。

中堂《ちうだう》曰《いは》く陽《やう》を右《みぎ》となし、陰《いん》を左《ひだり》となす、今蒙《いまもう》の上《じやう》九變《へん》じて師《し》となる、故《ゆゑ》に之《これ》を右手《うしゆ》なりと言《い》ひしなり、詳細《しようさい》のことは拙著病占秘訣中《せつちよびやうせんひけつちう》に之《これ》を述《の》べ置《お》きたるを以《もつ》て就《つい》て見《み》らるべし。

第四章　結　論

以上之《いじやうこれ》を要《えう》するに六十四卦《くわ》の卦象《くわしやう》なるものは不可知的大極《ふかちてきたいきよく》の可知的方面《かちてきはうめん》で、天意神情《てんいしんじやう》を具體的《ぐたいてき》に表現《へうげん》せしむる爲《ため》の方法《はうはふ》であるが、元《もと》と此《こ》の卦象《くわしやう》なるものは見《み》る人《ひと》の視方《みかた》卽《すなは》ち主觀《しゆくわん》の働《はたら》き方《かた》に由《よ》つては、如《い》何樣《かやう》にも之《これ》を見《み》ることが可能《でき》るもので、甲者《かふしや》が見《み》る所《ところ》と乙者《おつしや》が見《み》る所《ところ》とは必《かな》らずしも同《どう》一であるとは言《い》へぬ、尙《なほ》それ許《ばか》りではない、同《どう》一の甲者《かふしや》が之《これ》を見《み》るとしても、之《これ》を見《み》る時處位《じしよゐ》が異《こと》なれば、その卦《くわ》象《しやう》も亦《また》異《こと》ならざるを得《え》ぬもので、畢竟《ひつきやう》は見《み》る人《ひと》の主觀《しゆくわん》の作用《さよう》卽《すなは》ち心理狀態《しんりじやうたい》の變化《へんくわ》するに從《したが》ふてその取《しゆ》象《しやう》も亦自《またおのづ》から變化《へんくわ》するものである。已《すで》に此《かく》の如《ごと》くその人主觀《ひとしゆくわん》の變化《へんくわ》に由《よ》つてその取象《しゆしやう》を異《こと》にするとせば、惟《ひと》り甲者《かふしや》と乙者《おつしや》との間《あひだ》に於《おい》てその取象《しゆしやう》を異《こと》にする許《ばか》りでなく、時代《じだい》を異《こと》にし又《また》その境遇《きやうぐう》を異《こと》にするもの〻間《あひだ》に於《おい》て種々《しゆ〻》の異象《いしやう》を取《と》ることがあるのは、歷史的變化《れきしてきへんくわ》の然《しか》らしむる所《ところ》で固《もと》より當然《たうぜん》のことであると言《い》はねばならぬ。然《しか》るに諸儒《しよじゆ》の象《しやう》を說《と》くものを見《み》るに、徒《いたづ》らに紛紜《ふんぬん》を重《かさ》ぬるのみで、一としてその要《えう》を得《え》たものがない、而《しか》も胡氏《こし》一桂《けい》が象《しやう》を說《と》いて居《ゐ》るのは頗《すこ》ぶる余《よ》が意《い》を得《え》て居《ゐ》る所《ところ》があるから、又茲《またこゝ》に之《これ》を抄出《せうしゆつ》して讀者諸君《どくしやしよくん》の參考《さんかう》に供《きよう》し度《た》いと思《おも》ふ。

世儒《せじゆ》の象《しやう》を言《い》ふこと尙《ひさ》し、率《おほ》むね多《おほ》く說卦《せつくわ》を祖《そ》とし、彖爻《たんかう》を子《こ》とし、卦體《くわたい》を孫《そん》とし、其《そ》の說卦《せつくわ》に合《あ》はざる者《もの》あれば、則《すなは》ち委曲牽合附會《ゐきよくけんがふふくわい》して、以《もつ》て其《そ》の中《あた》ることを幸《かう》とす、而《しか》して數聖人《すうせいじん》象《かたち》を取《と》るの意《い》は胥失《みなうしな》ふ矣《い》。何《なん》となれば、卽《すなは》ち卦《くわ》は象《かたち》の原《もと》なり、彖《たん》は象《かたち》を言《い》ふの始《はじ》めなり、爻《かう》は象《かたち》を言《い》ふの衍《の》ぶるなり、說卦《せつくわ》は彖爻象《たんかうじやう》を取《と》るの例《れい》を統《す》ぶる者《もの》なり、然《しか》れども夫子《ふし》周公《しうこう》を夢《ゆめ》みて、而《しか》して文王《ぶんわう》を心《こゝろ》とし庖犧《はうぎ》を未畫《みくわく》に參《さん》す、其說卦《そのせつくわ》に於《おい》て象《かたち》を明《あき》らかにするは、特《ごく》に彖爻《たんかう》の例《れい》を括《く》るのみならず、又自《またみづ》から彖爻《たんかう》の外《ほか》に出《い》づる者《もの》あり、察《さつ》せずんばあるべからず、姑《しば》らく數卦《すうくわ》に就《つい》て之《これ》を論《ろん》せんに、坤《こん》を馬《うま》となし、離《り》を牛《うし》となすは、文王《ぶんわう》の象《かたち》なり、乾《けん》を龍馬《りようは》と稱《しよう》し、震坎《しんかん》を乘馬《じようは》と稱《しよう》するは周公《しうこう》の爻《かう》なり、文《ぶん》王象《わうかたち》を取《と》るより之《これ》を觀《み》れば、乾何《けんなん》ぞ嘗《かつ》て馬《うま》と稱《しよう》じ、坤何《こんなん》ぞ嘗《かつ》て牛《うし》と稱《しよう》じ、震何《しんなん》ぞ嘗《かつ》て龍《りよう》と稱《しよう》せん周《しう》公《こう》は大畜《たいちく》の乾《けん》に於《おい》て馬《うま》と稱《しよう》すと雖《いへど》も、而《しか》も乾《けん》の本卦《ほんくわ》に於《おい》ては但龍《たゞりよう》と稱《しよう》し、坤《こん》も亦未《またいま》だ嘗《かつ》て牛《うし》と稱《しよう》せず、震《しん》も亦未《またいま》だ嘗《かつ》て龍《りよう》と稱《しよう》せざるなり、夫子《ふし》は卽《すなは》ち直《たゞ》ちに曰《いは》く、乾《けん》を馬《うま》となし、坤《こん》を牛《うし》となし、震《しん》を龍《りよう》となすと、是《こ》れ豈《あ》に故《こゝ》さらに文王周公《ぶんわうしうこう》に異《こと》なることを欲《ほつ》せんや、又自《またみづ》から卦爻《くわかう》の象《かたち》に見《み》ることあつて、而《しか》して之《これ》を取《と》れるなり、或《あ》るもの察《さつ》せず、但乾馬《たゞけんは》坤牛《こんぎう》を說卦《せつくわ》に載《の》するを見《み》て、擧《み》な凡《およ》そ卦《くわ》爻中馬《かうちううま》を言《い》へば、必《かな》らず之《これ》を乾《けん》に求《もと》め、牛《うし》を言《い》へば必《かな》らず之《これ》を坤《こん》に求《もと》む、王輔嗣《わうほし》が謂《い》ふ所《ところ》の馬《うま》を乾《けん》に定《さだ》め、文《ぶん》を案《あん》じて卦《くわ》を責《せ》め、馬有《うまあ》つて乾無《けんな》ければ、僞說《ぎせつ》滋蔓《じまん》する者《もの》の如《ごと》きは、漢儒《かんじゆ》以來《らい》此《こ》の弊《へい》に墮《おち》ざる能《あた》はず、然《しか》れとも輔嗣《ほし》非《ひ》を知《し》れると雖《いへ》ども先儒《せんじゆ》の失《しつ》は、實《じつ》に自《みづ》から未《いま》だ勘破《かんぱ》せず、夫子《ふし》の象《かたち》を取《と》るや、本《も》と必《かな》らずしも先聖《せんせい》に同《おな》じからず、是《これ》を以《もつ》て卒《つ》ひに一說《せつ》を以《もつ》て之《これ》が剖決《ほつけつ》を爲《な》すことなし但謂《たゞい》ふ、必《かな》らずしも象《かたち》に泥《なじ》まず、象《かたち》を忘《わす》るるの論《ろん》あるに至《いた》る、是《こ》れ亦甚《またはなは》だ未《いま》だ得《え》たりとせざるなり近世西蜀《きんせいせいしよく》の大儒隆山李先生《たいじゆりつざんりせんせい》、明象《めいしよう》に優《いう》なる者《もの》なり、其《そ》の坤卦《こんくわ》を論《ろん》ずるや、直《たゞ》ちに曰《いは》く、乾《けん》は既《すで》に馬《うま》と稱《しよう》す、坤《こん》は牝《ひん》と稱《しよう》して而《しか》して之《これ》を別《わか》たざるを得《え》ずと、殊《こと》に知《し》らず、彖《たん》は文王《ぶんわう》の作《つく》る所《ところ》にして、文《ぶん》王《わう》の彖《たん》に乾何《けんなん》ぞ馬《うま》と稱《しよう》せん、而《しか》るに坤《こん》を顧《かへり》みて乃《すなは》ち牝《ひん》と稱《しよう》して、以《もつ》て乾《けん》と別《わか》つことを求《もと》めんや、是《こ》れも亦說卦《またせつくわ》を祖《そ》として以《もつ》て說《せつ》を爲《な》し、而《しか》して其《そ》の失《しつ》は殆《ほとん》ど是《こ》れより甚《はなは》だしきものあり、然《しか》らば則《すなは》ち說卦《せつくわ》は據《よ》るに足《た》らざるか、曰《いは》く、文王《ぶんわう》に由《よ》つて而《しか》して周公《しうこう》、周公《しうこう》に由《よ》つて而《しか》して孔子《こうし》、故《ゆゑ》に彖《たん》あつて而《しか》して後《のち》に爻《かう》あり、爻《かう》あつて而《しか》して後《のち》に說卦《せつくわ》あり、其《そ》の人《ひと》は一時《じ》にあらず、其《そ》の書《しよ》は一手《て》にあらず其《そ》の象《かたち》を取《と》ることも一端《たん》にあらず、故《ゆゑ》に朱夫子《しゆふし》嘗《かつ》て謂《い》ふ、伏羲《ふつぎ》は自《みづ》から是《こ》れ伏羲《ふつぎ》の易《えき》、文王《ぶんわう》は自《みづ》から是《こ》れ文王《ぶんわう》の易《えき》、周公《しうこう》は自《みづ》から是《こ》れ周公《しうこう》の易《えき》、孔子《こうし》は自《みづ》から是《こ》れ孔子《こうし》の易《えき》、各々《おの〳〵》不同《ふどう》あり、其《そ》の不同《ふどう》の中《うち》に就《つ》いて、而《しか》して其《そ》の同《どう》を求《もと》めて可《か》なりと、遽《には》かに孔子《こうし》の易《えき》は卽《すなは》ち文王周公《ぶんわうしうこう》の易《えき》と謂《い》つて、而《しか》して彖爻《たんかう》の象《かたち》を取《と》るを以《もつ》て、盡《こと〴〵》く說卦《せつくわ》に合《あ》はんことを求《もと》むるは不可《ふか》なり、蓋《けだ》し諸儒《しよじゆ》が經《けい》を分《わか》つて傳《でん》に合《あは》せてよりの後《のち》は、學者文《がくしやぶん》を便《べん》として義《ぎ》を取《と》り、往々《わう〳〵》混《こん》じて而《しか》して之《これ》を同《おなじ》ふす、其《そ》の患《うれ》ひ故《もと》と此《かく》の如《ごと》し、愚《ぐ》嘗《かつ》て妄《みだ》りて謂《い》ふ、說卦《せつくわ》の象《かたち》を言《い》ふ、其《そ》の彖爻《たんかう》に合《あ》ふ者《もの》あるは、則《すなは》ち彖爻《たんかう》の例《れい》を括《く》くるなり（震坎《しんかん》を馬《うま》と稱《しよう》するの類《るゐ》の如《ごと》し）其《そ》の彖爻《たんかう》に合《あ》はざる者《もの》あるは、則《すなは》ち又夫子《またふし》の自《みづ》から取《と》る所《ところ》なり、（坤牛震龍《こんぎうしんりよう》の類《るゐ》の如《ごと》し）其《そ》の彖爻《たんかう》の未《いま》だ取《と》らざる所《ところ》にして、而《しか》して取《と》る者《もの》あるは、則《すなは》ち又夫《またふ》子《し》が大象《たいしやう》の例《れい》を括《く》くる所以《ゆゑん》にして（乾天坤地《けんてんこんち》の類《るゐ》の如《ごと》し）而《しか》して又大象《またたいしやう》の外《ほか》に出《い》づる者《もの》あり、（乾父《けんぷ》坤母《こんぼ》の類《るゐ》の如《ごと》し）、此《これ》を以《もつ》て之《これ》を求《もと》めば、其《そ》れ亦膠且《またこうか》つ泥《でい》に至《いた》らざるに庶《ちか》からん乎《や》、然《しか》りと雖《いへ》ども彖《たん》爻《かう》に取《と》る所《ところ》の象《かたち》は猶略《なほりやく》するのみ、乾《けん》の爻《かう》の如《ごと》きは象《かた》どるに龍《りよう》を以《もつ》てすと雖《いへ》ども、而《しか》も彖《たん》は元亨利貞《げんかうりてい》の外《ほか》に於《おい》て、象《かた》どることは則《すなは》ち未《いま》だ之《これ》を聞《き》かず、坤《こん》の彖《たん》は象《かた》どるに馬《うま》を以《もつ》てすと雖《いへ》ども、而《しか》も牝馬《ひんば》よりの外《ほか》は、他象《たしやう》は則《すなは》ち未《いま》だ之《これ》を見《み》ず、吾《わ》が夫子《ふし》に至《いた》り、八物《ぶつ》を以《もつ》て卦爻《くわかう》の狀《じやう》を窮《きは》め、八德《とく》を以《もつ》て卦《くわ》の性《せい》を狀《あらは》す而《しか》して六十四卦《くわ》の大象《たいしやう》、乾《けん》の如《ごと》きは象《かたち》を天《てん》に統《す》べ、坤《こん》は則《すなは》ち象《かたち》を地《ち》に統《す》べ、屯《ちゆん》を象《かた》どるに雲雷《うんらい》を以《もつ》てし、蒙《もう》を象《かた》どるに山泉《さんせん》を以《もつ》てし、曲直《きよくちよく》卦爻《くわかう》の妙《めう》を盡《つく》して、而《しか》して文王周公《ぶんわうしうこう》不言《ふげん》の秘《ひ》を發《あば》き、又之《またこれ》が說卦《せつくわ》を爲《つく》り、以《もつ》て之《これ》を旁通《ばうつう》す、夫子《ふし》微《な》かりせば、則《すなは》ち天地《てんち》雷風水火山澤《らいふうすゐくわさんたく》の象《かたち》、健《けん》順動入陷麗止說《じゆんどうにふかんれいしせつ》の德《とく》、終《つひ》に能《よ》く以《もつ》て自《みづか》ら著《あら》はるゝことなく、何《なに》を以《もつ》てか用《よう》を天下《てんか》に致《いた》さん、此《こ》れ萬世《ばんせい》にして而《しか》して後《のち》嫌疑《けんぎ》を決《けつ》し、猶豫《いうよ》を定《さだ》め、之《これ》を卜筮《ぼくぜい》に謀《はか》り、皆觀玩《みなくわんぐわん》する所《ところ》ありて、而《しか》して吉凶《きつきよう》悔吝《くわいりん》の途《みち》に迷《まよ》はざる者《もの》は、夫子《ふし》の功實《こうじつ》に三聖《せい》に倍《ばい》し、天地《てんち》を窮《きは》め古今《ここん》に亘《わた》つて、而《しか》して泯滅《みんめつ》すべからざる者《もの》なり世儒但文字《せいじゆたゞもじ》の間《あひだ》に區々《くゝ》として、以《もつ》て其《そ》の象《かたち》を言《い》ふの合《あ》はんことを求《もと》めて、其《そ》の實用《じつよう》に施《ほどこ》して功《こう》は生民《せいみん》に在《あ》つて、德《とく》は天地《てんち》に侔《ひと》しきことを究《きは》むることをせず、是《こ》れ豈《あ》に與《とも》に夫子《ふし》の盛《せい》を論《ろん》ずるに足《た》らんや朱夫子易象《しゆふしえきしやう》の說《せつ》は、既《すで》に深《ふか》く以《もつ》て古今象《こゝんかたち》を忘《わ》すれ象《かたち》に泥《なじ》む者《もの》の一偏《へん》の失《しつ》を破《や》ぶるに足《た》る、而《しか》も曼亞夫《まんあふ》の錄《ろく》以《もつ》て圖《づ》を非《そ》しることを爲《な》し、以《もつ》て凡例《はんれい》を見《み》ることなし、愚不敏謹《ぐふびんつゝし》しむで遺訓《ゐくん》に遵《したが》ひ、彖爻大象文言說卦《たんかうたいしやうのげんせつくわ》凡《およ》そ象《かたち》を言《い》ふ者《もの》を綴拾《てつしや》し、八卦《くわ》に分《わか》つて圖《づ》を爲《つく》り、而《しか》して天文地理人事《てんもんちりじんじ》鳥獸草木《てうじうさうもく》を以《もつ》て次《じ》を爲《な》し、八卦《くわ》を其《そ》の上《うへ》に例《れつ》し、四聖《せい》を其《そ》の左《ひだり》に位《くらゐ》し、圖《づ》を案《あん》じて而《しか》して觀《み》れば象《かたち》を取《こ》るの同異《どうゐ》其《そ》れ見《み》るべきに庶《ち》かし。

又曰《またいは》く聖人象《せいじんかたち》を取《こ》る一端《たん》にあらず、之《これ》を全體《ぜんたい》に取《こ》るものあり、之《これ》を各體《かくたい》に取《さ》るものあり、之《これ》を互體《ごたい》に取《と》る者《もの》あり、之《これ》を似體《じたい》に取《と》る者《もの》あり、之《これ》を應體《おうたい》に取《と》る者《もの》あり、其《そ》の象《かたち》なしと雖《いへ》ども、而《しか》も卦名義《くわめいぎ》に取《と》る者《もの》あり、之《これ》を逐爻《ちくかう》に取《と》る者《もの》あり、之《これ》を遠近《ゑんきん》に取《と》る者《もの》あり、之《これ》を陰陽《いんやう》の爻《かう》に取《と》る者《もの》あり、頤《い》の如《ごと》き井《せい》の如《ごと》き鼎《てい》の如《ごと》きは、此《こ》れ伏義《ふつぎ》が之《これ》を全體《ぜんたい》に取《と》れる者《もの》、卦《くわ》が即《すなは》ち象《かたち》なり、大過《たいくわ》の棟撓《むねた》ゆみ、小《せう》過《くわ》の飛鳥《ひてう》の如《ごと》き、剝《はく》の牀《しやう》、咸艮《かんごん》の身《み》の如《ごと》き、六十四卦《くわ》の大象《たいしやう》の如《ごと》きは、此《こ》れ文王周公孔子《ぶんわうしうこうこうし》が之《これ》を全《ぜん》體《たい》に取《と》れる者《もの》、屯豫《ちゆんよ》の侯《こう》を建《た》つるが如《ごと》きは、則《すなは》ち侯《こう》は震《しん》に屬《ぞく》し、大畜《たいちく》の良馬《りやうば》は、則《すなは》ち馬《うま》は乾《けん》に屬《ぞく》し說卦《せつくわ》の八物《ぶつ》は各々《おの〳〵》八卦《くわ》に屬《ぞく》す、此《こ》れ皆之《みなこれ》を各體《かくたい》に取《と》れる者《もの》、同人大畜《どうじんたいちく》の川《かは》を涉《わた》るが如《ごと》きは互體《ごたい》を兼《か》ね取《と》り、震巽中孚賁《しんそんちうふひ》に馬《うま》と稱《しよう》するは、互體《ごたい》を兼《か》ね取《と》り、震坎頤《しんかんい》の離《り》に似《に》て而《しか》して龜《き》と稱《しよう》し、大壯《たいさう》は兌《だ》に似《に》て而《しか》して羊《やう》と稱《しよう》し、明夷《めいゐ》の互坎《ごかん》は應《おう》なくして、而《しか》して馬《うま》を喪《うしな》ふと稱《しよう》し、二簋《き》は其《そ》の象義《しやうぎ》なくして諸《これ》を損《そん》に取《と》る、此《こ》れ皆之《みなこれ》を互體似體應體《ごたいじたいおうたい》と夫《か》の卦名義《くわめいぎ》とに取《と》れる者《もの》、悉《こと〲》く彖爻中《たんかうちう》に見《み》ゆ、逐爻《ちくかう》義《ぎ》を取《と》つて、而《しか》して遠近陰陽《ゑんきんいんやう》を分《わか》つに至《いた》つては、則《すなは》ち文王周公《ぶんわうしうこう》の彖爻《たんかう》を以《もつ》て概擧《がいきよ》し難《がた》し、愚既《ぐすで》に八卦《くわ》を分《わか》つて圖《づ》を作《つく》り、各々義文周孔《おの〳〵ぎぶんしうこう》の左《さ》に疏《そ》して、而《しか》して逐爻象《つひかうしやう》を取《と》るものは、則《すなは》ち別《べつ》に圖《づ》を爲《つく》つて以《もつ》て之《これ》を該《か》ね、混肴《こんこう》するに至《いた》らざるを庶幾《こひねがふ》て、以《もつ》て觀玩《くわんぐわん》に便《べん》にす、敢《あへ》て自《みづか》ら易《えき》に得《う》ることありと謂《い》ふにあらず、嘗《かつ》て試《こころ》みに之《これ》を論《ろん》ず、義《ぎ》の象《しやう》は卦中《くわちう》にあり、文王《ぶんわう》の象《しやう》は其《そ》の大綱《たいかう》を取《と》り、周公《しうこう》は之《これ》を文王《ぶんわう》に本《もと》づくと雖《いへ》ども、已《すで》に其《そ》の自《みづか》ら取《と》る所《ところ》多《おほ》く、夫子《ふし》は之《これ》を文王周公《ぶんわうしうこう》に本《もと》づくと雖《いへ》ども、然《しか》れども其《そ》の同《おな》じきものも間《ま》々見《み》えて、而《しか》して其《そ》の自《みづか》ら取《と》る所《ところ》の者《もの》は、抑々《そも〳〵》周公《しうこう》の文王《ぶんわう》より多《おほ》きが如《ごと》きに止《とゞ》まらず、然《しか》らば則《すなは》ち易《えき》の象《かたち》を取《と》るは、實《じつ》に夫子《ふし》に至《いた》つて而《しか》して大《おほい》に備《そな》はるなり、夫子《ふし》の象《かたち》なくば不可《ふか》なり、但易《たゞえき》を讀《よ》む者周公《ものしうこう》の象《かたち》を執《と》つて、以《もつ》て之《これ》を文王《ぶんわう》に求《もと》むることなく、同《おな》じき者《もの》は自《おのづ》から同《おな》じく、異《こと》なる者《もの》は自《おのづ》から異《こと》に、要《えう》は各々《おの〳〵》夫《か》の伏義《ふつぎ》の卦《くわ》を明《あき》らかにすれは可《か》なり、必《かな》らず牽《けん》合附會《がふふくわい》して以《もつ》て強《しひ》て而《しか》して之《これ》を同《おなじ》ふせんと欲《ほつ》するは、是《こ》れ數聖人《すうせいじん》の象《かたち》を亂《みだ》すなり、數聖人《すうせいじん》の象《かたち》を亂《みだ》して、而《しか》して象《しやう》終《つひ》に悟《さと》るべからず、其《そ》れ亦思《またおも》はざるの至《いた》りなり。(周易本義附錄纂註)

と。已《すで》に象《しやう》なるものが、之《これ》を見《み》る人《ひと》の主觀的心理作用《しゆくわんてきしんりさよう》の如何《いかん》に由《よ》るものであるとせば、實《じつ》に胡氏《こし》一桂《けい》が說《せつ》の如《ごと》く、伏義《ふつぎ》と文《ぶん》、周《しう》と孔子《こうし》とは、その間多《あひだおほ》くの年代《ねんだい》を異《こと》にする隔世《かくせい》の人《ひと》である已《すで》に隔世《かくせい》の人《ひと》であるとすれば、自《おのづ》から隔世《かくせい》の境遇《きやうぐう》と思想《しさう》とを持《も》つて居《ゐ》たに違《ちが》ひない隨《したが》つてその取象《しゆしやう》の趣《おもむ》きを異《こと》にして居《ゐ》る所《ところ》があるのは、時代思想《じだいしさう》の然《しか》らしむる所《ところ》で、そこに周易《しうえき》の變化《へんくわ》も進化《しんくわ》も自然《しぜん》に現《あら》はれて居《ゐ》る、蓋《けだ》し時代思想《じだいしさう》の進步《しんぽ》するに伴《ともな》ふて、象《しやう》を見《み》るものゝ主觀《しゆくわん》の作用卽《さようすなは》ち心理的狀態《しんりてきじやうたい》の益々《ます〳〵》複雜《ふくざつ》になり行《ゆ》くのは免《まぬ》かれ難《がた》き自然《しぜん》の趨勢《すうせい》であるから、舊時代《きうじだい》に於《おい》て取《と》つた所《ところ》の卦象《くわしやう》を以《もつ》ては滿足《まんぞく》することが可能《でき》ぬ必《かな》らず新時代《しんじだい》の要求《えうきう》に應《おう》じて何等《なんら》か新《あら》たなる卦象《くわしやう》を取《と》らねばならぬ、此《こ》れ卽《すなは》ち彖傳以後《たんでんいご》に於《おい》て卦變說《くわへんせつ》の起《おこ》つた所以《ゆえん》であるが、謂《い》ふ所《ところ》の卦變《くわへん》なるものは、現在《けんざい》の卦象以外《くわしやういぐわい》に意想《いさう》の上《うへ》に於《おい》て假設《かせつ》するもので、之《これ》を本篇《ほんぺん》に說《と》き來《きた》つた所《ところ》の卦象《くわしやう》に比《くら》ぶれば此《これ》は現在《けんざい》の卦體《くわたい》その儘《まゝ》に固有《こいう》する所《ところ》の形象《けいしやう》であるが、彼《かれ》は現在《げんざい》の卦體《くわたい》になき所《ところ》の形象迄《けいしやうまで》も、假《か》りに意《い》を以《もつ》て推想《すゐさう》する所《ところ》の方法《はうはふ》である、此《これ》と彼《かれ》とは此《かく》の如《ごと》くその趣《おもむ》きを異《こと》にしては居《ゐ》るけれども、而《しか》もその卦象《くわしやう》であると言《い》ふ所《ところ》は同《どう》一で、此《これ》は即《すなは》ち舊時代《きうじだい》に於《おい》て取《と》つた所《ところ》の卦象《くわしやう》であるが、彼《かれ》は即《すなは》ち新時代《しんじだい》に於《おい》て取《と》つた所《ところ》の卦象《くわしやう》であるから、そこに新舊繁簡《しんきうはんかん》の區別《くべつ》が現《あら》はれて居《ゐ》る、されど何《いづ》れも共《とも》に觀象家《くわんしやうか》その人《ひと》の主觀的作用《しゆくわんてきさよう》の客觀的表彰《かくくわんてきへうしやう》たるに外《ほか》ならぬ、而《しか》して本《ほん》篇《へん》に謂《い》ふ所《ところ》の卦象《くわしやう》なるものは、概《おほむ》ね舊時代《きうじだい》に於《おい》て取《と》つた所《ところ》の卦象《くわしやう》であつて、新時代《しんじだい》に於《おい》て取《と》つた所《ところ》の卦象《くわしやう》即《すなは》ち進化的卦變《しんくわてきくわへん》なるものは茲《こゝ》には殊更《ことさら》に之《これ》を説《とか》ぬこと〻した、何故《なぜ》であるかと言《い》へば、前後《ぜんご》此《かく》の如《ごと》く取象《しゆしやう》の方法《はうはふ》を異《こと》にすること〻なつたのは、這《こ》は惟《ひと》り觀象《くわんしやう》上《じやう》に於《お》ける心理的作用《しんりてきさよう》の變化《へんくわ》に原由《げんゆ》するのみではない、尙外《なほほか》にそれよりも重要《ぢうえう》なる原因《げんいん》があつた爲《ため》であるが、それは外《ほか》ではない、已《すで》に述《の》べたるが如《ごと》く周易卜筮《しうえきぼくぜい》は一種《しゆ》の宗敎《しうけう》であつて、六十四卦《くわ》の卦象《くわしやう》なるものは神意《しんい》を表現《へうげん》せむが爲《ため》の方法《はうはふ》であつた然《しか》るに時代思想《じだいしさう》の變化《へんくわ》するに從《したが》ふて天帝神等《てんていしんとう》に對《たい》する信仰《しんかう》は次第《しだい》に消滅《せうめつ》して仕舞《しま》ふた、その結果《けつくわ》として宗敎的周易卜筮《しうけうてきしうえきぼくぜい》は周末《しうまつ》の頃《ころ》に至《いた》つて終焉《しうえん》を告《つ》げたのであるが、秦漢以後《しんかんいご》の時代《じだい》に蘇生《そせい》した所《ところ》の卜筮《ぼくぜい》は、その外形的儀禮方式等《ぐわいけいてきぎれいはうしきとう》に至《いた》りては周易卜筮《しうえきぼくぜい》と異《こと》なる所《ところ》はないけれども、而《しか》も之《これ》が發生的《はつせいてき》根原《こんげん》を異《こと》にして居《ゐ》る即《すなは》ち宗敎的信仰《しうけうてきしんかう》を持《も》つて居《を》らぬ、此所《こゝ》が即《すなは》ち古代《こだい》の卜筮《ぼくぜい》と後代《こうだい》の卜筮《ぼくぜい》とが劃然《くわくぜん》としてその性質《せいしつ》を異《こと》にする所《ところ》で、周易卜筮《しうえきぼくぜい》は天帝神等《てんていしんとう》に對《たい》する信仰《しんかう》に由《よ》つて成立《なりた》つて居《ゐ》た、故《ゆゑ》に一種《しゆ》の宗敎《しうけう》であつたがそれ以後《いご》の卜筮《ぼくぜい》は宗敎的信仰《しうけうてきしんかう》を持《も》つて居《を》らぬ、故《ゆゑ》に這《こ》は未來前知《みらいぜんち》の方法《はうはふ》即《すなは》ち一種《しゆ》の學《がく》術《じゆつ》である、隨《したが》つて六十四卦《くわ》の卦象《くわしやう》なるものは、周易卜筮《しうえきぼくぜい》に於《おい》ては神意《しんい》を表現《へうげん》せむが爲《ため》に用《もち》ひたのであるが、それ以後《いご》の卜筮《ぼくぜい》に於《おい》ては推理《すゐり》の方法《はうはふ》として之《これ》を用《もち》ゆるのである、古代《こだい》の卜筮《ぼくぜい》と後代《こうだい》の卜筮《ぼくぜい》とは此《かく》の如《ごと》くその性質《せいしつ》を異《こと》にして居《ゐ》るが、謂《い》ふ所《ところ》の進化的卦變《しんくわてきくわへん》の何者《なにもの》であるかを説《とか》むとせば、先《ま》づ之《これ》が進《しん》化發達《くわはつたつ》の徑路《けいろ》から審《つまび》らかにせねばならぬが、そは到底紙數《たうていしすう》限《かぎ》りある本講義錄《ほんかうぎろく》の許《ゆる》さぬ所《ところ》である許《はか》りでなく、本講義錄《ほんかうぎろく》は初學者《しよがくしや》の自宅獨習《じたくどくしふ》を便《べん》せむが爲《ため》に發行《はつかう》するものである、然《しか》るに今茲《いまここ》に等《とう》を越《こ》え順《じゆん》を挺《ぬき》むでゝ複雜《ふくざつ》にして高尙《かうしやう》なる卦變的推理《くわへんてきすゐり》の方法《はうはふ》を説《と》くはそは、却《かへ》つて初學者《しよがくしや》の研究《けんきう》を妨害《ばうがい》することゝなる、此《こ》れ今茲《いまここ》に進化的卦變《しんくわてきくわへん》を説《とか》ぬ所以《ゆえん》であるが、本講義錄《ほんかうぎろく》を再讀《さいどく》三讀《どく》して周易卜筮《しうえきぼくぜい》の何者《なにもの》なるかを了解《れうかい》されたる上《うへ》は、更《さら》に進《すゝ》むで新時代《しんじだい》の卜筮《ぼくぜい》卽《すなは》ち推理的占法《すゐりてきせんぱふ》を研究《けんきう》されねばならぬが、そは之《これ》を拙著《せつちよ》眞《ま》勢《せ》中州之易學《ちうしうのえきがく》幷《ならび》に五段論式必中占法《だんろんしきひつちうせんぱふ》の二書《しよ》を見《み》て知了《ちれう》せられ度《た》い。

象法講義（完）

筮法講義

自序

支那の古代に於ては上は天下國家の大事より、下は一身一家の小事に至る迄疑二決し難き際に當りては、之を天地神明に質すの信仰あり、之を卜筮となす、卜筮は吾人が之に由て以てその吉凶得失を神に問ひ、神は亦之に由て以てその吉凶得失を吾人に告る爲の作爲卽ち神人酬醋の手段にして、而して周易が一種の宗教たりし所以は實に此の揲筮の一事にあり。隨つて揲筮の周易に於けるや極めて重要にして缺くべからざるの事項となす。何ぞや、他なし。苟くも神明酬醋の手段なきに於ては、その宗教的信仰を實現するを得ざるを以てなり。是に由て之を觀れば、周易を研究せむとするには必らず先づ筮法を知るを要す。然るに古來筮法を說くもの摟指に暇あらずと雖ども、而も能く筮の眞義を解し得たるものあること鮮し、此れ周易の世に明らかならざる所以なり。余不學自から量らず、嘗て陰陽新聞の餘白を假り、敢て管見を公けにして大方の是正を請ひ、今亦訂正增補之を輯めて一篇を成す、此れ必らずしも我見を固執して自から足れりとするにあらず、唯聊か之を以て後學の參考に資せむと欲するのみ、是を序となす。

大正十四年乙丑三月

生生學者　大島中堂

筮法講義目錄

筮法講義附錄……一
略式筮法……一
一　略　筮……二
二　中筮の一……四
三　中筮の二……六
筮法講義……八
第一章　總　論……八
第二章　洗心齊戒……一三
第三章　酬　醋……一六
第四章　蓍……二〇
蓍箸の辯……二三
冷笑生に答ふ……二五
第五章　筮……二六
第六章　大　衍……三〇
第七章　大衍の用數……四六
落合天民氏に答ふ……五〇
易の原數……五三
中島道翁氏に答ふ……六一
第八章　分掛揲歸……七三
四十五策筮法の奇策……九三
第九章　得　卦……一〇三
第十章　結　論……一二四
備　考……一四〇

筮法講義目錄終

筮法講義附錄

大島中堂講述

略式筮法

周易《しうえき》に於《おい》て筮法《ぜいはふ》と言《い》ふのは唯《たゞ》十八變筮法《へんぜいはふ》の二法《はふ》がある許《ばか》りで、玆《こゝ》に謂《い》ふ所《ところ》の略式筮法杯《りやくしきぜいはふなど》と言《い》ふものはないのである。故《ゆゑ》に周易《しうえき》に於《おい》て筮法《ぜいはふ》と言《い》へば、必《かな》ず、十八變筮法《へんぜいはふ》に限《かぎ》つたものであるが、一ツの卦《くわ》を起《おこ》すに、前後《ぜんご》七十二營《えい》十八變《へん》の手數《てすう》を要《えう》するのは甚《はなは》だ面倒《めんだう》で、匆卒《さうそつ》の間《ま》に合《あ》ひ兼《か》ぬる所《ところ》から、後世《こせい》に至《いた》つて簡便《かんべん》の方法《はうはふ》を設《まう》けたのが、即《すなは》ち玆《こゝ》に謂《い》ふ所《ところ》の略式筮法《りやくしきぜいはふ》で、之《これ》を呼《よ》むで中筮略筮等《ちうぜいりやくぜいとう》と言《い》ふのは、十八變筮法《へんぜいはふ》を指《さ》して本筮《ほんぜい》と言《い》ふに相對《あひたい》せしめむが爲《た》めの稱呼《しようこ》で、何《いづ》れも共《とも》に後世《こうせい》の人《ひと》が名《なづ》けたものである。而《しか》して本筮《ほんぜい》の中《うち》には十八變《へん》で卦《くわ》を立《た》つる法《はふ》と、三十六變《べん》で卦《くわ》を立《た》つる法《はふ》と、亦《また》同《おな》じく十八變筮《へんぜい》の中《うら》でも、四十九策《さく》を用《もち》ゆるものと四十八策《さく》を用《もち》ゆるものとの相違《さうゐ》あるが、此等《これら》は皆《みな》後《ご》段《だん》に至《いた》り、余《よ》が發明《はつめい》した四十五策筮法《さくぜいはふ》を講《かう》ずる際《さい》に及《およ》び、それ〲之《これ》を附說《ふせつ》し度《た》いと思《おも》ふのであるから、玆《こゝ》には之《これ》を述《の》べぬのであるが。前述《ぜんじゆつ》の如《ごと》く周易《しうえき》に於《おい》て筮法《ぜいはふ》と言《い》へば、十八變筮法《へんぜいはふ》の外《ほか》にはその法《はふ》がない筈《はず》であるから、先《ま》づ十八變筮法《へんぜいはふ》を説《と》いて然《しか》る後《のち》茲《こゝ》に謂《い》ふ所《ところ》の略式筮法《りやくしきぜいはふ》を説《と》くのが至當《したう》の順序《じゆんじよ》である、隨《したが》つて略式筮法《りやくしきぜいはふ》は之《これ》を本講義《ほんかうぎ》の末尾《まつび》に附説《ふせつ》すべき筈《はず》であつたけれども、而《しか》も現今《げんこん》の有樣《ありさま》を察《さつ》すれば、一般《はん》に略式筮法《りやくしきぜいはふ》の方《はう》が多《おほ》く用《もち》ひられて居《を》るから、初學者《しよがくしや》の便利《べんり》の爲《た》めに、その順序《じゆんじよ》を顚倒《てんだう》して、茲《こゝ》にその概略《がいりやく》を述《の》ぶることゝしたのである。

一　略　筮

略筮《りやくぜい》とは字《じ》の如《ごと》く本筮《ほんぜい》卽《すなは》ち十八變筮式《へんぜいしき》を省略《しようりやく》して設《まう》けたもので、全簪《ぜいし》五十策《さく》の中《うち》から、四十五策《さく》(四十九策若《さくもし》くは四十八策《さく》を取《と》るのは誤《あや》まりである)を取《と》つて、之《これ》を兩手《りやうて》に捧《さゝ》げ持《も》ち、手《て》に任《まか》せて之《これ》を左右《さいう》に兩分《りやうぶん》した所《ところ》で、右手《うしゆ》の策《さく》は之《これ》を机上《きじやう》に置《お》き、左手《さしゆ》の策《さく》はその儘之《まゝこれ》を左手《さしゆ》に持《も》ち、机上《きじやう》に置《お》いた策《さく》の中《なか》から、右手《うしゆ》にて一策《さく》を取《と》つて之《これ》を左手《さしゆ》の第三指《だいし》と小指《こゆび》との中間《ちうかん》に挿《さし》はさみ、その上右手《うへうしゆ》を以《もつ》て左手《さしゆ》の策《さく》を二策《さく》づゝ四度之《たびこれ》を數《かぞ》へ、斯《か》くすること二回若《くわいもし》くは三回四回《くわいくわい》の後《のち》に及《およ》び、左手《さしゆ》に剩《あま》す所《ところ》の策《さく》が一策《さく》であつた時《とき》には☰乾《けん》の卦《くわ》を置《お》き、二策《さく》であつた時《とき》には☱兌《だ》の卦《くわ》を置《お》き、三策《さく》であつた時《とき》には☲離《り》の卦《くわ》を置《お》き、四策《さく》であつた時《とき》には☳震《しん》の卦《くわ》を置《お》き、五策《さく》であつた時《とき》には☴巽《そん》の卦《くわ》を置《お》き六策《さく》であつた時《とき》には☵坎《かん》の卦《くわ》を置《お》き、七策《さく》であつた時《とき》には☶艮《こん》の卦《くわ》を置《お》き、八策《さく》であつた時《とき》には☷坤《こん》の卦《くわ》を置《お》くのであるが、それで八卦《くわ》の一體《たい》たる内卦丈《ないくわだけ》が出來《でき》る。但《たゞ》し第《だい》三指《し》と小指《こゆび》との間《あひだ》に挿《はさ》むだ一策《さく》はその儘《まゝ》にして之《これ》を合《あは》せ數《かぞ》へぬのが正當《せいたう》で、以上《いじやう》が即《すなは》ち第《だい》一變《へん》である。次《つぎ》に右手《みぎて》に數《かぞ》へ取《と》つた策《さく》と机上《きじやう》に置《お》いた策《さく》と第《だい》三指《し》と小指《こゆび》との中間《ちうかん》に挿《はさ》むだ策《さく》とを三合《がふ》した上《うへ》で亦再《またふたゝ》び第《だい》一變《へん》の時《とき》の樣《やう》に、之《これ》を兩分《りやうぶん》して右手《うしゆ》の策《さく》は机上《きじやう》に置《お》き、左手《さしゆ》の策《さく》はその儘之《まゝこれ》を左手《さしゆ》に持《も》ち、机上《きじやう》に置《お》いた策《さく》の内《うち》から一策《さく》を取《とつ》て、之《これ》を左手《さしゆ》の第《だい》三指《し》と小指《こゆび》との間《あひだ》に挿《はさ》み、右手《みぎて》にて左手《ひだりて》の策《さく》を同時《どうじ》に二策《さく》づゝ四度《たび》之《これ》を數《かぞ》へ、斯《か》くすること二回《くわい》三回《くわい》若《もし》くは四回《くわい》の後《のち》に、左手《さしゆ》に殘《のこ》つた所《ところ》の策《さく》が一策《さく》の時《とき》には乾《けん》を置《お》き、二策《さく》の時《とき》には兌《だ》を置《お》き、三策《さく》の時《とき》には離《り》を置《お》き、四策《さく》の時《とき》には震《しん》を置《お》き、五策《さく》の時《とき》には巽《そん》を置《お》き、六策《さく》の時《とき》には坎《かん》を置《お》き、七策《さく》の時《とき》には艮《ごん》を置《お》き、八策《さく》の時《とき》には坤《こん》を置《お》くのが即《すなは》ち第《だい》二變《へん》である。それで外卦《ぐわいくわ》が出來《でき》て内外共《ないぐわいとも》に備《そな》はるのである、斯《か》くして内外卦《ないぐわいくわ》が出來《でき》た所《ところ》で、その次《つぎ》には、亦《また》三たび右手《うしゆ》の策《さく》と机上《きじやう》の策《さく》と、第《だい》三指《し》と小指《こゆび》との間《あひだ》に挿《はさ》むだ策《さく》とを三合《がふ》した上《うへ》で、前《ぜん》二變《へん》と同樣《どうやう》に、之《これ》を兩分《りやうぶん》して右手《うしゆ》の策《さく》は之《これ》を机上《きじやう》に置《お》き、左手《さしゆ》の策《さく》はその儘《まゝ》として、机上《きじやう》の策《さく》から一策《さく》を取《とつ》て之《これ》を第《だい》三指《し》と小指《こゆび》との中間《ちうかん》に挿《さし》はさみ、此度《こんど》は右手《うしゆ》にて左手《さしゆ》の策《さく》を二策《さく》づゝ三度《ご》、幾回《いくくわい》も之《これ》を數《かぞ》へた後《のち》、一策殘《さくのこ》つた時《とき》には、前《ぜん》二變《へん》にて出來《でき》た卦《くわ》の初爻《しよかう》を反覆《はんぷく》し、二策殘《さくのこ》つた時《とき》には二爻《かう》を反覆《はんぷく》し、三策殘《さくのこ》つた時《とき》には三爻《かう》を反覆《はんぷく》し、四策殘《さくのこ》つた時《とき》には四爻《かう》を反覆《はんぷく》し、五策殘《さくのこ》つた時《とき》には五爻《かう》を反覆《はんぷく》し、六策殘《さくのこ》つた時《とき》には上爻《じやうかう》を反覆《はんぷく》するのであるが、此《こ》れが即《すなは》ち變爻《へんかう》である、此《かく》の如《ごと》く前後《ぜんご》三變《べん》で本卦《ほんくわ》と變卦即《へんくわすなは》ち之卦《しくわ》が出來《でき》る、假《たと》へば第《だい》一變《へん》の時《とき》に一策殘《さくのこ》つたとすれば內卦《ないくわ》は卽《すなは》ち☰乾《けん》である、次《つぎ》に第《だい》二變《へん》の時《とき》に三策殘《さくのこ》つたすれば外卦《ぐわいくわ》は卽《すなは》ち☲離であるから此《こ》の內外兩卦《ないぐわいりやうくわ》を合《がつ》すれば卽《すなは》ち䷍火天大有《くわてんだいいう》の卦《くわ》が出來《でき》るのであるが、その上第《じやうだい》三變目《べんめ》に二策《さく》づゝ三度數《どかぞ》へて最後《さいご》に三策殘《さくのこ》つたとすれば、三爻《かう》が變《へん》じて兌《だ》となるから變卦《へんくわ》は卽《すなは》ち火澤睽《くわたくけい》䷥となるの類《るゐ》で、本之兩卦《ほんしりやうくわ》を總稱《そうしよう》して之《これ》を得卦《さくくわ》と言《い》ふ、その他皆此《たみなこ》の例《れい》を推《な》して知《し》ることが可能《でき》るのであるが、以上《いじやう》が此《こ》の卽《すなは》ち略筮《りやくぜい》の方式《はうしき》である。

二　中筮の一

中筮《ちうぜい》とは略筮《りやくぜい》よりは詳密《しやうみつ》に、本筮《ほんぜい》よりは省略《しやうりやく》した中間《ちうかん》の筮法《ぜいはふ》であると言《い》ふ義《ぎ》で、之《これ》を前迹《ぜんじゆつ》の略筮《りやくぜい》に比《くら》ぶれば、五十策《さく》の中《うち》から四十五策《さく》を取《とつ》て來《く》ることも、兩手《りやうて》に捧《さし》げ持《もつ》て之《これ》を兩分《りやうぶん》することも、亦右手《またうしゆ》の策中《さくちう》から一策《さく》を取《とつ》て、之《これ》を掛《か》け置《お》くことも、將亦右手《はたまたうしゆ》にて左手《さしゆ》の策《さく》を二策《さく》づゝ四度《たび》に之《これ》を數《かぞ》ゆることも、皆凡《みなすべ》て同樣《どうやう》であるが、唯《たゞ》その少《すこ》しく異《こと》なる所《ところ》は、略筮《りやくぜい》の法《はふ》では、二策《さく》づゝ四度《たび》、二回若《くわいもし》くは三回《くわい》四回之《くわいこれ》を數《かぞ》へて、一策殘《さくのこ》れば三畫八卦《くわくくわ》の乾《けん》を置《お》き、二策若《さくもし》くは三策殘《さくのこ》れば、兌若《だもし》くは離《り》を置《お》くのであるけれども、反之《これにはんし》中筮《ちうぜい》に於《おい》ては、一策殘《さくのこ》れば乾《けん》を配《はい》した奇畫《きくわく》の一爻《かう》を置《お》き、二策殘《さくのこ》れば兌《だ》を配《はい》した偶畫《ぐうくわく》の一爻《かう》を置《お》き、三策殘《さくのこ》れば離《り》を配《はい》した偶畫《ぐうくわく》の一爻《かう》を置《お》いて內卦《ないくわ》の三爻《かう》を作《つく》り、尙亦斯《なほまたか》くすること三變《べん》にして外卦《ぐわいくわ》の三爻《かう》を作《つく》り、前後合《ぜんごあは》せて六變《べん》にして全卦六畫《ぜんくわくわく》を作《つく》るのである（配爻《はいかう》の圖《づ》は後段《こだん》十八變筮法《へんぜいはふ》の所《ところ》に出《いだ》す）故《ゆゑ》に或《あるひ》は之《これ》を呼《よ》むで六變筮法《へんぜいはふ》と言《い》ふ。されば略筮《りやくぜい》は一變《へん》にして三爻《かう》を作《つく》る所《ところ》の法《はふ》であるが、中筮《ちうぜい》は一變《へん》にして一爻《かう》を作《つく》る所《ところ》の法《はふ》であると言《い》ふてよい。

以上《いじやう》は略筮《りやくぜい》と中筮《ちうぜい》と相違《さうゐ》して居《ゐ》る所《ところ》を擧《あ》げた迄《まで》であるが兩者《りやうしや》の間《あひだ》には、尙更《なほさら》に大《だい》なる相違《さうゐ》がある、それは外《ほか》ではない、前述《ぜんじゆつ》の如《ごと》く略筮《りやくぜい》の法《はふ》に於《おい》ては、前後《ぜんご》二變《へん》にして內外《ないぐわい》兩卦《りやうくわ》が出來《でき》るのであるが、最後《さいご》の一變卽《へんすなは》ち第《だい》三變目《へんめ》は、既成《きせい》の卦中《くわちう》に於《おい》て變爻《へんかう》を附《つ》けむが爲《た》めに之《これ》を設《まう》けたものである。反之《これにはんして》、中筮《ちうぜい》の法《はふ》に於《おい》ては殊更《ことさら》に變爻《へんかう》を附《つ》くることを要《えう》せず、既成《きせい》の卦中《くわちう》に於《おい》て、變《へん》と不變《ふへん》との區別《くべつ》が自然《しぜん》に備《そなは》つて居《ゐ》る、卽《すなは》ち內外《ないぐわい》六爻《かう》の中《うち》に於《おい》て、乾坤《けんこん》を配《はい》した爻《かう》は自然《しぜん》に變《へん》ずべきもので、震巽坎離艮兌《しんそんかんりごんだ》を配《はい》した爻《かう》は、變《へん》せぬものであると始《はじ》めから一定《てい》されて居《ゐ》るのである。隨《したが》つて一爻變《かうへん》ずることも、二爻變《かうへん》ずることも、三爻變《かうへん》ずることも、乃至《ないし》四爻《かう》五爻《かう》六爻皆變《かうかいへん》の卦《くわ》を得《う》ることがある許《ばか》りでなく、六爻不變《かうふへん》の卦《くわ》を得《う》ることもある、故《ゆゑ》にその結果《けつくわ》として一卦《くわ》が他《た》の六十三卦《くわ》に通《つう》じ得《う》べき道理《だうり》も含《ふく》まれて居《ゐ》るから、此點丈《このてんだけ》は正式筮《せいしきぜい》卽《すなは》ち十八變筮法《へんぜいはふ》に由《よつ》て得《え》た所《ところ》の卦《くわ》と少《すこ》しも異《こと》なる所《ところ》はない、然《しか》るに略筮《りやくぜい》の法《はふ》に於《おい》ては何《いづ》れの場合《ばあひ》に於《おい》ても必《かなら》ず變爻《へんかう》を附《ふ》するのであるから、決《けつ》して不變《ふへん》の卦《くわ》を得《う》ることがない許《ばか》りか、その變爻《へんかう》も常《つね》に一爻丈《かうだけ》に止《とゞ》まつて、二爻以上《かういじやう》六爻皆變《かうかいへん》の卦杯《くわなど》を得《う》べき場合《ばあひ》は固《もと》よりないのである。隨《したが》つて一卦《くわ》唯《たゞ》六十三卦中《くわちう》の六卦《くわ》に通《つう》ずることが可能《でき》る許《ばか》りで、他《た》の五十七卦《くわ》には通《つう》ずることが可能《でき》ぬ。こゝが卽《すなは》ち此《こ》の略筮法《りやくぜいはふ》の不自然《ふしぜん》であつて、變通《へんつう》の妙を缺《か》いて居《ゐ》る證據《しようこ》であるから、始《はじ》めから之《これ》を筮《ぜい》せなければ兎《と》も角《かく》、苟《いやし》くも之《これ》を筮《ぜい》するからには必《かな》らず中筮《ちうぜい》若《もし》くは本筮《ほんぜい》の法《はふ》を用《もち》ひねばならぬ、然《しか》らざれば折角《せんかく》の筮占《ぜいせん》が水泡《すゐはう》となることのある許《ばか》りでなく、却《かへ》つて大害《だいがい》を生《しや》すべき場合《ばあひ》もあるのである。

三　中筮の二

略筮法《りやくぜいはふ》が不自然《ふしぜん》であつて用《もち》ゆべきものでないことは前述《ぜんじゆつ》の如《ごと》くであるが、謂《い》ふ所《ところ》の中筮法《ちうぜいはふ》も亦均《またひと》しく不合理《ふがふり》にして無理《むり》な所《ところ》がある。さらば如何《いか》なる所《ところ》が無理《むり》であるかと言《い》ふに、そは即《すなは》ち卦中《くわちう》の六爻《かう》に乾《けん》兌離震巽坎艮坤《だりしんそんかんごんこん》の八卦《くわ》を配附《はいふ》することであるが、之《これ》に關《くわん》する詳細《しやうさい》なる理由《りいう》は、後段《こうだん》の四十五策筮法中《さくぜいはふちう》に之《これ》を述べて置《おい》たから茲《こゝ》には之《これ》を省《はぶ》いて言《いは》ぬけれど、元來卦中《ぐわんらいくわちう》の六爻《かう》を呼《よ》ぶには、九六七八の數《すう》を以《もつ》てせねばならぬことは、已《すで》に經文《けいもん》即《すなは》ち爻辭《かうじ》に於《おい》て明示《めいじ》する所《ところ》であるが、その中《うち》七八を得《え》た所《ところ》の爻《かう》は變動《へんどう》せぬけれども、反之《これにはんし》。九六を得《え》た所《ところ》の爻《かう》が變動《へんどう》すべきものであるのは、乾坤《けんこん》二卦《くわ》の二用《よう》に於《おい》て殊更《ことさら》にその例《れい》を示《しめ》して居《ゐ》る。果《は》してそうであるとすれば、卦中《くわちう》の六爻《かう》を呼《よ》ぶに九六七八の數《すう》を以《もつ》てせねばならぬことは、惟《ひと》り十八變筮《へんぜい》の時《とき》のみに限《かぎ》つたものでなく、中筮即《ちうぜいすなは》ち六變筮《へんぜい》の時《とき》に於《おい》ても亦必《またかな》らず然《し》からざるを得《え》ぬことは蓋《けだ》し自明《じめい》の道理《だうり》であると言《いは》ねばならぬ故《ゆゑ》に余《よ》は此《こ》の十八變筮法《へんぜいはふ》の例《れい》に倣《なら》ひ、新《あら》たに卦中《くわちう》の六爻《かう》を呼《よ》ぶに、九六七八の數《すう》を以《もつ》てすべき六變筮法《へんぜいはふ》を考案《かうあん》して、常《つね》に之《これ》を用《もち》ひて居《ゐ》るから。初學者諸君《しよがくしやしよくん》の參考《さんかう》に供《きよう》せむが爲《た》めに、左《さ》にその概略《がいりやく》を述《の》ぶることにしよう。

然《しか》らば謂《い》ふ所《ところ》の六變筮法《へんぜいはふ》とは如何《いか》なるものであるかと言《い》へば、四十五策《さく》を取《とつ》て之《これ》を兩分《りやうぶん》することも、一策《さく》を掛《か》け置《お》くことも、亦《また》左《さ》手《しゆ》の策《さく》を數《かぞ》ゆることも、皆凡《みなすべ》て前述《ぜんじゆつ》の中筮法《ちうぜいはふ》と同樣《どうやう》であるが、唯少《たゞすこ》しく異《こと》なる所《ところ》は、四策《さく》づゝ同時《どうじ》に幾回《いくくわい》も之《これ》を數《かぞ》へ、最後《さいご》に一策殘《さくのこ》つた時《とき》には九の爻《かう》を置《お》き、二策殘《さくのこ》つた時《とき》には八の爻《かう》を置《お》き、三策殘《さくのこ》つた時《とき》には、七の爻《かう》を置《お》き四策殘《さくのこ》つた時《とき》には六の爻《かう》を置《お》く所《ところ》の違《ちが》いがあるが、九六を得《え》た所《ところ》の爻《かう》が變《へん》じ、七八を得《え》た所《ところ》の爻《かう》が變せぬことは、十八變筮法《へんぜいはふ》と同一《どう》である、而《しか》も此《こ》れが即《すなは》ち余《よ》が謂《い》ふ所《ところ》の略式筮法《りやくしきぜいはふ》で、頗《すこぶ》る簡《かん》にしてその要《えう》を得《え》て居《ゐ》ると思《おも》ふから、玆《こゝ》に之《これ》を附說《ふせつ》して、讀者諸君《どくしやしよくん》の試用《しよう》を請《こ》ふのである。

筮法講義

大島中堂講述

第一章　總論

周易卜筮《しうえきぼくぜい》は卦象《くつしやう》と揲筮《てうぜい》と占斷《せんだん》と此《こ》の三要件《えうけん》を具備《ぐび》して始《はじ》めて成立《せいりつ》すべきもので、三者《しやさ》共に偏廢《へんぱい》すべからざるものである、而《しか》も此《こ》の中《うち》に於《おい》て揲筮《てうぜい》は卽《すなは》ち參天交神《さんてんかうしん》の方法《はうはふ》で、周易卜筮《しうえきぼくぜい》が一種《しゆ》の宗敎《しうけう》たる所以《ゆゑん》は全《まつた》く茲《こゝ》にある、故《ゆゑ》に此《こ》の揲筮《てうぜい》は宗敎的《しうけうてき》なる周易卜筮《しうえきぼくぜい》に取《とつ》ては殊《こと》に重要《ぢうえう》なるものであると言《いは》ねばならぬ、而《しか》して卜筮發生《ぼくぜいはつせい》の根原《こんげん》が信仰《しんかう》の一念《ねん》にあることは已《すで》に周易講義《しうえきかうぎ》の發端《ほつたん》に於《おい》て述《のべ》て置《お》いた如《ごと》くである、されど其《それ》は唯信仰《たゞしんかう》の主觀的方面《しゆくわんてきはうめん》卽《すなは》ち主體《しゆたい》のことを述《のべ》たのみで、その客觀的方面《かくくわんてきはうめん》卽《すなは》ち客體《かくたい》のことに就《つい》ては少《すこ》しも述《のべ》て置《お》かなかつたのであるが、信仰《しんかう》の主體《しゆたい》と客體《かくたい》とは同時《どうじ》に存在《そんざい》すべきもので、主體《しゆたい》があつても客體《かくたい》がなければ信仰《しんかう》の成《な》り立《た》つべき筈《はず》がない、隨《したが》つて神人酬醋《しんじんしうさく》の方法《はうはふ》たる揲筮《てうぜい》を說《と》かむとせば先《ま》づその客體《かくたい》の何者《なにもの》なるかを知《し》ることが必要《ひつえう》である、故《ゆゑ》に茲《こゝ》には少《すこ》しくその客體《かくたい》のことを述《のべ》て然《しか》る後《のち》交神酬醋《かうじんしうさく》の方法《はうはふ》を説《と》くことゝせむに、凡《およ》そ宗教的信仰《しうけうてきしんかう》と言《い》ふものは人《ひと》の心的活動《しんてきくわつどう》の主觀的方面《しゆくわんてきはうめん》と客觀《かくかん》的方面《てきはうめん》との對立《たいりつ》があつて始《はじ》めて成《な》り立《た》つものである、而《しか》してその主觀的方面《しゆくわんてきはうめん》となるものは自我《じが》の自覺《じかく》即《すなは》ち主體《しゆたい》であつて、之《こ》れが客觀的方面《かくくわんてきはうめん》となるものは神《かみ》の寫象《しやしよう》即《すなは》ち客體《かくたい》であるが、此《こ》の主體《しゆたい》たる所《ところ》の自《じ》我《が》と客體《かくたい》たる所《ところ》の神《かみ》との間《あひだ》に於《お》ける隔離的感情《かくりてきかんじやう》と接近的感情《せつきんてきかんじやう》との交錯關係《かうさくくわんけい》を生《しやう》ずる所《ところ》、此《こ》れが即《すなは》ち神《しん》人《じん》の合《がふ》一若《も》しくは融合《ゆうがふ》などゝ稱《しよう》するもので、周易卜筮《しうえきぼくぜい》に於《おい》ては此《こ》の所《ところ》を指《さ》して之《これ》を酬醋《しうさく》と言《い》ふ、酬醋《しうさく》とは神明《しんめい》と交渉《かうせふ》してその告示《こくじ》を受《う》ると言《い》ふ義《ぎ》であるが、繋辭《けいじ》傳第《でんだい》九章《しやう》の末尾《まつび》に與《とも》に酬醋《しうさく》すべく與《とも》に神《かみ》を祐《たす》くべしと言《い》ふは即《すなは》ち此《こ》のことである、此《こ》れ揲筮《てうぜい》が參天交神《さんてんかうしん》の方法《はうはふ》として最《もつと》も重要《ぢうえう》なる意義《いぎ》を有《いう》する所以《ゆえん》である然《しか》らば周易卜筮《しうえきぼくぜい》に於《お》ける信仰《しんかう》の客體《かくたい》即《すなは》ち對象《たいしやう》となつて居《ゐ》たものは何《な》むであつたかと言《い》へば時《とき》の古今《ここん》と地《ち》の東西《とうざい》とに論《ろん》なく、社會人文史的現象《しやくわいじんぶんしてきげんしやう》なるものは皆凡《みなすべ》て時代的精神《じだいてきせいしん》の反射《はんしや》でないものはない、隨《したが》つて周易卜筮《しうえきぼくぜい》も亦當時代的精神《またたうじだいてきせいしん》の範圍《はんゐ》を出《い》づるものではない、故《ゆゑ》に當時代精神《たうじだいせいしん》の一般的傾向《はんてきけいかう》を見《み》れば卜筮信仰《ぼくぜいしんかう》の對象《たいしやう》が如何《いか》なる者《もの》であつたかと言《い》ふことを知《し》り得《う》らるべき筈《はず》である、そこで先《ま》づ伏羲時代《ふつぎじだい》に於《お》ける神觀《しんくわん》は什麼《どんな》ものであつたかを見《み》るに、此《こ》の時代《じだい》に於《お》ける神觀《しんくわん》が什麼《どんな》ものであつたか今《いま》となりては史的考證《してきかうしやう》の途《みち》がないので之《これ》を知《し》ることが可能《でき》ぬ、されどもそれ以後《いご》に於《お》ける一般的傾向《はんてきけいかう》から辿《たど》り上《あが》つたならば、大略《たいりやく》の所《そこ》ろ位《くらゐ》は想像《さうざう》の可能《でき》ぬこともあるまい、そこで堯舜以後《げうしゆんいご》に於《お》ける書《しよ》の舜典《しゆんでん》を案《あん》ずるに

肆《ごゝ》に上帝《じやうてい》に類《るゐ》し、六宗《しう》に禋《いん》し。山川《さんせん》に望《まう》し、群神《ぐんしん》に偏《あま》ねし、

と言《い》ふてある、又曲禮《またきよくれい》には

天子《てんし》は天地《てんち》を祭《まつ》り、四方《はう》を祭《まつ》り、山川《さんせん》を祭《まつ》り、五祀《し》を祭《まつ》り、歲《さい》に偏《あま》ねし、諸侯《しよこう》は方祀《はうし》し、山川《さんせん》を祭《まつ》り、五祀《し》を祭《まつ》り、歲《さい》に偏ねし、大夫《たいふ》は五祀《し》を祭《まつ》り、歲《さい》に偏《あま》ねし、士《じ》は其《そ》の先《ぜん》を祭《まつ》る、

と言《い》ふてあるが、その他此《たこ》の時代《じだい》に於《おい》て天《てん》、上帝《じやうてい》、鬼神若《きじんもし》くは祖先《そせん》の靈《れい》などを祭《まつ》つた事例《じれい》を擧《あ》ぐれば殆《ほと》むど枚擧《まいきよ》に暇《いとま》なき程《ほど》である、して見《み》れば堯舜以後《げうしゆんいご》周時代迄《しうじだいまで》の間《あひだ》に於《おい》て、此《かく》の如《ごと》く多神敎的信仰《たしんけうてきしんかう》のあつたことは確《たし》かなる事實《じじつ》であつたと言《い》ふてよいが。尙《なほ》それ許《ばか》りではない、書《しよ》の甘誓《かんせい》には今予れ惟《こゝ》に恭《うやうや》しく天《てん》の罰《ばつ》を行《おこな》ふと言《い》ひ、湯誓《たうせい》には有夏《いうか》罪多《つみおほ》し天命《てんめい》じて之《これ》を殛《きよく》すと言《い》ひ、西伯戡黎《せいはくかんれい》には先王我《せんわうわ》が後人《こうじん》を相《たす》けざるにあらず。惟《こ》れ王淫戲《わういんぎ》にして用《もつ》て自《みづ》から絕《た》つと言《い》ふてあるが、此《これ》に類《るゐ》することは此《こ》の外《ほか》に於《おい》ても比々《ひゝ》として見當《みあた》る所《ところ》である、されば此《こ》の時代《じだい》に於《おい》て一般《ぱん》に多神敎的信仰《たしんけうてきしんかう》があつたのみならず、その對象《たいしやう》を人格的《じんかくてき》のものと認《みと》めて居《ゐ》たと言《い》ふことが分《わか》るのであるが、此《かく》の如《ごと》く多神的人格的外在的《たしんてきじんかくてきぐわいざいてき》に認《みと》めて居《ゐ》たのではあるけれども、而《しか》もそは自己《じこ》の希望《きばう》を外界《ぐわいかい》に投出《なげだ》した所《ところ》の反影《はんえい》で、その實《じつ》は自己心《じこしん》上《じやう》の所現《しよげん》に外《ほか》ならぬと言《い》ふことは、禮《れい》の祭儀《さいぎ》に

祭《まつ》りは數《しば》しばするを欲《ほつ》せす、數《しば》しばすれば卽《すなは》ち煩《わづら》はし、煩《わづら》はしければ則《すなは》ち敬《けい》せず、祭《まつ》りは疏《そ》なることを欲《ほつ》せず、疏《そ》なれば則《すなは》ち怠《おこ》たる、怠《おこ》たれば則《すなは》ち忘《わす》る、是《こ》の故《ゆゑ》に君子《くんし》は天道《てんだう》に合《がつ》して春《はる》は禘《てい》し秋《あき》は

嘗《しゆう》す、霜露《さうろ》既《すで》に降《お》りて君子《くんし》之《これ》を履《ふ》む、必《かな》らず悽愴《せいさう》の心《こゝろ》あり、其《そ》の寒《さむ》さの謂《い》ひにあらざるなり、春《はる》は雨露《うろ》既《すで》に濡《うるほ》ひ君子《くんし》之《これ》を履《ふ》む、必《かな》らず怵惕《じゆつてき》の心《こゝろ》あり、將《まさ》に之《これ》を見《み》んとするが如《ごと》し

と言《い》ひ、又祭統《またさいとう》に

凡《およ》そ人《ひと》を治《おさ》むるの道《みち》は禮《れい》より急《きふ》なるはなし、禮《れい》に五經《きやう》あり、祭《さい》より重《おも》きはなし、夫《そ》れ祭《さい》なる者《もの》は物《ぶつ》外《ぐわい》より至《いた》る者《もの》にあらざるなり、中《うち》より出《い》でゝ心《こゝろ》に生《しやう》ずる者《もの》なり、心《こゝろ》怵《おそ》れて而《しか》して之《これ》を奉《ほう》ずるに禮《れい》を以《もつ》てす

と言《い》ひ、又中庸《またちうよう》に

鬼神《きじん》の德《とく》と爲《な》る其《そ》れ盛《さか》んなるかな、之《これ》を視《み》れども而《しか》も見《み》へず、之《これ》を聽《き》けども而《しか》も聞《きこ》へず、物《もの》に體《たい》して而《しか》して遺《す》つべからず、天下《てんか》の人《ひと》をして齊明盛服《せいめいせいふく》以《もつ》て祭祀《さいし》を承《う》け、洋々乎《やう〳〵こ》として其《そ》の上《うへ》に在《あ》るが如《ごと》く、其《そ》の左右《さいう》に在《あ》るが如《ごと》くならしむ

と言《い》ふて居《ゐ》るのが卽《すなは》ち此《こ》れであるが、這《こ》は卽《すなは》ち天地《てんち》山川《さんせん》その他《た》の祭祀《さいし》に於《お》ける儀禮《ぎれい》形式《けいしき》抔《など》と言《い》ふものは、信仰《しんかう》の根源《こんげん》たる心的機能《しんてききのう》の活動《くわつどう》が外部《ぐわいぶ》に表現《へうげん》されたもので、自家心上《じかしんじやう》の所造《しよざう》に外《ほか》ならぬことを說いたものであるが、堯舜前後《げうしゆんぜんご》の時代《じだい》に於《おい》て此《かく》の如《ごと》き神觀《しんくわん》があつたとせば、それ以前《いぜん》卽《すなは》ち伏羲時代《ふつきじだい》に於《お》ける神觀《しんくわん》も、亦《また》それ以後《いご》卽《すなは》ち周時代《しうじだい》に於《お》ける神觀《しんくわん》も略之《ほゞこれ》を想察《さうさつ》することが可能《でき》るが。それと同時《どうじ》に周易《しうえき》卜筮《ぼくぜい》に於《お》ける信仰《しんかう》の對象《たいしやう》も、亦《また》均《ひと》しく外在的人格的多神的《ぐわいざいてきじんかくてきたしんてき》なる天《てん》、帝《てい》、神等《しんとう》であつたと言《い》ふことが自《おのづ》

から推《すゐ》知さるゝのである、周易卜筮《しうえきぼくぜい》は此《かく》の如《ごと》き對象《たいしやつ》に向《むか》つて交渉酬酢《かうせいしうさく》を求《もと》めたもので、儀禮《ぎれい》に

筮レ于ニ廟門之外一　主人ハ朝服シテ卽三位于二門東一西面ス

とあるが、その註《ちう》に儀禮《ぎれい》の中《うち》に單《たん》に廟《べう》と言《い》ふは皆禰廟《みなでべう》のことであると言《い》ひ、白虎通《びやくこつう》にも筮《ぜい》して卦《くわ》を畫《ゑが》くに必《かな》らず廟《べつ》に於《おい》てする所以《ゆゑん》は何《なん》ぞや、義《ぎ》に託《たく》して智《ち》を祖先至尊《そせんしそん》に歸《き》す、故《ゆゑ》に先祖《せんぞ》に因《よつ》て而《しか》して之《これ》を問《と》ふなりと言《い》ひ、海保漁村《かいほぎよそん》も亦筮必《またぜいかな》らず廟《べう》に於《おい》てする者《もの》は、蓋《けだ》しその事《こと》を重《おも》むず、故《ゆゑ》に先祖鬼神《せんぞきじん》に謀《はか》るなりと言《い》ひ、又西面《またせいめん》すとは既夕《きせき》の註《ちう》に西方《せいはう》は神位《しんゐ》なり、西面《せいめん》すとは神位《しんゐ》に鄕《むか》ふなりと言《い》ふて居《ゐ》る、又禮《またれい》の表記《へうき》を案《あん》ずるに

子《し》之《これ》を言《い》ふ、昔《むかし》は三代明王皆天地《たいみやうわうみなてんち》の鬼神《きじん》に事《つか》ふ、卜筮《ぼくぜい》の用《よう》にあらざるはなし、敢《あへ》て其《そ》の私《し》を以《もつ》て上《じやう》帝《てい》を褻《けが》さず、是《これ》を以《もつ》て日月《じつげつ》を犯《をか》さず、卜筮《ぼくぜい》に違《たが》はず

と言《い》ふて居《ゐ》るのを見《み》れば分《わか》る、此《かく》の如《ごと》く周易卜筮《しうえきぼくぜい》はその信仰《しんかう》の對象《たいしやう》とする天《てん》、帝《てい》、神等《しんとう》に向《むか》つて吉凶《きつきよう》禍福《くわふく》を告《つ》げ示《しめ》さむことを問《と》ひ謀《はか》る所《ところ》の方法《はうはふ》である、故《ゆゑ》に此《こ》の周易筮法《しうえきぜいはふ》の眼目《がんもく》とする所《ところ》は信仰《しんかう》の主體《しゆたい》と客體卽《かくたいすなは》ち神人《しんじん》の結合《けつがふ》一致《ち》を求《あこ》むる所《ところ》にある、斯《か》くして筮《ぜい》し得《え》たる卦《くわ》が卽《すなは》ち神告《しんこく》の具體的《ぐたいてき》に表現《へうげん》されたものとなるのである、然《しか》らば如何《いか》にして交渉酬酢《かうせふしうさく》をなしたのであるか、そは將《まさ》に次章以下《じしやういか》に於《おい》て說《と》かむとする所《ところ》の問題《もんだい》である。

第二章　洗心齊戒

揲筮《てうぜい》の目的《もくてき》が神人《しんじん》の合一《がふ》にあることは已《すで》に之《これ》を知《し》る、然《しか》らば如何《いか》にして交渉酬醋《かうせふしうさく》をなすのであるかと言《い》ふに、こゝで一考《かう》を要《えう》すべきは信仰《しんかう》の對象《たいしやう》とする天帝神等《てんていしんとう》の神格《しんかく》であるが、此《こ》の神格《しんかく》なるものは元《も》と信的感情《しんてきかんじやう》の隔離性《かくりせい》がその希望《きぼう》を外界《ぐわいかい》に投出《とうしゆつ》するに由《よつ》て出來《でき》たもので、必竟《ひつきやう》は自《じ》己心上《こしんじやう》の所現《しよげん》に外《ほか》ならぬけれども、而《しか》も一旦之《たんこれ》を過境的存在《くわきやうてきそんざい》として認《みと》むるに至《いた》れば、その神格《しんかく》は次第《しだい》に莊嚴《さうごん》の度《ど》を加《くは》へて益々超絶的《ますノヽてうぜつてき》のものとなるのであるが、それと同時《どうじ》に之《これ》に對《たい》する接近的感情《せつきんてきかんじやう》も愈々《いよノヽ》その熱度《ねつど》を高《たか》め、敬虔《けいけん》の至情《しじやう》を捧《さゝ》げ全人格《ぜんじんかく》を傾盡《けいじん》するにあらざれば之《これ》と交渉酬醋《かうせふしうさく》を望《のぞ》み難《がた》きことを感《かん》ずるに至《いた》る、而《しか》も尚《なほ》之《これ》に向《むか》つて交渉酬醋《かうせふしうさく》を願《ねが》はむとするには、それに應《おう》ずる爲《ため》の準備《じゆんび》が必要《ひつえう》であるが、本章《ほんしやう》に謂《い》ふ所《ところ》の洗《せん》心齊戒《しんさいかい》なるものは即《すなは》ちその準備《じゆんび》をなすことを言《い》ふたもので、繋辭傳《けいじでん》第《だい》十一章《しやう》に

簭《し》の德《とく》は圓《ゑん》にして而《しか》して神《しん》なり、卦《くわ》の德《とく》は方《はう》にして以《もつ》て知《ち》なり、六爻《かう》の義《ぎ》は易《かは》つて以《もつ》て貢《つ》ぐ、聖人《せいじん》此《これ》を以《もつ》て心《こゝろ》を洗《あら》ひ退《ひい》て密《ひそか》に藏《ざう》す、

と言《い》ひ、尚《なほ》その下《もご》に

是《これ》を以《もつ》て天《てん》の道《みち》を明《あきら》かにして、而《しか》して民《たみ》の故《こ》を察《さつ》し、是《これ》に神物《しんぶつ》を興《おこ》して以《もつ》て民用《みんよう》を前《みちび》き、聖人此《せいじんこれ》を以《もつ》て齊戒《さいかい》して以《もつ》て其《そ》の德《とく》を神明《しんめい》にす、

と言《い》ふて居《ゐ》るのは卽《すなは》ち此《こ》のことであるが、已《すで》に述《のべ》たるが如《ごと》く周易卜筮《しうえきぼくぜい》の方法《はうはふ》なるものは、宇宙現象界《うちうげんしやうかい》に現《あら》はれたる理法《りはふ》に象《かた》どつて之《これ》を設《まう》けたものであるが、此《こ》の宇宙現象界《うちうげんしやうかい》に行《おこな》はるゝ所《ところ》の理法《りはふ》は卽《すなは》ち天《てん》理神法《りしんぱふ》の自然《しぜん》に發露《はつろ》したものである。故《ゆゑ》に宇宙現象界《うちうげんしやうかい》の理法《りはふ》に象《かた》どつて設《まう》けた所《ところ》の易法《えきはふ》を研究《けんきう》するのは、這《こ》は取りも直《なほ》さず天理神法《てんりしんぱふ》を研究《けんきう》することに當《あた》るのである、故《ゆゑ》に易法《えきはふ》を研究《けんきう》すれば心《こゝろ》の汚濁《をだく》を洗滌《でき》して神明《しんめい》と一致《ち》することが可能《でき》る、茲《こゝ》に此《これ》を以《もつ》て心《こゝろ》を洗《あら》ふと言《い》ふて居《ゐ》る所《ところ》の此《これ》とは卽《すなは》ち上文《じやうぶん》の蓍卦《しくわ》六爻等《かうとう》を指《さ》したもので、蓍卦《しくわ》六爻《かう》の妙用《めうよう》を研究《けんきう》して此《これ》を以《もつ》て我《わ》が心《こゝろ》の汚濁《をだく》を洗《あら》ふは、卽《すなは》ち神明《しんめい》と酬醋《しうさく》をなさむが爲《ため》の準備《じゆんび》に外《ほか》ならぬ、此《こ》れ下文《かぶん》に退《しりぞ》いて、密《ひそか》に藏《をさ》めて吉凶民《きつきようたみ》とその患《うれひ》を同《おな》じくすと言《い》ふ所以《えん》で、言《い》ふこゝろは易法《えきはふ》の妙用《めうよう》を究《きは》め盡《つく》して密《ひそ》かに之《これ》を心中《しんちう》に藏《おさ》めて置《お》くのは、他日事《たじつこと》あるの際《さい》に臨《のぞ》み神明《しんめい》と酬醋《しうさく》して吉凶得失《きつきようとくしつ》を占《うらな》はむが爲《ため》であると言《い》ふことである、尚此《なほこれ》を以《もつ》て齊戒《さいかい》するの此《これ》も亦前文《またぜんぶん》に言《い》ふ所《ところ》の此《これ》と同然《どうぜん》で、易法《えきはふ》を研究《けんきう》することに依《よつ》て齊戒《さいかい》をなすと言《い》ふことであるが、茲《こゝ》にはその下《した》に以《もつ》て其《そ》の德《とく》を神明《しんめい》の如《ごと》くにすると言《い》ふ一句《く》を添《そへ》てあるので一層明白《そうめいはく》に分《わか》るのである。

洗心齊戒《せんしんさいかい》を以《もつ》て神明《しんめい》と交渉酬醋《かうせふしうさく》をなす爲《ため》の準備《じゆんび》となすべきことは大略上述《たいりやくじやうじゆつ》の如《ごと》くであるが、尚少《なほすこ》しく之《これ》を詳《つまび》らかにせば、洗心《せんしん》とは邪念《じやねん》を去《さ》ることを言《い》ふたもので、文言傳《ぶんごんでん》に謂《い》ふ所《ところ》の敬以直レ内するのと同《どう》一であるが、齊戒《さいかい》とは義以方レ外するのと同義《どうぎ》の樣《やう》に思《おも》はるゝが、禮《れい》の祭統《さいとう》には時《とき》に及《およ》んで將《まさ》に祭《まつ》らんとす、君子乃《くんしすなは》ち齊《せい》す、齊《せい》の言《げん》たるや齊《せい》なり、齊《ととの》はざるを齊《ととの》へて以《もつ》て齊《せい》を致《いた》すなり、是《こ》の故《ゆゑ》に君子《くんし》は大事《だいじ》あるにあらず、恭敬《きやうけい》あるにあらざれば則《すなは》ち齊《せい》せず、齊《せい》せざれば則《すなは》ち物《もの》に於《おい》て防《ふせ》ぐことなく、嗜欲《しよくや》已むことなし、其《そ》の將《まさ》に齊《せい》せんとするに及《およ》べば、其《そ》の邪物《じやぶつ》を防《ふせ》ぎ、其《そ》の嗜《し》欲《よく》を訖《や》め、耳樂《みゝがく》を聽《き》かず。故《ゆゑ》に記《き》に曰《いは》く、齊《せい》する者《もの》は樂《がく》せずと、敢《あへ》て其《そ》の志《こゝろざし》を散《さん》せざるを言《い》ふなり、心苟《こゝろいやし》くも慮《おもんぱ》からずして必《かな》らず道《みち》に依《よ》り、手足苟《しゆそくいやし》くも動《うご》かさずして必《かな》らず禮《れい》に依《よ》る、是《こ》の故に君子《くんし》の齊《せい》するや、專《もつ》ぱら其《そ》の精明《せいめい》の德《とく》を致《いた》すなり、故《ゆゑ》に散齊《さんさい》七日《か》以《もつ》て之《これ》を定《さだ》め、致齊《ちせい》三日《か》以《もつ》て之《これ》を齊《とゝの》ふ、之《これ》を定《さだ》むる之《これ》を齊《せい》と謂《い》ふ、齊《せい》とは精明《せいめい》の至《いた》りなり、然《しか》る後《の》ち以《もつ》て神明《しんめい》に交《まじ》はる可《べ》きなり、と言《い》ふて居《ゐ》る果《はた》して然《しか》らば、洗心齊戒《せんしんさいかい》は唯周易卜筮《たゞしうえきぼくぜい》に於《おい》て必要《ひつえう》としたのみならず、凡《すべ》て神明《しんめい》を祭《まつ》る際《さい》には必《かな》らず之《これ》を行《おこな》ふたものであると言《い》ふことが分《わか》るのである、此《かく》の如《ごと》く古代《こだい》に於《おい》ては祭祀《さいし》杯《など》を行《おこな》ふ時《とき》には必《かな》らず洗心齊戒《せんしんさいかい》をしたものである、故《ゆゑ》に參天交神《さんてんかうしん》の方法《はつはふ》を行《おこな》ふ所《ところ》の卜筮《ぼくぜい》に於《おい》ても、亦《また》凡《すべ》ての祭祀《さいし》に於《お》けるが如《ごと》く洗心齊戒《せんしんさいかい》を必要《ひつえう》としたものであらう、と言《い》ふの外《ほか》ではない、卽《すなは》ち前《ぜん》にも已《すで》に述《の》べて置《お》いた樣《やう》に敬虔《けいけん》の至情《しじやう》を盡《つく》すにあらざれば神《かみ》と交《まじ》はることが可能《でき》ぬからである、茲《こゝ》にその一證《しやう》を擧《あげ》て見《み》れば蒙《まう》の卦《くわ》の彖《たん》に初筮《しよぜい》ハ告《つ》ク、再《さい》三スレバ瀆《けが》ル、瀆《けが》レバ則《すなは》チ不《ず》レ告《つげ》と言《い》ふてあるが、兪琰《ゆだん》は之《これ》を解《かい》して曰《いは》く

瀆《けが》すとは少儀《せうぎ》に神《かみ》を瀆《けが》す毋《なか》れの瀆《けが》すと同《おな》じく、告《つ》げずとは詩《し》の小旻《せうてん》に我《わ》が龜《き》既《すで》に厭ひ我《わ》れに告《つ》げざるの義《ぎ》と同《おな》じ。初筮《しよぜい》は則《すなは》ち其《そ》の志專《こゝろざしせん》一なり、故《ゆゑ》に告《つ》ぐ。再《さい》三すれば則《すなは》ち煩瀆《はんとく》す、故《ゆゑ》に告《つ》げず、蓋《けだ》し童蒙《どうまう》の師《し》に求《もと》むるは、人《ひと》の神《かみ》に求むると其《そ》の道《みち》は一なり、

と、又禮《またれい》の表記《へうき》に昔《むかし》は三代明王皆天地《だいみやうわうみなてんち》の鬼神《きじん》に事《つか》ふ、卜筮《ぼくぜい》の用《よう》にあらざるは無《な》し、敢《あへ》て其《そ》の私《し》を以《もつ》て上帝《じやうてい》を褻《けが》さずと言《い》ふのも共《とも》にその意《い》は同《どう》一で、大公至誠《だいこうしせい》の心《こゝろ》を以《もつ》て神明《しんめい》に對《たい》すべきことを言《い》ふたものである。是《これ》に依《よつ》て之《これ》を見《み》れば、洗心齊戒《せんしんさいかい》をなすことは唯神明《たゞしんめい》に酬醋《しうさく》せむが爲《ため》の準備《じゆんび》である許《ばか》りでなく神明《しんめい》に酬醋《しうさく》し得《う》ると否《いな》とは專《ちつ》ぱら此《こ》の洗心齊戒《せんしんさいかい》をなすことの如何《いかん》に依《よ》ると言《い》ふべく、周易卜筮《しうえきぼくぜい》に於《お》ける洗心齊戒《せんしんさいかい》の重要《ちうえう》にして缺《か》くべからざることは蓋《けだ》し此《かく》の如《ごと》くである。

第三章　酬醋

酬醋《しうさく》とは元《もと》と賓主《ひんしゆ》の間《あひだ》に於《おい》て交互《かうご》に献酌《けんしやく》をなすことを言《い》ふたもので、主《しゆ》より酒《さけ》を酌《く》むで賓《ひん》に進《すゝ》むるを酬《しう》と言《い》ひ、又賓《またひん》より主《しゆ》に返《かへ》すを醋《さく》と言《い》ふのであるが、茲《こゝ》に謂《い》ふ所《ところ》の酬醋《しうさく》なるものは卽《すなは》ち此《こ》の賓主献酌《ひんしゆけんしやく》の義《ぎ》を假《か》つて人《ひと》が神《かみ》に問《と》ふて神《かみ》が之《これ》に答《こた》へ、交互《かうご》に應對交涉《おうたいかうせふ》をなすことを言《い》ふたもので、要《えう》するに比《ひ》喩《ゆ》に由《よつ》て卜筮交神《ぼくぜいかうしん》の有樣《ありさま》を形容《けいよう》したものであるが、繫辭傳第《けいじでんだい》九章《しやう》に

道《みち》を顯《あき》らかにして德行《とくかう》を神《しん》にす、是《こ》の故《ゆゑ》に與《とも》に酬醋《しうさく》すべく、與《とも》に神《かみ》を祐《たす》くべし、子《し》曰《いは》く變化《へんくわ》の道《みち》を知《し》る者《もの》は、其《そ》れ神《かみ》の爲《な》す所《ところ》を知《し》るか

と言《い》ふて居《ゐ》るのは卽《すなは》ちそうである。そこで今之《いまこれ》を略解《りやくかい》して見《み》れば、道《みち》を顯《あき》らかにすとは宇宙《うちう》の大法《だいはふ》に則《のり》とつて此《こ》の易法《えきはふ》を設《まう》けたことで、道《みち》は卽《すなは》ち此《こ》の易法《えきはふ》を指《さ》したものであるが、第《だい》十一章《しやう》に此《これ》を以《もつ》て心《こゝろ》

を洗《あら》ひ、若《もし》くは此《これ》を以《もつ》て齊戒《さいかい》すと言《い》ふて居《ゐ》る所《ところ》の此《これ》と同義《がうぎ》である、德行《とくかう》を神《かみ》にすとは此《これ》も亦《また》第《だい》十一章《しやう》に其《そ》の德《とく》を神明《しんめい》にすと言《い》ふて居《ゐ》るのと正《まさ》しく同《どう》一で卽《すなは》ち宇宙《うちう》の大法《たいはふ》に準據《じゆんきよ》して易法《えきはふ》を設《まう》け、而《しか》して之《これ》を心解體認《しんかいたいにん》するに至《いた》れば則《すなは》ち天地神明《てんちしんめい》と一致《ち》することが可能《でき》る、故《ゆゑ》に德行《とくかう》を神《しん》にすと言《い》ふ、神《しん》にすとは卽《すなは》ち其《そ》の德行《とくかう》を天地《てんち》神明《しんめい》の如《ごと》くにすると言《い》ふことで、此《こ》の易法《えきはふ》を以《もつ》て心《こゝろ》を洗《あら》ひ、又《また》此《こ》の易法《えきはふ》を以《もつ》て齊戒《さいかい》し之《これ》を心解體認《しんかいたいにん》して神明《しんめい》と合致《がつち》するに及《およ》び、茲《こゝ》に始《はじ》めて神明《しんめい》と交《まじ》つてその告示《こくじ》を受《うく》ることが可能《でき》る、故《ゆゑ》に與《とも》に酬醋《しうさく》すべしと言《い》ふ、與《とも》にとは神明《しんめい》と共《とも》に酬醋《しうさく》をなし得《え》らるゝと言《い》ふ義《ぎ》であるが、已《すで》に神《しん》明《めい》と交《まじ》つて共《とも》に與《とも》に應對酬醋《おうたいしうさく》することが可能《でき》るに及《およ》べば、卽《すなは》ち神明《しんめい》と共《とも》に天地《てんち》の化育《くわいく》に幽贊《いうさん》し得《え》らるべきは推《お》して知《し》らるゝのである、故《ゆゑ》に神《かみ》を祐《たす》くべしと言《い》ふ、此《かく》の如《ごと》く神明《しんめい》と酬醋《しうさく》して而《しか》して得《え》た所《ところ》の卦《くわ》は卽《すなは》ち神告《しんこく》が具體的《ぐたいてき》に表現《へうげん》されたものであるが、その卦《くわ》の中《なか》には九を得《え》た爻《かう》と六を得《え》た爻《かう》と或《あるひ》は七八を得《え》た爻《かう》との區別《くべつ》があつて、九六を得《え》た爻《かう》は變《へん》じて七八を得《え》た爻《かう》に變《へん》ぜぬのであるが、此《こ》の七八九六の變不變《へんふへん》を見《み》れば神告《しんこく》の意味《いみ》を知《し》ることが可能《でき》る。故《ゆゑ》に變化《へんくわ》の道《みち》を知《し》るものは其《そ》れ神《かみ》の爲《な》す所《ところ》を知《し》るかと言《い》ふたもので、變化《へんくわ》の道《みち》とは卽《すなは》ち九六の爻《かう》が變化《へんくわ》する所以《ゆゑん》の道理《だうり》を指さし、神《かみ》の爲《な》す所《ところ》を知《し》るとは卽《すなは》ち神告《しんこく》の意味《いみ》を知《し》ると言《い》ふのと同《どう》一である。此《こ》の外《ほか》下繋《かけい》第《だい》十二章《しやう》に於《おい》ても

天地位《てんちくらゐ》を設《う》けて聖人能《せいじんのう》を成《な》し、人《ひと》に謀《はか》り百姓《ひやくしやう》も能に與《あづか》る

と言《い》ふて居《ゐ》るが此《これ》も亦《また》卜筮酬醋《ぼくぜいしうさく》のことを言《い》ふたもので、茲《こゝ》に天地《てんち》位《ゐ》を設《まう》けて聖人能《せいじんのう》をなすと言《い》ふは、

上繋《じやうけい》の首章《しゆしやう》に天《てん》は尊《たつと》く地《ち》は卑《いやし》ふして乾坤定《けんこんさだ》まり、卑高以《ぴかうもつ》て陳《つら》ねて貴賤位《きせんくらゐ》し、動静常《どうせいつね》あつて剛柔断《がうじうだん》ずと言《い》ふて居《ゐ》るのと同義《どうぎ》で即《すなは》ち仰《ぎやう》いでは即《すなは》ち天文《てんもん》を觀《み》、俯《ふ》しては即《すなは》ち地理《ちり》を觀《み》、近《ちか》くは之《これ》を身《み》に象《かた》どり、遠《とほ》くは之《これ》を物《もの》に象《かた》どり、以《もつ》て此《こ》の易《えき》を作《つく》つたことを言《い》ふたもので、能《のう》を成《な》すとは天地神明《てんちしんめい》でさへも成《な》し得《え》ざる所《ところ》の能即《のうすなは》ち働《はたら》きを成《な》して、聖人《せいじん》が此《こ》の易《えき》を作《つく》つたことを言《い》ふたものである、亦人《またひと》に謀《はか》り鬼《き》に謀《はか》りとは書《しよ》の洪範《こうはん》に

汝則有㆓ラバ大疑㆒、謀ルコト及㆓汝心㆒ニ、謀及㆓卿士㆒ニ、謀及㆓庶人㆒ニ、謀及㆓卜筮㆒ニ、

と言《い》ふてあるのと同然《どうぜん》で、即《すなは》ち大《おほい》に疑《うたが》ひ迷《まよ》ふことあらば、先《ま》づ之《これ》を汝自《なんぢみづ》からの心《こころ》に問《と》ひ謀《はか》り、而《しか》も尚《なほ》その可否《かひ》を決《けつ》し得《え》ざる場合《ばあひ》に於《おい》ては、之《これ》を卿士《きやうし》に問《と》ひ謀《はか》り、その次《つぎ》には之《これ》を弘《ひろ》く庶人《しよにん》一般《ぱん》の輿論《よろん》に問《と》ひ謀《はか》り、最後《さいご》に之《これ》を卜筮《ぼくぜい》に謀《はか》り及《およ》むでその可否《かひ》を決《けつ》せよと言《い》ふ義《ぎ》であるが、茲《ここ》に人《ひと》に謀《はか》ると言《い》ふは即《すなは》ち書《しよ》に謂《い》ふ所《ところ》の卿士庶人等《きやうしよにんら》に謀《はか》ることに當《あた》り、又鬼《またき》に謀《はか》ると云《い》ふは即《すなは》ち謀《はか》ることと卜筮《ぼくぜい》に及《およ》ぶと言《い》ふことに當《あた》るが、卜筮《ぼくぜい》は即《すなは》ち鬼神《きじん》に向《むか》つて吉凶得失《きつきようとくしつ》を告《つ》げ示《しめ》さむことを願《ねが》ふ為《ため》の所作《しよさ》である、故《ゆゑ》に之《これ》を鬼《き》に謀《はか》ると言《い》ふたものである、又曲禮《またきよくれい》に卜筮《ぼくぜい》なる者《もの》は、先聖王《せんせいわう》の民《たみ》をして時日《じじつ》を信《しん》じ、鬼神《きじん》を敬《けい》し法令《はふれい》を畏《おそ》れしむる所以《ゆゑん》なり、民《たみ》をして嫌《けん》疑《ぎ》を決《けつ》し猶與《いうよ》を定《さだ》めしむる所以《ゆゑん》なりと言《い》ひ、若《もし》くは命筮《めいぜい》の詞《ことば》に

假《よる》ニ爾泰龜有《なんぢたいきちるに》一レ常《つね》　假《よる》ニ爾泰筮有《なんぢたいぜあるに》一レ常《つね》

とその註《ちう》に假《よる》は因《よ》るなり託《たく》するなり、泰《たい》は尊上《そんじやう》の辭《ことば》にして常《つね》あるとは其《そ》の吉凶《きつきよう》の常《つね》に憑信《ひようしん》すべきことを言《い》ふなりとあるが、又儀禮《またぎれい》の命筮《めいぜい》の詞《ことば》には

某官姓名《ぼうくわんせいめい》、今某事云々《いまぼうじうんぬん》、未《いま》ダ知《し》ラ二可否《かひ》一ヲ、爰《ここ》ニ以《もつ》テレ所《ところ》ヲレ疑《うたが》フ質《ただ》スレ神《かみ》ニ吉凶失得《きつきようしつとく》、唯有《たゞあり》レ神《かみ》尙《こひねがはく》ハ明《あきらか》ニ告《つげ》ヨレ之《これ》ヲ

と言《い》ふて居《ゐ》るが此《これ》も亦周易卜筮《またしうえきぼくぜい》が神人酬醋《しんじんしうさく》の手段方法《しゆだんはうはふ》たることを證明《しやうめい》して居《ゐ》る、そこで今此《いまこ》の神人酬《しんじんしう》醋《さく》の順序《じゆんじよ》を示《しめ》せば左圖《さづ》の如《ごと》くである。

神人酬醋の圖

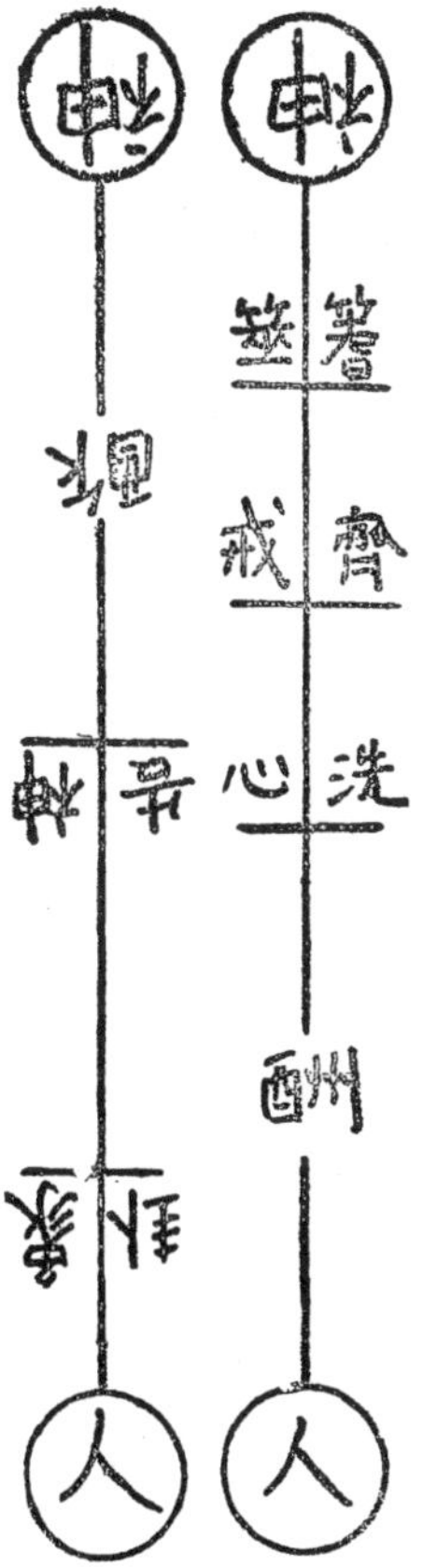

上述《じゆうじゆつ》の如《ごと》く揲筮《てうぜい》は卽《すなは》ち參天交神《さんてんかうしん》の手段方法《しゆだんはうはふ》である、故《ゆゑ》に人《ひと》が神《かみ》に向《むか》つて吉凶得失《きつきようとくしつ》を告《つ》げ示《しめ》さむことを祈《いの》るは謂《い》ふ所《ところ》の酬《しう》であつて洗心齊戒《せんしんさいかい》より蓍筮《しぜい》を行《おこな》ふて神《かみ》に接《せつ》し近《ちか》づくのが順序《じゆんじよ》である、故《ゆゑ》に上圖《じやうづ》に於《お》ては之《これ》を向上的《かうじやうてき》に畫《ゑが》いたのであるが、反之《これにはんし》、神《かみ》が人《ひと》の問《とひ》に應《おう》じて吉凶得失《きつきようとくしつ》を告《つ》げ示《しめ》すのは言《い》ふ所《ところ》の

醋《さく》である、隨《したが》つて逆《ぎやく》に神《かみ》より人《ひと》に向《むか》つて神告《しんこく》となり卦象《くわしやう》となつて具體的《ぐたいてき》に表現《へうげん》されねばならぬ、故《ゆゑ》に之《これ》を向下的《かうげてき》に畫《ゑが》いて神明《しんめい》の垂示《すゐじ》たる所以《ゆゑん》を示《しめ》したのである、此《かく》の如《ごと》く人《ひと》よりは之《これ》を向上的《かうじやうてき》に神《かみ》に問ひ神《かみ》は亦《また》向下的《かうげてき》に之《これ》を人《ひと》に告《つ》ぐるのが卽《すなは》ち酬酢《しうさく》で、揲筮《てうぜい》は卽《すなは》ち此《こ》の酬酢《しうさく》を爲《な》さむが爲《ため》の手段方法《しゆだんはうはふ》たるに外《ほか》ならぬ。

第四章　蓍

蓍《し》とは神明《しんめい》と酬醋《しうさく》をなすに當《あた》つて用《もち》ゆる所《ところ》の易具《えきぐ》で、竹《たけ》を以《もつ》て之《これ》を作《つく》つたものであるがその實《じつ》は數《すう》で宇宙《うちう》の本體《ほんたい》たる不可知的大極《ふかちてきたいきよく》の數的方面《すうてきはうめん》を代表《だいへう》したものである、而《しか》して此《こ》の數《すう》には靈妙不測《れいめうふそく》なる所《ところ》の變化《へんくわ》が備《そなは》つて居《ゐ》る、繫辭傳《けいじでん》に蓍《し》の德《とく》は圓《ゑん》にして而《しか》して神《かみ》なりと言《い》ふて居《ゐ》るのは卽《すなは》ち此《こ》のことである、故《ゆゑ》に之《これ》を用《もち》ゐて神告《しんこく》を具體的《ぐたいてき》に表現《へうげん》せしむる爲《ため》に易具《えきぐ》としたるものである、蓋《けだ》し宇宙間《うちうかん》の萬物《ばんぶつ》は一として數《すう》と象《しやう》との外《ほか》に出《い》づるものはない、故《ゆゑ》に苟《いやし》くも數《すう》があれば必《かなら》ず象《しやう》がある、亦《また》象《しやう》があれば必《かなら》ず數《すう》があるもので、決《けつ》して象《しやう》のみあつて數《すう》がなく、亦數《またすう》のみあつて象《しやう》がないと言《い》ふが如《ごと》くに、象《しやう》と數《すう》とが個々別々《こゝべつ／＼》のものではなく、同《どう》一のものを一方《はう》から見《み》れば數《すう》であるが、他《た》の一方《はう》から見《み》れば象《しやう》であると言《い》ふ關係《くわんけい》を持《もつ》たものである、隨《したが》つて象《しやう》が卽《すなは》ち數《すう》で、數《すう》が卽《すなは》ち象《しやう》であると言《い》ふに外《ほか》ならぬ。此《かく》の如《ごと》く宇宙長《うちうかん》の萬物《ばんぶつ》は皆悉《みなこと／＼》く此《こ》の象《しやう》と數《すう》との二者《しや》を以《もつ》て總《す》べ括《く》ることが可能《でき》るのであるが、此《こ》の蓍《し》なるものは宇宙萬物《うちうばんぶつ》の數的方面《すうてきはうめん》を像《かた》どつたものであるから、此《こ》れが分合《ぶんがふ》をなす所《ところ》に不測《ふそく》の變化《へんくわ》と妙用《めうよう》とを現《あら》はすものである、繫辭傳《けいじでん》に天神物《てんじんもの》を生《しやう》じて聖人之《せいじんこれ》を則《のつ》とるとか、是《こゝ》に神物《しんぶつ》を興《おこ》して民用《みんよう》を前《みちび》くとか、參伍《さんご》以《もつ》て變《へん》じ、その數《すう》を錯綜《さくそう》してその變《へん》に通《つう》じ、遂《つひ》に天地《てんち》の文《ぶん》を成《な》し、その數《すう》を極《きは》めて遂《つひ》に天下《てんか》の象《しやう》を定《さだ》む、天下《てんか》の至變《しへん》にあらずむば其《そ》れ誰《だ》れか能《よ》く此《こ》れに與《あづか》らむとか、又說卦傳《またせつくわでん》に神明《しめい》に幽贊《いうさん》して而《しか》して蓍《し》を生《な》すとか言《い》ふてあるのを見《み》れば、大抵這般《たいていしやはん》の消息《せうそく》を察《さつ》することが可能《でき》る。上述《じやうじゆつ》の如《ごと》く蓍《し》なるものは千變萬化《せんぺんばんくわ》の淵源《えんげん》であるが、神《かみ》も亦陰陽不測《たいいんやうふそく》なるものである、されば蓍《し》を以《もつ》て神物《しんぶつ》であると言《い》ふてよい、聖人《せいじん》が此《こ》の蓍《し》を以《もつ》て神人酬醋《しんじんしうさく》の具《ぐ》とされたのは當然《たうぜん》であると言《いは》ねばならぬ。

眞勢中州《ませちうしう》曰《いは》く、通本《つうほん》に蓍《し》を著《き》に作《つく》るは誤《あやま》りである、蓍《し》は升脂《しようし》の切《せつ》、音《おん》は施《し》である、然《しか》るに著《き》は渠《きよ》伊《い》の切《せつ》、音《おん》は祁《き》で耆《き》と同音《どうおん》にして藥草《やくさう》の名《な》である、それを字書《じしよ》には著《き》を以《もつ》て易器《えきき》として、遂《つひ》に蓍《し》の字《じ》を脫《だつ》して居《ゐ》る、又蓍《またし》の字《じ》は字書中《じしよちう》には之《こ》れなきも、幸《さいはひ》に六書精蘊《りくしよせいうん》に蓍《し》の字《じ》を載《の》せて易器《えきき》としてあるから。昔時蓍《せきじし》の字《じ》があつたことを證《しよう》するに足《た》る許《ばか》りでなく、蓍《し》を以《もつ》て易器《えきき》となすべき證據《しやうこ》は、筮《ぜい》策《さく》の二字《じ》共《とも》に竹《たけ》に從《したが》ふて作《つく》るを見《み》ても知《し》ることが可能《でき》る、是《これ》に由《よつ》て之《これ》を觀《み》れば、蓍《し》と著《き》とは別音《べつおん》にして別物《べつもの》の名《な》であつたことが分《わか》る、然《しか》るに史記《しき》の龜作傳《きさくでん》に龜《き》は千歲《さい》にして乃《すなは》ち蓮葉《れんえふ》の上《うへ》に遊《あそ》び、著《き》は百莖《けい》にして一根《こん》に共《とも》にす、其《そ》の生《しやう》ずる所《ところ》獸《けもの》に虎狼《こらう》なく、草《くさ》に毒螫《どくせき》なしと言《い》ふに由《よつ》て後世《こうせい》に至《いた》り種々《しゆじゆ》の妄說《まうせつ》を生《しやう》じたものであろう、と言《い》ふて居《ゐ》るが、此說《このせつ》は極《きは》めて道理《だうり》があると思《おも》ふから、余《よ》も亦此《またこ》の說《せつ》に從《したが》ひ蓍《き》を改《あらた》めて簭《し》となしたのである。

蓍簭の辯　陰陽新聞第十二號所載

余《よ》は已《すで》に筮法管見總論《ぜいはふくわんけんそうろん》の末尾《まつび》に明記《めき》して、大方《たいはう》の批判《ひはん》を竢《ま》てるもの、自己《じこ》の我見《がけん》のみを固執《こしつ》して、他《た》の名論卓說《めいろんたくせつ》を排斥《はいせき》するの愚《ぐ》を學《まな》ばむや、若《も》し正當《せいたう》なる高評《かうひやう》に接《せつ》することあらば、喜《よろこ》むで之《これ》を迎《むか》へ且《か》つ容《い》るゝに吝《やぶさか》なるものならじ、然《しか》れども彼《か》の匿名《とくめい》にして而《しか》も文壇上《ぶんだんじやう》の禮儀《れいぎ》を辨《わきま》へず、唯熱嘲惡罵《ただねつてうあくば》をのみ逞《たくまし》ふするを以《も》て能事畢《のうじをは》れりとするものに向《むか》つては、素《もと》より辯解《べんかい》の義務《ぎむ》もなければ亦必要《またひつえう》もなし、畢竟《ひつきやう》一塲《ぢやう》の蛙鳴蟬噪《あめいせんさう》と一般《ぱん》、冷然之《れいぜんこれ》を看過《かんくわ》すれば卽《すなは》ち足《た》る。乍去《さりながら》一般《ぱん》の讀者諸君《どくしやしよくん》に對《たい》しては、亦全《またまつた》く一辯《べん》の要《えう》なきにあらずと信《しん》ずるが故《ゆゑ》に、左《さ》に聊《いさゝ》か之《これ》が辯解《べんかい》を試《こゝろ》みむと欲《ほつ》す。

六書精蘊《りくしよせいうん》が聖經以後《せいけいいご》の作《さく》なるが故《ゆゑ》に、聖經《せいけい》の誤謬《ごびう》を正《たゞ》すべき證左《しやうさ》となすに足《た》らずと言《い》はゞ、聖經《せいけい》その者《もの》も亦同《またおな》じく信憑《しんぴよう》の價値《かち》なきものとならむ。何《なん》となれば、現時傳《げんじつた》ふる所《ところ》の易經《えききやう》なるものは、幾《いく》たび後人《こうじん》の手《て》に由《よつ》て謄寫翻刻《とうしやほんこく》せられたるやを知《し》らざればなり、且《か》つ漢字《かんじ》は形象的文字《けいしやうてきもじ》なり、故《ゆゑ》に多《おほ》くは字體《じたい》の組織《そしき》に基《もとづ》いて意義《いぎ》を取《と》るを以《もつ》て一般《ぱん》の通例《つうれい》となし、之《これ》に反《はん》するものを以《もつ》て變例《へんれい》となす、然《しか》るに一概《がい》に冠偏《くわんへん》の構造如何《こうざういかん》に由《よ》り意義《いぎ》を取《と》るを以《もつ》て非《ひ》なりとなすは、或《あ》る一二の變則的《へんそくてき》なる文字《もじ》を擧《あげ》て、一般《はん》の通則《づうそく》を破却《はきやく》するものと謂《い》ふべし。

尙亦《なまま・よ》余が中州《ちうしう》の說《せつ》を賛《さん》し蓍《き》を箸《し》と改《あらた》めたるは、別《べつ》に深意《しんい》ありて然《し》かせしにあらず、己《すで》に六書精蘊《しよせいうん》に箸《し》の字《じ》ありて存《そん》するのみならず、筮策筴等《ぜいさくさうこう》の字《じ》も、皆竹《みな・け》に從《したが》ふて作《つく》るが故《ゆゑ》に、蓍《き》も亦《またし》箸に作《つく》るを以《もつ》て至當《たう》ならむと信《しん》じたるに因《よ》る、蓋《けだ》し竹《たけ》を用《もち》ひて作《つく》るを以《もつ》て是《ぜい》となすの根本的斷定《こんぽんてきだんてい》に基《もとづ》くものに外《ほか》ならずされども翻《ひろがへ》つて司馬遷等《しばせんこう》の說《せつ》を見《み》れば、草木等《さうもくとう》の類《るゐ》を用《もち》ひて作《つく》りたるもの丶如《ごと》し、而《しか》して我邦《わがくに》に於《お》けるメドハギの名稱《めいしよう》は、その因由《いういう》蓋《けだ》し此《こゝ》にあり、然《しか》らば司馬遷《しばせん》が說《せつ》の如《ごと》く、草木《さうもく》の類《るゐ》に屬《ぞく》する萩抔《はぎなど》を用《もち》ゆるを以《もつ》て正當《せいたう》となすべきか、如何《いかん》、新井白蛾《あらゐはくが》はその著凮易學必讀中《ちよくわうえきがくひつどくちう》に於《おい》て、我邦《わがくに》に所謂《いはゆる》メドハギと司馬遷《しばせん》が謂《い》ふ所《ところ》の蓍《し》とは同物《どうぶつ》にあらず、隨《したが》つて竹《たけ》を用《もち》ゆるの是《ぜい》にして萩《はぎ》を用《もち》ゆるの非《ひ》なることを詳論《しようろん》せり。

古來《こらいかく》此の如《ごと》く二說《せつ》ありて、甲是乙非今尙未決《かうぜおつひいまなほみけつ》の問題《もんだい》たり、故《ゆゑ》に蓍箸《きし》の當否《たうき》を知《し》らむとせば、先《ま》づ須《すべ》からく此《こ》の問題《もんだい》を決《けつ》するを要《えう》す、若《も》し草木《さうもく》の類《るゐ》を以《もつ》て作《つく》るを是《ぜ》となさば、則《すなは》ち蓍《き》を以《もつ》てその當《たう》を得《え》たりとせむ。反之《これにはんし》。竹《たけ》を以《もつ》て作《つく》るを是《ぜ》となさば、則《すなは》ち箸《し》を以《もつ》てその當《たう》を得《え》たるものとせざるべからず、依《よつ》て窃《ひそ》かに案《あん》ずるに、始《はじ》め支那古代《しなこだい》に於《お》ける卜筮發生《ぼくぜいはつせい》の地《ち》は、中部支那《ちうぶしな》即《すなは》ち黃河《くわうが》の沿岸《えんがん》にありしが如《ごと》し而《しか》してその始《はじ》めて筮具《ぜいぐ》を作《つく》るに當《あた》り、竹《たけ》を用《もち》ひたるものならむと思《おも》はる丶所《ところ》は。後代《ごだい》の周時《しうじ》に於《おい》て天子《てんし》は九尺《しやく》、諸侯《しよこう》は七尺《しやく》、卿太夫《きやうたいふ》は五尺《しやく》、士《し》以下《いか》は三尺等《じやくこう》の制限《せいげん》を設《まう》けたるの事實《じじつ》を見《み》るも、その梗概《かうがい》を窺知《きうち》するに足《た》る。蓋《けだ》し周時《しうじ》の一尺《しやく》は我《わ》が曲尺《かねじやく》六寸《すん》六分《ぶ》六厘《りん》六毛《もう》に當《あた》ると言《い》ふが故《ゆゑ》に、天子《しんし》の筮《し》は實《じつ》に我《わ》が今《いま》の曲尺《かねじやく》五尺《しやく》九寸《すん》九分《ぶ》九厘《りん》四毛《もう》に相當《さうたう》すべく、此《か》の如《ごと》く延長《えんちやう》なるものは竹《たけ》を措《お》いて外《ほか》に恰好《かつかう》なるものなかるべきが故《ゆゑ》に、余《よ》は竹《たけ》にて作《つく》るを以《もつ》て正當《せいたう》なりと信《しん》ずるものなり。然《しか》るに卜筮行事《ぼくぜいぎやうじ》が漸次《ぜんじ》南《なん》部支那《ぶしな》に行《おこな》はるゝに及《およ》び、南部支那《なんぶしな》に於《お》ては、その地方《ちはう》の特産《とくさん》即《すなは》ち蓍《き》なるものを以《もつ》て、便宜上《べんぎじやう》竹《たけ》に代《だい》用《よう》するの風習《ふうしふ》を生《しやう》ぜしに、司馬遷《しばせん》は此《こ》の事實《じじつ》を認《みと》めて之《これ》を傳《つた》へたるにはあらざるか。然《しか》れども、その果《はた》して然《しか》りしや否《いな》やを審《つまび》らかにせむとせば、少《すく》なくも歷史《れきし》並《ならび》に地理的植物《ちりてきしよくぶつ》の分布的實況《ぶんぷてきじつきやう》に就《つい》て精細《せいさい》なる觀察《くわんさつ》を遂《と》げざるべからず、而《しか》も余《よ》は今之《いまこれ》が研究《けんきう》の憑據《ひようきよ》と時間《じかん》とを有《いう》せざるが故《ゆゑ》に、暫《しば》らく茲《こゝ》に疑《うたがひ》を存《そん》じて大方《おほかた》の是正《ぜせい》を竢《ま》つ。

備考《びかう》　醫儒座右漫錄《いじゆざいうまんろく》中に左《さ》の比較考證《ひかくかうしやう》あり。

夏《か》尺《しやく》　今の曲尺《かねやく》、八寸《すん》三分《ぶ》三厘《りん》
殷《いん》尺　今の曲尺、一尺二寸
周《しう》尺　今の曲尺、六寸六分六厘六毛
漢《かん》尺　今の曲尺、九寸一分一厘三毛
唐《たう》尺　今の曲尺、一尺二寸
宋《そう》尺　今の曲尺、一尺一分二厘六毛

明　尺《みんしやく》　今《いま》の曲尺《かねじやく》、　一尺《しやく》二寸《すん》
天竺尺《てんぢくしやく》　今の曲尺、　四寸一分

冷笑生に答ふ　陰陽新聞第十八號所載

冷笑子《れいせうし》は聖經《せいけい》が轉々《てん〲》して來《き》たと言《い》ふのは推測《すゐそく》であらうと言《い》ふけれども、そは固《もと》より何等《なんら》の證明《しやうめい》をも要《えう》せざる確實《かくじつ》の事實《じじつ》であることは、皆人《みなひと》の知《し》る所《ところ》であらう、又竹《またたけ》で作《つく》りたるか、草木《さうもく》の類《るゐ》で作《つく》りたるかは、別問題《べつもんだい》であると言《い》へど、這《こ》は余《よ》が事實《じじつ》の上《うへ》から蓍《き》か簭《し》かを決《けつ》せむとしたのであるから、別問題《べつもんだい》でないことは自《みづ》から分明《ぶんめい》である、尚亦余《なほまたよ》が蓍《き》を簭《し》に改《あらた》めたのは、寧《むし》ろ筮策筴《ぜいさくさう》の三字共《じども》に竹《たけ》に從《したが》ふて作《つく》る所《ところ》に重《おも》きを置《お》いた譯《わけ》で六書精蘊《しよせいうん》のみを過信《くわしん》したからのことではない。故《ゆゑ》に今假《いまか》りに六書精蘊《しよせいうん》に簭《し》の字《じ》がないとしても、左程《さほど》の障《さわ》りとはならぬ。況《いは》むや四庫全書《こぜんしよ》が六書精蘊《しよせいうん》に疑《うたがひ》を置《お》いたのは、蓍《き》を誤《あや》まつて簭《し》に作《つく》つた爲《た》めであるか、或《あるひ》はその外《ほか》の理由《りいう》に基《もとづ》くのであるかは分《わか》らぬではないか。然《しか》るに四庫全《こぜん》書《しよ》が六書精蘊《しよせいうん》を取《とつ》て存目《そんもく》の中《うち》に置《お》いたと言《い》ふ一事《じ》を擧《あげ》て、恰《あた》かも鬼《おに》の首《くび》でも取《こ》つたかの樣《やう》に、遽々然《きよ〱ぜん》としてそれを引《ひい》て余《よ》が說《せつ》を駁《はく》するのは、余《よ》が眞勢《まぜ》の說《せつ》を取《とつ》た以上《いじやう》の過信《くわしん》ではあるまいか。よく考《かんが》へて見《み》たまへ、四庫全書《こぜんしよ》も矢張《やは》り人《ひと》の手《て》で作《つく》つたものであるから、少《すこ》しも間違《まちがひ》がないとは言《い》はれぬ。故《ゆゑ》に余《よ》が說《せつ》を駁《はく》しようと思《おも》ふなら、筮策筴《ぜいさくさう》は竹《たけ》に從《したが》ひ蓍《き》は草《くさ》に從《したが》ふ理由《りいう》と、六書精蘊《しよせいうん》が蓍《き》を誤《あや》まつて簭《し》に作《つく》つた所以《ゆえん》を、證明《しやうめい》して來《き》たまへ、その證明《しやうめい》が立派《りつぱ》に可能《でき》さへすれば、余《よ》は何時《いつ》でも簭《し》を蓍《き》に復《ふく》した上《うへ》に、改《あらた》めて不明《ふめい》の罪《つみ》を謝《しや》するであらう。先《ま》づそれ迄《まで》は虚心平氣《きよしんへいき》に研究《けんきう》するがよい。餘計《よけい》な世話《せは》を燒《やく》く樣《やう》だが、苦笑生《くせふせい》の模倣《もはう》抔《なぞ》して、その向《むか》ふを張《は》り冷笑《れいせふ》抔《なぞ》をして見《み》るのは、君《きみ》に取《とつ》ては餘程《よほど》危險《きけん》だ。惡《わる》くすると松澤邊《まつざはへん》の御厄介《ごやくかい》にならねばならぬことゝなつて仕舞《しま》ふ、入《い》らぬことだが能々《よく／＼》注意《ちうい》したまへ

第五章　筮

筮《ぜい》とは此《これ》より將《まさ》に說《と》かむとする所《ところ》の簭《し》を數《かぞ》へて卦《くわ》を求《もと》むる爲《ため》の所作《しよさ》で、即《すなは》ち神告《しんこく》を受《う》くる爲《ため》の方法手段《はうはふしゆだん》を指《さ》したものである、故《ゆゑ》に前章《ぜんしやう》に於《おい》て說《と》いた所《ところ》の簭《し》とは之《これ》を區別《くべつ》して見《み》なければならぬ、尚語《なほご》を換《かへ》て之《これ》を言《い》へば、簭《し》は即《すなは》ち神告《しんこく》を受《う》くる爲《ため》の道具《だうぐ》であるが、筮《ぜい》は即《すなは》ちその簭《し》を分掛揲歸《ぶんくわいてうき》する所作《しよさ》その事《こと》の名稱《めいしよう》である、然《しか》るに儀禮《ぎれい》に於《おい》ては兼《か》ねて筮《ぜい》と之《これ》を執《と》ると言《い》ひ、曲禮《きよくれい》には爾《なん》ぢ泰筮常《たいぜいつね》あるに假《よ》ると言《い》ひ又晉語《またしんご》に我《わ》れ筮《ぜい》に命《めい》じて曰《いは》く尙《こひねがは》くば晉國《しんこく》を有《たも》たむと、筮我《ぜいわれ》に告《つげ》て曰《いは》く侯《きみ》を建《た》つるに利《よろ》しと言《い》ふが如《ごと》きは、皆凡《みなすべ》て筮《ぜい》を誤《あや》まり認《みと》めて簭《し》と混同《こんどう》したものである、何故《なにゆゑ》なれば、簭《し》は即《すなは》ち易具《えきぐ》の名《な》であるから固《もと》より銘詞《めいし》である、反之《これにはんし》、筮《ぜい》は即《すなは》ち所作事《しよさごと》であるから働詞《どうし》として之《これ》を讀《よ》むのが至當《したう》である、古來之《こらいこれ》を呼《よ》むで卜筮若《ぼくぜいもし》くは揲筮抔《てうぜいなど》と言《い》ふは即《すなは》ち此《こ》の意味《いみ》である、故《ゆゑ》に一言茲《ごんここ》に之《これ》を正《たゞ》して置《お》くのであるが、筮《ぜい》は時制《にせい》の切《せつ》、音《おん》は誓《せい》で、六書精蘊《りくしよせいうん》には

箸《し》を數《かぞ》へて卦《くわ》を求《もと》むるなり、箸《し》に由《よつ》て轉注《てんちう》す、竹《たけ》に从《なら》び巫《ふ》に从《なら》び天地《てんち》の數《すう》を錯綜《さくそう》するに象《かた》ざるなり

と言《い》ひ、書《しよ》の洪範《こうはん》には

擇《えら》んで卜筮《ぼくぜい》の人《ひと》を建立《こんりふ》して乃《すなは》ち卜筮《ぼくぜい》を命《めい》ず

と言《い》ひ、又繫辭傳《またけいじでん》に於《おい》ては以《もつ》て卜筮《ぼくぜい》するものは其《そ》の占《せん》を尙《たつ》とぶと言《い》ふて居《ゐ》るが、此等《これら》を見《み》れば筮《ぜい》とは箸《し》を揲《さら》へて神告《しんこく》を受《う》ける爲《ため》の所作事《しよさごと》で箸《し》の別名《べつめい》でないことが能《よ》く分《わか》る。

筮《ぜい》と箸《し》との混同《こんどう》すべからざることは上述《じやうじゆつ》の如《ごと》くであるが、尙更《なほさら》に一言《げん》を要《えう》すべきものがある、それは外《ほか》ではない卜《ぼく》と筮《ぜい》との異同如何《いどういかん》と言《い》ふことであるが、卜筮《ぼくぜい》と言《い》ふ語《こ》は周易以來慣用《しうえきいらいくわんよう》する處《ところ》で、今日《こんにち》に於《おい》ては全《まつ》たく箸策《しさく》を揲《かぞ》へて卦《くわ》を求《もと》むる所作事《しよさごと》の意味《いみ》となつて居《ゐ》る、されどもその語源並《ごげんならび》に沿革等《えんかくとう》を探求《たんきう》して見《み》れば、卜《ぼく》と筮《ぜい》とは別《べつ》のことを意味《いみ》したもので、同《どう》一なものではなかつたのである、そこで今《いま》その證跡《しやうせき》となるべきものゝ二三を擧《あげ》て見《み》れば、六書精蘊《しよせいうん》には

卜《ぼく》は龜《かめ》を灼《やい》て吉凶《きつきよう》を問《と》ふなり、折兆縱衡《せきてういかう》の形《かた》ちに象《かた》ざる

と言《い》ふて居《ゐ》るが、說文《せつもん》を見《み》れば

卜《ぼく》は龜《かめ》を灼《や》くなり、龜《かめ》を灼《や》くの形《かた》ちに象《かた》ざる、龜兆《きてう》の縱橫《じうわう》に象《かた》ざるなり

と言《い》ひ、曲禮《きよくれい》には

龜《かめ》を卜《ぼく》と爲《な》し、筴《さく》を筮《ぜい》となす

爾《なん》ぢ泰龜《たいき》常《つね》あるに假《よ》る、爾《なん》ぢ泰筮《たいぜい》常《つね》あるに假《よ》る

と言《い》ふて分明《ぶんめい》に卜《ほく》と筮《ぜい》とを區別《くべつ》して居《ゐ》るが、書《しよ》の洪範《こうはん》に於《おい》ても亦同《またおな》じく曰《いは》く雨《う》、曰《いは》く霽《せい》、曰《いは》く蒙《もう》、曰《いは》く驛《えき》、曰《いは》く克《こく》、曰《いは》く貞《てい》、曰《いは》く悔《くわい》、凡《およ》そ七、卜《ほく》は五、占《せん》は二の衍忒《えんとく》を用《もち》ゆ

と言《い》ふて卜《ほく》と占《せん》とを區別《くべつ》して居《ゐ》る、して見《み》れば、龜《かめ》を灼《やい》てその甲《かふ》に現《あら》はれた縱橫《じうわう》の折兆《せきてう》を見《み》て吉凶《きつきよう》を斷《だん》ずるのが卜《ほく》であつて、蓍策《しさく》を揲《かぞ》へ卦《くわ》を求《もと》めて吉凶《きつきよう》を占《うらな》ふのが筮《ぜい》であつたのである、故《ゆゑ》に卜《ほく》は自《おのづ》から卜、筮《ぜい》は自《おのづ》から筮《ぜい》であつて固《もと》より同《ごう》一ではなかつたのである。左氏傳《さしでん》の閔公《びんこう》二年《ねん》に成李《せいき》の將《まさ》に生《うま》れんとするや、桓公卜楚邱《くわんこうぼくそきう》の父《ちゝ》をして之《これ》を卜《ぼく》せしむ、曰《いは》く男《をとこ》なり、其《そ》の名《な》を友《ゆう》と曰《いは》ん公《こう》の右《みぎ》に在《あ》り、兩社《りやうしや》に間《はさま》つて公室《こうしつ》の輔《たす》けと爲《な》らん、李氏《りし》亡《ほろ》ぶれば則《すなは》ち魯《ろ》は昌《さか》へず、又之《またこれ》を筮《ぜい》して大《たい》有《いう》の乾《けん》に之《ゆ》くに遇《あ》ふ、曰《いは》く同《おな》じく父《ちゝ》に復《かへ》り敬《けい》せらるゝこと君所《くんしよ》の如《ごと》くならん

と言《い》ふものゝ如《ごと》きは卽《すなは》ち此《こ》の適例《てきれい》である。然《しか》るに何時《いつ》の頃《ころ》から之《これ》を同視《ごうし》することゝなつたか分《わか》らぬけれども、周禮《しうれい》に大卜《だいぼく》三易《えき》を掌《つかさ》どると言《い》ふてあるが、已《すで》に之《これ》を大卜《だいぼく》と言《い》ひながら之《これ》をして易筮《えきぜい》をなさしめた所《ところ》から見《み》れば、卜官《ぼくくわん》をして龜卜《きぼく》も易筮《えきぜい》も併《あは》せて之《これ》を官掌《くわんしやう》させた樣《やう》である、その後《ご》繫辭傳《けいじでん》を作《つく》つた頃《ころ》には已《すで》に之《これ》を同視《ごうし》することゝなつて居《ゐ》たと見《み》へて、卜筮《ぼくぜい》するものは其《そ》の占《せん》を尙《たつ》とぶ抔《なぞ》と言《い》ふてあるが、此《こ》の如《ごと》く卜《ぼく》の次《つぎ》に筮《ぜい》を置《おい》て之《これ》を卜筮《ぼくぜい》と連續《れんぞく》させた所《ところ》には、龜卜《きぼく》と易筮《えきぜい》とに關《くわん》する史的沿革《してきえんかく》の跡《あと》が

自然《しぜん》に現《あら》はれて居《ゐ》る、何故《なにゆゑ》に然《し》か言《い》ふかと問《と》へば、龜卜《きぼく》の方《はう》が先《さき》に發明《はつめい》されて易筮《えきぜい》の發明《はつめい》されたのはその後《あと》であつた樣《やう》である、故《ゆゑ》に以前《いぜん》に於《おい》ては龜卜《きぼく》の方《はう》を貴《たつ》とむで易筮《えきぜい》の方《はう》を輕視《けいし》して居《ゐ》た樣《やう》であるが、それは書《しよ》の洪範《こうはん》に

汝則有ラバ二大疑一、謀ルコト及二汝ノ心ニ一、謀及二卿士一、謀及二庶人一、謀及二卜筮一、汝則從、龜從、筮從、卿士從、庶民從、是レ之ヲ謂二大同一、身其レ康彊、子孫其レ逢レ吉、汝則從、龜從、筮從、卿士逆、庶民逆ハ吉、卿士從、龜從、筮從、汝則逆、庶民逆吉、庶民從、龜從、筮從、汝則逆、卿士逆吉、汝則從、龜從、筮從、卿士逆、庶民逆、作レ內吉、作レ外凶、龜筮共違レ于レ人、用レ靜吉、用レ作凶

と此《こ》の如《ごと》く龜《かめ》を先《さ》きにして筮《ぜい》を後《あと》にして居《ゐ》る許《ばか》りでなく、龜《き》が從《したが》へば筮《ぜい》は逆《さから》ふても內《うち》を作《な》すは吉《きち》で外《そと》を作《な》すは凶《きよう》であると言《い》ふて居《ゐ》る所《ところ》を見《み》れば分《わか》る、尙又禮《なほまたらい》の雜記《ざつき》に

大夫卜二宅與一レ葬日一、有司ハ麻衣布衰布帶因テ喪屨ス、緇布冠不レ緌、占者ハ皮弁、如シ筮セズンバ則史練冠長衣シテ筮ス、占者ハ朝服ス

とあるが、その註《ちう》に朝服《てうふく》は皮辨服《ひべんふく》よりも卑《いや》し、筮《ぜい》を以《もつ》て卜《ぼく》より輕《かろ》むずればなりと言《い》ふて居《ゐ》るのを見《み》れば能《よ》く分《わか》る。此《こ》の如《ごと》く亀卜《きぼく》の發明《はつめい》の方《はう》が先《さ》きにあつて、易筮《えきぜい》の發明《はつめい》の方《はう》が後《あと》であつた、故《ゆゑ》に亀卜《きぼく》を重《ちう》用《よう》して易筮《えきぜい》を輕視《けいし》した樣《やう》であつたが、殷周以後《いんしういご》の時代《じだい》に及《およ》むでは、却《かへ》つて易筮《えきぜい》を貴《たつ》とむで亀卜《きぼく》を卑《いや》しむ樣《やう》になつたので、隨《したが》つて亀卜《きぼく》の法《はふ》は漸々《ぜんぜん》に衰微《すゐび》して、遂《つひ》に世人《せじん》をして亀卜《きぼく》の法《はふ》があつたと言《い》ふこと

迄《まで》も忘《わす》れしむる樣《やう》になつたのであるが、唯之《たゞこれ》を卜筮《ぼくぜい》と連呼《れんこ》する所《ところ》に於《おい》て史的先後《してきせんご》の沿革《えんかく》を留《とゞ》めて居《ゐ》る次第《しだい》であるが、此《かく》の如《ごと》き事例《じれい》は外《ほか》にも種々《しゆ〴〵》あることで、今日《こんにち》言ふ所《ところ》の畫《ゑ》の如《ごと》きも始《はじ》めは繪《ゑ》即《すなは》ち刺繍《ししう》から段々《だん〴〵》に發達《はつたつ》して來《き》たものである、故《ゆゑ》に今《いま》も尙之《なほこれ》を繪畫《くわいくわ》と連呼《れんこ》する所《ところ》に於《おい》て史的先後《してきせんご》の事跡《じせき》を表明《へうめい》して居《ゐ》る。

第六章　大衍

大衍《だいえん》とは何《なん》ぞや、繫辭傳《けいじでん》に曰《いは》く、大衍《だいえん》の數《すう》は五十と言《い》ふて居《ゐ》るが、大《たい》とは之《これ》を尊《たつ》とぶの辭《じ》で、衍《えん》とは演《の》ぶるとか或《あるひ》は擴《ひろ》むるとか言《い》ふの義《ぎ》で、即《すなは》ち推《お》し演《の》べて五十となしたものである、故《ゆゑ》に之《これ》を呼《よ》むで大衍《だいえん》の數《すう》は五十と言《い》ふたものであるが、已《すで》に之《これ》を演《の》ぶると言《い》ふからは、未《いま》だ之《これ》を演《の》べぬ前《まへ》の原數《げんすう》即《すなは》ちその衍母《えんぼ》となるべきものがなければならぬ、さもなくば之《これ》を演《の》べて五十となすことが可能《でき》ぬからである。

然《しか》らば何《なに》を以《もつ》てその衍母《えんぼ》となすかと言《い》ふに、それは繫辭傳《けいじでん》に

天一地二、天三地四、天五地六、天七地八、天九地十、天數ハ五、地數ハ五、五位相得テ、而各有レ合、天數二十有五、地數三十、凡天地之數、五十有五、此レ所下以成シテ二變化ヲ一而行ル中鬼神ヲ上也、

と言《い》ふてある此《こ》の一段《だん》の文字《もんじ》が即《すなは》ち大衍《だいえん》五十の原數《げんすう》たる衍母《えんぼ》のある所《ところ》である。併《しか》し茲《こゝ》に言《い》ふ天地《てんち》の數《すう》を以《もつ》て衍母《えんぼ》となすとすれば、衍母《えんぼ》の數《すう》が却《かへ》つて衍子《えんし》の數《すう》より五數丈《すうだけ》多《おほ》いではないか、一考《かう》した所《ところ》では

甚《はなは》だ矛盾《むじゆん》する所《ところ》がある樣《やう》であるけれども決《けつ》してそうではない。

全體天地《ぜんたいてんち》の數《すう》と言《い》ふものは一に始《はじ》まつて十に終《をは》るものである、故《ゆゑ》に一より前《まへ》に遡《さかのぼ》つて之《これ》を數《かぞ》へ樣《やう》としても、之《これ》を遡《さか》のぼり數《かぞ》ゆることが可能《でき》ず、亦《また》十より後《あと》を推《お》して之《これ》を究《きは》め樣《やう》としても之《これ》を推《お》し究《きは》むることが可能《でき》ぬ。是故《このゆゑ》に天地《てんち》の間《あひだ》には、千萬無量《まんむりやう》の數《すう》がありはするけれども、唯《たゞ》それは一より十に至《いた》る迄《いで》の數《すう》を積《つ》み重《かさ》ぬるに過《す》ぎぬのである、繫辭傳《けいじでん》に變化《へんくわ》を成《な》して而《しか》して鬼神《きじん》を行《や》る所以《ゆゑん》なりとは、即《すなは》ち此《こ》の事《こゝ》を言《い》ふに外《ほか》ならぬ、蓋《けだ》し五十有《いう》五なるものは、一より十に至《いた》る迄《まで》の合數《がつすう》で、而《しか》して亦天地《またてんち》の總數《そうすう》である、然《しか》れども天地間《てんちかん》の萬物《ばんぶつ》は前《まへ》に始《はじ》めと言《い》ふものもなく、亦後《またあと》に終《をは》りと言《い》ふものもないのであるから、その總數《そうすう》を擧《あげ》て見《み》たならば、到底《たうてい》五十有《いう》五數位《すうぐらゐ》に止《とゞ》まるものではない。乍去《さりながら》、此《こ》れより以上《いじやう》は唯之《たゞこれ》を重《かさ》ねて以《もつ》て千萬無量《まんむりやう》の數《すう》に至《いた》る迄《まで》のことである、而《しか》も之《これ》を以《もつ》て天地《てんち》の總數《そうすう》であると言《い》ふのは、唯《たゞ》その概數《がいすう》を擧《あげ》た丈《だけ》のことで、天地《てんち》の總數《そうすう》を限定《げんてい》して五十有《いう》五に止《とゞ》まると言《い》ふ譯《わけ》ではない、そは之《これ》を○凡天地之數《てんちのすう》は五十有《いう》五と謂《い》ふて居《を》るのを見《み》て知《し》らるゝのである。而《しか》して天《てん》の五位《ゐ》に居《ゐ》るものは一三五七九の五數《すう》であるが、皆共《みなとも》に奇數《きすう》でその積數《せきすう》は二十有《いう》五である。亦地《またち》の五位《ゐ》に居《ゐ》るものは二四六八十の五數《すう》であるが、何《いづ》れも皆偶數《みなぐうすう》でその積數《せきすう》は三十となるのである。故《ゆゑ》に此《こ》の二數《すう》を合《がつ》すれば凡《すべ》て五十有《いう》五で、此《こ》れが即《すなは》ち天地《てんち》の總數《そうすう》であつて、亦《また》その概算《がいさん》となるものである。

然《しか》るに大衍《だいえん》五十の數《すう》と言《い》ふのは、天《てん》一より天《てん》九に至《いた》る中位《ちうゐ》の數即《すうすなは》ち五を以《もつ》て衍母《えんぼ》となし、直《たゞ》ちに此《こ》の五數《すう》を敷衍《ふえん》して而《しか》して五十となしたもので、五十五數《すう》その儘《まゝ》を以《もつ》て衍母《えんぼ》となしたものではない隨《したが》つて天地《てんち》五十有《いう》五の總數《そうすう》と大衍《だいえん》五十の數《すう》とは少《すこ》しも矛盾《むじゆん》する所《ところ》はない、此《こ》の如《ごと》く天地《てんち》の總數《そうすう》五十有《いう》五なるものが五位《ゐ》の原數《げんすう》に出《いづ》る許《ばか》りでなく、大衍《だいえん》五十の數《すう》も、亦同《またおな》じく中位《ちうゐ》の五數《すう》より生《しやう》ずるものである。然《しか》らば二者此《しやかく》の如《ごと》くその源《みなもと》を同《おなじ》ふして、その數《すう》を異《こと》にする所以《ゆゑん》は如何《いかん》と言《い》ふに、それは外《ほか》ではない、一は則《すなは》ち中位《ちうい》の五を推衍《すゐえん》したものであるが、一は則《すなは》ち一より十に至《いた》る迄《まで》の數《すう》を加算《かさん》したものである、此《こ》れ二者《しや》の間《あひだ》その源《みなもと》を同《おなじ》ふして居《ゐ》るとは言《い》ふものゝ、その數《すう》を異《こと》にする所以《ゆゑん》である。蓋《けだ》し一は則《すなは》ち之《これ》を凡《およ》そ天地《てんち》の數《すう》五十有《いう》五と言《い》ひ、一は則《すなは》ち之《これ》を大衍《だいえん》の數《すう》五十と言《い》ふて、殊更《ことさら》にその文《ぶん》を異《こと》にし、以《もつ》てその別《べつ》なることを表示《へうじ》したものに外《ほか》ならぬ、而《しか》して五十なるものは蓍《し》の數《すう》である。然《しか》らば之《これ》を蓍《し》の數《すう》は五十と言《い》ふべき筈《はず》であるのに、之《これ》を大衍《だいえん》の數《すう》五十と言《い》ふて居《ゐ》るのを見《み》れば、亦之《またこれ》を以《もつ》ても五の衍數《えんすう》たることが推知《すゐち》さるゝではないか。故《ゆゑ》に言《い》ふ。大衍《だいえん》五十の數《すう》なるものは天《てん》一より天《てん》九に至《いた》る中位《ちうゐ》の五を演《の》べて五十となしたものであると、此《こ》の如《ごと》く簡單明白《かんたんめいはく》にして疑《うたがひ》を容《い》るゝに及《およ》ばぬに拘《かゝ》はらず、古來《こらい》諸儒《しよじゆ》その說《せつ》を異《こと》にし或《あるひ》は河圖洛書《かとらくしよ》の中數《ちうすう》五を演《の》べて五十となしたものであるとか、或《あるひ》は大極《たいきよく》より八卦《くわ》に至《いた》る迄《まで》の合數《がふすう》であるとか言《い》ふたものもあるが、此《かく》の如《ごと》きは傳說《でんせつ》を聽《き》く所《ところ》の耳《みゝ》はあつても、傳文《でんぶん》を見る所《ところ》の目《め》がないものと言《いは》ねばならぬ、尚左《なほさ》にその說《せつ》を擧《あげ》て之《これ》を辯《べん》じて見《み》よう』

康熙帝《かうきてい》曰《いは》く洪範《こうはん》に曰《いは》く卜《ぼく》は五、占《せん》は二の衍忒《えんとく》を用《もち》ゆと、衍《えん》とは推衍《すゐえん》なり忒《とく》とは過差《くわさ》なり、卜筮《ぼくぜい》は人《じん》事《じ》の過差《くわさ》に推衍《すゐえん》する所以《ゆゑん》なり、故《ゆゑ》に揲蓍《てうし》の法之《はふこれ》を大衍《だいえん》と謂《い》ふ、大音《だいおん》は太《たい》、太卜太筮《たいぼくたいぜい》の比《ひ》の如《ごと》し、乃《すなは》ち之《これ》を尊《たつと》ぶの稱《しやう》にして、先儒《せんじゆ》が小衍大衍《せうえんだいえん》の説《せつ》の如《ごと》きにあらざるなり、五十の數《すう》は説者《せつしや》一ならず、惟《ひと》り圖書《としよ》に推《お》し本《もと》つくる者之《ものこれ》を得《え》たり、河圖《かと》の數《すう》は則《すなは》ち五を羸《あま》す、數《すう》の體《たい》なり、洛書《らくしよ》の數《すう》は則《すなは》ち五を虚《むなし》ふす、數《すう》の用《よう》なり、大衍者《だいえんなるもの》は其《そ》れ河洛《からく》の數《すう》の中《ちう》を酌《く》んで、而《しか》して體用《たいよう》の理《り》を兼《か》ね備《そな》ふる者歟《ものか》、

と、帝《てい》が大衍《だいえん》の大《だい》を以《もつ》て太卜太筮《たいぼくたいぜい》の太《たい》と同義《どうぎ》であると言《い》ふのはよいが、而《しか》もその衍《えん》を以《もつ》て人事《じんじ》の過差《くわさ》を推衍《すゐえん》するが故《ゆゑ》に、之《これ》を大衍《だいえん》と言《い》ふに至《いた》つては、大《おほい》に不可《ふか》なる所《ところ》があるのであるが、這《こ》は畢竟《ひつぎやう》河圖《かと》洛《らく》書等《しよとう》の中數《ちうすう》五を根據《こんきよ》とする爲《た》めの窮説《きうせつ》で、未《いま》だ大衍《だいえん》の眞義《しんぎ》を解《かい》し得《え》ざるものである、尙後段《なほこうだん》に論《ろん》ずる所《ところ》を見《み》れば自《おのづ》から此《こ》の説《せつ》の非《ひ》なることを知《し》り得《え》らるゝであらう。

朱子《しゆし》の本義《ほんぎ》に曰《いは》く大衍《だいえん》の數《すう》五十は、蓋《けだ》し河圖《かと》の中宮天《ちうぐうてん》五を以《もつ》て、地《ち》十に乘《じよう》じて而《しか》して之《これ》を得《え》たり、用《もち》ひて以《もつ》て筮《ぜい》するに至《いた》れば、乃《すなは》ち又《また》四十有《いう》九を用《もち》ゆるに止《とゞ》まる、蓋《けだ》し皆理《みなり》勢《せい》の自然《しぜん》に出《い》てゝ、而《しか》して人《ひと》の智力《ちりよく》の能《よ》く損益する所《ところ》にあらざるなり、

啓蒙《けいもう》に曰《いは》く河圖洛書《かとらくしよ》の中數《ちうすう》は皆《みな》五、之《これ》を推《お》し而《しか》して各々《おのおの》其數《そのすう》を究《きは》め以《もつ》て十に至《いた》れば、則《すなは》ち合《あは》せて五十となる河圖《かと》の積數《せきすう》は五十五にして、其《そ》の五十なる者《もの》は皆《みな》五に因《よつ》て而《しか》して後《のち》に得《う》、獨《ひと》り五は五十の因《よ》る所《ところ》と爲《し》て而《しか》して自《みづ》からは因《よ》る所《ところ》なし、故《ゆゑ》に之《これ》を虚《きよ》にすれば、則《すなは》ち但《たゞ》五十となる、又《また》五十五の中《うち》、其《そ》の四十なる者《もの》は分《わか》れて陰陽老少《いんやうらうせう》の數《すう》となつて、而《しか》して其《そ》の五と十とは爲《な》す所《ところ》なし、則《すなは》ち又《また》五を以《もつ》

て十に乘《じよう》じ、十を以《もつ》て五に乘《じよう》ずるも而《しか》も亦皆《またみな》五十となる、洛書《らくしよ》の積數《せきすう》は四十五にして、而《しか》して其《そ》の四十なる者《もの》は外《そと》に散布《さんぷ》して、而《しか》して陰陽老少《いんやうらうせう》の數《すう》に分《わか》れ、惟《ひと》り五は中《うち》に居《ゐ》て而《しか》して爲《な》す所《ところ》なし則《すなは》ち亦自《またみづ》から五數《すう》を含《ふく》んで而《しか》して併《あは》せて五十となる。

明筮《めいぜい》に又曰《またいは》く、數《すう》を倚《よ》するの元《もと》は參天兩地《さんてんりやうち》、衍《のべ》て而《しか》して之《これ》を極《きは》め五十にして乃《すなは》ち備《そな》はる、是《これ》を大衍《だいえん》と曰《い》ふ、

と是《これ》に由《よつ》て之《これ》を觀《み》れば、朱子《しゆし》が言《い》ふ所《ところ》は前後《ぜんご》その説《せつ》が違《ちが》ふ樣《やう》である。先《ま》づその説卦傳《せつくわでん》に由《よつ》て説《せつ》を立《た》て丶居《ゐ》るのは、誤解《ごかい》であると言《いは》ねばならぬ。何《なん》となれば、説卦傳《せつくわでん》に參天兩地《さんてんりやうち》にして數《すう》を倚《よ》すと言《い》ふは、天數《てんすう》は三で地數《ちすう》は二である、故《ゆゑ》に蓍數《しすう》の三兩《りやう》を合《あは》せて奇偶《きぐう》の畫《くわく》を設《まう》くると言《い》ふの義《ぎ》で、即《すなは》ち蓍《し》に由《よつ》て卦《くわ》を求《もと》むるの意《い》である、然《しか》るに參兩《さんりやう》を合《あは》せて五となし、之《これ》を元數《げんすう》として衍《なら》べて五十となすと言《い》ふは取《と》るに足《た》らぬ謬説《びやうせつ》で、固《もと》より論《ろん》ずる迄《まで》もないことであるが、眞《ま》勢中州《せいちうしう》も亦此《またこ》の説《せつ》に從《したが》ひ、參兩《さうりやう》の數《すう》を合《あは》せて大衍《だいえん》五十の衍母《えんぼ》として居《ゐ》るのは、蓋《けだ》し朱説《しゆせつ》の嚬《ひん》に傚《なら》ふたものであると言《いは》ねばならぬ。又朱説《またしゆせつ》が河圖洛書《かとらくしよ》の中數《ちうすう》五を衍《の》べて、大衍《だいえん》五十の數《すう》としたものであると言《い》ふのは、此《これ》は大抵諸儒《たいていしよじゆ》の同意《どうい》する所《ところ》で、一考《かう》した所《ところ》では一理《り》ある樣《やう》にも思《おも》はる丶が、今本義《いまほんぎ》に言《い》ふ所《ところ》の天《てん》一地《ち》二天《てん》三地《ち》四の章《しやう》を見《み》るに曰《いは》く、

此《こ》れ天地《てんち》の數《すう》は、陽《やう》は奇《き》にして陰《いん》は偶《ぐ》なるを言《い》ふ、即《すなは》ち謂《い》ふ所《ところ》の河圖《かと》なる者《もの》なり、

又啓蒙《またけいもう》に曰《いは》く、此《こ》の一説《せつ》は夫子《ふうし》が河圖《かと》の數《すう》を發明《はつめい》する所以《ゆゑん》なり、天地《てんち》の間《あひだ》一氣《き》のみ、分《わか》れて而《しか》して二となる則《すなは》ち陰陽《いんやう》と爲《なつ》て而《しか》して五行《ぎやう》造化《ぞうくわ》萬物《ばんぶつ》始終《しじう》是《こ》れに管《くわん》せざるなし、故《ゆゑ》に河圖《かと》の位《くらゐ》一は六と宗《そう》を共《とも》にして而《しか》して北《きた》に居《を》り、二は七と朋《とも》となつて而《しか》して南《みなみ》に居《を》り、三は八と道《みち》を同《おなじ》ふして而《しか》して東《ひがし》に居《を》り、四は九と友《とも》となつて而《しか》して西《にし》に居《を》り、五は十と相守《あひまもつ》て而《しか》して中《ちう》に居《を》る、蓋《けだ》し其《そ》の數《すう》を爲《な》す所《ゆ》以《ゑん》の者《もの》は、一陰《いん》一陽《やう》其《そ》の五行《ぎやう》を兩《ふたつ》にするに過《す》ぎざるのみ、謂《い》ふ所《ところ》の天《てん》なる者《もの》は、陽《やう》の輕淸《けいせい》して而《しか》して上《うへ》に位《くらゐ》する者《もの》なり、謂《い》ふ所《ところ》の地《ち》なる者《もの》は、陰《いん》の重濁《ちうだく》にして而《しか》して下《した》に位《くらゐ》する者《もの》なり、陽《やう》の數《すう》は奇《き》故《ゆゑ》に一三五七九は皆天《みなてん》に屬《ぞく》す、謂《い》ふ所《ところ》の天數《てんすう》五なり、陰《いん》の數《すう》は偶《ぐう》故《ゆゑ》に二四六八十は皆地《みなち》に屬《ぞく》す、謂《い》ふ所《ところ》の地數《ちすう》五なり、天數地數《てんすうちすう》、各類《かくるゐ》を以《もつ》て而《しか》して相求《あひもと》む、謂《い》ふ所《ところ》の五位《ゐ》の相得《あひう》る者然《ものしか》るなり、天《てん》一を以《もつ》て水《みづ》を生《しやう》じて而《しか》して地《ち》六を以《もつ》て之《これ》を成《な》す、地《ち》二を以《もつ》て火《ひ》を生《しやう》じて而《しか》して天《てん》七を以《もつ》て之《これ》を成《な》す天《てん》三を以《もつ》て木《き》を生《しやう》じて而《しか》して地《ち》八を以《もつ》て之《これ》を成《な》す、地《ち》四を以《もつ》て金《きん》を生《しやう》じて而《しか》して天《てん》九を以《もつ》て之《これ》を成《な》す天《てん》五を以《もつ》て土《つち》を生《しやう》じて而《しか》して地《ち》十を以《もつ》て之《これ》を成《な》す、此《こ》れ又其《またそ》の所謂《いはゆる》各《おのおの》合《あ》ふこと有《あ》るものなり。五奇《き》を積《つ》んで而《しか》して二十五となり、五偶《ぐう》を積《つ》んで而《しか》して三十となる、是《こ》の二者《しや》を合《あは》せて而《しか》して五十有《いう》五となる、此《こ》れ河圖《かと》の全數《ぜんすう》、皆夫子《みなふうし》の意《い》にして而《しか》して諸儒《しよじゆ》の說《せつ》なり。洛書《らくしよ》に至《いたつ》ては則《すなは》ち夫子《ふうし》の未《いま》だ言《い》はざる所《ところ》なりと雖《いへ》ども、然《しか》れども其《そ》の象《しやう》其《そ》の說《せつ》已《すで》に前《まへ》に具《そな》はる、以《もつ》て之《これ》を通《つう》ずることを有《あ》れば、則《すなは》ち劉歆《りうきん》の所謂《いはゆる》表裏《へうり》經緯《けいゐ》する者《もの》見《み》るべし。

と。その他《た》何《いほ》孔安國《こうあんこく》、關子明《くわんしめい》、邵康節等《せうかうせつとう》が説《せつ》を引《ひい》て之《これ》を辯《べん》じて居《ゐ》るが、一見《けん》した所《ところ》では此《かく》の如《ごと》く巧妙《こうめう》に出來《でき》て居《ゐ》て、その間何等《かんなんら》の安排工夫《あんはいくふう》抔《など》を凝《こら》した形跡《けいせき》もない樣《やう》であるけれども、果《はた》して天然《てんねん》その儘《まゝ》のものであるか否《いな》かは實際不明《じつさいふめい》である。想《おも》ふに漢儒以來《かんじゆいらい》河圖洛書《かとらくしよ》のことを論《ろん》じたものもないではないが未《いま》だ圖《づ》を擧《あ》げて之《これ》を論《ろん》じたものはなかつた樣《やう》である。然《しか》るに宋《さう》の陳圖南《ちんとなん》、邵康節等《せうかうせつとう》に至《いた》り、始《はじ》めて今《いま》の所謂河圖《いはゆるかと》なるものを擧《あげ》て世《よ》に傳《つた》へて言《い》ふには、昔時《せきじ》は此《こ》の圖《づ》があつたけれども、中頃湮晦《なかごろえんくわい》して傳《つた》はつて居《ゐ》なかつたのであるが、今新《いまあら》たに之《これ》を發見《はつけん》したのであると。それ以後《いご》の學者《がくしや》は大抵此《たいていこ》の説《せつ》を信《しん》じ繫辭傳《けいじでん》に河ニ出レ圖チ、洛ニ出レ書チ、聖人則トルレ之ニと言《い》ふ語《ご》を以《もつ》て、之《これ》を彼《か》の天《てん》一地《ち》二の一章《しやう》に當篏《あては》めて、その説《せつ》を成《な》して居《ゐ》るのであつて、朱子《しゆし》も亦之《またこれ》に倣《なら》ふて此《かく》の如《ごと》き説《せつ》を立《た》てたものであらうと思《おも》ふが、一體河《たいか》に圖《と》を出《だ》し洛《らく》に書《しよ》を出《だ》すと言《い》ふは、惟《ひと》り繫辭傳中《けいじでんちう》に於《おい》て之《これ》を見《み》る許《ばか》りではない、論語《ろんご》の中《なか》にもあれば、亦書經《またしよきやう》の中《なか》にも天球河圖《てんきうかと》抔《など》と言《い》ふこともあるのだから、上古《じやうこ》の時代《じだい》に於《おい》て必《かな》らず此《こ》の事《こと》がなかつたとは言《い》へぬ、乍レ去《さりながら》、今日《こんにち》謂《い》ふ所《ところ》の河圖《かと》なるものは果《はた》して繫辭傳《けいじでん》に謂《い》ふ所《ところ》の眞圖《しんづ》であるか、何《ど》うであるかは、不明《ふめい》にして信《しん》を措《お》くに足《た》る丈《だけ》の證據《しようこ》がない、唯《たゞ》その繫辭傳《けいじでん》に謂《い》ふ所《ところ》と髣髴《はうふつ》たる所《ところ》があるので、それゆへ之《これ》を以《もつ》て直《たゞ》ちにその圖《づ》であるとして説《せつ》を立《たて》た迄《まで》のことで、眞《しん》にその確證《かくしやう》があつた譯《わけ》ではない。且《か》つ河《か》に圖《と》を出《だ》し洛《らく》に書《しよ》を出《だ》すの一段《だん》と、天神物《てんじんぶつ》を生《しやう》じ、天地變化《てんちへんくわ》し、天象《てんしやう》を垂《た》るゝの數事《すうじ》とは、或《あるひ》は共《とも》に聖人《せいじん》が抑觀俯察《ぎやくくわんふさつ》の一材料《ざいれう》となつたかは知《し》らぬけれども、繫辭傳《けいじでん》に謂《い》ふ所《ところ》の圖書《としよ》なるものは、果《はた》して天《てん》一地《ち》二の圖《づ》を指《さ》して言《い》ふたものであるか否《いな》か、此《これ》も亦未《またいま》だ俄《には》かに推測《すゐそく》を逞《たくまし》ふすることは可能《でき》ぬ故《ゆゑ》に郭雍《くわくよう》、呉庭翰《ごていかん》その他皆之《たみなこれ》を信《しん》せずして反説《はんせつ》を唱《とな》へて曰《いは》く、

或《あるひ》は謂《い》ふ、天《てん》一より五に至《いた》るを五行《ぎやう》の生數《せいすう》となし、地《ち》六より地《ち》十に至《いた》るを五行《ぎやう》の成數《ぜいすう》となす。此《こ》の五行《ぎやう》の説《せつ》ありと雖《いへ》ども、而《しか》も易《えき》に於《おい》て見《み》る所《ところ》なし、故《ゆゑ》に五行《ぎやう》の説《せつ》は、曆數《れきすう》の學《がく》に出《い》でゝ易《えき》の道《みち》にあらざるなり河圖洛書《かとらくしよ》なるものは古《いにしへ》は有《あつ》て而《しか》して今《いま》は亡《な》し、と。洵《まこと》に此《こ》の説《せつ》の如《ごと》く五行生成《ぎやうせいせい》の説《せつ》は曆數《れきすう》の學《がく》に出《い》でたもので易《えき》と關係《くわんけい》する所《ところ》はないものである、易《えき》に於《おい》ては天地《てんち》雷風水火山澤《らいふうすゐくわさんたく》の八物《もつ》なるものがあつて、亦聊《またいさゝ》か五行生成《ぎやうせいせい》の數《すう》に待《ま》つ所《ところ》はないのである。然《しか》るにその圖《づ》が甚《はなは》だ精妙《せいめう》で或《あるひ》は易《えき》と符合《ふがふ》する所《ところ》があるに惑《まご》ひ、直《たゞ》ちに之《これ》に由《よつ》て説《せつ》を立《た》つるが如《ごと》きは、余《よ》が見《み》る所《ところ》では未《いま》だ以《もつ》て學《がく》に忠《ちう》なるものと言《い》ふことは可能《でき》ぬ、試《こゝろ》みに思《おも》へ、宇宙間《うちうかん》の理《り》は萬殊《ばんしゆ》であるが畢竟唯一《ひつきやうゆゐ》に歸《き》するものである、特《とく》に易《えき》は萬象《ばんしやう》を含《ふく》み萬理《ばんり》を蓄《たくは》ふが故《ゆゑ》に、安《いづ》くに適《ゆ》くとしても符契吻《ふけいふん》合《がふ》せざるものはない、故《ゆゑ》に此點《このてん》から之《これ》を言《い》へば、惟《ひと》り河圖洛書《かとらくしよ》なるものを以《もつ》て易《えき》の一部《ぶ》と見做《みな》し得《う》る許《ばか》りでなく、印度《いんど》佛敎《ぶつけう》の六大説《だいせつ》も、西洋哲學《せいやうてつがく》の原子論《げんしろん》も、皆共《みなとも》に易《えき》と關係《くわんけい》する所《ところ》があると言《い》ふてよいされども其の思想《しさう》の由來系統《ゆらいけいとう》を究《きは》むるに及《およ》むでは、必《かな》らず先後彼此《せんごひし》の辨別《べんぜつ》を立《たて》ねばならぬ、唯彼《たゞかれ》と此《これ》とは類似《るゐじ》する所《ところ》があるからと言《い》ふて、始《はじ》めから同《どう》一のものであると言《い》ふことは可能《でき》ぬ。して見《み》れば、今日《こんにち》謂ふ所《ところ》の河圖洛書《かとらくしよ》の中數《ちうすう》五を以《もつ》て、大衍《だいえん》五十の衍母《えんぼ》となすが如《ごと》きは無稽《むけい》にして信《しん》ずるに足《た》らぬも

のと言《い》はねばならぬが、伊藤東涯《いとうとうがい》は河圖洛書《かとらくしよ》を論《ろん》じて曰《いは》く、繫辭《けいじ》に曰《いは》く、河《か》に圖《と》を出《だ》し、洛《らく》に書《しよ》を出《だ》す、聖人之《せいじんこれ》に則《のつ》とると、河圖《かと》は始《はじ》めて書《しよ》の顧命《こめい》に見《み》へて、而《しか》して論語《ろんご》にも亦其說《またそのせつ》あり、洛書《らくしよ》は則《すなは》ち繫辭《けいじ》の外未《ほかいま》だ之《これ》を聞《き》かざるなり、然《しか》れども皆其《みなそ》の何者《なにもの》たるを指《さ》さゝるなり、孔安國《こうあんこく》は以爲《おもへ》らく、河圖《かと》は則《すなは》ち八卦是《くわこれ》なり、洛書《らくしよ》は則《すなは》ち九疇是《ちうこれ》なりと、亦其《またそ》の憑《へう》據《きよ》する所《ところ》を知《し》らざるなり、鄭玄《ていけん》は則《すなは》ち春秋緯《しゆんしうゐ》を引《ひい》て以《もつ》て河《か》に龍圖《りうと》發《はつ》し、洛《らく》に龜書《きしよ》感《かん》ず、河圖《かと》は九篇《へん》あり、洛書《らくしよ》は六篇《へん》ありとなせども、亦未《またいま》だ圖書《としよ》の何者《なにもの》たるかを言《い》はざるなり。朱子本義《しゆしほんぎ》を述《の》ぶるに至《いた》りては則《すなは》ち先天《せんてん》四圖《づ》を卷首《くわんしゆ》に揭《かゝ》げ、河圖《かと》は則《すなは》ち一より十に至《いた》り、洛書《らくしよ》に則《すなは》ち一より九に至《いた》る、以《もつ》て伏羲《ふつぎ》の作《つく》る所《ところ》となす、其《そ》の表機仲《へうきちう》に答《こた》ふる書《しよ》に曰《いは》く、當日諸儒旣《たうじつしよじゆすで》に其《そ》の傳《でん》を失《うしな》ふて、而《しか》して方外《はうぐわい》の流阴阳授受《りういんやうじゆじゆ》以《もつ》て丹竈《たんさう》の術《じゆつ》となす、希夷康節《きゐかうせつ》に至《いた》り乃《すなは》ち之《これ》を易《えき》に反《か》へす、而《しか》して後其《のちそ》の說始《せつはじ》めて復《また》世《よ》に明《あき》らかなるを得《え》たり云云《うんく》と、然《しか》れども此《これ》より以前易學諸家《いぜんえきがくしよか》皆此《みなこ》の圖《と》あるを知《し》らずして、而《しか》して特《とく》に陳摶种放《ちんはくちうはう》の流《ながれ》に出《い》づ、劉牧《りうぼく》の如《ごと》きもの、兩《ふた》つながら其《そ》の名《な》を易《か》へ、九を以《もつ》て河圖《かと》となし、十を洛書《らくしよ》となす、則《すなは》ち其《そ》の說《せつ》も亦《また》一定《てい》せず、況《いは》んや河圖《かと》の十と大衍《だいえん》の五十とは、其《そ》の數固《すうもと》より相符《あひふ》すれども、洛書《らくしよ》の九數《すう》に至《いた》りては表裏經緯《へうりけいゐ》の說《せつ》ありと雖《いへ》ども、而《しか》も皆牽扯補湊《みなけんしほそう》にして其《そ》の相脗合《あひふんがふ》するを見《み》ず、皆疑《みなうたが》ふべきなり。夫《そ》れ宋《そう》より今《いま》に至《いた》る、纔《わづ》かに五百年《ねん》に向《むか》はんとす、伏羲《ふつぎ》より宋《そう》に至《いた》る、未《いま》だ其《そ》の幾《いく》千萬年《まんねん》なることを知《し》らざるなり而《しか》して其《そ》の間《かん》一人《にん》も此《こ》の圖《づ》あるを知《し》らず、而《しか》して始《はじ》めて陳种《らんちう》の家《うち》に出《い》づ益々《ますます》疑《うたが》ふべきなり、而《しか》るを初學晩進《しよがくはんしん》其《そ》の來由《らいゆう》を知《し》らず、輙《たちま》ち以《もつ》て伏義《ふつぎ》より以來《いらい》人々《ひと〳〵》傳誦《でんしよう》して以《もつ》て今《いま》に到《いた》ると爲《な》す、亦《また》說《と》くことの甚《はなは》だしからずや、然《しか》らば卽《すなは》ち謂《い》ふ所《ところ》の圖書《としよ》なる者《もの》は、將《は》た何物《なにもの》なるか、曰《いは》く此《こ》れ知《し》るべからざるなり、漢《かん》の時《とき》に在《あり》て、孔安國《こうあんこく》、劉向《りうかう》、欽父子《きんふし》、班固《はんこ》、鄭玄《でうげん》の徒《と》、及《およ》び京房《きや・ほう》焦贛《せうく》の象數《しやうすう》を好《この》むも、皆之《みなこ》の圖《づ》あるを知《し》らず、假《たと》へ之《これ》をして丹竈《たんさう》の家《いへ》に傳《つた》はらしめば則《すなは》ち漢唐《かんたう》の間《かん》道家《だうけ》者流《しやりう》の書《しよ》にも亦合《またま》さに其說《そのせつ》あるべくして而《しか》して亦之《またこれ》を言《い》ふ者《もの》なし、其《そ》の唐宋《たうさう》の際《さい》道家《だうけ》者《もの》の僞撰《ぎせん》する所《ところ》となること三墳書《ふんしよ》の如《ごと》きのみ、然《しか》らば則《すなは》ち易《えき》の數原《すうげん》なる者《もの》は、將《は》た何《なん》ぞ則《のつ》とる所《ところ》か、曰《いは》く六十四卦《くわ》の數《すう》、八卦《くわ》四象兩儀《しやうりやうぎ》より、大極《たいきよく》に推《お》し本《もと》づくこと大傳《たいでん》に固《もと》より明文《めいぶん》あり、其《そ》の六七八九の數《すう》、大衍《だいえん》五十より、一を虛《きよ》にし四を揲《てふ》して而《しか》して生《しやう》ず、何《なん》ぞ必《かな》らずしも之《これ》を河圖洛書《かとらくしよ》に備《そな》はるとせんや

と、東涯《とうがい》が言《い》ふ所《ところ》は眞《しん》に道理《だうり》がある、故《ゆゑ》に余《よ》は彼《かれ》が說《せつ》に從《したが》ひ、河圖洛書《かとらくしよ》を以《もつ》て後人《こうじん》の僞作《ぎさく》であると信《しん》ずるものである。されど彼《かれ》が易《えき》の數原《すうげん》は六十四卦以上《くわいじやう》に推《お》し本《もと》づけたものであると言《い》ふに至《いた》つては余《よ》が同意《どうい》し得《え》ざる所《ところ》であるが、這《こ》は兪琰《ゆたん》が說《せつ》と共《とも》にその非《ひ》を辯《べん》ずることゝする。

兪《ゆ》琰《たく》曰《いは》く、◉推衍《すゐえん》とは大極《たいきよく》より兩儀《りやうぎ》を生《しやう》ずれば、則《すなは》ち陽《やう》は一陰《ゐん》は二、衍《のべ》て而《しが》して三と爲《な》し、兩儀四象《りやうぎしやう》を生《しやう》ずれば、則《すなは》ち太陽《たいやう》は一、少陰《せうゐん》は二、少陽《せうやう》は三、大陰《たいゐん》は四、衍《のべ》て而《しか》して十と爲《な》す、四象《しやう》八卦《くわ》を生《しやう》ずれば則《すなは》ち乾《けん》一兌《だ》二、離《り》三震《しん》四、巽《そん》五坎《かん》六、艮《ごん》七坤《こん》八、衍《のべ》て而《しか》して三十六と爲《な》す、大極《たいきよく》の一、兩儀《りやうぎ》の三

四象《しやう》の十、八卦《くわ》の三十六を通《つう》ぜば、則《すなは》ち其《そ》の數《すう》五十にして、今《いま》大衍《だいえん》の數《すう》五十と曰《い》ふ、蓋《けだ》し是《こ》れなりと。兪琰《ゆたん》が兹《こゝ》に衍《えん》と言《い》ふのは擴充推衍《くわうじうすゐえん》の義《ぎ》ではなくて、累計加算《るゐけいかさん》の義《ぎ》となつて居《ゐ》る、且《か》つその大極《たいきよく》より八卦《くわ》に至《いた》る迄《まで》を通算《つうさん》して五十となつたのは唯偶合《たゞぐうがふ》を得《え》た丈《だけ》のことで、始《はじ》めから豫期《よき》する所《ところ》があつた譯《わけ》ではない。加之《しかのみならず》。兩儀《りやうぎ》を數《かぞ》へて三とした上《うへ》は、四象《しやう》も亦《また》その例《れい》に由《よつ》て十二としなければならぬ許《ばか》りでなく、之《これ》を八卦《くわ》に止《とゞ》めて八卦以上《くわいじやう》六十四卦《くわ》の數《すう》を通算《つうさん》せぬのは如何《いか》なる理由《りいう》であるか、唯此《たゞこ》の一點《てん》を推《お》した丈《だけ》でも不通《ふつう》の論《ろん》であることが分《わか》る。

董遇《こうぐう》曰《いは》く、天地《てんち》の數《すう》五十有《いう》五とは、其《そ》の六は六畫《くわく》の數《すう》に象《かた》どる、故《ゆゑ》に減《げん》じて而《しか》して四十九を用《もち》ゆ、陸秉《りくへい》曰《いは》く、大衍《だいえん》の數《すう》は五十其《そ》の用《よ》は四十有《いう》九と、此《こ》れ脱文《だつぶん》なり、當《ま》さに大衍《だいえん》の數《すう》は五十有《いう》五と云《い》ふべし、蓋《けだ》し天《てん》一より地《ち》十に至《いた》る正《まさ》に五十有《いう》五、而《しか》して四十有《いう》九を用《もち》ゆる者《もの》は六虚《きよ》の位《くらゐ》を除《のぞ》くなり、

古《いにしへ》は卜筮《ぼくぜい》す先《ま》づ六虚《きよ》の位《くらゐ》を布《しい》て、而《しか》る後《のち》蓍《し》を揲《かぞ》へて而《しか》して六爻《かう》を置《お》くと。今《いま》若し此《こ》の二説《せつ》が正當《せいたう》であつたなら、始《はじ》めから之《これ》を天地《てんち》の數《すう》、五十有《いう》五、其用《そのよう》四十有《いう》九と言《い》ふべき筈《はず》で、之《これ》を大衍之《だいえんの》數《すう》五十と言《い》ふべき理由《りいう》がない、然《しか》るに之《これ》を大衍之《だいえんの》數《すう》五十と言《い》ふたのは、抑々何故《おも〳〵なにゆゑ》であらうか、此《こ》れ陸秉《りくへい》が大衍之《だいえんの》數《すう》五十とあるを以《もつ》て五十有《いう》五の脱文《だつぶん》であると言《い》ふ所以《ゆえん》であらう。されば假《か》りに此《こ》の説《せつ》に從《したが》ひ、五十を以《もつ》て五十有《いう》五の脱文《だつぶん》であるとしても、前《まへ》には之《これ》を天地《てんち》の數《すう》と言《い》ひ兹《こゝ》には之《これ》を大衍《だいえん》の數《すう》と言《い》ふて、二者《しや》その數《すう》の同《おな》じきに拘《かゝ》はらず、その稱呼《しようこ》を異《こと》にして居《ゐ》る理由《りいう》が分《わか》らぬでは

ないか、それ許《ばか》りではなく、五十五數《すう》の中《うち》より六數《すう》を去《さ》つて、先《ま》づ六虚《きよ》の位《くらゐ》を布《し》くと言《い》ふのは、附會《ふくわ》も亦甚《またはなは》だしいではないか、蓋《けだ》しその謂《い》ふ所《ところ》の五十有《いう》五數《すう》なるものは、大極《たいきよく》でなくて何《なん》である、果《はた》して然《しか》らば、大極《たいきよく》でさへ未《いま》だ剖《わか》れざる前《まへ》に。如何《いか》にして六虚《きよ》の象《しやう》があり得《う》るのであるか、此說《このせつ》を以《もつ》て是《ぜ》であるとせば、大極《たいきよく》が未《み》判《はん》の前《まへ》に於《おい》て早《は》や已《すで》に六虚《きよ》の數《すう》を假定《かてい》せねばならぬが、さりては餘《あま》りに滑稽過《こつけいす》ぎる樣《やう》である、して見《み》れば、此《こ》の二說《せつ》も亦信《またしん》ずべき價値《かち》がないと言《い》ふてよい。

海保漁村曰《かいほぎよそんいは》く、案《あん》ずるに、天地《てんち》の數《すう》五十有《いう》五にして而《しか》して大衍《だいえん》五十と言《い》ふは、鄭康成曰《ていかうせいいは》く、天數《てんすう》は五、地數《ちすう》は五。五位《ゐ》相得《あひえ》て而《しか》して合《あ》ふことあり、天地《てんち》の氣各《きかく》五あり、五行《ぎやう》の次《つぎ》、一に曰《いは》く水天數《すゐてんすう》なり二に曰《いは》く火地數《くわちすう》なり、三に曰《いは》く木天數《もくてんすう》なり、四に曰《いは》く金地數《こんちすう》なり、五に曰《いは》く土天數《ごてんすう》なり、此《こ》の五なる者《もの》、陰《ゐん》は匹《ひつ》なく、陽《やう》は耦《ぐう》なし、故《ゆゑ》に又之《またこれ》を合《がつ》す、地《ち》六は天《てん》一の匹《ひつ》となり、天《てん》七は地《ち》二の耦《ぐう》となり地《ち》八は天《てん》三の匹《ひつ》となり、天《てん》九は地《ら》四の耦《ぐう》となり、地《ち》十は天《てん》五の匹《ひつ》となりて、二五陰陽各々《ゐんやうおの〳〵》合《あ》ふことあり然《しか》る後相得《のちあひえ》て施化行《しくわおこな》はると、又曰《またいは》く、天《てん》一水《みづ》を北《きた》に生《しやう》じ、地《ち》二火《ひ》を南《みなみ》に生《しやう》じ、天《てん》三木《き》を東《ひがし》に生《しやう》じ地《ち》四金《かね》を西《にし》に生《しやう》じ天《てん》五土《つち》を中《なか》に生《しやう》じ陽《やう》に耦《ぐう》なく、陰《いん》に配《はい》なし、未《いま》だ相成《あひなり》すことを得《え》ず、地《ち》六水《みづ》を北《きた》に爲《な》して、天《てん》一と並《なら》び、天《てん》七火《ひ》を南《みなみ》に成《な》して、地《ち》二と並《なら》び、地《ち》八木《き》を東《ひがし》に成《な》して、天三と並《なら》び地《ち》九金《かね》を西《にし》に成《な》して、地《ち》四と並《なら》び、地《ち》十土《つち》を中《なか》に成《な》して、天《てん》五と並《なら》び、衍《えん》とは演《えん》なり、天地《てんち》の數《すう》五十有《いつ》五、五行各氣合《ぎやうかくきがつ》し、氣合《きあつ》て而《しか》して五を減《げん》じ、惟《たゞ》五十あり、五十の數《すう》を以《もつ》て、以《もつ》て七八九六卜筮《ぼくぜい》の占《せん》を爲《な》し、以《もつ》て之《これ》を用《もち》ゆべからず。故《ゆゑ》に更《さら》に其《そ》の一《し》を減《げん》ず、故《ゆゑ》に四十有《いう》九なり鄭義《ていぎ》に依《よつ》て之《これ》を考《かんが》ふ五十有《いう》五は、五行《ぎやう》の未《いま》だ四時《じ》に播《し》かず、未《いま》だ其化《そのくわ》を施《ほどこ》さゞる者《もの》なり、其《そ》の既《すで》に四時《じ》に播《し》けば、則《すなは》ち四十九蓍《し》の中《うち》に行《おこな》はる、既《すで》に形《かたち》を成《な》せば、則《すなは》ち八卦《くわ》の象《しやう》に見《あら》はる、五を減《げん》ずる者《もの》は五行《ぎやう》の各々《おの〳〵》相併《あひあは》せて、以《もつ》て其功《そのこう》を成《な》し、而《しか》して四時《じ》に播《し》き、蓍卦《しくわ》の中《うち》に行《おこな》はるゝを見《み》る所以《ゆえん》なり、此《こ》れ蓋《けだ》し聖人精《せいじんせい》義入神《ぎにふしん》の學《がく》、唯鄭君之《たゞていくんこれ》を得《え》たり、誰《た》れか之《これ》を貴重《きてう》せざらんやと。鄭玄曰《ていげんいは》く衍《えん》とは演《えん》であると、而《しか》して五行《ぎやう》に由《よつ》て説《せつ》をなして、天地之《てんちの》數《すう》五十有《いう》五、五行各氣並《ぎやうかくきあはす》、氣《き》並而減《あはせしかしてげん》レ五、惟有《たゞあり》二五十一と言《い》ふて居《ゐ》るが、此説《このせつ》を推重《すゐてう》して聖人精義入神《せいじんせいぎにふしん》の學《がく》で、唯鄭君之《たゞていくんこれ》が本義《ほんぎ》を得《え》て居《ゐ》ると言《い》ふて居《ゐ》る所《ところ》を見《み》ば、漁村《ぎよそん》も亦河洛《またからく》五行《ぎやう》の説《せつ》に魅《み》せられた一人《にん》であると言《い》ねばならぬ。若《も》し鄭《てい》玄《げん》が説《せつ》の如《ごと》く、五行各氣並、氣並而減レ五、故唯有二五十一としたならば、その衍《えん》は演《えん》なりと言《い》ふは、之《これ》を演《の》ぶると言《い》ふの義《ぎ》ではなく、却《かへ》つて之《これ》を減《げん》ずるの義《ぎ》となるではないか、然《しか》らば鄭玄《てうげん》が謂《い》ふ所《ところ》は事《じ》實《じつ》と相背《あひそむ》くこととなるのである、蓋《けだ》し衍《えん》を以《もつ》て彼《かれ》を移《うつ》して此《こゝ》に擬《ぎ》するの義《ぎ》であるとしたならば、或《あるひ》はそれでよいかも知《し》れぬけれど、而《しか》も少《せう》を演《の》べて多《た》となすの義《ぎ》であるとせば、甚《はなは》だ不都合《ふつがふ》であると言《いは》ねばならぬ、今亦假《いままたか》りに五を減《げん》じて五十となすとするも、河洛《からく》五行抔《ぎやうなど》を藉《か》り來《きた》りてその説《せつ》を立《た》つるにも及《およ》ぶまい天地《てんち》五十五數《すう》の中《うち》より、直《たゞ》ちに五數丈《すうだけ》を除《のぞ》き去《さつ》つて別名《べつめい》を以《もつ》て之《これ》を呼《よ》ぶも亦不可《またふか》なる所《ところ》はないであらう、然《しか》るに之《これ》を名《なづ》けて大衍《だいえん》と言《い》ふ上《うへ》は、比擬模倣《ひぎもはう》するの義《ぎ》ではなく、推演擴張《すゐえんくわくちやう》の義《ぎ》であると言《い》ふことは一見明白《けんめいはく》であると言《い》ふてよい、されば此説《このせつ》の取《と》るに足《た》らぬことも亦論《またろん》ずる迄《まで》もないことであらう。

根本羽嶽先生曰《ねもとうがくせんせいいは》く、繫辭傳《けいじでん》に曰《いは》く、天數《てんすう》の五、地數《ちすう》は五、五位相得《ゐあひえ》て、而《しか》して各合《かくあ》ふことあり、天數《てんすう》は二十有五《いう》、地數《ちすう》は三十、天地《てんち》の數《すう》は五十有五《いう》、此《こ》れ變化《へんくわ》を成《な》して而《しか》して鬼神《きしん》を行《や》る所以《ゆえん》なりと此《これ》を蓍策《しさく》の本源《ほんげん》と爲《な》す、然《しか》らば則《すなは》ち蓍策《しさく》の數《すう》は、五十有五《いう》を用《もち》ひざるべからず、而《しか》して繫辭傳《けいじでん》に又《また》曰《いは》く、大衍《だいえん》の數《すう》は五十、其《そ》の用《よう》は四十九とは何《なん》ぞや

夫《そ》れ易《えき》の乾坤《けんこん》の二卦《くわ》、倶《とも》に其《そ》の爻《かう》に坎離《かんり》の象《しやう》あり、坎《かん》を月《つき》と爲《な》し、離《り》を日《ひ》と爲《な》す、是《こ》れ月往《つきゆ》き日來《ひきた》るの義《ぎ》なり、革《かく》の卦《くわ》となるや下離上兌《かりじやうだ》、離《り》を日《ひ》と爲《な》し、兌《だ》を半坎《はんかん》と爲《な》し、半月《はんげつ》と爲《な》す、亦日往《またひゆ》きて而《しか》して半月西《はんげつにし》に生《しやう》ずるの象《かたち》なり、革《かく》の卦《くわ》の象傳《しやうでん》に乃《すなは》ち曰《いは》く、君子《くんし》以《もつ》て曆《れき》を治《おさ》め時《とき》を明《あき》らかにすと、蓋《けだ》し曆《れき》は日月行道《じつげつかうだう》の經歷《けいれき》する所《ところ》を推算《すゐさん》して、而《しか》して氣盈朔虛《きえいさくきよ》の差等《さとう》する所《ところ》を節正《せつせい》する所以《ゆゑん》なり、曆法《れきはふ》の易象《えきしやう》に憑據《ひようきよ》して而《しか》して起《おこ》るや固《もと》よりなり、若《も》し夫《そ》れ筮法《ぜいはふ》の曆法《れきはふ》に擬準《ぎじゆん》するは則《すなは》ち繫辭傳既《けいじでんすで》に明文《めいぶん》あり、

抑々《そもそも》曆法《れきはふ》は周天《しうてん》三百六十五度四分度《ぶんど》の一を以《もつ》て、三百六十五日四分日《にちぶんひ》の一と爲《な》す、今《いま》四分日《ぶんひ》の一を以《もつ》て、假《か》りに一日《にち》に準《じゆん》せば則《すなは》ち三百六十又《また》六日と爲《な》る、是《こ》れ一歲《さい》二十四氣《き》の全日《ぜんじつ》なり、然《しか》るに曆法《れきはふ》は一歲《さい》十二月《ぐわつ》にして、其《そ》の日數《につすう》は卽《すなは》ち三百六十日《にち》あるのみ、餘《あま》す所《ところ》の六日は則《すなは》ち之《これ》を氣盈《きえい》六日と稱《しよう》

して而《しか》して除去《ちよきよ》す、揲筮《てうぜい》の法《はふ》は則《すなは》ち此《こゝ》に取《と》る、故《ゆゑ》に繫辭傳《けいじでん》に曰《いは》く、乾《けん》の策《さく》二百十有《いう》六、坤《こん》の策《さく》百四十有《いう》四、凡《およ》そ三百有《いう》六十、期《き》の日《ひ》に當《あた》る、又曰《またいは》く奇《き》を扐《ろく》に歸《き》して以《もつ》て閏《じゆん》に象《かた》どり、五歲《さい》にして再閏《さいじゆん》故《ゆゑ》に再扐《さいろく》して而《しか》して後《のち》に掛《か》くと、是《これ》に由《よつ》て之《これ》を觀《み》れば蓍策《しさく》の數《すう》も亦曆《またれき》が氣盈《きえい》六日《か》を除去《ちよきよ》するの法《はふ》に從《したが》ふべくして、而《しか》して天地《てんち》の積數《せきすう》五十有《いう》五の中《うち》、六數《すう》を除去《ちよきよ》して以《もつ》て四十有《いう》九を得《う》るなり、而《しか》るに四十有《いう》九と言《い》はずして大衍《だいえん》の數《すう》五十と曰《い》ふものは何《なん》ぞや、蓋《けだ》し謂《い》ふ所《ところ》の三百六十六日《にち》なる者《もの》は、二十四氣《き》全成《ぜんせい》の數《すう》を擧《あ》ぐるなり、其《そ》の實《じつ》は則《すなは》ち三百六十五日《にち》のみ、餘《あま》す所《ところ》の一日《にち》は是《こ》れ氣盈《きえい》の餘日《よじつ》なり零碎《れいさい》の餘數《よすう》なり、未《いま》だ一日《にち》を成《なさ》ざる者《もの》なり、全成《ぜんせい》の日《ひ》と同視《どうし》すべからず、是故《これゆゑ》に姑《しば》らく五數《よう》を以《もつ》て之《これ》を除去《ちよきよ》して而《しか》して大衍《だいえん》の數《すう》は五十と曰《い》ふ、衍《えん》とは演《えん》なり廣《くわう》なり、大衍《だいえん》とは天地《てんち》の數《すう》を推衍《すゐえん》するなり、乃《すなは》ち天地《てんち》の數《すう》は五十有《いう》五にして、而《しか》して蓍策《しさく》は大衍《だいえん》の數《すう》に從《したが》ふて五十を用《もち》ゆるなり、但《たゞ》し氣《き》盈餘數《えいよすう》の一策《さく》にして、同《おな》じく用《もち》ゆべからざる者《もの》あり、之《これ》を除去《ちよきよ》して用《もち》ひず、故《ゆゑ》に曰《いは》く其《そ》の用《よう》は四十有《いう》九

と。先生《せんせい》が揲筮《てうぜい》の法《はふ》は則《のり》を曆法《れきはふ》に取《と》ると言《い》はれたのは、一見間然《けんかんぜん》すべき所《ところ》はない樣《やう》であるが、而《しか》もそれは揲《てふ》四以下《いか》のことで、それ以上卽《いじやうすなは》ち二に分《わか》ち一を掛《か》くる等《とう》の如《ごと》きは、則《のり》を曆法《れきはふ》に取《とつ》て然《し》かするものであるとは言《い》へぬ。余《よ》故《ゆゑ》に言《い》ふ、筮法《ぜいはふ》の由《よつ》て基《もとつ》く所《ところ》は、大極《たいきよく》より兩儀《りやうぎ》を生《しやう》じ、兩儀《りやうぎ》より四象《しやう》八卦《くわ》を生《しやう》ずるの法《はふ》を象《かた》どつたものであると。而《しか》してその四時《じ》に象《かた》どり、閏《じゆん》に象《かた》どると言《い》ふのは、そは唯《たゞし》枝葉《えふ》の

末法《まつぽふ》であつて根本《こんぽん》の母法《ぼはふ》ではない、然《しか》るに徹頭徹尾《てつたうてつび》暦法《れきはふ》を以《もつ》て筮法《ぜいはふ》を説かむとせば、始《はじ》めより強解《きやうかい》に陥《おちゐ》るべきは明《あき》らかなる所《ところ》で、三百六十六日《にち》を以《もつ》て、五十五數《すう》に比擬《ひぎ》せねばならぬ不都合《ふつがふ》を生《しやう》ずるのである、蓋《けだ》しその端數丈《はしすうだけ》を見《み》れば、二者相似《しやあひに》て居《ゐ》る樣《やう》であるけれども、その全數《ぜんすう》に就《つい》て之《これ》を言《い》へば、其《そ》の間甚《あひだはなは》だしき懸隔《けんかく》があつて、到底相比類《たうていあひひるゐ》すべきものではない、而《しか》して彼《か》の四時《じ》に象《かた》どり、閏《じゆん》に象《かた》どり抔《など》と言《い》ふのは、這《こ》は唯大體《たゞだい〱》の所《ところ》を言《い》ふた迄《まで》で、密數《みつすう》を擧《あげ》て之《これ》を言《い》ふたものではない。且《か》つ已《すで》に暦法《れきはふ》に從《したが》ひ氣盈《きえい》六日《か》を除《のぞ》くとせば、それは直《たゞ》ちに天地《てんち》五十五數《すう》の中《うち》より六數丈《すうだけ》を除去《ぢよきよ》するのが至當《したう》であつて、始《はじ》めに五數《すう》を除《のぞ》き、後《のち》に至《いた》つて亦《また》一數《すう》を除《のぞ》くが如《ごと》き無用《むよう》の手數《てすう》を重《かさ》ぬるにも及《およ》ぶまい。然《しか》るに始《はじ》めは唯《たゞ》五數丈《すうだけ》を除《のぞ》き、三百六十六日《にち》と言《い》ふは、一歳《さい》二十四氣《き》の全數《ぜんすう》であるが、その實《じつ》は三百六十五日《にち》で、餘《あま》す所《ところ》の一數《すう》は零碎《れいさい》の餘數《よすう》で未《いま》だ一日《にち》を成《な》さぬものであるから、筮法《ぜいはふ》に於《おい》ても先《ま》づ五策《さく》を除《のぞ》いて五十となし、然《しか》る後亦《のちまた》一策《さく》を除《のぞ》いて單《たん》に四十九策《さく》を用《もち》ゆと。その說明《せつめい》は甚《はなは》だ巧妙《こうめう》の樣《やう》ではあるけれど、全《ぜん》體暦法《たいれきはふ》に於《おい》て氣盈《きえい》六日《か》を除《のぞ》くは、始《はじ》め先《ま》づ五數《すう》を除《のぞ》き次《つぎ》に亦未成《またみせい》の一日《にち》を除《のぞ》くのが法則《はふそく》であるとせば筮法《ぜいはふ》に於《おい》ても亦此《またかく》の如《ごと》く之《これ》を二回《くわい》に分《わか》ち除《のぞ》かねばなるまいが、此《かく》の如《ごと》き法則《はふそく》は暦法《れきはふ》に於《おい》てもない樣《やう》である、暦法《れきはふ》のない所《ところ》を以《もつ》て、惟《ひと》り筮法《ぜいはふ》に於《おい》て然《し》かせねばならぬと言《い》ふは鑿論《さくろん》であると言《い》はねばならぬ又曰《またいは》く衍者《えんとは》、演也《えんなり》、廣也《くわうなり》、大衍者《だいえんとは》。推《すゐ》ニ衍天地《えんてんち》之《の》數《すう》一也《たり》と。今假《いまか》りに天地《てんち》の數《すう》を推衍《すゐえん》したものが大衍《だいえん》であるとせば、之《これ》を大衍《だいえん》の數《すう》は五十と言《い》はずして、必《かな》らず之《これ》を大衍《だいえん》の數《すう》は五十有《いう》五と言《い》ふべき筈《はず》である然《しか》るに之《これ》を大衍《だいえん》の數《すう》は五十と言《い》いて、一は則《すなは》ち之《これ》を天地《てんち》の數《すう》は五十有《いう》五と言《い》へば、二者《しや》の間《あいだ》自《おのづ》から別《べつ》あることを表示《へうじ》して居《ゐ》る、尙《なほ》五十五策《さく》の中《うち》より五策《さく》を除《のぞ》くのは、そは推衍《すゐえん》にあらずして削減《さくげん》である、削減《さくげん》して之《これ》を演《えん》なり廣《くわう》なりと言《い》ふは、鄭玄《ていげん》が說《せつ》と同《おな》じく亦以《またもつ》てその義《ぎ》に當《あた》らぬではないか、加之《しかのみならず》。先《せん》生《せい》の說《せつ》の如《ごと》くせば、大衍《だいえん》の數《すう》は五十と言《い》ふ明文《めいぶん》があるに拘《かゝ》はらず、揲蓍《てうし》の際《さい》に至《いた》つては必《かな》らず先《ま》づ五十五策《さく》を取《とつ》て、その中《うち》より五策丈《さくだけ》を減《げん》せねばならぬが、這《こ》は未《いま》ば傳文《でんぶん》の言《いは》ぬ所《ところ》であるから、新《あら》たに法《はふ》を立《た》つるものである、此《こ》れ余《よ》が無學《むがく》を顧《かへり》みず。敢《あへ》て管見《くわんけん》を述《の》べて大方《おほがた》に質《たゞ》す所以《ゆえん》である。

第七章　大衍の用數

大衍《だいえん》五十の原由《げんゆう》する所《ところ》は上述《ぜうじゆつ》の如《ごと》くであるが、玆《こゝ》にその用《よう》四十有《いう》九と言《い》ふのは如何《いか》なる理由《りいう》であるか這《こ》は卽《すなは》ち其用《そのよう》四十有《いう》五と書《か》くべき所《ところ》を、謄寫《こうしや》の際《さい》五を誤《あや》まつて九に作《つく》つたものであらう。然《しか》らば如何《いか》にしてその謄寫《こうしや》の誤《あや》まりであることを知《し》つたかと言《い》へば、玆《こゝ》に其用《そりよう》と言《い》ふは卽《すなは》ち之《これ》を活用行使《くわつようこうし》するの義《ぎ》で、大衍《だいえん》五十蓍《し》の中《うち》に就《つ》き實際分掛揲歸《じつさいぶんくわいてふきこう》等に用《もち》ゆる所《ところ》の蓍策《しさく》を指《ゆびさ》して言《い》ふたものである、卽《すなは》ち大衍《だいえん》の全數《ぜんすう》は五十であるが、實際用《じつさいもち》ゆる所《ところ》の策數《さくすう》は四十有《いう》五なることを示《しめ》したものである。已《すで》に此《かく》の如《ごと》く實際《じつさい》の用數《ようすう》が四十有《いう》五なることを認《みと》むる上《うへ》は、必《かな》らず此《こ》の用數《ようすう》に對《たい》して體數《たいすう》となるべきものがなければならぬ、故《ゆゑ》に眞勢《きせ》中州《ちうしう》が說《せつ》に由《よ》るも、傳文《てんぶん》にはその體數《たいすう》のことは說《と》いて居《を》らぬけれども、今其用云《いまそりよううん》云《く》の語《ご》がある所《ところ》から推考《すゐかう》すれば、大衍《だいえん》五十の全策《ぜんさく》を以《もつ》てその體數《たいすう》となすべきことは明《あき》らかである、それは恰《あだ》かも論語《ろんご》に禮之用《れいのよう》和《くわ》爲《なす》レ貴《たつとし》と言《い》へども、而《しか》もその體《たい》の嚴《げん》なることを言《い》ふて居《を》らぬのと同様《どうやう》で、互《ご》文省略《もんせいりやく》の法《はふ》であると言《い》ふて居《ゐ》るが。果《はた》して此説《このせつ》を以《もつ》てその當《たう》を得《え》たものとせば、その用數《ようすう》を以《もつ》て四十五策《さく》となし、亦《また》その體數《たいすう》を以《もつ》て五策《さく》となすべきことも推《お》して知《し》らるゝのである。前述《ぜんじゆつ》の如《ごと》く大衍《だいえん》の五十なるものは、元《も》と是《こ》れ天《てん》一より天《でん》九に至《いた》る中位《ちうゐ》の五を演《の》べて五十となしたものである、此《こ》の如《ごと》く五十の全數《ぜんすう》が五の衍母《えんぼ》に由《よつ》て演《の》べ得《え》たものである上《うへ》はその由《よつ》て演《の》ぶる所《ところ》の五を以《もつ》て體數《たいすう》となし、その演《の》べ得《え》た所《ところ》の四十五策《さく》を以《もつ》て用數《ようすう》となすべきことも亦固《またもと》より論《ろん》を竢《ま》たぬ所《ところ》である、余《よ》故《ゆゑ》に言《い》ふ、大衍《だいえん》の用數《ようすう》は四十五であつて、四十九ではないと、然《しか》るに通本《つうほん》に之《これ》を其用《そのよう》四十有《いう》九に作《つく》つて居《ゐ》るのは謄寫《とうしや》の誤《あやま》りである、是《これ》に由《よつ》て之《これ》を觀《み》れば、大衍《だいえん》五十なるものは元《も》と大極《たいきよく》であつて亦蓍數《またしすう》である、即《すなは》ち大極《たいきよく》とは天地《てんち》人《じん》の三極《きよく》を合《あは》せた所《ところ》の總稱《そうしよう》で象數《しようすう》を兼《か》ね含《ふく》む所《ところ》の名目《めいめく》である、朱晦菴《しゆくわいあん》が象數《しようすう》未《み》レ形《けい》、而《しかして》其理《そのり》已《き》具《ぐ》之《の》稱《しよう》と言《い》ふものに外《ほか》ならぬ、故《ゆゑ》に大衍《だいえん》とは五を推衍《すゐえん》して五十となすの義《ぎ》で、數《すう》の方面《はうめん》から名《なづ》けたものである。されば大衍《だいえん》の數《すう》五十と言《ひ》ふは、蓍策《しさく》の別名《べつめい》であるから、之《これ》を蓍《し》の數《すう》五十と言《い》ふてもよい、然《しか》るに之《これ》を大衍《だいえん》の數《すう》五十と言《い》ふて、蓍《し》の數《すう》五十と云《い》ふて居《を》らぬのは、一は以《もつ》て天地《てんち》五十有《いう》五の數《すう》とは自《おのづ》から區別《くべつ》のあることを明《あき》らかにし、亦《また》一は以《もつ》て蓍數《しすう》の由《よつ》て生《しやう》ずる所《ところ》を示《しめ》さむが爲《た》めに外《ほか》ならぬ。是《これ》故《ゆゑ》に大衍《だいえん》五十蓍《し》なるものは、大極《たいきよく》に象《かた》どつて卦《くわ》を求《もと》むる爲《た》めの易具《えきぐ》であるが、その用數《ようすう》は四十五策《さく》である、體數《たいすう》五策《さく》は之《これ》を措《おい》て用《もち》ひぬものであるが、五策《さく》なるものは固《もと》より大極《たいきよく》で、四十五策《さく》も亦同《またおな》じく大極《たいきよく》である、二者共《しやとも》に大極《たいきよく》を象《かた》どる所《ところ》は同《ごう》一であるけれども、而《しか》もその間體用《かんたいよう》の區別《くべつ》が存《そん》するのである。亦《また》それ許《ばか》りではない、毎變合《まいへんあは》せて一となすのは皆大極《みなたいきよく》に象《かた》どるものである、何故《なにゆゑ》であるかと言《い》へば、分《わか》つて二となすものを以《もつ》て兩儀《りやうぎ》に象《かた》どるとせば、その合《あは》せて一となすものを以《もつ》て大極《たいきよく》に象《かた》どつたものであると見《み》るのは、蓋《けだ》し必然《ひつぜん》の道理《だうり》であらう、然《しか》るに先儒中置《せんにゆちうお》いて用《もち》ひぬものゝ大極《たいきよく》たることを知《し》りながら、毎變合《まいへんあは》せて一となすものゝ大極《たいきよく》たることを知《し》らぬ者《もの》があるのは、實《じつ》は思《おも》はざるの至《いた》りである。

海保漁村曰《かいほぎよそんいは》く、五十又《また》一を減《げん》ずるは何《なん》ぞや、京君明曰《きやうくんめいいは》く其《そ》の一用《もち》ひざる者《もの》は、天《てん》の生氣《せいき》、馬融《ばゆう》は以《もつ》て北辰《ほくしん》と爲《な》し、鄭君《ていくん》の所謂天皇大帝《いはゆるてんわうたいてい》耀魄寶《きはくほう》なるもの是《こ》れなり之《これ》を謂《い》ふて辰《しん》と爲《な》せば、卽《すなは》ち天《てん》に在《あつ》て象《しやう》を成《な》し、之《これ》を謂《い》ふて帝《てい》と爲《な》せば、常《つね》に八卦《くわ》九宮《きう》に行《おこな》はる、是《これ》を以《もつ》て更《さら》に減《げん》ずるなり、蓋《けだ》し大衍《だいえん》の數《すう》五十なる者《もの》は、天地《てんち》の數《すう》は乃《すなは》ち五十あるを謂《い》ふなり、以《もつ》て蓍數《しすう》となすにあらざるなり、曰《いは》く其用《そのよう》四十有《いう》九と用《もち》ゆる所《ところ》の策《さく》は唯《たゞ》四十九あり、後儒謂《こうじゆい》ふ、策《さく》五十莖《けい》、筮《ぜい》するの始《はじ》めに當《あた》り、其《そ》の一を去《さ》るは非《ひ》なり、又曰《またいは》く馬融始《ばゆうはじ》め、一用《もち》ひざる者《もの》を以《もつ》て大極《たいきよく》と爲《な》すの說《せつ》あり、後儒多《こうじゆおほ》く之《これ》に從《したが》ふ、然《しか》るに荀悅漢紀《じゆんえつかんき》を考《かんが》ふれば稱《しよう》す、馬融易解《ばゆうえきかい》を著《あらは》す、頗《すこ》ぶる異說《いせつ》を生《しやう》ず、馬氏易《ばしえき》に於《おい》て自《みづ》から新義《しんぎ》を創《はじ》むるも未《いま》だ遽《には》かに信《しん》ずべからざる者《もの》あり。

漁村《ぎよそん》が始《はじ》めからその一を減《げん》じて唯《たゞ》四十九策《さく》を用《もち》ゆるのはよいが、之《これ》を減《げん》すと言《い》ふのは少《すこ》しく穩《おだ》やかならぬ所《ところ》があるから、之《これ》を改《あらた》めてその一を置《お》くに作《つく》らねばならぬ、而《しか》してその策《さく》五十莖《けい》、筮《ぜい》の始《はじ》めに當《あた》りてその一を去《さ》るは非《ひ》なりと言《い》ふて居《ゐ》るのは、洵《まこと》に至當《したう》な話《せつ》であると言《いは》ねばならぬ。何故《なにゆゑ》なれば、先《ま》づ體《たい》があつて後《のち》に用《よう》があるのが至當《したう》の順序《じゆんじよ》で、未《いま》だ體《たい》がないのに、惟《ひと》り用《よう》のみあるべき道理《だうり》がない、故《ゆゑ》に、その一であり二であり、將亦《はたまた》五であるとを問《と》はず、用《もち》ひぬのが本體《ほんたい》で、本體《ほんたい》は靜《しづ》かにして動《うご》くものでなく、動《うご》くのはその用《よう》であつて本體《ほんたい》ではない、果《はた》して然《しか》りとすれば、活動《くわつどう》すべき用數《ようすう》なるものは之《これ》を不動《ふどう》の本體中《ほんたいちう》より取《と》り來《きた》るべき筈《はず》で、反對《はんたい》に之《これ》を除《のぞ》き去《さ》つて本體《ほんたい》となすべき道理《だうり》がない、故《ゆゑ》に筮《ぜい》の始《はじ》めに當《あた》り、その一策《さく》を除《のぞ》いて體《たい》となし、之《これ》を以《もつ》て大極《たいきよく》に象《かた》どると言《い》ふは、體用動靜《たいようどうせい》の地《ち》を顚倒《てんたう》したもので、漁村《ぎよそん》が說《せつ》を以《もつ》て眞實《しんじつ》とせねばならぬ、乍去《さりながら》。彼《かれ》が大衍《だいえん》五十は天地《てんち》の數《すう》で蓍《し》の數《すう》ではない、蓍《し》は始《はじ》めより唯《たゞ》四十九策《さく》を用《もち》ひて之《これ》が全數《ぜんすう》となすと言《い》ふは、誤解《ごかい》の最《もつと》も甚《はなは》だしきものである、何《なに》となれば、若《も》し果《はた》して漁村《ぎよそん》が說《せつ》の如《ごと》くば、一方《はう》には天地《てんち》の數《すう》を五十有《いう》五と言《い》ひ、茲《こゝ》には亦之《またこれ》を五十と言《い》ふべき道理《だうり》がないことは已《すで》に論《ろん》じた如《ごと》くである。

眞勢《ませ》中州《ちうしう》曰《いは》く、其用《そのよう》四十有《いう》九と、九は八の誤《あや》まりなり、蓋《けだ》し上古《じやうこ》の書契《しよけい》あるは、伏犧《ふつぎ》畫卦《ぐわくわ》を以《もつ》て始《はじ》めと爲《な》す、而《しか》して古文《こぶん》は黃帝《くわうてい》の史《し》蒼頡《さうきつ》之を作《つく》り、大篆《だいてん》は周《しう》の史《し》籒之《りうこれ》を作《つく》り、亦小篆《またせうてん》は秦《しん》の李斯《りし》が作《つく》る所《ところ》にして、而《しか》して隷書《れいしよ》は程邈《ていはく》の作《つく》る所《ところ》なり、然《しか》して小篆《せうてん》の八九は隷書《れいしよ》の八九にして、而《しか》して字形《じけい》相似《あひに》たり、故《ゆゑ》に篆《てん》を變《へん》じて而《しか》して隷《れい》となすの際《さい》誤《あやま》つて八の上畫《じやうくわく》を塡《てん》して、而《しか》して九に作《つく》りたる者《もの》なり、然《しか》るに先儒之《せんじゆこれ》を曉《さ》らず、八を以《もつ》て九と爲《な》し、而《しか》して其《そ》の說《せつ》を成《な》すに至《いた》れるのみ、故《ゆゑ》に當《ま》さに九を改《あらた》めて八に作《つく》るべきなり。

と。成程《なるほど》八を誤《あや》まつて九に作《つく》るが如《ごと》きは、往々見當《わうくみあた》る所《ところ》の事實《じじつ》であるから、一應《おほ》尤《もつとも》の樣《やう》にも思《おも》はるゝけれども、その二策《さく》を置《お》いて用《もち》ひず、以《もつ》て天地《てんち》の體《たい》に象《かた》ざると言《い》ふは、甚《はなは》だ解《かい》し難《がた》き說《せつ》である。果《はた》して此說《このせつ》の如《ごと》くば、何故《なにゆゑ》に三策《さく》を置《おい》て天地人《てんちじん》の三才《さい》に象《かた》ざらぬのであるか、それに彼《かれ》が說《せつ》に從《したが》へば、參天兩地《さんてんりやうち》の五を演《の》べて五十となしたものであると言《い》ふではないか、然《しか》らば五を以《もつ》て體數《たいすう》となし、四十五を以《もつ》て用數《ようすう》となすべき筈《はず》で、二策《さく》を置《おい》て天地《てんち》の體《たい》に象《かた》ざるべき理由《りゆう》はないであらう。是《これ》に由《よつ》て之《これ》を觀《み》れば、彼《かれ》が二策《さく》を置《おい》て天地《てんち》の體數《たいすう》となすは、附會《ふくわい》の妄說《ばうせつ》で、隨《したが》つて八を誤《あや》まつて九に作《つく》つたのでないことが分《わか》る、故《ゆゑ》に彼《かれ》が四十八策筮法《さくぜいはふ》に於《おい》て分卦揲歸《ぶんくわてふき》の後《のち》に至《いた》り、四八の策數《さくすう》を得《う》るが如《ごと》きも、這《こ》は唯期《たゞき》せざるの偶合《ぐうがふ》で無意味《むいみ》であると言《いは》ねばならぬ、尙後段《なほこうだん》の說明《せつめい》を見《み》れば自《おのづ》から分《わか》るのである。

●落合天民氏《おちあひてんみんし》に答《こた》ふ　（明治四十二年五月五日陰陽新聞掲載）

筮法管見《ぜいはふくわんけん》に對《たい》する落合氏《おちあひし》の賛辭《さんじ》は過分《くわぶん》で余《よ》が當《あた》る所《ところ》でないから、そはその儘之《まゝこれ》を返却《へんきやく》することにしてその眞面目《まじめ》なる質問《しつもん》の點丈《てんだけ》は歡《よろこ》むで之《これ》を迎《むか》へ、且《か》つ同氏《どうし》が熱心研究《ねつしんけんきう》の勞《らう》を取られたのは厚《あつ》く之《これ》を謝《しや》するのである。そこでその質問《しつもん》の要旨《えうし》を摘《つま》めば、五十の衍母《えんぼ》が五であらば、五の衍母《えんぼ》も亦必《またかな》らず一でなければならぬ、何故《なにゆゑ》なれば、五は集合數《しふがふすう》であるが易《えき》の原數《げんすう》は一であると言《い》ふ所《ところ》にある樣《やう》だ、併《しか》し這《こ》は一應尤《おうもつと》もなる質問《しつもん》の樣《やう》であるけれども、その實《じつ》はそれ程《ほど》の價値《かち》ある質問《しつもん》でもない樣《やう》に思《おも》ふ。と言《い》ふのは同氏《どうし》も已《すで》に言《い》はるゝ如《ごと》く、絕對《ぜつたい》に歸《き》一した時《とき》には一もなければ二もない。反之《これにはんし》。一と言《い》ひ二と言《い》ふのは相對的《あひたいてき》のことで、一は二に對《たい》するの一で、二も亦《また》一若《もし》くは三に對《たい》するの二であつて、決《けつ》して絕對《ぜつたい》の一もなければ亦絕對《またぜつたい》の二もない。然《しか》るに余《よ》が言《い》ふ所《ところ》の衍母《えんぼ》の五なるものは、假《か》りに五數《すう》であるとは言《い》ふものゝ、而《しか》もそれが大極《たいきよく》であることは余《よ》が已《すで》に明言《めいげん》した所《ところ》である。已《すで》にそれが大極《たいきよく》である上《うへ》は絕《ぜつ》對歸《たいき》一の有樣《ありさま》であるから、五でもなければ亦《また》一でもなく、離言絕思《りげんぜつし》不可說《ふかせつ》不可見《ふかけん》の存在《そんざい》である。此《かく》の如《ごと》く我等《われら》が意量《いりやう》の範圍《はんゐ》を超脫《てうぜつ》したものであれば、實《じつ》は之《これ》を大極《たいきよく》とは言《い》へぬ許《ばか》りか、有《う》とも無《む》とも言《い》へぬ筈《はず》ではあるけれども、それをその儘《まゝ》にして置《おい》たのでは、終《つひ》に以《もつ》てその何者《なにもの》であるかをも想像《さうぞう》し得《え》られぬことゝなる所《ところ》から、實際《じつさい》は我等《われら》が言語見聞《げんごけんぶん》の外《ほか》にある絕對界《ぜつたいかい》のものを、假《か》りに相對界《さうたいかい》に引《ひ》き下《おろ》し來《きた》つて、我等《われら》が言語見聞《げんごけんぶん》の範圍內《はんゐない》に於《おい》て之《これ》を名《なづ》けて大極《たいきよく》と言《い》ふたものである。故《ゆゑ》に大極《たいきよく》なる名稱《めいしよう》は本《ほん》體界《たいかい》の實相《じつさう》ではなくて、現象界《げんしやうかい》の假名《かめい》たるに過《す》ぎぬものである、而《しか》して大衍《だいえん》なるものは元《も》と大極《たいきよく》の數《すう》的方面《てきはうめん》を擬《ぎ》したもので、筮法《ぜいはふ》の分掛揲歸《ぶんくわてうき》は、即《すなは》ち大極《たいきよく》より緣起的《えんぎてき》に六十四卦《くわ》を生《しやう》ずるの法《はふ》に倣《なら》ふたものに外《ほか》ならぬ、隨《したが》つて衍母《えんぼ》の五策《さく》は大極《たいきよく》の本體《ほんたい》で、用數《ようすう》四十五策《さく》の分合《ぶんがふ》は、本體《ほんたい》の上《うへ》に生《しやう》ずる所《ところ》の現《げん》象《しやう》である。故《ゆゑ》に衍母《えんぼ》の五なるものは、之《これ》を數的方面《すうてきはうめん》から見《み》れば勿論《もちろん》五であるに相違《さうゐ》ないけれども、而《しか》も之《これ》を大極《たいきよく》に擬《ぎ》した所《ところ》から見《み》れば、絶對的《ぜつたいてき》の本體《ほんたい》であるから、象《しやう》でもなければ數《すう》でもなく卽《すなは》ち象數末《しやうすうまつ》分《ぶん》の存在《そんざい》である。して見《み》れば、衍母《えんぼ》の五は五數《すう》でありながら、その實《じつ》は五でもなく亦《また》一でもなく、同《ごう》氏《し》が謂《い》ふ所《ところ》の絶對歸《ぜつたいき》一の一であると言《い》はねばならぬ、果《はた》して然《しか》らば、同氏《ごうし》の說《せつ》と余《よ》が見解《けんかい》との間《あひだ》には敢《あえ》て杆格《かんかく》する所《ところ》はないであらう。而《しか》も此《こ》の理《り》は惟《ひと》り余《よ》が四十五策筮法《さくぜいはふ》に於《お》てのみ然《しか》る許《ばか》りでなく、舊《きう》法《はふ》で一策《さく》を除《のぞ》き眞勢《ませ》中州《ちうしう》が二策《さく》を置《お》て用《もち》ひぬのも、矢張《やは》り同然《ごうぜん》で異《こと》なる所《ところ》はない。然《しか》るに同氏《ごうし》は唯余《たゞよ》が衍母《えんぼ》を五策《さく》としたその數《すう》の點《てん》のみに執着《しふちやく》して、他《た》の一面卽《めんすなは》ち本體《ほんたい》の點《てん》から之《これ》を見《み》ることを忘却《ばうきやく》されたので、それで如上《によじやう》の質問《しつもん》を提出《ていしゆつ》されたのではあるまいか、若《も》しそうであるとすれば、それは恐《おそ》らく同氏《ごうし》の誤解《ごかい》であらうと思《おも》ふから、余《よ》は更《さら》に同氏《ごうし》の再考《さいかう》を請《こは》ねばならぬ。

尙亦《なほまた》二君《くん》一民抔《みんなど》と言《い》ふてその一を貴《たつと》ぶのは、易《えき》の根原《こんげん》たる大極《たいきよく》の理《り》に象《かた》どるもので、謂《い》ふ所《ところ》の絶對歸《ぜつたいき》一の義《ぎ》に外《ほか》ならぬ。果《はた》してそうであるならば、一君《くん》一主等《しゆとう》の一は、相對的《さうたいてき》の意味《いみ》で言《い》ふ所《ところ》の一二の一ではない、乃《すなは》ち象數《しやうすう》以上《じやう》に於《お》ける唯《ゆゐ》一無《む》二なる所《ところ》の一を意味《いみ》するものである。然《しか》らば余《よ》が謂《い》ふ所《ところ》の衍《えん》母《ぼ》の五も、五の數《すう》でありながら實際《じつさい》は元始的統體的《げんしてきとうたいてき》のものであるから、同氏《ごうし》が言《い》ふ所《ところ》の一君《くん》一主等《しゆとう》の一と同實《ごうじつ》である。而《しか》して易《えき》の原數《げんすう》は何《なん》であるかと言《い》へば、一あれば必《かな》らず二ある所《ところ》の奇偶《きぐう》の二數《すう》であるが、此《こ》の奇偶《きぐう》の二數《すう》は相對的《さうたいてき》のものであるから、必《かな》らず一あつて二なきの一もなく、亦《また》二あつて一なきの二もない俱生同在《ぐせいどうざい》の數《すう》である。然《しか》るに同氏《ごうし》が易《えき》の原數《げんすう》が一であるから、衍母《えんぼ》の數《すう》も亦必《またかな》らず一でなければならぬと言《いは》れたのは、或《あるひ》は同氏《ごうし》の誤解《ごかい》ではなからうか、余《よ》が信《しん》ずる所《ところ》では、或《あるひ》は易《えき》の根原《こんげん》は假《か》りに一であるとは言《い》ひ得《う》べきも、而《しか》も易《えき》の原數《げんすう》は一であるとは言《い》へまいと思《おも》ふ。何《なん》となれば、大《だい》極《きよく》は數以上《すういじやう》のものであるから、數《すう》を以《もつ》て稱《とな》へ得《う》べきは兩儀以下《りやうぎいか》のことであると言《い》はねばならぬ。故《ゆゑ》に易《えき》の根原《こんげん》が一であるから、衍母《えんぼ》も亦《また》一でなければならぬと言《い》ふは、或《あるひ》はよいかも知《し》れぬが、同氏《ごうし》の言《げん》の如《ごと》くば大《だい》なる不都合《ふつがふ》があらうと思《おも》ふ。而《しか》も同氏《ごうし》の易《えき》の根原《こんげん》と言《い》ふべき所《ところ》を誤《あや》まつて原數《げんすう》と云《い》はれたのではなく、正《ま》さに確《たし》かに倶生同在《ぐせいどうざい》の一二の一を以《もつ》て衍母《えんぼ》の一に當《あ》て篏《は》めて居《を》らるゝのであるが、果《はた》して失當《しつたう》でないと言《い》へ樣《やう》か、此點《このてん》に就《つい》ては余《よ》が却《かへ》つて同氏《ごうし》に質《たゞ》し度《たい》と思《おも》ふ所《ところ》である。

●易《えき》の原《げん》數《すう》（陰陽新聞第五十七號掲載）

易《えき》は象《かたち》を主《しゆ》として設《まう》けたものであるが、象《かたち》のある所《ところ》は數《すう》のある所《ところ》、亦數《またすう》のある所《ところ》に象《かたち》のある所《ところ》で、象《かたち》と數《よう》とは一にして二、二にして一畢竟同《ひつきやうどう》一物《ぶつ》の他方面《たはうめん》に外《ほか》ならぬ。而《しか》して易《えき》の發生的原象《はつせいてきげんしやう》が陰陽《いんやう》の二儀《ぎ》であることは皆人《みなひと》の知《し》る所《ところ》で、茲《こゝ》に之《これ》を再言《さいげん》するの要《えう》はない。されども易《えき》の原數卽《げんすうすなは》ち易《えき》が始《はじ》めて數《すう》として我等《われら》の知《ち》覺認識《かくにんしき》に入《い》り來《きた》るのは一であるか二であるか、將亦《はたまた》三であるか、此《こ》の原數《げんすう》のことに就《つい》て之《これ》を論《ろん》じたものはない樣《やう》であるが、此《こ》の原始的《げんしてき》の數《すう》は眞實幾何《しんじついくはく》であるか、之《これ》を一考《かう》して見《み》るのも亦《また》全《まつ》たく無用《むよう》のことではなからうかと思《おも》ふ。

そこで先《ま》づ繫辭傳《けいじでん》を案《あん》ずるに、その第《だい》十一章《しやう》に易有㆓大極㆒、是生㆓兩儀㆒、兩儀生㆓四象㆒、四象生㆓八卦、と言《い》ふてあるが、此《こ》の一段《だん》の文字《もじ》は、易象發生《えきしやうはつせい》の順序《じゆんじよ》を時間的《じかんてき》に形容《けいよう》したもので、謂《い》ふ所《ところ》の大極《たいきよく》なるものは象數未分《しやうすうみぶん》の存在《そんざい》で、我等《われら》が知界《ちかい》を超絶《ちようぜつ》したものであるから、象《かたち》でもなく亦數《またすう》でもなく象數《しやうすう》以上《いじやう》のものである。されば象數《しやうすう》を以《もつ》て目《もく》すべきものは兩儀以下《りやうぎいか》で、兩儀《りやうぎ》は一奇《き》一偶《ぐう》の象《かたち》であるから、數《すう》に於ては三である、して見《み》れば、易《えき》の成立的原數《せいりつてきげんすう》は三であると言《い》ふてよい。然《しか》るに同第《どうだい》九章《しやう》に天《てん》一地《ち》二、天《てん》三地《ち》四云々《うんぬん》とあるを見《み》れば、その成立的原數《せいりつてきげんすう》は一であるとも言《い》へる様《やう》であるが、二者果《しやはた》して何《いづ》れが眞實《しんじつ》であるか、一考《かう》した所《ところ》では、之《これ》が判斷《はんだん》に迷《まよ》はざるを得《え》ぬ。熟々《つら〳〵》考《かんが》へて見《み》るに、我等《われら》が一切《さい》の知覺認識《ちかくにんしき》と言《い》ふものは、空間的《くうかんてき》即《すなは》ち横《よこ》に之《これ》を考《かんが》ゆると、時間的《じかんてき》即《すなは》ち縱《たて》に之《これ》を考《かんが》ゆると、此《こ》の二様《やう》の考《かんが》へ方《かた》の外《ほか》に出《で》でぬものであるが。繋辭傳《けいじでん》に謂《い》ふ所《ところ》の如《ごと》きは何《いづ》れも共《とも》に時間的《じかんてき》即《すなは》ち縱《たて》の考《かんが》へ方《かた》に由《よつ》たものである。然《しか》るに此《こ》の時間的《じかんてき》即《すなは》ち縱《たて》の考《かんが》へ方《かた》と言《い》ふのは、前《まへ》には無始《むし》の始《はじ》めに遡《さかの》ぼり、後《のち》には無終《むしう》の終《をは》りに降《くだ》ることが可能《でき》るものである、けれどもその出發《しゆつぱつ》の起點《きてん》とする所《ところ》は實《じつ》に一刹那《せつな》の現在《げんざい》で、此《こ》の一刹那《せつな》の現在《げんざい》を起點《きてん》として前《まへ》にも後《うしろ》にも之《これ》を擴張《くわくちやう》したものが即《すなは》ち此《こ》の縱《たて》の考《かんが》へ方《かた》である。それとは反對《はんたい》に此《こ》の時間的縱《じかんてきたて》の考《かんが》へ方《かた》を前後双方《ぜんごさうはう》から切《き》り詰《つ》めて、一刹那《せつな》の現在《げんざい》に及《およ》むだ所《ところ》が、即《すなは》ち前《まへ》に謂《い》ふ所《ところ》の空間的横《くうかんてきよこ》の考《かんが》へ方《かた》に外《ほか》ならぬ。果《はた》してそれに違《ちが》いがないとすれば、空間的横《くうかんてきよこ》の考《かんが》へ方《かた》は即《すなは》ち時間《じかん》的縱《てきたて》の考《かんが》へ方《かた》の起點《きてん》であるが、時間的縱《じかんてきたて》の考《かんが》へ方《かた》は即《すなは》ち空間的横《くうかんてきよこ》の考《かんが》へ方《かた》を擴張《くわくちやう》したものに過《す》ぎぬのであるから、空間的横《くうかんてきよこ》の考《かんが》へ方《かた》は原始的《げんしてき》のものである。而《しか》して時間的縱《じかんてきたて》の考《かんが》へ方《かた》は開發的《かいはつてき》のものであるど言《い》はねばならぬ、何《なん》となれば、出發的起點《しゆつぱつてききてん》となる一刹那《せつな》の現在《げんざい》がないのに、惟《ひと》り前後《ぜんご》に擴張《くわくちやう》すべき時間《じかん》のみあり得《う》べき道理《だうり》がないからである。是《これ》に由《よつ》て之《これ》を觀《み》れば、易《えき》が數《すう》として始《はじ》めて我等《われら》の知覺《ちかく》認識《にんしき》に入《い》り來《きた》るものは、一でもなければ二でもなく、亦《また》三でもなく必《かな》らず五數《すう》でなければならぬ。

上述《じやうじゆつ》の如《ごと》く我等《われら》が時間的縦《じかんてきたて》の考《かんが》へ方《かた》なるものは、空間的横《くうかんてきよこ》の考《かんが》へ方《かた》を擴張《くわくちやう》したものである上《うへ》は、易《えき》が數《すう》として始《はじ》めて我等《いつら》の知覺認識《ちかくにんしき》に入《い》り來《きた》る時《とき》の形式《けいしき》が、空間的横《くうかんてきよこ》の考《かんが》へ方《かた》でなければならぬと言《い》ふことは、自《おのづ》から推知《すゐち》さるゝ所《ところ》である。而《しか》して此《こ》の空間的横《くうがんてきよこ》の考《かんが》へ方《かた》は什麼《どんな》ものであるかと言《い》へば、共《きよう》存幷立《そんへいりつ》の有樣《ありさま》である。尙語《なまご》を換《か》へて之《これ》を言《い》へば、平面的觀方《へいめんてきかんかた》卽《すなは》ち同時《どうじ》因果《いんぐわ》の關係《くわんけい》であるが。此《こ》の同時《どうじ》因果《いんぐわ》の關係《くわんけい》に由《よつ》て我等《われら》の知覺認識《ちかくにんしき》に入《い》り來《きた》る所《ところ》の數《すう》は五である、何故《なにゆゑ》なれば、茲《ここ》に一の數《すう》ありと假定《かてい》せよ、已《すで》に之《これ》を一と言《い》へば、二若《も》しくは三等《とう》に對《たい》する所《ところ》の一で、一獨《ひと》り自《みづ》からの一ではない、是故《このゆゑ》に已《すで》に一數《すう》を認《みと》むる以上《いじやう》は、それと同時《どうじ》に前後左右《ぜんごさいう》の四數《すう》を認《みと》めざるを得《え》ぬ。反之《これにはんし》。前後左右《ぜんごさいう》の四數《すう》を認《みと》むれば、亦《また》それと同時《どうじ》に中央《ちうわう》の一數《すう》を認《みと》めざるを得《え》ぬのは、蓋《けだ》し必然的必死《ひつぜんてきひつし》の約束《やくそく》である。此《かく》の如《ごと》く中央《ちうわう》の一を認《みと》むるのは前後左右《ぜんごさいう》の四を認《みと》むが爲《た》めで、亦前後左右《またぜんごさいう》の四を認《みと》むるのは中央《ちうわう》の一を認《みと》めむが爲《た》めであつて、何《いづ》れを先《さ》きにし何《いづ》れを後《あと》にすると言《い》ふこともなく、交互《こうご》に相關係《あひくわんけい》して一聯《れん》の數卽《すうすなは》ち五數《すう》となつて、一齊同時《せいどうじ》に我等《われら》が知覺認識《ちかくにんしき》に入《い》り來《きた》るものである。故《ゆゑ》に易《えき》の原數《げんすう》は一でもなく二でもなく、亦《また》三でもなく必《かな》ず五でなければならぬと言《い》ふのであるが、抑々《そもそく》一と言ふものは、一旦空間《たんくうかん》的横《てきよこ》の考《かんが》へ方《かた》に由《よつ》て五を認《みと》めた上《うへ》で、此《こ》の五を出發的起點《しゆつぱつてききてん》として後來時間的《こうらいじかんてき》に之《これ》を擴張《くわくちやう》し一方《ぱう》は十數《すう》に降《くだ》り、亦《また》一方《はう》は一に遡《さかのぼ》つた上《うへ》の一であるから、始《はじ》めて我等《われら》が知覺認識《ちかくにんしき》に入《い》り來《きた》つた所《ところ》の原始的《げんしてき》の數《すう》であるとは言《い》へぬのである。

以上《いじやう》は心理學《しんりがく》若《もし》くは認識學《にんしきがく》の上《うへ》から、原始的易數成立《げんしてきえきすうせいりつ》の形式《けいしき》を論《ろん》じて見《み》たのであるが、繫辭傳《けいじでん》に於《おい》ても確《たし》かにそうと明言《めいげん》はして居《を》らぬけれども、その謂《い》ふ所《ところ》を能々《よくよく》玩味《ぐわんみ》して見《み》れば、余《よ》が前《まへ》に言《い》ふ所《ところ》と略《ほ》々《ど》一致《ち》して居《ゐ》る樣《やう》である。と言《い》ふのは外《ほか》ではない、繫辭傳第九章《けいじでんだいしやう》に謂《い》ふ所《ところ》が即《すなは》ちそうであるから、左《さ》に少《すこ》しく之《これ》を説明《せつめい》して見《み》ようと思《おも》ふが、その文《ぶん》に曰《いは》く、天《てん》一地《ち》二、天《てん》三地《ち》四、天《てん》五地《ち》六、天《てん》七地《ち》八、天《てん》九地《ち》十、天數《てんすう》五、地數《ちすう》五、五位《ゐ》相得《さうとく》、而各有レ合、天數《てんすう》二十有《いう》五、地數《ちすう》三十、凡天地之《およそてんちの》數《すう》五十有《いう》五、又曰《またいはく》く大衍之《だいえんの》數《すう》五十、其用云々《そのようううんぬん》と、此《こ》の如《ごと》く本章《ほんしやう》に謂《い》ふ所《ところ》は、天地《てんち》の數《すう》五十有《いう》五と、大衍《だいえん》の數《すう》五十と二つの異《こと》なつた數《すう》があるが、此《こ》の二つの異《こと》なつた數《すう》は、如何《いか》にして出來《でき》て居《ゐ》るかと言《い》ふに、天地《てんち》五十有《いう》五の數《すう》が、天《てん》一から地《ち》十に至《いた》る迄《まで》の全數《ぜんすう》を加算《かさん》した結果《けつくわ》であると言《い》ふことは、何人《なんぴと》も異論《ゐろん》のない所《ところ》である、けれども大衍《たいえん》五十の數《すう》に就《つい》ては、古往今來異論《こわうこんらいゐろん》の絶《た》へぬ所《ところ》で、未解決《みかいけつ》の儘《まゝ》我等《われら》に遺《のこ》されて居《ゐ》る一つの疑問《ぎもん》である。

そこで今此《いまここ》に關《くわん》する一二の異説《ゐせつ》を擧《あげ》て見《み》れば或者《あるもの》は茲《ここ》に言《い》ふ天地《てんち》の數《すう》と大衍《だいえん》の數《すう》とを同《どう》一に見《み》て、天《てん》地《ち》の數《すう》五十有《いう》五から、五數丈《すうだけ》を除《のぞ》いたものが大衍《だいえん》の五十である、故《ゆゑ》に天地《てんち》の數《すう》と大衍《たいえん》の數《すう》とは同《どう》一であると言《い》ふて居《ゐ》る。されどもそれは間違《まちがつ》て居《ゐ》る。何故《なにゆゑ》なれば、大衍《だいえん》の衍《えん》は推《お》し演《の》ぶるの義《ぎ》である、已《すで》に推《お》し演《の》ぶるの義《ぎ》であらば、少數《せうすう》のものを推《お》し演《の》べて多數《たすう》のものとしたものでなければならぬ。然《しか》るに天地《てんち》の數《すう》五十有《いう》五の中《なか》から五數丈《すうだけ》を除《のぞ》き去《さつ》たものとせば、それは之《これ》を推演《すゐえん》したのではなく削減《さくげん》したものである、削減《さくげん》したものでありながら、之《これ》を大衍《だいえん》と言《い》ふは理《り》に於《おい》てその當《たう》を得《え》ざる許《ばか》りでなく、一は之《これ》を呼《よ》むで天地《てんち》の數《すう》と言《い》ひ、亦《また》一は之《これ》を呼《よ》むで大衍《だいえん》の數《すう》と言《い》ふて、殊更《ことさら》にその名目《めいもく》を異《こと》にして居《ゐ》る所《ところ》には、必《かなら》ずそれ丈《だけ》の區別《くべつ》がなければならぬ、さもなくば彼此《かれこれ》その名目《めうもく》を異《こと》にする道理《だうり》がないであらう。亦《また》他《た》の一說《せつ》に由《よ》れば、天《てん》一地《ち》十は今《いま》の所謂《いはゆる》河圖《かと》の數《すう》で、大衍《だいえん》五十は河圖洛書《かとらくしよ》の中數《ちうすう》五を演《の》べて五十となしたものである、故《ゆゑ》に之《これ》を呼《よ》むで大衍《だいえん》と言《い》ふと、此說《このせつ》は古來易學者《こらいえきがくしや》の間《あひだ》に最《もつと》も弘《ひろ》く行《おこな》はれて居《ゐ》る所《ところ》の說《せつ》で、一考《かう》した所《ところ》では間然《かんぜん》すべき所《ところ》はない樣《やう》であるけれども、尙《なほ》飜《ひろがへ》つて之《これ》を熟考《じゆくかう》して見《み》れば決《けつ》してその然《しか》らざることを發見《はつけん》し得《う》るのである。それで此《こ》の說《せつ》の眞僞《しんぎ》を明《あき》らかにせむとするには、先《ま》づ今《いま》の所謂《いはゆる》河圖洛書《かとらくしよ》なるものは、繫辭傳《けいじでん》に謂《い》ふ所《ところ》と同《おな》じものであるか、否《いな》かを探究《たんきう》して見《み》ねばならぬが、支那《しな》の書中《しよちう》に始《はじ》めて天球河圖《てんきうかと》等《とう》の語《ご》があるのは書《しよ》の顧命《こめい》で、その次《つぎ》に河不レ出レ圖云云と言《い》ふてあるのは論語《ろんご》で、亦《また》その次《つぎ》に河出レ圖、洛出レ書、聖人則レ之と言《い》ふてあるのは、即《すなは》ち繫辭傳第《けいじでんだい》十一章《しやう》であるが、而《しか》も此等《これら》の何《いづ》れを見《み》るも、謂《い》ふ所《ところ》の河圖洛書《かとらくしよ》なるものが什麼《どんな》ものであると言《い》ふことは、少《すこ》しも說《と》き明《あ》かしてある所《ところ》がない。惟《ひと》り上古《じやうこ》の古典《こてん》がさうである許《ばか》りでなく、中古《ちうこ》の學者《がくしや》に至《いた》りても亦同《またどう》然《ぜん》で、孔安國《こうあんこく》は河圖《かと》とは八卦《くわ》のことで洛書《らくしよ》とは洪範《こうはん》九疇《ちう》のことであると說《と》き、鄭玄《ていげん》は河《かは》に龍圖發《りようとはつ》し、洛《らく》に龜書感《きしよかん》じ河圖《かと》は九篇《へん》あり、洛書《らくしよ》は六編《ぺん》ありと說《とい》て居《ゐ》る丈《だけ》で、眞《しん》にその何者《なにもの》であつたかは之《これ》を說《とい》て居《を》らぬ、此等有數《これらいうすう》の學者《がくしや》でさへ尙且《なほか》つそうであるから、他《た》は推《お》して而《しか》して自《おの》づから知《し》るべきで、中《なか》には河《か》圖《と》が卽《すなは》ち九數《すう》で、洛書《らくしよ》が卽《すなは》ち十數《すう》であるとさへ言《い》ふものがある位《くらゐ》で、その說《と》く所《ところ》も區々《くゝ》別々《べつ〳〵》である。晦菴朱子《くわいあんしゆし》に至《いた》り。十數《すう》を以《もつ》て河圖《かと》となし、九數《すう》を以《もつ》て洛書《らくしよ》となして曰《いは》く

當日諸儒既失二其傳一、而方外之流、陰陽授受、以爲二丹竈之術一、至レ於二希夷康節一、乃反二之於一レ易而後其說始得二復明一レ於レ世

と言《い》ふて頻《しき》りに此說《こりせつ》を主張《しゆちやう》した所《ところ》から、それ以後《いご》の學者《がくしや》はその儘此說《まゝこのせつ》を信《しん》じ、今現《いまげん》に傳《つた》へて居《ゐ》る所《ところ》の河圖洛書《かとらくしよ》を以《もつ》て、繫辭《けいじ》その他《た》に散見《さんけん》して居《ゐ》る所《ところ》のものと同一物《どうぶつ》であると速斷《そくだん》し、何等《なんら》疑《うたが》ふものもない様《やう》になつて居《ゐ》るが、今《いま》の所謂圖書《いはゆるとしよ》なるものが、果《はた》して繫辭《けいじ》その他《た》に散見《さんけん》して居《ゐ》るものと同一物《どうぶつ》であるか否《いな》かは、大《おほい》に疑《うたがひ》の存《そん》ずる所《ところ》で、唯繫辭傳《たゞけいじでん》第九章《だいしやう》に言《い》ふ天《てん》一地《ち》十の數《すう》と、今《いま》の所謂河圖《いはゆるかと》の數《すう》とが相《あひ》似《に》て居《ゐ》ると言《い》ふ位《くらゐ》のことでは、未《いま》だ俄《には》かに之《これ》と同一物《どうぶつ》であると斷定《だんてい》することは可能《でき》ぬ、何故《なにゆゑ》であるかと言《い》へば、繫辭《けいじ》その他《た》に散見《さんけん》する河圖洛書《かとらくしよ》なるものは、同第《どうだい》九章《しやう》に言《い》ふが如《ごと》き數的類似《すうてきるゐじ》のものであるか否《いな》かさへ分《わか》つて居《を》らぬではないか、然《しか》るに今《いま》の所謂河圖洛書《いはゆるかとらくしよ》なるものが、繫辭傳第《けいじでんだい》九章《しやう》に言《い》ふ天《てん》一地《ち》十の數《すう》と相似《あひに》て居《ゐ》る所《ところ》があるからと言《い》ふて、繫辭《けいじ》その他《た》に散見《さんけん》する河圖洛書《かとらくしよ》も亦《また》そうであると言《い》ふは

論理《ろんり》を無視《むし》した暴論《ぼうろん》であると言《い》はねばならぬからである。若《も》し朱説《しゆせつ》の如《ごと》く今《いま》の所謂《いはゆる》河圖洛書《かとらくしよ》なるものが古昔傳來《こせきでんらい》のもので、繫辭《けいじ》その他《た》に散見《さんけん》する河圖洛書《かとらくしよ》と同《どう》一物《ぶつ》であるとせば、秦漢以上《しんかんいじやう》の時代《じだい》に於《お》ける多數《たすう》の學者《がくしや》の中《なか》には、一人《ひとり》や二人《ふたり》は必《かな》らず此《こ》の圖《づ》があつたことを知《し》つて居《ゐ》たものがなければならぬ然《しか》るに老、莊、列、墨、孟、荀、楊、賈等《とう》の諸子《しよし》は言《い》ふに及《およ》ばず、降《くだ》つて孔、劉、班、鄭、京、焦諸《しよ》家《か》に至《いた》りても、此《かく》の如《ごと》きものゝあつたことを知《し》つて居《ゐ》たものは一人《ひとり》もないではないか、して見《み》れば今《いま》の所謂《いはゆる》河圖洛書《かとらくしよ》なるものは、唐宋當《たうそうあた》りの時代《じだい》に於《お》て、何者《なにもの》かが繫辭傳第《けいじでんだい》九章《しやう》に言天《いふてん》一地《ち》十の數《すう》に由《よつ》て之《これ》を僞作《ぎさく》したものであるかも知《し》れぬ、而《しか》して此《かく》の如《ごと》き類例《るゐれい》は外《ほか》にも數多《すうた》ある所《ところ》で、必《かな》らず此《こ》の事《こと》がなかつたとは言《い》へぬ、果《はた》してそうであるとせば、大衍《だいえん》五十の數《すう》は、今《いま》の所謂《いはゆる》河圖洛書《かとらくしよ》の中數《ちうすう》五を演《の》べて五十となしたものであると言《い》ふ説《せつ》の信《しん》ずるに足《た》らぬことは、自《おのづ》から明《あき》らかなる所《ところ》であらう。

以上《いじやう》の二説《せつ》が何《いづ》れもその當《たう》を得《え》て居《を》らぬことは、前述《ぜんじゆつ》の如《ごと》くである。然《しか》らば天地《てんち》の數《すう》と大衍《だいえん》の數《すう》とは如何《いか》なる關係《くわんけい》になつて居《ゐ》るかと言《い》ふに、天地《てんち》五十有《いう》五の數《すう》は、即《すなは》ち一より十に至《いた》る迄《まで》の數《すう》を加算《かさん》したものであるが、それとは別《べつ》に、大衍《だいえん》五十の數《すう》は、天地《てんち》の中數《ちうすう》五を演《の》べて五十となしたものである。故《ゆゑ》に之《これ》を呼《よ》むで大衍之數《だいえんのすう》五十と言《い》ふたものに外《ほか》ならぬ。此《かく》の如《ごと》く天地《てんち》五十有《いう》五の數《すう》と、大衍《だいえん》五十の數《すう》とはその成立的根底《せいりつてきこんてい》を同《おな》じうするに拘《かゝ》はらず、その成數的結果《せいすうてきけつくわ》を異《こと》にする所以《ゆえん》は、一は則《すなは》ち之《これ》を加算《かさん》し亦《また》一は則《すなは》ち之《これ》を推衍《すゐえん》した爲《た》めである、若《も》しさもなくて或者《あるもの》の説《せつ》の如《ごと》く、五十有《いう》五數《すう》の中《なか》から唯《たゞ》五數《すう》を除《のぞ》き去《さつ》た丈《だけ》であらば、殊更《ことさら》に之《これ》を呼《よ》むで大衍之數《だいえんのすう》と言《い》ふべき筈《はず》がない。然《しか》るに一は之《これ》を天地之數《てんちのすう》と言《い》ひ、亦《また》一は之《これ》を大衍之數《だいえんのすう》と言《い》ふてその名目《めいもく》を異《こと》にする所《ところ》に於《おい》て、その成數的來由《せいすうてきらいいう》を異《こと》にして居《ゐ》ることを認《みと》めらるゝではないか、果《はた》して然《しか》らば、天地《てんち》の中數《ちうすう》五なるものは大衍《だいえん》五十の衍母《えんぼ》であるから、大衍《だいえん》五十蓍《し》の中《なか》に於《おい》て體用《たいよう》の區別《くべつ》を立《た》つることゝならば、衍母《えんぼ》の五策《さく》を以《もつ》てその體數《たいすう》となし、衍子《えんし》の四十五策《さく》を以《もつ》てその用數《ようすう》となすべきは蓋《けだ》し自明《じめい》の道理《だうり》である、是《こ》れ余《よ》が敢《あえ》て四十九策《さく》幷《ならび》に四十八策筮法《さくぜいはふ》を排斥《はいせき》して、新《あら》たに四十五策筮法《さくぜいはふ》を主張《しゆちやう》する所以《ゆえん》であるが。そは兎《と》も角《か》くも、大衍《だいえん》五十の由《よつ》で以《もつ》て推衍《すゐえん》せらるべき衍母《えんぼ》は、天地《てんち》の中數《ちうすう》五であるが、此《こ》の五なるものは、前述《ぜんじゆつ》の如《ごと》く始《はじ》めて我等《われら》が知覺認識《ちかくにんしき》に入《い》り來《きた》る所《ところ》の原數《げんすう》であつて、之《これ》を積《つ》むで十に至《いた》り亦之《またこれ》を減《げん》じて一に至《いた》るが如《ごと》きは、後來我等《こうらいわれら》が推理的《すゐりてき》思考《しかう》の產物《さんぶつ》である、故《ゆゑ》に之《これ》を衍《の》べて五十となし得《う》る許《ばか》りでなく、此《こ》の五數《すう》を分析《ぶんせき》して見《み》れば、二と三と、一と四とを含《ふく》むで居《ゐ》る、而《しか》して此《こ》の二と三との和《くわ》は五であるが、一と四との和《くわ》も亦同《またおな》じく五であつて、此《こ》の兩數《りやうすう》を合《がつ》すれば十となる。然《しか》るに此《こ》の十は卽《すなは》ち天《てん》一より地《ち》十に至《いた》る迄《まで》の數であるから、亦《また》之《これ》を加算《かさん》すれば、天地《てんち》の數卽《すうすなは》ち五十有《いう》五を含蓄《がんちく》して居《ゐ》る、此點《このてん》から之《これ》を見《み》れば、此《こ》の五なるものは單《たん》に我等《われら》が知覺認識《ちがくにんしき》の上《うへ》に於《お》ける原始的《げんしてき》の數《すう》である許《ばか》りでなく、終局的《しふきよくてき》の數卽《すうすなは》ち天地《てんち》の總數《そうすう》を悉皆具足《しつかいぐそく》して居《ゐ》ると言《い》ふてもよい、此《こ》れ繫辭傳《けいじでん》が天地《てんち》の中數《ちうすう》五を衍母《えんぼ》として、別《べつ》に大衍《だいえん》五十の蓍數《しすう》を推衍《すゐえん》した所以《ゆえん》であつて、余《よ》が之《これ》を以《もつ》て易《えき》の原數《げんすう》であると言《い》ふ所以《ゆえん》である。

以上《いじやう》は唯易《たゞえき》の成立的原數《せいりつてきげんすう》に就《つい》てのみ之《これ》を論《ろん》じたのであるが、今之《いまこれ》を彼《か》の成形的原象《せいけいてきげんしやう》と對照《たいせう》して見《み》ても必《かた》らずその然《しか》らざるを得《え》ざる所以《ゆえん》を發見《はつけん》することが可能《でき》る。試《こゝろ》みに見《み》よ、易《えき》の發生的原象《はつせいてきげんしやう》が陰陽《いんやう》の二儀《ぎ》であることは、皆人《みなひと》の知《し》る所《ところ》である、而《しか》も這《こ》は已《すで》に前《まへ》に述《の》べた所《ところ》の時間的縦《じかんてきたて》の觀方《みかた》に由《よつ》たもので、時間的縦《じかんてきたて》の觀方《みかた》は卽《すなは》ち空間的横《くうかんてきよこ》の觀方《みかた》を前後《ぜんご》に擴張《くわくちやう》したものであるから、始《はじ》めて我等《われら》が知覺認識《ちかくにんしき》の上《うへ》に現《あらは》れて來《き》た所《ところ》の原始的《げんしてき》のものではない、始《はじ》めて我等《われら》が知覺認識《ちかくにんしき》の上《うへ》に現《あら》はれ來《く》る所《ところ》の成形的原象《せいけいてきげんしやう》は必《かな》らず彼《か》の原始的原數《げんしてきげんすう》と同《おな》じく六十四卦皆凡《くわみなすべ》て一齊同時《さいどうじ》でなければならぬ、此《こ》れ卽《すなは》ち空間的横《くうかんてきよこ》の觀方《みかた》に由《よ》る必然必至《ひつぜんひつし》の形式《けいしき》で、斯《か》くあつてこそ始《はじ》めて象《しやう》と數《すう》とが同一物《どうぶつ》の他方面《たはうめん》であることの證明《しやうめい》が可能《でき》る許《ばか》りでなく、原始的《げんしてき》五數《すう》が天地《てんち》の總數《そうすう》を具足代表《ぐそくだいへう》し、且《か》つ大衍《だいえん》の體數《たいすう》は五であつて、その用數《ようすう》は四十有五《いう》でなければならぬ道理《だうり》も幷《あは》せて之《これ》を知《し》ることが可能《でき》るのである。

中島道翁氏《なかじまだうおうし》に答《こた》ふ　（陰陽新聞第百三號所載）

曩《さき》に余《よ》が四十五策筮法《さくぜいはふ》を發表《はつぺう》して以來茲《いらいこゝ》に十年《ねん》、その間《かん》一二の批評《ひひやう》を受《うけ》たことがあつたけれども、何《いづ》れも皆枝葉《みなしえふ》の論許《ろんばか》りで一も肯綮《かうけい》に中《あた》つたものはない樣《やう》に思《おも》ふたが、今回中島道翁氏《こんくわいなかじまだうおうし》が頗《すこ》ぶる根本的《こんぽんてき》なる批評《ひひやう》を加《くは》へられたのは、余《よ》が最《もつと》も深《ふか》くその勞《らう》を謝《しや》する所《ところ》である、されども唯其勞《たゞそのらう》を謝《しや》したのみではなく同氏《どうし》の厚意《かうい》に酬《むく》ゆる所以《ゆえん》でなからうと思《おも》ふから、左《さ》に少《すこ》しく卑見《ひけん》を述《の》べて同氏《どうし》の批評《ひひやう》に答《こた》ふることにしよう。

余が主張の動機

余《よ》が始《はじ》めて四十五策筮法《さくぜいはふ》を主張《しゆちやう》することになつたのは、從來慣用《じうらいくわんよう》しつゝある四十八策筮法《さくぜいはふ》は勿論《もちろん》のこと、四十九策筮法《さくぜいはふ》も亦均《またひさ》しく缺點《けつてん》がある、それで已《や》むなく四十五策筮法《さくぜいはふ》を主張《しゆちやう》した次第《しだい》で、自《みづか》ら好《この》むで奇《き》を誇《ほこ》り異《ゐ》を衒《てら》はむが爲《た》めに強《しひ》て之《これ》を主張《しゆちやう》した譯《わけ》ではない、故《ゆゑ》に四十九策筮法《さくぜいはふ》の缺點《けつて》が取《と》り除《のぞ》かれさへすれば、殊更《ことさら》に四十五策筮法《さくぜいはふ》の主張《しゆちやう》を敢《あへ》てする必要《ひつえう》はない、直《す》ぐにも之《これ》を撤回《てつくわい》して元《もと》の四十九策筮法《さくぜいはふ》に復歸《ふくき》すべき筈《はず》である、けれども同氏《どうし》が今回《こんくわい》の主張《しゆちやう》に由《よ》るも其《そ》の缺點《けつてん》が尙依然《なほいぜん》たる所《ところ》を見《み》れば余《よ》は却《かへ》つて從來《じうらい》よりも一層深《そうふか》く此《こ》の四十五策筮法《さくぜいはふ》の不可動的眞理《ふかどうてきしんり》なることを信《しん》ずると同時《どうじ》に、益々《ますます》之《これ》を高唱《かうしやう》せねばならぬが、自《みづか》ら考《かんが》へた所《ところ》では四十五策筮法《さくぜいはふ》に關《くわん》する主張《しゆちやう》は、已《すで》に餘蘊《よううん》なく披瀝《ひれき》した積《つも》りであつたけれども、尙未《なほいま》だ不足《ふそく》の所《ところ》があつたと見《み》へて、眼光矩《がんくわうきよ》の如《ごと》き同氏《どうし》に於《おい》てさへも充分《じうぶん》に了解《れうかい》されて居《を》らぬ所《ところ》がある樣《やう》に思《おも》ふが、其《そ》は皆余《みなよ》が不文《ふぶん》の致《いた》す所《ところ》で固《もと》より同氏《どうし》を咎《とが》むべき道理《だうり》はない、去《さ》りながら唯少《たゞすこ》しく遺憾《ゐかん》に思《おも》ふ所《ところ》は、余《よ》が不文《ふぶん》なりしが爲《た》めに同氏《どうし》の批評的態度《ひひやうてきたいど》をして著《いち》るしく主觀《しゆくわん》的《てき》ならしめた一事《じ》である、抑《そもそも》批評家《ひひやうか》たるものが最良《さいりやう》の方法《はうはふ》として擇《えら》ぶ所《ところ》は、客觀的態度卽《かくくわんてきたいどすなは》ち內在的《ないさいてき》批判《ひはん》の方法《はうはふ》で、其次《そのつぎ》は主觀的態度卽《しゆくわんてきたいどすなは》ち外觀的批判《ぐわいくわんてきひはん》の方法《はうはふ》であるが、客觀的態度卽《かくくわんてきたいどすなは》ち內在的批判《ないざいてきひはん》の方法《はうはふ》なるものは、評者自《ひやうしやみづ》からが被評者《ひひやうしや》の立場《たちば》に立《た》つて、其說《そのせつ》を歸納《きなう》すると同時《どうじ》に亦之《またこれ》を演繹《えんえき》して、被評者《ひひやうしや》自己《じこ》の主張《しゆちやう》を以《もつ》て自己《じこ》を攻擊《こうげき》せしめ、內面《はいめん》から其說《そのせつ》を暴發《はうはつ》せしむるの方法《はうはふ》、卽《すなは》ち自己《じこ》の刀《かたな》を以《もつ》て自《じ》己《こ》を刺さしむる所《ところ》の論法《ろんぱふ》である。反之《これにはんし》。主觀的態度《しゆくわんてきたいど》即《すなは》ち外觀的批判《ぐわいくわんてきひはん》の方法《はうはふ》なるものは、評者自《ひやうしやみづ》からの主觀的《しゆくわんてき》主張《しゆちやう》を標準《へうじゆん》として、被評者《ひゝやうしや》の意見若《いけんもし》くは主張等《しゆちやうとう》を是非《ぜひ》するの方法即《はうはふすなは》ち外面《ぐわいめん》から攻撃《こうげき》する所《ところ》の論法《ろんぱふ》である。換言《くわんげん》すれば、前者《ぜんしや》は自殺的方法《じさつてきはふはふ》であるから、其罪《そのつみ》も亦同《またおな》じく批評者《ひへうしや》にあるが、後者《こうしや》は他《た》殺的方法《さつてきはつはふ》であるから、その主觀的標準《しゆくわんてきへうじゆん》に誤謬《ごびやう》があつた結果《けつくわ》は、之《これ》を評者《ひやうしや》その人《ひと》に歸《き》せねばならぬことになる、故《ゆゑ》に批評《ひひやう》の方法《はうはふ》としては前者《ぜんしや》は遥《はる》かに後者《こうしや》に勝《まさ》つて居《ゐ》る。然《しか》るに同氏《どうし》は前者《ぜんしや》を捨《す》てゝ後者《こうじや》を採《と》り、自己《じこ》の主觀的主張即《しゆくわんてきしゆちやうすなは》ち四十九策筮法《さくぜいはふ》を標準《へうじゆん》として余《よ》が四十五策筮法《さくぜいはふ》を是非《ぜひ》されたのである若《も》し余《よ》が言《げん》を以《もつ》て然《しか》らずと思《おも》はゞ、試《こゝろ》みに同氏《どうし》の評論《ひやうろん》を取《とつ》て一讀《どく》せよ、全篇《ぜんぺ》皆悉《みなことごと》く自己《じこ》の主觀的主《しゆくわんてきしゆ》張即《ちやうすなは》ち四十九策筮法《さくぜいはふ》の説明《せつめい》で、余《よ》が四十五策筮法《さくぜいはふ》は唯其《たゞそ》の引合《ひきあはせ》の爲《ため》に引張《ひつぱ》り出《だ》されたに過《す》ぎぬことを發見《はつけん》するであらう、故《ゆゑ》に其《そ》の標題《へうだい》を見《み》れば讀《どく》四十五策筮法《さくぜいはふ》であるけれども、其内容《そのないよう》を察《さつ》すれば四十九策筮法《さくぜいはふ》の主張《しゆちやう》となつて居《ゐ》る。去《さ》りては主客顛倒《しゆきやくてんたう》であると言《いは》ねばならぬが、此《かく》の如《ごと》きは批評家《ひひやうか》の態度《たいど》として其《そ》の宜《よろ》しきを得《え》たものであらうか、余《よ》は遺憾《ゐかん》ながら同氏《どうし》の批評的態度《ひひやうてきたいど》に就《つい》て疑《うたが》ひなきを得《え》ぬ。蓋《けだ》し同氏《どうし》は一旦此《たんかく》の如《ごと》き態度《たいど》を取《と》られた爲《ため》に、唯己《たゞおの》れが主張《しゆちやう》する四十九策筮法《さくぜいはふ》を立《た》つるに熱中《ねつちう》して、批評家《ひひやうか》の地位《ちい》にあることを忘却《ばうきやく》されたのではなからうか、然《しか》らずば此《かく》の如《ごと》く主客顛倒《しゆかくてんだう》の結果《けつくわ》を見《み》るべき道理《だうり》がない、故《ゆゑ》に余《よ》は本論《ほんろん》に關係《くわんけい》なき限《かぎ》りは同氏《どうし》の主張全部《しゆちやうぜんぶ》に渉《わた》つて詳論《しやうろん》するの要《えう》はない、唯大體《たゞだいたい》上自己《じやうじこ》の主張《しゆちやう》を擁護《えうご》すれば足《た》るのであるが、元來同氏《ぐわんらいどうし》と余《よ》とは同一《どう》なる根底《こんてい》の上《うへ》に立《た》つて同一《どう》なる主《しゆ》張《ちやう》をなすものである、隨《したが》つて彼此相反《かれこれあいはん》すべき道理《だうり》はない筈《はず》である、然《しか》るに其《そ》の實際《じつさい》に於《おい》て此《か》の如《ごと》くなる所以《ゆえん》は、想《おも》ふに這《こ》は同氏《どうし》が主觀的態度《しゆくわんてきたいど》を固執《こしつ》して、虚心坦懷《きよしんたんくわい》余《よ》が主張《しゆちやう》を洞察《どうさつ》する丈《だけ》の雅量《がりやう》がなかつたからであらう、斯《か》く言《い》はば同氏《どうし》は必《かな》らず言《い》ふに違《ちが》いない、其《そ》は汝《なんぢ》が誣言《ふげん》であると。されども同氏《どうし》自《みづ》からが特筆大書《とくひつだいしよ》された所《ところ》の證明《しようめい》があるから仕方《しかた》がない、同氏《どうし》曰《いは》く、

　大衍《だいえん》に衍母《えんぼ》のあるべきは必然自明《ひつぜんじめい》の理《り》なり、然《しか》れども其《そ》の衍母《えんぼ》は天地《てんち》各《かく》五位《ゐ》の五にあらずして、天《てん》地《ち》各《かく》五位《ゐ》の中心數《ちうしんすう》たる五ならざるべからず、

と言《いは》れたのが即《すなは》ちそれであるが、同氏《どうし》が數《すう》千言《げん》の評論中《ひやうろんちう》余《よ》が最《もつと》も傾聽《けいちやう》する所《ところ》は唯此《たゞこ》の數語《すうご》のみで、此《こ》の數語《すうご》に因《よつ》て大《おほい》に發明《はつめい》する所《ところ》があつたのであるが、それと同時《どうじ》に聊《いさゝ》か辯白《べんはく》せねばならぬ所《ところ》がある、其《そ》れは外《ほか》ではない、余《よ》は元《もと》と先儒《せんじゆ》が謂《い》ふ處《ところ》の河洛中心說《からくちうしんせつ》を取《と》らぬもので、そは已《すで》に四十五策筮法《さくぜいはふ》に述《のべ》て置《おい》た所《ところ》であるが、性來數理《せいらいすうり》に暗《くら》く現《げん》に大衍《だいえん》の衍母《えんぼ》が五であることを確信《かくしん》するに拘《かゝ》はらず、河洛中心說《からくちうしんせつ》以外《いぐわい》にその根原《こんげん》を發見《はつけん》することが可能《でき》なかつた、そこで天《てん》の五位《ゐ》と地《ち》の五位《ゐ》とを同視《どうし》して、其《そ》の五位《ゐ》の五を衍《の》べて五十となす所《ところ》の說《せつ》を立《たつ》たのである、而《しか》も自《みづ》から省《かへり》みて穩《おだ》やかならぬ所《ところ》があるので、心竊《こゝろひそ》かに識者《しきしや》の高敎《かうけう》を切望《せつぼう》して居《をつ》たけれども、斧正《ふせい》を加《くは》へて呉《く》るゝ程《ほど》の同情者《どうじやうしや》もなく、種々考案《しゆ〴〵かうあん》の餘《あま》り漸《やう》やく考《かんが》へ附《つい》たのが易《えき》の原數《げんすう》と言《い》ふのであつて、衍母《えんぼ》の五なるものが五位《ゐ》の五でないことは同氏《どうし》の言《い》はるゝ通《とほ》りで、余《よ》も亦自《みづ》から已《すで》に其《そ》の非《ひ》を悟《さと》つた爲《ため》に此《こ》の原數《げんすう》なる一篇《ぺん》を公《おほや》けにした許《ばか》りでなく、尙《な》ほ

四十五策筮法中《さくぜいはふちう》に附記《ふき》して前説《ぜんせつ》の缺點《けつてん》を補足《ほそく》した譯《わけ》である、而《しか》して余《よ》が之《これ》を呼《よ》むで原數《げんすう》と言《い》ふた所以《ゆえん》は、彼《か》の河洛中心説《らくうちうしんせつ》と區別《くべつ》せむが爲《た》めと、第《だい》二には易數《えきすう》の原始的意味《げんしてきいみ》を表《へう》せむが爲《た》めと此《こ》の二つの目的《もくてき》を以《もつ》て斯《か》くは名《なづ》けたもので、同氏《どうし》が言《い》ふ天地《てんち》各《かく》五位《ゐ》の中心數《ちうしんすう》とは自《おのづ》から異《こと》なる所《ところ》はあるけれども、而《しか》もその歸《き》を要《えう》すれば何等《なんら》異《こと》なる所《ところ》はあるまいと思《おも》ふ、何《なん》となれば、天《てん》一は天《てん》九と、地《ち》二は地《ち》八と、天《てん》三は天《てい》七と、地《ち》四は地《ち》六と相對《あひたい》して、惟《ひと》り五は其《そ》の中間《ちうがん》に獨居《どくきよ》するが故《ゆゑ》に、此《こ》の五を以《もつ》て中心數《ちうしんすう》となし且《か》つ衍母《えんぼ》となすと言《いは》るゝが、余《よ》が言《い》ふ所《ところ》の原數《げんすう》なるものは我等《われら》が知覺《ちかく》の始《はじ》めて發生《はつせい》するに當《あた》り、五を以《もつ》て原始《げんし》となすべき所以《ゆえん》を心理的認識的方面《しんりてきにんしきてきはうめん》から説明《せつめい》したものであつて、決《けつ》して私意憶測《しいおくそく》を逞《たくま》しうして揑造《ねつざう》したものではない、苟《いやし》くも知覺《ちかく》を有《いう》するものに取《と》つては必然必至《ひつぜんひつし》の法則《はふそく》であるから。周易《しうえき》の作者《さくしや》が始《はじ》めて感知《かんち》した時《とき》の數《すう》も必《かな》らずそうであつたに違《ちが》ひない、而《しか》して始《はじ》めて感知《かんち》したる此《こ》の五から遡《さかの》ぼつて一に至《いた》り、亦《また》五から降《くだ》つて九に至《いた》るのは、後《あと》になつて時間的推理《じかんてきすゐり》に因《よ》つて知《し》り得《え》たものである、試《こゝろ》みに瞑目《めいもく》一番《ばん》一切《さい》の感覺《かんかく》を杜絶《とぜつ》して無我無心《むがむしん》の狀態《じやうたい》となつた上《うへ》で、亦忽《またたち》まち豁然《かつぜん》として我《われ》に復《ふく》すると同時《どうじ》に、最先《さいせん》に我等《われら》が知覺《ちかく》に現《あら》はるゝものは四圍《ゐ》の物象《ぶつしやう》ではないか、故《ゆゑ》に我等《われら》が一刹那《せつな》の現在《げんざい》に於《おい》て、原始的《げんしてき》に感知《かんち》する所《ところ》の數《すう》は必《かな》らず五でなければならぬが、而《しか》も此《こ》の五なるものは、後來時《こうらいじ》間的《かんてき》に一に遡《さかの》ぼり亦《また》九に降《くだ》つたものゝ中間《ちうかん》に位《くらゐ》して、自《おのづ》から中心數《ちうしんすう》となるのであつて、同氏《どうし》が言《い》ふ所《ところ》と少《すこ》しも撞着《やうちやく》する所《ところ》はない、唯《たゞ》その趣《おもむ》きを異《こと》にする所《ところ》は、同氏《どうし》は數理的方面《すうりてきはうめん》から見《み》て立論《りつろん》されたのであるが、余《よ》は感覺的方面《かんかくてきはうめん》から見《み》て立言《りつげん》した相違《さうゐ》があるのみである。して見《み》れば、同氏《どうし》が言《い》ふ所《ところ》が眞理《しんり》であると同時《どうじ》に余《よ》が言《い》ふ所《ところ》も亦眞理《またしんり》であるから、此《こ》の二說《せつ》を合《あは》せたならば尙更《なほさら》に眞理《しんり》であると言《い》ふてよい。然《しか》るに同氏《どうし》は却《かへ》つて余《よ》が言《い》ふ所《ところ》を以《もつ》て揑造《ねつざう》となし牽強附會《けんきやうふくわい》となして排斥《はいせき》されたが、意《おも》ふに這《こ》は同氏《どうし》の誤解《ごかい》ではあるまいか、何故《なにゆゑ》なれば、同氏《どうし》は

若《も》し易《えき》の原數《げんすう》なるものを求《もと》むるとすれば、何《なん》の疑義《ぎぎ》もなく直《たゞ》ちに天《てん》一より地《ち》十に至《いた》る十位《ゐ》が原數《げんすう》であることは、數《すう》の發生《はつせい》が一齊同時《せいどうじ》であることを認《みと》むる以上《いじやう》、論《ろん》を待《ま》たずして明瞭《めいれう》なることゝ信《しん》じる

と言《い》ふて居《を》らるゝが、推理的方面《すゐりてきはうめん》から言《い》へば、同氏《どうし》の說《せつ》の如《ごと》く余《よ》も亦《また》然《しか》く信《しん》ずるものである、けれども此《こ》の場合《ばあひ》に於《お》ける余《よ》が原數《げんすう》なる語《ご》は知覺的方面《ちかくてきはうめん》から言《い》ふたものである許《ばか》りでなく、一齊同時《せいどうじ》なる語《ご》も此《こ》の原始的《げんしてき》五を認《みと》むる一刹那《せつな》に於《おい》て、中央《ちうわう》の一點《てん》を認《みと》むると同時《どうじ》に前後左右《ぜんごさいう》の四點《てん》も一聯《れん》の數《すう》として一齊同時《せいどうじ》に之《これ》を認《みと》むると言《い》ふた譯《わけ》であるから、此《こ》の間《あひだ》の意味《いみ》が明瞭《めいれう》になつたならば、先儒《せんじゆ》が謂《い》ふ所《ところ》の河洛中心說《からくちうしんせつ》以外《いぐわい》に余《よ》が新《あら》たに知覺的亦原始的《ちかくてきまたげんしてき》なる中心數《ちうしんすう》を發見《はつけん》したことの徒勞《とらう》でなかつたことも或《あるひ》は承認《しようにん》さるゝかも知《し》れぬ、そは兎《と》も角《かく》も大衍《だいえん》五十の衍母《えんぼ》が中心數《ちうしんすう》の五であることは正《まさ》に同氏《どうし》の言《いは》るゝ如《ごと》くである、果《はた》して然《しか》らば同氏《どうし》は余《よ》が四十五策筮法《さくぜいはふ》の裏書人《うらがきにん》であると言《い》ふてよからう、何《なん》となれば、中央《ちうわう》の五を衍母《えんぼ》として得《え》たものが大衍《だいえん》の五十であるとすれば、衍母《えんぼ》その儘《まゝ》の五を以《もつ》て體數《たいすう》となしその五に由《よ》つて衍《なら》べられた所《ところ》の四十五を以《もつ》て用數《ようすう》となすべきは、條理明白《でうりめいはく》何等《なんら》の考察《かうさつ》をも要《えう》さぬ所《ところ》で

余《よ》が改《あらた》めて之《これ》を聲言《せいげん》する迄《まで》もなく同氏《どうし》は自《みづか》ら自説《じせつ》を難《なん》じて
中心數《ちうしんすう》の五已《すで》に大衍《だいえん》五十の衍母《えんぼ》たり、又當《またまさ》に用數《ようすう》の體《たい》たるべき者《もの》にして恰《あだか》も四十五策筮法《さくぜいはふ》を立證《りつしやう》せるものにあらずや
と言《い》ふて居《を》らるゝではないか、余《よ》が同氏《どうし》を以《もつ》て四十五策筮法《さくぜいはふ》の裏書人《うらがきにん》であると言《い》ふは即《すなは》ち之《これ》が爲《ため》で、何等《なんら》の理由《りゆう》もなくして濫《みだ》りに同氏《どうし》を誣《し》ゆるものではない。

然《しか》るに同氏《どうし》は此《かく》の如《ごと》く明確《めいかく》なる理由《りゆう》の存在《そんざい》することを認《みと》めたに拘《かゝ》はらず、一と九、二と八、三と七、四と六とは相對比《あひたいひ》して皆合《みながふ》十を得《う》るも、而《しか》も五と十とは依倚《いき》する所《ところ》がないと言《い》ふを口實《こうじつ》として、十即《すなは》ち一〇を要約《えうやく》して一となし、此《こ》の一を以《もつ》て大衍《だいえん》の用數《ようすう》四十有《いう》九の體數《たいすう》とされたのであるが、此所《こゝ》が即《すなは》ち同氏《どうし》が自己《じこ》の主張《しゆちやう》する四十九策筮法《さくぜいはふ》を標準《へうじゆん》として他《た》を律《りつ》せむが爲《ため》に、故《こと》さらに主觀的態度《しゆくわんてきたいど》を取《と》らるゝ所《ところ》で我田引水《がでんいんすゐ》若《もし》くは牽強附會《けんきやうふくわい》と言《い》ふは即《すなは》ち此事《このこと》であるが、若《も》し余《よ》が此《こ》の斷語《だんご》を以《もつ》て然《しか》らずと思《おも》はば先《ま》づ同氏《どうし》が衍母《えんぼ》の五を捨《す》てゝ一を以《もつ》て體數《たいすう》となす所《ところ》の理由《りゆう》を視《み》よ、

大衍《だいえん》の數《すう》五十となるに於《おい》ては一個《こ》唯大衍《たゞだいえん》の數《すう》あるのみ、大衍已《だいえんすで》に確立《かくりつ》す、五は是《こ》れ衍母《えんぼ》なりと言《い》ひ得《う》るも、何《なん》ぞ體數《たいすう》たらざるべからざるの理《り》あらむや、否寧《いなむし》ろ體數《たいすう》たるべき理《り》なしとするを正當《せいたう》となすべきなり、蓋《けだ》し五たる中心數《ちうしんすう》は衍母《えんぼ》となりて大衍《だいえん》の宗《そう》となるに於《おい》て、其用亦《そのようま》更《あらた》まるべき理《り》の存《そん》すればなり、夫《そ》れ天地《てんち》各基數《かくきすう》の妙用妙契《めうようめうけい》は相得相合《さうとくさうがふ》の變化《へんくわ》にあることは、苟《いやし》くも易理《えきり》を解《かい》する者《もの》の周《しう》

知《ち》する所《ところ》なり、果《はた》して然《しか》らば、五の酢《そ》たり用《よう》たる十の約數《やくすう》たる一が、大衍《だいえん》の用《よう》たる四十九策《さく》の體《たい》たる事《こと》も亦争《またあらそ》ふべからざる確然必至《かくぜんひつし》の理法《りはふ》なりと謂《いは》ざるべからず。

此《かく》の如《ごと》く同氏《ごうし》は中數《ちうすう》五を衍《の》べて五十となした上《うへ》は、一箇《こ》唯《ただ》大衍《だいえん》の數《すう》あるのみと言《い》ふて天地《てんち》の數《すう》と大衍《だいえん》の數《すう》とは自《みづ》から區別《くべつ》すべきことを認《みと》めて居《ゐ》るではないか、已《すで》に大衍《だいえん》五十を別箇特立《べつこどくりつ》の數《すう》となせば、此《こ》の大衍《だいえん》五十の中《うち》に於《おい》て體用《たいよう》の區別《くべつ》を立《た》つるに及《およ》び、直《たゞ》ちに衍母《えんぼ》の五を以《もつ》て體《たい》となし、衍子《えんし》の四十有《いう》五を以《もつ》て用《よう》となすべきは必然必至《ひつぜんひつし》の理法《りはふ》であつて毫《すこし》も疑《うたがひ》を挾《さしは》さむべき餘地《よち》はない。然《しか》るに大衍《だいえん》五十が一箇特立《こどくりつ》の數《すう》であることを認《みと》めて置《お》きながら、五を以《もつ》て衍母《えんぼ》であるとは言《い》ひ得《う》るけれども、體數《たいすう》たらねばならぬ理《り》はないと言《い》ふは、甚《はなは》だしき自家撞着《じかどうちやく》で沒論理《ぼつろんり》の極《きよく》である、況《いは》むや衍母《えんぼ》の五が大衍《だいえん》の宗《そう》となつた以上《いじやう》は其用《そのよう》も亦更《またあらた》まるべき理《り》があると言《い》ふて、一旦別物視《たんべつもつし》した所《ところ》の天地《てんち》各基數《かくきすう》の妙用《めうよう》を引張《ひつぱ》り來《きた》り、十の約數《やくすう》一を以《もつ》て體數《たいすう》となすに至《いた》つては、自縄自縛的議論《じじようじばくてきぎろん》で余《よ》は同氏《ごうし》の爲《ため》に深《ふか》く之《これ》を惜《おし》まざるを得《え》ぬ、何《なん》となれば、一箇特立《こどくりつ》せる大衍《だいえん》の中《うち》に於《おい》て自然《しぜん》に體用《たいよう》の理法《りはふ》が現存《げんそん》するからは、故《こと》さらに其《そ》れ以外《いぐわい》に向《むか》つて之《これ》を詮索《せんさく》する必要《ひつえう》はないではないか、然《しか》るに紆餘曲折頗《うよきよくせつすこ》ぶる迴《まは》り遠《とほ》き理由《りゆう》を尋《たづ》ねて之《これ》を大衍以外《だいえんいぐわい》の虛數《きよすう》に求《もと》むるは、取《と》りも直《なほ》さず前《まへ》に認《みと》めた所《ところ》の衍母《えんぼ》を否定《ひてい》すると同樣自縄自縛《どうやうじじようじばく》の論《ろん》にあらずして何《なん》ぞ、想《おも》ふに同氏《ごうし》の智《ち》と明《めい》とを以《もつ》てして這般觀易《しやはんみやす》き所《ところ》の道理《だうり》を知《し》らぬ筈《はず》はない、而《しか》も尙此《なほか》くの如《ごと》くなりし所以《ゆえん》は、必竟主觀的態度卽《ひつきやうしゆくわんてきたいどすなは》ち四十有《いう》九の誤文《ごぶん》に囚《とら》はれて居《ゐ》るが爲《た》めに外《ほか》ならぬ、されご更《さら》に一考《かう》せよ、體數《たいすう》が一にあらで五であると言《い》ふことは、大衍《だいえん》の衍母《えんぼ》が五であると言《い》ふと同時《どうじ》に確《かく》定《てい》したことで、即《すなは》ち既定《きてい》の事實《じじつ》である、啻《たゞ》にそれのみではない、用數《ようすう》の四十有《いう》五も亦《また》それと同時《どうじ》に確《かく》定《てい》した所《ところ》の事實《じじつ》で、一點《てん》の疑《うたが》ひを容《い》るべき間隙《すき》もないではないか、果《はた》して然《しか》らば、四十九策《さく》筮法《ぜいはふ》の成《せい》立《りつ》すべき餘地《よち》は何處《どこ》にある、加之《しかのみならず》、假《か》りに體數《たいすう》を虛數《きよすう》の十に求《もと》むるを以《もつ》て是《ぜ》であるとするも、何故《なにゆゑ》に十その儘《まゝ》を以《もつ》て體數《たいすう》とせずして之《これ》を約《やく》して一となすのであるが、斯《か》く言《い》はゞ必《かな》らず言《い》ふであらう、十は數《すう》の終《をは》りであるから亦《また》始《はし》めの一に復歸《ふくき》すべき道理《だうり》がある、故《ゆゑ》に之《これ》を要約《えうやく》して一となすのであると此《かく》の如《ごと》きは、或《あるひ》は愚者《ぐしや》を欺《あざ》むく爲《ため》の口實《こうじつ》となるかも知《し》れぬが、到底《たうてい》智《ち》者《しや》の一顧《こ》だも惹《ひ》く丈《だけ》の價値《かち》はない何《なん》となれば、玆《こゝ》に謂《い》ふ所《ところ》の體數《たいすう》なるものは筮法《ぜいはふ》の上《うへ》に於《おい》ては大極《たいきよく》に擬《ぎ》せらるべきものであるが、此《こ》の塲合《ばあひ》に於《お》ける體數《たいすう》なるものは最早《もはや》數《すう》ではない、數以上《すういじやう》の存在《そんざい》即《すなは》ち大極化《たいきよくくわ》せらるゝものであるから、必《かな》らずしも之《これ》を歸《き》一せしむるには及《およ》ばぬ、十その儘《まゝ》であつても差支《さしつかへ》はない筈《はづ》である、然《しか》るに殊更《ことさら》に之《これ》を歸《き》一せしむる所以《ゆえん》は、彼《か》の四十有《いう》九の誤文《ごぶん》に契合《けいがふ》させむが爲《ため》である許《ばか》りでなく、現象即實在《げんしやうそくじつざい》、娑婆《しやば》即寂光淨土的哲理《そくじやくくわうじやうどてきてつり》の妙趣《めうしゆ》を知《し》らぬもので、未《いま》だ共《とも》に易理《えきり》の蘊奥《うんおう》を談《だん》ずるに足《た》らぬものである。

此《かく》の如《ごと》く根本法則《こんぽんはふそく》が一たび確立《かくりつ》した以上《いじやう》は他《た》は皆凡《みなすべ》て刄《は》を迎《むか》へて解決《かいけつ》さるべきことで、已《すで》に四十五策《さく》筮法《ぜいはふ》に述《のべ》て置《お》いた通《とほ》りであるから、此上更《このうへさら》に呶々《どゞ》の辯《べん》を費《つひ》やす必要《ひつえう》はないけれども、尙《なほ》一二の事項《じこう》に就《つい》て一言《げん》を附加《ふか》すれば、同氏《どうし》が得策《さくさく》の不平均《ふへいきん》に就《つい》て論《ろん》ぜられた所《ところ》は一應尤《おほもつと》もで、理《り》に於《おい》ては余《よ》も亦同氏《またどうし》の説《せつ》に反對《はんたい》するものではない、故《ゆゑ》に合理的《がふりてき》に首尾《しゆび》一貫《くわん》した奇偶對等《きぐうたいとう》の數《すう》を求《もと》め得《う》べき良法《りやうはふ》があるなれば、之《これ》を取《と》ることに於《おい》て余《よ》は決《けつ》して同氏《どうし》に後《おく》るゝものではないが、此《かく》の如《ごと》き良法《りやうはふ》は遺憾《ゐかん》ながら之《これ》を發《はつ》見《けん》することが可能《でき》ぬ。已《すで》に此《かく》の如《ごと》き良法《りやうはふ》がないとすれば、比較的《ひかくてき》合理《がふり》なる方法《はうはふ》を取《と》るの外《ほか》はあるまい此《こ》れ余《よ》がその枝葉《えだば》の點《てん》に於《おい》ては聊《いさゝ》か缺《か》くる所《ところ》あるも、而《しか》もその根本《こんぽん》に於《おい》て缺《か》くる所《ところ》なき四十五策筮法《さくぜいはふ》を取《と》る所以《ゆえん》である。斯《か》く言《い》はば同氏《どうし》は亦必《またかな》らず言《い》ふに違《ちが》いない、余《よ》が四十九策筮法《さくぜいはふ》は首尾《しゆび》共《とも》に合理的《がふりてき》であると、而《しか》もそは唯同氏《たゞどうし》一己《こ》の主張《しゆちやう》であつて根本的《こんぽんてき》に大瑕瑾《だいかきん》の存《そん》ずることは以上縷述《いじやうるじゆつ》する通《とほ》りであるが、偶々奇偶對等《たま〳〵きぐうたいとう》の數《すう》を得《う》べき一長《ちやう》あるが爲《ため》に、根本的瑕瑾《こんぽんてきかきん》の附着《ふちやく》することを忘《わす》れ、之《これ》を以《もつ》て完全《くわんぜん》無缺《むけつ》の良法《りやうはふ》であるが如《ごと》く思《おも》ふのは、之《これ》を喩《たと》へば恰《あた》かも其《そ》の本《もと》を顧《かへり》みず唯其《たゞそ》の末《すゑ》のみを正《たゞ》して、一齊平《せいへい》等《とう》であると誇言《こげん》するのと同樣《どうやう》で五十歩《ほ》百歩《ほ》の議論《ぎろん》である、且《か》つ奇偶對等《きぐうたいとう》の法則《はふそく》と實際的揲策《じつさいてきてふさく》の結果《けつくわ》とは、必《かな》らずしも一致《ち》すべきものではない、故《ゆゑ》に奇偶對等《きぐうたいとう》の揲法《てふはふ》を用《もち》ひたよりも、奇偶不平均《きぐうふへいきん》の揲法《てふはふ》を用《もち》ひたものが却《かへ》つて平等《べうどう》なる結果《けつくわ》を得《う》ることがある、隨《したが》つて得策《とくさく》の多少《たせう》は法則《はふそく》の如何《いかん》に由《よ》らず、實際《じつさい》の事實《じじつ》に由《よ》つて決《けつ》すべきことであるから、同氏《どうし》が言《いは》るゝ如《ごと》く一概《がい》に重視《ぢうし》すべき問題《もんだい》ではない。

尚此《なほこ》の次《つぎ》に一言《げん》すべきことは掛《かけ》一のことであるが、同氏《どうし》が掛《かけ》一を以《もつ》て懸《か》け置《お》いて用《もち》ひぬと言《い》ふ余《よ》が説《せつ》に同《おな》じ、從來慣行《じうらいくわんかう》せる四十九策《さく》の舊法《きうはふ》を改《あらた》めて之《これ》を用《もら》ひざるを以《もつ》て正當《せいたう》とされたのは表面《へうめん》に顯説《けんせつ》されて居《ゐ》るもののみが其《そ》の理由《りゆう》の全體《ぜんたい》ではない、眞實《しんじつ》なる理由《りゆう》は寧《むし》ろ他《た》に隱伏《いんぷく》して居《ゐ》る、然《しか》らば其《そ》の隱《かく》れたる理由《りゆう》は何處《いづこ》にあるかと言《い》へば、全體同氏《ぜんたいどうし》が主張《しゆちやう》さるゝ四十九策筮法《さくぜいはふ》と舊法《きうはふ》のそれと異《こと》なる所《ところ》は唯《たゞ》此《こ》の掛《か》一を用《もち》ゆると否《いな》との一點丈《てんだけ》で、他《た》は凡《すべ》て舊法《きうはふ》の通《とほ》りであるが、舊法《きうはふ》に於《おい》て此《こ》の掛《かい》一を并《あは》せ用《もち》ゆるの結果《けつくわ》、初變《しよへん》には五九を得《え》、二變《へん》三變《へん》には四八を得《え》て前後《ぜんご》の得策《さくさく》に不同《ふどう》あるの非《ひ》は、余《よ》が嘗《かつ》て極力《きよくりよく》痛撃《つうげき》を加《くわ》へた所《ところ》である、故《ゆゑ》に此《こ》の痛撃《つうげき》を免《まぬ》がれむが爲《ため》に工夫《くふう》されたのが卽《すなは》ち此《こ》の掛《かい》一を用《もち》ひぬ一件《けん》で隱《かく》れたる理由《りゆう》と言《い》ふのは卽《すなは》ち此《こ》の事《こと》であるが、此《こ》の掛《かい》一を用《もち》ひぬ所《ところ》から、其《そ》の名《な》は依然《いぜん》たる四十九策《さく》筮法《ぜいはふ》であるけれども、其《そ》の實《じつ》は四十八策筮法《さくぜいはふ》と同樣《どうやう》に、偶々陽陰老少《たまたまいんやうらうせう》の策數《さくすう》が均《きん》一の結果《けつくわ》を得《え》ることになつたのである、而《しか》も此《こ》の結果《けつくわ》を誇張《こちやう》せむとするには、唯此《たゞこ》れ程《ほど》の工夫丈《くふうだけ》では餘《あま》りに造作《ざうさく》もなく見《み》ゆる所《ところ》から、その跡《あと》を糊塗《こと》せむが爲《ため》に亦更《またさら》に工夫《くふう》を加《くは》へられたのが左右兩掛《さいうりやうがけ》の珍說《ちんせつ》で、卽《すなは》ち左《さ》の如《ごと》きものである。

一を掛《か》けて以《もつ》て三に象《かた》どるの眞義《しんぎ》は大衍《だいえん》の用數《ようすう》四十九策《さく》を兩分《りやうぶん》し、其《そ》の左方《さはう》より一策《さく》を採《と》りて右方《うはう》に移《うつ》し、右方《うはう》よりも一策《さく》を採《と》りて是《これ》を合《あは》せ。合《あは》せ得《え》たる二策《さく》の中《うち》、一策《さく》を採《と》りて兩分《りやうぶん》せし中間《ちうかん》に掛《か》け、以《もつ》て三才鼎立《さいていりつ》の義《ぎ》に象《かた》どり、殘餘《ざんよ》の一策《さく》は右策《うさく》の中《うち》に併置《へいち》す、之《これ》を奇《き》となすなり。

如何《いか》に突飛《とつぴ》なる狂的主張《きやうてきしゆちやう》が流行《りうかう》しつゝあるとは言《い》へ、自《みづ》から斯界《しかい》の大家《たいか》を以《もつ》て任《にん》ずる同氏《どうし》の口《くち》から、而《しか》も眞面目《まじめ》に此《かく》の如《ごと》き妄說《ぼうせつ》を聞《き》くに至《いた》つては、余《よ》は實《じつ》にその意外《いぐわい》なるに驚《おどろ》かざるを得《え》ぬ、何《なん》となれば天《てん》より施《ほどこ》す所《ところ》は氣《き》にして形《かたち》なく、地《ち》より生《しやう》ずるものは質《しつ》にして形《かたち》あるの理《り》は、同氏《どうし》が確《たし》かに認《みと》めて居《を》らるゝ所《ところ》である、随《したが》つて形《かたち》なきものは見《み》ることが可能《でき》ぬが、形《かたち》あるものは見《み》ることが可能《でき》る。故《ゆゑ》に掛《くわい》一を左方《さはう》の天策《てんさく》より取《と》らずして、右方《うはう》の地策《ちさく》より取《と》る所以《ゆえん》の理《り》も、亦必《またかな》らず認《みと》めて居《を》らるゝ計《はか》りでなく。地《ち》より生《しやう》ずるものは皆凡《みなすべ》て天《てん》の施《ほどこ》す所《ところ》で、地自《ちみづ》からは一物《ぶつ》も新《あら》たに生《しやう》じ得《え》ざるの理《り》も、亦併《またあは》せて知悉《ちしつ》して居《を》られねばならぬ筈《はづ》である、果《はた》して然《しか》らば、天地《てんち》左右《さいう》より等分《とうぶん》に之《これ》を採《と》り來《きた》るべき道理《だうり》はない筈《はづ》で、右方《うはう》の地策《ちさく》より採《と》り來《きた》るのが、其《そ》れが即《すなは》ち左方《さはう》の天策《てんさく》より採《と》り來《きた》ると同《どう》一理《り》でなければならぬ、然《しか》るに左右双方《さいうさうはう》より之《これ》を採《と》り來《きた》るに於《おい》ては、天《てん》の施《ほどこ》す所《ところ》と地《ち》の生《しやう》ずる所《ところ》とは彼此別物《かれこれべつもの》となつて、天地《てんち》一如萬物《じよばんぶつ》一體《たい》たるべき理法《りはふ》に背《そむ》くではないか、此《かく》の如《ごと》く直截簡明《ちよくさいかんめい》なる條理《でうり》の存《そん》ずるをも顧《かへり》みず、強《しひ》て此《かく》の如《ごと》き妄説《はうせつ》を唱《とな》ふることは、狂的流行《きやうてきりうかう》に浸染《しんせん》されぬ限《かぎ》りは同氏自《どうしみづ》からが口《くち》にさるべきことでない、加之《しかのみならず》、殘餘《ざんよ》の一策《さく》を取《と》つて之《これ》を右策《うさく》の中《うち》に併置《へいち》するが如《ごと》きは寔《まこと》に兒戲《じぎ》に等《ひと》しき愚論《ぐろん》で一辯《べん》の價値《ち》もない、蓋《けだ》し掛一《かいい》を懸《か》け置《お》いて用《もち》ひぬと言《い》ふは唯之《ただこれ》を左右《さいう》の策《さく》と併《あは》せ數《かぞ》へぬと言《い》ふ迄《まで》で、絶對《ぜつたい》に之《これ》を使用《しよう》せぬと言《い》ふのではない、懸《かけ》て置《お》くのは不用《ふよう》の用即《ようすなは》ち用《もち》ひずして之《これ》を用《もち》ひつゝあるもので、人《ひと》が天地《てんち》の化育《くわいく》に參贊《さんさん》しつゝある所《ところ》は即《すなは》ち茲《ここ》にある。故《ゆゑ》に同氏《どうし》が殘餘《ざんよ》の一策《さく》を右策中《うさくちう》に併置《へいち》するを以《もつ》て參《さん》贊《さん》の理《り》に象《かた》どらむとしたのは、謂《い》ふ所《ところ》の蛇《へび》を畫《えが》いて足《あし》を添《そ》ゆるの類《るゐ》で牽強附會《けんきやうふくわい》の甚《はなは》だしきものである

以上之《いじやうこれ》は要《えう》するに、中數《ちうすう》に關《くわん》する同氏《どうし》の評論《へうろん》は感謝《かんしや》の意《い》を以《もつ》て充分《じうぶん》に之《これ》を傾聽《けいちやう》するけれども、それ以《い》外《ぐわい》の批評《ひへう》に至《いた》つては殘念《ざんねん》ながら之《これ》を排斥《はいせき》せねばならぬ、且《か》つ同氏《どうし》の主張《しゆちやう》さるゝ四十九策筮法《さくぜいはふ》なるもの

は、忌憚《きたん》なく之《これ》を言《い》へば、從來《じうらい》のそれを取《とつ》て之《これ》を改惡《かいあく》したものと信《しん》ずるのであるから、尙《なほ》一應同氏《おうどうし》の再考《さいかう》を煩《わづら》はし度《た》いと思《おも》ふが、賦性愚直之《ふしやうぐちよくこれ》に加《くわ》ふるに不文《ふぶん》の故《ゆゑ》を以《もつ》て、言辭露骨《げんじろこつ》に過《す》ぎ不敬《ふけい》に失《しつ》する所《ところ》が頗《すこ》ぶる多《おほ》い、そは切《せつ》に同氏《どうし》の寛容《くわんよう》を願《ねが》ふの外《ほか》はない。

第八章　分掛揲歸

繫辭傳《けいじでん》に曰《いは》く分而爲レ二以象レ兩《わかつてなしにもつてかたどるりやうに》と。已《すで》に述《の》べたるが如《ごと》く、筮《ぜい》とは蓍《し》を數《かぞ》へて卦《くわ》を求《もと》むるの法《はふ》で仰《あふ》いで神告《しんこく》を願《ねが》ふ爲《た》めの手段《しゆだん》であるが、大極兩儀《たいきよくりやうぎ》を生《しやう》じ、兩儀《りやうぎ》四象《じやう》を生《しやう》じ、四象《しやう》八卦《くわ》を生《しやう》ずるの理《り》に倣《なら》ふてその法《はふ》を設《まう》けたものであるから、筮《ぜん》して神告《しんこく》を得《え》んとするには、全蓍《ぜんし》五十策《さく》の中《うち》より先《ま》づその用數《ようすう》たる四十五策《さく》を抜《ぬ》き取《とつ》て、而《しか》して之《これ》を兩分《りやうぶん》せねばならぬ、而《しか》してその左右《さいう》に兩分《りやうぶん》したる策《さく》を以《もつ》て陰陽《いんやう》の兩儀《りやうぎ》に象《かた》どり、陰陽《いんやう》の兩儀《りやうぎ》は卽《すなは》ち天地《てんち》始《はじ》めて剖判《ほうはん》する所《ところ》の象《かたち》で、茲《こゝ》に分而象レ兩《わかつてかたどるりやう》とは、卽《すなは》ち此《こ》のことを言《い》ふたもので、左《ひだり》を陽儀《いんぎ》に象《かた》どり右《みぎ》を陰儀《いんぎ》に象《かた》どる、故《ゆゑ》に左半《さはん》の策《さく》を以《もつ》て天《てん》となし右半《うはん》の策《さく》を以《もつ》て地《ち》となして、之《これ》を格《かく》の右邊兩大刻《うへんりやうだいこく》に分《わか》ち置《お》くのである。(下《した》にその圖《づ》を擧《あ》ぐ)

掛《か》レケテ一《ツ》以《もつ》テ象《かた》ドル三《ニ》

一を掛《か》くるとは右半地策《うはんちさく》の中《うち》より一策《さく》を取《とつ》て、之《これ》を格《かく》の右邊《うへん》左右兩大刻《さいうりやうだいこく》の中間《ちうかん》にある一小刻《せうこく》に掛《か》け置《お》いて始終用《しじうもち》ひざるの義《ぎ》て、乃《すなは》ち之《これ》を以《もつ》て天地兩儀《てんちりやうぎ》の中間《ちうかん》に介在《かいざい》せしめ、左右《さいう》と相配《あひはい》して三となすを言《い》ふ。以《もつ》て三に象《かた》どるは天地《てんち》人《じん》の三才《さい》のことて、謂《い》ふ所《ところ》の天道《てんだう》あり地道《ちだう》あり人道《じんだう》ありの義《ぎ》に外《ほか》ならぬ。而《しか》して象《かた》どるとは、此《かく》の如《ごと》く三個所《かしよ》に分《わか》ち置《お》く所《ところ》の蓍策《しさく》を以《もつ》て天地《てんち》人《じん》の三才《さい》に擬似《ぎじ》せしむるの謂《いひ》で、兪琰《ゆだん》が一蓍《し》を取《とつ》て前《まへ》に掛《か》け左右《さいう》の蓍《し》と鼎立《ていりつ》せしめて三となすと言《い》ひしは蓋《けだ》し至當《したう》の説《せつ》であると思《おも》ふ。

然《しか》るに朱晦菴《しゆくわいあん》が掛《かけ》とはその一を左手《さしゆ》小指《こゆび》の間《あひだ》に懸《か》くるなりと言《い》ふて居《ゐ》るのは誤《あや》まりである、けれども此《これ》は扐《ろく》と共《とも》に後段《ごだん》に至《いた》りて論《ろん》ずることゝする。

根本羽嶽先生《ねもとうかくせんせい》曰《いは》ク、兩《りやう》ニ象《かた》ドルトハ兩地《りやうち》ニ象《かた》ドルナリ、三ニ象《かと》ドルトハ參天《さんてん》ニ象《かた》ドルナリ、説卦傳《せつくわでん》ニ曰《いは》ク、參天兩地《さんてんりやうち》ニシテ而《しか》シテ數《すう》ヲ倚《よ》スト、此《こ》レ蓍策《しさく》ノ爲《た》メニ言《い》フニ非《あら》ズシテ何《なん》ゾヤ、蓋《けだ》シ一ヲ掛《か》クル者《もの》ハ、曆法朔虚《れきはふさくきよ》一日《にち》ヲ除《のぞ》クノ義《ぎ》ニシテ、而《しか》シテ閏《うろう》ノ由《よつ》テ而《しか》シテ生《しやう》ズル所《ところ》ナリ、毎《まい》一變《べん》一策《さく》ヲ掛《か》クレバ、則《すなは》チ六變《べん》ニシテ而《しか》シテ六策《さく》ヲ掛《か》ク、是《こ》レ曆法朔虚《れきはふさくきよ》六日《か》ヲ除《のぞ》クノ義《ぎ》ナリ、夫《そ》レ閏《うろう》ナル者《もの》ハ此《こ》ノ六日《か》ヲ積畳《せきぢう》シテ而《しか》シテ成《な》ルナリ、然《しか》ルニ舊註《きつちう》ニハ以《もつ》テ兩儀《りやうぎ》ニ象《かた》ドリ三才《さい》ニ象《かた》ドルト爲《な》スハ非《ひ》ナリと。竊《ひそ》かに案《あん》ずるに、説卦傳《せつくわでん》に參天兩 地而倚《さんてんりやうちしかしてすうによる》レ數と言《い》ふは、奇偶《きぐう》の策數《さくすう》を合《あは》せて畫卦《くわくくわ》を設《まう》くることを言《い》ふたもので、天數《てんすう》を三となし地數《ちすう》を二となすの義《ぎ》に倣《なら》ふことを示《しめ》したものである。然《しか》るに茲《こゝ》に謂《い》ふ所《ところ》の兩《りやう》に象《かた》どり三に象《かた》どるとは、大極《たいきよく》より兩儀《りやうぎ》を生《しやう》じ、兩儀《りやうぎ》より四象《しやう》を生《しやう》じ、四象《しやう》より八卦《くわ》を生《しやう》ずる所《ところ》の次第順序《しだいじゆんじよ》を指《さ》したものて。天地萬物《てんちばんぶつ》を生《しやう》ずるの理《り》に象《かた》どつたものである。それを先生《せんせい》が説卦傳《せつくわでん》に當嵌《あては》めて之《これ》を説《と》かれたのは恐《おそ》らく誤解《ごかい》であらう。先生又曰《せんせいまたいは》く、一を掛《か》くるとは、掛而不《かけてもちゆればなり》レ用也と。

此說洵《このせつまこと》に然《しか》り。然《しか》るに亦之《またこれ》を積《つ》むで閏《にゆん》を成《な》すと言《い》はれた所《ところ》を見《み》れば、之《これ》を用《もち》ひぬのではなく、その實《じつ》は之《これ》を用《もち》ゆるのである。加之《しかのみならず》。五十五策《さく》の中《うち》より始《はじ》めに五策後《さくのち》に一策合《さくあは》せて六策《さく》を除《のぞ》きたるものを以《もつ》て、曆法《れきはふ》に於《おい》て氣盈《きえい》六日《じつ》を除去《ぢよきよ》するの義《ぎ》に當《あた》ると言《い》ふことは已《すで》に前《まへ》に言《い》はれた所《ところ》である、然《しか》るに今亦《いままた》毎《こと》一變《べん》一策《さく》づゝを掛《か》けたる六策《さく》を以《もつ》て朔虛《さくきよ》六日《じつ》を除《のぞ》くの義《ぎ》に當《あた》ると言《い》はゞ、同事《どうじ》反復《はんぷく》ではあるまいか果《はた》して然《しか》らば、此《これ》も亦前後《またぜんご》撞着《どうちやく》であると言《い》はねばならぬ。

孔穎達曰《こうえいたついは》ク、一ヲ掛《か》ケテ以《もつ》テ三ニ象《かた》ドルトハ、兩儀《りやうぎ》ノ間《あひだ》ニ就《つい》テ、天數中ニ於テ、其《そ》ノ一ヲ分《わか》チ掛《か》ケテ以《もつ》テ三才《さい》ニ象《かた》ドルナリ、と。海保《かいほ》漁村亦之《ぎよそんまたこれ》に和《わ》して曰《いは》く、

案《あん》ズルニ文言《ぶんげん》ニ曰《いは》ク、天《てん》ニ本《もと》ツク者《もの》ハ上《かみ》ニ親《した》シムト、大雅《だいが》ニ曰《いは》ク天亟民《てんじようたみ》ヲ生《しやう》ジ、人命《ひとめい》ヲ天《てん》ニ受《う》ク、因《よつ》テ之《これ》ヲ天性《てんせい》ト謂《い》フ、故《ゆゑ》ニ天數中ニ就テ其《そ》ノ一策《さく》ヲ取《と》リ以《もつ》テ人《ひと》ニ象《かた》ドリ、兩儀《りやうぎ》ニ配《はい》シテ三才《さい》ト爲《な》スナリ、後儒《こうじゆい》謂フ、右手《うしゆ》一策《さく》ヲ以《もつ》テ左《さ》手小指《しゆこゆび》ニ掛《か》クト之《これ》ヲ失《しつ》セリ。

ト。這《こ》はその一を知《しつ》て未《いま》だその二を知《し》らぬものである。何《なん》となれば、天《てん》の賦與《ふよ》する所《ところ》は氣《き》にして形《かたち》なく、地《ち》の生《しやう》ずる所《ところ》は質《しつ》にして體《たい》がある、故《ゆゑ》に物皆天《ものみなてん》の氣《き》を受《う》けて生《しやう》ずとは雖《いへ》ども、而《しか》も亦《また》一として地《ち》に由《よつ》てその形《かたち》を成《な》さぬものはない、然《しか》らば地策《ちさく》の中《うち》より一策《さく》を取《と》り來《きた》るを以《もつ》て正當《せいたう》であると言《い》はねばならぬ。

揲《せつ》スルニ之《これ》ヲ以《もつ》テスㇾ四ヲ以《もつ》テ象《かたどる》二四時《じ》一

上文《じやうぶん》の如《ごと》く二に分《わか》ち一を掛《か》けたる後《のち》、左手《さしゆ》にて格《かく》の右邊《うへん》左半大刻《はんたいこく》の策《さく》を取《と》りて、右手《うしゆ》にて之《これ》を四揲《せつ》すべく、揲《せつ》とは朱晦菴《しゆくわいあん》曰《いはく》、間而取《まじへてこれをとるなり》ㇾ之也と、羽嶽先生《うがくせんせい》曰《いはく》、疊而取《たゝみてこれをとるなり》ㇾ之也、毎《まい》四策《さく》一二取《とる》ㇾ之《これ》一故謂《ゆゑにいふ》二之揲《これをせつ》一と、即《すなは》ち一度《ど》に四策《さく》づゝ之《これ》を分《わか》ち數《かぞ》ふことを言《い》ふのである。乃《そこ》で一策《さく》を以《もつ》て一時《じ》に配《はい》すとせば、四策《さく》は即《すなは》ち四時《じ》に當《あた》ることゝなる、謂《い》ふ所《ところ》の四時《じ》に象《かた》どるとは、春夏秋冬《しゆんかしふとう》の四時《じ》を指《さ》したものである。

歸《き》二シテ奇《き》ヲ於《おい》テ切《せつ》ニ以《もつ》テ象《かた》ドルㇾ閏《じゆん》ニ

前段《ぜんだん》に於《おい》て述《の》べたるが如《ごと》く、四揲《せつ》の後右手《のちうしゆ》に揲《かぞ》へ得《え》たものを過揲《くわせつ》の正策《せいさく》と名《なづ》け、左手《さしゆ》に餘《あま》したるものを奇策《きさく》と名《なづ》くるのである。が奇《き》とは左右《さいう》四揲《せつ》の餘策《よさく》で、康熙字典《かうきじてん》に由《よ》れば、廣韻《くわうゐん》・集韻《しふゐん》・韻會《ゐんくわい》共《とも》に居宜《きよぎ》の切《せつ》奇《き》は羈《き》にして異《い》なり、秘《ひ》なり、零數《れいすう》なりとして居《ゐ》る。して見《み》れば、玆《こゝ》に謂《い》ふ奇策《きさく》とは、唯揲餘《たゞせつよ》の端數《たんすう》であると言《い》ふことを意味《いみ》して居《ゐ》る許《ばか》りでなく、その上尚《うへなほ》奇異秘妙等《きいひめうとう》の意味《いみ》を罩《こ》めて見《み》ねばならぬ樣《やう》である。そこでその數《かぞ》へ殘《のこ》した策數《さくすう》は、或《あるひ》は一の時《とき》と二の時《とき》と、亦或《またあるひ》は三の時《とき》と四の時《とき》との四通《とほ》りあるが、之《これ》を格《かく》の左邊小切《さへんせうせつ》の第《だい》一に置《お》く、謂《い》ふ所《ところ》の奇《き》を切《せつ》に歸《き》すとは即《すなは》ち此《こ》のことである。而《しか》して切とは劄とか刻とか言ふの義で、木格の切れ目の處を指したものに外ならぬ。然《しか》るに通本《つうほん》には切を誤《あやま》つて扐《ろく》に作《つく》つて居《ゐ》るのを見《み》て、諸儒《しよじゆ》が一般《ぱん》に扐《ろく》を以《もつ》て勒《ろく》となし若《も》しくは仂《ろく》の義《ぎ》となして居《ゐ》るのは、皆凡《みなすべ》て牽强附會《けんきやうふくわい》である。亦閏《またうろう》に象《かた》どるとは四揲《せつ》の餘數即《よすうすなは》ち奇策《きさく》を擧《あ》げて之《これ》を木格《もくかく》の切處《せつしよ》に歸《き》し置《お》くことゝてあるが、それが恰《あたか》も氣盈《きえい》の餘數《よすう》を積《つ》むで閏月《うるうづき》を成《な》す所《ところ》の曆法《れきはふ》と能《よ》く相似《あひに》た所《ところ》がある。故《ゆゑ》に之《これ》を閏《じゆん》に象《かた》どると言《い》ふ、象《かた》どるとは之《これ》を擬《ぎ》することである。併《しか》し此《こ》の一句《く》は異說《いせつ》の最《もつと》も多《おほ》い所《ところ》であるから、以《い》下《か》詳《つまび》らかに之《これ》を論《ろん》ずることゝする。

朱晦菴曰《しゆくわいあんいは》ク扐《ろく》ハ勒《ろく》ナリ、左《さ》手《しゆ》中《ちう》三指《し》ノ間《あひだ》ニ勒《ろく》スルナリ。

と。此《か》の如《ごと》く朱子《しゆし》は左《さ》手《しゆ》の小指《せうし》の間《あひだ》に掛《か》くるのが掛《かけ》で、左《さ》手《しゆ》中《ちう》三指《し》の間《あひだ》に挾《はさ》むのが扐《ろく》であると言《い》ふて居《ゐ》る、して見《み》れば、掛《かけ》と扐《ろく》とは唯《たゞ》小指《せうし》の間《あひだ》に挾《はさ》むと中《ちう》三指《し》の間《あひだ》に挾《はさ》むとの違《ちが》ひがある丈《だけ》で、之《これ》を指間《しかん》に挾《はさ》む所《ところ》は二者《しやとも》共に擇《えら》ぶ所《ところ》はない、然《しか》るに同《おな》じく之《これ》を指間《しかん》に挾《はさ》むの義《ぎ》であるのに、一は之《これ》を掛《かけ》と言《い》ひ亦《また》一は之《これ》を扐《ろく》と言《い》ふて、彼此《かれこれ》その稱《しよう》を異《こと》にすべき道理《だうり》がないではないか且《か》つ周《しう》の時代《じだい》の一尺《しやく》は、我《わ》が今《いま》の曲尺《きよくしやく》六寸《すん》六分《ぶ》六厘《りん》六毛《もう》に當《あた》り、天子《てんし》諸侯《しよこう》抔《など》は九尺《しやく》或《あるひ》は七尺《しやく》の簭《し》を用《もち》ゆるのが法《はふ》であつたと言《い》へば、此《か》の如《ごと》く長《なが》きものを指間《しかん》に挾《はさ》みながら、如何《いか》にして揲策《せつさく》をなし得《え》たてあらうか、余《よ》が殆《ほと》むど想像《さうざう》し得《え》ざる所《ところ》である、是《これ》に由《よつ》て之《これ》を觀《み》れば、掛《かけ》も扐《ろく》も共《とも》に之《これ》を指間《しかん》に挾《はさ》むことを言《い》ふたものでないことが分《わか》る。

兪琰曰《ゆたんいは》ク、掛《かじ》ハ自《おのづ》カラ掛《かけ》、扐《ろく》ハ自《おのづ》カラ仂《ろく》、詎《な》ンゾ前《まへ》ニ在《あ》ルノ掛《かけ》ヲ以《もつ》テ、指間《しかん》ノ扐《ろく》ニ雑《まじ》ユベケンヤ。

と。此說後半《このせつこうはん》は全然之《ぜんぜんこれ》を取《と》ることは可能《でき》ぬけれども、前半《まへはん》に言《い》ふ所《ところ》は洵《まこと》にさうである、故《ゆゑ》に之《これ》を取《とつ》て朱說《しゆせつ》の非《ひ》を駁《ばく》するに足《た》るのである。

虞《ぐ》翻《ばん》曰《いは》ク奇ハ掛クル所ノ一策扐ハ揲ブル所ノ餘一ナラザレバ則《すなは》チ二、三ナラザレバ則《すなは》チ四ナリ、奇ヲ取テ以テ扐ニ歸ス、閏月《じゆんげつ》ヲ以《もつ》テ四時《じ》ヲ定《さだ》メ歳《とし》ヲ成《な》ス、故《ゆゑ》ニ奇《き》ヲ扐《ろく》ニ歸《き》シテ以《もつ》テ閏《じゆん》ニ象《かた》ドルナリ。

張横渠曰《ちやうわうきよいは》ク、奇ハ掛クル所ノ一ナリ、扐ハ左右四揲ノ餘ナリ、再扐《さいろく》シテ後《のち》掛《か》クル者《もの》ハ、一爻《かう》ヲ成《な》ス毎《ごと》ニ而《しか》シテ後《のち》掛《か》クルナリ、第二第三揲ハ掛ケザルヲ謂フナリ、閏《うるう》ハ嘗《かつ》テ三歳《さい》ニ及《およ》バズシテ、而《しか》シテ再至《さいし》ス、故《ゆゑ》ニ五歳再閏《さいさいじゆん》ト曰《い》フ、此《こ》レ奇《き》ヲ歸《き》ス必《かな》ラズ再扐《さいろく》ヲ俟《ま》ツ者《もの》、閏《うるう》ノ中間再歳《ちうかんさいさい》ナルニ象《かた》ドルナリ

郭忠孝曰《くわくちうかういは》ク、奇《き》ハ掛《か》クル所《ところ》ノ一ナリ、扐《ろく》ハ左右《さいう》四揲《せつ》ノ餘《あまり》ナリ、左右《さいう》四揲《せつ》ノ餘《あまり》ヲ得《え》テ前《まへ》ニ寘《お》キ、奇《き》ヲ以《もつ》テ之《これ》ニ歸《き》スルナリ、奇《き》ヲ歸《き》スル閏《うるう》ニ象《かた》ドルナリ、五歳《さい》ニ再閏《さいじゆん》トハ、再扐《さいろく》ヲ以《もつ》テ再閏《さいじゆん》ニ象《かた》ドルニアラザルナリ、蓋《けだ》シ閏《じゆん》ノ後《のち》ニ再歳《さいさい》アリ、故《ゆゑ》ニ奇《き》ヲ歸《き》スルノ後《のち》ニモ亦再扐《またさいろく》アルナリ、再扐《さいろく》シテ而《しか》ル後掛《のちかけ》シ、復《ま》タ掛《かけ》シ、掛《かけ》シテ而《しか》シテ復《ま》タ歸《き》ス、則《すなは》チ五歳再閏《さいさいじゆん》ノ象《しやう》ナリ、唐初《たうしよ》ヨリ以來《いらい》奇《き》ヲ以《もつ》テ扐《ろく》ト爲《な》ス、故《ゆゑ》ニ揲法誤《せつぽふあや》マリ多《おほ》シ、横渠先生《わうきよせんせい》ニ至《いた》テ、而《しか》シデ後奇扐復《のちきろくま》タ分《わか》ル。

又曰《またいは》ク扐《ろく》ハ數《すう》ノ餘《あまり》ナリ、禮《れい》ニ祭《さい》ニハ數《すう》ノ仂《ろく》ヲ用《もち》ユト言《い》フガ如《ごと》キ是《これ》ナリ、或《あるひ》ハ指間《しかん》ヲ扐《ろく》ト爲《な》スト謂《い》フ者《もの》ハ非《ひ》ナリ、系辭《けいじ》ニ奇ヲ扐ニ歸スト言フ、則チ奇ト仂ト二事ト爲ル、又再扐《またさいろく》シテ而《しか》ル後《のち》ニ掛《かけ》スト言《い》フ則《すなは》チ扐《ろく》ト奇《き》ト亦《また》二事《じ》ト爲《な》ル、是《これ》ニ由《よつ》テ正義《せいぎ》誤《あやま》ツテ奇《き》ヲ以《もつ》テ仂《ろく》ト爲《な》シ、又誤《またあやま》ツテ左右手揲《さいうしゆせつ》ヲ以《もつ》テ再《さい》仂《ろく》ト爲《な》スコトヲ知《し》ル、最末《さいまつ》ノ餘《よ》之《これ》ヲ歸《き》シ、仂掛《ろくかけ》ノ一處《しよ》ニ合《あは》スト曰《い》フガ如《ごと》キハ、其《そ》ノ説自《せつおのづ》カラ牴牾《ていご》シ、從《したが》フ所《ところ》ヲ知《し》ルコトナシ、惟横渠先生《たゞわうきよせんせい》ノ説《せつ》ニ從《したが》フヲ正《せい》ト爲《な》スベシ。

又曰《またいは》ク、繫辭《けいじ》一仂兩掛《ろくりやうかけ》ヲ以《もつ》テ三變《べん》シテ而《しか》シテ一爻《かう》ヲ成《な》スト爲《な》ス、是《こ》レ三歲《さい》一閏《じゆん》ノ象《しやう》アリ、正義《せいぎ》每《まい》一揲《せつ》左右兩手《さいうりやうて》ノ餘《あまり》ヲ以《もつ》テ、卽《すなは》チ再仂《さいろく》トナス、是《こ》レ一變《べん》ノ中《なか》ニ再仂《さいろく》一掛皆具《かけみなそな》ハル、則《すなは》チ一歲《さい》一閏《じゆん》ノ象《しやう》ナリ、凡《およ》ソ揲蓍《せつし》第《だい》一變必《べんかな》ラズ一ヲ掛《か》クル者《もの》ハ、一ヲ掛《か》ケザレバ則《すなは》チ變《へん》ナキヲ謂《い》フ、餘《あま》ス所《とこ》ロ皆《みな》五ナレバナリ、惟《たゞ》一ヲ掛《か》クレバ則《すなは》チ餘《あま》ス所《ところ》五ニアラザレバ則《すなは》チ九、故《ゆゑ》ニ能《よ》ク變《へん》ズ、第《だい》二第《だい》三揲掛《せつかけ》セズト雖《いへ》ドモ、亦《また》四八ノ變《へん》アリ、蓋《けだ》シ必《かな》ラズシモ掛《か》ケザルナリ、故《ゆゑ》ニ聖人必《せいじんかな》ラズ再仂《さいろく》シテ後掛《のちかけ》スル者此《ものこ》ノ如《ごと》シ。

と。根本羽嶽先生《ねもとうがくせんせい》も亦此《またこ》の說《せつ》に從《したが》ふて朱說《しゆせつ》を斥《しりぞ》け、奇《き》を以《もつ》て掛《かけ》の一策《さく》を指《さ》すものとなし、扐《ろく》を以《もつ》て揲《せつ》餘《よ》の殘策《ざんさく》を指《さ》すものとされたのであるが、這《こ》は已《すで》に論《ろん》じたるが如《ごと》く、奇《き》は卽《すなは》ち揲餘《せつよ》の殘策《ざんさく》で扐《ろく》は卽《すなは》ち切《せつ》の誤《あや》まりである。故《ゆゑ》に朱說《しゆせつ》の非《ひ》なることは固《もと》より論《ろん》なき所《ところ》であるけれども、而《しか》も奇《き》を以《もつ》て掛《かけ》の一策《さく》となし、扐《ろく》を以《もつ》て仂《ろく》と同視《どうし》し、之《これ》を以《もつ》て揲餘《せつよ》の殘數《ざんすう》となすは、亦朱說《またしゆせつ》と一般《ばん》取《と》るに足《た》らぬ謬說《びうせつ》である。

蓋《けだ》し這《こ》は字《じ》書中《しよちう》に扐仂勒等《ろくろくろくとう》の字《じ》があることを知《し》つて、未《いま》だ經傳中《きやうでんちう》に謬寫誤刻《びうしやごこく》の文字《もんじ》あることを知《し》らぬ爲《た》めの附會《ふくわい》である。亦前《またまへ》にも言《い》ひし如《ごと》く、掛《かけ》とは之《これ》を懸《か》け置《お》て一切《さい》用《もち》ひぬの義《ぎ》である、然《しか》るに歸二奇於一切の文《ぶん》を讀《よ》むで、掛《かけ》の一策《さく》を取《とつ》て之《これ》を揲餘《せつよ》の殘策《ざんさく》に歸合《きかふ》するの義《ぎ》と見《み》る所《ところ》から、元來《ぐわんらい》ならば前後《ぜんご》三變《へん》を通《つう》じて何時《いつ》も四策或《さくあるひ》は八策《さく》を得《う》べき筈《はず》の筮法《ぜいはふ》が、却《かへ》つて初變《しよへん》には五策或《さくあるひ》は九策《さく》を得《え》て、二變《へん》三變《へん》には四策或《さくあるひ》は八策《さく》を得《う》るが如《ごと》き不同《ふどう》を生《しやう》ずるに至《いた》るのである。且《か》つ奇《き》と掛《かけ》とが同《どう》一でないことは、その文《ぶん》を考《かんが》へた丈《だけ》でも分《わか》ることとて、若《も》し諸儒《しよじゆ》の説《せつ》の如《ごと》く、同《どう》一のものであるならば、歸ニ奇於テ扐と言《い》はずして、必《かな》らず歸ニ掛於テ扐と言《い》ふべき筈《はず》である。然《しか》るに之《これ》を歸レ奇と言《い》ふて歸レ掛と言《い》ふて居《を》らぬ所《ところ》を見《み》れば、奇《き》と掛《かけ》一とが同《どう》一のものでないことが明《あき》らかに分《わか》るのである。さもなくば何《なに》を苦《くる》しむで一方《ぱう》には之《これ》を掛《かけ》と言《い》ひ、亦《また》一方《ぱう》には奇《き》と言《い》ふて前後《ぜんご》その文《ぶん》を異《こと》にすべき筈《はず》がないではないか、然《しか》るに此《かく》の如《ごと》く睹易《みやす》き所《ところ》の道理《だうり》を察《さつ》せずして、虞翻《ぐはん》が一だび此説《このせつ》を唱《とな》へて以來《いらい》張郭《ちやうくわく》の徒《と》亦之《またこれ》に和《わ》して盲論《まうろん》を鳴らし、附會《ふくわい》強辯《きやうべん》愈《いよ/\》出《い》でゝ愈《いよ/\》鑿《うが》ち、康熙帝《かうきてい》に至《いた》つて亦曰《またいはく》く

大約《たいやく》孔疏《こうそ》本義《ほんぎ》ハ、則《すなは》チ左右《さいう》揲餘《せつよ》ヲ以《もつ》テ奇《き》ト爲《な》ス、而《しか》シテ再扐《さいろく》ヲ以《もつ》テ再閏《さいじゆん》ニ象《かた》ドル、張氏郭氏《ちやうしくわくし》ハ則《すなは》チ先《さ》キニ一ヲ掛《か》クル者《もの》ヲ以《もつ》テ奇《き》ト爲《な》ス、而《しか》シテ之《これ》ヲ扐《ろく》ニ歸《き》シテ以《もつ》テ閏《じゆん》ニ象《かた》ドル、其《そ》ノ説《せつ》ニ謂《い》フ、惟初《たゞしよ》變《へん》ハ一ヲ掛《か》ケテ、而《しか》シテ後《のち》二變《へん》ハ掛《かけ》セズ、故《ゆゑ》ニ初歳閏《しよさいじゆん》アレバ、又須《またす》ベカラク更《さら》ニ二歳《さい》ヲ越《こ》ユベシ、如《も》シ初變掛《しよへんかけ》スルコトアラズ、又須《またす》ベカラク二變《へん》ヲ越《こ》ユベシ、以《もつ》テ再扐《さいろく》シテ而《しか》シテ後掛《のちかけ》スルノ文《ぶん》ニ應《おう》ズルナリト、郭氏《くわくし》ノ説《せつ》ノ如《ごと》キハ、則《すなは》チ再閏再仂《さいじゆんさいろく》、兩《りやう》ノ再《さい》ノ字《じ》各義《かくぎ》ヲ異《こと》ニシテ、而《しか》シテ相應《あひおう》セズ、故《ゆゑ》ニ須《す》ベカラク朱子《しゆし》ノ論《ろん》ヲ以《もつ》テ確《たしか》ト爲《な》スベシ、然《しか》レドモ奇《き》ヲ歸《き》スルヲ以《もつ》テ、掛《かけ》一ノ奇《き》ヲ歸《き》スルト爲《な》スハ則《すなは》チ虞翻《ぐはん》ヨリ已《すで》ニ此説《このせつ》ヲ爲《な》ス、且《か》ツ經文《きやうもん》ノ語氣《ごき》ヲ玩《あそ》ブニ、奇ヲ仂ニ歸スト、奇《き》ト扐《ろく》ト自《おのづ》カラ是《こ》レ兩物《りやうぶつ》ニシテ、而《しか》シテ一處《しよ》ニ併歸《へいき》スルノミ、此義《このぎ》ハ則《すなは》チ郭氏《くわくし》ノ説從《せつしたが》フ可《べ》シ、蓋《けだ》シ疏義《そぎ》ノ意《い》ハ、是《こ》レ扐《ろく》ヲ以《もつ》テ閏《じゆん》ニ象《かた》ドルナリ、張郭《ちやうくわく》ノ意《い》ハ、是《こ》レ掛《かけ》ヲ以《もつ》テ閏《じゆん》ニ象《かた》ドルナリ、今其《いまそ》ノ中《ちう》ヲ折《くじ》ケバ、則《すなは》チ掛扐《かけろく》

皆併《みなあは》セテ以《もつ》テ閏《じゆん》ニ象《かた》ドル當《べ》ク、天道《てんだう》ヲ以《もつ》テ之《これ》ヲ論《ろん》ゼバ、氣《き》盈《えい》朔《さく》虚《きよ》必《かな》ラズ併《あわ》セテ一法《はふ》ト爲《な》ス、筮儀《ぜいぎ》ヲ以《もつ》テ之《これ》ヲ論《ろん》ゼバ、掛《かけ》ト扐《ろく》ト必《かな》ラズ併《あわ》セテ一處《しよ》ニ在《あ》リ、經文《けいぶん》ヲ以《もつ》テ之《これ》ヲ考《かんが》フレバ、曰《いは》ク奇《き》ヲ扐《ろく》ニ歸《き》スト、又曰《またいは》ク再扐《さいろく》シテ而《しか》シテ後掛《のちかけ》スト、則《すなは》チ閏《じゆん》ニ象《かた》ドル者《もの》ハ、當《ま》サニ掛《かけ》ト扐《ろく》トヲ併《あわ》スベキヤ明《あき》ラカナリ。

と。此《こ》の如《ごと》くその一半《はん》は朱説《しゆせつ》を取《と》り、亦《また》その一半《はん》は廣張《ぐちやう》の説《せつ》を取《とつ》てその中《なか》を折《くじ》き、掛扐《かけろく》を幷《あわ》せて共《とも》に閏《じゆん》に象《かた》どると言《い》ふ珍妙《ちんめう》な説《せつ》を立《た》てたのであるが、這《こ》は必竟《ひつきやう》扐《ろく》も亦或《またある》一種《しゆ》の數《すう》であると誤認《ごにん》したからのことである。一犬虚《けんきよ》を吠《は》へて、群犬實《ぐんけんじつ》を傳《つた》へ、終《つい》に繫辭《けいじ》の本義《ほんぎ》を沒却《ぼつきやく》し去《さ》らむとするに至《いた》つたのである、倘後段《なほこうだん》に至《いた》つて之《これ》を弁論《べいろん》することゝする。

五歳再閏、故再切而後分掛。

通本《つうほん》には玆《こゝ》にも亦切《またせつ》を誤《あや》まつて扐に作《つく》り、倘而後《なほしかしてのち》の下《しも》分の一字《じ》を脱《だつ》して居《ゐ》るから、今之《いまこれ》を補正《ほせい》して置《お》くのである。

次《つぎ》に右手《うしゆ》に得《え》た所《ところ》の過揲《くわせつ》の正策《せいさく》は之《これ》を格《かく》の右邊《うへん》左方《さはう》の大刻《だいこく》に還歸《くわんき》し、尋《つい》で亦右手《またうしゆ》を以《もつ》て右邊《うへん》右半大刻《うはんだいこく》の策《さく》を取《と》り、左手《さしゆ》にて之《これ》を四揲《せつ》し、以《もつ》て過揲《くわせつ》の正策《せいさく》を得《え》、而《しか》して右手《うしゆ》に餘《あま》す所《ところ》の奇策《きさく》はその數《すう》一でなければ二、三でなければ四であるが、始《はじ》めの左半奇策《さはんきさく》と同《おな》じく、之《これ》を格《かく》の左邊小切《さへんせうせつ》の第《だい》一に併《あわ》せ置《おい》て再閏《さいじゆん》に象《かた》どるのである。即《すなは》ち左半《さはん》の奇策《きさく》を以《もつ》て一閏《じゆん》となし、右半《うはん》の奇策《きさく》を以《もつ》て二閏《じゆん》となす、故《ゆゑ》に五歳《さい》にして再閏《さいじゆん》と言《い》ふ。謂《い》ふ所《ところ》の五歳再閏《さいさいじゆん》とは唯暦法《たゞれきはふ》に就《つい》て之《これ》を言《い》ふた迄《まで》のことであるから、筮法《ぜいはふ》に於《おい》ても亦必《またかな》らず一々巨細《いち〳〵こさい》に之《これ》を實《まこと》にせねばならぬと言《い》ふのではない。蓋《けだ》し謂《い》ふ意《い》は暦法《れきはふ》には五歳《さい》の間《あひ》だに再閏《さいじゆん》がある、故《ゆゑ》に筮法《ぜいはふ》に於《おい》ても亦《また》その法《はふ》に傚《なら》ふのではあるが、唯《たゞ》その大致《たいち》の所《ところ》に傚《なら》ふ丈《だけ》で、卽《すなは》ち一を掛《か》け再切《さいせつ》して第《だい》一變《へん》を終《を》へた後《のち》で、亦新《またあら》たに二に分《わか》ち一を掛《か》け、以《もつ》て第《だい》二變《へん》を起《おこ》すの端緒《たんちよ》を示《しめ》すに過《す》ぎぬ。故《ゆゑ》に五歳再閏《さいさいじゆん》の一句《く》は唯之《たゞこれ》を輕《かる》く視《み》て置《お》けばよい、然《しか》るに諸儒《しよじゆ》が皆《みな》五歳再閏《さいさいじゆん》の暦法《れきはふ》その儘《まゝ》を取《と》て、之《これ》を筮法《ぜいはふ》の上《うへ》に一々《いち〳〵》當《あ》て箝《は》め樣《やう》とするから、容易《ようい》に之《これ》を當《あ》て箝《は》むることが可能《でき》ぬ、それで種々《しゆ〴〵》の異説《いせつ》を持出《もちだ》して來《き》た爲《た》めに、遂《つひ》に適歸《てきき》する所《ところ》を知《し》らぬ樣《やう》になつたもので、朱子《しゆし》は一を掛《か》け、左《ひだり》を揲《かぞ》へ右《みぎ》を揲《かぞ》へ、左《ひだり》を扐《ろく》し、右《みぎ》を扐《ろく》するを以《もつ》て、五歳再閏《さいさいじゆん》の象《かたち》であると言《い》ひ、又郭氏《またくわくし》が若《も》し兩扐《りやうろく》一掛《かけ》を以《もつ》て三變《へん》して一爻《かう》を成《な》すとせば、這《こ》は三歳《さい》一閏《じゆん》の象《かたち》である。若《も》し亦每《またまい》一揲《せつ》左右兩手《さいうりやうて》の餘《あまり》を以《もつ》て卽《すなは》ち再扐《さいろく》となさば、その一變《へん》の中《なか》に再扐《さいろく》一掛皆具《かけみなそな》はるのであるから卽《すなは》ち一歳再閏《さいさいじゆん》の象《かたち》である。故《ゆゑ》に初變《しよへん》には必《かな》らず一を掛《か》くるけれども、而《しか》も後《のち》二變《へん》には之《これ》を掛《か》けぬのである、蓋《けだ》し初歳《しよさい》に閏《じゆん》があれば、後《のち》二歳《さい》を隔《へだ》てゝ亦閏《またじゆん》がある、故《ゆゑ》に筮法《ぜいはふ》に於《おい》ても亦此《またこ》の如《ごと》く初變《しよへん》一を掛《か》くれば、後《のち》の二變《へん》は掛《かけ》ないで唯扐《たゞろく》する許《ばか》りである、故《ゆゑ》に再扐而後掛《さいろくしかしてのちかけ》すと言《い》ふが如《ごと》きは、皆是《みなこ》れ五歳再閏《さいさいじゆん》の語《ご》を餘《あま》りに重視《ちうし》して、之《これ》を筮法《ぜいはふ》の上《うへ》に實《まこと》にしやうとした誤《あや》まりに坐《ざ》するものである。されども亦朱說《またしゆせつ》の如《ごと》く扐《ろく》その者《もの》を以《もつ》て閏《じゆん》に象《かた》どると言《い》ふのも誤《あや》まりである、郭氏《くわくし》言《い》ふ奇《き》を扐《ろく》に歸《き》すと、則奇與㆑扐爲㆓二事㆒也と、その意味《いみ》に違《ちか》ふ所《ところ》はあるけれども、此《こ》の所《ところ》は當《まさ》に郭氏《くわくし》が言《い》ふ様《やう》に、奇《き》と扐《ろく》とは之《これ》を別々《べつべつ》に見《み》るのが正當《せいたう》である、何《なん》となれば、朱說《しゆせつ》の如《ごと》く扐《ろく》を以《もつ》て勒《ろく》となすと、亦余《またよ》が說《せつ》の如《ごと》く扐《ろく》を以《もつ》て切《せつ》となすとに論《ろん》なく、奇《き》を歸《き》するその事自《ことじ》體《たい》が閏《じゆん》を置《お》くの義《ぎ》に當《あた》り、扐《ろく》その者《もの》を以《もつ》て閏《じゆん》に象《かた》どるのではないからである。又郭氏《またくわくし》が若《も》し亦每《またまい》一揲《せつ》左右兩手《さいうりやうて》の餘《あまり》を以《もつ》て卽《すなは》ち再扐《さいろく》となさば、そは一變《へん》の中《なか》に再扐《さいろく》一掛皆具《かけみなそな》はるを以《もつ》て、卽《すなは》ち一歳再閏《さいさいじゆん》の象《かたち》であると言《い》ふて居《ゐ》るけれども、已《すで》に述《の》べたるが如《ごと》く、五歳再閏《さいさいじゆん》とは曆法上《れきはふじやう》のことで、筮法上《ぜいはふじやう》のことではない、筮法《ぜいはふ》に於《おい》ては唯《たゞ》その再閏《さいにゆん》の所丈《ところだけ》を取《と》つて之《これ》を擬《ぎ》するのである、故《ゆゑ》にその年數迄《ねんすうまで》も之《これ》を筮《ぜい》の上《うへ》に實《まこと》にせむとするのは、餘《あま》り立《た》ち入《い》り過《す》ぎた所《ところ》の僻說《へきせつ》である、隨《したが》つて一變《へん》の中左右再切《うちさいうさいせつ》を以《もつ》て再閏《さいじゆん》の象《しやう》となすも、聊《いさゝ》か五歳再閏《さいさいじゆん》の語《ご》と相戾《あひもど》る所《ところ》はない、傳文《でんぶん》に曰《いは》く歸二奇於一切以象レ閏。五歳再閏《さいさいじゆん》、故《ゆゑに》再切《さいせつ》而《しかして》後分掛《のちぶんかけ》と。卽《すなは》ち奇策《きさく》を切《せつ》に歸《き》することが閏《じゆん》の象《かたち》である、左半《さはん》の奇策《きさく》も之《これ》を切《せつ》に歸《き》し、右半《うはん》の奇策《きさく》も亦《また》之《これ》を切《せつ》に歸《き》するのが、卽《すなは》ち下文《げぶん》に謂《い》ふ所《ところ》の再切《さいせつ》で、再切《さいせつ》するのは卽《すなは》ち再閏《さいじゆん》の象《かたち》である、再閏《さいじゆん》の象《かたち》であるから、その下《しも》に亦而後分掛《またしかしてのちわかちかけ》と言《い》ふて、第二變《だいへん》を起《おこ》すの端《たん》を開示《かいじ》して居《ゐ》る、傳文《でんぶん》の謂《い》ふ所《ところ》は此《かく》の如《ごと》く明白《めいはく》である、然《しか》るに五歳《さい》の年數迄《ねんすうまで》も之《これ》を筮法《ぜいはふ》の上《うへ》に曲說《きよくせつ》しようとするから、第《だい》一變《へん》は掛《か》けすれども第《だい》二第《だい》三變《へん》は掛《かけ》せず、然《しか》らざれば、初歳閏《しよさいじゆん》あつて後《のち》二歳《さい》を越《こ》ゆるの法《はふ》に背《そむ》くの說《せつ》をなすに至《いた》る、此《かく》の如《ごと》きは皆《みな》五歳《さい》の二字《じ》に拘泥《かうでい》した僻說《へきせつ》て、信《しん》を措《お》くべき價値《かち》はないものである。

此《かく》の如《ごと》く第《だい》一變《へん》を終《お》へて餘《あま》す所《ところ》の策《さく》は、左《ひだり》が一であれば、右《みぎ》は必《かな》らず三、左《ひだり》が二であれば右《みぎ》も亦《また》二、左《ひだり》が三であれば、右《みぎ》は必《かな》らず一、若《も》し亦左《またひだり》が四であれば、右《みぎ》も亦《また》四で、舊說《きうせつ》の如《ごと》くに掛《かけ》の一を加《くは》へぬのであるから、之《これ》を合併《がつぺい》すれば四策《さく》を得《う》るのが四通《とほ》り、八策《さく》を得《う》るのが一ト通《とほ》りで、第《だい》二變乃至《へんないし》第《だい》三變《へん》の時《とき》もその策數《さくすう》は矢張《やは》り同樣《どうやう》である。そこでその四策《さく》を得《え》たものを奇《き》と言《い》ひ、八策《さく》を得《え》たものを偶《ぐう》と言《い》ふのであるが、奇《き》は三の義《ぎ》、偶《ぐう》は二の義《ぎ》で．說卦傳《せつくわでん》に參天《さんてん》兩地《りやうち》而《しかして》倚《よる》レ數《すう》と言《い》ふは正《たゞ》しく此《こ》のことて、亦易卦《またえきくわ》の三百八十四爻《かう》を呼《よ》むで皆初《みなしよ》九九二初《しよ》六六二抔《など》と言《い》ふは、卽《すなは》ち此《こ》の蓍策《しさく》の數《すう》に基《もとづ》いて之《これ》を呼《よ》むだものである、然《しか》らば何故《なにゆゑ》に天數《てんすう》を參《さん》の奇《き》となし、地數《ちすう》を兩《りやう》の偶《ぐう》となすかと言《い》ふに、

朱晦菴《しゆくわいあん》曰《いは》ク、天《てん》ハ圓《ゑん》ニシテ地《ち》ハ方《はう》、圓《ゑん》ナル者《もの》ハ一ニシテ而《しか》シテ圍《ゐ》ハ三、三ハ各《かく》一奇《き》、故《ゆゑ》ニ參天《さんてん》ニシテ而《しか》シテ三ト爲《な》シ、方《はう》ナル者《もの》ハ一ニシテ而《しか》シテ圍《ゐ》ハ四、四ハ二偶《ぐう》ヲ合《がつ》ス、故《ゆゑ》ニ兩地《りやうち》ニシテ而《しか》シテ二ト爲《な》ス、數《すう》ハ皆此《みなこれ》ニ倚《よつ》テ起《おこ》ル、故《ゆゑ》ニ揲蓍《せつし》三變《へん》ノ末《すゑ》、其《そ》ノ三奇《き》ヲ餘《あま》セバ、則《すなは》チ三三ニシテ而《しか》シテ九、三偶《ぐう》ナレバ、則《すなは》チ三二ニシテ而《しか》シテ六、兩《りやう》二一三、ハ則《すなは》チ七ト爲《な》シ、兩《りやう》三一二ハ則《すなは》チ八ト爲《な》ス。

孔穎達《こうえいたつ》曰《いは》ク、何《なに》ヲ以《もつ》テ參兩《さんりやう》ヲ奇偶《きぐう》ト相爲《あひな》ス、兩《りやう》ハ是《こ》レ偶數《ぐうすう》ノ始《はじ》メ、三ハ是《こ》レ奇數《きすう》ノ始《はじ》メナルヲ以《もつ》テナリ、一ヲ以《もつ》テ奇《き》ヲ目《もく》セザル者《もの》ハ、張氏《ちやうし》曰《いは》ク、三中《ちう》ニ兩《りやう》ヲ含《ふく》ミ、一ハ以《もつ》テ兩《りやう》ヲ包《つゝ》ムノ義《ぎ》アルヲ以《もつ》テ天《てん》ニハ地《ち》ヲ包《つゝ》ムノ德《とく》アツテ、陽《やう》ニハ陰《いん》ヲ包《つゝ》ムノ道《みち》アルコトヲ明《あきらに》カス。

康熙《かうき》帝《てい》曰《いは》ク、參天兩地《さんてんりやうち》、方圓徑圍《はうゑんけいゐ》ヲ以《もつ》テ之《これ》ヲ定《さだ》ム、亦其《またそ》ノ大致《たいち》ノミ、實《まこと》ハ則《すなは》チ徑《けい》一ナル者《もの》ハ圍《ゐ》三ニ止《とゞ》マラズ、密率《みつりつ》ニアラザルナリ、理《り》ヲ以《もつ》テ之《これ》ヲ言《い》ヘバ、則《すなは》チ張氏《ちやうし》ノ所謂《いはゆる》一ヲ以《もつ》テ兩《りやう》ヲ包《つゝ》ム者《もの》、是《こ》レ

蓋《けだ》シ天《てん》ハ能《よ》ク地《ち》ヲ兼《か》ヌ、故《ゆゑ》ニ一ハ二ヲ併《あわ》セテ以《もつ》テ之《これ》ヲ成《な》スナリ、算《さん》ヲ以《もつ》テ之《これ》ヲ言《い》ヘバ、則《すなは》チ孔氏《こうし》ノ所謂《いはゆる》兩《りやう》ヲ偶數《ぐうすう》ノ始《はじ》メトナシ、三ヲ奇數《きすう》ノ始《はじ》メトナス者《もの》、是《こ》レ蓋《けだ》シ一ヲ以《もつ》テ一ニ乘《じよう》シ、一ヲ以《もつ》テ一ヲ除《のぞ》クモ皆《みな》變《へん》ズベカラズ、故《ゆゑ》ニ乘除《じようぢよ》ノ數《すう》ハ三ト二トニ起《おこ》ルナリ、象《かたち》ヲ以《もつ》テ之《これ》ヲ言《い》ヘバ則《すなは》チ凡《およ》ソ圓《ゑん》ナル者《もの》ハ、三點《てん》ヲ錯置《さくち》シ心《しん》ヲ求《もと》メテ而《しか》シテ之《これ》ヲ規《き》スレバ卽《すなは》チ成《な》ル、凡《およ》ソ方《ほう》ナル者《もの》ハ、兩點《りやうてん》ヲ錯置《さくち》シ角《かく》ヲ折《をつ》テ而《しか》シテ之《これ》ヲ矩《きよ》スレバ卽《すなは》チ成《な》ル、綜《すべ》テ而《しか》シテ之《これ》ヲ言《い》ヘバ皆數《みなすう》ナリ、故《ゆゑ》ニ參天兩地《さんてんりやうち》ハ數《すう》ノ原《もと》ナリ。

と。蓋《けだ》し此說《このせつ》はその當《たう》を得《え》たものであらうと思《おも》ふが、伊藤東涯《いとうとうがい》は過揲《くわせつ》の策數《さくすう》を以《もつ》て、七八九六の根原《こんげん》となすべきことを論《ろん》じて居《ゐ》るから、左《さ》にその全文《ぜんぶん》を擧《あ》げて讀者《どくしや》の參考《さんかう》に供《きよう》することゝする。

用九用六說

卜筮之說、雖下屢見上于ニ詩書春秋之間一、而論孟二經不ㇾ及ニ其義一、則聖人務ニ民義一遠ニ鬼神一之意可ㇾ見矣、然易之一書、列ㇾ于ニ六經一、永爲ニ孔氏之書一、聖人旣曰、五十以學ㇾ易、則亦學者之所ㇾ不ㇾ可ㇾ不ㇾ究焉者、而其所ㇾ謂九六云者、實開卷第一義、而不ㇾ可ㇾ不ニ最先講一焉、正義中所ㇾ載有ニ三說一、而後之易學家、專據ニ啓蒙一曰、太陽居ㇾ一含ㇾ九、少陰居ㇾ二含ㇾ八、少陽居ㇾ三含ㇾ七太陰居ㇾ四含ㇾ六、蓋據ニ河圖一爲ㇾ言、至ㇾ言ニ蓍策一則亦以ㇾ此爲ㇾ本、專取ニ掛扐之數一、自ニ參天兩地之說一、進退分合、以生ニ七八九六之數一、以爲ニ數之原一、以ニ四揲之策一、爲ニ過揲之餘一、以爲ニ數之委一、然今原ニ之于ニ大傳一、參三之于ニ漢晋唐宋易學諸家之說一、稽三之于ニ事理象數一則其說本末顚倒、原委失ㇾ叙、而所ㇾ謂九六云者、與ニ大易之本旨一、背馳矛盾、得ㇾ之所ニ以不得已於言也、易曰揲之以四、以象四時、歸奇於扐以象閏、夫四時者時之正也、閏月時之餘也、故古者置閏于十二月之後、以稱閏餘、左氏春秋傳曰、歸餘于終是也、明堂則王居門、亦其象也、今以掛扐爲正策、以四揲爲餘策、則、是以閏爲四時之正、而四時爲時之餘也、而可乎哉、且奇零殘之稱、若以掛扐爲正策耶、則必不以零殘之稱命之、又曰乾之策、二百一十有六、坤之策、百四十有四、合之三百有六十、當期之日、二篇之策、萬有一千五百二十、當萬物之數也、蓋乾之策、二百一十有六者、積六爻之策各三十六而得之也、易用九六、而不用七八、故此以二老之策、而言、夫老陽掛扐十三策、而四揲者三十六策、老陰掛扐二十五策、而四揲者二十四策、大易若以掛扐爲正策、而以四揲爲餘策、則大傳叙乾坤之策、當擧掛扐之策以數之。曰、乾之策七十八、坤之策、百五十、而今舍此而取彼、曰二百十六、百四十四者何哉、豈幸其偶合氣朔中數、而取奇零餘不當擧者、以當之哉、必無此理也、是其言九六者、必就四揲爲言、而不由掛扐之明矣、歐陽子曰、昔之言大衍者、取四揲之策、而捨掛扐之數、兼知掛扐之多少、則九六之變可知矣、可見古之揲蓍、適如余之說、而歐陽子之時、已不然矣、象山語錄內、有揲蓍法、亦與啓蒙同 乾初九正義曰、所以老陽數九、老陰數六者、以揲蓍之數、九過揲則得老陽、六過揲則得老陰、其少陽稱七、少陰稱八、義亦準此、鄭玄杜預解亦同、劉禹錫曰、老陽之數、分措指間、間者十有三策焉、其餘三十有六、四々而運得九餘、三象、同李泰伯曰、扐十二、並掛而十三、其存者三十六爲老陽、以四計之、則九揲也、故稱九、考誤以正義及劉李說爲證、然皆以過揲爲正策、而與啓蒙異、是其以四揲為正策、而以掛扐為餘策也、昔冲晦處士郭雍著辨疑、專言以掛扐為正策之失、其中述伊川先生揲蓍法曰、四揲布之案上、得四九為老陽、康節先生曰、歸奇合扐之數、得五與四、四則策數四九也、其意亦可見矣、朱子蓍卦考誤、專攻郭氏之說、曰必去掛扐之數、而專用過揲之策、其說愈多、而其法愈偏也、恐未必然、或曰、正義既曰六過揲九過揲、則是以四揲之策為餘策、其來尚矣、豈得謂至啓蒙始爾哉、曰是有說、朱子考誤中所引正義、則作過揲、今考之註疏原本、則皆作遇揲、朱子所引字訛耳、其六遇揲九遇揲云者、言六遇四揲之數、九遇四揲之數也、謂之策者、猶遇卦之遇、適當之謂、以此為蓍策之本數可知矣、若作過揲、則正義不當言九過揲六過揲也、過揲、通謂三十六三十二全數、非以四揲為一過揲也、今謂九過揲得老陽、則老陽之得九、自揲過數而言之可知矣、假使之餘策耶、謂之揲過則可、謂之過揲則語意顛倒、不成文理、一字之差。本末失叙、可慎也夫、又曰、今三變之後、視掛扐之策、則皆實具三奇三偶等四象之象、亦有自然之法、以此為七八九六之原、亦何不可、曰、掛扐之數、固有四象之象、然無七八九六之數、啓蒙雖繁言多說、強求之合、而皆除初掛之一、其數崎嶇牽揑、尤無自然之法象、若以四揲為正策、則不待奇偶方圓進退參兩、而七八九六之數、已見四揲之後矣、且三奇三偶等四象之數、不必大衍五十、凡四四之餘、加以一數、則雖五十二五十六乃至四百四千四萬、視其過揲之數、則莫不必有四象之象、而其可得四九四八四七四六之數者、非必虛大衍五十之一、則必不可得耳、且筮一其四、而揲之、旣有四九四八四七四六之數、烏要進退離合哉、此聖人必用五十之所以爲妙也、而其數之所起、旣出於自然、而不待安排彌縫、數之相因、亦自有定準、而不可轉換迁易、則其難易得失、蓋亦不待知者而知矣、又曰、河出圖洛出書、而聖人則之、今如子之說、則七八九六之數、自蓍策起、而非本圖書也、曰聖人創大衍之數、必四揲之、遇九則爲老陽、遇六則爲老陰、何必本于圖書也哉、蓋蓍策之數、則只有七八九六、而九七陽、而六八陰、七進而九、八退而六、陽主進陰主退、故以七八爲少、而九六爲老也、又曰、繫辭十有八變而成卦、正義曰、每一爻有三變、謂初一揲不五則九、是一變也、第二揲不四則八、是二變也、第三揲亦不四則八、是三變也、若三者俱多爲老陰、謂初得九第二第三俱得八也、然則正義之說、亦取四揲之餘爲正策、而不如子之所說也、曰、然凡卦六爻、十八變、四揲之數、所以試一爻之陰陽老少、掛扐之數、所以試一變之奇偶多少、故言不五則九不四則八、而不總計之、曰十三十七二十一二十五、正義於初九爻下、既著六遇揲九遇揲之說、而於十有八變成卦下、又著此說、則其意各有所主、而非互見也、舊說以視變者、而視爻、此所以致誤也、又曰、舊說亦不廢過揲之數、蓋掛扐之數、乃七八九六之原、而過揲之數、乃七八九六之委、其勢亦有輕重之不同、而乃欲廢置掛扐、而獨以過揲之數爲斷、則是舍本而取末、去約而就繁、豈不誤哉、曰、予之所言、亦非不數掛扐之策也、不欲以此爲正策焉耳、歐陽子所謂、兼知掛扐之多少者也、蓋二說雖異、而至其成卦、則同、唯有原委輕重之別耳、朱子深信河圖洛書、不レ欲レ言下七八九六之數出上於二蓍策一、然原二之大傳一、參二之于漢唐宋易學諸家之說一、稽二之于事理象數一、則與二其輕重失一レ倫、不レ若三本末得二所、與二其分疏費一レ力、不レ若三因二自然數一、若以二數之繁簡一爲レ疑、則閏之於レ歲、三十分之一耳、亦可三以爲二本乎一、斯說也、唯虛心平氣、直就二經文事理一、融二合其義一、則得矣、若夫曉々喧豗、孰不三相下一、則何容二多辯一、元祿庚辰臘月十七日京兆伊藤長胤原藏甫識。

舊說

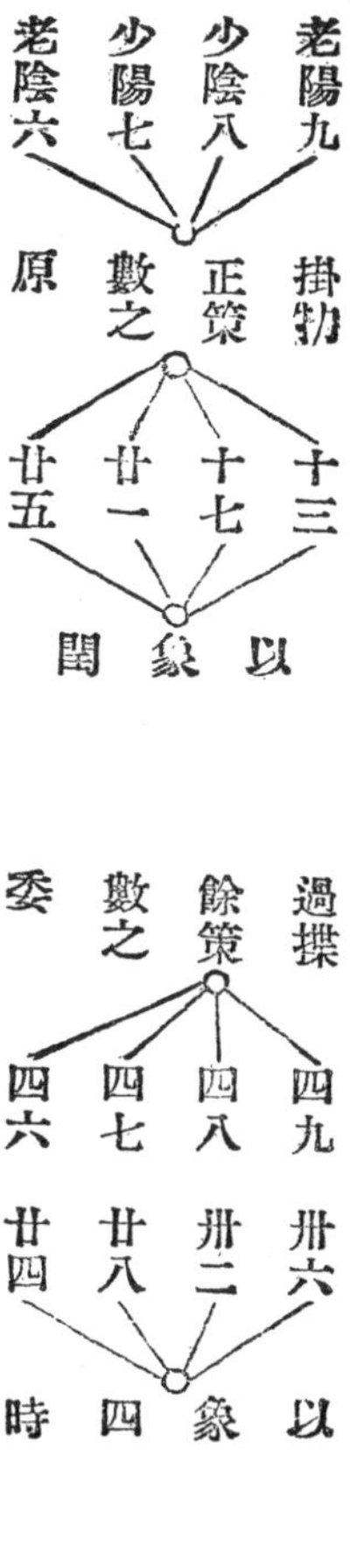

本說

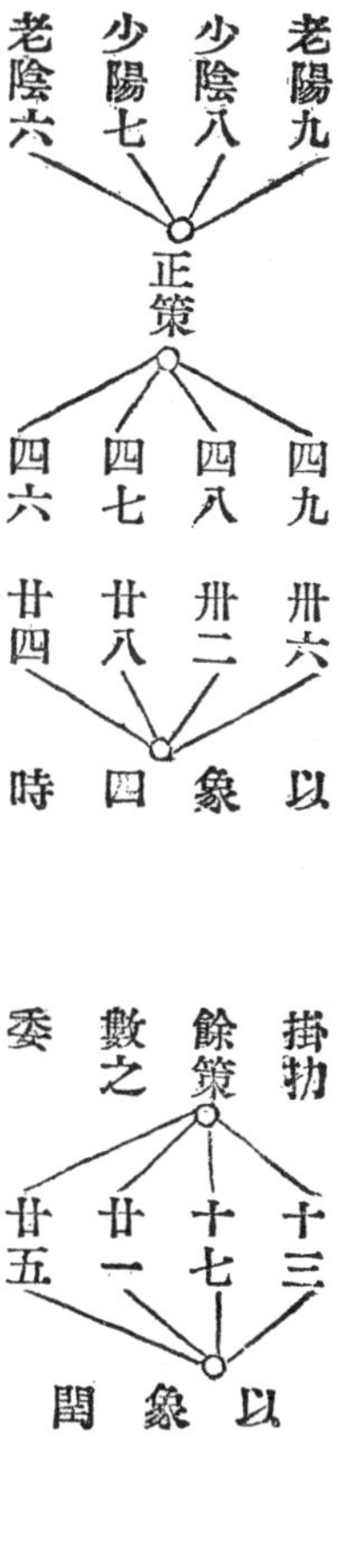

今《いま》假《か》りに四十九策筮法《さくぜいほふ》を以《もつ》て眞實《しんじつ》であるとすれば、東涯《とうがい》が言《い》ふ所《ところ》も亦《また》一理《り》ある樣《やう》に思《おも》はるゝ、けれど

も這《ご》は彼《かれ》が已《すで》に言《い》ふ如《ごと》く、唯掛扐《たゞかけろく》の餘策《よさく》に由《よつ》て七八九六を定《さだ》むると、過揲《くわせつ》の正策《せいさく》に由《よつ》て七八九六を定《さだ》むるとの別《べつ》がある丈《だけ》て、その卦《くわ》を成《な》す上《うへ》から見《み》れば、二者同《しやどう》一である、故《ゆゑ》に假《たと》へ彼《かれ》が說《せつ》に從《したが》ひ、過揲《くわせつ》の正策《せいさく》に由《よつ》て七八九六を定《さだ》むるとするも、而《しか》も四十九策筮法《さくぜいほふ》に固有《こいう》する他《た》の缺點《けつてん》は之《これ》を補正《はせい》することが可能《でき》ぬ。加之《しかのみならず》。說卦傳《せつくわでん》に參天兩地《さんてんりやうち》而《しかして》倚《き》レ數《すう》と言《い》ふは、卽《すなは》ち揲餘《せつよ》の奇偶《きぐう》を倚《よ》せて陰陽老少《いんやうらうせう》七八九六の畫《くわく》を起《おこ》すの義《ぎ》であるから、七八九六の名稱《めいしよう》は揲餘《せつよ》の奇策《きさく》に由《よつ》て之《これ》を定《さだ》むべきもので、過揲《くわせつ》の正策《せいさく》に由《よつ》て之《これ》を定《さだ》むべきものではない、故《ゆゑ》に彼《かれ》が過揲《くわせつ》の正策《せいさく》は一爻《かう》の陰陽老少《いんやうらうせう》を見《み》るべきもので、揲餘《せつよ》の掛《かけ》扐《ろく》は一變《へん》の奇偶多少《きぐうたせう》を見《み》るべきものである、然《しか》るに變《へん》を見《み》るものを以《もつ》て爻《かう》を見《み》るは、卽《すなは》ち誤《あや》まりを致《いた》す所以《ゆえん》であると論《ろん》じて居《を》るのは、實《じつ》に巧妙《かうめう》なる議論《ぎろん》の樣《やう》であるけれども、之《これ》を要《えう》するに牽强附會《けんきやうふくわい》の說《せつ》たることを免《まぬ》かれぬ、隨《したが》つて彼《かれ》が折角《せつかく》の議論《ぎろん》も四十九策筮法《さくぜいほふ》の誤謬《ごびう》を擁護《えうご》するに足《た》る價値《かち》はない。而《しか》も唯余《たゞよ》が彼《かれ》の說《せつ》に取《と》る所《ところ》は、過揲《くわせつ》の策《さく》を以《もつ》て正策《せいさく》とせねばならぬと言《い》ふ一事《じ》である、何故《なにゆゑ》に然《しか》るかと言《い》へば、揲餘《せつよ》の殘策《ざんさく》を呼《よ》むで奇策《きさく》と言《い》ふ所《ところ》は、惟《ひと》りその零碎《れいさい》の端數《はすう》たることを意味《いみ》する許《ばか》りでない、卽《すなは》ち過揲《くわせつ》の正策《せいさく》に對《たい》する奇異變動《きいへんどう》の意味《いみ》を含《ふく》めて之《これ》を名《なづ》けたものである、されば此《こ》の奇策《きさく》に對《たい》して、彼《かれ》を呼《よ》むで正策《せいさく》となすべきは、蓋《けだ》し自明《じめい》の道理《だうり》である。

次《つぎ》に左手《さしゆ》に得《う》る所《ところ》の過揲《くわせつ》の正策《せいさく》は、之《これ》を右邊右方《うへんうはう》の大刻《だいこく》に還歸《くわんき》して是《これ》を第《だい》一變《へん》となすのである。然《しか》る後左邊小切《のちさへんせうせつ》の第《だい》一にある四策或《さくあるひ》は八策《さく》はその儘之《まゝこれ》を差《さ》し置《お》いて、再《ふた》たび右邊兩大刻《うへんりやうだいこく》の策《さく》とその中央小《ちうわうせう》刻《く》にある掛《かけ》一の策《さく》とを取《とつ》て之《これ》を合《がつ》すれば、現存《げんそん》の策數《さくすう》は四十一か、或《あるひ》は三十七である。そこでその現存《そん》の三十七策《さく》或《あるひ》は四十一策《さく》を取《とつ》て、復之《またこれ》を二に分《わか》ち、一を掛《か》け、四を數《かぞ》へ、奇《き》を歸《き》すること、凡《すべ》て第《だい》一變《へん》の法《ほふ》の如《ごと》くするのが卽《すなは》ち再切《さいせつ》而《しかして》後《のち》分《わかち》掛《かけす》と謂《い》ふことに當《あた》るのである。玆《こゝ》に扐《ろく》しとあるも、素《もと》より切《せつ》の誤《あやま》りて、再切《さいせつ》とは左右揲餘《さいうせつよ》の奇策《きさく》を木格《きかく》の切處《せつしよ》に併歸《へいき》することで、以上《いじやう》一變《へん》を終《を》へたことに當《あた》る。

然《しか》るに之《これ》を再歸《さいき》と言《い》はないで再切《さいせつ》と言《い》ふたのは、蓋《けだ》し歸《き》するとは木格《きかく》の切處《せつしよ》に歸《き》すると言《い》ふ義《ぎ》であるから、その文《ぶん》を省略《しやうりやく》して之《これ》を再切《さいせつ》と言《い》ふたものに外《ほか》ならぬ。又通本《またつうほん》には而《しかして》後《のち》の下《もと》、分の一字《じ》が脫落《だつらく》されて居《ゐ》る、但《たゞ》し而《しかして》後《のち》分掛《ぶんかけ》とは第《だい》一變《へん》を仕舞《しま》ふた後《のち》に、第《だい》二變目《へんめ》の分掛《ぶんかけ》を起《おこ》す爲《た》めの端緒《たんちよ》を開示《かいじ》したものである。然《しか》るに郭氏《くわくし》がその脫文《だつぶん》であることを悟《さと》らず、再扐《さいろく》而《しかして》後《のち》掛《かけ》とあるを讀《よ》むで、第《だい》一變《へん》の時《とき》には必《かな》らず掛《かけ》せねばならぬ、けれども第《だい》二變《へん》三變《へん》の時《とき》には唯扐《たゞろく》した丈《だけ》て掛《かけ》するには及《およ》ばぬ、次《つぎ》の第《だい》二畫《くわく》を起《おこ》す時《とき》に至《いた》り新《あら》たに掛《かけ》するの義《ぎ》であると言《い》ふたのは、脫文《だつぶん》たることを知《し》らぬ爲《た》めの强解《きやうかい》である。

海保漁村《かいほぎよそん》曰《いは》ク、卦《くわ》ハ今本《こんほん》ニハ掛《かけ》ニ作《つく》ル、釋文《しやくぶん》ニ云《い》フ、掛《かけ》ハ京《きやう》ハ卦《くわ》ニ作《つく》ル、云《いは》ク再扐而後布卦ト、虞《ぐ》仲翔《ちうしよう》云《いは》ク一變《へん》ヲ爲《な》セバ、則《すなは》チ掛《かけ》ノ一爻《かう》ヲ布《ひ》クト、張惠言《ちやうけいげん》云《いは》ク、掛《かけ》ノ一爻《かう》ヲ布《ひ》クト、文《ぶん》ニ於《おい》テ辭《じ》ナラズ、京氏《きやうし》卦《くわ》ヲ布《ひ》クノ文《ぶん》ト實《じつ》ニ合《あ》フ、則《すなは》チ知《し》ル虞氏《ぐし》本《ほん》ノ掛《かけ》モ亦卦《またくわ》ニ作《つく》ルコトヲ、後人《ごじん》傳寫《でんしや》誤《あやま》ッテ他《た》本《ほん》ニ從《したが》フテ掛《かけ》ニ作《つく》リ其《そ》ノ文《ぶん》ヲ併《あは》セテ之《これ》ヲ改《あらた》ムルノミ、乾鑿度《けんさくど》ニ又曰《またいは》ク、再扐《さいろく》而《しかして》後《のち》卦《くわ》スト、說文《せつぶん》ニ易《えき》ヲ引《ひい》テ亦卦《またくわ》ニ作《つく》ル、蓋《けだ》シ古本《こほん》實《じつ》ニ然《しか》リ、卦《くわ》ノ一爻《かう》ヲ布《ひ》ク者《もの》、七八九六ナリ、案《あん》ズルニ、考工《かうこう》記《き》鄭司農《ていしのう》ノ注《ちう》ニ引《ひい》テ亦《また》卦《くわ》ニ作《つく》ル、今當《いまゝさ》ニ之《これ》ニ從《したが》フベシ、卦爻《くわかう》ヲ布クヲ以《もつ》テ卦《くわ》トナス、儀禮《ぎれい》ニ所《いは》レ謂《ゆる》卦《くわ》スル者《もの》ト、其《そ》ノ義《ぎ》相同《あひおな》ジ、或《あるひ》ハ曰《いは》ク、筮法《ぜいはふ》ハ必《かな》ラズ三變《へん》シテ而《しか》シテ後《のち》一爻《かう》ヲ成《な》ス、今再扐《いまさいろく》シテ而《しかして》後卦《のちくわ》ノ一爻《かう》ヲ布《ひ》クハ通《つう》ゼザルニ似《に》タリト、此《こ》レ然《しか》ラザルナリ、蓋《けだ》シ分揲《ぶんせつ》ヨリ再扐《さいろく》ニ至《いた》リ、一變《へん》ノ大《たい》例《れい》ヲ示《しめ》ス、此《こ》ノ一例《れい》ヲ擧《あ》グレバ、後《のち》ノ二變《へん》ハ推知《するち》スベシ、則《すなは》チ略《りやく》シテ而《しか》シテ言《い》ハズ、下乃《しもすなは》チ曰《いは》ク、十有《いう》八變而成《へんしかしてなす》レ卦《くわ》ト、夫《そ》レ一卦《くわ》ノ十有《いう》八變《へん》タルコトヲ知《し》ラバ、則《すなは》チ一爻《かう》三變《へん》ナルコト言《げん》ヲ俟《ま》タズ、是《こ》レ文《よん》ノ上下互備《しやうかごび》ナリ、下文《かぶん》ニ又曰《またいは》ク四營而成《えいしかしてえきなす》レ易ト、四營《えい》トハ、三變《へん》ヲ三營《えい》トナシ、三變《へん》ノ後《のち》、復《ま》タ四四過揲《くわせつ》ノ策《さく》ヲ數《かぞ》ヘ、七八九六ヲ得《う》ル、此《こ》レヲ一營《えい》ト爲《な》ス是《これ》ナリ、易《えき》ヲ成《な》ストハ、一爻《かう》ヲ成《な》スヲ謂《い》フナリ、四營《えい》ノ文《よん》ナケレバ、則《すなは》チ唯《たゞ》一爻《かう》三變《へん》ト、一卦《くわ》十八變《へん》ヲ見《み》ルノミ、故《ゆゑ》ニ更《さら》ニ此《こ》ノ一語《ご》ヲ增《ま》シテ以《もつ》テ其《そ》ノ必《かな》ラズ七八九六ノ數《すう》ヲ得《え》テ以《もつ》テ爻《かう》ヲ布《ひ》クコトヲ見《あらは》ス、是《こ》レ又文《またよん》ノ上下互備《しやうかごび》ナリ、然《しか》ラバ則《すなは》チ再扐《さいろく》シテ而《しか》シテ後《の》チ掛《かけ》ストハ、三變《へん》四營《えい》シテ而《しか》シテ後《の》チ卦《くわ》ノ一爻《かう》ヲ布《ひ》クヲ謂《い》フ、豈《あ》ニ甚《はなは》ダ明《あき》ラカナラズヤ

又曰《またいは》ク、繫辭既《けいじすで》ニ一變《へん》ノ大例《たいれい》ヲ擧《あ》グ、則《すなは》チ後《のち》ノ二變《へん》モ亦必《またかな》ラズ分掛揲歸《ぶけかけせつき》スベキコト言《げん》ヲ俟《ま》タズ、而《しか》シテ郭雍《くわくえう》ハ專《もつ》ハラ始《はじ》メ掛《かけ》シ後《の》チ掛《か》ケザルノ說《せつ》ヲ主《しゆ》トス、極《きは》メテ舛戾《しようれい》ト爲《な》ス、朱子之《しゆしこれ》ヲ辯《べん》ズルコト是《ぜ》ナリ、但《たゞ》シ朱子《しゆし》モ亦俗本《またぞくほん》ニ從《したが》ヒ、卦《くわ》ヲ以《もつ》テ掛《かけ》ト爲《な》シ、以《もつ》テ再扐《さいろく》ノ後《の》チ別《べつ》ニ一掛《かけ》ヲ起《おこ》スト爲《な》スハ非《ひ》ナリ、知《し》ラズヤ繫既《けいすで》ニ一變《へん》ノ大例《たいれい》ヲ示《しめ》セバ、則《すなは》チ二變《へん》三變《へん》モ亦必《またかな》ラズ先《さ》キニ分《わか》チ、次《つぎ》ニ掛《かけ》シ、次《つぎ》ニ數《かぞ》

へ、次《つぎ》ニ歸《き》スベキコトノ甚《はなは》ダ明《あき》ラカナルコトヲ、何ゾ未ダ分ツコトヲ言ハズシテ、而シテ先キニ掛スベキコトヲ言フコトアランヤ、況《いは》ンヤ掛《かけ》ヲ以《もつ》テ一ヲ掛《か》クルト爲《な》ス、固《もと》ヨリ亦文義《またぶんぎ》ノ安《やす》カラザル者《もの》ナリ、愚《ぐ》故《ゆゑ》ニ謂《い》フ、朱子《しゆし》ガ郭氏《くわくし》ノ誤《あや》マリヲ辯《べん》ズル者《もの》ハ是《これ》ナリ、其《そ》ノ繫文《けいぶん》ヲ錯認《さくにん》シテ以《もつ》テ己《おの》レガ說《せつ》ニ附合《ふがふ》スル者《もの》ハ非《ひ》ナリト

と。漁村《ぎよそん》が此《かく》の如《ごと》き說《せつ》を立《たつ》たのは、その脫文《だつぶん》であると言《い》ふことを知《し》らぬからである、若《も》し彼《かれ》をしてその脫文《だつぶん》であると言《い》ふことを知《し》らしめたならば、強《しゐ》て此《こ》の如《ごと》き說《せつ》を立《たつ》るの必要《ひつえう》もなく、却《かへ》つて或《あ》る者《もの》が筮法《せいはふ》は必《かな》らず三變《へん》して而《しか》して後《の》ち一爻《かう》を成《な》す、今再扐《いまさいろく》して而《しか》して後《の》ち卦《くわ》の一爻《かう》を布《ひ》くと言《い》ふは通《つう》ずべからざるに似《に》たりと言《い》ひしに贊《さん》して釋文以下《しやくぶんいか》諸儒《しよじゆ》の謬說《びやうせつ》を冷笑《れいせう》したかも知《し》れぬが、唯《たゞ》その一の分《ぶん》の字《じ》を脫《だつ》して居《ゐ》ることを悟《さと》り得《え》なかつたが爲《た》めに、此《かく》の如《ごと》く無用《むよう》なる詮索強辯《せんさくきやうべん》をなすに至《いた》つたのである。故《ゆゑ》に彼《かれ》が郭氏《くわくし》の說《せつ》を駁《はく》したのはよいけれども、而《しか》も朱子《しゆし》の說《せつ》を非《ひ》としたのは却《かへ》つて非《ひ》であると言《い》はねばならぬ。惟《おも》ふに漁村《ぎよそん》が眼光未《がんくわういま》だ分《ぶん》を言《い》はぬ先《さ》きに掛《かけ》を言《い》ふの理《り》なきことを見得《みえ》たに止《とゞ》まつて、此《こ》の上更《うへさら》に一歩《ぽ》を進《すゝ》めて脫文《だつぶん》であると言《い》ふことを觀破《くわんぱ》し得《え》なかつたのは洵《まこ》とに惜《をし》むべきの至《いた》りである。以《い》下將《かまさ》に余《よ》が謂《い》ふ所《ところ》の奇策《きさく》と舊法《きうはふ》で謂《い》ふ所《ところ》の掛扐《かけろく》とを對照《たいせう》して、詳《つまび》らかに之《これ》を論《ろん》じて見《み》よう。

四十五策筮法の奇策

四を得《う》るもの三、謂《い》ふ所《ところ》の奇《き》で參天《さんてん》の陽數《やうすう》である、八を得《う》るもの一、謂《い》ふ所《ところ》の偶《ぐう》で兩地《りやうち》の陰數《いんすう》である、

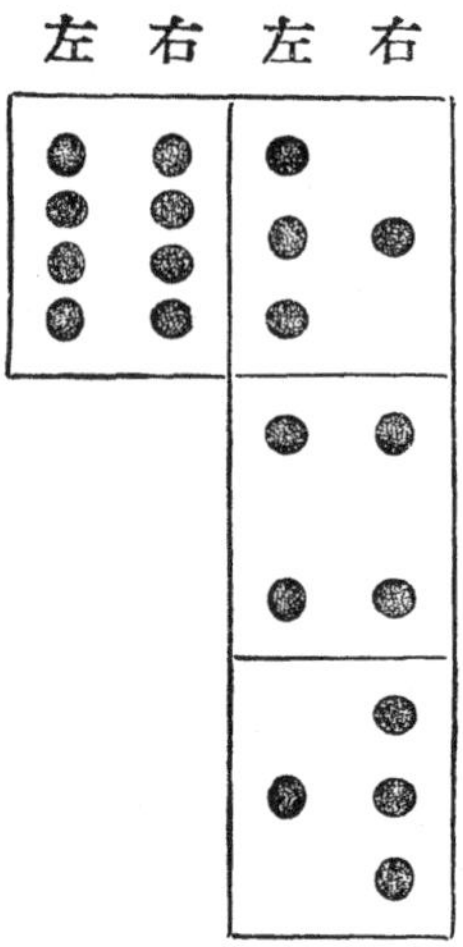

前圖《ぜんづ》の如《ごと》く余《よ》が說《せつ》に從《したが》へば第《だい》一變《へん》から第《だい》三變《へん》に至《いた》る迄《まで》、餘《あま》す所《ところ》の奇《き》策《さく》は皆《みな》四八の外《はか》に出《い》てぬ。一四は卽《すなは》ち參天《さんてん》の陽數《やうすう》にして謂《い》ふ所《ところ》の奇《き》で、二四は卽《すなは》ち兩地《りやうち》の陰數《いんすう》にして謂《い》ふ所《ところ》の偶《ぐう》である。蓋《けだ》し這《こ》は外《はか》ではない、掛《かけ》一の策《さく》をその儘置《まゝおい》て之《これ》を併《あは》せ加《くは》へぬからである。抑《そも》〳〵掛《かけ》とは懸《か》くるの義《ぎ》で、之《これ》を懸《か》け置《おい》て計數《けいすう》の外《はか》となして用《もち》ひぬことである、故《ゆゑ》に之《これ》を掛《か》けすと言《い》ふたものに外《はか》ならぬ。兪琰曰《ゆたんいは》く、取ニ一箸一懸レ於レ前、與ニ左右箸一鼎立而爲レ三と、案《あん》ずるに這《こ》は太極分《たいきよくわか》れて天地《てんち》を生《しやう》じ、萬物《ばんぶつ》その中間《ちうかん》に位《くらゐ》する所《ところ》の有樣《ありさま》に象《かた》どつたものである。而《しか》して人《ひと》の兩間《りやうかん》に生《しやう》ずるは元《もと》と萬物《ばんぶつ》と先後《せんご》の差《さ》があるものではないけれども、而《しか》も天地《てんち》人《じん》から之《これ》を見《み》れば、先《ま》づ天地人間《てんちじんかん》があつた後《のち》に、始《はじ》めて萬事萬物《ばんじばんぶつ》もある道《だう》理《り》であると言《い》はねばなるまい、故《ゆゑ》に大極《たいきよく》から天地萬物《てんちばんぶつ》を見《み》れば、大極《たいきよく》は體《からだ》で、天地萬物《てんちばんぶつ》はその用《よう》である、亦天地《またてんち》人間《にんげん》から萬物《ばんぶつ》を見《み》れば、天地《てんち》人間《にんげん》は體《からだ》で、萬事萬物《ばんじばんぶつ》はその用《よう》であると言《い》はねばならぬ。今《いま》此理《このり》を以《もつ》て之《これ》を推《すゐ》したならば、一を掛《か》けて三に象《かた》どるのは、人間《にんげん》が兩間《りやうかん》に主《しゆ》となるの義《ぎ》で、亦奇《またき》策《さく》を切《せつ》に歸《き》して以《もつ》て參兩奇偶《さんりやうきぐう》の數《すう》を倚《き》するのは先《ま》づ天地《てんち》人間《じんかん》があつた後《のち》に、萬事萬物《ばんじばんぶつ》がある の理《り》に象《かた》どるものに外《はか》ならう。して見《み》れば、掛《かけ》一を取《とつ》て之《これ》を奇策《きさく》と併《あは》せ數《かぞ》ふるのは、此《こ》れ體《たい》を以《もつ》て用《よう》となし、人《にん》間《げん》を以《もつ》て萬事萬物《ばんじばんぶつ》と混同《こんどう》する樣《やう》なもので、不條理《ふでうり》であると言《い》はねばならぬ。此《こ》れ余《よ》が掛《かけ》一を以《もつ》て體《たい》と

なして奇策《きさく》の用數中《ようすうちう》に加《くは》へぬ所以《ゆゑん》てあるが、今圖《いまづ》を以《もつ》て之《これ》を示《しめ》せば左《さ》の如《ごと》くなるのてある。

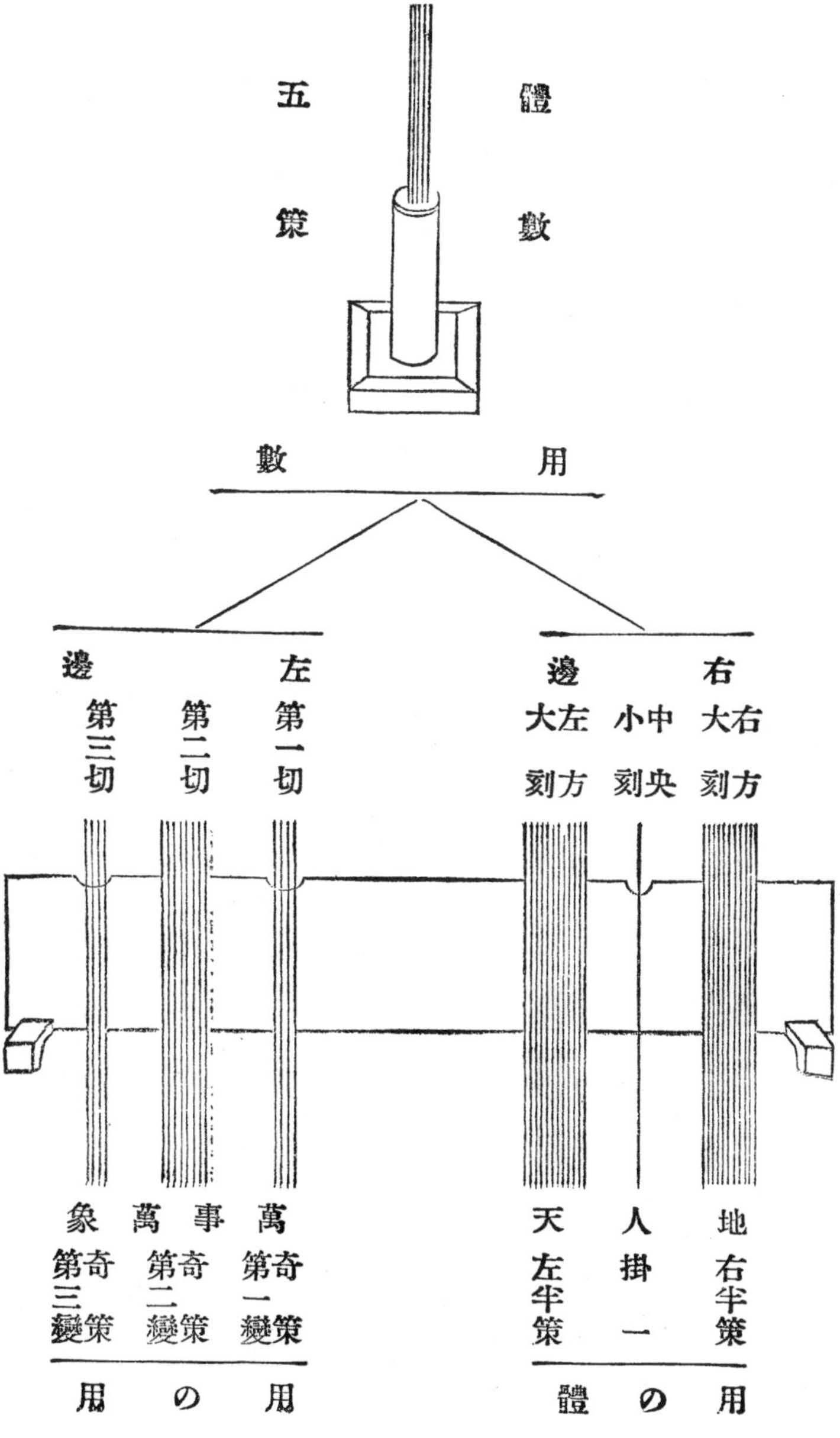

然《しか》るに舊法《きうはふ》に於《おい》ては掛《かけ》一を取《とつ》て之《これ》を奇策《きさく》の中《なか》に加《くは》ゆるのであるから、第《だい》一變《へん》の時《とき》には必《かなら》ず五てなければ九を得《う》るのであるが、第《だい》二變《へん》第《だい》三變《へん》の時《とき》に至《いた》れば、或《あるひ》は四或《あるひ》は八を得《う》るの差《さ》を生《しやう》ずることは、即《すなは》ち亦《また》左《さ》圖《づ》に示《しめ》す如《ごと》くてある。

第一變の掛扐

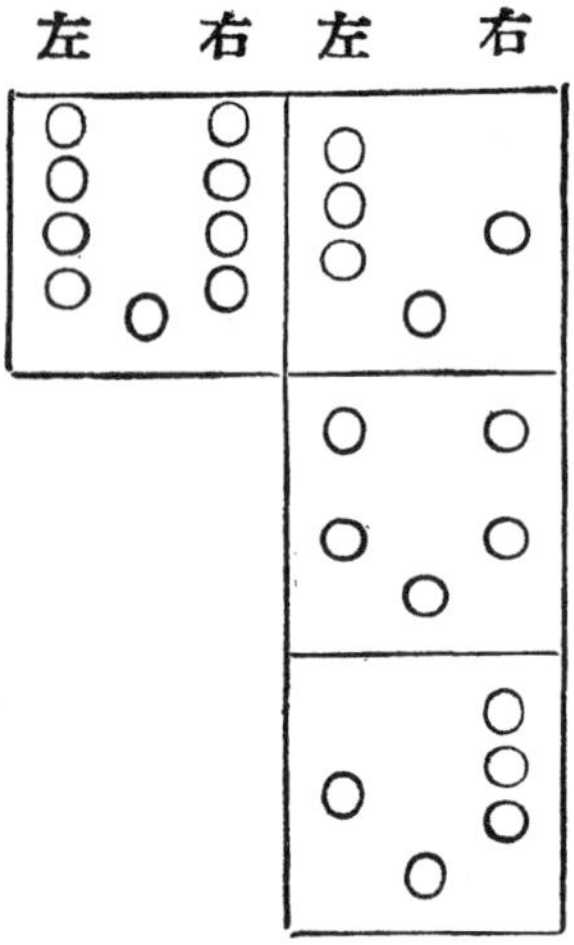

朱晦菴曰、得レ五者三、所レ謂奇也、五除ニ掛一一即四、以レ四約レ之一、故爲レ奇、即兩儀之陽數也、得レ九者一、所レ謂偶也、九除ニ掛一一即八、以レ四約レ之爲レ二、故爲レ偶、即兩儀之陰數也

第二變第三變の掛扐

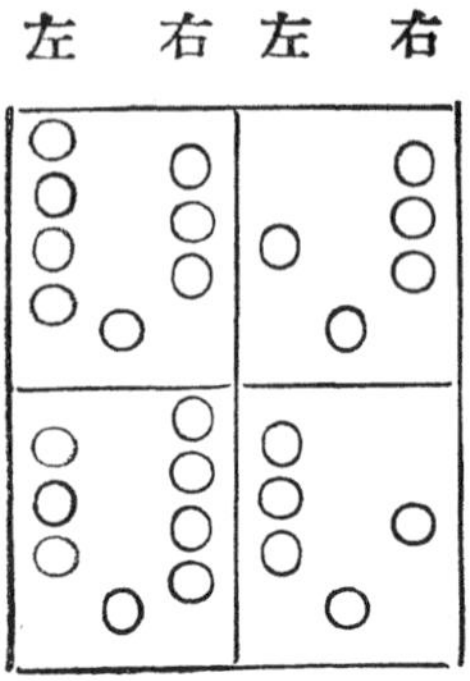

得レ四者二、所レ謂奇也、不レ去ニ掛一一、餘同ニ前義一、
得レ八者二、所レ謂偶也、不レ去ニ掛一一、餘同ニ前義一、

一四を奇《き》となし、二四を偶《ぐう》となすことは前述《ぜんじゆつ》の如《ごと》くであるが、上圖《じやうづ》に示《しめ》した樣《やう》に、舊法《きうはふ》の第《だい》一變《へん》に於《おい》て九か五を得《え》たものを以《もつ》て、之《これ》を謂《い》ふ所《ところ》の四八の奇偶《きぐう》に當《あ》て篏《はめ》むとすれば何《いづ》れも一策《さく》の餘剰《よじよう》があつて當《あ》て篏《は》むることが可能《でき》ぬ、故《ゆゑ》に舊法《きうはふ》に於《おい》ては掛《かけ》の一策《さく》を除《のぞ》き、五を一四となして奇《き》に當《あ》て、九を二四となして偶《ぐう》に當《あつ》るのである。然《しか》るに第《だい》二變第《へんだい》三變《へん》に至《いた》れば、四或《あるひ》は八を得《う》るが故《ゆゑ》に、第《だい》一變《へん》の時《とき》の如《ごと》く掛《かけ》の一策《さく》を除《のぞ》き去《さ》れば四は減《げん》じて三となり、八は減《げん》じて七となつて共《とも》に一策《さく》の不足《ふそく》を生《しやう》じ、奇偶《きぐう》の數《すう》に當《あ》て篏《は》むることが可能《でき》ぬ樣《やう》になるから、後《のち》の二變《へん》に於《おい》ては已《や》むなく掛《かけ》の一策《さく》を加《くは》へて之《これ》を計數《けいすう》せねばならぬことゝなるが、此《かく》の如《ごと》く前後《ぜんご》その數《すう》を異《こと》にする所以《ゆえん》は、這《こ》は畢竟掛《ひつきやうか》一を以《もつ》て奇策《きさく》に併《あは》せ加《くは》ふるからのことである。但《たゞ》し過《す》ぎたるは猶及《なほおよ》ばざるのと同樣《どうやう》で、五九は素《もと》より四八でないのと同時《どうじ》に三七も亦《また》四八でないのは言《い》ふ迄《まで》もないことである。蓋《けだ》し筮法《ぜいはふ》に於《おい》て數《すう》を倚《よ》するのは必《かな》らず四八でなければならぬ。是故《このゆゑ》にその法《はふ》に合《あは》せむことを求《もと》めて、而《しか》も合《あは》することが可能《でき》ぬからと言《い》ふて、一は則《すなは》ち之《これ》を加《くは》へ亦《また》一は則《すなは》ち之《これ》を除《のぞ》き、漸《やう》やく以《もつ》て四八の數《すう》に當篏《あては》むるが如《ごと》きは、元《も》とより不自然《ふしぜん》の至《いた》りで窮《きう》餘《よ》の拙策《せつさく》である。何《なん》となれば、除《のぞ》くのが是《ぜ》であれば加《くは》ふるのは非《ひ》で、反之《これにはんし》、加《くは》ふるのが是《ぜ》であれば除《のぞ》くのは非《ひ》で、二者必《しやかな》らずその一でなければならぬからである。然《しか》るに一は之《これ》を加《くは》へ亦《また》その一は之《これ》を除《のぞ》き、四八でないものを強《しひ》て四八となすのは無法《むはふ》の極《きよく》であると言《い》ふより外《ほか》はあるまい。加之《しかのみならず》、舊法《きうはふ》の如《ごと》くせば、四が奇《き》であると共《とも》に五も亦奇《またき》で、八が偶《ぐう》であると共《とも》に九も亦偶《またぐう》である、故《ゆゑ》に奇偶共《きぐうとも》に前後《ぜんご》不同《ふどう》で二樣《やう》の數《すう》があることゝなる。是《これ》に由《よ》つて之《これ》を視《み》れば、舊法《きうはふ》即《すなは》ち四十九策筮法《さくぜいはふ》に誤謬《ごびよう》の存《そん》することとは顯然明白《けんぜんめいはく》のことであると言《い》ふてよからう、然《しか》るに今日《こんにち》に至《いた》る迄之《までこれ》が非《ひ》なる所以《ゆえん》を辯《べん》ずるものゝなかつたのは不注意《ふちうい》の至《いた》りである、余《よ》が掛《か》一を以《もつ》て左右兩揲《さいうりやうし》と參立《さんりつ》せしめて、揲餘《てふよ》の奇策《きさく》を併《あは》せ數《かぞ》へぬ所以《ゆえん》は即《すなは》ち之《これ》が爲《た》めであるが、眞勢中州《ませちうしう》は四十八策《さく》を以《もつ》てその用數《ようすう》となすのであるから、前後《ぜんご》三變共《へんとも》に四八の數《すう》を得《う》るけれども、此《これ》も亦掛《またかけ》の一策《さく》を除《のぞ》けば、三七の數《すう》となつて四八の數《すう》に滿《み》たぬ、それで此《これ》も亦舊法同樣《またきうはふどうやう》に掛《か》一を加《くは》へて强《しひ》て四八の數《すう》を作《つく》つて居《を》る、隨《したが》つて舊法同樣《きうはふどうやう》の非難《ひなん》を免《まぬ》かるゝことは可能《でき》ぬ。繫辭傳《けいじでん》には此《こ》の次《つぎ》に、

乾之策二百一十有六、坤之策百四十有四、凡三百有六十、當二期之日一、二篇之策萬有一千五百二十、當二萬物之數一也

と言《い》ふ一段《だん》の文字《もんじ》があるが、此《こ》の一段《だん》の文字《もじ》に就《つい》ては、余《よ》が深《ふか》く疑《うたが》ひを存《そん》する所《ところ》で、今《いま》先づその文義《ぶんぎ》を考《かう》へて見《み》るに、四十九策筮法《さくぜいはふ》と一致《ち》はして居《を》るけれども、之《これ》を前後《ぜんご》の傳文《でんぶん》と並《なら》べ見《み》れば、甚《はなは》だしく懸《か》け離《はな》れて關聯《くわんれん》する所《ところ》がない許《ばか》りか、尙《なほ》その文體《ぶんたい》を比較《ひかく》しても簡古繁褥格段《かんこはんじよくかくだん》なる相違《さうゐ》がある樣《やう》に思《おも》はる、それで假《か》りに此《こ》の一段《だん》の文字《もじ》を削《けづ》り去《さ》つて、前段《ぜんだん》の再切《さいせつ》而《しかして》後分掛《のちぶんくわ》すと言《い》ふ所《ところ》から、直《たゞ》ちに之《こ》を後段《こうだん》の是故《このゆゑに》四營《えいし》而《しかして》成《なり》レ易《えき》と言《い》ふ一段《だん》に接續《せつぞく》させて見《み》れば、その文義《ぶんぎ》が頗《すこ》ぶる明白《めいはく》で些《すこ》しも澁滯《じふたい》する所《ところ》がない樣《やう》になる。然《しか》るに此《こ》の一段《だん》の文字《もじ》がある爲《た》めに却《かへ》つて前後《ぜんご》の文脈《ぶんみやく》を阻隔《そかく》して通解《つうかい》を妨《さまた》げて居《を》る。

故《ゆゑ》に余《よ》は此《こ》の一段《だん》の文字《もじ》は、四十九策筮法《さくぜいはふ》に關《くわん》する後人《こうじん》の註解《ちうかい》が誤《あや》まつて傳文中《でんぶんちう》に混入《こんにふ》したもので、繫辭傳《けいじでん》の本文《ほんもん》ではないと斷定《だんてい》した、然《しか》らば何《なに》かその證憑《しようひよう》となるべきものがあるかと言《い》へば、之《これ》を證明《しようめい》すべき記錄《きろく》抔《など》はないけれども、而《しか》も此《かく》の如《ごと》く理義明白《りぎめいはく》なる以上《いじやう》は、敢《あえ》てその證憑《しやうひよう》の有無《うむ》等《とう》を論《ろん》ずるには及《およ》ぶまいと思《おも》ふ。蓋《けだ》し此《こ》の一段《だん》の文字《もじ》があれば、愚說《ぐせつ》卽《すなは》ち、四十五筮法《さくぜいはふ》の成立《せいりつ》を妨《さまた》ぐる許《ばか》りではない、四十九策筮法《さくぜいはふ》に於《おい》ても、此《こ》の一段《だし》の文字《もじ》がないとした所《ところ》で聊《いさゝ》か不足《ふそく》する所《ところ》抔《など》はない樣《やう》である。且《か》つ乾坤《けんこん》の二卦《くわ》は、惟《ひと》り老陰老陽《らういんらうやう》の掛扐《くわろく》のみに由《よ》つて成立《なりた》つものではない、少陰少陽《せういんせうやう》の掛扐《くわろく》に由《よ》つて成《なり》つべき場合《ばあひ》もあるが、玆《こゝ》に言《い》ふ乾坤《けんこん》の策數《さくすう》は、唯老陰老陽《たゞらういんらうやう》の掛《くわ》扐《ろく》卽《すなは》ち六爻皆變《かうかいへん》の時《とき》の策數《さくすう》に契合《けいがふ》する許《はか》りで、少陰少陽《せういんせうやう》の掛扐卽《くわろくすなは》ち六爻不變《かうふへん》の時《とき》の策數《さくすう》とは適合《てきがふ》して居《を》らぬ。して見《み》れば、一概《がい》に之《これ》を重視《ちう》する價値《かち》はない樣《やう》である、然《しか》るに屋上《おくじやう》に屋《おく》を加《くは》へ蛇《へび》を畫《えが》いて足《あし》を添《そ》ゆるが如《ごと》き說《せつ》の起《おこ》るのは、畢竟《ひつきやう》此《こ》の一段《だん》の文字《もじ》がある爲《た》めである、此《こ》れ余《よ》が之《これ》を抹殺《まつさつ》して顧《かへり》みぬ所以《ゆえん》である。

根本羽嶽先生《ねもとうがくせんせい》の三十六變筮法《へんぜいはふ》に曰《いは》く

繫辭傳《けいじでん》に曰《いは》く、四十九策分《さくわけ》て而《しか》して二と爲《な》し、以《もつ》て兩《りやう》に象《かたど》ると、故《ゆゑ》に四策《さく》を一約《やく》し、其《そ》の四策《さく》を二にしたる乃《すなは》ち八策《さく》を以《もつ》て、兩地《りやうち》の陰《いん》と爲《な》す、傳《でん》に又曰《またいは》く、一を掛《か》けて以《もつ》て三に象《かた》どると、故《ゆゑ》に其《そ》の四策《さく》を三にしたる乃《すなは》ち十二策《さく》を以《もつ》て、參天《さんてん》の陽《やう》と爲《な》す、傳《でん》に又曰《またいは》く、之《これ》を揲《かぞ》ふるに四を以《もつ》てすと、故《ゆゑ》に其《そ》の四策《さく》を四にしたる乃《すなは》ち十六策《さく》を以《もつ》て、四時《じ》の陰《いん》と爲《な》す、揲筮《てふぜい》六變既《へんすで》に畢《をは》る、乃《すなは》ち其《そ》の變《へん》を觀《み》て、而《しか》して參天兩地《さんてんりやうち》四時《じ》を辨《べん》じて、以《もつ》て陰陽《いんやう》の爻《かう》を定《さだ》む。

又曰《またいは》く、今初《いましよ》四を合《あは》せて一と爲《な》し、二五を合《あは》せて一と爲《な》し、三六を合《あは》せて一と爲《な》せば、則《すなは》ち六變《へん》なる者《もの》三と爲《な》る、其《その》三皆奇《みなき》なれば則《すなは》ち之《これ》を參天《さんてん》の陽《やう》と爲《な》し。其《その》三皆偶《みなぐう》なれば、則《すなは》ち之《これ》を兩地《りやうち》の陰《いん》と爲《な》し。其《そ》の一は奇《き》にして而《しか》して其《そ》の二は偶《ぐう》なれば、則《すなは》ち之《これ》を參天兩地《さんてんりやうち》の陽《やう》と爲《な》し。其《そ》の一は偶《ぐう》にして而《しか》して其《そ》の二は奇《き》なれば、則《すなは》ち之《これ》を參天兩地《さんてんりやうち》の陰《いん》と爲《な》し。其《そ》の三皆《みな》四季《き》なれば、則《すなは》ち之《これ》を四時《じ》の陰《いん》と爲《た》し、其《そ》の一は奇《き》にして而《しか》して其《そ》の二は四季《き》なれば、則《すなは》ち之《これ》を參天《さんてん》四時《じ》相錯《さうさく》の陽《やう》と爲《な》し。其《そ》の二は奇《き》にして而《しか》して其《そ》の一は四季《き》なれば、則《すなは》ち之《これ》を參天《さんてん》四時《じ》相錯《さうさく》の陰《いん》と爲《な》し。其《そ》の一は偶《ぐう》にして而《しか》して其《そ》の二は四季《き》なれば、則《すなは》ち之《これ》を兩地《りやち》四時《じ》相錯《さうさく》の陰《いん》と爲《な》し。其《そ》の二は偶《ぐう》にして而《しか》して其《そ》の一は四季《き》なれば、則《すなは》ち之《これ》を兩地《りやうち》四時《じ》相錯《さうさく》の陰《いん》と爲《な》し、其《そ》の一は奇《き》其《そ》の一は偶《ぐう》にして、其《そ》の一は四季《き》なれば、則《すなは》ち之《これ》を參天兩地《さんてんりやうち》四時《じ》相錯《さうさく》の陽《やう》と爲《な》す、此《かく》の如《ごと》くして而《しか》して後始《のちはじ》めて一爻《かう》を得《う》る。

と。して見《み》れば、先生《せんせい》の三十六變筮法《へんぜいはふ》の奇策《きさく》は、兩地《りやうち》の陰《いん》八策《さく》と、參天《さんてん》の陽《やう》十二策《さく》と、四時《じ》の陰《いん》十六策《さく》との三種《しゆ》ある。而《しか》して此《こ》の參天兩地《さんてんりやうち》四時《じ》の奇策《きさく》に由《よ》つて陰陽《いんやう》の一爻《かう》を定《さだ》むべき場合《ばあひ》は凡《すべ》て十通《とほ》りであるが、今此《いまこ》の十通《とほ》りの法《はふ》により初變《しよへん》と四變《へん》と、二變《へん》と五變《へん》と、三變《へん》と六變《へん》とを合《あは》せたる三つの奇策《きさく》を以《もつ》て乾坤《けんこん》の卦《くわ》を成《な》すべき場合《ばあひ》卽《すなは》ち其《そ》の三皆奇《みなき》、則爲二之參天之陽一の時《とき》には、一奇《き》が十二策《さく》、三《さん》奇《き》合《あは》せて三十六策《さく》と初變《しよへん》に五か九を得《え》て一策《さく》を除《のぞ》きたるものを加《くは》ゆれば、凡《すべ》て三十七策《さく》となるから、此《こ》の塲合《ばあひ》に於《おい》ての過揲《くわてふ》の正策《せいさく》は十二策《さく》となる。而《しか》して這《こ》は一爻《かう》の陰陽《いんやう》を定《さだ》むる丈《だけ》のことであるが、今若《いまも》し六爻共《かうとも》に三奇《き》三十六策《さく》で乾《けん》の卦《くわ》を得《え》たものとすれば、その過揲《くわてふ》の正策《せいさく》は合《あは》せて七十二策《さく》となる。然《しか》らば繫辭傳《けいじでん》に謂《い》ふ乾之策《けんのさく》二百一十有六《いう》と言《い》ふものに較《くら》ぶれば、格段《かくだん》の相違《さうゐ》で、却《かへ》つてその奇策《きさく》即《すなは》ち三十六策《さく》に六を乘《じよう》じた二百十六策《さく》と符合《ふがふ》することゝなる。乍レ去《さりながら》。初變《しよへん》に五か九を得《え》て一策《さく》を除《のぞ》きたるもの都合《つがふ》六策《さく》は、結局之《けつきよくこれ》を如何《いか》にともすることが可能《でき》ぬ。亦其《またその》三皆偶則爲二之兩地之陰一の塲合《ばあひ》に於《おい》ては、一偶《ぐう》が八策《さく》三偶合《ぐうあは》せて二十四策《さく》と、初變《しよへん》に五か九を得《え》て一策《さく》を除《のぞ》きたるものを合《あは》すれば、凡《すべ》て二十五策《さく》となる。故《ゆゑ》に六爻共《かうとも》に三偶《ぐう》二十五策《さく》で坤《こん》の卦《くわ》を得《え》たものとすれば、その奇策《きさく》は凡《すべ》て百五十策《さく》で、過《くわ》揲《てふ》の正策《せいさく》は百四十四策《さく》であるから、傳文《でんぶん》に坤之策《こんのさく》百四十有《いう》四と言《い》ふものと一致《ち》するのであるが、その外《ほか》には一も符合《ふがふ》する所《ところ》はない。然《しか》らば四十九策《さく》十八變筮法《へんぜいはふ》に於《おい》ては何《ど》うであるかと言《い》へば、傳文《でんぶん》に言《い》ふ乾坤《けんこん》の策數《さくすう》と一致《ち》するのは、六爻共《かうとも》に大陰大陽《たいいんたいやう》の掛扐《かろく》に由《よ》つて乾坤《けんこん》の卦《くわ》を得《え》た時《とき》であつて、その他《た》の少陰少陽《せういんせうやう》の掛扐《かろく》に由《よ》つて乾坤《けんこん》の卦《くわ》を得《う》る塲合《ばあひ》には、矢張《やは》り一も符合《ふがふ》するものはないのである。して見《み》れば、十八變筮法《へんぜいはふ》に於《お》ける乾坤過揲《けんこんくわてふ》の正策《せいさく》が傳文《でんぶん》の策數《さくすう》と一致《ち》すべき塲合《ばあひ》は、六爻共《かうとも》に大陰大陽《たいいんたいやう》の掛扐《かろく》に由《よ》つて乾坤《けんこん》の卦《くわ》を得《う》る場合《ばあひ》、即《すなは》ち六爻皆變《かうかいへん》の時《とき》に限《かぎ》るのである。然《しか》らば先生《せんせい》の三十六變筮法《へんぜいはふ》に於《おい》ても凡《すべ》て乾坤《けんこん》の卦《くわ》を得《う》べき塲合《ばあひ》の中《うち》、六爻共《かうとも》に三奇《き》三偶《ぐう》即《すなは》ち參天《さんてん》の陽《やう》と兩地《りやうち》の陰《いん》のみを以《もつ》て成立《なりた》つ時丈《ときだけ》が傳文《でんぶん》に謂《い》ふ所《ところ》の策數《さくすう》と一致《ち》さへすれば、その外《ほか》の塲合《ばあひ》に於《おい》ては相違《さうゐ》する所《ところ》があつても敢《あへ》て差支《さしつかへ》はない筈《はず》である。されども前《まへ》にも言《い》ふ如《ごと》く、一致《ち》するのは唯《たゞ》三偶兩地《さうぐうりやうち》の陰數《いんすう》に由《よ》つて坤《こん》の卦《くわ》を得《う》る時《とき》丈《だけ》で、三奇參天《さんきさんてん》の陽數《やうすう》に由《よ》つて乾《けん》の卦《くわ》を得《う》る時《とき》の策數《さくすう》は僅《わづ》かに七十二策《さく》で大《だい》なる相違《さうゐ》を生《しやう》ずるのである。而《しか》して經傳《けいでん》の文中《ぶんちう》に於《おい》て誤謬抔《ごびうなど》のあると言《い》ふことは先生《せんせい》が一切排斥《さいはいせき》された所《ところ》である、故《ゆゑ》に先生《せんせい》の說《せつ》に從《したが》へば傳文《でんぶん》は何處迄《どこまで》も眞實《しんじつ》で、之《これ》に反《はん》するものは虛僞《きよぎ》であると言《い》はねばならぬが、今此《いまこ》の論法《ろんぱふ》を以《も》て之《これ》を推《お》さば先生《せんせい》の三十六變筮法《へんぜいはふ》は何《ど》うであるか、自然《しぜん》に仆《たふ》れねばならぬことゝなるではないか、若《も》し亦之《またこれ》に反《はん》し、之《これ》を成立《せいりつ》させようとすれば是非《ぜひ》とも傳文《でんぶん》を抹殺《まつさつ》せねばならぬ。然《しか》らざれば、到底之《たつていこれ》と兩立《りやうりつ》することが可能《でき》ぬ。然《しか》るに三十六變筮法《へんぜいはふ》は先生《せんせい》が畢生《ひつせい》の主張《しゆちやう》で、經傳《けいでん》に誤謬《ごびう》なしと言《い》ふことも亦頗《またすこ》ぶる鞏固《きようこ》な持說《ぢせつ》であつたから、何《いづ》れを取《と》つて何《いづ》れを捨《すて》ることも可能《でき》ぬ樣《やう》な始末《しまつ》である。察《さつ》するに此《かく》の如《ごと》き矛盾《むじゆん》があると言《い》ふことは、恐《おそ》らく先生《せんせい》が考《かんが》へ及《およ》ばれなかつた所《ところ》であらうと思《おも》ふが、若《も》し先生《せんせい》をして此《こ》の矛盾《むじゆん》を知《し》らしめたならば、如何《いか》に之《これ》を解決《かいけつ》されたであらうか、余《よ》は此《こ》の點《てん》に就《つい》て之《これ》を先生《せんせい》に質《たゞ》して見《み》たいと思《おも》ふけれども、終《つひ》にその意《い》を果《はた》すことを得《え》なかつたのは遺憾《ゐかん》に堪《た》へぬ所《ところ》である。

此《かく》の如《ごと》く此《こ》の一段《だん》の文字《もじ》は、惟《ひと》り余《よ》が四十五策筮法《さくぜいはふ》と牴悟《ていご》する所《ところ》ある許《ばか》りでなく、羽嶽先生《うがくせんせい》の三十六變筮法《へんぜいはふ》とも矢張《やは》り兩立《りやうりつ》し難《がた》き所《ところ》があるのだから、若《も》し先生《せんせい》が生前《せいぜん》に於《おい》て此《こ》の矛盾《むじゆん》に心附《こゝろつ》かれたならば或《あるひ》は余《よ》が言《げん》に同《どう》じて此《こ》の一段《だん》の文字《もじ》を削除《さくぢよ》されたかも知《し》れぬ。さらば此《こ》の一段《だん》の矛盾《むじゆん》さへなくば先《せん》生《せい》の三十六變筮法《へんぜいはふ》は完全無疵《くわんぜんむし》のものであるかと言《い》ふに、決《けつ》してそうであるとは言《い》へぬ、余《よ》は此《こ》の矛盾《むじゆん》以外《いぐわい》に於《おい》ても尚大《なほだい》なる瑕瑾《きず》あることを認《みと》むるのであるが、そは之《これ》を後段《こうだん》に至《いた》つて論《ろん》ずることゝする。

第九章　得　卦

繋辭傳《けいじでん》に曰《いは》く、是故四營而成レ易《このゆゑにえいしてしかしてなすえき》と、是故《このゆゑ》の二字《じ》は上《かみ》を承《う》けて下《しも》を起《おこ》す所《ところ》の語《ご》で、卽《すなは》ち上文《じやうぶん》に謂《い》ふ所《ところ》の而《しかして》後分掛《のちぶんか》の句《く》を承《う》けて下文《かぶん》に謂《い》ふ所《ところ》の四營而成レ易《えいしかうてなりえき》の語《ご》を起《おこ》す爲《た》めの接續詞《せつぞくし》である。而《しか》して營《えい》とは經營《けいえい》の義《ぎ》で、二に分《わか》ち、一を掛《か》け。四を揲《かぞ》へ、奇《き》を歸《き》す、故《ゆゑ》に之《これ》を指《さ》して四營《えい》と言《い》ふ。又易《またえき》とは奇《き》偶《ぐう》の義《ぎ》で四營《えい》三變《へん》して兩儀《りやうぎ》の一畫《くわく》を成《な》すことを言《い》ふたものである、卽《すなは》ち七八九六の一であつて卦《くわ》の一畫《くわく》を指《さ》したものである。

此《かく》の如《ごと》く四營《えい》一變《べん》して一四或《あるひ》は二四の奇策《きさく》を得《え》た時《とき》には、その殘存《ざんそん》の策數《さくすう》、或《あるひ》は四十一、或《あるひ》は三十七で、二變目《へんめ》に亦《また》一四或《あるひ》は二四の奇策《きさく》を得《え》た時《とき》には、その殘存《ざんそん》の策數《さくすう》は或《あるひ》は三十七、或《あるひ》は三十三、或《あるひ》は二十九で、三變目《へんめ》に亦復《またまた》一四或《あるひ》は二四の奇策《きさく》を得《え》た時《とき》には、その殘存《ざんそん》の策數《さくすう》は或《あるひ》は三十三、或《あるひ》は二十九或《あるひ》は二十一である。以上《いじやう》三變《へんすで》既に終《をは》つた所《ところ》で、切《せつ》に歸《き》し置《お》きたる三變《へん》の奇策《きさく》を見《み》て七八九六の畫《くわく》を起《おこ》すのが、此《こ》れが卽《すなは》ち四營而成レ易《えいしかしてなりえき》の謂《いはれ》で、卦《くわ》の一畫《くわく》となるものである、余故《よこ》に言《い》ふ易《えき》とは奇偶《きぐう》であると、何故《なにゆゑ》であるかと言《い》へば奇偶《きぐう》は卽《すなは》ち七八九六であり亦兩儀《またりやうぎ》であり陰陽《いんやう》であり剛柔《がうじう》であるからである、蓋《けだ》し算數《さんすう》を以《もつ》て之《これ》を言《い》へば、奇偶若《きぐうも》しくは七八九六等《とう》であるが、發生《はつせい》の序《じよ》を以《もつ》て之《これ》を言《い》へば兩儀《りやうぎ》である、亦理《またり》を以《もつ》て之《これ》を言《い》へば陰陽《いんやう》で、體質《たいしつ》を以《もつ》て之《これ》を言《い》へば剛柔《がうじう》となるからである。朱晦菴《しゆくわいあん》曰《いは》く這《こ》の處《こころ》未《いま》だ卦《くわ》の字《じ》を下《くだ》し得《え》ず、亦未《またいま》だ爻《かう》の字《じ》を下《くだ》し得《え》ず、只易《たゞえき》の字《じ》を下《くだ》し得《う》ると、蓋《けだ》し此《これ》は至當《したう》の說《せつ》であらうと思《おも》ふが、而《しか》も亦曰《またいは》く易《えき》は變易《へんえき》なりと。然《しか》り。易《えき》は變易《へんえき》である、されども此處《こゝ》では未《いま》だ之《これ》を變易《へんえき》であるとは言《い》へまい。何《なん》となれば、奇偶《きぐう》は卽《すなは》ち七八九六で、此《こ》の七八九六の上《うへ》に生《しやう》ずるのが變不變《へんふへん》である、而《しか》して此《こ》の變不變《へんふへん》を兼《か》ねて之《これ》を奇偶《きぐう》と言《い》ふ、故《ゆゑ》に朱子《しゆし》の語《ご》を假《かり》て之《これ》を言《い》ふたならば、此處《こゝ》では未《いま》だ變易《へんえき》の語《ご》は下《くだ》し得《え》られぬが、只奇偶《たゞきぐう》の字《じ》を下《くだ》し得《う》るに過《す》ぎぬと言《い》はねばなるまい。蓋《けだ》し奇偶《きぐう》は體《たい》であるが、變不變《へんふへん》は用《よう》である、是故《これゆゑ》に三變皆奇《へんみなき》であれば、則《すなは》ち之《これ》を參天《さんてん》の九となし、亦《また》三變皆偶《へんみなぐう》であれば、則《すなは》ち之《これ》を兩地《りやうち》の六となし、初變《しよへん》は奇《き》で第《だい》二變《へん》第《だい》三變《へん》は偶《ぐう》、初變《しよへん》は偶《ぐう》で第《だい》二變《へん》は奇《き》で第《だい》三變《へん》は偶《ぐう》初變《しよへん》二變《へん》は偶《ぐう》で第《だい》三變《へん》は奇《き》であれば、則《すなは》ち是《これ》を參天兩地交錯《さんてんりやうちかうさく》の七となし、亦初變《またしよへん》は偶《ぐう》で第《だい》二變《へん》第《だい》三變《へん》は奇《き》、初變《しよへん》は奇《き》第《だい》二變《へん》は偶《ぐう》で第《だい》三變《へん》は奇《き》、初變《しよへん》第《だい》二變《へん》は奇《き》で第《だい》三變《へん》は偶《ぐう》であれば、則《すなは》ち共《とも》に之《これ》を參天《さんてん》兩地交錯《りやうちかうさく》の八となすのであるが、一奇《き》を三となす、故《ゆゑ》に三奇《き》は九で、一偶《ぐう》を二となす、故《ゆゑ》に三偶《ぐう》は六で、一奇《き》を三となし二偶《ぐう》を四となす、故《ゆゑ》に一奇《き》二偶《ぐう》は七で、二奇《き》を六となし一偶《ぐう》を二となす、故《ゆゑ》に二奇《き》一偶《ぐう》は八である、斯《か》くして七八九六の一畫《くわく》が出來《でき》た所《ところ》で變不變《へんふへん》の用《よう》が始《はじ》めて生《しやう》じ、六畫《くわく》を積《つ》むに及《およ》びその用《よう》が全《まつた》く備《そな》はるのであるが之《これ》を名《なづ》けて得卦《とくくわ》と言《い》ふ。得卦《とくくわ》とは筮《ぜい》し得《え》たる卦《くわ》と言《い》ふの義《ぎ》で卽《すなは》ち神《しん》告《こく》を得《え》たと言《い》ふことである。今假《いまか》りに圖《づ》を擧《あ》げて之《これ》を詳《つまび》らかにせば、第《だい》一圖《づ》は屯《ちゆん》であるがその初爻《しよかう》は

九、二爻《かう》は八、三爻《かう》は八、四爻《かう》は六、五爻《かう》は七、上爻《じやうかう》は八を得《え》て成《な》り立《た》つて居《を》る、而《しか》して此《こ》れが卽《すなは》ち謂《い》ふ所《ところ》の本卦《ほんくわ》であるが、此《こ》の中《うち》に於《おい》て二爻《かう》と三爻《かう》と上爻《じやうかう》とは八を得《え》て五爻《かう》は七を得《え》て居《を》るから、何《いづ》れも皆變《みなへん》ぜぬのであるが、初爻《しよかう》は九を得《え》て四爻《かう》は六を得《え》て居《を》るから、此《こ》の二爻丈《かうだけ》は變《へん》ずるのである、卽《すなは》ち初《しよ》九が變《へん》じて初《しよ》六となり六四が變《へん》じて九四となれば第《だい》二圖《づ》の萃《すゐ》となるのであるが、之《これ》を名《なづ》けて之卦《しくわ》とも言《い》へば變卦《へんくわ》とも言《い》ふのである、卽《すなは》ち本卦《ほんくわ》が此《こ》の卦《くわ》に之《ゆ》き行《ゆ》き若《も》しくは變《へん》じ更《かへ》つたと言《い》ふ意味《いみ》である此《かく》の如《ごと》く九か六かを得《え》た爻《かう》は變《へん》ずれども、七か八かを得《え》た爻《かう》は變《へん》ぜぬのである、故《ゆゑ》に一卦《くわ》六爻《かう》が七と八とを得《え》て成《な》り立《た》つて居《を》るか、或《あるひ》は七ばかりを得《え》て成《な》り立《た》つて居《を》るか、亦或《またあるひ》は八ばかりを得《え》て成《な》り立《た》つて居《を》るか、此《こ》の三つの場合《ばあひ》に於《おい》ては得卦《とくくわ》は唯《たゞ》一卦《くわ》であつて、之卦《しくわ》若《も》しくは變卦《へんくわ》と言《い》ふものがない、そこで此《かく》の如《ごと》き時《とき》に之《これ》を呼《よ》むで不變《ふへん》の卦《くわ》を得《え》たと言《い》ふのである。反之《これにはんし》、一卦《くわ》六爻《かう》が九と六とを得《え》て成《な》り立《た》つて居《を》るか、若《も》しくは六のみを得《え》て成《な》り立《た》つて居《を》るか、將亦《はたまた》九のみを得《え》て成《な》り立《た》つて居《を》るか、此《こ》の三つの場合《ばあひ》に於《おい》ては一卦《くわ》六爻皆《かうみな》悉《ことごと》く變《へん》ずるのであるから、之《これ》を呼《よ》むで皆變《かいへん》の卦《くわ》を得《え》たと言《い》ふのである、又《また》一卦《くわ》六爻《かう》の中《うち》に於《おい》て九か六かを得《え》て居《を》る所《ところ》の一爻《かう》があれば之《これ》を一爻變《かうへん》の卦《くわ》と

第一圖

得卦

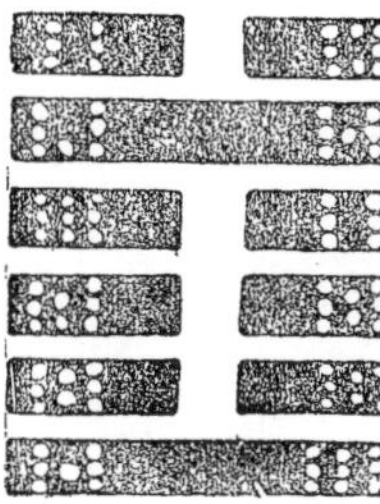

本卦

屯

第二圖

得卦

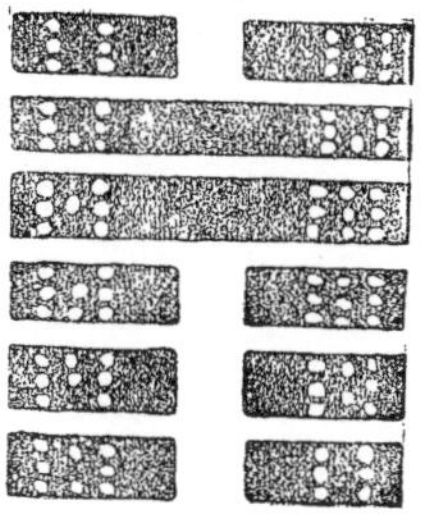

之卦

萃

言《い》ひ、二爻《かう》あれば之《これ》を二爻變《かうへん》の卦《くわ》と言《い》ひ、三爻《かう》あれば之《これ》を三爻變《かうへん》の卦《くわ》と言《い》ひ、四爻《かう》あれば之《これ》を四爻變《かうへん》の卦《くわ》と言《い》ひ、五爻《かう》あれば之《これ》を五爻變《かうへん》の卦《くわ》と言《い》ふのであるが、繫辭傳《けいじでん》に剛柔相推《がうじうさうすゐ》して變《へん》其《そ》の中《うち》に在《あ》りとは卽《すなは》ち此《こ》のことで陽爻《やうかう》が變《へん》じて陰爻《いんかう》となり柔爻《じつかう》が化《くわ》して剛爻《がうかう》となることを言《い》ふたものであるが、這《こ》は卽《すなは》ち宇宙間《うちうかん》に於《お》ける晝夜寒暑若《ちうやかんしよもし》くは死生消長等《しせいせうちやうとう》の理《り》に象《かた》どつたもので、文言傳《ぶんげんでん》に天地變化《てんちへんくわ》して草木蕃《さうもくさか》へ天地閉《てんちさ》ぢて賢人隱《けんじんかく》ると言《い》ひ、繫辭傳《けいじでん》に天《てん》に在《あ》つては象《しやう》を成《な》し、地《ち》に在《あ》つては形《かた》ちを成《な》して變化見《へんくわあら》はる抔《など》と言《い》ふて居《を》るのも亦《また》そうである、而《しか》して宇宙間《うちうかん》に於《お》ける變動《へんどう》の最《もつと》も大《だい》なるものは、天地《てんち》の變動《へんどう》より大《だい》なるものはない故《ゆゑ》に周易《しうえき》に於《おい》ても亦此《またこ》の理《り》に象《かた》どり、九と六とは變《へん》ずれども七と八とは變《へん》ぜぬことゝしたのであらうと思《おも》ふ、何《なん》となれば、九と七とは陽數《やうすう》で陽《やう》は進《すゝ》むものであるが、七より進《すゝ》むで九に至《いた》れば則《すなは》ち陽《やう》の極《きよく》である、故《ゆゑ》に變《へん》じて陰《いん》とならざるを得《え》ぬ、亦《また》六と八とは陰數《いんすう》で陰《いん》は退《しりぞ》くものであるが、八より退《しりぞ》いて六に至《いた》れば則《すなは》ち陰《いん》の極《きよく》である、故《ゆゑ》に變《へん》じて陽《やう》とならざるを得《え》ぬ、此《こ》れ天地《てんち》の純《じゆん》なる九六は變《へん》ずれども、天地《てんち》の雜《ざふ》なる七八は變《へん》ぜぬ所以《ゆえん》である

春秋左氏傳襄公《しゆんじうさしでんじやうこう》の九年《ねん》に曰《いは》く、穆姜東宮《ぼくきやうとうぐう》に薨《がう》す。始往《はじめゆい》て而《しか》して之《これ》を筮《ぜい》す、艮の八に遇ふ、史《し》曰《いは》く、是《これ》を艮《こん》の隨《ずゐ》に之《ゆ》くと謂《い》ふ。隨《ずゐ》なれば其《そ》れ出《い》でん、君必《きみかなら》ず速《すみや》かに出《い》でん。晉語《しんご》に曰《いは》く、是《こゝ》に於《おい》て懷公秦《くわいこうしん》より逃《のが》れ歸《かへ》る、秦伯公子《しんはくこうし》を楚《そ》に召《め》す。楚子《そし》幣《へい》を厚《あつ》ふし、以《もつ》て公子《こうし》を秦《しん》に送《おく》る。公子《こうし》親《みづ》から之《これ》を筮《ぜい》して曰《いは》く、尙《ねがは》くば晉國《しんこく》を有《たも》たんと。貞屯悔豫《ていちゆんくわいよ》を得《う》る、皆八なり。筮史《ぜいし》を

して之《これ》を占《せん》せしむ、皆曰く不吉なり、閉て而して通せず、爻爲《かうな》すことなきなり。

晋語《しんご》に又曰《またいは》く、董因公《とういんこう》を河《かは》に迎《むか》ふ、公焉《こうこれ》を問《と》ふ、吾其濟《われそれわた》らんかと、對《こた》えて曰《いは》く、臣之《しんこれ》を筮《ぜい》して泰の八を得たり。是《これ》を天地配亨小往大來《てんちはいきやうせうわうおほいにきた》ると謂《い》ふ、今之《いまこれ》に及《およ》ぶ、何《なん》の濟《わた》らざることが之《こ》れ有《あ》らん。と、惟《おも》ふに以上《いじやう》の三占《せん》は、夏殷《かいん》二易《えき》の占法《せんはふ》で周易《しうえき》の占法《せんはふ》ではない樣《やう》である、蓋《けだ》し夏殷《かいん》の二易《えき》に於《おい》ては七八を用《もち》ひて、九六を用《もち》ひぬのを以《もつ》て原則《げんそく》として居《ゐ》た樣《やう》であるけれども、反之《これにはんし》、周易《しうえき》に於《おい》ては九六を用《もち》ひて、七八を用《もち》ひぬのがその法則《はふそく》となつて居《を》る、此處《こゝ》が即《すなは》ち夏殷《かいん》の二易《えき》と周易《しうえき》との異《こと》なる所《ところ》である

周禮《しうれい》を案《あん》ずるに、太卜掌三易之法、一曰連山、二曰歸藏、三曰周易と。今茲《いまこゝ》に艮《ごん》の八に遇《あ》ふと言《い》ひ、皆《みな》八なりと言《い》ひ、若《も》しくは泰《たい》の八を得《う》ると言《い》ふは、夏殷時代《かいんじだい》に行《おこな》はれたる連山歸藏《れんざんきざう》二易《えき》の占法《せんはふ》を言《い》ふたものであらうと思《おも》ふが、此《こ》の連山歸藏《れんざんきざう》の二易《えき》は、不變《ふへん》の爻《かう》を主《しゆ》としたものであるから、變《へん》ぜざる所《ところ》の七八を以《もつ》てその事《こと》を占《うらな》ひ、周易《しうえき》は變《へん》を尙《たつと》むだものであるから、變《へ》ずる所《ところ》の九六を以《もつ》て占《うらな》ふことゝした樣《やう》である。されば七八を得《え》た不變《ふへん》の爻《かう》には如何《いか》なる意味《いみ》があるかと言《い》へば、八を得《え》て皆曰《みないは》く不吉《ふきつ》なり、閉《と》ぢて而《しか》して通《つう》ぜず、爻《かう》は爲《な》すことなしと言《い》へるを以《もつ》て之《これ》を推《お》せば、八は陰《いん》で陰《いん》は閉《と》ぢ塞《ふさ》がつて爲《な》すことがないものである、故《ゆゑ》に之《これ》を凶《きよう》と定《さだ》め、七は陽《やう》で陽《やう》は開《あ》け通《とほ》して爲《な》すことがある、故《ゆゑ》に之《これ》を吉《きつ》と定《さだ》め、亦《また》七八の爻《かう》を併《あは》せ得《え》た時《とき》には、之《これ》を半凶半吉《はんきようはんきつ》としたものであらうと思《おも》はるゝ、して見《み》れば、穆《ぼく》姜《きやう》の筮《ぜい》に於《おい》て艮《ごん》の八に遇《あ》ふたのは、不吉《ふきつ》である許《ばか》りでなく、唯艮《たゞごん》の八に遇《あ》ふと言《い》ふた丈《だけ》では、何《いづ》れの

爻《かう》が八を得《え》たものであるかは不明《ふめい》である、されども筮史《ぜいし》が艮《ごん》の八であるから不吉《ふきつ》である、即《すなは》ち八は陰《いん》で爲《な》すことがなきものであるから、東宮《とうぐう》を出《い》づることは可能《でき》ぬと言《い》はゞ、穆姜《ぼくきやう》の意《い》を害《がい》せむことを懼《おそ》れ、その意《い》に迎《むか》ひ合《あは》せむが爲《た》めに、連山若《れんざんもし》くは歸藏《きざう》の易法《えきはふ》に由《よ》つて之《これ》を占《うらな》ふことを止《や》め、殊更《ことさら》に周易《しうえき》の占法《せんはふ》に由《よ》つて之《これ》を占《うらな》ひ、下文《かぶん》にある樣《やう》に是《これ》を艮《ごん》の隨《ずゐ》に之《ゆ》くと言《い》ふて居《を》るが、今此《いまこ》の艮《ごん》の隨《ずゐ》に之《ゆ》くと言《い》ふを以《もつ》て之《これ》を考《かんが》ふれば、初爻《しよかう》と四爻《かう》と五爻《かう》とは六を得《え》て變《へん》じ、三爻《かう》と上爻《じやうかう》とは九を得《え》て變《へん》じたけれども、唯《たゞ》二爻《かう》のみは八を得《え》て變《へん》じなかつたことが分《わか》る。故《ゆゑ》に艮《ごん》の八に遇《あ》ふと言《い》ふは、艮《ごん》の六二丈《だけ》が不《ふ》變《へん》の爻《かう》であつたことが分《わか》る許《ばか》りか、亦《また》七を得《え》た不《ふ》變《へん》の爻《かう》がなかつたことも知《し》り得《え》らるゝのである。

亦晉語《またしんご》重耳《ちやうじ》の筮《ぜい》に貞屯悔豫皆《ていちゆんくわいよみな》八なりと言《い》ふは、此《これ》は初爻《しよかう》と五爻《かう》とは九を得《え》て變《へん》じ、四爻《かう》は六を得《え》て變《へん》じたけれども、而《しか》も二爻《かう》と三爻《かう》と上爻《じやうかう》とは共《とも》に八を得《え》て變《へん》じなかつたものである、即《すなは》ち貞屯悔豫《ていちゆんくわいよ》の四字《じ》あるが爲《た》めに、皆《みな》八の意味《いみ》が分《わか》る上《うへ》に、亦《また》七を得《え》た爻《かう》のなかつたことも分《わか》る譯《わけ》である。而《しか》して謂《い》ふ所《ところ》の貞《てい》とは本掛《ほんか》のことで悔《くわい》とは之卦《しくわ》のことである。貞屯悔豫《ていちゆんくわいよ》とは、猶本卦《なほほんくわ》は屯《ちゆん》で之卦《しくわ》は豫《よ》であると言《い》ふのと同《おな》じである、是《これ》に由《よ》つて之《これ》を考《かんが》ふれば、九六を得《え》た爻《かう》が變《へん》じて之卦《しくわ》と言《い》ふものゝあることは、周易《しうえき》に及《およ》むで始《はじ》めて設《まう》けた所《ところ》の法則《はふそく》ではなく、連山歸藏《れんざんきざう》の二易時代《えきじだい》から、已《すで》に此《こ》の法則《はふそく》のあつたことを明《あき》らかに證《しやう》することが可能《でき》るのである。

尙亦董因《なほまたとういん》が秦《しん》の八を得《え》たと言《い》ふのも、艮《こん》の八に遇《あ》ふと言《い》ふの例《れい》に由《よ》つて之《これ》を推《な》せば已《すで》に泰《たい》の八と言《い》ふが故《ゆゑ》に、初爻《しよかう》と二爻《かう》と三爻《かう》とが共《とも》に九を得《え》て變《へん》ずべきことは明《あき》らかであるが、四爻《かう》と五爻《かう》と上爻《じやうかう》と此《こ》の三爻《かう》の中《うち》に於《おい》て、二爻丈《かうだけ》は六を得《え》て變《へん》じ、他《た》の一爻《かう》のみが八を得《えん》て變じなかつたことが分《わか》るけれども、而《しか》も此《こ》の三爻《かう》の中何《うちいづ》れが八を得《え》て變《へん》じなかつたのであるかは不明《ふめい》である。されど之《これ》を事實《じじつ》に照《てら》して考《かんが》へて見《み》れば、その八を得《え》た不變《ふへん》の一爻《かう》は、蓋《けだ》し五爻《かう》であつたと言《い》ふことが可能《でき》る。何《なん》となれば、今《いま》五爻《がう》のみが八を得《え》て變《へん》ぜず、四爻《かう》と上爻《じやうかう》とは六を得《え》て內卦《ないくわ》の三爻《かう》と共《とも》に變《へん》じたとすれば、卽《すなは》ち泰《たい》が變《へん》じて晉《しん》に之《ゆ》くのであつて、晉《しん》は晉《すゝ》み進《すゝ》むの義《ぎ》でもあり、亦晉《またしん》の國名《こめい》にも當《あた》り、晉國《しんこく》を得《え》むとする事《じ》實《じつ》に符合《ふがふ》するのであるが、之《これ》に反《はん》し、若《も》し四爻《かう》のみが八を得《え》て變《へん》ぜず、その他《た》の五爻《かう》は皆變《みなへん》ずるとせば、之卦《しくわ》は卽《すなは》ち觀《くわん》となる、若《も》し亦上爻《またじやうかう》のみが八を得《え》て變《へん》ぜず、その他《た》の五爻《かう》は變《へん》ずるとせば、之卦《しくわ》は卽《すなは》ち萃《すゐ》となつて事實《じじつ》と符合《ふがふ》せぬ上《うへ》に、連山歸藏《れんざんきざう》の二易法《えきはふ》に由《よ》つて之《これ》を斷《だん》ぜば、不吉《ふきつ》であると言《い》はねばなるまい。然《しか》るに天地配亨《てんちはいきやう》、小往大來《せうゆきだいきた》る抔《など》と言《い》ふて居《を》るのを以《もつ》て之《これ》を察《さつ》すれば、連山歸藏《れんざんきざう》の二易法《えきはふ》を以《もつ》て之《これ》に占《うらな》ふたのではなく、穆姜《ぼくきやう》が筮史《ぜいし》の占《うらなひ》と同《おな》じく、周易《しうえき》の占法《せんはふ》を以《もつ》て之《これ》を占《うらな》ふたもので、隨《したが》つて八を得《え》た不變《ふへん》の一爻《かう》は、五爻《かう》であつたと見《み》るのが最《もつと》も能《よ》く事實《じじつ》と符合《ふがふ》することゝなるのである。

上述《じやうじゆつ》の如《ごと》く夏殷《かいん》の二易《えき》は七八の不變《ふへん》を主《しゆ》とし、周易《しうえき》は九六の變動《へんどう》するものを主《しゆ》としてその法《はふ》を立《た》てたのである。故《ゆゑ》に周易《しうえき》に於《おい》ては、三百八十四爻皆《かうみな》九六を以《もつ》て之《これ》を呼《よ》むで居《を》る許《ばか》りでなく、尙乾坤《なほけんこん》の二卦《くわ》に於《おい》て、特《とく》に用《よう》九用《よう》六の二辭《じ》を繫《か》けて、三百八十四爻皆《かうみな》九六を用《もち》ひて七八を用《もち》ひぬ爲《た》めの凡例《はんれい》を示《しめ》して居《を》る。然《しか》らずば周易《しうえき》の三百八十四爻《かう》が皆《みな》九六のみを得《え》て、七八を得《え》たる爻《かう》がない筈《はず》はあるまい、已《すで》に七八を得《え》た爻《かう》があるとせば、之《これ》を呼《よ》ぶに九六のみを以《もつ》てせずとも、七八を以《もつ》ても之《これ》を呼《よ》ぶべき筈《はず》である、然《しか》るにその然《し》からざる所以《ゆえん》は、周易《しうえき》に於《おい》ては夏殷《かいん》の二易法《えきはふ》に反《はん》し、三百八十四爻皆《かうみな》九六を得《え》て變《へん》ずることを得《う》べく、隨《したが》つてその變《へん》ずるものを主《しゆ》として占《うらなひ》をなすべきことを明示《めいじ》するものに外《ほか》ならぬ。

歐陽修《おうやうしゆう》曰《いは》く、乾《けん》の爻《かう》は七九、坤《こん》の爻《かう》は八六、九六は變《へん》じて而《しか》して七八は爲《な》すことなし、易道は其の變を占ふ、故に其の占ふ所を以て爻に名く、六爻皆九六なりと謂ふにあらず、七八は常《つね》に多《おほ》く、九六は常《つね》に少《すくな》し、九六なきものあり、此《こ》れを以《もつ》て譯《わく》せずんばあるべからず、六十四卦皆然《くわみなしか》り、特《とく》に乾《けん》坤《こん》に於《おい》て之《これ》を見《しめ》す、卽《すなは》ち餘《よ》は知《し》るべきのみと。朱晦菴《しゆくわいあん》が此說《このせつ》を擧《あげ》て之《これ》を賛《さん》したのは蓋《けだ》し至當《したう》であるが、而《しか》も尙之《なほこれ》に補足《ほそく》して曰《いは》く。用九故老陽變《ようゆゑにらうやうへん》爲二少陰一、用六故老陰變《ようゆゑにらういんへん》爲二少陽一と。然《しか》らば何故《なにゆゑ》にさうであるかと言《い》ふに、彼《かれ》は更《さら》に之《これ》に對《こた》へて曰《いは》く。掛扐《けろく》の數《すう》は、其《そ》の四を三にして、其《そ》の十二を一にし、而《しか》して過揲《くわてう》の數《すう》は其《そ》の四を九にして其《そ》の十二を三にする者《もの》を老陽《らうやう》と爲《な》し、掛扐過揲《くわいろくくわてう》の數皆其《すうみなそ》の四を六にして、其《そ》の十二を兩《りやう》にする著《もの》を老陰《らういん》と爲《な》す、老陽《らうやう》の掛勒《けろく》よりして而《しか》して一四を增《ま》せば、則《すなは》ち是《こ》れ其《そ》の四を四にするなり、其《そ》の十二を一にして而《しか》して又《また》一四を進《すゝ》むるなり、其《そ》の過揲《くわてう》する著《もの》よりして而《しか》して一四を損《そん》せば、則《すなは》ち是《こ》れ其《そ》の四を八にするなり、其《そ》の十二を三にして而《しか》して一四を損《そん》するなり、此《こ》れ所《いは》レ謂《ゆる》少陰《せういん》なる者《もの》なり、老陰《らういん》の掛扐《けろく》よりして而《しか》して一四を損《そん》せば、則《すなは》ち是《こ》れ其《そ》の四を五にするなり、其《そ》の十二を兩《りやう》にして而《しか》して一四を去《さ》るなり、其《そ》の過揲《くわてう》よりして而《しか》して一四を増《ま》せば、則《すなは》ち是《こ》れ其《そ》の四を七にするなり、其《そ》の十二を兩《りやう》にして而《しか》して一四を進《すゝ》むるなり、此《こ》れ所《いは》レ謂《ゆる》少陽《せうやう》なる者《もの》なり二老《らう》は陰陽《いんやう》の極《きやく》なり、二極《きよく》の間相去《かんあひさ》るの數《すう》、凡《およ》そ十有《いう》二、而《しか》して之《これ》を三分《ぶん》し、陽《やう》の極《きよく》よりして其《そ》の掛扐《けろく》を進《すゝ》め、其《そ》の過揲《くわてう》を退《しりぞ》く、各《かく》三の一に至《いた》れば、則《すなは》ち少陰《せういん》と爲《な》る、陰《いん》の極《きよく》よりして而《しか》して其《そ》の掛扐《けろく》を退《しりぞ》き、其《そ》の過揲《くわてう》を進《すゝ》め、各《かく》三の一に至《いた》れば、則《すなは》ち少陰《せういん》と爲《な》る、

と果《はた》して然《さ》うであるか、何《ご》うであるかは疑《うたがひ》なきを得《え》ぬ。そこで窃《ひそ》かに案《あん》ずるに、爻《かう》の陰陽《いんやう》に老少《らうせう》の別《べつ》があると言《い》ふことは、經傳《けいでん》の未《いま》だ嘗《かつ》て言《い》はぬ所《ところ》であるから、容易《ようい》に之《これ》を信《しん》ずることが出來《でき》ぬ、然《しか》るに古來《こらい》諸儒《しよじゆ》者《みな》此《こ》の説《せつ》を慣用《くわんよう》して怪《あや》しまぬ所《ところ》であるが、前述《ぜんじゆつ》の如《ごと》く筮《ぜい》には七八九六の數《すう》があるけれども周易《しうえき》に於《おい》て主《しゆ》とする所《ところ》は、七八ではなくて九六である。此《こ》れ彼《か》の用《よう》九用《よう》六を特書《とくしよ》した所以《ゆえん》である。己《すで》に九を用《もち》ひ六を用《もち》ゆ)るを以《もつ》て原則《げんそく》となす上《うへ》は、九が變《へん》ずれば六となり、六が變《へん》ずれば九となる丈《だけ》で、最早《もはや》その用《よう》は足《た》りるのであるから、此《こ》の上更《うへさら》に用《よう》九變《へん》じて八となり、用《よう》六變《へん》じて七となるの法《はふ》を設《まう》くるの必要《ひつえう》はないではないか、然《しか》るに朱説《しゆせつ》の如《ごと》くは、這《こ》は惟《ひと》り九六を用《もち》ゆる許《ばか》りでなく、亦併《またあは》せて七八を用《もち》ゆるものであると言《い》はねばならぬ。且《か》つ試《こゝろ》みに之《これ》を思《おも》へ、易《えき》の卦《くわ》は乾《けん》を反《はん》すれば坤《こん》となり、坤《こん》

を反《はん》すれば乾《けん》となる、その他《た》震巽坎離艮兌《しんそんかんりごんだ》の六卦《くわ》も皆《みな》さうである。此《こ》れ即《すなは》ち九は六と、七は八と相表《あひへう》裏《り》する所以《ゆえん》の證左《しようさ》で、亦造化自然《またざうくわしぜん》の道理《だうり》である。然《しか》るに區々《くゝ》たる策數《さくすう》の增減進退《ぞうげんしんたい》に由《よ》つて七八九六の變化《へんくわ》に適合《てきがふ》せしめようとするのは、强解《きやうかい》の最《もつと》も甚《はなは》だしきものであると言《い》はねばならぬ。何故《なにゆゑ》かと言《い》へば、畫《ぐわ》には己《すで》に七八九六の區別《くべつ》があつて、變不變《へんふへん》の用《よう》も具足《ぐそく》して居《を》るから、此上更《このうへさら》に老少拆《らうせつたく》の區別《くべつ》を立《た》つるの要《えう》はない、豈《あ》に啻《たゞ》に是《これ》のみではない、爻畫《かうぐわ》が己《すで》に生《しやう》じた上《うへ》は、數《すう》を以《もつ》て之《これ》を言《い》へば、即《すなは》ち七八九六で象《しやう》を以《もつ》て之《これ》を言《い》へば、即《すなは》ち兩儀《りやうぎ》の一であるが、その兩儀《りやうぎ》の一畫《ぐわ》を重《かさ》ねて、二畫《ぐわ》となしたものは即《すなは》ち四象《しやう》で、四象《しやう》の二畫《ぐわ》を重《かさ》ねて、三畫《ぐわ》となしたものは即《すなは》ち八卦《くわ》である。而《しか》して兩儀《りやうぎ》と四象《しやう》とには一々名目《めうもく》と云《い》ふものはないが、八卦《くわ》に至《いた》りては、即《すなは》ち之《これ》を乾兌離震巽坎艮坤《けんだりしんそんかんごんこん》の八名《めい》に別《わか》つべきことは經傳中己《けいでんちうすで》に明文《めいぶん》の存《そん》する所《ところ》である。然《しか》るに彼《かれ》は兩儀《りやうぎ》を分《わか》つて陽儀陰儀《やうぎいんぎ》の二目《もく》となし、亦《また》四象《しやう》を分《わか》つて老陽少陰少陽老陰《らうやうせういんせうやうらういん》の四目《もく》となしたのであるが、此《かく》の如《ごと》きは事《こと》に害《がい》がなくて、見《み》るに便利《べんり》な所《ところ》もあるのであるから、强《あな》がち之《これ》を非《ひ》とする譯《わけ》ではないけれども、而《しか》も七八九六である所《ところ》の兩儀《りやうぎ》の一畫《くわく》を呼《よ》ぶに謂《い》ふ所《ところ》の四象《しやう》の目《もく》たる老陽考陰少陽少陰《らうやうらういんせうやうせういん》の名《な》を以《もつ》てするのは、這《こ》は取《こ》りも直《なほ》さず、兩儀《りやうぎ》を誤認《ごにん》して四象《しやう》となすものでなくて何《なん》である。兩儀《りやうぎ》には陰《いん》と陽《やう》との二儀《ぎ》があつて、九と七とは陽儀《やうぎ》に當《あた》り、六と八とは陰儀《いんぎ》に當《あた》る。四象《しやう》にも亦陰《またいん》と陽《やう》との二象《しやう》があつて、老陽《らうやう》と少陽《せうやう》とは陽《やう》の象《しやう》で、老陰《らういん》と少陰《せういん》とは陰《いん》の象《しやう》である。二者共《しやとも》に之《これ》を分《わか》つて四となすとは雖《いへ》ども、兩儀《りやうぎ》は一畫《くわく》で、四象《しやう》は二畫《くわく》である。されば二畫《くわく》の四象《しやう》と、一畫《くわく》の兩儀《りやうぎ》が同《どう》一でないことは固《もと》より明白《めいはく》であらう、して見《み》れば、老陽老陰少陽少陰《らうやうらういんせうやうせういん》の四者《しや》を以《もつ》て、九六七八の異名《いめい》となして、九六七八を呼《よ》ぶに、老陽老陰少陽少陰《らうやうらういんせうやうせういん》の名《な》を以《もつ》てするのは大《だい》なる誤認《ごにん》である、然《しか》るにその相似《あひに》たる所《ところ》があるからと云《い》ふて、先儒《せんじゆ》が一たび誤《あや》まつて此説《このせつ》を唱《とな》へてから、後世皆此《こうせいみなこ》の説《せつ》に雷同《らいどう》して附會強辯至《ふくわいきやうべんいた》らぬ所《ところ》はない有樣《ありさま》で、その最《もつと》も甚《はなは》だしきものに至《いた》つては、三畫《くわく》たる八卦《くわ》を以《もつ》て、之《これ》を一畫《くわく》なる九六七八に配付《はいふ》するもの迄《まで》もあつた次第《しだい》であるが、そは別人《べつじん》ではない、眞勢中州《ませちうしう》が卽《すなは》ちさうである。而《しか》してその説《せつ》に云《い》ふ、三奇《き》にして九を得《え》たものを乾《けん》となし、三偶《ぐう》にして六を得《え》たものを坤《こん》となし、初變《しよへん》は奇後《きご》二變《へん》は偶《ぐう》、初變《しよへん》は偶《ぐう》二變《へん》は奇《き》三變《へん》は偶《ぐう》、初變《しよへん》二變《へん》は偶《ぐう》三變《へん》は奇《き》で、共《とも》に七を得《え》たものを震坎艮《しんかんごん》となし。亦初變《またしよへん》は偶後《ぐうご》二變《へん》は奇《き》、初變《しよへん》は奇《き》二變《へん》は偶《ぐう》三變《へん》は奇《き》、初《しよ》變《へん》二變《へん》は奇《き》三變《へん》は偶《ぐう》で、共《とも》に八を得《え》たものを巽離兌《そんりだ》となし、乾坤《けんこん》を得《え》たるものは變《へん》ずれども、震巽坎《しんそんかん》離艮兌《りこんだ》を得《え》たものは變《へん》せぬと。這《こ》は卽《すなは》ち兩儀《りやうぎ》の一畫《くわく》を以《もつ》て、八卦《くわ》の三畫《くわく》と同視《どうし》するもので朱子《しゆし》の傭《よう》に倣《なら》ふて亦更《またさら》に一歩《ぽ》を進《すゝ》めたものである。故《ゆゑ》に余《よ》は先儒《せんじゆ》が陰陽老少《いんやうらうせう》を以《もつ》て爻《かう》に配《はい》するの説《せつ》も取《と》らねば、亦中州《またちうしう》が八卦《くわ》を以《もつ》て爻卦《かうくわ》となすの説《せつ》も取《と》らぬ。之《これ》を要《えう》するに説卦傳《せつくわでん》の首章《しゆしやう》に參天兩地而奇レ數《さんてんりやうちきによつてすう》と言《い》ふ明文《めいぶん》に據《よ》つて、六十四卦中《くわちう》の三百八十四の爻畫《かうくわく》を呼《よ》ぶに、九六七八の名稱《めいしよう》を以《もつ》てし度《た》いと思《おも》ふが、固《もと》より斯《か》く呼《よ》ぶを以《もつ》て周易《しうえき》の本義《ほんぎ》に適《てき》するものであると信《しん》ずる爲《た》めである。尙圖《なほづ》を擧《あ》げて之《これ》を比較《ひかく》すれば左《さ》の如《ごと》くである。

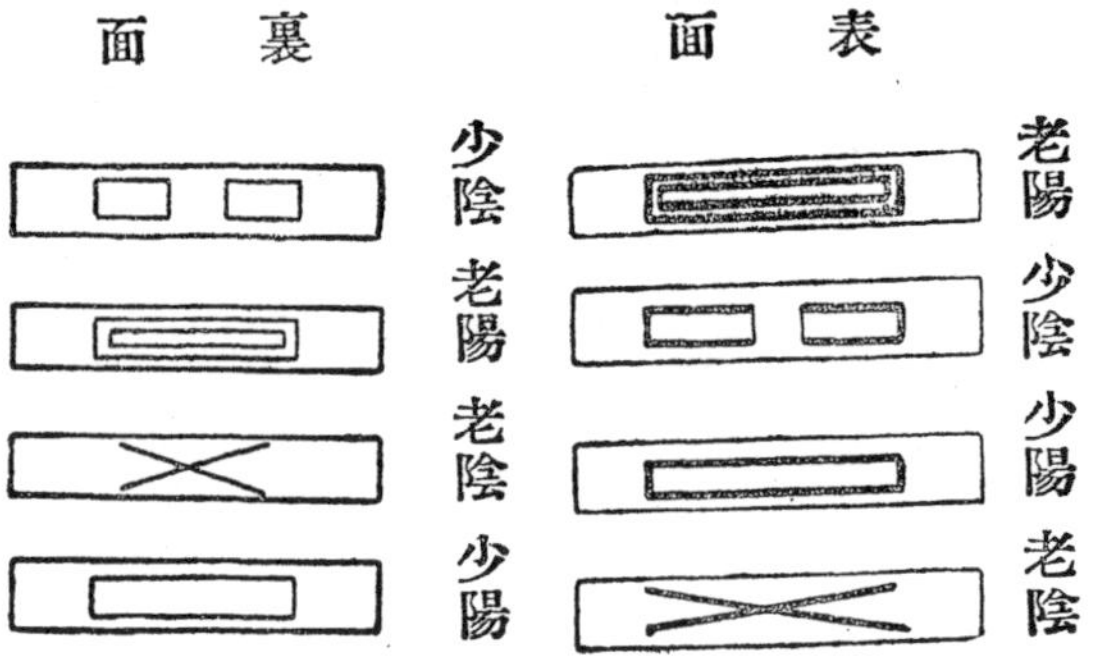

朱子陰陽老少を配するの圖

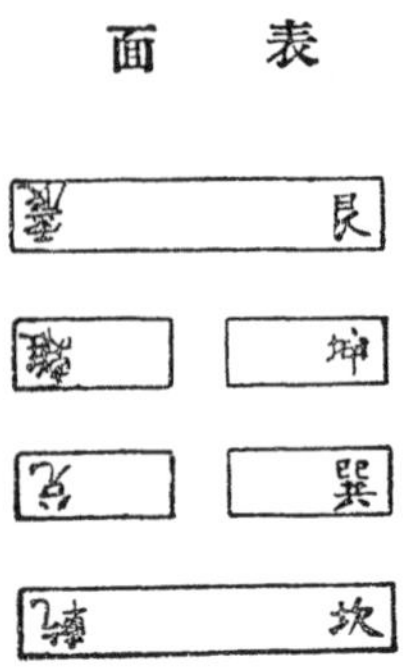

眞勢中州爻卦の圖

裏面

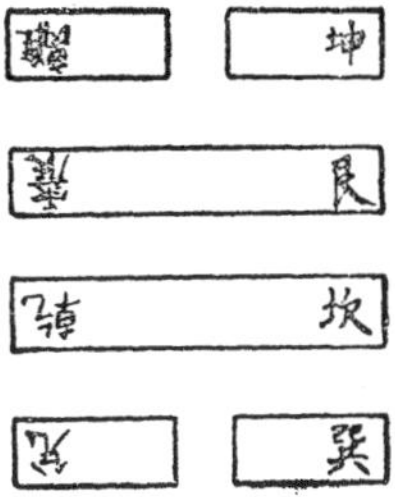

前述《ぜんじゆつ》の如《ごと》く周易《しうえき》に於《おい》ては九六七八の畫《くわく》はあれども、而《しか》も一畫《くわく》にして陰陽老少《いんやうらうせう》を配《はい》すべきものもなければ、亦《また》八卦《くわ》を配《はい》すべきものもない、故《ゆゑ》に二者共《しやとも》に非《ひ》にして經傳《けいでん》の眞《しん》を失《うしな》ふて居《を》るから、我等《われら》が用《もち》ゆべきものではない。それで余《よ》は今經傳《いまけいでん》の眞義《しんぎ》を原《たづ》ねて、新《あら》たにその記標《きへう》を作《つく》り、以《もつ》て七八九六を辨別《べんべつ》するの用《よう》に供《きよう》し度《た》いと思《おも》ふが、即《すなは》ち左圖《さづ》に示《しめ》す如《ごと》くである。

表面

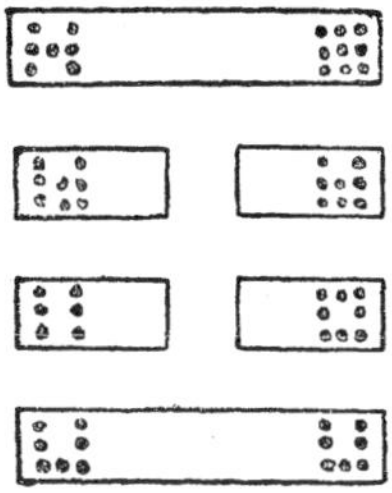

裏

面

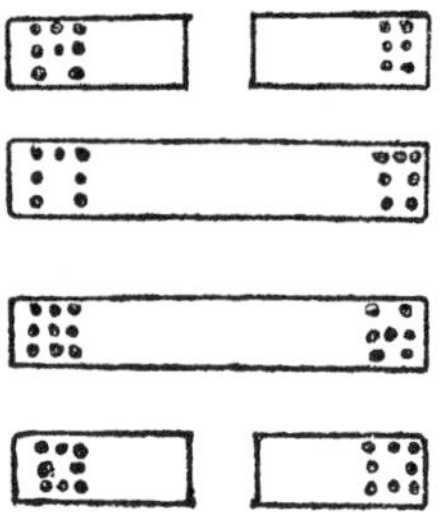

全體畫《ぜんたいくわく》は皆《みな》四面《めん》となつて居《を》るが、上圖《じやうづ》に示《しめ》す所《ところ》は皆《みな》その一面《めん》であるから、今此《いまこ》の四畫《くわく》の圖《づ》を以《もつ》て、一畫《くわく》の四面《めん》に配賦《はいふ》すればよいのである、但《たゞ》し上圖《じやうづ》九の裏面《りめん》は○○○○○○六となつて居《を》る、故《ゆゑ》に之《これ》を横《よこ》に反覆《はんぷく》すれば六となる。亦《また》六の裏面《りめん》は○○○○○○○○○九となつて居《を》る、故《ゆゑ》に亦之《またこれ》を横《よこ》に反覆《はんぷく》すれば九となる。その他《た》八を反覆《はんぷく》すれば七となり、七を反覆《はんぷく》すれば八となる。併《しか》し九六を得《え》たものは變《へん》ずれども、七八を得《え》たものは變《へん》せぬのである。竊《ひつ》かに思《おも》ふ、斯《か》くて始《はじ》めて經傳《けいでん》の眞儀《しんぎ》に違《たが》はざるに庶幾《ちか》いであらうと。

朱晦菴《しゆくわいあん》曰《いは》く、若《も》し近世《きんせい》の法《はふ》を用《もち》ひば、即《すなは》ち三變《へん》の餘皆圍《よみなかこ》み三徑《けい》一の義《ぎ》と爲《な》つて而《しか》して復奇偶《またきぐう》の分《ぶん》なし、三變《へん》の餘《よ》老陽少陰《らうやうせうゐん》となる者皆《ものみな》二十七、少陽《せうやう》となる者《もの》九、老陰《らういん》となる者《もの》一、又皆參差《またみなさんさ》齊《ひと》しからずして而《しか》して復《また》自然《しぜん》の法象《はふしやう》なし、此《こ》れ以《もつ》て其《そ》の説《せつ》の誤《あや》まれることを見《み》るに足《た》ると。這《こ》は蓋《けだ》し彼《かれ》が郭氏《くわくし》の筮法《ぜいはふ》に就《つ》いて言《い》ふたとであるが、而《しか》も此《こ》の非難《ひなん》は余《よ》が四十五策筮法《さくぜいはふ》に就《つ》いても、亦同様《またどうやう》なる價値《かち》を有《いう》することゝなる、何故《なにゆゑ》であるかと言《い》へば、余《よ》が四十五策筮法《さくせいはふ》に於《おい》ても前後《ぜんご》三變《へん》の後《のち》に至《いた》り八九の爻畫《かうくわく》を得《う》べき奇策《きさく》は共《とも》に二十七で、七の爻畫《かうくわく》を得《う》べき奇策《きさく》は九で、六の爻畫《かうくわく》を得《う》べき奇策《きさく》は一であるから、その策數丈《さくすうだけ》を見《み》れば、郭氏《くわくし》の法《はふ》と少《すこ》しも異《こと》なる所《ところ》がないからである。然《しか》るに今彼《いまかれ》が法《はふ》に從《したが》へば、老陽《らうやう》の掛扐《けろく》が十二で、老陰《らういん》の掛扐《けろく》は四、少陽《せうやう》の掛扐《けろく》は二十で、少陰《せついん》の掛扐《けろく》は二十八である。故《ゆゑ》に彼《かれ》は言《い》ふ、老者陽饒《らうしやうぎやう》而《しかして》陰乏《いんにとぼし》。少者陽少《せうしやうせう》而《しかして》陰多《いんおほし》、亦皆有《またみなあり》二自然之法象《しぜんのはふしやう》一、而共適《しかれどもともてきす》レ於《に》二圜《かこゐ》三一四二之義《のぎ》一焉。と而《しか》も這《こ》は唯枝葉《たゞしえふ》の論《ろん》で取《と》るに足《た》らぬことであらうと思《おも》ふ、若《も》し朱說《しゆせつ》の如《ごと》く參差《しんさ》齊しからざるの故《ゆゑ》を以《もつ》て、自然《しぜん》の法象《はふしやう》に背《そむ》くと言《い》はゞ、自《みづか》らの法《けふ》に於《おい》ても、尙且《なほか》つ陰陽老少《いんやうらうせう》の不同《ふどう》があるではないか、して見《み》れば、彼己氏《ひきし》自《みづか》らの法《はふ》も、亦自然《またしぜん》の法象《はふしやう》ではないと言《い》はねばなるまい。且《か》つ七八九六を得《う》るの數《すう》に參差《しんさ》なきの一事《じ》を以《もつ》て、自然《しぜん》の法象《はふしやう》に適《てき》すと言《い》はゞ、却《かへ》つて四十八策《さく》筮法《ぜいはふ》に於《おい》て、乾坤震巽坎離艮兌《けんこんしんそんかんりごんだ》共《とも》に八を得《う》るものを以《もつ》て、その眞《しん》を得《え》たものであると言《い》はねばならぬ彼《かれ》は果《はた》して如何《いか》に此問《このとひ》に答《こた》へたであらうか、蓋《けだ》し此《かく》の如《ごと》きは瑣末《さまつ》の算數《さんすう》に拘泥《かうでい》して、筮法《ぜいはふ》の根原《こんげん》を忘《ばう》却《きやく》した說《せつ》であると言《い》ふより外《ほか》はあるまい。

王宗傳曰《わうそうでんいはく》く、營《えい》とは求《もと》むるなり、四營《えい》とは、四を以《もつ》て而《しか》して之《これ》を求《もと》むるなり、筮法《ぜいはふ》は四を準《じゆん》と爲《な》す一四は奇《き》なり、二四は偶《ぐう》なり、老陽《らうやう》の數《すう》九の如《ごと》きは、四を以《もつ》て之《これ》を求《もと》むれば、則《すなは》ち四九三十六、老《らう》陰《いん》の數《すう》は六、四を以《もつ》て之《これ》を求《もと》むれば、則《すなは》ち四六二十四、少陽《せつやう》の數《すう》は七、四を以《もつ》て之《これ》を求《もと》めば、則《すなは》ち四七二十八　少陰《せういん》の數《すう》は八、四を以《もつ》て之《これ》を求《もと》めば、則《すなは》ち四八三十二、皆《みな》四を以《もつ》て求《もと》めて而《しか》して之《これ》を得《う》、故《ゆゑ》に曰《いは》く四營《えい》して而《しか》して易《えき》を爲《な》すと、乾坤《けんこん》の策《さく》、二篇《へん》の策《さく》、其《そ》の數《すう》は皆《みな》四を以《もつ》て而《しか》して之《これ》を得《う》るなり。

海保漁村曰《かいほぎよそんいは》く、四營《えい》とは、三變《へん》を三營《えい》と爲《な》し、三變《へん》の後《のち》、復《また》四四過揲《くわてふ》の策《さく》を揲《かぞ》え、七八九六を得《う》るも此《これ》を一營《えい》と爲《な》す是《これ》なり。

又曰《またいは》く、三變《へん》の後《のち》、復《また》四四過揲《くわてふ》の策《さく》を數《かぞ》え、七八九六の數《すう》を觀《み》て、以《もつ》て一爻《かう》を布《し》く、其《そ》の四となるの七有《あ》れば、則《すなは》ち少陽《せうやう》と爲《な》し、八有《あ》れば則《すなは》ち少陰《せういん》と爲《な》し、九有《あ》れば則《すなは》ち老陽《らうやう》と爲《な》し、六有《あ》れば則《すなは》ち老陰《らういん》と爲《な》す、此《こ》れ之《これ》を四營《えい》して而《しか》して易《えき》を成《な》すと謂《い》ふなり。

根本羽嶽先生曰《ねもとうがくせんせいいは》く、四營《えい》して而《しか》して易《えき》を成《な》すとは、朱說《しゆせつ》の如《ごと》く二に分《わか》ち、一を掛《か》け、四を數《かぞ》え、奇《き》を歸《き》するを以《もつ》て、四營《えい》と爲《な》すにあらず、又《また》一變《へん》を以《もつ》て易《えき》と爲《な》すにあらざるなり、繫辭傳《けいじでん》に曰《いは》く、之《これ》を揲《かぞ》ふるに四を以《もつ》てす、以《もつ》て四時《じ》に象《かた》どると、是《こ》れ四を以《もつ》て之《これ》を一約《やく》する者《もの》を謂《い》ふなり、即《すなは》ち揲《かぞ》ふるに四を以《もつ》て一と爲《な》す、揲《かぞ》え畢《をは》つて而《しか》して後爻《のちかう》の陰陽《いんやう》を定《さだ》む、亦《また》四を以《もつ》て之《これ》を約《やく》す、始終《しじふ》四を以《もつ》て之《これ》を營爲《えいゐ》す故《ゆゑ》に四營《えい》と曰《い》ふなり、然《しか》して四營《えい》して以《もつ》て陰陽《いんやう》の爻《かう》を得《う》るのみ、始《はじ》めよりして而《しか》して豫《よ》定《てい》するにあらざるなり、乃《すなは》ち隨時《ずゐじ》異《ゐ》同《どう》あり變化《へんくわ》あり、故《ゆゑ》に四營《えい》して而《しか》して易《えき》を爲《な》すと曰《い》ふなり。

以上《いじやう》三說中海保《せつちうかいほ》漁村《ぎよそん》が說《せつ》の前半《ぜんはん》は强解《きやうかい》で、取《さ》るに足《た》らぬけれども、後半《こうはん》は王說《わうせつ》と同樣《どうやう》で亦《また》一理《り》ある、羽嶽先生《うがくせんせい》の說《せつ》は、此《これ》とは少《すこ》しくその趣《おもむ》きを異《こと》にして居《を》るけれども、此《これ》も亦《また》一面《めん》の道理《だうり》がある、故《ゆゑ》に之《これ》を併擧《へいきよ》して讀者諸君《どくしやしよくん》の取捨《しゆしや》に任《まか》することゝした。

八卦而小成、十有八變而成レ卦、

八卦而小成《くわしかしてせうせい》の一句《く》は、通本《つうほん》には十有《いう》八變而成《へんしかしてなす》レ卦《くわ》の後《のち》にあるけれども、蓋《けだ》し這《こ》は錯簡《さくかん》である。故《ゆゑ》に今之《いまこれ》を四營而成《えいしかしてなる》レ易《えき》の下《もと》、十有《いう》八變而成《へんしかしてなす》レ卦《くわ》の上《うへ》に移《うつ》し置《お》き、以《もつ》てその舊《きう》に復《ふく》したのである。それで上文《じやうぶん》の如《ごと》く四營《えい》で一變《へん》、十二營《えい》三變《へん》した所《ところ》で一畫《くわく》を成《な》すのであるから、三十六營《えい》九變《へん》で三畫《くわく》を成《な》し、即《すなは》ち八卦《くわ》の一を得《え》て内卦《ないくわ》が出來《でき》るのである、茲《こゝ》に少成《せうせい》と言《い》ふのは、六畫《くわく》の大成《たいせい》に對《たい》する所《ところ》の互《ご》文《ぶん》である。是故《このゆゑ》に三畫《くわく》八卦《くわ》を以《もつ》て小成《せうせい》の卦《くわ》であるとせば、六畫重卦《くつくちうくわ》を以《もつ》て大成《たいせい》の卦《くわ》となすべきことは推《お》して知《し》らるゝのである。又《また》六畫重卦《くわくちうくわ》を以《もつ》て大成《たいせい》の卦《くわ》であるとせば、三畫《くわく》八卦《くわ》を以《もつ》て小成《せうせい》の卦《くわ》となすべきことも自《おのづ》から明《あき》らかである、是故《このゆゑ》に八卦而《くわしかして》小成《せうせい》すと言《い》ふて、暗《あん》に六卦《くわ》の大成《たいせい》なることを示《しめ》し、以《もつ》て下文《かぶん》を起《おこ》したものである。此《かく》の如《ごと》く三十六營《えい》九變《へん》で三畫卦《くわくくわ》を成《な》すことを知《し》る上《うへ》は、七十二營《えい》十八變《へん》で六畫《くわく》を成《な》し、内外斯《ないぐわいこゝ》に備《そな》はることは固《もと》より言《い》ふ迄《まで》もない。故《ゆゑ》に曰《いは》く十有《いう》八變而《へんしかして》成《なす》レ卦《くわ》と、所《いは》レ謂《ゆる》成《なす》とは六畫《くわく》の大成《たいせい》に外《ほか》ならぬ。

此《かく》の如《ごと》く錯簡《さくかん》があつて前後顛倒《ぜんごてんたう》して居《ゐ》たけれども、古來諸儒皆《こらいしよじゆみな》その錯簡《さくかん》であると言《い》ふことを悟《さと》り得《え》たものがなく、その儘之《まゝこれ》を強解《きやうかい》して、僅《わづ》かにその文義《ぶんぎ》を通《つう》じて居《ゐ》たものであるが、而《しか》もその儘之《まゝこれ》を通解《つうかい》せしめようとしても、快通《くわんつう》することの出來《でき》ぬのは固《もと》よりその所《ところ》である。そこで彼《か》の毛奇齡《もうきれい》、碕《き》允明《いんめい》等《とう》の如《ごと》きは、多少《たせう》その穩當《おんたう》ならざることを悟《さと》つた樣《やう》ではあるけれども、惜《をし》ひことには彼等《かれら》猶未《なほいま》だその錯《さく》箇《かん》であると言《い》ふことを悟《さと》り得《え》ず、却《かへ》つて十八變《へん》を以《もつ》て內卦《ないくわ》の小成卦《せうせいくわ》となし、三十六變《へん》を以《もつ》て外卦《ぐわいくわ》の大《たい》成《せい》であると誤《あや》まり認《みと》めたのであるが、而《しか》も未《いま》だその筮法《ぜいはふ》を發見《はつけん》することは出來《でき》なかつた、然《しか》るに我《わ》が羽嶽先生《うがくせんせい》に至《いた》り、初《はじ》めて三十六變筮法《へんぜいはふ》を發明《はつめい》された、その說《せつ》に曰《いは》く、

繫辭傳《けいじでん》に曰《いは》く、四營《えい》而《しかして》成《なす》レ易《えき》、十有《いう》八變《へん》而《しかして》成《なす》レ卦《くわ》、八卦《くわ》而《しかして》小成《せうせい》、引《ひいて》而《しかして》伸《のぶ》レ之《これを》、推《おし》レ類《るゐを》而《しかして》長《ちやうず》レ之《これに》と朱子《しゆし》曰《いは》く、十八變《へん》にして則《すなは》ち六爻《かう》を成《な》すと、古今諸儒數《ここんしよじゆすう》百家《か》皆《みな》曰《いは》く、十八變《へん》して以《もつ》て六爻《かう》を成《なが》すと獨《ひと》り毛氏《もうし》其《そ》の非《ひ》を悟《さと》り、乃《すなは》ち曰《いは》く、是《こ》れ四營《えい》して而《しか》して易義《えきぎ》已《すで》に成《な》る、十八變《へん》にして而《しか》して內卦《ないくわ》亦《また》成《な》る、內卦《ないくわ》の小成《せうせい》を以《もつ》て、而《しか》して引伸類推《いんしんるゐすゐ》以《もつ》て重卦《ちうくわ》の大成《たいせい》に及《およ》ぶ、毛氏《もうし》以《い》爲《へ》らく、十有《いう》八變《へん》にして而《しか》して成《な》す所《ところ》の者《もの》は、三畫小成《くわくせうせい》の卦《くわ》なり、六畫大成《くわくたいせい》の卦《くわ》にあらず、然《しか》らば則《すなは》ち六畫大成《くわくたいせい》の卦《くわ》は、三十六變《へん》にあらざれば則《すなは》ち成《な》らざるなり、古今諸儒筮法《ここんしよじゆぜいはふ》の誤《あや》まる者久《ものひさ》し、毛氏《もうし》始《はじ》めて其《そ》の非《ひ》を悟《さと》る、卓見《たくけん》と言《い》ふべきなり、惜《をし》ひかな、十八變《へん》の三畫卦《くわくくわ》なることを悟《さと》ると雖《いへ》ども、而《しか》も三十六變筮法《へんぜいはふ》を成《な》すこと能《あた》はず、皆川淇園《みながはきゑん》、碕允明《きいうめい》も亦《また》十八變《へん》の三畫卦《くわくくわ》たることを知《しつ》て、而《しか》して三十六變筮法《へんぜいはふ》を成《な》さんと欲《ほつ》し、之《これ》を思《おも》ふ者久《ものひさ》し、終《つひ》に之《これ》を得《う》ること能《あた》はず、乃《すなは》ち十八變筮法《へんぜいはふ》を取《と》つて、而《しか》して其《そ》の文《ぶん》を變更《へんかう》し少《すこ》しく修飾《しうしよく》を加《くは》え、強《しひ》て之《これ》を名《なづ》けて三十六變筮法《へんぜいはふ》と曰《い》ふ、淇園著《きゑんき》卜考誤《ぼくかうご》辨正《べんせい》なる者《もの》を著《あら》はし十八變《へん》にして卦《くわ》を成《な》す者《もの》は、重卦《ちうくわ》にあらざるを辯《べん》ずること甚《はなは》だ明《あき》らかなり、然《しか》れども其《そ》の筮法《ぜいはふ》の如《ごと》きは則《すなは》ち用《もち》ゆべからざるなり、淇允明《きいうめい》が周易約說《しうえきやくせつ》にも三十六變筮法《へんぜいはふ》あり、此《これ》も亦其《またそ》の實《じつ》は十八變《へん》な

り、用《もち》ゆべからず、三十六變筮法《へんぜいはふ》其《そ》の傳《でん》を失《うしな》ふこと久《ひさ》し、余《よ》始《はじ》めて之《これ》を得《え》たり。

と。今《いま》ぞの三十六變筮法《へんぜいはふ》なるものを見《み》るに、已《すで》に前段《ぜんだん》に於《おい》て論《ろん》したるが如《ごと》く、分掛揲歸前後《ぶんくわいてふきぜんご》六變《へん》を重《かさ》ねて一畫《くわく》を成《な》すの法《はふ》であるから、一畫《くわく》で六變《へん》、六畫《くわく》で三十六變《へん》となるのである。而《しか》して先生《せんせい》は之《これ》を以《もつ》て聖人《せいじん》の古法《こはふ》であると言《い》ふて居《を》らるゝけれども、試《こゝろ》みに余《よ》をして之《これ》を評《ひやう》せしめたならば、余《よ》は必《かな》らず言《い》ふのである、此《これ》も亦今《またいま》の傳文《でんぶん》の錯簡《さくかん》たることを知《し》らぬ爲《た》めの窮說《きうせつ》であると。尚詳《なほつまび》らかにその然《しか》る所《ゆ》以《ゑん》を論《ろん》じて見《み》よう。

窃《ひそ》かに案《あん》ずるに、通本《つゝほん》には八卦《くわ》而《しかして》小成《せうせい》の一句《く》は、十有《いう》八變而成《へんしかしてなす》レ卦《くわを》の後《のち》にある、今假《いまか》りに此《こ》の文《ぶん》に誤《あや》まりがないとすれば、十有《いう》八變而成《へんしかしてなす》レ卦《くわを》の一句《く》は、三畫八卦《くわくくわ》を成《な》すの義《ぎ》であると解《かい》するのが至當《したう》であらう、隨《したが》つて六畫全卦《くわくぜんくわ》を成《な》すには、此上尚《このうへなほ》十八變《へん》を重《かさ》ねなければならぬことゝなるが、三十六變筮《へんぜい》法《はふ》の案出《あんしゆつ》されたのは必竟此《ひつきやうこ》の要求《えうきう》に應《おう》じたものに外《ほか》ならぬ。乍《さりながら》レ去。十有《いう》八變而成《へんしかしてなす》レ卦《くわを》の一句《く》を解《かい》して三畫八卦《くわくくわ》を成《な》すの義《ぎ》であるとしたならば、下文《かぶん》に言《い》ふ所《ところ》の八卦《くわ》而《しかして》小成《せうせい》の一句《く》は、重複《ちうふく》なる贅語《ぜいご》となるではないか、已《すで》に十有《いう》八變《へん》で三畫卦《くわくくわ》を成《な》すと言《い》ふからは、その上更《うへさ》らに八卦《くわ》而《しかして》小成《せうせい》の一句《く》を添加《てんか》する必要《ひつえう》はない、果《はた》して然《しか》らば、無用蛇足《むようだそく》の語《ご》となつて仕舞《しま》ふのである、此《こ》れ余《よ》が八卦《くわ》而《しかして》小成《せうせい》の一句《く》は、十有《いう》八變而成《くんしかしてなす》レ卦《くわを》の上《うへ》にあるべき錯簡《さくかん》であると言《い》ふ所以《ゆえん》で、即《すなは》ち三十六變《へん》でない一證《しやう》である。傳文《でんぶん》に成卦《せいくわ》と言《い》ひ、小成《せうせい》と言《い》ふ、此《こ》の二語《ご》が同樣《どうやう》なる意味《いみ》に解釋《かいしやく》さるべきものであるか否《いな》かは、三十六變筮法《へんぜいはふ》の正否《せいひ》如何《いかん》に關《くわん》する重要《ちようえう》なる論點《ろんてん》であらうと思《おも》ふが、之《これ》を同様《どうやう》なる意味《いみ》に解釋《かいしやく》したのは三十六變論者《へんろんじや》である。されど三畫八卦《くわくくわ》を呼《よ》ぶに小成《せうせい》の語《ご》を以《もつ》てした上《うへ》は、六畫重卦《くわくちようくわ》を呼《よ》ぶに成卦《せいくわ》の語《ご》を以《もつ》てすべきは、蓋《けだ》し文法《ぶんぱふ》の自然《しぜん》であると言《い》はねばならぬ、然《しか》らずむば、同一《どう》なる三畫八卦《くわくくわ》を呼《よ》ぶに、前《まへ》には之《これ》を成卦《せいくわ》と言《い》ひ、後《のち》には之《これ》を小成《せつせい》と言《い》ふて前後《ぜんご》その語《ご》を異《こと》にするの理由《りゆう》がない。加之《のみならず》、説卦傳《せつくわでん》に曰《いは》く、天《てん》の道《みち》を立《た》てゝ陰《いん》と陽《やう》と曰《い》ひ、地《ち》の道《みち》を立《た》てゝ剛《がう》と柔《じう》と曰《い》ひ、人《ひと》の道《みち》を立《た》てゝ仁《じん》と義《ぎ》と曰《い》ひ、三才《さい》を兼《か》ねて而《しか》して之《これ》を兩《りやう》にす、故に易は六畫にして成レ卦と。是《これ》に由《よ》つて之《これ》を見《み》れば、茲《こゝ》に謂《い》ふ成卦《せいくわ》の語《ご》なるものは、六畫重卦《くわくちようくわ》を指《さ》したもので、三畫八卦《くわくくわ》を意味《いみ》したものでないことが分《わか》る、此《これ》も亦錯簡《またさくかん》にして三十六變《へん》でない二證《しやう》である。

想《おも》ふに時代《じだい》の先後《せんご》に從《したが》ふて人智《じんち》にも亦繁簡《またはんかん》の相違《さうゐ》があることは、凡《すべ》ての歴史《れきし》が證明《しやうめい》する所《ところ》で否定《ひてい》し難《がた》き事實《じじつ》である。果《はた》してそうであるとせば、人智《じんち》の産出《さんしゆつ》せる人文《じんぶん》の繁簡《はんかん》を見《み》て、時代《じだい》の先後今昔《せんごこんじやく》を察《さつ》することが可能《でき》るのであるが、今此《いまこ》の理《り》を推《お》して之《これ》を考《かんが》ふれば、比較的簡略《ひかくてきかんりやく》なる十八變筮法《へんぜいはふ》が古代《こだい》の人《じん》智《ち》に適《てき》し、繁雜《はんざつ》なる三十六變筮法《へんぜいはふ》が古代《こだい》の人智《じんち》に適《てき》せぬことは論《ろん》ずる迄《まで》もないことであらうと思《おも》ふが實《じつ》は十八變筮法《へんぜいはふ》でさへ、余《よ》はその餘《あま》りに複雜《ふくざつ》を極《きは》めて居《を》る所《ところ》から、果《はた》して周文以前《しうぶんいぜん》の成法《せいはふ》であるか否《いな》かに就《つい》ては頗《すこ》ぶる疑《うたがひ》を存《そん》して居《を》る所《ところ》である、況《いは》むや三十六變筮法《へんぜいはふ》を以《もつ》て周文以前《しうぶんいぜん》の人智《じんち》に出《い》でたと言《い》ふが如《ごと》きは、余《よ》の斷《だん》じて信《しん》じ得《え》ざる所《ところ》である。然《しか》るに羽嶽先生《うがくせんせい》の説《せつ》に從《したが》へば、百四十四營《えい》三十六變《へん》で六畫重卦《くわくぢうくわ》が始《はじ》めて成《な》るのであるがその上更《うへさら》に百四十四營《えい》三十六變《へん》を重《かさ》ねざれば、得卦《とくくわ》の變不變《へんふへん》を知《し》ることが可能《でき》ぬ。此《かく》の如《ごと》く至繁至雜《しはんしざつ》の法《はふ》を以《もつ》て上古《じやうこ》の成法《せいはふ》であると言《い》ふには、必《かな》らず動《うご》かし難《がた》き明證《しやうめい》がなければならぬ。然《しか》るに唯《たゞ》八卦《くわ》而《しかして》小成《せうせい》の一句《く》が、十有《いう》八變《へん》而《しかして》成《なす》レ卦《くわを》の後《のち》にあるを理由《りゆう》として、十八變筮法《へんぜいはふ》を以《もつ》て僞法《ぎはふ》と言《い》ひ、三十六變筮法《へんぜいはふ》を以《もつ》て眞法《しんはふ》であると言《い》ふは、獨斷至極《どくだんしごく》の說《せつ》であると言《い》はねばならぬ、此《これ》も亦錯簡《またさくかん》にして三十六變《へん》でない三證《しやう》である。

以上《いじやう》の三證《しやう》がある許《はか》りでなく、已《すで》に前段《ぜんだん》に於《おい》て論《ろん》じたるが如《ごと》く、經傳《けいでん》の文《ぶん》に誤謬《ごべう》なしと言《い》ふ先生《せんせい》の說《せつ》に從《したが》ふとせば、乾坤《けんこん》の策《さく》を言《い》ふ一段《だん》の傳文《でんぶん》と兩立《りやうりつ》し難《がた》き矛盾《むじゆん》が存《そん》して居《を》る、故《ゆゑ》に此《こ》の難點《なんてん》を除《のぞ》き去《さ》るが爲《た》めに、余《よ》が說《せつ》の如《ごと》く乾坤《けんこん》の策《さく》一段《だん》の文字《もじ》を抹殺《まつさつ》することゝならば、先生《せんせい》が平生《へいぜい》の持說《ちせつ》が破《やぶ》るゝ許《はか》りか、經傳《けいでん》に誤謬《ごべう》があることも明《あき》らかになつてくる、隨《したが》つて八卦《くわ》而《しかして》小成《せうせい》の一句《く》も、十有《いう》八變《へん》而《しかして》成《なす》レ卦《くわを》の上《うへ》にあるべき錯簡《さくかん》であると言《い》ふことが證明《しやうめい》さるゝのである。さうなれば先生《せんせい》の三十六變筮法《へんぜいはふ》は、何《いづ》れにしても破《や》ぶれねばならぬ運命《うんめい》を持《も》つて居《を》る、假《たと》へさうでないとしても、三十六變《へん》を二度《ど》繰《く》り返《かへ》さねば、變不變《へんふへん》を知《し》ることが可能《でき》ぬとせば、その名《な》は三十六變筮法《へんぜいはふ》であるけれども、その實《じつ》は七十二變筮法《へんぜいはふ》である。それでは實際《じつさい》の役《やく》に立《た》たぬ、故《ゆゑ》に此《こ》の儘之《ましこれ》を用《もち》ひむとするには、三十六變丈《へんだけ》で、變不《へんふ》變《へん》が自然《しぜん》に分《わか》る樣《やう》に改正《かいせい》するの外《ほか》はない、然《しか》らば如何《いか》にせばよいかと言《い》ふに、先生《せんせい》の言《い》はれた二奇《き》八策兩地《さくりやうち》の陰《いん》を得《え》た爻《かう》と、三奇《き》十二策參天《さくさんてん》の陽《やう》を得《え》た爻《かう》とは、何《いづ》れもその儘變動《ましへんどう》する樣《やう》に改《あらた》むればよいのである。以上《いじやう》は聊《いさゝ》か卑見《ひけん》を述《の》べて大方《おほかた》の批判《ひはん》を請《こ》はむと欲《ほつ》する迄《まで》で、敢《あへ》て異說《いせつ》を立《た》てゝ先生《せんせい》の說《せつ》を凌《しの》がむとする譯《わけ》でないから、深《ふか》く讀者諸君《どくしやしよくん》の諒察《りやうさつ》を願《ねが》ふのである。

引而伸レ之、觸レ類而長レ之、天下之能事畢矣。

六畫卦《くわくくわ》が已《すで》に成《た》つた所《ところ》で、その七八九六の爻《かう》を見《み》て變《へん》と不變《ふへん》とを察《さつ》すれば、一卦《くわ》が變《へん》じて他《た》の六十三に通《つう》じ得《う》べき道理《だうり》が備《そな》はつて居《を》る、之《これ》を引《ひ》いて而《しか》して之《これ》を伸《の》ぶると言《い》ふのであるが、尙《なほ》六十四卦《くわ》が各《おの》々此《かく》の如《ごと》く變動《へんどう》するものとせば、通《つう》じて四千九十六卦《くわ》となる道理《だうり》である、故《ゆゑ》に之《これ》を類《るゐ》に觸《ふ》れて而《しか》して之《これ》を長《ちやう》ずと言《い》ふ。斯《か》くて之《これ》を以《もつ》て天下《てんか》萬般《ばんぱん》の事變《じへん》に應《おう》ずることゝせば、その事《こと》に際限《さいげん》はないけれども而《しか》も亦《また》以《もつ》てその用《よう》を盡《つく》すことが可能《でき》る、故《ゆゑ》に天下《てんか》の能事《のうじ》畢《をは》ると言《い》ふ。斯《か》くて變不變《へんふへん》の卦象《くわしやう》は已《すで》に之《これ》を得《え》たのであるが、這《こ》は卽《すなは》ち神告《しんこく》の具體的《ぐたいてき》に表現《へうけん》されたものである、故《ゆゑ》に神人《しんじん》酬酢《しうさく》の方法《はうはふ》たる筮法《ぜいはふ》の目《もく》的《てき》は玆《こゝ》にその終《をは》りを告《つ》げた譯《わけ》である、されど尙更《なほさら》に此《こ》の卦象《くわしやう》を觀《み》て吉凶失得《きつきようしつとく》を斷《だん》せねばならぬが、そは已《すで》に述《の》べたるが如《ごと》く第三《だい》要件《えうけん》たる神意解釋《しんいかいしやく》の方法《はうはふ》則《すなは》ち占法講義《せんぱふかうぎ》に於《おい》て說明《せつめい》すべき問題《もんだい》である。

第十章　結論

以上《いじやう》述《の》ぶる所《ところ》を總括《そうくわつ》して本篇《ほんぺん》の終結《しゆうけつ》とし度《た》いと思《おも》ふが、卜筮《ぼくぜい》は支那《しな》の古代《こだい》に行《おこな》はれた一種《しゆ》の宗敎《しうけう》で、未來《みらい》の成行《なりゆ》きを前知《ぜんち》せむが爲《た》めに設《まう》けたものである、蓋《けだ》し未來《みらい》は如何《いか》に成《な》り行《ゆ》くべきか、凶《きよう》か、吉《きつ》か這《こ》は我等《われら》が豫《あら》かじめ知《し》らむことを欲《ほつ》して容易《ようい》に知《し》ることの可能《でき》ぬ重要《ぢうえう》なる問題《もんだい》である、故《ゆゑ》に若《も》しその成行《なりゆき》を前知《ぜんち》し得《う》るとせば、何事《なにごと》も安心《あんしん》して之《これ》を勵《はげ》み勉《つと》むることが可能《でき》る、繫辭傳《けいじでん》に定二天下之吉凶一、成二天下之亹《びゞ》々一者、莫レ大レ平二蓍龜一と言《い》ふは卽《すなは》ち此《こ》のことで、蓍《し》と龜《き》とは卜筮《ぼくぜい》の要具《えうぐ》であるが、卜筮《ぼくぜい》に由《よ》つて未來《みらい》の吉凶《きつきよう》を前知《ぜんち》することを得《う》れば疑惑《ぎわく》がない、疑惑《ぎわく》がなければ安心《あんしん》が可能《でき》る、安心《あんしん》が可能《でき》れば、人々《ひと〴〵》皆心《みなこゝろ》を專《もつ》ぱらにしてその業《げふ》を勵《はげ》み勉《つと》むることが可能《でき》る、故《ゆゑ》に成二天下之亹々一と言《い》ふ、亹々《びゞ》とは猶《なほ》勉々《べん〴〵》と言《い》ふが如《ごと》く、勇《いさ》み進《すゝ》むで努力勉勵《どりよくべんれい》するの義《ぎ》で、八卦吉凶《くわきつきよう》を定《さだ》め吉凶大業《きつきようだいげふ》を生《しやう》ずと言《い》ふも亦同義《またどうぎ》である。此《かく》の如《ごと》く支那《しな》の古代《こだい》に行《おこな》はれた卜筮《ぼくぜい》なるものは未來前知《みらいぜんち》の希望《きぼう》に基《もとづ》いて發生《はつせい》して一種《しゆ》の宗敎《しうけう》で、之《これ》が發生條件《はつせいでうけん》として信仰《しんかう》と信仰《しんかう》の對象《たいしやう》とを持《も》つて居《を》る所《ところ》は世界凡《せかいすべ》ての宗敎《しうけう》と同樣《どうやう》であるけれども而《しか》もその成立條件《せいりつでうけん》として卦象《くわしやう》と揲筮《てふぜい》と占斷《せんだん》とを必要《ひつえう》として居《を》る所《ところ》は、此《こ》の宗敎的卜筮《しうけうてきぼくぜい》が各種《かくしゆ》の宗敎《しうけう》とその趣《おもむ》きを異《こと》にして居《を》る所《ところ》である。故《ゆゑ》に此《こ》の宗敎的卜筮《しうけうてきぼくぜい》の何者《なにもの》であるかを知《し》らむとするには、必《かな》らず卦象《くわしやう》と揲筮《てふぜい》と占斷《せんだん》との三要件《えうけん》を知《し》らねばならぬが、殊《こと》に本篇《ほんぺん》の筮法《ぜいはふ》を研究《けんきう》せむと欲《ほつ》するものに取《と》つては何故《なにゆゑ》の揲筮《てふぜい》であるか、その根本的眞意義《こんぽんてきしんいぎ》のある所《ところ》を知《し》るは最《もつと》も必要《ひつえう》である、されど揲筮《てふぜい》の眞義《しんぎ》を知《し》るには卜筮全體《ぼくぜいぜんたい》の要旨《えうし》を知《し》らねばならぬ、故《ゆゑ》に之《これ》を概說《がいせつ》して然《しか》る後《のち》揲筮《てふぜい》の眞義《しんぎ》を述《の》ぶることにしよう

凡《すべ》て人《ひと》は自分《じぶん》と自分以外《じぶんいぐわい》のものとを區別《くべつ》する所《ところ》の自我《じが》と言《い》ふ自覺《じかく》を持《も》つて居《を》るが、此《こ》の自我《じが》なるものゝ力《ちから》は、有形《いうけい》と無形《むけい》とに論《ろん》なく甚《はなは》だ不充分《ふじうぶん》なるもので實際《じつさい》の生活上《せいくわつじやう》自我《じが》一己《こ》の力《ちから》を以《もつ》ては如何《いか》にともし難《がた》き事柄《ことがら》に出遇《であ》ふことか度々《たび〴〵》ある此《かく》の如《ごと》き塲合《ばあひ》に臨《のぞ》めば、危懼《きぐ》の念《ねん》に襲《おそ》はれて尠《すく》なからずその身《み》

の不安《ふあん》を感《かん》ずると同時《どうじ》に、自我《じが》の無力《むりよく》なるに反《はん》し、自我《じが》以上《いじやう》に絶大《ぜつだい》なる能力《のうりよく》を有《いう》する或《あ》る者《もの》の存在《そんざい》することを認《みと》め、その者《もの》の能力《のうりよく》を信頼《しんらい》して自我《じが》の安全《あんぜん》を祈求《ききう》するの念《ねん》を發起《はつき》するに至《いた》る、之《これ》を名《なづ》けて他《た》力的宗教《りきてきしうけう》と言《い》ふ、支那古代《しなこだい》の思想《しさう》も亦此《またこれ》と同樣《どうやう》で、我等《われら》が凡智《ぼんち》を以《もつ》ては未然《みぜん》の吉凶《きつきよう》を前知《ぜんち》することが可能《でき》ぬ、そこで我等《われら》以上《いじやう》に存在《そんざい》する天《てん》・帝《てい》・神等《しんさう》に向《むか》つて、その吉凶失得《きつきようしつとく》の垂示《すゐし》を願《ねが》ふ所《ところ》の卜筮《ぼくぜい》なるものが發生《はつせい》した、卜筮《ぼくぜい》が他力的信仰即《たりきてきしんかうすなは》ち交神的宗教《かうしんてきしうけう》たる所《ところ》はこゝにあるが、如何《いか》にせば天《てん》・帝《てい》・神等《しんさう》と交《かう》渉《せふ》してその垂示《すゐし》を受《う》くることが可能《でき》るかと言《い》ふに、謂《い》ふ所《ところ》の天《てん》・帝《てい》・神《しん》なるものは、我等《われら》が見聞以上《けんぶんいじやう》に超絶《てうぜつ》したものであるけれども、而《しか》もその天《てん》・帝《てい》・神《しん》たる所以《ゆえん》の理《り》は、即《すなは》ち宇宙間《うちうかん》に於《お》ける一陰《いん》一陽《やう》の離《り》合聚散《がふしうさん》するものと敢《あへ》て二致《ち》あるべき筈《はず》はない、故《ゆゑ》に宇宙間《うちうかん》に表現《へうげん》せる陰陽消長《いんやうせうちやう》の理法《りはふ》に従《したが》ふて之《これ》を模《も》象《しよう》せば、天《てん》・帝《てい》・神等《しんさう》の天《てん》・帝《てい》・神《しん》たる所《ところ》を發揮《はつき》し盡《つく》すことが可能《でき》ると。斯《か》く之《これ》を考《かんが》へて發明《はつめい》したものが即《すなは》ち此《こ》の易《えき》の卦象《くわしやう》で、繫辭傳《けいじでん》に是故明レ於二天之道一、而察レ於二民之故一、是興二神物一、以前二民用一と言《い》ひ亦是故闔レ戸謂二之坤一、闢レ戸謂二之乾一、一闔一闢、謂二之變一、往來不レ窮謂二之通一、見乃謂二之象一、形乃謂二之器一、制而用レ之謂二之法一、利用出入、民咸用レ之謂二之神一、と言ひ、亦是故易有二大極一、是生二兩儀一、兩儀生二四象一、四象生二八卦一、八卦定二吉凶一、吉凶生二大業一と言《い》ふて居《を》るものが即《すなは》ち易卦發明《えきくわはつめい》の由來《ゆらい》を語《かた》つたものである。易《えき》の卦象《くわしやう》なるものは元《もと》と此《かく》の如《ごと》くにして發明《はつめい》されたものであるが、而《しか》も亦《また》一面《めん》から之《これ》を見《み》れば宇宙現象《うちうげんしやう》の解釋《かいしやく》であると同時《どうじ》に、天《てん》・帝《てい》・神等《しんさう》の解剖的説明《かいほうてきせつめい》である。尙語《なほご》を換《か》へて之《これ》を言《い》へば這《こ》は即《すなは》ち多神教的哲學觀《たしんけうてきてつがくくわん》であつて亦當時《またたうじ》の世界觀《せかいくわん》である。故《ゆゑ》に易《えき》の卦象《くわしやう》が發明《はつめい》されたと言《い》ふことは取《と》りも直《なほ》さず宇宙萬有《うちうばんいう》の變化生滅《へんくわしやうめつ》する所以《ゆえん》の說明《せつめい》が可能《でき》たと言《い》ふことである、已《すで》に宇宙萬有《うちうばんいう》の變化生滅《へんくわしやうめつ》する所以《ゆえん》の說明《せつめい》が可能《でき》たとすれば、宇宙間《うちうかん》の出來事《できごと》は皆《みな》悉《ことごと》く此《こ》の卦象《くわしやう》に由《よ》つて之《これ》を推知《すゐち》することが可能《でき》る譯《わけ》であるから、人事《じんじ》の吉凶禍福《きつきようくわふく》も亦之《またこれ》を前知《ぜんち》し得《う》べきことは固《もと》より言《げん》を俟《ま》たぬ乍レ去《さりながら》。卦象《くわしやう》の發《はつ》明《めい》されたのは唯天《たゞてん》・帝《てい》・神《しん》即《すなは》ち宇宙萬有《うちうばんいう》の如何《いか》なるものであるかと言《い》ふことが、向下的演繹的《かうかてきえんえきてき》に發明《せつめい》された丈《だけ》であるから、人事《じんじ》の一々が何《いづ》れの卦象《くわしやう》に由《よ》つて說明《せつめい》せらるべきものであるか、その點《てん》は尙未《なほいま》だ不明《ふめい》であると言《い》はねばならぬ、然《しか》り、論《ろん》じて此《こゝ》に至《いた》れば、愈々卜筮《いよ〱ぼくぜい》が一種《しゆ》の宗教《しうけう》であると言《い》ふことが明白《めいはく》に分《わか》る。それは外《ほか》ではない、前述《ぜんじゆつ》の如《ご》く卜筮《ぼくぜい》は當時代《たうじだい》に於《お》ける人々《ひと〲》の信仰《しんかう》と、その信仰《しんかう》の對象《たいしやう》とする天《てん》・帝《てい》・神等《しんとう》の存在《そんざい》を認《みと》むるに由《よ》つて發生《はつせい》した一種《しゆ》の宗教《しゆけう》で、卦象《くわしやう》なるものはその交渉的手段方法《かうせふてきしゆだんはつはふ》の一部《ぶ》である、即《すなは》ち天《てん》・帝《てい》・神等《しんとう》の向下的演繹的說明《かうげてきえんえきてきせつめい》たるに過《す》ぎぬのであるから、尙更《なほさら》に向上的歸納的《かうじやうてききなふてき》手段方法《しゆだんはうはふ》の發明《はつめい》がなくば、神明《しんめい》に應接《おうせつ》してその垂示《すゐし》を受《う》くることが可能《でき》ぬが、此《こ》の要求《えうきう》に應《おう》じて發明《はつめい》されたものが揲筮《てふぜい》の方法《はうはふ》で、繫辭傳第《けいじでんだい》九章《しやう》に揲筮《てふぜい》の方法《はうはふ》を說《と》いた後《あと》に附加《ふか》して、顯レ道神ニ徳行一、是故可ニ與酬酢一、可ニ與祐一レ神矣、子曰知ニ變化之道一者、其知ニ神之所一レ為乎と言《い》ふのは即《すなは》ち此《こ》れで、揲筮《てふぜい》が參《さん》天交神《てんかうしん》の手段方法《しゆだんはうはふ》であると言《い》ふことを述《の》べたものである、即《すなは》ち謂《い》ふ所《ところ》の道《みち》なるものは、宇宙間《うらうかん》に現《あら》はれた陰陽消長《いんやうしようちやう》の理《り》を言《い》ふたもので、觀《くわん》の卦《くわ》の彖傳《たんでん》に言《い》ふ天之《てんの》神道《しんだう》の道《みち》と同義《どうぎ》であるが、此《こ》の道《みち》を顯《あら》はにするとは、同第《ごうたい》十一章《しやう》に明㆑於㆓天之道㆒と言《い》ふのと同義《ごうぎ》で、即《すなは》ち陰陽消長《いんやうせうちやう》の神道《しんだう》に基《もとづ》き五十策中《さくちう》の四十五策《さく》を兩分《りやうぶん》して、一を掛《か》け、四を揲《かぞ》へ、奇《き》を歸《き》する所《ところ》の筮法《ぜいはふ》を發明《はつめい》したことで、神㆓德行㆒とは、亦同第《だい》十一章《しやう》に聖人以㆑此齊戒、以神㆓明其德㆒と言《い》ふて居《を》るのと同義《ごうぎ》で、元《もと》と此《こ》の筮法《ぜいはふ》なるものは天地神明《てんちしんめい》の默示《もくし》する所《ところ》で、必竟天理神法《ひつきやうてんりしんぱふ》の發現《はつげん》に外《ほか》ならぬから、此《こ》の天理神法《てんりしんぱふ》を用《もち》ひて神明《しんめい》の垂示《すゐし》を願《ねが》ふ所《ところ》の筮者《ぜいしや》その人《ひと》に於《お》ても、沐浴齊戒《もくよくさいかい》、此《こ》の筮法《ぜいはふ》に體達《たいたつ》して、その德《とく》を修養《しうやう》し、將《まさ》に神明《しんめい》と一致融合《ちゆうがふ》するの域《ゐき》に進《すゝ》むことを期《き》せねばならぬ、然《しか》らざれば、神明《しんめい》を冒瀆《ぼうとく》してその垂示《すゐし》を受《う》くることが可能《でき》ぬ、故《ゆゑ》に神㆓德行㆒と言《い》ふ、神《かみ》にすとは神《かみ》その者《もの》の如《ごと》くすと言《い》ふの義《ぎ》で、下文《かぶん》に是故《これゆゑ》にと言《い》ふは、即《すなは》ち上《かみ》を承《う》けて下《しも》を起《おこ》す爲《た》めの詞《ことば》であるが、抑々神明《そもそもしんめい》なるものは尊嚴《そんげん》にして容易《ようい》に接近《せつきん》し得《う》べきものではないけれども、而《しか》も我己《われすで》にその德《とく》を修養《しうやう》して神明《しんめい》と一致するの域《ゐき》に進《すゝ》むことが可能《でき》たので、それで始《はじ》めて神明《しんめい》と交渉《かうかふ》してその垂示《すゐし》を受《う》け得《え》らるゝのである、故《ゆゑ》に可㆓與酬酢㆒と言《い》ふ、與《とも》に酬酢《しうさく》す可《べ》しとは、神明《しんめい》と共《とも》に交渉問答《かうせふもんだふ》することが可能《でき》ると言《い》ふの義《ぎ》である。而《しか》して一旦《たんかく》此の如《ごと》きに至《いた》れば、我等凡人《われらぼんじん》と雖《いへ》ども尙神明《なほしんめい》と共《とも》にその化育《くわいく》を祐贊《ゆうさん》することが可能《でき》ると言《い》ふてよい、故《ゆゑ》に可㆓與祐㆒㆑神と言《い》ふ。

以上《いじやう》は揲筮《てふぜい》が參天交神《さんてんかうしん》の手段方法《しゆだんはうはふ》たる所以《ゆえん》を說《と》いたものであるが、子曰以下《しいはくいか》は此《こ》の參天交神《さんてんかうしん》の方法《はうはふ》を贊美《さんび》して兼《か》ねてその神《かみ》を祐《たす》くるに至《いた》る所以《ゆえん》を言《い》ふたもので乃《すなは》ち分掛揲歸《ぶんくわいてふき》の筮法《ぜいはふ》を行《おこな》ふ所《ところ》は人爲《じんゐ》であるが、而《しか》もその之《これ》を行《おこな》ふ所以《ゆえん》に至《いた》りては神爲《しんゐ》に外《ほか》ならぬ、此《こ》れその德行《とくかう》を神《かみ》にせねばならぬ所以《ゆえん》である已《すで》に之《これ》を以《もつ》て神爲《しんゐ》であるとすれば、蓍《し》作《さく》の九六七八に由《よ》つて、得卦《さくくわ》の變動《へんどう》する所以《ゆえん》を知《し》ることが可能《でき》るのは、這《こ》は必竟《ひつきやう》神《かみ》の爲《な》す所《ところ》を知《し》り得《え》たもので、此《かく》の如《ごと》く神《かみ》の爲《な》す所《ところ》を知《し》つて之《これ》に由《よ》つて趨避《すうひ》進退《しんたい》するに至《いた》れば卽《すなは》ち神明《しんめい》の化育《くわいく》を祐贊《いうさん》するに外《ほか》ならぬ、故《ゆゑ》に曰《いは》く知ニ變化之道一者、其知ニ神之所爲一乎と。

之《これ》を要《えう》するに、揲筮《てふぜい》なるものは神人交涉《しんじんかうせふ》の手段方法《しゆだんはうはふ》で、之《これ》が分掛揲歸《ぶんくわてふき》は人爲《じんゐ》に出《い》づるが如《ごと》きも而《しか》もその實《じつ》は皆凡《みなすべ》て神明《しんめい》の爲《な》す所《ところ》で、筮《ぜい》し得《え》たる卦《くわ》は卽《すなは》ち神明《しんめい》の垂示《すゐし》である、故《ゆゑ》に筮法《ぜいはふ》に於《おい》て最《もつと》も眼目《がんもく》とすべき所《ところ》は、分掛揲歸《ぶんくわてふき》その事《こと》ではなく、分掛揲歸《ぶんくわてうき》する所以《ゆえん》の意義《いぎ》その者《もの》である、而《しか》して分掛揲歸《ぶんくわてふき》する所以《ゆえん》の意義《いぎ》を悟了《ごれう》するの道《みち》は、筮者自《ぜいしやみづ》からその德《とく》を神明《しんめい》にして、神《かみ》と融合《ゆうがふ》一致《ち》するの域《いき》に到達《たうたつ》するにある然《しか》らざれば、神明《しんめい》と交涉《かうせふ》してその垂示《すゐし》を受《う》くることが可能《でき》ぬ、此《こ》れ聖人《せいじん》だも尙且《なほか》つ此《これ》を以《もつ》て齊戒《さいかい》してその德《とく》を神明《しんめい》にせむことを勉《つと》むる所以《ゆえん》である。

然《しか》らば如何《いか》なる方法《はうはふ》に由《よ》つて、その德《とく》を神明《しんめい》にすることが可能《でき》るかと言《い》へば、そは外《ほか》ではない、至誠《しせい》專念《せんねん》己《おの》れが信仰《しんかう》する天《てん》・帝《てい》・神等《しんとう》に向《むか》つて、吉凶禍福《きつきようくわふく》のある所《ところ》を告《つ》げ示《しめ》さむことを祈《いの》るより外《ほか》はない、乃《すなは》ち己《おの》れが天《てん》・帝《てい》・神等《しんとう》に對《たい》する信仰《しんかう》が深《ふか》ければ、至誠《しせい》の念《ねん》も亦《また》一層《そう》の厚《あつ》きを加《くは》ふべく、信仰《しんかう》の一念疑《ねんこつ》て一點《てん》の妄假《ばうか》もなく、公私《こうし》を問《と》はず、自他《じた》を論《ろん》せず、行住座臥《ぎやうぢうざぐわ》、聊《いさゝ》か間斷《かんだん》あることなく、十年《ねん》一日《じつ》の如《ごと》きに至《いた》つたならば、必《かな》らずその德《とく》を神明《しんめい》にすることが可能《でき》るであらう、繫辭傳《けいじでん》に蓍之德圓而神、卦之德方以知、六爻之義易以貢、聖人以レ此洗レ心、退藏レ於レ密、吉凶與レ民同レ憂、又曰《またいは》く默而成レ之、不ㇾ言而信、存ㇾ乎ニ徳行一とは蓋《けだ》し這般《しやはん》の消息《せうそく》を漏《もら》したものに外《ほか》あるまい。

果《はた》して上述《じやうじゆつ》の如《ごと》くば、卜筮《ぼくぜい》に取《と》つて最《もつと》も主要《しゆえ》とせねばならぬ所《ところ》は、卦象《くわしやう》でもなく亦占法《またせんぱふ》でもなく、揲筮《てふぜい》即《すなは》ち之《これ》を筮《ぜい》するに至《いた》る信念《しんねん》の深浅純駁如何《しんせんじゆんはくいかん》にあると言《い》はねばならぬ。何《なん》となれば、卦象《くわしやう》なるものは天理《てんり》神法《しんぱふ》の表現《へうげん》されたもので、此《こ》の卦象《くわしやう》に由《よ》つて天下《てんか》の吉凶《きつきよう》を定《さだ》め、吉凶《きつきよう》の趨避《すうひ》に由《よ》つて天下《てんか》の大《たい》業《げふ》を生《しやう》ずるに至《いた》るべきもので、固《もと》より重要《ちうえう》なるものではあるけれども、而《しか》も之《これ》を筮《ぜい》する所以《かえん》の信仰《しんかう》に缺《か》くる所《ところ》があつて、その徳《とく》を神明《しんめい》の如《ごと》くすることが可能《でき》ねば、筮《ぜい》は唯虚儀空式《たゞきよぎくうしき》のものとなつて、神明《しんめい》に酬酢《しうさく》してその垂示《すゐし》を受《う》くることが可能《でき》ぬ。随《したが》つて筮《ぜい》し得《え》たる卦《くわ》は神明《しんめい》の下《くだ》し與《あた》へたものではないから、之《これ》に由《よ》つて天下《てんか》の吉凶《きつきよう》を定《さだ》め大業《たいげふ》を生《しやう》ずることは固《もと》より可能《でき》ぬ。故《ゆゑ》に卜筮《ぼくぜい》に於《おい》て最《もつと》も主要《しゆえう》とすべきものは信仰《しんかう》の一念《ねん》で、卜筮《ぼくぜい》の發生的生命《はつせいてきせいめい》は信仰《しんかう》の一念《ねん》にある、されば此《こ》の信仰《しんかう》なき卜筮《ぼくぜい》は生命《せいめい》なき卜筮《ぼくぜい》で、眞實《しんじつ》の卜筮《ぼくぜい》ではない、故《ゆゑ》に卜筮《ぼくぜい》の三要素《えうそ》として卦象《くわしよう》と占法《せんぱふ》と揲筮《てふぜい》とを並《なら》び敎《をし》ゆるけれども、而《しか》も揲筮《てふぜい》は本《もと》にして卦象《くわしよう》と占法《せんぱふ》とは末《すゑ》である、故《ゆゑ》に揲筮《てふぜい》を以《もつ》て第《だい》一位《ゐ》に置《お》き、卦象《くわしやう》と占法《せんぱふ》とを以《もつ》て第《だい》二位《ゐ》に置《お》くのが至當《したう》である、されど鳥《とり》は兩翼《りようよく》を以《もつ》て飛《と》び車《くるま》は兩輪《りやうりん》を以《もつ》て轉《てん》ずると一般《はん》、卦象《くわしよう》と占法《せんぱふ》とを缺《か》げば神明《しんめい》の垂示《すゐし》を具體的《ぐたいてき》に表現《へうげん》せしむることが可能《でき》ぬ、具體的《ぐたいてき》に表現《へうげん》せしむることが可能《でき》ねば、神告《しんこく》がないのと一般《ばん》で、吉凶失得《きつきようしつとく》を知《し》ることが可能《でき》ぬ、故《ゆゑ》に此點《このてん》から之《これ》を言《い》へば、卦象《くわしよう》と占法《せんぱふ》とは亦《また》不可缺《ふかけつ》の要素《えうそ》たるを失《うしな》はぬ。

以上縷述《いじやうるじゆつ》する所《ところ》は支那《しな》の古代《こだい》即《すなは》ち周初《しうしよ》の頃迄《ころまで》行《おこな》はれた所《ところ》の卜筮《ぼくぜい》で、之《これ》が所《いは》レ謂《ゆる》眞實《しんじつ》の周易《しうえき》である、禮《らい》の表記《へうき》に昔三代明王皆事二天地之神明一、無レ非二卜筮之用一と言《い》ひ、儀禮《ぎれい》に某官姓名《ぼうくわんせいめい》、今某事《いまぼうじ》云々《うんぬん》、未レ知二可否一、爰以レ所レ疑質レ神、吉凶失得、唯有レ神尚明告レ之と言《い》ふものが即《すなは》ち此《こ》れである。故《ゆゑ》に今之《いまこれ》を朱晦《しゆくわい》菴《あん》が明筮《めいぜい》に參酌《しんしやく》し、筮儀《ぜいぎ》の概略《がいりやく》を述《の》べて、周易卜筮《しうえきぼくぜい》を學《まな》ばむとするもの丶便《べん》に供《きよう》すれば、先《ま》づ地《ち》の清《せい》潔《けつ》なる所《ところ》を擇《えら》び、陽《やう》の方《はう》即《すなは》ち南方《なんぱう》に向《むか》つて蓍室《ししつ》を作《つく》り、案《あん》を室《しつ》の中央《ちうわう》に置《お》いて南面《なんめん》し、櫝《とく》を案上《あんじやう》に置《お》き筮席《ぜいせき》をその右方《うはう》に設《まう》けて西面《せいめん》し、亦別《またべつ》に案《あん》を席前《せきぜん》に置《お》き、木格《もくかく》を案上《あんじやう》に備《そな》ゆるのであるが、木格《もくかく》の長《なが》さは恰《あた》かも案《あん》と等《ひと》しき位《くらゐ》として、その右邊《うへん》に兩大刻《りやうたいこく》を施《ほど》こし、その中間《ちうかん》に當《あた》りて一小刻《せうこく》を設《まう》くるのである、亦《また》その左邊《さへん》には三小切《せうせつ》を設《まう》けて、蓍策《しさく》を分置《ぶんち》するも、而《しか》も混雜《こんざつ》せざる樣《やう》にせねばならぬ。而《しか》して筮前《ぜいぜん》に當《あた》りては沐浴齋戒《もくよくさいかい》し、殊《こと》に筮《ぜい》せむとする時《とき》に臨《のぞ》むでは、筮者起《ぜいしやた》つて筮案《ぜいあん》に向《むか》つて北面《ほくめん》し、左手《さしゆ》を以《もつ》て下櫝《かとく》を取《と》り、右手《うしゆ》を以《もつ》て上櫝《じやうとく》を抽《ぬ》き、而《しか》して之《これ》を案上《あんじやう》に置《お》き、下櫝《かとく》は蓍《し》と并《あは》せ執《と》つて右還《うくわん》して筮席《ぜいせき》に即《つ》いて西面《せいめん》し、然《しか》る後櫝中《のちとくちう》の五十蓍《し》よりその用《よう》たる四十五策《さく》を取《と》り、兩手《りやうて》にて恭《うやうや》しく之《これ》を捧持《はうぢ》し而《しか》して之《これ》に命《めい》じて某官姓名《ぼうくわんせいめい》、今某事《いまぼうじ》云々《うんぬん》、未《いま》だ可否《かひ》を知《し》らず、爰《ここ》に疑《うたが》ふ所《ところ》を以《もつ》て之《これ》を神明《しんめい》に質《たゞ》す、吉凶悔吝希《きつきようくわいりんこひね》がはくば明《あき》らかに告《つげ》よと唱《とな》へ、端然靜坐《たんぜんせいざ》して下腹《かふく》を鼻《はな》と直角《ちよくかく》となる位《くらゐ》に突出《とつしゆつ》し、自《し》然《ぜん》に下腹《したはら》に力《ちから》の籠《こも》るべき姿勢《しせい》を取《と》り、目《め》を閉《と》ぢ口《くち》を結《むす》び、靜《しづ》かに鼻《はな》を以《もつ》て呼吸《こきう》し、呼息《こそく》は肺《はい》を空《むな》しうし吸息《きうそく》は肺《はい》に滿《みつ》るも、而《し》かも丹田《たんでん》を動《うご》かすことなく、無念無想《むねんむさう》の狀態《じやうたい》となりて、外界《げかい》に笑《わら》ふものがあり泣《な》くものがあり、若《も》しくは鐘太鼓《かねたいこ》の響《ひゞ》きも風聲《ふうせい》も雷鳴《らいめい》も、その他《た》四圍《ゐ》の雜音《ざつおん》に至《いた》る迄《まで》一切《さい》凡《すべ》て我《われ》の耳《みゝ》に入《い》らぬ有樣《ありさま》となつた所《ところ》で、敢《あへ》て斯《か》くすべしと言《い》ふ心《こゝろ》があるではなく、知《し》らず識《し》らずの間《あひだ》即《すなは》ち髮《はつ》を容《い》れざる機《き》に於《おい》て、手《て》に任《まか》せて四十五策《さく》を兩分《りやうぶん》して之《これ》を格《かく》の右邊兩大刻《うへんりやうたいこく》に分《わか》ち置《お》くのであるが、茲《こゝ》が洵《まこと》に肝腎《かんじん》な所《ところ》で口《くち》に言《い》ふことも筆《ふで》に書《か》くことも可能《でき》ぬ所《ところ》である、そこで已《や》むなく外《ほか》のことを假《か》り來《きた》つて此《こ》の間《あひだ》の消息《しようそく》を言《い》ひ現《あら》はして見《み》れば、平生《へいぜい》何事《なにごと》かを一心《しん》になつて行《おこな》つて居《を》る時《とき》には、頭《あたま》の上《うへ》にある時計《とけい》が鳴《な》つたのを少《すこ》しも氣附《きづか》ぬこと抔《なぞ》がある此《かく》の如《ごと》きことは誰《たれ》も往々《わう〳〵》あることで別段《べつだん》取《と》り立《た》てゝ言《い》ふべき程《ほど》のことではない、けれども此《かく》の如《ごと》き場合《ばあひ》が或《あ》る事《こと》の爲《ため》に精神《せいしん》を集中《しふちう》して無我《むが》無心《むしん》の状態《じやうたい》になつて居《を》る所《ところ》で、今茲《いまこゝ》に言《い》ふ所《ところ》と同樣《どうやう》であるから、此等《これら》の場合《ばあひ》を考《かんが》へて精々《せい〳〵》工夫《くふう》を凝《こら》すことが必要《ひつえう》である

次《つぎ》に右半大刻《うはんたいこく》の策中《さくちう》より一策《さく》を取《と》つて、之《これ》を中間《ちうかん》の小刻《せうこく》に掛《か》け置《お》くのである。

次《つぎ》に左手《さしゆ》を以《もつ》て右邊左方大刻《うへんさはうたいこく》の策《さく》を取《と》り、右手《うしゆ》を以《もつ》て之《これ》を四揲《てふ》し、左手《さしゆ》に剩《あま》す所《ところ》の奇策《きさく》或《あるひ》は一、或《あるひ》は二、或《あるひ》は三、或《あるひ》は四であるが、之《これ》を左邊小切《さへんせうせつ》の第《だい》一に置《お》き、而《しか》して右手《うしゆ》に揲《かぞ》へ得《え》た所《ところ》の過揲《くわてふ》の正策《せいさく》は、之《これ》を右邊左方《うへんさはう》の大刻《たいこく》に還歸《くわんき》するのである。

次《つぎ》に右手《うしゆ》を以《もつ》て右邊右方《うへんうはう》の大刻《たいこく》の策《さく》を取《と》り左手《さしゆ》を以《もつ》て之《これ》を四揲《てふ》し、右手《うしゆ》に剩《じやう》す所《ところ》の奇策《きさく》或《あるひ》は一、或《あるひ》は二、或《あるひ》は三、或《あるひ》は四であるが之《これ》を始《はじ》めに置《お》いた所《ところ》の左半《さはん》の奇策《きさく》と共《とも》に、左邊小切《さへんせうせつ》の第《だい》一に併《あは》せ置《お》き、而《しか》して左手《さしゆ》に揲《あぞ》へ得《え》た所《かころ》の過揲《くわてふ》の正策《せいさく》は、之《これ》を右邊右方《うへんうはう》の大刻《たいこく》に還歸《くわんき》せねばならぬ。

此《かく》の如《ごと》く左右《さいう》剰《あま》す所《ところ》の奇《き》策《さく》は、左《ひだり》が一であれば、右《みぎ》は必《かな》らず三、左《ひだり》が三であれば、右《みぎ》は必《かな》らず一、左《ひだり》が二であれば、右《みぎ》も亦《また》二、左《ひだり》が四であれば、右《みぎ》も亦《また》四である、故《ゆゑ》に之《これ》を合《あは》すれば、四策《さく》を得《う》るものが三種《しゆ》で、八策《さく》を得《う》るものが一種《しゆ》である。而《しか》して第《だい》二變《へん》より第《だい》三變《へん》に至《いた》るも、その策數《さくすう》は亦同様《またどうやう》で、之《これ》を第《だい》一變《へん》となすのである。

此《かく》の如《ごと》く第《だい》一變《へん》を終《をは》つた所《ところ》で、前説《ぜんせつ》左邊小切《さへんせうせつ》の第《だい》一に併《あは》せ置《お》いた所《ところ》の奇策《きさく》或《あるひ》は四、或《あるひ》は八を除《のぞ》き、再《ふた》たび右邊兩大刻《うへんりやうたいこく》の策《さく》と中間小刻《ちうかんせうこく》の策《さく》とを取《と》つて之《これ》を合併《がつぺい》する時《とき》は、現存《げんそん》の策《さく》は或《あるひ》は四十一、或《あるひ》は三十七であるが、復《ま》た之《これ》を二に分《わか》ち、一を掛《か》け四を揲《かぞ》へ、奇《き》を歸《き》すること凡《すべ》て第《だい》一變《へん》の時《とき》の如《ごと》くにし、以《もつ》て第《だい》二變《へん》となすのであるが、亦《また》復《ま》た重《かさ》ねて右邊兩大刻《うへんりやうたいこく》の策《さく》と中間小刻《ちうかんせうこく》の策《さく》とを取《と》つて之《これ》を合併《がつぺい》すれば現存《げんそん》の策《さく》は或《あるひ》は三十七、或《あるひ》は三十三、或《あるひ》は二十九であるが、倘《なほ》復《ま》た之《これ》を二に分《わか》ち一を掛《か》け、四を揲《かぞ》へ奇《き》を歸《き》すること凡《すべ》て第《だい》一變第《べんだい》二變《へん》の時《とき》の如《ごと》くにして、以《もつ》て第《だい》三變《へん》を終《をは》るのである。

以上《いじやう》三變既《へんすで》に終《をは》つた所《ところ》で、左邊小切《さへんせうせつ》にある奇策《きさく》を見《み》て、一奇《き》は三であるから、三奇《き》なれば則《すなは》ち九である、故《ゆゑ》に三奇《き》十二策《さく》を得《え》たものを參天《さんてん》の陽《やう》となして九の奇畫《きくわく》を置《お》く。亦《また》一偶《ぐう》は二であるから三偶《ぐう》なれば則《すなは》ち六である、故《ゆゑ》に三偶《ぐう》二十四策《さく》を得《え》たものを兩地《りやうち》の陰《いん》となして六の偶畫《ぐうくわく》を置《お》く。亦《また》一奇《き》二偶《ぐう》なれば則《すなは》ち七である、故《ゆゑ》に一奇《き》二偶《ぐう》二十策《さく》を得《え》たものを參天兩地交錯《さんてんりやうちかうさく》の陽《やう》となして七の奇畫《きくわく》を置《お》く。亦《また》二奇《き》一偶《ぐう》なれば則《すなは》ち八である、故《ゆゑ》に二奇《き》一偶《ぐう》十六策《さく》を得《え》たものを參天兩地交錯《さんてんりやうちかうさく》の陰《いん》となして八の偶畫《ぐうくわく》を置《お》き、以《もつ》て七八九六の畫《くわく》を定《さだ》め、然《しか》る後《のち》一畫《くわく》が始《はじ》めて成《な》るのであるが、之《これ》を四營《えい》して易《えき》を成《な》すと言《い》ふ此《かく》の如《ごと》く初畫《しよくわく》より上畫《じやうくわく》に至《いた》る迄《まで》、三變《べん》にして一畫《くわく》を成《な》し、十八變《へん》にして六畫《くわく》を成《な》し、その九六の變不《へんふ》變《へん》を見《み》て筮事《ぜいじ》の吉凶《きつきよう》を占《うらな》ひ、筮《ぜい》が終《をは》れば蓍《し》を櫝中《さくちう》に入《い》れ、蓋《ふた》を加《くは》へて案上《あんじやう》に置《お》き、その上《うへ》敬禮《けいれい》して筮《ぜい》席《せき》を退《しりぞ》くのである。

以上《いじやう》述《の》べ來《きた》りし所《ところ》は眞實《しんじつ》なる周易卜筮《しうえきぼくぜい》に就《つ》いての筮法《ぜいはふ》で、周易卜筮《しうえきぼくぜい》は神告《しんこく》を請《こ》はむが爲《た》めの方法手段《はうはふしゆだん》であるから、神人《しんじん》の交渉酬酢《かうせふしうさく》を以《もつ》て眼目《がんもく》として居《ゐ》たのであるがその後幾多《のちいくた》の年代《ねんだい》を經過《けいくわ》するに及《およ》び、社會萬般《しやくわいはんぱん》の事物《じぶつ》は年《とし》を追《お》ふて繁雜《はんざつ》に趣《おもむ》き、之《これ》に伴《ともな》ふて人智《じんち》の發達《はつたつ》も亦益々《またます／＼》精細《せいさい》を加《くは》へ、隨《したが》つて古代《こだい》に行《おこな》はれたる外在的人格的他力的《ぐわいざいてきじんかくてきたりきてき》の信仰《しんかう》は次第《しだい》に衰《おとろ》へて、内在的萬有的自力的《ないざいてきばんいうてきじりきてき》の信仰《しんかう》となつたので、他《た》力的神告《りきてきしんこく》を頼《たの》みとする周易卜筮《しうえきぼくぜい》を以《もつ》て信《しん》ずるに足《た》らぬものとなし、自力的推理《じりきてきすゐり》に由《よ》つて未來《みらい》の吉凶《きつきよう》を斷《だん》ぜむとする所《ところ》の卜筮《ぼくぜい》が起《おこ》つて來《き》た、繫辭傳第六章《けいじでんだいしやう》に夫易彰レ往而察レ來、而微レ顯闡レ幽、開而當レ名辨レ物正レ言斷レ辭則備はると言《い》ふのは卽《すなは》ちこれである。今此《いまこ》の傳文《でんぶん》の文義《ぶんぎ》を要約《えうやく》して之《これ》を言《い》へば、抑々易《そも／＼えき》と云《い》ふものは先《ま》づその占《うらなひ》はむとする既往《きわう》の事實《じじつ》を彰《あき》らかにし、その事實《じじつ》の上《うへ》に現《あら》はれたる原因結果《げんいんけつくわ》の理《り》に由《よ》つて、未來《みらい》の成行《なりゆ》きを推察《すゐさつ》すべきものである、而《しか》して之《これ》を推測《すゐそく》する方法《はうはふ》は、卽《すなは》ち得卦《とくくわ》の卦象《くわしやう》に現《あら》はれたる理法《りはふ》を溯《さかのぼ》つて、隱微《いんび》なる原因《げんいん》卽《すなは》ち卦象《くわしやう》を極《きは》め、その原因《げんいん》より下《くだ》つて幽暗《いうあん》にして不明《ふめい》なる未《み》來《らい》の結果《けつくわ》卽《すなは》ち卦象《くわしやう》を闡明《せんめい》し、順次《じゆんじ》に之《これ》を配列《はいれつ》した上《うへ》で、之《これ》を前《まへ》の過去並《くわこならび》に現在《げんざい》の事實《じじつ》と對照《たいせう》し、何《いづ》れの卦《くわ》が何《いづ》れの事實《じじつ》に當《あた》るかを見定《みさだ》め、然《しか》る後《のち》卦象上《くわしやうじやう》の理法《りはふ》に由《よ》つて未來《みらい》の成行《なりゆ》きを推斷《すゐだん》せよと言《い》ふのであるが、此《こ》の推理的卜筮《すゐりてきぼくぜい》は新時代《しんじだい》に於《お》ける新《あら》たなる要求《えうきう》に應《おう》じて發生《はつせい》し來《きた》つたもので、前述《ぜんじゆつ》の周易《しうえき》卜筮《ぼくぜい》とは大《おほい》にその性質《せいしつ》を異《こと》にして居《を》る、即《すなは》ち周易卜筮《しうえきぼくぜい》は天《てん》・帝《てい》・神等《しんとう》に對《たい》する信仰《しんかう》に由《よ》つて發生《はつせい》したるものであるが、此《こ》の卜筮《ぼくぜい》は推理《すゐり》を主《しゆ》として起《おこ》つて來《き》たものである、故《ゆゑ》に彼《かれ》に於《おい》ては神人《しんじん》の酬酢《しうさく》を以《もつ》て眼目《がんもく》として居《を》るが、此《これ》に於《おい》ては卦象上《くわしやうじやう》の推理《すゐり》を以《もつ》て主要《しゆえう》として居《を》る、隨《したが》つて彼《かれ》は他力的宗教《たりきてきしうけう》であるが此《これ》は自力的學術《じりきてきがくじゆつ》である、學術《がくじゆつ》であるから、周易《しうえき》に於《お》けるが如《ごと》き參天交神《さんてんかうしん》の條件《でうけん》を必要《ひつえう》とせぬ代《かは》りに、卦象《くわしやう》上《じやう》に於《お》ける因果的理法《いんぐわてきりはふ》の究明《きうめい》を要求《えうきう》して居《を》る、尚《なほ》その要《えう》を摘《つま》むで之《これ》を言《い》へば、彼《かれ》は酬酢《しうさく》に重《おも》きを置《お》いて居《を》るが、此《これ》は卦象《くわしやう》に重《おも》きを置《お》いて居《を》る、此《こ》れ周易卜筮《しうえきぼくぜい》とそれ以後《いご》の卜筮《ぼくぜい》とその旨趣《ししゆ》を異《こと》にする要點《えうてん》であるが、尚此《なほこ》れ以外《いぐわい》に於《おい》ても、周易卜筮《しうえきぼくぜい》と甚《はなは》だ相似《あひに》て而《しか》して非《ひ》なるものがある、そは繫辭傳《けいじでん》第《だい》十章《しやう》に易无レ思也、无レ爲也、寂然不動感、而遂通二天下之故一と言《い》ふものが即《すなは》ちそれである。玆《こゝ》に无レ思也とは一切《さい》の意念《いねん》を斷絕《だんぜつ》して、無念無想《むねんむさう》の心狀態《しんじやうたい》となることで、无レ爲也とは目《め》に視《み》ることも、耳《みゝ》に聽《き》くことも口《くち》に言《い》ふことも、身《み》に觸《ふ》るゝことも、鼻《はな》に嗅《か》ぐことも、舌《した》に味《あぢは》ふことも皆凡《みなすべ》て之《これ》を杜絕《とぜつ》するの義《ぎ》で、謂《い》ふ所《ところ》の無我《むが》若《も》しくは忘我《ばうが》の狀態《じやうたい》となることである、此《かく》の如《ごと》く一旦灰心滅智《たんくわいしんめつち》の狀態《じやうたい》即《すなは》ち寂然不動《じやくぜんふどう》の有樣《ありさま》となつた所《ところ》で、此度《このたび》は之《これ》に反《はん》して、豁然《かつぜん》として天下萬般《てんかばんぱん》の事故《じこ》を感知《かんち》するに至《いた》る、之《これ》を感而通二天下之故一と言《い》ふ。尚語《なほご》を換《か》へて之《これ》を言《い》へば、始《はじ》め一旦《たん》は消極的態度《しようきよくてきたいど》を取《と》つて無我《むが》の心狀態《しんじやうたい》となり、而《しか》して殆《ほと》むどその極《きよく》に達《たつ》するに及《およ》び、飜然《ほんぜん》として忽《たち》まち積極的態度《せききよくてきたいど》に變《へん》じ、大我的心狀態《たいがてきしんじやうたい》となつて、自《みづ》から天下萬般《てんかばんぱん》の事柄《ことがら》を洞知《どうち》すると言《い》ふの義《ぎ》であるから、這《こ》は固《もと》より他力的酬醋《たりきてきしうさく》の結果《けつくわ》でもなく、亦《また》自力的推理《じりきてきすゐり》の結果《けつくわ》でもない、必竟《ひつきやう》は不可說的妙力《ふかせつてきめうりき》の働《はたら》きに由《よ》つて然《しか》るものであると言《い》はねはならぬ。果《はた》して然《しか》らば、茲《こゝ》に謂《い》ふ所《ところ》の感通《かんつう》なるものは實驗者《じつけんしや》その人《ひと》の直覺的心狀態《ちよくかくてきしんじやうたい》を指《さ》したもので我等《われら》が智識《ちしき》の範圍《はんゐ》を超越《てうえつ》した、不可知的作用《ふかちてきさよう》に外《ほか》なかるべきが故《ゆゑ》に、實驗者《じつけんしや》その人以外《ひといぐわい》之《これ》を窺《うかゞ》ひ知《し》ることの可能《でき》ぬ所《ところ》である、隨《したが》つて之《これ》が是非眞僞等《ぜひしんぎとう》に至《いた》つては、外間《ぐわいかん》より容喙《ようかい》し得《う》べき所《ところ》でない。されど此《こ》の妙力的卜筮《めうりきてきぼくぜい》が周易卜筮《しうえきぼくぜい》と大《おほい》にその趣《おもむ》きを異《こと》にして居《を》ることは固《もと》より論《ろん》を俟《ま》たぬ所《ところ》である、則《すなは》ち彼《かれ》は他力的神告《たりきてきしんこく》に由《よ》つて吉凶《きつきよう》を感知《かんち》するけれども、此《これ》は妙力的直覺《めうりきてきちよくかく》に由《よ》つて吉凶《きつきよう》を感知《かんち》するの相違《さうゐ》があるから、彼《かれ》は宗敎《しうけう》であるが此《これ》は宗敎《しうけう》であるとは言《い》へぬ。

以上之《いじやうこれ》を要《えう》するに、古來周易卜筮《こらいしうえきぼくぜい》と唱《とな》へ來《きた》つたものゝ中《うち》には前述《ぜんじゆつ》三樣《やう》の區別《くべつ》があるが、純粹《じゆんすゐ》なる周易《しうえき》卜筮《ぼくぜい》の特徴《とくちやう》は他力的《たりきてき》に酬醋《しうさく》する所《ところ》にある、故《ゆゑ》に苟《いやし》くも此《こ》の他力的酬醋《たりきてきしうさく》の性質《せいしつ》を有《いう》せざる卜筮《ぼくぜい》は、眞實《しんじつ》なる意義《いぎ》に於《おい》ての周易卜筮《しうえきぼくぜい》ではない、卽《すなは》ちそれ以後《いご》の時代《じだい》に於《おい》て發生《はつせい》した卜筮《ぼくぜい》である、何《なん》となれば、他力的酬醋卽《たりきてきしうさくすなは》ち宗敎的特徴《しうけうてきとくちやう》を失《うしな》ふと同時《どうじ》に、周易卜筮《しうえきぼくぜい》の生命《せいめい》は死滅《しめつ》し了《をは》つたのである、故《ゆゑ》にそれ以後《いご》の卜筮《ぼくぜい》が如何《いか》にその外形《ぐわいけい》を周易卜筮《しうえきぼくぜい》と同《おな》じくして居《を》るとも、そは唯《たゞ》その外形《ぐわいけい》を周易卜筮《しうえきぼくぜい》に假《かり》て居《を》ると言《い》ふ迄《まで》のことでその眞實《しんじつ》の生命《せいめい》は時代的要求《じだいてきえうきう》に應《おう》じて新《あら》たに變換《へんくわん》されたものである、前述推理的卜筮《ぜんじゆつすゐりてきぼくぜい》幷《ならび》に妙力的卜筮《めうりきてきぼくぜい》の如《ごと》きは確《たし》かにそれで、時代思想《じだいしさう》の變化《へんくわ》に伴《ともな》ふて新《あら》たに發生《はつせい》したものである、隨《したが》つて之《これ》を周易卜筮《しうえきぼくぜい》と同視《ごうし》することは可能《でき》ぬ、然《しか》るに繫辭作者《けいじさくしや》が之《これ》を酬酢的周易卜筮《しうさくてきしうえきぼくぜい》と混説《こんせつ》して、その間何《あひだなん》等《ら》の分界《ぶんかい》をも立《た》てなかつたのは、後代《こうだい》の新卜筮《しんぼくぜい》を誤《あや》まり認《みと》めて古代《こだい》の舊卜筮《きうぼくぜい》と同視《ごうし》したが爲《た》めで、必《ひつ》竟《きやう》如上《じよじやう》の史的沿革《してきえんかく》に由《よ》つて新舊兩卜筮《しんきうりやうぼくぜい》の間性質上《かんせいしつじやう》の變化《へんくわ》を生《しやう》じて居《を》ることを觀破《くわんぱ》し得《え》なかつたからである。此《かく》の如《ごと》く繫辭作者《けいじさくしや》の不明《ふめい》に由《よ》つて彼此混同《ひしこんごう》されては居《を》るけれども、而《しか》も新舊兩卜筮《しんきうりやうぼくぜい》の間劃然《かんくわくぜん》として區別《くべつ》の存《そん》することは、上來縷述《じやうらいるじゆつ》する所《ところ》を以《もつ》て之《これ》を證《しやう》することが可能《でき》る。故《ゆゑ》に斯學《しがく》を研究《けんきう》せむと欲《ほつ》するものと、親《した》しく卜筮《ぼくぜい》に從事《じうじ》せむと欲《ほつ》するものとを問《と》はず、上述《じやうじゆつ》三樣《やう》の區別《くべつ》あることを精察《せいさつ》して、彼此混同《ひしこんごう》するなからむことを要《えう》するのであるが、批評的研究上《ひへうてきけんきうじやう》から言《い》へば、甲《かふ》を排《はい》して乙《おつ》を取《と》り若《も》しくは丙《へい》を賞《しやう》して乙《おつ》を駁《ばく》するも固《もと》よりその人《ひと》の自由《じいう》であるけれども、實占上《じつせんじやう》から見《み》て茲《こゝ》に聊《いさゝ》か注意《ちうい》して置《お》かねばならぬことがある、乃《すなは》ち上述《じやうじゆつ》三樣《やう》の卜筮《ぼくぜい》の中《うち》に就《つい》て、酬酢的卜筮《しうさくてきぼくぜい》を取《と》るか、推理的卜筮《すゐりてきぼくぜい》を取《と》るか、將亦妙力的卜筮《はたまためうりきてきぼくぜい》を取《と》るか、そは之《これ》をその人《ひと》の撰擇《せんたく》に任《まか》せ、他《た》より之《これ》を是非《ぜひ》せぬことである。

何故《なぜ》なれば、先天的《せんてんてき》に宗敎的頭腦《しうけうてきづなう》を有《いう》するものは酬酢的卜筮《しうさくてきぼくぜい》を取《と》り、論理的頭腦《ろんりてきづなう》を有《いう》するものは推理《すゐり》的卜筮《てきぼくぜい》を取《と》り、直覺的頭腦《ちよくかくてきづなう》を有《いう》するものは妙力的卜筮《めうりきてきぼくぜい》を取《と》る方《はう》が最《もつと》もその人《ひと》の特性《とくせい》を發揮《はつき》するに適當《てきたう》なるが爲《た》めである、故《ゆゑ》に何《いづ》れを取《と》つて之《これ》を實占《じつせん》に用《もち》ゆるも、その人《ひと》の好《この》む所《ところ》に從《したが》ふて之《これ》を決定《けつてい》すべく要《えう》は卜筮《ぼくぜい》の目的《もくてき》たる未然《みぜん》の吉凶《きつきよう》を前知《ぜんち》し得《う》れば足《た》ることで、その方法手段《はうはふしゆだん》の何《なん》たるかは、强《あな》がち之《これ》を問《と》ふに及《およ》ばぬ。蓋《けだ》し眞理《しんり》は一である、けれども我自《われみづ》からに取《と》つての眞理《しんり》は、必《かな》らず彼《かれ》に取《と》つても眞理《しんり》で、亦彼《またかれ》に取《と》つての眞理《しんり》は、必《かな》らず我《われ》に取《と》つても眞理《しんり》であるとは言《い》へぬ。故《ゆゑ》に一を取《と》つて他《た》を排《はい》し彼《かれ》を揚《あ》げて之《これ》を貶《けな》すが如《ごと》きは己《おのれ》が好《この》む所《ところ》を標準《へうじゆん》として他《た》を是非《ぜひ》するもので、未《いま》だ必《かな》らずしもその當《たう》を得《え》たものではない、這《こ》は猶酒好《なほさけずき》が酒《さけ》を甘《うま》いと言《い》ひ餅《もち》を甘《うま》くないと言《い》ひ亦餅好《またもちずき》が餅《もち》を甘《うま》いと言《い》ふて酒《さけ》を甘《うま》くないと言《い》ふのと一般《ぱん》であるから、能《よ》く此間《このあひだ》の道理《だうり》を考《かんが》へて、自己《じこ》の先天的特性《せんてんてきとくせい》に符合《ふがふ》すべきものを擇《えら》むで之《これ》を用《もち》ひたならば、それ丈能《だけよ》くその人《ひと》の特性《とくせい》を發揮《はつき》することが可能《でき》ようかと思《おも》ふが傳《つた》へ聞《き》く所《ところ》に由《よ》れば、實占家《じつせんか》を以《もつ》て自《みづ》から任《にん》じて居《ゐ》た高島呑象氏《たかしまどんせうし》は、中庸《ちうよう》に至誠無レ息と言《い》ふてあるのを、至誠《しせい》息《い》きすることとなし、即《すなは》ち呼吸《こきう》を絶《た》つの義《ぎ》に讀《よ》み、何人《なにびと》に對《たい》しても絶息的酬酢的方法《ぜつそくてきしうさくてきはうはふ》を傳授《でんじゆ》して居《ゐ》たそうであるが、元來中庸《ぐわんらいちうよう》に至誠無レ息とあるは、至誠息《しせいや》み止《や》むことなく即《すなは》ち間斷《かんだん》なきの義《ぎ》で、乾《けん》の卦《くわ》の大《たい》象《しやう》に言《い》ふ天行健、君子以自彊不レ息の息《やむ》と同義《どうぎ》に讀《よ》むべき筈《はず》のものである。然《しか》るに之《これ》を絶息即《ぜつそくすなは》ち呼吸《こきう》を杜絶《とぜつ》するの義《ぎ》に讀《よ》むのは、故意《こい》であつたか、偶然《ぐうぜん》であつたかは知《し》らぬけれども珍無類《ちんむるゐ》の讀方《よみかた》で兎《と》も角《かく》にも大《たい》なる誤讀《ごどく》である、惟《おも》ふに釋尊《しやくそん》は無我《むが》を說《と》き孔夫子《こうふし》も亦無我《またむが》を說《と》いて居《を》る、二聖共《せいとも》に無我《むが》を說《と》いて居《を》るけれども、孔夫子《こうふし》は唯我他彼此的區別《たゞがたひしてきくべつ》の我即《がすなは》ち我《わ》れが我《わ》れがと言《い》ふ驕傲的我意《けうがうてきがい》を去《さ》つて、一般《ぱん》世間的我《せけんてきが》に同化《どうくわ》せよと敎《をし》へたのであるが、之《これ》に反《はん》し、釋尊《しやくそん》は此《こ》の世間的我即《せけんてきがすなは》ち心理的我執《しんりてきがしつ》を解脫《げだつ》して涅槃的無我《ねはんてきむが》の心狀態《しんじやうたい》となれと敎《をし》へたのである。されば無我《むが》は無我《むが》でも兩者《りやうしや》の間《あひだ》には此《かく》の如き相違《さうゐ》がある、故《ゆゑ》に彼世《こうせい》の儒學者《じゆがくしや》は佛說《ぶつせつ》を評《へう》して、彼《かれ》は世間的我《せけんてきが》を破却《はきやく》して灰心滅智的狀態《はいしんめつちてきじやうたい》となれと敎《をし》ふるもので非人間的《ひにんげんてき》で人道《じんだう》の根本義《こんぽんぎ》を滅却《めつきやく》するものであると言《い》ふて痛《いた》く之《これ》を攻擊《こうげき》したのであるが、釋尊《しやくそん》が說《と》かれた所《ところ》の無我《むが》は、老莊抔《らうさうなど》が謂《い》ひし所《ところ》の虛無《きよむ》、若《もし》くは繫辭傳《けいじでん》に謂《い》ふ所《ところ》の無思無爲《なしむい》と同《どう》一で心理的《しんりてき》の無我《むが》を說《と》いたものである。然《しか》るに高島氏《たかしまし》が謂《い》ふ所《ところ》の無息《むそく》は生理的《せいりてき》に呼吸《こきう》を斷絕《だんぜつ》することであるが、生理《せいり》的《てき》に呼吸《こきう》を斷絕《だんぜつ》してその極《きよく》に至《いた》れば、終《つひ》に自殺《じさつ》の結果《けつくわ》を生《しやう》ずべきものであるが、高島氏《たかしまし》は斯程迄《かほどまで》せざれば、無我《むが》の心理狀態《しんりじやうたい》卽《すなは》ち意念《いねん》を絕《た》つて精神《せいしん》を統《とう》一することが可能《でき》なかつたであらうか、而《しか》して此《かく》の如《ごと》き無我《むが》卽《すなは》ち生理的機能《せいりてききのう》を斷絕《だんぜつ》すべき無我《むが》を說《と》いたものは唯印度《たゞいんど》の外道中《げだうちう》にあつた丈《だけ》で、支那《しな》に於《おい》ても西洋各國《せいやうかくこく》に於《おい》ても未《いま》だ嘗《かつ》て之《これ》を眞面目《まじめ》に說《と》いたものがない、して見《み》れば、釋尊《しやくそん》が說《と》かれた心理上《しんりじやう》の無我《むが》でさへ、之《これ》を痛斥《つうせき》した儒學《じゆがく》の中心《ちうしん》となつて居《を》る中庸《ちうよう》に於《おい》て生理的自殺《せいりてきじさつ》の結果《けつくわ》を生《しやう》ずべき絕息《ぜつそく》の方《はつ》法《はふ》を獎勵《しやうれい》すべき謂《いは》れがない、若《し》し此《かく》の如《ごと》きことがあるとせば、儒敎《じゆけう》こそ眞《しん》に人生生存《じんせいせいそん》の根本義《こんぽんぎ》を破壞《はくわい》するものと言《い》はねばならぬ、故《ゆゑ》に至誠絕息《しせいぜつそく》の讀方《よみかた》は高島《たかしま》一流《りう》の讀方《よみかた》で、斷《だん》じて中庸《ちうよう》卽《すなは》ち儒敎《じゆけう》の本義《ほんぎ》に背《そむ》いて居《を》る。そは兎《と》も角《かく》も、同氏《どうし》が絕息的酬酢《ぜつそくてきしうさく》の方法《はうはふ》を實行《じつかう》されたのは同氏《どうし》一己《こ》に取《と》つては、或《あるひ》はその特性《とくせい》に適當《てきたう》せる最良《さいりやう》の方法《はうはふ》であつたかも知《し》れぬけれども、同氏自身《どうしじしん》に取《と》つて最良《さいりやう》の方法《はうはふ》であるからと言《い》ふて、一概《がい》に何人《たにびと》に對《たい》しても之《これ》を强《しひ》むとするは卽《すなは》ち餅好《もちず》きに對《たい》して酒《さけ》を飮《の》ましむると同《おな》じく、その特性《とくせい》を發揮《はつき》せしむるの効力《かうりよく》がない許《ばか》りか、或《あるひ》は眞《しん》に自殺《じさつ》を敎《をし》ふるに等しき結果《けつくわ》を發生《はつせい》することなきを保《ほ》せぬ。何《なん》となれば一般《ぱん》に絶息《ぜつそく》その事《こと》が己《すで》に生理《せいり》の目的《もくてき》と背馳《はいち》して居《を》るからである。故《ゆゑ》に絶息的酬《ぜつそくてきしう》酢法《さくはふ》は高島《たかしま》その人《ひと》に取《と》つての最良方法《さいりやうはうはふ》で、一般人《ぱんひと》に取《と》つての最良法《さいりやはふ》ではない。要《えう》する所《ところ》は須《すべ》からく自《じ》己《こ》の特性《とくせい》に適合《てきがふ》すべき方法《はつはふ》を擇《えら》むで各自《かくじ》その特性《とくせい》を發揮《はつき》することが肝要《かんえう》である。

備考

四九策筮法の掛扐

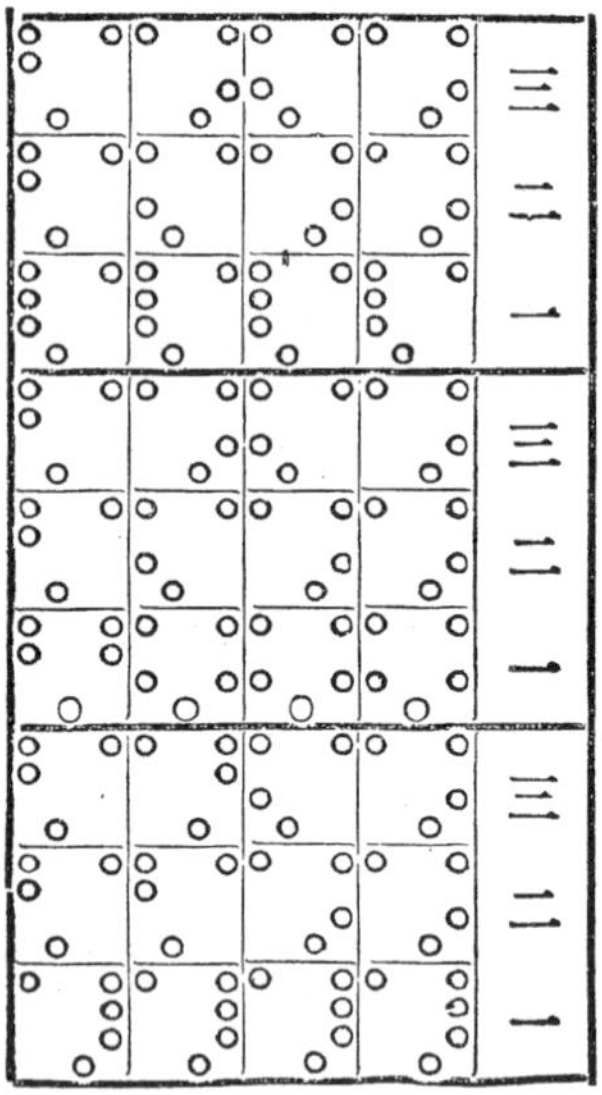

老陽十三

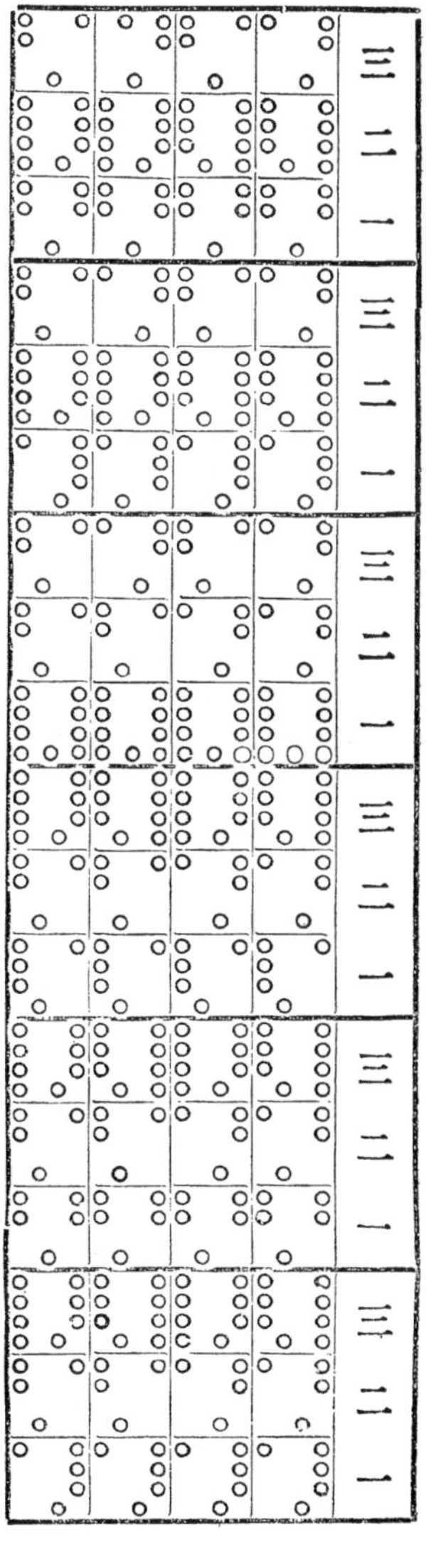

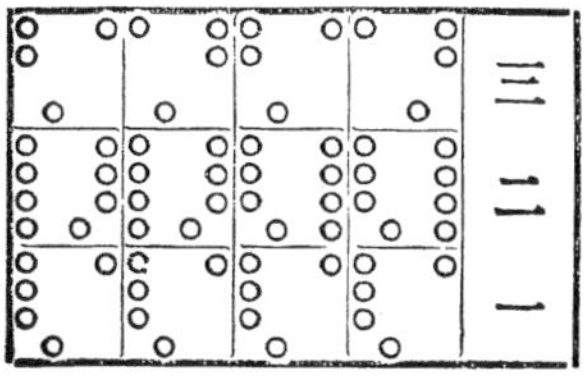

少陰二十八

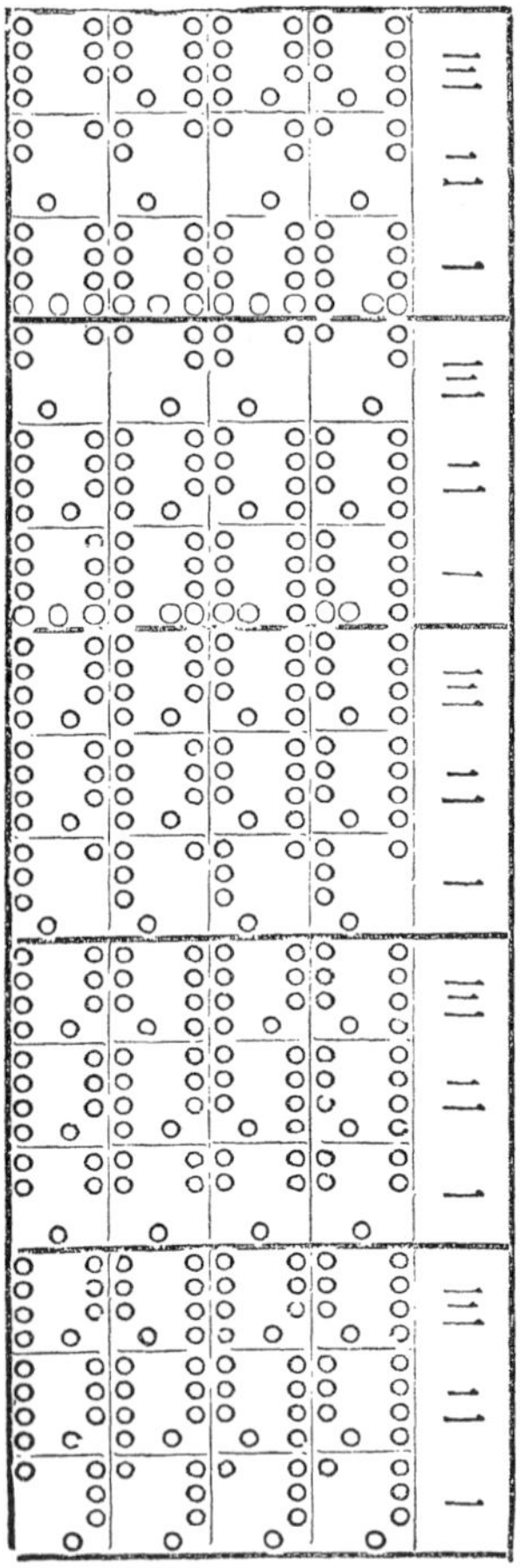

少陽二十

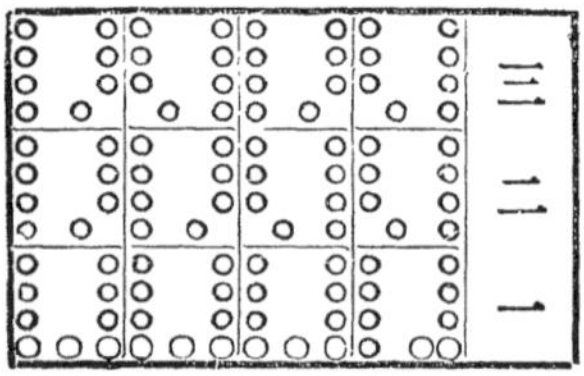

老陰四

四八策筮法の掛扐

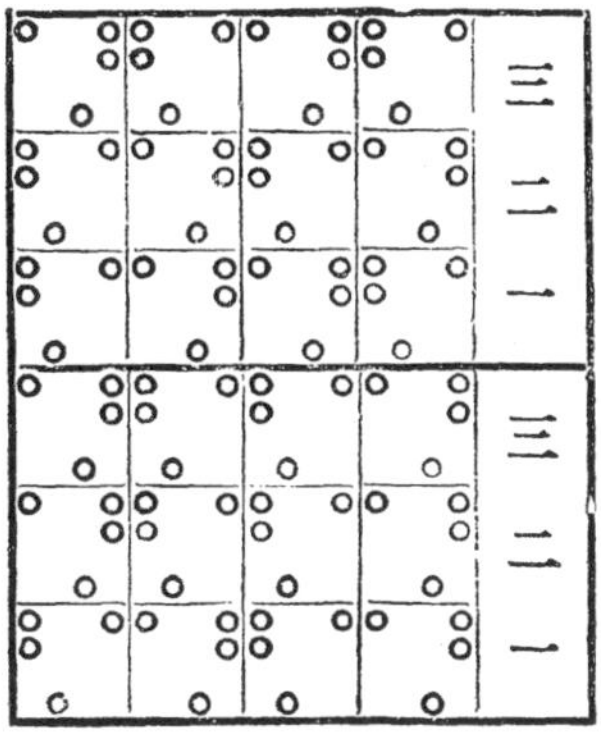

老陽八

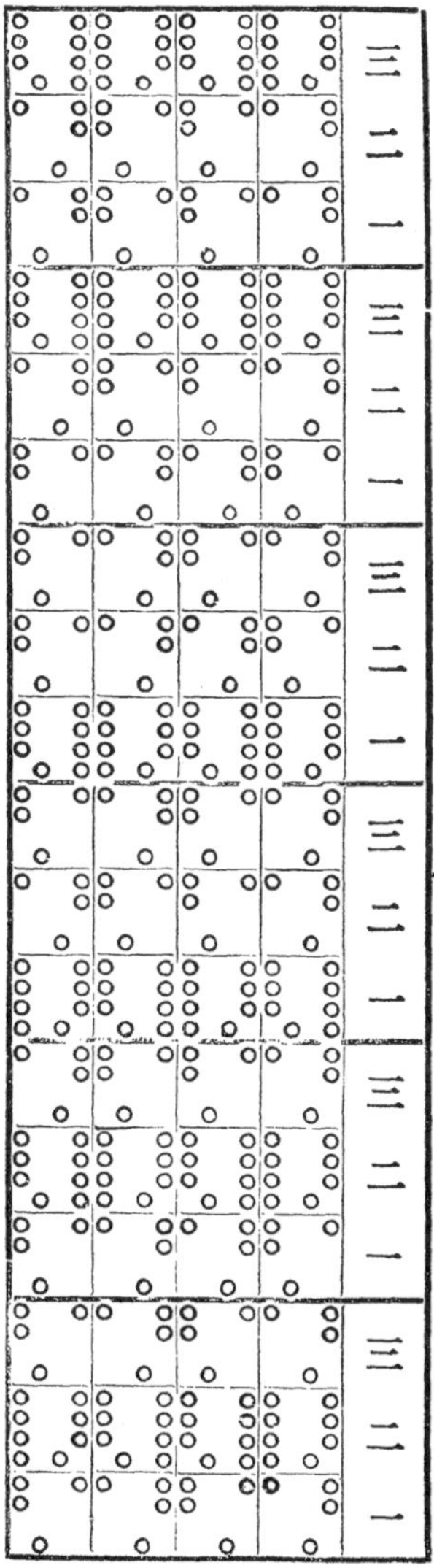

少陰二十四

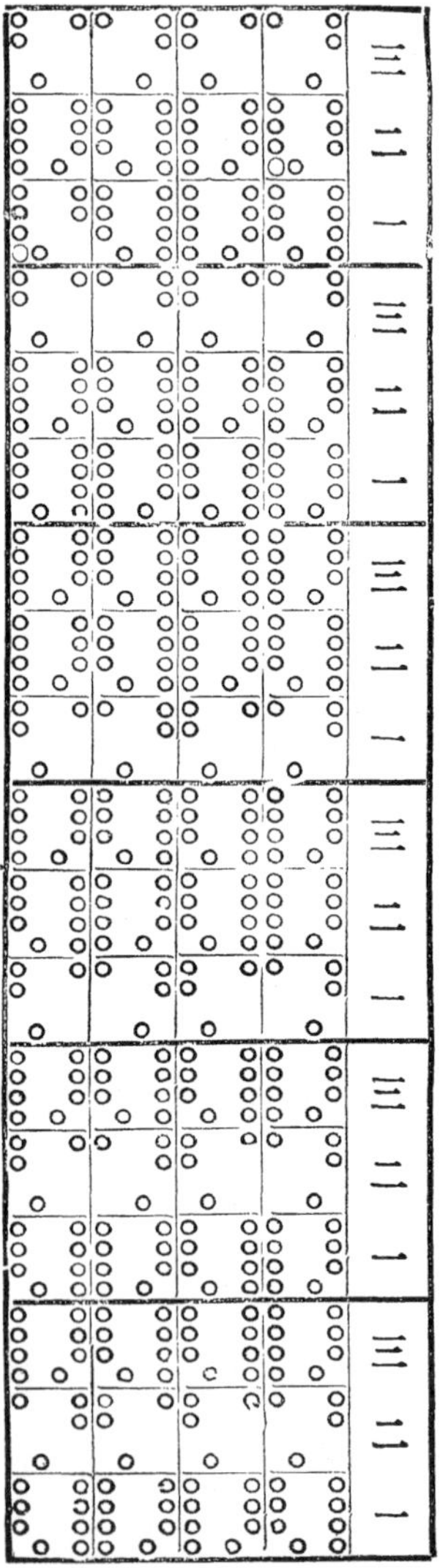
三
二
一
三
二
一
三
二
一
三
二
一
三
二
一
三
二
一

少陽二十四

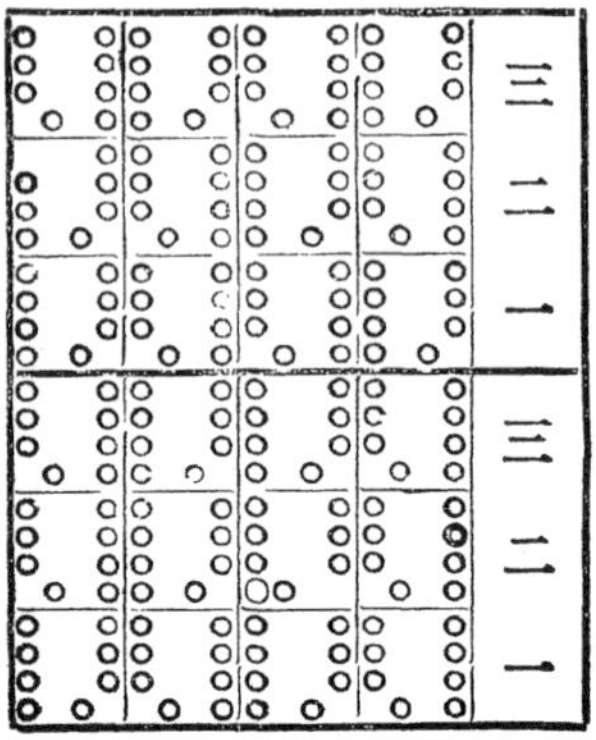
三
二
一
三
二
一

老陰八

四十五策筮法の奇策

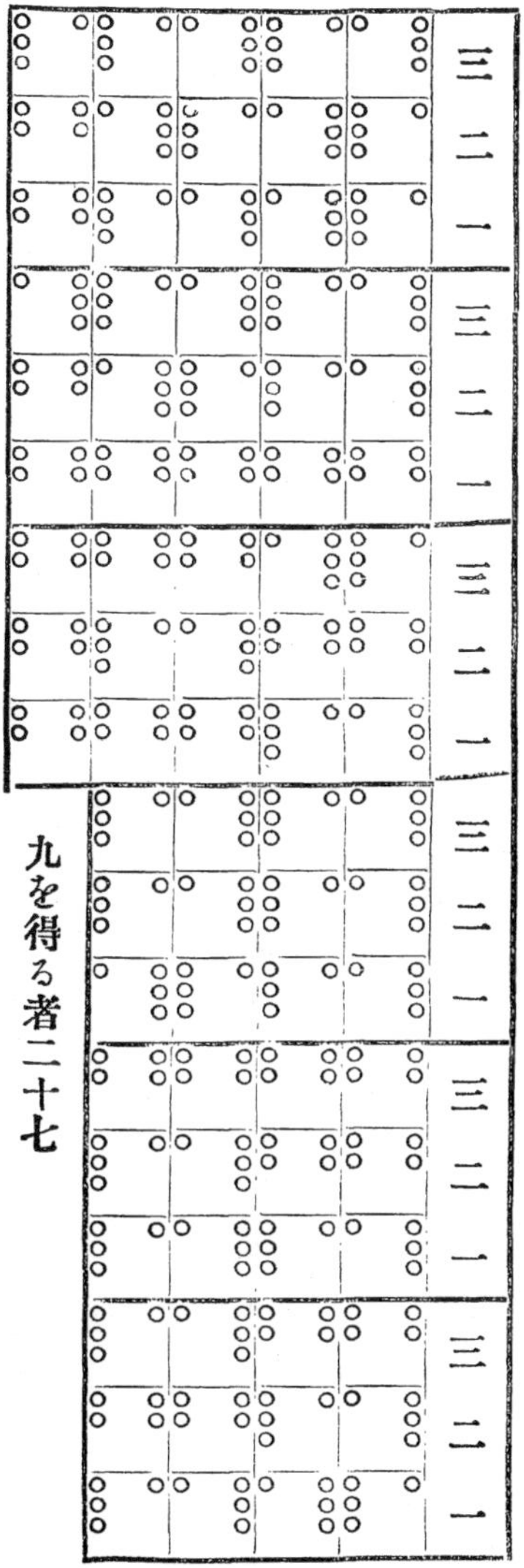

九を得る者二十七

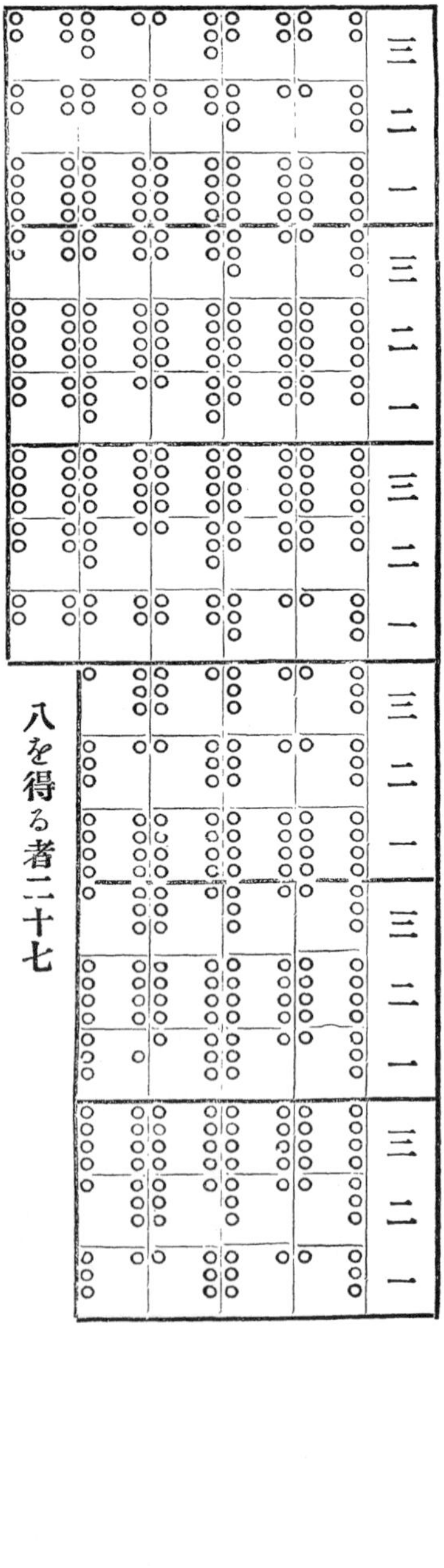

八を得る者二十七

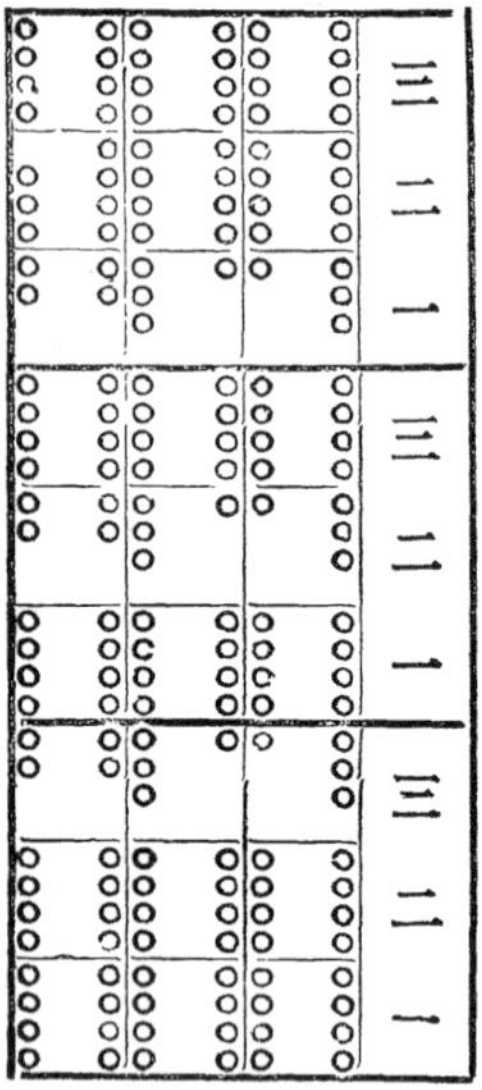

七を得る者九

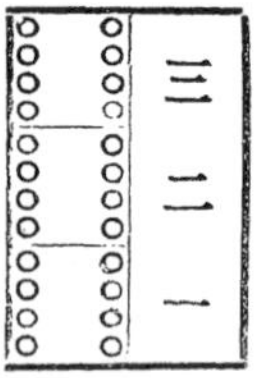

六を得る者一

筮法講義（完）

占法講義

占法講義目錄

第一　總　說……一
第二　事　實……四
第三　觀　象……一一
第四　神　意……一一
第五　占　斷……一七
第六　的　中……一八
第七　本卦と之卦……一九
第八　爻　卦……二二
第九　彼我向對占法……二六
第十　易位法……三一
第十一　顚倒法……三三
第十二　交易法……三四
第十三　來往法……三四
第十四　運移法……三五
第十五　變爲法……三六
第十六　內顚法……三七
第十七　外顚法……三七
第十八　內外顚法……三八
第十九　卦象を見て人の性情氣質を察する法……三九
第二十　侍人を占ふ法……四〇
第廿一　旅行外出抔の吉凶を占ふ法……四〇
第廿二　走り人を占ふ法……四一
第廿三　婚姻の卦……四三
第廿四　得卦の時刻配當……四九
第廿五　得卦の月割法……五〇
第廿六　一卦を六十ヶ年に配當する法……五一
第廿七　六十卦の十二ヶ月配當……五三

第廿八　五行と方位……五六
第廿九　五行の生尅……五六
第三十　旺相死囚休……五七
第三十一　八卦と五行……五七
第三十二　卦に生克を用ゆる法……六〇
第三十三　生年月を言ひ當る法……六一
第三十四　待人の占法……六二
第三十五　走人の占法……六四
第三十六　紛失物の所在を知る占法……六七
第三十七　開運繁昌せしむる占法……七二
第三十八　開業の吉凶を占ふ法……七四
第三十九　懸合談判の勝敗を占ふ法……七五
第四十　不時の災難を豫知する占法……七七
第四十一　持逃したる者を捕ふる占法……七八
第四十二　物價の高下と直數を知る占法……八〇
第四十三　本家と分家とを和合せしむる占法……八二
第四十四　家運を挽回する占法……八三
第四十五　職業を撰定する占法……八七
第四十六　疾病の治否輕重を占ふ法……八九
第四十七　破産するや否やを知る占ふ法……九一
第四十八　藝者が客を選擇する占法……九二
第四十九　養父の信用を得て家督を相續する占法……九四
第五十　妾婦が主人より暇を取る占法……九五
第五十一　主家を去つて獨立する占法……九六
第五十二　使用人を選擇して商業を繁昌せしむる占法……九九
第五十三　人の秘密を觀破する占法……一〇一
第五十四　旅行移轉等の吉凶を占ふ法……一〇二

第五十五　雇人の良否を見分る占法……一〇三
第五十六　井水の出否を知る占法……一〇四
第五十七　金談の成否を占ふ法……一〇五
第五十八　賣買の吉凶を占ふ法……一〇五
第五十九　婿の良否を見分る占法……一〇六
第　六　十　貸金催促の占法……一〇八
第六十一　出願の成否を占ふ法……一一〇
第六十二　訴訟の勝敗を占ふ法……一一二
第六十三　轉任の吉凶を占ふ法……一一四
第六十四　請負工事の落札するや否やを占ふ法……一一六
第六十五　金子持參の養子を占ふ法……一一七
第六十六　婚姻の成否吉凶を占ふ法……一一八
第六十七　離縁の吉凶を占ふ法……一一九
第六十八　雨の降るや否やを占ふ法……一二〇
第六十九　姙娠の男女並に産期を知る占法……一二一
第　七　十　家政を整理する占法……一二二
第七十一　射覆の占法……一二三
第七十二　天候と米作を占ふ法……一二八
第七十三　尾崎學堂氏の近狀を筮す……一三一
第七十四　犬養木堂氏の運命を筮す……一三六
第七十五　青島陷落の時期を占ふ……一四二
第七十六　六十四卦の卦名判斷……一四四
第七十七　六十四卦の象意……一四六

占法講義目錄終

占法講義

大島中堂講述

第一　總説

周易卜筮《しうえきぼくぜい》は一種《しゆ》の宗教《しうけう》で卦象《くわしやう》と揲筮《てうぜい》と占斷《せんだん》の三要件《えうけん》に由《よつ》て成立《せいりつ》すべきものであるが、卦象《くわしやう》は即《すなは》ち神意《しんい》表現《へうげん》の方法《はつはふ》であつて、揲筮《てうぜい》は即《すなは》ち參天交神《さんてんかうじん》の手段《しゆだん》であることは、象法《しやうはふ》並《ならび》に筮法《ぜいはふ》の二講義《かうぎ》に於《おい》て之《これ》を詳《しやう》說《せつ》すべきが故《ゆゑ》に、本編《ほんぺん》に於《おい》ては之《これ》が第《だい》三要件《えうけん》たる神告解釋《しんこくかいしやく》の方法《はうはふ》即《すなは》ち占法《せんはふ》を以《もつ》て研究《けんきう》の題目《だいもく》とせむに己《すで》に分掛揲歸《ぶんくわいてうき》の筮法《ぜいはふ》を行《おこな》ふて神明《しんめい》と酬醋《しうさく》し、之《これ》に由《よつ》て以《もつ》て變《へん》不變《ふへん》の卦《くわ》を得《え》たりとせば、その卦《くわ》は即《すなは》ち天地《てんち》神明《しんめい》が下《くだ》し與《あた》へたもので、言《い》ひ換《かゆ》れば神告《しんこく》が具体的《ぐたいてき》に表現《へうげん》されたものである、然《しか》らばその卦《くわ》を見《み》て直《たゞち》に吉凶得失《きつきようとくしつ》を斷定《だんてい》することが可能《でき》るかと言《い》ふに。それは象法講義《しやうはふかうぎ》の敎《をし》ゆる所《ところ》に從《したが》ふて卦象《くわしやう》を觀察《くわんさつ》し、尙本編《なほほんぺん》に由《よつ》て神告《しんこく》の意味《いみ》を知《し》り、その上《うへ》種々《しゆ〴〵》の占法《せんはふ》を用《もち》ひて吉凶得失《きつきようとくしつ》を斷定《だんてい》すべき順序《じゆんじよ》となるのであるが、象法《しやうはふ》に就《つい》て秘傳奥義《ひでんおくぎ》と言《い》ふべきものがあれば、筮法《ぜいはふ》に就《つい》ても亦《また》秘傳奥義《ひでんおくぎ》と言《い》ふべきものがある、それと同《おな》じく占法《せつはふ》に就《つい》ても亦《また》秘《ひ》傳奥義《でんおくぎ》と言《い》ふべきものが頗《すこ》ぶる多《おほ》く、唯《たゞ》神告《しんこく》の意味《いみ》を解釋《かいしやく》することに就《つい》てさへ十五の區別《くべつ》がある位《くらゐ》であるが、此等《これら》の方法《はうはふ》を知悉《ちしつ》した上《うへ》でなければ的確《てきかく》なる斷定《だんてい》は下《くだ》すことは可能《でき》ぬ、之《これ》を要《えう》するに、第《だい》一要件《えうけん》たる取象《しきしやう》の秘妙《ひめう》を極《きは》むると同時《ごうじ》に、第《だい》二要件《えうけん》たる揲筮《てつぜい》の極《ごく》意《い》も、第《だい》三要件《えけん》たる占法《せんぽふ》の奥義《おくぎ》をも兼《か》ね極《きは》めた後《のち》でなければ、周易卜筮《しうえきぼくぜい》の妙蘊《めううん》を體得《たいとく》したものであるとは言《い》へぬ、故《ゆゑ》に本講義錄《ほんかうぎろく》に於《おい》ては如何《いか》なる秘傳《ひでん》と奥義《おくぎ》とを問《と》はず、苟《いやし》くも占斷《せんだん》の的中《てきちう》に補益《ほえき》あるものは一切之《さいこれ》を公示《こうじ》して聊《いさか》たりとも秘《ひ》する所《ところ》はない、要《えう》は周易卜筮《しうえきぼくぜい》の眞義《しんぎ》を發揮《はつき》して占斷《せんだん》の必中《ひつちう》を期《き》するにある、最《もつと》も始《はじ》めて易書《えきしよ》を繙《ひもと》く人《ひと》から之《これ》を見《み》れば何等《なんら》目立《めた》つ所《ところ》はないかも知《し》れぬが、是《こ》れ迄種々《までしゆ〴〵》の易書《えきしよ》を讀《よ》み更《さら》に要領《えうりやう》を得《う》ることが可能《でき》なかつた人《ひと》が之《これ》を讀《よ》むだなら、必《かな》らず余《よ》が此《こ》の言《げん》の詐《いつ》はらざることを知《し》るであらうと思《おも》ふが、そは兎《と》も角《かく》も本編編述《ほんぺんへんじゆつ》の目的《もくてき》とする所《ところ》は占法《せんぽふ》の何者《なにもの》なるかを明《あき》らかにする所《こころ》にある、故《ゆゑ》に先《ま》づ茲《こゝ》に圖《づ》を掲《かゝ》げて占法《せんぽふ》の大意《たうい》と眞義《しんぎ》とを示《しめ》し、然《しか》る後順《のちじゆん》を追《お》ひ序《じよ》に從《したが》ふて之《これ》が細目《さいもく》を說《と》くこととする、

精義入神圖

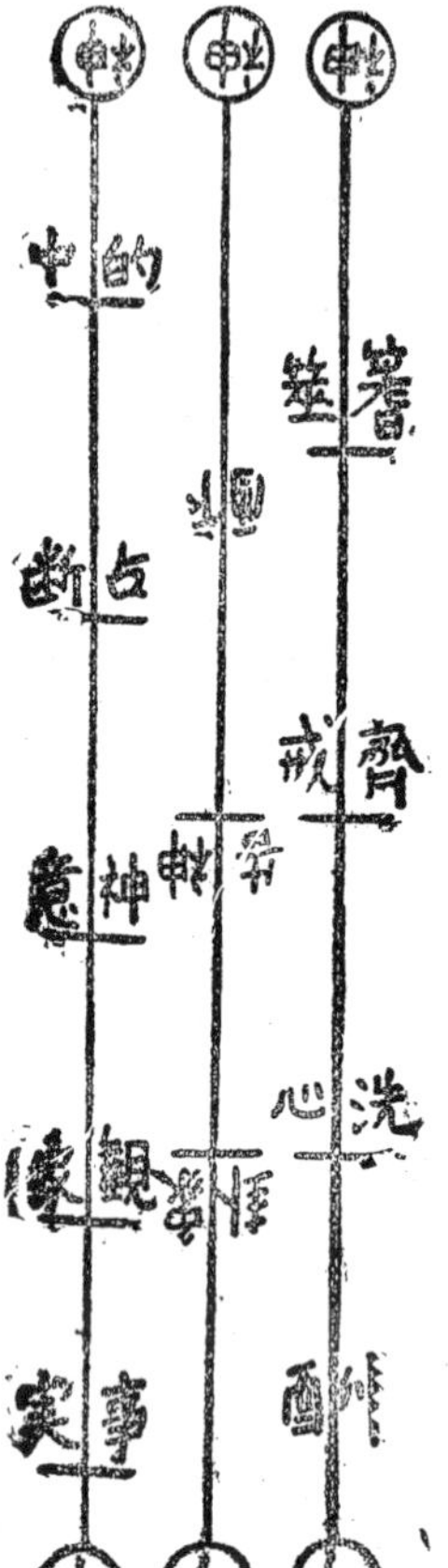

上圖《じやうづ》の如《ごと》く人《ひと》が洗心齊戒蓍筮等《せんしんせいかいしぜいとう》を行《おこな》ふて吉凶失得《きつきようしつとく》を神《かみ》に問《と》ふ之《これ》を酬《しう》と言《い》ひ、神《かみ》がその問《とひ》に應《おう》じ卦象《くわしやう》を以《もつ》て吉凶失得《きつきようしつとく》を人《ひと》に告《つ》ぐる之《こ》れを醋《さく》と言《い》ふ、而《しか》して此《こ》の酬醋《しうさく》のことは筮法講義《ぜいはふかうぎ》に於《おい》て解說《かいせつ》すべき筈《はず》であるから。本編《ほんぺん》に於《おい》ては己《すで》に神明《しんめい》と酬醋《しうさく》し神告卽《しんこくすなは》ち卦象《くわしやう》を得《え》たものと假定《かてい》して、それ以上《いじやう》のことに就《つい》て之《これ》を說《とか》むに、神《かみ》は已《すで》に我等《われら》に告《つ》ぐるに卦象《くわしやう》を以《もつ》てしたり、然《しか》らば如何《いか》にして天意神情《てんいしんじやう》のある所《ところ》を知《し》つて吉凶失得《きつきようしつとく》を斷《だん》ずべきかと言《い》ふに、神明《しんめい》と酬醋《しうさく》してその告示《こくじ》を受《う》けむが爲《ため》には洗心齊戒《せんしんせいかい》を行《おこな》ふてその德《とく》を神明《しんめい》の如《ごと》くせねばならぬ、それと同《おな》じく神告《しんこく》を解釋《かいしやく》して吉凶失得《きつきようしつとく》を斷《だん》ぜむとするには、先《ま》づその德《とく》を神明《しめい》にして神人合一《しんじんがふ》の狀態《じやうたい》となることが必要《ひつえう》である、然《しか》らざれば天意神情《てんいしんじやう》を洞察《どうさつ》することが可能《でき》ぬ、而《しか》して天意神情《てんいしんじやう》を洞察《どうさつ》するの道《みち》は卽《すなは》ち得卦《とくくわ》の象義《しやうぎ》を精研《せいけん》して微《び》を極《きは》め妙《めう》を盡《つく》す所《ところ》にある、何《なん》となれば、得卦《とくくわ》の卦象《くわしやう》なるものは天意神情《てんいしんじやう》の表現《へうげん》したものに外《ほか》ならぬからである、下繋第五章《かけいだいごしやう》に精義神《せいぎしん》に入《い》つて以《もつ》て用《よう》を致《いた》すなりと言《い》ふは卽《すなは》ち此《こ》のことで、得卦《とくくわ》の象義《しやうぎ》を精研《せいけん》して巳《すで》に神明《しんめい》の域《ゐき》に入《い》るに及《およ》び、然《しか》る後《の》ち之《これ》を實際《じつさい》に應用《おうよう》してその功《こう》を現《あら》はすことが可能《でき》ると言《い》ふことである、此《かく》の如《ごと》く得卦《とくくわ》の卦《くわ》象《しやう》を精研《せいけん》して神明《しんめい》の域《ゐき》に達《たつ》するは神告解釋《しんこくかいしやく》に取《とつ》ての唯一《ゆゐ》なる關門《くわんもん》である、故《ゆゑ》に此《こ》の圖《づ》を名《なづ》けて精義入《せいぎにふ》神圖《しんづ》と言《い》ふたのであるが、精義《せいぎ》神《しん》に入《い》つてその用《よう》を致《いた》さむとするには、圖《づ》の如《ごと》く事實《じじつ》・觀象《くわんしやう》・神意《しんい》・占斷《せんだん》・的中《てきちう》と向上的《かうじやうてき》に進《すゝ》み上《あが》らねばならぬ、此《こ》れが卽《すなは》ち神告解釋《しんこくかいしやく》の方法《はつはふ》であると同時《どうじ》に神人合一《しんじんがふ》の方《はう》法《はふ》であるが、之《これ》を名《なづ》けて占法《せんぱふ》と言《い》ふたものである。

第二　事實

卜筮《ぼくぜい》は未來《みらい》の成行《なりゆき》を前知《ぜんち》せむが爲《ため》に神告《しんこく》を願《ねが》ふものであるが、將《まさ》に卜筮《ぼくぜい》を行《おこな》ふて神告《しんこく》を願《ねが》はむとするには先《ま》づ占題《せんだい》の事實《じじつ》を審《つまび》らかにせねばならぬ、卽《すなは》ち過去《くわこ》は斯々《かくかく》の有樣《ありさま》であつたが、現在《げんざい》は斯々《かくかく》であると言《い》ふことを知悉《ちしつ》して、然《しか》る後《のち》未來《みらい》は如何《いか》に成《な》り行《ゆ》くべきか、その疑《うたが》はしき所《ところ》を以《もつ》て之《これ》を神《かみ》に問《と》はねばならぬが、已《おの》れ自《みづ》から之《これ》を筮《ぜい》する場合《ばあひ》に於《おい》ては、過去《くわこ》も現在《げんざい》も自《みづ》から實驗《じつけん》し來《きた》つた既知《きち》の事柄《ことがら》であるから、その上之《うへこれ》を審《つまび》らかにするには及《およ》ばぬけれども、而《しか》も他人《たにん》の爲《ため》に之《これ》を筮《ぜい》する場合《ばあひ》に於《おい》ては、先《ま》づその過去《くわこ》並《ならび》に現在《げんざい》の有樣《ありさま》を知悉《ちしつ》することが必要《ひつえう》である、然《しか》らざれば何事《なにごと》の爲《ため》の問筮《もんぜい》であるか、更《さら》にその意味《いみ》をなさぬ許《ばか》りでなく、得卦《とくくわ》の卦象《くわしやう》を見《み》ても神意《しんい》のある所《ところ》を感知《かんち》することが可能《でき》ぬのである

此《こ》れ茲《こゝ》に占題《せんだい》の事實《じじつ》に關《くわん》する過去並《くわこならび》に現在《げんざい》の有樣《ありさま》を知悉《ちしつ》するを以《もつ》て精義入神《せいぎにふしん》の一要件《えうけん》とした所以《ゆえん》である、然《しか》らば過去《くわこ》並《ならび》に現在《げんざい》の有樣《ありさま》とは如何《いか》なることを言《い》ふかと問《と》へば、趙汝楳《てうぢよばい》曰《いはく》く

夫《そ》れ儒者命占《じゆしやめいせん》の要《えう》は、其《そ》の要《えう》五あり、曰《いは》く身《しん》、曰《いは》く位《ゐ》、曰《いは》く時《し》、曰《いは》く事《じ》、曰《いは》く占《せん》、占《せん》を求《もと》むる之《これ》を身《しん》と謂《い》ひ、居《を》る所《ここ》ろ之《これ》を位《ゐ》と謂《い》ひ、遇《あ》ふ所《ここ》ろ之《これ》を時《じ》と謂《い》ひ、筮《せい》に命《めい》ずる之《これ》を事《じ》と謂《い》ひ、吉凶《きつきよう》を兆《てう》する之《これ》を占《せん》と謂《い》ふ、故《ゆゑ》に善《よ》く占《うらな》ふ者《もの》は既《すで》に其《そ》の卦《くわ》を得《え》ば、必《かな》らず先《ま》づ其《そ》の人《ひと》の素履《そり》と、居位《きよゐ》の當否《たうひ》と遭時《さうじ》の險夷《けんゐ》とを察《さつ》し、又筮《またぜい》する所《こころ》の邪正《じやせい》を考《かんが》へて以《もつ》て占《せん》の吉凶《きつきよう》を定《さだ》む、（中略《ちうりやく》）是《こ》れ吉凶常《きつきようつね》なく占《せん》は

人事《じんじ》に由《よ》ることを知《し》る、固《もと》より卦《くわ》は吉《きつ》にして占《せん》は凶《きよう》、卦《くわ》は凶《きよう》にして占《せん》は吉《きち》なることあり、亦卦《またくわ》を同《おな》じふして占《せん》を異《こと》にし、卦《くわ》を異《こと》にして占《せん》を同《おな》じふすることあり、五物《ぶつ》を參稽《さんけい》するにあらざれば、以《もつ》て蓍《し》の情《じやう》を得《え》て而《しか》して其《そ》の神《しん》を窮《きは》むることなし

と。谷川龍山《たにかはりうざん》曰《いは》く、

夫《そ》れ窟理《きうり》は必《かな》らず先《ま》づ其《そ》の事物《じぶつ》を詳《つまび》らかにし、其《そ》の情狀《じやう〴〵》を察《さつ》して而《しか》して後《の》ち之《これ》を筮《ぜい》し、以《もつ》て其《そ》の失《しつ》得《とく》を辨《べん》ずるを謂《い》ふなり、(中略《ちうりやく》)而《しか》して其《そ》の目《もく》六あり。曰《いは》く事《こと》なり、曰《いは》く身《み》なり、曰《いは》く位《くらゐ》なり、曰《いは》く地《ち》なり、曰《いは》く時《とき》なり、曰《いは》く勢《いきほひ》なり、事《こと》とは其《そ》の筮《ぜい》する事物《ぶつ》を謂《い》ふなり、猶《なほ》敬仲《けいちう》が生涯《しやうがい》の故《こ》を筮《ぜい》するが如《ごと》し、身《み》とは其《そ》の人《ひと》の賢愚《けんぐ》素行《そかう》或《あるひ》は僧俗男女《そうぞくだんぢよ》を知《し》るを謂《い》ふなり、猶《なほ》敬仲《けいちう》が人物如何《じんぶつゐかん》を察《さつ》するが如《ごと》き是《こ》れなり、位《くらゐ》とは天子《てんし》より庶人《しよにん》に至《いた》るまでの位《くらゐ》を謂《い》ふなり、猶《なほ》敬仲《けいちう》が陳公《ちんこう》の庶子《しよし》たることを知《し》るが如《ごと》き是《こ》れなり、地《ち》とは國《くに》の强弱風俗《きやうじやくふぞく》の異《い》を詳《つまび》らかにするを謂《い》ふなり、猶陳《なほちん》は小國《せうこく》にして齊楚《せいそ》に介《はさ》まるを察《さつ》するが如《ごと》き是《こ》れなり、時《とき》とは天時《てんじ》人時《じんじ》及《およ》び其《そ》の人《ひと》の或《あるひ》は壯《さう》或《あるひ》は老《らう》を知《し》るを謂《い》ふなり、猶周《なほしう》室《しつ》は衰《おとろ》へ王綱《わうかう》は壞《こは》れ諸候《しよこう》は奪爭《だつさう》し公子《こうし》は出奔《しゆつぽん》するの時《とき》を審《つまび》らかにするが如《ごと》き是《こ》れなり、勢《いきほひ》とは其《そ》の人《ひと》の盛衰《せいすゐ》を明《あき》らかにするを謂《い》ふなり、猶陳《なほちん》は小國《せうこく》にして大國《たいこく》に介《はさ》まり、厲公《れいこう》は不德《ふとく》にして而《しか》して其《そ》の國《くに》を保《たも》つべからず、是《これ》を以《もつ》て敬仲《けいちう》が其《そ》の身《み》を安《やす》んずべからざることを知《し》るが如《ごと》き是《こ》れなり、

と。そこで此《こ》の兩者《りやうしや》を比較《ひかく》して見《み》れば、前者《ぜんしや》の目《もく》は五であるが後者《こうしや》の目《もく》は六である、加之《しかのみならず》、前者《ぜんしや》の

目中《もくちう》には地《ち》と勢《せい》とがなくして占《せん》が多《おほ》くなつて居《を》るが、後者《こうしや》の目中《もくちう》には占《せん》がなくして地《ち》と勢《せい》とが多《おほ》くなつて居《を》る、さらば何《いづ》れがその當《たう》を得《え》て居《を》るかと言《い》ふに、前者《ぜんしや》が占法《せんぱふ》の要目中《えうもくちう》に於《おい》て占《せん》を以《もつ》てその一目《もく》としたのは無用《むよう》であると言《い》ふてよい、此《こ》れ後者《こうしや》が此《こ》の一目《もく》を取《と》り除《のぞ》いた所以《ゆえん》であらう。然《しか》らば後者《こうしや》が新《あら》たに地《ち》と勢《せい》との二目《もく》を加《くは》へたのは如何《いかゞ》であるかと言《い》へば、一見《けん》すれば多《た》少《せう》の道理《だうり》がない譯《わけ》でもないが、地《ち》は之《これ》を位《ゐ》の目中《もくちう》に含《ふく》め、勢《せい》は之《これ》を身《しん》の目中《もくちう》に兼《か》ね幷《あは》することが可能《でき》るから。特《とく》に此《こ》の二目《もく》を設《まう》くるの必要《ひつえう》はない樣《やう》である。此《かく》の如《ごと》く取捨折中《しゆしやせつちう》を加《くは》へた後《のち》に殘《のこ》るものは、即《すなは》ち身《み》と位《くらゐ》と時《とき》と事《こと》との四目《もく》となるのであるが、此《こ》の四目《もく》を審《つまび》らかにして而《しか》して後之《のちこれ》を筮《ぜい》するにあらざれば、占斷《せんだん》の的中《てきちう》を期《き》することは可能《でき》ぬ。何《なん》となれば、趙汝楳《てうぜよばい》が言《い》へるが如《ごと》く卦《くわ》は吉《きつ》にして占《せん》は凶《きよう》なるべき塲合《はあひ》もあれば、又《また》卦《くわ》は凶《きよう》にして占《せん》は吉《きつ》なるべき塲合《はあひ》があるのみならず、同卦《ごうくわ》を得《え》て其《そ》の占《せん》を異《こと》にし、異卦《ゐくわ》を得《え》て其《そ》の占《せん》を同《おな》じふすべき塲合《はあひ》もあつて、前以《まへもつ》て之《これ》を一定《てい》することは可能《でき》ぬものであるが、そは畢竟《ひつきやう》その身《み》と位《くらゐ》と時《とき》と事《こと》との相違《さうゐ》に由《よつ》て此《かく》の如《ごと》き結果《けつくわ》を見《み》るものである、今玆《いまこゝ》にその一例《れい》を擧《あ》げて之《これ》を詳《つまび》らかにせば

左氏《さし》閔公元年《びんこうぐわんねん》の傳《でん》に曰《いは》く

晉候《しんこう》二軍《ぐん》を作《な》し、公《こう》は上軍《じやうぐん》に將《しやう》として太子《たいし》申生《しんせい》は下軍《げぐん》に將《しやう》たり、趙夙《てうしゆく》は戎《じう》を御《ぎよ》し、畢萬《ひつまん》は右《みぎ》と爲《な》り以《もつ》て耿《かう》を滅《ほろ》ぼし霍《かく》を滅《ほろ》ぼし魏《ぎ》を滅《ほろ》ぼし、還《かへ》つて太子《たいし》の爲《ため》に曲沃《きよくよく》に城《きづ》き。趙夙《てうしゆく》には耿《かう》を賜《たま》ひ、畢萬《ひつまん》には魏《ぎ》を賜《たま》ひ以《もつ》て大夫《たいふ》と爲《な》す、士蔿《しい》曰《いは》く太子《たいし》は立《た》つことを得《え》ざらん、之《これ》に都城《とじやう》(曲沃)を分《わか》つて而《しか》して

位《くらゐ》するに卿《きやう》を以《もつ》てす、先《ま》づ之《これ》が極《きよく》を為《な》せり、又焉《またいづく》んぞ立《た》つことを得《え》ん、之《これ》を逃《のが》るゝに如《し》かず、罪《つみ》をして至《いた》らしむること無《な》かれ、呉《ご》の太伯《たいはく》と為《な》るも亦可《またか》ならずや、猶令名《なほれいめい》あるも其《そ》の及《およ》ぶに與《いづ》れぞや、且《か》つ諺《ことわざ》に曰《いは》く心苟《こゝろいやし》くも瑕《きず》なくんば何《なん》ぞ家《いへ》なきを恤《うれ》へんと、若《も》し太子《たいし》に祚《さいはひ》せば其《そ》れ晋《しん》なからんや、と偃曰《えんいは》く畢萬《ひつまん》の後《のち》は必《かな》らず大《だい》ならん、萬《まん》は盈數《えいすう》なり、魏《ぎ》は大名《だいみやう》なり、是《これ》を以《もつ》て始《はじ》めて賞《しやう》せらる、天之《てんこれ》を啓《ひら》けり、天子《てんし》は兆民《てうみん》と曰《い》ひ、諸侯《しよこう》は萬民《ばんみん》と曰《い》ふ、今名《いまな》の大《だい》は以《もつ》て盈數《えいすう》に從《したが》ふ、其《そ》れ必《かな》らず衆《しゆ》を有《たも》たんと、初《はじ》め畢萬晋《ひつまんしん》に仕《つか》へんことを筮《ぜい》し ䷂ 屯《ちゆん》の ䷇ 比《ひ》に之《ゆ》くに遇《あ》ふ、辛廖之《しんべうこれ》を占《うらな》ふて曰《いは》く吉《きつ》、屯《ちゆん》は固《かた》く比《ひ》は入《い》る吉孰《きついづ》れか焉《これ》より大《だい》ならん、其《そ》れ必《かな》らず蕃昌《はんしやう》せん、震土と為《な》り、車馬に從《したが》ひ足之《あしこれ》に居《を》り、兄《けい》は之《これ》を長《ちやう》とし、母《はゝ》は之《これ》を覆《おほ》ひ、衆《しう》は之《これ》に歸《き》す、六體易《たいかは》らず合《がつ》して而《しか》して能《よ》く固《かた》く、安《やす》んじて而《しか》して能《よ》く殺《ころ》す、公侯《こう》の卦《くわ》なり、公侯《こうこう》の子孫必《しそんかな》らず其《そ》の始《はじ》めに復《かへ》らんと。又昭公《またせうこう》七年《ねん》の傳《でん》に曰《いは》く

衞《えい》の襄公《じやうこう》の夫人姜氏子《ふじんきやうしこ》なし、嬖人婤姶《へいじんしうあう》孟縶《まうちふ》を生《う》む、孔成子康叔《こうせいしかうしゆく》を夢《ゆめ》む、已《おの》れに謂《い》ふて元《げん》を立《た》てよと成子は衞の卿、孔達の孫烝祖なり、元は孟縶の弟、夢む時元は未だ生れず、余《わ》れ羈《き》の孫圉と史苟《しかふ》とをして之《これ》を相《たす》けしめん、羈は烝祖の子苟は史朝の子史朝《してう》も亦《ま》た夢《ゆめ》む、康叔《かうしゆく》已れに謂ふ、余《わ》れ將《まさ》に汝《なんぢ》の子苟と孔烝祖の曾孫圉とに命《めい》じて元《げん》を相《たす》けんとすと、史朝成子《してうせいし》を見《み》て之《これ》に夢《ゆめ》を告《つ》ぐ、夢協《ゆめかな》ふ、晋《しん》の韓宣子《かんせんし》政《まつり》ごとを為《な》して諸侯《しよこう》に聘《へい》するの歳婤姶子を生《う》む、之《これ》を名《なづ》けて元《げん》と曰《い》ふ、孟縶《まうちふ》の足《そく》は不良《ふりやう》にして弱行《じやくかう》なり。孔成子周易《こうせいしうえき》を以《もつ》て之《これ》を筮《ぜい》して曰《いは》く、

元《げんもし》倘くば衞國《えいこく》を享《う》けて社稷《しやしよく》を主《つかさ》どらん、䷂屯《ちゆん》の䷇比《ひ》に之《ゆ》くに遇《あ》ふ、以《もつ》て史朝《してう》に示《しめ》す、史朝曰《しこういは》く、元《おほいにかう》亨る又何《またなん》ぞ疑《うたが》はん、成子曰《せいしいは》く長《ちやう》を之《こ》れ謂《い》ふにはあらざるか、對《こた》へて曰《いは》く康《かう》叔之《しゆくこれ》を名《なづ》く長《ちやう》なりと謂《い》ふべし、孟《まう》は人《ひと》に非《あら》ざるなり、將《まさ》に宗《そう》に列《れつ》せざらんとす、長《ちやう》と謂《い》ふべからず且《か》つ其繇《そのえう》に曰《いは》く侯《きみ》を建《たつ》るに利《よろ》しと、嗣《し》吉《きつ》ならば何《なん》ぞ建《たて》ん、建《たつ》るは嗣に非《あら》ざるなり、二卦皆《くわみな》云ふ子其《しそ》れ之《これ》を建《たて》よ、康叔之《かうしゆくこれ》を命《めい》じ、二卦之《くわこれ》を命《めい》じ、筮《ぜい》は夢《ゆめ》を襲《かさ》ねたり、武《ぶ》の用《もち》ゆる所《ところ》なり、弱足《じやくそく》なる者《もの》は居《を》る、侯《きみ》は社稷《しやしよく》を主《つかさ》どり祭祀《さいし》に臨《のぞ》み、民人《みんじん》を奉《ほう》じ鬼神《きしん》に事《つか》へ會朝《くわいてう》に從《したが》ふ、又焉《またいづく》んぞ居《を》ることを得《え》ん各利《かくり》する所《ところ》を以《もつ》てするも亦可《またか》ならずやと、故《ゆゑ》に孔成子《こうせいし》靈公《れいこう》を立《た》つ、(靈公は元)と、以上《いじやう》は卦《くわ》を同《おな》じふして其《そ》の占《せん》を異《こと》にした所《ところ》の一例《れい》であるが、同上《どうじやう》十二年《ねん》の傳《でん》に南蒯《なんくわい》の將《まさ》に叛《そむ》かんとするや、之《これ》を枚筮《まいぜい》して䷁坤《こん》の䷇比《ひ》に之《ゆ》くに遇《あ》ふ、曰《いは》く黄裳元吉《くわうしやうげんきつ》以《もつ》て大吉《だいきち》なりと爲《な》して、子服惠伯《しふくけいはく》に示《しめ》して曰《いは》く卽《すなは》ち事《こと》あらんと欲《ほつ》す如何《いか》んと、惠伯曰《けいはくいは》く吾《わ》れ嘗《かつ》て此《これ》を學《まな》べり、忠信《ちうしん》の事《こと》は則《すなは》ち可《か》なり、然《しか》らずんば必《かな》らず敗《やぶ》れんと言《い》ふが如《ごと》きは卽《すなは》ち卦《くわ》は吉《きつ》にしてその占《せん》は凶《きよう》なる所《ところ》の一例《れい》である。又莊公《またさうこう》二十二年《ねん》の傳《でん》に、陳《ちん》の厲公敬仲《れいこうけいちう》を生《う》む、其《そ》の少《せう》なりし時周《ときしう》の史《し》が周易《しうえき》を以《もつ》て陳公《ちんこう》に見《み》ゆる者《もの》あり、陳公之《ちんこうこれ》を筮《ぜい》せしむ䷓觀《くわん》の䷋否《ひ》に之《ゆ》くに遇《あ》ふ、曰《いは》く是《これ》を國《くに》の光《ひか》りを觀《み》る用《もち》ひて王《わう》に賓《ひん》たるに利《よろ》しと謂《い》ふ、此《こ》れ其《そ》れ陳《ちん》に代《かは》つて國《くに》を有《も》たんか、此《こゝ》に在《あ》らずして其《そ》れ異國《ゐこく》に在《あ》らん、此《こ》れ其《そ》の身《み》に非《あら》ずして其《そ》の子《し》孫《そん》にあらん光《ひか》り遠《とほ》くして而《しか》して他《た》より輝《かゞ》やくこと有《あ》る者《もの》なり、坤《こん》は土《つち》なり、巽《そん》は風《かぜ》なり、乾《けん》は天《てん》なり、風天《かぜてん》と爲《な》りて土上《どじやう》に於《お》けるは山《やま》なり、山《やま》の材有《ざいあり》て而《しか》して之《これ》を照《てら》すに天光《てんくわう》を以《もつ》てす、是《こゝ》に於《おい》てか土《ど》上《じやう》に居《を》る、故《ゆゑ》に曰《いは》く國《くに》の光《ひか》りを觀《み》る、用《もち》ひて王《わう》に賓《ひん》たるに利《よろ》しと、庭實旅《ていじつりよ》百、之《これ》を奉《ほう》ずるに玉帛《ぎよくはく》を以《もつ》てす、天地《てんち》の美《び》具《そな》はる、故《ゆゑ》に曰《いは》く用《もち》ひて王《わう》に賓《へん》たるに利《よろ》しと、猶《な》ほ觀《み》ることあるが如《ごと》し、故《ゆゑ》に曰《いは》く其《そ》れ後《のち》に在《あ》らんかと、風《かぜ》は行《ゆつ》て而《しか》して土《つち》に着《つ》く、故《ゆゑ》に曰《いは》く其《そ》れ異國《ゐこく》に在《あ》らんかと、若《も》し異國《ゐこく》に在《あ》らば必《かな》らず姜姓《きやうせい》ならん、姜《きやう》は大嶽《たいがく》の後《のち》なればなり、山嶽《さんがく》は則《すなは》ち天地《てんち》に配《はい》す、物《もの》は兩《ふた》つながら大《だい》なることなし、陳《ちん》衰《おとろ》へば此《こ》れ其《そ》れ昌《さか》へんかと、陳《ちん》の初《はじ》めて亡《ほろ》ぶるに及《およ》んで陳桓子《ちんくわんし》始《はじ》めて齊《せい》に大《だい》なり、其《そ》の後《ご》亡《ほろ》ぶるや成子《せいし》政《まつ》りごとを得《う》

と言《い》ふて居《を》るが、觀《くわん》は四陰《いん》下《しも》に長《ちやう》じて二陽《やう》上《かみ》に衰《おとろ》ふるの卦《くわ》であつて、否《ひ》は天地《てんち》陰陽《いんやう》交《まじ》はらずして上下《じやうか》否塞《ひそく》する所《ところ》の象《しやう》であるが、此《これ》は卽《すなは》ち卦《くわ》は凶《きよう》なれどもその占《せん》は吉《きつ》なる所《ところ》の一例《れい》である。此《か》の如《ごと》く其《そ》の人《ひと》と時《とき》と處《ところ》と事《こと》とを異《こと》にするに從《したが》ふてその占《せん》も自《おのづ》から異《こと》なるが故《ゆゑ》に、豫《あら》かじめ占題《せんだい》の事實《じじつ》を審《つま》びらかにして然《しか》る後《のち》之《これ》を筮《ぜい》するにあらざれば、神告《しんこく》の意味《いみ》を知《しつ》て適當《てきたう》なる判斷《はんだん》を下《くだ》すことは可能《でき》ぬ、蓋《けだ》し謂《い》ふ所《ところ》の吉凶失得《きつきようしつとく》なるものは卦象《くわしやう》その者《もの》の上《うへ》にあるのではなく、占者《せんしや》その人《ひと》と事《こと》と時《とき》と處《ところ》とがその宜《よろ》しきを得《う》ると否《いな》とに由《より》て生《しやう》ずるものである、故《ゆゑ》に精義入神《せいぎにふしん》の占法《せんぱふ》を知《し》らむとせば、先《ま》づ此《こ》の事實《じじつ》を詮議《せんぎ》することを第一《だいゝ》とせねばならぬ、事實《じじつ》さへ明《あき》らかに分《わか》つて居《を》れば卦象《くわしやう》は如何樣《いかやう》にも活用《くわつよう》することが可能《でき》

るが、事實《じじつ》を知《し》らずして卦象《くわしやう》のみを觀察《くわんさつ》しても到底入神《たうていにふしん》の占《せん》をなし得《え》るべきものではない、繋辭傳《けいじでん》に神《しん》にして而《しか》して之《これ》を明《あき》らかにするは其《そ》の人《ひと》に存《そん》ずとは卽《すなは》ち此等《これら》のことを指《さ》して言《い》ふたものである。然《しか》るに世間卜筮《せけんぼくぜい》を依賴《いらい》するものを見《み》るに、啻《たゞ》にその事實《じじつ》を語《かた》らざるのみならず、却《かへ》つて之《これ》を秘《ひ》し先《ま》づ占者《せんしや》をして何故《なにゆゑ》の卜筮《ぼくぜい》なるかを的《あ》てしめざれば滿足《まんぞく》せぬのが、殆《ほと》むど十中《ちう》の八九を占《しめ》て居《ゐ》る樣《やう》であるが、此《かく》の如《ごと》きは的《まと》なくして弓《ゆみ》を射《い》るのと同《おな》じで、決《けつ》して眞實《しんじつ》の的中《てきちう》を得《う》べきものではない、何《なん》となれば、自《みづか》ら吉凶《きつきよう》を筮《ぜい》する場合《ばあひ》に於《おい》ては、その事實《じじつ》は固《もと》より之《これ》を知悉《ちしつ》するが故《ゆゑ》に、殊更《ことさら》に之《これ》を詮索《せんさく》する必要《ひつえう》はないけれども、他人《たにん》に依賴《いらい》して之《これ》を筮《ぜい》せしむる場合《ばあひ》に於《おい》ては、占者《せんしや》は卽《すなは》ち神明《しんめい》に對《たい》して自己《じこ》を代表《だいへう》せしむる所《ところ》の代理《だいり》人《にん》である、その代理人《だいりにん》に向《むか》つて事實《じじつ》を秘《ひ》して告《つ》げざるに於《おい》ては、代理人《だいりにん》たる占者《せんしや》は神明《しんめい》に向《むか》つて祈願《きぐわん》すべき口實《こうじつ》がないではないか、口實《こうじつ》がないのは問《とは》ぬのと同然《どうぜん》であるから、神明《しんめい》の告示《こくじ》を受《う》け得《う》らるべき道理《だうり》はない筈《はず》である、且《か》つ何故《なにゆゑ》の卜筮《ぼくぜい》なるかを告《つ》げざりし占者《せんしや》に向《むか》つて、先《ま》づその占斷《せんだん》の事實《じじつ》を語《かた》らしむるが如《ごと》きは、それは猶《なほ》委任《ゐにん》すべき事柄《ことがら》を示《しめ》さゞりし代理人《だいりにん》に向《むか》つて、委任《ゐにん》事項《じこう》を質問《しつもん》する樣《やう》なもので滑稽千萬《こつけいせんばん》であると言《いは》ねばならぬ、然《しか》るに亦此《またかく》の如《ごと》き俗風《ぞくふう》に迎合《げいがふ》せむが爲《た》めに自《みづか》ら好《この》むで事實《じじつ》の如何《いかん》を問《と》はず、その依賴《いらい》に應《おう》じて賣筮《ばいぜい》を爲《な》すもの丶如《ごと》きは、神人《しんじん》の酬醋《しうさく》を旨《むね》とする周易《しうえき》と日《ひ》を同《おな》じふして語《かた》るべからざることは素《もと》より論《ろん》を俟《ま》たぬ所《ところ》である。

第三　觀象

觀象《くわんしやう》とは得卦《とくくわ》の卦象《くわしやう》を精細詳密《せいさいしやうみつ》に觀察《くわんさつ》することで、即《すなは》ち神告《しんこく》の意味《いみ》を知《し》らむが爲《ため》であるが、凡《およ》そ卦《くわ》象《しやう》は之《これ》を大別《たいべつ》して一體《たい》・兩體《りやうたい》・全體《ぜんたい》・交體《かうたい》の四體《たい》となし、一體《たい》に就《つい》ては一體《たい》に就《つい》ての形象《けいしやう》と理象《りしやう》とがあり、又兩體《またりやうたい》に就《つい》ては兩體《りやうたい》に就《つい》ての形象《けいしやう》と理象《りしやう》とがあり、全體交體《ぜんたいかうたい》に就《つい》ても亦《また》そうである、故《ゆゑ》に之《これ》を四體《たい》の八象《しやう》と言《い》ふのであるが、此等《これら》に關《くわん》する詳細《しやうさい》のことは象法講義《しやうはふかうぎ》に於《おい》て説明《せつめい》する許《はが》りでなく、本編《ほんぺん》に於《おい》ても第《だい》七以《い》下に至《いた》り、別《べつ》に占法《せんぱふ》として之《これ》を説明《せつめい》し度《た》いと思《おも》ふから、茲《ここ》には唯事《たゞじ》實《じつ》を審《つまび》らかにした上《うへ》で卦象《くわしやう》を觀察《くわんさつ》すべき順序《じゆんじよ》を示《しめ》した丈《だけ》である。

第四　神意

神意《しんい》とは神告《しんこく》の意味《いみ》と言《い》ふことで、趙汝楳《てうぢよばい》及《およ》び眞《ま》勢中州《せいちうしう》などが言《い》ふた所《ところ》の蓍情《しじやう》と同《どう》一である、彼等《かれら》が言《い》ふた所《ところ》の蓍情とは蓍《し》の心《こころ》と言《い》ふ義《ぎ》であるが、蓍《し》は即《すなは》ち易具《えきぐ》にして數《すう》である、隨《したが》つて人間同様《にんげんどうやう》に感情《かんじやう》などを持《もつ》て居《ゐ》る筈《はず》がない、然《しか》るに之《これ》を蓍《し》に情《じやう》があると言《い》へば、人間同様《にんげんどうやう》に見《み》た上《うへ》のことであるが、何《なに》故《ゆゑ》に斯《か》くの如《ごと》く之《これ》を人間同様《にんげんどうやう》に見《み》たのであるかと言《い》へば、それは即《すなは》ち繫辭傳《けいじでん》に蓍《し》の德《とく》は圓《ゑん》にして神《しん》なり抔と言《い》ふてあるのと同《おな》じく、蓍《し》を神化《しんくわ》した上《うへ》の詞即《ことばすなは》ち神《かみ》と同視《どうし》したものである、故《ゆゑ》に茲《ここ》に謂《い》ふ所《ところ》の

神意《しんい》と彼等《かれら》が言《い》ふ所《ところ》の蓍情《しじやう》とは同《どう》一にして異《こと》なる所《ところ》はない、然《しか》らば神意《しんい》とは如何《いか》なる所《ところ》を指《さ》したものであるか、眞勢中州《ませいちうしう》曰《いは》く、

慈悲《じひ》は唯一《ゆゐ》にして毎占歸《まいせんき》を同《おな》じふし、慈《じ》は以《もつ》て凶《きよう》を避《さ》け悲《ひ》は以《もつ》て吉《きち》に遷《うつ》らしむ、情僞《じやうぎ》は十五にして毎占途《まいせんみち》を異《こと》にす、勸《くわん》、戒《かい》、答《たふ》、告《こく》、精《せい》、要《えう》、表《へう》、裏《り》、隱《いん》、顯《けん》、取《しゆ》、捨《しや》、往《わう》、今《こん》、來《らい》、と。そこで謂《い》ふ所《ところ》の勸《かん》むとは即《すなは》ち神《かみ》がその事《こと》を勸《すゝ》め告《つ》ぐると言《い》ふことで、彖爻《たんかう》の辭《じ》に往《ゆ》く攸《ところ》あるに利《よろ》し、若《も》しくは往《ゆ》けば尙《たつ》とばるゝことあり抔《など》と言《い》ふの類《るゐ》は皆《みな》そうである。戒《いまし》むるとは神《かみ》が之《これ》を戒《いま》しめ諭《さと》すと言《い》ふことで、往《ゆ》けば厲《あやう》し、貞《かた》ければ凶《きよう》、往《ゆ》く攸《ところ》あるに用《もち》ゆること勿《なか》れ抔《など》と言《い》ふが如《ごと》き皆《みな》そうである。答《こた》ふとはその問《とひ》に答《こた》ふると言《い》ふことで晋語《しんご》に我筮《われぜい》に命《めい》じて曰《いは》く尙《こひねがは》くば晋國《しんこく》を有《たも》たむと、筮我《ぜいわれ》に告《つげ》て曰《いは》く侯《きみ》を建《たつ》るに利《よろ》しと言《い》ふが如《ごと》きは即《すなは》ち此《これ》である、告《つ》ぐるとはその問《と》ふ所《ところ》に答《こた》へずして他《た》の趣《おもむ》きを以《もつ》て之《これ》に告《つ》ぐると言《い》ふことで、或《あ》る寺《てら》の僧《そう》が檀家《だんか》と不和《ふわ》を生《しやう》じ、之《これ》を官《くわん》に訴《うつた》へて是非《ぜひ》を決《けつ》せむとするに當《あた》り、その吉凶《きつきよう》を筮《ぜい》せむことを請《こ》ふ、眞勢中州之《ませちうしうこれ》を筮《ぜい》して䷹兌《だ》の不變《ふへん》を得《え》て占《うらな》ふて曰《いは》く、寺《てら》は檀家《だんか》の施物《せぶつ》を以《もつ》て生計《せいけい》を立《たて》るものなれば、假《たと》へ訟《うつた》へに勝《か》つとも檀家《だんか》と和《わ》せざれば寺《てら》に住《ぢう》し難《がた》き理《り》あり又負《またまけ》たれば尙寺《なほてら》を出《いづ》るにあらずば僧の面目《めんもく》なかるべし、して見《み》れば勝敗共《しようはいとも》に僧《そう》の難《なや》みとなつて可《か》なる所《ところ》なし、今得卦《いまとくくわ》に兌《だ》にして兌《だ》は和悅《わえつ》の義《ぎ》なり、そこで竈理《きうり》に由《より》て蓍情《しじやう》を察《さつ》すれば、此《これ》は必《かな》らず訴訟《そしよう》の勝敗《しようはい》を告《つ》げずして、仲人《ちうにん》を以《もつ》て和談《わだん》せよとの意《い》なりと見《み》て、その如《ごと》く判斷《はんだん》したと言《い》ふことがあるが、

此《こ》れが即《すなは》ち問《と》ふことを告《つ》げずして他《た》のことを告《つ》ぐる所《ところ》の適例《てきれい》である、又船頭某大風《またせんどうぼうたいふう》に遇《あ》ふてその乘船《じようせん》を破壞《はくわい》されたるが故《ゆゑ》に、大阪《おほさか》に來《きた》つて速《すみや》かに新船《しんせん》を造《つく》らむと思《おも》へども、金子不足《きんすふそく》なるが爲《た》め種々心配《しゆしゆしんぱい》し居《ゐ》たる所《ところ》に、伊豆《いづ》の某所《ぼうしよ》に賣船《ばいせん》あることを聞《き》き、之《これ》を買入《かひいれ》むと欲《ほつ》すれども、八九十里《り》の路程《ろてい》を隔《へだ》つることゆゑ、此方《こちら》より買《かひ》に行《ゆ》く迄《まで》その船《ふね》は外《ほか》に賣《う》れずしてあるべきや、又《また》その船《ふね》を買《か》ひ得《え》たりとして後日《ごじつ》の吉凶如何《きつきよういか》ならむかを問《と》ふ、或人之《あるひとこれ》を筮《ぜい》して  漸《ぜん》の不變《ふへん》を得《え》て而《しか》して思《おも》ふには、その船《ふね》を買取《かひと》る方《はう》が吉《きつ》ならば、震《しん》の進《すゝ》み動《うご》くの卦抔《くわなど》を得《う》べき筈《はず》である、又《また》その船《ふね》を買取《かひと》ることが凶《きよう》ならば、艮《ごん》の止《とゞ》まり動《うご》かぬ所《ところ》の卦抔《くわなど》を得《え》ねばならぬ、然《しか》るに今此《いまこ》の漸《ぜん》の卦《くわ》を得《え》たのであるが、漸《ぜん》は序《じよ》を追《お》ふて進《すゝ》むの義《ぎ》で、古船《こせん》を買《か》はむとする所《ところ》の頓速《とんそく》の義《ぎ》とは相反《あひはん》して居《ゐ》る、して見《み》れば頓速《とんそく》に古船《こせん》を買《か》ふことを止《や》めて順序《じゆんじよ》を經《へ》て徐々《じよじよ》に新船《しんせん》を建造《けんざう》せよと言《い》ふ告《つ》げなるべしと會得《ゑとく》して、占斷《せんだん》をなして曰《いは》く、船《ふね》を買《かひ》に行《ゆ》くとも齟齬《そご》してその事調《ことゝとの》はざるが故《ゆゑ》に、別《べつ》に新船《しんせん》を建造《けんざう》するを吉《きつ》となす、されど今年中《こんねんちう》には出來《しゆつたい》せざるべく、來年《らいねん》の春《はる》に至《いた》つて成就《じやうじゆ》すべしと、艮《ごん》を冬春《とうしゆん》の交《かう》となし、巽《そん》を晩春《ばんしゆん》の候《こう》となす、故《ゆゑ》に來春《らいしゆん》に至《いた》つて成就《じやうじゆ》すると言《い》ふたものである、果《はた》して翌年《よくねん》の春《はる》に及《およ》び以前《いぜん》の船《ふね》より大《だい》なるものを新造《しんざう》したりと言《い》ふ、且《か》つ後日傳《ごじつつた》へ聞《き》く所《ところ》に依《よ》れば此《こ》の占《せん》をなせし頃《ころ》には、伊豆《いづ》の古船《こせん》は已《すで》に他《た》へ賣《う》れ居《ゐ》たりと言《い》ふことであるが、此《これ》も亦問《またと》ふことを告《つ》げずして他《た》のことを告《つ》げたものである。次《つぎ》に精《せい》とはその問《とひ》に對《たい》して精細詳密《せいさいしやうみつ》に告《つ》げたと言《い》ふことである。次《つぎ》に要《えう》とは要領概略《えうりやうがいりやく》の所《ところ》を告《つ》げ示《しめ》したと言《い》ふことで、その次《つぎ》の表《へう》とは得卦《とくくわ》の表面《へうめん》を以《もつ》て告《つ》げ示《しめ》したと言ふことであつて、その次《つぎ》の裏《うら》とは得卦《とくくわ》の裏面《りめん》に伏《ふく》する卦《くわ》象《しやう》を以《もつ》て告《つ》げたと言《い》ふことで此等《これら》は何《いづ》れも説明《せつめい》を要《えう》せずして分《わか》ることである、又隱《またいん》とは得卦《とくくわ》の卦象中《くわしやううち》に隱《かく》れて居《ゐ》ると言《い》ふことで、その次《つぎ》の顯《げん》とは得卦《とくくわ》の象義《しやうぎ》に顯然明白《げんぜんめいはく》に現《あら》はれて居《ゐ》ると言《い》ふことで、前《ぜん》の隱密《いんみつ》に告《つ》ぐるものゝ反對《はんたい》である、今《いま》一例《れい》を擧《あげ》て之《これ》を詳《つまび》らかにせば、一少年《せうねん》他《た》へ養子《やうし》となるが可《か》なるや、又《また》は自《みづ》から業《げふ》を創《はじ》むるが可《か》なるやを問《と》ふ、之《これ》を筮《ぜい》し䷏豫《よ》の䷽小過《せうくわ》に之《ゆ》くを得《え》たり。

占《せん》に曰《いは》く此卦《このくわ》は元《もと》と復《ふく》より來《きた》るものにて、復《ふく》は一陽《やう》の震《しん》の男子《だんし》が家《いへ》にある所《ところ》の象《しやう》である、然《しか》るに豫《よ》は内卦震《ないくわしん》の男子《だんし》が外卦《ぐわいくわ》に行《ゆ》きたるものにて、即《すなは》ち出《い》でゝ他家《たけ》の養子《やうし》となる所《ところ》の象《しやう》であるが、豫《よ》とは豫樂《よらく》して樂《たの》しむの義《ぎ》であるから養子《やうし》に行《ゆ》きたる後《の》ち暫《しば》らくの處《ところ》は、家内和合《かないわがふ》して豫樂《よらく》することを得《う》べきも後《のち》には之卦小過《ゆくくわせうくわ》の象《しやう》となつて不和《ふわ》を生《しやう》じ、終《つひ》には必《かな》らず離縁《りえん》せねばならぬことゝなるに違《ちが》いない、故《ゆゑ》に他《た》へ養子《やうし》に行《ゆ》くことは不吉《ふきつ》である、と以上《いじやう》は即《すなは》ち得卦《とくくわ》の象義《しやうぎ》に顯然明白《げんぜんめいはく》に現《あら》はし告《つ》ぐる所《ところ》の一例《れい》である。さらば自《みづ》から業《げふ》を創《はじ》むるの可否如何《かひいかん》と言《い》ふに、外《そと》に出《い》でゝ養子《やうし》となることを止《とゞま》ればその象《しやう》は即《すなは》ち䷗復《ふく》で、復《ふく》は内卦震《ないくわしん》の男子《だんし》が家《いへ》に在《あ》つて勉勵努力《べんれいどりよく》して業《げふ》を創《はじ》むるの象《しやう》である、然《しか》れども復《ふく》の卦《くわ》の一陽《やう》はその位《くらゐ》最《もつと》も卑《いや》しきが故《ゆゑ》に、自《みづ》から卑下《ひげ》して忍耐時《にんたいとき》を俟《ま》つにあらざれば立身發達《りつしんはつたつ》をすることは可能《でき》ぬ、されども終始《しじふ》一貫勤《くわんつと》めて怠《おこ》たらぬ時《とき》は、終《つひ》には臨《りん》となり泰《たい》となつて大《おほい》に立身發達《りつしんはつたつ》することが可能《でき》るから、家《いへ》に居《ゐ》て自《みづ》から業《げふ》を創《はじ》むるのが吉《きつ》であると。此《かく》の如《ごと》き類《るゐ》は即《すなは》ち卦象《くわしやう》の表面《へうめん》に明白《めいはく》に告《つ》げずして、その象義《しやうぎ》中《ちう》に隠《いん》々として告《つ》ぐる所《ところ》である。又《また》その次《つぎ》に取《と》るとは得卦《とくくわ》の象義《しやうぎ》を取《と》り用《もち》ゆると言《い》ふことで、捨《すつ》るとは之《これ》を捨《す》てゝ用《もち》ひぬと言《い》ふことであるが、之《これ》を取《と》り用《もち》ゆるのは當然《たうぜん》であるから、別段《べつだん》之《これ》を説明《せつめい》する必要《ひつえう》はない、されども之《これ》を捨《す》てゝ用《もち》ひぬと言《い》ふは一考《かう》した丈《だけ》では一寸《ちよつ》と分《わか》らぬ所《ところ》がある、然《しか》らば如何《いか》なることを言《い》ふたものであるか、左《さ》にその一例《れい》を示《しめ》せば、左氏傳僖公《さしでんきこう》二十五年《ねん》に

秦伯河上《しんはくかじやう》に師《し》し將《まさ》に王《わう》を納《い》れんとす、狐偃晋侯《こゑんしんこう》に言《いつ》て曰《いは》く、諸侯《しよこう》を求《もと》むるは王《わう》に勤《つと》むるに如《し》くはなし、諸侯之《しよこうこれ》を信《しん》ず且《か》つ大義《たいぎ》なり、文《ぶん》の業《げふ》を繼《つ》ぎ而《しか》して信《しん》を諸侯《しよこう》に宣《の》ぶるは今《いま》を可《か》なりと爲《な》す、卜偃《ぼくえん》をして之《これ》を卜《ぼく》せしむ、曰《いは》く吉《きつ》、黄帝阪泉《くわうていはんせん》に戰《たゝか》ふの兆《てう》に遇《あ》へりと、公曰《こういは》く吾堪《われたへ》ざるなり、對《こた》へて曰《いは》く周《しう》の禮《れい》は未《いま》だ改《あらた》まらず、今《いま》の王《わう》は古《いにしへ》の帝《てい》なりと、公曰《こういは》く之《これ》を筮《ぜい》せよ、之《これ》を筮《ぜい》して䷍大有《たいいう》の䷥睽《けい》に之《ゆ》くに遇《あ》ふ、曰《いは》く吉《きつ》、公用《こうもち》ひて天子《てんし》に享《うけ》るの卦《くわ》に遇《あ》ふ、戰《たゝか》ひ克《かつ》て而《しか》して王饗《わうきやう》す吉孰《きついづ》れか焉《これ》より大《だい》ならん且《か》つ此《こ》の卦《くわ》や、天澤《てんたく》と爲《な》りて以《もつ》て日《ひ》に當《あた》る、天子心《てんしこゝろ》を降《くだ》して以《もつ》て公《こう》を迎《むか》ふ亦可《またか》ならずや、大有睽《たいいうけい》を去《さ》つて而《しか》して復《ふく》す、亦其《またそ》の所《ところ》なりと、晋侯秦《しんこうしん》の師《し》を辭《じ》して而《しか》して下《くだ》り、三月甲辰《ぐわつかうしん》陽樊《やうはん》に次《やど》り、右師《うし》は温《をん》を圍《かこ》み、左師《さし》は王《わう》を迎《むか》へ、夏《なつ》四月丁巳王《ぐわつていみわう》を王城《わうじやう》に入《い》れ、大叔《だいしゆく》を温《をん》に取《と》り之《これ》を取《と》り之《これ》を濕城《しつじやう》に殺《ころ》し、戊午晋侯王《ぼごしんこうわう》に朝《てう》す、王醴《わうほう》を饗《きやう》し之《これ》に宥《いう》を賜《たま》ふ

と言《い》ふてあるが、此《こ》の中《うち》に大有睽《たいいうけい》を去《さ》るとは卽《すなは》ち之《これ》を捨《す》て去《さ》つて用《もち》ひぬと言《い》ふことで、茲《こゝ》に捨《すつ》ると言《い》ふことに當《あた》るのであるが、言《い》ふこゝろは大有《たいいう》の卦《くわ》のみを取《と》り用《もら》ひて睽《けい》の卦《くわ》は捨《す》て去《さ》つて用《もち》ひぬことゝ

して、而《しか》して王《わう》を舊《きう》の王城《わうじやう》に復歸《ふくき》さするのは、亦《また》その然《しか》るべき所《ところ》で至當《したう》のことであると言《い》ふ義《ぎ》であるが茲《ここ》に捨《すつ》ると言《い》ふは卽《すなは》ち此《かく》の如《ごと》き塲合《ばあひ》を指《さ》して言《い》ふたものである、又《また》その次《つぎ》に往今來《わうこんらい》とあるは卽《すなは》ち過《くわ》去《こ》現在未來《げんざいみらい》の三期《き》を見分《みわけ》ることで、語《ご》を換《か》へて之《これ》を言《い》へば、得卦《とくくわ》の卦象《くわしやう》なるものは過去《くわこ》のことを告《つ》げたものであるか、又現在《またげんざい》のことを告《つ》げたものであるか、亦或《またあるひ》は未來《みらい》のことを告《つ》げたものであるか、此《こ》の三期《き》を見分《みわけ》ることを言《い》ふたもので、之《これ》を名《なづ》けて定《てい》三若《もし》くは辨《べん》三とも言《い》ふのである。

以上《いじやう》十五目《もく》は簪情《しじやう》卽《すなは》ち神意《しんい》が卦象《くわしやう》に現《あら》はれ來《く》る所《ところ》の有樣《ありさま》を區分《くぶん》したもので、一つの得卦《とくくわ》には必《かな》らず一目《もく》を限《かぎ》ると言《い》ふ譯《わけ》ではなく、或《あ》る時《とき》は一目《もく》に當《あた》ることもあるが、或《あ》る時《とき》は此《こ》の中《なか》の數目《すうもく》に當《あた》ることもあつて、必《かな》らずしも之《これ》を一定《てい》することは可能《でき》ぬけれども、卦象《くわしやう》と事實《じじつ》とを對照《たいせう》してその何《いづ》れなるかを見分《みわけ》るのは、精義入神的占法《せいぎにふしんてきせんぱふ》の最《もつと》も秘訣《ひけつ》とする所《ところ》である、左傳國語等《さでんこくごとう》に現《あら》はれたる諸占《しよせん》が殆《ほと》んど神明《しんめい》の域《ゐき》に入《い》れる所以《ゆえん》は、卽《すなは》ち能《よ》く此《こ》の神告《しんこく》の意味《いみ》を察知《さつち》して誤《あや》らなかつた爲《ため》である、故《ゆゑ》に事實《じじつ》に由《よ》つて神告《しんこく》の旨趣《しゆし》を發見《はつけん》することは占法《せんぱふ》の主眼《しゆがん》であると言《い》ふてよい、然《しか》るに世間多《せけんおほ》くは之《これ》を等閑《なほざり》にして濫《みだ》りに占斷《せんだん》をなすもの許《ばか》りである、此《こ》れその占《せん》の容易《ようい》に的中《てきちう》せざる所以《ゆゑん》であるが、嘗《かつ》て谷川龍山《たにかはりうざん》が引證《いんしやう》して置《お》いたのは頗《すこ》ぶる面白《おもしろ》い所《ところ》があるから、茲《ここ》にも亦之《またこれ》を摘錄《てきろく》して讀者《どくしや》の一覽《らん》に供《きよう》するのであるが、卽《すなは》ち左の如《ごと》きものである。

余《よ》が學友江戸《がくいうえど》に在《あ》りし時或《ときあ》る士人《しじん》あり某侯《ぼうこう》に筮仕《ぜいし》せんことを問《と》ふ、學友之《がくいうこれ》を筮《ぜい》して觀《くわん》の否《ひ》に之《ゆ》くを得《た》たり、這《こ》は即《すなは》ち左《さ》傳《でん》敬仲《けいちう》の得卦《とくくわ》と本之《ほんし》共《とも》に同卦《どうくわ》なるが故《ゆゑ》に、周史《しうし》の占《せん》を學《まな》び之《これ》を斷《だん》じて曰《いは》く、此《こ》の卦《くわ》は即《すなは》ち公侯《こうこう》に仕《つか》へて蕃昌《はんしやう》するの象《しやう》なるを以《もつ》て、子孫《しそん》に及《およ》んで必《かな》らず公侯《こうこう》と爲《な》るの吉《きつ》あるべしと云《い》へり某士《ぼうし》大《おほい》に喜《よろこ》んで去《さ》りたるに、後日《ごじつ》に至《いた》り某侯《ぼうこう》より其《そ》の志願《しぐわん》を拒絶《きよぜつ》せられ學友《がくいう》の占《せん》とは大《おほい》に違《ちが》へり、是《こ》れ卦《くわ》は告《つ》げたれども窮理《きうり》に由《よ》らず、唯《たゞ》左傳《さでん》の事蹟《じせき》を以《もつ》て其《そ》の儘之《まゝこれ》を斷《だん》ぜしが故《ゆゑ》に、此《かく》の如《ごと》き疎漏《そろう》あり、夫《そ》れ觀《くわん》は視《み》ると言《い》ふ義《ぎ》にして其《そ》の士《し》の品行《ひんかう》等《とう》を觀察《くわんさつ》することに當《あた》り、俗《ぞく》に言《い》ふ聞《き》き合《あはせ》探する所《ところ》を告《つ》げたるなり、又之卦《またしくわ》否《ひ》は否塞《ひそく》して其《そ》の事通《ことつう》ぜざるの義《ぎ》なれば、俗《ぞく》に言《い》ふへんがへ又《また》はことわりの義《ぎ》を告《つ》げたるものにて吉《きつ》の象《しやう》なし、蓋《けだ》し敬仲《けいちう》と某士《ぼうし》とは事實《じじつ》異《こと》なるが故《ゆゑ》に、卦《くわ》は同《おな》じと雖《いへ》ども筮の告《つ》ぐる所《ところ》も異《こと》にして占《せん》も亦同《またどう》一なることを得《え》ず、觀《くわん》の否《ひ》に之《ゆ》くは何人《なにびと》に於《おい》ても之《これ》を吉《きつ》と言《い》ふべけんや、敬仲《けいちう》の占《せん》は周史《しうし》が深意《しんい》のある所《ところ》にして淺學《せんがく》の知《し》り難《がた》き所《ところ》なり、此《こ》れ事實《じじつ》を詳《つまび》らかにせず筮情を察せず妄りに占《せん》したるの過《あやまち》なり

第五　占斷

占斷《せんだん》とは吉凶失得《きつきようしつとく》の斷定《だんてい》であつて、占者《せんしや》が卦象《くわしやう》を見《み》て神告《しんこく》の意味《いみ》を感得《かんとく》したる未來事實《みらいじじつ》の豫告《よこく》である蓋《けだ》し神《かみ》は形《かたち》もなく亦聲《またこゑ》もない、故《ゆゑ》に卦象《くわしやう》に由《より》て吉凶禍福《きつきようくわふく》を告《つ》げ示《しめ》すのである、そこで其《そ》の意《い》の在《あ》る所《ところ》を感得《かんとく》して之《これ》を發表《はつぺう》するものが占者《せんしや》である、隨《したが》つて占者《せんしや》は即ち神意《しんい》を取《と》り次《つ》ぐ所《ところ》の通辯人《つうべんにん》であつて、

占斷《せんだん》は卽《すなは》ち神告《しんこく》であると言《い》ふてよい、而《しか》も神告《しんこく》の意味《いみ》を感知《かんち》することは頗《すこ》ぶる困難《こんなん》である、此《こ》れ種々《しゆ〴〵》なる占法《せんぱふ》を要《えう》する所以《ゆえん》であるが、自由自在《じいうじざい》に占法《ぜんぱふ》を應用《おうよう》して容易《ようい》に神意《しんい》を感知《かんち》することが可能《でき》れば、卽《すなは》ち精義入神《せいぎにふしん》の域《ゐき》に達《たつ》したものである、精義入神《せいぎにふしん》の域《ゐき》に達《たつ》すれば百占《せん》百中《ちう》一も誤斷《ごだん》がない、是《こゝ》に至《いた》つて始《はじ》めて占斷《せんだん》は卽《すなは》ち神告《しんこく》であると言《い》ふことが可能《でき》る。反之《これにはんし》、占法《せんぱふ》の何者《なにもの》なるかを知《し》らずして之《これ》を斷《だん》せば、吉《きつ》を以《もつ》て凶《きよう》となし得《とく》を以《もつ》て失《しつ》となし、一として的中《てきちう》を得《う》ることが可能《でき》ぬ。此《かく》の如《ごと》きは神意《しんい》を知《し》らざるが爲《ため》の誤斷《ごだん》であるから、固《もと》より之《これ》を呼《よ》むで神告《しんこく》であるとは言《い》へぬ。玆《こゝ》に言《い》ふ所《ところ》の占斷《せんだん》とは眞實《しんじつ》に神意《しんい》を感知《かんち》し得《え》たものゝ占斷《せんだん》である、故《ゆゑ》に之《これ》を呼《よ》むで神告《しんこく》と言《い》ひ得《え》らるゝのである。

第六　的中

的中《てきちう》とは前章《ぜんしやう》の占斷《せんだん》が未來《みらい》に發生《はつせい》したる事實《じじつ》と符合《ふがふ》したることを言《い》ふたもので、人《ひと》が神智《しんち》を得《え》て神《かみ》と等《ひと》しく未知未見《みちみけん》の事柄《ことがら》を豫知《よち》することが可能《でき》た場合《ばあひ》である、語《ご》を換《か》へて之《これ》を言《い》へば、神人《しんじん》の合《がふ》一若《も》しくは融合《ゆうがふ》である、而《しか》して神人《しん〴〵》の合《がふ》一若《も》しくは融合《ゆうがふ》なるものは、凡《すべ》ての他力的宗敎《たりきてきしうけう》に於《おい》て最終《さいしう》の目的《もくてき》として居《を》る所《ところ》で、周易卜筮《しうえきぼくぜい》が神告《しんこく》を願《ねが》ふ所以《ゆゑん》も亦《また》等《ひと》しく神《かみ》と合《がふ》一して未來《みらい》の吉凶《きつきよう》を前知《ぜんち》せむが爲《ため》である、故《ゆゑ》に周易卜筮《しうえきぼくぜい》の目的《もくてき》は卽《すなは》ち此《こ》の的中《てきちう》を得《え》むが爲《ため》である、已《すで》に的中《てきちう》を得《え》て未來《みらい》の吉凶《きつきよう》を前知《ぜんち》せば、人々皆《ひと〴〵みな》安心《あんしん》して業《げふ》を勵《はげ》み事《こと》を作《な》すことが可能《でき》る。繫辭《けいじ》傳第《でんだい》十一章《しやう》に天下《てんか》の吉凶《きつきよう》を定《さだ》め天下《てんか》の亹々《びゞ》を成《な》すものは蓍龜《しき》より大《だい》なるはなしとは、即《すなは》ち此《こ》のことを言《い》ふに外《ほか》ならぬ、故《ゆゑ》に洗心齊戒蓍筮《せんしんさいかいしぜい》より以上種々《いじやうしゆ〴〵》の占《せん》法《ぱふ》なるものは、皆凡《みなすべ》て此《こ》の的中《てきちう》を得《え》むが爲《ため》に之《これ》を設《まう》けたもので、的中《てきちう》は即《すなは》ちその最終《さいしふ》の目的《もくてき》である。而《しか》して已《すで》にその的中《てきちう》を得《う》るに至《いた》れば、そは即《すなは》ち神境《しんきやう》に入《い》つて神智《しんち》を得《え》たるもので向上《かうじやう》の極點《きよくてん》である、故《ゆゑ》に前圖《ぜんづ》に於《おい》て之《これ》を最終《さいしふ》に畫《ゑが》いて置《お》いたものであるが、卜筮《ぼくぜい》の目的《もくてき》は此《こゝ》に至《いた》つて始《はじ》めて達《たつ》せられた譯《わけ》で、此《これ》より以上《いじやう》は更《さら》に進《すゝ》むべき所《ところ》はない、下《か》繋第《けいだい》五章《しやう》に此《これ》を過《す》ぎて以《もつ》て往《ゆ》くは未《いま》だ之《これ》を或《あるひ》は知《しら》ざるなり神《しん》を窮《きは》めて化《くわ》を知《し》るは德《とく》の盛《さか》むなるなりとは即《すなは》ち此《こ》の所《ところ》を言《い》ふたものである。されども唯《たゞ》一占《せん》か二占《せん》かゞ的中《てきちう》したからと言《い》ふて、直《たゞ》ちに之《これ》を以《もつ》て神境《しんきやう》に入《い》つたものとすることは可能《でき》ぬ、毎占毎中《まいせんまいちう》を得《う》るに至《いた》つて始《はじ》めて神境《しんきやう》に入《い》つたものと言《い》ふことが可能《でき》る、而《しか》も尚之《なほこれ》を過《す》ぎて而《しか》して經驗《けいけん》を重《かさ》ぬること久《ひさ》しく德《とく》を積《つ》むこと盛《さか》むなるに及《およ》び始《はじ》めて神《しん》を窮《きは》めて化《くわ》を知《し》るものと言《い》ふことが可能《でき》るのである。

第七　本卦と之卦

筮法講義《ぜいはふかうぎ》に於《おい》ても亦本編《またほんぺん》に於《おい》ても得卦《とくくわ》と言《い》ふ詞《ことば》を使用《しよう》し來《きた》つたのであるが、得卦《とくくわ》とは筮《ぜい》し得《え》たる卦《くわ》と言《い》ふことで、即《すなは》ち茲《こゝ》に言《い》ふ所《ところ》の本卦《ほんくわ》と之卦《しくわ》とを併《あは》せ指《さ》す所《ところ》の名稱《めいしよう》である、蓋《けだ》し得卦《とくくわ》とは揲筮《てふぜい》に由《より》て得《え》たものであると言《い》ふ所《ところ》から之《これ》を名《なづ》けたものであるが、本卦《ほんくわ》と言《い》ひ之卦《しくわ》と言《い》ふは即《すなは》ち得卦《とくくわ》の內譯的小區《うちわけてきせうく》分《ぶん》であると言《い》ふてよい、尚之《なほこれ》を詳《つまび》らかにすれば、已《すで》に筮法講義《ぜいはふかうぎ》に於《おい》て述《の》べ置《お》きたる如《ごと》く、策《さく》を揲《かぞ》ふること三變《へん》にして一爻《かう》が成《な》り、六爻合《かうあは》せて十八變《へん》にして一卦《くわ》が大成《たいせい》するのであるが、その中《うち》に於《おい》て六爻《かう》共《とも》に七のみを得《え》て成《な》り立《たつ》て居《ゐ》る時《とき》と、八のみを得《え》て成《な》り立《たつ》て居《ゐ》る時《とき》と、七と八とを得《え》て成《な》り立《たつ》て居《ゐ》る時《とき》と此《こ》の三つの場合《ばあひ》に於《おい》ては、得卦《とくくわ》は唯《たゞ》一卦《くわ》ある丈《だけ》であるが、此《こ》の場合《ばあひ》には之《これ》を呼《よ》むで某《それがし》の不變卦《ふへんくわ》を得《え》たと言《い》ふのである、不變卦《ふへんくわ》とは即《すなは》ち變《へん》ぜざる卦《くわ》と言《い》ふことで、七と八とを得《え》て成《な》り立《たつ》て居《ゐ》る爻《かう》は變《へん》ぜぬのである。故《ゆゑ》に之《これ》を不變《ふへん》と言《い》ふのである、之《これ》に反《はん》して九と六とを得《え》て成《な》り立《たつ》て居《ゐ》る爻《かう》は變《へん》ずるのである、故《ゆゑ》に一卦《くわ》六爻皆凡《かうみなすべ》て九のみを得《え》て成《な》り立《たつ》て居《ゐ》る時《とき》と、六のみを得《え》て成《な》り立《たつ》て居《ゐ》る時《とき》と。又《また》九と六とを得《え》て成《な》り立《たつ》て居《ゐ》る時《とき》と、此《こ》の三つの場合《ばあひ》に於《おい》ては一卦《くわ》六爻皆《かうみな》悉《こと〴〵》く變《へん》ずるのであるが、之《これ》を呼《よ》むで六爻皆變《かうかいへん》と言《い》ふのである、又《また》一卦《くわ》六爻《かう》の中《うち》に於《おい》て七か八かを得《え》て成《な》り立《たつ》て居《ゐ》る爻《かう》と、九か六かを得《え》て成《な》り立《たつ》て居《ゐ》る爻《かう》との多少《たせう》に由《よ》りて一爻變《かうへん》ずる時《とき》と、二爻乃至《かうないし》五爻同時《かうどうじ》に變《へん》ずる時《とき》との區別《くべつ》があるが、以上《いじやう》八つの場合《ばあひ》に於《おい》ては本卦《ほんくわ》と之卦即《しくわすなは》ち變卦《へんくわ》との二を得《う》ることゝなる、茲《こゝ》に言《い》ふ本卦《ほんくわ》と變卦《へんくわ》とは即《すなは》ち此《こ》の場合《ばあひ》を指《さ》したもので、本卦《ほんくわ》とは字《じ》の如《ごと》く本元若《ほんげんも》しくは根本《こほん》の卦《くわ》の意味《いみ》であるが、之卦《しくわ》とは即《すなは》ち此《こ》の根本《こほん》の卦《くわ》が變《へん》じて之《ゆ》き往《ゆい》た所《ところ》の卦《くわ》なることを意味《いみ》したものである、此《かく》の如《ごと》く本卦《ほんくわ》と之卦《しくわ》とは先《せん》後本末《ごほんまつ》の關係《くわんけい》に由《より》て之《これ》を名《なづ》けたものである、果《はた》して然《しか》らば、實地占斷上《じつちせんだんじやう》に於《おい》ては本卦《ほんくわ》と之卦《しくわ》とは如何《いか》に之《これ》を取《と》り扱《あつか》ふべきものであるか、此《こ》れが即《すなは》ち茲《こゝ》に一言《げん》して置《お》き度《た》いと思《おも》ふ所《ところ》で、以上《いじやう》は唯《たゞ》初學者《しよがくしや》の爲《ため》に蛇足《だそく》を加《くは》へた次第《しだい》であるが、本卦《ほんくわ》と之卦《しくわ》との見方《みかた》に就《つい》ては種々《しゆ〴〵》の異說《いせつ》もある樣《やう》で、先《ま》づ朱晦菴《しゆくわいあん》が七考占《かうせん》に於《おい》ては一爻變《かうへん》ずれば卽《すなは》ち本卦《ほんくわ》の變爻《へんかう》の辭《じ》を以《もつ》て占《うらな》ひ、二爻變《かうへん》ずれば卽《すなは》ち本卦《ほんくわ》二變爻《へんかう》の辭《じ》を以《もつ》て占《うらな》ひ、その中《うち》に於《おい》ては上《かみ》の爻《かう》を以《もつ》て主《しゆ》となすと言《い》ふてあるが、此《こ》の說《せつ》の如《ごと》くせば一爻變《かうへん》じた時《とき》と二爻變《かつへん》じた時《とき》とは、唯本卦《たゞほんくわ》を用《もち》ゆる丈《だけ》で變卦卽《へんくわすなは》ち之卦《しくわ》は無用《むよう》のものとなつて仕舞《しま》ふのである。又《また》四爻變《かつへん》じた時《とき》は之卦《しくわ》の二不變《ふへん》の爻《かう》を以《もつ》て占《うらな》ひ、その中《うち》に於《おい》ては下《しも》の爻《かう》を以《もつ》て主《しゆ》となし、五爻變《かうへん》じた時《とき》は之卦《くわ》の不變《ふへん》の爻《かう》を以《もつ》て占《うらな》ふと云《い》ふてあるが、斯《か》くせば周易《しうえき》は變《へん》を尙《たつと》ぶ所《ところ》の用九用六《ようよう》の原則《げんそく》に背《そむ》く計《はか》りでなく、本卦《ほんくわ》は亦全《またまつた》く之《これ》を用《もち》ひぬことゝなるのであるが、此《こ》れは恐《おそ》らくその當《たう》を得《え》たものではあるまいと思《おも》ふ、そこで左國以來《さこくいらい》の占例《せんれい》を通觀《つうくわん》して之《これ》を考《かんが》ふれば、先《ま》づ大體《だいたい》に於《おい》て本卦《ほんくわ》を以《もつ》て本《もと》となし先《さき》となし始《はじ》めとなして、それが變《へん》じて移《うつ》り行《ゆ》くものを之卦《しくわ》と見《み》て、之卦《しくわ》を以《もつ》て末《すゑ》となし後《のち》となし終《をは》りとなして、本卦《ほんくわ》と言《い》ひ之卦《しくわ》と言《い》ふ名稱通《めいしようどほ》りの關係《くわんけい》に之《これ》を見《み》ることが卽《すなは》ち一つの見方《みかた》であつて、その次《つぎ》は、本卦《ほんくわ》を以《もつ》て本體《ほんたい》と見《み》、之卦《しくわ》を以《もつ》て活用《くわつよう》と見《み》る所《ところ》の見方《みかた》であるが、此《こ》れは卽《すなは》ち本卦《ほんくわ》を以《もつ》て根基的實體《こんきてきじつたい》となして、之卦《しくわ》は卽《すなは》ちその根基的實體《こんきてきじつたい》の上《うへ》に現《あら》はるゝ所《ところ》の變化《へんくわ》の有樣《ありさま》となす所《ところ》の見方《みかた》である、斯《か》くせば不《ふ》變《へん》の一卦《くわ》を得《え》た時《とき》と同《おな》じく、本之《ほんし》の二卦《くわ》を得《え》た場合《ばあひ》に於《おい》ても共《とも》に充分《じうぶん》の働《はたら》きをなして、七考占《かつせん》に言《い》ふが如《ごと》く一方《はう》を用《もち》ひて一方《ばう》は用《もち》ひぬ樣《やう》な不都合《ふつがふ》を生《しやう》ずることがなく、本之《ほんし》共《とも》に相當《さうたう》に用《もち》ひらるゝことになるのである、若《も》し一方《はう》を用《もち》ひて一方《はう》は之《これ》を不用《ふよう》に措《お》く位《くらゐ》ならば、始《はじ》めから不變《ふへん》の一卦《くわ》を以《もつ》て告《つ》げ來《きた》る筈《はず》である、今《いま》その然《しか》らざる所《ところ》から之《これ》を考《かんが》ふれば、本之《ほんし》共《とも》に之《これ》を用《もち》ゆるのが蓋《けだ》し至當《したう》であると見《み》てよからう、而《しか》して之《これ》を本末先後等《ほんまつせんごとう》の關係《くわんけい》に見《み》ると、又本體《またほんたい》の上《うへ》に現《あら》はるゝ變化《へんくわ》の關係《くわんけい》に見《み》るとは、それは實際《じつさい》の事實《じじつ》に由《よつ》て決定《けつてい》すべき所《ところ》で、豫《あら》かじめ之《これ》を一定し置《お》くことは可能《でき》ぬ。

第八　爻卦

爻卦《かうくわ》とは六爻《かう》に三畫《ぐわ》八卦《くわ》の一つを配賦《はいぷ》したものゝことで、一爻《かう》は揲策《てうさく》三變《ぺん》にして成《な》るものであるが、三變共《ぺんとも》に奇《き》なればその爻《かう》に八卦《くわ》の乾《けん》を配《はい》し、三變共《ぺんとも》に偶《ぐう》なればその爻《かう》に八卦《くわ》の坤《こん》を配《はい》し、初變《しよへん》は奇《き》で二變《へん》三變《ぺん》は偶《ぐう》なればその爻《かう》に震《しん》を配《はい》し、初變《しよへん》は偶《ぐう》で二變《へん》三變《ぺん》は奇《き》なればその爻《かう》に巽《そん》を配《はい》し、初變《しよへん》は偶《ぐう》二變《へん》は奇《き》三變《ぺん》は偶《ぐう》なればその爻《かう》に坎《かん》を配《はい》し、初變《しよへん》は奇《き》二變《へん》は偶《ぐう》三變《ぺん》は奇《き》なればその爻《かう》に離《り》を配《はい》し、初《しよ》變《へん》二變《へん》は偶《ぐう》で三變《ぺん》は奇《き》なればその爻《かう》に艮《ごん》を配《はい》し、初變《しよへん》二變《へん》は奇《き》で三變《ぺん》は偶《ぐう》なればその爻《か》に兌《だ》を配《はい》したものが即《すなは》ち玆《こゝ》に言《い》ふ所《ところ》の爻卦《かうくわ》である、而《しか》して初《はじ》めて之《これ》を用《もち》ひたものは何人《なにびと》であるか、それは能《よ》く分《わか》らぬのであるが、眞勢《ませ》中州《ちうしう》は頗《すこ》ぶる此《こ》の爻卦《かうくわ》を重視《ちうし》して種々《しゆ〳〵》なることに應用《おうよう》して居《ゐ》る、故《ゆゑ》に或《あるひ》は眞勢《ませ》中《ちう》州《しう》が發明《はつめい》したものであるかも知《し》れぬ、そは兎《と》も角《かく》も此《こ》の爻卦《かうくわ》なるものは或《あ》る塲合《ばあひ》に用《もち》ゆれば成程便利《なるほどべんり》なる所《ところ》がある、されども理論《りろん》の上《うへ》から言《い》へば然《しか》るべき道理《だうり》がないから、余《よ》は此《こ》の爻卦《かうくわ》を排斥《はいせき》して取《と》らぬものである、併《しか》し世間《せけん》では一般《ぱん》に之《これ》を用《もち》ひて居《ゐ》る樣《やう》であるから、玆《こゝ》に之《これ》を掲《かゝ》ぐることゝしたのであるが、此《こ》の爻卦《かうくわ》の眼目《がんもく》とする所《ところ》は即《すなは》ち乾《けん》の主爻《しゆかう》には乾《けん》、震《しん》の主爻《しゆかう》には震《しん》、坎《かん》の主爻《しゆかう》には坎《かん》、艮《ごん》の主爻《しゆかう》には艮《こん》を配《はい》し、又坤《またこん》の主爻《しゆかう》には坤《こん》、巽《そん》の主爻《しゆかう》には巽《そん》、離《り》の主爻《しゆかう》には離《り》、兌《だ》の主爻《しゆかう》には兌《だ》を配《はい》したるを以《もつ》てその卦《くわ》の眞性質《しんせいしつ》を現《あら》はすものと見《み》、之《これ》に反《はん》して震《しん》に艮《ごん》を配《はい》し巽《そん》に兌《だ》を配《はい》したるが如《ごと》きは、震《しん》にして艮《ごん》の意味《いみ》を含《ふく》み巽《そん》にして兌《だ》の意味《いみ》を含《ふく》むものだと見《み》るの類《るゐ》であるが、左《さ》に之《これ》に關《くわん》する二三の占例《せんれい》を擧《あ》げて應用《おうよう》の方法《はうはふ》を示《しめ》すことゝする。

乾の不變

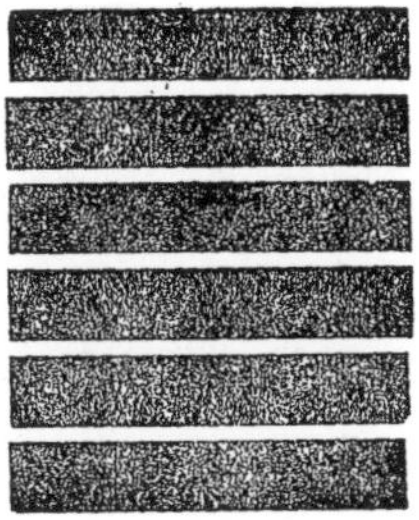

艮艮艮震震震

●或《あ》る人金談《ひときんだん》の成否《せいひ》を問《と》ふ、之《これ》を筮《ぜい》して上圖《じやうづ》の如《ごと》く乾《けん》の不變《ふへん》を得《え》たのであるが、その占《せん》に曰《いは》く、普通《ふつう》の場合《ばあひ》ならば内卦《ないくわ》の我《われ》も乾《けん》で、外卦《ぐわいくわ》の彼《かれ》も乾《けん》で共《とも》に剛强《がうきやう》であるから、相談《さうだん》は調《とゝの》ひ難《がた》しと判《はん》ずるのが當然《たうぜん》である然《しか》れども爻卦《かうくわ》の配賦《はいぶ》を見《み》れば、内卦《ないくわ》の三爻《かう》には皆震《みなしん》を配《はい》し、外卦《ぐわいくわ》の三爻《かう》にも亦皆艮《またみなごん》を配《はい》して居《ゐ》る、故《ゆゑ》に此《こ》の卦《くわ》には山雷頤《さんらいゐ》の象《しやう》を含《ふく》むで居《ゐ》るが、頤《ゐ》は正震倒震相向《しやうしんたうしんあひむか》ふ所《ところ》の有樣《ありさま》で、我《われ》と彼《かれ》と相對《あひたい》して乾《けん》の金談《きんだん》をなす所《ところ》の象《かたち》である、且《か》つ乾《けん》の金《かね》を以《もつ》て頤養《ゐやう》とする所《ところ》の義《ぎ》があるから、此《こ》の金談《きんだん》は必《かな》らず調《とゝの》ふべしと、後果《のちはた》して金談成立《きんだんせいりつ》したりと言《い》ふ

●大阪北野神明前《おほさかきたのしんめいまへ》に岡野屋《をかのや》某《ぼう》なるものあり、その妻《つま》の妹《いもと》の娘梅《むすめうめ》なるものを養《やしな》ふて子《こ》となせり、然《しか》るにその隣家《りんか》にも十三歳《さい》の少女《せうぢよ》あり、之《これ》も亦他《またた》より養《やしな》ひたるものなりしが、二女共《ぢよとも》に家出《いへで》して行方不明《ゆくへふめい》となり、隣家《りんか》の小女《せうぢよ》は入水《にふすゐ》して死《し》するとの書置《かきお》きを遺《のこ》しありしとて、その行方《ゆくへ》を筮《ぜい》せむことを請《こ》ふ、之《これ》を筮《ぜい》して左圖《さづ》の如《ごと》く需《じゆ》の不變《ふへん》を得《え》て之《これ》を占《うらな》ふて曰《いは》く、乾《けん》を大川《おほかは》とし坎《かん》を水《みつ》とし陷《おちゐ》るとして、爻卦《かうくわ》の四と

離艮離坎坎坎

需の
不變

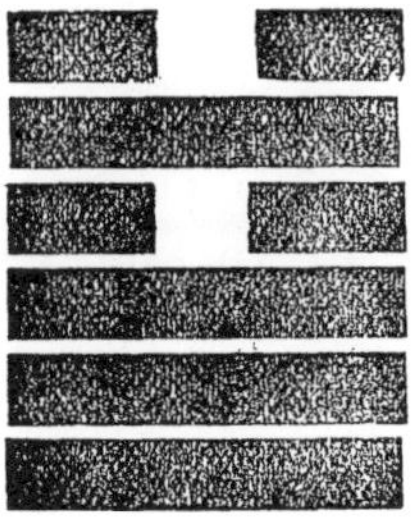

艮艮坤離坎乾

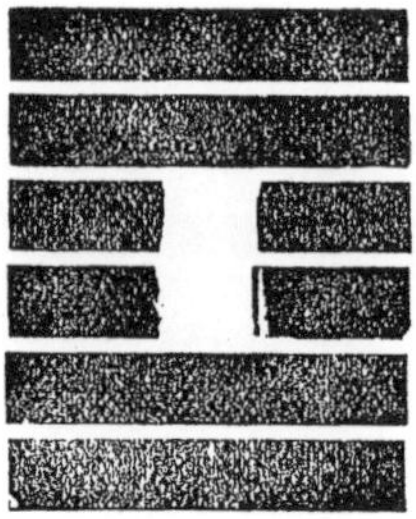

本卦

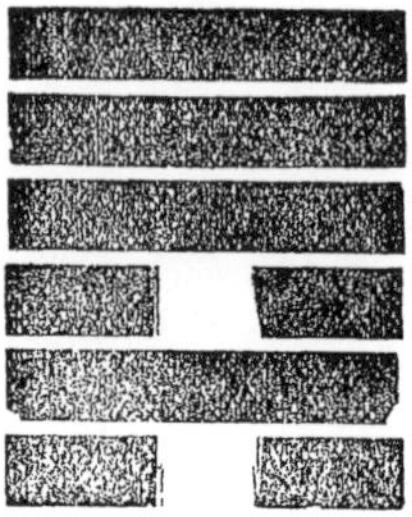

之卦

上《じやう》とは共《とも》に離《り》を配《はい》し、且《か》つ外卦坎《ぐわいくわかん》の主爻《しゆかう》に艮《ごん》を配《はい》して居《ゐ》るが、艮《ごん》は止《とま》まるの義《ぎ》であるから、此《これ》は即《すなは》ち四上《じやう》二爻《かう》の離《り》の女子《ぢよし》が乾《けん》の大川《おほかは》の水《みづ》に陷《おちい》りて艮《ごん》にて止《とど》まり居《を》るの義《ぎ》である、さすれば入水《にふすゐ》して死《し》したるに相《さう》違《ゐ》なき故《ゆゑ》、急《いそ》いで川筋《かはすぢ》を捜索《さうさく》すべしと告《つ》げたるに、果《はた》して大江《おほえ》橋《はし》の南《みなみ》詰《づめ》の所《ところ》に草履《ざうり》を捨《す》てあつて、その死體《したい》は木津《きづ》川口《かはぐち》に在《あ》りしと言《い》ふ。

●七十の老翁傷寒《らうをうしやうかん》を病《や》むこと數日《すうじつ》、不食《ふしよく》にして下痢《げり》すること日《ひ》に十餘《よ》回手足冷却《くわいしゆそくれいきやく》して殆《ほと》むど死《し》せむとす依《よつ》て筮《ぜい》を眞勢《ませ》中州《ちうしう》に請《こ》ふ、中州之《ちうしうこれ》を筮《ぜい》して中孚《ちうふ》の訟《しよう》に之《ゆ》くに遇《あ》ふ、そこで之《これ》を占《うらな》ふて曰《いは》く、中孚《ちうふ》は元《も》と臨《りん》より來《きた》る、臨《りん》は是《こ》れ無病《むびやう》の義《ぎ》である、今中孚《いまちうふ》を得《え》たるは臨《りん》の五爻《かう》と上爻《じやうかう》とが變爲《へんゐ》して上焦《じやうせう》及《およ》び皮膚《ひふ》を閉塞《へいそく》して全卦《ぜんくわ》の大離《たいり》となつたもので離《り》は即《すなは》ち熱《ねつ》である故《ゆゑ》に不食《ふしよく》するなり、又之卦訟《またしくわしよう》は雨《あめ》が天《てん》より降《ふ》り來《きた》るの象《かたち》である故《ゆゑ》に下痢《げり》するなり、蓋《けだ》し中孚《ちうふ》が訟《しよう》に變《へん》じたるは是《こ》れ五と上《じやう》とが病《やまひ》である、然《しか》るに又《また》その六四が變《へん》じて九四となつたのは、是《こ》れ即《すなは》ちその病《やまひ》を增《ま》すの象《かたち》である、加之《しかのみならず》、中孚《ちうふ》初《しよ》九の元氣《げんき》は消耗《せうもう》して之卦《しくわ》の訟《しよう》となる、訟《しよう》は是《こ》れ乾《けん》の氣《き》は上《のぼ》つて下《くだ》らず、坎《かん》の血《ち》は下《さが》つて上《のぼ》らず氣血逆行《きけつぎやくかう》するの義《ぎ》で、皆是《みなこ》れ死《し》するの象《かたち》である、然《しか》れども爻卦《かうくわ》を見《み》れば二は坎《かん》の主《しゆ》にして坎《かん》を配《はい》して下利《げり》することを示《しめ》し、三の兌主《だしゆ》には兌《だ》を配《はい》せずして離《り》を配《はい》したるは、中孚全體《ちうふぜんたい》の離《り》の主《しゆ》は三四兩爻《りやうかう》なるが故《ゆゑ》に、三に離《り》を配《はい》し四の坤《こん》と互見《ごけん》して共《とも》に大離《たいり》の大熱《たいねつ》たることを示《しめ》したものである、又《また》五と上《じやう》とは共《とも》に艮《ごん》を配《はい》して居《ゐ》るが、艮《ごん》は止《とゞ》むるの義《ぎ》で邪氣《じやき》を塞《ふさ》ぎ止《と》めて熱《ねつ》が解《かい》せざるの象《かたち》である、故《ゆゑ》に發表劑《はつぺうざい》を服用《ふくよう》すれば治癒《ちゆ》すべしと、果《はた》して麻黄湯《まわうたう》一劑半《ざいはん》を用《もち》ひて病乍《やまひたち》まち治《ぢ》せりと言《い》ふ。

本卦

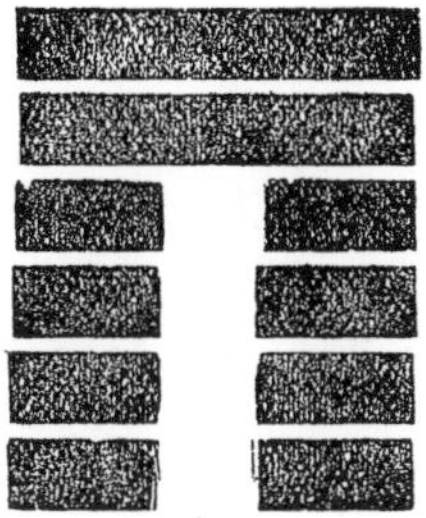

之卦

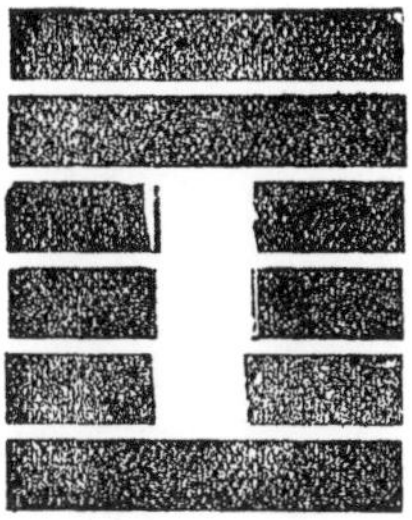

艮艮巽兌兌坤

◉醫生某療用閑散《ゐせいぼうれうようかんさん》なるが故《ゆゑ》に、自《みづか》ら運氣《うんき》を筮《ぜい》して觀《くわん》の益《えき》に行《ゆ》くを得《え》て之《これ》を谷川龍山《たにかはりうざん》に示《しめ》す、龍山之《りうざんこれ》を占《うらな》ふて曰《いは》く、觀《くわん》は大衰《たいすゐ》の卦《くわ》にして又《また》八月の卦《くわ》なるが故《ゆゑ》に、當年《たうねん》は衰運《すゐうん》の意《い》ありて八月迄《まで》は間暇《かんか》ならむ、されども變《へん》じて益《えき》となれば八月《ぐわつ》よりは療用蕃昌《れうようはんじやう》すべし、且《か》つ爻卦《かうくわ》に兌《だ》を配《はい》す、兌《だ》を正秋《せいしう》となし又悦《またよろこ》ぶとなす、又《また》三四の爻卦《かうくわ》に中孚《ちうふ》あり、中孚《ちうふ》は正兌《せいだ》と倒兌《たつだ》と相向《あひむか》ふの象《かたち》にして他《た》より治《ぢ》を乞《こ》ひ來《きた》るの義《ぎ》がある、又《また》四の爻卦巽並《かうくわそんならび》に變卦震共《へんくわしんとも》に八の數《すう》あれば必《かな》らず八月より蕃昌《はんじやう》すべしと、果《はた》して八月《ぐわつ》より蕃昌《はんしやう》せりと。

爻卦《かうくわ》とは上述《じやうじゆつ》の如《ごと》きもので頗《すこ》ぶる便利《べんり》なる所《ところ》がある、殊《こと》に之《これ》を物價高《ぶつかかう》下《げ》の占《うらなひ》に應用《おうよう》せば妙驗《めうけん》ありと言《い》ふ、そは眞勢中州《まぜちうしう》が秘傳普德摩尼口訣《ひでんふとくまにこうけつ》を一覽《らん》せらるゝがよい。

第九　彼我向對占法

彼我向對《がかうたい》占法《せんぱふ》とは凡《すべ》て我《われ》と彼《かれ》と相向對《あひかうたい》する際《さい》に用《もち》ゆる所《ところ》の占法《せんぱふ》である、故《ゆゑ》に大《だい》は國《くに》と國《くに》との關係卽《くわんけいすなは》ち和親《わしん》、修交《しうかう》、爭議《さうぎ》、交戰等《かうせんとう》より、小《せう》は人《ひと》と人《ひと》との關係卽《くわんけいすなは》ち爭訟《さうしよう》、相談《さうだん》、賣買《ばいばい》、交際等《かうさいとう》に至《いた》る迄皆此《までみなこ》の法《はふ》を用《もち》ひて之《これ》を判斷《はんだん》することが可能《でき》る、而《しか》して此《こ》の彼我向對《ひがかうたい》には二樣《やう》の見方《みかた》がある、先《ま》づその第《だい》一の見方《みかた》から言はむに我《わ》が方《はう》より卦《くわ》を正視《せいし》するを主卦《しゆくわ》と言《い》ひ、彼《かれ》の方《はう》より卦《くわ》を倒視《たうし》するを賓卦《ひんくわ》と言《い》ふ、假《たと》ば屯《ちゆん》の如《ごと》きは我《わ》が方《はう》より之《これ》を正視《せいし》すれば險中《けんちう》に動《うご》くの象《かたち》であるが、彼《か》の方《はう》より之《これ》を倒視《たうし》すれば險外《けんぐわい》に止《とゞ》まるの象《かたち》であつて、雜卦傳《ざつくわでん》に比《ひ》は樂《たのし》み師《し》は憂《うれ》ひ臨觀《りんくわん》の義《ぎ》或《あるひ》は與《あた》へ或《あるひ》は求《もと》むと言《い》ふは卽《すなは》ち此《この》ことである。

乾坤坎離頤《い》大過《たいくわ》中孚《ちうふ》小過《せうくわ》の八卦《くわ》を除《のぞ》き、その外《ほか》、五十六卦《くわ》は皆此《みなこ》の法《はふ》を用《もち》ひて之《これ》を見《み》ることが可能《でき》る。

不變

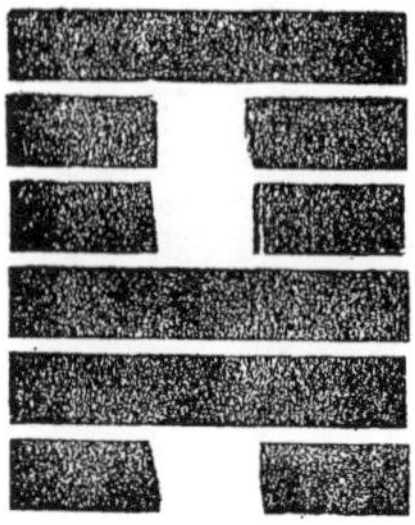

今一例《いまれい》を擧《あげ》て之《これ》を詳《つまび》らかにせば、大阪《おほさか》の或《あ》る商家《しやうか》が東京《とうけう》の或《あ》る商人《しやうにん》に對《たい》し、東國《とうごく》の產物《さんぶつ》を買受《かひうく》るの約束《やくそく》を以《もつ》てその代金《だいきん》を前貸《まへがし》したるにその期日《きじつ》を過《す》ぐるも產物《さんぶつ》を送《おく》り來《きた》らず、故《ゆゑ》にその吉凶《きつきよう》を筮《ぜい》せむことを請ふ谷川龍山《たにかはりうざん》之《これ》を筮《ぜい》して蠱《こ》に不變《ふへん》に遇《あ》ふ、その占《せん》に曰《いは》く、我《わ》が方《はう》より見《み》たる主卦《しゆくわ》は蠱《こ》であるが、蠱《こ》ば壞《や》ぶれ敗《やぶ》るゝの義《ぎ》で前約《ぜんやく》を破《や》ぶるの象《かたち》であ

る、又彼《またかれ》が方《はう》から見《み》たる賓卦《ひんくわ》は隨《ずゐ》であるが、䷐隨《ずゐ》は震《しん》の船《ふね》を兌《だ》の澤中《たくちう》に藏《かく》すの象《かたち》である、是《こ》れ產物《さんぶつ》の船《ふね》を上《のぼ》すことを辭柄《じへい》として金《かね》を借《か》りたれども、その約束《やくそく》を破《や》ぶつて產物《さつぶつ》の船《ふね》を送《おく》り上《のぼ》せざるの象《かたち》であると、果《はた》して此《かく》の如《ごと》く違約《ゐやく》して產物《さんぶつ》を送《おく》らざりしと言《い》ふ。

第《だい》二の見方《みかた》は一卦《くわ》を內外《ないぐわい》に分《わか》ち、內卦《ないくわ》を以《もつ》て我《わ》が方《はう》となし外卦《ぐわいくわ》を以《もつ》て彼《かれ》が方《はう》となすの法《はふ》であるが、乾《けん》坤坎離《こんかんり》の四卦《くわ》は正體《せいたい》であるから、之《これ》を顚倒《てんだう》するも亦同《またおな》じく乾坤坎離《けんこんかんり》であつて變化《へんくわ》する所《ところ》がない、隨《したが》つて之《これ》が活用《くわつよう》も少《すく》ないのである、反之《これにはんし》、震巽艮兌《しんそんごんだ》の四卦《くわ》は偏體《へんたい》であるから之《これ》を顚倒《てんだう》すれば卦體《くわたい》が變《かは》る故《ゆゑ》に彼我《ひが》の向對應背《かうたいおうはい》を察《さつ》する爲《ため》の働《はたら》きは重《おも》に此《こ》の四卦《くわ》にある、乃《すな》はち☳震《しん》と☱兌《だ》とは陽爻《やうかう》が下《した》に在《あり》て陰爻《いんかう》が上《うへ》にある、故《ゆゑ》に上《うへ》の方《はう》が開《ひら》けて自《おのづ》から進《すゝ》み向《むか》ふ所《ところ》の象《かたち》がある、震《しん》を進《すゝ》むとなし動《うご》くとなし、兌《だ》を好《この》むとなし悅《よろこ》ぶとなすは卽《すなは》ち之《これ》が爲《ため》である、又《また》☴巽《そん》と☶艮《ごん》とは陰爻《いんかう》が下《した》に在《あり》て陽爻《やうなう》が上《うへ》に在《あ》る、故《ゆゑ》に下《した》の方《はう》が開《ひら》けて自《おのづ》から背《そむ》き違《ちが》ふ所《ところ》の象《かたち》がある、巽《そん》を惡《にく》むとなし果《はた》さずとなし、艮《ごん》を止《とゞ》まるとなし戾《もど》るとなすは卽《すなは》ち之《これ》が爲《ため》である、此《かく》の如《ごと》きが故《ゆゑ》に頤中孚損益《いちうふそんえき》の四卦《くわ》は彼我相向《ひがあひむか》ふ所《ところ》の象《かたち》がある、大過咸恒小過《たいくわかんこうせうくわ》の四卦《くわ》は彼我相背《ひがあひそむ》く所《ところ》の象《かたち》がある、隨震歸妹兌《ずゐしんきまいだ》の四卦《くわ》は我《われ》は彼《かれ》に向《むか》へども、彼《かれ》は却《かへ》つて我《われ》に背《そむ》く所《ところ》の象《かたち》がある、蠱艮漸巽《こごんぜんそん》の四卦《くわ》は我《われ》は彼《かれ》に背《そむ》けども、彼《かれ》は却《かへ》つて我《われ》に向《むか》ふ所《ところ》の象《かたち》がある。又《また》乾《けん》を頑固《ぐわんこ》にして取《と》り附《つ》く所《ところ》のなき象《かたち》となし、坤《これ》を可否《かひ》共《とも》に埒明《らちあか》ざるの象《かたち》となし、離《り》を明察《めいさつ》にして何事《なにごと》も峻拒《しゆんきよ》するの象《かたち》となし、坎《かん》を疑《うたが》ひ惑《まど》ふて辭《じ》し否《いな》むの象《かたち》となすのであるから、之《これ》を以《もつ》て震巽艮兌《しんそんごんだ》の四卦《くわ》に組合《くみあは》せたる場《は》合《あひ》も例前《ぜんれい》を推《お》して之《これ》を知《し》ることが可能《でき》る。そこで一卦《くわ》を内外《ないぐわい》に分《わか》つて彼我《ひが》の向背《かうはい》を見《み》るの例《れい》を示《しめ》せば、或《あ》る人《ひと》婚約《こんやく》の媒介《はいかい》をなしたる後《のち》、女《をんな》の方《はう》へ手紙《てがみ》を以《もつ》て婚期《こんき》を定《さだ》めむことを申《まを》し遣《つか》はしたれども、何《なん》の返信《へんしん》もなし、若《も》し違約《ゐやく》さるゝ樣《やう》なことがあつては己《おの》れが面目《めんかく》に關《くわん》するを以《もつ》てその成行《なりゆき》を筮《ぜい》せむことを請《こ》ふ、谷川龍山《たにかはりうざん》之《これ》を

本卦

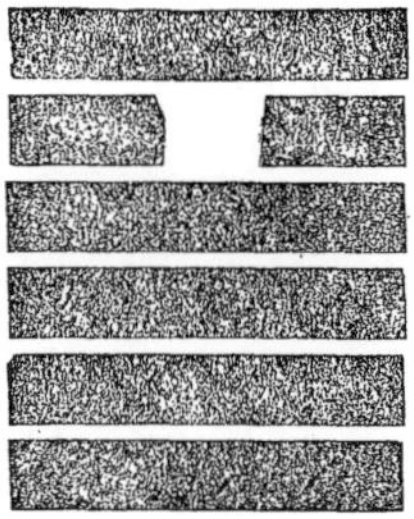

之卦

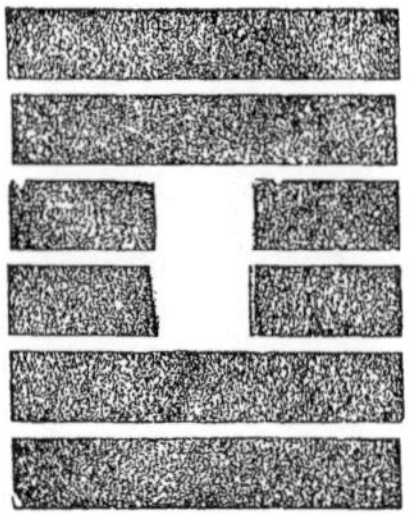

筮《ぜい》して大有《たいいう》の中孚《ちうふ》に之《ゆ》くを得《え》て之《これ》を占《うらな》ふて曰《いは》く、大有《たいいう》は大《おほい》に日《ひ》を有《たもつ》の義《ぎ》で、中孚《ちうふ》は彼我《ひが》相向《あひむか》つて信《しん》ある象《かたち》である、故《ゆゑ》に暫《しば》らく待《ま》つべし、必《から》らず音信《おんしん》あつて縁談調《えんだんとゝの》ふべしと言《い》ふ、其後《そのご》二十日《はつか》計《ばか》りを經《へ》て婚姻《こいいん》を肯《うけが》ひ吉辰《きつしん》を定《さだ》めむことを言《い》ひ來《きた》りてその事成就《ことじやうじゆ》せりと。

余《よ》嘗《かつ》て桑港《さうかう》に於《お》ける日本學童分隔問題《にほんがくごうぶんかくもんだい》に就《つい》ての日米間《にちべいかん》の交渉《かうせふ》を筮《ぜい》したことがあるが、顧《かへ》みれば已《すで》に十餘《よ》年前《ねんぜん》のことであるけれども、彼《ひ》我《が》の向背《かうはい》を察《さつ》する占例《せんれい》としては適當《てきたう》であらうと思《おも》ふから、左《さ》に舊稿《きうかう》その儘《まゝ》を掲《かゝ》ぐることゝした。

今回日本學童離隔問題《こんくわいにほんがくごうりかくもんだい》に就《つ》き日米間《にちべいかん》に起《おこ》つた所《ところ》の紛議《ふんぎ》が如何《いか》に落着《らくちやく》すべきか、此《こ》れ一見瑣々《けんさゝ》たる小事《せうじ》の樣《やう》であるが、その實《じつ》は我國《わがくに》の面目《めんもく》と利益《りえき》とを阻害《そがい》すべき極《きは》めて重大《ぢうだい》なる性質《せいしつ》を有《いう》する所《ところ》の問題《もんだい》である、蓋《けだ》し彼《かれ》が我《わ》が邦人《ほうじん》の渡航《とこう》を嫌忌《けんき》しつゝあることは、之《これ》を既往《きわう》の事實《じじつ》に顧《かへり》みて充分明白《じうぶんめいはく》である、故《ゆゑ》

に今回《こんくわい》の出來事《できごと》の如《ごと》きは、今後《こんご》益々《ますます》多大《ただい》ならむとする我《わ》が邦人《ほうじん》の渡航移住《とこういちう》を杜絶《とぜつ》せむが爲《ため》の導火《だうくわ》にして、畢竟《ひつきやう》は勞力《らうりよく》の進入《しんにふ》卽《すなは》ち彼我《ひが》人種間《じんしゆかん》に於《お》ける排擠的生存競爭《はいたてきせいそんきやうさう》に起因《きいん》する問題《もんだい》で、偶然突發《ぐつぜんとつぱつ》したる一時的性質《じてきせいしつ》のものでなく、根本的《こんほんてき》にしてその惡結果《あくけつくわ》を未來永遠《みらいえいゑん》に遺《のこ》すべき性質《せいしつ》のものである、隨《したが》つてその落着如何《らくちやくいかん》に關《くわん》し一占《せん》を試《こころ》みて當局者《たうきよくしや》の一眄《べん》を煩《わづら》はすも、强《あなが》ち徒勞《とらう》のことではあるまいと思《おも》ひ、之《これ》を筮《ぜい》して大過《たいくわ》の不變《ふへん》を得《え》た、依《よつ》て今回《こんくわい》の出來事《できごと》を以《もつ》て之《これ》を卦象《くわしやう》に對照《たいせう》すれば、別《べつ》に說明《せつめい》を要《えう》する迄《まで》もなくその狀況《じやうきやう》は已《すで》に卦象《くわしやう》に現示《げんじ》されて居《ゐ》る、卽《すなは》ち倒兌正兌《たうだせいだ》相背《あひそむ》くは彼我《ひが》の間《あひだ》に於《お》ける現時《げんじ》の實況《じつきやう》である、然《しか》らば兌口《だこう》が相向《あひむか》ひ相合《あひがつ》する中孚《ちうふ》の卦象《くわしやう》を以《もつ》て過去《くわこ》の有樣《ありさま》となすべきことも自《おのづ》から知《し》るべきである、

大過

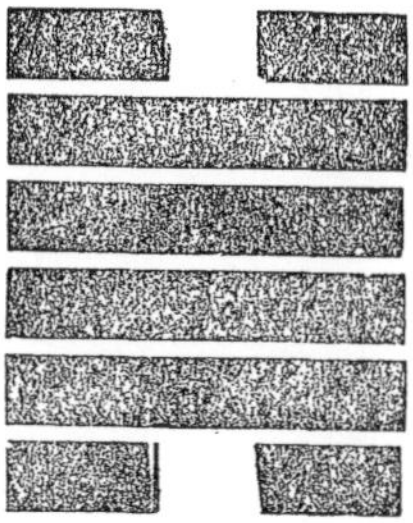

其《そ》れ此《かく》の如《ごと》く大過《たいくわ》の現狀《げんじやう》が過去《くわこ》の中孚《ちうふ》より來《きた》つて居《ゐ》るとせば、未來《みらい》に於《おい》ても亦必《またかな》らず中孚《ちうふ》の卦象《くわしやう》に適當《てきたう》すべき和合親睦《わがふしんぼく》の狀態《じやうたい》に歸着《きちやく》すべき理由《りいう》の存《そん》することも、亦自《またおのづ》から推知《すゐち》し得《え》らるゝのである、然《しか》れども得卦《とくくわ》が不變《ふへん》なる所《ところ》から之《これ》を察《さつ》すれば、現時《げんじ》の狀態《じやうたい》が尙永《なほなが》く將來《しやうらい》に持續《ぢぞく》する者《もの》と斷《だん》ぜねばならぬ、此《こ》れ卽《すなは》ち大《おほい》に過《す》ぐると言《い》ふ大過正面《たいくわしやうめん》の意義《いぎ》に外《ほか》ならぬ、然《しか》らば過去《くわこ》の中孚《ちうふ》と同樣《どうやう》なる狀態《じやうたい》に復歸《ふくき》する迄《まで》の間《あひだ》は果《はた》して無事《ぶじ》なるべきか、又結局彼我《またけつきよくひが》の失得如何《しつとくいかん》と言《い》ふに、大過《たいくわ》は亦《また》正巽倒巽《せいそんたうそん》相背《あひそむ》くの卦《くわ》で巽《そん》を進退果《しんたいはた》さずとなすが故《ゆゑ》に、彼我共《ひがとも》に遲疑逡巡《ちぎしゆんじゆん》して果斷果決的武力《くわだんくわけつてきぶりよく》を用《もち》ひ戰《せん》端《たん》を開《ひら》く樣《やう》なことはないであらう、乍去《さりながら》、終局《しふきよく》の利害失得《りがいしつとく》に就《つい》ては我《われ》に八分《ぶ》の弱點《じやくてん》があると言《い》はねば

ならぬ、何《なん》となれば、我《われ》に於《おい》ては人口《じんこう》の過多《くわた》なる結果《けつくわ》として、如何《いか》にしても彼《かれ》に向《むか》つて之《これ》を吐出《としゆつ》するの計《けい》をなさねばならぬが、彼《かれ》に於《おい》ては其《そ》の富源開拓《ふげんかいたく》の爲《た》め我《わ》が勞力《らうりよく》を俟《ま》つのではあるけれども、我《わ》が方《はう》に於《おい》て必要《ひつえう》を感《かん》ずる程《ほど》には彼《かれ》は之《これ》を感《かん》ぜぬ所《ところ》の事情《じじやう》がある、即《すなは》ち我《われ》は主動的立場《しゆどうてきたちば》に居《ゐ》るが、彼《かれ》は受《じゆ》動的立場《どうてきたちば》に居《ゐ》るからである、此等《これら》の事情《じじやう》を推《お》して之《これ》を考《かんが》へたならば、假《たと》へ後日《ごじつ》に及《およ》び中孚《ちうふ》の有様《ありさま》に復《ふく》歸《き》したれば迚《とて》も、以前《いぜん》の有様《ありさま》とは違《ちが》ひ彼《かれ》に一歩《ほ》を讓《ゆづ》り一敗《ぱい》を輸《ゆ》したる中孚《ちうふ》の有様《ありさま》となるべきことは、蓋《けだ》し必至《ひつし》の勢《いきほひ》であると言《いは》ねばなるまい、果《はた》してそうであるとせば、その如《ごと》き不愉快《ふゆくわい》なる狀態《じやうたい》を以《もつ》て永《なが》く惡感情《あくかんじやう》を持續《ぢぞく》せむよりは、寧《むし》ろ今日《こんにち》に於《おい》て潔《いさ》ぎよく彼《かれ》の主張《しゆちやう》を容《い》れた方《はう》が、却《かへ》つて得策《とくさく》であらうと思《おも》ふ、されど此《かく》の如《ごと》き屈辱的《くつじよくてき》なる平和《へいわ》は我等《われら》五千萬民《みん》の甘受《かんじゆ》し得《う》べき所《ところ》でないから、之《これ》を自然《しぜん》の成行《なりゆき》に推諉《すゐち》せず、何等《なんら》かの手段《しゆだん》を講《かう》じて我《わ》が利益《りえき》と面目《めんめく》とを確保《かくほ》せねばならぬ、然《しか》らば之《これ》を如何《いか》にすれば可《よ》いかと言《い》ふに、因循姑息《いんじゆんこそく》なる從來《じうらい》の態度《たいど》を一變《べん》し、勇猛活潑《ゆうまうくわつぱつ》なる態度《たいど》を取《とつ》て彼《かれ》に向《むか》ふことゝせば、內卦《ないくわ》の巽《そん》が變《へん》じて震《しん》となり卦《くわ》に於《おい》ては隨《ずゐ》となる、隨《ずゐ》には震《しん》の軍艦《ぐんかん》が兌《だ》の澤中《たくちう》に武裝《ぶさう》をなす所《ところ》の象《かたち》がある故《ゆゑ》に已《や》むなくば、武力《ぶりよく》に訴《うつた》ふるも尙且《たほか》つ辭《じ》せざる最後《さいご》の決意《けつい》を以《もつ》て、彼《かれ》に向《むか》つて正々堂々《せい〳〵だう〳〵》と人道《じんだう》の大義《たいぎ》を聲鳴《せいめい》して樽俎《そんそ》の間《あひだ》に折衝《せつしよう》を試《こゝろ》むるに於《おい》ては、彼《かれ》に於《おい》ても我《わ》が請求《せいきう》を容《い》れ難《がた》き事情《じじやう》あるにせよ終《つい》には必《かな》らず我《わ》が主張《しゆちやう》の公明《こうめい》にして決意《けつい》の堅牢《けんきよう》なることを觀取《くわんしゆ》し、外顚《ぐわいてん》して以前《いぜん》の倒兌《たうだ》となりて我《わ》が請《せい》求《きう》を容《い》れ、卦《くわ》に於《おい》ては益《えき》となつて我《われ》の勝利《しようり》となるであらう、併《しか》し此《かく》の如《ごと》き手段《しゆだん》を取《と》るは甚《はなは》だ危險《きけん》の樣《やう》に思《おも》はるゝが、決《けつ》してそうではない、何《なん》となれば、我《わ》れ內變《ないへん》して震《しん》となればその卦《くわ》は隨《ずゐ》で、隨《ずゐ》の伏卦《ふくくわ》は之《これ》を主觀《しゆくわん》せば蠱《こ》であるが、之《これ》を客觀《かくくわん》せば卽《すなは》ち隨《ずゐ》である、而《しか》して蠱《こ》は我《わ》が巽風《そんぷう》を以《もつ》て彼《かれ》が艮山《ごんざん》を吹《ふ》き破《やぶ》るの義《ぎ》で、彼《かれ》は我《われ》より吹《ふ》き破《やぶ》られざらむが爲《ため》に我《われ》に向《むか》つて隨從《ずゐじう》するの義《ぎ》である、最《もつと》も此《これ》は彼我《ひが》の間《あひだ》に於《お》ける隱《かく》れたる內情《ないじやう》である、反之《これにはんし》、大過《たいくわ》の伏卦《ふくくわ》は頤《ゐ》で我《われ》に震《しん》の武的決心《ぶてきけつしん》がありとすれば、彼《かれ》にも亦《また》同《おな》じく武的決心《ぶてきけつしん》があつて、互《たがひ》にその均衡《きんかう》を維持《ゐぢ》する所《ところ》の內意《ないい》がある、故《ゆゑ》に互《たがひ》に形勢《けいせい》を觀望《くわんばう》して紛議《ふんぎ》の落着《らくちやく》を遷延《せんえん》せしむることゝなる、さりては我《われ》の不利《ふり》なるが故《ゆゑ》に、一朝《てう》その態度《たいど》を變《へん》じて震《しん》となれば、前述《ぜんじゆつ》の如《ごと》く局面《きよくめん》の變化《へんくわ》を來《きた》して我《われ》の勝利《しようり》となるのであるが、此《こ》れ卽《すなは》ち先《さき》むずれば人《ひと》を制《せい》すと言《い》ふ格言《かくげん》の最好適例《さいかうてきれい》である、尙大過《なほたいくわ》の初《しよ》六に藉《し》くに白茅《はくばう》を用《もち》ゆ咎《とが》なしと言《い》ひ、巽《そん》の初《しよ》六に進退《しんたい》す武人《ぶじん》の貞《てい》に利《よろ》しと言《い》ふを考《かんが》へ合《あは》せたならば、前占《ぜんせん》の誤《あや》まりなきことを合點《がつてん》さるゝであらう。

第十　易位法

彼我《ひが》向對《かうたい》の見方《みかた》と用方《ようはう》とは、大略《たいりやく》此《かく》の如《ごと》きものであるが、前《まへ》にも述《の》べ置《お》きたる樣《やう》に掛合《かけあひ》も談判《だんぱん》も緣談《えんだん》も金談《きんだん》も亦相手《またあひて》方《かた》の虛實向背《きよじつかうはい》抔《など》を察《さつ》するも、その他《た》人《ひと》を相手《あひて》とする事柄《ことがら》は凡《すべ》て此《こ》の法《はふ》を用《もち》ひて動靜向《どうせいかう》背《はい》を察《さつ》すべきものである、故《ゆゑ》にその用途《ようと》は至《いた》つて廣《ひろ》きものであるが、之《これ》が活用《くわつよう》の妙《めう》を得《う》ると否《いな》とは、占者《せんしや》その人《ひと》の熟練《じゆくれん》を俟《ま》たねばならぬ。

易位《えきゐ》法《はふ》とは内卦《ないくわ》と外卦《ぐわいくわ》とその位《くらゐ》を移《うつ》し易《かは》る法《はふ》である、例《たと》へば䷌同人《どうじん》の内卦離《ないくわり》と外卦乾《ぐわいくわけん》とその位《くらゐ》を移《うつ》し易《かゆ》れば䷍大有《たいいう》となるの類《るゐ》であるが、此《こ》の法《はふ》は内卦《ないくわ》と外卦《ぐわいくわ》とその體《たい》を異《こと》にするものに限《かぎ》りて行《おこな》ふべきもので、内外《ないぐわい》その體《たい》を同《おな》じふする卦《くわ》に就《つい》ては此《こ》の法《はふ》を用《もち》らることが可能《でき》ぬ、故《ゆゑ》に此《こ》の法《はふ》は乾《けん》坤震巽坎離艮兌《こんしんそんかんりごんだ》の八重卦《ちようくわ》を除《のぞ》き、その他《た》の五十六卦《くわ》に就《つい》て之《これ》を用《もち》ゆべきものである、何故《なにゆゑ》であるかと言《い》ふに、乾坤震巽坎離艮兌《けんこんしんそんかんりごんだ》の八重卦《ちようくわ》は皆内外同體《みなないぐわいどうたい》の卦《くわ》である、故《ゆゑ》に之《これ》を易位《えきゐ》するも内外同象《ないぐわいどうしやう》にして變《へん》化《くわ》する所《ところ》がないからである、假《たと》へば乾《けん》の卦《くわ》を内外易位《ないぐわいえきゐ》するも矢張《やは》り乾《けん》で、兌《だ》の卦《くわ》を内外易位《ないぐわいえきゐ》するも亦《また》同《おな》じく兌《だ》であつて少《すこ》しも異《こと》なる所《ところ》がなきの類《るゐ》である、易位法《えきゐはふ》とは此《かく》の如《ごと》く内卦《ないくわ》と外卦《ぐわいくわ》とその位《くらゐ》を取《と》り替《かへ》る所《ところ》の法《はふ》であるが、その理由《りいう》には三様《やう》の區別《くべつ》がある、第《だい》一は内卦《ないくわ》を外卦《ぐわいくわ》く易位《えきゐ》することで、解《かい》の彖《たん》傳《でん》に解《かい》は險《けん》にして以《もつ》て動《うご》いて而《しか》して險《けん》を免《まぬ》かるゝは解《かい》と言《い》ふものが卽《すなは》ち此《こ》れである。蓋《けだ》し此《これ》は險中《けんちう》に動《うご》くものである、然《しか》るに屯《ちゆん》の内卦震《ないくわしん》を外卦《ぐわいくわ》に移《うつ》し易《かへ》れば解《かい》となる、玆《こゝ》に動《うご》いて而《しか》して險《けん》を免《まぬ》かるゝとは卽《すなは》ち此《こ》の内卦震《ないくわしん》が外卦《ぐわいくわ》に易位《えきゐ》して坎險《かんけん》の外《そこ》に出《い》づるの象《かたち》を取《と》たものである、第《だい》二は外卦《ぐわいくわ》を内卦《ないくわ》に易《えき》位《ゐ》することで、明夷《めいゐ》の大象《たいしやう》に明地中《めいちちう》に入《い》るは明夷《めいゐ》と言《い》ふものが卽《すなは》ち此《こ》れであるが、此《これ》は晋《しん》の外卦離《ぐわいくわり》の日《ひ》が内卦坤《ないくわこん》の下《した》に入《い》つて明夷《めいゐ》となつたことを言《い》ふたものである、第《だい》三は内卦《ないくわ》と外卦《ぐわいくわ》と互《たがひ》に易位《えきゐ》することで、泰《たい》の大象《たいしやう》に天地《てんち》交《まじ》はるは泰《たい》と言《い》ふものが卽《すなは》ち此《こ》れであるが、此《これ》は内外同時《ないぐわいどうじ》にその位《くらゐ》を移《うつ》し易《かゆ》ることを言《い》ふたものである、此《かく》の如《ごと》く三様《やう》の區別《くべつ》はあるけれども、一旦移《たんうつ》し易《かへ》た後《のち》の卦象《くわしやう》は何《いづ》れも皆同《みなおな》じである、今實占《いまじつせん》に就《つ》て之《これ》を言《い》へば、我《わ》が方《はう》より書簡《しよかん》を出《いだ》さむとする場合《ばあひ》に臨《のぞ》み明夷《めいゐ》を得《え》たりとせば内卦離《ないくわり》の書簡《しよかん》を外卦坤《ぐわいくわこん》の彼《かれ》に出《いだ》すのは、即《すなは》ち内卦《ないくわ》を外卦《ぐわいくわ》に易位《えきゐ》する第《だい》一の場合《ばあひ》である、然《しか》るに我《われ》より見《み》たる明夷《めいゐ》を彼《かれ》より見《み》れば晋《しん》である、此《こ》の時《とき》に於《おい》て彼《かれ》が我《わ》が方《はう》へ移轉《いてん》し來《きた》るものと假定《かてい》すれば晋《しん》は變《へん》じて明夷《めいゐ》となる、此《こ》れが即《すなは》ち外卦《ぐわいくわ》が内卦《ないくわ》へ易位《えきゐ》する第《だい》二の場合《ばあひ》である、又我《またわれ》は金子《きんす》を彼《かれ》に貸《か》し與《あた》へて彼《か》れよりその借用證《しやくようしよう》を取《と》り、彼《かれ》は我《われ》より金子《きんす》を受取《うけと》つてその代《かは》りに我《われ》に借用證《しやくようしやう》を渡《わた》すのは、此《これ》は即《すなは》ち内卦《ないくわ》と外卦《ぐわいくわ》と交々易位《こもごもえきゐ》する第《だい》三の場合《ばあひ》である、本法《ほんぱふ》は此《かく》の如《ごと》く我《われ》より彼《かれ》へ易位《えきゐ》するか、又彼《またかれ》より我《われ》に易位《えきゐ》するか、將亦《はたまた》彼我《ひが》共《とも》に易位《えきゐ》するかの事情《じじやう》ある場合《ばあひ》に之《これ》を用《もち》ゆべきものである、尚《なほ》その詳《くは》しきことは占例《せんれい》を見《み》て悟得《ごとく》されむことを望《のぞ》む。

第十一　顛倒法

顛倒法《てんたうはふ》とは卦《くわ》を上下逆顛《じやうかぎやくてん》して之《これ》を見《み》る所《ところ》の法《はふ》である、例《たと》へば䷕賁《ひ》を顛倒《てんだう》すれば䷔噬嗑《ぜいがう》となり、又《また》䷔噬嗑《ぜいがう》を顛倒《てんだう》すれば䷕賁《ひ》となるの類《るゐ》であつて、序卦傳《じよくわでん》並《ならび》に雜卦傳《ざつくわでん》等《とう》は概《おほむ》ね此《こ》の顛倒法《てんだうはふ》に由《より》て序列《じよれつ》を定《さだ》めたものである、而《しか》して本法《ほんぱふ》は乾坤頤大過坎離中孚小過《けんこんいたいくわかんりちうふせうくわ》の八卦《くわ》を除《のぞ》き、その他《た》の五十六卦《くわ》に就《つい》て之《これ》を用《もち》ゆべきものである、乾坤頤大過坎離中孚小過《けんこんゐたいくわかんりちうふせうくわ》の八卦《くわ》は之《これ》を顛倒《てんだう》するも亦同《またおな》じく乾坤頤大過坎離中孚小過《けんこんいたいくわかりちうふせうくわ》にして少《すこ》しも異《こと》なる所《ところ》がない、是《こ》れ此《こ》の八卦《くわ》を除《のぞ》く所以《ゆえん》である、而《しか》して本《ほん》法《はふ》の應用《おうよう》は已《すで》に前章《ぜんしやう》に於《おい》て略述《りやくじゆつ》したのであるから、茲《こゝ》には之《これ》を省《はぶ》くことゝしたのである。

第十二　交易法

交易法《かうえきはふ》とは三陰《いん》三陽《やう》の卦《くわ》に於《お》ける剛柔《がうじう》の爻《かう》が内外相交易《ないぐわいあひかうえき》する所《ところ》の法《はふ》である、本法《ほんぱふ》は此《かく》の如《ごと》く三陰《いん》三陽《やう》の卦《くわ》にあらざれば之《これ》を用《もち》ゆることを許《ゆる》さぬものであるが、三陰《いん》三陽《やう》に由《よつ》て成《な》り立《たつ》て居《ゐ》る所《ところ》の卦《くわ》は蠱賁《こひ》恒損井歸妹豐節既濟隨噬嗑咸益困漸旋渙未濟泰否《こうそんせいきまいほうせつきせいずゐぜいがうかんえきこんぜんりよくわんみせいたいひ》の二十卦《くわ》である、然《しか》るに此《こ》の中《うち》の蠱賁恒損井歸妹豐《こひこうそんせいきまいほう》節既濟《せつきせい》の九卦《くわ》は、泰《たい》の卦《くわ》に於《お》ける剛柔《がうじう》の二爻《かう》が内外《ないぐわい》互《たがひ》に代《か》はり易《かは》つたものと見《み》るもので、又隨噬嗑《またずゐぜいがう》咸益困漸旅渙未濟《かんえきこんぜんりよくわんみせい》の九卦《くわ》は、否《ひ》の卦《くわ》に於《お》ける剛柔《がうじう》の爻《かう》が内外《ないぐわい》互《たがひ》に代《か》はり易《かは》つたものと見《み》たものである、損《そん》の卦《くわ》の六三に三人行《にんゆ》けば即《すなは》ち一人《にん》を損《そん》し、一人行《にんゆ》けば即《すなは》ちその友《とも》を得《う》ると言《い》ひ、益《えき》の彖傳《たんでん》に益《えき》は上《かみ》を損《そん》して下《しも》を益《えき》すと言《い》ひ恒《こう》の彖傳《たんでん》に恒《こう》は久《ひさ》しきなり、剛上《がうのぼ》つて而《しか》して柔下《じうくだ》り、雷風《らいふう》相與《あひくみ》すと言《い》ひ咸《かん》の彖傳《たんでん》に柔上《じうのぼ》つて而《しか》して剛下《がうくだ》り、二氣感應《きかんおう》して以《もつ》て相與《あひくみ》すと言《い》ふが如《ごと》きは即《すなは》ち此《こ》のことである、而《しか》して本法《ほんぱふ》は賣買《ばい〳〵》、交換《かうくわん》、貸借《たいしやく》その他《た》人物《じんぶつ》の往來交代等交易《わうらいかうたいとうかつえき》の事實《じじつ》あるものに應用《おうよう》するものである、故《ゆゑ》に熟讀《じゆくどく》して活用《くわつよう》せられたし。

第十三　來往法

來往法《らいわうはふ》とは內外卦《ないぐわいくわ》の外《そこ》から陰陽《いんやう》の一爻《かう》が往來《わうらい》したものと見《み》る所《ところ》の法《はふ》で、來《きた》るとは外卦《ぐわいくわ》の外《そこ》より內卦《ないくわ》に來《きた》りたるものと見《み》ることで、往《ゆ》くとは內卦《ないくわ》の外《そこ》より外卦《ぐわいくわ》に往《ゆ》きたるものと見《み》ることであるが、今之《いまこれ》を經傳《けいでん》に徵《ちやう》すれば、无妄《むばう》の彖傳《たんてん》に剛外《がうぐわい》より來《きた》つて而《しか》して內《うち》に主《しゆ》となると言《い》ふは、剛《がう》が外卦《ぐわいくわ》の外《そこ》より來《きた》つて否《ひ》の初《しよ》六の上《うへ》に居《ゐ》て震《しん》の主《しゆ》となつたことを言《い》ひ、訟《しよう》の彖傳《たんでん》に剛來《がうきた》つて而《しか》して中《ちう》を得《う》ると言《い》ふも、剛《がう》が外卦《ぐわいくわ》の外《そこ》より來《きた》つて否《ひ》の六二の上《うへ》に居《ゐ》て訟《しよう》の主《しゆ》となつたことを言《い》ふたものである、又大畜《またたいちく》の彖傳《たんでん》に剛上《がうのぼ》つて而《しか》して賢《けん》を尙《たつと》ぶと言《い》ふは、剛《がう》が內卦《ないくわ》の外《そこ》より往《いつ》て泰《たい》の上《じやう》六の上《うへ》に居《ゐ》て畜《ちく》の主《しゆ》となつたことを言《い》ひ、晉《しん》の彖傳《たんでん》に晉《しん》は進《すゝ》むなり、柔進《じうすゝ》むで上行《じやうかう》するなりと言《い》ふは、柔《じう》が內卦《たいくわ》の外《そこ》より往《いつ》て否《ひ》の九五の上《うへ》に居《ゐ》て明《めい》の主《しゆ》となつたことを言《い》ふたものである、以上《いじやう》は唯《たゞ》その一二を擧《あげ》たものであるが、此《かく》の如《ごと》き例《れい》は外《ほか》にも澤山《たくさん》あつて數《かぞ》へ切《き》れぬ程《ほど》である、此《こ》れが卽《すなは》ち來往法《らいわうはふ》であるが、一見《けん》した丈《だけ》では一寸了解《ちよつとれうかい》し難《がた》い樣《やう》にもあるけれども、能々考《よくよくかんが》へて見《み》れば成程《なるほど》と納得《なつとく》することが可能《でき》るが、此《こ》の法《はふ》は之《これ》を人物《じんぶつ》の出《しゆつ》入病毒《にふびやうどく》の往來上下《わうらいじやうか》その他《た》之《これ》に類《るゐ》する事柄《ことがら》に就《つい》て應用《おうよう》すべく、活用《くわつよう》はその人《ひと》の技倆《ぎりやう》次第《しだい》である。

第十四　運移法

運移法《うんいはふ》とは內卦《ないくわ》の一爻《かう》を內卦《ぐわいくわ》に運移《うんい》し、又外卦《またぐわいくわ》の一爻《かう》を內卦《ないくわ》に運移《うんい》する所《ところ》の法《はふ》で、繫辭傳《けいじでん》に出入度《しゆつにふど》を以《もつ》てすとあるは卽《すなは》ち此《こ》のことを言《い》ふたものであるが、左氏傳成公《さしでんせいこう》の十六年《ねん》に復《ふく》の卦《くわ》を得《え》て王《わう》を射《い》てその目《め》に中《あ》つと言《い》ふは、内卦《ないくわ》より外卦《ぐわいくわ》に運移《うんい》するの一例《れい》である、又姤《またこう》の九五に天《てん》より隕《お》ることありと言《い》ふは、外卦《ぐわいくわ》より内卦《ないくわ》に運移《うんい》するの一例《れい》であるが、本法《ほんほふ》と來往法《らいわうはふ》とは多少《たせう》似《に》て居《ゐ》る所《ところ》がある、されども此《これ》は卦中《くわちう》に現存《げんそん》する陰陽《いんやう》の一爻《かう》を内卦《ないくわ》よりは外卦《ぐわいくわ》へ、外卦《ぐわいくわ》よりは内卦《ないくわ》へ運《はこ》び移《うつ》すの法《はふ》である、反之《これにはんし》、彼《かれ》は卦中《くわちう》になき所《ところ》の陰陽《いんやう》の一爻《かう》が内卦《ないくわ》よりは外卦《ぐわいくわ》に往《ゆ》き、外卦《ぐわいくわ》よりは内卦《ないくわ》に來《きた》ると見《み》るものである、此《こ》れが本法《ほんぽふ》と來往法《らいわうはふ》との同《おな》じからざる要點《えうてん》であるが、本法《ほんぽふ》に於《おい》て最《もつと》も必要《ひつえう》とする條件《でうけん》は陽爻《やうかう》は陽爻《やうかう》を越《こ》へ、又陰爻《またいんかう》は陰爻《いんかう》を越《こ》へて運移《うんい》することを許《ゆる》さぬのが法則《はふそく》である、剝復夬姤《はくふくくわいこう》の四卦《くわ》は何《いつ》れも一陰《いん》一陽《やう》の卦《くわ》である、故《ゆゑ》に此等《これら》の卦《くわ》に就《つい》てその一陰《いん》一陽《やう》の爻《かう》を内外《ないぐわい》に運《はこ》び移《うつ》して之《これ》を研究工夫《けんきうくふう》すれば、本法《ほんぽふ》の眞義《しんぎ》を能《よ》く悟得《ごとく》することが可能《でき》る、嘗《かつ》て眞勢中州《ませちうしう》が刀《かたな》の紛失《ふんじつ》したるを筮《ぜい》して屯《ちゆん》の卦《くわ》を得《え》て、屯《ちゆん》の卦《くわ》は元《も》と萃《すゐ》の九四の一陽《やう》が初《しよ》六の下《した》に運移《うんい》し來《きた》つたものであると見定《みさだ》めた如《ごと》きは、最《もつと》も能《よ》く本法《ほんぽふ》を事實《じじつ》に應用《おうよう》したものであつて、本法《ほんぽふ》は此《かく》の如《ごと》く物品《ぶつぴん》の移動《いどう》人物《じんぶつ》の出入往來等《しゆつにふわうらいとう》を占《うらな》ふ場合《はあひ》に用《もち》ゆべきものである。

第十五　變爲法

變爲法《へんゐはふ》とは陰爻《いんかう》を陽爻《やうかう》に變爲《へんゐ》し、陽爻《やうかう》を陰爻《いんかう》に變爲《へんゐ》するの法《はふ》である、乾《けん》の卦《くわ》の九二と九五に大人《たいにん》を見《み》るに利《よろ》しと言《い》ふてあるが、此《こ》れは九二を變《へん》じても又《また》九五を變《へん》じても共《とも》に離《り》の卦《くわ》となる、離《り》を目《め》となし見《み》るとなす、故《ゆゑ》に大人《たいにん》を見《み》るに利《よろ》しと言《い》ふ辭《ことば》を繫《か》けたもので、此《かく》の如《ごと》き例《れい》は外《ほか》にも澤山《たくさん》あるが、本法《ほんぱふ》は之《これ》を病筮《びやうぜい》に用《もち》ひて最《もつと》も妙驗《めうけん》を見《み》るものである、その他《た》本法《ほんぱふ》を活用《くわつよう》したる占例《せんれい》は種々《しゆ〳〵》あれども繁雜《はんざつ》を厭《いと》ふが爲《た》め茲《こゝ》には之《これ》を省《はぶ》くのである。

第十六　內顛法

內顛法《ないてんはふ》とは內卦《ないくわ》のみを逆顛《ぎやくてん》するの法《はふ》である、例《たと》へば䷂屯《ちゆん》の內卦震《ないくわしん》を逆顛《ぎやくてん》すれば䷦蹇《けん》となり、䷐隨《ずゐ》の內卦震《ないくわしん》を逆顛《ぎやくてん》すれば䷞咸《かん》となるの類《るゐ》は皆內顛法《みなないてんはふ》である、されど本法《ほんぱふ》は內卦《ないくわ》に震巽艮兌《しんそんごんだ》の偏體卦《へんたいくわ》があるものに限《かぎ》つて之《これ》を用《もち》ゆべきもので、乾坤坎離《けんこんかんり》の正體卦《せいたいくわ》があるものに就《つい》ては之《これ》を用《もち》ゆることが可能《でき》ぬ、何故《なにゆゑ》なれば、乾坤坎離《けんこんかんり》は共《とも》に正體《せいたい》の卦《くわ》であるから、之《これ》を逆《ぎやく》にしても亦同《またおな》じく乾坤坎離《けんこんかんり》で少《すこ》しも異《こと》なる所《ところ》がないからである、故《ゆゑ》に本法《ほんぱふ》は內卦《ないくわ》に偏體《へんたい》の卦《くわ》たる震巽艮兌《しんそんごんだ》の一を持《もつ》て居《ゐ》る三十二卦《くわ》に限《かぎ》つて之《これ》を用《もち》ゆるものである、而《しか》して此《こ》の法《はふ》は我《わ》れが彼《かれ》に向《むか》つて應《おう》じ背《うけが》ふと、彼《かれ》に背《そむ》き拒《こば》むと彼我《ひが》の向背應對《かうはいおうたい》を察《さつ》する場合《ばあひ》に用《もち》ゆべきもので、懸合談判等《かけあひだんぱんとう》に關《くわん》することを占《うらな》ふに當《あた》つて此法《このはふ》を用《もち》ひなば、その效驗《かうけん》が著《いちじる》しきものである。

第十七　外顛法

外顛法《ぐわいてんはふ》とは外卦《ぐわいくわ》のみを逆顛《ぎやくてん》するの法《はふ》である、假《たと》へば䷹兌《だ》の外卦兌《ぐわいくわだ》を逆顛《ぎやくてん》すれば䷼中孚《ちうふ》となり、䷤家人《かじん》の外卦巽《ぐわいくわそん》を逆顛《ぎやくてん》すれば䷰革《かく》となるの類《るゐ》である、此《かく》の如《ごと》く本法《ほんぱふ》は外卦《ぐわいくわ》に震巽《しんそん》艮兌《こんだ》の偏體卦《へんたいくわ》を持《も》て居《ゐ》るものに限《かぎ》つて之《これ》を用《もち》ゆべきもので、乾坤坎離《けんこんかんり》の正體卦《せいたいくわ》を持《も》て居《ゐ》るものに就《つい》ては之《これ》を用《もち》ゆることが可能《でき》ぬ、何《なん》となれば、乾坤坎離《けんこんかんり》は正體《せいたい》の卦《くわ》であるから之《これ》を逆《ぎやく》にするも亦同《またおな》じく乾《けん》坤乾離《こんかんり》で異象《いしやう》を得《え》ぬからである、故《ゆゑ》に本法《ほんぱふ》は外卦《ぐわいくわ》に偏體《へんたい》の卦《くわ》たる震巽艮兌《しんそんごんだ》の一を持《も》て居《ゐ》るものに限《かぎ》るのである、而《しか》して本法《ほんぱふ》は前《まへ》の內顛法《ないてんはふ》とは反對《はんたい》に彼《かれ》が我《われ》に向《むか》つて應《おう》じ背《うけが》ふと、我《われ》に背《そむ》き拒《こば》むとその心情《しんじやう》を察《さつ》する爲《ため》の方法《はうはふ》である。

第十八 內外顛法

內外顛法《ないぐわいてんはふ》とは內卦《ないくわ》と外卦《ぐわいくわ》とを分《わか》つて別々《べつべつ》に逆顛《ぎやくてん》する所《ところ》の法《はふ》である、假《たと》へば䷞咸《かん》の內外卦《ないぐわいくわ》を分《わか》つて之《これ》を逆顛《ぎやくてん》すれば䷩益《えき》となり、䷵歸妹《きまい》の內外卦《ないぐわいくわ》を分《わか》つて之《これ》を逆顛《ぎやくてん》すれば䷑蠱《こ》となるの類《るゐ》を言《い》ふたものである、故《ゆゑ》に本法《ほんぱふ》は內外共《ないぐわいとも》に震巽艮兌《しんそんごんだ》の偏體卦《へんたいくわ》に由《よつ》て成《な》り立《た》つて居《ゐ》るものでなければ之《これ》を用《もち》ゆることが可能《でき》ぬ、此《かく》の如《ごと》く本法《ほんぱふ》は內顛法《ないてんはふ》と外顛法《ぐわいてんはふ》とを同時《どうじ》に用《もち》ゆる所《ところ》の法《はふ》であるから、彼我《ひが》の應對向背《おうたいかうはい》を察《さつ》するの法《はふ》たることは固《もと》より言《げん》を竢《また》ぬ所《ところ》である。以上《いじやう》の諸法《しよはふ》は占法《せんぱふ》としては最《もつと》も重要《えう》にして缺《か》くべからざるものである、故《ゆゑ》に初學者《しよがくしや》の爲《た》めにその大要《たいえう》を述《の》べたのである、而《しか》して此《こ》れが用法《ようはふ》は後《のち》に出《いだ》す所《ところ》の占例《せんれい》を見《み》れば能《よ》く分《わか》るのであるから、茲《こゝ》には之《これ》を省《はぶ》くことゝしたのであるが、此《こ》の外《ほか》にも尚種々《なほしゆ〳〵》なる占法《せんぱふ》があるけれども、紙數《しすう》に限《かぎ》りある本編《ほんぺん》に於《おい》ては悉《こと〴〵》く之《これ》を説《と》くことを許《ゆる》さぬ、故《ゆゑ》に尚進《なほすゝ》むで占法《せんぱふ》の秘蘊《ひうん》を極《きは》めむとなれば拙著眞勢中州之易學並《せつちよまなせちうしうのえきがくならび》に五段論式必中占法《だんろんしきひつちうせんぱふ》を一讀《どく》せられよ

第十九　卦象を見て人の性情氣質を察する法

乾《けん》　剛氣《がうき》なる性《せい》。頑固《ぐわんこ》にして驕《おご》り亢《たか》ぶる性《せう》、正直《しやうちき》にして實情《じつじやう》ある人《ひと》。

兌《だ》　愛嬌《あいけう》ある人《ひと》、優《やさ》しき性《せう》、辯舌《べんぜつ》に巧《たく》みなる人《ひと》、媚《こ》び諂《へつら》ふ人《ひと》。能《よ》く笑《わら》ふ性《せう》、あどけなき性《せう》。

離《り》　利巧發明《りこうはつめい》なる性《せう》。短慮《たんりよ》にして氣世話《きせわ》しき性《せう》、心《こゝろ》の變《かは》り易《やす》き性《せう》、文筆《ぶんぴつ》の才《さい》ある人《ひと》、上向《うはむ》きを飾《かざ》る人《ひと》

震《しん》　勢《いきほ》ひ強《つよ》き性《せう》、負《ま》け嫌《きらひ》にして向《むか》ふ一倍《ばい》と言《い》ふ性《せう》。能《よ》く怒《いか》る性《せう》、活潑《くわつぱつ》なる性《せう》、落着《おちつか》ぬ性《せう》。勉《つと》め勵《はげ》む人《ひと》新《あらた》に事《こと》を創《はじ》むる人《ひと》。

巽《そん》　進退不果《しんたいふくわ》にして愚圖々々《ぐづ〳〵》する性《せう》、始《はじ》めは勢《いきほ》ひ強《つよ》けれども後《のち》には勢《いきほ》ひぬけのする人《ひと》、迷《まよ》ふて二の足《あし》を踏《ふ》む性《せう》、度々失敗《たび〳〵しつぱい》する人《ひと》、好《す》き嫌《きら》ひの多《おほ》き性《せう》、媚《こ》び從《したが》ふ人《ひと》。

坎《かん》　邪智深《じやちふか》き性《せう》、權謀奸計《けんぼうかんけい》に長《ちやう》ずる人《ひと》、困難多《こんなんおほ》き人《ひと》、疑《うたが》ひ迷《まよ》ふ性《せう》。

艮《ごん》　頑固《ぐわんこ》にして氣高《けだか》き性《せう》、自信強《じしんつよ》くして間違多《まちがひおほ》き性《せう》、保守主義《ほしゆ〳〵ぎ》にして進取《しんしゆ》の氣象《きしやう》なき人《ひと》、能《よ》く人《ひと》と反《はん》對《たい》する性《せう》。篤實《とくじつ》にして虛飾《きよしよく》を嫌《きら》ふ人《ひと》。

坤《こん》　穩和《をんわ》なる性《せう》、決斷《けつだん》あしき性《せう》、慾深《よくふか》き性《せう》、保守的《ほしゆてき》にして終《をは》りを完《まつた》ふする人《ひと》、喜怒哀樂《きどあいらく》の外《そと》に現《あら》はれぬ人《ひと》。

以上《いじやう》は唯《たゞ》その一端《たん》を言《い》ふたのみである、尚《なほ》八卦《くわ》の性能《せいのう》を推《お》して種々《しゆ〴〵》に之《これ》を活用《くわつよう》することは占者《せんしや》その人《ひと》に存《そん》するのである。

第二十　待人を占ふ法

☰ 乾《けん》は速《すみや》かに來《きた》る。

☱ 兌《だ》は音信《おんしん》あり。

☲ 離《り》を文書《ぶんしよ》となす故《ゆゑ》に音信來《おんしんきた》る。

☳ 震《しん》は急《きふ》に來《きた》るべし。

☴ 巽《そん》を進退果《しんたいはた》さずとなす故《ゆゑ》に期日《きじつ》に後《おく》れて來《きた》るべし。

☵ 坎《かん》を難《なや》むとなす故《ゆゑ》に來《きた》らず。

☶ 艮《ごん》は障《さわ》りあつて來《きた》らず、されども音信來《おんしんきた》ることあり。

☷ 坤《こん》は來《きた》ること遲《おそ》し。

第二十一　旅行外出抔の吉凶を占ふ卦

☰ 乾《けん》は出入共《しゆつにふとも》に故障《こしやう》なし。

☱ 兌《だ》は口舌爭論《くぜつさうろん》あり又女《またをんな》の爲《た》めに散財《さんざい》することあるべし。

☲ 離《り》を船《せん》とす故《ゆゑ》に船《ふね》に乘《の》るに利《よろ》しとす、又速《またすみや》かに歸《かへ》れば吉《きつ》なり。

☳ 震《しん》は急《いそ》ぎ行《ゆ》くは凶《きよう》、徐々《じよ〵》として行《ゆ》かば障《さわ》りなし。

☴ 巽《そん》は遠《とほ》く行《ゆ》くに利《よろ》しとす。

☵ 坎《かん》に病難盜難等《びやうなんたうなんとう》に罹《かゝ》ることあり、船《ふね》に乘《の》ることを忌《い》む。

☶ 艮《ごん》は故障《こしやう》ありて途中《とちう》に滯《とゞこ》ふるの意《い》あり、故《ゆゑ》に思《おも》ひ止《とゞ》まるを可《か》なりとす。

☷ 坤《こん》は獨《ひと》り行《ゆ》くは凶《きよう》、人《ひと》に從《したが》ふて行《ゆ》くは吉《きつ》。

第二十二　走り人を占ふ卦

☰ 乾《けん》は遠《とほ》く行《い》つて尋《たづ》ね難《がた》し、西北《せいほく》の方《かた》。

☱兌《だ》は近《ちか》し音信《おんしん》あるべし、西《にし》の方《かた》。

☲離《り》は船《ふね》に乘《つ》つて遠《とほ》く行《ゆ》く、されども音信《おんしん》あるか又《また》は見出《みいだ》すことあり、南《みなみ》の方《かた》。

☳震《しん》は舟車《しうしや》に乘《り》つて遠《とほ》く行《ゆ》かむとす、東《ひがし》の方《かた》。

☴巽《そん》は已《すで》に遠《とほ》く行《ゆ》きたりとなす、東南《とうなん》の方《かた》。

☵坎《かん》は近《ちか》き所《ところ》に隱伏《いんぷく》すべし、北《きた》の方《かた》。

☶艮《ごん》は途中《とちう》に止《とゞ》まる、久《ひさし》ふして後歸《のちかへ》り來《きた》るべし、北東《ほくとう》の方《かた》。

陽卦《やうくわ》が變《へん》じて陰卦《いんくわ》となれば近《ちか》き意《い》あり、故《ゆゑ》に乾《けん》が兌《だ》に變《へん》じ、震《しん》が兌《だ》に變《へん》じたる時《とき》は近《ちか》しとす、反之《これにはんし》、陰卦《いんくわ》が變《へん》じて陽卦《やうくわ》となれば遠《とほ》き意《い》あり、故《ゆゑ》に巽《そん》が乾《けん》に變《へん》じ、離《り》が震《しん》に變《へん》じ、兌《だ》が震《しん》に變《へん》じ、離《り》が乾《けん》に變《へん》じ、兌《だ》が乾《けん》に變《へん》じ、坤《こん》が震《しん》に變《へん》じたる時《とき》は遠《とほ》しとなす。

又陽《またやう》が陰《いん》に變《へん》じても遠《とほ》きものがある、卽《すなは》ち乾《けん》が巽《そん》に變《へん》じ、坎《かん》が巽《そん》に變《へん》じ、艮《ごん》が巽《そん》に變《へん》じた時《とき》がさうである、蓋《けだ》し乾《けん》は遠《とほ》く行《ゆ》くものであるが、巽《そん》も亦遠《またとほ》く行《ゆ》くものである、故《ゆゑ》に乾《けん》が巽《そん》に變《へん》じたものを遠《とほ》しとするは當然《たうぜん》である、然《しか》れども坎《かん》と艮《ごん》とが巽《そん》に變《へん》じた時《とき》に之《これ》を遠《とほ》しとする所以《ゆゑん》は、坎《かん》は險中《けんちう》に陷《おちい》り艮《ごん》は止《とゞ》まつて動《うご》かぬものである、然《しか》るに變《へん》じて巽《そん》となるは卽《すなは》ち遠《とほ》く行《ゆ》く所《ところ》の義《ぎ》がある、故《ゆゑ》に陽《やう》が陰《いん》に變《へん》ずるを以《もつ》て近《ちか》しとするの例外《れいぐわい》として、却《かへ》つて之《これ》を以《もつ》て遠《とほ》しとするのである、又陰《またいん》が陽《やう》に變《へん》じても近《ちか》きものがある、卽《すなは》ち坤《こん》が坎《かん》に變《へん》じ、巽《そん》が坎《かん》に變《へん》じ、離《り》が艮《ごん》に變《へん》じた時《とき》がそうである、又巽《またそん》が兌《だ》に變《へん》じ、離《り》が兌《だ》に變《へん》じた時《とき》も亦同《またおな》じく近《ちか》きものとせねばならぬ。

八卦《くわ》の性情《せいじやう》に由《よつ》て遠近《ゑんきん》を取《こ》れば略此《ほゞかく》の如《ごと》くである、されども内卦《ないくわ》にある時《とき》と外卦《ぐわいくわ》にある時《とき》とは、自《おのづ》からその義《ぎ》を異《こと》にする塲合《はあひ》があるから、上下《じやうげ》と爻象《かうしやう》とを併《あは》せ見《み》て遠近《ゑんきん》を斷《だん》ずべく、以上《いじやう》は唯《たゞ》その恒例《こうれい》を示《しめ》すに過《す》ぎぬのである。

第二十三　婚姻の卦

凡《およ》そ婚姻《こんいん》は男女《だんぢよ》の年齢《ねんれい》と身分《みぶん》とが相匹敵《あひひつてき》して老少貴賤貧富等大《らうせうきせんひんぷとうだい》なる懸隔《けんかく》がないことを必要《ひつえう》とする、何《なん》となれば、男女双方《だんぢよさうはう》の年齢《ねんれい》が甚《はなは》だしく相違《さうゐ》すれば、年老《としお》いたるものは老《お》いたる丈《だけ》の考《かんが》へを持《もつ》て居《ゐ》るが年若《としわか》きものは若《わか》き丈《だけ》の考《かんが》へを持《もつ》て居《ゐ》て、好惡毀譽《かうおくきよ》その他《た》の傾向《けいかう》が懸《か》け離《はな》れて相互《さうご》の了解《れうかい》を妨《さまた》ぐることゝなる隨《したが》つて一旦結婚《たんけつこん》しても不和合《ふわがふ》の爲《た》めその終《をは》りを全《まつた》ふすることが可能《でき》ぬことゝなる、貴賤貧富等《きせんひんぷとう》身分上《みぶんじやう》の相違《さうゐ》あるのも、亦此《はたこれ》と同樣《どうやう》である、故《ゆゑ》に婚姻《こんいん》に取《とつ》ては此《こ》の年齢身分等《ねんれいみぶんとう》が程《ほど》よく配合《はいがふ》されて居《ゐ》る卦《くわ》が吉《きつ》で、然《しか》らざる卦《くわ》が凶卦《きようくわ》であるとせねばならぬ、今此《いまこ》の標準《へうじゆん》に由《よつ》て之《これ》を擇《えら》べば、乾《けん》は老夫《らうふ》であつて坤《こん》は老婦《らうふ》である、故《ゆゑ》に乾坤相配《けんこんあひはい》する地天泰《ちてんたい》の卦《くわ》は此《こ》の標準《へうじゆん》に適合《てきがふ》したものである、次《つぎ》に震《しん》は長男《ちやうなん》であつて巽《そん》は長女《ちやうぢよ》である、故《ゆゑ》に此《こ》の震《しん》と巽《そん》と相配《あひはい》したる雷風恒《らいふうこう》と風雷益《ふうらいえき》の二卦《くわ》も亦《また》さうである、次《つぎ》に坎《かん》は中男《ちうなん》であるが離《り》は中女《ちうぢよ》である。故《ゆゑ》に此《こ》の坎《かん》と離《り》と相配《さうはい》したる水火既濟《すゐくわきさい》と火水未濟《くわすゐみさい》の二卦《くわ》も亦吉卦《またきつくわ》とせねばならぬ筈《はず》である、されども他《た》に然《し》かされぬ理《り》があるから、此《こ》の二卦《くわ》は吉卦《きつくわ》であるとは言《い》へぬ

次《つぎ》に艮《ごん》は少男《せうなん》であるが兌《だ》は少女《せうぢよ》である、故《ゆゑ》に此《こ》の艮《ごん》と兌《だ》と相配《さうはい》したる山澤損《さんたくそん》と澤山咸《たくさんかん》の二卦《くわ》も亦吉卦《またきつくわ》である、されば婚姻《こんいん》に取《と》て最《もつと》も吉卦《きつくわ》とすべきものは以上《いじやう》の五卦《くわ》で卽《すなは》ち左《さ》の如《ごと》くである、

姻婚に就ての吉卦

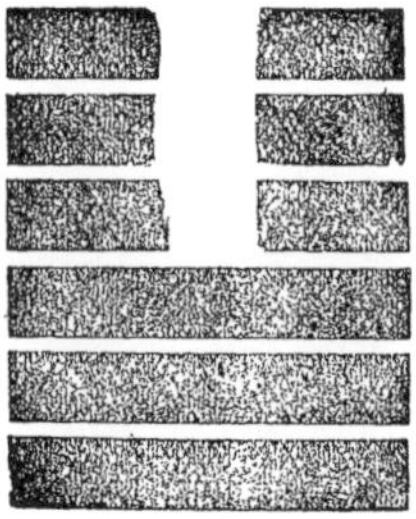

地天泰

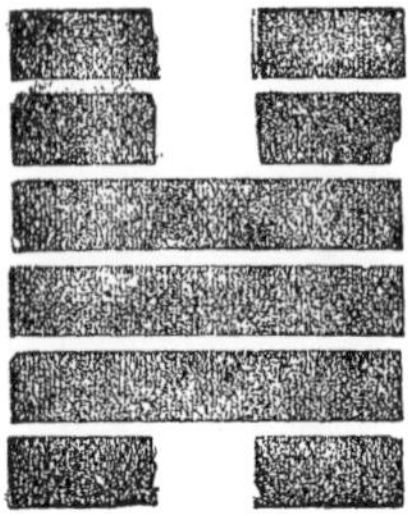

雷風恆

䷩ 風雷益

䷨ 山澤損

䷞ 澤山咸

此《こ》の次《つぎ》に婚姻《こんいん》に取《とつ》ての吉卦《きつくわ》と言《い》はるべきものは䷐澤雷隨《たくらいずゐ》、䷴風山漸《ふうさんぜん》、䷯水風井《すゐふうせい》の三卦《くわ》であるが此《こ》の三卦《くわ》は前《まへ》の五卦《くわ》に較《くら》ぶれば大《おほい》に劣《おと》つて居《を》る所《ところ》がある、その理由《りいう》は何れにあるかと言《い》へば、前《まへ》の五卦《くわ》は二爻《かう》と五爻《かう》とが陰陽夫婦《いんやうふうふ》相應《あひおほ》じて居る、後《あと》の三卦《くわ》は隨《ずゐ》は隨從《ずゐじう》の義《ぎ》、漸《ぜん》は漸進《ぜんしん》して序《じよ》あるの義《ぎ》、井《せい》は養《やしな》ふの義《ぎ》あるを以《もつ》て之《これ》を取《とつ》て吉《きつ》とするもので、此《こ》の三卦《くわ》は二と五と必《かな》らずしも相應《あひおう》じては居《を》らぬ、是《こ》れその上吉《じやうきつ》とすることを得《え》ざる所以《ゆえん》である、以上《いじやう》八卦《くわ》を除《のぞ》きその外《ほか》の五十六卦《くわ》は大抵凶《たいていきよう》卦《くわ》にあらざれば不適當《ふてきたう》の卦《くわ》である、今試《いまこゝろ》みに陰陽相配《いんやうさうはい》する卦《くわ》を擧《あげ》てその然《しか》る所以《ゆえん》を一言《げん》すれば乾《けん》に巽《そん》を配《はい》するものは ䷈ 小畜《せうちく》と ䷫ 姤《こう》との二卦《くわ》であるが、小畜《せうちく》は巽陰《そんいん》を以《もつ》て乾陽《けんやう》を抑止《よくし》するの義《ぎ》である、故《ゆゑ》に夫妻《ふさい》目《め》を反《はん》すと言《い》ひ、姤《こう》は一陰《いん》を以《もつ》て五陽《やう》に遇《あ》ふ、故《ゆゑ》に不貞《ふてい》の女《をんな》となす、乾《けん》に離《り》を配《はい》するものは ䷍ 大有《たいいう》と ䷌ 同人《どうにん》との二卦《くわ》であるが、大有《たいいう》は一陰《いん》にして五陽《やう》を有《たも》つ卽《すなは》ち女主《ぢよしゆ》の象《かたち》である同人《どうじん》は一陰《いん》を以《もつ》て五陽《やう》に同《おな》ふす、故《ゆゑ》に此《これ》も亦《また》多夫《ふ》の嫌《きらひ》がある、乾《けん》に兌《だ》を配《はい》するものは ䷪ 夬《くわい》と ䷉ 履《り》との二卦《くわ》であるが、夬《くわい》は決去《けつきよ》の義《ぎ》にして結合《けつがふ》の義《ぎ》に背《そむ》き、履《り》は天澤懸隔《てんたくけんかく》して不釣合《ふつりあひ》の象《しやう》である、亦《また》 ䷋ 否《ひ》は乾《けん》に配《はい》するに坤《こん》を以《もつ》てした卦《くわ》であるけれども、否《ひ》とは陰陽交《いんやうまじ》はらずして否《ひ》塞《そく》するの義《ぎ》である、故《ゆゑ》に婚姻《こんいん》に取《とつ》ては不適當《ふてきたう》である。

次《つぎ》に震《しん》に離《り》を配《はい》するものは ䷔ 噬嗑《ぜいがう》と ䷶ 豐《ほう》との二卦《くわ》であるが、此《こ》の二卦《くわ》は共《とも》に二と五と陰《いん》陽《やう》の應《おほ》がない許《ばか》りでなく、二と五の間《あひだ》を阻《そ》隔《かく》する所《ところ》の陽爻《やうかう》がある、故《ゆゑ》に此《こ》の二卦《くわ》は兩夫《れうふ》女《ぢよ》を爭《あらそ》ふか或《あるひ》は故障《こしやう》あるの象《しやう》とする、䷵ 歸《き》妹《まい》は少女《せうぢよ》が長男《ちやうなん》を追《お》ふの象《しやう》である、故《ゆゑ》に之《これ》を淫婦《いんぷ》となす。

震《しん》に坤《こん》を配《はい》するものは ䷏ 豫《よ》と ䷗ 復《ふく》との二卦《くわ》であるが、此《こ》の二卦《くわ》は共《とも》に二五陰陽《いんやう》の應《おほ》じないのみならず、豫《よ》は震《しん》の夫《ふ》が外《ほか》に在《あつ》て獨《ひと》り樂《たのし》むでその婦《ふ》を顧《かへり》みず、又復《またふく》は幾度《いくた》も出《で》入往來《いりわうらい》するの義《ぎ》がある、故《ゆゑ》に二卦共《くわとも》に不適當《ふてきたう》の卦《くわ》である。

その次《つぎ》に坎《かん》に坤《こん》を配《はい》するものは䷇比《ひ》と䷆師《し》との二卦《くわ》であるが、師《し》は軍旅《ぐんりよ》の義《ぎ》にして憂卦《ゆうくわ》である、故《ゆゑ》に婚姻《こんいん》に取《こつ》ては固《もと》より不適《ふてき》である、反之《これにはんし》、比《ひ》は相共《あひとも》に比親《ひしん》するの義《ぎ》である、故《ゆゑ》に此卦《このくわ》は年《ねん》齢《れい》の釣合《つりあひ》はその宜《よろ》しきを得《え》て居《を》らぬけれども、例外《れいぐわい》として之《これ》を吉卦《きつくわ》の中《なか》に數《かぞ》へねばならぬ、䷺渙《くわん》は坎《かん》するに巽《そん》を以《もつ》てしたもので、渙《くわん》とは離散《りさん》するの義《ぎ》である、故《ゆゑ》に婚姻《こんいん》の卦《くわ》としては不適當《ふてきたう》である坎《かん》に離《り》を配《はい》するものは䷾既濟《きせい》と䷿未濟《みせい》との二卦《くわ》であるが、此二卦《このくわ》は二と五と陰陽夫婦《いんやうふうふ》の間《あひだ》に妨《さまた》げとなるの爻《かう》がある上《うへ》に、既濟《きせい》は終《をは》りを保《たも》たざるの義《ぎ》があり、未濟《みせい》は未《いま》た濟《さしの》はずと言《い》ふ義《ぎ》である、故《ゆゑ》に兩卦共《りやうくわとも》に凶卦《きようくわ》である、䷮困《こん》も坎《かん》に配《はい》するに兌《だ》を以《もつ》てしたものであるが、困《こん》とは女《をんな》の爲《た》めに困苦《こんく》するの象《かたち》である故《ゆゑ》に此《これ》も亦凶卦《またきようくわ》である、その次《つぎ》に艮《ごん》に坤《こん》を配《はい》するものは䷎謙《けん》と䷖剝《はく》との二卦《くわ》であるが、二卦共《くわとも》に二と五との應《おほ》なき許《ばか》りでなく、謙《けん》は隔《へだ》てあつて和《わ》せず剝《はく》は削《けづ》り落《おと》すの義《ぎ》であるから不適當《ふてきたう》である、蠱《こ》は艮《ごん》に配《はい》するに巽《そん》を以《もつ》てするもので、蠱《こ》とは蠱壞《こくわい》の義《ぎ》である、故《ゆゑ》に此《これ》も亦凶卦《またきようくわ》である、艮《ごん》に離《り》を配《はい》するものは䷷旅《りよ》と䷕賁《ひ》との二卦《くわ》であるが、此《こ》の二卦《くわ》も亦《また》二五の應《おほ》がない許《ばか》りでなく、旅《りよ》は親《したし》みすくなく賁《ひ》は色盛《いろさか》むなるの義《ぎ》で適當《てきたう》の卦《くわ》ではない。

此《かく》の如《ごと》く陰陽相配《いんやうさうはい》する卦《くわ》の中《なか》に於《おい》て婚姻《こんいん》に取《こつ》て吉卦《きつくわ》とさるべきものは、唯水地《たゞすゐち》比《ひ》の一卦《くわ》あるのみでその他《た》の卦《くわ》は何《いづ》れも凶卦《きようくわ》であるが、序《つい》でに此外《このほか》の陰《いん》と陰《いん》と陽《やう》と陽《やう》と相配《さうはい》する卦《くわ》の中《なか》に於《おい》て、婚姻《こんいん》に取《とつ》ての吉卦《きつくわ》と言《い》はるべきものを擧《あ》ぐれば、䷒臨《りん》は二陽《やう》と四陰《いん》と相臨《あひのぞ》み且《か》つ二五の應《おほ》もあるから吉卦《きつくわ》である、次《つぎ》に䷚頤《ゐ》は正震《せいしん》と倒震《たうしん》と相對《あひたい》して頤養《ゐやう》するの義《ぎ》があるから、吉卦《きつくわ》とは言《い》び難《がた》きも適當《てきたう》の卦《くわ》と言《い》ふても可《い》い、その次《つぎ》は䷤家人《かじん》の卦《くわ》であるが、家人《かじん》は二五男女内外位《なんによないぐわいゐ》を正《たゞし》ふして相應《あひおほ》ずるの卦《くわ》であるから、此《これ》も亦婚姻《またこんいん》に取《とつ》ての吉卦《きつくわ》である、但《たゞ》し二と五との間《あひだ》に之《これ》を離隔《りかく》する陰陽《いんやう》の爻《かう》があるから、男女夫婦《だんぢよふうふ》の和合《わがふ》を妨《さまた》ぐるものゝあることを免《まぬ》かれぬ。その次《つぎ》に䷬萃《すゐ》と䷭升《しよう》とは共《とも》に二五相應《あひおほ》じて居《ゐ》る上《うへ》に、萃《すゐ》は聚《あつ》まるの義《ぎ》、升《しよう》は上《のぼ》るの義《ぎ》であるから此《これ》も亦適當《またてきたう》の卦《くわ》と言《い》ふて可《よ》いその次《つぎ》に䷼中孚《ちうふ》は正兌《せいだ》と倒兌《たうだ》と相向《あひむか》つて孚誠《ふせい》を盡《つく》すの象《かたち》である、故《ゆゑ》に此《これ》も亦婚姻《またこんいん》の吉卦《きつくわ》である此《かく》の如《ごと》く檢索《けんさく》し來《きた》れば婚姻《こんいん》に取《とつ》ての吉卦《きつくわ》は前《まへ》に擧《あ》げたる八卦《くわ》の外《ほか》、茲《こゝ》に擧《あ》げたる比《ひ》、臨《りん》、頤《ゐ》、家人《かじん》、萃《すゐ》、升《しよう》、中孚《ちうふ》の七卦《くわ》ある丈《だけ》でその他《た》は皆凶卦《みなきようくわ》にあらざれば不適當《ふてきたう》の卦《くわ》である。

此《こ》の外革《ほかかく》と鼎《てい》とは故《ふる》きを去《さ》つて新《あた》らしきを取《こ》るの卦《くわ》であるから、初婚《しよこん》の際《さい》に筮《ぜい》し得《え》たる時《とき》は凶《きよう》であるされども再縁《さいえん》三縁《えん》の際《さい》に於《おい》ては吉卦《きつくわ》と見《み》るも差支《さしつか》へない、又乾爲天《またけんゐてん》、兌爲澤《だゐたく》、離爲火《りゐくわ》、震爲雷《しんゐらい》、巽爲風《そんゐふう》、坎爲水《がんゐすゐ》、艮爲山《ごんゐさん》、坤爲地《こんゐち》の八卦は何《いづ》れも重卦《ぢうくわ》であるから、再婚《さいこん》の場合《はあひ》に得《う》べき卦《くわ》である。

第二十四　得卦の時刻配當

一卦《くわ》六爻《かう》を以《もつ》て時刻《じこく》に配當《はいたう》するの法《はふ》は即《すなは》ち左圖《さづ》の如《ごと》く

右方は晝	左方は夜
後四時 申の刻	前四時 寅の刻
後二時 未の刻	前二時 丑の刻
十二時 午の刻	十二時 子の刻
前十時 巳の刻	後十時 亥の刻
前八時 辰の刻	後八時 戌の刻
前六時 卯の刻	後六時 酉の刻

初爻《しよかう》を午前《ごぜん》六時《じ》とし卯《う》の刻《こく》となし、二爻《かう》を午前《ごぜん》八時《じ》とし辰《たつ》の刻《こく》となし、三爻《かう》を午前《ごぜん》十時《じ》とし巳《み》の刻《こく》となし。四爻《かう》を正《しやう》十二時《じ》とし午《うま》の刻《こく》となし、五爻《かう》を午後《ごご》二時《じ》とし未《ひつじ》の刻《こく》となし、上爻《じやうかう》を午後《ごご》四時とし申《さる》の刻《こく》となす、それより又《また》初爻《しよかう》に反《かへ》りて初爻《しよかう》を午後《ごご》六時《じ》とし酉《とり》の刻《こく》となし、二爻《かう》を午後《ごご》八時《じ》とし戌《いぬ》の刻《こく》

となし、三爻《かう》を午後《ごご》十時《じ》とし亥《ゐ》の刻《こく》となし、四爻《かう》を正十二時《しやうじ》とし子《ね》の刻《こく》となし、五爻《かう》を午前《ごぜん》二時《じ》とし丑《うし》の刻《こく》となし、上爻《じやうかう》を午前《ごぜん》四時《じ》とし寅《とら》の刻《こく》となすのであるが、此《これ》は不變《ふへん》の卦《くわ》を得《え》た時《とき》の配當《はいたう》の仕方《しかた》である、若《も》し本卦《ほんくわ》と之卦《しくわ》と二卦《くわ》ある時《とき》は、之卦《しくわ》は初爻《しよかう》を以《もつ》て午後《ごご》六時《じ》とし酉《とり》の刻《こく》として圖《づ》の如《ごと》く下《した》より上《うへ》に順次《じゆんじ》に配當《はいたう》すべきものである。

第二十五　得卦の月割法

一年《ねん》の吉凶《きつきよう》を筮《ぜい》してその得卦《とくくわ》が不變《ふへん》なる時《とき》は、その不變《ふへん》の一卦《くわ》を以《もつ》てその年《とし》の吉凶《きつきよう》を占《うらな》ふべく、若《も》し又《また》その得卦《とくくわ》が本卦《ほんくわ》と之卦《しくわ》と兩卦《りやうくわ》ある時《とき》は、その本之《ほんし》の兩卦《りやうくわ》を以《もつ》てその年《とし》の吉凶《きつきよう》を占《うらな》ふべきものである　されど一年《ねん》には十二ケ月《げつ》の區分《くぶん》がある、故《ゆゑ》に月々《つきづき》の吉凶《きつきよう》を占《うらな》はむとせば、得卦《とくくわ》を十二ケ月《げつ》に配分《はいぶん》してその吉凶《きつきよう》を占《うらな》はねばならぬ、是《こ》れ月割法《つきわりはふ》の必要《ひつえう》なる所以《ゆえん》である、然《しか》らば如何《いか》にして之《これ》を十二ケ月《げつ》に配《はい》分《ぶん》するかと言《い》へば、例《たと》へばその年《とし》の三月《ぐわつ》に一年間《ねんかん》の吉凶《きつきよう》を筮《ぜい》して水雷屯《すゐらいちゆん》の不變《ふへん》を得《え》たりとせば、一年《ねん》間《かん》の大體《だいたい》の吉凶《きつきよう》は此《こ》の屯《ちゆん》の卦《くわ》の卦象《くわしやう》を以《もつ》て占《うらな》ふべきことは固《もと》より上述《じやうじゆつ》の如《ごと》くである、然《しか》る上《うへ》に屯《ちゆん》の卦《くわ》の初爻《しよかう》を反覆《はんぷく》して比《ひ》の卦《くわ》となし、此《こ》の比《ひ》の卦《くわ》を以《もつ》て三四兩月《りやうげつ》の吉凶《きつきよう》を占《うらな》ひ、占《うらな》ひ終《をは》りて初爻反《しよかうかへ》して舊《きう》の屯《ちゆん》の卦《くわ》となし、次《つぎ》に屯《ちゆん》に卦《くわ》の二爻《かう》を反覆《はんぷく》して節《せつ》の卦《くわ》となし、その節《せつ》を以《もつ》て五六兩月《りやうげつ》の吉凶《きつきよう》を占《うらな》ひ、占《うらな》ひ終《をは》りて亦之《またこれ》を屯《ちゆん》となし、その次《つぎ》に三爻《かう》を反覆《はんぷく》して既濟《きせい》となし、その既濟《きせい》を以《もつ》て七八兩月《りやうげつ》の吉凶《きつきよう》を占《うらな》ひ、占《うらな》ひ終《をは》りて亦之《またこれ》を屯《ちゆん》となし、その次《つぎ》に四爻《かう》を反覆《はんぷく》して隨《ずゐ》となし、その隨《ずゐ》を以《もつ》て九十兩月《りやうげつ》の吉凶《きつきよう》を占《うらな》ひ、占《うらな》ひ終《をは》りて亦之《またこれ》を屯《ちゆん》となし、その次《つぎ》に五爻《かう》を反覆《はんぷく》して復《ふく》となし、その復《ふく》を以《もつ》て十一十二兩月《りやうげつ》の吉凶《きつきよう》を占《うらな》ひ、占《うらな》ひ終《をは》りて亦之《またこれ》を屯《ちゆん》となし、その次《つぎ》に上爻《じやうかう》を反覆《はんぷく》して益《えき》となし、その益《えき》を以《もつ》て一二兩《りやう》月《げつ》の吉凶《きつきよう》を占《うらな》ふべく、即《すなは》ち一爻《かう》に二ヶ月《げつ》づゝを配當《はいたう》して之《これ》を占《うらな》ふのである。

以上《いじやう》は不變《ふへん》の一卦《くわ》を得《え》た時《とき》の配分法《はいぶんはふ》であるが、その得卦《とくくわ》が本之兩卦《ほんしりやうくわ》ある場合《ばあひ》には一爻《かう》に一月《つき》づゝ即《すなは》ち十二爻《かう》に十二ヶ月《げつ》を配分《はいぶん》し、之《これ》を占《うらな》ふべきものである、今假《いまか》りに山水蒙《さんすゐもう》の五爻變《かうへん》を得《え》たとすれば、蒙《もう》の初爻《しよかう》を反《かへ》して損《そん》となしてその月《つき》の吉凶《きつきよう》を占《うらな》ひ、然《しか》る後《のち》亦之《またこれ》を元《もと》の蒙《もう》に復《ふく》して、次《つぎ》に二爻《かう》を反《かへ》して剝となしてその翌月《よくげつ》の吉凶《きつきよう》を占《うらな》ひ、亦之《またこれ》を元《もと》の蒙《もう》に復《ふく》し、その次《つぎ》に三爻《かう》を反《かへ》して蠱《こ》となしてその翌月《よくげつ》の吉凶《きつきよう》を占《うらな》ひ、此《かく》の如《ごと》く次第《しだい》に上爻《じやうかう》に至《いた》つて六ヶ月《げつ》の吉凶《きつきよう》を占《うらな》ひ、然《しか》る後《の》ち之卦《しくわ》の初爻《しよかう》を反《かへ》して七ヶ月《げつ》目《め》の吉凶《きつきよう》を占《うらな》ひ、その餘《よ》は前《まへ》の如《ごと》く次第《だい》に上爻《じやうかう》に進《すゝ》むで十二ヶ月《げつ》の吉凶《きつきよう》を占《うらな》ふのであるが、その他皆《たみな》此《こ》の例《れい》の如《ごと》くすれば可《い》い。

第二十六　一卦を六十ヶ年に配當する法

此《こ》の法《はふ》は一生《しやう》の運氣《うんき》抔《なぞ》を筮《ぜい》して年々《ねんく》の吉凶《きつきよう》を占《うらな》ふ時《とき》に用《もち》ゆべきもので即《すなは》ち左圖《さづ》の如《ごと》く

自廿五 三十迄	自五十六 六十迄
自廿一 廿五迄	自五十一 五十五迄
自十六 二十迄	自四十六 五十迄
自十一 十五迄	自四十一 四十五迄
自六才 十才迄	自卅六 四十迄
自一才 五才迄	自卅一 卅五迄

その得卦《さくくわ》は何《なん》の卦《くわ》にてもよいのであるが、假《か》りに泰《たい》の不變《ふへん》を得《え》たとすれば得卦泰《さくくわたい》の初爻《しよかう》を變《へん》じて升《しよう》を以《もつ》て一才《さい》より五才迄《さいまで》の吉凶《きつきよう》を占《うらな》ひ、然《しか》る後亦之《のちまたこれ》を元《もと》の泰《たい》に復《ふく》し、次《つぎ》に泰《たい》の二爻《かう》を變《へん》じて明夷《めいい》となし、その明夷《めいい》を以《もつ》て六才《さい》より十才迄《さいまで》の吉凶《きつきよう》を占《うらな》ひ、順次《じゆんじ》に上爻《じやうかう》に至《いた》つて三十才迄《さいまで》の吉凶《きつきよう》を占《うらな》ひ、その次《つぎ》には泰《たい》の卦《くわ》を反覆《はんぷく》して否《ひ》となし、亦《また》その初爻《しよかう》を變《へん》じて三十一才《さい》より三十五才迄《さいまで》の吉凶《きつきよう》を占《うらな》ひ、その次《つぎ》に亦否《またひ》の二爻《かう》を變《へん》じて訟《しよう》となし、その訟《しよう》を以《もつ》て三十六才《さい》より四十才迄《さいまで》の吉凶《きつきよう》を占《うらな》ひ、順次《じゆんじ》に上《のぼ》つて上爻《じやうかう》に至《いた》るべきことは前《まへ》と同様《どうやう》であるが、本之兩卦《ほんしりやうくわ》を得《え》たる時《とき》は本卦《ほんくわ》にて三十ケ年間《ねんかん》の吉凶《きつきよう》を占《うらな》ひ、次《つぎ》の三十ケ年《ねん》は之卦《しくわ》にて之《これ》を占《うらな》ふべきものである、此《こ》の外《ほか》にも尚種々《なほしゆ〴〵》の年割法《ねんわりはふ》があるけれども、大同小異《だいどうせうい》

のものである許《はか》りでなく、頗《すこ》ぶる繁雜《はんざつ》であるから、茲《こゝ》には之《これ》を省《はぶ》くことゝしたが、その他日割《たひわり》の法抔《はふなど》も象法講義《しやうはふかうぎ》の部《ぶ》に圖《づ》を以《もつ》て示《しめ》してあるから、彼此參照《かれこれさんせう》して之《これ》を用《もち》ひられ度《た》いのである。

第二十七　六十卦の十二ケ月配當

十一月の卦

未濟、蹇、頤、中孚、復

十二月の卦

屯、謙、睽、升、臨

正月の卦

小過、蒙、益、漸、泰、

二月の卦

需、隨、晉、解、大壯、

三月の卦

豫、訟、蠱、革、夬、

四月の卦

旅、師、比、小畜、乾、
五月の卦
大有、家人、井、咸、姤、
六月の卦
鼎、豐、渙、履、遯、
七月の卦
恒、節、同人、損、否、
八月の卦
巽、萃、大畜、賁、觀、
九月の卦
歸妹、无妄、明夷、困、剝、
十月の卦
艮、既濟、噬嗑、大過、坤、
四正の卦
震東、離南、兌西、坎北、

右《みぎ》は漢《かん》の孟長卿《まうちやうきやう》が推卦《すゐくわ》より取《こ》り來《きた》つたものである。

六十四卦の十二ケ月配當

十一月は　復、小畜、賁、節、

十二月は　臨、鼎、大畜、解、

正月は　泰、大有、既濟、漸、恒、同人、蠱、咸、

二月は　大壯、大過、革、无妄、訟、睽、晉、

三月は　夬、井、渙、履、

四月は　乾、艮、離、巽、

五月は　姤、旅、困、豫、

六月は　遯、家人、屯、萃、

七月は　否、歸妹、損、師、比、隨、未濟、益、

八月は　觀、升、頤、蒙、蹇、中孚、明夷、需、

九月は　剝、噬嗑、謙、豐、

十月は　坤、兌、坎、震、

右《みぎ》は斷易《だんえき》に於《お》ける一世《せ》二世《せ》より遊魂歸魂《ゆうこんきこん》に至《いた》るの卦《くわ》を以《もつ》て十二ヶ月《げつ》に配當《はいたう》したるものにて、横《よこ》に見《み》て復臨泰大壯より十月《ぐわつ》の坤《こん》に至《いた》る迄《まで》は各《かく》その月《つき》の正當《せいたう》の卦《くわ》となし、毎月《まいげつ》その下《した》に附記《ふき》するものは、その月《つき》の附屬《ふぞく》の卦《くわ》としたものであるが、前《さき》の配當《はいたう》とは少《すこ》しく異《こと》なつて居《ゐ》るけれども、玆《こゝ》に之《これ》を附載《ふさい》して活《くわつ》用《よう》の便《べん》に供《きよう》するのである。

第二十八　五行と方位

五行《ぎやう》とは水火木金土《すゐくわもくきんご》のことで、之《これ》を五行《ぎやう》と言《い》ふは此《こ》の水火木金土《すゐくわもくきんど》の五氣《き》が年月日時《ねんげつひじ》に八方位《はうゐ》に循環《じゆんくわん》飛行《かう》するのである、故《ゆゑ》に之《これ》を五行《ぎやう》と唱《とな》へたものであるが、天《てん》一水《すゐ》を北《きた》に生《しやう》じ、地《ち》二火《くわ》を南《みなみ》に生《しやう》じ、天《てん》三木《もく》を東《ひがし》に生《しやう》じ、地《ち》四金《きん》を西《にし》に生《しやう》じ、天《てん》五土《ご》を中《ちう》に生《しやう》じ、而《しか》して又《また》地《ち》六水《すゐ》を北《きた》に成《な》し、天《てん》七火《くわ》を南《みなみ》に成《な》し、地《ち》八木《もく》を東《ひがし》に成《な》し、天《てん》九金《きん》を西《にし》に成《な》し、地《ち》十土《ご》を中《ちう》に成《な》す、故《ゆゑ》に水《すゐ》は北《きた》に位《くらゐ》し、火《くわ》は南《みなみ》に位《くらゐ》し、木《もく》は東《ひがし》に位《くらゐ》し、金《きん》は西《にし》に位《くらゐ》し、土《ご》は中央《ちうわう》に位《くらゐ》するのである、此《こ》れが即《すなは》ち河圖《かと》に於《お》ける五行《ぎやう》の生成位《せいせいゐ》である。

第二十九　五行の生尅

五行《ぎやう》の生尅《せいこく》とは水火木金土《すゐくわもくきんご》の五者《しや》が相互《さうご》に生《しやう》じ助《たす》くると尅《こく》し害《がい》するとの關係《くわんけい》を言《い》ふたもので、北方《ほくはう》の水《みづ》が東方《とうはう》の木《き》を生《しやう》じ、東方《とうはう》の木《き》が南方《なんはう》の火《ひ》を生《しやう》じ、南方《なんぱう》の火《ひ》が中央《ちうわう》の土《つち》を生《しやう》じ、中央《ちうわう》の土《つち》が西方《せいはう》の金《かね》を生《しやう》ずるのが謂《い》ふ所《ところ》の生《しやう》ずる方《はう》であるが、之《これ》に反《はん》して木《もく》が土《ど》を尅《こく》し、火《くわ》が金《きん》を尅《こく》し、土《ど》が水《すゐ》を尅《こく》し、金《きん》が木《もく》を尅《こく》し、水《すゐ》が火《くわ》を尅《こく》するのが謂《い》ふ所《ところ》の尅《こく》する方《はう》である、卽《すなは》ち左《さ》の如《ごと》し。

木生火　火生土　**土生金**　金生水　水生木

木尅土　火尅金　土尅水　金尅木　水尅火

然《しか》るに木《もく》と木《もく》、火《くわ》と火《くわ》、土《ど》と土《ど》、金《きん》と金《きん》、水《すゐ》と水《すゐ》は同類《どうるゐ》である、故《ゆゑ》に之《これ》を比和《ひわ》と言《い》ふ。

第三十　旺相死囚休

旺相死囚休《わうさうししうきう》とは五行《ぎやう》が春夏秋冬《しゆんかしうとう》の四節《せ》に於《お》ける生克《せいこく》に由《よ》て盛衰《せいすゐ》を生《しやう》ずることを言《い》ふたものである、卽《すなは》ち木《もく》は春《はる》を主《つかさ》ごるものである、故《ゆゑ》に春《はる》は木旺《もくわう》である、而《しか》して此《こ》の木《もく》は木生火《もくせうくわ》と火《くわ》を生《しやう》じ相《たす》くるものである、故《ゆゑ》に春《はる》は火相《くわさう》である、又《また》此《こ》の木《もく》は木尅土《もくこくど》と土《ど》を尅殺《こくさつ》するものである、故《ゆゑ》に春《はる》は土死《どし》である、又《また》此《こ》の木《もく》は金尅木《きんこくもく》と金《きん》より尅害《こくがい》するのである、故《ゆゑ》に春《はる》は金囚《きんしう》である、又《また》此《こ》の木《もく》は水生木《すゐせうもく》と水《みづ》より生《しやう》ずるのである、故《ゆゑ》に春《はる》は水休《すゐきう》である、之《これ》を旺相死囚休《わうさうしうきう》と言《い》ふ、囚《しう》とは罪人《ざいにん》を拘束《かうそく》して口中《かくちう》に入《い》るゝの義《ぎ》、休《きう》とは休息《きうそく》するの義《ぎ》であるが、夏秋冬《かしうとう》の三節《せつ》も亦上例《またじやうれい》に由《よ》つて推知《すゐち》さるゝのである。

第三十一　八卦と五行

八卦《くわ》と五行《ぎやう》とはその起原《きげん》を異《こと》にして居《ゐ》る、随《したが》つて之《これ》を充分《じうぶん》に調和配當《てうわはいたう》することは可能《でき》ぬが、今茲《いまこゝ》に古《こ》來此《らいこ》の兩者《れうしや》を配當《はいたう》したものを擧《あげ》て讀者《どくしや》の使用《しよう》に供《きよう》すれば大略《たいりやく》左《さ》の如《ごと》くである。

一　八卦《くわ》の五行配當《ぎやうはいたう》

八卦《くわ》を以《もつ》て五行《ぎやう》に配當《はいたう》すれば乾兌《けんだ》を金《きん》となし、震巽《しんそん》を木《もく》となし、艮坤《ごんこん》を土《ど》となし、坎《かん》を水《すゐ》となし、離《り》を火《くわ》となす、此《かく》の如《ごと》く金《きん》と木《もく》と土《ど》とは何《いづ》れも皆《みな》二卦《くわ》を配《はい》し、水《すゐ》と火《くわ》とは各《かく》一卦《くわ》を配《はい》するに過《す》ぎぬのであるが、此《これ》は八を以《もつ》て五に配《はい》するには已《や》むを得《え》ぬ所《ところ》である、そこで今之《いまこれ》を經傳《けいでん》に徴《ちやう》すれば、説卦傳《せつくわでん》に乾《けん》を金《きん》となすことを言《い》へど、兌《だ》を以《もつ》て金《きん》となすことは言《い》ふて居《を》らぬ、又巽《またそん》を木《もく》となすことを言《い》へども震《しん》を以《もつ》て木《もく》となすことは言《い》ふて居《を》らぬ、されども繫辭傳《けいじでん》に木《き》を斷《たつ》て杵《きね》と爲《な》し地《ち》を掘《ほつ》て臼《うす》と爲《な》し臼杵《きうしよ》の利《り》萬民《ばんみん》以《もつ》て濟《すく》ふ蓋《けだ》し諸《これ》を小過《せうくわ》に取《と》ると言《い》へるは、その象《しやう》を震《しん》に取《と》つたものである、震《しん》も巽《そん》も共《とも》に木《もく》に象《かた》どるべきものとすれば、兌《だ》を以《もつ》て金《きん》となすべきことを言《い》はずと雖《いへ》ども、而《しか》も亦乾《またけん》と同《おな》じく金《きん》に象《かた》どることは推《すゐ》して知《し》るべき所《ところ》である、又坤《またこん》を地《ち》となし艮《ごん》を山《さん》となすことは言《い》ふて居《ゐ》るけれども、坤艮《こんごん》を以《もつ》て土《ど》となすべきことは言《い》ふて居《を》らぬ、されども坤《こん》を地《ち》となし艮《ごん》を山《さん》となす上《うへ》は之《これ》を以《もつ》て土《ど》となすべきことは言《げん》を竢《また》ぬ所《ところ》である、又坎《またかん》を水《すゐ》となし離《り》を火《くわ》となすことは經傳共《けいでんとも》に言《い》ふ所《ところ》にして何等《なんら》の疑《うたがひ》もない所《ところ》である、

二　河圖《かと》の數《すう》を八卦《くわ》に配《はい》す

河圖《かご》の數《すう》は一二三四五六七八九十の十數《すう》であるが、易《えき》の卦象《くわしやう》は天地雷風水火山澤《てんちらいふうすゐくわさんたく》の八物《ぶつ》である故《ゆゑ》に河《か》圖《こ》の數《すう》を八卦《くわ》に配當《はいたう》すれば二數《すう》を剩《あま》すこと〻なる、故《ゆゑ》に乾兌《けんだ》の二卦《くわ》は何《いづ》れも四と九を配《はい》し、震巽《しんそん》の二卦《くわ》は何《いづ》れも三と八を配《はい》し、坤艮《こんごん》の二卦《くわ》は何《いづ》れも五と十を配《はい》し、坎《かん》には一と六を配《はい》し、離《り》に二と七を配《はい》して居《ゐ》る、此《かく》の如《ごと》く何《いづ》れの卦《くわ》も二數《すう》づ〻配當《はいたう》されて居《ゐ》るが、何《いづ》れを主《しゆ》となし從《じう》となすかは一定《てい》して居《を》らぬ、故《ゆゑ》に易占《えきせん》に於《おい》て數《すう》を用《もち》ゆることは至《いた》つて困難《こんなん》である、今日《こんにち》の所《ところ》では時《とき》に臨《のぞ》み機《き》に應《おほ》じて此《こ》の數《すう》を取捨活用《とりすてくわつよう》するの外《ほか》はない。

三　八卦《くわ》の方位《はうゐ》配當《はいたう》

說卦傳《せつくわでん》に曰《いは》く震《しん》は東方《とうはう》なり、巽《そん》は東南《とうなん》なり、離《り》は南方《なんぱう》の卦《くわ》なり、乾《けん》は西北《さいほく》の卦《くわ》なり、坎《かん》は正北方《せいほくぱう》の卦《くわ》なり、艮《ごん》は東北《とうほく》の卦《くわ》なりと言《い》ふて居《ゐ》るが、坤《こん》と兌《だ》とはその何《いづ》れの卦《くわ》なることは言《い》ふてない、然《しか》れども離《り》の次《つぎ》に至《いた》り坤《こん》は地《ち》なり萬物皆養《ばんぶつみなやしな》ふことを致《いた》す、故《ゆゑ》に坤《こん》に致役《ちえき》すと言《い》ふて居《ゐ》るから、坤《こん》を以《もつ》て南西《なんせい》の卦《くわ》となすべきことが分《わか》る、又兌《まただ》は正秋《せいしう》なり萬物《ばんぶつ》の說《よろこ》ぶ所《ところ》なり、故《ゆゑ》に兌《だ》に說言《えつげん》すと言《い》ふて居《を》るから、兌《だ》を以《ちつ》て正西《しやうさい》の卦《くわ》となすべきことも明《あき》らかである、而《しか》して俗《ぞく》に言《い》ふ後天圖《こうてんづ》なるものは即《すなは》ち此《これ》と同《おな》じく、說卦傳《せつくわでん》の帝震《ていしん》に出《い》づるの章《しやう》に由《よつ》て之《これ》を畫《えが》きたるものである、故《ゆゑ》に易占《えきせん》に於《おい》て卦《くわ》を以《もつ》て方位《はうゐ》に配《はう》すべき時《とき》は、必《かなら》ず茲《こゝ》に言《い》ふ所《ところ》の震東《しんとう》、巽東南《そんとうなん》、離正南《りしやうなん》、坤南西《こんなんせい》、兌正西《だしやうせい》、乾西北《けんさいほく》、坎正北《かんしやうほく》、艮北東《ごんほくとう》を用《もち》ゆべく、先天圖《せんてんづ》なるものを用《もち》ひざるを要《えう》するのである。

四　八卦《くわ》の十干《かん》配當《はいたう》

八卦《くわ》を以《もつ》て十干《かん》に配當《はいたう》すれば震巽《しんそん》を以《もつ》て甲乙《かうおつ》となし、離《り》を以《もつ》て丙丁《へいてい》とし、坤艮《こんごん》を以《もつ》て戊己《ぼうき》とし、乾兌《けんだ》を以《もつ》て庚辛《かうしん》とし、坎《かん》を以《もつ》て壬癸《じんき》とするのである、故《ゆゑ》に甲乙《かうおつ》の日《ひ》云々《うんぬん》若《もし》くは庚辛《かうしん》の日《ひ》に云々《うんぬん》と謂《い》ふが如《ごと》くに之《これ》を用《もち》ゆるのである。

第三十二　卦に生克を用ゆる法

周易《しうえき》は自由説《じいうせつ》に由《よつ》て成《な》り立《た》つて居《ゐ》るが、五行《ぎやう》は宿命論《しゆくめいろん》に由《よつ》て成《な》り立《た》つて居《ゐ》る、隨《したが》つて周易《しうえき》の占斷《せんだん》は義《ぎ》理《り》を主《しゆ》として生克《せいこく》を用《もち》ひぬのである、反之《これにはんし》五行《ぎやう》は生克《せいこく》を主《しゆ》として義理《ぎり》を用《もち》ひぬことゝなつて居《ゐ》る、今《いま》その然《しか》る所以《ゆゑん》を一言《げん》すれば、五行《ぎやう》から言《い》へば水《すゐ》と火《くわ》とは水克火《すゐこくくわ》にして凶《きやう》である、然《しか》るに周易《しうえき》に於《おい》ては離下坎上《りかかんじやう》の卦《くわ》を名《なづ》けて既濟《きせい》と言《い》ふて居《ゐ》るが、既濟《きせい》とは既《すで》に濟《な》ふと言《い》ふ義《ぎ》であつて、水克火《すゐこくくわ》の義《ぎ》とは大《おほい》に相反《あひはん》して居《ゐ》る、又離下兌上《またりかだじやう》の卦《くわ》たる革《かは》の彖傳《たんでん》には水火相《すゐくわあひ》息むと言《い》ふて居《ゐ》るが、此《これ》は即《すなは》ち水《みづ》が盛《さか》むなれば火《ひ》を滅《めつ》し、火《ひ》が盛《さか》むなれば水《みづ》を滅《めつ》して一定不變《ていふへん》の相《さう》なきことを言《い》ふたもので、易《えき》が自由説《じいうせつ》に由《よつ》て成《な》り立《た》つて居《ゐ》る所《ところ》は實《じつ》に玆《こゝ》にある、故《ゆゑ》に水火相息《すゐくわあひや》むの一語《ご》は生克的宿命説《せいこくてきしゆくめいせつ》を遺憾《ゐかん》なく打破《だは》し得《え》たものであると言《い》ふて可《よ》い、その外《ほか》坤下坎上《こんかかんじやう》の卦《くわ》を以《もつ》て比親《ひしん》の義《ぎ》となし、離下乾上《りかけんじやう》の卦《くわ》を以《もつ》て人《ひと》と同《おなじ》ふするの義《ぎ》となし、乾下離上《けんかりじじやう》の卦《くわ》を以《もつ》て大《おほい》に有《たも》つの義《ぎ》となし、坤下震上《こんかしんじやう》の卦《くわ》を以《もつ》て豫樂《よらく》の義《ぎ》となし、震下兌《しんかだ》上《ぜう》の卦《くわ》を以《もつ》て隨從《ずゐじう》の義《ぎ》となし、震下離上《しんかりじやう》の卦《くわ》を以《もつ》て噬《か》み合《あは》すの義《ぎ》となし、震下坤上《しんかこんじやう》の卦《くわ》を以《もつ》て復《かへ》り歸《かへ》るの義《ぎ》となし、震下乾上《しんかけんじやう》の卦《くわ》を以《もつ》て妄《もう》なきの義《ぎ》となし、震下艮上《しんかこんじやう》の卦《くわ》を以《もつ》て頤養《ゐやう》の義《ぎ》となし、乾下震上《けんかしんぜう》の卦《くわ》を大壯《たいさう》と名《なづ》け、離下坤上《りかこんじやう》の卦《くわ》を明夷《めいい》と名《なづ》け、巽下乾上《そんかけんじやう》の卦《くわ》を姤《こう》と名《なづ》け、坎下兌上《かんかだじやう》の卦《くわ》を困《こん》と名《なづ》けたるが如《ごと》きは生克《せいこく》を用《もち》ひぬ所《ところ》の證左《しようさ》である、故《ゆゑ》に周易《しうえき》に於《おい》ては主《しゆ》として卦爻《くわかう》の象義《しやうぎ》を用《もち》ゆべく、生克《せいこく》を用《もち》ゆるが如《ごと》きはその本義《ほんぎ》とする所《ところ》ではない、されども間々《まゝ》之《これ》を用《もち》ひて占《せん》をなすことがないでもない、而《しか》も這《こ》はその時《とき》に應《おう》じて稀《まれ》に用《もち》ゆるに過《す》ぎぬのであるから、一概《がい》に生克《せいこく》を固執《こしつ》して之《これ》を濫用《らんよう》するが如《ごと》きは周易《しうえき》の本旨《ほんし》に背《そむ》くものである、而《しか》して之《これ》を如何《いか》なる場合《ばあひ》に用《もち》ゆるかは豫《あら》かじめ一定《てい》し難《がた》き所《ところ》であるから、本篇《ほんぺん》に掲出《けいしゆつ》せし占例等《せんれいとう》を見《み》て適宜《てきぎ》に之《これ》を活用《くわつよう》せられたい。

第三十二　生年月を言ひ的る法

直《たゞ》ちにその人《ひと》に向《むか》つて生年月《せいねんげつ》を問《と》ふに差支《さしつか》へがある樣《やう》な場合《ばあひ》には、此《こ》の法《はふ》を用《もち》ひてその生年月《せいねんげつ》を知《し》れば、同席《どうせき》の人《ひと》抔《など》に知《し》らさずに濟《す》む許《ばか》りでなく、或《あるひ》は座興《ざきやう》を添《そ》ゆること抔《など》もありて洵《まこと》に都合《つがふ》よき所《ところ》がある、故《ゆゑ》に茲《こゝ》に附記《ふき》することにしたが、その法《はふ》は先《ま》づその相手《あひて》の人《ひと》に向《むか》つて、その生《うま》れ月《つき》の數《すう》を二倍《ばい》した上《うへ》に五を加《くは》へ、それに五十を乘《じやう》じて得《え》た數《すう》に更《さら》に亦《また》年《とし》の數《すう》を加《くは》へて、而《しか》して後《のち》之《これ》を示《しめ》さむことを請《こ》ふのである、斯《か》くしてその答《こたへ》を得《え》たらば、その數《すう》より二百五十丈《だけ》を引《ひ》き去《さ》るべし、殘數《ざんすう》の十位《ゐ》以下《いか》は年《とし》の數《すう》であつて、百位《ゐ》以上《いじやう》は生《うま》れ月《づき》の數《すう》である、例《たと》へは茲《こゝ》に三月生《ぐわつうま》れの四十三の人《ひと》がありとすればその生《うま》れ月《つき》の三を二倍《ばい》すれば六となる、その六に五を加《くは》ゆれば十一となる、その十一に五十を掛《かく》れば五百五十となる、その五百五十に四十三を加《くは》ゆれば五百九十三となる、その五百九十三より二百五十を減《げん》ずれば三百四十三となるが、十位《ゐ》以下《いか》は年數《ねんすう》であつて、十位《ゐ》以上《いじやう》は月《つき》の數《すう》であるから、即《すなは》ち四十三歳《さい》の三月生《ぐわつうま》れと言《い》ふことが分《わか》るのである。他《た》は皆此《みなこ》の例《れい》に由《よ》つて推知《すゐち》せらるべし。

第三十四　待人の占法

京都《きやうと》より父子《ふし》同道《どうだう》して大和《やまと》へ行《ゆ》きましたが、その父《ちゝ》のみ極月《ごくげつ》二七十日《にち》に歸京《ききやう》し、その子《こ》は居殘《ゐのこ》りて二十九日《にち》に歸《かへ》ることゝなつたが、その際《さい》極月《ごくげつ》のことゆゑ強《つよ》めて日《ひ》のある中《うち》に歸着《きちやく》する樣《やう》にせよと呉々《くれぐれ》も諭《さと》し置《おい》たのである、然《しか》るに二十九日《にち》も已《すで》に日沒《にちぼつ》に及《およ》べども未《いま》だ歸《かへ》り來《きた》らず。故《ゆゑ》にその老父《らうふ》來《きた》りて道中《だうちう》無事《ぶじ》にて今夕《こんゆふ》歸《かへ》り來《きた》るや否《いな》やを問《と》ふ。之《これ》を筮《ぜい》して否《ひ》の恒《こう》に之《ゆ》くを得《え》たり。之《これ》を占《うらな》ふて曰《いは》く。道中《だうちう》無事《ぶじ》にて今夜《こんや》四ツ時《どき》には歸《かへ》り來《きた》るべし今《いま》は六ツ時半《どきはん》なれば最早《もはや》伏見《ふしみ》の邊迄《へんまで》は歸《かへ》り居《を》るならむと言《い》ふ、果《はた》してその夜《よ》四ツ時《どき》に歸《かへ》りたりと。

否

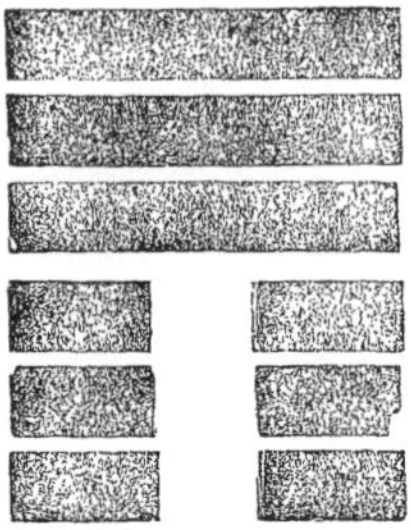

口訣《こうけつ》に曰《いは》く本卦否《ほんくわひ》は否塞《ひそく》して通《つう》ぜざるの義《ぎ》である、されば先方《せんはう》に

於《おい》ての應對《おほたい》も亦此《またかく》の如《ごと》く塞《ふさ》がつて通《つう》せざりしが爲《た》め、その發足《はつそく》も隨《したが》つて延引《えんいん》となつたものと見《み》ねばならぬ、されども否《ひ》が變《へん》じて恒《こう》となつた所《ところ》を見《み》れば、外卦乾《ぐわいくわけん》の三陽《やう》が內卦坤《ないくわこん》の二爻《かう》を越《こえ》て內《うち》に向《むか》つて進《すゝ》み來《きた》る所《ところ》の象《しやう》がある、這《こ》は卽《すなは》ち乾陽《けんやう》の人《ひと》が坤《こん》の大道《だいだう》を歩行《ほかう》して、大和《やまと》より京都《きやうと》に向《むか》つて進《すゝ》み來《きた》る所《ところ》の有樣《ありさま》であるが、已《すで》に京都《きやうと》に近《ちか》き所《ところ》

恆

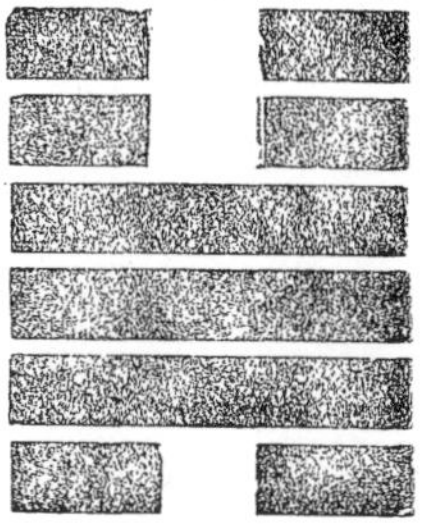

迄來《までき》て居《ゐ》るけれど未《いま》だその途中《とちう》である、故《ゆゑ》に今頃《いまごろ》は已《すで》に伏見《ふしみ》の邊《へん》まで來《き》て居《ゐ》ると言《い》ふたものである
そこで一爻《かう》を一ト時《とき》と見《み》れば、今《いま》は已《すで》に六ッ半《はん》であるから遲《おそ》くとも四ッ迄《まで》には歸着《きちやく》する筈《はず》である、故《ゆゑ》に今夜《こんや》四ッ時《ごき》には歸《かへ》り來《きた》ると言《い》ふたのである、而《しか》して恒《こう》の卦《くわ》の三陽《やう》が尙《なほ》二爻《かう》を越《こ》へて內卦《ないくわ》へ入《い》り來《きた》れば  泰《たい》の象《しやう》となるが、此《これ》は卽《すなは》ち四ッ時《ごき》に及《およ》むで歸着《きちやく》した所《ところ》の象《しやう》である、且《か》つ之卦《ゆくくわ》恒《こう》は恒常《じやう》にして異變《いへん》なきの義《ぎ》、逆卦《ぎやくくわ》泰《たい》は安泰《あんたい》にして無事《ぶじ》なるの義《ぎ》である、故《ゆゑ》に途中無難《とちうぶなん》にて四ッ時《ごき》に歸《かへ》り來《きた》ると言《い》ふたものである、此《こ》の占《うらなひ》は越位來往法《ゑつゐらいわうはふ》を應用《おほよう》したものである。

客《きやく》あり今朝來《こんてうきた》るべきを約《やく》し已《すで》に四つ時《ごき》になれども來《きた》らず、之《これ》を筮《ぜい》せむことを請《こ》ふ、谷川龍山之《たにかはりうざんこれ》を筮《ぜい》して  晋《しん》の不變《ふへん》を得《え》て占《うらな》ふて曰《いは》く晋《しん》は日《ひ》が地上《ちじやう》に上《のぼ》るの象《かたち》にして離《り》を午《うま》とし坤《こん》を未申《ひつじさる》とす、故《ゆゑ》に離《り》の午時《うまどき》を過《す》ぎ坤《こん》の未申《ひつじさる》の頃迄《ころまで》には必《かな》らず來《きた》るべしと、午後《ごご》に及《およ》び果《はた》して來《きた》れりと言《い》ふ。

待人《まちびと》あり今日來《こんにちきた》るべき約束《やくそく》なれども來《きた》らず、今夜《こんや》にても來《きた》らむか之《これ》を筮《ぜい》せむことを請《こ》ふ、眞勢中州之《ませちうしうこれ》

を筮《ぜい》して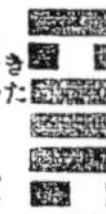鼎《てい》の不變《ふへん》を得《え》たり、その斷《だん》に曰《いは》く鼎《てい》は變《かは》るの義《ぎ》であるから今夜《こんや》は來《きた》らざるべく、されど明日《あす》は來《きた》るべし、何故《なにゆゑ》なれば、鼎《てい》の卦《くわ》を向《むか》ふより見《み》れば革《かく》の卦《くわ》であるが、革《かく》は日《ひ》が西《にし》に入《い》るの象《かたち》がある、離《り》の日《ひ》が兌《だ》の西《にし》に沒《ぼつ》するは卽《すなは》ち夜《よ》の象《かたち》である、而《しか》してその夜《よ》が明《あ》れば離《り》の日《ひ》が巽《そん》の辰巳《たつみ》に升《のぼ》るの象《かたち》となる、此《こ》れが卽《すなは》ち鼎《てい》の卦《くわ》である、故《ゆゑ》に明日《あす》來《きた》るべしと言《い》ふ、果《はた》して然《しか》り、

或《あ》る年《とし》の十月《ぐわつ》十八日《にち》に遠方《ゑんはう》の船何艘來《ふねなんさうきた》るかを筮《ぜい》し、遯《とん》の同人《どうにん》に之《ゆ》くを得《え》て之《これ》を占《うらな》ふて曰《いは》く、遯《とん》は大卦《たいくわ》の巽《そん》である、而《しか》して巽《そん》を船《ふね》となして三八の數《すう》あるが、大巽《たいそん》なるを以《もつ》て三を捨《す》てゝ八を取《と》り八艘來《さうきた》ることを知《し》る、又同人《またどうにん》には同《おな》じき義《ぎ》と多《おほ》き義《ぎ》とがあり、且《か》つ艮《ごん》が變《へん》じて離《り》となるが離《り》には麗《つ》き附《つ》くの義《ぎ》があるから、八艘着船《さうちやくせん》することを知《し》ると後果《のちはた》して此《こ》の占《うらなひ》の如《ごと》く八艘着船《さうちやくせん》せりと言《い》ふ。

第三十五　走り人の占法

浪花《なには》某《ぼう》の一蕩子《とうじ》家《いへ》を出《い》でゝ歸《かへ》り來《きた》らず、筮《ぜい》を眞勢中州《ませちうしう》に請《こ》ふ、中州之《ちうしうこれ》を筮《ぜい》して觀《くわん》の不變《ふへん》を得《え》て之《これ》を占《うらな》ふて曰《いは》く、觀《くわん》は巽《そん》の風《かぜ》が坤《こん》の地上《ちじやう》に行《ゆ》くの象《かたち》であるが、人事《じんじ》に取《さつ》ては卽《すなは》ち出奔《しゆつぽん》の義《ぎ》に當《あた》る。而《しか》して觀《くわん》は又大卦《またたいくわ》の艮《ごん》であつて、大艮《たいごん》は衆《しう》人《じん》の多《おほ》く集《あつ》まる所《ところ》にして都會《とくわい》の地《ち》であるが、艮《ごん》は之《これ》を方位《はうゐ》に取《と》れば東北《とうほく》に當《あた》る、東北《とうほく》に方《あた》つて人《ひと》の多《おほ》く集《あつ》まる所《ところ》は江戸《えど》である、故《ゆゑ》に江《え》

觀

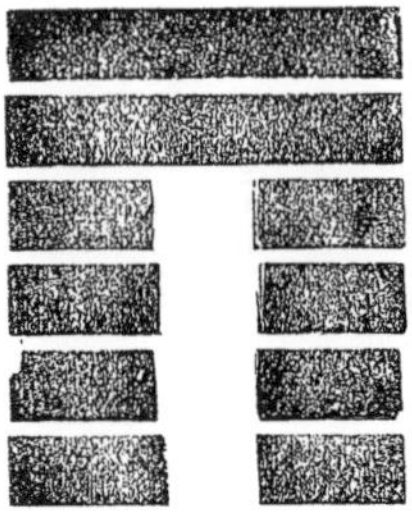

戸《こ》へ出奔《しゆつぽん》したのであらう、されど風《かぜ》と言《い》ふ物《もの》は物《もの》に觸《ふる》れば旋《め》ぐり歸《かへ》るものである、故《ゆゑ》に遠《とほ》からずして歸《かへ》り來《きた》るであらう、果《はた》して此《こ》の占《うらなひ》に違《たが》はざりしと。

睽

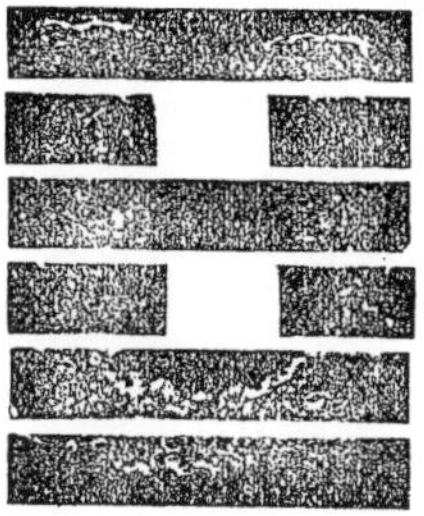

十三歲《さい》の少女《せうぢよ》家《いへ》を出《い》て丶歸《かへ》らず、之《これ》を筮《ぜい》して火澤睽《くわたくけい》の不變《ふへん》を得《え》て之《これ》を占《うらな》ふて曰《いは》く、離《り》の火上《くわのぼ》つて天《てん》に同《おなじ》ふし、兌《だ》の澤《たく》は下《くだ》つて地《ち》に同《おなじ》ふす故《ゆゑ》に之《これ》を睽《けい》と言《い》ふ、睽《けい》とは背《そむ》き乖《もと》るの義《ぎ》であるが、天《てん》を父《ちゝ》とし地《ち》を母《はゝ》とするが、離《り》の中女《ちうぢよ》は即《すなは》ち天《てん》の父《ちゝ》と親《したし》み、兌《だ》の少女《せうぢよ》は即《すなは》ち地《ち》の母《はゝ》と親《したし》み姉妹《しまい》和《わ》せざる所《ところ》の象《かたち》がある、故《ゆゑ》に無斷《むだん》にて家出《いへで》をしたものと思《おも》はる丶が、今家出《いまいへで》をしたのは中女《ちうぢよ》の離《り》ではなくして少女《せうぢよ》の兌《だ》である、故《ゆゑ》に此《これ》は必《かな》らず坤《こん》の西南《せいなん》に當《あた》る母方《はゝがた》の親類《しんるゐ》に至《いた》り尋《たづ》ぬべしと、果《はた》して西南《せいなん》に當《あた》る母方《はゝがた》の親類《しんるゐ》に居《ゐ》たりと言《い》ふ。

大阪江戸堀邊《おほさかえどぼりへん》へ住《ぢう》せる婦人《ふじん》が大阪《おほさか》より三里《り》許《ばか》りある久々知妙見宮《くゝちめうけんぐう》へ少女《せうぢよ》を懷《いだ》きて參詣《さんけい》せしに、同伴《どうはん》の參詣人《さんけいにん》がその婦人《ふじん》に助力《じよりよく》せんが爲《た》めに、代《かは》つてその少女《せうぢよ》を抱《いだ》き遣《や》りしが、參詣《さんけい》の群集《ぐんじう》に紛《まぎ》れて何《い》つれへ行《ゆ》きたるや不明《ふめい》となつたので、大阪《おほさか》へ引《ひ》き返《かへ》し淀屋《よどや》橋《はし》の邊《へん》に彷徨《さまよ》してその歸《かへ》り來《きた》るを待《ま》ち居《ゐ》たり、然《しか》るにその婦人《ふじん》の樣子《やうす》に安《やす》からざる所《ところ》があつたので、或《あ》る丁稚《でつち》が怪《あや》しみてその故《ゆゑ》を問《と》ふたのであるが、その婦人之《ふじんこれ》に告《つ》ぐるに右《みぎ》の事情《じじやう》を以《もつ》てしたので、その丁稚《でつち》が言《い》ふには此《こ》の橋《はし》の南《みなみ》へ眞勢《ませ》と言《い》ふ易《えき》の名人《めいじん》が居《ゐ》るから早《はや》く行《い》つて見《み》て貰《もら》へと敎《をしへ》たるに由《よ》り、その婦人《ふじん》來《きた》つて之《これ》を筮《ぜい》せむことを請《こ》ふ、中州之《ちうしうこれ》を筮《ぜい》

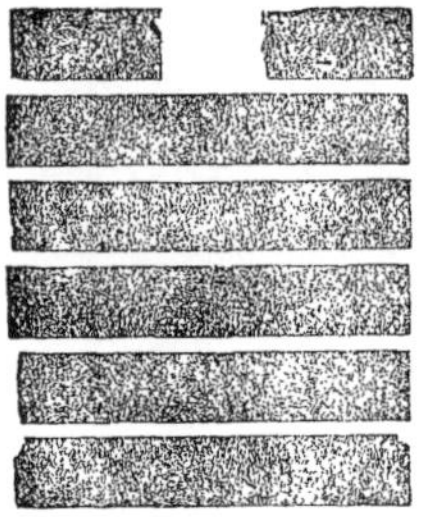

夬

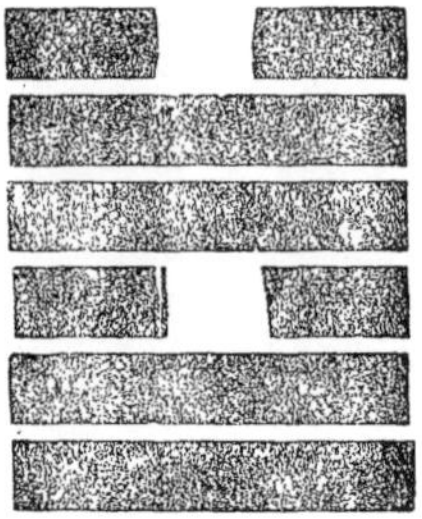

兌

すればその卦《くわ》は夬《くわい》が變《へん》じて兌《だ》となつた。その占《せん》に曰《いは》く夬《くわい》は兌《だ》の少女《せうぢよ》が乾天《けんてん》に上《のぼ》るの象《しやう》で、少女《せうぢよ》は字《じ》に於《おい》ても妙《めう》となる、又夬《またくわい》は乾天《けんてん》の上《うへ》に一陰《いん》の星《せい》が現《あら》はるゝの象《しやう》にして兌《だ》を見《み》るとなす、此《こ》の妙見《めうけん》の二字《じ》を以《もつ》ても少女《せうぢよ》が見《あら》はるゝことを知《し》ることが可能《はか》る、然《しか》れども夬《くわい》の三爻《かう》が變《へん》じたのは二五親子《しんし》と應《おほ》がない上《うへ》に、兌《だ》と兌《だ》は遇《あ》ひ合《あ》はざるの象《しやう》があるから、此《こ》の處《ところ》に待《ま》ち居《ゐ》ても合《あ》ひ難《がた》かるべし、然《しか》らば何《いづ》れを尋《たづ》ぬれば見當《みあた》るかと言《い》ふに、前《まへ》にも言《い》ふ如《ごと》く兌《だ》は妙見《めうけん》の象《しやう》であるが之卦重兌《しくわぢうだ》には一人《にん》が兌《だ》の妙見《めうけん》に向《むか》ひて行《ゆ》けば、又《また》一人《にん》がその後《あと》より妙見《めうけん》に向《むか》ひて行《ゆ》く所《ところ》の象《しやう》がある。故《ゆゑ》に此《これ》より再《ふた》たび久々知《くゝち》へ尋《たづ》ね行《ゆ》くべし、さすれば少女《せうぢよ》を抱《いだ》きたる人《ひと》も又久々知《またくゝち》へ尋《たづ》ね行《ゆ》きて、そこで兩人相遇《れうにんあひあ》ふて判明《はんめい》すべしと。此《こ》の占《うらなひ》の如《ごと》く久々知《くゝち》へ尋《たづ》ね行《ゆ》きたるにその人《ひと》も亦少女《まこせうぢよ》を抱《いだ》きて待居《まちゐ》たりと言《い》ふ。

橫濱大工某《よこはまだいくぼう》の三男明治《なんめいぢ》三十二年《ねん》の冬《ふゆ》十七歲《さい》にして家《いへ》を出《い》で、その後何《のちいづ》れへ行《ゆ》きたるや踪跡更《さうせきさら》に分明《ぶんめい》せず、依《よつ》て三十四年《ねん》一月五日《ぐわつか》その母來《はゝきた》りて居所並《きよしよならび》に歸《かへ》り來《きた》るや否《いな》やを筮《ぜい》せむことを請《こ》ふ、余之《よこれ》を筮《ぜい》すれば萃《すゐ》の益《えき》に之《ゆ》くを得《え》たり、斷《だん》に曰《いは》く萃《すゐ》には人《ひと》の多《おほ》く聚《あつ》まる義《ぎ》がある。而《しか》して人《ひと》の多《おほ》く聚會《しうくわい》するは卽《すなは》ち都《と》會《くわい》の地である、然《しか》るに我《わ》が國内《こくない》に於《おい》て最《もつと》も多《おほ》く人《ひと》の聚《あつ》まる所《ところ》は東京《とうきやう》京都大阪《きやうとおほさか》の三ケ所である、今卦象《いまくわしやう》を案《あん》ずれば、二陽《やう》の君相《くんしやう》は四五の位《くらゐ》に聚《あつ》まり、上下《しやうげ》の衆民《しうみん》は四五の君相《くんしやう》に聚《あつ》まるの象《しやう》がある、而《しか》して東京《とうきやう》は皇居《くわうきよ》のある所であるから能《よ》く此《こ》の卦象《くわしやう》と符合《ふがふ》する、して見《み》ればその東京《とうきやう》に居《を》ることが推知《すゐち》さるゝ、然《しか》らば歸《かへ》り來《く》るや否《いな》やと言《い》ふに、萃《すゐ》は坤《こん》の老母《らうぼ》と兌《だ》の少女《せうぢよ》と親子相會《しんしさうくわい》するの象《しやう》である、又之卦益《またしくわえき》の外卦巽《ぐわいくわそん》は萃《すゐ》の外卦兌《ぐわいくわだ》が外顛《ぐわいてん》して我《われ》に向《むか》ふの象《しやう》がある上《うへ》に、内卦坤《ないくわこん》の初《はじめ》に一陽《やう》を加《くは》へて益《えき》となつたのは、即《すなは》ち家内《かない》に一男子《だんし》を益《ま》すの象《しやう》である、故《ゆゑ》にその必《かなら》ず歸《かへ》り來《きた》ることを知《し》る、その期《き》は即《すなは》ち本年《ほんねん》の春《はる》なるべく、その日《ひ》は即《すなは》ち甲乙《かふおつ》の日《ひ》なるべしと言《い》ふ、果《はた》して其《そ》の年《とし》

萃

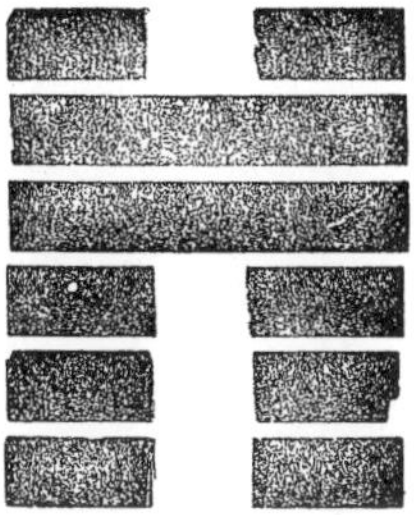

益

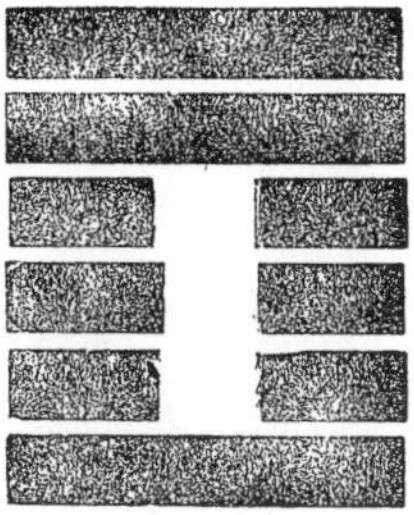

の三月《ぐわつ》十八日乙未《にちきのとひつじ》の午前《ごぜん》十時頃《じごろ》突然《とつぜん》東京《とうきやう》より歸《かへ》り來《きた》れり。

第三十六　紛失物の所在を知る占法

京都三條《きやうとさんでう》に小間物商《こまものしやう》あり、父《ちゝ》を源七《げん》と言《い》ひ、その養子《やうし》を新助《しんすけ》と言《い》ひ、外《ほか》に手代《てだい》一人《にん》ありて主從《しゆじう》三人《にん》交代《たい》にて荷物《にもつ》を背負《せお》ひ商《あきな》ふを例《れい》とせり、然《しか》るに三四日《か》引《ひ》き續《つゞ》き取《と》り込《こみ》たることあつて帳簿《ちやうぼ》の引《ひ》き合《あは》せを

なさゞりしが、四日目《かめ》の朝《あさ》に至《いた》り出入《でい》りを引《ひ》き合《あは》せたるに鼈甲《べつかふ》の笄《かうがひ》一個《こ》不足《ふそく》せり、依《よつ》て三人立會《にんたちあ》ふて種々《しゆ〴〵》詮索《せんさく》したれども終《つひ》に見當《みあた》らず、そこでその養子《やうし》新助《しんすけ》なる者來《ものきた》りて言《い》ふには、第《だい》一日《にち》は養父《やうふ》源《げん》七、第《だい》二日《か》は拙者《せつしや》、第《だい》三日《か》は手代某《てだいはう》が荷物《にもつ》を背負《せお》ひ行《ゆ》きたるが、此《こ》の三日《か》の中孰《うちいづ》れの日《ひ》に紛失《ふじつ》したるか、その品《しな》の出否《しゆつぴふ》遠近方位《きんはうゐ》等《とう》を考《かんが》へ玉《たま》へと言《い》ふ、或《あ》る人之《ひとこれ》を筮《ぜい》して恒《こう》の不變《ふへん》を得《え》て之《これ》を占《うらな》ふて曰《いは》く、三日《か》の中孰《うちいづ》れが持出《もちだし》たる日《ひ》に紛失したかを知《し》るには三才方法《さいはうはふ》を用《もち》ひて全《ぜん》卦《くわ》を三つに分《わか》つて見《み》ねばならぬが、第《だい》一日《にち》を初爻《しよかう》と二爻《かう》とに配《はい》し、第《だい》二日《か》を三爻《かう》と四爻《かう》とに配《はい》し、第《だい》三日《にち》を五爻《かう》と上爻《じやうかう》とに配《はい》す、此《かく》の如《ごと》く配當《はいたう》した上《うへ》で爻卦《かうくわ》を見《み》れば、第《だい》一日目《にちめ》の初《しよ》二は艮離《ごんり》であるが、艮《ごん》離《り》は明《あき》らかにして止《とゞ》むと言《い》ふ義《ぎ》であるから此《こ》の日《ひ》ではない、又第《まただい》三日《か》目の五上《じやう》は離巽《りそん》であるが、離巽《りそん》は明《あき》らかにして從《したが》ふと言《い》ふ義《ぎ》であるから此《こ》の日《ひ》でもない、そこで第《だい》二日目《かめ》の三四は坎震《かんしん》であるが、坎震《かんしん》は動《うご》いて難《なや》むと言《い》ふ義《ぎ》であるから即《すなは》ち此《こ》の日《ひ》に當《あた》る、して見《み》れば吾子《ごし》が持出《もちだし》た日《ひ》に紛失《ふんしつ》したものと見《み》ねばならぬ、その次《つぎ》に品物《しなもの》の有無《いうむ》を考《かんが》ふるに、得卦《とくくわ》は恒《こう》の不變《ふへん》であつて恒《こう》とは恒常《こうじやう》の義《ぎ》である許《ばか》りでなく、三陰《いん》三陽共《やうとも》に變動《へんどう》せぬのであるから此《こ》の品《しな》は再《ふた》たび出《い》づるものと見《み》る、然《しか》れどもその儘《まゝ》にして差置《さしお》くとも自然《しぜん》に出《い》で來《きた》ると言《い》ふ譯《わけ》ではない、蓋《けだ》し此《こ》の品《しな》は何者《なにもの》かゞ偸《ぬす》み隱《かく》して居《ゐ》る、此《こ》れ四爻《かう》に坎《かん》を配《はい》して盜《ぬす》み隱《かく》すことを示《しめ》す所以《ゆゑん》である、さらば何者《なにもの》が之《これ》を盜《ぬす》み

恒

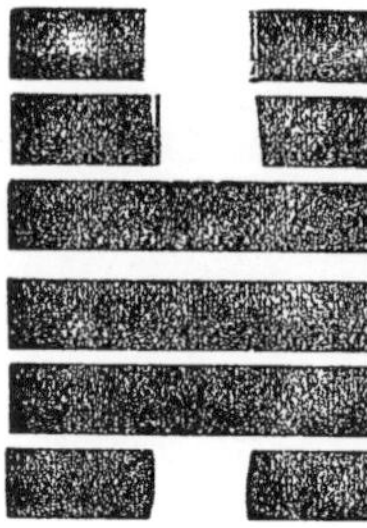

離巽坎震艮離

たるか、得卦恒《とくくわこう》には坤《こん》を以《もつ》て乾《けん》の球玉抔《しゆぎよくなど》を包《つゝ》む所《ところ》の象《しやう》があるが、坤《こん》は卽《すなは》ち女《をんな》である、亦隱《またかく》すの義《ぎ》もある故《ゆゑ》に此《こ》の品《しな》は坤《こん》の女《をんな》が盜《ぬす》み隱《かく》して居《ゐ》ると言《い》ふて可《よ》い、而《しか》してその所在《しよざい》は配爻震《はいかうしん》の正東《せいとう》より少《すこ》しく坎《かん》の北《きた》に倚《よつ》た方《はう》に當《あた》つて居《ゐ》る、而《しか》もそは遠方《ゑんぱう》ではない、內卦《ないくわ》の我《わ》が町內《ちやうない》を越《こ》へた間《ま》もなき四爻《かう》に坎《かん》を配《はい》して居《ゐ》るから、意《おも》ふに東北《とうほく》に當《あた》る隣町《となりまち》であらうと、それより二日《か》を經《へ》て新助《しんすけ》なる者《もの》謝禮《しやれい》に來《きた》りて、隣町《となりまち》の東《ひがし》少《すこ》し北《きた》の家《いへ》にて吟味《ぎんみ》して貰《もら》ひたるに、その品《しな》は中《なか》の間《ま》に殘《のこ》り在《あ》りしと言《い》ふ、此《これ》は卽《すなは》ち爻卦《かうくわ》と包卦《はうくわ》とに由《よつ》て占《うらな》ふたものである。

解

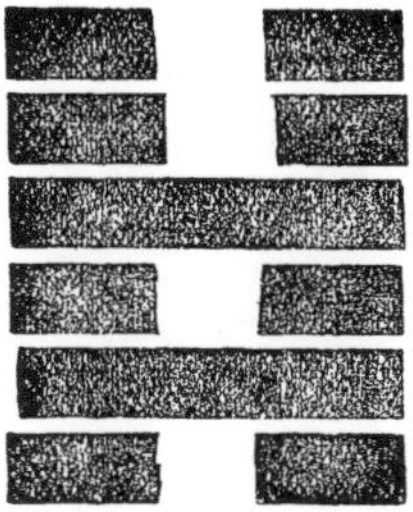

或《あ》る諸侯京都《しよこうきやうと》に勤《つと》めたりしが期滿《きみち》て江戸《えど》へ歸《かへ》りたり、その家士某《かしばう》は後《あと》に留《とゞ》まつて公衙引渡《こうがひきわたし》の役《やく》を勤《つと》めたるにより、後任《こうにん》の諸侯《しよこう》より目錄《もくろく》の封金《ふうきん》を拜領《はいりやう》せしに、翌日《よくじつ》に及《およ》びその封金《ふうきん》は紛失《ふんじつ》して見當《みあた》らず、依《よつ》て人《ひと》を遣《つかは》してその行方《ゆくゑ》を問《と》ふ、或《あ》る人《ひと》之《これ》を筮《ぜい》して解《かい》の晉《しん》に之くを得《え》て之《これ》を占《うらな》ふて曰《いは》く、本卦解《ほんくわかい》は緩《ゆる》み解《とく》ると言《い》ふ義《ぎ》であるから、此《こ》の封金《ふうきん》は決《けつ》して人《ひと》が盜《ぬす》み取《とつ》たのではない、此《これ》は必《かな》らず油斷《ゆだん》又《また》は思《おも》ひ違《ちが》ひ等《とう》の意味《いみ》を告《つ》げたものと見《み》ねばならぬ、而《しか》も不思議《ふしぎ》なことは此《こ》の金子《きんす》は年《とし》の頃《ころ》は二十七八歲《さい》の婦人《ふじん》の手《て》に入《はい》つて居《ゐ》る、而《しか》して此《こ》の婦人《ふじん》の手《て》に入《はい》つたのは、それは之《これ》を拾《ひろ》ひ取《とつ》たのでもなければ固《もと》より之《これ》を盜《ぬす》み取《とつ》たのでもなく、その道正《みちたゞ》しくその義明《ぎあき》らかに公然《こうぜん》とその手《て》に入《はい》つた所《ところ》の象《しやう》がある、何故《なにゆゑ》に然《し》か言《い》ふかと問《と》へば、本卦解《ほんくわかい》は坤《こん》を以《もつ》

晋

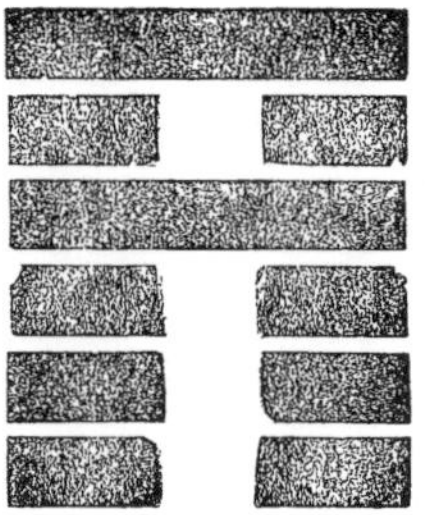

て離《り》を包《つゝ》む所《ところ》の包卦《はうくわ》であるが、離《り》は中女《ちうぢよ》であつて又財寶《またざいほう》である、且《か》つ坤《こん》を布帛《ふはく》の類《るゐ》となしてその布帛《ふはく》を以《もつ》て離《り》の財寶《ざいほう》を包《つゝ》むは即《すなは》ち封金《ふうきん》の象《しやう》である、然《しか》るに此《こ》の離《り》の封金《ふうきん》が六五と上六《にやう》との二爻《かう》を越《こ》へてその上《うへ》に進《すゝ》み行《ゆ》いたのが即《すなは》ち之卦《しくわん》晋《しん》の卦象《くわしやう》である、晋《しん》は日地上《ひちやう》に升《のぼ》り進《すゝ》むの義《ぎ》で事《こと》の明白《めいはく》なる意《い》を持《もつ》て居《ゐ》る、故《ゆゑ》に封金《ふうきん》が紛失《ふんじつ》したと言《い》ふは思《おも》ひ違《ちが》ひで、二十七八歳《さい》の婦人《ふじん》の手《て》に明白《めいはく》に渡《わた》つて居《ゐ》ると言《い》ふ所以《ゆゑん》であると、後日《ごじつ》に及《およ》び聞《き》く所《ところ》に依《よ》れば、その當日《たうじつ》は役宅引渡《やくたくひきわた》しも首尾《しゆび》よく相濟《あひすみ》たるにより、目録《もくろく》の封金《ふうきん》を貰《もら》ひ、歸途知己《きとちき》の方《かた》へ立寄《たちよ》り一件落着《けんらくちやく》の祝《いはひ》として一盞《さん》を酌《く》み居《ゐ》たる處《ところ》に、その家《いへ》に關係《くわんけい》ある者《もの》の妻女《さいぢよ》が、種々困苦《しゆ〴〵こんく》の事情《じじやう》を訴《うつた》へて助力《じよりよく》を頼《たの》みたるが故《ゆゑ》に、懷中《くわいちう》にありし百疋包《ぴつづしみ》の金子《きんす》を取《と》り出《だ》して之《これ》を與《あた》へたのであつたが、翌日《よくじつ》に至《いた》りて目録《もくろく》の封金《ふうきん》なきを以《もつ》て紛失《ふんじつ》せるものと信《しん》ぜしに、その實《じつ》は百疋包《びづしみ》の金子《きんす》と思《おも》ひ違《ちが》つて目録《もくろく》の封金《ふうきん》を渡《わた》したれども、その際《さい》は聊《いさゝ》か酩酊《わいてい》せし頃《ころ》にて少《すこ》しも氣付《きづ》かなかつたことが分《わか》つたと言《い》ふことであるが、此《こ》の占法《せんぱふ》は越位來往法《えつゐらいわうはふ》を用《もち》ひた所《ところ》の一例《れい》である。

或人記録《あるひときろく》二冊《さつ》の紛失《ふんじつ》したるを筮《ぜい》して  損《そん》の  臨《りん》に之《ゆ》くを得《え》て之《これ》を占《うらな》ふて曰《いは》く損《そん》には蓋《ふた》ある箱坏の象《しやう》がある故《ゆゑ》、その箱《はこ》の中《なか》に在《あ》る樣《やう》である。そこで今上爻《いまじやうかう》が變《へん》じて臨《り》となつた所《ところ》を見《み》れば、上爻《じやうかう》の象《しやう》たる南《みなみ》に方《あた》る坤《こん》の座敷《ざしき》に置《おい》た箱《は》の中《なか》に在《あ》る樣《やう》であるからその箱《はこ》の蓋《ふた》を取《とつ》て見《み》たらば二冊《さつ》の記録《きろく》が

現《あら》はれ出《いづ》るであらうと、蓋《ふた》を取《と》つて見《み》ると、上爻《じやうかう》の蓋《がい》が變《へん》じて臨《りん》となつて上《うへ》より臨《のぞ》み見《み》るの義《ぎ》で、二冊共《さつども》その中《なか》にあるとは、臨《りん》の卦《くわ》を上《うへ》より臨《のぞ》み見《み》れば二陽《やう》の記録《きろく》が中《なか》に在《あ》るの象《しやう》を言《い》ふたものである、失物《うせもの》あり何《いづ》れへ行《ゆ》きしやを問《と》ふ、之《これ》を筮《ぜい》して  小過《せうくわ》の不變《ふへん》を得《え》たり、谷川龍山之《たにかはりうざんこれ》を占《うらな》ふて曰《いは》く艮《ごん》は家《か》なり門《もん》なり、震《しん》は走《はし》るなり壯夫《さうふ》なり、小過《さうくわ》には壯夫《さうふ》が物《もい》を竊《ぬす》み取《さつ》て門外《もんぐわい》へ走《はし》り行《ゆ》くの象《しやう》がある故《ゆゑ》に知《し》れまじと言《い》ふ、果《はた》して的中《てきちう》したりと。

恒

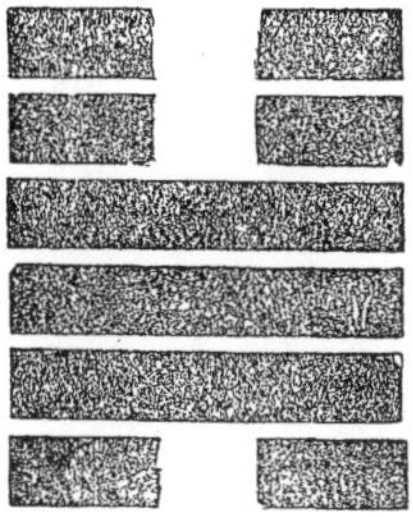

或《あ》る家《いへ》の家婦内職《かふないしよく》をなさむとして四歳《さい》の少女《せうぢよ》を近隣《きんりん》に遣《つか》はし、方《はう》二尺許《しやくばか》りの錦布《きんぷ》を取《と》り寄《よ》せその日《ひ》五枚丈手工《まいだけしゆこう》を施《ほどこ》し、帳簞笥《ちやうだんす》の裡《うち》に入《い》れ置《お》き、翌朝《よくてう》に至《いた》り手工《しゆこう》を始《はじ》めむとして檢《しら》べ見《み》たるに、未《いま》だ手工《しゆこう》を加《くは》へざるもの五枚不足《はいふそく》せり、依《よつ》て家内《かない》を捜索《さつさく》すれども見當《みあた》らず、確《たし》かに拾枚《まい》ありしや否《いな》や、幼女《えうぢよ》のことなれば途中《とちう》にて遺失《ゐしつ》したるにはあらざるかと先方《せんぱう》に問《と》ひ合《あは》せたるに、先方《せんぱう》にては確《たし》かに拾枚《まい》なりしと言《い》ふ、依《よつ》てその品《しな》の所在並《しよざいならび》に出《しゆつ》否《ぴ》を筮《ぜい》せむことを請《こ》ふ、余之《よこれ》を筮《ぜい》して恒《こう》の不變《ふへん》を得《え》たり、そこで之《これ》を占《うらな》ふて曰《いは》く先《ま》づ恒《ここ》とは恒常《こうじやう》の義《ぎ》である、されど遺失若《ゐしつも》しくは紛失抔《ふんじつなざ》と言《い》ふが如《ごと》き平常《へいじやう》に變《かは》りたることのあるべき筈《はず》がない、然《しか》るに事實《じじつ》は之《これ》に反《はん》して居《ゐ》る、依《よつ》て又事實《またじじつ》に就《つい》て卦象《くわしやう》を案《あん》ずるに、他《た》より布帛《ふはく》

を取《と》り寄《よ》せたのは這《こ》は卽《すなは》ち外《そと》を損《そん》して內《ない》を益《えき》した譯《わけ》である、故《ゆゑ》に益《えき》の卦《くわ》を得《う》るのが此《こ》の事實《じじつ》に相當《さうたう》して居《ゐ》ると言《い》はねばならぬ、蓋《けだ》し益《えき》は乾《けん》を以《もつ》て坤《こん》を包《つゝ》むの卦《くわ》で震巽《しんそん》の箱《はこ》に坤《こん》の布帛《ふはく》を包《つゝ》むの象《しやう》である、然《しか》るに今此《いまこ》の卦《くわ》を得《え》ずして恒《こう》を得《え》たのは、能々考《よく〳〵かんが》へて見《み》れば玆《こゝ》に深甚《しんぢん》の妙味《めうみ》が存《そん》して居《ゐ》る樣《やう》である、それは外《ほか》ではない、上述《じやうじゆつ》の如《ごと》く益《えき》は帳簞笥《ちやうだんす》の中《なか》に坤《こん》の布帛《ふはく》を包《つゝ》むで、それ迄《まで》の所《ところ》は何等《なんら》常《つね》に異《こと》なつたことはない、されど這《こ》は已《すで》に過去《すぎさ》つた所《ところ》の事實《じじつ》で現在《げんざい》の有樣《ありさま》ではない、故《ゆゑ》に益《えき》は卽《すなは》ち過去《くわこ》の卦象《くわしやう》である、然《しか》るに得卦恒《とくくわこう》は此《こ》の益《えき》を內外易位《ないぐわいえきゐ》したる卦《くわ》で、巽《そん》を入《い》るとし伏《ふく》するとし潛《ひそ》むとし、震《しん》を動《うご》くとし發《はつ》するとし開《ひら》くとするが、箱《はこ》の中《なか》に入《い》れ置《お》きたるを以《もつ》て益《えき》の象《しやう》であるとすれば、その引《ひ》き出《だ》しを引《ひ》き出《だ》したる時《とき》の象《しやう》は卽《すなは》ち恒《こう》である、故《ゆゑ》に益《えき》は過去《くわこ》にして恒《こう》は現在《げんざい》である、されど前《まへ》にも云《い》ふが如《ごと》く恒《こう》も亦坤《またこん》を以《もつ》て乾《けん》を包《つゝ》むの卦《くわ》で、恒常《こうじやう》にして異變《ゐへん》なきの義《ぎ》であるから、物品《ぶつぴん》はその儘現存《まゝげんそん》して一つも失《うしな》ふ所《ところ》はない、唯少《たゞすこ》しく異《こと》なる所《ところ》は、益《えき》の時《とき》にはその儘《まゝ》一とまとめとして在《あつ》たけれども、恒《こう》の卦象《くわしやう》で見《み》れば前後《ぜんご》左《さ》右《いう》に散在《さんざい》するの象《しやう》がある、蓋《けだ》し震《しん》の引出《ひきだ》しを引《ひ》き出《だ》すに當《あた》りて巽《そん》の風《ふう》を生《しやう》じ、その爲《た》めに布帛《めん》を飜撥《ほんぱつ》して震巽相背《しんそんあひそむ》き違《ちが》ふて居《ゐ》る樣《やう》で、矢張《やは》り遺失《ゐしつ》したのでも亦紛失《またふんじつ》したのでもなく、依然《いぜん》として現存《げんそん》して居《ゐ》るから、猶《なほ》一應念《おほねん》を入《い》れて檢索《けんさく》せば出《い》づるならむと、果《はた》して帳簞笥《ちやうだんす》の引出《ひきだ》しの底《そこ》より現《あら》はれ出《い》でたりと言《い》ふ。

第三十七　開運繁昌せしむる占法

大阪西堀邊《おほさかにしほりへん》に兄弟《きやうだい》の道具屋《だうぐや》あり、兄《あに》が市《まち》に行《ゆ》けば弟《おとうと》は店《みせ》に居《ゐ》て賣買《ばいばい》をなし、又弟《またおとうと》が市《まち》に行《ゆ》けば兄《あに》は店《みせ》に居《ゐ》て賣買《ばいばい》をなし來《きた》りしが、一年許《ねんばか》り前《まへ》にその弟《おとうと》は北方《ほくばう》に分家《ぶけ》して同《おな》じ道具屋《だうぐや》を開業《かいげふ》したり、然《しか》るに如何《いか》なる故《ゆゑ》にや、その後《ご》は双方共《さうはうとも》に不繁昌《ふはんじやう》となりて甚《はなは》だ困窮《こんきう》せり、依《よつ》て中州《ちうしう》に請《こ》ふて問筮《もんぜい》したりしに坎《かん》の不變《ふへん》を得《え》たり、その占《せん》に曰《いは》く重坎《ぢうかん》には二つになつて難《なや》むの象《かたち》あれば、双方共《さうはうとも》に困窮《こんきう》に陥《おちゐ》るは當然《たうぜん》の義《ぎ》である、又川《またかは》を隔《へだ》てゝ分家《ぶんけ》したる象《かたち》があるが之《これ》が爲《ため》に難《なや》む所《ところ》の意《い》がある、然《しか》るに此儘《このまゝ》にして打過《うちすぐ》る時《とき》は益々困窮《ます〳〵こんきう》するに至《いた》るべしと思《おも》はるゝ、故《ゆゑ》に再《ふた》たびその弟《おとうと》を兄《あに》の家《うち》に引《ひ》き戻《もど》し、元《もと》の如《ごと》く兄弟一所《きやうだいいつしよ》に集《あつ》まりてその業《げふ》を勉《つと》め勵《はげ》むべく、斯《か》くせば必《かな》らず亦繁昌《またはんじやう》するに至《いた》るべし、然《しか》る後善《のちよ》き手代《てだい》を尋《たづ》ね得《え》たる上時《うへとき》を俟《まつ》て分家《ぶんけ》するが可《よ》い、但《たゞ》し今《いま》より五六年《ねん》を經《へ》たらばその時節《じせつ》が到來《たうらい》するであらうと、その後《ご》此《こ》の占《うらなひ》の如《ごと》く同居《どうきよ》して商賣《しやうばい》大《おほい》に繁昌《はんぜう》したりと云ふ。

坎

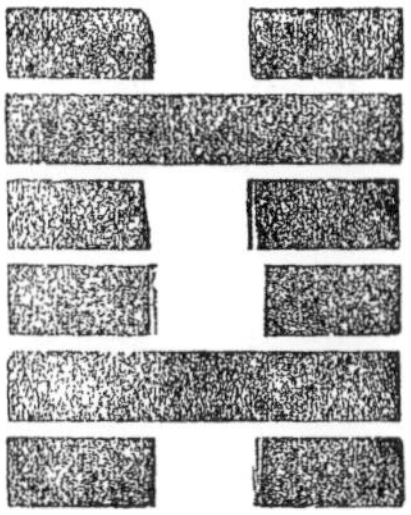

口訣《くけつ》に曰《いは》く重坎《ぢうかん》には内外彼我《ないぐわいひが》共《とも》に困難《こんなん》に陥《おちゐ》るの象《かたち》がある、そこで此《こ》の象義《しやうぎ》を以《もつ》て本題《ほんだい》の事實《じじつ》に對照《たいせう》すれば、卦象《くわしやう》と事實《じじつ》と能《よ》く符合《ふがふ》するを見《み》る、されども唯困窮《たゞこんきう》すると言《い》ふ許《ばか》りでは何《なん》の効《かう》もない、是《これ》に於《おい》て何故《なにゆゑ》に此《かく》の如《ごと》き難《なや》みに陥《おちゐ》りたるか、亦《また》その難《なや》みを救《すく》ふの術《じゆつ》なきやと思考《しかう》するに及《およ》び、始《はじ》めて

生卦《せいくわ》を設《まう》くるの必要《ひつえう》がある、然《しか》らば何《いづ》れの生卦《せいくわ》を設《まう》くべきかと言《い》ふに、事實《じじつ》に由《よつ》て之《これ》を考《かんが》ふれば兄《きやう》弟分家《だいぶんけ》したる以來困窮《いらいこんきう》したる所《ところ》の事情《じじやう》がある、此《こ》の事情《じじやう》に由《よつ》て之《これ》を推《お》せば即《すなは》ち運移《うんゐ》生卦《せいくわ》を用《もち》ひるのが適切《てきせつ》である、蓋《けだ》し䷜坎《かん》は元《も》と䷬萃《すゐ》の卦《くわ》より運《うん》移し來《きた》りたる所《ところ》の象《かたち》がある、萃《すゐ》を以《もつ》て人《ひさ》が集《あつ》まるの象《かたち》となし、又兌《まただ》の金銀《きんぎん》が集《あつ》まるの象《かたち》となす、即《すなは》ち分家《ぶんけ》以前《いぜん》に兄弟同居《きやうだいごうきよ》して繁昌《はんじやう》したる所《ところ》の事實《じじつ》に當《あに》るのである、然《しか》るに萃《すゐ》の九四に當《あた》る所《ところ》の弟《おさうさ》が六三と六二の川《かは》を越《こ》へて、坎《かん》の北方《ほくはう》へ分家《ぶんけ》したるが爲《た》めに重坎《ぢうかん》となりて、双方共《さうはうども》に今回《こんくわい》の難澁《なんじふ》に陷《おちゐ》つたものである故《ゆゑ》に此《こ》の難澁《なんにふ》を挽回《ばんくわい》せむとするには、亦再《またふた》たび運移法《うんゐはふ》を用《もち》ひて坎《かん》の九二の弟《おさうさ》を六四と九五の兄《あに》との間《あひだ》に移《うつ》して兄弟同居《きやうだいごうきよ》せしむれば元《もこ》の萃《すゐ》となりて繁昌《はんじやう》するに至《いた》ると見《み》たものである、又五六年《またねん》と言《い》ふは坎《かん》の數《すう》を取《さつ》たものにて重坎《ぢうかん》の難《なや》みも五に至《いた》れば水《みづ》が既《すで》に平《たひ》らかなるに至《いた》りたるが如《ごと》く、その難《なや》みを脱《だつ》することを得《う》るの理《り》がある、故《ゆゑ》に之《これ》を五六年《ねん》と言《い》ふたのである、而《しか》して凡《すべ》て數《すう》を指《さ》すは第《だい》一事實《じじつ》に由《よつ》て多寡《たくわ》を察《さつ》し第《だい》二定理《ちやうり》に由《よつ》て一般《はん》の狀況《じやうきやう》を考《かんが》へ、第《だい》三河圖《かと》の配數《はいすう》に照《て》らして、此《こ》の三者《しや》が必然符合《ひつぜんふがふ》する時《とき》にあらざれば、容易《ようい》に之《これ》を指定《してい》することが可能《でき》ぬのである。

第三十八　開業の吉凶を占ふ法

或《あ》る醫生來《いせいきた》りて拙者《せつしや》は按腹《あんぷく》と鍼治《しんぢ》との妙《めう》を得《え》て居《ゐ》るのである、故《ゆゑ》に或《あ》る懇意《こんい》の人《ひさ》が勸《すゝ》めて公然《こうぜん》その妙《めう》

術《じゆつ》の需《もと》めに應《おう》ずべき招牌《かんばん》を出《だ》さば大《おほい》に繁昌《はんじやう》すべしと言《い》ふ、依《よつ》てその吉凶《きつきよう》を筮《ぜい》せむことを請《こ》ふ、之《これ》を筮《ぜい》

渙

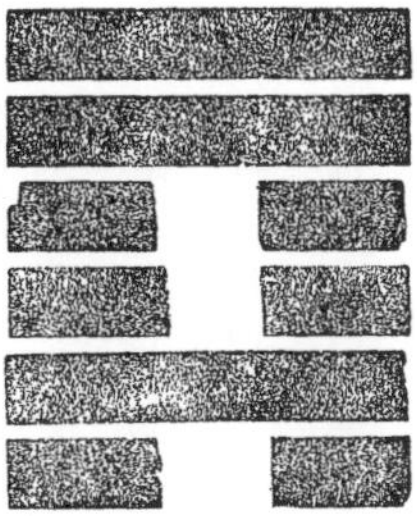

訟

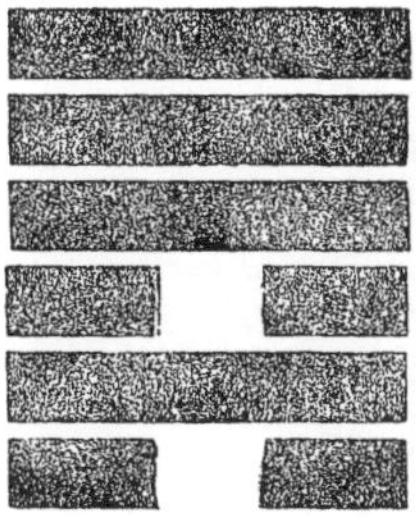

したが渙《くわん》が變《へん》じて訟《しよう》となつた、之《これ》を占《うらな》ふて曰《いは》く渙《くわん》とは巽風《そんぷう》が坎水《かんすゐ》を吹《ふ》き散《ちら》すの象《かたち》で、人《ひと》の身上《みのうへ》に取《と》れば物《もの》が散失《さんしつ》して困窮《こんきう》するの義《ぎ》に當《あた》る、そこでその內情《ないじやう》を知《し》れる懇意《こんい》の人《ひと》も坎《かん》の困窮《こんきう》を脫《だつ》せしめむが爲《ため》に、公然招牌《こうぜんかんばん》を出《だ》してその業《げふ》を創《はじ》めたならば大《おほい》に流行《りうかう》すべしと勸《すゝ》めたるならむと思《おも》はるゝが、今本卦渙《いまほんくわくわん》の六四が變《へん》じて之卦訟《しくわしやう》となつた所《ところ》を見《み》れば、是《こ》れ迄《まで》は外卦巽《ぐわいくわそん》の倒兌《たうだ》の口《くち》を向《む》けて呼《よ》び迎《むか》へつゝあつた顧主《こしゆ》も、忽《たち》まちその口《くち》を塞《ふさ》いて乾《けん》となり、強剛《きやうがう》なる態度《たいど》を取《と》つて我《われ》に取《と》り合《あは》ざる所《ところ》の象《かたち》がある、故《ゆゑ》に招牌《かんばん》を掲《かゝ》げ表向《おもてむ》きの營業《えいげふ》を創《はじ》むることは却《かへ》つてその困窮《こんきう》を增《ま》すことゝなる、それよりも從來通《いまゝでどほ》り渙《くわん》の儘《まゝ》にて耐忍辛抱《たいにんしんばう》して專《もつぱ》ら儉約《けんやく》に心掛《こゝろがけ》る時《とき》は、內卦坎《ないくわかん》の流水《りうすゐ》もその下流《かりう》を塞《ふさ》いで兌《だ》となり、卦《くわ》に取《と》つては中孚《ちうふ》となつて世間《せけん》の信用《しんよう》も加《くは》はり、次第《しだい》に繁昌《はんじやう》するに至《いた》るべしと、此《こ》は變爲法《へんゐはふ》を用《もち》ひて占《うらな》ふた所《ところ》の一例《れい》である。

第三十九　懸合談判の勝敗を占ふ法

或《あ》る人家業上《ひとかげふじやう》に關《くわん》する斡旋《あつせん》を四人《にん》の顧主《こしゆ》に依賴《いらい》せしに、四人共同《にんきようどう》して引受《ひきう》け盡力《じんりよく》し來《きた》りたるが、近頃《ちかごろ》

に至《いた》り其《そ》の中《なか》の一人《にん》意《こゝろ》を變《へん》じてその仲間《なかま》を脫退《だつたい》すべしと言《い》ふ、斯《か》くては折角盡力《せつかくじんりよく》し來《き》た事《こと》も水泡《すゐはう》に

大畜

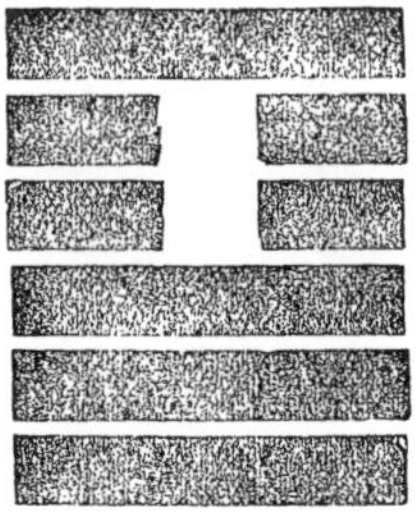

鼎

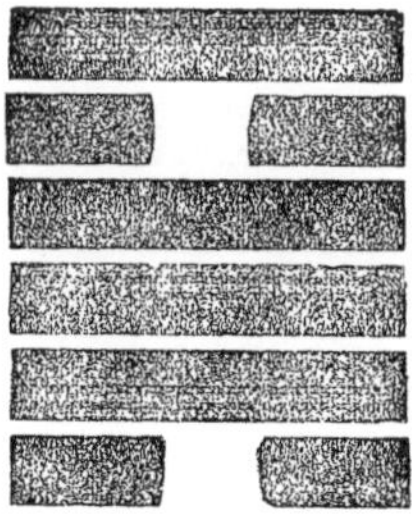

歸《き》することゝなるから、他《た》の三人《にん》は然《し》かさせじと之《これ》を拒《こば》み爭《あらそ》へども未《いま》だ何《いづ》れとも決定《けつてい》せず、故《ゆゑ》に或《あ》る人大《ひとおほい》に之《これ》を心配《しんぱい》してその談判《だんぱん》の如《い》何《か》に落着《らくちやく》すべきやを問《と》ふ、之《これ》を筮《ぜい》して大畜《たいちく》の鼎《てい》に之《ゆ》くを得《え》たがその占《うらなひ》に曰《いは》く、本卦大畜《ほんくわたいちく》は卽《すなは》ち內卦乾《ないくわけん》の三人《にん》が並《なら》び進《すゝ》むでその意見《いけん》を押《お》し通《とほ》さむとする所《ところ》の象《かたち》であるが、外卦艮《ぐわいくわごん》は一人之《にんこれ》に反對《はんたい》して拒《こば》み止《と》めむとする所《ところ》の象《かたち》である、此《こ》の如《ごと》く大《おほい》に之《これ》を止《と》め爭《あらそ》ふといへども一人《にん》を以《もつ》て三人《にん》を拒《こば》み止《と》むることであるから、到底長《たうていなが》くは之《これ》を拒《こば》み止《と》むることは可能《でき》ぬ、終《つひ》には內卦乾《ないくわけん》の三人《にん》が一位《ゐ》を進《すゝ》むで外卦《ぐわいくわ》の敵《てき》地《ち》に蹈《ふ》み込《こ》み、その理《り》が伸《の》びその爭《あらそ》ひに克《か》つて首尾《しゆび》よく落着《らくちやく》すべし之《これ》が卽《すなは》ち之卦鼎《しくわてい》の象《かたち》で、鼎《てい》とは改《あらた》まり濟《さしの》ふの義《ぎ》であるから、一人《にん》の反對者《はんたいしや》も三人《にん》の意見《いけん》に從《したが》ひ共《とも》に盡力《じんりよく》することゝなるであらうと、果《はた》して此《こ》の占《うらなひ》に違《たが》はざりしと言《い》ふ、此《これ》も亦越位來往法《またゑつゐらいわうはふ》を用《もち》ひたものである。

一男子《なんし》來《きた》りて或《あ》る人《ひと》に附《つ》き從《したが》ふと背《そむ》いて獨立《どくりつ》するとは何《いづ》れが吉《きつ》なるかを筮《ぜい》せむことを請《こ》ふ。余之《よこれ》を筮《ぜい》して益《えき》の漸《ぜん》に之《ゆ》くに遇《あ》ふ、その斷《だん》に曰《いは》く益《えき》の內卦震《ないくわしん》は我《わ》れが彼《かれ》に向《むか》つて附《つ》き從《したが》ひ勉《つと》め勵《はげ》むの象《かたち》、又漸《またぜん》

の内卦艮《ないくわごん》は我《わ》れが彼《かれ》に背《そむ》いて獨立《どくりつ》するの象《かたち》であるが、我《わ》れが震《しん》にて從《したが》ひ勉《つと》むれば彼《かれ》も亦倒兌《またたうだ》の口《くち》を向《むか》つて親切《しんせつ》に世話《せわ》をする、故《ゆゑ》に我《われ》に於《おい》ては利益《りえき》を得《う》るの義《ぎ》がある、然《しか》るに今我《いまわ》れが獨立《どくりつ》して漸《ぜん》となれば漸々《だん／＼》に進《すゝ》むけれども、その發達《はつたつ》が甚《はなは》だ遲《おそ》い、故《ゆゑ》に背《そむ》いて獨立《どくりつ》するよりも附《つ》き從《したが》ふて、勵《はげ》み勉《つと》むる方《はう》が吉《きつ》である、されども附《つ》き從《したが》ふとすれば表面丈《へうめんだけ》附《つ》き從《したが》ふ位《くらゐ》ではよくない、一心《しん》にして二意《ふたごころ》なく彼《かれ》に向《むか》つて附《つ》き從《したが》ふ程《ほど》の覺悟《かくご》がなければならぬ、若《も》し然《しか》らずして中途《ちうと》に變心《へんしん》して彼《かれ》に背《そむ》く位《くらゐ》ならば、寧《むし》ろ此際《このさい》に於《おい》て獨立《どくりつ》する方《はう》が利益《りえき》である、何故《なにゆゑ》なれば、今日《こんにち》背《そむ》いて獨立《どくりつ》するも後日《ごじつ》に及《およ》び背《そむ》いて獨立《どくりつ》するも同《おな》じく漸《ぜん》の象《かたち》で、前後《ぜんご》その象《かたち》を異《こと》にする所《ところ》がないからである、故《ゆゑ》に到《たう》

益

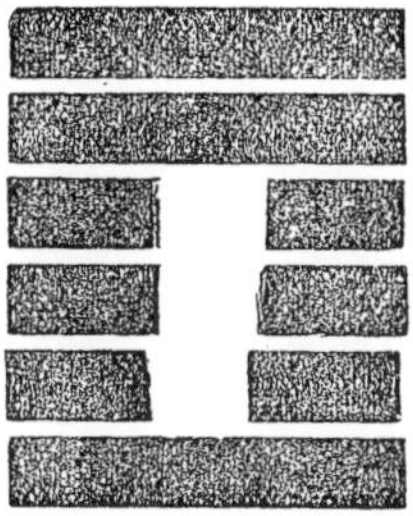

漸

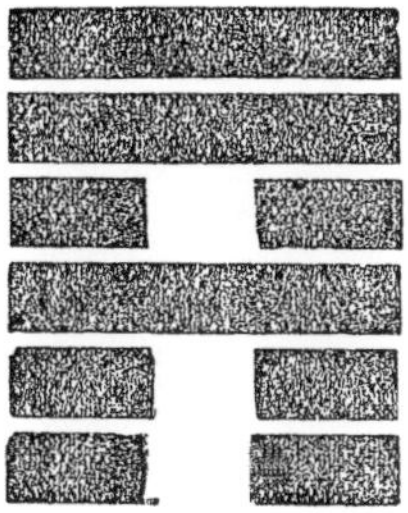

底辛抱《ていしんばう》が可能《でき》ぬとせば今《いま》の中《うち》に獨立《どくりつ》する方《はう》が利益《りえき》であると。

第四十　不時の災難を豫知する占法

備前岡山《びぜんをかやま》の醫師《いし》北岡宗菴《きたをかそうあん》なる者《もの》自《みづか》ら終身《しうしん》の吉凶《きつきよう》を筮《ぜい》し、蒙《もう》の師《し》に之《ゆ》くを得《え》て占《うらなひ》を高松貝陵《たかまつばいりよう》に請《こ》ふ、貝陵《ばいりよう》之《これ》を占《うらな》ふて曰《いは》く此《これ》より四年《ねん》の後《のち》春夏《しゆんか》の際《さい》に當《あた》つて水難《すゐなん》に遇《あ》ふの虞《おそ》れあり、戒愼《かいしん》すれば免《まぬ》がるべく

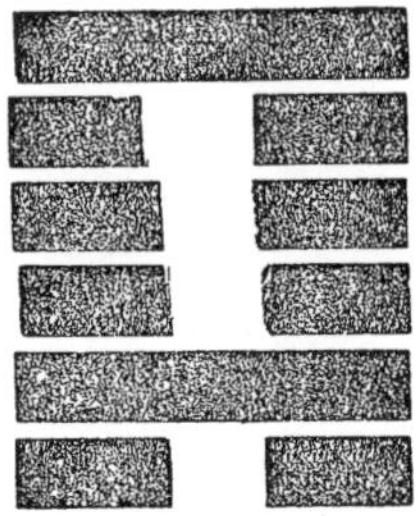

蒙

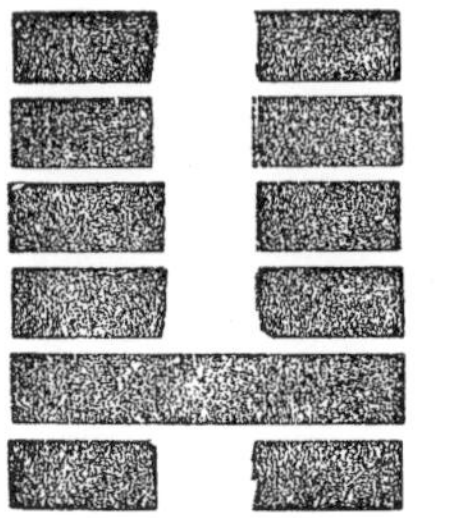

師

然《しか》らざれば命危《いのちあやふ》からむと、それは文化《ぶんくわ》十五年《ねん》の春《はる》であつたが、その後文化《ごぶんくわ》十七年《ねん》に至《いた》り、上京《じやうきやう》の途中乗船《とちうじやうせん》せしに播州明石沖《ばんしうあかしおき》に於《おい》て難《なん》船《せん》して死《し》せしが、時《とき》は恰《あだ》かも三月《ぐわつ》十九日《にち》なりしと言《い》ふ。玆《こゝ》に四年《ねん》の後《のち》と言《い》ふは卽《すなは》ち本卦蒙《ほんくわもう》より數《かぞ》へ需訟師《じゆしようし》に至《いた》る四の數《すう》を取《と》つたものである、又一爻《またかう》を一年《ねん》として考《かんが》ふれば、蒙《もう》の六四卽《すなは》ち四年目《ねんめ》に當《あた》つて蒙《もう》に困《くる》しむと言《い》ふてある、又蒙《またもう》の次《つぎ》は需《じゆ》であるが、蒙《もう》の上九《じやう》より數《かぞ》へて需《じゆ》の九三に至《いた》れば泥《でい》に需《ま》つ寇《あだ》の至《いた》ることを致《いた》すと言《い》ふてある、故《ゆゑ》に四年《ねん》の後《のち》に至《いた》りて水難《すゐなん》ありと言《い》ふ、又此《またこ》の水難《すゐなん》が蒙需《もうじゆ》の際《さい》にあるべきことを推定《すゐてい》して、蒙《もう》を春《はる》とし需《じゆ》を夏《なつ》として之《これ》を春夏《しゆんか》の際《さい》と斷《だん》じたものであるが、這《こ》は卽《すなは》ち彼《かれ》が謂《い》ふ所《ところ》の序卦斷法《じよくわだんぱふ》を用《もち》ひたものである、此《こ》の如《ごと》く彼《かれ》が水難《すゐなん》に遇《あ》ふべきことを最先《さいさき》に感知《かんち》した所《ところ》は、蒙《もう》より師《し》に至《いた》る四卦《くわ》の主爻《しゆかう》が皆《み》な坎《かん》水《すゐ》に體《たい》して居《ゐ》る所《ところ》に着目《ちやくもく》したものである。

第四十一　持逃したる者を捕ふる占法

或《あ》る商家《しやうか》の手代《てだい》が高價《かうか》なる貨物《くわぶつ》を數多《あまた》背負《せお》ひ行《ゆ》きたる儘歸《まゝかへ》り來《きた》らず、依《よつ》て之《これ》を筮《ぜい》して小過《せうくわ》の不變《ふへん》に遇《あ》ふ

小過

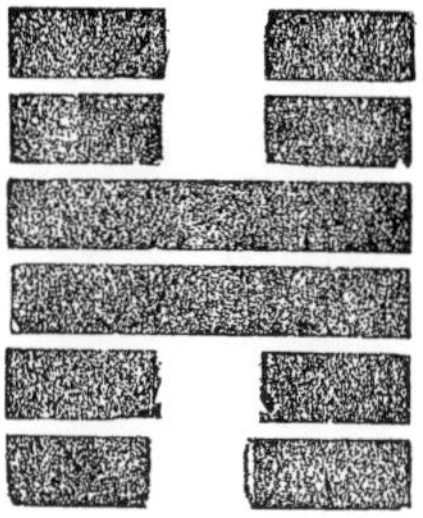

之《これ》を占《うらな》ふて曰《いは》く平生《へいぜい》此者《このもの》の懇親《こんしん》にする所《ところ》あらば、速《すみや》かに其《そ》の家《いへ》に至《いた》り、直《たゞ》ちに屋内《おくない》に入《い》り込《こ》みて嚴《きび》しく此者《このもの》の行方《ゆくへ》を尋《たづ》ぬべし、若《も》し遲《ち》疑《ぎ》して時を過《すご》さば他國《たこく》へ逃《のが》れ去《さ》るべしと。依《よつ》て此《こ》の占《うらなひ》の如《ごと》くその懇《こん》親《しん》にする家《いへ》を尋《たづ》ねたるに、その家《うち》の奥《おく》の間《ま》にその商家《しやうか》の商標《しやうへう》ある風《ふ》呂《ろ》敷包《しきづゝみ》を認《みと》めたり、されども手代《てだい》もその家《うち》の主人《しゆじん》も見當《みあた》らず、唯妻《たゞさい》女《ぢよ》が一人《ひとり》居《を》るのみなりしが故《ゆゑ》に、之《これ》に嚴《きび》しく尋《たづ》ね問《と》へば、實《じつ》はその手代《てだい》は今朝《けさ》來《きた》りて、主人《しゆじん》と共《とも》に何《いづ》れへか出《で》て行《ゆ》きたりと答《こた》へつゝある所《ところ》に、兩人共歸《りやうにんともかへ》り來《きた》りたるを以《もつ》て直《たゞ》ちに之《これ》を捕《とら》へたりと言《い》ふ。

口訣《こうけつ》に曰《いは》く此《こ》の占《うらなひ》は先《ま》づ小過《せうくわ》は元《も》と頤《ゐ》より易位《えきゐ》し來《きた》つたものと見《み》て、小過《せうくわ》の右《みぎ》に頤《ゐ》の卦《くわ》を設《まう》けて過《くわ》去《こ》の有樣《ありさま》となし、是迄《これまで》は頤《ゐ》にて家業《かげふ》を勉《つと》め居《ゐ》たれども、過分《くわぶん》の散財《さんざい》をなせしが爲《た》め、頤《ゐ》の內卦震《ないくわしん》の手代《てだい》が易位逃亡《えきゐたうばう》して得卦小過《とくくわせうくわ》の象《かたち》となつたものと見定《みさだ》め、而《しか》も金銀《きんぎん》を窃《ぬす》まずして多《おほ》くの貨物《くわぶつ》を持逃《ちにげ》たる所《ところ》から察《さつ》すれば、必《かな》らず平素懇意《へいそこんい》にする惡徒《あくと》抔《など》に依賴《いらい》して之《これ》を賣捌《うりさば》くに相違《さうゐ》ないが、小過《せうくわ》は大《たい》坎《かん》の難《なや》みあるの象《かたち》なれば容易《ようい》に之《これ》を賣捌《うりさば》くことは可能《でき》まい、然《しか》るに今小過《いませうくわ》を易位《えきゐ》すれば亦元《またもと》の頤《ゐ》となる、頤《ゐ》には艮《ごん》の追手《おつて》が先《さ》き廻《まは》りして震《しん》の手代《てだい》を捕《とら》ゆる所《ところ》の象《かたち》がある、故《ゆゑ》に速《すみや》かに追手《おつて》を遣《つか》はして搜索《さうさく》せば之《こ》れを捕《とら》へ得《う》べきことを察《さつ》し、此《こ》の如《ごと》く斷《だん》じたもので、此《こ》れも亦易位《またえきゐ》法《はふ》を用《もち》ひたものである。

第四十二　物價の高下と直數を知る占法

或《あ》る者《もの》米價《べいか》の高低《かうてい》を筮《ぜい》して臨《りん》の不變《ふへん》を得《え》て之《これ》を占《うらな》ふて曰《いは》く、臨《りん》の卦《くわ》は坤《こん》の地《ち》の下《もと》に兌《だ》の澤《たく》がある所《ところ》の象《かたち》であるが、地《ち》は元《も》と低《ひく》きものである、然《しか》るに澤《たく》は亦《また》地《ち》の至《いた》つて凹《ひく》きものである、そこで之《これ》を物價《ぶつか》に取《と》れば最底値《さいそこね》の象《かたち》である、而《しか》して現今《げんこん》の米價《べいか》は如何《いかん》と言《い》ふに、漸々《だん〳〵》に下落《げらく》して居《ゐ》る所《ところ》であるから、此《こ》は必《かな》らず現今《げんこん》を以《もつ》て最底値《さいそこね》となすことを告《つ》げたものである。されども物價《ぶつか》と言《い》ふものは陽極《やうきは》まれば陰《いん》となり、陰極《いんきは》まれば陽《やう》となつて時《じ》々往來變動《わうらいへんどう》するのが常《つね》であるから、今後《こんご》は必《かな》らず顚倒《てんだう》して騰貴《とうき》するであらう、蓋《けだ》し觀臨《くわんりん》の反對《はんたい》で二陽上《やううへ》にあつて、高《たか》き所《ところ》の象《かたち》があるからである、故《ゆゑ》に今底値《いまそこね》の時《とき》に於《おい》て買《か》ひ置《おい》て利《よろ》しからむと言《い》ふ、後日《ごじつ》大《おほい》に高《たか》くなつて此《こ》の占《うらなひ》と符合《ふがふ》したと言《い》ふことがあるが、此《これ》は即《すなは》ち顚《てん》倒法《たうはふ》を用《もち》ひて之《これ》を占《うらな》ふたもので、謂《い》ふ所《ところ》の顚倒法《てんたうはふ》とは上圖《じやうづ》の如《ごと》く卦《くわ》體《たい》を上下《じやうか》に逆轉《ぎやくてん》する所《ところ》の法《はふ》である、假《たと》へば屯《ちゆん》の卦《くわ》を顚倒《てんたう》すれば蒙《もう》となり、需《じゆ》の卦《くわ》を顚倒《てんたう》すれば訟《しよう》となるが如《ごと》きもので、乾坤頤《けんこんゐ》大過坎離《たいくわかんり》中孚《ちうふ》小過《せうくわ》の八卦《くわ》を除《のぞ》けば、外《ほか》の五十六卦《くわ》は皆此《みなこ》の法《はふ》を用《もち》ゆることが

臨

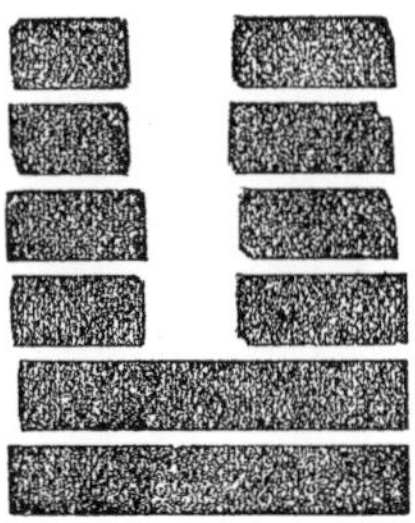

觀

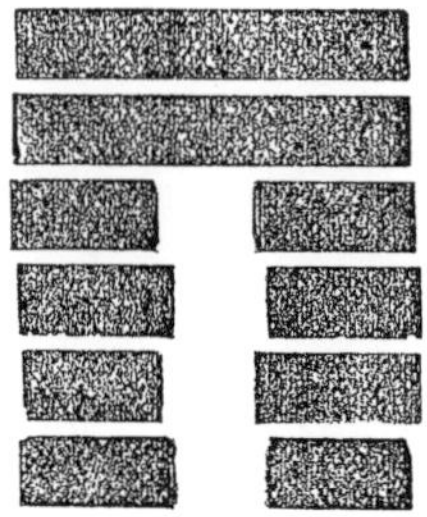

可能《でき》る。

享和《きやうわ》の頃《ころ》中州《ちうしう》が門人《もんじん》にして藥舗《やくほ》を業《げふ》とするもの、自《みづ》から唐木香《たうぼくかう》を買入《かひい》れて利益《りえき》あるや否《いな》やを筮《ぜい》して兌《だ》の不變《ふへん》を得《え》て之《これ》を中州《ちうしう》に問《と》ふ、中州之《ちうしうこれ》を占《うらな》ふて曰《いは》く、此《こ》の卦《くわ》は現今《げんこん》のことを告《つ》げたものである、何《なん》と

兌

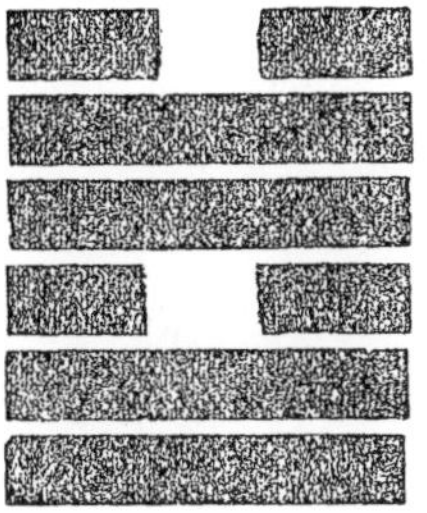

なれば、兌《だ》は澤《たく》であつて澤《たく》は地《ち》の凹《へこ》きものである、而《しか》して目下《もくか》の價《か》額《かく》は一斤《きん》九十匁《もんめ》の所《ところ》にありと言《い》へば、兌《だ》の九の數《すう》と符合《ふがふ》して底直《そこね》の意《い》がある、故《ゆゑ》に此《こ》の際《さい》四年許《ねんばか》りも所持《しよぢ》する覺悟《かくご》にて買入《かひい》れて置《お》かば兌《だ》は顚倒《てんたう》して巽《そん》となる、巽《そん》は木《き》であり風《かぜ》であるから兌《だ》の潤澤《じゆんたく》に由《よつ》て巽木《そんぼく》を生長《せいちやう》し、又澤《またさわ》より風《かぜ》の吹《ふ》き上《あが》る意《い》もあれば、後來必《こうらいかな》らず〱三十匁以上《もんめいじやう》八十匁位《もんめぐらゐ》は上騰《じやうとう》すべしと、其後唐船來《そのごからふねきた》りしも木香《もくかう》の輸入少《ゆにふすく》なかりしが爲《た》めに、價格大《かかくおほい》に騰貴《とうき》して八十匁以上《もんめいじやう》になりしと言《い》ふ。

口訣《こうけつ》に曰《いは》く、四年《ねん》と言《い》ふは事實《じじつ》に就《つい》ての窮理《きうり》である、元來木香《ぐわんらいもくかう》なるものは其《そ》の用途少《ようとすく》なき品《しな》なれば一兩年《りやうねん》の間輸入《あひだゆにふ》なきも大《おほい》に騰貴《とうき》すべき理《り》なく、且《か》つ兌《だ》に四の數《すう》がある故《ゆゑ》に之《これ》を四年《ねん》と言《い》ふたのである然《しか》るに兌《だ》の數《すう》が終《をは》れば卽《すなは》ち巽《そん》の數《すう》に移《うつ》り行《ゆ》くのが順序《じゆんじよ》である、何故《なにゆゑ》であるかと言《い》へば、巽《そん》を五の數《すう》となすが五は四の次《つぎ》に位《くらゐ》する許《ばか》りでなく、巽《そん》には又《また》三八の數《すう》がある、故《ゆゑ》に之《これ》を三十匁以上《もんめいじやう》八十匁《もんめ》位《くらゐ》に騰貴《とうき》すると言《い》ふたのである。

第四十三　本家と分家とを和合せしむる占法

大過

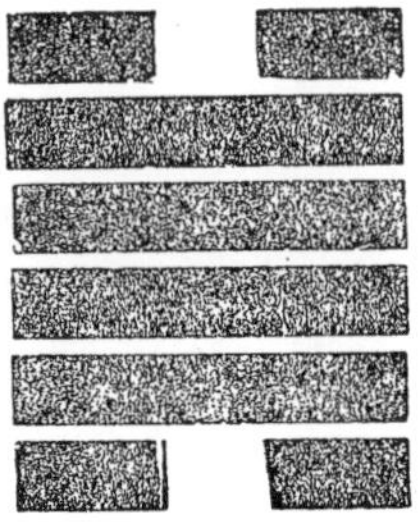

或《あ》る商家《しやうか》が故《ゆゑ》ありて本家《ほんけ》と和《わ》せず、然《しか》るに此《こ》の商家《しやうか》たる分家《ぶんけ》と懇親《こんしん》なるものがあつて、之《これ》を和睦《わぼく》せしめむと欲《ほつ》し、その成否《せいひ》を問《と》ふ、依《よつ》て之《これ》を筮《ぜい》して大過《たいくわ》の不變《ふへん》を得《え》たり、眞勢中州《ませちうしう》之《これ》を占《うらな》ふて曰《いは》く、大過《たいくわ》は兌《だ》口相背《こうあひそむ》いて和《わ》せざるの象《かたち》で能《よ》く事實《じじつ》と符合《ふがふ》して居《ゐ》る、されどもその不和《ふわ》なることも大《おほい》に過《す》ぎると言《い》ふ義《ぎ》であるから、尋常《じんじやう》一様《やう》にしては和《わ》し難《がた》き意《い》がある、そこで今《いま》窮理《きうり》を審《つまび》らかにすれば、本家《ほんけ》には少女《せうぢよ》が居《ゐ》て分家《ぶんけ》には長女《ちやうぢよ》が居《ゐ》ると言《い》ふことであるが、此《こゝ》に就《つい》て妙訣《めうけつ》がある、それは外《ほか》ではない、今《いま》卦象《くわしやう》を案《あん》ずれば分家《ぶんけ》の我《われ》に巽《そん》の長女《ちやうぢよ》があつて、本卦《ほんくわ》の彼《かれ》には兌《だ》の少女《せうぢよ》がある、而《しか》も之《これ》が事實《じじつ》と一致《いつち》して居《ゐ》る許《ばか》りでなく、本家《ほんけ》と分家《ぶんけ》であるからその家柄《いへがら》も同等《ごうとう》である、故《ゆゑ》に分家《ぶんけ》の巽《そん》の長女《ちやうぢよ》を本家《ほんけ》に嫁《か》し、又本家《またほんけ》の兌《だ》の少女《せうぢよ》を分家《ぶんけ》に娶《めと》ることを口實《こうじつ》として和睦《わぼく》を謀《はか》らば、内外交々交易《ないぐわいこもごもかうえき》して中孚《ちうぶ》となり和談調《わだんとゝの》ふべし、然《しか》らざれば和睦《わぼく》せしめ難《がた》しと、或《あ》る者此《ものこ》の占《うらなひ》に從《したが》ひ媒人《なかうど》となり婚姻《こんいん》を中入れて婚儀調《こんぎとゝの》ひ、双方和睦《さうはうわぼく》して以前《いぜん》に勝《まさ》る親密《しんみつ》の間柄《あひだがら》となつたと言《い》ふ。此《これ》は即《すなは》ち内卦《ないくわ》の巽《そん》を外卦《ぐわいくわ》へ嫁《か》し、又外卦《またぐわいくわ》の兌《だ》を内卦《ないくわ》に娶《めと》りて中孚《ちうぶ》となして和睦《わぼく》せしめたもので、易位法《えきゐはふ》を用《もち》ひて之《これ》を占《うらな》ふたものである。

第四十四　家運を挽回する占法

或《あ》る人家計《ひとかけい》困難《こんなん》なるの故《ゆゑ》を以《もつ》て江戸《えど》へ移住《ゐぢう》せむとしてその吉凶《きつきよう》を筮《ぜい》せむことを請《こ》ふ、之《これ》を筮《ぜい》して渙《くわん》の

渙

䷺

不變《ふへん》に遇《あ》ふ、その占《うらなひ》に曰《いは》く渙《くわん》とは渙散分離《くわんさんぶんり》するの義《ぎ》であつて鉢《はち》を伏《ふ》せた所《ところ》の象《かたち》がある、故《ゆゑ》に恰《あだ》かも鉢《はち》の中《なか》に汲《く》み畜《たくは》へたる水《みづ》の迸《ほと》ばしり出《い》づるが如《ごと》く家財《かざい》抔《など》の分散《ぶんさん》する意《い》がある、而《しか》して這《こ》は現今《げんこん》の狀態《じやうたい》に當《あた》つて居《ゐ》る、然《しか》るに今江戸《いまえど》へ移《うつ》り行《ゆ》くとせば、數百里《すうり》の路程《ろてい》を隔《へだ》つるが故《ゆゑ》に、此《こ》の渙《くわん》の卦《くわ》に於《おい》てその象《かたち》を取《と》れば上爻《じやうかう》に當《あた》る、依《よつ》て試《こゝろ》みに上爻《じやうかう》を變爲《へんゐ》すれば䷜重坎《ちうかん》となるが、重坎《ちうかん》は卽《すなは》ち險難《けんなん》の上《うへ》に險難《けんなん》を重《かさ》ぬる所《ところ》の象《かたち》である、故《ゆゑ》に今江戸《いまえど》へ移《うつ》り行《ゆ》かば現在《げんざい》よりも却《かへ》つて甚《はなは》だしき困難《こんなん》に陷《おちゐ》ることゝなる、然《しか》らば今後《こんご》は如何《いか》にすれば可《よ》いかと言《い》ふに、今此《いまこ》の鉢《はち》を伏《ふ》せたるが如《ごと》き渙《くわん》の卦《くわ》を逆《さかさ》に引《ひ》き起《おこ》して見《み》れば、卽《すなは》ち䷻水澤節《すゐたくせつ》の卦《くわ》となるが、節《せつ》は兌下《だか》坎上《かんじやう》の卦《くわ》で、兌《だ》の鉢《はち》の中《なか》に坎《かん》の水《みづ》が程能《ほどよ》く汲《く》み畜《たくは》へられて居《ゐ》る所《ところ》の象《かたち》となす、故《ゆゑ》に伏《ふ》せたる鉢《はち》を引《ひ》き起《おこ》すが如《ごと》くにその志望《しばう》を變更《へんかう》し、江戸《えど》へ移《うつ》り行《ゆ》くことを止《や》め、言行共《げんかうとも》に之《これ》を改《あらた》め殊《こと》に節儉《せつけん》を旨《むね》として勤勉《きんべん》せば、恰《あだ》かも鉢《はち》に水《みづ》を汲《く》み畜《たくは》へたるが如《ごと》く財物《ざいぶつ》抔《など》が集《あつ》まり來《きた》つて、現在《げんざい》の悲《ひ》運《うん》を挽回《はんくわい》することが可能《でき》ると、後《の》ち果《はた》して此《こ》の占《うらなひ》に違《たが》はざりしと言《い》ふ。

或《あ》る人《ひと》自《みづ》から生涯《しやうがい》の運氣《うんき》を筮《ぜい》して蒙《もう》の不變《ふへん》を得《え》て之《これ》を谷川龍山《たにかはりうざん》に示《しめ》し、その吉凶《きつきよう》を占《うらな》はむことを請《こ》ふ

蒙 ䷃

龍山之《りうざんこれ》を占《うらな》ふて曰《いは》く、蒙《もう》は山《やま》の中腹《ちうふく》より水《みづ》の流《なが》れ出《いづ》る象《かたち》であるが衰《すゐ》運《うん》の義《ぎ》に當《あた》る、故《ゆゑ》に此《こ》の義《ぎ》を以《もつ》て生涯《しやうがい》の運氣《うんき》を斷《だん》せば凶兆《きようてう》であると言《い》ふ外《ほか》はない、而《しか》して斯《かく》の如《ごと》く衰運《すゐうん》に赴《おもむ》く所以《ゆゑん》を尋《たづ》ぬれば、その原《げん》因《いん》は平素《へいそ》物《もの》に取《と》り締《しま》りなく無汰《むだ》の散財《さんざい》をなす所《ところ》にあるかと思《おも》はるゝ故《ゆゑ》に山腹《さんぷく》より水《みづ》の流《なが》れ出《い》づるが如《ごと》く絶《た》へず財物《ざいぶつ》抔《など》の入《い》り來《く》ることあれども、入《い》ると同時《どうじ》に亦《また》流《なが》れ出《い》で去《さ》つて少《すこ》しも溜《たま》らぬのである、そこで今《いま》より家政《かせい》を改革《かいかく》し取締《とりしま》りを嚴密《げんみつ》にして儉約《けんやく》をなさば、内卦坎《ないくわかん》の下流《かりう》を塞《ふせ》ぎ☱兌《だ》となつて水《みづ》の溜《たま》るが如《ごと》く次第《しだい》に繁昌《はんじやう》するに至《いた》るべしと。後《の》ち果《はた》して此《こ》の占《うらなひ》の如《ごと》くなりしと。

豫 ䷏

或《あ》る人身上《ひとしんじやう》不如意《ふによい》にして定《さだ》まりたる家業《かげふ》もなく、依《よつ》て俳諧《はいかい》の點者《てんしや》ともならむか、又《また》は他家《たけ》へ養子《やうし》ともならむかと思《おも》ひ、その吉凶進退《きつきようしんたい》を問《と》ふ、之《これ》を筮《ぜい》して豫《よ》の不變《ふへん》を得《え》たり、その占《うらなひ》に曰《いは》く、豫《よ》は豫樂《よらく》の義《ぎ》である、俳諧《はいかい》は風雅《ふうが》にして逸樂《いつらく》するの道《みち》である、又《また》豫《よ》には震《しん》の男子《だんし》が外《そと》に出《い》で養子《やうし》に行《ゆ》く所《ところ》の象《かたち》がある、而《しか》して不如意《ふによい》にして家業《かげふ》なきが故《ゆゑ》に養子《やうし》に行《ゆ》くと言《い》へば、之《これ》も亦俳諧《またはいかい》の點者《てんじや》と同《おな》じく豫樂《よらく》せむが爲《た》めに外《ほか》ならぬが、點者《てんじや》となつて

も養子《やうし》に行《いつ》ても此《かく》の如《ごと》く放逸豫樂《はういつよらく》に流《なが》れては、一時《じ》は意《い》の如《ごと》くなることがあつても、終《つひ》には必《かな》らず困《こん》苦《く》を來《きた》すこと丶なるは理《り》の當然《たうぜん》である、之《これ》は要《えう》するに放縱逸樂《はうじういつらく》を得《え》むことにのみ腐心《ふしん》して居《ゐ》たのでは假《たと》へ何事《なにごと》をなしても後日《ごじつ》の安堵《あんど》を得《え》らるべき筈《はづ》がない、後日《ごじつ》の安堵《あんど》を得《え》むことを望《のぞ》まば、養子《やうし》に行《い》つても黠者《てんしや》となつても、勉勵努力《べんれいどりよく》して息《やす》まざる底《てい》の心掛《こゝろがけ》がなければならぬ若《も》し此《こ》の如《ごと》き心掛《こゝろがけ》があるとせば、養子《やうし》となり黠者《てんじや》となるには及《およ》ばぬ、只管《ひたす》らにその身《み》を卑下《ひげ》して慢心《まんしん》を起《おこ》すことなく、身分相當《みぶんさうたう》の職業《しよくげふ》を求《もと》めて勤勉《きんべん》怠《おこた》らざれば、復《ふく》となり臨《りん》となつて大《おほい》に富裕《ふいう》なるに至《いた》らむと。

或《あ》る人《ひと》、農家《のうか》の疲弊《ひへい》しつ丶あるを筮《ぜい》し、蠱《こ》の渙《くわん》に之《ゆ》くを得《え》て之《これ》を占《うらな》ふて曰《いは》く、本卦蠱《ほんくわこ》は元《も》と泰《たい》より來《きた》るもので、泰《たい》は富裕《ふいう》にして充實《じうじつ》なるの象《かたち》である、然《しか》るに內卦初九《ないくわしよ》の一陽《やう》と外卦上六《ぐわいくわじやう》の一陰《いん》とが往來交《わうらいかう》易《えき》して蠱《こ》となつたもので、蠱《こ》は即《すなは》ち孤惑迷亂《こわくめいらん》の義《ぎ》であるから、這《こ》は必《かな》らず此《こ》の家《いへ》の主人《しゆじん》たるものが外《ほか》にある姦黠《かんきつ》の小人《せうじん》に惑《まど》はされ、その小人《せうじん》を內《うち》に入《い》れたるが爲《た》め、是《こ》れ迄內《までうち》に居《ゐ》たる正直《しやうぢき》なる雇人《やとひにん》は外《ほか》に出《い》て去《さ》つた所《ところ》の象《かたち》であらう、而《しか》もそは已《すで》に過《す》ぎ去《さ》つた以前《いぜん》のことで、今《いま》は亦蠱《またこ》の九三の一陽《やう》が六五の一陰《いん》と交易《かうえき》して渙《くわん》となつて居《ゐ》るが、此《こ》の渙《くわん》は即《すなは》ち現在《げんざい》の有樣《ありさま》である、然《しか》るに此《こ》の渙《くわん》は巽風《そんぷう》を以《もつ》て坎水《かんすゐ》を吹《ふ》き散《ち》らすの義《ぎ》で財物《ざいぶつ》を消失《せうしつ》するの象《かたち》である、此《こ》の如《ごと》く過去《くわこ》に當《あた》る所《ところ》の泰《たい》が一たび敗《やぶ》れて蠱《こ》となり、蠱《こ》が亦《また》二たび敗《やぶ》れて渙《くわん》となつて

蠱

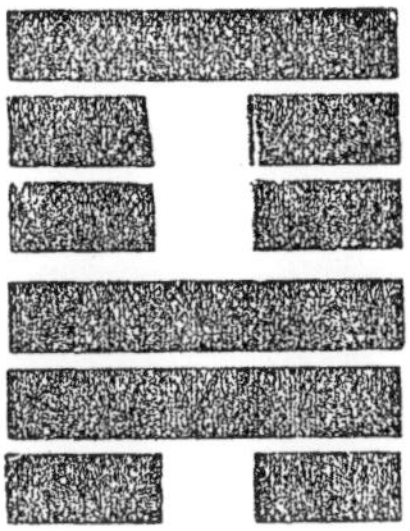

渙

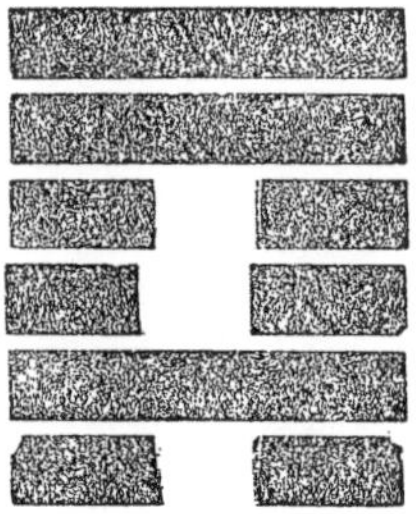

否

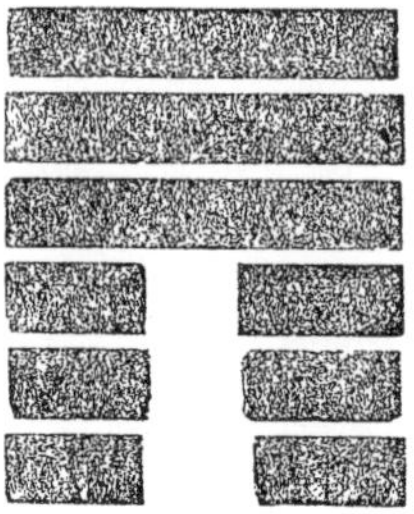

二陽《やう》が已《すで》に外《そと》に出《い》で去《さ》つた所《ところ》から考《かんが》ふれば、現在《げんざい》の有樣《ありさま》に當《あた》る渙《くわん》の內卦坎《ないくわかん》の一陽《やう》も、亦將《まさにまさ》に六四と交易《かうえき》し去《さ》つて否《ひ》の卦象《くわしやう》となるべきものと見《み》ねばならぬが、否《ひ》は卽《すなは》ち內《うち》に在《あ》りし善人《ぜんにん》は悉《ことごと》く去《さ》つて外《そと》に在《あ》りし惡人《あくにん》は入《い》り來《きた》りて家財《かざい》を消盡《せうじん》し交際《かうさい》は斷絕《だんぜつ》してその家《いへ》が滅亡《めつばう》するの象《かたち》である。そこで之《これ》を救《すく》ふの方《はう》は、現在《げんざい》の渙《くわん》の時《とき》に於《おい》て新《あら》たに入《い》り來《きた》つた初六《しよ》に當《あた》る惡人《あくにん》を出《い》だし、前《ぜん》に出《い》で行《ゆ》きたる上九《じやう》に當《あた》る善人《ぜんにん》を喚《よ》び戾《もど》す時《とき》は、內卦《ないくわ》は卽《すなは》ち兌《だ》となり、外卦《ぐわいくわ》は卽《すなは》ち坎《かん》となり、卦《くわ》に於《おい》ては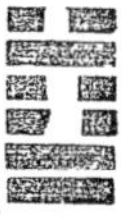節《せつ》となりて、家財渙散《かざいくわんさん》の衰運《すゐうん》を挽回《ばんくわい》し、澤中《たくちう》に水《みづ》あるが如《ごと》くその散失《さんしつ》を防止《ばうし》することが可能《でき》る、尙《なほ》その上《うへ》に節《せつ》の六二に當《あた》るべきものを出《いだ》し、九五に當《あた》るべきものを呼《よ》び返《かへ》すときは再《ふた》たび元《もと》の泰《たい》となつて一家《か》の滅亡《めつぼう》を救《すく》ふことが可能《でき》ると。

一男《なん》自《みづ》から時運《じうん》の吉凶《きつきよう》を筮《ぜい》し、遯《とん》の不變《ふへん》を得《え》て占《うらなひ》を眞勢《まさせ》中州《ちうしう》に請《こ》ふ、中州之《ちうしうこれ》を占《うらな》ふて曰《いは》く、遯《とん》は陽《やう》が次第《しだい》に消《き》へ行《ゆ》く象《かたち》にして、已《すで》に父祖傳來《そふでんらい》の資產《しさん》の三分《ぶん》一を減損《げんそん》したる義《ぎ》となす、その故《ゆゑ》は遯《とん》は元《もと》乾《けん》より來《き》たものである、然《しか》るに乾《けん》には驕《おご》り亢《たか》ぶるの意《い》があるから察《さつ》する所《ところ》平生驕奢《へいぜいけうしや》にしてその業《わざ》を怠《おこた》たり遂《つひ》に今日《こんにち》の有樣《ありさま》となつたものと思《おも》はるゝ、故《ゆゑ》に今《いま》よりその志《こゝろざし》を改《あらた》め專《もつ》ぱら儉約《けんやく》を旨《むね》とし家業《かげふ》を

遯

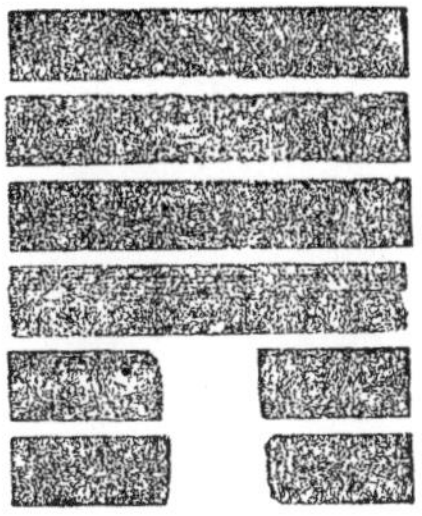

精勵《せいれい》すべし、さすれば父祖《ふそ》の舊業《きうげふ》を挽回《ばんくわい》することが可能《でき》る。反之《これにはんし》、此上《このうへ》その半《なか》ばを減損《げんそん》するに至《いた》らば、到底之《たうていこれ》を回復《くわいふく》することは不可能《ふかのう》であると、此《こ》の者《もの》此《こ》の占《うらなひ》に從《したが》ひその志《こゝろざし》を改《あらた》め家業《かげふ》を精勤《せいきん》したるが故《ゆゑ》にその後數年《ごすうねん》を經《へ》て以前《いぜん》の盛運《せいうん》に回復《くわいふく》したと言《い》ふことであるが、之《これ》は卽《すなは》ち消長法《せうちやうはふ》を用《もち》ひて占《うらな》ふたものである。

口訣《こうけつ》に曰《いは》く三分《ぶん》の一を減損《げんそん》すとは、乾《けん》の六爻《かう》を三分《ぶん》して見《み》れば、遯《とん》は已《すで》に初爻《しよかう》と二爻《かう》とを消失《せうしつ》して居《ゐ》る、故《ゆゑ》に之《これ》を三分《ぶん》の一を減損《げんそん》すと言《い》ふ、又《また》その半《なか》ばを減《げん》ずれば卽《すなは》ち否《ひ》となりて家道否塞《かだうひそく》の象《かたち》となる、故《ゆゑ》に之《これ》を回復《くわいふく》し難《がた》きに至《いた》ると言《い》ふたものである。

第五　職業を撰定する占法

數代醫《すうだいい》を業《げふ》とせし家《いへ》の長男某將來理工科《ちやうなんぼうしやうらいりこうくわ》を專攻《せんこう》してその業《げふ》を變《へん》ぜむことを思《おも》ひ、祖業《そげふ》を受《う》け繼《つい》で醫業《いげふ》に從事《じうじ》すると、理工科《りこうくわ》に變《へん》ずると何《いづ》れが適當《てきたう》なるか之《これ》を筮《ぜい》せむことを請《こ》ふ、余之《よこれ》を筮《ぜい》して恒《こう》の解《かい》に之《ゆ》くを得《え》て之《これ》を占《うらな》ふて曰《いは》く、恒《こう》とは恒久《こうきう》にして不易《ふえき》なるの義《ぎ》で、人々《ひと〴〵》能《よ》くその道《みち》に恒久《こうきう》なれば何事《なにごと》も亨通《きやうつう》して成就《じやうじゆ》するに至《いた》る、故《ゆゑ》に恒《こう》の彖傳《たんでん》に恒《こう》は亨《とほ》る咎《とが》なし貞《ただ》しきに利《よろ》しとはその道《みち》に久《ひさ》しければなり天地《てんち》の道《みち》は恒久《こうきう》にして已《や》まざるなり、往《ゆ》く攸《ところ》あるに利《よろ》しとは終《をは》れば則《すなは》ち始《はじ》めありと言《い》ふて居《を》る、今此《いまこ》の義《ぎ》を以《もつ》て之《これ》を考《かんが》ふれば、祖業《そげふ》を繼承《けいしよう》して醫療《いれう》に從事《じうじ》するは、子孫《しそん》長久《ちやうきう》の道《みち》にして萬全《まんぜん》の策《さく》であると言《いは》ねばならぬ、然《しか》るに今恒《いまこう》の九三が變《へん》じて解《かい》となつたのであるが、九三は恒久不易《こうきうふえき》なるべきの時《とき》に當《あた》り、剛《がう》を以《もつ》て陽《やう》に居《ゐ》てその正《せい》を得《え》て居《ゐ》るけれども、而《しか》も過剛不中《くわがうふちう》にして巽體《そんたい》の上《うへ》に居《を》り雷風交錯《らいふうかうさく》の際《さい》に當《あた》つて居《を》るが故《ゆゑ》に、躁動《さうどう》して一定不易《ていふえき》なることが可能《でき》ぬものである、故《ゆゑ》に其《そ》の德《とく》を恒《こう》にせず或《あるひ》は之《これ》に羞《はぢ》を承《う》むと言《い》ふて居《を》るが、此《こ》の辭《じ》その儘《まゝ》が卽《すなは》ち當人《たうにん》の心事《しんじ》である故《ゆゑ》に專心《せんしん》祖業《そげふ》を繼承《けいしよう》して恒久《こうきう》なるべき覺悟《かくご》に乏《とぼ》しく、その德《とく》を恒《つね》にせずして他業《たげふ》に轉《てん》ぜむことを思《おも》ふのであるが、得卦《とくくわ》の卦象《くわしやう》に由《よつ》て之《これ》を考《かんが》ふれば、惟《ひと》り祖業《そげふ》を繼承《けいしよう》して恒久《こうきう》なることが可能《でき》ぬ許《ばか》りでなく

恒

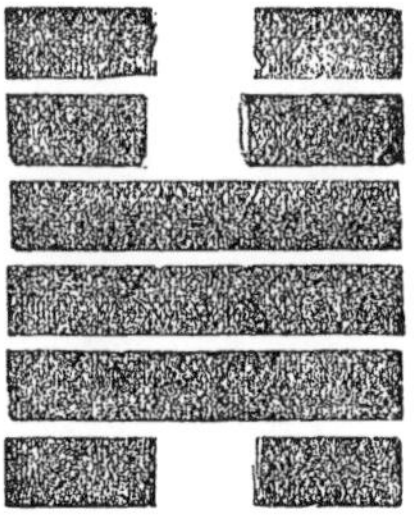

解

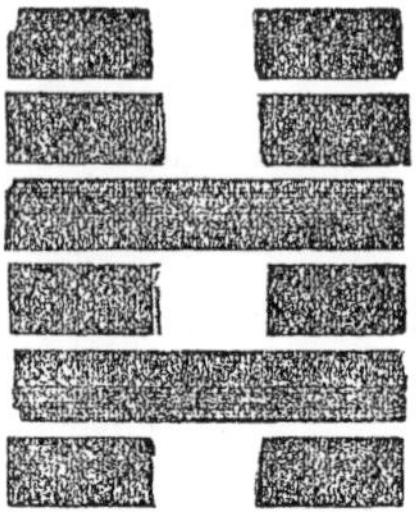

現今希望《げんこんきばう》する所《ところ》の理工科《りこうくわ》を專攻《せんこう》することも之《これ》を遂《と》ぐるを得《え》ず、終《つひ》には必《かな》らず一家離散《かりさん》の悲境《ひきやう》に陷《おちい》ることゝなるであらう、何故《なにゆゑ》であるかと言《い》へば、解《かい》とは解散分離《かいさんぶんり》の義《ぎ》に外《ほか》ならぬからである、故《ゆゑ》に專念《せんねん》一意《い》祖業《そげふ》を繼承《けいしよう》すれば可《よ》いが、然《しか》らざれば兄弟妻子《きやうだいさいし》を東西《とうざい》に分離《ぶんり》して一物《もつ》もなき有樣《ありさま》となるに至《いた》らむと。

第四十六　疾病の治否輕重を占ふ法

四歳《さい》の小兒《こども》熱《ねつ》あつて吐乳《とにう》す、或《あ》る人《ひと》その病症《びやうしやう》治方《ぢはう》を筮《ぜい》して咸《かん》の蹇《けん》に之《ゆ》くを得《え》て之《これ》を占《うらな》ふて曰《いは》く、

咸

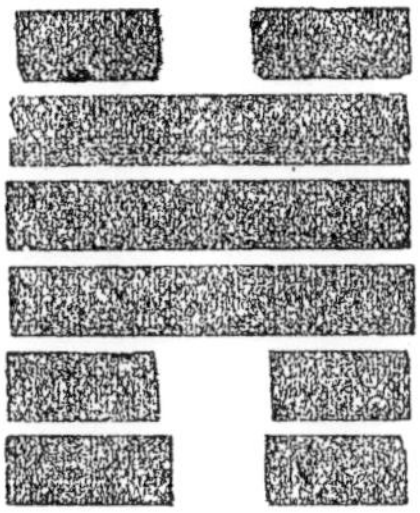

蹇

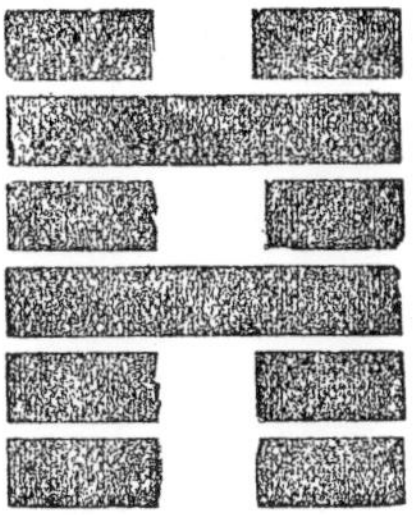

咸《かん》とは感《かん》ずるの義《ぎ》である、蓋《けだ》し感《かん》じて而《しか》して病《やまひ》となるは即《すなは》ち傷寒《しやうかん》又《また》は麻疹《はしか》疱瘡等《ほうそうとう》の流行病《りうかうびやう》であらう、そこで實際《じつさい》を考《かんが》ふれば目下《もくか》は疱瘡《ほうさう》の流行《りうかう》して居《ゐ》る時《とき》であるから、小兒《こども》にして大熱《だいねつ》を發《はつ》すると言《い》へば、それは必《かな》らず疱瘡《ほうそう》の序熱《じよねつ》であらう、又之卦蹇《またしくわけん》は包卦《ほうくわ》の離《り》にして坤《こん》の胃《ゐ》中《ちう》に熱《ねつ》あるの象《かたち》である、故《ゆゑ》に石膏《せきこう》を用《もち》ひて離《り》の熱《ねつ》を解《さ》けば離《り》は變《へん》して乾《けん》となり、蹇《けん》は即《すなは》ち咸《かん》となる、此《かく》の如《ごと》く咸《かん》となつて解熱《かいねつ》すれば痘《さう》瘡《さう》が出《で》るであらう、故《ゆゑ》に唯石膏《たゞせきこう》一味《み》を用《もち》ひて他《た》の藥《くすり》を用《もち》ゆる勿《なか》れと終《つひ》に此《こ》の占《うらなひ》の如《ごと》くにして治《ぢ》したりと言《い》ふ。

谷川龍山《たにかはりうざん》が叔父《をぢ》傷寒《せうかん》の重症《ぢうしやう》に罹《かゝ》りて筮《ぜい》を眞勢中州《ませちうしう》に請《こ》ふ、中州之《ちうしうこれ》を筮《ぜい》して明夷《めいい》の泰《たい》に行《ゆ》くに遇《あ》ふ、之《これ》を占《うらな》ふて曰《いは》く明夷《めいい》は熱《ねつ》を以《もつ》て傷《や》ぶるの義《ぎ》である、今變《いまへん》じて泰《たい》となるは離《り》の心《こゝろ》が變《へん》じて乾《けん》となる、乾《けん》を天《てん》となし空《くう》となすのであるから、此《これ》は即《すなは》ち離《り》の心《こゝろ》が天《てん》に歸《き》して空無《くうむ》となる所《ところ》の象《かたち》である、故《ゆゑ》に必《かな》らず死《し》に至《いた》るべく之《これ》を救《すく》ふの術《じゆつ》なかる

べしと言《い》ふ、後果《のちはた》して死《し》せりと。

心下痞硬腹痛熱《しんかひかうふくつうねつ》あり。諸治効《しよちかう》なき病者《びやうしや》を筮《ぜい》して家人《かじん》の不變《ふへん》を得《う》、眞勢中州之《ませちうしうこれ》を占《うらな》ふて曰《いは》く、

明夷

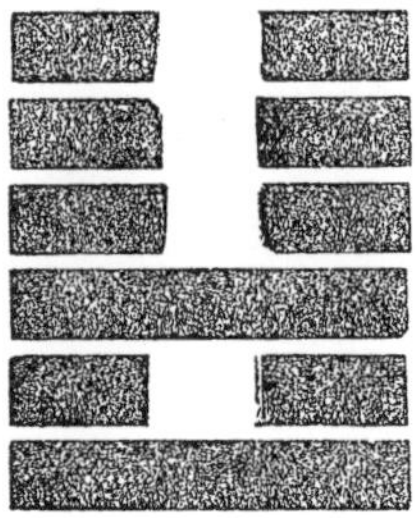

泰

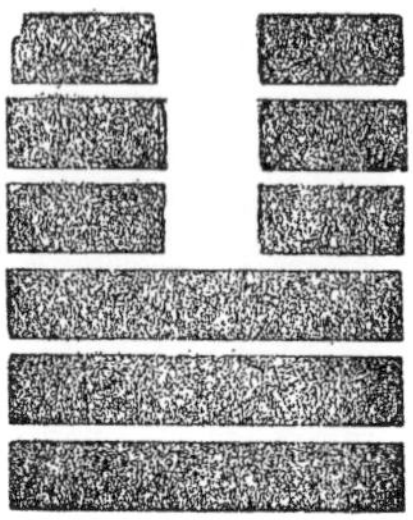

此《こ》の病《やまひ》は下部《かぶ》に水毒《すゐどく》ありて熱《ねつ》を生《しやう》じ痛《いた》みを起《おこ》すの象《かたち》がある、と言《い》ふのは家人《かじん》は乾中坎《けんちうかん》を包《つゝ》む所《ところ》の包卦《はうくわ》であるが坎《かん》を毒《どく》となし水《みづ》となす、故《ゆゑ》に下部《かぶ》に水毒《すゐどく》ありと言《い》ふ而《しか》して坎毒《かんどく》の主《しゆ》となるものは。九三の爻《かう》で此《この》一爻《かう》がある爲《ため》に初《しよ》より三に至《いた》るも離《り》で三より五に至《いた》るも又離《またり》である是《こ》れ即《すなは》ち一坎兩離《かんりやうり》を生《しやう》ずるものである、故《ゆゑ》に水毒《すゐどく》ありて熱《ねつ》を生《しやう》じ痛《いた》みを起《おこ》すと言《い》ふ、故《ゆゑ》に此《こ》の水毒《すゐどく》を下《くだ》す時《とき》は熱《ねつ》も痛《いた》みも共《とも》に去《さ》り、卦《くわ》象《しやう》は即《すなは》ち益《えき》となるが益《えき》は即《すなは》ち益《えき》するの義《ぎ》で人《ひと》に取《と》りては無《む》病《びやう》の義《ぎ》である、然《しか》れども今《いま》その治《ち》を怠《おこた》れば、此《こ》の水毒《すゐどく》が一段上升《だんじやうしやう》して睽《けい》となる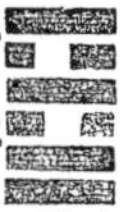睽《けい》は死《し》するの義《ぎ》であるから、速《すみや》かに小建中湯《せうけんちうたう》に附子大黄《ふしだいわう》を加《くわ》へ長服《ちやうふく》して坎毒《かんどく》を下《くだ》すべしと、そこで此《こ》の占《うらなひ》の如《ごと》くすること一月許《つきばか》りにして諸症《しよしやう》全《まつ》たく癒《い》へたりと言《い》ふ。
疾病筮占《しつぺいぜいせん》に關《くわん》する詳細《しやうさい》のことを知《し》らむとせば拙著病占秘訣《せつちよびやうせんひけつ》を見《み》らるべし。

第四十七　破産するや否やを知る占法

横濱《よこはま》革商《かはしやう》某《ぼう》失敗《しつぱい》の結果《けつくわ》佛人《ふつじん》某《ぼう》に對《たい》し十五萬圓《ゑん》許《ばか》りの不拂《ふはらひ》となり、而《しか》も委托《ゐたく》物費消《ぶつひせう》の疑《うたがひ》を受《う》け、その他《た》の負債《ふさい》も頗《すこ》ぶる多《おほ》く總額《そうがく》四十餘萬圓《よまんえん》の不拂《ふはらひ》となつたので、公然破《こうぜんは》産《さん》をなすの已《や》み難《がた》き場合《ばあひ》に立《た》ち到《いた》れり、依《よつ》てその義弟某《ぎていぼう》來《きた》りて、如《い》何《か》に結局《けつきよく》すべきやを問《と》ふ、余之《よこれ》を筮《ぜい》すればその卦《くわ》は節《せつ》が變《へん》じて兌《だ》となつた、そこで之《これ》を斷《だん》じて曰《いは》く、本卦節《ほんくわせつ》は元《もと》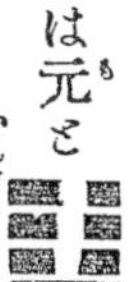泰《たい》より來《きた》つたもので、泰《たい》の内卦乾《ないくわけん》の一陽《やう》が外卦《ぐわいくわ》に往《ゆ》つて坎險《かんけん》の主《しゆ》となり、又外《またぐわい》卦坤《くわこん》の一陰《いん》が内卦《ないくわ》に來《きた》つて兌《だ》の缺損《けつそん》を生《しやう》じたのが節《せつ》である、節《せつ》は坎《かん》水兌澤《すゐだたく》に止《とゞま》つて、その量《りやう》に適《てき》するの象《かたち》であるが、稍《やゝ》もすれば流散迸《りうさんぽう》溢《いつ》せむとするの意《い》がある、故《ゆゑ》に節《せつ》を以《もつ》て苦節窮迫《くせつきうはく》の有樣《ありさま》となすのである、然《しか》るに今乾《いまけん》の一陽《やう》を缺損《けつそん》して坎《かん》の險難《けんなん》を生《しやう》じたのである、けれども、而《しか》も猶初九《たほしよ》の堤防《ていばう》があつて坎《かん》の下流《かりう》を塞《ふさ》ぎ溢出迸流《いつしゆつへいりう》せしめざる許《ばか》りでなく節《せつ》が變《へん》じて兌《だ》となれば兌澤《だたく》の堤防《ていばう》を重《かさ》ぬるの象《かたち》があるから破産《はさん》の虞《おそれ》はない樣《やう》である、

節

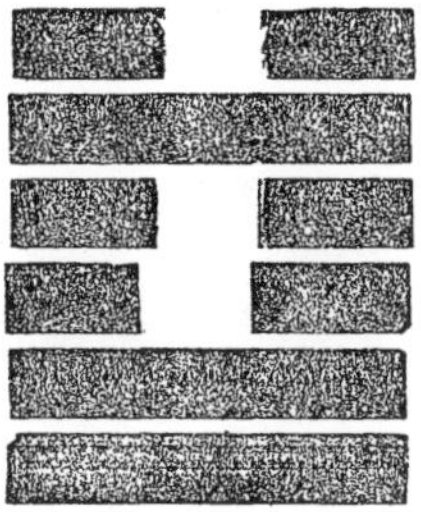

兌

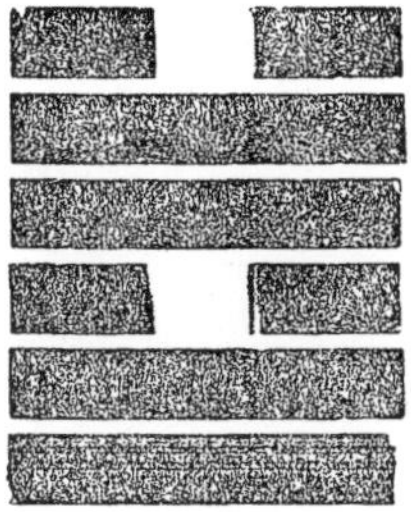

若《も》し亦然《またしか》らずして破産《はさん》するに至《いた》るとせば、節《せつ》の初《しよ》が變《へん》じて重坎《ちようかん》となるか、或《あるひ》は節《せつ》の初《しよ》と上《じやう》と

が變《へん》じて䷺渙《くわん》とならねばならぬ、然《しか》るに節《せつ》が變《へん》じて兌《だ》となつたのは卽《すなは》ち和談《わだん》にて折合《をりあ》ふべき象《かたち》である、されども早急《さうきふ》には落着《らくちやく》せざるべしと、その後果《ごはた》して和談《わだん》を以《もつ》て濟《すみ》たりと言《い》ふ。

第四十八　藝者が客を撰擇する占法

解

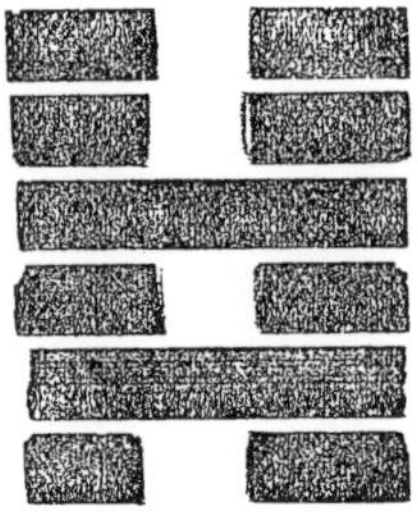

豫

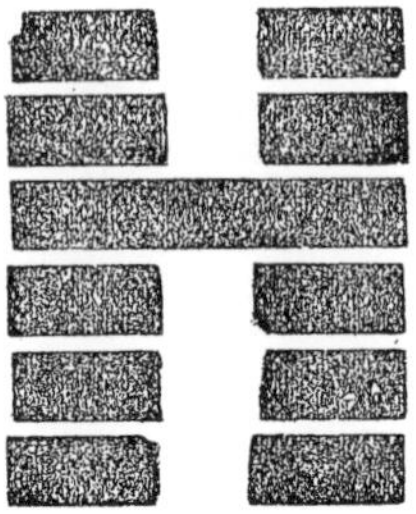

或《あ》る日《ひ》二人《にん》の藝者《げいしや》來《きた》りて曰《いは》く、妾等《わたしら》二人《ふたり》共《とも》今《いま》最《もつと》も信賴《しんらい》すべき客《きやく》に長《ちやう》少《せう》二人《にん》の男子《だんし》あり、その中《なか》に於《おい》て妾等《わたしら》の身《み》を委《まか》するは年長《ねんちやう》の人《ひと》が可《か》なるや、將《はた》亦《また》年少《ねんせう》の人《ひと》が可《か》なるやその吉凶《きつきよう》を筮《ぜい》せむことを請《こ》ふ、余《よ》之《これ》を筮《ぜい》して一は解《かい》の豫《よ》に之《ゆ》くを得《え》、又《また》一は小過《せうくわ》の解《かい》に之《ゆ》くを得《え》たのであるが、先《ま》づ解《かい》の豫《よ》に之《ゆ》くを斷《だん》じて曰《いは》く、內卦《ないくわ》坎《かん》を北《きた》とし中男《ちうなん》とし貧苦《ひんく》とす、又《また》外卦《ぐわいくわ》震《しん》を東《ひがし》とし長男《ちやうなん》とし繁昌《はんじやう》とする、故《ゆゑ》に年少《ねんせう》の男子《だんし》は北方《ほくぱう》に當《あた》り、年長《ねんちやう》の男子《だんし》は東方《とうはう》に當《あた》るであらう、年少《ねんせう》の男子《だんし》は貧苦《ひんく》にして年長《ねんちやう》の男子《だんし》は繁昌《はんじやう》の人《ひと》ならむ、又《また》年少《ねんせう》の男子《だんし》は近《ちか》くして年長《ねんちやう》の男子《だんし》は遠《とほ》く且《か》つ水路《すゐろ》を隔《へだ》つるならむと言《い》ひたるに、一々《いち／＼》その的中《てきちう》を賞《しやう》す、依《よつ》て重《かさ》ねて斷《だん》じて曰《いは》く解《かい》は此《こ》れ解散《かいさん》瓦解《がかい》の義《ぎ》であ

るが、今之卦豫《いまゆくくわよ》の象《しやう》を見《み》れば、瓦解解散《がかいかいさん》して無縁《むえん》の人《ひと》となるのは坎《かん》の年少《ねんせう》の方《はう》であつて、震《しん》の年長《ねんちやう》の方《はう》は依然《いぜん》として變動《へんどう》せぬ許《ばか》りでなく、豫《よ》は震雷地中《しんらいちちう》を出《い》で、振《ふる》ふの卦《くわ》で、豫《よ》の九四に由《よつ》て豫《あらか》しむの辭《じ》があれば、此《こ》の年長《ねんちやう》の男子《だんし》に倚頼《きらい》すれば目下《もくか》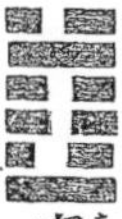屯《ちゆん》の醜籍《しうせき》を脱《だつ》して自由《じいう》の身《み》となり、立身出世《りつしんしゆつせ》して豫樂《よらく》を受《うく》るに至《いた》る、故《ゆゑ》に年長《ねんちやう》の男子《だんし》に倚頼《きらい》するを可《か》となすと、

又他《またた》の一つ即《すなは》ち小過《せうくわ》の解《かい》に之《ゆ》く方《はう》は氣《き》の毒《どく》ではあるけれども、年長《ねんちやう》の方《はう》も年少《ねんせう》の方《はう》も共《とも》に信頼《しんらい》するの

小過

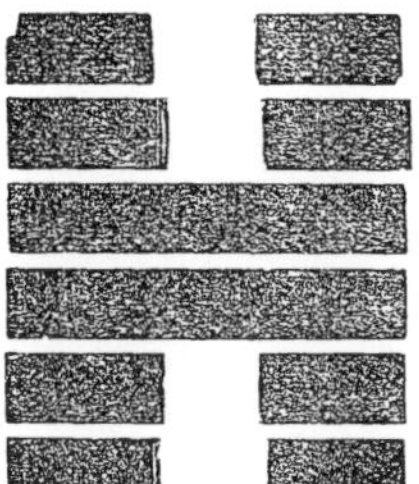

解

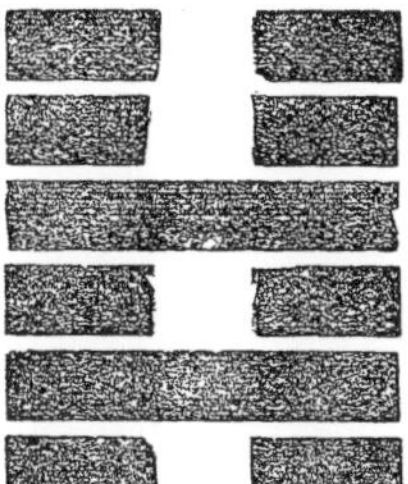

望《のぞ》みはない、何《なん》となれば、本卦小過《ほんくわせうくわ》の内卦艮《ないくわごん》を小男《せうなん》とし、外卦震《ぐわいくわしん》を長男《ちやうなん》とすれども、卦《くわ》は即《すなは》ち小過《せうくわ》であるから年齢《ねんれい》も身分《みぶん》も過不及《くわふきう》の所《ところ》があつて不釣合《ふつりあひ》である、故《ゆゑ》に彼我相背《ひがあひそむ》くの象《しやう》ある小過《せうくわ》を得《え》たものであるが、尚之卦《なほゆくくわ》の解《かい》に於《おい》ては一層明《いつそうあき》らかにその象《しやう》が現《あら》はれて居《ゐ》る、即《すなは》ち解《かい》とは解散分離《かいさんぶんり》するの義《ぎ》で双方共信頼《さうはうともしんらい》するに足《た》らぬことを示《しめ》して居《ゐ》る、加之《しかのみならず》、前判《ぜんはん》の婦人《ふじん》は外見《ぐわいけん》は愚昧《ぐまい》の樣《やう》であるけれども、その實《じつ》は聰明《そうめい》である故《ゆゑ》に此《かく》の如《ごと》き幸運《かううん》に遇《あ》ふことになる、（解《かい》が、坤《こん》を以《もつ》て離《り》を包《つゝ》むの象《しやう》を取《と》る、反之《これにはんし》、小過《せうくわ》は大卦《だいくわ》の坎《かん》である、故《ゆゑ》に男《だん》女共《ぢよとも》に姦佞邪智《かんねいじやち》の寄合《よりあひ》である、隨《したが》つて双方共《さうはうとも》に虚言僞計《きよげんぎけい》を飾《かざ》り合《あ》ふ丈《たけ》で孚誠信義《ふせいしんぎ》の實情《じつじやう》がない（小過《せうくわ》の裏面中孚《りめんちうぶ》の象《しやう》を取《と》る）此《こ》れその

信頼《しんらい》しがたき所以《ゆえん》であると、一妓赫然《ぎくわくぜん》としてその面《おもて》は火《ひ》の様《やう》であつた。

第四十九　養父の信用を得て家督相續をなすの占法

他家《たけ》へ養子《やうし》へ行《ゆ》きたるも故《ゆゑ》ありて實家《じつか》に復歸《ふくき》せる一男子《なんし》の行末《ゆくすゑ》を筮《ぜい》し、離《り》の旅《りよ》に之《ゆ》くを得《え》て之《これ》を占《うらな》ふ

離
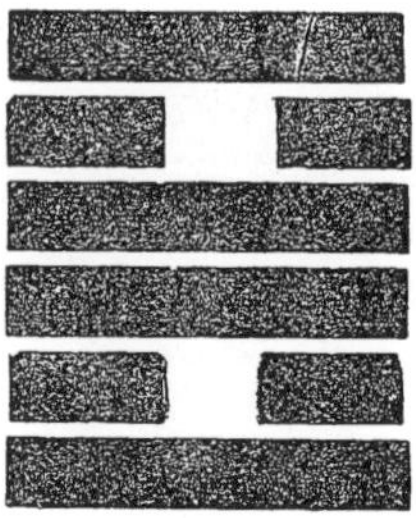

旅
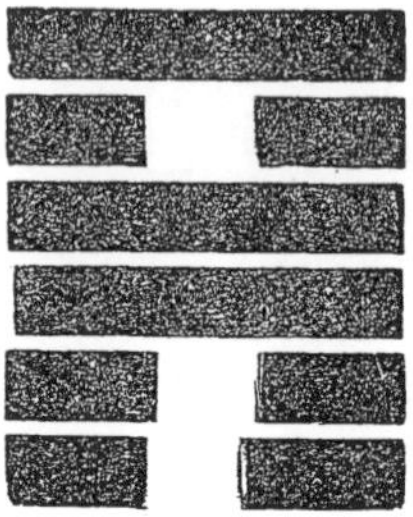

て曰《いは》く、本卦重離《ほんくわぢうり》は不和《ふわ》の象義《しやうぎ》である、然《しか》るに今《いま》その初《しよ》九變《へん》じて艮《ごん》となるは、此《こ》れ先《ま》づ我《われ》より養父《やうふ》へ背《そむ》くの象《かたち》である、且《か》つ之卦旅《ゆくくわりよ》には知己親族《ちきしんぞく》杯《など》の倚頼《きらい》すべきものもなく、恰《あだ》かも旅《たび》に居《ゐ》るが如《ごと》き意《い》があるが、斯《か》くては此《こ》の先《さ》きとも心身《しんしん》の安堵《あんど》を得《え》がたきが故《ゆゑ》に、是非《ぜひ》とも既往《きわう》の非《ひ》を悔《く》ひ改《あらた》め内顚《ないてん》して震《しん》となり、養家《やうか》に復歸《ふくき》し勇《いさ》み進《すゝ》むで勉勵《べんれい》する方《はう》が可《よ》い、然《しか》る時《とき》は卦《くわ》に於《おい》ては噬嗑《ぜいがう》となる、されど噬嗑《ぜいがう》には九四の手代《てだい》が中《なか》に立《たつ》て双方《さうはう》の間隔《かんかく》をなすの意《い》がある、故《ゆゑ》に當分《たうぶん》の所《ところ》は艱難辛苦《かんなんしんく》を耐《た》へ忍《しの》むで、此《こ》の手代《てだい》の意《い》に逆《そむ》かざる樣注《やうちう》意《い》をせねばならぬ、斯《か》くせば養父《やうふ》の胸中《きようちう》に於《おい》ても此《こ》の手代《てだい》を別家《べつけ》させむとする底意《そこい》があることゆへ、一旦吾子《たんわがこ》の精神《せいしん》を見拔《みぬ》きたる上《うへ》は九四を變爲《へんゐ》して手代《てだい》を別居《べつきよ》せしめ、吾子《わがこ》に頤《ゐ》の家督《かとく》を讓《ゆづ》るであらうと。

口訣《こうけつ》に曰《いは》く養父《やうふ》の胸中《きようちう》に於《おい》て手代《てだい》を別居《べつきよ》せしむるの底意《そこい》ありと言《いふ》は、外卦離《ぐわいくわり》の養父《やうふ》は元《もと》と文明《ぶんめい》にして智慮《ちりよ》ある人《ひと》である、今上位《こんじやうゐ》に居《ゐ》て養子《やうし》と手代《てだい》との擧動《きよどう》を觀《み》てその事情《じじやう》を能《よ》く察知《さつち》して居《ゐ》る、故《ゆゑ》に胸中《きようちう》に於《おい》て手代《てだい》を別居《べつきよ》せしむるの底意《そこい》ありと言《い》ふ、又頤中《またいちう》に物《もの》あるを噬嗑《ぜいがう》と言《い》ふ、而《しか》して之《これ》を噬《は》み碎《くだ》けば頤《い》となる、故《ゆゑ》に九四を變爲《へんゐ》して手代《てだい》を別居《べつきよ》せしむと言《い》ふ、且《か》つ頤《い》とは頤養《ゐやう》の義《ぎ》で家人《かじん》を養《やしな》ふことに當《あた》る、故《ゆゑ》に頤《ゐ》の家督《かとく》を讓《ゆづ》ると言《い》ふたものであるが、此《こ》の占《うらなひ》は內顚法《ないてんはふ》と變爲法《へんゐはふ》とを同時《どうじ》に用《もち》ひたる所《ところ》の一例《れい》である。

第五十　妾婦が主人より暇狀を取る占法

一妾婦《せうふ》あり、その主人《しゆじん》が困窮《こんきう》にして且《か》つ疾毒《しつどく》を病《や》めるが故《ゆゑ》に、暇狀《いとまじやう》を與《あた》へむことを請《こ》へども許《ゆる》さず、是《これ》を以《もつ》て無斷《むだん》にて逃走《たうそう》したり、然《しか》るにその主人《しゆじん》大《おほい》に怒《いか》り之《これ》を官《くわん》に訴《うつた》へむとすることを聞《き》き、その吉凶《きつきやう》を筮《ぜい》せむことを請《こ》ふ、谷川龍山《たにかはりうざん》之《これ》を筮《ぜい》して大過《たいくわ》の不變《ふへん》を得《え》たり、その占《せん》に曰《いは》く大過《たいくわ》は元《も》と中孚《ちうぶ》より來《きた》る、蓋《けだ》し是迄《これまで》は彼我相互《ひがさうご》に向《むか》ひ合《あ》ふて實情《じつじやう》を盡《つく》し居《ゐ》たり、然《しか》るに內卦《ないくわ》の妾婦《せうふ》たる我《われ》が變心《へんしん》して外卦《ぐわいくわ》の主人《しゆじん》の意《い》に背《そむ》き內顚《ないてん》して巽《そん》となつて逃走《たうそう》したるが故《ゆゑ》に、外卦《ぐわいくわ》の主人《しゆじん》も亦《また》外顚《ぐわいてん》して得卦大過《とくくわたいくわ》の象《しやう》となり、兌口《だこう》を外《そと》に背《そむ》けて怒《いか》る

大過

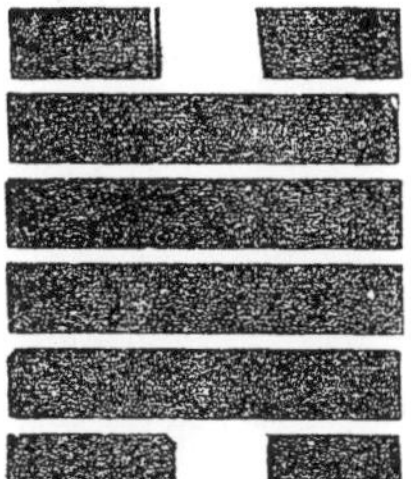

ものである。故《ゆゑ》に中孚《ちうぶ》を以《もつ》て過去《くわこ》の卦象《くわしやう》となし大過《たいくわ》を以《もつ》て現在《げんざい》の卦象《くわしやう》となす、然《しか》るに婦人《ふじん》たるものは男子《だんし》の離縁状《りえんじやう》を得《え》ざれば他《た》に縁組等《えんぐみとう》をなすことが可能《でき》ぬ。されば迚《とて》この儘大過《まゝたいくわ》にて相背《あひそむ》いて居《ゐ》ては將《しやう》來《らい》如何《いか》にともすることは可能《でき》まい。故《ゆゑ》に先《ま》づ内卦《ないくわ》の我《われ》に於《おい》てその心《こゝろ》を改《あらた》め、内顚《ないてん》して彼《かれ》に向《むか》はゞ彼《かれ》も亦《また》その意《い》を和《やわ》らげ外顚《ぐわいてん》して相向《あひむか》ひ、再《ふた》たび元《もと》の中孚《ちうぶ》となりて和議濟《わぎとゝの》ひ容易《たやす》く暇《いとま》を遣《つか》はすことになる、然《しか》る上尚堅《うへなほかた》く中孚《ちうぶ》の信《しん》を守《まも》り半年許《はんねんばか》りも經過《けいくわ》せば、中孚《ちうぶ》の上爻變《じやうかうへん》じて節《せつ》となり、北方《ほくばう》より良縁《りやうえん》があるであらう、今急速《いまきふそく》に他《た》に縁《えん》を求《もと》むるのは可《よ》くないと。果《はた》して此《こ》の占《うらなひ》の如《ごと》くにして和談整《わだんとゝの》ひ、その後《ご》六ケ月《げつ》を經《へ》て北《きた》に當《あた》る農家《のうか》の後妻《ごさい》となり、下《げ》人《にん》三四人《にん》を使役《しえき》するの身分《みぶん》となれりと言《い》ふ。此《こ》の占《うらなひ》も又内《またない》外顚法《ぐわいてんはふ》を用《もち》ひたものであるが半年許《はんねんばか》り過《す》ぎて節《せつ》となるとは中孚《ちうぶ》の初爻《しよかう》より上爻《じやうかう》に至《いた》るの間《あひだ》を言《い》ふたもので、此《こ》の所《ところ》は卽《すなは》ち變爲法《へんゐはふ》を用《もち》ひたものである。

第五十一　主家を去つて獨立業を創めむとする法

一男假《なんか》りの主人《しゆじん》あつてその方《はう》へ日《ひ》々《び》出勤《しゆつきん》せり、されども獨立《どくりつ》して別業《べつげふ》を營《いとな》まむとする底意《そこい》あり、之《こ》を筮《ぜい》して姤《こう》の大過《たいくわ》に之《ゆ》くを得《え》て之《これ》を占《うらな》ふて曰《いは》く、姤《こう》の外卦乾《ぐわいくわけん》を君《きみ》となし主《しゆ》となして、内卦巽《ないくわそん》の我《われ》は主人《しゆじん》に對《たい》して背《そむ》く所《ところ》の象《かたち》である、然《しか》るに今姤《いまこう》が變《へん》じて大過《たいくわ》となるは卽《すなは》ち我先《われま》づ巽《そん》にて主人《しゆじん》に背《そむ》くが故《ゆゑ》に、主人《しゆじん》も亦兌《まただ》となつて我《われ》に背《そむ》いて後《うしろ》を向《う》け、相互《さうご》に後《うし》ろ向《むき》となつて背《そむ》き離《はな》るゝ象《かたち》である、然《しか》るに大過《たいくわ》は

姤

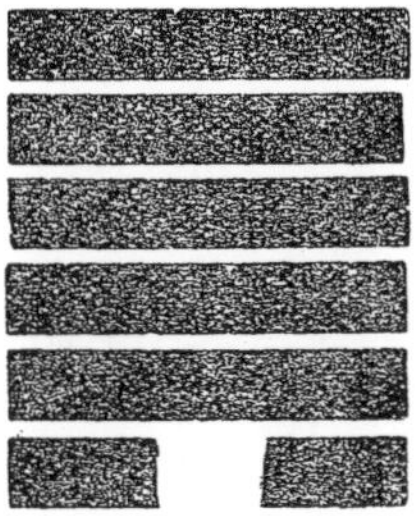

大過

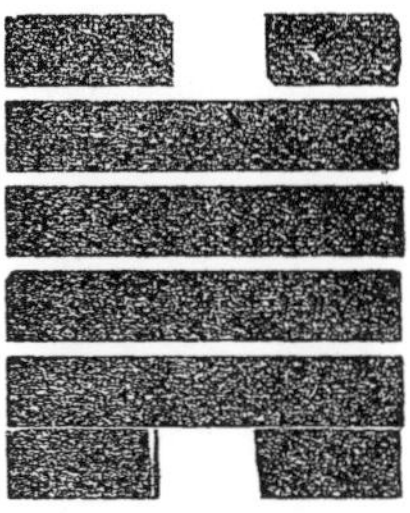

隨

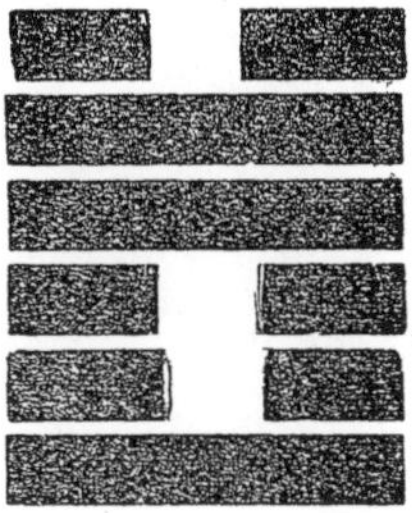

棟《むなぎ》が撓《ゆる》むでその家《いへ》が顚倒《てんたう》すると言《い》ふ卦《くわ》であるから、若《も》し今主人《いましゆじん》に背《そむ》いて獨立《どくりつ》せば、必《かな》らず家《いへ》を顚覆《てんぷく》して零落《れいらく》するが如《ごと》き不幸《ふかう》はあつても決《けつ》して別業《べつげふ》を創《はじ》めて繁昌《はんじやう》すべき兆《きざし》は見《み》へぬ、故《ゆゑ》に速《すみや》かに初念《しよねん》を飜《ひるが》へし内顚《ないてん》して兌《だ》となり、乾《けん》の主人《しゆじん》に向《むか》つて和順《わじゆん》を旨《むね》として服從《ふくじう》するが可《よ》い、さすれば卦《くわ》に於《おい》ては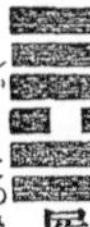履《り》となり、主人《しゆじん》の信用《しんよう》を得《え》て人《ひと》を啌《くら》はず亨《たてまつ》りて利益《りえき》がある、併《しか》し此際遷延《このさいせんえん》して時《とき》を過《すご》さば、主人《しゆじん》も亦我《またわ》が内意《ないい》を察《さつ》し、兌《だ》となつて我《われ》に背《そむ》くことゝなる、その時《とき》に及《およ》び我《わ》れ内顚《ないてん》して兌《だ》となつたとても、最早如何《もはやいか》にともすることは可能《でき》ぬと。此《これ》は卽《すなは》ち内顚法《ないてんはふ》を用《もち》ひて占《うらな》ふたものである。

他《た》の庇蔭《おかげ》に由《よ》つて營業《えいげふ》をなし來《きた》りし者《もの》、故《ゆゑ》あり獨立《どくりつ》して別《べつ》に同業《どうげふ》を起《おこ》さむと欲《ほつ》し自《みづ》からその可否《かひ》を筮《ぜい》して隨《ずゐ》の咸《かん》に之《ゆ》くを得《え》て占《うらなひ》を眞勢《ませ》中州《ちうしう》に請《こ》ふ、中州曰《ちうしうかは》く隨《ずゐ》の咸《かん》に之《ゆ》くは這《こ》は卽《すなは》ち内顚法《ないてんはふ》であつて、進《しん》の進《すゝ》むものを艮《ごん》と變《へん》じて止《とゞ》まると言《い》ふ卦象《くわしやう》である、されば通例《つうれい》の塲《は》合《あひ》であればその志望《しばう》を思《おも》ひ止《と》まることゝ見《み》るのが相當《さうたう》である、然《しか》れども此《こ》の卦象《くわしやう》に於《おい》ては別《べつ》に深甚《しんじん》の意味《いみ》があることゆへ、その占《うらなひ》も亦《また》

咸

䷞

随《したが》つて異《こゝ》ならねばならぬ。元來本卦隨《ぐわんらいほんくわずゐ》には我《われ》は震《しん》にて勉《つと》め勵《はげ》めども彼《かれ》は兌《だ》にてその心底我《しんていわれ》に背《そむ》く所《ところ》の象《しやう》がある、且《か》つ兌《だ》は賓卦《ひんくわ》として之《これ》を見《み》れば巽《そん》なるを以《もつ》て、兎《と》も角《か》く今日迄《こんにちまで》は巽從《そんじう》し來《きた》つたのである、去《さ》りながら結局《けつきよく》の將來《しやうらい》に至《いた》りても彼《かれ》が心《こゝろ》の信賴《しんらい》し難《がた》きことを察知《さつち》することが可能《でき》る、然《しか》るに今內顚《こんないてん》して咸《かん》となりたるは、卽《すなは》ち此《こ》れ迄信賴《までしんらい》し來《きた》りたる彼《かれ》が許《もと》を離《はな》れ獨立《どくりつ》して業《けふ》を創《はじ》むるの象《かたち》である、此《か》の如《ごと》く我《われ》は艮《ごん》となりて獨立《どくりつ》するも、而《しか》も彼《か》の兌口《だこう》は尙《なほ》且《か》つ舊《きう》に依《よ》つて變《かは》る所《ところ》を見《み》ぬ、是《これ》に由《よ》つて之《これ》を觀《み》れば、我《われ》より倚賴《きらい》して進《すゝ》むも、又分離《またぶんり》して獨立《どくりつ》するも、我《わ》が向背《かうはい》に依《よ》つて彼《かれ》が心《こゝろ》を動《うご》かすに足《た》らぬことが察知《さつち》さるゝ、彼《かれ》の心底《しんてい》が果《はた》して此《か》の如《ご》くば、我《われ》に於《おい》ては隨《ずゐ》の儘《まゝ》にて倚賴服從《きらいふくじう》して居《を》るよりは、寧《むし》ろ分離獨立《ぶんりどくりつ》して咸《かん》となり自由《じゆう》に働《はたら》く方《はう》が利益《りえき》である、加之《しかのみならず》、若《も》し營《えい》業上《げふじやう》の失敗等《しつぱいとう》の爲《た》め外卦兌《ぐわいくわだ》の彼《かれ》が變爲《へんゐ》して ䷜ 坎《かん》となる樣《やう》なことでもあれば卦《くわ》に於《おい》ては ䷂ 屯《ちゆん》となり我《われ》も共《とも》に此《こ》の屯《ちゆん》の難《なや》みに遇《あ》ふて動《うご》かれぬことゝならねばならぬ、然《しか》るにその時《とき》に及《およ》むで內顚《ないてん》して獨立《どくりつ》せば、卦《くわ》に於《おい》て ䷦ 蹇《けん》となるが故《ゆゑ》に、尙一層《なほいつそう》の困難《こんなん》を增《ま》すことゝなるが、反之《これにはんし》、萬《まん》一大利《たいり》を得《う》る樣《やう》なことがあるとせば、彼《かれ》は或《あるひ》は外顚《ぐわいてん》して ䷩ 益《えき》となるであらう、而《しか》もその時《とき》に至《いた》り、我《わ》れ內顚《ないてん》して獨立《どくりつ》せば、その卦《くわ》は卽《すなは》ち ䷴ 漸《ぜん》となる、乃《そこ》で今漸《いまぜん》と咸《かん》とを比較《ひかく》して何《いづ》れが可《か》なるやと言《い》はゞ、咸《かん》は大《おほい》に漸《ぜん》に勝《まさ》る所《ところ》があると言《い》はねばならぬ、故《ゆゑ》に分離獨立《ぶんりどくりつ》するは現今《げんこん》を以《もつ》てその時《とき》を得《え》て居《を》ると。

口訣《こうけつ》に曰《いは》く利得《りとく》の場合《ばあひ》に彼《か》れ外顯《ぐわいてん》すれば、賓卦《ひんくわ》は損《そん》となり主卦《しゆくわ》は益《えき》となるが故《ゆゑ》に、彼《かれ》は損《そん》に當《あた》り我《われ》は益《えき》に當《あた》るべきが如《ごと》くであるけれども、それは決《けつ》してそうではない、占題《せんだい》を顧《かへり》みれば我《われ》は唯《ただ》彼《かれ》に倚《よ》賴《らい》して業《げふ》を營《いとな》む丈《だけ》であるから、利《り》を得《え》たる場合《ばあひ》に於《おい》てその利益《りえき》が彼《かれ》の所有《しよいう》となるのは理《り》の當然《たうぜん》である、故《ゆゑ》に彼《かれ》は外顯《ぐわいてん》して益《えき》となると言《い》ふたものである。此《こ》の占《せん》は卽《すなは》ち內外顯法《ないぐわいてんぱふ》を用《もち》ひたものである。

第五十二　使用人を撰擇して商業を繁昌せしむる占法

近江《あふみ》・八幡《はた》の富商《ふしやう》某《ぼう》京都《きやうと》に支店《してん》を持《も》て居《ゐ》たが費用《ひよう》が多《おほ》くして收支《しうし》相償《あひつぐの》はず、依《よつ》て如何《いか》に之《これ》を處置《しよち》して然《しか》るべきかを問《と》ふ、眞勢中州《ませちうしう》之《これ》を筮《ぜい》して乾《けん》の不變《ふへん》に遇《あ》ふ、

乾

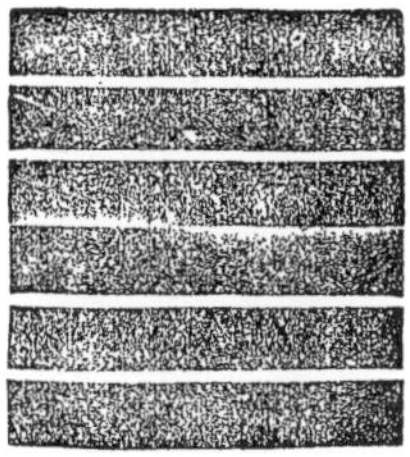

その占《うらなひ》に曰《いは》く乾《けん》は純陽壯盛《じゆんやうそうせい》の卦《くわ》にして驕奢《けふしや》の意《い》がある、そこで此《こ》の卦象《くわしやう》に由《よつ》て之《これ》を考《かんが》ふれば、その支店《してん》の支配《しはい》が節儉《せんけん》の心掛《こゝろが》けなく金錢《きんせん》を濫費《らんぴ》するが故《ゆゑ》に、此《かく》の如《ごと》く失費《しつぴ》多《おほ》くして不《ふ》足《そく》を生《しやう》ずるのであらう。されば吾子《わがこ》が親族《しんぞく》の中《うち》より篤實《とくじつ》にして才智《さいち》ある人物《じんぶつ》を擇《えら》び、給料《きふれう》を厚《あつ》くして支配人《しはいにん》の上位《じやうゐ》に置《お》き、店主《てんしゆ》となしてその店《みせ》を支配《しはい》せしめば、閉店《へいてん》抔《など》するに及《およ》ばず漸々《ぜん〳〵》に繁昌《はんじやう》するに至《いた》るであらうと。富商《ふしやう》某《ぼう》此《こ》の占《うらなひ》に從《したが》ひ支配人《しはいにん》を變更《へんかう》して大《おほい》に繁昌《はんじやう》し、後《の》ち二年《ねん》を經《へ》て再《ふた》たび來《きた》り、そ

の明占《めいせん》を謝《しや》したりと言《い》ふ。

口訣《こうけつ》に曰《いは》く乾《けん》は驕奢《けふしや》となす、故《ゆゑ》に乾《けん》を以《もつ》て現狀《げんじやう》を告《つ》げたる所《ところ》の箸情《きじやう》を察《さつ》し、一陰爻《いんかう》を乾卦《けんくわ》の下《もと》より九五の位《くらゐ》に上《のぼ》せて䷍大有《だいう》の卦《くわ》となし、而《しか》してその一陰《いん》を以《もつ》て五陽《やう》の店員《てんゐん》を取《と》り締《し》まらしむれば、後來必《こうらいかな》らず此《こ》の大有《たいう》の卦象《くわしやう》の如《ごと》く繁昌《はんじやう》すべしと見定《みさだ》めたるものにて、來往法《らいわうはふち》中の往《わう》の生卦《せいくわ》を用《もち》ひたものである、又《また》その篤實《とくじつ》にして才智《さいち》ある人物《じんぶつ》を擇《えら》べと言《い》ひしは、卽《すなは》ち大有《たいう》の外卦離明《くわいくわりめい》の象《かたち》を取《と》たものである。

観

䷓

大阪《おほさか》の富商某江戸《ふしやうぼうえど》へ出店《しゆつてん》して既《すで》に十餘年《よねん》の久《ひさ》しきに及《およ》べるが、始《はじ》めの頃《ころ》は相應《さうおう》の利得《りとく》があつたけれども如何《いか》なる譯《わけ》か近年《きんねん》は損失《そんしつ》のみ多《おほ》きが故《ゆゑ》に、その店《みせ》の處置方法《しよちはふはふ》を筮《ぜい》せむことを請《こ》ふ、眞勢中州之《ませちうしうこれ》を筮《ぜい》して觀《くわん》の不變《ふへん》を得《え》て之《これ》を占《うらな》ふて曰《いは》く、觀《くわん》は消長《せうちやう》の卦《くわ》にして大《おほい》に衰《おとろ》へたるの意《い》がある、故《ゆゑ》に此《こ》の儘《まゝ》にして差置《さしお》く時《とき》には、今《いま》より二年《ねん》にして破産滅亡《はさんめつばう》するに至《いた》るであらう、されば此際閉店《このさいへいてん》しても可《い》い、然《しか》れども今閉店《いまへいてん》すれば此《こ》れ迄《まで》の苦心《くしん》は全《まつ》たく水泡《すゐはう》に歸《き》し了《おは》ることゝなるそこで玆《こゝ》に一術《じゆつ》がある、そは外《ほか》ではない、吾子《ごし》が知人《ちじん》の中《うち》に正直《しやうちき》にして勇進《ゆうしん》の人《ひと》があらば、厚給《こうきふ》を與《あた》へて江戸《えど》へ遣《つか》はし、その店《みせ》の目附役《めつけやく》となすべし、而《しか》して此《こ》の人物《じんぶつ》を得《う》ると否《いな》とは、その店《みせ》の興廢《こうはい》の岐《わか》るゝ所《ところ》であるから能々《よくよく》擇撰《せんたく》すべく、此《かく》の如《ごと》くせば再《ふた》たび繁昌《はんじやう》するに至《いた》るべしと、然《しか》るに此《こ》の時《とき》幸《さいはひ》に江戸《えど》へ行《ゆ》かむことを希望《きばう》する正直《しやうぢき》なる壮夫《さうふ》があつた、それてその者《もの》を遣《つか》はして出店《でみせ》を監督《かんとく》せしめたるが故《ゆゑ》に、次第《しだい》に花主《とくい》の信用《しんよう》を回復《くわいふく》して再《ふた》たび繁昌《はんじやう》することゝなつたと言《い》ふ。

口訣《こうけつ》に曰《いは》く、玆《こゝ》に今後《こんご》二年《ねん》を過《す》ぎて破産滅亡《はさんめつぼう》すると言《い》ふは、觀《くわん》の二陽《やう》が剝《はく》を經《へ》て坤《こん》の無《む》となるの象《かたち》を取《と》たものである、又正直《またしやうぢき》なる壮夫《さうふ》を遣《つか》はすべしとは、觀《くわん》の大艮《だいこん》を以《もつ》て東北《とうほく》となして江戸《えど》と見《み》、江《え》戸《ど》の外《そと》たる大阪《おほさか》より一陽《やう》の壮夫《さうふ》を觀《くわん》の卦《くわ》の初六《しよ》の位《くらゐ》に遣《つか》はせば、内卦《ないくわ》の坤《こん》は變《へん》じて震《しん》となる、震《しん》を勇猛《ゆうもう》となし正直《しやうぢき》となし又勉強《またべんきやう》となす、故《ゆゑ》に此《こ》の象《かたち》を取《と》て正直《しやうぢき》なる壮夫《さうふ》を擇《えら》び目附役《めつけやく》となすべしと言《い》ふ、此《かく》の如《ごと》く内卦《ないくわ》が變《へん》じて震《しん》となれば卦《くわ》に於《おい》ては䷩益《えき》となる、益《えき》は天施《てんほどこ》し地生《ちしやう》じて萬物《ばんぶつ》が增益《ぞうえき》するの義《ぎ》である、故《ゆゑ》に亦再《またふた》たび繁昌《はんじやう》するに至《いた》ると見《み》たもので、此《これ》は卽《すなは》ち來往法中《らいわうはふちう》の來生卦《らいせいくわ》を用《もち》ひたものである。

第五十三　人の秘密を觀破する占法

美服盛装《びふくせいする》せる一僧《そう》あり或《あ》る富豪《ふかう》の家《いへ》に來《きた》り、佛法《ぶつぱふ》を說《と》くこと最《もつと》も雄辯《ゆうべん》なり、故《ゆゑ》に家人皆之《かじんみなこれ》を尊信感服《そんしんかんぷく》して大德《だいとく》となし、以《もつ》て之《これ》を中州《ちうしう》に告《つ》ぐ、中州試《ちうしうこゝろ》みに之《これ》を筮《ぜい》して賁《ひ》の不變《ふへん》を得《え》てその主人《しゆじん》に告《つ》げて曰《いは》く、離《り》は智《ち》なり艮《こん》は僧《そう》なり賁《ひ》は文飾《ぶんしよく》なり、卽《すなは》ち大智《だいゝち》あるの僧《そう》が美服《びふく》を飾《かざ》る所《ところ》の義《ぎ》である、然《しか》れども己《すで》に之《これ》

賁

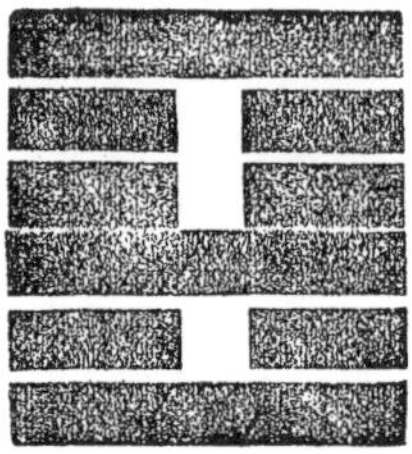

を飾《かざ》ると言《い》へばその才智《さいち》も眞《まこと》の才智《さいち》にあらず、その美服《びふく》も眞《まこと》の美服《びふく》にあらざるならむ、蓋《けだ》し賁《ひ》の裏面《りめん》は䷮困《こん》であるが、困《こん》は困窮《こんきう》の義《ぎ》である、是《これ》に由《よつ》て之《これ》を觀《み》れば、外面《ぐわいめん》は美服盛裝佞辯《びふくせいさうねいべん》を逞《たくまし》ふして己《おの》れが大智《だいち》を飾《かざ》ると雖《いへ》ども、而《しか》もその內實《ないじつ》の所《ところ》は奸佞邪智《かんねいじやち》甚《はなは》だ困窮《こんきう》せるものにして、這《こ》は必《かな》らず財《ざい》を貪《むさ》ぼる所《ところ》の賣僧《ばいそう》ならむ、故《ゆゑ》に深《ふか》く用《よう》心《じん》せらるべしと、然《しか》るに後日《ごじつ》に至《いた》り果《はた》して寺《てら》の建立《こんりふ》を口實《こうじつ》として金談《きんだん》を申込《まをしこ》みたりと言《い》ふ。

蠱

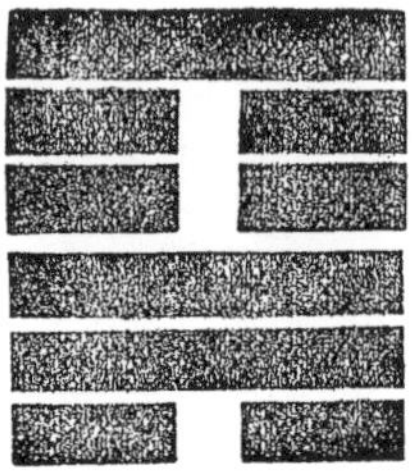

蒙

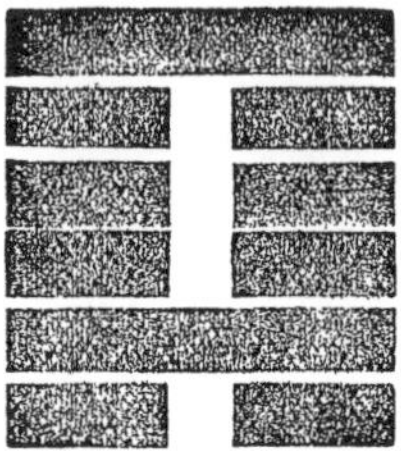

第五十四　旅行移轉等の吉凶を占ふ法

狂歌師《きやうかし》某西遊《ぼうさいゆう》の望《のぞみ》あり、豫《あらか》じめ旅行《りよかう》の吉凶《きつきよう》を問《と》ふ或《あ》る人之《ひとこれ》を筮《ぜい》すれば蠱《こ》が變《へん》じて蒙《もう》となつた、その斷《だん》に曰《いは》く蠱《こ》は父《ちゝ》の蠱《こ》に幹《かん》として之《これ》を善《よ》くするの才器《さいき》があり、且《か》つ師德《しとく》を備《そな》へて蒙《もう》を發《あば》くのであるから、此《こ》の行《かう》は必《かな》らず雅名《がめい》を西都《さいと》に揚《あげ》ることゝなる、然《しか》れども三虫皿《ちうべい》に食《は》むの卦《くわ》であるから蠱血《こけつ》の災《わざはひ》を含《ふく》むで居《ゐ》る、故《ゆゑ》に旅中《りよちう》に於《おい》ては最《もつと》も深《ふか》く飮食《いんしよく》の毒《どく》を愼《つゝ》しまねばならぬと、然《しか》るに木曾路《きそぢ》を經《へ》て棧道止《さんだうし》宿《しゆく》の間《かんの》野雉《きぢ》を食《しよく》したので、日《ひ》あらずして腰下《こしした》に毒瘡《どくさう》を發《はつ》したのであつたが、血《ち》を見《み》ること數合《すうがふ》にして後癒《のちい》へたと言《い》ふことである。

第五十五　雇人の良否を見分る占法

或《あ》る商家《しやうか》の番頭《ばんとう》と手代《てだい》と丁稚《でつち》と三人共謀《にんきようぼう》して主家《しゆか》の金子《きんす》十貫目許《くわんめばか》りを費消《ひせう》したり、そこで番頭《ばんとう》が思《おも》ふには今《いま》三人同時《にんどうじ》に追《お》ひ出《だ》さるゝことゝもなれば、一時《じ》主家《しゆか》へ手間《てづかへ》をさする許《ばか》りでなく、三人共《にんとも》に流浪《るらう》せねばならぬことゝなる、故《ゆゑ》に氣《き》の毒《どく》ではあるが、手代《てだい》一人《にん》にて引《ひ》き受《う》け呉《く》れよ、さすれば内々《ないく》に少々《せうく》づゝ貢《みつ》ぐべしと三人内談《にんないだん》を遂《と》げ、主人《しゆじん》の手前《てまへ》は手代《てだい》一人《にん》その罪《つみ》を負《お》ふことゝなつて親元《おやもと》へ預《あづ》けられた然《しか》るに親元《おやもと》にて種々吟味《しゆぐぎんみ》したる處《ところ》、三人申合《にんまをしあは》せて此《かく》の如《ごと》く取《と》り計《はか》らつたことが分《わか》つたので、その親元《おやもと》より此《かく》の始末《しまつ》を言《い》ひ立《た》てゝ、元《もと》の如《ごと》く歸參《きさん》を許《ゆる》し呉《く》れよと願《ねが》ひ來《きた》つたのであるから、主人《しゆじん》も始《はじ》めてその事情《じじやう》を知《し》り番頭《ばんとう》と丁稚《でつち》とを嚴責《げんせき》せしに、包《つゝ》み隱《かく》すこと克《あた》はずして殘《のこ》らず白狀《はくじやう》し、今後《こんど》は屹度《きつと》相愼《あひつゝし》むべきを以《もつ》て此《こ》の儘《まゝ》勤仕《きんじ》させ呉《く》れと言《い》ふて大《おほい》に詫入《わびい》つたのである、そこで主人來《しゆじんきた》つて如何《いか》に處置《しよち》すべきかを問《と》ふ、之《これ》を筮《ぜい》して坎《くわん》の節《せつ》に之《ゆ》くに遇《あ》ふたが、その占《うらなひ》に曰《いは》く得卦《とくくわ》の

坎

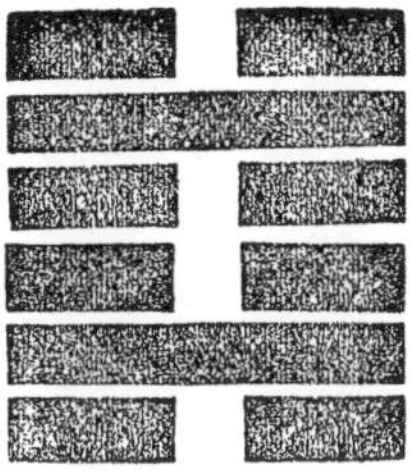

節

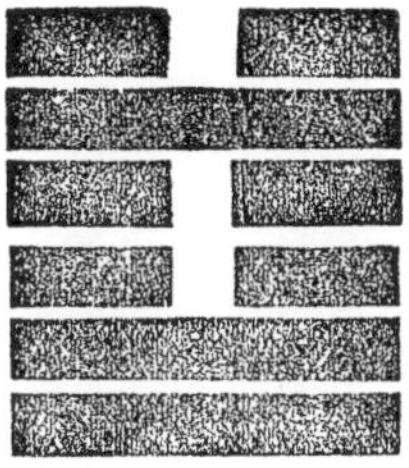

卦象《くわしやう》を案《あん》ずるに、本卦《ほんくわ》と之卦《しくわ》に坎《くわん》の卦《くわ》三つあり、本卦《ほんくわ》の二坎《くわん》は番頭《ばんとう》と丁稚《でつち》に當《あた》り、之卦節《しくわせつ》の一坎《くわん》は手代《だい》に當《あた》り、內卦《ないくわ》の兌《だ》は卽《すなは》ち主人《しゆじん》に當《あた》る、而《しか》して坎《くわん》を險《けん》とし寇《かう》とし、隱伏《いんぷし》となし惡人《あくにん》となす、故《ゆゑ》に此《こ》の三人《にん》は何《いづ》れも惡黨《あくたう》である、此《こ》れ今回《こんくわい》の險難《けんなん》を引《ひ》き起《おこ》せし所以《ゆゑん》である、然《しか》るに此《こ》の三坎《くわん》の惡黨《あくたう》を元《もと》の如《ごと》く穩便《をんびん》に雇《やと》ひ置《お》くとせば、卦象《くわしやう》に於《おい》ては一兌《だ》の上《うへ》に三坎《くわん》を積《つ》み重《かさ》ねた所《ところ》の有樣《ありさま》となるが、斯《か》くては三坎《くわん》の大水《たいすゐ》にて一兌《だ》の堤防《ていばう》を決潰《けつくわい》するが如《ごと》く、主家《しゆか》を大艱難《だいこんなん》に陷《おとし》いれざれば已《や》まぬものである、畢竟此《ひつきやうかく》の如《ごと》き惡黨《あくたう》を雇《やと》ひ置《お》くは恰《あだ》かも虎狼《こらう》を飼《か》ひ置《お》くのと同樣《どうやう》である、故《ゆゑ》に此《こ》の三人《にん》の者共《ものども》は早々《さうく》追《お》ひ出《だ》して仕舞《しま》ふが可《い》い、之《これ》を追《お》ひ出《だ》して仕舞《しま》へば現在《げんざい》の三坎《くわん》がなくなるのであるから、その跡《あと》は卽《すなは》ち䷒臨《りん》の卦《くわ》となるが、臨《りん》とは大《だい》の義《ぎ》で而《しか》も陽長《やうちやう》の卦《くわ》であるから、臨《りん》より泰《たい》となり泰《たい》より大壯《たいさう》となつて、次第《しだい》に蕃昌《はんじやう》することゝなるに違《ちが》いない、故《ゆゑ》に速《すみや》かに斷行《だんかう》すべしと、此《こ》の占《うらなひ》の如《ごと》くにしてその後《ご》は段々《だんく》蕃昌《はんじやう》するに至《いた》りしと言《い》ふ。此《こ》の占《うらなひ》も亦應事《またおうじ》取象法《しゆしやうはふ》の一例《れい》で、卽《すなは》ち三坎《くわん》を捨《す》てゝ坤《こん》の象《かたち》を取《と》たものである。

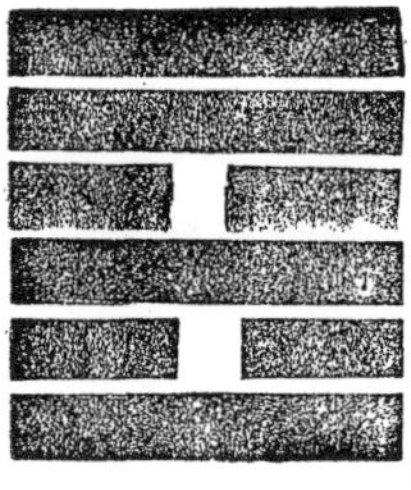

艮艮巽乾坤艮

第五十六　井水の出否を知る占法

或《あ》る家《いへ》に徹底《てつてい》の井《ゐど》を掘《ほ》らむとして水《みづ》の出《で》るや否《いな》やを問《と》ふ、之《これ》を筮《ぜい》して家人《かじん》の中孚《ちうぷ》に之《ゆ》くを得《え》て之《これ》を占《うらな》ふて曰《いは》く、本卦家人《ほんくわかじん》に於《おい》ては二より三四の中爻《ちうかう》に坎《くわん》がある、されども爻《かう》を以《もつ》て見《み》る時《とき》は中爻《ちうかう》の坎水《くわんすゐ》を上下《じやうげ》の配艮《はいこん》を以《もつ》て止《とゞ》むる所《ところ》の象《かたち》がある、又之卦《またしくわ》の䷼中孚《ちうふ》に於《おい》ては、本卦中爻《ほんくわちうかう》の坎水《くわんすゐ》は變《へん》じて兌澤《だたく》となり、而《しか》も下《した》にあつて動《うご》かざる所《ところ》の象《かたち》であるから、水《みづ》の出《い》で上《あが》るべき象義《しやうぎ》はないと言《い》ふ、然《しか》るに之《これ》を掘《ほ》りたれども水《みづ》は終《つひ》に出《い》でざりしと言《い》ふ。此《これ》は爻卦《かうくわ》と備卦《びくわ》とを用《もち》ひて占《うらな》ふた一例《れい》である。

第五十七　金談の成否を占ふ法

金談《きんだん》の成否《せいひ》を問《と》ふものあり、之《これ》を筮《せい》すれば隨《ずゐ》の不變《ふへん》であつた、眞勢中州之《ませちうしうこれ》を占《うらな》ふて曰《いは》く。今此《いまこ》の卦象《くわしやう》を見《み》れば我方《わがかた》よりは震《しん》を以《もつ》て進《すゝ》み求《もと》むれども、彼方《あなた》は兌《だ》の口《くち》を外《そと》に背《む》けて肯《かえん》ぜざる所《ところ》の象《かたち》である、然《しか》れども産業《さんげふ》の資《し》となすことを明《あき》らかにしたる上《うへ》、返金《へんきん》を違《ちが》へざる旨《むね》の保《ほ》證人《しようにん》を立《た》てゝ懇談《こんだん》せば。彼《かれ》も亦外顚《またぐわいてん》して兌口《だこう》を我《われ》に向《む》け卦《くわ》に於《おい》ては益《えき》䷩となりて金談濟《きんだんすく》ふべし、乍去《さりながら》、自身《じしん》一己《こ》にて進《すゝ》み求《もと》むる丈《だけ》ては彼《かれ》、我《われ》を信《しん》ぜざるの象《かたち》があるから輙《た》やすくは調《とゝの》はざるならむと、果《はた》して此《こ》の占《うらなひ》の如《ごと》く保《は》證人《しようにん》を立《た》てゝ成就《じやうじゆ》せりと言《い》ふ。此《こ》の占《うらなひ》は

隨

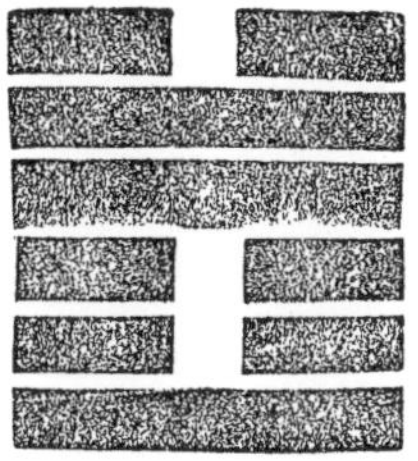

外顚法《ぐわいてんはふ》を用《もち》ひたものである。

第五十八　賣買の吉凶を占ふ法

或《あ》る人前金《ひとまへきん》を渡《わた》し西國《さいこく》の産物《さんぶつ》を買《か》ふべきことを約《やく》せむとしてその吉凶《きつきよう》を問《と》ふ、之《これ》を筮《ぜい》して渙《くわん》の不變《ふへん》に遇《あ》ふ、その占《うらなひ》に曰《いは》く、此《こ》の卦《くわ》は元《もと》と否《ひ》より來《きた》つて渙《くわん》となつたものであるが、否《ひ》とは否塞不通《そくふつう》の義《ぎ》て彼我《ひが》の間何等《あひだなんら》の關係《くわんけい》もなき時《とき》の象《かたち》である。然《しか》るに今買約《いまばいやく》の吉凶《きつきよう》を筮《ぜい》して渙《くわん》を得《え》たが、渙《くわん》は卽《すなは》ち否《ひ》の六二と九四とが交易《かうえき》したもので、彼我《ひが》の間《あひだ》に於《おい》て新《あら》たに賣買《ばいばい》の關係《くわんけい》を生《しやう》ずる所《ところ》の象《かたち》である、而《しか》も渙《くわん》には我《われ》は坎《くわん》にして難《なや》み、彼《かれ》は巽風《そんぷう》にして

渙

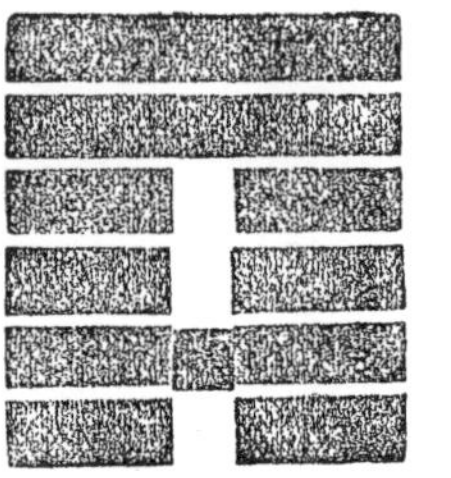

我《われ》を吹《ふ》き散《ちら》すの義《ぎ》がある、故《ゆゑ》に若《も》し前金《まへきん》を渡《わた》して買約《ばいやく》を結《むす》ばゝ必《かな》らず損失《そんしつ》を招《まね》くことゝなる。されば此《こ》の買約《ばいやく》は中止《ちうし》するを以《もつ》て吉《きつ》とする、中止《ちうし》すれば則《すなは》ち元《もと》の否《ひ》の象《かたち》に復《ふく》して何等《なんら》の關係《くわんけい》もなきことゝなるから、隨《したが》つて亦損失抔《またそんしつなど》をすることはないのであると。此《これ》は交易法《かうえきはふ》を用《もち》ひ占《うらな》ふた所《ところ》の一例《れい》である。

第五十九　壻の良否を見分る占法

或《あ》る人《ひと》その娘《むすめ》に壻養子《むこやうし》を取《と》り己《すで》に子《こ》までも出生《しゆつしやう》したれども、兎角《とかく》その壻《むこ》と娘《むすめ》との中睦《なかむつ》まじからず、それが爲《た》め家内《かたい》にも不和《ふわ》を生《しやう》じて治《をさ》まらざるが故《ゆゑ》に、離縁《りえん》せむと思《おも》へどもその後《ご》の處置《しよち》に困《こま》りて如何《いかん》すべきやを問《と》ふ、之《これ》を筮《ぜい》すれば兌《だ》が變《へん》じて歸妹《きまい》となつたのであるが、之《これ》を占《うらな》ふて曰《いは》く兌《だ》は悅《よろこ》び和《わ》すると言《い》ふ卦《くわ》であるけれども、今兌《いまだ》が變《へん》じて震《しん》となつた所《ところ》を以《もつ》て考《かんが》ふれば、此《これ》は兌《だ》の悅《よろこ》び和《わ》すると言《い》ふ義《ぎ》

兌

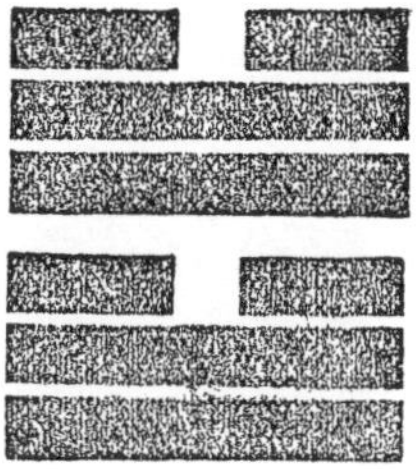

歸妹

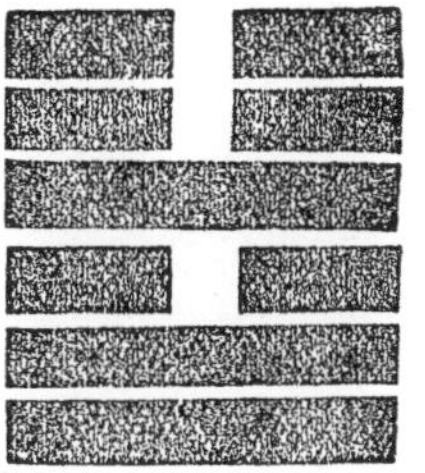

を以《もつ》て告《つ》げたるにあらず、卦象《くわしやう》その儘《まゝ》を以《もつ》て告《つ》げ示《しめ》したものである。そこで卦象《くわしやう》を案《あん》ずれば内卦《ないくわ》の兌《だ》は娘《むすめ》であつて、外卦《ぐわいくわ》の兌《だ》は婿《むこ》である、然《しか》るに今外卦《いまぐわいくわ》の兌《だ》が變《へん》じて震《しん》となつたのは、娘《むすめ》は悦《よろこ》び和《わ》すれども婿《むこ》は背《そむ》いて和《わ》せざる所《ところ》の有樣《ありさま》を告《つ》げたものである。故《ゆゑ》に本卦《ほんくわ》の兌《だ》も之《し》卦歸妹《くわきまい》も共《とも》に和《わ》せざることを告《つ》げ示《しめ》したものである、然《しか》らばその婿《むこ》を離緣《りえん》したならば如何《いかん》と言《い》ふに、離緣《りえん》すると言《い》ふことは内卦兌《ないくわだ》の娘《むすめ》の相手《あひて》なる外卦《ぐわいくわ》の震《しん》の婿《むこ》を取《と》り除《のぞ》くと同《どう》一である、そこで斯《か》く之《これ》を取《と》り除《のけ》て見《み》れば、その跡《あと》は卽《すなは》ち䷒臨《りん》の卦《くわ》となるのであるが、斯《かく》の如《ごと》く臨《りん》の卦《くわ》の有樣《ありさま》となつた所《ところ》に重《かさ》ねて婿《むこ》を取《と》ることゝなれば、艮《こん》の少《せう》男《なん》か又《また》は坎《くわん》の中男《ちうなん》を擇《えら》び求《もと》むるのが適當《てきたう》である、さすれば夫婦《ふうふ》睦《むつ》まじく和合《わかふ》することが可能《でき》る、何故《なにゆゑ》であるかと言《い》へば、内卦《ないくわ》の兌《だ》に艮《こん》の少男《せうなん》を迎《むか》ふればその卦象《くわしやう》は䷨損《そん》となるが、損《そん》は三陰《いん》三陽相應《やうあひおう》じて二五夫婦《ふうふ》の中間《ちうかん》にあつて妨《さまた》げをなすものもないから、能《よ》く和合《わかふ》することが可能《でき》る。又坎《またくわん》の中男《ちうなん》を迎《むか》ゆればその卦象《くわしやう》は卽《すなは》ち䷻節《せつ》となるが、此《これ》も亦《また》二と五と夫婦《ふうふ》の間《あひだ》に陰陽爻《いんやうかう》の障《さわ》りとなるものがないから、互《たがひ》に能《よ》く節義《せつぎ》を守《まも》りて不和《ふわ》を生《しやう》ずる樣《やう》なことはないのである、故《ゆゑ》に震《しん》の長男《ちやうなん》に當《あた》る婿《むこ》を離緣《りえん》したる後《のち》に、艮《こん》の少男《せうなん》か又《また》は坎《くわん》の中男《ちうなん》かを擇《えら》むで再緣《さいえん》せしむべしと。此《これ》

は應事取象法《おうじしゆしやうはふ》を用《もち》ひたるの一例《れい》である。

第六十　貸金催促の占法

或《る》る人田地《ひとでんち》を抵當《ていたう》として金子《きんす》を貸《か》し置《お》きたれども返金《へんきん》せざるが故《ゆゑ》に、如何《いか》に處置《しよち》して可《か》なるやを問《と》ふ、之《これ》を筮《ぜん》して明夷《めいゐ》の謙《けん》に之《ゆ》くを得《え》たり、

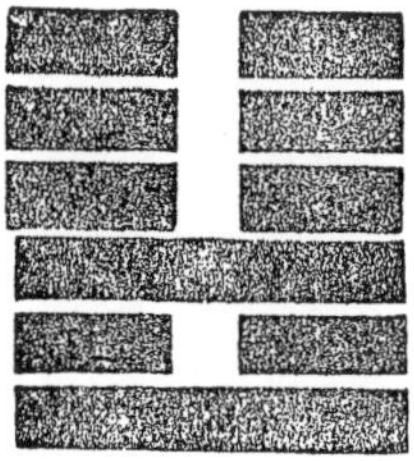
明夷

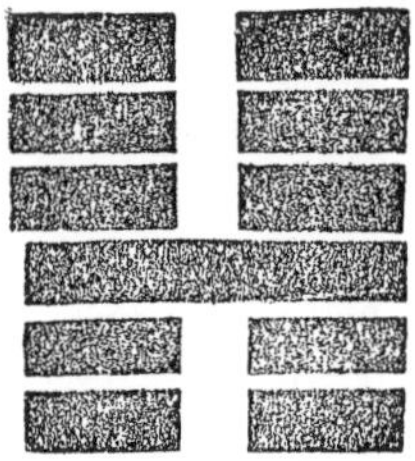
謙

その占《うらなひ》に曰《いは》く坤《こん》を田地《でんち》となし、離《り》を證文《しようもん》となし艮《こん》を止《とゞ》むとなす、此《こ》れ田地《でんち》を抵當《ていたう》として證文《しようもん》を我《わ》が方《かた》に留《と》め置《おき》た所《ところ》の象《かたち》である、且《か》つ彼《かれ》は坤《こん》の暗陰《あんいん》を以《もつ》て我《われ》の離明《りめい》を昧《くら》まし傷《やぶ》るの義《ぎ》である、されば本卦《ほんくわ》も之卦《しくわ》も之《これ》を不應《ふおう》の卦《くわ》となすことは可能《でき》ぬ、然《しか》れども此《こ》の事《こと》の處置方法等《しよちはうほふとう》に至《いた》りては兩卦共《りやうくわとも》にその象《かたち》がない樣《やう》に思《おも》はるゝ、依《よつ》て重《かさ》ねて卦象《くわしやう》を案《あん》じ種々《いろ〳〵》と攻究《こうきう》したる後《のち》に及《およ》び、漸《やう》やくその裏面《りめん》に於《おい》て䷅訟《しやう》の卦《くわ》を發見《はつけん》したのであるが、此《こゝ》に至《いた》り始《はじ》めて之《これ》を官《くわん》に訴《うつた》へ公《こう》裁《さい》を仰《あふ》がば理非分明《りひぶんめい》となつて決着《けつちやく》すべしと言《い》ふことを告《つ》げたことを知《し》つた、何故《なにゆゑ》であるかと言《い》へば、之《これ》を官《くわん》に訴《うつた》ゆるとせば、明夷《めいゐ》の內《ない》卦卽《くわすなは》ち離《り》の證文《しようもん》を官《くわん》へ提出《ていしゆつ》せねばならぬが、此《これ》は易位法《えきゐはふ》であつて、易位《えきゐ》すれば晉《しし》となつて理非分明《りひぶんめい》するの義《ぎ》があるからである、その上《うへ》

亦晉《またしん》の卦《くわ》の裏面《りめん》を見《み》れば䷄需《じゆ》の卦《くわ》がある、需《じゆ》は卽ち《すなは》訟《しやう》の易位《えきゐ》より來《きた》るが故《ゆゑ》に、明夷《めいい》の裏面卽ち《りめんすなは》訟《しやう》の時《とき》に當《あた》り我《わ》が方《はう》にあつた所《ところ》の坎《くわん》の難《なや》みは彼《かれ》の方《はう》へ行《ゆ》き、彼《かれ》の方《はう》にあつた所《ところ》の乾《けん》の金《かね》は我《わ》が方《はう》へ來《きた》り、元利共《くわんりとも》に之《これ》を回收《くわいしゆ》し得《え》らるゝの象《かたち》がある、故《ゆゑ》に速《すみや》かに公裁《こうさい》を仰《あふ》ぐべしと、果《はた》して此《こ》の占《うらなひ》の如《ごと》く勝訴《しようそ》したりと言《い》ふ。此《これ》は卽ち《すなは》裏《り》面法《めんはふ》と易位法《えきゐはふ》とを同時《どうじ》に併《あは》せ用《もち》ひたものである。

或《あ》る人家《ひといへ》を質《しち》に取《とつ》て金子《きんす》を貸附《かしつ》け置《お》きたるに、その借主借財《かりぬししやくざい》多くして今《いま》は返金《へんきん》も可能《でき》ぬ有樣《ありさま》となつたのである、故《ゆゑ》にその家《いへ》を引《ひ》き取《と》らむとすれば、價《あた》ひ高《たか》くしてその事《こと》も調《ととの》はず、その處置《しよち》に困《こま》つて之《これ》を筮《ぜい》せむことを請《こ》ふ、之《これ》を筮《ぜい》すれば既濟《きさい》が變《へん》じて需《じゆ》となつた、そこで之《これ》を占《うらな》ふて曰《いは》く、既濟《きさい》は元《げん》と䷊泰《たい》から來《き》たもので、卽ち《すなは》泰《たい》の內卦乾《ないくわけん》は金《かね》であるが、その九二の一陽《やう》が外卦《ぐわいくわ》に往《ゆき》て坎《くわん》となり、又外卦《またぐわいくわ》の六五が九二の位《くらゐ》に來《きた》つたものが本《ほん》卦《くわ》の既濟《きさい》である、卽ち《すなは》我《われ》は一陽《やう》の金子《きんす》を彼《かれ》に貸《か》し渡《わた》し、その證據《しようこ》として彼《かれ》より離《り》の證文《しようもん》を我方《わがかた》へ取《と》り置《お》いた所《ところ》の象《かたち》であつて、既濟《きさい》とは事《こと》が既《すで》に調《ととの》ふと言《い》ふ義《ぎ》で貸借《たいしやく》の事《こと》が調《ととの》ふたことに當《あた》る、そこで之《これ》を如何《いか》に處置《しよち》すべきかと言《い》へば、今《いま》その金子《きんす》を返濟《へんさい》すると言《い》ふことならば、之《し》卦《くわ》には亦必《またかな》らず泰《たい》の卦《くわ》を以《もつ》て告《つ》げねばならぬ、何《なん》となれば

既濟

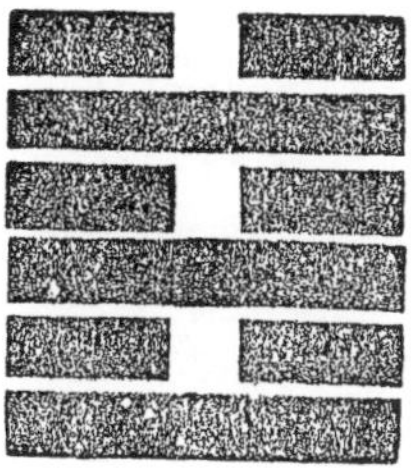

需

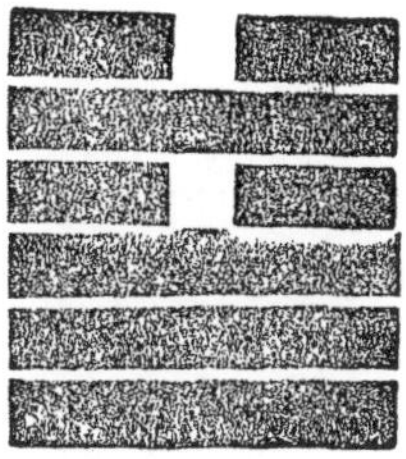

前《まへ》に貸《か》し與《あた》へて置《おい》た一陽《やう》の金子《きんす》を受取《うけとつ》て、我方《わがかた》に取《と》り置《おい》た所《ところ》の離《り》の證文《しようもん》を返《かへ》せば、その卦《くわ》は卽《すなは》ち元《もと》の泰《たい》の象《かたち》となるからである、又《また》その家《いへ》を我方《わがかた》へ渡《わた》すと言《い》ふことならば、之卦《しくわ》は必《かな》らず䷙大畜《だいちく》の卦《くわ》を以《もつ》て告《つ》げ來《きた》る筈《はず》である。何《なん》となれば、大畜《だいちく》とは大《おほい》に畜《たくは》ふると言《い》ふ義《ぎ》で艮《こん》の家《いへ》を我方《わがかた》に加《くは》へ增《ま》す所《ところ》の象《かたち》となるからである。然《しか》るに今此等《いまこれら》の卦《くわ》を以《もつ》て告《つ》げずして需《じゆ》の卦《くわ》を以《もつ》て告《つ》げたのを見《み》れば、金子《きんす》を返却《へんきやく》すると言《い》ふのでもなく、又家《またいへ》を渡《わた》すと言《い》ふのでもないことが分《わか》る、さらば如何《いか》なる意味《いみ》を告《つ》げたかと問《と》へば、需《じゆ》の內卦《ないくわ》は乾《けん》で外卦《ぐわいくわ》は坎《くわん》であるが、乾《けん》を富實《ふじつ》となし坎《くわん》を貧困《ひんこん》となして需《じゆ》は待《ま》つの義《ぎ》である、されば我《われ》は富實《ふじつ》にして彼《かれ》は貧困《ひんこん》の際《さい》であるから、暫《しば》らくその返金《へんきん》を需《ま》ち待《ま》つてやるべしと言《い》ふ天命《てんめい》である、故《ゆゑ》に暫《しば》らく時《とき》の至《いた》るを待《まつ》てその返金《へんきん》を猶豫《ゆうよ》するが可《い》い、若《も》し又是非共《またぜひとも》その家《いへ》を畜《たくは》へ有《たも》たむと思《おも》はゞ、借《かり》主《ぬし》が望《のぞ》みに任《まか》せて金子《きんす》を出《いだ》すべし、さすれば大畜《だいちく》となつてその家《いへ》を自由《じいう》に所有《しよいう》することが可能《でき》ると、此《こ》の占《うらなひ》も亦事《またじ》實《じつ》に應《おう》じて得卦《とくくわ》になき所《ところ》の象《かたち》を取《と》り來《きた》つて之卦需《しくわじゆ》の意味《いみ》を明白《めいはく》にしたもので、應事取象《おうじしゆしやう》法《はふ》の一例《れい》として之《これ》を見《み》ることが可能《でき》る。

第六十一　出願の成否を占ふ法

享和《きやうわ》の頃或《ころある》る人眞勢《ひとませ》中州《ちうしう》を訪《とふ》て曰《いは》く、嘗《かつ》て或《あ》る川筋《かはすぢ》の通船《つうせん》を官《くわん》に願《ねが》ひ出《で》たれども叶《かな》はざりしが故《ゆゑ》に、再《ふた》たびその枝川《しせん》の通船《つうせん》を願《ねが》ひたるが、官《くわん》の方《はう》は叶《かな》ひしも里人《りじん》の訴訟《そしやう》に由《よつ》て成就《じやうじゆ》せなかつた、そこて此《この》度《たび》は右《みぎ》の川筋《かはすぢ》に近《ちか》き他《た》の川筋《かはすぢ》の通船《つうせん》を願《ねが》ひ出《い》で度《たい》と思《おも》ふが、希《こひ》ねがはくばその成否《せいひ》を筮《ぜい》せよと、中州《ちうしう》之《これ》を筮《ぜい》して既濟《きさい》の乾《けん》に之《ゆ》くを得《え》て之《これ》を占《うらな》ふて曰《いは》く、此《こ》の願《ねがひ》は成就《じやうじゆ》せぬのである、又成就《またじやうじゆ》するのである

既濟

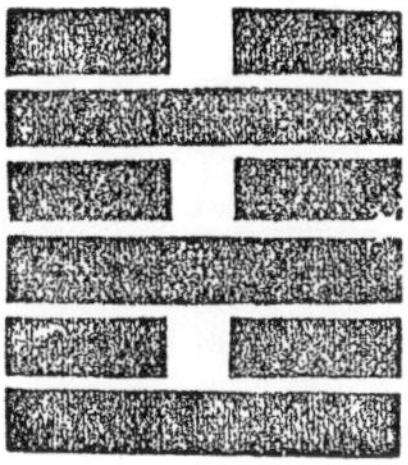

乾

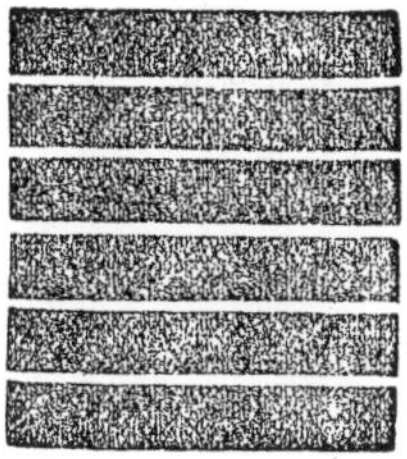

成就《じやうじゆ》せぬのである、又成就《またじやうじゆ》するのである、何故《なにゆゑ》に斯《か》く言《い》ふかと問《と》へば、既濟《きさい》は既《すで》に濟《とゝな》ふとも又盡《ふたつき》るとも見《み》る卦《くわ》である、然《しか》るに最初《さいしよ》よりの事故《じこ》を考《かんが》ふるに、卦象《くわしやう》に於《おい》ても又《また》一陽《やう》一陰《いん》と次第《しだい》されて居《ゐ》るが、陽《やう》は剛《かう》にして成《な》らざるの象《かたち》、陰《いん》は柔《じゆう》にして成《な》るの象《かたち》である、故《ゆゑ》に斯《かく》の如《ごと》く成就《じやうじゆ》せぬのである成就《じやうじゆ》するのであると言《い》ふた譯《わけ》である、且《か》つ既濟《きさい》の卦《くわ》には坎《かん》の川《かは》が幾筋《いくすぢ》もあり、又陽爻《またやうかう》には皆艮《みなこん》を配《はい》して居《ゐ》るが、艮《こん》とは止《や》め止《とゞ》まるの義《ぎ》である、是《こ》れ即《すなは》ち成《な》らむとしては止《や》め、成《な》らむとしては止《とゞ》むるの象《かたち》である、又之卦《またしくわ》の乾《けん》と本卦《ほんくわ》の既濟《きさい》とを古《こ》易活法《えきくわつほふ》を以《もつ》て見《み》れば、天火同人《てんくわどうにん》（本卦内卦《ほんくわないくわ》の離《り》の上《うへ》に之卦内卦《しくわないくわ》の乾《けん》を加《くわ》ふれば即《すなは》ち同人《どうにん》となる）がある、又天水訟《またてんすゐしやう》（本卦外卦《ほんくわぐわいくわ》の坎《くわん》の上《うへ》に之卦外卦《しくわぐわいくわ》の乾《けん》を加《くわ》ふれば即《すなは》ち訟《しやう》となる）がある、二が同人《どうにん》、三が訟《しやう》、四が同人《どうにん》、五が訟《しやう》である、同《どう》人《にん》は人《ひと》と同《おな》じくするの義《ぎ》で、是《こ》れ人《ひと》と同《おな》じく屢《しば／＼》訴《うつた》へをなすことに當《あた》つて居《ゐ》る、然《しか》るに坤《こん》の川筋《かはすぢ》が塞《ふさが》つて乾《けん》の無《む》となり、又既濟《またきさい》にて盡《つ》き果《は》てゝ乾《けん》の無《む》となつた所《ところ》の象《かたち》もある、故《ゆゑ》に此《こ》の願《ねがひ》は成就《じやうじゆ》せぬので

あると、後《のち》果《はた》して的中《てきちう》したりと言《い》ふ。

第六十二　訴訟の勝敗を占ふ法

大阪《おほさか》に片上屋《かたがみや》某《ぼう》と言《い》ふ染物屋《そめものや》があつて一人《ひとり》の下男《げなん》を雇《やと》ひたるに、その下男《げなん》に三年以前《ねんいぜん》の雇主《やとひぬし》があつて、その雇主《やとひぬし》の方《はう》より暇《いとま》を取《と》らずして故里《ふるさと》に歸《かへ》りたるが、その儘《まゝ》片上屋《かたがみや》某方《ぼうかた》へ來《きた》つて奉公《ほうこう》したのである。そこで前《まへ》の雇主《やとひぬし》より片上屋《かたがみや》某《ぼう》に對《たい》してその下男《げなん》を我方《わがかた》へ返《かへ》すべしと申《まを》し來《きた》れり、されども片上屋《かたがみや》某《ぼう》がその求《もと》めに應《おう》ぜざるが故《ゆゑ》に、前主《ぜんしゆ》なる者之《ものこれ》を官《くわん》に訟《うつた》ふ、是《こゝ》に於《おい》て片上屋《かたがみや》某《ぼう》その吉凶《きつきよう》を眞勢《まぜ》中州《ちうしう》に問《と》ふ、中州之《ちうしうこれ》を筮《ぜい》して巽《そん》の既濟《きさい》に之《ゆ》くを得《え》たり、その占《うらなひ》に曰《いは》く本卦巽《ほんくわそん》の賓《ひん》卦《くわ》は兌《だ》であるが、上卦《じやうくわ》の巽《そん》は下《した》に向《むか》ふの兌《だ》であつて、前主《ぜんしゆ》が兌口《だこう》を以《もつ》て我方《わがかた》へ言《い》ひ掛《か》け來《きた》るの象《かたち》である、又下《ふたげ》卦《くわ》の巽《そん》は兌口下《だこうした》に向《むか》つて吾子《とし》が彼《かれ》の言《ことば》を聞《き》き入《い》れざるの象《かたち》である、此《かく》の如《ごと》く彼《かれ》が言《い》ひ掛《か》くれども我《われ》は聞《き》き入《い》れず、故《ゆゑ》に之《これ》を訴《うつた》へたものである、然《しか》るに内卦《ないくわ》は變《へん》じて離《り》となり、外卦《ぐわいくわ》は變《へん》じて坎《くわん》となり、其《そ》の卦《くわ》は卽《すなは》ち既濟《きさい》となつたのであるが、是《こ》れ我《われ》は變《へん》じて火《ひ》となり、彼《かれ》は變《へん》じて水《みづ》となつたもので

巽

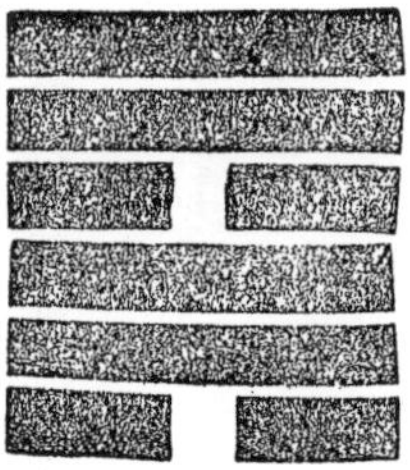

既濟

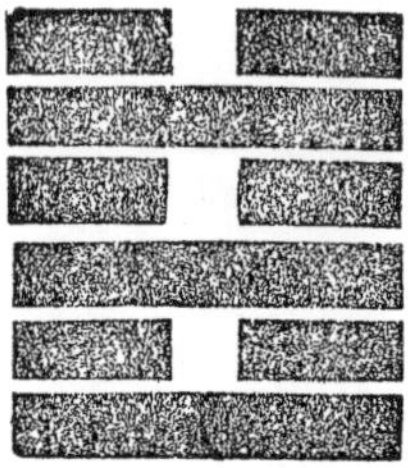

即《すなは》ち水克火《すゐこくくわ》である、故《ゆゑ》に此《こ》の訴訟《そしやう》は吾子《ごし》が敗訴《はいそ》である、且《か》つ離《り》を文章《ぶんしやう》となし巽《そん》を往來《わうらい》となして、巽《そん》が變《へん》じて離《り》となるは往來《わうらい》する文章《ぶんしやう》の義《ぎ》である、往來《わうらい》する文章《ぶんしやう》は思《おも》ふに尺素《しやくそ》であらう、又坎《またくわん》を隱《かく》すとするから、その尺素《しやくそ》を彼《かれ》が方《かた》に隱《かく》す所《ところ》の象《かたち》があるが、その尺素《しやくそ》の爲《た》めに敗《やぶ》るゝの義《ぎ》があると言《い》ひしに、その翌日官《よくじつくわん》に出《いで》たるが前主《ぜんしゆ》より官《くわん》に向《むか》つて一の尺素《しやくそ》を提出《ていしゆつ》したり、然《しか》るにその尺素《しやくそ》は片上屋《かたかみや》某《ぼう》が豫《かね》て彼《か》の下《げ》男《なん》に姦計《かんけい》を敎《をし》へて前主《ぜんしゆ》を離間《りかん》せし文面《ぶんめん》にして、甚《はなは》だ不義理《ふぎり》のことであるから官《くわん》の叱《しか》りを受《う》けて敗《はい》訴《そ》したりと言《い》ふ。

或《あ》る人證書《ひとしようしよ》を差入《さしい》れ高利《かうり》の金《かね》を借《か》り、貸主《かしぬし》へ拂込《はらひこみ》たる金高《きんだか》は已《すで》に元利《ぐわんり》の總額《そうがく》を超過《てうくわ》するに及《およ》べり、然《しか》れども貸主《かしぬし》は元來無筆《ぐわんらいむひつ》なるを口實《こうじつ》として一回《くわい》も受取證《うけとりしよう》を渡《わた》さゞりしが、我方《わがかた》にその證據《しようこ》なきを奇貨《きくわ》として之《これ》を出訴《しゆつそ》したり、然《しか》れども他《た》に返濟《へんさい》の事實《じじつ》を知《し》れる證人《しようにん》あり、その證人《しようにん》を以《もつ》て抗辯《かうべん》すべきか、又《また》は示談《じだん》を以《もつ》て濟《すま》すべきか、その吉凶《きつきよう》を筮《ぜい》せむことを請《こ》ふ、余《よ》之《これ》を筮《ぜい》して漸《ぜん》の觀《くわん》に之《ゆ》くを得《え》て之《これ》を斷《だん》じて曰《いは》く、本卦漸《ほんくわせん》は彼《か》れ倒兌《たふだ》の口《くち》を向《むけ》て我《われ》に貸金《かしきん》の返濟《へんさい》を請求《せいきう》すれども、我《われ》は艮《こん》にて之《これ》を拒《こば》みその求《もと》めに應《おう》ぜざるの象《かたち》、之卦《しくわ》觀《くわん》は内卦《ないくわ》の艮《こん》が變《へん》じて坤《こん》となつたもので、艮《こん》は拒《こば》むの義《ぎ》であるが坤《こん》は即《すなは》ち從《したが》ふの義《ぎ》である、故《ゆゑ》に此《こ》の之卦《しくわ》は我《われ》が彼《かれ》の求《もと》めに從《したが》ひ應《おう》ずるの象《かたち》である、且《か》つ漸《ぜん》の賓卦《ひんくわ》は歸妹《きまい》であつて觀《くわん》の賓卦《ひんくわ》は臨《りん》である、が歸妹《きまい》は貪慾《どんよく》の義《ぎ》にして彼《かれ》が我《われ》に對《たい》する不當《ふたう》の請求《せいきう》に當《あた》り、臨《りん》は即《すなは》ちその望《のぞ》みを達《たつ》するの義《ぎ》に當《あた》る、されど今之《いまこれ》を示談《じだん》にて濟《すま》すとせば、我《われ》は漸《ぜん》の内卦艮《ないくわこん》の一陽《やう》の金《かね》を失《うしな》ひ觀《くわん》となつて彼《かれ》に従《したが》はねばならぬが、そは我《わ》が方《かた》に取《とつ》ては不利《ふり》である、斯《かく》の如《ごと》く之《し》卦《くわ》觀《くわん》は我《わ》が方《かた》に取《とつ》て不利《ふり》の象《かたち》であるから捨《す》てゝ之《これ》を用《もち》ひぬが可《い》い、さらば之《これ》を如何《いか》にして可《い》いかと言《い》へば、本卦漸《ほんくわぜん》の内卦艮《ないくわこん》を顛倒《てんたふ》して震《しん》となし、證人《しようにん》を立《た》てゝ嚴《きび》しく之《これ》を抗辯《かうべん》するが可《い》い、然《し》かする時《とき》は我《わ》が方《かた》は䷩益《えき》となり彼《か》の方《かた》は䷨損《そん》となつて、勝訴《しようそ》の利益《りえき》は我《わ》が方《かた》に歸《き》することゝなると、或《あ》る人余《ひとよ》が占《うらなひ》に従《したが》ひ證人《しようにん》を立《た》てゝ抗爭《かうさう》せしが果《はた》して勝訴《しようそ》せり、此《これ》は内顛法《ないてんぱふ》を用《もち》ひたものである。

第六十三　轉任の吉凶を占ふ法

或《あ》る西國《さいこく》の諸侯轉任《しよこうてんにん》の、義《ぎ》に就《つ》き江戸《えど》出府《しゆつぷ》を命《めい》ぜらる、その吉凶《きつきよう》を筮《ぜい》して鼎《てい》の恒《かう》に之《ゆ》くを得《え》たり、その占《うらなひ》に曰《いは》く、本卦鼎《ほんくわてい》は舊《ふる》きを去《さ》つて新《あた》らしきを取《と》るの義《ぎ》である、故《ゆゑ》にその改《あらた》まらざる以前《いぜん》を推《お》せば即《すなは》ち䷤家人《かじん》より易位《えきゐ》し來《きた》ると見《み》ることを得《う》る、依《よつ》て家人《かじん》を以《もつ》て順卦《じゆんくわ》と定《さだ》めて既往《きわう》となす、蓋《けだ》し家人《かじん》にて家道《かだう》が能《よ》く治《をさ》まりたるが故《ゆゑ》に、今回《こんくわい》易位《えきゐ》して巽《そん》の命令《めいれい》下《くだ》り來《きた》つて鼎《てい》と改《あらた》まり轉任《てんにん》せらるゝことゝなつたのであらう、而《しか》して之卦《しくわ》の恒《かう》は鼎《てい》の上《じやう》九が變《へん》じて震《しん》となつたもので、震《しん》は東方《とうはう》に向《むか》つて進《すゝ》み行《ゆ》くの象《かたち》である、されば這《こ》は即《すなは》ち江戸《えど》參府《さんぷ》のことに當《あた》るのである。又上《またじやう》爻《かう》は國外《こくぐわい》の象《かたち》であるから、國土《こくど》の極端《きよくたん》の義《ぎ》に當《あた》つて居《を》る、蓋《けだ》し知縣《ちけん》

鼎

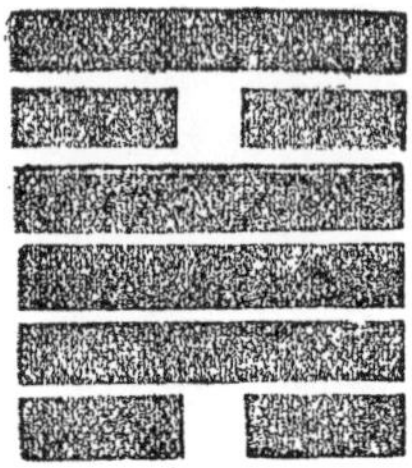

恆

䷟

の職《しよく》にして國士《こくど》の極端《きよくたん》に行《ゆ》くは必《かな》らず長崎《ながさき》の知縣《ちけん》であらう。此《かく》の如《ごと》く震《しん》となつて一旦《たん》は東方《とうはう》へ行《ゆ》き、又西方《またせいはう》の長崎《ながさき》へ行《ゆ》くは即《すなは》ち易位《えきゐ》なり、故《ゆゑ》に亦恆《またかう》の內卦巽《ないくわそん》を外卦《ぐわいくわ》に易位《えきゐ》すれば䷩益《えき》となる、そこで益《えき》を以《もつ》て逆卦《ぎやくくわ》と定《さだ》む、而《しか》して舊任《きうにん》を去《さ》つて新任《しんにん》へ轉《てん》ずるは外顚《ぐわいてん》の義《ぎ》に當《あた》るのである、故《ゆゑ》に亦益《またえき》の外卦巽《ぐわいくわそん》を逆顚《ぎやくてん》すれば䷐隨《ずゐ》となる、そこで隨《ずゐ》を以《もつ》て第《だい》二の逆卦《ぎやくくわ》と定《さだ》む、而《しか》して隨《ずゐ》は震《しん》の東方《とうはう》より兌《だ》の西方《せいはう》へ向《むか》つて悅《よろこ》むで進《すゝ》み行《ゆ》くの義《ぎ》である故《ゆゑ》に之《これ》を斷《だん》じて吉《きち》となすと、果《はた》して此《こ》の占《うらなひ》の如《ごと》く的中《てきちう》したりと言《い》ふが、此《これ》は即《すなは》ち易位外顚法《えきゐぐわいてんはふ》を用《もち》ひたものである。

某士《ぼうし》曰《いは》く國許《くにもと》より役替《やくが》へのことを告《つ》げ來《きた》れり、而《しか》して其《そ》の役《やく》を勤《つと》むる者《もの》は四人《にん》あつて、一より四迄《まで》の順《じゆん》があるが四人《にん》の中何《うちいづ》れなるかを問《と》ふ、之《これ》を筮《ぜい》して䷤家人《かじん》の䷈小畜《せうちく》に之《ゆ》くを得《え》たり、眞勢《ませ》中州之《ちうしうこれ》を斷《だん》じて曰《いは》く、離《り》を明《めい》とし巽《そん》を命《めい》とす、此《こ》れ明《あき》らかなる人《ひと》に君命《くんめい》の下《くだ》る義《ぎ》であるが、四人《にん》の中何《うちいづ》れへ君命《くんめい》の下《くだ》るかと言《い》へば、初《しよ》と上《じやう》との二爻《かう》は無位《むゐ》であるから之《これ》を除《のぞ》き、その餘《あまり》の二より五迄《まで》の四爻《かう》の中《うち》にて之《これ》を擇《えら》ばねばならぬが、二は中正《ちうせい》にして五の君《きみ》と應《おう》じて居《ゐ》る許《ばか》りでなく、二爻變《かうへん》であるから二爻《かう》に當《あた》る第《だい》一番《ばん》の人《ひと》ならむと」果《はた》して此《こ》の如《ごと》く一番《ばん》の人《ひと》に役替《やくがへ》の君命《くんめい》ありしと言《い》ふ。

第六十四　請負工事の落札する否やを占ふ法

比

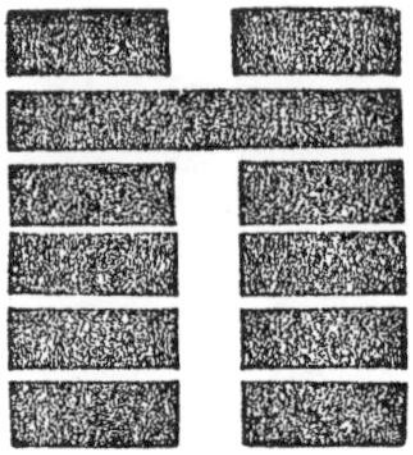

坤

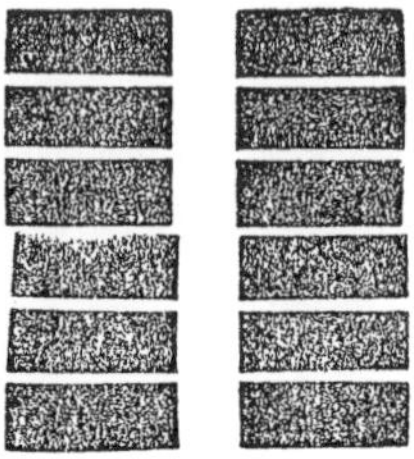

或《あ》る人《ひと》伊豆《いづ》の某所《ぼうしよ》に於《お》けるトンネル開鑿工事《かいさくこうじ》の請負《うけおひ》をなさむと欲《ほつ》しその筋《すぢ》に向《むか》つて奔走中落札請負《ほんそうちうらくさつうけおひ》をなすに至《いた》るや否《いな》やを問《と》ふ、余之《よこれ》を筮《ぜい》して比《ひ》の坤《こん》に之《ゆ》くを得《え》たが、之《こ》れが斷《だん》に曰《いは》く、坤《こん》は地《ち》なり坎《くわん》は溪《たに》なり中爻艮《ちうかうこん》は山《やま》なり、今本卦比《いまほんくわひ》の象《かたち》を案《あん》ずれば、坤《こん》の平地《ひらち》の中半《ちうはん》に艮山坎溪《こんさんくわんけい》が横《よこた》はつて往來《わうらい》の障碍《しやうかい》となるの象《かたち》がある、此《こ》れ即《すなは》ちトンネル開鑿《かいさく》の必要《ひつえう》なる所以《ゆゑん》である、然《しか》るに今比《いまひ》の九五が變《へん》じて之卦《しくわ》の坤《こん》となるは、即《すなは》ち途中《とちう》の障碍物《しやうかいぶつ》を取《と》り除《のぞ》いて穴《あな》を穿《うが》つの象《かたち》である、且《か》つ比《ひ》は比親《ひしん》の義《ぎ》で衆望《しゆばう》の聚《あつ》まる意《い》があるから、此《こ》の請負《うけおひ》は必《かな》らず落《らく》札《さつ》すべし、又坤《またこん》は十月《くわつ》の卦《くわ》に當《あた》るを以《もつ》て、その請負《うけおひ》の落札《らくさつ》は本年《ほんねん》の十月頃《くわつころ》ならむと、果《はた》して的中《てきちう》せり、而《しか》して之《これ》を筮《ぜい》したるはその年《とし》の二月《くわつ》五日《か》なりしが、此《これ》は比《ひ》の坤《こん》となるの卦象《くわしやう》に於《おい》て、坤《こん》の陰畫《いんくわく》の中斷《ちうだん》する所《ところ》を以《もつ》てトンネルの中空《ちうくう》なるに象《かたど》つたものである。

第六十五　金子持參の養子を占ふ法

或《あ》る者身上《ものみのうへ》不如意《ふによい》にして甚《はなは》だ困難《こんなん》せり、然《しか》るに金子《きんす》三百貫《くわん》を持參《ちさん》すべき養子《やうし》を媒介《ばいかい》せむと言《い》ふものあり。故《ゆゑ》にその實否《じつぴ》幷《ならび》に成否《せいひ》を筮《ぜい》せむことを請《こ》ふ、眞勢《ませ》中州之《ちうしうこれ》を筮《ぜい》して需《じゆ》の不變《ふへん》に遇《あ》ふ、占《うらな》ふて曰《いは》く需《じゆ》は待《ま》つの義《ぎ》である、已《すで》に待《ま》つべしと言《い》ふ上《うへ》は相談成就《さうだんじやうじゆ》せずと言《い》ふ義《ぎ》てはない、されども待《ま》てと言《い》ふことてあるから、今俄《いまにわ》かに調《とゝの》ふと言《い》ふことてはない、然《しか》らば何時頃迄《いつごろまで》待《ま》てば相談《さうだん》が調《とゝの》ふかと言《い》ふに、全體《ぜんたい》待《ま》つとは天然自然《てんねんしぜん》の時《とき》を待《ま》てと言《い》ふ義《ぎ》であるから、唯原圖轉序法《たゞげんづてんじよはふ》を用《もち》ゆるの外《ほか》はない、そこで此《こ》の法《はふ》を應用《おうよう》して見《み》れば、需《じゆ》は元《げん》と䷈

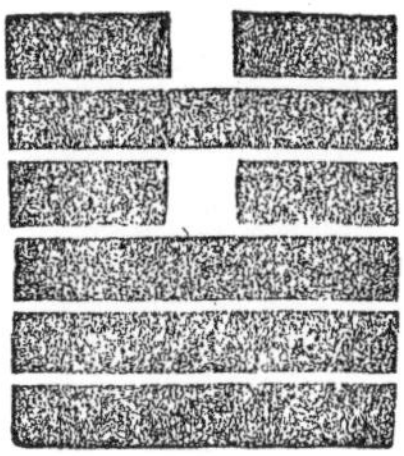

需

小畜《せうちく》より來《きた》りて䷙大畜《だいちく》に往《ゆ》くを以《もつ》て自然《しぜん》の轉序《てんじよ》として居《ゐ》る、而《しか》して小畜《せうちく》の巽《そん》は春《はる》に當《あた》り、需《じゆ》の坎《くわん》は冬《ふゆ》に當《あた》り、大畜《だいちく》の艮《こん》は冬《ふゆ》の終《をわ》り春《はる》の始《はじ》めに當《あた》るのである、して見《み》れば此《こ》の一件《けん》は小畜《せうちく》の春《はる》の頃《ころ》より始《はじ》まり、需《じゆ》の冬《ふゆ》を過《す》ぎ大畜《だいちく》の冬《ふゆ》と春《はる》との交《かう》になつて落着《らくちやく》すべし、且《か》つ金子《きんす》三百貫持參《くわんちさん》すると言《い》ふことも眞實《しんじつ》てある、何故《なぜ》かと言《い》ふに前後《ぜんご》三卦《くわ》（小畜需大畜《せうちくじゆだいちく》）共《とも》にその內卦《ないくわ》に乾金《けんきん》三百貫《くわん》の數《かず》があるからてある、又大畜《まただいちく》には大《おほい》に養《やしな》ふの義《ぎ》もあることゆへ養子《やうし》來《きた》るべしと言《い》ふ、果《はた》してその年《とし》の極月《ごくげつ》に相談調《さうだんとゝの》ひ、翌年《よくねん》一月《くわつ》の初旬《しよじゆん》に至《いた》り養子《やうし》來《きた》れりと。

第六十六　婚姻の成否吉凶を占ふ法

兵庫《ひやうご》の書肆《しよし》某大阪《ぼうおほさか》の従弟《いとこ》に或《あ》る女《をんな》を媒妁《ばいしやく》して婚姻《こんいん》の期日《きじつ》に及《およ》びたるが故《ゆゑ》に、大阪《おほさか》に行《いつ》て婚儀《こんぎ》を整《ととの》へむとするに臨《のぞ》み自《みづ》から筮《ぜい》して革《かく》䷰の既濟《きせい》䷾に之《ゆ》くを得《え》て之《これ》を谷川龍山《たにがはりうざん》に示《しめ》す、龍山之《りうざんこれ》を斷《だん》じて曰《いは》く、革《かく》は變革《へんかく》の義《ぎ》既濟《きさい》は盡《つ》き終《おは》るの義《ぎ》であれば此《こ》の婚姻《こんいん》は調《とゝの》ひ難《かた》き意《い》がある、且《か》つ外卦《ぐわいくわ》の兌口《だこう》が我《われ》に背《そむ》いて居《ゐ》るのみならず、變《へ》じて坎《くわん》となれば內卦《ないくわ》の離《り》を克《こく》す、是《こ》れ彼《かれ》より約《やく》に背《そむ》くの象《かたち》にして凶《きやう》なりと、書《しよ》肆某大阪《しぼうおほさか》に至《いた》り見《み》れば女子《ぢよし》の方《ほう》より約《やく》に背《そむ》き昨夜《さくや》その納徵《なふちやう》を返《かへ》し來《きた》れりと言《い》ふ。

或《あ》る人婚姻《ひとこんいん》の吉凶《きつきよう》を筮《ぜい》せむことを請《こ》ふ、眞勢中州之《ませちうしうこれ》を筮《ぜい》すれば䷒臨《りん》が變《へん》じて䷻節《せつ》となつた、その斷《だん》に曰《いは》く臨《りん》は彼我相望《ひがあひのぞ》むの義《ぎ》、節《せつ》は節義《せつぎ》を守《まも》るの義《ぎ》であるが、其《そ》の上坎《うへくわん》の中男《ちうなん》は上《うへ》に居《を》り兌《だ》の少女《せうぢよ》は下《した》に居《ゐ》て男女《なんによ》その位《くらゐ》を正《ただ》しふして家《いへ》を齊《とゝの》ふの象《かたち》である故《ゆゑ》に吉《きち》なりと。

謙

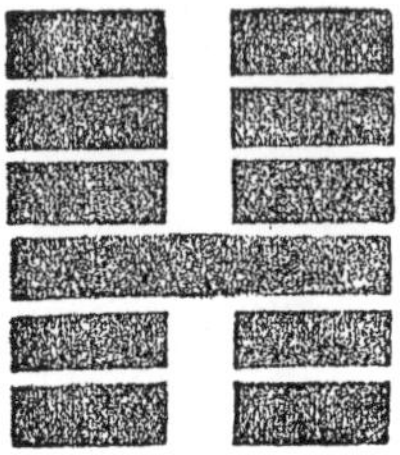

橫濱《よこはま》の妓樓某《ぎろうぼう》その義《ぎ》娘《むすめ》へ婿養子《むこやうし》をなさむとし、媒妁《ばいしやく》を以《もつ》て先方《せんぱう》へその事《こと》を相談《さうだん》に及《およ》びたれども埒明《らちあか》ず、依《よつ》てその成否《せいひ》を筮《ぜい》せむことを請《こ》ふ、余之《よこれ》を筮《ぜい》して謙《けん》の鼎《てい》に之《ゆ》くを得《え》て之《これ》を占《うらな》ふて曰《いは》く、本卦謙《ほんくわけん》の一陽《やう》が五陰《いん》の中間《ちうかん》にあるは故障《こしやう》ありて急《きふ》に埒明《らちあか》ざるの象《かたち》、又中爻《またちうかう》の小過《せうくわ》は期《き》を過《すぎ》して遷延《せんえん》するの象《かたち》である、されども伏卦《ふくくわ》の履《り》は兌《だ》の少女《せうぢよ》が體《れい》

鼎

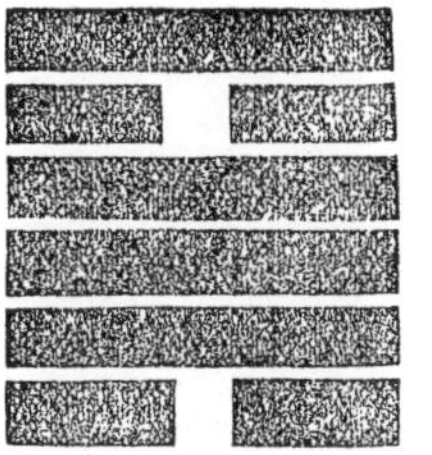

を以《もつ》て夫《をつと》を迎《むか》ふるの義《ぎ》である許《ばか》りでなく、之卦鼎《しくわてい》は巽木《そんぼく》が離火《りくわ》に入《いつ》て烹飪《はうじん》をなす所《ところ》の象《かたち》である、故《ゆゑ》に此縁談《このえんだん》は必《かなら》ず成就《じやうじゆ》するのである、而も今年《ことし》巽《そん》の春《はる》を過《す》ぎ離の夏《なつ》に及《およ》ぶの頃《ころ》に至《いたつ》て済《とゝの》ふのである、併《しか》し鼎《てい》の伏卦《ふくくわ》は屯《ちゆん》であるが、屯《ちゆん》は険中《けんちう》に動《うご》き難《なや》むの義《ぎ》であるから、縁談成就《えんだんじやうじゆ》の後《のち》に至《いた》り家内不和合《かないふわがふ》にして紛紜絶《ふんうんたえ》ざる所《ところ》の象《かたち》がある、故《ゆゑ》に能々《よくく》注《ちう》意《い》すべしと言《い》ふ、其後余《そのゝちよ》が占《うらなひ》の如《ごと》く春夏《しゆんか》の交《まじわり》に至《いた》りて婚儀《こんぎ》整《とゝの》ひたれども、絶《たえ》ず紛紜《ふんうん》を生《しやう》じつゝあつた。

第六十七　離縁の吉凶を占ふ法

一男《なん》あり叔父《をぢ》の家《いへ》に養子《やうし》となりてその娘《むすめ》と結婚《こんいん》せり、然《しか》るにその娘己《むすめおの》れを嫌《きら》ふて仲悪《なかあし》く家内不和合《かないふわがふ》なるが故《ゆゑ》に、離縁《りえん》して独立《どくりつ》せむことを思《おも》ひ、その吉凶《きつきよう》を筮《ぜい》せむことを請《こ》ふ、余之《よこ》れを筮《ぜい》して随《ずゐ》の无妄《ぶばう》に之《ゆ》くを得《え》たり、之《こ》れを占《うらな》ふて曰《いは》く随《ずゐ》は震《しん》の男子《だんし》が兌《だ》の女子《ぢよし》に下《くだ》り我《われ》より追《お》へども彼《かれ》は背《たむ》いて後《うしろ》を向《む》くるの象《かたち》、且《か》つ我《われ》は随《ずゐ》にて彼《かれ》に従《したが》はむとすれども、彼《かれ》は蠱《こ》にて我《われ》を吹《ふ》き破《やぶ》らむとするの象《かたち》である、されば得卦《とくくわ》と事実《じじつ》とが符合《ふかふ》せることは明白《めいはく》である、今此《いまこ》の象《かたち》に由《よつ》て之《こ》れを断《だん》ずれば内卦震《ないくわしん》は我《われ》である、外卦兌《ぐわいくわだ》は娘《むすめ》であつて之卦《しくわ》の外卦《ぐわいくわ》

随

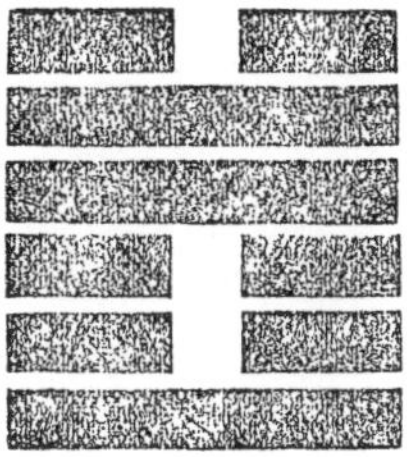

乾《けん》は叔父《をぢ》である、そこで今我《いまわ》れが離緣《りえん》して獨立《どくりつ》せむとする時《とき》は、內《ない》顚法《てんぱふ》を用《もち》ひて內卦震《ないくわしん》を逆顚《ぎやくてん》して艮《こん》となさねばならぬが、斯《か》くする時《とき》は本卦《ほんくわ》は咸《かん》となり之卦《しくわ》は遯《とん》となる、此《これ》は卽《すなは》ち我《わ》れが娘《むすめ》と叔父《をぢ》とに背《そむ》いて獨立《どくりつ》した所《ところ》の象《かたち》である、此《か》の如《ごと》く獨立《どくりつ》した上《うへ》でその家《いへ》を出《い》て去《さ》るとせば易位法《えきゐはふ》を用《もち》ひねばならぬ、そこで亦內卦艮《またないくわこん》の我《わ》れが外《ほか》に易《えき》

无妄

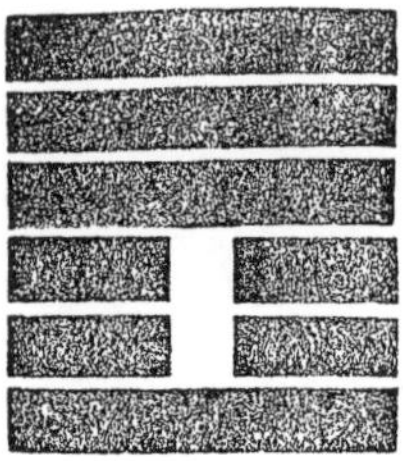

位《ゐ》すれば、本卦《ほんくわ》は卽《すなは》ち損《そん》となつて之卦《しくわ》は卽《すなは》ち大畜《だいちく》となる、今隨《いまずゐ》と无妄《ぶばう》とを以《もつ》て此《こ》の損《そん》と大畜《だいちく》とに比《くら》ぶれば、損《そん》と大畜《だいちく》とが隨《ずゐ》と无妄《ぶばう》に勝《まさ》ることは言《い》ふ迄《まで》もない所《ところ》である、何《なん》であるかと問《と》はゞ彼《か》れ始《はじ》めは背《そむ》きながらも兌《だ》の口《こう》があつたけれども、後《のち》にはその背《そむ》ける口迄《くちまで》も塞《ふさ》ぎて无妄《ぶばう》となつたのであるが、无妄《ぶばう》は無望《むばう》と通《つう》じて取《と》り附《つ》く所《ところ》もなき有樣《ありさま》となるからである、故《ゆゑ》に是迄長日月《これまでちやうじつげつ》の間辛勞《あひだしんらう》して今俄《いまにわ》かに獨立《どくりつ》家《いへ》を出《いつ》るは、始《はじ》めは我《われ》に取《と》つての損《そん》であるけれども、後《のち》には大畜《だいちく》となるを以《もつ》て離緣《りえん》して獨立《どくりつ》する方《はう》が吉《きつ》であると、此占《このうらなひ》は內顚法《ないてんはふ》と易位法《えきゐはふ》とを同時《どうじ》に用《もち》ひた一例《れい》である。

旅

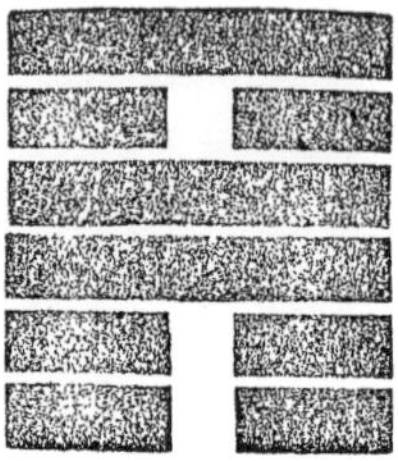

第六十八　雨の降るや否やを占ふ法

夏時久《なつときひさ》しく雨降《あめふ》らず農家《のうか》雨《あめ》を祈《いの》れどもその驗《しるし》がない、門人某雨降《もんじんぼうあめふ》るや否《いな》やを筮《ぜい》して旅《りよ》の小過《せうくわ》に之《ゆ》くを得《え》て之《これ》を眞勢中州《まセちうしう》に問《と》ふ、中州《ちうしう》曰《いは》

小過

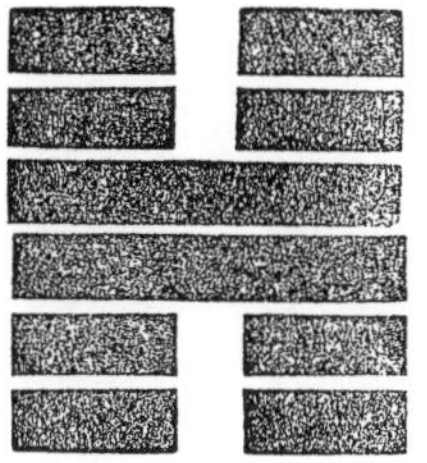

く今日《こんにち》より六日《か》を經《へ》たらば雨降《あめふ》るべく而《しか》も大雨《おほあめ》なるべし、それ迄《まで》は雨《あめ》は降《ふ》らぬから祈《いの》るには及《およ》ばぬ、六日《か》を待《ま》つべしと、果《はた》して五日目《かめ》の曉頃《あかつきごろ》より大雨降《おほあめふ》つて洪水《こうずゐ》となつたと言《い》ふ。

口訣《こうけつ》に曰《いは》く旅《りよ》は山上《さんじやう》に日《ひ》がある象《かたち》で旱天《かんてん》の義《ぎ》である、然《しか》るに上九《じやう》が變《へん》じて小過《せうくわ》となる、小過《せうくわ》は大坎《たいくわん》の坎《くわん》で坎《くわん》は雨《あめ》であるが、大坎《たいくわん》であるから大雨《おほあめ》の象《かたち》である、又《また》六日《か》と言《い》ひしは、上九《じやう》が變《へん》じたのであるから初爻《しよかう》から上爻《じやうかう》に至《いた》る迄《まで》の數即《すうすなは》ち六を取《とつ》たものである。

第六十九　姙娠の男女並に產期を知る占法

或《あ》る時懷姙《ときくわいにん》の男女及《だんぢよおよ》び產期《さんき》を筮《ぜい》して䷛大過《たいくわ》の䷟恒《かう》に之《ゆ》くを得《え》て之《これ》を占《うらな》ふて曰《いは》く、大過《たいくわ》は上下《しやうか》の二陰《いん》を以《もつ》て四陽《やう》を包《つゝ》み、又恒《またかう》は上下《しやうか》の三陰《いん》を以《もつ》て三陽《やう》を包《つゝ》みたる卦《くわ》で、上下《しやうか》に包《つゝ》む所《ところ》の陰《いん》を以《もつ》て腹《ふく》となし、中間《ちうかん》に包《つゝ》まるゝ所《ところ》の陽《やう》を以《もつ》て胎子《たいじ》となす、故《ゆゑ》に此《これ》は共《とも》に男子《だんし》を孕《はら》みたる所《ところ》の畫象《くわしやう》である、又大過《またたいくわ》とは即《すなは》ち大《おほい》に過《す》ぐるの義《ぎ》、恒《かう》は即《すなは》ち久《ひさ》しきの義《ぎ》て且《か》つ外卦《ぐわいくわ》の變《へん》であるから、此《こ》の月《つき》を越《こ》へ來月《らいげつ》の末頃《すゑころ》に至《いた》り男子安產《だんじあんざん》すべしと、果《はた》して此《こ》の占《うらなひ》の如《ごと》く男子《だんし》を生《う》みたりと言《い》ふ。

同《おな》じく懷姙《くわいにん》の男女並《だんぢよならび》に產期《さんき》と安否《あんぴ》とを筮《ぜい》して䷟恒《かう》の䷡大壯《たいさう》に之《ゆ》くを得《え》たり、その占《うらなひ》に曰《いは》く恒《かう》は坤《こん》を以《もつ》て乾《けん》を包《つゝ》みたるの卦《くわ》なるを以《もつ》て男子《だんし》を妊《はら》みたるべし、又本卦恒《またほんくわかう》は恒常不易《かうじやうふえき》の義《ぎ》にして之《し》卦大壯《くわたいさう》も大《おほい》に壯盛《さうさかん》なるの義《ぎ》であるから無事《ぶじ》にして安産《あんさん》すべし、又初爻《またしよかう》を始《はじ》めとなし、上爻《しやうかう》を終《をは》りとなす、今《いま》初爻變《しよかうへん》じたるが故《ゆゑ》に來月《らいげつ》の初《はじめ》に出產《しゆつさん》すべく、且《か》つ初《しよ》は一日《にち》の始《はじ》めなればその時刻《じこく》は朝《あさ》なるべしと、果《はた》して的中《てきちう》したりと言《い》ふ。

第七十　家政を整理する占法

一商家《しやうか》あり、當主《たうしゆ》は未《いま》だ弱年《じやくねん》にして自《みづ》から家業《かげふ》を營《いとな》むことが可能《でき》ず、手代番頭《てだいばんとう》等《ら》は皆正直《みなしやうちき》ならざるが故《ゆゑ》に、家政《かせい》も亦隨《またしたが》つて整《とゝの》ひ難《かた》し、依《よつ》て如何《いか》に之《これ》を處置《しよち》すべきかを筮《ぜい》せむことを請《こ》ふ、眞勢中州之《ませちうしうこれ》を筮《ぜい》して復《ふく》の不變《ふへん》に遇《あ》ふ、その占《うらなひ》に曰《いは》く復《ふく》とは事《こと》を作《な》すの義《ぎ》である、然《しか》るに主人《しゆじん》は若年《じやくねん》にして自《みづ》から家業《かげふ》を營《いとな》むの力《ちから》なく、手代番頭《てだいばんとう》等《ら》も亦皆柔弱《またみなにうじやく》にして不實《ふじつ》なる爲《た》め家政整《かせいとゝの》ひ難《かた》きことなれば、此《こ》の儘《まゝ》にしては家政《かせい》を整理《せいり》するの望《のぞ》みもなく、亦事《またじ》業《げふ》を振作《しんさく》するの卦義《くわぎ》に當《あた》ることも難《かた》い、故《ゆゑ》に現在《げんさい》の場合《ばあひ》に於《おい》ては、先《ま》づ家政《かせい》を整理《せいり》し得《う》べき才能《さいのう》ある人物《じんぶつ》を撰《えら》び用《もち》ゆるのが急務《きふむ》である、が今復《いまふく》の初《しよ》九は成卦《せいくわ》の主《しゆ》にして事《こと》を作《な》すの才能《さいのう》を持《もつ》て居《ゐ》る、されば今《いま》の手代等《てだいら》の中最下位《うちさいかゐ》に當《あた》るものに。正直《しやうちき》にして利發《りはつ》なる人物《じんぶつ》あるべく、その者《もの》を拔擢《ばつてき》し二の

復

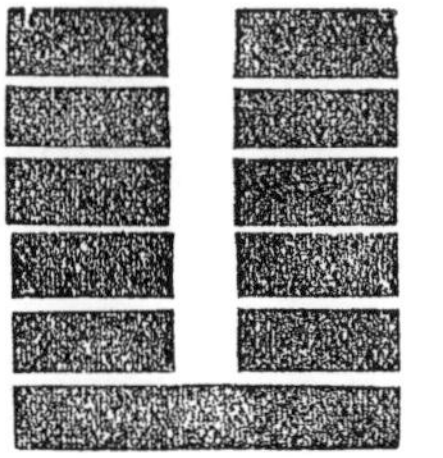

位に越爻《ゑつかう》して䷆師《し》となし、一段引《だんひ》き揚《あげ》て使用《しよう》せば、必《かなら》ず六五の幼主《ようしゆ》に順應《じゆんおう》して能《よ》く家政《かせい》を整《せい》理《り》するに至《いた》るべしと、然《しか》るに此《こ》の占《うらなひ》の如《ごと》く最下位《さいかゐ》にありし初《しよ》九に當《あた》る手代《てだい》を上《あげ》げ用《もち》ひて家政《かせい》を整理《せいり》することを得《え》たりと言《い》ふ。此《これ》は越爻來往法《ゑつかうらいわうはふ》を用《もち》ひた所《ところ》の一例《れい》である。

第七十一　射覆の占法

射覆《せきふ》の題《だい》に獸類《じうるゐ》と言《い》ふを筮《ぜい》して䷓觀《くわん》の䷺渙《くわん》に之《ゆ》くを得《う》。或《あ》る人之《ひとこれ》を占《うらな》ふて曰《いは》く觀《くわん》は見《み》るの義《ぎ》であるから、此《こ》の獸《じう》は常《つね》に見《み》る所《ところ》のものである、而《しか》して今本卦《いまほんくわ》の內卦坤《ないくわこん》が變《へん》じて坎《かん》となる、坤を家《いへ》とし坎《かん》を獸《じう》とし、且《か》つ內卦《ないくわ》の變《へん》であるから家內《かない》にある獸類《じうるゐ》と見《み》るべく、又外卦巽《またぐわいくわそん》は長女《ちやうぢよ》にして二爻《かう》は卽《すなは》ち膝《ひざ》の所《ところ》に當《あた》る、して見《み》れば、此《こ》の獸類《じうるゐ》は女《をんな》の膝《ひざ》などに這《は》ひ上《あが》りて愛《あい》せらるもので猫《ねこ》ならむと言《い》ふ果《はた》して的中《てきちう》したりと。

古人《こじん》の風情《ふぜい》と題《だい》する射覆《せきふ》の占《うらなひ》に䷓觀《くわん》の䷖剝《はく》に之《ゆ》くを得《え》て之《これ》を斷《だん》じて曰《いは》く、觀《くわん》は全卦《ぜんくわ》の艮《ごん》であるが、艮《ごん》を僧《そう》となし坤《こん》を文章《ぶんしやう》となし巽《そん》を往來《わうらい》となす、此《こ》れ文才《ぶんさい》あつて往來《わうらい》する僧《そう》である、又觀《またくわん》を見《み》るとし剝《はく》を高山《かうざん》として此《こ》の僧《そう》が高山《かうざん》を仰《あほ》ぎ見《み》るの象《かたち》がある、故《ゆゑ》に此《これ》は西行《さいぎやう》が富士山《ふじさん》を仰《あほ》ぎ望《のぞ》む所《ところ》であらうと、果《はた》して然《しか》りと言《い》ふ。

太平記中《たいへいきちう》の一人《にん》と題《だい》するを筮《ぜい》して䷖剝の䷁坤《こん》に之《ゆ》くを得《う》、その占《うらなひ》に曰《いは》く、剝《はく》は一陽《やう》を以《もつ》て衆陰《しういん》に會合《くわいがふ》するの象《かたち》で大將《たいしやう》の意《い》がある、されど往《ゆ》く所《ところ》あるに利《よろ》しからずと言《い》ふてあるから、微運《びうん》にして終《をは》りを克《よく》せざりし人《ひと》である、又《また》一陽《やう》を矢《し》とし、上爻變《じやうかうへん》であるから頭《あたま》を射《い》らるゝの象《かたち》がある、されば新田義貞《にったよしさだ》ならむと果《はた》して的中《てきちう》せりと。

古人《こじん》二人風情《にんふぜい》ありと題《だい》するを筮《ぜい》して䷲震《しん》の䷵歸妹《きまい》に之《ゆ》くを得《え》、新井白蛾《あらゐはくが》之《これ》を斷《だん》じて曰《いは》く此《こ》の二人《にん》は同《おな》じ樣《やう》なる勇者《ゆうしや》ならむ、（震《しん》を勇武《ゆうぶ》となす）兩人馬上《りやうにんばじやう》にて並《なら》び行《ゆ》く象《かたち》あり、（震《しん》を馬《うま》となす）下卦兌《かくわだ》に變《へん》ず兌《た》は口《くち》なり後《あと》より呼《よ》ぶの象《かたち》あり、又《また》兌《だ》に水氣《すゐき》あり、馬《うま》の水上《すゐじやう》を行《ゆ》くの象《かたち》あり、此《こ》れ必《かな》らず佐々木《さゝき》梶原《かぢはら》兩勇士《りやうゆうし》が宇治川《うぢがは》の先陣《せんぢん》ならむと、果《はた》して然《しか》りと言《い》ふ。

或《あ》る人器物《ひときぶつ》一品《ぴん》と言《い》ふを筮《ぜい》し䷜坎《かん》の䷻節《せつ》に之《ゆ》くを得《え》て之《これ》を余《よ》に示《しめ》す、余《よ》之《これ》を占《うらな》ふて曰《いは》く坎《かん》を土石《ごせき》の屬《ぞく》となす故《ゆゑ》に此《こ》の品《しな》は土石《ごせき》の類《るゐ》にて作《つく》りたるものならむ、又坎《またかん》を水《みづ》となして伏卦《ふくくわ》に離《り》あり離《り》を火《ひ》となす、故《ゆゑ》に水火《すゐくわ》に縁《えん》ある品《しな》ならむ、又坎《またかん》を穴《あな》となす、而《しか》も重坎《ちつかん》なるが故《ゆゑ》に兩方《りやうはう》に穴《あな》あるならむ、されど一坎《かん》は變《へん》じて兌《だ》となるは一穴《けつ》を塞《ふさ》ぐの象《かたち》、且《か》つその卦《くわ》が節《せつ》となる所《ところ》を見《み》れば、その一穴《けつ》の開閉《かいへい》に由《よ》つて安排調節《あんはいてうせつ》をなす所《ところ》の象《かたち》がある、以上《いじやう》の象義《しやうぎ》を以《もつ》て之《これ》を斷《だん》ずれば、此《こ》の品《しな》は水差《みづさし》にあらずば急須《きふす》杯《たご》の類《るゐ》ならむと言《い》ふ果《はた》して急須《きふす》であつた。

余《よ》嘗《かつ》て我國著名《わがくにちよめい》の復讐《ふくしう》と言《い》ふを筮《ぜい》して蠱《こ》の節《せつ》に之《ゆ》くを得《え》て之《これ》を占《うらな》ふて曰《いは》く第《だい》一凡《およ》そ占斷《せんだん》をなすには先《ま》

乾坤離乾震坤

蠱

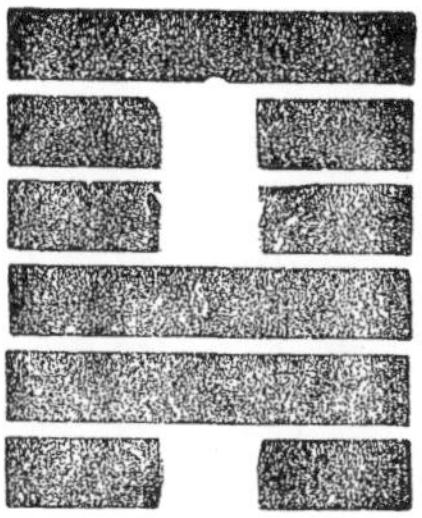

節

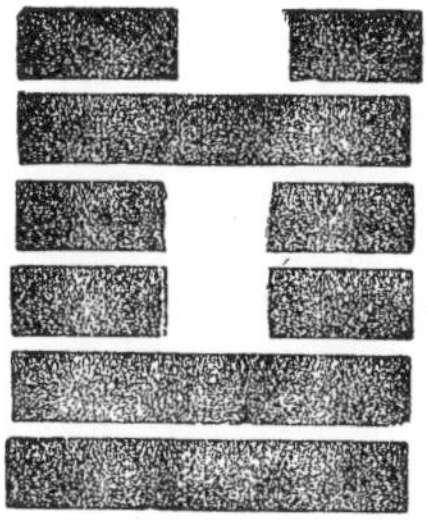

づその得卦《とくくわ》が能《よ》く占題《せんだい》に應《おほ》じて居《ゐ》るか否《いな》かを見定《みさだ》むるのが肝要《かんえう》であるが、今蠱《いまこ》の卦《くわ》を見《み》るに、我《わ》が巽風《そんぷう》を以《もつ》て彼《かれ》の艮山《ごんさん》を吹《ふ》き破《やぶ》ると言《い》ふのが大體《だいたい》の卦義《くわぎ》で且《か》つ巽《そん》を邪《じや》とし仇《あだ》とし（似體鼎《じたいてい》の九二に我仇有《わがあだあり》レ疾《しつに》）中爻震《ちうかうしん》を怒《いか》るとし、艮《ごん》を撃《う》つとして三より上《うへ》に至《いた》つて頤《い》あり、頤《い》は壯《さう》夫相戰《ふあひたたか》ふ象《かたち》、又爻《またかう》に父《ちゝ》の蠱《こ》に幹《かん》たりと言《い》ふ辭《ことば》もある、是《こ》れ丈《だけ》でも已《すで》にその應卦《おほくわ》たることが明《あきら》かである、第《だい》二そこで此《こ》の復讐《ふくしう》の主客《しゆきやく》即《すなは》ち撃《う》つ人《ひと》と撃《う》たるる人《ひと》の、男女地位《だんぢよちゐ》は如何《いかん》と言《い》ふに、蠱《こ》は元《もと》と泰《たい》の交易《かうえき》より來《き》て居《ゐ》るのだから、泰《たい》の三陽《やう》が分離《ぶんり》して蠱《こ》の内外《ないぐわい》の三陽《やう》となつた所《ところ》に着眼《ちやくがん》せねばならぬ、即《すなは》ち蠱《こ》は陽卦《やうくわ》であるから主客共《しゆきやくとも》に男子《だんし》と見《み》ねばならぬ而《しか》も内卦《ないくわ》は二陽《やう》で外卦《ぐわいくわ》は一陽《やう》であるから撃《う》たれる方《はう》は一人《にん》で撃《う》つ方《はう》の主《しゆ》は二人《にん》と見《み》られる、而《しか》してそれは兄弟《きやうだい》であらう、即《すなは》ち第《だい》三爻互震《かうごしん》の主《しゆ》が兄《あに》でその後《あと》に從《したが》ふ二が弟《おとうと》である又父《またちゝ》の蠱《こ》に幹《かん》たりとあれば、兄弟共《きやうだいとも》に零落《れいらく》して居《ゐ》て父《ちゝ》の仇《あだ》を狙《ねら》ふものと見《み》ゆる、又撃《またう》たるゝ方《はう》の人《ひと》は既《すで》に立身《りつしん》して世《よ》に時《とき》めいて居《ゐ》る人《ひと》であらう、それは上卦《じやうくわ》の艮《ごん》が時《とき》を得《え》て居《ゐ》る計《ばか》りでなく、倒震《たうしん》を諸侯《しよこう》となすの義《ぎ》から見《み》たのである、第《だい》三然《しか》らば此《こ》の仇打《あだうち》は首尾《しゆび》よく本望《ほんまう》を遂《と》げたか否《いな》かと言《い》ふに、蠱《こ》には我《われ》より彼《かれ》を破《やぶ》る義《ぎ》も

あり且《か》つ、彼《かれ》の艮《ごん》が變《へん》じて坎《かん》となるが、艮《ごん》を身《み》としその配爻《はいかう》の乾《けん》を頭《あたま》とし坎《かん》を血《ち》とすれば、是《こ》れ頭部《とうぶ》に血《ち》の流《なが》るゝ象《かたち》、尚艮《なほごん》の上《うへ》に坎《かん》を加《くは》ふれば蹇《けん》となり卽《すなは》ち艮《ごん》の身《み》が坎《かん》の穴《あな》に入《い》るの象《かたち》であるから、此《これ》は必《かなら》らず本望《ほんまう》を遂《と》げたものと見《み》ねばならぬ、併《しか》しそれと同時《どうじ》に內卦《ないくわ》も亦《ま》變《へん》じて兌《だ》となるが、兌《だ》を毀折《きせつ》とするから兄弟《きやうだい》の方《はう》も無事《ぶじ》で濟《す》むだものとは見《み》られぬ蓋《けだ》し巽《そん》の兌《だ》となるは初《しよ》と三とが變《へん》じて二は變《へん》せぬ、而《しか》して震《しん》の主爻《しゆかう》が先《ま》づ兌《だ》の主爻《しゆかう》と變《へん》じたから此《これ》は兄《あに》なる人《ひと》が先《さ》きに死《し》するものと見《み》る、次《つぎ》に二も不變《ふへん》とは言《い》へ兌體《だたい》であるから到底毀折《たうていきせつ》の難《なん》に遇《あ》ふことを免《まぬか》れぬ、唯先後《たゞせんご》の相違《さうゐ》があるのみで卽《すなは》ち巽《そん》を繩《なは》とし艮《ごん》を執《と》るとし兌《だ》を肅殺《しゆくさつ》とし、坎《かん》を法律《はふりつ》として蠱《こ》が節《せつ》となるは內卦《ないくわ》の巽《そん》は顚倒《てんだう》して兌《だ》となり外卦《ぐわいくわ》の艮《ごん》の主爻《しゆかう》は五に來《きた》りて坎律《かんりつ》となる所《ところ》を見《み》れば、蓋《けだ》し生《い》き殘《のこ》りたる弟《おとうと》は遂《つひ》に捕縛《ほばく》せられて、五の君位《くんゐ》に居《ゐ》る人《ひと》の爲《ため》に法律《はふりつ》を以《もつ》て糾問《きうもん》せられ、之《これ》に對《たい》して意趣《いしゆ》の在《あ》る所《ところ》を愬《うつた》へ終《つひ》に節《せつ》に死《し》したるものと見《み》らるゝ、第《だい》四然《しか》らばその仇打《あたうち》の時節《じせつ》と刻限《こくげん》とは如何《いかん》、惟《おも》ふに巽《そん》は晩春《ばんしゆん》の卦《くわ》であるが本之《ほんし》共《ども》に頤《い》(頤《い》は似體《じたい》の離《り》)を含《ふく》みて居《ゐ》るから、春過《はるす》ぎて夏《なつ》も稍央《やゝなか》ばならむとするの頃《ころ》と見《み》らるゝ、又《また》その刻限《こくげん》は蠱《こ》に昧《く》らき意《い》あり、且《か》つその伏卦賓卦《ふくくわひんくわ》共《とも》に隨《ずゐ》で、隨《ずゐ》にも亦夜《またよる》の義《ぎ》あり、その上巽《うへそん》は先天《せんてん》の卦位《くわゐ》に於《おい》ては未申《ひつじさる》に居《ゐ》るが、それが變《へん》じて兌《だ》の酉《とり》となり、又艮《またごん》の先天戌亥《せんてんゐぬゐ》が變《へん》じて坎《かん》の子《ね》の刻《こく》となる、尚巽《なほそん》を風《かぜ》とし震《しん》を雷《らい》とし坎《かん》を雨《あめ》とし山風合《さんぷうがふ》して嵐字《らんじ》をなせば、這《こ》は必《かなら》ず風雨雷鳴《ふううらいめい》の夜《よ》に乘《じやう》じて事《こと》を擧《あげ》たるものであらう、第《だい》五はその場所《ばしよ》とその模樣《もやう》とであるが元來蠱《ぐわんらいこ》の卦《くわ》はその象《かたち》を立體的《りつたいてき》に見《み》るべきものである、故《ゆゑ》に之《これ》を側面《そくめん》から見《み》れば、艮《ごん》は山《やま》で素《もと》より高《たか》いが、巽《そん》も亦艮《またごん》に似《に》た所《ところ》があつて全體《ぜんたい》を打見《うちみ》た所《ところ》では、高《たか》い上《うへ》にも尚高《なほたか》い象《かたち》がある、それに下《した》の方《はう》が廣《ひろ》く上《うへ》になる程段々《ほどだん〳〵》狹《せま》く尖《とが》り、恰《あた》かも扇《あふぎ》を開《ひら》いて倒《さかさ》まに立《たて》た樣《やう》に見《み》ゆる、而《しか》も中爻震《ちうかうしん》を林《りん》とし巽《そん》を草木《さうもく》とするから、山麓《さんろく》より山腹《さんぷく》の邊迄《へんまで》は草《くさ》や木《き》が蒼々《さう〳〵》と生《はえ》て居《ゐ》るが、それより上《うへ》は禿山《はげやま》が高《たか》く聳《そび》えて頂上《てつちやう》には白妙《しろたへ》の雪《ゆき》を戴《いただ》き（坎《かん》を雪《ゆき》とし又賁《またひ》の上九《じやう》に白賁《はくひ》とあり）如何《いか》にも超塵脱俗《てうぢんだつぞく》の美觀《びくわん》がある（上九《じやう》に王侯《わうこう》に事《つか》へずその事《こと》を高尚《かうせう》にすと）そこで其《そ》の地名《ちめい》を卦《くわ》象《しやう》に求《もと》むれば、巽《そん》を富《とみ》とし（巽《そん》は市《し》の利《り》三倍《ばい》と言《い》ふ卦《くわ》であるが家人《かじん》の六四に家《いへ》を富《とま》すとある）震《しん》を士《し》とすれば富士《ふじ》の裾野《すその》なるべく、又巽《またそん》を往來《わうらい》とし震《しん》を大塗《だいと》とし共《とも》に躁《さわ》ぐとし、互體《かうたい》の頤《い》に人《ひと》が並列《へいれつ》して向《む》き合《あ》ふ象《かたち》あり尚震《なほしん》を馬《うま》とし武人《ぶじん》とし鼓《つゞみ》とし鳴物《なりもの》とし、巽《そん》を鋒《ほこ》とし旗《はた》とし幕《まく》とし、初《しよ》より四に至《いた》るの大過《たいくわ》を人馬群集《じんばぐんしふ》して非常《ひじやう》の雜閙《ざつたう》を極《きは》むる象《かたち》とし、尚巽《なほそん》を鹿兎《しかうさぎ》の類《るゐ》とし、震《しん》を追《お》ひ行《ゆく》とし、賓卦《ひんくわ》の隨《ずゐ》に亦馬《またうま》に乘《の》つて鹿《しか》を逐《お》ふの象《かたち》あり、三より上《じやう》に至《いた》るの頤《ゐ》を圍《ゐ》とし、その似體《じたい》離《り》を網罟《まうこ》に象《かた》どり、且《か》つ中《ちう》爻恒《かうこう》の九四に田《か》りに禽《きん》なしと言《い》ひ、何《いづ》れも皆田獵《みなでんれう》の象《かたち》である、而《しか》して此《こ》の田獵《でんれう》の主人公《しゆじんこう》は誰《たれ》かと言《い》ふに、艮《ごん》を宗廟《しうべう》とし門闕《もんけつ》とし巽《そん》を號令《がうれい》とし大離《だいり》を威武《ゐぶ》とし、震《しん》を武將《ぶしやう》とすれば、此《こ》れ威武《ゐぶ》を以《もつ》て天下《てんか》に號令《がうれい》する大將軍《たいしやうぐん》の象《かたち》である、加之《しかのみならず》艮《ごん》の主爻《しゆかう》が坎《かん》に來《きた》り五の君位《くんゐ》に居《を》り、又坎水《またかんすゐ》が艮山《ごんさん》より流《なが》れて下《した》に兌《だ》澤《たく》をなす所《ところ》から考《かんが》ふれば、此《こ》の武將《ぶしやう》は必《かな》らず源姓《げんせい》の人《ひと》なるべし、そこで以上《いじやう》の諸象《しよしやう》を綜合《さうがふ》して見《み》れば、此《こ》は建久《けんきう》三年新《ねんあらた》に詔《みことのり》を拜《はい》して征夷《せいゐ》大將軍《たいしやうぐん》となつた源頼朝《みなもとよりとも》がその父祖《ふそ》の業《げふ》を恢復《くわいふく》し、且《か》つは己《おのれ》が武《ぶ》功《こう》を天下《てんか》に輝《かゞや》かさむが爲《ため》に、翌年《よくねん》五月《ぐわつ》富士《ふじ》の裾野《すその》に於《おい》て演武的大狩獵《えんぶてきだいしゆれう》を擧行《きようかう》した時《とき》の光景《くわうけい》であると斷《だん》じて可《よか》らう、第《だい》六そこでその仇《あだ》を打《うつ》たものは曾我祐成《そがすけなり》、同時致《おなじくときむね》の兄弟《きやうだい》で、打《うた》れたものは工藤祐經《くどうすけつね》であることは復《ま》た言《い》ふ迄《まで》もないが、尚試《なほこゝろ》みにその名字《めうじ》を卦象《くわしやう》に求《もと》むれば、曾《そ》は層《そう》に通《つう》じて重《かさ》なるの義《ぎ》があるが、重《かさ》なるものは艮山《ごんさん》の象《かたち》である、又艮《またごん》を身《み》とし身《み》を我《が》とし、五十の數《かず》あり、而《しか》して震《しん》を男《だん》子《し》の通稱《つうしよう》たる郎《らう》とすれば卽《すなは》ち曾我《そが》十郎《らう》五郎《らう》の名字《めうじ》を得《う》る、又巽《またそん》を工《く》とし艮《ごん》を藤《とう》とし震《しん》を祐《すけ》とし、恒《こう》は常《つね》の義《ぎ》で坎律《かんりつ》を兼《かね》れば經《つね》の義《ぎ》となり卽《すなは》ち工藤祐經《くどうすけつね》の名字《めうじ》を得《う》るのである、尚此《なほこ》の外《ほか》に仁田《につた》四郎《らう》五郎丸《らうまる》遊女寅等《ゆうぢよとらとう》の事《こゝ》に關《くわん》しても言《い》ふべきことは澤山《たくさん》あるが、餘《あま》り長《なが》くなるから略《りやく》すことゝした。

第七十二　天候と米作を占ふ法

過去《くわこ》に於《おい》て聊か申分《まうしぶん》なき本年《ほんねん》の米作《べいさく》が結局如何《けつきよくいか》に成《な》り行《ゆ》くかは、實《じつ》に今後數《こんごすう》十日《にち》の間《あひだ》の天候《てんこう》の良否《りやうひ》に由《よ》つて定《さだ》まるのである、隨《したが》つて未來《みらい》の天候《てんこう》を前知《ぜんち》せむと思《おも》ふものは、惟《ひと》り投機業者《とうきげふしや》許《ばか》りでなく、均《ひと》しく社會萬人《しやくわいまんにん》の望《のぞ》む所《ところ》であらうと思《おも》ふから試《こゝろ》みに之《こ》れを筮《ぜい》した所《ところ》が恒《こう》の泰《たい》に之《か》く卦象《くわしやう》を得《え》た、乃《そこ》で恒《こう》の泰《たい》に之《ゆ》く工合《ぐあひ》から考《かんが》へて見《み》れば這《こ》は元《もと》と否《ひ》の交易法《かうえきはふ》に由《よ》つて變化《へんくわ》し來《きた》つたもので、今之《いまこれ》を圖示《づし》すれば此《かく》の如《ごと》くなるのであるが、之《こ》れを本年春來《ほんねんしゆんらい》の天候《てんこう》に配當《はいたう》して見《み》れば、否《ひ》は前年《ぜんねん》の終《をは》り本年《ほんねん》の始《はじ》めで冬《たふ》時《じ》の象《かたち》に當《あた》る。

否

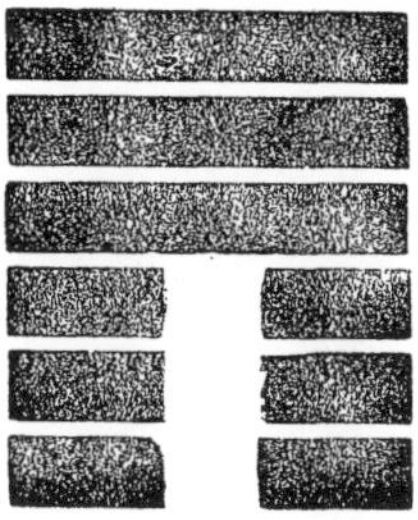

過去

咸

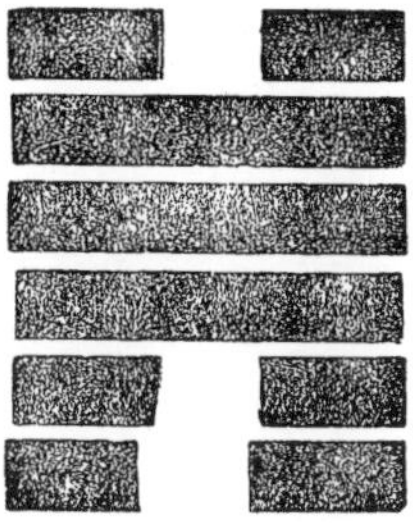

過去

恒

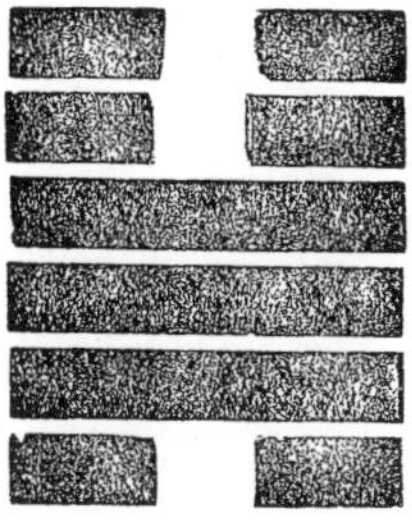

現在

然《しか》るに否《ひ》の六三と上《じやう》九と交易《かうえき》して天氣《てんき》は降《くだ》り地氣《ちき》は昇《のぼ》つて咸《かん》となつたのは即《すなは》ち春時《しゆんじ》の象《かたち》で、共《とも》に過去《くわこ》の事實《じじつ》に當《あた》るのであるが猶亦《なほまた》咸《かん》の六二と九五と交易《かうえき》したのが本卦《ほんくわ》の恒《こう》で、此《こ》の卦《くわ》の卦象《くわしやう》が即《すなは》ち現在《げんざい》の有樣《ありさま》である、何故《なにゆゑ》なれば、巽《そん》は風《かぜ》で震《しん》は雷《らい》であるが、雷風《らいふう》一過《くわ》の下《もと》變幻萬化《へんげんまんくわ》不測《そく》の變動《へんどう》を起《おこ》すのは現時《げんじ》の天象《てんしやう》の持前《もちまへ》で、恰《あたか》も恒《こう》の卦象《くわしやう》と一致《ち》して居《ゐ》るからである、此《かく》の如《ごと》く過去《くわこ》幷《ならび》に現在《げんざい》の卦象《くわしやう》が本年度《ほんねんど》に於《お》ける春來《しゆんらい》幷《ならび》に現時《げんじ》の天象《てんしやう》と、洵《まこと》に能《よ》く契合《けいがふ》して毫《がう》も背《そむ》く所《ところ》がないのを以《もつ》て之《これ》を推《お》せば、未來《みらい》の天候《てんこう》も亦必《またかな》らず之《し》卦泰《くわたい》の卦象《くわしやう》と符合《ふがふ》する所《ところ》がなければならぬ、果《はた》してそうであつたなら、今後《こんご》の天候《てんこう》は此《こ》の儘良好《まゝりやうかう》なる成《な》り行《ゆき》を持續《ぢぞく》するであらうか、將亦暴風雨《はたまたぼうふうう》等《とう》の變災《へんさい》を惹《ひ》き起《おこ》しはせまいかと言ふに今現在《いまげんざい》に相當《さうたう》する恒《こう》の卦象《くわしやう》を案《あん》ずるに、變幻出沒《へんげんしゆつぼつ》極《きよ》まりなき雷風相與《らいふうあいくみ》するの象《かたち》であるから、瞬《またゝ》く間《あひだ》には忽《たちま》ち飜天《ほんてん》撼地《かんち》の大變化《だいへんくわ》を現出《げんしゆつ》すべきが如《ごと》くにも思《おも》はるゝけれども、そは元來天災時《ぐわんらいてんさいじ》の常態《じやうたい》で敢《あへ》て驚《おどろ》く程《ほど》のことでもなく、又變轉《またへんてん》不測《そく》の

泰

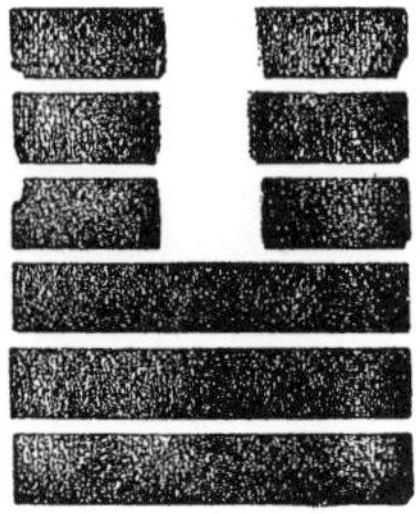

未來

裡《うち》にも自《みづ》から一定不變《ていふへん》の常軌《じやうき》を失《うしな》はないのが謂《い》ふ所《ところ》の恒《こう》の義《ぎ》であるから現時《げんじ》に有《あ》り勝《がち》なる多少《たせう》の雷風水等《らいふうすゐとう》の變象《へんしやう》は素《もと》より免《まぬ》かれぬ所《ところ》ではあるけれども、而《しか》も大變災抔《だいへんさいなど》の生《しやう》ずべき虞《おそれ》なきことは、先《ま》づ現在《げんざい》に當《あた》る恒《こう》の一卦《くわ》に由《よ》つて略推知《ほゞすゐち》し得《え》らるゝ許《はか》りでなく、之卦《しくわ》泰《たい》の象《しやう》を案《あん》ずれば、確《たし》かに之《これ》を斷言《だんげん》することが可能《でき》る、それは外《ほか》でもない、恒《こう》の泰《たい》に之《ゆ》く卦象《くわしやう》を案《あん》ずれば、雷風怒號《らいふうどがう》今《いま》にも大變動《たいへんどう》を生《しやう》ずるかの樣《やう》に見《み》ゆる所《ところ》の天象《てんしやう》も、變《へん》じて泰《たい》となれば雷止《らいや》み風收《かぜおさま》つて一點《てん》の痕跡《こんせき》だも遺《のこ》さず、天地廓清泰平無事《てんちくわくせいたいへいぶじ》の象《かたち》となるからである、して見《み》れば今後《こんご》の天候《てんこう》は無難《ぶなん》で風水害等《ふうすゐがいとう》の虞《おそれ》はないと言《い》ふて可《よ》からう。

前斷《ぜんだん》の如《ごと》く今後《こんご》の天候《てんこう》が佳良《かりやう》であるとせば、自然《しぜん》米作《べいさく》の豐饒《ほうせう》も豫想《よさう》さるゝのであるが、尙之《なほこれ》を卦象《くわしやう》に引《ひ》き合《あは》せてその然《しか》る所以《ゆえん》を示《しめ》さむに、先《ま》づ第《だい》一に春來《しゆんらい》の氣候《きこう》が適順《てきじゆん》であつたのが本年《ほんねん》の豐作《ほうさく》を釀《かも》すべき前兆《ぜんてう》である、それに本卦恒《ほんくわこう》の震巽《しんそん》は稻《いね》であり五穀《ごこく》であり蕃生鬱茂《はんしやううつも》であつて、雷風《らいふう》は恒常《こうじやう》の度《ど》に適《てき》し豐作《ほうさく》の象《かたち》を示《しめ》して居《ゐ》る、その上恒《うへこう》は坤《こん》を以《もつ》て乾《けん》を包《つゝ》み、亦《また》伏卦益《ふくくわえき》は乾《けん》を以《もつ》て坤《こん》を包《つゝ》むの卦《くわ》で、共《とも》に天地《てんち》變化《へんくわ》して萬物《ばんぶつ》を生《しやう》ずる所《ところ》の象《かたち》である而《しか》も之《これ》が變《へん》じて泰《たい》の圓滿富實《ゑんまんふうじつ》の卦《くわ》となつたのを見《み》れば愈《いよ／＼》十風《ふう》五雨《う》その時《とき》を得《え》て秋收冬藏《しうくとうざう》立派《りつぱ》に豐作《ほうさく》の實《じつ》を擧《あ》げ得《う》べき象《かたち》を備《そな》へて居《ゐ》る、故《ゆゑ》に本年《ほんねん》の米作《べいさく》が十二分《ぶん》の收穫《しうくわく》を得《う》べきことは今《いま》より之《これ》を斷言《だんげん》して憚《はゞか》らざる所《ところ》である、此《こ》の占《せん》は余《よ》が明治《めいぢ》四十二年《ねん》七月《ぐわつ》廿日《か》になしたのであつたが、果《はた》して此《こ》の占《うらなひ》の如《ごと》く豊作《ほうさく》であつた。

第七十二　尾崎學堂氏の近狀を筮す

回顧《くわいこ》すれば改進黨時代《かいしんたうじだい》より未來《みらい》の總理大臣《さうりだいじん》として世人《せじん》の屬望《ぞくぼう》殊《こと》に厚《あつ》く名聲隆々《めいせいりう〳〵》たりし尾崎學堂氏《をざきがくだうし》が、嘗《かつ》て大隈伯《おほくまはく》を始《はじ》め政友諸氏《せいいうしよし》の忠言《ちうげん》に背《そむ》き、政黨《せいたう》の目的《もくてき》は政見《せいけん》の實行《じつかう》にあり、然《しか》るに何時迄《いつまで》小數黨《せうすうたう》たる憲政黨《けんせいたう》に止《とゞ》まるも、百年河清《ねんかせい》を俟《ま》つと一般遂《ぱんつひ》に政權《せいけん》に近邇《きんじ》するの機會《きくわい》なしとし、一朝舊知己《てうきうちき》を棄《す》てゝ伊藤侯《いとうこう》の幕下《ばくか》に馳參《はせさん》じ、自由黨《じいうたう》の化身《けしん》たる政友會《せいいうくわい》の一員《ゐん》となられたことは、今《いま》に於《おい》て尚《なほ》余輩《よはい》が耳目《じもく》に新《あらた》なる所《ところ》であるが、一旦伊藤内閣《たんいとうないかく》の組織《そしき》せらるゝに及《およ》び、同氏《どうし》が進《すゝ》むでその一椅子《いす》を占《し》むるに至《いた》らず唯僅《たゞわづか》に院内總理《ゐんないさうり》の一地位《ちゐ》を得《う》るに過《す》ぎざりしことを追想《つゐさう》せば、當時同氏《たうじどうし》が政友會員《せいいうくわいゐん》の爲《ため》に如何《いか》に繼子扱《まゝこあつかひ》にせられたかと言《い》ふことは蓋《けだ》し思《おも》ひ半《なか》ばに過《す》ぐるであらう、而《しか》して間《ま》もなく伊藤内閣《いとうないかく》は瓦解《ぐわかい》し、同氏《どうし》も亦隨《またしたが》つて政友會《せいいうくわい》を脫《だつ》し、閑雲野鶴《かんうんやかく》を友《とも》とするの身《み》となられた、此《こ》の時《とき》に於《お》ける同氏《どうし》の胸中時《きようちうとき》に或《ある》は政《せい》友《いう》の忠言《ちうげん》を顧《かへり》み、心竊《こころひそか》に有爲轉變《うゐてんぺん》の豫測《よそく》し難《がた》く人事《じんじ》の不如意《ふによい》なることを浩歎《こうたん》されたのであらう。

爾來幾干《じらいいくはく》もなく同氏《どうし》を迎《むか》ふるの椅子《いす》は内閣《ないかく》の中《うち》にはあらで、測《はか》らずも東京市長《とうきやうしちやう》にあらむとは此《こ》れ寧《むし》ろ余輩《よはい》が意外《いぐわい》に思《おも》ふ所《ところ》であつたが、同氏《どうし》は却《かへ》つて之《これ》を快諾《くわいだく》された、蓋《けだ》し同氏《どうし》の意中《いちう》を忖度《そんたく》せば、此《こ》れ或《あるひ》は言論《げんろん》の學堂《がくだう》にあらずして實行《じつかう》の學堂《がくだう》たることを表白《へうはく》する爲《た》めならむかと。是《こゝ》に於《おい》て余輩《よはい》は世人《せじん》と共《とも》に其《そ》の大手腕《だいしゆわん》を振《ふる》はれむことを期待《きたい》して居《ゐ》たのである、然《しか》るに就任以來已《しうにんいらいすで》に三年《ねん》に及《およ》ぶも、余輩《よはい》が同《どう》氏《し》の爲《ため》にその功績《こうせき》を擧《あ》げ得《う》るものは單《たん》に凱旋歡迎《がいせんくわんげい》と外債成立《ぐわいさいせいりつ》の二事《じ》あるのみで之《これ》に反《はん》する方面《はうめん》に於《おい》ては或《あるひ》は市會《しくわい》の反抗《はんこう》であるとか、將亦辭職《はたまたじしよく》の勸告《くわんこく》であるとか、就中水道課長《なかんづくすゐだうくわちやう》たりし田川某《たがはぼう》を馘《くび》られたるが如《ごと》きは、嘗《かつ》て余輩《よはい》をして范増論《えんぞうろん》の一讀《どく》を勸告《くわんこく》せむことを思《おも》はしめたこともあるのである、さらば市《し》事業中同氏《じげふちうどうし》の手腕《しゆわん》を煩《わづら》はすべきもののなきか、否々《いな〳〵》決《けつ》して然《しか》らず下水事業《げすゐじげふ》の如《ごと》き市區改正事業《しくかいせいじげふ》（今漸《いまやうや》く市區改正局《しくかいせいきよく》の新設《しんせつ》ありたるも、將亦築港事業《はたまたちくかうじげふ》の如《ごと》き、その他《た》數《かぞ》え來《きた》れば同氏《どうし》の手腕《しゆわん》を俟《ま》て解決《かいけつ》せらるべきものは多々《たゝ》益《ます〳〵》あるではないか、それに何《なん》ぞや今日《こんにち》に至《いた》るも實蹟《じつせき》の一も見《み》るべきもののなきは牛《ぎう》刀《たう》を以《もつ》て雞《にはとり》を割《さく》に足《たら》ずとなすか、抑亦之《そもまたこれ》を割《さ》くの手腕《しゆわん》なきか、若《も》し始《はじめ》より同氏《どうし》が平々凡々《へい〳〵ぼん〳〵》の人《ひと》であつたなら、余輩《よはい》が別《べつ》に言《い》ふ所《ところ》はない、然《しか》れども豫《かね》て一世《せい》の重望《ちうぼう》を擔《にな》ふ所《ところ》の同氏《どうし》でありながら、その行《かう》動《どう》が却《かへ》つて平凡著流《へいぼんしやりう》の行爲《かうゐ》と殆《ほと》むど擇《えら》ぶ所《ところ》なきを見《み》ては余輩《よはい》は同氏《どうし》の心事《しんじ》に就《つ》いて聊《いさゝ》か疑《うたがひ》なきを得《え》ぬ

依《よ》つて余輩《よはい》は試《こゝろ》みにその近狀如何《きんじやういかん》を筮《ぜい》して萃《すゐ》の隨《すゐ》に之《ゆ》くを得《え》たのであるが、先《ま》づ過去《くわこ》の卦象《くわしやう》より推《すゐ》して然《しか》る後現在《のちげんざい》と未來《みらい》に及《およ》ぶであらう、惟《おも》ふに萃《すゐ》は集聚《しゆしう》の義《ぎ》で澤《たく》が地上《ちじやう》にあれば水《みづ》が之《これ》に集《あつ》まり、二陽《やう》が要地《えうち》に集《あつ》まれば四陰亦《いんまた》二陽《やう》に集《あつ》まる、此《こ》れが卽《すなは》ち卦名《くわめい》の由來《ゆらい》である、而《しか》も物集《ものあつ》まること極《きは》まれば必《かな》らず散《さん》じ、散《さん》ずること極《きは》まれば亦必《またかな》らず集《あつ》まるべきは蓋《けだ》し

萃

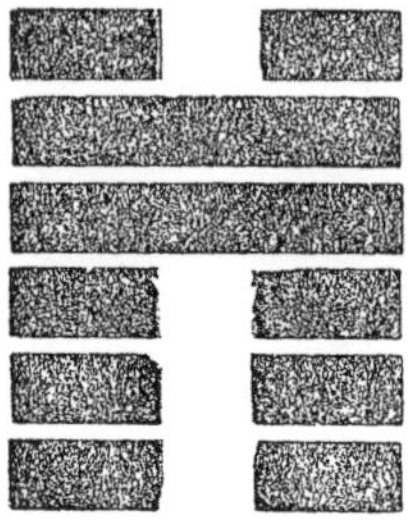

隨

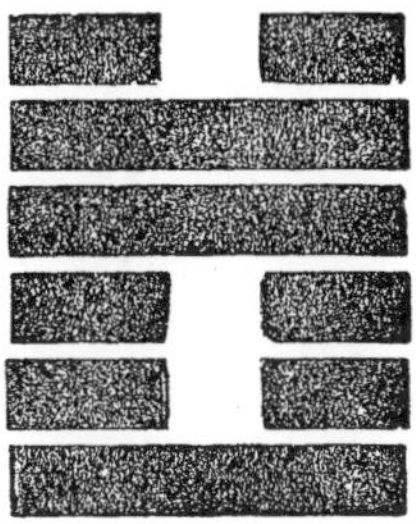

自然《しぜん》の定理《ていり》で、今此《いまこ》の自然《しぜん》の定理《ていり》を以《もつ》て之《これ》を推《すゐ》せば萃《すゐ》は此《こ》れ夬《くわい》の内卦坤《ないくわこん》が變《へん》じて乾《けん》となつたものでその夬《くわい》は亦萃内卦坤《またすゐないくわこん》が變《へん》じて乾《けん》となつたものでその亦萃《またすゐ》は夬《くわい》より來《きた》り、その亦夬《またくわい》は萃《すゐ》より來《き》たものと見《み》ねばならぬ、何《なん》となれば夬《くわい》とは決別《けつべつ》の義《ぎ》に外《ほか》ならぬので之《これ》を配列《はいれつ》すれば夬 萃 萃夬《すゐくわいすゐくわい》（以上《いじやう》は過去《くわこ》）萃《すゐ》（本卦現在《ほんくわけんざい》）となり、之卦隨《ゆくくわずゐ》は未來《みらい》に當《あた》るのである、そこで之《これ》を過去《くわこ》の事實《じじつ》に配當《はいたう》すれば、同氏《ごうし》が最初憲政本黨《さいしよけんせいほんたう》に在《あ》りしは萃《すゐ》で、同黨《ごうたう》を去《さ》りしは夬《くれい》である、がその後《ご》政友會《せいいうくわい》に入《い》りしは萃《すゐ》である、然《しか》れども政友會《せいいうくわい》に於《おい》ては萃《すゐ》の二三四の要路《えうろ》に當《あた》り内閣《ないかく》を組織《そしき》すべき人物《じんぶつ》は他《た》に數多《あまた》あつたので新參者《しんざんもの》たる同氏《ごうし》の地位《ちゐ》は初六《しよ》の最下《さいか》に居《ゐ》ることゝなつて、爻辭《かうじ》に有ㇾ孚不ㇾ終乃亂乃萃、若號一握爲ㇾ笑と言《い》ふが如《ごと》く不愉快《ふゆくわい》の事情《じじやう》があつた、それ故政友會《ゆゑせいいうくわい》を脱《だつ》して大森邊《おほもりへん》へ蟄《ちつ》居《きよ》されたのが亦夬《またくわい》の卦《くわ》に當《あた》るが、此《これ》は皆過去《みなくわこ》の事柄《ことがら》に屬《ぞく》するのである。

現在《げんざい》、前《まへ》にも言《い》ふ如《ごと》く集散《しふさん》は自然《しぜん》の定理《ていり》であるから、夬《くわい》は亦萃《またすゐ》の卦象《くわしやう》となつて何《いづ》れかに集《あつ》まる所《ところ》がなければならぬが、先年同氏《せんねんごうし》が東京市長《こうきやうしちやう》となられたのは即《すなは》ち本卦《ほんくわ》の萃《すゐ》で現在《げんざい》に當《あた》る、乍去《さりながら》過去《くわこ》の萃《すゐ》と現在《げんざい》の萃《すゐ》とは多少《たせう》その趣《おもむ》きが違《ちが》い、現在《げんざい》の萃《すゐ》に於《おい》ては同氏《ごうし》より進《すゝ》むで集《あつ》まつたのではなく、市民《しみん》の方《はう》から同氏《ごうし》に向《むか》つて集《あつ》まつたのであるから、隨《したが》つてその位地《ゐち》を顚倒《てんたう》し、現在《げんざい》に於《お》ける同氏《ごうし》の地位《ちゐ》は九五の位《くらゐ》に當《あた》り市長《しちやう》の位地《ゐち》を占《し》むるのである、然《しか》れども九四の位《くらゐ》に當《あた》る大岡氏《おほをかし》一派《ぱ》に屬《ぞく》する反對《はんたい》の勢力《せいりよく》があつて互《たがひ》に權勢《けんせい》を爭《あらそ》ひ、或《あるひ》は九五の位《くらゐ》を凌駕《りようが》せむとして陰然《いんぜん》自《おのづ》から一敵國《てきこく》の觀《くわん》をなし、同氏《ごうし》をして唯《たゞ》九五の虛位《きよゐ》を擁《えう》するが如《ごと》き境遇《きやうぐう》に立《たゝ》しむる所以《ゆゑん》で、此《こ》れ卽《すなは》ち五に孚《まこと》とせらるにあらずと言《い》ひ、象《しやう》に志《こゝろざし》未《いま》だ光《ひか》らずと言《い》ふ所以《ゆえん》である、加之《のみならず》、萃《すゐ》は兌口《だこう》の集《あつ》まる象《かたち》で、中爻《ちうかう》に大過《たいくわ》あり伏卦《ふくくわ》に大畜《だいちく》ありて苦情紛爭《くじやうふんさう》の絕《たえ》ざる意《い》あり、此《かく》の如《ごと》く內部《ないぶ》に種々《しゆ〴〵》なる事情《じじやう》が蟠崛《はんくつ》する故《ゆゑ》同氏《ごうし》の手腕《しゆわん》を以《もつ》てするも、而《しか》も施《ほどこ》すに由《よし》なきのみならず、動《やゝ》もすれば四分《ぶん》五裂《れつ》亦《また》收拾《しうしふ》すべからざる形勢《けいせい》を含《ふく》むのである、萃《すゐ》の大象《たいしやう》に澤上㆑於㆑地萃、君子以除㆓戎器㆒戒㆓不虞㆒と言《い》ふは蓋《けだ》し此《こ》の間《あひだ》の消息《せうそく》を道破《だうは》したものに外《ほか》ならぬ。

未來《みらい》、現在《げざい》の境遇《きやうぐう》が此《かく》の如《ごと》しとせば、近《ちか》き未來《みらい》に於《お》ける同氏《ごうし》の動靜《どうせい》は果《はた》して如何《ごう》であらうか、豫《あら》かじめ這般《しやはん》の機微《きび》を知《し》らむとせば、須《すべか》らく亦《また》現在《げんざい》に於《お》ける萃《すゐ》の卦象《くわしやう》を以《もつ》て推《おさ》ねばならぬ、そこで同氏《ごうし》が僅《わづ》か東京市長《とうきやうしちやう》の一地位《ちゐ》に戀々《れん〳〵》たるが如《ごと》きは、素《もと》よりその本意《ほんい》でないと言《い》ふことは無論《むろん》であらうと思《おも》はるゝけれども、飜《ひるがへ》つて再《ふた》たび萃《すゐ》の卦象《くわしやう》を案《あん》ずれば、近《ちか》き未來《みらい》に於《おい》て得意《とくい》の時代《じだい》が來《きた》るべき模樣《もやう》がない、這《こ》は前《まへ》にも言《い》ふ如《ごと》く同氏《ごうし》は在野《ざいや》政客《せいきやく》中《ちう》の巨擘《きよへき》であつて藩閥系《はんばつけい》の人《ひと》ではない、隨《したが》つて萃《すゐ》の卦《くわ》に於《お》ける同《ごう》氏《し》の地位《ちゐ》は、今日《こんにち》に於《おい》ても矢張《やは》り初《しよ》六の位《くらゐ》に當《あた》るのであるから、如何《いか》に同氏《ごうし》が二以上《いじやう》の位《くらゐ》に萃《あつ》まり、卽《すなは》ち國務大臣《こくむだいじん》となつて平素《へいそ》の抱負《はうふ》を實行《じつかう》せむとしても、二三四に當《あた》る藩閥系《はんばつけい》の人物《じんぶつ》があつてその要路《えうろ》を塞《ふさ》ぎ、到底今後《たうていこんご》數年《すうねん》の間《あひだ》に於《おい》て大飛躍《だいひやく》を試《こゝろ》むべき進境《しんきやう》も目的《もくてき》も立《たゝ》ぬであらう、政治界《せいぢかい》に於《お》ける同氏《ごうし》の境遇《きやうぐう》が此《かく》の如《ごと》く悲觀《ひくわん》の場合《ばあひ》であるから、市長《しちやう》の現地位《げんちゐ》に就《つい》て幾多《いくた》不《ふ》愉快《ゆくわい》の事情《じじやう》が伏在《ふくざい》するにせよ、今之《いまこれ》を放棄《はうき》するは不利益《ふりえき》であると言《い》ふことは、同氏《ごうし》の胸中自《きようちうみづ》から確信《かくしん》のある所《ところ》であらう、之《これ》が卽《すなは》ち未《み》來《らい》に屬《ぞく》する隨《ずゐ》の象義《しやうぎ》に當《あた》る所《ところ》である、そこで隨《ずゐ》の卦《くわ》を案《あん》ずるに、隨《ずゐ》は勇猛活潑《ゆうまうくわつぱつ》なる震《しん》の壯夫《そうふ》が和悦柔《わえつじう》順《じゆん》なる兌《だ》の少女《せうぢよ》に下《くだ》るの象《かたち》である、而《しか》して隨《ずゐ》には先天的《せんてんてき》なる自主自動《じしゆじどう》の本領《ほんりやう》を棄《す》てゝ他《た》の主張《しゆちやう》境遇《きやうぐう》に附和服從《ふわふくじう》し、敢《あへ》て背《そむ》く所《ところ》なきの象《かたち》である、此《こ》の象《かたち》に該當《がいたう》すべき現象《げんしやう》は同氏《ごうし》が現今《げんこん》の有樣《ありさま》に於《お》ても明《めい》白《はく》に認《みと》めらるゝ所《ところ》で、決《けつ》して以前《いぜん》の學堂氏《がくだうし》に就《つい》て認《みと》め得《う》べき態度《たいど》ではない、而《しか》も這《こ》は唯隨《たゞずゐ》の消極的《せうきよくてき》意味《み》とでも言《い》ふべき所《ところ》で、その積極的《せききよくてき》なる所《ところ》に至《いた》れば、固結鞏堅《こけつきようけん》打《う》つても叩《たゝ》いても離《はな》れぬものと言《い》ねばならぬ、上六《じやう》に拘二係之一乃從維レ之と言《い》ふは卽《すなは》ち此《こ》の義《ぎ》で、此《こ》れが取《と》りも直《なほ》さず同氏《ごうし》が未來《みらい》の成行《なりゆき》に當《あた》るのである、是《これ》に由《よ》つて之《これ》を斷《だん》せば、同氏《ごうし》の胸中《きようちう》に於《おい》ては今後如何《こんごいか》なる事情《じじやう》あるとも、現在《げんざい》の地位《ちゐ》を飽《あ》く迄《まで》離《はな》れぬ決心《けつしん》であると言《いは》ねばならぬ、何《なん》とならば、萃《すゐ》は元《もと》と夬《くわい》より來《き》て居《を》るのであるから、亦《また》夬《くわい》に之《ゆ》くのが自然《しぜん》の順席《じゆんじよ》であるけれど、今《いま》その隨《ずゐ》となつた所《ところ》から見《み》れば、此《かく》の如《ごと》く之《これ》を斷《だん》ずるより外《ほか》はないのである、然《しか》らば任期滿限《にんきまんげん》となつた節《せつ》は如何《いか》にと言《い》ふに、尙再任運動《なほさいにんうんどう》をしても固《かた》く現地位《げんちゐ》を守《まも》り他《た》に動《うご》く精神《せいしん》はないと言《い》ふても可《い》い此《これ》が卽《すなは》ち蟄龍雲雨《ちつりううんう》を俟《ま》つの象《かたち》で、東京市長《とうきやうしちやう》の地位《ちゐ》は同氏《ごうし》の爲《ため》には政界《せいかい》の間歇期《かんけつき》に於《お》ける一時《じ》の安息場《あんそくば》であると言《い》ふも強《あなが》ち誣言《ふげん》ではあるまいか、若《も》し同氏《ごうし》の爲《ため》に謀《はか》つたならば、その方《はう》が後日《ごじつ》に至《いた》り大飛躍《だいひやく》をなす爲《た》めの最上策《さいじやうさく》であるかも知《し》れぬ。

以上《いじやう》は同氏《ごうし》公的生活《こうてきせいくわつ》の方面《はうめん》に就《つい》ての占斷《せんだん》であるが、その私的生活《してきせいくわつ》の方面《はうめん》に於《おい》ては大《おほい》に樂觀的狀態《らくくわんてきじやうたい》が見《み》ゆるのである。以前《いぜん》央《くわい》の時《とき》に於《おい》ては種々《しゆ〳〵》の失費《しつぴ》散財等《さんざいとう》も多《おほ》く、随《したが》つて欠乏《けつぼふ》も感《かん》せられた様《やう》であるが今日《こんにち》市長《しちやう》の俸給《はつきふ》が敢《あへ》て多《おほ》いと言《い》ふではないけれど、現在《げんざい》の萃《すゐ》も伏卦《ふくくわ》の大畜《だいちく》も共《とも》に金銀杯《きんぎんばい》の集《あつ》まる象《かたち》があつて、之《これ》を往時《わうじ》に比較《ひかく》すれば頗《すこ》ぶる裕福《ゆうふく》の有様《ありさま》と見《み》ることが可能《でき》る、又随《またずゐ》には婦《ふ》唱《とな》へて夫和《ふうわ》するの象《かたち》があるから、嚮《さき》に令婦人《れいふじん》を聘《へい》せられて以來《いらい》は東洋流《とうやうりう》の家風《かふう》を廢《はい》し、一切西洋式《さいせいやうしき》に改革《かいかく》せられ（随《ずゐ》の似體《じたい》に革《かく》あり、琴瑟相和《きんひつあひわ》して御兩人《ごりやうにん》の間《あひだ》も至極親蜜《しごくしんみつ》の樣《やう》に見《み》らるゝのである、又萃《またすゐ》の伏卦《ふくくわ》に大畜《だいちく》あり随《ずゐ》の初《しよ》より四に至《いた》つて似體《じたい》の離《り》あり、大畜《だいちく》は大《おほい》に畜《たくは》ふるの義《ぎ》にして離《り》は大腹《たいふく》の象《かたち》である、且《か》つ兌《だ》を少《せう》女《ぢよ》とし震《しん》を動《うご》き出《で》るとして女子分娩《ぢよしぶんべん》の象《かたち》がある、此《これ》は先月《せんげつ》呱々《こゝ》の聲《こゑ》と共《とも》に令孃《れいぢやう》を擧《あげ》られたることに當《あた》り、方々以《かた〴〵もつ》て慶《けい》すべく祝《しゆく》すべきの至《いた》りである、此《これ》は余《よ》が明治《めいぢ》三十九年《ねん》の八月《ぐわつ》の頃《ころ》に筮《ぜい》したものであつたが、その後此《ごこ》の占《うらなひ》の如《ごと》く市長《しちやう》の職《しよく》に再任《さいにん》されたのである。

第七十四　犬養木堂氏の運命を筮す

本占《ほんせん》は余《よ》が大隈内閣成立後《おほくまないかくせいりつご》間《ま》もなく之《これ》を筮《ぜい》したもので、幾分《いくぶん》か見《み》るべき所《ところ》もあらうかと思《おも》ふから、之《これ》を發表《はつぺう》して讀者諸君《どくしやしよくん》の參考《さんかう》に供《きよう》するのであるが、少數黨《せうすうたう》の首領《しゆれう》として久《ひさ》しく政界《せいかい》の一隅《ぐう》に虎視《こし》し、世間《せけん》からは憲政《けんせい》の神《かみ》と迄《まで》も言《い》はれて居《ゐ》る犬養木堂氏《いぬがひぼくだうし》が近頃《ちかごろ》の行動《かうどう》は少《すこ》しく面白《おもしろ》からぬ所《ところ》があるが、今後《こんご》の有様《ありさま》はどうであるか、試《こゝろ》みに之《これ》を筮《ぜい》して恒《こう》の困《こん》に之《ゆ》くを得《え》たが、本之《もとゆき》共《とも》に三陰《いん》三陽《やう》の卦《くわ》で恒《こう》が困《こん》とな

否　困　恒　泰

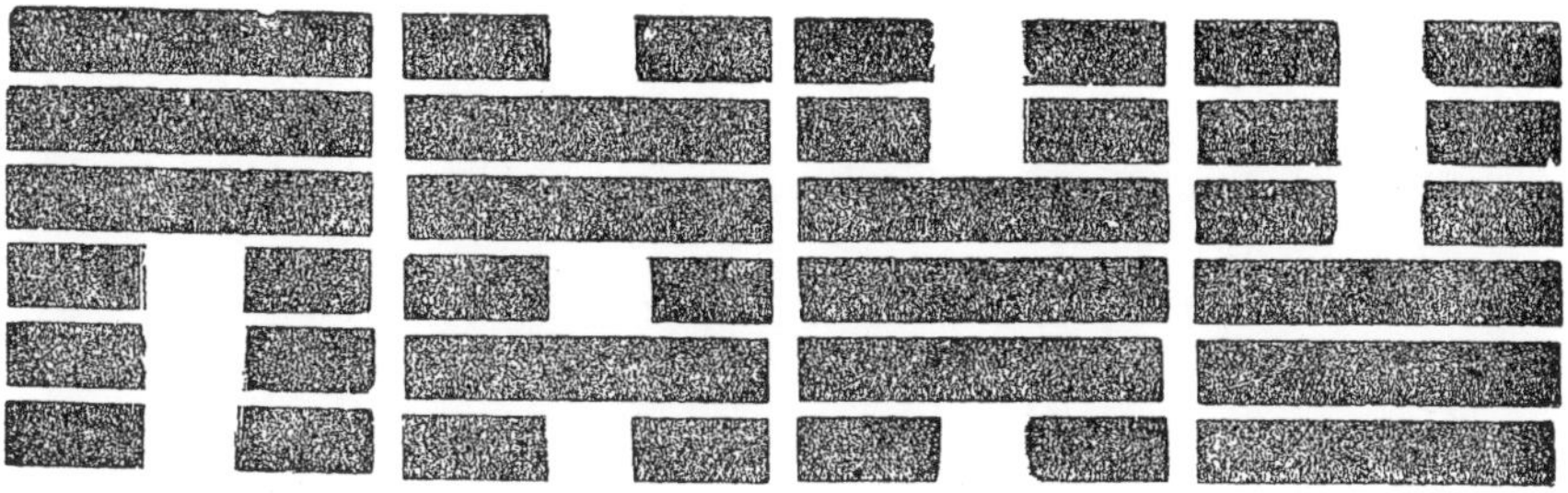

未來　現在　過去　過去

つたのは、這《こ》は卽《すなは》ち恒《こう》の九三が六五と自然《しぜん》に交易《かうえき》したものである、されば此《こ》の卦《くわ》は交易法《かうえきはふ》を用《もち》ひて之《これ》を斷《だん》ずべきものである、乃《そこ》でその例《れい》に依《よ》つて卦象《くわしやう》を配列《はいれつ》すれば上圖《じやうづ》に示《しめ》すが如《ごと》く泰恒困否《たいこうこんひ》となるのであるが、今此等《いまこれら》の卦象《くわしやう》を以《もつ》て事實《じじつ》と對照《たいせう》すれば、泰《たい》ば陰陽交和《いんやうかうわ》無事《ぶじ》泰平《たいへい》の象《かたち》であるから、此《こ》の卦《くわ》は今《いま》の國民黨《こくみんたう》が黨內何等《たうないなにら》の不平《ふへい》もなく一致《ち》和合《わがふ》して居《ゐ》た時《とき》の事實《じじつ》に當《あた》つて居《ゐ》る、次《つぎ》に恒《こう》は泰《たい》の象《かたち》たる無事泰平《ぶじたいへい》の同黨《ごうたう》が、泰平《たいへい》極《きはま》つてその平《へい》を失《うしな》ひ烈風迅雷《れつぷうじんらい》が並《なら》び起《おこ》つた所《ところ》の象《かたち》で黨內種《たうないしゆ》々の紛紜《ふぬん》を生《しやう》じ互《たがひ》に相背《あひそむ》き相爭《あひあらそ》ふの結果《けつくわ》、河野《かうの》、大石《おほいし》、武富《たけとみ》その他《た》の諸氏《しよし》が同黨《ごうたう》と分離《ぶんり》して、桂公《かつらこう》の下《もと》に集《あつま》つた當時《たうじ》の有樣《ありさま》に當《あた》つて居《を》る、而《しか》も以上《いじやう》二卦《くわ》は共《とも》に過去《くわこ》の事實《じじつ》で、恒《こう》は之《これ》を泰《たい》に較《くら》ぶれば騷擾反目《さうぜうはんもく》の迹《あと》は見《み》へて居《を》るけれども、唯內卦《たゞないくわ》一陽《やう》の同類《ごうるゐ》が卦外《くわぐわい》に出《い》で去《さ》つた丈《だけ》で、政黨《せいたう》としての常態《じやうたい》（恒常《こうぜう》の義《ぎ》）を失《うしな》ふ迄《まで》には立至《たちいた》つて居《を》らぬ、然《しか》るにその次《つぎ》の困《こん》は澤《たく》中水《ちつすゐ》なきの象《かたち》で二陽《やう》の同類《ごうるゐ》は外卦《ぐわいくわ》に出《い》で去つて悅《よろこ》び、殘《のこ》る所《ところ》の一陽《やう》は坎《かん》の險中《けんちう》に陷《おちゐ》つて困《くる》しみ難《なや》む所《ところ》の象《かたち》であるが、這《こ》は今回《こんくわい》亦《また》再《ふた》たび同黨員《どうたうゐん》某《ぼう》々等《ら》が脫離《だつり》し去《さ》つた所《ところ》の狀態《じやうたい》で、取《と》りも直《なほ》さず木堂氏《ぼくだうし》の現狀《げんじやう》その儘《まゝ》である、困《こん》の六三に困《くるしみ》レ于《に》レ石《いし》、據《よる》レ于《に》二蒺藜《しつり》一、入《いつて》二其宮《そのきうに》一不《ず》レ見《み》二其妻《そのさいを》一凶《きよう》と言《い》ふて居《を》るが、實《じつ》に能《よ》く此《こ》れと符合《ふがふ》して居《ゐ》る。蓋《けだ》し同氏《どうし》が大隈伯《おほくまはく》その他《た》の勸誘《くわんいう》に從《したが》ひ內閣《ないかく》に入《い》らむとすれば、その前《まへ》に橫《よこた》はる所《ところ》の大石《たいせき》に衝《つ》き當《あた》つて進《すゝ》むことが出來《でき》ぬ、されば迚退《さてしりぞ》いて政友會《せいいうくわい》に合《あは》せむとすれば、恰《あた》かも刺《とげ》ある蒺藜《しつり》の上《うへ》に座《ざ》するのと同然《どうぜん》で進退何《しんたいいづ》れともすることが可能《でき》ぬ乃《そこ》で已《や》むなく自己《じこ》の本居《ほんきよ》に立戾《たちもど》つて、從來《じうらい》の聲望《せいばう》と體面《たいめん》とを保持《ほぢ》せむとすれば、自己《じこ》が最《もつと》も親信《しんしん》する所《ところ》の妻妾《さいせふ》でさへも、その無定見《むていけん》なるに愛憎《あいそう》をつかし、何時《いつ》の間《ま》にか逃《に》げ去《さ》つてその影《かげ》だも見《み》へぬと言《い》ふ場合《ばあひ》であるから、その困窮《こんきう》も實《じつ》に極點《きよくてん》に達《たつ》して居《を》ると言《い》はねばならぬが、此《こ》れが卽《すなは》ち木堂氏《ぼくだうし》の現狀《げんじやう》である、して見《み》れば、泰《たい》と恒《こう》とは過去《くわこ》に當《あた》り困《こん》は現在《げんざい》に當《あた》つて居《ゐ》るから、その次《つぎ》の否《ひ》は未來《みらい》に當《あた》るのである。

前述《ぜんじゆつ》の如《ごと》く過去《くわこ》並《ならび》に現在《げんざい》の事實《じじつ》は既《すで》に卦象《くわしやう》と一致《ち》して居《を》る、されば未來《みらい》の事實《じじつ》も亦必《またかな》らず卦象《くわしやう》と一致《ち》せねばならぬ道理《だうり》である、何《なん》となれば、泰《たい》から恒《こう》となり恒《こう》から困《こん》となり否《ひ》となるは、交易法《かうえきはふ》の必然的《ひつぜんてき》歸着點《きちやくてん》に外《ほか》ならぬからである。然《しか》らば同氏《どうし》が今後《こんご》の有樣《ありさま》は如何《いかん》、そを知《し》らむとするには先《ま》づ否《ひ》の卦象《くわしやう》を詮議《せんぎ》せねばならぬ、そこで亦否《またひ》の卦象《くわしやう》を案《あん》ずるに、否《ひ》は泰《たい》の反對《はんたい》である。故《ゆゑ》に泰《たい》を以《もつ》て內外交和《ないくわかうわ》の象《かたち》とすれば、否《ひ》は卽《すなは》ち彼我否塞《ひがひそく》の象《かたち》である、又泰《またたい》を以《もつ》て出入瀕繁《しゆつにふひんぱん》の象《かたち》とすれば、否《ひ》は卽《すなは》ち孤立索居《こりつさくきよ》の象《しやう》である、泰《たい》を得意全盛《とくいぜんせい》の象《かたち》とすれば、否《ひ》は即《すなは》ち失望落魄《しつばうらくはく》の象《かたち》である、泰《たい》を繁榮發達《はんえいはつたつ》の象《かたち》とすれば、否《ひ》は即《すなは》ち消衰滅亡《せうすゐめつばう》の象《かたち》である、此《かく》の如《ごと》く否《ひ》は消極的悲觀《せうきよくてきひくわん》の有樣《ありさま》で、泰《たい》の積極的樂觀《せききよくてきらくくわん》の狀態《じやうたい》と表裏《へうり》相《あひ》反《はん》して居《を》るが、殊《こと》に此《こ》の否《ひ》は困《こん》の九二が上六《じやう》と交易《かうえき》し去《さ》つた後《のち》の結果《けつくわ》である、果《はた》して然《しか》らば、木堂氏《もくだうし》が今後《こんご》の成行《なりゆき》は、此《こゝ》に言《い》ふ交易《かうえき》の理法《りはふ》が必至《ひつし》にして正確《せいかく》なるが如《ごと》くに、黨員《たうゐん》は次第《しだい》に離散《りさん》して無援孤《むゑんこ》立《りつ》となり、終《つひ》にその政治的生命《せいぢてきせいめい》を喪失《さうしつ》するに至《いた》るものと斷《だん》ぜざるを得《え》ぬ。

犬養木堂氏《いぬかひもくだうし》の未來《みらい》は前斷《ぜんだん》の如《ごと》くである、而《しか》もその平生《へいぜい》の人《ひと》となりを顧《かへり》みれば政治的伎倆《せいぢてきぎりやう》と人格《じんかく》は年《とし》と共《とも》に高《たか》く、一世《いつせい》の重望《ちようばう》を身《み》に集《あつ》むるに拘《かゝは》らず、轗軻不遇《かんかふぐう》、苦節《くせつ》を政界《せいかい》に守《まも》ること茲《こゝ》に三拾年《ねん》、未《いま》だその驥足《きそく》を伸《の》ぶるに及《およ》ばず、中途《ちうと》に蹉跌《さてつ》さるゝ樣《やう》では、我《わ》が政界《せいかい》の爲《た》め痛惜《つうせき》せねばならぬ、とは云《い》へ前《ぜん》斷《だん》も亦《また》之《これ》を疑《うたが》ふことは可能《でき》ぬ、けれども同氏《どうし》が今後《こんご》積年《せきねん》の抱負《はうふ》を實行《じつかう》するの機會《きくわい》に遭遇《さうぐう》せむことは、我《わ》が政界《せいかい》の爲《た》めに祈《いの》る所《ところ》である。隨《したが》つて必《かな》らず現在《げんざい》の窮境《きうきやう》を脱《だつ》せしめねばならぬが、その方法《はうはふ》はないであらうか、依《よ》つて亦《また》飜《ひるがへ》つて卦象《くわしやう》を案《あん》ずるに、泰《たい》の九二に无二平不一レ陂と言《い》ひ、上六《じやう》に城復レ隍と云《い》ふは、即《すなは》ち泰平《たいへい》に慣《な》れて慢心《まんしん》を生《しやう》じ、之《これ》が爲《た》めに事《こと》を敗《やぶ》り身《み》を誤《あや》まることを戒《いま》しめ、恒《かう》の初六《しよ》に浚恒と言《い》ひ、上六《じやう》に振レ恒と言《い》ふは、即《すなは》ち恒常《かうじやう》に過《す》ぎて、却《かへ》つてその常《つね》を失《うしな》ふことを諭《さと》したものであるが、同《どう》氏《し》が現在《げんざい》の窮境《きうきやう》に陷《おちゐ》つた原因《げんいん》は、察《さつ》するに這般《しやはん》の注意《ちうい》が欠《か》けて居《ゐ》た爲《た》めではあるまいか、換言《くわんげん》すれば水《みづ》が餘《あま》りに清《きよ》ければ魚《うを》が棲《す》まぬと一般《ぱん》、操守《さうしゆ》高《たか》きに過《す》ぎて清濁《せいだく》幷《あは》せ吞《の》むの雅量《がりやう》が不足《ふそく》であつた結果《けつくわ》ではなからうか、然《しか》らずば、尾崎大石武富河野島田《をざきおほいしたけとみかうのしまだ》その他《た》の諸氏《しよし》が前後《ぜんご》相踵《あひつい》で同氏《ごうし》と手《て》を分《わか》つべき理由《りゆう》がない、假《たと》へ彼等《かれら》諸氏《しよし》の方《はう》にも皆各恕《みなかくちよ》し難《がた》き缺點《けつてん》があつたとしても、之《これ》と同化《ごうくわ》して進退《しんたい》を共《とも》にせなかつた罪《つみ》は畢竟《ひつきやう》同氏《ごうし》が餘《あま》りに主我的《しゆがてき》にして狷介相容《けんかいあひいれ》ざる所《ところ》にあつたと言《い》ふて可《よ》からう。

尙困《なほこん》の卦象《くわしよう》を擧《あ》げて之《これ》を論《ろん》ずれば、坎《かん》を悲《かな》しむとし惡《にく》むとし心病《しんびやう》とし、兌《だ》を悅《よろこ》ぶとし愛《あい》すとし肅殺《しゆくさつ》として、或《あ》る時《とき》は頗《すこ》ぶる淚《なみだ》もろく同情《ごうじやう》に富《と》み、亦或《またあ》る時《とき》は甚《はなは》だ冷淡《れいたん》で嚴酷《げんこく》に過《す》ぎると言《い》ふが如《ごと》く感情的矛盾《かんじやうてきむじゆん》の所《ところ》がある樣《やう》に思《おも》ふ、その上《うへ》亦《また》兌肺《だはい》と坎腎《かんじん》とを傷《す》り併《あは》せて胃腸《ゐちやう》を痛《いた》め、之《これ》が爲《た》めに精力《せいりよく》は消耗《せうもう》して神氣《しんき》のみ亢奮《こうふん》し、神經過敏《しんけいくわびん》となつて悲觀《ひくわん》に陷《おちゐ》つて居《を》る所《ところ》の象《かたち》があるが、此《こ》の病的作用《びやうてきさよう》も亦與《またあづか》つて大《おほい》に力《ちから》がある、故《ゆゑ》に同氏《ごうし》を拯《すく》はむとせば先《ま》づその病的原因《びやうてきげんいん》を除《のぞ》いて神氣《しんき》を一轉《てん》せしめ、和氣雍々《わきえうえう》たる狀態《じやうたい》となすのが肝要《かんえう》である。而《しか》してその方法《はうはふ》は先《ま》づ困《こん》の初《しよ》六と九四とを交易《かうえき》して節《せつ》となし、腎水《じんすゐ》の漏泄《ろうせつ》を防《ふせ》ぎ肺患《はいくわん》を去《さ》り、その次《つぎ》に思慮飮食《しりよいんしよく》を節制《せつせい》し、節《せつ》の六三と九五とを交易《かうえき》して之《これ》を往時《わうじ》の卦象《くわしよう》即《すなは》ち泰《たい》の健康體《けんかうたい》に復歸《ふくき》せしめねばならぬが、以上《いじやう》は同氏《ごうし》を生理的《せいりてき》に拯《すく》ふの傍《かた》はら、亦之《またこれ》を政治的《せいちてき》に濟《すく》ふの方法《はうはふ》であるけれど、同氏《ごうし》は已《すで》に六十一歲《さい》の老體《らうたい》であるから、之《これ》を實行《じつかう》することは至難《しなん》である許《ばか》りでなく尙更《なほさら》に同氏《ごうし》の形貌上《けいぼうじやう》から之《これ》を推《お》せば、同氏《ごうし》は筋骨兼心性質《きんこつけんしんせいしつ》の人《ひと》であるが、その從質《じうしつ》たる心性《しんせい》の發表地《はつぺうち》即《すなは》ち額部《がくぶ》の發達《はつたつ》も實《じつ》に美事《みごと》で、殆《ほさ》むどその主質《しゆしつ》とする筋骨即《きんこつすなは》ち顏面《がんめん》の中部《ちうぶ》を壓倒《あつたう》せむとする勢《いきはひ》がある故《ゆゑ》にその識見《しきけん》は高邁《かうまい》にして一世《せい》を超絕《しうぜつ》し、剩《あまつ》さへ之《これ》を將《ひき》ゆるに自主的活動的《じしゆてきくわつどうてき》なる筋骨《きんこつ》を以《もつ》てして居《を》るから、常《つね》に傍若無人《ばうじやくむじん》の振舞《ふるまひ》が多《おほ》い、同氏《ごうし》が豫《かね》て當局者《たうきよくしや》の軍備擴張《ぐんびくわくちやう》を劫《しりぞ》けて自《みづ》からは別《べつ》に一案《あん》を立《た》て、或《あるひ》は多額《たがく》なる政費《せいひ》の節減《せつげん》若《もし》くは廢減稅等《はいげんぜいとう》を主張《しゆちやう》するのは卽《すなは》ちその一例《れい》である、蓋《けだ》し此《かく》の如《ごと》きは眼前《がんぜん》の事情《じじやう》に支配《しはい》されつゝある常人《じやうじん》から之《これ》を見《み》れば、言《い》ふべく行《おこな》ひ難《がた》き空論《くうろん》の樣《やう》に思《おも》はるゝけれども、同氏《ごうし》自身《じしん》から言《い》へば決《けつ》してそうでない、可言易行的《かげんいかうてき》で要《えう》は實行《じつかう》の手腕《しゆわん》なき他人《たにん》から見《み》れば空論《くうろん》であるが、同氏《ごうし》は如上《じよじやう》の識見《しきけん》とその識見《しきけん》に伴《ともな》ふ丈《だけ》の手腕《しゆわん》とを持《も》つて居《を》る、故《ゆゑ》に同氏《ごうし》自身《じしん》から言《い》へばその主張《しゆちやう》には一も空論《くうろん》はない、此《こ》れ同氏《ごうし》が世人《せじん》に卓越《たくえつ》する所以《ゆえん》で、亦我儘勝手《またわがまゝかつて》にして世《よ》に容《い》れられぬ所以《ゆえん》であるが、已《すで》に此《かく》の如《ごと》き識見《しきけん》と手腕《しゆわん》とを持《もつ》て居《を》るからには、須《すべ》からく敢然邁往之《かんぜんまいわうこれ》を實行《じつかう》すればよい樣《やう》であるが、惜《をしい》かな同氏《ごうし》は之《これ》を實行《じつかう》すべき塲所《ばしよ》卽《すなは》ち舞臺《ぶたい》を持《も》つて居《を》らぬ、そは同氏《ごうし》の下顎部《かがくぶ》が上《うへ》の二部《ぶ》に比《くら》べて甚《はなは》だ劣《おと》つて居《を》るのを見《み》れば分《わか》る、何《なん》となれば面《かは》の下部《かぶ》は上中《じやうちう》二部《ぶ》の立脚的根基《りつきやくてきこんき》であつて此《こ》の部《ぶ》の狹小《けふせう》なるは上中《じやうちう》二部《ぶ》に於《お》ける機能《きのう》の實現《じつげん》を不可能《ふかのう》ならしむるからである、此《こ》れ同氏《ごうし》が今日《こんにち》まで議政壇上《ぎせいだんじやう》の政《せい》論家《ろんか》たるに止《とゞ》まつて爲政者《ゐせいしや》たり實權者《じつけんしや》たるを得《え》なかつた所以《ゆえん》に外《ほか》ならぬ、易象《えきしやう》の示《しめ》す所《ところ》は此《かく》の如《ごと》く形《けい》貌《ばう》の示《しめ》す所《ところ》も亦此《またかく》の如《ごと》くであるが、果《はた》して然《しか》らば同氏《ごうし》が超凡《てうぼん》なる識見《しきけん》と伎倆《ぎりやう》とは終《つひ》に之《これ》を實現《じつげん》すべき機會《きくわい》はないであらうか、想《おも》ふに明智《めいち》なる同氏《ごうし》は疾《はや》く之《これ》を洞知《どうち》して居《を》るかも知《し》れぬが、知《し》るも尚且《なほかつ》つ此《か》の如《ごと》くであるとせば、人力《じんりよく》を以《もつ》て動《うご》かし難《がた》い天命《てんめい》であると言《い》ふ外《ほか》はない、而《しか》も尚茲《なほこゝ》に彖傳中《たんでんちう》に言《い》ふ所《ところ》の險《けん》にして以《もつ》て說《よろこ》び、困《くるし》むで而《しか》して其《そ》の亨《とほ》る所《ところ》を失《うしな》はざるは其《そ》れ唯君子《たゞくんし》かの數語《すうご》を誦《しよう》して筆《ふで》を措《お》く

第七十五　青島陷落の時期を占ふ

青島《せいとう》の陷落《かんらく》は時間《じかん》の問題《もんだい》で最早《もは》や之《これ》を既定《きてい》の事實《じじつ》と同視《どうし》して可《よ》い、されどその陷落《かんらく》は何時頃《いつごろ》なるか、未《いま》だ俄《には》かに豫測《よそく》し難《がた》きものがある、故《ゆゑ》にその期日《きじつ》に就《つい》て一占《せん》を試《こゝろ》むるも亦全《またまつた》く無要《むえう》のことではあるまい、依《よ》つて之《これ》を筮《ぜい》したがその卦《くわ》は剝《はく》が變《へん》じて旅《りよ》となつた、そこで卦象《くわしやう》を案《あん》ずるに、剝《はく》は元《も》と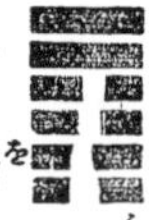觀《くわん》否《ひ》等《こう》より來《きた》る所《ところ》の消長卦《せうてうくわ》の一で今《いま》や一陽《やう》が上《うへ》に止《と》まつて居《を》るけれども、將《まさ》に剝落《はくらく》して坤《こん》とならむとする所《ところ》の象《しやう》である、故《ゆゑ》に之《これ》を名《なづ》けて剝《はく》と言《い》ふたもので、剝《はく》とは上九《じやう》

剝

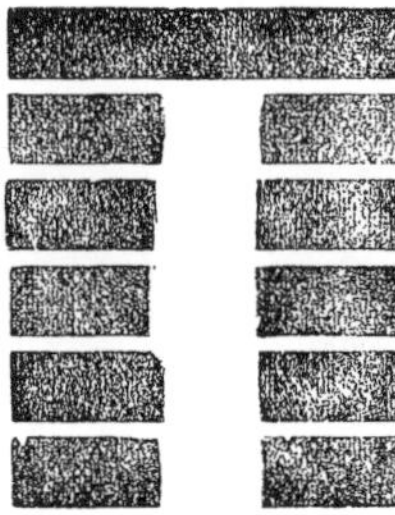

旅

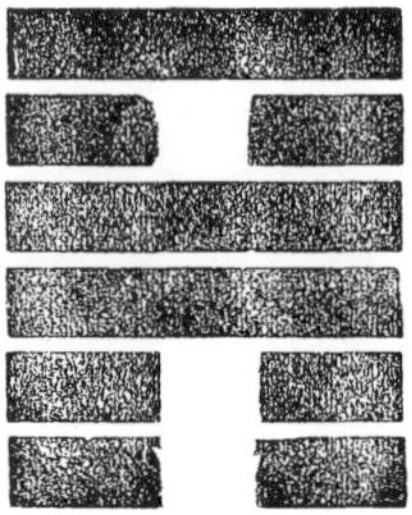

の一陽《やう》が剝落消盡《はくらくせうじん》するの義《ぎ》である、されば早晩陷落《さうばんかんらく》すべき青島《せいとう》の獨軍《どくぐん》とその意義《いぎ》を同《おな》じふして居《を》る許《ばか》りでなく、上九《じやう》の一陽《やう》が坤地《こんち》の一端《たん》に偏在《へんざい》して居《を》るのは、即《すなは》ち獨軍《どくぐん》が青島《せいとう》の要塞《えうさい》に籠閉《ろうへい》するの象《かたち》で、下《しも》の四陰《いん》が之《これ》に逼迫《ひつぱく》しつゝあるのは、即《すなは》ち我《わ》が皇軍《くわうぐん》の兵衆《へいしう》が彼《かれ》を膠州《かうしう》の一角《かく》に驅逐窘《くちくくん》蹙《しゆく》せしめつゝある所《ところ》の現狀《げんじやう》である、加之《しかのみならず》、剝《はく》の裏面《りめん》は夬《くわい》で、夬《くわい》とは下《しも》の五陽《やう》が上六《じやう》の一陰《いん》を決去《けつきよ》することを言《い》ふたものであるが、五陽《やう》は即《すなは》ち我《わ》が皇軍《くわうぐん》に當《あた》り一陰《いん》は即《すなは》ち獨軍《どくぐん》に當《あた》る、此《かく》の如《ごと》く剝《はく》の表裏《へうり》を對觀《たいくわん》する所《ところ》に於《おい》て、我《わ》が皇軍《くわうぐん》が海陸兩方面《かいりくりやうはうめん》より彼《かれ》を挾擊《けふげき》して、一は之《これ》を決去《けつきよ》し亦《また》一は之《これ》を

剝落《はくらく》せしむる所《ところ》の象《かたち》が備《そなは》つて居《を》る、是《これ》に由《よ》つて之《これ》を觀《み》れば、得卦剝《とくくわはく》の卦象《くわしやう》は事實《じじつ》と能《よ》く符合《ふがふ》して居《を》ると言《い》ふて可《よ》い、然《しか》らば何時頃《いつごろ》になつて、陷落《かんらく》するかと言《い》ふに、剝《はく》は陰曆《いんれき》九月《ぐわつ》に當《あた》る所《ところ》の卦《くわ》であるが、今《いま》は卽《すなは》ち八月《ぐわつ》の下旬《げじゆん》で將《まさ》に九月《ぐわつ》とならむとする時《とき》であるから、卦象《くわしやう》と時節《じせつ》とも亦能《またよ》く一致《ち》して居《を》る、して見《み》れば、靑島《せいたう》の陷落《かんらく》するのは陰曆《いんれき》九月以後《ぐわついご》十月迄《ぐわつまで》の間《あひだ》であると言《い》ふてよいが、這《は》は卽《すなは》ち剝《はく》の一陽《やう》が剝落《はくらく》し去《さ》つて無陽純陰《むやうじゆんいん》の坤《こん》となる消長《せうちやう》の理《り》に外《ほか》ならぬ、而《しか》してその陷落《かんらく》は丙丁《ひのへひのと》の日《ひ》（卽《すなは》ち陽曆《やうれき》十一月《ぐわつ》六七日以後《にちいご》十二月《ぐわつ》の十六七日迄《にちまで》の中《うち》）の正午《しやうご》十二時頃《じごろ》であると言《い》はねばならぬ、蓋《けだ》し之卦旅《しくわりよ》は卽《すなは》ち此《こ》の象《かたち》を示《しめ》すもので、離《り》は南方《なんばう》に位《くらゐ》して丙丁《ひのへひのと》を配《はい》して正午《しやうご》の時刻《じこく》に當《あた》るが上《うへ》に、旅《りよ》の內卦艮《ないくわごん》を山《やま》とし家《いへ》とし門《もん》とし防守《ばうしゆ》とし、外卦離《ぐわいくわり》を火《ひ》とし電《でん》とし燒《や》くとし日章旗《につしやうき》として、剝《はく》の旅《りよ》に之《ゆ》くは卽《すなは》ち靑島《せいこう》の要塞《えうさい》が剝《はく》にて陷落《かんらく》し、我《わ》が內卦坤《ないくわこん》の皇軍《くわうぐん》が艮山《ごんさん》を越《こ》えて外卦《ぐわいくわ》に易位《えきゐ》し䷎謙《けん》の象《かたち》となつて之《これ》を占《せん》領《りやう》すると同時《どうじ》に、豫《あら》かじめ坤《こん》の裏面《りめん》に包藏《ほうざう》せし離《り》の日章旗《につしやうき》を取《と》り出《だ》し、高《たか》く之《これ》を艮山《ごんさん》の上《うへ》に揭揚《けいやう》する所《ところ》の象《かたち》を現《あら》はして居《を》る、故《ゆゑ》にその陷落《かんらく》が丙丁《ひのへひのと》の日《ひ》に當《あた》るべきことを知《し》る、本占《ほんせん》は余《よ》が同年《どうねん》十月《ぐわつ》十六日《にち》揲筮《てうぜい》したるものにて、坤《こん》の裏面《りめん》に日章旗《につしやうき》を包藏《ほうざう》すると言《い》ひしは消長歸命法《せうちやうきめいはふ》を用《もち》ひたのであつたが、消《せう》長歸命法《ちやうきめいはふ》のことは五段論式必中占法《だんろんしきひつちうせんはふ》の中《うち》に詳說《しやうせつ》して居《を》る、然《しか》るにその後《ご》十一月《ぐわつ》七日《か》に至《いた》り果《はた》して靑島《せいこう》は陷落《かんらく》したのであるが、その時刻《じこく》は明方未明《あけがたみめい》の頃《ころ》であつて、本占《ほんせん》の正午《しやうご》の時刻《じこく》とは符合《ふがふ》せなかつたのであるが、此《これ》は余《よ》が餘《あま》りに離《り》の象《しやう》を用《もち》ひ過《す》ぎた誤《あや》まりであつた、何《なん》となれば、剝落《はくらく》して坤《こん》となれば亦《また》忽《たちま》ち復《ふく》となるのが當然《たうぜん》の道理《だうり》で、復《ふく》は卽《すなは》ち夜半正子《やはんしやうね》の刻《こく》に當《あた》るから、之卦旅《しくわりよ》は丑寅《うしとら》に當《あた》る艮山《ごんさん》の上《うへ》に離《り》の日《ひ》が出《で》る明方《あけがた》の象《かたち》と見《み》ねばならぬ筈《はず》である、然《しか》るに之《これ》を正午《しやうご》と斷《だん》じたのは余《よ》が誤斷《ごだん》であつたが、茲《こゝ》にその顚末《てんまつ》を明《あき》らかにして篤志家《とくしか》の參考《さんかう》に備《そな》ふることゝする。

第七十六　六十四卦の卦名判斷

實占《じつせん》に臨《のぞ》み得卦《とくくわ》に由《よ》つて占斷《せんだん》をなさむとするには、周易講義《しうえきかうぎ》と卦象講義《くわしやうかうぎ》とを見《み》て知《し》り得《え》た所《ところ》の卦象《くわしやう》を取《と》り來《きた》つて之《これ》を應用《おうよう》すれば、如何《いか》なる艱難《かんなん》な事柄《ことがら》に就《つい》ても自由《じゆう》に之《これ》が占斷《せんだん》をなすことが可能《でき》る筈《はず》である、故《ゆゑ》に今亦重《いままたかさ》ねて之《これ》を説《と》くの要《えう》はないけれども、初學者《しよがくしや》の爲《た》めに重複《ちようふく》を顧《かへり》みず、左《さ》に六十四卦々毎《くわ／＼ごと》に就《つい》ての見方《みかた》の大要《たいえう》を示《しめ》すことゝしたから、占斷《せんだん》の際《さい》には彼此參考《かれこれさんかう》して應用《おうよう》せらるべく、而《しか》して如何《いか》に之《これ》を應用《おうよう》すべきか茲《こゝ》にその用方《ようはう》を示《しめ》せば、六十四卦中假《くわちうたと》へ何《いづ》れの卦《くわ》を得《え》たりとしても、先《ま》づ第《だい》一に着目《ちやくもく》せねばならぬのはその卦《くわ》の卦義《くわぎ》であるが、卦義《くわぎ》は大抵卦名《たいていくわめい》に因《よ》つて代表《だいへう》されて居《を》る、故《ゆゑ》に能《よ》くその卦《くわ》の卦名《くわめい》を考察《かうさつ》すれば、隨《したが》つて卦義《くわぎ》が如何《いか》なるものであるかと言《い》ふことを知《し》り得《え》らるゝのである。故《ゆゑ》に初學新進《しよがくしん／＼》の人《ひと》に取《と》つては能《よ》くその卦名《くわめい》の意義《いぎ》を知悉《ちしつ》して、之《これ》を種々《しゆ／＼》なる事實《じじつ》に當《あ》て篏《はめ》て占斷《せんだん》をなすことが肝要《かんえう》である、そこで一例《れい》を擧《あ》げて之《これ》を詳《つまび》らかにすれば、假《たと》へば運氣《うんき》を占《うらな》ふて屯《ちゆん》の卦《くわ》を得《え》たりとせば屯《ちゆん》とは難《なや》み艱《なや》むの義《ぎ》である、故《ゆゑ》に今強《いましい》て進《すゝ》めば險難《けんなん》に陥《おちい》ることゝなるから、暫《しば》らく忍耐《にんたい》して時《とき》節《つい》の至《いた》るを待《ま》つべしと言《い》ひ、若《も》し又蒙《またもう》の卦《くわ》を得《え》たりとせば、蒙《もう》とは蒙昧《もうまい》にして暗《くら》きの義《ぎ》である、故《ゆゑ》に今《いま》は心《こころ》が混亂《こんらん》して善《よ》い考《かんが》へも出《で》ない時《とき》であるから、種々《しゆく》の妄想抔《はうさうなど》を起《おこ》さないで當分差控《たうぶんさしひか》へて居《ゐ》た方《はう》が可《よ》いと言《い》ひ、若《も》し又需《またじゆ》の卦《くわ》を得《え》たりとせば、需《じゆ》とは待《ま》つと言《い》ふことである、故《ゆゑ》に亦何事《またなにごと》も時節《じせつ》を待《ま》つて進《すゝ》み行《おこな》ふべく、今俄《いまには》かに急進《きふしん》しては可《よ》くないと言《い》ふの類《るゐ》である、又假《またか》りに失物《うせもの》を占《うらな》ふて訟《しよう》を得《え》たりとせば訟《しよう》とは乖《そむ》き違《ちが》ふと言《い》ふ義《ぎ》である、故《ゆゑ》に此《これ》は盗賊《たうぞく》に取《と》られたのでもなく亦遺失《またゐしつ》したのでもなく、置《お》き所抔《ところなど》が變《かは》つて居《を》るか或《ある》は思《おも》ひ違《ちが》ひをして居《を》るであらう、それゆへ能々家内《よくかない》を詮索《せんさく》するがよいと言《い》ひ、又假《またか》りに待人《まちびと》を占《うらな》ふて師《し》を得《え》たりとせば、師《し》とは軍旅《ぐんりよ》のことで衆人《しうじん》の集《あつ》まり譟《さは》ぐ意《い》がある、故《ゆゑ》に家内《かない》に種々《しゆく》取《と》り込《こ》みたることがあつて來《き》たらぬと言《い》ひ、又假《またか》りに走人《はしりびと》を占《うらな》ふて比《ひ》を得《え》たりとせば、比《ひ》とは親《した》しみ和《わ》するの義《ぎ》である、故《ゆゑ》に此《こ》の走《はし》り人《びと》は北方《ほくはう》に當《あた》る知合《しりあひ》の家《いへ》に隱《かく》れて居《ゐ》ると言《い》ひ、又假《またか》りに物價《ぶつか》の高低《かうてい》を占《うらな》ふて小畜《せうちく》を得《え》たりとせば、小畜《せうちく》とは乾《けん》の上《のぼ》り進《すゝ》むものを巽柔《そんじう》を以《もつ》て抑《おさ》へ止《とゞ》むるの義《ぎ》である、故《ゆゑ》に乾《けん》の高《たか》き所《ところ》に往來《わうらい》して左程《さほど》上《のぼ》ることもなければ、亦固《またもと》より下《さが》りもせぬと言《い》ふの類《るゐ》であつてその事柄《ことがら》の何《なん》たるを問《と》はず此《かく》の如《ごと》く卦名義《くわめいぎ》を用《もち》ひて之《これ》を斷《だん》ずれば、その事柄《ことがら》の大體《だいたい》に關《くわん》する判斷《はんだん》は可能《でき》るのである、故《ゆゑ》に先《ま》づ此《こ》の卦名判斷《くわめいはんだん》の仕方《しかた》を經驗《けいけん》して、その次《つぎ》に卦象《くわしやう》を應用《おうよう》して精細《せいさい》なる判斷《はんだん》をなすことを心懸《こころがけ》ねばならぬが、それは前《まへ》に擧《あ》げて置《お》いた占例《せんれい》を幾回《いくくわい》となく精讀《せいどく》し、充分《じうぶん》に會得《ゑとく》することが可能《でき》た上《うへ》で、毎々《まいくい》言《い》ふ樣《やう》ではあるけれども、拙著眞勢中州之易學《せつちよませちうしうのえきがく》と五段論式必中占法《だくろんしきひつちうせんぱふ》とを見《み》らるべく、去《さ》れば迚《こて》又《また》始《はじ》めから此等《これら》の書《しよ》を見《み》ても却《かへ》つてその複雑《ふくざつ》なるに迷《まよ》ふことゝなるから、次第《しだい》に順序《じゆんじよ》を追《お》ふて進《すゝ》み行《ゆ》くことが肝要《かんえう》である、依《よ》つて特《とく》に之《これ》を注意《ちうい》して置《お》く。

第七十七　六十四卦の象意

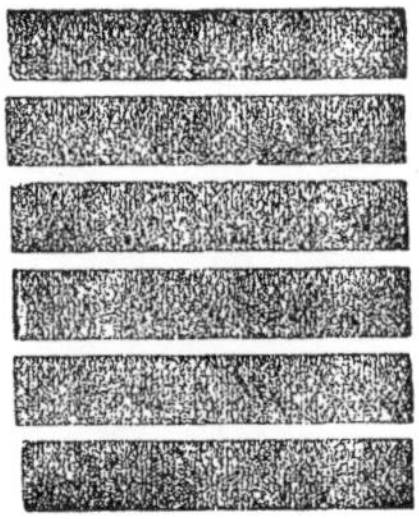

乾為天

此《こ》の卦《くわ》は純陽《じゆんやう》にして陽《やう》の體《たい》は剛《がう》でその用《よう》は乾《けん》であるが、上下《じやうげ》皆乾故《みなけんゆゑ》に之《これ》を乾《けん》と名《なづ》く、乾《けん》とは健《すこや》かなるの義《ぎ》で陽《やう》の性《せい》である故《ゆゑ》に之《これ》を天《てん》に象《かた》どる。

●純粹《じゆんすゐ》の意《い》純陽の義にとる●鋭進《えいしん》の意《い》●迅速《じんそく》の意《い》剛健の義にとる●剛健《がうけん》の意《い》●猛勇《もうゆう》の意《い》●頑固《ぐわんこ》の意《い》●嚴格《げんかく》の意《い》●果斷《くわだん》の意《い》以上は至剛の義にとる●聰明《そうめい》の意《い》陽を明となすの義にとる●尊貴《そんき》の意《い》●廣大《くわうだい》の意《い》以上は乾を天となすの義にとる●旋轉《せんてん》の意《い》天の運行端なきの義にとる●豐富《ほうふ》の意《い》●充實《じうじつ》の意《い》以上は陽を有餘となすの義にとる●正直《せうちよ》の意《い》陽を正直となす●勉強《べんきやう》の意《い》天體の運行間斷なきの義にとる●大望《たいもう》ある意《い》天の廣大なる義にとる●驕慢《けうまん》の意《い》極陽の義にとる●侵凌《しんりやう》の意《い》●苛刻《かこく》の意《い》●強暴《きやうぼう》の意《い》以上は過剛の義にとる

▲願望《かんもう》　條理正しき事は成る然れども十分を望みがたし
▲病症《べうしやう》　重病なれば必死の意あり
▲失物《うせもの》　出づべし、積み重ねたる物の下抔を尋ぬべし
▲待人《まちびと》　來るべし、されども變爻による
▲走人《はしりびと》　遠く去る、西北の間を尋ぬべし
▲物價《ぶつか》　大に高し、然れども前價高ければ却て大に下る

䷁ 坤爲地

此《こ》の卦《くわ》は純陰《じゆんいん》にして陰《いん》の體《からだ》は柔《やわらか》である、故《ゆゑ》に之《これ》を地《ち》に象《かた》どつて坤《こん》と名《なづ》く、坤《こん》とは柔順《じうじゆん》なるの義《ぎ》で陰《いん》の性《せい》である。

●柔順《じうじゆん》の意《い》卦名義に取る ●温厚《をんこう》の意《い》●安靜《あんせい》の意《い》●順直《じゆんちよく》の意《い》●謙讓《けんじやう》の意《い》●恭敬《けうけい》の意《い》●貞節《ていせつ》の意《い》●叮嚀《ていねい》の意《い》●儉《けん》約《やく》の意《い》以上は坤德の柔順にして能く天に承るの義に取る ●衆多《しうた》の意《い》坤陰六斷するの象に取る ●卑賤《ひせん》の意《い》陰を卑賤となす ●狹小《けつせう》の意《い》陰を狹小となす ●空虛《くうきよ》の意《い》●衰微《すゐび》の意《い》●缺乏《けつぼふ》の意《い》●貧窮《ひんきう》の意《い》以上は陰を不足となすの義に取る ●怯懦《けつだ》の意《い》陰を怯懦となす ●怠惰《たいだ》の意《い》●不決《ふけつ》の意《い》陰を柔弱となすの義に取る ●愚昧《ぐまい》の意《い》●疑惑《ぎわく》の意《い》以上は陰暗の義にとる ●吝嗇《りんしよく》の意《い》●邪曲《じやきよく》の意《い》以上は極陰の義にとる

●願望《ぐわんもう》急には成らず、久ふして後に成る ●病症《びやうしやう》重病なれば必死の意あり ●失物《うせもの》雜り込か包み込むの象急に尋れがたし

●待人《まちびと》來りがたし、されども信はあるべし ●走人《はしりびと》近き所に隱る、老婦の家を尋ぬべし、西南 ●物價《ぶつか》大に下る、然れども前價安ければ却て大に上る

䷂ 水雷屯

此《こ》の卦《くわ》は震動《しんどう》を以《もつ》て坎險《かんけん》の中《うち》に陷《おちい》り、動《うご》いてその險《けん》を出《いで》むとして未《いま》だ出《い》づる能《あた》はざるの象《かたち》である、故《ゆゑ》に之《これ》を屯《ちゆん》と名《なづ》く、屯《ちゆん》とは難《なや》み困《くる》しむの義《ぎ》である。

●艱難《かんなん》の意《い》●苦勞《くらう》の意《い》●煩悶《はんもん》の意《い》卦名義にとる ●盈滿《えいまん》の意《い》彖傳に雲雷の難みは滿盈と、又序卦傳に屯とは盈るなりと言ふにとる ●事業《じげふ》を創《はじ》むる意《い》彖傳に屯は剛

柔始めて交はつて難み生ずと、又序卦傳に盈るなり物の始めて生ずるなりと言ふにとる ●驚懼《きやうく》の意《い》震を驚くとなし坎を懼るとなす ●險難目前《けんなんもくぜん》に在《あ》つて居所《きよしよ》を失《うしな》はぬ意《い》雜卦に屯は見て而して其所を失はず ●勵《はげ》み勉《つと》むれば後《あと》に必《かな》らず成就《じやうじゆ》する意《い》彖傳に曰く險中に動き大に亨るに正を以てす ●進《すゝ》むこと能《あた》はず時《とき》を待《ま》つ意《い》 ●耐忍《たへにん》の意《い》險中に動くの義にとる ●兄弟不和《きやうだいふわ》の意《い》坎の中男が震の長男の上に居るの象

●願望《ぐわんもう》 忍耐して時節を待つべし
●病《びやう》症《しやう》 瘕氣と溜飲にて胸痛を起す
●失物《うせもの》 家内にあり、深く物の下に藏る東北
●待人《まちびと》 途中に障りあつて來ること遲し
●走《はしり》人《びと》 川止に遇ふて進みがたき象、北の方を尋ぬべし
●物價《ぶつか》 上らむとして上りがたし

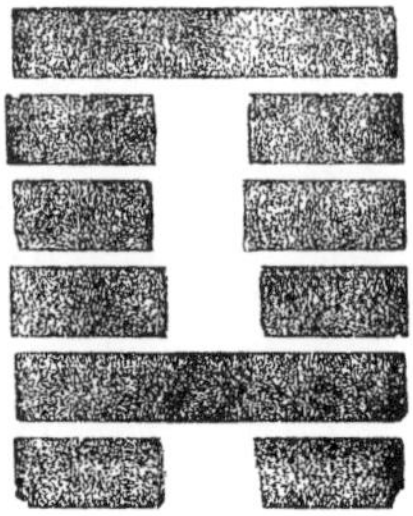

山水蒙

此《こ》の卦《くわ》は坎溪《かんけい》は下《した》に深《ふか》く艮山《ごんさん》は上《うへ》に聳《そび》へて東西《とうざい》をも辨《べん》じがたきの象《かたち》である、故《ゆゑ》に之《これ》を蒙《もう》と名《なづ》く、蒙《もう》とは暗昧《あんまい》にして凡《すべ》て不明《ふめい》なるの義《ぎ》である。

●蒙昧《もうまい》の意《い》 ●愚鈍《ぐどん》の意《い》 ●是非黒白《ぜひこくびやく》を辨《べん》せざる意《い》以上は卦名の義にとる ●執着《しうちやく》の意《い》險外に止まつて動かざるの義にとる ●物《もの》の稚《ち》小《せう》なる意《い》序卦傳に曰く物の稚きなりと ●身《み》を有《たも》つこと能《あた》はざる意《い》蒙の六三に曰く躬を有たず利しき所なしと ●身上衰微《みのうへすゐび》して困苦《こんく》する意《い》坎水が艮山の中腹より流れ出るの象にとる ●始めは篤實《とくじつ》にして孚信《ふしん》ある意《い》艮を篤實となし坎を孚信となす ●出奔《しゆつぽん》するものは歸《かへ》り來《きた》らざるの意《い》艮山は止まつて動かず坎水は流れ息まざるの義にとる ●暗《くら》くして後《あと》には明《あきら》かなる意《い》坎を夜半となし艮を明方となして暗より明に向ふの義にとる

●願望《ぐわんもう》 空想であるから成りがたし
●病症《びやうしやう》 下腹疼痛して下痢する症
●失物《うせもの》 家内に賊あるの象なれども尋れがたし
●待人《まちびと》 中途に滯ふつて來らず
●走《はしり》人《びと》 尋れがたし
●物價《ぶつか》 次第に下るべし

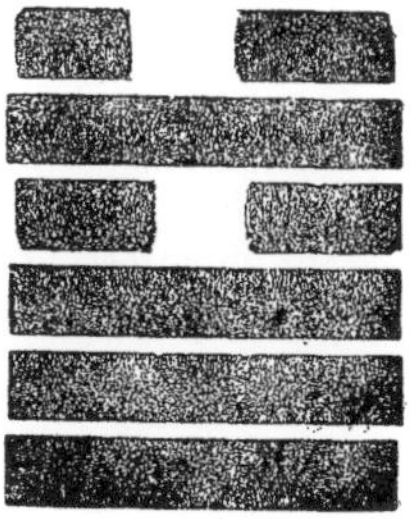

水天需

此《こ》の卦《くわ》は乾《けん》の鋭進《えいしん》を以《もつ》て坎《かん》の險難《けんなん》に遇《あ》ふて直《たゞ》ちに進《すゝ》むこと能《あた》はず時《とき》の至《いた》るを待《ま》つの象《しやう》である、故《ゆゑ》に之《これ》を需《じゆ》と名《なづ》く、需《じゆ》とは須《ま》ち待《ま》つの義《ぎ》である。

●時《とき》を待《ま》ち人《ひと》を待《ま》つの意《い》 卦名の義にとる ●進《すゝ》み難《がた》き意《い》 乾進を以て坎險に遇ふ ●辛抱強《しんぼうづよ》き意《い》 乾剛を以て坎難に耐ゆ ●險難《けんなん》に遇《あ》へどもその險《やなみ》に陷《おちゐ》らざる意《い》 彖傳に曰く剛健陷らずと ●大志《たいし》を懷《いだ》いて時《とき》の至《いた》るを待《ま》つ意《い》 乾の大志を懷いて坎險の中に待つ ●飲食《いんしよく》の意《い》 序卦傳に曰く需は養なりと ●飲食《いんしよく》に不足《ふそく》なきの意《い》 大象に曰く飲食宴樂すと ●產業《さんげふ》とする意《い》 序卦傳に曰く飲食の道なりと ●延滯《えんたい》の意《い》 待つより轉ず ●敬愼《けいしん》の意《い》 乾剛を以て坎險に臨む ●希望《きばう》の意《い》 待つの義より轉ず ●煩悶《はんもん》の意《い》 乾進を以て坎險に遇ふ

●願望《ぐわんもう》 急に濟ひがたし、時の到るを待つべし

●病症《びやうしやう》 溜飲にて胸病む

●失物《うせもの》 時を待たば自然に現はるべし

●待人《まちびと》 障りありて來ること遲し

●走人《はしりびと》 途中にて災難に出遇ひ進み難き象西北を尋ぬべし

●物價《ぶつか》 上らむとすれども上らず下らむとすれども下らず

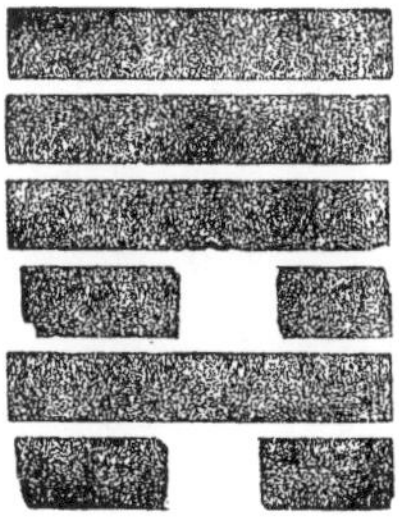

天水訟

此《こ》の卦《くわ》は乾天《けんてん》は上《うへ》にあつて上《のぼ》り、坎水《かんすゐ》は下《した》にあつて下《くだ》り天水違《てんすゐたが》ひ行《ゆ》くの象《かたち》である、故《ゆゑ》に之《これ》を訟《しよう》と名《なづ》く、訟《しよう》とは背《そむ》き違《たが》ふて訴《うつた》へ爭《あらそ》ふの義《ぎ》である。

●訴訟《そしよう》の意《い》 ●口舌爭論《くぜつさうろん》の意《い》 卦名の義にとる ●背《そむ》き離《はな》るゝ意《い》 ●悖《もと》り逆《さから》ふ意《い》 ●事《こと》を謀《はか》りて齟齬《そご》する意《い》 以上は天と水と違ひ行くの義にとる

●親和《しんわ》せざる意《い》雑卦に曰く訟は親まざるなりと●嫉《ねた》み憎《にく》む意《い》●怨《うら》み憤《いきどほ》ふる意《い》以上は親まざるより轉ず●奸計《かんけい》の意《い》乾の正直を以て坎の奸計を包む●外面《ぐわいめん》は剛強《がうきやう》に見《み》ゆれども内心《ないしん》は艱苦《かんく》するの意《い》乾の剛は外に見はれて坎の難みは内に伏す●富裕《ふゆう》なるが如《ごと》くにして貧困《ひんこん》なるの意《い》乾を富裕となし坎は貧困となす●不釣合《ふつりあひ》の意《い》天は尊くして坎は卑し●我《われ》は困窮《こんきう》彼《かれ》は慘酷《ざんこく》乾を慘酷となし坎を困難となす

●願望《ぐわんもう》間違ひ多くして調ひがたし
●病症《びやうしやう》氣血不順なるの症
●失物《うせもの》思ひ違ひにて置き所變りたるべく出でがたし
●待人《まちびと》行き違ひとなりて來らず
●走人《はしりびと》遠く行て歸り來たらず西北の間
●物價《ぶつか》今の直を中直として上下何れかに引き離るべし

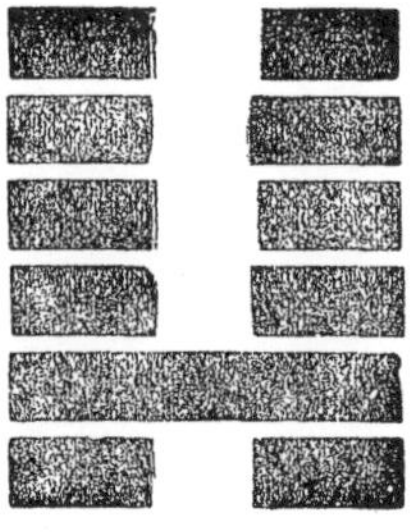

地水師

此《こ》の卦《くわ》は坤《こん》の帷幄《ゐあく》の裡《うち》に坎《かん》の謀計《ぼうけい》を藏《かく》ずの象《かたち》である、故《ゆゑ》に之《これ》を師《し》と名《なづ》く、師《し》とは兵衆《へいしう》の義《ぎ》にして軍旅《ぐんりよ》のことである。

●軍旅《ぐんりよ》の意《い》卦名義にとる●爭闘《さうとう》の意《い》軍旅の義より轉ず●一人《ひとり》衆人《しうじん》と爭《あらそ》ふ意《い》一陽を以て五陽に敵す●群衆《ぐんしう》の意《い》彖傳に曰く師は衆なりと●宰臣《さいしん》能《よ》く事《こと》に幹《かん》たるの意《い》一陽を以て五陰を統ぶ●憂患《いうくわん》多《おほ》き意《い》雑卦に曰く師は憂ふるなりと●謀計《ぼうけい》多《おほ》き意《い》外は坤順にして内に坎計を伏す●伏藏《ふくざう》する意《い》大象にいはく地中に水あるは師と●生産《せいさん》の根本《こんぽん》となることを創立《さうりつ》する意《い》一陽五陰を主さどる●逼塞《ひつそく》する意《い》坎陰を以て坤邑に隱る●才能《さいのう》あれども用《もち》ひられざる意《い》水の地中にあるにとる●姦計《かんけい》を以《もつ》て衆人《しうじん》を聚《あつ》むる意《い》師を衆となし坎を姦計となして一陽五陰を聚む

●願望《ぐわんもう》公事は成る私事は破る
●病症《びやうしやう》下腹痛むで下痢する症
●失物《うせもの》衆陰の中に雜り隱るゝの衆なれば知れがたし
●待人《まちびと》取り込みたることあつて來りがたし
●走人《はしりびと》老婦の家に隱る西南の間
●物價《ぶつか》下る一方となす

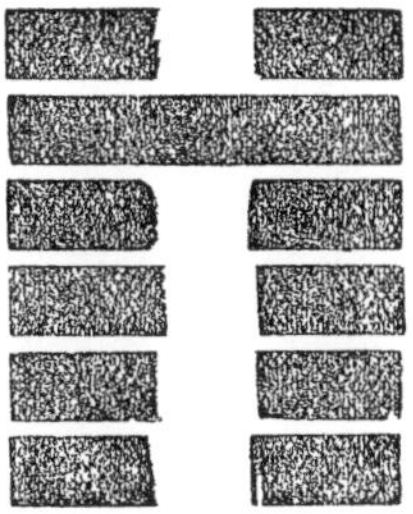

水地比

此《こ》の卦《くわ》は坎水坤土《かんすゐこんど》の上《うへ》にあつて水《みづ》は能《よ》く土《つち》に和《わ》し土《つち》は能《よ》く水《みづ》に親《した》しむ、故《ゆゑ》に之《これ》を比《ひ》と名《なづ》く、比《ひ》とは親《した》しみ和《わ》するの義《ぎ》である。

● 親睦《しんぼく》の意《い》 ● 和合《わがふ》の意《い》 卦名義にとる ● 輔佐《ほさ》の意《い》 彖傳に曰く比は輔くるなりと ● 安樂《あんらく》の意《い》 雜卦に曰く比は樂むなりと ● 喜悅《きえつ》の意《い》 安樂より轉ず ● 上《かみ》は仁慈《じんじ》にして下《しも》は順從《じゆんじう》する意《い》 坎水坤土相比和するの義 ● 費用《ひよう》多《おほ》き意《い》 坎水坤土の上にあつて流散亡失するの象とす ● 愛《あい》に過《す》ぎ情《じやう》に溺《おぼ》るゝ意《い》 坎を慈愛となし陷溺となし坤を衆物となして一陽衆と比和するの義にとる ● 隋弱《だじやく》の意《い》 水が地上にあつて流失し易きにとる ● 主人《しゆじん》の行狀《ぎやうじやう》は正《たゞ》しけれども良宰《りやうさい》なくして家政《かせい》の齊《さいの》はざる意《い》 卦體一陽にして萃に似ざるにとる ● 養《やしな》ふ意《い》 水は地上にあつて百穀を生じ草木を育ふの義をとる

● 願望《ぐわんまう》 調ふべし、目上の人に信頼すれば吉 ● 病症《びやうしやう》 胸痛むの症

● 待人《まちびと》 來るべし、少しく遲るゝことあらむ ● 走人《はしりびと》 北に當る知合の家に居る

● 失物《うせもの》 出でがたし、日頃出入の人に尋ぬべし ● 物價《ぶつか》 下る一方と見るべし

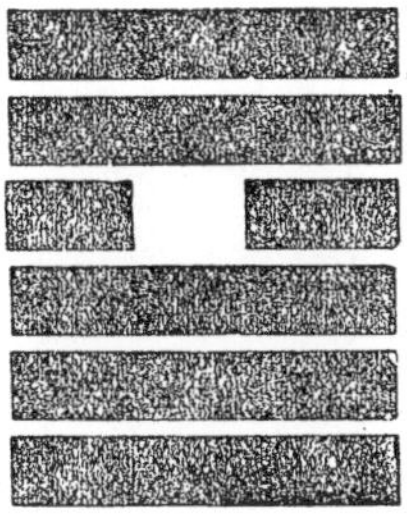

風天小畜

此《こ》の卦《くわ》は巽《そん》の從順《じうじゆん》を以《もつ》て乾《けん》の鋭進《えいしん》を止《とゞ》む之《これ》を喩《たと》ふれば猶《なほ》帷幕《ゐばく》の銃丸《ぢつぐわん》を止《とゞ》むるが如《ごと》し、故《ゆゑ》に之《これ》を小畜《せうちく》と名《なづ》く、小畜《せうちく》とは少《すこ》しく止《とゞ》むると言《い》ふの義《ぎ》である。

● 畜止《ちくし》の意《い》 ● 制止《せいし》の意《い》 ● 止息《しそく》の意《い》 卦名義にとる ● 畜聚《ちくしう》の意《い》 ● 蘊畜《うんちく》の意《い》 序卦傳に曰く親は必らず畜まる所あり故に之を受くるに小畜を以てすと ● 畜養《ちくやう》の意《い》 大象

に曰く徳を養ふと●寡少《くわせう》なるの意《い》雑卦に曰く小畜は寡きなりと●止《とゞ》まり居《を》るの意《い》上九に曰く既に雨ふり既に處ると●温言《をんけん》を以《もつ》て人《ひと》を諭《さと》せば容《い》れ用《もち》ゆるの意《い》●柔《じう》を以《もつ》て剛《がう》を制《せい》するの意《い》●諷諫《ふうかん》の意《い》巽順を以て乾剛を止む●夫婦《ふつふ》和《わ》せざるの意《い》六三に曰く夫妻目を反すと●車止《くるまとめ》に遇《あ》ふ意《い》六三に曰く車輹を説ぐと●途中《とちう》より歸《かへ》り來《きた》る意《い》初九に曰く復ること道よりすと

●待人《まちびと》　故障あつて途中より引返すべし

●願望《ぐわんまう》　邪魔あつて成りがたし

●病症《びやうしやう》　腹の膨くるゝ病

●走《はしり》　人《びと》　進まむとして進まれず途に迷ふて居る、東南

●失物《うせもの》　家内にあり、後に出づべし

●物價《ぶつか》　高き所に往來して下らぬ意あり

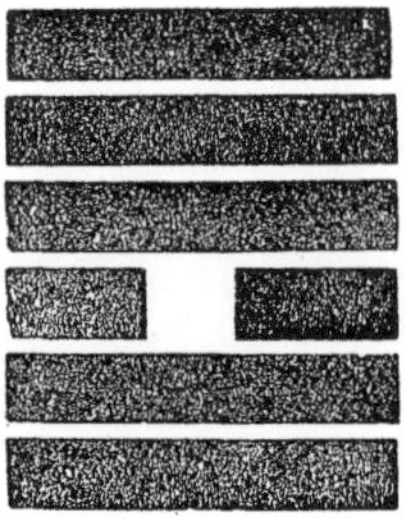

天澤履

此《こ》の卦《くわ》は乾剛先《けんがうさき》に進《すゝ》むで兌柔《だじう》も亦《また》その後《あと》より尾行《びかう》するの象《かたち》である故《ゆゑ》に之《これ》を履《り》と名《なづ》く、履《り》とは蹈《ふ》み行《ゆ》くの義《ぎ》である。

●禮《れい》の意《い》踐み行ふの義●旅行《りよかう》踐行ふより轉ず●勤《つと》め行《おこな》ふ九二に道を履むこと坦々と●止《とゞ》まり處《をら》ざる意《い》雑卦に處ざるなりと●危難《きなん》に遇《あ》へども免《まぬか》るゝ意《い》虎尾を履で人を咥はずと●安心《あんしん》せざる意《い》兌柔を以て乾剛と對す●離別《りべつ》の意《い》乾天は上り兌澤は下る●寡少《くわせう》の意《い》一陰を以て五陽に介る●分外《ぶんぐわい》の望《のぞみ》を起《おこ》せば災害《さいがい》に遇《あ》ふで六三に虎尾を履で人を咥ふと●過不及《くわふきふ》の意《い》天は高く澤は低し●恭敬《けうけい》にして身《み》の修《おさ》まる意《い》序卦に禮を履で然る後安しと●微弱《びじやく》にして人《ひと》に虐《しひた》げらる兌の至弱を以て乾の至剛に遇ふ●内《うち》は柔懦《じうだ》にして外《そと》は剛戻《がうれい》兌を柔懦となし乾を陽戻となす

●願望《ぐわんまう》　身分不相應のことは成りがたし

●病症《びやうしやう》　下部に濕熱あつて逆上する症

●失物《うせもの》　置き所を間違へたるべし高き所を捜すべし

●待人《まちびと》　來れども遲し

●走《はしり》　人《びと》　次第に遠く行き去るべし西北

●物價《ぶつか》　次第に高くなる

䷊

地天泰

此《こ》の卦《くわ》は乾《けん》の天氣《てんき》は下《くだ》り坤《こん》の地氣《ちき》は上《のぼ》つて陰陽相交和《いんやうあひかうわ》するの象《かたち》である、故《ゆゑ》に之《これ》を泰《たい》と名《なづ》く、泰《たい》とは交通《かうつう》して安泰《あんたい》なるの義《ぎ》である、

●交《まじ》はり通《つう》ずる意《い》彖傳に曰く天地交はつて萬物通ずと●安泰《あんたい》の意《い》序卦傳に曰く泰は安きなりと●親睦《しんぼく》の意《い》●和合《わがふ》の意《い》彖傳に曰く上下交つて其の志通ずと●利益《りえき》あるの意《い》彖傳に曰く小往き大來ると●事《こと》の成就《じやうじゆ》する意《い》彖に曰く小往大來吉にして亨ると●豐富《ほうふ》の意《い》内は陽にして外は陰にとる●蕃昌《はんしやう》する意《い》彖傳に曰く君子道長じ小人道消すと●懷妊《にん》せむとするの意《い》繫辭傳にいはく天地絪縕して萬物化醇し男女精を構へて萬物化生すと●驕奢《けうしや》の意《い》通泰の義より轉ず●怠慢《たいまん》の意《い》安泰の義より轉ず●交合《かうがふ》の意《い》天地交はるは泰と●盛時《さかり》を過《す》ぎて將《まさ》に衰《おとろ》へむとする意《い》平かにして陂かざることなしと

●願望《ぐわんまう》調ふべし、速やかなるをよしとす

●待人《まちびと》來るべし

●病症《びやうしやう》無病壯健の意

●走人《はしりびと》親しき女の家に居る西南の間

●失物《うせもの》數ある物の中に入り混りたるべし家内にあり

●物價《ぶつか》高下持合ひなるべし

䷋

天地否

此《こ》の卦《くわ》は乾《けん》の天氣《てんき》は上《のぼ》り坤《こん》の地氣《ちき》は下《くだ》つて陰陽相交《いんやうあひまじ》はらずして否《ひ》塞《そく》するの象《かたち》である、故《ゆゑ》に之《これ》を否《ひ》と名《なづ》く、否《ひ》とは否《ふさ》がり塞《ふさが》つて通《つう》ぜざるの義《ぎ》である、

●塞《ふさ》がる意《い》卦名義にとる●親和《しんわ》せざる意《い》上下交はらざるの義●危《あやふ》き意《い》●家《いへ》の保《たも》ち難《がた》き意《い》否は泰に反するの義●成就《じやうじゆ》せざる意《い》●損失《そんしつ》の

意《い》以上は大往小來るの義 ●逼迫《ひつぱく》の意《い》否塞より轉ず ●背《そむ》き離《はな》るゝ意《い》天氣は上り地氣は下る ●衰微《すゐび》の意《い》小人道長じ君子道消す ●外《そと》は剛強《がうきやう》にして內《うち》は柔弱《じうじやく》なる意《い》乾を剛強となし坤を柔弱となす ●儉約《けんやく》の意《い》泰の驕奢に反す ●懷妊《くわいにん》せざる意《い》陰陽交はらざるの義にとる ●貧困《ひんこん》の意《い》泰の富貴なるに反す ●目上《めうへ》に援助《えんじよ》なきの意《い》上下交はらざるの義にとる ●後《のち》には安《やす》き意《い》もある上九にいはく先きには否がり後には喜ぶと

●願望《ぐわんもう》調はず、久しく時を待たば或は成ることあり ●病症《びやうしやう》氣血不順の症 ●失物《うせもの》出でがたし

●待人《まちびと》來らず ●走人《はしりびと》遠く去て歸らず西北の間 ●物價《ぶつか》今の直を界として上下何れとも引き分るゝならむ

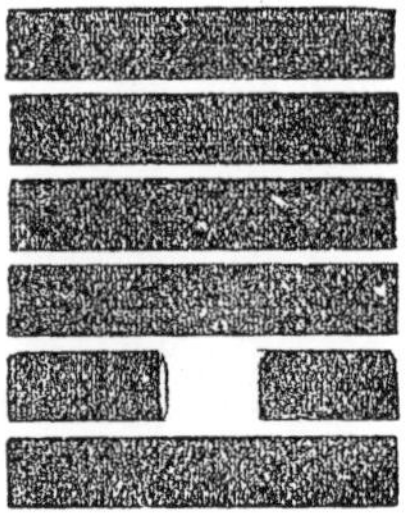

天火同人

此《こ》の卦《くわ》は離日《りじつ》乾天《けんてん》の下《もと》にあつて四海萬邦《かいばんぽう》を照《てら》すの象《かたち》であるが日《ひ》が天上《てんじやう》に照《てら》せば人皆之《ひとみなこれ》を仰《あほ》ぐ。故《ゆゑ》に之《これ》を名《なづ》けて同人《どうじん》と言《い》ふ同人《どうじん》とは人《ひと》と同《おな》じきの義《ぎ》である。

●同《おな》じき意《い》にとる卦名義 ●人《ひと》と共同《きようどう》して事《こと》を作《な》せば成就《じやうじゆ》する意《い》繫辭傳にいはく二人心を同じふしてその利金を斷つと ●相續《さうぞく》の意《い》乾の父と離の子と家を同じふす ●智勇相與《ちゆうあひくみ》して功名《こうみやう》を成《な》す意《い》離智乾勇と同じふす ●親睦《しんぼく》の意《い》は雜卦にいはく同人親しむなりと ●人《ひと》に賴《たよ》つて發達《はつたつ》する意《い》離の附麗を以て乾の有力に同じふす ●智計多《ちけいおほ》くして却《かへ》つて散財《さんざい》する意《い》離の火乾の金を燒く ●妻女聰明《さいぢよそうめい》にして能《よ》く家《いへ》を齊《ととの》ふ意《い》二の中女聰明にして能く五の夫に事ふ ●人《ひと》に慕《した》はるゝ意《い》五陽一陰を求む ●二心《ふたごころ》あるの意《い》一陰五陽に同じふす

●願望《ぐわんもう》共同事業か公共事業抔は調ふて吉 ●病症《びやうしやう》熱盛むにして胸腹苦滿する症 ●失物《うせもの》家人又は知人の手に入りたるべく或は同類あらむ

●待人《まちびと》來るべし、或は同伴する人あるべし ●走人《はしりびと》遠く西北に去り知人の家に居る、書面來るべし ●物價《ぶつか》高し

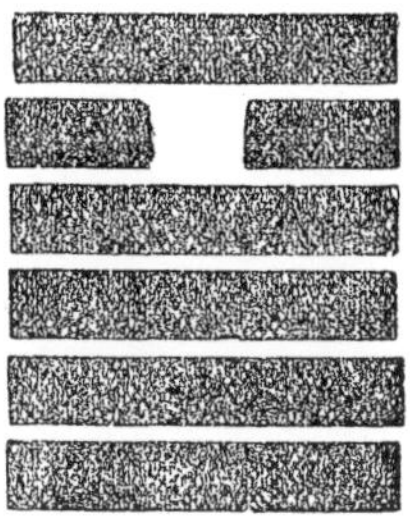

火天大有

此《こ》の卦《くわ》は六五の一陰《いん》を以《もつ》て上下《じやうか》の五陽《やう》を統《す》べ牽《ひき》ゆ。是《こ》れ有《たも》つことの大《だい》なる象《かたち》である、故《ゆゑ》に之《これ》を大有《だいいう》と名《なづ》く、大有《だいいう》とは有《たも》つことの大《だい》なる義《ぎ》である、

●身《み》を有《たも》ち家《いへ》を有《たも》ち財《さい》を有《たも》つ意《い》卦名義にとる ●衆多《しうた》の意《い》雜卦に曰く大有は衆なりと ●盛大《せいだい》の意《い》大有の義より轉ず ●明白《めいはく》の意《い》日天上にあるにとる ●
衆人《しうじん》の歸服《きふく》する意《い》序卦に曰く人と同じふするものは物必らず歸すと ●親睦《しんぼく》の意《い》一陰五陽に應じ五陽一陰に和す ●力小《ちからせう》にして任重《にんおも》き意《い》一陰の微力を以て五陽の重任に當る ●費《ひ》用《よう》多《おほ》くして有《たも》ち難《がた》き意《い》一陰の寡を以て五陽の多に應ず ●衆人《しうじん》を撫育《ぶいく》する意《い》彖傳に曰く柔尊位大中を得て上下之に應ずと ●內《うち》は健《けん》にして外《そと》は明智《めいち》ある意《い》乾を勇健となし離を明智となす ●女主《ぢよしゆ》の意《い》六五の一陰卦主となる

●願望《ぐわんまう》 身分に相當したる事なれば成る
●病症《びやうしやう》 兩便秘結して逆上する症
●失物《うせもの》 分明すべし、高き所を尋ぬべし
●待人《まちびと》 日を過ぎて來る、但し音信あるべし
●走人《はしりびと》 船に乗つて遠く去る南方音信あるべし
●物價《ぶつか》 大に上る

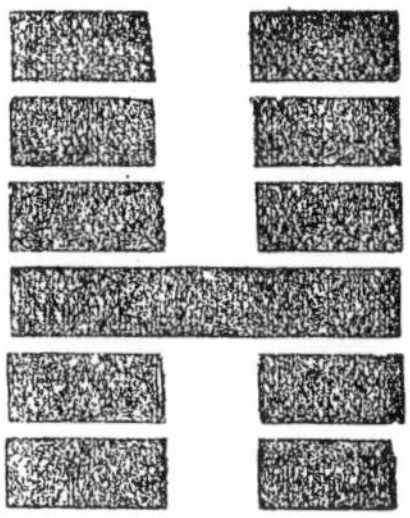

地山謙

此《こ》の卦《くわ》は艮山《ごんさん》の高《たか》きを以《もつ》て坤地《こんち》の低《ひく》きに下《くだ》るの象《かたち》である、故《ゆゑ》に之《これ》を名《なづ》けて謙《けん》と言《い》ふ、謙《けん》とは己《おのれ》を謙遜《けんそん》して人《ひと》に下《くだ》り從《したが》ふの義《ぎ》である。

●謙讓《けんじやう》の意《い》卦名義にとる ●輕卒《けいそつ》の意《い》雜卦に曰く謙は輕しと ●偏固《へんこ》にして人《ひと》と和《わ》せざる意《い》一陽五陰に介まり外は坤順にして內は艮戻 ●屈《くつ》して伸《の》びざる

意《い》山地中に入る●零落《れいらく》する意《い》上同●進《すゝ》まざる意《い》一陽内卦に止まる●多《おほ》きを損《そん》して寡《すくな》きに益《ま》すの意《い》大象に曰く大きを損して寡きを益すと●柔順篤實《じうじゆんとくじつ》なれども發達《はつたつ》せざる意《い》山地中にあるをとる●時《とき》に從《したが》ひ止《とゞま》つて爲《な》さざる意《い》坤を順となし艮を止となす●苦勞多《くらうおほ》き意《い》九三に曰く老謙君子と●愼《つゝし》み守《まも》つて其《そ》の業《わざ》を失《うしな》はざる意《い》彖傳に曰く鬼神は盈るを害して謙だるを福すと

●願望《ぐわんまう》　急に成り難く久しくて後ち調ふべし
●病症《びやうしやう》　半身不隨の症
●失物《うせもの》　物の下にあり、急には出ざるならむ
●待人《まちびと》　障りあつて來ること遲し
●走人《はしりびと》　途中に滯ふる西南
●物價《ぶつか》　下るべし

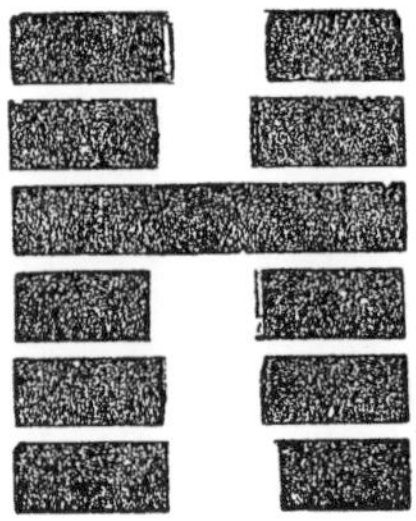

雷地豫

此《こ》の卦《くわ》は震雷坤地《しんらいこんち》の上《うへ》に奮《ふる》ひ出《いつ》るの象《かたち》で、人《ひと》に取《と》つては平素《へいそ》の志《こゝろ》ざしを遂《と》げて氣《き》伸《の》び體胖《たいはん》に悅《よろこ》び樂《たのし》むの義《ぎ》である、故《ゆゑ》に之《これ》を豫《よ》と名《なづ》く、豫《よ》とは悅《よろこ》び樂《たのし》むの義《ぎ》である。

●悅豫《えつよ》の意《い》●豫樂《よらく》の意《い》●佚豫《ちつよ》の意《い》以上は卦名義●怠豫《たいよ》の意《い》雜卦に豫は怠るなりと●豫備《よび》の意《ひ》繫辭傳に曰く重門擊柝以て暴客を持つと●主《しゆ》は惰弱《だじやく》なれども良宰《りやうさい》あつて能《よ》く家事《かじ》を治《おさ》むる意《い》九四に曰く由て豫しむ大に得ること六五に曰く貞疾恒して死せずと●志《こゝろざし》を達《たつ》する意《い》雷地を出でゝ奮ふの義に取る●故《ゆゑ》なく出《い》でゝ行方《ゆくへ》の知《し》れざる意《い》震の長男坤地の上を走る●歌《うた》ひ舞《ま》ふ意《い》大象に曰く樂を作して德を崇むにすと●雷名《らいめい》四方《はう》に聞《きこ》へて後《のち》には跡形《あとかた》もなく消亡《せうまう》する意《い》大象に曰く雷地を出でゝ奮ふは豫と

●願望《ぐわんまう》　遂け得らるべし、されど思ふ程にはなし
●病症《びやうしやう》　俄かに起つて又忽ち癒ゆる病
●失物《うせもの》　遠方に持去りたるならむ、東の方
●待人《まちびと》　來れども故あつて途中に暇どる
●走人《はしりびと》　遠く西南に去つて行方分りがたし
●物價《ぶつか》　俄かに上れども又俄かに下ることあり

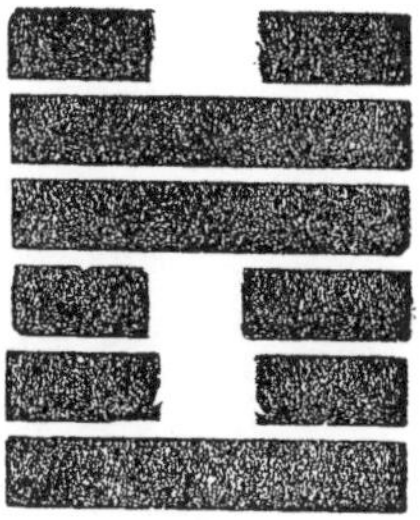

澤雷隨

此《こ》の卦《くわ》は震《しん》の雷《らい》が兌《だ》の澤中《たくちう》に奮《ふる》ふの象《かたち》であるが、雷《らい》が奮《ふる》ひ動《うご》けば水《みづ》も亦從《またした》がつて動《うご》く、故《ゆゑ》に之《これ》を隨《ずゐ》と名《なづ》く、隨《ずゐ》とは隨《した》が》ひ從《したが》ふの義《ぎ》である、

●隨從《ずゐじう》の意《い》卦名義 ●屈伏《くつぷく》して時《とき》を俟《ま》つ意《い》大象に晦に入て宴息す ●龍《りう》の淵《ふち》に潜《ひそ》むが如《ごと》く後大《のちおほい》に發達《はつたつ》する意《い》大象に澤中雷あるは隨と ●逐《お》ひ求《もと》むる意《い》震を以て兌を逐ふ ●我《われ》は慕《した》へども彼《かれ》は肯《うけが》はざる意《い》同上 ●事《こと》なく安心《あんしん》する意《い》雜卦に故なしと ●悅《よろこ》び勤《つと》むる意《い》震勤兌悅 ●色情《しきじやう》に就《つい》て傷《やぶ》れある意《い》長男少男を慕ふの義に取る ●始《はじ》めは肯《うけが》はざれども強《しひ》て求《もと》むれば肯《うけが》ふ意《い》彼我に背けども我より强て求むれば彼外顯して巽となるの象をとる ●
●家僕《かぼくふ》不信《しん》にして持逃杯《もちにげなど》する意《い》震が兌の外に出てゝ歸妹となるの象を取る
●願望《ぐわんまう》人に賴むで時の至るを待つべし ●病症《びやうしやう》溜飮にて癥氣を帶るの症 ●失物《うせもの》我の油斷するを見て少女持ち去る
●待人《まちびと》女を伴ひ來るべし ●走人《はしりびと》女の後を逐ふて走る西に當つて近し ●物價《ぶつか》上らむとして上らず持合ひなるべし

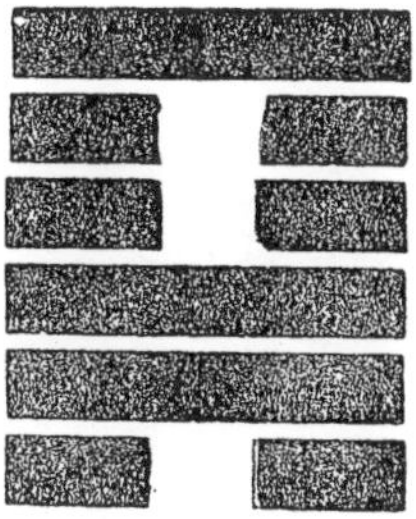

山風蠱

此《こ》の卦《くわ》は巽《そん》の風《かぜ》が艮《ごん》の山下《さんか》に入《い》るの象《かたち》であるが、風《かぜ》が山下《さんか》に入《はい》れば必《かな》らず吹《ふ》き上《のぼ》つて山《やま》の草木《さうもく》を壞《やぶ》るに至《いた》る、故《ゆゑ》に之《これ》を蠱《こ》と名《なづ》く、蠱《こ》とは壞《やぶ》るるの義《ぎ》である。

●敗《やぶ》るゝ意《い》卦名義 ●惑《まど》はす意《い》長女少男を惑はす ●欺《あざむ》く意《い》人を惑はすより轉ず ●諛《へつら》ふ意《い》同上 ●疑《うたが》ひ迷《まよ》ふ意《い》惑ふより轉ず ●亂《みだ》す意《い》巽風艮山を亂す ●修《しう》

復《ふく》の意《い》雜卦に蠱は飾るなりと ●婬婦《いんぷ》家《いへ》を敗《やぶ》るの意《い》巽の婬婦艮の家を敗る ●内《うち》より外《そこ》を敗《やぶ》り下《しも》より上《かみ》を敗《やぶ》る意《い》巽風艮山の下に吹く ●資財損失《しざいそんしつ》の意《い》左氏傳の公の十五年に實落ち材亡ぶ敗れずして何をか待む ●狐狸妖怪《こりえうくわい》に魅《み》せらるゝ意《い》左氏同年傳に夫れ狐は蠱なりと ●臣《しん》が君《きみ》を惑《まどは》し妾《せう》が主《しゆ》を溺《なば》らすの意《い》左氏傳昭公元年に女男を惑はし風山を落す之を蠱と言ふと

●願望《ぐわんまう》 内より壞れて調はず
●待人《まちびと》 取込たる事あつて急には來らず
●病症《びやうしやう》 黴毒の症
●走《はしり》人《びと》 近き所に隱る、終には遠く去る東北
●失物《うせもの》 家内に賊あるべし、遲ければ遠く持去る
●物價《ぶつか》 吹き破ぶるの義にて上るべし

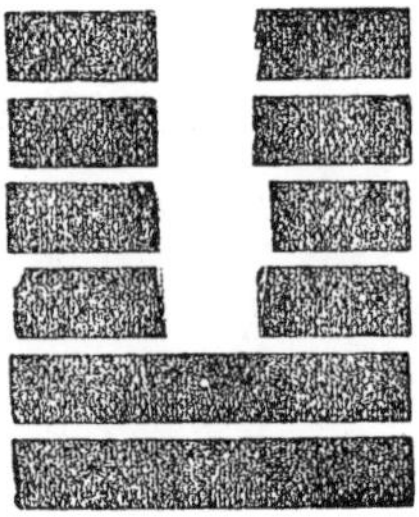

地澤臨

此《こ》の卦《くわ》は兌《だ》の澤《たく》は下《しも》にあつて坤《こん》の地《ち》は上《かみ》にあり、此《こ》れ地《ち》と澤《たく》と相臨《あひのぞ》むの象《かたち》である、故《ゆゑ》に之《これ》を臨《りん》と名《なづ》く、臨《りん》とは望《のぞ》み視《み》るの義《ぎ》である、

●臨《のぞ》み視《み》る意《い》卦名の義 ●希望《きぼう》の意《い》二陽四陰を望む ●相望《あひのぞ》む意《い》二陽四陰を望み四陰二陽に望む ●求《もと》むる意《い》雜卦に曰く臨觀の義或は與へ或は求むと ●相遇《あひあ》ふ意《い》二陽は四陰に遇ひ四陰は二陽に遇ふ ●大《だい》なる意《い》序卦に曰く臨は大なりと ●進《すゝ》み至《いた》る意《い》彖傳に曰く剛浸して長ずと ●次第《しだい》に蕃昌《はんじやう》する意《い》同上 ●志願《しぐわん》の成就《じやうじゆ》する意《い》彖に曰く臨は元に亨る貞しきに利しと ●親和《しんわ》する意《い》彖傳に曰く説むで而して順ふと ●人《ひと》に愛《あい》せらるゝ意《い》衆陰二陽を愛す ●我《わ》が言《げん》に人《ひと》の從《したが》ふ意《い》我れ兌口を以て言へば彼は坤順にて從ふ ●樣子《やうす》を窺《うかゞ》ふ意《い》陰陽相望むの義にとる

●願望《ぐわんまう》 成就すべし、相互に希望あらば讓り合ふべし
●待人《まちびと》 來るべし
●病症《びやうしやう》 欝血あるの症
●走《はしり》人《びと》 車に乘て遠く去るの方
●失物《うせもの》 家内にある速かに尋ぬれば出づる
●物價《ぶつか》 次第に高くなる

䷓

風地觀

此《こ》の卦《くわ》は巽風坤地《そんぷうこんち》の上《かみ》を吹《ふ》き行《ゆ》くの象《かたち》であるが、風《かぜ》が地上《ちじやう》を行《ゆ》けば庶物《しよぶつ》に觸《ふ》れ障《さわ》る、その觸《ふ》れ障《さわ》る所《ところ》を視《み》て風《かぜ》あるを知《し》る故《ゆゑ》に之《これ》を觀《くわん》と名《なづ》く、觀《くわん》とは視《み》るの義《ぎ》である。

●視《み》る意《い》卦名義 ●視《み》らる〻意《い》彖傳に大觀上にありと ●示《しめ》す意《い》彖傳に中正以て天下に示すと ●時《とき》を視《み》變《へん》を窺《うかゞ》ふ意《い》六二に窺ひ觀ると ●與《あた》ふる意《い》二陽四陰に與ふ ●大《おほい》に衰《おとろ》へたる意《い》四陰下に長ず ●外見《ぐわいけん》は善《よ》けれども内《うち》は空乏《くうぼふ》なる意《い》二陽外に充ち四陰内に空し ●遠行《ゑんかう》の意《い》風地上を行く ●教《をし》へ諭《さか》す意《い》彖傳に聖人神道を以て教へを設けて天下服すと ●出奔《しゆつほん》して再《ふた》たび返《かへ》らざる意《い》左氏莊公の二十二年傳に周氏曰く風行て土に著く ●貧《まづ》しけれども蕃昌《はんじやう》するに至《いた》る意《い》巽木坤地の上に長成す ●祭祀禮拜《さいしらいはい》の意《い》彖辭に取る

●願望《ぐわんまう》急に調ひがたし ●病症《びやうしやう》元氣衰へ逆上する症 ●失物《うせもの》高き所を尋ぬべし東北

●待人《まちびと》來るべし ●走人《はしりびと》遠く去つて歸らず ●物價《ぶつか》高くなる

䷔

火雷噬嗑

此《こ》の卦《くわ》は上離《じやうり》は附《つ》いて下震《かしん》は動《うご》く即《すなは》ち頤口《いこう》を噬《か》み合《あひ》するの象《かたち》である、故《ゆゑ》に之《これ》を名《なづ》けて噬嗑《ぜいがう》と言《い》ふ。噬嗑《ぜいがう》とは頤口《いこう》を噬《か》み合《あは》するの義《ぎ》である。

●故障《こしやう》を解《と》く意《い》噬み合せて亨るの義 ●會合《くわいがふ》の意《い》 ●符合《ふがふ》の意《い》序卦に噬嗑は合なりと ●是非《ぜひ》を裁斷《さいだん》する意《い》大象に罰を明かにし法を勅すと ●養《やしな》ふ意《い》 ●糊《こ》

口《こう》の意《い》は雑卦に噬嗑は食なりと●仲裁《ちうさい》の意《い》九四の一陽中間に介在するの象●交易《かうえき》の意《い》繫辭に天下の貨を聚め交易して退くと●鬪爭《とうさう》の意《い》卦名より轉ず●中間《ちうかん》に物在《ものあ》つて上下《じやうげ》を隔《へだ》る意《い》九四の一陽上下を隔つ●獄《ごく》に囚《とらは》るゝ意《い》離を獄屋となし九四囚人となす●才智《さいち》あつて勉強《べんきやう》する意《い》離を才智とし震を勉强とす●利害《りがい》を說《かく》く意《い》卦義より轉ず

●願望《ぐわんまう》 故障あつて急には調はず
●病症《びやうしやう》 咽喉の病
●失物《うせもの》 蓋のある物の中に入れ雜つて居る
●待人《まちびと》 途中に妨げあつて來ること遲し
●走人《はしりびと》 船か車に乘つて南方に行く
●物價《ぶつか》 高し又持合ふことあり

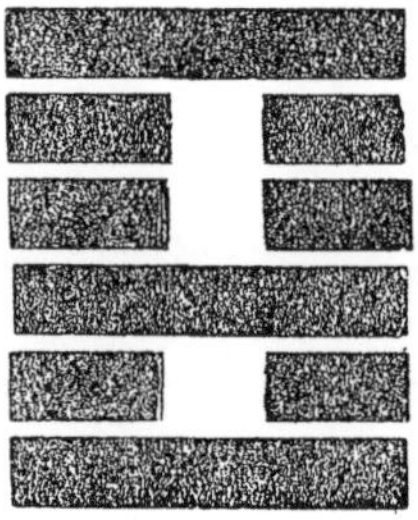

山火賁

此《こ》の卦《くわ》は離火《りくわ》艮山《ごんざん》の下《した》にあるの象《かたち》であるが、夜中《やちう》火《ひ》を山下《さんか》に燃《もや》せば光彩《くわうさい》が鮮明《せんめい》である、故《ゆゑ》に之《これ》を賁《ひ》と名《なづ》く、賁《ひ》とは文《かざ》り飾《かざ》るの義《ぎ》である。

●文飾《ぶんしよく》の意《い》卦名義にとる●色盛《いろさか》むなる意《い》●僞《いつは》り飾《かざ》る意《い》文飾より轉ず●口中《こうちう》に物《もの》を含《ふく》むが如《ごと》き意《い》頤中九三一陽を含む●獄《ごく》に囚《とら》はる意《い》九三を囚人となす●止《と》めて爲《なさ》ざる意《い》文明にして止まる●智慮《ちりよ》ありて篤實《とくじつ》なる意《い》離を智慮となし艮を篤實となす●夜陰《やいん》の意《い》離の日艮山に沒す●外《そと》は華美《くわび》にして内《うち》は困苦《こんく》する意《い》賁の裏面に困を伏す●包《つゝ》み隱《かく》す意《い》文飾より轉ず●人《ひと》と和《わ》せざる意《い》九三の一陽上下を間隔す●中間《ちうかん》に立《た》つて人《ひと》を離間《かん》する意《い》同上●墳墓《ふんぼ》の意《い》艮を墓石として離を靈魂とす

●願望《ぐわんまう》 妨げあつて急に齊ひがたし
●病症《びやうしやう》 下部に濕熱あるの症
●失物《うせもの》 家内にあり蓋ある物を取り調ぶべし
●待人《まちびと》 家事忙しき故に來らず但し音信あり
●走人《はしりびと》 途中にて女の爲に引き止められて居る
●物價《ぶつか》 上らむとして上り難かるべし

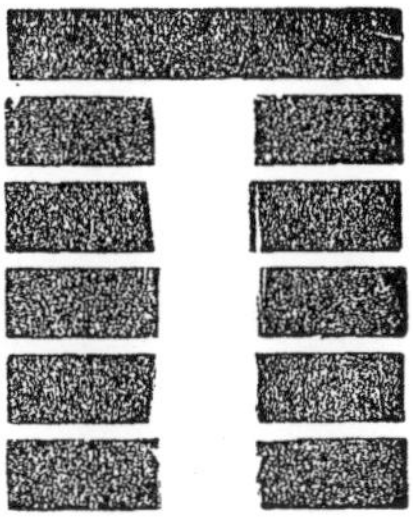

山地剝

此《こ》の卦《くわ》は艮山《ごんさん》が坤地《こんち》の上《うへ》に聳《そび》え立《た》つの象《かたち》であるが、聳《そび》え立《た》つものは次第《しだい》に剝落《はくらく》して平地《へいち》となるに至《いた》る、故《ゆゑ》に之《これ》を剝《はく》と言《い》ふ剝《はく》とは削《けづ》り落《おち》るの義《ぎ》である。

●剝落《けくらく》の意《い》●滅盡《めつじん》の意《い》●砥《と》の金《かね》を減《げん》じ木賊《とくさ》の木《き》を削《けづ》るが如《ごと》く漸々《ぜん〳〵》に消亡《しやうぼう》する意《い》以上は剝の義●零落《れいらく》の意《い》剝より轉ず●退守《たいしゆ》に利《よろ》しき意《い》彖辭に取る●外見《ぐわいけん》は善《よ》けれども内《うち》は空虛《くうきよ》の意《い》一陽外に實つて五陰下に空じ●分外《ぶんぐわい》の望《のぞ》みを起《おこ》す意《い》上九に碩果食はれざるの義に取る●自《みづ》から我事《わがこと》を破《やぶ》る意《い》上九に君子輿を得て小人は廬を剝すの義に取る●仰《ちやう》ぎ觀《み》らるゝ意《い》五陰一陽を仰ぐ●位《くらゐ》のみ高《たか》く祿少《ろくすくな》き意《い》一陽上に止つて五陰下に空じ●隱遯《いんとん》の意《い》一陽二五君臣の外に止まり身は山林幽陬の地に遯る

●願望《ぐわんまう》力及ばざるが故に成らず ●病症《びやうしやう》必死の症 ●失物《うせもの》外にて遺失したるならむ

●待人《まちびと》來ること遲し ●走人《はしりびと》遠く去つて歸らず東北 ●物價《ぶつか》大に高し、されど又大に下落することあり

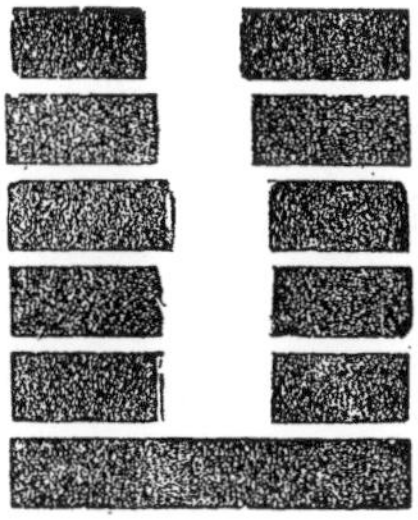

地雷復

此《こ》の卦《くわ》は震雷地中《しんらいちちう》にあるの象《かたち》であるが、雷《らい》は元《もと》と地中《ちちう》にあるべきものでない、故《ゆゑ》に後《のち》には必《かな》らず激發《げきはつ》して天《てん》に復《かへ》るものである、故《ゆゑ》に之《これ》を復《ふく》と名《なづ》く、復《ふく》とは復《かへ》り來《きた》るの義《ぎ》である。

●復歸《ふくき》の意《い》卦名●進行《しんかう》の意《い》震を進行とす●創業《さうげふ》の意《い》一陽來復●立身發達《りつしんはつたつ》する意《い》臨となり泰となるの義を取る●質素《しつそ》の意《い》傳に復は德の本なりと●蟄居《ちつきよ》

の意《い》震の龍坤地の下に伏す ●久《ひさ》しく人《ひと》の下《した》に屈《くつ》せざる意《い》同上 ●相遇《あひあ》ふ意《い》一陽五陰に遇ふ ●求《もと》むる意《い》朋來つて咎なしと ●故障《こしやう》なき意《い》出入疾なきの義に取る ●一人衆人《にんしうじん》を統《す》べて事《こと》を作《な》さむとする意《い》一陽を以て衆人の主となる ●往來《わうらい》する意《い》剝復の往來に取る ●微弱《びじやく》なる意《い》一陽始めて生ずるの義に取る ●改《か》過遷善《くわせんぜん》の意《い》遠からずして復る悔に祇ることなし元吉と

●願望《ぐわんまう》再三の後時を俟は齊ふべし
●待人《まちびと》來るべし
●病症《びやうしやう》次第に快復に向ふべし
●走人《はしりびと》次第に西南に向つて馳せ去るべし
●失物《うせもの》家中にあり、積み重ねたる物の下を捜すへし
●物價《ぶつか》漸々に高くなる

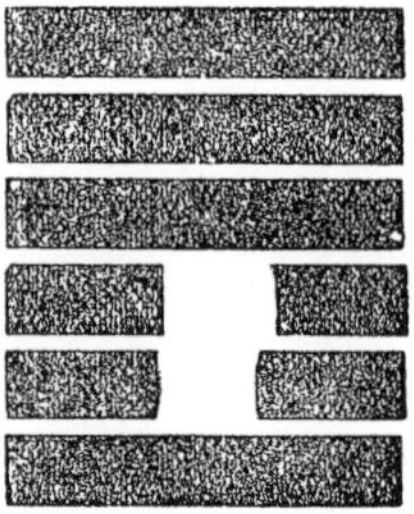

天雷无妄

此《こ》の卦《くわ》は震雷《しんらい》が乾天《かんてん》の下《もと》に震動《しんどう》するの象《かたち》であるが、雷《らい》は動《うご》くに意《い》なく自然《しぜん》にして動《うご》くものである、故《ゆゑ》に之《これ》を无妄《むまう》と言《い》ふ、无妄《むまう》とは妄欺《まうぎ》なきの義《ぎ》である。

●妄欺《まうぎ》なき意《い》卦名義 ●眞誠《しんせい》の意《い》眞は妄の反誠は欺の反 ●正直《しやうぢき》なる意《い》動くに天を以てするの義 ●誠《まこと》なき意《い》眞誠の反 ●不正《ふせい》の意《い》正直の反 ●妄動《まうどう》して眚《せい》に遇《あ》ふ意《い》正しきにあらざれば眚ありと ●災《わざはひ》に遇《あ》ふ意《い》六三に无妄の災と ●天《てん》より抑《おさ》へらるゝが如《ごと》き意《い》震動乾天に抑へらる ●薄命《はくめい》なる意《い》无妄の災より轉ず ●蒙昧《もうまい》なる意《い》蒙妄音同じ ●望《のぞ》み多き意《い》望妄音同しく ●望《のぞ》みなき意《い》无望は无妄と音相通ず ●自然《しぜん》に病《やまひ》の癒《いえ》る意《い》九五に无妄の疾は藥すること勿れ喜びありと ●盗難《たうなん》に遇《あ》ふ意《い》六三に或は之が牛を繋ぐ行人の得は邑人の災と

●願望《ぐわんまう》自然の成行に任すべく强て求むべからず
●待人《まちびと》招かずとも自から來るべし
●病症《びやうてやう》癪氣胸を塞ぎ食進まざる症
●走人《はしりびと》西北に向つて遠く去る
●失物《うせもの》尋ねがたし
●物價《ぶつか》上らむとして頭閊への意あり

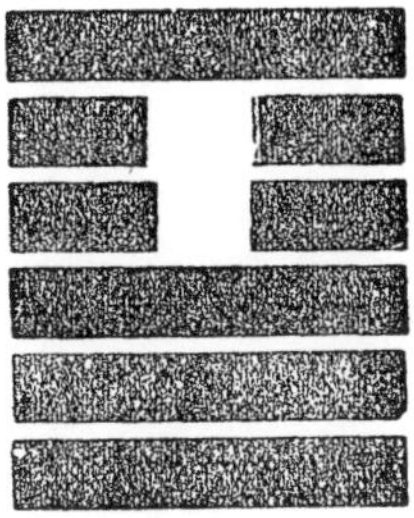

山天大畜

此《こ》の卦《くわ》は艮止《ごんし》を以《もつ》て乾《けん》の鋭進《えいしん》するものを制止《せいし》するの象《かたち》であるが、艮陽《ごんやう》を以《もつ》て乾陽《けんやう》を止《とゞ》む、故《ゆゑ》に之《これ》を大畜《だいちく》と言《い》ふ、大畜《だいちく》とは大《おほい》に止《とゞ》むるの義《ぎ》である。

●畜止《ちくし》の意《い》卦名義 ●止息《しそく》の意《い》畜止より轉ず ●制止《せいし》さるゝ意《い》内卦より言ふ ●畜聚《ちくしう》の意《い》大象に天山中にあるを大畜と曰ふと ●蘊畜《うんちく》の意《い》同上 ●畜養《ちくやう》の意《い》彖傳に日に其徳を新にすと ●止《とゞ》まり處《を》る意《い》車輹を説ぐと ●仕官《しくわん》の意《い》彖傳に家食せず吉とは賢を養ふなりと ●大望《たいまう》を懷《いだ》く意《い》天山中にあるの義 ●博識《はくしき》の意《い》大象に多く前言往行を識て其徳を畜ふと ●剛健篤實《がうけんとくじつ》の意《い》乾を剛健とし艮を篤實とす ●財《ざい》の聚《あつ》まる意《い》畜衆の義 ●時《とき》の至《いた》るを俟《まつ》て志《こゝろざし》を達《たつ》する意《い》上九に天の衢亨ると ●拒《こば》み爭《あらそ》ふ意《い》乾は進み艮は止め拒み爭ふて止まず

●願望《ぐわんまう》急に調ひがたし
●待人《まちびと》妨げあつて來らず
●病症《びやうしやう》兩便不利にして腹張る症
●走人《はしりびと》山中に隱る東北
●失物《うせもの》出でがたし
●物價《ぶつか》高し

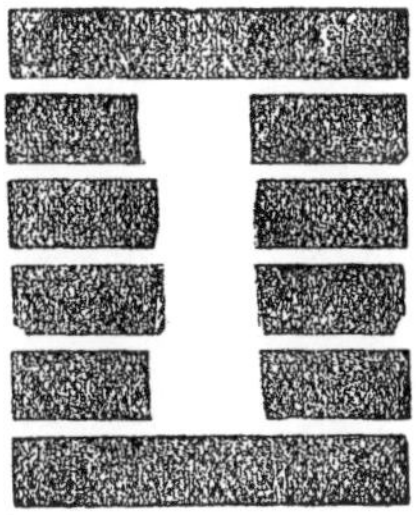

山雷頤

此《こ》の卦《くわ》は艮《ごん》の上腮《じやうし》は上《うへ》に着《つ》て止《とゞ》まり震《しん》の下腮《かし》は下《した》に動《うご》いて物《もの》を食《くろ》ふ即《すなは》ち頤口《いこう》の畫象《ぐわしやう》である、故《ゆゑ》に之《これ》を頤《い》と名《なづ》く、頤《い》とは養《やしな》ふの義《ぎ》である。

●養《やしな》ふ意《い》序卦に頤は養ふなりと ●產業《さんげふ》の意《い》頤を觀て自から口實を求むと ●飲食《いんしよく》を節《せつ》して身《み》を養《やしな》ひ言語《げんご》を愼《つゝし》むで身《み》を保《たも》つ意《い》大象に言語を愼しみ飲食を

節すと ●二人相争《ふたりあひあらそ》ふ 正震倒震相争ふ義 ●共同《きようどう》して事《こと》を作《な》せば成就《じやうじゆ》する意《い》 初上相向 ●相遇《あひあ》ふ意《い》 同上 ●兩人立別《りやうにんたちわか》れて事《こと》を作《な》す意《い》 同上 ●兄弟心《きやうだいこゝろ》を一にして業《わざ》を勉《つと》むる意《い》 震艮相與 ●父命《ちゝめい》じて子《こ》能《よ》く勤《つと》むる意《い》 倒震上にあるは父之を命じ正震下にあるは子之を行ふ ●才能《さいのう》ありて篤實《とくじつ》なる意《い》 震を才能とし艮を篤實とす ●父子《ふし》業《わざ》を勤《つと》めて家族《かぞく》を養《やしな》ふ意《い》 二陽衆陰を養ふ

●願望《ぐわんまう》 言語の妨げありて調ひがたし ●病症《びやうしやう》 氣塞りて食進まざる症 ●失物《うせもの》 蓋ある箱又は押入抔を索すべし

●待人《まちびと》 押し止むるものありて來らず ●走人《はしりびと》 遠く行かむとして止められて東北に止まる ●物價《ぶつか》 高下共に持合なるべし

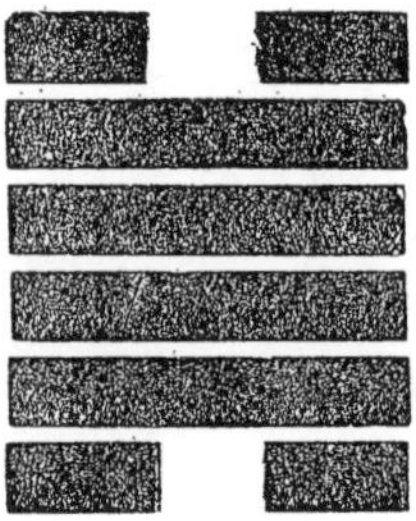

澤風大過

此《こ》の卦《くわ》は二陰四陽にして陰《いん》を小《せう》となし陽《やう》を大《だい》となす、即《すなは》ち大《だい》なるもの過《す》ぐるの象《かたち》である、故《ゆゑ》に之《これ》を大過《たいくわ》と名《なづ》く、大過《たいくわ》とは大《おほい》に過《す》ぐるの義《ぎ》である。

●大《おほい》に過《す》ぐる意《い》 卦名義に取る ●過失《くわしつ》ある意《い》 卦名義より轉ず ●過不及《くわふきう》ある意《い》 二陰四陽 ●間違《まちが》ふ意《い》 過失より轉ず ●大《おほい》に延《のび》る意《い》 大過の義 ●事《こと》が力量《りきりやう》に過《す》ぎて勝《た》へがたき意《い》 彖傳に棟橈むと本末弱きなり ●費用多《ひようおほ》くして顚覆《てんぷく》せむとする意《い》 雜卦に大過は顚するなりと ●相背《あひそむ》く意《い》 巽兌相背く ●不遯《ふとん》に過《す》ぐるか謙讓《けんじやう》に過《す》ぐる意《い》 大象に獨立して懼れず初六に藉に白茅を用ゆ ●不相應《ふさうおう》にして却《かへ》つて用《よう》をなす意《い》 彖傳に剛過て而して中と ●身《み》は従《したが》へども情《じやう》は背《そむ》く意《い》 兩巽相從ひ兩兌相背く ●不釣合《ふつりあひ》の意《い》 九二に老夫その女妻を得九五に老婦その士夫を得

●願望《ぐわんまう》 間違ありて調はず ●病症《びやうしやう》 腹の膨るゝ病 ●失物《うせもの》 失せたるにあらず思ひ違ひならむ

●待人《まちびと》 行き違ひとなりて用を便ぜざるべし ●走人《はしりびと》 近き所に隱る西方 ●物價《ぶつか》 高下共に大なるべし

䷜ 坎為水

此《こ》の卦《くわ》は一陽《やう》が二陰《いん》の間《あひだ》に陥《おちい》り出《いづ》ること能《あた》はずして難《なや》むの象《かたち》であるが内外皆同《ないぐわいみなおな》じ故《ゆゑ》に之《これ》を坎《かん》と名《なづ》く、坎《かん》とは陥《おちい》り難《なや》むの義《ぎ》である。

●陥《おちい》り難《なや》む義 卦名 ●溺《おぼ》る 陥より轉ず ●下《くだ》る 雑卦に坎は下るなりと ●君臣和《くんしんわ》せずして共《とも》に難《なや》む 二五相應ぜずして共に險の主となる ●家内二《かないふた》つに分《わか》れて和《わ》せぬ 二五並立 ●二《ふた》つに分《わか》れて難《なや》むを一《ひと》つに合《あは》せて難《なや》み亡《ほろ》ぶ 萃か升となすの象 ●誠《まこと》の意《い》 坎を誠とす ●仁慈《じんじ》の意《い》 坎を仁慈とす ●愛《あい》溺《でき》の意《い》 坎を愛溺とす ●多慾《たよく》の意《い》 坎を多慾とす ●愚昧《ぐまい》の意《い》 坎を愚昧とす ●伏藏《ふくざう》の意《い》 坎を伏藏とす ●姦計《かんけい》の意《い》 坎を姦計とす ●盜賊《とうぞく》の意《い》 坎を盜賊とす ●一心《しん》に勉《つと》むれば志《こゝろざし》を達《たつ》する意《い》 孚あれば此の心亨ると

●願望《ぐわんまう》 調ひがたし ●病症《びやうしやう》 疼み痛む症 ●失物《うせもの》 賊の手に入る同類あらむ

●待人《まちびと》 障りありて來らず ●走人《はしりびと》 北の方に隱る ●物價《ぶつか》 大に下る

䷝ 離為火

此《こ》の卦《くわ》は一陰《いん》が二陽《やう》の間《あひだ》に附麗《つく》の象《かたち》であるが、内外同象《ないぐわいどうしやう》である、故《ゆゑ》に之《これ》を名《なづ》けて離《り》と云《い》ふ、離《り》とは附《つ》き麗《つ》くの義《ぎ》である。

●附《つ》き麗《つ》く義 卦名 ●明智《めいち》 離を明智とす ●上《のぼ》る 火性は上る ●明智《めいち》の人《ひと》に附《つ》いて身《み》を修《おさ》む 彼は明我は離 ●父子相續《ふしさうぞく》 兩明相續 ●遷延《せんえん》 重離日を重ぬ

●温順《おんじゆん》なれば福《さいわい》多《おほ》し 牝牛を畜へば吉 ●邪智《じやち》なれば身《み》を亡《ほろぼ》す 焚如たり死如たり棄如たり ●是非《ぜひ》の心《こころ》勝《か》つて親和《しんわ》せぬ 重離相拒 ●疑惑《うたがひまど》ふ
●心定《こころさだ》まらず物《もの》に移《うつ》り易《やす》し 火は物に附いて移り行く ●性急短慮《せいきふたんりよ》 重離の烈火に取る ●多智《たち》にして薄福《はくふく》 火は明かにして物を燒く ●美麗《びれい》
一陰二陽の間に附く離を美とす ●顯著《けんちよ》の意《い》 離を顯著とす ●離別《りべつ》の意《い》 附き麗くの反

●願望《ぐわんまう》 目上の人に頼むべし ●病症《びやうしやう》 大熱の症 ●失物《うせもの》 早く尋ぬべし、遲ければ出でず
●待人《まちびと》 來ること遲し音信あり ●走人《はしりびと》 遠く去る南の方 ●物價《ぶつか》 上るべし

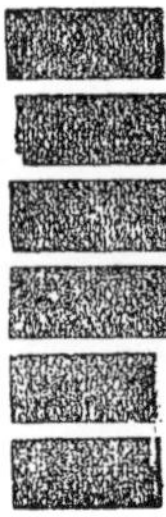

澤山咸

此《こ》の卦《くわ》は兌《だ》澤上《たくかみ》にあり艮山下《ごんざんしも》にあり卽《すなは》ち山澤相感《さんたくあひかん》じ二氣《き》相通《あひつう》ずるの象《かたち》である、故《ゆゑ》に之《これ》を名《な》けて咸《かん》と言《い》ふ、咸《かん》とは感《かん》ずるに心《こころ》なくして相感《あひかん》じ通《つう》ずるの義《ぎ》である。

●感《かん》ずる意《い》 卦名義にとる ●感應《かんおう》ある意《い》 彖傳に柔は上つて剛は下り二氣感應して以て相與すと ●相通《あひつう》ずる意《い》 山澤氣を通ず ●應對《おうたい》には相背《あひそむ》く意《い》 兌艮相背くの象 ●速《すみや》かなる意《い》 雜卦に咸は速やかなり ●心《こころ》の移《うつ》り易《やす》き意《い》 屢々感ずるの義にとる ●親和《しんわ》する意《い》 山澤氣を通ずるの義にとる ●懷姙《くわいにん》する意《い》 彖傳に天地感じて而して萬物化生す ●虛《きよ》心《しん》にして敎《をしへ》を受《う》くる意《い》 大象に已れを虛しふして人に受くと ●事《こと》に應《おう》じて發意《はつい》する意《い》 感通の義にとる ●悅《よろこ》むで能《よ》く守《まも》る意《い》 止まつて悅ぶの義 ●喜《き》怒哀樂《どあいらく》の定《さだ》まらぬ意《い》 物に觸れ事に接して感ずるの義

●願望《ぐわんまう》 速やかに調ふべし ●病症《びやうしやう》 流行病 ●失物《うせもの》 少女の手に入る、家內の少男に問ふべし
●待人《まちびと》 滯りなく來るべし ●走人《はしりびと》 伴れありて婦人の家に隱る西の方 ●物價《ぶつか》 持合にして少しく下る

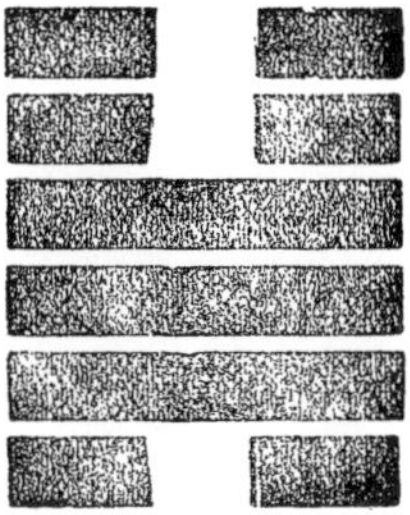

雷風恒

此《こ》の卦《くわ》は震雷《しんらい》上《じやう》に動《うご》いて巽風《そんぷう》之《これ》に從《したが》ひ變化窮《へんくわきは》まりなきの象《かたち》であるが變化窮《へんくわきは》まりなきは即《すなは》ち恒常《かうじやう》の義《ぎ》である、故《ゆゑ》に之《これ》を恒《かう》と名《なづ》く。

●恒常《かうじやう》の意《い》（卦名義）●久《ひさ》しき意《い》（雜卦に恒は久しきなり）●變化《へんくわ》の意《い》（彖傳に四時變化して能く久しく成すと）●形跡《けいせき》もなく消亡《せうぼう》する意《い》（迅雷飄風は忽ち起て忽ち止む）●蕃榮《はんえい》の意《い》（震巽の二木上下に蕃成す）●憤怒《ふんぬ》の意《い》（雷風相與す）●背《そむ》き違《たが》ふ意《い》（震巽相背くの象）●勤《つと》めて倦《うま》ざる意《い》（彖傳に巽つて而して動くと）●升進《しようしん》の意《い》（震巽の二木漸次に長成す）●驚《おどろ》き懼《おそ》る丶意《い》（激雷怒風人皆驚き懼る）●延引《えんいん》の意《い》（長久より轉ず）●功成《こうな》り必遂《こころざしと》ぐるの意《い》（彖傳に其の道に久ふして天下化成すと）●相續《さうぞく》の意《い》（長久より轉ず）

●願望《ぐわいまう》　延々となつて急には成就せず
●病症《びやうしやう》　不治の難症
●失物《うせもの》　失せたるにあらず置き忘れたるならむ
●待人《まちびと》　遲くとも來るべし
●走人《びと》　尋れがたし
●物價《ぶつか》　高下定まらず、されど少しく上るべし

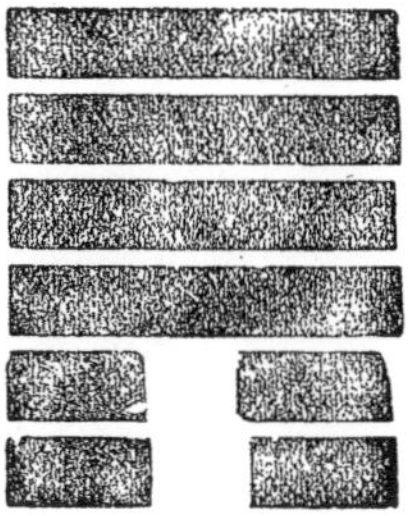

天山遯

此《こ》の卦《くわ》は乾《けん》の天氣《てんき》は上《のぼ》りて息《や》まず艮《ごん》の山岳《さんがく》は止《とゞ》まりて動《うご》かず即《すなは》ち天氣《てんき》が上行《じやうかう》して山岳《さんがく》を遯《のが》れ去《さ》るの象《かたち》である、故《ゆゑ》に之《これ》を遯《とん》と名《なづ》く、遯《とん》とは遁《のが》れ去《さ》るの義《ぎ》である。

●遯《のが》れ去《さ》る意《い》にとる（卦名義）●退《しりぞ》く意《い》（雜卦に遯は退くなりと）●出奔《しゆつぽん》する意《い》（遯逃の義）●辭職《じしよく》して隱遯《いんとん》する意《い》（同上）●隱居《いんきよ》の意《い》（同上）●逃《に》げ隱《かく》る丶意《い》（同上）●家《か》道衰へて蓄財減損《ちくざいげんそん》する意《い》（二陰下に[illegible]じて四陽上に消ゆるの義に取る）●借財《しやくざい》の漸次《ぜんじ》に增加《ぞうか》する意《い》（二陰下に長ず）●童僕《どうぼく》が主家《しゆか》の

財《ざい》を私消《しせう》する意《い》上同 ●盗臣公金《たうしんこうきん》を掠《かす》むる意《い》上同 ●利《り》を逐《お》ふて事《こと》に繫《つな》がるれば災害《さいがい》に遇《あ》ふ意《い》大象に祿を施して下に及び德に居ることは則ち忌むと ●世事《せじ》に關係《くわんけい》せざる意《い》遯の義 ●敬《けい》して遠《とほ》ざくる意 大象曰君子以遠二小人一不レ惡而嚴にすと

●願望《ぐわんまう》 調ひがたし、退て見合すべし　●病症《びやうしやう》 逆上して腰足のひゆる症　●失物《うせもの》 外に持ち去る捕へがたし

●待人《まちびと》 逃れ去るの意あれば待ども來らず　●走《はしり》人《びと》 遠く去つて歸らず　●物價《ぶつか》 高し、上る一方とす

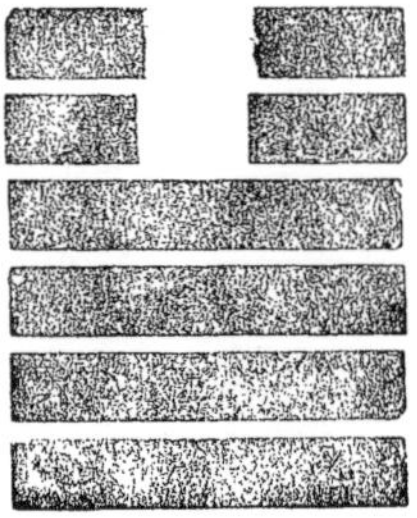

雷天大壯

此《こ》の卦《くわ》は震《しん》の雷《らい》が乾天《けんてん》の上《うへ》に奮《ふる》ひ鳴《なる》の象《かたち》であるが、雷《らい》が天上《てんじやう》に奮《ふる》へばその勢《いきほひ》甚《はなは》だ壯盛《さうせい》である。故《ゆゑ》に之《これ》を大壯《だいさう》と言《い》ふ、大《だい》壯《さう》とは大《おほい》に盛《さか》むなるの義《ぎ》である。

●壯盛《さうせい》の意《い》卦名の義 ●上進《じやうしん》の意《い》四陽上り長ずるの義 ●臣《しん》が君《きみ》を犯《をか》し子《こ》が父《ちゝ》を凌《しの》ぐ意《い》同上乾を君とし父とし、震を臣とし子として震が乾の上に在るの義を兼ぬ ●家《いへ》富財盈《みみざいみち》て大《おほい》に蓄昌《はんじやう》する意《い》陽長の義 ●剛力《がうりき》にして勇氣《ゆうき》ある意《い》剛にして動く ●人《ひと》を侮《あなど》り地《た》を凌《しの》ぐ意《い》九三に小人は壯を用ゆ ●驕奢《けふしや》の意《い》

●強暴《きやうばう》の意《い》 ●傲慢《がうまん》の意《い》以上大壯より轉ず ●勉強《べんきやう》して怠《おこ》たらざる意《い》大象に禮にあらざれば履まずと ●濫《みだ》りに進《すゝ》むで事《こと》を過《あやま》つ意《い》初九に趾に壯むなり往けば凶と ●進《すゝ》み過《す》ぎて失敗《しつぱい》する意《い》上六に羝羊藩に觸れて退くこと能はず遂ぐること能はずと

●願望《ぐわんまう》 希望大なるが故に調はず控目にすべし　●病症《びやうしやう》 重病の意あり　●失物《うせもの》 遠くに持ち去る急に詮索せざれば出でず

●待人《まちびと》 來る、伴れあるべし　●走《はしり》人《びと》 遠行したるべし、されども後悔せるならむ　●物價《ぶつか》 大に高かるべし

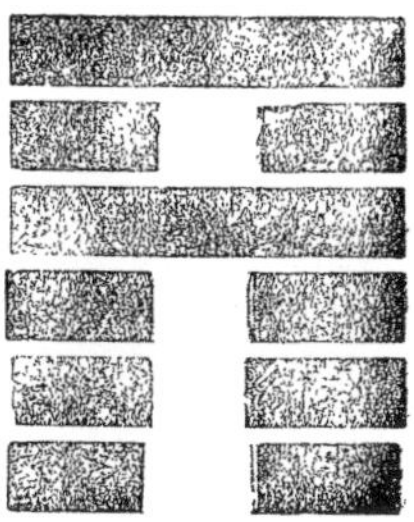

火地晋

此《こ》の卦《くわ》は離《り》の日《ひ》が坤《こん》の地上《ちじやう》に進《すゝ》み升《のぼ》るの象《かたち》である、故《ゆゑ》に之《これ》を名《なづ》けて晋《しん》と言《い》ふ、晋《しん》とは進《すゝ》み升《のぼ》るの義《ぎ》である。

●進《すゝ》み升《のぼ》る意義《いぎ》 卦名 ●明《あきら》かなる意《い》 傳に明地上に出るは晋と ●上《かみ》に明君《めいくん》ありて下順従《しもじゆうじゆう》す 彖に康侯馬を錫ふ云々 ●宰臣權《さいしんけん》を恣《ほしい》まゝにして上下《じやうげ》を阻隔《そかく》す 九四の一陽上下を阻隔す ●官位升進《くわんゐしようしん》 柔進むで上行すと ●名聲《めいせい》四方《はう》に聞《きこ》ゆ 明地上に出づ ●立身《りつしん》して後復零落《のちまたれいらく》す 晋と明夷 ●外《そと》は華《くわ》美《び》にして内《うち》は空乏《くうぼふ》の意《い》 離を華美とし坤を空虚とす ●發明《はつめい》なれども懦弱《だじやく》 離を發明とし坤を懦弱とす ●明智《めいち》に依附《いふ》して事《こと》を作《な》せば發達《はつたつ》する意《い》 離を依附とし坤を順従とし晋を上進とす ●日出《ひので》とし日中《につちう》とし晝日《ちうじつ》とする 日地上に出づるの義に取る

●願望《ぐわんまう》 目上の人に依頼すべし ●病症《びやうしやう》 熱ありて逆上する症 ●失物《うせもの》 高き所を詮索すれば見出すべし南方

●待人《まちびと》 妨げありて途中に滞ふる音信あるべし ●走人《はしりびと》 船に乗つて南に行く歸らざるべし ●物價《ぶつか》 大に上るべし

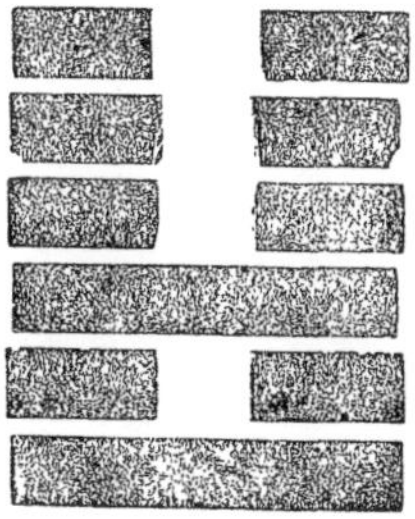

地火明夷

此《こ》の卦《くわ》は離《り》の日《ひ》が坤《こん》の地下《ちか》に入《い》るの象《かたち》であるが、日《ひ》が地下《ちか》に入《はい》ればその明光《めいくわう》が傷《やぶ》れ毀《そこな》ふことゝなる、故《ゆゑ》に之《これ》を明夷《めいゐ》と名《なづ》く明夷《めいゐ》とは明《めい》が夷《やぶ》れ傷《やぶ》るゝの義《ぎ》である。

●夷《やぶ》れ傷《やぶ》るゝ意義《いぎ》 卦名 ●暗昧《あんまい》の意《い》 明地中に入る ●迷《まよ》ひ惑《まど》ふ 暗昧より轉ず ●晦《くら》まし欺《あざむ》かるゝ意《い》 坤陰離明を掩ふ ●智《ち》を晦《くら》まし能《のう》を藏《かく》せ

ば災《わざはひ》を免《まぬ》かるゝ意《い》大象に晦を用ひて明 ●火災《くわさい》の意《い》離を火とし明夷を傷とす ●盗難《たうなん》の意《い》晦まし傷より轉ず ●逼塞《ひつそく》の意《い》日地中に入るより轉ず ●故《ゆゑ》なくして家《いへ》を出《いづ》るものは多《おほ》く發狂《はつきやう》して死《し》する意《い》明夷を出奔とし發狂とし死亡とす ●故《ゆゑ》ありて外《そと》に出《いづ》るものは北方《ほくばう》に隱《かく》るゝ意《い》日地中に在るより轉ず

●誅戮《ちうりく》の意《い》雜卦に曰く明夷は誅ずるなりと ●發狂《はつきやう》の意《い》離を心とし坤を晦ますとす

●願望《ぐわんまう》妨げありて調はず ●病症《びやうしやう》胃中熱あるの症 ●失物《うせもの》盗み取られたるべし知れがたし

●待人《まちびと》障りありて來らず ●走人《はしりびと》西南の方に隱れて居る急には知れず ●物價《ぶつか》大に安かるべし

䷤

風火家人

此《こ》の卦《くわ》は内《うち》は離明《りめい》にして外《そと》は巽順《そんじゆん》なり、内明《うちあき》らかにして外順《そとじゆん》なれば上下親和《じやうげしんわ》してその家《いへ》能《よ》く齊ふ、故《ゆゑ》に之《これ》を家人《かじん》と名《なづ》く、家人《かじん》とは家室《かしつ》の人《ひと》と言《い》ふ義《ぎ》である。

●家室《かしつ》の意《い》卦名義 ●家《いへ》を有《も》つ意《い》初九に閑で家を有つと ●家《いへ》を興《おこ》す意《い》六四に家を富すと ●家業《かげふ》とする意《い》家を有つより轉ず ●家督《かとく》とする意《い》同上 ●家《いへ》に居《ゐ》て利《さと》しき意《い》序卦に外に傷るゝものは必らず家に歸ると ●夫婦《ふうふ》不和《ふわ》の意《い》三四が二五を間隔す ●火災《くわさい》の意《い》風火を煽つて家を燒く ●分《ぶん》に安《やす》むじて他《た》を願《ねが》はぬ意《い》六二に遂ぐることなく中饋にあり貞ふして吉と ●人《ひと》に依《よ》つて身《み》を立《た》つる意《い》長女中女男子に附隨す ●人《ひと》と和《わ》せざる意《い》倒兌我を悦べども我は離智を以て彼を拒む ●故障《こしやう》多《おほ》き意《い》三四二五を支ふ ●散財《さんざい》の意《い》離火巽木を燒く

●願望《ぐわんまう》人に頼むべし急には埒明かず ●病症《びやうしやう》腰間に濕熱ある症 ●失物《うせもの》家内にあるべし行李簞笥等を調べ見るべし

●待人《まちびと》障りありて來ること遲し音信あることあり ●走人《はしりびと》東南に當つて遠く行く ●物價《ぶつか》往來ありて持合ふべし

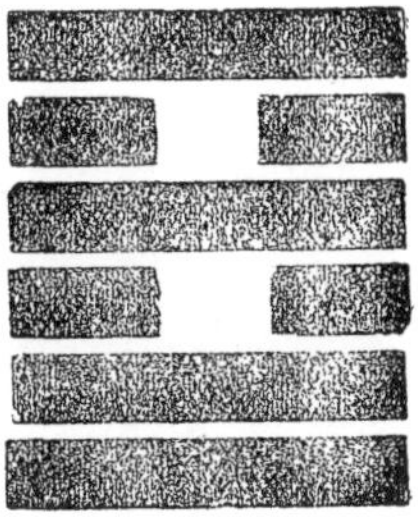

火澤暌

此《こ》の卦《くゎ》は離《り》火《くゎ》は炎上《えんじやう》し兌澤《だたく》は潤下《じゆんか》して水《みづ》と火《ひ》と相背《あひそむ》き離《はな》るゝの象《かたち》である、故《ゆゑ》に之《これ》を名《な》けて暌《けい》と云《い》ふ、暌《けい》とは乖《そむ》き背《そむ》くの義《ぎ》である。

●乖《そむ》き違《たが》ふ意《い》●背《そむ》き離《はな》るゝ意《い》卦名意義 ●親和《しんわ》せぬ意《い》乖離より轉ず●乖《そむ》ひて用《よう》をなす意《い》彖傳に天地暌て而してその事同じと●異變《いへん》の意《い》大象に同ふして異なり●憎《にく》み嫌《きら》ふ意《い》兌を好むとし離を惡むとす●遁世《とんせい》の意《い》暌より轉ず●大事《だいじ》は成《な》らぬ意《い》彖に小事は吉と●疑惑多《ぎわくおほ》き意《い》上九に豕の塗を負ふを見る鬼を載すること一車と●疑惑《ぎわく》の解《さ》くる意《い》上九の彖傳に雨に遇ふの吉は群疑亡ぶるなりと●過失《くわしつ》の意《い》初爻の象に惡人を見るとは以て咎を辟るなり●夫婦和合《ふうふわがふ》せざる意《い》三四が二五夫婦の間を隔つ●離《り》別《べつ》の意《い》火は上り水は下る

●願望《ぐわんまう》邪魔ありて成らず　●病症《びやうしやう》胸に毒ありて熱を生ず
●待人《まちびと》約に背ひて來らず　●走人《はしりびと》南方に去る
●失物《うせもの》置違なり速かに尋ぬれば出づべし
●物價《ぶっか》上り進むで大に高し

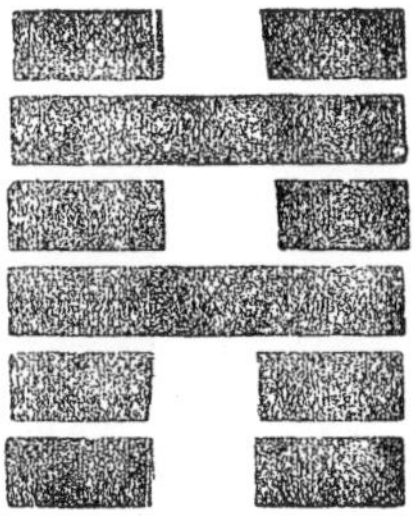

水山蹇

此《こ》の卦《くゎ》は坎險前《かんけんまへ》にあつて艮山後《ごんざんうしろ》にあり、是《こ》れ進《すゝ》むこと能《あた》はず退《しりぞ》くこと能《あ》はざるの象《かたち》である、故《ゆゑ》に之《これ》を蹇《けん》と言《い》ふ、蹇《けん》とは足《あし》が難《なや》むで行《ゆ》くこと能《あた》はざるの義《ぎ》である。

●蹇難《けんなん》の意《い》卦名意義 ●深泥《しんでい》に陷《おちゐ》るが如《ごと》く進《すゝ》むことも退《しりぞ》くことも可能《でき》ぬ意《い》坎險前にありて艮山後にあり ●家内區區《かないくゝ》となつて和《わ》

せぬ意《い》四陰二陽を主とす●主《しゆ》は愛《あい》に溺《おぼ》れ臣《しん》は偏固《へんこ》なる意《い》坎を愛溺とし艮を偏固とす●溺死《できし》の意《い》艮の人が坎の水に入る●奔《はし》る者《もの》は遠《とほ》く行《ゆ》かぬ意《い》三に往けば蹇み來れば止まると●川止《かはごめ》に遇《あ》ふ意《い》坎を川とし艮を止とす●愼《つゝし》み守《まも》れば險《けん》に陷《おちゐ》らぬ意《い》險を見て止る●奸計《かんけい》に陷《おちゐ》る艮坎を姦陷とし艮を止となす●兩《ふた》つに分《つか》れて難《なや》むを一《ひと》つに合《あは》せて難《なや》み亡《ほろ》ぶ意《い》萃か升となすの象

●願望《ぐわんまう》　障りありて調はず
●病症《びやうしやう》　四肢身體の痛む症
●失物《うせもの》　深く物の中に隱れて出でがたし
●待人《まちびと》　艱難の事ありて來らず
●走人《はしりびと》　途中にて災難に遇ふ
●物價《ぶつか》　下らむとして下らず後大に下るべし

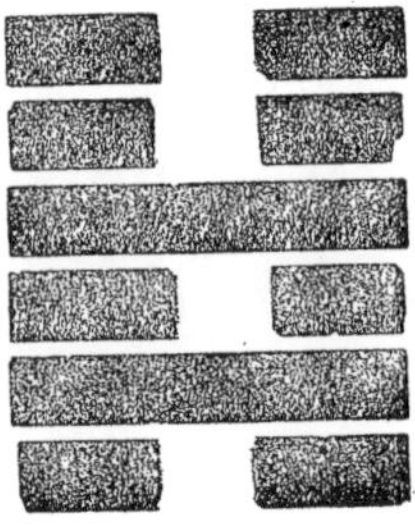

雷水解

此《こ》の卦《くわ》は震雷《しんらい》は上《のぼ》り奮《ふる》ひ坎雨《かんう》は下《くだ》り降《くだ》つて萬物《ばんぶつ》皆《みな》その難《なみ》みを解《と》くの象《かたち》である。故《ゆゑ》に之《これ》を解《かい》と名《なづ》く、解《かい》とは解《と》け散《ち》るの義《ぎ》である。

●解散《かいさん》の意《い》卦名義●出産《しゆつさん》の意《い》●分離《ぶんり》の意《い》解より轉ず●緩《ゆる》む意《い》序卦に解は緩むなりと●怠《おこ》たる意《い》同上●難《なやみ》を解《と》く意《い》往く所あれば夙かにして吉●難《なやみ》の解《と》けたる意《い》往く所なくば來り復つて吉●逃脱《とうだつ》して難《なん》を免《まぬ》かるゝ意《い》小人は逃て以てその難を免ると●東方《とうはう》に行《ゆ》く意《い》震を東として坎水は東流す●船《ふね》に乘《の》つて遠行《ゑんかう》す坎を水とし震を船とす●過《あやま》ちを赦《ゆる》し罪《つみ》を宥《なだ》むる意《い》大象に過を赦し罪を宥むと●夫婦不和《ふうふふわ》にして離縁《りえん》に至《いた》る意《い》三四二五を間し雷は上つて水は下る●二臣心《しんこゝろ》を合《あは》せて主家《しゆか》の難《なん》を解《と》く意《い》六五に君子離れ解くことあり吉と

●願望《ぐわんまう》　舊き望は調ふ、新規のことは延る
●病症《びやうしやう》　吐き瀉しする病
●失物《うせもの》　油斷を見て盜み去る東の方
●待人《まちびと》　前約あらば速かに來る
●走人《はしりびと》　船に乘つてに走る
●物價《ぶつか》　今の直を中直として上下に引き分るべし、安き方

山澤損

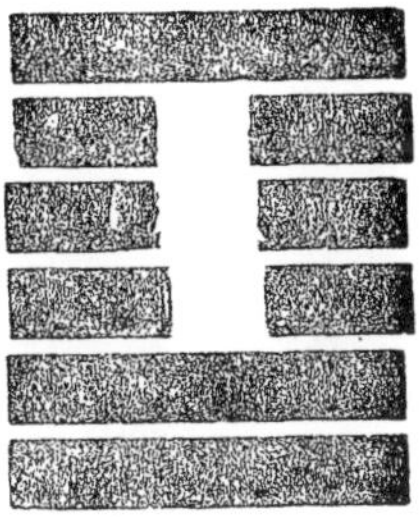

此《こ》の卦《くわ》は元《もと》と泰《たい》の卦《くわ》であつたと見《み》れば内卦《ないくわ》九三の一陽《やう》を損《そん》して上六《じやう》に益《えき》した所《ところ》の形跡《けいせき》があるが、這《こ》は即《すなは》ち我《われ》を損《そん》して彼《かれ》を益《えき》すの象《かたち》である。故《ゆゑ》に之《これ》を損《そん》と名《なづ》く。損《そん》とは損《そん》し減《へら》すの義《ぎ》である。

●減損《げんそん》の意義《い》 卦名　●亡失《ばうしつ》の意《い》　●衰微《すゐび》の意《い》 損より轉ず　●財《ざい》を施《ほどこ》す意《い》 我を損して彼を益す　●人《ひと》と共同《きようどう》して作《な》すことは成就《じやうじゆ》する意《い》 兌艮相向　●希望《きばう》のみありて爲《な》さざる意《い》 悦むで止まる　●目上《めうへ》より助《たす》けらるゝ意《い》 彖傳に六五の元吉は上より之を祐くるなりと　●不善《ふぜん》と見《み》て放棄《はうき》する意《い》 大象に損して以て害に遠ざかると　●斟酌增減《しんしやくぞうげん》する意《い》 初九に酌むで之を損すと　●婚姻《こんいん》に利《よろ》しき意《い》 少男少女相與し悦むで而して止まる　●應對相談《おうたいさうだん》杯《など》は濟《さしな》ふ意《い》 兌艮互に相向ふ　●言語《げんご》を愼《つゝし》み飲食《いんしよく》を節《せつ》する意《い》 艮を以て兌の口を塞ぐ

●願望《ぐわんまう》 七八分を望めば必らず調ふ　●病症《びやうしやう》 精氣衰へて食進まざる症　●失物《うせもの》 人に貸したるか又は施したるならむ

●待人《まちびと》 來らずとも音信あるべし　●走人《はしりびと》 東北の女の家に止まつて居る　●物價《ぶつか》 持合ふべし

風雷益

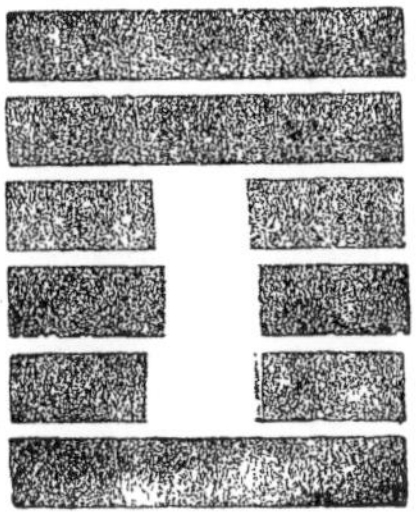

此《こ》の卦《くわ》は元否《もとひ》であつたと見《み》れば、外卦《ぐわいくわ》の九四を損《そん》して内卦《ないくわ》の初六《しよ》に益《えき》した所《ところ》の形跡《けいせき》があるが、這《こ》は即《すなは》ち上《かみ》を損《そん》して下《しも》を益《ます》の象《かたち》である、故《ゆゑ》に之《これ》を名《なづ》けて益《えき》と言《い》ふ益《えき》とは增益《ぞうえき》の義《ぎ》である

●增益《ぞうえき》の意義《い》 卦名　●利益《りえき》を得《う》る意《い》 益より轉ず　●蕃昌《はんじやう》の意《い》 震巽の二木上下に蕃茂す　●升進《しようしん》の意《い》 彖傳に動て而して巽ひ日に進むで疆りなりと　●人《ひと》に助《たす》けらる

ゝ意《い》雷風相助益す●人《ひと》の惠《めぐみ》を受《う》くる意《い》九五に我が德を惠みとすと、●家業《かげふ》を增《ま》す意《い》益にとる●人《ひと》と共同《きようどう》して作《な》すことは大利《たいり》を得《う》る意《い》雷風相助益す●婚姻《こんいん》には大吉《だいきつ》震巽相向●應對《おうたい》に利《よろ》しき意《い》上同●懷姙《くわいにん》の意《い》彖傳に天施し地生ずと●斟酌增減《しんしやくぞうげん》する意《い》上を損して下を益す●利慾《りよく》を益《えき》し驕奢《けうしや》を益《えき》せば財《ざい》を損《そん》じ禍《わざはひ》を生《しやう》ずる意《い》大象に見レ善則遷有過則改むと

●願望《ぐわんまう》調ふ、目上に依賴すべし　●病症《びやうしやう》元氣衰へて病氣盛むなる意あり　●失物《うせもの》家內にあり物の下に陷る

●待人《まちびと》來るべし、或は伴あるならん　●走人《はしりびと》東南の間に去る遠かるべし　●物價《ぶつか》上らむとして往來あるべし

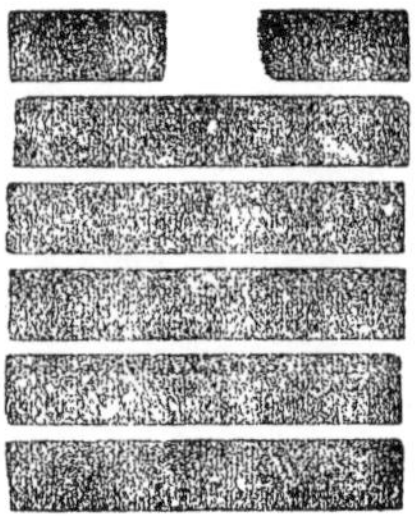

澤天夬

此《こ》の卦《くわ》は兌《だ》の澤氣《たくき》が上《のぼ》つて天上《てんじやう》にあるの象《かたち》であるが、澤氣《たくき》が天上《てんじやう》にあれば必《かな》らず雨《あめ》となり決潰《けつくわい》して下《くだ》る、故《ゆゑ》に之《これ》を夬《くわい》と名《なづ》く、夬《くわい》とは決《けつ》し潰《つぶ》るゝの義《ぎ》である。

●夬決《くわいけつ》の意《い》●決潰《けつくわい》の意《い》●決斷《けつだん》の意《い》義卦名●決《けつ》し去《さ》る意《い》彖傳に剛柔を決するなりと●亡《ほろぼ》す意《い》決し去るより轉ず●一定《てい》する意《い》●決定《けつてい》する意《い》決の義に取る●壯盛《さうせい》なる意《い》五陽長進の義に取る●目的《もくてき》を達《たつ》し希望《きばう》を遂る意《い》彖傳に往く所あるに利しと剛長ずれば乃ち終るなり●爭鬪《さうとう》には勝利《しようり》を得《う》る意《い》五陽一陰を決去す●强《しひ》て進《すゝ》めば眚《せい》に遇ふ意《い》初九に趾を前に壯むなり往て勝ず咎となる●零落《れいらく》する意決潰して落るの義なり●捐棄する意《い》五陽一陰を決棄す●忌《い》み惡《にく》む意《い》九三に頄《ほヽね》に壯むなりと●散財《さんざい》する意《い》決壞の義に取る

●願望《ぐわんまう》破ぶれて調はず　●病症《びやうしやう》重病なれば必死の意　●失物《うせもの》出でがたし

●待人《まちびと》婦人なれば來るべし　●走人《はしりびと》親族の家に居る西の方　●物價《ぶつか》最高直なるべし、故に大に下落することあり

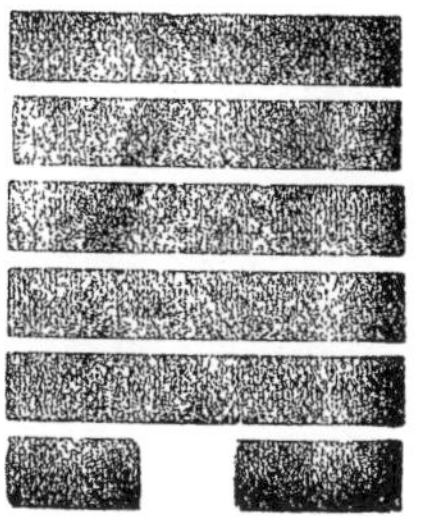

天風姤

此《こ》の卦《くゎ》は巽風《そんぷう》が乾天《けんてん》の下《した》を吹《ふ》き行《ゆ》くの象《かたち》であるが、風《かぜ》が天下《てんか》を吹《ふ》き行《ゆ》けば旁《あまね》く萬物《ばんぶつ》に觸《ふ》る、故《ゆゑ》に之《これ》を姤《こう》と名《なづ》く、姤《こう》とは期《き》せずして相遇《あひあ》ふの義《ぎ》である。

●姤《あ》ひ遇《あ》ふ意義《い》卦名 ●卒然《そつぜん》として禍《わざはひ》に遇《あ》ふ意《い》一陰始めて生ず ●期《き》せずして福《ふく》に遇《あ》ふ意《い》姤遇より轉ず ●災害《さいがい》の始《はじ》めて起《おこ》る意《い》巽た一陰始めて生ず ●事《こと》を始《はじ》むる意《い》上同 ●復《かへ》り來《きた》る意《い》上同 ●外《そと》は剛强《がうきやう》にして内《うち》は不決斷《ふけつだん》なる意《い》乾た剛强さし巽た不決さす ●疑惑《ぎわく》多《おほ》き意《い》巽た疑惑さす ●貴人《きじん》に媚《こ》び諂《へつら》ふ意《い》乾た貴人さし巽た媚諂さす ●不貞《ふてい》なる意《い》一陰五陽に遇ふ ●佞人《ねいじん》の入《い》り來《きた》る意《い》一陰内に生ず ●災害續起《さいがいぞくき》して次第《しだい》に衰微《すゐび》に向《むか》はむとする意《い》遯となり否となるの象 ●俄《にはか》に病《やまひ》の起《おこ》る意《い》一陰始めて生ず

●願望《ぐわんまう》 妨げありて調はず
●病症《びやうしやう》 風邪に犯さるゝ意あり
●失物《うせもの》 賊家内にあり出でがたし
●待人《まちびと》 來れども遲し
●走人《はしりびと》 不意に歸り來るべし
●物價《ぶつか》 往來ありて下るべし

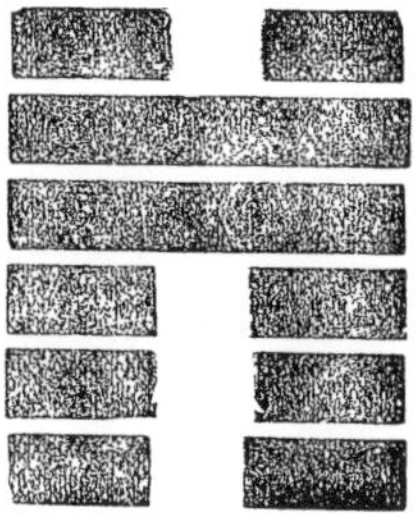

澤地萃

此《こ》の卦《くゎ》は兌《だ》の澤《たく》が坤《こん》の地上《ちじやう》にあつて水《みづ》が之《これ》に萃《あつ》まるの象《かたち》である、故《ゆゑ》に之《これ》を名《なづ》けて萃《すゐ》と言《い》ふ、萃《すゐ》とは聚《あつ》まり集《あつ》まるの義《ぎ》である。

●聚《あつ》まる意義《い》卦名 ●財《ざい》の聚《あつ》まる意《い》 ●人《ひと》の聚《あつ》まる意《い》 ●都會《とくわい》の意義《い》以上は聚まるの意義にとる ●彼我《ひが》の損益《そんえき》に於《おい》ては財《ざい》の彼《かれ》に聚《あつ》

まる意《い》二陽外に聚まる ●親和《しんわ》する意《い》彖傳に順以說 ●下《くだ》る意《い》澤水地上にある必らず下る ●不意《ふい》に災害《さいがい》の起《おこ》る意《い》大象に戎器を除いて不虞を戒しむと ●心《こゝろ》に悅《よろこ》むで事《こと》に從《したが》ふ意《い》兌を悅とし坤を順とす ●彼《かれ》は富《こ》み我《われ》は貧《まづし》しけれども援《すく》ひ助《たす》けざる意《い》二陽外に集まるは彼が富むの象坤を空乏とするは我は貧しき象口上に背くは我を救ひ助けぬ象

●親子《おやこ》相聚《あひあつ》まる意《い》坤を母とし兌を少女として親子集まる象

●願望《ぐわんまう》　急には調ひがたし

●待人《まちびと》　伴れありて來る

●病症《びやうしやう》　溜飲の類ならむ

●走人《はしりびと》　近傍にて人の集まる所に居る、西か西南

●失物《うせもの》　賊は外にあり急に詮索すれば出づべし西

●物價《ぶつか》　下るべし

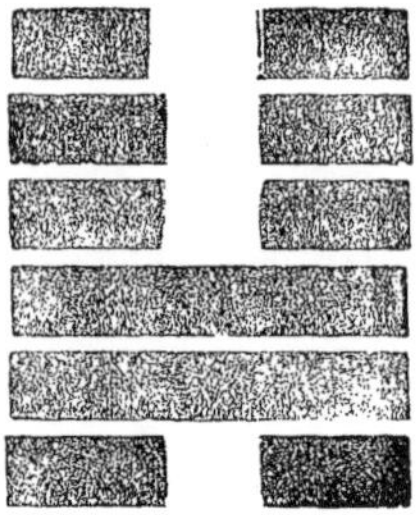

地風升

此《こ》の卦《くわ》は巽風《そんぷう》が地下《ちか》にあるの象《かたち》、されど風《なぜ》は地中《ちちう》にあるべき物《もの》でないから後《のち》には必《かな》らず發出《はつしゆつ》して地上《ちじやう》に升《のぼ》り出《いづ》る者《もの》である故《ゆゑ》に之《これ》を升《しよう》と言《い》ふ、升《しよう》とは上《のぼ》り升《のぼ》るの義《ぎ》である。

●升《のぼ》り進《すゝ》む意《い》卦名義 ●進《すゝ》み行《ゆ》く意《い》升より轉ず ●來《きた》らぬ意《い》雜卦に來らずと ●始《はじ》めとする意《い》大象に地中木を生ずと ●發出《はつしゆつ》の意《い》風地中より發出する義 ●小《せう》を積《つ》むで大《だい》となし低《ひく》きより高《たか》きに至《いた》る意《い》大象に小を積むで以て高大にすと ●立身發達《りつしんはつたつ》する意《い》六五に貞吉階に升ると ●蕃昌《はんじやう》する意《い》大象に地中木を生ずるは升 ●從《したが》へども親《したし》まざる意《い》正巽身は從へども倒兌にして情は背く ●妻妾臣僕《さいせふしんぼく》杯《など》の逃《のが》れ去《さ》る意《い》巽を妻妾臣僕となして風が地を破つて出て去るの義にとる ●隱伏《いんぷく》する意《い》風が地下に入るにとる ●破《やぶ》るゝ意《い》風地を破つて出づ

●願望《ぐわんまう》　次第に成就すべし

●待人《まちびと》　來るべし

●病症《びやうしやう》　發狂するの意あり

●走人《はしりびと》　隱れて出でず西南の間

●失物《うせもの》　家内にあり、急に出でざるべし

●物價《ぶつか》　往來あり上るべし

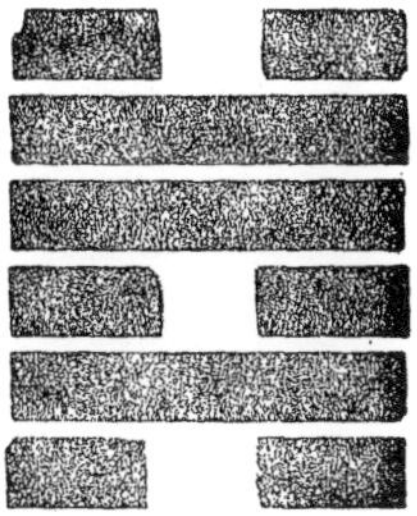

澤水困

此《こ》の卦《くわ》は澤水《たくすゐ》が下《しも》に漏《も》れ出《い》でゝ澤中水《たくちうみづ》なきの象《かたち》であるが、澤《たく》中水《ちうみづ》なきは困窮《こんきう》せざるを得《え》ぬ。故《ゆゑ》に之《これ》を困《こん》と名《なづ》く。困《こん》とは苦《くる》しみ困《くる》しむの義《ぎ》である。

●困窮困苦《こんきうこんく》の意《い》義卦名 ●彼《かれ》は嘲《あざけ》り笑《わら》ふて我《われ》を助《たす》けぬ意《い》坎を苦しむとし兌を笑ふとす ●居所《きよしよ》を失《うしな》ひ流浪《るらう》する意《い》水澤より流れ出づ ●出奔《しゆつほん》する者《もの》は歸《かへ》り來《きた》らぬ意《い》水澤に復歸せず ●人《ひと》の信用《しんよう》せざる意《い》彖傳に有レ言不レ信尙レ口乃窮す ●取《と》り締《しま》りなき爲《た》め困窮《こんきう》に至《いた》る意《い》節が壞れて困となる ●女《をんな》の爲《ため》に困《くる》しむ意《い》兌の女は上に背き坎の男は下に困しむ ●進退窮《しんたいきはま》つて困苦《こんく》する意《い》石に困しみ疾藜に據ると ●水《みづ》に投《かう》じて死《し》する意《い》兌を止水とし坎を陷溺とす ●困苦《こんく》を忍《しの》むで辛抱《しんぼう》すれば時《とき》の至《いた》る意《い》彖傳に曰く險以說困而不レ失二其所一レ亨其唯君子乎

●願望《ぐわんまう》成就せず、忍耐して時の至るを待つべし
●病症《びやうしやう》胸腹痛むで下痢する症
●失物《うせもの》少女の手に渡る出でがたし
●待人《まちびと》來らず
●走人《はしりびと》途中にて難義して居る
●物價《ぶつか》次第に下る

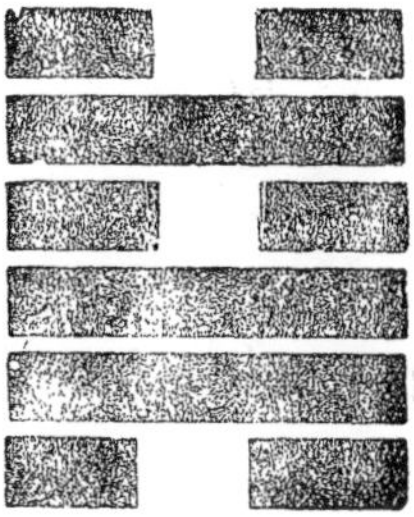

水風井

此《こ》の卦《くわ》は坎水上《かんすゐかみ》にあつて巽木下《そんぼくしも》にあり、是《こ》れ木《き》を穴《あな》に入《い》れて水《みづ》を上《あ》ぐるの象《かたち》である、故《ゆゑ》に之《これ》を井《せい》と名《なづ》く、井《せい》とは養《やしな》ふの義《ぎ》である。

●養《やしな》ふ意《い》彖傳に井は養ふて而して窮まらずと ●通《つう》ずる意《い》雜卦に井は通ずるなり ●日《ひ》に用《もち》ひて便利《べんり》なる意《い》往來井を井とす ●險《けん》に從《したが》ふ意《い》坎を險とし巽を從とす ●止《とゞま》

つて他《た》に移《うつ》らぬ意《い》井を改めて邑を改めず ◉漸《ぜん》〻に失敗《しつぱい》する意《い》九二に甕敝はれて漏ると ◉成功《せいこう》に垂《なんな》むとして失敗《しつぱい》する意《い》彖傳曰汔至亦未レ繘井未有功也、羸二其瓶一是以凶也 ◉得《とく》もなく損《そん》もなき意《い》得ることなく喪ふことなし ◉産業《さんげふ》とする意《い》養ふより轉ず ◉盡《つ》きざる意《い》 ●家督《かとく》とする意《い》彖傳曰往來井井養而不レ窮也

◉疑惑《ぎわく》多《おほ》く難《なや》みに從《したが》ふ意《い》巽を疑惑とし從ふと坎を難みとす

◉願望《ぐわんまう》妨げありて調ひがたし　◉病症《びやうしやう》癪氣ありて溜飲を兼ぬ　●失物《うせもの》盗まれたるべし能々詮索すれば出る

●待人《まちびと》來れども遲し　●走人《はしりびと》北の方に隱る　●物價《ぶつか》强て釣り上る、されども大高下あらず

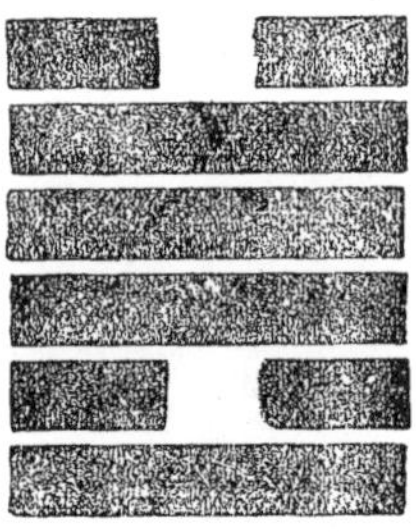

澤火革

此《こ》の卦《くわ》は澤水上《たくすゐじやう》にありて離火下《りくわした》にあり水多《みづおほ》ければ火滅《ひめつ》し火熾《ひさか》むなれば水滅《みづめつ》し即《すなは》ち水火相息《すゐくわあひやむ》の象《かたち》である、故《ゆゑ》に之《これ》を革《かく》と言《い》ふ革《かく》とは改《あらた》まり變《かは》るの義《ぎ》である。

◉改革《かいかく》の意《い》 ◉變革《へんかく》の意《い》義以上は卦名にとる ◉舊《ふる》きを去《さ》る意《い》雜卦に曰く革は故きを去ると ◉暮方《くれがた》の意《い》彖に曰巳ぬる日乃ち孚ありと ◉滅盡《めつじん》する意《い》水火相息の義にとる ◉異變《いへん》の意《い》變革より轉ず ◉和合《わがふ》せぬ意《い》彖傳に二女同居して其の志を同ふせずと ◉憎《にく》み嫌《きら》ふ意《い》水火相反する意の義にとる ◉相爭《あひあらそ》ふ意《い》水火相息の義にとる ◉勝敗《しやうはい》に於《おい》ては我彼《われかれ》に勝《か》つ意《い》離火兌金を克す ◉散財損失《さんざいそんしつ》の意《い》火金を燒く ◉智慮《ちりよ》あつて辯舌《べんぜつ》に巧《たく》みなる意《い》離を智慮となし兌を辯舌となす ◉好《す》き嫌《きらひ》ひの多《おほ》き意《い》兌を好むとし離を嫌ふとす ◉夏秋《なつあき》の交《かう》離を夏とし兌を秋とす

◉願望《ぐわんまう》舊き望みは成らず。新らしきことを企つべし　◉病症《びやうしやう》大病なれば必死の意　◉失物《うせもの》置き所の變りたるならむ早く尋ぬれば出る

◉待人《まちびと》變心して來りがたし　●走人《はしりびと》近き所に居れども歸らず　●物價《ぶつか》往來あるべし

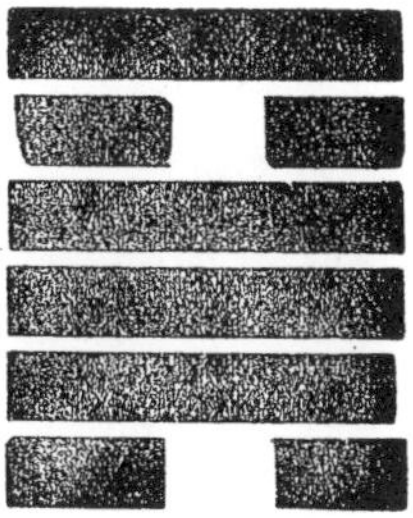

火風鼎

此《こ》の卦《くわ》は巽木離火《そんぼくりくわ》の下《もと》にあり此《こ》れ木《き》を火中《くわちう》に入《い》れて烹飪《はうじん》をなすの象《かたち》である、故《ゆゑ》に之《これ》を名《なづ》けて鼎《てい》と言《い》ふ、鼎《てい》とは鍋釜《たべかま》の類《るゐ》で改《あらた》まり變《かは》るの義《ぎ》がある。

●改《あらた》まる意《い》 序卦に曰く物を革むるものは鼎に如くはなしと ●變《かは》り換《かは》る意《い》 煮烹する義に取る ●養《やしな》ふ意《い》 彖傳に聖人烹飪して以て上帝を亨り以て聖賢を養ふと ●調和《てうわ》する意《い》 鼎は五味を調味す ●日《ひ》に用《もち》ひて廢《はい》し難《がた》き意《い》 鼎の廢すべからざるにとる ●新《あた》らしきを取《と》る意《い》 雜卦に鼎は新らしきをとると ●產業《さんげふ》とする意《い》 養ふより轉ず ●家督《かとく》を相《さう》續《ぞく》する意《い》 序卦に曰く器を主どるものは長子に如くはなしと ●明主《めいしゆ》に附隨《ふずゐ》すれば立身《りつしん》する意《い》 離を明主とし巽を附隨とす ●朝日《あさひ》の升《のぼ》る意《い》 離日巽の東南にあり ●疑惑《ぎわく》の發《はつ》する意《い》 巽木離火を生ず ●春夏《しゆんか》の際《さい》 巽を春とし離を夏とす

●願望《ぐわんまう》 新らしきことは調ふ目上の人に頼むべし ●病症《びやうしやう》 肝氣熱を生ずる病 ●失物《うせもの》 元の形の變りたる意あり出でがたし

●待人《まちびと》 翌朝に至りて音信あるべし ●走人《はしりびと》 知合の所を頼つて居る南の方 ●物價《ぶつか》 高直より往來ありて後下る

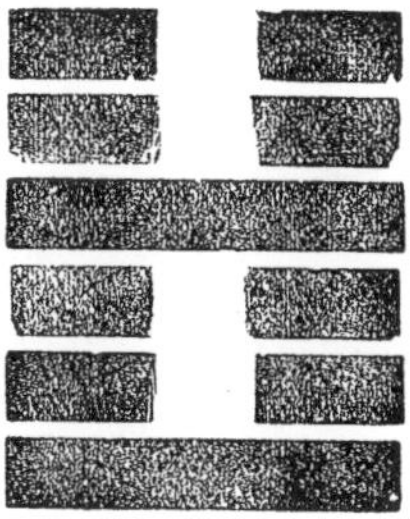

震爲雷

一陽《やう》が二陰《いん》の下《した》に居《ゐ》る之《これ》を震《しん》と言《い》ふ、此《こ》の卦《くわ》は重震《ちようしん》である故《ゆゑ》に亦之《またこれ》を震《しん》と言《い》ふ、震《しん》とは奮《ふる》ひ動《うご》くの義《ぎ》である。

●動《うご》く意《い》 卦名義 ●疾行《しつかう》の意《い》 震を疾行とす ●奮進《ふんしん》 同上 ●勉強《べんきやう》 震を勉むとす ●才能《さいのう》 震を才能とす ●追《お》ひ行《ゆ》く 前震は走り後震は追ふ ●躁動《さうどう》 震を躁動とす ●興起《こうき》 震を

興起とす ●勇敢《ゆうかん》震を勇敢とす ●恐懼《きようく》震を恐懼とす ●發出《はつしゆつ》震を發出とす ●奮怒《ふんど》震を奮怒とす ●出奔《しゆつぽん》震を出奔とす ●屢《しばし》ば驚《おどろ》けども事《こと》なき意《い》震ふこと百里を驚せども匕鬯を失はず ●相續《さうぞく》の意《い》彖傳曰可下以守二宗廟社稷一以爲中祭主上也 ●成功《せいこう》の意《い》震を成功となす ●聲名遠《せいめいとほ》く聞《きこ》ゆる意《い》震ふこと百里を驚かす ●俄《にはか》に立身《りつしん》して又忽《またたちま》ち失敗《しつぱい》する意《い》屢ば震ひ屢ば息む ●力行《りきかう》の意《い》震を力行とす

●願望《ぐわんまう》調ふが如くして調ひがたし
●待人《まちびと》來るべし
●病症《びやうしやう》積氣ありて急痛す
●走人《はしりびと》遠く走りて知れがたし
●失物《うせもの》遠く持去りて出でがたし
●物價《ぶつか》俄かに上り又俄かに下ることあり

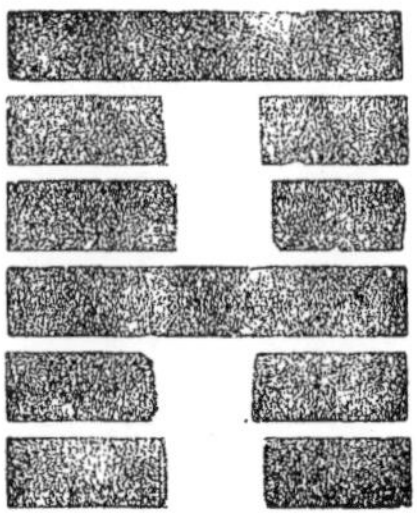

艮爲山

一陽《やう》が二陰《いん》の上《うへ》に居《ゐ》る之《これ》を艮《ごん》と言《い》ふ此《こ》の卦《くわ》は重艮《ちうごん》である故《ゆゑ》に亦之《またこれ》を名《なづ》けて艮《ごん》と言《い》ふ、艮《ごん》とは止《とゞ》まつて進《すゝ》まざるの義《ぎ》である

●止《とゞ》まる意《い》卦名義 ●事《こと》を止《や》めて爲《な》さぬ意《い》止まるの義 ●一事《じ》に止《とゞ》まつて外《ほか》に移《うつ》らぬ意《い》同上 ●滅亡《めつぼう》の意《い》止息の義 ●篤實《とくじつ》艮を篤實とす ●相續《さうぞく》兩艮相續 ●偏固《へんこ》にして人《ひと》に和《わ》せず兩艮介立 ●分家《ぶんけ》兩艮家を分つ ●艱難多《かんなんおほ》き意《い》艮山相連なる ●出奔《しゆつぽん》する者《もの》は歸《かへ》り來《きた》る意《い》外艮我に向ひ來る ●待人《まちびと》は速《すみや》かに來《きた》る意《い》同上 ●叮嚀《ていねい》に過《すぎ》て事《こと》の速《すみや》かに成《な》らぬ意《い》篤實より轉ず ●愼《つゝし》み守《まも》つて終《をは》りを保《たも》つ艮まるに敦し吉と ●妨《さまた》げ多《おほ》き意《い》艮を妨とす ●戻《もど》り背《そむ》く艮を戻り背くとす ●遲滯《ちたい》の意《い》止息の義

●願望《ぐわんまう》妨げ多くして成らず
●待人《まちびと》急には來らず、或は急に來ることあり
●病症《びやうしやう》中風の症、婦人は經水不順の症
●走人《はしりびと》行く先きへ止まつて歸らず東北
●失物《うせもの》人の手に渡る出でがたし
●物價《ぶつか》後戻りなく次第に上る

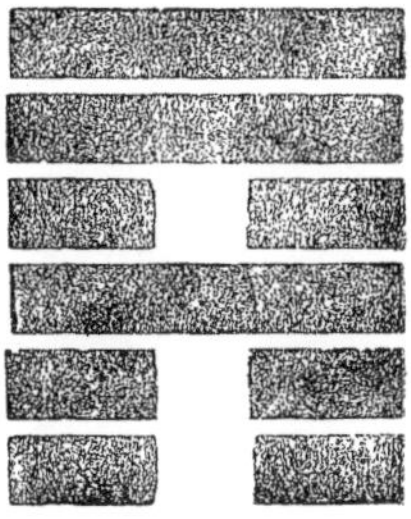

風山漸

此《こ》の卦《くわ》は巽木《そんぼく》が艮山《ごんざん》の上《うへ》に生《しやう》じて漸々《ぜん〳〵》に成長繁茂《せいちやうはんも》するの象《かたち》である故《ゆゑ》に之《これ》を名《なづ》けて漸《ぜん》と言《い》ふ、漸《ぜん》とは漸々《ぜん〳〵》に進《すゝ》み升《のぼ》るの義《ぎ》である。

●漸進《ぜんしん》の意《い》義　卦名 ●小《せう》を積《つ》むで大《たい》と成《な》す意《い》　漸の義にとる ●漸《やう》やく蕃昌《はんじやう》する意《い》　大象に山上に木あるは漸と ●懈怠《おこたり》なく勉強《べんきやう》すれば大《おほい》に成功《せいこう》する意《い》　同上 ●篤實《とくじつ》にして能《よ》く人《ひと》に從《したが》ふ意《い》　艮を篤實となし巽を從ふとなす ●速《すみや》かならぬ意《い》　漸は頓速の反 ●急速《きふそく》に事《こと》を作《な》せば却《かへ》つて敗《やぶ》るゝ意《い》　漸の義に反す ●夫婦和《ふうふわ》せざる意《い》　九三に夫征て復らず婦孕めども育はずと ●行《おこなひ》の行《たゞ》しき意《い》　三四兩爻各その正を得て巽艮の主となる ●時《とき》の至《いた》るを俟《ま》つ意《い》　巽を從ふとなし艮を止るとなす ●上《のぼ》り進《すゝ》む意《い》　柔進むで而して位を得、止つて而して從ふ動くこと窮まらざるなりと

●願望《ぐわんまう》　一時には調はず次第に進むべし ●病症《びやうしやう》　食毒胃中に停滞する症 ●失物《うせもの》　婦人に依て手掛りを見出すべし

●待人《まちびと》　來るべし少しは遲るゝ ●走人《はしりびと》　次第に遠く行く東南 ●物價《ぶつか》　次第に下る

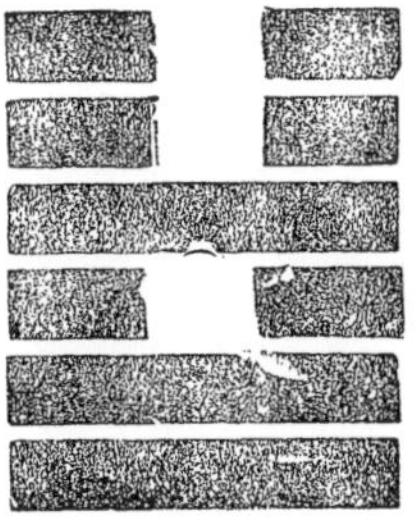

雷澤歸妹

此《こ》の卦《くわ》は兌《だ》の少女《せうぢよ》が震《しん》の長男《ちやうなん》に下《くだ》つて悦《よろこ》び動《うご》く所《ところ》の象《かたち》である故《ゆゑ》に之《これ》を名《なづ》けて歸妹《きまい》と言《い》ふ、歸妹《きまい》とは歸《とつ》ぐ妹《いもうと》と言《い》ふことで歸《き》嫁《か》する者《もの》の妹《いもうと》なることを示《しめ》す。

●歸嫁《きか》する意《い》義　卦名 ●娶《め》とる意《い》　嫁歸より轉ず ●夫婦不和《ふうふふわ》の意《い》　三四が二五夫婦の間を隔つ ●頓速《とんそく》の意《い》　漸の反 ●速《すみや》かに事《こと》の成《な》る意《い》　頓速より轉ず

●利慾《りよく》の意《い》震兌の主正を得ずして説むで動く　●色慾《しきよく》の意《い》を悦ぶ少女長男　●婬奔不貞《いんほんふてい》の意《い》少女悦むで而して長男を動かす　●妾《せう》を畜《たくは》ふに利しき意《い》を悦ぶ少女長男

●歸入《きにふ》の意《い》　●歸依《きえ》する意《い》　●物《もの》を歸《おく》る意《い》序卦に進めば必らず歸する所あり故に之を受くるに歸妹を以てすと　●賊心《ぞくしん》ある意《い》利慾より轉ず　●男女共《なんによとも》に獨居すべきか嫁娶《かしゆ》すべきかと言《い》へば嫁娶《かしゆ》すべき意《い》象傳に歸妹は天地の大義なりと

●願望《くわんまう》　間違ひ多く調ひがたし　●病症《びやうしやう》　溜飲癪氣を兼ぬ　●失物《うせもの》　置き所變りたるべし能く尋ぬれば出づる

●待人《まちびと》　間違を生じて延引すべし　●走人《はしりびと》　東方の女の家に居る急に尋ぬべし　●物價《ぶつか》　持合なるべし

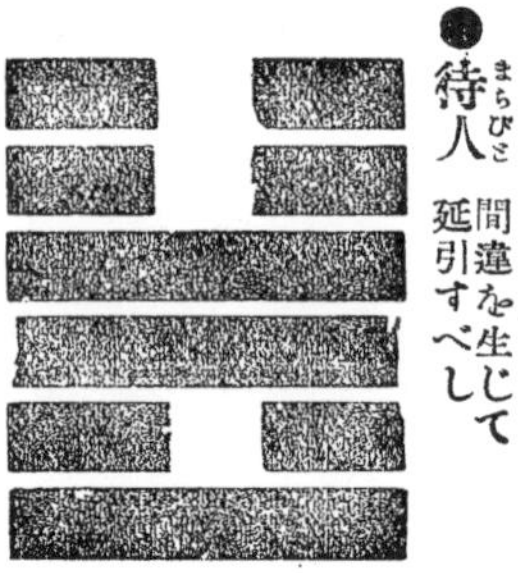

雷火豊

此《こ》の卦《くわ》は震雷離電《しんらいりでん》一時《じ》に起《おこ》つて或《あるひ》は奮《ふる》ひ或《あるひ》は閃《ひら》めきその勢《いきほ》ひ甚《はなは》だ盛大《せいだい》なるの象《かたち》である、故《ゆゑ》に之《これ》を名《なづ》けて豊《ほう》と言《い》ふ、豊《ほう》とは盛大《せいだい》なるの義《ぎ》である。

●大《だい》なる意《い》卦名義　●盛《さか》むなる意《い》明以て動く義　●明智《めいち》ありて勉強《べんきやう》離を明知とし震を勉強とす　●智者《ちしや》と勇者《ゆうしや》と共同《きようどう》して大功《たいこう》を建《たつ》る意《い》離を智とし震を勇とす

●晦《くら》まさるゝ意《い》坤陰離明を掩ふ　●欺《あざむ》かるゝ意《い》　●傷《や》ぶらるゝ意《い》晦まさるゝより轉ず　●暗《くら》き意《い》　●惑《まど》ふ意《い》晦まさるれば暗く暗きものは惑ふ

●故障多《こしやうおほ》き意《い》雜卦に豊は故多しと　●火災《くわさい》に遇《あ》ふ意《い》離火巽木を燒く　●訴訟爭論《そしようそうろん》の意《い》雷電鳴閃くの義にとる　●戰鬪《せんとう》の意《い》同上　●驕奢《けうしや》の意《い》豊の義にとる

●豊富《ほうふ》にして繁昌《はんじやう》する意《い》同上　●跡形《あとかた》もなく消亡《せうぼう》する意《い》聲ありて形なき意

●願望《くわんまう》　有望の樣に見えて調はず　●病症《びやうしやう》　發狂する意　●失物《うせもの》　出でず、後獄舍より告げ來るべし

●待人《まちびと》　來らず音信あるべし　●走人《はしりびと》　船車に乘つて遠く東方へ行く知れがたし　●物價《ぶつか》　勢ひのみ強くそれ程の上げはなし

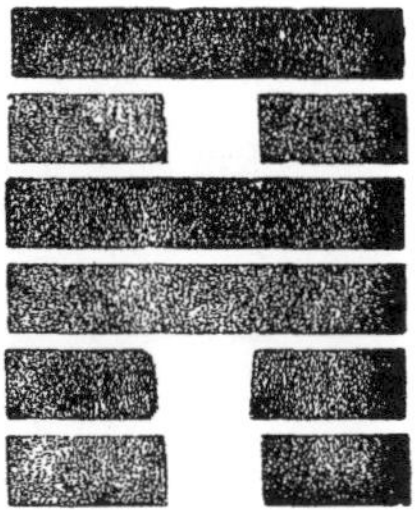

火山旅

此《こ》の卦《くわ》は離火《りくわ》艮山《ごんざん》を焚《た》くの象《かたち》であるが、火《ひ》、山《やま》を焚《や》けば山《やま》は止《とゞま》つて火《ひ》は移《うつ》り行《ゆ》くのである、故《ゆゑ》に之《これ》を旅《りよ》と名《なづ》く、旅《りよ》とは旅《りよ》客《かく》のことである。

●旅行《りよかう》の意《い》義卦名 ●轉居《てんきよ》の意《い》 ●出奔《しゆつぽん》の意《い》旅行より轉ず ●居所《きよしよ》を失《うしな》ふ意《い》序卦に大を窮むるものは必らず其の居を失ふ故に之を受るに旅を以てす ●知己《ちき》親友《しんいう》杯《なさ》に乏《とぼ》しき意《い》雑卦に旅は親しみ寡しと ●家内睦《かないむつ》まじからざる意《い》親しみ寡きより轉ず ●利害《りがい》を考《かんが》へて事《こと》を止《とゞ》むる意《い》明かにして止まる ●獄中より免《まぬ》かれ出《い》でたる意《い》大象に明慎刑を用ひて獄を留めずと ●篤實《とくじつ》にして明智《めいち》の人《ひと》に付《つ》き従《したが》ふ意《い》艮を篤實とし離を明智とす ●火災《くわさい》の意《い》九三に旅その次を焚く上九に鳥その巣を焚く ●心定《こゝろさだ》まらぬ意《い》火山を焚き心物に移る

●願望《ぐわんまう》 故障多く調はず目上の人に相談すべし ●病症《びやうしやう》 腫物の意あり
●待人《まちびと》 來れども途中にて手間取るべし ●走人《はしりびと》 遠く去て居所定まらず知れがたし
●失物《うせもの》 女の爲に持去らる南の方 ●物價《ぶつか》 高かるべし

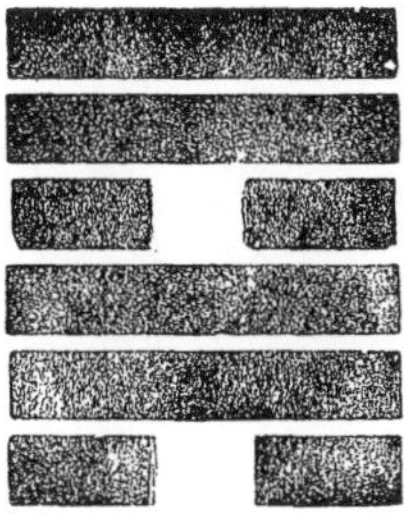

巽爲風

一陰《いん》が二陽《やう》の下《した》に居《ゐ》る之《これ》を巽《そん》と言《い》ふ、此《こ》の卦《くわ》は重巽《ちようそん》である。故《ゆゑ》に亦之《またこれ》を名《なづ》けて巽《そん》と言《い》ふ、巽《そん》とは遜《へり》くだり従《したが》ふの義《ぎ》である

●遜順《そんじゆん》の意《い》義卦名 ●入《はい》る意《い》巽は入るなりと ●媚《こ》び諂《へつら》ふ巽を媚諂とす ●疑惑多《ぎわくおほ》し巽を疑惑とす ●進退果《しんたいはた》さず不決斷《ふけつだん》巽を進退果さずとなす ●心志定《こゝろざしさだ》

ら風動いてず息まず　●往來《わうらい》巽を往來さず　●隱伏《いんぷく》巽を隱伏とす　●多慾《たよく》巽を多慾とす　●奸慝《かんとく》巽を奸慝とす　●出奔《しゆつぽん》風行つて返らず　●利益《りえき》巽を利三倍となす　●懊々《あう〳〵》として樂《たのし》まず巽を閉ぢ塞ぐとし樂まずとす　●命令《めいれい》巽を命令とす　●蕃昌《はんじやう》巽木上下に繁茂す　●巧言令色《こうげんれいしよく》にして薄情《はくじやう》巽を薄情となす　●駭《おどろ》き躁《さわ》ぐ巽を駭き躁ぐとす

●願望《ぐわんまう》　横合より邪魔ありて調ひがたし
●病症《びやうしやう》　癪氣胸を塞ぐ
●失物《うせもの》　遠く運びて出でかたし
●待人《まちびと》　遲けれども伴ありて來る
●走人《はしりびと》　東南に隱れて居る終には遠く去る
●物價《ぶつか》　往來ありて下るべし

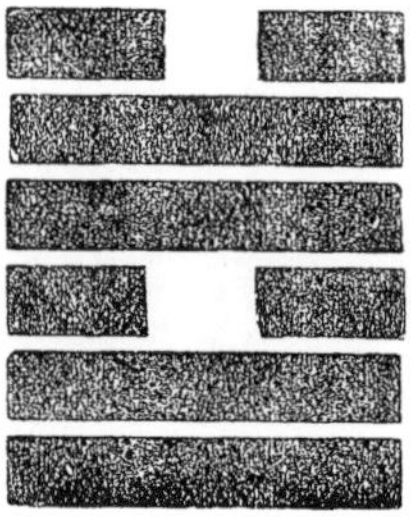

兌爲澤

一陰《いん》が二陽《やう》の上《かみ》に居《ゐ》る之《これ》を兌《だ》と言《い》ふ、此《こ》の卦《くわ》は重兌《ちうだ》である、故《ゆゑ》に亦之《またこれ》を名《な》けて兌《だ》と言《い》ふ、兌《だ》とは說《よろこ》び喜《よろこ》ぶの義《ぎ》である。

●喜悦《きえつ》の意《い》卦名義　●喜慶《きけい》喜悦より轉ず　●柔和《にうわ》兌を柔和とす　●親和《しんわ》する悦び和する義　●毀《そこな》ひ傷《やぶ》る兌を毀折とす　●憂愁《いうしう》喜悦の反　●露見《ろけん》する意《い》雜卦に兌は見はると　●相續《さうぞく》の意《い》二兌相續　●講習《かうしふ》の意《い》大象に朋友講習すと　●衆口喧《しうこうかまび》すき意《い》兌を口とす　●我《われ》より求《もと》むれども彼《かれ》は背《そむ》いて肯《うけが》はぬ意《い》外兌は我に背く　●愛《あい》する意《い》兌を愛となす　●好《この》む意《い》兌を好となす　●卑劣《ひれつ》の意《い》兌を卑劣とす　●情《なさけ》の深《ふか》き意《い》愛より轉ず　●感服《かんぷく》する意《い》喜悦より轉ず　●喧嘩口論《けんくわこうろん》の意《い》兩兌相重　●媚《こ》び諂《へつら》ふ意《い》和悦より轉ず　●歌《うた》ひ譟《さわ》ぐ意《い》兌を歌ひさわぐさす

●願望《ぐわんまう》　成るが如く見えて成りがたし
●病症《びやうしやう》　溜飲の類
●失物《うせもの》　出づべし少女に尋ぬべし
●待人《まちびと》　來るべし、若し來らずば音信あり
●走人《はしりびと》　近き所に居る西方を尋ぬべし
●物價《ぶつか》　底直なるべし

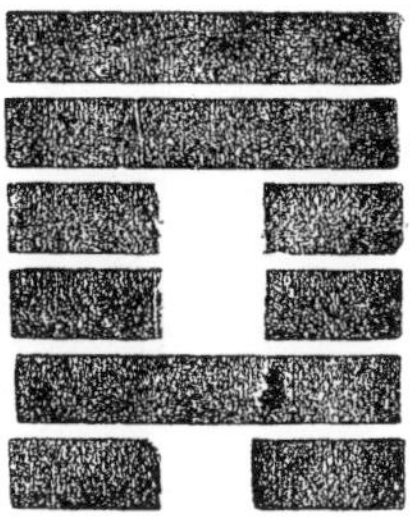

風水渙

此《こ》の卦《くわ》は巽《そん》の風《かぜ》が坎《かん》の水《みづ》を吹《ふ》くの象《かたち》であるが、風《かぜ》が水上《すゐじやう》を吹《ふ》けば水《みづ》は風《かぜ》の爲《ため》に渙散《くわんさん》せらる、故《ゆゑ》に之《これ》を渙《くわん》と名《なづ》く。渙《くわん》とは渙《ち》り散《ち》るの義《ぎ》である。

●渙散《くわんさん》する意《い》 卦名義 ●離散《りさん》する意《い》 雜卦に渙は離るゝなり ●難《なや》みを散《ちら》す意《い》 巽風坎難を吹く ●家財分散《かざいぶんさん》の意《い》 渙散より轉ず ●心氣散亂《しんきさんらん》する意《い》 同上 ●船《ふね》に乘《の》つて遠行《えんかう》する意《い》 彖傳に大川を渉るに利しとは木に乘て功あるなり ●他《た》に救《す》ひ助《たす》けらるゝ意《い》 倒兌我が坎難を吹き散らす ●他《た》より我《わ》が財《ざい》を吹《ふ》き散《ちら》す意《い》 巽風坎水を吹く ●瓶水《へいすゐ》の覆《くつが》へるが如《ごと》く資財《しざい》殘《のこ》らず散失《さんしつ》する意《い》 節の顛倒に取る ●船《ふね》の風《かぜ》に漂《たゞよ》ふが如《ごと》く艱難流浪《かんなんるらう》する意《い》 風水上を吹いて小船風波に漂ふ ●離別《りべつ》の意《い》 渙散より轉ず ●締括《しめくゝ》りなき意《い》 散亂の義にとる

●願望《ぐわんまう》 急には調ひがたし
●病症《びやうしやう》 痢疾の類
●失物《うせもの》 遠く持去らる知れがたし
●待人《まちびと》 來るべし
●走人《はしりびと》 船に乘つて遠く東南に行きたるべし、知れず
●物價《ぶつか》 下るべし

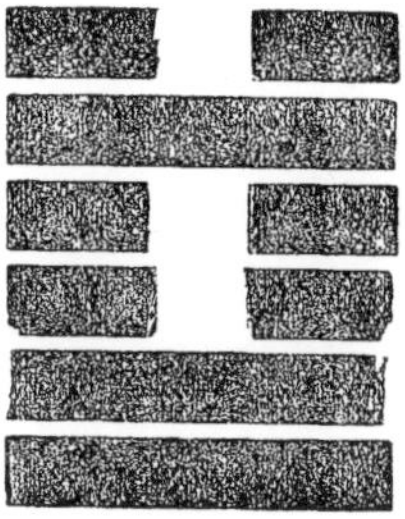

水澤節

此《こ》の卦《くわ》は坎水兌澤《かんすゐだたく》の中《うち》にありてその限量《げんりやう》に應《おう》じて過不足《くわふそく》なきの象《かたち》である。故《ゆゑ》に之《これ》を節《せつ》と名《なづ》く、節《せつ》とは分《ぶん》に應《おう》じ度《ど》に適《てき》して過不及《くわふきう》なきの義《ぎ》である。

●節度《せつど》ある意《い》 卦名義 ●節《せつ》に中《あた》る意《い》 ●過不及《くわふきふ》なき意《い》 ●節操《せつさう》ある意《い》 節より轉ず ●節儉《せつけい》する意《い》 彖傳に節するに制度を以てすれば財を傷らず民を害せずさ

●止《きと》まる意《い》雜卦に節は止まるなり●澤《さは》に水《みづ》ある如《ごと》く愼《つゝし》み守《まも》つてその利《よ》しきを失《うしな》はぬ意《い》大象に澤上水あるは節●難《なや》みに安《やす》むじて時《きう》を俟《ま》つ意《い》六四に節に安むずれば亨ると●苦節窮迫《くせつきうはく》の意《い》彖に苦節貞ふべからず●辛抱強《しんぼうづよ》き意《い》彖傳に説むで以て險を行ふ●節《せつ》を失《うしな》へば困窮《こんきう》に至《いた》る意《い》水澤下れば困となる

●願望《ぐわんまう》　身分相應の事は調ふべし
●待人《まちびと》　來ること遲し音信あるべし
●病症《ひやうしやう》　溜飲胸痛の類
●走人《はしりびと》　災難に遇ふて途中に止まつて居る北の方
●失物《うせもの》　賊は北方に隱る知れがたし
●物價《ぶつか》　下らむとして下らず持合ふべし

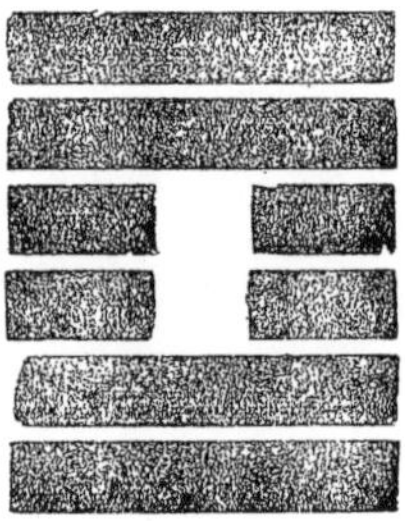

風澤中孚

此《こ》の卦《くわ》は巽風《そうふう》兌澤《だたく》を吹《ふ》くの象《かたち》で、風水上《かぜすゐじやう》を吹《ふけ》ば水《みづ》も亦從《またしたが》つて動《うご》く而《しか》も動《うご》くに心《こゝろ》なく動《うご》かすに心《こゝろ》なし自然《しぜん》に動《うご》くものである故《ゆゑ》に之《これ》を名《なづ》けて中孚《ちうふ》と言《い》ふ。中孚《ちうふ》とは信實《しんじつ》の義《ぎ》である。

●信實《しんじつ》の意《い》中孚の義●親和《しんわ》する意《い》正兌彼に親み倒兌我に和す●彼我《ひが》相悅《あひよろこ》ぶ意《い》兩兌相悅●相談濟《さうだんさいの》ふ意《い》兌口相向●共同《きようどう》して事《こと》を作《な》す意《い》同上●悅《よろこ》む●巧言令色《こうげんれいしよく》にして信義《しんぎ》なき意《い》親和の極●相僞《あひいつ》はる意《い》同上●色情《しきじやう》の意《い》兩兌相悅●船《ふね》に乘《の》る意《い》彖傳に大川を渉るに利し とは木舟の虛に乘るなり●爭論《さうろん》の意《い》兩兌相爭ふで人《ひと》に從《したが》ふ意《い》兌を悅ぶとし巽を從ふとす●至信《ししん》にして求《もと》むれば物《もの》の我《われ》に應《おう》ずる意《い》彖傳に豚魚の如くにして吉とは信豚魚に及ぶなり●我呼《われよ》むで彼應《かれおう》ずる意《い》九二に鳴鶴陰にありその子之に和すと

●願望《ぐわんまう》　誠實を以て事を謀れば成就すべし
●待人《まちびと》　來るべし音信あり
●病症《びやうしやう》　熱病の類
●走人《はしりびと》　船に乘つて南東に行く後に音信あるべし
●失物《うせもの》　物の中に紛れ込たるならむ急に尋ぬべし
●物價《ぶつか》　格別の高下なし

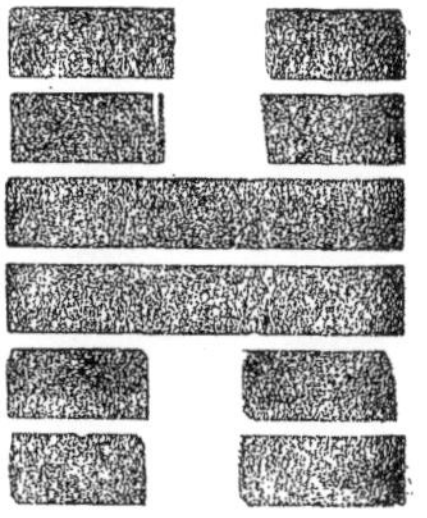

雷山小過

此《こ》の卦《くわ》は震雷《しんらい》が艮山《ごんざん》の上《うへ》に奮《ふる》ひ出《い》づるの象《かたち》であるが、山《やま》は止《とゞ》まつて動《うご》かず雷《らい》は動《うご》いて止《とゞ》まらず。故《ゆゑ》に之《これ》を小過《せうくわ》と名《なづ》く、小過《くわ》とは少《すこ》しく過《すぐ》るの義《ぎ》である。

●少《すこ》しく過《すぐ》る意《い》卦名義 ●遷延《せんえん》の意《い》卦名より轉ず ●過失《くわしつ》の意《い》同上 ●齟齬《そご》する意《い》過失より轉ず ●過不及《くわふきう》の意《い》一は止り一は動く ●彼我《ひが》背《そむ》き離《はな》るゝ意《い》正震倒震相背き離る ●彼《かれ》は爲《な》せども我《われ》は止《とゞ》まる彼は震を以て動き我は艮を以て止まる ●或《あるひ》は作《な》し或《あるひ》は止《やま》むとして志《こゝろざし》兩端《りやうたん》に分《わか》る動止相反す ●親和《しんわ》せぬ意《い》震艮相背く ●家《いへ》を逃《のが》れ出《いづ》る意《い》艮を家とし震を逃さす ●大事《だいじ》は成《な》らざる意《い》象に小事は可なり大事は可ならずと ●二人《ふたり》同行《どうかう》する意《い》二陽の人衆陰の大塗を行く ●離別《りべつ》の意《い》彼我相背く

●願望《ぐわんまう》邪魔ありて調はず
●病症《びやうしやう》中風にて半身不隨の症
●失物《うせもの》遠く東方へ持去る尋れても知れず
●待人《まちびと》來らず音信はあるべし
●走人《はしりびと》遠く行て歸らず東の方
●物價《ぶつか》格別の高下はなかるべきも少しは上るならむ

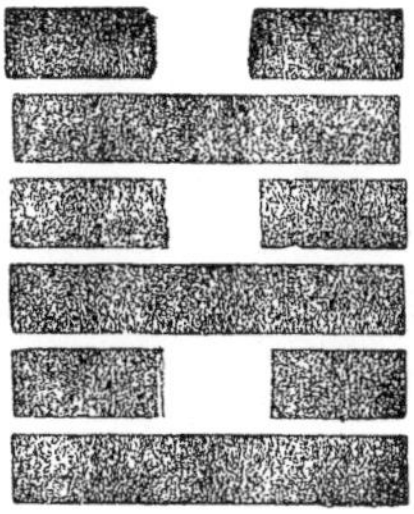

水火既濟

此《こ》の卦《くわ》は坎水《かんすゐ》離火《りくわ》相交《あひまじは》るの象《かたち》であるが、水火《すゐくわ》相交《あひまじ》はれば萬物《ばんぶつ》是《こゝ》に於《おい》て生《しやう》じ萬物《ばんぶつ》是《こゝ》に於《おい》て濟ふ、故《ゆゑ》に之《これ》を名《なづ》けて既濟《きせい》と言《い》ふ既濟《きせい》とは既《すで》に濟ふの義《ぎ》である。

●事《こと》の既《すで》に濟ふたる意《い》卦名義 ●定《さだ》まりたる意《い》雜卦に既濟は定まるなりと ●適當《てきたう》の意《い》彖傳に剛柔應じて位當ると ●有用《いうよう》の意《い》水火の應し離き義 ●事《こと》既《すで》に

濟ふて後復亂《のちまたみだ》るゝ意《い》象に初吉終は亂る●窮《きは》まる意《い》既濟より轉ず●盡《つく》る意《い》既に濟へば必らず盡く●滅亡《めつぼう》の意《い》窮盡より轉ず●夫婦不和《ふうふふわ》の意《い》三四兩爻二五夫婦を間す●勝敗《しようはい》に取《と》つては我《わ》れ彼《かれ》に負《まけ》る意《い》坎水離火を克す●彼我相爭《ひがあひあらそ》ふ意《い》水火相息の義に取る●彼我相爭《ひがあひあらそ》ふことは仲人《ちうにん》を立《た》てゝ和睦《わぼく》の濟ふ意《い》六四を變じて革の卦となすの象

●願望《ぐわんまう》 始めは調ふ樣に見へて終に敗るゝことあり
●待人《まちびと》 近きは來る、遠きは來らず
●病症《びやうしやう》 元氣涸渇して自然に死に至るの意
●走人《はしりびと》 水の爲に途中に止まる北の方
●失物《うせもの》 失せたるにあらず使ひ果したるならむ
●物價《ぶつか》 持合にして格別の高下なし

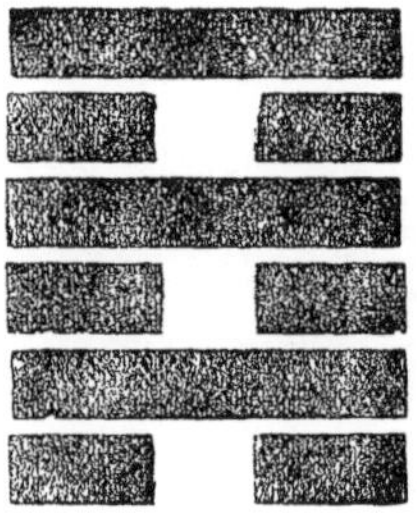

火水未濟

此《こ》の卦《くわ》は離火坎水《りくわかんすゐ》未《いま》だ相交《あひまじは》らざるの象《かたち》であるが、相交《あひまじは》らざれば未《いま》だその用《よう》を濟《なさ》ぬのである、故《ゆゑ》に之《これ》を未濟《びせい》と名《なづ》く、未濟《びせい》とは未《いま》だ濟はざるの義《ぎ》である。

●事《こと》の未《いま》だ濟はぬ意《い》卦名●定《さだ》まらぬ意《い》既濟の反●不適當《ふてきたう》の意《い》六爻位を失ふ●夫婦不和《ふうふふわ》の意《い》水火相交はらざるにとる●背《そむ》き離《はな》るゝ意《い》火は上り水は下る●相爭《あひあらそ》ふ意《い》水火相息むの義にとる●知惡《あひにく》む意《い》水火相克するの義●事《こと》の紛雜《ふんざつ》する意《い》剛柔位を失ふて錯雜するにとる●仁智兼備《じんちかねそな》はる意《い》坎を仁となし離を智となす●家內區々《かないくゝ》となりて親和《しんわ》せぬ意《い》六爻相應ぜず●明誠相備《めいせいあひそな》はる意《い》坎を誠となし離を明となす●彼我相爭《ひがあひあらそ》ふことは仲立《なかだち》を入れて調和《てうわ》する意《い》六三を變じて鼎となすの象に取る

●願望《ぐわんまう》 急げば調はず、時の至るを待つべし
●待人《まちびと》 來らざれども音信あらむ遲し
●病症《びやうしやう》 大病なれば元氣消衰して救治しがたし
●走人《はしりびと》 水を渡りて遠く去る南の方
●失物《うせもの》 急に出でず置き違へ又は違へたるならむ
●物價《ぶつか》 高下あれども持合にて大略既濟と同じ

占法講義 完

質問解答

石狩國雨龍郡北龍村　粟野卯市君提出

▼質問《しつもん》第《だい》四　略式筮法《りやくしきぜいはふ》の部《ぶ》にその右手《うしゆ》を以《もつ》て左手《さしゆ》の策《さく》を二策《さく》づゝ四度之《たびこれ》を數《かぞ》へ、斯《か》くすること二回若《くわいもし》くは三回《くわい》四回《くわい》の後《のち》に及《およ》びとあるも、二策《さく》づゝ四度取《たびと》れば八策《さく》なり。此《かく》の如《ごと》く同《おな》じことを三回《くわい》四回《くわい》くり返《かへ》すことなるや、同《おな》じことなれば何回《なんくわい》くり返《かへ》しても同樣《どうやう》には候《さふら》はずや御尋《おたづね》申上《まをしあげ》候《さふらふ》。

▼解答《かいたふ》　二策《さく》づゝ四度數《たびかぞ》ゆれば仰《あふ》せの如《ごと》く八策《さく》であります、それにて左手《さしゆ》の策《さく》が殘《のこ》らず數《かぞ》へ切《き》れゝば一度數《ごかぞ》へた策《さく》を亦《また》二度《ご》も三度《ご》も數《かぞ》ふる必要《ひつえう》はありませむ、それは仰《あほ》せの如《ごと》く幾度《いくど》數《かぞ》へても同《おな》じことであります、されども左手《さしゆ》の策《さく》は二策《さく》づゝ四度之《たびこれ》を數《かぞ》へて、八策《さく》にて數《かぞ》へ切《き》るゝこともありますが、二策《さく》づゝ二度《ど》か三度數《どかぞ》へて數《かぞ》へ切《き》るゝこともあれば、又《また》二策《さく》づゝ四度數《たびかぞ》へても數《かぞ》へ切《き》れず後《あと》へ殘《のこ》ることがあります、その時《とき》にはその殘《のこ》つた策《さく》を第《だい》一回《くわい》の時《とき》の如《ごと》く二策《さく》づゝ四度數《たびかぞ》へねばなりませぬが、それでも尚數《なほかぞ》へ切《き》れぬ時《とき》には、三回《くわい》も四回《くわい》も五回《くわい》も數《かぞ》へ切《き》るゝ迄之《までこれ》を數《かぞ》へねばなりませぬから、その時《とき》のことを言《い》ふたもので。同《おな》じことを幾度《いくど》もくり返《かへ》すと言《い》ふ意味《いみ》ではありませむ、つまる所《ところ》は一度數《どかぞ》へても殘《のこ》つた策《さく》があれば、數《かぞ》へ切《き》るゝ迄幾度《までいくど》も之《これ》を數《かぞ》へねばならぬと言《い》ふ意味《いみ》でありますから、右樣御承《みぎやうごしよう》知《ち》下《くだ》され度《たく》候《さふらふ》。

▽解答《かいたふ》　謂《い》ふ所《ところ》の爻卦《かっくわ》なるものは□陰《いん》か□陽《やう》かの一畫《くわく》を指《さ》すものである、されども此《こ》の陰《いん》か陽《やう》かの一畫《くわく》てあるに拘《かゝ》はらず、三畫卦《くわくくわ》と同様《どうやう》なる意味《いみ》を持《も》たせて見《み》るものである、故《ゆゑ》に内卦《ないくわ》の三爻《かう》に皆震《みなしん》を配《はい》して居《ゐ》るのは即《すなは》ち☳☳☳震《しん》の三畫卦《くわくくわ》が三つ相並《あひなら》むで居《ゐ》るのと同様《どうやう》て、又外卦《またぐわいくわ》の三爻《かう》に皆艮《みなこん》を配《はい》して居《ゐ》るのは即《すなは》ち☶☶☶艮《こん》の三畫卦《くわくくわ》が三つ相並《あひなら》むで居《ゐ》るのと同然《どうぜん》である、そこで内卦《ないくわ》の三爻《かう》を震《しん》と見《み》て、外卦《ぐわいくわ》の三爻《かう》も又艮《またこん》と見《み》れば即《すなは》ち䷚震下艮上《しんかこんじやう》の山雷頤《さんらいゐ》の卦象《くわしやう》となるのである、山雷頤《さんらいゐ》の象《しやう》を含《ふく》むで居《ゐ》ると言《い》ふ意味《いみ》は此所《こゝ》を指《さ》したものであるが、尚更《なほさら》に之《これ》を詳《つまび》らかにすれば、初爻《しよかう》と二爻《かう》とに於《おい》て震爲《しんゐ》雷《らい》の象《しやう》を取《と》り、三爻《かう》と四爻《かう》とに於《おい》て山雷頤《さんらいゐ》の象《しやう》を取《と》り、五爻《かう》と上爻《じやうかう》とに於《おい》て艮爲《こんゐ》山《さん》の象《しやう》を取《と》ることもあるが、爻卦《かうくわ》とは皆凡《みなすべ》て此《かく》の如《ごと》きものであるから。他《た》は皆此例《みなこのれい》に依《よつ》て推知《すゐち》されよ。

▽質問第三《しつもんだい》　講義録中《かうぎろくちう》に九六七八の數《すう》あり、之《これ》は揲策上《てふさくじやう》には如何《いか》にして八卦《くわ》を立《たて》るか、何故《なにゆゑ》に一二三四五の數《すう》を用《もち》ひざるや、又爻卦《またかうくわ》の立方即《りつぱうすなは》ち一爻《かう》は揲策《てふさく》三變《へん》にして奇《き》と云《い》ふことあり、之《これ》は何策殘《なにさくのこ》つて奇《き》又《また》は偶《ぐう》なるや、又《また》一六二七三八四九五十の意味《いみ》も如何《いか》にして取《と》りしものか分明《ぶんめい》ならず御敎示願度候《ごけうじねがひたくさふらふ》

名古屋市南區熱田新田二三ノ割　三　木　又　治君提出

▽解答《かいたふ》　本質問《ほんしつもん》の趣《おもむ》きも亦第《またたい》一問《もん》と同様《どうやう》に此《こ》の講義《かうぎ》が今少《いますこ》しく進行《しんかう》すれば自然《しぜん》に了解《れうかい》さるゝことであるから、當分《たうぶん》の所《ところ》は略筮若《りやくぜいもし》くは中筮法《ちいぜいはふ》に滿足《まんぞく》して、既發表《きはつぺう》の點即《てんすなは》ち蓍《し》筮大衍用數等《ぜいだいえんようすうとう》に就《つい》て十二分《ぶん》の了《れう》解《かい》をなし、以《もつ》て後日《ごじつ》に及《およ》び九六七八等《とう》を了解《れうかい》する爲《ため》の準備《じゆんび》を整《とゝの》へ置《お》かれんことを希望《きばう》する、而《しか》して本《ほん》

講義《かうぎ》が進行《しんかう》した後《のち》に至《いた》つても、尚且《なほか》つ本問《ほんもん》の趣旨《しゆし》が分《わか》らなかつたならば、その時《とき》再《ふたた》び本質問《ほんしつもん》を提出《ていしゆつ》して貰《もら》ひ度《た》い、その上不明《うへふめい》の所《ところ》を解答《かいたふ》するのが相互《さうご》に取《と》ての便利《べんり》で、決《けつ》して回答《くわいたふ》を忌避《きひ》する譯《わけ》ではないから、此點《このてん》は特《とく》に諒察《れうさつ》されむことを乞《こ》ふ。

次《つぎ》に一六、二七、三八、四九、五十と云《い》ふは河圖《かと》と言《い》ふもの丶配數《はいすう》で即《すなは》ち左圖《さづ》の如《ごと》きものである。

河圖

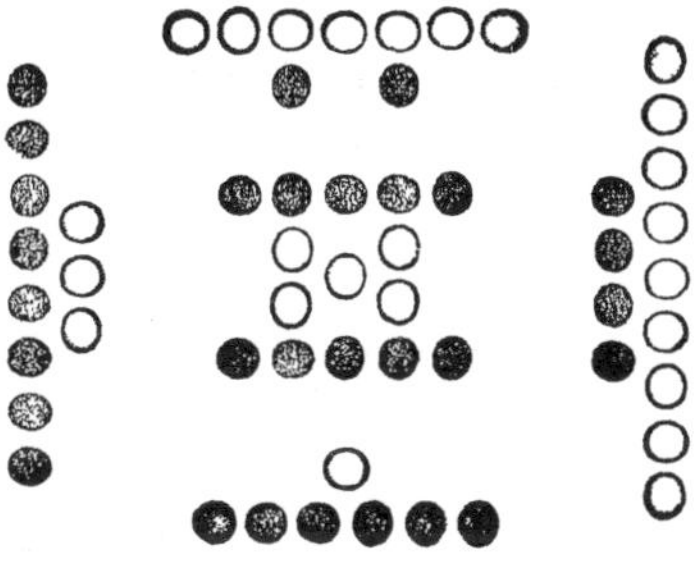

今之《いまこれ》を易《えき》の後天《こうてん》八卦圖《くわと》に配當《はいたう》すれば、後天《こうてん》八卦圖《くわと》に於《おい》ては☵坎《くわん》の卦《くわ》は北方《ほくはう》に居《ゐ》て河圖《かと》の一六の所《ところ》に當《あた》る、故《ゆゑ》に坎《くわん》の卦《くわ》には一六の數《すう》を配《はい》し、又後天《またこうてん》八卦圖《くわと》に於《おい》ては☲離《り》の卦《くわ》は南方《なんぱう》に居《ゐ》て河圖《かと》の二七の所《ところ》に當《あた》る、故《ゆゑ》に離《り》の卦《くわ》には二七の數《すう》を配《はい》し、尚《なほ》☳震《しん》☴巽《そん》の二卦《くわ》は東方《とうはう》に居《ゐ》て河圖《かと》の三八の所《ところ》に當《あた》る、故《ゆゑ》に震巽《しんそん》の二卦《くわ》には三八の數《すう》を配《はい》し、☰乾《けん》☱兌《だつ》の二卦《くわ》は西方《さいはう》に居《ゐ》て河圖《かと》の四九の所《ところ》に當《あた》る、故《ゆゑ》に乾兌《けんだ》の二

卦《くわ》には四九の數《すう》を配《はい》し、☶艮《こん》は東北《とうほく》に居《を》り☷坤《こん》は西南《せいなん》に居《を》るが、二卦共《くわとも》に土《つち》であつて恰《あた》かも河圖《かと》中土《ちうど》の五十に當《あた》る、故《ゆゑ》に艮坤《こんこん》の二卦《くわ》には五十の數《すう》を配《はい》したもので、大意《たいい》は先《ま》づ此《か》の如《ごと》くであるから左樣《さやう》承《しよう》知《ち》せられ度《た》い。

▼本講義錄讀者諸君《ほんかうぎろくどくしやしよくん》より續々實地《ぞくぞくじつち》占斷《せんだん》の御依賴有之候得共無《ごいらいこれありさふらへどもむ》料《れう》にては御依賴《ごいらい》に應《おう》じ兼候間一切御斷《かねさふらふあひだいつさいおことわり》申上候《まをしあげさふらふ》、但《ただし》し是非《ぜひ》共占斷御《ともせんだんご》希《き》望《ばう》の方《かた》は一事件《じけん》に付《つき》手數料金《てすうれうきん》一圓相添《ゑんあひそ》へ直接《ちよくせつ》に大島中堂先生《おほしまちうだうせんせい》の許《もと》へ(芝《しば》區《く》三田《た》四國町《こくまち》一)御依賴相成度此段《ごいらいあひなりたくこのだん》併《あは》せて申添《まをしそへ》候《さふらふ》。

▼第二卷正誤▲

周易講義の部

▼五二頁一行おのれはすでに　▼五二頁八行寄は奇　▼六九頁十一行雑は難　▼七六頁三行けんはを

▼七六頁六行鬪は國　▼七六頁七行の三はノミ

象法講義の部

▼四八頁六行就てはハ就ての　▼七十頁十三行テ以は以テ

筮法講義の部

▼二八頁三行えんわくはえんとく　▼同五行吉兆は吉凶　▼二九頁七行卿士逆の下吉、汝則從、龜從、筮逆、卿士逆、の十一字を脫す。

質問解答

奈良縣南葛城郡御所町　辻本廣吉君提出

▼質問第《しつもんだい》一　占法講義《せんぱふかうぎ》二十頁《ペーヂ》に六爻共《かうとも》に七のみを得《え》て成立《なりたつ》て居《ゐ》る時《とき》と、八のみを得《え》て成立《なりたつ》て居《ゐ》る時《とき》と七と八とを得《え》て成立《なりたつ》て居《ゐ》る時《とき》と此《こ》の三つの場合《ばあひ》に於《おい》ては得卦《とくくわ》は唯《たゞ》一卦丈《くわだけ》であるが之《これ》を不變卦《ふへんくわ》を得《え》たりと云《い》ふは如何《いか》なる故《ゆゑ》なるか

▼解答《かいたふ》　此《これ》は直《す》ぐその下文《かぶん》に言《い》ふてあるが如《ごと》く、不變卦《ふへんくわ》とは變動《へんどう》せぬ卦《くわ》と言《い》ふこととて、筮法《ぜいはふ》に於《おい》て七か八かを得《え》て成立《なりたつ》て居《ゐ》る爻《かう》は變《へん》ぜぬのである、然《しか》るに六爻皆共《かうみなとも》に七を得《え》たもの許《ばか》り、又《また》は八を得《え》たもの許《ばか》り、又或《またあるひ》は七と八とを得《え》て成立《なりたつ》て居《ゐ》る時《とき》は、一卦《くわ》六爻《かう》の中《うち》に於《おい》て變動《へんどう》する爻《かう》は一つもない、隨《したが》つて得卦《とくくわ》は唯不變《たゞふへん》の一卦《くわ》がある丈《だけ》である、故《ゆゑ》に之《これ》を不變《ふへん》の卦《くわ》を得《え》たと言《い》ふのである、而《しか》してその如何《いか》なる場合《ばあひ》に七を得《え》、八を得《え》、若《もし》くは九六を得《う》るかと言《い》ふことは、今少《いますこ》しく筮法講義《ぜいはふかうぎ》の進行《しんかう》するのを俟《ま》つて了知《れうち》せられよ、それ迄《まで》の所《ところ》は巻頭《くわんとう》に附載《ふさい》した中筮法《ちうぜいはふ》を代用《だいよう》されむことを望《のぞ》むのである。

▼質問第《しつもんだい》二　占法講義《せんぱふかうぎ》第《だい》八爻卦《かうくわ》の部《ぶ》に爻卦《かうくわ》の配賦《はいふ》を見《み》れば、內卦《ないくわ》の三爻《かう》には皆震《みなしん》を配《はい》し、外卦《ぐわいくわ》の三爻《かう》にも亦皆艮《またみなこん》を配《はい》して居《ゐ》る、故《ゆゑ》に山雷頤《さんらいい》の象《しやう》を含《ふく》むで居《ゐ》ると云《い》ふ意味《いみ》を詳細御《しやうさいご》指示《しじ》被下度《くだされたく》御依賴《ごいらい》申入《まをしいれ》候《さふらふ》

次《つぎ》に卦《くわ》の立方《たてかた》が分《わか》らぬと言《い》ふことでありましたが、前述《ぜんじゆつ》の如《ごと》く左手《さしゆ》の策《さく》を二策《さく》づゝ四度即《たびすなは》ち一回《くわい》か二回《くわい》か三回《くわい》か數《かぞ》へた後《のち》に至《いた》り、一策殘《さくのこ》つた時《へき》には☰乾《けん》の卦《くわ》を立《た》て、二策殘《さくのこ》つた時《とき》には☱兌《だ》の卦《くわ》を立《た》て、三策殘《さくのこ》つた時《とき》には☲離《り》の卦《くわ》を立《た》て、四策殘《さくのこ》つた時《とき》には☳震《しん》の卦《くわ》を立《た》て、五策殘《さくのこ》つた時《とき》には☴巽《そん》の卦《くわ》を立《た》て、六策殘《さくのこ》つた時《とき》には☵坎《かん》の卦《くわ》を立《た》て、七策殘《さくのこ》つた時《とき》には☶艮《こん》の卦《くわ》を立《た》て、八策殘《さくのこ》つた時《とき》には☷坤《こん》の卦《くわ》を立《た》てゝ内卦《ないくわ》を作《つく》るのでありますが、外卦《ぐわいくわ》の立方《たてかた》も亦前同樣《またぜんどうやう》であります。斯《か》くして内卦《ないくわ》と外卦《ぐわいくわ》とが出來《でき》るのでありますが、此《こ》の次《つぎ》には變爻《へんかう》を附《つけ》ねばなりませぬが、此度《こんど》は二策《さく》づゝ三度數《どかぞ》ふるのであります、假《たと》へば前《まへ》の如《ごと》くして内卦《ないくわ》も坤《こん》で外卦《ぐわいくわ》も亦坤《またこん》であつたとせば、その本卦《ほんくわ》は即《すなは》ち䷁坤爲地《こんゐち》でありますが、此度《こんど》は二策《さく》づゝ三度數《どかぞ》へて一本殘《ほんのこ》れば初爻《しよかう》を反《かへ》して䷗復《ふく》となし二本殘《ほんのこ》れば二爻《かう》を反《かへ》して䷆師《し》となし、三本殘《ほんのこ》れば三爻《かう》を反《かへ》して䷎謙《けん》となし、四本殘《ほんのこ》れば四爻《かう》を反《かへ》して䷏豫《よ》となし。五本殘《ほんのこ》れば五爻《かう》を反《かへ》して䷇比《ひ》となし、六本殘《ほんのこ》れば上爻《じやうかう》を反《かへ》して䷖剝《はく》となして變卦《へんくわ》を作《つく》るのでありますが此《かく》の如《ごと》く六本《ほん》づゝ數《かぞ》ふる理由《りゆう》は、卦《くわ》の畫《くわく》は初爻《しよかう》から上爻迄凡《じやうかうまですべ》て六畫《くわく》であります、故《ゆゑ》に變爻《へんかう》を附《つけ》る時《とき》にも二本《ほん》づゝ三度即《ごすなは》ち六本《ほん》づゝ數《かぞ》へ切《き》るのであります兎《と》も角《か》く分《わか》らぬ所《ところ》がありましたならば、先《ま》づ講義錄《かうぎろく》の本文《ほんもん》を繰《く》り返《かへ》して幾度《いくど》も之《これ》を精讀《せいどく》し、卦木《くわもく》と筮《ぜい》竹《ちく》とを以《もつ》て本文通《ほんもんどほ》りに作《つく》り試《こころ》みて能々御了解《よくよくごれうかい》なさるべく、然《しか》る上不可解《さへふかかい》の所《ところ》があつたなら、質問《しつもん》せられ度《た》し、そこで序《つい》でだから一言《げん》して置《お》きますが講義錄《かうぎろく》を讀《よ》まるゝ際《さい》には必《かな》らず筮竹《ぜいちく》と卦木《くわぼく》とを用意《ようい》し

て實地《じつち》に之《これ》を作《つく》り試《こころ》みて徹底的《てつていてき》に了解《れうかい》せらるべく解《かい》し難《がた》き所《ところ》は尚更《なほさら》に斯《か》くすることが肝要《かんえう》であります

栃木縣那須郡川西町檜木澤　大宮司珂帆君提出

▼質問第《しつもんだい》五　拝啓第《はいけいだい》四巻《くわん》象法講義《しやうはふかうぎ》一五二頁《ぺーじ》に初《しよ》九上《じやう》九又《また》は六二とあるは如何《いか》なる理由《りいう》なるや乍御手《おてすう》數紙上《ながらしじやう》にて御教示《ごけうじ》を乞《こ》ふ。

▼解答《かいたふ》　御質問《ごしつもん》の理由《りいう》は周易講義《しうえきかうぎ》三九頁《ぺーじ》四七頁竝《ぺーじならび》に筮法講義《ぜいはふかうぎ》一〇三頁以下《ぺーじいか》を精讀《せいどく》せられたならば自然《しぜん》に了解《れうかい》せらるべし、而《しか》も尚不明《なほふめい》ならば重《かさ》ねて質問《しつもん》せられ度《た》し。

津市釜屋町　島操技君提出

▼質問第《しつもんだい》六　筮法講義《ぜいはふかうぎ》三頁略式筮法《ぺーじりやくしきぜいはふ》の中《うち》に左《ひだり》の小指《こゆび》に挿《はさ》みたる一策《さく》は數《かぞ》へぬのが正當《せいたう》であるとありますが、外《ほか》の本《ほん》を見《み》れば皆《みな》それを數《かぞ》へ込《こ》むでありますが何故《なにゆゑ》に數《かぞ》へ込《こ》まぬのでありますか。

▼解答《かいたふ》　御質問《ごしつもん》の理由《りゆう》は筮法講義《ぜいはふかうぎ》九三頁乃至《ぺーじないし》九七頁《ぺーじ》を精讀《せいどく》して了知《れうち》せらるべし。

▼稟　告▲

本講義錄修了後《ほんかうぎろくしうれうご》と雖《いへ》ども疑《うたが》ひある點《てん》は遠慮《えんりよ》なく質問《しつもん》を提出《ていしゆつ》せらるべし、及《およ》ぶべき限《かぎ》りは解答《かいたふ》の勞《らう》を辭《じ》せざるべし。

易学速成講義録

定価：本体一二、〇〇〇円＋税

平成二十三年二月二十八日　復刻版発行

著者　大島中堂

発行所　八幡書店
〒108-0071　東京都港区白金台三丁目十八番一号
八百吉ビル４Ｆ
振替　〇〇一八〇―一―四七二七六三
電話　〇三（三四四二）八一二九

印刷／互恵印刷
製本・製函／難波製本

ISBN978-4-89350-676-4 C0014 ¥12000E